Guide de la musique d'orgue

Guide
de
LA MUSIQUE
D'ORGUE

sous la direction de
GILLES CANTAGREL
avec la collaboration de
XAVIER DARASSE, BRIGITTE FRANÇOIS-SAPPEY, GEORGES GUILLARD, MICHEL ROUBINET, FRANÇOIS SABATIER

FAYARD

Collection
LES INDISPENSABLES DE LA MUSIQUE

Guide de l'opéra par Harold Rosenthal et John Warrack ; édition française réalisée par Roland Mancini et Jean-Jacques Rouveroux.

Guide de la musique symphonique sous la direction de François-René Tranchefort.

Guide de la musique de piano et de clavecin sous la direction de François-René Tranchefort.

Guide de la musique de chambre sous la direction de François-René Tranchefort.

Guide des opéras de Wagner sous la direction de Michel Pazdro.

Guide des opéras de Verdi sous la direction de Jean Cabourg.

Guide des opéras de Mozart sous la direction de Brigitte Massin.

Histoire de la musique occidentale sous la direction de Brigitte et Jean Massin.

Guide illustré de la musique (t. 1 et 2) par Ulrich Michels.

Berlioz par Henry Barraud.

Brahms par Claude Rostand.

Debussy par Edward Lockspeiser et Harry Halbreich.

Stravinsky par André Boucourechliev.

Wagner par Martin Gregor-Dellin

OUVRAGES À PARAÎTRE

Guide de la musique sacrée.

AVERTISSEMENT

« L'orgue seul nous fait comprendre comment l'éternité peut évoluer.

CIORAN, Syllogismes de l'amertume

Si quelque réflexion d'ordre général peut se trouver suscitée à la lecture de ce Guide, tel n'est cependant pas son propos. Réalisé selon les principes qui ont régi les précédents ouvrages de la même collection, sa vocation est essentiellement d'ordre pratique : donner pour chacune des œuvres évoquées le bref commentaire qui pourra inviter l'amateur comme le professionnel à mieux entendre.

A côté des guides consacrés au piano, à la musique de chambre ou à l'opéra, une place revenait en effet au vaste domaine de la musique d'orgue, et cela d'autant plus que le « roi des instruments » connaît depuis quelques années un spectaculaire regain d'intérêt. Après le « creux » qui a marqué les années soixante-dix, nombreux sont les ferments qui provoquent un retour vers l'orgue : le goût pour les musiques du passé restituées dans la saveur de leurs sonorités d'antan, l'évolution du jeu instrumental, les importants progrès de la connaissance musicologique, le souci de réhabilitation du patrimoine, la fidélité accrue dans la restitution sonore des disques compacts, l'accroissement du public des concerts, bien d'autres facteurs encore plaident en faveur de l'orgue. L'édition discographique, les programmes de concerts, les restaurations d'orgues historiques et la construction d'instruments nouveaux de toutes tailles, la publication du gigantesque inventaire national des orgues comptent parmi les signes de cette renaissance, qui se manifeste plus encore par l'éclosion d'une jeune et brillante écoles d'instrumentistes.

S'inscrivant dans ce courant, ce Guide de la musique d'orgue s'est donc fixé d'apporter une documentation aussi complète que possible, dans la présentation simple et maniable qui est celle des Indispensables de la musique. Plusieurs milliers d'œuvres de deux cent cinquante compositeurs y sont commentées. Remontant aux éditions originales ou aux meilleures publications modernes, les auteurs de ces notices ont voulu offrir aux lecteurs un faisceau d'informations en partie inédites en français et au fait des travaux les plus récents de la musicologie.

Mais l'objet de cet ouvrage a mené à lui donner quelques orientations spécifiques. En effet, la facture de l'orgue et ses caractéristiques esthétiques ont considérablement évolué au long du demi-millénaire que couvre l'histoire de sa musique ; elles sont indissolublement liées à la nature même des œuvres qui lui ont été dédiées, à leur langage sonore, et ne pouvaient demeurer ici dans l'ombre. Cependant, plutôt que d'isoler en un volumineux chapitre un aperçu sur l'évolution technique et esthétique de l'instrument, on a préféré évoquer les principales étapes de celle-ci chaque fois qu'elles paraissaient nécessaires à une meilleure approche de la musique. De même, liées à un instrument donné ou à un type d'orgue, les œuvres le sont aussi le plus souvent, dans le passé du moins, à une fonction liturgique, voire sociale. C'est donc en relation avec quelques données historiques et religieuses autant qu'esthétiques qu'ont dû être envisagés bien des compositeurs. En filigrane de ces notices ponctuelles, on verra ainsi s'esquisser les éléments d'une histoire de l'orgue et de sa musique.

Mais en recherchant dans nos commentaires la précision autant que la concision, on ne pouvait éviter le recours à un certain nombre de vocables techniques propres à l'écriture musicale comme à l'instrument. Pour les plus spécifiques d'entre eux, ces termes font l'objet d'une brève définition dans le glossaire en fin de volume. Il est évident que des explications plus détaillées et plus complètes pourront être trouvées dans les dictionnaires et encyclopédies, de même que dans les ouvrages spécialisés, dont nous donnons une liste succincte.

Malgré les inévitables lacunes et imperfections inhérentes à ce type d'ouvrage, nous pensons que notre objectif sera atteint s'il a aidé à mieux connaître un vaste répertoire et à y tenter de nouvelles découvertes.

G.C.

Cet ouvrage est dédié
à la mémoire de
François Pigeaud

Les exemples musicaux ont été réalisés par Nanon Bertrand.

SEBASTIAN AGUILERA DE HEREDIA

Baptisé à Saragosse, le 15 août 1561 ; mort dans cette même ville, le 16 décembre 1627. Lorsque Aguilera lui-même, dans certaines copies de son recueil de 1618, s'intitule « Caesaraugustano presbytero », sans doute fait-il allusion à son lieu de naissance, probablement, donc, Saragosse. S'il est presque certain que sa formation musicale se fit dans cette ville, sa carrière débuta cependant à Huesca où, en 1585, il est nommé organiste de la cathédrale. Il restera à ce poste jusqu'au 29 septembre 1603, date à laquelle il devient prêtre et organiste principal de la cathédrale La Seo de Saragosse. Au début de l'année 1604, en raison même de sa notoriété, il est dispensé d'assister aux services du chapitre, à l'exception des jours de fêtes. Prenant un intérêt tout particulier à la facture d'orgue, il fait restaurer sous son contrôle l'instrument de la cathédrale. En décembre 1620, il fait nommer comme organiste-assistant l'un de ses élèves, José Ximénez, qui ainsi lui succédera à sa mort.

Sebastian Aguilera de Heredia ouvre le XVIIe siècle espagnol, l'essentiel de son œuvre d'orgue ayant très certainement été composé après son installation à La Seo. Il fut le chef de file et principal représentant de l'école dite aragonaise (ou *castellano-aragonesa*), laquelle étendra son aire d'influence jusqu'en Catalogne et à Valence. Qu'elle soit écrite pour les voix ou pour l'orgue, toute son œuvre est destinée à l'église : Heredia fut en son temps célèbre pour son recueil *Canticum Beatissimae Virginis deiparae Mariae*, publié en 1618 et comportant 36 adaptations du *Magnificat*, nombre considérable pour l'époque, répartis pour l'essentiel en quatre groupes de huit adaptations (une par ton), respectivement à 5, 6, 8 et 4 voix (avec alternance chant/versets polyphoniques).

L'œuvre d'orgue se situe dans la tradition (surtout du *tiento*) ouverte par Cabezón et Santa Maria, mais s'oriente également vers la nouveauté, notamment dans l'emploi du clavier *partido* autorisant les *tientos* sur demi-registres, genre qui culminera avec Cabanilles. Les *tientos* de Heredia sont, comme chez tous les maîtres espagnols et portugais, de plusieurs genres*.

Le premier (auquel appartiennent trois d'entre eux) est celui dit de *falsas*, appellation dont il semblerait que Heredia l'ait employée le premier : œuvres polyphoniques denses et relativement lentes, faisant intervenir de fortes et nombreuses dissonances, des progressions harmoniques inattendues, des intervalles inusités, de fausses relations, etc. Les trois pièces concernées s'intitulent *Tiento de 4. tono de falsas* (deux, monothématiques), et *Falsas de 6. tono*. Cette dernière pièce, exemple parfait du genre, rappelle les *Toccatas pour l'élévation* d'un Frescobaldi (avec lequel Aguilera de Heredia présente une certaine parenté d'attitudes) : le thème, strictement travaillé à quatre voix, exposé en entier ou à demi tout au long de la première partie, s'efface devant un « second thème » tiré d'un motif de cadence du premier.

Le deuxième groupe de *tientos* est constitué de cinq pièces « monothématiques », dont un *Tiento grande* remarquable par l'enchaînement de ses quatre sections contrastantes, ses audaces rythmiques et ses changements de mesure. D'une manière générale, le thème peut soit être utilisé sans modification sur un contrepoint aux figurations variées de l'accompagnement, soit évoluer de section en section, notamment par changement de mètre ou par augmentation. Ce thème unique peut, il est vrai, après une première exposition complète, se trouver renversé, et donc donner naissance d'une certaine manière à un nouveau thème, ou bien se parer de bribes de thèmes nouveaux qui cependant ne sauraient entièrement mériter cette appellation de thème. La première de ces cinq pièces s'intitule *Obra de primero tono* ; elle enchaîne les deux sections traditionnelles. Le thème de la pre-

* Voir à *Cabezón*.

mière, à 4/4, présente une progression caractéristique quant aux valeurs de notes (une ronde, deux blanches, deux noires) ; la seconde, avec changement de mesure, celle-ci passant à 3/2, privilégie dans son écriture à quatre voix l'une d'entre elles, le plus souvent la basse, laquelle évolue en degrés conjoints ascendants sur des tenues harmoniques des autres voix. Les autres pièces sont intitulées *Obra de 1. tono, Tiento grande de 4. tono* (parfois dit le *bueno*), *Obra de 8. tono por gesolreut*, enfin *Tiento de 8. tono por delasolre* (avec pour ces deux dernières œuvres l'emploi de l'ancienne terminologie se rapportant aux « tons ecclésiastiques »).

Le troisième et dernier groupe de *tientos* est, historiquement, peut-être le plus important puisqu'il concerne ces fameux *tientos de medio registro*. L'innovation technique, capitale dans l'histoire de l'orgue ibérique, de la partition du clavier (souvent unique) de l'instrument, apparue dans les années 1560-1570, permettait d'opposer, sur le même clavier et avec des registrations différentes, une partie soliste — chez Aguilera de Heredia, toujours à la main gauche — à un accompagnement. Les œuvres de Heredia relevant de ce genre sont au nombre de quatre. Trois sont pour une basse simple : premier et second *Bajo de 1. tono*, *Registro baixo de 2. tom*. Le quatrième est pour deux voix de basse, *Dos bajos de 8. tono* ; l'équilibre qui y règne entre les deux basses solistes, en constant dialogue avec les deux dessus d'accompagnement, évoque puissamment les quatuors pour vents de la Renaissance. On perçoit ici de la manière la plus claire cette position charnière de Aguilera de Heredia dans l'histoire de la musique ibérique, à la fois dans la droite ligne de la tradition et aux portes du baroque instrumental, comme le prouve aisément son écriture déliée, riche et vive, toujours brillante dans le cas des *tientos partidos* mais nullement tentée de tomber dans la virtuosité facile et convenue.

Une œuvre se trouve isolée dans le catalogue de Heredia, l'*Obra de 8. tono : Ensalada*. Genre proche du *quodlibet, l'ensalada* était à l'origine un mélange, dans une pièce vocale, de plusieurs langues et de diverses mesures dans la versification. A la suite de cette forme mixte se développa l'*ensalada* pour orgue, dans laquelle on veut voir les prémices de la *batalla*, comme cette pièce, unique chez Aguilera, y invite effectivement. L'œuvre enchaîne cinq sections assez courtes, de mètres différents, et présente déjà ces appels de trompette typiques de la *batalla*, ainsi que certains effets d'écho et autres rythmes dansants enchaînant par exemple 3 + 3 + 2 ou 2 + 3 + 3. On observera que l'appellation *obra* se substitue déjà chez Aguilera, parfois, à celle de *tiento*, comme dans cette dernière pièce qui adopte en fait l'une des nombreuses formes de ce genre espagnol par excellence.

Pour finir, nous trouvons quatre pièces reposant sur des hymnes religieuses alors populaires en Espagne. Tout d'abord deux *Salve regina*, l'un intitulé *Salve* (ou *Salbe*) *de lleno de 1. tono*, l'autre *Salve de 1. tono por delasolre* ; ce dernier n'utilise que le début de la mélodie du plain-chant (ses quatre premières notes), sur lesquelles Aguilera élabore une véritable fugue, bien développée, forme alors aussi courante chez les organistes allemands que rare en Espagne. Si la structure évoque une influence étrangère, l'esthétique de la pièce (les diverses figures ainsi que les rythmes caractéristiques 3 + 3 + 2) est bien dans la manière espagnole. Enfin les deux *Pange lingua*, hymne utilisée lors de la Fête-Dieu (vêpres et procession) : *Pange lingua a tres sobre tiple*, morceau également appelé *La Reina de los Pange linguas*, tant l'œuvre est d'une beauté saisissante. L'hymne, sobrement déclamée selon une alternance de valeurs longues et brèves, est exposée à la voix supérieure *(sobre tiple)*, tandis que les deux autres voix lui répondent en imitations. *Pange lingua a tres sobre bajo por cesolfaut* — donc également à trois voix, mais avec l'hymne à la voix inférieure *(sobre bajo)* : « une autre version de cette hymne de la vieille Espagne, également mise en musique par Cabezón, d'un effet plus léger du fait des figurations ici confiées à la voix supérieure. Les voix intermédiaires contrepointent note contre note, puis, au bout de 21 mesures, la pièce reprend au début — signe qu'elle était comprise comme accompagnement des diverses strophes de l'hymne » (I. Krüger, dans le commentaire de son enregistrement).

Signalons également que cinq *Tientos llenos* (des 1er, 5e, 6e, 7e et 8e tons) anonymes sont parfois attribués à Sebastian Aguilera de Heredia, ainsi qu'un *Tiento de batalla*.

M.R.

JEHAN ALAIN

Né à Saint-Germain-en-Laye le 3 février 1911 ; mort à Petit-Puy (près de Saumur), le 20 juin 1940. Jehan-Ariste Alain a bénéficié d'une double hérédité musicale. Son père, Albert Alain, était organiste et compositeur. Sa grand-mère maternelle, Alice Alberty, pianiste de talent, avait travaillé avec Mme Szavardy, élève de Chopin. Le père enseigne à ses enfants les rudiments du solfège, du piano, de l'orgue et les premières notions de l'harmonie. Mais Jehan est confié, pour un approfondissement de la technique pianistique, à Augustin Pierson, titulaire de la cathédrale Saint-Louis à Versailles. L'évidence de ses dons musicaux amène sa famille à interrompre les études secondaires du jeune homme pour l'inscrire au Conservatoire de Paris. Il y restera élève dix ans, de 1929 à 1939. La longueur inusitée de ce parcours s'explique amplement par de graves ennuis de santé (en 1932, une pneumonie l'avait rendu très fragile), une année de service militaire (1933-1934 à Nancy), son mariage en 1935 et la nécessité de gagner sa vie très tôt — il est organiste à Maisons-Laffite et à la synagogue de la rue Notre-Dame-de-Nazareth à Paris, tout en donnant de nombreuses leçons particulières et quelques cours à l'école Saint-Erembert. Une allergie avérée pour les concours académiques ne l'empêche cependant pas de remporter les premiers prix d'harmonie chez André Bloch (1933), de fugue dans la classe de Georges Caussade (1933) et d'orgue dans la classe de Marcel Dupré (1939). Mais la récompense suprême en classe de composition (Paul Dukas, puis Roger-Ducasse) lui échappe, ce qui ne manque pas de sel... Heureusement, en 1936, les « Amis de l'Orgue » couronnent sa Suite pour orgue. *C'est le 3 septembre 1937 que se produit l'accident de montagne qui coûte la vie à sa sœur Marie-Odile et qui traumatise la famille Alain — Jehan tout particulièrement. Septembre 1939 : la guerre le happe. Mobilisé dans l'Aisne, il y passe la « drôle de guerre ». Puis, en mai 1940, c'est l'affrontement en Belgique, comme agent motocycliste de liaison, la retraite vers Dunkerque, l'embarquement pour l'Angleterre, le retour dès le 7 juin et la mort héroïque à Saumur.*

Il est important, pour saisir le « phénomène Jehan Alain », de se souvenir que toute son œuvre a été écrite en un laps de temps très court, de 1929 à 1939, autrement dit par un élève du Conservatoire entre dix-huit et vingt-huit ans. Or, ce corpus est considérable : 120 pièces achevées, sans compter 11 pièces inachevées et 8 transcriptions.

Le quart de cette œuvre est consacré à l'orgue — ce « cinquième enfant » de la famille Alain, et pas le moins choyé*! Mais le piano compte quelque 26 pièces, la musique de chambre six ouvrages (dont les merveilleux *Trois Mouvements* pour flûte et piano et l'*Intermezzo* pour basson et deux pianos), et la musique vocale est riche d'une *Messe en septuor*, d'une *Messe de Requiem*, de la *Prière pour nous autres charnels* et de plusieurs petits motets.

« Sa correspondance, ses notes personnelles, ses dessins ou ses essais poétiques révèlent aussi une vie intérieure palpitante, une générosité, une richesse de cœur qui irradient toute sa musique » (G. Cantagrel). A cette surabondance de dons, il faut ajouter un humour, une ironie qui, selon ses propres termes, « seuls, rendent la vie supportable aux êtres sensibles ». Et pour mieux cerner les contours d'une personnalité insaisissable, Denise Launay** n'a sans doute pas tort de comparer Alain à ces multiples personnages : Ariel, esprit léger et subtil, Mercutio, improvisateur étourdissant, Cocteau, artiste aux talents multiples, et le profond Eusébius indissolublement lié au fantasque Florestan. Encore faudrait-il leur associer le clown acrobate, le fervent chrétien. Mais les mots devraient s'effacer devant une musique qui

* Voir à *Olivier Alain*.

** Denise Launay, « Jehan Alain » in *Grand-Jeu*, Rennes, avril 1981.

est sans doute l'exact reflet d'une personnalité et d'une nature aussi ardentes.

Cet improvisateur follement doué a cependant, pour notre bonheur, fixé sur le papier quelques instantanés d'un songe musical perpétuellement éveillé, fruit d'une imagination sans bornes. Un trait de caractère nous semble particulièrement émouvant : Jehan Alain écrivait avec l'urgence fébrile de ces jeunes créateurs barrés par le Destin, Mozart, Schubert... « Il écrivait très vite, au jour le jour, sur un coin de table, dans un train, tenant une sorte de "Journal musical" dans de petits cahiers de papier blanc qu'il fabriquait lui-même, traçant les portées avec une plume à cinq becs au fur et à mesure de l'inspiration. [...] Même ses manuscrits écrits au crayon sont pratiquement exempts de ratures*. » Tout Jehan Alain n'est-il pas dans ce compositeur refusant d'enserrer sa pensée dans un papier réglé, mais la laissant couler, fluide, naturelle, généreuse, musiques entremêlées de citations saisies au fil d'une lecture ou de dessins merveilleusement suggestifs ? Jehan Alain ne craignait pas la « page blanche » : elle lui permettait de s'éclipser discrètement en nous laissant dans le sillage de sa rêverie — inconsolables...

L'œuvre pour orgue

Nulle mieux que Marie-Claire Alain** n'a expliqué l'idéal sonore de son frère en matière d'orgue. « L'orgue "selon son cœur" était celui que construisait son père dans la maison familiale de Saint-Germain-en-Laye, et la plupart des indications de registration écrites de sa main correspondent à cet instrument, dont voici la composition vers 1938 :

Grand-Orgue : bourdon 16', montre 8', flûte harmonique 8', prestant 4'.

Positif : salicional 8', cor de nuit 8', gros nazard 5' 1/3, flûte douce 4', nazard 2' 2/3, quarte de nazard 2', tierce 1' 3/5, larigot 1' 1/3.

Récit : quintaton 16', flûte conique 8', viole de gambe 8', voix céleste 8', salicet 4', quinte 2' 2/3, flûte 2', cromorne 8', hautbois 8'.

Pédale : soubasse 16', bourdon 8', flûte 4', cornet (4') III.

Cet instrument — quelque peu hétérodoxe — explique parfaitement toutes les pièces douces, toutes les registrations de détail. Il n'explique pas les grandes fresques [...] ni ces perpétuels changements sonores [...]. Ces changements ne sont, à mon avis, rien d'autre que la manifestation de l'insatisfaction perpétuelle de l'artiste à la recherche d'une saveur qu'il ne pouvait obtenir. Il faut avoir connu les orgues des années 1925 à 1940 pour réaliser à quel point un jeune, épris de création, pouvait s'y sentir frustré ! »

Marie-Claire Alain fait aussi observer que les proportions sonores ne sont pas les mêmes sur cet instrument de salon que dans un orgue d'église, et qu'il est donc obligatoire de transposer certaines registrations pour rétablir l'équilibre voulu par Jehan Alain. De plus, cet orgue avait la particularité de posséder un pédalier divisé, l'octave grave donnant toujours les jeux de 16 à 8 pieds, tandis que la partie aiguë pouvait être jouée sur un jeu de solo de 4 pieds. Cela explique certaines indications de registrations autrement incompréhensibles, dans le *Lamento* et l'*Intermezzo*.

Malgré la profonde et singulière originalité de son génie, Jehan Alain a naturellement abreuvé son inspiration à des sources vitales pour ses talents. En voici quelques-unes.

Le chant grégorien, d'abord. Le cocon familial, le « métier » d'organiste (qu'il s'agisse de suppléer dès l'enfance son père ou d'assumer ses propres responsabilités), l'enseignement de la classe de Dupré, autant d'éléments qui ont enrichi son goût pour la liberté rythmique du grégorien et ses mélismes alléluiatiques. Un caractère d'intimité un rien mélancolique, un chant souple, serein, libre, voilà ce dont le grégorien a imprégné la fibre créatrice de Jehan.

L'Exposition coloniale de 1932. De même que son compatriote Claude Debussy (lors de l'Exposition de 1889), l'élève frondeur d'un Conservatoire efficace mais empesé a ressenti dans cette Exposition un choc salutaire. En découvrant dans ces musiques du Maroc ou de l'Inde des rythmes obsessionnels de danse, des dessins mélodiques inusités avec leurs intervalles augmentés, des échelles

* Marie-Claire Alain, Notes inédites.

** Marie-Claire Alain, notice accompagnant l'enregistrement intégral de l'œuvre de Jehan Alain — disques Erato.

modales inouïes, des timbres instrumentaux exotiques, la nonchalance étudiée d'une improvisation qui joue avec le temps, le jeune compositeur a sans doute compris la nécessité pour lui d'user de sa liberté créatrice.

La musique ancienne : de multiples exemples attestent son goût pour la musique et les instruments anciens. Il revient enthousiaste d'une visite, en 1937, au fameux orgue du Petit-Andelys (XVIIe siècle français, alors intouché) et presse son père d'ajouter un larigot au Positif de l'orgue familial (jeu à l'harmonisation duquel il participe). L'œuvre qui naît de cet enthousiasme, les *Variations sur un thème de Clément Jannequin*, porte en suscription : « doit être jouée comme les préludes dont parlait Couperin ». Il transcrit pour orgue les pièces de guitare de François Campion et, pour diverses formations, des œuvres de Clérambault, Bach ou Haendel. Il recopie une *Canzona* de Gabrieli*. J. Alain a écrit : « La musique moderne s'apparente plus directement à la musique ancienne que la musique romantique ou classique. Par le simple jeu de l'orthographe musicale, on doit pouvoir passer insensiblement de l'une à l'autre et conserver la fraîcheur et la tendresse de la musique du XVIe siècle. » Quelle merveilleuse lucidité eût apportée Jehan Alain à la résurrection « baroqueuse » de notre époque !

Le jazz, enfin. Deux réflexions d'Alain traduisent son attirance pour une forme de musique qu'un jeune homme des années 1925-1940 ne *pouvait* pas ignorer : « Maintenant, j'aimerais entendre une musique endiablée, un jazz qui ne contiendrait que des trompettes, qui claquerait comme un grand vent. » Et « le jazz, qui m'attire, bien que je le redoute, m'a appris certaines équivoques rythmiques qui traduisent bien ma pensée ».

Mais certaines influences doivent être minimisées, voire exclues. Au Conservatoire, si Jehan a absorbé avec plaisir l'enseignement de Georges Caussade pour la fugue**, il semble avoir retiré peu de profits des classes de composition de Paul Dukas et Roger-Ducasse, et entretenu des rapports conflictuels avec Marcel Dupré, personnalité, il est vrai, diamétralement opposée. Les contacts avec Messiaen ont été épisodiques, presque distraits. Quant à Bartók ou Schönberg, il ne faut pas oublier, comme le rappelle Olivier Alain, « qu'avant 1940, ils n'étaient pour ainsi dire jamais joués en France. Leur influence fait donc totalement défaut dans l'œuvre de Jehan. Et quant à Stravinsky, Jehan n'a pas dû en connaître beaucoup d'œuvres*** ».

Enfin, si les qualités relevées par G. Cantagrel, « une délicatesse exquise, une pudeur toute française, une peur consanguine du trop-dire couronnées par un sens de l'humour capable de couper court à toute effusion excessive », si ces qualités appartiennent aussi bien à Debussy qu'à Alain, la brièveté tragique de la vie d'Alain ne rend que plus touchante cette œuvre semée au bord de l'abîme, avec la grâce fragile d'un funambule. Elle réclame de l'interprète naturel et mobilité, imagination et don fraternel, « *rubato* actif » et engagement personnel, juvénilité et gravité. Jehan Alain soulignait lui-même : « Ce serait pour moi une très grande joie si l'un de vous, lecteurs, se retrouvait lui-même, tout à coup, dans l'une de ces lignes : qu'il s'arrête, touché, et qu'il s'en aille en ayant reçu un peu de cette douceur qui vous baigne lorsqu'on a croisé un regard ami. »

Nous examinerons les pièces par ordre chronologique afin de mieux illustrer ainsi l'évolution et les recherches du compositeur. Dans toute la mesure du possible, nous placerons en exergue les commentaires de l'auteur lui-même, ainsi que ceux empruntés aux notes inédites de sa sœur Marie-Claire Alain.

Berceuse sur deux notes qui cornent (1929)

Délicieuse pièce de circonstance qui d'un incident mécanique (*do* dièse et *ré* dièse coincés) fait une berceuse pleine de tendresse et de saveur harmonique. L'œuvre existe aussi en version piano sous le titre *Étude de sonorité sur une double pédale*.

Durée d'exécution : ~ 3 mn

* Collection personnelle de l'auteur.

** Et peut-être de Maurice Emmanuel pour l'histoire de la musique.

*** Olivier Alain, notice de l'enregistrement de l'œuvre pour piano, disque FY.

Ballade en mode phrygien (1930)

Phrygien désigne ici un mode grec dans la classification de Maurice Emmanuel, insistant sur l'intervalle *la-si* bécarre, dans l'échelle de *ré*. La pièce juxtapose une exposition A-B-A, un choral à quatre voix sur la voix humaine solo et une réexposition soutenue par la pédale.

Durée d'exécution : ~ 2 mn

Postlude pour l'office de complies (1930)

Inspirée par l'office de complies, chanté à la nuit, par des voix de femmes, dans la chapelle de l'abbaye de Valloires (Somme), la pièce égrène rêveusement, sur la pulsation lente d'une berceuse, des fragments de mélodies grégoriennes. Le salicional du Grand-Orgue dialogue avec le nasard du Positif. Une résonance artificielle est créée par un subtil décalage des deux mains. Comme Maurice Duruflé ou Jean Langlais en leurs meilleures réussites, Alain exprime du grégorien cette liberté rythmique que les neumes confèrent aux mélismes. Il en usera adroitement tout au long de son œuvre, mais le *Postlude* reste un miracle de poésie suggestive, un parfum de musique.

Durée d'exécution : ~ 4 mn 30 s

Lamento (1930)

En complète opposition avec la sérénité du *Postlude*, ce *Lamento* apparaît tourmenté, complexe dans son écriture à cinq ou six voix, sa basse perpétuellement à contre-temps, ses imitations et son canon entre soprano et première basse. Marie-Claire Alain n'a sans doute pas tort d'y déceler des relents de franckisme (construction des motifs, harmonies et procédés canoniques). Rappelons que la même année, Jehan produisait un choral pour piano sous-titré « Seigneur, donne-nous la paix éternelle ».

Durée d'exécution : ~ 4 mn

Complainte à la mode ancienne (1932)

Petite invention à deux voix, très facile et soigneusement doigtée par Jehan qui précise : « Pour que Poucette [sa sœur Marie-Claire] joue l'orgue de Valloires ».

Durée d'exécution : ~ 2 mn 30 s

Grave (1932)

Feuillet d'album exposant les quatre entrées successives d'un beau thème mélancolique. Mais après avoir atteint un point culminant, l'œuvre s'éteint rapidement, donnant l'impression que le jeune compositeur n'a pas eu le temps d'aller au bout de son idée.

Durée d'exécution : ~ 2 mn

Petite pièce (1932)

Pour la première fois, on y trouve une recherche de notation caractéristique d'Alain : le trait vertical placé sur une note ou un accord (à la manière de l'épisème horizontal du grégorien) pour indiquer un léger allongement dans la durée. La pièce est sans prétention, mais remarquablement construite : une procession de sixtes parallèles, répétée quatre fois, amène un thème qui flotte sur une souple arabesque à la main gauche. Celle-ci se fige sur une sorte de pédale brodée tandis que le motif en sixtes réapparaît. Un triple canon, bref mais dense, conclut sur un accord sans tierce.

Durée d'exécution : ~ 3 mn

Variations sur l'hymne Lucis Creator (1932)

L'intense travail d'écriture contrapuntique que le jeune musicien s'imposa sous la férule de G. Caussade, avant d'obtenir son prix en 1933, trouve ici un résultat d'une haute musicalité. Un thème sévèrement harmonisé est suivi par une variation très fluide malgré la rigueur du contrepoint ; la seconde variation, intitulée *thema fugatum*, est en réalité une belle fugue d'école à trois voix, concluant par l'augmentation du sujet. Le maître perce sous l'élève.

Durée d'exécution : ~ 4 mn

Chant donné (1932)

Ce « devoir d'harmonie » confère une délicieuse saveur harmonique à une mélodie quasi stagnante sur les deux notes *la* et *si*. L'harmonie plantureuse de ce faux

« choral » n'est pas sans évoquer César Franck.

Durée d'exécution : ~ 1 mn

Premier prélude profane (1933)

« Après cette nuit encore une autre. Et après une autre, une autre encore... et après... » (J.A.). C'est la transcription d'une pièce écrite primitivement pour le piano et registrée ensuite par Albert et Marie-Claire Alain. La première partie est une exposition binaire, enchaînant un thème (4 mesures), un commentaire (4 mesures), une deuxième exposition du thème, une octave au-dessus (4 mesures), un deuxième commentaire plus développé, deux canons à une croche d'intervalle amenant une deuxième partie qui reprend exactement le même schéma que la première (4 × 4 mesures) mais avec l'animation de doubles croches, l'œuvre sombrant progressivement dans le grave. Alain transcrira cette pièce pour quintette à cordes (avec deux violoncelles).

Durée d'exécution : ~ 3 mn

Deuxième prélude profane (1932)

« Ils ont travaillé longtemps, sans relâche et sans espoir. Leurs mains sont devenues épaisses et rugueuses. Alors, peu à peu, ils ont pénétré le grand rythme de la vie » (J.A.). Pièce douloureuse, étrange, hésitante avec son absence de barres de mesures. Sa forme d'arche passe par un crescendo quasi désespéré, et la conclusion (un accord de sixte répété trois fois en diminuendo) résonne comme une question sans réponse : il n'y a même pas de double barre finale...

Durée d'exécution : ~ 3 mn

Première Fantaisie (1932)

« Alors au Ciel lui-même, je criai pour demander comment la destinée peut nous guider à travers les ténèbres. Et le Ciel dit : « Suis ton aveugle instinct » (Omar Khayyam). Marie-Claire Alain ajoute que la dédicace de la pièce pour piano *Choral* pourrait aussi bien s'appliquer à cette Fantaisie : « Je veux la terre carrée. Je veux déchirer ce bleu du ciel. Je veux voir derrière... Je veux que mes tempes se rompent sous des monstruosités déraisonnables... Seigneur, donne-moi la paix éternelle » (J.A.). Ce cri de détresse, quasi animal, est tempéré par la notation humoristique de Jehan écrivant sur la triste phrase finale, à l'intention de sa petite sœur : « Un'gross' locomotiv' avec un tout p'tit tender »! Ici intervient pour la première fois chez Alain, comme procédé de développement, l'utilisation systématique d'un thème unique, toujours repris avec une présentation rythmique différente, voire complètement déformé. L'effet produit par ces grandes clameurs, ces décharges de foudre débouchant sur une réponse énigmatique, est proprement saisissant. Quel instinct musical!

Durée d'exécution : ~ 4 mn 30 s

Deux danses à Agni Yavishta (1932-1934)

Inspirées par les visites au pavillon des comptoirs français de l'Inde, lors de l'Exposition coloniale de 1932, ces danses évoquent le dieu du Feu. Dans la première, le feu pétille sur un ostinato de quintes à vide. L'harmonie étincelle, acide; le rythme ondule ou bondit souplement, la mélopée obstinée crépite sèchement en atteignant le suraigu. Dans la seconde, c'est la lutte sournoise de la cendre et du feu (Alain aurait-il connu *L'Enfant et les sortilèges*?). La lente reptation d'accords de plus en plus épais étouffe inexorablement les dernières flammèches lumineuses.

Durée d'exécution : ~ 4 mn

Choral cistercien (1934)

Le titre original est : « Choral pour une Élévation ». C'est encore un fugitif souvenir de l'abbaye de Valloires, bref verset contemplatif, en mode de *ré* transposé sur *mi*, les deux mains évoluant dans la même tessiture très restreinte.

Durée d'exécution : ~ 1 mn 30 s

Le Jardin suspendu (1934)

« Le Jardin suspendu, c'est l'idéal perpétuellement poursuivi et fugitif de l'artiste, c'est le refuge inaccessible et inviolable » (J.A.). L'un des manuscrits porte en sous-titre « Chaconne ». Cette page d'une étonnante nouveauté sonore pour l'époque conserve un charme magique, dû autant à la qualité des idées (le thème proprement dit, les arabesques) qu'à l'originalité de la registration, toute en douceur (flûte 4' solo, flûte 4' et gros nasard 5' 1/3, flûte 4' et nasard, nasard solo). Un seul *ut* grave de 32' au pédalier suffit à ébranler l'atmosphère à la manière d'un gong oriental. Un enchantement !...

Durée d'exécution : ~ 6 mn

Climat (1934)

En quelques mesures, Alain s'envole au pays des rêves. Une première section se balance mollement en 6/8, une seconde donne l'impression d'un ralenti cinématographique, sur un très classique mouvement dominante-tonique à la pédale.

Durée d'exécution : ~ 3 mn

Andante (1934)

Transcrit par l'auteur de la *Suite monodique* pour piano. Alain crée astucieusement autour de la ligne monodique le halo d'une réverbération artificielle. Le procédé sera souvent repris par la suite.

Durée d'exécution : ~ 4 mn

Fantasmagorie (1935)

Selon son éditeur, Th. D. Schlee*, « il faut considérer cette pièce comme la première élaboration des idées principales des *Litanies*. On lit, sur le manuscrit, de la main d'Alain : "Les meilleurs fragments ont été utilisés dans la pièce d'orgue *Supplications*." Le titre primitif des *Litanies* était donc *Supplications*. [...] Par ailleurs, il faut savoir que le caractère original de cette pièce était éminemment humoristique [comme en témoigne] un dessin d'Alain à la fin du texte musical et représentant une vache dansant sur un pré ! ». Là encore, la registration est si originale (la main droite sur le bourdon 16' du Grand-Orgue, et la main gauche sur la flûte 4' du Récit) que Jehan Alain se sent obligé de préciser dans une note : « Jouer à l'endroit marqué sur le clavier sans s'occuper de la hauteur du son. »

Durée d'exécution : ~ 3 mn

* Thomas-Daniel Schlee, Quatre pièces inédites de Jehan Alain, Éd. Universal, Vienne, 1980.

De Jules Lemaître (1935)

« L'angoisse de sentir sa plainte expirer dans l'isolement, la soif d'être aimé et la crainte d'aimer trop douloureusement ». Cette citation de Lemaître prélude à une pièce quasi immobile dont l'atmosphère raréfiée amène progressivement à un unisson dénudé.

Durée d'exécution : ~ 3 mn

Intermezzo (1935)

La première version pour deux pianos et basson fut écrite pour le concours de composition du Conservatoire en 1934. La transcription pour orgue a aussi porté le titre de *Fileuse*. D'une rare difficulté d'exécution (avec en particulier ses 3 pour 2 dans la même main, sa double pédale, ses rapides changements de claviers, etc.), l'œuvre, pensée pour l'« orgue Alain », avec son fameux pédalier coupé, est aussi difficile à registrer. Savamment travaillée, elle réussit même le tour de force de combiner ses trois éléments essentiels : A (le tourbillon de la fileuse), B (le thème principal) en canon avec lui-même et C, effusion très lyrique. Scintillante et mobile, colorée et mélancolique, c'est une œuvre caractéristique de Jehan Alain.

Durée d'exécution : ~ 5 mn 30 s

Choral dorien et choral phrygien (1935)

Parmi les rares œuvres publiées du vivant de leur auteur, elles suivent donc la classification de Maurice Emmanuel pour les modes grecs. Le premier hisse en une mélancolique procession un beau thème vers un point culminant d'intensité. Une adroite trouvaille continue à faire monter le thème alors que l'intensité décroît pour se fondre dans le silence. Le second choral expose deux fois sa mélodie accompagnée « dans le style choral ».

Durée d'exécution : ~ 4 mn 30 s et 3 mn 30 s

Prélude et fugue (1935)

L'œuvre sonne comme un hommage à l'orgue classique. Le Prélude, pratiquement non mesuré, rappelle la liberté de Louis Couperin, et la registration « pointue » (cornet sans 4 ' mais avec larigot) donne aux traits un caractère acide dans l'aigu. Les cadenzas sont notées, mais réclament une extrême liberté d'exécution. La Fugue mêle délicieusement la rigueur de l'école et des audaces que n'auraient pas reniées un Berg ou un Webern...

Durée d'exécution : ~ 6 mn

Suite (1934-1936)

Alors que le Conservatoire refusait une récompense à l'*Intermezzo*, les « Amis de l'orgue de Paris » accordaient une juste revanche à Alain en décernant un prix de composition à sa *Suite pour orgue*. « Certainement œuvre la plus élaborée de J. Alain, elle donne une bonne idée de ce qu'eût pu être sa musique, s'il avait eu le temps de « travailler » ses œuvres au lieu de les jeter sur le papier sous forme de Notes » (M.-C.A.). L'œuvre débutait primitivement par les *Variations*; l'*Introduction* a été ajoutée après coup.

1. INTRODUCTION ET VARIATIONS. L'auteur précise « doux et fluide », ajoutant qu'il faut « des sonorités fines qu'on peut entrecroiser dans la douceur et qui donnent un tissu transparent et fluide dans les doigts, comme un voile de soie ». Les images qui s'imposent sont l'eau qui coule, le sable filant entre les doigts, les nuages qui se font et défont dans le ciel. Dès le début, le thème des variations est suggéré dans le glissement d'accords parfaits diatoniques : la juxtaposition en modulations miroitantes d'accords consonants procure curieusement un effet de dissonance. Les VARIATIONS prendront plutôt la forme d'un rondeau varié que d'un thème varié classique. Ce thème sera réexposé, sous forme variée, deux autres fois, et entre ces trois expositions se placent les deux variations proprement dites. La première superpose de manière acrobatique (avec double pédale!) la tête du thème en croches à un contre-chant en triolets de croches, le tout farci d'imitations canoniques. La seconde semble d'abord se perdre dans les méandres d'une exquise rêverie; mais elle est soudain balayée par la bourrasque d'un crescendo qui coagule un accord très dissonant, une brève transition ramenant la sérénité nostalgique du thème.

2. SCHERZO. Marie-Claire Alain distingue cinq parties, l'idée de génie étant de commencer par... le trio! D'où : trio, scherzo, trio, scherzo, trio. Une tension sauvage, incantatoire habite le scherzo, avec une houle de flux et reflux rythmiques, tandis que le trio développe une sorte de plainte lancinante.

3. CHORAL. « De grandes masses, des montées pesantes, brodées de clameurs... Des ombres abruptes, de grands coups de soleil... Et du vent, du vent... » (J.A.). Il ne s'agit naturellement pas d'un choral luthérien, mais d'une pièce écrite dans le style vertical d'un choral, somptueusement harmonisé jusqu'à six voix. « L'auteur voulait pour cette œuvre une registration "hurlante", dans l'esprit de l'orgue médiéval » (M.-C. A.). Et avec une pudeur typique d'Alain, le choral conclut par un *tutti* sur le plan le plus lointain (Récit, boîte fermée).

Durée d'exécution : ~ 17 mn

Deuxième fantaisie (1936)

« C'est au folklore d'Afrique du Nord que l'auteur emprunte son inspiration : le thème C, rapide, coupé d'accents et de ports de voix, est familier à tous ceux qui ont visité le Maroc. Ils l'ont entendu soit sur le petit hautbois du charmeur de serpent, soit clamé par le muezzin, du haut du minaret » (M.-C. A.). Quoique dénommée fantaisie, sa forme tripartite (exposition, développement, réexposition) apparaît clairement. Trois thèmes : A est une de ces mélodies rêveuses dont Alain a le secret; B, plus lourd, comme attaché à la glèbe, est fortement teinté de chromatisme; C est la mélopée arabe déjà citée. L'œuvre constitue une somme des recherches d'Alain dans les domaines mélodique, rythmique et polymodal. Le solfège classique est parfois impuissant à traduire ces recherches. L'œuvre, enfin, est saisissante par la variété des « climats » qui la composent.

Durée d'exécution : ~ 6 mn

Variations sur un thème de Clément Jannequin (1936)

« Cette pièce doit être jouée comme les préludes dont parlait Couperin... avec fraîcheur et tendresse » (J.A.). C'est un hommage à l'orgue classique français, à la suite de la fameuse visite à l'orgue du Petit-Andelys. Tous les choix y concourent. Celui du thème, d'abord, qui n'est d'ailleurs pas de Janequin, mais d'un anonyme du XVIe siècle, une douce chanson d'amour publiée en 1529 par Pierre Attaingnant, « L'espoir que j'ai d'acquérir votre grâce et de jouir du bien que je pourchasse... ». Choix des registrations, ensuite : on entend successivement un récit de hautbois, un récit de cromorne, un récit de cornet et une tierce en taille. Quel compositeur ressuscitait en 1936 avec une telle pureté l'orgue classique ? Enfin, choix du style d'écriture : dans une lettre inédite, l'auteur réclame de jouer les notes répétées du thème de façon très soutenue, pour imiter le chant, se conformant ainsi à la grande règle de la musique ancienne selon laquelle le chant est le modèle de toute exécution instrumentale. Alain joue aussi de l'alternance mineur/majeur, avec une ornementation écrite en toutes notes, tout en imprimant sa griffe personnelle (en particulier, l'enchaînement dissonant d'accords en eux-mêmes consonants). Dédiée à Pierre Segond, l'œuvre a été créée par l'auteur en 1938 à l'orgue de la Trinité, en même temps que le *Jardin suspendu*, les *Litanies*... et la *Nativité* de Messiaen.

Durée d'exécution : ~ 5 mn 30 s

Litanies (1937).

« Quand l'âme chrétienne ne trouve plus de mots nouveaux dans la détresse pour implorer la miséricorde de Dieu, elle répète sans cesse la même invocation avec une foi véhémente. La raison atteint ses limites. Seule la Foi poursuit son ascension » (J.A.). Dans cette œuvre emblématique d'Alain, sa sœur Marie-Claire entend « une absolue sincérité, un abandon naturel à une frénésie désespérée, parfois coupée de traits humoristiques ». Dans cette dernière remarque, elle fait allusion au rythme des mesures 19, 24 ou 39 qui, selon elle, évoque les chocs irréguliers des roues d'un train sur le ballast. Mais l'envoûtement de cette musique est surtout produit par la répétition implacable, obsédante du schéma rythmique, soit deux fois huit croches réparties ainsi : 3 + 5 / 2 + 4 + 2.

A défaut d'analyse, redonnons la parole à l'auteur conseillant Bernard Gavoty* : « Il faut, quand tu joueras ça, donner l'impression d'une conjuration ardente. La prière, ce n'est pas une plainte, c'est une bourrasque irrésistible qui renverse tout sur son passage. C'est aussi une obsession : il faut en mettre plein les oreilles des hommes... et du Bon Dieu ! [...] Tiens-toi à la limite de la vitesse et de la clarté. »

Durée d'exécution : ~ 4 mn

Monodie (1938)

La mélodie commence dans le style du plain-chant, se colore de polymodalité, ondule en harmonies parallèles et conclut dans le deuxième mode à transposition limitée de Messiaen (rarissime exemple d'influence).

Durée d'exécution : ~ 2 mn

Trois Danses : Joies, Deuils, Luttes (1937-1939)

« Cette idée de la danse hantait toujours Jehan Alain comme étant l'expression musicale et vitale par excellence. [...] Ces trois danses sont certainement un poème de la vie humaine sous ses différents aspects : *Joie* bondissante de l'Enfance, apprentissage de la *Douleur* dans la Matu-

* In Bernard Gavoty, *Jehan Alain, musicien français*. Albin Michel, Paris, 1945, p. 82.

rité et *Lutte* pour la vie qui aide à surmonter la souffrance, dans l'affrontement musical des deux thèmes (*Joies* et *Deuils*). [...] On ne peut nier, dans cette œuvre, l'influence du jazz (*Joies* : 2e thème) qu'il aimait et écoutait volontiers » (M.-C.A.). L'œuvre était prévue par son auteur comme un poème symphonique, mais l'orchestration a été irrémédiablement perdue à sa mort*. Elle nous est parvenue dans sa version pour piano et une transcription pour orgue confiée à Noëlie Pierront.

1. **Joies**. Deux thèmes principaux impulsent le mouvement : une sorte de choral à trois voix (toujours ces fameux enchaînements dissonants d'accords parfaits) et un thème syncopé, très « swing ». Le premier point culminant, dans une exaltation paroxystique, combine les deux éléments. Le deuxième point culminant, au terme d'un *moto perpetuo* de plus en plus houleux, arrache du clavier un véritable *cluster* de trémolos rageurs. La transition est d'une douceur déchirante.

2. **Deuils**. « Pour honorer une mémoire héroïque » (J.A.). Le pressentiment ne peut laisser l'auditeur indifférent. « Cette danse funèbre adopte le principe de l'ostinato. Les 44 premières mesures sont réellement une lente passacaille » (M.-C. A.). Ensuite, un thème élastique fouette le motif de passacaille ; un *molto scherzando* va, « suivant la technique obsessionnelle chère à l'auteur des Litanies, bâtir un crescendo rythmique et compositionnel » (M.-C. A.). Les proportions sont grandioses, le souffle épique. Enfin, la tension se résout progressivement en un unisson funèbre, une mélopée repliée, lovée sur sa douleur.

3. **Luttes**. La pièce est d'abord morcelée, hachée de silences dramatiques. Elle vagabonde, comme un bateau ivre, avec pour voiles des lambeaux de thèmes. Puis une basse obstinée, seulement esquissée dans la première danse, vient lourdement charpenter les décalages rythmiques des mains ; un vent tumultueux (de révolte ? de passion ?) se lève ; le thème funèbre exalte une lutte farouche, mais semble s'effondrer peu à peu, et les accords, violents et secs, de la fin, claquent comme des coups de feu...

Durée d'exécution : ~ 21 mn

* Une orchestration en a été réalisée par Raymond Gallois-Montbrun.

Aria (1938)

On n'a rien écrit de plus frais, de plus malicieusement ingénu que cette aristocratique et nonchalante flânerie. Le bonheur des idées mélodiques, leur sveltesse, leur sérénité le disputent à la subtilité rythmique. Jamais on n'a aussi joliment « joué » avec le temps. On pourra épingler des rythmes « à valeur ajoutée », des silhouettes modales ; cet étiquetage pédant n'ôtera rien, Dieu merci, à la paix doucement ensoleillée de l'ultime œuvre de Jehan Alain.

Durée d'exécution : ~ 7 mn

G.G.

OLIVIER ALAIN

Né à Saint-Germain-en-Laye, le 3 août 1918. Troisième enfant de la « famille Alain », Olivier n'entrera que tardivement au Conservatoire de Paris. D'abord élève de son père, puis parfait autodidacte en matière de piano et d'orgue, il entreprend des études littéraires supérieures interrompues par la guerre. En 1947, il se décide à entrer au Conservatoire de Paris où il remporte en 1951 les prix de composition (classe de Tony Aubin) et analyse musicale (classe d'Olivier Messiaen). Il dirige le conservatoire de Saint-Germain-en-Laye de 1950 à 1964, puis l'école César-Franck de 1964 à 1974. Dès mars 1971, il est inspecteur au ministère de la Culture (plus spécialement chargé des conservatoires). En octobre 1976, il est appelé à fonder le conservatoire national de région de Paris, qu'il dirigera pendant dix ans.

La personnalité pétrie de dons d'Olivier Alain déjoue l'étiquetage. Le pianiste a été un remarquable déchiffreur et un chambriste apprécié. Le critique a signé de nombreux articles dans *Le Figaro*. Le musicographe a collaboré à plusieurs ouvrages collectifs (dont une magistrale étude, « Le langage musical de Schönberg à nos jours », dans l'*Encyclopédie de la musique* éditée par Larousse). Le musicologue a écrit des pages pénétrantes sur Bach, et particulièrement son œuvre d'orgue, tout en mettant au jour les *14 canons sur la basse Goldberg**. Le compositeur a publié des pièces pour orgue, mais il reste de nombreuses œuvres vocales ou instrumentales inédites (dont un oratorio : *Chant funèbre sur les morts en montagne*, 1950, sur un texte de Samivel). L'organiste, enfin, formé à l'efficace école paternelle, a été un continuiste recherché. Il convient aussi de ne pas oublier le romancier et le peintre…

La famille Alain

« On ne peut parler de Jehan Alain sans le replacer dans son cadre familial, dans cette "maison Alain" située dans la banlieue parisienne et où, durant toute mon enfance, j'ai entendu les sons simultanés d'un orgue de quatre claviers et de deux ou trois pianos. Nous riions, comme d'une bonne plaisanterie, de la phrase "Tous musiciens dans la famille", parce qu'elle apparaissait inévitablement dans la bouche des gens qui nous rencontraient pour la première fois. Et tous, les quatre enfants d'Albert Alain, nous nous lancions éperdument dans la musique**. »

Albert Alain (1880-1971), élève d'Alexandre Guilmant, Gabriel Fauré et Louis Vierne, sera organiste à Saint-Germain-en-Laye de 1924 à sa mort. Il épouse Magdeleine Alberty, dont il aura quatre enfants. Le cinquième enfant, ajoute malicieusement Olivier, était peut-être le préféré, cet orgue mécanique de 39 jeux réels, construit presque entièrement de ses mains et amoureusement peaufiné jusqu'à ses derniers jours. Il laisse aussi une œuvre importante, quoique fort méconnue (pièces instrumentales, nombreux motets, trois messes, deux oratorios).

Marie-Odile (1914-1937) disparaît tragiquement dans un accident de montagne, dans les Alpes. Organiste, mais aussi pianiste (elle joue avec Jehan, lors d'un examen au Conservatoire, l'*Intermezzo* pour deux pianos), sa belle voix de soprano inspire à Jehan la *Vocalise dorienne* (devenue *Ave Maria*, grâce à Albert Alain).

Marie-Claire (née en 1926) est l'organiste renommée que l'on ne présente pas. La benjamine de la famille, dite « Poucette », montre son minois enfantin au détour de telle pièce pour piano (*Heureusement, la bonne fée sa marraine y mit bon ordre*, écrite pour ses cinq ans), ou dans la *Première Fantaisie* pour orgue dont la belle et triste phrase finale se trouve cocassement adornée à son intention d'une « gross' locomotiv' et d'un tout p'tit tender » !

Nul doute que la personnalité de Jehan ait pu librement s'épanouir dans une « tribu » où régnaient un amour profond de l'orgue, de sa littérature et de sa facture, une conscience professionnelle laborieuse et modeste, une vitalité et une curiosité éclatant en dons multiples, un attachement familial très vif (Marie-Claire n'a-t-elle pas comparé la complicité fraternelle et artistique de Jehan et Odile à celle qui unissait Félix et Fanny Mendelssohn ?). Il appartenait à Jehan de porter à l'incandescence son propre être musical ; mais le « jardin » qui a favorisé une floraison si éclatante et si brève (dix ans seulement !) ne doit-il pas engendrer un sentiment de reconnaissance ?

L'œuvre pour orgue

Elle comprend quatre œuvres éditées, auxquelles il convient d'ajouter quelques pièces inédites (*Microludes* pour orgue seul, *Souvenance* pour flûte et orgue, et surtout une importante *Suite pour Rameau*, pour flûte et orgue, datant de

* *Cf.* « Un supplément inédit aux *Variations Goldberg* », in *Revue de musicologie*, tome LXI, nº 2, Paris, 1975.

** Marie-Claire Alain, texte inédit à l'usage de ses élèves.

1964 et enchaînant Ouverture, Sarabande, Loure vive, Contredanse, Air dans le goût italien, Menuet grave, Tambourins). Cette dernière œuvre illustre bien le goût d'Olivier Alain pour un art français du XVIIIe siècle et sa prédilection pour un musicien au caractère anguleux, sachant marier une électrisante vitalité rythmique à un sens harmonique raffiné et rafraîchissant. Par ailleurs, si Olivier Alain avoue avoir été marqué par le langage bartokien, peut-il oublier son illustre compatriote, natif de Saint-Germain-en-Laye, Claude Debussy ? Une réserve naturelle n'empêche nullement chez Alain mobilité rythmique, somptuosité harmonique, voire lyrisme, tempéré par une ironie qui masque habilement une profonde générosité. Il faut ajouter enfin que, praticien rompu à toutes les difficultés du répertoire de l'orgue, Olivier Alain écrit admirablement pour son instrument : les registrations sont précises et équilibrées, les changements de claviers échappent à tout arbitraire, le jeu de pédalier est souple et efficace.

Suite pour orgue (1952)

Le bref **Prélude** se caractérise par une pâte harmonique très personnelle, l'expressivité de courts motifs qui s'inclinent douloureusement, la fluidité des figures d'accompagnement et ces ostinatos que l'on retrouve, lancinants, dans l'œuvre d'Alain.

L'**Impromptu** jongle avec une mesure élastique (3/8, 4/8, 4/4 ou 6/8) et de légers déphasages rythmiques (trois croches contre deux, par exemple). Exigeant des touchers très différenciés de la part de l'interprète, cette « fileuse » industrieuse, preste, qui s'exalte jusqu'au *tutti* pour finalement s'évaporer en une aérienne arabesque, appelle en fait le chatoiement d'un orchestre,

Le **Ricercare** use avec adresse de l'arsenal contrapuntique (imitation, strette, renversement, augmentation) et humanise la sévérité du genre par de brefs interludes chromatiques et une coda très contrastée.

L'**Air** débute par une polyphonie en « fond d'orgue » ; le thème, repris par le pédalier, hausse le ton de la pièce jusqu'à de véritables clameurs. La coda, plus calme sur ostinato de pédale, gardera néanmoins un souvenir de cette tension.

Le **Final** vif, nerveux, quasi rhapsodique, secoue parfois l'instrument avec une violence frénétique. Deux thèmes de caractère opposé alternent : le premier dans une rythmique juvénile et bondissante, le second dans une expression d'un lyrisme tourmenté non exempt de fantaisie.

Durée d'exécution : ~ 20 mn

Lacrymae (1957-1958)

Cette œuvre fait partie du *Tombeau de Gonzalez*, hommage collectif (A. Cellier, S. Bingham, G. Litaize, J.-J. Grunenwald, M.-L. Girod, G. Robert) suscité par la publication *Orgue et Liturgie* (Ed. musicales de la Schola Cantorum) à la mémoire du grand facteur d'orgues Victor Gonzalez. Cette pièce, d'une extrême mobilité de tempos, aux ciels changeants comme ceux d'Ile-de-France, tend et détend un puissant ressort dramatique. Un somptueux drapé harmonique côtoie une nudité grégorienne, mais un plain-chant douloureusement chromatique.

Durée d'exécution : ~ 6 mn

Pour le 2nd dimanche après l'Épiphanie

Cet office a suscité chez Olivier Alain trois pièces publiées par *Orgue et Liturgie* (n°s 48, 52 et 57) : *Prélude-Introït-Récitatif, Offertoire Fantaisie* et *Récit pour l'Élévation*. Largement inspirées du plain-chant, elles évoquent naturellement les fresques improvisées de Tournemire dans son *Orgue mystique*, mais s'en démarquent par un langage harmonique très personnel. Le *Récit pour l'Élévation* transforme en particulier de manière audacieuse le texte grégorien de la Communion en récit orné évoquant le fameux « *O Mensch, bewein' dein' Sünde gross* » BWV 622.

Durée d'exécution des trois pièces : ~ 9 mn

Aventure pour flûte et piano (ou orgue) (1976)

Cette brève pièce enrichit un répertoire trop mince. Elle flâne avec nonchalance ous'échauffe avec violence, en veillant à ne pas fondre la flûte dans l'orgue.

Durée d'exécution : ~ 4 mn

G.G.

JOHANN GEORG ALBRECHTSBERGER

Né à Klosterneuburg, le 3 février 1736 ; mort à Vienne, le 7 mars 1809. Cet exact contemporain de Joseph Haydn (1732-1809) apprit, comme maints jeunes enfants de cette Basse-Autriche, les rudiments musicaux en qualité de chanteur dans le chœur de sa ville natale, proche de Vienne. Son seul maître semble avoir été Léopold Pittner. Cela témoigne assez de l'excellence de son enseignement, sachant qu'Albrechtsberger devait devenir par la suite l'un des plus fameux pédagogues et théoriciens de son temps. Il entre dans la carrière musicale comme organiste à Raab, près de Györ, en cette Hongrie voisine. Il y restera deux ans (1755-1756) avant d'occuper le même poste (de 1757 à 1759) à Maria-Taferl, près de Melk, où il devient ensuite organiste de la fameuse abbaye (1759-1765). En 1772, il est appelé comme organiste de la Cour impériale à Vienne, et pour couronner cette carrière officielle, de 1793 à sa mort il est maître de chapelle de la cathédrale Saint-Étienne de Vienne.

Albrechtsberger est resté dans l'histoire viennoise comme un pédagogue quasi « incontournable » : il compta parmi ses élèves Ries, Czerny, Seyfried, Hummel... et Beethoven. En partant pour Londres en 1794, Haydn léguait « le Grand Mogol » à ce professeur consciencieux qui s'efforça, de janvier 1794 à février 1795, de former méticuleusement Beethoven aux règles de la fugue. Il n'est pas impossible que l'élève fût inattentif, voire ironique, et « qu'il garda d'Albrechtsberger le souvenir d'un cuistre insupportable* ». Le compositeur a été prolifique : 284 œuvres d'église, 278 pour clavier et au moins 198 pour autres instruments.

Mais la passion prédominante de notre homme semble avoir été la composition de fugues. Après avoir probablement contracté le virus en recopiant la plupart des fugues du *Clavier bien tempéré* de Jean-Sébastien Bach, il en écrivit, après 1772, plus de deux cent quarante pour divers instruments, sans compter de nombreux exemples épars dans la musique sacrée (dont la fugue, rappelons-le, constitue un élément d'écriture quasi obligé). Mais il faut aussi souligner que le talent d'organiste d'Albrechtsberger jouissait d'une réputation enviable auprès de ses contemporains : Burney, Nicolai et surtout Mozart considéraient son jeu comme un modèle du genre. C'est en tout cas ce que note ce dernier, le 16 avril 1789, dans une lettre à Constance, à l'occasion d'un tournoi d'orgue à Dresde. A la fin de sa vie, Albrechtsberger était ainsi considéré comme le meilleur organiste de son temps : mais à l'évidence, un certain Wolfgang Amadeus n'était plus là...

L'œuvre pour orgue

Dans le nombre considérable d'œuvres dédiées à cet instrument, une classification sommaire s'impose. On peut ainsi distinguer les recueils de fugues, ceux qui regroupent préludes et fugues, les pièces isolées et enfin les versets.

Les recueils de fugues comprennent les opus 1 (douze fugues), 7 (six fugues), 8 (six fugues), 9 (six fugues), 10 (six fugues), 11 (six fugues), 16 (six fugues), 17 (six fugues), 18 (six fugues), 21 (trois fugues), 29 (six fugues), ainsi qu'un recueil de vingt-sept fugues sans numéro d'opus. On a ensuite les recueils de préludes et fugues : opus 3 (douze), 6 (six), 12 (douze) et 15 (six). Ensuite apparaissent les pièces isolées comme la **Fuga en *ut* majeur** op. 4, la **Fuga sopra do, ré, mi, fa, sol, la** op. 5, les **Douze Préludes** op. 12, les douze **Neue Leichte Praeludien** de 1804, sans numéro d'opus. Il faut enfin compter les **44 Versetten oder kurze Vorspiele** ou les **50 Versetten und 8 Fughen.**

Ce recensement ne peut prétendre à l'exhaustivité ; il met simplement en lumière la fécondité de ce compositeur dans son domaine d'élection, la fugue. Il commence à publier assez tardivement, en 1783 (il a quarante-sept ans), des œuvres

* Jean et Brigitte Massin, *Beethoven*, Fayard, Paris, 1967, p. 51.

que, selon le goût de l'époque, il prend grand soin de destiner aussi bien à l'orgue qu'au piano-forte (le pédalier n'est jamais vraiment spécifié). Et il semble bien qu'un certain public l'ait suivi dans cette voie, car on imagine mal des éditeurs philanthropes éditant à perte des recueils illustrant une forme archaïque.

Albrechtsberger s'est sans aucun doute découvert une vocation de contrapuntiste à la lecture de J. S. Bach. Il ne devait pourtant, entre 1750 et 1800, connaître qu'une infime partie de l'œuvre de Bach ; mais il lui fera cependant l'hommage d'une... **Fugue sur B.A.C.H.** Un peu plus tard, en France, un Boëly manifestera la même piété filiale. Mais alors que l'organiste de Saint-Germain-l'Auxerrois criera dans le désert, le maître de chapelle de la cathédrale de Vienne sera couvert d'honneurs officiels. Toutefois, cette vénération envers un champion de la tradition contrapuntique ressemble fort à cet entêtement conservateur caractéristique de l'esprit viennois. Car la lecture de ces innombrables fugues décourage l'analyse. Sous un métier impeccable, l'inspiration semble glacée, pétrifiée. Une machine à penser contrapuntique semble avoir vomi un flot tiède et impersonnel de produits soigneusement manufacturés. Une mécanique compositionnelle bien huilée semble étouffer toute velléité, tout frémissement annonciateur d'émotion. Ce trop habile mécanicien nous laisse pourtant des préludes beaucoup plus souples, expressifs, humains en un mot. Et c'est sans doute dans sa musique vocale qu'il faut chercher celui qui fut un musicien admiré par Mozart avant d'être un cuistre fui par Beethoven !

G.G.

WILLIAM ALBRIGHT

Né à Gary (Indiana), le 20 octobre 1944. Après avoir étudié le piano et l'écriture à la Julliard School de New York, il travailla la composition et l'orgue, avec Marilyn Mason, à l'université du Michigan, puis fut l'élève à Paris d'Olivier Messiaen et Max Deutsch. Dès 1970, il enseigne la composition à l'université du Michigan, dont il dirige également le Studio de musique électronique. En 1979, il est compositeur en résidence à l'Académie américaine de Rome. Ses goûts le mènent aussi à donner des concerts de piano où il joue des ragtimes et du jazz. A côté des pages pour orgue, les nombreuses œuvres de ce musicien original et éclectique s'adressent principalement à des ensembles de chambre dans des formations souvent insolites, intégrant volontiers l'orgue et faisant largement appel à la percussion. Il a également composé des « pièces multimedia », comme Tic, *pour soliste, deux ensembles d'improvisation de jazz-rock, film et bande, ou* Beulahland Rag *pour récitant, quartette de jazz, ensemble d'improvisation, bande, film et projection de diapositives.*

Albright a commencé à écrire pour l'orgue dès l'âge de dix-neuf ans, alors qu'il entreprenait l'étude de l'instrument. Son œuvre comprend des pages pour orgue seul, et d'autres mêlant l'orgue à diverses formations.

Pour l'orgue seul, ce sont *Choral-Partita dans le style ancien sur « Wer nur »* (1963), *Juba* (1965), *Pneuma* (1966), *Sweet Sixteenths : Concert Rag* (1975), *In memoriam* (1983), ainsi que des pièces réunies en trois Livres (1967, 1971 et 1977-1978).

Pour l'orgue en formation, *Stipendium peccati*, pour orgue, piano et percussion (1973), *Suite gothique* pour orgue, cordes et percussion (1973), *Dream and Dance* pour orgue et percussion (1974), *Jéricho, musique de bataille* pour orgue et trompette (1976), *The King of Instruments : A Parade of Music and Verse* pour orgue et récitant (1978), *Halo* pour orgue et percussions métalliques (1978), *New work* pour orgue et cor (1981), *Romance* pour orgue et cor (1982).

Livre d'orgue n° 1 (1967)

Ce recueil, *Organbook I*, a obtenu le prix de composition musicale Reine Marie-José en 1968. Il réunit quatre pages : *Benediction, Melisma, Fanfare* et *Recessional* (hymne de sortie). L'œuvre s'inscrit directement dans le courant qui agite le monde de l'orgue à la fin des années soixante (Ligeti, Zacher, Kagel, etc.), comme en témoigne notamment la notation graphique (dans *Melisma* et *Recessional*) et « spatiale » : « Les durées sont déterminées d'après leur disposition et proportionnellement à la place qu'elles occupent dans la page. Une grande liberté est laissée dans la détermination des valeurs isolées. » Résolument atonal, le discours est également détaché de toute référence temporelle. Le compositeur met en œuvre les principaux procédés d'écriture qu'il développera dans son deuxième *Livre d'orgue*.

Durée d'exécution : ~ 17 mn

Livre d'orgue n° 2 (1971)

Dédié à son professeur Marilyn Mason, cet *Organbook II* comprend trois pièces de plus amples dimensions que celles du Livre précédent : *Night procession* (procession nocturne), *Toccata satanique* et *Last rites* (derniers rites). L'auteur indique que ces pièces « gagnent à être exécutées *in extenso* et considérées comme devant former un tout ; cependant, elles peuvent être combinées avec des pièces de *Organbook I* ou remplacer certaines d'entre elles [...]. En ce cas, le titre principal de l'œuvre serait simplement *Organbook* (1967-1971) dont il faudrait omettre la mention I ou II ». Les brefs épisodes juxtaposés qui se succèdent sont affectés de nombreuses indications de caractère, « détendu », « avec grâce », « énergique », « barbouillé », « vivant », etc. Pages d'évocations libres, elles se fondent sur quelques intervalles privilégiés, demi-tons, quartes, septièmes, qui se développent selon des figures variées : traits, accords mouvants dans lesquels les différentes notes sont réattaquées tour à tour, ou se modifiant progressivement (sous l'influence évidente d'une pièce comme le *Continuum* de Ligeti), formules obstinées, tout cela dans la plus grande liberté rythmique.

Durée d'exécution : ~ 29 mn

Livre d'orgue n° 3 (1977-1978)

Sous-titre « 12 Études pour petit orgue », il se compose de deux volumes de six brèves pièces dans chacun (de 1 mn 30 s à 3 mn 30 s), qui peuvent être jouées séparément, sous forme de suites ou en diverses combinaisons au choix de l'exécutant. L'auteur se réclame ici, comme du reste pour les deux Livres précédents, des Livres d'orgue français — si ce n'est que les différentes pièces constitutives n'y présentent aucune connotation liturgique. Il s'agit en fait d'études se proposant de relever un triple défi, d'écriture pour le compositeur, de technique pour l'organiste et de ressources pour l'instrument. Organiste lui-même, le musicien a voulu doter la littérature de pièces nouvelles pouvant être jouées sur des types divers de petits instruments, et riches de suggestions pour d'éventuelles exécutions sur des orgues de possibilités plus étendues. Sur le plan technique, ces études offrent un éventail largement ouvert de difficultés à résoudre : parfait legato digital sur une partie de pédalier très virtuose, précision rythmique dans des tempos en constante transformation, etc.

Enfin, les titres mêmes des pièces, hétéroclites, révèlent une grande diversité de caractères, avec de la part du compositeur une vive fantaisie parfois teintée d'un humour décapant. Le premier volume contient *Fanfare/Echo : Curio I*, pièce en trio créant une atmosphère onirique ; *Scherzo (Chimaera)*, une sorte d'impromptu extrêmement rapide, avec des glissandos sur toute l'étendue des claviers et une partie de pédalier farce ; *Jeu (for the stops)*, où l'organiste prépare des notes avec des poids ou des crayons et intervient davantage sur les commandes de jeux que sur les touches ; *Recitative-chorale* ; et *Mountains*, une toccata très brillante, avec deux fins au choix, une en diminuendo, l'autre éclatante. Le second volume offre successivement et en version originale, *Underground Stream*, étude de sostenuto ; *Curio II (trio)*, chacune des parties du trio pouvant être polyphonique tout autant que monodique dans le déroulement de la pièce ; *Basse de trompette*, sorte de caricature où le compositeur voit une « danse de l'ours pour le divertissement des spectateurs » ; *Jig for the feet (Totentanz)*, étude de pédalier à jouer

« Vivo ! »; Nocturne, un récitatif de pédalier sur des trémolos très serrés aux manuels; et *Finale – The Offering*, une toccata sauvage, truffée d'accords *staccato* et de *clusters*.

Durée d'exécution : ~ 30 mn

In memoriam (1983)

Écrite le jour de Noël de 1983, à la mémoire d'un ami mort depuis peu, cette brève page renoue avec la notation classique, sans rien renier pour autant de l'extrême souplesse rythmique qui caractérisait les œuvres précédentes. Quelques appels d'octaves véhéments, quelques très douces tenues d'accords extatiques encadrent des éléments de récitatif qui amènent progressivement à une citation énigmatique d'un fragment du solo de cor anglais du troisième acte de *Tristan et Isolde* — dédicace à l'ami disparu : on avait retrouvé la partition de Wagner ouverte à cette page sur son piano. L'œuvre se termine sur une répétition, vingt à trente fois, des deux premiers accords du troisième acte de *Tristan*, joués *diminuendo* et avec la plus grande liberté rythmique laissée à l'exécutant.

Durée d'exécution : ~ 4 mn

G.C.

CHARLES-VALENTIN ALKAN

Né à Paris, le 30 novembre 1813; mort dans cette même ville, le 29 mars 1888. Entré au Conservatoire de Paris, il y suivit les classes de Zimmerman (piano, contrepoint et fugue), Dourlen (harmonie) et Benoist (orgue), dans laquelle il obtint un premier prix en 1834. Après avoir refusé le poste d'organiste de la Synagogue (1852), il fut invité à se produire sur un piano-pédalier que la firme Érard présenta lors de l'Exposition universelle de 1855, et en devint le plus brillant virtuose de son époque. S'il brigua en vain la succession de Marmontel au Conservatoire, comme il échoua dans sa tentative de créer un enseignement de piano-pédalier dans cet établissement, les « Petits Concerts » qu'il organisa salle Érard, à partir de 1873, lui permirent de révéler bien des œuvres encore méconnues de Bach, Vivaldi-Bach, Haendel, ainsi que des pages de Schumann, Mendelssohn, Saint-Saëns ou Weber, et ses propres compositions. Homme solitaire et misanthrope, Alkan se retira plus ou moins de la société dans ses dernières années, ne fréquentant qu'un groupe restreint d'artistes et d'amis parmi lesquels César Franck, qui lui a voué une exemplaire fidélité. Encore mal connue, son œuvre pour piano apparaît comme l'une des plus originales du XIX*e siècle, avec la* Grande Sonate « Les quatre âges » *op. 33, plusieurs recueils d'études dont* Le Chemin de fer *qui, manifestant très tôt un intérêt pour le monde industrialisé des temps modernes, annonce* Pacific 231 *d'Honegger, des andantes, scherzos, esquisses, préludes, variations, et quelques pages comme* Les Mois *qui témoignent de son goût pour la musique à programme. Remarqué par Chopin et Liszt, il paraît, en revanche, ignoré du milieu organistique. S'il assiste, en effet, à l'audition très suivie que Lemmens donne à Saint-Vincent-de-Paul en février 1852, sa situation de juif lui interdit l'accès des tribunes catholiques parisiennes. La redécouverte récente de son œuvre d'orgue et de piano-pédalier permet de penser que sa musique enrichirait le répertoire français et notre connaissance du* XIX*e siècle.*

L'œuvre d'orgue et de piano-pédalier

Si la production qu'Alkan a destinée à l'instrument à tuyaux se limite à deux pièces composées sans pédale (*Pro Organo*, en 1850, et *Petits Préludes sur les 8 gammes du plain-chant*, en 1859), celle qu'il confie à une exécution polyvalente (orgue ou piano-pédalier, voire piano à trois mains) compte deux publications d'importance avec les *Treize Prières* et les *Douze Études pour les pieds seulement*. En revanche, si paraissent respectivement en 1847 et 1867 deux œuvres pour piano ou orgue sans pédale (*Préludes* op. 31 et *Onze Pièces dans le style religieux* op. 72), ni le *Benedictus* op. 54 (1859), ni l'*Impromptu sur le choral de Luther « Un fort rempart est notre Dieu »* op. 69, pas plus que les *Onze Grands Préludes* op. 66 et le *Bombardo-Carillon* ne mentionnent l'orgue.

On peut donc s'interroger sur ces doubles, voire triples destinations, et se demander si les pièces qui réclament l'orgue sont bien conçues pour cet instrument d'église. L'examen des partitions révèle d'abord une absence totale de registration, alors que les informations relatives au fonctionnement du piano-pédalier abondent. Dans la majeure partie des cas, l'étendue des manuels et de la pédale dépasse les limites de l'orgue du XIXe siècle (ut_1 — sol_5), mais correspond aux normes de l'Érard que pratique Alkan (clavier du la_{-2} au la_6, pédale en tirasse du la_{-1} au mi_3).

Quant à l'écriture, les doublures d'octaves, accords répétés *staccato*, batteries, basses d'Alberti ou traits chromatiques sont d'usage constant, tandis que l'harmonie souvent chargée — dont celle de la pédale avec éventuellement trois sons — sonnerait bien mal dans le grave des fonds ou des anches. Force est alors de constater qu'à moins d'arrangements, tels ceux entrepris par Franck en 1889, un certain nombre de pages d'Alkan ne se prêtent guère à l'orgue. Sollicitant la clientèle étendue des pianistes, amateurs de piano-pédalier ou organistes, les titres ne se justifient donc, *a priori*, que par des impératifs commerciaux dont les éditeurs sont peut-être les seuls responsables. Mais cela n'affecte en rien la qualité musicale de ces quelque dix recueils composés de 1859 à 1872, soit sur à peine plus de dix ans.

Très homogène, cette œuvre recourt à de solides modèles, en premier lieu Bach auquel Alkan reprend les harmonieuses architectures ou les techniques (passacaille, fugue, toccata) avec un parti pris stylistique qui n'en demeure pas moins moderne, tantôt puisant chez Mendelssohn, empruntant à Franck une tournure mélodique ou imitant Liszt dans le principe de la grande variation ou de la mutation thématique. Homme de son temps, il n'ignore pas le mouvement musicologique que Choron, d'Ortigue, Danjou ou Boëly ont suscité et dont il se montre l'héritier de par son attachement à un contrepoint « sérieux » ou à des formules plus ponctuelles (rythmes de sicilienne, valeurs pointées « baroques »), mais il a bien soin de rénover ce passé glorieux, quitte à sacrifier aussi aux prédilections de son époque pour les marches, hymnes sacrées ou autres cantilènes expressives.

Ces références, qui impliquent davantage la forme que le contenu émotionnel ou le langage, ne sauraient cependant occulter la véritable personnalité d'Alkan, qui apparaît d'abord dans l'élaboration d'une écriture pour piano-pédalier fort nouvelle (contrepoint omniprésent, plénitude de la sonorité, usage particulier des pédales accrochées comme des tirasses d'orgue). A une époque où bien des organistes ont encore de notables progrès à réaliser dans ce domaine, sa virtuosité de pédale lui permet d'écrire à deux, trois, voire quatre notes simultanées, des contrepoints qui exigent aux deux pieds des touchers différents (*legato* — *staccato*), des traits complexes, des octaves ou des superpositions rythmiques d'une exécution d'autant plus délicate que l'auteur prescrit des nuances ou des crescendos dont on découvrirait quantité d'illustrations dans les *Douze Études* :

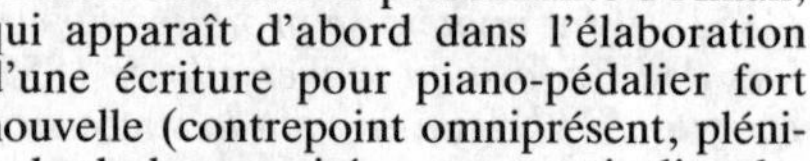

Des structures parfois inédites (nº 7 des *Grands Préludes* op. 66), une même aisance dans les petites que les grandes formes, des modulations hardies, souvent nombreuses et inattendues, des jeux d'emprunts provoquant de sensibles tensions harmoniques, ou des polyrythmies savoureuses (n° 4 des *Prières* op. 64) contribuent à l'extrême originalité de cette œuvre, au même titre que l'humour ou la désinvolture qu'affiche Alkan comme un digne précurseur de Satie, son égale distanciation à l'égard des cultes catholique, israélite et protestant qui en font l'auteur de *Petits Préludes* sur le plain-chant, d'une *Ancienne mélodie de la synagogue* et d'un *Impromptu* sur un choral de Luther, ou son goût marqué pour les ostinatos ou les figures répétitives.

Treize Prières (op. 64)

Publiées vers 1866 et dédiées à la mémoire du facteur de piano Pierre Érard, ces *Treize Prières pour orgue avec pédale obligée ou piano à clavier de pédales ou piano à trois mains* ne suggèrent pas toujours l'idée de méditation ou d'invocation que sous-entend un titre utilisé aussi par Franck, Lemmens ou Boëllmann dans un tout autre contexte. Leur nombre (treize), qui témoigne d'un attachement pour l'impair (*cf.* les opus 66 et 72 par onze, ou l'opus 31 par vingt-cinq), peut aussi surprendre à un moment où la musique s'organise encore, le plus souvent, selon des multiples de six.

1. ANDANTINO en *sol* majeur (3/4), qui débute curieusement en *do* mineur dans un climat franckiste. Un effet de crescendo nous mène d'un *dolce e sostenuto* à un *ff*, tandis qu'une structure peu conventionnelle fixe d'emblée sur les intentions novatrices de l'auteur.

2. MODERATO en *la* majeur (4/4), *dolce e cantabile* à la manière de Mendelssohn, mais d'un plan tonal plus recherché. Une écriture en trio, dont les valeurs affectées à chaque partie sont différenciées (noires — croches — noires, blanches ou rondes, de haut en bas), concourt aussi à l'exemplaire clarté du discours.

3. POCO ADAGIO en *mi* mineur (3/4). La mélodie sonne à la pédale sur un bruissement continu de triples croches aux deux mains : ambiance mystérieuse, mais structure traditionnelle (A B A') avec ultime section en majeur.

4. MODERATAMENTE en *si* bémol majeur de type rondo, le refrain sur deux motifs d'allure romantique (Franck), le premier couplet avec un thème de pédale sur accords répétés et trille aux mains.

5. ADAGIO en *fa* majeur (6/4), dont le motif initial présente quelque analogie avec la *Fantaisie en* ut de Franck. Après un début en *ré* mineur, on module en *fa* mineur (2e section) puis en *fa* majeur avec une coda massive *(ff)*.

6. MODERATO en *ré* majeur (3/4) de coupe A B A'. On y relève de pittoresques alternances majeur/mineur dans la première partie, tandis que la section centrale s'apparente à une étude.

7. MAESTOSO en *la* (4/4) très développé, dont les premières mesures en *ut* majeur surprennent autant que la sonorité (basse d'Alberti, double pédale et quintes) et l'aspect très répétitif de certaines séquences. Deux éléments thématiques y alternent au gré d'un plan tonal renouvelé.

8. DEUS SEBAOTH — DIEU DES ARMÉES en *si* bémol majeur. Cette unique pièce à titre de la série sacrifie au genre plus conventionnel de la marche héroïque. L'exécution en paraît assez difficile, surtout lorsqu'il s'agit de détacher les croches de pédale.

9. DOUCEMENT en *mi* majeur (3/4). Comme le n° 2, cette page d'expression (A B A') rappelle Mendelssohn, mais ses modulations sont atypiques. Engagée sur la voie d'un trio, son écriture s'étoffe jusqu'à quatre ou six notes dans la partie B.

10. ASSEZ LENTEMENT en *si* bémol majeur. Pièce de conception très neuve avec ostinatos. Des motifs « militaires » comme des fanfares s'opposent à une sorte d'hymne *(religioso)*, tandis qu'alternent des épisodes indiqués *dolce e legatissimo* et *ff*. La partie de pédale présente de nombreuses difficultés.

11. ANDANTINO *(ingenuamente)* en *mi* majeur (12/8), d'un langage plus classique, à la manière d'une pastorale.

12. ALLEGRETTO en *fa* majeur (2/4), pittoresque et amusant, mais très éloigné de l'esprit orant du titre. On y remarquera la soudaine modulation en *ré* bémol majeur (troisième partie) et l'étonnante superposition rythmique (quatre pour trois) de la dernière page.

13. LARGEMENT ET MAJESTUEUSEMENT en *sol* majeur (12/8). Ce morceau final sollicite trois éléments thématiques : une marche, un second thème avec valeurs pointées et un hymne sur accords battus.

Durée d'exécution : ~ 50 mn

Grands Préludes (op. 66)

Non datée, mais située vers 1866, l'édition indique *Onze Grands Préludes et une transcription du Messie de Haendel pour piano à clavier de pédale ou piano à trois mains*. La destination à l'orgue n'y est donc pas précisée, bien que certaines pièces conviennent à cet instrument, comme l'ont déjà prouvé exécutions publiques et enregistrements, ainsi que l'arrangement effectué par le dédicataire, César Franck, des n°s 3 et 7. L'ajout d'un extrait du *Messie* de Haendel, qui situe l'ensemble sous des auspices sacrés, renforce cette idée, comme c'est le cas dans les *Onze Pièces dans le style religieux* qu'Alkan complète par une autre transcription du même oratorio.

Un ordre très logique concourt ici à l'enchaînement des tonalités, ton majeur puis relatif se succédant toujours dans l'ordre croissant des bémols (le *sol* bémol du n° 11 devient *fa* dièse par enharmonie).

1. **Allegro** en *fa* majeur, dans l'esthétique et le langage de la *Toccata en* fa de Bach qui figure au répertoire d'Alkan depuis 1855 au moins (solos de pédale ponctués d'accords, *perpetuum mobile*), rigoureux et bref, d'une inspiration néo-classique.

2. **Allegro moderato** en *ré* mineur (3/4) de caractère obsessionnel, sur quatre motifs obstinés ou sur pédale. Le plan s'apparente à celui d'un rondo.

3. **Andantino** en *si* bémol majeur (6/8), dont le plan avec reprise des trois éléments initiaux rappelle celui du n° 7. On distingue donc un groupe d'exposition (A B C), puis une section « variation » (A′ B′ C′). La coda, d'une force autoritaire, en appelle à de puissants unissons (octaves aux deux mains et pédale).

4. **Moderatamente** en *sol* mineur (4/4), assez développé sur deux motifs alternés, le premier en accords *staccato* très pianistiques, le second sous forme de mélodie avec accompagnement d'arpèges. La section terminale, qui se complaît dans un jeu d'imitations entre l'extrême-aigu et la basse, ébauche un canon avec conséquent renversé.

5. **Quasi adagio** en *mi* bémol majeur (3/4), de structure symétrique (A B A′). Dans la première partie, la texture s'enrichit progressivement, partant d'une voix pour aboutir à une grande harmonie.

6. **Andantino** en *ut* mineur (6/8) sur deux thèmes, le premier chromatique et infléchi, le second « *staccatissimo* », en *mi* bémol majeur, selon une apparence de forme sonate librement vécue.

7. **Andante** en *la* bémol majeur (4/4), d'une conception déjà rencontrée dans le n° 3. Les motifs en valeurs décroissantes énoncés (A : blanches et noires — B : noires et croches — C : triples croches) sont ensuite repris dans le même ordre, mais harmonisés ou accompagnés d'accords.

8. **Tempo giusto** en *fa* mineur (4/4), selon une forme sonate aussi libre que celle du n° 6 : exposition de A, en *fa* mineur puis *la* bémol majeur, et de B, *cantabile* sur arpèges dans cette dernière tonalité — développement de A — réexposition de A (mais pas de B) et amplification finale.

9. **Langsam** (lentement) en *ré* bémol majeur (6/8). On peut s'interroger sur cette indication en allemand. S'agit-il d'un hommage à quelque romantique comme Schumann ou Hiller ? L'expression n'en est pas très éloignée dans ses vagues successives d'accords répétés qui, partant d'une note unique, enflent jusqu'à huit ou neuf, du grave à l'aigu.

10. **Scherzando** en *si* bémol mineur (2/8), d'allure très pianistique, sur deux motifs alternés, le second avec syncopes continues.

11. **Lento** en *fa* dièse majeur (4/4), de nature méditative *(quasi recitativo)* avec harmonisation d'une hymne qui laisse bientôt place au climat introverti du début.

Durée d'exécution de chaque pièce : de 50 s à 9 mn

Impromptu sur le choral de Luther « Un fort rempart est notre Dieu » (op. 69)

Mise en chantier avant 1866, date de l'envoi d'un exemplaire à Liszt, cette œuvre exceptionnelle, dédiée à François Benoist, occupe une place privilégiée dans le répertoire du piano-pédalier, près des pages similaires de Schumann et de Boëly. Même si son adaptation à un Cavaillé-Coll soulève quelques problèmes de tessiture, on ne peut s'empêcher de la comparer à la *Fantaisie et fugue « Ad nos, ad salutarem undam »* que Liszt a destinée aussi au piano-pédalier : même souffle épique, même similitude avec une sonate, même utilisation d'un choral comme un thème unique que l'on promet à d'ineffables métamorphoses. Jouant subtilement entre métrique et tempo sur une immuable battue à soixante-trois, les quatre parties de cette œuvre magnifient, en effet, le choral « *Ein feste Burg ist unser Gott* » que Bach a développé dans sa *Cantate* BWV 80, puis Mendelssohn dans la *Symphonie « Réformation »* (il paraît d'ailleurs curieux de constater que c'est aussi un juif qui reprend ici le flambeau de la Réforme).

La première partie se déroule comme une passacaille en *mi* bémol majeur sur les deux périodes initiales du choral. Énoncé par la pédale seule comme dans la *Passacaille en* ut *mineur* de Bach, mais avec quelque désinvolture peu XVIIIe siècle et une volonté d'élargissement qui apparaît dès la cinquième variation, ce thème passera au soprano pour revenir à la basse dans une section-développement qui commente le cantique dans son intégralité.

La deuxième partie s'apparente à un scherzo, le thème, toujours réduit à ses deux premières périodes, sonnant dans le rythme chorégraphique d'une gigue, d'abord à 6/8 avec une ponctuation de doubles croches fluides, puis à 12/8, dans une section en *ut* majeur qui fait entrer l'augmentation du thème (pédale) sur des réponses canoniques en diminution.

Un épisode plus méditatif lui succède (troisième partie) qui, sans renoncer à la rigueur de l'écriture, s'engage dans une série de variations libres en *do* mineur (3/4) avec canon à la quinte et renversements.

On aboutit alors à une massive transition en *mi* bémol majeur, prologue à une fugue dont le sujet traité en valeurs brèves cite les deux premières périodes du choral avec une sarcastique légèreté. Composée de différents groupes d'entrées alternant avec un divertissement sur une nouvelle idée mélodique, elle prend fin sur une série de strettes (sujet droit et renversé). On débouche alors sur un épilogue grandiose, où le choral entier s'impose dans une puissante harmonie que renforcent de tumultueux alternés de pédale. Mais cette spectaculaire péroraison ménage une dernière surprise : comme pour boucler ce long périple, Alkan revient une ultime fois aux deux premières périodes du cantique de Luther et achève *pianissimo* ce finale pourtant engagé dans la violence.

Durée d'exécution : ~ 14 mn

Préludes et Prières choisis et arrangés pour orgue par César Franck

Éditée en 1889, cette sélection constitue un excellent témoignage du travail qu'il est nécessaire d'accomplir pour adapter à l'orgue les pages conçues pour piano-pédalier. Ami et admirateur d'Alkan à qui il a dédié sa *Grande Pièce symphonique*, Franck a donc porté son attention sur sept **Prières** (n°s 1, 2, 5, 6, 8, 9 et 11) et deux des **Préludes** op. 66 (n°s 3 et 7) qu'il complète par la troisième des **Pièces dans le style religieux**. Loin d'ajouter des indications d'interprétation ou de modifier l'essentiel du discours, le transcripteur se limite à des changements de tessiture afin d'éviter les notes inexistantes à l'orgue, ou à des améliorations d'ordre acoustique (allégement de la pédale, simplification d'accords trop chargés dans le grave). Si le texte de la seconde **Prière** ne subit aucune modification, d'autres passages (n° 11) ont imposé des transformations plus radicales, mais indispensables. Franck a proposé, en outre, une registration qui paraît le fruit de la longue complicité qu'il entretient avec son Cavaillé-Coll de Sainte-Clotilde.

Durée d'exécution de chaque pièce : de 3 à 5 mn

F.S.

JUAN ALLENDE-BLIN

Né à Santiago du Chili, le 24 février 1928. D'ascendance hispano-française, sa famille compte plusieurs musiciens : son père, Alfredo Allende, était compositeur et critique, sa mère, Rebeca Blin, pianiste et professeur. Et c'est d'abord avec son oncle, le compositeur et ethnomusicologue Pedro Humberto Allende-Sarón (1885-1959), ami de Debussy, qu'il développa ses connaissances musicales au Conservatoire national à Santiago, tout en poursuivant des études de mathématiques et d'architecture. En 1951, il se rend en Europe pour travailler la composition à l'académie de Detmold (avec Bialas et Thomas), ainsi qu'a Darmstadt (Messiaen) et Hambourg (Kaufmann). De 1954 à 1957, il enseignera l'analyse formelle à la faculté de musique de l'université d'État de Santiago, avant de revenir s'établir en Allemagne, à Hambourg, où il aura l'occasion de réfléchir et de travailler avec Gerd Zacher sur les problèmes de l'orgue contemporain. Plusieurs œuvres pour l'orgue, écrites dans les années soixante, témoignent de cette activité. Celle-ci connaît un développement original lorsque Allende-Blin est appelé à collaborer, avec le « designer » Herman Makard, à la construction d'un orgue de plein air à Essen.

Plus réaliste que le piano de lumières de Scriabine (ou le pianocktail de Boris Vian !), l'instrument construit en 1971-1972 pour la « prairie à orgue » du musée Folkwang d'Essen met en action des tuyaux acryliques pleins d'eau pour produire des effets visuels et auditifs. Allende-Blin a composé pour cet orgue particulier une pièce, *Open Air and Water Music*, qui n'est évidemment pas transposable sur l'instrument traditionnel, fût-il malmené. Mais avec un catalogue d'une demi-douzaine de pages destinées à l'orgue, le compositeur chilien compte parmi les musiciens de la génération de 1925 à s'être le plus intéressé à l'instrument. Après une partition de relative jeunesse, *Transformations* (1952), Allende-Blin a en effet successivement écrit *Sonorités* (1962-1964), *Sons brisés* (1966-1967), *Échelons* (1967), *Arretages* (1968) et *Mein blaues Klavier* (1969-1970). Avec le recul du temps, ces œuvres apparaissent comme des recherches sur de nouvelles sonorités, des expériences de rupture d'avec l'usage traditionnel de l'orgue, notamment par le jeu « muet » (bruits de mécanique seule, sans aucun jeu) ou d'arrêt momentané de la soufflerie, tentatives menées durant la même décennie par d'autres compositeurs comme Ligeti, Kagel ou Zacher.

Sonorités (1962-1964)

Il s'agit d'une étude sur la perception sensorielle de l'orgue dans un milieu réverbérant comme une église. Par des sons graves et des battements d'interférences, notamment, la pièce s'emploie à mettre en vibration l'édifice et à faire ressentir physiquement, à fleur de peau, la propagation des ondes sonores à l'intérieur de l'église. L'œuvre est construite en une grande arche. Ce sont d'abord, montant des profondeurs de l'instrument, de longues tenues graves auxquelles viennent s'agréger d'autres sons en conglomérats vibrants, de plus en plus denses, mettant diversement en branle l'air environnant. Peu à peu, l'auditeur ainsi mis en condition, initié à un nouveau type d'écoute, est amené à percevoir les trains d'ondes et entre dans le jeu de cette expérience physique. Les sonorités peuvent alors se colorer, se faire plus contrastées en hauteurs et en durées, éclatées, sans que se rompe le charme de l'immersion dans le bain sonore. La détente viendra d'un retour, plus bref, à des tenues extatiques qui prolongent ce voyage acoustique.

Durée d'exécution : ~ 8 mn

Sons brisés (1966-1976).

Cette page a été écrite à la mémoire de Lothar Schreyer, peintre et décorateur du Bauhaus qui, sur ses vieux jours, assistait en auditeur assidu aux concerts d'orgue de Gerd Zacher à Hambourg. Par le jeu « muet » et les interruptions de l'admission d'air dans les sommiers de l'instrument, le compositeur évoque ces brisures sonores qui sont aussi celles de la respiration vitale. De longues tenues cheminent en decrescendos progressifs vers l'extinction du souffle, par opposition à des bribes d'accords alternés à la limite extrême de la rapidité, qui désintègrent la perception auditive en même temps que le tissu continu qui est celui d'une existence.

Durée d'exécution : ~ 12 mn

Mein blaues Klavier (« mon piano bleu », 1969-1970)

Le titre vient d'un poème d'Else Lasker-Schüler dont un vers dit « ...détruit est le clavier... ». Et le compositeur place en épigraphe une citation empruntée à Kafka : « Chaque homme porte en lui une chambre; on peut vérifier ce fait, même par l'ouïe. » Allende-Blin fait observer que l'orgue se trouve lié à deux tendances extrêmes de l'activité humaine : l'aspiration vers le sacré, avec l'instrument liturgique, médiateur du divin, prédicateur ou prophète, et la trivialité du quotidien, avec le petit instrument populaire des rues et des foires, celui des humbles et des mendiants. Ainsi s'opposent le riche et le pauvre, la durée et l'instant, le spatial et le local. Et l'on assiste, un peu comme dans les *Tableaux d'une exposition*, au dialogue métaphorique de l'orgue-Goldenberg et de l'orgue-Schmuyle : le premier s'alimente d'une pression d'air réduite (ce qui favorise sa résonance, donc sa prise de possession de l'espace acoustique), le second inspire par à-coups les nouvelles bouffées d'air qui lui permettent d'échapper au continu uniforme d'une routine mécanisée. Mais quoi qu'on fasse, la déstabilisation sonore due aux variations de pression d'air, donc de sons fixes, abolit toute référence de hauteur, tout ordre établi. Le dernier mot revient au métronome du temps qui s'écoule inexorablement. Vous avez dit Kafka?

Durée d'exécution : ~ 13 mn

G.C.

GILBERT AMY

Né à Paris, le 29 août 1936. Il a douze ans quand son père l'amène pour la première fois au concert : sous le choc, il décide de devenir compositeur et écrit, sans étude préalable, l'ouverture d'un opéra. Études classiques, puis musicales au Conservatoire de Paris, notamment avec Olivier Messiaen et Darius Milhaud; il travaille également le piano avec Yvonne Loriod et l'orgue avec Rolande Falcinelli. En 1957, c'est la rencontre avec Pierre Boulez. Cette même année apparaît sa première œuvre sérielle (Cantata brève). *Dès 1960, il est joué à Darmstadt; en 1964, grâce à l'intervention de Stravinsky, il est boursier de la Fondation Ford et réside un an à Berlin, après quoi il suit les cours de direction d'orchestre de Boulez à Bâle. Succédant à celui-ci au Domaine musical, il en assumera la direction de 1967 à 1973; puis c'est jusqu'en 1981, une longue collaboration avec Radio France, marquée par la création du « Nouvel Orchestre philharmonique », grande formation à géométrie variable adaptée aux réalités musicales d'aujourd'hui. Enfin, en 1984, il est nommé directeur du Conservatoire national supérieur de Musique de Lyon, sans que ces diverses responsabilités aient entravé une carrière de compositeur originale et variée, qui compte deux œuvres importantes pour l'orgue.*

Très jeune, donc, Gilbert Amy s'affirme comme une personnalité marquante : écriture complexe, imagination formelle, raffinement orchestral vont s'illustrer au fil des années dans des œuvres pour des formations diverses et neuves, ne négligeant pas l'apport de l'électro-acoustique. Le traitement de l'orchestre symphonique y est repensé par de nouvelles répartitions spatiales. Mais Amy n'oublie pas qu'il a un peu étudié l'orgue dans sa jeunesse : il en a gardé une familiarité certaine et un grand respect, préférant aux opulences de l'instrument symphonique la vive clarté du style classique.

Sept Bagatelles

Composée en 1975, cette œuvre est dédiée à Xavier Darasse qui en a assuré la création à Washington en février 1976. C'est une sorte d'hommage à l'art baroque, à l'irrégulier non symétrique, avec alternance entre le stable et l'instable, le lent et le rapide, le périodique et le mouvant. Sept notes servent de base à chaque pièce, tout le reste est ornement. Ces notes — *si, si* bémol, *fa, ré, la* bémol, *mi* bémol, *do* dièse — se retrouvent dans chaque pièce dans des ordres différents. Le titre annonce sept pièces, mais il n'y en a en réalité qu'une seule : c'est un discours continu, qui s'enchaîne selon les principes de la rhétorique par oppositions, continuation, silences. La référence à Webern y est consciente et affirmée, avec des événements microscopiques et dans l'unicité de chaque petite forme.

I. Prélude, exploitant trois modes de jeu : lisse, glissé, *staccato*.

II. Exploitation de deux modes de jeu, blocs et déploiement.

III. Opposition entre le *legato* lointain et le *staccato* proche ; les durées régulières, périodiques, sont déstabilisées au centre et retrouvent leur régularité à la fin.

IV. Transition, avec deux points fixes vibrés, notes-pivots autour desquelles éclatent des bribes fugitives.

V. Trio, souvenir-hommage aux études d'orgue. La fixité des rôles dévolus à chaque voix rappelle le principe du mélange en contrepoint : à la main droite sont confiées des durées ternaires, à la pédale des durées permutées de deux, trois et quatre triples croches ; la variété est introduite par la main gauche, qui évolue en « style fleuri ».

VI. Transition, avec une périodicité de groupes de cinq, interrompue de courts appels : accords « griffés » que l'on retrouvera dans la section finale.

VII. Réexposition et réunion, enfin, des sept notes structurelles.

Durée d'exécution : ~ 9 mn

Quasi una toccata

Composée en 1981, elle constitue une grande forme qui vient ajouter à la petite forme des *Bagatelles* son heureuse complémentarité. Elle s'étale en effet en une forme complexe dont cinq séquences de base engendrent de multiples sections et s'y retrouvent. Le motif du début, horizontal, linéaire, est formé de dix notes qui assurent le fondement de l'œuvre entière : *fa* dièse, *si, fa, la, sol* dièse, *do, sol, mi* bémol, *si* bémol, *mi*. Ce motif subit maintes transformations, permutations, changements de tessiture, coagulations et interpolations de silences.

L'autre motif, vertical, est formé de blocs isorythmiques ; il va s'opposer à des groupes en superpositions décalées, sorte de *stretto* rythmique, engendrant de nouvelles formes de durées. La variété des indications de mouvements — rude, haletant, modéré, subitement agité, avec toutes les gradations assez vif, plus vite, très vif — révèle bien l'aspect fébrile, « romantique » d'une œuvre qui s'étale généreusement dans la durée. Le compositeur la commente ainsi : « Si j'ai choisi d'intituler cette pièce *"Quasi" una toccata*, c'est pour bien me référer — en évitant tout exercice de style — aux modèles classiques, romantiques ou modernes du genre : ces derniers font une large place à la virtuosité digitale. Il est grand temps de réintégrer la virtuosité comme telle à notre horizon musical ; la virtuosité, l'énergie par le mouvement sont des éléments de premier ordre pour le compositeur s'il sait en maîtriser les limites et surtout les intégrer à un langage musical original. Par ailleurs, l'orgue possède par sa composition harmonique une perspective verticale d'une richesse inouïe. Comment ne pas être tenté de combiner texture linéaire (technique digitale et pédale) et exploration verticale (composition des mixtures), combinatoire dont les résultats à l'exécution seront toujours différents dans leur couleur d'un instrument à un autre, malgré le caractère fixe de l'écriture? »

Durée d'exécution : ~ 15 mn

X.D.

HENDRIK ANDRIESSEN

Né à Haarlem, le 17 septembre 1892; mort le 17 avril 1981. Frère du pianiste Willem Andriessen, il fut, avant de se consacrer à une carrière musicale, rédacteur du journal de sa ville natale. Ayant pris des leçons d'orgue avec le titulaire de l'église Saint-Bavon, Louis Robert, il succéda cependant à son père comme organiste de la cathédrale de Haarlem, poste qu'il occupa jusqu'en 1936. Il poursuivit alors ses études au Conservatoire d'Amsterdam où il fut l'élève de Zweers et de Pauw. A cette époque, le compositeur Diepenbrock, admirateur de César Franck, exerça sur lui une sensible influence. Directeur du Conservatoire d'Utrecht (1937), il fut ensuite professeur de composition à celui d'Amsterdam, puis prit en charge le Conservatoire royal de La Haye (1949-1957). Organiste de la cathédrale catholique d'Utrecht jusqu'en 1949, il enseigna enfin la musicologie à l'université catholique de Nimègue (1952-1963). En dehors de nombreuses œuvres chorales, dont dix-huit messes, de pages symphoniques ou de musique de chambre et d'un opéra, il consacra une large partie de son activité de compositeur à l'orgue et laissa pour cet instrument une douzaine d'œuvres majeures.

Favorable à un instrument d'esprit symphonique mais ouvert à d'autres styles, Andriessen compta parmi les meilleurs improvisateurs hollandais et fut un pédagogue écouté. Son langage post-romantique dans la lignée Liszt-Reger, mais parfois influencé par Franck ou par les maîtres du XVIIIe siècle, n'est pas sans analogies avec celui que pratiquent ses contemporains flamands, comme son ami Flor Peeters. Outre un concerto pour orgue et orchestre et le *Pezzo Festoso* de 1962 pour deux trompettes, deux trombones et orgue, on lui doit plusieurs chorals écrits selon la conception formelle de Franck, et des pièces diverses dont *Toccata* (1917), *Sonata da chiesa* (1927), *Passacaglia* (1929), *Sinfonia* (1940), *Thème et variations* (1949), *Quatre Études* (1953) et *Suite* (1969).

Troisième Choral

Après avoir composé deux œuvres sous le même titre en 1913 et 1916, Andriessen nous propose une troisième illustration du choral d'orgue symphonique en 1920. A l'exemple du maître de Sainte-Clotilde, s'en tenant toujours à un moule unique et à un cantique pseudo-luthérien dont l'énoncé se trouve précédé d'une introduction chromatique *(agitato)*, l'auteur s'engage dans une série de variations libres (on pense au *Premier Choral* de Franck), dont les dernières mesures en crescendo laissent place à un interlude-récitatif. Le choral peut alors triompher dans toute la gloire des anches.

Durée d'exécution : ~ 10 mn

Sonata da chiesa

Écrite en 1927, cette pièce d'orgue, dont le titre fait référence à la tradition classique, tente un compromis entre des formules néo-baroques ou modales et un chromatisme régérien. Si elle n'est pas toujours très convaincante, cette volonté de synthèse et d'acclimatation d'éléments anciens dans un contexte moderne appartient pourtant bien à une mode qui, dans ces années d'entre deux guerres, touche avec des fortunes diverses beaucoup d'organistes allemands (David, Distler) ou flamands (Peeters).

Deux amples parties (thème et variations, puis finale) qui s'efforcent cependant de respecter l'alternance de sections rapides et lentes propre à la sonate italienne, divisent cette œuvre. Après la présentation d'un thème de seize mesures (*ré* mineur) dont le caractère réformé peut surprendre sous un titre qui suggère plutôt l'univers romain, quatre variations s'enchaînent. Le motif exposé sonne d'abord à la pédale (1re var.), puis à la manière d'un pastiche du XVIIIe siècle (2e var.). La troisième se soumet alors à des chromatismes qui mènent en *fa* dièse mineur, mais la quatrième retrouve le ton principal, dans un mouvement animé où le thème paraît d'abord au superius. Suit enfin un *Lento* très modulant qui, plus qu'une cinquième variation, doit plutôt se concevoir comme une transition en direction du finale. Ce dernier, allegro de toccata aux formules conventionnelles, conduit à une harmonisation du thème initial, dans toute la force.

Durée d'exécution : ~ 10 mn

Thème et variations

Dédiée à l'organiste anglaise Lady Susi Jeans (1949), cette œuvre présente quelques analogies avec la *Sonata da chiesa* de 1927. Andriessen y diversifie les approches, usant tantôt d'idiomes archaïques (sous-toniques, accords sans tierce) ou de procédés plus actuels. L'exposé d'un thème en *la* mineur d'allure modale (une fois encore de seize mesures), que précède une introduction de semblable esthétique, en constitue le prologue. Viennent ensuite quatre variations, lesquelles n'évitent pas les modulations (*ut* majeur ou mineur et *ré* notamment). La première, avant le bref retour de l'introduction qui joue jusqu'à la fin un rôle de refrain, traite le thème sur un jeu d'anche, tandis que la seconde s'anime en *staccato*. La troisième s'organise alors selon des critères plus polyphoniques et la dernière harmonise le motif conducteur dans l'éclat et la puissance.

Durée d'exécution : ~ 7 mn

F.S.

JEAN HENRY D'ANGLEBERT

Né à Paris, en 1635 ; mort dans cette même ville, le 23 avril 1691. Il n'a, semble-t-il, exercé le métier d'organiste que dans sa jeunesse. En 1661, on le trouve au service de Monsieur (duc d'Orléans) et des Jacobins de la rue Saint-Honoré. En 1662, il succède à son maître Chambonnières comme claveciniste ordinaire de la Chambre du roi. Dès 1674, il cède la charge à son fils Jean-Baptiste Henri, âgé de treize ans, qui la conservera jusqu'à sa mort en 1735. Contrairement à ce qu'on écrit parfois, François Couperin n'a donc jamais occupé cette charge, dont il n'eut que la survivance, et c'est sa fille, Marguerite Antoinette Couperin, qui en héritera. D'Anglebert père reste actif à la Cour aux côtés de son fils et participe aux exécutions des œuvres lyriques de Lully (parrain de Jean-Baptiste). Des liens plus étroits encore l'unissent à Roberday, puisqu'ils épousent deux sœurs. D'Anglebert n'a publié qu'un seul Livre de clavier (1689) ; le second, annoncé à cette occasion, n'a jamais vu le jour.

Préciser les liens de parenté et d'amitié de D'Anglebert* revient à appréhender son univers et à comprendre le sens qu'il entend donner à son art : le plus haut. Les meilleurs exégètes placent D'Anglebert au Parnasse des compositeurs français du temps. Willi Apel estime que « l'élévation et la grandeur de l'esprit classique se trouvent réalisées de la façon la plus impressionnante ». Le Livre de 1689 est dédié « A son Altesse Sérénissime Madame la Princesse de Conty Fille du Roy » pour laquelle presque toutes ces pièces ont été composées, et, à la fin de la dédicace, l'auteur confie qu'il « souhaite que ses ouvrages passent à la postérité ».

Le recueil se répartit en trois catégories distinctes : les pièces pour le clavecin, de loin les plus nombreuses, les pièces pour l'orgue et un traité de basse chiffrée. La première se subdivise à son tour et groupe quatre suites de danses stylisées de D'Anglebert lui-même, quelques « vaudevilles d'une finesse extraordinaire » pour « remplir les fins de pages qui se seraient trouvées inutiles sans cela », et quinze transcriptions de fragments d'opéras de Lully. « Il faut avouer que les ouvrages de cet homme incomparable sont d'un goût fort supérieur à tout autre », écrit l'auteur pour justifier cette originalité.

Les pièces d'orgue

« J'ai voulu donner aussi un échantillon de ce que j'ai fait autrefois pour l'orgue, c'est pourquoi j'ai mis seulement cinq fugues sur un même sujet varié de différents mouvements et j'ai fini par un quatuor sur le Kyrie de la messe. Comme cette pièce est plus travaillée que les autres, elle ne peut bien faire son effet que sur un grand orgue, et même sur quatre claviers différents, j'entends trois claviers pour les mains et le clavier de pédales, avec des jeux d'égale force et de différente harmonie, pour faire distinguer les entrées des parties. » Ayant vu le jour dans les années 1660, il s'agit donc là de pièces à peine postérieures aux œuvres de Louis Couperin et de Roberday; voilà qui les place dans leur véritable famille spirituelle, celle des disciples français de Frescobaldi, par l'intermédiaire de Froberger, venu en France en 1652.

* Voir à *Roberday*.

Cinq Fugues

On peut voir dans cet ensemble soit une sorte d'*Art de la fugue* miniature en cinq fugues sur le même sujet en 1er ton (mode de *ré*), soit, plus probablement, une seule œuvre en cinq sections à la manière des *Fugues et Caprices* de Roberday, eux-mêmes sur le modèle du ricercare monothématique frescobaldien. Roberday aurait d'ailleurs pu signer le très beau sujet baroque tordu par des degrés mobiles et des fausses relations, et métamorphosé au fil de la progression agogique ; mais sans doute aurait-il introduit davantage d'artifices contrapuntiques (diminutions, divers contre-sujets), auxquels D'Anglebert n'a pas cru devoir s'arrêter; en revanche, les grappes d'ornements révèlent bien la griffe du *claveciniste*, « orfèvre » plus méticuleux et imaginatif en la matière que son beau-frère.

Progression en cinq étapes : 1) « fugue grave », équilibrée, à C (4/2), à jouer « fort lentement »; 2) fugue un peu plus animée à 3 (6/2) amoncelant sujets et réponses; 3) fugue très rythmique et vive à C (4/4) qui lance ce que Roberday appelait le « caprice » et se termine par la seule cadence plagale de l'ensemble; 4) fugue-gigue à 12/8 qui procède directement de la précédente et constitue l'apogée de l'accélération métrique et des diminutions ornementales; 5) dernière fugue à 6/4, plus longue et grandiose, avec repos médian pour mieux souligner la somptueuse péroraison.

Durée d'exécution globale : ~ 12 mn

Quatuor sur le Kyrie à trois sujets tirés du plain-chant

Il s'agit d'un quatuor fugué en valeur longues de type motet vocal de la Renaissance. Le plain-chant n'est autre que le *Kyrie Cunctipotens*, celui-là même qui féconde la majeure partie des messes françaises. Le mode de *ré* se voit fortement « tonalisé » par l'usage de sensibles. Pour mieux mettre en valeur le travail savant et parce qu'il souhaite que son *Kyrie* soit détaillé sur quatre plans sonores, D'Anglebert le publie sur quatre portées en partition à la manière italienne, récemment adoptée par Roberday (lequel ne demandait pas une exécution sur quatre claviers). La pièce de D'Anglebert constitue le premier véritable quatuor français pour orgue et implique que l'une des mains, à cheval sur deux claviers, se charge de deux parties (une exécution à quatre violes comme chez Du Caurroy et Roberday n'est pas non plus exclue). Menés de front, les trois sujets procèdent des trois premières périodes du plain-chant. Chaque voix expose quatre entrées selon le déroulement : superius : 1-3-2-1, haute-contre : 2-1-2-3, taille : 1-3-2-2, basse : 3-2-1-3. Soit 16 entrées au total : 5 sur la première période, 6 sur la deuxième et 5 sur la troisième. Exercice de haute voltige, bref et réussi.

Durée d'exécution : ~ 1 mn 20 s

B.F.-S.

THOMAS ARNE

Né à Londres, baptisé le 28 mai 1710; mort dans cette même ville, le 5 mars 1778. Ce fils de tapissier londonien consacra l'essentiel de sa vie au théâtre, à Londres et Dublin : avec un catalogue comprenant près de quatre-vingts œuvres scéniques, Arne se place parmi les compositeurs les plus prolifiques de son temps. Son sens des rapports humains et de la publicité, son remarquable talent mélodique ainsi que l'absence de complexité de sa musique, vive et spirituelle, lui valurent un important succès populaire. Il ne fut jamais organiste de la Chapelle royale ou titulaire d'un poste officiel à la Cour, mais son parcours de musicien indépendant n'en reçut pas moins une importante reconnaissance académique : en 1759, Arne devient Doctor in Music *à Oxford. Il composa de nombreux* masques, *dont* Dido and Aeneas *(1734), qui lui ouvrit les portes du théâtre de Drury Lane, ou encore le célèbre* Alfred *(1740), dont est extrait l'hymne* « Rule Britannia », *ainsi que des opéras anglais, des* dialogues, *des oratorios. Plusieurs de ses œuvres mettent en musique des pièces de Shakespeare. Son style fut influencé par la haute figure de Haendel et l'enseignement de Michael Festing, musicien d'orchestre et élève de Geminiani, avec lequel il travailla son principal instrument, le violon, tout en s'initiant à la musique vocale et théâtrale italienne. Son opéra seria* Artaxerxes *(1762), sur un livret de Métastase, est l'un des premiers exemples d'opéra anglais unissant la tradition populaire locale et les conventions de l'opéra italien.*

Outre son œuvre théâtrale, Arne composa quelques pièces de musique instrumentale ainsi que des chansons à reprise et des petits chœurs à trois ou quatre parties *(catches, glees)*, destinés aux jardins d'agrément, très en vogue au XVIIIe siècle en Angleterre (Vauxhall Gardens, Ranelagh House, etc.). Ses œuvres faisant appel à l'orgue prennent place dans ce contexte de musique volontairement simple, n'ayant d'autre but que de divertir un public très bigarré, réunissant nobles et bourgeois, riches et moins riches. Il s'agit d'une série de « Six Concertos pour orgue, clavecin ou piano forte avec parties instrumentales pour des concerts publics ou privés... ». Le fait que certains mouvements soient spécifiés pour « organo solo », pièces ainsi rendues indépendantes et d'ailleurs proches de la littérature anglaise pour clavier seul de l'époque, explique leur présence dans ce guide.

Les concertos d'Arne ne furent publiés qu'à titre posthume (sans date, probablement après 1790) par Groombridge, lequel avait « préparé, revu et corrigé » l'édition que le fils d'Arne, Michael (1741-1786), n'avait eu le temps de publier. On ignore la date de leur composition, mais l'on sait que Michael Arne interpréta l'un d'entre eux en 1751 (on doit par ailleurs à ce virtuose l'introduction en Angleterre des sonates de Scarlatti). L'instrument auquel s'adressent ces concertos est l'orgue anglais type, petit et sans pédale ; les quelques registrations demandées par Arne ne font appel qu'aux jeux de fonds.

Allegro en *ut* majeur

Il s'agit du troisième mouvement du *Concerto n° 1*, de forme prélude ou invention à deux voix principales (à 3/8). Cette pièce vive et dynamique est construite sur un motif faisant appel à l'arpège et à l'intervalle d'octave. La « réponse » (lors de l'entrée de la deuxième voix) à ce motif initial en doubles croches en reproduit, tout en le simplifiant, le rythme intérieur, au léger balancement.

Slow, Moderato et Allegro en *sol* majeur

Deuxième, troisième et quatrième mouvements (enchaînés) du *Concerto n° 2*, ils présentent une progression rythmique et dynamique caractéristique du clavier anglais de l'époque. Le **Slow** (Arne indique comme registration : *Diapasons*, soit « jeux de fonds »), est de type introduction lente à trois voix, traditionnelle dans les *voluntaries* en deux mouvements ou plus de Stanley, par exemple. Le **Moderato** (« Ajouter flûte ou principal ») est un très court mouvement de transition sur une mélodie pleine d'allant, richement ornée (trilles courts, gruppettos) ; la mention *ad libitum* indique la possibilité pour l'interprète d'improviser quelques mesures de cadence. L'**Allegro** final, sensiblement plus développé que les deux mouvements précédents, fait penser à celui du *Concerto n° 1* ; il s'agit de nouveau d'une invention à 3/8 et deux voix principales, avec dessus orné, dialogues en écho et conclusion sans cadence, dont le motif principal en doubles croches accentue lui aussi le doux balancement noire/croche. L'édition originale mentionne en tête de ces trois mouvements : « Lorsque ce Concerto est interprété à l'orgue, il convient de jouer les trois mouvements ; mais lorsque l'instrument utilisé est le clavecin, on pourra y renoncer ou bien n'exécuter que le seul Allegro à 3/8. »

Con spirito en *la* majeur

Ce deuxième mouvement du *Concerto n° 3* (le premier mouvement, beaucoup plus développé et avec orchestre, porte le même intitulé), à C, fait alterner un « appel de coucou » à l'octave enchaînant sur une mélodie ornée d'essence populaire, et des sections plus rythmiques, fraîches et dansantes (doubles croches régulières de main droite ponctuées par des croches de main gauche).

Ad libitum (Prélude) et Allegro en *si* bémol majeur

Constituée des deuxième et troisième mouvements (enchaînés) du *Concerto n° 6*, cette pièce se présente en réalité, hors de son contexte, tel un véritable prélude et fugue. Le premier volet, de type fantaisie, prend la forme d'une improvisation virtuose en questions/réponses de la basse et du dessus, prolongée par un trait de triples croches d'une très grande agilité, non mesuré, typiquement violonistique, noté *veloce* et s'achevant sur un point d'orgue. Une dernière cadence ornée, libre bien que mesurée, calme le jeu et prépare l'entrée de l'**Allegro**, d'une belle et constante régularité rythmique, fugue à trois voix joyeuse et très joliment construite sur un thème syncopé reprenant la figure omniprésente chez Arne de l'arpège :

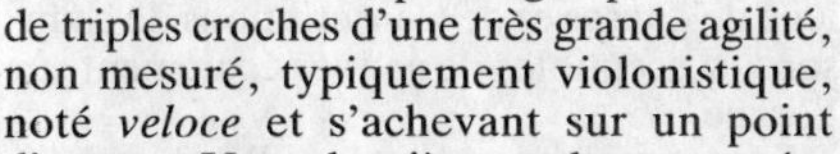

Une reprise du sujet au soprano, suivi d'entrées en strette aux deux voix extérieures, conduit à une suspension pouvant donner lieu à une cadence improvisée. La fugue s'achève sobrement, sur une amplification au soprano de la deuxième incise du sujet, couronnée d'un point d'orgue.

Durée d'exécution de chaque pièce : de 1 à 3 mn

L'œuvre pour clavier de Thomas Arne comporte également *8 Sonates* (vers 1756) mêlant l'influence de la *canzona* italienne, voire napolitaine (à la manière de Zipoli) et l'élégance des danses stylisées pratiquées en Angleterre (telle la gavotte). L'accent porte cependant non pas sur la virtuosité telle que la pratiquèrent les maîtres italiens, mais bien sur le charme direct de la mélodie.

M.R.

PIERRE ATTAINGNANT

Né dans le nord de la France (Douai ?), vers 1494 ; mort à Paris, en 1552. Premier éditeur français de musique, bénéficiaire d'un privilège de François Ier, il met au point un système qui permet d'imprimer en une seule opération portées et notes, à la différence du procédé utilisé dès 1501 par Petrucci, le pionnier vénitien de l'imprimerie musicale. Établi à Paris rue de la Harpe, il publie 13 livres de messes, 36 livres de chansons (soit environ un millier) et, ce faisant, a largement contribué à la gloire de Josquin et de la chanson parisienne. Attaingnant édite aussi les premiers recueils français de musique instrumentale : nombreuses danceries, pièces pour le luth (1529-1530), et sept tablatures pour les claviers (1531) dont les auteurs demeurent anonymes.

Les années 1530 voient dans le même temps les premières atteintes de la Réforme protestante et l'apogée de l'humanisme. Il est urgent de doter, pour la première fois en France, l'instrument de l'Église catholique d'un répertoire liturgique spécifique, mais aussi d'affirmer la prééminence de l'homme à travers un florilège de danses et de transcriptions de chansons, susceptibles de sonner également sur l'orgue.

L'instrument de la Renaissance recherche la diversité et commence à dissocier les registres du grand plein-jeu monolithique transmis par le Moyen Age et décrit par Arnault de Zwolle. Les recueils d'Attaingnant, quant à eux, se suffisent d'un clavier d'une quarantaine de touches et n'exigent jamais le pédalier, quoiqu'il soit toujours possible d'y faire sonner un cantus firmus.

De la position unique, dans la France du XVIe siècle, des sept recueils de *Tabulatures pour le jeu des Orgues, Espinettes et Manicordions* (1531) d'Attaingnant, nous ne devons pas conclure à l'inertie des « clavièristes » français de ce temps. On sait que, brillants improvisateurs, ceux-ci se souciaient peu de laisser des traces écrites de leur art ; et, si l'on tient compte des jalons manuscrits fournis auparavant par le *Robertsbridge* (c. 1320) et le *Codex de Faenza* (c. 1420), on atteint à un ensemble, certes modeste face au répertoire étranger, mais suffisant pour attester d'une véritable activité.

Dans son corpus pour divers claviers, l'éditeur parisien distingue sans ambiguïté le répertoire profane à jouer *ès maisons* du répertoire sacré destiné au culte. Peu pratiquée à l'étranger, cette différenciation restera une constante française. Parmi les quatre fascicules laïcs, l'un regroupe 32 danses savoureuses, lentes ou vives, de rythme ternaire ou binaire : basse-danses, pavanes, gaillardes et bransles de diverses régions ; les trois autres réunissent 70 transcriptions de chansons françaises (pour moitié de Sermisy). Quant aux trois *Tabulatures* liturgiques, elles affectent exclusivement l'orgue d'église.

Messes, Magnificat et Te Deum

La **Tabulature sur le chant de Cunctipotens et Kyrie Fons**, d'après un graduel parisien en vigueur depuis le XIVe siècle, rassemble les deux premiers exemples exhaustifs de messe pour orgue (excepté ceux, à peine antérieurs, de Hans Buchner). Les versets sont destinés à alterner avec le plain-chant ou le faux-bourdon confié à la maîtrise. Pour les fêtes doubles, la messe *Cunctipotens genitor Deus* (messe IV de l'Édition vaticane) propose 20 versets de *Kyrie, Gloria, Sanctus* et *Agnus Dei*, tandis que la messe *Fons bonitatis* (messe II) en accumule 26, en raison de la présence d'un *Credo* (ce n'est qu'à partir de l'an 1600 que le pape réservera définitivement le *Credo* au seul chant de la maîtrise) et de l'*Ite missa est* (en vérité, seule la mélodie du *Kyrie* diffère d'une messe à l'autre).

Riche du **Magnificat sur les huit tons avec le Te Deum laudamus et deux préludes**, le deuxième groupement offre, pour la première fois à l'orgue, un ensemble cohérent pour les vêpres (*Magnificat*) et cérémonies officielles (*Te Deum*). Cependant, aucune des prières ne comporte le nombre de versets nécessaires pour alterner avec les chantres : de 2 à 5 au lieu de 6 pour le *Magnificat*, 15 au lieu de 16 pour le *Te Deum*. Les formules répétitives du plain-chant, à l'intérieur de chaque prière, autorisent sans doute l'organiste à se servir d'un même verset pour plusieurs interventions, à moins qu'il ne préfère improviser les versets manquants.

Les deux messes et les huit *Magnificat* font appel à une écriture à trois voix, parfois deux, alors que le *Te Deum* peut atteindre quatre voix ; tous se présentent en notes losangées sur deux portées. Même si certains versets ont une origine vocale, l'écriture de clavier se manifeste dans l'absence de linéarité des parties et l'économie des imitations contrapuntiques, la présence d'accords plus massifs, d'abondantes formules digitales en gammes, l'omniprésence d'une sorte de gruppetto ornemental, les sauts d'intervalles destinés à rompre la monotonie des rubans parallèles en degrés conjoints, et le cantus firmus un peu raide qui avoue une destination instrumentale fonctionnelle. Ce cantus sonne à la basse manuelle ou en taille (partie médiane), mais peut gagner le superius, en particulier dans les biciniums, ou être entouré de quelques volutes qui en cassent la rigidité. A l'exception de deux, tous les versets obéissent à un tactus (battue) binaire, quitte à laisser place à quelques alternances ternaires (on mesure combien l'ancienne conception métrique à trois temps, dite « parfaite » par référence à la Trinité, s'est effritée depuis la fin de l'âge gothique). Pour conclure, les pièces font entendre sans préférence l'octave creuse, la quinte, la tierce ou la triade complète.

Préludes. A deux ou trois voix principales, d'assez grande envergure, ils inaugurent la véritable musique de clavier autonome. Par le jeu des modulations, celui « sur chacun ton » touche aux douze demi-tons chromatiques et s'étend sur un large ambitus allant du fa_1 au la_4.

Kyrie Cunctipotens. Le système d'alternance laissant à l'orgue l'initiative, l'instrument intervient cinq fois et le chœur quatre. Ce *Kyrie* possède deux *Christe* et atteint donc six versets. Tous sont en premier mode (*ré* authente), mais si les quatre premiers se terminent à la tonique, les deux derniers concluent à la dominante (alors qu'un Machaut ou un Frescobaldi incorporent le *la* final de la mélodie grégorienne dans un accord de tonique). *Kyrie* I : trois voix, CF (cantus firmus) à la basse, *Kyrie* II, trois voix, CF légèrement orné au superius, d'où des « doubles sensibles » de tonique et de dominante ; *Christe* I, trois voix, CF à la basse ; *Christe* II, trois voix, CF orné au superius ; *Kyrie* III, en duo, CF au superius ; *ultimus Kyrie*, trois voix, CF à la partie médiane.

Magnificat quarti toni (mode de *mi* plagal). C'est le seul en cinq versets. L'intonation grégorienne se fait plus discrète que dans le *Kyrie Cunctipotens* et se perd dans les méandres d'une écriture de clavier véloce, rehaussée d'accords de cinq et six sons ; elle ne se distingue clairement qu'au ténor ou au superius des 4e et 5e versets. Lancé par une imitation canonique, le 3e verset en duo se poursuit librement. Les deux sections du 5e verset commencent à deux voix par le même motif en contrepoint renversable.

Les motets

Treize motets, avec un prélude, le tout réduit en la tabulature des orgues forment le troisième recueil qui relève du procédé de la transcription, la polyphonie vocale restant encore la source de la musique instrumentale la plus « écrite ». Yvonne Rokseth a retrouvé les modèles vocaux de douze pièces sur les treize (motets de Sermisy, Gascongne, Févin, Obrecht, Brumel, etc., parmi lesquels se glissent un extrait de messe et deux chansons italiennes) et a publié les deux versions superposées (Société française de musicologie). Leur lecture simultanée donne à voir comment les trois ou quatre voix originelles ont guidé l'imagination des scripteurs et leur ont soufflé telle formule décorative (*color*, ou « embellissement ») pour monnayer en « diminution » les valeurs longues, sans pour autant sacrifier la structure polyphonique sous-jacente. A quatre voix en *sol*, le bref Prélude donne un bon exemple de l'instabilité de la modalité avec ses degrés mobiles (altérations non marquées de la *musica ficta*).

Toutes les pièces ne prétendent pas à la même qualité : certaines semblent bien sèches quand d'autres ne manquent pas de panache. Mais l'ensemble fournit aux organistes du temps un répertoire complet pour leur instrument, sorte de traité de la glose, de la diminution, du commentaire liturgique et de la transcription, seul équivalent français de ce que les Allemands nomment un *Fundamentum*.

B. F.-S.

CARL PHILIPP EMANUEL BACH

Né à Weimar, le 8 mars 1714; mort à Hambourg, le 14 décembre 1788. Deuxième fils de Jean-Sébastien et de Maria Barbara Bach, frère cadet de Wilhelm Friedemann, il fut, pour la musique, l'élève de son père, et poursuivit des études supérieures aux universités de Leipzig et de Francfort-sur-l'Oder. A l'âge de vingt-quatre ans, cet esprit indépendant décide de quitter l'orbite familiale et émigre de Saxe en Prusse, pour tenter sa chance à Berlin. Très vite remarqué par le prince héritier, flûtiste de talent, il prend l'habitude de l'accompagner au clavecin; et quand, en 1740, celui-ci devient roi sous le nom de Frédéric II, il s'attache Emanuel comme claveciniste accompagnateur, parmi quarante musiciens donnant concert cinq soirs par semaine. Au nombre de ceux-ci, Quantz ou les frères Graun étaient beaucoup mieux considérés (et payés) que Bach, lequel supportait mal de faire antichambre et de suivre le souverain dans ses goûts exclusifs pour les musiques française et italienne. Le musicien, cependant, se fait connaître comme un exécutant et un improvisateur exceptionnel, et entretient de chaleureuses relations avec les nombreux artistes, intellectuels et hommes politiques vivant ou passant à Berlin. Au bout de trente ans de cette existence, il accepte le poste laissé vacant à Hambourg à la suite du décès de son parrain Telemann, qui le tenait dans la plus haute estime. Commence alors une nouvelle vie, vingt ans passés dans l'une des charges musicales les plus hautes de l'Allemagne, comparable à celle de son père à Leipzig, mais en une cité plus peuplée et plus riche : directeur musical de la ville, organisateur de la musique dans les cinq principales églises, et professeur à l'école Saint-Jean. Parmi toutes ces activités, Carl Philipp n'occupa cependant jamais de poste d'organiste.

A sa mort, « le Bach de Hambourg » est salué et regretté par tout le monde musical comme l'un des plus grands compositeurs de son siècle. La *sensibilité* toute particulière qui s'exprime dans sa très abondante production fait de lui le musicien type du courant de l'*Empfindsamkeit*, et l'un des prédécesseurs directs de Joseph Haydn, son cadet de dix-huit ans seulement. L'orgue lui paraissait-il donc trop lié au langage d'un passé révolu, impuissant à traduire les frémissements de l'âge nouveau? Sans doute, car malgré l'écrasante personnalité d'un père qui lui avait fait travailler l'instrument, ou en raison, précisément, de la volonté du fils d'échapper à ce joug, Carl Philipp Emanuel, contrairement à Wilhelm Friedemann, ne toucha quasiment pas l'orgue : c'est au clavecin, et plus encore au clavicorde et au moderne piano-forte, que s'épanouit un talent qui forçait l'admiration de ses contemporains, sa virtuosité étincelante et son imagination féconde introduisant dans le discours musical le dramatisme des harmonies et une expressivité toute nouvelle des parties mélodiques.

A Berlin, Carl Philipp Emanuel devait se lier d'amitié avec la princesse Amélie, sœur de Frédéric, bonne musicienne qui allait rassembler de nombreux manuscrits musicaux, de Jean-Sébastien notamment. Disposant elle-même d'un orgue de 27 jeux, sur deux claviers et pédalier, la princesse tint à travailler avec Bach; mais Emanuel lui donna-t-il beaucoup de leçons d'orgue? Et s'il pouvait aisément jouer les instruments de Berlin, en usa-t-il quelque peu? Il est permis d'en douter, tant son esprit apparaît ouvert à des registres d'expression plus modernes, et fort éloignés du grand style contrapuntique porté par son père à un point d'ultime perfection.

Les 6 Sonates

Le musicologue belge Alfred Wotquenne publia en 1905 un catalogue (Wq) des œuvres de Carl Philipp Emanuel Bach; de nos jours, l'Américain Everett Helm a dressé un nouveau catalogue (H), non encore publié, de quelque 875 numéros. Sur plus de cent sonates recensées, six sont généralement attribuées à l'orgue : n° 1 en *la* majeur (Wq 70/1, H 133), n° 2 en *si* bémol majeur (Wq 70/2, H 134), n° 3 en *fa* majeur (Wq 70/3, H 84), n° 4 en *la* mineur (Wq 70/4, H 85), n° 5 en *ré* majeur (Wq 70/5, H 86) et n° 6 en *sol* mineur (Wq 70/6, H 87). Avec le *Preludio* en *ré* majeur (Wq 70/7, H 107), elles ont fait l'objet d'une publication d'ensemble posthume, à Berlin, en 1790; mais les deux premières datent de 1758, et les quatre autres de 1755. Il s'agit en fait de six œuvres sans pédalier, dont rien dans leur écriture ne permet d'affirmer qu'elles soient spécifiquement destinées à l'orgue. Tout au contraire, les nombreuses batteries, les traits, les accords brisés, les modulations insolites irisant les mélodies rêveuses des mouvements lents, tout, à l'exception peut-être des indications *forte* et *piano* pouvant suggérer des oppositions de claviers, semble davantage fait pour le clavicorde ou le piano-forte. On peut, certes, et on le fait, les jouer à l'orgue. Il faut, en ce cas, transférer au pédalier certaines parties de basse, surtout celles qui font intervenir des notes tenues. Le résultat apparaît plus ou moins heureux, très convaincant cependant dans la *Sonate n° 3*, en *fa* majeur. Mais il faut bien reconnaître que ces œuvres ne comptent pas au nombre des inspirations les plus élevées de leur auteur.

Les Fugues

Tout autre apparaît le cas des Fugues Wq 119 et de quelques pièces isolées, manifestement destinées à l'orgue, et dont le style se réfère expressément à Jean-Sébastien. Bon sang ne saurait mentir, même si le fils ne retrouve pas toujours le grand souffle paternel — l'application se fait parfois un peu mécanique dans un développement dont la technique a été acquise auprès du plus génial des maîtres.

Des quatre *Fugues* de 1755 dont l'authenticité est certaine, respectivement en *ré* mineur (Wq 119/2, H 99), en *fa* majeur (Wq 119/3, H 100), en *la* majeur (Wq 119/4, H 101) et en *mi* bémol majeur (Wq 119/6, H 102), on retiendra en particulier la dernière citée. Dans la même tonalité que la triple fugue de la *Clavierübung* de Jean-Sébastien, serait-elle une allusion ou un hommage filial? Car dans un caractère grave et concentré, c'est également une triple fugue, aux sujets bien découpés et différenciés, qui finissent par se mêler habilement les uns aux autres.

Mentionnons encore une Fugue à trois voix en *sol* mineur (Wq 112/19, H 88), non expressément destinée à l'orgue, et une Fuguette sur le nom « C. Filippo E. Bach », de 1784, qui prend pour sujet la transcription des lettres C.F.E.B.A.C.H. Au nombre des pages d'attribution douteuse, on signalera entre autres la *Fugue* en *ut* mineur H 393, que Schmieder avait donnée à Jean-Sébastien sous le numéro de catalogue BWV 575, ainsi que deux autres fugues également attribuées naguère au père et comme telles inscrites au supplément du catalogue BWV : *Fugue* en *ut* mineur H 392 (BWV sup. 90) et *Fugue sur le nom de B.A.C.H.* H 394 (BWV sup. 108).

Autres pièces

On mentionnera encore un petit **Adagio** *per il organo a 2 claviere e pedal di B.* (H 335), charmante page en trio digne des mouvements médians des *Sonates en trio* de Bach père. Un **Preludio** en *ré* majeur (Wq 70/7, H 107), de 1756, est une sorte de praeludium à la Buxtehude : prélude proprement dit, majestueux, en valeurs pointées et richement modulant — c'est l'une des constantes de l'art du musicien —, suivi d'un fugato en mouvement rapide ; après un bref retour au thème du prélude, reprise du fugato, entrecoupé cette fois d'accords puissants et véhéments, avant une conclusion harmonique grandiose.

Les cinq **Préludes de choral** H 336 (« *O Gott, du frommer Gott* » ; « *Ich bin ja Herr in dein Macht* » ; « *Jesu mein Zuversicht* » ; « *Wer nur den lieben Gott* » ; « *Komm, heiliger Geist* ») et le prélude de choral « *Wo Gott zum Haus nicht gibt* » H 337) ne développent pas en profondeur, comme le faisait Jean-Sébastien, le commentaire spirituel des textes.

Enfin, la **Fantaisie et fugue en *ut* mineur** (Wq 119/7, H 103) de 1755 est sans doute la plus belle page que Carl Philipp Emanuel ait destinée à l'orgue. Le caractère farouchement sombre et pathétique de la fantaisie est accusé par des accords de septième et des modulations hardies, accords entrecoupés d'éléments de récitatif dramatique. La fugue à quatre voix, quant à elle, développe amplement un sujet escarpé et échappe à tout formalisme. Une œuvre comme celle-ci, où l'héritage du passé est revivifié par les apports d'une pensée neuve et originale, ne fait que regretter que le musicien n'ait pas consacré à l'orgue davantage de son incontestable génie.

G.C.

JOHANN BERNHARD BACH

Né à Erfurt, baptisé le 25 novembre 1676 ; mort à Eisenach, le 11 juin 1749. Il travailla d'abord avec son père ; l'enseignement devait être d'une rare qualité, puisque dès 1695, à dix-neuf ans, le jeune homme tenait l'orgue de la Kaufmannskirche dans sa ville natale. Il fut même appelé hors de Thuringe, au service de la ville de Magdebourg. Mais quand, en 1703, mourut le grand Johann Christoph Bach (cousin germain de son père), laissant vacant le poste d'organiste et de claveciniste à la cour d'Eisenach, Johann Bernhard fut trop heureux de saisir la chance de revenir dans le berceau des Bach et de remplacer son parent à un poste envié. Cette responsabilité devait lui convenir, puisqu'il l'exerça jusqu'à sa mort, à la grande satisfaction de ses employeurs et des fidèles d'Eisenach.

La « tribu » des Bach était bien implantée à Erfurt, grâce à Johann Bach (1604-1673). Ses trois fils occupèrent des postes importants en cette ville, en même temps que Pachelbel*, avant que la peste de 1682 n'emporte brutalement deux des trois frères, Johann Christian et Johann Nikolaus. Seul survécut Johann Aegydius, dont les deux fils, Johann Bernhard et Johann Christoph (né la même année que Jean-Sébastien), œuvrèrent dans la région.

A son arrivée à Eisenach, le jeune organiste put bénéficier du bel instrument chèrement conquis par son oncle**. La petite cité ducale profitait alors des talents conjugués de deux remarquables musiciens, Pantaleon Hebenstreit et surtout Georg Philipp Telemann, aux débuts de sa prestigieuse carrière. Celui-ci ne résida que quatre ans à Eisenach, mais ensuite, grâce à Johann Bernhard, la ville maintint un niveau musical que beaucoup de cours plus importantes pouvaient lui envier. Une étroite amitié liait Johann Bernhard et son cousin issu de germains Jean-Sébastien, parents à la fois par leur père et leur mère. Johann Bernhard fut le parrain du troisième fils de Jean-Sébastien, Johann Gottfried Bernhard (1715-1739), tandis que le Cantor de Leipzig devait plus tard former son fils unique, Johann Ernst (1722-1777), dont il était le parrain. Et Jean-Sébastien portait une telle estime à son cousin qu'il fit jouer à Leipzig ses suites pour orchestre, prenant la peine de copier de sa main pour elles des parties instrumentales.

Il ne reste malheureusement que très peu d'œuvres de Johann Bernhard, et des pages exclusivement instrumentales. L'ensemble le plus homogène est constitué par quatre suites d'orchestre, qui présentent d'étonnantes affinités avec leurs célèbres cousines de Leipzig***. L'orgue n'y est représenté que par deux fugues (en *fa* majeur et en *ré* majeur), une chaconne et huit préludes de chorals. Leur qualité ne laisse pas d'aviver les regrets que suscite la perte probable d'autres partitions.

Les **deux fugues**, pour clavecin ou orgue, présentent la double particularité de révéler une réelle audace d'écriture (en particulier dans les progressions chromatiques) et d'appliquer, comme chez Jean-Sébastien, le principe concertant aux épisodes qui développent le sujet.

De la **Chaconne** en *si* bémol majeur, Geiringer souligne « l'habileté avec laquelle le compositeur traite les vingt variations sur un thème vigoureux de huit mesures. Figures rythmiques et dessins mélodiques changent rapidement et, de cette forme étroitement limitée, le compositeur réussit à tirer de effets pleins d'attrait ».

Les **Préludes de choral** sur « *Christ lag in Todesbanden* », « *Nun freut euch lieben Christen* » et « *Jesus, Jesus nichts als Jesus* » portent déjà l'empreinte personnelle de Bernhard : langue sobre, directe et efficace dans le cadre du culte, qualité des traitements d'écriture, même dans de simples biciniums où une arabesque mouvementée accompagne un cantus firmus en valeurs longues. « Le puissant choral de Luther "*Wir glauben all' an einen Gott*" a tout particulièrement inspiré Johann Bernhard, puisqu'il l'a utilisé dans trois préludes différents, qui tous expriment la même foi profonde, inébranlable. »

« *Vom Himmel hoch da komm ich her* », à trois voix, en *ré* majeur, exprime avec une grâce toute pachelbélienne la gaieté de Noël tout en évoquant avec une exquise naïveté le battement d'ailes des anges : la main droite volète à perte d'haleine, tandis que la gauche affirme un cantus firmus marmoréen soutenu par une pédale d'une belle indépendance. Nulle trace de bavardage stérile en cette pièce, car la moindre figure rythmique ou mélodique trouve sa source dans le choral proprement dit.

Durée d'exécution : ~ 1 mn 30 s

Quant à « *Du Friedefürst, Herr Jesu Christ* », c'est en fait une partita de choral en cinq versus. Le premier est la simple harmonisation à quatre voix, le deuxième un bicinium, les trois derniers de souples élaborations à trois voix. Elles évoluent avec une grâce expressive et une saveur singulièrement émouvantes.

Durée d'exécution : ~ 4 mn

G.G.

---

* Voir à *Pachelbel*.

** Voir à *Johann Christoph Bach*.

*** Lire à ce sujet K. Geiringer, *Bach et sa famille*, Buchet-Chastel, Paris, 1955, pp. 124-125.

JOHANN CHRISTOPH BACH

Né à Arnstadt le 8 décembre 1642 ; mort à Eisenach le 31 mars 1703. Par son père, Heinrich Bach (un frère du grand-père de Jean-Sébastien), par sa mère, Eva Hoffmann, le jeune garçon bénéficiait d'une double hérédité musicale qui en fit le compositeur Bach le plus doué et le plus significatif avant Jean-Sébastien. Élève de son père (comme son frère Johann Michael), il était nommé en 1633 organiste de la cour à Arnstadt. Mais deux ans plus tard, il occupait, après un brillant concours, le poste d'organiste de la ville d'Eisenach, ce qui sous-entendait qu'il devait jouer dans les trois églises de la ville, plus spécialement à l'église Saint-Georges. Il était aussi claveciniste et organiste de la cour du duc d'Eisenach. Il conserva ces fonctions jusqu'à sa mort. Il avait épousé Maria Elisabeth Wedemann, qui lui donna quatre fils, tous musiciens professionnels. De tempérament inquiet, vindicatif même, assez peu diplomate, Johann Christoph avait, semble-t-il, une haute idée de son art et de son talent. Ses exigences pour accéder au rang social qu'il estimait lui être dû ont fait de sa vie un tissu de suppliques, requêtes et récriminations, qui avaient d'ailleurs pour but légitime le recouvrement d'honoraires arriérés, d'Accidentien *(le « casuel », convois et mariages) et d'avances.*

A l'intérieur de la famille Bach, Johann Christoph jouissait d'une grande considération. Jean-Sébastien affirme, dans sa *Généalogie*, que son oncle était *« ein profonder Componist »*. Et Carl Philipp Emanuel ajoute dans le *Nécrologe* de 1754 : « ... il se distingua dans l'invention de belles pensées aussi bien que dans l'expression des mots. Il composa, comme le permettait le goût de son temps, de manière à la fois galante et charmante, et aussi avec beaucoup de talent pour plusieurs voix [...]. Et à l'orgue ou sur le clavier, il ne jouait jamais à moins de cinq voix indépendantes. »

L'expert en facture d'orgue batailla toute sa vie, et avec une rare ténacité, pour obtenir l'amélioration de son orgue de Saint-Georges. Il l'attendit trente-huit ans et ne cueillit jamais le fruit de ses efforts, puisque le nouvel orgue vit le jour en 1707 : Johann Christoph était mort depuis quatre ans ! Comment ne pas être touché par la phrase qui conclut son dernier rapport : « Combien cela m'eût aidé dans mon œuvre et ma profession si j'avais eu, depuis 1665, un orgue tel que celui-ci sous la main ! » Mais les édiles — à quelque époque que ce soit — sont sourds à de tels arguments...

On s'est plu à voir en Johann Christoph le véritable « père spirituel » de Jean-Sébastien, et il est vrai que l'on retrouve en ce dernier de nombreux traits de caractère communs : obstination, combativité, « fierté » artistique inaltérable, volonté de reconnaissance sociale, manque de diplomatie, profondeur et audace musicale et, naturellement, attachement indéfectible à l'instrument à tuyaux.

Ce qui nous reste de son œuvre pour orgue ne comble malheureusement pas nos espoirs, puisque sont parvenus à nous seulement un *Prélude et fugue* en *mi* bémol majeur et *44 Choräle welche bei warenden Gottes Dienst zum präambularen gebraucht werden können* (Chorals pour servir de préludes pendant le service divin). Et ce sont sans doute ses œuvres vocales (motets, cantates) qui évoquent le mieux son génie : langue hardie, pleine d'imagination, traduisant avec audace dans ses enchaînements d'accords ou ses modulations soudaines un tempérament infiniment nuancé, depuis l'espérance sereine jusqu'au mortel désespoir, depuis l'enthousiasme glorieux jusqu'à la robuste facétie.

L'œuvre pour orgue

Que le **Prélude et fugue en *mi* bémol majeur** ait pu être attribué à J.-S. Bach au point de figurer dans l'édition de la Bach

Gesellschaft confirme la qualité intrinsèque de l'œuvre. Toutefois, nous inclinons à penser que cette admirable pièce a été conçue pour le clavecin, et que, sans être déplacée à l'orgue, elle y sonne parfois bien mal (*cf.* dans l'exemple, le maladroit redoublement de la basse, ou, mes. 13 sqq., l'abîme qui se creuse entre les deux mains, et dont l'orgue souligne cruellement, à l'inverse du clavecin, la lourdeur).

mes. 9

mes. 13

Quoi qu'il en soit, ce chef-d'œuvre concis, dense, encadre une fugue au beau sujet chromatique par les deux volets d'une toccata alla Froberger. La fugue, à quatre parties réelles, juxtapose trois expositions (avec des contre-sujets adroitement variés) et deux strettes; la toccata fait admirablement sonner toutes les régions du clavier, avec une ardeur un peu mélancolique. Nous tenons là une des plus remarquables pièces allemandes pour clavier avant J.-S. Bach.

Durée d'exécution : ~ 4 mn 30 s

On pourrait à bon droit être plus sévère à l'égard des **44 Chorals,** comme Spitta, qui les trouve « déconcertants pour tous ceux qui connaissent la production vocale du maître ». Mais pour apprécier ces morceaux souvent très brefs (20 mesures en moyenne), il faut les replacer dans leur juste perspective : il s'agit probablement de simples improvisations notées après coup par Johann Christoph, peut-être au profit de ses élèves. Au-delà du projet didactique, ces préludes conviennent parfaitement à l'introduction du chant de l'assemblée dans les petites églises (à la portée d'organistes aux moyens limités). La destination pratique de ces pièces n'empêche pas leur rigueur. Comme les préludes de Pachelbel, chacun des 44 chorals commence par un court fugato, auquel succède en général une partie homophonique. L'écriture est à trois voix, rarement à quatre, et la pédale n'intervient qu'avec discrétion, le plus souvent pour des notes tenues, en fin de choral.

La présentation des mélodies de chorals est variée; on trouve soit, comme chez Scheidt, la mélodie en entier (la première phrase en fugato et le reste à la pédale), soit certaines phrases choisies, soit même la seule première. L'écriture est toujours ingénieuse : la polyphonie donne souvent l'impression d'être plus riche qu'elle ne l'est en réalité. Certains motifs sont parfois discrètement caractérisés (un exemple : dans « *Warum betrübst du dich, mein Herz* », l'affliction du cœur est soulignée par un chromatisme descendant). Nous sommes encore loin de l'*Orgelbüchlein*, mais le tout jeune Jean-Sébastien n'était pas sourd...

G.G.

JOHANN MICHAEL BACH

Né à Arnstadt, le 9 août 1648; mort à Gehren le 17 mai 1694. Deuxième fils de Heinrich Bach, frère de Johann Christoph, il était le père de Maria Barbara, la première femme de Jean-Sébastien. Élève de son père, comme on l'imagine, il travaille aussi avec le cantor d'Arnstadt, Jonas de Fletin. Peut-être celui-ci lui a-t-il inculqué un goût prononcé pour la musique vocale. En 1665, il succède à son frère à l'orgue de la chapelle du château d'Arnstadt. En 1673, la ville de Gehren (près d'Arnstadt) retient ce jeune organiste, « candidat sage, bien élevé, et habile en son art », selon un conseiller de la ville, pour succéder à Johann Effler. Ce poste sous-entendait aussi un travail de greffier de la ville... A des émoluments assez substantiels, cet artiste aux dons multiples trouva une source de revenus supplémentaires en construisant des instruments pour les amateurs de musique d'Arnstadt et des environs. En 1675, il épouse Catharina Wedemann, une sœur de la femme de son frère. A sa mort, à quarante-six ans, il laissait cinq filles non mariées, dont la plus jeune, Maria Barbara, n'avait que dix ans. A la mort de sa mère, celle-ci s'installa à Arnstadt où elle rencontra son cousin et futur mari.

Contrairement à de nombreux membres de la famille Bach (dont Jean-Sébastien) qui entretenaient souvent des rapports conflictuels avec leurs autorités de tutelle, Johann Michael semble avoir connu une vie calme, lisse, en parfaite harmonie avec ses employeurs. On aime à penser que Maria Barbara avait hérité de ce caractère paisible. Sur un autre point, Johann Michael se distinguait de sa turbulente famille : alors que beaucoup de Bach étaient des experts en matière de facture d'orgue, lui semble s'être intéressé tout particulièrement à la facture des instruments à clavier (clavecins, clavicordes) et des instruments à cordes. Enfin, s'il nous reste de lui seize compositions vocales (11 motets et 5 cantates), nous devons déplorer la probable disparition de nombreuses œuvres d'orgue. En effet, le musicographe Ernst Ludwig Gerber nous dit, dans son *Neues Lexikon* de 1812-1814, qu'il possède de Johann Michael 72 préludes de choral, dont certains sont suivis de 8 ou 10 variations. Et d'ajouter : « Il y a une grande diversité parmi ces préludes, et aucun n'est indigne du nom de Bach. » Ce manuscrit a malheureusement disparu, et il nous reste seulement 8 Préludes, reliquat qui ne peut nous donner qu'un aperçu incomplet, tronqué, peut-être même erroné, des capacités du compositeur*.

Ces **Préludes de choral** sont les suivants : *1. « Wenn wir in höchsten Nöten sein ». 2. « Dies sind die heil'gen zehn Gebot ». 3. « Wenn mein Stündlein vorhanden ist ». 4. « Wo Gott, der Herr, nicht bei uns halt ». 5. « Wenn wir in höchsten Nöten sein. » 6. « In dich hab'ich gehoffet, Herr ». 7. « Nun freuet euch lieben Christen ». 8. « Von Gott will ich nicht lassen ».* La famille Bach trouvait ces œuvres dignes de figurer dans son album familial, le *Alt Bachiches Archiv*, commencé par Johann Ambrosius, continué par son fils Jean-Sébastien et dont hérita Carl Philipp Emanuel. Mais si ces œuvres dénotent une habile technique d'organiste rompu aux ficelles de son métier, nous rejoignons Karl Geiringer qui stigmatise « un manque d'imagination et d'originalité », tout en ajoutant avec indulgence : « Il se peut que certaines de ses plus belles compositions aient été perdues, ou que sa mort prématurée l'ait empêché d'atteindre son plein développement artistique. »

« *Von Gott will ich nicht lassen* » est d'une simplicité biblique ; une brève introduction prépare l'exposé du choral au soprano, soutenu par deux voix modérément imitatives. C'est tout. Voilà qui ne peut en aucun cas distraire l'attention d'une assemblée familiale ou paroissiale : n'est-ce pas le but visé ?

« *Wenn mein Stündlein vorhanden ist* » fait sonner fièrement le choral au pédalier.

La partita « *Wenn wir in höchsten Nöten sein* » s'inscrit un peu en marge, série de 3 variations sur le choral dans le style un peu archaïsant de Scheidt. Dans la première, la mélodie est sagement ornementée au soprano. La deuxième, à trois voix également, fait sonner le choral en taille, au ténor, sous un mélodieux contre-chant du soprano. La troisième est un bicinium alerte, enjoué, dans lequel le choral luit en un brasillement de doubles croches.

Quant aux autres chorals, ils pourraient appartenir à l'école de Pachelbel.

G.G.

* 25 préludes de choral du recueil Neumeister, récemment découvert à l'Université Yale, sont en outre attribués à Johann Michael Bach.

JOHANN SEBASTIAN BACH

Né à Eisenach, le 21 ou le 31 mars 1685; mort à Leipzig, le 28 juillet 1750. Issu d'une famille de musiciens établis en Thuringe depuis deux siècles et qui se perpétuera jusqu'à la fin du XVIIIe siècle, il est de bonne heure orphelin. Il fait ses études à Ohrdruf, puis à Lüneburg, en Allemagne du Nord. S'il ne fréquente pas l'université, il développe sa culture classique et, surtout, s'adonne très tôt à la musique avec la plus grande ardeur : il apprend le violon, le clavecin, puis l'orgue et la composition, surtout en autodidacte, manifestant une inlassable curiosité pour tous les interprètes et compositeurs qu'il lui est donné d'entendre et dont les partitions peuvent lui passer entre les mains. Très jeune, sa maîtrise à l'orgue lui vaut ses premiers postes. A Arnstadt, de 1703 à 1707, organiste à l'Église neuve, il s'est déjà familiarisé avec les organistes-compositeurs des Flandres et de l'Allemagne du Nord, et les maîtres français. Organiste à l'église Saint-Blaise de Mühlhausen, en 1707-1708, il s'y affirme également comme un expert en facture d'orgues, qualité qui lui sera unanimement reconnue jusqu'à la fin de ses jours. De 1708 à 1717, il occupe à la cour de Weimar le poste d'organiste de la Chapelle ducale et de musicien de la Chambre. Période faste — celle, aussi, de son premier mariage, des premières naissances —, c'est alors que se développe sa réputation d'incomparable virtuose, d'expert exigeant, de pédagogue et de compositeur de qualité. Un certain nombre des cantates qu'il fera jouer à Leipzig remonte aux dernières années du séjour à Weimar; c'est à Weimar encore qu'il se familiarise avec l'art des Italiens, que se mûrit une technique de compositeur dans laquelle il entreprend une vaste et originale synthèse des styles de son temps; et c'est surtout de Weimar que date la plus grande partie de ses œuvres pour orgue. De 1717 à 1723, il sera le Konzertmeister de la petite cour de Coethen, où le prince Léopold attire les meilleurs instrumentistes. En cette cour calviniste, le musicien n'aura pas de fonction d'organiste, mais composera de nombreuses œuvres de musique instrumentale, s'intéressant toujours de plus près aux questions de lutherie et de facture. En 1723, il devient cantor de Saint-Thomas et Director Musices de la ville de Leipzig, le poste musical le plus important de l'Allemagne après celui de Hambourg, où officie son ami Telemann. Là, s'il n'occupe pas d'emploi d'organiste, il a à enseigner la musique et d'autres disciplines aux élèves de l'école, à organiser entièrement la musique dans les quatre églises principales de la ville et à l'université (c'est-à-dire à écrire ou choisir les œuvres, en trouver et former les exécutants, à les faire répéter, etc.). Tâche écrasante, qui va se manifester d'abord par la constitution d'un répertoire de 300 cantates, puis par son activité d'animateur du Collegium Musicum, l'orchestre municipal, et comme pédagogue. Peu à peu, le compositeur travaille davantage ses œuvres nouvelles, les mettant au point en vue de la publication, il reprend des œuvres anciennes pour les parachever, et, les dernières années de sa vie, s'absorbe dans la spéculation intellectuelle, échafaudant un véritable testament dans les grands domaines où il s'est illustré : le contrepoint avec L'Art de la fugue, *le canon avec l'*Offrande musicale *et les* Variations canoniques *pour orgue, l'oratorio avec le* Credo *de la* Messe en si, *la variation avec les* Variations Goldberg, *le prélude et fugue avec le deuxième Livre du* Clavier bien tempéré. *Après sa mort, un réseau d'enfants, de disciples, d'élèves et d'admirateurs se communiquera des copies de partitions et perpétuera un art que redécouvriront plus tard Mozart, Beethoven et Mendelssohn.*

L'œuvre pour orgue de Bach est essentiellement liée à la pratique de la liturgie et à sa foi luthérienne. Lui-même a été employé comme organiste d'église ou de chapelle. Fonctionnaire du culte, il a donc eu à accompagner chants et instruments, et à exécuter de nombreuses partitions; mais, compositeur dans l'âme, il a surtout pu créer des œuvres pour son propre usage, des œuvres qui convinssent à sa sensibilité personnelle, à ses exigences de musicien et de croyant, et à ses ressources d'exécutant virtuose.

La carrière de l'organiste

Le premier métier de sa carrière est donc celui d'organiste : quinze années durant, c'est la profession qu'il exercera successivement à Arnstadt (1703-1707), à Mühlhausen (1707-1708) et à Weimar (1708-1717). L'organiste Bach est un homme jeune. Très jeune, même : lorsqu'on le nomme, sans concours, à Arnstadt, il vient d'avoir dix-huit ans, et il n'en aura que trente-deux lorsqu'il renoncera au métier pour occuper de plus hautes fonctions de compositeur. A Coethen et à Leipzig, pendant trente-trois ans (la seconde moitié, exactement, de son existence), s'il n'est plus organiste en titre, il jouera encore de son instrument de prédilection : concerts, expertises, exhibitions devant des hôtes ou des visiteurs, et sans doute aussi pour sa propre récréation. Comme Director musices, enfin, il sera constamment confronté à l'utilisation de l'orgue : directives aux organistes des églises relevant de son magistère, supervision du continuo dans les cantates, entretien des instruments dont il a la charge.

Écrite d'abord pour lui-même, son œuvre d'orgue remonte donc principalement à ses années de jeunesse. On le verra, c'est pour une bonne part à l'orgue qu'il va former et développer sa technique de compositeur, et plus particulièrement de formidable contrapuntiste. De bonne heure, l'orgue est le confident, mais aussi le banc d'essai de toutes les recherches, de toutes les audaces. Et cela parce que tôt apprivoisé, cet instrument polyphonique par excellence, il l'a fait sien, partie intégrante de lui-même et, comme à l'écrivain sa plume, expression naturelle de la plus spontanée de ses pensées. Il le maîtrise en un corps à corps charnel et solitaire : enfoncement des doigts dans les touches, indépendance de tous ses mouvements coordonnés en une respiration unanime, domination de la machine et du corps, l'orgue lui sera un stimulant des plus puissants dans sa conquête d'un équilibre souverain.

Très jeune, pourtant, on le voit se griser à découvrir ses propres possibilités — au prix, sans doute, d'un dur et constant labeur. Cette fougueuse exubérance, cette vitalité joyeuse éclatent dans les premiers préludes, et, lorsqu'il s'approprie les fulgurances d'un Buxtehude pour bientôt les dépasser, il n'échappe pas toujours à cette ivresse jubilatoire dont, plus tard, il fera la transe de la *Toccata en* fa, l'incantation de la *Passacaille*, et cette intense pulsation vitale qui innerve son œuvre entier. Mais à ce point maîtriser la technique de son instrument, c'est aussi pour le petit orphelin prendre sa revanche sur le destin, révéler, et d'abord à lui-même, son exceptionnelle personnalité, et s'affirmer enfin, en pleine conscience de sa valeur, face aux maîtres respectés et aux grands de ce monde.

Exécutant et interprète

Auditeurs comme interprètes aimeraient aujourd'hui connaître mieux la technique d'exécution de Bach lui-même — tenue de main, doigtés —, ses tempos, son style d'interprétation, son art du phrasé, de la registration. Les orgues qu'il a joués ont disparu, comme beaucoup de ses manuscrits; ses propres indications sont extrêmement rares, et les quelques témoignages recevables, bien fragmentaires. Il est certain que sa virtuosité allait vite forcer l'admiration de l'Allemagne entière. Vélocité des doigts et des pieds, immobilité du corps, infaillibilité du jeu ont frappé tous les témoins oculaires. Ainsi Scheibe, pourtant peu disposé à son égard : « Sa dextérité étonne, et c'est à peine si l'on peut comprendre comment ses doigts peuvent se croiser, s'écarter de manière si étrange et si rapide, et faire ainsi les sauts les plus grands sans que s'y mêle jamais une fausse note ni qu'un mouvement si vif déforme le corps ». Birnbaum vante son « habileté toute particulière, même dans les passages les plus rapides, à jouer toutes les notes distinctement et avec une égalité constante, l'extraordinaire maîtrise avec laquelle il joue les partitions les plus difficiles comme les plus faciles avec la même célérité et la même précision... ». Carl Philipp Emanuel a rapporté que son père avait généralisé l'usage du pouce, « comme il semble que la nature veuille le voir utiliser, ce pouce qui, outre d'autres bons services, est tout à fait indispensable dans les tons difficiles ». On sait aussi comme le grand pédalier à l'allemande lui a permis de développer l'autonomie de ce clavier, en lui faisant tenir sa partie au sein de la polyphonie au même titre que les autres voix. « A la pédale, ses pieds devaient imiter avec la plus grande précision chaque thème, chaque phrase précédemment joués par les mains » (Gerber). « Il jouait avec ses pieds des phrases qui auraient donné bien du mal aux mains de nombre de clavecinistes non dépourvus d'adresse » (Hiller). De ces caractéristiques de la technique de Bach, les partitions sont le vivant reflet ; et deux siècles et demi plus tard, malgré les progrès constants de la technique d'exécution, les organistes savent à quel point telle strette de fugue, tel allegro de sonate en trio peuvent encore leur donner de fil à retordre.

Mais il est plus difficile d'appréhender ce que pouvait être son art de l'interprétation (et plus encore, cela va de soi, de l'improvisation). Il existe, hélas ! peu de témoignages pertinents nous permettant de connaître sa « manière ». Lorsque Carl Philipp Emanuel parle des œuvres de son père « où il ne s'agit que de jouer la note juste », sans doute veut-il dire que ses partitions sont suffisamment prescriptrices pour qu'il n'y ait à introduire ni inégalités, ni ornementation. N'empêche que les disciples s'accorderont à parler de l'expressivité de son jeu. Agricola insiste : pour le choral, « l'expression de la musique dans le prélude doit être conforme au contenu du chant ». Il faut, selon Schubart, savoir interpréter le choral « avec force et sentiment, selon les émotions qui y règnent » ; depuis la disparition du compositeur, ajoute-t-il, « c'est à peine s'il est quelqu'un qui puisse encore jouer ses œuvres ». Témoignage capital, enfin, celui de Ziegler, élève de Bach, déclarant avoir appris de lui à « ne pas jouer la mélodie simplement pour elle-même, mais en tenant compte du sens des mots ».

Quant à la registration, il semble que ce passionné de facture instrumentale en ait possédé à un rare degré le talent ; mais il n'a pas, à l'instar des maîtres français que pourtant il connaissait, indiqué de règles pour ses « mélanges », et les manuscrits demeurent quasiment muets sur ce point. Ici et là, le nom d'un jeu, une précision d'exécution (jouer le choral au pédalier sur un jeu de 4 pieds, par exemple), ou de simples indications d'intensité : *forte, piano, con organo pleno*. Au fil de ses rapports d'expertise perce pourtant une vive sensibilité au timbre des jeux, à l'émission des tuyaux, au tempérament, à l'égalité de l'harmonisation ; et il aime à l'évidence faire chanter la mélodie d'un choral, la cantilène d'un adagio sur tel registre de caractère, poétique ou corsé. On nous relate « sa grande expérience et le goût le plus fin avec lequel il choisissait les divers registres et les mettait en relation les uns avec les autres » (Gerber). Mais à l'inverse des Français, il ne cultive manifestement pas pour elle-même la délectation des timbres ; tout au contraire, s'il semble très habile à composer de subtils mélanges, il aime, et son écriture le prouve, à les opposer par plans sonores, en digne héritier de Sweelinck et des maîtres du Nord.

L'orgue de Bach

L'étude des instruments pourrait nous apporter ici de précieuses informations. Mais plus aucun ne subsiste de ceux qu'il a régulièrement joués ou entendus, et les vestiges des autres, qu'il a occasionnellement connus, sont à considérer avec beaucoup de circonspection. On possède heureusement les dispositions et descriptions des orgues dont il a été le titulaire ; et d'autres témoins mieux conservés nous font connaître le style sonore et l'esthétique des facteurs de son temps.

Les trois orgues qu'il a tenus, à Arnstadt, Mühlhausen et Weimar, ceux, donc, pour lesquels une part importante de son œuvre a été écrite, étaient de petites dimensions, sonnant dans des édifices de proportions modestes : deux claviers, moins de trente jeux. Il a cependant eu l'occasion de toucher quelques-uns des instruments les plus beaux et les plus importants d'Allemagne, ceux de Halle (Liebfrauenkirche), de Dresde (Sainte-Sophie et Frauenkirche), et plus encore le grand 32-pieds d'Arp Schnitger à Sainte-Catherine de Hambourg, avec ses 58 jeux répartis sur quatre claviers manuels et pédalier, dont 16 jeux d'anches et 42 rangs de mixtures. Certaines de ses grandes œuvres peuvent avoir été pensées pour tel ou tel de ces instruments — la *Fantaisie et fugue* en *sol* mineur, pour Hambourg, par exemple.

On ne connaît pas pour autant l'« idéal sonore » de Bach ; mais il est possible de s'en faire quelque idée en étudiant ses rapports d'expertise d'orgues, ainsi que le projet détaillé qu'il établit pour la rénovation de son instrument de Saint-Blaise à Mühlhausen, en 1708 (à vingt-trois ans !). On peut relever ici et là des tendances générales — de quoi surprendre, d'ailleurs, les tenants d'un orgue baroque nordique à la Schnitger. Ainsi souhaite-t-il généralement disposer, même sur un instrument modeste, de l'assise qu'apportera une soubasse de 32 pieds et, d'une façon générale, de la ronde profondeur des jeux graves, bombarde 16' à la pédale, quintaton 16' au manuel. Et surtout, paradoxalement, ce conservateur recherche des sonorités nouvelles, des jeux gambés, « une viole de gambe 8' qui s'accordera merveilleusement au salicional 4' du positif de dos » ; au clavier de Grand-Orgue, à la place de la trompette de 8', un basson de 16' « qui permet toutes sortes d'inventions nouvelles », les jeux ondulants *(« unda maris »)*, le carillon, un tremblant bien réglé ; il demande aussi quelques jeux à la française, comme cette tierce de positif « avec laquelle on peut, en ajoutant quelques autres jeux, obtenir une fort jolie sesquialtera », etc. Enfin, il lui paraît indispensable de disposer de trois claviers manuels et un pédalier, avec tous les accouplements et tirasses.

Expert et pédagogue

Rapports et projets témoignent de la profonde connaissance que le musicien avait de son instrument. Non seulement, certes, son exigence sourcilleuse est impitoyable sur tout ce qui touche au son, timbre, attaque, justesse, égalité, intensité, tempérament ; mais on le voit parler alliage de métaux, serrage de vis, diamètre de porte-vent, ressorts de soupapes, pression d'air, prêt à en remontrer aux facteurs dont il discute d'ailleurs âprement les comptes. Correspondant avec les meilleurs organiers de son temps, cet expert réputé et redouté montre surtout un amour physique, viscéral de son instrument. Et cette connaissance intime fait partie de son jeu, de sa technique, sans doute même aussi de son style. Certaines partitions peuvent bien fasciner par leur combinatoire ; elles n'en sont pas moins liées à une expérience tangible, celle de l'homme qui se prolonge en ce vaste instrument, actionnant, parfois durement, une mécanique qu'il sent vivre sous ses doigts, l'oreille aux aguets...

Malgré, donc, une abstraction qui va croissant dans son œuvre au fil des années, le génie du compositeur pour l'orgue apparaît indissolublement lié à la pratique de l'exécutant et aux compétences de l'expert. Artiste « total », c'est également un enseignement « total » qu'il dispense aux élèves qu'il prend en charge. Apprentissage rigoureux et progressif d'une technique de jeu où rien ne sera laissé dans l'ombre, écriture et composition, pratique de l'improvisation et de l'accompagnement, facture instrumentale : en quelques années de soumission à sa dure loi, les élèves sortaient de ses mains dotés d'un bagage qui devait leur ouvrir les portes de la carrière et les mener aux postes les plus enviables. Ainsi s'est constitué, en Saxe et bien au-delà, un véritable réseau de disciples et anciens étudiants qui devaient maintenir longtemps le flambeau de la haute école à laquelle ils avaient été formés.

Éditions et corpus

Fils, disciples et élèves vont donc assurer la survie et la pérennité d'une œuvre qui, faute d'édition imprimée, aurait pu tomber dans l'oubli, peut-être même disparaître à tout jamais. Des copies vont être prises à partir des autographes, d'abord avec le consentement du compositeur et, après sa mort, de ses fils. Seuls, en effet, pour l'orgue, ont été gravés du vivant de leur auteur la troisième partie de la *Clavierübung*, les *Chorals Schübler* et les *Variations canoniques*. Ni le recueil inachevé de l'*Orgelbüchlein*, ni les œuvres fonctionnelles, chorals, préludes et fugues, sonates en trio, ne connaîtront d'autre vecteur de diffusion que ces copies que se transmettront leurs utilisateurs admiratifs. Copies, et, introduisant inévitablement erreurs et variantes, copies de copies, disséminées çà et là, parfois anonymes ou d'attribution erronée. On en retrouve encore de nos jours (c'est le cas principalement des chorals du recueil Neumeister, aux États-Unis), et quelques nouvelles découvertes ne sont pas impossibles. On imagine donc à quel patient travail de décryptage et d'analyse critique ont dû se livrer les chercheurs, qui ne disposent aujourd'hui que d'un petit nombre seulement de manuscrits autographes sur lesquels faire porter les méthodes modernes de la paléographie musicale : *Orgelbüchlein*, « Autographe de Leipzig », quelques préludes et fugues, des chorals... Certains autographes préservés, comme celui de la *Passacaille*, ont même disparu, au XIXe siècle ou depuis. Au fil des années, il a donc fallu rassembler les œuvres, les analyser et tenter de les dater, les publier, les commenter. Après la première édition complète, assurée par la Bach Gesellschaft au siècle dernier, puis bien des éditions plus ou moins fidèles, une nouvelle grande édition savante des œuvres de Bach a été entreprise, la *Neue Bach Ausgabe*, publiée par Bärenreiter à Kassel. Consacrée à l'œuvre pour orgue, la série IV doit compter neuf volumes, accompagnés de cahiers d'appareil critique. Le premier volume a paru en 1957, et la publication sera achevée avant la fin du siècle. Certaines œuvres ont également fait l'objet d'éditions en fac-similé.

Ainsi s'est trouvé réuni un corpus de plus de 200 œuvres (240, environ, aujourd'hui tenues pour authentiques), à quoi il convient d'ajouter d'assez nombreux fragments et variantes, et quelques partitions inachevées. Les trois cahiers publiés par le compositeur, le recueil inachevé de l'*Orgelbüchlein* et sans doute aussi les six *Sonates en trio* constituent des entités cohérentes ; les autres œuvres sont éparses, conçues ni pour former des ensembles, ni pour être publiées. D'importance et de complexité très variables, leur durée va d'une minute (certains petits chorals) à vingt minutes (les *Partite sopra « Sei gegrüsset, Jesu gütig »*). Dans leur quasi-totalité à vocation cultuelle, ce sont pour les deux tiers diverses formes de chorals (on verra plus loin ce qu'il faut entendre par ce terme) ; les autres pages se répartissent en une trentaine de diptyques et triptyques, une quinzaine de pièces isolées et, relevant du domaine profane, six sonates en trio et cinq transcriptions de concertos.

Il était essentiel de pouvoir prendre une vue diachronique de cette aventure spirituelle et musicale. Outre qu'elle permet de mieux appréhender l'évolution du langage et de la pensée de Bach, cette recherche de périodisation a pour effet, entre autres, d'établir des connexions avec des éléments biographiques qui peuvent s'en trouver éclairés, et de mettre certaines pages pour orgue en relation avec d'autres œuvres du compositeur, des cantates notamment — de renouer, donc, les fils épars d'une pensée moins univoque qu'on ne le dit parfois. En l'absence de dates et de documents historiques, toutes les méthodes de la musicologie ont été concourremment requises, et principalement, on s'en doute, l'étude philologique.

Influences

Les étapes de la vie du musicien, les foyers culturels auxquels il s'est trouvé mêlé permettent de distinguer sans peine les vagues d'influences musicales qui l'ont atteint et ont fécondé sa pensée. C'est d'abord le milieu familial, à Eisenach, chez son père, puis chez son frère, à Ohrdruf, milieu imprégné de la musique d'Allemagne centrale ; il put y découvrir les œuvres de Froberger, de Kerll, et plus encore de Pachelbel. Ami du père de Jean-Sébastien, Pachelbel avait en effet été le professeur, entre autres, de Johann Christoph Bach, l'aîné qui recueillera le jeune orphelin et lui donnera les bases de son instruction musicale. Ainsi allait se transmettre cet art équilibré, harmonieuse synthèse d'éléments de langage du centre et du sud de l'Allemagne. Inculqués dès la plus tendre enfance, ce goût pour une harmonie simple et rigoureuse, cette manière de faire bien chanter le choral et de le varier, ce métier sain et solide, cet amour de la belle ouvrage devaient laisser sur le jeune musicien leur marque indélébile. À l'héritage de Pachelbel s'ajoute sans doute pour cette première formation la connaissance des œuvres, dans la même mouvance, de membres de la grande famille des Bach, qui compta plusieurs organistes. En particulier de cet autre Johann Christoph, cousin de son père, organiste à Arnstadt et que Jean-Sébastien qualifiera de « profond compositeur » ; ou du frère cadet de ce dernier, Johann Michael, organiste à Gehren et « compositeur habile », dont plus tard Jean-Sébastien épousera la fille Maria Barbara.

Quittant à quinze ans la maison d'Ohrdruf pour le lycée de Lüneburg, au nord du pays, l'adolescent va changer de climat esthétique et vivre ses premiers émerveillements sonores, en rupture avec ce qui avait constitué la substance même dont il avait nourri ses jeunes années et fait sa langue maternelle musicale. C'est qu'à l'église Saint-Jean, où il peut tout à loisir l'écouter et le rencontrer, officie l'un des maîtres de l'époque, Georg Boehm, homme de culture dont le style porte la marque à la fois de l'Allemagne centrale où il est né, des maîtres septentrionaux, Reinken et Buxtehude, auprès de qui il s'est perfectionné, et des musiciens français qu'il pratique. En outre, Boehm, qui publie cette même année 1700 son recueil de lieder spirituels, est touché par le piétisme, ce dont témoigne l'effusion chaleureuse et intime de ses mélodies. Le maître va vraisemblablement s'intéresser au jeune homme et, observant ses dons exceptionnels, guider ses travaux. Sans doute lui fait-il découvrir les œuvres de Vincent Lübeck et de Buxtehude; sans doute aussi l'envoie-t-il à Hambourg, non loin, écouter Reinken, le fameux organiste de Sainte-Catherine — on sait que Jean-Sébastien s'y rendit à plusieurs reprises. Auprès de Reinken, il put découvrir des formes amplement développées dans le grand style que ce dernier avait hérité de Sweelinck par son maître et prédécesseur Scheidemann, avec la puissance de son contrepoint, l'ardeur de son imagination et le déploiement d'un orgue flamboyant : il ne l'oubliera jamais.

Mais tout près de Lüneburg, le lycéen put aussi se rendre à la petite cour francophile de Celle. Française, la femme du duc y avait accueilli de nombreux huguenots chassés par la révocation de l'édit de Nantes; français, eux aussi, l'organiste Charles Gaudon, ou le maître de ballet Thomas de la Selle, un élève de Lully. Ainsi Jean-Sébastien découvrit-il Grigny, D'Anglebert, Dieupart — dont il devait plus tard copier les œuvres. À nouveau, son horizon s'élargissait vers des terres insoupçonnées. Un art aussi éloigné des tropismes de son génie ne pouvait pas bouleverser sa manière, mais des traces du style français subsisteront dans son œuvre — certaines pages à la carrure pointée ou le développement de chorals ornés en taille procèdent à l'évidence des modèles français.

A l'Allemagne du Nord, Bach doit enfin le choc artistique décisif entre tous, sa rencontre avec Buxtehude. Par Boehm, par Reinken, il avait certainement entendu parler de celui que l'on considérait comme le plus grand d'entre tous, et peut-être avait-il joué lui-même quelques-unes de ses œuvres. Mais il ne semble pas que le lycéen de Lüneburg ait alors pu pousser jusqu'à Lubeck; il attendra ses vingt ans pour accomplir le voyage initiatique. Dans son premier poste, en effet, à Arnstadt, le jeune et talentueux organiste devait sans doute sentir les insuffisances de son métier de compositeur. Autorisé à s'absenter quatre semaines, en novembre 1705, le musicien resta plus de trois mois à Lubeck, très certainement pour demeurer le plus longtemps possible auprès du grand maître de l'orgue. Ce dernier l'a-t-il pris en affection, désira-t-il en faire son successeur désigné? Pure conjecture. Mais de retour à Arnstadt, tout frémissant encore des musiques dont il vient de se repaître, le jeune homme stupéfie les fidèles par ses innovations sonores. Le Consistoire observe « qu'il faisait depuis ce voyage d'étonnantes variations dans ses chorals, qu'il y mêlait des accords étranges, de telle sorte que la communauté en était fort troublée », et lui enjoint donc d'user modérément des modulations, d'éviter les dissonances et de jouer moins longuement. Preuve manifeste de la marque de Buxtehude, comme le seront ces préludes et fugues écrits sous le choc, où éclats de virtuosité, renouvellement des idées, vigueur des contrastes et ampleur des développements sont soulevés par l'éloquence du jeune conquérant ivre de liberté. Avec les années et la réflexion, assimilant de nouveaux styles, le musicien décantera cette influence et maîtrisera son ardeur; mais il aura trouvé en Buxtehude son père spirituel, et son œuvre en magnifiera l'héritage.

Arrivant trois ans plus tard à Weimar, Bach y retrouve son cousin Johann Gottfried Walther, depuis peu organiste de l'église Saints-Pierre-et-Paul. Lui aussi formé à l'école des Bach et de Pachelbel, Walther devait s'affirmer comme un maître du prélude de choral *(Choralvorspiel)* et, sur ce terrain, la confrontation des deux jeunes musiciens allait stimuler Jean-Sébastien. Mais il pratique également les maîtres français et communique à son cousin les partitions que ce dernier peut relire à loisir; en 1713, Bach va même copier entièrement de sa main le *Livre d'orgue* de Grigny, les six *Suites de clavecin* de Dieupart et la *Table des agréments* de D'Anglebert. Mais surtout, Walther va lui faire découvrir les musiciens italiens, Corelli, Legrenzi, Marcello, Albinoni, Bonporti, et plus encore Frescobaldi et Vivaldi. Ces partitions nouvelles, Bach les étudie de près, il en prend des copies — en 1714, des *Fiori musicali* de Frescobaldi, en 1715 des *Inventions* de Bonporti, pour ne parler que de ce qui nous est parvenu. Et poussant le processus d'appropriation, on le voit à la même époque transcrire pour le clavecin ou pour l'orgue des concertos italiens ou de style italianisant. Ce seront ensuite, sous sa plume, des fugues sur des sujets de compositeurs italiens, puis des sonates, des concertos, qui témoigneront de la véritable révélation d'un art nouveau. Fondé sur la prééminence de l'écriture pour les instruments à cordes, solistes ou en ensembles, cet art le frappe par sa plasticité, son pouvoir expressif, et plus encore par son irrésistible vocalité, sa *cantabilità*. Mais surtout, ces modèles de maîtrise formelle vont venir tempérer l'impétuosité parfois fantasque du jeune compositeur, canaliser le bouillonnement de ses idées, en mieux ordonner le développement, avec la plus grande efficacité. Vocalité et clarté du discours, il y a là un registre pour lui nouveau d'art oratoire que Bach saura capter et infuser jusque dans sa musique pour clavier.

Synthèse, figuralisme, symbolique

Ainsi, quasiment jusqu'à ses trente ans, Bach nous apparaît particulièrement réceptif à tous les courants musicaux de son temps. Ceux-ci déferlent sur lui en grandes vagues successives, sans pour autant que l'une chasse l'autre. Ce n'est pas par strates d'influences, étrangères les unes aux autres, que se développe sa formation : tout au contraire, chaque apport nouveau vient féconder le terrain qu'il rencontre, et chaque fois s'opèrent de nouvelles fusions, même si les courants restent bien discernables. Toute la puissance créatrice du compositeur va consister, dans ses années de maturité, à réaliser une synthèse supérieure et parfois très originale de ces différentes tendances. Pour schématiser très grossièrement ce qui apparaîtra clairement avec les grandes œuvres de l'époque de Leipzig, et dès la fin de l'époque de Weimar, tout se produit comme si, dans cette décantation, le style des musiciens du Nord était passé au prisme de la *vis aedificandi* des Italiens, la toccata et la fugue s'organisant et se développant à la lumière de la sonate et du concerto.

Seul le choral demeurera ancré dans la grande tradition germanique; mais l'hypertrophie du génie contrapuntique de Bach va, au fil des ans, en amplifier considérablement ses proportions et la complexité de son discours. Ici intervient cependant une donnée fondamentale chez Bach, et en particulier dans son œuvre pour orgue. Quel que soit, en effet, le degré d'élaboration formelle de telle ou telle partition, Bach reste un homme de chair et de sang, un praticien de l'instrument, fonctionnaire d'un culte, et un croyant profondément convaincu; un musicien, qui ne peut pas faire chanter, fût-ce sur l'orgue, la mélodie d'un cantique sans la commenter, sans incarner les images et les idées qu'elle véhicule en des figures sonores d'une plasticité frappante et d'une puissance d'évocation immédiate. Ainsi allons-nous le voir développer à l'extrême, dans le choral pour orgue, un figuralisme sonore qui procède des conventions admises à l'époque et auquel participent les archétypes familiers de la symbolique chrétienne (le 3 de la Trinité, le 4 pour la création terrestre, le 10 des commandements de Dieu, etc.), mais outrepassant de très loin chez lui la pratique de ses prédécesseurs. S'appuyant sur les textes des chorals, il se livre à une prédication en musique, mais à un point tel qu'on est légitimement fondé à se demander si un art oratoire d'une telle éloquence ne dépasse pas le strict cadre de morceaux fonctionnellement sous-tendus par un texte religieux, pour se généraliser à l'ensemble de la création sonore : la rhétorique et les allégories d'un prélude, le discours d'une fugue, la déclamation d'une toccata, les images d'une fantaisie peuvent faire supposer à ces œuvres quelque substrat verbal ou textuel.

Enfin, poussant toujours plus avant sa volonté architecturale dans l'élaboration de vastes constructions — à l'orgue, le prélude et la fugue principalement —, le musicien organise peu à peu les différentes sections de ses œuvres selon des proportions arithmétiques simples, éventuellement à connotation symbolique, qui leur conféreront un équilibre accru. La structure italienne à *da capo*, par exemple, l'incitera, et jusque dans la fugue, à ménager des reprises et à rechercher des segmentations binaires et ternaires, à disposer des blocs symétriques ordonnés de part et d'autre d'axes réguliers. Avec l'âge, ces préoccupations formelles et symboliques se compliqueront de spéculations numérologiques évidentes. Ainsi, le nombre 14, somme du rang qu'occupent dans l'alphabet les quatre lettres de son nom (B.A.C.H. = 2 + 1 + 3 + 8 = 14), constitue une marque de fabrique apparaissant en filigrane dans certaines de ses dernières œuvres, de même que le nombre 41 qui en est la récurrence et figure J.-S. Bach, ou encore 158 pour Johann Sebastian Bach. Mais qu'il utilise de tels procédés n'a rien qui puisse surprendre chez un artiste de son temps, familier de symbolique et peut-être informé de traditions ésotériques. Le figuralisme qu'il pratiquait de longue date le menait d'ailleurs tout naturellement à ces jeux de l'esprit, dont cependant on surestime sans doute beaucoup l'importance aujourd'hui.

Chronologie

Ainsi donc, l'étude attentive des vagues d'influence successives et des caractéristiques propres du langage musical éclaire-t-elle d'une lumière décisive l'évolution de la pensée du musicien, en permettant, conjointement avec les autres méthodes de la critique historique, la périodisation, sinon la datation précise, de ses œuvres. Certains points demeurent dans l'ombre (on ne sait rien de la genèse de la *Passacaille*, par exemple), et risquent de le rester sans la découverte de documents historiques nouveaux. Mais on peut aujourd'hui proposer une chronologie satisfaisante de l'œuvre d'orgue.

Aux années d'étude à Lüneburg (1700-1703) remontent les partitas et les premiers préludes de chorals, tout marqués encore de l'influence de Pachelbel. Deux préludes et fugues au moins peuvent apparaître comme des premiers essais et dater des mêmes années, ceux en *la* mineur BWV 551 et en *ut* majeur BWV 531.

Pour ses fonctions à Arnstadt et à Mühlhausen (1703-1708), le jeune organiste compose de nombreux préludes de chorals (dont ceux retrouvés dans le recueil Neumeister), de facture encore simple, très proches des modèles hérités et faisant peu appel au figuralisme. Plusieurs préludes et fugues remontent également à ces années marquées par l'influence des maîtres du Nord, décelable à leur composition en « blocs » ou en polyptyques (*mi* majeur BWV 566, *sol* majeur BWV 550, *Toccata et fugue* en *ré* mineur BWV 565 — si elle est bien de Bach), à la présence d'une toccata conclusive (*ut* mineur BWV 549, *sol* mineur BWV 535), ou simplement à une forme encore assez libre et moins élaborée que par la suite (*ré* majeur BWV 532, *mi* mineur BWV 533, *Fantasia con imitazione* en *si* mineur BWV 563).

Les dix années passées à Weimar (1708-1717) voient naître une bonne partie de l'œuvre d'orgue. C'est d'abord la grande floraison des préludes de choral : stimulé, peut-être, par le cousin Walther, Bach développe ici un art poétique nouveau qui va culminer dans les chorals du *Petit Livre d'orgue*, ou *Orgelbüchlein*, commencé sans doute à la fin de 1713. C'est également de cette époque que datent les chorals que, beaucoup plus tard, Bach retravaillera et que l'on connaît aujourd'hui sous le titre de « Chorals de Leipzig ». Dans le domaine du prélude et fugue, les œuvres en *fa* mineur BWV 534 et en *la* mineur BWV 543 (vers 1710) font la transition vers les formes de synthèse et le style très personnel que le musicien va développer sous l'influence des maîtres italiens à partir de 1713 : *Préludes et fugues* en *sol* majeur BWV 541, en *la* majeur BWV 536, *Fantaisies et fugues* en *ut* mineur BWV 562 et, en *ut* mineur également, BWV 537, *Toccata, adagio et fugue* en *ut* majeur BWV 564, et sans doute la *Passacaille* en *ut* mineur BWV 582. L'influence française, est, à la même époque, à l'origine de la *Pièce d'orgue* en *sol* majeur BWV 572. C'est également de cette période, rappelons-le, que datent les transcriptions pour orgue seul de cinq concertos italiens ou de style italianisant.

Les quelques pages que l'on peut dater de l'époque de Coethen (1717-1723) se situent dans la mouvance esthétique de la grande floraison de Weimar : *Prélude et fugue* en *ré* mineur BWV 539, *Fantaisie et fugue* en *sol* mineur BWV 542, *Toccatas et fugues* en *ré* mineur BWV 538 et en *fa* majeur BWV 540. Il y a tout lieu de penser que c'est aussi de cette période, si féconde en musique instrumentale — sonates, concertos — que datent un certain nombre des mouvements qui seront repris quelques années plus tard, à Leipzig, pour former les *Sonates en trio*.

Enfin, la longue époque de Leipzig (1723-1750) voit éclore les grands chefs-d'œuvre de la maturité. C'est d'abord, on l'a dit, la mise au point des *Sonates en trio*. Dans le domaine du choral, le musicien reprend pour les parachever certaines pages écrites à Weimar (« Autographe de Leipzig ») ; et, en des formes beaucoup plus denses que celle du « type *Orgelbüchlein* », faisant largement appel au style fugué, compose les 21 chorals de la Messe luthérienne pour orgue, entourés du *Prélude* en *mi* bémol majeur et de la triple *Fugue* finale BWV 552, et augmentés des quatre *Duettos* BWV 802 à 805 (1739). A la fin de sa vie, il donnera à l'éditeur Schübler les six chorals transcrits par lui à partir de mouvements de cantates remontant aux années 1724 à 1731, et son ultime chef-d'œuvre, les *Variations canoniques* BWV 769, qui représentent le sommet de la complexité contrapuntique atteinte par le vieux maître. Enfin, quelques préludes et fugues verront encore le jour au fil de ces années, marqués par la puissance du développement, la rigueur de l'élaboration formelle et la richesse expressive et symbolique, aboutissement de la vaste synthèse entreprise bien des années plus tôt : *Préludes et fugue* en *si* mineur BWV 544, en *ut* majeur BWV 545, en *mi* mineur BWV 548, en *ut* mineur BWV 546 et, le dernier, sans doute, de tous, en *ut* majeur BWV 547. Alors qu'il n'a plus depuis longtemps à servir le culte comme organiste, qu'il a derrière lui une œuvre aussi importante et variée, qu'il est passé par tant d'expériences, le vieux Bach, au terme de sa trajectoire, cristallise en ces quelques monuments le produit d'une prodigieuse aventure de la pensée humaine.

DIPTYQUES ET TRIPTYQUES

Toute la partie de l'œuvre pour orgue de Bach qui ne relève pas de l'univers du choral est dominée par l'imposant massif des *Préludes et fugues* et des pages qui s'y rattachent, Fantaisies, Toccatas, Passacaille et Fugues. Ce sont ces œuvres qui se trouvent ici rassemblées, tandis que les pages isolées et marginales seront examinées ensuite, et qu'une place à part sera faite, à la fin, aux œuvres résolument profanes (Concertos transcrits et *Sonates en trio*).

Aucune de ces partitions (à part le *Prélude et fugue* en *mi* bémol BWV 552, avec la *Clavierübung*) n'est datée ni n'a été éditée. Répondant à des fonctions précises, principalement cultuelles, mais aussi didactiques et concertantes, elles ont été élaborées peu à peu, le cas échéant retravaillées. En aucune façon elles ne constituent un corpus cohérent et voulu comme tel. Œuvres de « consommation », utilitaires, fonctionnelles, elles ont circulé sous forme de copies manuscrites auprès des élèves, des collègues et, avant que des éditions imprimées n'en soient faites au XIXe siècle, chez les organistes soucieux de les travailler et de les jouer. Très rares sont les manuscrits autographes qui nous sont parvenus : dans la plupart des cas, on connaît ces œuvres par les copies anciennes, parfois nombreuses, qui ont été depuis rassemblées par les chercheurs et qu'il a fallu confronter entre elles, ainsi qu'aux autographes, lorsqu'ils existent ; car il arrive assez souvent que ces copies soient fragmentaires, fautives, qu'elles présentent entre elles des nuances, des différences, des indications contradictoires, parfois des attributions erronées. Il a donc fallu résoudre pour chacune un certain nombre de problèmes schématiquement rappelés ici et évoqués cas par cas avec le commentaire de chaque œuvre.

Première question : l'authenticité. Certaines compositions attribuées à Bach, et faisant l'objet d'un numéro dans le catalogue BWV, ne sont sans doute (ou sûrement) pas de lui, sans que l'on sache pour autant à qui les restituer. Cela vaut évidemment pour les pages les moins caractéristiques du style de Bach, les œuvres que l'on pourrait donner comme des essais de jeunesse.

Autre interrogation : quel titre donner à ces œuvres précédant la fugue, prélude, fantaisie ou toccata ? Les différences typologiques sont bien ténues, et l'usage prévalait à l'époque de ne parler que de prélude (sous le nom de *praeludium*, de *praeambulum* ou de *preludio*), terme qui mettait l'accent sur la fonction musicale et liturgique de ces morceaux. Les nuances proposées ici ou là pour décrire et distinguer les trois types de préambules ne se sont pas révélées suffisamment convaincantes pour être adoptées. Quant aux rares indications que nous ayons de la plume de Bach luimême, elles ne mentionnent en effet jamais « prélude et fugue », mais bien seulement « prélude ». L'usage s'est depuis répandu et établi de donner à ces pages tel ou tel titre, avec d'ailleurs encore aujourd'hui des variantes d'une édition à l'autre : les *Toccatas* en *ré* mineur BWV 538 et en *fa* majeur BWV 540 sont encore parfois publiées comme préludes, alors que le *Prélude* en *mi* majeur BWV 566 est appelé toccata dans le catalogue Schmieder, etc. En plusieurs cas, un terme pourrait d'ailleurs sans doute en remplacer avantageusement un autre. Pour plus de commodité, nous avons retenu ici le titre le plus communément admis aujourd'hui.

Dans leur grande majorité, ces œuvres se présentent sous la forme de diptyques. Quel était donc l'usage de tels ensembles ? Contrairement à ce qui se produit jusqu'à cette époque avec les maîtres de l'Allemagne du Nord, chez qui un *praeludium* est généralement un polyptyque formé de pièces (dont des fugues ou épisodes fugués) s'enchaînant les unes aux autres, souvent sans solution de continuité, Bach opte de bonne heure pour des pièces très nettement séparées, qui seront vite beaucoup plus développées que chez ses modèles. Il y a donc tout lieu de penser que le prélude joue chez lui le rôle dévolu au praeludium : préluder à la célébration religieuse, en accueillant les fidèles dans l'église. Quant à la fugue, constituant désormais une pièce distincte, elle intervient à la fin de la messe, pour accompagner le départ des fidèles quittant l'église (ce que semblerait suggérer le terme même de fugue : *fuga*, la fuite) ; elle apparaît donc chez les luthériens comme l'équivalent de l'*« Ite Missa est »* des catholiques. Bach nous apporte lui-même la preuve de cet usage, dans la troisième partie de la *Clavierübung*, livre d'orgue destiné à la messe luthérienne : le prélude est publié en tête du recueil, et la fugue en dernière place, après toutes les musiques chargées de commenter les grands moments de la messe.

Cet usage dissocié de deux morceaux pouvant présenter entre eux des liens organiques (de tonalité, certes, mais aussi de thématique ou de rythmique) n'a pas de quoi surprendre. La célébration religieuse étant centrée sur un thème du jour, développé par les lectures, commenté par la prédication (plus d'une heure durant), paraphrasé par la cantate, médité par le chant des cantiques, pourquoi, à la fin du culte, la fugue ne répondrait-elle pas, fût-ce par antithèse, au prélude ? Mais poser cette question, c'est aussi inférer que le climat spirituel et émotionnel du prélude et de la fugue pourrait se trouver en relation plus intime qu'on ne le pense généralement avec le thème de la liturgie du jour. On a pu supposer, exemples à l'appui, que le figuralisme de certains préambules commenterait à la lettre la lecture d'un texte sacré*. Il est également possible d'établir des relations assez précises entre la thématique de tel prélude ou fugue et le matériau sonore des cantiques liés à une fête particulière ou exploité par une cantate. C'est ainsi le cas du *Prélude en* ut *majeur* BWV 547, que tout semble associer à la fête de Noël, en relation notamment avec deux cantates destinées à cette fête ; ou de la *Fugue en* sol *majeur* BWV 541, dont le sujet offre une très grande similitude avec le chœur initial de la cantate BWV 21 ; etc. Nous pouvons donc avancer l'hypothèse que Bach a dû envisager la célébration du culte comme un tout

* Voir P. Vidal, *Bach, Les Psaumes, passion, images et structures dans l'œuvre d'orgue*, Paris, 1977.

cohérent, intégrant du début à la fin la parole et la musique ; qu'en tant qu'organiste, s'il devait souvent improviser pour l'entrée et la sortie des fidèles, il a pris la peine de rédiger de temps à autre, avec le plus grand soin, des préambules et des fugues pour des destinations précises, vraisemblablement pour les fêtes les plus importantes de l'année liturgique ; et que ces pages entretenaient des liens spirituels et musicaux avec la liturgie du jour. L'étude approfondie des corrélations entre les textes sacrés et l'ensemble du matériau musical (cantiques, préludes de choral, cantates, préludes et fugues) devrait permettre de mettre en lumière ces associations, donc de dégager la portée spirituelle des œuvres dépourvues de support textuel, et en tout cas de préciser, en certaines occurrences, des datations d'œuvres, c'est-à-dire, en fin de compte, de pouvoir les situer dans le tissu de l'évolution de la pensée de leur auteur.

Il est cependant vraisemblable, connaissant le goût de Bach pour la forme concertante et pour la symbolique trinitaire, que ces œuvres pouvaient sans doute être également jouées — en concert, et non plus au culte — sous la forme de triptyques, à la manière de libres concertos en trois mouvements, dont le morceau central était soit écrit, comme tel ou emprunté par interpolation à une autre œuvre, soit improvisé. On parlait alors d'un *Concert*, ou *Konzert*, et certaines copies anciennes sont intitulées de la sorte (ce serait également le cas du *Troisième Concert brandebourgeois*, dont le mouvement central manque dans le manuscrit, mais doit cependant exister). Il n'est même pas impossible qu'un mouvement lent central ait pu être considéré comme pièce pour la communion, au sein d'un triptyque alors liturgique. Les cas d'interpolation connus seront mentionnés avec les œuvres. L'un d'entre eux est parvenu et demeuré sous cette forme, dans le triptyque *Toccata, adagio et fugue* en *ut* majeur BWV 564. Il y a une raison à cela : le mouvement lent n'est pas connu par ailleurs dans la production de Bach, et il fallait donc bien le publier sous cette forme ; dans d'autres cas, le mouvement lent étant publié dans une autre œuvre (Sonate en trio ou Trio isolé), les premiers éditeurs l'ont purement et simplement omis entre préambule et fugue, et l'habitude est restée de ne considérer qu'un diptyque au lieu d'un triptyque.

Préludes (ou toccatas, ou fantaisies) avec fugue authentiques sont aujourd'hui au nombre de 25, à quoi il convient d'ajouter la *Passacaille et fugue* BWV 582, une *Fantaisie et fugue* en *ut* mineur (BWV 562) dont la fugue est inachevée, la *Fantaisie con imitazione* BWV 563 et la *Fantaisie* ou *« Pièce d'orgue »* en *sol* majeur BWV 572, soit 29 œuvres en tout. Les huit *Petits Préludes et fugues* BWV 553-560, la *Fantaisie* en *sol* majeur BWV 571 et la *Fantaisie et fugue* en *la* mineur BWV 561, d'authenticité très suspectée, seront néanmoins mentionnés.

Reste enfin l'épineuse et importante question de la datation de ces œuvres, envisagée en introduction à cette étude avec l'ensemble de la production pour orgue de Bach. Rappelons qu'en première approximation, il convient de les rattacher aux périodes où le compositeur a occupé des fonctions d'organiste d'église, c'est-à-dire à Arnstadt (1703-1707), à Mühlhausen (1707-1708) et à Weimar (1708-1717). Mais l'orgue ayant accompagné Bach tout au long de sa vie, certaines ont été écrites ou remaniées par la suite, à Coethen et surtout à Leipzig, ne serait-ce que pour être jouées lors de concerts et inaugurations d'orgues. L'étude très attentive du style, les rapprochements avec d'autres pages du compositeur ou de ses contemporains, à quoi s'ajoutent les techniques de la musicologie (étude des filigranes de papier, du graphisme, composition, accord et tempérament des instruments, etc.), les corrélats avec les repères biographiques, les confrontations des différentes copies anciennes, tout cet appareil critique a permis de situer les époques de composition, et donc de prendre une vue perspective sur l'évolution du langage et du style du musicien. La chose est cependant malaisée, du fait que certaines œuvres ont été remaniées après leur composition ; par ailleurs, il arrive qu'une fugue ait été (mais par qui, par Bach lui-même ou par un copiste, et, en ce dernier cas, selon le vœu du compositeur ou pour d'autres raisons ?) réunie à un prélude composé à une autre époque et n'entretenant pas avec lui de relation musicale ni même « climatique ». Les éléments de l'argumentation seront mentionnés pour chaque œuvre, lorsqu'ils existent.

Enfin, et puisqu'il existe des variantes de textes, l'édition a retenu les manuscrits les plus élaborés, comme le font les interprètes au concert et au disque. Ce sont ces textes qui sont étudiés ici.

Fantaisie en *sol* majeur (BWV 571)

Parfois considérée comme une œuvre de jeunesse, cette page, que peu de traits rattachent aux autres compositions de Bach à la même époque, n'est plus aujourd'hui considérée comme authentique. Il pourrait s'agir d'une œuvre de Walther. C'est une pièce en trois volets enchaînés *(allegro, adagio, allegro)*, utilisant une même cellule en des fugatos quelque peu laborieux.

Durée d'exécution : ~ 7 mn

Fantaisie (pièce d'orgue) en *sol* majeur (BWV 572)

Pièce très originale, unique dans l'œuvre d'orgue de Bach et d'une magnifique invention, elle est de longue date appelée « fantaisie ». Mais plusieurs copies anciennes la nomment, en français, « Pièce d'orgue », et c'est sous ce titre que l'on commence à la voir mentionnée aujourd'hui. L'autographe en est perdu ; la plus ancienne copie connue, celle de Walther, l'ami de Weimar, date des années 1717-1720. Elle nomme l'œuvre « *Piece d'Orgue di Giov : Sebast : Bach* », et les titres de ses trois mouvements, donnés en français, le sont également dans plusieurs sources anciennes. On rapprochera ces indications de celle, « gai », en français toujours, pour la fugue de l'ouverture à la française de la cantate « *Nun komm der Heiden Heiland* » BWV 61 de 1714 (indication de la main même de Bach). Le compositeur connaissait bien les maîtres français qu'il avait découverts et appréciés dès son séjour à Lüneburg (1700-1703). On sait qu'en 1713 il recopia notamment le *Livre d'orgue* de Grigny, ainsi que des œuvres de Dieupart et D'Anglebert. Sans doute rend-il ici hommage aux grands pleins-jeux à la française, dans le second mouvement principalement, à la polyphonie riche en retards et en dissonances (et dont la partie de pédalier utilise le premier *si* des pédaliers français à grand ravalement). L'œuvre peut être datée de la fin des années de Weimar (pourquoi pas de 1714 ?). On notera que si ses trois mouvements ne présentent pas de relation thématique, les parentés harmoniques, elles, assurent le lien entre ses trois volets de caractère très différent.

Très vitement (à 12/8). Le premier de ces volets (mes. 1-28) est constitué d'une suite d'accords tous arpégés, en doubles croches, récit quasiment non mesuré, comme écrit pour le luth, à une seule voix, et multipliant imitations et effets d'échos. Le trait part dans le haut du clavier, scintillant et joyeux, pour descendre peu à peu vers le médium et le grave ; joué aux deux mains, sur les seuls claviers manuels, il ne fait appel à aucun soutien de la basse, mais, comme dans les œuvres, pour instrument à cordes seul, des points d'appui harmoniques se dégagent du contour de l'arabesque, en pédales supérieures ou inférieures.

Gravement (à 4/4). La légère et brillante introduction débouche directement sur le puissant volet central (mes. 29-185), grand ricercar ouvert par le pédalier qui en soutiendra sans interruption l'opulente polyphonie à cinq voix, de bout en bout, procédant par mouvements conjoints (et allant même jusqu'à énoncer en valeurs longues une gamme diatonique ascendante sur deux octaves). L'harmonie est compacte, toujours bien remplie, et très modulante : si la basse et le soprano y sont essentiellement diatoniques, les trois voix intermédiaires se chargent d'âpres dissonances (accords de septième et de neuvième), par de très nombreux retards qui s'inscrivent dans une polyphonie surabondant en strettes et imitations. Géniale leçon d'harmonie, comme, d'ailleurs, en un tout autre genre, le sera le troisième volet. On notera encore, rythmiquement, le déroulement continu et paisible de tout ce morceau, en rondes et blanches sur une pulsation régulière de noires ; de temps à autre, quelques dessins de croches apportent une touche colorée. Sur la fin, la polyphonie s'enrichit d'une sixième voix, reposant sur une longue pédale de tonique ; les modulations ont cessé, et l'amplification harmonique laisse présager la conclusion, mais le mouvement se brise brutalement sur un accord interrogateur de septième diminuée.

Lentement (à 4/4). Répondant, par symétrie, au premier, ce troisième volet du triptyque lui apportera sa conclusion organique. On pourrait voir, dans ces trois mouvements, une illustration des trois âges de la vie. En se gardant bien de trop solliciter le texte, il est en effet possible d'entendre dans le premier la figuration d'une jeunesse insouciante prenant peu à peu plus de poids, avant le grand épisode central qui évoquerait la puissance de la maturité, avec ses tourments mais aussi son activité et ses certitudes fondamentales. Viendraient donc, pour finir, la vieillesse, sa lente et inexorable descente et, peut-être, la lumière finale de la vie éternelle entrevue au moment de la mort. Ce « lentement » est en effet une insolite et prodigieuse cadence de 16 mesures (mes. 186-202), faite de traits arpégés ascendants, dans une lumière irréelle, partant de l'aigu du clavier pour descendre progressivement vers le médium, comme cela se produisait pour le premier volet. Il s'agit en fait d'accords brisés, arpégés, selon le procédé de l'*acciaccatura*, ou d'« arpègement figuré », fort en vogue en France au début du XVIIIe siècle. Très chromatique, cheminant par modulations hardies et étranges, cette cadence homophone que se partagent les deux mains au clavier est soutenue par une ponctuation lente et implacable de la basse, au pédalier : d'abord selon une descente chromatique régulière, à raison d'un demi-ton tous les deux temps, sur une octave entière, puis, obstinément, sur le *ré* grave, pédale de dominante. Après être remonté dans l'aigu, le trait conclut par une volute que couronne une simple et paisible cadence parfaite.

Durée d'exécution : ~ 9 mn

Fantaisie et fugue en *ut* mineur
(BWV 537)

Ce magnifique diptyque, où la fugue s'enchaîne à la fantaisie (également appelée prélude), date vraisemblablement des toutes dernières années de la période de Weimar (on propose 1716). Les deux volets, liés l'un à l'autre, développent tous les effets liés à la tonalité d'*ut* mineur, sombre, poignante, d'une profonde intensité. Nous sommes ici dans le climat des grandes œuvres de méditation sur la mort — le ton y est moins violemment pathétique que dans la *Fantaisie et fugue* en *sol* mineur BWV 542, mais plus introspectif, comme dans certains chœurs de la *Passion selon saint Matthieu*. Dans les deux volets, l'écriture en style fugué est très maîtrisée, mais le compositeur varie les règles de strict développement en adoptant des structures asymétriques empruntées au concerto italien, en une recherche de synthèse qui trouvera son plein épanouissement dans les grands préludes et fugues de l'époque de Leipzig.

FANTAISIE (à 6/4). Elle est bâtie sur deux motifs développés alternativement, selon un schéma A-B-A-B. La première section (mes. 1-11), sur pédale de tonique, fait d'abord entrer les trois voix confiées aux manuels : motif d'une sombre et pathétique imploration, exposé en strette entre soprano et alto, puis par le ténor avant que la basse n'entre à son tour. Ce premier motif, en poignants appels ascendants, fait entendre à plusieurs reprises un intervalle de quarte ascendante qui sous-tendra la section suivante. Celle-ci (mes. 11-21) se fonde sur un dessin insistant exposé en croches à la basse et traité en fugato ; il se développe en quartes ascendantes, auxquelles répondent des quintes diminuées descendantes. La troisième section (mes. 21-31) réexpose la première, au cinquième degré (avec, donc, le soubassement d'une pédale de dominante), et la quatrième (mes. 31-48) réexpose la deuxième, plus développée, avec amplification des motifs en doubles croches et présentation du second motif sous forme renversée. Une demi-cadence laisse le discours en suspens.

FUGUE (à 2/4). Elle adopte, particularité qu'elle ne partage qu'avec la *Fugue* en *mi* mineur BWV 548, une forme en *da capo* de type A-B-A. Son sujet, au profil bien dessiné, évoque quelque motif de violon. Il s'élance à la quinte, dont les notes sont répétées *staccato* ; mais dans sa désinence apparaît un intervalle de septième diminuée, riche de potentialités de développement. La silhouette de ce motif annonce, de loin, le futur thème de l'*Offrande musicale*.

La première section (mes. 1-58) expose les quatre voix ; puis une réexposition des quatre voix, dans un autre ordre (et en variant la tête du sujet), s'accompagne de nombreuses imitations aux claviers manuels — cette section ne fait entendre le pédalier que pour la quatrième entrée. La deuxième section (mes. 58-105) est parfois considérée comme une seconde fugue. En fait, il s'agit d'une exposition irrégulière d'un nouveau sujet tout droit issu des développements de la première partie ; il est accompagné d'un impressionnant motif de montée chromatique en valeurs longues, du *sol* au *do*, motif quasi permanent dans toute cette section. La troisième section (mes. 105-131) reprend l'exposition de la première, en enrichissant la substance contrapuntique du début (pour éviter la chute de tension qu'entraînerait une nouvelle exposition fuguée), et en modifiant la fin pour conclure sur une pédale de dominante et une cadence parfaite, en mineur.
Durée d'exécution : ~ 8 mn

Fantaisie et fugue (inachevée) en *ut* mineur (BWV 562)

Le beau manuscrit autographe, calligraphié, de Bach présente la Fantaisie que nous connaissons suivie d'une fugue, elle aussi à cinq voix, mais dont la copie s'arrête au bout de 27 mesures. Cette œuvre pose de multiples questions, auxquelles aucune réponse satisfaisante n'a été donnée à ce jour, et qu'il serait beaucoup trop long d'évoquer ici. Indiquons seulement que le manuscrit, datant de l'époque de Leipzig, reprend vraisemblablement une œuvre écrite antérieurement, sans doute vers 1713-1714, à Weimar, au temps où le musicien se passionnait pour la musique française. A l'époque, la fugue qui suivait la fantaisie aurait pu être celle aujourd'hui associée au *Prélude* BWV 546. Quant à la *Fugue* BWV 562, elle ne semble pas inachevée au sens strict du mot, dans la mesure ou l'écriture musicale en est très accomplie — il ne s'agit sûrement pas d'une esquisse, mais du début d'une œuvre dont la recopie n'a pas été menée à son terme (du moins sur les feuillets qui nous ont été conservés...). Sans doute cette fugue a-t-elle existé sans nous parvenir. En tout état de cause, on ne peut que rapprocher, pour leur climat douloureux, sombre, introspectif et souvent pathétique, cette œuvre de quelques autres, également pour l'orgue, que Bach a choisi d'écrire en *ut* mineur : *Prélude et fugue* BWV 546, *Passacaille et fugue* BWV 582 et *Fantaisie et fugue* BWV 537, auprès desquelles la qualité d'écriture et d'inspiration de cette œuvre ne pâlit pas.

FANTAISIE (à 3/4). On a de longue date relevé la nette parenté de son thème avec le sujet de la fugue du *Gloria*, sur le petit plein-jeu, du *Livre d'orgue* de Nicolas de Grigny, Livre que Bach connaissait bien pour l'avoir entièrement copié de sa main (en 1713). L'influence est manifeste, comme le montre l'énoncé de ce motif abondant en ornements (appoggiatures, mordants, trilles) et en valeurs pointées. Mais le traitement du motif n'est pas calqué sur un modèle français ; c'est en fait un grand ricercar à cinq voix, dont le contrepoint porte la marque de l'école allemande, bel exemple d'une synthèse en train de se réaliser. Le plan de la Fantaisie ne se dégage pas clairement, dans l'imbrication des innombrables entrées du motif. On peut cependant distinguer une double exposition (mes. 1-23), d'abord à quatre entrées sur pédale de tonique, puis à cinq entrées sur pédale de dominante. L'épisode central (mes. 23-59) présente toujours un jeu très serré d'entrées du motif (et toujours sous sa forme droite), souvent à raison d'une par mesure. Cette section procède par paliers successifs, sur de longues pédales de *si* bémol (dominante du relatif majeur), *mi* bémol (tonique du relatif majeur) et *fa* (quatrième degré du ton principal) ; elle s'ouvre et se clôt sur des entrées du motif à la basse, et fait apparaître des dessins de croches qui en animent le mouvement. La partie de pédalier se fait beaucoup plus importante pour la troisième section (mes. 59-71), procédant par montées diatoniques et en marche harmonique (intervalles de septième descendante, franchis en deux bonds de quintes). Le tissu contrapuntique fait apparaître une petite figure haletante, en syncopes, et développe les mouvements de croches. Enfin, la conclusion (mes. 71-81) se fonde sur une pédale de tonique supportant sur quatre mesures une guirlande de doubles croches en accords de septième diminuée, comme un cri jailli du cœur à la fin de cette méditation douloureuse et obstinée.

Fugue (à 6/4). Son sujet est l'exact renversement des six premières notes du thème de la grande *Passacaille* BWV 582 — mais il ne faut peut-être pas voir là plus qu'une coïncidence. L'exposition des cinq voix est très rigoureuse, mais s'interrompt alors qu'elle nous promettait une œuvre de grande allure.

Durée d'exécution : ~ 5 mn (Fantaisie)

Fantaisie et fugue en *sol* mineur
(BWV 542)

Ce chef-d'œuvre grandiose de Bach, et de toute la musique d'orgue, ne nous est parvenu que par les nombreuses copies anciennes qui attestent de sa popularité dès le XVIIIe siècle. Une analyse musicale et historique permet d'étayer solidement une hypothèse sur la date et les circonstances de sa composition, que tout rattache au voyage que le compositeur fit à Hambourg à la fin de 1720. Le 7 juillet de cette même année mourait à Coethen, en l'absence de son mari, la première femme de Jean-Sébastien, Maria Barbara, laissant quatre jeunes enfants. Bien plus tard, au soir de sa vie, Carl Philipp Emanuel se souviendra encore avec émotion de la douleur paternelle, et l'on peut penser que le musicien, tout occupé à composer pour la charmante petite cour de Coethen des œuvres instrumentales profanes, a désiré alors se retourner vers la musique spirituelle de l'Église luthérienne où plongeaient ses racines les plus intimes. Quelques semaines seulement après cette tragédie, il apprend que le poste de titulaire du splendide orgue de Schnitger à Saint-Jacques de Hambourg se trouve vacant, Hambourg, la métropole économique, intellectuelle et artistique où, près de vingt ans auparavant, il avait eu sous les doigts de Reinken la révélation de l'art flamboyant des maîtres septentrionaux. En novembre, il se rend donc dans la Hanse, se produit à l'orgue de l'église Sainte-Catherine où il éblouit ses auditeurs en jouant et en improvisant, sans doute dans le style même qu'affectionnaient les Hambourgeois, et reçoit l'hommage admiratif du vieux Reinken, alors âgé de 97 ans. Mais, apprenant que la charge d'organiste doit être achetée par un « don » en argent, Bach s'en retourne écœuré à Coethen ; un illustre et fortuné inconnu, nommé Heitmann, obtiendra le poste pour 4 000 marks.

A ce stade intervient l'étude du texte. Le sujet de la fugue, au profil de médaille, provient d'une vieille chanson d'origine flamande, « *Ik ben gegroet...* » (« Je suis salué... »), qui traîna longtemps en Allemagne du Nord où elle était, semble-t-il, fort populaire en ce début du XVIIIe siècle. Cette chanson n'était pas consanguine au Saxon Bach, mais devait constituer pour lui un hommage à la cité hanséatique qu'il visitait, d'autant plus que Reinken lui-même, hambourgeois d'origine néerlandaise, avait utilisé un motif très voisin dans la *Sonate V*, en *sol* mineur également, de son recueil *Hortus Musicus* de 1704. On lit encore ce type de motif dans des pages de Buxtehude (*Canzonetta* en *sol* mineur BuxWV 173, par exemple). Et l'on retrouve sujet et contre-sujet sous la plume du Hambourgeois Mattheson, racontant dans sa *General Bass Schule* (École de la basse continue) qu'ils avaient été imposés comme sujet de fugue à improviser pour un candidat au poste de la cathédrale de Hambourg, en 1725. Mattheson ajoute : « Je savais bien d'où venait ce thème et qui l'avait avec art traité sur le papier. » Ajoutons que ce sujet emblématique de la fugue nord-allemande est demeuré célèbre. Au milieu du XIXe siècle, l'organiste Benoist le proposait souvent comme sujet d'improvisation à ses élèves du Conservatoire de Paris.

Quant à la Fantaisie, elle est si caractéristique de la manière des organistes du Nord qu'on la rattache tout naturellement au voyage hambourgeois. On observera qu'il manquait à l'orgue de Sainte-Catherine, où joua Bach, comme à celui de Saint-Jacques, qu'il postulait, un *ré* aigu et trois notes graves demandées par la partition (les notes graves, en raison de l'« octave courte », sans *do* dièse, *mi* bémol ni *la* bémol). Mais s'il a bien joué cette œuvre à Hambourg, Bach a pu s'y accommoder de difficultés qu'il n'avait pas prévues. On peut aussi imaginer qu'il s'agirait de pages composées après le voyage, dans le souvenir d'improvisations en public (le musicien joua durant plus de deux heures à Sainte-Catherine). En tout cas, le lien avec Hambourg ne saurait être contesté.

Enfin, on rapprochera de ce diptyque le *Trio* en *ré* mineur BWV 583, dont l'incipit est exactement celui de la chanson qui a fourni le sujet de la *Fugue* en *sol* mineur, et dont plusieurs dessins mélodiques, dans le développement, apparaissent à l'identique dans la fugue. Il devient alors légitime de considérer le trio comme éventuel volet central d'une exécution possible en triptyque, Fantaisie, Andante (trio) et Fugue.

FANTAISIE (à 4/4). Avec ses déferlements de grandes vagues dramatiques, ses sanglots poignants, ses douloureuses plaintes que la raison semble chercher à dominer, elle paraît bien être le reflet de quelque bouleversante expérience personnelle. Serait-ce trop solliciter le texte que de voir en cette sublime déploration un « Tombeau de Maria Barbara » ? La construction, segmentaire, oppose un récitatif quasi improvisé à des plages polyphoniques rigoureusement écrites. Mais ces éléments sont unis par un même langage harmonique : Bach emploie en effet abondamment les accords de septième diminuée, souvent sur pédale de tonique ou de dominante, dans une dialectique très poussée de la tension et de la détente, à laquelle contribuent également les nombreux retards, les cadences rompues, les mouvements chromatiques conjoints et un usage audacieux de l'enharmonie et de la modulation éloignée. Les épisodes sont si contrastés que leur articulation apparaît à première audition. C'est tout d'abord (mes. 1-9) un grand récitatif (A) qui de ses rafales balaie l'étendue du clavier sur quatre octaves, pathétique interrogation adressée au destin. Un épisode polyphonique (B, mes. 9-14) y répond, par imitations aux quatre voix. Retour au récitatif (A, mes. 14-25), ponctué d'accords et d'enchaînements polyphoniques, aux dissonances de plus en plus nombreuses. Nouvelle exposition (mes. 25-31) de l'épisode polyphonique de réponse, B, à la dominante. Survient alors un intense moment de méditation (mes. 31-35), passage étale d'où les rythmes, l'angoissant tohu-bohu de la vie terrestre semblent s'être enfuis, dissous dans l'éther. Lentement, la polyphonie s'élève en progression chromatique, par degrés conjoints, tandis que la basse s'effondre diatoniquement, en une descente abyssale parcourant tous les degrés de la gamme par sept pentacordes enchaînés, spirale d'un mouvement perpétuel centrifuge. Conclusion (mes. 35-49), par retour au récitatif (A), à ses questions pressantes, mais cette fois avec les éléments de l'épisode polyphonique (B) étroitement imbriqués, dans une recherche de fusion des deux éléments antagonistes où se réalise l'unité supérieure de l'œuvre.

FUGUE (à 4/4). Elle sera la réponse à la Fantaisie, le triomphe de l'énergie lumineuse sur la tentation du désespoir. Le célèbre sujet se découpe en six sections formées de deux motifs seulement, le premier énoncé quatre fois et l'autre deux fois, engageant ainsi le développement dans les orbites de mouvements planétaires. Il admet deux contre-sujets, auxquels s'adjoint un petit motif qui jouera un rôle important dans le développement. Double exposition (mes. 1-37), d'abord à quatre entrées, avec tout le matériau du développement, puis à trois entrées. Suit un magistral développement (mes. 37-93), au plan très simple : divertissement au relatif majeur (correspondant à la réexposition au ton principal en mineur), épisodes à la dominante et à son relatif majeur, retour au ton principal, nouveaux épisodes à la sous-dominante et à son relatif majeur (symétriques de ceux à la dominante), et enfin retour au ton principal pour introduire la conclusion. Dans celle-ci (mes. 93-115), les quatre voix font une dernière fois entendre le sujet escorté de ses deux contre-sujets. Deux mesures d'accords finaux.

Durée d'exécution : ~ 12 mn

Fantaisie et fugue en *la* mineur
(BWV 561)

Cette œuvre a longtemps passé pour une page de jeunesse de Bach. On pense aujourd'hui qu'elle serait le fait d'un élève, et que sa destination serait davantage le clavecin que l'orgue (son exécution ne requiert pas expressément l'usage du pédalier). C'est en fait un triptyque. Une fantaisie surabondant en arpèges brisés et batteries, enchaînant sur une fugue dont le joli sujet, très diatonique, paraît cependant quelque peu mécanique, et débouchant sur un nouvel épisode de fantaisie, symétrique du premier. L'influence des maîtres nordiques y est sensible, mais la débauche de formules répétitives et l'aspect simpliste du développement ne peuvent pas être d'un grand maître.

Durée d'exécution : ~ 8 mn

Fantaisie con imitazione en *si* mineur (BWV 563)

Certains spécialistes émettent des doutes quant à l'authenticité de cette œuvre, qui remonterait au tout début de la période de Weimar (1707-1708), et qui pourrait avoir été écrite plutôt pour le clavecin que pour l'orgue. Elle est cependant éditée, jouée et enregistrée comme œuvre pour orgue. C'est un petit diptyque assez bref dont les deux volets procèdent d'une écriture en imitations un peu appliquée. La Fantaisie se fonde sur un motif de dactyle qui la sous-tend de bout en bout. La Fugue (ou « imitation ») qui suit, à quatre voix, observe une coupe ternaire. Son sujet évoque l'*Offertoire sur les Grands Jeux* de Grigny, mais là se borne la comparaison.

Durée d'exécution : ~ 4 mn

Passacaille et thème fugué en *ut* mineur (BWV 582)

Cette composition colossale et sublime n'a pas son équivalent dans la musique d'orgue de Bach, ni d'ailleurs dans toute la littérature de l'instrument avant elle. On ne pourrait guère la comparer, chez le musicien, qu'à l'unique *Chaconne pour violon seul* ou aux *Variations Goldberg*. A l'orgue, d'autres exemples de variations nous sont donnés par les Partitas sur des chorals; ou par les *Variations canoniques* BWV 769, mais le principe de la variation est ici mis en œuvre autrement. Chez les prédécesseurs immédiats de Bach, on trouve des passacailles ou chaconnes (les deux termes sont employés indifféremment à l'époque), dans les œuvres de Pachelbel et de Buxtehude principalement; il n'y a nul doute que le musicien les ait étudiées et en ait fait son profit, mais les proportions et l'ampleur de développement de son œuvre sont alors sans égales, et le demeureront, à l'orgue, un siècle et demi, passé la moitié du XIXᵉ siècle (Liszt : *Variations sur « Weinen, Klagen, Sorgen, Zagen »*, 1863).

On s'est bien sûr demandé quand Bach avait pu écrire cette partition et pour quoi, ou pour qui. Aucune réponse n'a pu être apportée. Toutes les hypothèses ont été avancées, de l'œuvre de jeunesse (ce que dément la maîtrise du contrepoint) à la spéculation de haute maturité (bien improbable, du fait de la marque de chaconnes de Pachelbel et de Buxtehude, et de la totale absence d'influence italienne). Par ailleurs, aucun élément biographique ne peut jeter une quelconque lumière sur cette page (sa première mention apparaît chez Forkel, en 1802) ; et le manuscrit, qui avait été préservé, a disparu au XIXᵉ siècle, nous privant ainsi des éléments d'information de son analyse critique. Nous serions tenté de la dater des toutes dernières années de Weimar, avec possibilité de retarder quelque peu cette date pour une mise au point définitive.

On verra que le thème de l'ostinato de la Passacaille est utilisé, par ses quatre premières mesures, comme sujet de la fugue qui suit, laquelle s'enchaîne directement avec la passacaille. Quant à la « fugue », on verra qu'elle se développe beaucoup plus par variation amplificatrice que selon la dialectique propre au genre. Après les vingt variations de la passacaille, on peut donc considérer cette fugue comme une ultime variation — 21 est d'ailleurs l'un des nombres clés de Bach, celui, entre autres, de son jour de naissance. Les premiers éditeurs ont simplement et justement surtitré cet épisode *« thema fugatum »*, l'ensemble de l'œuvre étant intitulé « passacaille »; ce n'est que plus récemment que s'est répandue la dénomination de « passacaille et fugue ».

Cette gigantesque construction de 292 mesures nous apparaît comme un génial tour de force, dans lequel le musicien semble s'être fixé pour objectif de concilier la plus grande rigueur dans l'inlassable répétition d'un motif obstiné, donc la plus grande contrainte imaginable, et la plus grande fantaisie dans la diversité des variations, et cela en bâtissant un ensemble possédant sa cohérence en tant que grande forme, son unité et, pourrait-on dire, sa dramaturgie.

PASSACAILLE (à 3/4). L'usage veut qu'un ostinato de passacaille soit en mode mineur, en rythme ternaire et compte quatre mesures. Ces quatre mesures, Bach les a empruntées au *Christe* (sous-titré « *Trio en passacaille* ») de la deuxième Messe du *Premier Livre d'orgue* d'André Raison (1688).

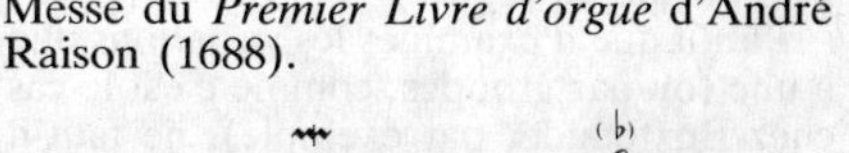

Raison tenait sans doute lui-même ce thème du motif grégorien de la communion du dixième dimanche après la Pentecôte. Mais là s'arrête le parallèle avec le musicien français, dont l'œuvre ne compte que 27 mesures (cinq variations). Bach, en effet, amplifie le motif d'origine pour lui donner une longue désinence marquant tous les degrés de l'accord parfait mineur sur un immuable rythme iambique (une brève, une longue). Ainsi constitué, l'ostinato se déploie sur huit mesures au lieu de quatre, et s'achève sur une chute de quinte, alors qu'il s'était élancé sur la même quinte, ascendante; motif impressionnant, inexorable, et que le compositeur, contrairement à tout usage, commence par faire entendre seul, à découvert, à la basse, avant d'en entreprendre le développement.

Certaines des vingt variations constituant la passacaille présentent entre elles des analogies; on peut en grouper par deux (1 et 2, 4 et 5, 19 et 20, par exemple), ou par trois (6 à 8, ou 13 à 15), selon le paramètre retenu. Plusieurs musicologues ont tenté de proposer ainsi un schéma structurel simple, afin de rendre compte de l'organisation d'ensemble de l'œuvre; mais pour séduisantes qu'elles paraissent, aucune de ces analyses ne nous semble pleinement convaincante — elles ne s'excluent d'ailleurs pas les unes les autres, tant l'œuvre est riche et multiple dans sa fondamentale unité. Selon que l'on compte ou non l'exposition (exceptionnelle) du thème seul comme première « variation » (ou première section), ou le thème fugué comme dernière, on peut dégager des proportions symboliques qui éclaireraient l'articulation rhétorique et spirituelle du discours (interprétations de Marie-Claire Alain et de Michael Radulescu, notamment). Pour plus de facilité, nous nous bornons ici à la numérotation consacrée d'une exposition suivie de vingt variations et d'un thème fugué.

Plutôt que d'examiner les variations une à une (ou par groupes, comme c'est le cas chez Buxtehude, par exemple), ne faut-il pas considérer la Passacaille comme un long continuum où le motif ostinato engendre un cycle de métamorphoses? Symétries, rappels, correspondances sont si nombreux qu'ils tissent un réseau complexe, irréductible à une composition formelle simple. Envisageant la structure globale de l'œuvre, on doit cependant noter deux observations essentielles. D'abord, sur la place de l'ostinato. Celui-ci apparaît, comme de coutume dans une chaconne ou passacaille, à la basse, dans les variations 1 à 10; mais, dans une section médiane (variations 11 à 15), il tend à s'alléger et à se diluer peu à peu : en cantus migrans au soprano (var. 11 et 12), à l'alto (var. 13), puis en filigrane, au ténor (var. 14) et entre ténor et alto (var. 15); il reviendra ensuite triomphalement à la basse pour les cinq dernières variations.

Sur le plan rythmique, l'œuvre procède, en plusieurs vagues, par resserrement croissant des figures : noires pointées et croches (var. 1 et 2), croches (var. 3), croches et doubles croches en anapestes (var. 4 et 5), doubles croches régulières (var. 6 à 8), en figures syncopées (var. 9). A compter de ce moment, les doubles croches s'organisent en diverses figures de guirlandes, par groupes de quatre, en festons, allant de pair avec un allégement de l'harmonie et du contrepoint qui atteint son degré inférieur avec la variation 15. Dans l'apothéose des cinq dernières variations, la progression rythmique reprend : doubles croches en figures syncopées (var. 16) et triolets (var. 17), avant de revenir à des figures moins serrées : croches et doubles croches en dactyles (une longue, deux brèves; var. 18), puis en groupes de quatre doubles croches (var. 19 et 20). Dans ces dernières variations, c'est la polyphonie et l'harmonie qui, par leur constante amplification et des effets proprement dramatiques (broderies de pédales véritablement obsessionnelles dans les variations 19 et 20), prennent en charge la progression en tension de l'œuvre. On peut ainsi relever une dramatisation croissante menant à la variation 12, avec une première culmination à la variation 9 et une deuxième, après la détente des variations 10 et 11, à la variation 12. Les variations 13 à 15 marquent un temps d'apaisement, d'allégement progressif de la substance musicale, une détente de l'énergie vitale, avant que les variations 16 à 20 ne relancent massivement la progression en apothéose. Un bref commentaire sur chaque variation résume cette progression.

Variation 1. Thème à la basse ; harmonisation à 4 voix. Valeurs pointées et figures syncopées.

Variation 2. Comme la variation 1, mais plus modulante et dans le médium.

Variation 3. Festons de croches en flux régulier, par imitations. Cadence à cinq voix. Dès cette variation, les enchaînements d'une variation à l'autre se font par imbrication des parties, et non plus par juxtaposition d'épisodes séparables.

Variation 4. Dessins d'anapestes conjoints, en mouvements ascendants.

Variation 5. Dessins d'anapestes disjoints, sauts d'octaves, imitations entre les quatre voix, ornements. Le thème a pris une figure haletante : les blanches sont devenues des noires séparées par des silences, et les noires des ornements de deux doubles croches en syncope, figurant ainsi des dessins d'anapestes comme les autres voix.

Variation 6. Le thème reparaît sous sa forme originelle, à la basse. Mouvements de doubles croches en flux régulier. A l'intérieur de chaque mesure, progression ascendante avec amplification harmonique.

Variation 7. Comme la variation 6, mais les progressions sont descendantes.

Variation 8. Combinaison des deux variations précédentes, mouvements de doubles croches en flux et reflux.

Variation 9. A la basse, le thème est à nouveau disloqué et haletant : les levées sont remplacées par des figures syncopées (un double soupir et trois doubles croches, en tierce brisée), figures qui circulent aux autres voix en imitations, comme des échos.

Variation 10. Le thème, à la basse, est exposé en simples noires, et accompagné par le ténor et l'alto qui réalisent ainsi une ponctuation d'accords plaqués. Le soprano déroule une guirlande de doubles croches.

Variation 11. Allégement considérable : plus de pédalier, le thème apparaît, lumineux, au soprano, et n'est accompagné que par la guirlande de l'alto prolongeant celle de la variation précédente.

Variation 12. En doubles croches, à quatre voix en imitations, avec participation importante de la basse qui procède en « descentes d'escaliers ». Substance polyphonique riche. Thème toujours au soprano.

Variation 13. A trois voix (pas de pédalier). Thème orné à l'alto. Ténor et soprano par groupes de quatre doubles croches se répondant.

Variation 14. A deux voix. Thème au ténor, en points d'appui dans des guirlandes de doubles croches, au soprano et au ténor, dessinant en arpège des accords parfaits brisés.

Variation 15. A une voix, répartie sur ténor et alto qui font entendre en alternance les notes du thème sous forme de points d'appui. Feston unique d'accords brisés ascendants sur chaque note du thème qui n'apparaît plus qu'en filigrane.

Variation 16. Le thème ostinato revient à la basse, sous sa forme d'origine. Après la respiration d'un demi-soupir, les voix, en doubles croches, recomposent à l'intérieur de chaque mesure un grand accord à cinq parties, ponctué en fin de mesure, sur la levée, par un deuxième accord, à six parties : formidable effet d'amplification harmonique.

Variation 17. Sur le thème au pédalier, deux voix montent et descendent en tierces et en sixtes, par mouvements parallèles ou contraires de triolets de doubles croches. Épisode effréné, qui introduit les trois dernières variations, à la carrure franche et majestueuse.

Variation 18. La basse est escortée d'une autre voix, en mêmes valeurs, tandis que les deux autres voix, parallèles, procèdent en dactyles groupés par deux. Levées de la basse en syncopes.

Variation 19. Figure originelle du thème à la basse. Les trois autres voix traitent un motif de quatre doubles croches en imitations, insistant en broderies sur chaque note de l'harmonie, en effets incantatoires (notamment par broderie et pédale supérieure de tonique).

Variation 20. Comme la variation 19, mais encore amplifiée : doubles imitations réparties aux trois, puis quatre parties jouées aux claviers manuels. Nombreuses pédales dans l'harmonie, de tonique, de dominante et même de troisième degré, accusant encore l'effet de répétition obsessionnelle.

Thème fugué (à 3/4). On a dit que ce thème fugué était en fait la 21e variation de la passacaille. En effet, le sujet y apparaît toujours sous sa forme droite, et intégralement; il n'est jamais l'objet de transformations ni de segmentations. Par ailleurs, si, lors de sa première exposition, il est énoncé déjà accompagné du premier contre-sujet, toutes ses autres entrées le seront des deux contre-sujets, sans exception (12 entrées au total). Ainsi est constitué un « noyau dur », intangible, et le développement contrapuntique se fera autour de lui, comme il convient dans des variations agglutinantes : par additions, enrichissements et prolongations. La progression se mesure aux épisodes de plus en plus développés, et articulés sur les principaux degrés.

a (mes. 169-197). Exposition des quatre voix (cinq entrées).

b (mes. 197-221). Divertissement 1, au relatif majeur. Deux entrées, prolongées par des variations sur les deux contre-sujets, et principalement, en fin d'épisode, sur un petit motif de trois doubles croches issu du 2e contre-sujet, en répétitions insistantes.

c (mes. 221-256). Divertissement 2, à la dominante, puis à la tonique. Trois entrées. Aux éléments de développement précédents s'ajoute une montée en escalier de tierces brisées, traitées en imitations.

d (mes. 256-271). Divertissement 3, à la sous-dominante. Une seule entrée, à la basse (les deux divertissements précédents commençaient également par faire entendre le sujet dans le grave). Développement de la figure de doubles croches en tournoiement obsessionnel, comme à la fin de la passacaille.

e (mes. 271-292). Coda et cadence. Dernière exposition, au soprano. Exaspération des motifs de développement en formules incantatoires : notes répétées issues du 1er contre-sujet, accords brisés en doubles croches, imitations obstinées. Une cadence rompue, sur sixte napolitaine, brise un instant cette progression saisissante, pour mieux affirmer la triomphale péroraison. Accord final avec tierce picarde.

Durée d'exécution : ~ 12 mn

8 Petits Préludes et fugues
(BWV 553-560)

Longtemps attribués à Bach, on pense aujourd'hui qu'ils sont d'un élève ou épigone du musicien, travaillant au milieu du siècle en Allemagne centrale, peut-être Johann Tobias Krebs. Pages brèves, abordant les différents styles de l'époque, ils n'en constituent pas moins un bon exercice pour les débutants à l'orgue, proposant une première confrontation aux principaux types de difficultés d'exécution et comportant tous une partie de pédalier obligée.

Prélude et fugue en *ut* majeur
(BWV 531)

Par la forme, peu complexe et assez extérieure, comme par les influences qu'on y peut déceler, il s'agit assurément d'une œuvre de prime jeunesse. On a relevé des analogies du Prélude avec le Praeludium en *ut* majeur de Boehm et le Praeludium en *ut* majeur de Lübeck, ce qui en ferait remonter la composition aux années de Lüneburg (1700-1702). Mais on peut aussi noter la marque de Buxtehude, ce qui proposerait l'époque d'Arnstadt (1703-1707). En tout état de cause, on voit ici à l'œuvre un tout jeune compositeur à la recherche de sa véritable personnalité.

PRÉLUDE (à 4/4). Après un grand trait de pédalier de 9 mesures, il développe un motif d'accords brisés et d'arpèges, sur des gammes descendantes. Le trait de pédalier reparaît fragmentairement à deux reprises, et le prélude se fait plus libre, avec des figures en triolets et une coda sur un double trait descendant de trois octaves, en triples croches.

FUGUE (à 4/4). Pittoresque sujet en doubles croches, avec deux sauts d'octave. Exposition à quatre voix, sans pédalier, bientôt suivie de divertissements et d'épisodes plus libres, en imitations sur un fragment du sujet, avec des fragments de strettes. Le sujet est exposé une seule fois au pédalier, au centre exact de la fugue. A partir de la mesure 63, la fugue est définitivement oubliée au profit d'un épisode conclusif animé, avec récitatifs et traits de triples croches.

Durée d'exécution : ~ 6 mn 30 s

Prélude et fugue en *ut* majeur
(BWV 545)

C'est l'une des œuvres de Bach les plus riches en autographes et manuscrits anciens : deux autographes, le premier en triptyque (avec en second mouvement un *largo* qui deviendra le volet central de la *Sonate en trio n° 5* BWV 529), le second en diptyque, sous la forme actuellement éditée ; et parmi les copies anciennes, l'une présente le prélude sous une forme légèrement différente (référencée BWV 545a), sans doute un état antérieur, une autre donne le texte en *si* bémol majeur (est-ce pour une raison d'accord d'instrument ?), avec un second mouvement, celui, cette fois, de la *Sonate pour viole de gambe et clavecin n° 3* BWV 1029, additionné de deux épisodes de transition inconnus par ailleurs. La plus ancienne copie d'élève, celle prise par Kellner, reproduit la première version autographe de Bach, en triptyque... Sans entrer dans le détail de la critique de textes, très complexe et enrichissante pour saisir la maturation dans le processus créateur de Bach, on retiendra que la version ultime, celle du second autographe, doit dater de 1730 environ (datation corroborée par l'analogie du début du prélude avec le début du *Concerto pour deux clavecins et cordes en* ut *majeur* BWV 1061, des années 1727-1730).

Il semble en tout cas certain que fugue et prélude ont dès l'origine été destinés à faire partie d'un même ensemble : le motif sur lequel s'appuie tout le prélude n'est autre, en diminution, que le sujet même de la fugue, lequel apparaît également sous cette forme dans le divertissement. De plus, en remaniant son prélude (second autographe), Bach lui a ajouté, en introduction et en conclusion, un portique de trois mesures dont le motif descendant de pédale est emprunté à l'un des éléments du divertissement de la fugue (à partir de la mesure 38, notamment).

Prélude (à 4/4). Il se fonde sur un dessin de doubles croches qui réapparaît de nombreuses fois sous sa forme droite ou sa forme renversée, avec l'appui d'un petit motif de scansion rythmique au pédalier. Quoi qu'on ait dit parfois, il est écrit en polyphonie à quatre voix, avec, au centre, des passages allégés à trois voix seulement. Une cinquième voix n'est sollicitée à la fin que pour donner plus de corps à la conclusion et réaliser un crescendo harmonique. Une première section de développement rhapsodique, à la tonique (mes. 4-11), module vers une seconde section à la dominante (mes. 12-24), de coupe semblable mais plus ornementée et s'amplifiant par marche harmonique. Un trait de pédalier reprend le motif principal en *fa* majeur et amène en *ut* majeur la reprise des trois accords liminaires.

Fugue (à 2/4). Le sujet de la fugue, dont on n'a pas manqué de relever l'analogie avec la première fugue du premier Livre du *Clavier bien tempéré* et l'*Allabreve* pour orgue BWV 589, possède la même autorité de langage et de construction.

C'est l'affirmation d'une mâle assurance, et toute la fugue, d'une facture très scolastique, pour ne pas dire dogmatique, revêtira ce caractère de tranquille certitude d'un article de foi. Le tétracorde ascendant en blanches, avec un temps de repos au sommet, serait cependant impuissant à engendrer un développement musical si sa désinence ne l'animait par des noires et même deux croches avant un saut d'octave, provoquant ainsi un mouvement d'accélération agogique. Comme si cette proposition se suffisait à elle-même, le compositeur ne lui adjoint pas de contre-sujet mais, dès la réponse, c'est une figure tirée du sujet qui l'accompagne : son propre renversement. Pas de conflit d'idées, pas de strette, mais de nombreuses broderies contrapuntiques : accords arpégés, petits motifs de syncopes, guirlandes de croches — bref, une grande fantaisie décorative pour escorter la sévérité du sujet et de son développement. L'œuvre est construite en six sections. Exposition et premier divertissement (mes. 1-27), contre-exposition à la dominante, à trois entrées (mes. 18-51), développement au relatif mineur, à deux entrées (mes. 52-72), contre-exposition à la dominante et à la tonique (mes. 73-82), développement à la sous-dominante et à son relatif, et transition modulante (mes. 83-99), conclusion, avec les deux dernières rentrées du sujet, à la basse et au soprano (mes. 100-111). Comme dans le prélude, la cadence finale, très ferme, procède en *crescendo* harmonique par renfort d'une cinquième, d'une sixième et enfin d'une septième voix.

Durée d'exécution : ~ 6 mn

Prélude et fugue en *ut* majeur
(BWV 547)

Œuvre puissante, de construction complexe, la densité de son écriture la rattache aux années de Leipzig ; une étude plus approfondie permet même de penser que ce serait le tout dernier Prélude et fugue composé par Bach. On l'appelle parfois « Prélude de Noël ». Il existe en effet une analogie assez évidente entre le prélude et le chœur d'entrée de la cantate de l'Épiphanie « *Sie werden aus Saba alle kommen* » BWV 65, de 1724 : même tonalité d'*ut* majeur, mêmes motifs ascendants, même rythme ternaire, tous relevant de la symbolique musicale de Noël. C'est aussi le climat de la cantate de Noël « *Christen, ätzet diesen Tag* » BWV 63 (1723), avec sa procession en marche parmi les carillons vers son but lumineux. Mais surtout, il faut remarquer, en cours de développement (mes. 54), l'apparition d'une figure descendante, déjà implicite à la mesure 6, qui n'est autre que le motif initial des *Variations canoniques* sur le cantique de Noël « *Vom Himmel hoch, da komm' ich her* » BWV 769, également en *ut* majeur, ultime chef-d'œuvre de la musique d'orgue de Bach, datant des années 1746-1747.

Prélude (à 9/8). Il représente l'aboutissement du travail de synthèse et de développement que Bach réalisa au long de sa vie, entre la structure d'un mouvement de concerto instrumental de style vivaldien et une puissante et rigoureuse élaboration contrapuntique, atteignant ici les bornes de l'abstraction. L'exposé du thème, découpé comme celui d'une fantaisie de Froberger, se fait en canon à l'octave, à la mesure. Bâti en quatre sections d'une mesure chacune, ce thème présente les quatre éléments musicaux qui vont constituer toute la matière musicale du prélude, avec un cinquième élément dérivé, combinaison du deuxième et du quatrième. Le prélude est articulé en trois grandes parties. Exposition (mes. 1-21), au ton principal, suivie d'une contre-exposition à la dominante. Développement (mes. 22-63), successivement en *fa* majeur, *la* mineur, *ré* mineur, *fa* majeur, *ut* majeur et *sol* majeur. Conclusion (mes. 64-88), en *ut* majeur, *fa* mineur et *ut* mineur, puis pédale de dominante, accords de fausse cadence et coda en *ut* majeur.

Fugue (à 2/4). Signe de la haute maturité de Bach, le sujet de la fugue est bref, d'apparence anodine, mais renferme un prodigieux pouvoir de développement (en 72 mesures, il apparaîtra une cinquantaine de fois, soit près d'une fois par mesure). Le sujet fournit à lui seul, de ses huit notes, tout le matériau musical de la fugue, qui ne fera appel à aucun élément plus ou moins dérivé ou extérieur. Un appui sur la tonique, quatre doubles croches ascendantes (figure qui évoque ce que sera le thème des Maîtres dans *Les Maîtres Chanteurs de Nuremberg*, de Wagner), et trois notes de conclusion sont tout ce dont se nourrira cette prodigieuse architecture. Écrite à quatre voix, selon les canons devenant désormais classiques, elle fait appel, pour sa quatrième et dernière période, à une cinquième voix, seconde basse entrant au pédalier (qu'on n'avait pas entendu jusqu'alors), en augmentation, pour donner plus de souffle et d'ampleur à la péroraison. La construction se divise en quatre parties, une exposition, deux divertissements et une péroraison. Exposition (mes. 1-15) et réexposition, au ton principal. Premier divertissement (mes. 15-26), sur les formes droites, au ton principal dans de nouvelles figures contrapuntiques, et au relatif. Second divertissement (mes. 27-48), sur les formes renversées du sujet (avec strette entre le sujet en forme droite et en forme renversée, mes. 34-39) ; épisode modulant, en conclusion, avec le sujet en forme droite et l'entrée glorieuse de la basse au pédalier. Péroraison (mes. 48-72), organisée en quatre sections, les trois premières reproduisant en réduction le schéma des trois premières parties (procédé de mise en abîme qui sera aussi illustré dans les *Variations canoniques*), avec entrée de la seconde basse en augmentation sur strette des quatre autres voix. Après une pédale de dominante, réponse et sujet apparaissent au pédalier sous leur forme renversée et augmentée, sur une polyphonie de plus en plus modulante qui mène aux puissants piliers d'accords d'une première conclusion cadentielle. Enfin, la quatrième sous-section est une conclusion sur pédale de tonique. Strettes à l'octave sur le sujet renversé et à la quinte sur la réponse en forme droite. Toute la polyphonie descend par la cellule renversée avant la dernière exposition de la réponse en forme de cadence finale.

Durée d'exécution : ~ 10 mn

Prélude et fugue en *ut* mineur
(BWV 549)

Ce diptyque plein d'ardeur et de liberté est assurément une œuvre de jeunesse, incontestablement marquée par la révélation des pages similaires de Buxtehude.

PRÉLUDE (à 4/4). Il commence par un grand trait de pédalier, développant des accords brisés ascendants puis descendants, dans une fougueuse virtuosité un peu extérieure. Ses motifs sont repris aux manuels, en imitations, sur de longues pédales aux bons degrés. Le développement se diversifie en figures de triolets et accords plaqués *staccato*.

FUGUE (à 4/4). Son sujet, étalé en longue arabesque sur quatre mesures, procède rythmiquement et mélodiquement de l'incipit du prélude. L'exposition se fait à quatre voix, mais sans recours au pédalier, pour ménager l'effet de sa rentrée. Le divertissement est très libre, sans le contre-sujet initial, utilisant la tête du sujet et tendant au style homophone jusqu'à la dernière exposition du sujet, au pédalier, dans toute la force de l'instrument. Le sujet est accompagné de blocs d'accords alternés aux deux mains, puis la tête du sujet devient un mouvement obsessionnel dans une brillante péroraison, comme improvisée, avec ses formules de batteries et son grand trait de triples croches en paraphe.

Durée d'exécution : ~ 6 mn

Prélude et fugue en *ut* mineur
(BWV 546)

La complexité, la puissance d'inspiration et la richesse d'écriture, à quoi on peut ajouter les évidentes préoccupations symboliques, tout rattache le prélude à la dernière période créatrice du musicien, et le rapproche des autres grands diptyques de la maturité (BWV 544, 545, 547, 548 et 552), dans les années qui suivent 1730. La fugue, plus simple, daterait de la fin de l'époque de Weimar ; on pense qu'elle a pu être écrite pour faire suite à la *Fantaisie en* ut *mineur* BWV 562, dont la fugue est inachevée (des parentés musicales accréditent cette hypothèse). Mais la fugue entretenant des relations harmoniques avec le prélude, on suppose que le prélude serait une version remaniée d'une œuvre antérieure, ou que la fugue qui lui a été adjointe a été retouchée pour mieux coordonner les deux éléments du diptyque.

PRÉLUDE (à 2/4). Colossal, il évoque quelque portique de Passion (plus précisément, le chœur final de la *Passion selon saint Matthieu*, lui aussi en *ut* mineur et commençant par l'enchaînement d'un accord parfait avec une pathétique septième diminuée). Nous sommes dans le ton de l'énergie douloureuse, de l'héroïque familiarité avec la mort (celui du *Prélude et fugue* pour cordes KV 546 de Mozart, par exemple). Ce sentiment de la mort est si présent, si impressionnant dans cette œuvre, qu'on peut à bon droit penser que celle-ci s'appuie soit sur une intense expérience personnelle, soit sur un texte liturgique commenté avec une particulière éloquence. On notera la similitude du prélude avec le début de la cantate « *Wer sich selbst erhöhet* » BWV 47 (« Celui qui s'élève sera abaissé ») ; le profil du « second thème » du prélude répond aux préoccupations de figuralisme de Bach : le motif qui monte redescend ensuite symétriquement, il s'est élevé en blanches, et sa chute est plus rapide, en noires. Mais sur le plan symbolique, on remarquera surtout le nombre de 144 mesures du prélude — le carré de douze est chargé d'un grand poids symbolique dans les Écritures, c'est le chiffre de la perfection, de l'accomplissement ; c'est aussi la somme des lettres qui forment le prénom du compositeur, son nom de chrétien, Johann Sebastian, sa signature. De plus, à l'analyse on observe que l'œuvre se découpe, à une très légère entorse près, en six groupes de 24 mesures (24 = 12 + 12, alors que 144 = 12 × 12), 24 étant le nombre apocalyptique de l'harmonie du ciel et de la terre ; et la sixième section reprend textuellement la première, comme pour refermer l'œuvre sur elle-même dans un mouvement perpétuel, la faire perdurer dans l'éternité…

L'analyse traditionnelle de ce prélude, qui peut se lire dans l'alternance d'éléments A et B, à la manière d'un mouvement de concerto, fait état de deux thèmes ; mais il faut bien préciser que le « second thème », B, est un motif de fugato escorté d'un contre-sujet directement issu du « premier thème ». Il s'agit donc d'une figure dérivée dans une œuvre profondément monothématique, mais où les divers éléments d'une cellule particulièrement riche de substance prolifèrent pour conférer une grande diversité d'aspects à une page relevant d'une unité foncière.

La première section (mes. 1-24) expose le thème principal dans tous ses éléments (selon un schéma A B B′ A′ B″ A) : les accords initiaux, une figure de croches laborieusement ascendante, un motif en triolets montant sur une octave, l'écriture s'allégeant, se dynamisant et devenant peu à peu plus complexe, dans un foisonnement rythmique jusqu'à cet impressionnant dessin diatonique descendant qui va parcourir tout le prélude, comme la chute sans fin de ceux qui se sont trop élevés. La deuxième section (mes. 25-48) expose le thème dérivé ; avec les longues volutes qui le prolongent, la compacte homophonie du début achève de se dissoudre dans un thème fugué, les figures se déduisant les unes des autres. Troisième section (mes. 49-70) : développement du « second thème ». Quatrième section (mes. 71-96) : développement du thème principal, toujours à la dominante, avec entrée du « second thème » amalgamé aux éléments du premier. Cinquième section (mes. 97-120) : second développement du « second thème », à la sous-dominante, puis en diverses tonalités ramenant à la tonique. Sixième section (mes. 121-144) : réexposition intégrale et rigoureuse de la première section ; une tierce picarde sur l'accord final empêche le prélude de se boucler sur lui-même en mouvement perpétuel.

Fugue (à 2/4). Elle est écrite à cinq voix (deux parties de basse), mais la polyphonie n'y apparaît que peu en son complet. Œuvre de structure assez simple, elle a sans doute été remaniée ultérieurement, ce que corroborerait le nombre de ses 158 mesures (159, si l'on compte l'accord final) : car 158 est la somme de l'ordre des lettres composant le nom de Johann Sebastian Bach, nouvelle signature, au complet, cette fois. On notera que le sujet mélodique oppose accord parfait et septième diminuée, tout comme les accords initiaux du prélude. L'exposition (mes. 1-39) fait entendre successivement les entrées rigoureuses des quatre premières voix, un divertissement et la contre-exposition, où entre la seconde basse. Le divertissement (mes. 53-139) propose une figure nouvelle issue du sujet, élégante arabesque qui brode l'accord parfait et procède par imitation en écriture à trois voix, puis fait rentrer le sujet superposé au motif de divertissement, avant un épisode très libre, pont qui ramène au ton principal pour la réexposition. Réexposition (mes. 140-159) : dernière entrée du sujet au ton principal. La coda, à quatre puis cinq voix, se conclut par un rappel, à sept voix, des accords du début du prélude.

Durée d'exécution : ~ 13 mn

Prélude et fugue en *ré* majeur
(BWV 532)

C'est l'une des pages les plus brillantes, extériorisées et virtuoses de Bach, très marquée par les maîtres du Nord, Bruhns ou Buxtehude, quoique plus développée et frappée d'un sceau très personnel. Les différentes sections, de caractère opposé, dont est fait le prélude, la parenté du sujet de la fugue avec l'*allabreve* du prélude évoquent les grands polyptyques de Buxtehude ; on décèlera également des traces d'influence française dans le prélude, ainsi que, dans la fugue, des similitudes très précises avec des motifs d'œuvres de Buxtehude et de Reinken. L'œuvre pourrait dater des années 1706-1708.

Prélude (à 4/4). Une première section d'introduction (mes. 1-9) est en fait un début de toccata, dont le caractère triomphal et éclatant conviendrait admirablement à l'évocation de la Résurrection : traits ascendants et accords brisés descendants, au pédalier, ponctués par des batteries d'accords et une grande broderie de doubles croches. Avec ses valeurs pointées à la française, la deuxième section (mes. 10-16) jette un pont avant le grand développement central sur une pédale de *fa* dièse, dominante du relatif de *si* mineur ; c'est un épisode étrange, pathétique, avec ses accords descendants de septième brisée et ses trémolos. Un grand trait ascendant ramène *ré* majeur. La section suivante est un *allabreve* (mes. 16-96), très développé, constituant l'essentiel du prélude (et justifiant par là-même son titre). Non sans parenté avec le volet central de la *Pièce d'orgue* BWV 572, c'est un épisode puissant, massif, en polyphonie à quatre voix, compacte et cependant d'une rayonnante luminosité. Plusieurs motifs sous-tendent cette section : tierces brisées descendantes, motif diatonique descendant, figure ascendante sur une quarte en anacrouse. Une dernière section (mes. 96-107) revient au caractère de toccata, avec ses motifs-fusées et ses modulations hardies, sur double partie de pédalier, dans un climat dramatique qui rappelle la deuxième section et prépare bien l'arrivée de la fugue.

FUGUE (à 4/4). Le sujet, étalé sur cinq mesures et demie, est un joyeux et volubile appel : un double gruppetto, suivi d'un silence, puis d'une longue descente en tierces brisées et ornées, le tout pris dans un mouvement uniforme de doubles croches. On a de longue date relevé la parenté de ce sujet avec celui d'une fugue en *ré* mineur de Pachelbel; la parenté est tout aussi évidente avec un motif de la *Canzone en* sol *majeur* BuxWV 172 de Buxtehude. La forme de la fugue est simple. Exposition (mes. 1-53), à quatre parties, suivie d'un divertissement et de la contre-exposition. Développement (mes. 53-96), modulant et faisant intervenir en divertissements divers éléments, dont la tête du motif. Réexposition et coda (mes. 96-137) : entrées à la dominante et à la tonique, débouchant sur une coda en style de toccata, dans le caractère de la première section du prélude. Mais plus que dans sa structure, c'est dans le renouvellement de ses idées que cette fugue montre son originalité. La forme n'en est pas stricte, et souvent une voix prédomine sur les autres, comme pour rivaliser d'éloquence dans cette joute oratoire débridée où fusent les idées, souvent avec humour ou drôlerie, et en tout cas un entrain irrésistible, demandant une grande maîtrise de la part de l'exécutant.

Durée d'exécution : ~ 10 mn

Prélude et fugue en *ré* mineur
(BWV 539)

La composition de ce Prélude et fugue pose un certain nombre d'interrogations qui n'ont pas trouvé de réponse à ce jour. Il est évident que le bref prélude, aux claviers manuels seuls, n'est pas apparié à la colossale fugue qui suit, laquelle n'est autre que la transcription pour l'orgue, dans la tonalité de *ré* mineur, du second mouvement (en *sol* mineur) de la première *Sonate pour violon seul* BWV 1001. La Sonate date de 1720, et Bach devait réaliser une transcription de sa fugue pour le luth (BWV 1000), sans doute pendant son séjour à Coethen. Dans la mouvance de ces travaux instrumentaux, il est probable qu'on puisse inscrire la transcription pour l'orgue, de même que la transcription de l'entière deuxième *Sonate pour violon seul* (BWV 1003) pour le clavecin (*Sonate en* ré *mineur* BWV 964). Dès lors, que Bach n'a-t-il transcrit également le dramatique adagio qui précède la fugue dans la sonate, et qui aurait constitué un admirable prélude pour l'orgue! (Peut-être l'a-t-il fait, sans que nous en ayons de copie.) On ne sait d'ailleurs pas si c'est Bach lui-même qui a réuni les deux volets; et l'on met en doute la destination à l'orgue du prélude, et la paternité même de Bach...

PRÉLUDE (à 4/4). Son style, s'il s'agit bien d'une pièce pour l'orgue, en fait une page unique dans toute la littérature allemande de la première moitié du XVIIIe siècle. Évoquant les pleins-jeux des maîtres français, c'est d'ailleurs la seule pièce d'orgue de Bach — si tel est le cas, bien sûr — qu'il soit licite d'interpréter en usant de notes inégales. Malgré sa brièveté — qui est ici concision, et non pauvreté d'invention —, ce prélude ne doit pas être déprécié. C'est une page grave, solidement construite en ses imitations rapprochées. Son motif initial en contient les éléments moteurs : un rythme syncopé et un dessin de croches, qui feront cheminer l'œuvre dans sa pulsation régulière.

FUGUE (à 4/4). En transcrivant du violon pour l'orgue, le compositeur, dont on sait qu'il connaissait et pratiquait admirablement l'instrument à archet, montre une grande fidélité à son original, notamment au galbe mélodique de l'écriture pour le violon. La tonalité est passée de *sol* mineur à *ré* mineur, pour ramener la polyphonie dans l'ambitus moyen de l'orgue, plus grave que celui du violon. Bach en profite pour mieux répartir les voix, de la basse au soprano. Sur le plan de la polyphonie, les accords, arpégés au violon, seront entendus plaqués à l'orgue, les harmonies sous-entendues exécutées complètement, les basses implicites formulées dans toute leur plénitude sonore. D'autre part, le développement contrapuntique, limité par la technique du violon seul, peut s'épanouir bien davantage à l'orgue : d'où un nouveau contrepoint à cinq parties, avec notamment l'apport d'une voix supplémentaire dans le grave, qui oblige le transcripteur à ajouter, à deux reprises, une mesure à l'original (mes. 6 et 30). Ce dernier enrichit de même la trame contrapuntique par des imitations supplémentaires, interdites sur l'instrument monodique. La construction, très libre (comme c'est normal au violon), est un grand fugato riche en divertissements. On distingue cinq parties principales : une exposition (mes. 1-31), avec réponse plagale, suivie de deux réexpositions (la seconde, très modulante), un premier divertissement (mes. 32-53), usant de formules de concerto, une contre-exposition (mes. 54-65), modulante, un second divertissement (mes. 66-76), et enfin la strette et l'épilogue, dans le style d'un brillant récitatif de toccata.

Durée d'exécution : ~ 8 mn

Prélude et fugue en *mi* majeur
(BWV 566)

Cette œuvre a été éditée jadis sous le titre de « toccata » que rien n'autorise particulièrement à adopter, puisque dans les copies anciennes (le manuscrit est perdu) n'apparaît que le terme de « prélude ». Ces mêmes copies, nombreuses, posent un certain nombre de questions. Certaines sont en *mi* majeur, d'autres en *ut* majeur ; certaines ne font apparaître que deux des quatre sections qui composent cet ensemble ; etc. Pour résumer la situation, on peut dire qu'il s'agit d'un polyptyque ou praeludium dans le cadre formel généralement employé par les maîtres du Nord ; que c'est une œuvre de jeunesse, remontant vraisemblablement à l'époque d'Arnstadt ; et que les copies en *ut* majeur ont très vraisemblablement été réalisées à Weimar, l'orgue de la chapelle du château étant accordé une tierce au-dessus de celui d'Arnstadt. Aujourd'hui, on appelle cette œuvre « prélude et fugue », ensemble constitué de cinq sections et joué en *mi* majeur.

Prélude (à 4/4). Mesures 1-33. Récitatif en doubles croches, épisode homophone, grand trait de pédalier, puis jeux d'imitations entre basse et soprano, ponctués d'accords : c'est l'œuvre d'un jeune musicien qui se met à l'école des préludes et fugues de ses maîtres en commençant à développer une virtuosité et un travail contrapuntique plus personnels.

Fugue 1 (à 4/4). Mesures 34-122. Un sujet très long, abondant en notes répétées et en gruppettos, est traité en fugato dont les deux expositions se font à cinq et à quatre voix. Ni le profil du sujet, ni la qualité du développement ne portent encore la griffe de ce que sera le génie de Bach.

Transition (à 4/4). Mesures 123-133. Grand trait parcourant tout le clavier, en style de récitatif de toccata.

Fugue 2 (à 3/4). Mesures 134-214. A la façon des maîtres de l'Allemagne du Nord, la deuxième fugue est en rythme ternaire, de caractère dansant. C'est la fugue principale, avec son sujet de quatre mesures, en valeurs pointées, qui fait l'objet de dix entrées dans l'exposition ; utilisée en strette, la tête du sujet est le moteur rythmique de toute cette page.

Péroraison (à 3/8). Mesures 215-229. Directement enchaînée à la fugue, et se manifestant dès la mesure 204, traditionnelle conclusion de ce genre de polyptyques, avec un rappel du motif pointé de la fugue.

Durée d'exécution : ~ 10 mn

Prélude et fugue en *mi* mineur
(BWV 533)

Remontant à Mühlhausen, et peut-être même à Arnstadt, c'est sans doute le plus ancien des diptyques de Bach. Avec ses deux volets seulement, bien distincts, il montre comment le jeune musicien, qui a assimilé le langage des maîtres du Nord, commence à affirmer sa personnalité — dans le prélude, surtout — et s'oriente vers les constructions amplement développées.

Prélude (à 4/4). Avec ses éléments de récitatifs dramatiques, ses grondants traits de pédalier, ses trilles en doubles croches, ses accords *staccato* et ses contretemps, cette page met en œuvre tout l'arsenal des préludes-toccatas. Mais la construction est ferme ; comme souvent chez Buxtehude, deux épisodes brillants encadrent un panneau central plus polyphonique, dont les contretemps annoncent la rythmique de la fugue. Le climat d'ensemble est lui-même fortement brossé, proche du pathétique, dans ses appels et ses vibrations, et dans les contrastes entre le pédalier et les claviers.

Fugue (à 4/4). Son bref sujet est très joliment profilé ; avec ses deux mordants, ses silences, sa désinence deux fois annoncée, elle est tout empreinte d'une douce tristesse que vont encore accuser les petites figures de doubles croches de son contre-sujet. L'exposition (mes. 1-15) fait entendre cinq fois le sujet (ou sa réponse), aux quatre voix de l'écriture, comme Bach le fait souvent dans ses années de jeunesse. Le divertissement (mes. 15-33), très habilement bâti, énonce le sujet et sa réponse dans un travail contrapuntique qui fait jouer des imitations du contre-sujet et des éléments d'accords plaqués en contretemps directement issus du prélude. L'œuvre se termine par une dernière entrée du sujet à la basse (mes. 33-36).

Durée d'exécution : ~ 6 mn

Prélude et fugue en *mi* mineur
(BWV 548)

Ce monumental diptyque fait partie des grandes œuvres pour orgue de la dernière période créatrice de Bach. On en date la composition des années 1730, après la floraison des cantates et avant la troisième partie de la *Clavierübung*. L'analyse de ces deux grands volets montre à l'évidence qu'ils ont bien été écrits l'un pour l'autre, et comment tous deux réalisent la synthèse de la forme du concerto grosso avec le style fugué le plus abouti.

Prélude (à 3/4). Il frappe par la profusion et la richesse de ses figures musicales ; mais l'examen de la partition révèle que celles-ci se ramènent en fait à un petit nombre d'éléments thématiques et surtout de motifs rythmiques, qui se déploient tout au long de l'œuvre, à l'exception d'une nouvelle idée (mes. 51), dont la relation avec les éléments constitutifs initiaux est plus lointaine. Le prélude est bâti comme un mouvement de concerto sublimé ; trois périodes-couplets (ou « concertinos ») sont encadrées par la reprise d'un élément-refrain (ou « ripieno »). Ripieno 1 (mes. 1-19). Exposition complète des motifs du prélude : dessin liminaire, sorte de souvenir du récitatif buxtehudien intégré à l'architecture polyphonique, déclamation empreinte de grandeur, d'une éloquence sévère, massivement ponctuée d'accords sur pédale de tonique ; dessin de croches régulières, puis figures de doubles croches brodant une note ou un accord, ou descendant en flux régulier. Ces trois figures se résument à des cellules rythmiques simples, frappant vivement l'attention de l'auditeur. Sur le plan architectural, les progressions tonales dans le cycle des quintes et les marches régulières ton par ton constituent de puissantes articulations à l'édifice sonore. Concertino 1 (mes. 19-33) : développement de figures issues des éléments 2 et 3 du ripieno, s'individualisant en motifs rythmiques plus incisifs. Ripieno 2 (mes. 33-51) : réexposition intégrale du ripieno 1, à la dominante. Concertino 2 (mes. 51-81) : introduction de la nouvelle idée, en valeurs pointées ; divertissement sur des éléments du concertino 1, puis développement des différentes figures du ripieno. Ripieno 3 (mes. 81-90) : réexposition de la tête seule, en *sol* majeur puis en *la* mineur. Concertino 3 (mes. 90-121) : encadré par l'idée nouvelle, il développe et amplifie les éléments 2 et 3 du ripieno. Ripieno 4 (mes. 121-137) : après quatre mesures de pédale de dominante, réexposition au ton principal de tout le refrain, à l'exception de sa tête (utilisée pour le ripieno 3).

Fugue (à 2/4). Brisant l'inéluctable progression propre à son discours, elle suit la coupe de l'*aria da capo* A B A — singulière démarche pour une fugue, que l'on ne retrouve, dans l'œuvre de Bach, qu'avec la fugue de la *Fantaisie et fugue* en *ut* mineur BWV 573. Et par souci d'équilibre, la section B est exactement deux fois plus longue que chacune des sections A. Mais ce n'est pas là sa seule originalité, puisque si la section A observe les règles du genre, telles qu'elles se cristallisent, précisément, sous la plume de Bach, la section B suit le plan, à nouveau, du rondo, faisant alterner un ripieno et six périodes de concertino. Avec ses 232 mesures, c'est la plus longue des fugues pour orgue de Bach. Son sujet, qui progresse à la fois vers l'aigu et le grave, lui a valu divers surnoms : les « ciseaux », l'« éventail » ou le « coin ». Sujet étrange, chromatique, qui n'affirme sa tonalité qu'à la troisième mesure et se repose, sur le deuxième degré, par un trille de quatre temps.

Sujet riche, difficile, très frappant, qui va permettre au divertissement, avec les contre-sujets, d'opposer des motifs chromatiques à des figures ondulantes. On ne peut donner ici qu'une idée schématique de la construction très complexe de cette vaste architecture. La section A (mes. 1-60) est consacrée à l'exposition et à la réexposition des quatre voix. Toute cette exposition va développer obsessionnellement le chromatisme du sujet, le motif de quarte augmentée du contre-sujet (également présent dans le sujet) et la désinence du contre-sujet, petit motif qui ne sera pas entendu moins de 70 fois. B : développement, épisode concertant (mes. 60-173), en onze sous-sections. Concertino 1 (mes. 60-69), divertissement instrumental. Ripieno 1 (mes. 69-73), sujet à la basse. Concertino 2 (mes. 73-81), analogue au 1, en *si* mineur. Ripieno 2 (mes. 81-85), réponse à la basse. Concertino 3 (mes. 85-89), en doubles croches. Ripieno 3 (mes. 90-94), réponse au ténor. Concertino 4 (mes. 94-108), en gammes modulantes sur la désinence du contre-sujet. Ripieno 4 (mes. 109-113), sujet au soprano. Concertino 5 (mes. 113-137) : éléments du concertino 4, et nouveau motif dialoguant avec celui du concertino 1. Ripieno 5 (mes. 137-161), beaucoup plus développé et à 4 voix. Sujet à la basse, développement polyphonique, puis rentrée du sujet en *ut* mineur. Concertino 6 (mes. 161-173), modulant, amenant à une pédale de dominante dans le ton principal. Réexposition de la section A (mes. 172-232), c'est-à-dire retour à la forme fuguée stricte. Conclusion sur la tierce picarde.

Durée d'exécution : ~ 14 mn

Prélude et fugue en *fa* mineur
(BWV 534)

Cette œuvre remonte à la jeunesse du compositeur — non pas au temps des premiers essais, mais à cette période, sans doute aux débuts de l'époque de Weimar, où le musicien s'applique à structurer davantage son discours, canalisant les pulsions virtuoses dans des schémas formels plus rigoureux, et donnant de plus grands développements à ses fugues.

Prélude (à 2/4). *Fa* mineur est ici la tonalité du pathétique, de la sombre grandeur, où vont proliférer les figures descendantes. La construction est simple, en deux sections elles-mêmes subdivisées en deux sous-sections, et une conclusion. Section 1 (mes. 1-32) : d'abord 11 mesures de pédale de tonique, avec broderies insistantes sur les accords décomposés, puis développement en séquences. Section 2 (mes. 32-70) : réexposition de la première sous-section, à la dominante, puis nouveau développement séquentiel ; cette section s'achève sur une pédale de dominante et un énorme accord de septième diminuée, toujours sur pédale d'*ut*. Conclusion (mes. 71-76), en style de toccata.

Fugue (à 2/4). Le sujet en est bien dessiné, avec son grand saut de septième diminuée et sa désinence diatonique, d'un ton plus douloureux et résigné que le prélude, en tout cas très personnelle elle aussi. Elle s'ouvre par une exposition classique des cinq voix (mes. 1-27), puis par une contre-exposition (mes. 27-42). Dès ce moment, la structure se fait plus lâche, avec des épisodes à trois et même deux voix. Il s'agit en fait d'une série d'entrées, uniquement sur les bons degrés ; il n'y a pas à proprement parler de contre-sujet, mais de nombreux éléments qui viennent contrepointer les entrées du sujet et donner matière au divertissement. Quelques mesures de conclusion rappellent le caractère du prélude. A vouloir passer la structure de cette fugue au crible des proportions numériques, on pourrait noter que l'exposition et la contre-exposition forment un premier bloc de 41 mesures (41 = J.S. Bach), et qu'après 54 mesures de divertissement, on revient à la tonique pour cinq entrées, en un troisième bloc symétrique du premier, comptant également 41 mesures, avant deux mesures de conclusion. Un examen sérieux de la partition montre, en ce cas précis, la fragilité de certaines hypothèses ; il y a d'ailleurs peu à croire que Bach fût, en cette période de sa vie, préoccupé par les spéculations de symbolique des nombres.

Durée d'exécution : ~ 8 mn

Prélude et fugue en *sol* majeur
(BWV 550)

Œuvre de jeunesse, le prélude reste encore très marqué par l'influence de Bruhns et de Buxtehude. La fugue, plus développée, semble quelque peu plus tardive. Les deux pages, en tout cas, ont dû voir le jour dans les années 1703-1708.

Prélude (à 3/2). Il s'élance sur un petit motif de deux mesures : deux brefs appels de quatre notes, suivis d'une descente sur une octave. C'est la cellule initiale de quatre notes qui va nourrir tout le prélude de sa substance rythmique, développant des marches harmoniques et des imitations, en accords brisés. On remarquera le long trait de pédalier des mesures 13 à 23, avant une conclusion en imitations sur pédale de tonique (mes. 23-32). Un second épisode procède de façon analogue, mais en utilisant la cellule de quatre notes pour moduler en de nombreuses tonalités. Un intermède, grave, de trois mesures (mes. 59-62) relie la fugue au prélude, qui s'enchaînent sans interruption.

Fugue (à 2/4). En mouvement *allabreve e staccato*. C'est une page assez longue, bien construite, mais moins imaginative qu'à l'accoutumée. Son sujet de six mesures, avec ses notes *staccato* et ses batteries de tierces brisées, procède d'éléments du prélude, mais n'échappe pas à un formalisme un peu creux. Le développement ne manquera cependant pas de pittoresque, par la récurrence des notes répétées *staccato*. Exposition et réexposition (mes. 62-95), à trois et à quatre voix, pour cinq entrées; les motifs de contre-sujet sont issus du sujet. Divertissement (mes. 95-144), puis long épisode de strettes (mes. 144-210), en diverses tonalités, opposant notes répétées et accords brisés, et brève coda.

Durée d'exécution : ~ 7 mn

Prélude et fugue en *sol* majeur
(BWV 541)

Les études musicologiques les plus récentes donnent pour date de composition à cette page, dont les deux volets sont certainement destinés l'un à l'autre et contemporains, les toutes dernières années de Weimar, plus précisément 1714-1716. On peut d'ailleurs observer la similitude du sujet de la fugue avec celui de la fugue du chœur initial, en *ut* mineur, de la cantate « *Ich hatte viel Bekümmernis* » BWV 21, de 1713 ou 1714. Pourquoi prélude et fugue n'auraient-ils pas été exécutés le même dimanche que la cantate ? Ajoutons que ce même sujet se trouve très proche du motif du premier mouvement du *Concerto pour orgue* en *sol* majeur BWV 592, transcrit d'après Johann Ernst de Saxe-Weimar, ainsi que du Finale d'un autre Concerto pour orgue, en *ré* mineur, BWV 596, transcrit d'après Vivaldi, tous deux réalisés à la même époque exactement, époque qui voit Bach fasciné par le modèle italien et l'intégrant au style polyphonique. Enfin, si nous possédons le manuscrit autographe du compositeur, la plus ancienne copie, celle de son disciple Kellner, fait état d'un mouvement intercalaire, que le copiste ne s'est pas mis en mal de noter jusqu'au bout, la partition devant être connue et disponible par ailleurs. Ce mouvement est le volet médian, en *si* mineur, de la *Sonate en trio nº 4* BWV 528.

Prélude (à 3/4). Il est introduit par un grand récitatif de toccata de 11 mesures, développant en arpèges des accords sur la tonique et la dominante : affirmation claire de la tonalité et élan vital. Le motif principal entre alors, figure de basse instrumentale, ponctuée de notes répétées. A trois reprises, ce motif apparaîtra comme un refrain varié, suivi d'autant de couplets qui se fondent sur des éléments du récitatif et du motif principal, et qui développent des formules concertantes. Le prélude explore ainsi diverses tonalités (*ré* majeur, *mi* mineur, *si* mineur). Toute la fin est une large amplification de type orchestral, utilisant principalement les quatre croches de ponctuation rythmique et les motifs « de cordes » en doubles croches. Il faut bien remarquer, à la mesure 61, l'apparition, au sein du développement lyrique, du motif de la fugue à venir.

Fugue (à 4/4). Directement annoncé dans le prélude, le sujet y était déjà en préfiguration, et comme en gestation, dès le motif principal initial dont le dessin l'anime à son tour, en même temps qu'il reproduit exactement, en majeur, le chœur initial de la *Cantate* BWV 21. L'exposition des quatre voix utilise un contre-sujet de broderies de doubles croches, qui est déjà l'une des formules concertantes abondamment développées au cours de l'œuvre. Dès la mesure 17 commencent les divertissements de caractère instrumental, qui seront entrecoupés de rentrées du sujet, en refrain, dans diverses tonalités : *sol* majeur (mes. 26), *mi* mineur (mes. 35), *ré* majeur (mes. 52), *la* mineur (mes. 59). Le caractère orchestral de cette fugue n'empêche pas son développement contrapuntique poussé, avec l'utilisation de fragments du sujet en imitations et en strettes. Emprunts, altérations et modulations passagères s'y font de plus en plus nombreuses à mesure que l'œuvre avance — sans toutefois perdre le *sol* majeur fondamental —, jusqu'à cet accord de septième diminuée sur pédale de dominante (comme à la fin du *Prélude* en *fa* mineur BWV 534, notamment, « geste nordique » par excellence), qui interrompt un instant le mouvement. Suivent alors deux strettes, d'abord à la seconde, entre basse et alto, ensuite à la quinte, entre soprano et alto. Une dernière rentrée du sujet au quatrième degré permet de conclure sur une pédale de tonique.

Durée d'exécution : ~ 13 mn

Prélude et fugue en *sol* mineur
(BWV 535)

Œuvre de jeunesse, à rapprocher pour sa facture, quoique dans un climat opposé, du *Prélude et fugue* en *ré* majeur BWV 532, elle se situe dans l'influence immédiate de Buxtehude : le caractère de toccata improvisée du prélude, aux divers épisodes, les liens entre fugue et prélude, l'épisode de péroraison dénotent l'admiration du jeune maître pour son grand modèle de Lubeck.

PRÉLUDE (à 4/4), en trois parties. D'abord (mes. 1-14), un épisode de doubles croches régulières, en récit puis en accords modulants. La section centrale (mes. 14-37), introduite par un récitatif de triples croches quasi improvisé, est faite d'accords de septième diminuée, brisés comme dans l'écriture pour le luth, et descendant chromatiquement les douze demitons de la gamme. Enfin, un dernier épisode en imitations, puissant, est écrit à cinq voix réelles.

FUGUE (à 4/4). Son sujet est apparu au pédalier, aux mesures 10 et 11 du prélude. Sujet très caractérisé rythmiquement, fait de noires, puis de croches et de doubles croches, en mouvement de resserrement rythmique, riche d'éléments à développer : notes répétées, intervalle de quinte diminuée, descente diatonique. L'exposition (mes. 1-25) fait entendre les entrées des quatre voix, mais le contrepoint n'est jamais traité qu'à trois voix. Dans le développement (mes. 25-60), le sujet (ou la réponse) entrent à cinq reprises; la quatrième entrée, au pédalier, en *si* bémol majeur, est traitée à quatre voix. Le divertissement se fait en utilisant, en imitations, les éléments de doubles croches du sujet et du contre-sujet. La coda (mes. 60-70), de caractère très libre, escorte la dernière entrée du sujet, à la basse. Bref épisode de conclusion (mes. 70-77), en style de toccata rappelant le prélude.

Durée d'exécution : ~ 6 mn

Prélude et fugue en *la* majeur
(BWV 536)

Prélude et fugue semblent bien avoir été écrits l'un pour l'autre (on décèlera des analogies à l'analyse de la fugue). Le sujet même de la fugue évoque d'assez près le concerto introductif de la *Cantate « Tritt auf die Glaubensbahn »* BWV 152 (« Engage-toi sur le chemin de la foi »), écrite en mars 1714 et entendue pour la première fois à Weimar le 30 décembre 1714; le motif y est traité en fugue à quatre voix, avec basse. Et c'est bien de la même époque qu'il convient de dater ce diptyque, dont on peut penser qu'il a pu être joué par Bach pour encadrer, en début et en fin de messe, l'exécution de sa cantate.

PRÉLUDE (à 4/4). Avec ses motifs fusées, ses accords brisés ascendants et descendants, déroulés en guirlandes régulières de doubles croches, il procède à la façon d'une libre improvisation. Pas de plan tonal ni thématique bien défini, mais une succession de motifs dans une atmosphère simple et claire. La tête du motif initial, avec son élan en anacrouse, se prête à des jeux d'imitations, notamment entre pédalier et claviers.

FUGUE (3/4). Comme dans la cantate BWV 152, le sujet est énoncé en rythme ternaire, sur huit mesures, descendant de la dominante à la tonique par paliers diatoniques. La similitude s'étend au groupement rythmique des mesures deux par deux, faisant alterner des figures trochaïques (longue-brève) et des figures iambiques (brèves-longue), regroupées finalement en choriambes (une longue-deux brèves-une longue). Cette coupe rythmique très inhabituelle donne au sujet une allure dansante et un caractère de douce pastorale, qui confirmerait la destination de l'œuvre pour le temps de Noël. La fugue multiplie les contretemps dans le développement, tout entier animé par ce léger rebond. Dès l'exposition, on peut remarquer dans le second contre-sujet une figure de croches régulières qui sera un important élément du développement, précédée d'une petite anacrouse de croches qui marque un lien avec le prélude (voir notamment les mesures 50 et suivantes). Avec ses imitations, ses éléments en strette (en quarte ou à la quinte), le développement prend assez souvent un tour concertant, usant de mouvements homophones. On trouve successivement l'exposition (mes. 1-49) à quatre entrées, la contre-exposition (mes. 50-89), toujours à quatre entrées, un divertissement (mes. 115-136) au quatrième degré (deux entrées), et enfin strette et coda (mes. 136-182), avec les dernières entrées du sujet, au soprano et à la basse.

Durée d'exécution : ~ 8 mn

Prélude et fugue en *la* mineur
(BWV 551)

Les éditions imprimées donnent parfois deux textes séparés, un pour le prélude et un pour la fugue, comme peut l'inférer le titre et selon la typologie habituelle chez Bach. Le « prélude » compte alors de la mesure 1 à la mesure 39, et la « fugue » de 39 à la fin. En fait, il s'agit d'un bloc unique, indivisible, et très exactement de ce que les maîtres d'Allemagne du Nord appelaient un « *Praeludium* », polyptyque dont l'exemple est suivi ici avec prélude, fugue 1, interlude, fugue 2, toccata. Les cinq mouvements sont faits (et écrits) pour être enchaînés lors de leur exécution. Cette construction montre le tout jeune Bach se mettant à la composition sur le modèle de ses illustres maîtres ; on pense que c'est peut-être là le tout premier prélude (et fugue) écrit par lui. Il s'y fait respectueux des formes qu'il emprunte, obéissant notamment au principe de dérivation des thèmes les uns des autres ; mais il affirme dès un tel essai son tempérament, sa jeune maîtrise d'exécutant et sa volonté d'organiser de grandes compositions. Cette partition se lit comme on le fait des préludes analogues de Buxtehude.

Prélude (mes. 1-12). En flux régulier de doubles croches, conclu par deux mesures de cadence.

Fugue 1 (mes. 12-28). Elle aussi sur un sujet de doubles croches, léger et désinvolte. Double exposition des quatre voix et cadence en *ut* majeur.

Interlude (mes. 29-39). En récitatif, puis enchaînements d'accords homophones, en audacieuses modulations, s'achevant par une suspension sur la dominante.

Fugue 2 (mes. 39-74). C'est la fugue principale, celle qui est annoncée dans le titre — posthume — de l'œuvre. Son sujet, très intéressant, est composé d'un accord parfait mineur descendant et d'une montée chromatique. Il est énoncé accompagné de son contre-sujet. L'exposition à quatre voix est faite de cinq entrées (pratique courante dans la jeunesse de Bach), et la réexposition qui suit (mes. 50-63), elle aussi, de cinq entrées. La conclusion (mes. 63-74) développe la tête du contre-sujet et la désinence du sujet, qui ne sera plus entendu en entier.

Péroraison (mes. 75-89). Conclusion en traits et batteries de doubles croches, avec même un trille au pédalier.

Durée d'exécution : ~ 5 mn

Prélude et fugue en *la* mineur
(BWV 543)

La forme sous laquelle nous connaissons aujourd'hui ce diptyque peut dater de Coethen ou des premières années de Leipzig. Mais il s'agit de versions révisées d'états antérieurs des deux pages, dont la composition doit remonter à l'époque de Weimar. Il y a tout lieu de penser que prélude et fugue ont été destinés l'un à l'autre, même s'ils s'opposent par leur durée et si l'on ne peut découvrir entre eux de parenté thématique évidente — on y décèle cependant une réelle connivence de caractère.

Prélude (à 4/4). Il fait défiler une série de formules de toccata et d'improvisation en *stylus phantasticus*, mais sans anarchie, organisées, au contraire, avec beaucoup de force persuasive et de cohérence. C'est d'abord un long trait (mes. 1-9) d'accords brisés en doubles croches, procédant en descente chromatique, et de broderies en triolets. Les mêmes mouvements se poursuivent (mes. 10-25), sur pédale de tonique, et vont se resserrant jusqu'à des fusées de triples croches et des trilles se résolvant en cadence. Un grand trait de pédalier (mes. 25-28) introduit un épisode rhapsodique (mes. 28-40), avec motifs fusées, accords plaqués et répétés *staccato*, sur la tête du motif initial. Enfin, un dernier épisode (mes. 40-54) reprend des éléments de l'épisode précédent, sur des figures descendantes, et en jeu d'imitations entre pédalier et claviers.

FUGUE (à 6/8). Son sujet est l'un des plus populaires de Bach, bien balancé rythmiquement, reposant sur les bons degrés du ton, et se prolongeant en une longue arabesque de caractère instrumental.

On a rapproché ce sujet de motifs trouvés chez Vivaldi, Corelli, Pachelbel... et chez Bach lui-même. Il fait figure d'archétype, et il n'est pas étonnant de lui trouver de multiples parentés. Un texte ancien veut également que ce sujet provienne, révisé, de celui de la *Fugue* en *la* mineur pour clavecin BWV 934, que le musicien aurait voulu parachever en le traitant à l'orgue; mais les similitudes ne sont guère probantes. L'exposition (mes. 1-30) fait entrer régulièrement les quatre voix. Un premier développement (mes. 31-50) traite la désinence en guirlande du sujet sous forme séquentielle, dans le style de la musique instrumentale; en fin d'épisode, réexposition au soprano, au ton principal. Un second développement (mes. 51-95) prend plus de libertés encore dans la direction du style instrumental, en traitant le sujet par fragments et en abandonnant le contre-sujet au profit de diverses autres formules de contrepoint. Un dernier épisode (mes. 95-123) est fait de strettes et d'imitations, sur une importante partie de pédalier. La coda (mes. 123-139), très libre, fera entendre une dernière fois le sujet, au ténor (mes. 131), au beau milieu des éléments de divertissement. Et une péroraison (mes. 139-151), en forme de toccata avec solo de pédale et traits de triples croches, rappelle en symétrie le prélude.

Durée d'exécution : ~ 8 mn

Prélude et fugue en *si* mineur (BWV 544)

C'est l'un des grands chefs-d'œuvre de la maturité de Bach, très vraisemblablement composé ou mis au point dans les années 1727-1736. Le compositeur s'est d'ailleurs donné la peine d'en recopier la partition, calligraphiée, en l'intitulant, dans le sabir européen alors à la mode : « *Präludium pro Organo pleno/cum pedale obligato/di/ Joh : Seb : Bach.* » On notera qu'en tête d'une œuvre qui nous apparaît aujourd'hui comme très typiquement un prélude et fugue, le compositeur n'indique, une fois encore, que la mention d'un prélude. Les copies anciennes abondent, signe que cette partition fut de bonne heure reconnue pour une œuvre majeure. Plusieurs traits de parenté apparaissent à l'évidence avec d'autres pages du compositeur : parenté spirituelle du prélude avec le début de l'*Ode funèbre « Lass Fürstin, lass doch einen Strahl »* BWV 198 (de 1727); parenté, dans la même tonalité, des intervalles disjoints et des chromatismes du prélude avec le premier *Kyrie* de la *Messe en* si *mineur* (de 1733); parenté, toujours, des arabesques du prélude avec celles du « *Laudamus Te* », encore de la *Messe en* si; ou analogie plus frappante, avec le souple mélisme, les intervalles diminués, les altérations, de l'air « *Erbarme dich* » de la *Passion selon saint Matthieu* (de 1727 ou 1729). Outre le rapprochement des dates, on notera, là comme ici, la permanence de la tonalité de *si* mineur, un même climat de déploration, de prière dans une douleur sereine : « *Erbarme dich* », « *Kyrie eleison* », « Pitié pour moi, Seigneur », c'est bien aussi ce que semblera dire le prélude, dans son éloquence austère.

Hasardons ici une hypothèse. La cérémonie funèbre donnée à Leipzig en l'église Saint-Paul, le 17 octobre 1727, à la mémoire de la princesse Christiane Eberhardine, et où fut exécutée l'*Ode funèbre*, commençait et finissait par une pièce d'orgue. Pourquoi ne pas supposer que ce prélude et fugue, dans la même tonalité de *si* mineur qui précisément ouvre et clôt l'*Ode funèbre*, aurait également été donné à cette cérémonie? Le sujet de la fugue ne manque d'ailleurs pas de présenter des similitudes avec le chœur final de l'*Ode*.

Prélude (à 6/8). Page foisonnante de guirlandes, de festons, d'arabesques, c'est un vaste monument baroque dont le complexe enchevêtrement de courbes s'organise rigoureusement à partir de structures simples : opposition harmonique de l'accord parfait avec celui de septième diminuée, permanence mélodique de l'intervalle de quinte diminuée (parfois étendu à la septième diminuée), jeu rythmique de syncopes, d'anacrouses et de figures variées par déplacements des valeurs de leurs composantes. Simplicité, aussi, du plan tonal : l'œuvre est puissamment fondée sur des assises robustes (tonique, dominante, relatif, et, après une incursion à la sous-dominante, retour à la tonique), malgré la profusion de chromatismes. Simplicité, enfin, de la construction : comme dans les préludes contemporains, le musicien manifeste ici sa volonté de synthèse entre style fugué et style concertant ; mais le maniement formel est parfaitement dominé et, en avançant dans son développement, le prélude perd les strictes articulations de l'alternance tutti/soli pour devenir une immense variation rhapsodique imbriquant les divers éléments, en une tension croissante. On peut cependant relever un plan de type concertant : Ripieno 1 (mes. 1-17), Concertino 1 (mes. 17-27), Ripieno 2 (mes. 27-43), Concertino 2 (mes. 43-50), Ripieno 3 (mes. 50-56), Concertino 3 (mes. 56-61), Ripieno 4 (mes. 61-70), Concertino 4 (mes. 70-78), Ripieno 5 (mes. 78-85).

Fugue (à 2/4). A l'interrogation métaphysique vers l'au-delà, manifestée par le prélude, va répondre la conquête de la lumière divine exprimée dans la fugue, et cela, curieusement, à l'aide d'une vieille chanson populaire — tout comme cela se passait dans la *Fantaisie et fugue* en *sol* mineur BWV 542, avec laquelle ce diptyque entretient plus d'une relation. La chanson est d'origine slovaque (« *Nebudem sa Zènit* », « Je ne veux pas encore me marier »), et son thème est à peine modifié, dans sa difficile ascension et sa régulière retombée, le refermant sur lui-même, avant le saut d'octave ascendant, échappée vers la lumière. La deuxième mesure du sujet est l'exacte reproduction de la première, et la troisième en est le renversement : structure simple, qui sera source de développement.

La progression farouche, compacte, de la fugue est un modèle de concentration : sur 88 mesures, le sujet n'apparaît pas moins de 23 fois sous sa forme originelle (soit 46 mesures), sans parler des nombreux dessins qui en sont issus, permanence accusant le caractère univoque de l'œuvre. A une exposition très complète à quatre voix succède un divertissement à trois voix, atténuant la densité de l'épisode initial par la disparition du pédalier. Un troisième épisode réexpose le sujet, avec cette fois deux contre-sujets. Exposition (mes. 1-28), à cinq entrées, suivie d'une contre-exposition modulante. Divertissement (mes. 28-58), à trois voix, et en trois parties (entrées plagales, imitations à la dominante, entrée au relatif avec divertissement resserré rythmiquement). Réexposition (mes. 59-88), à deux contre-sujets ; les dix mesures de conclusion remplacent la strette par un enchaînement du sujet à lui-même, dans un formidable mouvement d'amplification.

Durée d'exécution : ~ 13 mn

Toccata, adagio et fugue en *ut* majeur (BWV 564)

Comme beaucoup d'autres, le manuscrit de cette œuvre est perdu, et nous ne la connaissons que par des copies anciennes, dues à des élèves. Certaines de ces copies ne se présentent que sous la forme de la toccata suivie de la fugue, sans l'*Adagio* central, comme tout autre diptyque ; mais l'une d'elles donne le mouvement médian, et celui-ci ne se retrouvant nulle part ailleurs dans l'œuvre connue de Bach, on l'a logiquement préservé, ce qui nous vaut l'édition en triptyque. Il faut rapprocher cette question de celles que posent les *Préludes et fugues* en *sol* majeur BWV 541 et en *ut* majeur BWV 545. Pour tout compliquer, on précisera que, dans le cas du *Prélude et fugue* en *ut* majeur, nous possédons un manuscrit autographe de

Bach : il s'agit bien d'un diptyque, en tête duquel le compositeur, comme à son habitude, indique simplement « prélude » — nulle part il ne parle de « prélude et fugue », ou de toute autre forme composite : le problème reste entier*.

Le caractère d'improvisation fulgurante de la Toccata, avec son grand trait de pédalier, ravive le souvenir d'une anecdote rapportée par un témoin oculaire nommé Bellermann. En 1714, venu à Cassel pour expertiser un orgue nouvellement construit, Bach fut amené à improviser devant le prince régnant de Hesse-Cassel. Il commença par un trait de pédalier qui plongea l'auditoire dans la stupéfaction. « Il étonna et ébahit à ce point le prince, note Bellermann, que celui-ci retira de son doigt une pierre précieuse et la lui donna. Comme si ses pieds avaient eu des ailes, ils glissaient rapidement d'une touche du pédalier à l'autre, et les sons sourds et grondants retentissaient aux oreilles de l'assistance pareils au bruit du tonnerre. » Sans aller jusqu'à dire que la *Toccata* en *ut* serait la mise au net, après coup, de cette improvisation, cette anecdote, parmi d'autres, rappelle l'extraordinaire virtuosité du musicien dans ses improvisations, dont les toccatas sont assurément le reflet.

TOCCATA (à 4/4). Deux parties principales : un récitatif d'introduction et un allegro polyphonique. Le récitatif, fantasque, virevoltant, commence par deux joyeux petits appels, comme le sifflement d'un merle, suivis d'une roucoulade. Puis, c'est le trait de pédalier, énorme, de 19 mesures, où les idées jaillissent, se répondent, s'ornent de gruppettos, de trilles, prolifèrent en cellules qui vont animer la seconde partie. Celle-ci se présente comme un prélude quasi concertant, fondé sur un motif mélodique en festons, issu du trait de pédalier, qui se reproduit à intervalles de deux mesures, en échos d'une main à l'autre. Ce motif engendre un dessin descendant, comme réponse. Les deux figures restent associées tout au long du morceau, libérant des décharges d'accords *staccato* et de motifs virtuoses au pédalier.

ADAGIO (à 4/4). En *la* mineur, et sur 21 mesures seulement, c'est une véritable aria de concerto ou de suite — on pense à l'Aria de la *Suite n° 3* en *ré* majeur BWV 1068, ou au *Largo* du *Concerto* pour clavecin et cordes en *fa* mineur BWV 1056. Admirable mélodie, rêveuse, d'une ornementation toute baroque, elle déroule ses volutes à la main droite, tandis que la main gauche assure le soutien harmonique et que la basse, au pédalier, ponctue comme par des *pizzicati*. La phrase est interrompue par un bref récitatif, qui passe curieusement de *la* mineur à *sol* mineur, puis, sur neuf mesures, apparaît un épisode énigmatique, l'une des plus étranges musiques sorties de la plume de Bach. En polyphonie réelle à sept parties, ce mouvement grave, homophone, d'une harmonie complexe, avec triples et quadruples retards, emprunts et notes de passage, explore les tonalités de *sol* mineur, *ré* mineur, *la* mineur, *mi* mineur, pour arriver à *ut* majeur. On retrouve là un peu du climat affectif de la *Fantaisie* en *sol* mineur BWV 542, mais plus sombre et étouffant encore que dramatique, dans une atmosphère irrespirable et des tensions infiniment douloureuses. Suivant la poétique aria, cet épisode conclut un mouvement pour le moins bizarre, qui semble sans rapport avec la toccata ni la fugue. Est-il issu d'une œuvre perdue qui nous livrerait quelque clé de son mystère, et n'est-il ici qu'une interpolation ? On l'ignore.

FUGUE (à 6/8). Le sujet, très simpliste mélodiquement mais tout frémissant d'une verve bondissante, manifeste une parenté évidente avec l'incipit de la toccata. Bach lui oppose un contre-sujet en volutes ornementales. Après une exposition stricte à quatre voix, le musicien prend des libertés avec les règles d'école et introduit dans son développement des éléments concertants. Contre-exposition à trois voix seulement, divertissement à deux voix, dans lesquels les idées se resserrent, le sujet dialoguant avec son contre-sujet ou se superposant à lui dans une prolifération ornementale. Au lieu de se condenser sur une strette, la fugue multiplie les divertissements de plus en plus libres et brillants, jusqu'à déboucher sur une brève conclusion en style de toccata. Un grand trait descendant jusqu'à l'*ut* grave et un bref accord concluent dans la concision après tant d'éloquence.

Durée d'exécution : ~ 16 mn

* Sur cette question des triptyques, voir l'introduction de ce chapitre, ainsi que les commentaires des *Préludes et fugues* en *ut* majeur BWV 545 et en *sol* majeur BWV 541, et de la *Fantaisie et fugue* en *sol* mineur BWV 542.

Toccata et fugue en *ré* mineur
(BWV 565)

L'œuvre la plus populaire de Bach n'est de loin pas l'un de ses chefs-d'œuvre — on pense d'ailleurs aujourd'hui qu'elle pourrait n'être pas de Bach, et que, au moins pour ce qui est de la fugue, elle aurait été initialement destinée au violon. Si la paternité en revient bien à Bach, l'œuvre daterait de sa jeunesse, après le choc de la rencontre avec Buxtehude et avant l'influence des maîtres italiens, soit peu après 1705. Œuvre d'un homme très jeune, ardent tempérament et déjà brillant virtuose, mais encore très marqué par ses admirations pour les organistes d'Allemagne du Nord et n'ayant pas développé son travail contrapuntique dans l'amplification du développement de la fugue. On se trouve donc ici devant un triptyque très proche d'un praeludium de Buxtehude, avec ses trois parties enchaînées, deux épisodes de libre toccata encadrant une fugue qui, pour être plus longue que la plupart de celles de Buxtehude, n'en est pas plus savamment développée.

Toccata (à 4/4). Brève, impétueuse, on peut imaginer qu'elle aurait été destinée au dimanche de la Pentecôte (les Actes des Apôtres racontent : « Tout à coup vint du ciel un bruit tel que celui d'un violent coup de vent, qui remplit toute la maison... Ils virent apparaître des langues que l'on eût dites de feu ; elles se divisaient, et il s'en posa une sur chacun d'eux... »). Il faut oublier de l'avoir trop entendue pour redécouvrir l'audace, la violence, même, des trois injections fulgurantes qui zèbrent le ciel en éclairs avant que ne s'empilent, dans un grondement d'orage, les notes arpégées d'un accord de septième diminuée sur pédale de tonique : formidable coup de génie d'un jeune maître qui s'impose avec véhémence — et qui a dû sidérer son auditoire provincial ! Cet accord de septième diminuée, encore neuf à l'époque, la toccata va l'explorer sous de nombreuses formes : arpégé sur la fondamentale, puis en traits, ascendants et descendants. Chaque épisode renvoie de la dominante à la tonique et de la tonique à la dominante, en traits ou batteries que la dynamique interne de l'œuvre attire violemment à l'extérieur de l'intervalle de quinte juste, vers le *si* bémol et l'*ut* dièse, cette septième diminuée qui fait si puissamment image.

Fugue (à 4/4). Avec sa ligne mélodique qui se détache sur les rappels insistants de la dominante, en pédale supérieure, le sujet emprunte son écriture à celle des instruments à cordes (on lui trouve bien des similitudes avec des passages des pièces pour violon ou violoncelle seul). On remarquera tout particulièrement les liens profonds qui, comme chez Buxtehude, unissent la fugue à la toccata, malgré leur apparente opposition : dans le sujet même, qui reproduit exactement la phrase initiale de la toccata, et dans les divertissements, qui reviennent à cet accord de septième diminuée qui donnait sa coloration particulière à la toccata. Cette page de 97 mesures se présente dans une construction très libre. L'exposition elle-même prend ses distances d'avec les règles en usage, puisque la réponse se fait à la sous-dominante (réponse plagale) et non à la dominante. Et avant même l'exposition de la quatrième voix, un divertissement s'échappe, happé par la puissante attraction de l'accord de septième diminuée. Par la suite, le développement prend l'allure d'une série d'expositions du sujet utilisé comme refrain (dans des tons parfois relativement éloignés, comme *ut* mineur), et séparées par de libres divertissements à deux et même une seule voix, selon une écriture qui tient beaucoup plus du violon que de l'orgue. Une constante : l'égalité rythmique, soutenue par l'assise harmonique de pédales de tonique et de dominante. Ce flot régulier sacrifie à quelques formules bien frappées mais volontiers répétées, et n'échappe pas à un certain relâchement.

Postlude (à 4/4). La fugue s'interrompt sur une cadence brisée, qui laisse place à un dernier et court épisode en style de toccata : récitatif volubile ponctué de larges accords, puis marche descendante soutenant des accords arpégés et plaqués par deux, avec jusqu'à la fin des septièmes diminuées et des retards. Deux mesures de cadence concluent, par un enchaînement plagal unique dans l'œuvre de Bach, avec puissance et maestria cette page de jeunesse d'une rare éloquence.

Durée d'exécution : ~ 9 mn

Toccata et fugue en *ré* mineur « dorienne » (BWV 538)

Il faut d'abord rayer d'un trait l'épithète de « dorienne » attribuée à cette œuvre pour la seule raison que Bach, suivant en cela un usage de son temps, n'a pas porté de *si* bémol à la clé de cette partition. Mais, avec son *si* bémol et son *ut* dièse bien affirmés, elle est parfaitement inscrite dans un pur *ré* mineur. Le qualificatif lui demeure néanmoins dans l'usage, par facilité et pour la distinguer de l'autre *Toccata et fugue* en *ré* mineur, BWV 565.

La datation de cette œuvre est imprécise, du fait de l'absence de points de repères et faute de toute preuve matérielle. On pense seulement, sur la foi d'une note relevée sur une copie ancienne, qu'elle a été jouée par Bach lors de l'expertise (ce qui signifie, sans doute, lors du concert d'inauguration) de l'orgue nouvellement restauré de l'église Saint-Martin de Cassel en septembre 1732. L'écriture de la toccata est à rapprocher de celle de la *Toccata* en *fa* majeur BWV 540, plus maîtrisée encore. Cette observation situerait la *Toccata* en *ré* soit de l'époque de Coethen, comme tendrait à le prouver une écriture proche du style concertant (les *Concerts brandebourgeois* sont achevés en 1721), soit peut-être même du début de l'époque de Leipzig (ce que ne dément pas une partie de pédalier qui n'outrepasse pas le troisième *ré*). La fugue semble antérieure, encore que son symbolisme prononcé et l'extrême rigueur de son écriture (dans une apparente liberté) laissent à penser qu'elle ait pu être remaniée plus tard — et pourquoi pas, lorsque le compositeur la réunit à la toccata, ce qui peut aussi coïncider avec la préparation du récital d'inauguration ?...

Bien que nous n'en possédions pas le manuscrit autographe, nous avons la chance de connaître une copie ancienne portant — c'est le seul cas de notation de ce type dans l'œuvre d'orgue de Bach — des indications de changements de clavier, ménageant des oppositions entre Grand-Orgue (*Oberwerk*) et Positif (*Positiv*) : oppositions de groupes d'accords à d'autres, ou des réponses de motifs en imitations, comme dans le style concertant le concertino est opposé, en écho, au ripieno. Document clé, bien sûr, pour l'exécution des œuvres de Bach.

TOCCATA (à 4/4). Son thème se ramène à une cellule d'une demi-mesure, qui engendre la page entière par écriture en imitations. En fait, il faut considérer toute la première phrase, de quatre mesures, pour voir comment Bach lance, littéralement, son œuvre comme une toupie.

La cellule initiale se projette vigoureusement en avant ; mais si l'on suit le mouvement dessiné par les notes signifiantes (les points d'appui) au sein de cette ample ondulation, on découvre un monnayage subtil provoquant une accélération interne sans changement apparent dans le schéma rythmique de base, son flux régulier de doubles croches, accélération qui révèle le moteur agogique de la toccata. L'écriture se distancie d'avec celle des maîtres du Nord, et accuse des affinités très nettes avec le style du concerto pour instruments à cordes — on citera pour mémoire le premier mouvement du *Concert brandebourgeois n*° *3*. Bach dégage ici pleinement sa personnalité : soumettant l'impétuosité de son lyrisme à une stylisation, il contrôle sa sensibilité et son imagination par une constante volonté d'épuration et de maîtrise formelle, processus dans lequel son originalité s'approfondit et se dégage définitivement de la gangue des influences extérieures. Le plan de la toccata est des plus simples : une exposition menant de la tonique à la dominante de *la* mineur (mes. 25), un épisode allant à *sol* mineur (mes. 47), une troisième partie plus longue réexposant le motif initial en *sol* mineur, *si* bémol majeur et *ré* mineur. Le développement utilise les imitations, appuyées sur des mouvements conjoints ou des marches harmoniques, et des motifs secondaires, apparentés ou directement issus du motif initial : accords *staccato* en syncopes, arpèges brisés, et ce dessin très caractéristique de mouvement perpétuel, formé des dernières notes du trait initial.

FUGUE (à 2/4). Sur 222 mesures, la fugue témoigne d'une économie de moyens, d'une rigueur et d'une puissance de concentration hors du commun. Le sujet, grave, recueilli, invite à la contemplation de quelque mystère. En sept mesures, il parcourt toute l'octave de *ré* en un mouvement symétrique, ascendant et descendant. L'ascension se fait en trois bonds de quarte, dont le premier s'apparente très directement à l'incipit de la toccata ; la désinence fait entendre toute la gamme diatonique. Rythmiquement, ce sujet est animé d'une articulation syncopée qui lui donne une puissante motricité.

On évoquera rapidement quelques-unes des allusions symboliques que révèle l'analyse. Les sept mesures du sujet (sept, chiffre de la plénitude et de l'achèvement — les sept notes de la gamme, que parcourt le sujet) ; l'intervalle d'octave du sujet, signe de l'unité ; les trois sauts, en trois mesures, pour atteindre l'octave — signe trinitaire des trois personnes divines en une seule. Les deux contre-sujets ont tous deux sept mesures ; ils peuvent se superposer (mes. 18), et avec le sujet, nouveau signe trinitaire. Etc. Sans s'attarder aux nombreux détours analytiques, il fallait mentionner l'existence de ces sous-entendus qui donnent une idée de la densité de cette page austère, qui ne se livre pas à la première audition.

Après une exposition (mes. 1-42) et une contre-exposition (mes. 43-100) au ton principal, le développement, colossal, sera fait de quatre strettes avec divertissement : en *fa* majeur (mes. 101-129), en *sol* mineur, avec divertissement en *si* bémol (mes. 130-166), en *ré* mineur, avec divertissement en *la* mineur (mes. 167-202), enfin au ton principal (mes. 203-222). Les strettes combinent des doubles, triples, et même quadruples canons. L'exemple le plus saisissant se trouve au début de la quatrième strette, où le sujet est pris en canon à la mesure en même temps que le contre-sujet, lui aussi en canon à la mesure : signature d'une éblouissante maîtrise intellectuelle et artistique.

Durée d'exécution : ~ 13 mn

Toccata et fugue en *fa* majeur
(BWV 540)

Cette œuvre semble devoir être associée à l'orgue de l'église Sainte-Agnès de Coethen, ce qui permet d'en préciser quelque peu la date de composition. A Coethen, en effet, Bach, musicien de la Cour, n'occupait pas de fonction d'organiste, mais avait néanmoins accès à deux instruments, dont celui de l'église luthérienne (en terre calviniste) de Sainte-Agnès. Construit en 1708, c'était un petit orgue de deux claviers et treize jeux, parlant bien et permettant la virtuosité — et Dieu sait si cette page en réclame ! Cet instrument présentait surtout l'originalité de posséder un pédalier très étendu, montant, fait exceptionnel, jusqu'au *fa* de la troisième octave. Or, rares sont les œuvres de Bach dépassant au pédalier la deuxième octave ou le *ré* de la troisième — et parmi elles, la *Toccata* en *fa*, qui atteint plusieurs fois le *mi* et même le *fa* dans le second trait d'une partie de pédalier particulièrement chargée. L'orgue de Coethen semble le seul sur lequel le musicien ait jamais pu jouer son œuvre : il aurait donc pu l'écrire durant le séjour qu'il fit en cette ville (1717-1723). Cependant, le fait qu'il ait eu ultérieurement, en 1734, à expertiser l'orgue de Sainte-Agnès après travaux d'agrandissement pourrait laisser croire que l'œuvre ait été écrite pour cette circonstance. Quant à la fugue, qui ne présente aucun lien avec la page qui précède (on ne possède pas d'autographe, et les copies anciennes présentent souvent les deux pièces isolément), elle paraît, à l'analyse, avoir été écrite plus tôt, à la fin des années de Weimar ; mais sa parenté avec l'*Allabreve* de la *Sonate* pour deux violons et basse BWV 1037, qui date de Coethen, en ferait une œuvre moins séparée dans le temps de la toccata qu'on ne l'a cru jusqu'alors. On mentionnera enfin l'hypothèse selon laquelle l'*Aria en* fa BWV 587 pourrait servir de volet central à un triptyque ; mais cette *Aria* n'est pas une œuvre originale (c'est une transcription d'après Couperin), et il serait en outre bien étonnant que les trois mouvements d'un triptyque sonnent tous trois dans la même tonalité.

TOCCATA (à 3/8). C'est l'une des pièces d'orgue les plus développées de Bach

(438 mesures). Bâtie sur une cellule initiale évoquant celle de la *Toccata « dorienne »*, unique thème de toute l'œuvre, elle adopte une rythmique uniforme, flux régulier de doubles croches. On pourrait retrouver ici l'image sonore de l'eau courante, une signature musicale du compositeur — en allemand, Bach signifie « ruisseau ». Beaucoup plus élaborée que les pages similaires en *ut* majeur BWV 564 et en *ré* mineur BWV 565, c'est en fait bien plus un immense prélude qu'une toccata à proprement parler, dépouillé des effets de virtuosité, traits ou récitatifs, accords *staccato*, etc. relevant du style de l'improvisation, pour céder la place à un travail d'élaboration formelle et contrapuntique très poussé. La volonté architecturale du musicien est à ce point manifeste qu'il n'utilisera pour tout son développement que la cellule initiale, à l'exclusion d'idées étrangères, procédant par imitations, spirales et arabesques se répondant, se dédoublant et se resserrant. Cette page est construite en deux parties, exposition et développement.

L'exposition (mes. 1-176) se fait d'abord à la tonique (mes. 1-82), par l'exposé du thème impassible et serein, en canon à l'octave et à deux mesures, à la manière de Pachelbel, suivi d'une deuxième sous-section où le pédalier s'empare du motif ; puis à la dominante (mes. 83-176), en reprise des deux sous-sections précédentes. La première section se terminait par une cadence de trois accords ; la seconde traitera ce motif d'accords qui seront l'un des éléments du développement.

Le développement (mes. 177-438) est constitué de quatre sections enchaînées par des ponts. Pont 1 (mes. 177-217), sur deux motifs dérivés. Section 1 (mes. 218-237) : réexposition en *ré* mineur, en canon à trois voix, à l'octave et à la double mesure. Pont 2 (mes. 238-269) : modulation à *la* mineur. Section 2 (mes. 270-289) : réexposition en *la* mineur, même écriture que la section 1. Pont 3 (mes. 290-331) : modulation à *sol* mineur. Section 3 (mes. 332-351) : réexposition en *sol* mineur, même écriture que les sections 1 et 2. Pont 4 (mes. 352-388) : retour à *fa* majeur. Section 4 (mes. 389-438) : dernier épisode. Le thème initial ne reparaît plus : la toccata s'achève sur un développement libre et brillant des éléments des ponts en forme droite et renversée, sur une pédale de dominante de 30 mesures. La coda de cette œuvre gigantesque, qui s'est déroulée sans reprendre haleine, est un formidable élargissement harmonique modulant, en marche ascendante. L'accord de seconde sur *ut* bémol, à la mesure 424, dut produire un effet un peu comparable à la célèbre modulation en *mi* majeur à la fin du *Boléro* de Ravel. En jouant cette page un siècle plus tard, Mendelssohn devait s'écrier à cet endroit : « On dirait que l'église va s'écrouler ! »

Fugue (à 2/4). Il s'agit en fait d'une double fugue de la deuxième espèce, construite, donc, en trois parties : fugue sur le premier sujet, fugue sur le second sujet, fugue sur les deux sujets à la fois.

Fugue 1 (mes. 1-69). Elle est faite d'une exposition à quatre voix (mes. 1-29) et d'une réexposition des quatre voix (mes. 30-69). Le sujet dénote d'évidentes parentés avec d'autres œuvres pour orgue datant de la jeunesse de Bach. Ainsi, par exemple, il apparaît comme le renversement du sujet de la *Fugue* en *fa* mineur BWV 534. Empreint de gravité, c'est un motif chromatique marqué par le style du choral ou du motet. Les strettes du contre-sujet le développent de telle sorte que c'est le même motif qui servira de contre-sujet à la seconde fugue.

Fugue 2 (mes. 70-128). Elle se joue seulement aux claviers manuels. Le sujet est un motif diatonique aux traits bien accentués, exposé à la dominante. Exposition et divertissement (mes. 70-100), où les quatre entrées se font sur trois voix seulement. On notera, à la mesure 95, la présence en filigrane, dans le contre-sujet, du sujet de la première fugue. Puis réexposition (mes. 101-128) en trois sections de 9 mesures, en *ré* mineur, *sol* mineur et enfin *ut* mineur.

Double fugue (mes. 128-170). Après la rentrée du premier sujet, la basse fait entendre au pédalier le second sujet, auquel se superpose, au soprano, le premier. Les deux sujets apparaîtront ainsi à cinq reprises en superposition (l'énoncé du second subissant de légères modifications selon l'enchaînement qui l'amène à se combiner au premier) et concluront ensemble cette fugue.

Durée d'exécution : ~ 15 mn

LES CHORALS

Le chant du choral, ou cantique, a été placé par Luther au centre de la pratique de la religion réformée. Exercice de piété collective, chanter le choral, avec ses strophes parfois très nombreuses, soude les liens de la communauté qui respire à l'unisson, apaise le corps et l'esprit, et, bien entendu, décline les articles de la foi dans les commentaires du chrétien. A la maison, le choral rassemble quotidiennement la famille autour de son chef spirituel, le *pater familias* ; si l'on possède un instrument, on peut s'en servir pour donner la note et pour soutenir le chant.

Ces mêmes fonctions, c'est l'organiste qui les assure le dimanche, à l'église. L'assemblée chante plusieurs chorals au cours de la messe ou de l'office ; l'organiste doit préluder quelques instants, pour rappeler la mélodie et donner le ton ; il doit aussi soutenir le chant (monophonique) de l'assemblée, avec, le cas échéant, la participation (polyphonique) de la maîtrise. Les « chorals pour orgue » sont en fait, dans leur majorité, des pièces destinées au premier de ces usages : préluder au chant de l'assemblée. On les appelle « chorals » par abus de langage : ce sont plus précisément des préludes de choral *(Choralvorspiele)*. On retrouve aussi les mélodies de cantiques traitées à l'orgue sous la forme de plusieurs variations, pouvant être exécutées comme interludes ou indépendamment d'un chant communautaire ; ce sont les partitas ou variations *(Partite diverse* ou *Choralvariationen)*. Enfin, il faut rappeler que les mêmes cantiques sont souvent intégrés dans les motets, cantates ou passions que les fidèles entendent à l'église, et sous les formes les plus diverses (harmonisations à quatre voix, airs ou duos, chœurs polyphoniques, etc.), parfois même non chantées.

Mais on ne doit jamais oublier que lorsqu'un luthérien, familiarisé quotidiennement et depuis sa plus tendre enfance avec le répertoire des cantiques, entend une mélodie de choral, il l'associe automatiquement aux paroles qu'il connaît par cœur. Les préludes de choral sont donc tout le contraire d'une « musique pure ». Les organistes ont pris l'habitude, au XVIIe et au XVIIIe siècles, d'orner leurs accompagnements et surtout leurs préludes selon la signification spirituelle d'un texte que tout le monde peut chanter mentalement en même temps qu'ils jouent. Ainsi, cet art se raffinant, les préludes de choral sont-ils devenus des paraphrases, puis des commentaires, enfin, avec Bach, une véritable prédication en musique.

Parce qu'il était profondément croyant, et parce qu'il a été, presque toute sa vie (la seule exception étant les cinq années passées à Coethen), musicien d'église, organiste ou maître de chapelle, Bach a vécu au quotidien avec le choral. Le choral apparaît dans toutes ses œuvres vocales liturgiques (à l'exception des messes) ; il en a rédigé de nombreuses harmonisations à quatre voix, soit dans ses cantates, soit séparément — les recueils publiés par Kirnberger et Carl Philipp Emanuel Bach en comptent 348. Pour l'orgue, il a principalement écrit des préludes de choral — près de 200, sans qu'il soit possible de préciser davantage, car plusieurs chorals référencés dans le catalogue BWV* ne sont pas de Bach, alors qu'en revanche on continue à en retrouver d'authentiques, même aux États-Unis, dans des recueils collectifs. A ces préludes de chorals, il convient d'ajouter les trois *Partitas* et les *Variations canoniques* BWV 769.

Bach a composé lui-même trois recueils de préludes de choral : le *Petit Livre d'orgue* (ou *Orgelbüchlein*), les chorals de la troisième partie de la *Clavierübung* (« *Pratique du clavier* », chorals de la « Messe luthérienne », improprement baptisés chorals « du dogme »), et les six chorals transcrits de cantates pour l'éditeur Schübler. Le manuscrit ultime, baptisé « Autographe de Leipzig », contient une réunion de 18 chorals. D'autres œuvres ont fait l'objet de groupages en collections posthumes : ce sont les 24 chorals édités, avec d'autres, par Kirnberger, ou les œuvres de jeunesse que l'organiste Neumeister a recopiées, parmi d'autres, dans le manuscrit récemment découvert à l'Université Yale, et baptisés *chorals « d'Arnstadt »* ou *du recueil Neumeister*. Les

* BWV, pour *Bach Werke Verzeichnis*, ou Catalogue des œuvres de Bach : ces trois lettres, suivies d'un numéro, indiquent la référence d'une œuvre dans le « Catalogue thématique systématique » des œuvres de Bach établi par Wolfgang Schmieder et dont la première publication date de 1950.

œuvres restantes sont généralement publiées et enregistrées ensemble sous le titre quelque peu (et injustement) péjoratif de « chorals divers ».

Les chorals seront envisagés ici par groupes — recueils authentiques ou réunions posthumes. Les textes des cantiques, si essentiels pour la pénétration des œuvres musicales, seront donnés, en traduction française littérale, pour tous les chorals commentés.

Les 38 Chorals du recueil Neumeister

(ou Chorals « d'Arnstadt »)
(BWV 601, 639, 714, 719, 737, 742, 957 et 1090-1030)

Ce titre désigne un ensemble de préludes de choral de découverte toute récente, et remontant aux premières années d'activités de Bach, vraisemblablement au séjour qu'il fit à Arnstadt, comme organiste de l'Église neuve (1703-1707). L'histoire de cette découverte vaut d'être contée brièvement.

En 1984, quelques mois avant la célébration du tricentenaire de Bach, deux musicologues, l'organiste allemand Wilhelm Krumbach et le professeur américain Christoph J. Wolff, éminent spécialiste du compositeur, publiaient simultanément leur découverte de chorals inédits de Jean-Sébastien dans un recueil de 82 œuvres pour orgue conservé à la bibliothèque de l'Université Yale (New Haven, Connecticut). Véritable Livre d'orgue, ce volume de 150 pages, calligraphié par un seul et même scripteur, appartient à l'Université Yale depuis 1873. Il lui a été légué, parmi de très nombreux autres documents musicaux, par l'organiste et collectionneur Lowell Mason, qui l'avait apporté aux États-Unis en 1852. Lui-même avait acheté ce recueil quand on dispersa les biens du célèbre organiste et pédagogue allemand Johann Christian Heinrich Rinck (1770-1846). Rinck avait été l'élève de Kittel, l'un des derniers élèves de Bach ; mais le recueil lui avait été transmis par l'organiste Johann Gottfried Neumeister (1757-1840), lui-même élève de Georg Andreas Sorge (1703-1778), qui connut Bach à la fin de sa vie et fut, comme lui, l'un des membres de la Société de Mizler. Neumeister avait connaissance de l'œuvre de Bach par son maître Sorge ; c'est lui qui compila le recueil, sans doute vers 1790.

A l'exception de cinq pièces seulement, chacun des chorals du recueil Neumeister est assorti du nom de son auteur. On en trouve ainsi 25 attribués à Johann Michael Bach (1648-1694), cousin germain du père de Jean-Sébastien et père de sa première femme, Maria Barbara, compositeur « habile » selon les propres termes du musicien. Trois sont d'un Johann Christoph Bach (mais lequel ?), un de Pachelbel (1653-1706), ami de Johann Ambrosius Bach, le père de Jean-Sébastien, quatre de Zachow (1663-1712), le maître de Haendel à Halle, un de Daniel Erich (fin XVIIe — début XVIIIe siècle), un élève de Buxtehude, et cinq de Sorge. Quant à Jean-Sébastien, il est représenté par 38 préludes de choral sur les 82 du recueil. Il se trouve que certains d'entre eux étaient déjà connus par ailleurs (ce qui ajoute aux preuves d'authenticité) : les chorals « *Herr Christ, der ein'ge Gottes Sohn* » BWV 601 et « *Ich ruf zu dir, Herr Jesu Christ* » BWV 639 ont tous deux été insérés par Bach dans son *Orgelbüchlein* ; trois autres sont connus depuis longtemps comme « chorals divers », d'attribution incertaine : « *Der Tag, der ist so freudenreich* » BWV 719, « *Ach Herr, mich armen Sünder* » BWV 724 et « *Vater unser im Himmelreich* » BWV 737 ; on trouve également une petite fugue à deux voix, en *sol* majeur, que Schmieder avait classée dans les pièces pour clavecin, d'authenticité alors jugée suspecte, BWV 957 ; enfin, un autre, « *Ach Gott und Herr* », apparaît ici rédigé sous deux strophes, la deuxième étant connue et publiée sous le numéro BWV 714, la première constituant donc une nouveauté. Ainsi, le catalogue des chorals de Bach se trouve-t-il enrichi de 31 nouvelles pièces (ou 31 1/2 si l'on compte la première strophe de BWV 714) ; la future édition, corrigée et mise à jour, du catalogue de Wolfgang Schmieder (le BWV) attribuera aux 31 inédits les numéros BWV 1090 à 1120.

Au terme d'une savante analyse critique, le professeur Wolff a établi l'incontestable authenticité de ces « nouveaux » chorals. Son étude montre notamment qu'il faut rattacher les œuvres du recueil Neumeister au corpus des chorals circulant en Thuringe au début du XVIIIe siècle, principalement dans le cercle des Bach ; ces chorals suivent l'ordre des cantiques qui sera celui de l'*Orgelbüchlein* — tous correspondent d'ailleurs à des traitements prévus par Bach dans son *Petit Livre d'orgue*, alors que deux seulement y prendront place.

Les deux tiers (24 sur 38) des chorals de Bach dans le recueil Neumeister sont écrits à quatre voix, mais cinq seulement d'entre eux requièrent expressément l'usage du pédalier pour l'exécution de la partie de basse (les BWV 1099, 1107 et 1108, en plus des deux repris dans l'*Orgelbüchlein*) ; dans tous les autres cas, le pédalier est facultatif, et il arrive même que l'écriture en fugato à deux ou trois voix exclue tout soutien harmonique de la basse. Le jeune compositeur et organiste montre dans ces pages comment il assimile les modèles d'écriture que lui proposent ses grands prédécesseurs et ses contemporains. S'il expose toujours la mélodie du cantique au soprano, il varie la forme avec beaucoup de fantaisie : fughette à deux voix avec cantus firmus en troisième voix, mélodie ornée, traitement par périodes avec pré-imitations, usage du canon dans l'énoncé du cantique, composition (fréquente) en prélude ou en toccata, avec péroraison abondant en traits et en accords *staccato*, le thème du cantique allant jusqu'à disparaître dans le commentaire ornemental (c'est le cas pour la *Fughette* BWV 957, considérée jusqu'alors comme œuvre de clavecin, où l'on n'avait pas décelé qu'elle pût être un prélude pour le choral « *Machs mit mir, Gott, nach deiner Güt* »). Ce faisant, il manifeste déjà une forte personnalité, cherchant à pousser plus loin qu'on ne l'avait fait jusqu'alors le commentaire spirituel des cantiques, en soulignant d'effets expressifs les idées exprimées par les textes et leur symbolique. Seize de ces cantiques n'ont pas fait, de la part du musicien, l'objet d'un autre traitement à l'orgue (mais sept d'entre eux ont été utilisés dans d'autres compositions).

Les Chorals « d'Arnstadt » ont été enregistrés dans les mois qui ont suivi leur découverte, pour le disque par l'Américain Joseph Payne, et pour la radio par l'Allemand Wilhelm Krumbach. La première publication de ces chorals a été assurée, dès 1985, en fac-similé par Yale University Press, et en édition moderne par Bärenreiter, dans le cadre de la monumentale *Neue Bach Ausgabe* (Nouvelle Édition Bach). Il semble que ce soit sous le nom de « chorals du recueil Neumeister », ou chorals Neumeister, comme on le fait pour ceux du recueil Kirnberger, que l'on doive désormais désigner ces œuvres.

Les 45 Chorals de l'« Orgelbüchlein » (BWV 599-644)

La Bibliothèque d'État de Berlin-Est conserve l'un des plus émouvants et précieux manuscrits autographes de Bach, un petit recueil, au format italien, intitulé « Petit Livre d'orgue, dans lequel l'organiste débutant est initié à toutes les manières d'exécuter un choral, et aussi à l'étude de la pédale, du fait que, dans les chorals qui s'y trouvent, la partie de pédale est entièrement obligée. Pour la seule gloire du Très-Haut, pour l'instruction du prochain ». Sur 186 pages, Bach a tracé les portées et indiqué les titres de 164 cantiques parmi les plus fréquemment utilisés par l'église luthérienne, dans l'ordre habituel des livres de cantiques de l'assemblée. Mais 46 préludes de choral seulement, moins du tiers du nombre projeté, ont été réalisés et copiés dans le cahier par le compositeur (à des époques d'ailleurs différentes). Les autres pages sont demeurées vierges. Les deux versions données pour le même cantique aux numéros 50 et 51 du manuscrit différant très peu l'une de l'autre, c'est un ensemble de 45 chorals que l'on désigne aujourd'hui sous le titre d'« *Orgelbüchlein* », ou « *Petit Livre d'orgue* ».

On a jadis imaginé que le musicien aurait commencé la rédaction de son Livre d'orgue pendant le repos forcé que lui valut, fin 1717, à Weimar, le mois passé aux arrêts pour insubordination. La critique musicologique moderne a fait justice de cette séduisante (?) hypothèse, grâce, notamment, à une analyse graphologique extrêmement minutieuse du manuscrit. Il paraît bien, aujourd'hui, que la composition du recueil ait été entreprise dans les dernières semaines de l'année 1713 et régulièrement poursuivie depuis, sans doute jusqu'à Pâques 1716. Mais on se perd en conjectures sur les raisons qui ont amené Bach à interrompre son grand dessein. Celui-ci ne fut cependant pas oublié de sitôt, puisque la page de titre semble avoir été rédigée vers 1722, à la fin du séjour à Coethen, et qu'un choral au moins, le n° 15 (BWV 613), pourrait avoir été ajouté au recueil dans les années de Leipzig (après 1740?). Au soir de sa vie, le compositeur aurait-il un instant songé à reprendre son projet? En tout cas, on imagine mal qu'un tel travail ait eu quelque chance d'être poursuivi à Coethen, en raison des multiples activités du musicien en d'autres domaines; finalement, le *Petit Livre d'orgue* ne sera jamais achevé, ni ne verra le jour sous forme publiée, même fragmentairement. Plus tard, à Leipzig, Bach s'attellera de nouveau à un projet de même type, avec la troisième partie de la *Clavierübung*, son « *Grand Livre d'orgue* » qui, lui, sera publié en 1739; vingt ans et plus s'étaient écoulés depuis le temps de l'*Orgelbüchlein* : la pensée, le style du musicien avaient évolué, et il n'était plus guère question pour lui de se remettre à compléter le *Petit Livre d'orgue*.

Le plan de l'*Orgelbüchlein* est celui du livre de cantiques des fidèles. Pour l'ordonnancement du recueil et le choix des cantiques, le compositeur s'est en effet inspiré d'un livre usuel qu'il connaissait et pratiquait : celui en usage à Weimar depuis 1708, ou celui de Munbach (*Gesangbuch*, Weimar, 1713), celui de Friedrich Witt (1715), ou encore d'un livre plus ancien, édité en Thuringe vers 1675. Il suit l'année liturgique, depuis le premier dimanche de l'Avent jusqu'au dernier après la Trinité, avec les deux grands cycles de l'Incarnation (de l'Avent à la Présentation) et de la Rédemption (du Carême à la Trinité); le troisième cycle consiste en l'enseignement du chrétien, dispensé à l'église au long des dimanches qui suivent la Trinité.

En reprenant des chorals qu'il avait pu écrire lors des années passées, ou en en composant de nouveaux, le compositeur devait ici réaliser une synthèse de son art, proposer un ouvrage didactique à ses élèves et, peut-être, préparer la publication d'un manuel pratique à l'usage des organistes. Dans son titre, Bach insiste bien sur les deux aspects didactiques qu'il entend développer au travers de son Livre d'orgue. Technique, puisque le débutant (déjà expérimenté) va y rencontrer toutes sortes de difficultés diverses, notamment dans le jeu du pédalier et sa coordination avec les claviers manuels. Musical, d'autre part, puisque de nombreuses façons de traiter le choral y sont montrées, dans des réalisations aussi concises que géniales, véritable traité pratique de composition.

En effet, le compositeur précise bien en titre qu'il va initier l'organiste débutant « à toutes les manières d'exécuter un choral », à l'exception, quoiqu'il n'éprouve pas la nécessité de l'indiquer, de la simple forme harmonisée. Mais malgré cette diversité, il est possible de dégager une typologie générale des chorals contenus dans le recueil, que viendront confirmer quelques exceptions. On relèvera d'abord que, contrairement à ce qui se produit dans les variations ou partitas de Bach lui-même ou de nombre de ses prédécesseurs, le musicien ne traite qu'une seule strophe du cantique, la première (une seule entorse à la règle, avec les trois strophes du choral n° 29) : il s'agit bien de *préludes* de choral, destinés à introduire le chant de l'assemblée et non pas à être exécutés en alternance avec lui. On notera du même coup la grande concision de ces pages, ne comportant ni introduction, ni intermèdes, ni péroraison, si ce n'est le choral « *In dir ist die Freude* » (n° 17), traité en fantaisie. A l'exception des chorals n° 13 et n° 20, la mélodie du cantique est toujours exposée au soprano, dans un énoncé qui va du plus simple cantus firmus à la formulation la plus ornée, au point de disparaître, noyée dans les volutes de l'effusion lyrique. Enfin, l'élaboration contrapuntique est très généralement traitée à quatre voix (seuls, les chorals n° 21 et n° 35 sont écrits à cinq voix, et le n° 40 l'est en trio), avec usage obligatoire, dans tous les cas, du pédalier, auquel peut d'ailleurs être confiée une autre partie que la basse.

C'est précisément cette élaboration du commentaire qui fait la passionnante richesse et la diversité sans cesse renouvelée des chorals de l'*Orgelbüchlein*. Le foisonnement des idées, dans un langage d'une densité souvent extraordinaire, est une source d'étonnement constant. Et cela d'autant plus lorsqu'on a bien à l'esprit le sens précis et littéral des cantiques commentés, comme le contexte à la fois liturgique et spirituel dans lequel ils s'inscrivent. Les mélodies des cantiques luthériens sont en elles-mêmes fort peu expressives; c'est la paraphrase, le commentaire qu'en donne le musicien, dans toutes les ressources du contrepoint, de l'harmonie et du rythme, qui confèrent à chaque choral son caractère hautement subjectif, intense et lyrique, en fonction de motivations spirituelles, celles que contiennent le *texte* du cantique et les images que celui-ci véhicule, et non en raison de la mélodie même de ce cantique. Un élève de Bach, Ziegler, écrira : « Pour le jeu du choral, mon professeur, le Maître de chapelle Bach, encore en vie, me l'enseigna de telle sorte que je ne joue pas les chorals simplement tels quels, mais d'après le sentiment indiqué par les paroles. » Ce à quoi fait écho Mattheson : « Les courts préludes qui découlent de la fantaisie de l'organiste doivent tendre à exprimer par des figures sonores la passion même à laquelle se rapportent les paroles du choral que la communauté va entonner. »

Dans les commentaires de l'accompagnement contrapuntique, Bach fait appel à des motifs, des « figures sonores » d'une grande puissance d'évocation, puissance souvent due à leur plasticité. Ce sont les descentes régulières de l'aigu vers le grave pour figurer l'incarnation, la descente de Dieu parmi les hommes;

Nº 9, BWV 607

les mouvements de doubles croches ou de croches rapides, pour la joie qui se répand à profusion;

Nº 26, BWV 624

la pulsation régulière d'une marche pour l'assurance tranquille du chrétien dans sa foi;

Nº 14, BWV 612

les chromatismes ascendants exprimant (et cela depuis les madrigalistes italiens) la peine et la douleur :

Nº 16, BWV 614

les figures de carillons, de berceuses, de plaintes haletantes; la symbolique des intervalles mélodiques — octaves ascendantes péremptoires, septièmes ou quintes diminuées douloureuses;

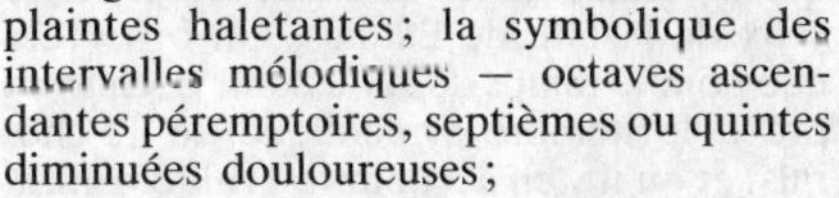

Nº 38, BWV 637

les cheminements parallèles de tierces ou de sixtes révélant l'union de l'âme avec Dieu;

Nº 20, BWV 618

les canons montrant l'homme suivant l'exemple de Dieu qui le guide dans les bonnes voies; etc.

N° 26, BWV 624

On pourrait dresser le catalogue de ces figures de style qui composent le jeu des conventions de l'art baroque ; mais il faut observer qu'elles prennent chaque fois des tours particuliers, des éclairages harmoniques nouveaux, le temps, parfois, d'une double croche, d'une note passagère, d'une altération, inflexion inattendue qui souligne d'un trait sûr tel mot, telle syllabe d'un mot du cantique que l'assemblée des fidèles a parfaitement à l'esprit au moment même où l'organiste le commente. C'est la raison pour laquelle nous donnons, pour chaque choral, la traduction (volontairement littérale) du texte de la première strophe du cantique, celle qui est paraphrasée par le compositeur qui prélude.

Les chorals du cycle de Noël sont les n°s 1 à 19 (soit 19 sur les 20 prévus). Ceux du cycle de Pâques sont les n°s 20 à 35 (16 sur les 34 prévus) ; c'est à ce stade que le vaste projet de l'*Orgelbüchlein* semble laissé de côté, puisqu'on ne trouve plus que 3 chorals sur les 15 qui devaient suivre ceux de la fête de Pâques. On observera que pour le temps de la Passion, Bach avait prévu le nombre symbolique de 13 chorals, et qu'il y en a 3 pour la Trinité. Enfin, le dernier cycle ne compte que 10 chorals réalisés, les n°s 36 à 45, sur les 110 prévus, qui devaient couvrir la louange, le dogme, le baptême, l'action de grâces, la vie chrétienne, la foi, l'Église, la mort, les cantiques du matin et du soir, et des chorals divers.

1. « Num komm, der Heiden Heiland » (BWV 599)

« *Viens maintenant, Sauveur des païens, / Reconnu comme fils de la Vierge; / C'est pour que le monde s'émerveille / Que Dieu Lui a commandé de naître ainsi.* »

Choral pour le temps de l'Avent, il paraphrase la première strophe d'un cantique emprunté à l'hymne ambrosienne « *Veni, redemptor omnium* ». Bach l'a traité à quatre autres reprises à l'orgue (trois dans le recueil de Leipzig, une dans le recueil Kirnberger, BWV 699) ; on le retrouve aussi dans les *Cantates* BWV 36, 61 et 62. Le texte, de Luther, exprime l'attente du Messie qui caractérise le temps de l'Avent, l'espérance des hommes et la descente du Fils de Dieu parmi eux. Ce sont ces deux idées que développera le commentaire musical. La mélodie est exposée au soprano, quasiment sans ornementation. Le commentaire fait parcourir aux voix intermédiaires des accords parfaits descendants, où chaque degré n'est atteint qu'après une anticipation au degré inférieur. Ce dessin très expressif figure à la fois la descente du Sauveur et les soupirs de l'attente haletante des hommes, attente sur laquelle insiste la démarche en croches pointées-doubles croches de la basse. Le long point d'orgue final, à cinq voix, réaffirme l'attente insistante et le mouvement descendant, en arpèges, sur deux octaves.

Durée d'exécution : ~ 1 mn

2. « Gottes Sohn ist kommen » (BWV 600)

« *Le Fils de Dieu est venu / Pour notre salut à tous / Sur cette terre, / En une pauvre naissance, / Pour que, du péché, / Nous soyons libres et délivrés.* »

Introduction à la Nativité (comme les deux suivants), ce cantique est imité de l'hymne « *Ave hierarchia* ». On trouve aussi ce choral sous un texte différent, avec pour incipit « *Gott, durch deine Güte* ». L'idée est ici celle de la joie des hommes devant la venue du Sauveur : l'alto décrit un incessant mouvement de croches rapides, surtout par mouvement descendant, flot régulier ponctué par les noires du ténor. La mélodie du cantique est exposée en canon à l'octave, entre soprano et basse. Bach a spécifié (c'est l'une de ses très rares indications de registration) d'utiliser la trompette 8′ pour la basse et le principal 8′ au manuel. On remarquera que les deux autres fois que le compositeur a traité cette mélodie à l'orgue (BWV 703 et 724), il l'a fait, comme ici, en imitation.

Durée d'exécution : ~ 1 mn 10 s

3. « Herr Christ, der einig' Gott's Sohn » (BWV 601)

« *Seigneur Jésus-Christ, Fils unique de Dieu, / Le Père dans l'éternité; / Issu de son cœur, / Ainsi qu'il est décrit. / Il est l'étoile du matin, / Son éclat, il le projette au loin, / Plus clair que les autres étoiles.* »

Ce cantique compare l'éclat du Fils de Dieu à l'étoile du matin. Pour insister sur l'image poétique et créer un effet de symétrie mélodique, Bach reprend les trois derniers vers du texte. Effusion lyrique et poétique, chant d'allégresse, de jubilation intérieure, tout le choral est commenté sur la seule et brève cellule de quatre notes, petit thème de fanfare exposé d'emblée, en un contrepoint rythmique à trois parties.

Schweitzer appelle cette figure l'« archétype du motif de la quiétude joyeuse ». La mélodie de ce cantique est traitée en choral dans le recueil Kirnberger (BWV 698).

Durée d'exécution : ~ 1 mn 30 s

4. « Lob sei dem allmächtigen Gott » (BWV 602)

« *Loué soit le Dieu tout-puissant, / Qui de nous eut pitié. / Il nous a envoyé son Fils bien-aimé, / Né de Lui sur le trône suprême.* »

C'est l'adaptation de l'hymne grégorienne « *Creator alme siderum* », pour les vêpres du 1er dimanche de l'Avent. Joie et louange, majesté divine, et à nouveau descente du Rédempteur parmi les hommes. La mélodie est commentée par des festons majestueusement ornés à l'alto et au ténor, tandis que la basse, d'un dessin régulier directement issu de ce motif, parcourt à trois reprises toute l'étendue d'une octave descendante : symbolique de l'union du Fils avec le Père, préfiguration de la Trinité et avènement de l'Esprit Saint. Cette pièce brillante, au tissu harmonique serré, joue subtilement sur l'ambiguïté tonal/modal. Commençant apparemment en *fa* majeur, elle dévie de son cours initial vers *ut* majeur, puis *ré* mineur. La surprenante conclusion voit s'élever sur la dominante de *la* une lumineuse arabesque qui suspend le mouvement. Autre commentaire de ce cantique dans le recueil Kirnberger (BWV 704).

Durée d'exécution : ~ 1 mn

5. « Puer natus est in Bethlehem » (BWV 603)

« *Un enfant est né à Bethléem, / Bethléem! / Jérusalem s'en réjouit, / Alleluia, Alleluia!* »

Le cantique luthérien est adapté, en allemand, d'une méthode catholique du XIVe siècle, en latin, chant de caractère populaire évoquant les rois mages. La mélodie est exposée au soprano. Alto et ténor déroulent une arabesque continue de croches joyeuses, dans une figure constituée de deux éléments (successifs ou simultanés), une broderie insistante et un arpège descendant qui semble répéter l'Alleluia. Quant à la basse, elle fait entendre un motif descendant régulièrement, deux fois relancé rythmiquement par un bond ascendant et une syncope. On a vu dans cette figuration une image de l'adoration des rois.

Durée d'exécution : ~ 1 mn

6. « Gelobet seist du, Jesu Christ » (BWV 604)

« *Loué sois-tu, Jésus-Christ! / Que tu sois né homme / D'une Vierge, cela est vrai,/ Le chœur des anges s'en réjouit, / Kyrie Eleison!* »

La mélodie de ce cantique est imitée de la séquence « *Grates nunc omnes reddamus* », très proche du début du « *Veni Creator* ». Isolée à la main droite, elle est comme à l'accoutumée exposée au soprano, mais enrichie d'ornementations qui appellent un jeu de cornet. Le commentaire polyphonique fait entendre une pulsation régulière de doubles croches que se partagent les trois autres voix, dans une harmonie (8e ton) qui oscille entre *sol* et *do* majeur. La basse ponctue l'affirmation dogmatique du texte (« Cela est vrai ») par des sauts d'octave de caractère instrumental, où l'on retrouve le motif de la « quiétude joyeuse ». Bach a traité ce cantique à trois autres reprises, BWV 697 (du recueil Kirnberger), BWV 722 et 723.

Durée d'exécution : ~ 1 mn

7. « Der Tag, der ist so freudenreich » (BWV 605)

« *Ce jour est si riche de joie / Pour toutes les créatures, / Car le Fils de Dieu, du haut du royaume du ciel / De façon surnaturelle, / Est né d'une Vierge. / Marie, tu as été choisie / Pour être mère. / Peut-on voir plus merveilleux ? / Le Fils de Dieu, du haut du royaume du ciel, / Il est né homme.* »

Ce dernier des trois chorals de la naissance de Jésus dans la crèche est issu de l'hymne du XIVe siècle « *Dies est laetitiae* ». Une joie émerveillée sourd de toutes parts : permanence de doubles croches que se répartissent alto et ténor, enrichies (« riches de joie ») d'ornements en triples croches, selon une figure rythmique de la joie bondissante très fréquente chez Bach.

Dans ce monnayage de quatre mouvements rythmiques superposés, soprano (en noires) et basse (en croches) assurent la ponctuation régulière du temps, alors que le ténor, en valeurs pointées, en projette tout le choral dans un irrésistible mouvement, et que l'alto brode les jubilations de toutes les créatures.

Durée d'exécution : ~ 1 mn 50 s

8. « Vom Himmel hoch, da komm' ich her » (BWV 606)

« *Du haut du ciel, je viens ici, / Je vous apporte une bonne nouvelle :/ Des bonnes nouvelles, je vous en apporte tant / Que je veux les dire et les chanter.* »

L'une des cinq versions que Bach a données à l'orgue de ce cantique de Luther, que l'on retrouve aussi dans l'*Oratorio de Noël*, et à l'orgue dans les chorals BWV 700 et 701 du recueil Kirnberger, BWV 738, et dans les célèbres *Variations canoniques* BWV 769. C'est ici le chant des anges apparaissant aux bergers, descendant du ciel mais aussi voletant autour d'eux. D'où ces festons, descendants et ascendants, de doubles croches que tissent l'alto et le ténor sous la mélodie du soprano qui s'orne, elle aussi, dans cette profusion de bonnes nouvelles, de broderies de doubles croches. La basse, élément régulateur du temps dans son débit de croches égales, parcourt des chemins alternativement descendants, puis ascendants, enfin descendants. L'élément principal du discours est un petit motif de quatre doubles croches issu en diminution de la mélodie du cantique, qui traditionnellement chez Bach représente la descente du ciel.

Durée d'exécution : ~ 0 mn 50 s

9. « Vom Himmel kam der Engel Schaar » (BWV 607)

« *Du ciel est venue une légion d'anges ; / Elle est apparue clairement aux bergers / Et leur a dit : Un frêle enfançon / Repose là-bas dans une misérable crèche.* »

Cet autre « *Puer natus est* » traite à nouveau l'apparition des anges aux bergers. La mélodie du cantique est exposée au soprano en augmentation. Dans ces vastes espaces volètent éperdument les légions célestes aux ailes frémissantes, volubiles gammes du ténor qui parcourent le clavier du haut en bas sur deux octaves. La basse occupe, dans l'échelle des durées, une valeur médiane : des noires, quatre fois plus brèves que les rondes du soprano, et quatre fois plus longues que les doubles croches du ténor. Elle aussi s'étale en un vaste mouvement de descente et de montée sur deux octaves. Ce tableautin, d'une merveilleuse poésie, présente à l'analyse un subtil jeu de symétries, le second volet du choral (vers 3 et 4) offrant une image renversée du premier, pour revenir à l'image droite en conclusion, tout comme le suggère le profil de la mélodie originelle.

Durée d'exécution : ~ 1 mn

10. « In dulci jubilo » (BWV 608)

« *In dulci jubilo [dans une douce joie], / Chantez maintenant et soyez heureux ; / La félicité de notre cœur / Réside in praesepio [dans la crèche] / Et resplendit comme le soleil / Matris in gremio [dans le sein de sa mère] / Alpha es et O [tu es l'Alpha et l'Oméga], / Alpha es et O [tu es l'Alpha et l'Oméga].* »

Ce chant d'adoration devant la crèche est tiré d'un versus du XIVe siècle ; le texte allemand, du XVIe siècle, a maintenu des expressions latines et plusieurs rimes en *o*, joyeusement répétées, ce qui confère au cantique une saveur archaïque et naïvement populaire. Il ne pouvait y avoir de tonalité plus joyeuse et plus douce à la fois que le *la* majeur de ce choral au langage si symbolique. En effet, les mots « *Trahe me post te* » (« Tire-moi après toi ») du second vers de l'original latin induisent inévitablement chez Bach la figure d'un canon. Canon double, ici : de la mélodie, à l'octave, entre soprano et basse ; et du commentaire qui l'accompagne, toujours à l'octave, entre alto et ténor.

A la troisième mesure du premier vers (et donc du deuxième, identique), l'accompagnement commente les *la* en blanches de la première mesure par des *la* en noires : ce n'est pas moins de huit mesures qui répètent ainsi des volées de *la* comme une joyeuse sonnerie de cloche. Le motif initial du commentaire fait entendre un dessin ternaire caractéristique (qu'on retrouve notamment dans la *Suite pour orchestre* en *ré* majeur, ou le début de la *1re Suite anglaise* pour clavecin). En 37 mesures, ce motif est répété 33 fois sous sa forme originale, et de nombreuses autres fois sous des formes directement dérivées. Le canon entre les voix intermédiaires cesse pour la large péroraison (« Tu es l'Alpha et l'Oméga »), image toute différente. C'est alors une strette qui semble ne jamais devoir finir, sorte de mouvement perpétuel sur le motif de commentaire, soulignant l'éternité de l'Oméga. Les oppositions binaire/ternaire dans l'écriture de ce choral sont sans doute à prendre comme une convention graphique du XVIIIe siècle, sans décalages rythmiques quand les triolets se superposent à deux noires (jouées comme une noire suivie d'une croche dans un triolet). Bach a traité deux autres fois ce cantique dans sa jeunesse (BWV 729 et 751) ; Buxtehude l'a également paraphrasé (BuxWV 197).

Durée d'exécution : ~ 1 mn 30 s

11. « Lobt Gott, ihr Christen allzugleich » (BWV 609)

« *Louez Dieu, Chrétiens, tous ensemble,/ Sur son trône suprême, / Lui qui nous ouvre aujourd'hui son royaume céleste / Et nous envoie son Fils, / Et nous envoie son Fils.* »

Cantique d'adoration devant la crèche, son commentaire évoque la majesté divine. Les deux voix intermédiaires déroulent de souples volutes, où abondent sixtes et tierces parallèles, dans un mouvement permanent de doubles croches fondé sur une brève cellule thématique qui génère toute cette polyphonie assez compacte. La basse, en croches régulières, donne de l'assise au trône suprême ; on y retrouve la longue descente initiale qui parcourt la plupart des chorals de Noël, mais aussi d'irrésistibles remontées sur deux octaves. Bach oppose ainsi la descente du Fils dans son incarnation et, par lui, l'accession des hommes aux hauteurs du royaume des cieux.

Durée d'exécution : ~ 0 mn 50 s

12. « Jesu, meine Freude » (BWV 610)

« *Jésus, ma joie, / Nourriture de mon cœur, / Jésus, ma parure ! / Ah ! Depuis longtemps, longtemps, / Mon cœur est anxieux / Et soupire après toi ! / Agneau de Dieu, mon fiancé, / Hormis toi, sur la terre, / Rien ne peut m'être cher.* »

Ce cantique de la fin du XVIIe siècle (musique de Crüger) a été souvent traité par Bach : à l'orgue, dans les chorals BWV 713 (recueil Kirnberger) et BWV 753, mais aussi en de nombreuses œuvres vocales, dont le motet homonyme BWV 227. La joie exprimée par ce cantique, en mineur, aux lignes descendantes, est celle, pour l'âme chrétienne, de la contemplation mystique de son « fiancé », longtemps et ardemment désiré dans l'angoisse. Le très bref dessin initial en doubles croches constitue la cellule développée par le commentaire polyphonique ; il est dérivé de figures caractéristiques de la « quiétude joyeuse », mais son mètre anapestique, la régularité de son balancement, les tierces et sixtes parallèles, les fréquents mouvements conjoints, tout cela dans un tempo grave, intériorisent la méditation et montrent une face sans doute moins familière, mais plus intime, de la joie chez Bach.

Durée d'exécution : ~ 2 mn 45 s

13. « Christum wir sollen loben schon » (BWV 611)

« *Nous devons maintenant louer le Christ, / Le fils de la pure Marie / Aussi loin que brille le cher soleil / Et jusqu'aux confins du monde entier.* »

La mélodie de ce cantique est directement adaptée de l'hymne du Ve siècle « *A solis ortus cardine* », chantée aux laudes de l'office de Noël. Les paroles sont de Luther. Exceptionnellement, la mélodie du cantique est énoncée ici par l'alto, comme si Bach voulait la sertir à l'intérieur des grandes arabesques décoratives des autres voix venant l'enchâsser depuis les confins du monde — depuis les deux extrémités des claviers de l'orgue. Du haut du clavier, le soprano descend (leitmotiv, si l'on peut dire, de l'Incarnation) vers le thème, en larges vagues, auxquelles répondent par imitations, en forme renversée ou droite, le ténor et la basse, chants de louange qui se répandent comme les rayons du soleil dans l'immensité de l'univers.

L'ornementation s'enrichit progressivement, jusqu'à faire intervenir un épisode en canon et une cinquième voix dans la polyphonie, au pédalier. L'incertitude tonale qu'offre le troisième ton liturgique (dans l'harmonie classique, ambiguïté entre *ré* mineur et *la* mineur) permet une cadence très ornée sur le *mi*, qui éclaire rétrospectivement tout le choral.

Durée d'exécution : ~ 2 mn 30 s

14. « Wir, Christenleut » (BWV 612)

« *Nous, chrétiens, / Nous, chrétiens, / Réjouissons-nous, / Parce que, pour notre consolation, / Christ est né homme. / Il nous a rachetés : / Celui qui se confie à lui / Et croit fermement / Ne sera pas perdu.* »

C'est le dernier des chorals ayant directement trait à la Nativité. Une dernière fois, on retrouve ici, *ostinato*, le motif de l'Incarnation. Mais une seconde préoccupation apparaît dès le début du cantique, celle de souligner les affirmations de foi du texte. D'où cette ponctuation régulière de

la basse, « thème de démarche » caractéristique ; ce motif s'interrompt un moment (« Il nous a rachetés... ») pour repartir de plus belle avec les mots « Et croit fermement... ». Le motif passe d'ailleurs aux claviers manuels pour mieux accuser le contraste avec le dessin de doubles croches, dans un mouvement de gigue joyeuse écrite à 4/4, mais entendue à 12/8.
Durée d'exécution : ~ 1 mn 20 s

15. « Helft mir Gottes Güte preisen » (BWV 613)

« *Aidez-moi à vanter les bienfaits de Dieu, / Chers petits enfants, / Par des chants et d'autre manière. / En tout temps, soyez reconnaissants, / Surtout au moment / Où l'année va finir : / Le soleil se tourne vers nous, / L'an nouveau n'est pas loin.* »

Premier des trois chorals (avec les deux suivants) à fêter le nouvel an, dans la tradition populaire. Selon l'étude graphologique du manuscrit, ce choral aurait été ajouté très tardivement par le compositeur dans son *Petit Livre d'orgue* (après 1740). Il est vrai que le commentaire diffère des autres et apparaît plus complexe, jouant simultanément sur deux registres expressifs. On y retrouve la préoccupation descriptive : apparition timide du nouvel an, alors que la vieille année s'en va si vite, quatre notes ascendantes contre un trait descendant en doubles croches ; à la fin du choral, alors que point le jeune soleil, le motif ascendant se développe en une lente ascension.

Mais en même temps, le musicien insiste sur la louange unanime : les premières notes du cantique (« Aidez-moi... »), il va les répéter tout au long du choral, invitant ainsi l'assemblée à chanter avec lui (ce que feront les fidèles, après l'exécution de ce prélude de choral). Le motif de commentaire n'est autre, en diminution, que l'incipit de la mélodie du cantique, que Bach développe en fugato à trois voix, le dessin de la vieille année servant de contrepoint à celui du nouvel an.
Durée d'exécution : ~ 1 mn 15 s

16. « Das alte Jahr vergangen ist » (BWV 614)

« *La vieille année s'en est allée, / La vieille année s'en est allée... / Nous te remercions, Seigneur Jésus-Christ, / De ce que, dans un si grand danger, / Tu nous as protégés un si long temps et une si longue année, / Tu nous as protégés un si long temps et une si longue année.* »

C'est l'un des plus émouvants préludes de choral de l'*Orgelbüchlein*. La puissance évocatrice de ce cantique, sa tonalité particulière (4e ton, un *ré* modal), l'émotion au souvenir d'un temps désormais révolu et des peines qu'il a apportées, les répétitions de texte incitant à approfondir la réflexion — tout cela mène Bach à dédaigner l'action de grâces pour privilégier la nostalgie. Contrairement à la règle dans l'*Orgelbüchlein*, il orne la mélodie du cantique de longs festons, de mordants et de trilles, et de douloureuses broderies chromatiques. C'est précisément un mouvement conjoint chromatique ascendant ou descendant qui, aux trois autres voix, constitue la matière du poignant commentaire du musicien voyant le temps s'enfuir. Ce motif caractéristique, cher à Monteverdi, Bach l'emploie lorsqu'il tient à exprimer un sentiment personnel de vive douleur — ici, sur son propre destin, dans une méditation qui se referme sur elle-même dans la cadence finale.
Durée d'exécution : ~ 2 mn 40 s

17. « In dir ist die Freude » (BWV 615)

« *En toi est la joie dans toute affliction, / O doux Jésus-Christ; / Tu nous tires de la honte, nous délivres de nos liens; / Celui qui a confiance en toi a bâti solidement, / Il vivra éternellement, Alleluia.* »

Sur une mélodie d'origine italienne (Giovanni Gastoldi, 1591), ce cantique chante la joie du premier matin de l'an neuf. Comme le nº 15, ce choral est un ajout postérieur et date de la maturité du Cantor. La mélodie n'apparaît qu'insérée dans une paraphrase d'ensemble, et souvent en accords. Le commentaire est très libre, principalement fondé sur les notes répétées initiales. L'unité de la pièce est assurée par le joyeux motif de pédalier, à allure de bourrée, énoncé dès la première mesure et qui réapparaîtra vingt fois au long du choral.

Dans cette page d'ambiance extravertie, ce motif fait figure de refrain de carillon sonnant à toute volée. Et c'est bien un registre de carillon que semble appeler cette partie, registre assez fréquent sur les instruments que connut Bach et qu'il avait lui-même prescrit à Weimar, dès 1710.

Durée d'exécution : ~ 3 mn

18. « Mit Fried' und Freud' ich fahr dahin » (BWV 616)

« *Avec paix et joie, je quitte ce monde, / Selon la volonté de Dieu. / Confiants sont mon cœur et mon âme / Pacifiés et tranquilles, / Comme Dieu me l'a promis : / La mort est devenue mon sommeil.* »

Ce choral et le suivant commentent le « *Nunc dimittis* », ou Cantique de Siméon, de la fête de la Purification (2 février). Ce sont les mots du vieillard Siméon, instruit qu'il verrait le Messie avant de mourir, après avoir reconnu le Sauveur dans l'enfant que Marie vient de présenter au temple. L'adaptation est de Luther. La mélodie du cantique, au soprano, se laisse parfois gagner par le motif contagieux de la joie que développent le ténor et l'alto. Quant à la basse, elle exprime la paix par un motif plus serein, qui n'est autre que le précédent moins orné : motif très balancé, qui pourrait être celui d'une berceuse mystique, tandis que l'autre s'élance vers Dieu. L'évocation de la mort et du sommeil fait se multiplier les figures renversées du motif de la joie ; un long point d'orgue laisse s'évanouir gravement la joie du vieillard qui s'endort.

Durée d'exécution : ~ 2 mn 30 s

19. « Herr Gott, nun schleuss den Himmel auf » (BWV 617)

« *Seigneur Dieu, à présent, ouvre-moi le ciel, / Mon temps touche à sa fin. / J'ai achevé ma course. / Mon âme s'en réjouit. / J'ai assez souffert, j'ai lutté péniblement, / Envoie-moi doucement vers le repos éternel. / Je laisse aller tout ce qui était sur terre,/ J'aime mieux être l'un des bienheureux.* »

Avec ce second commentaire sur le Cantique de Siméon s'achève le cycle de Noël. Ici, c'est la lassitude du vieillard, la nôtre, qui est au centre du cantique. La basse répète les ahans du labeur quotidien, tandis que le ténor, dans un mouvement continu de doubles croches, remémore la course qui s'achève. La tranquillité d'âme du vieillard est soulignée par les valeurs régulières du soprano escorté de l'alto, se détachant en cantus firmus au-dessus des tribulations de la vie terrestre. Celles-ci, cependant, apparaissent transfigurées au seuil de la mort, et c'est l'âme heureuse que le vieillard quitte la terre. On se rappellera que Bach a également traité le thème du Cantique de Siméon dans les trois cantates que nous connaissons pour la Chandeleur : « *Erfreute Zeit im neuen Bunde* » BWV 83 (sur le thème de « *Mit Fried' und Freud'* »), « *Mit Fried' und Freud' ich fahr dahin* » BWV 125 et la célèbre « *Ich habe genug* » BWV 82, dont le musicien rédigea plusieurs versions.

Durée d'exécution : ~ 2 mn 30 s

20. « O Lamm Gottes unschuldig » (BWV 618)

« *O innocent Agneau de Dieu / Immolé sur le bois de la croix ! / Tu as toujours été trouvé résigné, / Quoique tu aies été outragé. / Tous nos péchés, tu les as portés,/ Sinon nous aurions désespéré. / Aie pitié de nous, ô Jésus !* »

On entre dans le cycle de la Passion par le grand « *Agnus Dei* », sur la mélodie bien connue, celle qui apparaît en cantus firmus dans le premier chœur de la *Passion selon saint Matthieu*. La mélodie est exposée, en canon à la quinte, par la basse et l'alto (mais la basse, au pédalier, occupe le plus souvent la position du ténor dans l'étagement de la polyphonie). Elle se déroule en valeurs longues, sous le commentaire du ténor et du soprano qui chantent tout à la fois la douleur et le poids du fardeau de la victime innocente. Ce motif très caractéristique est fait d'une progression en mouvement conjoint de notes répétées et liées par deux, fréquent sous la plume de Bach lorsqu'il veut faire entendre les plaintes et la douleur (ainsi, dans la deuxième section de la Fantaisie, dans la *Fantaisie et fugue* en *ut* mineur BWV 537).

Le déroulement des voix fait apparaître tierces et sixtes parallèles, et quelques imitations. La plus grave des deux esquisse même une montée chromatique de cinq degrés, sur le mot « désespéré », signe de douleur aiguë. On notera aussi le petit trait ascendant du soprano sur « Aie pitié ».

Durée d'exécution : ~ 5 mn

21. « Christe, du Lamm Gottes » (BWV 619)

« *Christ, Agneau de Dieu, / Toi qui portes les péchés du monde, / Aie pitié de nous.* »

Ce petit « *Agnus Dei* » n'est autre que la traduction allemande du texte latin. La mélodie est imitée du grégorien. Il est traditionnellement proclamé trois fois, la troisième se terminant par « Donne-nous la paix » (au lieu de « Aie pitié de nous ») ; mais le musicien ne paraphrase ici qu'une seule acclamation. Écrit à cinq parties au lieu des quatre habituelles, ce bref choral fait d'abord entendre à trois voix de longues plaintes descendantes régulières, reprises en imitations. La mélodie du cantique n'entre, exceptionnellement, qu'à la quatrième mesure ; exposée au second ténor, elle est reprise en canon à la douzième par le soprano. La conclusion surprenante, sur un accord de *sol* majeur, est due à l'influence du vieux mode grégorien, qui ne correspond pas au *fa* majeur dans lequel débute le choral.

Durée d'exécution : ~ 1 mn 20 s

22. « Christus, der uns selig macht » (BWV 620)

« *Le Christ qui nous fait bienheureux / N'a commis aucun mal. / Pour nous, il a été, en pleine nuit, / Arrêté comme un voleur, / Conduit devant des gens impies, / Et faussement accusé, / Moqué, couvert de honte et de crachats, / Ainsi que l'Écriture l'avait dit.* »

La mélodie de ce cantique de la Passion est imitée de l'hymne latine du XIVe siècle « *Patris sapientia, veritas divina* ». Le commentaire développe les deux idées principales du cantique. D'une part, le caractère inéluctable de l'arrestation et de la Passion, d'où le canon à l'octave entre soprano et basse, sur une mélodie qui pourtant ne s'y prête guère. D'autre part, la compassion du chrétien devant les épisodes de l'action qui se joue dans le récit ; alto et ténor commentent à partir de deux dessins, se prêtant à des imitations (motif dactylique diatonique, et mouvement isochrone chromatique, exprimant la douleur). L'expression de la douleur s'accroît par des chromatismes plus serrés à l'évocation des souffrances du Christ. On connaît une version antérieure de ce choral, moins développée rythmiquement (BWV 620a) ; on lui préfère toujours celle-ci, plus élaborée. Rappelons également que c'est ce choral qui, harmonisé à quatre voix, ouvre la seconde partie de la *Passion selon saint Jean*.

Durée d'exécution : ~ 2 mn 30 s

23. « Da Jesus an den Kreuze stand » (BWV 621)

« *Lorsque Jésus était sur la croix, / Et que son corps était meurtri / D'amères douleurs, / Les sept paroles que Jésus a dites, / Grave-les dans ton cœur.* »

Ce cantique du temps de Luther est imité de l'hymne du XVe siècle « *Stabat ad lignum crucis* ». Sous la mélodie du cantique, exposée sans ornementation, un commentaire oppressant se développe, d'écriture compacte. L'alto semble apporter un écho assourdi du motif de la joie du Cantique de Siméon, devenue ici joie mystique devant le rachat de l'humanité qui accompagne la compassion sur Jésus mou-

rant, selon une association fréquente chez Bach. Le ténor brode de longues arabesques qui font d'autant mieux ressortir le dessin puissamment évocateur de la basse : élévation d'octaves suivies de lentes désinences en syncopes, à l'image du Crucifié qui se tient encore verticalement mais ne cesse de s'affaisser en étouffant.
Durée d'exécution : ~ 1 mn 40 s

24. « O Mensch, bewein' dein' Sünde gross » (BWV 622)

« *O homme, pleure tes grands péchés, / Pour lesquels le Christ, du sein de son Père,/ Est sorti et venu sur terre / D'une Vierge pure et tendre. / Pour nous, il est né ici-bas,/ Il a voulu être le médiateur ; / Aux morts, il a donné la vie, / Et éloigné toute maladie / Jusqu'au temps fixé par lui / Où il a été offert pour nous. / Il a porté le lourd fardeau de nos péchés, / Et est resté longtemps sur la croix.* »

Le plus bouleversant des chorals de l'*Orgelbüchlein* chante Jésus mourant et la douleur du chrétien dont les fautes sont la cause de ce sacrifice — thème des plus célèbres de l'Église réformée, leitmotiv durant la guerre de Trente Ans, que Bach utilise à la fin de la première partie de la *Passion selon saint Matthieu*.

La mélodie est comme à l'accoutumée exposée au soprano, mais considérablement enrichie d'une ornementation frissonnante, hautement expressive, suivant à la lettre chaque mot du texte commenté en un récit pathétique qui fait intervenir chromatismes et rythmes multiples.

Un commentaire au second degré se déroule sous ce grand chant baroque, en valeurs égales et contrastantes ; il assure le maintien rythmique et l'appui harmonique aux couleurs changeantes. On y voit notamment apparaître le dessin caractéristique des thèmes de douleur (une montée chromatique). C'est l'adoration qui soustend un chant entièrement assujetti à l'expression littérale du récit de la Rédemption et de la mission du Christ.
Durée d'exécution : ~ 5 mn

25. « Wir danken dir, Herr Jesu Christ » (BWV 623)

« *Nous te remercions, Seigneur Jésus-Christ, / De ce que tu es mort pour nous, / Et nous as, par ton précieux sang, / Devant Dieu rendus justes et bons.* »

Chant de reconnaissance au Rédempteur. Pour commenter le cantique exposé au soprano, les trois autres parties se lancent dans un mouvement joyeux qui relève presque de la danse. Un motif obstiné, exposé d'entrée de jeu et appelé à sous-tendre rythmiquement tout le choral, n'est autre que le fameux dessin dactylique qui manifeste la joie sous la plume de Bach : la mort du Christ est en effet, pour le chrétien, l'aurore d'une vie nouvelle, de félicité.

Ce sentiment joyeux, qui pourrait cependant paraître hors de propos ici, procède également de ce goût très allemand, tel qu'il s'exprime surtout dans la peinture et la littérature, pour la contemplation de la douleur et de la mort, et pour une cruauté devenue, hélas ! familière depuis la guerre de Trente Ans. Excepté quelques chromatismes passagers sous les mots « mort » ou « sang », le choral demeure fidèle au caractère général du ton de *sol* majeur.
Durée d'exécution : ~ 1 mn 10 s

26. « Hilf, Gott, dass mir's gelinge » (BWV 624)

« *Aide-moi, Dieu, / Toi mon Créateur révéré, / A mettre en vers mes paroles / A ta louange et à ta gloire. / Pour que je puisse joyeusement / Chanter ta parole, / Seigneur, veuille te tenir près de moi.* »

C'est un cantique du temps de Luther. Même s'il veut chanter la gloire de Dieu, le chrétien ne peut le faire sans Dieu : la mort du Rédempteur lui a enseigné qu'il devait désormais vivre à l'imitation de Jésus-Christ. Aussi le timbre du cantique est-il tout naturellement exposé en canon (à la quinte, entre soprano et alto) : c'est là le lien indissoluble qui unit la créature à son Créateur. Le choral est bâti comme le n° 19 : soprano et alto en valeurs longues, jubilations rapides du ténor (longue arabesque ininterrompue de doubles croches en triolets), et basse plus régulière, en croches, où abondent les syncopes — signe de l'impuissance de l'homme à louer Dieu comme il le faudrait (« Aide-moi, Dieu »), rappel, aussi, en arrière-plan, de l'image du Christ mort en croix.

Durée d'exécution : ~ 1 mn 40 s

27. « Christ lag in Todesbanden » (BWV 625)

« *Christ gisait dans les liens de la mort, / Pour nos péchés, il s'y était donné. / Il est ressuscité / Et nous a apporté la vie. / Nous devons en être joyeux, / Louer Dieu et lui en être reconnaissants, / Et chanter Alleluia, / Alleluia.* »

Le célèbre cantique de la Résurrection est inspiré du « *Victimae paschali laudes* », la séquence qui suit l'*Alleluia* de la messe de Pâques. Bach l'a traité deux autres fois à l'orgue (BWV 695, dans le recueil Kirnberger, et BWV 718), et l'a aussi utilisé, entre autres, dans la cantate-choral homonyme, BWV 4. Le texte est de Luther. De la mélodie de cantique au soprano, les trois autres voix retiennent l'idée initiale, celle qui donne son titre au choral, la vision du Christ au tombeau. Le motif descendant de quatre doubles croches va circuler d'une voix à l'autre tout au long du choral, mouvement infini qui va gagner même la mélodie au soprano — au moment précis où celle-ci évoque la louange et la reconnaissance. Car cette ligne continue de doubles croches, c'est aussi, atténué par son profil continûment descendant, le motif de la joie, celle qui sourd au travers de la douleur comme en ce matin de printemps vont poindre les fleurs sous la neige.

Durée d'exécution : ~ 1 mn 30 s

28. « Jesus Christus, unser Heiland » (BWV 626)

« *Jésus-Christ, notre Sauveur, / Qui a vaincu la mort, / Est ressuscité. / Le péché, il l'a fait prisonnier, / Kyrie eleison.* »

Le texte de ce bref choral est de Luther. Alto, ténor et basse commentent, à rôle égal, le cantique chanté au soprano. Le thème, unique, du commentaire est un petit motif de croches accompagnant la mélodie ; il passe alternativement d'une voix à l'autre. Son profil syncopé relance sans cesse le mouvement de la joie pascale, tel que le souligne le rythme noire/croche de la basse.

Durée d'exécution : ~ 1 mn

29. « Christ ist erstanden » (BWV 627)

« *Christ est ressuscité / De toutes les souffrances : / Nous devons tous en être joyeux. / Le Christ sera notre consolation, / Kyrie eleison !*

S'il n'était pas ressuscité, / Le monde serait perdu. / Puisqu'il est ressuscité, / Louons donc Jésus-Christ, / Kyrie eleison !

Alleluia, Alleluia, Alleluia ! / Nous devons tous en être joyeux / Le Christ sera notre consolation, / Kyrie eleison ! »

Imité lui aussi de la séquence « *Victimae paschali laudes* », ce cantique est ici traité comme une petite partita où Bach commente trois versets. Ce texte ne se prête guère à un traitement allusif ou symbolique. C'est avant tout la joie qui sera exprimée : sous une mélodie très proche d'un verset à l'autre, au soprano, les trois versets tissent un contrepoint où la joie s'affirme de plus en plus. Les trois voix de commentaire développent une courte cellule initiale : dessin très simple au premier verset (une noire, deux doubles croches à contretemps) ; motif très resserré rythmiquement au deuxième ; et au troisième, pure jubilation de doubles croches, relancées en contretemps.

Durée d'exécution : ~ 4 mn

30. « Erstanden ist der heil'ge Christ » (BWV 628)

« *Il est ressuscité, le saint Christ, / Alleluia, Alleluia ! / Du monde entier, il est le consolateur, / Alleluia, Alleluia !* »

Cantique imité de l'hymne du XIIe siècle « *Surrexit Christus hodie* ». La mélodie est exposée en valeurs longues, valeurs que remplissent les volutes bondissantes de l'alto et du ténor, animant tout le choral d'un flux mouvant de croches joyeuses. La basse ponctue le premier temps de chaque mesure sur un mouvement de quinte ou de quarte affirmant à douze reprises et le triomphe de la vie sur la mort.

Durée d'exécution : ~ 0 mn 50 s

31. « Erschienen ist der herrliche Tag » (BWV 629)

« *Il se lève, le jour glorieux / Dont nul ne peut assez se réjouir, / Christ notre maître triomphe aujourd'hui, / Tous ses ennemis, il les conduit en captivité, / Alleluia !* »

Entré dès le XVIe siècle au répertoire luthérien, ce cantique est imité de la chanson française « *Le roi Renaud de guerre revint* ». Le triomphe du Christ entraînant ses ennemis est figuré par le canon à la double octave entre soprano et basse. Alto et ténor proclament le triomphe du Christ glorieux en anapestes ascendants préfigurant le lever du jour de la résurrection et le chant de victoire de la lumière sur les ténèbres.

Durée d'exécution : ~ 1 mn

32. « Heut' triumphieret Gottes Sohn » (BWV 630)

« *Aujourd'hui triomphe le Fils de Dieu / Qui vient de ressusciter de la mort, / Alleluia, Alleluia ! / Avec grande puissance et éclat, / Nous l'en remercions pour l'éternité,/ Alleluia, Alleluia !* »

Par ce cantique du XVIe siècle se clôt le groupe des chorals de la Résurrection. La mélodie est commentée par deux motifs caractéristiques. L'un, à l'alto et au ténor, est une longue et souple volute, thème de la joie pascale (*cf.* Chorals 29 et 30), circulant entre les deux parties ; l'autre, à la basse, est l'affirmation triomphante de l'action de grâce éternelle : chacune des six périodes du cantique est ponctuée par une triple cadence en forme de carillon, la troisième cadence étant brodée. L'*Alleluia* final reprend le dessin en un grand arpège brisé descendant.

Durée d'exécution : ~ 1 mn 30 s

33. « Komm, Gott, Schöpfer, heiliger Geist » (BWV 631)

« *Viens, Dieu, Créateur, Esprit Saint, / Visite le cœur des hommes, / Emplis-les de ta grâce, / Car tu sais qu'ils sont tes créatures.* »

C'est le seul réalisé des sept chorals prévus pour le temps de la Pentecôte, sur l'hymne « *Veni Creator* » et les paroles de Luther. Ce choral, du temps de Weimar, sera recopié, à peine modifié, dans l'« Autographe de Leipzig » (BWV 667), avec adjonction d'une deuxième partie, nouvelle. Dans cette première ou « petite », version, le musicien choisit la simplicité. Il évoque la descente de l'Esprit Saint dans le cœur des hommes par un mouvement irrésistiblement dansant, en rythme ternaire (à 12/8), puisqu'il s'agit de la troisième personne de la Trinité. Cette agitation est accusée par les contretemps de la basse : chaque note fondamentale des accords, au lieu de tomber sur le temps, ne sonne qu'au troisième tiers du temps, exception faite pour les cadences de chaque période (nouveau symbolisme ternaire ?). Le mouvement s'amplifie avec l'apparition de dessins de doubles croches bientôt envahissants, comme la plénitude du souffle de l'Esprit divin.

Durée d'exécution : ~ 0 mn 50 s

34. « Herr Jesu Christ, dich zu uns wend » (BWV 632)

« *Seigneur Jésus-Christ, tourne-toi vers nous, / Guide-nous sur le chemin de la vérité.* »

Ce cantique du XVIIe siècle est apparenté de loin au « *Veni Creator* ». La construction du prélude de choral en est très remarquable, par la densité du matériau sonore mis en œuvre. C'est en effet un jeu complexe d'imitations et de diminutions à partir du seul thème du cantique, et particulièrement de son incipit. Ainsi, le mouvement de doubles croches, réparties entre alto et ténor, qui sous-tend le commentaire, est directement issu, en diminution, des premières notes du thème. De même, on entendra de fréquentes imitations entre la basse et le soprano, le cantique énoncé par celui-ci étant repris en imitations par celle-là, procédé qui met en valeur la parenté avec le « *Veni Creator* » et imprime au déroulement du choral une basse obstinée, celle du cheminement vers la vérité.

Durée d'exécution : ~ 1 mn 20 s

35. « Liebster Jesu, wir sind hier » (BWV 633 et 634)

« *Bien-aimé Jésus, nous sommes ici / Pour entendre toi et ta parole. / Dirige nos pensées et nos désirs / Vers les doux enseignements du ciel / Afin que, de la terre, nos cœurs / Soient entièrement attirés vers toi.* »

Le manuscrit original a bien prévu, pour ce seul cantique, deux versions différentes, toutes deux réalisées. Mais les deux ne diffèrent que par quelques détails d'ornementation, comme si l'auteur avait voulu montrer deux manières d'orner les phrases mélodiques des cantiques. La seconde version (BWV 634) est précisée « *distinctius* », c'est-à-dire « plus clairement »; mais les deux versions restent très voisines; on n'en joue jamais qu'une seule sur les deux (et donc 45 chorals au lieu de 46), généralement la plus simple (BWV 634). On connaît cinq autres versions pour l'orgue de ce choral : BWV 706/1 et 706/2 dans le recueil Kirnberger, et BWV 730, 731 et 754. Le cantique est du XVIIe siècle. Dans la version « *distinctius* », Bach a noté « *forte* » au soprano et à l'alto, et « *piano* » pour les autres voix, afin de bien mettre l'accent sur la clarté avec laquelle le thème devait se dégager de la polyphonie. L'image du Christ dirigeant les hommes induit évidemment le procédé du canon, ici entre soprano et alto. Exceptionnellement traité à cinq voix, le choral est commenté par une polyphonie simple et dense que se partagent la basse et les deux ténors. De même que les deux voix supérieures sont ramassées dans l'espace de la main droite, les deux voix de ténor, au balancement régulier de croches qui accentue le caractère de berceuse mystique, de douce soumission à la volonté et à l'enseignement de Dieu, évoluent dans un bref ambitus, celui de la main gauche. La basse, au motif insistant, figure le désir des hommes de s'élever vers le ciel, et leur difficulté à y parvenir sans le secours de l'Esprit.

Durée d'exécution : ~ 1 mn 45 s

36. « Dies sind die heil'gen zehn Gebot » (BWV 635)

« *Voici les dix saints commandements / Que nous a donnés le Seigneur Dieu / Par Moïse, son fidèle serviteur, / Sur les hauteurs du mont Sinaï! / Kyrie eleison!* »

Avec le suivant, c'est l'un des deux chorals composés sur des articles du dogme et de la foi; tous deux seront à nouveau traités dans la *Clavierübung*. Le texte est de Luther, et la mélodie, celle d'un vieux chant de pèlerins allemands du XIIIe siècle. Le timbre du cantique apparaît en valeurs longues, dans la clarté d'un cantus firmus rayonnant en *ut* majeur, tandis que les trois autres voix commentent la vision de Dieu remettant à Moïse les Tables de la Loi, par le thème même du cantique, en diminution (croches au lieu de noires). Tel quel, il réapparaîtra 19 fois, et renversé 6 fois, au cours des 21 mesures du choral. Du fait de la diminution, ce motif de commentaire est chaque fois énoncé dans un temps qui correspond à celui du chant de l'assemblée. Celle-ci, à qui il est très familier, réentend donc autant de fois affirmer « Voici les dix saints commandements », affirmation dogmatique de sa foi. Un autre motif, long ruban diatonique en doubles croches, circule tout au long du choral dont il est la matière vivante qui lie les autres figures sonores.

Durée d'exécution : ~ 1 mn 20 s

37. « Vater unser im Himmelreich » (BWV 636)

« *Notre Père au royaume du ciel, / Toi qui dis à nous tous / D'être frères et de t'invoquer, / Et qui veux que nous te priions, / Donne-nous de ne pas te prier de la bouche, / Mais aide-nous à le faire du fond du cœur.* »

Autre article fondamental du dogme, le « Notre Père » connaît trois autres versions pour l'orgue, deux dans la *Clavier-*

übung (BWV 682 et 683) et la BWV 737, en plus de trois d'authenticité douteuse. Le texte de Luther ne traduit pas le « *Pater noster* » catholique, mais en reprend l'idée en l'adaptant. Le commentaire est ici beaucoup moins élaboré que dans la grande version de la *Messe luthérienne*, mais plus, toutefois, que dans la petite. A la mélodie du cantique, exposée au soprano, répondent les trois autres voix qui, dans une polyphonie à la trame serrée, travaillent par un développement foisonnant l'unique petite figure de la première mesure brodant l'incipit du cantique. Cette multiplicité d'entrées plus ou moins variées de ce seul motif semble incarner l'innombrable famille des chrétiens que le Père veut tous frères.

Durée d'exécution : ~ 1 mn 30 s

38. « Durch Adams' Fall ist ganz verderbt » (BWV 637)

« *Par la chute d'Adam, tout a été corrompu, / Nature et caractère de l'homme. / Le même poison nous a été transmis, / De sorte que nous ne pouvons guérir / Sans le secours de Dieu qui nous a délivrés / De la grande malédiction / Survenue quand le serpent a vaincu Ève / Pour attirer sur elle la colère de Dieu.* »

Entré au répertoire luthérien dès 1535, ce cantique de confession provient d'une chanson chantée dix ans plus tôt par les fantassins à la bataille de Pavie. Ce choral doit sa juste célébrité à ses chromatismes et à ses harmonies audacieuses, qui commentent de façon extraordinairement imagée le péché originel. La mélodie du cantique, simple et diatonique comme tous les cantiques luthériens, est escortée par les trois autres voix appliquées à commenter la double idée contenue dans le premier vers : la chute du péché, et sa conséquence, la corruption du monde.

Alto et ténor se déploient dans la lente reptation du serpent du péché originel, mouvement chromatique insidieux où plus aucun intervalle ne peut se maintenir semblable à lui-même : c'est littéralement la corruption, une tierce majeure devient aussitôt mineure, les notes s'altèrent constamment. Quant à la basse, au pédalier, elle figure de façon saisissante la chute de l'homme, par ses sauts descendants (en intervalles disjoints de septième diminuée, principalement), inlassablement répétés. Admirable traitement chromatique pour un thème aussi parfaitement diatonique.

Durée d'exécution : ~ 2 mn

39. « Es ist das Heil uns kommen her » (BWV 638)

« *Le salut nous est venu / Par la grâce et de hauts bienfaits. / Les œuvres qui ne peuvent être d'aucun secours, / Elles ne peuvent pas nous protéger. / C'est la foi qui nous rapproche de Jésus-Christ / Qui a tout fait pour nous : / Il est devenu notre médiateur.* »

Ce cantique a pour thème la rédemption qui suit la faute. Il est adapté d'une mélodie du XVe siècle. C'est la foi qui sauve, dit le luthérien, non les œuvres. Aussi ce choral, en complète opposition de ton avec le précédent, est-il entièrement diatonique, dans la tonalité la plus affirmée et glorieuse qui soit, celle de *ré* majeur, et de carrure élémentaire. Mélodie au soprano, volutes en doubles croches aux voix intermédiaires, motif de joie simple, et à la basse, pulsation régulière de croches égales qui vont tout droit leur chemin avec une parfaite assurance, marquant la fin de chaque période d'une cadence parfaite bien solide sur les bons degrés. La triple cadence terminale occupe entièrement les deux dernières mesures, comme un bloc inattaquable.

Durée d'exécution : ~ 1 mn

40. « Ich ruf' zu dir, Herr Jesu Christ » (BWV 639)

« *Je crie vers toi, Seigneur Jésus-Christ, / Je t'en prie, écoute mes plaintes, / Accorde-moi ta grâce en ce jour, / Ne me laisse pas tomber dans le découragement ! / La vraie foi, Seigneur, / Veuille bien me l'accorder ; / Donne-moi de vivre toujours pour toi, /*

d'être utile au prochain, / D'observer toujours ta parole. »

Dans le cycle de la vie chrétienne de l'*Orgelbüchlein*, ce cantique a pour thème la prière. C'est le seul choral en trio du recueil. Trois parties, trois plans sonores, mais aussi trois valeurs métriques superposées : noires du soprano, croches de la basse, doubles croches de la voix intermédiaire. La mélodie du cantique se détache au soprano, légèrement ornée, d'abord, comme il convient à l'expressive supplication du chrétien, puis unie, littéralement énoncée, lorsqu'il s'agit de la foi et de la parole divine. Cette confiance en Dieu et l'espérance en la foi apparaissent dans la ponctuation régulière de la basse, de style très instrumental. La voix intermédiaire, enfin, déroule son arabesque infinie, plainte et prière du pêcheur qui s'infléchit pour souligner les mots clés du cantique aux yeux de Bach : « Écoute mes plaintes », « Veuille bien » me l'accorder, et la vague d'espérance avant le dernier vers qu'introduisent, dans le texte allemand, les mots « Ta parole ». Une variante inédite de ce choral existe sous le numéro BWV supplémentaire 73.

Durée d'exécution : ~ 1 mn 50 s

41. « In dich hab' ich gehoffet » (BWV 640)

« *En toi j'ai espéré, Seigneur, / Aide-moi à n'être pas un objet de honte / Pour dérision éternelle. / Je t'en prie, maintiens-moi / Dans ta fidélité, Seigneur Dieu.* »

Ce choral, et les deux suivants, ont tous trois pour thème la foi du croyant. Celui-ci paraphrase le Psaume 31, « *In te, Domine, speravi* ». La mélodie du cantique, toujours au soprano, est commentée en un contrepoint serré par les trois autres voix, qui utilisent et développent sans cesse un bref dessin composé, en diminution, des troisième, quatrième et cinquième notes de la mélodie. Dans un profil peu modulant, ce motif est réentendu fréquemment sur les mêmes notes — en particulier à chaque cadence de fin de période —, ce qui accroît le caractère de prière insistante qui domine ici. Cette prière est riche de la joie intérieure du chrétien qui possède la foi : Bach nous la fait entendre par la figure dactylique du « thème » de commentaire. Celui-ci subit de nombreuses modifications, très légères mais précisément adaptées au texte du cantique qui se déroule. C'est ainsi que l'intervalle caractéristique de quarte descendante sera entendu juste, diminué ou augmenté, devenant éventuellement quinte diminuée ou juste ; ou que le dessin se répétera en doubles croches continues, comme à la basse du dernier vers, pour souligner la foi en Dieu.

Durée d'exécution : ~ 1 mn

42. « Wenn wir in höchsten Nöten sind » (BWV 641)

« *Quand nous sommes dans la plus grande détresse / Et que nous ne savons où nous tourner, / Et que nous ne trouvons ni aide, ni conseil, / Quoique également inquiets matin et soir. Alors, notre unique consolation est / Que nous tous, ensemble, / Nous t'invoquions, ô Dieu fidèle, / Puisque tu nous délivres de l'angoisse et de la détresse.* »

Sur le thème de la foi, ce choral, l'un des plus connus de Bach, doit sa mélodie au musicien français Loys Bourgeois, l'un des principaux artisans du psautier huguenot. Bach a donné deux paraphrases à ce cantique ; la deuxième, non moins connue, n'est autre que le choral « *Vor deinen Thron* », 18e et dernier de l'« Autographe de Leipzig », considéré comme la dernière œuvre du musicien. Dans l'*Orgelbüchlein*, c'est l'un des trois chorals ornés du recueil (avec les nos 16 et 24). A chaque fois, il nous semble entendre Bach lui-même prendre la parole et nous donner sa version personnelle, individuelle, du cantique, au lieu d'en laisser le chant à l'assemblée.

A

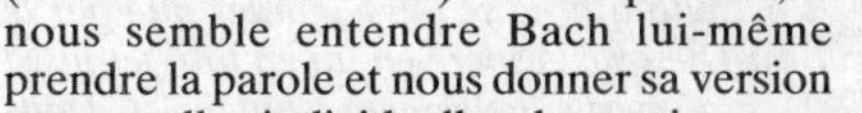

B

Ainsi, la mélodie originelle disparaît-elle complètement sous la surcharge d'ornements hautement expressifs qui s'y superposent, dans le récit très subjectif d'une sorte de bel canto instrumental baroque. Détresse, inquiétude, angoisse : ce n'est plus le Cantor sûr de sa foi et théologien puissant qui s'exprime ici, mais l'homme dans toute sa fragilité et soudain en proie au désarroi, sinon au doute. Contrairement au caractère général de l'*Orgelbüchlein*, alto, ténor et basse ne se partagent pas un commentaire figuré des idées du cantique : le soprano semble en épuiser toute la substance, et les trois autres voix se bornent à accompagner simplement le chant orné. Mais la matière musicale de cet accompagnement est tout entière faite de l'incipit de la mélodie en diminution, soit sous forme droite, soit sous forme renversée (principalement à la basse). De la sorte, si l'auditeur luthérien ne reconnaît plus clairement le cantique familier dans sa paraphrase ornée au soprano, il entend en permanence les trois autres voix répéter avec une obstination accablée : « Quand nous sommes dans la plus grande détresse... »

Durée d'exécution : ~ 2 mn

43. « Wer nur den lieben Gott lässt walten » (BWV 642)

« *Celui qui ne se laisse guider que par le Bon Dieu / Et espère en lui en tout temps, / Il sera merveilleusement soutenu / Dans toute détresse et toute tristesse. / Celui qui a confiance en Dieu tout-puissant, / Celui-là n'a pas bâti sur le sable.* »

Le texte paraphrase un verset du Psaume 55 : « Décharge sur Yahvé ton fardeau et lui te subviendra, il ne peut laisser à jamais s'écrouler le juste ». Bach développe dans son commentaire l'idée de la confiance dans le guide tout-puissant, sans s'arrêter à l'évocation de la détresse. Le cantique qu'énonce le soprano se voit donc escorté à l'alto et au ténor par le motif dactylique caractéristique de la joie confiante, tandis que la basse, qui s'en empare à plusieurs reprises, ponctue régulièrement le mouvement de marche du chrétien « merveilleusement soutenu ».

On notera que si Bach ne recourt pas ici au procédé du canon pour figurer l'image de Dieu guidant le chrétien, cette image n'en est pas moins représentée par les nombreuses imitations entre les trois voix ainsi que par les tierces et les sixtes parallèles entre elles. Ce cantique est sans doute l'un des plus chers au cœur de Bach. Il l'a traité quatre autres fois à l'orgue : BWV 647, du recueil Schübler, BWV 690 et 691, du recueil Kirnberger, et BWV 691a; on le trouve aussi en harmonisations et paraphrases dans des *Cantates*, non seulement celle qui porte ce nom, BWV 93, d'où est issue la version du recueil Schübler, mais aussi dans les *Cantates* BWV 27, 84, 88, 166, 179 et 193.

Durée d'exécution : ~ 1 mn 30 s

44. « Alle Menschen müssen sterben » (BWV 643)

« *Tous les hommes doivent mourir, / Toute chair se flétrit comme herbe, / Tout ce qui vit doit se corrompre / Pour devenir autre chose de nouveau. / Ce corps, il faut qu'il périsse / S'il doit renaître éternellement/ A la gloire suprême / Qui a été préparée pour les bienheureux.* »

C'est bien sûr la mort qui est le thème de ce cantique du XVIIe siècle. On n'a pas manqué de remarquer l'apparente contradiction entre l'idée contenue dans le cantique et la claire tonalité de *sol* majeur dans laquelle est écrit ce choral. C'est que, on le sait, la mort, même dépeinte avec un réalisme macabre tout germanique, n'est jamais pour Bach que le prélude à la vie bienheureuse de l'âme; et c'est bien ce qu'expriment les derniers vers de la première strophe du cantique. Ici encore, nous trouvons la carrure d'une marche mystique, celle du chrétien allant vers Dieu avec confiance, passant par la porte étroite de la mort terrestre. D'où cette polyphonie stricte et serrée des trois voix accompagnant la mélodie du soprano. Le motif du commentaire est exposé aux deux premiers temps de la basse : un contretemps accuse le mouvement descendant — l'homme doit mourir — et met d'autant mieux en valeur l'intervalle ascendant qui suit, généralement quarte ou octave — la renaissance après la mort. Le caractère inexorable de cette condition humaine apparaît bien dans la rigoureuse régularité rythmique du choral : on y entend à chaque temps les trois durées mises en œuvre, noire, croche et double croche. De même, l'espérance de l'union en Dieu est soulignée par les fréquentes tierces et sixtes parallèles.

Durée d'exécution : ~ 2 mn

45. « Ach wie nichtig, ach wie flüchtig » (BWV 644)

« *Ah, combien vaine, ah, combien fugitive / Est la vie de l'homme! / Comme un nuage bientôt se forme / Et bientôt aussi se défait, / Telle est notre vie!* »

Ce dernier choral commente un cantique composé, texte et musique, par Michael Franck, et datant de 1652. Le musicien a traité le même cantique dans la cantate BWV 26, comme chœur d'entrée et choral final, cantate écrite en 1724. Avec cette page ultime de ce que Bach a mené à terme de son grand projet inachevé, nous sommes plongés en plein figuralisme. Le timbre du cantique, énoncé sans ornementation au soprano, est commenté par deux motifs descriptifs étrangers au cantique. Ceux-ci illustrent le double aspect — vain, sans valeur, d'une part, et fugitif, d'autre part — de la vie humaine, tel que le développe l'image du nuage qui se fait et se défait dans le ciel. Vaine, et ce sont les petits groupes de trois notes à la basse, les deux dernières faisant toujours un saut descendant d'octave, laissant à vide la battue du deuxième et du quatrième temps de chaque mesure, y compris de la dernière, escamotant ainsi la cadence finale et laissant en suspens cette activité fébrile de l'homme qui n'aura mené nulle part. Fugitive, et il n'y a qu'à observer les gammes, dans l'ambitus d'une octave pleine, qui ne cessent de monter et de descendre à l'alto et au ténor, en doubles croches, comme les nuages effilochés par le vent et ne formant que de fuyantes images. C'est exactement cette même figure de bourrasques de gammes que reprendra la cantate BWV 26, dès son introduction orchestrale.

Durée d'exécution : ~ 0 mn 50 s

Les 6 Chorals Schübler

(BWV 645-650)

Dans les toutes dernières années de sa vie, Bach reçut, semble-t-il, commande d'un recueil de six chorals pour l'orgue de la part d'un nommé Johann Georg Schübler. Celui-ci, né vers 1720, avait été l'élève de Bach à Leipzig en 1740, puis s'en était retourné dans sa ville natale de Zella, en Thuringe, où il fut organiste jusqu'à sa mort prématurée, sans doute peu après 1753. Se lançant parallèlement dans l'édition musicale, le jeune homme avait conclu un arrangement avec son ancien maître, pour une publication dont il pouvait attendre profit et notoriété. Bach devait donc lui envoyer la partition de six pièces, qui furent éditées entre 1746 et 1749. C'est le même Schübler qui, avec l'aide de son frère, grava l'*Offrande musicale*; le nom de Schübler, attaché à ces six chorals, est donc lié à l'édition de deux des neuf œuvres (seulement!) gravées du vivant de Bach. Peut-être est-ce également le même Schübler à qui l'on donna à graver les planches de *L'Art de la fugue*, peu après la mort du compositeur.

Plutôt que d'écrire des œuvres nouvelles, ce qui n'était plus du tout dans son registre de préoccupations en ces années ultimes où il mettait au point son testament musical, Bach reprit des chorals qu'il avait déjà traités dans ses cantates pour en donner une transposition à l'orgue. Son choix s'est porté sur des airs ou duos de cantates pouvant se prêter à une transcription à l'orgue en écriture en trio ou, pour les chorals 3 et 4 de la série, en quatuor, et où le thème du cantique apparaissait clairement en cantus firmus. Sans doute s'orienta-t-il aussi vers des thèmes musicaux et religieux plus populaires, qu'il n'avait pas encore traités à l'orgue, et qui pourraient assurer un plus grand succès à l'édition. Enfin, il eut encore en tête — et c'est chez lui une constante de pédagogue et de prédicateur en musique — de poursuivre un but didactique. Le titre qu'il donna au recueil est là-dessus explicite : « Six chorals de diverses espèces composés pour préluder sur un orgue à 2 claviers et pédalier… »

Les cantates d'où sont extraits ces chorals ont été entendues pour la première fois à Leipzig entre 1724 et 1731. Dans le cas du deuxième des six chorals, on en est réduit à une conjecture quant à la source, l'original n'ayant pas été retrouvé, mais il n'y a aucune raison de penser qu'il pourrait ne pas s'agir d'une cantate, perdue (il ne nous en est parvenu que les deux tiers, et certaines, en outre, sont incomplètes).

1. « Wachet auf, ruft uns die Stimme » (BWV 645)

« *Réveillez-vous, la voix du veilleur nous appelle.* »

Ce choral pour orgue est sans doute aujourd'hui le plus populaire de Bach. Il est tiré de la célèbre cantate « *Wachet auf* » BWV 140, qui date de 1731, où il apparaît comme n° 4. C'est, confié à la partie de ténor, l'énoncé de la mélodie du cantique sur les paroles « Sion entend chanter les veilleurs », tandis que la ritournelle d'accompagnement est assurée par les cordes. A l'orgue, le thème du choral est entendu, comme se doit, au ténor, en cantus firmus; la main droite joue la ritournelle, et le pédalier assure la basse.

Durée d'exécution : ~ 4 mn 30 s

2. « Wo soll ich fliehen hin » (BWV 646)

« *Où dois-je m'enfuir?* »

On ignore l'origine de ce choral; sans doute provient-il d'un air d'alto manquant dans la cantate BWV 188 « *Ich habe mein Zuversicht* » (« J'ai confiance »), datant de 1728, cantate très incomplète. On connaît par ailleurs une cantate du même titre que le choral, BWV 5, de 1724, construite à partir du même cantique. Celui-ci dépeint l'angoisse du pécheur sous le poids de ses fautes. L'écriture de ce choral est un trio : la main droite joue le soprano, et la main gauche la basse, en imitations figurant la fuite (le compositeur a indiqué les registrations, respectivement d'un jeu de 8′ et d'un jeu de 16' sur le second clavier). Le cantique apparaît à l'alto, en cantus firmus, exécuté par le pédalier sur un jeu de 4 pieds.

Durée d'exécution : ~ 1 mn 30 s

3. « Wer nur den lieben Gott lässt walten » (BWV 647)

« *Celui qui laisse régner le bon Dieu sans partage.* »

Ce choral est tiré de la cantate homonyme BWV 93, de 1724; il y apparaît comme n° 4, duo de soprano et d'alto accompagné des cordes. Les deux voix chantent la quatrième strophe du cantique (« Il connaît les bonnes heures de joie »), en imitations, paraphrasant librement l'incipit de la mélodie du cantique; elles sont accompagnées du continuo, et l'énoncé du cantus firmus est confié aux violons et altos à l'unisson. Dans sa transcription pour l'orgue, Bach traite le choral en pure écriture en quatuor. Le continuo est énoncé par la main gauche, sans réalisation, et les deux voix sont jouées par la main droite; quant au thème du choral, il apparaît au ténor, joué par le pédalier sur un jeu de 4′. Ce cantique a également été traité dans l'*Orgelbüchlein* (n° 43, BWV 642), et on le trouve en deux versions dans le recueil Kirnberger ainsi qu'en deux versions isolées.

Durée d'exécution : ~ 4 mn

4. « Meine Seele erhebt den Herren » (BWV 648)

« *Mon âme glorifie le Seigneur.* »

Ce texte n'est autre que l'adaptation luthérienne du *Magnificat* catholique, illustré par la cantate homonyme BWV 10, de 1724. Le choral est transcrit du n° 5 de la cantate, cinquième verset du *Magnificat*, imité du « *Suscepit Israël* » : « Il se rappelle la miséricorde et aide son serviteur

Israël à se relever ». Dans la cantate, ce verset est un duo entre alto et ténor soutenus par le continuo, le choral étant énoncé en cantus firmus par la trompette et les deux hautbois à l'unisson. A l'orgue, Bach traite à nouveau le choral en quatuor, comme dans le choral précédent ; mais cette fois, c'est au pédalier qu'est entendue la basse du continuo, sans réalisation, et c'est la main gauche qui fait chanter les deux voix d'alto et de ténor. Quant au cantus firmus, il apparaît à la main droite, pour laquelle Bach a donné l'indication « *forte* ».

Durée d'exécution : ~ 2 mn

5. « Ach bleib bei uns, Herr Jesu Christ » (BWV 649)

« *Reste près de nous, Seigneur Jésus Christ.* »

L'origine de ce choral, qui revient à l'écriture en trio, se trouve dans la cantate BWV 6 « *Bleib bei uns, denn es will Abend werden* » (« Reste près de nous, car le soir va tomber »), de 1725. C'est le nº 3 de la cantate : le soprano chante simplement le choral en cantus firmus, accompagné par une ritournelle au violoncelle piccolo et la basse continue. La transcription pour l'orgue, très fidèle à l'original, peut se comparer à celle effectuée pour le choral « *Wachet auf* », première du recueil, avec simplement, pour respecter l'étagement des voix, une inversion des mains aux claviers. C'est la main gauche qui joue la ritournelle, accompagnée par la basse au pédalier, et la main droite qui fait entendre le cantus firmus.

Durée d'exécution : ~ 2 mn 30 s

6. « Kommst du nun, Jesu, vom Himmel herunter » (BWV 650)

« *Tu viens maintenant du Ciel, ô Jésus.* »

Ce dernier choral a été tiré de la cantate BWV 137, « *Lobe den Herren, den mächtigen König der Ehren* » (« Louez le Seigneur, le puissant roi des honneurs »), où il suit immédiatement le chœur d'ouverture. Dans cette triomphante cantate-choral, destinée à célébrer l'élection du nouveau conseil à grand renfort de trompettes, hautbois et timbales, c'est un délicat moment d'intimité. L'alto chante la seconde strophe du choral (« Louez le Seigneur qui gouverne toutes choses si magnifiquement), dans une légère et élégante ornementation, simplement accompagné du violon solo et de la basse continue. La transcription à l'orgue est semblable à celle du deuxième choral du recueil : la basse est jouée à la main gauche, sans réalisation du continuo, les guirlandes du violon solo à la main droite, et le cantus firmus apparaît sur un jeu de 4′ au pédalier. On remarquera qu'il s'agit ici encore de l'un des plus célèbres thèmes de cantique de l'Église luthérienne.

Durée d'exécution : ~ 3 mn 30 s

Les 18 Chorals de l'« Autographe de Leipzig » (BWV 651-668)

On a coutume de désigner par « Autographe de Leipzig » un recueil, sans doute assemblé après la mort du compositeur, contenant successivement les manuscrits autographes des six *Sonates en trio*, de 17 chorals pour orgue, des *Variations canoniques* pour orgue dans leur dernière rédaction (BWV 769a) et d'un dernier choral pour orgue. En fait, c'est improprement que le recueil est baptisé autographe, car les trois derniers chorals ne sont pas de la main de Bach : les deux derniers du groupe des 17 composés par Bach ont été copiés par Altnikol, disciple et gendre du compositeur, et le tout dernier par un anonyme. Ces pages ont été mises au point ou recopiées dans les ultimes années de travail de Bach, peut-être même dans les derniers mois de sa vie, puisqu'on le voit, au travers de sa graphie, aux prises avec une cécité croissante, qui fut sans doute la raison du relais pris par son gendre. Il est donc impossible de savoir aujourd'hui si le musicien avait en tête la composition d'un recueil homogène, cohérent, de ces œuvres, peut-être destiné à l'édition, moins encore sous quel thème unificateur il aurait pu le placer. Aucun texte, aucune page de titre ne sont là pour le dire. Que d'autres mains aient poursuivi le travail, très certainement sous les directives du compositeur entré dans la nuit, inclinerait à supposer que ce dernier pouvait envisager la composition d'un recueil. Une seule certitude demeure : pour la plupart de ces

18 Chorals, nous possédons un, parfois deux, voire trois états de rédaction antérieurs; ceux qui figurent dans le recueil apparaissent comme les élaborations les plus parachevées de ces méditations spirituelles sur lesquelles le compositeur se pencha sa vie durant.

1. J.J. Fantasia super « Komm, heiliger Geist, Herre Gott » (BWV 651)

Canto fermo in Pedale di J.S. Bach

« *Viens, Esprit Saint, Seigneur Dieu, / Emplis de ta grâce bienfaisante / Le cœur, l'âme et la pensée de ceux qui croient en toi ! / De ton amour ardent, enflamme-les ! / O Seigneur, par l'éclat de ta lumière. / Dans la foi tu as réuni / Les peuples de toutes les langues du monde, / Pour que, Seigneur, soit chantée ta louange, / Alleluia, Alleluia !* »

En tête de l'anthologie de chorals pour orgue dont il entreprend le recueil au soir de sa vie, Bach inscrit les deux lettres *J.J.*, pour « *Jesu, juva !* » (« Que Jésus nous aide ! »). Et c'est avec la libre paraphrase de l'hymne « *Veni Sancte Spiritus* », due à Luther, qu'il ouvre, sous le signe de l'Esprit Saint, cette série de chorals sans doute inachevée. On connaît un état antérieur, plus court, de ce choral (BWV 651a), dont le thème sera également traité dans la pièce suivante de l'« Autographe ». Le compositeur a intitulé ce premier choral « *Fantasia* »; et c'est bien en effet une brillante toccata en *fa* majeur, où le thème du cantique sera intégralement énoncé, ferme affirmation de la foi, en valeurs longues et en périodes largement espacées, à la basse, tandis que les manuels, à trois voix, développent un majestueux et brillant motif de doubles croches brodant l'incipit du thème de cantique. Tout comme dans la *Toccata* en *fa*, le flux régulier de doubles croches animera l'œuvre de bout en bout, engendrant des figures dérivées et des épisodes modulants malgré le franc diatonisme du choral, pour non pas souligner d'un trait approprié tel mot du texte, mais créer des climats sonores préparant en enveloppant les diverses périodes du texte.

Durée d'exécution : ~ 5 mn

2. « Komm, heiliger Geist, Herre Gott » (BWV 652)

alio modo a 2 Clav. e Pedale, di J.S. Bach

Texte : voir BWV 651.

Sur le même cantique que le choral précédent, celui-ci est également connu par une version légèrement différente (BWV 652a), qui peut en être le premier état. Chacune des neuf périodes du cantique est ici traitée en entrée fuguée sur le thème même de la période. A quatre voix, on entend successivement le ténor, l'alto et la basse, apportant chacun au thème une légère ornementation; et quand entre le soprano, ce n'est pas comme réponse dans le contexte de l'entrée fuguée, mais à la tonique, sur un clavier séparé, l'énoncé du thème de cantique dans une ornementation riche et d'une grande élégance, quoique préservant l'intelligibilité de la mélodie. L'Alleluia final se prête à une conclusion en forme de toccata, fusant en nombreuses imitations. Ce choral est très vraisemblablement de composition plus ancienne que le précédent.

Durée d'exécution : ~ 7 mn

3. « An Wasserflüssen Babylon » (BWV 653)

a 2 Clav. e Pedale, di J.S. Bach

« *Près des fleuves de Babylone, / Là, nous nous sommes assis, dans la douleur. / Lorsque nous pensions à Sion, / Alors nous pleurions du fond du cœur. / Nous avons, l'âme lourde, suspendu nos harpes et nos bons instruments de musique / Aux branches des saules / Qui poussaient dans leur pays. / Là, nous avons dû chaque jour souffrir de leur part / Maint affront et outrage.* »

Ce cantique est l'adaptation du fameux Psaume 137, psaume de l'exil des Juifs après la destruction de Jérusalem qui inspira bien des musiciens. Ce choral est lié à un épisode de la vie de Bach. On sait, en effet, que celui-ci, veuf depuis peu, s'est rendu, fin 1720, à Hambourg pour y solliciter le poste d'organiste de l'église Saint-Jakob. Dans cette ville, où l'art du célèbre

Reinken avait tant frappé son imagination d'adolescent, il revenait en maître et joua deux heures durant, à l'émerveillement du très vieil organiste de Sainte-Catherine, alors âgé de quatre-vingt-dix-sept ans. Ne peut-on imaginer le grand vieillard chantant alors intérieurement le *Nunc dimittis*? Il y a tout lieu de penser que Bach fit entendre, entre autres, la *Fantaisie et fugue* en *sol* mineur et une paraphrase sur le choral « *An Wasserflüssen Babylon* », à double pédale (que Reinken lui-même avait traité) — à moins que ces pages aient d'abord été improvisées, et qu'il les ait ensuite mises au propre. Ces œuvres sont à la fois marquées par la grande détresse du jeune maître qui venait de perdre son épouse, et, sur le plan musical, par les archétypes de la musique pour orgue de l'Allemagne du Nord à laquelle il avait à cœur de rendre hommage. Ainsi, nous possédons une première version de ce choral, à cinq voix et double pédale (BWV 653b), pratique chère aux musiciens du Nord, qui doit sûrement être rattachée au voyage hambourgeois. Une autre version antérieure (BWV 653a), à quatre voix et d'élaboration plus simple, semble précéder celle à cinq voix. Enfin, celle qui figure dans le recueil de Leipzig est le troisième état de cette lente maturation. Dans cette rédaction définitive, le thème du cantique apparaît isolé sur un clavier, à la voix de ténor, en taille, à la manière des récits des maîtres français; il est agrémenté de délicates ornementations qui en soulignent le pathétisme contenu : le chant du peuple juif en exil, c'est aussi celui de l'homme séparé de sa compagne et qui pleure sa solitude. Ce choral, qui est assurément l'un des chefs-d'œuvre de Bach, est construit par périodes, comme le précédent, avec chaque fois un jeu extraordinairement complexe d'imitations où l'intonation du cantique se combine contrapuntiquement avec elle-même, en contre-sujet, et avec chaque nouvelle période. Les figuralismes dont cette page abonde ne semblent pas entamer l'infaillible déroulement, dans un doux balancement de sarabande, du commentaire polyphonique si savant, aux harmonies parfois torturées (sur les mots « affront et outrage », notamment). Il ne semble pas qu'on ait jusqu'ici relevé l'étrange similitude de l'incipit de ce choral avec celui des deux précédents : y aurait-il là, de la part du musicien, un enchaînement à portée spirituelle?

Durée d'exécution : ~ 5 mn

4. « Schmücke dich, o liebe Seele » (BWV 654)

a 2 Clav. e Pedale, di J.S. Bach

« Pare-toi, chère âme, / Quitte les sombres cavernes du péché, / Viens à la brillante lumière, / Commence à luire avec magnificence, / Car le Seigneur plein d'accueil et de grâce / S'invite maintenant en hôte, / Celui qui peut emplir le ciel / Va maintenant trouver asile en toi. »

C'est peut-être le plus simplement émouvant des chorals du recueil de Leipzig, l'un des plus justement célèbres, aussi. La mélodie y apparaît, magnifiquement ornée — parée, serait-on tenté de dire —, au soprano, période par période, celles-ci largement espacées (les deux premières périodes, répétées dans le cantique, font l'objet d'une reprise intégrale). Chaque période est précédée d'un commentaire fondé sur le thème à venir, amplement brodé et orné, et librement traité, non pas en fugato, mais en style décoratif, abondant en guirlandes dans la souple carrure d'une sarabande. Ce commentaire ne renonce cependant pas au figuralisme, notamment dans l'abondance des tierces et sixtes parallèles dont on sait qu'elles figurent l'union de l'âme avec Dieu. Moins sévère, dans son émouvante perfection, que les autres pièces du recueil, ce choral impressionna profondément Schumann et Mendelssohn, qui l'entendirent à l'orgue de Saint-Thomas de Leipzig au cours d'un concert.

Durée d'exécution : ~ 7 mn

5. Trio super « Herr Jesu Christ, dich zu uns wend » (BWV 655)

a 2 Clav. e Pedale di J.S. Bach

« Seigneur Jésus-Christ, tourne-toi vers nous, / Envoie-nous ton Esprit Saint, / Par ton aide et ta force, conduis-nous / Et guide-nous sur le chemin de la vérité. »

Ce choral pour la Pentecôte, lointaine adaptation du « *Veni Creator* », est connu par trois états antérieurs (répertoriés BWV 655a, b et c). Bach l'a également traité dans son *Petit Livre d'orgue* (*Orgel-*

büchlein nº 34, BWV 632). On en connaît encore une version dans le recueil Kirnberger (BWV 709), une autre dans les chorals divers (BWV 726), et trois d'authenticité douteuse. Il compte six périodes musicales, les deux dernières étant répétées. L'écriture de cette pièce évoque irrésistiblement celle des *Sonates en trio*, dont ce pourrait être l'un des mouvements : dialogue d'invention à deux dessus, sur deux claviers distincts, soutenu par une basse instrumentale. Le motif jubilant, comme il convient pour l'intervention du Saint-Esprit dans la symbolique de Bach, est issu de l'intonation du choral et procède par nombreuses imitations. Ce n'est qu'à la dernière des quatre pages de cette œuvre — qui semblait n'entretenir avec le cantique original qu'un assez lointain rapport —, que le thème du choral entre à la basse, en énoncé simple, sans ornementation, se détachant sereinement sur le lumineux carillon.

Durée d'exécution : ~ 3 mn 40 s

6. « O Lamm Gottes unschuldig »
(BWV 656)

3 Versus di J.S. Bach

« *O innocent Agneau de Dieu / Immolé sur le bois de la croix! / Tu as toujours été trouvé résigné, / Quoique tu aies été outragé. / Tous nos péchés, tu les a portés, / Sinon nous aurions désespéré. / Aie pitié de nous, ô Jésus!* »

Cet « *Agnus Dei* » luthérien, Bach l'a traité cinq fois à l'orgue : outre cette version, on connaît le Prélude de choral de l'*Orgelbüchlein* (nº 20, BWV 618) et trois autres pages, dont une dans les chorals de la collection Neumeister (BWV 1095). Il est également bien connu, pour servir, entre autres, de cantus firmus au premier chœur de la *Passion selon saint Mattieu*. Les sept vers du cantique correspondent à cinq périodes musicales, les deux premières étant répétées et donnant lieu, comme à l'accoutumée chez Bach, à une reprise pure et simple, dans chacune des trois invocations (seule, la disposition des voix change à la reprise de la troisième invocation). Comme il est d'usage dans la liturgie catholique, les luthériens, en effet, entonnent trois fois ce cantique, la troisième se terminant par « *Gib uns Frieden, o Jesu* », « Donne-nous la paix, ô Jésus » (le « *Dona nobis pacem* » des catholiques). Alors qu'il n'avait traité que la première des trois invocations dans l'*Orgelbüchlein*, Bach commente ici les trois, enchaînées, dans une vaste construction.

1re invocation *(1 versus)*. A trois voix, aux claviers manuels. D'entrée de jeu, le rythme binaire du cantique est transformé en ternaire, pour accuser l'évocation pastorale de l'agneau, comme le font également les mordants qui ornent la mélodie. Le thème du choral apparaît au soprano, la désinence de chaque période faisant l'objet d'une ornementation. Il est précédé d'un commentaire en imitations sur l'intonation.

2e invocation *(2 versus)*. A trois voix, aux claviers manuels. Le choral est entendu à la voix médiane (registre d'alto, puis de ténor), à peine orné. Le commentaire développe en imitations une figure brisée ascendante.

3e invocation *(3 versus)*. A quatre voix, avec pédalier. Le thème du choral est énoncé à la basse ; dans une mesure à 9/4, le cantique, qui a déjà pris une coupe ternaire, est commenté à présent par des figures elles aussi ternaires, qui se déroulent en un fugato serein semblant évoquer l'innocence de l'agneau. La reprise, on l'a dit, se fait à l'identique, mais l'ordonnancement des voix est interverti (le ténor passe à l'alto, l'alto au soprano et le soprano au ténor). Changement complet au cinquième vers, « Tous nos péchés, tu les as portés » : c'est une véritable évocation des tribulations terrestres, des malheurs dans lesquels l'homme c'est enfermé, par les fanfares des armées du mal (motifs d'appel répétés avec insistance). Puis, au sixième vers, « Sinon, nous aurions désespéré », cette fois à 3/2, poignante évocation du plus sombre désespoir, toutes les voix (même celle du cantique) descendant chromatiquement, jusqu'au moment où la basse entonne le « Donne-nous la paix » : alors s'élancent de jubilantes arabesques qui rétablissent le climat de la sérénité pacifiée.

Durée d'exécution : ~ 8 mn

7. « Nun danket alle Gott »
(BWV 657)

a 2 Clav. e Pedale, canto fermo in Soprano. di J.S. Bach

« *Maintenant, remercions tous Dieu, / De notre cœur, de notre bouche et de nos mains, / Car il a fait de grandes choses / Pour nous et à toutes fins, / Dès le sein de notre mère / Et depuis notre enfance. / Sans mesure il nous a comblés, / Et encore maintenant il le fait.* »

Sur une mélodie de Johann Crüger (de 1648), ce cantique d'action de grâces n'a été traité qu'une seule fois à l'orgue par Bach. Les huit vers du cantique sont l'objet de six périodes musicales, les deux premières étant répétées à l'identique. Le traitement qu'en donne le musicien est celui d'un choral figuré, c'est-à-dire que chaque période est énoncée en cantus firmus, au soprano, sans ornementation, après un commentaire en fugato à trois voix fondé sur le thème même de la période. Ce contrepoint sévère renonce au figuralisme, mais développe l'atmosphère spirituelle de chaque vers.

Durée d'exécution : ~ 5 mn

8. « Von Gott will ich nicht lassen » (BWV 658)

Canto fermo in Pedale. di J.S. Bach

« *De Dieu, je ne veux pas me séparer, / Car il ne se sépare pas de moi. / Il me conduit sur les droits chemins, / Sans lui je m'égarerais, / Il me tend la main / Le soir et le matin, / Il prend soin de moi / En quelque lieu que je sois.* »

Traité à deux reprises, en prélude de choral, par Buxtehude, ce cantique, adapté à la mélodie d'un autre choral de Crüger (1653), ne l'a été qu'une seule fois par Bach. Huit vers, en six périodes (reprise des deux premières). Son texte est bien fait pour exalter les tendances piétistes du musicien : l'intimité de la relation du chrétien avec Dieu, comme celle d'un fils avec son père, la totale confiance, main dans la main, envers celui qui guide et protège en toute circonstance. La mélodie est traitée en choral figuré, chaque période étant précédée de son commentaire en fugato orné. Mais ce traitement revêt ici le caractère d'intimité des chorals de l'*Orgelbüchlein*. Le thème apparaît au ténor (joué au pédalier, sur un jeu de 4') dans la tonalité de *fa* mineur — celle, chez Bach, d'une effusion secrète toute particulière —, le commentaire déploie des jeux d'ornementation qui surabondent en petites figures très serrées de mètres dactyliques, signes de joie frémissante et de tendresse quasi maternelle. Ces figures parcourent la pièce de bout en bout, et deviennent dans la coda l'obsession palpitante de la confiance en Dieu. Les figures de tierces et de sixtes parallèles, union de l'homme avec Dieu, sont également nombreuses.

Durée d'exécution : ~ 4 mn

9. « Nun komm' der Heiden Heiland » (BWV 659)

a 2 Clav. e Pedale. di J.S. Bach

« *Viens maintenant, Sauveur des païens, / Reconnu comme fils de la Vierge ;/ C'est pour que le monde s'émerveille / Que Dieu lui a commandé de naître ainsi.* »

Ce cantique, sur lequel s'ouvrait le *Petit Livre d'orgue* (*Orgelbüchlein* n° 1, BWV 599), est traité trois fois de suite dans le recueil de Leipzig. Pour deux de ces trois chorals (n°s 9 et 11), nous possédons un état antérieur de rédaction, et deux versions préalables pour le n° 10. Il existe aussi une fuguette sur ce cantique dans le recueil Kirnberger. Ce choral orné est l'un des plus justement célèbres de Bach. La mélodie apparaît au soprano, dans les mille volutes d'une richissime ornementation, sorte d'arioso d'un haut pouvoir expressif. C'est un admirable chant qui s'élève par vagues, effusions d'adoration et d'imploration dans l'attente du Rédempteur. L'accompagnement est réalisé à l'alto et au ténor en empruntant l'intonation du cantique, qui réapparaît discrètement à chaque période, et en répondant au chant par des jeux d'imitations. Pour sa part, la basse s'avance en une pulsation régulière de croches, respiration sereine pour ce chant exalté. L'attente du Messie étant liée au plan de la Rédemption et à la perspective du sacrifice, c'est sur cette grande arabesque de caractère presque tragique, accusé par les sombres couleurs du ton de *sol* mineur, que se termine le choral, arabesque descendant d'une octave et demie. Peut-être le compositeur se souvient-il ici de la péroraison du choral homonyme de Buxtehude (BuxWV 211), également en *sol* mineur.

Durée d'exécution : ~ 5 mn

10. Trio super « Nun komm' der Heiden Heiland » (BWV 660)

a due Bassi e Canto fermo di J.S. Bach

Texte : voir BWV 659.

Après la traduction du cantique sous forme de choral orné, c'est un commentaire en trio que propose le recueil — un trio fort inhabituel, « à deux basses et cantus firmus », et qui évoque quelque air de cantate où le chant d'un alto serait accompagné d'une viole de gambe et d'un continuo. Très joliment ornée (quoique avec moins d'abondante prolifération que dans le choral précédent), la mélodie se développe à la partie supérieure, qui tient plus du registre de l'alto que du soprano. Elle est accompagnée par un duo que jouent, à la même octave, deux parties de basse, l'une à la main gauche et l'autre au pédalier. Ces deux parties procèdent en canons et en imitations, s'entrecroisant et se mêlant au point qu'on ne peut plus savoir si l'une peut être considérée comme la véritable basse du contrepoint, à moins de les différencier à l'orgue par l'usage de registres contrastés.

Durée d'exécution : ~ 3 mn 30 s

11. « Nun komm' der Heiden Heiland » (BWV 661)

In Organo pleno. Canto fermo in Pedale di J.S. Bach

Texte : voir BWV 659.

Troisième volet de la trilogie sur ce même cantique, celui-ci est destiné par le compositeur au plenum de l'orgue, avec le cantus firmus à la basse. Page puissante, elle ménage en effet l'exposition du thème du cantique en valeurs longues, et sans ornementation, au pédalier, chaque période étant largement distante de la précédente et de la suivante. Le commentaire est réalisé par un fugato à trois voix, aux claviers manuels, qui traite un motif de croches brodant le thème du cantique ; un contre-sujet en noires se comporte comme un second thème, dans un développement qui prend volontiers un tour concertant.

Durée d'exécution : ~ 3 mn

12. « Allein Gott in der Höh' sei Ehr' » (BWV 662)

a 2 Clav. e Pedale. Canto fermo in soprano
di J.S. Bach

« A Dieu seul dans les cieux soit la gloire,/ Et la gratitude pour sa miséricorde,/ Car, maintenant, ni jamais,/ Aucun dommage ne peut plus nous atteindre./ Dieu nous a donné son accord,/ Maintenant est une grande paix sans fin,/ Toute discorde a maintenant cessé. »

Bach reprend dans le recueil de Leipzig, et sous trois formes différentes, ce cantique qu'il avait également traité en trois versions dans la *Clavierübung* (BWV 675 à 677) ; on a recensé dans le commentaire du choral BWV 675 l'ensemble des chorals consacrés par le musicien à ce cantique qui lui était particulièrement cher. La première des trois versions de ce recueil est un choral orné. Le soprano développe de luxuriantes efflorescences de triples croches, dans un mouvement marqué *adagio* par le compositeur ; à peine reconnaissable, la mélodie du cantique est envahie par l'expression de la joie du chrétien exprimée par le texte, une joie à perdre haleine qui s'épanouit pour finir en un jubilus éperdu. Et c'est encore un motif de joie, avec ses dactyles caractéristiques, que développent l'alto et le ténor, sur des éléments mélodiques brodant l'intonation du cantique. La basse, enfin, ponctue régulièrement, en croches majestueuses.

Durée d'exécution : ~ 6 mn

13. « Allein Gott in der Höh' sei Ehr' » (BWV 663)

a 2 Clav. e Pedale. Canto fermo in Tenore
di J.S. Bach

Texte : voir BWV 662.

La deuxième version de ce *Gloria* offre la singularité de présenter le cantus firmus « en taille », au ténor, et cela dans une étonnante ornementation baroque qui fait presque disparaître la mélodie dans ses exubérantes roucoulades. Le commentaire traite des éléments mélodiques empruntés, sous diverses formes, à l'intonation du cantique, dans un *cantabile* concertant de croches aux claviers manuels comme dans une large phrase de blanches et de noires au pédalier. Ces motifs se prêtent à un travail contrapuntique complexe, riche de morceaux fugués, qui présente la double originalité de tirer l'essentiel de sa substance de la mélodie du cantique, tout en le paraphrasant par des figuralismes et en dialoguant avec le cantus firmus. A la fin de la sixième période, le discours polyphonique s'interrompt pour laisser à découvert le chant orné du cantique sur les mots « sans fin » (« *ohn' Unterlass* »). L'espace de trois mesures, l'arioso se mue en une sorte de cadence : en quelques coups d'aile, le chant du chrétien semble échapper pour toujours à la discorde avant de s'élever dans la sérénité d'une paix infinie. Le style de ce choral l'apparente à ceux de l'époque de Weimar, de laquelle il pourrait dater.

Durée d'exécution : ~ 6 mn 30 s

14. Trio super « Allein Gott in der Höh' sei Ehr' » (BWV 664)

a 2 Clav. e Pedale
di J.S. Bach

Texte : voir BWV 662.

Le troisième des trois chorals sur « *Allein Gott* » est un trio libre. Trois cantiques sont ainsi traités en trio dans le recueil de Leipzig : outre ce *Gloria*, on trouve la deuxième version de « *Nun komm der Heiden Heiland* » (BWV 660) et le « *Herr Jesu Christ, dich zu uns wend* » (BWV 655) que celui-ci évoque fortement : ductilité du discours, brio instrumental, grâce ailée se retrouvent ici, à un degré sans doute plus éblouissant encore. Un motif de doubles croches, issu de façon assez lointaine de l'intonation du choral, lance un discours volubile, passant d'une main à l'autre en des enchaînements de plus en plus rapprochés. Ce n'est pas tant la paix sans fin qui est ici évoquée, que l'allégresse d'un chant d'action de grâces, et peut-être les cohortes célestes chantant le « *Gloria* ». Longuement développé, ce merveilleux trio fait apparaître au pédalier, dans les dernières mesures, les deux premières périodes du cantique, qui couronnent le dialogue contrapuntique.

Durée d'exécution : ~ 6 mn

15. « Jesus Christus, unser Heiland » (BWV 665)

sub Communione. Pedaliter
di J.S. Bach

Texte : voir BWV 688.

Ce vieux cantique pour la communion, dû à Luther lui-même, a été traité quatre fois par Bach, deux fois dans le recueil de Leipzig et deux fois dans la *Clavierübung*. Dans ce dernier recueil, il était entendu au moment de la communion, et le présent choral est sous-titré « *Sub Communione* ». Cette page est la dernière écrite de la main de Bach, devenant aveugle, dans l'« Autographe de Leipzig » ; peut-être est-ce aussi l'ultime trace terrestre de son travail... C'est en tout cas l'un des chorals les plus savamment élaborés de toute son œuvre. La construction est typiquement celle d'un choral-paraphrase : chacune des quatre périodes du cantique fait l'objet d'un traitement particulier, sur son matériau propre ; celles-ci sont clairement articulées les unes aux autres (aux mesures 14, 27 et 38). Dans un contrepoint très rigoureux à quatre parties, les voix entrent toujours dans le même ordre : ténor, alto, basse (cantus firmus) et soprano. Chacune expose intégralement la période du cantique, traitée en exposition de fugue plus ou moins stricte, mais chaque fois de façon différente. Les deux premières voix sont accompagnées de contre-sujets, tant et si bien que lorsque entre la basse, on croit l'entendre comme quatrième voix, selon l'habitude, alors que ce n'est que la troisième entrée : le soprano lui répondra, à la double octave supérieure, puis un épilogue de caractère conclut chaque période. Celles-ci revêtent, dans le climat du commentaire, des aspects très contrastés. C'est d'abord, dans la belle sérénité diatonique (en *mi* mineur) de la première période, une grave méditation sur la Rédemption (« Notre Sauveur »). La colère de Dieu, de la deuxième période, se manifeste par une sorte de désordre contrapuntique, les voix s'enchevêtrant, se bousculant, et surtout par un étonnant figuralisme des aiguillons de la colère, brusques sauts ascendants, syncopés, du contre-sujet. Les douloureux chromatismes, surtout descendants, de la troisième période, figurent évidemment les amères souffrances du Christ, avec une saisissante conclusion chromatique (mes. 37). Et pour la délivrance que chante la période finale, la polyphonie s'épanouit, le cantus firmus s'orne et se développe en conclusion, et l'harmonie passe progressivement, dans les trois dernières mesures, de quatre à huit voix, tandis que le contre-sujet lance des motifs-fusées, clamant la victoire de la vie éternelle sur la damnation infernale.

Durée d'exécution : ~ 5 mn

16. « Jesus Christus, unser Heiland » (BWV 666)

alio modo
di J.S. Bach

Texte : voir BWV 688.

A la grande version précédente en répond une petite, écrite pour les seuls claviers manuels (à l'exception d'un *mi* grave tenu à la fin), selon un schéma qui est exactement celui de la Messe luthérienne : ces deux chorals lui auraient-il été primitivement destinés ? On est fondé à se le demander. Dans un rythme de gigue à 12/8, cette petite version traite le choral en cantus firmus au soprano, période par période, les trois autres voix préparant l'entrée au soprano par un travail sur le thème en style fugué. Le musicien renonce au figuralisme, mais chaque période est bien caractérisée, la dernière se développant en une exubérante toccata.

Durée d'exécution : ~ 3 mn

17. « Komm, Gott, Schöpfer, heiliger Geist » (BWV 667)

in Organo pleno con Pedale obligato
di J.S. Bach

« Viens, Dieu, Créateur, Esprit Saint, / Visite le cœur des hommes, / Emplis-le de ta grâce, / Car tu sais qu'ils sont tes créatures. »

C'est l'adaptation du « *Veni Creator* » par Luther. Bach avait traité ce cantique dans son *Petit Livre d'orgue* (*Orgelbüchlein* n° 33, BWV 631). A Leipzig, il le reprend à peu près à l'identique, mais lui adjoint une suite. Les dessins de doubles croches qui apparaissent dans le premier choral, et où l'on peut sans peine voir la plénitude du souffle de l'Esprit divin envahissant les hommes à la Pentecôte, vont maintenant constituer la trame du discours musical. Après l'imploration à l'Esprit — « Viens, Dieu... » —, c'est à présent l'Esprit qui souffle. Le motif de doubles croches se répand de toutes parts, aux trois voix manuelles, dans un admirable contrepoint entièrement animé par ces volutes aériennes qui ne cessent de monter et de descendre en d'innombrables imitations. Sous ce léger trio, la basse, au pédalier, énonce le thème de cantique dans toute sa gloire.

Durée d'exécution : ~ 2 mn

18. « Vor deinen Thron tret' ich » (BWV 668)

« Devant ton trône, je vais comparaître, / O Dieu, et je te prie humblement, / Ne détourne pas ta face pleine de grâce / De moi, le pauvre pécheur. »

Le texte musical de ce choral a sans doute été ajouté au recueil de Leipzig ; il est écrit d'une main anonyme, et la dernière page manque dans le recueil — mais le choral est connu par une rédaction antérieure. Rapportée par Forkel, le premier biographe de Bach, son histoire, à l'aspect légendaire, vaut d'être brièvement rappelée. Dans sa biographie, établie d'après ce que lui avait raconté Carl Philipp Emanuel, Forkel note : « Pour suppléer à la partie inachevée de la dernière fugue [de *L'Art de la fugue*], l'ouvrage a comme supplément un choral à quatre parties, « *Wenn wir in höchsten Nöten sind* », que Bach dicta quelques jours avant sa mort à son élève et gendre Altnikol [...]. » Devenu aveugle, le compositeur dicta donc ce qui est sans doute sa toute dernière œuvre, un choral sur le cantique « *Wenn wir in höchsten Nöten sind* » (« Quand nous sommes dans une grande détresse »), cantique qu'il avait déjà traité dans le *Petit Livre d'orgue* (*Orgelbüchlein* n° 42, BWV 641). Ce choral a été ajouté à *L'Art de la fugue* lors de sa publication posthume, en 1751, pour lui donner une fin. Mais sentant la mort prochaine, le musicien changea le titre original par celui d'un autre cantique chanté sur la même mélodie, et sous lequel nous le connaissons aujourd'hui. Avec ce choral, Bach entre dans son éternité ; mais ce « mot de la fin » est le fruit d'une profonde méditation. Forkel lui-même ajoute : « Je ne dirai rien de l'art qu'il a déployé dans ce choral, car cette science profonde de la musique était si familière à l'auteur, qu'il la pouvait exercer même dans sa maladie. » Or, on a pu remarquer que la première des quatre périodes du cantus firmus, la seule, d'ailleurs, qui soit ornée, compte 14 notes — 14 étant, rappelons-le une fois encore, le principal des nombres signature de Bach (la somme de l'ordre des lettres B + A + C + H) —, et que le nombre total des notes du cantus firmus est l'un des autres nombres signature, 41 (= J.S. Bach), 41 étant en outre le « récurrent » de 14. Délaissant les figuralismes, le compositeur se livre ici à une méditation sereine, dans le caractère d'une profondeur presque abstraite. Chaque période du cantus firmus, exposé au soprano, fait l'objet d'un traitement contrapuntique aux trois autres voix pour amener l'énoncé du choral, dans le dépouillement de sa nudité. Bach prend congé du monde en confiant à l'orgue sa dernière prière, dans un jeu très savant de formes et de proportions trouvant ici leur souverain équilibre; il parachève son témoignage de la divine perfection qu'il a entrevue avant de se présenter à la face de son créateur.

Durée d'exécution : ~ 4 mn

Les 24 Chorals du recueil Kirnberger (BWV 690-713)

Les chorals pour orgue qui ne font pas partie de l'un des recueils constitués par le compositeur nous sont connus par des sources diverses. L'une des plus importantes est un recueil collecté par (ou pour) son élève Kirnberger, vers 1760. Sur 114 morceaux de ce volume, 24 sont des œuvres de Bach inconnues par ailleurs. On pense que celles-ci ont pu être copiées d'après une collection appartenant au compositeur lui-même, et qui se serait intitulée « *Varirte und Fugirte Choräle* », « Chorals variés et fugués ». Ils ont été écrits dans les années de jeunesse et au temps de Weimar. Le recueil les présente en vrac, sans souci apparent de classement; on peut cependant observer que sur les 24, 15 sont des cantiques de Noël.

L'intérêt musical de ces pages est quelque peu irrégulier. On relèvera, parmi les plus réussis, **« Wo soll ich fliehen hin »** (« Où dois-je m'enfuir ») BWV 694, choral en trio dans le style des cantates et très proche du choral homonyme, deuxième des Chorals Schübler (BWV 646). **« Christum, wir sollen loben schon »** (« Nous devons maintenant louer le Christ ») BWV 696 est une fuguette à quatre voix sans pédalier obligé qui semble s'adapter à la deuxième strophe du cantique, « *Was fürcht'st du, Feind Herodes, sehr* » (« Que crains-tu tant, ennemi Hérode »), titre sous lequel il est également désigné.

Le célèbre cantique de Noël **« Vom Himmel hoch, da komm' ich her »** (« Du haut du ciel, je viens ici ») apparaît dans le recueil en deux versions; l'une (BWV 700) est une page assez archaïque, à cinq voix, l'autre (BWV 701), traitée en fuguette sans partie de pédalier, présente au contraire une écriture contrapuntique très élaborée — on a supposé qu'elle pourrait être une étude pour les fameuses *Variations canoniques* BWV 769, donc de composition plus tardive.

Le choral **« Herr Jesu Christ, dich zu uns wend »** (« Seigneur Jésus-Christ, tourne-toi vers nous ») BWV 709 est un très beau prélude de choral, avec la mélodie ornée au soprano, qui pourrait figurer sans démériter dans l'*Orgelbüchlein* — mais le compositeur lui a préféré une autre réalisation sur le même cantique. Il faut également mentionner une nouvelle élaboration du « *Gloria in excelsis Deo* », **« Allein Gott in der Höh' sei Ehr' »** BWV 711, page brillante et virtuose où la mélodie du soprano est accompagnée d'une floraison d'arabesques dansantes.

Enfin, la **Fantasia super « Jesu meine Freude »** (« Jésus ma joie ») BWV 713 est une pièce très originale. Le cantique y est traité en fantaisie à trois voix; deux voix d'accompagnement progressent en une invention très joliment écrite, riche en imitations, tandis que la mélodie du cantique se trouve exposée en valeurs longues, en cantus migrans, les périodes se succédant au soprano, à l'alto, à la basse, au ténor et à la basse, pour revenir enfin au soprano. Un épilogue à trois voix, en rythme ternaire, abonde en tierces et sixtes parallèles qui soulignent le lien de l'âme avec son fiancé. Des figures ornementales dérivent, et cela dès le début de la fantaisie, du motif de la « quiétude joyeuse » — ce mètre dactylique, avec son doux balancement, que le musicien utilise aussi, et comme spontanément, dans le traitement qu'il donne du même cantique pour l'*Orgelbüchlein* (BWV 610). On notera qu'il existe une variante, sans doute antérieure, de ce même choral, BWV 713a, en *ré* mineur au lieu de *mi* mineur, où la mélodie du cantique apparaît en cantus firmus à la basse.

27 Chorals divers (BWV 714-740)

Un certain nombre de chorals pour orgue nous sont parvenus à partir des sources les plus diverses, dont des recueils d'élèves ou d'organistes qui se constituaient des cahiers à leur usage en recopiant des œuvres de différentes origines — pratique courante en une époque et en un pays où peu d'œuvres musicales, surtout à fonction liturgique, circulaient sous forme imprimée, celles de Bach moins que toute autre. Ces chorals ont été groupés dans le catalogue Schmieder sous la rubrique « chorals divers » et numérotés BWV 714 à 740. La rubrique suivante du catalogue groupe des chorals de prime jeunesse et un certain nombre d'œuvres d'attribution douteuse, ou reconnue depuis comme erronée (BWV 740 à 765). Enfin, le supplément du catalogue enregistre régulièrement le fruit de nouvelles découvertes, variantes d'œuvres connues par ailleurs ou pièces nouvelles.

Parmi les 27 chorals divers du catalogue BWV, certains méritent plus particulièrement l'attention. **« Allein Gott in der Höh' sei Ehr' »** BWV 715 — encore un « *Gloria in excelsis Deo* » ! — se signale par ses audaces harmoniques, celles-là même, sans doute, que les autorités d'Arnstadt reprochaient à leur jeune organiste. Destiné à soutenir le chant sans doute tout autant qu'à y préluder, les sept périodes y font en effet l'objet d'une simple harmonisation à quatre voix, mais dans un traitement chromatique en complet contraste avec la franchise diatonique du cantique. Les périodes sont enchaînées par de libres traits de triples croches.

Hors de tout recueil où on l'aurait légitimement attendu, on trouve ici le seul traitement à l'orgue, par Bach, du cantique par excellence de la Réforme, le fameux **« Ein' feste Burg ist unser Gott »** (« C'est une forteresse que notre Dieu ») BWV 720 ; écrit pour trois claviers et pédalier, il fut selon toute vraisemblance destiné à l'inauguration, par Bach lui-même, de l'orgue de l'église Saint-Blaise de Mühlhausen (31 octobre 1709), orgue restauré et agrandi sur ses plans, et donc propre à en faire valoir les ressources de registration. Deux indications de jeux sont portées sur le manuscrit : *Fagotto* (basson 16', à la main gauche, sur le clavier principal) et *Sesquialtera* (à la main droite, sur le positif de dos).

On a mis en doute l'authenticité du prélude sur **« Erbarm' dich mein, o Herre Gott »** (« Aie pitié de moi, Seigneur Dieu ») BWV 721, unique en son genre, il est vrai, dans l'œuvre de Bach. Le cantique s'y déploie en un cantus firmus très étiré au soprano, soutenu par un martèlement, *largo e staccato*, d'accords à trois et quatre voix dont l'harmonie chromatique subtile souligne l'imploration du texte. Ce type d'écriture italienne évoquant, entre autres, le *De profundis* de la sonate *David et Goliath* de Kuhnau, Marie-Claire Alain y voit un possible hommage de Bach à son prédécesseur*.

Le prélude de choral sur **« Gelobet seist du, Jesu Christ »** (« Loué sois-tu, Jésus-Christ ») BWV 722 est à rapprocher du « *Allein Gott* » BWV 715 ou, plus loin dans le même recueil, du « *Herr Jesu Christ dich zu uns wend'* » (« Seigneur Jésus-Christ, tourne-toi vers nous ») BWV 726 ou du « *Lobt Gott, ihr Christen, allzugleich* » (« Louez Dieu, chrétiens, tous ensemble ») BWV 732 : harmonisation simple, période par période, avec ritournelles, reflet de la pratique de l'accompagnement de l'assemblée.

« Herr Gott! dich loben wir » (« Seigneur Dieu, nous te louons ») BWV 725 offre, comme les précédents, un témoignage très intéressant sur le mode d'intervention de l'organiste accompagnateur. Il s'agit en effet de l'harmonisation de bout en bout, à cinq voix, pour soutenir le chant des fidèles, de tous les versets d'un cantique qui n'est autre que le *Te Deum*.

Une version très originale et fascinante figure ici du cantique **« In dulci jubilo »** (« Dans une douce joie ») BWV 729 : le choral est d'abord énoncé dans une simple harmonisation à quatre voix mais, peu à

* Voir à *Kuhnau*.

peu, des traits animés se mettent à déferler et envahissent la polyphonie jusqu'à l'engloutir ; c'est le raz de marée d'une joie débordante, le mouvement irrésistible d'un sentiment physique triomphant d'une parole rationnelle.

La **Fuga sopra il Magnificat** BWV 733 est bel et bien une grandiose fugue sur le *Magnificat* grégorien, à quatre puis cinq voix, la cinquième voix, au pédalier, étant l'énoncé en valeurs longues du cantus firmus.

Le nouveau traitement du choral **« Nun freut euch, lieben Christen g'mein »** (« Maintenant, réjouissez-vous ensemble, chrétiens bien-aimés ») BWV 734 est une paraphrase écrite en trio que la transcription pour piano de Busoni a contribué à faire connaître. Trois unités métriques : le cantus firmus, en blanches, chante au ténor (partie confiée au pédalier), la basse (main gauche) en ponctuations de croches et le soprano déroule des festons de doubles croches.

Il faut enfin mentionner les deux paraphrases du cantique **« Valet will ich dir geben »** (« Je veux te donner congé »). L'une, BWV 735, intitulée *Fantasia*, est une grandiose construction, période par période, chacune culminant sur l'énoncé du cantique à la basse ; l'autre, BWV 736, dans un rythme de gigue, chante la joie d'être délivré de la vie et de ses tourments dans une brillante fantaisie à quatre voix.

Les Partitas (ou Variations)

Le genre de la Partita, ou série de variations sur un thème de choral, a été fort cultivé par les prédécesseurs de Bach, en particulier par Boehm et surtout Pachelbel. C'est donc tout naturellement que le jeune homme à la conquête de sa maîtrise se met ici à l'école des maîtres, suivant parfois de très près les modèles qu'il s'est choisis, et d'autant plus que ce genre est alors le plus propre à stimuler son imagination à l'intérieur d'une contrainte formelle. Nous possédons trois Partitas dues sans doute possible à la plume du jeune Bach. L'authenticité d'une quatrième, sur « *Ach, was soll ich Sünder machen* » (BWV 770), est aujourd'hui mise en doute ; et la série de Variations sur « *Allein Gott in der Höh' sei Ehr'* », référencée BWV 771, n'est sûrement pas de lui. Relèvent également du genre de la variation la *Passacaille* BWV 582, bien sûr, mais aussi les trois strophes du choral 29 de l'*Orgelbüchlein* (« *Christ ist erstanden* » BWV 627) et les trois invocations de l'*Agnus Dei* des Chorals de l'« Autographe de Leipzig » (« *O Lamm Gottes unschuldig* » BWV 656). Quant aux *Variations canoniques* sur « *Vom Himmel hoch, da komm' ich her* » BWV 769, œuvre de haute maturité, elles présentent un cas très particulier dans la création de Bach et sont analysées plus loin, après les Partitas de jeunesse.

Les *Partitas* BWV 766 (sur « *Christ, der du bist der helle Tag* ») et BWV 767 (sur « *O Gott, du frommer Gott* ») sont en effet des œuvres de prime jeunesse, plutôt, même, des essais de composition ; elles semblent remonter à 1700 ou peu après (le musicien avait alors quinze ans ou à peine davantage) et paraissent avoir été destinées autant au clavecin qu'à l'orgue. On peut y voir les toutes premières œuvres écrites par le jeune Jean-Sébastien, qui y révèle les fruits naissants de son apprentissage solitaire de l'écriture. Quant à la *Partita* BWV 768, sur « *Sei gegrüsset, Jesu gütig* », sa composition a pu paraître s'être échelonnée sur plusieurs années ; elle témoigne incontestablement d'une maîtrise technique croissante.

Signalons enfin que le titre de « partita » sous lequel ces compositions sont généralement nommées aujourd'hui n'est pas tout à fait exact. Bach appelle « partita » chacune des parties de ces œuvres, l'exposition du thème et chacune de ses variations ; et les œuvres sont titrées par lui « *Partite diverse sopra...* », c'est-à-dire « Diverses parties (ou variations) sur... » tel thème de cantique.

Partite diverse sopra « Christ, der du bist der helle Tag » (BWV 766)

« *Christ, toi qui es le jour lumineux.* »

Le thème du cantique, imité de l'hymne « *Christe qui es lux et dies* », est traité en sept *partite* (une d'exposition, les six autres de variations) correspondant peut-être aux sept strophes du cantique. On y remarque, bien sûr, quelques gaucheries imputables à la jeunesse, l'abus de certains effets qui constituaient alors les recettes éprouvées du genre (imitations, oppositions *forte/piano*), et surtout le fait que l'usage du pédalier n'est pas expressément requis. Mais bien des figures qui deviendront plus tard des constantes du style de Bach apparaissent déjà ici, ce qui rend ces variations particulièrement attachantes.

1) Exposition du thème harmonisé (4 à 6 voix). 2) à 2 voix. Bicinium, cantique au soprano, légèrement orné. 3) à 3 et 4 voix, dans une ornementation croissante. 4) à 3 voix. Le thème disparaît dans un continuum de doubles croches. 5) à 3 (et parfois 4) voix. Le cantique apparaît à peine orné au ténor, dans un commentaire fondé sur une petite cellule de doubles croches. 6) à 3 voix, en rythme ternaire (12/8). 7) à 4 voix. Grand plenum de conclusion. Une partie de pédalier facultative peut renforcer l'énoncé du cantus firmus à la basse.

Durée d'exécution : ~ 8 mn

Partite diverse sopra « O Gott, du frommer Gott » (BWV 767)

« *O Dieu, Dieu clément.* »

Peut-être quelque peu postérieure à la précédente, cette œuvre n'en date pas moins de la prime jeunesse du musicien — période de Lüneburg, vers 1700-1702 — et marque tout autant l'influence sur lui de Boehm et de Pachelbel.

1) Énoncé du choral harmonisé (4 à 6 voix). 2) A 2 voix et 2 claviers. Cantique au soprano, orné, sur accompagnement à la main gauche à partir d'une figure dactylique. 3) Commentaire à 3 voix, par des motifs de doubles croches circulant de l'une à l'autre ; le cantique apparaît en filigrane. 4) A 2 voix. Le thème du cantique sonne sur les notes supérieures de la main droite. 5) A 3 voix. Nombreuses figures de gammes descendantes ; le thème apparaît en clair à l'une ou l'autre des voix. 6) A 3 voix. Énoncé simple du thème à la main droite, accompagné aussi régulièrement par l'alto. La basse dessine au-dessous des volutes de doubles croches très variées. 7) A 3 et 4 voix, en mesure ternaire (3/4). Reprise des motifs de gammes descendantes, à quoi s'ajoutent des dessins de rythmes pointés. 8) A 4 voix, thème orné au soprano. Variation chromatique par tétracordes ascendants ou descendants. C'est certainement le moment le plus intense et le plus audacieux des mouvements des trois Partitas. 9) A 3 voix. Véritable petite fantaisie conclusive, en trois parties. D'abord, un jeu débridé d'effets d'écho, puis un épisode *andante* plus recueilli, enfin un *presto* joyeux.

Durée d'exécution : ~ 15 mn

Partite diverse sopra « Sei gegrüsset, Jesu gütig » (BWV 768)

« *Sois salué, Jésus bienveillant* ».

Également composée dans les années de jeunesse du musicien, cette série de variations a certainement été soigneusement retravaillée ensuite par Bach, qui lui a conféré un degré d'élaboration que ne possèdent de loin pas les deux autres séries. On ne pense cependant plus aujourd'hui que les variations aient pu être écrites petit à petit sur plusieurs années, comme le supposait Schmieder (de même que le manuscrit de Carpentras n'est plus considéré comme l'autographe). De nombreuses copies anciennes témoignent de l'admiration que les contemporains ont vouée à cette œuvre, copies qui, d'ailleurs, présentent les variations dans des ordres différents. Avec les onze variations qui suivent l'énoncé du choral, c'est la partition la plus longue de toute l'œuvre pour orgue de Bach. Le cantique est d'abord exposé en harmonisation simple, à quatre voix. Suivent les variations de 1 à 11.

1) A 2 voix. Bicinium, thème orné au soprano. 2) A 4 voix. Thème simple au soprano. 3) A 2 voix. Thème en filigrane dans les volutes de la main droite. 4) A 4 voix. Thème simple au soprano, accompagné à la fois en accords et en broderies. 5) A 3 et 4 voix. Thème au soprano, accompagné à deux ou trois voix, sur une basse très ornée et rythmée, exécutant une véritable aria de virtuosité. 6) A 4 voix. Thème au soprano, à 12/8, dans une riche polyphonie accusant le rythme ternaire. 7) A 3 voix (claviers et pédalier). Thème à la basse, à 4/4. Les deux parties manuelles, en imitations, rivalisent de motifs-fusées et de rythmes pointés à la française. 8) A 4 voix. Thème se dégageant au soprano, à 24/16, dans un mouvement incessant de doubles croches de style concertant, ponctué par la basse. 9) A 3 voix. Thème au ténor (pédalier), à 3/4. Commentaire aux claviers en doubles croches et croches opposées, dans une écri-

ture analogue à celle des *Sonates en trio*. 10) A 4 et 5 voix. Thème en valeurs longues au soprano. Grande paraphrase, très développée, d'une polyphonie foisonnante, constituant l'apogée dans la progression des variations. 11) A 5 voix. Conclusion en plein-jeu. Choral au soprano, accompagné dans un tissu polyphonique serré avec un grand luxe de volutes décoratives.

Durée d'exécution : ~ 21 mn

Variations canoniques sur « Vom Himmel hoch, da komm' ich her » (BWV 769)

Bach va revenir sur la forme « thème et variations » à l'extrême fin de sa vie, en un temps où ses spéculations formelles, symboliques et intellectuelles atteindront leur plus haut degré, proche de l'obsession. L'un des points culminants de cette réflexion est l'ensemble formé par les minuscules canons-rébus qui, sous une forme prodigieusement condensée, contiennent de nombreux développements possibles, les *Variations Goldberg* et les *Variations canoniques*. La genèse de celles-ci vaut d'être succinctement rappelée.

Dans les dernières années de sa vie, donc, Bach fut sollicité d'entrer dans une académie musicale fondée en 1738 à Leipzig par trois personnages, dont un de ses anciens élèves, Lorenz Mizler, qui devait en rester le seul animateur. Cette « Société de musicologie » (« *Correspondierende Societät der musicalischen Wissenschaften* », littéralement « Société de correspondants sur les sciences musicales ») ne compta jamais que vingt membres, dont Telemann, Stoelzel, Haendel, Graun, Sorge et Léopold Mozart, vingtième et dernier sociétaire; elle disparut en 1755. Jean-Sébastien y entra, en juin 1747, comme quatorzième membre (pur hasard, ou faut-il voir encore une fois ici, ce qui est bien possible, la manifestation voulue de son nombre signature, le 14?). Observant les statuts de la société, il fournit pour son adhésion son portrait à l'huile — l'unique portrait authentique assuré, celui peint par l'artiste officiel de Leipzig, Haussmann — et une œuvre musicale à caractère théorique, témoignage de sa « science musicale » — et ce sont les *Variations canoniques*. Toujours aux termes de ses statuts, la Société s'engageait, entre autres, à publier une notice nécrologique dans sa revue, ou *Bibliothèque musicale*, ce qui fut fait, en 1754, par Carl Philipp Emanuel Bach et Agricola : c'est le fameux *Nécrologe*, premier document biographique posthume que nous ayons sur Bach.

Écrites vers 1746-1747, ces Variations furent présentées à la Société en 1747 (en même temps que le canon-rébus qui figure sur le portrait), et gravées l'année même, ou la suivante, par Balthazar Schmid, à Nuremberg. Leur composition est donc exactement contemporaine de l'*Offrande musicale* et de *L'Art de la fugue*, autres œuvres de haute spéculation formelle et théorique, où se concentrent tout le savoir du musicien et, intimement mêlée, la plus pure expression de sa personnalité d'homme et de croyant.

L'œuvre est d'apparence modeste : cinq variations sur le thème d'un populaire cantique de Noël, que le musicien a traité à plusieurs reprises, notamment dans le *Petit Livre d'orgue* (*Orgelbüchlein* n° 8, BWV 606) et dans l'*Oratorio de Noël* (1re et 2e parties). Le titre lui-même de l'édition gravée est des plus simples : « Quelques Variations canoniques sur le cantique de Noël "*Vom Himmel hoch, da komm' ich her*" pour orgue à 2 claviers et pédalier, par Jean-Sébastien Bach, compositeur de la cour... » On verra, au contraire, à quel haut degré de complexité musicale nous entraînent ces Variations, qui n'en demeurent pas moins des commentaires liturgiques adaptés aux paroles du cantique. Ajoutons enfin que nous possédons un manuscrit autographe de l'œuvre, dans le recueil de l'« Autographe de Leipzig », et l'édition gravée. Celle-ci se présente sous une forme condensée, comme à la même époque les canons de l'*Offrande musicale* : les voix en canon se développent « automatiquement », seules en sont données les premières notes, à charge pour le lecteur d'en assurer la réalisation. Il est hautement vraisemblable qu'il y eut un autre manuscrit, celui qui fut remis à la Société, et un ou plusieurs états antérieurs de l'œuvre, qui semble avoir été longuement mûrie (le choral BWV 701, dans le recueil Kirnberger, pourrait être une ébauche de travail pour la composition des Variations).

L'ordre des cinq variations est différent dans l'édition gravée et dans le recueil manuscrit. Nous suivrons ici l'ordre de l'édition gravée, généralement adopté, et qui correspond sans doute au dernier état, à la volonté ultime du compositeur ; il présente une supériorité rhétorique évidente, celle d'une complexification progressive du discours (variations 1 et 2 à trois voix, variations 3 et 4 à quatre voix), avec une dernière variation qui le résume en l'amplifiant. On notera, avant d'indiquer très brièvement les principes d'écriture mis en œuvre dans chacune des cinq variations, que le thème du cantique, fort connu, n'est pas exposé au préalable en simple harmonisation, comme le musicien le faisait dans les *Partitas**.

Variation 1. « *En canon à l'octave, à 2 claviers et pédalier* ». Le cantus firmus apparaît en valeurs longues à la basse (pédalier), à 4/4. Les deux autres voix, soprano et ténor, à 12/8, développent un thème de commentaire issu de la quatrième et dernière période du cantique, traité en canon à l'octave et à distance d'un temps. Le commentaire figure le vol des anges et la descente vers la terre, qui sont l'un des figuralismes classiques de Bach pour ce choral.

Variation 2. « *Autre version, en canon à la quinte, à 2 claviers et pédalier* ». Même disposition que pour la variation précédente, toujours à trois voix : le cantus firmus est toujours entendu à la basse, tandis que soprano et alto développent un thème de commentaire à la quinte, thème qui emprunte ses éléments à la première et à la deuxième périodes du cantique, ainsi que, fragmentairement, à la quatrième.

Variation 3. « *En canon à la septième, à 2 claviers et pédalier* ». Comme les deux variations précédentes étaient à trois voix, celle-ci et la suivante le seront à quatre. Le cantus firmus apparaît à présent au soprano, toujours en valeurs longues, les quatre périodes du cantique largement espacées. L'alto déroule une guirlande rêveuse, marquée « *cantabile* », enrichie de délicats ornements (mordants, broderies, appoggiatures, triples croches). Quant au ténor et à la basse, ils se poursuivent en canon, à la septième et à distance de deux temps, sur un dessin de croches qui reprend l'intonation du cantique en diminution, degré par degré, motif que varie un dessin dactylique figurant la joie de Noël.

Variation 4. « *En canon à l'octave par augmentation, à 2 claviers et pédalier* ». La complexité de l'écriture est telle que cette variation doit être écrite sur quatre portées différentes. Le cantus firmus apparaît ici à la voix de ténor, jouée au pédalier. Il est commenté par un motif très orné, au soprano, qui brode l'intonation du choral de façon libre. Cette partie de commentaire est également jouée par la basse (à la main gauche), mais en augmentation, c'est-à-dire que les croches deviennent des noires, les noires des blanches, etc. Le soprano ayant achevé l'énoncé du commentaire à la mesure 21, il reste encore 21 mesures à la basse pour terminer son canon en augmentation (puisque les valeurs en sont doublées). Pendant ce temps, le soprano va poursuivre par un commentaire libre, tandis que l'alto aura développé de bout en bout une ligne de libre commentaire, empruntant cependant quelques éléments mélodiques à l'intonation du cantique.

Variation 5. « *L'autre sorte de canon renversé 1) à la sixte, 2) à la tierce, 3) à la seconde, et 4) à la neuvième (à 2 claviers et pédalier)* ». Ultime variation, selon un procédé qui relève de la « mise en abîme » (à nouveau, quatre sections et une conclusion), c'est aussi la plus développée et de loin la plus complexe, véritable couronnement d'un édifice grandiose de la pensée humaine, en même temps qu'œuvre musicale puissamment expressive, et commentaire liturgique.

1) Canon renversé à la sixte (mes. 1-13). Le cantique est intégralement énoncé au soprano, sous sa forme naturelle (droite) et dans sa formulation rythmique normale, en noires. L'alto lui répond en canon à la sixte inférieure, sous forme renversée, et à distance d'une mesure. La basse déroule une calme guirlande de croches, libre quoique très proche des structures mélodiques du cantique.

2) Canon renversé à la tierce (mes. 14-26). Toujours à trois voix. Renversement complet de la structure précédente : la

* Ces Variations ne cessent d'intéresser, voire de fasciner les compositeurs. Stravinsky en a donné une subtile orchestration, avec participation chorale, et Boulez s'y réfère explicitement dans *Par volonté et par hasard*, Paris, 1975.

sixte devient tierce, la voix renversée passe dessus (soprano) et la voix droite dessous (ténor) ; et c'est la voix renversée qui ouvre le canon, alors que la voix droite lui répond, toujours à distance d'une mesure. La basse poursuit son « libre » commentaire, qui assure le lien entre les deux premiers canons.

3) Canon renversé à la seconde (mes. 27-39). Le cantus firmus (thème intégral du cantique) passe maintenant à la basse, à laquelle répond en canon le ténor, à distance d'une mesure, à intervalle de seconde et sous forme renversée. La partie d'alto, libre, joue en contrepoint avec le ténor, tandis que le soprano développe une libre ornementation en volutes de doubles croches, marquée *« forte »*.

4) Canon renversé à la neuvième (mes. 39-53). Nouveau renversement du dispositif dans une structure semblable, comme cela s'était produit entre 2) et 1), ce qui organise les canons en deux groupes de deux. Le canon, à la neuvième, se situe à présent entre la basse et le soprano, toujours à distance d'une mesure. C'est la basse qui prend la forme renversée, et le soprano qui répond par la forme droite, pour achever la variation par l'énoncé complet, « en clair », du cantique. L'alto poursuit son commentaire libre en contrepoint avec le soprano, et c'est le ténor qui s'empare des volutes de doubles croches, toujours marquées *« forte »*.

Coda (mes. 51-56). De 2 à 6 voix, c'est un formidable télescopage de tous les éléments mélodiques, expressément indiqué *« en strette »*. La basse fait entendre une dernière fois la dernière période du cantique, en forme droite, tandis qu'aux manuels on entend l'intonation du cantique, sous forme droite et sous forme renversée, en doubles croches puis en croches, tout cela en quelques secondes ! Et comme tout graveur allemand signe de son monogramme, en bas et à droite de la partition, dans la dernière mesure, on aperçoit les quatre notes du nom de Bach, *si* bémol, *la, do, si* naturel.

Durée d'exécution : ~ 11 mn

LA TROISIÈME PARTIE DE LA CLAVIERÜBUNG

ou « Messe luthérienne »

C'est l'unique grand recueil de diverses pièces pour orgue de Bach qu'il ait voulu comme tel, agencé et fait graver sous son contrôle, au plein de sa maturité créatrice. A tous ces titres et à d'autres encore, il revêt donc une importance capitale.

A Leipzig (de 1723 à sa mort, en 1750), où il n'occupe pas de fonctions d'organiste, Bach n'a plus, dans ses obligations, à écrire de musique pour son instrument de prédilection. Son activité — considérable — se tourne d'abord, dans les premières années, vers le domaine de la cantate : de 1723 à 1728, il dote les églises de la ville d'un fonds de répertoire de quelque 300 cantates pour tous les dimanches et fêtes. Après quoi, il prend en charge l'orchestre municipal, ou Collegium musicum, qu'avait naguère fondé Telemann, formation qui jouera notamment les Suites et Concertos de Jean-Sébastien. C'est à cette époque de retour vers la musique instrumentale qu'arrivé à la pleine maturité, le musicien songe à publier des Livres pour le clavier, comme le faisaient depuis plusieurs décennies les maîtres français et allemands du clavecin et de l'orgue. Ces publications, soigneusement préparées et mises au point, représentent donc pour le compositeur — comme pour nous, aujourd'hui — les formes les plus achevées de ce qu'il entend laisser à ses contemporains et à la postérité. A ces Livres, il donne le titre de *Clavierübung*, littéralement « Pratique du clavier », titre utilisé en Allemagne depuis un demi-siècle déjà (Kuhnau, en 1689, puis Krieger, Lübeck, etc.). Il y en aura quatre. Le premier paraît en 1731 et comporte les six *Partitas* (publiées séparément depuis 1726) ; le deuxième, en 1735, réunit le *Concerto dans le goût italien* et l'*Ouverture à la française* ; le troisième est publié en 1739 : c'est celui dont il est ici question ; et le quatrième, vers 1741, sera tout entier constitué par les *Variations Goldberg*. On n'oubliera pas non plus qu'au fil de ces années, Bach écrira ou mettra au point d'autres œuvres pour l'orgue, les *Sonates en trio*, quelques préludes et fugues, un bouquet de chorals et les *Variations canoniques*.

Pour l'orgue, deux autres œuvres seulement seront publiées, plus tardivement : le petit ensemble des six Chorals transcrits pour l'éditeur Schübler, et les *Variations canoniques sur « Vom Himmel hoch »*.

Dès janvier 1739, le jeune cousin de Jean-Sébastien, Johann Elias, qui vit chez lui, peut annoncer à un correspondant : « M. mon cousin va éditer quelques œuvres pour clavier qui sont essentiellement faites pour MM. les organistes, et qui sont extrêmement bien composées... ». Le recueil paraîtra pour la foire de la Saint-Michel, fin septembre. L'année suivante, Mizler, dans sa revue *Bibliothèque musicale*, commente : « L'auteur a donné ici une nouvelle preuve de ce qu'il a merveilleusement travaillé dans ce genre de composition, comparé à bien d'autres, et qu'il y est heureux. Personne n'a rien fait de comparable auparavant, et bien peu pourront l'imiter dans l'avenir. Cette œuvre est une vigoureuse réfutation de tous ceux qui ont eu l'audace de critiquer M. le Compositeur de la Cour. »

Si le manuscrit original est perdu, nous possédons l'édition gravée de l'œuvre, avec sa page de titre : « Troisième Partie de la Pratique du Clavier, se composant de divers Préludes sur les cantiques du catéchisme et autres cantiques pour l'orgue : A l'intention des amateurs et en particulier des connaisseurs d'œuvres de ce genre, pour la récréation* de leur esprit. Composée par Johann Sebastian Bach, Compositeur de la Cour du Roi de Pologne et Prince Électeur de Saxe, maître de chapelle et Directeur de la musique à Leipzig. Edité par l'auteur ». Le recueil se compose d'un prélude, de chorals, de duettos et d'une fugue. Assez curieusement, il a posé un certain nombre d'énigmes aux musicologues, qui l'ont affublé de surnoms inadaptés, comme ceux de « Catéchisme en musique » ou, pire, de « Dogme en musique » (en France, on parle encore souvent de « Chorals du Dogme », tandis que les Anglo-Saxons ont opté pour l'appellation de « Messe d'orgue »). En fait, il s'agit bien d'une messe pour orgue, messe luthérienne comme les organistes français ont écrit des messes catholiques (le même nombre de pièces, commun aux chorals de la *Clavierübung* et à la *Messe pour les paroisses* de Couperin, n'est certainement qu'une coïncidence). Et pour poursuivre ce parallèle, de même que François Couperin a composé une Messe solennelle « pour les Paroisses », et une autre, plus intime, « pour les Couvents », Bach donne pour chaque partie de la messe en musique deux versions, l'une pour les instruments avec pédalier (et les organistes les plus expérimentés), l'autre pour les petits instruments sans pédalier et les organistes moins virtuoses (mais aux doigts cependant bien déliés !). On peut également supposer que la petite version serait destinée à la pratique domestique de la musique, la *Hausmusik*, sur le clavecin. Enfin et surtout, on ne saurait oublier l'existence des deux catéchismes de Luther, le grand et le petit, dont Bach utilise ici les six premiers cantiques. Sans entrer dans l'argumentation, nous indiquons ici les conclusions aujourd'hui admises sur l'organisation du recueil.

Entrée des fidèles dans l'église, pour la messe : l'organiste joue le *Prélude* en *mi* bémol BWV 552, s'il dispose d'un instrument qui le permette. Suivent dix chorals, en deux versions chacun, à l'exception du *« Allein Gott »* qui en compte trois (le *Gloria,* hommage à la Trinité, induisant la réalisation de trois versions) — soit 21 chorals au total. Au *Kyrie*, les trois pièces traditionnelles *(Kyrie, Christe, Kyrie)* sont écrites en grande version (chorals n°s 1, 2 et 3) et en petite version (chorals n°s 4, 5 et 6). Suit le *Gloria*, pour lequel Bach a prévu une version moyenne, avec ou sans pédalier (n° 7), une grande version avec pédalier (n° 8) et une petite version (n° 9). Ensuite, aux divers moments de la messe où l'organiste doit intervenir, il peut le faire avec des œuvres de son répertoire adaptées à la fête du jour ; mais Bach écrit ici une messe « *per omni tempore* », dont les pièces peuvent être jouées en toute circonstance, quelle que soit la célébration du jour. En raison du symbolisme trinitaire, si important dans cet ouvrage, on peut aussi penser qu'il s'agirait d'une messe pour la Trinité, dogme particulièrement cher à Bach, ou pour les dimanches de l'année liturgique comptés, chez les luthériens, après cette fête. Il fait donc appel à des textes de cantiques très géné-

* Intraduisible littéralement, ce terme doit être entendu au sens cartésien d'un plaisir qui « ravit » l'âme.

raux, fondamentaux, empruntés au catéchisme de Luther. Ainsi, on trouvera, entre les lectures de l'Épître et de l'Évangile, le choral « *Dies sind die heil'gen zehn Gebot'* » (en deux versions, comme tous les suivants, n°s 10 et 11) ; après le chant du *Credo*, sa paraphrase « *Wir glauben all' an einen Gott* » (n°s 12 et 13) ; de même au *Pater*, avec le « *Vater unser* » (n°s 14 et 15). Prennent place ensuite deux cantiques sur les sacrements : le baptême, avec « *Christ, unser Herr, zum Jordan kam* » (n°s 16 et 17) et la pénitence, « *Aus tiefer Not schrei' ich zu dir* » (n°s 18 et 19). Pour la Sainte Cène, ou communion des fidèles, c'est tout naturellement le cantique de communion « *Jesus Christus, unser Heiland* » (n°s 20 et 21). A ce moment du déroulement de la messe se pose à l'organiste un petit problème pratique : il doit assurer la musique pendant tout le temps que les fidèles communient, mais ce temps est éminemment variable, en fonction du nombre de paroissiens participant à la Cène. On peut supposer que c'est à cet usage que Bach propose à l'exécutant quatre pièces brèves (les quatre *Duettos* BWV 802-805), dans lesquelles celui-ci pourra puiser pour « meubler » le temps nécessaire. Et, pour la sortie, la *Fugue* en *mi* bémol qui clôt le recueil.

On observera enfin qu'à l'exception du grand « *Allein Gott* » BWV 676, dont nous connaissons une variante (BWV 676a) qui pourrait en être un état antérieur, toutes les autres pièces composant le recueil ne sont connues que dans cette rédaction ; elles semblent donc bien avoir été écrites pour la composition de ce Livre, à l'inverse de l'*Orgelbüchlein*, même si le style du premier « *Allein Gott* » BWV 675 semble indiquer une date de composition antérieure.

Le Prélude, les 21 Chorals, les 4 Duettos et la Fugue composent donc un ensemble de 27 pièces. Or 27, c'est trois à la puissance trois, exaltation de la Trinité. Cette symbolique trinitaire se retrouve à l'intérieur même du Prélude et de la Fugue. Ainsi, le premier sujet de la Fugue, que l'on considère généralement comme « motif du Père », entre-t-il 27 fois au cours de cette page. De même que dans les *Variations Goldberg,* de peu postérieures, où la microstructure de l'*Aria* engendre la macrostructure de l'œuvre entière, micro et macrostructure ici aussi se répondent.

Dans les commentaires qui suivent, on constatera que le traitement des chorals est ici extrêmement différent des diverses formules présentées par les petits préludes de l'*Orgelbüchlein*. Les grands chorals (sauf le n° 18) sont des paraphrases qui traitent le thème du cantique section par section ; les petits, de forme plus libre, sont des fuguettes ou des fantaisies. La plupart, grands ou petits, utilisent pour le commentaire une cellule thématique empruntée à l'incipit du cantique. Ces éléments seront indiqués ci-après, avec chaque choral. On trouvera donc toutes les pièces dans l'ordre du recueil de Bach, avec, quand il existe, le sous-titre donné par l'édition originale de l'auteur.

Prélude en *mi* bémol majeur
(BWV 552)

Très évidemment composés pour se répondre l'un à l'autre dans le cadre d'une messe en musique et offrant entre eux bien des liens d'apparentement, prélude et fugue sont placés par le compositeur en début et en fin de recueil. Quoiqu'on les puisse jouer aujourd'hui en concert sous forme d'un diptyque autonome, cette disposition atteste bien la fonction liturgique dévolue à ce type d'œuvres : le prélude pour accueillir les fidèles dans l'église, la fugue pour en accompagner la sortie.

Comme la fugue, le prélude est placé sous le signe de la Trinité, dogme fondamental de l'Église affirmant l'existence d'un seul Dieu sous la forme de trois personnes distinctes. L'un et l'autre usent abondamment de la symbolique trinitaire, à commencer par le choix de *mi* bémol majeur (trois bémols à la clé) ; c'est d'ailleurs le seul Prélude et fugue pour orgue de Bach à adopter cette tonalité. Comme les grands préludes de sa dernière période créatrice, celui-ci réalise la synthèse entre la forme du concerto instrumental (alternance de couplets avec un refrain) et le style fugué. La cellule génératrice de tout le prélude est une figure descendante de cinq notes en doubles croches, le pentacorde *si* bémol — *mi* bémol. On peut y voir l'unité de la personne divine, le mouvement descendant étant celui de Dieu venant vers les hommes (le regard du Père, l'incarnation du Fils, le souffle de l'Esprit). Et cette cellule donne naissance à trois figures thématiques. La première, majestueuse, avec ses rythmes pointés à la française, son caractère altier, serait le motif du Père (A), celui qui fera fonction de thème-refrain (inévitable récurrence de celui qui est le créateur de toutes choses, le principe universel).

Motif A

La deuxième serait celle du Fils (B), le « Maître aimable » dont parle Luther, figure plus simple, avec ses noires régulières (après la cellule descendante, bien sûr), et ses développements en arabesques pétries d'une tendresse et d'une compassion infinies.

Motif B

Mais le Christ est aussi celui qui a choisi de s'offrir en sacrifice : ne serait-ce pas ses souffrances qu'évoqueraient, à compter de la mesure 41 (coïncidence ?), les soudains accords de quinte augmentée, les tritons, les syncopes, les intervalles diminués et la modulation en *si* bémol mineur, figuralismes baroques de la douleur ?

Et la troisième, celle de l'Esprit Saint (C), toujours fondée sur la cellule descendante, est faite d'une longue chute en doubles croches, sur plus d'une octave : ce serait la descente de l'Esprit parmi les hommes, illuminant chacun d'eux – figure de fugato volubile et presque immatériel, tout de subtile fluidité.

Motif C

Avec ses 205 mesures, ce prélude est l'œuvre la plus longue et la plus développée du genre chez Bach, avec la *Toccata* en *fa* majeur BWV 564 (la *Passacaille* en *ut* mineur occupant une place à part). Sa structure apparaît de toute évidence à l'écoute de l'œuvre, tant les trois figures thématiques sont, dans leur unité, bien différenciées et puissamment individualisées. C'est d'abord l'exposition de A (mes. 1-32), à cinq voix, dans son rythme affirmé d'ouverture à la française. Puis l'exposition de B (mes. 32-50), en harmonie à trois voix sans pédalier, avec ses accords *staccato* et ses oppositions de claviers en écho. Retour à A (mes. 51-71), avec la première partie seulement de cette section, modulante et faisant apparaître des préfigurations de C. Exposition de C (mes.71-98), en fugato à trois voix sans pédalier. Nouveau retour à A (mes. 98-111), pour la deuxième partie de la figure ; on notera que le nombre total de mesures des deux retours à A est le même que celui de l'exposition et de la conclusion. Nouvel épisode B (111-129), au quatrième degré, s'achevant sur une mesure marquant la rentrée de A, à laquelle sera substitué C.

Nouvel épisode C (mes. 130-174), plus développé que les précédents. Conclusion (mes. 174-205), avec la réexposition stricte de l'exposition A du début, nouvel exemple d'une œuvre close, bouclée sur elle-même. Son manuscrit est perdu, mais l'édition gravée en 1739 d'après l'autographe porte des mentions de l'auteur, « *piano* » et « *forte* » pour indiquer les changements de claviers réalisant les oppositions dans la figure B.

Durée d'exécution : ~ 9 mn

1. « Kyrie, Gott, Vater in Ewigkeit » (BWV 669)

Canto fermo in Soprano, a 2 Clav. e Pedale

« *Kyrie, / Dieu le Père dans l'éternité, / Grande est ta miséricorde, / De toutes choses le créateur et régisseur, / Eleison* ».

Avec les deux chorals suivants, il forme la trilogie du *Kyrie* de la messe. Alors que chez les catholiques, les trois acclamations au Père (« *Kyrie* »), au Fils (« *Christe* ») et au Saint-Esprit (« *Kyrie* ») sont prononcées trois fois chacune, elles ne le sont qu'une seule fois chez les luthériens, mais dans un texte qui en développe le sens par trope d'interpolation. Ce premier cantique s'adresse au Père, comme première personne de la Trinité; il prendra donc le caractère majestueux qui s'impose, avec trois bémols à la clé, signe trinitaire évident. Cette tonalité permet un enchaînement naturel, dans la grande version, après le prélude de la messe, lui aussi en *mi* bémol majeur. On remarquera également qu'avec le prélude et la fugue, les trois chorals de *Kyrie* sont les seules pages armées de trois bémols de toute la grande version de la messe, qui semble ainsi placée sous le signe de la Trinité et des dimanches qui suivent cette fête. La mélodie de ce premier *Kyrie* est imitée du *Kyrie fons bonitatis*. Bach la traite, comme la quasi-totalité des chorals de la grande version, période par période. Les trois voix de commentaire entrent en fugato, pour préparer la quatrième entrée, au soprano, qui est celle de la mélodie, énoncée en valeurs longues. Après exposition de la première période, nouveau fugato pour préparer l'entrée de la deuxième, et ainsi de suite. Le fugato est, en fait, une strette sur l'incipit de la mélodie du cantique, traitée en pré-imitation. Le sujet du fugato reproduit en effet les trois notes de l'invocation initiale, suivies des principaux degrés de la deuxième période; il apparaîtra sous bien des formes au long du choral, droite, renversée, en majeur et en mineur, sur divers degrés, se combinant avec des éléments mélodiques de la suite du cantique. Et pour donner plus de densité encore à sa majestueuse polyphonie, Bach tuile les différentes sections; l'une n'est pas encore achevée que déjà, sous le cantus firmus, commence l'exposition fuguée de la suivante, dans un monumental contrepoint.

Durée d'exécution : ~ 3 mn 15 s

2. « Christe, aller Welt Trost » (BWV 670)

Canto fermo in Tenore, a 2 Clav. e Pedale

« *Christe, consolateur du monde entier, / Nos péchés, / Toi seul / Tu les a rachetés, Jésus, Fils de Dieu, / Tu es notre médiateur / Sur le trône suprême / Vers toi, nous crions, de l'ardeur de notre cœur, / Eleison.* »

Deuxième de la triple acclamation du *Kyrie*, celle-ci s'adresse au Fils. Le principe d'élaboration du thème du cantique est le même que dans le choral précédent, le cantus firmus apparaissant cette fois au ténor (et non plus au soprano), toujours en valeurs longues. Le sujet du fugato est simplement celui des deux premières périodes du cantique. Mais contrairement au choral précédent, d'une puissance monolithique, celui-ci, qui s'adresse au Rédempteur, revient au figuralisme poétique qui était de règle dans les petits préludes de choral de l'*Orgelbüchlein*. Ainsi, la descente chromatique soulignant le mot « pécheur » (mes. 14), ou le contrepoint très allégé pour le mot « seul » (mes. 17). Malgré ses trois bémols à la clé, cette page est essentiellement en *si* bémol majeur, et se termine en *ut* mineur avec tierce picarde.

Durée d'exécution : ~ 4 mn

3. « Kyrie, Gott heiliger Geist » (BWV 671)

a 5. Canto fermo in Basso. Con Organo pieno

« *Kyrie, / Dieu Esprit Saint, / Console-nous, affermis-nous dans la foi plus que tout, / Afin qu'à notre dernier instant, /*

Joyeusement nous nous séparions de notre misère terrestre, / Eleison. »

La troisième invocation s'adresse cette fois au Saint-Esprit. Contrairement aux deux premiers volets du triptyque, écrits à quatre voix, celui-ci est écrit à cinq voix. Le cantus firmus, toujours en valeurs longues, apparaît ici à la basse. Le sujet des fugatos est, comme précédemment, emprunté aux deux premières périodes du cantique. On trouve ici aussi des marques de figuralisme, mais c'est surtout le traitement rythmique du choral qui retient l'attention. En effet, s'élevant d'abord dans la sérénité, le flux musical s'anime peu à peu : des blanches, on passe aux noires et aux croches (dans une mesure à 4/2); et les figures de croches, d'abord brèves, s'allongent jusqu'à composer de grandes guirlandes culminant à la cinquième période, sur la joie invoquée dans la mort. Sur le cantus firmus de la dernière période (« *Eleison* » « prends pitié de nous »), le mouvement s'apaise, mais l'harmonie reste toujours aussi extraordinairement modulante, sur une pédale de *sol*, l'œuvre concluant en une sorte de *sol* mineur avec tierce picarde.

Durée d'exécution : ~ 5 mn

4. « Kyrie, Gott, Vater in Ewigkeit » (BWV 672)

Alio modo. Manualiter.

Texte : voir BWV 669.

Ce choral et les deux suivants composent le *Kyrie* de la messe luthérienne dans la petite version. Les textes liturgiques musicaux sont les mêmes que ceux de la grande version, mais le traitement est ici beaucoup plus libre. Il s'agit de développements fugués sur des éléments mélodiques du cantique, sortes d'intonations, sans que le choral proprement dit ne soit énoncé — en fait, ce sont plus des fuguettes en style libre que des préludes de choral proprement dits. Ce premier *Kyrie* est bâti sur les quatre premières notes du thème d'origine, qui apparaissent en valeurs longues, partagées aux différentes voix. La pièce est animée d'un petit motif de croches, incessamment répété, composé du même thème, mais en diminution.

Durée d'exécution : ~ 2 mn

5. « Christe, aller Welt Trost » (BWV 673)

Texte : voir BWV 670.

Les premières notes du cantique sont traitées très librement en fugato, avec des divertissements. En rythme ternaire, cette page foisonne de dessins en doubles croches qui lui donnent beaucoup de légèreté.

Durée d'exécution : ~ 1 mn 30 s

6. « Kyrie, Gott heiliger Geist » (BWV 674)

Texte : voir BWV 671.

Ce dernier volet du petit *Kyrie* est une fuguette à quatre voix, sur les trois premières notes du cantique. Deux observations s'imposent sur ces trois pièces. D'une part, elles sont toutes trois en mode de *mi*, commençant en *sol* majeur (sans *fa* dièse à la clé) et concluant en *mi* majorisé (avec *sol* dièse). D'autre part, si elles ne présentent pas les trois bémols à la clé, symbole de la Trinité, le symbolisme trinitaire se manifeste dans la rythmique, puisqu'elles sont toutes les trois en mesure ternaire, respectivement 3/4, 6/8 et 9/8 (on aura noté la progression, 3, 6, 9).

Durée d'exécution : ~ 1 mn 30 s

7. « Allein Gott in der Höh' sei Ehr' » (BWV 675)

a 3. Canto fermo in Alto.

« *A Dieu seul dans les cieux soit la gloire,/ Et la gratitude pour sa miséricorde,/ Car, maintenant, ni jamais,/ Aucun dommage ne peut plus nous atteindre./ Dieu nous a donné son accord,/ Maintenant est une grande paix sans fin,/ Toute discorde a maintenant cessé.* »

Ce choral, comme les deux suivants, est destiné au *Gloria* de la messe. A l'exception du premier vers, il ne traduit nullement le *Gloria* latin des catholiques. Quant à sa mélodie, elle est imitée du *Gloria* de la messe *Cunctipotens Genitor Deus*. Ses sept vers sont traités en cinq périodes musicales, les deux premières étant répétées. D'autre part, on remarquera la permanence, dans chacune des périodes, d'un motif de trois, quatre ou cinq notes ascendantes; la reprise, un ton au-dessus, de la troisième période pour former la quatrième; et la composition de la cinquième, à partir d'éléments de la troisième et de la deuxième. Bref, le motif musical de ce chant de gloire se prête à un commentaire d'une extrême densité.

Il se trouve que, rien qu'à l'orgue, Bach a traité ce cantique une dizaine de fois : trois dans la *Clavierübung*, trois dans le recueil de Leipzig (BWV 662 à 664); on le retrouve dans le recueil Kirnberger (BWV 711, authenticité douteuse) et dans des versions séparées (BWV 715, 716 et 717, BWV supp. 48), en plus des premiers états conservés ou des œuvres de paternité très suspecte. Sans doute, ce chant de louange, d'action de grâce et de consolation dans la paix spirituelle devait-il lui tenir particulièrement à cœur, lui qui indiquait souvent sur ses manuscrits les lettres *S.D.G.*, pour « *Soli Deo Gloria* » (« Pour la gloire de Dieu seul »), exclamation proche du « *Gloria in excelsis Deo* ».

Mais cela ne suffit pas à expliquer les trois versions figurant dans la *Clavierübung* : si le plan de l'ouvrage, avec ses deux versions pour chaque choral, semble ne requérir *a priori* que deux « *Allein Gott* », la symbolique, elle, en appelle trois à plus d'un titre. D'abord en ce que le *Gloria* est lui-même un hommage à la Trinité (les autres versions que Bach a données de ce choral sont presque toutes écrites à trois voix comme le sont les trois de la *Clavierübung*, et le caractère *musical* du cantique peut lui-même induire un traitement à trois voix). D'autre part, après les deux versions de la triple imploration *Kyrie/Christe/Kyrie*, les trois *Gloria* complètent cette harmonie de trois fois trois. Ainsi, le choral suivant, sur les dix commandements, arrivera en dixième position ; et le nombre des chorals sera de 21 (date de naissance du musicien), comme le nombre total des pièces sera de 27 — on a relevé plus haut cette valeur hautement symbolique.

Dans la pratique, le grand *Gloria* BWV 676 est logiquement destiné à la grande version, comme le petit, BWV 677, sans pédalier, l'est à la petite version. Le premier des trois *Gloria*, BWV 675, moins long que le grand et écrit sur deux portées, serait commun aux deux versions de la messe : à la petite, puisque ne nécessitant pas l'usage du pédalier, si l'organiste souhaite une œuvre plus longue et développée que celle prévue dans la petite version; ou à la grande, si l'on n'a pas le temps d'exécuter le grand *Gloria*, cette première version étant plus courte et pouvant être jouée avec pédalier facultatif (il suffit de lui confier le cantus firmus de l'alto, avec un jeu de 4 pieds).

Ce premier des trois *Gloria* est aussi le plus simple des trois quant à l'écriture (on suppose d'ailleurs qu'il remonterait aux années de Weimar). Chaque vers du choral est commenté par des imitations entre les deux autres voix, le soprano et la basse; ces imitations précèdent les entrées du thème en cantus firmus à l'alto, et se présentent comme des entrées fuguées sur un sujet directement dérivé de l'incipit du choral. Deux autres motifs en découlent, qui se comportent comme des contre-sujets et seront eux aussi l'objet de développements. Les périodes 1 et 2, reprises dans le cantique, font l'objet d'une reprise musicale littérale. Le traitement du commentaire n'est cependant pas exempt de figuralismes, avec ses triolets qui font vibrer la gloire divine parmi les cohortes célestes, et les longs mouvements ascendants qui paraissent s'élever dans les hauteurs du ciel.

Durée d'exécution : ~ 3 mn 30 s

8. « Allein Gott in der Höh' sei Ehr' » (BWV 676)

a 2 Clav. e Pedale.

Texte : voir BWV 675.

Ce deuxième des trois *Gloria* est le plus considérablement développé des trois, celui qui est expressément destiné à la grande version de la messe. Il ne compte pas moins de 127 mesures, et traite les sept vers du cantique en autant de sections différentes (il n'y a pas de reprise pour les deux premiers, qui font ici l'objet, d'un commentaire musical différencié). L'écriture en trio rappelle celle des Sonates, jusque dans leur caractère instrumental à l'italienne. La trame du discours musical est assurée par le flux ininterrompu d'une guirlande de doubles croches que s'échangent les deux parties manuelles (parfois ensemble sur ce motif). C'est le motif principal du commentaire, le sujet du fugato, directement issu de l'incipit du cantique. Il est soutenu par les ponctuations régulières de la basse, en tierces sur les points d'appui. Ainsi, le contrepoint opposera dans la plus grande clarté la guirlande de doubles croches, des dessins de croches et des tenues ou appuis en valeurs plus longues, principalement sur les temps (dans une mesure à 6/8). Le fugato est traité par les trois voix, et c'est à la fin de chacune des sections que l'une de ces voix expose la période musicale du cantique à peu près telle quelle : les vers 1 et 2 par l'alto, 3 et 4 par le soprano, et les trois derniers respectivement par le soprano (5), l'alto (6) et la basse (7). Mais ce qui pourrait ne paraître qu'un brillant travail de contrepoint se trouve ici encore intimement lié au texte du choral. Certes, on observe beaucoup moins ces accents, ces changements subits d'éclairage, de coloration, qui font toute la variété expressive du commentaire des petits préludes de choral. Le figuralisme est à présent plus décanté, « au deuxième degré », quittant le jeu des figures rythmiques ou mélodiques et de la symbolique de l'harmonie pour passer sur le plan de l'écriture contrapuntique. C'est ainsi que dans le déroulement même du mouvement fugué apparaissent les éléments de commentaire : les tierces et les sixtes parallèles, symbolisant l'accord de Dieu avec les hommes (ou des hommes entre eux), l'écriture en canon pour la « grande paix sans fin », la modification rythmique ou mélodique des figures quand il s'agit d'opposer le malheur, la discorde et les vicissitudes à la paix et à l'union avec Dieu.

Durée d'exécution : ~ 4 mn 30 s

9. Fughetta super « Allein Gott in der Höh' sei Ehr' » (BWV 677)

Manualiter

Texte : voir BWV 675.

C'est le petit *Gloria*, destiné à la petite version de la messe : 20 mesures seulement, contre les 127 de la grande version. Il s'agit ici d'une brève fuguette à trois voix, dont le sujet, en joyeuses croches piquées, brode les quatre premières notes du cantique. Celui-ci n'est pas exposé, et cette page allègre et volubile n'est pas autre chose qu'une évocation de la gloire de Dieu — à moins de l'analyser, comme l'a fait J. Chailley, en double fugue, dont la troisième partie, réunissant les deux fuguettes précédentes, symboliserait l'union après la discorde*.

Durée d'exécution : ~ 1 mn

10. « Dies sind die zehn heil' gen Gebot » (BWV 678)

Canto fermo in Canone. a 2 Clav. e Pedale.

« *Voici les dix saints commandements/ Que nous a donnés le Seigneur Dieu/ Par Moïse, son fidèle serviteur,/ Sur les hauteurs du mont Sinaï !// Kyrie Eleison !* »

Pour la *musica* qui, dans la messe luthérienne, occupe la place du graduel dans la messe catholique, c'est-à-dire entre les lectures de l'Épître et de l'Évangile, Bach a choisi de commenter le premier cantique du catéchisme de Luther, qu'il avait déjà traité dans le *Petit Livre d'orgue* (*cf. Orgelbüchlein* n° 36, BWV 635). Écrit en 8e ton, le choral apparaît ici en *ut* majeur avec de fréquents emprunts à *sol* majeur. Chacune de ses cinq périodes, très espacées dans cette grandiose construction, est précédée d'un commentaire préliminaire écrit en trio (soprano, alto et basse), en un contrepoint dense qui semble se suffire à lui-même, lorsqu'arrive le cantus firmus, l'énoncé du cantique en valeurs longues, exposé en canon à l'octave aux deux parties de ténor (l'écriture est ainsi à cinq voix). Si le musicien adopte cette formule très inhabituelle, c'est qu'il veut insister, par la formule du canon, sur l'idée que les dix commandements sont faits pour être suivis par les hommes ; du fait du canon, les cinq périodes sont entendues deux fois chacune, soit dix fois en tout. Par ailleurs, le nom même de canon, synonyme de règle, insiste bien sur la rigueur prescriptrice de la Loi (on a aussi pensé que les deux voix du canon figuraient les deux Tables de la Loi portées par Moïse). De la sorte, les *sol* répétés avec insistance au début du cantique sont entendus dix fois, dans ce dixième choral du recueil. Le figu-

* J. Chailley, *Les Chorals pour orgue de J.-S. Bach*, Alphonse Leduc, Paris, 1974.

ralisme du trio de commentaire est moins évident en tant que tel, mais de nombreuses images sonores apparaissent en cours de route. Ainsi, par exemple, la difficile ascension de Moïse vers le sommet du Sinaï, dans les premières mesures, le lourd poids, physique et surtout moral, des Tables de la Loi figuré par des désinences chromatiques, la descente de Moïse du Sinaï vers les hommes (gammes descendantes), et, principalement dans les dernières mesures, les chromatismes de l'imploration des chrétiens (« Seigneur, prends pitié ! », « *Kyrie, eleison !* »).

Durée d'exécution : ~ 5 mn

11. Fughetta super « Dies sind die zehn heil' gen Gebot » (BWV 679)

Manualiter

Texte : voir BWV 678.

Si la grande version était écrite à 6/4, la petite l'est à 12/8 et prend l'allure d'une gigue. C'est une fugue à quatre voix (on en entend rarement plus de trois simultanément), enjouée, dont le sujet est dérivé de la première période du cantique. Ce sujet, qui compte exactement dix temps, sera entendu, en forme droite ou renversée, dix fois au total. Page brève (35 mesures), elle est construite assez rigoureusement, avec son exposition (mes. 1-11), son développement sous forme renversée (mes. 12-18), et enfin sa conclusion avec réexposition à deux entrées.

Durée d'exécution : ~ 1 mn 30 s

12. « Wir glauben all' an einen Gott » (BWV 680)

In organo pleno.

« *Nous croyons tous en un seul Dieu,/.../ Tout tient en son pouvoir.* »

Ce *Credo* de la grande version (2e cantique du catéchisme de Luther) fait exception à la règle que Bach s'est fixée dans l'ensemble du recueil, en ce qu'il ne suit pas la totalité du cantique, mais se borne à en paraphraser deux vers seulement, le premier et le dernier. La construction de cette page — qu'on hésite à appeler un choral, puisqu'elle en est une très libre paraphrase — est très étrange, et unique dans l'œuvre de Bach. Quoique l'écriture en soit à quatre voix, il s'agit en fait d'une grande fugue à trois voix, en contrepoint de laquelle la basse, au pédalier, fera entendre à six reprises un motif obstiné, puissante montée en tierces brisées de croches, redescendant symétriquement en une avalanche de doubles croches. Ce motif se joue à l'aide des deux pieds, qui procèdent comme dans la marche, l'un après l'autre, à intervalles très réguliers : sans doute y a-t-il là une figure de la certitude du chrétien cheminant dans les sentiers de la foi. Ce motif apparaît successivement en *ré* mineur, *la* mineur, *fa* majeur, *ut* majeur, *sol* mineur, enfin en retour à *ré* mineur. Quant à la fugue, son admirable sujet est directement issu de l'intonation du cantique (sujet de quatre mesures, mais la réponse apparaît au bout de deux mesures). On a observé que ce sujet, clamant haut et clair « Nous croyons tous en un seul Dieu », est entendu ainsi 14 fois au cours de la fugue — 14 étant l'un des nombres signature de Bach (c'est, faut-il le rappeler, la somme de l'ordre des lettres B + A + C + H). La quatorzième et dernière entrée du sujet, au ténor (mes. 89), enchaîne avec la citation textuelle du dernier vers du cantique, « Tout tient en son pouvoir ». On remarquera que cette fugue, aux nombreux chromatismes, admet au nombre des éléments de divertissement de son développement le thème de la marche du croyant (mes. 76 à 82), traité en marche harmonique modulante en trois volées ascendantes — motif qui se trouve de ce fait intégré à la logique même du développement musical.

Durée d'exécution : ~ 3 mn 30 s

13. Fughetta super « Wir glauben all' an einen Gott » (BWV 681)

Manualiter

Texte : voir BWV 680.

Cette petite version du *Credo* procède, comme la grande, en langage fugué à partir des premières notes du cantique. En fait, seule l'exposition correspond à celle d'une fuguette (à trois voix et quatre entrées) ; le reste de la pièce développe les motifs ornementaux issus du sujet, mordants, broderies, rythmes pointés et fusées de triples croches. Toute l'ornementation est rigoureusement écrite et évoque le style français. On peut penser que la rythmique pointée qui sous-tend la pièce doit être associée à l'idée de majesté et de gloire, comme dans la musique française de l'époque.

Durée d'exécution : ~ 1 mn 15 s

14. « Vater unser im Himmelreich » (BWV 682)

Canto fermo in Canone. a 2 Clav. e Pedale.

« Notre Père au royaume du ciel, / Toi qui dis à nous tous / D'être frères et de t'invoquer, / Et qui veux que nous te priions, / Donne-nous de ne pas te prier de la bouche, / Mais aide-nous à le faire du fond du cœur. »

Le « Notre Père » qui prend place ici est le troisième cantique du catéchisme de Luther. Bach l'avait déjà traité dans son *Petit Livre d'Orgue* (*cf. Orgelbüchlein* nº 37, BWV 36) ; sur ce thème, nous possédons encore un petit choral (BWV 737), et trois autres d'authenticité douteuse (BWV 760 à 762). Il en donne également une petite version dans cette Messe pour orgue. Quant à ce choral de la grande version, il est l'un des plus développés de tous ceux que Bach a destinés à l'orgue, et certainement celui dont l'écriture est le plus complexe. Écriture à cinq voix, dont deux en canon pour le cantus firmus. D'un contrepoint extrêmement dense et d'une ornementation très variée et diversifiée, il est d'autant plus difficile d'exécution que le cantus firmus y apparaît en filigrane, à l'une et l'autre mains, en canon, tandis que la basse déroule un commentaire d'une autre nature encore, ce qui nécessite de la part de l'organiste une très grande indépendance des doigts de chaque main, et des pieds. Mais l'auditeur n'est pas moins mis à rude épreuve, pour suivre son chemin dans cette foisonnante floraison contrapuntique, qu'on imaginerait fort bien comme une sinfonia introductive de cantate, confiée aux instruments et aux voix (ce qui, au demeurant, en allégerait le discours). Et sur le plan de l'impression d'ensemble, le moins étonnant n'est pas qu'en s'attendant à une confiante adresse au Père éternel, on se trouve emporté dans le tournoiement d'une prière, confiante, certes, mais ô combien douloureuse. C'est que le musicien nous amène à partager ses doutes et ses tourments dans l'exercice de sa foi et de sa piété quotidienne ; la prière ne peut pas être de pure forme, elle doit impliquer l'adhésion complète du croyant, son engagement total. Mais qu'il est donc difficile, semble nous dire Bach, de prier son Seigneur d'une seule voix, d'un même cœur, avec ses frères en Dieu, oubliant les inimitiés et les vicissitudes de la vie !... Le motif de commentaire orne en effet l'intonation du cantique, très richement, générant dès les trois premières mesures nombre de cellules et de figures qui seront ensuite développées et amplifiées : appoggiatures, rythme « lombard » (une brève sur le temps, suivie d'une longue — ici, triple croche suivie d'une double croche pointée), progressions ascendantes de figures descendantes, etc. Il se poursuit avec le motif « lombard », qui est chez Bach celui des soupirs et de l'effort. Ainsi sommes-nous au cœur d'une méditation sur la difficile quête de l'union mystique avec Dieu. Le regard compatissant du Père se manifeste par de calmes motifs descendant chromatiquement. Et tout ce commentaire est soutenu par une basse très régulière d'un bout à l'autre du choral, en croches, figure du chrétien demeurant malgré tout, sur sa longue route, fort de ses convictions. Quant à la construction contrapuntique proprement dite, elle n'est pas moins surprenante, en se rapprochant, quoique plus complexe encore, de celle du choral sur « *Dies sind die heil'gen zehn Gebot* » BWV 678. L'écriture est celle d'une sinfonia en trio, pour deux dessus et basse ; et c'est dans la texture même de ce trio qu'apparaîtront, à intervalles espacés, les citations (telles, ou à peine ornées) des six périodes du cantique, en canon à l'octave, à distance de deux mesures (sauf pour la quatrième période, à distance d'une mesure). Ici encore, le canon — surtout à l'octave — figure sans ambiguïté la marche du chrétien suivant fidèlement les préceptes divins, cheminement dont les chromatismes, les modulations et les figures rythmiques ne cessent de nous répéter la douloureuse âpreté.

Durée d'exécution : ~ 7 mn 30 s

15. « Vater unser im Himmelreich » (BWV 683)

Alio modo, Manualiter.

Texte : voir BWV 682.

Le « Notre Père » est, avec « *Aus tiefer Noth* » BWV 687, l'un des deux seuls véritables chorals de la petite version, dans la mesure où la mélodie du cantique y est intégralement exposée et commentée. Écrite à quatre voix, cette page énonce le thème au soprano, sans ornementation. Le commentaire se borne à dérouler de ferventes arabesques descendantes et ascendantes, circulant sans interruption d'une voix à l'autre.

Durée d'exécution : ~ 1 mn 30 s

16. « Christ unser Herr zum Jordan kam » (BWV 684)

a 2 Clav. e Canto fermo in Pedale.

« Christ, notre Seigneur, est venu au Jourdain / Selon la volonté de son Père. / De saint Jean il a reçu le baptême / Pour accomplir son œuvre et sa mission. / Ainsi il a voulu nous établir un bain / Pour nous laver des péchés / Et aussi y noyer la mort amère / Par son propre sang et ses blessures : / Il y va d'une nouvelle vie. »

Après le « Notre Père » et avant la communion, Bach propose deux cantiques du catéchisme de Luther (n° 4 et n° 6) sur la vie sacramentelle, l'un — celui-ci — sur le baptême, naissance spirituelle du chrétien, l'autre sur la pénitence, qui prépare logiquement à la communion. Ce cantique de baptême n'a été traité que deux fois à l'orgue par Bach — ce sont les deux versions de ce recueil —, mais il a été développé dans la cantate homonyme BWV 7 (de 1724). Le texte du cantique compte neuf vers, mais, musicalement, on ne dénombre que sept périodes : les deux premières sont répétées dans la mélodie, et Bach les traite par reprise pure et simple. Chaque période est énoncée en augmentation (en blanches), par le ténor, exécuté au pédalier. Le commentaire est très simple, puisqu'il fait entendre sans interruption un motif ondulant de doubles croches, passant d'une main à l'autre, et figurant bien évidemment les eaux du Jourdain. Le motif de croches que se partagent les deux autres voix, souvent en imitations, a été diversement interprété : signe du baptême par saint Jean le Baptiste et l'Esprit Saint, ou l'apparition du motif de la croix (quintes et octaves), la croix qui sera le nouveau baptême, dans le sang, celui qui ouvrira à la vie surnaturelle. Cette perspective, clairement exprimée dans le texte de Luther, justifie la gravité croissante du climat de ce choral.

Durée d'exécution : ~ 4 mn

17. « Christ unser Herr zum Jordan kam » (BWV 685)

Alio modo. Manualiter

Texte : voir BWV 684.

La petite version de ce cantique de baptême se présente comme une fuguette d'écriture très subtile, correspondant plus précisément à une contre-fugue, dans la mesure où la forme inversée du sujet ou de la réponse s'oppose à leur forme droite. Le sujet est constitué, sans modification, de l'intonation du cantique, présenté en rythme ternaire et escorté d'un contre-sujet constitué lui-même de la même cellule mélodique, mais en diminution. L'exposition des trois voix est à quatre entrées : sujet droit et renversé, réponse droite et renversée. Après un bref divertissement, la réexposition fait entendre le sujet en forme droite et la réponse en forme renversée. Le symbolisme trinitaire apparaît une fois encore avec éclat, se superposant à la symbolique du baptême : à trois voix, trois énoncés en forme droite à quoi s'opposent trois énoncés en forme renversée, comme le baptême du sang s'opposera au baptême de l'eau, la nouvelle alliance à l'ancienne.

Durée d'exécution : ~ 1 mn 15 s

18. « Aus tiefer Noth schrei' ich zu dir » (BWV 686)

a 6 In Organo pieno con Pedale doppio.

« Des profondeurs de l'abîme, je crie vers toi, / Seigneur Dieu, entends mon appel ! / Tourne vers moi ton oreille bienveillante / Et ouvre-la à ma prière. / Car si tu voulais observer / Quels péchés et désobéissances ont été commis, / Qui pourrait, Seigneur, demeurer devant toi? »

Après le cantique sur le baptême, Bach place un cantique de pénitence (le n° 6 du catéchisme de Luther), qui prépare directement à la célébration de la Cène (ou communion). Contrairement à d'autres adaptations, lointaines, de textes issus de la liturgie catholique, Luther a procédé ici à une traduction très fidèle du Psaume 130, « *De profundis* », réservé chez les catholiques aux funérailles, et qu'il a, lui, destiné à la pénitence. Les sept vers du texte correspondent à cinq périodes musicales, les deux premières faisant l'objet d'une reprise (que Bach, selon son habitude, fait exécuter intégralement, à l'identique). La construction de ce choral, puissante, massive, est fortement teintée d'archaïsme. Il s'agit en effet de l'un de ces chorals figurés qu'affectionnaient ses prédécesseurs à la fin du XVIIe siècle : dans un discours continu, chaque période musicale du cantique est traitée comme un tout faisant l'objet d'une entrée fuguée sur le thème même de la période, lequel apparaît enfin en cantus firmus, en valeurs longues. D'autre part, Bach pratique ici une polyphonie extrêmement rigoureuse, sans le moindre élément de diversion étranger à la substance musicale du cantique, et en ne donnant au figuralisme qu'une part très effacée. Enfin, dans ce contrepoint à six parties réelles, il fait appel, comme les maîtres d'Allemagne du Nord qui avaient ébloui sa jeunesse, à une double partie de pédalier (cas à peu près unique dans son œuvre, avec la variante BWV 653b du choral « *An Wasserflüssen Babylon* »), la partie élevée du pédalier (pied droit) étant dévolue au cantus firmus. Tout cela fait sans doute imaginer quelle puissance de concentration il faut à l'organiste pour interpréter cette page, concentration qui est également requise de la part de l'auditeur. Pour chaque entrée du thème de choral en valeurs longues, une puissante exposition fuguée fait entendre au préalable un savant traitement du même thème, aisément reconnaissable. Ainsi préparée, la phrase musicale fait une entrée triomphale, escortée d'une ou deux autres voix traitant le même thème en strette.

Durée d'exécution : ~ 6 mn 45 s

19. « Aus tiefer Noth schrei' ich zu dir » (BWV 687)

a 4. Alio modo, Manualiter.

Texte : voir BWV 686.

Cette petite version combine les deux techniques de la fuguette et de l'énoncé intégral du thème du cantique. Chaque entrée du thème, au soprano, est en effet précédée d'une fugue à trois voix (quatre voix en tout, donc, avec celle de la mélodie), sur le sujet même qui doit être exposé. Le procédé est donc identique à celui utilisé dans la grande version, dont celle-ci apparaît comme une rédaction plus modeste, malgré sa science et la relative importance de son développement. On notera que Bach y fait un assez large emploi des expositions inversées : le chrétien crie vers Dieu, mais Dieu tourne vers lui son oreille bienveillante.

Durée d'exécution : ~ 4 mn 30 s

20. « Jesus Christus, unser Heiland, Der von uns... » (BWV 688)

a 2 Clav. e Canto fermo in Pedale.

« Jésus-Christ, notre Sauveur, / Qui de nous a détourné la colère de Dieu, / Par ses amères souffrances / Nous a délivrés des tourments de l'enfer. »

C'est le cinquième cantique du catéchisme de Luther, et le plus connu des deux cantiques commençant par les mêmes mots. Il faut en effet bien distinguer les deux textes. L'un est le « *Jesus Christus unser Heiland, Der den Tod...* » ; Bach ne l'a traité qu'une seule fois (*Orgelbüchlein* n° 28, BWV 626), et Buxtehude une fois également (BuxWV 198). L'autre, celui-ci, est le « *Jesus Christus, unser Heiland, Der von uns...* », qui apparaît quatre fois dans l'œuvre pour orgue de Bach : deux fois dans la *Clavierübung*, et deux fois dans l'« Autographe de Leipzig ». Cantique de la Passion, Luther l'a destiné à la communion, en raison des paroles des strophes suivantes, et c'est tout naturellement lui que Bach a choisi pour la Sainte Cène de sa Messe. Ce grand choral est une pièce bien singulière. Il est écrit en trio, mais la basse se voit confier exclusivement l'énoncé du cantique en valeurs très étirées, comme impassibles, tandis que les deux mains s'emparent d'un motif qui sera traité en un irrésistible fugato, incessant dialogue de toccata ou de capriccio opposant motifs de croches et de doubles croches. La première et véhémente figure du motif est faite de grands intervalles brisés, en croches, qui se referment à chaque mesure. Elle s'enchaîne à des figures de doubles croches descendantes qui semblent chercher péniblement à s'élever. D'entrée de jeu, on sent ici tonner la colère divine et, en conséquent, les souffrances du Christ venu racheter les pécheurs et détourner d'eux le courroux du créateur — ce qui se concrétisera par le renversement de la figure initiale, qui s'ouvrira au lieu de se refermer (mes. 46, précisément lorsque la basse entonne le vers « Qui de nous a détourné... »). Ces figures se prêteront aisément à l'évocation de l'enfer, et celle de la colère divine se superposera à elle-même sous ses deux énoncés, droit et renversé, dans la réconciliation finale avec Dieu et la libération des pécheurs.

Durée d'exécution : ~ 4 mn

21. Fuga super « Jesus Christus, unser Heiland » (BWV 689)

a 4. Manualiter.

Texte : voir BWV 688.

A l'opposé de la grande version, où le thème du choral apparaissait intégralement, « en majesté », la petite version se borne à citer l'intonation du cantique, qui est traitée en fugue à quatre voix, amplement développée. L'exposition du sujet se fait en strette, et plusieurs strettes apparaîtront dans le cours du développement, faisant intervenir le contre-sujet en forme droite ou renversée (ou les deux), puis un deuxième contre-sujet. Celui-ci, avec ses deux figures dactyliques — motif de la joie —, s'impose peu à peu, comme le suggère le texte du cantique ; mais la réalité des tourments de l'enfer demeure bien présente, évoquée par les multiples chromatismes et un plan tonal particulièrement complexe. Le sujet sera réexposé en valeurs longues, comme cantus firmus, avant la conclusion (mes. 75 *sqq.*), réaffirmant la notion de rachat par le Christ « notre Sauveur ».

Durée d'exécution : ~ 4 mn

Les quatre Duettos (BWV 802-805)

Longtemps, on les a crus étrangers au recueil — que pourtant Bach avait lui-même organisé et publié (c'est pourquoi ils ne suivent pas les Chorals dans le catalogue BWV). De leur écriture pour les deux mains, un peu comparable à celle des *Inventions à deux voix*, on a en effet pensé qu'ils pouvaient être destinés au clavecin, et on les a enregistrés sur cet instrument. Aujourd'hui, on les a rendus à leur destination première, celle de pièces devant être exécutées à la communion. Le fait qu'ils soient écrits à deux voix en appelle aussitôt à un figuralisme cher au musicien : le duo, c'est l'union du chrétien à son créateur, les fiançailles de l'âme avec Jésus, union mystique qui se réalise pleinement dans l'eucharistie. L'écriture contrapuntique extrêmement élaborée de ces quatre Duettos, évoquant beaucoup plus les canons de *L'Art de la fugue* que les *Inventions à deux voix*, révèle des jeux de symétrie, des procédés architectoniques si subtils qu'ils paraissent devoir répondre à quelque nécessité profonde restée cachée jusqu'alors. Les figures sonores, les éléments thématiques ont peut-être une source liturgique ou symbolique dont nous n'avons pas encore percé le secret.

Le **Duetto I** (BWV 802), en *mi* mineur, est une merveilleuse invention opposant des ruissellements de triples croches à des ponctuations de croches, dans les méandres de chromatismes et d'étranges modulations. Deux parties, l'une en *mi* mineur, l'autre en *sol* majeur, et une conclusion ; chacune des parties contient un énoncé au premier degré, suivi d'un autre au cinquième degré.

Durée d'exécution : ~ 3 mn 15 s

Le **Duetto II** (BWV 803), en *fa* majeur, est écrit en style fugué rigoureux. Mais il se présente sous une forme A-B-A (la durée de la section centrale, B, étant exactement celle des deux sections d'encadrement A). Alors que la section A, avec ses quatre entrées du sujet, observe un diatonisme et une carrure rythmique simples, la partie centrale est envahie de motifs sinueux très chromatiques, dessins de croches et figures dactyliques. Le jeu d'imitations y est très serré, et le motif de fugato y est exposé en strette en différentes tonalités — tonalités qui paraissent à la limite de l'indépendance réciproque, comme en une sorte de bitonalité. Le sujet est également soumis à une entrée en renversement.

Durée d'exécution : ~ 4 mn

Le **Duetto III** (BWV 804), en *sol* majeur, est une page charmante, fraîche et lumineuse. De souples ondulations de guirlandes de doubles croches, dans une mesure ternaire dansante (12/8), soutiennent un petit motif répété qui ajoute du rebond à cette fantaisie à deux voix.

Durée d'exécution : ~ 3 mn 15 s

Le **Duetto IV** (BWV 805), en *la* mineur, revient au style fugué du deuxième. Ainsi, les quatre *Duettos* peuvent-ils être considérés en deux paires, sortes de préludes et fugues — encore que changeant de tonalité. C'est ici sans doute le plus complexe et abstrait des quatre, dans son style fugué rigoureux engendrant une prolifération de figures dérivées dans une impressionnante économie de moyens. Évoluant au travers de modulations lointaines et inattendues, prenant parfois l'apparence d'une improvisation fantasque, c'est au contraire une page d'une extrême densité de pensée et d'écriture, et en outre une véritable gageure, puisque cette élaboration si poussée ne fait jamais appel, malgré les apparences auditives, à plus des deux voix que le musicien s'est imposées dans ces quatre pièces.

Durée d'exécution : ~ 3 mn

Fugue en *mi* bémol majeur
(BWV 552)

Comme le prélude, la fugue, marquée « *A 5 pro Organo pleno* », développe la symbolique trinitaire, puisqu'il s'agit en fait d'une triple fugue. A nouveau, les sujets de chaque fugue personnaliseraient le Père, le Fils et l'Esprit Saint, avec une prédominance, dans le divertissement, du thème du Père. Celui-ci, grave, d'une imposante autorité, procède par deux sauts de quarte ascendante. Il est le sujet de la première fugue (à 4/2), mais réapparaît dans la deuxième (imbriqué au deuxième sujet, mes. 59), puis dans la troisième (mes. 89), imbriqué cette fois aux deux autres « thèmes », du Fils et de l'Esprit Saint, signe à la fois des deux personnes qui procèdent du Père et de la prééminence de celui-ci.

Fugue 1

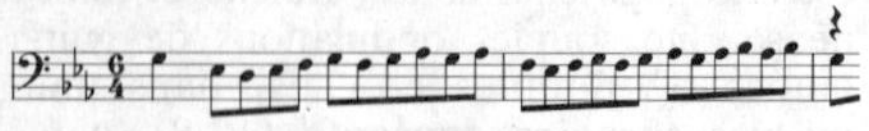

Fugue 2

Fugue 3

On a remarqué que le « thème du Père » apparaissait en tout 27 fois. Or 27, on l'a relevé plus haut, c'est 3 x 3 x 3, ou trois à la puissance trois ; c'est aussi le nombre des pièces contenues dans le recueil de la « Messe luthérienne ». L'articulation d'ensemble de cette triple fugue est donc très simple, en trois parties comptant respectivement 36, 45 et 36 mesures (on pourrait continuer à « dé-chiffrer » la symbolique : 36 = 3 x 3 x 4, et 45 = 3 x 3 x 5. On entend 12 fois le sujet en 36 mesures [12 x 3], et 15 fois en 45 mesures [15 x 3], etc.). Fugue 1 (mes. 1-36) sur le « thème du Père », en *allabreve* à cinq voix. Fugue 2 (mes. 37-81), à 6/4, sujet souple, ondoyant, tout en croches paisibles, traité à quatre voix. Fugue 3 (mes. 82-117), à nouveau à cinq voix, sur un sujet qui s'élance et circule promptement, comme dans des battements d'ailes, à 12/8, mesure qui procède des deux précédentes (4/2 et 6/4), comme l'Esprit procède du Père et du Fils (« *qui ex Patre Filioque procedit* », dit le *Credo*). On a en effet traditionnellement voulu reconnaître les motifs du Fils et de l'Esprit dans les deuxième et troisième sujets respectivement. Certains commentaires récents tendraient au contraire à voir celui de l'Esprit dans le deuxième sujet, annonçant le deuxième sujet du dernier contrepoint de *L'Art de la fugue* ; et celui du Fils dans le troisième (celui-là même qui, toujours dans le même contrepoint, fera apparaître en contre-sujet le motif B.A.C.H., signature du musicien ainsi associé à la douleur du Fils de l'Homme). Le débat reste ouvert...

Durée d'exécution : ~ 7 mn

PIÈCES DIVERSES

Une trentaine de pièces diverses et isolées ne se rattachent précisément à aucune autre, à aucun corpus. Certaines sont de destination ou d'authenticité douteuse ; d'autres ont cependant conquis la notoriété auprès des organistes et du public (la petite *Fugue* en *sol* mineur BWV 578, par exemple).

La plupart de ces pièces sont des œuvres, voire des essais, de jeunesse, où l'on voit notamment Bach se mettre à l'école des maîtres étrangers. Ainsi, la petite **Aria en *fa* majeur** (BWV 587) est la transcription quasi littérale de la quatrième section de *L'Impériale*, troisième Ordre des *Nations* de François Couperin. A l'égard du domaine italien, c'est le cas de l'**Allabreve en *ré* majeur** (BWV 589), fortement influencé par Corelli (*Concerto grosso* en *ré* majeur op. VI n° 1) ; avec sa belle polyphonie archaïsante en contrepoint double, il annonce d'autres pièces du même genre, comme la *Fugue* en *ut* majeur BWV 545 ou celle en *ré* mineur « dorienne » BWV 538 ; ou, dans *Le Clavier bien tempéré*, les fugues en *ut* majeur du premier Livre et, plus tard, en *mi* majeur du deuxième Livre ; ou encore le *Gratias agimus* de la *Messe en* si.

Sous le titre de **Canzone en *ré* mineur** (BWV 588), Bach écrit une fugue à l'italienne, très marquée par l'influence de Frescobaldi qu'il découvre à l'époque de Weimar : le sujet mélodique apparaît plusieurs fois chez Frescobaldi, et Bach le réemploiera comme sujet de la fugue en *mi* bémol mineur du premier Livre du *Clavier bien tempéré*. Ce sujet, imité du plain-chant, est exposé au pédalier (fait unique chez Bach, excepté l'exposition du thème de la *Passacaille* en *ut* mineur) ; il se prête à un paisible et élégant développement à quatre voix, en deux parties, binaire puis ternaire.

L'influence italienne est également très sensible en plusieurs des petites fugues isolées qui nous sont parvenues (une dizaine, environ). Ainsi de la **Fugue en *ut* mineur** (BWV 574), « sur un thème de Legrenzi » — thème que la musicologie n'a pas encore retrouvé dans l'œuvre du musicien italien. Nous en connaissons trois états différents : nul doute que l'élaboration de cette page assez développée n'ait été pour Bach un important exercice d'écriture pour se mettre à l'école italienne. La construction en est très intéressante, puisqu'il s'agit d'une double fugue : après les expositions fuguées de chacun des sujets, les deux sujets se combinent en une nouvelle exposition. Dans la troisième et ultime version que nous ayons de cette page, Bach a ajouté un postlude libre en style de toccata, sans relation motivique avec ce qui précède — un postlude de 14 mesures : faut-il voir dans ce nombre la signature de celui qui s'approprie l'art des maîtres italiens ?

Même démarche avec la **Fugue en *si* mineur** (BWV 579), « sur un thème de Corelli ». Le sujet est celui du deuxième mouvement (*vivace*) de la *Sonata da chiesa* op. III n° 4. Il est traité en double fugue, dans le style d'une canzone.

On mentionnera encore la **Fugue en *sol* majeur** (BWV 577), page à la gaieté juvénile dont le sujet, lancé en appels d'octaves sur la dominante, a la coupe d'une gigue comme Buxtehude les aimait. La **Fugue en *ut* mineur** (BWV 575) (également attribuée à C.P.E. Bach, le fils cadet du compositeur), avec son sujet en guirlande, entretenant une ambiguïté tonale et modale, est sans doute l'œuvre d'un jeune musicien ébloui par les modèles des organistes d'Allemagne du Nord et assimilant le style de Buxtehude.

Mais la plus célèbre de toutes ces pages est assurément la « petite » **Fugue en *sol* mineur** (BWV 578), dont la popularité se répandit dès la seconde moitié du XVIIIe siècle, pour ne pas se démentir depuis lors. C'est cependant une œuvre relativement brève, de construction un peu lâche ; quoique destinée à quatre voix, le jeune Bach ne la traite la plupart du temps qu'à trois voix, se laissant aller au charme et à la diversité engendrées par son admirable sujet, mélodie de longue haleine alliant quelque sensualité à une découpe bien affirmée. On a récemment montré la parenté, comme une préfiguration, de ce sujet avec celui, à venir bien plus tard, de *L'Art de la fugue**.

La **Pastorale en *fa* majeur** (BWV 590) est également une page populaire. Composée de quatre mouvements brefs n'entretenant entre eux ni rapports traditionnels de tonalité, ni liens thématiques, formels ni stylistiques, elle pose quelques énigmes aux musicologues, d'autant qu'à l'exception du soutien de quelques notes de basse dans le premier morceau, elle ne fait pas appel au pédalier. Sous nette influence italienne (son titre, dans les copies anciennes, est « *Pastorella pro organo* »), elle semble dater de la fin des années de Weimar (sa paternité n'est plus mise en doute aujourd'hui). Le premier mouvement est le seul caractéristique d'une pastorale, à 12/8 ; le second est une allemande,

* P. Vidal, *L'Origine thématique de* L'Art de la fugue *et ses incidences*, Paris, 1984.

à 4/4 ; le troisième (à 3/8) évoque un solo instrumental de concerto, avec sa mélancolique mélodie richement ornée et amplement déployée (en *ut* mineur), sur une pulsation régulière ; le quatrième, enfin, est un charmant fugato à 6/8, en *fa* majeur, dont le sujet, une guirlande qui se déroule uniformément en doubles croches, est longuement développé. On a relevé la parenté de la tête du sujet avec une paraphrase ornée du cantus firmus « *Resonet in laudibus* », chant de Noël comme il convient à une pastorale. Selon Michel Chapuis, les quatre mouvements pourraient évoquer successivement l'adoration des bergers, les mages, la croix (qui se profile toujours sur la crèche, selon le plan de la Rédemption), enfin la crèche et les anges.

On rappellera pour mémoire, parmi ces pièces diverses, un **Pedal Exercitium** (BWV 598), morceau inachevé confié au seul pédalier, et qui, plus qu'un exercice de virtuosité, pourrait être un trait initial de toccata ; un **Petit Labyrinthe harmonique** (BWV 591), modeste pièce chromatique en trois mouvements dont la paternité est aujourd'hui généralement retirée à J.S. Bach (il pourrait être de Johann David Heinichen, compositeur fécond contemporain de Bach, actif à Dresde jusqu'à sa mort en 1729). Deux petits préludes isolés appartiennent aux années de prime jeunesse, **Prélude en *la* mineur** (BWV 569) et, d'une bien meilleure venue, **Prélude en *sol* majeur** (BWV 568). On en rapprochera le **Prélude en *ut* majeur** (BWV 943) qui, comme le précédent, semble destiné au clavecin à pédalier.

D'un tout autre intérêt sont quelques pièces en trio isolées, dont on pense généralement qu'elles ont pu — ou auraient pu — faire partie d'ensembles plus vastes. Ainsi, le **Trio en *ré* mineur** (BWV 583), très proche de l'écriture des *Sonates en trio* et sans doute contemporain, manifeste d'évidents liens de parenté avec la *Fantaisie et fugue* en *sol* mineur BWV 542, datant des mêmes années (sinon contemporaine) ; il n'est pas impossible, on l'a dit, qu'il ait pu servir de mouvement intermédiaire entre la fantaisie et la fugue, pour composer un triptyque comme on pense que l'usage en existait, et la tonalité de *ré* mineur, dominante de *sol* mineur, ne peut qu'accréditer cette hypothèse. Le **Trio en *sol* mineur** (BWV 584) est la transcription fragmentaire de l'air de ténor de la cantate BWV 166, « *Wo gehest du hin* » (« Où t'en vas-tu ? »), de 1724. Deux autres trios, référencés par Schmieder dans le catalogue BWV (585 et 586), ne sont pas de Bach. En revanche, nous possédons une transcription ancienne du quatrième mouvement de la première *Sonate* pour viole de gambe et clavecin BWV 1027, appelée **Trio en *sol* majeur** (BWV 1027a), à l'impeccable écriture à trois voix (on sait que cette sonate est elle-même la transcription par Bach de sa propre *Sonate* pour deux flûtes et basse continue en *sol* majeur BWV 1039). On a également retrouvé une transcription pour l'orgue du premier mouvement de la *Sonate* BWV 1027, à laquelle Schmieder n'a pas attribué de numéro. D'autres trios encore sont à rattacher à l'œuvre d'orgue, et ont pu être des mouvements intercalaires, en *sol* mineur BWV 1029 ou en *sol* majeur BWV 1039.

Il faut aussi mentionner les parties d'orgue obligé dans les deux Passions, ainsi que dans une quinzaine de cantates (BWV 27, 29, 35, 47, 49, 71, 73, 80, 120a, 146, 161, 169, 170, 172 et 188), dont les partitions portent parfois des indications de registration. On suppose que c'est le jeune Wilhelm Friedemann, qui avait alors entre quatorze et dix-huit ans, qui a pu être l'exécutant de ces parties virtuoses (ainsi, par exemple, de la *Cantate* BWV 146, dont la Sinfonia introductive reprend le premier mouvement du *Concerto* en *ré* mineur BWV 1052 pour clavecin et cordes, dont la partie soliste est ici confiée à l'orgue).

Enfin, l'écriture de certaines pages considérées comme destinées au clavecin, préludes et fughettes notamment, permet de penser qu'elles ont pu être également jouées à l'orgue, avec ou sans pédalier. Exercices d'école, ou plus vraisemblablement reflets de la pratique d'une musique domestique *(Hausmusik)* alors sans solution de continuité avec la pratique cultuelle à l'église.

On signalera pour terminer que plusieurs manuscrits du XVIIIe siècle font état d'une version transcrite pour l'orgue (on ne sait par qui, mais sans doute avec l'assentiment du compositeur) du grand **Ricercar a 6** de l'*Offrande musicale* BWV 1079, avec la mention « *sonabile sull'organo col pedale obligato* », « jouable à l'orgue avec pédalier obligé ».

LES ŒUVRES PROFANES

La quasi-totalité de l'œuvre pour orgue de Bach — toutes les pages recensées précédemment — est liée à la liturgie luthérienne, soit directement, par le matériau musical utilisé, soit indirectement, par la fonction à remplir au culte (entrée, procession de communion, sortie). Cela n'empêche pas que certaines de ces œuvres aient pu être jouées, du temps de Bach et par lui-même, en auditions ou concerts, hors de cérémonies religieuses. Mais il existe également dans sa production quelques pièces se situant résolument hors de tout contexte spirituel et de destination manifestement profane, pour le concert, la « récréation des amateurs » ou l'usage domestique : ce sont les cinq Concertos de divers auteurs transcrits pour l'orgue et les six *Sonates en trio*.

Les cinq Concertos (BWV 592-596)

Comme il l'a fait pour le clavecin avec les 16 concertos italiens transcrits BWV 972 à 987*, Bach s'est plu à transcrire pour l'orgue des concertos pour cordes d'autres maîtres, italiens ou de style italianisant. Même époque, mêmes motivations. L'époque est celle de Weimar, où le musicien découvre les œuvres instrumentales des Italiens, avec la clarté de leur construction formelle, l'élégance de leurs lignes mélodiques, la simplicité lumineuse de leur harmonie. De cette révélation, il fait son miel, recopiant des partitions et, pour mieux en assimiler la facture et le style, en transcrivant pour l'un des instruments polyphoniques sur lesquels il pourrait lui-même, tout seul, exécuter ces œuvres orchestrales. Les Concertos pour orgue ne sont-ils rien d'autre qu'un exercice personnel, exécuté sans autre but que de se « faire la main » ? C'est bien possible, et on peut les rapprocher non seulement des concertos transcrits pour clavecin, mais des 16 concertos de maîtres italiens (ou italianisants) transcrits pour l'orgue, au même moment et dans la même ville de Weimar, par le cousin et ami de Jean-Sébastien, l'organiste Johann Gottfried Walther.

Deux auteurs ont fait l'objet de ces transcriptions pour orgue par Bach : Vivaldi, bien sûr, maître du concerto que le compositeur allemand pratiquait avec enthousiasme, et un autre musicien, fort peu connu, le jeune duc Johann Ernst de Saxe-Weimar, le neveu du duc alors régnant, employeur de Bach. Ce dernier avait pris en amitié le jeune homme, qui s'essayait à la composition — au modèle italien — avec un certain succès, mais qui devait mourir, âgé de dix-neuf ans, en 1715. On ne le connaît aujourd'hui que par les deux concertos transcrits par Bach et par un recueil de six concertos publié par Telemann en 1718. La présence d'œuvres du jeune duc auprès de celles de Vivaldi a de quoi étonner : il est possible que l'ensemble des concertos transcrits aient été des commandes, précisément, du duc, pour enrichir le répertoire de la chapelle, ce qui expliquerait cette « dédicace » à leur commanditaire. On a pu dater ces transcriptions de la période 1713-1714.

Comme dans les concertos transcrits pour le clavecin seul, on peut observer ici le grand respect du musicien à l'égard de l'œuvre originale et, à la fois, la « valeur ajoutée » qu'il apporte à son modèle en l'adaptant à l'orgue, avec ses exigences mais aussi ses registres expressifs nouveaux. Ces modifications portent sur l'ornementation, des variantes harmoniques ou contrapuntiques, voire des éléments de développement.

On notera enfin que le catalogue Schmieder référence sous le numéro BWV 597 un sixième concerto adapté d'un original inconnu ; cette transcription n'est pas de Bach.

Concerto en *sol* majeur (BWV 592)

Original : *Concerto* pour violon principal et cordes de Johann Ernst de Saxe-Weimar. Moins développée que les modèles vivaldiens, l'œuvre ne manque pas d'agrément et de fraîcheur. Trois mouvements : *Allegro*, bien dans l'esprit italien, Grave, joli duo accompagné, et *Presto*, dans une forme issue du rondo.

Durée d'exécution : ~ 7 mn

Concerto en *la* mineur (BWV 593)

Original : *Concerto* pour deux violons et cordes opus III nº 8 (« *Estro armonico* ») de Vivaldi, publié en 1711. C'est le plus

* Voir *Guide de la musique de piano et de clavecin*, pp. 66-67.

justement populaire des cinq concertos transcrits. Bach élague le texte des ornements propres à l'écriture pour le violon, il allège parfois l'harmonie originale, qui sonnerait de façon trop compacte à l'orgue ; en contrepartie, il enrichit d'éléments nouveaux la substance harmonique et rythmique, et développe les jeux d'imitations dans le contrepoint. Le fruit de ce travail est un superbe morceau qui semble avoir eu de tout temps l'orgue pour destination première. Trois mouvements : *Allegro* très dansant, *Adagio*, duo en arabesque confié aux seuls claviers manuels, et *Allegro* virtuose, faisant par moments appel à une double partie de pédalier.

Durée d'exécution : ~ 11 mn

Concerto en *ut* majeur (BWV 594)

Original : *Concerto* pour violon principal et cordes opus VII n° 11 de Vivaldi. On s'étonne de voir figurer dans la série ce concerto dont l'original n'est pas du meilleur Vivaldi. Bach ne semble d'ailleurs pas avoir porté une attention soutenue à l'adaptation des deux mouvements rapides, y ajoutant quelques épisodes de formules de virtuosité un peu creuses. Mais l'œuvre vaut pour son admirable *Adagio* médian : la mélodie de Vivaldi s'y déroule dans une ornementation très riche, intégralement et rigoureusement écrite par Bach, sur près de trois octaves, dans la voix de ténor (la transcription est réalisée une octave au-dessous de l'original). Cette longue méditation baroque, grand récitatif instrumental très neuf dans la musique d'orgue allemande, évoque l'*Adagio* de *Toccata, adagio et fugue* BWV 564 (également en *la* mineur), le récitatif introductif de la *Fantaisie et fugue* en *sol* mineur BWV 542, œuvres postérieures à celle-ci, ou les Récits de tierce en taille des maîtres français. Trois mouvements : *Allegro, Adagio, Allegro*.

Durée d'exécution : ~ 17 mn

Concerto en *ut* majeur (BWV 595)

Original : *Concerto* pour violon et cordes de Johann Ernst de Saxe-Weimar. De même que l'original du *Concerto* BWV 592, celui qui est transcrit ici ne fait pas partie du recueil posthume publié par Telemann. Sa partition est perdue, mais on le connaît par la transcription intégrale que Bach en a réalisée pour le clavecin (BWV 984). Pour l'orgue, le musicien n'a transcrit que le seul premier mouvement, *Allegro*, substantiellement enrichi par rapport à la version pour le clavecin.

Durée d'exécution : ~ 3 mn 30 s

Concerto en *ré* mineur (BWV 596)

Original : *Concerto* pour deux violons, violoncelle et cordes opus III n° 11 (« *Estro armonico* ») de Vivaldi. C'est sans doute le plus élaboré et le chef-d'œuvre de la série des concertos transcrits par Bach — un chef-d'œuvre, également, chez Vivaldi. Cette transcription a longtemps été attribuée, par erreur, à Wilhelm Friedemann Bach, le fils aîné de Jean-Sébastien, qui en possédait la partition. C'est ici que la « valeur ajoutée » par Bach est le plus significative, dans l'enrichissement harmonique et contrapuntique ainsi que dans le traitement spécifique pour l'orgue. Quatre mouvements : *Allegro*, brillant prélude de caractère instrumental ; puis un bref épisode de transition modulante, Grave, introduit une vigoureuse Fugue à quatre voix (plus marquée par le style instrumental italien, avec ses cadences et ses répétitions, que par le style sévère familier de Bach), un *Largo*, poétique sicilienne à 12/8, et pour conclure un Finale *allegro*, en coupe de rondo, dont Bach a accentué le caractère jubilatoire, en puisant dans un véritable réservoir thématique (par exemple, en substituant des motifs fusées aux batteries d'accords répétés). On notera que le thème de cet *Allegro* final offre une très nette parenté avec le sujet de la fugue du *Prélude et fugue* en *ut* majeur BVW 541 et de la fugue du chœur initial de la cantate BWV 21 de 1714. Loin d'être fortuites, ces rencontres attestent bien de l'importante influence des maîtres italiens sur Bach, qui les pratique assidûment dans ces années 1713-1714.

Durée d'exécution : ~ 10 mn

Les six Sonates en trio
(BWV 525-530)

Cet ensemble de six sonates nous est connu par le manuscrit autographe du compositeur, ainsi que par une copie que se partagent les mains d'Anna Magdalena et de Wilhelm Friedemann; mais aucune indication, aucune suscription, aucune donnée biographique précise ne permettent de dater ces œuvres ni d'en lier l'élaboration à des faits historiques et connus. Carl Philipp Emanuel Bach et Agricola, dans le Nécrologe de 1754, parlent de « Six sonates pour l'orgue, avec pédale *obbligato* », ce qui confirme leur destination à l'orgue, parfois mise en doute. Et plus tard, en 1802, Forkel, le premier biographe de Bach, qui a puisé son information principalement auprès de Carl Philipp Emanuel, nous livre ce témoignage capital : « Six sonates ou trios à deux claviers, avec pédale obligée. Bach les écrivit pour son fils aîné Wilhelm Friedemann. C'est en les étudiant que Friedemann se préparait à devenir le grand organiste que je connus par la suite. Il est impossible de vanter les mérites de ces sonates, composées alors que leur auteur, parvenu à l'âge mûr, se trouvait en pleine possession de ses moyens : on peut les considérer comme étant son chef-d'œuvre en ce genre [...]. Il existe de Bach d'autres sonates pour l'orgue : elles sont dispersées dans diverses mains et doivent être comptées de même parmi ses meilleures œuvres, sans qu'elles puissent toutefois égaler celles que je viens de mentionner. »

Lorsque Bach arrive à Leipzig, en 1723, son fils aîné Wilhelm Friedemann, né en 1710, vient d'avoir douze ans; il entrera à l'université en 1729, et quittera le foyer familial en 1733. Tout permet donc de rattacher la mise en forme de ces sonates aux premières années de Leipzig. Mais dans cette période d'intense activité dans le domaine de la musique religieuse, on peut à bon droit penser que, plutôt que d'écrire des œuvres nouvelles, Bach, faute de temps, s'est borné à rassembler des mouvements, voire des œuvres entières dont la gestation et la composition étaient nettement antérieures, soit pour le clavier, soit pour les instruments; plusieurs états originaux nous sont connus (et seront mentionnés avec le commentaire de chaque sonate). Il faut enfin rappeler que ces pages devaient être particulièrement chères au cœur du musicien, qui les retravailla au long de sa vie. Les partitions éditées aujourd'hui en sont le dernier état authentique connu.

Œuvres d'étude, ces sonates pouvaient être travaillées sur le clavecin avec pédalier, instrument domestique assez répandu chez les organistes au XVIIIe siècle (la famille Bach en possédait trois), qui leur permettait de s'exercer chez eux — avantage d'autant plus appréciable que pour aller jouer sur l'orgue, il fallait chaque fois se faire accompagner d'un ou deux souffleurs, et les payer. Ce que ces sonates étaient à l'intention du fils aîné, elles le sont aujourd'hui encore pour tout étudiant, la haute école de la virtuosité à l'orgue : habileté digitale et vélocité des pieds, certes, parfaite coordination de tous les mouvements dans leur indépendance respective, mais aussi précision du toucher, souplesse et rigoureuse exactitude du phrasé des trois parties qui jouent en contrepoint serré, se mêlent et se répondent en conservant leur complète autonomie mélodique. Cette parfaite maîtrise de l'exécution implique elle-même une connaissance approfondie des règles du contrepoint. Une fois dominées toutes les difficultés techniques posées par l'exécution de ces œuvres, l'étudiant se trouve à même de jouer toute la musique d'orgue de Bach et à peu près toute la littérature pour l'instrument jusqu'à nos jours.

On connaît d'autres œuvres en trio destinées à l'orgue par Bach, quelques pages isolées ou surtout certains des chorals du recueil de Leipzig (nos 5, 10 et 14). Le musicien manifeste une prédilection pour l'écriture en trio, dont il a pu connaître bien des exemples, soit chez les maîtres français qu'il a lus et étudiés, comme Couperin, Grigny ou Clérambault, soit dans la musique instrumentale italienne. Lui-même adoptera souvent le trio dans sa musique instrumentale (sonate pour un instrument soliste et les deux mains d'un claveciniste, par exemple). Mais l'originalité des *Sonates en trio* pour orgue réside, outre leur important développement, dans le fait qu'elles répondent en chacun de leurs trois mouvements à une stricte écriture à trois voix — seule, la voix de basse, au pédalier, étant par moments quelque peu simplifiée pour des raisons d'exécution technique. L'orgue offre la réunion de la plus grande concentration — un seul exécutant anime les trois parties, une à chaque main, une aux pieds —, avec la plus grande richesse de coloration, permettant de différencier et d'autonomiser chacune des voix dans une interprétation émanant d'une pensée unique. Sous la plume de Bach, l'équilibre est ici miraculeux entre l'effusion de la poésie lyrique et la densité de la pensée formelle, réunies en des mouvements de danse et de mélodie quasi vocale. On pourrait se hasarder à dire que les *Sonates en trio* occupent dans l'œuvre d'orgue de Bach une place un peu comparable à celle des quatuors à cordes dans la musique de chambre d'un Mozart. Celui-ci ne s'y est d'ailleurs pas trompé, qui a transcrit pour ensemble de chambre — le Trio à cordes, en l'occurrence — le *Largo* et la Fugue de la *Sonate nº 3*, ainsi que l'*Adagio* de la *Sonate nº 2* (*Trio* KV 404a).

Indiquons enfin que ces œuvres n'offrent aucun trait commun avec la sonate classique ou romantique. Ces 18 mouvements de sonate sont résolument monothématiques, et les idées secondaires qui peuvent y apparaître, généralement en relation étroite avec le motif principal, n'interviennent que comme éléments de divertissement, de diversification, et non pour nouer le conflit dialectique propre à la sonate beethovénienne. Au lieu de la progression dramatique, voire narrative, de la forme romantique, on trouvera chez Bach une construction typiquement baroque, tout droit venue du concerto italien, avec ses alternances de tutti et de solos, et ses reprises en *da capo* — construction que le musicien observe d'ailleurs rarement à la lettre, pour lui substituer une mosaïque contrapuntique beaucoup plus subtile.

Sonate en trio nº 1 en *mi* bémol majeur (BWV 525)

1. Allegro (à 2/4). Motif principal en accords brisés ascendants, redescendant en arabesques, et faisant l'objet de trois expositions en fugato : initiale (mes. 1), médiane (mes. 22, à la dominante) et finale (mes. 51). Entre chacune d'elles, des épisodes de développement font notamment apparaître le motif sous sa forme renversée, et introduisent des idées secondaires avec de fréquentes modulations.

2. Adagio (à 12/8, en *ut* mineur). Sicilienne en deux parties avec reprises. D'abord, une mélopée de caractère italien, en exposition à deux entrées, puis une nouvelle exposition à deux voix du motif renversé, qui prend de ce fait un caractère plus vigoureux, et développement en imitations. Page d'une intense expressivité, que l'on imaginerait fort bien dans une sonate pour deux dessus et basse.

3. Allegro (à 3/4). Dans l'esprit du concerto italien, ce mouvement est construit en deux parties (avec reprises), qui se correspondent terme à terme, la seconde traitant le motif en mouvement contraire. Avec son thème bondissant en intervalles disjoints « en coin », c'est une page de virtuosité instrumentale, parfaitement équilibrée en elle-même et par rapport au premier mouvement dont elle rappelle le caractère en bien des points, jusqu'à présenter des figures identiques (mes. 65 à l'alto, par exemple).

Durée d'exécution : ~ 16 mn

Sonate en trio nº 2 en *ut* mineur (BWV 526)

1. Vivace (à 2/4). Construction en forme de concerto italien, opposant ripieno et concertino. Le motif-refrain, d'un caractère proche du pathétique, est exposé par les trois voix simultanément, à la façon d'un tutti instrumental. Il sera entendu à quatre reprises (mes. 1, 17, 31 et 71). Trois épisodes-couplets amènent développement en imitations et marches harmoniques, figures ornementales à contretemps. Dans le grand troisième couplet, deux longues montées chromatiques en trilles proviennent évidemment du concerto baroque et ne manquent pas d'évoquer le premier *Allegro* du cinquième *Concert brandebourgeois*, dans un riche foisonnement mélodique.

2. Largo (à 3/4, en *mi* bémol majeur). Ample déroulement d'une belle phrase mélodique en festons de doubles croches, soutenue par les deux autres voix. Virant rapidement à *ut* mineur, puis modulant de façon plus insistante, cette sorte d'improvisation semble poursuivre un rêve intérieur qui, finalement, reste en suspens sur la dominante d'*ut* mineur.

3. Allegro (à 2/4). A nouveau, construction de type rondo de concerto grosso. L'élément refrain (A) est constitué de l'exposition fuguée à deux entrées d'un superbe sujet, altier, à la découpe franche,

d'une grande allure. Les épisodes de divertissement (B) présentent une idée secondaire, petit motif déhanché, à la rythmique vif-argent particulièrement pimpante. Cinq sections se trouvent ainsi définies, où les motifs apparaissent en alternance : A (mes. 1), B (mes. 58), A′ (mes. 86), B′ (mes. 102), A (mes. 131). Seule, la dernière section reprend la première, en conclusion ; là en borne le jeu des reprises, tant et si bien que ce morceau si vivant, d'un caractère très affirmé et amplement développé, se révèle extrêmement varié dans son unité de ton.

Durée d'exécution : ~ 12 mn

Sonate en trio nº 3 en *ré* mineur
(BWV 527)

1. Andante (à 2/4). Ce mouvement apparaît parmi des esquisses du *Clavier bien tempéré* remontant à l'époque de Coethen ; son caractère un peu moins élaboré confirme son antériorité sur la plupart des autres mouvements des six Sonates. Celle-ci est la seule à s'ouvrir sur un mouvement allant, mais non rapide. Il est construit en *da capo* strict : A (mes. 1-48), B (mes. 48-112), A (mes. 113-160). On notera également que l'écriture est contrapuntique pour les deux voix aux manuels, soutenues par les appuis de la basse. La longue période oratoire initiale se prête à de nombreux divertissements, qui fournissent notamment les éléments mélodiques du volet médian (B).

2. Adagio e dolce (à 6/8, en *fa* majeur). En deux parties, avec reprises. Écriture en imitations, pour ce discours mélodique librement décoratif, ponctué régulièrement par le petit motif cadentiel à trois voix qui ouvre le mouvement. Ce morceau est également connu comme mouvement lent du *Concerto* pour flûte, violon, clavecin et cordes en *la* mineur BWV 1044 : il y apparaît en *ut* majeur, confié aux seuls instruments solistes et traité à quatre parties, avec l'ornementation traditionnellement ajoutée lors de l'exécution des reprises intégralement écrite.

3. Vivace (à 3/8). Structure assez complexe, qui procède à la fois du rondo de finale de concerto et de la forme *da capo*. C'est-à-dire que la construction est celle d'un rondo, mais l'exposition (mes. 1-36) est intégralement reprise en conclusion (mes. 145-180). Le motif-refrain, sorte de danse très enjouée, est traité en imitations. Le développement introduit des éléments nouveaux, en triolets, en arpèges, et des rythmes pointés qui en relancent les phrases. Au cœur du mouvement, le couplet central de la partie médiane superpose aux triolets de divertissement le thème principal en majeur. Chaque retour à l'élément refrain est marqué par un mouvement de descente diatonique à la basse.

Durée d'exécution : ~ 16 mn

Sonate en trio nº 4 en *mi* mineur
(BWV 528)

1. Adagio-Vivace (à 4/4 et 3/4). Ce mouvement reprend textuellement la sinfonia liminaire de la *Cantate* BWV 76 *« Die Himmel erzählen die Ehre Gottes »* (« Les cieux racontent la gloire de Dieu »), de 1723. Dans la cantate, le trio est joué par le hautbois d'amour, la viole de gambe et le clavecin. Introduction lente, quasi pathétique, puis éclatant *vivace* en fugato et vagues de doubles croches, manifestation de la gloire de Dieu proclamée par les puissances célestes. La construction de ce mouvement se rapproche de celle d'une fugue, avec sa première exposition au ton principal, puis les expositions au cinquième et au quatrième degrés, suivies de divertissements, le tout terminé par une coda.

2. Andante (à 4/4, en *si* mineur). Tout se passe comme si ce mouvement développait l'introduction du précédent. Opposition d'un sujet mélodique en intervalles disjoints et d'un contre-sujet rythmique, qui va engendrer les éléments de développement : gruppettos, batteries, traits, le tout en style fugué. Une copie du *Prélude et fugue* en *sol* majeur BWV 541, due à Kellner, élève de Bach, intercale ce mouvement entre prélude et fugue pour constituer un triptyque.

3. Un poco allegro (à 3/8). En style fugué à trois voix, comme le premier mouvement, mais dans une construction plus rigoureuse. Expositions à la tonique, au cinquième et au quatrième degrés, puis réexposition à la tonique en *da capo*. Au centre, deux divertissements. Expositions et divertissements font intervenir canons et imitations dans un mouvement de danse débridé et très imaginatif.

Durée d'exécution : ~ 11 mn

Sonate en trio nº 5 en *ut* majeur
(BWV 529)

1. **Allegro** (à 3/4). Mouvement, en style d'allegro de concerto italien (on pense au premier mouvement du *Concerto* transcrit pour l'orgue BWV 594, lui aussi en *ut* majeur), de construction extrêmement stricte en trois parties avec *da capo* (A-B-A). Le volet A est constitué de deux expositions du sujet, à la tonique et à la dominante, et d'un développement sur ce thème (trois sous-sections rigoureusement d'égale longueur). Le volet B expose une idée dérivée du sujet, à deux reprises encadrant un retour de la première section du volet A, au quatrième degré et au relatif mineur. Cette solide architecture soustend des motifs joyeux, de carrure franche, à l'ornementation en volutes.

2. **Largo** (à 6/8, en *la* mineur). C'est l'une des plus émouvantes méditations de toute l'œuvre de Bach, l'une des plus personnelles, aussi. Est-elle le reflet d'un désarroi intérieur ? Ce mouvement remonterait-il à l'époque de la mort de Maria Barbara (1720), dont on trouverait ici l'écho ? Avec ses décharges affectives éplorées, ses silences, ses désinences résignées, ses chromatismes trahissant une lente et douloureuse ascension vers la lumière, il est étonnant de ne pas découvrir ce morceau dans une passion ou une cantate. On en connaît cependant un état antérieur, dans une copie ancienne, faisant fonction de mouvement lent interpolé entre le Prélude et la Fugue en *ut* majeur BWV 545 (de même qu'une autre copie fait figurer en semblable position le deuxième mouvement de la Sonate pour viole de gambe et clavecin BWV 1029, de l'époque de Coethen). Construction A-B-A, comme pour le mouvement précédent. La mélodie est traitée en imitations à deux voix, avec soutien de la basse. Au cours du développement, les figures rythmiques et les chromatismes modulants se font de plus en plus complexes; dans la section médiane, de nouvelles figures mélodiques se mêlent à des éléments de la première.

3. **Allegro** (à 2/4). Résolution de la méditation précédente dans l'affirmation d'une joie conquise, c'est un morceau de structure complexe évoquant quelque allegro bithématique. Mais le sujet initial demeure l'élément moteur du développement, tandis que la deuxième figure thématique est laissée en position secondaire. Quatre grandes sections, selon un schéma A-B1-A′-B2. La section B1 (mes. 29-73) est reprise transposée en B2 (mes. 119-163), ramenant à la tonique. Cette section B se subdivise elle-même en quatre sous-sections, dont deux développent le motif initial de A, qui joue donc un rôle prépondérant. On peut aussi lire cette structure comme suivant une coupe de rondo, où A serait le refrain, les couplets étant des éléments variés de A ou des éléments de B. C'est dire la richesse de cette page puissante, bien dessinée, dont la vigueur met un terme au grand et admirable concerto que constitue cette cinquième sonate.

Durée d'exécution : ~ 15 mn

Sonate en trio nº 6 en *sol* majeur
(BWV 530)

1. **Vivace** (à 2/4). Ce mouvement est bâti, tout comme le premier morceau de la *Sonate nº 2*, selon la forme rondo. Le motif initial est entendu quatre fois, la quatrième étant, pour conclure, la reprise exacte de la première. Ce motif engendre les différentes figures qui prolifèrent dans les couplets. Climat de liberté virtuose, bien dans le style concertant, avec d'énergiques unissons, des batteries, notes répétées et accords brisés.

2. **Lento** (à 6/8, en *mi* mineur). Sur un rythme de sicilienne, c'est une longue mélodie de déploration, très ornée, de caractère rêveur et inquiet, qui évoque irrésistiblement le fameux « *Erbarme dich…* » de la *Passion selon saint Matthieu*. Elle est traitée en imitations à deux voix, sur la lourde et régulière ponctuation de la basse. Le pathétisme de cette mélodie, accusé par l'incertitude tonale qu'entretiennent de nombreuses altérations passagères et par sa découpe rythmique irrationnelle, ne fait que croître au cours du développement : chromatismes plus douloureux, contretemps, soupirs, basse plus expressive (sauts de quartes augmentées).

3. **Allegro** (à 2/4). La construction est proche de celle du mouvement analogue de la *Sonate nº 5* : forme A B A avec *da capo*, mais en même temps forme rondo

avec alternance de tutti et de solos. Et c'est bien sur une pièce en caractère de rondo que s'achève la série des sonates, avec sa verve caractéristique. Allègre, le motif est escorté d'un petit ornement en triples croches, joyeuse pirouette qui, au cours du développement, ne manquera pas de signaler avec un sourire les apparitions du motif initial. De là surgissent des idées secondaires affluant sans cesse. La « petite phrase » apparaît et disparaît, dansante, heureuse. Le thème secondaire qui se forme dans la partie centrale du mouvement est lui aussi marqué de la signature des deux triples croches, qui l'unit étroitement au motif principal d'où il est issu.

Durée d'exécution : ~ 16 mn

G. C.

WILHELM FRIEDEMANN BACH

Né à Weimar, le 22 novembre 1710; mort à Berlin le 1er juillet 1784. Fils aîné de Jean-Sébastien et de Maria Barbara Bach, il fut l'enfant chéri de son père, qui voulut lui donner l'éducation idéale que lui-même n'avait pas reçue. Il fit des études secondaires, puis étudia le droit à l'université de Leipzig, tandis que son père lui enseignait la musique. C'est pour lui que Jean-Sébastien ouvrit un Petit Livre de clavier, *et c'est vraisemblablement à son intention qu'il écrivit les* Sonates en trio *pour orgue. Contrairement à son frère cadet Carl Philipp Emanuel, Wilhelm Friedemann devint de bonne heure un organiste dont la réputation prit la succession de celle de son père. En 1736, il est nommé à l'église Sainte-Cécile de Dresde; mais malgré ses relations et son noyau d'élèves, dont le claveciniste Goldberg, Friedemann, organiste d'une église secondaire — et luthérienne dans une ville à dominante catholique —, y ressent une difficulté d'adaptation croissante. En 1746, il est nommé sans concours organiste de la Liebfrauenkirche de Halle, poste que son père avait obtenu trente ans auparavant sans toutefois l'occuper. Il y est également directeur de la musique, mais Halle, sévère bastion du piétisme, en querelle intellectuelle avec le rationalisme naissant, contrastait brutalement avec la vie fastueuse et facile de Dresde. Friedemann n'allait pas tarder à étouffer sous les exigences tatillonnes de ses supérieurs, au point de démissionner, sur un coup de tête, en 1764. Il semble que depuis la mort de son père, il ne sache plus mener sa carrière; son caractère ombrageux, ses foucades vont l'éloigner d'un entourage pourtant admiratif devant le talent de l'organiste et improvisateur virtuose. Il tente de survivre à Halle (1764-1770), puis à Brunswick (1770-1774) et enfin à Berlin, donnant quelques leçons et vendant aux enchères la plus grande partie des manuscrits qu'il avait hérités de son père. Il s'y éteindra dans la plus grande misère. Sa musique porte la double marque d'un attachement viscéral au milieu sonore de son enfance — non seulement de son père, mais de ses prédécesseurs — et d'éclairs visionnaires, dans le climat d'une sensibilité très neuve en son temps, ce dont ne témoignent que peu les quelques œuvres pour orgue qu'il a laissées.*

Quoique reconnu comme un organiste exceptionnel, et d'une grande originalité dans ses improvisations, Wilhelm Friedemann se montre, dans ses compositions pour l'orgue, beaucoup moins personnel que dans ses œuvres pour clavier ou ses pages concertantes. Sans doute, par l'orgue, se retourne-t-il vers les racines familiales, ce qui explique le caractère passéiste et parfois même archaïsant de ces pages. Mais il est hélas! très difficile de porter un jugement sur ce que fut son talent, car il semble avoir fort peu écrit pour l'orgue — du moins si l'on en juge par les quelques manuscrits qui nous sont parvenus —, et sûrement pas dans le style fulgurant qui frappait d'étonnement et d'admiration les auditeurs de ses improvisations, ce qui fit dire à Forkel : « Quand j'entendis Wilhelm Friedemann à l'orgue, je fus saisi d'un profond respect. Ici, tout était grand et solennel. » On retrouvera, au contraire, en ces pages, une stricte observance du style rigoureux. N'empêche qu'un Johannes Brahms admirait l'aîné des fils Bach, et conservait pieusement les manuscrits qu'il avait pu se procurer; quand lui-même abordera l'orgue, n'est-ce pas précisément avec, comme lui, des préludes de choral et des fugues?

On connaît aujourd'hui moins de 30 œuvres de Wilhelm Friedemann destinées à l'orgue. A celles figurant dans le catalogue thématique établi en 1913 par le musicologue Martin Falck (F), il faut en ajouter d'autres de découverte plus récente. Peut-être un jour trouvera-t-on une de ces compositions qui pouvaient faire comparer Wilhelm Friedemann à son illustre père.

Les Chorals

Les **7 Préludes de choral** pour orgue F 38 ramènent au temps des prédécesseurs de Jean-Sébastien, comme Johann Christoph Bach ou Pachelbel. Ils concernent des cantiques parmi les plus usités de l'Église luthérienne : *« Nun komm der Heiden Heiland »* (« Viens maintenant, Sauveur des païens ») F 38/1, *« Christe, der du bist Tag und Licht »* (« Christ, toi qui es le jour et la lumière ») F 38/2, *« Jesu, meine Freude »* (Jésus, ma joie ») F 38/3, *« Durch Adam's Fall ist ganz verderbt »* (« Par la faute d'Adam tout a été corrompu ») F 38/4, *« Was mein Gott will, das g'scheh allzeit »* (« Que la volonté de mon Dieu soit faite en tout temps ») F 38/5, *« Wir Christenleut' han jetzund Freud »* (« Nous, chrétiens, réjouissons-nous ») F 38/6 et *« Wir danken dir, Herr Jesu Christ »* (« Nous te remercions, Seigneur Jésus-Christ ») F 38/7. Exposée au soprano, la mélodie du choral ne fait pas l'objet d'un commentaire par ornementation ou traitement contrapuntique ; elle est toujours accompagnée d'un fugato qui développe des pré-imitations sur le thème du cantique. Chaque période est traitée séparément, exception faite du choral *« Wir, Christenleut' »* F 38/6, où le tissu musical est ininterrompu et où les éléments thématiques circulent plus librement d'une période à l'autre. Dans le choral *« Durch Adam's Fall »* F 38/4, le fugato de la première période apparaît en diminution, tandis que le soprano fait entendre le cantique dans ses valeurs normales. On notera enfin que le choral *« Was mein Gott will »* F 38/5 est précédé d'une introduction dans laquelle le soprano est énoncé en premier. Tous ces préludes de choral sont écrits à quatre voix, avec pédalier obligé, mais dans une manière, donc, très différente de celle illustrée et développée par Jean-Sébastien Bach dans l'*Orgelbüchlein*.

Les Fugues

L'unique recueil pour l'orgue publié par Friedemann est un ensemble de **8 Fugues** F 31, composé en 1778 et dédié à la princesse Amélie de Prusse, la sœur du roi Frédéric II de Prusse, celle-là même à qui Carl Philipp Emanuel avait quelques années plus tôt donné des leçons de musique et à qui il avait dédié ses *Six Sonates* Wq 70. Comme les sonates de son frère, les fugues de Friedemann ne font pas appel au pédalier et semblent davantage destinées au clavecin ou au piano-forte qu'à l'orgue. En contrepoint à trois voix, ce sont des pages assez brèves, de belle facture, où le caractère de chaque tonalité est franchement affirmé. On notera particulièrement le sujet archaïsant de la *Fugue* en *ut* mineur, le caractère joyeux de celle en *ré* majeur (avec son *ut* naturel dans le sujet), la longue guirlande, en rythme ternaire, de celle en *mi* mineur, à la riche polyphonie, ou le sujet très chromatique de la *Fugue* en *ré* mineur, et son climat insolite très nouveau qui en fait la page la plus originale du recueil. Il est surtout curieux d'observer que l'ordre des tonalités est exactement, pour les cinq premières fugues à trois voix, celui des cinq premières *Sinfonie* à trois voix de Jean-Sébastien. Le fils a-t-il voulu renouveler le propos du père, comme ce dernier avait donné un deuxième Livre à son *Clavier bien tempéré*? Friedemann a-t-il envisagé de poursuivre les fugues dans l'ordre des tonalités, en un deuxième cahier? On l'ignore. Mais ce qui est certain, c'est que la dernière des huit fugues, en *fa* mineur, commence comme un simple démarquage de la *Sinfonia* BWV 795, dans la même tonalité. La relation des deux recueils n'est donc pas fortuite, et le modèle devait être fécond pour le fils, qui a beaucoup plus développé cette fugue que les autres, dans une superbe construction à forte densité polyphonique. Le développement du motif chromatique descendant initial conduit le musicien à des audaces chromatiques très personnelles.

La **Fugue en *ut* mineur** F 32, à trois voix, est comme les précédentes destinée aux claviers manuels. Amplement développée, dans un style rigoureux qui n'exclut pas quelques marches harmoniques un peu académiques, elle présente l'originalité de traiter un long sujet chromatique, à la rythmique bien marquée, qui évoque de très près le *Thema Regium* de l'*Offrande musicale* de Jean-Sébastien.

La **Fugue en *fa* majeur** F 33, à trois voix, au sujet diatonique de carrure franche, présente des éléments typiques du « baroque tardif », comme des descentes chromatiques, qui font songer à une page de jeunesse. Pas de partie de pédalier.

La **Fugue en *si* bémol majeur** F 34, à trois voix, n'est autre que la transcription pour clavier de la fugue de l'ouverture de l'oratorio *Esther* de Haendel.

Si la très brève *Fugue* en *fa* majeur F 35 à trois voix est certainement une œuvre de prime jeunesse, sans grand intérêt, la **Fugue en *fa* majeur** F 36, pour orgue, est au contraire la plus belle pièce de Wilhelm Friedemann. Son sujet, au profil descendant sur une octave, est traité à quatre voix (pédalier obligé), avec intervention, dans le développement, d'une cinquième et même d'une sixième voix. La strette fait entendre des marches harmoniques grandioses, avant une colossale conclusion sur pédale de dominante et la coda.

Durée d'exécution : ~ 6 mn

A ces œuvres référencées dans le catalogue Falck, il convient d'ajouter les **5 Fugues** retrouvées depuis. Ces pièces sont spécifiquement écrites pour l'orgue, à quatre voix avec pédalier obligé. La *Fugue en* ré *majeur* s'appuie sur un sujet bien affirmé diatoniquement, suivi d'une longue montée en mouvement conjoint, riche de notes altérées. Le sujet d'une *Fugue* en *ut* mineur, austère, s'élance et retombe en une longue désinence de quintes descendantes et quartes ascendantes. Une autre *Fugue en* ut *mineur*, sur un bref sujet, est beaucoup plus développée; dans le divertissement, un contre-sujet fait entendre de grandes vagues descendantes répétées, tandis qu'apparaissent des éléments concertants. Une cadence rompue ouvre à un épilogue grave et rêveur, sur le sujet, semblable à un deuxième mouvement de concerto. Une *Fugue en* la *mineur*, au sujet très diatonique, présente une strette chromatique qui se brise sur une cadence rompue, suivie d'une insolite cadence parfaite en *la* majeur. Enfin, une *Fugue* en *si* bémol majeur énonce le sujet escorté de son contre-sujet; si le traitement en est quelque peu académique, sa conclusion, zébrée par un trait de toccata introduisant des accords modulants, rappelle l'imagination fantasque du compositeur.

G.C.

CLAUDE BÉNIGNE BALBASTRE

Né à Dijon, le 22 janvier 1727; mort à Paris, le 9 mai 1799. Formé à Dijon par son père, organiste de Saint-Médard et de Saint-Étienne, puis par Claude Rameau, il gagne Paris en 1750 où il parachève son apprentissage auprès de son compatriote Jean-Philippe Rameau, illustre frère de son premier maître. Les postes d'organiste les plus en vue lui échoient sans tarder : Concert spirituel (1755), Saint-Roch (1756), Notre-Dame (1760, pour un « quartier »). Il est de surcroît maître de clavecin de l'abbaye royale de Panthémont, de la reine Marie-Antoinette, du duc de Chartres et, à partir de 1776, organiste du comte de Provence (contrairement à ce qu'on répète par habitude, il n'a jamais tenu l'orgue de la Chapelle royale). Fin 1793, il est nommé membre de la Commission temporaire des arts, section « orgues », par le gouvernement révolutionnaire. Cet organiste est plus encore un claveciniste-pianofortiste, et son œuvre s'adresse principalement aux deux instruments de salon. On lui doit deux ouvrages manuscrits à Dijon : des Pièces de clavecin *(1748) avec deux fugues pour l'orgue, un* Livre contenant des pièces de différents genres *(1749) pourvu de 70 pages pour l'orgue, à quoi s'ajoutent d'autres pièces manuscrites plus tardives dont des séries de* Magnificat *et une* Chasse. *A Paris, il publie un Livre de pièces pour clavecin (1759), un Livre de Noëls pour clavecin ou forte-piano (1770) et des Sonates en quatuor.*

Les historiens de la musique d'orgue n'ont cessé de déplorer l'absence d'un Grigny ou d'un Couperin à la fin du XVIIIe siècle, sans se douter que les Français n'en auraient point voulu ; les amateurs du temps de Louis XVI idolâtraient leur Armand Louis Couperin et eussent été fort marris qu'on le leur changeât contre François ou Louis, ses lointains ancêtres. Cependant, il est indéniable que la musique d'orgue souffre de l'inadéquation flagrante entre sa vocation liturgique et les ambitions du style classique. C'est d'autant plus regrettable que l'instrument, arrivé à son apogée avec F.H. Clicquot, Isnard, Lefebvre, Lépine, Riepp, aurait permis à la symphonie classique de connaître un magnifique terrain d'expression.

Conscient du déphasage esthétique, Balbastre, à la suite de Rameau, renonce donc à *publier* la moindre page pour l'instrument qu'il sert avec tant de panache. Or, il n'a pas son pareil pour attirer les foules et s'attirer les foudres de l'archevêché en raison des désordres qu'occasionnent ses trop brillantes improvisations à la messe de minuit et ses *Te Deum*. En 1770, l'Anglais Charles Burney constate qu'« au moment du *Magnificat*, il [Balbastre] joua entre chaque verset divers menuets, fugues, imitations, et toutes sortes de musiques y compris des morceaux de chasse et des gigues, sans autrement surprendre ou choquer l'assistance », et le voyageur-musicologue a beau reconnaître que Balbastre « dans les grands développements liturgiques [...] remplissait la nef avec les ressources d'une science solide, enrichie par l'invention » et qu'A.L. Couperin, de son côté, possédait « le vrai sens du toucher de l'orgue », il n'en dissimule pas moins son mépris pour « la musique française, dont le style est notoirement détestable pour tous les gens en Europe sauf pour les Français ». Burney oublie seulement d'ajouter que la musique d'orgue se portait aussi mal à l'étranger, y compris en Allemagne, sitôt disparus les fils et élèves de Bach.

D'être le premier organiste titulaire de l'orgue du Concert spirituel constitue l'originalité de Balbastre. Le 21 mars 1755, il inaugure sa charge avec un Concerto en *ré* de sa composition ; treize suivront jusqu'en 1767, tous perdus. Mais il reste, de la même eau — car tous les compositeurs se donnaient Haendel pour modèle —, six concertos pour orgue et ensemble instrumental de Corrette (1756) et trois de Tapray (1758). Balbastre jouait aussi nombre de transcriptions d'ouvertures d'opéras de Rameau et Mondonville, et de symphonies (rappelons que dès le XVIIe siècle, D'Anglebert et le pseudo-Geoffroy n'ont pas hésité à inclure dans leurs publications des extraits de tragédies lyriques de Lully).

Les Noëls

Recueil de Noëls formant quatre suites avec des variations pour le clavecin et le forte piano, dédie à Madame la duchesse de Choiseul. Depuis la publication de Gigault en 1683, les Noëls ont favorisé la fusion — la confusion ? — entre l'instrument du culte et l'instrument profane. Balbastre tranche la question en faveur des instruments domestiques. Une lettre de Mme du Deffand à Voltaire corrobore cette destination : « Tout Chanteloup soupera chez moi la veille de Noël. [...] Je me suis déjà assurée de Balbastre qui jouera sur son forte piano une longue suite de Noël »

(1744). Balbastre les touchait sûrement aussi sur son « très grand orgue à pédales » de salon, de même que les nombreux mélomanes qui possédaient des instruments (*cf.* Dom Bédos : *L'Art du facteur d'orgues*, 1766-1770).

Les cantiques spirituels, tant huguenots que catholiques, ont connu une vogue immense au XVIe siècle dans la mouvance de la Réforme et de la Contre-Réforme. Plus populaires, natifs de toutes les provinces de France depuis le XVe siècle, les cantiques de Noël ont seuls survécu dans la France voltairienne plus favorable au terroir qu'aux envolées mystiques, plus avide de plaisir immédiat que de leçons de morale déguisées en sons.

Balbastre n'abuse pas des timbres les plus connus, illustrés par plusieurs générations de « noëlistes », tels que *A la venue de Noël, Joseph est bien marié, Tous les bourgeois de Châtres, Or nous dites Marie*, afin de se pencher à loisir sur son propre patrimoine bourguignon : *Qué tu grô jan, quei folie; Vé Nœi Blaizôte* (sur le « timbre » du menuet des *Amants magnifiques* de Lully); *Fanne coraige, le diale â mor*. C'est son originalité. Elle n'est pas superflue pour donner un peu de sève à une écriture trop souvent réduite à une souple mélodie accompagnée d'arpèges. Rousseau et les philosophes de l'*Encyclopédie* rêvaient d'une « pédagogie de la facilité », en voici l'application. Balbastre a soin de commencer sa publication par le meilleur : *A la venue de Noël*, précédé d'un prélude et suivi de six variations; et il peut faire appel à un contrepoint plus chargé, des harmonies plus denses, des arpèges brodés (*Fanne coraige*); il emprunte même à Rameau les alternés de sa « Gavotte variée » (*Qué tu grô jan; Où s'en vont ces gais bergers*). Malgré ces efforts, « où s'en est allée » la saveur des Noëls de Dandrieu, de Daquin et, même, de Corrette?

Marche des Marseillais / et l'air Ça-ira

Par opportunisme, par conviction ou pour sauver l'orgue de Notre-Dame du vandalisme révolutionnaire, Balbastre se lance, fin 1792, dans des variations sur le récent *Chant de guerre pour l'armée du Rhin*. Elles ont le mérite de figurer en premier sur la longue liste des œuvres inspirées par Rouget de Lisle. Marche et air sont annoncés le 23 janvier 1793, surlendemain de la mort de Louis XVI, dans le *Journal de Paris* : « Arrangés pour le forte piano » et dédiés « Aux braves défenseurs de la République ». A 2/2 en *ut* majeur, le morceau se présente sous la forme d'un thème, variations et finale. Exposé « fièrement », l'hymne est suivi d'une première variation « plus vite » en triolets, puis doubles croches, et d'une deuxième « très vite » pour mieux décrire « Le combat », la « Fuite des ennemis » et « Le canon ». L'incise en *ut* mineur a droit à un traitement attentif : soutenue la première fois par une basse chromatique descendante, marquée *« expressione »* et entourée de points d'orgue la deuxième fois, elle a pour mission de décrire la plainte du « Combat » la troisième fois. L'air *Ça-ira*, « gaiement », en *da capo*, sert de finale pour célébrer « La victoire ».

Durée d'exécution : ~ 4 mn 30 s

B. F.-S.

CLAUDE BALLIF

Né à Paris, le 22 mai 1924, issu d'une famille d'intellectuels, il accomplit ses études musicales aux conservatoires de Bordeaux, de Paris où il est l'élève de Noël Gallon, Tony Aubin et Olivier Messiaen, et de Berlin où il complète sa formation auprès de Boris Blacher, Joseph Rufer et Hans Heinz Stuckenschmidt. En Allemagne, il participe aussi aux cours d'été de Darmstadt. De retour à Paris, en 1959, il rejoint le GRM (Groupe de Recherches musicales) de Pierre Schaeffer à la Radio, enseigne à l'École normale de Musique de Paris, au conservatoire de Reims, à l'université de Paris VIII Vincennes. De 1971 à 1990, il enseigne l'analyse et la composition (1982) au Conservatoire supérieur de musique de Paris. On lui doit des œuvres pour piano, ensemble instrumental, orchestre, un opéra, plusieurs œuvres sacrées. Pour l'orgue, il a composé Quatre Sonates *op. 14 (1956),* Apostrophes et Jubilations *op. 56 (1982) ; pour orgue et ensemble vocal et/ou instrumental, des* Antiennes à la Sainte Vierge *(1952-1965),* Imaginaire *IV (1968). Ballif fait partie des compositeurs-penseurs dont les nombreux écrits ne sauraient être dissociés de la création musicale. Parmi ceux-ci, on retiendra :* Introduction à la métatonalité *(1956),* Berlioz *(1968),* Voyage de mon oreille *(1979),* Économie musicale *(1988).*

Au XXe siècle, le rôle de l'orgue n'a cessé de se rétrécir au culte pour conquérir une place d'importance au concert, d'où un répertoire d'œuvres de plus vaste envergure. Nul n'était plus à même d'apporter sa pierre à l'édifice multicentenaire de la musique d'orgue que Ballif qui, depuis l'enfance, a fait sien le « *Confitebor in cithara Deus* » du mouvement initial de sa première Sonate. Le nombre de ses compositions sacrées et les titres de ses œuvres pour orgue disent assez l'élévation de la pensée, la spiritualité de cet humaniste, aussi puissamment communicatif que discret sur son monde intérieur.

Ballif revendique une position d'indépendant. De s'être initié précocement, et en terre germanique, aux méthodes de composition des Viennois, d'avoir entrevu l'un des tout premiers les potentialités de la « forme ouverte » lui donnent le droit d'avancer à son gré et de se forger un langage spécifique : « Je veux construire moi-même mon chaos [...]. J'aime écrire ma musique jusqu'au bout. » Mode de langage propre à Claude Ballif, sa *métatonalité* dépasse les contraintes de la tonalité ou de l'atonalité pour se donner d'autres limites : à la différence de maints compositeurs du siècle, loin de privilégier la quarte augmentée qui partage l'octave en deux parties égales, Ballif l'élimine comme seule note réellement atonale. Ses échelles, ou *référentiels*, se composent d'une sorte de gamme mobile majeure-mineure à onze sons, à base de « variants » compris dans des « invariants » (qui délimitent les deux tétracordes, par exemple : *do-fa* et *sol-do*, seul manquant le *fa* dièse central). Un *référentiel* s'adosse à une note pôle qui détermine son *orient*.

Les quatre Sonates op. 14

Sonate est à prendre ici au sens étymologique (*sonare* : sonner) et comme référence symbolique à la Forme dialectique par excellence, synthèse de toutes les autres, démonstration sonore de la théorie de l'ordre et du désordre, d'une possible « harmonie universelle » après le chaos. Ce grand cycle de quatre poèmes mystiques (au sens de *L'Orgue mystique* de Tournemire) a été composé en Allemagne en 1956 pour le professeur Ahrens, mais la source en est française. Trois années auparavant, le jeune compositeur avait eu l'occasion de jouer un orgue français de type « classique » — instrument qu'il apprécie entre tous pour ses anches incisives, la pureté de ses jeux de détail, ses *lieux* sonores nettement spatialisés — et d'improviser des *Introït musicaux,* propres à favoriser la prière individuelle et collective de l'assemblée. De ces *preparatores*, il tira la matière à ses quatre sonates en trois mouvements, chacun des douze conservant sa valeur autonome de « prière au bas de l'autel » (en particulier les six mouvements des deux premières sonates qui commentent le psaume 42). L'ensemble n'en forme pas moins un cycle fortement structuré en douze mouvements dans lequel se décèlent les nombres clés de la spiritualité judéo-chrétienne : le trois de la Trinité, le quatre de l'humanité (et des bras de la Croix), le douze biblique et de l'*Ecclesia triumphans*.

Les quatre sonates obéissent à une tripartition vif-lent-vif pour les deux premières, lent-vif-lent pour les deux dernières, une structure interne particulière prévalant pour chacune d'entre elles.

Chaque mouvement met en lumière un *orient* par quinte ascendante à partir de *fa*, le cycle montant ainsi les douze degrés du système tempéré comme l'échelle de Jacob. Tous les mouvements auraient dû se plier au nombre de 180 mesures et se fractionner selon des schémas internes issus du carré magique mais, au stade de la réalisation, Ballif n'a pas hésité à distordre ses plans initiaux, ayant toujours donné la priorité à la « forme formante » — combinatoire singulière à chaque œuvre — sur la « forme formée ». Ce faisant, il applique le beau précepte de Georges Braque : « J'aime la règle qui corrige l'émotion, j'aime l'émotion qui corrige la règle. » Non sans une pointe de coquetterie, lui-même ajoute : « Je déteste écrire des pièces de recherche. La musique pour moi a toujours été un *gay sçavoir*. »

Les tempos, les registrations (mises au point avec Louis Robilliard), les indications de caractère, les variations de dynamique par ajouts et retraits de registres, par croisements de timbres décomposés sont d'une extrême minutie. L'écriture évite les plans sonores étagés au profit d'un entrelacs « buissonneux » de lignes, de zébrures « en diagonale » diffractées sur les trois portées de la partition et les claviers de l'instrument. Il en jaillit un monde de constellations, de figurations irisées, d'une alchimie complexe mais jamais compacte, qui n'est pas sans évoquer à la fois les éclaboussures sonores cosmiques du dernier Scriabine, la polyphonie en pointes d'aiguilles de Machaut, et les détentes félines, l'éclat incandescent de Berlioz. On devine où vont les affinités électives de Ballif, sans entamer en rien l'indépendance dont il se réclame, ses sonates ne se rattachant ni à la tradition du verset liturgique à la Couperin, ni aux massives pièces symphoniques françaises pour un instrument de type Cavaillé-Coll, ni aux sonates d'orgue allemandes.

Chaque sonate est fécondée par une mélodie grégorienne que Ballif nomme « choral » : présence enfouie, inaudible, mais source et gage de vie spirituelle. Inspirateur du titre de la deuxième Sonate, Apollinaire a aussi suggéré au compositeur l'idée de confier la mélodie liturgique à la basse, car dans le *Bestiaire* c'est le Bœuf qui dit « la louange du chérubin ». A l'orgue, le bœuf-organiste entonnera donc la louange avec ses pieds… et, comme chez Valéry, l'œuvre ira « les semelles au sol et la tête dans les étoiles ». « Je suis un homme plein de terre à ses chaussures », se définit pudiquement le compositeur.

Sonate I : « La folie de la croix »

Digne de Victoria, Schütz ou Liszt, le titre magnifique est emprunté à saint Paul. Structure ternaire A B A ′ pour chacun des trois mouvements. « Référentiel » (série) intervallique fondé sur la tierce majeure.

1. « Confitebor in cithara Deus » (« Je te louerai sur l'instrument, ô Dieu »). Brisures rythmiques, valeurs irrationnelles, spasmes, heurts traduisent l'idée d'exaltation, d'enivrement mystique. Structure en palindrome (partie centrale à la mes. 57, « *con jubilo* », et récurrence libre à partir de la mes. 132) ; les dernières mesures reproduisent la sauvagerie des « hoquets » à la Machaut des mesures initiales.

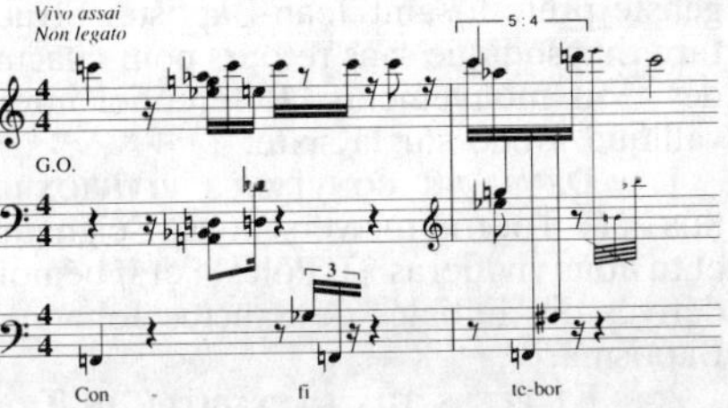

2. « Quare tristis est anima mea » (« Pourquoi es-tu si triste, ô mon âme ? »). Atmosphère grise, décolorée, coupée d'interventions frénétiques en rappel du climat du premier mouvement. Le diatonisme (mes. 31) introduit un éclairage étrange dans ce monde de la dissonance, accentué (mes. 55) par les immenses pédales de *do* et *fa* (tonique et sous-dominante de l'orient *do*).

3. « Spera in Deo » (« Espère en Dieu »). L'espérance s'élève « *calmo sereno* », mais étrangement grimaçante. La partie centrale (mes. 46-156) se fait plus séraphique avant de se libérer en une brillante toccata. Aux cinq sections (a-b-c-d-e) de la première partie répond la réinterprétation des mêmes données dans la troisième (e-a-d-b-c).

Durée d'exécution : ~ 25 mn

Sonate II
« Ce beau poisson d'amour qu'est Jésus mon Sauveur »

Titre emprunté au poème *Orphée* du *Bestiaire* d'Apollinaire. Structure bipartite A B pour chacun des mouvements. Référentiel intervallique fondé sur le triton.

1. « Tu es Deus fortitudo mea » (« Tu es ma force, ô mon Dieu »).

2. « Quare tristis incedo » (« Pourquoi faut-il que je marche tristement ? »). Le cheminement accablé est rendu par un mouvement voisin de la chaconne, la basse procédant par rétrécissement d'intervalles sur l'orient *la*.

3. « Emitte lucem tuam » (« Envoie-nous ta lumière »). Nombreux demi-tons et *clusters* (mes. 66-69) avant la percée de la lumière dans le ciel plombé.

Durée d'exécution : ~ 16 mn

Sonate III : « L'Agneau de Dieu »

Image christique que saint Jean l'Évangéliste prête à saint Jean-Baptiste. Structure rhapsodique sans retours pour chacun des trois mouvements. Référentiel intervallique fondé sur la sixte.

1. « Deus, tu conversus vivificabis nos » (« Tourne-toi vers nous, Seigneur, et tu nous vivifieras »). Pôles *si* et *si* bémol, dérivés des initiales de Sanctus Johannes Baptisma.

2. « Et plebs tua laetabitur in Te » (« Et en Toi, ton peuple se réjouira »).

3. « Ostende nobis Domine, misericordiam tuam » (« Montre-nous, Seigneur, ta miséricorde »).

Durée d'exécution : ~ 24 mn

Sonate IV : « O doux et bon Pélican »

Symbole du mystère christique ; depuis la Bible, tous les pères de l'Église ont repris l'image du pélican se déchirant les flancs pour nourrir sa progéniture. Pour chacun des trois mouvements, structure à retours, de type rondo, nullement synonyme de répétition ou fermeture. Référentiel intervallique fondé sur la seconde ou la neuvième mineure.

1. « Domine, exaudi orationem meam » (« Seigneur, exauce ma prière »). Exhortation pathétique mise en valeur par une dialectique du fixe (présentation intervallique ou refrain) et du mobile. Le couplet B (mes. 72) tend vers la dissolution, et le couplet C (mes. 111) poursuit cette dissolution sous forme de variation de B. Ressourcée de A, la section D (mes. 140) s'efforce au regroupement. Sorte de choral terminal (mes. 161) sur le matériau de A.

2. « Clamor meus ad Te veniat » (« Que mon cri s'élève jusqu'à Toi »). Commentaire exacerbé du choral précédent, sorte de conséquent à grande échelle. Structure en deux panneaux suivis de leur reprise variée (récurrente et renversée), et coda qui se souvient du volet initial.

3. « Oramus te Domine, suscipe deprecationem nostram » (« Nous te prions, Seigneur, reçois notre prière »). Suite du grand antécédent et du grand conséquent, et poignante méditation collective en progression rythmique sur quatre sections (a-b-c-d) qui reviennent permutées (c'-a'-d'-b'/ c''-b''-d''-a''). La section b (mes. 16-30) introduit un *Mélange à trois*, clin d'œil avoué au contrepoint classique et, peut-être, volonté cachée de placer sa « Tétralogie organistique » dans la grande filiation de la musique sacrée occidentale.

Durée d'exécution : ~ 29 mn

Apostrophes et Jubilations (op. 56)

Morceau imposé pour le concours international de Chartres de 1982. Le pluriel du titre avertit que l'auteur évite une structure en deux mouvements au profit d'une action de grâces en trois étapes ascensionnelles, lancées par une joyeuse « apostrophe ».

B. F.-S.

ADRIANO BANCHIERI

Né à Bologne, le 16 septembre 1568 ; mort dans cette même ville en 1634. Moine olivétain depuis 1587, cet élève de Guami a baigné dans la tradition musicale vénitienne et a connu tous les grands noms de son époque. Des séjours plus ou moins prolongés à Lucques, Sienne, Imola, Gubbio, Venise, Vérone ne l'ont pas détourné du monastère San Michele in Bosco de sa ville natale. Sans être organiste de San Petronio, la célèbre et colossale cathédrale de Bologne, il a beaucoup contribué au prestige de la capitale de l'Émilie, où il anima plusieurs académies. Parmi ses nombreuses œuvres vocales d'église (messes, motets), on retiendra, ici, ses Concerti ecclesiastici *(1599), premier recueil vocal avec basse d'orgue ; quant à la réputation de ses madrigaux et comédies madrigalesques, elle n'est plus à faire. Pour les instruments, on lui doit des* Canzoni alla francese, a 4 *(1596) des* Fantasie, a 4 *(1603) et une* Moderna armonia di canzoni alla francesse, a 1, 2, bc *(1612). Quoique plus marginale, son action dans le domaine de l'orgue n'est pas moindre avec la publication de* L'Organo suonarino *(1605), traité assorti de musique et maintes fois réédité, suivi des* Conclusioni nel suono dell'organo *(1609) et des* Armoniche conclusioni nel suono dell'organo, canto fermo figurato e contraponto *(1626).*

Une destinée religieuse serait-elle particulièrement propice à l'invention musicale ? Zarlino, Diruta, Croce, Viadana, Vecchi, Fasolo et beaucoup d'autres furent des moines, pour la plupart franciscains. C'est sous le nom symbolique d'« *Il Dissonante* » que Banchieri siégeait à l'Accademia dei Floridi (quel lien avec le vieil abbé Liszt qui se définira comme « une dissonance »!), et il n'est guère d'innovations auxquelles le hardi religieux n'ait attaché son nom, quitte à partager la paternité de certaines avec les plus aventureux de ses contemporains. On citera pour mémoire le *basso seguente*, la barre de mesure, le phonème *si* pour désigner la note exclue de l'ancien système hexacordal guidonien, le genre du « madrigal dramatique », etc. Savant musicien dans la lignée des Vénitiens Zarlino et Gabrieli, par l'intermédiaire de Guami, Banchieri se situe entre l'honnête homme de la Renaissance et le touche-à-tout ; il ira jusqu'à fonder une école musicale pour laquelle il rédigera plusieurs méthodes.

Dans le domaine de l'orgue, Banchieri n'est pas le seul à manier tout ensemble théorie et composition. Peu avant lui, Asola a signé son *Canto fermo* (1596), et Diruta a réalisé un remarquable travail de théoricien, compositeur, compilateur, éditeur avec les deux volumes de son célèbre *Il Transilvano* (1593, 1609), où figurent d'ailleurs des versets d'hymnes et d'assez pâles ricercari de Banchieri. Quant à Costanzo Antegnati, le plus célèbre rejeton de la dynastie des organiers, lui-même organiste de la cathédrale de Brescia, il publie *L'Arte organica* (1608), accompagné de *L'Antegnata Intavolatura*, supplément musical de douze *ricercari*. Sous forme d'un dialogue amical, Antegnati traite assez superficiellement de facture et de mélanges de jeux, mais il s'emploie à livrer la liste impressionnante des 135 orgues construits par sa famille. Au passage, il cite plusieurs compositeurs, et rend un hommage particulier à Diruta et Banchieri pour leurs traités.

L'Organo suonarino

Publié et de nombreuses fois réédité par Vincenti à Venise, ce manuel de musique liturgique — quelque peu comparable aux *Fundamenta* des Allemands et aux *Artes* des Espagnols — se situe, on s'en doute, à la pointe de la modernité. Au long des 160 pages de la première édition, enrichie déjà de multiples exemples, l'auteur dispense des instructions théoriques concernant en particulier la réalisation de la basse continue et l'accompagnement du chant liturgique. Il confirme le statut privilégié des messes *della Madonna, della domenica* et *Apostolorum* — celles-là mêmes illustrées par les Cavazzoni, Merulo, Andrea Gabrieli, et bientôt par Frescobaldi, Fasolo, Salvatore, etc. — dont il publie des mélodies sensiblement différentes des sources grégoriennes. Il y ajoute une *Messa simplice*, une *Messa de G L'Angioli* pour la nuit de Noël, et les quelques rares séquences retenues par le concile de Trente.

Puis il détaille le plan des interventions de l'orgue à la messe, entremêlant l'« ordinaire » et le « propre » : 1. versets alternatifs pour le *Kyrie* ; 2. versets alternatifs pour le *Gloria* ; 3. brève toccata après l'épître ; 4. éventuelle réplique à l'*Alleluia* ; 5. versets alternatifs pour le *Credo*, si l'on souhaite maintenir l'ancienne tradition battue en brèche par Rome ; 6. Offertoire ; 7. versets pour le *Sanctus* ; 8. grave sonate pour l'Élévation ; 9. un verset (et non deux) pour l'*Agnus Dei* ; 10. Communion ; 11. verset pour le *Deo gratias* sur le premier *Kyrie* de toutes les messes.

Dans ses *Conclusioni* de 1609, Banchieri revient sur le rôle de l'orgue à l'office, insistant sur la brièveté des versets et sur la nécessité de concéder le *Credo* (ou Symbole de Nicée) aux chantres, selon les récentes instructions du *Caeremoniale episcoporum* (1600) édicté par Clément VIII où, au paragraphe 10 du chapitre 28, il est précisé : « *Sed cum dicitur Symbolum in Missa, non est alternandum cum organo, sed illud integrum per chorum cantu intellegibili proferatur* ». En conséquence, dans le modeste *Appendice* musical à deux voix de son *Organo suonarino* (p. 126 sq.), Banchieri fournit un exemple de *Messa della domenica* représentatif des nouvelles ordonnances pontificales.

L'*Appendice* se poursuit avec une *Sonata grave* pour l'Élévation à jouer sur le principal, deux *Fantasie* et *Fuge* des 7ᵉ et 8ᵉ tons et des 12ᵉ et 11ᵉ tons, et deux **Bizarie** (le terme se retrouvera jusque chez Pasquini) pour le graduel, à faire sonner sur la flûte, et qui en dépit de leur titre intrigant ne sont que de toutes petites choses. En cinq sections de quatre mesures, la *Bizaria* du 1ᵉʳ ton ressasse les mêmes imitations à deux voix dans une insolite progression agogique dûment marquée « *più presto* », « *prestissimo* ». La version de 1605 s'achève par un *Aggiunto che sono* (p. 145) comprenant *Quattro Sonate per modulare con l'organo* en *Fuga* à deux parties marquées « *violino volendo* » et « *trombone piacendo* ».

Dans la seconde édition, de 1611, Banchieri indique les registrations appropriées à l'orgue (il connaît le superbe instrument de Gubbio, joué par Diruta, qu'il a décrit dans ses *Conclusioni* de 1609). Jusqu'à celle posthume de 1638, les diverses rééditions de *L'Organo suonarino* seront amplifiées de pièces nouvelles pour orgue (celle de 1622 contient une *Missa alla domenica*). Sorte de *canzone* à deux voix, ô combien simplette, la **Battaglia** de 1611 connaît la faveur des organistes pour ses contrastes pluriels, entre des sonorités — « *Ottava a Flauto* » (flûte 4'), « *Giungasi Principale* » (8' + 4') et « *pieno* » (ripieno ou tutti) — d'une part, et des tempos d'autre part, au fil de sections bien marquées qui décrivent une forme en arche presque rigoureuse. Plus intime, le **Dialogo** à quatre voix homorythmiques joue sur l'alternance de plus en plus serrée du « *Principale et Ottava* » (8' + 4') et du principal sans la flûte 4' (« *Levasi Ottava* »). Les contemporains rapportent que, en accord avec les recommandations d'Antegnati, Banchieri pratiquait des changements de timbres si nombreux qu'il devait s'assurer des services d'un tireur de jeux. Beaucoup plus méditatives, deux belles *Toccate alla levatione del Sanctissimo Sacramento*, à quatre voix en mode de *la* et de *mi*, préfigurent étonnamment les *Toccate per l'elevatione* de Frescobaldi.

On glanera aussi des petites **Suonate** à quatre parties : en *ré*, la première est un ricercare miniature en deux sections (la seconde sur le même sujet en valeurs diminuées) ; en *la* et toujours en deux sections, la troisième commence en strette et combine, dans la section conclusive, un nouveau motif avec le premier en valeurs normales ou diminuées ; toujours écrite à la manière d'un ricercare, une autre affiche le titre *Suonata in Aria Francese*. On ne négligera pas la *Ricercata del primo tuono sopra gli Kyrie degl'Apostoli* de rien moins que 62 mesures, ni celle sur deux sujets, non plus que les petites *Canzoni italiana* (et non plus *alla francese* !). Cette gerbe de pièces est sans conteste moins intéressante que le traité lui-même, mais on sait gré à Banchieri d'avoir, à maints égards, ouvert la voie à l'Orfeo des organistes, Girolamo Frescobaldi.

Comme pour les Gabrieli, l'œuvre d'orgue de Banchieri peut être étendue à ses *canzoni* instrumentales, et cela d'autant plus aisément qu'elles ne dépassent pas quatre voix. Le premier recueil de 1596 comprend de surcroît une *Battaglia* à huit voix (Padovano et Andrea Gabrieli ont signé des pièces guerrières équivalentes) et deux *Concerti fatti sopra Lieto godea*; on puisera aussi dans les *Fantasie, overo Canzoni alla francese* (1603), et si *La Moderna armonia di canzoni alla francese* pour un ou deux dessus et basse continue d'orgue ou de clavecin (1612), à compter parmi les premiers jalons de la sonate de violon, ne gagne pas à être transcrite, son *Aggiunta in fine di 2 fantasie, a 4* fournira deux pièces supplémentaires à soumettre à l'appétit des omnivores.

B. F.-S.

OTTO BARBLAN

Né à Schanf (Engadine), le 22 mars 1860; mort à Genève, le 19 décembre 1943. Élève de Lebert (orgue) et de Faisst (composition) au conservatoire de Stuttgart (1878-1884), il fut nommé, en 1887, organiste de Saint-Pierre de Genève où il tira le meilleur parti de l'instrument construit par Merklin (qu'il fit agrandir en 1907 par Tchanun) jusqu'en 1938. Directeur de la Société de chant sacré (1892), il fut aussi appelé à écrire de grandes œuvres chorales (cantates, odes, Lukaspassion*) et contribua à imposer la musique de Bach.*

De formation très germanique, titulaire d'un instrument symphonique, Barblan paraît influencé par Straube et Reger. Fidèle à une technique de contrepoint qui remonte à Bach, il ne méconnaît cependant pas les suites de pièces de longueur moyenne ou brève, d'une texture autorisant combinaisons harmoniques ou chromatismes expressifs (opus 5, dédié à Saint-Saëns), sans renoncer toujours à l'écriture imitative (canon, fugato dans l'opus 21, dédié à Guilmant). Son style, tantôt post-brahmsien, tantôt néo-classique, témoigne de la forte présence de la pensée allemande en Suisse, suprématie que son élève W. Montillet saura tempérer au contact de l'école française (Widor, Dupré).

Passacaille en *fa* mineur (op. 6)

Dédiée à Brahms, cette œuvre de 1895 s'articule selon cinq épisodes qui font maintes fois référence à Bach ou au dédicataire (cadence des mesures 16-17).

1. Après la présentation du thème obstiné (pédale solo), succession de dix variations tant rythmiques (syncopes, polyrythmie, mouvements de triolets) que contrapuntiques (imitations, canon à l'octave), ou dictées par l'instrument (crescendos partant des fonds doux, échos par changements de claviers).

2. Section manuelle (variations 11 à 13), avec accords arpégés, puis thème au soprano, alors qu'apparaît un second motif (sorte de contre-sujet en notes répétées qui rappelle celui du *thema fugatum* de Bach).

3. Retour de l'ostinato à la basse (variations 14 à 16) dans une parure de doubles croches en tierces et sixtes, puis séquences alternées sur différents plans, enfin polyphonie serrée à quatre parties.

4. Quasi cadenza : le thème obstiné se combine avec le second motif de la deuxième partie dans une fantaisie décorative.

5. Passacaille, à nouveau. Ostinato et contre-sujet en pleine force, puis épilogue sur double pédale avec les motifs de la cadence précédente.

Durée d'exécution : ~ 10 mn

Chaconne sur B.A.C.H. (op. 10)

Écrite en 1901 après les entreprises similaires de Schumann, Liszt, Merkel ou Reger, cette œuvre en *sol* mineur exploite un ostinato dont les quatre premières notes énoncent les lettres composant le nom de Bach. Elle est également construite en cinq parties, selon une élaboration peu éloignée de celle qui régit la précédente :

1. Variations 1 à 10 : thème à la basse (pédale).

2. Variations 11 à 15 : section manuelle. Le thème monte du ténor au soprano.

3. Variations 16 à 19 : thème à nouveau à la basse, traité en crescendo.

4. Variations 20 à 23 : épisode manuel plus paisible.

5. Variation 24 : épilogue déferlant sur une pédale de *sol*.

Durée d'exécution : ~ 12 mn

Toccata (op. 23)

Œuvre majeure de Barblan avec les deux pages précédentes, auxquelles on peut adjoindre les *Variations et triple fugue sur B.A.C.H.* et la *Fantaisie* op. 16, de nature plus émotionnelle, cette *Toccata* en *sol* mineur déroule ses séquences véloces dans une ambiance classique qu'actualise une harmonie plus moderne. Après un *perpetuum mobile* (A) d'abord exposé sur pédale de tonique puis de dominante, une section homophone à 3/8 (B) vient rompre la continuité du discours, lequel ne tarde pourtant guère à reprendre ses prérogatives, d'abord dans le ton de la sous-dominante, puis dans celui de *sol*. Une nouvelle intrusion de B (*la* et *ré* mineur) prépare enfin une éloquente coda.

Durée d'exécution : ~ 5 mn

F.S.

AUGUSTIN BARIÉ

Né à Paris en 1883; mort à Antony en 1915. Non voyant, il est l'élève de Marty à l'Institut national des Jeunes Aveugles, puis, au Conservatoire, de Vierne et de Guilmant, dans la classe duquel il remporte un premier prix en 1906. A cette date, il est nommé organiste de Saint-Germain-des-Prés, puis professeur en second dans l'établissement où il avait débuté. Une congestion cérébrale l'emporte très jeune, en 1915, mettant prématurément terme à une œuvre déjà prometteuse, qui allait être défendue avec une exemplaire fidélité par son successeur André Marchal.

Outre un *Poème élégiaque* pour violoncelle et piano, l'essentiel de la production de Barié s'adresse à l'orgue avec une *Élégie* (de structure A B A′, coda plus animée sur B) d'une harmonie recherchée, et surtout une *Symphonie* op. 5 et *Trois Pièces* op. 7 publiées en 1911. Conçues pour un instrument de type symphonique, ces deux ouvrages s'inscrivent sans ambiguïté dans une lignée qui, partant de Franck, aboutit à Widor et à Vierne. Mais si les registrations paraissent sans surprise (ensemble des fonds, grand chœur, voix céleste et flûte harmonique, fonds 8′ et hautbois à la manière de Franck), la musique frappe par une retenue qui sait éviter les poncifs et l'excessive sensiblerie de son temps. Peu tenté par l'impressionnisme ambiant, son langage sait aussi allier subtilité harmonique et raffinement mélodique à un sens inné de l'équilibre et de l'architecture. Une délicate poésie s'en dégage, parfois teintée d'une discrète mélancolie qui semble faire de Barié une sorte de Jehan Alain du post-romantisme, à l'heure où Alain-Fournier écrit *Le Grand Meaulnes* avec les mêmes qualités.

Symphonie (op. 5)

Dédiée à Louis Vierne et composée en 1907, cette œuvre en *si* bémol compte cinq mouvements et obéit à un système cyclique, le thème initial du Prélude, lui-même sujet de la fugue par transformation rythmique, alimentant le Finale ainsi que les deux motifs principaux de l'*Adagio*.

Un **Prélude** en *si* bémol mineur, qui s'apparente à une passacaille inquiète et sombre, introduit une **Fugue** à quatre voix, comme c'est le cas dans la *Quatrième Symphonie* de Widor (*Toccata* et *Fugue*) ou la première de Vierne. Cette Fugue, d'une pensée classique, met comme il se doit en valeur les facultés intellectuelles de l'artiste, avec notamment strette et renversement du sujet dans la section terminale. Suit un **Adagio** en *ré* bémol majeur, de forme A B A′, dont la première partie propose deux thèmes d'un calme lyrisme qui contrastent quelque peu avec les tournures pastorales de la seconde. L'**Intermezzo** en *fa* majeur, d'une atmosphère fantasque et ironique, utilise un plan analogue et oppose au jeu de deux motifs, l'un mordant et nerveux, l'autre en arabesques, un volet médian plus mystérieux dans sa préciosité. Quant au **Finale** tumultueux et animé qui conclut dans la gloire du grand chœur, son intérêt réside dans les combinaisons auxquelles Barié se livre à partir de trois thèmes antérieurs et dans une construction d'un parfait équilibre.

Durée d'exécution : ~ 28 mn

Trois Pièces (op. 7)

Bien que sollicitant des genres *a priori* triomphalistes, ces *Trois Pièces* sont composées dans des tonalités mineures. La **Marche** en *ut*, plus angoissée que guerrière, exploite trois motifs dont le second chromatique et le dernier presque désespéré dans son imploration, en *fa* mineur (A B C A B et coda).

La **Toccata** en *si*, ardente et tendue, présente d'abord, sur un tissu serré d'arpèges, un premier thème mélodique (A) qui en constituera le motif conducteur (fonds des trois claviers et anches Récit), puis une seconde section (B) composée de trois cellules brèves exploitées tour à tour, dont le cheminement se trouve contrarié par le retour cursif de A, en *fa* dièse mineur cette fois. Une cadence suspensive permet ensuite à B de reprendre son développement et de se perdre dans un dédale de tonalités mineures puis majeures qui aboutit à un imposant trait de pédale dont la fonction consiste à ramener, avec la tonalité principale, le motif A. Ce dernier, au soprano comme à la basse, se superpose à un dessin complexe d'arpèges enchevêtrés qui vient se rompre sur une grandiose cadence.

Un **Lamento** en mi (rondo) prend place entre ces deux moments d'éclat. Une sonorité romantique, d'ondulants et de flûte en sert idéalement la plainte, et le chromatisme des deux premières idées mélodiques trouve une réponse plus sereine et lumineuse (*Cantabile* en majeur) dans le second couplet.

Durée d'exécution : ~ 17 mn

F.S.

JEAN-JACQUES BEAUVARLET-CHARPENTIER

Né à Abbeville, le 28 juin 1734; mort à Paris, le 6 mai 1794. Son premier poste connu est à Saint-Paul de Lyon. En 1771, on le trouve à Paris, organiste à l'abbaye royale de Saint-Victor ; il recueille la succession de Daquin à Saint-Paul en 1772, puis est nommé à Saint-Éloi-des-Orfèvres (1777); en 1783, il accédera à l'une des quatre charges d'organiste de Notre-Dame aux côtés de Balbastre, Séjan et Armand Louis Couperin. Hormis quelques pièces de clavecin et de chambre, l'œuvre de Beauvarlet-Charpentier s'adresse à l'orgue. Elle comprend Six Fugues pour l'orgue ou le clavecin (1777), Trois Magnificat (c. 1778), Douze Noëls variés pour l'orgue avec un Carillon des morts *et, principalement, un immense* Journal d'orgue à l'usage des paroisses et des communautés religieuses *en douze livraisons (1784-1785).*

Les organistes du temps de Louis XVI ont connu une renommée aussi grande que ceux du « siècle de Louis XIV ». La presse annonçait leurs improvisations à sons de trompe lors des grandes fêtes et cérémonies religieuses, et leurs contemporains s'entassaient pour les applaudir. Mais la postérité les a boudés. Deux raisons principales à cette désaffection : la pénurie des œuvres — d'où la place de Beauvarlet-Charpentier à la tête d'un véritable corpus alors que, brillants improvisateurs, ses rivaux n'ont pratiquement rien publié —, et la fréquente médiocrité de ces œuvres, rarement comparables à une sonate de Méhul, une symphonie de Gossec, ou un concerto de Saint-Georges. De cet écart, aussi bien à l'étranger qu'en France, entre l'apogée du style classique et la faiblesse de la littérature pour orgue, il importe de tirer quelques considérations.

La première tombe sous le sens : la vocation purement fonctionnelle de l'orgue au sein d'un rituel immuable autorise seulement à grappiller quelques tournures à la mode, mais exclut une refonte en profondeur du rôle liturgique de l'instrument qui prenne en compte l'évolution des mentalités et de l'art des sons. La deuxième tient, paradoxalement, à la qualité insurpassable de la facture d'orgue française de la fin du XVIIIe siècle. Munis de trois, quatre, voire cinq claviers manuels, d'une basse de 32 pieds, de nouveaux jeux de hautbois, basson, bientôt clarinette, les grands instruments ont, d'une certaine façon, perverti le goût des interprètes et de leur auditoire. Depuis toujours attentifs à la « couleur », les organistes français versent maintenant dans l'« effet » pour obtenir les suffrages d'un *public* de financiers, parlementaires, juristes ou commerçants qui manifeste hautement ses désirs. Un service d'ordre dut être mis en place à Saint-Roch ou à Saint-Paul, ce qui eût été inimaginable à la Cour. Dorénavant, on juge un organiste à la densité des applaudissements et au nombre d'évanouissements qu'il déclenche ! La loi de l'offre et de la demande s'instaure, l'« audimat » se profile... Même au culte, les fidèles entendent prier dans l'allégresse, et quand ils vont jusqu'à payer leur place au Concert spirituel, c'est pour en retirer du plaisir.

Il est aisé de mesurer la baisse du sentiment religieux, alors que l'Église se fige dans des structures cultuelles qui se vident peu à peu de leur substance pour les paroissiens. L'organiste ravit la vedette au prêtre ou au prédicateur, et ses œuvres ou improvisations sont la réponse logique à une situation qui ne justifie pas cependant les déficiences musicales de l'invention.

Si l'on prend la peine de regarder l'œuvre publié de Beauvarlet-Charpentier, dont on sait qu'il joua dans sa jeunesse à Lyon des concertos d'orgue et force transcriptions, on s'aperçoit qu'il n'a donné à graver que le plus sérieux et le plus utile aux organistes de paroisse : un immense Journal d'orgue liturgique, des *Magnificat* séparés et des Noëls exclusivement pour l'orgue (cas unique), avec ou sans titre, avec ou sans variations. En dépit des doléances de Rousseau, Chabanon et autres Le Sueur dès qu'il s'agit de fugue, Beauvarlet-Charpentier, avec ses recueils de fugues et les nombreuses fugues des deuxièmes versets de messes et d'hymnes, a même courageusement proposé une sorte d'« Art de la fugue » à la française, façon 1780. Tentative cuisante pour notre orgueil national actuel, mais sûrement prise au sérieux en son temps.

Ajoutons que l'emploi de quantité de genres et registrations nouveaux — duo de hautbois et basson, concerto de hautbois, concerto de flûte, Offerte en chasse, fugues vives (et toutes innovations dont Lasceux se fera le théoricien) — font de Beauvarlet-Charpentier le « point de repère » organistique de la fin du XVIIIe siècle français.

Là où le bât blesse, c'est dans la faiblesse d'une écriture qui jamais ne se fixe à quatre parties réelles et abonde en arpèges, notes répétées, staccatos, doublures à l'octave, basses d'Alberti, phrases gentillettes articulées par quatre mesures, andantes pathétiques emplis de septièmes diminuées et rondeaux guillerets qui évoquent fâcheusement le forte-piano ou, pis, une mauvaise transcription d'orchestre.

Son fils **Jacques Marie** (1766-1834), organiste de Saint-Germain-des-Prés et de Saint-Eustache, sombrera plus bas encore. Il n'aura garde d'oublier l'épopée du *Te Deum* et, radicalisant les tendances de Balbastre, n'opérera plus de discrimination entre les différents instruments à clavier. Ses *Trois messes pour les grandes solennités* sont « très exécutables sur le forte-piano »; de même, ses *Six Magnificat* dédiés au clergé de l'Empire français, « d'une exécution très facile sur le forte-piano ». Quant à ses Noëls, ils s'achèvent en apothéose sur le quatuor de *Lucile* de Grétry, « Où peut-on être mieux qu'au sein de sa famille ? ». On se le demande, en effet, au sujet de cet organiste dont l'unique but est de réduire à de mesquines proportions domestiques ce qui n'était déjà plus si solennel. Particulièrement cher au cœur de Louis XVIII de retour à Paris, l'air de Grétry contrebalance sans doute la compromettante *Victoire de l'armée d'Italie* (1796), fresque descriptive pour orgue ou forte-piano de 25 minutes, dédiée à la citoyenne Bonaparte et farcie de débris de la *Marseillaise* !

Journal d'orgue

Aussi soucieux de s'inscrire dans une continuité que de s'en démarquer, les organistes de la fin du XVIIIe siècle hésitent entre l'ancienne conception du Livre d'orgue et celle, plus moderne et, partant, plus alléchante, du Journal. Aller dans ce sens, c'est s'assurer un surcroît de clientèle. Pour sa part, Beauvarlet-Charpentier père se lance, dans les années 1780, dans un *Journal d'orgue à l'usage des paroisses et communautés religieuses, contenant des messes, hymnes, Magnificats et autres hymnes pour toutes les fêtes de l'année*. Tournons les pages de ce feuilleton ecclésiastique de quelque deux cents pièces, pour mieux appréhender la mentalité de l'époque. Les douze livraisons de versets destinés à alterner avec le plain-chant vocal à la messe, à vêpres ou laudes se répartissent ainsi :

1. **Messe en *mi* mineur.** Bâties ou non (telle celle-ci) sur le plain-chant, toutes les messes de Charpentier suivent le parcours exhaustif : cinq versets de *Kyrie*, neuf pour le *Gloria*, un Offertoire, deux pour le *Sanctus*, une Élévation, un verset seulement pour l'*Agnus Dei*, au lieu de deux, mais complété par une post-communion (ce qui revient au même), et un très bref *Deo gratias*. Dans la messe en *mi* mineur, plutôt bien écrite, on notera la traditionnelle fugue en guise de deuxième Kyrie, un Christe Largo lamentabile « sur le cromorne et sur les fonds », jalonné d'appoggiatures, de rythmes lombards pathétiques, et comme empreint du souvenir de la *Symphonie funèbre* de Haydn, également en *mi* mineur. Un « Concerto de flûte » sert d'offertoire ; remarquons le passage de l'ancien vocable français de « concert » (*cf.* les Concerts de flûtes de Boyvin, Dagincour et des Corrette) au terme italien de « concerto ».

2. **Six fugues.** Elles affichent toutes une digne mesure binaire, tant Charpentier redoute le 6/8 évocateur de la gigue, le 9/8 de la barcarolle et le 3/4 du menuet ! Ses fugues en sortent-elles grandies ? Passé une exposition à trois voix sur des sujets assez variés et souvent longs (*cf.* Séjan et Lasceux), le contrepoint en imitation se poursuit librement et tend à s'évanouir...

3. **Deux *Magnificat*.** Assez faibles, en *sol* mineur (2e ton) et *sol* majeur (8e ton). Tous les *Magnificat* du compositeur dispenseront les six versets nécessaires à l'orgue, suivis d'une très brève formule de conclusion pour l'*Amen*. La basse de trompette n'étant plus utilisée à la fin du XVIIIe siècle, le verset *Deposuit potentes* oscille entre différents genres moins convaincants que les anciens. D'évidence, Charpentier hésite et attribue un « Trio de grosse tierce » tantôt au *Deposuit*, tantôt au *Suscepit Israël*.

4. **Messe en 1er ton** (*ré* mineur). Le plain-chant de la messe *Cunctipotens* est entendu à la basse dans les versets appropriés (premier *Kyrie, Gloria, Sanctus, Agnus*). La mélodie liturgique féconde la fugue du deuxième *Kyrie*, non comme sujet mais sous forme de contre-sujet en cantus firmus qui l'apparente à une double fugue. Cette pratique est commune à Charpentier, Séjan et Lasceux sans qu'on puisse dire lequel en détient la paternité. Le droit d'aînesse plaiderait en faveur de Charpentier, le « droit de talent » penche du côté de Séjan... L'offertoire est illustré cette fois-ci par un « Concerto de hautbois ou de flûte ».

5. Quatre hymnes pour la Circoncision, l'Épiphanie, la Purification et l'Annonciation. Le premier verset fait entendre l'hymne grégorienne à la basse harmonisée par deux voix seulement, le deuxième observe le traditionnel fugato dérivé du plain-chant, le troisième propose un récit et le quatrième un petit plein-jeu (genre destiné à disparaître avec l'Ancien Régime) ou un grand chœur (nouvelle appellation du grand jeu).

6. Messe royale d'Henri Du Mont. Un siècle après la composition d'un nouveau répertoire en « plain-chant musical », les organistes s'avisent de s'en servir à l'égal d'une mélodie grégorienne médiévale. De cette ample messe en *ré* mineur assez bien menée, avec plain-chant à la basse, on retiendra un sujet de fugue long de 12 mesures et la « Symphonie concertante » en guise d'Offertoire.

7. Quatre hymnes pour l'Ascension, la Pentecôte, la Fête-Dieu et la Dédicace de l'église. Charpentier ne recule pas devant un récit de flûte *« amoroso »*.

8. Onze proses pour les fêtes principales de l'année. Les premières depuis Nivers en 1667, elles sont constituées d'une suite de brefs versets, très simples, en valeurs assez longues. De l'utilitaire.

9. Deux *Magnificat* en *fa* majeur (6e ton) et *ré* majeur (8e ton transposé) avec un « Carillon des morts au *Gloria Patri* du *Magnificat* de la Toussaint ». Réparti sur trois portées dans une registration chère à Grigny (soprano au cornet, deux voix médianes au cromorne, basse sur la flûte du pédalier), le *Quartetto moderato* à 3/4 en *ré* majeur n'a, hélas ! plus rien à voir avec les Quatuors de Marchand et Guilain ; reconnaissons qu'il ne cherche pas à les singer.

10. Messe en *sol* mineur (2e ton), sans plain-chant.

11. Deux *Magnificat* en *sol* majeur (8e ton) et *ré* mineur (1er ton) « où l'on trouvera des Noëls variés ».

12. Trois hymnes pour la fête de saint Jean-Baptiste, l'Assomption et l'Avent, « avec quatre Grands Chœurs que l'on peut employer aux rentrées de procession pour les jours de grande fête ».

B. F.-S. et G.C.

LUDWIG VAN BEETHOVEN

Né à Bonn, le 16 (ou 17) décembre 1770 ; mort à Vienne, le 26 mars 1827. Son père, Johann (1740-1792), était ténor à la chapelle de l'Électeur de Cologne en résidence à Bonn. C'est dans ce cadre que se déroulera la courte activité organistique de Beethoven. Il apprend de son père le piano, le violon et l'orgue et se retrouve, à neuf ans, confié à Christian Neefe, organiste et compositeur qui lui fait découvrir la musique allemande du XVIIIe siècle à partir de Bach, ainsi que les règles de la composition. Comme pour couronner ses progrès rapides, il est nommé dès 1784 deuxième organiste de la chapelle électorale ; un peu plus tard, il deviendra altiste dans l'orchestre de la Cour, mais partira en 1787 pour Vienne, où l'Électeur souhaite qu'il travaille avec Mozart. Il reviendra très vite à Bonn, pour voir mourir sa mère, puis, en 1789, s'inscrira à l'université pour approfondir son instruction qu'il sait imparfaite (il ne semble pas être allé à l'école au-delà de onze ans). En 1792, il est à Vienne où, hormis quelques voyages, il restera toute sa vie, créant l'œuvre que l'on sait : l'orgue, sur le plan de sa carrière, n'y jouera plus aucun rôle.

L'attitude de Beethoven à l'égard de l'orgue confirme le désintérêt des grands du clavier définitivement devenu piano à l'orée du XIXe siècle. La réaction de Mendelssohn et Schumann s'adressant à l'orgue ou au piano-pédalier, ou de Liszt écrivant pour l'orgue seul n'en sera que plus sensible et volontaire. Beethoven n'eut en fait de contact direct avec l'instrument à tuyaux que pendant sa jeunesse, ses œuvres pour orgue n'ayant d'autre valeur qu'anecdotique. On voit encore à Bonn, installée dans sa maison natale, la console de l'orgue de la Minoritenkirche (l'instrument lui-même ayant disparu), sur lequel il jouait : 33 jeux sur deux claviers et pédalier. La composition a pu être reconstituée par le facteur Klais, de Bonn : elle est on ne peut plus classique, riche en mutations, mixtures et anches, sur une base très principalisante — Bach pouvait y bien sonner. Beethoven assurait le service des messes du matin — sans aucune incidence sur son œuvre d'orgue.

Fugue en *ré* majeur

Composée en 1783, sans doute pour appuyer sa candidature au poste d'organiste en second de la Chapelle électorale, c'est une petite pièce à deux voix sans prétention, fonctionnant sur le principe de l'imitation question/réponse, par moments presque un canon, ornée de mordants et de trilles : pièce pour clavier dans un style galant anodin. Une pédale tenue à intervalle d'octave (dominante, puis tonique simple) soutient les dernières mesures.

Durée d'exécution : ~ 2 mn

Trois pièces pour un orgue mécanique

Tout comme Mozart avait écrit pour le comte Deym ses trois pièces pour orgue mécanique, Beethoven composa ces trois pièces-ci, de 1799, à l'intention de ce même collectionneur. Ces œuvres n'ont pas été pensées pour être jouées à l'orgue manuel — d'où certaines difficultés techniques non proportionnées à la valeur intrinsèque des œuvres, et nécessitant certains arrangements pour être exécutées. Elles étaient alors notées sur quatre portées. Cette suite débute par un **Adagio** en *fa* majeur, sorte de romance sujette à diverses variations reposant sur le rythme et les oppositions de registres. La mélodie s'apparente à celle de la *Romance* pour violon op. 50 (même tonalité, même époque), l'œuvre présentant dans son développement certaines ressemblances avec l'air de Marcelline du *Fidelio* à venir et même l'ouverture d'*Egmont*.

Suivent un **Scherzo** et un **Allegro**, aussi rythmiques que l'*Adagio* est mélodique. Le *Scherzo* (*sol* majeur, 3/4), repose entièrement sur le rythme « lombard » brève/longue, et est entrecoupé d'un *Trio* (*ré* majeur) sur rythme de triolets, simple et charmant. L'*Allegro* final (*sol* majeur, 2/4) fait penser à un rondo de sonatine de Clementi, bien rythmé et chantant.

Durée d'exécution : 9 mn

Deux autres œuvrettes, un **Menuet** et un **Allegro** en *ut* majeur, ont parfois été ajoutées à la liste des compositions pour Flötenuhr (horloge à flûte, instrument pour lequel Haydn a laissé un nombre assez important de pièces) de Beethoven. On les considère aujourd'hui comme ayant été écrites explicitement pour le piano.

Restent deux **Préludes** op. 39 **par tous les 12 tons majeurs** : l'autographe en est perdu, mais une copie de la main de Beethoven subsiste, signée et datée de 1789. Ils s'adressent tant au piano qu'à l'orgue, ce dernier, par la registration, permettant naturellement une plus grande différenciation des diverses sections. Le premier relie *ut* à *ut*, enchaînant tout d'abord les tonalités comportant des dièses (de 1 à 7, donc par ordre croissant : de *sol* à *ut* dièse majeur ; puis celles comportant des bémols (de 5 à 1, par ordre décroissant : de *ré* bémol à *fa* majeur. Le second procède de même, puis récapitule une seconde fois ce même enchaînement des tonalités à raison d'un ton par mesure. Le premier est plutôt virtuose, le second plus ramassé et concis. L'idée de ce voyage au travers du « cercle des quintes » n'est certes pas de Beethoven (Caldara, Locatelli), mais celui-ci la traite de manière originale par la densité des modulations et des moyens expressifs mis en œuvre.

M.R.

BENAUT

Organiste et claveciniste parisien en activité dans le dernier quart du XVIIIe siècle. On ignore tout de ses origines, et l'on ne connaît pas même son prénom. Beaucoup de ses dédicaces honorant des abbesses flamandes, on peut cependant imaginer qu'il puisse venir du Nord. Installé à Paris, il occupera la fonction de maître de clavecin de l'abbaye royale de Montmartre et lancera, en 1776, une formule d'abonnement destinée à commercialiser ses œuvres. En dehors d'une abondante production pour orgue, on lui doit de nombreux arrangements d'airs d'opéras-comiques, de duos et d'ariettes pour le clavecin.

Benaut a laissé neuf *Livres de pièces d'orgue* qui contiennent des messes, hymnes, Magnificat, versets divers et noëls, ainsi que neuf *Variations sur O Filii*, un *Carillon des morts* et des pages restées manuscrites (*Versus praeludium* en *mi* majeur, *Fuga maestoso, Noël* « *La Belle Gabrielle* » et *Grazioso* en *ut* majeur). Dans la plupart des cas, bien des formules qui ont démontré leur efficacité depuis un siècle se perpétuent (plein-jeu, fugue, cornet de Récit, duo, voix humaine, flûte, fond d'orgue, grand jeu, etc.), quitte à donner ici et là dans des genres plus modernes : musettes et tambourins, jeu de hautbois ou de basson, récit *grazioso* ou *andante*. Esprit plutôt débonnaire en apparence, Benaut semble, en effet, plus attiré par les évocations tendres et joyeuses que par le méditatif ou le pathétique, tout comme ses contemporains Michel Corrette ou Jean-Jacques Beauvarlet-Charpentier. Aux rigueurs jansénistes qui marquent le siècle de Louis XIV, a succédé, depuis longtemps déjà, un climat plus folâtre que les couvents décrits par Diderot ou Crébillon fils accusent. Ainsi Benaut affectionne-t-il le noël, dont, avant Guilmant, les sources sont internationales. La France s'y trouve sans doute bien représentée, avec des mélodies parmi les plus populaires (*A la venue de Noël*, *Où s'en vont ces gais bergers ?*, *A minuit fut fait un réveil*), mais aussi les Flandres, le Brabant, l'Allemagne, l'Écosse, l'Italie, la Pologne ou l'Angleterre, dont les mélodies sont presque toujours traitées à deux voix, selon le procédé traditionnel des doubles. Mais le compositeur révèle aussi une prédilection pour les offertoires avec chasse, qui lui fournissent toutes les occasions de se complaire dans le descriptif et le pittoresque : « Réveil des chasseurs », « Chasse flamande », « Repos de chasse », « Retour de la chasse »... La vénerie est à toutes les sauces ! S'il lui arrive de citer un motif de plain-chant, on n'est donc pas autrement surpris de découvrir un *Agnus Dei « La Joyeuse »*, tandis qu'à l'heure où Marie-Antoinette se consacre à son hameau et à ses moutons, une théorie de bergers envahit l'autel : *Bergers des Flandres*, *Concerts de bergers*, *Appel des bergers*, etc. S'il pratique encore la fugue, les goûts du musicien s'accommodent plutôt de la mélodie rocaille aux tournures galantes, des basses d'Alberti et du langage moderne que pratiquent Cambini, le Chevalier de Saint-Georges ou Gossec ; mais Benaut n'est pas Mozart...

Messe en *ut* majeur

Cette œuvre donne une assez juste idée du style de cet organiste parisien, dans un cadre formel très conforme à la liturgie avec un *Kyrie* de cinq versets, un *Gloria* de huit, un *Sanctus* et un *Agnus* de deux, qui débutent par un plein-jeu et trouvent une conclusion dans un grand jeu (le *Sanctus* se limite à un plein-jeu et à un duo, sans *Benedictus*). Un offertoire, une élévation et le *Deo Gratias*, petit plein-jeu comme c'est l'habitude, complètent l'ensemble. A la seule lecture des titres, on pourrait donc imaginer qu'une volonté de compromis entre tradition et nouveauté régit la composition, mais le style en dissuade bien vite. Dans le *Kyrie*, le plein-jeu initial a déjà rompu avec la souveraine majesté qui sied encore avec un Michel Corrette, pour adopter une allure vive et guillerette fort éloignée des supplications de la prière ; la

Fugue qui suit, certes assez développée, exploite un thème alerte et presque badin ; le *Récit grazioso* et le *Cornet de Récit* bavardent avec des sourires d'alcôves, et le Grand jeu aux plans sonores diversifiés (cornet/ cromorne) se veut héroïque. Dans le *Gloria*, on entend successivement un court *Plein-jeu* comparable à celui du *Kyrie* (mais peut-être mieux venu quant au texte), un *Fond d'orgue* expressif, un naïf *Récit andante* sur basse d'Alberti qui n'aurait pas déplu à Rousseau, un Duo plaisant mais creux, des Flûtes champêtres, une Musette qui annonce Lefébure-Wely avec sa partie centrale en mineur, un second *Fond d'orgue* et un Grand jeu en rondeau à deux couplets. L'*Agnus Dei* s'achève lui aussi par une formule identique (A B A), mais dans un style des plus pittoresques qui rejoint celui de l'offertoire. Ce dernier joue d'abord sur de toniques sonneries de chasse, puis passe, dans sa partie centrale, à un *tempo di minuetto*. L'*Élévation* sur les flûtes opte, au contraire, pour un adagio expressif en mineur qui convient bien au moment.

Durée d'exécution : ~ 20 mn

F.S.

FRANÇOIS BENOIST

Né à Nantes, le 10 septembre 1794 ; mort à Paris, le 6 mai 1878. Après de brillantes études au Conservatoire de Paris et l'obtention d'un Grand Prix de Rome (1815), il fut, entre 1819 et 1830, organiste de la Chapelle royale, poste qu'il reprit sous le Second Empire, lorsque Napoléon III réorganisa la Chapelle dissoute par Louis-Philippe. Professeur au Conservatoire dès 1819, il y enseigna jusqu'à la nomination de son élève César Franck (1872), et fut appelé à collaborer à la Gazette musicale. *Invité à siéger dans la section des orgues de la* Commission des arts et édifices religieux *instituée en 1848, il eut aussi à se pencher sur les problèmes de facture et le sort des instruments.*

Avec Lemmens, qui forma Guilmant, Widor et Loret (voir Tableau II, p. 809), François Benoist se situe à l'origine de l'école d'orgue française du XIXe siècle. Maître de Franck et de Saint-Saëns qui, à leur tour, soit dans le privé, soit respectivement au Conservatoire de Paris et à l'école Niedermeyer (piano), enseignèrent leur art à de nombreux disciples (voir Tableau I p. 808), sa position est sans doute plus capitale dans le maintien d'une tradition ou dans la pratique de l'improvisation que dans l'apprentissage de la technique instrumentale. Saint-Saëns rapporte d'ailleurs : « Organiste des plus médiocres, Benoist était un professeur admirable, et une véritable pléiade est sortie de sa classe ; il parlait peu, mais comme son goût était fin et son jugement sûr, chacune de ses paroles avait sa valeur et sa portée. Il a collaboré à plusieurs ballets représentés à l'opéra ; cela lui donnait beaucoup de travail, et ce qu'on aura peine à croire, il apportait "son ouvrage" à la classe et griffonnait des orchestrations pendant que ses élèves jouaient de l'orgue, ce qui ne l'empêchait pas de les écouter et de les surveiller. »

L'instrument du Conservatoire ne possédant qu'un pédalier réduit à vingt marches, on comprend que ces étudiants (Alkan, Franck, Fessy, Lefébure-Wely, Batiste, Renaud de Vilbrach, Saint-Saëns, Chauvet, Dubois, Bazille ou Fissot) n'aient pas bénéficié de conseils éclairés dans ce domaine, et il paraît très probable que c'est, au contraire, la venue de virtuoses étrangers (Hesse en 1844 et Lemmens en 1852) ou l'exemple de Boëly, qui aient incité certains à perfectionner leur jeu de pédale, en particulier Alkan (lequel devint, dès 1855, un des meilleurs spécialistes du piano-pédalier), Franck, Saint-Saëns (quoique pratiquant une technique peu orthodoxe à l'époque, avec la pointe seule — preuve d'une approche autodidacte ?), Chauvet ou Dubois.

Dédicataire de plusieurs chefs-d'œuvre, dont la *Prière* de Franck et l'*Impromptu sur le choral de Luther* d'Alkan (marque de l'estime dans laquelle on le tenait), François Benoist demeure aujourd'hui dans un oubli quasi total : aucun recueil édité, aucune pièce enregistrée, aucune apparition en concert dans quelque domaine que ce soit (musique religieuse, opéra, ballet, piano)... Auteur d'une œuvre d'orgue abondante qui reflète, en maintes pages, l'esprit « musicologique » qui se dessine, dès le début du siècle, avec Choron, d'Ortigue, Danjou, Fétis ou Boëly, cet homme curieux, dont la personnalité paraît encore difficile à cerner, mérite pourtant mieux !

Observons donc sa production organistique. Elle comprend, sous le nom de *Bibliothèque de l'organiste*, une série de suites publiées par Canaux entre 1841 et 1861, un *Recueil de quatre morceaux pour orgue* qu'édita Graff, successeur de Regnier-Canaux, et deux *Préludes* parus vers 1860 dans *La Grande Maîtrise*. D'une qualité peut-être inégale, mais toujours écrites avec une indéniable compétence, beaucoup de ces pièces annoncent bien des œuvres symphoniques de Franck ou de Widor, voire de Guilmant : construction adroitement agencée, écriture sévère mais qui peut laisser libre cours à quelques tournures plus lyriques, dont on peut louer la manière schumannienne, fugues assez longuement développées, modulations inattendues et tonalités peu usitées à l'époque (*si* bémol mineur). Benoist a écrit avec raison à Cavaillé-Coll que « par le temps qui court, c'est un grand mérite à mes yeux que de rester fidèle aux traditions des grands maîtres qui, dans le siècle dernier, ont fondé le véritable art de l'orgue » ; mais s'il maintient encore des pratiques séculaires à une heure où le plein-jeu de l'orgue classique connaît un premier déclin, sa musique offre souvent un choix de formules plus modernes — et quelquefois pianistiques (croisements) — à travers des pièces qui se laissent incidemment tenter par des muses plus légères.

Bibliothèque de l'organiste

Douze livraisons en constituent la matière, pour lesquelles le terme de « suite » ne convient jamais. Benoist y présente une sélection de morceaux de longueur inégale et sans unité tonale, qu'il note souvent sur deux portées (sans pédale obligée) à quelques exceptions près (*Élévation* en *ut* majeur de la *Cinquième Suite*, *Introduction* en *sol* majeur de la *Sixième*, *Rentrée de procession* en *mi* bémol de la *Huitième*...). On y découvre de nombreux offertoires, des élévations, des entrées, sorties, et des pièces sans destination particulière (grands chœurs, allegros, moderatos, allegrettos, andantino, etc.), toutes propres à servir le culte. En dehors de quelques brefs versets, la plupart de ces pages ont fait l'objet d'un assez long développement, notamment les offertoires. On remarquera parmi ces derniers celui de la *Deuxième Suite*, qui commence par un *Maestoso* en *si* bémol mineur pour se poursuivre par un *Allegro*, plan comparable à celui de la *Troisième Suite* (*mi* bémol mineur puis majeur avec modulation recherchée en *mi* majeur). Les élévations, d'une durée deux fois plus brève, affectionnent pour leur part les flûtes et les jeux doux. Les meilleures sont à chercher dans la *Quatrième Suite*, une page en *ré* majeur modulante et chromatique, ou dans la *Huitième* (voix humaine et flûte), charmant *Andantino* que le second thème en mineur renouvelle de ses rythmes pointés et syncopés et de sa registration (fonds).

Parmi les autres morceaux, on relève ici et là des entrées « pompeuses », un prélude à cinq parties ou un autre *(Moderato risoluto* de la *Douzième Suite)* d'une écriture en contrepoint très proche du monde baroque, en dépit d'un plan tonal moderne. Mais Benoist ne nous sert ici aucun véritable verset liturgique sur thème de plain-chant et se complaît dans ces « moments musicaux » très libres et de sentiment profane que Franck retiendra, au même titre que le jeu des modulations et les tons chargés d'altérations.

Certes, il manque à ces œuvres cette plénitude sonore que la pédale, réduite à quelques tenues ou à une minime participation, ne saurait instaurer, tandis que la registration se borne à quelques indications (claviers parfois au nombre de cinq avec bombarde ; flûtes, voix humaine, hautbois, fonds, grand chœur) que Benoist remplace souvent par des nuances. Mais qu'elles soient d'essence traditionnelle (contrepoint fluide) ou neuve, les compositions de cet organiste ont eu leurs défenseurs. Laissons la parole à Jean Bonaventure Laurens : « un organiste allemand disait avec malice que M. Benoist méritait d'être mis aux Invalides, attendu qu'il n'avait pas de pieds. [...] Les compositions de M. Benoist n'ont rien qui les caractérise comme musique d'orgue. Eh bien ! quand toutes ces critiques seraient parfaitement justes, les compositions de cet artiste n'en seraient pas moins des plus dignes d'attention et des plus honorables pour notre pays où il se publie si peu de musique forte de science. Il est impossible de posséder à un plus haut degré l'art de traiter un motif insignifiant et de lui donner de l'intérêt en le présentant sous toutes les combinaisons ».

Recueil de quatre morceaux pour orgue

Cette série probablement tardive comprend un **Andante** en *la* qui oppose mineur et majeur, une **Fugue sur le Pange lingua** bien tournée, comme un verset à quatre voix qui inclut un début de contre-exposition et véhicule le sujet dans les tons voisins, une **Marche religieuse**, *andante* en *fa* majeur, dont une partie centrale en mineur, et une **Communion** en *sol* majeur. Rédigées sur deux portées mais enrichies de quelques notes de pédale, ces diverses pages ne se démarquent pas nettement des suites de la *Bibliothèque de l'organiste*. On peut en apprécier les andantes agréablement coulés comme l'écriture à quatre voix d'un solide métier.

Deux Préludes

Composées sans doute vers 1860, ces deux pages comptent parmi les plus honorables de Benoist. Si le style en est classique (un contrepoint à la Bach que Boëly n'aurait peut-être pas désavoué), la pédale — une fois n'est pas coutume — se voit confier une partie autonome. Le premier, en *fa* majeur, se livre à un dialogue simple mais efficace entre la basse et les parties manuelles, comme le second, *Andante* en *sol* majeur qui débute par une pédale de tonique et se poursuit dans un jeu très aéré d'imitations.

F.S.

LUCIANO BERIO

Né à Oneglia (Ligurie), le 24 octobre 1925. Après avoir commencé l'étude de la musique auprès de son grand-père et de son père, il la poursuit au Conservatoire de Milan. C'est dans cette ville que, en 1954, il se lance dans la recherche électro-acoustique en fondant avec Bruno Maderna le Studio di Fonologia de la RAI, la radiodiffusion italienne, qu'il dirigera jusqu'en 1961. En 1956, il crée la revue Incontri musicali *dont il organise également les manifestations musicales. Chercheur — il collabore à l'IRCAM de 1973 à 1980 —, il est aussi animateur, chef d'orchestre et pédagogue, enseignant aux États-Unis et en Allemagne. Coloriste, tenté par de multiples dispositions et combinaisons de musique instrumentale — en témoignent ses* Sequenze *et de nombreuses partitions de musique de chambre —, et plus encore par la voix dont il s'est affirmé l'un des maîtres dans la seconde moitié du XXe siècle, il n'a abordé l'orgue qu'une seule fois, avec* FA-SI, *pour répondre à une commande ; mais s'il n'y a pas, à ce jour, de* Sequenza *pour orgue, l'instrument à tuyaux n'en a pas moins, en cette circonstance, suscité chez lui des réponses nouvelles aux questions sur l'usage contemporain de l'orgue.*

FA-SI, pour orgue avec assistants (1975)

Achevée le 26 août 1975, l'œuvre a été composée pour l'inauguration d'un nouvel orgue établi à Rovereto par le facteur Bartolomeo Formentelli. Ce grand instrument d'esprit baroque a stimulé la verve du compositeur, qui ne semblait guère plus que la plupart de ses contemporains attiré par l'orgue. Renonçant aux effets sonores utilisés dans la décennie précédente (tirage partiel des registres, coupure et mise en marche de la soufflerie pendant l'exécution, etc.) ainsi qu'aux modes de jeu développés après *Volumina* de Ligeti, fondés principalement sur l'usage des *clusters*, Berio revient à une conception plus « orthodoxe » de l'orgue. N'hésitant pas à se référer à des formes du passé, son écriture n'en propose pas moins un emploi neuf des ressources classiques de l'instrument, comme dans les trilles et trémolos de notes et de registres, ou les longues tenues sonores évolutives en spectre et en timbre, nécessitant d'ailleurs la présence d'un ou deux assistants. La notation musicale fait appel aux signes conventionnels, et non aux graphismes; Berio a cependant introduit deux signes d'exécution nouveaux. L'un indique le « trémolo de jeux (succession rapide de jeux alternants) aux timbres pas trop différents (structure d'harmoniques semblable), le tempo des attaques immédiatement précédentes étant poursuivi sur le clavier (sauf indication contraire), et le tempo des attaques consécutives étant préparé ». Un autre signe, un triangle noir placé sur la portée au même titre qu'une ronde ou une noire, prescrit de bloquer la touche de la note indiquée jusqu'à l'indication contraire (un triangle barré), pendant que les mains s'activent par ailleurs.

Dans cette unique œuvre qu'il dédie à l'orgue, le musicien rend hommage aux fantaisies du premier Baroque, dont les formes, selon lui, sont caractérisées « par une grande instabilité, par des changements continus et une certaine imprécision de l'expression ». Ainsi va se définir l'esprit de cette moderne fantaisie : « Tous les aspects de cette œuvre sont en changement permanent : de l'intervalle *fa—si* qui parcourt toutes les fonctions harmoniques, toutes les “traductions” possibles et toutes les “graphies”, aux changements extrêmes et rapides de densité et de registration. »

L'œuvre s'ouvre en effet par l'intervalle de triton originel, *fa* (aigu) — *si* (grave); mais aussitôt apparaît un *si* bémol qui, avec le *fa* aigu, constitue la quinte juste vers laquelle va tendre toute l'œuvre. Le triton se réduit ou se dilate au gré de multiples métamorphoses, la quinte juste en apparaissant comme la résolution lumineuse en même temps que le pôle d'attraction. Au terme d'une partie introductive, celle-ci finit par s'établir définitivement au second clavier, comme en résonance, le passage des sons attaqués sur le premier clavier à leur prolongation sur le second s'opérant imperceptiblement. A cette sorte de hampe solidement fixée s'attache une longue draperie sonore secouée par le vent, dans l'agitation permanente des changements de couleurs, d'agogique et de nuances. Cet intervalle de quinte s'enrichit, s'épaissit progressivement, avec la quinte *sol—ré*, puis, une à une, les notes *mi, si, do, fa* dièse, *la, la* bémol et *mi* bémol; celles-ci s'agrègent en un bloc compact de onze sons qui va se déliter peu à peu pour ne laisser subsister, dans le calme enfin retrouvé, que le glorieux avatar du triton originel, la quinte juste *si* bémol-*fa*, qui devra elle-même disparaître au bout d'un long diminuendo.

Durée d'exécution : ~ 9 mn

G.C. et X.D.

HECTOR BERLIOZ

Né à la Côte-Saint-André, le 11 décembre 1803; mort à Paris, le 8 mars 1869. Fils d'un médecin, il gagna Paris en 1821 et travailla au Conservatoire avec Lesueur, Reicha et Cherubini. Dans les années qui suivirent, il découvrit à la fois Weber,

Beethoven, Shakespeare et Goethe, obtint un premier Grand Prix de Rome et se fit connaître avec sa Symphonie fantastique *(1830),* Harold en Italie *(1834) et la* Grande Messe des Morts *(1837). Dès lors commença pour lui une carrière qui lui valut de nombreux succès à l'étranger (Angleterre, Allemagne, Russie), mais aussi de multiples échecs (*Benvenuto Cellini, Symphonie funèbre et triomphale*), et une indifférence chronique des milieux parisiens. Excellent écrivain et critique redouté, il exerça jusqu'en Russie une influence déterminante en tant qu'orchestrateur, et son goût pour la musique à programme d'inspiration littéraire toucha Liszt au point de l'orienter vers la formule du poème symphonique. Homme d'orchestre, son approche de l'orgue paraît ambiguë, perplexe et nourrie d'attirances autant que de répulsions.*

Polémiste redoutable, Berlioz eut des *a priori* obsessionnels et des « bêtes noires » qu'il s'appliqua, sa vie durant, à pourfendre. Dans ses écrits théoriques, dont on pourrait attendre un ton scientifique et objectif, il ne parvient pas même à contenir son impétuosité vengeresse, et se livre à des diatribes qui ne manquent ni d'une ironie parfois féroce, ni d'une éloquence persuasive. Le chapitre « Orgue » du *Grand Traité d'instrumentation et d'orchestration modernes* de 1842-1843 en procure une illustration des plus savoureuses. Dès les premières lignes qui décrivent l'instrument et son mécanisme, on y aperçoit pourtant des lacunes, approximations ou erreurs qui prouvent déjà que, Berlioz n'étant pas organiste, il se montre peu à son aise dans l'évocation des arcanes de ce corps si complexe. S'il est peut-être sensible à son mystère, il demeure, en effet, peu désireux d'en percer les secrets. Ainsi, contrairement à ses affirmations, la grosse tierce ne sonne-t-elle pas à la quinte du prestant, et l'on se demande où l'on pourrait découvrir cette « onzième de nasard » à l'unisson de la doublette…

Lorsqu'il nous aura indiqué que « la cymbale diffère de la fourniture seulement en ce que ses tuyaux sont moins gros », on aura compris que l'auteur de la *Symphonie fantastique* ne se trouve pas beaucoup d'affinités avec la facture, et qu'il affiche une farouche antipathie vis-à-vis de l'instrument classique : « Les jeux de mutation ont cela d'étrange qu'ils font entendre au-dessus de chaque son la tierce, la quinte, la dixième, la douzième de ce même son, de manière à figurer par l'action de plusieurs petits tuyaux, les aliquotes ou sons harmoniques des grands tuyaux. Les facteurs d'orgues et les organistes s'accordent à trouver excellent l'effet produit par cette résonance multiple, qui en définitive cependant fait entendre simultanément plusieurs tonalités différentes. "Ce serait insupportable, disent-ils, si on distinguait les deux sons supérieurs, mais on *ne les entend pas*, le son le plus grave les absorbe." Il reste alors à faire comprendre comment ce qu'on *n'entend pas* peut produire un bon effet sur l'oreille. En tout cas, ce singulier procédé tendrait toujours à donner à l'orgue la résonance harmonique qu'on cherche inutilement à éviter sur les grands pianos à queue et qui, à mon sens, est un des plus terribles inconvénients de la sonorité que les perfectionnements modernes ont fait acquérir à cet instrument. »

Cette aversion s'étend très logiquement à l'utilisation que les organistes ont l'habitude de réserver à ces mixtures, en particulier dans l'exécution des fugues rapides auxquelles Berlioz refuse toute dimension spirituelle : « Est-ce que les thèmes de ces fugues, dont quelques-uns n'expriment rien, et dont beaucoup d'autres sont d'une tournure au moins grotesque, deviennent religieux et graves par cela seul qu'ils sont traités dans le style fugué, c'est-à-dire dans la forme qui tend à les reproduire le plus souvent, à les mettre le plus constamment en évidence ? Est-ce que cette multitude d'entrées des parties, ces imitations canoniques, ces lambeaux de phrases tordues, enchevêtrées, se poursuivant, se *fuyant*, se roulant les uns sur les autres, ce tohu-bohu d'où la vraie mélodie est exclue, où les accords se succèdent si rapidement qu'on peut à peine en saisir le caractère, cette agitation incessante de tout le système, cette apparence de désordre, ces brusques interruptions d'une partie par une autre, toutes ces hideuses pasquinades harmoniques excellentes pour peindre une orgie de sauvages ou une danse de démons, se transforment en passant par les tuyaux d'un orgue, et prennent l'accent sérieux, grandiose, calme, suppliant ou rêveur de la prière sainte, de la méditation ou même celui de la terreur, de l'Épouvante religieuse ?… »

Partant de cette franche opinion, il n'est pas étonnant que Berlioz ait apporté sa caution à ces facteurs du XIXe siècle qui multiplient les jeux de huit et seize pieds et réduisent les mutations à la portion congrue (Aristide Cavaillé-Coll est du lot). Mais plus qu'à l'orgue symphonique, c'est à l'harmonium que vont ses préférences : « L'orgue a des effets de sonorité douce, éclatante, terrible, mais il n'est pas dans sa nature de les faire se succéder rapidement ; il ne peut donc, comme l'orchestre, obtenir le passage subit du *piano* au *forte* ou du *forte* au *piano*. Au moyen des perfectionnements apportés récemment dans sa fabrication, il peut, en introduisant successivement différents jeux qui s'accumulent, produire une sorte de *crescendo*, et amener par conséquent le *decrescendo* en les retirant dans le même ordre. Mais la gradation et la dégradation du son ne passent pas encore, au moyen de cet ingénieux procédé, par les nuances intermédiaires qui donnent tant de puissance à ces mouvements de l'orchestre ; on sent toujours plus ou moins l'action d'un mécanisme inanimé. L'instrument d'Érard, connu sous le nom d'orgue expressif, donne seul la possibilité d'enfler et diminuer réellement le son, mais il n'est point encore admis dans les églises. »

Cette restriction ne semble pourtant pas arrêter Berlioz, qui dans son abondante production réserve à l'orgue-mélodium trois pièces dont une au moins se révèle liturgique. Écrites à l'intention du célèbre facteur Alexandre, elles débutent par une *Sérénade agreste à la Madone* (*mi* bémol majeur), souvenir d'Italie plein de charme et de pittoresque, qui oppose deux éléments thématiques empruntés aux pifferari romains (ABAB) selon une technique de musette avec bourdons pastoraux. La seconde page, *Allegro non troppo* en *ut* majeur, est intitulée *Toccata* et déroule ses croches continues dans une ambiance classique. La troisième se veut d'une fonction cultuelle (*Hymne pour l'Élévation* en *ré* majeur) et d'un style conforme à la tradition de l'Église. Il s'agit d'un *Larghetto fugato* conçu à l'image de certaines pièces orchestrales de *L'Enfance du Christ*, qui s'articule en trois parties : exposition régulière, second groupe d'entrées, contre-exposition réduite et section terminale.

Mais ce qui intéresse davantage Berlioz demeure, non pas l'utilisation de l'orgue comme soliste, mais son rôle éventuel au sein de l'orchestre. Le *Grand Traité d'instrumentation* présente à ce propos quelques commentaires judicieux, bien que la formule du concerto — qui, de par son appartenance au domaine de la musique pure, ne saurait passionner l'auteur — ne soit en aucun cas envisagée : « L'orgue semble pouvoir, ainsi que le piano et beaucoup mieux que lui, se présenter dans la hiérarchie instrumentale, sous deux faces : comme un instrument adjoint à l'orchestre, ou comme étant lui-même un orchestre entier et indépendant. Sans doute, il est possible de mêler l'orgue aux divers éléments constitutifs de l'orchestre, on l'a fait même plusieurs fois ; mais c'est étrangement rabaisser ce majestueux instrument que de le réduire à ce rôle secondaire ; il faut en outre reconnaître que sa sonorité plane, égale, uniforme, ne se fond jamais complètement dans les sons diversement caractérisés de l'orchestre, et qu'il semble exister entre ces deux puissances musicales une secrète antipathie. L'orgue et l'orchestre sont Rois tous les deux ; ou plutôt l'un est Empereur et l'autre Pape ; leur mission n'est pas la même, leurs intérêts sont trop vastes et trop divers pour être confondus. Ainsi, dans presque toutes les occasions où l'on a voulu opérer ce singulier rapprochement, ou l'orgue dominait l'orchestre de beaucoup, ou l'orchestre ayant été élevé à une puissance démesurée faisait presque disparaître son adversaire. »

Dans le cadre de la musique sacrée cependant, un compromis semble possible : « Par exemple, si une masse de voix placée dans le chœur d'une église, à grande distance de l'orgue, interrompait de temps en temps ses chants pour les laisser reproduire par l'orgue, en tout ou en partie ; si même le chœur, dans une cérémonie d'un caractère triste, était accompagné par un gémissement alternatif de l'orchestre et de l'orgue partant ainsi des deux points extrêmes du temple, l'orgue succédant à l'orchestre, comme l'écho mystérieux de sa lamentation, ce serait un mode d'instrumentation susceptible d'effets grandioses et sublimes, mais, en ce cas même, l'orgue ne se mêlerait point réellement aux autres instruments; il leur répondrait, il les interrogerait; il y aurait seulement entre les deux pouvoirs rivaux alliance d'autant plus sincère que ni l'un ni l'autre ne perdraient rien de leur dignité. »

Le *Te Deum* de 1849 apporte une illustration éclatante à ce principe. Composé pour ténor solo, triple chœur, orchestre et orgue, il fut donné à Saint-Eustache en avril 1855. Ses six parties optant souvent pour un caractère monumental, les superlatifs utilisés par Berlioz à son égard ne sont pas forfanterie : « En général, la grandeur démesurée du plan et du style a prodigieusement frappé et vous pouvez croire que le *Tibi omnes* et le *Judex* dans deux genres différents, sont des morceaux babyloniens, ninivites... » On peut en juger dès le *Te Deum laudamus*, *allegro moderato* en *fa* majeur où l'orgue et l'orchestre mesurent à distance leurs puissances respectives. Un spectacle de superproduction !

F.S.

JOHN BLOW

Né à Newark (Nottingham), baptisé le 23 février 1649; mort à Londres, le 1er octobre 1708. John Blow, dont la carrière fut éclatante, vit le jour dans un milieu modeste. Sans doute reçut-il sa première éducation musicale à la Magnus Song School de Newark, avant de devenir, à la Restauration des Stuarts en 1660 et jusqu'en 1664, date à laquelle sa voix mua, choriste à la Chapelle royale. Son premier poste fut d'emblée celui d'organiste de l'abbaye de Westminster, sans doute à partir de 1668 et avec une première année probatoire. L'année suivante, il rejoignait le service du roi en tant que « musician for the virginals », *devenant ensuite (1674) gentleman de la Chapelle royale. La même année, l'important poste de maître des enfants de la Chapelle royale se trouva vacant : aussitôt nommé, Blow le gardera jusqu'à la fin de sa vie. C'est à cette même époque qu'il fut, et bien que la voix de celui-ci eût déjà mué, le « Maître du fameux Mr. H. Purcell », ainsi que le rappelle son monument à Westminster. A la mort de Christopher Gibbons, en 1676, Blow devint également l'un des trois organistes de la Chapelle royale. A partir de 1679, il cède la place en tant qu'organiste de Westminster, sur les registres de l'Abbaye, à Purcell. En 1682, ils se retrouvent tous deux (avec W. Child) organistes de la Chapelle royale. Déjà titulaire de nombreux postes officiels, Blow deviendra également, en 1687, aumônier et maître des choristes de la cathédrale Saint-Paul. A la mort de Purcell, en 1695, Blow lui succède comme « accordeur des régales, orgues, virginals, flûtes et* recorders *» (flûtes à bec) de la cour, redevenant également organiste de Westminster. Son dernier poste (il conservera tous ses revenus officiels jusqu'à sa mort) sera celui, alors de création récente, de compositeur de la Chapelle royale. Il sera inhumé auprès de Purcell dans le bas-côté nord de Westminster.*

Musicien parmi les plus en vue de l'Angleterre de son temps, Blow fit donc toute sa carrière dans l'orbite de la Cour, sur près de cinquante ans — longue période marquée par plusieurs retournements politiques qui devaient se répercuter profondément sur les arts. Alors qu'au cours de la première moitié du siècle les influences française et italienne s'étaient harmonieusement équilibrées, la révolution puritaine de Cromwell allait frapper radicalement la vie culturelle : la Chapelle royale est dissoute, les orgues qui avaient échappé à la Réforme sont détruits, et seuls les salons aristocratiques demeurent le foyer de la création artistique — profane, donc.

Lorsque Blow entre dans la carrière, la Restauration monarchique de Charles II Stuart accuse une forte emprise du goût français à Londres. Élevé en France avec son cousin Louis XIV, bienveillant envers les catholiques, le nouveau souverain adopte le style français : Cambert est nommé surintendant de la musique royale, et les échanges se font nombreux entre musiciens des deux pays. Catholique, son frère et successeur Jacques II sera vite détrôné par Guillaume d'Orange, champion du protestantisme en Europe ; sous son règne (1688-1702), l'influence française recule au profit de l'italianisme : c'est le triomphe de la musique de Corelli et l'arrivée massive des Italiens, avant que Haendel n'entre en scène. Ces oscillations du goût dominant se reflètent dans l'œuvre de John Blow. Et l'on comprend qu'en pareil contexte, les œuvres pour clavier de Blow, comme de Purcell, ne s'attachent guère à la spécificité de l'orgue, mais entretiennent une ambiguïté entre orgue, clavecin et surtout virginal.

Capitale pour la connaissance du clavier anglais, l'œuvre d'orgue de Blow ne représente cependant qu'une infime partie de son œuvre intégrale. Il s'intéressa aux mêmes domaines que Purcell, moins que lui à certaines formes de musique de chambre (sonates en trio, par exemple) ou à la scène, et davantage à l'orgue, précisément. Blow fut également le compositeur de *services* le plus prolifique de son époque.

Thirty [30] Voluntaries and Verses for the Organ

L'œuvre d'orgue de Blow est tout entière contenue dans ce recueil ; les deux termes, pratiquement interchangeables au XVIIe siècle, désignent un cadre à la fois unique et multiple tendant vers la forme fuguée (fugues, mais aussi préludes fugués ou fantaisies faisant appel au fugato, canzone, ricercari). L'essentiel de ce volume au caractère parfois sévère, à aucun moment superficiel, est constitué de véritables fugues trahissant des origines et des influences très diverses, en partie continentales, et mettant en scène une polyphonie dense et grave. Aucune de ces pièces ne fut publiée par Blow lui-même ; elles nous sont parvenues dans de nombreux manuscrits, pour la plupart tardifs mais sans que l'on puisse en déduire que ces pièces datent de la fin de sa vie, ou bien par des publications légèrement postérieures et regroupant divers compositeurs. On y est frappé à la fois par la rudesse, parfois archaïsante, de certaines constructions, et la liberté de l'invention rythmique et harmonique déployée en particulier dans les pièces les plus redevables au baroque italien.

Ces pièces peuvent être classées en trois catégories selon l'emphase de leur tempo : les pièces lentes, les pièces vives sur le modèle italien, celles enchaînant plusieurs tempos avec éventuellement changement de mètre.

Le recueil s'ouvre sur une fugue lente (**I**) en *sol*, ramassée, à quatre voix richement ornées, la première exposant le sujet à la dominante. La densité de l'écriture fait penser à une fugue de l'école française, sur les anches. L'ornementation, originale et favorisant frottements et dissonances, est chez Blow d'une saveur particulièrement expressive. Cette première pièce, à 4/2, intitulée *A Vers for the Organ*, est un parfait exemple de fugue austère et comme tournée vers le passé. Le contrepoint y est des plus serrés, les deux premières entrées se suivant à intervalle de ronde :

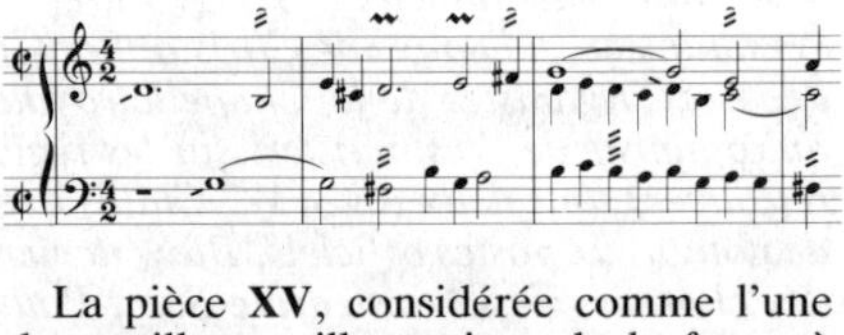

La pièce **XV**, considérée comme l'une des meilleures illustrations de la fugue à caractère mesuré (à 4/4), est sensiblement plus volubile et riche en contrastes rythmiques. Elle fait appel à un rythme pointé assoupli par une ornementation en forme de successions brèves de triples croches. On pourra rattacher à ce même groupe la pièce **V** en *fa*, également à 4/4, et dont les quatre voix se répartissent naturellement en deux chœurs bien distincts, parfois à intervalle de tierce (voix supérieures).

Si ces fugues à caractère modéré peuvent à l'occasion s'animer d'imprévisibles sursauts de triples croches (**XX**), elles peuvent également stimuler la tension par l'emploi du chromatisme, comme dans la splendide pièce **XVIII**, où le sujet devient source de contre-sujets ainsi que d'épisodes contrastants.

Le rythme incisif des fugues sur tempo vif fait immédiatement penser aux canzoni de l'école italienne, parenté confirmée par la répétition de notes dans l'énoncé du sujet, comme dans la pièce **XIX** (intitulée *Fugue*) :

Le sujet est généralement entièrement exposé par la première voix avant que n'entre la seconde, puis la troisième – ces pièces fraîches et assez courtes renonçant au développement à quatre voix. L'une d'elles (**III**. *Fugue*, mes. 15) peut se soustraire temporairement à l'écriture contrapuntique pour accompagner par de grands traits volubiles, alternant parfois les rôles en un dialogue entre basse et dessus, les deux autres voix demeurées fidèles au sujet : la fugue tend alors vers la fantaisie sur thème unique, caractéristique de l'héritage des virginalistes anglais et de leurs rapports avec la musique de clavier du continent.

L'influence italienne, entre autres, est non seulement manifeste mais à l'occasion explicite. Ainsi Blow cite-t-il textuellement la *Toccata duodecima* de Frescobaldi *(Il Primo Libro de Toccate e partite d'intavolatura di cimbalo)* dans la pièce **II**.

Diverses pièces du recueil informel de Blow, dans ce contexte de la fantaisie libre pour clavier, échappent à la forme strictement fuguée pour se rapprocher du prélude. Tel est le cas de la pièce **VIII** (« *For the Organ* »), véritable prélude en *sol* mineur, tout d'abord à quatre voix serrées, se divisant ensuite en deux chœurs, marqués par de fréquents intervalles de tierce ou de sixte. On pense de nouveau à l'école française. De même la pièce **XXIII** (sans titre dans les manuscrits), en *sol* majeur et en deux sections. La première, de type prélude, fait entendre une basse autonome (gamme et trait brisé, repris par le dessus, enfin en dialogue) ; la seconde est une fantaisie, légère et virtuose, s'achevant par un trait du soprano sur une tenue de tonique répétée à intervalle d'octave.

La pièce **III** déjà évoquée, en *sol*, bel exemple de structure rare et contraire à tout modèle reçu, adopte l'allure d'une canzone fuguée à trois voix (la première sur la dominante), introduisant un élément de divertissement (mes. 22), avant de conclure (mes. 34 et suivantes) en forme de *postludium* libre, constitué de traits alternés. Non plus prélude et fugue, mais l'inverse. A noter, sur une tenue de l'accord de *sol* à la main droite, l'étagement de la tonique à la main gauche, sur trois octaves, du *sol* du milieu du clavier au *sol* grave.

Les pièces les plus élaborées sont les doubles fugues, telle la pièce **XVII**, dans laquelle on voit se superposer les traditionnels sujets mélodique (avec syncope) et rythmique (avec note pointée). Les doubles fugues font succéder à un premier sujet statique (**X**) ou bien introduit en valeurs longues (**XVI**), un second sujet rythmique, directement dérivé du premier dans le cas du second exemple (avec changement de mesure : 4/4 puis 3/4). Cette pièce, intitulée *Vers* dans l'une des sources, est l'une des rares à mentionner dans un autre manuscrit une indication de registration : *Voluntary for the two diapasons* [jeux de fonds, ouvert et bouché] *and flute*. La pièce **X** *(Vers for the Organ)* ne change pas de mesure (4/4), mais fait suivre la seconde fugue (mes. 35-55) d'un épisode virtuose (mes. 56-70), couronné par cinq mesures d'un *Slow* à la carrure fortement pointée, évoquant les « Très lentement » des pleins-jeux de l'école française.

La forme éminemment anglaise du *Double Voluntary*, introduite par Orlando Gibbons *(A Fancy for a double Orgaine)*, ne fait pas défaut chez John Blow. Elle sous-entend la présence de deux claviers, notés *Little Organ* et *Great Organ*. Les pièces concernées revêtent deux formes. Il peut s'agir d'un dialogue fugué faisant alterner les deux plans sonores ; ainsi dans la pièce **XXVI**, où le dialogue s'engage sur le petit clavier, œuvre fluide, libre et dynamique, essentiellement à trois voix, avec opposition d'une voix momentanément soliste sur le grand clavier, puis conclusion en accords soutenus par une basse rythmique. Dans le second cas, le grand clavier est réservé à l'exposition d'un thème en valeurs longues, entendu une première fois sur le petit clavier puis commenté de manière volubile et à trois voix sur ce même clavier : c'est le cas de la pièce **XXX**, intitulée *The 100 th Psalm Tune. Set as a Lesson, from a MS*, publiée en 1812 et attribuée avec vraisemblance à Blow. On penserait immédiatement à la technique ibérique du *medio registro* si la mélodie du psaume n'était présentée alternativement en basse et dessus. La sobriété de la ligne mélodique, isolée sur le grand clavier et dépourvue d'ornements (volontairement ou bien par omission dans l'édition de 1812? — à la différence des manuscrits restituant les autres œuvres de Blow, particulièrement riches en ornements), offre un contraste saisissant avec le commentaire, vivement scandé bien qu'également dépourvu d'ornements, du petit clavier*.

Durée d'exécution de chaque pièce : de 2 à 4 mn

* Voir également à *Purcell*.

L'envergure apparemment limitée de l'œuvre d'orgue de John Blow, notamment du fait de la brièveté des pièces, ne doit pas induire en erreur, pas plus que l'instrument, également limité, se suffisant de plans rudimentaires et toujours dépourvu de pédale, dans la plus stricte tradition anglaise. Elle permet en effet un survol d'une étonnante variété formelle et stylistique du clavier anglais au XVIIe siècle, réceptif à maintes influences, disposé aux échanges, grave en même temps que d'une étincelante invention : une approche rapide du recueil risquerait de masquer une réelle abondance.

M. R.

GEORG BOEHM

Né à Hohenkirchen (près d'Ohrdruf, Thuringe), le 2 septembre 1661; mort à Lüneburg, le 18 mai 1733. Boehm (ou Böhm) est d'abord élève de son père, instituteur et organiste de Hohenkirchen. Sans doute travaille-t-il aussi avec Hildebrand, cantor de la ville voisine d'Ohrdruf. A la mort de son père, en 1675, il est élève de la Latinschule à Goldbach, puis au gymnase de Gotha, dont il sort dûment diplômé en 1684. La même année, il s'inscrit à l'université d'Iéna. Mais à partir de 1693, on le trouve à Hambourg, dont le rayonnement musical à cette époque n'est plus à vanter : Johann Adam Reinken tenait le fameux quatre-claviers de l'église Sainte-Catherine, et à l'opéra, Kusser, élève de Lully, dirigeait des œuvres italiennes et françaises. Tout près de Hambourg, Dietrich Buxtehude régnait à Lubeck, et Vincent Lübeck, lui, faisait sonner le prestigieux Arp Schnitger de Stade. Aussi, lorsque mourut Christian Flor, organiste de la Johanniskirche dans la ville toute proche de Lüneburg, Boehm n'hésita guère à se présenter à sa succession. Reçu à l'unanimité, il devait assurer la gloire d'une tribune à laquelle il se consacra jusqu'à sa mort.

Comme tant d'autres organistes allemands, Scheidemann, Strungk, Kerll, les frères Johann et Johann Michael Bach, etc., Boehm fut initié à la musique par son père. Il faut souligner ici l'importance, pour la cohésion et la solidité du tissu social, de cette entité purement germanique qu'était l'instituteur-organiste. Ces modestes artisans de la musique ont grandement contribué, génération après génération, à sauvegarder le patrimoine instrumental, à susciter les vocations et encourager les talents prometteurs, à empêcher les barrières entre l'apprentissage de la langue allemande, de la langue musicale et de la Bible. Comment s'étonner qu'une société, pourtant fort disparate, ne soit littéralement imprégnée de musique, lorsque l'instituteur est nécessairement aussi l'organiste?

Couronnant sa carrière à la tribune de Saint-Jean de Lüneburg, Boehm ne devait cependant pas trouver, au début de son mandat, un instrument en très bon état; mais la reconstruction effectuée en 1712-1714, sur les plans du musicien lui-même, par son facteur Matthias Dropa, devait en faire l'un des fleurons d'une région pourtant richement pourvue. Sa composition (trois claviers, pédalier, 47 jeux) est d'ailleurs un modèle du genre, par l'équilibre des claviers (donc de l'espace sonore) et la richesse de la pédale (donc son indépendance et son éclat). On comprend, d'une part, la fidélité de Boehm envers son instrument, d'autre part, la verve, le brio et la poésie d'œuvres suscitées par un tel stimulus.

On a souvent insisté — et à juste titre — sur l'influence que Georg Boehm aurait exercée sur le jeune Jean-Sébastien Bach. Il convient cependant de nuancer cette affirmation. Hugh MacLean* fait ressortir par exemple qu'à notre connaissance, il n'y avait pas de relation privilégiée, professionnelle, entre l'école Saint-Michel et l'église Saint-Jean. De plus, dans les années 1700-1702, l'orgue était, nous l'avons dit, en assez mauvais état et ne permettait peut-être pas de leçons privées. Cependant, même si Bach n'a pas été à proprement parler élève de Boehm, d'autres liens sociaux ou personnels pouvaient se tisser entre eux. N'oublions pas que Boehm était originaire de Thuringe, près d'Ohrdruf. Or, c'est dans cette petite ville que l'orphelin Jean-Sébastien passa cinq années (1695-1700) auprès de son frère Johann Christoph. Et dans une lettre adressée à Forkel le 13 janvier 1775, Carl Philipp Emanuel ne nous rappelle-t-il pas que « le défunt reçut à Ohrdruf l'éducation qui convient à un organiste. [...] Il aima particulièrement Frescobaldi [...], quelques bons Français anciens, Buxtehude, Reinken, Bruhns et l'organiste de Lüneburg, Boehm ». Par ailleurs, ne trouvet-on pas dans le *Notenbüchlein* d'Anna-Magdalena Bach (1725), un « Menuet fait par Mons. Boehm » ?

Les Préludes et fugues

Prélude et fugue en *ut* majeur

Il s'agit d'un chef-d'œuvre baroque. Rarement, en effet, le Baroque n'aura conjugué avec autant de bonheur une triple évidence : une telle synergie magnifiant une facture instrumentale, une technique d'écriture et un souffle poétique. Dès le départ, l'extraordinaire richesse du pédalier nordique permet à l'interprète de dérouler un trait solo qui caracole sur toute l'étendue du pédalier, un tournoiement piaffant, fringant, digne de Buxtehude. Des accords alternés aux deux mains cravachent un discours juvénile, au verbe haut, dont Jean-Sébastien Bach se souviendra naturellement dans sa propre *Toccata en* ut *majeur*. L'écriture de la fugue, très dense (elle est presque entièrement à quatre voix), appelle le quatuor à cordes, avec son thème bondissant, au rythme haché, ses voix intérieures enchevêtrées, l'indépendance d'un pédalier-violoncelle. Elle bute sur une cadence rompue, et le « bouquet » final déploie quatre fusées multicolores; pour conclure, une brève cadence n'est que la persistance rétinienne d'une pyrotechnie enchanteresse. En quelques minutes, l'interprète doit faire preuve de sûreté manuelle et pédestre, de transparence polyphonique, de luminosité et d'ardeur dionysiaque. Il y a beaucoup d'appelés et peu d'élus dans cette pierre de touche du répertoire baroque.

Durée d'exécution : ~ 4 mn

Prélude et fugue en *la* mineur

Les miracles se renouvellent rarement! Le prélude, certes, ne manque pas d'entrain, mais il semble que cet entrain soit un peu factice, et le souffle est bien court. La fugue, en revanche, solide, dense, manifeste progressivement un bel emportement vers une coda qui rappelle avec une élégante concision le début du prélude.

Durée d'exécution : ~ 3 mn

Prélude en *fa* majeur

Page mineure, en style d'ouverture à la française, qui juxtapose à un bref prélude un spirituel fugato, parfois épicé d'amusantes dissonances.

Durée d'exécution : ~ 2 mn 30 s

Prélude et fugue en *ré* mineur

On pourrait extraire cette pièce des cartons de Buxtehude, tant on y retrouve les ingrédients chers au maître de Lubeck :

* H. MacLean, article *Boehm*, Grove's Dictionary.

trait de pédalier solo, la coupe en cinq parties (prélude, première fugue, intermède, deuxième fugue, coda), les deux visages, binaire, puis ternaire, d'un même sujet de fugue (à la manière des ricercari italiens), le ricochet des plans sonores, etc. Ici, cependant, la fin manque de conviction et semble bâclée.

Durée d'exécution : ~ 5 mn

Prélude, fugue et postlude en *sol* mineur

Ces pages sont revendiquées à juste titre par les clavecinistes : l'ornementation surabondante, l'arpègement des accords justifient pleinement ce choix instrumental. Néanmoins, il ne nous semble pas que cette pièce magnifique sonne moins bien à l'orgue. Certes, les choix découlent d'une autre problématique (tempos, registration, ornementation, arpégement, pédalier), mais les pages extrêmes, en particulier, ne perdent rien à l'orgue de leur expression incantatoire. La page initiale a une puissance suggestive très personnelle, puisque d'aucuns perçoivent un glas funèbre là où d'autres entendent un carillon à toute volée ! En tout cas, la trouvaille d'écriture n'a jamais été égalée.

Durée d'exécution : ~ 6 mn

Pièces diverses

Deux autres pièces pour clavier peuvent sans inconvénient être traduites par le clavecin ou par l'orgue.

Capriccio en *ré* majeur

Cette pièce offre un bel exemple de monnayage rythmique. Les trois fugues successives exposent le même sujet (un pentacorde, ascendant puis descendant) en trois versions rythmiques différentes à 4/4, puis 3/4 et enfin 24/16 !). Le deuxième sujet a la coquetterie de s'afficher avec un beau contre-sujet chromatique.

Durée d'exécution : ~ 5 mn

Suite en *ré* majeur

Cette suite française plus vraie que nature enchaîne Ouverture, Air, Rigaudon, Trio, Rondeau, Menuet, Chaconne. D'une étonnante jubilation, elle sonne sans accent germanique, prodigieux exemple d'assimilation. On n'en comprend que mieux où le jeune Jean-Sébastien Bach a appris son métier… Quoique expressément incluse dans un recueil pour clavecin, cette Suite résonne avec toute la noblesse lullyste requise à l'orgue, encore que bien peu d'organistes aient l'idée (ou le courage ?) de la proposer sur leur instrument.

Durée d'exécution : ~ 11 mn

Pièces se rapportant au choral

On peut distinguer plusieurs types de travaux à partir du choral, en remarquant que Boehm n'a pas cultivé la fantaisie de choral illustrée de manière si flamboyante par Buxtehude ou Bruhns. Ce sont principalement le choral orné et la partita.

Le choral *« Vater unser im Himmelreich »* constitue un sublime exemple d'expressivité baroque (et l'un des exemples les plus inventifs de toute la période). Il s'agit là d'une extraordinaire effusion lyrique : la voix se grise de son propre chant. Mais cette pâmoison ne court pas le risque d'être suspecte, car le musicien prend soin de toujours laisser transparaître la ferme ossature du choral. Là encore, le jeune Jean-Sébastien retiendra la leçon d'une réserve, d'une justesse de moyens qui n'excluent nullement la générosité, comme en témoigneront surabondamment ses propres grands chorals ornés (*« Schmücke dich, o liebe Seele »* BWV 654 ou *« O Mensch, bewein' dein' Sünde gross »* BWV 622).

Durée d'exécution : ~ 5 mn

Quant à la partita, il semble que Boehm ait affectionné ce genre puisque l'on trouve *« Ach wie nichtig, ach wie flüchtig »* (8 variations), *« Freu' dich sehr o meine Seele »* (12 variations), *« Wer nur den lieben Gott »* (7 variations). Il faut y ajouter le choral suivi de variations *« Gelobet seist du, Jesu Christ »* (5 variations), ainsi que ceux dont les variations portent le nom de versus : *« Auf meinen lieben Gott »* (4 versus), *« Aus tiefer Not »* (2 versus), *« Christe, der du bist Tag und Licht »* (3 versus), *« Herr Jesu Christ, dich zu uns wend »* (6 versus), *« Vater unser »* (2 versus).

Toutes ces pièces ont donc en commun de faire se succéder des variations à partir d'un choral exprimé ou sous-entendu. Certaines sont purement manuelles, comme « *Ach wie nichtig, ach wie flüchtig.* » D'autres exigent plus ou moins la pédale. Mais le contraste est frappant entre « *Herr Jesu Christ, dich zu uns wend* », qui réclame une grande participation pédestre, et la longue partita « *Freu' dich sehr* » qui ne fait apparaître la pédale que dans l'ultime variation.

Ce sont d'admirables leçons de composition, car la plume de Boehm est rarement prise en défaut de stéréotypes ou formules conventionnelles. Tout juste peut-on lui reprocher un goût immodéré pour certaines marches mélodiques… Par ailleurs, cette imagination fertile est toujours au service du texte sous-entendu et trouve aisément les moyens instrumentaux les plus adroits et les plus fluides. A ce titre, les « climats » de « *Ach wie nichtig, ach wie flüchtig* » constituent des merveilles d'invention, de contrastes, de poésie et de savoir-faire instrumental. En ce sens, Boehm est un digne successeur de Sweelinck et de Samuel Scheidt. Comme eux, il sait dérouler un preste bicinium, équilibrer un fragile trio, échafauder une solide polyphonie à quatre voix, faire résonner puissamment le choral au pédalier, faire dialoguer les claviers. On sent que son orgue de la Johanniskirche devait être une jubilation de tous les instants.

G.G.

LÉON BOËLLMANN

Né à Ensisheim, le 25 septembre 1862; mort à Paris, le 11 octobre 1897. Fauché par la maladie à moins de quarante ans, comme Chauvet ou Barié, Léon Boëllmann est l'auteur d'une œuvre variée de musique de chambre, d'orchestre (Symphonie en fa, Variations symphoniques *avec violoncelle) et d'orgue. Appelé à tenir le Cavaillé-Coll de Saint-Vincent-de-Paul en 1896, il avait été, à l'école Niedermeyer, élève de son oncle Eugène Gigout. Ce dernier, après avoir contribué à le faire connaître en lui cédant souvent les claviers lors de ses récitals, se fit un devoir de diffuser sa musique, notamment par le biais de deux concerts organisés pour honorer sa mémoire en 1898.*

A côté des trois grands recueils commentés ci-dessous, le catalogue de Boëllmann comprend une *Fantaisie dialoguée* op. 35 pour orgue et orchestre que Gigout transcrivit pour orgue seul, une *Élévation*, une *Rhapsodie sur des Noëls* ainsi qu'une *Fantaisie* encore inédites, et *Les Heures mystiques* (2 vol. en 1896), recueil pour harmonium qui connut un succès considérable dans les premières années de notre siècle.

Boëllmann appartient à la génération des Marty, Pierné ou Ropartz dont les œuvres commencent à paraître dans la dernière décennie du XIXe siècle. Fidèles à Franck, attentifs à l'effort d'un Widor dont les huit premières symphonies sont disponibles, ils ne peuvent ignorer les innovations du jeune Debussy, bien que leur musique d'orgue, en partie tributaire de l'instrument romantique, les isole dans une esthétique beaucoup plus tournée vers le passé que vers un avenir qui rendra ses sonorités lumineuses à l'orgue. Les registrations de Boëllmann — comme celles des organistes contemporains — n'apportent, en effet, aucun renouvellement : des grands chœurs, des mélanges de flûtes, bourdons, gambes ou ondulants, des solos de trompette harmonique ou de basson-hautbois… Mais si, bien que tentant ici une fugue, là des paraphrases grégoriennes, il demeure sensible à une musique de concert ou témoigne encore des goûts éclectiques du XIXe siècle dans son culte de toutes les époques et de tous les styles (*Menuet gothique* !), certaines de ses pages constituent une sorte d'étape entre Franck, Widor et Vierne, notamment l'*Allegro con moto* de la *Deuxième Suite* qui annonce le *Scherzo* de la *Sixième Symphonie* de l'organiste de Notre-Dame.

Douze Pièces pour orgue ou piano-pédalier (op. 16)

Publié en 1890, ce recueil polyvalent, mais mieux pensé pour l'instrument à tuyaux que pour le piano, offre un choix significatif des différents types de pièces libres que l'on pratique à cette époque : prélude et fugue, pages liturgiques, choral, grands chœurs en forme de marche ou de carillon, moments de détente ou d'émotion...

La série s'ouvre par un PRÉLUDE en *mi* mineur, rondo à deux thèmes dont une fileuse, qui, d'un caractère bucolique, n'en recourt pas moins au canon et à des combinaisons ingénieuses. La FUGUE, qui poursuit dans le même ton, maintient cette même ambiance pastorale et surprend par ses proportions et sa technique (renversement du sujet, strette). On découvre alors une MARCHE RELIGIEUSE en *fa* majeur (A B A' et coda rappelant B) avec partie centrale en *si* bémol, où l'on décèle quelques accents franckistes comme une certaine analogie avec la pièce de même titre composée par Saint-Saëns en 1897.

D'exécution plus difficile, l'INTERMEZZO en *mi* majeur oppose un solo de trompette bavard et contourné (A) à une sorte d'hymne sur la voix humaine (B) selon un plan identique à celui du morceau précédent. Après un bref CARILLON en *ré* majeur sur un ostinato de trois notes, dont la section médiane module dans le ton du relatif, on aborde un CHORAL d'autant plus intéressant qu'il est traité « à la française », c'est-à-dire sur un motif d'invention, de souple allure, comme c'est le cas dans les trois chorals contemporains de Franck. Confié aux fonds et anches, le cantique pseudo-luthérien se trouve développé selon un procédé symphonique de variation avec cantus firmus, que couronne une épique coda. Mais si cette pièce agitée par des accords *staccato* et des mouvements de toccata compte parmi les meilleures, l'ÉLÉGIE en *si* bémol mineur expose un second thème assez peu distingué, dont la banalité commune n'affecte, par bonheur, aucun des morceaux suivants : DEUX VERSETS DE PROCESSION SUR ADORO TE, le premier comme un carillon doux sur les ondulants, le second sur les anches avec cantus firmus, CANZONA DANS LA TONALITÉ GRÉGORIENNE dont le titre même et la musique un peu facile rivalisent avec Guilmant, ADAGIETTO en *la* bémol majeur et PARAPHRASE SUR LAUDATE DOMINUM, grand chœur en *sol* majeur qui conclut dans la force.

Durée d'exécution : ~ 45 mn

Suite gothique (op. 25)

Cette publication de 1895, qui demeure parmi les plus célèbres du XIXe siècle organistique, regroupe plusieurs pièces de caractère varié, sous un titre que la musique ne justifie pas. L'INTRODUCTION-CHORAL en *ut* mineur sollicite une forme qui appartient au monde de la Renaissance, le MENUET GOTHIQUE, sorte de grand chœur dialogué en majeur, de structure symétrique (A B A'), associe deux mots dont le rapprochement peut faire sourire, la PRIÈRE À NOTRE-DAME se meut en *la* bémol majeur dans une douceur sulpicienne qui n'apparaît pas plus médiévale que la TOCCATA en *ut* mineur, page au demeurant très populaire et paradigmatique : sur un *perpetuum mobile*, un motif dramatique au rythme pointé se trouve exposé, qui n'est pas sans analogies avec celui de la *Pièce héroïque* de Franck. Une deuxième idée plus lyrique et ascendante qui progresse dans l'aigu lui répond au cours de trois parties (la seconde en *sol*), tandis qu'un épilogue agité par des sextolets s'achève sur une solide double pédale.

Durée d'exécution : ~ 14 mn

Deuxième Suite (op. 27)

Composée en 1896, cette suite en *ut* majeur semble négligée par les concertistes et comme éclipsée par le succès de la précédente. Or, elle révèle une indéniable évolution et un sensible mûrissement qui se manifestent dans l'écriture, le plan tonal, l'harmonie, la recherche d'une unité, le resserrement de la pensée ou l'originalité de la facture. Si le souvenir de Franck persiste encore dans le PRÉLUDE PASTORAL qui déroule ses paisibles sinuosités dans un 9/8 agreste, comme dans l'ALLEGRO CON MOTO en *la* mineur qui oppose la trompette du Récit aux fonds dans le même esprit que l'*Allegretto cantando* de la *Fantaisie* en *ut*, l'**Andantino** en *si* bémol, avec ses modulations rapides, ses harmonies de neuvième et l'aspect mondain de certains motifs, s'en éloigne quelque peu, de même que le **Final-Marche** en *ut* majeur qu'une partie centrale en *mi* bémol apaise (A B A') et dont la technique doit aussi à Widor.

Durée d'exécution : ~ 19 mn

F.S.

ALEXANDRE PIERRE FRANÇOIS BOËLY

Né à Versailles, le 19 avril 1785 ; mort à Paris, le 27 décembre 1858. Issu d'une famille de musiciens du roi depuis deux générations, il est d'abord formé par son père Jean François (1739-1814), chanteur, compositeur et théoricien. L'enfant entre au Conservatoire républicain, dès son ouverture (1796), en violon et piano, mais ne pourra y achever ses études. Cette éducation par deux fois brisée, par la Révolution et par des revers de famille, l'éloignera longtemps de tout poste officiel. Il n'en accomplira pas moins une carrière enviable de professeur de piano et s'affirmera comme le plus grand organiste français de la première moitié du XIXe siècle. Dans les années 1830, il assure des remplacements à Saint-Gervais, l'orgue des Couperin passé aux mains de Marrigues. De 1840 à 1851, il est titulaire de l'orgue de Saint-Germain-l'Auxerrois. Très abondante, son œuvre s'adresse aux instruments, à l'exception de deux messes et de quelques romances. Elle comporte des sonates et pièces pour le piano, des trios et quatuors à cordes et une vaste production pour orgue : Morceaux *op. 10 et 12 (1842),* Messe du jour de Noël *op. 11 (1842),* Préludes sur des cantiques de Denisot *op. 15 (1847),* Pièces pour orgue ou piano-pédalier *op. 18 (1856),* Pièces pour orgue expressif ou harmonium *op. 14 (c. 1846) et quantité de pages posthumes, en partie liturgiques.*

L'œuvre d'orgue de Boëly compte parmi les plus vastes publiées en France (près de trois cents pièces), et elle occupe une position capitale dans la mesure où il lui incombe de défendre à elle seule l'honneur organistique français dans la première moitié du XIXe siècle. D'une façon plus générale, la position historique de Boëly apparaît difficile à tous égards. Par ses dates, il fait partie des compositeurs qui, nés à l'apogée du « style classique » et formés dans cet esprit, auront la difficile mission de conduire leurs cadets à l'apogée du romantisme et qui se sentiront à jamais déchirés entre ces deux pôles. Ce parcours malaisé est rendu plus périlleux encore en France par les retournements politiques incessants et par le désintérêt du public pour la musique instrumentale. Ajoutons que l'orgue (après les désastres révolutionnaires), les organistes et la musique d'orgue sont au plus creux du creux de la vague, et on mesurera la place à la fois si inconfortable et si essentielle de Boëly.

Son talent seul servit d'arme de combat à ce misanthrope qui fuyait les mondanités : « Autant d'autres font des efforts et prennent les moyens pour arriver à la célébrité, autant en fait M. Boëly pour s'y soustraire » (Morelot) ; « Avec quel soin il se dérobait aux applaudissements, à ces triomphes qui seraient venus le chercher d'eux-mêmes pour peu qu'il eût voulu s'y prêter » (Laurens).

Boëly a complété sa formation accidentée et lacunaire par la lecture des grands maîtres. Dès son adolescence et avec une rare intuition, il s'est choisi deux maîtres spirituels que les Français ignoraient encore : Bach et Beethoven. Il y a joint, naturellement, Haydn et Mozart, et des compositeurs-pédagogues tels Albrechtsberger, Clementi et le padre Martini. Pour mieux s'approprier leurs secrets de fabrication, il recopie nombre de leurs pièces, en particulier des cahiers entiers de Bach. Fort de cette expérience « de l'intérieur », il va jusqu'à s'aventurer – avec quel respect – à terminer *L'Art de la fugue*. Cette culture presque entièrement germanique, étendue à l'Italie de Frescobaldi, Scarlatti et Clementi, semble laisser peu de place à l'héritage français. En vérité, guidé par un jugement infaillible, Boëly a aussitôt distingué le bon grain de l'ivraie; il joue par cœur le répertoire des anciens clavecinistes et prend la peine de recopier les deux messes pour orgue de Couperin, mais il ne se laisse pas abuser par les épopées organistiques de ses devanciers immédiats, les Gervais François Couperin et Jacques Marie Beauvarlet-Charpentier, ou les symphonies naturalistes de son contemporain Charles Prosper Simon. Il a cependant senti la nécessité d'une continuité dans le bel art français de la registration et dans la vocation liturgique de l'orgue.

Boëly eut à jouer deux instruments; d'abord celui de Saint-Gervais, chef-d'œuvre de Pescheur, Thierry, Lesclop et F.H. Clicquot, de type Ancien Régime, pour lequel il composa pratiquement tout son répertoire liturgique « fonctionnel », en style français; puis celui de Saint-Germain-l'Auxerrois, fait de l'orgue Clicquot de la Sainte-Chapelle (1771), augmenté de celui du couvent Saint-Honoré et revu plusieurs fois par les Dallery père et fils. Ce deuxième instrument, un peu plus romantique, bénéficie en particulier du premier « pédalier à l'allemande » installé en France, à la demande même de Boëly. Fasciné par Bach et premier diffuseur de son œuvre à Paris, Boëly avait, en effet, acquis dès 1830 sur son piano-pédalier une virtuosité pédestre inconnue de ses compatriotes. Pour Saint-Germain, Boëly a écrit des œuvres d'esprit plus germanique, soit apparentées à un mouvement de sonate, soit au *Choralvorspiel* (prélude de choral) à la manière de Bach. Selon la coutume allemande, il renonce alors à toute indication de registration, d'autant plus qu'il opère à cette époque une osmose entre ses pièces pour piano-pédalier et celles pour orgue, ce qu'il n'avait pas fait pour l'orgue très typé de Saint-Gervais.

Les connaisseurs, c'est-à-dire les Danjou, d'Ortigue, Laurens, Nisard, les propres élèves de Benoist, tels Franck et Saint-Saëns, n'ont cessé de célébrer la suprématie de Boëly sous le triple rapport de la maîtrise technique, de l'interprétation des maîtres passés et de la qualité de ses propres œuvres. Il se démarque tellement de la médiocrité ambiante que les louanges de ses supporters atteignent l'hyperbole : « Il en est un que j'ai toujours salué, écouté et admiré comme Bach ressuscité [...] » (Laurens), « Son jeu vraiment admirable et hors de proportion avec ce que j'ai entendu de mieux sur l'orgue [...]. La perfection en ce qui concerne la composition et l'exécution de la musique d'orgue ne se conçoit pas autrement » (Gagliardi), « La pureté de son exécution, la netteté de son jeu, son habileté à manier les pédales font de lui le meilleur exécutant de la fugue en France. Son style est très lié et s'approche beaucoup du genre symphonique » (Georges Schmitt), « La manière de M. Boëly participe à la fois du style de l'école française par le choix des jeux [...] et du style allemand par un travail harmonique et un développement de la pensée musicale dont l'école française fournit peu d'exemples » (Morelot).

Morelot voit juste. L'idéal musical de Boëly réside dans l'universalité du classicisme. Chez le compositeur, la concision de la pensée reste toute française, la densité de l'écriture, le maniement aisé du contrepoint doivent beaucoup au modèle germanique, la propension au chromatisme lui vient, peut-être, de l'Italie. De cette dernière, ce fils de chanteur méconnaît délibérément la *vocalità*, le *cantabile*. Mais s'il délaisse la mélodie accompagnée, c'est pour mieux s'attacher à une *polymélodie* expressive. Exemptes de poudre aux yeux, ces qualités si rares font le désespoir des fidèles et du clergé qui préfèrent un office religieux animé de polkas et pots-pourris d'opéras. Le sérieux de l'organiste lui vaudra d'être remercié de Saint-Germain-l'Auxerrois, *paroisse royale du Louvre*, assidûment fréquentée par la reine Marie-Amélie et, plus rarement, par son époux Louis-Philippe, le roi bourgeois.

Boëly s'étant toujours hautainement tenu à l'écart des circuits de diffusion, il n'avait encore publié que quelques partitions de piano et de chambre lorsque sa nomination en 1840 à Saint-Germain-l'Auxerrois braque soudain les feux de l'actualité sur lui. Pour autant, il n'est pas libre de publier à sa guise. Il commence donc par ses œuvres d'orgue les plus brèves et aimables avant d'envisager des recueils plus ambitieux. Intervient alors une paralysie économique consécutive à la Révolution de 1848 et, quand l'édition musicale repart, à l'aube du Second Empire, Boëly n'a plus de tribune... Cette fâcheuse conjoncture, et le fait que ses pièces « modernes » effrayaient éditeurs et interprètes, ont certainement freiné la composition de pages de plus grande envergure. Les quelque trois cents pièces, publiées ou manuscrites, peuvent se répartir en deux catégories : celles destinées au culte, celles sans attribution et jouables tant sur l'orgue que sur le piano-pédalier.

Les pièces liturgiques

C'est ici l'héritier de François Couperin qui tient la plume et qui écrit, symboliquement, pour l'orgue des Couperin à Saint-Gervais. Boëly a conservé pour son usage personnel la presque totalité de ce vaste corpus qui aurait pourtant relayé avec profit les médiocres *Services divins* de Fessy et de Miné. La publication posthume de l'éditeur Richault a livré ces versets dans le désordre et toujours incomplets. Boëly improvisait-il les versets de messe et d'hymne manquants, ou nombre d'entre eux se sont-ils perdus ? La messe *Cunctipotens genitor Deus* le retient en priorité, mais il laisse aussi des versets pour les messes *De Angelis, Fons bonitatis, Cum jubilo* et pour la *Messe royale* de Du Mont. Selon la tradition, il écrit des versets alternatifs, en faisant sonner le plain-chant en valeurs longues dans le premier *Kyrie*, suivi d'une fugue sur le cantus firmus précédent, etc. Pour les offices vespéraux, Boëly a rassemblé un très original répertoire d'hymnes (les moins rabâchées) dont il donne un ou plusieurs versets, plus ou moins élaborés suivant le degré de solennité de l'office. On lui doit, enfin, des antiennes à la Vierge, un *Ave verum*, un curieux *Magnificat* en cinq versets au lieu de six (op. 12, 11-15), des *Benedicamus Domino*, trois versets épars de *Te Deum* et quelques cantiques.

Comme tous les organistes du XIXe siècle (et déjà des siècles passés), Boëly illustre le « rite parisien » et tonalise plus ou moins les anciens modes médiévaux, non seulement dans leur habillage polyphonique, mais en dotant la mélodie ancienne de quelques « sensibles ». Contrairement à ses collègues, il ne relègue pas toujours le plain-chant à la basse et sait le faire sonner en taille (ténor), parfois à l'alto et de plus en plus au soprano, à la manière allemande. Quelle que soit la solution adoptée, il entoure le chant d'église d'un entrelacs de lignes fourni et habile.

Semblable dextérité se manifeste dans les deuxièmes versets fugués, parmi lesquels six très belles fugues sur le *Kyrie Cunctipotens*, une fugue à trois sujets pour le *Sanctus* du *Te Deum* (op. 38,3), plusieurs à deux sujets et maintes autres de tous caractères, allant de la fugue grave et chromatique à la fugue véloce et dynamique. On remarquera particulièrement la *Fugue* op. 35, 2, au chromatisme hardi, qui se situe quelque part entre Frescobaldi et Liszt. Le compositeur renoue parfois avec le procédé du choral figuré (dernière entrée en valeurs longues) mais, le plus souvent, les proportions comme la construction de ses fugues procèdent du *Clavier bien tempéré* de Bach. Sans doute est-il le seul Français à avoir assimilé de l'intérieur les principes d'une fugue à l'allemande.

Boëly peut projeter le thème grégorien dans d'autres formes, comme le *Duo Allegro vivace* sur le *Kyrie Cunctipotens* (op. 38,8) particulièrement réussi. Certains versets marient le double héritage français (pour le genre) et allemand (pour l'écriture), comme un *Cromorne en taille* (op. 35,3) très contrapuntique.

Pour discret qu'il soit, le figuralisme liturgique n'a pas laissé insensible l'apôtre de la musique « pure » qu'est Boëly. On est frappé par la majesté impérieuse du Christ-Dieu dans le *Quoniam Tu solus Sanctus* (op. 35,8) en regard de la tendre humanité des *Christe*, souvent confiés à la Voix humaine. Le musicien différencie l'écriture enchevêtrée et souffrante de l'*Offertoire du jeudi saint* (op. 39,4) de la pompe éclatante de l'*Offertoire pour le jour de Pâques* (op. 38,8), la sérénité dynamique de l'*Hymne de Saint-Gervais* (op. 36,7), patron de la paroisse, des troubles chromatismes de l'hymne *Crux alma* (op. 40,7) pour la fête de la Sainte Croix.

Messe du jour de Noël

Messe du jour de Noël pour l'orgue composée sur des airs populaires anciens dits Noëls et suivant les tons du chant des Grands Solemnels à l'usage de Paris, op. 11, 1842. Œuvre unique en son genre dans toute la littérature française. En effet, si les organistes de l'Ancien Régime ont varié quantité de Noëls, si certains les désignaient pour l'Offertoire ou l'Élévation, si Balbastre était réputé pour ses improvisations de messes de minuit et si Benaut a publié des éléments de messes de Noël, Boëly est le premier organiste à avoir songé à bâtir une messe entière sur des timbres de Noël et à les traiter comme de vrais matériaux de construction (sa démarche se rapprocherait plutôt de celle de M.A. Charpentier dans sa *Messe de Minuit*). Cet Opus 11 constitue la seule messe publiée et complète de Boëly, de la « Rentrée de procession » à la « Sortie ». L'auteur n'indique ni les titres ni la provenance des timbres employés, mais plusieurs figuraient chez ses devanciers, par exemple : *Joseph est bien marié, Or nous dites Marie*, dans deux versets du *Kyrie, Qui a ce peu Machuret* et *Où s'en vont ces gais bergers*, dans l'Offertoire à deux thèmes. De qualité inégale, l'ensemble ne saurait prétendre au chef-d'œuvre ; toutefois, l'auteur possède la candeur nécessaire pour conserver leur fraîcheur séculaire à ces refrains rustiques.

Les Offertoires

Il en reste neuf. Pensés pour Saint-Germain-l'Auxerrois, les quatre Offertoires op. 9 de 1842 adoptent la forme sonate, structure jugée moderne et germanique à l'orgue et préconisée par Joseph d'Ortigue, le plus écouté des théoriciens liturgiques du temps. Le seul offertoire intégré à un ensemble appartient à la *Messe du jour de Noël*. Destiné sans équivoque aux cinq claviers de Saint-Gervais, l'*Offertoire de Pâques* (op. 38, 10), l'une des pages les plus grandioses et colorées de Boëly, s'apparente à un polyptyque Grand Siècle, avec un « grave » d'ouverture, un épisode en récitatif, puis la séquence de Pâques *O Filii et Filiae* suivie de trois variations.

Fantasia pour le Judex crederis au Te Deum (op. 38, 4)

C'est l'autre grande page « symphonique » pour Saint-Gervais. Elle évoque, cette fois-ci, les improvisations d'Armand Louis Couperin ou de ses collègues. Très prisée des organistes actuels, et sans doute des organistes de la monarchie de Juillet, la *Fantasia* est la pièce la plus descriptive jamais sortie de la plume de Boëly. On la dirait presque destinée à illustrer le « scénario » de Lasceux dans son *Essai théorique* (1809). De l'*Allegretto pastorale* en *sol* majeur au *cluster* de la chute des astres, en passant par les gémissements chromatiques du vent et des plaintes des damnés, et la trompette du Jugement dernier, rien ne manque. A l'époque où Liszt commence à jeter les premières bases de ses poèmes symphoniques, il ne faut pas mésestimer l'apport imaginatif de ce type d'œuvre qui ne se limite pas à une banale imitation.

Durée d'exécution : ~ 5 mn

Morceaux qui pourront servir pendant l'Office divin

En publiant ses opus 10 et 12 (1842), auxquels on peut ajouter d'autres pages posthumes de même genre, Boëly renoue avec les groupements des organistes de l'Ancien Régime. Leur titre en atteste : *Recueil contenant quatorze morceaux pour l'orgue qui pourront servir pendant l'office divin suivant les tons des Kyrie, Gloria, Hymnes, Antiennes ou versets dans lesquels l'organiste doit jouer*, op. 10 ; *Vingt-quatre Pièces pour l'orgue avec les principaux mélanges des jeux et des claviers*, op. 12. A la différence de l'Opus 10, l'Opus 12 s'articule par tonalités. Remarquable par son très large ambitus, l'unique Tierce en taille de Boëly (op. 12, 8) pâtit d'une harmonie assez plate qui en amoindrit l'éloquence. Dans la curieuse « Suite de cinq pièces pour le *Magnificat* » en *ut* majeur (op. 12, 11-15), le sens musical indique clairement l'absence du premier verset (comme chez Lasceux) que l'on devra remplacer par un prélude du même ton ; avec ses deux motifs contrastés, le *Deposuit potentes* traduit mieux que chez les organistes du siècle passé la double image de la disgrâce des puissants et de l'élévation des humbles.

Cantiques de Denisot

Quatorze préludes ou pièces d'orgue avec pédale obligée composés sur des cantiques de Denizot (du XVIe siècle), op 15, 1847. Saint-Saëns ne tarissait pas d'éloges sur le recueil le plus original de Boëly : « Œuvre hors ligne, celle qui le met au rang des plus grands musiciens. Au mérite d'avoir découvert et mis en lumière ces chansons d'un admirable caractère, dans un style lapidaire et achevé, l'élève de J.-S. Bach a égalé son modèle. A la naïveté indispensable aux chants de la Nativité, se joint une hauteur, une perfection de style qui fait penser aux enluminures des missels, aux statuettes des cathédrales. C'est un pur chef-d'œuvre. »

Dans les années 1846-1847, Boëly se penche de très près sur les *Choralvorspiele* de Bach, en particulier sur l'*Orgelbüchlein*. De cette étude circonstanciée résulte tout un ensemble de pages brèves, demeurées manuscrites (récemment publiées), comprenant des versets du *Kyrie Fons bonitatis*, plusieurs Noëls, deux authentiques chorals luthériens et le recueil édité sur des Noëls de Denisot. Boëly fait œuvre de philologue en dénichant les cantiques spirituels d'un poète admiré de Ronsard, accompagnés de mélodies anonymes aussi belles que les poèmes. Pour appliquer le style du prélude de choral luthérien à des mélodies françaises catholiques, le compositeur sentit la nécessité de sortir du répertoire si rebattu des Noëls habituels. Il lui fallait un matériau inconnu et d'une qualité irréprochable. Le paradoxe veut que, pour ce faire, il choisisse des cantiques qui, en leur temps, étaient destinés à faire pièce aux chorals luthériens et aux psaumes huguenots !

Très respectueux de sa source historique, Boëly cite intégralement les mélodies et paroles des quatorze préludes (comme le fera Brahms pour ses Onze Chorals). Le musicien semble quelque peu gêné par la modalité de la Renaissance, mais c'est avec aisance qu'il respecte la métrique, au mépris des barres de mesure modernes. En règle générale, la mélodie sonne au soprano à la manière allemande ; le seul prélude dont la mélodie chante en taille (ténor) au pédalier est, on s'en doute, le plus français de style. Les beaux contrepoints accompagnateurs ne dérivent pas de la mélodie, ils ont pour mission de traduire les magnifiques images poétiques. Chaque prélude serait à détailler pour sa perfection à la fois musicale et symbolique. Cette approche sémantique est doublement intéressante de la part de Boëly, car elle prouve que cet adversaire de la musique « descriptive » pouvait manier avec maîtrise la rhétorique musicale quand il le jugeait bon et que, longtemps avant tout le monde, il avait su déceler en Bach le « musicien-poète » et comprendre la portée puissamment symbolique de l'*Orgelbüchlein*, répertoire inépuisable de figuralismes musicaux.

Durée d'exécution : ~ 20 mn

Les œuvres pour orgue ou piano-pédalier

Cette catégorie, la plus riche d'avenir, réunit les *Douze pièces pour orgue avec pédale obligée ou piano à clavier de pédales* op. 18, publiées en 1856 mais composées longtemps auparavant, et une autre douzaine de pages disséminées dans les opus 42, 43, 44, 45 posthumes. Ces pièces illustrent ce que Boëly désigne parfois de l'expression « style moderne ». Ce style avancé prend sa source dans ses inspirations de jeunesse, du temps où il était animé par un étonnant romantisme prémendelssohnien. Plusieurs connaissent donc une version antérieure pour piano (des années 1817), voire pour quatuor à cordes (1804). La plupart de celles des années 1830-1840 ont été pensées par le musicien pour son piano-pédalier, car elles s'adapteraient mal à l'orgue de Saint-Gervais (hormis l'*Andante* en *sol* majeur op. 18, 2 à deux claviers de 1835). Il est symptomatique que ces pièces si prophétiques du style « symphonique » de la deuxième moitié du siècle prennent le piano comme tremplin et introduisent quelques nuances, quand on sait combien le style d'orgue de Franck restera empli, sinon entaché, de formules pianistiques, de même que celui d'Alkan, autre zélateur du piano-pédalier.

Douze pièces (op. 18)

1. **Andante con moto**, *mi* bémol majeur. Il a probablement vu le jour sous la Restauration, tant il se rapproche des pièces de piano boéliennes de cette époque, avec ses broderies serpentines, ses doubles croches diaprées de chromatismes d'où émerge un chant élégiaque. Les andantes si sensibles de Boëly comptent parmi ses pages les plus romantiques, les plus mendelssohniennes.

3. **Canon perpétuel double à l'octave**, *si* mineur. Boëly a toujours marqué une dilection pour le canon. Il excelle à rendre expressif ou ludique ce qui pourrait n'être qu'un morne exercice scolastique. Celui-ci est un double canon d'un équilibre délicat entre les deux parties supérieures et les deux parties inférieures.

6. **Fantaisie et fugue**, *si* bémol majeur. Voici l'œuvre la plus célèbre de Boëly, plébiscitée par des générations d'organistes et maintes fois enregistrée. Elle se situe exactement au carrefour des polyptyques de Bach et des grandes pièces symphoniques de Franck, Saint-Saëns, Guilmant, Gigout et Widor. Elle occupe donc une place aussi exceptionnelle dans l'histoire de l'orgue français que dans la production de son auteur. Boëly transforme son diptyque en triptyque par le retour du volet initial en majeur après la fugue en mineur, mais il veille à l'unité monolithique en réintroduisant peu à peu les formules véloces de la fantaisie dans la fugue (on remarquera les nombreux points communs avec le *Prélude et fugue* en *la* mineur pour orgue de Brahms et le *Prélude, choral et fugue* pour piano de Franck, leur modèle commun étant Bach). La fantaisie ruisselle de brillantes figures athématiques en arpèges brisés et accords alternés propices à des croisements de bras très nouveaux. Dans le ton de *si* bémol mineur, si inhabituel à l'orgue, la fugue énonce un sujet douloureux, contourné, extension manifeste du B.A.C.H. qui hante aussi les dernières œuvres de Beethoven, Schubert, Schumann et Liszt. Le contre-sujet syncopé dérive du sujet au point de se confondre avec de libres imitations supplémentaires. Renversement, augmentation et diminution participeront au déroulement contrapuntique sans le moindre effort. Boëly pousse si loin l'appropriation aisée du style ancien que la coda de sa fugue offre la même ambiguïté modal/tonal qu'au XVIIe siècle.

7. **Allegro ma non troppo**, *fa* mineur. Deuxième chef-d'œuvre du recueil, il ne le cède en rien à la Fantaisie et fugue, mais les difficultés redoutables de la partie de pédale découragent plus d'un organiste.

C'est une fougueuse toccata à 6/16 d'esprit schumannien dont l'excitation motrice, l'ivresse tournoyante parsemée de chromatismes se voit, à plusieurs reprises, abruptement coupée de points d'orgue.

Durée d'exécution du recueil : ~ 42 mn

Pièces posthumes

Fugue en *fa* dièse mineur op. 43, 9 (1805). Exemple parfait de l'assimilation incroyablement précoce de Bach par un tout jeune Français de vingt ans. Boëly revoit sa fugue pour piano en 1830 et

l'adapte à l'orgue ou au piano-pédalier. Sans hésitation, il confie la première entrée au pédalier, prouvant très tôt sa dextérité en la matière. La même année 1830, il transcrit pour l'orgue un merveilleux canon (op. 43, 4), Andante en *fa* dièse majeur — quelle audace à l'orgue !
Durée d'exécution : ~ 4 mn

Larghetto en *ut* dièse mineur op. 43, 8. Il provient de l'*Étude* pour piano op. 13, 34 écrite en 1828, et représente l'archétype et le chef-d'œuvre des moderatos expressifs en triolets étales, si caractéristiques de l'auteur, au long desquels la pensée méditative suit sans hâte le fil d'Ariane des pédales brodées, sorte de vibration cosmique en trilles lents.
Durée d'exécution : ~ 7 mn

Toccata en *si* mineur op. 43, 13. Le manuscrit autographe porte le double titre « Prélude pour le piano avec basse de pédales », « Prélude pour l'orgue ou piano à clavier de pédales » et, à la fin, le paraphe habituel suivi de la date : « B. 23 juillet 1858 ». C'est la dernière pièce datée du compositeur, dépossédé depuis sept ans de sa tribune parisienne. Saint-Saëns, qui en détenait le manuscrit, la qualifia de « pur chef-d'œuvre ». Boëly l'a-t-il composée à l'intention du jeune organiste ? Quoi qu'il en soit, en ces ultimes mois de création du vieux maître, une sorte de passation de flambeau s'opère entre lui et ses cadets Franck et Saint-Saëns ; et derrière la Toccata boélienne perce un souvenir de la *Toccata* en *fa* de Bach, compositeur qu'il sut mieux que personne faire découvrir et aimer à ses cadets. La dense polyphonie à quatre, cinq et six parties, à laquelle participe activement le pédalier à une ou deux voix, n'entrave pas une vigoureuse progression à partir d'un matériau réduit à une cellule croche-noire, bien campée dans sa métrique à 3/8 et propulsée par des rubans de doubles croches. Boëly évite la démonstration de virtuosité, ce qu'à certains égards on regrette, la virtuosité *transcendante* faisant partie de ce genre d'œuvre, ainsi que Bach et Liszt en ont apporté la preuve éclatante.
Durée d'exécution : ~ 3 mn 30 s

B. F.-S.

JOSEPH BONNET

Né à Bordeaux, le 17 mars 1884 ; mort à Sainte-Luce-sur-Mer (Québec), le 2 août 1944. Fils de l'organiste de Sainte-Eulalie de Bordeaux, il occupe, dès l'âge de quatorze ans, les tribunes de Saint-Nicolas et de Saint-Michel de la même ville, puis est l'élève de Tournemire et organiste des Dominicains de Paris. Entré dans la classe de Guilmant, au Conservatoire, il en sort en 1906 avec un premier prix. Cette même année, il est nommé titulaire de l'instrument de Saint-Eustache, puis, en 1911, organiste de la Société des Concerts du Conservatoire. Sur l'exemple de Guilmant, il entreprend alors de longues tournées en Europe et en Amérique du Nord où il fonde la classe d'orgue de l'université de Rochester. C'est au Canada qu'il se réfugie lors de la Seconde Guerre mondiale, et qu'il meurt en 1944.

Admirable virtuose, Bonnet resta fidèle aux couleurs et à l'esthétique de l'orgue symphonique dans son œuvre écrite ; mais il n'en demeure pas moins lié à l'avènement de l'instrument néo-classique et au retour, certes déjà bien amorcé au XIXe siècle avec Guilmant, du répertoire ancien. Ses éditions de Frescobaldi *(Fiori musicali)* ou de Bach (avec Fauré), sa série des *Historian organ recitals* en sont la preuve, comme ses premiers enregistrements de Grigny ou de Marchand sur l'orgue Gonzalez de madame Gouïn (1936) ou les inaugurations de certains instruments du même facteur, comme son orgue de Saint-Eustache (1932) ou ceux de la chapelle de Versailles (1937) et de la cathédrale de Reims (1938). S'il constitue ainsi un intermédiaire intéressant entre son maître, Guilmant, et André Marchal, sa musique, presque toujours destinée au concert comme celle de Louis Vierne (sous la direction duquel il travailla aussi) et de la plupart des symphonistes du XIXe siècle, se complaît dans des pièces libres ou d'évocation, souvent difficiles mais d'un langage harmonique assez traditionnel comme la forme ou la technique d'écriture (contrepoint d'esprit classique). Outre un **Chant triste**, **Trois Poèmes d'automne** (1906) et les **Variations de concert**, elle comprend trois recueils :

Douze Pièces (op. 5, 1909) : *Prélude*, *Lamento*, *Toccata*, *Nocturne*, *Ave maris stella*, *Rêverie*, *Intermezzo*, *Fantaisie sur deux noëls*, *Épithalame*, *Légende symphonique*, *Canzona*, *Rapsodie catalane*.

Douze Pièces (op. 7, 1910) : *Dédicace*, *Étude de concert*, *Clair de lune*, *Stella Matutina*, *Songe d'enfant*, *Chant de printemps*, *Prélude au Salve Regina*, *Romance sans paroles*, *Pastorale*, *Deuxième Légende*, *Les Elfes*, *Caprice héroïque*.

Douze Pièces (op. 10, 1913) : *In Memoriam*, *Ariel*, *Méditation*, *Moment musical*, *Consolation*, *Berceuse*, *Magnificat*, *Chaconne*, *Paysage*, *Angélus du soir*, *Versets*, *Poème tchèque*.

A travers un éclectisme enthousiaste (encore très XIXe), on y découvre, pêle-mêle, des pages religieuses ou pseudo-liturgiques, impressionnistes ou romantiques, des formes régulières ou propres à la musique de piano d'un Schumann ou d'un Liszt, sans oublier l'indispensable dépaysement, avec des références à la Catalogne ou à la Tchécoslovaquie...

Variation de concert

Véritable « morceau de concours » au même titre que l'Étude de l'Opus 7, cette pièce en *mi* mineur semble seule avoir survécu à la désaffection qui touche aujourd'hui l'œuvre de Bonnet. Elle débute par une imposante introduction sur le tutti avec de grandioses piliers d'accords. Le thème est ensuite exposé sur les jeux de fonds, motif d'esprit très classique avec modulation dans le ton du relatif qui est soumis à quatre variations, successivement pédale en *staccato*, thème à la pédale sur un contrepoint manuel plus animé, choral figuré avec thème sur un jeu d'anche, tutti d'accords manuels et contrepoint de pédale. La section terminale renoue alors avec l'esprit de l'introduction et présente d'abord un redoutable épisode pour pédale solo auquel fait suite une brillante toccata.

Durée d'exécution : ~ 12 mn

F.S.

MARCO ENRICO BOSSI

Né à Salo, le 25 avril 1861 ; mort en mer, le 20 février 1925. Tout d'abord pianiste, Bossi commença l'étude de la musique avec son père, puis devint l'élève de Ponchielli au Conservatoire de Milan, de 1873 à 1881. Il passa son prix de piano en 1879 et se rendit en Angleterre pour quelques concerts. C'est à Londres qu'il découvrit le monde de l'orgue, faisant la connaissance de plusieurs organistes. Il fit sur le chemin du retour une halte à Paris, où il eut la révélation des grands organistes de la capitale. Mesurant le fossé séparant les écoles d'orgue étrangères et italienne, il décida de quitter le Conservatoire de Milan, sans passer le prix d'orgue mais après avoir remporté celui de composition. Il commença la même année une prestigieuse carrière d'organiste en devenant titulaire de l'instrument de la cathédrale de Côme. En 1890, à une époque où Wagner y était encore proscrit et Bach méconnu, il fut nommé professeur d'orgue et d'harmonie au Conservatoire de Naples. Ne pouvant se faire nommer, en dépit de l'appui de Verdi, à Pesaro, il s'installa à Venise (1895-1902) où il devint professeur d'orgue et de composition au Conservatoire, puis à Bologne (composition). Il cessa quelque temps d'enseigner, à partir de 1913, puis, sa réputation internationale ayant pénétré également en Italie, fut nommé en 1916 directeur du Liceo Santa Cecilia de Rome. Il se retira en 1923, blessé par les accusations de ceux qui le disaient démodé. Il se rendit en 1924 aux États-Unis pour une longue et triomphale tournée de concerts (pratiquement à la même époque que Dupré), et mourut subitement en plein océan Atlantique en regagnant l'Italie.

La réforme cécilienne

D'une ampleur considérable, l'œuvre d'orgue de Marco Enrico Bossi est la manifestation la plus importante dans le domaine de la composition, en relation directe avec l'évolution de la facture d'orgue italienne, d'un mouvement que l'on appela « réforme cécilienne ». Ce mouvement fut l'œuvre conjointe d'organistes, de facteurs et de représentants de l'Église. L'orgue italien avait connu, au cours du XIXe siècle, sinon une véritable déchéance, du moins un affaiblissement alarmant de son contenu musical et spirituel. La musique d'opéra s'était emparée du lieu saint, et des compositeurs, tels le célèbre Padre Davide (1791-1863), de Bergame ou Giovanni Morandi (1777-1856), y avaient introduit scènes et cavatines, dignes de la Scala ou de la Fenice. Il faut cependant noter que la facture d'orgue italienne n'avait alors subi aucun changement esthétique d'importance. La pyramide du ripieno, constituée d'octaves et de quintes, parvenue à la perfection avec les Antegnati dès le XVIe siècle, s'était maintenue jusqu'à l'époque des Serassi et durant la première moitié du XIXe siècle ; seuls quelques jeux solistes (essentiellement des anches, *corno inglese, tromba*, etc.) et éventuellement divers accessoires (*banda militare*, tambour, chapeau chinois) avaient été ajoutés à l'orgue italien, inchangé dans son principe depuis des siècles. La « réforme cécilienne » entendit revenir à la pureté originelle de la musique d'église (sans ignorer l'orgue de concert), de Palestrina jusqu'aux baroques, que l'on redécouvrait. Le cheminement de Bossi, bien qu'ayant conduit à des résultats esthétiques différents, n'est stylistiquement pas étranger à ce qui se passait en Allemagne avec Reger ou en France avec Guilmant, éditeur des grands Livres d'orgues classiques. La réforme s'accompagna d'un bouleversement total de l'orgue italien, lequel, n'ayant pas connu de véritable phase romantique, passa d'un coup à l'ère postromantique. Le ripieno traditionnel en fit les frais, le nombre des claviers augmenta, les jeux de 8 et 16 pieds constituèrent le corps de l'instrument, jeux aigus (dès le 4 pieds), mixtures en rangs séparés et cornets disparaissant le plus souvent. Principaux étroits et jeux ondulants, anches orchestrales et rondement timbrées, boîtes expressives et dispersion des plans sonores dans plusieurs buffets — grâce à la transmission électrique —, devinrent les caractéristiques de l'orgue italien au tournant du siècle, avec une nette tendance au gigantisme : une évolution somme toute européenne, conforme à l'idée de l'orgue-orchestre et tenant compte des « progrès » des transmissions. Cette nouvelle esthétique fut incarnée par un facteur descendant d'une illustre famille d'organiers du XVIe siècle, et de surcroît homonyme du musicien, Carlo Vegezzi Bossi (1858-1927) : les couleurs de l'orgue italien tel qu'il se développa sous son influence sont indissociables de l'art de M.-E. Bossi. Est-il besoin d'ajouter que la réforme, dans bien des cas — la confusion entre le retour à une certaine rigueur et un appauvrissement de la palette de l'instrument se révélant souvent dramatique —, tomba dans d'irréparables excès, tous les facteurs de l'époque n'ayant pas eu le talent d'un Vegezzi Bossi*.

L'œuvre pour orgue

Influencée par Franck et le romantisme symphonique, l'œuvre pour orgue de Bossi se compose d'un très grand nombre de pièces, indépendantes ou en recueils, proches pour les plus importantes des *Pièces de fantaisie* de Vierne ou des *Stücke*

* Voir *L'organo italiano*, Corrado Moretti, Casa Musicale Eco, Milan, 1978.

(suites de pièces) de Reger, tant pour la variété de la forme que celle des climats. Sa production couvre une quarantaine d'années (des *Sei Sonate facili* de 1883 jusqu'à *Meditazione in una cattedrale* de 1923), que l'on peut diviser en trois périodes. La première vit éclore des pièces à destination essentiellement liturgique (sonates, toccatas, fugues, offertoires, élévations, etc.) ; la deuxième, des dernières années du siècle jusqu'à la Première Guerre mondiale, des œuvres plus ambitieuses, souvent de très grande ampleur, virtuoses et complexes, destinées au concert et parées de titres évocateurs *(Studio sinfonico*, *Pièce héroïque*, *Toccata da concerto)* ; la troisième, symptomatique chez Bossi d'un certain repli sur lui-même, de nombreuses pièces descriptives et méditatives *(Momenti francescani)*. L'œuvre de Bossi est trop importante, qu'il s'agisse de pièces ou de recueils avec ou sans numéro d'opus, pour que l'on puisse en donner une liste exhaustive (on la trouvera dans *Sette secoli di musica per organo*, G. Radole, Ed. Zanibon, Padoue, 1983). On s'en tiendra ici à quelques exemples parmi les plus significatifs et figurant dans l'anthologie Bossi en deux volumes éditée par Peters (New York et Leipzig).

Chant du soir (op. 92 nº 1), *andantino affettuoso* sur les jeux doux chers à Bossi, belle et paisible méditation en *fa* majeur, ainsi qu'**Idylle** (op. 92 nº 2, « à Théodore Dubois »), *andantino* en *si* majeur (aucun changement de tonalité mais de nombreuses modulations) évoquent magnifiquement les pièces de caractère de type méditation élégiaque, tellement importantes et originales dans l'œuvre de Bossi. L'influence française s'y ressent, tant pour la registration, souvent notée en français, que pour l'écriture, toujours d'une remarquable qualité. On y perçoit comme un écho des *Pièces dans différents styles* de Guilmant ou des *Dix Pièces* de Gigout ; il en va de même de **Noël** (op. 94 nº 2), *andantino en sol* majeur à 3/8, à l'écriture pianistique.

Les **Cinq Pièces** op. 104 expriment clairement le désir de retour à la pureté des maîtres classiques prôné par la « réforme cécilienne ». Mais à l'instar de bien des musiques du tournant du siècle, reflet d'une grande bourgeoisie en mal de spiritualité, ces pièces véritablement sensibles exigent de l'interprète une infaillible sûreté de goût, indispensable pour éviter maints écueils — parfum d'encens sur voix céleste, dérive sulpicienne toujours possible de l'*Organo espressivo*. Car les limites de cette réforme qui se voulut régénérante étaient inscrites dans le cours même de l'histoire de la musique italienne : le *bel canto*, d'une pureté, à l'orgue, plus ou moins édifiante, la mélodie suave foncièrement vocale constituent une menace de chaque instant. Le retour aux maîtres d'antan, noble cause, est parfois resté lettre morte... L'Entrée pontificale, prélude noté *maestosamente*, n'en porte pas moins fièrement la mention *ripieno*. L'Ave Maria est une pièce sensible, presque sensuelle, sur la voix céleste : les indications *flebile* (faible, plaintif), *più sensibile*, *con anima* y sont à l'image d'une musique romantique qui veut croire à son essence classique en affichant une sobriété (notamment dans les exigences techniques) que l'excitation des sens ne viendra cependant que trop souvent corroborer *a contrario*. Avec le vigoureux Offertoire en *ré* mineur, l'expression se ressaisit, avant de retrouver une sensualité évoquant la prose d'un D'Annunzio : Résignation (*affettuoso e molto semplice*), Rédemption (*maestoso, quasi corale*).

L'esprit du choral — influence manifeste et maintes fois attestée dans l'œuvre de Bossi le catholique, de l'univers musical protestant — reparaît dans l'exposition de l'étonnant **Thème et Variations**, grande œuvre très pianistique et virtuose, difficile d'exécution (notamment les pièces en forme d'étude), à la manière des *Variations sérieuses* de Mendelssohn. La Variation VII, « pastorale » sur hautbois solo, la seule qui soit véritablement organistique dans le sens symphonique du terme, enchaîne sur un Finale fugué et solidement charpenté, s'achevant *fff con tuba mirabilis* : on pense, en faisant abstraction de la péroraison, à la solide fugue de la *Première Symphonie* de Vierne.

La **Pièce héroïque pour Grand Orgue** (« à Monsieur S. de Langue »), très différente de celle de Franck, est une œuvre virtuose et grandiose en forme d'intermezzo symphonique. Une introduction *sostenuto* en *ré* mineur expose à cinq reprises (*crescendo-decrescendo* sur trois claviers) le thème unique sur rythme pointé ; suit un brillant *Allegro* (thème à la pédale), entrecoupé de sections à l'écriture verticale de type choral. Cette sorte de toccata, parvenue à son point culminant, se brise sur un accord longuement tenu de *ré* majeur, suivi d'une reprise du *sostenuto* initial, l'œuvre concluant *più lento* et *ppp*.

Comme ce fut le cas de nombreux contemporains, les dédicaces des œuvres de Bossi sont de précieuses indications témoignant de l'admiration du musicien pour certains maîtres étrangers, ainsi que des liens qu'il avait noués avec les différentes écoles européennes. Ainsi le **Konzertstück** op. 130 *(Pezzo da concerto)*, composé en 1908 mais retouché en 1920, est-il dédié à Karl Straube, ami et créateur des œuvres de Reger. Il s'agit d'une œuvre colossale, d'une complexité et d'une difficulté confinant à la démesure, toujours en action (seuls quelques récitatifs permettent de respirer), tentative d'évolution qui ne connut pas de suite. « L'auteur est à la recherche de quelque chose de nouveau, mais qu'il ne trouvera pas dans ce genre de chromatisme [influence ou même ombre de Reger ?], aussitôt abandonné » (Radole).

Les **Cinq Pièces** op. 132 passent pour être les plus remarquables du répertoire symphonique italien. De belle envergure, ambitieuses pour certaines, denses mais sans jamais conduire à l'écrasement comme l'Opus 130, inventives surtout et sans cesse renouvelées pour ce qui est de la forme et des timbres, elles sont dédiées, à la manière des *Pièces de fantaisie* de Vierne, à divers organistes de Dresde, Paris (Bonnet), Wiesbaden, Moscou et New York. C'était l'époque où l'orgue symphonique de concert, en pleine gloire internationale, ainsi que son indispensable corollaire, l'organiste itinérant, attiraient les foules. Bossi fut acclamé tel un nouveau Frescobaldi, allusion aux auditeurs innombrables qui se pressaient pour entendre le maître de Saint-Pierre de Rome. Successivement : *Légende* (en forme de ballade), *Cortège funèbre* (marche « soutenue et bien rythmée »), *Scène pastorale* (*Allegretto* suivi d'un *Rondo vivace* et d'une reprise de la pastorale), *Heure mystique* (méditation en *si* majeur sur les jeux ondulants), *Heure joyeuse* (grand finale de type toccata, sur le *tutti*).

Les **Deux morceaux caractéristiques**, d'inspiration « cécilienne », datent de la même époque (1908-1910) : *Preghiera : Fatemi la grazia* (« Prière : Faites-moi la grâce », page méditative) et *Marcia dei bardi* (« Marche des bardes », dans l'esprit d'une marche pontificale entrecoupée et couronnée d'un choral).

Les registrations détaillées de l'**Intermezzo lirico** (sans numéro d'opus), œuvre séduisante de légèreté, prennent un relief et un intérêt tout particulier en raison de la personnalité de son dédicataire, le facteur d'orgue Carlo Vegezzi Bossi. L'orgue italien du début du siècle (1913) y affirme sa volonté d'expression, d'élégance et de perfection.

Parmi les dernières pièces de Bossi, décantées, sobres et intériorisées, citons les **Tre momenti francescani** (op. 140), déjà mentionnés. Le langage, « plus moderne bien que nullement révolutionnaire » (Radole), communique un sentiment de foi et de contemplation mystique. *Fervore* exalte l'âme de saint François transfigurée par l'amour ; suit une évocation descriptive et poétique, *Colloquio colle rondini* (« Conversation avec les oiseaux ») ; *Beatitudine* conclut ce triptyque dans une atmosphère lumineuse et sereine.

On doit également à Marco Enrico Bossi une importante œuvre didactique (dont quelques recueils pour harmonium), en particulier une méthode d'orgue écrite en collaboration avec Giovanni Tebaldini (*Metodo teorico-pratico per lo studio dell'organo moderno*, Milan, 1893). Outre de nombreux exercices et études, Bossi y retrace l'histoire de l'orgue et de son répertoire, ainsi que des organistes. Tebaldini s'était réservé les articles sur le chant grégorien et la polyphonie. Cette œuvre, aujourd'hui naturellement dépassée, n'en joua pas moins un rôle stimulant dans le renouveau de l'enseignement de l'orgue en Italie.

M.R.

ANDRÉ BOUCOURECHLIEV

*Né à Sofia (Bulgarie), le 28 juillet 1925. Après des études à l'académie de Musique de sa ville natale, il arrive en France en 1949 et se fixe à Paris. Il poursuit ses études de piano avec Walter Gieseking (à Sarrebrück) et avec Reine Gianoli à l'École normale de Musique. Dès 1952, et jusqu'en 1958, il sera lui-même professeur de piano dans cette école. Un séjour de deux ans au Studio di Fonologia de la RAI à Milan (1957-1959), où il approfondit son travail de recherche, marque son engagement de compositeur. Il est révélé au Festival de Royan en 1967, avec les séries d'*Archipels *pour différents groupes instrumentaux. La série des* Orion *revitalise les notions de virtuosité et de polyphonie. Sept lieder,* Le Miroir, Lit de neige, *affirment la veine rhapsodique ; leur poésie sonore est issue d'un langage postsériel et du miracle d'une liberté offerte aux interprètes, qui se change en une apparence d'ordre harmonieux. La dimension du compositeur donne au musicologue une clairvoyance et une profondeur d'analyse incomparables. Les livres qu'il a consacrés à Schumann, Beethoven et Stravinsky font autorité. Il a été l'assistant d'Olivier Messiaen au Conservatoire de Paris, professeur associé à l'université d'Aix-en-Provence (1977-1984), professeur invité à l'École normale supérieure (1985-1986). Éclaireur du fait musical par ses livres, ses articles et son enseignement, il est aussi, par la radio et la télévision, un éveilleur d'idées.*

Nul mieux que le compositeur lui-même ne peut expliquer son approche de l'orgue. « L'orgue ne fait pas partie de mon enfance (orthodoxe), et n'est donc pas *a priori* connoté liturgiquement, d'où une certaine liberté, une certaine distance, et une approche plus culturelle que naturelle. Mon premier contact de musicien avec l'instrument s'est fait à Royaumont par l'intermédiaire de Pierre Froidebise, et avec la musique du Moyen Âge et de la Renaissance qu'il aimait et jouait en maître incomparable. C'est avec Froidebise (pour lequel j'écrivis alors un timide *Ricercare* tôt oublié) que j'appris à quel point l'orgue était un instrument dangereux, capricieux et en tout cas impitoyable : un instrument de la *Gestalt* s'il en fut — de rapports sonores internes relatifs, méconnaissables au gré des contextes. Aussi, j'approche l'orgue avec une méfiance toujours renouvelée, mais apparemment insuffisante pour m'empêcher d'empiéter dans ce domaine. »

Archipel VC

Composé en 1971. La forme « ouverte » est ici caractéristique de cette conscience (« insuffisante ») d'instabilité et d'insécurité. Sauf entre des mains très compétentes et inspirées, l'œuvre se rebiffe, a tendance à se détruire. Elle fait partie d'un ensemble plus vaste intitulé *Anarchipel* pour piano, harpe, clavecin, percussion et orgue, où chaque musicien choisit son parcours, réagissant, par mimétisme ou *a contrario*, aux propositions et appels des autres. Chaque exécution apporte la confirmation de l'identité de l'œuvre et de l'éclatante vitalité de son polymorphisme.

Durée d'exécution : aléatoire

Orion I

Page composée en 1979 pour Bernard Foccroulle, qui en donna la création à Paris en l'église des Blancs-Manteaux. Plus contrôlée, cette pièce suit un parcours linéaire en six épisodes, à l'intérieur desquels règne une certaine labilité « polyphonique » de « couches » plutôt que de voix. « Les indications concernent les registres et non des jeux spécifiques. Deux assistants sont requis pour manipuler le plan de transformations que l'interprète aura élaboré à partir de la partition, de ses lieux et caractères d'écriture. Seul, le grand orgue baroque convient à cette pièce » (Boucourechliev). On retrouve ici le principe des réservoirs de notes, des propositions de données, de l'organisation du temps des *Archipels*, mais la navigation à travers les six épisodes y est plus fermement « balisée ». Peut-être les dangers de destruction de l'œuvre, frôlés dans *Anarchipel*, ont-ils incité l'auteur à garder un peu plus le contrôle du parcours. Quoi qu'il en soit, cette page fait partie des beaux jalons de l'histoire de l'orgue d'aujourd'hui.

Durée d'exécution : aléatoire

X.D.

WILLIAM BOYCE

Né à Londres, baptisé le 11 septembre 1711 ; mort à Kensington, le 7 février 1779. La vie de William Boyce suivit le cours normal, pour l'époque, de tout musicien d'église introduit dès le plus jeune âge dans les cercles les plus prisés de la musique officielle. Élève pour l'orgue de Maurice Greene, « inventeur » du voluntary *classique, ainsi que de Pepusch, il se forma dans le chœur de la cathédrale Saint-Paul de Londres. Organiste de différentes églises londoniennes dès 1734 (Saint Michael en 1736, All Saints en 1740, Chapelle royale en 1769, poste qu'il abandonna en raison d'une surdité croissante), il entra deux ans plus tard à la Chapelle royale comme compositeur d'*anthems *et de* services. *Il composa également des oratorios et de la musique de scène, notamment pour le théâtre de Drury Lane. Nommé Master of the King's Musick en 1757, il composa quelque quarante odes de cour. Compositeur célèbre et respecté de son temps, son nom est resté attaché à une compilation intitulée* Cathedral Music *(1760-1773), l'une des premières éditions d'œuvres anglaises où figurent, entre autres noms, ceux de Gibbons et Purcell.*

Relativement peu abondante, la musique instrumentale de Boyce comporte douze *Sonates en trio* (1747), huit *Symphonies* (1760), douze *Ouvertures* (1770), ainsi qu'un recueil posthume (1779) de *Ten voluntaries for Organ or Harpsichord*.

La question s'est posée de savoir si Boyce n'était pas également l'auteur des douze voluntaries attribués à son maître Greene. Une étude stylistique semble conclure par la négative : le style de Boyce est plus académique et moins varié, bien que vif et d'une excellente inspiration mélodique. Boyce fait appel aux types de *voluntaries* les plus traditionnels : les pièces n°s 1, 3, 5 et 6 sont des *Trumpet voluntaries*, le n° 2 demande une *Vox humana*, tandis que seul le n° 4 relève du très populaire *Cornet voluntary*. Les pièces 7 à 10 sont de type prélude et fugue, et même double fugue dans le cas du dernier *voluntary*, en *sol* majeur.

Tout comme ses contemporains, Boyce ne prévoit dans ses *voluntaries* aucune partie de pédale. Bien qu'il y soit fait appel à un clavier expressif *(Eccho or Swell)*, aucune indication de dynamique n'est précisée. L'étendue requise des claviers, comme si le clavier anglais (lequel descendait fréquemment jusqu'au *sol* du ravalement) tendait à se plier aux normes du continent, ne passe que rarement la limite du premier *ut*. Mais s'il ne semble jamais réclamer plus de deux claviers — l'orgue de la cathédrale Saint-Paul, par exemple, en avait trois —, il indique en revanche de nombreux changements de plans et de couleurs. Ainsi dans le **Voluntary en *ut* majeur**, de type *Trumpet voluntary*, trois indications de registrations (*Swell, Choir Soft Bass* puis *Diapasons*, mais toujours sur le *Choir* ou Positif) alternent tout au long du *Rather slow than fast* initial (« plutôt lent que vif »), introduction modérée à 3/4 et deux voix en écho (dix changements sur 46 mesures !). Suit un *Trumpet tune* accompagné des jeux doux *(Soft Organ)*, avec reprise de l'air au *Swell*, puis dialogue en écho entre *Swell* et *Trumpet*, les deux mains finissant sur la trompette.

Les voluntaries les plus achevés de Boyce, les plus satisfaisants parce que correspondant mieux à la rigueur intellectuelle du compositeur, sont ceux de forme prélude et fugue. Citons à titre d'exemple le **Voluntary en *ré* mineur.** L'introduction, indiquée *Not fast* (« pas vite »), repose sur un thème enchaînant des degrés conjoints, exposé à la main gauche et ponctué d'accords de la droite. La registration, *Full Organ*, devient sur les derniers accords *Full Swell*. Le motif initial ainsi qu'un timide développement en imitation annoncent déjà la fugue (*Full organ*), dont le sujet s'étire également sur une ligne ascendante enchaînant tous les degrés séparant *ré* de *si* bémol. Il s'agit d'une fugue à trois voix (C), dont le contre-sujet syncopé (mes. 8, sur l'entrée de la troisième voix, intermédiaire et intermittente), en valeurs longues, enchaîne, à l'inverse du sujet, des degrés conjoints descendants. La fugue s'achève sur une reprise aux trois voix du contre-sujet entier ou fragmenté.

Autre exemple de pièce adoptant la forme prélude et fugue, le **Voluntary en *la* mineur** est une œuvre d'une remarquable concision (17 + 33 mesures). Le *Grave* initial (*Full Organ*) suit le schéma traditionnel de l'introduction lente à trois voix de caractère imitatif. On notera l'insistance sur la sensible *sol* dièse. Le thème de la fugue, *Allegro* (C), sans indication de changement de registration, est de type rythmique :

Les trois voix entrent à intervalle d'une mesure (dominante – tonique – dominante). Il n'y a pas à proprement parler de contre-sujet, mais individualisation de la deuxième incise du sujet (*a*), plus mélodique, notamment à la mesure 15, où elle se trouve exposée à découvert (main gauche), puis prolongée par un motif en crabe. Le cours de la fugue se trouve suspendu trois mesures avant la fin, sur un accord de dominante avec point d'orgue (possibilité d'improviser une cadence). La pièce s'achève sobrement, sur l'indication *Slow*.

M.R.

JACQUES BOYVIN

Né à Paris, vers 1653; mort à Rouen, le 30 juin 1706. Fils d'un aveugle parisien, il fit ses études aux Quinze-Vingts dont il tint l'orgue jusqu'en 1673, puis fut nommé, après concours, organiste de la cathédrale de Rouen (1674). Fixé dès lors dans la métropole normande, il servit aussi l'orgue de Saint-Herbland de 1697 à 1702. En dehors d'un Traité de composition *aujourd'hui perdu et probablement inachevé, il est l'auteur de deux Livres d'orgue (1689-1700).*

Comme certains de ses contemporains (Grigny, Du Mage), Boyvin n'est passé à la postérité que par des publications d'orgue. On ne lui connaît aucune œuvre d'une autre destination. Né à Paris où il exerça fort jeune ses premiers talents et dut conserver quelques relations, il s'illustra pourtant à Rouen où il fit l'essentiel de sa carrière. A l'heure où il prend en charge le grand orgue de la cathédrale, poste très convoité qu'avait jadis occupé Titelouze, la ville demeure un des foyers les plus actifs du royaume en matière de facture d'orgues. Sous son contrôle, Germain et Clément Lefebvre érigent en 1686-1688 l'orgue de Saint-Herbland, tandis qu'œuvrent des facteurs de renom comme Antoine Vincent... Mais c'est pourtant le Parisien Robert Clicquot qui reconstruit en 1689 l'instrument de la cathédrale, lequel a pu inspirer à Jacques Boyvin quelques innovations. Doté de quatre claviers et de quarante et un jeux, cet orgue dispose, en effet, d'un troisième plan de mixtures (c'était déjà le cas quant à l'Écho du Thierry-Desenclos de 1657) qui justifie la présence inédite du *Plein-jeu à trois chœurs (Premier Livre)*. On comprend que la richesse exceptionnelle de la palette dont bénéficiait l'organiste, avec notamment dix jeux d'anches, dont pas moins de deux cromornes et trois voix humaines, ait pu nourrir l'imagination du compositeur. En voici la composition :

Grand Clavier (48 notes) : montre 16', bourdon 16', montre 8', bourdon 8', prestant, flûte 4', quarte 2', doublette, flûte 2', flageolet, grosse tierce, nasard, tierce, cornet, fourniture 5 r., cymbale 4 r., trompette, clairon, cromorne, voix humaine.

Positif (48 notes) : montre 8', bourdon 8', prestant, flûte 4', doublette, nasard, tierce, larigot, fourniture, cymbale, cromorne, voix humaine.

Récit (25 notes) : cornet, trompette.

Écho (37 notes) : cornet, cymbale, voix humaine.

Pédale (30 notes) : flûte 8', flûte 4', trompette, clairon.

Après Nivers, Lebègue et Raison, Jacques Boyvin juge encore nécessaire de prodiguer quelques conseils à l'interprète quant aux principales recettes par lesquelles il fera sonner ses pièces, mais son *Avis au public concernant le mélange des jeux de l'orgue, les mouvements, agréments et le toucher (Premier Livre)* n'apporte guère d'éléments nouveaux en dehors du *Concert de flûtes* pour lequel « on tire les claviers et on met au Grand Corps huit pieds, bourdon et fluste, au Positif bourdon et fluste et le tremblant doux ». L'auteur propose par ailleurs des registrations qui ont déjà fait leurs preuves pour le *Plein-jeu*, la *Fugue grave* (sur les anches), le *Quatuor* (plusieurs solutions avec ou sans pédale), le *Duo* (sur les tierces), le *Récit* (plusieurs alternatives), le *Trio à deux dessus* ou *avec pédale*, la *Voix humaine ou régalle*, les *Basses*, les *Dialogues* (Boyvin distingue le petit et le grand dialogue que l'on peut toucher à quatre chœurs), la *Tierce en taille* et le *Dialogue de récits*.

Lorsque paraît son *Premier Livre*, en 1689, seuls Nivers, Lebègue, Gigault et Raison (cinq messes l'année précédente), ont publié des pages similaires sous forme de suites liturgiques. Le dernier nommé apparaît donc comme un concurrent sérieux pour le Rouennais, bien que la position de l'un et de l'autre diffèrent sensiblement par rapport aux deux modèles que demeurent alors Nivers et Lebègue. Si l'organiste parisien se montre, en effet, favorable à l'ornementation baroquisante du premier, Boyvin semble beaucoup plus tributaire du classicisme propre au second. Élevé à Paris et donc au fait du meilleur goût, mais devenu provincial, il n'en met pas moins un point d'honneur à renouveler les diverses formules de la suite d'orgue. Outre le nouveau *Concert de flûte*, on réforme le *Dialogue de récits* en l'agrémentant de trios où intervient la pédale, tandis que le *Récit à deux dessus de tierce* de Raison devient *Dessus de tierce en vitesse et accords* et qu'apparaissent des genres originaux : *Dialogue de cromorne en taille et de cornet séparé*, *Dessus de tierce* avec pédale, *Fugue-Quatuor*, *Récit tendre*, *Fugue chromatique* ou *Dessus de petite trompette*. Certaines de ces trouvailles feront d'ailleurs école avec Clérambault *(Dialogue de récits)*, Grigny *(Trio en dialogue)* ou les rouennais Gaspard Corrette *(Dessus de tierce par accord*, *Récit tendre)* et Dagincour *(Concert de flûte)*. A cet égard, sans prétendre à la perfection et au génie d'un Couperin ou d'un Grigny, l'œuvre de Boyvin occupe une place qu'il serait injuste d'ignorer, d'autant plus que l'artiste se montre souvent habile harmoniste et d'un sentiment délicat dans ses tournures mélodiques, lesquelles ne manquent jamais de grâce.

Le Premier Livre

C'est donc en 1689 que l'éditeur parisien Ballard grave ce *Premier Livre d'orgue contenant les huit tons à l'usage ordinaire de l'Église, composé par J. Boyvin, organiste de l'Église cathedralle Nostre Dame de Roüen*, ouvrage qui sera réédité en 1700, preuve d'un évident succès. Comme ses devanciers, l'auteur y propose une série de versets groupés par tons, de un à huit, parmi lesquels l'exécutant pourra choisir pour le *Magnificat* ou la messe ce que bon lui semble. A cet effet, les huit modes utilisés, que tous les autres compositeurs exploitent avec lui, s'apparentent chez Boyvin aux tonalités modernes de la façon suivante : 1er ton (*ré* mineur), 2e ton (*sol* mineur), 3e ton (*la* mineur), 4e ton (*la* mineur avec cadence sur la dominante), 5e ton (*ut* majeur), 6e ton (*fa* majeur), 7e ton (*ré* majeur), 8e ton (*sol* majeur).

Si chacune des suites débute par un noble prélude ou *Plein jeu* et se termine souvent par un *Dialogue* sur les grands jeux, le nombre de pièces proposées varie d'un ton à l'autre (respectivement 11,10, 9, 8, 9, 9, 7 et 6) et leur ordre est anarchique. Tout commentaire sémantique paraît donc à exclure : à l'interprète de sélectionner selon ses goûts et ses connaissances le texte qui convient au message spirituel de chaque verset.

Dans les *Pleins jeux* qui introduisent chaque série, Boyvin opte pour des procédés divers, du *Grand plein jeu continu* au *Grand plein jeu à trois chœurs*. Dans le premier cas, l'organiste se limite à un seul plan (le clavier principal auquel on accouple le Positif) et se veut bref, superbe et harmonique, recherchant par des emprunts et des cadences évitées, des modulations dans les tons voisins, des retards ou des harmonies audacieuses, à maintenir l'oreille en éveil et à susciter l'émotion. Un manifeste sentiment de noblesse et de majesté habite ceux du premier, du second et du septième ton, ces deux derniers étoffant les quatre parties habituelles par l'adjonction d'une cinquième voix épisodique. Mais dans le troisième ton, Boyvin diversifie pour la première fois la formule et, comme Nivers, fait alterner le petit plein-jeu du Positif et celui du Grand Clavier, l'un traité dans la légèreté des traits en doubles croches, l'autre selon une écriture plus verticale, dans un jeu de cadences évitées continuelles et de ces retards expressifs qui engendrent de somptueuses septièmes ou neuvièmes. Le chromatisme, introduit dans les dernières mesures, vient même suggérer comme une pathétique douleur qui contribue à situer cette page parmi les plus poignantes. Celui du quatrième ton lui répond et oppose, à deux amples sections à cinq parties, un petit plein-jeu central en imitations, tandis que celui du cinquième semble vouloir quitter au plus vite le majeur pour des échelles mineures *(la, ré)* dans lesquelles Boyvin semble plus à l'aise ; de même dans le *Plein jeu à deux chœurs* du Sixième Ton, qui module rapidement en *ré* puis *ut* mineur. Dans la *Suite du huitième ton*, enfin, le compositeur tente un *Grand plein jeu à trois chœurs* et, outre le Grand Corps et le Positif, en appelle à l'Écho comme troisième plan. On en remarquera l'instabilité tonale, particulièrement lors des mesures initiales qui modulent en *ré* majeur (mes. 2) et *la* majeur (mes. 3), ne se stabilisant sur *sol* qu'à l'entrée du Positif. Des analogies avec la *Messe du huitième ton* de Gaspard Corrette (1703), lequel succède à Boyvin comme organiste de Saint-Herbland, méritent d'être soulignées par ailleurs. On notera aussi que dans la suite du cinquième ton, l'organiste de la cathédrale double son *Plein jeu à 2 chœurs* d'un *Grand Prélude avec les pedalles de trompettes meslées*, selon un procédé déjà expérimenté par Raison (1688) et que Marchand portera bientôt à son apogée dans son *Premier Livre* (double pédale).

Les dialogues sur les grands jeux terminaux ont fait l'objet d'un même soin (à remarquer cependant que l'auteur conclut le second ton par un *Dialogue de voix humaine* et un *Dernier récit*, comme il met fin au quatrième par un *Prélude facile*). A l'instar de Gigault, celui du premier ton joue sur quatre chœurs (Grand Clavier, Positif, Cornet de Récit, Écho) avec une partie centrale ternaire qui se perd, il est vrai, dans des séquences un peu faciles, tandis que, bâti en trois parties, celui du second ton oppose des récits de dessus ou de basse (un autre dialogue à deux chœurs précède qui, plus bref, d'une écriture verticale et d'un seul tenant, offre une heureuse opportunité aux interprètes pris par le temps). Le *Dialogue en fugue* du quatrième ton débute au Positif par une exposition (S-S-R, comme Boyvin en a l'habitude jusqu'ici), puis une série de récits (basse et dessus), et se poursuit par une section au Grand Clavier qui amorce une strette. Dans celui du cinquième ton (trois chœurs), l'impression produite par le plein-jeu initial trouve comme une confirmation : la moitié du morceau se complaît en mineur (*la*, puis *ré*), tout comme le suivant (sixième ton), lequel s'engage sur un trio (cornet, cromorne, pédale), oppose ensuite les anches des deux claviers principaux et ne regagne qu'*in extremis* le ton de *fa* majeur, après une longue incursion en mineur *(ré, sol, ut, fa)*. Des deux derniers, on retiendra surtout celui du huitième ton (trois chœurs) qui, à l'image du premier, insère au centre d'une sorte d'ouverture à la française un épisode ternaire.

On observe aussi que même si l'auteur n'en impose pas la présence dans chaque suite, les fugues succèdent au prélude en quatre circonstances. Les deux premières (*Fugue grave* du premier ton et *Fugue* du troisième) exposent leurs sujets selon une méthode identique (S-S-R-R) et ne tentent aucune entrée en dehors du ton principal. La *Fugue-Quatuor* du sixième ton, dont la conception se révèle plus ambitieuse, s'articule en quatre parties : exposition régulière (S-R-S-R), contre-exposition avec entrées en strette, groupe central à la dominante et réexposition. La dernière du livre (huitième ton) exploite un tétracorde ascendant avec un certain mérite.

Parmi les autres pièces, on remarquera surtout :

Premier ton

Récit de cromhorne ou de petite tierce, une page joliment tournée à l'imitation de la voix, qui révèle d'emblée les qualités mélodiques de Boyvin.

Fond d'orgue d'une écriture très différente de celle, plus homophone, des futurs fonds d'orgue de Marchand. Des imitations à l'italienne viennent diversifier le discours, mais la registration ne dicte pas un style particulier, comme c'est déjà le cas dans le *Concert de flûte* précédent.

Duo ternaire assez développé, modulant avec aisance dans les tons voisins.

Tierce en taille très typique, qui sait allier l'émotion, la vélocité, l'effervescence et la noblesse.

Basse de trompette à 6/4 avec réponse du cornet séparé (dessus), qui sonne comme une gigue (*cf.* celle du troisième ton).

Deuxième ton

Dialogue de récits de cromhorne et de cornet ou bien de petite trompette et de petite tierce, alternant selon une formule d'avenir que retiendront Couperin, Grigny ou Clérambault, récits accompagnés et trios avec pédale (« tyrasse », indique Boyvin). Le système est repris dans les suites du quatrième et du septième ton, mais on observe ici des effets plus serrés en fin d'œuvre, alors que les phrases du dialogue se font plus courtes.

Dialogue de voix humaine selon la technique traditionnelle déjà expérimentée par Lebègue (alternance des récits de dessus et de basse puis « chœur »), mais d'une conception plutôt verticale en l'occurrence.

Troisième ton

Dessus de tierce en vitesse et accords qui, dans un goût nouveau, combine des solos brillants à la manière d'une diminution de cornet et des duos d'une volonté plus expressive et contrapuntique.

Cromhorne en taille dans la lignée de Lebègue, le jeu soliste traité dans un très large ambitus (mi_2 — fa_4).

Quatrième ton

Duo ternaire à la manière d'une gigue.

Tierce en taille d'une esthétique baroque, très proche de celle du premier ton : traits éloquents et lyriques émois en contrastes (celle du cinquième ton relève de la même veine).

Cinquième ton

Trio pour la pédalle ou tire-clavier, dans lequel Boyvin n'impose aucune registration pour les deux dessus. Les parties manuelles n'outrepassant jamais l'intervalle d'octave (nombreuses tierces et sixtes parallèles), une exécution sans pédale reste possible.

Sixième ton

Trio à trois claviers d'un contrepoint soigné. Nécessite l'action d'une troisième main, car difficile sur un pédalier à la française.

Dialogue de cromorne en taille et de cornet séparé ou tout sur le cromhorne d'une louable originalité. Un cromorne déclamatoire y reçoit les réponses plus fluides du cornet, dans un jeu de tendance fantaisiste qui accuse les contraires.

Septième ton

Basse de trompette assez développée selon une technique traditionnelle : entrées fuguées (accompagnement) et partie soliste ondoyante, en arpèges ou en intervalles disjoints.

Huitième ton

DESSUS DE TIERCE qui débute par un récit des plus capricieux pour s'achever sur un trio avec pédale (les deux mains sur la tierce) d'un charme sans préciosité.

Durée d'exécution de chaque suite : de 12 à 18 mn

Le Second Livre

Ce *Second Livre d'orgue contenant les huit tons à l'usage ordinaire de l'Église* fut édité en 1700 par Ballard, avec un *Traité abrégé de l'accompagnement pour l'orgue et le clavecin* qui, selon les propres expressions de l'auteur, se limite à « une explication facile des principales règles de la Composition, une démonstration des chiffres et de toutes les manières dont on s'en sert ordinairement dans la Basse-Continüe ».

Organisé selon un principe de suites avec prélude et dialogue final, cet ouvrage, mieux équilibré que le précédent, restreint le nombre des pièces de chaque série à six ou sept. Des indications d'interprétation y apparaissent dès le second ton, comme « fort gay et pointé », puis « vite et hardiment », « fort lentement », etc., sans doute destinées à prévenir des exécutions erronées quant au tempo ou aux notes inégales (certaines pages du *Premier Livre* auraient-elles fait l'objet de contresens ?). Quoi qu'il en soit, Boyvin maintient les mêmes formules, quitte à les affiner : préludes continus ou pleins-jeux à deux chœurs (les deux solutions s'offrent au choix de l'organiste dans la suite du premier ton), duos, trios, dessus de cornet, voix humaine, cromorne en taille, basses... mais le récit peut être « tendre » ou « grave » et le *Concert de flûte* de troisième ton peut se toucher aussi sur le fond d'orgue, témoignage d'une similitude d'écriture qui se différenciera davantage avec Gaspard Corrette. Parmi les pages les plus originales, on remarquera la *Fugue chromatique* du quatrième ton (exposition S-R-R-S, deuxième groupe avec entrées plus serrées et troisième groupe) qui répond à la *Fantesie cromatique* de Jullien (1690), et surtout les divers dialogues sur les grands jeux auxquels Boyvin a donné une ampleur que le Livre de 1689 n'ambitionne pas. Le *Grand Dialogue* à deux chœurs du premier ton ménage ainsi quelques rebondissements à travers quatre sections qui varient les mouvements (2, 3, ₵ *fort lentement*, 6/4 *vite*, avec les trois dernières mesures notées ₵ *très lentement*), tandis que celui du second ton *(Grand Dialogue à quatre chœurs)* oppose ses fanfares initiales à une gigue centrale (6/4) qui s'achève sur un *fort lentement* à ₵, rehaussé de fusées très spectaculaires. Le suivant (troisième ton) maintient le principe des quatre chœurs, mais dans une structure plus compartimentée : *Gay* à ₵ entre Grand Corps et Positif; section à 2 sur les quatre plans, *fort lentement*, *légèrement* (dialogue très serré entre G.-O., Réc. et Écho), *vite* sur un motif ascendant, et *lentement* à ₵. On retiendra aussi le *Petit dialogue meslé de trios* qui renoue avec un procédé déjà rencontré dans le *Premier Livre* (sixième ton).

Durée d'exécution de chaque suite : entre 11 et 15 mn

F.S.

JOHANNES BRAHMS

Né à Hambourg, le 7 mai 1833; mort à Vienne, le 3 avril 1897. Fils d'un contrebassiste, il donne son premier concert à l'âge de dix ans, reçoit des leçons de piano et de composition d'Edouard Marxsen, le professeur le plus réputé de la ville. En 1853, il quitte Hambourg et se fixe, dix ans plus tard, à Vienne. Il mène une brillante carrière de pianiste et de chef d'orchestre qui le délivre de toute charge fixe. Dès les années soixante, tenu de se prononcer en faveur de la grande tradition allemande ou de la « musique de l'avenir » de Liszt et Wagner, il épouse la première cause, mais la dichotomie est moins absolue qu'on ne le croit, car tous se réclament des mêmes sources musicales et littéraires. La production de Brahms reflète néanmoins son penchant pour une musique classique et intime. Pianiste avant tout, il ne s'est tourné vers l'orgue qu'à deux reprises, et sa production pour l'instrument d'église, d'une irréprochable qualité, n'en reste pas moins marginale chez le compositeur de sonates, variations et Klavierstücke *pour piano, d'une œuvre de chambre immense allant du duo au sextuor, de quatre symphonies et quatre concertos, de quelque deux cents lieder, de chœurs, motets et du* Requiem allemand. *L'œuvre d'orgue comprend trois préludes et fugues et une fugue (1856-1857), et* Elf Choralvorspiele *(Onze Préludes de choral) op. 122 (1896). Vers 1859, prennent place le* Psaume XIII *op. 27 et le* Geistliches Lied *op. 30 pour ensemble vocal et accompagnement d'orgue ou de piano à trois et quatre mains.*

L'œuvre pour orgue de Brahms se situe aux deux extrêmes de sa vie ; les deux fois, l'image paternelle de Bach et l'image maternelle-féminine de Clara Schumann se tiennent à l'arrière-plan. Au printemps 1856, le jeune Johannes se trouve depuis près de deux ans auprès de Clara à Düsseldorf et tous deux s'initient à l'orgue afin de retrouver l'une des racines les plus lointaines et vivaces de la musique savante allemande. Bach personnifie alors le modèle et le soutien. En 1896, très affaibli par le cancer qui devait l'emporter quelques mois plus tard, le vieux Johannes compose au retour de l'enterrement de Clara les *Onze Préludes de choral*, son *opus ultimum*. Bach reste l'« éternel retour », l'éternel secours en ces jours de détresse.

Brahms a souffert de sa position de « tard-venu ». La période historique qui aurait convenu à son puissant génie créateur est celle magnifiée par Beethoven, à la charnière du classicisme et du romantisme. Maîtriser la cohérence structurelle et tonale du style classique pour l'infléchir vers un romantisme tourmenté et visionnaire, tel était le destin qui lui revenait. A défaut d'avoir pu le vivre à l'aube du XIXe siècle, il l'accomplira, plus tardivement, en toute lucidité, et assumera dignement ce décalage d'un demi-siècle et la position d'héritier qui en résulte. Mais rien ne pourra suturer cette déchirure, pas même la réussite. Avec une humilité qui n'a d'égale que sa confiance en ses capacités, Brahms s'affronte au passé qu'il aime et admire. A chaque tentative, il met la barre au plus haut, car il sait pouvoir appliquer l'adage de Raphaël, « Comprendre, c'est égaler ». Comprenons bien à notre tour : dans l'éternel présent de l'art, Brahms accepte d'être une « âme du même ciel » que ses grands devanciers, car là est sa vérité, mais il n'est pas leur épigone.

L'œuvre pour orgue se place au cœur de la constante stylistique majeure de Brahms qui réside dans la fusion (la plus étroite depuis Bach) de l'harmonie et du contrepoint. Ce sens des lignes superposées conduit à une remise en question du triomphe de l'harmonie, impuissante dans bien des cas à justifier du mouvement des parties. Imprégné de Bach comme de la tradition contrapuntique viennoise, le musicien a toujours veillé à la fermeté de la ligne de basse et à l'activité des parties intermédiaires, sa veine mélodique, aussi inépuisable et spontanée que celle de Schubert, garantissant le « supplément d'âme » qui distingue l'œuvre géniale.

Comme Mendelssohn, Schumann et Liszt, Brahms est un pianiste, chambriste et symphoniste plus qu'un organiste. Les uns et les autres n'ont abordé ce domaine que mus par leur vénération pour Bach, leur repère commun. Bien que les pièces pour orgue ne représentent qu'une infime partie de l'œuvre de Brahms et ne résument pas toutes ses tendances stylistiques, on pourra y relever sa prédilection pour les tons mineurs, les régions médium-grave, les timbres voilés, toutes formes d'expression de sa déchirure intérieure. Son génie de l'ambivalence s'exprime dans les ambiguïtés modal/tonal, majeur/mineur, diatonisme/chromatisme, dans les mètres binaires et ternaires, alternés ou superposés, rendus plus instables encore par l'usage permanent d'hémioles et de syncopes. L'art suprême de Brahms est de construire l'impérissable sur des sables mouvants, mais dans ce monde intérieur où certitude rime avec incertitude, la fugue et le choral sont autant d'éléments stabilisateurs. Le choral, en particulier, symbolise la Loi, la Vérité pour tout luthérien.

Selon la tradition allemande, Brahms n'indique aucune registration ; les nuances d'opposition marquent les changements de claviers et les crescendos en appellent à la boîte expressive pour insuffler de l'ardeur à certaines envolées. A Düsseldorf, le compositeur a pu toucher l'orgue baroque König de la Maximiliankirche ; à Vienne, il a sans doute pratiqué ou écouté les instruments romantiques de la Votivkirche (Walcker, 1878) et de la Piaristenkirche (Buckow, 1858), dotés de nombreux jeux de fond puissants mais non point criards, d'où, peut-être, l'expression singulière *forte ma dolce*.

Préludes et fugues

A vingt-trois ans, Brahms a remarquablement assimilé la pensée de Bach. Ne s'est-il pas entretenu des jours entiers avec Schumann, auteur de canons pour piano-pédalier, de six fugues sur B.A.C.H., et père fondateur — aux côtés de Mendelssohn, trop tôt disparu — de la Bach Gesellschaft? Schumann est allé plus loin. Par le ton divinatoire employé pour saluer l'« élu », il accule Brahms au génie. Position écrasante pour un jeune homme de vingt ans, d'autant que la prophétie implique que l'envoyé du ciel aura pour mission d'accomplir l'idéal de Schumann, ce vers quoi il a tendu désespérément toutes ces dernières années sans y parvenir toujours : la fusion du classicisme et du romantisme. Ayant deviné la sensibilité frémissante, l'imagination ardente du jeune Nordique imprégné de légendes et contes fantastiques, signant « Kreisler junior », Schumann l'invite à « se barder de classicisme ». Il va sans dire que, pour les romantiques, le classicisme c'est le XVIIIe siècle tout entier, Bach au premier chef. Ainsi fera Brahms. Déjà auteur de géniales sonates pour piano, il reprend le crayon et le papier réglé de l'écolier pour entamer avec le violoniste-compositeur Joachim un échange hebdomadaire d'exercices contrapuntiques.

Les quatre œuvres pour orgue des années 1856-1857 sont le fruit de ce travail de maître artisan. Mais dans les veines du jeune homme mélancolique, descendu des landes brumeuses du Holstein, coule l'imagination fiévreuse des organistes du Nord, les Scheidemann, Reinken, Buxtehude ; aussi, baroque et romantisme fusionnent-ils dans l'esprit rhapsodique des préludes, l'emploi de tonalités mineures s'achevant sur une tierce « picarde ». Les fugues cependant restent stables jusqu'au terme ; à la différence de Mendelssohn, jamais Brahms ne se permet de les gonfler soudain de passion et d'en précipiter le tempo.

Prélude et fugue en *la* mineur

Dédié à Clara, le 7 mai 1856, ce premier résultat d'un précoce métier resta non publié. L'enjeu est ici d'unifier un prélude fougueux et une fugue plus posée. Pour y parvenir, le jeune compositeur cerne sa fugue d'un prélude et d'un postlude apparentés, traite déjà le prélude en pièce contrapuntique, y glisse préventivement le sujet de la fugue, et relie ce diptyque par une même métrique binaire parcourue de triolets et sextolets. L'emportement naturel se voit canalisé par une réflexion organisatrice, un peu scolaire, et une certaine timidité dans l'emploi du pédalier. C'est Buxtehude revu par Pachelbel ! Le Prélude commence comme une invention à deux voix sur un motif d'appel, haché de silences, pour s'étoffer peu après. Le retour au ton générateur combine en contrepoint renversable le motif initial, les friselis de sextolets et le futur sujet de fugue. Coda canonique avec augmentations et mouvement contraire. Contourné, en croches puis en triolets, le sujet de la Fugue à quatre voix engendre un jeu constant de trois pour deux qui va s'exaspérant de chromatismes. Le méditatif divertissement central fait alterner le sujet droit et contraire, assorti d'un nouveau contre-sujet chromatique. Le sujet se combinera avec sa propre augmentation avant de laisser place au postlude dans lequel la réitération de la cellule de tête du prélude sous forme de pédale brodée soutient une progression harmonique. On remarquera le trait en sixtes si brahmsien (mes. 64-65).

Durée d'exécution : ~ 5 mn 30 s

Prélude et fugue en *sol* mineur

Daté du 7 février 1857, et lui aussi non publié, c'est un vrai diptyque, plus épanoui que le précédent, quoique fondé ouvertement sur le contraste. Le Prélude s'apparente à une toccata nordique revue par Bach, et plus particulièrement à la *Fantaisie [et fugue]* en *sol* mineur pour orgue, sans oublier quelques allusions à la *Fantaisie chromatique* (*cf.* mes. 21). De structure A B C B′ A′ C′ B″ et coda, il fait alterner des figurations athématiques digitales et brillantes et un motif plus organisé et polyphonique (C), dans lequel le pédalier tient une partie plus ardue. En contrepoint très serré, la Fugue n'a de commun avec le Prélude qu'un usage affirmé du pédalier et un chromatisme de plus en plus accentué. Cependant, après la quatrième entrée au pédalier, Brahms s'en tient souvent à trois parties, lesquelles s'activent comme cinq ! Issue de la mesure 3, une cellule ramassée (mes. 51 au ténor) prendra de plus en plus d'importance, s'immiscera dans la strette et dans la péroraison.

Durée d'exécution : ~ 7 mn

Fugue en *la* bémol mineur

Datée du 5 juin 1856, elle fut confiée à Clara pour l'anniversaire de Robert Schumann (le 8 juin), qui devait s'éteindre le mois suivant. Dans une lettre à Joachim, Brahms laisse entendre qu'il est effrayé par sa fugue (laquelle pourrait être éclairée par un prélude). La tonalité mineure avec sept bémols à la clé (à l'orgue !) — la plus sombre selon la rhétorique musicale —, le chromatisme exacerbé, l'indication en allemand *Langsam*, la mesure à CC [4/2], la polyphonie très serrée, la forte participation du pédalier, le matériau générateur riche d'un sujet et de trois contre-sujets, tout avertit du poids symbolique de l'œuvre. En trois incises descendantes de plus en plus graves, la dernière tourmentée d'un chromatisme retourné, séparées par des silences angoissés, le sujet « incarne » la chute. Ce contour si douloureux évoque la cantate BWV 12, *Weinen, Klagen, Sorgen, Zagen* de Bach et sa transcription dans le *Crucifixus* de la *Messe en* si ; ce faisant, jamais Brahms n'a été si proche de Liszt et peu d'œuvres annoncent autant le *Via crucis* (1874) du vieil abbé que cette fugue de la déréliction. Cependant, tout au long, le sujet est suivi de son mouvement contraire ascendant, qui apparaît comme une sorte de promesse de Rédemption dans le drame de la Crucifixion. Sans doute est-ce pour cela que Joachim — le seul avec Clara à pouvoir déchiffrer le sens secret de cette offrande musicale — retira de cette œuvre si poignante une « impression d'unité et de beauté, de paix surnaturelle ». Les intimes de Schumann savaient que l'interné d'Endenich avait gagné la dernière station de son chemin de croix personnel et attendait dans les affres de l'angoisse la rémission finale.

L'exposition combine le sujet et le premier contre-sujet syncopé, lui aussi en mouvement droit ou renversé. Dans les tons plus lumineux de *mi* bémol et *sol* bémol majeur, plusieurs divertissements distillent un éphémère apaisement qui ne saurait tenir longtemps éloignés le motif de la douleur, les chutes chromatiques et les modulations enharmoniques. L'étagement des contre-sujets, les nombreux canons, droits ou contraires, en diminution ou augmentation exaspèrent la tension expressive, sans jamais l'alourdir, jusqu'à la sombre cadence finale sur l'accord *mineur*.

Durée d'exécution : ~ 7 mn

Prélude et fugue en *la* mineur sur le choral « O Traurigkeit, O Herzeleid ! »

« O tristesse, ô douleur ! n'est-ce pas déplorable que l'enfant unique de Dieu le Père soit porté dans la tombe ? »

Unifié par le choral, le diptyque offre à Brahms matière à mettre en pratique son aptitude à la variation. Dans les deux volets, le compositeur porte à cinq les quatre périodes de la mélodie anonyme (publiée en 1628) en scindant la première. Le Prélude renvoie directement à l'*Orgelbüchlein* de Bach et constitue un exemplaire *Choralvorspiel* à quatre parties. Le pédalier énonce la basse discrètement chromatique, les deux parties médianes (à 12/8, donc en triolets par rapport au rythme binaire du choral) cheminent à la tierce ou à la sixte et hoquètent peu à peu de syncopes, tandis que la mélodie à peine ornée plane au soprano en sections bien dessinées. Après une émouvante cadence rompue, la coda ramène la première incise et dérive vers le degré napolitain *si* bémol avant de conclure. Le climat n'outrepasse pas celui de l'affliction, sans révolte, sans cris.

La Fugue tire toute sa substance du choral et témoigne de la rigueur implacable dans le développement organique et la logique de déduction qui caractérisait déjà la *Fugue* en *la* bémol mineur. Elle se situe à mi-chemin du choral fugué et du choral figuré; les manuels exposent une fugue à trois parties sur la première incise ornée du choral, avec un phrasé de deux en deux croches qui trahit le pianiste, et le pédalier fait entendre à intervalles réguliers chacune des cinq périodes du choral en valeurs longues. En appels disjoints, le premier contre-sujet contraste avec le profil conjoint du sujet, et, dès la troisième entrée, un deuxième contre-sujet en doubles croches continues emporte la fugue jusqu'à son terme, non sans dessiner en chemin des broderies de triples croches à la manière de Bach. Les uns et les autres apparaissent alternativement en mouvement droit et contraire, se combinent dans diverses strettes, sans oublier une sorte de « sujet bis » qui manifeste régulièrement sa présence (soprano, mes. 8-9; ténor, mes. 9-10, etc.).

Durée d'exécution : ~ 7 mn 30 s

Onze Préludes de choral
(op. 122)

Quarante années séparent donc l'*opus ultimum* des pièces de jeunesse demeurées manuscrites. Si l'entourage avait sacrifié aux vœux de Brahms, ce dernier recueil n'aurait pas davantage connu l'impression, et l'œuvre publié du maître allemand se serait achevé sur les seuls *Vier ernste Gesänge* (« Quatre Chants sérieux ») op. 121. Sans doute la postérité a-t-elle eu raison de passer outre, car avec les Opus 121 et 122 Brahms termine son œuvre créatrice sur un double cycle de Lieder spirituels « *mit Worte* » et « *ohne Worte* », ou plus exactement « *mit Worte* » chantés ou implicites. En effet, à l'instar de Bach, le Hambourgeois eut soin de prendre en charge non seulement la mélodie du choral mais sa signification (trois des neuf textes qu'il sélectionne ont d'ailleurs été traités par Bach : « *Herzlich tut mich verlangen* », dans une simple harmonisation à quatre parties (BWV 727), « *O Gott, du frommer Gott* », dans une partita de jeunesse (BWV 767), « *Schmücke dich, o liebe Seele* » dans les Chorals de Leipzig (BWV 654). Dans cette double et indissociable méditation sur la mort, Brahms néglige la vision fantastique si chère aux romantiques pour envisager le devenir humain avec le sérieux théologique d'un luthérien érudit. Compagnon privilégié de Brahms, Joachim a témoigné de la force spirituelle peu commune du créateur.

Ami des musicologues Nottebohm, Spitta et Chrysander (spécialistes de Bach et Haendel), et habitué de longue date à pratiquer un épigonisme apparent pour mieux exprimer sa personnalité profonde, Brahms est le seul des romantiques à n'avoir pas reculé devant le genre du *Choralvorspiel* si marqué par Bach. Lui qui a tant aimé puiser aux racines mêmes du musical et harmoniser des chants populaires ne pouvait qu'être profondément attiré par cette représentation emblématique du « Saint Art allemand ». Dans l'ignorance où l'on est de l'ordre définitif que Brahms aurait donné à ses onze chorals, on constatera qu'ils forment un *tout* plutôt qu'un cycle structuré par un parcours tonal cohérent. La signification la plus émergente provient de la réitération de deux textes ayant directement trait à la mort et à la résurrection.

1. « Mein Jesu, der du mich »
(*mi* mineur)

« Mon Jésus, Toi qui m'as choisi pour une félicité éternelle, Vois comme ta créature raconte volontiers la louange du Fiancé. »

L'un des plus longs et des plus complexes des onze, il se rattache au genre du choral figuré. Chacune des six périodes de la mélodie engendre une fuguette à trois voix aux manuels, la quatrième n'entrant en valeurs longues au pédalier que pour clore l'épisode; et si chaque sujet procède librement du choral, seule la basse l'expose dans sa nudité première. Tout en ménageant un contraste central, dans la quatrième section plus chromatique et syncopée, Brahms veille à la progression agogique de l'ensemble qui atteint l'apogée avec la dernière section en strette, enrichie d'une cinquième voix.

Durée d'exécution : ~ 5 mn

2. « Herzliebster Jesu » (*sol* mineur)

« *Jésus, cher à mon cœur, Qu'as-tu donc fait pour que l'on ait prononcé sur Toi un jugement si dur? Quelle est cette faute? Dans quelle mésaction t'es-tu égaré?* »

Sertie de quelques notes de passage, la célèbre mélodie de Johann Crüger s'épanche douloureusement au soprano, au-dessus d'une triple trame très dense, dissonante et chromatique, remarquable par ses intervalles de triton (basse, mes. 1-2, etc.) et de septième diminuée qui traduisent l'affliction et l'idée du péché. Brahms se souvient probablement du choral *« Durch Adams Fall »* de l'*Orgelbüchlein*.

Durée d'exécution : ~ 2 mn 30 s

3. « O Welt, ich muss dich lassen » (*fa* majeur)

« *O Monde, je dois te quitter, Je poursuis ma route là-bas vers la patrie éternelle. Je veux remettre mon corps et ma vie entre les mains bénies de Dieu.* »

La sobre émotion de ce renoncement au monde se traduit par une très belle polyphonie à cinq parties, une alternance de mesure à ₵ et 3/2, des imitations à toutes les voix qui répercutent les deux-en-deux soupirants et résignés des croches (figure chère à Bach). Loin d'émerger comme une individualité, la mélodie de choral au soprano se fond de manière très schopenhauerienne dans les voix multiples du « grand tout ». Les tensions harmoniques fragilisent, humanisent la volonté de sérénité, jusque dans les dernières mesures à six voix, plus planes, image du croyant remis corps et âme (ruban de croches) entre les mains divines (triple tenue de tonique).

Durée d'exécution : ~ 2 mn 30 s

4. « Herzlich tut mich erfreuen » (*ré* majeur)

« *Il me réjouira du fond du cœur, le bel été où Dieu renouvellera et embellira tout pour l'éternité. Ciel et terre, Il les recréera; Toute créature deviendra merveilleusement belle et claire.* »

Le texte espérant de Johann Walter, compagnon de Luther, provoque chez Brahms une mise en musique très personnelle où la douceur viennoise contrebalance le sérieux hambourgeois. L'élastique balancement à 6/4 et les figures pianistiques en arpèges brisés, d'où s'échappent les notes de la mélodie, créent un univers euphorique. Par quatre fois, Brahms propose une pré-exposition à la quarte inférieure, *dolce*, à peine harmonisée, de chaque période du choral avant son véritable énoncé au soprano, soutenu par l'ensemble de la polyphonie aux manuels et pédalier. Selon son habitude, le compositeur se plaît à transformer fugitivement son 6/4 en 3/2 (mes. 31). La souplesse, la sérénité ne sont pas loin de faire penser à Fauré.

Durée d'exécution : ~ 2 mn

5. « Schmücke dich, o liebe Seele » (*mi* majeur)

« *Pare-toi, ô chère âme, Quitte les sombres cavernes du péché, Viens à la brillante lumière; Commence à luire avec magnificence, Car le Seigneur plein d'accueil et de grâce S'invite maintenant comme ton hôte. Celui qui peut remplir le ciel Va maintenant trouver asile en toi.* »

Lumineux choral en trio sur une mélodie de Johann Crüger, en six périodes exposées au soprano, avec reprise écrite des deux premières (a-b-a'-b'-c-d-e-f). L'imitation délibérée de Bach et de ses prédécesseurs atteint à la perfection, tout en intégrant quelques rencontres harmoniques typiques du XIXᵉ siècle. L'aisance, le raffinement de l'écriture si coulante sont remarquables ; témoins la figure serpentine de doubles croches qui n'est autre que la double diminution de la première période du choral (l'hôte divin qui trouve asile dans le chrétien ?), et le libre renversement des parties accompagnantes dans la reprise des deux premières périodes.

Durée d'exécution : ~ 2 mn

6. « O wie selig seid ihr doch, ihr Frommen » (*ré* mineur)

« *Que vous êtes heureux, croyants, Qui par votre mort êtes parvenus à Dieu ! Vous échappez à toute la détresse qui nous tient encore prisonniers.* »

Dans ce très simple choral à quatre voix, la mélodie de Crüger s'étire au soprano, discrètement ornée, au-dessus d'un balancement de croches ternaires à 12/8. Pour traduire l'antithèse du bonheur dans la mort et de la détresse ici-bas, Brahms, qui a compris, comme aucun compositeur avant lui, l'ambivalence du mode mineur — mélodique ascendant, mélodique descendant, harmonique — et ses potentialités symboliques, joue en maître des degrés mobiles. Il accroît la tension harmonique lors de l'évocation de la mort *(Tod)* pour mieux laisser triompher la tierce « picarde » finale, symbole de l'âme s'élevant vers le ciel.

Durée d'exécution : ~ 1 mn 40 s

7. « O Gott, du frommer Gott » (*la* mineur)

« *O Dieu, Dieu plein de bonté, Source de tous biens, Sans qui rien de ce qui est n'existe Et de qui nous tenons toute chose, Accorde-moi un corps sain Et que dans un tel corps Demeure une âme intacte et une conscience pure.* »

Choral long et complexe dans un moule traditionnel, avec barre de reprise à la suite des deux premières périodes (a-b-a-b-c-d-e-f). Brahms adopte une version modifiée des deux dernières périodes, de manière que la cinquième, citant presque la première, engendre une judicieuse impression de *da capo*. D'abord à trois voix, la texture s'étoffe par endroits d'une quatrième pour conclure à cinq voix avec l'entrée du pédalier : effet préparé par le théâtral *pianissimo* et les silences qui précèdent l'apothéose. Le choral est exposé en valeurs longues au soprano (mes. 7-10, 17-21, 42-50, 58-62), sauf au centre (mes. 28-31, 38-40) où il chute au ténor quand il est question du corps *(Leib)*. Intriquée, presque « luthée », ou plus homorythmique, la polyphonie alentour affiche une grande liberté, et l'on remarquera avec quelle plasticité Brahms fait circuler dans chaque section l'anticipation en valeur brèves du cantus firmus (sans chercher pour autant à se plier à l'ancien moule du choral figuré).

Durée d'exécution : ~ 5 mn

8. « Es ist ein' Ros' entsprungen » (*fa* majeur)

« *Une tendre rose a jailli d'une racine, Ainsi que nous le prédisaient les Anciens, C'est de la souche de Jessé qu'au cœur de l'hiver glacial, Juste à minuit, elle a apporté cette petite fleur* ».

Simple et frais choral de Noël dans le ton pastoral de *fa* majeur, mais traité avec une rare subtilité et complexité de langage. Dans une métrique à 6/4, et entouré d'ornements, le choral chante le plus souvent au soprano. La structure en cinq périodes avec *da capo* (a-b-c-a-b) se voit redoublée par des reprises écrites, ce qui permet à Brahms de renouveler les harmonisations et de faire glisser certains retours motiviques au ténor (mes. 5-7, 15-17). Dans la mélodie du soprano, on peut voir le jaillissement de la rose, la naissance de l'Enfant-Dieu, et, dans l'enfouissement des rappels du choral au ténor, la souche d'Isaïe et l'ancienne promesse.

Durée d'exécution : ~ 2 mn 30 s

9. « Herzlich tut mich verlangen » (*la* mineur)

« *De tout cœur j'aspire à une fin paisible, Car ici je suis prisonnier au milieu des tristesses et des malheurs. Je désire quitter ce monde hostile, Je languis des joies éternelles. O Jésus, ne tarde pas à venir !* »

Si, dans la plupart des cas, on invoque abusivement la métaphore de « testament artistique », il ne saurait faire de doute ici. Les trois derniers chorals ont valeur de conclusion à l'œuvre entier de Brahms, et le maître y dit adieu au monde et à la composition aussi sûrement que Mahler dans son *Abschied* et que Strauss dans *Im Abendrot*, mais il est bien dans la manière du compositeur de s'effacer plus discrètement. La célèbre mélodie de Hans Leo Hassler fut, au cours des âges, munie de plusieurs textes : associée au pathétique poème de Paul Gerhardt *O Haupt voll Blut*, elle traverse la *Passion selon saint Matthieu* de Bach, mais c'est assortie des paroles d'aspiration à la mort de Christoph Knoll qu'elle a retenu Brahms dans un Lied et par deux fois dans les Onze Chorals. Le compositeur l'envisage ici sous la forme d'un choral orné au soprano avec reprise-variation des deux premières périodes. Les troisième et quatrième illustrent l'image poétique « Je désire quitter ce monde hostile », en s'allégeant du pédalier (les quatre voix se regroupent aux manuels), en passant de C à un 6/8 plus céleste dans une nuance *piano* (clavier supérieur), cependant que dans les autres périodes la polyphonie feuillue des voix intermédiaires, la basse rythmique, les harmonies dissonantes chargent d'humaine tension ce premier adieu.

Durée d'exécution : ~ 2 mn

10. « Herzlich tut mich verlangen » (*la* mineur)

Structure et symbolisme épousent ceux du numéro précédent, avec les deux premières phrases du choral reprises et partie centrale variée dans sa métrique et sa rédaction instrumentale. Plus balancé et apaisé, dans la mesure à 6/4 chère entre toutes à Brahms, et dans un registre médium-grave, ce deuxième et sublime adieu cite le choral en cantus firmus au pédalier dans le registre du ténor, introduit par les croches inexorablement répétées de la basse manuelle. Dans une rédaction proche de certains *Klavierstücke* pour piano, le soprano et l'alto égrènent des guirlandes de doubles notes au parfum d'éternité, un instant fragilisé par le conduit très chromatique de la mesure 16.

Durée d'exécution : ~ 3 mn

11. « O Welt, ich muss dich lassen » (*fa* majeur)

(Voir texte n° 3)

Forme nouvelle pour le choral final à cinq voix en rythme de marche et plus harmonique que son jumeau. Chacune des six phrases du choral, énoncé au soprano, est séparée de la suivante par un commentaire à quatre voix en double écho — *f/ p / pp*, sur les trois claviers manuels — qui prolonge soit la mélodie du choral (mes. 15 17, 20-22), soit une voix médiane (mes. 2-4). Les périodes s'étirent à mesure que le croyant se sépare du monde terrestre pour accéder à l'éternité : 8 temps d'exposé et 8 temps de commentaire (commencés toujours sur la levée d'une mesure à C) pour les trois premières périodes, puis 10 et 10, 9 et 11, 15 et 18 pour les trois dernières. Merveilleuse métaphore de l'éloignement discret, puis poignant (mes. 18-22) et, finalement, apaisé de l'ultime marche humaine vers le *Vaterland*. Comment ne pas penser à Bach dictant son dernier choral : « Devant ton trône, je vais paraître, ô Dieu » ?

Durée d'exécution : ~ 3 mn

B. F.-S.

FRANTIŠEK XAVER BRIXI

Né à Prague le 2 janvier 1732 ; mort à Prague le 14 octobre 1771. František fait ses études musicales au Gymnasium des Piaristes à Kosmonosy, de 1744 à 1749. Dès la fin de ses études, il est nommé organiste de Saint-Gallus à Prague. Sa renommée grandissante l'amènera à occuper successivement les tribunes de Saint-Nicolas de Sainte-Marie ná Louzi. En 1759, il est appelé comme maître de chapelle à la cathédrale Saint-Vitus, occupant ainsi à vingt-sept ans le poste musical le plus prestigieux de la capitale, ce qui ne l'empêche pas d'être aussi maître de chapelle au monastère bénédictin de Saint-Georges. Mais cette vie bien remplie sera prématurément interrompue par la tuberculose qui l'emportera à trente-neuf ans.

Né la même année que Joseph Haydn, František Xaver Brixi est le plus illustre représentant d'une dynastie de musiciens comme la Bohême en offrit tant d'exemples (les Benda, les Stamitz). Sa tante, Dorotea, en épousant Jiří Benda, fondera d'ailleurs la lignée des Benda. Son père, Simon Brixi (1693-1735), a laissé un très beau *Magnificat*. Contrairement à maints de ses contemporains quittant très vite, pour des raisons politiques et économiques, ce « Conservatoire de l'Europe » (selon la belle expression de Charles Burney) qu'était la Bohême pour faire carrière en d'innombrables cours allemandes (Mannheim, Berlin, Munich, Iéna, Hambourg, etc.), Brixi restera d'une fidélité exemplaire à Prague. Il doit aussi être replacé dans un contexte très vivace de compositeurs-organistes. Dans le sillage de Černohorský (mort à Graz en 1742), on trouve Jan Zach (organiste à Prague jusqu'en 1737) et Joseph Seger (ou Seeger, organiste de l'église Tyn en 1741 et de l'église des Chevaliers de la Croix en 1745). Ce dernier était considéré comme le meilleur organiste de Prague, et à ce titre, le plus sérieux concurrent de Brixi.

Brixi laisse une œuvre considérable (près de 500 numéros) : 263 hymnes et offertoires, 105 messes brèves ou solennelles, 24 vêpres, 5 requiems, des concertos pour flûte, 3 symphonies, 2 jeux dramatiques, une *Musica navalis* composée pour des fêtes sur la Moldau. L'œuvre pour orgue reste assez mystérieuse. Tel commentateur* signale « d'innombrables œuvres » pour cet instrument, alors que les très sérieuses encyclopédies *Grove* ou *MGG* s'en tiennent à une vingtaine de pièces (ce qui correspond d'ailleurs aux compositions actuellement publiées)... L'essentiel de ce corpus comprend en tout cas des préludes, des fantaisies, des toccatas, des fugues et cinq concertos pour orgue.

Les qualités naturelles de la langue de Brixi sont la fraîcheur mélodique, la vitalité rythmique et la solidité de l'écriture. On y décèle une double influence, savante et populaire. Les écoles napolitaine (avec Alessandro Scarlatti ou Francesco Durante) et viennoise (avec Johann Joseph Fux et Antonio Caldara) entrecroisent en son œuvre typiquement baroque leur exubérance chantante et leur écriture châtiée. A ce qui pourrait n'être qu'un brouet cosmopolite, à la sauce tout italienne, notre Bohémien a cependant la sagesse d'ajouter des épices savoureusement populaires, voire folkloriques (en ses messes). La langue d'un peuple asservi par les Habsbourg (et d'ailleurs interdite par eux en 1777), en s'infiltrant dans ces compositions religieuses, constituait un ferment de résistance non négligeable, une rivière souterraine dont la résurgence sera éclatante au XIXe siècle. Il faut ajouter que l'esprit et la qualité de la musique de Brixi comptent pour beaucoup dans l'éducation d'un auditoire qui fera fête à Mozart, en l'accueillant avec une ferveur quasi familiale. Et ne dit-on pas que ce dernier, entrant un jour dans la cathédrale Saint-Vitus où l'on jouait à l'orgue une œuvre de Brixi, s'exclama : « Devant un maître tel que Brixi, il faut toujours tirer son chapeau » ?

* Jean-Claude Berton, in *La Musique tchèque*, Que sais-je, PUF, Paris, 1982.

L'œuvre pour orgue

Elle comprend donc uniquement des préludes, des fantaisies, des toccatas et des fugues. Point de messes pour orgue, d'hymnes ou de versets. Son contemporain Joseph Seger ne fera pas autre chose, en laissant en manuscrits une centaine de préludes, toccatas et fugues. En revanche, Brixi se singularise en écrivant cinq *Concertos* pour orgue. Certes, le titre des ouvrages mentionne « *per il Clavicembalo* », mais la partie de soliste affirme « *Organo principale* »! Sans avoir le panache de ceux de Haendel, ils ne déméritent cependant pas. Ils furent sans doute écrits pour le monastère Saint-Georges où les nonnes jouaient aussi la musique instrumentale. Ce couvent ne disposait d'ailleurs pas moins de trois orgues. Le plus important constitue un bon exemple de facture tchèque de l'époque baroque. Construit par Matthias Sedmik en 1765, il comptait douze jeux. Hauptwerk : bourdon 8', flûte 4', principal 4', fugara 4', octave 2', quinta minor 1'1/3, mixture 1' (4 rgs). Oberwerk : copula major 8', flûte 4', principal 2'. Pédale : soubasse 16', octave basse 8'. On décèle immédiatement la faiblesse du pédalier, qui effectivement, chez Brixi, n'intervient que pour mettre en relief quelques notes tenues ou appuyer certains points culminants. En règle générale, ces œuvres sont écrites uniquement pour les claviers manuels. On peut supposer que dans les mouvements lents des concertos ou les passages lyriques des fantaisies, la main droite s'isolait sur un jeu caractéristique comme la fugara 4' (on remarque par ailleurs l'absence surprenante de jeux d'anche), la main gauche accompagnant ou réalisant la basse continue sur l'Oberwerk.

Les *Préludes, Fantaisies* ou *Toccatas* apparaissent à nos oreilles modernes sans grande originalité : idées communes, développements languissants, entraînés bon gré mal gré par un engrenage usé de marches mélodico-harmoniques. Telle *Fantaisie* en *la* mineur, par exemple, répète à satiété la même figure d'un demi-soupir suivi de trois croches. En revanche, paradoxalement, les *Fugues* manifestent, outre une réelle habileté de plume, un souci de maintenir en haleine l'attention de l'auditeur.

Dans telle *Fugue* en *ut* mineur, les quatre voix sont toutes sollicitées avec adresse, en particulier dans un bel effet d'entrées successivement descendantes. Brixi sait manipuler la tête d'un sujet (comme le dit joliment le jargon d'école) pour en tirer des effets expressifs, dynamiques ou conflictuels. Ses strettes ont toute la science et la tension désirables, il use à bon escient des longues pédales pour détendre ou resserrer le discours musical, ses modulations sortent souvent des sentiers battus. Enfin, ses thèmes sont souvent admirablement frappés, qu'ils prennent un visage tendrement pastoral ou que leur profil fantasque, anguleux, énergique rivalise avec ceux de Haendel ou Domenico Scarlatti.

G.G.

ANTON BRUCKNER

Né à Ansfelden (Haute-Autriche), le 4 septembre 1824; mort à Vienne, le 11 octobre 1896. Fils d'instituteur, Bruckner commence l'étude de l'orgue et de la composition dès 1835 à Hörsching, qu'il doit hélas quitter l'année suivante pour revenir à Ansfelden en raison de la maladie de son père, lequel meurt en 1837. La même année, il devient « petit chanteur » au monastère de Saint-Florian, près de Linz, où il poursuit ses études musicales. En 1840, il est à Linz et se prépare au métier d'instituteur; nommé à Saint-Florian en 1845, il devient parallèlement, en 1848, organiste provisoire de l'abbaye, puis régulier dès 1851. En 1855, il passe brillam-

ment à Linz les examens lui donnant accès à l'enseignement des classes plus élevées et part poursuivre ses études à Vienne, mais revient à Linz où il est nommé le 8 décembre, sur concours, organiste de la cathédrale (l'actuelle ancienne *cathédrale, autrefois église des Jésuites) : il abandonne alors l'école pour la musique — et son enseignement. Poursuivant ses études, il découvre Wagner en 1863. L'année suivante est créée la première de ses œuvres à connaître un réel retentissement, la* Messe en *ré* mineur. *D'autres messes suivront en 1865, 1866 et 1867, précédant de peu le début de l'imposante série des neuf symphonies. Un an plus tard, il est nommé professeur de théorie musicale et d'orgue au Conservatoire de Vienne. Il effectuera également quelques tournées triomphales de concerts en tant qu'organiste (Nancy et Paris en 1869, Londres en 1871, la Suisse en 1880). En 1882, on le retrouve à Bayreuth pour la création de* Parsifal *: dernière rencontre avec Wagner. En 1890, malade, il doit interrompre ses cours au Conservatoire, et se retire définitivement de l'enseignement l'année suivante. En 1895, la Cour met à sa disposition un appartement dans l'enceinte du Belvédère, à Vienne, où il meurt un an plus tard : son corps embaumé reposera, selon son souhait, sous son orgue de Saint-Florian.*

Anton Bruckner est sans aucun doute l'un des grands regrets du répertoire germanique de la seconde moitié du XIXe siècle pour ce qui est de l'orgue. Toute sa vie organiste, cet homme capable des plus grandes fresques dans son œuvre d'orchestre n'a presque rien laissé pour l'orgue — aucune symphonie, lui « le plus grand symphoniste après Beethoven » selon Wagner ; seulement quelques pièces, essentiellement de jeunesse, certaines d'ailleurs d'une sobriété et d'un charme (davantage pour l'harmonie que pour la forme) ne faisant que regretter davantage un tel manque. On se l'explique d'autant plus mal que Bruckner eut toujours à sa disposition des instruments importants et de valeur : ceux de Linz et de Saint-Florian avaient été construits par Franz Xaver Chrismann (respectivement en 1778/1788 et 1774). Celui de Saint-Florian (59 jeux), devenu difficile à jouer, avait été porté en 1873, avec l'accord de Bruckner, à 78 jeux (depuis 1945 à 103), l'orgue baroque tardif de Chrismann ayant fait, il est vrai, à chaque restauration ou extension, les frais de la modernité.

L'œuvre d'orgue de Bruckner se compose de cinq numéros plus deux en appendice, publiés isolément et seulement au début de ce siècle, puis repris en recueil par Hans Haselböck en 1970, après un travail de recherche difficile, toutes les sources sauf une (*Fugue* en *ré*) ayant disparu au plus tard depuis la dernière guerre. De plus, certaines pièces (« *Vorspiel* » *et fugue* en *ut* mineur) ne furent notées par Bruckner qu'incomplètement, dépassant à peine le stade de l'ébauche. Ses contemporains ayant toujours témoigné du talent incomparable de Bruckner improvisateur, à tout jamais perdu, on comprendra aisément que ces quelques pièces d'orgue reflètent très imparfaitement l'art de Bruckner organiste.

Vorspiel (Prélude) en *ré* mineur

Composé vers 1846 ou 1852, c'est une pièce brève (25 mesures), à 4/4 et notée *andante*. Un motif en croches est introduit à la pédale, puis repris au manuel, le tout ne dépassant pas l'exposition, sans développement du matériau thématique et formel. La pièce s'articule autour de simples oppositions de claviers (*f*/*mf*). Un essai, mais au charme pur et paisible.

Durée d'exécution : ~ 2 mn

Nachspiel (Postlude) en *ré* mineur

Mêmes remarques que pour la pièce précédente. Après un début *ff* sur une tenue de *ré* grave à la pédale, une suite d'accords manuels s'étire jusqu'à l'intervalle de septième diminuée : introduction. Suit une fugue, la première de Bruckner, sur un motif rythmiquement très modéré mettant en relief l'intervalle de quinte (intervalle repris, selon la tradition contrapuntique, par la réponse). Le développement ne dépasse jamais les trois voix

réelles, et l'ensemble reste dans les limites de la tonalité la plus stricte jusqu'à l'apparition d'un chromatisme très sage préparant à une brève coda d'accords consonants.
Durée d'exécution : ~ 3 mn 30 s

Vorspiel et fugue en *ut* mineur

Saint-Florian, 15 janvier 1847 : l'œuvre est à regarder comme une étude de contrepoint, ainsi que le veut l'annotation portée au début de la fugue, bien que les différents contrepoints annoncés soient en réalité absents; on n'y trouve pas davantage d'augmentation, de diminution ou de renversement. Pour la fugue, l'éditeur a complété les lacunes quant à la conduite des voix. Le *Vorspiel* se présente comme une ouverture puissante mais sobre (accords, rythme pointé, voix en imitation) de 12 mesures. La fugue, sur un rythme scandé, se développe à quatre voix, puis oblique vers une construction plus lisse (croches en voix parallèles) où réapparaît à l'occasion le thème pointé. L'ensemble, bien développé (75 mesures), à défaut peut-être d'anticiper sur la thématique des symphonies comme quelques chercheurs ont pensé pouvoir l'observer, et en dépit de la relative faiblesse de la construction, suffit à faire percevoir une personnalité déjà bien affirmée.
Durée d'exécution : ~ 6 mn

Fugue en *ré* mineur

Linz, 6/7 novembre 1861. Cette fugue fut composée à l'intention d'un prêtre ami de Bruckner, à l'occasion de sa première messe. Si les qualités de l'harmonie de la page précédente suffisaient à faire sa valeur, on se trouve avec cette fugue en présence de l'œuvre pour orgue de Bruckner la plus accomplie. Le sujet (mesure à ₵), bien trouvé et stable, et dont l'ambivalence harmonique est joliment utilisée, autorise une structure claire et élégante, faisant penser à une fugue sur thème mélodique d'un Reger qui ne serait pas encore arrivé à maturité. Les dernières mesures (72-76), sur une pédale évoluant sur le sujet par augmentation, est d'une densité d'écriture d'un effet bien construit.
Durée d'exécution : ~ 3 mn

Prélude en *ut* majeur (« de Perg »)

Saint-Florian, 20 août 1884. « Petit cadeau » fait à l'organiste Joseph Dürnhofer, que Bruckner avait rencontré à Bayreuth, noté *Feierlich langsam* (« solennel et lent », *sempre legato*). L'écriture verticale, avec chant à la voix supérieure, est de type choral, ici harmonisé de façon très personnelle, lumineuse et colorée par un chromatisme délicat. La pièce (27 mesures, C) s'articule en deux courtes parties, séparées par une mesure à vide, suspendue.
Durée d'exécution : ~ 2 mn

Appendice (*Anhang*)

Il regroupe un **Prélude** en *mi* bémol majeur (1837), sorte d'exercice pour la maîtrise des développements harmoniques, et quatre petits **Préludes**, également en *mi* bémol et de 1837, de nouveau placés sous le signe de l'étude de l'harmonie, voire, pour le dernier, d'un début de développement thématique : Bruckner avait treize ans. Les deux premiers sont suivis d'une courte cadence, le tout en beaux accords sans surprise; le troisième ne dure pas trente secondes : ces bribes de jeunesse témoignent des difficultés pratiques auxquelles se trouvait confronté un jeune organiste de campagne dans l'exercice de sa fonction liturgique.
Durée d'exécution : ~ 6 mn

M.R.

NICOLAUS BRUHNS

Né à Schwabstedt (près Husum/Frise du Nord), Avent 1665 ; mort à Husum, le 29 mars 1697. A la fois organiste, violoniste et gambiste, Bruhns naquit dans une famille de musiciens du Schleswig-Holstein comptant essentiellement des luthistes et des instrumentistes à cordes. Son père, Paul (1640-1689), organiste à Schwabstedt, après avoir épousé — tradition oblige — la fille de son prédécesseur, fut peut-être élève de Tunder. Un autre fils de Paul, Georg (1666-1742) succédera à Nicolaus. Bruhns fut un enfant prodige, assez avancé dans le jeu et la composition pour s'en aller en 1681 étudier à Lubeck auprès de son oncle Peter. Il y apprit le violon et la viole de gambe, tout en se perfectionnant pour l'orgue et la composition auprès de Buxtehude, dont il fut l'un des élèves favoris. Bruhns passa ensuite quelques années à Copenhague — où il fut en contact avec des musiciens italiens — en tant que compositeur et violoniste virtuose. Le 29 mars 1689, on le vit postuler à la tribune de la Stadtkirche de Husum : il fut choisi à l'unanimité. Les autorités civiles de Kiel essayèrent par la suite de se l'attacher, mais (moyennant une augmentation de salaire !) il resta fidèle à la ville de Husum, laquelle le lui rendit par beaucoup de respect et de bienveillance jusqu'à sa mort prématurée à trente et un ans.

Rien, hélas ! n'a subsisté de sa musique de chambre. Sa position et sa réputation au cœur du moyen-baroque, c'est à son œuvre vocale (12 numéros) qu'il la doit. Il porta à de nouveaux sommets le type de la cantate solo à l'italienne, comme en témoignent ses quatre petits *Concerts sacrés* (1689-1691). Ses trois cantates dans le genre du madrigal sacré établissent un lien direct avec J.-S. Bach.

Il semble avoir porté un intérêt moindre envers deux genres pourtant très pratiqués à son époque, le *Choralkonzert* et la cantate de type concerto/aria, qu'il n'aborda qu'une seule fois tout en composant là ses deux plus belles œuvres d'envergure (« *Erstanden ist der heilige Geist* », « *Ich liege und schlafe* »). L'instrumentation en est limitée, hélas ! sans doute conforme à la formation alors à sa disposition, offrant en général cinq parties de cordes — avec deux violes ou gambes, à la française —, basson et continuo.

Aux côtés de Lübeck, Reinken et bien entendu Buxtehude, Bruhns incarne, à son plus haut degré d'achèvement, un style qui vit le jour en Allemagne du Nord au point de rencontre de la musique d'église et de celle de théâtre : le « *stylus phantasticus* », soit l'emphase théâtrale, baroque, mise au service de la liturgie. Mattheson (*Der vollkommene Capellmeister*, 1739) le décrit ainsi : « Nous avons dit que ce style fantastique prend sa source sur les scènes de théâtre, mais que cela ne l'empêche pas de venir se montrer dans la musique, à l'église et dans les salons [...] Passages extraordinaires, ornements cachés, tournures ingénieuses et périphrases [...]. Qu'est-ce que Messieurs les organistes nous apporteraient de beau, s'ils ne pouvaient imaginer, dans leurs préludes et postludes, que ce qui vient d'eux ? » Le célèbre organiste de Sainte-Catherine de Hambourg auquel Bach rendra visite, Reinken, n'était-il pas aussi l'un des fondateurs de l'Opéra de la grande ville hanséatique ? On rapporte que Bruhns jouait du violon à sa tribune de Husum tout en s'accompagnant lui-même sur le pédalier de l'orgue. On ne saurait imaginer anecdote plus suggestive pour évoquer le « *stylus phantasticus* ».

Praeludium en *mi* mineur

C'est une œuvre d'une extrême variété, enchaînant nombre de sections groupées et d'esprit fort différent, non sans quelques curiosités, véritable suite de danses dans sa dernière partie. L'introduction libre est placée sous le signe d'un chromatisme disséminé dans un entrelacs de courts traits brisés qui sera explicité par le premier sujet de la fugue. La mesure de cette œuvre originale ne cesse tout d'abord de changer : C, 18/16, C, 12/8, C... avec alternance de binaire et de ternaire. La fugue (mes. 21) propose un sujet mélodique parfaitement chromatique, auquel répond un véritable second sujet, rythmique, se superposant ici à l'entrée de la deuxième voix sur le sujet principal :

Le développement est riche d'invention et conduit assez librement (improvisation ornée) vers une sorte de danse à 12/8 sur un rythme pointé faisant penser à la forlane. Un étonnant passage *harpeggio* intervient impromptu, suivi d'un ostinato alterné manuel/pédale, puis retour (de nouveau à 12/8) d'une danse noble sur rythme syncopé alternant avec un rythme pointé, en forme de fugato très élégamment développé. La conclusion (mesure à 24/16 !), en mouvement toujours de danse, d'abord rythmé par trois puis pointé, assez complexe, s'achève sur un bel accord suspendu de *mi* éclairci par un *sol* dièse.

Durée d'exécution : ~ 9 mn

Praeludium en *mi* mineur

Moins dense que le précédent, mais tout aussi morcelé, il débute par un trait serré de pédale avec ponctuation du manuel. Une mesure à 12/8 introduit un long passage en écho, suivi d'un fugato *vivace*, bien découpé, allègre et très entraînant, auquel succède un *Allegro* faisant sans cesse passer un motif rythmique en réalité un peu terne du soprano à la pédale, ponctué par les voix intermédiaires. Quelques mesures d'arpèges tenus servent de transition vers un final sans doute un peu trop maigre, d'une coupe inhabituelle à l'orgue, avec de nouveau un dernier accord de *mi* avec *sol* dièse.

Durée d'exécution : ~ 5 mn

Praeludium en *sol* majeur

Le plus intéressant des quatre que Bruhns nous a laissés, le plus riche, le plus construit surtout, plein de fougue et d'invention, ainsi que d'une « logique » bien en situation dans les enchaînements de sections pourtant très différentes, mais toujours réellement complémentaires. On n'échappe pas, naturellement, à l'introduction de style toccata, avec ici deux entrées en canon suivies d'une sorte de fanfare en rythme pointé. Quelques passages mettant en scène l'alternance entre temps forts et faibles, des gammes volubiles, un motif ornemental repris en fugato, un trait de pédale, et l'on est à pied d'œuvre pour la première fugue (mes. 40), sur un thème en notes répétées à la Buxtehude. Quatre entrées au manuel puis celle de la pédale se suivent de près. Les voix manuelles s'allégeront à trois reprises pour quelques mesures de double pédale (avec des écarts allant jusqu'à deux octaves) qui confèrent à cette fugue une plénitude et une stature de toute beauté. Quelques épisodes de transition, souples et nerveux, introduisent avec aisance une seconde fugue (mes. 101), de nouveau sur un thème en notes répétées (noires), mais dans le cadre plus large d'une mesure à 3/2 et à quatre voix (alto/ténor/soprano/basse), construit sur un balancement évoquant vaguement un rythme lombard dédoublé, avec un enchaînement brève/longue correspondant à l'accentuation des 1er et 2e temps :

Un trait virtuose de pédale avec chutes de dixième conduit vers une conclusion haletante, de courbe générale ascendante et s'achevant sur un accord de *sol* suspendu.

Durée d'exécution : ~ 9 mn

Praeludium en *sol* mineur

Deux fois plus court que les *Praeludia* I et III, ce *sol* mineur n'en est pas moins une œuvre au souffle puissant, du fait même de sa concision et de son agencement intérieur, alliant la rigueur d'un diptyque sans ambiguïté de forme (prélude+transition/fugue) à une invention rythmique d'une grande efficacité. Le prélude, beau morceau d'équilibre, use avec adresse des mouvements parallèles au manuel alternant avec les traits de pédale seule, ainsi que de la répétition, dans certains groupes de doubles croches et sur les temps forts (1er, 3e, la mesure étant à 4/4), de la première note, donnant à l'ensemble une remarquable impulsion. Une courte transition (*adagio*) bien assise et s'achevant sur un point d'orgue relie le prélude à la fugue. Le sujet, constitué d'un motif ascendant de trois notes, d'une répétition de note et d'un rythme pointé, est très joliment équilibré. Le développement, plein d'allant et de régularité, progresse dans la bonne humeur, sans accroc, offrant de charmants contrastes sujet/ponctuation des autres voix, tout au long d'une ronde bien tracée se disloquant quelques mesures seulement avant la fin, tout à coup dense et retenue, qui ponctue sur un accord de *sol* avec *si* bécarre.

Durée d'exécution : ~ 5 mn

Fantaisie sur le choral « Nun komm, der Heiden Heiland »

Bien que moins développée que celle sur « *Ich ruf' zu dir, Herr Jesu Christ* » de Lübeck, la *Fantaisie* de Bruhns lui est cependant comparable pour la place qu'elle occupe dans l'œuvre respective de ces deux maîtres du XVIIe allemand. La mélodie très célèbre et souvent traitée par Bach, version allemande du « *Veni redemptor gentium* » (« Viens maintenant, Sauveur des païens », Erfurt 1524, sur un texte de Martin Luther), est à la base d'une œuvre peut-être destinée ici à la communion. La première voix d'accompagnement (ténor) expose en valeurs longues le thème brut

que reprennent l'alto, puis enfin la pédale au moment précis où le soprano propose en traits volubiles une phrase gardant de façon explicite les intervalles du thème, sans jamais cependant le citer textuellement. Toute cette première section est riche de passages en imitation, auxquels s'ajouteront de nombreuses sections d'une invention sans cesse renouvelée, très recherchée et colorée, et faisant s'enchaîner passages en écho, traits de virtuosité « en fusée », divertissements dans l'esprit de la partita pour clavier, aux rythmes très travaillés, abondant en « pirouettes » et commentaires fragmentaires, brisés, souvent sans partie de pédale autre que de ponctuation. Cette explosion de rythmes et de couleurs s'estompera subitement, s'apaisera, toute la dernière section (mes. 132-143) prenant la forme d'un mouvement fluide, rythmé de l'intérieur mais uniforme, en motifs parallèles, et s'achevant dans la plus grande sobriété.

Durée d'exécution : ~ 10 mn

M.R.

PABLO BRUNA

Né à Daroca (province de Saragosse), baptisé le 22 juin 1611 ; mort à Daroca, le 26 ou 27 juin 1679. Le compositeur aragonais du XVIIe siècle dont nous est parvenu le plus grand nombre de compositions était plus connu de son vivant sous le nom de « El ciego [l'aveugle] de Daroca », ayant perdu la vue durant sa petite enfance. En 1631, il est nommé organiste de la collégiale de sa ville natale puis, en 1669, maître de chapelle, nomination qui semble ne pas avoir été suivie immédiatement d'effet et qui sera réitérée en 1674. Il semblerait par ailleurs que le chapitre de la cathédrale du Pilar de Saragosse l'ait nommé en 1639 au poste d'organiste et qu'il ait occupé cette fonction quelques jours durant, retournant aussitôt après à Daroca. Respecté par toute l'Espagne comme compositeur et organiste, il fut également célèbre comme professeur : Pablo Nassarre fut son élève, ainsi que son neveu Diego Xaraba y Bruna qui lui succéda à Daroca, avant de devenir premier organiste de la chapelle royale de Madrid où il demeura trente-huit ans.

L'œuvre pour orgue de Bruna comporte 32 pièces réparties en trois genres. On dénombre ainsi sept adaptations du *Pange lingua*, un recueil incomplet de trois séries de versets sur les psaumes, mais surtout 22 *tientos* (bien que certains sous d'autres appellations, dont *obra* ou même *gaytilla* et *batalla*) témoignant de la tendance de l'époque pour des œuvres de plus en plus développées dans la durée (jusqu'à 300 mesures). Les *Pange lingua* sont construits à trois voix sur un contrepoint classique, tandis que les versets (*Psalmodia* sur le *Magnificat* : six pour les 1er et 2e tons, quatre pour le 3e) font preuve d'une grande variété dans l'écriture imitative. Le premier groupe de tientos, pour clavier non divisé (de type *tiento lleno*), est multiforme et présente des œuvres de durée variable : soit brève et d'allure modérée (en particulier dans les cas de *tientos de falsas*, riches selon la coutume en suspensions, inflexions chromatiques et dissonances) ; plus vaste quand le *tiento* sert de cadre à des figurations plus riches et mouvementées.

Les *tientos* de Bruna débutent tous en imitation et sont, traditionnellement, en mesure binaire. Bien que polythématiques pour la plupart d'entre eux, ils n'ignorent cependant pas la stricte forme monothématique ; ainsi le n° 1 de l'édition Sagasta répète-t-il seize fois de suite le thème (ou parfois un dérivé de ce thème reposant sur la 1re incise), sans moduler, s'appuyant uniquement sur les tons de la tonique et de la dominante. Les imitations y sont d'une exceptionnelle densité, Bruna restant fidèle à la tradition castillo-aragonaise de sobriété, et par là même fort éloigné de la manière de Correa de Arauxo. Mais s'il énonce ces thèmes sobrement en valeurs de notes régulières, il n'en parvient pas moins, et de manière fort séduisante, à faire preuve d'une grande liberté de mouvement et de rythme, notamment dans l'art d'enchaîner les différentes sections. Une inspiration mélodique très vive et chaleureuse sous-tend les développements, parfois rehaussés d'un sens virtuose de l'imitation figurative, parfois de type toccata. Ainsi tel développement, tout en faisant alterner les différents registres du clavier, sera occasionnellement entrecoupé de dialogues évoquant la manière de l'*écho* de l'Europe du Nord, comme dans cette *Obra de 8.º tono* (le terme d'*obra* se rattache à la fois au *tiento* et à la fantaisie, mais sous-entend une moindre rigueur quant à la forme), avec progression/reprise jouant sur les intervalles de quarte (inférieure pour le dessus) et de quinte (supérieure pour la basse).

Toujours conformément à la tradition la plus répandue, les *tientos* de Bruna enchaînent la première partie sur rythme binaire à une deuxième section sur rythme ternaire, conclusive ou seulement intermédiaire, auquel cas une troisième partie, de nouveau sur rythme binaire, conclut en introduisant généralement un thème original.

La *gaytilla*, sorte de cornemuse le plus souvent de main gauche, relève également du tiento. Il en va de même pour la *batalla*, pièce descriptive d'origine guerrière (pouvant évoquer en Espagne la Reconquête des Rois catholiques), qui lors de son entrée à l'église substituera à la notion bien réelle de lutte armée celle, plus spirituelle, de l'affrontement du bien et du mal. La *batalla* est dite « *imperial* » ou « *bastarda* », selon qu'elle sonne en huit ou quatre pieds.

Les **Tientos de medio registro** proprement dits commencent eux aussi en imitation, parfois serrée, en strette : c'est le cas du remarquable **Tiento** (ou *Diferencias*) **sobre la letania de la Virgen**, non spécifié pour *medio registro*, mais adoptant néanmoins le principe de partition du clavier. Ce chef-d'œuvre unique de l'art du développement mélodique (monothématique et dérivés) contourne souverainement la difficulté du clavier partagé, laquelle chez Bruna ne semble jamais contraignante, tout en ne laissant à l'accompagnement de main gauche que 21 notes, jusqu'à l'ut_3 (compte tenu de l'octave courte alors en usage), et l'autre moitié du clavier pour les dessus solistes. La liberté du compositeur ne semble pas plus entravée que s'il avait composé pour deux claviers complets. Bruna trouve dans les limites mêmes de cette contrainte un cadre adapté à l'épanouissement de sa sensibilité créatrice, originale, sans toutefois négliger les normes de la tradition. Et certains commentateurs (López-Calo), devant tant d'invention, de regretter que l'Espagne n'ait pas poursuivi ses recherches en matière de développement thématique jusqu'à parvenir, comme les pays allemands contemporains, à la fugue — ou que les libertés que sut prendre un Correa de Arauxo ne se soient pas étendues à toute l'Espagne. Les *Tientos de medio registro*, chez Bruna tout comme chez les autres compositeurs ibériques, se parent de sections virtuoses à une ou plusieurs voix en longues progressions soutenues et nerveuses, développées mais jamais longues. Pleine de saveur, typiquement espagnole de corps et d'esprit, parfaitement adaptée à l'orgue de cette période, la musique de Bruna laisse également percevoir l'une des grandes personnalités d'organiste-interprète du Siècle d'Or espagnol.

M.R.

ARNOLD MATTHIAS BRUNCKHORST

Né à Celle (ou Wietgendorf) en 1670; mort sans doute à Hanovre en 1725. Son patronyme lui-même n'est pas exempt d'incertitudes : Brunckhorst ou Bronckhorst, Arnold ou Arnoldÿ, ou Andreas, Matthias, Melchior ou Martin... On aura compris qu'il s'agit d'un musicien encore enfoui dans les brumes musicologiques. On sait cependant qu'à partir de 1693, il est organiste à Hildesheim, d'abord à l'église Saint-Martin, jusqu'en 1695, puis à Saint-André, jusqu'en 1697. Et le 25 septembre de cette année, le duc Georg Wilhelm de Brunswick-Lüneburg l'appelle à Celle où il devient organiste de l'église principale. Son talent d'interprète devait, comme il était de règle à l'époque, se doubler de compétence en matière de facture d'orgue, puisqu'il reçoit par exemple 24 thalers pour la pose d'une voix humaine à son orgue. Malgré la dissolution, en 1705, de la résidence ducale à Celle, il est maintenu à son poste d'organiste de la ville. En 1720, il s'installe à Hanovre où il est appointé comme organiste de la Cour au salaire de 300 thalers. A titre de comparaison, vers la même époque, Jean-Sébastien Bach, Kapellmeister à Coethen, recevait 396 thalers. Selon toute vraisemblance, Brunckhorst resta en cette ville jusqu'à sa mort en 1725.

Selon Spitta, Jean-Sébastien Bach possédait un mouvement de sonate pour clavier de la main de Brunckhorst. Il est d'ailleurs probable que le jeune Jean-Sébastien, étudiant à la Michaelisschule de Lüneburg, ait cherché à rencontrer notre musicien lors d'une de ses visites à Celle. Malheureusement, il ne nous reste de ce compositeur qu'une seule et unique œuvre pour orgue, à laquelle il faut ajouter trois cantates (dont une pour Noël et une pour Pâques).

Praeludium en *mi* mineur

L'ignorance dans laquelle nous sommes de sa date de composition interdit une sévérité excessive. Car il faut bien reconnaître que, même s'il s'agit d'une œuvre de jeunesse, en 1697, Bruhns avait écrit, lui, des pages autrement enflammées. Nous avons d'abord affaire à un prélude juxtaposant sans grande invention les stéréotypes de l'époque. Cette écriture efficace (trop efficace ?), faussement mouvementée alors que les rythmes harmonique et modulant sont précautionneux, permet cependant à l'*organo pleno* un maximum de rayonnement. Il débouche sur un *adagio* vertical, sensibilisé par des appoggiatures et une sixte napolitaine. Lui succède une fugue laborieuse, aux entrées sans surprises, arpentant avec monotonie les sentiers banalisés de la dominante ou de la sous-dominante pour aboutir enfin sur une brève coda sans éclat. On peut certes concéder à Brunckhorst un « métier » solide, des idées thématiques ni meilleures, ni pires que celles de ses contemporains (le sujet de sa fugue est bien frappé), un brio instrumental. Mais la gamme descendante de son prélude n'est pas — loin s'en faut — le trait de foudre cisaillant le début du *Prélude* en *sol* majeur de Bruhns. Il serait cependant bien injuste de jauger un musicien dont nous possédons une seule œuvre. A l'image de nombre de ses confrères en ce début du XVIIIe siècle, ou bien Brunckhorst s'est contenté d'improviser sans se donner les moyens de composer et de publier, ou bien une partie de son œuvre dort encore en quelque bibliothèque, ou plus vraisemblablement, hélas !, ses créations sont irrémédiablement perdues. Au bénéfice de sa mémoire, rappelons qu'il a contribué à l'environnement musical du jeune Jean-Sébastien Bach, en la brillante cité de Celle, avec les Français Philippe de la Vigne, Louis Charles Gaudon, Thomas de la Selle ou J.E. Galliard.

Durée d'exécution : ~ 4 mn

G.G.

JOHN BULL

Né à Old Radnor (?), Radnorshire, en 1562-1563 (?) ; mort à Anvers, le 12 ou 13 mars 1628. La naissance et les origines de Bull ne peuvent être indiquées avec précision ; peut-être était-il d'ascendance galloise. Entré en 1573 dans le chœur de la cathédrale de Hereford, on le retrouve dès l'année suivante à Londres parmi les Children of the Chapel Royal. Il y subira l'influence durable de William Blitheman et de William Hunnis, qui furent ses véritables maîtres. Organiste de la cathédrale de Hereford en 1582, il est nommé en 1583 également maître des chœurs. Élevé en 1586 au rang de gentleman de la Chapelle royale, dont il deviendra organiste, il partage dès lors son temps entre Londres et Hereford. Il devient cette même année 1586 docteur en musique de l'université de Cambridge (ses œuvres sont souvent signées « Doctor Bull »). Sa nomination en 1610 à la tête de la musique du prince Henry confirme sa position dominante dans la vie musicale anglaise de son temps. A la suite d'un scandale touchant à sa vie privée (une affaire d'adultère), Bull quitte en 1613 l'Angleterre pour les Flandres espagnoles, définitivement. L'archevêque de Canterbury aurait dit de lui : « L'homme a plus de musique que d'honnêteté, et sa réputation est aussi grande pour son maniement de la virginité que pour son adresse à l'orgue ou au virginal » – et l'on sait que la virtuosité de l'exécutant au clavier était prodigieuse ! Bull expliquera son départ soudain et secrètement préparé par son passage à la foi catholique. Il entre à Bruxelles au service du duc Albert et fréquente d'autres organistes, parmi lesquels Sweelinck, Peter Philips et Pieter Cornet. Nommé en 1615 organiste-assistant de la cathédrale d'Anvers, il devient titulaire en 1617. C'est dans cette ville qu'il passe les dernières années de sa vie ; il est enterré dans la cathédrale.

Une grande partie de l'œuvre de Bull fut perdue lors de la fuite du musicien vers les Flandres. Elle compte aujourd'hui essentiellement des œuvres pour clavier (presque 150), qu'il révolutionna sur le plan technique sans renoncer, cependant, à certains traits de l'austère tradition héritée de Tallis par l'intermédiaire de Blitheman, ainsi qu'un ensemble considérable de 120 canons, dont 116 sur le plain-chant du *Miserere*. Plusieurs *anthems* ont également survécu.

Exception faite de quelques titres publiés dans *Parthenia*, première anthologie pour clavier consacrée à des compositeurs anglais et publiée en 1613, son œuvre pour clavier, datant de la période anglaise (avant 1613) comme de la période flamande, nous est parvenue sous forme de manuscrits dont l'authenticité est parfois difficile à établir ; s'y ajoutent de nombreuses altérations dues aux copistes. Ainsi, son élève flamand et fidèle admirateur Gulielmus Messaus attribua-t-il trop souvent à Bull, dans le louable souci de les transmettre, des pièces qui n'étaient pas de lui.

L'autre difficulté, habituelle pour la musique de clavier de cette époque et à laquelle Bull n'échappe pas, concerne la répartition de tel ou tel type de composition entre l'orgue et le virginal. Cette difficulté est d'autant plus grande que la seule présence d'un motif de plain-chant ou d'un intitulé latin ne permet pas de conclure à la nature liturgique de la pièce et, par là, à son attribution à l'orgue (l'usage de l'instrument avait été interdit à l'église par l'*Act of Uniformity* de 1559). A cela s'ajoute le fait que les pièces de nature réellement liturgique pouvaient tout aussi bien être interprétées au virginal qu'à l'orgue.

Les pièces sur plain-chant

La présence du plain-chant se manifeste tout d'abord dans les trois **Miserere**. Ils présentent une structure originale, fréquente dans l'univers du clavier anglais, dans laquelle le thème, en valeurs longues, se trouve enserré au sein d'un réseau de valeurs de notes beaucoup plus mobiles et dont la progression rythmique va s'intensifiant. Dans la première section du *Miserere* (₵) à trois voix et trois parties transmis par le *Fitzwilliam Virginal Book* (*FVB*, compilé entre 1606 et 1619), le thème, toujours en rondes et tout d'abord exposé au soprano, se trouve simultanément développé en diminution (noires) par la voix intermédiaire, la basse (croches) assurant à l'ensemble un soutien rythmique (gammes, passages en notes répétées par deux). La deuxième section poursuit la diminution, les noires devenant croches, les croches doubles croches — aucun changement pour le thème, toujours en rondes. L'écart entre thème et commentaire se creuse, la vivacité de la progression n'en paraissant que plus intense. La troisième section garde cette distribution des valeurs de notes, mais inverse les rôles : le cantus firmus passe à la voix intermédiaire, la basse en croches, le dessus en doubles croches. Outre le commentaire du texte, une telle pièce manifeste assurément une volonté de mise en scène des nombres, des proportions. Assez courte et de ce fait plusieurs fois répétée, la mélodie fait pencher l'œuvre vers la variation.

Bull fit de même sur d'autres textes, parfois plus longs, tel le **Salvator mundi Domine**, la progression ne se faisant plus seulement à chaque reprise du thème, mais aussi à l'intérieur de chaque « variation ». Bien que proche de la technique de certains chorals de Sweelinck, ces œuvres datent probablement d'avant 1613 et le passage de Bull en Flandre. Le *Salvator mundi* du *FVB* témoigne de cette même technique de l'amplification rythmique, l'écriture polyphonique ne cessant en outre de s'étoffer avec chaque section. La pièce commence sous la forme d'un bicinium (construction des plus fréquentes chez Sweelinck) avec cantus firmus au soprano et accompagnement virtuose de main gauche. La deuxième section est à trois voix (on retrouve le stade intermédiaire du *Miserere* évoqué ci-dessus), la troisième à quatre voix avec imitation en dialogue ou parallèle. La dernière innovation rythmique sera un changement de mesure, de ₵ à 12/8, la pièce s'achevant librement à la manière d'une toccata sur un trait de triples croches très violonistique.

On connaît douze adaptations de l'*In Nomine*, autre genre traditionnellement anglais, utilisant comme cantus firmus un fragment du *Benedictus* de la messe *Gloria tibi Trinitas* de John Taverner — exemple type de pièces contrapuntiques détachées du contexte liturgique. Ces œuvres spéculatives sont le théâtre de nombreuses expériences de rythmes (le n° 9 commence sur une mesure à 11/4), parmi lesquels nous retrouvons un rapport fréquent à cette époque, la sesquialtera (3:2). La complexité de cette écriture expérimentale, du fait notamment de la densité de la polyphonie à quatre voix et de l'extraordinaire difficulté d'exécution (diversité des rythmes devant être réalisés par une même main, longs enchaînements de tierces et de sixtes, etc.), est certes mieux perceptible à la lecture qu'à l'audition.

Curieusement, l'œuvre de Bull comporte également deux adaptations du *Salve Regina*, démarche inhabituelle en Angleterre pour une œuvre de clavier. En effet, ce thème de plain-chant ne suit pas le « rite Sarum », interprétation propre à la musique anglaise de la liturgie romaine traditionnelle, et ne portant que sur quelques points de détail. Il se pourrait que ces *Salve Regina* aient été composés après 1613. Bull, entre-temps, était devenu un compositeur flamand.

Toujours de la période flamande et sans doute composés pour la cathédrale d'Anvers, sont les trois courts arrangements du chant de Noël *« Een kindeken is ons geboren »* (« Un enfant nous est né »), construits non pas sur la mélodie proprement dite, mais sur un arrangement aujourd'hui perdu de cette mélodie. La tessiture de ces pièces, déplacée vers l'aigu, trahit l'influence des compositeurs flamands ou assimilés, lesquels destinaient ces chants de Noël essentiellement aux voix hautes.

Les Fantaisies

Les célèbres Fantaisies pour clavier de John Bull (de nombreuses questions se posent quant à l'authenticité de certaines d'entre elles) sont des œuvres d'une remarquable individualité de ton, et ce en dépit de l'influence exercée directement ou indirectement par Sweelinck. Les plus « modernes » semblent avoir été écrites aux Pays-Bas, les plus anciennes manifestant encore nombre de traits propres à la musique élisabéthaine de clavier. Les nº 10 et 11 sont de type bicinium à la manière des *Verses* de Byrd ; le nº 15 est un contrepoint à trois voix assez conventionnel ; la pièce nº 12, rythmique et pleine d'invention, que l'on ne trouve que dans le *Benjamin Cosyn's Virginal Book*, pourrait être de Cosyn lui-même (1570-1652). Toutes les autres fantaisies nous ont été transmises par des sources continentales, certaines dues au talent de copiste de Messaus – ce qui, on l'a vu, n'est pas une garantie d'authenticité.

Quatre fantaisies se trouvent dans les manuscrits précédées d'un prélude. La fantaisie pouvait également prendre la forme d'une adaptation libre pour clavier d'une œuvre vocale : Bull en composa deux sur un madrigal célèbre de Palestrina, *Vestiva i colli*. D'autres reposent sur des fragments de thèmes, soit de Bull lui-même (nº 2 et 14), soit d'autres compositeurs, telle la *Fantasia La Guamina* (sur une canzona de Gioseffo Guami, « *Canzoni alla francese... libro secondo* », A. Banchieri, Venise, 1596). Elles n'ont souvent de véritablement contrapuntique que le début, les grands traits de virtuosité libérant assez rapidement la structure en l'orientant vers un style plus libre de toccata pour clavier. L'incertitude demeure quant à l'attribution de la fantaisie nº 14, qui pourrait être de Sweelinck ; à l'inverse, la célèbre *Fantasia cromatica* du maître d'Amsterdam fut dans certaines sources attribuée à Bull... Le sujet, cependant, traité en diminution simple et double, ne l'est jamais en augmentation, procédé pourtant fréquemment relevé dans les fantaisies authentiques de Sweelinck. Pour des raisons stylistiques, la *Fantaisie nº 13* serait, selon certains commentateurs, de Pieter Cornet.

Parmi les œuvres authentiques de Bull, figure celle (nº 4) composée sur un thème de fugue de Sweelinck, œuvre datée, qui plus est, avec précision : *fecit Dr. Bull 1621 15. Decemb.*, soit quelques semaines après la disparition de Sweelinck – c'est un « tombeau ». Sombre, légèrement teinté de chromatisme et diminué dès la seconde entrée, le sujet est développé à trois voix principales avec beaucoup de noblesse :

Le contrepoint, non sans une remarquable souplesse d'écriture dans la transition, s'efface un instant au profit d'une courte section virtuose faite de traits passant d'une main à l'autre. Il reparaît ensuite, tout d'abord à trois, puis à quatre voix, sobre et épuré ; la pièce conclut en insistant sur la tonique, *la*. Ces fantaisies sont, pour la plupart, communément considérées comme sonnant mieux à l'orgue qu'au virginal.

Les Fantaisies sur l'hexacorde

Des trois *Fantaisies sur l'hexacorde « ut, ré, mi, fa, sol, la »*, la première (n° 51 du *FVB*), en *sol*, constitue une étude de chromatisme, voire d'enharmonie, particulièrement intéressante et surtout saisissante pour l'époque ; elle sous-entend en effet un tempérament presque égal de l'instrument, de manière à autoriser l'ensemble des tonalités, tempérament que les compositeurs des XVIe et XVIIe siècles ne sont pas supposés avoir pratiqué. D'abord exposé au soprano, le cantus firmus se déplace d'un ton vers l'aigu à chacune de ses réexpositions (*sol, la, si, ré* bémol, *mi* bémol, *fa*). Il migre ensuite à la basse (entrées sur *la* bémol, *si* bémol, *ut, ré, mi*), puis au ténor (entrées sur *fa* dièse et finalement *sol* : la boucle est bouclée). Le soprano s'empare de nouveau du cantus, le temps de quatre nouvelles entrées, toujours dans le ton d'origine, *sol*. Zarlino, avant 1588, avait déjà évoqué le partage de la gamme en douze demi-tons égaux : cette œuvre tendrait à prouver que l'Angleterre connut et pratiqua ce système bien avant qu'il ne fût universellement adopté. Cette œuvre étrange et audacieuse, que ses harmonies complexes placent à la croisée de l'écriture linéaire et de l'écriture verticale, suit pour le reste l'habituelle répartition de la polyphonie sur quatre voix continues.

La deuxième Fantaisie est conforme au modèle traditionnel du genre, fréquemment pratiqué à l'époque (également sur le continent, entre autres par Sweelinck). Toute la première partie est en forme de bicinium avec cantus firmus au soprano et basse indépendante (laquelle ouvre la pièce sur une pré-imitation du sujet) ; la basse est ensuite diminuée (noires, croches, rythme pointé, et enfin doubles croches), le sujet étant toujours exposé en rondes, jusqu'à parvenir à de véritables traits de virtuosité. La deuxième section (12/4) conserve le cantus au soprano, l'accompagnement (en croches) prenant la forme de deux voix parallèles à intervalle tout d'abord irrégulier, puis de tierce, enfin de quinte. Une quatrième section (9/4, C, 9/8, 6/4), après introduction d'une quatrième voix, donne lieu à une récapitulation des motifs rythmiques déjà rencontrés, le cantus firmus dominant toujours l'ensemble de la polyphonie.

La troisième *Hexachord Fantasy* offre une structure sensiblement plus homogène, moins évolutive, dans la mesure où il s'agit « simplement » d'une fantaisie fuguée sur les six notes de l'hexacorde, *ut, ré, mi, fa, sol, la*.

A ces Fantaisies sur cantus firmus profane, on ajoutera le « *God save the King* » en forme de *ground* (thème de type basse obstinée pouvant servir à l'élaboration d'une suite de variations ou d'une pièce à caractère improvisé). L'une des deux versions connues de cette œuvre a également été attribuée à Sweelinck (n° 12 de l'édition Seiffert). La pièce n'est pas construite sur l'hexacorde, mais sur les notes *ut, sol, fa, mi*.

Préludes, danses, variations

Outre certains Préludes en style de toccata, d'une grande clarté d'écriture, la musique de Bull plus particulièrement destinée au virginal fait appel aux danses stylisées constituant le fonds de la musique anglaise pour virginal : Pavanes, Pavanes et Gaillardes, Gigues, Toys (*Duchess of Brunswick's*), etc. Grand maître du clavier virtuose et explorateur du rythme et de la tonalité, Bull sut également faire preuve d'un réel talent de mélodiste dans des œuvres plus personnelles, telles *My Self, Revenant, Why ask you* (trois versions), etc.

On ne saurait conclure sans mentionner les célèbres [30] **Variations sur Walsinghame**, « continuation » des vingt-deux que Byrd avait composées sur ce même thème. Les principaux recueils de musique anglaise de l'époque nous ont transmis ces deux pièces célèbres : le *Fitzwilliam Virginal Book* (Byrd et Bull), le *Cosyn's Virginal Book* (Bull), enfin *My Ladye Nevells Booke* (entièrement consacré à Byrd), sous le titre *Have with yow to Walsingame*.

M.R.

JOHANN HEINRICH BUTTSTETT

Né à Bindersleben (près Erfurt), le 25 avril 1666; mort à Erfurt le 1er décembre 1727. Dès 1678, Buttstett (ou Buttstädt, ou Buttstedt) commence à travailler avec Pachelbel, le célèbre organiste de la Predigerkirche à Erfurt. En 1681, il entre à la Ratschule de cette ville. L'année 1684 le trouve organiste de la Reglerkirche; comme il était fréquent à l'époque, il enseigne aussi à l'école liée à l'église. 1687 : nouvelle promotion, puisqu'il est organiste (et professeur de latin) à la Kaufmannskirche. En juillet de cette même année, il épouse Martha Lämmerhirt, qui se trouve être une lointaine cousine de la mère de Jean-Sébastien Bach. En 1690, Pachelbel quitte Erfurt pour la cour de Stuttgart, abandonnant son poste à l'un de ses élèves, Nikolaus Vetter. Mais le 19 juillet de la même année 1690, c'est Buttstett que l'on trouve aux claviers de la Predigerkirche, où il restera jusqu'à sa mort. En 1693, il devient Ratsorganist de la ville. Le poste, honorifique, n'était cependant pas sans avantages pécuniaires. Buttstett occupera aussi un poste d'organiste à l'église catholique d'Erfurt; il écrira d'ailleurs pour le service catholique (en 1720, livre de messes, Opera prima sacra*).*

Par son enseignement et son rayonnement, Buttstett constitue sans aucun doute une figure centrale de la région Thuringe-Saxe, région constellée de Bach ou de créatures bachiennes. Mais le nom de Buttstett reste lié à une malheureuse polémique dont il ne pouvait sortir vainqueur, compte tenu de la valeur de son adversaire. Mattheson avait publié en 1713 à Hambourg un brillant traité, *Das neueröffnete Orchestre*. Face à ce texte plein de verve, Buttstett publie à son tour une défense des techniques musicales du passé, en convoquant à la barre Guido d'Arezzo, Praetorius ou Werckmeister, dans *Ut Mi Sol, Ré Fa La, et Harmonia Aeterna* (Erfurt, 1716). Mattheson, qui poussait à abandonner les éléments périmés de la tradition (par exemple les modes ecclésiastiques), se fit un plaisir de répliquer par un deuxième pamphlet, *Das beschützte Orchestre* (Hambourg, 1717). L'affaire était entendue, et la réponse désespérée de Buttstett, *Offentliche Erklärung* (Erfurt, 1718), passa inaperçue. L'image de Buttstett s'est ainsi figée dans celle d'un réactionnaire, rétrograde entêté, image que sa musique a bien du mal à dissiper.

L'œuvre pour orgue

La seule œuvre publiée pour clavier s'intitule *Musikalische Clavierkunst und Vorrathskammer* (Leipzig et Erfurt, 1713). Le recueil contient une grande variété de préludes et fugues, ricercari, mouvements de danse, et une aria avec 12 variations. Le plus fameux élève de Buttstett, le lexicographe, organiste et compositeur J.G. Walther, a, par ailleurs, recopié 36 Préludes de chorals. On trouve enfin diverses œuvres éparses dans de nombreux recueils. Mais si le *Musikalische Clavierkunst* a bien paru, Buttstett ne semble pas avoir réussi à publier les nombreuses pièces qu'il projetait à l'usage du service catholique.

On aura compris par tout ce qui précède que les œuvres qui nous sont parvenues sont celles d'un honnête tâcheron, quelque peu conservateur, sans génie. Et, de fait, une partita de choral comme celle sur « *O Gott, du frommer Gott* » décalque abondamment les procédés de l'*Hexachordum Apollinis* de Pachelbel (1699) : bicinium volubile, procession de tierces ou sixtes parallèles sur une basse simplifiée, alternance de « récits » (dessus, puis basse), etc. La comparaison ne tourne d'ailleurs pas nécessairement au désavantage de l'élève, même s'il est loin d'atteindre la fluidité polyphonique et le pétillement rythmique de Pachelbel. L'une de ses pièces les plus réussies pourrait être le prélude de choral « *Vom Himmel kam der Engel Schaar* » (« Du Ciel est venue une légion d'anges ») : l'imagerie traditionnelle éveille enfin le discours souvent empesé, scolastique de Buttstett. Celui-ci anime son commentaire par de joyeuses gambades, de doux frémissements d'ailes. Gammes, arpèges, triolets illuminent la ligne sévère du choral — l'*Orgelbüchlein* n'est pas loin...

Notons enfin que Heinrich Bach (1615-1692), grand-père de Jean-Sébastien, a longtemps été crédité de deux préludes de choral, « *Christ lag in Todesbanden* » et « *Erbarm dich mein* ». Mais Karl Geiringer* s'élève en faux contre cette attribution fondée sur les seules initiales J.H.B., et préfère voir en elles deux œuvres de Johann Heinrich Buttstett. Si tel est bien le cas, nous avons affaire à une écriture contrapuntique sévère, presque archaïque, mais d'une grande noblesse, tout à l'honneur de notre musicien.

G.G.

* K. Geiringer, *Bach et sa famille*, Buchet-Chastel, Paris, 1955, p. 47.

DIDERIK (DIETRICH) BUXTEHUDE

Né à Bad Oldesloe (Holstein), en 1637; mort à Lubeck, le 9 mai 1707. Diderik (en allemand, Dietrich ou Dieterich) Buxtehude est né en terre danoise, le Holstein étant alors rattaché à la couronne de Copenhague. Dès 1638, son père, Hans Jenssen, est organiste et titulaire de l'orgue de l'église Sainte-Marie d'Hälsingborg, avant d'être nommé à la paroisse allemande de Sainte-Marie d'Elseneur en 1641. C'est là que le jeune organiste fit ses premières armes, non sans établir à la brillante cour des rois de Danemark, Christian IV (mort en 1648) et Frédéric III, de fructueux contacts avec des musiciens comme Lorentz ou Förster. Il fut lié, semble-t-il, avec Weckmann et Theile, et put connaître dès ce moment les partitions qui circulaient en Europe du Nord, aussi bien des grands maîtres de l'orgue et du contrepoint (Sweelinck, Schütz, Scheidemann, Tunder) que des Italiens (les Gabrieli, Frescobaldi). Agé de vingt ans, Buxtehude obtient son premier poste à l'orgue de Sainte-Marie d'Hälsingborg, naguère tenu par son père à qui il succède à nouveau, cette fois à Elseneur. Et c'est à trente et un ans (1668) qu'il devient organiste à la Marienkirche (Sainte-Marie) de Lubeck, prenant la succession de Franz Tunder dont, selon la tradition, il épouse l'une des filles. Il passera tout le reste de sa vie à Lubeck, près de quarante années d'activité de compositeur et d'exécutant. Écrivant les musiques pour le culte, il se fait surtout connaître en développant l'institution des Abendmusiken *(ou « concerts du soir »), créée par son beau-père. Ces concerts spirituels font entendre œuvres d'orgue et oratorios de sa composition, attirant un très large auditoire dans la riche ville de marchands qu'est alors Lubeck. Il écrit également des arias, de la musique vocale et instrumentale, de la musique de chambre et de clavecin, principalement dans les vingt premières années de son séjour hanséatique. Quoique également « Werkmeister » ou marguillier de l'église Sainte-Marie, comptable et régisseur de toutes les activités liées à sa paroisse, la plus importante de la cité et église officielle du conseil de la ville, il ne réussira pas à faire rénover les deux orgues dont il dispose, le grand orgue et celui de la chapelle « de la danse macabre »* (« Totentanzorgel ») *, en médiocre état de fonctionnement (ces deux instruments ont été détruits en 1942). Son talent s'y épanouit néanmoins, au point d'attirer de nombreux admirateurs et élèves, parmi* *lesquels le génial Bruhns, disparu prématurément. Fin 1705, âgé de vingt ans, Jean-Sébastien Bach s'en vient d'Arnstadt à Lubeck pour écouter les* Abendmusiken *et le jeu de l'organiste; en congé pour quatre semaines, il s'absente quatre mois : l'influence de Buxtehude allait être décisive sur son œuvre.*

Les orgues de Buxtehude

L'œuvre pour orgue du musicien est indissociable des grands instruments de Sainte-Marie de Lubeck sur lesquels il exerça près de quarante ans un art qui le rendit fort célèbre en son temps. Ses fonctions musicales étaient essentiellement, à côté de celles d'administrateur des biens de l'église, celles d'organiste ; assisté d'un cantor, chargé notamment de diriger le chœur, c'est par surcroît qu'il exerçait son activité de compositeur et d'organisateur de concerts.

A Sainte-Marie, il disposait de deux grands instruments, placés, l'un, le grand orgue, au fond de l'église, l'autre, dit « orgue de la danse macabre », dans la chapelle, décorée d'une célèbre danse macabre médiévale, du bras nord de l'église (un troisième instrument, positif, était installé dans le chœur pour assurer le continuo). Remontant au XVIe siècle, le grand orgue avait été agrandi et modifié à plusieurs reprises, jusqu'aux travaux achevés en 1641 par Friedrich Stellwagen. Lorsque Buxtehude en prit possession, sa composition était la suivante, réunissant 52 jeux sur trois claviers manuels et pédalier, avec principal de 32′ en montre :

Rückpositiv : Bourdon 16′, Principal 8′ (en montre), Blockflöte 8′, Hohlflöte 8′, Quintadena 8′, Octave 4′, Spielflöte 2′, Sesquialtera II′, Mixtura V′, Scharff IV-V′, Dulcian 16′, Baarpfeiffe 8′, Trichterregal 8′.

Oberwerk : Principal 16′ (en montre), Quintadena 16′, Octave 8′, Spitzflöte 8′, Octave 4′, Hohlflöte 4′, Nasard 2 2/3′, Rauschpfeiffe IV′, Scharff IV′, Mixtura XV′, Trompette 16′, Trompette 8′, Zinck 4′.

Brustwerk : Principal 16′ ou 8′ (?), Gedackt 8′, Octave 4′ (en montre), Hohlflöte 4′, Feldpfeiffe 2′, Gemshorn 2′, Sifflet 1 1/2′, Mixtura VIII′, Cimbel III′, Krummhorn 8′, Regal 8′.

Pédale : Principal 32′ (en montre), Principal 16′ (en montre), Soubasse 16′, Octave 8′, Gedackt 8′, Octave 4′, Bauerflöte 2′, Nachthorn 2′, Mixtura VI′, Gross-Posaun 24′ (commençant au *fa* ou au *fa* dièse), Posaune 16′, Dulcian 16′, Trompette 8′, Krummhorn 8′, Cornet 2′.

En 1704, trois ans avant la mort du musicien, on finit par ajouter, à sa demande, deux jeux : une voix humaine 8′ au Rückpositiv et une sesquialtera II′ au Brustwerk.

Il semble que les claviers et le pédalier avaient été complétés dans le grave, et comptaient au moins les premiers *ré* dièse, *fa* dièse et *sol* dièse, ces deux dernières notes apparaissant souvent dans la musique de Buxtehude. L'étendue des claviers atteignait l'ut_5 aux trois manuels.

Reste l'épineuse question du tempérament. Lorsque Buxtehude arriva à Lubeck, en 1668, les orgues étaient très certainement accordés au tempérament mésotonique décrit par Praetorius en 1618. Mais il est également vraisemblable que le musicien fit réaccorder au moins le grand orgue, en 1683, à un « bon tempérament », celui décrit par Werkmeister dès 1681 (« Werkmeister III »), permettant les modulations dans les tons éloignés, ce qui expliquerait qu'il ait pu écrire des préludes en *mi* mineur et surtout en *fa* dièse mineur, injouables autrement. Quant au diapason, c'était sans doute celui du ton de chœur élevé (« *Hoch Chorton* »), d'environ un ton entier au-dessus de notre *la* moderne à 440 Hz (c'est le diapason conservé aujourd'hui à l'orgue Schnitger de Saint-Jakob de Hambourg, par exemple).

Buxtehude connaissait Arp Schnitger, alors au faîte de sa gloire; il se rendit à Hambourg, et l'invita même, à ses frais, à venir expertiser ses instruments lubeckois pour l'inciter à en entreprendre la restauration. Mais tandis que Schnitger édifiait un nouvel orgue à la cathédrale de Lubeck, ses devis pour restaurer les instruments de Sainte-Marie demeurèrent sans suite.

On connaît mal l'histoire de l'orgue « de la danse macabre »; l'état dans lequel le trouva Buxtehude remontait à la dernière restauration, due à Stellwagen et achevée en 1655. Sa composition, comptant 40 jeux sur trois claviers manuels et pédalier, était alors approximativement la suivante :

Rückpositiv : Principal 8′ (en montre), Rohrflöte 8′, Quintaton 8′, Octave 4′, Rohrflöte 4′, Sifflöte 1 1/3′, Scharf VI-VIII′, Sesquialter II′, Dulcian 16′, Trichterregal 8′.

Hauptwerk : Quintade 16′, Principal 8′ (en montre), Spitzflöte 8′, Octave 4′, Nasard 2 2/3′, Mixtur VI-X′, Rauschpfeiffe II′, Trompette 8′.

Brustwerk : Gedackt 8′, Quintade 4′, Hohlflöte 2′, Quinteflöte 1 1/2′, Zimbel IV′, Krummhorn 8′, Schalmei 4′.

Pédale : Principal 16′ (en montre), Soubasse 16′, Octave 8′, Gedackt 8′, Octave 4′, Quintade 4′, Octave 2′, Nachthorn 1′, Mixtur IV′, Zimbel II′, Posaune 16′, Dulcian 16′, Trompette 8′, Schalmei 4′, Kornett 2′.

Dans les deux cas, on relèvera entre autres l'importance du soubassement sonore des fonds ouverts de 16′, 8′ et 4′, le nombre élevé de rangs des mixtures (jusqu'à 50 rangs pour le grand orgue) et l'importance de la registration dévolue au pédalier (dans les deux cas, c'est le plan sonore doté du plus grand nombre de jeux, avec chaque fois non moins de cinq jeux d'anche). Jean-Sébastien Bach a entendu et très vraisemblablement joué ces deux orgues, il a dû s'en entretenir avec leur titulaire : le projet qu'il établira peu de temps après pour la restauration de l'orgue de Mühlhausen en est évidemment le reflet, de même qu'il a dû évoquer les questions de « bon tempérament » avec le maître de Lubeck*.

L'œuvre pour orgue

Aucune partition pour l'orgue de Buxtehude ne fut éditée de son vivant, et nous ne connaissons ses œuvres que par des copies d'époque, dues à des élèves ou collègues. Elles sont notées en tablature ou transcrites de tablatures, et présentent divergences et lacunes; par ailleurs, sauf exceptions, titres et dates font défaut, quand ce n'est pas le nom de l'auteur lui-même qui manque. C'est dire le travail auquel ont dû se livrer les musicologues pour reconstituer un corpus aussi cohérent que possible; c'est également ce qui explique les variantes importantes d'une publication à l'autre. La première édition de cette œuvre fut établie par Spitta en 1875 (publiée par Breitkopf); elle fut suivie par celles de Seiffert, de Keller, puis de Hedar (Hansen, Copenhague, 1952). Aujourd'hui, c'est celle établie par Klaus Beckmann et publiée en 1972 par Breitkopf qui paraît la plus satisfaisante, et que nous suivons ici. Cette édition porte les numéros du catalogue des œuvres de Buxtehude BuxWV (*Buxtehude Werke Verzeichnis)*, soit, pour l'orgue, les références BuxWV 136 à 224 et BuxWV 76 : au total, 90 partitions, dont 70 *pedaliter*. C'est ainsi l'ensemble le plus considérable destiné à l'orgue, à cette époque et en Allemagne, l'œuvre de J.-S. Bach exceptée. Cette production se partage pour moitié en pièces libres, pour moitié en chorals.

LES PIÈCES LIBRES

Dans un corpus de 41 partitions ne se fondant pas sur un cantus liturgique, 27 relèvent du genre prélude (praeludium, praeambulum ou toccata), 3 de l'ostinato (chaconne ou passacaille), et 11 de la canzone ou de la fugue.

Les Préludes

Des 27 partitions groupées ici sous ce titre, 23 sont expressément écrites *pedaliter* (19 praeludiums, 3 toccatas, 1 praeambulum), et 4 le sont *manualiter*, quoique pouvant requérir l'usage du pédalier pour soutenir des basses, et sans nul doute destinées à l'orgue (2 praeludiums, 2 toccatas).

Un des praeludiums est incomplet (BuxWV 144), un autre ne nous est parvenu que sous forme d'un simple fragment (BuxWV 154), l'agencement d'autres encore pouvant n'être qu'hypothétique, 25 pièces sont en tout cas à prendre en compte, qui figurent au répertoire des organistes.

* Sur tout ceci, comme sur l'œuvre entier de Buxtehude, on consultera le remarquable ouvrage de Kerala J. Snyder, *Dieterich Buxtehude, Organist in Lübeck*, Schirmer Books, New York, 1987.

En l'absence de dates et de manuscrits, toute chronologie sérieuse semble aujourd'hui impossible à établir dans cet important corpus. Il n'en apparaît pas moins que certaines œuvres dénotent un souci architectonique, une exigence et une maîtrise formelles, peut-être aussi une volonté d'expression symbolique qui ne peuvent être que le fruit d'une longue maturation. Et dans leur expression hautement subjective, il est des pages qui semblent bien le reflet d'une aventure personnelle de la sensibilité et de la pensée d'un créateur dont l'histoire ne nous sera sans doute jamais connue.

Destinés à accompagner le mouvement des fidèles entrant ou sortant de l'église, ou à servir de portique pour une cérémonie religieuse ou para-religieuse (une *Abendmusik*, par exemple), le Praeludium (ou Praeambulum) et la Toccata se différencient nettement des diptyques ou triptyques qu'écriront Bach et ses successeurs. Il s'agit en effet ici de morceaux d'un seul tenant, polyptyques aux volets juxtaposés, opposant le style fugué à une écriture rhapsodique de prélude ou de toccata. Buxtehude aime à varier l'agencement de ces épisodes — notamment la place assignée aux volets fugués — et leur nombre même, de 2 à 7 (le plus souvent 4 ou 5), encore que l'articulation en volets distincts soit parfois assez floue : on ne sait pas toujours quand finit le divertissement d'une fugue et quand commence l'épisode suivant, ni même si celui-ci doit être considéré comme épisode autonome ou simple transition. La position des fugues est variable : jamais en ouverture, certes, et toujours en deuxième place ; au-delà, et pour les 17 partitions comptant plus d'une fugue, la position est mobile, pouvant aller jusqu'à l'usage d'une fugue en conclusion. A deux reprises, Buxtehude fait en outre appel à la chaconne pour conclure un de ses polyptyques (*ut* majeur BuxWV 137 et *sol* mineur BuxWV 148).

Les volets fugués ne sont pas encore les vastes élaborations contrapuntiques que développera un Bach, mais davantage des expositions canoniques ou fuguées, assez variées, destinées à contraster avec les oppositions de récitatifs et de blocs d'accords des préludes. L'usage du style fugué dépasse cependant largement les volets fugués proprement dits, puisqu'on voit Buxtehude y recourir fréquemment au sein, notamment, de préludes tripartites. Enfin, on relèvera que dans le cas le plus général de deux fugues dans le même praeludium, la première est écrite en rythme binaire (à 4/4, dans la mesure du prélude, parfois à ₵), alors que la seconde, empruntant souvent ses éléments motiviques à la première, suit un rythme ternaire de caractère volontiers saltatoire : à 3/4, à 6/4, en sarabande à 3/2, en gigue à 12/8.

De ces divers traits constitutifs, il ressort que le schéma archétypique du praeludium buxtehudien suivrait un plan en cinq volets enchaînés : Prélude ou Toccata / Fugue en rythme binaire / Interlude ou transition / Fugue en rythme ternaire / Postlude en style de toccata et cadence.

Ces différents volets accolés et les épisodes qui les composent, en juxtapositions de sections propres au premier Baroque, s'opposent en de vigoureux contrastes, selon un goût prononcé pour le *stylus phantasticus* et son éloquence théâtrale, dont Buxtehude est, avec Reinken, Bruhns et Lübeck, l'un des plus brillants adeptes. Comme dans les monumentales *Chaconnes* et la *Passacaille*, se déploient ici l'inépuisable veine inventive du compositeur, son ardeur véhémente, d'une originalité parfois hardie. Mais plus que chez Tunder, son prédécesseur et beau-père, une tenace volonté organisatrice maîtrise et domine le cours foisonnant de l'imagination. En homme du XVIIe siècle, Buxtehude élabore ses architectures selon un principe unificateur sous-jacent, engendrant le renouvellement de la permanence, le discontinu du continu. Il s'ingénie à faire découler les différentes parties de ses ensembles d'un matériau thématique restreint, voire d'une cellule unique dont elles présentent des figures extrêmement diversifiées, irriguant toute l'œuvre par la prolifération de motifs dérivés. C'est ainsi que la deuxième fugue peut traiter le même sujet que la première, dans un rythme différent, ou un sujet qui en découle directement ; mais le ou les sujets peuvent aussi être issus d'un élément motivique remontant aux premières mesures du prélude. De même, malgré leurs caractères parfois opposés, les divers épisodes libres présentent entre eux des filiations qui révèlent le souci premier d'une organisation formelle rigoureuse dans l'apparente fantaisie du discours.

On ne saurait enfin mésestimer la composante proprement physique, la jubilation sensuelle, parfois, qui intervient dans l'élaboration de ces polyptyques. L'exubérance imaginative du compositeur a pour corollaire la griserie qui l'emporte à faire cingler un trait fulgurant, à marteler des accords dans toute la puissance de l'orgue. A le lire, on ressent la jouissance éprouvée à préparer, sur les grands instruments chatoyants qu'il touche, la couleur des grandes taches sonores qu'il va opposer en flaques de lumière. Maître d'une virtuosité digitale et pédestre en son temps exceptionnelle, il développe un jeu du pédalier particulièrement brillant, jusqu'à user de doubles parties de pédale : la basse participe désormais à l'exécution polyphonique à égalité de rang avec les autres voix, quand elle ne prend pas elle-même l'initiative du discours. Mais quoique toujours guetté par l'ivresse du corps, le compositeur maintient fermement le cap d'une pensée rigoureuse.

Praeludium en *ut* majeur
(BuxWV 136)

En cinq volets, il présente la particularité de s'achever sur la seconde fugue. S'y succèdent en effet un puissant prélude polyphonique, une première fugue à quatre voix, au parcours harmonique varié, un intermède libre, un fugato de caractère joyeux et dansant, avec ses petits appels en rythmes pointés, enfin une seconde fugue, au sujet comme de coutume issu du premier, mais en rythme de gigue.

Durée d'exécution : ~ 6 mn

Praeludium en *ut* majeur
(BuxWV 137)

Généralement dénommé « Prélude, fugue et chaconne », il est seul dans l'œuvre de Buxtehude à se présenter sous la forme affirmée d'un triptyque aux trois parties nettement différenciées et contrastées, en un morcellement typique des musiciens du Nord. Trois parties enchaînées, opposées de caractère, mais cependant liées par les parentés de motifs tous issus d'une même et unique structure mélodique, implicite — celle de quatre degrés conjoints descendants *(ut, si, la, sol)* qui confèrent à l'œuvre entière, dans son économie thématique, un statisme tonal obsessionnel (quels que soient les multiples emprunts, on ne quittera jamais *ut* majeur). Le prélude initial est en fait plutôt une toccata, organisée en trois sections : introduction par un grand trait de pédalier ponctué de quelques accords et traits de triples croches, puis épisode central à trois voix, d'abord en valeurs pointées « à la française », ensuite en progression conjointe chromatique, enfin brillant épilogue opposant en dialogue des motifs de doubles croches à des accords plaqués, selon un procédé que reprendra Bach dans ses préludes et toccatas de jeunesse. Le sujet de la fugue à quatre voix qui suit est directement issue du trait de pédalier initial. On notera que le contre-sujet n'est autre que le renversement de la structure mélodique de l'œuvre *(sol, la, si, ut)*, ce qui contribue encore à l'unité de l'ensemble, toujours dans ce climat oppressant engendré par la cellule initiale, obstinément en *ut* majeur. La strette finale est remplacée par un épisode de toccata formant pont avec la chaconne qui va suivre. Marqué *« presto »*, l'ostinato de celle-ci, en trois mesures au rythme ternaire (3/2), avec sa formule cadentielle caractéristique, est répété huit fois à la basse, à l'exception de la sixième fois, où il apparaît au ténor, dans une harmonie à trois voix. Cette formule, à son tour, est directement issue du sujet de la fugue. Cinq mesures de toccata concluent brillamment.

Durée d'exécution : ~ 5 mn

Praeludium en *ut* majeur
(BuxWX 138)

Récemment découvert, comme les chorals « d'Arnstadt » de Bach, dans la bibliothèque de l'Université Yale aux États-Unis, c'est sans doute une page de jeunesse. Construction en trois parties, prélude, fugue et postlude. Unique en son genre dans l'œuvre de Buxtehude, le volet central présentant l'originalité d'être une double fugue avec contre-exposition.

Durée d'exécution : ~ 4 mn

Praeludium en *ré* majeur
(BuxWV 139)

En quatre volets, dont une seule fugue. Le prélude s'ouvre par des accords arpégés, comme des appels de trompes, ce qui lui a valu son surnom de « la chasse ». La fugue est suivie d'un intermède polyphonique marqué « *adagio* », avant la toccata finale.

Durée d'exécution : ~ 5 mn

Praeludium en *ré* mineur

(BuxWV 140)

Archétype du genre, c'est l'une des pages maîtresses de l'œuvre pour orgue de Buxtehude, de celles qui annoncent le plus directement J.-S. Bach. C'est aussi l'une de ses œuvres les plus puissantes, au caractère sombre et altier. Sur une pédale de tonique, le prélude déroule un ruban régulier de doubles croches procédant en mouvements conjoints, comme Bach le fera souvent, en particulier dans la *Toccata « dorienne »*, elle aussi en *ré*. Annoncé à la dernière mesure du prélude, le sujet de la fugue est fait de sauts d'octaves et de notes répétées ; il parcourt les quatre degrés descendants de la gamme, de la tonique à la dominante. Le contre-sujet, descendant par mouvement conjoint, cimente le réseau polyphonique et gomme les aspérités du sujet ; il est relayé par un second contre-sujet qui développe des motifs de doubles croches ascendants. Le long intermède central oppose un récitatif modulant, une section en imitations et une coda. En fait de seconde fugue, on retrouve le sujet et le contre-sujet de la première, traités cette fois en rythme ternaire (à 3/4, au lieu de 4/4). Enfin, le caractère de la toccata conclusive s'apparente à celui du prélude, comme pour renforcer davantage encore l'unité de l'œuvre. Cadence plagale.

Durée d'exécution : ~ 6 mn

Praeludium en *mi* majeur

(BuxWV 141)

Plusieurs traits originaux distinguent ce praeludium aux multiples épisodes, notamment la présence de trois fugues et d'indications d'exécution. Un brillant prélude en guirlandes s'ouvre sur la première fugue, au sujet noblement profilé en deux quartes ascendantes et retombant en une cascade de doubles croches. Abondant en traits volubiles, la coda s'ouvre sur une toccata en deux sections, un récitatif lancé par un trait de pédalier orné de trilles, puis un « *presto* » en imitations qui s'achève sur un trait marqué « *con discrezione* » *(ad libitum)*, ménageant une salutaire respiration. En rythme de gigue (à 12/8), la deuxième fugue est une simple exposition fuguée à trois voix, terminée par une transition « *adagio* » de quatre mesures. Enfin, une troisième fugue, « *allegro* » (à 4/4), au sujet de vif-argent librement développé, débouche sur cinq mesures de strette conclusive.

Durée d'exécution : ~ 6 mn

Praeludium en *mi* mineur

(BuxWV 142)

L'une des pages maîtresses de Buxtehude, sa valeur dut être très tôt reconnue, puisqu'on n'en connaît pas moins de cinq copies manuscrites anciennes. Comme le *Praeludium* en *mi* majeur BuxWV 141 et celui en *sol* mineur BuxWV 163, cet ensemble en cinq parties comporte trois fugues au lieu des deux habituelles. On notera aussi que c'est l'une des œuvres les plus longues du compositeur. Dans un flux quasiment ininterrompu de doubles croches, un ample récitatif donnant lieu à des jeux d'imitations ouvre un discours de grande éloquence et d'une riche invention harmonique. Sur un sujet descendant très bachien, évoquant l'écriture de violon, la première fugue est l'une des plus développées de Buxtehude, couronnée par une strette et une coda chromatique qui annonce le sujet de la deuxième fugue. Celui-ci, descendant, de rythme ternaire (3/2), sera aussi puissamment travaillé que le précédent, en de nombreux épisodes, avec un contre-sujet également chromatique. Demi-tons, toujours, dans l'intermède qui suit, où le soprano énonce un récitatif très orné, de caractère rêveur et comme improvisé. Éclate alors en fanfare la troisième fugue (à 12/8), gigue bondissante et allègre qui contraste vivement avec les épisodes précédents. La partie de basse, au pédalier, y est généreusement développée, soutenant aux claviers des imitations et des accords martelés qui accentuent le caractère dansant de cette page. Conclusion par un bref et brillant récitatif.

Durée d'exécution : ~ 8 mn

Praeludium en *mi* mineur
(BuxWV 143)

Comme son élève Bruhns, et comme Bach plus tard, Buxtehude a laissé deux préludes en *mi* mineur, un « grand » et un « petit ». Coupe caractéristique en cinq volets, avec deux fugues serties dans des épisodes libres. Cette œuvre illustre de façon exemplaire la recherche, propre au XVIIe siècle, d'unification d'une construction morcelée. Dans un polyptyque aux volets contrastés, à l'invention renouvelée, cette unification est réalisée ici, comme généralement dans les pages similaires de Buxtehude, par les apparentements des sujets des deux fugues, en rythme binaire puis ternaire, mais aussi par les liens motiviques étroits qui unissent les trois épisodes libres. Simple, puissante, bien équilibrée, la construction décrit une courbe en arche : un très bref intermède central de transition constitue l'axe de symétrie de l'œuvre, opposant comme en un miroir l'ensemble prélude-fugue initial, sur 51 mesures, de l'ensemble fugue-toccata, également sur 51 mesures. Cette volonté architecturale s'appuie de surcroît sur un principe d'économie : petit nombre des éléments fondateurs de l'œuvre et densité du sujet des fugues, bref et tout entier contenu dans le très petit intervalle d'une seconde majeure (dérogeant donc à l'usage voulant que la dominante soit entendue dans le sujet) ;

on observera ainsi comme le grand trait de pédalier ouvrant le prélude engendre imitations et développement polyphonique. Mais la maîtrise architecturale ne bride pas l'imagination du compositeur, elle semble même la stimuler. Qu'il suffise de mentionner, dans la première fugue, l'usage, altéré ou non, qu'il fait du septième degré pour iriser cette page d'une chatoyante ambiguïté modale ; ou la première section de la toccata finale : marquée « *adagio* », à 4/4, c'est une sorte de cadence aux accords brisés, dans une atmosphère raréfiée, rongée de silences, avant qu'une longue volute de doubles croches, inspirée des motifs précédents, ne vienne achever l'œuvre comme elle avait commencé.

Durée d'exécution : ~ 5 mn

Praeludium en *fa* majeur
(BuxWV 145)

Avec la *Toccata* BuxWV 157, également en *fa* majeur, c'est l'un des deux seuls diptyques de toute l'œuvre pour orgue de Buxtehude, sorte de prélude et fugue que ses vastes proportions apparente aux pages semblables de J.S. Bach. Le prélude est articulé en trois parties, selon un plan A B A′ : trait de doubles croches et récitatif, épisode en rythme de gigue, à la polyphonie amplement modulante, et retour en symétrie à la première partie. La fugue est la plus longue de l'œuvre de Buxtehude, en raison de l'exceptionnelle dimension de son sujet (6 mesures). Très original, celui-ci émet d'abord un petit appel en fanfare, sorte de trille d'oiseau trois fois lancé ; puis, après une cadence, une descente en escaliers, sur un intervalle de onzième, précède une formule cadentielle très affirmée.

Rythmiquement opposé au sujet, le contre-sujet l'orne de mordants qui accentuent son caractère allègre. Les deux fragments du sujet se prêtent à de nombreux divertissements et à une double strette pimpante. Quelques traits viennent couronner ce joyeux discours.

Durée d'exécution : ~ 6 mn

Praeludium en *fa* dièse mineur
(BuxWV 146)

Dans la tonalité très rarement utilisée de *fa* dièse mineur, ce ton « de la chèvre » que Bach lui-même n'emploiera jamais à l'orgue, ce grand polyptyque est l'un des chefs-d'œuvre du compositeur, avec les *Préludes* en *ré* mineur (BuxWV 140), *mi* mineur (BuxWV 142), *sol* mineur (BuxWV 149), *la* mineur (BuxWV 153) et la *Passacaille* en *ré* mineur, où se condensent à leur plus haut degré les grands traits du génie buxtehudien. De même que le *Praeludium* en *la* mineur (BuxWV 153) et le *Praeambulum* (BuxWV 158), également en *la* mineur, l'œuvre est bâtie en quatre volets, un prélude, deux fugues et un postlude en toccata. Le prélude s'articule, comme souvent, en trois sections : un épisode de récitatif, avec batteries et gammes en doubles croches, un épisode homophone évoquant quelque choral non sectionné, aux accords modulants sur une basse procédant en mouvements chromatiques, et une brève cadence virtuose. Marquée « grave », la première fugue traite un sujet à la découpe franche,

au caractère héroïque (rythme pointé), frappé de l'intervalle caractéristique de septième diminuée descendante. L'exposition (réponse avec mutation) et la contre-exposition à quatre voix maintiennent l'unité tonale, malgré l'agrandissement des intervalles selon un procédé que le compositeur magnifiera dans la seconde *Fugue* en *sol* mineur BuxWV 149, par exemple. S'achevant sur une basse cadentielle, cette première fugue s'enchaîne à la seconde, notée *« vivace »* — en fait, davantage un fugato réduit à de simples imitations très libres. Son sujet et son contre-sujet procèdent de ceux de la première fugue, par variation rythmique et ornementation. La coda développe et ressasse la tête du sujet en un dessin obstiné qui sera l'un des éléments du postlude; tournant déjà en toccata, elle assure en effet une transition floue avec le dernier volet qui en découle. Une césure est cependant marquée par un récitatif fantasque en triples croches, soutenu par une harmonie très chromatique (modulation au ton de *sol* dièse mineur, notamment). Suit un épisode revenant aux motifs obstinés en doubles croches, ponctués d'accords. Le discours s'amplifie au pédalier, puis aux manuels, éloquent, volubile, en d'incessantes guirlandes de doubles croches. Jouant de l'ambiguïté de *fa* dièse mineur et de *si* mineur en une immense relation plagale, l'épilogue se résout sur une double pédale de tonique, dans un intense climat obsessionnel.

Durée d'exécution : ~ 7 mn

Praeludium en *sol* mineur
(BuxWV 148)

Œuvre de relative jeunesse (antérieure à 1675), c'est un ensemble en cinq épisodes assez original, puisque la partie centrale n'est qu'une très brève transition entre les deux fugues, et que c'est une chaconne qui, comme dans le *Praeludium* en *ut* majeur (BuxWV 137), constitue le dernier volet. Le prélude suit la coupe tripartite chère à Buxtehude, avec son récitatif d'introduction, grandiose et pathétique, son fugato chromatique et sa conclusion en traits ascendants. De la première fugue, on notera qu'elle évoque de près la première du *Praeludium* en *fa* dièse mineur; en notes répétées, les trois intervalles de son sujet (tierce majeure descendante, quarte juste ascendante, septième diminuée descendante) sont même, cette fois, très exactement ceux du *Kyrie* du *Requiem* de Mozart. Le sujet de la seconde fugue ne dérive pas de celui de la première, mais de l'incipit du prélude, dans un nouveau traitement rythmique, à 3/2; il se prête à un strette assez lâche, en forme de coda. Quant à la chaconne finale, elle présente elle aussi plusieurs traits particuliers. Son sujet, d'abord : si la périodicité de l'ostinato est bien de quatre mesures, le sujet lui-même n'est exprimé que sur deux mesures (toujours à la basse), suivies de deux mesures de silence. Par ailleurs, elle quitte la tonalité principale pour le relatif majeur, ton qui, de façon insolite, conclut l'œuvre entière — si tant est que la copie dans laquelle celle-ci nous est parvenue soit complète. Enfin, on observera qu'elle expose trois variations en *sol* mineur, trois autres en *si* bémol majeur, et que la dernière variation est répétée, en coda, comme pour respecter le chiffre de sept expositions auquel semble particulièrement tenir le musicien.

Durée d'exécution : ~ 6 mn

Praeludium en *sol* mineur
(BuxWV 149)

Polyptyque de vastes dimensions, c'est l'un des chefs-d'œuvre de Buxtehude, et l'une des pages maîtresses de toute la littérature de l'orgue. Le musicien y apparaît au plus haut de sa maîtrise — sans doute s'agit-il d'une page de maturité —, alliant rigueur formelle, virtuosité instrumentale et fantaisie imaginative. Mais c'est aussi, comme en certains préludes de choral, l'une des œuvres où il s'exprime le plus intensément en tant qu'homme. Il y a ici, en effet, comme le reflet d'une expérience personnelle d'ordre mystique : on verra bien comment, dans la construction en cinq parties chère aux musiciens du Nord, Buxtehude mène son auditeur depuis les doutes d'une âme tourmentée, en proie aux turbulences et aux vicissitudes du monde, à la conquête progressive de la sérénité et de la paix.

Malgré la diversité de ses éléments, cette pièce dégage un sentiment de profonde unité, fruit de la dialectique, minutieusement élaborée par le compositeur, du continu et du discontinu, de l'unique et du multiple. Dans la théâtralité véhémente de ses contrastes, l'œuvre relève du *stylus phantasticus* le plus exacerbé : raison de plus, dans l'esprit du musicien, pour la sous-tendre d'éléments structurels simples, agissant comme principes unificateurs. Unité, déjà, dans la permanence de la tonalité pathétique de *sol* mineur. Unité, surtout, par la parenté de tous les motifs, qui s'engendrent les uns les autres. La permanence de certains intervalles privilégiés confère un puissant caractère à l'ensemble : quintes et quartes diminuées descendantes, appuis sur le sixième degré mineur, quintes justes ascendantes. Sur le plan rythmique, au contraire, il ne s'agit plus de permanence, mais de succession contrastée, tout au long de l'œuvre, de figures très franchement profilées. C'est à l'agencement de ces figures que va revenir de tracer la grande courbe évolutive de ce praeludium, de la tempête à l'apaisement — depuis les doubles croches en sextolets jusqu'à un flux régulier de croches, en passant par des figures pointées.

On a comparé l'œuvre à un paysage nordique dont les brumes se dissipaient peu à peu, et les traits du début aux houles de la Baltique. Ouvrant le prélude, des tourbillons de sextolets semblent en effet s'abattre sur l'auditeur, dans toute la force du plein-jeu de l'orgue, et progressent par rafales obsédantes. Dans cette bourrasque apparaît au pédalier un motif sinistre de sept notes qui s'enfoncent pesamment ;

caractéristiques d'une basse de chaconne, elles seront répétées, ostinato, en six énoncés. Deux siècles plus tard, les organistes français se souviendront dans leurs toccatas de ce procédé grandiose.

Après le tohu-bohu dramatique du prélude, la première fugue va commenter de l'intérieur les tourments de l'âme, comme plus tard, chez les romantiques allemands, la seconde strophe du poème ou du lied opposera en reflet métaphysique l'individu solitaire et déchiré à une nature hostile évoquée dans la première. Puissante fugue à quatre voix, le sujet

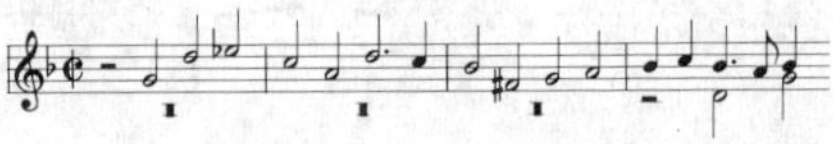

en est directement issu de la basse précédente. Monochrome — on ne quitte jamais le ton initial de *sol* mineur —, elle se compose d'une exposition à quatre entrées, suivie d'une contre-exposition également à quatre entrées. Transition en forme de récitatif modulant.

Beaucoup plus qu'un simple intermède, le volet central marque une étape décisive dans la conquête de la lumière : la polyphonie s'y allège, l'harmonie s'y clarifie, mais c'est surtout dans la rythmique que s'opère cette évolution. La main gauche y déroule en effet les allègres formules, en croches régulières, de quelque basse de concerto baroque, ponctuées d'accords martelés, en une sorte de combat contre les ténèbres et d'aspiration vers les hauteurs. Quelques valeurs pointées s'insinuent déjà, et la basse va s'emparer de cette figure dactylique qui, dans la rhétorique baroque, est liée à l'expression de la joie. Chère à Bach, celle-ci est insérée dans

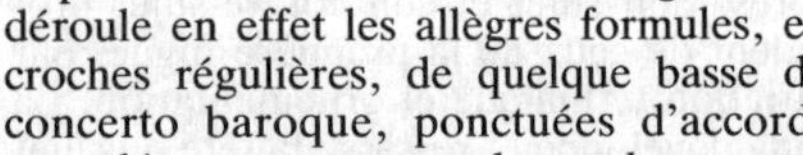

un motif obstiné évoquant ici l'aria-duetto de la *Cantate* BWV 78, *« Jesu, der du meine Seele »* ; d'abord entendu à la basse, le motif passe au soprano, maintenant l'effet obsessionnel de la broderie du *sol* aigu.

La seconde fugue à quatre voix, sur un rythme de sarabande (à 3/2), est le plus développé des cinq volets de l'œuvre. A nouveau, le sujet découle du motif initial du prélude, sujet de coupe admirable, aux intervalles descendants (on pense à certains sujets de Bach, et plus encore au Mozart du *Requiem*) qui vont s'agrandissant comme mus d'une force centrifuge : tierce majeure, quinte diminuée, sixte mineure.

La réponse, avec mutation, s'accompagne d'un contre-sujet syncopé procédant en mouvement conjoint. Nouvelle étape sur le chemin de la paix conquise, cette page est animée rythmiquement de valeurs pointées « héroïques » (blanches et noires pointées), moins nombreuses cependant vers la fin de la fugue, alors que vont dominer les mouvements de croches, plus sereins, régulièrement ondulants, issus du contre-sujet.

En quelques mesures, c'est enfin la coda de l'apaisement. La fugue se dissout dans un flux insistant de croches, tandis que les voix intermédiaires font pour la dernière fois entendre les éléments significatifs du motif initial. Ce postlude paraît tout entier énoncé en *ut* mineur, jusqu'à ce que, insolite, un saisissant *fa* dièse grave au pédalier, sensible de *sol* mineur, ramène au ton principal : l'épisode précédent apparaît alors rétrospectivement comme au quatrième degré, en une sorte de grande cadence plagale. Conclusion sur un grand trille et la tierce picarde.

Durée d'exécution : ~ 7 mn

Praeludium en *sol* mineur
(BuxWV 150)

La tonalité de *sol* mineur est marquée d'un caractère douloureux, parfois pathétique – moins cependant ici que dans le praeludium précédent, tempérée qu'elle est par la présence d'un *si* naturel, emprunt à *ut* mineur, qui lui confère une ambiguïté modale (*sol* mineur/*sol* majeur) ou tonale (*sol* mineur/*ut* mineur), en une relation plagale que semble affectionner le musicien. Les quatre sections (prélude, fugue, interlude, fugue) révèlent des liens motiviques étroits : non seulement les deux fugues traitent le même sujet, mais celui-ci dérive du thème du prélude.

Durée d'exécution : ~ 7 mn

Praeludium en *la* majeur
(BuxWV 151)

Ce polyptyque est connu sous diverses formes selon les manuscrits anciens, et a fait l'objet d'éditions bien différentes. Dans l'édition récente de Beckmann, s'y succèdent un prélude, une fugue, un intermède grave très modulant et une seconde fugue; mais le développement de cette dernière s'arrête assez vite, sans épisode virtuose de conclusion : il est vraisemblable que cette œuvre ne nous est pas parvenue sous sa forme achevée.

Durée d'exécution : ~ 7 mn

Praeludium en *la* mineur
(BuxWV 152)

Un prélude, deux fugues et une très brève conclusion en style de toccata — cet ensemble doit son surnom de « phrygien » au mode de *la* sans sensible qui domine dans les deux fugues. Déjà, le prélude présente un caractère modal affirmé, évoluant dans l'ambiguïté des tons de *la* et de *mi* mineur en un foisonnement de doubles et de triples croches. Le sujet de la première fugue se déploie sur toutes les notes de l'octave, de *mi* à *mi*. Avec son *sol* naturel et son *fa* dièse, il poursuit l'ambiguïté tonale du prélude, puisqu'on peut l'entendre en *mi* mineur plutôt qu'en *la*. Plus qu'une fugue, ce serait un fugato dont les quinze entrées présentent diverses variantes tonales et modales. La seconde fugue, à 3/2, traite le même sujet que la première, mais cette fois perçu initialement en *la* mineur. Après une exposition régulière à quatre voix, son développement, plus lâche contrapuntiquement, joue à nouveau sur les diverses modulations aux tons voisins. Conclusion sur *mi*.

Durée d'exécution : ~ 5 mn

Praeludium en *la* mineur
(BuxWV 153)

Page grandiose, d'admirable facture, c'est aussi l'une des plus fortement expressives du compositeur, en quatre sections seulement, un prélude, deux fugues et un postlude. Dans sa puissante polyphonie annonçant directement J.-S. Bach, le prélude est tout entier parcouru par un flux de doubles croches organisé en de multiples figures, procédant en imitations avec de fréquents répons entre pédalier et claviers manuels ; une longue pédale de dominante accentue son caractère inexorable. Amplement développée, la première fugue se présente sous un jour très original : son sujet est fait d'un appel de quinte ascendante suivi d'une redescente du pentacorde en notes répétées, mais à peine l'exposition s'achève-t-elle (réponse à la basse) que le soprano enchaîne avec le renversement du sujet, ouvrant à une nouvelle exposition à quatre voix ; les deux formes, droite et renversée, seront développées. Quant à la seconde fugue, son sujet est une nouvelle figure du précédent, mais énoncée en valeurs régulières, à 6/4, et accusant son profil désinent par des chromatismes. Cette fois, le musicien ne fait pas paraître la forme renversée du sujet, et la fugue tout entière chemine par mouvements descendants, d'un caractère presque désespéré. La strette manifeste cependant un sursaut d'énergie, en développant la tête du sujet (quarte ascendante). Après cet épisode dépressif, la toccata finale se présente comme un combat héroïque : rafales de traits, accords syncopés, avant la vibrante victoire finale en *la* majeur, sur huit mesures de pédale de tonique marquant la symétrie avec le prélude.

Durée d'exécution : ~ 6 mn

Toccata en *ré* mineur (BuxWV 155)

Daté de 1684, ce polyptyque aux épisodes intimement enchaînés oppose cependant avec netteté le style fugué aux éléments très librement rhapsodiques qui justifient son titre de toccata. Les deux fugues présentent également une étroite imbrication de leur sujet avec le contre-sujet, complément plus que faire-valoir du sujet. On notera que le dernier épisode de toccata a été baptisé « Final » sur la copie qui nous est parvenue.

Durée d'exécution : ~ 7 mn

Toccata en *fa* majeur (BuxWV 156)

Sous ce titre de toccata, cette grande pièce propose une sorte d'archétype du polyptyque cultivé par les organistes d'Allemagne du Nord au temps de Buxtehude, mais les deux sections fuguées n'y occupent qu'une place mineure, priorité étant donnée aux épisodes libres. On y voit à nouveau opérer un principe unificateur régissant les divers épisodes contrastés de l'œuvre, en *stylus phantasticus*. L'étourdissant trait de pédalier en intervalles disjoints de dixièmes, au centre de la longue toccata conclusive, illustre brillamment le haut degré de virtuosité pédestre atteint par Buxtehude et ses contemporains.

Durée d'exécution : ~ 8 mn

Toccata en *fa* majeur (BuxWV 157)

On retrouve ici l'association du ton de *fa* majeur à l'expression d'une virtuosité éclatante et d'une puissante sérénité. Mais à l'inverse de l'œuvre précédente, celle-ci rompt avec le schéma habituel du polyptyque en cinq parties pour adopter la construction plus simple d'un diptyque, toccata et fugue, qui sera celle le plus souvent cultivée par Bach et ses successeurs. Fugue et toccata sont liées par des parentés de caractère, sinon de motifs.

Durée d'exécution : ~ 5 mn

Praeambulum en *la* mineur (BuxWV 158)

Comme celui de praeludium, le titre de praeambulum recouvre une composition destinée à prendre place au début de la messe ou d'un office, et librement composée d'épisodes de fantaisie et de sections fuguées. On peut ici distinguer quatre parties, au lieu des cinq habituelles. Deux épisodes extrêmes, en style de toccata, encadrent deux fugues successives aux sujets apparentés. Page principale du praeambulum, la première fugue présente un sujet diatonique très simple, qui constitue aussi son propre contre-sujet. Buxtehude expose les voix deux par deux, la réponse apparaissant en canon à une mesure du sujet et se combinant à lui.

Durée d'exécution : ~ 5 mn

Praeambulum en *sol* majeur (BuxWV 162)

Écrit sur deux portées, il peut être joué *manualiter*, même si certaines tenues font manifestement appel au pédalier. On notera le profil rythmique assez étrange du sujet de la première fugue, avec ses valeurs pointées et ses figures opposées d'anapeste et de dactyle.

Durée d'exécution : ~ 6 mn

Praeludium en *sol* mineur

(BuxWV 163)

Ce vaste polyptyque ne fait que fort peu appel au pédalier, si ce n'est pour soutenir de longues basses de dominante ou de tonique. On y distingue sept sections, alternance d'épisodes libres et de fugatos. Construction et développements assez lâches : serait-ce une œuvre de jeunesse ? On remarquera la très curieuse altération du *la* bémol (deuxième degré abaissé) dès la deuxième note du prélude, créant une passagère ambiguïté tonale. Quant aux fugues, elles traitent des sujets indépendants et ne procédant pas selon le schéma rythmique coutumier : la première est une gigue à 12/8, et la troisième, sorte de danse au mouvement endiablé, est écrite à 12/16.

Durée d'exécution : ~ 8 mn

Les Chaconnes et la Passacaille

Dans l'œuvre d'orgue de Buxtehude, trois pièces majeures relèvent exclusivement de l'ostinato à variations : deux chaconnes et une passacaille. Leurs dates de composition ne sont pas plus connues que celles des autres partitions du corpus ; on peut toutefois supposer que la *Chaconne* en *ut* mineur serait la plus ancienne, parce que plus décorative et extérieure que profonde, alors que la *Passacaille*, d'une construction et d'une pensée beaucoup plus fermes, pourrait dater de la maturité du compositeur. Quant à leur destination, qui échappe à toute fonction cultuelle, on n'en sait pas davantage ; peut-être étaient-elles exécutées comme morceaux d'apparat lors d'une *Abendmusik*.

Mais ce ne sont pas là les seules pages où le musicien se soit montré attiré par la formule de la basse obstinée. On trouve en effet une chaconne en guise de dernier volet, à la place de l'habituelle péroraison en style de toccata, dans deux de ses grands polyptyques, le *Praeludium* en *ut* majeur (BuxWV 137, également appelé « Prélude, fugue et chaconne ») et le *Praeludium* en *sol* mineur (BuxWV 148) ; basse de chaconne, encore, dans le premier volet du *Praeludium* en *sol* mineur (BuxWV 149) ; et même dans le traitement des thèmes liturgiques : la deuxième période de la Fantaisie de choral sur « *Ich dank dir schon* » (BuxWV 95) est bâtie sur un ostinato, et le verset « *Pleni sunt coeli et terra* » du *Te Deum* emprunte lui aussi à la chaconne dans la profusion de ses images sonores. On rappellera également que six des cantates du musicien sont des chaconnes vocales. De façon plus générale, c'est assurément un trait de l'imagination impétueuse de Buxtehude quc de se laisser volontiers entraîner dans le tournoiement de répétitions obsessionnelles, frénésie que la technique de la variation sur un thème obstiné permettra de juguler tout en l'exaltant. Particulièrement remarquables à cet égard, trois Fantaisies de choral culminent, comme en des fugatos implosés, dans l'ivresse de motifs incessamment repris : « *Ich dank dir, lieber Herre* » (BuxWV 194), « *Ich dank dir schon für deinen Sohn* » (BuxWV 195) déjà citée et « *Nun freut euch* » (BuxWV 210).

Apparue en Espagne et reprise en Italie, au début du XVIIe siècle, la chaconne instrumentale ou vocale avait vite tendu à se confondre avec la passacaille. Toutes deux — si tant est que de réelles différences permettent dès lors de les distinguer — étaient passées très rapidement en France, et en Allemagne, avec Schütz et Kerll notamment. En quelques décennies, elles allaient devenir l'un des genres de prédilection de l'Europe entière : cultivant la diversité issue d'un élément unique demeurant omniprésent, n'apparaissent-elles pas comme une figure emblématique de la pensée musicale du XVIIe siècle ?

En Allemagne, à la fin de ce même siècle, les deux genres se cristallisent dans les œuvres pour orgue de Pachelbel et de Buxtehude. Au contraire de leurs contemporains français, tous deux restent fidèles à la rigueur de leurs modèles italiens, en particulier dans le respect d'un strict ostinato, et traitent des motifs de quatre mesures en rythme ternaire, fondés le plus souvent sur le tétracorde descendant, en mode mineur. Dans la même tonalité d'un bout à l'autre, les diverses variations y sont généralement exposées par paires (la seconde étant la reprise stricte ou variée de la première) ; et plus qu'une progression dynamique d'ensemble, elles ménagent des oppositions de caractère, en particulier par resserrement rythmique progressif et diversification des figures.

Mais de tempérament, Buxtehude aime à s'évader de formules par trop rigides. C'est ainsi que le motif ostinato pourra migrer de sa place, dévolue à la basse, vers des voix intermédiaires (les deux Chaconnes) ; qu'il pourra lui-même faire l'objet de modifications rythmiques et mélodiques, se dissoudre dans le tissu polyphonique ou le jeu instrumental, ne demeurant alors présent qu'en tant que structure. En rhapsode, le musicien déploie toute la fantaisie de sa vive imagination au fil de nombreuses variations, en des développements d'une ampleur jusqu'alors inaccoutumée ; mais il tient aussi à organiser son discours en épisodes distincts, grands blocs regroupant plusieurs séries de variations pouvant s'enchaîner par des transitions interpolées dans le flux régulier de l'ostinato (*Chaconne* en *ut* mineur). Dérogeant à l'usage de l'unité tonale, il lui arrive aussi de moduler, voire de bâtir une architecture d'ensemble selon un plan tonal (*Passacaille*).

Enfin, mais ceci ne relève que de la pure conjecture, il est permis de se demander si, dans sa rhétorique, le musicien n'est pas habité par des préoccupations d'ordre symbolique : les proportions relatives des différents épisodes de son discours, l'émergence de nombres premiers — le trois et le sept, combinés au quatre structurel de ses motifs — peuvent en tout cas porter à le croire, et accréditer la thèse selon laquelle Buxtehude aurait été initié à des disciplines ésotériques (savoir qu'il aurait d'ailleurs pu transmettre au jeune Bach lors de leur rencontre de 1705-1706).

Ciacona en *ut* mineur (BuxWV 159)

S'appuyant alternativement sur la tonique et la dominante, le thème de l'ostinato est animé du balancement symétrique de quelque glas lancinant. Exposé, selon l'usage, en même temps que la première des 34 variations qu'il engendre — 34, nombre formé de 3 et de 4, donc sous-entendant le chiffre 7 : est-ce le fruit du hasard ? —, il apparaît le plus souvent à la basse, mais aussi parfois à d'autres voix (à l'alto dans les variations 8 et 9). On le trouve sous sa stricte forme originelle durant les sept premières variations, qui constituent l'exposition de l'œuvre, puis en syncopes, ou dans des ornementations diverses ; en d'autres variations, il n'est plus que sous-entendu, les notes caractéristiques apparaissant à l'une ou l'autre voix, et souvent sur d'autres temps, seule la structure harmonique demeurant constante. Les variations sont ordonnées en trois grandes sections (A, B, C) d'importance croissante, séparées par de brèves transitions modulantes, selon une organisation privilégiant l'impair et bannissant la symétrie. Ainsi, toute marque du centre des 34 variations (17 + 17) est-elle soigneusement esquivée : la section C compte 18 (17 + 1) variations, les sections A + B réunies en comptent 16 (17 − 1) ; de même, ces 16 variations ne sont-elles pas réparties en 8 et 8, mais en 7 (8 − 1) pour la section A, et 9 (8 + 1) pour la section B. L'ostinato de 4 mesures est normalement exposé à la basse dans les 7 variations de la section A (var. 1 à 7), où prédominent les figures pointées. Après une transition de 12 mesures (3 × 4), il circule dans les voix intermédiaires pour la section B (var. 8 à 16), au discours beaucoup plus fluide, avec ses rubans de croches et de doubles croches. Brève transition de 5 mesures avant la grande section C (var. 17 à 34), elle-même subdivisée en trois sous-sections. L'ostinato y est le plus souvent sous-entendu, voire implicite (var. 27 et 28). Accroissement des contrastes (staccatos, dessins alternés, arpèges opposés, syncopes), puis sous-section à 9/8, enfin retour triomphal du thème obstiné, dans l'harmonisation la plus simple de toute l'œuvre.

Durée d'exécution : ~ 6 mn

Ciacona en *mi* mineur (BuxWV 160)

Thème classique, parcourant un tétracorde descendant, il est exposé avec la première des 31 variations qui s'enchaînent sans solution de continuité, en trois sections. La section A (var. 1 à 15) se développe d'abord par ordre de complexité croissante, l'ostinato sonnant à la basse et dans sa figure d'origine — on ne l'entendra plus une fois de la sorte ultérieurement. Le thème passe ensuite au ténor (var. 11 et 12), puis revient à la basse (var. 13 à 15). Les quatre paires de variations de la section B (var. 16 à 23) s'enrichissent par les modifications apportées au thème lui-même : sous-entendu dans des broderies ornementales au ténor, en broderies chromatiques au ténor, en mouvement conjoint chromatique à la basse ; enfin, les variations 22 et 23 présentent un admirable traitement contrapuntique du thème, puisqu'on l'entend, chromatisé, à la fois en forme droite au soprano et en forme renversée au ténor. Dans la section C (var. 24 à 31), le discours se fait plus rhapsodique, comme libéré des contraintes de l'ostinato, chaque variation étant maintenant individualisée. Cette libération se manifeste par la quasi-dissolution du thème dans le jeu instrumental, où il ne peut être qu'implicite. Il reparaît à la basse dans les variations 30 et 31 (identiques), en rythmes pointés et avec altération du 4e degré provoquant une cadence à double sensible.

Durée d'exécution : ~ 5 mn

Passacaglia en *ré* mineur
(BuxWV 161)

On ne peut s'empêcher de penser que le jeune Bach a dû connaître cette page magistrale. Mais si Buxtehude maintient ici l'ostinato à la basse au long des 28 variations, alors que Bach le fera migrer dans toute la polyphonie, il n'en organise pas moins son œuvre selon un plan très original : quatre sections d'égale longueur, respectivement en *ré* mineur, *fa* majeur (relatif majeur), *la* mineur (dominante) et retour à la tonique de *ré* mineur. A y regarder de plus près, on observe une subtile alchimie des proportions. La pièce se compose en effet de 28 variations — le premier exposé étant déjà lui-même une variation, soit 28 configurations différentes en tout. Celles-ci s'articulent en 4 sections groupant chacune 7 variations. Or, chaque variation traite un thème de 4 mesures à 3 temps, à l'exception de la septième de chaque section où, pour ménager une transition modulante, le thème est allongé de 4 à 7 mesures. Jeu d'habile architecte, ou, davantage, expression d'une symbolique des nombres ? La question vaut au moins d'être posée. Dans la section A (var. 1 à 7, *ré* mineur), les variations se groupent en 4 + 3 : de 1 à 4, elles sont traitées en noires, de 5 à 7 en croches, en une paisible polyphonie à quatre voix ; selon l'usage, le thème obstiné n'est pas énoncé une première fois seul, mais la première variation n'en évoque pas moins le début de la *Passacaille* de Bach.

La polyphonie s'enrichit à cinq voix dans la plupart des variations de la section B (var. 8 à 14, groupées en 3 + 4, *fa* majeur). Le mouvement s'y anime par des jeux de syncopes aux variations 8 à 10, après quoi apparaît un mouvement ondoyant de croches au soprano, brodant la pédale supérieure de dominante. La section C (var. 15 à 21, *la* mineur) sonne elle aussi presque constamment à cinq voix. Diversification rythmique progressive, en contre-temps, seuls, puis escortés de traits de croches, d'imitations, enfin en batteries. Retour à la polyphonie à quatre voix pour la section D (var. 22 à 28, *ré* mineur), envisagée non comme une réexposition, mais comme le retour au bercail de la tonalité d'origine, après un parcours aventureux, dans une variété plus grande de figures mélodiques et rythmiques et de leurs combinaisons : triolets de noires, octaves brisées en croches, fusées de doubles croches — péroraison de grande allure, dans la glorification du thème obstiné.

Durée d'exécution : ~ 6 mn

Les Canzones, Canzonettes et Fugues

D'origine italienne, la canzone instrumentale fut abondamment pratiquée dans la Péninsule dès la deuxième moitié du XVIe siècle, où elle apparaît *a posteriori*, avec le ricercare, comme l'une des sources de la fugue. Passée en Allemagne au milieu du XVIIe siècle, notamment avec Hassler, Froberger ou Kerll, elle y fleurit jusqu'à Bach (*Canzone* BWV 588). Sous les titres de canzone, canzonette ou fugue, on connaît dans l'œuvre pour orgue de Buxtehude une dizaine de pièces relevant de ce genre (BuxWV 166 à 173, 175 et 176). Écrites le plus souvent à deux claviers sans partie de pédale obligée, elles sont généralement composées de trois sections fuguées, n'entretenant avec l'art vocal des origines que de très lointains rapports.

Canzona en *ut* majeur (BuxWV 166)

Premier fugato en doubles croches très volubiles, de caractère franchement instrumental, en sept entrées successives, alternativement à la tonique et à la dominante. Strette et coda au mouvement haletant, sur pédale de dominante. Deuxième fugato, sur un nouveau sujet, en rythme de gigue, au contrepoint plus serré. La troisième partie est symétrique de la première : même type et motif, très proche de la petite *Fugue* en *ut* majeur BWV 952 de Bach ; les entrées du sujet y sont plus nombreuses, parachevées par une brève strette.

Durée d'exécution : ~ 5 mn

Canzona en *ré* mineur
(BuxWV 168)

Trois fugatos à quatre voix, le premier sur un motif très chantant et d'une joyeuse fantaisie rythmique (opposition de rythmes iambique et dactylique), dont le deuxième, en rythme ternaire, reprend la tête du sujet ; le troisième utilise également des éléments du sujet initial.

Durée d'exécution : ~ 5 mn

Canzonetta en *mi* mineur
(BuxWV 169)

Petite page en deux parties pour clavier seul, sorte d'élégie intime, d'une délicate poésie. Très joli sujet, rêveur et chantant.

Durée d'exécution : ~ 4 mn

Canzona en *sol* majeur
(BuxWV 171)

L'archétype du genre. Un premier fugato, sur un sujet de tierces brisées descendant sur une octave, en doubles croches régulières, se prête à des imitations. Le sujet du deuxième, en rythme ternaire (6/8), s'oppose au précédent par son aspect dansant et ses intervalles disjoints, même si l'on peut déceler une vague parenté mélodique entre les deux. Le troisième fugato est directement issu du premier ; le compositeur se plaît, dans le développement, à varier la tête du sujet, qui prend des figures renouvelées.

Durée d'exécution : ~ 2 mn 30 s

Canzonetta en *sol* majeur
(BuxWV 172)

De découverte récente, on notera la parenté de son sujet séquentiel avec celui de la fugue du *Prélude et fugue* en *ré* majeur BWV 532 de Bach.

Durée d'exécution : ~ 2 mn

Fuga en *ut* majeur (BuxWV 174)

Elle se signale par un sujet extrêmement long (68 notes, en six mesures), présentant dès la première mesure un savoureux emprunt au quatrième degré (relation plagale chère à Buxtehude). Le pédalier entre dans la coda, brillante péroraison en style de toccata, sur un motif rythmique emprunté à la tête du sujet ; la basse monte par paliers diatoniques avant une pédale de dominante. Cette conclusion, la longueur de la fugue, son rythme ternaire (à 12/8), tout porte à croire qu'elle devait constituer le dernier volet de quelque praeludium.

Durée d'exécution : ~ 3 mn

Fuga en *si* bémol majeur
(BuxWV 176)

Page originale, qui présente la particularité de faire appel à trois sujets différents pour ses trois fugatos enchaînés sans solution de continuité. On remarquera le caractère insolite du premier sujet, attaquant en rafale de notes répétées, avec un inattendu septième degré abaissé (*la* bémol).

Durée d'exécution : ~ 4 mn

LES CHORALS

Sous le titre générique de « chorals » se trouve ici regroupé un ensemble aujourd'hui composé de 49 pièces que

Buxtehude a écrites sur cantus liturgique : soit cantique luthérien — 45 d'entre elles sont des commentaires ou des paraphrases de chorals —, soit thème emprunté au fonds catholique — un *Te Deum*, trois *Magnificat*. Pas plus que pour les pièces libres nous n'en connaissons les dates de composition, à la seule exception de « *Mit Fried und Freud* » (BuxWV 76), fragment de la musique funèbre de 1674 écrit dès 1671. Quant aux genres traités par le musicien, ce sont essentiellement le Prélude de choral (ou *Choralvorspiel*), la Fantaisie de choral et le Choral varié (ou Choral-Partita).

Les Préludes de choral

La fonction du *Choralvorspiel*, ou Prélude de choral, est d'introduire le chant de l'assemblée : il donne l'intonation, en énonçant intégralement la mélodie du cantique soutenue par un accompagnement. Chez Buxtehude, ce thème de cantique est, selon l'usage du temps en Allemagne, toujours entendu au soprano, soit dans sa stricte formulation mélodique d'origine, soit dans une ornementation plus ou moins riche, caractéristique du génie inventif du musicien si abondante, parfois, qu'il lui arrive de « noyer » dans son décor le timbre originel. Ainsi colorée, la mélodie chante sur des jeux de détail au Rück-positiv (positif de dos), ce qui contribue à la détacher acoustiquement de la texture polyphonique. Les autres voix préparent, soutiennent et concluent cet énoncé ; elles procèdent le plus souvent par imitations à partir d'éléments mélodiques empruntés au cantique, assurant ainsi l'unité de l'œuvre par un renforcement de son matériau mélodique et participant au commentaire musical du texte religieux. Après Scheidemann, Buxtehude apparaît en effet comme le premier compositeur à souligner de façon significative les idées dominantes et les mots clés du cantique d'une allusion figurée (plastique mélodique, inflexion harmonique, profil rythmique), usant déjà de motifs symboliques ; il ouvre ainsi la voie aux commentaires poétiques et spirituels que développera Bach dans sa prédication musicale.

Nous connaissons une trentaine de Préludes de choral de Buxtehude, dont les plus significatifs sont brièvement commentés ci-dessous. Concises de par leur fonction, liées à l'expression d'un texte qui suscite l'effusion, ces pages présentent une face intime de la personnalité du musicien.

« Ach Herr, mich armen Sünder »
(« Hélas ! Seigneur, moi, pauvre pécheur ») (BuxWV 178)

La mélodie de ce choral est celle de la chanson amoureuse de Hans Leo Hassler, « *Mein Gemüth ist verwirret* » (« Mon cœur est troublé »), qui a été utilisée pour de nombreux cantiques, notamment le fameux « *O Haupt voll Blut und Wunden* », si cher au cœur de Bach qui l'a utilisé à plusieurs reprises dans la *Passion selon saint Matthieu*. L'harmonie chromatique et les nombreuses figures descendantes du commentaire contrapuntique en imitations soulignent la contrition du pécheur devant ses fautes. C'est l'un des plus émouvants chorals de Buxtehude, qui préfigure ceux de l'*Orgelbüchlein* de Bach.

Durée d'exécution : ~ 3 mn 30 s

« Christ unser Herr zum Jordan kam » (« Christ, notre Seigneur, s'en est venu au Jourdain ») (BuxWV 180)

Magnifique travail de contrepoint à quatre parties, dans lequel les trois voix d'« accompagnement » soutiennent la mélodie librement ornée en un jeu d'imitations riche et subtil. D'abord choral orné, il devient fugué avec contre-sujet, puis, sous les mots « Il trouve une vie nouvelle », la mélodie est dotée d'un soutien harmonique séparé de silences.

Durée d'exécution : ~ 4 mn

« Der Tag, der ist so freudenreich »
(« Ce jour si riche de joie ») (BuxWV 182)

Développant l'image de la joie, Buxtehude se livre à une paraphrase assez libre et très colorée du timbre de ce cantique de Noël. L'ornementation abonde en doubles croches, trilles et mordants, pour développer le caractère jubilatoire du texte. Mais on observera l'habileté du musicien à entraîner l'auditoire dans l'éloquence de son commentaire. Les quatre premières notes de la mélodie sont en effet exposées clairement, comme toujours au soprano, afin que chacun puisse les reconnaître et en poursuivre le chant mentalement. Mais dès qu'apparaît l'adjectif *freudenreich* (« riche de joie »), une ornementation de broderies s'empare du thème. Avec le vers suivant, « pour toutes les créatures », l'ornementation se poursuit en figures syncopées qui semblent marquer la profusion de joie atteignant chacun. Et l'ornementation se fait à mesure plus exubérante, jusqu'à s'interrompre brutalement comme devant l'énoncé d'un mystère, aux vers 6 (« Marie, tu as été choisie ») et 8 (« Peut-on voir plus grande merveille ? »), entendus dans un dépouillement contrastant avec tout le reste. Après le dixième et dernier vers (« Il est né homme »), une libre cadence de deux mesures descend sur deux octaves, figurant l'Incarnation, l'arrivée du Seigneur du ciel sur la terre.

Durée d'exécution : ~ 4 mn

« Durch Adams Fall ist ganz verderbt » (« Par la faute d'Adam, tout a été corrompu ») (BuxWV 183)

Ce cantique de pénitence est l'un des plus justement célèbres de l'*Orgelbüchlein* de Bach ; c'est aussi l'un des plus remarquablement expressifs de Buxtehude. La mélodie apparaît d'abord en simple énoncé, puis s'orne peu à peu pour souligner les mots qui font image : le malheur, le serpent qui a vaincu Ève, la colère de Dieu. Alto et ténor soutiennent le choral en mouvements conjoints, comme rampants, riches de chromatismes évoquant le malheur.

Quant à la basse, elle procède en mouvements très figuratifs, quintes descendantes marquant la chute de l'homme (cette quinte descendante qui est précisément l'enveloppe de la première période du cantique), progressions chromatiques, quand elle ne reprend pas, en diminution, la mélodie même du choral. C'est ainsi qu'à la cinquième période (mes. 25), l'harmonisation devenant plus diatonique, les pré-imitations décrivent la courbe d'une quinte descendante par mouvements conjoints sur des rythmiques différentes superposées. La dernière période, « pour attirer sur elle [Ève] la colère de Dieu », combine tous ces registres expressifs. Et alors que le prélude semble achevé, le soprano ponctue le commentaire d'une cadence ascensionnelle où l'on peut voir l'espoir dans la perspective du salut inscrite dans le péché originel.

Durée d'exécution : ~ 3 mn

« Ein' feste Burg ist unser Gott » (« C'est un rempart que notre Dieu ») (BuxWV 184)

Affirmation de l'Église militante et véritable hymne de la Réforme, ce célèbre choral de Luther suggère quelques images fortes au musicien. Ainsi, la puissance et la ruse du Malin dont Dieu protège le croyant, ou l'évocation de l'esprit du mal, commentées sur un soutien de la basse progressant en sauts de quintes diminuées sur un motif qui sera exactement celui du Commandeur entraînant Don Juan vers les enfers. Ornementation et commentaire sont traités avec beaucoup de liberté, dans un mouvement d'ensemble qui prend parfois l'allure d'un prélude ou d'une toccata.

Durée d'exécution : ~ 3 mn 30 s

« Erhalt uns, Herr, bei deinem Wort » (« Protège-nous, Seigneur, par ta parole ») (BuxWV 185)

Moins connu que « *Ein' feste Burg* », ce cantique est comme lui destiné à la fête de la Réforme, sur un texte également de Luther. Buxtehude exalte le climat de confiance sereine et heureuse en Dieu protecteur, en dissolvant la mélodie du cantique dans une jubilation ornementale ; seule, la quatrième et dernière phrase est clairement identifiable, pour bien marquer la gloire du trône du Fils de Dieu.

Durée d'exécution : ~ 2 mn

« Es ist das Heil uns kommen her » (« Le salut nous est venu ») (BuxWV 186)

Malgré l'ambiguïté tonale de la mélodie (de 1533), avec ses repos sur le quatrième degré, le musicien la dote d'une harmonisation très franche, comme il convient à ce cantique affirmant le primat de la foi sur les œuvres. Rythmique volontairement rudimentaire, cadences parfaites, progressions conjointes, diatonismes, tout marque ici la certitude. Avec sa carrure et ses premières notes répétées, le thème du choral évoque par moments, en filigrane, l'incipit de « *Ein' feste Burg* ». Seule, la mélodie fait l'objet d'une ornementation croissante, mais sans introduire de digression dans le commentaire.

Durée d'exécution : ~ 3 mn

« Gelobet seist du, Jesu Christ » (« Loué sois-tu, Jésus-Christ ») (BuxWV 189)

Due à Johann Walter (1524), la mélodie de ce cantique de Noël relève à la fois d'*ut* majeur et de *sol* majeur. Comme Bach dans l'*Orgelbüchlein*, Buxtehude l'harmonise très diatoniquement dans l'un et l'autre tons, le ton dominant étant celui de *sol*. La mélodie est ornée de guirlandes et de broderies, la toute première broderie lançant le prélude de choral à la manière d'une toccata. Avec de petits motifs de fanfares et des cadences parfaites, les trois autres voix soutiennent la mélodie en affirmant joyeusement la louange de Dieu et la réjouissance des anges à la naissance du Christ.

Durée d'exécution : ~ 2 mn

« Herr Christ, der einig Gottes Sohn » (« Seigneur Christ, fils unique de Dieu ») (BuxWV 192)

Sous l'apparente liberté rêveuse du commentaire de ce choral de Noël, le musicien tisse un accompagnement au contrepoint extrêmement rigoureux, tout entier issu de la mélodie, en forme droite et renversée. La première période est énoncée au soprano; puis, dès la deuxième, le commentaire est réalisé en pré-imitations : la mélodie du soprano est précédée de son énoncé par le ténor, en diminution, tandis que l'alto commente cet énoncé par son propre renversement en diminution.

BuxWV 192 — 2e période

Après quoi, c'est la basse qui va reprendre la première période, avant que le soprano ne la chante dans une nouvelle ornementation. Chaque période sera ensuite anticipée par une voix de la polyphonie, basse ou ténor, sous une forme plus simple que celle du commentaire, qui acquiert ainsi une extraordinaire force persuasive.

Durée d'exécution : ~ 3 mn

« Jesus Christus, unser Heiland der den Tod » (« Jésus-Christ, notre Sauveur, qui a vaincu la mort ») (BuxWV 198)

Cantique pour la Résurrection, paroles de Luther. Buxtehude lui donne un traitement très particulier, unique dans son œuvre : c'est un petit trio destiné aux deux claviers manuels, où le soprano fait entendre la mélodie en valeurs longues, quasiment sans ornementation. Les deux autres voix soutiennent le chant en imitations, diatoniques d'abord, puis légèrement modulantes à la quatrième période, sur le mot « péché » (« le péché, il l'a fait prisonnier »), enfin très chromatiques pour l'invocation finale (« *Kyrie eleison* », « Seigneur, aie pitié de nous »). Bach a traité ce cantique dans l'*Orgelbüchlein* (n° 28, BWV 626).

Durée d'exécution : ~ 2 mn

« Komm, heiliger Geist, Herre Gott » (« Viens, Esprit saint, Seigneur Dieu ») (BuxWV 199)

Adaptation luthérienne du « *Veni Creator Spiritus* », hymne catholique de la Pentecôte. Prélude de choral type, avec le contrepoint strict en jeu subtil d'imitations des trois voix d'accompagnement, le cantique faisant l'objet d'une ornementation traditionnelle. Il faut cependant remarquer les efflorescences mélodiques qui soulignent quelques mots clés : « l'éclat de ta lumière » (vers 5), « qu'ils chantent ta louange » (vers 8) ou « *Alleluia* » (vers 9).

Durée d'exécution : ~ 4 mn

« Komm, heiliger Geist, Herre Gott » (« Viens, Esprit Saint, Seigneur Dieu ») (BuxWV 200)

Il est intéressant de confronter deux traitements différents d'un même cantique. Le prélude précédent insistait sur quelques mots importants du texte; celui-ci va au contraire user de figuralisme, en images sonores, mettant l'accent sur la descente du ciel de l'Esprit Saint et, en retour, la prière des hommes qui s'élève vers le ciel pour y recevoir la lumière et l'amour du Seigneur. La mélodie est ornée par des formules de gammes descendantes pour évoquer la venue de l'Esprit (la troisième période, par exemple, commence par une chute d'une octave). Mais ces formules peuvent aussi se retourner en motifs ascendants, comme à la fin de la cinquième période, pour souligner l'éclat de la lumière divine. Les affirmations de la foi sont marquées par un énoncé simple de la mélodie (période 8). Enfin, après l'*alleluia* final, quatre mesures de jubilation concluent le prélude dans une arabesque descendante de doubles croches, dernière figure de la Pentecôte.

Durée d'exécution : ~ 4 mn

« Nun komm, der Heiden Heiland » (« Viens maintenant, Sauveur des païens ») (BuxWV 211)

Bref choral de l'Avent, dû à Luther lui-même (1524), et inspiré de l'hymne « *Veni, Redemptor gentium* ». Les quatre périodes font l'objet d'une ornementation croissante en broderies et en traits descendants, préfigurant l'arrivée de plus en plus imminente du Messie. Entre les périodes 3 et 4, et comme pour redire avec éclat l'attente du monde, la basse énonce la première période (« Viens maintenant... ») en noires, sans le moindre ornement. Le prélude s'achève sur une péroraison de trois mesures, d'un grand trait descendant ponctué par une broderie supérieure sur le *sol* aigu — c'est déjà l'étoile de Noël que le musicien nous fait entrevoir. Il est possible que Bach se soit inspiré de cette conclusion dans son choral homonyme BWV 659 (première des trois versions de ce cantique dans le recueil de Leipzig).

Durée d'exécution : ~ 2 mn

« Vater unser im Himmelreich » (« Notre Père dans le royaume des cieux ») (BuxWV 219)

Le « Notre Père » allemand de Luther est ici traité avec beaucoup de tendresse et de poésie. La mélodie se trouve délicatement ornée, en broderies rêveuses. On remarquera notamment les chromatismes (dans les imitations contrapuntiques et dans l'ornementation du thème), à la troisième période, soulignant la prière des chrétiens vers Dieu qui les appelle à « être frères et s'adresser à toi », l'effusion de la dernière période (« Fais que nous te priions du fond du cœur ») et l'arabesque qui s'élève pour conclure en majeur.

Durée d'exécution : ~ 3 mn

Les Fantaisies de choral

Huit fantaisies de Buxtehude nous sont parvenues, dont certaines comptent parmi les œuvres les plus développées qu'il nous ait léguées. Leur destination n'est pas connue : plages de méditation musicale au cours d'un office, ou bien pièces d'apparat pour une cérémonie festive ou, plus vraisemblablement, un concert spirituel. De vastes proportions, la fantaisie de choral est une œuvre de structure libre se rattachant en partie au ricercare. Chaque phrase mélodique (ou période) du cantique fait l'objet, individuellement, d'un grand commentaire musical contrapuntique, où le choral n'est pas nécessairement traité en cantus firmus, et qui s'achève par un épisode virtuose en style de toccata. A deux exceptions près — *Magnificat primi toni* (BuxWV 201) et *Te Deum* ((BuxWV 218) —, ces diverses paraphrases s'enchaînent les unes aux autres sans solution de continuité, conférant à l'ensemble le caractère d'un grand polyptyque déployant les multiples ressources de l'écriture contrapuntique (imitations de toutes natures, strettes, diminutions, fragmentations, etc.). Le genre est caractéristique des organistes d'Allemagne du Nord, dont la verve aime à s'y déployer en épisodes de toccata et en effets d'écho, avec parfois des intermèdes libres : avant Buxtehude, c'est son prédécesseur à Lubeck, Franz Tunder, qui en a été le plus illustre représentant. Mais on sait également que, comme preuve de son savoir-faire, c'est une fantaisie de choral que Weckmann avait improvisée, sur « *An Wasserflüssen Babylon* », lors de son audition pour le poste d'organiste de Saint-Jakob de Hambourg en 1655 ; et que, s'inscrivant dans la tradition, J.-S. Bach avait à son tour improvisé une fantaisie sur le même cantique à Sainte-Catherine de Hambourg, en 1720, devant le vieux Reinken, lui-même auteur d'une grande fantaisie toujours sur ce choral.

« Gelobet seist du, Jesu Christ »
(« Loué sois-tu, Jésus-Christ »)
(BuxWV 188)

Quoique ne comptant que quatre périodes, ce chant de louange est très amplement paraphrasé par le musicien, qui pratique ici à grande échelle certains de ses procédés de développement de prédilection, comme les pré-imitations avant cantus firmus, à la façon d'un choral figuré. On notera en particulier les répétitions insistantes des toutes premières notes, pour proclamer la louange du Christ (sous les mots « *Gelobet seist du* »), les éléments de diversification rythmique pour marquer les progressions (valeurs pointées, mètres dactyliques, syncopes, triolets de la quatrième période, etc.), ainsi que les oppositions de claviers réalisant des échos.

Durée d'exécution : ~ 9 mn

« Ich dank dir, lieber Herre »
(« Je te remercie, Seigneur aimé »)
(BuxWV 194)

Pour n'être pas la plus développée, cette fantaisie n'en est pas moins un chef-d'œuvre d'imagination contrapuntique, présentant une variété incessante de figures mélodiques et rythmiques. Trois parties principales sont encadrées par une brève introduction harmonisée et un postlude. La première partie se subdivise elle-même en trois sections, *allegro — lento — allegro*. Le second *allegro* reprend le premier en le développant en une sorte de mouvement perpétuel syncopé et chromatique. Ces deux sections encadrent, *lento*, la première période du cantique, traitée en diminution et en imitations avec réponses à la quinte, avant d'entrer en valeurs longues à la basse. La deuxième période est énoncée en canon à l'octave, sur les premier et cinquième degrés ; on l'entend dix fois de la sorte. Le contre-sujet qui l'accompagne n'est autre que le renversement, en diminution, du sujet. Un second épisode développe la fin de la période précédente en syncopes, dans un mouvement effréné de canon à l'octave — huit énoncés au ton principal de l'épisode (*sol* mineur), huit à la dominante et six encore en retour au ton principal. Pour comble de densité, les sections cadentielles sont elles aussi issues de ce motif. Enfin, la troisième période du cantique va être traitée selon de nouveaux procédés contrapuntiques, en un large mouvement à 6/4 ; inlassablement reprise, au premier ou au quatrième degré, elle est entendue onze fois, étalée en rythme iambique et toujours escortée d'une « contre-teneur », tandis qu'une troisième voix ne cesse de dérouler un feston de croches qui semble ne cesser de vouloir s'élever.

Durée d'exécution : ~ 5 mn

« Ich dank dir schon für deinen Sohn » (« Je te rends grâce pour ton fils ») (BuxWV 195)

Le traitement de ce chant de louange, rare sous la plume de Buxtehude, renvoie aux ricercari des maîtres anciens. Dans chacune des quatre périodes, le travail contrapuntique se fonde sur des procédés de canon et d'imitations très serrées. La première période est un fugato à quatre parties; la deuxième, une sorte d'ostinato de quatre mesures énoncé onze fois. Dans la troisième, un fugato à deux voix, chaque groupe de deux voix différentes enchaîne en fugato avec le groupe précédent. La quatrième, enfin, fait entendre le sujet réitéré dix fois, au premier et au cinquième degrés, mais de manière apériodique.

Durée d'exécution : ~ 5 mn 30 s

« Ich ruf zu dir, Herr Jesu Christ » (« Je crie vers toi, Seigneur Jésus-Christ ») (BuxWV 196)

C'est la plus brève des fantaisies de Buxtehude, mais elle n'en est pas moins très originale dans sa diversité, puisque chaque période fait l'objet d'un traitement particulier et différent : bicinium, cantus firmus sur commentaire de doubles croches, contrepoint à quatre voix avec mélodie très ornée, épisode en triolets (le cantique mélodie disparaissant pour n'être plus que sous-entendu), cantus firmus simple puis orné, dans un contrepoint séquentiel, enfin cantus firmus à la basse. Conclusion décorative.

Durée d'exécution : ~ 3 mn

Magnificat primi toni (BuxWV 203)

Les trois postes d'organiste occupés par Buxtehude l'ont été dans des églises dédiées à la Vierge : il eût été étonnant de ne pas retrouver de *Magnificat* qui lui fût attribué. A côté de deux traitements en chorals variés, celui-ci est une grande fantaisie en huit sections séparées. On pourrait supposer que cette segmentation doive être mise en relation avec l'alternance des versets chantés et exécutés à l'orgue, la liturgie luthérienne ayant en effet maintenu la pratique catholique de l'*alternatim*, attestée à Lubeck dès le milieu du XVe siècle. Mais l'analyse détaillée des huit sections de ce *Magnificat* fait curieusement apparaître deux traitements complets successifs de la mélodie (sections 1 à 4 et 5 à 8). En fait, ce *Magnificat* prend l'allure d'un praeludium pour les vêpres, grand polyptyque opérant la fusion des styles libre et fugué; la continuité de la pensée architectonique est telle, d'ailleurs, qu'on imagine mal chaque section séparée des autres pour dialoguer avec le chant. Malgré ses dimensions, cette page semble légère et toute marquée de la jubilation qu'exprime le texte du cantique marial, comme l'atteste le profil généralement ascendant des principaux motifs.

Durée d'exécution : ~ 8 mn

« Nun freut euch lieben Christen g'mein » (« Maintenant, fidèles bien-aimés, réjouissez-vous dans le Christ ») (BuxWV 210)

C'est, avec le *Te Deum*, l'œuvre la plus développée de toute la production pour orgue de Buxtehude, où, sans s'astreindre à trop de rigueur formelle, le musicien laisse la bride sur le cou à son tempérament fougueusement rhapsodique. Dans toute la littérature d'orgue avant Bach, on ne peut guère rapprocher cette partition que de deux autres, également fantaisies sur des chorals dues à des organistes du Nord, le « *Nun komm der Heiden Heiland* » de Bruhns et plus encore le fameux « *An Wasserflüssen Babylon* » de Reinken. Les cinq sections, traitant les cinq périodes, *a* à *e*, du cantique, se subdivisent elles-mêmes en sous-sections, entretenant entre elles des rapports motiviques ou rythmiques; enchaînées de bout en bout, elle ne font guère saillir d'articulations très franches, et cela d'autant moins que le timbre du cantique, rarement énoncé « en clair », est souvent traité par fragments, jusqu'à une véritable atomisation de ses structures mélodiques. Buxtehude varie les procédés de développement — diminutions, renversements, imitations, style fugué, ornementations diverses —, ajoutant traits, effets d'échos, dans ce qui peut apparaître comme un archétype de la fantaisie de choral. Au travers des méandres de son imagination, c'est une véritable leçon de composition que le musicien donne à qui analyse cette monumentale partition.

La première section (mes. 1-44) est une sorte de praeludium, avec le cantique (période *a*) orné au soprano, suivi d'une exposition fuguée à quatre voix. La deuxième (mes. 45-80) se compose d'une magnifique fugue à quatre voix, suivie d'une toccata; le sujet en bicinium fait entendre un motif diatonique ascendant sous une figure chromatique descendante, tous deux opposés rythmiquement et apparaissant en chacune des 23 mesures de l'épisode, donnant un extraordinaire sentiment de foisonnement sonore. La troisième section (mes. 80-150) enchaîne un prélude en grande volute, une exposition fuguée de la période *c*, un épisode en imitations en rythme de gigue traitant la tête du thème, puis un joyeux fugato à 12/8 ménageant des effets d'écho. La quatrième section (mes. 151-168) est une toccata en mouvements brisés avec répétitions et échos, sous laquelle le thème de la période *d* apparaît à deux reprises à la basse, à la dominante puis à la tonique. Enfin, la cinquième section (mes. 169-258), la plus développée, s'ouvre par une exposition fuguée complexe, où la période *e* sera escortée de deux contre-sujets, dont un parcourant chromatiquement un tétracorde descendant. Et le grand épisode conclusif, lui-même subdivisé, est emporté par une folle arabesque qui ne cessera qu'avec l'œuvre : nombreuses oppositions de claviers, répétitions obsessionnelles de l'incipit de la période *e*, accords brisés, Buxtehude déploie ici l'ivresse de sa virtuosité pour couronner sa fantaisie dans un tournoiement vertigineux.

Durée d'exécution : ~ 13 mn

« Te Deum laudamus » (BuxWV 218)

Cette fantaisie sur le *Te Deum* traite le texte latin, tel qu'on le chantait à Lubeck, et non son adaptation allemande. Elle présente successivement un praeludium et quatre versets, séparés, de l'hymne. Mais on ignore si l'œuvre est complète ainsi ; de plus, l'étude des différentes sources manuscrites soulève bien des interrogations sur l'identification, et donc l'ordre des quatre versets ; la récente édition de Breitkopf en donne la disposition la plus logique et convaincante, dans l'état actuel de la question. La praeludium est un triptyque, avec fugato médian à quatre voix. Dans le verset « *Te Deum laudamus* », le motif ambrosien apparaît en cantus firmus, traité en bicinium ; annoncé par un trille de tierces en triples croches, le sujet entre ensuite en majesté à la basse. Un second épisode traite en fugato serré les trois premières notes du thème. Le plus développé des quatre, le verset « *Pleni sunt coeli et terra* », est aussi celui où se déploie le génie inventif du musicien en pleine maîtrise de ses moyens. La gloire de Dieu emplissant le ciel et la terre invite à une profusion d'images sonores et de procédés contrapuntiques. On trouve le motif liturgique traité en thème fugué, en toccata, en récit orné, en échos, avec même un emprunt à la chaconne. Dans le verset « *Te martyrum candidatus* », c'est le ténor qui expose le cantus firmus, joué au pédalier ; les deux mains complètent l'écriture en trio par un contrepoint fleuri riche en imitations. Enfin, le verset « *Tu devicto mortis aculeo* » est un contrepoint à quatre parties sur le motif, parfois chromatisé, ou non orné, à la basse. La polyphonie, très dense, s'épanouit pour conclure en style de toccata.

Durée d'exécution : ~ 14 mn

« Wie schön leuchtet der Morgenstern » (« Quel bel éclat a l'étoile du matin ») (BuxWV 223)

Œuvre très originale, elle tient à la fois de la fantaisie, puisque le choral y est traité intégralement, par sections, et de la partita, car une seconde version, entièrement différente, succède à la première. D'autre part, toute la pièce est écrite pour les claviers manuels, et ne fait que facultativement appel au pédalier. Chacune des deux versions, correspondant peut-être à deux strophes du cantique, suit la coupe A A' B. Dans la première, le choral est entendu en cantus firmus à la basse (A), puis au soprano (A') ; la section B traite d'abord le cantique sur roucoulades de triples croches et de triolets, et conclut par un grand développement de la dernière période, constitué d'une gamme majeure descendante entière, cinq fois énoncée. La seconde version traite d'abord la mélodie en expositions fuguées sur rythme de gigue (A) ; cette section est ensuite reprise purement et simplement (A'), fait unique chez Buxtehude qui, contrairement à Bach, tient toujours à varier les reprises ; enfin, conclusion en style de toccata sur des éléments motiviques du cantique, avec imitations et répétitions incessantes, dans l'exubérance de la louange de Dieu.

Durée d'exécution : ~ 6 mn

Les Chorals variés

Neuf chorals variés nous sont parvenus de Buxtehude, ensembles parfois incomplets ou réunissant des fragments épars d'œuvres disparues. Le choral varié propose en effet un certain nombre de variations (ou « *Partite diverse* ») sur l'énoncé complet d'un cantique. La mélodie est d'abord exposée intégralement, en un premier *versus*; puis des variations, séparées les unes des autres, la reprennent, toujours dans son entier, mais sous des traitements différenciés. Chaque variation ou *versus* correspond (ou peut correspondre) à une strophe nouvelle du texte du cantique; elle peut ainsi se prêter à un éventuel usage en alternance avec des versets chantés. Outre les variations sur des chorals, on trouve quelques versets de *Magnificat*, relevant du choral varié et non de la fantaisie de choral. Il apparaît aujourd'hui impossible d'assigner une destination précise à ces diverses pièces.

« Ach Gott und Herr » (« Hélas! Dieu et Seigneur ») (BuxWV 177)

Ce cantique de pénitence compte six strophes, mais deux variations seulement nous sont parvenues. Dans la première, le choral est exposé au ténor, au pédalier; on notera, dans le commentaire, les figures pointées qui, en un mouvement ascendant de quête, soulignent le quatrième vers, « Il n'y a personne (que l'on puisse trouver en ce monde pour nous aider) », avant que les quatre voix ne redescendent dans une attitude de résignation. La deuxième strophe fait entendre la mélodie à peine reconnaissable au soprano, dans une ornementation extrêmement volubile de doubles croches; la première période figure une descente vertigineuse sur trois octaves (« Je m'enfuis au loin »).

Durée d'exécution : ~ 2 mn 30 s

« Auf meinen lieben Gott » (« Je me fie en mon Dieu ») (BuxWV 179)

Brève partita écrite *manualiter*, elle se prête à l'exécution domestique au clavecin. Les cinq variations y prennent l'allure d'une suite de danses, selon un procédé pratiqué par Pachelbel : Allemande suivie de son Double, Sarabande, Courante et Gigue.

Durée d'exécution : ~ 5 mn

Magnificat noni toni (BuxWV 205)

Une grande confusion règne au sujet de ces fragments de *Magnificat*. On a en effet retrouvé deux copies tardives présentant quatre versets respectivement baptisés *Primi toni, Noni toni, Versus noni toni* et *Versus 5 alla Duodecima*. Les éditions anciennes les ont publiés sous deux rubriques, « Premier ton » pour le premier verset et « neuvième ton » pour les trois autres (on les trouve souvent enregistrés de la sorte). S'étant depuis avisé que le deuxième de ces versets n'était pas en neuvième, mais en premier ton, Beckmann a inscrit au catalogue BuxWV les deux premiers sous le nom de *Magnificat primi toni* (BuxWV 204), les deux autres sous le nom de *Magnificat noni toni* (BuxWV 205). Ces versets proviennent selon toute vraisemblance de cycles différents et plus importants, sans que l'on puisse dire aujourd'hui s'ils étaient ou non destinés à être joués en alternance avec des versets chantés. Le premier des deux versets BuxWV 205 fait sonner en cantus firmus au pédalier le choral « *Meine Seel' erhebt den Herren* », le *Magnificat* allemand; les copies anciennes portent pour la basse l'indication *tremolo*, qui semble inférer l'usage du tremblant avec un jeu d'anche (l'orgue principal de la Marienkirche ne comptait pas moins de six jeux d'anches au pédalier, dont un Dulcian 16' et un Krummhorn 8'). Le deuxième verset énonce au soprano les premières notes du cantique allemand, travaillées en canon à la douzième avec la basse; la suite du choral apparaît en filigrane, dans l'ornementation d'un contrepoint savant évoquant Bach (qui s'en souviendra dans sa fugue sur le *Magnificat* BWV 733).

Durée d'exécution : ~ 3 mn

« Mit Fried und Freud ich fahr dahin » (« Dans la paix et la joie, je m'en vais ») (BuxWV 76)

Beckmann a inclus cette œuvre au chapitre de l'orgue de son édition, mais il s'agit en fait d'une élaboration pour soprano, basse et trois instruments, écrite pour les funérailles du surintendant Meno Hanneken en 1671, et que Buxtehude devait adjoindre trois ans plus tard à l'admirable aria de déploration « *Muss der Tod...* » pour composer la musique funèbre à la mémoire de son propre père (choral et aria vocaux forment l'ensemble appelé *Fried- und Freudenreiche Hinfahrt* BuxWV 76). Sur le texte du « *Nunc dimittis* » ou Cantique de Siméon, le compositeur a écrit une page extrêmement complexe, dont les quatre versets traitent le thème du choral en une écriture canonique très élaborée (un quadruple contrepoint renversable). Il était certes tentant d'inscrire une telle œuvre comme couronnement contrapuntique et spirituel de l'œuvre de Buxtehude, sorte de préfiguration des *Variations canoniques* pour Bach. Mais quoiqu'elle ait été parfois jouée et enregistrée à l'orgue, cette page, d'exécution vétilleuse sur l'instrument à tuyaux, ne lui est manifestement pas destinée.

Durée d'exécution : ~ 10 mn

« Nimm von uns, Herr, du treuer Gott » (« Empare-toi de nous, Seigneur, Dieu fidèle ») (BuxWV 207)

Cette œuvre, sans doute incomplète, a été publiée sous divers aspects. Dans la dernière édition, elle présente quatre versus, la mélodie apparaissant toujours au soprano, dans des ornementations très différenciées et un traitement contrapuntique de deux à quatre voix. Plutôt que de terminer par le bicinium du versus 4, on aurait tout intérêt à conclure par le versus 3, à quatre voix, où la mélodie se trouve abondamment colorée.

Durée d'exécution : ~ 7 mn

« Nun lob, mein Seel, den Herren » (« Mon âme, loue maintenant le Seigneur ») (BuxWV 213)

Ce choral présente trois variations dans l'édition de Beckmann. Dans le versus 1, à deux voix, la partie d'accompagnement souligne de chromatismes l'évocation du péché (période 5), et la figuration atteint sa plus grande complexité sur « ta pauvre vie » (période 7), pour s'apaiser ensuite avec l'apparition de l'idée de la protection divine. Le versus 2, à trois voix, suit une progression musicale et spirituelle comparable. Quant au versus 3, à trois voix, il énonce le cantique en cantus firmus à la basse ; de nouvelles figurations poussent plus avant le commentaire et confèrent à cette page une grande diversité.

Durée d'exécution : ~ 7 mn

G.C.

WILLIAM BYRD

Né à Lincoln (?), en 1543 ; mort à Stondon Massey, le 4 juillet 1623. Les renseignements sur l'enfance et la formation de Byrd faisant défaut, on suppose que, bien que né sans doute à Lincoln, il grandit et fit ses études musicales à Londres, où il aurait pu avoir pour maître Thomas Tallis ; il semble en effet impossible que Byrd n'ait pas été soumis à l'influence de ce dernier au sein de la Chapelle royale. Son éclatante carrière commença en 1563 avec sa nomination aux postes d'organiste et maître des chœurs de la cathédrale de Lincoln. Élevé au rang de gentleman de la Chapelle royale en 1570, il y rejoint cinq plus tard Tallis comme organiste. Bien que catholique convaincu et ne se cachant pas de composer de la musique pour l'Église de Rome, il bénéficia des faveurs de la reine Élisabeth. Il en reçut en 1575, conjointement à Tallis, un privilège leur permettant de faire le commerce de partitions ainsi que du papier servant aux manuscrits. De même qu'il avait quitté Lincoln en 1572 pour Londres, il quitta la capitale anglaise en 1593 pour Essex, où il passa les trente dernières années de sa vie. Reconnu comme le père de la musique anglaise et son compositeur le plus fécond dans de nombreux domaines, il assura le lien entre l'école de Tallis et ses propres élèves, tels Morley et Tomkins. Il fut le plus grand artisan de l'extraordinaire renaissance que connut le clavier anglais dans les années 1580.

L'image que les siècles ont transmise de William Byrd est d'une richesse et d'une diversité stupéfiantes. A la différence de John Bull, dont une grande partie de l'œuvre est perdue et qui, de ce fait, n'a survécu que dans son immense œuvre de clavier, Byrd fut de son vivant, après sa mort et jusqu'à nos jours, avant tout connu pour son œuvre religieuse vocale, voire instrumentale (par exemple les sept *In Nomine*, les adaptations d'hymnes ou du *Miserere* pour consorts d'instruments à cordes). L'important catalogue de sa musique vocale religieuse mêle textes latins (*Cantiones Sacrae*, messes et motets) et anglais (*Great* et *Short Services, Anthems*). Sa musique vocale de chambre regroupe sonnets et psaumes, le recueil *Song of Sundrie Natures*, etc. Dans cette perspective d'ensemble, le clavier correspond à l'un des domaines les plus accomplis de son œuvre, mais sans revendiquer une position dominante. L'équilibre entre les genres est à l'image du génie que Byrd déploya dans tous les domaines cultivés à son époque.

L'œuvre pour clavier de Byrd est dispersée dans trois recueils principaux, imprimés ou manuscrits. *Parthenia* (1613) ne compte que quelques pièces, quand le *Fitzwilliam Virginal Book* (*FVB*, 1606-1619) en renferme environ soixante-dix, pièces de jeunesse comme de maturité. Quant au manuscrit intitulé *My Ladye Nevells Booke of Virginal Music* (*LNB*, 1591, 42 numéros), il est entièrement consacré à Byrd. « Sans [Byrd], la technique du plain-chant [adapté pour le clavier], ainsi que, dans une certaine mesure, le style fugué, auraient sans doute survécu, tout en finissant par s'altérer et peut-être disparaître; mais la variation profane ainsi que la danse — ce qu'il y a de plus caractéristique dans le style des virginalistes — n'auraient certainement pas vu le jour. Pratiquement tout ce qui, à nos yeux, constitue la manière la plus spécifiquement anglaise, se trouve déjà sous sa forme la plus simple et la plus pure dans l'œuvre de William Byrd*. »

L'écriture pour clavier de Byrd fut en réalité assez peu influencée par Tallis. C'est davantage chez Hugh Aston (1485-1558), l'un des tout premiers compositeurs anglais à manifester un style véritablement original et pensé pour le clavier, qu'il puisera les composantes essentielles de son propre style de claviériste. En témoignent l'hommage du *Hugh Aston Ground* (*LNB*), ou encore le *Hornpipe* de jeunesse inspiré d'une œuvre de Aston.

Les pièces sur cantus firmus

Elles sont beaucoup moins nombreuses que celles destinées aux consorts de cordes. On rencontre chez Byrd, comme chez ses contemporains et successeurs, les principales appellations en usage au XVIe siècle en Angleterre. Ces œuvres évoluent très souvent hors de tout contexte liturgique, l'orgue, et en particulier l'orgue régale, étant aussi et surtout à cette époque un instrument profane. Il suffit, pour s'en convaincre, de lire l'inventaire (1547) de la collection d'instruments de musique d'Henry VIII, richissime en orgues de toutes sortes et de toutes tailles.

Byrd nous a laissé deux adaptations du *Salvator mundi*, un *Gloria tibi trinitatis*, deux *Miserere* (*FVB*), œuvres courtes et sans doute de jeunesse. D'une parfaite clarté de structure, elles sont respectivement à trois *(a)* et quatre voix *(b)*. Le cantus firmus du premier *Miserere* est au soprano, celui du second à l'alto. Les figurations des voix d'accompagnement sont de type canonique :

a

b

Parmi les autres pièces sur cantus firmus non grégorien, citons celle construite sur l'hexacorde (en *sol, FVB et LNB*). Introduit par une pré-imitation de la voix supérieure, le cantus firmus est exposé au ténor :

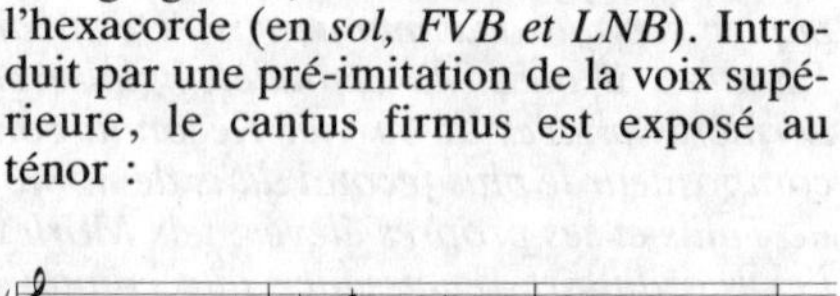

* J. Caldwell, *English Keyboard Music before the Nineteenth Century*, Blackwell/Dover.

Il passera ensuite d'une voix à l'autre, tout au long de la pièce, développée à quatre voix (parfois davantage sous forme d'accords), d'une extrême densité rythmique et figurative. Une autre pièce (*FVB*, n° 102) sur *ut mi ré* prend la forme d'une suite de treize variations, dont la première, de type fugato à quatre voix, exploite librement ce cantus rudimentaire. Le reste de la pièce est caractérisé par de grands passages de vélocité servant de prétexte à une exploration rythmique des plus inventives. Un second *ut ré mi fa sol la*, retrouvé dans la succession de Tomkins, se rattache au groupe des *Grounds* (basse obstinée sur laquelle s'élabore une suite de variations). Cette pièce exige la présence d'un second exécutant chargé de jouer l'hexacorde proprement dit, sans doute sur le même clavier.

Les Fantaisies

Le magnifique ensemble des huit Fantaisies, dont une appelée *verse*, a sans doute été composé avant 1590 (on retrouvera l'une d'elles au nombre des *voluntaries*). Influencée à la fois par l'écriture vocale (motet) et le ricercare italien, il arrivait que la fantaisie soit l'adaptation, non pas simplement transcrite mais intégralement repensée pour les nécessités du clavier, d'œuvres initialement composées pour un ensemble de cordes. Il s'agit de pièces en plusieurs sections ; la première se présente systématiquement sous la forme d'un fugato dont la rigueur dépasse rarement les deux ou trois premières entrées. La *Fancie en* ré du *LNB* alterne sections contrapuntiques et passages de pure vélocité ; elle est entrecoupée de quelques mesures évoquant une « bataille », accords aux deux mains répétés, martelés sur un rythme irrégulier.

La **Fantaisie en *sol*** du *FVB* (n° 261), à l'image de son sujet statique en longues valeurs de notes répétées,

est l'une des moins foncièrement virtuoses, ou plus exactement l'une des moins pourvues de longs traits de doubles croches. Dense et puissante, cette pièce favorise dans sa première section une écriture verticale. L'extrême et belle concision de l'œuvre se trouve régulièrement allégée par de courtes séquences de vélocité, parvenant avec noblesse et élégance à détendre l'écriture à quatre voix. La conclusion est beaucoup moins rigoureuse, dansante (brève/longue), effectivement toute de fantaisie.

L'autre **Fantaisie en *sol*** du *FVB* (n° 8) ignore tout de la rigueur de la précédente : fluidité, légèreté de la polyphonie, et surtout linéarité de la phrase mélodique, merveilleusement chantante, s'imposent d'emblée. Le « contrepoint » ne survit pas à la troisième entrée du thème (à intervalle d'une mesure), l'écriture en imitation et dialogue alternant ensuite avec les traits de doubles croches, volant d'une main à l'autre.

La **Fantaisie en *la*** (*FVB*, n° 52), plus consistante, suit globalement le même schéma. Elle se compose de quatre sections enchaînées (avec changement de mesure, mais sans rupture). Quelques formules virtuoses isolées font l'effet d'une ornementation écrite dans laquelle transparaît l'esprit de l'improvisation. Bien que le contrepoint de ces fantaisies ne soit à aucun moment rigoureux, on ne peut s'empêcher de penser à la forme plus tardive du prélude et fugue, lorsqu'il arrive que la fantaisie soit explicitement précédée d'une courte pièce n'ayant d'autre fonction que de l'introduire. C'est ainsi que la pièce n° 100 du *FVB* (₵, en *la*), intitulée *Praeludium to ye Fancie*, complète la fantaisie dont il vient d'être question (n° 52).

Les Voluntaries

Le *voluntary*, qui, après avoir considérablement évolué, symbolisera au XVIIIe siècle le clavier anglais classique, n'apparaît que dans le seul *LNB*. A l'époque de Byrd, la pièce s'intitule encore indifféremment *verse* ou fantaisie. Le point commun en est toujours la notion de contrepoint. Le premier (n° 26), s'intitule très clairement **A Voluntary : for my ladye nevelle**. Il réunit les deux composantes de la forme future : une introduction de type prélude (quelques mesures à ₵ asseyant puissamment le ton de *sol* et couronnées d'un point d'orgue), et une section contrapuntique commençant sur la dominante, dont le thème met l'accent sur l'intervalle de quinte. L'esprit du fugato demeure, mais la pièce, enrichie de motifs secondaires ou dérivés, perd, de diminution en diminution, de sa rigueur initiale pour s'achever à la manière d'une toccata.

Le deuxième *voluntary* du recueil (n° 29), déjà rencontré au nombre des fantaisies, s'intitule **A Lesson of Voluntary**, appellation que l'on trouve également chez Tallis (le terme de *lesson* pouvant s'appliquer à toute pièce courte pour clavier). Il s'agit d'un essai canonique en cinq parties dont l'assise rythmique, d'une extrême stabilité, ne sera perturbée que par quelques mesures animées de triolets de noires (ou noire pointée/croche/noire) passant du soprano au ténor.

La toute dernière pièce du *LNB* (n° 42) est également un *voluntary*, pièce canonique moyennement développée, à trois voix.

DANSES, VARIATIONS, BATAILLES

Si l'orgue convient indiscutablement à toutes les œuvres évoquées jusqu'ici, il en va différemment des très nombreuses pièces inspirées de la danse (faisant appel au jeu luthé) ou bien en forme de variations sur une basse obstinée (*ground*). Citons, se rattachant à cette dernière catégorie, **The Bells** (« les cloches », *FVB* n° 69), suite de neuf variations sur un thème oscillant (ronde/blanche/ronde/blanche, etc.). La pièce ouvrant le *LNB*, expressément composée pour le recueil (**My Ladye Nevels Grownde**, 6 variations), repose sur la même alternance longue/brève. Le procédé se retrouve, magnifiquement varié, dans les pièces n° 8 (**The Huntes Upp**, 12 variations), n° 30 (**The Second Grownde**, 16 variations) et n° 35 (le **Hugue Ashtons Grownde** déjà mentionné, 12 variations).

Le *LNB* renferme aussi et surtout une admirable suite de dix **Pavans**, suivies (à l'exception des n°s 7 et 8) d'une **Galliarde**, couple traditionnel de la danse stylisée et adaptée au clavier, également constituées de variations enchaînées.

Deux pièces étonnantes complètent le *LNB* : **The March before the Battell** (« La marche avant la bataille », n° 3), grande fanfare d'accords sonores prolongée par une section en arpèges et traits virtuoses, puis **The Battle** (n° 4), la bataille proprement dite, pièce descriptive d'origine vocale (Janequin). Comment ne pas penser aux *Batallas* espagnoles ou *Batalhas* portugaises, surtout sachant les rapports qu'entretenait la péninsule ibérique avec l'Angleterre et les Flandres… espagnoles. Certes, la bataille ibérique telle que nous l'imaginons, avec ses batteries de chamades (tellement étrangères à l'orgue anglais), se rattache à un répertoire beaucoup plus tardif… La bataille de Byrd, incomplète dans le *LNB*, se compose de douze sections. Nombre de ces pièces sont proches parentes de la bataille espagnole (accords martelés en batteries) et semblent appeler les anches, notamment *La Marche des fantassins, Les Trompettes, La Marche au combat, La Retraite*. Deux font penser, avec un siècle d'avance, aux noëls de l'orgue classique français : *La Cornemuse et le tambour* évoque une musette, *La Flûte et le tambour* un tambourin. La registration traditionnelle du tambourin (prestant 4′ pour le *do-sol-do* inlassablement répété par la main gauche, doublette 2′ pour le chant) conviendrait à merveille à la pièce de Byrd. Bref : une œuvre pensée au XVIe siècle pour le virginal, mais dont l'orgue pourrait assurément s'emparer à la lumière des deux siècles suivants.

Le *FVB* offre lui aussi un ensemble considérable de pavanes (délicieuse **Quadran Payan**, n° 133) suivies de gaillardes, ainsi que d'autres danses, telles que **Gigg, Volta, Alman, Coranto**. On y trouve par ailleurs des **Grounds**, quelques pièces de caractère, des suites de variations (**A Medley**, 8 variations, ou encore le célèbre **Walsinghame**, 22 variations — voir également Bull), enfin des adaptations par Byrd et pour le clavier d'œuvres d'autres compositeurs, par exemple une *Volta* de Thomas Morley, une *Pavana* et une *Galiarda* d'Edward Johnson, etc., et surtout la justement célèbre *Pavana lacrymae* de John Dowland (n° 121).

M.R.

JUAN CABANILLES

Né à Algemessi (près Valence), baptisé le 6 septembre 1644; mort à Valence, le 29 avril 1712. Cabanilles commença probablement sa formation musicale en devenant choriste à Algemessi, puis à la cathédrale de Valence. Sa vie fut entièrement placée sous le signe d'un poste qu'il obtint très jeune et conserva jusqu'à sa mort : le 15 mai 1665, il était en effet nommé à l'unanimité organiste de la cathédrale de Valence, succédant ainsi à Jerónimo de la Torre auprès de qui il s'était formé (son autre maître ayant été Urbán de Vargas), alors qu'il n'était pas encore prêtre, condition pourtant indispensable et imposée normalement par le chapitre. Il reçut cependant la tonsure le mois suivant, et fut ordonné le 22 septembre 1668. Ce poste d'organiste qu'il occupa plus de 45 ans, des raisons de santé l'obligeront de temps à autre à le délaisser, et ce dès 1703. De 1675 à 1677, il sera également chargé de la formation des jeunes choristes de la cathédrale.

Cabanilles représente le point culminant de l'évolution de l'orgue espagnol, dans un esprit de continuité évident et volontaire, tant par les formes utilisées et l'instrument auquel elles sont destinées (clavier *partido*, pédalier limité aux *contras*, notes graves de soutien harmonique) que par la manière de les mettre en pratique, avec cependant un traitement général d'une ampleur et d'une richesse dépassant très largement celles de ses prédécesseurs. Il est un point de non retour pour l'orgue ibérique, apogée sans suite réelle, même si l'un de ses élèves, le célèbre José Elías, poursuit d'une certaine manière l'œuvre de son maître, tout en étant lui-même l'un des artisans de la disparition des formes imitatives ancestrales au profit de formes nouvelles, plus libres. Elías dira de Cabanilles : « il dépassait en adresse, en force et en savoir ses deux contemporains, l'aveugle de Valence et celui de Daroca », ajoutant que « les pièces qu'il composa furent tellement nombreuses, [qu']il [Elías] parvint à en rassembler plus de trois cents pendant sa jeunesse; et [que] depuis cette époque, c'est-à-dire vers 1690, il croyait qu'elles étaient passées à quelque huit cents, car c'était un homme d'un génie fécond, doué d'un grand amour pour l'étude et également parce que les Français manifestaient une telle estime pour ses œuvres qu'ils les payaient très bien [...], et [qu']il fut appelé à plusieurs reprises pour jouer de l'orgue dans diverses cathédrales de France [du Sud] les jours de fêtes extraordinaires ».

D'une extrême abondance (environ 1200 pièces), l'œuvre de Cabanilles fut très appréciée de ses contemporains, comme le prouve la large diffusion que connurent les manuscrits. Ses compositions pour orgue nous sont parvenues sous forme de copies de ses élèves. Des *Opera Omnia*, dont la publication fut entreprise par Higinio Anglés, quatre volumes seulement ont paru (Lisbonne, 1927-1956). En 1927, l'œuvre de Cabanilles était conservée dans une vingtaine de sources, auxquelles vinrent s'ajouter des manuscrits retrouvés dans les bibliothèques de cathédrales aussi lointaines que Jaca et Astorga. Les œuvres actuellement publiées et donc accessibles sont ainsi réparties : 70 *tientos*, 6 *tocatas*, une vingtaine de pages diverses, essentiellement du type variations (*diferencias* et *pasacalles*). Des pans entiers de sa production demeurent encore dans l'ombre, notamment les hymnes et surtout les versets (sur le *Magnificat*, le *Pange lingua*, les Psaumes...).

Selon H. Anglés, bien qu'il ait parfaitement connu les formes musicales et la technique de l'orgue, et du clavier en général, des Italiens et des Français, Cabanilles ne voulut pas les imiter, de manière à rester fidèle à la tradition espagnole. Comme il vécut toute sa vie à Valence, grand port cosmopolite, il est permis de penser que Cabanilles put facilement être en contact avec le monde musical européen : français et italien bien entendu, mais peut-être même de l'Europe du Nord, Allemagne et Pays-Bas, dont l'influence sur les formes de composition et la facture d'orgue s'était longtemps fait sentir pour des raisons d'ordre géopolitique. Cela renforcerait la thèse des choix de Cabanilles quant aux formes, précisément, dans la ligne droite de la tradition ibérique menant de Cabezón à l'organiste de Valence, via Aguilera de Heredia, puis Correa de Arauxo et Rodrigues Coelho. Cabanilles participa également au mouvement qui conduisit à la création de la « sonate ». Cependant, tant que l'édition de son œuvre complète n'aura pas été menée à bien — il en va de même pour de nombreux compositeurs espagnols, très féconds —, il sera difficile d'émettre un jugement objectif sur un talent « ... qui sait, peut-être plus admirable encore pour la colossale fécondité de son art de la variation dans la composition de petits *versos* [il nous en reste plusieurs centaines] que dans la composition même des tientos, tocatas, pasacalles et gallardas » (Anglés)*.

Si l'essentiel de l'œuvre de Cabanilles est pour orgue, huit compositions chorales ont néanmoins récemment été retrouvées (bibliothèque de Catalogne, cathédrale de Valence) : elles semblent n'être que les restes d'une production plus abondante. Les préoccupations principales de Cabanilles y sont de prime abord la variété rythmique et les effets harmoniques, le compositeur jouant des mélanges et des oppositions que lui permet l'emploi de deux, voire trois chœurs. Le strict contrepoint élaboré tout au long des *tientos* y est le plus souvent absent.

L'œuvre d'orgue, quant à elle, est ainsi composée : 2 *batallas*, diverses *falias* et *gaitillas*, 5 *gallardas*, 4 *paseos*, 5 *passacalles*, 6 *tocatas*, une *xácara*, un *pedaro* (pour *pedazo*, morceau) *de música*, et surtout quelque 200 *tientos*, sa forme de prédilection, sans oublier les versets et les hymnes déjà mentionnés.

Les tientos

Cette forme espagnole par excellence est la plus fréquente dans l'œuvre de Cabanilles, chez qui elle apparaît très diversifiée au terme de son évolution : de l'œuvre contrapuntique (verset/fantaisie pour certains, équivalent du ricercar pour d'autres) enchaînant plusieurs sections fuguées sur un même thème ou sur des thèmes différents, le *tiento* est devenu une œuvre beaucoup plus libre, en ce sens proche de la fantaisie, offrant des formes d'une grande variété. Les *tientos* de Cabanilles appartiennent aux différents types suivants.

Tientos de Falsas

Cabanilles excelle comme aucun autre dans ces compositions construites sur un 4/4 ramassé, plus concises dans leur propos que réellement courtes (*Tiento de falsas de 8º Tono*, 119 mesures ; *Tiento de falsas de 6º Tono*, 108 mesures ; *Tiento de falsas de 1º Tono*, 83 mesures ; etc.), monothématiques, dépourvues de figures ornementales, relevant du système dit « *durezze e ligature* », les liaisons donnant lieu à de fortes dissonances se superposant tout au long d'enchaînements structurés par des intervalles mélodiques inhabituels, des progressions harmoniques fort inattendues. Le résultat est souvent des plus étonnants, d'une « modernité » parfois stupéfiante — qu'il faut toujours imaginer dans le cadre du tempérament inégal — comme le montre cet exemple extrait du *Tiento de falsas de 8º Tono* :

Ce *tiento* à quatre voix, d'une grande clarté polyphonique, ne joue que des effets d'ombre et de lumière de ses enchaînements harmoniques, des modulations, ici sur un mètre constant, à la différence d'autres *tientos*.

Tientos llenos

L'un des intitulés les plus fréquents, mais regroupant en fait des œuvres de structure différente. Le *tiento lleno* peut se présenter sous une forme concise, telle une pièce fuguée monothématique, sobre et généreuse, à quatre voix (*Tiento lleno de 1º Tono*), en une seule section. Il peut aussi débuter tel un verset-motet à quatre

* In *Historia de la Música española*, vol. 4 (Ed. Alianza Música, Madrid).

voix à l'écriture verticale, introduisant une fantaisie beaucoup plus flexible de ton et de contenu, toujours à quatre voix mais avec des traits virtuoses alternativement de basse et de dessus (dans ce cas sur tenue des autres voix, ou sur une lente progression harmonique, les voix glissant, au moyen de liaisons, les unes sur les autres), comme dans un autre *Tiento lleno de 1º Tono*. Cette pièce en trois sections principales (la première avec introduction) enchaîne sur un 12/8 très scandé avec une main gauche en forme de basse indépendante, puis sur un 3/2 — conclusion-élargissement caractéristique des œuvres espagnoles pour clavier, au rythme démultiplié — procédant en voix parallèles et s'achevant sur un dernier trait, modéré et de main droite.

Le *tiento lleno* peut également concilier l'écriture fuguée avec entrée successive des quatre voix et le traitement de type fantaisie avec échanges ou dialogue entre la basse et le dessus, comme c'est le cas d'un *Tiento lleno de 4º Tono* ou du *Tiento lleno de Pange lingua de 5º Tono*, œuvre brillante et complexe : ce *tiento* débute par 25 mesures fuguées puis, lorsqu'intervient en taille le thème du *Pange lingua*, la basse manuelle se lance dans une courte série de traits annonciatrice de la fantaisie qui peu à peu va se développer. Certains *tientos llenos* font par ailleurs appel à l'écriture massive du verset-motet, toujours à quatre voix, qu'ils entrecoupent de sections de type toccata (*Tiento lleno de 5º Tono*).

Tientos de contras

Il s'agit tout simplement de tientos faisant intervenir les *contras* en 16 ou 8 pieds, notes graves du pédalier destinées aux tenues (quelques touches seulement et sur les instruments les plus importants, l'orgue espagnol de taille moyenne ou petite n'ayant souvent aucune pédale).

Tientos partidos

L'un des signes d'identification de l'orgue espagnol parmi les plus emblématiques est né de la possibilité de partager le clavier en deux moitiés égales (le 2e clavier, ou d'écho, comme la pédale, n'étant réservé qu'aux instruments d'une certaine importance), l'une pour la partie soliste, l'autre pour son accompagnement. Cette importante innovation technique apparut en Espagne dans les années 1560-1570 et fut utilisée jusqu'au XVIIIe siècle, l'appellation *tiento* ayant cédé la place à celle de *obra* (que l'on trouve cependant déjà chez Aguilera de Heredia). Le *tiento partido*, également et de façon explicite appelé *de medio registro*, fut très en vogue tant en Espagne qu'au Portugal (*tento de meio registro*). Il peut être de main gauche (*tiento partido de mano izquierda*) ou de main droite (*tiento partido de mano derecha*), comme il peut être à deux dessus (*de dos tiples*) ou à deux basses (*de dos bajos*), ou encore enchaîner en des configurations variées *dos bajos y un tiple despúes*, etc. Il est traditionnellement à trois voix dont une soliste et deux d'accompagnement (ou à quatre dans le cas des dessus ou basses doubles) et débute comme n'importe quelle pièce fuguée, les deux voix d'accompagnement en pré-imitation introduisant le thème. La voix soliste peut s'octroyer une grande indépendance en regard des deux autres (*Tiento partido de mano izquierda de 6º Tono*), ou bien être en parfaite harmonie thématique avec elles (*Tiento partido de mano izquierda de 3º Tono*), établissant ainsi un dialogue à trois voix et deux plans sonores.

Bien que Cabanilles se soit toujours maintenu, quant aux formes, sur un terrain purement espagnol, certains *tientos de mano izquierda* font parfois penser (pour la structure, non pour l'harmonie) aux basses de trompette de l'école française, comme ceux de *mano derecha* peuvent évoquer les récits — simples ou doubles de cornet ou de cromorne, le tissu contrapuntique des deux voix d'accompagnement étant cependant très sensiblement plus développé. Les *tientos partidos* sont traditionnellement en deux sections enchaînées, variant par le mètre, mais reprenant le même thème, chaque fois modifié, comme dans cet exemple de *Tiento partido de mano derecha de 1º Tono* (successivement pré-imitation de l'accompagnement de main gauche, puis élargissement du rythme sur augmentation du thème, ici lors de l'entrée de ce dernier à la main droite) :

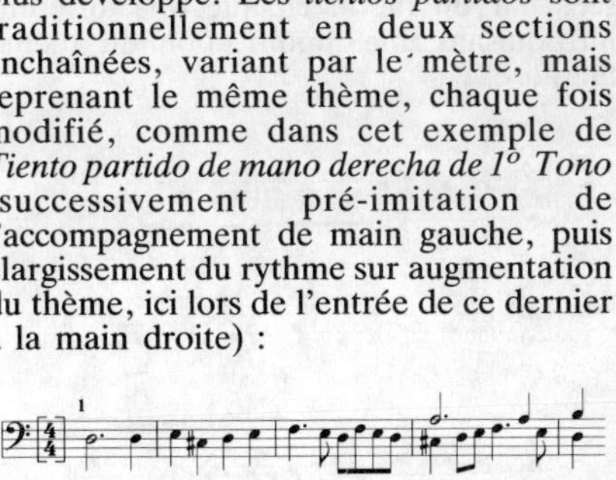

Les deux sections de ces *tientos partidos* peuvent enchaîner des mètres différents : 4/4 (commencement immuable), puis 12/8 (*Tiento partido de mano derecha sobre Ave maris stella*); 4/4, puis 3/2 ou 6/4 (*Tiento partido de mano izquierda de 3º Tono*, déjà évoqué).

Tientos de batallas

Ceux-ci diffèrent assez peu des *tientos llenos* de type contrapuntique tournant à la fantaisie (*Tiento de batalla de 5º Tono*, en deux sections – 4/4, puis 3/2) ou bien des *tientos partidos* dans le cas, par exemple, d'une *Batalla de mano izquierda*. Ces œuvres permettaient de mettre en valeur une autre innovation de l'orgue ibérique, la *chamada*, ensemble de jeux d'anches positionnés en façade (souvent double dans l'orgue espagnol, les chamades se trouvant donc tournées vers le chœur et éventuellement le bas-côté) et horizontalement, de manière à élargir les ressources de l'orgue. Le timbre en est percutant, extrêmement sonore et se prête admirablement aux évocations de batailles (un marquis d'Ureña leur reprochera justement leur caractère belliqueux!).

Tocatas

De nouveau, une appellation très générale englobant des cas particuliers fort divergents. On trouve ainsi une *Tocata de mano izquierda de 5º Tono* de même conception qu'un *Tiento de medio registro*, mais aussi une *Tocata de 6º Tono*, proche du *tiento lleno* polyphonique à quatre voix, ici en trois parties (*discursos*) personnalisées par un mètre chaque fois différent introduisant une modification du thème unique :

1° Discurso

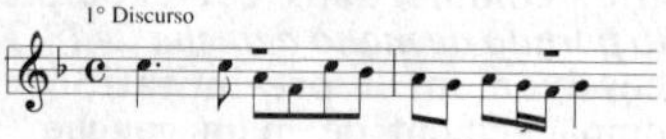

2° Discurso

3° Discurso

La *tocata* peut également rejoindre chez Cabanilles, soit comme forme autonome, soit comme élément participant aux formes déjà évoquées, la toccata pratiquée dans le reste de l'Europe, œuvre vive et souple, virtuose, se nourrissant fréquemment chez l'Espagnol du procédé de la note répétée, source inépuisable d'énergie pour relancer le discours.

Pasacalles, paseos, gallardas, xácara

Toutes ces formes relèvent du type variations sur une basse. Cabanilles n'ayant été toute sa vie que musicien d'église, elles ne seraient nullement en rapport avec l'esprit de la danse, comme on l'a longtemps pensé. Les *pasacalles*, chefs-d'œuvre du genre et représentatives de ce dernier groupe, sont d'une ampleur variable, allant du simple au double. Celle du *4º Tono* (41 mesures), bien qu'enchaînant une dizaine de « variations » (*diferencias*) de quelques mesures chacune, constitue un ensemble en réalité d'une belle homogénéité. Celle du *1º Tono*, au contraire, beaucoup plus développée (105 mesures), est une fantaisie très variée et mobile, riche de 26 *diferencias* réparties en trois groupes (4/4, 12/8, 4/4), le 4/4 pouvant adopter toutes sortes de nuances dans le traitement des voix, de l'écriture presque verticale de l'introduction à celle linéaire et virtuose du premier grand développement, très brillant, en basse et dessus (mes. 45-68).

Bien que reliées à l'orgue d'église, toutes ces pages n'ont rien d'austère. Elles témoignent, comme tous les autres groupes d'œuvres de Cabanilles, de la même beauté des idées musicales, de la même suprême maîtrise du contrepoint, d'une incomparable noblesse de forme, débordante de richesse discursive. La cohésion que le musicien apporte aux grandes formes ne laisse aucune place aux figures ornementales de routine de certaines écoles. Bien que continuateur volontaire de l'école espagnole, et en dépit de toutes les similitudes qui le rapprochent irrésistiblement et indéniablement de ses prédécesseurs, Cabanilles parvient à une substance musicale d'une densité qui n'est qu'à lui, et, malgré les formes, en réalité nullement figées sous sa plume, à une modernité faisant contraste avec l'état souvent réputé immobile de l'orgue ibérique.

M.R.

ANTONIO DE CABEZÓN

Né à Castrillo de Matajudios (Burgos), en 1510 ; mort à Madrid, le 26 mars 1566. Principal représentant d'une « dynastie » qui comprendra également son frère Juan et ses deux fils Agustin et Hernando, Antonio était de souche noble. Aveugle de naissance, il fut envoyé à Palencia, où le vicaire général de la province, l'inquisiteur apostolique Esteban Martínez de Cabezón, était un proche parent qui le prendra sous sa protection. Là, il eut sans doute pour maître l'organiste de la cathédrale, García de Baeza, dont les relations purent lui faciliter l'accès de la Chapelle royale. Déjà, lors de la visite du roi à Palencia en 1522, le tout jeune Antonio avait-il peut-être eu l'occasion de rencontrer certains musiciens flamands de l'entourage royal. Toujours est-il qu'en 1525, âgé de quinze ans, il semble quitter Palencia pour Tolède, la capitale de la Nouvelle-Castille, en vue de se faire admettre à la chapelle ibérique de la reine Isabelle de Portugal, l'épouse de Charles Quint (l'empereur n'entretenait pas de chapelle en Espagne). L'année suivante, celle-ci en fera en effet son organiste ; plus tard, il participera également à la musique du roi. Vers 1538, il épouse la fille d'une riche famille et s'installe dans la ville de sa femme, Ávila ; leurs enfants occuperont des charges importantes à la Cour. La reine Isabelle disparue, Cabezón passe au service de son fils, le futur Philippe II. Il participe aux voyages royaux, en Italie, en Allemagne, aux Pays-Bas (1548-1551), puis de nouveau aux Pays-Bas ainsi qu'en Angleterre, séjournant un an et demi à Londres (1554-1556) lorsque Philippe épouse Marie Tudor. Par les rencontres qu'ils suscitent, ces voyages seront la source d'échanges réciproques particulièrement féconds pour l'évolution de la musique. Jouissant des plus hautes faveurs royales, Cabezón suit son maître lorsque la Cour s'établit en sa nouvelle capitale, Madrid, où il demeurera jusqu'à sa mort.

Très certainement héritier de musiciens ibériques dont l'œuvre est aujourd'hui perdue, Cabezón fut au XVIe siècle le principal représentant de la musique de clavier dans cette Espagne qui, par ses possessions dans toute l'Europe, entretenait d'étroits contacts avec les terres du Nord et du Centre. On peut relever dans son œuvre la marque de cet autre organiste aveugle, Arnold Schlick (dans les *falsobordones* en particulier), et sans doute celle aussi de Hofhaimer, musicien au service de l'empereur, tous deux contemporains de Josquin des Prés. Mais c'est surtout l'influence de ce dernier, au sein de l'école franco-flamande, qui sera déterminante sur Cabezón, le génie propre d'Antonio étant d'avoir su adapter le style vocal et polyphonique du Nord en créant une manière typiquement espagnole et appropriée aux instruments à clavier : art de la « vocalisation instrumentale », comme il est convenu de l'appeler, fait à la fois de pureté et d'audaces, de liberté et de rigueur, mais sans rien de convenu ou d'académique.

Ces conditions exceptionnelles de propagation de la musique européenne auront sans doute été la grande chance d'un pays qui, de tout temps condamné à l'isolement géographique, ne le fut pas sur le plan des idées. On pourra, dans ce contexte, rappeler les relations — en fait, surtout les apports flamands — entre la facture d'orgue du Nord et la facture espagnole. On sait que durant sa captivité en Espagne après le désastre de Pavie (1525-1526), François Ier fit venir de France ses propres musiciens, provoquant de fructueux échanges avec les musiciens ibériques : une première vague de chansons françaises allait ainsi franchir les Pyrénées. Plus tard, l'arrivée à la cour d'Élisabeth de Valois, deuxième épouse du roi Philippe II, sera pour les Espagnols source de nouveaux contacts avec des musiciens italiens et français, comme en témoignent les pages profanes de Cabezón sur des textes franco-flamands de Crecquillon, Verdelot, Gombert, etc. — quelque 35 pièces seulement, l'œuvre vocale du musicien étant avant tout d'inspiration religieuse.

Les sources

L'abondante production pour clavier de Cabezón nous est parvenue par le biais de deux éditions du XVIe siècle. La première est l'anthologie de Luis Venegas de Henestrosa, *Libro de cifra nueva para tecla, harpa y vihuela*, publiée à Alcalá de Henares en 1557. Organiste et compositeur lui-même, Venegas déclare avoir en sa possession six livres de musique pour orgue avant de confier à l'édition celui-ci, qui semble avoir été le seul publié : les autres contenaient-ils d'autres pièces de Cabezón ? On l'ignore. Le titre du recueil rappelle un usage déjà courant dans l'Espagne du temps, celui de pouvoir jouer à volonté des pièces polyphoniques indifféremment sur des instruments à cordes pincées (harpe ou vihuela) ou à clavier. Le terme de « *tecla* » désigne en effet tout instrument à touches; quant à celui de « *nueva* », il indique une nouvelle manière de noter la musique de clavier, décrite pour la première fois par Juan Bermudo en 1555, puis reprise par le fils de Cabezón. On y trouve autant de lignes que de voix, les notes étant représentées par des chiffres accompagnés de traits ou de points précisant l'octave à laquelle appartient la note; à la différence de la notation alors utilisée pour la musique vocale, ce système offrait l'avantage d'indiquer très précisément les notes altérées. Capital pour la connaissance du XVIe siècle espagnol, ce recueil renferme 138 pièces, dont une quarantaine d'un certain Antonio, unanimement reconnu comme étant Cabezón : six *Pange lingua*, six *Ave maris stella, Sacris solemnis*, des *falsobordones* (faux-bourdons) sur des hymnes et des antiennes, 17 *tientos*, etc. Ce volume comprend également une partie théorique, où l'on traite précisément de la tablature chiffrée et des doigtés (dont certaines indications très en avance sur leur temps concernant le passage du pouce).

La seconde source, et la plus importante, est l'anthologie intitulée *Obras de Música para tecla, harpa y vihuela de Antonio de Cabezón. Recopiladas y puestas en cifra par Hernando de Cabezón, su hijo*, publiée à Madrid par le fils cadet et successeur d'Antonio, Hernando, douze ans après la mort de son père, en 1578. On y trouve à nouveau une partie théorique (technique du clavier), et surtout un nombre important d'œuvres de Cabezón : 4 duos « pour les débutants », 9 *Ave maris stella* de deux à cinq voix, 5 *Pange lingua* de deux à quatre voix, 7 hymnes de deux à quatre voix, 35 *Kyrie* dans les huit tons, à trois et quatre voix, 32 versets de psalmodie, 54 versets pour le *Magnificat*, 32 *falsobordones*, 12 *tientos*, 2 fugues à quatre et cinq voix, ainsi qu'une pavane italienne, 3 séries de *diferencias* sur des motifs profanes, 20 *tientos*, de quatre à six voix, sur des chansons polyphoniques de Josquin, Créquillon, Mouton, etc. et 20 *glosas* de chansons françaises.

L'orgue ibérique au XVIe siècle

La connaissance de l'orgue ibérique à l'époque de Cabezón est indispensable à une juste compréhension de son œuvre instrumentale, et particulièrement de ses *tientos*. En Castille comme en Andalousie, la facture d'orgue du temps ne se différencie en effet pas encore fondamentalement de celle du reste de l'Europe. L'orgue ibérique est alors essentiellement constitué d'un grand plenum, souvent mentionné par les sources, dont les jeux tout d'abord indivisibles (équivalent du Blockwerk allemand) deviendront utilisables séparément au cours du XVIe siècle en Catalogne. A l'origine absents, jeux d'anches et de tierces feront leur entrée avec la séparation des différents registres (apparition des cornets et des régales, mais aussi des flûtes).

Quant aux deux innovations techniques appelées à devenir les caractéristiques emblématiques de l'orgue espagnol des XVIIe et XVIIIe siècles, la coupure du clavier en basses et dessus et la *trompeteria* en chamade, elles ne datent que de la toute fin de la vie de Cabezón (et à l'état embryonnaire pour ce qui est des chamades). Ni Cabezón, ni aucun de ses contemporains immédiats ne les réclament. Leurs *tientos* sont écrits pour clavier entier (ceux de demi-registre viendront aussitôt après, avec Peraza et surtout Correa de Arauxo), et seule appartient réellement à l'univers sonore de ce milieu du XVIe siècle la régale, une anche douce merveilleusement polyphonique, parfois déjà en chamade (mais peut-être davantage pour des commodités d'accord que de présence sonore).

L'œuvre pour orgue

Qu'a pu être la production de Cabezón ? On ne le saura sans doute jamais. En publiant des compositions de son père, le propre fils d'Antonio ne parlait-il pas de « miettes tombées de sa table », l'essentiel de son œuvre ne figurant pas dans le recueil ? Hernando avait préparé pour l'impression deux autres livres consacrés à la production paternelle, œuvres qui auraient sans doute été plus que des « miettes » : ces recueils ont-ils jamais été publiés ? Toujours est-il que le corpus, sans doute très fragmentaire, aujourd'hui réuni de l'un des pères fondateurs de la musique d'orgue peut se décrire en trois ensembles. D'abord, part la plus essentielle de l'apport du musicien, les *tientos*, plus d'une trentaine, de structures très diverses. Puis le groupe des autres œuvres religieuses, à caractère plus précisément liturgique : versets sur les psaumes, *Magnificat*, hymnes, *Kyrie*, etc. Enfin, les *diferencias* ou variations sur des airs de danse et des mélodies profanes.

Les tientos

Dans l'œuvre du musicien, ils occupent sans doute la toute première place, à la fois en qualité et en nombre. Cabezón étant le premier grand compositeur de *tiento* pour orgue, un bref rappel historique sur cette forme multiple est nécessaire pour aider à séparer les différentes écoles espagnoles. Si le *tiento* est en effet la forme qui connut le plus large et le plus durable développement en Espagne, du premier tiers du XVIe siècle jusqu'aux premières décennies du XVIIe siècle, le terme même prête à confusion. Le sens premier de *tiento* (de l'espagnol *tentar*) semble bien cependant être celui d'« essai » : essayer le clavier, fonction comparable à celle de la toccata dans les autres pays européens. Le *tiento* serait donc une œuvre pratique, sans destination liturgique spécifique*.

* Pour plus de détails, on lira avec intérêt le principal ouvrage en langue française sur ce sujet : Louis Jambou, *Les Origines du tiento*, Éditions du CNRS, Paris, 1982, ainsi que, dans une étude plus succincte mais ne se limitant pas aux origines, le chapitre que José López-Calo lui a consacré dans le volume III de la *Historia de la música española*, Alianza Música, Madrid, 1983-1988, dont s'inspire ce bref résumé.

A la fin du XVIe siècle, il existait en Espagne deux types de *tiento*, d'origines et de caractères variés, qui se développèrent en diverses régions. Le premier type provient des vihuélistes — de Luis Milán, pour simplifier ; l'autre, bien que découlant de l'adaptation au clavier d'œuvres vocales, est un genre caractéristique de la musique pour clavier de style contrapuntique et galant.

Caractéristique de l'Andalousie, le premier type est marqué par l'opposition des *consononcias y redobles*, ou alternance de passages verticaux, « luthés » dirait-on en terme de musique française du XVIIe siècle, « statiques », et de passages horizontaux virtuoses, riches en traits et ornements. Ses principaux représentants, outre Milán, seront Mudarra, Palero (publié par Henestrosa), toujours dans la tradition de la vihuela, puis — pour ce qui est de l'orgue — de la dynastie sévillane des Peraza ; enfin, occupant une place à part, foncièrement autonome, Francisco Correa de Arauxo.

Quoique difficiles à localiser avec précision, les origines du second type de *tiento* pour instrument à clavier doivent être cherchées en Castille. Le *tiento* y sera un genre apparenté au ricercar, c'est-à-dire une forme contrapuntique monothématique, avec possible transformation du thème par augmentation, diminution, citation incomplète, etc. Sans introduction de nouveaux thèmes, donc, le genre s'oppose aux *tientos* de Correa de Arauxo, aisément identifiables par leur liberté thématique. Chez un Cabezón, ce monothématisme, loin d'engendrer l'uniformité, sera le plus précieux des stimulants pour la recherche, théorique et pratique, d'une invention illimitée, dans la manière de varier un motif unique : c'est à ce titre que le maître de musique de Charles Quint est aujourd'hui considéré comme le plus grand compositeur de *tientos* « castillans ».

En réalité, à partir de Cabezón, le genre proprement dit ne connaîtra plus d'évolution notable, tout ayant déjà été dit puis sans cesse redit, non d'ailleurs sans donner de nombreux chefs-d'œuvre. La seule « évolution » perceptible sera de fait l'éclatement du genre : l'usage de termes tels que *tiento lleno, tiento de medio registro, tiento de batalla*, etc., donc se rapportant à des formes de plus en plus différentes, attestera de la perte de spécificité du *tiento* originel. Après Cabezón, ou bien le *tiento* poursuivra son chemin, de plus en plus académique, sous sa forme contrapuntique, ou bien (et c'est le cas chez Cabanilles) il prendra des directions qui tendront à s'éloigner en se diversifiant du concept d'origine, tout en donnant lieu à des créations d'une incomparable beauté.

A la limite d'une austérité toute castillane, la noble gravité de l'écriture des *tientos* de Cabezón, caractéristique de l'époque précédant la Contre-Réforme, trouverait son équivalent architectural dans l'art d'un Juan Bautista de Toledo (mort à Madrid peu après Cabezón, en 1567), ou l'*estilo desnudo* du palais-monastère (et nécropole) de l'Escorial, qui sera édifié par Philippe II de 1563 à 1584. Elle amène cependant à se poser une question qui n'a semble-t-il pas trouvé de réponse dans les documents du temps : ces pièces étaient-elles jouées telles quelles par leur créateur, ou celui-ci les enrichissait-il d'une ornementation ajoutée *ad libitum*, comme une sorte d'héritage d'un décor « plateresque » composé de motifs de la Renaissance ?

Les *tientos* de Cabezón explorent les huit tons anciens — *ré, mi, fa* et *sol*, en mode authente et en mode plagal. Ces tons sont toujours bien caractérisés par les tessitures des différentes voix et les cadences. Ce sont de brèves pièces contrapuntiques à quatre voix, formées de plusieurs sections enchaînées. Chaque section fait apparaître de nouveaux motifs, mais ceux-ci manifestent généralement un net apparentement au motif premier, faisant alors découler toute la pièce d'une matrice initiale. (Durée d'exécution d'un *tiento* : 2 mn environ).

Tiento del cuarto tono (*mi* plagal)

C'est ici l'apogée du style sévère, mais tout l'art de Cabezón va consister à animer peu à peu la pièce à la fois par élaboration rythmique et par des rencontres contrapuntiques très tendues (fausses relations, retards dissonants). A. La première des quatre sections expose un grave sujet aux quatre voix, les deux premières entrées se faisant en strette à une note; on notera qu'aucune des sept entrées de cette section ne se fait à la même distance des autres. Le resserrement rythmique fait passer (en notation moderne) de la ronde à la croche — avec une extraordinaire mesure où deux triolets, enchâssés entre les groupes symétriques de croches (binaires) des mesures mitoyennes, provoquant une brutale rupture, déstabilisante, rompant un instant la pulsation interne de l'œuvre. B. Enchaînée, la deuxième section traite un sujet issu de la section précédente où il apparaissait en filigrane, et dont la tête est apparentée au sujet A. Dix entrées, décalées. Cadence à la tonique. C. En rythme ternaire. Nouveau sujet, sur la quarte ascendante. Cadence à la sous-dominante. D. Retour à la mesure binaire initiale. Sujet très proche de B, et comme lui issu de A. Cadence plagale, avec tierce picarde.

Durée d'exécution : ~ 2 mn

Tiento del quinto tono (*fa* authente, très proche de *fa* majeur).

Toujours à quatre voix et composé de quatre sections enchaînées traitant en imitation des motifs différents. L'élaboration rythmique culmine à la fin de chaque section sur des figures décoratives assurant, en quelques mesures plus libres, l'heureuse transition d'un épisode au suivant. Toute la pièce suit le même mètre binaire. A. Première section. Beau sujet d'une sérénité palestrinienne. Les deux premières entrées se font en strette (à trois notes). Cadence à la dominante. B. Le nouveau sujet apparaît constamment en strette, avec des décalages différents. Une élégante guirlande orne la cadence à la tonique. C. Traitement en strette d'un sujet qui monte et redescend le tétracorde, d'abord en durées normales, puis en augmentation. Broderie et cadence à la dominante. D. Un motif descendant est exposé en strette (trois entrées); les imitations cessent alors pour céder la place à un dialogue animé, de formules décoratives menant à une cadence plagale.

Durée d'exécution : ~ 2 mn

Les autres pièces liturgiques

Parfaits de proportions et de traitement, à l'exemple des *tientos*, on citera également les **Versets sur les psaumes**, publiés dans le recueil de 1578, d'une étonnante et séduisante concision. Comme toutes les œuvres de Cabezón, ils se partagent entre l'invention et la rigueur de la structure, ici systématique. Les *Octo toni Psalmorum*, par exemple, offrent pour chaque ton quatre versets, d'ampleur comparable ; en valeurs longues, les thèmes des psaumes y passent librement d'une voix à l'autre. Ces versets adoptent toujours le même ordre : *Choralis in cantu*, puis *in Alto, in Tenor* et *in Basso*. Ils sont traités selon une grande variété d'approches contrapuntiques, sans figures ornementales : structure et harmonie sont la source de la diversité.

D'une plus grande liberté rythmique, les 8 *Magnificat* (un dans chaque ton) sur le *Canticum Beatae Mariae Virginis* présentent souvent l'émancipation d'une voix prenant des tournures solistes ; ils enchaînent plus irrégulièrement six ou sept versets, légèrement plus développés.

Les variations sur des airs de danse

A l'opposé des œuvres purement liturgiques, mais avec la même maîtrise de la technique instrumentale et de la forme, on trouve de nombreuses variations sur des airs de danse, folia, pavane, gaillarde ; Cabezón porte ces motifs à un remarquable degré de stylisation, sans rien leur ôter pour autant de leur caractère chorégraphique. Principalement fondées sur des airs espagnols extraits des riches *cancioneros* de l'époque, ces *diferencias* sont d'une qualité et d'une cohérence rarement atteintes, pas plus à l'époque du musicien qu'après lui.

Diferencias sobre el canto Llano del Cavallero

(Variations sur le chant du chevalier)

C'est la plus célèbre de toutes les suites de variations de Cabezón. Cristóbal de Morales avait déjà utilisé ce thème de chanson probablement castillane pour une messe à quatre voix, et Nicolas Gombert pour un *villancico* à cinq voix (recueil d'Uppsala). Cabezón fait suivre l'exposition du thème, ou première variation, au soprano et sur un contrepoint sobre des autres voix, de quatre autres variations. Ce thème (transcrit dans l'exemple ci-dessous en valeurs modernes) est d'une étonnante complexité rythmique ; quoique dans un mètre à 4/4, il renferme deux incises en mètre irrégulier placées symétriquement (4 + 4 devenant 3 + 3 + 2) :

On notera que si le thème commence en 1er ton (notre *ré* mineur), Cabezón en termine toutes les variations en *fa* majeur. Au fil de ces variations, le thème migre du soprano au ténor, puis à l'alto, et revient enfin au ténor. Le soutien des autres voix est d'une belle plasticité, sa densité, pour mieux en individualiser le relief, invitant à faire appel à une ornementation inventive. Plus décoratives, les variations 4 et 5 sont écrites dans une texture allégée, à trois voix seulement ; dans la cinquième, la mélodie chante au ténor tandis que le soprano et l'alto, affranchis de la pure contrainte thématique, s'ornent de figures rythmiques plus vives. La pièce alterne les mesures à 2/4, 3/4 et 4/4. « Le grand art d'Ockeghem semble revivre dans l'esprit de la Renaissance » (Willi Apel).

Durée d'exécution : ~ 3 mn

Diferencias sobre el canto de La Dama le demanda (Variations sur le chant de « La dame le demande », ou « Belle qui tient ma vie »)

Composée de quatre périodes de huit blanches, la mélodie, en mode de *ré*, est d'abord exposée en une simple harmonisation que, selon la coutume, on peut reprendre en *da capo* pour conclure. Suivent cinq variations, toujours traitées à quatre voix, dans lesquelles le développement ornemental tend à ne conserver du thème de la chanson que la structure harmonique, alors que disparaît toute référence perceptible à la mélodie — celle-ci se trouvant noyée dans des guirlandes décoratives en croches enrichies de petites formules de doubles croches, passant au-dessus, à la basse, etc. Dans la troisième période de la variation 5, c'est-à-dire l'avant-dernière période de toute la série

de ces *diferencias*, l'ornementation se fait soudain en rythme ternaire, irruption insolite sertie dans des motifs binaires : magnifique effet de rupture qui renforce l'éclat du paraphe de la cadence finale.
Durée d'exécution : ~ 3 mn

Pavana italiana

Danse de cour d'origine italienne, la pavane apparaît en Espagne dans *El Maestro* (1535), le Livre de musique de Luis Milán, contemporain de Cabezón. Elle se caractérise par ses reprises variées. Ainsi, la pièce de Cabezón est-elle constituée de trois sections, chacune comprenant l'exposé proprement dit et sa reprise ornée (structure aa'bb'cc'), le tout composant une suite de quasi-variations. Altier, d'une grande noblesse de ton, le thème est conclu par un gruppetto cadentiel qui a tout d'une révérence. Selon les procédés du temps, la pièce s'enrichit par prolifération de longs rubans ornementaux passant d'une main à l'autre, puis aux deux mains ensemble, dans une intensification constante du discours.
Durée d'exécution : ~ 3 mn

La famille Cabezón

Les trois autres membres musiciens de la famille valent d'être brièvement mentionnés. Frère d'Antonio, **Juan** (c. 1510/1519-1566) fut nommé en 1546 organiste de la Chapelle royale ; lui aussi accompagnera le roi lors de ses voyages : l'une de ses œuvres est publiée dans le recueil de 1578. Né à Ávila, **Agustín**, mort avant 1564, était le deuxième fils d'Antonio ; choriste de la Chapelle royale (1547), il participa aux voyages en Angleterre et aux Pays-Bas de 1554 à 1556. Enfin, le frère cadet d'Agustín, **Hernando** (1541-1602), organiste suppléant de la Chapelle royale dès 1559, fut organiste principal de la cathédrale de Sigúenza en 1563, puis, à la mort de son père, lui succéda comme organiste du roi. Hernando accompagna Philippe II, qui le tenait en haute estime, lors de nombreux voyages, dont un au Portugal où il rencontra probablement Manuel Rodrigues Coelho (à Elvas) et António Carreira (à Lisbonne). Dans le recueil *Obras de Música para tecla, harpa y vihuela* qu'il publia en 1578, il fit figurer un certain nombre de ses propres compositions, lesquelles témoignent d'un art consommé, synthèse de la manière de son père et des apports postérieurs quant à la technique et au style de la musique de clavier.

M.R. et G.C.

ANTOINE CALVIÈRE

Né à Paris, en 1695 ; mort à Paris, le 18 avril 1755. Élève d'Isoré (organiste de la basilique royale de Saint-Denis, servie un temps par Grigny) et disciple spirituel de François Couperin, il acquiert une très grande renommée et collectionne les tribunes : Saint-Germain-des-Prés, Sainte-Marguerite, la Sainte-Chapelle, Notre-Dame (1730) et la Chapelle royale (1738). A la suite de pertes irréparables, l'œuvre qui nous est parvenue se réduit à quelques motets et à une seule pièce d'orgue non autographe, d'attribution plus que douteuse.

« Messieurs d'Aquin et Calvière sont à présent ce qu'étaient jadis Marchand et Couperin, ce sont deux génies rares, tout opposés, et qui, tous deux, par des voies différentes, sont parvenus à la première place. [...] M. d'Aquin doit tout au premier, M. Calvière a tout imité du second », témoigne Daquin fils dans ses *Lettres sur les hommes célèbres* (1752). De son côté, Titon du Tillet rapporte qu'à Couperin lui demandant « où il avait appris cet art merveilleux », Calvière répondit : « Monsieur, c'est sous l'orgue de Saint-Gervais ».

Pour le meilleur et pour le pire, le destin de Calvière est lié à celui de d'Aquin son jumeau. Ils connurent la joie de pénétrer ensemble en 1738 à la Chapelle royale et inaugurèrent ensemble l'orgue du Concert spirituel en 1749 ; mais d'Aquin, plus cigale que fourmi, égara tous les manuscrits de Calvière (et sûrement une partie des siens). Titon du Tillet témoigne que d'Aquin « fait espérer de mettre en ordre et de donner à la gravure quelques Livres de pièces d'orgue et de clavecin que Calvière a laissées manuscrites en grand nombre : car c'est par les ouvrages qui paraissent et restent après la mort des hommes que la réputation se perpétue ». La renommée de Calvière ne se perpétue, hélas ! qu'au travers d'une seule pièce, recopiée par le musicologue-compositeur belge Fétis au XIXe siècle (bibliothèque du Conservatoire de Bruxelles).

Pièce

D'aucuns y voient une Élévation. Quoi qu'il en soit, il s'agit d'un Dialogue de hautbois (dessus) et de cromorne en taille. Notons bien ce hautbois : s'il est de Calvière, il fait une apparition historique, car c'est un peu plus tard seulement que François Henri Clicquot dotera d'un ou deux hautbois ses splendides instruments. Quant au XIXe siècle, il cultivera amoureusement cette sonorité...

A quatre temps, en *mi* mineur, le morceau lui-même se présente comme un joli andante, galant et nostalgique, apparenté à quelque divertimento de Haydn ou de Mozart. Même en tenant compte de pages assez ressemblantes dans le Livre de clavecin de Balbastre (1759), il paraît difficile d'admettre qu'elle ait vu le jour avant la naissance de Mozart. Aucune pièce de Rameau de la même époque ne sonne ainsi ; Rameau pourtant aux premières loges, chez le fermier général La Pouplinière, pour se saisir des dernières nouveautés en provenance de Mannheim. Hormis la présence d'une partie de pédale, rien dans l'écriture n'évoque une pièce d'orgue du milieu du XVIIIe siècle. Ce qu'on voit, ce qu'on entend, c'est une romance en duo. Le très joli accompagnement en ruban continu et contourné de croches dans le médium, soutenu de quelques notes de basse, semble appeler le fortepiano ou la harpe.

La très *classique* architecture ne démentira pas cette impression (exposition de 16 mesures, passage médian de 8 mesures, réexposition variée de 16 mesures). Regardons de plus près : le thème « vocal » de huit mesures, suivi d'une mesure d'écho, est exposé une première fois par le hautbois (tonique-dominante), une seconde par le cromorne (tonique-relatif) ; plus resserré en *sol* majeur, *mi* mineur, *si* mineur, le bref dialogue médian enchaîne à la réexposition variée (mes. 25) par le biais d'une pédale brodée de *si* ; presque à son terme, la phrase de hautbois bifurque vers une poétique prolongation (mes. 31), qui évoque déjà Boëly et Franck, et semble devoir conclure dans une souple fioriture en triolets (mes. 35-36) quand une cadence rompue permet au cromorne de reconduire de sa voix chaude la prolongation ; l'accompagnement aura le dernier mot en s'estompant dans le grave.

Si cette page charmante est de Calvière, applaudissons à son génie novateur ! J'y verrais volontiers une erreur d'attribution de Fétis ou, pourquoi pas, un pastiche du XIXe siècle, avec ce décalage historique innocent dont les premiers historiographes étaient coutumiers.

Voilà qui ne permet guère de juger de l'organiste du roi, qu'en 1739 un amateur célébrait en ces termes : « Calvière, enseigne-moi quel rapide génie a pu te faire atteindre à de si hauts degrés. [...] La fugue, ce morceau si vaste et si sublime, à ton génie heureux semble ne rien coûter. [...] Ta science profonde et ton rare mérite font de tes envieux, autant d'admirateurs » (cité par P.L. Daquin).

Durée d'exécution : ~ 2 mn

B.F.-S.

ANTONIO CARREIRA

Né à Lisbonne, entre 1520 et 1530 ; mort en cette même ville, entre le 15 juillet 1587 et fin 1597. Entré très jeune à la Chapelle royale de Lisbonne, l'une des meilleures de l'Europe d'alors, sous Jean III de Portugal, en tant que « maître de chapelle que son Altesse prit pour enseigner à chanter », il y fit toutes ses études musicales, y rencontrant nombre de musiciens venus de France, d'Italie ou des Pays-Bas. Il apprit l'orgue avec Johannes de Brigomão, d'origine allemande, s'éleva au rang de chanteur de la Chapelle royale, puis d'organiste. Sous le règne de Dom Sebastian, Carreira fut nommé maître de chapelle du roi, et fut maintenu à son poste en 1580 par Philippe II d'Espagne devenu roi du Portugal.

Toutes les œuvres de Carreira mentionnées dans le catalogue de la bibliothèque de Jean IV de Portugal sont perdues. Celles qui nous restent proviennent du manuscrit de Santa Cruz de Coimbra, et ont été éditées en 1969 par M.S. Kastner*. Les œuvres pour clavier sont destinées à l'orgue, au clavicorde, au clavecin, certaines convenant à ces trois instruments, d'autres, par leur style ou leur destination (profane, liturgique), étant d'une restitution plus choisie. Les pièces publiées sont au nombre de 23, d'autres (anonymes, comme beaucoup, mais d'une attribution plus hasardeuse et plus spécifiquement vocales qu'instrumentales) ayant été volontairement délaissées par Kastner. Le même manuscrit de Coimbra renferme également deux compositions de Carreira de polyphonie vocale pure.

L'œuvre de Carreira a subi deux influences explicites : celles de compositeurs étrangers, car la cour de Lisbonne entretenait des rapports intenses avec le reste de l'Europe ; celle également de compositeurs espagnols ses contemporains, Juan Bermudo (duquel il apprendra une certaine manière de contrepoint instrumental et l'harmonie), Tomás de Santa Maria (encore engagé dans le style *euphonique* de l'art vocal d'un Josquin), enfin Antonio de Cabezón, les *tentos* de Carreira se rapprochant des meilleurs de Cabezón — le XVIe siècle est l'âge d'or du Portugal et de sa cour, symbole de l'esprit universel de la Renaissance portugaise, et Carreira son principal représentant.

L'art du clavier de Carreira fut un peu le creuset des influences proprement ibériques et internationales, mais le musicien se distingue par le langage personnel qu'il sut se créer sur la base d'éléments extérieurs. C'est ainsi que s'il se rapproche fréquemment de Cabezón, il utilise moins que lui les imitations par groupes de deux voix, les dialogues de voix (d'une manière générale plus pratiqués en Espagne qu'au Portugal), ou le chromatisme inhérent aux modes. Pour ce qui est de l'harmonie, les Portugais aiment les discordances de seconde et de septième que les Espagnols, excepté Bermudo, évitent. On trouve également un plus grand mélange des différents modes, ainsi qu'un usage plus important de la répétition de notes que chez Cabezón, etc. : autant d'éléments qui sur des manuscrits anonymes ou ne comportant que des initiales, aident à restituer la paternité des œuvres. Ajoutons que

* *Portugáliae Musica*, vol. XIX, Fondation Gulbenkian, Lisbonne.

Carreira, dans le développement du sujet et des contre-sujets et leurs broderies, suit plus volontiers le style vénitien ou anglais qu'espagnol (similitudes avec les ricercari de Jacques Buus, édités en tablature à Venise).

Le *tento* (forme portugaise du *tiento* espagnol) est chez Carreira, comme chez tous les compositeurs ibériques, le genre le plus représenté, et sous ses deux aspects : monothématique et polythématique. Après avoir recherché une différence organique entre le *t(i)ento* et la fantaisie, Kastner a fini par conclure à la similitude des deux genres. C'est uniquement dans un but de clarté, de manière à pouvoir distinguer les deux conceptions, qu'il a attribué le terme de fantaisie aux œuvres monothématiques, et celui de *t(i)ento* aux œuvres polythématiques. Dans ses *tentos*, Carreira s'éloigne de nouveau de Cabezón en ce qu'il ne fait pas dériver ses différents thèmes du sujet initial, introduisant de ce fait une plus grande dispersion de structure. « Lorsque Carreira recherche une certaine unité et intégrité de structure, il choisit le monothématisme. [...] Son grand mérite est indéniablement d'avoir enrichi la musique ibérique pour clavier de cette forme monothématique du *tento*, développé en parfaite harmonie avec les conditions naturelles inhérentes aux instruments à clavier » (Kastner).

Œuvres polythématiques

Sur les 23 pièces publiées par Kastner, 12 sont des *tentos* polythématiques. Carreira est l'un des compositeurs de cette époque à faire montre de l'humeur la plus versatile, passant de la gaieté à la retenue la plus émouvante, voire à l'anxiété : l'harmonie, la longueur des pièces, mais aussi l'ornementation que l'interprète devra ou non ajouter en dépendent fortement.

Tento a Quatro em fa. A quatre voix comme tous les autres, ce *tento* sur un thème initial descendant de trois notes à intervalle de tierce témoigne d'une écriture contrapuntique très fluide, servie par un sens harmonique lumineux, plus tonal que modal. Son caractère allègre se suffit à lui-même : c'est selon Kastner l'exemple même de l'œuvre que des *glosas* trop importantes ne pourraient que ternir (130 mesures).

Primeiro Tento a Quatro em Sol. L'un des plus longs de Carreira (275 mesures), où l'on retrouve un motif fréquent dans les *tentos* de Manuel Rodrigues Coelho *(Flores de Música)*, cette « mélancolie lusitanienne » et la prédilection de Carreira pour les notes répétées.

Segundo Tento a Quatro em Sol. En trois sections fortement contrastées de par des thèmes indépendants du sujet initial, celui-ci n'apparaissant pas, développé ou varié, d'un bout à l'autre de l'œuvre.

Tento a Quatro em Ré. Également de grande ampleur (277 mesures), sans que l'on sache si le morceau est ou non, à l'origine, d'inspiration vocale. On y trouve des dialogues par « paires de voix », exceptionnels chez Carreira. Les différentes sections réclament d'elles-mêmes une ornementation importante.

Terceiro Tento a Quatro em Sol. Même structure que le précédent (205 mesures), avec de nombreux croisements de voix. Les cadences semblent se prêter aux *quebros* et *redobres* (trilles et mordants), typiques du clavier ibérique.

Tento a Quatro de 2º Tom. Par son art des fausses relations, l'une des pages les plus saisissantes de Carreira, où l'on sent précisément, par rapport aux autres organistes de la Renaissance, toute la richesse et la variété expressives de la personnalité du musicien, par cette manière déjà évoquée de passer de la joie à l'anxiété : Kastner renonce ici à toute ornementation.

Quarto Tento a Quatro em Sol. Riche en longues phrases alertes notées en croches passant d'une voix à l'autre, caractéristiques de Carreira, non pas à proprement parler virtuoses, mais source d'une énergie que l'on pourrait dire mélodique.

Tento a Quatro de Sétimo Tom. Œuvre splendide où l'on retrouve cette même caractéristique — une dentelle de traits en croches — qui la font attribuer sans doute possible au maître de Lisbonne.

Œuvres monothématiques

Primeira Fantasia a Quatro de 8º Tom. Elle est construite sur un thème que l'on retrouve chez Santa Maria (*Fantasia* dans le même ton de *sol*), ainsi que chez Byrd (*Voluntary* et *Fantasia*). Santa Maria fait dialoguer les voix par groupes de deux;

Carreira, comme dans ses *tentos* polythématiques, y renonce.

Segunda Fantasia a Quatro de 8º Tom. Synthèse des caractéristiques de Carreira : *glosas* (diminution du sujet unique), répétitions de notes, pas d'imitation par groupes de deux voix, longs traits de croches prolongeant sans rupture les trois mesures initiales du sujet en valeurs longues.

Fantasia a Quatro em Lá-Ré. A mi-chemin entre les deux formes, du fait que le thème s'estompe 30 mesures avant la fin pour laisser place à de « nouveaux » dérivés de l'idée initiale, au fur et à mesure que le besoin d'une ornementation plus intense se fait sentir.

Fantasia a Quatro em Ré. L'une des plus courtes de Carreira (40 mesures), archaïque sur le plan harmonique.

Terceira Fantasia a Quatro de 8º Tom. Recours très habile à la variation et à la *glosa*, nombreux traits de croches ici presque virtuoses, invitant à une « ornementation rythmique » (Kastner).

Fantasia a Quatro de 1º Tom. L'art de Carreira des fausses relations sur fond d'harmonie tendue, avec ce que les théoriciens espagnols appellent un *ponto* (ou *punto*) *intenso* :

Fantasia a Quatro de 4º Tom. Belle pièce sans imitation par groupes de voix, attribuée sans doute à juste titre à Carreira.

Fantasia Quartus Tonus. Grande concentration thématique pour une pièce qui découle presque entièrement du sujet initial, harmonie complexe avec anticipations et suspensions d'un bel effet.

Fantasia a Quatro Sexti Toni. L'une des créations les plus remarquables de Carreira, sur un thème connu également à Naples et utilisé par Rocco Rodio dans sa *Seconda Ricercata*. Il est évidemment difficile de retenir l'attention de l'auditeur d'aujourd'hui tout au long d'une œuvre monothématique de 176 mesures ; et pourtant « Carreira parvient à ce miracle » ! (Kastner).

Œuvres explicitement sur des thèmes d'origine vocale

De ou attribuées à Carreira, plusieurs pièces reposent sur des thèmes de *vilancicos*, ou chansons populaires, et tout particulièrement sur le *vilancico* **« Con qué la lavaré »**, où l'on retrouve toute la tristesse et la mélancolie propres à ce genre populaire ibérique, fréquemment utilisé par les *vihuelistas*, même si les Espagnols se tournaient quant à eux assez fréquemment vers le répertoire franco-flamand. Du même groupe relèvent la **Cançâo a Quatro Glosada**, cette fois sur une chanson non identifiée mais sans doute d'origine franco-flamande ; le **Tento a Quatro Sobre Um Tema de Cançâo**, sans doute sur une chanson espagnole (il est toujours très difficile de remonter d'une œuvre polyphonique sophistiquée jusqu'à sa source populaire) ; cet **Outro Tento a Quatro de 8º Tom Sobre Um Tema de Cançâo**, vif et varié, à la délicate écriture néanmoins parfaitement instrumentale ; un **Tento Com Cantus Firmus a Cinco**, sur une mélodie de *vilancico* que l'on peut chanter (5ᵉ voix) ou jouer sur un instrument à vent ou archet ; enfin, un **Ave Maria a Quatro**, aux longs traits de croches caractéristiques de Carreira.

M. R.

GIROLAMO CAVAZZONI

*Né à Urbin, sans doute entre 1506 et 1512 (*The New Grove *indique la date erronée de 1525) ; mort à Mantoue, après 1577. Fils de Marcantonio Cavazzoni, Girolamo vit le jour à Urbin pendant le séjour qu'y fit son père (au service de Pietro Bembo) avant de s'installer à Rome et Venise, vrais foyers de son éducation musicale. Il se rendit en 1522 à Mantoue, sans doute attiré par l'exceptionnel rayonnement de cette ville, et occupa de 1523 (?) à avril 1556 le poste d'organiste de la cathédrale, tout en étant en même temps au service du duc. En 1565, il jouera le rôle de rapporteur pour la construction d'un nouvel orgue (daté de 1567) pour l'église Santa Barbara de Mantoue, instrument dû à Graziado Antegnati, lequel fut, selon Giuseppe Serassi l'Ancien, le plus grand représentant de cette illustre famille de facteurs italiens. C'est à Cavazzoni qu'Antegnati confiera l'éducation musicale de son fils Costanzo (celui-ci en témoigne dans son* Arte Organica *: «* Hieronimo d'Urbino già *[autrefois]* mio honorato maestro *»), qui sera en réalité le plus célèbre des Antegnati. Dans ses* Vite, *Vasari indique que Cavazzoni fut ami du peintre Giulio Romano qui peignit une fresque à son intention. Le dernier document concernant Girolamo Cavazzoni date de 1577 et le dit encore organiste de Santa Barbara.*

Premier Livre

C'est après obtention d'un privilège auprès du Sénat vénitien que Girolamo publie en 1543 son premier livre d'œuvres pour clavier, vingt ans après celui de son père Marcantonio. L'époque avait été peu propice aux publications, l'Italie et toute l'Europe d'alors ayant connu d'incessantes catastrophes, de la bataille de Pavie (1525) à la menace turque devant Vienne (1529), en passant par le sac de Rome (1527). Ce *Premier Livre* s'intitule *Intavolatura cioè Recercari, Canzoni, Himni, Magnificat composti per Hieronimo de Marcantonio da Bologna, detto d'Urbino, libro primo*, Venise, chez B. Vitali (« Tablature [contenant] ricercari, canzoni, hymnes [et versets] sur le *Magnificat* composés par Girolamo [fils de] Marcantonio de Bologne, dit d'Urbin, Livre Premier »). Dès cette première publication, Girolamo Cavazzoni, digne successeur de son père qui, le premier, avait composé spécifiquement pour le clavier, poursuivit l'émancipation de l'écriture instrumentale en regard de ses origines vocales, les œuvres pour clavier n'ayant été jusqu'alors que de simples adaptations en tablature d'œuvres chantées à quatre voix. Il en résulta une utilisation complète de l'étendue du clavier. La tablature italienne d'orgue était alors une nouveauté qui fit s'éloigner de manière radicale les compositions pour clavier de celles pour voix, en ce que la musique était notée sur deux portées, proches du système actuel de notation, une pour chaque main : la clarté des lignes individuelles y était d'une certaine manière sacrifiée au profit d'une lisibilité immédiatement réalisable au clavier, allant dans le sens d'une perception plus verticale et harmonique de la composition.

Le livre s'ouvre sur quatre *Ricercari* dont le caractère polyphonique, mais non plus le traitement, relève encore du motet vocal : ils se composent en effet de différentes sections enchaînées traitant en style fugué un élément thématique en général unique (le ricercare étant le modèle le plus ancien de la fugue proprement dite). Mais c'est précisément ce traitement exhaustif d'un thème dans l'acception moderne de ce terme qui distingue les ricercari de Cavazzoni des motets vocaux qui les inspirèrent. Les sections ne s'enchaînent plus sans transition, mais concluent chacune sur une diminution souple et proche du style libre de la toccata. L'unité thématique est maintenue d'un bout à l'autre de ces pièces, les différentes cellules thématiques exposées dérivant toutes du thème initial. Ces ricercari (jusqu'à une centaine de mesures) sont à quatre voix pouvant s'élargir dans la conclusion jusqu'à cinq et même six voix. La mesure est binaire (symbolisée par le signe ₵) et passe dans les deux derniers (pour la section terminale) à *3* (c'est-à-dire trois rondes = mesure à un temps ou une battue).

Cette attitude de contrapuntiste rigoureux se fait encore davantage sentir dans les deux *canzoni* qui succèdent aux ricercari. A la différence de celles de son père, de Merulo et Gabrieli, dans lesquelles on retrouve les caractéristiques de la chanson en tablature (diminutions, trilles, *coloratura*, etc.), les canzoni deviennent chez Girolamo de véritables pièces fuguées au développement strictement contrapuntique sur thème unique. La canzone n'en perd pas pour autant sa nature de parodie de compositions vocales, néanmoins très librement travaillée, comme en témoigne la première sur « Il est bel et bon » de Passereau, chanson publiée par Attaingnant en 1534. Sur un mètre constant (à ₵), elle développe quatre voix se réduisant dans la section centrale à deux, en imitation. La seconde sur « Fa[u]lt d'argens » (du « *Septiesme livre contenant vingt et quatre chansons à cinq et à six composées par feu de bon mémoire et très excellent en musicque Josquin des Près* », Anvers, Susato, 1545) offre la particularité d'avoir été publiée dans l'arrangement de Cavazzoni avant la chanson elle-même. En 56 mesures, elle présente une texture polyphonique très dense et en partie verticale, les voix formant fréquemment des accords soutenant l'une d'elles quelques instants « en dehors ».

Les pièces les plus intéressantes de ce *Premier Livre* sont tout d'abord les 4 Hymnes, témoins imprimés les plus anciens, en Italie, d'une pratique antérieure à Cavazzoni : l'alternance orgue/chœur. Il s'agit ici d'élaborations contrapuntiques souvent strictes, toujours inventives, d'ampleur modérée, entièrement développées sur un même thème grégorien. Les mélodies traitées sont, dans l'ordre du recueil : *Christe redemptor omnium* (cantus firmus à la basse), pour les premières vêpres de la Nativité ; *Ad coenam agni providi*, début fugué suivi de figures soutenant le cantus firmus au soprano), pour la *Terza Domenica in albis* (3e dimanche après Pâques) ; *Lucis creator optime* (cantus firmus à la basse sur imitations libres des autres voix, quelques diminutions), pour les vêpres du dimanche ; *Ave maris stella* (premier élément thématique exposé en imitation puis confié au soprano ; deuxième élément thématique concluant en diminution ; retour du premier thème à la basse, puis au soprano), pour les secondes vêpres des fêtes de la Vierge. La relative sévérité contrapuntique de Girolamo s'allie ici à la technique de clavier de Marcantonio, son père, teintée de l'esprit de la toccata.

Le Livre s'achève sur deux séries de cinq versets chacune sur le *Magnificat*, des 1er et 8e tons *(Magnificat / Quia Respexit / Deposuit a tre voci / Suscepit / Gloria Patri)*, véritables suites de variations sur thème unique (même intonation grégorienne pour chaque verset), l'orgue faisant entendre les versets impairs, à l'exception du 5e *(Et misericordia eius)*, confié au chœur.

Second Livre

Intitulé *Intabulatura d'Organo, cioé Misse, Himni, Magnificat […] Col Privilegio dell'Illustrissimo Senato veneto*, il est entièrement consacré à des œuvres sur thèmes liturgiques. L'unique exemplaire conservé ayant perdu sa dernière page, au revers de laquelle devait figurer l'*impressum*, comme pour le *Premier Livre*, on en ignore la date de parution (le privilège étant, lui, de 1542). Il se compose de 3 messes, de 8 hymnes et de 2 séries de versets sur le *Magnificat*, l'orgue devant alterner avec le chœur.

Les trois Messes sont constituées de versets contrapuntiques plus ou moins stricts (24 versets pour les deux premières, 18 pour la troisième), les plus développés étant ceux du *Kyrie-Christe-Kyrie* (dans l'ensemble : de 10 à 25 mesures environ par verset, seuls les *Amen* ne dépassant pas 3 à 6 mesures). La première, *Missa Apostolorum*, repose sur le *Cunctipotens genitor Deus* ; la deuxième, *Missa dominicalis*, sur l'*Orbis factor* ; la troisième, *Missa de beata Virgine*, sur le *Cum jubilo* ; cette dernière ne comporte pas de *Credo*, le *Credo cardinalis* de la première messe devant remédier à ce manque, quand, en revanche, le *Gloria* comporte quelques versets en plus : il s'agit de tropes insérés durant le Moyen Age et demeurés traditionnels pour le *Gloria* des messes dédiées à la Madone dans toute la production polyphonique jusqu'au concile de Trente.

Le deuxième groupe d'Hymnes de Girolamo Cavazzoni, de même nature contrapuntique à quatre voix et de même ampleur modérée que ceux du *Premier Livre*, traite les mélodies suivantes : *Veni creator Spiritus* (en imitation, seul le soprano parvenant à exposer le thème en entier) ; *Exultet coelum laudibus* (cantus firmus à la basse à partir de la mesure 6) ; *Pange lingua*, à la claire structure en cinq parties, les trois premières traitant les quatre premiers versets de la mélodie, la quatrième le cinquième verset, tandis que la dernière partie conclut en rythme ternaire sur le sixième verset ; *Iste confessor* (même structure) ; *Jesu nostra redemptio* (cantus firmus au ténor) ; *Jesu corona virginum* (cantus firmus à la basse puis, mes. 27, au ténor) ; les deux dernières hymnes, *Deus tuorum militum* et *Hostis Herodes impie* présentent le cantus firmus au soprano.

Le *Second Livre* s'achève comme le précédent sur deux séries de cinq versets sur le *Magnificat*, pareillement disposés, ici des 4e et 6e tons.

Pour offrir l'intégralité des œuvres aujourd'hui connues, l'éditeur moderne de Cavazzoni a ajouté à ce Volume II deux pièces séparées : l'intéressant **Ricercare** de 1540, précieux témoignage du développement stylistique de Girolamo, également son œuvre la plus développée (plus de 130 mesures), à quatre voix, ainsi que le **Recercar** de 1551, probablement conçu à l'origine pour plusieurs instruments, à trois voix et de bien moindre envergure.

Marcantonio (ou Marco Antonio) Cavazzoni, père de Girolamo, né à Bologne à la fin du XVe siècle (1490 ?), mort à Venise après 1569, fit partie de la suite de Pietro Bembo et demeura à ce titre à Urbin jusqu'en 1512, après quoi il s'installa à Venise, puis à Rome en 1520 (comme claveciniste de la chapelle de Léon X), avant de revenir à Venise l'année suivante, pour y devenir chanteur de la chapelle à San Marco. Il publia en 1523 un recueil de **Ricercari, Motetti, Canzoni**, historiquement essentiel pour l'histoire du clavier en Italie. Très développés, les deux *ricercari* sont les compositions pour clavier les plus anciennes qui nous soient parvenues à fonction purement instrumentale et non plus, comme auparavant, reliées à l'adaptation en tablature de pièces vocales. Le style en est très libre, de type toccata, encore fort éloigné de la logique contrapuntique que son fils Girolamo saura insuffler à ce genre. Ces ricercari précèdent dans le recueil deux motets de caractère imitatif sur *Salve virgo* et *O stella maris*. Suivent quatre canzoni, premières d'une très longue série de canzoni instrumentales de type *canzon francese de sonar* (chanson française vocale en tablature d'instruments), sur des textes français : *Perdone Moi si folie, Madame vous aves mon cour, Plus ne regres, Lautre yor per un matin*. Il se peut que Marcantonio soit entré en contact avec ce répertoire français durant son enfance à Bologne, alors qu'un Français, Robert Saignand, était organiste de San Petronio. Sans doute un peu répétitives dans l'usage des diminutions, ces canzoni sont de moindre intérêt musical et historique que les ricercari.

M.R.

JACQUES CHARPENTIER

Né à Paris, le 18 octobre 1933. Dès l'âge de vingt ans, il séjourne à Bombay et Calcutta (1953-1954) où il s'initie à la musique indienne. A son retour, il suit au Conservatoire de Paris les cours d'Olivier Messiaen (philosophie de la musique) et de Tony Aubin (composition) et, parallèlement, travaille l'orgue et la direction d'orchestre. Organiste de Saint-Nicolas-du-Chardonnet à Paris, il est successivement inspecteur de la musique, directeur de la Musique, de l'Art lyrique et de la Danse (1979) au ministère des Affaires culturelles, Directeur de la musique de la ville de Nice

(1982), professeur d'orchestration au Conservatoire national supérieur de musique de Paris (1989). Il est, en outre, vice-président du Concours international d'orgue de Chartres et fondateur du Centre d'études grégoriennes et de musiques traditionnelles comparées de l'abbaye de Sénanque. Comme compositeur, on lui doit plus d'une centaine d'œuvres très diverses. Son corpus pour orgue compte parmi les plus importants de la deuxième moitié du siècle : Prélude pour l'ange à la trompette *(1954),* Six Offertoires *(1956),* Cinq Offertoires *(1959),* Messe pour tous les temps *(1964),* Répons *(1968)* Livre d'orgue *(1973),* Dona ei *(1986), sans oublier un* Concerto *pour orgue positif et cordes (1970) et la* Symphonie *n° 6 pour orgue et orchestre (1979). Enfin,* Ouvrez-vous, portes éternelles *(1991), œuvre dédiée aux six orgues de la cathédrale de Passau, doit être créée en cette ville en 1991.*

La marque singulière de Charpentier tient à sa double formation. Dans son œuvre, l'intégration orientale du temps le dispute à l'objectivation occidentale de ce temps, la puissance expressive aspire à établir une *communion* avec autrui, et les techniques de composition, même sophistiquées, ne sont que les outils d'une ambition à la fois haute et humble qui dépasse le pur plaisir de la manipulation du « musical ». Les deçi-tâlas et les modes karnâtiques que la plupart des compositeurs français ont découverts par l'intermédiaire de l'*Encyclopédie Lavignac*, Charpentier s'en est imprégné sur le terrain. A la différence de son maître Messiaen, surtout fasciné par les deçi-tâlas, Charpentier adosse son langage aux 72 modes karnâtiques, c'est-à-dire à des échelles de sept notes dans un système hémitonique à douze sons (échelles réparties en deux classes de 36, l'une avec quarte pure, l'autre avec quarte augmentée). Comme chez Tournemire et Messiaen, fusionnent dans l'œuvre pour orgue de Charpentier les acquis techniques du compositeur moderne, le métier séculaire de l'organiste de paroisse nourri de chant grégorien, et la méditation du chrétien érudit, familier de la Bible comme des écrits des Pères de l'Église. Maintes de ses compositions en attestent, tels *Prélude pour la Genèse, La Genèse, Sinfonia sacra pour le Jour de Pâques, Je dors mais mon cœur veille,* etc.

L'ange à la trompette, prélude

Messiaen et Jehan Alain sont les parrains du *Prélude de l'ange de l'Apocalypse*, d'après saint Jean, belle pièce pour « concert spirituel » du jeune étudiant du Conservatoire. Deux parties symétriques amènent à une coda carillonnant à toute volée dans un *ut* majeur radieux. A 6/4, récitatif solennel contenu dans la quinte, l'interpellation initiale se charge peu à peu d'harmonies et introduit un mystérieux interlude confié à la voix céleste seule. A $3/4^{1/2}$, la deuxième partie s'ébranle peu à peu à partir d'un ostinato pour se poursuivre en *perpetuum mobile*, sur lequel s'inscrit le deuxième thème syncopé sur la quinte ascendante. Retour du 6/4 et développement-variation très éthéré du thème avant sa véritable réexposition triple *forte*, suivie d'une variation de l'interlude et d'une nouvelle affirmation de la deuxième partie, de plus en plus animée. Coda victorieuse dont l'accord conclusif, avec seconde et sixte ajoutées, sonne comme la plus parfaite des consonances.

Durée d'exécution : ~ 10 mn

Les Offertoires

Par deux fois, Charpentier a publié une série d'Offertoires, précédés du texte du « propre » de la messe qu'ils commentent. Ils sont destinés aux fêtes ou dimanches suivants : Sainte Trinité, Tous les saints, Conception immaculée de la très Sainte Vierge Marie, Dernier dimanche avant la Pentecôte, Premier dimanche de carême, Jour de Pâques (premier recueil, 1956); Sacré-Cœur, 16e dimanche après la Pentecôte, Messe du jour de la Nativité du Seigneur, Messe votive des saints anges, Purification de la Vierge Marie (deuxième recueil, 1959). Le jeune Charpentier se tient à égale distance du sérialisme intégral et de la forme ouverte, courants dominants de l'époque, et s'attache à façonner à son gré des méditations liturgiques qui, par leur volonté de commenter le Verbe, se situent plutôt entre quelque prélude de choral (sur thème libre) et les modèles de Messiaen. On notera, entre autres, la monodie quasi grégorienne réservée à l'Immaculée Conception; la relation étroite entre le bref et éclatant **Offertoire pour le Jour de Pâques** et le doux et modéré **Offertoire de carême** qui le précède, le second (tout au moins au concert) servant de variation-conclusion au premier sur une basse commune.

Durée d'exécution : ~ de 3 à 6 mn chacun

Messe pour tous les temps

En bannissant, en 1903, l'*alternatim* de l'orgue et du chant grégorien, l'Église romaine mit un point final à quatre siècles de « messe pour orgue », l'un des genres emblématiques de la musique sacrée française. D'une manière détournée, Messiaen y revient cependant dans sa *Messe de la Pentecôte* (1951) en cinq pièces (Entrée, Offertoire, Consécration, Communion et Sortie) correspondant aux cinq moments réservés à l'orgue *seul* par la liturgie. C'est le plan que retient Jacques Charpentier, à l'exception de la Consécration pour laquelle l'Église préfère une méditation silencieuse. « Pour tous les temps » signifie que, à la différence des messes du Grand Siècle (et des propres *Offertoires* du compositeur), les quatre pièces peuvent se jouer à toute période du cycle temporal et sanctoral de l'année liturgique. L'**Entrée** oppose dans la nuance *forte* un ostinato chromatique descendant et un récitatif plus disjoint, deux fois interrompu par des dentelles de triples croches *pianissimo*. Page sobre et méditative, l'**Offertoire** s'énonce aux flûtes et gambes. La **Communion** fait alterner deux séquences, l'une monodique, non mesurée, oscillant dans la tierce mineure, et l'autre plus harmonique et mesurée qui inclut certains intervalles de la première. Mouvement perpétuel aux deux mains à l'octave, de caractère vif et triomphant, la **Sortie** s'appuie sur les basses du pédalier en relation de triton.

Durée d'exécution : ~ 15 mn

Livre d'orgue

Œuvre majeure, le *Livre d'orgue en hommage à saint Thomas d'Aquin pour le septième centenaire de sa mort* (1973) englobe tout un jeu de références culturelles. Déjà remis à l'honneur par Messiaen en 1951, le titre fait allusion aux Livres d'orgue du temps de Couperin et de Grigny. L'hommage à Thomas d'Aquin renvoie au « Siècle de Saint Louis », exact contemporain de Thomas (1225-1274), âge de spiritualité mais aussi de rudes affrontements d'idées. En cet apogée de la scolastique, l'idéalisme chrétien ne suffisait plus aux esprits avancés et Thomas consacra son existence à tenter de concilier la connaissance antique — venue d'Aristote par l'intermédiaire de l'Arabe Averroes — et le dogme chrétien. C'est sa *Somme théologique* (condamnée par les autorités ecclésiastiques à la fin du XIIIe siècle) que Jacques Charpentier s'attache à traduire sous forme d'oratorio sans paroles, la rhétorique instrumentale étant la plus apte à communiquer l'indicible de l'illumination. En trois grandes parties (la tripartition allait de soi à l'époque médiévale où la perfection du ternaire, en hommage à la Trinité, affectait même les « modes rythmiques »), la *Somme* de Thomas part du divin et y retourne. Le temps immensément étiré de l'oratorio organistique de Charpentier porte la trace des ragas indiens, ce temps oriental qui est aussi une des préoccupations majeures de Messiaen, Stockhausen et de nombreux compositeurs contemporains. Temps d'une *Somme*, temps d'une vie, temps « hors temps », au-delà du temps. Les trois stations de la *Somme* sont à entendre, à comprendre, à franchir comme des épreuves initiatiques, comme une ascèse. On reconnaît ici le disciple de Messiaen, le thomiste qui, de son côté, avait commenté saint Thomas dans les pièces I, III et VII de ses neuf *Méditations sur le Mystère de la Sainte Trinité* (1969). Très structurée, l'œuvre de Charpentier mise sur une cohérence symbolique permanente : « douze » en est la clé, douze du *total* chromatique vertical et horizontal d'un accord/mode, douze de la *Totalité* du monde, de la Bible et de l'Église triomphante.

1. La Création

Image centrale de l'imaginaire musical de Jacques Charpentier, la Genèse se façonne par multiples de trois et de douze. La première partie A de 90 mesures sourd de la seule note *mi*, peu à peu sertie du *ré* dièse et du *ré* bécarre, et y reviendra en miroir à la fin de l'œuvre, au terme de plus d'une heure de méditation : « Un dans Trois, Trois dans Un » prévient l'auteur (on songe à cet autre avènement : le *mi* bémol de *L'Or du Rhin*; le compositeur aussi, peut-être, qui transpose cette première émergence de la création au demiton inférieur dès la mesure 37). Les immenses tenues de sons, étranges, distordus par les oscillations de registres, ne sont pas sans évoquer les ressources de l'électro-acoustique. Le *mi* unique, fondateur se ramifie, s'enfle, innerve les grands accords-mode de douze sons *ffff* (mes. 79 sq.) pour regagner trois sons *pppp*. Également très statique et en longues tenues, bâtie sur une série de *douze* notes, par *trois* fois exposée au pédalier (la seconde transposée au triton, la troisième permutée), la deuxième partie B (mes. 91-129) réapparaîtra sous forme de variations. A′ (mes. 130-182) s'anime. B′ (mes. 183-232) reprend B à l'identique mais en « arraché ». A″ (mes. 223-235) sert de transition. B″ (mes. 236-274) mêle et échange les valeurs legato et staccato de ses deux premiers exposés. B‴ (mes. 275-314) revient au legato absolu et, peu à peu, bouleverse la série. Serait-ce l'amorce du désordre introduit par la Créature ? Quoi qu'il en soit, l'ésotérisme prévaut sur le symbolisme plus descriptif de Haydn (*La Création*) ou Milhaud (*La Création du monde*).

2. La Créature

Pour les anciens Grecs, « l'homme est la mesure de toute chose ». Le désordre des passions de l'âme humaine suggère à Charpentier un détour pertinent du côté de l'aléatoire. Après un premier exposé *organisé*, les neuf séquences (en référence aux neuf traités de la *Secunda Pars* de la *Somme théologique* de Thomas) seront reprises en un deuxième parcours *libre* : c'est à la créature de tracer son chemin de vie. Hormis les neuf séquences, fortement contrastées, tout s'articule selon le « quatre » de l'humain mais aussi le « huit » de l'équilibre cosmique, de la Résurrection et de la Transfiguration. 1. Gamme octotonique et accords de huit sons sur huit mesures (dites deux fois) + deux mesures de conclusion / 2. Fond de *cluster* sur lequel s'inscrivent quatre notes chromatiques (*mi* bémol-*ré*-*ré* bémol-*do*) distendues d'octaves / 3. Mélismes monodiques grégorianisants / 4. Variation de la 2e séquence, le motif chromatique s'enchevêtre en divers chromatismes retournés / 5. Longues tenues et notes arrachées, les quatre dernières reproduisant le chromatisme distendu de la 2e séquence / 6. Sorte d'organum à deux voix / 7. Retour des deux premières séries de douze sons du B de *La Création* à distance de triton / 8. Deux accords successifs, immensément longs, de quatre sons chromatiques agglutinés en *cluster*, d'où s'élève une brève mélodie sur les quatre notes chromatiques initiales brodées / 9. Rappel de A″ (mes. 233 sq.) de *La Création*, et fin sur les quatre notes chromatiques humaines de *La Créature* ensemencées des trois notes divines de *La Création* (*mi*-*ré* dièse-*ré* bécarre-*ré* bémol).

3. La Rédemption

« Synthèse des éléments musicaux des précédents cahiers », avertit le compositeur qui aime ce type de sédimentation ou de construction « en boule de neige ». Variés, réintroduits sous forme récurrente, les éléments antérieurs jouent sur l'inversion des effets. Le palindrome musical sert l'idée de retour au divin pour la Fusion universelle, la Totalité retrouvée. Ayant à mettre en musique *La Divine Comédie* de Dante, triptyque comparable à la *Somme* de Thomas d'Aquin, Liszt s'était gardé de pénétrer en Paradis et avait laissé ses auditeurs à l'orée du Grand Mystère aux sons diaphanes d'un *Magnificat*. Charpentier ose avancer vers l'« extase finale guidée par un nouvel élément mélodique, celui du Verbe incarné ». Le compositeur dépouille la Rédemption de toute sensualité au profit d'une polyphonie transparente, d'une contemplation quasi immobile, d'une lévitation sonore secouée de phases convulsives. Première section (mes. 1-56) sur l'accord de douze sons de *La Création*, dont les notes se retirent peu à peu au lieu de s'ajouter. Deuxième section (mes. 57-95) sur la série horizontale de B de *La Création*, nimbée d'une très longue mélodie séraphique ; le « Verbe incarné ». Troisième section (mes. 96-153) plus fragmentée, avec rappel des séquences en *cluster* et chromatisme de *La Créature*, ostinato bruissant de triples croches, retour du motif chromatique de *La Créature* (mes. 132 sq.) et du *cluster* de quatre notes, diverses manifestations du « Verbe ». Quatrième et dernière section en récurrence libre des premières pages de *La Création* ; d'abord sur B, la basse étant scandée en notes répétées qui gagnent les accords manuels et mènent au climax *ffff*; puis, *in fine*, récurrence *pianissimo* des trois notes initiales de l'œuvre qui s'estompent au profit du seul *mi* originel.

Durée d'exécution : ~ 21, 32 et 19 mn

Symphonie nº 6 pour orchestre et orgue

« Mais déjà le soleil touchait l'horizon... ». Le deuxième vers du deuxième Chant du « Purgatoire » de *La Divine Comédie* de Dante mis en épigraphe par le compositeur nous ramène indirectement à Liszt à la mémoire duquel Saint-Saëns dédia sa *Symphonie avec orgue*, sœur aînée de l'œuvre de Jacques Charpentier. Les deux symphonies avec orgue françaises présentent la même forme monolithique en mouvements enchaînés mais, loin de tout triomphalisme, Charpentier nous convie à un parcours cosmique en boucle, de nouveau fondé sur une série de douze sons, énoncée en éventail par les cordes et l'orgue (ambiguïté de l'aube ou du crépuscule). L'œuvre surgit et de la frange mystérieuse aux confins de l'obscurité et de la lumière pour y retourner, non sans avoir auparavant flambé, crépité sous les irradiants rayons zénithaux. Cette symphonie si française par l'attention portée au sonore — pour créer le sentiment de nature et de circularité du temps induit par l'épigraphe — se contente des cordes, bois par trois, cuivres par quatre, et d'une percussion limitée aux glockenspiel, vibraphone, tam-tam et grosse caisse. Il est vrai que, orchestre dans l'orchestre, l'orgue multiplie les sources et l'alchimie sonores, les effets de masse en perpétuelle évolution, de flux interactifs.

LENT ET SOUTENU, le premier mouvement dessine une immense *arsis* (crescendo de dynamique et d'épaisseur instrumentale) à base de canons divers, réactivée à mi-parcours par la véritable entrée de l'orgue, pour atteindre au « grand délire » semi aléatoire du tutti général. D'abord **TRÈS MODÉRÉ** et chantant, le deuxième mouvement laisse planer des « neumes » quasi plain-chantesques sur le mode karnâtique 37. Les arabesques du hautbois glissent imperceptiblement aux cordes puis à l'orgue et, de proche en proche, atteignent le *« Più mosso » fff* de la seconde section de ce mouvement central. Un choral des cordes se voit monnayé par un *concitato* piétinant ou piaffant des vents et inondé d'une « pluie de lumière » du vibraphone ; les coups sourds et angoissants de la grosse caisse accusent le caractère plus primitif et hystérique que vient canaliser la majesté de l'orgue. **LENT, SOUTENU ET TRÈS EXPRESSIF**, immense canon rigoureux de cinq à dix voix, le finale radicalise les moyens d'écriture plus éclatés du mouvement initial. Les très belles premières minutes aux cordes seules ne sont pas sans faire songer à la *Symphonie pour cordes* d'Honegger, voire aux *Métamorphoses* de Richard Strauss, par leur sobre et dense polyphonie d'où émerge un chant aussi prégnant que secret. Peu à peu les bois, en constellation de points lumineux (*cf.* le climax du premier mouvement), se greffent aux douze parties réelles des cordes pour mener à l'ultime explosion de lumière. Une lente déperdition englobe un rappel de la série génératrice, avant la dissolution : « Mais déjà le soleil touchait l'horizon... ».

Durée d'exécution : ~ 28 mn

B. F.-S.

LAMBERT CHAUMONT

*Né vers 1645 ; mort à Huy, le 23 avril 1712. Frère Lambert de Saint Théodore, dit Chaumont, carme de Liège, passa l'essentiel de sa vie dans la petite ville de Huy, entre Namur et Liège, où il fut vicaire de Saint-Martin (1674), puis curé de Saint-Germain (1688). S'il prit en charge l'administration du couvent des Dames blanches et fut occupé par son ministère, il n'en publia pas moins un ouvrage de piété (*La Dévotion de la ville de Huy au glorieux Saint Roch, son patron, contre la peste, *1709) et deux œuvres musicales dont la première reste introuvable. Ses* Pièces d'orgue sur les huit tons *constituent donc actuellement son unique contribution à l'art de l'orgue.*

Dans son édition de 1695, le « livre d'orgue » de Lambert Chaumont cite un bref poème de Danielis, alors titulaire de l'instrument de Sainte-Croix de Liège. Ce texte sous-entend que le moine artiste relevait d'une formation autodidacte :

« Sans maistre et de son fond composer la musique
Toucher le plus parfait de tous les instruments
Avoir et la Science et la belle pratique
Enlever tous les cœurs par des accords charmans
Donner au curieux des leçons enchantées,
Tout cela n'appartient qu'à vous scavant Orphée. »

Il n'en demeure pas moins que son œuvre n'est pas sans mérite et honore l'histoire de l'orgue belge. Loin de sacrifier au contrepoint exclusif qui s'impose dans les Pays-Bas espagnols depuis Sweelinck (Cornet et Kerckhoven le pratiquent aussi) ou au style italianisant qui séduit Scroncx ou, plus près de lui, Babou, dont le *Livre d'orgue* paraît en 1709, Lambert Chaumont se tourne au contraire vers la France et prend pour modèle le principe des versets instauré par Nivers et Lebègue, qu'illustrent avant lui Gigault, Raison, Boyvin, Jullien et François Couperin. L'esthétique de la facture wallonne, peu éloignée des traditions parisiennes, n'est pas étrangère à ce choix. Mais Chaumont ne se réclame d'aucun Français en particulier et doit à ses sources nordiques une habitude de la polyphonie qui transparaît dans l'écriture des pleins-jeux et dans les fugues en nombre élevé qu'il propose. L'influence du Liégeois Léonard de Hodemond, maître de Pietkin et de Du Mont, a été d'autre part signalée par la musicologie belge.

Ces *Pièces sur les huit tons, avec leurs variété, leurs agreemens, leurs Mouvemens et le Mélange des jeux propres a chaque espèce de verset* sont complétées par un *Petit traité de l'accompagnement,* une *Regle generale pour toucher le contrepoint* et une *Méthode d'accorder le clavessin*. En dehors d'une table des agréments, l'auteur s'attache donc, comme Nivers et Lebègue l'avaient voulu, à préciser quelques recettes de registration et d'interprétation qui ne renouvellent guère les habitudes françaises. Il s'attache néanmoins à fournir quelques précisions sur la *Marque du mouvement* : « Le C sans barre lentement, le ₵ gayement, le C : avec deux points très gayement comme un mouvement de ballet. Le 3, mesure à 3 temps. » Les différentes séries de pièces s'organisent, d'autre part, selon les huit tons ecclésiastiques tels qu'ils sont alors pratiqués par tous ceux qui écrivent pour l'église : *ré* mineur, *sol* mineur, *la* mineur, *la* mineur avec cadence finale sur la dominante, *ut* majeur, *fa* majeur, *ré* majeur et *sol* majeur.

À la fin de chaque suite, Lambert Chaumont ajoute une ou deux pièces de clavecin, comme cela se pratique quelquefois en France (*Second Livre* de Raison, *Petites Pièces d'orgue* de Matthieu Lanes). Ces différentes séries présentent par conséquent un menu copieux : douze à quinze morceaux comportant préludes, duos, trios, récits, cornets, tierce en taille, voix humaine, échos, basses et dialogues, parmi lesquels l'organiste peut sélectionner ce qui convient pour la messe ou le *Magnificat*.

Les préludes, qui renoncent tous au principe des deux chœurs cher à Nivers, Raison ou Boyvin, paraissent d'emblée plus contrapuntiques que la plupart des pleins-jeux français, avec des imitations ou des basses cadentielles en croches. Modulant fort régulièrement dans les tons voisins, ils ne manquent pas de grandeur et savent éviter toute dispersion. Quelques-uns sont cependant plus harmoniques que d'autres (3e, 5e et 6e tons). Dans cinq cas, cette introduction se trouve suivie d'une fugue, genre que Lambert Chaumont affectionne au point d'en proposer quatorze. Graves, gaies ou légères, elles font l'objet d'un soin particulier, bien qu'à partir du sixième ton il faille relever un net relâchement. Traitées à la manière parisienne, elles s'articulent en général selon deux parties : exposition régulière et seconde section menant à la cadence finale, laquelle ne fait que très rarement entrer le sujet ou la réponse en dehors du ton principal. Mais l'auteur s'y montre souvent très à son aise, même si l'on relève çà et là quelques irrégularités dans le nombre des parties. Quelques-unes méritent toute l'attention :

Contrefugue chromatique du troisième ton. Après une exposition où la réponse renverse le sujet (S-R-R-S), une seconde partie ménage deux nouvelles entrées et prend fin à quatre ou cinq voix. Chaumont utilise un procédé voisin dans son *Trio par contrefugue* du sixième ton.

Fugue gaie du quatrième ton, très originale de par les syncopes nombreuses des voix intermédiaires d'alto et de ténor. L'exposition se révèle peu orthodoxe (S-S-S).

Seconde Fugue légère du cinquième ton : tentative de double fugue avec exposition d'un premier sujet (quatre entrées et une cinquième de la réponse sur quinze mesures à ₵), exposition d'un second sujet de type « canzone », puis ébauche d'une superposition des deux.

En revanche, les dialogues sur les grands jeux se limitent à cinq, laissant à un bref plein-jeu (parfois au seul Positif) le soin de conclure. Celui du deuxième ton (₵ à deux chœurs), avec sa section terminale en gloire, constitue un exemple type : construction par quatre mesures, modulations centrales dans le ton du relatif puis en *ut* majeur, supériorité du soprano qui sonne comme un récit.

Premier ton

Cette suite regroupe quinze pièces dont deux préludes, deux fugues et deux cornets. On y remarque un **Trio** élégamment mené, un **Récit** sérieux qui écarte les tournures aimables et les grâces que cultive un Boyvin parmi d'autres (c'est un religieux régulier qui tient la plume), une **Basse de tierce** dans le style d'une basse continue à l'italienne, et un **Écho** qui hérite à la fois de Sweelinck, Scroncx et Nivers. Les deux pièces de clavecin complémentaires, **Allemande** en *mi* et **Gigue** en *ré* mineur, sont dignes d'intérêt. La première est notée en valeurs brèves, comme toutes les danses de ce type qui se présentent dans le recueil.

Deuxième ton

Douze pièces dans cette série qui insère le premier dialogue du livre, ainsi qu'un **Cornet**, une **Fugue gaie** sur un thème de canzone en notes répétées, une **Voix humaine** et un **Duo** très chorégraphique. La **Basse de cromhorne** débute sur les jeux doux par l'exposition des deux voix supérieures, la troisième se touche, comme il se doit, sur le jeu d'anche et poursuit bientôt dans le ton de la sous-dominante pour prendre fin à la manière d'une basse continue de sonate. Après une **Allemande** en *sol* mineur, la suite prend fin sur une belle **Chaconne** qui peut convenir à l'orgue. Son ostinato de dix mesures module en *si* bémol majeur en son centre, et soutient six variations mélodiques auxquelles s'ajoute une septième qui, amplifiée, recourt à une écriture plus verticale.

Troisième ton

Outre la **Contrefugue chromatique** déjà signalée, cette suite de quatorze morceaux propose notamment deux duos (₵ et 3), une **Basse de cromhorne** qui reprend le sujet de la fugue précédente, un **Cornet**, un **Écho** et un **Récit de cornet ou de cromhorne** qui s'inscrit parmi les plus longs du livre (introduction de quinze mesures et récit de quarante-neuf) et que l'auteur a pris soin de situer à la fin des pièces d'orgue, avant l'**Allemande** en *la* qui conclut.

Quatrième ton

Des treize pièces, on retiendra surtout un brillant **Duo** avec des fusées de doubles croches, une **Basse de cromhorne ou de**

trompette en fugato à quatre entrées, un **Dialogue** comparable à celui du premier ton, avec modulation brutale de *mi* mineur à *ut* majeur et fin polyphonique, et une **Tierce ou cromhorne en taille** d'une sensualité modérée. On termine par ailleurs sur une **Allemande** et un **Duo en gigue** qui se révèle aussi propice à l'orgue qu'au clavecin.

Cinquième ton

Un premier duo suit immédiatement le prélude et met en évidence une influence italienne dans l'écriture presque violonistique de la partie supérieure (les modulations y sont nombreuses, particulièrement dans les tons mineurs de *ré*, *la* et *mi*), tandis que l'on découvre plus loin deux basses, dont la seconde, pour le cromorne, introduit des batteries jusque-là peu fréquentes. Quant au **Trio à 3 claviers**, son langage fugué rappelle celui d'une sonate.

Sixième ton

En dehors du **Trio par contrefugue** déjà évoqué, cette suite de treize morceaux invite à choisir entre deux duos (le second en gigue), puis présente une série de brèves pièces : un **Dessus de tierce ou cornet** dont la partie soliste est à deux voix comme chez Raison et Boyvin, une **Basse de cromhorne** dont la mélodie évite les intervalles disjoints, un **Écho** dont la seconde partie se veut plus animée, enfin une **Tierce en taille** qui module en *ut* mineur avant de regagner *si* bémol et *fa*. Avant le **Plein jeu** conclusif, le compositeur a inséré un court **Dialogue** qui ne présente aucune innovation par rapport à ceux qui précèdent (structure par quatre mesures, alternance Positif/Grand Clavier). Le morceau de clavecin supplémentaire, **Chaconne** sur un ostinato de huit mesures qui use de chromatismes, en appelle à la tonalité de *la* majeur (preuve qu'elle n'appartient pas à l'ensemble des pièces liturgiques qui précèdent — même situation avec l'**Allemande** en *mi* de la suite du premier ton). Neuf variations la composent, avec une économie des moyens qui en renforce l'unité. Dans la septième, on remarque, une fois de plus, une basse en croches de caractère ultramontain.

Septième ton

Deux duos consécutifs ouvrent la série de treize pièces, le premier en gigue, le second d'un bon contrepoint imitatif. On découvre ensuite deux cornets, dont le second en doubles croches brillantes, et un **Trio à 3 claviers** plus condensé que celui du cinquième ton.

Huitième ton

De cette ultime suite (douze pièces), on retiendra surtout la **Voix humaine entière** traitée en fugue avec une exposition irrégulière et un **Trio** en notes répétées riantes. Le **Duo** en gigue, le **Cornet**, la **Basse de cromhorne** et le **Dialogue** ne présentent, en revanche, aucune originalité, de même que les deux allemandes, au demeurant d'une bonne facture.

Durée d'exécution de chaque suite : de 17 à 21 mn

F.S.

ERNEST CHAUSSON

Né à Paris, le 20 janvier 1855; mort à Limay, le 10 juin 1899. D'abord élève de Massenet au Conservatoire de Paris, dans la classe duquel il fut admis à l'âge de vingt-cinq ans, il travailla ensuite avec Franck, dont il devint l'un des disciples les plus remarqués avec Duparc, d'Indy et Bréville. Ami de Fauré comme de Debussy, homme cultivé, amateur d'art (il fréquenta Fantin-Latour, Odilon Redon, Renoir, Degas et Carrière) au même titre que Chabrier, avec lequel il découvrit la musique de Wagner, Chausson entreprit, à partir de 1890, une série d'œuvres marquantes parmi lesquelles le Poème *pour violon et orchestre, la* Chanson perpétuelle *pour voix, quatuor et piano, le* Concert *pour piano, violon et quatuor d'archets ou le* Poème de l'amour et de la mer *pour voix et orchestre, demeurent au répertoire. Longtemps méconnus, ses* Versets pour les vêpres des vierges, *unique œuvre d'orgue, attirent depuis quelques années l'attention de certains organistes.*

Même s'il ne se destina jamais à la carrière d'organiste, Chausson fut en contact étroit avec Franck et assista en auditeur libre à sa classe, de même que, dès son plus jeune âge, il eut l'habitude de jouer de l'harmonium au hasard des voyages ou des vacances. S'il confia pourtant à l'orgue le soutien de certains motets (op. 6 et 12 par exemple), accompagnement sans pédale obligée qui, selon les habitudes de l'époque, se trouve étoffé par un violon, voire un violoncelle et une harpe, aucune œuvre véritablement conçue pour l'instrument à tuyaux n'est envisagée avant 1897. Il semble d'ailleurs que sans la pression de Charles Bordes, Chausson n'aurait jamais songé à s'engager sur la voie royale ouverte à l'orgue par son maître. Sans doute note-t-il, le 27 septembre 1890, que lors de sa dernière visite à César Franck, les « cinquante-six petites pièces » de *L'Organiste* et un « admirable choral » lui sont révélés, mais les goûts de Chausson se dirigent vers d'autres sphères, alors qu'il vient d'achever le *Concert* et la *Symphonie en* si *bémol*. Il faut donc attendre sept ans pour le surprendre à honorer la commande du cofondateur de la Schola Cantorum. Installé à Fiesole, dans un cadre radieux, il termine son manuscrit le 15 décembre 1897 et le dédie à sa fille Annie.

Œuvre liturgique que l'on ne peut s'empêcher de comparer à celle de Vincent d'Indy (*Vêpres du commun des Martyrs* op. 51), autre commande de Charles Bordes en 1899, ou aux versets plus tardifs de cet autre familier de la Schola que fut Séverac (1914), ces *Vêpres des vierges* op. 31 ne furent créées qu'en mars 1901 par Tournemire (salle de la Schola). Composées de huit pièces (dont les six premières sans pédale) auxquelles s'ajoutent trois *Autres Antiennes brèves pour le Magnificat*, elles parviennent, tout en respectant les impératifs du culte et de la modalité, à témoigner d'une indéniable originalité. Loin de se limiter au langage plus ou moins conventionnel que suscite souvent une telle œuvre de circonstance chez un artiste qui ne pratique pas l'instrument, Chausson s'y montre lui-même : un des esprits les plus distingués de son époque. Certes, bien des indications trahissent un manque évident de savoir quant au maniement si spécifique de l'orgue (aucune registration, des nuances très rapprochées et irréalisables, des soufflets trop nombreux), mais l'interprète n'éprouvera guère de peine à trouver des solutions viables, quitte à ne pas tenir compte de tout, ce qui ne nuit en aucune façon à la qualité du discours.

Fort brèves (20 à 40 secondes environ), les cinq premières pièces recourent à une harmonie scrupuleusement modale, dans un caractère traditionnel : *Haec est Virgo sapiens et una* (1er mode), *Haec est Virgo sapiens, quam Dominus* (1er mode), *Haec est quae nescivit* (3e mode), *Veni electa mea* (1er mode) et *Ista est speciosa* (3e mode). Mais les trois versets suivants gagnent, au contraire, en ampleur et en intérêt, notamment le sixième, *Veni sponsa Christi* (8e mode), auquel le 7/8 adopté confère un balancement des plus curieux du fait de l'irrégularité des appuis rythmiques. Son contrepoint, qui « joue » sans cesse avec la barre de mesure, se développe, de plus, avec une exquise fluidité. Vient ensuite *Prudentes Virgines* (4e mode), verset conçu dans l'esprit de la variation en quatre parties. On distingue successivement : thème avec accords à contretemps, toccata nerveuse avec plain-chant à la pédale, contrepoint manuel en triolets et final s'achevant en carillon. La huitième pièce, *Veni sponsa Christi* (7e mode), paraît plus régulière et d'un sentiment plus classique.

Les trois *Autres Antiennes brèves pour le Magnificat* qui complètent la série recèlent aussi de belles trouvailles harmoniques, la première à 6/4, la seconde modérée (3/4) et la dernière comme un choral.

Durée d'exécution : ~ 15 mn

F. S.

ALEXIS CHAUVET

Né à Marines, le 7 juin 1837; mort à Argentan, le 28 janvier 1871. Il entreprit des études au Conservatoire de Paris, où il fut admis à l'âge de treize ans. Après avoir suivi les classes de François Benoist et d'Ambroise Thomas et obtenu un premier prix d'orgue en 1860, il occupa les postes d'organiste de plusieurs sanctuaires parisiens : Saint-Thomas-d'Aquin (1861), Saint-Bernard-de-la-Chapelle (1862) où il étrenna l'instrument que Cavaillé-Coll venait d'achever, Saint-Merry (1866) puis la Trinité (1869), où il fut aussi le premier titulaire de l'orgue du célèbre facteur. Sa notoriété lui valut de participer à l'inauguration de l'instrument de Notre-Dame de Paris (1868) et il fut reconnu comme un excellent virtuose et un contrapuntiste de solide métier. La phtisie l'emporta, hélas! à l'âge de trente-trois ans.

A une époque où la musique écrite pour son instrument se satisfait trop souvent d'effets faciles et de concessions aux modes les plus délurées du Second Empire (Lefébure-Wely, Batiste), Alexis Chauvet a fait figure de classique et s'est nettement démarqué d'un environnement trop souvent futile. Fidèle à l'exemple donné par Boëly ou par Benoist, adroit polyphoniste et admirateur de Bach comme ses contemporains Clément Loret ou Saint-Saëns, artiste cultivé, il laissa une œuvre où sobriété, tenue et dignité concourent à une appréciable qualité.

En dehors de quelques pièces isolées qui parurent ou non de son vivant dans diverses anthologies, elle comprend surtout *Neuf Offertoires*, *Vingt Morceaux* et un *Livre d'Orgue* manuscrit.

Neuf Offertoires de caractères gradués destinés au Temps de l'Avent et au Temps de Noël

Publiés vers 1869 et dédiés à Camille Saint-Saëns, ces différents morceaux d'une durée de trois à cinq minutes s'adressent à l'harmonium comme à l'orgue et ne présentent aucune difficulté d'exécution. On y découvre de multiples thèmes qui avaient déjà fait les délices des organistes de XVIIIe siècle (« *Or nous dites Marie* », « *Noël cette journée* », « *A la venue de Noël* », « *Chantons de voix hautaine* », « *Une bergère jolie* », « *Vous qui désirez sans fin* ») que le compositeur n'hésite pas à traiter selon le principe des variations cher à Dandrieu ou à Daquin. Le troisième, par exemple (**« Or nous dites Marie »**), opte pour un plan des plus réguliers avec présentation d'un thème (*Andantino* sur la flûte et le bourdon) qui passe ensuite à la basse (var. 1) ou en taille (var. 4), ou se voit travaillé à la manière d'un double (var. 2 sur les fonds du Grand-Orgue). Mais loin de se limiter à une conception systématique, Chauvet diversifie les formules et retient souvent une structure A B A' qui lui permet, dans la partie centrale, d'opérer un développement du thème, de le réduire à une cellule et de moduler, selon des exigences qui n'ont plus rien à voir avec celles des noëlistes du Grand Siècle. C'est le cas dans le huitième (**« Vous qui désirez sans fin »**) où, après l'harmonisation de la mélodie et une première variation en trio (A), l'on s'engage dans une section modulante qui part de la tonalité principale de *fa* majeur pour évoluer en *si* bémol majeur, *sol* mineur, *ut* mineur, etc. (B). Dans le dernier volet (A'), on assiste alors au retour du motif entier sur pédale de musette. Le quatrième (**« Noël cette journée »**), s'apparente au contraire à un prélude-fugue-postlude avec une registration franckiste (fonds et hautbois de Récit), tandis que dans le sixième (« *Chantons de voix hautaine* »), Chauvet termine par une variation libre qui, modulante, isole d'abord la tête du noël avant de la traiter en canon. Tout cela met en évidence une indéniable maîtrise de l'écriture et réussit une séduisante synthèse entre le style et les techniques issus de la forme sonate du XIXe siècle et la tradition française du XVIIIe. Guilmant, entre autres, retiendra la leçon.

Vingt Morceaux pour orgue

Œuvre majeure, ce recueil de quatre suites qui fut d'abord publié en 1862 ouvre noblement la voie aux *Six Pièces* de César

Franck. Réédité en 1866, preuve d'un succès mérité, il fut à nouveau proposé au public en 1894-1896 par les soins de Théodore Dubois. Le compositeur y assure déjà un heureux équilibre entre pensée moderne (chromatismes, modulations dans des tons éloignés, langage symphonique) et contrepoint à la Bach. En limitant considérablement les effets pianistiques qui affectent les pages de beaucoup de ses contemporains (y compris le premier Franck), il réussit à jeter les bases d'une musique d'orgue spécifique, et même s'il n'exploite pas encore toutes les ressources que lui offrent les Cavaillé-Coll qu'il touche, son influence a pu s'exercer très favorablement.

La registration imposée dans ces différentes pages n'apporte, en effet, rien de particulièrement novateur. S'il en appelle au grand chœur, à l'ensemble des fonds avec ou sans gambe, ou à certains jeux de solo comme la voix humaine ou la clarinette qu'il utilise encore « en taille » dans le n° 6, Chauvet ne met à contribution ni les pédales de combinaisons, ni les registres à la mode, flûtes harmoniques ou ondulants (la voix céleste est mentionnée dans une *Pièce* en *sol* mineur composée pour l'inauguration de l'orgue de la villa Maracci à Cologny en 1868). En revanche, on découvre dans le n° 5 un mélange d'esprit classique (fonds, nasard, doublette) qui se garde cependant d'inclure le plein-jeu.

Parmi les œuvres élaborées dans la tradition contrapuntique, on retiendra justement ce même n° 5 (*Largo et Allegro* en *ut* majeur) qui combine ouverture à la française et fugato, ou le n° 12 (*Allegro moderato* en *mi* bémol majeur), prélude et fugue sur un thème unique, dont la seconde partie met en action deux contre-sujets et un stretto final dans le style sévère d'un ricercare. Quelques morceaux jouent, par ailleurs, sur l'opposition entre des formules orchestrales très XIXe siècle et des épisodes polyphoniques. C'est le cas du n° 1 (*Allegro maestoso* en *ut* majeur) où la section introductive sonne avec une grandeur massive par de pompeux accords qui modulent vite en *mi* bémol majeur, tandis que la suite développe un contrepoint plus archaïque. Même procédé dans le n° 10 (*Allegro* en *sol* mineur), avec récitatifs à l'unisson et piliers d'accords dramatiques, puis fugato superposant sujet et contre-sujet non sans aisance.

Plus « moderne » apparaît au contraire le n° 2 (*si* bémol majeur) qui, à deux claviers rapidement alternés d'abord, rappelle Boëly, au même titre que le n° 11 (*Andantino* en *ré* mineur), *con moto* très expressif qui cède place à un choral en majeur (A B A') ou que le n° 13, délicieusement mendelssohnien avec son hymne central. Le n° 16 (*Allegro moderato* en si bémol) se plie, d'autre part, aux impératifs de la forme sonate : A (*si* bémol majeur) — B (*fa* majeur) — C (choral en *la* bémol) — A et B (ton principal).

Mais tout n'est pas destiné au concert, d'autant que la faible longueur de ces pages, qui ne dépassent guère trois ou quatre minutes, en autorise facilement l'exécution au culte. Traité en ostinato lent, comme un glas, le n° 15 (*Office des morts* en *ré* mineur) annonce le *Carillon* des *Douze Pièces* de Boëllmann ; de même, le n° 18 (*Andantino* en si mineur). Quant à la *Procession de Saint Sacrement* (n° 20), elle exploite l'*Adoro te* dans un contexte très symphonique.

Livre d'Orgue

A la fois journal intime d'un musicien, carnet de brouillons et « laboratoire » privé, ce manuscrit de quatre-vingt quinze pages comprend quatre-vingt-quatre morceaux, dont plusieurs de Jean-Sébastien Bach (fragments des *Cantates* BWV 21, 23 et 30, 3e *Kyrie* de la *Messe en* si) et un de Daquin (*Noël* en *sol* majeur). On peut y lire quantité de versets, pièces libres, canons, fugues et les esquisses des *Quinze Études préparatoires aux œuvres de Bach*. Écrites à deux voix dans le caractère des *Inventions* du Cantor, ces dernières pièces constituent un divertissant « pastiche » dont les vertus pédagogiques sont évidentes. Destinées au piano, elles peuvent cependant fort bien sonner à l'orgue, et leur publication, en 1867, est garante de l'estime dans lequel les tenait leur auteur.

F.S.

CHARLES CHAYNES

Né à Toulouse, le 11 juillet 1925. De parents musiciens, il travaille d'abord le violon, avec son père puis au conservatoire. A 17 ans, il entre au Conservatoire de Paris dans les classes de violon (Gabriel Bouillon), musique de chambre (Joseph Calvet), harmonie, contrepoint et fugue (Jean et Noël Gallon) et composition (Darius Milhaud). Premier Grand Prix de Rome, il est pensionnaire à la Villa Médicis de 1952 à 1955. Compositeur fécond : plus de 70 œuvres figurent à son catalogue, œuvres librement vouées aux sonorités rares, aux combinaisons de timbres raffinées et originales, prenant souvent appui sur des textes littéraires ou dramatiques (il est l'auteur de deux opéras, Erzsébet *et* Noces de sang*). Parallèlement à son activité de compositeur, il est aussi un homme de radio : de 1965 à 1974 directeur de la chaîne France Musique, il dirigera de 1974 à 1990 le service de la création musicale à Radio France. Favorisant et suscitant l'éclosion d'un nombre considérable d'œuvres nouvelles, il a contribué à l'enrichissement du patrimoine musical de notre époque.*

Violoniste de formation, Chaynes s'est intéressé à l'orgue assez tardivement, et encore n'a-t-il abordé l'instrument qu'en commençant par l'associer à l'orchestre. Son attitude, ses choix esthétiques en face de cet instrument polymorphe sont très pragmatiques, comme il se plaît à le souligner lui-même : « Pour une musique incisive, précise, parfois pointilliste, l'approche d'un orgue classique sera plus appropriée. De même, une pièce de plus grande ampleur pourra être jouée sur un instrument symphonique. Ma préférence allant à des possibilités d'amalgames de jeux gardant leurs valeurs propres, l'audition devra garder toujours une sélectivité qui permette de ne rien perdre des éléments harmoniques et rythmiques. Mon langage, issu de l'atonalisme, s'adapte au sujet à réaliser et utilise certains procédés aléatoires : liberté dans la métrique, dans les superpositions, mise en opposition avec des passages très mesurés. Des sons pilotes reviennent comme repères, remplaçant le rôle joué par la tonalité. »

Concerto pour orgue et orchestre

Composé en 1966. Comme très souvent dans l'œuvre de Chaynes, un texte vient inspirer et susciter le travail de composition — ici, le *Cantique spirituel* de saint Jean de la Croix. Les cordes, les percussions et les timbales environnent l'orgue, auquel est dévolu un rôle d'animateur. Dans les trois mouvements (I. Lent, mystérieux, allegro. II. Très lent. III. Très vif), il apparaît en solo, quelquefois avec les seules percussions, et, le plus souvent, en dialogue avec l'ensemble des cordes. Des sortes de leitmotive posent des repères éclairant l'œuvre et lui donnant sa lisibilité.

Durée d'exécution : ~ 27 mn

Diagramme, pour orgue seul

Composé en 1970. Six séquences principales sont précédées d'une introduction très volubile. Le caractère répétitif et incantatoire de la musique aboutit à un climat dans le tutti de l'orgue, mais c'est le calme et la sérénité, entrecoupés de lointains rappels de l'agitation passée, qui donnent la tonalité finale de l'œuvre.

Durée d'exécution : ~ 10 mn

Séquence pour l'Apocalypse, pour orgue et quintette de cuivres

Écrite en 1971, l'œuvre a été créée au Festival de Bordeaux en mai 1972 par Xavier Darasse et le Quintette Ars Nova. Les deux masses sonores s'affrontent en des blocs massifs, ou bien, au contraire, les sonorités s'interpénètrent, allant parfois jusqu'à se confondre. Soli, passages aléatoires se superposant en couches de timbres différents, utilisation d'effets spéciaux aux cuivres (souffle, percussions sur l'embouchure, sourdine), de tout cela il résulte une œuvre expressionniste et colorée.

Durée d'exécution : ~ 22 mn

Joutes, pour clavecin et orgue

Dédiée à Elisabeth Chojnacka et Xavier Darasse, cette œuvre a été écrite en 1975 et créée la même année au festival de Royan. Comme son nom l'indique, le propos est ici de faire s'affronter l'agressivité des cordes pincées à la rondeur d'attaque des jeux de l'orgue. L'œuvre se subdivise en six parties : prélude, joute 1, interlude 1, joute 2, interlude 2, et joute 3 pour conclure. Des séquences aléatoires introduisent pour les interprètes les notions de jeu et de compétition.

Duré d'exécution : ~ 15 mn

A la recherche du sacré, pour orgue seul

Composée en 1983, l'œuvre a été créée par Françoise Rieunier au Festival de Saint-Bertrand-de-Comminges. C'est une sorte de long poème symphonique, manifestant une volonté de contrastes à partir de thèmes cycliques. Comme toujours chez Chaynes, l'aspect itératif, rythmique est prépondérant avec, par moments, de grandes mélodies lyriques. Les titres montrent à l'évidence la volonté de laisser à l'orgue son caractère cultuel : I. D'un premier rituel. II. D'un culte baroque. III. D'un mysticisme médiéval. IV. Plénitude de la communion retrouvée.

Durée d'exécution : ~ 28 mn

X.D.

LOUIS NICOLAS CLÉRAMBAULT

Né à Paris, le 19 décembre 1676; mort à Paris, le 26 octobre 1749. Issu d'une dynastie d'« ordinaires » de la Musique du roi, il est initié au violon par son père et parachève sa formation sous la férule de deux maîtres renommés, André Raison pour l'orgue et Jean-Baptiste Moreau pour la composition. Dès l'âge de dix-neuf ans, il figure parmi les « organistes et professeurs de clavecin » et aussi les « musiciens symphonistes » de la capitale. En 1707, il est organiste des Grands Augustins; vers 1710, le roi le nomme surintendant des Concerts particuliers de madame de Maintenon; en 1714, il succède à Nivers aux orgues de Saint-Sulpice et de la maison royale de Saint-Cyr, charges dont il assurait la suppléance depuis une dizaine d'années; en 1719, à la mort de Raison, il reprend l'orgue des Jacobins de la rue Saint-Jacques. Son œuvre touche à plusieurs domaines, à l'exclusion de l'opéra. On lui doit une série de chants et motets pour les jeunes filles de Saint-Cyr, des grands motets, un oratorio, des airs sérieux et à boire, de nombreuses cantates justement renommées, des sonates et simphonies *pour un ou deux violons et basse continue, des divertissements; à quoi s'ajoutent un Livre de clavecin (1704) et un* Premier Livre d'orgue contenant deux suites *(c. 1710).*

Louis Nicolas Clérambault prend place au carrefour de diverses lignées musicales, la plus directe étant naturellement celle des Clérambault. Comme les Couperin, les Hotteterre ou les Philidor, les Clérambault, violonistes et organistes, se transmettent le métier de père en fils. Dominique (c. 1644-1704), le père, appartient aux Vingt-Quatre Violons de la Chambre du roi. Connue depuis le XVe siècle, la dynastie s'achèvera symboliquement avec les fils de Louis Nicolas, héritiers de ses postes, à la chute de l'Ancien Régime.

Une seconde filiation, spirituelle celle-là, vient de Jean-Baptiste Moreau (1656-1733), maître de musique de Saint-

Cyr où Nivers tenait les orgues. Clérambault doit à l'estime et à l'affection de Moreau d'avoir conquis celles de Nivers, au point de lui servir d'héritier tant à Saint-Cyr qu'à Saint-Sulpice. Seul lui échappe le « quartier » d'organiste de la Chapelle royale, car Nivers s'en est défait dès 1708 et le roi a nommé alors, sans concours, Louis Marchand pour le remplacer. Tous deux fort bien « en cour », Moreau et Nivers ont pu introduire leur protégé à Versailles. Dans son *Dictionnaire portatif des Beaux-Arts* (1753), Lacombe rapporte au sujet de Clérambault : « Ce maître montra dès l'enfance un génie supérieur pour son art. [...] Louis XIV se plaisait à lui entendre jouer de petites pièces de clavecin. Ses cantates augmentèrent beaucoup sa réputation. Celle d'*Orphée*, son chef-d'œuvre, fut la première qu'il publia. Le roi en fut si charmé que Sa Majesté le nomma Surintendant des Concerts particuliers de madame de Maintenon » (rappelons que madame de Maintenon dirigeait aussi la maison de Saint-Cyr).

La troisième filiation vient d'André Raison, auquel Clérambault dédie son Livre d'orgue et qu'il remplace chez les Jacobins en 1719 après lui avoir servi de suppléant. Non contents de lui prodiguer leur savoir, ses professeurs ont donc tenu le rôle d'anges tutélaires de la brillante carrière de leur aimable disciple. L'opposant implicitement à Marchand et, de ce fait, le rapprochant de Couperin, Lacombe déclare : « Clérambault était d'une santé délicate mais d'un caractère vif et enjoué. Ses talents n'étaient pas obscurcis par des caprices. Il était bon père, bon mari, bon ami. »

Exact contemporain de Du Mage, Clérambault passait pour l'un des meilleurs organistes du début du XVIIIe siècle, mais son ambition le mena beaucoup plus haut. Presque à l'égal de Couperin et Rameau, il s'est senti l'envergure de s'élever au rang des meilleurs compositeurs du temps. Dans sa carrière, l'orgue fait un peu figure d'arrière-fond qu'il dote une fois pour toutes d'un ouvrage de qualité pour n'y plus jamais revenir. On sait que Couperin en fit autant et que Rameau, autre organiste professionnel, ne daigna pas même sacrifier à ce rite de passage. Clérambault appose un point final à sa production pour orgue en 1710, l'année où il publie ses premières cantates. Après avoir dépeint les fureurs jalouses de Médée, le désespoir d'Orphée et traduit la magie de son chant, comment aurait-il pu encore se satisfaire des codes pré-établis — durées, genres, tons liturgiques — de la musique d'orgue ? Au demeurant, quel besoin d'écrire et de publier des versets quand il suffit d'improviser au culte ?

Bien d'autres voies, plus neuves, plus libres, plus séduisantes s'ouvrent devant Clérambault, Couperin, Rameau ou Dandrieu. L'urgence les talonne de conquérir les suffrages du public sur d'autres terrains. Une vie régulée par les offices liturgiques peut encore s'accepter comme métier, elle ne saurait plus être un idéal. Au reste, ni Clérambault, ni Rameau n'ont été organistes du roi et ils ne s'en sont pas plus mal portés ; quant à Marchand, l'heureux titulaire de ce titre prestigieux, il l'a cédé au plus vite à moins grand que lui.

En 1704, la disparition de Bossuet et Bourdaloue, jointe à celle de Charpentier, entraîne la mort d'une certaine religion militante. Les grands ténors disparaissent et, avec eux, leur message. A-t-on remarqué que la dernière messe pour orgue française (avant des lustres) a vu le jour en 1703 — année où, en republiant le *Caeremoniale parisiense* de 1662 (dont l'un des chapitres régit le rôle de l'orgue aux offices), l'Église gallicane tente en vain de réaffirmer son autorité —, qu'elle est le fait d'un provincial — Gaspard Corrette — et qu'en tant que messe des couvents, elle échappe de toute façon aux contraintes du plain-chant et des tons ecclésiastiques ? Une religion plus mondaine, intégrée au rythme de la vie et de ses plaisirs, semble la seule issue possible en ce siècle de critique philosophique.

Historiquement décisive, cette année 1704 est marquée pour Clérambault par la mort de son père et par la publication de son Livre de clavecin. C'est aussi l'époque où, violoniste, fils de violoniste, il se lance dans la composition de sonates pour violon à la manière italienne. Un tournant s'opère, tant général que particulier, dont témoignera son Livre d'orgue.

Livre d'orgue

Premier Livre d'orgue, contenant deux Suites du 1er et IIe ton, dédié à Monsieur Raison, par Louis Nicolas Clérambault,

Organiste et Maître de clavecin de la Maison royale de Saint-Louis à Saint-Cyr et de l'Église paroissiale de Saint-Sulpice. Les « suites » (vocable apparu depuis peu à l'orgue chez Guilain et chez Du Mage) contrastées, brillantes et poétiques de Clérambault semblent appeler le concert, mais telle n'est pas leur destination première. Clérambault reprend vraisemblablement le projet de Louis Marchand et de Pierre Du Mage qui consiste à publier des ensembles de pièces dans les huit tons d'Église pour alterner aux offices avec les chantres (moins marqués qu'une messe ou des *Magnificat*, ces Livres sont susceptibles de connaître un usage plus diversifié). Et comme eux, il s'arrête en chemin, alors que les organistes du XVIIe siècle, les Nivers, Lebègue, Gigault, Jullien ou Raison avaient tous mené à bien semblable projet éditorial. C'est un signe des temps. Avec ses quatorze pièces, Clérambault compte parmi les plus tenaces de la première décennie du XVIIIe siècle ! C'est tout dire.

Le nombre réitéré de sept numéros des suites de Clérambault dévoile une probable attribution aux *Magnificat* et *Benedictus* pour les vêpres et les laudes. La production d'orgue antérieure montre que, pour ces groupements à double ou triple destination, le *Magnificat* avec ses six versets sert toujours de matrice, à laquelle le compositeur joint un verset complémentaire. Si *Magnificat* sous-jacent il y a bien chez Clérambault, le verset « supplémentaire » de la première suite serait la Fugue n° 2 et, dans la deuxième suite, le Récit de nasard. Ainsi réduits, les deux ensembles offrent une idéale répartition de *Magnificat* : Grand plein-jeu pour *Magnificat anima mea*, Duo pour *Quia respexit humilitatem*, Trio pour *Et misericordia*, Basse de trompette ou de cromorne pour *Deposuit*, Flûtes (ou Récit) pour *Suscepit Israël* et Dialogue (ou Caprice) sur les grands jeux pour *Gloria Patri*. Une telle symétrie entre les deux suites, en parfait accord avec la tradition, et une telle pertinence dans la traduction du texte – muet mais présent – ne peuvent être le fruit du hasard, d'autant que, expurgée du Récit de nasard, la seconde suite épouse le plan immuable proposé par Dandrieu dans ses propres *Magnificat*. Quoique inutile dans un *Magnificat*, la *Fugue du 1er ton* a aussi sa raison d'être liturgique : en effet, les messes solennelles commençaient toujours par un *Kyrie* en 1er ton avec une fugue en deuxième position. De là à déduire que la *Suite du 1er ton* de Clérambault pouvait aussi servir à un *Kyrie*, en prélevant quatre autres versets parmi les plus appropriés, il n'y a qu'un pas qu'on est en droit de franchir.

Clérambault est le seul organiste français à négliger la tierce et le cromorne en taille, gloires de la musique française. Deux explications possibles à ce manque extravagant aux us et coutumes. L'une est d'ordre psychologique : auteur de cantates où la *vocalità* et la théorie des passions trouvent à s'exprimer idéalement, Clérambault n'a que faire d'un succédané vocal à l'orgue ; le « transfert » — au sens freudien — ne lui est pas nécessaire. L'autre, purement causale : si les pièces de Clérambault sonnent dans toute leur splendeur sur l'orgue magnifique de Saint-Sulpice, « on peut les jouer aussi facilement sur un cabinet d'orgue à jeux coupés », annonce l'auteur dans sa préface. Astuce commerciale, ou réel souci d'arranger tout le monde (*cf.* Boyvin) ? Quoi qu'il en soit, il s'astreint à délimiter deux zones (indistinctes à l'oreille) de part et d'autre des *do* dièse-*ré* du milieu de clavier ; aucun Récit de « dessus » ne descend en dessous du *mi*, et aucune Basse ne monte au-dessus du *do*. L'auteur va jusqu'à conseiller à ses interprètes de salon de hausser d'une octave les accompagnements trop graves pour un cabinet d'orgue. Que faire, dès lors, de récits en taille qui, en raison de leur tessiture, ne cesseraient de franchir la zone fatidique ? Pour la même raison, l'auteur se montre très avare de l'emploi du pédalier, toujours facultatif.

Si la forme des suites de Clérambault affiche une pure « francité », le fond trahit un métissage typique d'un temps où tous les organistes-clavecinistes s'essayaient à la sonate pour violon. A ranger du côté des caractéristiques françaises, la brièveté, les références à la danse, les rythmes pointés, une façon d'exploiter la couleur des registres et la sémiographie ornementale comme éléments essentiels de la musique. De l'Italie vient un goût de la symétrie, des carrures nettes, relancées par des marches d'harmonie et des batteries violonistiques, une faconde ou un pathétisme plus affichés.

Les deux suites de Clérambault couronnent la prestigieuse littérature pour orgue Grand Siècle par leur date plus que par leur style. Dans le cadre louis-quatorzien, le portrait se fait plus sentimental et décoratif. A certaines langueurs, à l'ornementation plus rocaille que baroque, on devine le glissement esthétique en train de s'accomplir. A l'instar de Couperin au clavecin, Clérambault multiplie les indications de caractère : son « gracieusement » annonce prophétiquement le Siècle de Louis XV, et les conclusions indiquées « lentement » sont autant de révérences à paniers (Lalande n'hésitait pas non plus à distribuer force « gratieusement » et « affectueusement » dans ses motets).

Suite du premier ton

(assimilé à *ré* mineur)

1. **Grand plein jeu**, « Fort lentement ». « On pourra jouer cette basse sur la pédale de trompette si on veut ». Prélude à quatre parties principales, de caractère processionnel et rituel en raison du cheminement immuable des noires (toujours présentes à une voix ou une autre) que seule la conclusion sur pédale de dominante parvient à dévier partiellement. Une marche d'harmonie centrale, un effet de basse continue lorsque les noires gagnent la partie grave laissent percer une origine italienne.

2. **Fugue**, « Lentement ». Archétype de la fugue à la française, surchargée d'ornements (tremblements, pincés, coulés écrits en petites notes, ports de voix), en rythme pointé et façonnée jusqu'au terme de sujets et réponses d'une mesure. Le mélancolique intervalle de triton du sujet, les modulations inhabituelles, le zeste inopiné d'italianisme mesure 17 et la brièveté parviennent à endiguer la monotonie qui menace.

3. **Duo**, « Gayement et gratieusement », 3/4. Pièce conforme à ces indications préalables et aussi aux inévitables clichés du genre : imitations, marches d'harmonie, cadences aux tons voisins scandant un discours mécanique et pseudo-réexposition pour regagner la zone de tonique. Trois mesures « Lentement » pour conclure.

4. **Trio**, « Gratieusement », « Cromorne au Positif, Tierces au Grand jeu », 2/2. Type du trio concertant en imitation à deux claviers. Lancé systématiquement sur la deuxième noire, le motif générateur est accompagné d'un contre-sujet réduit à une note longue et sa broderie trillée. L'entrée qui suit la cadence en *sol* (mes. 24) superpose les mouvements droit et contraire. Peu avant la fin, passage italianisant en marche d'harmonie librement poursuivi sur une basse chromatique descendante.

5. **Basse et Dessus de trompette séparée ou de cornet séparé, en dialogue**, « Gayement ». Allègre gigue à l'italienne à 6/8, ruisselante de doubles croches. Très rythmique, la première période revient presque toujours à l'identique (hormis les transpositions) ; en ruban continu, la seconde se modifie à chaque retour. Après deux entrées au jeu doux, la basse entame l'alerte et savoureux dialogue alterné. Les voix accompagnatrices se tairont pour la dernière intervention des solistes, en canon serré à la double octave.

On pourra répéter cecy si l'on veut.

6. **Récits de cromorne et de cornet séparé, en dialogue**. « Doucement et gratieusement ». L'en-tête définit au mieux le climat. Imaginez quelque scène bucolique d'opéra *français* ; les deux partenaires font assaut de galanterie et de tendres roucoulements, au point qu'on ne sait plus au juste si les héros sont Yahvé et Israël son peuple (verset *Suscepit Israël* du *Magnificat*), ou les deux pigeons de La Fontaine qui s'aimaient d'amour tendre... Même scénario que pour la Basse et Dessus de trompette — entrée au jeu doux, alternance des solistes puis enlacement de leurs voix à la tierce (ce dernier passage peut se jouer *manualiter* ou avec la basse au pédalier) — mais en style beaucoup plus capricieux et français. A cinq reprises, la basse déroule un tétracorde chromatique descendant qui teinte d'une très douce mélancolie ce suave dialogue.

7. **Dialogue sur les grands jeux**. Moule traditionnel d'ouverture à la française, particulièrement concentré : « Fort grave » au Grand jeu à ₵; « Gay » en strette, tantôt à deux voix « cornet

séparé » et « cromorne au Positif », tantôt au Grand jeu, étoffé de quelques harmonies ; trois mesures « Fort lentement » pour terminer. Toujours attentif à complaire à tous, l'auteur précise : « Ceux qui n'auront point de Cornet séparé pourront se servir du Positif pour toucher le dessus dans les endroits qui sont à 2 » (le cornet séparé tend à supplanter l'Écho dans les dialogues à trois chœurs du début du siècle).

Durée d'exécution : ~ 18 mn

Suite du deuxième ton

(assimilé à *sol* mineur)

1. **Plein jeu**. Péristyle de fière prestance qui reprend à Jullien et Du Mage l'idée de commencer à vive allure avec le petit plein-jeu du Positif avant d'en arriver au « Lentement » sur le grand plein-jeu. Celui-ci, très majestueux, coupé d'un épisode « Gay » au Positif, conclut « Fort lentement ».

2. **Duo**, « Gay ». Comment le fils d'un Violon du roi et l'élève de Raison (« théoricien » du bon usage de la danse sur l'orgue d'église) pourrait-il ne pas manifester une dilection pour la danse ? Son duo à 2/2 démarrant sur la dernière noire évoque quelque bourrée. A plusieurs reprises, le bref motif de deux mesures, exposé à découvert ou à peine soutenu, se voit repris aux deux voix à la dixième ; toujours en imitation, un motif dérivé échange les dactyles contre des croches continues. Plusieurs fragments viennent tout droit d'Italie, telle la séquence rebondissante sur basse continue (mes. 23-27) ou celle en dactyles descendants surmontés de retards (mes. 47-53). Conclusion « Lentement » festonnée d'un chromatisme savoureux.

3. **Trio**, « Gratieusement », 3/4. Jeu d'imitations sur un motif lové dans une quinte. Plusieurs fragments moins convenus introduisent une salutaire diversion ; on notera, en particulier, la brève illustration des « goûts réunis » lors de la descente pointée et ornée de la basse surmontée de retards aux parties supérieures (mes. 60-64). Quatre mesures de coda « Lentement » très Grand Siècle.

4. **Basse de cromorne**, « Gay ». Alerte et solidement campée avec ses faux airs de bourrée, la basse fait son apparition pour la troisième entrée et revient de même à mi-parcours après un habile resserrement en strette. Sa truculence n'exclut pas le « Lent » conclusif dont Clérambault semble ne plus devoir se passer.

5. **Flûtes**. Alternance d'un récit de flûte au Grand Clavier, accompagné par les flûtes du Positif et d'un trio de flûtes au Grand Clavier seul. Très français dans sa métrique à 3/2 et sa flore ornementale, le morceau convient à la « gravité et douceur » demandée par les Cérémonials pour le *Suscepit Israël* d'un *Magnificat*. Plusieurs compositeurs ont songé à traduire ce verset par un trio et Guilain lui a déjà réservé un trio de flûtes.

6. **Récit de nazard**, « Gayement et gratieusement », 12/8. Ceux qui estiment devoir opérer une ségrégation entre une musique prétendument sacrée et une musique profane jetteront l'anathème sur cette ravissante barcarolle délicieusement chaloupée, grande sœur des *Romances sans paroles* « vénitiennes » de Mendelssohn (1710 voit la création des *Fêtes vénitiennes* de Campra, dix ans après son *Carnaval de Venise*, et plusieurs compositeurs ont écrit des Vénitiennes pour clavecin). Clérambault accorde une importance manifeste à son Récit, sa dimension nous le prouve. Encore très nouveau à l'orgue, le récit de nasard était, à ce jour, une spécialité rouennaise (Boyvin, Dagincour, Gaspard Corrette). Clérambault et Dandrieu l'acclimatent sur le sol parisien, mais alors que le second lui conserve sa tendresse native, Clérambault l'accommode d'un caractère, d'une métrique et d'un phrasé très inhabituels. Toujours introduit par le jeu doux (créateur d'un effet de dialogue), le récit fera place, après une fausse réexposition centrale, à un vrai *da capo* final, non sans céder la parole *in extremis* à une belle coda « Lentement », à la fois affirmée et ornée.

7. **Caprice sur les grands jeux**, « Gayement », C. Pièce majeure du répertoire français et d'une absolue originalité en 1710, époque où une assimilation aussi maîtrisée du style italien n'est pas encore monnaie courante. Le vocable « Caprice » semble renvoyer à Frescobaldi ; il n'en est rien. Résolument moderne, ce Caprice se tourne vers l'Italie la plus récente et ne serait pas déplacé comme finale d'un concerto pour orgue de Bach d'après Vivaldi ; on y rencontre même un type de

basse de concerto baroque en octaves brisées très fréquent chez Bach (mes. 30-31). Tout ce finale en fugato joue sur deux motifs complémentaires de type antécédent-conséquent, exposés l'un au soprano (mes. 1), l'autre à l'alto (mes. 2.) Ils se répondent, s'emboîtent, se sectionnent, superposent leur première cellule (mes. 33-34), se combinent avec eux-mêmes (mes. 36-40) ainsi que les pièces d'un meccano. Comme les Italiens, comme Bach, et comme Haydn et Mozart plus tard, Clérambault a merveilleusement saisi les vertus dynamiques, dansantes et ludiques du contrepoint. Il se grise et nous grise, il nous happe dans sa spirale vertigineuse. Serait-on de nouveau à Venise, entraînés dans la liesse générale du Carnaval par le *Prete rosso* Vivaldi ? Un « Lent » de deux mesures vient nous rappeler qu'en France, au royaume du plus grand des monarques, tout « carnaval de la folie » ne dure que le temps d'une illusion et se résout dans la bienséance et la maîtrise.

Durée d'exécution : ~ 17 mn

B. F.-S.

PIERRE COCHEREAU

Né à Saint-Mandé, le 9 juillet 1924; mort à Lyon, le 6 mars 1984. Après avoir étudié le piano avec Marguerite Long (1933) et s'être initié à l'orgue avec Marie-Louise Girod (1938) et Paul Delafosse (1941), il fut nommé organiste de Saint-Roch en 1942, et entra l'année suivante au Conservatoire. Il y obtint des premiers prix en harmonie (Maurice Duruflé), orgue (Marcel Dupré) et composition (Tony Aubin), respectivement en 1946, 1948 et 1950. Directeur du conservatoire du Mans, poste qu'il occupa jusqu'en 1956, il succéda ensuite à Léonce de Saint-Martin comme organiste de Notre-Dame de Paris, et entreprit une éblouissante carrière de concertiste (première des vingt-cinq tournées aux États-Unis en 1956). Directeur du conservatoire de Nice (1961), il n'en poursuivit pas moins ses périples jusqu'en URSS (1967). Il contribua enfin à la création du Conservatoire national supérieur de Musique de Lyon (1979), établissement destiné à décentraliser la formation des élites, qu'il dirigea jusqu'à sa mort. Il fut aussi membre de la Commission des orgues historiques.

Les improvisations

Pendant plus de trente ans, Pierre Cochereau fut adulé dans le monde entier. A l'instar d'un Jean-Pierre Rampal pour la flûte ou d'un Maurice André pour la trompette, il finit par s'identifier tellement à l'instrument qu'il pratiquait que l'orgue y gagna une popularité jamais atteinte avant lui. On peut s'interroger sur les raisons de cette incomparable aura qui en fit un artiste acclamé de New York à Moscou. Elle provient sans doute du « charisme » de l'homme, de sa superbe comme de son enthousiasme, de son titre d'organiste de Notre-Dame de Paris (mais n'est-ce pas lui qui fit de cette tribune un lieu prestigieux ?), de son extrême dévouement à la cause de l'orgue qui l'entraîne de village en village avec son instrument démontable, ou de la facilité dont il fit preuve dans les exercices périlleux de duplex. Mais elle semble due, plus encore, à ses dons exceptionnels et à l'adoption d'un langage post-symphonique dans la lignée Vierne-Dupré auquel adhère tout public. Cochereau fut, en effet, un improvisateur de haute école, peut-être le dernier de ce mouvement qui prend naissance avec Franck pour aboutir à Marcel Dupré.

Parfaitement adapté au style des grands instruments romantiques ou des orgues néo-classiques des années 1930-1970, son esthétique semble en partie dictée par l'imposant Cavaillé-Coll de Notre-Dame qu'il fait agrandir et moderniser par Hermann puis Boisseau, et ses registrations encore très widoriennes bénéficient des avantages de la technologie contemporaine : combinaisons autorisant de multiples variétés de plans sonores, coupure de pédale propice à une polyphonie sur quatre, voire cinq timbres différents, etc. D'un chromatisme omniprésent, très modulantes, riches d'appoggiatures continuelles, ses improvisations savent émouvoir par leur lyrisme ou impressionner par leur fougue et leur dynamisme (on connaît sa prédilection pour les toccatas et les mouvements de danse de type scherzo, boléro ou gigue). Personne ne parvenait mieux que lui à dissimuler les faiblesses d'un orgue médiocre. Comme il aimait à le souligner, il pratiquait un art de prestidigitateur, mais son métier l'avait hissé à une telle maîtrise que l'illusion était totale.

Par bonheur, le disque a conservé quelques-unes parmi les meilleurs improvisations de Pierre Cochereau. La plupart ont été enregistrées sur son propre instrument de Notre-Dame par Philips (*Symphonie* et *Treize versets des Vêpres* en 1964 ; improvisations sur des thèmes populaires français, *Frère Jacques*, *Boléro* avec percussions et *Berceuse à la mémoire de Vierne* ; *Suite à la française sur des thèmes populaires* et sur *Alouette, gentille alouette*), Fy (*L'Art de l'improvisation*, vingt pièces « pour servir de présentation de l'orgue de Notre-Dame », 1977 ; *Suite de danses improvisée* ; Prélude, adagio et choral varié), ou Solstice (*Trois Noëls improvisés* ; *Quinze versets improvisés sur Ave maris stella* et *Variations sur un vieux noël* ; ces dernières improvisations sur l'Évangile de saint Mathieu, en 1984). On peut y ajouter quelques enregistrements des diverses cérémonies de la cathédrale métropolitaine et des improvisations réalisées sur son orgue transportable ou à l'étranger (Allemagne ou États-Unis). Cette documentation abondante permet de se faire une assez juste idée de l'art de Pierre Cochereau à travers des thèmes libres (versets, épisodes de la messe, fugue), des symphonies, des variations ou des suites.

Dans la première catégorie, on retiendra surtout les versets de vêpres enregistrés en 1964 : fileuse sur les flûtes très caractéristique du langage chromatique et complexe de l'artiste, *Lento* sur les ondulants avec de somptueuses harmonies, *Vivace* sur un thème d'allure populaire que les petites mutations mettent en lumière, fonds d'orgue wagnérien en *mi* bémol mineur, qui rappelle Vierne, récit de grand cornet, choral en trio avec cantus firmus sur une anche de pédale, le début en *ut* majeur, la fin en *fa* (beaucoup d'improvisations ne s'achèvent pas dans le ton de départ), fanfares sur les anches des différents claviers, fugato en *mi* mineur sur le plein-jeu, dans le style d'un ricercare, *Con moto* sur les fonds, *Scherzo* sur les mutations, *Adagio* en *la* majeur, dont la mélodie chante longuement sur la clarinette 16', *Intermezzo* sur les mutations aiguës, et *Toccata* en *mi* mineur qui prend fin en *ré* majeur.

Dans le domaine de la symphonie, Cochereau a laissé un magnifique témoignage de sa maîtrise lors de la réalisation de ce même enregistrement de 1964. Quatre mouvements la composent, dont le premier, *Allegro*, est introduit par un monumental prologue en *fa* mineur (récitatifs ornementaux, piliers d'accords dramatiques) que viendra interrompre le développement. Ce dernier s'établit sur un thème principal qui présente quelques analogies avec celui du troisième mouvement, et prend fin dans l'apaisement, en *si* bémol mineur. On découvre ensuite un *Scherzo* en *fa* mineur où alternent deux sections, la première en *perpetuum mobile* sur les mutations, le second avec un cromorne solo. Le troisième mouvement, *Adagio* en *ré* bémol majeur, s'articule alors en trois parties, mais sur un motif unique et teinté de chromatismes : développement par amplifications mélodiques sur un fond d'ondulants, dialogue cornet/cromorne en imitations, fugato sur les fonds avec entrées successives, crescendo (*Più animato*) et rappel final du thème sur la clarinette. Le *Finale* en *si* bémol mineur adopte enfin une forme sonate très libre sans véritable deuxième motif. Une rythmique farouche l'anime jusqu'à une ébouriffante coda qui conclut en majeur.

Les variations ont fait l'objet de soins particuliers, qu'elles soient ou non introduites par un prélude qui amène progressivement l'harmonisation du thème. Loin de sacrifier aux règles d'école, Cochereau en appelle plutôt à des épisodes de caractère symphonique, qui contiennent souvent leur propre développement et conduisent à un épilogue agrandi, dans un style de toccata ou de carillon. Les *Variations sur un noël* de *L'Art de l'improvisation* (1977) en proposent une bonne illustration. Présentée en *ré* mineur sur le grand plein-jeu, la célèbre mélodie *A la venue de Noël* est soumise à onze variations que couronne un final tempétueux sur le tutti : flûtes, nasard, tutti, chamades (solo en *mi* mineur qui relève d'une certaine liberté vis-à-vis des contraintes), fonds, scherzo, canon à six voix (exploitation de la coupure de pédale) fileuse, fanfare, adagio (sur un décor d'accords *staccato* à la Messiaen) et trio.

Les suites procèdent d'une démarche analogue, avec un souci de diversifier au mieux la registration. Si la suite pastiche à la française de *L'Art de l'improvisation* tente d'imiter Couperin ou Marchand dans la conception et l'écriture *(Petit plein-jeu*, *Offertoire sur les Grands jeux*, *Tierce en taille*, *Voix humaine*, *Basse de cromorne*, *Flûtes*, *Basse de trompette*, *Grand Plein-jeu)*, la *Suite à la française sur des thèmes populaires* témoigne du vrai langage de Cochereau et se montre plus convaincante.

Les compositions

Homme d'action fort occupé par ses concerts et l'enseignement, Pierre Cochereau n'a consacré que très peu de temps à la composition. En dehors du *Boléro* qui n'est que la transcription d'une improvisation sur deux thèmes de Racquet, ses trois œuvres constituent, en effet, des commandes de conservatoires, et le musicien y parle une langue plus « contemporaine » que celle à laquelle l'auditeur est habitué. Il s'agit des *Variations sur un thème chromatique* écrites pour le Conservatoire de Paris, comme *Thème et variations sur « Ma jeunesse a une fin »* op. 16 (1972), dont une partie est soumise à l'improvisation. Quant à la *Microsonate en trio* op. 11 (1969), elle a été composée pour les concours des C.N.R. de France.

F.S.

EDOUARD COMMETTE

Né à Lyon, le 12 avril 1883; mort à Lyon, le 24 avril 1967. Elève de Neuville, professeur au conservatoire de Lyon, et de Widor, il fut pendant quelques mois organiste de Saint-Polycarpe avant d'obtenir le poste de la primatiale Saint-Jean (1904) qu'il occupa jusqu'à sa mort. Peu attiré par une carrière de virtuose cosmopolite, il ne quitta guère sa région natale, mais connut une immense renommée par le disque. Dès 1928, en effet, il fut le premier en France à enregistrer de l'orgue et diffusa pendant plus de trente ans les sonorités de son Merklin dans des œuvres de Widor, Vierne, Gigout, Boëllmann, Pierné, Mendelssohn, et surtout Franck et Jean-Sébastien Bach. Professeur d'orgue au conservatoire de Lyon, il y forma de nombreux disciples, dont Joseph Reveyron qui lui succéda aux claviers de Saint-Jean.

Encore peu pratiquée par les organistes de notre temps, la musique de Commette s'inscrit dans la lignée symphonique des œuvres de concert que le XIXe siècle a prisées, particulièrement celles de Louis Vierne *(Pièces de Fantaisie)* dont le langage souvent chromatique et tourmenté, chargé d'altérations, n'est pas très éloigné du sien. On en découvrira un témoignage dans les *Deux Méditations* de 1947, dont la première, *Andante* en *mi* majeur, propose un thème d'allure presque populaire (flûte 8') sur un fond de voix céleste, tandis que, de caractère plus improvisé, la seconde se déroule sur les fonds.

Pour l'essentiel, l'œuvre se compose de trois grands recueils : **Quatorze Pièces brèves, Six Pièces** *(Offertoire sur des noëls*, *Fughetta*, *Allegretto*, *Adoration*, *Aspiration religieuse*, *Scherzo)* et surtout une importante série de **Douze Pièces** publiées en 1935-1936, lesquelles exploitent la plupart des genres types de l'orgue post-symphonique : carillon orchestral *(Campanile)*, *Toccata*, *Marche solennelle*, *Pastorale*, une *Cantilène* dans l'esprit de la romance, des méditations religieuses ou profanes *(Absolution*, *Rêverie*, *Sur le lac)*, des pièces plus rythmées *(Intermezzo*, *Menuet*) ou des versets, le tout introduit, comme c'est aussi le cas dans les recueils analogues de Vierne, par un *Prélude*.

F.S.

PIETER CORNET

Né en un lieu et à une date inconnus ; mort à Bruxelles, le 30 mars 1633. De 1593 à 1626, il est organiste de la chapelle de la Cour à Bruxelles. Décembre 1611 nous fournit une des rares informations datées dans la vie de Cornet : il apparaît sur la liste des dépenses pour les fiançailles de la reine d'Espagne. La même année le voit chanoine de l'église Saint-Vincent de Soignies; il continue cependant à résider à Bruxelles. Il perdra d'ailleurs ipso facto *cette sinécure quelques années plus tard en épousant une veuve, Marie Cuypers. Le dernier signal chronologique qui nous atteint est 1633, date à laquelle Cornet reçoit une pension, spécifiant qu'il a été organiste de la Cour pendant 33 ans.*

La maigreur des renseignements biographiques rivalise avec la minceur de l'œuvre qui nous est parvenue. Mais la densité musicale de ce recueil ne cesse d'émerveiller. Le premier à s'en être avisé a été le musicologue belge Charles Van den Borren. Ce corpus comprend 11 pièces : 1. *Fantasia del primo tono*. 2. *Fantasia del 2º tono*. 3. *Fantasia 3 toni*. 4. *Fantasia del 5º tono*. 5. *Fantasia 8vi toni*. 6. *Fantasia*. 7. *Toccata del 3. tono*. 8. *Salve Regina*. 9. *Tantum ergo*. 10. *Courante*. 11. *Correnta*.

Le premier tiers du XVIIᵉ siècle tient en lui l'un de ses maîtres majeurs, avec le Français Titelouze, l'Italien Frescobaldi, le Néerlandais Sweelinck, l'Allemand Scheidt et les Anglais Bull ou Philips. Et il n'est pas interdit de déceler des influences réciproques entre ces musiciens, compte tenu des voyages de certains (Bull, par exemple, sera peut-être le collègue de Cornet à Bruxelles en 1614) et de la très rapide diffusion des œuvres de ceux qui restaient sédentaires (Sweelinck à Amsterdam, Titelouze à Rouen ou... Cornet à Bruxelles).

Mais ce dernier se démarque de ses confrères — c'est en tout cas l'impression dégagée par sa musique — par un tempérament chaleureux, coloré, sanguin, animant de joyeuses bourrasques un clavier qui a rarement été à pareille fête. En avocat zélé, Charles Van den Borren en arrive à juger sévèrement la « sécheresse et le pédantisme » du protestant Sweelinck, qu'il oppose à « la chaleur d'inspiration » du catholique Cornet. Il suffit à notre bonheur de pouvoir profiter de ces deux musiciens, même si la fortune n'a pas favorisé l'œuvre du second.

L'œuvre pour orgue

La pièce la plus remarquable est sans conteste le *Salve Regina*. Elle est divisée en 5 sections : *Salve, Ad te clamamus, Eia ergo, O clemens* et *Pro fine*. Les trois premières sont des élaborations fuguées sur le début de chaque phrase (on remarquera la curieuse altération infléchissant l'énoncé du *Salve*). L'écriture est à quatre voix, mais Cornet sait adroitement l'alléger à trois voix, et surtout allumer de-ci, de-là, dans un discours rigoureusement contrapuntique, les traits enflammés, les vrombissantes fusées des toccatas vénitiennes. *O clemens* fait résonner la mélodie grégorienne dans les valeurs longues d'un cantus firmus, successivement au superius puis au ténor. *Pro fine* combine les quatre premiers sons du *Salve* avec leur inversion. Nous tenons là une des plus significatives créations de la musique liturgique pour orgue. Par-delà la chaleur de l'expression, la ferveur religieuse, l'extase mystique même, Willi Apel entrevoit avec pertinence les *Toccatas per l'Elevazione* de Frescobaldi*.

Durée d'exécution : ~ 8 mn

La *Toccata del 3. tono* est, à l'opposé, l'exemple d'une pièce engoncée dans un vêtement élimé de formules passe-partout.

* Willi Apel, *Geschichte der Orgel-u. Klaviermusik bis 1700*, Bärenreiter, Kassel, 1967.

En revanche, les autres Fantaisies, malgré leur longueur parfois redoutable, tiennent l'auditeur en haleine par une véritable progression dramatique. On remarquera que la *Fantasia 3. toni* est peut-être un hommage voilé à Palestrina, puisqu'elle évoque à demi-mot le fameux sujet *« Io son ferito »* (magistralement traité par Scheidt). Des deux *Courantes*, modelées sur la courante anglaise (forme A/A'/B/B'), si la seconde est assez insignifiante, la première déborde le cadre donné par l'effervescence de trois variations. Cornet manifeste ici un plaisir digital, une jubilation quasi physique, un bonheur de *jouer* qui plonge l'auditeur-interprète dans l'euphorie.

G.G.

FRANCISCO CORREA DE ARAUXO

Né à Séville (?), entre le 13 septembre 1583 et le 23 mars 1584; mort à Ségovie, le 31 (?) octobre 1654. Ce célèbre compositeur et théoricien espagnol aurait été d'origine portugaise (son nom est fréquemment orthographié Araujo*). Ainsi que lui-même le relate, il reçut son éducation musicale à Séville, probablement auprès de Francisco Peraza, entre autres, pour l'orgue. Le 1er septembre 1599, il est nommé sur concours organiste de San Salvador de Séville. Il devait jouir déjà d'une grande réputation, car ses gages étaient doubles de ceux du* maestro de capilla. *En 1613, il se présente aux postes d'organiste des cathédrales de Malaga et de Séville, sans les obtenir, puis en 1618 de Tolède, toujours sans succès. En 1626, il publie son unique recueil d'orgue, et semble bénéficier d'une aumônerie lucrative jusqu'en 1630. Entre-temps, il devient prêtre mais, dès 1635, sa santé se détériore. Après tant d'années passées à Séville, émaillées de conflits professionnels, il accepte l'offre du chapitre de Jaén et devient organiste de la cathédrale, à Pâques 1636, puis, en 1640, obtient l'orgue de la cathédrale de Ségovie. Le chapitre de la cathédrale de Séville fera tout ce qu'il pourra pour se l'attacher, « sachant qu'il est le plus éminent que l'on connaisse aujourd'hui en cet art », lui proposant de le nommer sans concours. Correa refuse, pour ne pas entrer « en conflit avec son chapitre (de Ségovie) et ne pas perdre ses disciples, entre autres raisons ». C'est en poste à Ségovie, mais presque retiré dès décembre 1653 du fait de sa mauvaise santé, qu'il mourra dans la pauvreté.*

Toute la musique de Correa de Arauxo qui nous est parvenue se trouve dans le recueil paru en 1626 à Alcalá de Henares (tout près de Madrid, où le cardinal Cisneros avait créé en 1598 une université qui brilla par son enseignement linguistique et ses activités dans l'édition, transférée en 1836 à Madrid). Bien qu'indépendant et en fait isolé dans sa démarche de compositeur, Correa s'y affirme comme l'un des promoteurs du style baroque espagnol à l'orgue. A la fois anthologie et traité, le recueil s'intitule *Libro de tientos y discursos de música practica, y theorica de organo intitulado Facultad organica*, « par lequel tout interprète ordinaire, moyennant un travail et une persévérance raisonnables, en pourra sortir avantagé ». Il est clairement conçu sur un plan didactique, comme l'indique sa préface : « Table des *tientos* et *discursos* de musique pour orgue contenus dans ce livre, lesquels sont répartis en six sections que j'appelle degrés, en commençant par les plus faciles et de moindre travail pour le premier degré, tout en progressant dans l'enchaînement des degrés au fur et à mesure qu'augmentent la difficulté et l'attention exigée par l'agencement des *discursos* sus-nommés, jusqu'à ce que l'on en vienne au cinquième et dernier, lequel degré présente la plus grande difficulté et perfection de par les *discursos* qui s'y trouvent. »

Dans son *Prólogo en alabanza de la cifra* (éloge de la tablature espagnole chiffrée, déjà utilisée par Cabezón), Correa définit très précisément ce qu'il entend par *tiento*. Il explique l'entrée de chacune des quatre voix, le développement qu'il faut donner au thème (le renversement est prévu), l'accompagnement des diverses sections, la possibilité du polythématisme, etc. La caractéristique la plus essentielle et la moins partagée par ses contemporains ou successeurs, ce type du *tiento* andalou ayant pratiquement disparu avec lui, demeure cependant la liberté, la réelle fantaisie que non seulement Correa de Arauxo prône dans la partie didactique de son recueil, mais qu'il met lui-même brillamment en pratique. En atteste, entre autres composantes de son art du contrepoint imitatif, la vivacité, exceptionnelle dans le monde du *tiento*, de ses contresujets.

Outre l'étude en 17 points de la théorie et du contrepoint, Correa consacre plusieurs chapitres à l'art d'écrire en tablature. Il s'intéresse aux doigtés et aux ornements (les *quiebros y redobles*, trilles et mordants présents dans toute la littérature du clavier ibérique), puis décrit quatre types d'armures (*genera*, genres, on pourrait presque dire tempéraments) : pas d'armure ou « *genero diatonico* » ; un bémol ou « *genero semicromatico blando* » (blando = tendre, faible) ; un dièse ou « *genero semicromatico duro* » ; 3 dièses ou « *genero semiarmonico duro* ». Par le jeu des couleurs ou des « tons » qui en résultent, ainsi que des altérations (la tablature chiffrée permet de les noter avec précision), Correa de Arauxo établit ensuite un parallèle avec le système des « douze modes » de Zarlino (théoricien et compositeur vénitien, 1517-1590, fondateur d'une « théorie dualiste » dans laquelle on peut voir l'une des origines du système majeur/mineur).

Sur le plan du rythme, Correa développe une variété de possibilités sans équivalent à son époque, utilisant comme d'autres les groupes de 3 ou 5 notes, mais également de 7, 9, 11 et même 18 notes, ces différents regroupements s'accompagnant d'une grande richesse de valeurs de notes, de la ronde à la triple croche.

Également caractéristiques de Correa, les successions de notes *de même valeur* groupées de façon irrégulière : 4 + 2 + 3, ou bien 4 + 3 + 2 (1re mesure de l'exemple) ou 2 + 2 + 2 + 3 (3e mesure) :

ainsi qu'un certain type de dissonance appelé « *punto intenso contra remiso* », faisant entendre un son et simultanément son altération chromatique, dissonance plus ou moins dure selon qu'elle se produit à intervalle de seconde (1er exemple), ou à intervalle redoublé (2e exemple) :

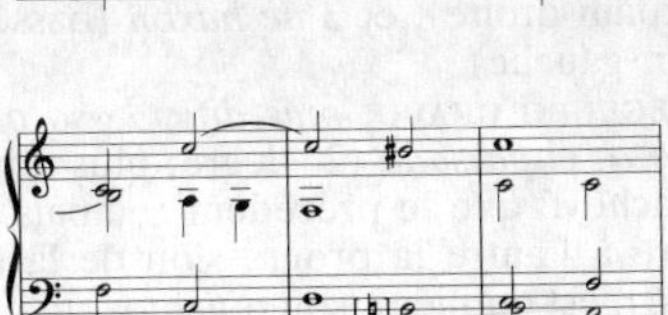

Facultad organica

Elle renferme 69 pièces, toutes composées pour un clavier relativement limité, allant généralement du *do* de la deuxième ligne de la clé de *fa* au *la* aigu de la clé de *sol*. Nous trouvons d'un côté 62 *tientos*, de l'autre des séries de variations en tablature espagnole de chansons, ainsi que des variations sur cantus firmus. Si la réputation de Correa de Arauxo repose sur la variété du contrepoint imitatif de ses *tientos* polythématiques, il faut cependant mentionner que sur les 62 *tientos* du recueil de 1626, 28 sont monothématiques, et que près de la moitié des *tientos* restants ne présentent que deux thèmes. Leur structure donc, mais aussi leur durée (ils sont plus courts) les différencient nettement des *tentos* du contemporain de Correa, le Portugais Manuel Rodrigues Coelho, qui publia son *Flores de Musica* en 1620. L'écriture de Correa fait en général appel à un langage de type modal et en partie archaïque, rehaussé de dissonances âpres, dont le *punto intenso* déjà mentionné.

A une seule exception près, les divers degrés sont organisés en deux parties : viennent tout d'abord les *tientos enteros*, c'est-à-dire pour clavier non partagé — d'autres diraient *tientos llenos* (pleins, également dans le sens correspondant du *plein-jeu* français polyphonique) —, puis les *tientos* pour clavier partagé (la rupture se faisant toujours à hauteur du *do* du milieu du clavier) ou *medios registros*. On perçoit chez Correa, présentant sa série de *tientos de medio registro*, toute la légitime fierté que les organistes ibériques retiraient de cette innovation et des riches possibilités de registrations par opposition des plans sonores qu'elle leur offrait : « ...célèbre invention, et très répandue dans les royaumes de Castille, bien qu'inconnue dans d'autres ».

Primo grado, *y el más facil* (1er degré, et le plus facile), soit 6 *tientos enteros* et 5 *medios registros*, dont 2 *de tiple* (dessus, ou main droite), et 3 *de baxon* (basse, ou main gauche).

Segundo grado, *más dificultoso o perfecto q. el passado* (2e degré, plus difficile ou achevé que le précédent : jamais d'un degré à l'autre la progression de la difficulté n'est oubliée), soit 6 *tientos enteros* et 11 *medios registros*, dont 8 *de tiples* et 3 *de baxon*.

Tercero grado *más dificultoso, o perfecto de los dos passados* (à la fois révision et progression par rapport aux deux autres), soit 8 *tientos enteros, la Canción Gaybergier* (de Thomas Créquillon), à quatre voix comme un tiento mais plus riante et simplement chantante, alternant fréquemment tout au long de ses variations enchaînées des triolets (de croches ou de noires) et des groupes de quatre doubles croches. A partir de ce 3e degré, les *medios registros* (8) prennent pour 6 d'entre eux le nom de *discursos* (1 *de tiple*, 2 *de dos tiples* ou deux dessus, 1 *de baxon* et 3 *de dos baxones* ou deux basses, les pièces à 2 dessus ou 2 basses atteignant fréquemment mais pas en permanence les 5 voix).

Le **Quarto grado**, *superior a los pasados*, ne comprend que des *discursos* pour clavier non partagé, au nombre de 5. On peut y voir une sorte de récapitulation et de point culminant des leçons précédentes, seul le clavier entier garantissant un équilibre parfait des diverses voix sur toute son étendue, donc le déploiement le plus harmonieux de la polyphonie.

Le **Quinto y último grado**, *superior a todos* est d'un contenu plus différencié : une *suzana* du 1er Ton, un *discurso de registro entero*, des *diferencias* (variations) sur la célèbre chanson « *las vacas* » (illustrée en trois suites de variations par Cabezón), une *canción « dexaldos mi madre »* sur un cantus firmus passant de voix en voix (tout d'abord au soprano, puis au ténor, au contralto, etc.), un *medio registro del quinto grado*, trois *discursos de tiple* et un *de baxon*.

La sixième partie est composée d'œuvres sur cantus firmus : plusieurs séries de *Prosa de el SS. Sacramento « Lauda Sion » y canto llano* (plain-chant) *de la Immaculada Concepción*, etc. Ces œuvres sur cantus firmus (composées le plus souvent de trois *glosas*) sont également de type contrapuntique avec la mélodie non ornée au ténor ou au soprano.

La destination liturgique de cette dernière section est particulièrement intéressante. « Le *tiento*, lié de façon étroite à la définition modale, aurait pu naître au contact des offices liturgiques de l'Église romaine dont le chant monodique témoignait encore de la pureté du monde. Il n'en est rien*... » Nous savons en effet que le *tiento* était à l'origine une pièce purement

* L. Jambou, *Les Origines du tiento*, Editions du CNRS, 1982.

instrumentale, sans fonction liturgique spécifique*. Qui donc, cependant, s'est emparé de ce genre, sinon les organistes, musiciens d'église, eux-mêmes souvent prêtres ? Certes, la place du *tiento* dans l'office liturgique, où l'on pratiquait l'alternance orgue/chant, n'est pas vérifiable. Mais Correa, le premier, semble proposer quelques indices allant dans ce sens : on serait tenté de faire rejaillir sur les premières sections de l'unique recueil de Correa de Arauxo la fonction liturgique de la dernière partie de l'ouvrage. La présence dans le motif de tête du *Tiento XXVI* de l'incipit du *Salve Regina*, témoignant du recours au plain-chant pour le choix des thèmes de *tientos*, est l'un de ces indices. Certains commentateurs, arguant de ce que la *Facultad organica* s'achève sur le plain-chant de l'Immaculée Conception, vont jusqu'à supposer l'ensemble du recueil secrètement dédié à la Vierge. La signification liturgique des *tientos* serait implicite, ce à quoi la haute spiritualité de Correa de Arauxo ne saurait faire obstacle.

M.R.

GASPARD CORRETTE

Né à Rouen en 1671 ; mort avant 1733. Il s'installe à Rouen à une date inconnue. En 1703, il publie un petit Livre d'orgue formé d'une Messe du 8e ton à l'usage des dames religieuses. *Sur la page de titre, il est dit « organiste de Saint-Herbland de Rouen ». Plus tard, on le trouve successivement organiste des paroisses Saint-Pierre-le-Portier, Saint-Denis, puis Saint-Jean de cette ville. Jacques Boyvin avait été témoin à son mariage en 1700 mais, à son décès en 1706, c'est Dagincour et non Corrette qui sera retenu pour lui succéder à la cathédrale. En 1720, Corrette habite Paris, puis on perd sa trace ; peut-être s'est-il rendu à Delft... Né à Rouen en 1707, son fils Michel mènera une carrière parisienne beaucoup plus brillante***.

Gaspard Corrette appartient à la gent des organistes-compositeurs qui ne passent à la postérité que sur un ouvrage dédié à leur instrument. On ignore les motifs qui l'amenèrent à Rouen. Il aurait pu moins bien tomber : depuis le début du XVIIe siècle, Rouen passe pour la seconde capitale de l'orgue en France et réunit une pépinière d'organiers (les Lefebvre, mais aussi Robert Clicquot, le temps de reconstruire l'orgue de la cathédrale) et d'organistes (Titelouze, Boyvin, Dagincour). Au contact des uns et des autres, Corrette s'initie aux dernières nouveautés parisiennes et continue à innover dans la mesure de ses modestes moyens. C'est du reste dans la capitale qu'il fera publier sa messe.

* Voir à *Cabezón*.

** Pour la biographie de Gaspard et de Michel Corrette, voir les travaux universitaires d'Yves Jaffres et Philippe Lescat.

Corrette fait œuvre à l'heure où l'abbé Raguenet et Le Cerf de La Viéville se lancent à la tête des arguments en faveur des styles français et italien. A échelle réduite, la confrontation des goûts nationaux n'est pas absente du mince corpus de l'organiste.

Messe du 8e ton pour l'orgue à l'usage des dames religieuses

Après la vingtaine de messes, publiées ou manuscrites, ayant vu le jour depuis le Deuxième Livre de Nivers en 1667, celle de Gaspard Corrette met un point final, pour de nombreuses années, à la composition de messes d'orgue en France. Il appartiendra à son fils Michel de reprendre le flambeau sous le règne de Louis XV. Les messes d'orgue destinées aux couvents échappent aux règlements des messes des paroisses. Aucune citation de plain-chant ne gouverne donc le cycle, mais la brièveté reste de mise, de même qu'un abord d'aimable simplicité pour alterner avec le chant des religieuses. D'où le choix du 8e ton ecclésiastique, *sol* majeur lumineux, dépourvu d'ambiguïté modale dont Couperin a usé treize ans auparavant, et, pour être sûr de ne pas alourdir le service divin des « dames religieuses », la présence de petites étoiles indiquant les endroits pour « finir quand la pièce est trop longue ». La répartition de sa messe suit exactement celle de Couperin, avec une Élévation à la place du *Benedictus* ; il est le seul, en revanche, à publier deux graduels.

Corrette ouvre son opuscule par un **Meslange des jeux de l'orgue** particulièrement intéressant. Ce disciple spirituel de Boyvin, auquel il emprunte diverses nouveautés — Prélude à deux chœurs, Concert pour les flûtes (notons le terme de « concert » si français et dix-huitiémiste), Dessus de tierce par accord, Grand Dialogue à trois chœurs, Dialogue en fugue —, est le seul à donner certaines définitions ; ainsi du « concert de flûte », du « récit de nazard » (jeu nommé pour la première fois par Raison en 1688) et du « fond d'orgue ». Ses *Remarques pour le toucher et pour le caractère de chaque pièce* constituent un véritable « Traité du Goût » miniature et renouvelle celles de Lebègue en 1676. Leur brièveté autorise à les citer en entier.

« La Fugue doit être grave avec beaucoup de propreté. Le Trio demande beaucoup d'exactitude de mesure et de légèreté suivant le mouvement. Le Duo vivement avec beaucoup de gaîté et d'exécution selon le mouvement. Le Récit tendrement et proprement et imiter la voix le plus qu'il est possible. La Basse de trompette se touche hardiment avec imitation de fanfare. La Basse de cromhorne imite les traits, les cadences, les batteries et les vitesses de la basse de viole. Le Cromhorne en taille très tendrement avec imitation de la voix. La Tierce en taille veut des langueurs, des cadences, des vitesses et des mouvements [tempo rubato]. Le Concert de flûte et la Voix humaine se touchent lentement, et dans les mouvements les plus gais, on ne doit jamais aller vite, à cause du tremblant. Le Dialogue se touche fort hardiment ; on y fait entrer toutes sortes de mouvements ; de la gaieté, et des langueurs. » Une *Explication des agréments* complète le panorama ainsi qu'une claire définition des notes inégales : « Les croches sont ordinairement pointées, c'est-à-dire la première plus longue que la seconde. »

Habituellement très sévère à l'endroit des « petits maîtres » français, André Pirro* a fait preuve de clairvoyance en se montrant plus amène avec Corrette : « Le tour sentimental et la nonchalance même de son style devaient être jugés par ses auditeurs comme des qualités. Ils lui savaient gré, sans doute, d'introduire dans le discours de l'orgue, des phrases qui suffiraient au succès d'une ariette [...]. Il atteint parfois à une sérénité soutenue, religieuse au plus haut degré, et que ses contemporains français ont bien rarement connue. » Corrette manque de souffle, abuse des marches d'harmonie, mais il est vrai qu'on ne peut lui dénier une jolie inspiration mélodique et une juste prémonition de l'évolution esthétique du siècle naissant.

1. **Kyrie**. En cinq versets. « Grand plein jeu » à la belle écriture horizontale, propice aux retards, chromatismes et harmonies tendues. « Fugue » au sujet bien tourné qui *tourne* un peu en rond, passé l'exposition. « Cromhorne en taille » éloquent, aux sensibles modulations en *mi* et *la* mineur, très bienvenu pour le *Christe*. « Trio à deux dessus » *(manualiter)* aux figurations assez pauvres mais pour certaines inédites. « Dialogue à deux chœurs » en deux sections ; la deuxième en fugato sur l'idée initiale en mouvement contraire.

2. **Gloria**. La répartition des neuf versets pose certains problèmes d'attribution. Le « Récit tendre » ne semble pas devoir s'appliquer au *Rex coelestis*, lequel se trouverait fort bien de la « Basse de trompette » ; reste à savoir où placer le « Récit tendre », car viennent encore un « Dialogue de voix humaine », idéal pour le *Domine Deus, Agnus Dei* et, plus loin, un « Récit de Tierce en taille » souvent réservé au *Suscipe deprecationem nostram*.

Se suivent, dans l'ordre de l'édition : « Prélude à deux chœurs » bien écrit pour l'*Et in terra pax* ; « Concert pour les

* « L'art des organistes », *Encyclopédie Lavignac*.

flûtes » agrémenté du tremblant pour le *Benedicimus Te*; « Duo » pour le *Glorificamus Te*, d'une écriture véloce, légère, séquentielle à l'italienne mais au rythme bien français de passepied; « Récit tendre pour le nazard », dont on a souligné la nouveauté, tout de grâce alanguie, sorte d'équivalent des « airs tendres » des pastorales et premières cantates françaises; « Dialogue de voix humaine »; « Basse de trompette ou de cromhorne » sur un motif en fanfare; « Dessus de Tierce par accord » (jeu habituellement monodique en raison de sa résonance acoustique) qui fait dialoguer et s'enlacer deux voix aiguës; « Récit de Tierce en taille » assez plat, qui sent la recette de formules plutôt que l'élan de l'inspiration; « Dialogue à deux chœurs » pour l'*In gloria Dei Patris*.

3. **Graduel**. Comme l'Offerte et l'Élévation, le Graduel relève du « propre » de la messe et non plus de l'« ordinaire », et n'est pas astreint au système de l'alternance avec le chant liturgique. Corrette en propose deux; suivant le caractère de la cérémonie liturgique, le modeste « Trio » pourra être remplacé par la « Basse de trompette ou de cromorne » publiée à la fin du Livre.

4. **Offerte**. « Grand Dialogue à trois chœurs », triptyque d'une vaste envergure, toujours en *sol* majeur avec partie centrale en mineur comme chez Couperin. Corrette suggère à ses interprètes de s'en tenir à la seule première partie si l'ensemble excède la durée de leur intervention. Les mesures initiales témoignent des toutes premières influences de la sonate italienne; plus loin résonnent les inévitables séquences en écho et double écho (Couperin et Grigny lui ont montré l'exemple!). Le 6/4 médian en *sol* mineur fait assez bonne figure, et l'Offertoire se clôt par un épisode assez court, « gay » puis « lentement ».

5. **Sanctus**. Deux versets traditionnels : « Plein jeu » et alerte « Duo » en imitation.

6. **Élévation**. Corrette en propose deux versions. Le « Cromhorne en taille » dans un mode de *ré* recueilli est bien adapté aux phrases éplorées de la mélodie ornée. Contrairement à la tradition qui veut qu'après quelques pré-imitations aux jeux doux, le soliste se saisisse de la parole pour ne plus la céder, Corrette le fait dialoguer avec l'« accompagnement », comme dans un adagio de concerto. Publiée en fin de recueil, la deuxième Élévation propose un « Fond d'orgue » approprié à la prière muette des fidèles, à l'agenouillement du corps et de l'âme.

7. **Agnus Dei**. « Plein jeu à deux chœurs », suivi d'un « Dialogue en fugue ».

8. **Deo gratias**. « Grand plein jeu » de six mesures.

B. F.-S.

MICHEL CORRETTE

Né à Rouen, le 10 avril 1707; mort à Paris, le 22 janvier 1795. Fils de l'organiste Gaspard Corrette, il est formé par son père qui lui transmet la tradition rouennaise de Titelouze, Boyvin et Dagincour. En 1726, il arrive à Paris pour briguer l'orgue de Sainte-Marie-Magdeleine qu'il n'obtiendra qu'en 1760. Dès 1732, il est joué au Concert spirituel; vers 1737, il est organiste du Grand Prieur du Temple et, de 1738 au début des années soixante, organiste des Jésuites de la rue Saint-Antoine. Durant tout ce temps, il fournit un répertoire inépuisable de vaudevilles pour les Foires, et fonde une École populaire à laquelle il destine la majeure partie de ses seize méthodes instrumentales. A une date inconnue, il se rend en Angleterre. Son œuvre abondante reflète la diversité de ses intérêts. Elle comprend des motets, divertissements, vaudevilles, cantates, ariettes, sonates, concertos, « concertos comiques ». Au clavier, il réserve un Livre de clavecin (1734) et une vaste production pour l'orgue dont certains recueils sont aujourd'hui perdus : trois Livres (1737, 1750, 1756), deux Livres de Noëls pour orgue ou clavecin (c. 1740, 1782, le deuxième perdu), Six Concertos pour orgue ou clavecin (1756), Douze Offertoires (1766), et des Pièces dans un genre nouveau *(1787).*

Michel Corrette incarne un nouveau visage d'« honnête homme », certains diront de touche-à-tout. D'origine modeste, ce provincial a su se tailler une place exemplaire dans la nouvelle classe montante de la capitale, cette bourgeoisie frondeuse qui applaudit aux opéras-comiques et fera la Révolution avant de devenir la force active de la société du XIXe siècle. Rejeter Michel Corrette au rang des « petits maîtres », c'est ignorer qu'il pouvait témoigner d'un solide métier et que l'esprit facétieux de ses œuvres témoigne d'une prophétique lucidité historique.

La diversité de son œuvre pour orgue illustre ces préoccupations multiples. Compositeur trop prolixe, il n'a pas pris le temps de polir chaque pièce mais, en refusant la sclérose, en tentant la quadrature du cercle — respecter la pérennité cultuelle tout en bousculant le poids de la tradition —, il est pleinement homme de son temps. L'inadéquation ira s'accentuant entre un instrument au service d'un culte immuable qui ne nécessite que de brefs versets pour dialoguer avec le plain-chant et l'évolution générale de la musique. Orgue et style galant ne font pas bon ménage, moins encore orgue et style classique, car le temps n'est pas venu en France où l'on peut impunément écrire une sonate ou une symphonie pour orgue !

Les hommes de plume ne simplifiaient pas la situation. Au fil des décennies, les Nemeitz, Bollioud de Mermet, Mercier ont jeté des cris d'alarme en stigmatisant les ariettes, rigaudons, tonnerres et autres péchés mignons des organistes ; mais n'est-ce pas cette musique qu'encouragèrent les fidèles et le clergé ? Les intellectuels eux-mêmes, qui se voilent la face, n'ont-ils pas prôné l'esprit galant et l'esthétique du sentiment comme un idéal, n'est-ce pas Rousseau qui prétend en 1767 : « le plaisir que donne ce genre de musique étant toujours médiocre, on peut dire qu'une belle fugue est l'ingrat chef-d'œuvre d'un bon harmoniste », et Chabanon, le premier défenseur de la musique instrumentale en France, qui recommande néanmoins, en 1785, de ne pas abuser des fugues à l'église car « l'ennui n'est bon nulle part » ?

Voilà qui ne pousse guère au sérieux les organistes de la deuxième moitié du siècle en possession d'un prestigieux instrument, arrivé au sommet de sa perfection technique entre les mains habiles des Lefebvre, François Henri Clicquot ou Isnard ; un instrument muni d'un cinquième clavier de Bombarde, d'un 32 pieds au Grand Orgue et qui invite aux prouesses en faisant sonner divinement — diaboliquement ? — les évocations naturalistes applaudies par des foules en délire. Au milieu de cet amas de contradictions, Michel Corrette se débat, un demi-siècle durant, de manière fort sympathique, même si le résultat n'est pas toujours convaincant.

Les Livres d'orgue

En dépit de leurs nombreuses années d'écart, les deux premiers (1737, 1750) sont censés constituer une série de *Magnificat* dans les huit tons liturgiques. Comme Dandrieu, Corrette s'en tient aux six versets nécessaires pour alterner avec les chantres. La grande nouveauté réside dans l'emploi de notations agogiques en italien qui trahissent l'*aficionado* de Vivaldi. Le *Premier Livre d'orgue contenant quatre Magnificat, à l'usage des Dames religieuses et utile à ceux qui touchent de cet instrument* est précédé d'une *Manière de Mélanger les Jeux*. L'auteur ajoute des indications pour registrer sur l'orgue ses pièces descriptives de clavecin (1734), telles *Les Bottes de sept lieues, Les Giboulées de mars, La Prise de Jéricho* ! Regardons deux *Magnificat* sur huit.

Magnificat du 3e et 4e ton

L'osmose de plus en plus accentuée entre les tons d'Église correspondant à *la* et *mi* mineur justifie l'assimilation pure et simple de Corrette. L'ensemble domine le recueil, malgré une interprétation sémantique peu défendable qu'une interversion des versets n°s 3 et 4 améliorerait.

Magnificat anima mea. Prélude à six voix, dont deux au pédalier. Souvenir amoindri de Marchand, mais à compter tout de même parmi les pièces majeures de Corrette.

Quia respexit humilitatem. Récit de nasard.

Et misericordia. Très rare Duo à deux basses (en clé de *fa*).

Deposuit potentes. Concert de flûtes (registration typique des Rouennais, qu'il tient de son père), lequel doit mettre en scène l'élévation des humbles, car il ne peut s'agir de la défaite des puissants...

Suscipe Israël. Beau Cromhorne en taille se terminant à deux tailles (*cf.* Grigny, quoique sans atteindre à la même qualité).

Gloria Patri. *Fuga doppia Allegro ma non presto* pouvant « se toucher sur le clavecin » : l'idée dépasse quelque peu les capacités du compositeur, mais on lui saura gré de l'intention originale et on ne lui tiendra pas rigueur de ne s'être pas lancé, à tant faire, dans une triple fugue plus en rapport avec la doxologie...

Magnificat en A Mi La 3 ♯

« Très utile aux Dames Religieuses », prévient l'auteur, en fils fidèle aux préceptes paternels. Après le malaxage de *la* et *mi* mineur, *la* majeur servira de pseudo quatrième ton. Pour les dames religieuses, les notations se font plus intimes et aimables : *Gracioso* pour le Duo en rythme de menuet, *Un poco vivace* seulement pour le Récit de trompette tout balancé de triolets, *Affettuoso* pour le Trio à 3/8 et aussi pour la Musette en *da capo* (écrite sur une seule portée). Le sens de la grandeur ne déserte pas toutefois les volets extrêmes et, pour contrebalancer le plein-jeu initial, un vaste Grand jeu final, *Allegro*, de style ultramontain affirme des sections bien équilibrées modulant à grande échelle : page très nouvelle en France, pouvant « se toucher sur le clavecin » ou « se jouer à l'Offertoire », et, somme toute, pas tellement éloignée des préludes des *Suites anglaises* de Bach ou de quelque allegro de Haendel.

Durée d'exécution de chaque *Magnificat* : de 10 à 13 mn

Troisième Livre

Troisième Livre de Pièces d'orgue, contenant les Messes et les Hymnes de l'Église, pour toucher en trio sur la trompette du Grand Orgue avec le fleurti sur le plein jeu du Positif et plusieurs des mêmes plein-chants accommodés en quatuor pour toucher sur le grand plein jeu avec les pédales. Plus des fugues faciles pour chaque Hymne de l'année, une Suite du 1er ton, un Offertoire, les Antiennes de la Vierge avec des petites pièces et le Te Deum en plein-chant (1756). De ce galimatias, retenez que Corrette élargit son propos liturgique à la pédagogie. Les deux approches, historique et didactique, sont assurément les aspects les plus enrichissants d'un recueil qui réduit la musique à la portion congrue. Dans une première livraison, l'auteur propose des versets liturgiques alternatifs à trois voix et, dans une deuxième, des versets à quatre voix pour les apprentis organistes plus aguerris. Beaucoup de nouveautés sont néanmoins à prendre en compte : la terminologie inédite à l'orgue des messes pour les « Solemnel majeur, Solemnel mineur, Double majeur, Double mineur » (utilisée durant tout le XIXe siècle) et l'élargissement aux messes *De Angelis* et *Fons bonitatis*, dont le plain-chant sonne à la basse dans tous les versets, en plus de l'habituelle messe *Cunctipotens genitor Deus*. Edward Higginbottom pense que deux des *Quatre messes à deux voix égales avec l'accompagnement de l'orgue à l'usage des dames religieuses* de Corrette ont été écrites expressément pour alterner avec ses propres versets pour orgue, dans l'optique de réconcilier la musique cultuelle — vocale et instrumentale — éternellement bifide.

Les Noëls

Les philosophes du XVIIIe siècle ont beaucoup contribué à la réhabilitation du populaire. Spontanément sensible à la veine rustique, Corrette a souvent sacrifié à l'attrait des timbres de la Nativité dont maints textes gentiment salaces avaient de quoi mettre en joie cet auteur de vaudevilles. Plusieurs de ses Concertos et Symphonies se nourrissent « des plus beaux Noëls français et étrangers ». Pour le clavier, il ne reste aujourd'hui que le *Nouveau Livre de Noëls avec un Carillon pour le clavecin ou l'orgue* (c. 1740), précédé de cet Avertissement : « L'approbation que le public a bien voulu donner aux Noëls que j'ai mis en Concerto me fait espérer qu'il me fera l'honneur de recevoir ceux-ci avec la même bonté. Les violons, flûtes, violes et violoncelles peuvent concerter ces Noëls avec le clavecin [...]. Le même Concert se peut aussi faire avec l'orgue à la manière de Mr Handel. » Depuis Gigault, en 1683, il est de tradition de proposer une exécution des cantiques populaires sur les instruments quotidiens.

Le compositeur regroupe ses Noëls en quatre suites monotonales. Il excelle à déployer un arc-en-ciel de coloris et d'atmosphères, à monter les crescendos agogiques propres aux variations de Noël, à introduire musettes et tambourins. C'est tout un petit monde de pastoureaux, de santons en terre cuite qui s'agite, danse et se réjouit. La veine facile du musicien, sa tendresse à fleur de peau trouvent là un terrain idéal. Certains Noëls se suffisent d'un « double » naïf, d'autres atteignent aux dimensions d'une petite symphonie *(Noël suisse, Où s'en vont ces gais bergers)*. Dans le très ancien et très célèbre *A la venue de Noël* (XVe siècle), l'auteur joue avec art d'une double progression, globale et interne à chaque variation. Le *Carillon* se déchaîne dans des formules de virtuosité et s'aventure dans des « passages enharmoniques », dignes de Rameau, qu'on peut « supprimer sur l'orgue ».

Les Concertos

VI Concerti a sei strumenti, cimbalo o organo obligati, tre violoni, flauto, alto viola e violoncello, tel est le titre, ouvertement profane, italianisant et destiné à séduire un public hédoniste, de l'opus XXVI de Corrette. En 1748, le Concert spirituel a fait installer un orgue aux Tuileries. Inauguré l'année suivante par Daquin, qui improvise entre chaque verset d'un motet de Boismortier, l'orgue est d'abord destiné à l'accompagnement des œuvres liturgiques. Avec la nomination de Balbastre en 1755, l'instrument acquiert *de facto* un statut de soliste. L'avènement officiel de l'orgue de concert, le voilà et, avec lui, la naissance du concerto pour orgue. Il était grand temps ! Cette saine innovation fête la réconciliation de la musique d'orgue avec les idées de son siècle.

Corrette peut se livrer sans frein à sa passion pour le concerto italien, et plus particulièrement pour les concertos d'orgue « à la manière de Haendel » (n'oublions pas qu'il s'est rendu en Angleterre et a publié à Paris trois œuvres de Haendel en 1739). Pour une complète utilisation de ses concertos, Corrette signale à son lecteur qu'« à l'exception du 3e Concerto, les autres peuvent se toucher sur l'orgue sans symphonie ». La forme vif-lent-vif admet des gavottes et gigues en rondeau à la manière des concertos *da camera* italiens. Les tutti et soli alternent avec enjouement ; les allegros rivalisent de virtuosité joyeuse et de marches d'harmonie rebondissantes ; quelques adagios en mineur introduisent une note plus sentimentale dans la bonhomie générale. Sans prétendre au génie de Jean-Marie Leclair, Corrette a mille fois raison de s'aligner sur son exemple violonistique pour sortir l'orgue de sa seule destination cultuelle.

Durée d'exécution d'un concerto : de 8 à 10 mn

Pièces pour l'orgue dans un genre nouveau

Une fois encore dévolu « à l'usage des Dames religieuses », le volume de 1787, à la veille de la Révolution, n'introduit aucune révolution musicale comparable à l'*Ars nova* de Philippe de Vitry ou aux *Nuove musiche* de Caccini. La tradition est même très présente dans les *Remarques et le caractère qui convient à chaque pièce*, le *Mélange des jeux* et les six suites destinées aux offices, dont on peut raccourcir les pièces à volonté. Un siècle après Nivers et Lebègue, jamais l'orgue « classique » français n'a vu fleurir autant de groupements religieux. Cependant, les penchants de Corrette pour une esthétique de clavier *unique* et polyvalente éclatent au grand jour : « Cette nouvelle manière de toucher l'orgue comme le clavecin abrège bien des difficultés pour les Dames Religieuses qui veulent sur le champ préluder », affirme-t-il.

Au meilleur de sa forme créatrice, le compositeur de quatre-vingts ans concilie dignité et fraîcheur et passe avec aisance de la douceur d'un andante haydnien à la verve d'un allegro *alla* Cimarosa, de la noblesse surannée d'un plein-jeu Grand Siècle au charme des nouveaux Récits de hautbois (gloire du facteur F.H. Clicquot). Mieux, ces sources hétérogènes trouvent le moyen de former un tout cohérent, représentatif, à sa modeste échelle, de l'idéal d'universalité des Lumières finissantes.

Mais le clou réside dans le Grand jeu et les deux Offertoires « avec tonnerre ». C'est là que les chalands attirés par le titre en auront pour leur argent. Corrette y livre à la connaissance du public ébaubi la recette pour contrefaire l'orage et le tonnerre : « Le tonnerre se finit en mettant sur la dernière octave des pédales de trompette et bombarde, une planche que le pied baisse à volonté [...]. En finissant, pour imiter la chute du tonnerre, on donne un coup avec le coude sur les dernières touches du clavier ». Comme quoi, rien n'est nouveau sous le soleil, pas même les *clusters* de *Volumina* de Ligeti !

Durée d'une suite : de 8 à 13 mn

B. F.-S.

FRANÇOIS COUPERIN

Né à Paris, le 10 novembre 1668 ; mort à Paris, le 11 septembre 1733. François, dit « le Grand », est le phare d'une dynastie de compositeurs et d'organistes originaires de Chaumes-en-Brie dont le nom est lié, sur près de deux siècles, à l'orgue de Saint-Gervais. Orphelin de père à onze ans, François poursuit sa formation sous la houlette de son oncle François « l'Ancien », de Thomelin, organiste du roi, et, sans doute, de Lalande qui assure l'intérim de l'orgue de Saint-Gervais pour le conserver à l'adolescent. De 1685 à 1723, Couperin tient donc cet orgue de Saint-Gervais ; en 1693, il succède à Thomelin comme organiste par « quartier » à la Chapelle royale et, l'année suivante, il est nommé maître de clavecin des enfants du roi. C'est sa fille, Marguerite Antoinette, qui succédera à Jean-Baptiste d'Anglebert, en 1735, comme claveciniste de la Chambre, poste dont il eut la survivance sans jamais l'occuper. François Couperin devient vite un professeur réputé et jouit d'une renommée enviable. On lui doit quatre Livres de pièces de clavecin, des Règles pour l'Accompagnement, *un traité intitulé* L'Art de toucher le clavecin, *de nombreuses sonates en trio et Concerts royaux, des pièces pour viole, des airs de cour et petits motets. Son unique Livre d'orgue, constitué de deux Messes (1690), est aussi sa première œuvre.*

« Chapeau-bas, messieurs, un génie ! » s'exclamera Schumann en découvrant l'une des toutes premières pièces de Chopin. On en peut dire autant de François Couperin à vingt-deux ans. Ce coup d'essai est un coup de maître. Non que dans ses messes il innove ; ce jeune homme fait beaucoup mieux : d'un bond, il porte à un sommet le prototype façonné pas à pas depuis vingt-cinq ans par les organistes de Louis XIV. Il n'y aura que Grigny pour s'élever plus haut encore. Si Couperin se plie à la tradition, c'est que celle-ci en la circonstance est inviolable, car il n'a rien d'un pusillanime. Dans les mêmes années, il risque la première sonate en trio française et ne cessera d'être en prise directe sur son temps. Certes, il admire ses ancêtres, mais sans entretenir une vaine nostalgie du passé. Il recommandera dans *L'Art de toucher le clavecin* de « former son jeu sur le goût d'aujourd'hui qui est sans comparaison plus pur que l'ancien », et dira sans ambages à propos du doigté : « Il faut s'en servir sans aucun égard à l'ancien usage de doigter qu'il faut quitter en faveur du bien-jouer d'aujourd'hui. » Toutefois, Couperin est un homme de réflexion qui mûrit longtemps ses œuvres et ne hasarde que ce qu'il sait devoir réussir. C'est pourquoi, déjà en possession du privilège d'édition et de la page de titre de ses messes, il se contente d'en faire copier quelques exemplaires réservés à une diffusion confidentielle (et moins onéreuse).

Comme tous ses émules français, Couperin est épris du « timbre ». Si l'orgue ne lui suggère pas une table de Meslanges — Nivers et Lebègue ont déjà jeté les bases d'un « art de toucher l'orgue » et d'une implicite « théorie du timbre »—, il note avec une minutie qui n'a d'égale que sa sensibilité les registrations de tous ses versets. Attitude révélatrice du *vrai* musicien qui pense le *musical* comme une entité au lieu de codifier abstraitement le *sonore*.

A Saint-Gervais, Couperin touche un très bel instrument qui a connu diverses transformations depuis son transfert du croisillon sud au revers de la façade occidentale par Pierre Le Pescheur en 1628. D'abord restauré (1649), puis modifié sous le titulariat de Louis Couperin par Pierre Thierry (ajout d'un nasard et d'une tierce au Positif et d'un clavier d'Écho), il allait s'enrichir d'un nouveau grand cornet (1676) puis de trois jeux (larigot 1' 1/3 au Positif, bourdon 16' au Grand Clavier et trompette de Pédale) qu'Alexandre Thierry disposa en 1684. A l'heure où le jeune organiste écrit ses deux messes, la composition de l'instrument devait s'établir comme suit :

Positif (49 notes) : bourdon 8', montre 4', flûte 4', doublette 2', nasard, tierce, larigot, fourniture, cymbale, cromorne 8'.

Grand Clavier (49 notes) : montre 16', bourdon 16', montre 8', bourdon 8', prestant 4', flûte 4', doublette 2', quarte 2', nasard, tierce, cornet, fourniture, cymbale, trompette 8', clairon 4', voix humaine 8'.

Écho (37 notes) : bourdon 8', prestant 4', doublette 2', nasard, tierce, cymbale, cromorne 8'.

Récit (25 notes) : cornet.

Pédale (29 notes) : flûte 8', flûte 4', trompette 8'.

Bénéficiant des dernières augmentations effectuées peu avant son entrée en fonction, particulièrement la trompette de pédale dont il fait un large usage en taille *(Messe des Paroisses)*, Couperin tire le meilleur parti de cette composition, à l'exception de l'Écho qu'au contraire de Boyvin (dont le *Premier Livre* date de 1689) il ne sollicite en aucune façon. Cette palette sonore dut le satisfaire puisqu'il ne fit ajouter qu'une seule trompette de Récit en 1714. On peut remarquer aussi que le compositeur évite le la_{-1} des deux principaux claviers manuels et de la Pédale, note à laquelle la plupart des nouveaux instruments de la fin du XVIIe siècle ont renoncé.

A Versailles, Couperin devra se contenter d'abord d'un médiocre positif à deux claviers avant d'inaugurer en 1711, dans la nouvelle et somptueuse chapelle palatine, l'orgue à quatre claviers et pédalier, muni de brillants pleins-jeux et de jeux d'anches incisifs, de Robert Clicquot. L'instrument est situé à l'étage, au-dessus du maître-autel, en face de la tribune royale et, sous les yeux de son souverain, Couperin collabore chaque année, de janvier à avril, avec Lalande, sous-maître de la Chapelle.

Lors de sa nomination en 1693, les organistes en place étaient Nivers, Lebègue et Buterne ; au cours des quatre décennies qu'il passera au service du roi, Couperin aura pour autres collègues Marchand, Garnier, Dagincour et Dandrieu.

Le bel orgue royal n'a inspiré à Couperin aucune œuvre nouvelle (pas plus qu'à ses collègues qui ont tous renoncé à publier ou attendu la dernière extrémité), mais il convient de préciser que, selon une coutume vite affirmée au début du XVIIIe siècle, toute sonate pour violon, tout « concert » est susceptible d'être transporté sur des claviers. Dans sa *Comparaison de la musique italienne et de la musique française* (1705), Lecerf de La Viéville cite un claviériste français qui s'était mis en tête de jouer des sonates italiennes sur son orgue tous les samedis à la fin des vêpres. La fugue de *L'Impériale* de Couperin ne se prêterait-elle pas admirablement à une transposition sur l'orgue ? et, de la même sonate en trio, Bach n'a-t-il pas extrait le « Légèrement » pour façonner une pièce d'orgue ?

Couperin ne cessera d'entretenir ses lecteurs sur l'art de jouer ses pièces : « De même qu'il y a une grande différence entre la grammaire et la déclamation, plus grande encore est la différence entre la théorie musicale et l'art de bien jouer. [...] Nous écrivons différemment de ce que nous exécutons. [...] La *Musique* (par comparaison à la *Poésie*) a sa prose et a ses vers [...]. » Voilà qui semble en appeler à l'imagination pour combler la part d'innotable de toute partition, mais on sait que le compositeur se méfiera de ses interprètes, en particulier pour ce qui touche aux agréments. Comment traduire alors la beauté indicible, l'ampleur de son inspiration mélodique où la ligne et l'ornementation s'enlacent si étroitement, la rythmique fantaisiste, les textures changeantes, les harmonies instables qui miroitent sans se laisser jamais deviner ni capter? Digne héritier de son oncle Louis, François Couperin, l'intuitif, n'a rien à envier à Rameau, le codificateur, pour ce qui est de l'art de la modulation, des esquives harmoniques, des grappes sonores chavirantes.

LES MESSES

Pièces d'orgue consistantes en deux Messes, l'une à l'usage ordinaire des Paroisses, pour les Festes solemnelles, l'autre propre pour les Convents de religieux et religieuses, composées par F. Couperin Sr de Crouilly, organiste de Saint Gervais (1690). L'appellation inattendue de « Sieur de Crouilly » (petite terre près de Chaumes-en-Brie), jointe à la maturité exceptionnelle de l'œuvre, a longtemps fait pencher les musicologues du côté de François « l'Ancien » quant à l'attribution des messes; mais c'est bien à François « le Grand » qu'en revient la paternité. Pour lui obtenir le privilège royal d'édition, Lalande se porte garant de l'œuvre : « Je certifie avoir examiné les présentes pièces d'orgue du sieur Couperin que j'ai trouvé fort belles et dignes d'être données au public. » Ces messes sont actuellement connues par deux copies de référence du XVIIe siècle, conservées à Carpentras et à Versailles, plus une du XVIIIe et une du XIXe siècle (cette dernière, exécutée pour son propre usage par Alexandre Boëly vers 1830, est la copie d'un exemplaire aujourd'hui disparu, en provenance de la Bibliothèque du roi).

Couperin fait de ses messes un creuset stylistique. Avec une sûreté étonnante, ce jeune homme puise aux sources sacrées et profanes et enrichit le moule français de tournures italiennes. Pas encore aussi minutieuse que dans ses futures pièces de clavecin, l'ornementation est susceptible de retouches. Dans le domaine de la registration, deux dialogues font montre de combinaisons inusitées; Couperin aime particulièrement le cromorne qui chante avec un égal bonheur au superius, en taille et en basse et intervient aussi bien dans les trios, les fugues que dans l'alchimie du petit jeu; dans les « récits », une solide polyphonie prépare puis sous-tend la monodie du soliste qui se saisit du motif mélodique générateur pour l'amplifier de toute son éloquence. Couperin n'a pas méconnu l'intense portée expressive et symbolique de ce procédé musical : en définitive, chacun reste seul devant son Dieu et le « récit » peut être compris comme une métaphore du passage de la prière collective à la prière individuelle.

Le jeune compositeur observe sans faillir le solennel binôme liminaire plein-jeu/fugue, quitte à animer ensuite ses duos, trios et dialogues de rythmes de danse. La modalité d'Église lui cause quelques difficultés. Dans la *Messe des paroisses*, il a tendance à moderniser le 1er ton (mode de *ré*) par des altérations et à tirer fortement le 4e ton (mode de *mi* plagal avec corde de récitation sur *la*) vers un *la* mineur qui s'achèverait sur une dominante (comme nombre de ses prédécesseurs, à commencer par Louis Couperin son oncle). Le conflit modalité/tonalité s'accentue chaque jour davantage et on le sent plus à l'aise dans le *sol* majeur lumineux de la *Messe des couvents*.

La présence d'un Offertoire et d'un bref *Deo gratias* porte, dans les deux messes, de 19 à 21 les interventions de l'orgue. Le jeune homme s'attache à créer dans chacune, et aussi de l'une à l'autre, une cohérence interne au moyen de profils cycliques. Admirons avec quelle attention il s'efforce de faire coïncider le sens musical de chaque verset d'orgue avec le texte qu'il remplace; ce n'est pas lui qui proposerait des suites à tout faire ou, comme Raison, des messes/*Magnificat*.

Messe solennelle à l'usage des paroisses

Pour juger de son exacte signification, il faut replacer en esprit la grand-messe dans la pompe des cérémonies de Saint-Gervais un jour de grande fête, imaginer le fastueux décor de ce rituel théâtralisé à l'extrême, le déploiement des tentures, les lumières irisées de centaines de cierges, les nuages d'encens, le dialogue spatialisé des chantres réunis dans le chœur et du grand orgue perché sur sa tribune, les trésors de rhétorique déployés par le prédicateur en chaire. La messe *Cunctipotens genitor Deus* de Couperin s'inscrit donc dans la lignée des messes françaises écrites depuis la parution du *Caeremoniale parisiense* (1662). La structure et la distribution des « tons » ecclésiastiques en sont codifiés à l'avance par les impératifs du culte et le poids de la tradition. Le chrétien se soumet de plein gré à cette forme d'« exercices spirituels », et sans doute puise-t-il une certitude dans la pérennité des rites. Le Cérémonial des évêques exige de faire sonner le thème grégorien à découvert dans sept versets d'une messe, mais le compositeur passera outre cette obligation dans le *Suscipe deprecationem* et l'*In gloria Dei Patris* du *Gloria*.

I Kyrie, 1er ton (mode de *ré*)

1. **Plein chant du premier Kyrie en taille**. Il a valeur de portique. Les colonnes de la radieuse polyphonie en contrepoint homorythmique au plein-jeu soutiennent la frise du plain-chant en taille (ténor) qui, dès ce premier verset, clame en valeurs longues aux anches de pédale le prestige intangible de l'*Ecclesia triumphans* « une, sainte catholique et apostolique ».

2. **Fugue sur les jeux d'anches, 2e couplet**. L'habituelle fugue à quatre voix sur le plain-chant précédent acquiert, sous la plume de Couperin, un visage inoubliable. Par le jeu des syncopes et des degrés altérés, créateurs d'intervalles diminués et de chromatismes, par son attaque

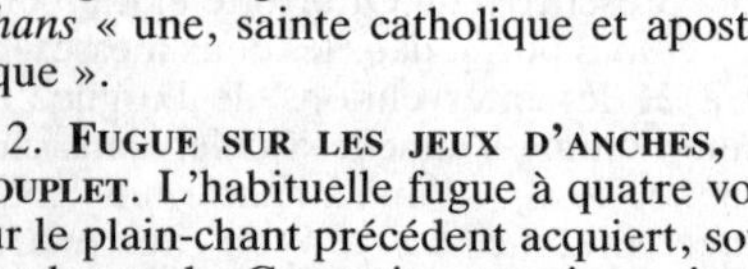

sur le *ré* et non sur le *la*, le sujet figure parmi les plus marquants de ceux dérivés du *Cunctipotens*. Comme dans toute fugue à la française, les sujets et réponses ne quittent pas leur base d'origine, mais les divertissements modulent aux tons voisins (mes. 25-32, 41-46).

3. **Récit de chromhorne, 3e couplet**. Atmosphère recueillie, fervente, baignée d'humanité pour l'invocation au Christ. Harmonisé à trois voix aux jeux doux, le motif générateur sur la tierce ascendante s'épanouit avec discrétion au « dessus » de cromorne. Un troisième et dernier exposé (mes. 32) crée une tripartition. *Un* récit, *trois* sections, *trois* voix, motif sur la *tierce* : est-ce une manière de mettre en valeur le destin christique au sein de la Trinité ?

4. **Dialogue sur la trompette et le chromhorne, 4e couplet**. Contraste tout baroque. Un motif vif et contourné dans un intervalle de quarte (très fréquent chez Lebègue) engendre quatre épisodes, dont trois en fugato serré. Le cromorne du positif sert de toile de fond sur laquelle se détache la trompette du Grand Clavier, au « dessus » ou à la basse. Dans ce dernier cas, la polyphonie se réduit à de simples accords pour mettre en valeur le discours volubile et distendu de la basse (on songe à Louis Couperin).

5. **Plein chant, 5e et dernier couplet**. A la différence du premier *Kyrie*, le plain-chant sonne à la basse et sans l'altération du *sol*. La polyphonie renoue avec une écriture d'un seul bloc, en noires régulières comme pour symboliser de nouveau l'union de l'*Ecclesia militans*. Conclusion sur l'accord de dominante pour épouser la mélodie grégorienne qui s'arrête sur *la*, à la différence d'un Frescobaldi qui inclut ce *la* dans l'accord de tonique *ré*.

Durée d'exécution : de 8 à 9 mn

II Gloria, 4e ton (mode de *mi* polarisé sur *la*)

6. **Plein jeu. Et in terra pax**. C'est donc le 2e verset du *Gloria in excelsis Deo*, dont l'intonation revient toujours au prêtre. Les premières mesures démarrent curieusement en *sol* majeur. La paraphrase du plain-chant aux quatre voix se limite à une exposition en imitation avec la dernière entrée en valeurs longues à la

basse : système d'écriture analogue au « choral figuré » des luthériens. L'intervalle de quarte donne une allure volontaire à ce solennel 3/2 que les souples mouvements conjoints ne parviennent pas à adoucir.

7. **Petite fugue sur le chromhorne, 2e couplet du Gloria**. Brève et libre fuguette à quatre voix, fort bien écrite, pour le *Benedicimus Te*.

8. **Duo sur les tierces, 3e couplet**. Envol de notes conjointes ascendantes (qui se projettera sur les versets à venir), réitérations séquentielles, sauts de registres, ornementation en « gruppettos » serrés ou en vocalises dans une gigue fuguée, cadre très approprié pour le jubilus du *Glorificamus Te*.

9. **Dialogue sur les trompettes, clairon et tierces du G[rand] C[lavier] et le bourdon avec le larigot du Positif, 4e couplet**. Deux vastes sections en *la*, majeur puis mineur, conduisant à *mi* majeur, articulent le verset éclatant dédié à la gloire du *Domine Deus, Rex caelestis* (et, dans le même temps, à celle du souverain de France, roi de droit divin). Souvent associée à Yahvé, la trompette jouit dans la Bible du statut d'instrument noble que maintiendront les civilisations occidentales. En style de marche victorieuse ou de fanfare, un motif unique féconde la polyphonie en imitations rapprochées, et s'élonge en de pseudo-récits au superius ou à la basse.

10. **Trio à 2 dessus de chromhorne et la basse de tierce, 5e couplet**. Sensible et souple trio à l'italienne en rythme ternaire pour le *Domine Deus, Agnus Dei*, avec deux dessus concertants et « basse continue » (une seule fois chargée du motif initial). Celui-ci, sur l'hexacorde ascendant, s'apparente au motif du *Benedicimus Te*. Chez Bach, tierces et sixtes parallèles symboliseront souvent l'union mystique du Fils et du Père ; chez Couperin, les rubans de sixtes et de tierces des deux dessus de cromorne (timbre qui, en taille, caractérisait le *Christe*), le passage central en duo (sans basse), la douceur mais aussi les chromatismes souffrants, semblent peindre la double nature du Christ, divine et humaine, et son sacrifice d'Agneau.

11. **Tierce en taille, 6e couplet**. Inaugurée par Lebègue qui juge « cette manière de verset la plus belle et la plus considérable de l'orgue », la tierce en taille est, depuis, comme réservée au *Qui tollis peccata mundi, suscipe deprecationem nostram*, le verset de l'homme pécheur qui implore le pardon du Sauveur. A trois reprises, les jeux doux énoncent le motif principal qui, en deux incises soupirantes, chute d'une octave. En trois périodes de 12, 14 et 22 mesures, le soliste amplifie et brode ce douloureux profil. La voix se fait plus suppliante, l'ambitus s'élargit, d'éloquentes vocalises s'élancent en direction du ciel (mes. 18), les intervalles s'agrandissent et gagnent le *mi* aigu (mes. 41) pour retomber dans l'incertitude de la région médiane. Les intervalles de quarte diminuée de la basse au pédalier ajoutent à la tension harmonique du verset.

12. **Dialogue sur la voix humaine, 7e couplet**. Les jeux doux en imitation formulent le thème en deux quartes descendantes, qui se souvient du *Kyrie* 4, avant que la voix humaine ne le reprenne à son compte. D'abord alterné (dessus puis basse, contrepointée par son mouvement contraire), le dialogue se resserre, s'enrichit d'un deuxième motif en dactyles et d'une quatrième voix avant de revenir à une agogique plus calme.

13. **Dialogue en trio du cornet et de la tierce, 8e couplet**. C'est encore un dérivé du motif du *Kyrie* 4 qui gouverne cette page animée, dédiée au « seul Très-Haut Jésus-Christ ». Une première section, au jeu de tierce, donne la meilleure part à un motif subsidiaire, et le cornet développe librement le motif principal ; vient alors un trio à trois claviers (à la manière de Lebègue), jumeau de quelque allegro de sonate italienne. On ne s'étonnera pas que *La Pucelle* (première sonate en trio française) ait vu le jour peu après.

14. **Dialogue sur les grands jeux, 9e et dernier couplet**. L'éclatant « chœur des jeux d'anches », pour l'*In gloria Dei Patris*, conclut avec panache la grande doxologie de la messe. C'est de nouveau un libre fugato laissant place, en son centre, à un duo. Le motif générateur synthétise tous les profils intervalliques importants déjà entendus : le saut de

quarte, la figure conjointe ascendante et le motif contourné de quatre notes.

Durée d'exécution : de 17 à 19 mn

III Offertoire sur les grands jeux
(*ut* majeur)

15. Le triptyque « symphonique » de Couperin dépasse en magnificence et en durée tout ce que le compositeur a pu lire ou entendre de ses prédécesseurs français, y compris les Offertes et les Symphonies de Lebègue. On en peut déduire que le temps ne lui était pas trop compté à Saint-Gervais lors des fêtes solennelles. Le jeune homme jette les premiers jalons de ses « goûts réunis » en mariant d'une main assurée l'ouverture française et la sinfonia italienne. Dans le domaine de l'orgue, sans doute se réfère-t-il aux polyptyques « profanes » de Roberday et D'Anglebert, les seuls susceptibles de le conduire aux modèles frescobaldiens, perceptibles ici. Pour cette page libre de toute alternance avec les chantres, Couperin choisit le ton éclatant d'*ut* majeur. A quatre voix principales étoffées de larges accords, le premier volet possède la somptuosité d'un « grave pointé » lulliste mais en beaucoup plus développé.

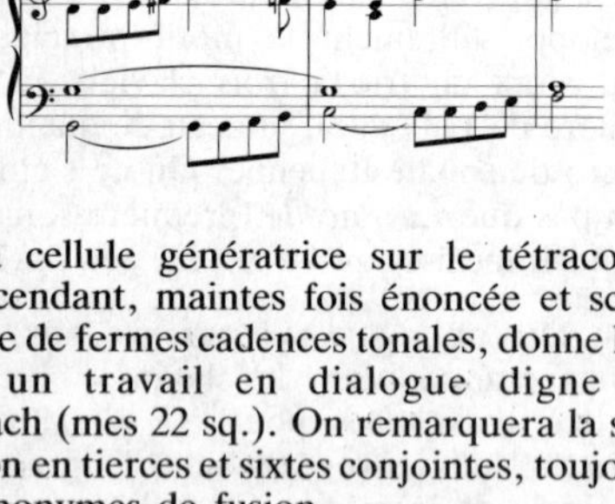

La cellule génératrice sur le tétracorde ascendant, maintes fois énoncée et scandée de fermes cadences tonales, donne lieu à un travail en dialogue digne de Bach (mes 22 sq.). On remarquera la section en tierces et sixtes conjointes, toujours synonymes de fusion.

En *ut* mineur et probablement plus lent, le volet central constitue la « cime » architecturale et spirituelle de la messe. Pour définir sa douloureuse intériorité, à la fois pudique et expressionniste, sa perfection d'écriture organistique, on ne peut mieux le comparer qu'à un ricercare de Frescobaldi. Deux sections en strette, l'une à trois, l'autre à quatre voix, commentent un dérivé du motif cyclique, apparu dans le *Kyrie* 4 et ramené plusieurs fois dans le *Gloria*.

L'étagement contrapuntique serré suscite des rencontres harmoniques déchirantes de septièmes et neuvièmes, des *durezze* prolongées par de sourds chromatismes.

En gigue fuguée à 12/8, irradiée par la lumière d'*ut* majeur, le troisième volet correspond à ce que Roberday nommait « caprice ».

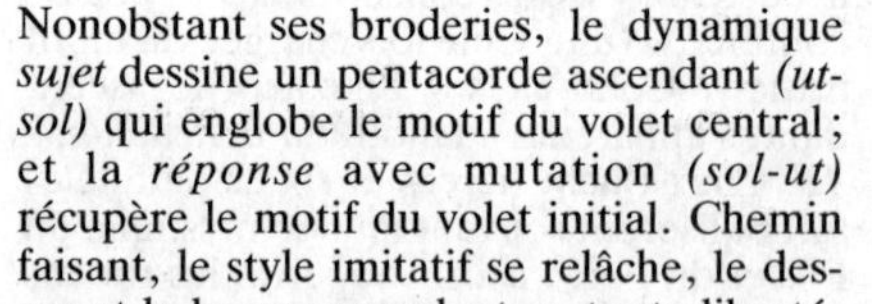

Nonobstant ses broderies, le dynamique *sujet* dessine un pentacorde ascendant *(ut-sol)* qui englobe le motif du volet central ; et la *réponse* avec mutation *(sol-ut)* récupère le motif du volet initial. Chemin faisant, le style imitatif se relâche, le dessus et la basse caracolent en toute liberté, tandis que les doublures à la tierce ou à la sixte participent de la symbolique évoquée pour le premier volet. L'insertion d'un *si* bémol dans l'avant-dernière mesure crée une incertitude finale pré-schumannienne, mais c'est bien au Bach du *Prélude et fugue* en *mi* bémol (*Clavierübung* III, 1739) que la tripartition, l'unité organique, le rythme ailé et les envolées de la gigue finale font songer. Serait-ce abusif de suggérer chez Couperin, comme chez Bach, un hommage à la Trinité : figure majestueuse du Père, souffrante du Fils (avec trois bémols), lumineuse et agile de l'Esprit ?

Durée d'exécution : de 7 à 9 mn

IV Sanctus, 8e ton (transposé de *sol* en *fa*)

16. **Plein chant du premier Sanctus en canon.** Pour donner dans un temps très réduit le sentiment que *toutes* les nations sanctifient le Dieu des armées célestes, Couperin fait retentir de brèves et éclatantes imitations aux trois voix actives, puis répercute le cantus firmus grégorien en canon à l'octave (à la voix d'alto trois mesures plus loin), confié lui aussi au pédalier qui sert donc deux parties.

17. **Récit de cornet, 2e couplet.** On peut voir dans ce verset une variation ornementale et amplificatrice du précédent, la quarte (premier intervalle de la mélodie grégorienne) étant monnayée en croches *(do-ré-mi-fa)*. Une exposition à quatre voix en strette sur les jeux doux précède l'entrée du soliste. Celui-ci ne cédera plus la parole, tant il veut broder, vocaliser pour proclamer la gloire du Seigneur. Mais les phrases, admirablement dessinées par multiples de quatre croches (la cellule liminaire, identique ou permutée, est omniprésente), suggèrent des respirations « vocales ».

18. **Benedictus, chromhorne en taille**, sol mineur. Le *Benedictus* est rattaché au *Sanctus*, mais sa constitution en un seul verset lui confère une liberté appréciable, et cet *alter ego* musical de l'Élévation se joue pendant la Consécration. Après Gigault (mais avec quel autre génie !) et avant Grigny, Couperin en appelle à l'écriture à cinq parties des symphonies lullistes et des motets de Lalande, et comme plusieurs de ses confrères, l'organiste choisit le très expressif 2e ton pour célébrer l'entrée du Christ à Jérusalem le dimanche des Rameaux, « celui qui vient au nom du Seigneur ». Il réserve à cette page le meilleur de sa sensibilité, mais son interprétation du texte évangélique (Jean XII, 13) peut surprendre. Loin d'évoquer la liesse ou la douce espérance, le fond d'orgue énonce à mi-voix une trame harmonique et mélodique chargée de chromatismes (qui dissimule l'intervalle de quarte du *Sanctus*), puis le soliste reprend à son compte cette phrase douloureuse qui s'élève lentement, péniblement, en demi-tons trébuchants. La sobre et poignante supplication du cromorne, timbre décidément associé au Christ, s'apparente à un *arioso da chiesa*. Quatre phrases d'inégale longueur ne s'interrompent que le temps d'une respiration (à la tonique, à la dominante, au relatif, de nouveau à la tonique). Un saut d'octave jusqu'au *do* aigu (mes. 42) marque l'acmé du verset qui s'achève par une cadence ornée. Le langage harmonique tendu de chromatismes, de septièmes diminuées au service d'un dolorisme baroque poignant, anticipe sur le *si* mineur du *Benedictus* de la Messe de Bach, le *la* mineur palpitant de celui de la *Messe* en *ut* mineur de Mozart, le dramatique *ré* mineur de la *Nelsonmesse* de Haydn ou sur le sombre *Praeludium* symphonique du *Benedictus* de la *Missa solemnis* de Beethoven. Chez tous ces compositeurs, serait-ce la vision du chemin de croix du Golgotha qui se profile derrière cette procession des Rameaux ?

Durée d'exécution : ~ 5 mn

V Agnus Dei, 6e ton (*fa* majeur)

19. **Plein chant de l'Agnus Dei, en basse et en taille alternativement.** Une ultime fois, Couperin a recours au principe du « choral figuré », c'est-à-dire à une pré-imitation en valeurs brèves du cantus firmus, ici confié à la taille. Les huit dernières rondes du plain-chant occasionnent une curieuse indication — « pédales les deux mains et les deux pieds ensemble » — qui suggère à l'exécutant de doubler la partie de basse aux claviers manuels, au cas où l'instrument ne pos-

séderait pas toutes les tirasses. Soumis aux vœux du Cérémonial des évêques, ce robuste plein-jeu ne met guère en valeur l'intense supplication du texte ; en revanche, l'écriture en dialogue des mesures 20 à 35, la présence de la quarte, l'abaissement du second degré juste avant la conclusion relient adroitement le verset à l'ensemble de la messe.

20. **DIALOGUE SUR LES GRANDS JEUX, 3e COUPLET DE L'AGNUS.** Alternance d'une joyeuse canzone en trio à trois claviers et d'une polyphonie plus serrée à quatre parties. Notons l'augmentation du sujet (mes. 16), les doublures à la tierce qui rappellent le dernier volet de l'Offertoire et engendrent le même triomphalisme. La fonction conclusive du verset semble prendre le pas sur l'imploration humaine mais, si « contre-sens » il y a, Couperin l'a purement et simplement emprunté au dernier *Agnus* d'une messe (1645) de l'Italien Fasolo*.

Durée d'exécution : ~ 4 mn

VI Deo gratias, 2e ton (*sol* mineur)

21. **DEO GRATIAS, PETIT PLEIN JEU.** Merveilleux post-scriptum de vingt mesures dans le ton du *Benedictus* qui nous avertit du poids de religiosité dont Couperin charge sa fugue grave, genre qu'il n'avait pas encore illustré. Pour ce faire, il se tourne, consciemment ou non, vers Frescobaldi, Froberger, Louis Couperin, Roberday, D'Anglebert pour leur emprunter un court motif, fait d'une quarte juste (l'un des intervalles unificateurs de la messe) et d'une quarte diminuée (qui rappelle la fugue du *Kyrie*) : *ré-sol-fa* dièse-*si* bémol. Une tierce picarde (majeure) clôt la messe.

Durée d'exécution : ~ 1 mn

Durée d'exécution globale : de 45 à 48 mn

Messe des couvents

La destination précise n'en est pas connue, mais il n'est pas impossible que le jeune Couperin ait tenu les orgues d'un couvent parisien. Ses deux messes présentent de nombreux points communs, allant jusqu'à des symétries entre versets homonymes, quoique la deuxième soit, à tous égards, plus modeste que la première. De proportions plus restreintes, d'une piété plus légère, elle s'adresse à un instrument réduit, sans doute muni d'un simple pédalier en tirasse, assez peu sollicité. Libérée des prescriptions du Cérémonial des évêques, comme toute messe destinée au clergé « régulier » (cf. le pseudo-Geoffroy, Raison, Gaspard Corrette), la *Messe des couvents* de Couperin se suffit de la claire monotonalité de *sol* majeur (8e ton) et ne cite aucun plain-chant. On s'accorde à dire qu'elle s'harmoniserait bien avec la messe en plain-chant musical du 6e ton d'Henry Du Mont, quoique aucun argument n'ait jamais été avancé en faveur de cette hypothèse.

A l'image de l'unité tonale, l'unité motivique est l'un des éléments fondateurs de la messe, moins simplette qu'il n'y paraît. Presque tous les contours générateurs peuvent se ramener à une gamme, descendante ou ascendante, parcourant l'octave ou réduite à la quarte ou à la quinte. Le profil descendant (le plus important des deux) se manifeste dans les numéros 2, 3, 6, 7, 8, 9, 10, 14, 19 ; le profil ascendant, dans les numéros 4, 5, 11, 13, 18, 20, 21 ; le numéro 12 offre un compromis entre les deux. Plus encore que la *Messe des paroisses (M.P.)*, on pourrait considérer la *Messe des couvents* comme une sorte de grande suite-variation, typique du XVIIe siècle toujours en quête d'unité. Autre ferment de cohésion : une écriture organistique linéaire, *legato*, prolixe en retards à l'italienne, en particulier dans les pleins-jeux.

I Kyrie

1. **PLEIN JEU, PREMIER COUPLET DU KYRIE.** Belle polyphonie à quatre parties plus horizontale et plus italienne que dans la *M.P.*

2. **FUGUE SUR LA TROMPETTE, 2e COUPLET DU KYRIE.** Allègre fugue dont le sujet déroule pour la première fois la gamme descendante brodée sur une octave. Il est directement issu, pour ses quatre premières notes *(sol-fa-mi-ré)*, de la basse du plein-jeu précédent (quoique sans rapport avec un cantus firmus liturgique). Une

* P. Denis, *in Mélanges Couperin*, Picard, Paris, 1968.

exposition, une contre-exposition puis des entrées plus libres font place, pour finir, à une écriture en dialogue à quatre parties déjà remarquée dans la *M.P.*

3. **Récit de chromhorne.** La symbolique suggérée pour le *Christe* de la *M.P.* vaut aussi pour ce souple récit de dessus de cromorne dont le motif contourné de quatre notes propulsait maints versets de la *M.P.* Même écriture à trois voix principales, même éloquence discrète ne ménageant qu'une seule grande respiration.

4. **Trio à deux dessus de chromhorne et la basse de tierce, 4e couplet du Kyrie.** Aimable trio concertant *manualiter* en rythme ternaire balancé.

5. **Dialogue sur la trompette du Grand Clavier, et sur la montre, le bourdon et le nazard du Positif**, 5e et dernier couplet du Kyrie. La registration colorée d'une exceptionnelle précision et l'effet grandiose de spatialisation viennent à propos prendre le relais d'une inspiration un peu courte et d'une texture à trois puis quatre voix assez rudimentaire qu'à eux seuls des rythmes pointés Grand Siècle ne pourraient sauver. Comme parfois chez Gigault, l'habit fait le moine !

Durée d'exécution : ~ 8 à 9 mn

II Gloria

6. **Plein jeu, premier couplet du Gloria.** Belle *sinfonia da chiesa* à quatre parties qui s'anime d'anapestes et de dactyles en son centre pour conclure par une strette en valeurs longues sur le motif initial privé de sa broderie *(mi)*, donc réduit à la chute de notes conjointes. Dans son ensemble, le *Gloria* se présente comme un libre thème et variations, le thème étant cette descente de degrés conjoints.

7. **Petite fugue sur le chromhorne, 2e couplet.** Exacte réplique de son homonyme dans la *M.P.*, aussi brève et bien troussée. Le sujet sur la quinte descendante *(ré-do-si-la-sol)* vient tout droit du motif précédent.

8. **Duo sur les tierces, 3e couplet.** Son déroulement se modifie notablement en cours de route : lancé et conclu comme une gavotte en imitation sur un motif qui combine la tête du récit de cromorne du *Kyrie* et la gamme descendante (celle-ci revient en augmentation à la main gauche, mes. 16-18, comme à la fin du premier verset du *Gloria*), le duo se charge d'altérations, invente de nouvelles figures et propulse des gammes-fusées et roulades ornementales en écho, parfaitement en situation dans un *Glorificamus Te*.

9. **Basse de trompette, 4e couplet.** Variation décorative en croches régulières de la gamme brodée descendante (donc en diminution en regard du verset précédent et en triple diminution par rapport aux blanches du premier verset du *Gloria*), le motif convient fort bien à la trompette qui entonne la quatrième entrée. A n'en pas douter, le neveu connaissait les basses de trompette de son oncle Louis ; cependant, s'il sait faire parler le jeu soliste avec prestesse et faconde, son imagination figurative demeure en retrait et sert sans conviction la gloire du Roi des cieux.

10. **Chromhorne sur la taille, 5e couplet.** Le poignant récit fait le pendant de la tierce en taille de la *M.P.* mais s'adresse ici à l'Agneau de Dieu *(Domine Deus, Agnus Dei)*, d'où l'emploi du cromorne dont Couperin excelle à faire chanter la voix chaude et veloutée dans sa tessiture de ténor. Chargé de pathétiques broderies qui en ralentissent la chute, le motif descendant sur l'octave entière acquiert toute sa raison d'être et la partie indépendante de pédalier ajoute à la noblesse de la polyphonie.

11. **Dialogue sur la voix humaine, 6e couplet.** Malgré sa dignité de sarabande à 3/2, son écriture châtiée relevée de chromatismes, le *Suscipe deprecationem nostram* pâtit du voisinage du verset précédent et de la comparaison avec son homonyme dans la *M.P.*

12. **Trio, les dessus sur la tierce et la basse sur la trompette, 7e couplet.** Excellent allegro corellien dont le motif générateur amalgame la cellule contournée et les profils montants ou descendants. Belle chute de septième à la basse avant de conclure.

13. **Récit de tierce, 8e couplet.** Le baroque a horreur du vide, dit-on : en voici un exemple. D'entrée de jeu, la tierce soliste s'empare de la parole et, de roucoulement en pépiement, ne la cédera pas un instant à ses comparses, même lors du

repos central à la tonique. La réitération au degré supérieur d'une incise chromatique (mes. 36-37) crée une soudaine intensification du discours, effet d'autant plus remarquable que Couperin s'en montre habituellement économe.

14. DIALOGUE SUR LES GRANDS JEUX, DERNIER COUPLET. Et dernière variante décorative de la gamme brodée descendante qui se combine ici avec un traitement séquentiel par degrés descendants. Si l'on admet que l'*In gloria Dei Patris* n'est rien d'autre qu'une formule jubilatoire, on se satisfera de l'alternance brillante et un peu creuse des rubans de croches, sectionnés de cadences à la dominante, au relatif mineur et au ton « lointain » de *la* majeur.

Durée d'exécution : ~ 16 mn

III Offertoire sur les grands jeux

15. Couperin avait le choix de la couleur tonale. Il reste fidèle à *sol* majeur, comptant sur le contraste des trois parties (vif-lent-vif) à la manière d'une sinfonia italienne, sur l'opposition des claviers et des textures plus ou moins drues pour fournir la variété désirée. Elle-même divisée en sections marquées par des cadences aux tons voisins, la première partie adopte un rythme dansant à 3/4, voisin du passepied. De ce fait, elle évoque un peu la gigue finale de l'Offertoire de la *M.P.*, lancée aussi par l'anacrouse. Voici d'abord un dialogue entre trois voix au Positif et quatre au Grand Clavier (on remarquera, mes. 33-37, la marche harmonique de septièmes *alla* Corelli) ; une libre diminution fait la part belle au dessus, puis à la basse ; une fanfare plus harmonique clôt ce premier épisode éclatant. Tout de recueillement, le volet central glisse en *sol* mineur et en métrique binaire. Il est fait d'une sorte de prélude et fugue sur un unique motif : prélude harmonique à trois voix en blanches régulières et fugato plane, propice à la méditation. Joyeuse canzone, la troisième partie renoue avec le mode majeur tout en conservant la battue binaire. Le dialogue se précipite, une montée chromatique fuse juste avant la rupture sur une cadence en *la* majeur pour faire place à une grave et solennelle conclusion.

Durée d'exécution : ~ de 5 à 6 mn

IV Sanctus

16. PREMIER COUPLET DU SANCTUS, PLEIN JEU. Trame à quatre voix *legato*, étirée de retards à l'italienne. De la vraie écriture d'orgue.

17. RÉCIT DE CORNET, 2e COUPLET. Réplique miniature du récit de tierce du *Gloria*. Même climat joliment mondain, même entrée immédiate du soliste dans une métrique à 3/4, même profil motivique enjolivé de « gruppettos » et roulades.

18. ÉLÉVATION, TIERCE EN TAILLE. Benedictus et Élévation se jouant durant la Consécration, on peut considérer qu'ils font double emploi ; c'est sans doute pourquoi Couperin, qui a opté pour le *Benedictus* dans la *M.P.*, illustre ici l'Élévation. Au deuxième moment d'effusion, de religiosité émue de sa messe (pour lequel les Cérémonials demandent une « mélodie suave et dévote »), le compositeur a réservé la Tierce en taille (absente du *Gloria*). Une fois de plus, le soliste entame sa fervente prière sans exorde des jeux doux et donne à entendre, de nouveau, la gamme ascendante d'une octave avec palier sur le VIe degré. L'oraison se fait plus persuasive, ne négligeant ni les gammes-fusées, ni les arpèges brisés. Norbert Dufourcq, et d'autres après lui, ont souligné la parenté de la courbe ascendante initiale avec le motif descendant de la tierce en taille de la *M.P. (Suscipe deprecationem nostram)*, dont elle serait le renversement justifié par les textes. Il convient de pousser plus avant le déchiffrement symbolique, car, si ce profil ascendant sur l'hexacorde n'est pas le miroir exact du pentacorde soupirant de *Suscipe*, il reproduit bel et bien l'hexacorde ascendant du *Domine Deus, Agnus Dei* de la *M.P.* : or, qu'est-ce que l'Eucharistie sinon le sacrifice de l'Agneau ? Au figuralisme inverse de deux versets opposés des deux messes, s'ajoute la *similitude* des courbes et des *significations* de deux versets équivalents.

Durée d'exécution : ~ 4 mn

V Agnus Dei

19. AGNUS DEI, PLEIN JEU. Bref et beau prélude. Le soprano dessine cette fois-ci la gamme cyclique descendante sur toute

l'octave. Dans la deuxième section, une cellule plus rythmée remonte, palier par palier, du *ré* central au *sol* aigu, du doute à l'espoir. Pour ce verset précis, l'adéquation musique/texte semble plus satisfaisante dans la « petite » messe que dans la « grande ».

20. **Dialogue sur les grands jeux, dernier couplet de l'Agnus Dei.** Imitations libres sur un motif ascendant, bien rythmé, réduit parfois à son tétracorde initial et mis en valeur par l'éclatante registration.

Durée d'exécution : ~ 2 mn 30 s

VI Deo gratias

21. **Deo gratias, petit plein jeu.** L'hexacorde montant de l'Élévation, le voici de nouveau. Le lien tonal tissé par Couperin entre le *Benedictus* et le *Deo gratias* de la *M.P.* (tous deux en *sol* mineur) se mue ici en lien motivique en raison de la tonalité unique de la *Messe des couvents*.

Durée d'exécution : ~ 0 mn 45 s

Durée d'exécution globale : ~ de 36 à 39 mn

B. F.-S.

LOUIS COUPERIN

Né à Chaumes-en-Brie, vers 1626; mort à Paris, le 29 août 1661. Claveciniste, organiste et violiste, Louis est le premier représentant notoire d'une célèbre dynastie de musiciens dont le nom sera lié, de 1653 à 1826, à l'orgue de Saint-Gervais. Il en est le premier titulaire; puis Charles (1638-1679), son frère et père de François « le Grand » (1668-1733), lequel occupe le poste de 1685 à 1723 (après un intérim assuré par Lalande); à cette date, l'orgue passe aux mains de son cousin Nicolas (1680-1748), puis au fils de celui-ci, Armand Louis (1727-1789), très célèbre en son temps, et, enfin, à Gervais François (1759-1826), fils du précédent. Louis Couperin s'installe à Paris au plus tard en août 1651. Le 9 avril 1653, il devient donc titulaire de l'orgue de Saint-Gervais et, à la même époque, est nommé dessus de viole de la Chambre du roi. En 1659, il suit la cour à Saint-Jean-de-Luz pour les négociations du mariage de Louis XIV avec l'infante Marie-Thérèse et, chemin faisant, s'arrête à Toulouse. Son œuvre recensée à ce jour comprend plus de 200 pièces qui n'ont pas connu les honneurs d'une publication d'époque. Elles ont franchi les siècles grâce à trois manuscrits baptisés Bauyn d'Angevilliers (Paris, B.N.), Parville (États-Unis, Berkeley), Oldham (Grande-Bretagne, collection privée). 130 pièces s'adressent au clavecin, 70 à l'orgue, complétées par quelques symphonies et fantaisies pour les violes ou les hautbois.

En des temps où la musique se démode inexorablement, François « le Grand » rendra un bel hommage à son oncle Louis en proclamant, en 1713, que les ouvrages de ses ancêtres « sont encore du goût de ceux qui l'ont exquis ».

Louis Couperin disparaît la même année que Mazarin, année où sonne l'heure de la prise personnelle de pouvoir par Louis XIV, de l'ascension de Colbert et de la naturalisation de Giovanni Battista Lulli, en un mot, des débuts de l'« ère classique française ». Ce provincial n'a disposé que de dix ans dans la capitale pour épanouir son génie, et son destin personnel correspond à la période la plus baroque de l'art français. La paix intérieure restaurée, après les désordres de la Fronde, Mazarin, le ministre italien, tente une deuxième offensive en faveur de l'opéra transalpin. Louis Couperin ne sera plus là pour participer comme violiste au fastueux *Ercole amante* de Cavalli (1662), mais il a pu profiter du *Xerse* du Vénitien donné en

1660 pour le mariage de Louis XIV. Les années de cour de Couperin correspondent aussi à l'apogée du ballet de cour sous la férule exigeante de Lulli qui se plaisait encore à taquiner de temps à autres sa muse italienne. Quelque temps auparavant, le chanteur Pierre de Nyert et le violiste André Maugars étaient revenus enthousiastes de séjours en Italie, et les peintres Poussin et Le Lorrain y étaient installés à demeure. Jamais la fusion n'a été si étroite en les deux sœurs latines, et même si cette cohabitation ne va pas sans bouderies, nous n'en sommes pas encore aux crépages de chignon !

Si la cour s'émerveille à la vue des machineries des Italiens et bâille à l'écoute de leur *parlar cantando*, nul ne se souciait sérieusement de leur style de clavier jusqu'au jour où, en 1652, débarqua dans la capitale l'Allemand Froberger, encore tout pénétré des préceptes et des exemples de son maître Frescobaldi, l'organiste de Saint-Pierre de Rome. Louis Couperin, Roberday, D'Anglebert, les luthistes Gaultier, Du Fault, Blancrocher semblent avoir formé autour de l'Allemand un cénacle comparable aux *camerate* florentines. L'attestent un *Prélude à l'imitation de M. Froberger* de Louis Couperin et les deux *Tombeaux* à la mémoire de Blancrocher signés de Couperin et Froberger.

L'ère est à la rhétorique : la poésie des « précieux » trouve son prolongement dans l'air de cour, et la musique instrumentale elle-même, non sans quelque maniérisme, tient sa partie avec les discours « en prose » de ses préludes non mesurés et de ses récits d'orgue, ou « en vers » de ses danses. Discours que « comprend » une élite imprégnée des airschorégraphiques des ballets de cour et d'un art du geste codé.

Louis Couperin écoute, assimile, réunit et… dissocie. Avant son neveu François, il marie les goûts et les styles, ne serait-ce qu'en pratiquant les claviers et la viole; mais si cette pluralité enrichit son art, il se garde bien de confondre les idiomes de chaque instrument : il se dispense de charger (au moins par écrit) son œuvre d'orgue de tout ornement et, s'il emprunte à la viole, c'est pour créer un nouveau style d'orgue promis à un riche avenir.

L'orgue connaît alors un épanouissement sans pareil, et Norbert Dufourcq ne recense pas moins de quarante facteurs actifs en France sous la Régence. L'instrument s'agrandit d'un demi-clavier de Récit, au nom si révélateur des nouveaux impératifs musicaux, et, déjà, d'un demi-clavier d'Écho propre à engager l'art des sons dans l'illusion baroque des espaces et des volumes. Pour sa part, Louis Couperin touche à Saint-Gervais un orgue de qualité sorti des mains de Pierre Le Pescheur et que Pierre Thierry vient d'augmenter d'un clavier de Récit (1649)*.

Pendant longtemps, on a cru que, pur poète du clavecin et disciple de Chambonnières, Couperin n'avait guère songé à doter l'instrument à tuyaux d'une littérature spécifique. Les organistes prélevaient, non sans succès, quelques allemandes, sarabandes, chaconnes en rondeau et symphonies (étant entendu que l'orgue peut mettre en valeur toute page d'esprit polyphonique et s'enrichir d'un répertoire non spécifique) et, avec plus de raison encore, des pièces en 2e ton (*sol* mineur), en particulier un duo en style de gigue fuguée, terminé en rythme binaire, et une grande passacaille à l'italienne avec 39 variations. Ils y ajoutaient deux authentiques pièces pour orgue : le *Carillon de Paris*, qui aurait été joué chaque année à Saint-Gervais pour la Toussaint, et une fantaisie dont la basse soliste appelle d'évidence la trompette de l'orgue. Ainsi servi, Couperin brillait par son génie de pur musicien et son langage d'une saveur si singulière mais, en tant qu'organiste, il se rangeait aux côtés de ses contemporains dont on connaît fort peu d'œuvres, les Pierre et Joseph de La Barre, organistes du roi, Étienne Richard, organiste de plusieurs paroisses parisiennes et attaché à divers membres de la famille royale, Henri Du Mont, organiste de Saint-Paul et de la reine Marie-Thérèse (et sous-maître de la Chapelle royale), sans oublier les auteurs anonymes de Livres manuscrits tel celui de la bibliothèque Sainte-Geneviève.

Les pièces pour orgue

Depuis 1960, le monde de la musique sait que l'organiste de Saint-Gervais a laissé un manuscrit regroupant, outre une

* Voir à *François Couperin*.

suite de clavecin et des pièces pour les hautbois, 70 pièces spécifiquement pour orgue, datées de 1650 à 1659. A défaut de publier sa précieuse découverte, Guy Oldham, son heureux possesseur, en a révélé le contenu et a autorisé l'enregistrement d'un panorama de pièces représentatif du codex.

La répartition interne semblerait révéler deux « Livres d'orgue » (pièces 1-45, 46-70). On y découvre 23 fantaisies ou fugues, 6 basses de trompette (appelées fantaisies), 2 duos, 27 commentaires de plain-chant. L'œuvre de Louis Couperin constitue le maillon manquant entre les pièces polyphoniques de Titelouze, Racquet et Roberday, et l'immense corpus louis-quatorzien. Ce peintre-musicien, épris des couleurs harmoniques les plus accidentées (*fa* dièse mineur), des *durezze* les plus abruptes offertes par l'ambiguïté d'une modalité finissante et d'une tonalité naissante, vibre au prisme des couleurs de timbres. Loin de considérer l'orgue comme un instrument synthétique se suffisant de deux masses et deux lumières, il signe l'acte de naissance d'une nouvelle perception picturale et analytique de l'instrument en distinguant, à l'égal de Du Mont dans ses motets, ce qui appartient au chœur et ce qui revient aux solistes.

Pour la première fois en France, Louis Couperin indique quelques registrations : « *Urbs beata Jerusalem* en haulte contre avec le pouce droit ou en trio » (première manifestation de doigté à l'orgue en France et procédé dont Gigault se souviendra pour exécuter un trio sans pédale), « *Pange lingua* en basse », « Fugue qu'il faut jouer d'un mouvement fort lent sur la tierce du Grand Clavier avec le tremblant lent », « *A solis* en taille », « Fugue sur le Cromorne », etc. ; ou bien il précise le type d'écriture adopté : « *Conditor* à deux dessus », « *Beata nobis Gaudia*, trio ». Quels que soient le genre et le style d'écriture choisis, admirons l'exemplaire concision des pièces. Avant la lettre, Louis Couperin fait sien le « rien de trop » de La Fontaine. Son langage musical baroque et italianisant se coule dans des proportions classiques et françaises.

Les commentaires liturgiques

Les 27 commentaires liturgiques se répartissent de la manière suivante : 10 hymnes en plusieurs versets (pas forcément notés à la suite) mais toutes incomplètes, 3 invitatoires (antiennes) pour les matines de Pâques, la Trinité et la Fête-Dieu (uniques en leur genre dans le répertoire français), l'antienne mariale *Regina coeli*. C'est la part la plus traditionnelle du corpus de Couperin, qui s'y montre le respectueux disciple de Titelouze. Dans un premier verset, il expose l'hymne à la basse, surmontée d'un contrepoint à trois voix quasi homophonique ; le ou les deux versets qui suivent s'apparentent à une section de ricercare, en général en trio (*Ave maris stella, Ut queant laxis, Iste confessor* n° 33, *Pange lingua* n°s 34-36). Dans le *Pange lingua* n° 35, Couperin attribue trois rythmiques différentes aux trois entrées en imitation de la mélodie liturgique. Parmi les fantaisies fuguées à quatre voix se dissimulent quelques paraphrases d'hymnes dont il appartient à l'auditeur de déceler les thèmes (*Iste confessor*, n° 23, déformé par une oscillation de la tierce mineure ou majeure ; *Pange lingua* n° 25).

En 1656, son contemporain, l'abbé Jean-Jacques Olier, fondateur de la Compagnie des prêtres de Saint-Sulpice, écrit : « Les anges dans leur chant, l'Église dans le sien, expriment la jubilation de votre Esprit saint en votre vie divine [...]. Donc, ô mon Dieu, que toutes ces louanges et tous ces cantiques, ces psaumes et ces hymnes que nous allons chanter à votre honneur, ne soient que l'expression de l'intérieur de Jésus-Christ » (*Explication des cérémonies de la Grande Messe*). C'est à quoi s'efforce Louis Couperin.

Les fantaisies et les fugues

Les 23 fantaisies à quatre voix engagent tout l'avenir de la fugue à la française ou « fugue continue » selon l'expression du théoricien Jean Denis (1650) : toujours brève et relançant jusqu'au terme sujets et réponses, sans modulations aux tons voisins et sans véritables divertissements. Au milieu du XVIIe siècle, cette conception est encore très moderne, et aucun Allemand ne propose un modèle plus élaboré. La qualité d'écriture, la prégnance des motifs contournés aux intervalles diminués (nos 27, 57), déhanchés par une octave soudaine (no 56) font même des fantaisies de Couperin de purs chefs-d'œuvre.

Le compositeur tire parti avec génie de la mobilité des degrés modaux pour créer un climat tendu et une ambivalence permanente (nos 26, 27, 59). A plus grande échelle, il excelle à établir une incertitude entre le mélancolique 4e ton (*mi* plagal, s'appuyant sur *la*), qu'il privilégie entre tous, et le 3e ton (assimilé à *la* mineur). Jusqu'à l'aube du XVIIIe siècle, les compositeurs joueront avec dilection de cette polysémie des modes plagaux, brouillant à plaisir la fonction de leurs deux notes-pôles et de la cadence conclusive (cadence plagale au ton de la tonique ou demi-cadence du ton de la sous-dominante ?). On notera aussi l'usage du retard harmonique, créateur de saisissantes dissonances dans la conduite linéaire des voix, qui provient à la fois de l'appropriation de l'écriture « oblique » des luthistes français et d'une influence italienne. Au demeurant, une audacieuse écriture transalpine se manifeste chez Louis Couperin dès le 8 novembre 1650, soit près de deux ans avant la venue de Froberger, dans une *Duretez Fantaisie*. Dès cette époque, le jeune homme, à peine débarqué à Paris, s'était donc mis en chasse des nouveautés italiennes : voilà qui explique l'accueil réservé au messager allemand de Frescobaldi et la présence d'une *Duresse de Frescobaldi* en no 66a dans le manuscrit du Français.

A l'instar de Titelouze, Couperin expose encore souvent les quatre premières entrées dans l'ordre Sujet-Réponse-Réponse-Sujet, quoique l'alternance régulière ne soit pas exclue. « Fugue renversée », prévient une fois l'auteur pour signaler l'abondance de cet autre artifice d'écriture très prisé.

Les solos de basse

Couperin les inclut dans la catégorie des fantaisies. Six pièces confirment la naissance d'un genre, appelé à un avenir brillant, dont un spécimen était déjà connu avec la Fantaisie en *sol* mineur du manuscrit Bauyn. Le violiste qu'est Louis Couperin n'a pas manqué de saisir avec quel profit il répercuterait le profil accidenté et dynamique d'un solo de basse de viole sur une anche cruchante d'orgue. Gaspard Corrette confirmera au début du siècle suivant : « La basse de cromorne imite les traits, les cadences, les batteries et les vitesses de la basse de viole. » En effet, la conformation de la viole à six ou sept cordes, frottée par un archet courbe, autorise un jeu polyphonique propice au plus extraordinaire des « trompe-l'oreille » : un dialogue fictif entre deux tessitures éloignées évocatrices de deux claviers d'orgue (le sieur de Machy livrera bientôt des Pièces pour viole *solo* aussi stupéfiantes que remarquables).

A l'orgue, Louis Couperin plante d'abord le décor polyphonique en imitation sur les jeux doux. Coup de théâtre : la dernière entrée est entonnée par la voix sonore de la basse de trompette. Dès l'apparition du *primo uomo*, les comparses se replient dans de discrètes harmonies qui se relaient insidieusement au moyen de retards. La faconde du soliste s'épanouit à mesure qu'il parle. Les rythmes les plus imprévisibles, les surprises harmoniques les plus déconcertantes, les intervalles de plus en plus distendus (plus de trois octaves) sont autant de figures de rhétorique d'un orateur sûr de son éloquence et qui manie avec une égale persuasion la déclamation noble (no 12) et la badinerie en style de canzone (no 68).

Soyez-en assurés, les successeurs de Louis Couperin n'ont pas manqué d'entendre cette voix-là et de comprendre son discours ! Il reste à émettre le vœu que les musiciens actuels ne restent pas plus longtemps privés de ce message qu'on ne saurait faire passer sans abus pour de la *musica reservata*…

B. F.-S.

FRANÇOIS DAGINCOUR

Né à Rouen, en 1684; mort en cette même ville, le 30 avril 1758. Comme pour nombre d'organistes de son temps, ce que l'on sait de sa vie se réduit presque à une succession de dates d'accession à la tribune de tel ou tel instrument. Né dans l'une des capitales de l'orgue et des facteurs d'orgue, c'est tout naturellement à la maîtrise de la cathédrale que Dagincour dut sa première formation musicale : il y fut sans doute l'élève de Boyvin, organiste de Notre-Dame de Rouen. Il se perfectionna à Paris auprès de Lebègue, organiste du Roi, titulaire alors très réputé de Saint-Merry. En 1701, il est nommé sans concours et sur simple audition (appuyé par Lebègue) à Sainte-Madeleine-en-la-Cité, où il restera jusqu'en 1706 (c'est Antoine Dornel qui lui succédera) : Boyvin étant mort le 30 juin, c'est Dagincour qui devient organiste de la cathédrale de Rouen, poste qu'il occupera cinquante-deux ans. Dès cette époque, il cumule cette tribune avec celle de l'abbaye royale de Saint-Ouen. Puis, en 1714, il obtient son brevet d'organiste du roi (quartier d'octobre), succédant ainsi à Marchand. Enfin, en 1726, dernière nomination (donc nouveau cumul) : Saint-Jean de Rouen. Titulaire de plusieurs instruments, maître de clavecin recherché, Dagincour fut de ces organistes qui de par leurs fonctions officielles se retrouvèrent dans une aisance de notable très honoré.

On trouve à son actif un unique Livre de *Pièces de clavecin* (1733), dont l'une des dernières (*Quatrième Ordre*), *La Moderne*, évite délibérément le style français d'alors, descriptif, pour se rapprocher du goût allemand et de la manière de Carl Philipp Emanuel Bach, des *Airs à voix seule et basse continue*, parus en 1713-1716, ainsi que des pièces d'orgue.

Les Pièces d'orgue

Au nombre de quarante six, elles furent recueillies dans un manuscrit non daté par le Père Pingré (1711-1796). Elles sont dans l'ensemble assez courtes (la plus longue étant le dernier *Dialogue*, de 52 mesures, les autres observant une moyenne de 20 mesures), en dépit même des chanoines de la cathédrale qui lui reprochaient ses longueurs : on a ici affaire, sans doute, à des interludes pour le *Magnificat*, sortes d'exemples, de conseils pour l'improvisation — autant dire des œuvres qui, probablement, n'étaient pas destinées à la publication. On observera que la pédale est totalement absente de l'ensemble du recueil, également dépourvu de tierce ou de cromorne en taille, de duo ou trio avec pédale de flûte, etc.

Classées dans l'ordre de tonalités ecclésiastiques (font défaut les 3ᵉ, 7ᵉ et 8ᵉ tons), ces pièces sont distribuées en suites dont le nombre de pièces varie de 6 à 11.

Le **Premier Ton** s'ouvre sur un *Plain Jeu* (orthographe de l'auteur) manuel en deux parties (la deuxième reprenant la première légèrement plus ornée au soprano), d'une noble assise bien française. Suit une *Fugue*, l'une des deux seules de Dagincour, à quatre voix, sur un thème bref et bien scandé, déjà représentative du goût de mélodiste de Dagincour, rehaussé par un système harmonique personnel et fluide, ne détestant pas certains frottements dissonants. Suivent, par paires, trois formes traditionnelles : *Duo, Récit* (l'un expressif à 1 temps, l'autre rythmique), *Trio*, puis une trop courte *Basse de cromorne* et un *Dialogue* aux figures vives (nombreuses gammes) et néanmoins coulées dans un même moule.

Le **Deuxième Ton** s'ouvre sur un court *Plain Jeu* introduisant un *Récit de nazard*; genre réussissant particulièrement bien à Dagincour (tout comme le *Concert de flûtes*); puis *Duo, Basse de cromorne*, plus développée que la précédente, plus vivante et mieux équilibrée; *Concert de flûtes*, à la rythmique très riche et admirablement complétée par une ornementation complexe et raffinée, *Dialogue*, assez court et curieusement placé, puis *Trio* final (ordre qui semble attester la non-préparation en vue d'une édition).

Le *Plain Jeu* du **Quatrième Ton**, modéré dans son rythme pointé à ₵, donne son caractère à une suite sans fioritures virtuoses, toute en *pièces tendres : Duo, Trio, Récit de nazard* (trois pièces expressives à 1 temps), *Basse de cromorne, Concert de flûtes, Dialogue*.

Le **Cinquième Ton** est d'une tout autre prégnance ; le *Plain Jeu* I & II, fortement scandé et de type improvisé, évoque la *Suite du 2ᵉ Ton* d'un Clérambault. On trouve ici l'autre *Fugue* du recueil, toujours à quatre voix conformément à la tradition française de la fugue manuelle sur les anches, suivie d'un *Duo* et d'un *Cornet* (récit développant une mélopée régulière, usant généreusement de la gamme en contraste avec des motifs d'arpèges brisés), d'un *Récit de nazard* plein de liberté et d'un *Concert de flûtes*, puis d'un *Trio* et d'un *Dialogue* introduit en fanfare.

Les trois premières pièces du **Sixième Ton** (*Plain Jeu, Duo* et *Récit de nazard*) épousent un cheminement rappelant le ton précédent. Suivent une *Basse de cromorne* aux longues phrases étales, un *Trio*, enfin un *Dialogue* s'ouvrant lui aussi en fanfare et faisant alterner *Grand-Jeu* et réponse sur le cornet, et enchaînant sur des traits de virtuosité avant de conclure *Lentement*.

La dernière « suite » porte la mention **C Sol ut mineur**. Elle aussi se compose de six pièces : un court mais très dense *Plain Jeu* à la riche ornementation, un *Duo* assez simple, alternant canon et mouvement parallèle, un *Trio*, un *Récit de nazard* puis un *Concert de flûtes*, et enfin le *Dialogue* déjà mentionné, pièce la plus développée du recueil, en gammes parallèles et traits brisés du plus bel effet.

M.R.

HENRI DALLIER

Né à Reims, le 30 mars 1849; mort à Paris, le 23 décembre 1934. D'abord organiste du chœur de la cathédrale de Reims, il fut ensuite l'élève de Franck au Conservatoire de Paris où il obtint son prix en 1878. Titulaire, dès l'année suivante, du nouvel orgue de Saint-Eustache que Merklin venait de reconstruire, il succéda enfin à Gabriel Fauré au grand orgue de la Madeleine (1906) et fut nommé professeur d'harmonie au Conservatoire.

Auteur de quelques pages de musique de chambre et d'une symphonie (1908) aujourd'hui oubliées, Henri Dallier, dont la réputation d'improvisateur attirait un public averti, écrivit quelques pièces d'orgue que l'on peut situer dans la tradition de Franck (langage harmonique, sens des modulations), quoique souvent tentées par quelques tournures plus classiques. Elles comprennent, outre une *Première Sonate* de jeunesse (1867), *Six Grands préludes pour la Toussaint* (1891), *In Deo caritas* (1895), l'*Offertoire O Filii et Filiae* (1896) et *Cinq Invocations* (1926), qui révèlent l'attachement de cet artiste à une conception certes symphonique, mais de caractère sacré.

Cinq Invocations

Achevées en 1925, ces différentes prières à la Vierge peuvent donner un bon aperçu de l'art de Dallier et de la manière dont il veut faire sonner un grand instrument de type Cavaillé-Coll.

Après une courte introduction sur les fonds, procédé qu'il affectionne, la première (**Stella matutina**) développe selon un principe symétrique (A B A), avec une partie centrale très modulante, une longue cantilène de caractère naïvement pastoral quoique capricieux, que le Récit s'applique à nuancer.

Une même construction équilibre la structure de la deuxième (**O Clemens, O Pia** du *Salve Regina*) : mélodie sur un accompagnement confié au Récit, qui passe du grave à l'aigu de la flûte harmonique (A), puis section plus mouvementée, à la manière d'un *Con moto*, où le même thème se superpose (B), retour enfin à l'élément tendre et très expressif du début.

La troisième (**Monstra te esse matrem**) débute aussi par quelques mesures d'introduction, mais le climat de romance qui s'installe alors cède bientôt la place à un choral que l'auteur traite encore dans un « *Con moto* » mendelssohnien, quoique au gré d'une écriture plus contrapuntique (canon).

Celle de la quatrième (**Pulchra ut luna**) paraît au contraire plus pianistique (traits chromatiques, accords arpégés), reprenant après leur exposition trois épisodes différenciés.

Quant à la dernière (**Electa ut sol**), toccata en trois parties (A B A'), elle conclut le recueil dans une allégresse alléluiatique que vient interrompre une partie centrale assez martiale.

Durée d'exécution : ~ 20 mn

F.S.

JEAN FRANÇOIS DANDRIEU

Né à Paris, en 1682 ; mort en cette même ville, le 17 janvier 1738. Il appartient à une famille originaire d'Angers, implantée à Paris, qui exerce des métiers complémentaires : les uns s'adonnent à l'artisanat d'art, les autres à la musique et tiennent l'orgue de Saint-Barthélémy-en-la-Cité durant quatre-vingts ans. L'oncle, Pierre Dandrieu (1664-1733), prêtre et organiste de Saint-Barthélémy, publie un Livre de Noëls; la sœur, Jeanne Françoise (1695-c.1760), claveciniste et organiste, figure dans le Parnasse françois *de Titon du Tillet aux côtés de Jean François. Comme Clérambault, ce dernier a pour premier maître Jean-Baptiste Moreau (1656-1733), compatriote angevin qui favorise ses débuts d'enfant prodige à la Cour devant Madame (princesse Palatine). Dandrieu est aussi l'élève probable de Lebègue dont il reprend, dès 1704, l'orgue de Saint-Merry. Il participe aussitôt à des expertises d'orgue, à des jurys de nomination (dont celui de Sainte-Marie-Magdeleine qui met aux prises Rameau, Dornel et Calvière en 1706). En 1721, le Régent Philippe d'Orléans le nomme organiste de la Chapelle royale, charge qu'il partage avec Couperin, Dagincour et Landrin. Son « quartier » d'avril l'amène à collaborer avec Lalande puis avec Campra. Brillant claveciniste, il fut aussi un professeur très recherché. A l'exception de quelques airs, son œuvre, entièrement instrumentale, comprend six Livres de Pièces de clavecin, deux livres de Sonates pour violon, un divertissement symphonique intitulé* Les Caractères de la Guerre, *des* Principes de l'Accompagnement, *et un Livre d'orgue posthume (1739), auquel s'ajoute un Livre de Noëls (entremêlés de remaniements de ceux de Pierre Dandrieu) publié, sans doute par sa sœur, en 1759.*

Jean-François Dandrieu et son *Livre d'orgue* occupent une position quasiment *unique* au cœur de la première moitié du XVIIIe siècle français. Sous Louis XIV, les Livres d'orgue ont abondé, plusieurs signés des organistes du roi (Nivers, Lebègue, Couperin, Marchand), mais à l'heure où Dandrieu engrange ses pièces, ses collègues, en particulier ceux de la Chapelle royale, se taisent. Dans les années 1730, il est seul, avec le jeune Michel Corrette, à prévoir une *publication*. Peu s'en fallut d'ailleurs que son œuvre ne restât manuscrite comme celles de Dagincour et Dornel, ses deux seuls contemporains à produire encore, car Dandrieu semble avoir attendu les derniers mois de son existence pour ordonner un Livre, dont il ne vit pas la sortie. Quant à ses Noëls, ils n'ont connu une première publication que vingt ans après son décès... Visiblement, un découragement a saisi les organistes du XVIIIe siècle à la perspective de répéter inlassablement les mêmes genres, de publier des sempiternelles « Tables de Meslanges » à propos desquelles un Jullien écrivait, dès 1690 : « Cette matière ayant été tant de fois dite et rebattue, j'estime inutile d'en parler davantage. »

La position singulière de Dandrieu mériterait d'être éclairée par une chronologie précise. Ses précoces publications de clavecin et de violon incitent à penser que, soucieux de se forger un répertoire personnel, il n'a guère tardé à accumuler des pièces d'orgue pour Saint-Merry, quitte à les compléter pour le beau Clicquot de la chapelle royale. Cependant, dans son Avertissement, il annonce la publication de deux Livres : si le second avait déjà été prêt, sa sœur ne l'aurait-elle pas publié à la suite du premier ? On peut seulement établir qu'une partie de ses pièces d'orgue provient de ses sonates pour violon et que leur *matière* remonte donc aux années 1705-1710, mais on ignore la date de la transmutation. D'autres pièces, claires, aérées, lumineuses semblent révélatrices d'une esthétique plus tardive.

Certains esprits s'émeuvent de l'évolution stylistique générale, pressentent une menace contre l'intégrité de l'esprit louis-quatorzien et cherchent un bouc émissaire. Hautaine, la coupable ne prend pas même la peine de se défendre, tant elle est assurée de son incomparable et légitime séduction. En Angleterre et en Allemagne, elle fait des ravages ; elle sait que tôt ou tard elle conquerra la France. On s'étripe à son sujet. Pamphlets et libelles font rage. On l'adore, on l'insulte. Qu'importe ! Les compositeurs, ceux qui donnent vie à la musique, en sont éperdument épris. Dandrieu cède sans attendre aux charmes de la déesse du Sud et, dans le domaine de l'orgue, il offre l'exemple le plus radical de reddition délibérée. La coupable s'appelle « Musique italienne ».

La *maniera* regarde du côté de la péninsule dans les structures en *da capo*, les fugatos corelliens, les motifs de canzone en notes répétées, les basses déhanchées de concerto baroque, les batteries et bariolages violonistiques, les développements séquentiels rebondissants, la propension aux chromatismes et aux harmonies dissonantes. Comment pourrait-il en être autrement puisque ses propres sonates de violon, à l'italienne, ont fourni à Dandrieu la matrice de maintes pages pour orgue ? Mais l'esprit reste français, et on décèle le disciple de Lebègue dans l'accumulation des Offertoires et des *Magnificat*, l'extrême concision des versets (probablement imposée par le clergé de Saint-Merry ou de la Chapelle versaillaise), l'illustration de toutes les formes chères à Lebègue — tierce en taille, trio à trois claviers, flûtes — sans parler de l'ornementation, des récits bucoliques et autres caractéristiques nationales.

Les qualités de Dandrieu lui valent l'admiration des Allemands. Copies et éditions de ses œuvres circulent outre-Rhin ; dans son *Traité de la fugue et du contrepoint*, Marpurg vante les fugues du Français ; dans son *Lexicon* de 1732 (premier dictionnaire des musiciens), Walther, qui ignore une bonne partie des « petits maîtres » français, lui réserve une notice aussi longue qu'à Couperin, Rameau et Clérambault, et plus étoffée qu'à Marchand.

Livre d'orgue

Avant de dénoncer *à la légère* la prétendue *légèreté* du *Premier Livre de pièces d'orgue* de Dandrieu et pour faire l'économie d'un contresens historique, il importe de méditer l'Avertissement que l'organiste le plus en vue du royaume, depuis la disparition de Couperin et Marchand, écrivit à la veille de paraître devant son Dieu :

« La difficulté de composer des Pièces d'Orgue telles qu'il serait à souhaiter qu'elles fussent pour être dignes de la majesté du Lieu où l'on touche de cet Instrument qui sert avec tant de distinction à chanter les louanges de Dieu, m'a longtemps fait balancer à entreprendre ce travail. Mais la considération du besoin que peuvent en avoir les personnes particulièrement consacrées au service des Autels, m'a déterminé à m'y appliquer avec toute l'attention dont je suis capable. [...] Je me suis efforcé partout à saisir cette noble et élégante simplicité qui fait le caractère propre de l'Orgue. »

Nous ne savons malheureusement presque rien des attributions exactes d'un organiste de la chapelle de Versailles, du temps dont il disposait pour ses interventions en soliste, de son rôle d'accompagnateur des motets qui, selon le poète Pierre Perrin, occupaient pratiquement tout l'office. Une chose est sûre : organiste royal et neveu d'un prêtre-organiste, Dandrieu ne se serait pas permis un faux-pas au Saint-Lieu. Nous devons donc partir du postulat qu'il y a adéquation entre son œuvre d'orgue et les aspirations de l'aristocratie et des hauts dignitaires de l'Église de France. Dans son *Parnasse françois*, Titon du Tillet vante « sa composition nette et belle, coulante et débarrassée de cette harmonie recherchée et de ces passages hasardés et brillants qui surprennent plus l'esprit qu'ils ne touchent et ne charment le cœur qui aime une douce mélodie et une harmonie naturelle ». L'hédonisme de la société la plus intelligente et la plus policée d'Europe veut donc que le savant se fasse simple, que l'esprit passe par les sens et le sentiment.

En fait, dans son *Dictionnaire portatif des Beaux-Arts*, Lacombe dira : « Dandrieu s'est fait admirer par la manière savante dont il touchait l'orgue et le clavecin » — si savante même qu'on lui décerna le surnom d'« organiste allemand ». Mais les lignes plus fluides, la mélodie plus facile, la virtuosité plus aisée, le charme plus évanescent du style Louis XV (que d'aucuns s'obstinent aujourd'hui à considérer comme un appauvrissement) étaient à l'époque applaudis comme un allégement salutaire. Quoique l'un des derniers défenseurs de la fugue en France, un Blainville n'a-t-il pas déploré le « goût gothique pour ne pas dire grotesque » des temps antérieurs ? Et on aurait jugé le style de Titelouze, Roberday, voire Grigny, une offense au goût nouveau.

Le Livre d'orgue de Dandrieu découvre donc à parts égales l'organiste pénétré du sérieux de sa mission, de la sévérité séculaire du style d'Église, et l'homme affable, sensible aux séductions du monde et prêt à y succomber pour mieux séduire à son tour. Pour édifier sans rebuter, il propose à son auditoire des morceaux châtiés tout en se gardant de les priver de la vivacité de ton et des couleurs indissociables de l'esthétique française d'orgue. Il fait même place à deux inédits, en apparence bien peu religieux, les duos sur la trompette et les musettes (innovation de son oncle-abbé) — « Europe *galante* » oblige.

Dandrieu continue : « J'ai eu soin d'indiquer le mouvement et le goût de chaque pièce par les termes qui m'ont semblé les plus convenables pour désigner mon intention. Enfin j'ai marqué les agréments nécessaires par les mêmes signes que j'ai employés dans mes Livres de Pièces de Clavecin, et qu'on trouvera répétés à la fin de la Table. » Tous les organistes-clavecinistes ont pratiqué semblable assimilation des deux instruments à clavier, Rameau compris : « Ce que j'ai dit touchant le clavecin, est à observer pareillement sur l'orgue. »

Dandrieu prévoit plus large qu'il ne pourra tenir : « L'ouvrage entier sera divisé en deux Livres : le Premier que j'offre actuellement au public est composé de six suites de tons différents, dont il y a la moitié de mineurs et la moitié de majeurs. [...] A l'égard du Second Livre que je me propose de publier dans la suite, il renfermera les autres tons les plus en usage, traités d'une manière conforme à celle qu'on a suivie dans celui-ci. ». Le « premier » contient 63 pièces dans les tons de *ré, sol et la*, majeur et mineur ; on remarquera que le compositeur ne s'astreint plus exclusivement aux tons d'Église, exténués d'avoir tant servi, et qu'il use d'une terminologie nouvelle.

Le plan du recueil se veut très méthodique : « Chaque suite commence par un Offertoire, après lequel viennent plusieurs Pièces séparées, et finit par un *Magnificat* du même ton », prévient l'auteur. Prévues pour alterner avec le plain-chant, les pièces publiées à la suite des Offertoires ne correspondent, en nombre et en genre, à aucune des cinq prières de l'ordinaire de la messe et ne forment donc un réservoir utilisable aussi bien pour un office vespéral.

Les Offertoires

Ils atteignent le nombre de sept, par ajout d'un deuxième offertoire en *ré* mineur. Comme Lebègue, son devancier à la Chapelle royale et à Saint-Merry, Dandrieu semble avoir disposé d'un temps plus réduit que Couperin, Grigny et Marchand (Dialogue en *ut*) ; restriction qui ne l'empêche nullement d'innover et de livrer parmi les pages d'orgue les plus accomplies du XVIIIe siècle français. Pour ce faire, il transcrit et remanie les premier et deuxième mouvements (adagio + allegro fugué) de ses sonates pour violon de 1705-1710, et débouche ainsi sur des diptyques apparentés au prélude et fugue, éventuellement augmentés d'un troisième volet rapide en style de concerto (cette pratique se retrouvera dans le « Manuscrit de Vitré », compilé vers 1740-1750, où quantité d'offertoires proviennent de sonates de Corelli, Sénaillé et autres Mascitti).

Plus complexes que celles de tous ses collègues (même si, à la différence de Grigny, il s'en tient à quatre voix), les fugues des Offertoires de Dandrieu contribuèrent sûrement à son surnom d'« organiste allemand ». Surnom un peu abusif, car ses modèles proviennent donc des allegros fugués de Corelli, mais pas erroné puisque c'est cette source commune avec Bach et Haendel qui tisse un lien évident entre certaines pages du Français et des Allemands ; et si un compositeur français laisse pressentir le style des concertos pour orgue de Haendel, c'est bien Dandrieu dans ses Offertoires.

1. **Offertoire pour le jour de Pâques** sur *O Filii et Filiae*, *ré* mineur. Seul de son espèce, il a probablement été composé pour la chapelle royale, Pâques tombant dans le « quartier » d'avril imparti à Dandrieu (l'abbé Fontenai rapportera que Daquin, successeur de Dandrieu à Versailles, improvisait « à l'offertoire des variations sur l'*O Filii* »). Dandrieu fait suivre la séquence populaire du XVe siècle de onze variations en progression agogique (blanches et noires, croches, triolets, doubles croches) qui offrent du fil à retordre à la main gauche. L'Italie se dévoile dans la basse de concerto de la variation III, et l'opposition du cornet à découvert et du grand jeu, à la manière d'un concerto de soliste, dans la variation XI. La structure binaire du thème favorise les variantes dès les reprises, d'où le rôle de *refrain de timbre* accordé à la reprise de la deuxième période, systématiquement confiée au grand jeu.

1 bis. **Offertoire en *ré* mineur**. Diptyque sur le grand jeu. Très beau et grave prélude à l'italienne sur une basse presque continue. Sujet « marqué » en style de canzone, long de six mesures, enrichi de deux contre-sujets dynamiques qui propulsent la fugue sans faillir au fil de nombreux divertissements entre les retours aux tons voisins. Aucun autre organiste français de l'Ancien Régime ne peut se prévaloir d'une telle connaissance des arcanes du contrepoint.

2. **Offertoire en *ré* majeur**. Triptyque unifié par la cellule de tierce ascendante (*ré-mi-fa* dièse). Assez voisin du précédent, le prélude amène à une fugue-strette de belle tenue avec d'habiles verticalisations d'éléments mélodiques. Issue du presto final d'une sonate en trio, la « Suite de l'offertoire » se termine par quatre mesures « Lentement » (à la manière de Clérambault), absentes de la sonate.

3. **Offertoire en *sol* mineur**. Alternativement au Grand jeu et au Positif, jalonné de douloureux accords appoggiaturés, le « Gravement » initial s'apparente aux lamentos italiens. La fugue arbore encore une nouvelle facture avec un sujet, immédiatement contrepointé par un contre-sujet, s'exposant en trois groupes de trois entrées — à la tonique, à la dominante et de nouveau à la tonique — reliés par deux divertissements aux tons relatifs majeurs. Autrement dit, l'exposition centrale sert de « groupe-réponse » au premier « groupe-sujet », au lieu de l'habituelle alternance.

4. **Offertoire en *sol* majeur**. Diptyque en style italien, également évocateur de quelque concerto d'orgue de Haendel et, par voie de conséquence, des futurs concertos d'orgue de Michel Corrette et Balbastre. Tempo lent, très symétrique, interrompu par une coda fantaisiste bien française ; duo de tempo vif, de forme A B B′ A′, plein d'éclat et de verve à défaut de profondeur.

5. **Offertoire en *la* mineur**. Diptyque

représentatif des « goûts réunis » avec un arioso expressif au soprano, « gravement », soutenu par deux parties, puis un duo fugué, empli de marches d'harmonie et de tics italiens, mais également évocateur de quelque invention à deux voix.

6. **Offertoire en *la* majeur.** Triptyque de grande allure et plus italien que jamais. Le « Gravement » commence par un solo de cornet soutenu par une basse continue auquel répond un trio à l'italienne qui se dirige vers *fa* dièse mineur. Un peu facile, le fugato suffit pour conduire sans dommage à un irrésistible « gayement », aux formules brisées d'où jaillit une ligne de chant.

Durée d'exécution de chaque Offertoire : de 3 à 5 mn

Les Pièces

Chacun des trois groupements en mode mineur commence par deux fugues graves à la française, assez brèves, d'une écriture exemplaire, très expressives et toujours complémentaires l'une de l'autre pour ouvrir plus largement le champ de l'inventivité contrapuntique ; on remarquera en particulier celles en *ré* mineur sur les deux seules mélodies grégoriennes du recueil (hymne de la Vierge *Ave maris stella*, hymne des apôtres *Exultet*) et la fugue chromatique en *la* mineur. Les autres pièces illustrent tous les genres emblématiques de la musique d'orgue française. Les tons mineurs inspirent souvent à Dandrieu les pages les plus dignes, comme le Trio avec pédale en *la*, plainte élégiaque (cornet, cromorne et pédale de flûte), le Cromorne en taille en *sol*, d'une polyphonie très serrée d'un bout à l'autre et parfois canonique.

Celles en majeur contiennent cependant des pages très bienvenues, en particulier les deux Tierces en taille, marquées « fièrement », zébrées, comme jamais encore, de gammes-fusées arrogantes (plus proches en cela des ouvertures de Rameau et Leclair que de la confidence voilée d'émotion de Grigny) et véritable réservoir des trouvailles harmoniques de l'auteur, qui n'en est pourtant pas avare. Les tons majeurs nous valent aussi les deux charmantes « musettes » sur bourdon immuable au pédalier ; et *ré* majeur, ton de la vénerie, le trop célèbre duo « en cor de chasse sur la trompette ».

Les *Magnificat*

Ils affichent les six versets requis par l'alternance avec les chantres (*cf.* Michel Corrette en 1737), nombre très exceptionnel car les compositeurs ont toujours eu soin d'en ajouter un septième pour faciliter l'utilisation polyvalente du groupement. Distribués en fonction du sens des versets impairs réservés à l'orgue, les genres offrent la disposition de la deuxième suite de Clérambault (expurgée du Récit de nasard servant de verset « supplémentaire ») en plus concis. L'impeccable relation au texte satisfait, par avance, à la demande de Cousin de Contamine en 1740 : « Les organistes devraient mettre toute leur application à rendre les versets et autres paroles que le chœur passe sous silence pendant qu'ils jouent. »

Les pleins-jeux, « gravement » du *Magnificat anima mea* sont tous très réussis. L'écriture intriquée à quatre parties, jalonnée de retards, atteint à une dignité et une expression intériorisée remarquables.

Pour le *Quia respexit humilitatem*, on notera combien Dandrieu veille à la perfection de ses duos (*cf.* celui en *ré* mineur) par comparaison avec les amusants biciniums sur la trompette des pages sans attribution particulière.

Un trio de bonne facture (*cf.* celui en *sol* mineur avec ses basses chromatiques), de type « trio à deux dessus », a pour mission de traduire l'*Et misericordia*.

Au *Deposuit potentes* (« Il écrase les puissants ») vont, naturellement, les basses de trompette, de cromorne, ou basse et dessus de trompette en rythme binaire ou en gigue (*ré* mineur). Dandrieu a tendance à confondre truculence et facilité d'écriture : celle en *sol* majeur en fanfare de tierces et sixtes est le prototype de page vide que seul le mordant des anches françaises arrive à sauver.

La qualité remonte pour le *Suscepit Israël*, traduit trois fois par des flûtes pastorales en trio, à trois temps, à jouer « tendrement », une fois par un duo de flûtes « gratieusement » (à noter la tessiture volontairement aiguë de ses flûtes) et deux fois par un récit de dessus. Celui de nasard en *sol* mineur, « tendrement », semble sorti d'une pastorale de Campra ou Rameau, mais il est supplanté en qualité par le *Récit de trompette séparée ou de cromorne* en *la* mineur, diamant du recueil. Le soliste entre seul, à découvert ; à mesure que s'instaure le dialogue avec le jeu doux, la trame harmonique s'intensifie, le chant se pare d'arabesques, déploie des phrases plus amples et atteint à une éloquence émue, éloignée de toute emphase.

Selon l'usage, Dandrieu imagine de brillants Dialogues sur les grands jeux pour le *Gloria Patri*. Excepté ceux un peu plus ambitieux en *ré* et *sol* mineur, ils semblent bien creux. Le pittoresque, le décoratif sont souvent fatals à Dandrieu qui réussit beaucoup mieux dans le sérieux des fugues ou l'élégiaque des tendres récits.

Les Noëls

L'abbé Pierre Dandrieu a publié à une date inconnue un vaste volume de *Noëls, O Filii, Chanson de saint Jacques, Stabat Mater et Carillons [...] mis pour l'orgue et pour le clavecin*, qui connut une deuxième version « augmentée » en 1714. A lire l'ouvrage, on se persuade que c'est là un disciple de Lebègue qui tient la plume et que, à son arrivée à Paris à la fin des années 1670, le jeune Angevin avait dû solliciter les conseils de l'organiste du roi (comme semblent l'indiquer les points de rapprochement avec le *Troisième Livre* de Lebègue) avant de lui confier son neveu. Si, en matière de Noëls, Pierre Dandrieu prend rang après Gigault et Lebègue, il fait mieux que bonne figure à leurs côtés. L'abbé-organiste enlace habilement des variations solidement écrites à d'autres plus rustiques, et se risque, le premier à l'orgue, à écrire des musettes. Le genre populaire se marie somme toute très bien avec les timbres et fredons de la Nativité en provenance de toutes les provinces de la France rurale.

Plus tard, Jean François s'est servi pour son usage personnel des Noëls de son oncle et ne s'est pas privé de les remettre au goût du jour. Le remaniement va le plus souvent dans le sens d'une épuration très révélatrice de l'évolution esthétique. Il les débarrasse d'un nombre excessif de variations et d'une certaine lourdeur, jugée sans doute pédantesque sous Louis XV. Lui-même ajoute onze séries. C'est du moins ce qui apparaît à la lecture d'un recueil si largement posthume qu'on ne peut apprécier toutes les manipulations dont il a pu être l'objet au cours des ans. Il faut, en effet, attendre 1759 pour voir paraître sous le nom de « Mr. Dandrieu, organiste du roy et de St Médéric » un ouvrage répondant au même titre que celui de Pierre et grossi des nouveaux timbres. On peut penser que le succès des Noëls de Corrette (1753) et de Daquin (1757) n'est pas pour rien dans l'empressement subit de Jeanne Françoise Dandrieu ou de l'éditeur à publier le volume sous le nom encore célèbre de l'ancien organiste du roi.

Les Noëls y apparaissent classés par tonalités sans que l'on puisse parler de « suite » comme plus tard chez Balbastre. Pierre avait puisé à peu près dans le même fonds que Gigault et Lebègue : *A la venue de Noël, Une jeune pucelle, Chantons je vous prie, Or nous dites Marie, Joseph est bien marié, Voici le jour solennel, Tous les bourgeois de Chastres*, etc. Jean François ajoute diverses sources typées comme le *Noël de Saintonge* et le *Noël suisse* avec ses rythmes pointés, et trois sont annoncés en tant qu'Offertoire.

Réservés à la période de l'Avent et de la Nativité à l'église, les Noëls connaissent une vogue si grande que chacun souhaite les rejouer sur le clavecin dans l'intimité du foyer. Compositeurs et éditeurs ne manquent pas d'exploiter le filon mais, en vérité, ces « doubles » en diminutions ornementales, cet arsenal de formules digitales regroupent les genres les plus décoratifs de la littérature organistique et ne brillent de tous leurs feux, ne se parent de la naïveté la plus touchante que sous les doigts d'un interprète imaginatif qui n'hésite pas à les enjoliver, à les faire sonner en fifres et tambourins sur les jeux contrastés des orgues français.

B. F.-S.

DANIEL-LESUR

Né à Paris, le 19 novembre 1908. Sa mère, elle-même compositeur, l'initia dès l'enfance à la musique. Disciple de Charles Tournemire, il fut son suppléant durant de longues années à Sainte-Clotilde, avant de devenir organiste des Bénédictins de Paris, puis de délaisser son instrument pour se consacrer à la pédagogie, enseignant le contrepoint, la fugue et la composition à la Schola Cantorum, dont il devint le directeur en 1957. Chargé de l'information musicale à la Radio en 1945, conseiller musical de la Télévision quelques années plus tard, il fut également administrateur de la Réunion des Théâtres lyriques nationaux, à titre intérimaire, et inspecteur général de la musique. Parallèlement s'édifiait son œuvre de compositeur. En 1936, il avait fondé, avec Yves Baudrier, André Jolivet et Olivier Messiaen, le Groupe « Jeune France », qui militait en faveur d'un nouvel humanisme musical. Daniel-Lesur devait se montrer fidèle à cet idéal, notamment dans ses opéras, Andrea del Sarto *d'après Musset,* Ondine *d'après Giraudoux et* La Reine morte *d'après Montherlant. Il en va de même pour son* Cantique des cantiques, *son* Cantique des colonnes, *sur le poème de Valéry, son* Annonciation, *sur un texte de Loys Masson ou ses* Dialogues dans la nuit, *sur trois poèmes de Claude Roy, sa musique symphonique et ses œuvres de musique de chambre.*

Ses rares œuvres pour orgue sont liées à l'époque où il était lui-même praticien de l'instrument, et ces pages rappellent opportunément le rôle que Daniel-Lesur joua dans le monde de l'orgue, au début des années trente. Charles Tournemire lui avait en effet confié le soin de donner la première audition de plusieurs pièces de son *Orgue mystique*, dont la *Paraphrase double choral* de l'Office de Pâques et l'Office *Sabbato Sancto*, dont il est le dédicataire. A la même époque, le jeune compositeur consacra plusieurs récitals aux œuvres de son maître, tant à Sainte-Clotilde que dans d'autres églises. De même, il devait créer, en 1935, à la Trinité, trois des neuf pièces de *La Nativité* d'Olivier Messiaen, Jean-Jacques Grunenwald et Jean Langlais se partageant l'exécution des six autres.

Scènes de la Passion (1931). Création par l'auteur à la Schola Cantorum en 1934.

Durée d'exécution : ~ 7 mn

La vie intérieure (1932). Création la même année à Sainte-Clotide, dans le cadre des « Amis de l'Orgue ».

Durée d'exécution : ~ 5 mn

In Paradisum (1933). Création par Olivier Messiaen à la Schola Cantorum.

Durée d'exécution : ~ 2 mn

« Mon œuvre d'orgue se situe dans ma jeunesse ; elle est donc représentative de cette période, mais ne saurait donner une idée d'ensemble de mon expression musicale ou de mon langage, lesquels se sont diversifiés en abordant l'opéra, les œuvres chorales, la symphonie. J'ai assisté à l'éclosion de *L'Orgue mystique* de Tournemire, ayant été son élève et son suppléant à l'orgue de Sainte-Clotilde. Il est certain que la beauté, le rayonnement de cette œuvre aux premières auditions de laquelle j'ai eu l'honneur de participer, ont influencé des pièces telles que *Scènes de la Passion, La vie intérieure* et *In Paradisum.* »

Hymnes 1er cahier (1935). Création par l'auteur à la Schola Cantorum. Successivement *Ad regias, Adoro Te, Auctor beate, Audi benigne, Ave maris stella.*

Durée d'exécution : ~ 9 mn

Hymnes, 2e cahier (1937-1939). Création par Jean-Jacques Grunenwald à la Schola Cantorum. Successivement *Caelesti urbs Jerusalem, Creator alme siderum, Credulis Herodes, Decora lux.* L'hymne *Creator alme siderum* nécessite une troisième main.

Durée d'exécution : ~ 8 mn

« Mes deux cahiers d'*Hymnes* marquent une évolution vers un classicisme plus rigoureux, trouvant ses sources dans la musique française du XVIIIe siècle. Cette évolution devait beaucoup à celle qui commençait à se manifester dans la facture d'orgue. L'écriture se faisait plus linéaire, plus serrée, la registration était orientée vers une plus grande luminosité. »

X.D.

LOUIS-CLAUDE DAQUIN

Né à Paris, le 4 juillet 1694; mort en cette même ville, le 15 juin 1772. Issu d'une famille d'intellectuels et d'artistes qui compte (peut-être) Rabelais au nombre de ses aïeux, Daquin (ou d'Aquin) est le filleul d'Élisabeth Jacquet de La Guerre, claveciniste et compositeur. A celle-ci, comme à son époux, Marin de La Guerre, organiste de Saint-Séverin et de la Sainte-Chapelle, il devra son initiation musicale. Dès l'âge de six ans, il joue devant Louis XIV, et à douze ans devient organiste titulaire au Petit-Saint-Antoine. Il travaille l'orgue avec Louis Marchand et la composition avec Bernier, remporte devant Rameau le concours d'organiste de Saint-Paul en 1727, puis succède à Marchand aux Cordeliers, en 1732. En 1739, c'est la consécration : il est nommé sans concours à la Chapelle royale, en succession de Dandrieu; après 1755, il cumulera ces fonctions avec celles d'organiste de Notre-Dame de Paris. Virtuose adulé, comblé de dons, peut-être a-t-il été gâté par tant de facilités, à moins que cet homme simple et probe n'ait manifesté un caractère quelque peu imprévoyant, voire négligent; toujours est-il que de ses nombreuses compositions, on ne connaît qu'un Livre de clavecin et le Livre de Noëls pour l'orgue *qui lui a valu une popularité jamais démentie.*

Tandis que Daquin se fait connaître par ses Noëls, dans les années 1740, la tradition est déjà ancienne chez les organistes français d'improviser ou d'exécuter des variations sur ces thèmes populaires que sont les vieux chants de Noël. Fort connus, ceux-ci étaient bien propres à faire apprécier l'imagination et la virtuosité des improvisateurs; mais leur faveur tenait aussi à leur irrésistible évocation d'une fête par excellence populaire et sentimentale. Ces motifs simples, polis par des générations, remontant parfois à la Renaissance, voire au Moyen Age (encore qu'on en ait écrit jusqu'à la Révolution et au-delà), circulant dans le domaine public sous divers avatars — chanson à boire ou couplets satiriques, par exemple —, sont issus d'un terroir très vivace dans la France rurale de l'époque. Venus de Bourgogne ou de Provence, de Lorraine ou de Gascogne, on les voit empreints d'un pittoresque allant jusqu'à la saveur campagnarde de scènes pastorales et de tableaux champêtres, où l'on perçoit les échos de la vielle et de la cornemuse, du fifre et du tambourin. Ces variations trouvaient tout naturellement leur place à l'église dans le temps de Noël, et principalement à la messe de minuit. Mais leur succès devait dépasser cette seule occasion, et on les joua aux concerts spirituels ou en des circonstances variées. L'abbé Fontenai rapporte l'admiration que les improvisations de Daquin suscitaient auprès des princes à la Chapelle royale : « On ne se contentait plus à la Cour d'entendre d'Aquin à l'heure des offices. M. le duc de Rochechouart, premier gentilhomme de la chambre, lui demanda un jour des Noëls pour une après-dînée. Il en exécuta pendant une demi-heure sur l'orgue de la chapelle, devant l'assemblée la plus brillante. »

Comme les virginalistes et les clavecinistes se plaisaient à faire suivre des motifs de chansons de variations, ou doubles en diminution, paraphrasant le motif en figures rythmiques de plus en plus serrées, les organistes français, plus d'un siècle durant, aimeront traiter ainsi les thèmes de Noëls. Les premiers timbres de Noëls apparaissent dans la musique d'orgue avec le *2ᵉ Livre d'orgue* de Lebègue, en 1678; et c'est à Gigault que revient d'avoir fait éditer le premier *Livre de Noëls variés*, en 1682, au moment où Lebègue, à son tour, rédige les dix Noëls qu'il inclura dans son *3ᵉ Livre d'orgue*, bientôt suivi par Pierre Dandrieu. A la génération suivante, nous rencontrons les Noëls de Raison, puis de Jean-François Dandrieu, de Dornel et surtout de Daquin. Ce seront ensuite Michel Corrette, Balbastre, et, sans pour autant tomber en désuétude, le genre s'affadira à la fin du siècle avec les Beauvarlet-Charpentier, Lasceux, Séjan ou Benaut.

Les variations sur des Noëls se prêtaient admirablement à faire valoir le talent de Daquin, à qui l'on reconnaissait « un caractère bouillant » et « une précision inaltérable dans la plus grande rapidité du jeu », ainsi qu'un don de coloriste usant de jeux nouveaux et de sonorités pittoresques. A la messe de minuit, selon Sébastien Mercier, il imite le rossignol « sans gêner le couplet où il le faisait entrer. La surprise fut universelle, et chacun regardait où l'oiseau pouvait être » (on retrouvera un peu de cette volière dans le Noël X). Les organistes du temps ne redoutent ni les effets d'orage, ni les trompettes du jugement. L'improvisateur attire les foules. Pour le *Te Deum* à Saint-Paul, « l'église était pleine de curieux, et les carrosses, dans la rue, formaient une file qui s'étendait jusqu'aux Célestins ». Il faut même parfois assurer un service d'ordre...

C'est là un aspect mondain du musicien — et il n'est pas douteux que les Noëls reflètent son talent d'improvisateur —, sa part de concession au goût du jour, un goût qui se dénature peu à peu. De passage à Paris, Burney note : « La musique qui se fait aux églises n'est pas trop dévote, puisque les orgues jouent des menuets et toutes sortes d'airs mondains. C'est alors qu'il se passe beaucoup d'impudicités, de sottises et d'impiétés... » Et pourtant, le grand Rameau en personne, quoique ayant été le rival malheureux de Daquin, pourra écrire : « La musique se perd; on change de goût à tout moment. Il n'y a que M. d'Aquin qui ait eu le courage de résister à ce torrent; il a toujours conservé à l'orgue la majesté et les grâces qui lui conviennent. Il ne tiendrait cependant qu'à lui de faire des folies; et c'est en quoi je l'admire. » A en croire le plus exigeant des censeurs, on peut penser que si Daquin s'est laissé aller à quelques facilités dans ses Noëls, il pouvait se montrer par ailleurs le digne héritier de Couperin, de Grigny ou de Marchand. De ses deux Livres d'orgue aujourd'hui perdus, la chronique nous rapporte en effet que « ce sont des fugues à deux ou trois dessus, des pleins-jeux à deux pédales, des quatuors, des trios, des duos où les dessus et les basses travaillent tour à tour, des grands chœurs à quatre et cinq, remplis d'imitations ingénieuses, et des transitions inattendues, des cromornes à deux tailles, etc. ». Le grand style classique, en un mot. Une possible découverte de ces œuvres pourrait donc un jour réhabiliter la figure artistique de Daquin.

Le « Nouveau Livre de Noëls »

C'est en 1757 que Daquin publie son *Nouveau Livre de Noëls pour l'orgue et le clavecin, dont la plupart peuvent s'exécuter sur les Violons, Flûtes, Hautbois, etc.* Selon la coutume, commerciale autant que musicale, le musicien propose de jouer ses pièces en diverses formations instrumentales — ce qui est en effet fort possible, pour certaines d'entre elles tout du moins —, mais c'est bien à l'orgue que celles-ci sont tout d'abord destinées. La publicité de l'époque ne manque d'ailleurs pas de préciser : « Les Noëls sont les mêmes que M. d'Aquin exécute chaque année sur l'orgue de S. Paul, le dernier dimanche de l'Avent. » On peut même avancer que ce *Nouveau Livre* constitue une sorte d'« Art du Noël varié », recueil des principaux prototypes du genre. Les titres des Noëls attestent de leur destination première à l'orgue, comme les registrations à utiliser. Point besoin, ici, de « table de meslanges », les variations batifolant sur des jeux de détail indiqués avec précision par le musicien en tête et dans le cours de chaque pièce.

La disposition des registres demeure

constante pour tout le Noël, évitant de recourir à des assistants ; c'est donc principalement l'écriture musicale que Daquin charge de renouveler le discours. On observera également que le virtuose prend soin de noter la quasi-totalité des ornements rythmiques qu'il demande à l'exécutant. Les archétypes des pièces d'orgue françaises se retrouvent au fil des variations : duos et trios, récits de tierce en taille, basses de cromorne ou de trompette, oppositions de claviers dans les grands jeux, effets d'échos. Au fil de ces pages, on notera l'usage des basses d'Alberti (Noëls I, III), des traits à mains alternées (Noëls I et VII) allant, dans cette deuxième pièce, jusqu'à zébrer d'éclairs en grandes diagonales toute l'étendue du clavier, des trilles, pourtant peu fréquemment utilisés à l'orgue (Noëls VI et X) et de quelques rythmes pointés « à la française » (Noëls VI et XII, Noël... « suisse »). Ces éléments subtilement agencés contribuent à donner à chaque pièce un caractère particulier, en accord avec le climat de la mélodie utilisée. Les réussites y sont inégales, mais certains de ces Noëls sont de petits chefs-d'œuvre de délicate poésie (Noëls II, III, VII, XI, en particulier).

I. Noëls sur les jeux d'anches sans tremblant (*ré* mineur)

Sur la mélodie du XVe siècle « A la venue de Noël », d'origine provençale. Progression rythmique croissante, par croches, triolets, doubles croches, et triples croches dans l'avant-dernière variation. La dernière, en grand jeu, ménage des effets d'échos doubles (déjà apparus à la 3e variation) et de cadences rompues.

Durée d'exécution : ~ 6 mn 30 s

II. Noël en dialogue, duo, trio, sur le cornet de récit, les tierces du positif et la pédale de flûte (*ré* mineur)

Variations en petites formations (deux dessus, ou deux dessus et basse), pour accentuer le caractère rêveur de cette mélodie célèbre, connue sous diverses paroles (« Nous voici dans la ville où naquit autrefois », « Chantons, je vous en prie », « Prenez réjouissance, ô pauvres pastoureaux »). On notera, à la 3e variation, les dessins de la basse en mouvements conjoints, par vagues montantes et descendantes.

Durée d'exécution : ~ 6 mn

III. Noël en musette, en dialogue et en duo (*sol* majeur)

Ornementation mélodique et rythmique croissante. Longue tenue de tonique au pédalier, évoquant le bourdon d'une musette ou d'une cornemuse sous la mélodie qui se déploie au cromorne. Ni tutti, ni échos.

Durée d'exécution : ~ 5 mn

IV. Noël en duo sur les jeux d'anches, sans tremblant (*sol* majeur)

Mélodie du « Noël, cette journée ». Différents duos, entrecoupés de deux tutti faisant diversion.

Durée d'exécution : ~ 5 mn

V. Noël en duo (*ré* mineur)

Sur « Je me suis levé ». Suite de duos où la partie ornée est alternativement le dessus ou la taille, dans une rythmique de plus en plus serrée. La dernière variation confie les ornements aux deux voix, la mélodie se détachant dans l'aigu.

Durée d'exécution : ~ 4 mn

VI. Noël sur les jeux d'anches, sans tremblant, et en duo (*ré* mineur)

Noël lorrain « Qu'Adam fut un pauvre homme ». Alternance de duos et de tutti. Le thème en notes répétées se prête à des effets de doubles échos dans les pleins-jeux.

Durée d'exécution : ~ 4 mn

VII. Noël en trio et en dialogue, le cornet de récit à la main droite, la tierce du positif de la main gauche (*ré* mineur)

La mélodie est celle du Noël « Chrétiens, qui suivez l'Église ». Trois variations seulement, sans pédale. Le timbre appa-

raît en taille dans la première, le dialogue, construit en quatuor sur une basse descendant chromatiquement. Dans la troisième, la taille déboule à six reprises en fusées de quadruples croches sur près de deux octaves, avant de se mêler au soprano en broderies de trilles.
Durée d'exécution : ~ 4 mn

VIII. Noël étranger, sur les jeux d'anches sans tremblant et en duo (*sol* majeur)

Page rustique, de caractère dansant, au tour modal (*fa* bécarre occasionnel). Alternance de duos et de tutti, mettant en valeur les basses des jeux d'anches.
Durée d'exécution : ~ 3 mn

IX. Noël sur les flûtes (*ré* majeur)

Sur la mélodie du XVIe siècle « Noël pour l'amour de Marie ». « Très tendrement », comme il convient pour exprimer l'amour porté à Marie, ce sont deux trios successifs, *manualiter*, le deuxième en triolets. Puis intervient un deuxième Noël, chargé de faire rebondir l'intérêt, « gaiment », sur le timbre lorrain « Courons à la fête », toujours en trio, lui-même varié en triolets. Le premier Noël est repris pour conclure
Durée d'exécution : ~ 6 mn

X. Noël, grand jeu et duo (*sol* majeur)

Thème très connu de « Quand Dieu naquit en Judée », qui donna bien des chansons à boire, et même des couplets satiriques sur la guillotine. Ornementations très riches, avec de véritables roucoulades (variations 3 et 4). Tutti avec échos doubles.
Durée d'exécution : ~ 5 mn

XI. Noël en récit en taille, sur la tierce du positif, avec la pédale de flûte, et en duo, lentement et tendrement (*ré* mineur).

Noël « Une Vierge féconde », dont la mélodie remonte au Moyen Age, on le connaît également sous les paroles « Une jeune pucelle de noble cœur », pour la fête de l'Annonciation. Des douze Noëls, c'est le plus original et le plus poétique. La mélodie est traitée en développement continu, selon les règles du genre de la tierce en taille, à quatre voix. Elle fait ensuite l'objet d'un long duo, avant la reprise ornée et modulante du premier quatuor.
Durée d'exécution : ~ 7 mn

XII. Noël suisse, grand jeu et duo (*la* mineur)

Sur le « O Dieu de clémence » provençal, ou « L'estrange déluge ». De coupe carrée, noté « pesamment », au rythme très marqué en notes pointées répétées, il prolifère en une floraison de petits épisodes de fantaisie. Après un grand jeu, un duo de cornet et de cromorne reprend le motif, dessus orné et basse d'anche, avant le retour au grand jeu pour conclure.
Durée d'exécution : ~ 4 mn

G.C.

XAVIER DARASSE

Né à Toulouse, le 3 septembre 1934 ; mort en cette ville, le 24 novembre 1992. D'une famille de musiciens, il commence très jeune le piano. Au Conservatoire de Paris, il sera l'élève de Maurice Duruflé, Simone Plé-Caussade, Rolande Falcinelli, Jean Rivier et Olivier Messiaen. En 1963, les « Amis de l'Orgue » lui décernent leur prix de virtuosité, et ses études sont couronnées, en 1964, par un Grand Prix de Rome. Dès lors commence pour lui une carrière de virtuose, son répertoire, très éclectique, allant des maîtres anciens à l'avant-garde – en témoignent ses nombreux enregistrements, de Sweelinck à Pablo : il est à cet égard l'un des pionniers de la musique contemporaine, présentant une quarantaine d'œuvres nouvelles en création ou en première audition. Ses activités sont multiples : restauration des orgues historiques, classes de maître, cours itinérants, journalisme, émissions de radio; à Toulouse, il a dirigé la musique au Centre culturel, puis créé, en 1976, un concours d'orgue, un festival et une académie d'été. Un très grave accident devait mettre un terme à sa carrière d'organiste; mais le compositeur apparaît alors sous le virtuose. Professeur d'orgue au Conservatoire national supérieur de Lyon depuis 1985, il est nommé en 1991 directeur du Conservatoire national supérieur de Paris, mais la maladie ne lui permet pas plus de s'y affirmer que de poursuivre la composition de son opéra Dorian Gray, *commande du Théâtre du Capitole. Pour le présent* Guide, *il a rédigé des notices sur nombre de compositeurs contemporains dont l'œuvre lui était familière.*

Exécutant virtuose, Darasse a d'abord écrit pour son instrument, essentiellement la série des huit pièces appelées *Organum*. Mais depuis *L'Instant d'après*, symphonie pour instruments à vent (1977), et *A propos d'Orphée I*, pour soprano et violon (1978), son activité de compositeur s'est déployée vers de nouveaux horizons, où la voix occupe une place importante. Passionné de peinture, il procède, comme certains peintres, par cycles d'œuvres formant des variations autour de motifs communs, le tout se reflétant dans les pages pour orgue. Le discours musical est souvent chez lui un jeu subtil de glissements et de métamorphoses, manifestant un goût naturel pour les oppositions et les contrastes. A côté des œuvres pour orgue seul, la présence de cet instrument marié à d'autres couleurs sonores traduit ce goût pour les possibilités d'échanges et les transformations, sources d'enrichissements réciproques.

Organum I

Commande du Festival de Royan (1971), destinée à être jouée pour la première fois dans une église moderne à longue résonance, cette œuvre utilise le silence résonnant comme un des éléments de la composition : comme les couleurs d'un vitrail enchâssées dans le plomb, les diverses séquences y sont entourées par le silence. L'orgue est traité ici de façon nouvelle : jeux tirés-poussés produisant des effets de percussion, d'éclairs, utilisation des trois claviers et du pédalier à six mains et six pieds, grâce à deux assistants. L'ensemble est très coloré et surprenant.

Durée d'exécution : ~ 10 mn

Organum II

Commande du Conservatoire de Paris pour le concours de fin d'année (1978), cette pièce est dédiée à Marcel Dupré qui fut, durant les études de Darasse, son guide et son conseiller. La forme, qui se veut très claire, fait apparaître six sections : introduction, toccata, trio, cadenza, cantus firmus, coda. Au début, les neuf notes de base sont réparties sur les trois claviers et bloquées, colorées par des changements de jeux rapides; ailleurs, les jeux de mutation sont utilisés sans le son fondamental; des sons justes et tempérés se superposent. Tous ces moyens sont employés pour donner un résultat sonore étonnant sur un instrument de type classique. D'autre part, des contrastes sont ménagés entre des sections unanimes et d'autres très hétérogènes. La coda laisse entendre des fragments épars et, pour mémoire, l'accord du début est enfin retrouvé.

Durée d'exécution : ~ 10 mn

Organum III

Commande pour le concours d'orgue de Chartres (1979). La beauté et la grandeur de la nef de la cathédrale ont inspiré une œuvre de dimension imposante, aux grandes lignes traversant en diagonale les diverses séquences. L'esprit du lieu a également suscité quelques rappels symboliques du passé médiéval, notamment dans l'apparition de cantus firmus ou d'agrégats de quintes à vide. La plénitude de l'instrument et les effets stéréophoniques des divers claviers sont largement exploités. La virtuosité omniprésente se veut extension du possible, et la fin de l'œuvre, sorte d'incendie qui ravage le grave et s'étire vers l'aigu, remplit peu à peu l'orgue entier de son lyrisme impressionnant.

Durée d'exécution : ~ 13 mn

Organum IV, pour orgue et trois percussions

Composée en 1981, cette œuvre évoque les souvenirs des dimanches de fête où la sonorité des carillons se mêle aux effusions de l'orgue, lors de l'ouverture du grand portail de l'église, souvenirs aussi des images anciennes où l'orgue apparaît encadré de cloches, de cymbales et de grelots. L'ambiguïté timbrique est ici cultivée au point qu'il est parfois malaisé de distinguer le marimba du jeu de flûte, la cymbale de l'orgue des cymbales de la percussion, la flûte 16′ des timbales. De ces jeux de miroir naît une poésie certaine.

Durée d'exécution : ~ 12 mn

Organum V

Écrit en 1983 sur commande de l'État, et destiné à un orgue à deux claviers, la forme en est très apparente, avec des moments très variés de tessiture, de couleur ou de mouvement, mais enchaînés de façon simple. Le silence retrouve ici de son importance, silence habité de la résonance ; et la fin rejoindra le véritable silence, à la façon d'un nocturne ponctué par des plaintes d'oiseaux.

Durée d'exécution : ~ 10 mn

Organum VI

Écrit en 1986, il se compose de six pièces faciles et de courte durée pour un orgue classique. 1. Grand jeu avec récitatif. 2. Plein jeu, la tierce créant le désordre et introduisant une polymodalité. 3. Jeu de tierce interrompu par des accords répétés et des arpèges. 4. Récitatif au-dessus duquel les cornets se répondent en écho. 5. Prélude non mesuré servant de trame à un solo orné, le tout ponctué de points tracés par la doublette dans une ligne inexorablement ascendante. 6. Toccata sur les jeux d'anches.

Durée d'exécution : ~ 15 mn

Organum VII, pour soprano et orgue

Œuvre composée en 1989 pour le festival de Saint-Bertrand-de-Comminges, d'après Dante (*La Divine Comédie, Purgatoire*, chant II). Darasse déclare : « L'orgue et la voix, alliance si naturelle ! Il m'a semblé qu'il fallait aider les organistes à sortir de leur habituelle solitude. Les sons multiples de l'orgue auréolent la touchante voix humaine, dont le souffle vivant et fragile se trouve confronté au vent mécanique inépuisable. Pour cette œuvre chantée le plus souvent dans l'église ou le temple, il fallait un texte remarquable et respectable. L'inaltérable poésie de Dante possède ces qualités. Le choix de ce texte n'est pas innocent, et la question posée par les âmes errantes nous est toujours adressée : “Si vous savez la voie pour aller là-haut, enseignez-nous !” Les sons de l'orgue, venant symboliquement d'en haut, apporteraient-ils une réponse musicale ? » (Cette œuvre peut être jouée à l'orgue seul.)

Durée d'exécution : ~ 13 mn

Organum VIII, pour orgue et quintette de cuivres

Quoique plus ancienne (1972), cette œuvre prend place aujourd'hui dans la série des *Organum*. Commande du festival de Metz, elle est sous-titrée *In memoriam J.-P. Guézec*. Remarquable compositeur prématurément disparu, ami personnel de Darasse, Guézec apparaît ici par une citation de sa pièce d'orgue, encadrée de grandes implorations. Cuivres et orgue s'opposent ou s'allient. Les solos du cor, du trombone et de l'orgue sont interrompus, recouverts ; et si le calme parvient parfois à s'établir, les deux forces sonores se conjuguent pour finir en une éclatante et lyrique péroraison.

Durée d'exécution : ~ 18 mn

Pedal-Exercitium

Commande des Éditions Universal (1988), cet exercice veut donner une impression de multiplicité par la possibilité de faire parler tous les jeux de l'orgue sur le pédalier : grave et aigu, fortissimos subits, crescendos, effets d'écho. Tous les artifices ont été nécessaires pour cacher la réalité : deux pieds seulement sont les modestes acteurs de cette séquence contrastée et fébrile.

Durée d'exécution : ~ 7 mn

G.C.

JOHANN NEPOMUK DAVID

Né à Eferding (Autriche), le 30 novembre 1895; mort à Stuttgart, le 22 décembre 1977. D'abord choriste à l'abbaye de Saint-Florian où il apprit les rudiments de son art, il poursuivit ses études à la Musikakademie de Vienne (1920-1923) et bénéficia de l'enseignement de Joseph Marx. Organiste et chef de chœur à Wels, de 1924 à 1934, il occupa ensuite le poste de professeur de composition du conservatoire de Leipzig (1934), établissement qu'il dirigea en 1942. Directeur du Mozarteum de Salzbourg de 1945 à 1947, il fut enfin nommé professeur de composition à la Musikhochschule de Stuttgart en 1948. Sa carrière est jalonnée de nombreux honneurs et récompenses : prix Franz Liszt, Buxtehude, Bach, Mozart, Prix de la ville de Vienne et de la Fondation Goethe, etc.

Contemporain de Hindemith, Pepping, Křenek, Bornefeld ou Distler, Johann Nepomuk David subit à la fois l'influence du Reger polyphoniste et celle de Schönberg. A une heure où le retour à Bach se manifeste avec éclat, il se montre donc fidèle au contrepoint, science qu'il possède au plus haut degré, tant les notions de fugue, renversement, canon, augmentation, strette ou procédés de miroir n'ont plus aucun secret pour lui. Mais s'il rejette d'abord la sentimentalité et les débordements emphatiques du postromantisme tout en optant pour un langage tonal, son style évolue ensuite en direction d'une esthétique plus moderne (harmonie élargie par le chromatisme, omniprésence de l'intervalle de quarte, effets de polytonalité, atonalisme). Cela ne se conçoit pas sans une certaine sécheresse : un art pur et coupant comme de la glace!

D'abord tourné vers l'instrument à tuyaux qu'il pratique avec maîtrise, son champ d'action s'est ensuite étendu à la musique chorale (messes, *Requiem*, oratorio) et l'orchestre (huit symphonies, deux concertos pour violon). Il n'en demeure pas moins qu'à l'égal de ses illustres devanciers germaniques, deux formes l'attirent particulièrement à l'orgue : le choral et la fugue.

Dans la première catégorie, on retiendra surtout les vingt et un volumes qui, sous le titre de *Choralwerk*, paraissent de 1932 à 1974, un *Orgelbüchlein* de notre siècle, et des partitas dont une en cinq parties sur *« Lobt Gott, ihr frommen Christen »*.

Dans la seconde, on peut relever : *Passamezzo et fugue* en *sol* mineur (1928), *Praeambel und Fuge* (1930), deux *Fantaisies et fugues* (1931), deux *Petits Préludes et fugues* (1931), deux *Toccatas et fugues* (1928, 1962), une *Chaconne et fugue* (1962), douze *Orgelfugen* et un *Ricercare* en *la* à cinq voix. Parmi les autres œuvres figurent une *Chaconne* (1927), une *Fantaisie sur « L'Homme armé »* (1929), une *Partita sur B.A.C.H.* (1964) et deux pièces plus tardives, d'un programme nouveau : *Hölderlin* (1971), triptyque comprenant *Ode*, *Élegie* et *Hymne*, et *Franz von Assisi* (1973).

Pour orgue et instruments, David a laissé aussi un concerto (1965) et *Introït, choral et fugue sur un thème d'Anton Bruckner* avec vents.

F.S.

ABEL DECAUX

Né à Auffray, en 1869; mort à Paris, le 19 mars 1943. Il fut au Conservatoire de Paris (1890-1895) l'élève de Widor (orgue) et de Massenet (composition), puis se perfectionna auprès de Guilmant avec lequel il se lia d'amitié. Après sa nomination comme professeur à la Schola Cantorum (1898), il occupa le poste du Sacré-Cœur de

1903 à 1923. A cette date, il fut désigné pour enseigner son instrument à l'Eastman School of Music de Rochester, et demeura une dizaine d'années aux États-Unis. Rentré en France, il professa dans le cadre de l'école César Franck (1935) et de l'Institut grégorien.

Infatigable virtuose et authentique pédagogue, Abel Decaux ne consacra pas à la composition l'essentiel de sa carrière, et l'on peut le regretter. Les quelques pages qu'il nous laisse présentent, en effet, un exceptionnel intérêt par leurs innovations et le caractère résolument révolutionnaire qu'elles affichent à une époque où ni Schönberg — à qui on l'a si souvent comparé —, ni Stravinsky, ni Varèse n'ont encore produit d'œuvres significatives. Composés entre 1900 et 1907, ses *Clairs de lune* pour piano anticipent sur un atonalisme impressionniste qui n'est pas sans annoncer les futures techniques sérielles, et l'homme, dans ses goûts, se réclame des tendances les plus avancées de son époque, ardent défenseur de l'avant-garde artistique (Gauguin, Van Gogh et toute la nouvelle peinture) que le public des années 1905-1908 refusait encore dans sa majorité. Mais l'unique œuvre d'orgue qu'il ait publiée, **Fughette sur Ave maris stella**, aussi parfaite soit-elle, n'apparaît pas aussi magique et singulière.

F.S.

AZZOLINO BERNARDINO DELLA CIAJA

Né à Sienne, le 21 mars 1671 ; mort à Pise, le 15 janvier 1755. Dès son jeune âge, il est admis dans la confrérie des chevaliers de l'ordre de S. Stefano de Pise, ville qui s'attachera sa présence dans son Conseil gouvernemental. De 1713 à 1720 au service du connétable Colonna à Rome, il revient à Pise où il fait de nouveau partie du gouvernement avant d'embrasser la prêtrise en 1734. On lui doit des psaumes, des cantates et un Livre pour clavier publié à Rome en 1727. Il consacre les années suivantes à édifier dans l'église S. Stefano de Pise l'un des plus grands orgues de Toscane et même d'Italie, inauguré en 1737 à l'occasion des funérailles de Jean Gaston de Médicis.

Contrairement à ses compatriotes toscans Pasquini, implanté à Rome, et Zipoli, parti pour l'Espagne puis pour l'Argentine, Della Ciaja, malgré son long séjour romain, est resté fidèle à sa région natale et, s'il n'a guère fréquenté Florence, peut-être est-ce le destin qui fait coïncider l'inauguration de son orgue avec la cérémonie funèbre d'un des membres de l'illustre famille de Médicis et dernier maître de la capitale intellectuelle de l'Italie. Issu de l'aristocratie, Della Ciaja peut se targuer, comme les Vénitiens Marcello et Albinoni, du beau nom de « *dilettante* ». C'est par amour désintéressé de la musique et goût de l'inédit que le noble Toscan publia quelques recueils étonnants où il radicalise les tendances « baroques », et construisit de ses propres mains l'orgue non moins « bizarre » offert à son ordre. Riche de « *4 manuali e oltre 100 registri* » — qui correspondent aux Positif, Grand-Clavier, Récit et Écho français — ; l'instrument proprement phénoménal semble dépourvu de pédalier mais peut, en revanche, s'accoupler avec un cinquième clavier autonome de clavecin !

L'œuvre pour clavier

Les *Sonate per cembalo con alcuni Saggi, ed altri contrapunti di largo, e grave stile ecclesiastico per grandi organi* de Della

Ciaja virent le jour à Rome en 1727 comme opus 4. Inaugurée dans un recueil publié par Arresti en 1687 sous le titre *Sonate da organo de varïe autori*, la sonate pour clavier, démarquée de la sonate pour violon, a inspiré Pasquini, Zipoli puis tous les Italiens du XVIIIe siècle (sans oublier les Allemands). Tout naturellement, le genre de clavier reflète l'évolution des sonates pour cordes et, d'un moule en tempos enchaînés (assez peu différenciable des *toccate* plurisectionnelles d'un Alessandro Scarlatti), sortira peu à peu une forme en mouvements séparés, organisés selon un plan tonal externe et interne (chez Marcello, par exemple).

Le médium instrumental évolue aussi. Encore pour orgue, les sonates publiées par Arresti vont laisser place à des sonates pour clavecin ou orgue et souvent pour clavecin seulement. En Italie comme en France, rien ne freinera la sécularisation de la musique de clavier au XVIIIe siècle. L'œuvre des Scarlatti père et fils s'adresse principalement au clavecin (deux sonates pour orgue seulement chez Domenico !), de même que les sonates de Durante et de tous les Napolitains.

Le recueil de Della Ciaja illustre on ne peut mieux cet état de choses. Ses six sonates s'adressent au clavecin, s'enrichissent de doigtés et d'indications affectives et s'en tiennent à un moule unique en quatre mouvements — toccata, canzone, allegro et moderato (ou vice versa pour les deux derniers) — qui a pour avantage de marier les styles ancien et nouveau : deux premiers mouvements continus issus des anciens binômes « *toccata e ricercare* » (*cf.* Frescobaldi, Storace, etc.) et deux pages modernes, proches des moderatos et allegros haendéliens (l'ensemble évoque étonnamment les « Sonates bibliques » de l'Allemand Kuhnau, publiées en 1700).

Bien qu'adressée expressément au clavecin, on s'attardera un instant sur la première sonate en *sol* majeur afin de prendre la mesure du style de l'auteur. Elle commence par une éloquente *Toccata largo, e sostenuto* d'une remarquable plasticité qui, après quelques accords parfaits, fracasse les acciacatures les plus âpres, pimentées de mordants inférieurs, se ploie en de soupirantes inflexions, ou zèbre l'espace de traits arrogants. De cinq mesures, le sujet de la vive et vaste *Canzone* en *ut* majeur, animée par le resserrement rythmique caractéristique du genre, se réduit à la seule tonique ornée, *recto tono* puis à l'octave, suivie de la gamme d'*ut* descendante et ascendante : non pas thème-mélodie mais thème-tonalité — vivaldien par excellence — caractéristique des premières affirmations triomphales de la tonalité. Un bref *Allegro* en *sol* mineur avec doubles croches à la main droite et croches à la main gauche (cousin de l'*Allegro* de la *Suite* en *fa* de 1720 de Haendel) confirme l'influence indéniable du violon sur le clavier à travers une vélocité un peu mécanique, des formules en progression séquentielle. Sorte de barcarolle ou sicilienne, le finale *Moderato* en *sol* majeur, également binaire à reprise, affiche une humeur tonale incroyablement vagabonde et anticipe, plus d'un siècle à l'avance, sur les barcarolles de Mendelssohn et d'Alkan.

Plus modestes, présentées sur quatre portées superposées, les pages pour orgue n'en appellent nullement aux grands instruments mentionnés dans le titre. On relève :

— Une **Pastorale** (ajoutée entre les deux derniers mouvements de la sixième sonate, avec la précision : « *In organo si suoni all'ottava alta* ») à rapprocher des Pastorales de Pasquini ou Zipoli.

— Douze **Soggetti** dans les douze modes, très brefs ricercari restreints à une exposition.

— Six **Ricercari di tuoni misti**, c'est-à-dire dans les six modes de base *(ré, mi, fa, sol, la, ut)* sans tenir compte de la dichotomie authente/plagal. En une section, mais plus étoffés que les *Soggetti*, ils avouent une singulière fidélité au contrepoint ancien et à la modalité, cinq ans après les théories tonales affirmées par Bach et Rameau. Cependant, loin d'offrir à ses lecteurs de pâles fleurs séchées, éventées et décolorées, le compositeur les introduit dans un univers chatoyant et capiteux. Diatonique et serein, le premier en *fa* expose trois voix en strette serrée (à une note de décalage), la dernière arrivant loin derrière ; méditatif, jalonné de rencontres déchirantes, le deuxième en *sol* (mineur) se situe quelque part entre Frescobaldi et Franck et se termine dans la limpidité d'une coda apaisée ; plus virevoltant dans un dynamique *ut* majeur, le troisième étage normalement des entrées deux à deux, s'adjoint un contre-sujet syncopé et s'articule autour d'un passage plus introverti pour terminer en strette ; les quatrième et sixième misent sur le « *rovescio* » (renversement).

— Une **Messa** sans titre, réduite à de très brefs versets de *Kyrie* et de *Gloria* (de la messe *Cunctipotens*, dans la version médicéenne de 1614). Le contrepoint imitatif règne, excepté dans les introductions *grave*, facultatives, et dans le *Qui tollis* à la polyphonie intriquée, assombrie de dissonances figuralistes. Sans doute est-il prévu de puiser dans les *Soggetti* et *Ricercari* du futur prêtre pour compléter cette messe miniature…

Par son ambiguïté, par ses manques mêmes, le pseudo-Livre d'orgue de Della Ciaja est riche d'enseignement. Il révèle combien une destination ecclésiastique de leur œuvre motivait peu les claviéristes du temps, et montre qu'à défaut d'être en état d'imaginer un *stile da chiesa* moderne, ils revenaient à l'inusable *stile osservato*. Mince témoignage de la « discrépance » stylistique observée à grande échelle dans la musique d'église d'un Alessandro Scarlatti ou d'un Lotti qui, à côté de messes-cantates et de motets en style moderne, composent encore des polyphonies *a cappella* quasi palestriniennes.

B. F.-S.

JEANNE DEMESSIEUX

Née à Montpellier, le 14 février 1921 ; morte à Paris, le 11 novembre 1968. Déjà organiste de l'église du Saint-Esprit de Paris en 1933, elle entra au Conservatoire dans la classe de Marcel Dupré où elle obtint un premier prix très remarqué (orgue et improvisation) en 1941. Après une série de douze récitals historiques qu'elle donna salle Pleyel en 1946-1947, sa renommée s'étendit rapidement à l'Europe et aux États-Unis, où elle effectua trois tournées (1953, 1955, 1958). Virtuose hors pair à l'instar d'un Marcel Dupré dont la technique atteint les mêmes sommets, elle enseigna aux conservatoires de Nancy (1950) et de Liège (1952) puis fut nommée organiste de la Madeleine en 1962. Parmi ses élèves, Pierre Labric se fit connaître comme un des meilleurs organistes de son temps et diffusa sa musique avec talent. En dehors des huit grandes œuvres d'orgue, elle a composé des pièces pour piano, de la musique de chambre, des mélodies, des motets, une Cantate pour le Jeudi saint *et un oratorio.*

Conçue dans la lignée de son maître Marcel Dupré (architecture, science du contrepoint, pensée orchestrale), mais sensible au langage nouveau d'un Messiaen, l'œuvre d'orgue de Jeanne Demessieux paraît indépendante, trouvant un juste équilibre entre musique pure, signifiante, pédagogique ou liturgique.

Les **Douze Chorals-Préludes** de 1950 répondent aux *Chorals* publiés par Dupré en 1931. Si, par leur polyphonie, plusieurs doivent encore à l'univers de Bach, d'autres sollicitent une esthétique plus symphonique (toccata pour le VENI CREATOR) dans une paraphrase latine qui ne retient de la forme luthérienne que le principe. On peut les rapprocher de **Répons pour le temps de Pâques**, qui exploite trois thèmes grégoriens (dont *Victimae Paschali* et *Resurrexit*), puis s'organise autour des dix-neuf sons d'un carillon dans de libres superpositions rythmiques soigneusement élaborées, ou du **Te Deum** de 1959. Quant aux **Sept Méditations sur le Saint-Esprit** (1947), elles relèvent d'une poésie mystique que l'on ne peut s'empêcher d'associer à celle de Messiaen, dont *La Nativité* ou *Les Corps glorieux* remontent aux années d'avant guerre : figuralisme échevelé du VENI SANCTE SPIRITUS, fluidité des EAUX, programme identique à celui de la future *Sortie* de la *Messe de la Pentecôte* dans la troisième, notes répétées autoritaires de DOGME, tendre solo de flûte dans

Consolateur, scintillement de **Lumière** peu distant des *Anges* de *La Nativité*, enfin joie très affirmée dans le staccato de **Paix**.

Les autres œuvres ne puisent pas aux sources sacrées. Parmi elles, un **Poème pour orgue et orchestre** (1952), un **Triptyque** (1948) comprenant **Prélude** symphonique sur deux thèmes avec un âpre déroulement de cortège, **Adagio** polytonal et **Fugue** avec animation progressive et carillon final, et un **Prélude et fugue dans le mode lydien** (1962) qui oppose, à un **Allegro moderato** de construction savante, une **Fugue** qui expérimente une tentative de réponse au quatrième degré altéré (mode de *fa* transposé en *do*) parmi d'autres tours de force (renversement du contre-sujet, sujet par mouvement contraire en augmentation, strettes diverses...)

Les *Six Études* demeurent cependant la plus célèbre des compositions de Jeanne Demessieux.

Six Études

Publiées en 1946 et contemporaines des *Deux Esquisses* (op. 41) de Marcel Dupré auxquelles on a toujours voulu les comparer, ces pièces figurent assurément parmi les pages les plus difficiles de tout le répertoire d'orgue et posent aux exécutants de haute école une série de problèmes ardus.

1. **Pointes** (*allegro agitato* à 3/4) : *perpetuum mobile* de doubles croches ménageant des intervalles variés à la pédale et accords alternés des mains.
2. **Tierces** (*allegretto* à 2/4) : étude pour double pédale à intervalle de tierce.
3. **Sixtes** (*scherzando* à 6/8) : mouvement véloce de sixtes parallèles à la pédale, sur lequel se détache un motif mélodique (cromorne) pimenté de valeurs brèves (main gauche).
4. **Accords alternés** (*allegro con moto* à 3/4) : thème à la pédale puis au Grand-Orgue et au Positif (clarinette) avant l'entrée d'une seconde idée sur un contrepoint de pédale en doubles croches *(da capo)*.
5. **Notes répétées** (*vivo* à 5/4) : étude très spécialement destinée au pédalier (répétitions rapides) sur staccato d'accords manuels.
6. **Octaves** (*allegro con fuoco* à 3/4) : motifs en gammes agitées (double pédale et deux mains en alternance).

Durée d'exécution : ~ 22 mn

F. S.

GIROLAMO DIRUTA

Né à Deruta, vers le milieu du XVIe siècle; mort à Pérouse, après 1610. Moine franciscain à Correggio en Emilie, il entame une carrière d'organiste dans les années 1570. Au début des années 1580, il est à Venise l'élève de Merulo (originaire de Correggio), Zarlino et Porta, et tient lui-même l'orgue de S. Maria dei Frari. En 1593, on le trouve organiste de la cathédrale de Chioggia et, plus tard, de la cathédrale de Gubbio. Il laisse un célèbre ouvrage intitulé Il Transilvano *(1593, 1609) qui connut de multiples rééditions.*

Le « grand œuvre » de Diruta est donc un Traité d'orgue et de clavecin en deux parties, assorti de quelques-unes de ses compositions et d'un florilège de pièces pour orgue des meilleurs auteurs de son temps : Guami, Luzzaschi (organiste de Ferrare), Merulo, Andrea et Giovanni Gabrieli, Bell'Haver (ces quatre derniers, organistes de San Marco à un moment donné de leur carrière). En hommage à Sigismond Báthory, prince de Transylvanie, neveu du roi de Pologne, le premier volume, publié à Venise par Vincenti, est baptisé *Il Transilvano dialogo sopra il vero modo di sonar organi, et istromenti da penna*, titre reporté sur le deuxième volume adressé à la duchesse Leonora Sforza et intitulé *Seconda parte del Transil-*

vano dialogo. Avant la dédicace « *Al Serenissimo principe di Transilvano* », le premier recueil insère une lettre-hommage à Claudio Merulo.

D'évidence, Diruta se donne pour mission de transmettre, sous forme de dialogue comme le veut l'époque, les préceptes et conseils de Merulo, son maître vénéré, concernant la position corporelle, le doigté (qui favorise les trois doigts centraux, sans exclure le pouce et le cinquième), les règles du contrepoint, l'art de la diminution et de l'ornementation, l'alternance de l'orgue et du chœur à l'église. A cette occasion, il se penche sur l'emploi des douze modes nouvellement définis par Zarlino (*ré, mi, fa, sol, la* et *ut*, authente et plagal) et sur les registrations adéquates pour traduire le caractère symbolique attaché à chacun. Le 1er ton lui semble digne et ferme, le 2e mélancolique, le 3e plaintif, le 4e triste et approprié à l'Élévation, au sacrifice christique, le 5e d'une joie discrète, le 6e recueilli, le 7e tout d'allégresse, le 8e aisé, le 9e clair, le 10e, plus opaque, les 11e et 12e vifs et aimables. Toutes les registrations se rapportent aux minces possibilités des orgues positifs italiens réduits au *ripieno* et aux divers agencements de leurs jeux décomposés, ou *mezzo-ripieno*, avec ou sans tremblant.

A la suite de Merulo, Diruta préconise la publication des œuvres pour clavier sur deux portées de huit et cinq lignes; il distingue la technique du clavecin de celle de l'orgue, ainsi que le jeu réservé à la « vraie musique » en opposition aux « *balli* » (danses). Subdivisé en quatre Livres, le deuxième volume reprend et précise les données du premier.

Parmi les pièces « profanes » de Diruta figurent des ricercari d'une ambition assez limitée, conformes au jeu imitatif caractéristique du genre mais qui peuvent se suffire d'une seule section ou comporter, tel le *Ricercare del settimo tono* en *sol* (1609), une sorte de coda, en métrique ternaire et contrepoint notre contre note, pour clore l'unique section binaire en style de canzone. Également modestes, plus dans l'esprit des Gabrieli que des somptueux modèles méruliens, ses quatre *toccate* (1593) balaient le clavier de traits fougueux adossés à de larges accords : ainsi la *Toccata di grado del primo tono* (en *ré*). Plus étendue, décorative et capricieuse, la *Toccata dell'undecimo et duodecimo tono* (en *ut*) intègre quelques réitérations à la même voix, sans que l'on puisse parler d'épisode contrapuntique.

Les pages d'église sont regroupées dans le Livre IV du volume de 1609. Publiant son chapitre seulement quatre ans après *L'Organo suonarino* de Banchieri, Diruta évite le double emploi, en glissant rapidement sur les considérations d'ordre liturgique au profit d'exemples pratiques, avec une série de brefs versets à quatre parties, en contrepoint imitatif ou plus homophonique : d'une part, 21 hymnes (*Pange lingua, Ave maris stella*, etc.) dans les huit tons d'église (et non les douze modes zarliniens en raison des intonations plain-chantesques qui leur donnent vie), excepté deux en 11e et 12e tons; d'autre part, huit versets de *Magnificat*, un par ton, mais avec maints exemples de transposition, ce qui élève leur nombre à 34.

B. F.-S.

HUGO DISTLER

Né à Nuremberg, le 24 juin 1908; mort à Berlin, le 1er novembre 1942. Après avoir entrepris des études au conservatoire de Leipzig (1927) où il fut l'élève de Gunther Ramin (orgue) et Grabner (composition), il tint les orgues de Saint Jakob de Lubeck de 1931 à 1937 et enseigna ensuite l'orgue et la composition à la Musikhochschule de Stuttgart qu'il dirigea (1937-1940), de même que la Hochschule für Musik de Berlin (1940-1942) et les chœurs de la cathédrale (1941-1942). A la veille d'entrer dans le service actif, il se suicida. L'art de Distler se destine notablement au culte luthérien. A l'exception de quelques pages pour piano ou musique de chambre, d'un concerto pour clavecin (1936) ou de chants profanes, son œuvre se compose de musique religieuse (motets, chorals, cycles divers) et de sept recueils d'orgue qui privilégient la partita et le choral parmi des pièces libres et des sonates.

A l'heure où le retour à Bach et au contrepoint sonne en Allemagne, l'intérêt que porte Hugo Distler à la tradition baroque du XVIIe ou du XVIIIe siècle ne surprend pas. Titulaire de l'instrument de Saint Jakob de Lubeck, dans un environnement qui lui rappelle davantage Tunder, Buxtehude ou Bruhns que le Cantor de Leipzig, il tire son originalité d'une culture étendue à Sweelinck et aux virginalistes anglais (elle lui inspire une polyphonie toujours claire et linéaire) et à une grâce qui ne doit rien à personne et que l'on peut inscrire au bénéfice d'une rare poésie. Mais s'il a bien soin de rejeter, en effet, le pathos et la surcharge d'un Reger, il ne saurait souscrire au traitement sec et froid que son contemporain Johann Nepomuk David fait subir au contrepoint. Esprit raffiné, inventif et brillant, il a su aussi éviter la tentation du pastiche et son œuvre témoigne d'un juste équilibre entre l'idiome décoratif aérien et imaginatif d'un Buxtehude et les exigences harmoniques de son époque. Polyphoniste élégant, il sait, en effet, alléger idéalement son discours ; rythmicien de premier ordre, il connaît tous les secrets de l'ornementation ancienne, mais en dépasse souvent les arabesques les plus exubérantes, jouant avec un certain sens de l'humour de syncopes ou de figures déhanchées du plus inédit effet. A un moment où le clavecin revient sur la scène, il a su également retrouver un langage polyvalent (orgue de chambre/clavecin) et poser les premières bases d'une littérature mixte. La France se doit de découvrir enfin cet artiste délicat et hors du commun qui apparaît comme le « Jehan Alain allemand ».

Après avoir composé une **Sonate** op. 1 en 1930, Distler publia deux numéros d'opus qui regroupent les œuvres luthériennes (op. 8) et les pages de musique pure (op. 18). Il commença par la première série et fit éditer en 1933 une **Partita über « Nun komm der Heiden Heiland »** op. 8/1 puis, en 1935, une **Partita über « Wachet auf »** op. 8/2, toutes deux d'un contrepoint souple et d'un charme indéniable. Celle qui commente le choral de l'Avent adopte un plan symétrique (toccata-choral et variations — chaconne — toccata), tandis que la seconde s'articule en triptyque avec toccata, bicinium et fugue à 3/8 dans un style de carillon.

Viennent ensuite trois publications majeures.

30 Spielstücke für die Kleinorgel oder andere Tasteninstrumente
(op. 18/1)

Une suite de courtes pièces pour petit orgue sans pédale compose ce recueil de 1938. Écrites à deux, trois ou quatre voix dans un contexte tonal ou parfois modal, elles se restreignent souvent à un ambitus limité, que les deux mains agissent dans une zone grave ou (le plus souvent) aiguë. On y rencontre toutes sortes de morceaux, depuis la brève toccata sans barre de mesure (n° 41) jusqu'au ricercare le plus austère (n° 45), en passant par l'allegro de concerto avec ses joyeux anapestes (n° 42), la chaconne (n° 43), le passepied (n° 44), la fantaisie (n° 46) ou la berceuse (n° 11). Les dix-huit derniers numéros sont consacrés à trois « thèmes et variations » d'égale proportion sur « *Frisch auf, gut Gsell* », « *Elselein, liebster Elselein* » (dans le style d'une partita de Pachelbel avec retour final du thème, au gré d'une polyphonie ornementale) et « *Wo Gott zu Haus nit gibt sein Gunst* », dont le motif de Hans Leo Hassler est présenté comme un choral harmonisé (on remarquera dans cette dernière un procédé d'écho qui renoue avec Sweelinck). La plupart de ces variations mettent en lumière les qualités rythmiques de Distler, jouant avec alacrité, verve ou désinvolture d'arpèges, notes répétées, syncopes ou ornements divers. On en retrouvera l'esprit et la saveur dans les *11 Klavierstücke* de 1942.

Durée d'exécution de chaque pièce : de 1 à 3 mn

Kleine Orgelchoralbearbeitungen
(op. 8/3)

Ouvrage destiné au culte luthérien (1938), il complète, sous le même numéro d'opus, les deux partitas déjà citées. Registrés pour l'orgue de Saint-Jakob de Lubeck, dont la composition est donnée en préface, la plupart de ces chorals prennent fin par une harmonisation qui peut servir d'accompagnement au chant des fidèles. Les paroles des différentes strophes en sont d'ailleurs proposées, ce qui accuse plus encore le caractère liturgique de l'œuvre et le soin apporté par l'auteur à l'adéquation musique/texte. La coloration à l'ancienne (et fort précise) exigée par l'auteur accentue d'autre part l'aspect vénérable et ancestral du message réformé, bien que Distler ne renonce jamais au langage de son époque. On distingue successivement : « *Wie schön leuchtet* », fantaisie-choral à la Buxtehude ; « *Das alte Jahr vergangen ist* », bref prélude orné *manualiter* ; « *Jesus Christus, unser Heiland* », partita en plusieurs épisodes contrastés selon une conception compartimentée des plus baroques ; « *Christ, du Lamm Gottes* », trois préludes à interpréter successivement ; « *Mit Freuden Zart* », d'abord en trio puis plus libre avec triolets et septolets ; « *Ach wie flüchtig, ach wie nichtig* » qui rappelle quelque choral de l'*Orgelbüchlein*, et « *Christ, der du bist der helle Tag* » sous forme de partita, les deux premières variations en duo puis trio, et la dernière très incisive avec pédale.

Durée d'exécution : ~ 25 mn

Orgelsonate (op. 18/2)

Éditée en 1939, cette sonate en trio se range sous le même numéro d'opus que la série des trente pièces de 1938. Elle compte trois mouvements et rappelle évidemment les *Sonates en trio* de Bach, bien qu'introduisant dans l'architecture un récitatif et un carillon que le Cantor n'a pas abordés. Une très vivante imagination insuffle à l'ensemble une ardeur où s'équilibrent esprit classique et langage moderne, et l'on appréciera les « trouvailles » que nous réserve l'auteur : polyphonie coupée par des ostinatos en récitatifs (premier mouvement), début curieux à 4/8 avec figures répétitives en triples croches puis fugato (deuxième mouvement) et le final en chaconne du dernier volet.

Durée d'exécution : ~ 10 mn

F.S.

LOUIS ANTOINE DORNEL

Né vers 1680; mort après 1756. Claveciniste, organiste et peut-être violoniste, Dornel fait parler de lui pour la première fois en 1706 lorsqu'il brigue avec succès l'orgue de Sainte-Marie-Magdeleine-en-la-Cité (tribune laissée vacante par le départ de Dagincour – disciple de Lebègue, récemment disparu, lequel pourrait bien avoir été aussi le maître de Dornel). Il succède en 1719, à l'abbaye Sainte-Geneviève, à Raison qu'il suppléait depuis 1716. Il s'occupe aussi d'expertise d'orgue et de pédagogie et, de 1725 à 1742, il est maître de musique à l'Académie française. Les témoignages du Mercure *et de ses contemporains sont unanimement favorables à cet artiste discret dont on perd ensuite la trace. Sa production vocale comprend des cantates, airs, divertissements; également abondante, l'œuvre instrumentale réunit des recueils de sonates et* simphonies *pour violon (1709-1723), un Livre de clavecin (1731) et un Livre d'orgue, non publié, dont le manuscrit autographe, daté de 1756, est conservé à la bibliothèque Sainte-Geneviève.*

Dornel pâtit de son vivant, et encore aujourd'hui, des mérites plus éclatants de ses rivaux. Son *Livre d'orgue* n'a pas obtenu jusqu'à présent les suffrages massifs des organistes, et le compositeur en personne ne devait pas le tenir en très haute estime, qui ne l'a publié ni dans sa fournée éditoriale des années 1709-1719 (alors qu'une partie au moins des pièces avait déjà dû voir le jour), ni avec le *Livre de clavecin* en 1731 (1756 ne peut être tenu pour la date réelle de composition). Un peu décourageant au premier abord, le gros Livre semble enfiler des pièces sans ordre aucun ; mais si l'on veut bien le comparer aux publications de Guilain et Clérambault, qui lui servirent à l'évidence de modèle, il apparaît clairement que toutes ces pièces sont des versets destinés à alterner avec le plain-chant à l'église, et que, en majeure partie, elles constituent des séries de *Magnificat* pour les vêpres. La confrontation avec le Livre de son contemporain Dandrieu (qui, comme Dornel, accumula des pièces sans les éditer mais a eu le temps d'en prévoir l'organisation avant de mourir), confirme la destination liturgique.

Dornel s'octroie de grandes libertés en regard des préceptes consignés dans les cérémonials. Comme Dandrieu, il n'hésite pas à sortir des huit tons liturgiques pour emprunter des tonalités usuelles au clavecin ou au violon (*si* bémol majeur, *la* majeur, *si* mineur, *mi* majeur). Cette dérogation aux usages jusque-là inamovibles, jointe à de nouvelles indications de caractère comme « tendrement » (les *Magnificat* demeurent exempts de toute appréciation affective), une utilisation fréquente du nasard, un italianisme visible dans l'allégement de la polyphonie souvent réduite à trois voix, une virtuosité de type violonistique et le goût de la symétrie, permettent de situer la composition de certaines pièces aux alentours de la Régence (1715-1722) ou, peut-être, au début du règne de Louis XV. On remarquera la vigueur rythmique des duos et trios, les décrochements d'octaves, les fanfares lancées par un dactyle en notes répétées avant de continuer en arpège brisé, et enfin les chromatismes retournés inférieurs (*sol-fa* dièse-*mi-fa* bécarre), délibérés dans un langage le plus souvent tonal, et véritable signature de l'auteur.

Livre d'orgue

[MAGNIFICAT] en *si* bémol majeur. Sept pièces sur le modèle précis de la première Suite de Clérambault : Prélude, Fugue, Duo, Trio, Basse de trompette, Récit, Dialogue ; le morceau « en trop » pour les six versets requis par un *Magnificat* est donc là aussi la Fugue, qui pourra trouver son utilisation comme deuxième verset de *Kyrie* (voir le *Magnificat* en *ré* mineur ci-dessous). Dornel manie adroitement le contrepoint continu, étiré de retards, si particulier aux préludes, et ose s'attarder plusieurs mesures en *fa* mineur (dominante mineure). La Basse de trompette préfère se diriger vers *sol* mineur (ton relatif) et *ut* mineur. Le compositeur a soin de relier le Dialogue conclusif au Prélude par une figure anacrousique en quarte ascendante (typique des allemandes pour clavecin) fréquente sous sa plume.

[MAGNIFICAT] en *ut* majeur. Les sept pièces se plient, cette fois-ci, à la construction des *Magnificat* de Guilain, le numéro « superflu » se trouvant ici en septième position afin de servir de petit plein-jeu sur le Positif pour l'*Amen* (dont les tirades initiales en doubles croches évoquent bien les vocalises jubilatoires).

NOËL en *la* mineur « Je me suis levé », suivi d'un Double.

[MAGNIFICAT] en *ré* mineur, symétrique de celui en *si* bémol majeur. Dornel y glisse une version simplifiée de la célèbre fugue sur le *Kyrie Cunctipotens* de la *Messe des Paroisses* de Couperin, ce qui indique clairement qu'il est habituel d'extraire d'un groupement de sept pièces cinq versets pour le *Kyrie*.

DEUX PIÈCES en *ré* majeur. La première, Dialogue en rondeau, oppose un refrain en fanfare lulliste à deux couplets à trois voix à la manière des trios d'anches du Florentin. Le deuxième couplet cadence en *fa* dièse mineur !

CINQ PIÈCES en *ut* majeur, dont un Récit de tierce ou de nasard marqué « tendrement ».

SIX PIÈCES en *la* mineur cadençant en *la* ou en *mi* (donc hésitant entre les 3e et 4e tons d'Église). On ne sait trop à quel saint vouer cet ensemble commençant par une fugue, mais il contient les chefs-d'œuvre de Dornel. La Basse et dessus de trompette « Gayement » à 3/8, à mi-chemin entre une courante-gigue à l'italienne et un passepied français, parle avec une sympathique volubilité. Le Récit en taille est mieux qu'intéressant, avec ses facettes un peu anguleuses et sa basse chromatique. Dans le Récit de cornet et de cromorne en dialogue, à jouer « tendrement », André Pirro et Norbert Dufourcq ont raison de voir la pièce la mieux venue du recueil : on appréciera ses rythmes pointés, ses contours capricieux noyés sous des grappes d'ornements et torsadés de chromatismes retournés inférieurs. Un étonnant duo « Grands jeux trompette cromorne sans fonds » (!) s'achève sur une coda « Lentement » comme chez Clérambault.

Deux pièces en *ré* majeur qu'il serait bon de regrouper avec les deux précédentes.

Cromorne en taille en *la* majeur, concis mais très dense et personnel.

Quatre pièces en *si* bémol majeur, dont un bien curieux Prélude farci d'une basse de tierce.

Cinq pièces très brèves en *mi* majeur.

[**Magnificat**] en *fa* majeur, toujours en sept versets, cette fois-ci par redoublement du prélude.

Suit une multitude de piécettes « très faciles d'exécution » en *fa* majeur, parmi lesquelles se distinguent encore plusieurs *Magnificat*. Le livre reste inachevé sur cinq pièces en *si* mineur, la dernière abandonnée en chemin.

B. F.-S.

THÉODORE DUBOIS

Né à Rosnay, le 24 août 1837; mort à Paris, le 11 juin 1924. Après de brillantes études au Conservatoire de Paris, notamment auprès de Benoist et de Thomas, il fut récompensé d'un Grand Prix de Rome en 1861. Ayant commencé sa carrière comme organiste des Invalides (1855-1858), il fut ensuite maître de chapelle de Sainte-Clotilde et de la Madeleine (1869), où il succéda, en 1877, à Saint-Saëns comme titulaire du grand orgue. Professeur d'harmonie (1871) puis de composition (1891) au Conservatoire, il assura enfin la direction de cet établissement de 1896 à 1905.

Outre son célèbre *Traité d'Harmonie* (1921), Théodore Dubois a illustré des genres aussi dissemblables que l'oratorio et l'opéra-comique, parmi de nombreuses pièces symphoniques ou de piano que l'on ne joue plus guère aujourd'hui. Son œuvre d'orgue semble touchée par le même discrédit. Elle compte quantité de pages parmi lesquelles on peut surtout retenir trois grands recueils (*Douze Pièces pour grand orgue*, en 1886, *Dix Pièces pour orgue ou harmonium* en 1889, *Douze Nouvelles Pièces pour orgue ou piano-pédalier* en 1892), une *Messe de Mariage* qui fut très prisée en son temps et des transcriptions de Haendel, Mendelssohn, Wagner, Marcello ou Schumann. Dubois réédita, d'autre part, les œuvres d'orgue de Chauvet.

Écrite en un langage soigné, la musique de cet artiste de caractère « officiel » n'évite malheureusement pas toujours la banalité. Seule, la **Toccata en *sol* majeur** (qui peut, d'une certaine manière, rivaliser avec celles de Widor, Boëllmann, Gigout ou Vierne) figure au répertoire de quelques virtuoses avec la **Marche des Rois Mages** qui offre la particularité de se dérouler sur une pédale supérieure de dominante. Elle s'organise autour de deux idées opposées : un *perpetuum mobile* inhérent au genre (A) et un hymne d'écriture verticale (B). Après une première partie qui développe A non sans quelques modulations bienvenues (*si* mineur, *si* bémol majeur), la seconde expose soudain B en *si* majeur. Survient une période conflictuelle au cours de laquelle se heurtent les deux motifs, puis on assiste au retour du premier, dont la chevauchée cède enfin devant B qui triomphe alors dans toute la force.

Durée d'exécution : ~ 4 mn

F.S.

EUSTACHE DU CAURROY

Baptisé à Beauvais, le 4 février 1549; mort à Paris, le 7 août 1609. Formé à la maîtrise de la cathédrale de Beauvais, il entre à l'âge de vingt ans comme chantre à la Sainte-Chapelle de Paris. Trois fois couronné au Puy de musique d'Évreux, il est nommé en 1578 sous-maître de la Chapelle royale et, en 1595, compositeur et surintendant de la Chambre du roi. Ses œuvres sont regroupées en trois ensembles parus juste avant et après son décès : Preces ecclesiasticae *(1609, musique vocale liturgique en latin),* Meslanges *(1610, musique vocale en langue française) et 42* Fantasies à III, IIII, V et VI parties *(1610).*

Auteur de la très célèbre *Missa pro defunctis*, traditionnellement chantée aux obsèques des rois de France, Du Caurroy méritait cet honneur posthume pour avoir lui-même servi avec zèle trois rois de France : Charles IX, Henri III et Henri IV. Couvert d'avantages par l'Église, admiré de ses pairs, c'est un homme comblé; à la fin du règne de Louis XIII, le père Mersenne pourra encore affirmer : « Du Caurroy emporte le prix pour la grande harmonie de sa composition et de son riche contrepoint. Tous les compositeurs de France le tiennent pour leur Maître. » Or, ce compositeur si loué a curieusement attendu les derniers mois de son existence pour songer à publier ses œuvres. L'Avertissement des *Preces ecclesiasticae*, « arrhes de ses autres labeurs », expliquent cette sage hésitation : « Si j'ai dormi durant quarante ans [...] ç'a été les yeux ouverts pour me résoudre de plus en plus sur les difficultés de cette science [...] d'autant que cette science [la musique] faisant partie des Mathématiques est démonstrative et très certaine, il est impossible qu'elle ne produise d'admirables effets et plus grands que les histoires le sauraient représenter, laissant à part les merveilles que les Poètes nous en racontent. » Entendez que la musique relève du nombre pythagoricien et que, maniée adroitement, l'absolue beauté des proportions numériques, reflet de l'harmonie universelle, pourra *réellement* recréer la magie du chant d'Orphée rapportée par les Anciens. D'ici peu, Descartes théorisera ce propos.

Issue du motet vocal de la Renaissance, la fantaisie instrumentale, en dépit de son nom, est une forme stricte, divisée en sections, en contrepoint imitatif sur un ou plusieurs motifs. Les Fantaisies de Du Caurroy s'inscrivent au cœur de l'évolution d'un genre international qui relie les XVIe et XVIIe siècles et conduira à la fugue.

En France, il y a lieu de citer, en amont, la *Fantaisie* de Nicolas de La Grotte, organiste d'Henri III, la *Fantaisie* miniature en quatorze mesures du très célèbre Guillaume Costeley, organiste de Charles IX et Henri III, les fantaisies (perdues) de Jacques Mauduit, les trois admirables *Fantaisies* posthumes de Claude Le Jeune, autre grand maître de la chanson polyphonique. Les deux premières à quatre voix, la troisième à cinq voix sur une prose mariale, hardiment modulantes, les *Fantaisies* de l'auteur du *Printemps* n'ont rien à envier aux plus savants exemples étrangers et elles sonnent parfaitement sur l'orgue, quoiqu'il soit peu probable que ce huguenot les ait destinées à l'instrument « papiste » en période d'hostilités religieuses.

En aval, on distingue, de Charles Guillet, les *24 Fantaisies* à quatre parties sur les douze modes « tant pour les violes que pour l'orgue » (1610), à double vocation instrumentale et théorique, la *Fantaisie* de Charles Racquet et celles de Louis Couperin. Si l'on y ajoute les *Fugues et recherches* de Titelouze, les *Fugues et Caprices* de Roberday et les *Fugues* de D'Anglebert, encore débitrices de la fantaisie, on s'aperçoit que le genre tient honorablement sa place en France face aux *fancies* anglaises, *tientos* espagnols, fantaisies de Sweelinck et de Frescobaldi.

Les Fantaisies

Les 42 *Fantaisies* posthumes de Du Caurroy s'adressent « aux instruments » en général et font merveille confiées à un concert de violes, de flûtes à bec, de cornets et sacqueboutes ou à un *brocken consort* d'instruments mélangés. Toutefois, la majeure partie de celles à trois et quatre voix, en particulier celles sur mélodies liturgiques, peuvent sonner à l'orgue (comme chez Frescobaldi, Guillet, et encore Roberday).

Savante investigation des arcanes du contrepoint et de la modalité (diatonique), elles représentent une « Somme contrapuntique », une sorte d'« Art de la fantaisie ». Publiées en parties séparées, sans barres de mesure, 9 sont à trois voix, 21 à quatre voix, 8 à cinq voix et 4 à six voix. 14 commentent des hymnes et antiennes liturgiques catholiques (*cf.* les *In nomine* et autres *fancies* anglicanes), 6 paraphrasent des psaumes huguenots (n°s 1, 6, 18, 20, 25, 27, sans en avouer le titre, sauf pour le n° 25) ; les dernières s'appuient soit sur une chanson, un Noël, l'hexacorde *(ut-ré-mi-fa-sol-la)*, une citation de Josquin *(la-sol-fa-ré-mi)* ou un motif libre. Certaines citent le thème choisi en cantus firmus, mais la plupart le paraphrasent en imitation, dans une écriture stricte où les sujets l'emportent en nombre sur les réponses et où les divertissements font défaut.

Aux fantaisies à sections, Du Caurroy préfère des blocs monolithiques, même si plusieurs motifs viennent à les enrichir en cours de route. Un statut spécial revient aux *Fantasies* 29 à 33 sur le Noël lorrain *Une jeune fillette* : elles engagent de loin un genre promis au plus bel avenir, et offrent par ailleurs un superbe exemple français du ricercare-variation, tel que le pratiquera Frescobaldi, c'est-à-dire un ensemble de sections (ici, cinq) sur le même thème, varié dans son profil mélodique et rythmique.

B. F.-S.

PIERRE DU MAGE

Baptisé à Beauvais, le 23 novembre 1674; mort à Laon, le 2 octobre 1751. Son père, organiste de la cathédrale de Beauvais, lui enseigne le métier. Lui-même devient organiste de la collégiale royale de Saint-Quentin de 1703 à 1710, puis de la cathédrale de Laon. Il démissionne en 1719 au profit d'une charge de surintendant des dépôts royaux de sel de la ville. Comme organiste, il fait encore une brillante apparition, en 1733, aux côtés de Clérambault, Daquin et Calvière lors de l'inauguration du nouvel instrument de Notre-Dame de Paris. On ne connaît de lui qu'un 1er Livre d'orgue contenant une suite du premier ton *(1708), soit huit pièces d'une rare qualité. La référence à « l'illustre Monsieur Marchand, mon Maître » laisse supposer qu'il est venu à Paris à la charnière des deux siècles. Un deuxième Livre de huit autres pièces, dédié aux chanoines de la cathédrale de Laon, aurait vu le jour en 1712 sans qu'il n'en reste trace.*

Au long d'une vie de soixante-seize ans, cet exact contemporain de Clérambault s'est contenté de publier une très mince production pour son instrument. Sous les voûtes de Saint-Quentin, il touche un orgue somptueux, sorti en 1701 des ateliers de Robert Clicquot, d'après les plans de Nicolas Lebègue. Du Mage apprécie son instrument et, dans la dédicace qu'il adresse aux chanoines du chapitre de la cathédrale, il ne manque pas de louer « la magnificence que vous avez fait paraître dans la construction de votre orgue qui est sans contredit un des plus grands, des plus somptueux et des plus parfaits instruments du monde ».

Cette dédicace lève un peu le voile sur les circonstances qui ont présidé à la composition des pièces de Du Mage ; il y évoque les « prémices de mes ouvrages de musique » et annonce la publication d'autres « suites de chaque ton ». Nous retiendrons le vocable de « suite », apparu en 1706 chez Guilain, autre disciple de

Marchand, et encore très nouveau à l'orgue, même s'il y est depuis longtemps implicite par analogie avec les suites de clavecin, viole, flûte ou luth. Le Livre de 1712 contenait sans doute une suite dans le 2e ton, en attendant une troisième occasion... (Marchand avait déjà prévu de procéder ainsi.)

Marchand, Guilain, Du Mage : beau trio qui plaide en faveur de la qualité de l'enseignement de l'aîné, qu'on dépeint si fantasque et irritable. Bach en personne n'a cessé d'admirer Marchand, même après la trop célèbre dérobade de Dresde en 1717; il n'a sûrement pas méconnu l'œuvre de Guilain, d'origine allemande, dont des copies circulaient outre-Rhin; quant à Du Mage, Birnbaum, l'intime de Bach à Leipzig, le cite comme modèle pour justifier certaines tournures de style du Cantor.

Livre d'orgue

1er Livre d'orgue contenant une suite du premier ton, dédié à Messieurs les vénérables Doyens Chanoines et Chapitre de l'Église royale de St-Quentin. Il contient une suite de huit pièces en 1er ton, ou mode de *ré*, de plus en plus assimilé à *ré* mineur par usage fréquent du *si* bémol et de la sensible *do* dièse. Du Mage saura tirer un parti délectable de cette ambivalence modal/tonal qui vit ses derniers instants de grâce avant de tomber sous le couperet de la tonalité reine. Le 1er ton (le plus utilisé de la liturgie) a déjà inspiré quantité de groupements de pièces d'orgue. Du Mage ne peut ignorer en particulier le *Premier Livre* de son maître Louis Marchand, chef-d'œuvre d'autorité, de virtuosité et de poésie. Ce serait une gageure que de vouloir surpasser l'écriture à six voix avec double pédale de son plein-jeu d'ouverture, la rutilance de sa basse de trompette ou la complexité de son quatuor, d'autant que Guilain vient de se poser, non sans succès, en disciple officiel. Apporter du nouveau est donc exclu, mais l'ambition de Du Mage n'est pas moindre : atteindre à la quintessence. Ciselées dans le métal le plus pur, sans une imperfection, ses huit pièces forment une œuvre « classique » au sens fort du terme, nourrie des meilleurs modèles et susceptible de devenir, à son tour, une référence.

En apparence profanes, les pièces sont en fait destinées au culte : « Je n'ose me flatter qu'elles soient dignes du grand zèle que vous mettez pour le service divin », dit explicitement l'auteur aux chanoines dans sa dédicace. Depuis le *Premier Livre* de Nivers (1665), les organistes ont composé plus de pages sans désignation liturgique précise que de messes, hymnes ou *Magnificat*, mais par leur respect des tons ecclésiastiques et des proportions appropriées aux offices de l'Église gallicane, ces « suites » conviennent parfaitement pour alterner à l'office avec les chantres. Par leur nombre de huit, les pièces de Du Mage excluent le *Gloria* (pour lequel le *Livre* de son maître Marchand semblait être destiné); en revanche, les organistes auront matière à choisir les cinq, six ou sept versets nécessaires à un *Kyrie*, un *Magnificat* ou un *Benedictus* (déjà, Lebègue avait doté trois de ses *Magnificat* de huit versets au lieu des six nécessaires, dans l'espoir manifeste d'une utilisation polyvalente).

L'économie exemplaire du *Livre* de Du Mage, son sobre et dru contrepoint à quatre parties, son alliage parfait d'éclat et d'intériorité, invitent à le regarder de près pour lui arracher quelques-uns de ses secrets. Outre leur ton commun de *ré* mineur, plusieurs éléments cimentent les pierres de l'édifice : un « géotropisme » de la basse (l'une des signatures de Marchand) qui se manifeste sous la forme de chutes diatoniques sur une quinte, une octave ou davantage (Plein jeu, mes. 1-11, 15-18, 28-31, 35-36; Tierce en taille, mes. 1-7; Basse de trompette, mes. 21-22; Récit, mes. 31-33; Duo, mes. 60-64), ou de tétracorde chromatique (Trio, mes. 53-56, 62-65; Tierce en taille, mes. 2-4, à l'intérieur du dessin plus étendu de gamme sur une octave; Récit, mes. 1-5, élargi à la sixte); autre mortier: l'intervalle de tierce *ré-fa* ou *ré-mi-fa* pour débuter plusieurs pièces, parfois précédé de la dominante *la* comme dans le Récit et le Duo; ce nouvel intervalle initial *la-ré*, renversé en quinte *ré-la*, donne l'incipit de la Fugue et du Trio. Enfin, des guirlandes et volutes déjà rococos (Trio), non seulement relient les pièces entre elles, mais tissent un lien stylistique avec les mélismes grégoriens chantés par la maîtrise.

1. Plein jeu

A l'instar de Jullien, Du Mage entame son superbe prélude à l'emporte-pièce par un exorde volubile, sur le petit plein-jeu du Positif, avant l'épanouissement « en majesté » sur le grand plein-jeu du Grand Clavier. Rencontres harmoniques saisissantes provoquées par la marche horizontale des parties.

2. Fugue

A quatre parties, en rythme pointé, la sévère fugue forme un diptyque remarquable avec le prélude. L'auteur use du *do* bécarre pour monter l'octave et du *do* dièse pour la redescendre (à l'inverse des modes mineurs ascendant et descendant de nos solfèges) et se délecte du chromatisme retourné *si-do-ré-do* dièse qui résulte de cet usage des degrés mobiles. Exemple de fugue à la française, peu étendue pour ne pas dépasser le temps d'un verset, mais parfaitement écrite, avec exposition régulière (ce qui n'est pas si fréquent chez les Français), contre-exposition après la cadence en *fa*, deux entrées au ton de la dominante et conclusion par la réponse afin de glisser insensiblement de *la* à *ré* mineur.

3. Trio

Ternarité de la structure comme de la trame polyphonique dont la rigueur n'a d'égale que la fantaisie. L'écriture quasi fuguée se révèle très efficace pour faire revenir équitablement aux trois voix les souples volutes, enroulées dans un intervalle de septième diminuée, qui viennent à s'épouser à la tierce ou à la sixte. A l'aube du XVIIIe siècle, l'Italie se profile derrière tout trio, mais la vivacité du 3/4 de Du Mage, toujours lancé sur la levée, se rapproche tout autant d'un menuet mâtiné de passepied et sonne bien « français ». Après la cadence en *la* mineur (mes. 41), sorte de réexposition variée, à la couleur subtilement assombrie par le double énoncé du tétracorde chromatique descendant à la basse.

4. Tierce en taille

Trente ans après la création du genre par Lebègue, tout ému de la sublimité de son invention, en voici un bourgeon d'une rare qualité. Le compositeur réunit dès l'abord trois cellules cycliques : basse chromatique descendante, tierce ascendante et, au soprano, les sept premières notes de l'arabesque du Trio précédent. Dans son beau registre de ténor, la tierce entre dès la fin de la troisième mesure pour énoncer son grave message dans une sorte d'arioso, d'abord mélismatique puis plus *parlando* (en « prose musicale » aux libres carrures, selon Couperin). D'emblée, le discours s'élève en vibrantes volutes et gagne le *ré* de l'octave supérieure, sommet de l'ambitus (mes. 10), pour chuter jusqu'au *fa* grave lors de la cadence au ton relatif (mes. 16-17). L'allocution à voix haute laisse place alors à l'aparté, peut-être même au monologue intérieur, et le principe de la redite, de l'insistance, sur une basse chromatique puis une « basse continue », se fait agent d'expression privilégié.

5. Basse de trompette

A 2/2, alerte à souhait avec ses départs sur la levée qui évoquent quelque bourrée, traditionnellement catapultée par deux entrées en imitation, la basse exploite avec truculence des motifs séquentiels, des octaves, batteries et autres formules typées et typiques du genre (peu avant la fin, les batteries avec notes répétées rappellent précisément Marchand et Guilain). L'arsenal suffirait pour trousser une basse efficace ; mais Du Mage ne se contente pas de clichés, il se refuse à abdiquer sur l'ingéniosité du détail. Apprécions l'amusant profil motivique, lancé par la tierce ascendante « cyclique », pour mieux retomber en intervalles élargis (quarte diminuée, deux quartes justes, quinte) ; observons la « réponse » qui, astucieusement variée, cite *in fine* la tête du « sujet » et engage un phénomène de circularité ; captons, enfin, tous les « échos » canoniques du jeu doux à chaque nouvelle entrée de la basse, et nous comprendrons que c'est la perfection du local qui engendre l'élasticité, le dynamisme du global. « Divertissement à la française » ne rime pas avec indigence.

6. Récit

Toujours délicatement ornés, les récits de dessus, confiés à un cromorne, un cornet, un nasard ou une voix humaine, se modèlent sur l'air de cour et les « airs tendres » des cantates. Du Mage nous promène sur la nouvelle Carte du Tendre (encore « précieuse », déjà « rocaille »), jalonnée par des cadences en *fa* majeur, *sol* mineur et *la* majeur. Relevons de nouveau quelques détails de cette délicate réussite : l'énoncé initial de la basse chromatique cyclique (et autres chutes, et autres chromatismes) et de la tierce cyclique *ré-mi-fa*, répercutée dans l'aigu, précédée de dominante *la* en anacrouse ; les « gruppettos » expressifs, les rythmes « lombards » (double croche, croche pointée) chers à Frescobaldi. Ces jolis tours de main contribuent à la douceur mélancolique d'une parenthèse rêveuse.

7. Duo « Fort gai »

Lebègue avait inauguré le « gayement » ; l'en-tête de Du Mage a quelque chose de plus dynamique encore. Toujours amorcé sur la quatrième noire, le phrasé à 2/2 hésite entre le rythme de la bourrée et le caractère de la gavotte. Le motif métamorphose celui du Récit précédent, dont on reconnaît le tracé (orné de la broderie *do* dièse) et les gruppettos. Tout en caracolant allègrement, le Duo se fait un plaisir de distordre les nombreuses imitations, moduler et cadencer aux tons voisins, rompre les parallélismes inhérents à ce genre de pièce (*cf.* le Trio) au profit d'un Pierre du Magedialogue (mes. 54-60), et surtout d'ombrer la fin d'un léger *sfumato* en introduisant la gamme chromatique descendante à la basse (comme dans le Trio).

8. Grand jeu

Par essence, un « dialogue » se ramifie en dialogues pluriels ; à celui des claviers s'ajoute celui des tempos et des caractères, dans un moule tripartite d'ouverture à la française. Non content de fournir un des plus magnifiques dialogues de l'école française — le tracé de la basse vaut d'être lu indépendamment pour sa royale beauté —, Du Mage lui octroie une valeur récapitulatrice. Le premier volet assure le pendant du plein-jeu liminaire : tous deux commencent par des gammes et roulades pour s'assagir dans des valeurs plus longues ; l'ambivalence modal/tonal de la Fugue se retrouve dans les premières mesures avec *si* naturel et *do* dièse ou *do* bécarre, puis *si* bémol et *do* bécarre ; en fugato à 3/4, la partie centrale renoue librement avec les arabesques et le départ sur la levée du Trio ; l'exposition des quatre entrées, de l'aigu au grave, puis le nouvel énoncé du motif agrandi, de nouveau sur trois registres descendants, réaffirment la tendance au géotropisme. Apprécions, par ailleurs, le côté allusif, éphémère — simple clin d'œil à un procédé d'écriture amusant dont certains organistes abusent — du passage en double écho (Grand jeu, Positif, Écho). Du Mage préfère réserver le meilleur de son temps pour clore dignement son dialogue et sa suite sur un superbe « gravement » d'une exemplaire polyphonie à quatre parties en mouvements conjoints, étirés de retards. De bout en bout, l'organiste-compositeur aura maintenu une perfection digne d'un maître.

Durée d'exécution : ~ 19 mn

B. F.-S.

MARCEL DUPRÉ

Né à Rouen, le 3 mai 1886 ; mort à Meudon (près de Paris), le 30 mai 1971. Ses deux grands-pères étaient organistes et maîtres de chapelle, sa mère excellente pianiste, et son père, organiste à Saint-Ouen de Rouen, dirigeait aussi une société chorale. C'est donc naturellement que l'enfant entreprend en famille son éducation musicale : piano, contrepoint. A dix ans, il improvise déjà, à douze ans, il devient titulaire de l'orgue de Saint-Vivien de Rouen et, à quinze ans, sa première œuvre chorale est chantée chez lui : sa vie est désormais tracée, il sera improvisateur, interprète et compositeur. Mais sa prodigieuse mémoire et ses dons naturels exceptionnels allaient se fonder sur un travail intensif et méthodique. Dès 1898, il est l'élève de Guilmant, puis, de 1902 à 1914, au Conservatoire de Paris, il étudie le piano (Diémer), l'orgue (Guilmant et Vierne), la fugue (Widor); en 1914, il obtient le Premier Grand Prix de Rome. Reconnu inapte au service armé, il décide de réaliser une action d'éclat, musicale à défaut d'être militaire : l'étude de mémoire de l'œuvre pour orgue de J.-S. Bach. Pour la première fois au monde, il en donne l'audition intégrale, au Conservatoire en 1920, puis en 1921 au Trocadéro. Alors commence une fulgurante carrière de virtuose international, à Londres, puis aux Etats-Unis dès 1921; en 1953, il y fêtera son 1900e récital. Succédant en 1934 à Widor à l'orgue de Saint-Sulpice, il restera, malgré ses tournées, fidèle jusqu'à ses derniers jours à son grandiose Cavaillé-Coll. Entre-temps, il avait été nommé professeur d'orgue au Conservatoire : de 1926 à 1954 (date à laquelle il accédera, pour deux ans, à la direction du même établissement), il devait former une génération entière de jeunes organistes à la haute école de la virtuosité et de l'improvisation. Ses dons et sa technique d'improvisateur plongeaient ses auditeurs dans la stupéfaction, et certaines de ses nombreuses œuvres pour orgue en sont le reflet; il a également composé de la musique de chambre et des œuvres religieuses.

Le style de Dupré est très personnel. Son langage harmonique se fonde sur l'emploi d'un chromatisme linéaire assez sinueux, articulé sur des points forts diatoniques, le substratum polytonal et chromatique s'appuyant sur une armature tonale.

Pour le choix des formes, deux tendances sont discernables dans son œuvre d'orgue. L'une, néo-classique, aussi bien profane que liturgique : liturgique avec les chorals, variations de choral, variations sur un Noël ou toccata sur des séquences grégoriennes, profane avec les préludes et fugues, variations ou suites. L'autre, symphonique, également partagée en liturgique (poèmes symphoniques, symphonie sur des thèmes religieux) et en profane (pièces libres, formes rhapsodiques).

Son œuvre pédagogique et ses éditions reflètent à la fois sa pensée méthodique, systématique, et l'esprit d'une tradition dont il était l'un des derniers représentants. Parmi ses ouvrages didactiques, il faut citer *Traité d'improvisation* (1926), *Méthode d'orgue* (1927), *Cours d'harmonie* (1936), *Manuel d'accompagnement du plain-chant* (1937), *Données acoustiques* (1937), *Cours de contrepoint et fugue* (1938). Certaines particularités du jeu de Dupré, requises par ses propres œuvres, comme le staccato ou les grappes d'accords, feront évoluer l'écriture pour orgue et seront reprises et amplifiées, notamment par Jehan Alain et Olivier Messiaen.

Les premières œuvres

Dès ses premières années de compositeur (1910-1920), Dupré aborde différents genres, écrivant pour le piano, l'orchestre ou de la musique de chambre. A l'orgue, les pages de cette période sont souvent le reflet de son exceptionnel talent d'improvisateur : après une *Élévation* (op. 1), pour harmonium, ce sont trois *Préludes et fugues* (op. 7), le *Scherzo* (op. 16) et les versets des *Vêpres du commun des fêtes de la Sainte Vierge* (op. 18).

Trois Préludes et fugues
(op. 7, 1912)

C'est le premier recueil de Dupré pour l'orgue, composé alors que le musicien était encore étudiant au Conservatoire.

1. **Prélude et fugue en si majeur.** Conçu pour une solennité triomphante, c'est l'allégresse d'un grand carillon avec,

dans le prélude, des jeux de quartes et quintes alternées qui se retrouveront dans la fugue.

Durée d'exécution : ~ 6 mn

2. **Prélude et fugue en fa mineur.** De caractère intime, le prélude fait entendre, sur un motif staccato de doubles croches, un motif très chantant qui réapparaîtra dans la fugue.

Durée d'exécution : ~ 9 mn

3. **Prélude et fugue en sol mineur.** Un motif de fileuse rapide, léger, entoure dans le prélude un thème en valeurs longues, mi-choral, mi-grégorien ; en contraste, la fugue, sur un rythme de gigue, emporte tout dans son allégresse, couronnée à la fin par le retour en majesté du thème du prélude.

Durée d'exécution : ~ 7 mn

Scherzo en *fa* mineur (op. 16, 1918)

C'est un souvenir d'improvisations, avec la combinaison d'un thème rythmique et d'un thème mélodique. Fondé sur un ostinato rythmique haletant de doubles croches, il présente la singularité d'être presque de bout en bout écrit en trio.

Durée d'exécution : ~ 6 mn

Vêpres du commun des fêtes de la Sainte Vierge (op. 18, 1920)

Ce recueil est dédié au chaleureux mécène britannique Claude Johnson. C'est là encore un bouquet de souvenirs des versets improvisés qui avaient tant impressionné le dédicataire (lequel se chargea, d'ailleurs, de leur édition). Trois parties composent ces Vêpres : I. Cinq antiennes des Psaumes. II. Quatre versets de l'hymne *Ave maris stella*. III. Six versets du *Magnificat*.

Durée d'exécution : ~ 20 mn

La maturité

A partir de 1921 commence une nouvelle vie pour Marcel Dupré, celle des tournées américaines qui lui feront découvrir de grands instruments et un public avide de virtuosité. De cette période datent les pages parmi les plus significatives qu'il ait dédiées à l'orgue. On y trouve successivement *Cortège et litanie* (op. 19), *Variations sur un vieux Noël* (op. 20), *Suite bretonne* (op. 21), la célèbre *Symphonie-Passion* (op. 23), le *Lamento* (op. 24), une deuxième *Symphonie* (op. 26), des recueils de pièces diverses (*7 Pièces* op. 27, *79 Chorals* op. 28) et son œuvre la plus développée, le *Chemin de la Croix* op. 29 sur un texte de Claudel ; puis à nouveau des pièces diverses (trois *Élévations* op. 32, *Angelus* op. 34, trois *Préludes et fugues* op. 36, *Évocation* op. 37, *Le Tombeau de Titelouze* op. 38, *Suite* op. 39, les trois pièces de l'*Offrande à la Vierge* op. 42, les deux *Esquisses* op. 41, une *Paraphrase sur le Te Deum* op. 40, *Vision* op. 44, huit *Petits Préludes pour harmonium* op. 45, *Miserere mei* op. 46 et *Psaume XVIII* op. 48).

Le musicien se préoccupe également d'établir l'orgue au concert, en formation, soit avec l'orchestre (*Symphonie en* sol *mineur* op. 25, *Concerto en* mi *mineur* op. 31) ou un ensemble de cuivres (*Verdun*, poème héroïque op. 33), soit en dialogue avec le piano, ainsi qu'il pouvait aisément le réaliser dans sa salle de musique de Meudon (*Ballade* op. 30, *Variations sur deux thèmes* op. 35, *Sinfonia* op. 42).

Cortège et litanie (op. 19 nº 2, 1922)

Ce diptyque est extrait d'une musique de scène destinée à un ensemble instrumental. L'œuvre fut jouée au piano au cours d'une soirée à New York ; à la demande de son impresario, Dupré en réalisa cette version pour orgue, qui influença beaucoup Jehan Alain pour ses propres *Litanies*. Il en existe également une version pour orgue et orchestre.

Durée d'exécution : ~ 6 mn

Variations sur un vieux Noël (op. 20, 1922)

Neuf variations et un final. 1 : thème au ténor et au soprano. 2 : sur les flûtes. 3 : canon à l'octave. 4 : thème à la pédale accompagné d'accords chromatiques. 5 : thème transformé rythmiquement. 6 : canon à trois voix. 7 : en appoggiatures. 8 : très calme, des arpèges entourant le thème en canon. 9 : en tierces chromatiques (hommage à Chopin). Un fugato enchaîne avec l'éclatant final.

Durée d'exécution : ~ 12 mn

Suite bretonne (op. 21, 1923)

Ce triptyque apparaît comme le souvenir d'un voyage : *Berceuse*, au rythme tendre et rêveur, *Fileuse*, qui évoque par ses doubles croches continues le rouet des dentellières bretonnes, et *Les Cloches de Perros-Guirec*, où se profilent un carillon et le mouvement d'une procession. L'expérience des instruments américains se ressent dans le choix des registrations.

Durée d'exécution : ~ 15 mn

Symphonie-Passion (op. 23, 1924)

C'est le souvenir d'une improvisation sur quatre thèmes grégoriens, réalisée à Philadelphie le 8 décembre 1921 sur un orgue géant de 451 jeux (!), et fixée dans l'été 1924.

Le premier mouvement évoque LE MONDE DANS L'ATTENTE DU SAUVEUR. On décèle ici un écho de la force rythmique déclenchée par *Le Sacre du printemps* de Stravinsky : carrures impaires, incessant renouvellement martelé par des accords staccato, au-dessus desquels vient planer l'hymne *Jesu Redemptor*. L'orgue est employé avec une vigueur inconnue jusqu'alors.

Le deuxième mouvement, LA NATIVITÉ, est un tableau naïf et hiératique. Le hautbois et la flûte se répondent, le cortège des bergers s'avance, l'adoration s'amplifie et l'alléluia des anges traverse la nuit paisible.

Troisième mouvement, CRUCIFIXION : triptyque descriptif dont découle la forme. La marche au calvaire, thème lent et heurté, la crucifixion, dans le déchaînement des clameurs, puis le silence qui précède la descente de croix et le chant, dans le grave, du *Stabat Mater* exprimant la douleur d'une mère.

Quatrième mouvement, RÉSURRECTION. Longue progression de l'obscur à la clarté, par une toccata qui entraîne le chant de l'*Adeste fideles*.

Durée d'exécution : ~ 34 mn

Symphonie en sol mineur, pour orgue et orchestre (op. 25, 1928)

En quatre mouvements, Allegro, Scherzo, Adagio, Final. Voici comment Dupré présente la façon dont sont traités les deux éléments sonores : « L'orchestre comprend quatre masses, les cordes, les bois, les cuivres, la percussion ; l'orgue de même : les fonds, les anches douces, les anches fortes, les mixtures. En conséquence, l'orgue et l'orchestre doivent être traités en double-chœur par juxtaposition ou opposition de groupes ou de timbres ; la réussite dépend du dosage ».

Durée d'exécution : ~ 20 mn

Deuxième Symphonie, en *ut* dièse mineur (op. 26, 1929)

La première symphonie pour orgue était la *Symphonie-Passion* de 1924. Celle-ci compte trois mouvements :

1. PRELUDIO à trois motifs thématiques, qui se transforment, apparaissent et disparaissent librement.

2. INTERMEZZO sur un thème avec une sorte d'accélération et de retour au caractère dansant du début, dans des couleurs qui se rapprochent de celles du quatuor à cordes.

3. TOCCATA. Genre où excelle Dupré, qui a gardé de son amour du piano le souvenir de formules digitales renouvelées. Le thème initial s'appuie sur une base rythmique, puis un thème central exposé au basson et à la clarinette vient assombrir l'envolée initiale, mais celle-ci reparaît peu à peu et s'épanouit dans une conclusion éclatante.

Durée d'exécution : ~ 22 mn

Sept Pièces (op. 27, 1931)

Ensemble de pièces de caractère pittoresque sans grande difficulté d'exécution : *Souvenir*, *Marche, Pastorale*, *Carillon*, *Canon*, *Légende*, *Final*. Ces titres renouent avec la tradition des morceaux de genre fort prisés au XIXe siècle.

Durée d'exécution : ~ 20 mn

79 Chorals (op. 28, 1931)

Œuvre de caractère pédagogique, qui s'inspire des préludes de choral de Bach. On y retrouve, dans une rédaction simplifiée, les principales formes en usage au XVIIe et au XVIIIe siècles : fugato, canon, ornementation...

Durée d'exécution : ~ de 1 à 3 mn

Le chemin de la Croix (op. 29, 1931)

Cette vaste fresque a d'abord été une improvisation sur un texte de Claudel, réalisée à Bruxelles le 13 février 1931, avant que, dans son souvenir, le musicien n'en reprenne et fixe les idées essentielles. Dupré a voulu renouer ici avec l'esprit des maîtres du passé, empruntant des archétypes mélodiques et harmoniques à Bach, Haendel, Franck ou Wagner. Au long des quatorze stations, et avec un expressionnisme très marqué, peu habituel à l'orgue (que l'on retrouvera cependant chez Messiaen), le compositeur illustre de façon souvent pathétique les thèmes de la Passion.

Durée d'exécution : ~ 50 mn

Concerto en *mi* mineur, pour orgue et orchestre (op. 31, 1934)

Donné en première audition en 1938 à Groningen (Hollande), il compte trois mouvements : Allegro con moto, Large, allegretto, Vivace. On y admirera le dialogue permanent, et la fusion subtile entre les jeux de l'orgue et les sonorités instrumentales.

Durée d'exécution : ~ 18 mn

Trois Préludes et fugues (op. 36, 1938)

Continuation, 27 ans plus tard, de la série des Préludes et fugues de jeunesse, ils manifestent l'évolution de la forme et du langage du compositeur. Plus encore que dans la première série, la relation thématique s'y trouve affinée entre prélude et fugue, avec des transformations rythmiques du ou des thèmes, les contre-sujets étant utilisés comme de nouveaux thèmes. La volonté d'user des formes scolastiques du contrepoint — renversement, augmentation, strette — n'empêche pas une grande variété dans ces diptyques qui possèdent chacun leur personnalité. Le premier, en *mi* mineur nostalgique; le deuxième, en *la* bémol majeur, où à la progression de l'agitation au calme dans le prélude répond une progression inverse dans la fugue; le troisième, en *ut* majeur, qui oppose un prélude très serein à une fugue éclatant en fanfare.

Durée d'exécution : ~ 7 mn, 9 mn, 6 mn

Évocation (op. 37, 1941)

Dédiée à la mémoire de son père Albert Dupré, organiste de Saint-Ouen de Rouen, ses trois mouvements évoquent le souvenir des offices liturgiques et des cortèges solennels qui avaient marqué la vie de ses parents et celle de ses jeunes années, le magnifique instrument de Cavaillé-Coll étant aussi l'inspirateur de ce poème.

Durée d'exécution : ~ 25 mn

Le Tombeau de Titelouze (op. 38, 1942)

Baptisés « chorals », ce sont 16 versets composés sur des mélodies grégoriennes des vêpres, comme l'avait fait jadis Titelouze, lui aussi rouennais. Écrits dans le même esprit que les 79 Chorals, ces versets sont d'exécution assez facile et présentent une grande variété de dispositions contrapuntiques.

Offrande à la Vierge (op. 40, 1944)

Ces trois pièces ont été écrites à la mémoire de trois organistes, premiers prix de sa classe d'orgue et morts pendant la guerre : *Virgo Mater* à Jehan Alain, *Mater dolorosa* à Jean-Claude Touche, et *Virgo mediatrix* à Joseph Gilles. Elles sont très mélodiques et de caractère méditatif.

Durée d'exécution : ~ 12 mn

Deux Esquisses (op. 41, 1945)

Œuvre de grande virtuosité et superbe musique de concert, créée en 1946. La première Esquisse, en *mi* mineur, est une sorte de *perpetuum mobile*, dans des couleurs harmoniques délicates, inspirées par la musique russe. La seconde, en *si* bémol mineur, présente des octaves staccato alternées sur lesquelles viennent s'appuyer des thèmes très forts et très rythmés; ce *strepitoso* fait sonner l'orgue magnifiquement.

Durée d'exécution : ~ 6 mn

Sinfonia, pour piano et orgue (op. 42, 1946)

Pièce dédiée à la fille du compositeur, Marguerite, avec laquelle il donnait parfois des concerts. C'est une symphonie en quatre mouvements, où les deux instruments s'opposent et se rejoignent en pleine liberté. On y devine la joie et la fierté du père présentant cette œuvre avec sa fille.

Durée d'exécution : ~ 20 mn

Psaume XVIII (op. 47, 1949)

Sur le texte du « *Coeli enarrant gloriam Dei* », c'est un grand poème symphonique pour orgue seul dédié à la mère du compositeur. En trois mouvements : agité, contemplatif, et rythmique pour le final, qui, en une double fugue, conclut dans une gerbe étincelante d'acclamations.

Durée d'exécution : ~ 15 mn

Les pages tardives

Au fil des années, le style de Marcel Dupré tend vers un atonalisme mouvant, se raccrochant passagèrement à une tonalité. Le tout est noyé dans une polyphonie complexe, à la rythmique plus fluide. Cette évolution marque ses dernières œuvres, encore peu connues : six *Antiennes* op. 48 (1952), *Triptyque* (1951), vingt-quatre *Inventions* op. 50, *Nymphéas* op. 54 (1954), *Annonciation* op. 56 (1956), *Choral et fugue* op. 57 (1957), *Trois Hymnes* op. 58 (1958), *Deux Chorals* (1959), *In memoriam* (1961), *Entrée*, *Méditation*, *Sortie* (1962), *Quatre Fugues modales* (1963), *Deux Antiennes* (1964) et *Vitrail de Saint-Ouen* (1965), qui est sa dernière œuvre.

Six Antiennes (op. 48, 1952)

Destinées à divers offices du temps de Noël, ces pages brèves (2 à 3 minutes chacune) sont d'un accès aisé pour tous les organistes et peuvent prendre place au cours des vêpres : *Ecce Dominus veniet* (1er dimanche de l'Avent), *Omnipotens sermo tuus* (4e dimanche de l'Avent), *Tecum principium, in die virtutis tuae* (Nativité), *Germinavit radix Jesse* (Circoncision), *Stella ista* (Epiphanie), *Lumen ad revelationem gentium* (Purification).

Durée d'exécution : ~ 14 mn

Les Nymphéas (op. 54, 1959)

La composition de ce recueil met en valeur les nouvelles ressources de jeu que Dupré avait fait installer sur son grand orgue particulier à Meudon, notamment les coupures des claviers et le sostenuto, ce qui a sans doute mis un frein à sa diffusion sur des instruments de facture traditionnelle. L'écriture se veut impressionniste, procédant par touches colorées, pour évoquer en huit pièces brèves les divers aspects qui lui ont été inspirés par les grands panneaux du chef-d'œuvre ultime de Claude Monet présenté au musée de l'Orangerie à Paris, successivement *Rayons, Brumes, Les Fleurs, Temps lourd, Brises, Nocturne, Aube, Vapeur dorée*.

Durée d'exécution : ~ 29 mn

Annonciation (op. 56, 1961)

Ces deux pièces brèves sont caractéristiques de la manière du vieux maître, qui a pris du recul à l'égard des prouesses du virtuose pour offrir à des exécutants aux possibilités plus modestes des pages de très belle facture tout en restant accessibles.

Durée d'exécution : ~ 6 mn

X.D.

MAURICE DURUFLÉ

Né à Louviers, le 11 janvier 1902; mort à Paris, le 16 juin 1986. Comme Gigout, qui sera plus tard son professeur, il entre dans une maîtrise dès l'âge de dix ans, à la cathédrale de Rouen, où, en plus du chant, il apprend le piano et l'orgue. En 1919, il vient à Paris poursuivre ses études, d'abord avec Tournemire, dont il sera plus tard le suppléant, puis au Conservatoire, avec notamment Gigout et Dukas. En 1930, il est nommé organiste de Saint-Etienne-du-Mont, tribune à laquelle il restera fidèle toute sa vie. Cette même année, son triptyque sur le Veni Creator, *couronné du prix des « Amis de l'Orgue », attire l'attention sur lui. Après quelques œuvres pour orgue, lentement mûries, il livre à l'orchestre en 1938 les* Trois Danses, *et y revient en 1951 avec* Andante et Scherzo, *de merveilleuses pages, très raffinées. En 1943, il supplée Dupré à sa classe du Conservatoire de Paris, où il est également nommé professeur d'harmonie, poste qu'il occupera jusqu'en 1969. La même année toujours, est créée sous la direction de Roger Désormière son œuvre la plus connue, le* Requiem. *Parallèlement à son activité de compositeur et de pédagogue, il a eu une très belle carrière de virtuose en Europe et aux États-Unis, où son* Requiem *est entré au répertoire.*

Continuateur de Gabriel Fauré et de Paul Dukas, Duruflé a su couler dans le moule d'une forme équilibrée la souplesse de la mélodie grégorienne parée des harmonies modales les plus chatoyantes. Les *Quatre Motets sur des thèmes grégoriens* (1960) et la *Messe « Cum jubilo »* (1966) témoignent du même art de mêler « la charmeuse mélodie à la probe et savante polyphonie ». La production pour orgue de ce créateur modeste et perfectionniste comme son maître Dukas demeure une réussite inaltérable dans sa pureté et sa rareté : une demi-douzaine d'œuvres seulement, à quoi il convient d'ajouter les transcriptions qu'il a réalisées et publiées de quelques improvisations enregistrées par Vierne et Tournemire.

Scherzo (op. 2)

Œuvre de jeunesse, dédiée à Tournemire, son écriture organistique, qui bénéficie de l'expérience de l'orchestre, est un bel exemple du style symphonique renouvelé.

Durée d'exécution : ~ 5 mn

Prélude, adagio et choral varié sur le thème du « Veni Creator » (op. 4)

Triptyque composé en 1930. Dans le PRÉLUDE *allegro* circulent des fragments épars, qui s'étirent, apparaissent et disparaissent ; un récitatif fait le lien avec l'ADAGIO qui, dans une progression lyrique, culmine sur un fortissimo avant de décroître et de s'en aller rejoindre, par la grâce du fil ténu de deux notes, le CHORAL. Celui-ci commence par exposer calmement, sur le plein jeu, le thème entier de l'hymne. Suivent quatre variations. 1. Le thème entier et le thème partiel se superposent. 2. Le motif grégorien émerge fortuitement de trois lignes sinueuses. 3. Canon à la quinte sur un fond d'harmonies savoureuses. 4. Toccata ; un réseau d'entrelacs mélodiques rappelant le prélude laisse apparaître le thème en valeurs longues, en réponses décalées. L'apothéose finale symbolise la présence souhaitée et accordée de l'Esprit saint.

Durée d'exécution : ~ 18 mn

Suite (op. 5)

Composée en 1933 et dédiée à son maître Paul Dukas, l'œuvre est constituée de trois volets : Prélude, Sicilienne et Toccata. Le PRÉLUDE confronte deux idées, deux modalités, avec des développements, des contrastes ; un récitatif apporte le calme et évoque la modalité du début, qui viendra s'appesantir dans la grave couleur de *mi* bémol mineur. La SICILIENNE, naïve au début, dans son rythme ternaire, va s'animer avec un second thème disjoint très élaboré ; une fileuse ramène le thème du début et l'entoure de ses méandres jusqu'à l'accord final. La TOCCATA, enfin, n'est pas sans rappeler l'écriture de piano de Ravel, avec son continuum de doubles croches et des décalages rythmiques qui vont entraîner le motif lyrique jusqu'à la péroraison finale dans une exaltation virtuose.

Durée d'exécution : ~ 20 mn

Prélude et fugue sur le nom d'Alain (op. 7)

Composée en 1942, à la mémoire du musicien tombé au champ d'honneur, c'est une œuvre maîtresse où la modalité réinventée produit des effets harmoniques subtils. Le thème des *Litanies* de Jehan Alain vient s'insérer dans des motifs déliés, arabesques, séquences mobiles ou méditatives. La Fugue, qui s'étale au début dans un mélodisme lyrique, va être emportée par un nouveau motif rapide qui joue sur l'ambiguïté rythmique du nombre 6, divisé en deux fois trois ou trois fois deux. Accelerando et crescendo culminent, vivifiés par la brillance du grand jeu.

Durée d'exécution : ~ 15 mn

Fugue (op. 12)

Écrite en 1962 à la demande de son ami le chanoine Doyen sur le thème du carillon des heures de la cathédrale de Soissons, cette fugue faisait partie d'un hommage collectif à Louis Vierne pour les 25 ans de la mort du compositeur. Fugue modale, relativement facile d'exécution, sur un rythme de gigue ; un crescendo va amener le thème en augmentation en canon à la sixte, et aboutir à une coda qui finit avec toute la puissance de l'orgue dans le mode de *fa*.

Durée d'exécution : ~ 5 mn

Prélude sur l'Introït (op. 13)

C'est à la demande de Norbert Dufourcq que Maurice Duruflé a écrit, en 1961, ce petit prélude *manualiter* de deux pages, destiné à être joué aux messes du dimanche de l'Épiphanie. La rythmique, directement issue du grégorien, alterne le binaire et le ternaire dans un souple balancement, et l'on retrouve les douces harmonies modales qui caractérisent si bien le style de leur auteur.

Durée d'exécution : ~ 3 mn

X.D.

PETR EBEN

Né à Zamberk (Bohême), le 22 janvier 1929. Il passe son enfance en Bohême du Sud, dans la ville de Cesky Krumlov, commençant à apprendre le piano à six ans et l'orgue dès l'âge de neuf ans. La guerre interrompt brutalement l'épanouissement du jeune musicien : expulsé du lycée à quatorze ans, il travaille dans une imprimerie, puis comme manœuvre du bâtiment, et est interné au camp de Buchenwald. Par une sorte de miracle, sa famille qui avait été dispersée par les nazis a la joie de se retrouver après la guerre. Rapatrié, le jeune Petr se voue alors avec enthousiasme à la musique. Il étudie le piano, le violoncelle et l'orgue, obtient son diplôme du conservatoire de Ceske Budejovice puis, en 1948, entre à l'Académie de musique de Prague dans les classes de František Rauch (piano) et Pavel Bořkovec (composition). En 1952, ses études achevées, il est pendant une courte période dramaturge musical à la jeune télévision tchèque puis, en 1955, chargé de cours à l'université Charles de Prague. Il y enseigne l'orchestration, l'analyse, le déchiffrage et la formation musicale. En outre, il exerce un grand nombre d'activités diverses : concerts, avec la spécialité d'improvisation au piano, souvent sur des textes littéraires ; salons musicaux où il crée un programme de textes et musique autour d'un thème donné ; récitals d'improvisation à l'orgue sur des textes bibliques. Depuis 1990, il est professeur de composition à l'Académie de musique de Prague et président du « Printemps de Prague ».

Le catalogue de Petr Eben est très riche en de multiples domaines : chants et mélodies, cantates, œuvres symphoniques, musique de chambre, œuvres pour enfants, musique de scène, musique sacrée. Cette œuvre a été couronnée par de nombreux prix, et les commandes internationales affluent. Mais depuis toujours, l'orgue occupe une place de choix dans le cœur et dans l'œuvre du musicien. On ne peut certes voir en lui un « organiste-compositeur » à la façon d'un Dupré ou d'un Langlais, puisqu'il n'est pas comme eux attaché à une tribune et ne fait pas profession d'interpréter le répertoire, mais le remarquable pianiste qu'il est (soliste, concertiste, chambriste, improvisateur) ne le cède en rien à l'organiste parfaitement à l'aise devant sa console. Il a su se doter des moyens techniques lui permettant de faire face aux redoutables difficultés de ses propres œuvres, ou de répondre docilement aux exigences d'un talent d'improvisateur hors pair.

Là où certains compositeurs enfouissent leurs racines pour les dérober aux regards, Eben les fait serpenter à fleur de musique ; là où il est de bon ton de nier quelque influence que ce soit, Eben en nourrit son terreau pour permettre l'épanouissement de fleurs musicales variées, mais qui ont toutes un air de famille. Il en résulte une production robuste, savoureuse, qui est la vie même, car les fils qui entrecroisent ce tissu musical sont aussi les fibres de la vie de Eben. Le Moyen Age ? Le jeune Petr a passé sa jeunesse dans la vieille ville médiévale de Cesky Krumlov. Les folklores tchèque et surtout morave ? En 1950, Eben a parcouru les montagnes de Silésie pour y recueillir 280 chants populaires. Le plain-chant ? L'ancien suppléant de l'organiste et maître de chapelle à la cathédrale de Cesky Krumlov a parfaitement assimilé le répertoire liturgique. Ajoutons un goût prononcé pour la musique romantique (il a accompagné de très nombreux lieder), un intérêt marqué pour les langues, pour les chœurs (Prague n'abrite-t-elle pas de splendides formations vocales, comme le chœur de la Philharmonie tchèque ou l'ensemble Madrigal ?) sans oublier les chœurs d'enfants. Mais surtout, la mort côtoyée pendant la guerre et la déportation a tendu un ressort vital d'une vérité et d'une générosité inouïes. Sa foi en l'Art, en Dieu éclate dans l'introduction à *Laudes* : « ...Notre siècle manque profondément de reconnaissance : à ceux qui nous entourent au monde, à la vie elle-même et surtout à son Créateur. Il y a des réclamations, des doléances, de la contestation, peut-être même de l'indolence, mais de gratitude, aucune. Alors, peut-être la tâche la plus urgente de l'Art est-elle de chanter louange, sinon “les pierres crieront” ». Il n'est évidemment guère étonnant que cette proclamation de foi soit traduite par l'orgue, instrument privilégié de la pensée d'Eben.

Le langage de Eben n'est pas réductible à quelques recettes ; le compositeur reconnaît cependant lui-même des constantes de travail. Par exemple, la transformation de mélodies plain-chantesques dans un système modal, ou encore l'usage de la bitonalité et la birythmie ; les quarts de ton apparaissent dans *Prague nocturne* (1984, pour orchestre), mais toujours reliés au système diatonique, et les sons électroniques ne sont employés que fugitivement. Mais sa musique est d'abord, comme le souligne Susan Landale, « un élan mélodique. Chez Eben, la mélodie chante sans complexe, ni inhibition. [...] L'écriture est limpide, le contrepoint aisé, tel le courant de quelque ruisseau joyeux. La générosité de sa nature se reflète dans l'architecture à grandes voûtes de ses premières œuvres, puis évoluant rapidement vers une expression plus concise* ».

C'est enfin la musique d'un improvisateur, d'un praticien des claviers. Le risque est grand chez les improvisateurs doués, que les doigts dictent le cheminement de la pensée, qu'une sorte d'empreinte manuelle, de « geste » physique ne précèdent, avec une facilité trompeuse, le travail de composition proprement dit. Mais que tel enchaînement harmonique puisse se retrouver dans plusieurs œuvres, que telle batterie très lisztienne d'accords alternés entre les deux mains souligne de manière un peu stéréotypée toute progression agogique et, sans doute, bien d'autres « ficelles » d'improvisateur, tout cela n'a finalement que peu d'importance, compte tenu de la flamme qui embrase l'œuvre tout entier.

L'œuvre pour orgue

Avec un important corpus, Eben apparaît comme l'un des créateurs majeurs du XXe siècle pour l'orgue. Après avoir

* Communication personnelle de Susan Landale, à qui nous devons la majeure partie des informations souvent inédites exprimées ici. Nous lui en exprimons notre vive gratitude.

affirmé que celui-ci est, pour lui, le meilleur instrument pour exprimer des idées spirituelles, Eben salue avec joie le retour de l'orgue mécanique, susceptible de lui rendre toute la richesse de l'invention rythmique (par exemple, l'effet d'accent renforcé par de rapides changements de clavier; *cf. Mutationes*, nº 5). Il rend hommage aussi à l'école d'orgue française, « qui s'est souciée la première de l'immense richesse de la palette sonore de l'instrument »; ainsi, la registration fait chez lui partie intégrante de la composition. Il ajoute fort pertinemment que « les harmoniques contenus dans les jeux de mutations et de mixtures peuvent fortement altérer l'effet tonal et la tension d'un accord, d'où la nécessité pour moi de tout explorer à la console ».

Eben a écrit pour l'orgue solo des œuvres virtuoses, dramatiques qui se prêtent à l'exécution en concert, mais aussi des œuvres plus méditatives, visant même à servir la liturgie ou la prière, et enfin il s'est plu à associer l'orgue à l'orchestre, au chœur ou à divers instruments. Pour arbitraire que paraisse cette classification (car certaines œuvres peuvent appartenir à deux groupes en même temps), elle offre cependant la perspective la plus complète.

Les œuvres de concert

Laudes (1964)

Les quatre mouvements n'ont pas de titres individuels et peuvent être joués séparément. Certaines caractéristiques, néanmoins, les relient, comme l'explique l'auteur : « Dans chacun des mouvements, on trouve deux parties, deux idées. Dans la première partie, il y a l'esprit fondamental de la pièce, d'où jaillira la louange dans la seconde. Cet esprit, ce caractère de base, sera différent dans chaque mouvement : dans le premier, c'est une grande majesté, dans le second, un silence secret qui éclatera en louange, dans le troisième c'est mystérieux, enfin, dans le quatrième, c'est une dépression sombre et menaçante. Chaque mouvement utilise une mélodie grégorienne. Le premier empruntera l'*Alleluia* de Pâques; le second, la doxologie *Gloria Patri*, le troisième, l'hymne *Lauda Sion* et le quatrième, *Christus vincit, Christus regnat*. » La virtuosité de l'organiste est véritablement mise à l'épreuve : groupes rythmiques juxtaposés, *glissandi* et double pédale, rumba et trompette de jazz, ondulations avec rapides changements de claviers, etc. On remarquera dans le troisième mouvement « *fantastico* » l'incursion peu banale de l'orgue vénérable dans les eaux sulfureuses (ou jugées telles) du jazz.

Durée d'exécution : ~ 25 mn

Deux chorals-fantaisies (1972)

Écrites expressément pour le concours d'orgue du « Printemps de Prague », leur virtuosité exigée n'étonnera pas : il se trouve, par exemple, dans la seconde fantaisie un trait de pédale d'une audace périlleuse. La première fantaisie repose sur un choral dont le texte, de l'évêque Comenius, ravivait un vieux cantique de pénitence polonais. Pour la seconde, l'auteur choisit le très ancien hymne de Saint-Wenceslas : les effets de fanfares et de roulements de tambour évoquent la solennité du couronnement des rois de Bohême.

Durée d'exécution : ~ 12 mn

Faust (1976-1980)

Adaptation réalisée en 1980 par le compositeur de sa musique de scène pour l'œuvre de Goethe, commandée en 1976 pour le Burgtheater de Vienne. Neuf mouvements suivent de près le déroulement du drame : Prologue, Mysterium, Chant du mendiant à la vielle, Chœurs de Pâques, Chants des étudiants, Marguerite, Requiem, Nuit de Walpurgis, Épilogue. L'œuvre doit être mise en comparaison avec *Job*, œuvre plus tardive, puisque, d'un côté, Faust qui compte sur sa propre force est terrassé, tandis que Job, qui accepte humblement la souffrance, sort victorieux de l'épreuve. L'orgue est ici utilisé d'une manière quasi provocante, qui n'aurait sans doute pas déplu à son ennemi déclaré, Hector Berlioz... Maintes trouvailles mériteraient d'être mises en relief; citons, dans la séquence *Marguerite*, l'évocation du miroir, ou celle des soupirs et sanglots de la jeune fille.

Durée d'exécution : ~ 55 mn

Mutationes pour un ou deux orgues (1980)

L'idée d'un jeu alterné *(Mutationes)* entre deux orgues a été inspirée à l'auteur par le fameux orgue polonais d'Oliwa, près de Gdansk, dont une console permet de commander trois instruments indépendants. L'œuvre est donc écrite ou bien pour deux orgues séparés (avec deux exécutants), ou bien sur un seul orgue par un seul exécutant (à condition d'omettre le Duo final, encore que celui-ci puisse être joué à quatre mains - quatre pieds !). Les pièces pour grand orgue sont éclatantes, virtuoses, assez libres sur le plan tonal et registrées pour *plenum* ou *tutti*, tandis que les pièces pour petit orgue sont dans une tonalité « en *la* », plus lyriques, voire *scherzando* (ce qui est rare chez Eben), plus faciles d'exécution, et réclament des jeux de détail aux timbres baroques. Le cycle articule ses sept mouvements autour d'un centre de gravité, le nº 5 (troisième pièce pour grand orgue), lui-même régi par les proportions du nombre d'or. Le rythme à 5 temps qui ouvre et clôt l'ouvrage est proprement irrésistible.

Durée d'exécution : ~ 18 mn

A Festive Voluntary (1982)

Ces huit variations joyeuses et solennelles, écrites pour l'inauguration de l'orgue de la cathédrale de Chichester, relient l'Angleterre et la Tchécoslovaquie par la grâce d'un noël anglais médiéval évoquant le roi et saint national, « *Good King Wenceslas* ».

Durée d'exécution : ~ 7 mn

Hommage à Dietrich Buxtehude (1987)

Écrit pour le 350e anniversaire de sa naissance, il verse habilement un vin nouveau (idées, rythmes, clins d'œil au jazz) dans la vieille outre de la forme nordique : toccata — première fugue — toccata — deuxième fugue — toccata (+ passacaille). Des réminiscences, déformées comme à travers le rideau liquide de quelque joyeuse cascade, évoquent les thèmes de *Prélude, fugue et chaconne* et de *Fugue en sol* mineur (BuxWV 148).

Durée d'exécution : ~ 8 mn 30 s

Les œuvres méditatives ou liturgiques

Nedelni Hudba (« Musica dominicalis ») (1958)

Les quatre mouvements (Fantasia I, Fantasia II, Moto ostinato, Finale) utilisent plusieurs thèmes grégoriens (le *Kyrie* de la messe *Orbis factor*, le *Salve Regina* par exemple). L'œuvre n'a cependant pas de destination liturgique.

Durée d'exécution : ~ 30 mn

Dix Préludes (1971)

Écrits sur des chorals des Frères moraves, ils sont courts, faciles, et appartiennent à un recueil collectif. Chaque prélude est précédé par une « intonation » qui, en quelques mesures, donne le ton et rappelle la mélodie du choral. Ces feuillets d'album, souvent exquis, laissaient espérer quelque *Orgelbüchlein*...

Durée d'exécution : ~ 20 mn

Petite Partita de choral sur « O Jesus, all mein Leben » (1978)

Ces cinq variations sur « O Jésus, tu es toute ma vie », par leur concision, leur densité, leur climat priant, s'insèrent à merveille dans la liturgie.

Durée d'exécution : ~ 10 mn

Due Versetti (1982)

Ce sont à l'origine des interludes d'orgue pour la « *Missa cum populo* » (pour chœur, orgue, cuivres et assemblée) ; ils ont leur place à l'Offertoire (avec le joyeux tumulte du dimanche des Rameaux et son antienne *Pueri Hebraeorum*) et à la Communion (avec sa méditation sur l'hymne *Adoro te*).

Durée d'exécution : ~ 4 mn et 4 mn 30 s

Job (1987)

Ce monumental pendant biblique de *Faust* exprime en chacun de ses huit mouvements un aspect des épreuves de Job : le Destin, la Foi, l'Acceptation de la souffrance, Désir de la mort, Désespoir et résignation, le Mystère de la Création, Pénitence et compréhension, et enfin, la Récompense de Dieu. Ce cycle de concert peut faire intervenir un récitant.

Durée d'exécution : ~ 45 mn

Les musiques d'ensembles

Missa Adventus et Quadragesimae (1952)

Écrite pour chœur d'hommes à l'unisson et orgue concertant. Sans doute la première apparition significative de l'orgue dans l'œuvre d'Eben.

Durée d'exécution : ~ 15 mn

Premier concerto pour orgue et orchestre (1954)

Sous-titré « *Symphonia Gregoriana* », ce concerto en quatre mouvements est en fait une symphonie avec orgue concertant, symphonie dans la tradition et le style architectural de Mahler ou de Bruckner. Des formes traditionnelles (fugue, passacaille), des thèmes grégoriens (litanie des saints, *Agnus Dei*) assurent à cette œuvre vigoureuse des racines qui permettent à la musique de s'élever en un hymne à la liberté.

Durée d'exécution : ~ 48 mn

Cantate La Terre amère (1959)

Écrite pour baryton solo, chœur mixte et orgue concertant sur un texte de Jaroslav Seifert.

Durée d'exécution : ~ 15 mn

Le chant de Ruth, pour mezzo (ou voix moyenne) et orgue (1970)

Le magnifique texte de l'Ancien Testament (Ruth, 1, 16), qui précède immédiatement le *Cantique des cantiques*, bénéficie d'une touchante musique nuptiale dont les tendres inflexions, la chaste simplicité et la forme en arche ABA cisèlent délicatement les contours, avec la complicité d'un orgue chaudement enveloppant.

Durée d'exécution : ~ 5 mn

Okna (Vitraux), pour trompette et orgue (1977)

Ces quatre mouvements ont été inspirés par Marc Chagall. Les quatre vitraux ne sont désignés que par leur couleur (bleu, vert, rouge, or). Eben veut avant tout chanter louange et jubilation. Le dernier mouvement est peut-être le plus significatif. « Bâti sur une mélodie de la liturgie orthodoxe, sa couleur, or, est celle d'une fête joyeuse et solennelle [...]. La trompette, en une longue et tendre mélodie — peut-être l'apothéose du cycle entier — évoque le monde magique de l'inspiration de Chagall, superposant au choral orthodoxe le chaud velours de sa beauté judaïque teintée de mélancolie » (S. Landale). Notons qu'Eben, sensible aux difficultés d'ensemble dans l'acoustique des églises, accorde ici une liberté, une indépendance parfois totale aux instruments, laissant à l'aléatoire le soin de diffuser les reflets changeants de la lumière à travers les vitraux.

Durée d'exécution : ~ 18 mn

Fantaisie pour alto et orgue (1982)

La couleur sombre de l'alto a suggéré à l'auteur le passage du temps de pénitence de l'Avent (avec le *Rorate coeli*) vers la lumière de Noël.

Durée d'exécution : ~ 6 mn

Deuxième concerto pour orgue et orchestre (1982)

L'orchestre comprend cordes, cuivres et percussion, à l'exclusion des bois, dont Eben redoute sans doute la trop grande ressemblance avec certains jeux d'orgue. D'ailleurs, l'auteur avoue s'être mesuré ici aux difficultés du genre et, résolvant le problème par un contraste marqué, non seulement du matériel thématique, mais aussi des battues et tempos. Le plan, original, regroupe dans une première partie le premier allegro, le mouvement lent (*rhapsodico*, son ornementation rappelle le folklore slave et balkanique), un mini-scherzo (*allegretto*, sur des rythmes irréguliers, 5/8, 7/8, 11/8) et une courte reprise de l'introduction. Le final occupe la seconde partie : il y souffle un vent d'Europe centrale caractérisé par un mordant et une tonicité rythmiques et harmoniques sous-tendus par une grande virtuosité.

Durée d'exécution : ~ 25 mn

Paysages de Patmos pour orgue et percussion (1987)

Inspiré par l'Apocalypse de Jean, cet alliage constitue, selon Eben, « un des rares ensembles où toutes les ressources de l'orgue peuvent être sollicitées, où l'organiste n'est pas contraint de jouer seulement en demi-teintes ». Les cinq paysages envisagent l'Aigle, les Vieillards, le Temple, l'Arc-en-Ciel, les Chevaux.

Durée d'exécution : ~ 25 mn

Deux invocations pour orgue et trombone (1988)

Cette remarquable (et rare) association permet de commenter le cantique *Svaty Vaclav* (Saint Wenceslas) déjà utilisé dans la deuxième Choral-Fantaisie.

Durée d'exécution : ~ 8 mn

Trois jubilations pour orgue et cuivres (1987)

Un *Praeludium* et un *Postludium* (entrée et sortie de sa *Missa cum populo*) encadrent un grand *Choral*.

Durée d'exécution : ~ 12 mn G.G.

JOHANN ERNST EBERLIN

Né à Jettingen (près Burgau, Bavière), baptisé le 27 mars 1702 ; mort à Salzbourg, le 21 juin 1762. De 1712 à 1721, l'enfant fait ses études au collège des Jésuites d'Augsbourg et travaille l'orgue avec G. Egger et B. Siberer. De 1721 à 1723, il fréquente l'université bénédictine de Salzbourg, sans toutefois terminer le cycle d'études. L'année 1726 le trouve quatrième organiste de la cathédrale de Salzbourg. On mesure le chemin parcouru lorsque nous le retrouvons en 1749 au poste prestigieux de Kapellmeister de la Cour et de la cathédrale, poste qu'il occupera jusqu'à sa mort.

Avec dix-sept années de différence, Léopold Mozart a curieusement emprunté le même itinéraire qu'Eberlin : né à Augsbourg en 1719, il y fréquente le collège des Jésuites ; en 1737, il s'inscrit à l'université de Salzbourg (dont il est renvoyé deux ans après !) et commence sa carrière comme quatrième violon à la chapelle de l'archevêque. Léopold Mozart avait beaucoup d'estime pour Eberlin, le présentant comme « un maître accompli dans l'art de composer [...]. Il compose avec aisance, et rapidement [...]. On peut le comparer à deux fameux et habiles compositeurs : Alessandro Scarlatti et Telemann ». Eberlin était sans doute un familier du 9, Getreidegasse, la demeure familiale des Mozart. Sans avoir le temps d'en voir l'éclosion, il a probablement été le témoin des premières manifestations du génie du jeune Wolfgang. Jean et Brigitte Massin* nous apprennent d'ailleurs que « la fin de l'année 1761 voit la première apparition publique de Wolfgang. Il chante dans une chorale de cent enfants, au cours de la représentation d'une comédie latine donnée à l'université de Salzbourg : la musique était de Johann Ernst Eberlin ». Et lorsque le nom d'Eberlin reviendra dans la correspondance entre Léopold et Wolfgang, ce dernier continuera à admirer l'écriture vocale de ce compositeur, même s'il révise son opinion sur les fugues de clavier. On le comprend d'autant mieux qu'il aura entre-temps pris connaissance de celles de J.-S. Bach.

En grande partie manuscrite, l'œuvre d'Eberlin est abondante : 106 messes, 18 requiems, 15 oratorios, des symphonies, 3 opéras (perdus), 61 drames scolaires et enfin des pièces pour l'orgue. Et l'organiste de la cathédrale de Salzbourg n'était pas à plaindre puisque celle-ci, vers 1750, ne réunissait pas moins de six instruments, dont un grand orgue construit par Joseph Christoph Egedacher en 1703-1704, comptant 43 jeux sur trois claviers et pédalier, les claviers ayant conservé le procédé de l'octave courte.

L'œuvre pour orgue

Elle comprend *9 Toccatas et fugues* (la seule œuvre publiée de son vivant, vers 1747), *115 Versets et cadences* (Munich, vers 1830), *65 Préludes et interludes, versets et fugues dans les 8 tons d'église* (Munich, vers 1830), *5 Pièces pour orgue mécanique* (dans le recueil *Der Morgen und der Abend*, ensemble de 12 pièces de Léopold Mozart et Eberlin, Salzbourg, 1759), *4 Pièces pour orgue mécanique* (Hellbrunn Castle, 1749).

* J. et B. Massin, *Mozart*, Paris, Fayard, 1959, p. 9.

Les pièces pour orgue mécanique

Ces œuvres qui pourraient prêter à sourire doivent être replacées dans leur contexte. Ainsi que le dit Alexandre Buchner*, plus que toute autre époque, il en est une dont l'âme se retrouve au cœur de ses créations. Il s'agit de cette période qui va du rococo à la fin de la période dite Biedermeier dans les pays d'Allemagne ou soumis à l'empire austro-hongrois, c'est-à-dire jusqu'aux années 1840. Cette époque a engendré de très nombreuses pendules à musique, comprenant un petit mécanisme qui fait jouer un carillon, un orgue ou des cordes frappées ou pincées. La musique était mise en marche à intervalles réguliers (en général toutes les heures) par la pendule, dont le mouvement était souvent emboîté dans un cabinet de belle ébénisterie ». De nombreux compositeurs, et non des moindres, n'ont pas dédaigné fournir le grain musical que devaient moudre ces horloges, pendules et autres automatophones : Carl Philipp Emanuel Bach, Claude Balbastre, Jean François Dandrieu, Joseph Haydn, Johann Kaspar Kerll, Johann Philipp Kirnberger, mais surtout Wolfgang Mozart qui sut transcender un instrument qu'il estimait « enfantin », et Beethoven, en hommage admiratif à Mozart. Naturellement, avec Léopold Mozart et Eberlin, la musique ne brille guère que par un certain pittoresque, une grâce de bon aloi, un charme de bonne compagnie, douillet et inodore. L'ensemble des neuf pièces signées par Eberlin pâlissent face à la *Fantaisie en* fa *mineur* K.608, sa science contrapuntique, sa rage de vivre, sa dimension cosmique.

Les Toccatas et fugues

Dans les *Toccatas et fugues* qui ont tant contribué à la notoriété d'Eberlin, il ne manque pas de ces qualités qui font tant défaut à l'orgue post-bachien. Le contrapuntiste est impeccable : sujets de fugues ingénieux et riches de développement en puissance, rigueur des strettes, habileté des superpositions sujet/contre-sujet ou des doubles sujets. Un solide meccano scolastique... Le tissu harmonique et poly-

Toccata sexta. Sujet de la fugue

phonique des *Toccatas* est chaud, coloré. L'influence italienne n'y est pas étrangère : la *Toccata secunda* débute comme une toccata de Frescobaldi, la *Toccata sexta* n'est rien moins qu'une *toccata per l'Elevazione*, les digressions modulantes de la *Toccata septima* ne sont pas sans évoquer certains *capricci stravaganti*. Il faut noter aussi les belles progressions chromatiques de la fugue de la *Toccata tertia*. Les *Toccatas quinta* et *nona* déclament enfin des solos de violon ou de hautbois comme dans les meilleurs concertos de Vivaldi ou Marcello.

Comment donc expliquer que sous de tels auspices, l'œuvre, malgré l'intérêt qu'elle suscite, sécrète bien souvent un redoutable ennui ? Cela tient sans doute d'abord à un abus manifeste des marches (mélodiques, rythmiques, harmoniques) et autres rosalies. Nous nous bornerons à un seul exemple : dans la *Toccata tertia,* si l'on extrait des mesures 19 à 34 ce type de redondance, il reste quatre mesures réellement originales (soit le quart !). L'auditeur est partagé entre le fou rire et l'agacement devant un tel gaspillage de temps. Même les sujets de fugue n'échappent pas à cette manie.

D'autre part, la partie de pédalier est à peu près inexistante : un rudimentaire pédalier à la française suffirait amplement à l'élocution des quelques notes qui lui sont dévolues. C'est le lieu de mesurer ici l'espèce d'infirmité qui frappe les organistes du centre et du sud de l'Allemagne lorsqu'on les compare aux virtuoses du Nord — le pédalier du grand orgue de Salzbourg ne manquait pourtant pas de personnalité (10 jeux allant du 32' au 4'). L'écriture manuelle, assez dense, est souvent à quatre voix : sa texture appelle cependant à maintes reprises un clavecin plutôt qu'un orgue : accords serrés dans le grave, traits-fusées, etc. L'ornementation suggérée gagne sans doute à être étendue à l'initiative de l'interprète. Enfin, si l'on éprouve quelque surprise à repérer des

* A. Buchner, *Les Automates et la musique*, Paris, Gründ, 1991.

motifs directement inspirés de J.-S. Bach, leur mise en œuvre sent l'effort et manque d'imagination créatrice. L'atelier du maître était resté ouvert : l'apprenti a emprunté les outils et en a usé avec habileté, en oubliant de libérer l'imagination de sa cage scolastique : tel est peut-être le sort peu enviable d'un Eberlin inconfortablement coincé entre Bach et Mozart.

G.G.

EDWARD ELGAR

Né à Broadheath (près Worcester), le 2 juin 1857; mort à Worcester, le 23 février 1934. Bien qu'ayant pris des leçons de violon à Worcester puis à Londres, ce grand compositeur anglais fut avant tout un autodidacte qui puisa l'essentiel de son savoir musical dans le magasin de musique de son père. Dès l'âge de seize ans, il commença à se produire à l'échelle locale, comme violoniste, organiste, bassoniste, chef d'orchestre et professeur. Il compose alors abondamment, mais sans encore faire preuve de l'individualité qui caractérisera les œuvres de la maturité, datant pour l'essentiel d'après les quarante ans du compositeur. Il voit croître sa réputation avec ses premières grandes œuvres chorales (cantates et oratorios, dont The Dream of Gerontius, *1900) et symphoniques (dès les* Variations Enigma *de 1899). Il laisse également quelques œuvres de musique de chambre (Quatuor à cordes, Sonate pour violon, etc.).*

Si l'orgue ne fut pas l'instrument de prédilection d'Elgar, lui-même fut cependant en relation directe avec celui-ci, ayant d'ailleurs en 1885 succédé à son père comme organiste de l'église catholique de Worcester — pour peu de temps il est vrai, Elgar étant parti s'installer une première fois à Londres dès 1889. Ses œuvres pour orgue sont très peu connues : *Fugue* en *sol* (1870), *Cantique-Adagio solenne* op. 3 (1879), *Fugue* en *fa* dièse (1881), 11 *Vesper Voluntaries* op. 14 (1891, l'intitulé disant assez la volonté de continuité dans la tradition anglaise), *Chanson de nuit* et *Chanson de matin* op. 15 n°s 1 et 2 (transcrites de l'orchestre, vers 1897), une *Sonate n° 2* op. 87a, transcription de la *Severn Suite* op. 87 (pour cuivres, 1930). Mais il faut retenir surtout, pièce unique tant par son ampleur que par l'intérêt qu'elle présente, une grande *Sonate pour orgue* op. 28, datant de 1895-1896, soit du « début » de la maturité d'Elgar.

La **Sonate en *sol* majeur** op. 28 pour « grand orgue » (dans le sens symphonique du terme : trois claviers et pédale), compte quatre mouvements. Très orchestrale (et non pas seulement « symphonique » en terme d'orgue), un peu à la manière des grandes œuvres de Reger bien que dans un tout autre esprit de structure et de sensibilité harmonique, c'est une œuvre raffinée, généreusement proportionnée, ample mais sans longueur, magnifiquement sonore et adaptée à l'orgue. Si elle fait appel à une technique en réalité pianistique (mais à partir de Liszt et de Franck, bien des grands organistes ne sont-ils pas des pianistes jouant de l'orgue ?), ses plans sonores répondent aux possibilités naturelles de l'instrument de la fin du XIXe siècle, avec des fonds, des mutations et des anches d'inspiration particulièrement orchestrale en Angleterre (Willis, Henry) ; au pédalier, cependant, est dévolu un rôle à tout le moins aussi organistique que dans les symphonies des Français, Widor et Vierne par exemple.

Le premier mouvement, **ALLEGRO MAESTOSO**, juxtapose plusieurs éléments contrastés, développés en sections alternées tout au long du mouvement. Tout d'abord un thème large, *forte risoluto* à 3/4, en *sol* majeur, lyrique à la manière des romantiques tardifs :

et donnant lieu dans un premier temps à un développement par opposition de claviers ; à la mesure 26 intervient au soprano un deuxième thème, mélodique, en *fa* dièse mineur, de forme « lied accompagné » (sur accords de main gauche), et inspiré du premier thème :

On le retrouvera, décanté, sous une forme syncopée dans un développement en *ré* majeur modulant, à 9/8 et lyrique (mes. 42). A la mesure 75 (de nouveau à 3/4) se dessine brièvement une sorte de fugue avec « sujet » sobre et « contre-sujet » plus mobile, tenant lieu de transition vers un retour au *ff*, suivi d'un nouvel enchaînement varié des différents éléments déjà évoqués, Elgar revenant pour la conclusion de cet « allegro de sonate » au thème initial.

Le deuxième mouvement est un **Allegretto** à 4/8 en *sol* mineur : mélodie rythmique et teintée de chromatisme à la main gauche, ponctuée en imitation par la pédale, sur accompagnement éthéré de main droite. Une courte transition à 2/4, oscillant entre *mi* bémol majeur et *ut* mineur, prépare l'épisode central, en *ut* majeur, largement déployé, serein, suivi d'une reprise non textuelle de la première section de l'*Allegretto*.

L'indication *attacca* relie ce mouvement au troisième, un **Andante espressivo** à 2/4, alternant les tons de *si* bémol et de *fa* dièse majeur, fluide et *tranquillo*, au dessin rythmique ouvragé, faisant également appel à la forme du lied accompagné (soprano, parfois en octave).

Cette sonate s'achève sur un **Presto** *(comodo)* à 2/4, tout d'abord en *sol* mineur, s'articulant sur une cellule vive à la scansion accentuée, soutenue par une efficace ponctuation de pédale. Le mouvement commence *ppp*, puis rapidement s'élargit jusqu'au tutti. Un diminuendo conduit vers une transition tout d'abord sombre, puis s'éclairant par degrés au fil de riches modulations, jusqu'à retrouver le ton de *sol* majeur — la beauté première de cette *Sonate*, outre le charme discret de sa thématique, résidant précisément dans la subtilité de ces incessants déplacements harmoniques, d'une élégance fluide et séduisante. Après un nouvel épisode en *sol* mineur, le finale retrouve le ton principal, sur un crescendo progressif bien qu'assez rapide, concluant à la manière d'un carillon symphonique, entrecoupé de traits arpégés virtuoses (et très pianistiques) : il s'achève de manière abrupte dans le grave sur la seule tonique de *sol*, tenue.

Durée d'exécution : ~ 25 mn

M.R.

ERMEND-BONNAL

Né à Bordeaux, le 7 juillet 1880 ; mort à Paris, le 14 août 1944. Élève de Vierne et de Tournemire, Joseph Bonnal, dit Ermend-Bonnal, fut aussi celui de Guilmant au Conservatoire. D'abord directeur de l'école de musique et titulaire de Saint-André de Bayonne, il fut à Paris organiste de Saint-Médard puis succéda en 1943 à Charles Tournemire (Sainte-Clotilde), tandis qu'il était nommé inspecteur de l'Enseignement musical.

Brillant interprète et compositeur épris de poésie, Ermend-Bonnal a conçu pour un instrument de caractère symphonique une œuvre originale qui va puiser son inspiration dans l'évocation des contrées de son Sud-Ouest natal : *Paysage landais* (1904), *Reflets solaires* (1905), *Noël landais* (1918), *Paysages euskariens* (1930). Mais s'il est aussi l'auteur d'une *Petite Rhapsodie bretonne* (1898) et de *Six Pièces* (1916) de nature profane, sa contribution à l'art sacré ne paraît pas négligeable avec une importante symphonie (1932).

Paysages euskariens

Achevée en avril 1930 au Pays basque (Amentcha), cette série propose d'abord une pièce d'évocation en *mi* (*La Vallée du Béhorléguy, au matin*) qui emprunte son matériel thématique à quelque folklore régional (mode de *si* transposé) et dont le pittoresque séduit.

Dans la seconde, en *sol* dièse mineur (*Le Berger d'Ahusquy*), une polyphonie plus complexe (notation sur quatre portées comme Tournemire) s'organise dans une ambiance de pastorale à 6/8. A la clarinette des premières mesures, répond bientôt la flûte sur fond de voix céleste, recette sans doute romantique, mais qui sert ici une calme musique d'impression.

La dernière, en *mi* majeur (*Cloches dans le ciel*), oppose enfin le tutti joyeux d'un carillon à une partie centrale plus calme mais d'une savante conception orchestrale, où ni la registration, ni les indications de clavier ou de mouvement, ni même l'ouverture des boîtes expressives ne sont laissées au hasard. On pense à Tournemire, mais le langage harmonique et le style se réclament plutôt de Vierne.

Durée d'exécution : ~ 22 mn

Symphonie « Media vita » en *ut* dièse mineur

« Libre paraphrase en trois parties sur un répons de la Septuagésime : *Media vita in morte sumus* », comme l'a indiqué l'auteur lui-même, cette œuvre d'une force lyrique et d'une fervente spiritualité, qui fut primée lors du concours organisé par les Amis de l'Orgue en 1932, occupe une place de choix parmi les symphonies liturgiques ou grégoriennes que Widor inaugura, dès 1895, avec la *Gothique*. Le contrepoint subtil et souvent libre et aérien de Tournemire y trouve, par ailleurs, matière à s'épanouir au service d'une pensée structurée mais toujours tournée vers la méditation et la prière.

Après un prélude (assez lent) opposant deux thèmes, dont le second de type « choral », un andante présente deux nouvelles idées mélodiques, alors que le final (animé), reprenant plusieurs motifs antérieurs, conclut selon un procédé cyclique.

Durée d'exécution : ~ 30 mn

F.S.

GIOVANNI BATTISTA FASOLO

Né à Asti, près de Turin, vers 1600; mort sans doute en Sicile, après 1659. On ne sait presque rien de la vie de ce moine franciscain qui semble avoir passé le plus clair de son existence en Sicile, où il est maître de chapelle de l'archevêque de Monreale (près de Palerme) en 1659 lorsqu'il publie des Arie spirituali, *son neuvième et dernier opus connu. Des huit précédents, il ne reste que l'immense* Annuale *liturgique pour orgue op. 8, publié à Venise chez Vincenti en 1645. D'obédience frescobaldienne, ce dernier ouvrage n'exclut pas l'éventualité d'un apprentissage romain (dans les années 1620?) auprès de l'organiste de Saint-Pierre.*

Annuale

L'*Annuale* de Fasolo se présente comme les travaux pratiques des cours magistraux professés au début du siècle par Banchieri et Diruta. Le long titre et l'instructif avertissement disent l'immensité de l'entreprise. Loin de se suffire des apports liturgiques fragmentaires de ses prédécesseurs, les Cavazzoni, Merulo, Gabrieli, Frescobaldi et de ses voisins napolitains, en particulier Salvatore en 1641, l'organiste et professeur d'orgue franciscain se donne pour enjeu de « couvrir » toute l'année liturgique avec son *Annuale*. C'est ainsi qu'il propose (au long des presque deux cents pages de l'édition moderne de Rudolph Walter) des versets de *Te Deum*, hymnes, *Magnificat*, messes et pièces contrapuntiques utilisables dans les divers offices religieux. Parmi les corpus étrangers, on ne voit guère que la *Tabulatura nova* (1624) de l'Allemand luthérien Scheidt qui puisse être comparée à la « somme » du catholique sicilien. L'intérêt de cet effort résiderait-il plus dans le souci d'exhaustivité que dans le résultat artistique ? La pénurie discographique semblerait l'attester ; gardons-nous cependant de mésestimer un ouvrage longtemps cité comme référence et que François Couperin n'a pas hésité à mettre à contribution pour parachever ses messes pour orgue.

Au demeurant, l'Italien n'a pas d'autre ambition que de rendre service. Son avertissement s'adresse « *alli studiosi* » et il calque humblement ses propos sur ceux des ses prédécesseurs, allant jusqu'à signaler les occasions où il s'aventure dans des « *versetti moderni* ». Sur « *alli Canti fermi* », partiellement locaux, l'ouvrage comprend :

— Un TE DEUM en 15 versets et non 16, par omission du « *Tu devicto mortis* ». Le 3ᵉ ton ecclésiastique s'affirme dans les nombreuses cadences en *la*. Excepté dans deux versets plus homorythmiques (*Patrem immense* et *Judex crederis*), sans qu'on puisse distinguer une volonté de figuralisme musical, le contrepoint imitatif l'emporte.

— « TUTTE GL'HINNI DELLE VESPERI », soit 19 hymnes en trois ou quatre versets. Six d'entre elles proposent une deuxième version « plus facile et plus moderne », mais la tentative demeure à la traîne des réelles innovations du Napolitain Salvatore, quatre ans auparavant.

— Trois MESSES qui constituent le cœur de l'entreprise et l'apport le plus considérable, voire irremplaçable, de l'ouvrage. Fasolo s'y donne pour objet d'illustrer à la lettre le plan publié par Banchieri dans son *Organo suonarino* (1605), d'après les directives promulguées par le pape Clément VIII dans son *Caeremoniale episcoporum* (1600). Chaque messe contient de brefs versets destinés à alterner avec les chantres pour les *Kyrie, Gloria, Sanctus* et *Agnus* (depuis le Cérémonial, le *Credo* est réservé à la maîtrise), et des ricercari ou canzoni pour les moments qui relèvent du « propre ». Autrement dit, le franciscain allie l'habituelle messe pour orgue en versets alternatifs à la conception de Frescobaldi, lequel, hors le *Kyrie*, n'avait retenu que les moments libres de la messe. Fasolo pousse si loin la *mimesis* à l'égard de son illustre devancier qu'il insérera une *Bergamasca* et une *Girolmeta* à la fin de son travail liturgique ! Avec les seuls trois plains-chants commentés par tous ses aînés depuis un siècle, Fasolo estime faire face à « *tutte le messe* » *Missa in dominicis diebus* (messe *Fons bonitatis* pour les dimanches ordinaires), *Missa in duplicibus diebus* (messe *Cunctipotens genitor Deus*, ou messe des apôtres pour les fêtes doubles), *Missa Beate Mariae Virginis* (messe *Cum jubilo* pour les fêtes de la Vierge). Dans une polyphonie à quatre parties, le plan quasi immuable est donc le suivant :

1. *Kyrie* du 1ᵉʳ ton en 4 ou 5 versets, dont un toujours « *aliud* ». Le premier cite le plain-chant en cantus firmus à la basse, surmontée d'une polyphonie indépendante ; les autres tirent ou non leur substance de ce germe liturgique.
2. *Gloria* en 9 versets, avec cantus firmus à la basse dans l'*Et in terra pax*.
3. *Brevis Modulatio post Epistolam* : alerte canzone pour le Graduel.
4. *Gravis Modulatio pro Offertorio* : ricercare modéré.
5. *Sanctus* en 2 versets.
6. *Benedictus et Elevatio simul*, donc une pièce unique pour la Consécration eucharistique puisque « celui qui vient au nom du Seigneur » est Jésus à la veille du Saint-Sacrifice. Musicalement, ces deux pièces sont considérées comme équivalentes (et un François Couperin en apportera la confirmation en composant un *Benedictus* pour sa *Messe des Paroisses* et une Élévation pour sa *Messe des Couvents*). Pour ce moment clé de l'office, Fasolo, à l'instar des Napolitains et de Frescobaldi, réserve quelque « *Largo assai facendo godere le ligature, e durezze* ».

7. *Agnus Dei* en un verset, compte tenu de ce qui suit.

8. *Brevis Modulatio post Agnus Dei*, en style de canzone.

9. « *Deo gratias ut in primo Kyrie* »; reprise à Banchieri, l'indication signifie clairement que, musicalement et symboliquement, la messe « boucle » au moyen d'un *da capo* (idée magnifique qu'en France seul Grigny observera).

Le parcours des tons ecclésiastiques varie pour chacune des messes, mais Fasolo veille à l'unité maximale de chaque cycle. C'est ainsi que dans la messe des dimanches, intégralement en *ré*, il maintient cette monochromie dans les pages libres; dans la messe des apôtres, qui selon l'usage passe par quatre pôles, il s'en tient le plus possible à deux, en rapport tonique/relatif : *ré* pour le *Kyrie, mi* pour le *Gloria*, mais commençant et finissant sur *ré*, *sol* transposé en *fa* pour le *Sanctus*, *fa* pour l'*Agnus*, et modalités voisines pour les pages indépendantes; il en va sensiblement de même de la messe de la Vierge, dans laquelle la canzone après l'Élévation cite le thème bien connu de *La Serpentina*.

Suivent :

— Huit **Magnificat** dans les huit tons ecclésiastiques (certains transposés), illustrant les six versets impairs, pour alterner avec les cinq versets pairs attribués aux chantres.

— Un **Salve Regina** en cinq versets alternatifs, seule antienne mariale, ce qui ne manque pas d'étonner dans un *Annuale*.

— **Otto Ricercate** dans les huit tons.

— **Otto Canzoni francese** dans les huit tons.

— **Quattro Fughe** *sopra la Bergamasca, sopra la Girolmetta, sopra la Bassa fiamenga, sopra ut-ré-mi-fa-sol-la*, tous motifs passe-partout déjà traités par Frescobaldi.

Sur thèmes inventés ou profanes, toutes ces dernières pièces contrapuntiques ne sont pas pour autant indignes du temple, et elles peuvent se substituer à leurs homologues des messes ou servir pour toute autre occasion liturgique. Elles répondent aux critères définis par Fasolo dans son avertissement, la fuga allant, en particulier, dans le sens de l'unité thématique. Notons que si Frescobaldi n'a pas publié de fuga, il en existe deux dans ses pièces manuscrites posthumes, ce qu'en disciple fervent — spirituel ou réel — du maître romain, Fasolo ne semble pas ignorer.

B. F.-S.

AUGUSTE FAUCHARD

Né à Laval, le 5 mars 1881; mort à Laval, le 26 septembre 1957. D'abord élève de Guilmant puis, à partir de 1925, de Vierne et d'Indy, il fut diplômé de la Schola Cantorum. Chanoine, organiste de la cathédrale de Laval et directeur de la musique religieuse pour son diocèse, il se livra ensuite à un véritable apostolat en faveur de l'instrument à tuyaux et de l'art liturgique. Après guerre, l'édition de ses œuvres majeures contribua cependant à faire rayonner son nom au-delà des limites de la Mayenne.

Ordonné prêtre en 1903, le chanoine Fauchard fut essentiellement attiré par le domaine sacré. Titulaire, dès 1927, d'un orgue d'Aristide Cavaillé-Coll, il se montra d'abord très fidèle à l'esthétique de ses maîtres à travers une conception symphonique de l'instrument dans laquelle la tradition polyphonique n'était pas exclue. Dans les années cinquante, pourtant, on peut relever une sensible évolution de son langage harmonique en parallèle avec une registration où apparaissent mixtures, nasards, tierces ou cromornes (*In Memoriam, Choral, Vexilla Regis*).

Les symphonies

Composées respectivement en 1925 et 1929, la *Première Symphonie en* mi et la *Deuxième Symphonie en* ré s'inscrivent encore parmi les pages de concert chères au XIXe siècle. Un premier mouvement de forme sonate (ALLEGRO MAESTOSO dans un cas, PRÉLUDE dans l'autre) précède un mouvement lent (ADAGIO ou CANTILÈNE), un SCHERZO ou un DIVERTISSEMENT avant que le final ne lance ses traits de toccata. Dans l'œuvre de 1929 apparaît un procédé cyclique, dont le chanoine se souviendra dans ses deux œuvres symphoniques suivantes. C'est le cas notamment de la *Troisième Symphonie « Mariale »* (1941), qui exploite trois thèmes grégoriens (*Salve Regina, Ave maris stella, O Sanctissima*) dans une structure en quatre épisodes (ALLEGRO — CHORAL ET FUGUE — CHORAL VARIÉ — ALLEGRO). Plus prolixe encore en motifs de plain-chant, la *Symphonie « Eucharistique »* de 1945 sollicite *Lauda Sion, Pange lingua, Adoro te, Vexilla Regis, O Salutaris Hostia, O Sacrum convivium* et *Tantum ergo* dans une formule qui combine messe et sonate : INVITATOIRE, SACRIFICE, COMMUNION, PROCESSION.

Le Mystère de Noël

En sous-titre, le chanoine Fauchard a indiqué qu'il s'agissait d'un « poème symphonique sous forme de chorals variés sur l'hymne de Noël *Jesu Redemptor omnium* ». Écrite en 1940 mais publiée en 1951, cette œuvre présente, en effet, une série de variations sur le thème grégorien d'abord harmonisé (L'INEFFABLE MYSTÈRE). Suivent sept épisodes dont les deux derniers, amplifiés et développés, dépassent le principe de la simple variation. On distingue : LE DIVIN ENFANT (thème à la pédale sur un contrepoint à trois voix que dominent de doux triolets), LES BERGERS (scherzo), LA VIERGE MÈRE (choral figuré avec cantus au ténor sur le cromorne), L'ÉTOILE (lumineuse page en doubles croches), PRIÈRE DE LA SOUFFRANCE (méditation avec chromatismes et syncopes), LE CANTIQUE DE L'UNIVERS (fugato) et L'HYMNE DE L'HUMANITÉ (brillante toccata).

Durée d'exécution : ~ 12 mn

F.S.

BRIAN FERNEYHOUGH

Né à Coventry (West Midlands), le 16 janvier 1943. Il fit ses études à l'École de musique de Birmingham, puis à l'Académie royale de musique de Londres, où il eut notamment pour maîtres Lennox Berkeley et Maurice Miles. Il travailla ensuite avec Ton de Leeuw à Amsterdam, et à l'Académie de musique de Bâle avec Klaus Huber (1969-1971). Cette époque marque la fin d'une première période créatrice et son affirmation internationale de compositeur. Révélé au festival de Royan, il va enseigner la composition à la Musikhochschule de Fribourg-en-Brisgau, puis à Darmstadt, Milan, San Diego, La Haye et, à compter de 1990, de nouveau à Fribourg. Sa personnalité exacerbée éclate dès le début des années soixante-dix, en particulier dans des œuvres instrumentales comme les Sonatas for string quartet, *les pièces pour flûte seule, le* Deuxième Quatuor *ou le cycle* Time and Motion Study II, *ainsi que dans des pages à plus grand effectif comme* Transit *ou les sept pièces des* Carceri d'invenzione. *Manifestant une singulière originalité, une puissance poétique peu commune et une admirable maîtrise de l'écriture, l'œuvre de Ferneyhough se place aujourd'hui au rang des plus significatives de la fin du siècle, dans la génération de l'« après-Darmstadt ». Mais la position du musicien demeure quelque peu paradoxale. Issue de la grande tradition occidentale, sa musique la radicalise en effet à un point d'élaboration tel qu'elle suscite à la fois fascination et méfiance à l'égard de la densité des événements sonores produits, du foisonnement quasi maladif de la notation, d'une complexité technique à décourager les virtuoses et, parfois, d'un certain hermétisme; toutes ces caractéristiques, jointes au dédain du compositeur pour l'institution, tendent à le situer, aux yeux du public, dans le splendide isolement d'un inconnu célèbre.*

L'unique œuvre pour orgue (à ce jour) de Ferneyhough date d'une période charnière de son parcours créateur, le moment où, sortant d'une phase d'« assimilation de l'histoire » et d'héritage du sérialisme, le musicien jette les bases d'une nouvelle problématique. Ainsi qu'il le rapporte lui-même, c'est à cette époque qu'il a commencé à prendre en compte deux aspects de la pratique musicale qui depuis n'ont cessé d'occuper le centre de sa pensée, « à savoir, 1) les effets de la difficulté d'exécution sur l'articulation formelle et l'expérience sensuelle immédiate, et 2) jusqu'où l'"interprétation" implique une intervention consciente de l'interprète dans la structure même de l'œuvre proprement dite — en bref, la question de la liberté*. » Deux œuvres, la même année 1970, révèlent ce tournant : *Cassandra's Dream Song* pour flûte seule et *Sieben Sterne* pour orgue, qui en est un peu le prolongement.

Mais cette dernière partition marque également une étape dans l'écriture de la musique pour l'orgue. Au début des années soixante, en effet, le « mouvement de libération » de l'instrument qui se manifestait autour d'un compositeur comme Ligeti et d'organistes comme le Suédois Karl-Erik Welin, l'Allemand Gerd Zacher ou le Français Xavier Darasse, semblait devoir trouver son salut dans l'aléatoire, avec, notamment, l'usage d'agrégats de structure indéterminée et de hauteur approximative. Dans l'esprit du temps, il fallait alors, entre autres, émanciper la musique d'orgue des rigueurs étouffantes de son extrême codification, découvrir des sonorités et des techniques de jeu nouvelles, enfin rendre à l'exécutant un peu de sa liberté perdue face à la partition. Mais un retour à une musique beaucoup plus écrite était amorcé dès 1967 par Ligeti lui-même, avec sa première Étude pour orgue, *Harmonies*. Quelques années plus tard, une issue imprévisible apparaît avec Ferneyhough, dont la notation révèle une vertigineuse surenchère d'indications des hauteurs, des durées et des modes de jeu; et bientôt, *clusters* et coupures de soufflerie seront relégués au magasin des curiosités historiques.

Car même si, dans *Sieben Sterne*, deux des mouvements maintiennent une part de « *non finito* » et d'indétermination contrôlée qui impliquent une participation active de l'exécutant, l'obligeant « à prendre des décisions quant à la présentation précise du timbre et à l'ordre final dans lequel on entendra les fragments constitutifs », les prescriptions du compositeur apparaissent, avec leur luxe de détails, d'une extrême méticulosité. Deux sections, du reste, « bien qu'elles ne fournissent à l'interprète que des informations minimales, l'obligent à jouer d'une façon telle que le résultat sera le plus proche possible des mondes sonores des mouvements notés avec le plus de précision ». Et le compositeur d'ajouter : « Je voyais en cela une tactique possible pour encourager l'interprète à émerger plus pleinement de l'"œuvre" monolithique, à adopter une position personnelle concrète tout en cherchant consciemment cependant à la réenfouir pour la réintégrer de façon productive face aux exigences du contexte de l'œuvre ».

Sieben Sterne, pour orgue et deux assistants (1970)

Commande de la Radio suisse (Berne), l'œuvre a été écrite immédiatement après *Cassandra's Dream Song* pour flûte seule (août à novembre 1970), et créée au Festival de Royan en mars 1974 par Bernard Foccroulle. D'une extrême difficulté, elle exige la présence de deux assistants et un orgue de quatre claviers. Le compositeur n'ayant pas pris en compte l'interaction acoustique de l'église ou de la salle où se trouve disposé l'instrument, l'intelligibilité de cette écriture très dense d'événements sonores rapprochés risque fort de s'en

* Voir le numéro 8 de la revue *Contrechamps*, Éd. L'Age d'Homme, Lausanne, 1987. Les citations qui illustrent cet article sont empruntées à cette revue, ainsi qu'à la présentation donnée par le compositeur lui-même de son œuvre dans le programme du Festival d'automne 1990, où *Sieben Sterne* a été joué en deux versions par l'organiste japonaise Kei Koito.

trouver brouillée ; l'exécutant devra donc choisir des tempos appropriés — ceux-ci ne sont indiqués qu'en valeurs relatives, les uns par rapport aux autres. De même, aucune registration n'est spécifiée ; mais en tout état de cause, le compositeur souhaite l'utilisation d'un instrument à registration informatisée, seul capable d'affranchir l'organiste de la tutelle des assistants et d'assurer la continuité du discours musical en gommant ses articulations.

Quoique l'auteur ne s'y réfère point, on serait tenté de rapprocher le titre de cette œuvre (en français, « Sept étoiles ») des mots du *Liber paramirum* de Paracelse que Varèse plaçait en épigraphe de sa pièce *Arcana* : « Il y a six étoiles établies. Outre celles-ci, il y a encore une autre étoile, l'imagination, qui donne naissance à une nouvelle étoile et à un nouveau ciel. » Mais le compositeur précise que cette œuvre a été « directement inspirée » par un célèbre bois gravé d'Albrecht Dürer pour l'Apocalypse. Illustrant cette vision de saint Jean, l'artiste montre l'évangéliste aux pieds du Christ trônant en majesté tel que le décrit le texte saint : « Il avait sept étoiles en sa main droite ; de sa bouche sortait une épée à deux tranchants... » (Ap, I, 16). Alors que la constellation se trouvera reproduite dans les sept parties de l'œuvre, l'épée à double tranchant représenterait pour le compositeur « la nature ambiguë de la liberté de choix en matière d'interprétation ».

Les sept sections différentes sont disposées symétriquement de part et d'autre d'un centre de gravité, le Refrain II. Le compositeur décrit ainsi l'agencement formel de son œuvre : « Le premier et le dernier "piliers" de la structure, ainsi que celui du milieu, sont formés par trois "Refrains" présentant des degrés croissants de complexité, chacun des trois étant lui-même divisé en deux sous-sections. Séparant ces trois grands blocs, on trouve deux complexes dans lesquels l'exécutant est appelé à intervenir plus ou moins radicalement. Chaque bloc se compose de trois "Poèmes" et de trois "Caprices", ceux-ci pouvant être inversés. Les "Poèmes" sont assemblés par l'exécutant, à partir d'un groupe de fragments sommairement définis et dont la composition a besoin d'être "achevée", de façon à (selon les instructions) ressembler à des passages dont la composition aurait été achevée. Deux "Tracts" (textures à dominante lente et non événementielle) sont insérés à des points symétriques au sein de l'ensemble. Les sept parties sont donc : **Refrain I**, **Tract I**, **Poème/Caprice I**, **Tract II**, **Poème/Caprice II**, **Tract II**, **Refrain III**. Pendant la montée finale de la dernière partie, l'assistant de l'interprète est prié de jouer également sur le clavier. »

Durée d'exécution : variable, ~ 15 mn

G.C.

JOHANN KASPAR FERDINAND FISCHER

Né près d'Ostrov (ouest de la Bohême), vers 1665 ; mort à Rastatt (Baden), le 27 août 1746. Bien que Fischer ait été, pendant au moins quarante ans, Hofkapellmeister du margrave Ludwig Georg de Baden, on ne sait presque rien de sa vie, sinon ce que les déductions découlant des pages de titre de ses œuvres publiées peuvent révéler. La parution du Journal de printemps en airs et ballets... *en 1695 prouve par sa dédicace que Fischer était alors déjà au service du margrave, et y resta jusqu'au moins 1738, Gerber voyant dans cette date celle de la publication du* Parnasse, *dédié à la margravine Élisabeth, fille de Ludwig Georg. La date supposée de sa mort, 1746, provient d'un registre de paroisse mentionnant le décès d'un Casparus Fischer, sans autre précision.*

L'importance de Fischer repose essentiellement sur le rôle d'intermédiaire qu'il joua entre le monde musical allemand et l'influence française à laquelle ses œuvres sont de toute évidence redevables. Dans sa biographie de Bach, Forkel le cite comme l'un des grands de son temps, l'un de ceux qui eurent une influence sur le jeune Bach dévorant la littérature musicale contemporaine durant les années passées chez son frère à Ohrdruf (une *Chaconne* de Fischer se retrouve dans l'*Andreas-Bachbuch*).

L'œuvre pour orgue comporte deux recueils, exclusivement composés de préludes et de fugues.

Ariadne Musica

Ce recueil est d'une importance historique non négligeable, ayant pesé sur la composition du *Clavier bien tempéré* de Bach, lequel acheva l'œuvre entreprise par Pachelbel et poursuivie par Fischer : l'exploration des 24 tons. Forkel ira jusqu'à écrire que c'est l'*Ariadne* de Fischer qui incita Bach à écrire *Le Clavier bien tempéré*, où il reprendra effectivement, comme moyen d'expérimentation, la forme du prélude et fugue (et de citer certaines ressemblances de thèmes, par exemple celui de la fugue en *mi* majeur de Fischer et celui de la fugue de Bach dans la même tonalité, du Livre II; *idem* pour la fugue en *fa* majeur — Livre I — chez l'un et chez l'autre, etc.). Walther date l'*Ariadne* de 1702, Gerber de 1710, et tandis que Pachelbel (mort en 1706) avait atteint le nombre de 17 tonalités, Fischer en atteint ici 20 en comptant le *mi* phrygien (il n'y manque que *ré* bémol majeur, *mi* bémol mineur, *fa* dièse majeur, *sol* dièse mineur et *si* bémol mineur). Toute cette recherche s'inscrit dans les travaux engagés autour de 1700 (Werckmeister, 1681) sur le tempérament.

Ces vingt *Préludes et fugues* sont tous de très courte durée (de 7 à 25 mesures pour les préludes, généralement autant pour les fugues, l'ensemble durant de une à deux minutes). Forme toccata pour le premier membre du diptyque où la pédale ne remplit qu'un rôle de soutien, traditionnel dans les pays du Sud de l'Allemagne (c'est d'ailleurs là tout ce qui rattache formellement ce recueil à l'orgue plutôt qu'au clavecin), forme ricercar, canzona ou rythmes de danses pour les fugues (parfois simples fugatos ou fuguettes) qui empruntent fréquemment leur matériau thématique au corps du prélude. Le recueil s'achève par cinq Ricercari un peu plus développés (sur des thèmes de mélodies du culte, tout comme d'ailleurs les *Préludes et fugues* étaient pensés pour l'office catholique de la petite cour du margrave). Les réponses découlent soit du thème soit d'une autre phrase de la mélodie, ou bien sont d'invention libre. Ces Ricercari (1, 3 et 4 sont de forme *alla breve*), stricts et de coupe régulière, traitent les grandes fêtes de l'année liturgique : Avent, Nativité, Passion, Pâques, Ascension.

Blumen-Strauss

Publié sans date et, dans une perspective historique, de moindre importance, ce recueil date de 1732 au plus tard (reprise de certaines pièces dans une édition portant cette date). Il se compose de huit suites comprenant chacune un prélude, six fugues et un finale. Les préludes varient de 4 (IV) à 38 mesures (I); les fugues sont elles aussi très courtes, mais de durée toujours comparable, construites sur toutes les formules rythmiques alors en usage (notes répétées, thèmes pointés, etc.) et sur des rapports de parenté thématique. De manière générale, le finale, également très court mais formant un tout remarquablement équilibré, comme la plupart des pièces de Fischer, reprend à la manière du prélude le style virtuose de type toccata.

M.R.

ANDRÉ FLEURY

Né à Neuilly-sur-Seine, le 25 juillet 1903. Élève de Vierne et de Dupré, dans la classe duquel il obtint un premier prix en 1926, il fut l'assistant de Gigout, Tournemire et Huré, puis organiste de Saint-Augustin (1930) et professeur à l'École normale de musique (1943). Pour des raisons de santé, il dut ensuite quitter la capitale pour un long séjour à Dijon, où il exerça ses talents comme titulaire du grand orgue de la cathédrale Saint-Bénigne et professeur au conservatoire (1949). A son retour, il fut nommé à Saint-Eustache (1971) et à la cathédrale de Versailles.

Solide virtuose et brillant improvisateur, André Fleury laisse une œuvre abondante dans laquelle il faut différencier de courtes pièces commandées par la revue *L'Organiste* ou destinées aux fascicules de la Schola Cantorum (*A Solis ortus*, *Choral sur Vexilla Regis*, *Variations sur un noël bourguignon* et plus particulièrement une *Messe pour le XVIe dimanche après la Pentecôte* comprenant cinq parties) et les pages d'envergure, parmi lesquelles *Allegro symphonique* (1928), *Prélude et fugue* (1929), *Postlude* (1935), *Prélude, andante et toccata* (1935), *Vingt-quatre Pièces* (1936), deux symphonies et la *Fantaisie* en *ut* mineur (1968). Combinant très adroitement écritures symphonique et polyphonique avec un souci de clarté qu'intensifie une registration faisant volontiers appel aux mixtures, la musique d'André Fleury a évolué de l'école post-romantique de Vierne au langage des premiers novateurs d'avant guerre, dont Charles Tournemire.

Les symphonies

Composée en 1947, la **Première Symphonie** en *ré* s'articule selon quatre mouvements dont les deux extrêmes (**Vif et agité, Animé**) de forme sonate. Au centre, un épisode indiqué **Comme un scherzo mais modéré**, en *la*, succède à un **Très lent** en *fa* dans un climat dramatique d'ailleurs propre à l'œuvre entière.

La **Seconde Symphonie** en *mi* (1949) compte aussi quatre mouvement, aux titres français explicites : **Modéré, Vif** (en *la* bémol majeur), **Avec une grande liberté de mesure** (en *do*), **Vif et impétueux**. Ce dernier constitue un modèle et l'une des meilleures pages de l'artiste. Attaqué sur le tutti dans un esprit tempétueux, il décroît progressivement pour aboutir à un second thème qui rappelle quelque peu Messiaen avant de reprendre toutes ses forces pour conclure dans un triomphe d'orage.

Fantaisie en *ut* mineur

Comme le Langlais de la *Suite baroque*, Fleury a voulu rendre ici hommage aux maîtres des XVIIe et XVIIIe siècles, en l'occurrence Buxtehude dont il restitue la créative liberté, l'étonnante spontanéité comme le discours discontinu, compartimenté, objet de renouvellement constant et porteur de surprises et de contrastes. Mais loin d'en imiter l'écriture, l'artiste prend bien soin de demeurer lui-même à travers une série de sections, dont un plaisant récit de cornet et un fugato qu'encadrent un prélude et un postlude de caractère ornemental, dans l'esthétique de la toccata du XVIIe siècle.

Durée d'exécution : ~ 7 mn

F.S.

JEAN-LOUIS FLORENTZ

Né à Asnières, le 19 décembre 1947. Il poursuivit parallèlement une formation musicale au Conservatoire de Paris où il suivit les classes de Messiaen et de Pierre Schaeffer (il travailla également avec Antoine Duhamel) et des études universitaires à Lyon puis à Paris (arabe littéraire, ethnomusicologie, sciences naturelles). Après avoir obtenu le prix Lily Boulanger en 1978, il gagna Rome au titre de pensionnaire de l'Académie de France (1979-1981), puis Madrid où il séjourna de 1983 à 1985 à la Casa Velasquez. Ces différentes activités ne l'empêchèrent pas d'entreprendre des voyages aux Antilles, Polynésie et Afrique qui lui permirent d'affiner ses connaissances, notamment en acoustique animale. Lauréat de plusieurs prix de la SACEM et de l'Institut de France, le Grand Prix de la Ville de Paris lui fut attribué en 1989. Il est actuellement professeur d'ethnomusicologie au Conservatoire national supérieur de musique de Lyon.

Auteur de plusieurs œuvres d'orchestre *(Ti-ndé*, *Ténéré-Incantation sur un verset coranique*, *Les Marches du soleil)* et d'une pièce pour quatre violoncelles *(Chant de Nyandarua)*, Jean-Louis Florentz a consacré à la Vierge un triptyque dont les deux volets extrêmes *(Magnificat-Antiphone pour la Visitation* et *Requiem de la Vierge)* sont confiés à un ensemble de solistes, chœur et orchestre. La partie centrale, *Laudes*, au même titre que *Debout sur le soleil*, contribue à enrichir le répertoire d'orgue du XXe siècle.

D'inspiration religieuse, comme l'auteur se plaît à le souligner lui-même, la musique de Jean-Louis Florentz ne manifeste pas de rupture avec la pensée tonale ou modale encore de mise au début du XXe siècle avec Debussy, Fauré puis le premier Messiaen, mais bénéficie d'apports extra-européens et d'une théorie modale que le musicien déclare « fondée sur l'imprégnation de la résonance harmonique dans le pentatonisme ». On ne saurait donc relever aucune solution de continuité entre son œuvre d'orgue et celle d'Alain ou Messiaen, voire les pages les plus incantatoires de Jolivet, bien que son langage très novateur dépasse toute influence directe.

Laudes (op. 5)

Les *Laudes*, créées en 1985, en fournissent un exemple significatif. Inspirées par le culte éthiopien chrétien (office du matin : Kidân za-nageh) et commandées par Ars Organorum pour l'orgue de Plaisance-du-Gers (Daniel Birouste, 1985), elles comptent sept pièces selon le déroulement des courtes prières de l'office. Deux thèmes cycliques y circulent. En premier, celui du *Magnificat* éthiopien (« Wâtibié Mâryâm ta'abbio nefsiye ») qui apparaît dans la troisième. Vient ensuite celui de l'*Ondulation du Verseau*, issu du Carillon final du *Magnificat-Antiphone pour la Visitation*. De ce fait, outre le dessein évoqué par l'auteur de « faire de ces *Laudes* des icônes musicales de Marie pleurant l'Éthiopie » en attendant la nouvelle ère de paix promise, les vibrations harmoniques (qui rappellent les cloches de pierre des églises-roc d'Abyssinie) sont omniprésentes. Elles sont obtenues par la registration même : des mutations, et particulièrement la tierce 1'3/5 dont le renversement de sixte mineure, nous indique le compositeur, « est l'intervalle générateur de tout l'univers modal sub-chromatique de la fresque mariale ». Mais le larigot et les septièmes 2'2/7 et 1'1/7 (voire la onzième) sont également d'usage courant, d'où la nécessité de prévoir des solutions de recours (suppressions ou transposition) pour les instruments qui en seraient démunis. L'auteur, par ailleurs, fait appel à des flûtes harmoniques et à des gambes d'esprit très symphonique que les instruments actuels délaissent le plus souvent. On notera aussi la présence de rythmes irrationnels ou « non tempérés » dont, par exemple, la croche pointée vaut un peu plus que la croche selon une durée variable au cours de la répétition du motif.

On distingue donc :

1. **Dis-moi ton Nom** *(Nagrânni samaka)*, appel à la prière qui débute sur la sonorité incisive du plein-jeu, opposant des agglomérats lumineux à des monodies magiques (les deux mains à l'unisson) ou des répétitions d'accords staccato. L'épilogue (Un peu plus lent, comme un glas) rappelle les cloches lointaines qui invitent à la méditation, par un jeu de mutations sans fondamentale d'effet vibratoire.

2. **Prière pour délier les charmes** *(Mâftehê seray)*, autre incantation, cette fois monodique, sur les cornets que l'on pimente de septièmes (2'2/7 au Grand-Orgue; 1'1/7 au Positif). L'impression n'est pas sans analogies avec le principe adopté par Messiaen dans *Subtilité des corps glorieux*.

3. **Harpe de Marie** *(Arganona Mâryâm)*, danse sacrée (Extrêmement souple et lancinant) qui exige des changements nombreux de registration. Après la flûte harmonique (elle monte jusqu'au do_6), le cromorne intervient, qui fait entendre le motif du *Magnificat* éthiopien, puis cède sa place à la clarinette espagnole. La dernière partie (Lointain, mystérieux) use d'agglomérats par tons entiers (*do*, *ré*, *mi*, *fa* dièse, *sol* dièse, *la* dièse).

4. **Chant des fleurs** *(Mâhletâ segî)*, méditation qui use de trilles et de batteries rapides (flûte du Positif à la main droite, 2'2/3, 1'3/5 à la main gauche, double pédale).

5. **Pleurs de la Vierge** *(Lâhâ Mâryâm)*, cantique sous forme de plages en devenir constant : A (Incantatoire, sur la régale 8' du Positif alternant avec des sections plus animées), B (Plus modéré, lointain et mystérieux, puis *Legatissimo*, très fondu) et retour de A condensé.

6. **Rempart de la Croix** *(Hasura Masqal)*, procession organisée en plusieurs épisodes : Lancinant et sauvage (motif initial en quartes parallèles puis plein-jeu du Positif solo), Mystérieux, incantatoire puis Violent (on demande la onzième à la main droite et la septième à la main gauche — mais une transposition est prévue dans l'aigu avec la tierce — sur fonds d'ondulants), Un peu plus animé avec successivement, au Positif, cornet puis flûte et larigot (retour du motif initial) et à nouveau cornet. Après une brève séquence sur le plein-jeu du Grand-Orgue (Légèrement plus lent), le Positif reprend son solo avec régale et septième. La dernière partie (Lancinant, lointain) renoue avec la thématique du début.

7. **Seigneur des lumières** *(Agzi abahêr zabarhânât)*, hymne très largement développée à l'instar des grandes pièces terminales de Messiaen : monodies mélismatiques dans l'esprit de la deuxième pièce, carillons lointains, fin glorieuse sur le tutti.

Durée d'exécution : ~ 32 mn

Debout sur le soleil, Chant de Résurrection pour orgue (op. 8)

Comme *Laudes* s'inscrit dans un cycle marial, cette pièce inaugure une série d'œuvres d'après le *Livre des enchantements* de l'empereur d'Abyssinie Zara-Yaq'ob (xve siècle); il s'inspire aussi du *Miserere* de l'abbé Jacques Leclerc et de l'architecture des rosaces et de l'orgue de Notre-Dame de Paris. Commande de Radio France, créée à Saint-Eustache le 10 avril 1991, elle s'articule selon sept parties et recourt à des symboles numériques : quarante et une invocations « Seigneur aie pitié de nous, O Christ » (liturgie éthiopienne), cent cinquante-trois poissons de la pêche miraculeuse, cent cinquante-trois *Ave Maria* du Rosaire et cent soixante neuf citations « Souviens-toi ! » du Pentateuque. Outre celle du *Miserere*, deux mélodies issues des cultes éthiopiens y paraissent : le thème de sainteté (liturgie juive) et celui du soleil de la Résurrection (chant pascal). Conçu pour l'instrument de Notre-Dame de Paris dont les grandes mutations (6'2/5, 3'1/5) sont sollicitées, puis mis au point à Saint-Eustache, *Debout sur le soleil* se révèle d'une virtuosité supérieure à celle des *Laudes*, notamment quant à la pédale.

Durée d'exécution : ~ 20 mn

F.S.

BERNARD FOCCROULLE

Né à Liège, le 23 novembre 1953. Il fait ses études musicales au Conservatoire de Liège et dans la classe d'orgue d'Hubert Schoonbrodt, puis se perfectionne auprès de Xavier Darasse, Bernard Lagacé et Gustav Leonhardt. Il profite également de l'intense vie musicale qui se développe à Liège autour d'Henri Pousseur, Pierre Bartholomée et Philippe Boesmans; la musique contemporaine devient ainsi rapidement l'un des pôles de son répertoire. Sa participation au festival de Royan (1974 et 1976) marque le point de départ de sa carrière. Contribuant grandement à la diffusion de la musique d'avant-garde pour orgue, il a, en quinze ans, interprété une soixantaine d'œuvres nouvelles, dont plusieurs en première audition. Il joue aussi du synthétiseur dans l'ensemble « Musique nouvelle ». Musicologue, il recherche particulièrement pour l'exécution des répertoires anciens l'adéquation maximale entre l'instrument et la musique. Ses enregistrements témoignent de l'étendue de ses goûts, puisqu'on y trouve des œuvres de Bruhns, Clérambault, Pachelbel, Tournemire, Amy, Boesmans, Darasse, Jolas ou Berio, ainsi que l'œuvre intégrale de Bach sur des orgues historiques. Compositeur, professeur d'analyse musicale au Conservatoire de Liège, il a aussi pendant un an suppléé Betsy Jolas à sa classe du Conservatoire de Paris. Il est également l'auteur de plusieurs publications ayant trait à la musique contemporaine et à la musique ancienne pour orgue. Enfin, à toutes celles-ci, une nouvelle — et considérable — activité est venue s'ajouter, lorsqu'il a accepté, en 1990, la direction du Théâtre royal de la Monnaie, l'Opéra de Bruxelles.

La composition représente pour Bernard Foccroulle un moyen d'élargir le champ de l'expression et de la compréhension musicales dans le prolongement de son travail d'interprète. Trois préoccupations principales l'animent. D'abord, d'écrire pour des orgues bien typés stylistiquement, en quoi il rejoint les idées d'un Jean-Pierre Leguay. Ensuite, de composer une musique aussi neuve que possible, mais qui ne renie pas le passé, invention guidée et stimulée par les grands modèles légués par l'histoire. Enfin, d'explorer les possibilités de dynamiser le son de l'orgue par le recours à la percussion, à la bande magnétique ou au synthétiseur. Deux œuvres sont particulièrement le reflet de ces préoccupations : **Résonances** (1976), pour grand orgue et orgue électronique, et **Acousmie** (1980), pour orgue et synthétiseur.

Tiento de diversos modos (1982)

Cette pièce se réfère, comme l'indique son titre, à la musique ibérique par l'exubérance du discours et le travail sur les timbres de l'orgue, avec un traitement contrapuntique jouant sur les possibilités offertes par les divers claviers.

Durée d'exécution : ~ 9 mn.

Sinfonien (1984)

Pour orgue, crotales et cloches, c'est une œuvre très chatoyante, où l'ambiguïté est souvent cultivée entre les sons de la percussion et ceux de l'orgue. Deux assistants sont par moments amenés à jouer sur un clavier, générant ainsi la superposition de plusieurs couches rythmiques manifestant entre elles une grande indépendance, d'où découle un riche complexe sonore alternant avec des cadenzas très déliées. On trouve aussi un subtil dosage de complexités rythmiques simultanées sous forme de duo, trio, quatuor de blocs homophoniques, le tout heureusement contrasté.

Durée d'exécution : ~ 15 mn

Capriccio sopra ré, fa, mi, sol (1986).

Dédiée à Jean-Pierre Leguay, cette œuvre a été écrite en hommage à la mémoire de Jean (ou Giovanni) de

Macque (vers 1550-1614), l'un des compositeurs pour clavier les plus inventifs de son temps, dont l'une des œuvres les plus étonnantes est précisément un caprice où ce motif de quatre notes est traité avec une imagination sans pareille — motif repris ici par le compositeur. Conçue à l'origine pour un petit instrument italien à un seul clavier accordé au tempérament mésotonique, avec tierces majeures pures, l'œuvre privilégie deux accords particulièrement justes, *si* bémol-*ré-sol* dièse et *mi* bémol-*sol-ut* dièse. Foccroulle a rédigé une variante de cette pièce, qui permet de l'exécuter sur un orgue français à un clavier, toujours au tempérament mésotonique. Il est aussi possible de jouer ce *Capriccio* sur un instrument accordé au tempérament égal, mais, comme pour bien des musiques antérieures au XVIIIe siècle, la pièce y perd une partie de sa saveur.

Durée d'exécution : ~ 12 mn

X.D.

CÉSAR FRANCK

Né à Liège, le 10 décembre 1822 ; mort à Paris, le 8 novembre 1890. D'ascendance germanique, il grandit dans un milieu de langues française et allemande et commença ses études au Conservatoire royal de Liège (solfège, harmonie et piano) avant de les poursuivre au Conservatoire de Paris. Entré en 1837, il y obtint dès l'année suivante un premier prix de piano dans la classe de Zimmerman, puis un prix de fugue et un second prix d'orgue sous l'autorité de Benoist (1841). Ce demi-échec était immérité, si l'on en croit quelques témoins : le jury, distrait, n'aurait pas remarqué le tour de force auquel le candidat s'était livré en superposant le thème de fugue à celui de l'improvisation libre ; mais le père du musicien, qui ne rêvait pour son fils qu'à des gloires pianistiques, ne lui permit pas de persévérer dans ses études d'orgue. C'est pourtant au contact quotidien de l'instrument à tuyaux que se bâtit toute la carrière du jeune César, sous la double activité de concertiste — encore que le récital d'orgue ne fût pas courant en dehors des inaugurations — et surtout de serviteur du culte. Organiste accompagnateur de Notre-Dame-de-Lorette (1845-1853), il occupa ensuite les tribunes parisiennes de Saint-Jean-Saint-François (1853-1858) puis de Sainte-Clotilde, où il œuvra jusqu'à ses derniers jours (1858-1890). En tant qu'interprète et improvisateur, sa renommée fut appréciable. On le suit d'ailleurs aux inaugurations les plus remarquées, d'abord à Saint-Eustache, instrument de Ducroquet (1854), puis dans la plupart des sanctuaires que Paris dote de somptueux Cavaillé-Coll (Sainte-Clotilde, Saint-Sulpice, Notre-Dame, la Trinité ou le Trocadéro). Cependant, s'il a le privilège d'exécuter le Prélude et fugue sur B.A.C.H. *de Liszt en présence de l'auteur (1866), il échoue à la succession de Lefébure-Wely (Saint-Sulpice) et à celle de Saint-Saëns (la Madeleine). Son immense talent sera pourtant récompensé : après qu'il a participé à la fondation de la Société nationale de musique (1871), la direction du Conservatoire lui attribue le poste de professeur d'orgue (1872). Il formera dans ce cadre de nombreux virtuoses, notamment Dallier, Decaux, d'Indy, Letocart, Marty, Mahaut et, dans les derniers mois, Vierne et Tournemire.*

En tant qu'exécutant, Franck a suscité de nombreuses réserves. On a déploré sa technique de pianiste inopportunément appliquée à l'orgue, et bien des faiblesses que l'on reproche d'ailleurs à l'ensemble de ses confrères. Ainsi Marcel Dupré a-t-il pu signaler qu'il touchait son instrument « comme on jouait en France à son époque : legato approximatif, observance approximative des durées », tandis que

Maurice Emmanuel indiquait qu'il n'hésitait pas à arpéger les accords trop étendus. Sans doute la démonstration produite par Lemmens en 1852 (Saint-Vincent-de-Paul) a-t-elle pu l'inciter à parfaire son jeu, puisque dans les années 1870 il compte parmi les meilleurs organistes français avec Saint-Saëns et les jeunes disciples du maître belge (Guilmant et Widor). Les œuvres difficiles qu'il compose (en particulier le dernier mouvement de la *Grande Pièce symphonique*, avec sa redoutable partie de pédale en *fa* dièse majeur) fournissent aussi la preuve d'une indéniable expérience.

Mais là n'était pas pour lui l'essentiel. Dans le contexte pédagogique de sa classe, Franck négligeait quelque peu les problèmes techniques. Estimant qu'un élève admis avait atteint le niveau souhaité, il portait tous ses efforts sur l'improvisation et la création musicale, et poursuivait ainsi l'enseignement de la vieille école du Conservatoire de Paris dont Benoist avait été le pionnier. Son successeur, Charles-Marie Widor, digne héritier de la technique de Lemmens (Conservatoire de Bruxelles), orientera la classe dans d'autres directions.

Mort en 1890 des suites d'un accident, l'organiste de Sainte-Clotilde a mûri très lentement, partant d'œuvres de piano brillantes et légères pour aboutir, la cinquantaine passée, à une série de chefs-d'œuvre. Dans les années 1860 se dessinent, en effet, les prémices d'une évolution très favorable que les trios de jeunesse ou *Ruth* laissaient entrevoir. Les *Six Pièces* d'orgue de 1863 aspirent à une même perfection.

Franck s'est alors forgé un langage original. Une ample mélodie, le plus souvent par degrés conjoints, agrandit volontiers une cellule initiale ou se plaît à répéter des cadences ouvertes. L'harmonie, complexe, fait souvent un usage personnel de l'accord de quarte et sixte, mais peut apparaître en quelques occasions pré-impressionniste. On relèvera aussi un goût immodéré pour la modulation continue, et une culture classique qui se nourrit de Bach et de Beethoven — d'où prédominance du contrepoint, influence du choral et sens de la grande variation. Enfin, il faut noter une conception évolutive de la construction : des éléments épars, exposés séparément, ne prendront leur véritable dimension que dans leur superposition finale ou dans une réapparition significative (procédé cyclique), donnant l'impression d'une œuvre en devenir perpétuel qui, après un long travail d'émergence, se réalise lors d'une apothéose longtemps retardée. Le *Choral en* mi ou *Prélude, choral et fugue* pour piano en proposent d'éloquents exemples, dont le principe apparaît dès 1841 avec l'improvisation du Concours d'orgue du Conservatoire.

L'œuvre d'orgue et ses sources musicales

A part quelques pièces pour harmonium écrites entre 1858 et 1863, le recueil de *L'Organiste* (1890) et quelques pages de jeunesse isolées, d'une facture peu convaincante (*Pièce* en *mi* bémol de 1846 éditée par N. Dufourcq, *Pièce* ou fantaisie de 1854 récemment découverte par J.-M. Fauquet), l'œuvre d'orgue de Franck se résume aux douze grands morceaux d'une renommée aujourd'hui universelle : les *Six Pièces* de 1863, les *Trois Pièces* de 1878 et les *Trois Chorals* de 1890. La plupart des composantes du style franckiste contribuent à la qualité de leur écriture et à la sensibilité de leur inspiration, mais il n'est pas inintéressant de s'interroger sur les modèles qui se sont offerts à l'étude du musicien et sur lesquels il a fondé sa formation et son expérience.

Parmi ceux-ci, Bach semble occuper la première place, dont Franck interprète souvent le *Prélude et fugue* en *mi* mineur (inauguration de l'orgue de Sainte-Clotilde) et dont il doit découvrir les œuvres que l'éditeur Richault s'applique à diffuser. Mais si le musicien ne se montre jamais néo-classique, au contraire d'un Mendelssohn ou d'un Merkel, sa science du contrepoint doit beaucoup au Cantor : superposition des thèmes exposés, technique du canon, de la fugue (qu'il traite rarement comme une forme à part entière en dehors de *Prélude, fugue et variation*) ou de la passacaille.

Sans doute approche-t-il aussi Bach à travers Boëly et ce Benoist dont il a peut-être apprécié les douze suites *(Bibliothèque de l'organiste)*, avec leur ordonnance classique, leurs tournures plus lyriques à la Schumann et leurs modulations nombreuses, instructif exemple d'équilibre entre tradition et modernité dont il a pu retenir l'esprit.

Pianiste, Franck a progressé au contact de Haydn et Mozart d'abord, puis de Beethoven, Schumann, Schubert, Mendelssohn et Liszt. Son écriture d'orgue doit à cette pratique de l'instrument à marteaux, particulièrement jusqu'en 1878 où l'on remarque encore des séries d'accords répétés ou des arpèges balayés sur une vaste étendue *(Pièce héroïque)* ; mais plus que celle d'un Schubert, qu'on ne saurait guère déceler en dehors de quelques oppositions majeur/mineur, l'influence de Beethoven paraît capitale dans l'importance donnée aux ponts et aux épisodes secondaires, la présence de récitatifs dramatiques, d'unissons autoritaires, la dualité conflictuelle des motifs (violence/tendresse, paganisme/spiritualité, virilité/féminité) et la technique de la grande variation.

Mais avant de mettre en chantier ses premières œuvres d'orgue, Franck a pu connaître aussi les deux monuments de Liszt, la *Fantaisie et fugue sur le choral « Ad nos, ad salutarem undam »* de 1850 et le *Prélude et fugue sur B.A.C.H* de 1855. Outre l'adaptation lisztienne des procédés de développement à la Beethoven par métamorphose continue, l'apport en paraît considérable et anticipe en partie sur les méthodes de composition des *Trois Chorals*, tandis que derrière les modulations continues et le chromatisme se profile l'ombre de Wagner, dont Léon Vallas a pu déceler la griffe dans le *Cantabile*.

Autre corpus essentiel de la musique d'orgue romantique avant 1863, les *Six Sonates* de Mendelssohn, dont Franck ne s'inspire guère quant au style, innovent doublement. Pour la première fois, en effet, on y découvre un choral inséré dans un contexte moderne et a-religieux, alors qu'avec ses quatre mouvements et son *Allegro con brio* de forme sonate, la quatrième en *si* bémol annonce la *Grande Pièce symphonique* de 1862.

Dans un domaine plus pittoresque, Lefébure-Wely et consorts (Batiste, Cavallo...) ont pu avoir sur César Franck une influence épisodique, qui demeure plutôt celle d'un esprit Second Empire ambiant ; non pas que l'organiste de Sainte-Clotilde cultive la marche à la manière d'Offenbach, mais que certaines atmosphères pastorales ont pu le toucher *(L'Organiste)*. Ainsi, l'*Offertoire en* ré qui, avec ses éléments contrastés et ses amples sections monodiques ponctuées d'accords massifs, donne dans le triomphal à l'instar du *Final* en *si* bémol que Franck dédie d'ailleurs au « prince des organistes », Lefébure-Wely.

Quoi qu'il en soit, en dépit de ces ascendances diverses, Franck reste Franck. Sa personnalité demeure entière, qu'il serait vain de réduire à un unique faisceau d'influences.

L'influence de l'instrument

Comme celles de ses illustres confrères (Widor, Guilmant ou Saint-Saëns), l'écriture et la couleur des œuvres d'orgue de Franck sont indissociables de l'instrument pour lesquelles elles ont été pensées. Or, dans la première moitié du XIXe siècle, l'orgue français évolue vers une facture romantique que le dernier tiers du XVIIIe pressentait déjà : montée des pressions, assombrissement de la palette, multiplication des anches et des flûtes, déclin du plein-jeu, modifications de la soufflerie, adoption de la boîte expressive importée d'Angleterre par John Abbey et de la machine pneumatique mise au point par Barker.

Contemporain de Franck qui a pu suivre toute son ascension, Aristide Cavaillé-Coll (1811-1899) s'est alors imposé comme le plus illustre organier de son époque et réalisa, dès 1841 à la basilique de Saint-Denis, un instrument historique qui devait asseoir sa réputation. Habile physicien et acousticien distingué, il y avait fait preuve d'une louable invention et, non content d'appliquer le levier pneumatique perfectionné par ses soins, il s'était efforcé de le doter d'une soufflerie capable d'alimenter un vaste ensemble riche en seize, huit et quatre pieds, ainsi que de pédales de combinaisons et d'appels d'anches qui simplifiaient l'étagement des crescendos. Peu à peu, grand jeu et plein-jeu jadis autonomes allaient fusionner pour donner le grand chœur, tandis que les mixtures connaissaient déjà un sensible recul. Les premiers instruments de Cavaillé-Coll (la Madeleine, Saint-Jean-Saint-François ou Saint-Vincent-de-Paul à Paris, Saint-

Brieuc, Quimper) relèvent cependant d'une facture encore redevable au monde classique : tuyauterie coupée au ton, partition non tempérée, pleins-jeux décomposés en fournitures et cymbales, cornets, quintes et nasards, doubles trompettes, dessus de Récit expressif de trente-sept puis quarante-deux notes; mais les flûtes ou trompettes harmoniques, les voix célestes y plaident pour l'avenir.

Dans une deuxième période, qui s'étend jusqu'en 1875 environ, Cavaillé-Coll modifie ses plans. Alors que les mutations simples tendent à diminuer, le nombre des jeux de huit pieds croît. Au plein-jeu à reprises encore traditionnel jusque vers 1858, on substitue la progression harmonique qui trouve sa raison d'exister dans sa combinaison avec les anches dont elle renforce les dessus. Avec l'*unda maris* qui répond à la voix céleste du Récit, la clarinette que l'on substitue à l'antique cromorne, les boîtes multiples qui entreprennent une timide percée, les pédales de combinaisons se généralisent d'une manière plus rationnelle et la pédale, jadis encore limitée à trois fonds et trois anches de seize, huit et quatre pieds, dispose de bourdons, soubasses ou violoncelles.

Construit en 1859, l'orgue de Sainte-Clotilde, confident de Franck jusqu'à sa mort, se situe au début de cette période et en présente les tendances majeures : *unda maris* et plein-jeu harmonique au Positif, mais grand plein-jeu de sept rangs au Grand-Orgue, huit jeux de pédale sur quarante-six, dix pédales de combinaisons (mais pas d'accouplement Réc./ G.-O. ni de tirasse Récit). Ces possibilités et ces carences justifient en partie les registrations de Franck et certaines notations (doublures de la pédale par la main gauche lorsque l'on joue au Récit, par exemple). Ajoutons que la finesse de l'harmonisation et l'efficacité de la boîte expressive autorisaient des mélanges impraticables ailleurs, comme dans la *Grande Pièce symphonique* l'accompagnement de la clarinette du Positif par le Récit fermé avec les anches, ou comme cet amalgame fonds 8', hautbois, trompette du même Récit qui doit sa qualité à l'extrême délicatesse du hautbois, lequel se marie si bien avec les fonds que Franck l'utilise continuellement. Compte tenu de son importance, on consultera ci-dessous la composition de l'orgue de César Franck :

Grand-Orgue (54 notes) : montre 16', bourdon 16', montre 8', gambe 8', flûte harmonique 8', bourdon 8', prestant 4', octave 4', doublette 2', quinte, plein-jeu 7 r., bombarde 16', trompette 8', clairon 4'.

Positif (54 notes) : bourdon 16', montre 8', gambe 8', unda maris 8', flûte harmonique 8', bourdon 8', prestant 4', flûte octaviante 4', doublette 2', quinte, plein-jeu harmonique, grande clarinette 8', trompette 8', clairon 4'.

Récit expressif (54 notes) : flûte harmonique 8', bourdon 8', viole de gambe 8', voix céleste 8', flûte octaviante 4', octavin 2', basson-hautbois 8', voix humaine 8', trompette 8', clairon 4'.

Pédale (27 notes) : quintaton 32', contrebasse 16', flûte 8', octave 4', basson 16', bombarde 16', trompette 8', clairon 4'.

Tirasses G.-O. et Pos., appel des jeux de combinaisons G.-O., Pos., Réc. et Péd., octaves graves G.-O. et Pos./G.-O., accouplements Pos./G.-O. et Réc./Pos.

L'édition des neuf premières pièces et le manuscrit des *Trois Chorals* ont été soigneusement registrés par l'auteur, en particulier les crescendos dont chaque palier d'intensité (appels d'anches aidant) se trouve programmé avec précision. Mais si tout a été dicté par la palette d'un instrument très typé — au contraire de Guilmant ou de Widor qui registrent plus globalement pour trois claviers standard —, les problèmes que soulève le respect des indications imposées par Franck suscitent de sérieuses difficultés lorsqu'il s'agit d'appliquer ces registrations ailleurs qu'à Sainte-Clotilde.

Une dernière période de la facture de Cavaillé-Coll s'ouvre alors, vers 1875. Un meilleur équilibre entre les familles de jeux, une plus grande variété de timbres (diapasons, quintatons, carillons et voix éolienne entrent en fonction), le regain d'intérêt pour les pleins-jeux à reprises et les cornets (influence du retour à Bach) coïncident avec la progression d'un Récit qui, loin de se limiter à quelques jeux de solo, atteint, voire dépasse les autres plans sonores au point de constituer cet « orgue dans l'orgue », avec sa batterie d'anches complète, dont profitent Widor et Guilmant, mais pas Franck qui registre toujours ses *Trois Pièces* de 1878 (pourtant écrites pour l'instrument symphonique du Trocadéro) et ses *Trois Chorals* pour l'orgue de Sainte-Clotilde. On y étoffe toujours la trompette du Récit avec le hautbois et quelques fonds, on accouple toujours le Récit au Positif et le Positif au Grand-Orgue en ignorant la copula Réc./G.-O. partout présente à cette époque, on n'accroche que les tirasses G.-O. et Positif. Dans aucune œuvre, le plein-jeu ou le cornet ne sont mentionnés, alors que Guilmant y recourt déjà vers 1888, avant le Widor des dernières symphonies. Appartenant aux jeux de combinaisons, ils n'interviennent donc qu'avec les anches, et l'on peut se persuader que sur le plan du timbre, Franck n'exploite pas les derniers perfectionnements offerts par Cavaillé-Coll dans ses grands instruments de Saint-Pierre ou Saint-Etienne de Caen, de Saint-Ouen de Rouen, Saint-Sernin de Toulouse ou du Trocadéro, bien que la récente découverte du manuscrit utilisé par l'auteur lors de l'exécution de ses *Trois Pièces* de 1878 laisse entrevoir de réelles divergences entre la registration alors pratiquée et celle de l'édition.

Cela dit, registration et langage coïncident fort bien, et Franck apparaît sans conteste comme le premier à faire sonner ces nouveaux instruments avec une réussite indéniable, même si c'est avec une vingtaine d'années de retard (l'orgue de Saint-Denis date de 1841, les *Six Pièces*, de 1863). Avant lui, on ne peut admettre que Lefébure-Wely, Fessy, Fissot, Batiste en aient tiré le meilleur parti, que ce soit sur le plan du style ou de la couleur. En revanche, tous ceux qui écrivent après la publication des *Six Pièces* lui sont redevables, et les mélanges nouveaux qui paraissent sous la plume de Widor ou de Guilmant se limitent à ces quelques formules :

— fonds 8' ou 16', 8', 4' des trois claviers accouplés sans le hautbois du Récit ;

— quelques mélanges creux (16',4') ;

— solo de flûte harmonique sur fonds de voix céleste ;

— utilisation du grand Récit symphonique avec anches 16', 8', 4', seul ou combiné avec les fonds du Grand-Orgue (Franck retient une unique fois cette registration dans le *Final*) ;

— fonds et plein-jeu.

Mais si le monde musical a rendu hommage au compositeur de pièces d'orgue, des critiques ont pu atteindre l'orchestrateur auquel on a reproché une certaine lourdeur (doublures nombreuses) et un maniement des timbres propre à un organiste : ensemble instrumental traité par plans (cordes, ajouts de la petite harmonie ou des cuivres) qui obéirait à des appels d'anches ou des accouplements imaginaires. Certes, l'orchestre de Franck ressemble davantage à celui de Schumann qu'à celui de Berlioz, mais les attaques dont il a été l'objet ne sont pas toujours justifiées, et la transcription pour orgue de la *Symphonie* en *ré* mineur qu'a réalisée l'organiste américain C. Hampton prouve en maints passages que l'écriture de Franck n'est pas polyvalente et que son orchestre ne sonne pas toujours comme l'instrument qui veut l'imiter.

La destination de l'œuvre d'orgue

On peut s'interroger sur le rôle des œuvres d'orgue de César Franck. Sont-elles adaptées au culte ? En dehors de celui-ci, à quel public s'adressent-elles ? Quelle est leur fonction exacte ?

Une première constatation tendrait à démontrer qu'en dehors de quelques pièces de jeunesse d'ailleurs conçues pour harmonium (*Préludes pour l'Ave maris stella*, par exemple), Franck n'utilise jamais de thèmes grégoriens et rompt avec une tradition que son maître Benoist respecte encore. Il ne fait guère de doute qu'à Saint-Jean-Saint-François ou à Sainte-Clotilde, il improvisait la plupart du temps, maître de sa technique et de son inspiration dans cet exercice auquel il excellait. Louis Vierne nous le décrit d'ailleurs avec une heureuse précision dans ses Souvenirs* : « Je n'ai jamais rien entendu qui puisse se comparer à l'improvisation de Franck du point de vue de l'invention purement musicale. A l'église, il lui fallait un certain temps pour se mettre en train ; quelques essais, quelques interrogations, puis, une fois parti, une prodigalité d'invention tenant du miracle ; une polyphonie d'une incomparable richesse dans laquelle mélodie, harmonie, architecture

* Louis Vierne : *Mes Souvenirs*, Les Cahiers et Mémoires de l'orgue, 1970.

se disputaient l'originalité, la trouvaille émouvante, traversées par les éclairs d'un génie manifeste. Jamais de combinaisons "à froid", jamais de tours de force à l'usage des équilibristes désireux d'"épater la galerie", seulement le constant souci de la dignité de son art, de la noblesse de sa mission, de la sincérité fervente de sa prédication sonore. Joyeux ou mélancolique, solennel ou mystique, puissant ou éthéré, Franck savait être tout cela à Sainte-Clotilde et les truchements grammaticaux tels qu'artifices de contrepoint, canons, superposition des thèmes etc. n'intervenaient que justifiés par l'expression d'une pensée dont les criteriums étaient surtout l'émotion et la profondeur. »

Dans les premières pièces d'harmonium ou dans *L'Organiste*, Franck a pu, à l'instar de Lefébure-Wely dont bien des compositions sont cultuelles en dépit de leur style *(L'Office catholique, Six Grands Offertoires* ou *Vade mecum de l'organiste)*, écrire de courts morceaux destinés à divers moments de la messe (sorties, communions, offertoires...), œuvres d'ailleurs adaptées aux besoins d'instrumentistes de niveau moyen; mais aucune des douze pièces majeures ne possède de fonction liturgique précise, même si le *Final* ou la *Pièce héroïque* peuvent constituer d'excellentes sorties. Sans doute l'invocation de la *Prière* ou l'ardeur et la piété des *Trois Chorals* atteignent-elles une dimension sacrée — à laquelle ne sauraient prétendre les petits maîtres qui avant lui composent pour l'église —, mais, peut-être à l'exception du *Cantabile*, on ne respecte jamais la durée d'une élévation ou d'un offertoire. Force est donc de constater qu'il s'agit là de morceaux de concert d'inspiration certes noble, mais profane. La *Pastorale* pas plus que le *Final* ou les deux *Fantaisies* (la seconde d'abord intitulée *Fantaisie-Idylle*!) ne sont à proprement parler des œuvres religieuses.

Sans doute Franck n'est-il pas le premier à doter l'orgue d'un répertoire de concert (Boëly, Benoist ou le Lefébure-Wely du *Boléro* s'y sont essayés avec des fortunes diverses), mais les *Six Pièces* où les *Trois Pièces*, pages variées, para-liturgiques ou non, annoncent, dans leur style spécifiquement organistique et leur inspiration romantique, maints recueils de pièces à titres parmi lesquels on peut citer pour le XIXe siècle :

— Gigout : *Six Pièces* (1881)
— Dubois : *Douze Pièces* (1886)
— Boëllmann : *Douze Pièces* (1890)
— Gigout : *Dix Pièces* (1892)
— Dubois : *Douze Pièces* (1892)
— Pierné : *Trois Pièces* (1893)
— Ropartz : *Six Pièces* (1896-1901)
— Loret : *Douze Pièces* (1898)
— Marty : *L'Orgue triomphal* (1898)
— Périlhou : *Livre d'orgue* (n° 1 en 1899)
— Guilmant : *Pièces dans différents styles* (18 livraisons).

Suivront, après 1900, d'autres recueils de Vierne, Barié, Bonnet, Commette, Ermend-Bonnal, Fumet, Mulet, Reuchsel, Tournemire ou Widor. Quant à la *Grande Pièce symphonique* publiée en 1868, elle inaugure en France la symphonie pour orgue, genre d'avenir repris par Lemmens, Guilmant, Widor puis Vierne.

L'Organiste

Avec les pages pour orgue expressif d'une qualité très inégale, composées pour la plupart de 1858 à 1863 et publiées après la mort du musicien sous le titre de *Pièces posthumes pour harmonium ou orgue à pédale pour l'office ordinaire* (sélection et réédition par Tournemire en 1900 : *Quarante-quatre Pièces posthumes*), le recueil *L'Organiste* révèle un aspect sans doute mineur mais significatif de l'art de Franck. Composées en 1890, l'année des *Trois Chorals*, ses cinquante-neuf pièces s'adressent bien à un instrument alors en plein essor, cet harmonium que l'auteur traite avec subtilité. Dans la préface de l'édition Durand, Maurice Duruflé signale d'ailleurs : « César Franck a su tirer un parti génial de ce qui aurait pu être, pour d'autres auteurs, une source de difficultés constantes. En registrant par exemple 3 à la main gauche et 2 à la main droite, l'auteur donne l'illusion parfaite de deux claviers ayant un timbre différent, comme à l'orgue, l'un accompagnant l'autre ou dialoguant avec lui. »

Œuvre inachevée, elle se compose de neuf suites complètes de *do* majeur/*do* mineur à *la* bémol majeur/*sol* dièse mineur, selon l'échelle chromatique (manquent les séries suivantes, à partir de *la*). Dans chacune d'elle, pour répondre aux impératifs de son commanditaire, l'éditeur Enoch, Franck a souscrit à un plan logique, optant pour six courtes pièces (en général trois majeures et trois mineures) précédant un septième morceau plus développé dans lequel les principaux thèmes antérieurs sont repris. Pures créations ou souvenirs d'improvisations naguère lancées sous les voûtes de Sainte-Clotilde (comme le suppose L. Vallas), on peut être frappé par la diversité de ces « moments musicaux » qui font apparaître plusieurs procédés de composition (harmonisation, mélodie accompagnée, contrepoint, dans un cadre monothématique ou de structure A B A ou A B A′) et dont le style emprunte un choix étendu de formules : marche, sicilienne, lied, noël, prière, choral, romance de salon, pastorale, airs populaires de la Creuse ou du Béarn, canon, carillon-sortie, scherzo ou gigue.

Les pièces terminales se distinguent par leur dimension et le caractère rhapsodique de leur organisation. Elles se différencient également sur le plan de l'expression, qu'il s'agisse d'un offertoire de tendance méditative (*ut*, *mi* bémol) ou funèbre (*fa* dièse mineur), d'un andante (*ré* bémol majeur), d'une communion (*mi*) ou d'une sortie (*ré*, *fa*, *sol*). Quant à leur structure, elles se satisfont d'un A B A ou A B A′, avec opposition majeur/mineur/majeur (la partie médiane pouvant être plus modulante), ou d'un rondo à refrain varié (*mi*).

Certains artistes excellent dans ce type de pièce cursive — les versets ou les *Cantiques de Denisot* de Boëly en offrent de magnifiques illustrations — mais, Franck ne se dépassant que dans les formes qui autorisent d'amples développements, *L'Organiste* peut en maintes occasions nous laisser sur notre faim.

La griffe du maître y apparaît pourtant çà et là, dans les recherches harmoniques de la *Prière*, dans l'écheveau complexe de certaines modulations, dans bien des cadences répétées dont la succession engendre un sentiment de mélancolie ou l'amplification de quelques motifs. A côté des pièces pour orgue expressif de Lefébure-Wely (qui fut un virtuose de cet instrument de salon), *L'Organiste* figure cependant parmi les meilleurs de ce type, dont les plus célèbres furent aussi les *Heures mystiques* de Boëllmann, *L'Orgue d'église* de Gigout ou *Au Pied de l'autel* de Ropartz.

Les Six Pièces

Composé de 1859 à 1863, cet important recueil fut publié par Maeyens-Couvreur en 1868, puis par Durand, devenu l'éditeur de ses pièces d'orgue, en 1880. A quarante ans, Franck y réalise enfin ce que l'on peut considérer, avec les trios de jeunesse et certaines parties de la *Messe* de 1858, comme un chef-d'œuvre et une page historique. Après quelques tentatives peu concluantes que Franck a renoncé à éditer (*Pièce* en *mi* bémol notamment), ces *Six Pièces* poursuivent, en effet, un des idéaux engagés par Boëly ou Benoist en faveur d'une musique pure, ni signifiante, ni liturgique. En tant qu'instrument à clavier, l'orgue peut désormais rivaliser avec le piano dans un répertoire moderne et enfin digne d'intérêt.

Fantaisie en *ut*

Cette page a été achevée en octobre 1863. Il en existe deux versions antérieures, auxquelles l'auteur a opportunément renoncé. Beaucoup moins conventionnelle que la dynamique *Fantaisie* en *mi* bémol de Saint-Saëns (1857), elle est dédiée à Chauvet, lui aussi élève de Benoist, et mérite déjà tous les éloges. Trois parties principales la composent.

Le Poco lento initial compte trois sections symétriques qui exposent deux motifs (A B A′), le premier par phrases de deux mesures que quelques syncopes ou des emprunts au mineur assombrissent, calme exorde d'une naturelle simplicité (fonds du Récit et hautbois, sans pédale), le second dans le style d'un choral, en canon à l'octave, avec un contre-chant lyrique lors de sa deuxième présentation. Une incursion au ton de la sous-dominante puis de la dominante prépare le retour de la tonalité principale (*ut* majeur) et de la troisième partie. Cette dernière, d'une registration plus étoffée (fonds 16', 8' et anches Récit) réexpose A sur pédale de tonique ou de dominante, d'où un effet de bourdon d'allure pastorale. Quelques mesures d'une transition harmonique, avec cadences suspensives répétées et amplifiées, modulent de *do* majeur à *fa* mineur à l'issue d'un chromatisme expressif.

Suit alors un **Allegretto cantando** adoptant lui aussi une forme tripartite. Dans la première section, Franck développe une mélodie de caractère agreste (C) qui, sur un contrepoint souple et fluide (D), déroule ses arabesques dans le registre supérieur de la trompette (Récit). Cette double exposition (*fa* mineur — *ut* mineur) menée à son terme, une idée secondaire qui en dérive fait aussi l'objet de deux présentations. On assiste ensuite à un dialogue entre C et D, alternativement à la basse et dans l'aigu, au gré d'un éventail varié de tonalités mineures (modulation enharmonique). Six mesures suffisent à rétablir la tonalité. Dans les quinze mesures suivantes, un motif solennel en valeurs pointées, auquel Franck oppose D, progresse selon un crescendo suivi d'un diminuendo qui débouche sur une cadence en *ut* majeur.

L'**Adagio** final s'efforce alors d'instaurer un climat plus tranquille et renoue avec le paisible début. A cet effet, le musicien confie à la voix humaine du Récit (qu'il combine parfois avec le bourdon 16' du Positif) le soin d'établir une douceur recueillie. Très dépouillé, le thème choisi (qui présente quelques analogies avec A) se meut lentement (3/8) dans un contexte harmonique plus élémentaire et selon des tonalités familières (*sol* majeur, *la* mineur ou majeur) qui contrastent avec la complexité plus tendue de l'*Allegretto cantando*.

Durée d'exécution : ~ 13 mn

Grande Pièce symphonique

L'adaptation d'une sonate de clavier à l'orgue n'est certes pas originale : C.P.E. Bach avait déjà tenté l'expérience dans la seconde moitié du XVIIIe siècle. A l'heure où Franck entreprend cette imposante fresque qu'il dédie à Charles-Valentin Alkan, les antécédents sont à chercher de même en Allemagne, mais parmi les *Six Sonates* de Mendelssohn (1845) — particulièrement celle en *si* bémol qui, en quatre mouvements, débute par un allegro à deux thèmes —, la *Fantaisie et fugue sur le choral « Ad nos, ad salutarem undam »* de Liszt, dont le plan s'apparente à celui d'une sonate (1850), ou les deux premières de Merkel qui paraissent avant 1862. Le mérite de l'organiste de Sainte-Clotilde consiste cependant à opter pour une formule très orchestrale et d'une couleur imposée à laquelle l'absence de registration et l'écriture de clavier néo-classique ou pianistique des Allemands ne prétendaient guère. La France a depuis le dernier tiers du XVIIIe siècle fait un triomphal accueil aux symphonies de Haydn, Mozart, Gossec, Cambini, Stamitz, Méhul puis Berlioz, Beethoven ou Mendelssohn, un Lasceux a déjà composé pour orgue des *Symphonies concertantes* : le terrain se révélait donc favorable. Franck a, par conséquent, posé un jalon historique en empruntant à la *Neuvième Symphonie* de Beethoven son cadre, et à l'orgue Cavaillé-Coll ses timbres (fonds et gambes à la manière d'un quatuor à cordes, anches semblables aux cuivres et flûtes, hautbois ou clarinettes solistes).

Un *Allegro non troppo* de forme sonate (*fa* dièse mineur) est introduit par un *Andantino serioso*. Suit un *Andante* en *si* majeur, dont la partie centrale est un scherzo (*Allegro*) en mineur, tandis qu'après un récapitulatif des principaux thèmes, le Final reprend le premier motif de l'*Allegro non troppo* en majeur.

L'**Andantino serioso** en *fa* dièse mineur oppose d'emblée deux éléments qui seront brièvement exploités, une mélodie en croches régulières (A) sur des accords répétés puis une réponse (B) dans le goût d'un choral harmonisé mais assoupli par des syncopes (Récit). Après l'énoncé de ces deux idées complémentaires, A se trouve développé dans l'esprit de la variation et joue par deux fois d'un crescendo, le second conduisant à l'**Allegro ma non troppo**. Ce dernier s'engage sur un premier thème (C) d'allure martiale (périodes symétriques et chute de septième dramatique) que Franck se plaît à varier avant même l'exposition du second thème (D), majestueux choral à quatre voix qui s'achève en *si* mineur. Une série de cadences suspensives conduit alors en *la* majeur. Franck en appelle aussitôt à B, motif de l'introduction, dont les triolets vont soutenir un solide développement (incursions en *la* et *ré* mineur). La réexposition de D (*fa* dièse mineur) mène enfin à une paisible conclusion qui mobilise cette fois B.

La symphonie se poursuit par un **Andante** en *si* majeur, dont le premier volet déclame une sensible mélodie romantique (E) que chante la clarinette du Positif sur les fonds et anches d'un Récit fermé. Lui succède une seconde idée (F) dont les deux cellules vont alimenter le développement :

A partir de la mesure 13, en effet, ces deux fragments sont soumis à un jeu d'écho entre Positif et Récit, épisode auquel met un terme le retour de E et F en *fa* dièse majeur, mais le dialogue provisoirement délaissé reprend dans le ton principal. C'est à cet instant que, contre toute attente, Franck lance son scherzo, un **Allegro** à 2/4 en *si* mineur (ABA′) qui, en son centre, superpose à un *perpetuum mobile* (flûte 8′, bourdon 8′, hautbois et clairon du Récit) une sorte d'hymne que se partagent alternativement la basse et le soprano. L'*Andante* reprend alors ses droits, mais le choix des ondulants (voix céleste du Récit et *unda maris* du Positif) implique un autre type d'écriture, et Franck recourt à une harmonie plus épaisse, tentant une double pédale au moment où un canon s'ébauche entre les deux parties supérieures.

Imitant le Beethoven de la *Neuvième Symphonie*, l'auteur propose alors un récapitulatif des principaux thèmes antérieurs qui sert de prologue au Final, procédé que reprendra Guilmant dans sa *Cinquième Sonate*. On distingue successivement C en *si* mineur (pédale), A en *sol* mineur sur pédale de dominante, C de *ré* mineur à *fa* mineur (pédale) puis le *perpetuum mobile* du scherzo. Les trois premières notes de C conduisent aux quatre mesures initiales de l'*Andante en ut* majeur, avant une transition sur les trois premières notes de C et un crescendo menant au grand chœur.

Le **Final** qui s'enchaîne s'articule en trois parties. C'est d'abord l'harmonisation de C en *fa* dièse majeur, sur un contrechant de pédale d'exécution très difficile. On a pu discuter de l'opportunité de ce changement de mode (dans les *Variations symphoniques*, l'entrée du majeur produit la même déception). Puis une fugue sur un sujet issu de C, avec exposition de quatre voix et seconde partie sur un nouveau motif en croches. Enfin, à compter de la mesure 117, le thème de la fugue est développé dans l'esprit de la variation. Quelques rosalies, une modulation abrupte en *mi* bémol et un épisode chromatique préparent enfin la coda, péroraison épique, dans toute la force.

Durée d'exécution : ~ 25 mn

Prélude, fugue et variation

Dédiée à Camille Saint-Saëns, cette pièce, parmi les plus populaires du recueil, retient un plan tripartite que l'auteur sollicite souvent (*Prélude, aria et final* ou *Prélude, choral et fugue* pour piano). Logique et concise, idéalement équilibrée entre tradition (fugue) et langage moderne, elle s'élève aux plus purs sommets de la littérature d'orgue.

Une stricte construction symétrique en assure l'équilibre, qui s'ouvre par un *Andantino* à 9/8 au rythme berceur, dont la mélodie en *si* mineur doit sa sourde mélancolie au retour obstiné d'une cellule de quatre notes :

Exposée deux fois par le hautbois du Récit, cette calme cantilène (A) reçoit une réponse (B) sur un motif élargi, puis revient clore l'exorde dans le ton de la dominante. Neuf mesures d'une transition harmonique de style « choral » rétablissent alors la tonalité principale.

Vient ensuite une **Fugue** (*Allegro ma non troppo*) dont le sujet joue aussi sur l'amplification d'une cellule :

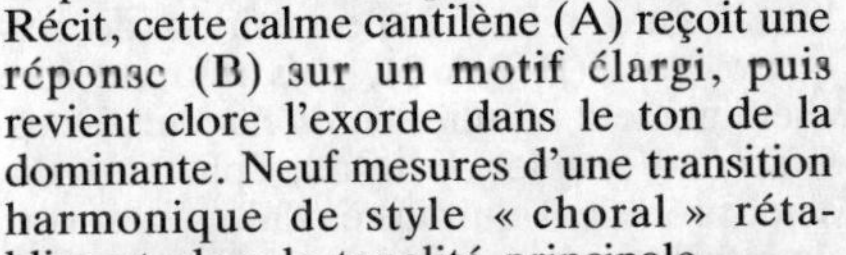

Son organisation, fort classique, s'articule autour des épisodes suivants : exposition des quatre voix (T-A-S-B), divertissement, travail sur la tête du sujet, entrée du sujet à l'alto, strettes, retour du divertissement et fin sur une demi-cadence. Maintenant une pédale de dominante sur laquelle s'inscrit un élégant lacis d'arabesques en doubles croches, Franck retrouve le ton de *si* mineur et son *Andantino* dont la mélodie est textuellement réexposée sur ce contrepoint volubile.

Durée d'exécution : ~ 10 mn

Pastorale

Plus surannée, mais pittoresque et tendrement chaleureuse, cette œuvre achevée en septembre 1863 est dédiée à Cavaillé-Coll. De structure ABA′, elle débute par un **Andantino** (bourdon, flûte 4' et hautbois du Récit) qui, à l'image de la *Pastorale* de Bach ou de bien des noëls français, fait appel à de longues et rustiques pédales de musette. Un choral harmonisé en interrompt périodiquement la démarche régulière, qui n'est pas sans imprégner le tableau d'une touche religieuse (s'agirait-il d'une page paraliturgique pour Noël ?). Engagé en *mi* majeur pour moduler en *ut* dièse mineur (partie centrale), ce mouvement fait place à un **Quasi allegretto** en *la* mineur. Un récitatif (futur sujet du fugato médian, avec à nouveau une cellule amplifiée) y introduit une joyeuse toccatina en accords staccato. Hésitant entre majeur et mineur, ce refrain-carillon, qui entraîne dans sa course de jolis contrechants expressifs, cède bientôt devant un bref fugato réduit à l'exposition de ses quatre voix (B-T-A-S), puis reprend son cheminement régulier en *mi* majeur. Dans le second couplet, le retour éphémère du sujet précédent qui, après l'ultime reprise du refrain (*sol* mineur), s'enrichit cette fois d'un contrepoint lyrique, conclut dans la tonalité principale. Dans le dernier volet, les deux thèmes de musette et de choral exposés dans A sont alors superposés selon un même plan.

Durée d'exécution : ~ 9 mn

Prière

Dédiée à François Benoist, cette page de 1860 est la seule qui, en dehors des *Trois Chorals*, fasse référence à une notion religieuse. Parmi les meilleures de la série avec la *Fantaisie en* ut et *Prélude, fugue et variation*, elle sait trouver un juste équilibre entre contemplation et sentiment, mysticisme et sensualité, union de l'esprit et de l'humain, que les fonds moelleux de l'orgue romantique servent avec une ardeur très persuasive. Trois thèmes principaux en alimentent le développement, la cellule initiale du second engendrant plusieurs petits motifs (*a* et *b*) qui circulent dans toute la polyphonie et coopèrent à l'unité organique de l'œuvre :

On distingue deux grands épisodes reliés par un récitatif, dont le musicien retiendra quelques éléments dans son épilogue.

Un **Andantino sostenuto** où sont exposés les trois motifs tient lieu d'exorde. Après double présentation de A, B intervient dans la même tonalité principale d'*ut* dièse mineur. Énoncé d'abord par bribes dans une série de récitatifs, il est ensuite développé. C apparaît alors, bientôt superposé à B.

La transition centrale s'articule comme suit : récitatif (A) en *fa* dièse mineur sur la trompette du Récit, réponse polyphonique (b) sur tenues, récitatif (A) en *si* bémol, même réponse polyphonique sur (b) dont la cellule terminale (trois croches — blanche) relance l'action mesure 138, A varié de *la* majeur à *ut* dièse mineur. La cellule remarquée mesure 138 engendre alors un motif de triolets qui anime le discours et annonce la rentrée de A.

Le **Très expressif et très soutenu** qui suit fait office de réexposition sous la forme d'une variation très polymélodique des éléments. A intervient d'abord, puis B auquel on superpose C dans un tissu contrapuntique serré que domine b. Alors que B passe au soprano, le système polyphonique où trois motifs se mêlent (B, b et C) atteint une densité maximum, que le manque de clarté des fonds et anches de l'instrument symphonique n'est pas toujours apte à rendre. Un jeu de gammes ascendantes prépare alors la conclusion, tandis que C est traité en imitations. Cette section terminale emprunte elle aussi sa technique à la variation, les différentes séquences étant reliées par des récitatifs dramatiques. Le thème A en est l'unique acteur, mais si jusque-là l'évolution musicale semble rappeler Wagner, tout se dilue alors dans une monodie qui rejoint un fond quasi magique, dont l'agrandissement des intervalles et l'ornementation coïncide avec la diminution des valeurs. Il y a quelque chose de troublant dans cette transfiguration par l'orgue des exaltations les plus expressives du bel canto. Quel genre de prière est-ce donc là ?

Durée d'exécution : ~ 13 mn

Final

Est-ce la dédicace à Lefébure-Wely qui encourage Franck à sacrifier au style très Second Empire et aux pompes de cet artiste mondain? Sans doute l'*Offertoire* en *ré* du « prince des organistes » peut-il présenter quelques analogies avec ce *Final* en *si* bémol, mais son auteur en maîtrise le discours avec une autorité, un sens du plan tonal et de la forme qui laissent bien en retrait ses aimables précurseurs. On en veut pour preuve le magnifique thème de vingt-neuf mesures que la pédale énonce en solo, avec ses modulations en *fa* majeur et *la* bémol. Un carillon, dont les triolets entraînent un contre-chant joyeux, lui fait écho avant que dans le ton du relatif d'abord, et non sans tenter ensuite des incursions en *ut* mineur et *mi* bémol majeur, il ne revienne lancer de nouveau ses appels, que les anches de pédale dispersent dans l'éclat. La réponse carillonnante ayant fait diversion et conduit en *ré* mineur, on assiste alors à un développement, tandis que ce thème insistant abandonne la pédale pour s'emparer des registres supérieurs et y diffuser ses fanfares harmonisées avec panache. A la mesure 99 apparaît le second thème, hymne d'un legato solennel qui contraste avec l'énergie farouche du précédent. Partant de *fa* dièse majeur, il évolue selon des modulations recherchées (*ré, mi* bémol, *sol, la*) et vient se mêler au carillon. Dans une dernière section, on revient enfin au premier thème, mais celui-ci ne retrouve pas immédiatement sa tonalité, se risquant par bribes successives (*la* et *sol* mineur), puis plus franchement et au complet en *si* mineur. Comme dans le *Choral en* la, cette attente prolongée renforce l'effet de délivrance qui accompagne le retour de la tonalité principale, et la jubilation qu'il provoque se manifeste aussitôt par sept accords parfaits martelés. Mais le motif scandé au soprano sur des accords à contre-temps ne refuse pas audience au second thème, incise éphémère pourtant, qui précède une coda spectaculaire où traits et fanfares rivalisent jusqu'à une pédale de dominante qui prépare quatre accords monumentaux.

Durée d'exécution : ~ 11 mn

Les Trois Pièces

Composés à l'occasion des concerts d'inauguration de l'orgue du Trocadéro (1878) auxquels participèrent aussi Guilmant, Gigout, Saint-Saëns et Widor (création de sa *Sixième Symphonie*), ces trois morceaux furent exécutés le 1er octobre, lors d'un récital que Franck couronna d'une improvisation sur des thèmes de F. David (premier chœur du *Désert*), Berlioz (deux motifs de *L'Enfance du Christ*) et Bizet *(L'Arlésienne)*. La découverte récente du manuscrit utilisé par l'organiste à cette occasion révèle de sensibles divergences avec l'édition définitive de 1883, quant à la registration, au titre de la première pièce alors baptisée *Fantaisie-Idylle* et au texte même de la *Pièce héroïque*, que l'auteur a nettement amélioré dans sa version finale.

Fantaisie en *la* majeur

On a souvent reproché à cette œuvre son manque de rigueur, son épilogue ambigu, ses effets pianistiques et la profusion de ses idées mélodiques, mais cet aspect « improvisé » semble largement compensé par son inspiration, sa vigueur et son expression. Trois motifs essentiels s'y rencontrent : une belle phrase composée par appels de deux mesures (A) d'où dérive un thème en mineur sur accords battus, auquel les emprunts confèrent une certaine tension (A′), une ample mélodie lyrique constituée d'une série de gammes descendantes traitées en syncopes, d'une indécision tonale très créative (B), enfin un hymne-choral assez souple et harmonisé (C). On distingue trois parties et une coda, dans l'ordre suivant : exposition de A, A′, B puis A et C, développement de A puis superposition A/B, réexposition de A′ et B, coda sur C.

Dans l'exposition *(Andantino)*, A s'impose d'emblée par de puissants unissons (manuels et pédale, fonds 16', 8', 4' et anches du Récit) et alterne avec de doux épisodes homophones dont les cadences suspensives accusent l'interrogation, voire l'imploration. A cette imposante introduction succède A′, qui donne à l'œuvre son véritable départ. Lui fait suite B, tendu et féminin sur un jeu d'arpèges. Le retour de A, en *ut* dièse majeur, annonce alors C, qui chante deux fois sur de longues pédales, en *ut* dièse mineur puis *fa* mineur, avant que les deux motifs ne réapparaissent en *mi*. La cellule initiale de A relie ensuite au développement, dans un contexte polyphonique. Ce dernier *(Poco animato)* combine alors A et B, tandis qu'un jeu de strettes sur A libère un court instant B et prépare un crescendo qui atteint son apogée avec le retour de *la* majeur (Très largement) et la superposition de A et de B (pédale-soprano, puis l'inverse). La réexposition restitue alors A′ et B, en majeur cette fois, et s'interrompt sur une septième de dominante et trois cadences typiquement franckistes (intervalles élargis). C peut enfin conclure dans la sérénité d'un *la* mineur céleste.

Durée d'exécution : ~ 14 mn

Cantabile

Cette pièce délicate compte parmi les plus brèves de toute l'œuvre d'orgue et cherche à susciter l'émotion à l'égal de la *Prière*. Sur un accompagnement confié aux fonds du Grand-Orgue et du Positif, la trompette du Récit déroule une longue mélodie fractionnée en quatre segments (d reprenant a).

Ce dessin libre confère à l'ensemble un caractère évolutif, en renouvellement continu. Préparé par une amorce cadentielle, un premier segment de la mélodie (a) prend forme dès la troisième mesure, dans la tonalité principale de *si* majeur, puis un second (b) et un troisième (c). Dans une sorte de contre-exposition à la dominante, a réapparaît ensuite au ténor, suivi des deux autres motifs b et c. A la mesure 51, d engendre un canon à l'octave, qui précède l'épilogue sur c et la tête de d.

a

b

c

ou

d

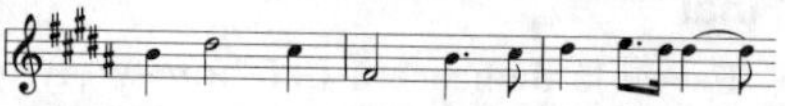

Pour la première fois, une thématique confiée à un jeu d'anche vient chanter dans le médium, initiative heureuse que le compositeur reprendra dans une des variations du *Choral en* mi *majeur*. Signalons aussi que L. Vallas a découvert dans cette page des « allusions discrètes » à *Tristan et Isolde* de Wagner, ce qui tendrait à l'éloigner quelque peu d'une éventuelle mission liturgique. N'est-ce pas un véritable duo d'amour ?

Durée d'exécution : ~ 6 mn

Pièce héroïque

La plus célèbre du recueil, cette œuvre se réclame, à l'image du *Final* des *Six Pièces*, du goût triomphaliste de son époque, mais elle ne fait oublier ni les pulsions de la *Fantaisie*, ni l'élégiaque déclamation du *Cantabile*. Trois parties la composent selon une structure A B A′.

Un *Allegro maestoso* à 3/4 dans la tonalité de *si* mineur en constitue le premier volet qui, sur des accords battus — pourtant peu favorables à l'orgue — libère un thème A épique et tragique par ses valeurs pointées et son chromatisme. Ce dernier s'installe d'abord au ténor, puis évolue vers le ton de la dominante. A la mesure 14, une réponse éloquente lui fait alors écho (A′), puis lui cède à nouveau la place, avant l'apparition d'un troisième motif harmonisé avec majesté (A″). Un développement s'organise alors, au cours duquel la tête de A circule entre basse et dessus, sur le flot d'arpèges très pianistiques que déroule la main gauche. A partir de la mesure 52, une volonté d'amplification contribue à relancer l'action avec l'apport d'un chromatisme inquiet. A réapparaît enfin dans la tonalité principale.

Après deux cadences suspensives (mes. 77-79), un motif de timbales (tonique et dominante alternativement frappées) annonce la seconde partie et ponctue les différentes périodes d'un hymne solennel qui, harmonisé en *si* majeur, sonne au Récit (B). Un bref développement combine ensuite la dernière section de ce nouveau thème et un mouvement de triolets qui s'agitent au ténor. Au long d'un crescendo établi sur la pédale continue des timbales, la première période de B, traitée en imitation, progresse alors de *si* à *mi* bémol majeur.

C'est dans cette tonalité que débute l'épilogue. Franck y réintègre son thème A par cellules morcelées. Suit alors A′ puis A complet. La coda *(Piú lento)* reprend enfin le thème de l'hymne dans un majestueux *si* majeur, que viennent ponctuer, non sans emphase, les orchestrales timbales de la seconde partie.

Durée d'exécution : ~ 9 mn

Les Trois Chorals

Nul n'ignore que cet ultime recueil constitue non seulement la dernière œuvre de Franck, mais un véritable testament musical. Alors qu'installé à Nemours afin de se remettre d'un accident survenu au début du mois de mai 1890, il compose les pièces d'harmonium commandées par Enoch et envisage même la mise en chantier d'une *Sonate pour piano et violoncelle*, il profite aussi de l'hospitalité des Brissaud pour mener à bien son *Premier Choral* qu'il achève le 7 mai. Les deux autres ne seront terminés que dans le courant du mois de septembre à Paris mais, la mort venant le surprendre le 8 novembre suivant, le musicien ne pourra juger son œuvre *de auditu*.

Plusieurs manuscrits de chaque morceau ont été conservés. Entre les brouillons et la version définitive existent évidemment quelques divergences, et l'auteur n'a pas pu superviser l'édition parue en 1891 — d'où, entre autres, une polémique sur l'identité des dédicataires. Selon L. Vallas, le compositeur aurait désigné Guilmant, Dubois et Gigout, les deux premiers noms ayant été remplacés par ceux de Durand et d'Augusta Holmès après la mort du maître. Mais K. Hastings, actuel propriétaire du premier manuscrit du *Choral* en *mi* majeur, a découvert une dédicace pour le moins surprenante du *Pater seraphicus* : « A ma chère élève et petite amie, Mlle Clotilde Bréal ». Le mystère reste entier… mais d'un intérêt secondaire.

Dans cette dernière composition, Franck utilise le terme de « choral » qui fait référence au monde luthérien. Avant lui, Boëly et Alkan ont exploité des cantiques protestants dans le cadre d'œuvres privées, dont la publication est posthume, mais l'idée d'un choral à la française remonte aux années 1850-1860 avec Lemmens (*Creator alme siderum* de l'*École d'orgue*), adaptation « catholique » à base de plain-chant qui paraît moins rigoureuse (*cf.* les chorals très « carrés » des sonates de Mendelssohn) et se prête à une exécution plus expressive. Outre le modèle primordial de Liszt (*Fantaisie et fugue sur le choral « Ad nos, ad salutarem undam »* en 1850) et l'*Impromptu* d'Alkan, Widor en écrit un avant Franck (*Septième Symphonie*, 1887) et Boëllmann dans ses *Douze Pièces* (1890). Mais l'analyse des recueils de 1863 et 1878 révélerait la présence de multiples hymnes qui s'y apparentent de par leur harmonisation par périodes et leur allure solennelle.

Le second thème du *Poco lento* de la *Fantaisie en* ut ou de l'*Andantino serioso* de la *Grande Pièce symphonique*, la transition entre les deux premières parties de *Prélude, fugue et variation*, le second motif de l'*Andantino* de la *Pastorale*, du *Final* ou de la *Pièce héroïque* constituent ainsi des éléments prémonitoires, certes épisodiques mais intéressants, dans la genèse des *Trois Chorals*.

Franck y manifeste aussi une maturation qui marque un nouveau palier franchi après les *Trois Pièces* : élimination de tout pittoresque et de toute concession au goût contestable de l'époque, mise au point d'une écriture spécifiquement organistique qui atteint une rare perfection, au même titre que la registration.

Premier Choral en *mi* majeur

Quelques textes de Franck ou de ses contemporains peuvent élucider les intentions de l'auteur à propos de cette œuvre magistrale. Ainsi, dans une lettre adressée à Enoch, fait-il mention d'un « choral avec beaucoup de fantaisie », tandis qu'on a rapporté à maintes reprises la réflexion qu'il aurait confiée à Vincent d'Indy : « Vous verrez, le choral n'est pas celui qu'on croit. Le vrai choral, il se fait au cours même de l'œuvre. » Cette façon de procéder par émergence ou transmutation doit sans conteste à Liszt et apparaît comme une des composantes du génie franckiste. Recourant au principe de la variation, le compositeur brosse une vaste fresque en quatre sections.

Dans l'exposition (mes. 1 à 64) s'enchaînent les sept motifs d'un lied harmonisé à la manière d'un hymne, motifs qui vont alimenter les deux variations qui constitueront le corps même de l'œuvre.

a 

b 

c 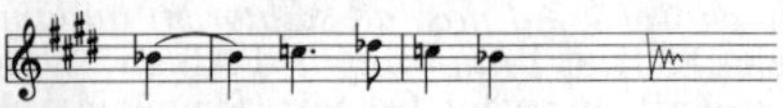

d 

Jouant sur toutes sortes de cadences, le musicien juxtapose ces différents motifs dans l'ordre suivant : a (*mi* majeur), b (*ut* majeur-*mi* mineur), a′ (*sol* majeur), b′ (*mi* bémol majeur-*sol* mineur), c (*mi* bémol mineur-*mi* mineur), c′ (*mi* majeur) d (*mi* majeur). Cette dernière période (d) préfigure le choral qui finira par l'emporter dans l'épilogue.

Dans la première variation (mes. 65-105), le motif a est d'abord soumis à des diminutions en doubles croches qui chantent sur la trompette du Récit (avec le hautbois et des fonds de 8'). C'est ensuite le tour de a′, qui passe cette fois au ténor, puis de c et enfin de d, dont chaque période reçoit un commentaire ornemental.

Une transition bâtie sur deux idées, l'une homophone, l'autre plus décorative (Récit), surprend alors par l'intrusion brutale du grand-chœur.

Beaucoup plus complexe, la seconde variation (mes. 126-232) modifie les motifs A et A′, B et b′ ou c′, soit dans leur entier, soit par cellules qui peu à peu viennent se combiner avec d. Très discret jusqu'à cet instant, ce dernier impose alors progressivement sa mélodie au ténor (*sol* mineur, *si* bémol mineur), au soprano (*si* bémol majeur) et à la basse (*ut* dièse mineur). A la mesure 200, la première période de d se profile en *fa* dièse mineur et précède une longue transition modulante qui retrouve le ton principal.

Le thème du choral libère alors, dans l'harmonisation grandiose de ses différentes phrases, une énergie longtemps contenue, tandis qu'une brève coda (mes. 233-259) inscrit les diminutions de la première variation dans un brillant cannage d'imitations.

Durée d'exécution : ~ 17 mn

Deuxième Choral en *si* mineur

L'œuvre débute (mes. 1-64) par les quatre variations d'une passacaille, dont le thème (A) est un ostinato de quatre sections de quatre mesures, à 3/4.

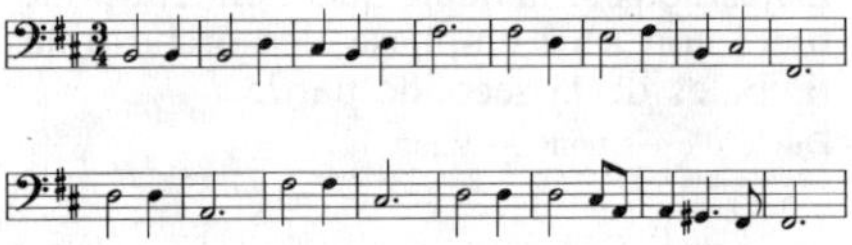

Elles sont jouées sur les fonds de 8' auxquels on ajoute le hautbois du Récit. Le thème (A) passe au soprano dans la deuxième variation ; dans la troisième, il se combine à un contrepoint haletant de croches (syncopes), puis dans la dernière à un jeu de notes répétées inquiètes. C'est alors que prend le relais le thème du choral (B), dont les trois périodes sont interrompues par des commentaires décoratifs. Un récitatif théâtral qui juxtapose traits virtuoses (grand chœur) et réponses harmoniques, module alors de *mi* majeur à *sol* mineur et introduit la fugue qui suit.

Cette dernière (mes. 148-194), aussi peu rigoureuse que chez Liszt, adopte pour sujet la première section de A superposé à un contre-sujet en croches. A une entrée de trois voix succède un divertissement en manière de strette canonique, puis un retour du sujet-réponse en *mi* bémol. A la mesure 195, Franck s'applique alors à superposer A et la première période de B, en *mi* bémol mineur puis *fa* dièse mineur.

Un épisode modulant sur le contre-sujet de la fugue (mes. 226), puis dans le style d'une cadence pianistique, conduit à la réexposition de la deuxième période de B sur pédale de dominante et dessin véloce de doubles croches. Après incursions dans des tonalités variées, de *sol* majeur à *mi* mineur, le retour attendu de *si* mineur coïncide avec la rentrée du grand chœur et de A qui chante dans l'aigu puis à la basse avec le contre-sujet. Franck confie alors à la voix humaine le soin de réexposer la dernière période du choral, dans l'apaisement et la sérénité.

Durée d'exécution : ~ 15 mn

Troisième choral en *la* mineur

Après avoir soumis les deux pages précédentes aux lois de la variation et de la passacaille et fugue, Franck emprunte ici à la sonate sa construction, une œuvre en trois parties enchaînées comme la *Fantaisie et fugue sur le choral « Ad nos, ad salutarem undam »* de Liszt.

Le premier mouvement *(Quasi allegro)* oppose ainsi deux idées : une toccata sur des motifs d'arpèges brisés que l'on a souvent comparée aux mesures initiales du *Prélude et fugue* en *la* mineur de Bach (A) et un choral homorythmique en valeurs élémentaires (B).

A

B

En voici les principales étapes : A coupé par de grands accords arpégés (mes. 1-30), trois périodes de B chacune ornementée d'un commentaire mélodique (mes. 30-47), A en *mi* mineur (mes. 48-56), trois périodes de B (mes. 57-79), A dans le ton principal (mes. 80-96).

Dans la seconde partie *(Adagio)*, la trompette du Récit (toujours doublée par des fonds et le hautbois) déclame une mélodie expressive qui, composée de quatre sections hésite entre majeur et mineur, diatonisme et chromatisme. Après une exposition qui s'arrête à plusieurs étapes tonales, B intervient et ne tarde guère à se superposer aux arabesques qui déroulent leurs courbes au ténor. Une nouvelle présentation de la mélodie émouvante introduit alors un développement sur marches d'harmonies chromatiques qui précède le retour de B (*mi* mineur) sur pédale de dominante, puis en octaves à la basse.

Dans le dernier volet, à l'imitation du *Final* en *si* bémol où, engagé dans un réseau de modulations éloignées, le thème principal cherche longtemps sa véritable identité, Franck, par le biais de tenues qui devaient faire office de pédales de dominante, mais qui refusent leur fonction, s'applique à brouiller les pistes. Bientôt combiné avec A qui paraît d'abord seul en *ut* majeur, puis en *ré* bémol et *ré* majeur, B s'essaye en *ut* dièse (mes. 157) puis en *ut* majeur (mes. 164) avant de retrouver enfin *la* mineur (mes. 173). C'est alors un glorieux épilogue où les deux motifs jumelés s'entraînent dans une joyeuse superposition, puis une majestueuse coda qui, reprenant les accords arpégés du *Quasi allegro*, culmine sur une imposante cadence plagale.

Durée d'exécution : ~ 15 mn

F.S.

GIROLAMO FRESCOBALDI

Né à Ferrare, le 15 septembre 1583 ; mort à Rome, le 1er mars 1643. Il a pour maître l'organiste et célèbre madrigaliste Luzzaschi. Lui-même chante et pratique tous les instruments, en particulier les claviers. En 1604, à vingt ans, il est admis à Rome au sein de l'Accademia di S. Cecilia en qualité d'organiste et de chanteur. Protégé du cardinal Bentivoglio, nonce du pape, il le suit dans les Flandres (1607-1608) et publie à Anvers des madrigaux, sa première œuvre. A son retour, il est nommé organiste de

Saint-Pierre de Rome (à la suite d'Ercole Pasquini, autre Ferrarais) dont Soriano dirige la maîtrise. Il conservera ce poste jusqu'à sa mort, malgré deux interruptions : l'une dans les années 1614-1615, quand les Gonzague l'attirent à Mantoue pour remplacer Monteverdi, l'autre de 1628 à 1634, lorsqu'il entre au service des Médicis à Florence. Il laisse une importante œuvre vocale (madrigaux, messes, motets) et instrumentale. En majeure partie publiée par ses soins, cette dernière contient huit recueils principaux : Fantasie a quattro *(1608),* Ricercari et canzoni francese *(1615/1626),* Toccate [...] Libro primo *(1615/1616/?/1628/1637),* Capricci *(1624/1626/1628/1642),* Secondo Libro di Toccate *[...] (1627/1637),* Canzoni per sonare con ogni sorte di stromenti *(1628/1635),* Fiori musicali *(1635),* Canzoni alla francese *(1645, posthumes). Sans compter les pièces manuscrites (parmi lesquelles de nombreuses* toccate*)* * *et celles dispersées dans des recueils collectifs, ces quelque 300 morceaux édités sont susceptibles d'être touchés à l'orgue, mais ne s'adressent spécifiquement à l'instrument d'église que quelques* toccate *et versets du* Second Livre de Toccate *de 1627 et les* Fiori musicali. *L'ensemble du* Second Livre de Toccate *et les dernières éditions du* Premier *paraissent toutefois avec la mention* « Intavolatura di cimbalo et organo ».

Le Nord et le Sud, la Réforme et la Contre-Réforme, Sweelinck et Frescobaldi : deux phares du clavier européen, interprètes et professeurs vénérés, deux traditions qui, déjà maintes fois entrecroisées, viendront se fondre idéalement un siècle plus tard chez Bach. En 1714, Bach, l'homme de l'Allemagne *centrale*, recopiera les *Fiori musicali* du Méridional, après avoir recueilli l'héritage septentrional.

Au Sud. Le vocal et l'instrumental, la *prima prattica* et la *seconda prattica*, Crémone-Mantoue-Venise et Ferrare-Rome-Florence, Monteverdi et Frescobaldi : deux phares de la latinité et de la catholicité, deux savants-poètes qui assurent le passage de la Renaissance musicale aux débuts du Baroque. Décédés la même année (1643), ils se sont rencontrés en 1610, et tous deux peuvent se dire petits-fils en musique « *del divino Cipriano da Rore* ». Tous deux maîtrisent le prestigieux contrepoint de l'*Ars perfecta* josquinienne et palestrinienne, symbole d'un ordre supérieur; mais, contemporains de la révolution galiléenne, de la plus extraordinaire mutation dans la vision du monde, ils décident de mettre leur art au service des *affetti*, du désordre des passions de l'âme humaine : les pages de clavier du cadet, Frescobaldi, ne sauraient se dissocier des bouleversants madrigaux de son aîné de seize ans.

A la différence de Monteverdi, Frescobaldi, que l'on prétend un homme « fruste », ne lisait peut-être point Platon pour y chercher les secrets de la magie orphique, mais il sut se créer une *poétique* hautement personnelle, donner corps à un *style* qui se ramifiera et bourgeonnera sur un siècle, et qui n'a rien perdu aujourd'hui de sa fascinante singularité.

Avant de transmettre, le Maître engrangea. A Ferrare, il eut la chance de bénéficier des derniers feux artistiques de la ville natale du Tasse et de Guarini où la famille d'Este — qui par le passé avait attiré Josquin, Obrecht et Lassus — recevait Gesualdo, s'ouvrait aux innovations napolitaines de Macque et Trabaci, et comptait dans ses murs la présence de Luzzaschi. Lui-même signataire de *ricercari, canzoni* et *toccate* pour l'orgue de grande qualité, l'organiste-madrigaliste n'avait pas peu à apprendre à son élève. A Bruxelles, Frescobaldi rencontra Peter Philips et Pieter Cornet, et put assimiler tant la tradition anglaise et flamande que celle de la chanson polyphonique française. A Rome, non seulement il retrouva son compatriote Ercole Pasquini, découvrit les partitions vénitiennes de Merulo et des Gabrieli, mais ce claviériste-chanteur assista au développement de l'oratorio, de l'opéra et de la cantate. A n'en pas douter, il eut maintes occasions de rencontrer Carissimi et Luigi Rossi (ce dernier de surcroît orga-

* Ces pièces ont fait l'objet d'une édition moderne en 3 volumes, publiée en 1968 par l'American Institute of Musicology.

niste de Saint-Louis-des-Français depuis 1633). Il était, enfin, aux premières loges pour voir travailler Bernini à Saint-Pierre et croiser son rival Borromini, pour s'imprégner de leur art de la courbe et de la contre-courbe fondé sur une rigueur extrême des proportions, et pour s'émouvoir de la poignante humanité des toiles du Caravage, exaltée par un théâtral clair-obscur dans une construction géométrique violemment affirmée.

Cet art si riche et si humain, Frescobaldi le distilla à ses disciples, l'Italien Michelangelo Rossi, les Allemands du Sud Kerll et Froberger. Authentique fils spirituel du maître de Rome, ce dernier n'aura de cesse de transmettre son enseignement en France et dans les provinces germaniques. En bénéficieront Louis Couperin, Roberday, D'Anglebert, Pachelbel, Krieger, Johann Christoph Bach et, même, des organistes du Nord comme Tunder et son gendre Buxtehude.

L'organiste de Saint-Pierre

A vingt-cinq ans, Frescobaldi est donc, à Saint-Pierre de Rome, l'organiste le plus en vue de toute la chrétienté. En ces premières années du XVIIe siècle, la Contre-Réforme met tout en œuvre pour reconquérir ses ouailles. Dans cette politique de séduction, de captation des âmes, la musique n'est pas qu'un instrument de propagande idéologique parmi d'autres : elle joue le rôle de médiatrice de l'indicible, de l'ineffable. De la nomination de Frescobaldi sous le pontificat de Paul V, on peut déduire que l'exécutant, unanimement célébré, maniait une rhétorique émouvante et convaincante. Bien qu'improbable, l'anecdote des trente mille âmes venues s'entasser dans Saint-Pierre pour ouïr la première « homélie » musicale du nouvel organiste n'en est pas moins symbolique.

Dans l'immense basilique de Bramante, Michel-Ange, Maderna et Bernini, ne se nichaient, en effet, que deux petits instruments, situés dans des chapelles latérales et guère audibles au-delà. L'orgue italien de ce temps se réduisait à un clavier d'une cinquantaine de touches et à quelques notes de pédale en tirasse qui suffisaient pour mettre en valeur les deux couleurs typiquement latines : le *ripieno* (ou *plenum*), à rangs séparés autorisant des sonorités décomposées (*mezzo-ripieno*), et la *voce umana*, premier jeu soliste à battement (à quoi commençaient de s'ajouter quelques jeux d'anches, tels le *tromboncino* et la *tromba*). Paru en 1608, l'année où Frescobaldi pénètre à Saint-Pierre, l'*Arte organica* de Costanzo Antegnati exalte la poétique douceur de ces frêles instruments, merveilleux convoyeurs de l'inspiration frescobaldienne.

La parenté du clavecin et de l'orgue en Italie a favorisé chez Frescobaldi une pensée de clavier « mixte ». Il semble bien, cependant, qu'au fil des ans un glissement ait mené le compositeur du clavecin seul à l'orgue seul en passant par l'étape du « clavecin ou orgue ». Est-il permis d'y déceler le signe tangible d'une évolution spirituelle ?

Les genres, les structures, le style

Si l'on s'en tenait aux étiquettes accolées à ses œuvres instrumentales, Frescobaldi passerait pour conservateur. Ne se satisfait-il pas insolemment des appellations anciennes, telles *ricercare, canzone, toccata, capriccio* et *fantasia*, s'obstinant à ignorer les *sonata, concerto, sinfonia, fuga* déjà lancés par les Gabrieli et leurs contemporains ? Il convient de rectifier doublement cette première impression car, sous chacune des étiquettes retenues, l'œuvre de Frescobaldi n'a cessé d'évoluer au long de trente années de publication et, en réalité, la dichotomie entre vocables anciens et nouveaux n'est qu'apparente en des temps où aucune définition lexicale ne vient figer des genres vivants, évolutifs et interactifs. Genres qui, au demeurant, relèvent *tous* d'une structure morphologique plurisectionnelle. En effet, tous avancent en sections, distinctes (en général de cinq à huit) mais accolées, qui jouent sur le contraste d'un style contrapuntique ou *fantastico*, modal ou prétonal, diatonique ou chromatique, sur le contraste des timbres et registres, des dynamiques *forte* ou *piano*, des tempos vifs ou lents, des mètres binaires ou ternaires, des rythmes dansants ou non, tout en visant à une unité conférée par une cellule-mère et à une intensification finale par strette rythmique et motivique. En homme de son siècle, Frescobaldi entend allier cohérence et fantaisie ; mais c'est dans la minutie, la subtilité, la poésie qu'il apporte à cette unité supérieure de l'architectonique mouvante du Baroque que l'artisan se révèle un maître hors du commun. C'est pourquoi la variation peut être considérée comme la matrice de l'œuvre entier de Frescobaldi, dont dérivent tous les autres genres.

Dans la dialectique mesure/tempo, mètre/rythme, réside le travail le plus complexe de Frescobaldi, et de ses interprètes*. Parfois annoncé par des indications agogiques modernes — *allegro, adagio* —, le tempo de base est remis en question par de fréquents changements de mesure qui induisent tout un rapport de proportions, de « prolations » (déroulements de vitesse rythmique). Frescobaldi distingue le « *tempo della battuta* » du « *tempo del'affetto* » porteur de *rubato* (implicite dans les *stravaganze* des Napolitains et qu'un Caccini nomme *sprezzatura* dans ses *Nuove Musiche*). L'emploi de notes inégales (en rythme « lombard », brève-longue, contrairement aux Français) ajoute à la ductilité rythmique.

Aux confins de la modalité et de la tonalité, le langage de Frescobaldi n'est pas moins recherché. Jalonné de cadences tonales avec triade complète, le discours en appelle pourtant le plus souvent à une modalité élargie, tirant un savoureux parti de la mobilité des degrés modaux (III, VI et VII). Par le jeu des modulations, une pièce peut, en fait, parcourir les douze degrés chromatiques, en une sorte de « modalité chromatisée ». A l'instar des Napolitains, Frescobaldi pratique les « *durezze e ligature* » (dissonances et retards), les fausses relations et toutes sortes de rencontres labiles et frottantes. En vertu de la *seconda prattica* monteverdienne au service des *affetti*, toute audace se justifie et trouve à se déployer efficacement dans un tempérament quasi égal dont Frescobaldi est l'un des promoteurs.

L'union des contraires, telle semble la « griffe » de Frescobaldi qui ne se départit pas d'une certaine réserve romaine et perfection classique de la Renaissance, tout en s'enivrant aux sources jaillissantes de l'imagination baroque et du maniérisme napolitain. Transmise par une gravure de Mellan, que nous apprend la physionomie du *personnage* Frescobaldi ? S'il ressemble étonnamment, pour la construction du visage, la finesse virile des traits, la dignité du maintien, à l'autoportrait du Bernin, il ne semble pas dévoré par le même feu intérieur. On croit deviner la pensée plus introspective du musicien qui est l'émotion, la poésie faites homme et dont l'esthétique se double d'une éthique.

L'émerveillante subtilité de son style, la beauté des courbes mélodiques, l'imprévu des arêtes rythmiques doivent tout, en dernière instance, aux interprètes auxquels revient la difficile mission de « traduire » le jeu des intentions du créateur. Avant Couperin, Frescobaldi a senti la nécessité de guider ses lecteurs, dans les préfaces de ses deux Livres de *Toccate* et des *Fiori musicali*, de leur livrer quelques clés de sa poétique, quoiqu'il prétendît courageusement s'en remettre « au mérite d'autrui ». Authentique traité du goût et de l'interprétation, l'avertissement « *Al lettore* » du premier Livre de *Toccate* n'a pas d'équivalent dans tout le XVIIe siècle italien et mérite la plus extrême attention. En voici quelques extraits.

« [...] Il n'y a pas de doute que la perfection du jeu consiste principalement dans l'intelligence des tempos [...]. Je sais combien est appréciée la manière d'un jeu plein d'expression chantante et de la variété des passages [...]. Cette façon de jouer ne doit pas être soumise à la mesure, comme on en observe l'usage dans les Madrigaux modernes. [...] [La main] qui aura les doubles croches devra les exécuter plutôt pointées, le point affectant non la première mais la seconde ; ainsi pour toutes, l'une non, l'autre oui [...]. Ce choix du tempo, en quoi consiste l'esprit et la perfection de cette manière et de ce style d'exécution, est remis au bon goût et à la finesse du jugement de l'exécutant [...]**. »

Les Fantaisies

Composé partiellement avant son départ de Rome, *Il primo libro delle Fantasie, a 4* (1608) fut publié au retour du voyage dans

* Voir l'édition critique des œuvres de Frescobaldi par Étienne Darbellay, Suvini Zerboni, Milan (Italie).

** *Ibidem.*

les Flandres, au moment de la nomination de Frescobaldi à Saint-Pierre. La polyphonie n'excédant pas quatre voix, une exécution à l'orgue est très appropriée, mais ne permet pas de faire entendre les croisements des parties (mis en valeur dans la publication d'origine en quatre portées superposées). Dérivée du motet vocal et genre international par excellence, la fantaisie est une forme en contrepoint imitatif, à sections, fondée sur un ou plusieurs motifs et qui, affranchie des mots, s'enrichit de formules instrumentales idiomatiques. Savantes et austères, les douze fantaisies de jeunesse de Frescobaldi rendent hommage à la *prima prattica* et se plient aux douze modes de la Renaissance. Dans sa préface, le compositeur célèbre la musique en des termes significatifs de la hauteur se son propos : « Conception admirable de l'intelligence humaine, imitation de la céleste harmonie. » Les fantaisies se présentent en quatre groupes de trois, successivement sur un, deux, trois et quatre sujets. Différentes solutions assurent l'unité dans la diversité, mais l'une obtient la préférence de Frescobaldi : exposer d'emblée tous les motifs et les travailler sous forme de libres variations mélodiques (ajout de notes de passage ou élision du motif) et rythmiques au long de trois parties principales.

C'est la solution qu'illustre, par exemple, la **Fantasia sesta sopra doi soggetti** (en *fa*). Exposés conjointement, les deux sujets fécondent les trois grandes sections (le volet central se subdivisant à son tour) et connaissent de multiples métamorphoses. En quatre notes longues repliées dans un intervalle de quarte, le premier est contrepointé, dès sa deuxième entrée, par le second, en style de canzone, avec ses rapides notes répétées initiales. La section entrée (mes. 26-63) s'anime et se charge de chromatismes. Dans la très grave section finale, le premier sujet revient en triple augmentation comme un cantus firmus.

La **Fantasia nona sopra trè soggetti** (en *la*) fait entendre un premier sujet ascendant, un deuxième descendant et un troisième plus plane, mais les trois dans des valeurs rythmiques sensiblement équivalentes et dans un flux ininterrompu qui masquent la structure. La longue modulation centrale en *ré* majeur et les chromatismes des dernières mesures laissent néanmoins percevoir la tripartition.

Les Canzoni et Ricercari a quattro

La canzone est à la chanson polyphonique française ce que le ricercare est au motet latin : un dérivé instrumental. Quoique également contrapuntique à sections, la canzone admet des fragments plus harmoniques ou en style récitatif de toccata, et se caractérise souvent par un dactyle initial en notes répétées. La nature duelle de Frescobaldi trouva de nombreuses fois à s'exprimer assez idéalement dans ce genre hybride qu'il associe étroitement à la variation et qui l'autorise à zigzaguer entre une rhétorique savante et une éloquence plus improvisée. Outre les trois *Canzonas* à 4, 5 et 8 voix, publiées en 1608 dans une anthologie, sont jouables à l'orgue plusieurs des recueils « *a quattro* » postérieurs. Quatre sur cinq des *Canzoni alla francese* de 1615 adoptent une structure en cinq sections, trois en métrique binaire, séparées par deux en ternaire. Loin de se plier à un moule unique, les dix *Ricercari* du même volume de 1615 exploitent plusieurs solutions : un sujet propre à chaque section et regroupement de tous dans la dernière (n° 5), principe de sédimentation par ajout d'un sujet nouveau à chaque section (n° 3), tous les motifs exposés dès l'abord et travaillés conjointement (n°s 1, 9, *cf.* les propres Fantaisies de Frescobaldi, les *ricercari* de Giovanni Gabrieli, Trabaci, etc.). Assorties de noms de familles italiennes renommées — *Canzon prima detta la Rovetta* [...]. *Canzon ottava detta la Vincenti* —, la plupart des onze *Canzoni* de 1645 brillent par leur vivacité, leur fraîcheur et leurs contrastes baroques : un bain de jouvence. Concernent bien entendu le clavier les *canzoni* et *ricercari* disséminés dans le Livre de *Capricci* et le Second Livre de *Toccate*. Bach se souviendra du modèle frescobaldien dans sa propre *Canzone* pour orgue et dans la petite *Fugue* en *sol* mineur, BWV 578.

Premier Livre de Toccate

Paru pour la première fois en 1615, *Il Primo Libro de Toccate e Partite d'Intavolatura di cimbalo* connut cinq éditions du vivant de Frescobaldi, preuve éclatante de son succès. L'édition de 1616 offre une rédaction amplifiée de la préface *Al lettore* (voir ci-dessus) et s'enrichit de plusieurs pièces; la quatrième, de 1628, s'adresse dorénavant aux deux instruments à clavier (*cimbalo et organo*, à l'instar du Second Livre de *Toccate* de 1627); celle de 1637 contient une *Aggiunta* de 26 pages remarquables. Dans cette version ultime, le Livre comprend 12 *toccate*, 5 séries de *partite* (variations) sur des basses et airs connus (*Romanesca, Ruggiero, Follia, aria di Monicha* et les *Cento partite*) et divers *balletti, capricci, corrente, passacagli* (les catégories interfèrent souvent).

De *toccare*, toucher, genre directement instrumental, rattaché au prélude, la toccata ne se réfère à aucun modèle vocal. Si, à son sujet, Frescobaldi évoque le madrigal, c'est seulement pour souligner leur analogie expressive, leur *cantabilità* et leur liberté formelle communes, mais non pour instaurer des rapports de vassal à suzerain. Aussi personnelles soient-elles, ses *toccate* trouvent de brillants modèles dans les *toccate* plurisectionnelles de Padovano et Merulo, organistes de San Marco de Venise, et dans les productions napolitaines de Trabaci et Mayone. A leur tour, elles serviront de référence à Michelangelo Rossi, Froberger, Muffat et à toute l'école allemande jusqu'à Bach. Le « prélude non mesuré » des Français n'est pas sans en porter aussi la trace profonde, quoique le système d'écriture en rondes diffère sensiblement.

Genre emblématique de Frescobaldi, le plus éminemment singulier et fascinant, quintessence de son art de réflexion et de divagation, la toccata tient du poème en prose, de l'improvisation notée, néanmoins régie par des sections (qui permettent de s'interrompre si besoin est) et des relations internes étudiées. Dans sa préface, le compositeur juge ses *toccate* « riches de passages divers et de tournures expressives » et prodigue des conseils sur la manière d'arpéger le premier accord dans un tempo adagio, d'exécuter trilles et cadences, etc. La toccata frescobaldienne donne à voir une écriture « oblique » qui ne se suffit pas de la nouvelle monodie accompagnée tout en s'évadant de l'ancien contrepoint horizontal. A quatre voix principales, la texture s'allège ou s'épaissit au gré des nécessités, les parties naissent et meurent sans crier gare. De tous côtés fusent de véloces formules ornementales, traits, arpèges brisés, grands accords, trilles, éclaboussures sonores, ruptures rythmiques, imitations anarchiques, harmonies titubantes et autres figurations d'une inépuisable imagination qui n'excluent pas des moments plus méditatifs ou contrapuntiques (nº 9). Les longues pédales harmoniques des deux dernières appellent l'orgue, d'autant que la douzième anticipe sur le monde nocturne et intériorisé des *toccate* de la maturité. Mouvantes, imprévisibles, *insaisissables*, les *toccate* frescobaldiennes, en se refusant à une définition fixe, atteignent, paradoxalement, à l'archétype.

Durée d'exécution de chaque toccata : de 3 à 6 mn

L'*Aggiunta* de 1637 regroupe des pièces diverses comme le *Capriccio pastorale* (notons l'apparition de ce dernier terme), la *Battaglia* qui s'insère dans la longue chaîne des pièces « ferrailleuses », et plusieurs ensembles gouvernés par la variation.

Capriccio del soggetto scritto sopra l'aria di Ruggiero. Il se compose de six variations acidulées sur double thème : la basse du *Ruggiero* (que toute l'Europe varie et qui inspirera encore à Bach ses *Variations Goldberg*) et la chanson populaire *Fra Jacopino*. Frescobaldi jongle avec les deux périodes de la chanson — l'une dans un intervalle de tierce, l'autre étendue à la quarte, en mouvement droit ou contraire, au « dessus » ou aux voix intermédiaires — et les conjugue avec le *Ruggiero* — qui, de la basse, peut passer au ténor *(Seconda parte)* ou se perdre au milieu de notes de passage —, sans oublier de doter chaque variation d'un motif personnel, tel le contre-sujet en mode chromatique grec (tierce mineure et deux demi-tons dans un tétracorde descendant) de la *Seconda parte*, ou la pédale trillée interne prébeethovénienne de la *Terza parte*.

Durée d'exécution : ~ 4 mn 30 s

Cento partite sopra passacagli. Cette fabuleuse fantasmagorie baroque (qui, de quelque façon qu'on calcule, ne se plie pas à la centaine annoncée) gagne les cimes de la pensée frescobaldienne et de la production du temps. Il n'est pas de plus génial exemple des noces de la rationalité et de l'illusion baroque. Frescobaldi gère avec une maîtrise supérieure l'une des pièces les plus longues de l'époque (326 mesures) sans entraver le bouillonnement de ses idées mélodiques, rythmiques, contrapuntiques, et le voyage modal/tonal si aventureux qu'il ne sera plus question de revenir au port d'attache. Les temporalités plurielles du bref ostinato (deux ou quatre mesures), des moyennes carrures métriques et des grandes sections rattachées à trois danses à trois temps ne cessent de s'entrechoquer, entre elles et avec le parcours modal indépendant. Plus précisément, s'entrecroisent différents mètres et tempos de *Passacagli* à C 6/4, C 3/2, 3, 6/4, 3/2, C 3, de *Ciaccona* à O 3, C 3, 3/2, d'une *Corrente* à 3/2 (de structure binaire à reprise, mes. 41-52) et les grandes plages modal/tonal en *ré* mineur (mes. 1-111), *fa* majeur-mineur (mes. 111-152), *ut* majeur-mineur (mes. 152-196), *la* mineur (mes. 197-238), *ré* mineur (mes. 238-286), *la* mineur puis *mi* mineur (mes. 286-326) qui s'achèvent sur une pédale supérieure de dominante et la triade majeure en *mi*. Les signatures de la maturité frescobaldienne se relèvent dans les pédales internes brodées ou trillées, les chromatismes retournés, l'intensification par réitérations motiviques et resserrement contrapuntique.

Durée d'exécution : ~ 12 mn

Les Capricci

Il primo Libro di Capricci, canzone francese e recercari fatti sopra diversi soggetti, et arie in partitura (1624/1626) comprend douze *capricci*, dix *ricercari* et cinq *canzoni*. Si la toccata est le genre le plus célèbre et séduisant de la production de Frescobaldi, les connaisseurs s'accordent à situer le capriccio au sommet. Et c'est bien à ces « amateurs » des « styles sérieux » et des jeux de l'esprit que Frescobaldi dédie ces pièces « d'une perfection savante et pleine de difficultés », aussi fascinantes qu'intimidantes. Dans l'impossibilité de trouver une expression plus parlante, on pourrait taxer le capriccio de « méta-genre » frescobaldien, ludique autant que complexe. Toujours en contrepoint imitatif à quatre parties, divisés en de multiples sections, au carrefour du ricercare, de la canzone, mais aussi de la partita (variation) et de la toccata (pour l'animation rythmique, les formules décoratives, les hardiesses harmoniques), les *capricci* fournissent un champ de travail inépuisable à deux procédés-clés : la combinatoire métrique chère à l'auteur et l'application du principe dix-septiémiste du Un engendrant le Multiple. « Travaillez dans le complexe », recommandera Paul Dukas à ses disciples ; Frescobaldi devance l'injonction et s'affirme sans rival (pas même Sweelinck) dans l'art de la métamorphose thématique, de l'intensification par empilement de motifs et crescendo agogique.

Il n'est pas indifférent de savoir qu'un compositeur contemporain comme Bernd Aloïs Zimmermann s'est extasié (dans un article consacré à Frescobaldi) sur le *Capriccio sopra La Sol Fa Ré Mi*, véritable « série » de cinq notes (issue de la messe *Lascia fare mi* de Josquin). Hors temps, modernes et anciens, les *capricci* les plus développés tirent des fleurs et des fruits des arides motifs fournis par les syllabes et l'hexacorde de l'ancienne « solmisation », qu'on pourrait croire usés jusqu'à la trame par des générations de compositeurs. Et Frescobaldi pousse la coquetterie jusqu'à se suffire de la modeste tierce du coucou, réitérée quatre-vingts fois, pour échafauder l'une de ses savantes architectures ;

quant aux « avatars » thématiques, ils envahissent plus que nul autre le *Capriccio sopra un soggetto* afin de renouveler le matériau unique. Quatre autres « pré-textes » sont fournis par des chansons. L'organiste, à la belle voix de ténor, propose également un épineux *Capriccio obligo di cantare la quinta parte senza toccarla* où, aux quatre parties instrumentales, doivent s'ajouter quelques entrées d'une cinquième partie chantée par l'organiste aux endroits qui lui semblent convenir.

Dans une sphère plus mystérieuse de pièces émues et émouvantes (qui circulent en filigrane au travers de tous les recueils de l'organiste de Saint-Pierre, pour s'épanouir dans les tardifs *Fiori musicali*) se tiennent les poèmes harmoniques que sont le *Capriccio di durezze* (dissonances) et le *Capriccio cromaticho con ligature al contrario*. En trois sections, sur deux motifs chacune, le **Capriccio cromaticho** met en valeur le mode chromatique grec, réservé aux déplorations, et présente la particularité de résoudre les autres motifs chromatiques descendants sur la note supérieure « *al contrario* » des règles. Authentique madrigal de la souffrance, labouré de demi-tons, de retards déchirants, il ne se départit pas d'une exemplaire dignité, exempte de tout sentimentalisme, aux franges de l'ineffable mystique.

CAPRICCIO SOPRA UT RÉ MI FA SOL LA. Le plus long de tous et fort contrasté, il donnera une idée du travail de Frescobaldi aux prises avec un sujet unique et de multiples contre-sujets : 1/ austère exposé en imitation sur l'hexacorde (sujet-sujet-réponse-sujet), nouvelles entrées du sujet dont la quinte chute sur la tierce au lieu de monter à la sixte et augmentation rythmique, formule cadentielle plus animée; 2/ strette sur le sujet, entier ou réduit à la quinte, voire à la quarte; 3/ rythme ternaire, le sujet légèrement altéré se fait oublier au profit d'un contre-sujet vif et dansant, cadence fleurie; 4/ rythme binaire, sujet droit chromatisé se combinant avec le sujet contraire diatonique, plus deux parties sur un contre-sujet, droit ou renversé; 5/ rythme ternaire animé, en dépit des valeurs longues, formule cadentielle ornée en tierces, en binaire, sorte de retour varié en ternaire; 6/ hexacorde chromatisé (mes. 95) et contre-sujet en croches qui s'empare des devants de la scène; 7/ sujet diatonique et contre-sujet chromatique implorant; 8/ sujet étiré jusqu'à l'octave, contre-sujet dynamique en triolets; 9/ sujet en augmentation, contre-sujet en noires lisses, calmes et diatoniques; 10/ sujet normal et contre-sujet de type canzone, rythmique et actif, à base d'anapestes puis de gammes : sommet de l'agogique générale. Magistral.

Durée d'exécution : ~ 10 mn

Second Livre de Toccate

Il secondo Libro di toccate, canzone, versi d'hinni, Magnificat, gagliarde, correnti et altre partite d'Intavolatura di cimbalo et organo (1627/1637). Le « passage » matériel et spirituel du clavecin à l'orgue, le voici, signalé par la double destination instrumentale dès la première édition, par la présence de quatre *toccate* explicitement pour l'orgue (III à VI), publiées en tablature sur deux portées de six lignes pour la main droite et huit pour la gauche susceptibles de se charger de quelques notes longues destinées au pédalier, et par l'insertion de versets d'hymnes, très fonctionnels en simple et pur contrepoint « vocal », et de trois *Magnificat* dont un seul possède les six versets requis à l'orgue, contre deux en cinq versets.

Joyaux du Livre, les onze **toccate** affirment une intense subjectivité, alors même que Descartes s'efforce de dégager l'idée du « sujet » philosophique qu'est l'homme pensant. La splendeur d'un style arrivé à maturité est saisissante : la gestuelle hardie, la griserie digitale du « *stile passaggiate* » (ou « *passeggiato* », colorations en diminution), le charme des imprévus séduisent autant que dans le Premier Livre de 1615 mais, depuis, les dialectiques plurielles se fondent en un tout harmonieux, les surprises s'intègrent à la pensée organisatrice (comme chez Haydn plus tard). Loin de se contenter de sautes d'humeur, de volte-face capricieuses, le compositeur cerne au plus près les jeux de tension et détente, les contrastes d'*affetti* en des sections mieux dessinées, ponctuées de cadences; il évite l'éventuel écueil de la logorrhée, allège la trame (à trois voix principales et non plus à quatre) pour la rendre plus malléable. Les ostinatos, les lancinantes pédales harmoniques brodées, le chromatisme exacerbé, les discrets apparentements (jusque dans les arabesques et volutes ornementales), signatures du dernier Frescobaldi, contribuent à l'intensification du discours dans une exemplaire économie générale. La clarté, la lucidité, la concision toutes latines le disputent dorénavant au *stile fantastico* et à l'ancienne imagination débridée qui frôlait l'instabilité pathologique.

Toccata prima. En six sections (l'avant-dernière en rythme de gigue) et coda, elle est gouvernée par le demi-ton et, en conséquence, par les pédales brodées : surprenante pédale de dominante dès le début, étrange et plaintive pédale médiane de tonique dérapant sur une progression harmonique pour conclure la quatrième section en *ré*, et pédale finale de tonique pour l'unique cadence en *sol*.

Durée d'exécution : ~ 4 mn 30

« Di durezze e ligature », la Toccata ottava se souvient des exemples de Trabaci et tend la main, chez Frescobaldi lui-même, à la Toccata XII du Premier Livre, au *Capriccio di durezze* et annonce les pages les plus prenantes des *Fiori musicali*. La Toccata nona se distingue par ses superpositions ambiguës de rythmes binaires et ternaires. Plus déclamatoire, la Toccata decima est sillonnée de véhémentes courbes sinueuses descendantes et joue librement de l'imitation. Lancée en « sur-majeur » avec la quarte lydienne (*do* dièse en *sol* majeur), la Toccata undecima laisse émerger peu à peu une cellule de quatre notes (introduite dans la deuxième section en gigue : *do-ré-mi-la*) qui ne cesse de gagner du terrain au point d'envahir la dernière section.

Toccate III à VI. Destinées à l'orgue, elles forment donc un groupe à part au cœur des onze. Modèles de méditation *da chiesa*, celles en *ré* et *la*, *per l'Elevazione*, apparentées par leurs rythmes lombards et leurs arabesques enroulées sur elles-mêmes, installent une atmosphère planante, étale, propice à l'agenouillement de l'âme et du corps, que favorise un retour délibéré à la modalité, mais que rendent vulnérable les degrés mobiles trébuchants et les poignants chromatismes retournés. Très singulières, les *Toccate* V et VI en *sol* et *fa « sopra i pedali per l'organo, e senza »* font sonner, en plus des quatre parties principales distribuées aux manuels, d'immenses tenues au pédalier sur les cinq notes dont disposait Frescobaldi (*ut-ré-fa-sol-la*).

Le recueil regroupe aussi six **canzoni**, exemples parfaits d'un genre savant, dynamique et plastique à la fois, qui englobe celui de la variation et emprunte à la toccata quelques parures ornementales. Ainsi la Canzona prima en quatre sections achevées en style de toccata, dans un contrepoint assez fantaisiste à trois voix principales, parfois quatre, et mariant volontiers sujet et contre-sujet, quitte à laisser à ce dernier le soin de faire rebondir les joyeuses onomatopées (notes répétées) caractéristiques.

Canzona terza en *sol*. De type canzone-variation, elle est façonnée au long de cinq sections en contrepoint imitatif, par un motif chromatique sur la quinte descendante. La 1re section à C, à trois voix, expose, du soprano à la basse, trois entrées sujet-réponse-réponse ; cadence en *sol* après un épisode plus libre. Sur le même thème, mais à 3 dans une battue plus lente, la 2e section intègre un contre-sujet contourné ; cadence en *sol*. Plus volubile, la 3e section, à C, justifie l'appellation de *canzone* en lançant, enfin, le sujet sur le dactyle référentiel en notes répétées ; demi-cadence en *ré*. Plus douloureuse, la 4e section à 6/4 énonce une version intensifiée du sujet en chromatisme retourné ; demi-cadence en *sol* mineur. Dans la 5e section, le sujet retrouve son profil d'origine et devient plutôt l'accompagnement du nouveau et dynamique contre-sujet qui se renversera en cours de route ; coda-toccata en doubles croches pour la cadence à la tonique.

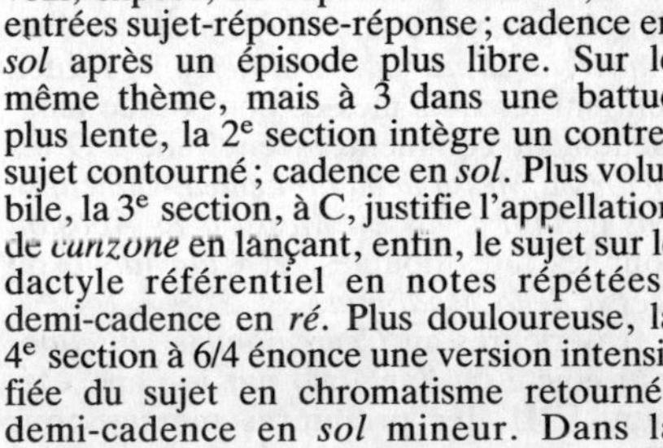

Durée d'exécution : ~ 5 mn.

Aria detta Frescobalda. Autre genre hybride, sorte de suite-variation, elle inclut une gaillarde (danse ancienne) et une courante (danse moderne, la plus illustrée par l'auteur). Ce type de structure se verra repris par Pachelbel et de nombreux successeurs ; quant au titre, il suggère quelque thème-signature pour personnaliser le volume, à la manière des sculpteurs et des peintres qui esquissent leur propre personne dans une scène collective.

Fiori musicali

Fiori musicali di diverse compositioni, toccate, Kyrie, canzoni, capricci e ricercari, in partitura a 4 (op. 12, 1635). De retour à Rome, après sa longue escapade florentine, l'organiste de Saint-Pierre dépose chez l'éditeur vénitien Vincenti cette gerbe de « Fleurs musicales » dédiée à son protecteur romain, le cardinal Antonio Barberini. Augmenté d'une *Bergamasca* et d'un *Capriccio sopra la Girolmeta*, le recueil contient les trois messes pour orgue habituellement commentées en Italie : *Orbis factor* ou *Messa della domenica, Cunctipotens genitor Deus* ou *Messa delli Apostoli* pour les fêtes doubles, et *Cum jubilo* ou *Messa della Madonna*.

Antérieures au *Caeremoniale episcoporum* édicté en l'an 1600 par le pape Clément VIII, les premières messes pour orgue italiennes de Girolamo Cavazzoni (1543), Andrea Gabrieli et Claudio Merulo comportaient des versets pour les *cinq* prières de l'ordinaire. Le Cérémonial, qui régit le rôle de l'orgue à l'église, ayant confirmé l'*« alternatim practices »* avec la maîtrise dans *quatre* prières seulement *(Kyrie, Gloria, Sanctus, Agnus Dei,* plus le *Deo gratias)*, le *Credo*, pierre de touche de la messe, est dorénavant réservé aux chantres dans le souci d'une meilleure intelligibilité.

Pour sa part, Frescobaldi n'observe l'alternance que dans le *Kyrie* dont tous les versets sont fécondés par le plain-chant. Les autres pièces se rapportent au propre de la messe ou à des « moments » liturgiques : l'entrée ou *introït (« avanti la Messa »)*, le graduel *(« dopo l'Epistola »)*, l'offertoire *(« dopo il Credo »)*, l'Élévation et la post-communion. C'est dire que le compositeur ne retient délibérément que la moitié du plan liturgique diffusé par Banchieri dans *L'Organo suonarino* (1605), et que, débarrassé d'un excès de contraintes, il choisit les tons liturgiques et les formes de ses pièces. On ne s'étonnera donc pas de retrouver ici, portés à leur quintessence, les genres frescobaldiens par excellence que sont le ricercare, la canzone, le caprice et la toccata. De l'*introït* à la post-communion, les quelque cinq ou six étapes musicales de ces messes peuvent évoquer, peut-être, les différentes phases du discours rhétorique : *exordium, narratio, propositio, confutatio, confirmatio, peroratio*. Mais à la rhétorique exubérante de la jeunesse succède l'économie de moyens, la ferveur orante de l'âge mûr. La gravité des *ricercari* s'applique à l'offertoire, et les *toccate*, dépouillées de leurs dentelles festonnées au profit d'une sobre polymélodie contemplative, favorisent le recueillement des fidèles à l'Élévation. Par contraste, avec quelle joyeuse clarté sonnent les *canzoni* qui courent comme un ruisseau et brillent d'une lumière toute franciscaine : des *Fioretti* aux *Fiori*, comment pourrait-il en aller autrement ?

On a souvent signalé qu'avec les deux binômes « toccata et ricercare » des messes des Apôtres et de la Vierge, Frescobaldi avait lancé prophétiquement le diptyque « prélude et fugue » que ses lointains disciples allemands établiront dans la deuxième moitié du siècle (celui de la *Messa della Madonna* semble devoir être interverti avec la Toccata de l'Élévation pour offrir un plan similaire aux deux messes précédentes) ; quant aux versets de *Kyrie*, ils excèdent, dans les trois messes, le nombre (5) nécessité par l'alternance. Soulignée par la notation *« alio modo »*, cette prolifération suggère un emploi cultuel polyvalent, confirmé par la préface de Frescobaldi : « Certains *Kyrie* pourront être joués dans un mouvement vif, d'autres dans un mouvement lent, selon le jugement de l'exécutant. De plus, bien que ces versets aient été écrits pour le *Kyrie*, certains pourront servir, si on le juge à propos, à d'autres usages. » Tous trois en 1er ton ecclésiastique (assimilé à *ré* mineur), les *Kyrie* imposent leur mode à la *Toccata avanti la Messa* ; les autres pièces touchent aux 2e ton (*ré* sur *sol*), 5e ton (*ut* majeur), 3e ton (*la* mineur), le douloureux 4e ton (*mi* mineur polarisé sur *la*, corde de récitation de l'ancien *Deuterus* plagal) étant réservé aux trois *Toccate* de l'Élévation, ainsi que le recommandait Diruta dans *Il Transilvano* (1593) afin de conférer « à l'harmonie un caractère de lamentation et de deuil » propre à la commémoration du sacrifice christique.

Publié en partition sur quatre portées « utiles pour les exécutants » (selon la coutume napolitaine encore observée par Bach dans *L'Offrande musicale* et *L'Art de la fugue*), sans exigence de pédale, le propos didactique du recueil affleure à tout moment, aussi bien dans les « pièges » les plus retors que dans cette dernière affirmation pateline : « Quant à moi, j'ai cherché à rendre l'exécution aisée autant qu'il m'a été possible. »

Messa della Domenica

1. Toccata avanti la messa. Bref et bel *Introït* qui déploie une grande ligne descendante d'une octave au superius, suivie d'imitations ascendantes. Coda sur la triade majorisée.

2. Kyrie. Dans un contrepoint linéaire châtié, les douze versets s'adossent aux quatre phrases du plain-chant (la troisième très proche de la première), parfois munies d'une sensible qui en altère la modalité d'origine, laquelle n'est pas vraiment respectée dans l'entrelacs des trois autres parties indépendantes du plain-chant. Chaque période de la mélodie grégorienne apparaît au moins une fois très distinctement en cantus firmus (CF), tandis que ses autres apparitions bénéficient de plus de liberté. *Kyrie* 1, CF au soprano ; *Kyrie* 2, premier fragment réitéré et *migrans* aux trois voix supérieures ; *Christe* 1, CF au ténor serti d'un jeu d'imitations ; *Christe* 2, CF libre serpentant de l'alto à la basse ; *Christe* 3, CF au soprano ; *Christe* 4, CF en blanches au soprano (subdivisé en deux séquences répétées), pédale de tonique ininterrompue à l'alto, imitations sur un profil descendant aux deux voix graves ; *Kyrie* 3, CF en blanches à l'alto donné trois fois, pédale supérieure de tonique ; *Kyrie* 4, CF à l'alto entouré d'imitations ; *Kyrie* 5, CF à la basse ; *Kyrie* 6, CF orné et « tropé » à la basse puis au soprano ; *Kyrie* 7 et 8, plain-chant dissimulé dans les méandres du contrepoint.

3. Canzon dopo l'Epistola. Toujours en 1er ton, l'alerte motif bien rythmé de la première partie à C, se retrouve, déformé et contrepointé par une nouvelle idée, dans la partie centrale à 3/2, et varié dans la dernière à C, l'élément fixe restant la tierce *ré-mi-fa*.

4. Recercar dopo il Credo. En 2e ton, recueilli et personnalisé par les oscillations chromatiques sur la tierce. Chaque partie (la deuxième *« alio modo, si placet »*, comme plusieurs fois dans le recueil) possède un contre-sujet actif au point de rivaliser avec le sujet.

5. Toccata cromaticha per l'Elevatione. En 4e ton, voici l'une des pages les plus justement célèbres du compositeur. Elle atteint à la quintessence de ses pièces méditatives et chromatiques, et passa longtemps pour un incomparable modèle d'effusion chrétienne, au même titre que les œuvres de Palestrina (ou, plus tard, le *Stabat Mater* de Pergolèse). Six mesures plus homophoniques introduisent une douce et diaphane polyphonie en imitation que ni le douloureux sujet chromatique lové dans une tierce, ni le soupirant contre-sujet syncopé sur une quinte descendante (qui se chromatisera à mesure que le sujet modifiera son profil premier) ne tirent vers un lamento expressionniste. Le vertige spirituel du mystère de la Transsubstantiation, affirmé par le Concile de Trente en 1551, se traduit par un climat d'extase frémissante qui évoque bien plutôt la blanche polyphonie d'un Byrd, ou quelque *Extase de sainte Thérèse* du Bernin.

6. Canzon post il Commune. Joyeuse pièce en *ut*, articulée en quatre volets *« allegro »*, reliés par trois épisodes *« adagio »* qui procèdent d'un sujet archétypique, lancé par un dactyle rebondissant sur des notes répétées et d'un contre-sujet, issu de la suite du sujet en mouvement contraire. En rythme ternaire, le deuxième volet se suffit du sujet, alors que, de nouveau en binaire, les deux derniers pétrissent les deux motifs de manière qu'ils n'en forment plus qu'un seul d'où fusent des contours rappelant tour à tour l'un ou l'autre.

Durée d'exécution : ~ 25 mn

Messa delli Apostoli

C'est la plus développée, avec des pièces de remplacement (susceptibles de trouver une autre utilisation).

1. Toccata avanti la Messa. Belle trame continue, « marchante », en imitations sans cesse renouvelées.

2. Kyrie. Noble simplicité et contrepoint exemplaire pour les huit versets liturgiques. *Kyrie* 1, CF *migrans* au soprano, ténor et basse cerné de lignes apparentées; *Kyrie* 2, ricercare miniature sur deux motifs alternatifs issus des deux périodes mélodiques du plain-chant, plus un contre-sujet en mouvement droit et contraire; *Kyrie* 3, CF *migrans* en blanches, trois voix réelles; *Christe* 1, CF au soprano se poursuivant à la basse; *Christe* 2, CF au ténor et implorant contrepoint imitatif chromatique descendant pour évoquer la souffrance christique; *Kyrie* 4, CF au soprano se poursuivant au ténor, dans un mètre ternaire dynamique; *Kyrie* 5, plain-chant en blanches avec altération tonale, se terminant en CF au soprano; *Kyrie* 6, CF au ténor, entouré de lignes fluides en imitation. Dans les deux derniers versets, Frescobaldi prend soin d'inclure le *la* final de la mélodie grégorienne dans un accord de tonique, comme le fera Grigny, au lieu de rester sur un accord de dominante, comme Couperin.

3. Canzon dopo l'Epistola. Bref prélude harmonique adagio et deux parties vives en deux sections pour cette claire canzone en *ut*. Chaque première section exploite le sujet seul, tandis que les secondes sections lui adjoignent un contre-sujet rythmique. Étêté de ses deux premières notes, le sujet acquiert son vrai profil de canzone dans la deuxième partie.

4. Toccata avanti il Recercar, Recercar cromaticho post il Credo. Bouleversant diptyque en 1er ton, d'une tension harmonique constante, dès la Toccata traversée de fausses relations et, plus encore, dans le Ricercare au curieux chromatisme ascendant puis descendant cassé par une quarte. En trois parties, le Ricercare s'enrichit de deux contre-sujets dans le volet central (l'un évocateur d'une canzone) et fait sonner le sujet en augmentation dans la troisième partie, doublé d'un contre-sujet nouveau (apparu dès la troisième mesure mais sans tenir encore ce rôle efficace).

4 bis. Altro recercar. Radicalement « autre », en 2e ton, il remplace le diptyque entier et non le seul ricercare précédent. Sobre et magistrale démonstration du savoir-faire d'un grand maître, il se déploie en quatre parties; chacune des trois premières exploite un sujet, la dernière combine les trois, choisis pour leur complémentarité : l'un grave et diatonique, l'autre en plainte descendante avec chromatisme retourné, le troisième en ruban de noires. Chromatisme « grec » à l'alto pour conclure.

5. Toccata per l'Elevatione. Climat contemplatif en 4e ton et polymélodie à quatre parties pour une page hors du temps à laquelle on pourrait appliquer l'appréciation de Pie X sur l'art de Palestrina : « Sa musique est pétrie de sagesse chrétienne. » Sagesse, c'est-à-dire sérénité alliée à une sourde inquiétude qui perce à travers les incertitudes chromatiques.

5 bis. Recercar con obligo del Basso come appare. Tour de force, pratiqué avec dilection par d'autres compositeurs du temps (cf. Bull, *Fantaisie sur l'hexacorde*), quand la partition (l'accord) de leur instrument s'y prête, il s'agit, à partir du ton d'*ut* dépouillé de toute altération, de moduler dans le sens des quintes ascendantes puis descendantes, et donc de faire sonner en cantus firmus un motif de cinq notes (et quatre sons) dans les tons majeurs suivants : *ut, sol, ré, la, mi (ré, sol, ut) fa, si* bémol, *mi* bémol *(fa, ut)*.

6. Canzon quarti toni dopo il Post Commune. Trois parties monothématiques, à C, 6/4, C, cimentées par deux adagios. La deuxième partie propose une nouvelle version rythmique en noires du

motif générateur, avant de le faire intervenir en augmentation au superius puis à la basse. Le profil typique de canzone surgit à la faveur de la métamorphose mélodico-rythmique de la troisième partie.

Durée d'exécution : ~ 37 mn

Messa della Madonna

1. TOCCATA AVANTI LA MESSA. Apostrophe déclamatoire en formules descendantes, troublées de degrés mobiles.

2. KYRIE. Toujours en 1er ton et dans un sobre et pur contrepoint d'essence vocale, mais en six versets seulement. *Kyrie* 1, spécialement expressif, doublement cerné qu'il est du chromatisme grec, descendant et ascendant.

Kyrie 2, CF à la basse (avec imitation du soprano) puis à l'alto; *Christe* 1, CF d'abord au superius puis épars dans une polyphonie dominée par un motif en noires; *Christe* 2, CF au ténor, à l'alto, puis à la basse, entouré d'un contrepoint serré; *Kyrie* 3, CF fragmenté en imitations contraires; *Kyrie* 4, CF à la basse puis réparti dans le lacis des lignes drues.

3. CANZON DOPO L'EPISTOLA. En 2e ton et issu de la *Bassa Fiamenga* (déjà utilisée dans les *Capricci*), le premier sujet gouverne les deux parties reliées par un adagio. En libre mouvement contraire, un deuxième sujet sert de contre-chant à la partie initiale.

4. RECERCAR DOPO IL CREDO. Remarquable sujet en 2e ton, emporté par un large intervalle de sixte qui se resserre en chromatismes. Accompagné d'un contre-sujet dans la première partie, il sous-tend de quatre et puissantes entrées en augmentation la seconde partie dotée d'un véritable deuxième sujet en mouvement droit ou contraire.

5. TOCCATA AVANTI IL RICERCAR, RECERCAR CON OBLIGO DI CANTARE LA QUINTA PARTE SENZA TOCCARLA. Diptyque en mode de *la*. Brisée, étagée, l'écriture de la Toccata rappelle que Frescobaldi touchait le luth. En deux grandes sections, la seconde enrichie de deux nouveaux motifs, le célèbre rébus musical avec obligation de chanter la cinquième partie s'accompagne d'une citation d'un sonnet de Pétrarque : « Comprenne qui pourra, je me comprends. » En rythme ternaire, qui contraste avec la métrique binaire du ricercare, les immuables six notes à chanter forment un ostinato que l'on a pris l'habitude de prononcer sur les syllabes *Sancta Maria* par référence à la *Sonata sopra Sancta Maria* des *Vêpres de la Vierge* de Monteverdi (1610) où une formule litanique se superpose à intervalles irréguliers sur la texture polyphonique (procédé dont un Berlioz tirera encore des effets admirables).

6. TOCCATA PER L'ELEVATIONE. Pour la troisième fois à l'Élévation, l'inclinaison frescobaldienne s'exprime en 4e ton conclu par la cadence plagale. Sœur de la Toccata de la *Messe des Apôtres*, celle-ci contient le même mélisme descendant et syncopé, mais elle s'achève en rythme lombard si cher à l'auteur.

Durée d'exécution : ~ 21 mn

Bergamasca

Après le veto apporté par le concile de Trente à l'utilisation de thèmes populaires à l'église, comment justifier le double post-scriptum profane aux trois messes pour orgue les plus essentielles, les plus admirables et admirées du répertoire liturgique italien? Garnir les dernières pages de l'édition? c'est possible; offrir des pièces de complément ou de remplacement? c'est probable; et, ce faisant, montrer qu'il n'existe pas de frontière entre un art prétendument profane et un art sacré? c'est certain. Des hymnes et *Magnificat* avaient trouvé refuge dans le Second Livre de *Toccate* « profane » et, à l'inverse, les deux *capricci* sur des timbres familiers aux mélomanes viennent enrichir de leur poids d'humanité un recueil « sacré » (dans lequel, au demeurant, seuls les *Kyrie* citent le plain-chant). Le Titien n'avait-il pas choisi un unique modèle féminin pour peindre les deux figures allégoriques de *L'Amour sacré et l'Amour profane*? Monteverdi n'a-t-il prêté les mêmes larmes à son Ariane abandonnée par Thésée et à la Vierge au pied de la croix? A son tour, Frescobaldi trempe sa plume dans la même encre pour glisser de la contemplative *Toccata per l'Elevatione* qui clôt la *Messa della Madonna* à la vive et complexe *Bergamasca*, en forme de capriccio-variation. En rythme binaire ou ternaire, successivement à C, 6/4, C, C 3, C, le motif de la *Bergamasca*, scindé en un sujet pointé ou syncopé *(ré-ré-mi-mi-ré-do-si)* et un contre-sujet *(sol-sol-fa-mi-ré)*, féconde sept sections, toutes enrichies d'une figure propre, dans un lumineux *sol* majeur, diatonique ou plus chromatique. Le motif de la 3e section, qui n'est autre que l'incipit du *Ruggiero (sol-sol-do-ré-sol)*, acquiert à mi-parcours le statut de motif préférentiel, et celui de la dernière section, issu du deuxième élément de la *Bergamasca*, ou contre-sujet, envahit toute la péroraison.

Durée d'exécution : ~ 5 mn

Capriccio sopra la Girolmeta

Dans le même ton dynamique de *sol* majeur, l'ultime capriccio des *Fiori musicali* relève d'un travail analogue quoique un peu moins complexe. Bien campés, en forme de sujet et contre-sujet, deux profils animent les cinq sections et s'amusent à se déguiser sous des loups de carnaval, à se perdre dans les dédales des venelles musicales : augmentation du contre-sujet en cantus firmus dès la 2e section, sujet ramené à un chromatisme ascendant dans la 3e (manière d'exploiter sa note mobile initiale), etc. jusqu'à l'allègre tutti final en rythme ternaire. La *Girolmeta* de Girolamo clôt d'un vigoureux point final humain la très haute méditation spirituelle des *Fiori musicali*.

Durée d'exécution : ~ 4 mn

Fasolo, Couperin, Grigny, tous les signataires à venir de messes pour orgue se souviendront des *Fiori musicali* de l'organiste de Saint-Pierre de Rome ; Bach, qui les avait recopiés en 1714, y songe encore certainement lorsqu'il publie *L'Offrande musicale* en parties séparées mises « en partition » et y glisse des notations-rébus que comprendra qui pourra...

Durée totale des quarante-sept pièces : un peu moins de deux heures

B. F.-S.

JOHANN JACOB FROBERGER

Né à Stuttgart, baptisé le 19 mai 1616; mort à Héricourt, près Montbéliard, le 6 ou le 7 mai 1667. Son père, Basilius Froberger (1575-1637), était depuis 1599 ténor (tenorist) *de la Chapelle ducale dirigée par Leonhard Lechner, avant de devenir en 1621 Hofkapellmeister. Tous ses fils devinrent musiciens (onze enfants entre 1603 et 1619). Il fut, ainsi sans doute que l'organiste de la cour Steigleder, le premier maître de musique de Johann Jacob, sur lequel s'exerça également l'influence des membres allemands ou étrangers de la Chapelle ducale; les musiciens de cour français, anglais et italiens, la riche bibliothèque de Stuttgart, les concertistes itinérants se produisant dans la capitale constituèrent l'environnement dans lequel grandit Froberger. Selon Mattheson, il aurait suivi à l'âge de quinze ans, et en raison de sa belle voix, l'ambassadeur de Suède à la cour de Vienne. Mais on sait de source sûre que Froberger fut organiste de la cour de Vienne en 1637 – moins bien rémunéré que ses collègues, dont le célèbre (à l'époque) Ebner, natif d'Augsbourg, également organiste de la cathédrale Saint-Étienne de Vienne (aucune œuvre d'orgue de sa main n'a survécu). Il partit avec une bourse travailler auprès de Frescobaldi à Rome, sans doute jusqu'en 1641, et se fit catholique. De 1641 à 1645, puis de 1653 à 1657, il est de nouveau organiste de la cour à Vienne, où il s'occupe également de la musique de chambre. Il voyage beaucoup et se lie entre autres avec l'élève de Schütz Matthias Weckmann, à Dresde. Il séjourne également à Bruxelles, de même qu'à Paris (1652) et Londres. Il se retire à une date indéterminée au château d'Héricourt (près Montbéliard), auprès de la duchesse Sibylle de Wurtemberg (sans poste précis) à laquelle il enseigne le clavecin : l'élève était d'une telle valeur que l'on ne savait « si c'estoit elle ou luy mesme » qui jouait... Sa disparition subite et le rapport médical laissent penser qu'il mourut de maladie, la biographie de Froberger n'étant somme toute, à de rares exceptions près, qu'une suite de suppositions.*

Aucun recueil des œuvres de Froberger ne parut de son vivant, contrairement à Frescobaldi, Scheidt, Titelouze et tant d'autres. Deux œuvres isolées seulement furent insérées dans leurs propres recueils par deux de ses contemporains : l'*Hexachord-Fantasie*, par Kircher dans sa *Musurgia universalis* (Rome, 1650), ainsi qu'une œuvre reprise par Roberday — sans autre précision, mais que l'on identifie généralement comme étant le *Ricercare dorien*, malgré certaines différences que l'on pourrait peut-être expliquer en supposant que Froberger ait révisé sa pièce à la demande de Roberday — dans ses *Fugues et caprices* (Paris, 1660). Certains autographes, rassemblés en un luxueux volume manuscrit dédié à l'empereur, le furent sans doute dans l'espoir d'une publication à laquelle, probablement, le coût trop élevé fit renoncer.

On peut cependant penser que, célèbre comme il l'était, Froberger aurait pu, en dépit de la guerre de Trente Ans, trouver un éditeur. Sans doute était-il peu intéressé par une publication de ses œuvres, peut-être même peu doué pour ce genre de tâche. La diffusion manuscrite des œuvres de Froberger dut cependant connaître une belle ampleur, à en juger par son influence durable. Il n'en fallut pas moins attendre 1693 pour voir paraître, chez l'éditeur Louis Bourgeat, de Mayence, un recueil de pièces (*Diverse ingegnosissime e rarissime Partite di Toccate, Canzone, Ricercari* — en même temps d'ailleurs que les *Suites de clavecin* publiées à Amsterdam) pour différents instruments à clavier, selon la tradition de l'époque. Ce recueil comprenait 9 toccatas, 1 fantaisie, 2 ricercari et 2 caprices incomplets. Il fut amplifié en 1699, mais entre-temps, en 1696, avait paru un second recueil de caprices, reprenant entre autres les deux précédents, désormais complets. Ces deux recueils, et les pièces isolées publiées par Kircher et Roberday, offraient donc aux musiciens du XVIIe siècle finissant un ensemble de 18 pièces imprimées de Froberger. Son œuvre intégral comprend cependant 25 toccatas, 18 caprices, 6 canzoni, 8 fantaisies et 14 ricercari.

Froberger ne composa pratiquement que pour le clavier : on ne connaît de lui que deux œuvres vocales (*« Alleluia, absorpta est mors »* et *« Apparuerunt apostolis »*), toutes deux pour soprano, ténor, basse, 2 violons et basse continue. Ses fonctions d'organiste de cour et de maître de clavecin, de même que son tempérament de virtuose itinérant, pourraient expliquer que Froberger ait à ce point négligé la musique d'église. C'est ainsi que fait entièrement défaut dans son œuvre d'orgue tout traitement de mélodies luthériennes ou de thèmes grégoriens, lesquels représentent la base d'une bonne part de l'œuvre d'orgue des Sweelinck, Frescobaldi, Titelouze et autres Scheidt ; mais un organiste de cour n'était pas un organiste de « paroisse municipale ».

Si certains ont voulu voir dans l'œuvre de clavecin de Froberger une grande originalité formelle, son œuvre d'orgue fait preuve dans nombre de cas de beaucoup de conservatisme. Comment expliquer alors la place de choix que l'histoire lui a réservée ? S'il est juste de rappeler que Bach tenait Froberger en haute estime, il l'est également de préciser que ce que Bach admirait surtout, c'était la valeur de l'invention thématique de Froberger, par opposition à sa technique contrapuntique, représentant justement son côté le plus conventionnel. En fait, le véritable mérite de Froberger est d'avoir été le lien entre l'héritage de Frescobaldi et les usages de l'Allemagne méridionale : il introduisit l'art de la toccata italienne, certaines structures polyphoniques y compris celle de la variation thématique, sans oublier cette souplesse et cette clarté tout italiennes de l'époque. On a également voulu voir dans ses toccatas une influence manifeste de celles de Michelangelo Rossi, publiées en 1640. Les œuvres de Froberger relevant du style sévère furent considérées jusqu'au XIXe siècle comme des modèles d'écriture fuguée, et maintes fois recopiées dans les cercles d'élèves de Fux et de Bach. Mozart lui-même les étudia.

Tout comme Frescobaldi, Froberger utilisait deux systèmes d'écriture pour sa littérature de clavier : les œuvres libres (Toccatas) faisaient appel à la tablature italienne (semblable à la française, mais différente de l'allemande et de l'espagnole), ou si l'on veut à la notation groupée sur deux portées (de 6 et 7 lignes), les œuvres strictement polyphoniques relevant du système de la *partitura*, soit une portée par voix (système que Bach utilisera pour son *Art de la Fugue*), Ricercari, Fantaisies, Canzoni et Caprices ; c'était là également une manière d'encourager l'exécution de ces œuvres par divers ensembles instrumentaux — soit une chance supplémentaire, en cas d'édition, de couvrir plus aisément les frais de gravure.

Toccatas

Si les *Toccatas* de Froberger évoquent bien celles de Frescobaldi, c'est à la fois sur une plus large échelle des contrastes mais sans toutefois ce génie inné — l'impulsion première, originelle — de l'organiste de Saint-Pierre de Rome, comme si cette fameuse aisance italienne, cette inspiration simplement mélodique devenaient chez l'Allemand un art, certes parfaitement maîtrisé et assimilé, mais néanmoins appris, et quoi qu'il en soit imité. En dépit du génie propre à Froberger, de son remarquable métier et de la virtuosité de l'invention, on ne peut s'empêcher de ressentir son art du clavier comme une forme de variété évoluant dans les limites d'une certaine uniformité, et tout particulièrement dans le cas de ses toccatas — ceci n'allant d'ailleurs nullement à l'encontre de l'intérêt majeur qu'elles suscitent — qu'aucun exemple ne saurait illustrer avec suffisamment de précision : seule la visualisation du tout permettrait de saisir la vraie nature, plastique surtout, émotionnelle également, de ces œuvres.

L'aspect le plus caractéristique de ces toccatas est la variation thématique dans les parties ou développements fugués, prolongement, sur un plan historique, de la coupe établie par Claudio Merulo. Le plan général est donc celui d'un enchaînement de fugatos divers, fréquemment couronnés par une ultime variation sur un rythme de gigue, enchaînement enchâssé entre une introduction et une conclusion de type toccata et entrecoupé de figures libres. Le thème, ou plus exactement l'idée thématique — tant les fugatos sont développés sans rigueur excessive — sert de noyau mélodique unique, le plus souvent, varié diversement. L'imitation conduit parfois les voix secondaires à constituer de véritables soutiens en forme d'accord pour la voix dominante de l'instant. Mais il arrive également que l'on se trouve devant un contrepoint mené avec plus de fermeté, plus dense, faisant même appel, à l'occasion, au renversement. La richesse de ces toccatas repose, rappelons-le, sur l'invention de cellules thématiques courtes et présentant un contour net et incisif. L'ensemble couvre de 50 à 60 mesures. La mesure elle-même change fréquemment, conséquence de l'imitation/variation, au fur et à mesure de l'introduction de rythmes de danse toujours très variés. Sur le plan harmonique, Froberger fait comme ses contemporains un usage abondant des accords de sixte ou de quarte et sixte. Notons, à titre d'exception, que les deux toccatas indiquées *da sonarsi alla levatione*, un peu plus longues que les autres, ne présentent pas de sections imitatives, mais sont particulièrement expressives, suivant en cela de nouveau l'exemple frescobaldien.

Durée d'exécution de chaque pièce : de 4 à 6 mn

Ricercares et fantaisies

A la différence de Frescobaldi, Froberger ne fait guère de différence entre ricercare et fantaisie : il s'agit dans les deux cas d'œuvres sur thème unique. Le sujet peut y être soumis à transformation, par diminution ou augmentation, héritage du motet vocal. Ainsi l'augmentation parvient-elle à conférer au motif du *Ricercar II* un rôle semblable à celui d'un cantus firmus en valeurs longues, allant et venant entre basse et dessus, que la registration pourra avantageusement mettre en relief. Selon le modèle d'un Sweelinck ou de l'école de l'Allemagne du Nord, Froberger n'ignore pas la technique du contrepoint obligé, laissant à l'occasion répondre le sujet — à la manière d'une contre-fugue — sous la forme de son renversement. Le traitement du *dux* et du *comes* (sujet et réponse d'une fugue, ou entre les deux premières voix d'un canon) se rapproche souvent de la technique de la fugue proprement dite, rendant la différenciation de nouveau malaisée. Ricercari et fantaisies font un large usage de l'*alla breve*, presque archaïque et rigide dans l'enchaînement des valeurs longues des motifs stéréotypés *(Fantaisie II)*. La richesse et la variété de ces pièces résident essentiellement dans leurs développements généreux et inventifs, ainsi que dans l'introduction de rythmes de danse très stylisés (dernière section de la *Fantaisie VI*). Les fantaisies — qui seraient au sens strict l'imbrication de différents contrepoints reposant sur un même thème — et les ricercari, par leur coupe thématique, sont donc très proches. La variation thématique, intervenant également de manière fréquente, achève de brouiller la ligne de partage entre les genres, pouvant par là expliquer qu'une même œuvre apparaisse dans les sources sous l'une ou l'autre de ces deux appellations.

Durée d'exécution de chaque pièce : de 3 à 7 mn

Parallèlement aux fantaisies monothématiques, la **Hexachord-Fantasie** (*Fantasia I sopra ut-ré-mi-fa-sol-la*) et la **Fantaisie sur la quarte (quinte) chromatique** (*Fantasia IV sopra sol-lu-ré*) méritent une mention particulière : la première présente un enchaînement de sept sections à la mesure et à la coupe différentes — en fait très contrastées —, les deux dernières adoptant une écriture fortement chromatique. La seconde fait appel à la technique de la fugue avec son renversement comme accompagnement constant du sujet *(sol-la-ré* ou, à la dominante, *ré-mi-la)* ; ce renversement est incorporé au contre-sujet reposant ici sur un scherzo célèbre à l'époque, *Lascia fare mi*, soit *la-(sol-fa)-ré-mi*. Très volubile et avenante, l'écriture évite le dessèchement que l'on aurait pu redouter en présence d'un tel système, et l'élément chromatique pourvoit à l'établissement d'un riche climat harmonique.

Durée d'exécution : ~ 8 et 4 mn.

Canzoni

Les Canzoni de Froberger reposent sur des thèmes plus vigoureusement profilés, pleins de pétulance et presque populaires, à la rythmique accentuée, naturellement plus joyeux que ceux des fantaisies et des ricercari, comme le montrent ces deux exemples :

Canzone en ré

Canzone en fa

Les changements de mesure y sont nombreux et les développements sur mètre de gigue également. Des réponses obligées de type contre-sujet confèrent aux *Canzoni* un caractère contrapuntique que viennent aussitôt contrebalancer des épisodes de type toccata intercalés entre les sections fuguées, coupant ainsi court à toute forme d'ennui ou de scolastique rebutante. Ces canzoni, claires et immédiatement intelligibles à l'instar de celles de son maître Frescobaldi, parfaitement maîtrisées et d'un haut niveau quant à la forme, sont parmi les œuvres les plus dynamiques et les plus plaisantes de Froberger. Certaines font appel à un chromatisme d'une grande éloquence, telle la *Canzon II :* un beau thème infléchi en creux, à la fois douloureux et porteur d'espoir, semble nous guider au travers d'un paysage accidenté et parsemé d'épreuves ; la succession de rythmes de plus en plus démultipliés et le recours à la diminution feront basculer la pièce de l'ombre à la lumière.

Durée d'exécution de chaque pièce : de 4 à 5 mn

Caprices

Les Caprices, après la toccata la forme la plus souvent abordée par Froberger, s'apparentent aux canzoni de la même manière que les ricercari s'apparentent aux fantaisies. Leurs thèmes ont ce caractère espiègle que requiert leur intitulé, sous-tendu par une rythmique décidée. On retrouve une fois encore le type de développement de la variation thématique, induisant divers traitements contrapuntiques plus ou moins achevés, entrecoupés comme il se doit de passages de type toccata. Froberger s'y montre peut-être, pour ce qui est de ses œuvres d'orgue, sous son jour le plus original. L'insertion de mouvements issus de la suite pour clavier n'y est sans doute pas étrangère : on trouve en effet dans certains caprices différentes sections de toute évidence en relation avec l'allemande, la courante ou de nouveau la gigue. Pour la thématique, le *Caprice en* fa est un bon exemple de l'usage que fait Froberger du thème unique (1), ici réexposé par augmentation (2), puis légèrement transformé dans sa coupe rythmique (3), au fil des changements de mesure, enfin sous une forme ternaire transparente (4), avant de se diluer dans une section en style d'invention à trois voix, pour réapparaître finalement sous sa configuration initiale dans la toute dernière partie du Caprice, tout d'abord incomplet puis, une seule et dernière fois, entier :

Un schéma globalement tripartite (mesure à 4/4, puis augmentation et/ou mesure sur un balancement ternaire, retour du 4/4) est la structure d'ensemble la plus fréquente, indépendamment du nombre réel des sections intermédiaires. A l'instar des canzoni, le chromatisme joue dans les caprices un rôle important, mais sans que le voile de douleur parvienne toujours à se lever. Ainsi, dans le *Capriccio VI*, l'animation toujours plus pressante, en forme de spirale ascendante, ne fait-elle que resserrer ce chromatisme, presque jusqu'à l'acidité, la déchirure.

Durée d'exécution de chaque pièce : de 2 à 4 mn

Cet ensemble de Toccatas, Ricercari, Fantaisies, Canzoni et Caprices est jouable sur tout instrument à clavier disposant d'une étendue suffisante : aucune partie de pédale n'est indiquée. Cependant, conformément à la tradition italienne et sud-allemande, on peut à volonté faire appel à une basse de seize pieds pour les tenues de pédale. Si, sur un strict plan de technique instrumentale, Froberger s'en tient à l'enseignement de Frescobaldi, il partage pleinement sur le plan harmonique et tonal le goût de son temps pour l'exploration. Car si ses œuvres pour clavecin, ne dépassant pas dans l'enchaînement des tonalités *ut* mineur et *fa* mineur, sont sous cet angle à leur tour assez conventionnelles, vite dépassées par un Pachelbel, certains passages des ricercari s'aventurent jusqu'aux tonalités de *fa* dièse mineur et *ut* dièse mineur, abordant ainsi les « tons moyens », redoutés à cette époque. Werckmeister mentionne dans son *Hypomnemata musica* (1697) que le « célébrissime Froberger », plus de trente ans auparavant, avait composé une canzon au cours de laquelle il faisait passer le thème sur toute l'étendue du clavier au travers des douze tonalités (ce que fait déjà Bull dans sa *Fantaisie sur l'hexacorde*), en jouant sur l'enchaînement des intervalles de quinte et de quarte, retombant, après toutes ces transpositions, sur le ton de départ. Cette œuvre, malheureusement, n'a jamais été retrouvée, mais la postérité immédiate de Froberger a toujours témoigné de son intérêt pour ces questions modernes de tempérament.

M.R.

PIERRE FROIDEBISE

Né à Ohey (Namur, Belgique), le 15 mai 1914 ; mort à Liège, le 28 octobre 1962. Il fut initié à l'orgue par l'abbé Jacquemin, disciple de Vincent d'Indy. Au cours de ses études au conservatoire de Namur (1934-1941), il devait être l'élève, entre autres, de

Joseph Jongen et de Jean Absil. Il fut ensuite professeur d'harmonie au Conservatoire de Liège et organiste de l'église Saint-Jacques. Très tôt, il s'intéresse aux maîtres anciens de l'orgue et s'élève avec énergie contre les fausses traditions. A ce titre, il peut être considéré comme l'un des pionniers du mouvement de redécouverte des musiques anciennes. Par ailleurs, il a été, avec André Souris, l'un des artisans du mouvement en faveur de la musique sérielle, entraînant dans son sillage Célestin Deliège et Henri Pousseur. En 1950, à l'intérieur du cercle d'études musicales « Variations » se fait un grand travail de diffusion; les invités y sont Boris de Schloezer, Dallapiccola, Boulez. Plus tard, ses émissions à la radio feront connaître la musique d'orgue et la musique contemporaine. Communicateur en musique, la largeur de son esprit et l'étendue de ses connaissances ont marqué de nombreux jeunes musiciens.

De ses œuvres profanes, il faut retenir la *Sonate* pour violon et piano (1938) dédiée à son ami Arthur Grumiaux; *Trois poèmes japonais* pour chant et piano (1942), *Hommage à Chopin* (1947), où le compositeur s'exprime en langage sériel, et *Stèle pour Sei Shonagon*, pour soprano et 19 instruments (1958), qui fut présentée aux concerts du Domaine musical.

Très tôt, il écrit pour l'orgue : *Trois Pièces* (1933), *Suite brève* (1934), *Prélude et fugue* (1936), *Diptyque* (1936), *Méditation et louanges*. Le deuxième volet de cette dernière pièce est une toccata qui entraîne dans un tournoiement sonore croissant jusqu'à l'apogée final.

Les trois mouvements de la **Sonatine** (1939) sont successivement un choral varié **In memoriam Samuel Scheidt**, une cantilène **In memoriam Louis Vierne** et un capriccio **In memoriam Dietrich Buxtehude**. Dans cette œuvre, le langage tonal est perturbé par les accords dissonants, caractéristiques de l'esprit néo-classique.

En 1957 paraît un grand hommage au temps de Noël, comprenant *7 Variations sur un Noël verviétois*, *5 Variations sur un Noël liégeois*, un *Noël flamand* et *6 Variations sur un Noël flamand*. Cet ensemble montre combien Froidebise aimait les organistes français des XVIIe et XVIIIe siècles, dont il garde certains archétypes qu'il utilise dans un esprit transformiste à la Stravinsky.

X.D.

DYNAM-VICTOR FUMET

Né à Toulouse, le 4 mai 1867; mort à Paris, le 2 janvier 1949. Père de l'écrivain Stanislas Fumet, Dynam-Victor Fumet fut anarchiste (liaison avec la révolutionnaire Louise Michel, collaboration au journal La Révolte*) et mystique. Mais s'il fréquenta volontiers un milieu littéraire et artistique (Léon Bloy, Verlaine, Jehan Rictus) et sembla sensible au Symbolisme, il fut aussi l'élève de Franck au Conservatoire, organiste du chœur à Sainte-Clotilde, puis à Sainte-Anne-de-la-Maison-Blanche (1910). Remarquable improvisateur à l'égal de Tournemire, son contemporain, il écrivit quelques œuvres d'orgue et de piano, de la musique de chambre, des poèmes symphoniques, des mélodies, un oratorio* (Sainte Geneviève) *et un opéra* (Le Charme maudit)*. Son fils Raphaël enseigna au conservatoire d'Angers, pratiqua l'orgue et composa pour cet instrument un* Prélude et fugue en *do* dièse majeur *et une* Toccata.

Dynam-Victor Fumet se démarque nettement de tous ses confrères et ne cherche à imiter ni Vierne, ni Tournemire, ni Dupré, ni Alain, ni Messiaen. Personnalité très indépendante au sein de l'école franckiste à laquelle il doit son habileté dans le maniement des formes et surtout son sens de la modulation continue, il cultive un langage certes original, mais ignore les innovations majeures d'avant 1940 : impacts du jazz américain, de la polytonalité ou du sérialisme. Avec *Adam et Ève*, où l'auteur cherche à symboliser à travers les deux protagonistes le couple virilité-féminité, l'œuvre d'orgue se réduit à trois titres majeurs : *Canticum novum*, *Les Chariots d'Israël* et *Pâques d'or*.

Au contraire d'Alkan, qui se tourne plutôt vers l'Ancien Testament, la figure du Christ apparaît dans son œuvre par les allusions à l'eucharistie et à la résurrection. En tant que révolutionnaire, peut-être partage-t-il la thèse hier scandaleuse de Littré (*Conversion, révolution et positivisme*, 1852) qui fait de Jésus un « anarchiste social » ? Mais cela ne l'empêche pas de goûter aux transports d'un mysticisme authentique et très ambiant, à l'heure où les écrits d'un Hello, les romans d'un Bernanos ou la musique d'un Tournemire témoignent d'aspirations identiques. En ces différents courants trouve sa source l'apparent paradoxe d'un Fumet à la fois violent et rayonnant de paix intérieure, combattant et spirituel. Dans cette perspective, son œuvre intéressera autant par ses qualités propres que par son adéquation historique avec une époque encore héritière de maintes valeurs du romantisme.

Canticum novum

Il s'agit d'un recueil de six pièces pour orgue ou harmonium publié en 1914, dont la plus fascinante, *Transsubstantiation*, révèle un ésotérisme et une expérience de la contemplation que les autres morceaux revendiquent aussi : *Les Enlisements d'en-haut*, *Le Baiser intérieur*, *Le Conciliabule des arbres*, *Les Eaux dormantes* et *La Lumière qui vient*.

A partir d'un libre tissu harmonique, cette pièce à demi figée dans une sorte de sagesse interne, progresse lentement au gré d'une alchimie secrète de modulations qui, par le chromatisme ou l'enharmonie, parcourent un arc-en-ciel de tonalités variées jusqu'à un *fa* majeur suspendu sur une quinte et sixte.

Durée d'exécution : ~ 6 minutes

Les Chariots d'Israël

Écrite en 1917, cette évocation biblique veut susciter l'image de la traversée du désert : « Yahweh allait devant eux, le jour dans une colonne de nuée, pour les guider dans leur chemin, et la nuit dans une colonne de feu pour les éclairer afin qu'ils puissent marcher le jour et la nuit » (chapitre XIII du Livre de l'Exode). Trois thèmes principaux participent au réalisme de ce tableau. Le premier (A) symbolise le nuage céleste et débute par un unisson aussi péremptoire qu'un ordre ; le second (B) se superpose à un mouvement continu de triolets et suggère la pénible marche de la caravane ; le troisième (C), plus expressif, est indiqué *cantabile*. Le plan choisi s'établit comme suit : introduction sur A — ABC — ABC — A, coda en fugato sur un motif tiré de B.

Durée d'exécution : ~ 6 mn

Pâques d'or

La magnificence du jour de Pâques a guidé le musicien dans l'élaboration de cette fresque de 1941. Une registration flamboyante, au service d'une construction qui s'apparente à la forme sonate, en assure la réussite.

A une exposition de deux thèmes (A glorieux, réparti entre Grand-Orgue et Récit dans la solennité d'un carillon, B expressif et modulant dans son décor d'arabesques) succède un développement sur A selon la technique de la variation beethovénienne (à remarquer les accords de quinte augmentée) puis B. La réexposition mène à une coda en *ré* majeur de style héroïque.

Durée d'exécution : ~ 7 mn

F.S.

ANDREA GABRIELI

*Né à Venise vers 1533; mort à Venise en 1585. Chantre à San Marco de Venise, il fut probablement l'élève du Flamand Willaert, maître de chapelle de la basilique depuis 1527. Son premier poste d'organiste le mène à Vérone. En 1557, il revient à Venise pour tenir les claviers de San Geremia, mais, la même année, il doit s'effacer devant Merulo lors du concours de San Marco. En 1562, il gagne Munich et suit le duc de Bavière dans ses pérégrinations, tout en nouant une fructueuse amitié avec son contemporain Lassus. En 1566, il obtient enfin le poste convoité de deuxième organiste de San Marco. Très admiré comme compositeur, Andrea Gabrieli tient, en Vénétie, le rôle de musicien officiel auquel on fait appel pour les cérémonies présidées par le doge et pour les festivités exceptionnelles, comme la célébration de la victoire de Lépante (*Battaglia, *1571) ou l'inauguration du Teatro olimpico de Palladio à Vicence (*Edippo tiranno, *1585). Sa très vaste production vocale touche à tous les domaines. Moins abondante et publiée post-mortem par son neveu Giovanni, son œuvre instrumentale comprend* Madrigali et ricercari *(1589),* Intonationi d'organo *(mêlées à celles de Giovanni), Livres II et III de* Ricercari tabulati per ogni sorte di stromenti da tasti *(1595, 1596),* Canzoni alla francese per sonar sopra stromenti da tasti *(1605) et trois messes d'orgue manuscrites.*

Sous la garde de ses lions, la Sérénissime République connaît à la fin du XVIe siècle ses dernières années de richesse économique, avant que les nouvelles routes maritimes de l'Atlantique ne ruinent celles de l'Adriatique et son commerce avec l'Orient. Venise possède à son actif des lieux prestigieux, un goût immodéré pour le faste et la fête. Des Carpaccio, Bellini aux Titien, Véronèse, Tintoret et Giorgione, les peintres de la couleur et du mouvement ont afflué pour tenter de capter les lumières changeantes, les vapeurs d'air et d'eau qui montent de la lagune.

La technique et la théorie ne le cèdent en rien à la perception sensorielle des arts. En musique, Venise bénéficie des premiers éditeurs; aussi actif que Petrucci, créateur de l'imprimerie musicale en 1501, Angelo Gardano publiera quantité de musique vénitienne et européenne avant de céder la place à son gendre Magni et à Vincenti. C'est de Venise que Zarlino — élève de Willaert et lui-même maître de chapelle de San Marco — diffusera les derniers états de la pensée modale de la Renaissance et se taillera une réputation internationale. Dans ses *Istitutioni harmoniche*, le théoricien démontre la nécessité d'élargir les huit modes médiévaux à douze, par ajout des modes de *la* et d'*ut* authentes et plagaux.

Dans ce climat propice aux innovations, une rencontre unique s'opère entre les Gabrieli, oncle et neveu, et San Marco, comme si, de toute éternité, le génie de deux musiciens avait été créé pour magnifier le génie propre au lieu saint et à ses fulgurants contrastes. Sombre et secrète, la basilique ne s'embrase-t-elle pas lors des cérémonies, quand les lumières papillotantes des innombrables bougies font resplendir les ors de ses mosaïques byzantines et de sa *Palá d'oro*, d'où s'élèvent, suffocants, des effluves d'encens ? Quant à ses célèbres tribunes, elles invitent à une conception spatiale, stéréophonique du son, à une théâtralisation du fait musical. La vocation de San Marco outrepasse celle strictement liturgique d'une église : la basilique est l'âme de Venise, le lieu de toute célébration publique, et la musique instrumentale y occupe une place de choix aux côtés des messes et des motets.

Dès 1540, est éditée à Venise une *Musica nova accomodata per sonar et cantar sopra organi et altri strumenti, composta per diversi eccelentissimi musici* (dont Willaert, Giulio Segni et Parabosco, trois célébrités de San Marco) que Jacques Moderne republiera dix ans plus tard à Lyon sous le titre *Musicque de joye*. Le *stile concertato* vénitien est né, que répercuteront dès l'année suivante les *Recercari da cantare et sonare d'organo et altri stromenti a 4* de Buus et toutes les musiques pour un, deux, trois ou quatre « chœurs » instrumentaux. A la couleur des matières, répond la couleur des sons, au trompe-l'œil, le trompe-l'oreille.

Comme organiste et compositeur de musique d'orgue, Andrea Gabrieli ne peut se mesurer à Merulo, symboliquement vainqueur au concours de 1557 ; mais, plus que Merulo, né à Correggio et mort à Parme, il apparaît comme le premier phare de l'école authentiquement vénitienne. Sa réputation lui attira de lointains disciples, tels Aichinger et Hassler, qui répandirent son enseignement et ses œuvres en Allemagne, terres réceptives entre toutes au *stile concertato* vénitien, ainsi qu'en témoigne Praetorius dans son *Syntagma musicum* (1615-1619).

L'œuvre pour orgue

Intonationi d'organo

Éditées en 1593, elles regroupent huit *intonationi* (préludes), quatre *toccate* d'Andrea Gabrieli et onze *Intonationi* de Giovanni. Les préludes d'Andrea ne dépassent pas une minute et demie d'exécution et répondent très simplement à leur fonction. De trois ou quatre accords émergent des gammes (*primo tono*) ou des formules plus contournées (*settimo tono*) soutenues d'accords réguliers, puis le discours se fait plus volubile à mesure que les doigts se dérouillent et se lancent dans des figurations plus aventureuses. Les *toccate (primo, sesto, ottavo, nono toni)* en représentent l'épanouissement par insertion de quelques épisodes en imitation. Dans *II Transilvano*, Diruta a publié de Gabrieli d'autres pages comparables, c'est-à-dire modestes par comparaison avec Merulo, dont une *Toccata del decimo tono*. Dans une tablature allemande conservée à la bibliothèque de Turin figurent également des préludes d'Andrea Gabrieli sous le titre *Preambulum*, tels ceux en 3ᵉ ton et en 4ᵉ ton, plus intenses et terminés par une cadence plagale.

Ricercari

Publiés en 1595 et 1596, les deux recueils insèrent d'autres genres, à commencer par celui de la *canzone ariosa* si révélateur des penchants italiens par son alliance de deux termes d'origine vocale. Lancées par le dactyle caractéristique, les quatre ou cinq sections des *canzoni ariose* se diluent dans les rubans et les dentelles. Celle en *fa* se termine par une curieuse demi-cadence sur la quinte à vide *(do-sol)*. Les *ricercari* tendent vers l'unité qui mènera à la fugue (unité dont Sweelinck à Amsterdam et Frescobaldi à Rome se feront sous peu les champions). Témoin, le *Ricercare del primo tono* du *Libro Secondo*, à quatre voix, résolument monothématique, mais qui tressera dans la section centrale le sujet et son augmentation, puis le présentera en métrique ternaire dans la dernière. La célèbre **Fantasia allegra** du *Terzo Libro* de 1596 dessine une progression constante ; amorcée comme une joyeuse et diatonique canzone en *ut*, sur un motif brodé de quinte ascendante, étayé d'un contre-sujet de quatre notes en valeurs longues, elle ne dégage deux autres figures (issues du sujet, la deuxième sur une tierce descendante) que pour servir d'assise aux gammes qui s'envolent en tourbillons festifs. Non loin, figure le **Pass'e mezzo antico** en mode de *ré*, à quatre voix, sorte de capriccio en cinq *partite* (variations), la première citant deux fois au ténor et à la basse le sujet de la *Fantasia allegra*, les trois dernières parcourues de mélismes, et l'ultime en canon ou libres arabesques en imitation.

Durée d'exécution : 4 à 5 mn

Canzoni alla francese et ricercari ariosi

Édité en 1605, le recueil met de nouveau face à face les deux genres les plus en vogue de l'époque. Dès l'aube du XVIᵉ siècle, l'éditeur Petrucci avait contribué à l'immense succès des chansons françaises que tous les compositeurs se sont plu à transcrire en les chargeant d'« embellissements » ou « colorations ». Sur leur lancée, ils ont écrit des pièces instrumentales inédites qu'ils baptisèrent du même vocable, toujours suivi de la mention alléchante « *alla francese* » ! Cousine du ricercare, la canzone jouit d'une plus grande liberté. Passé l'alerte première section en imitation, elle emprunte des chemins de traverse, affirme une remarquable vitalité rythmique (dont le dactyle initial n'est que le signal, la marque de fabrique) et laisse place à une perception plus harmonique du monde des sons. En bref, elle est le lieu de toutes les innovations, comme en témoignent chez Andrea Gabrieli les audacieuses adaptations de chansons célèbres *detta Suzanne un jour* (Janequin), *detta Frais et gaillard* (Créquillon ou Clemens non papa), noyant à plaisir les articulations sous les volutes ornementales. Par trois fois, le recueil offre une passionnante confrontation entre les deux genres, avec la *canzone detta Martin menoit* (Janequin) et le *« ricercare di Andrea Gabrieli sopra Matin menoit »* (de même pour *Orsus au coup* de Créquillon et *Pour ung plaisir*).

Plus qu'une *canzone ariosa*, il peut sembler antinomique de composer un ricercare *arioso*. De cette association, il résulte un hybride séduisant qui retient du ricercare ses sections en imitation sur des motifs renouvelés, et de l'arioso ses flexibles mélismes, tel celui en 2e ton (*sol* mineur) du Livre de 1605, sur deux sujets complémentaires menés de front, ou celui en *fa* en quatre sections sur trois motifs, le deuxième sous-tendu d'un contre-sujet en style de canzone. Ce type « mixte » se retrouvera dans les sonates pour violon du Vénitien Dario Castello et chez tous les premiers violonistes. Peuvent aussi se jouer à l'orgue les pièces du Livre de *Madrigali et Ricercari* de 1589, tel le **Ricercare du 12e ton en *ut***, étonnamment tonal, en quatre sections, la dernière assurant un da capo libre de la première et la troisième, dite deux fois, se scindant en deux épisodes de métrique contrastée.

Durée d'exécution d'un ricercare ou d'une canzone : de 3 à 5 mn

Messes pour orgue

A l'instar de Cavazzoni et de Merulo, Andrea Gabrieli a laissé des versets alternatifs, nourris par le chant grégorien, pour trois messes, demeurées manuscrites en leur temps. Confidentielle, l'unique édition moderne ne semble pas avoir encore attiré l'attention des organistes, non plus que des bibliothèques. Sous une dénomination légèrement différente, ces messes citent et paraphrasent les mêmes plainschants que celles de ses prédécesseurs : *Messa apostolorum* (n° IV de l'Edition vaticane), *Messa domenichal* (XI), *Messa della Beata Virgine* (IX).

B. F.-S.

GIOVANNI GABRIELI

Né à Venise, vers 1557; mort à Venise, le 12 août 1612. Le parcours de Giovanni épouse celui de son oncle Andrea, son mentor et modèle, au point que ce pur produit vénitien, formé à San Marco depuis l'enfance, se rendra lui aussi auprès de Lassus à Munich en 1576 pour parachever sa formation. Le neveu pousse si loin l'admiration et la gratitude qu'il n'aura de cesse de publier les œuvres de son oncle avant de s'occuper des siennes propres ; il laisse même à Andrea la charge de premier organiste de San Marco qu'il a obtenue pour lui-même en 1585, au départ de Merulo, se contentant du second orgue jusqu'au décès de son parent, l'année suivante. Comme Andrea, enfin, Giovanni se révèle éminent pédagogue, attirant dans son orbite des musiciens de toutes nations, parmi lesquels son disciple « élu », Heinrich Schütz. A partir de 1585, Giovanni est aussi organiste de la Scuola di San Rocco, dont Tintoret vient tout juste d'achever le décor. Plus concentrée dans les genres abordés que celle d'Andrea, l'œuvre de Giovanni comprend au premier chef de la musique vocale d'église (enrichie d'instruments, que leur présence soit précisée ou non). Principalement pour « ensembles », sa musique instrumentale comprend 14 canzoni *et 2* sonate *issues des* Symphoniae sacrae *de 1597, un recueil de 21* Canzoni et Sonate *posthumes (1615), et diverses pièces dont 4* canzoni *en 1608, 12* ricercari, *12* toccate, *4* fugue, *deux autres séries de 6* canzoni, *12 transcriptions de motets de divers auteurs, répartis dans différentes anthologies. Les 11* Intonationi d'organo *(1593), et les pages copiées dans une tablature allemande (bibliothèque de Turin) constituent les seules sources réellement organistiques.*

A l'égal d'Andrea, Giovanni a excellé dans les musiques d'apparat, véritables fêtes des sens, si caractéristiques de l'école vénitienne. Mais il est l'homme des contrastes dramatiques *alla* Tintoretto, des soudains repliements dans l'intimité inviolable de l'être, le peintre musical des clairs-obscurs de l'âme : « *In San Marco di Venetia doi si somma dolcezza suonati da Gio. Gabrielli* », témoigne Banchieri. Écoutez à la suite le grandiose *Nunc dimittis* à quatorze voix et le poignant *O Jesu mi dulcissime*, tremblant de ferveur, et vous comprendrez que Giovanni Gabrieli ne s'est pas contenté de remplir ses fonctions avec éclat. La vénération que lui voua le très mystique Schütz n'est-elle pas le gage de l'intense vie intérieure de l'organiste de San Marco ?

De l'organiste, précisément, nous ne pourrons guère juger. Agiles et aptes aux *colorature* (comme ceux des Anglais), les deux petits positifs lovés dans les *nicchie* de San Marco étaient impuissants à prendre en charge la grandiose polychoralité sortie de l'imagination du maître vénitien, l'un des créateurs avec Viadana et Banchieri des *concerti, symphoniae* et autres *sonate* accompagnés d'un *basso seguente*. Leur faible sonorité, peu favorable à une musique soliste digne de la somptuosité du cadre, explique sans doute la rareté des authentiques pages d'orgue de Giovanni. Les organistes actuels, disposant d'instruments à plusieurs claviers, ont bien sûr la possibilité d'adapter tout le réservoir des partitions « *per ogni strumenti* » ; mais, s'il leur est aisé de rivaliser avec la puissance sonore des anciens chœurs de cuivres, il leur sera plus difficile d'isoler les timbres et de traduire l'alchimie sonore de la *Sonata pian' e forte (Symphoniae sacrae*, 1597) opposant trois saqueboutes et un cornet à trois saqueboutes et un violon. Au demeurant, si les Gabrieli se sont sûrement adonnés (comme naguère Parabosco et Padovano) à des joutes amicales à deux orgues, il n'en reste aucune trace, preuve que les deux orgues servaient davantage à accompagner les *concerti per voci et stromenti*.

D'ailleurs, Venise n'aura plus par la suite que des organistes d'un renom limité, les Ziani, Pollaroli, Neri et Pescetti ; et ses représentants plus prestigieux devront leur célébrité à leur deuxième fonction (conjointe ou successive) de maître de chapelle, tels Cavalli, Legrenzi, Lotti ou Galuppi. Et, passé 1730, un seul orgue sera maintenu à toutes fins de réaliser le continuo.

Quoique initié aux subtilités du contrepoint flamand autant que rompu aux techniques polychorales vénitiennes, Giovanni Gabrieli sera amené à simplifier le dédale polyphonique de l'ancienne *Ars perfecta* pour préserver l'intelligibilité d'une oraison répartie entre plusieurs chœurs. Pour satisfaire aux exigences de la Contre-Réforme et à la quête des humanistes de la Renaissance, le compositeur n'hésite donc pas à favoriser l'homorythmie et à utiliser des doublures instrumentales qui produisent une plénitude sonore très nouvelle. Les *Concerti* de 1587 atteignent 12 voix, les *Symphoniae sacrae* 15 dans les *canzoni* instrumentales de 1597, et 19 en 1615 ; quant aux *Canzoni et Sonate* de 1615, elles s'échelonnent de 3 à 23 voix.

L'œuvre pour orgue

Il y a peu à dire des onze **Intonationi** de Giovanni (et non douze, par symbiose des 3e et 4e modes), modestes préludes de quelques mesures en progression agogique (de la ronde à la double croche, en notation actuelle), comparables à ceux d'Andrea publiés conjointement. Plus étendue, la *Toccata del secondo tono* insérée par Diruta dans *Il Transilvano* (1593) ne nous en révèle guère davantage sur les talents de l'organiste-compositeur.

A quatre parties, les quatre **Canzoni** de 1608 sont plus consistantes. Trois sonnent en *ut* et toutes quatre se terminent par une cadence plagale. La très belle *Canzona seconda* met en scène le thème de *La Serpentina* ; après une exposition régulière, plusieurs motifs plus ou moins dérivés fécondent la partie centrale qui explore les régions voisines et plus lointaines (*sol* mineur) pour s'arrêter un instant dans la mystérieuse couleur de *la* mineur, avant un *da capo* libre de la première exposition. Partie du même sujet, la *Canzona terza* introduit une section plus verticale en métrique ternaire et se dispense de la réexposition conclusive. Éditée dans ce recueil de 1608 mais aussi dans le deuxième volume de Diruta (1609), la célèbre *Canzone detta la spiritata* (la bizarre, la capricieuse), en dépit du titre baroque si prometteur, n'en appelle nullement au *stile fantastico* qui commence à opérer des ravages. En second mode transposé à la quarte supérieure (pseudo *sol* mineur), avec les voix énoncées en stretto deux à deux, elle présente cinq sections bien marquées, chacune dotée d'un motif propre, la deuxième dans l'habituelle rythmique ternaire et pointée.

Parmi les *canzoni per sonar* des **Symphoniae sacrae** de 1597, celle en écho du 12e ton à dix voix connaît une deuxième version indiquée « *Canzone fudetta accomodata per concertar con l'organo (organo di concerto)* ». Parmi les premières **Canzoni et Sonate** posthumes de 1615, plusieurs sonnent parfaitement à l'orgue. La *Canzone « fa sol la ré »*, à 8 voix, fait songer à la *Sonata sopra Sancta Maria ora pro nobis* des *Vêpres de la Vierge* (1610) de Monteverdi, à la différence que la formule litanique module et vient ponctuer de loin en loin la basse et non le superius.

Restent les **ricercari** dispersés qu'il est difficile de cerner comme un tout cohérent tant qu'une édition et un enregistrement exhaustifs n'en permettront pas une approche globale. Pour la plupart à quatre parties, dans un contrepoint étiré misant sur la continuité et l'apparentement motivique, ils conviennent bien à l'orgue et sont souvent cités, à juste titre, parmi les premières amorces de la fugue unitaire. Le *Ricercare VIII tono* scinde en deux éléments le sujet initial pour mieux les travailler, puis s'enrichit au tiers de l'œuvre d'une nouvelle idée et combine les trois de toutes les manières possibles jusqu'au terme. Giovanni Gabrieli va même jusqu'à composer quatre pièces intitulées « *fuga* » : le vocable s'ajoutant au style, tous les ingrédients de la modernité sont là. Les Allemands sauront les faire fructifier. En mode de *la*, la *Fuga IX tono* combine un sujet et un contre-sujet obligé ; commencée presque comme une double fugue, elle s'émancipe assez vite d'un contrepoint très strict.

Parmi les nombreux contemporains ou successeurs immédiats des Gabrieli, on distinguera Giovanni Picchi, organiste de la Cà Grande puis de la Scuola di San Rocco à Venise, candidat malheureux au poste de deuxième organiste de San Marco, auteur de *Balli, Canzoni da sonar* et d'une toccata copiée dans le *Fitzwilliam Virginal Book* ; Vincenzo Pellegrini, organiste et maître de chapelle à Milan, signataire de *Canzoni de intavolatura d'organo fatte alla francese* (1599), dont *La Serpentina* et *La Capricciosa* ; Gian Paolo Cima, lui aussi organiste et maître de chapelle à Milan, qui publia des *Ricercate* pour l'orgue (1602) et un étonnant *Partito de Ricercari et Canzoni alla francese*, où apparaît nettement la différence entre les deux genres, que viennent enrichir plusieurs « énigmes musicales » à base d'échelles chromatiques et d'enchaînements enharmoniques (1606).

B. F.-S.

JEAN NICOLAS GEOFFROY

Né à Vitry-le-François, vers 1633 ; mort à Perpignan, le 11 mars 1694. Élève de Lebègue, il tient les claviers de Saint-Nicolas-du-Chardonnet à Paris jusqu'en 1690, date à laquelle il gagne Perpignan pour y terminer ses jours.

Il n'y a pas lieu de s'attarder sur la biographie de l'auteur présumé d'un Livre d'orgue dont la paternité lui est de plus en plus déniée, par comparaison avec le Livre de clavecin qui lui est également attribué. Une chose est sûre : un fossé sépare les deux œuvres, celle d'orgue assez pâle et diatonique, celle de clavecin rehaussée de tous les feux d'un langage chromatique et dissonant ; si cette dernière est bien de Geoffroy, en possession d'un génie harmonique digne de Louis Couperin et de Purcell, la simple logique veut qu'on lui retire la paternité du Livre d'orgue.

Le Livre du pseudo-Geoffroy vient donc probablement grossir la liste de Livres anonymes. Parmi ces derniers, certains avouent une seule main et un seul auteur, d'autres fournissent une vaste anthologie de l'époque, tel le *Livre d'orgue de Montréal*, riche de 398 pièces. Dans son édition du Livre attribué à Geoffroy, Jean Bonfils arrive à la conclusion que le présent manuscrit est un frère du Livre d'orgue dit « de Marguerite Thiéry ». Tous deux ayant vraisemblement vu le jour dans l'entourage de Nivers, il serait donc erroné d'attribuer l'un à un élève de Lebègue.

Même si de nombreuses pages semblent antérieures, le manuscrit aurait été parachevé vers 1689-1690, à l'heure où le jeune François Couperin songe à ses deux Messes pour orgue. Le présent Livre tourne le dos à l'unité et à la concentration admirables de celui de Couperin, mais son plus grand intérêt réside précisément dans sa diversité. L'autre apport musicologique considérable vient de la présence du « plain-chant musical » harmonisé, destiné à la maîtrise pour alterner avec l'orgue. Curieusement, le chant liturgique ne féconde aucune des interventions de l'orgue : étrange désert spirituel que ne contrebalance aucun contrepoint nourri, aucun recours au pédalier. Avec ses qualités et ses défauts, jugeons de ce « panorama » passionnant autant que déroutant :

— Sept **Noëls** à variations, aux titres délibérément autres que ceux choisis par Gigault, Lebègue et Raison. Leur plan interne ne varie guère : prélude, récit, double (en diminution), duo, dialogue.

— Un **Magnificat** du 1er ton, riche de sept versets pour l'orgue et six en plain-chant harmonisé.

— Diverses **hymnes**, **antiennes mariales**, **séquences** *(Stabat Mater)*, **psaume** *Memento Domine David* (avec son plain-chant harmonisé).

— Deux séries de sept pièces ou **versets**, utilisables à divers moments des offices, en particulier aux vêpres pour le *Magnificat*.

— Une **messe** de deuxième classe, en 2e ton (*sol* mineur) sans citation de plain-chant, vraisemblablement destinée à un monastère de religieuses comme la *Messe des couvents* de Couperin et celle de Gaspard Corette. En cinq versets, le *Kyrie* obéit au code maintenant établi : plein-jeu, fugato pointé, récit pour le *Christe*, duo, dialogue. Le *Gloria* se réduit curieusement à sept versets, comme dans les messes du Livre « de Marguerite Thiéry », et les rythmes pointés, saccadés, les brèves incises capricieuses évoquent bien l'« atelier » de Nivers.

— Quatre **Offertes** assez ambitieuses. L'« Offerte en fanfare » est l'amplification de la première offerte en *ut* majeur, d'une virtuosité digitale pleine d'alacrité. L'Offerte « grave » compte rien moins que cinq sections, dont quatre en fugato et une transition plus harmonique ; le quatrième volet, gigue pointée fuguée, et le cinquième, dont le motif descendant est soustendu de son augmentation chromatisée, ne manquent pas d'intérêt.

— Des **transcriptions** de musique vocale, principalement de Lully. Comme oubliée depuis les lointaines publications d'Attaingnant, cette tradition prend un nouveau départ avec les transcriptions conjointes de fragments de tragédies lyriques de Lully, à l'orgue par Geoffroy et au clavecin par D'Anglebert (au XVIIIe siècle, Balbastre agira de même avec les opéras de Mondonville et de Rameau). Les transcriptions proviennent des ouvertures, marches, duos, danses, « trompette » et autres pages instrumentales des plus célèbres opéras du Florentin : nous y reconnaissons tous les genres que les organistes avaient spontanément imités. On ne s'étonnera pas d'y trouver quelques-unes des pièces les plus efficaces du recueil... Il n'y manque que les « récits » qui ont tant fasciné les clavié-ristes.

B. F.-S.

FILIPPO MARIA GHERARDESCHI

Né à Pistoia, en 1738; mort à Pise, en 1808. Élu à l'Accademia Filarmonica de Bologne, il put bénéficier de l'enseignement du padre Martini dans les années 1756-1761. Par la suite, ce Toscan tint plusieurs charges dans sa région natale; on le trouve successivement organiste de la cathédrale de Livourne en 1761, maître de chapelle à Volterra en 1763, organiste de la cathédrale de Pise peu après, maître de chapelle de la cathédrale de Pistoia, maître de chapelle de l'église dei Cavalieri di S. Stefano de Pise. A partir de 1768, il travaille à la cour des grands-ducs de Toscane. Ses fonctions l'ont amené à écrire essentiellement de la musique vocale d'église avec orchestre et sept opéras. Son œuvre de clavier se réduit à trois sonates pour clavecin ou forte-piano et à un ensemble de pièces pour orgue, principalement des Suonate da organo *(1787). Ce dernier recueil a fait l'objet d'une édition récente (Paideia, Brescia/ Bärenreiter, Kassel, 1988) précédée d'une solide introduction d'Umberto Pineschi, à laquelle tout amateur de cette période charnière devra se reporter.*

Combien n'a-t-on pas gémi sur la décadence de l'orgue en France à la fin du XVIIIe siècle; à lire l'œuvre pour orgue de Gherardeschi, on se convainc que les choses ne vont pas mieux outre-monts. On s'étonnerait moins de la médiocrité de son œuvre s'il n'était le disciple attentif du padre Martini et si, au fil d'une correspondance régulière avec son mentor, il ne prétendait étudier assidûment la polyphonie palestrinienne et admirer Bach. On croit rêver. Lui-même originaire de Pistoia, Pineschi n'a pas tort d'insister sur la relation de l'œuvre de Gherardeschi avec les instruments de Toscane, et Luigi Ferdinando Tagliavini, dans une courte préface, de glisser le nom des Serassi, célèbre dynastie de facteurs d'orgues de Bergame, pour justifier l'intérêt que l'on peut porter au musicien toscan : c'est bien le seul élément positif à quoi se raccrocher.

Quand on sait avec quelle sévérité Mozart, adorateur de l'Italie et de son style concertant, a jugé le très grand talent de Clementi, on frémit à l'idée qu'il eût pu entendre une note de Gherardeschi. Mais laissons Mozart, et oublions que 1787 est l'année de *Don Giovanni*... Pour juger sans parti pris le maître de chapelle de S. Stefano de Pise (où siégeait l'orgue immense construit en 1737 par Della Ciaja), déchiffrons côte à côte ses sonates pour orgue et les six *Sonate per cimbalo* (1780) des vingt ans de Cherubini ou les sonates de jeunesse de Clementi : la confrontation parle d'elle-même en faveur des seconds et prouve qu'on ne peut mettre toute l'indigence d'un style sur le compte d'une époque.

Il est vrai néanmoins que les temps devenaient contraires à l'Italie, et l'inexorable décadence sera sanctionnée sous peu par les armées bonapartistes et la domination autrichienne. L'Italie « mère des arts » ne peut plus nourrir ni retenir ses enfants qui prennent l'un après l'autre le chemin de l'exil : Boccherini est à Madrid, Clementi à Londres, Salieri et Jommelli à Vienne, Piccinni, Sacchini à Paris; d'autres circulent entre les diverses capitales et poussent jusqu'à Saint-Pétersbourg, comme Sarti, Galuppi, Cimarosa...

Certes, en cette deuxième moitié du XVIIIe siècle, il reste un peu de matière et l'on peut mettre bout à bout les gracieuses sonates de Paradisi, Cimarosa et Galuppi; mais dans tout cela, où est la littérature pour orgue? Ce ne sont pas les quatre rachitiques *Sonate da organo* (s.d.) en un mouvement de Pescetti (qui n'ont d'organistique que quelques immenses notes à la pédale), ni même les *Dodici Sonate per l'organo* (1785) de Valeri qui risquent de sauver la situation. Avant de donner la parole à Gherardeschi, Pineschi publie cependant un manuscrit anonyme, à peine antérieur, de trois messes pour orgue sur le modèle frescobaldien (versets pour le *Kyrie* puis pièces libres) grossies d'une *Messa de Morti* et d'une *Messa di Natale*, plus nouvelles, cette dernière en forme de sonate en quatre mouvements. Avec le temps, le souvenir de Frescobaldi ne suffit plus, hélas! à susciter des œuvres denses; seul demeure le respect de la tradition.

Gherardeschi ne cherche pas même à maintenir ces marques extérieures de soumission, et sans doute a-t-il raison tant il y aurait divorce entre le propos spirituel et son écriture d'une rare pauvreté. Le plus souvent à deux voix, la trame s'étoffe artificiellement de tierces à la main droite et d'accords de trois sons à la main gauche, pour relayer la basse d'Alberti ou les petits staccatos qui n'en peuvent mais à force de servir. Quant aux tonalités, les plus simples règnent sans partage : *sol, ut* et *fa* majeur, avec quelques incursions du côté de *si* bémol et *mi* bémol.

Dans ce recueil aussi prétentieux qu'indigent, que seule une bonne dose d'humour peut sauver, se présentent successivement deux Rondos, un *Cantabile*, 12 *Versetti concertati* dont un *Tempo di marcia*, un *Andantino affetuoso*, une *Pollones a risposte* à 3/4. Vient ensuite son « chef-d'œuvre », la **Sonata per organo a guisa di banda militare che suona una marcia** en *ut* majeur de rien moins que 95 mesures, suivie de deux offertoires, une post-communion de même calibre et une *Elevazione affetuoso cantabile*, censée introduire *in extremis* quelque effusion religieuse grandement absente du corpus.

Pour pallier la maigreur des idées et sertir les formules mécaniques de rehauts de couleur, une palette de registrations plus étendue que naguère n'est pas superflue. Le premier Rondo commence avec « *Cornetto, Principale e ottava* », puis intervient la « *Tromba basse e soprane senza Cornetto* », le « *Flauto in ottava solo* » et, pour finir, le « *Cornetto come prima* ». Les autres pièces portent mention de « *Clarone* », « *Flauto traverso* », « *Musetto e Principale* », « *Voce umana* », « *Organo aperto con ripieni di Tromba e Cornetto* », « *Violoncello o Clarone* » et, à titre exceptionnel, « *Ped. e Timp.* ». Les jeux de percussion dont un Serassi dote ses instruments — les mêmes, exactement, qui apparaissent sur les orgues de Barbarie (Barberi) — rehaussent l'éclat orphéonique d'une pièce comme la Sonate pour bande militaire, en « marquant la cadence » à coups de grosse caisse et de cymbales. Il ne s'agit pas, on le voit, de rivaliser avec les symphonies de Boccherini, et moins encore celles de Haydn...

Avec Valeri, Gherardeschi et Davide, le tournant italien de l'orgue « orchestral » est pris : pour le meilleur ou pour le pire ?

B. F.-S.

ORLANDO GIBBONS

Né à Oxford, en 1583; mort à Canterbury, le 5 juin 1625. Fils d'un choriste de la ville d'Oxford installé à Canterbury peu après sa naissance, Orlando commença sa formation musicale au sein du chœur du King's College (1596-automne 1598), où son frère Edward était maître des choristes. En 1599, il entre à l'université (Mundum College). Son nom paraît pour la première fois sur les registres de la Chapelle royale en mai 1603, parmi ceux de 41 choristes ayant signé l'engagement de servir le nouveau roi Jacques Ier. Tout d'abord Gentleman extraordinary (peut-être dès 1603), on ignore exactement quand il devint Gentleman régulièrement nommé et rétribué de la Chapelle royale. Il est mentionné comme organiste en 1615, puis en 1625, année de sa mort, comme organiste senior de la Chapelle, l'organiste junior étant alors Tomkins. Il est probable que Gibbons fit également partie de la King's Private Musick. Ayant de toute évidence toujours été bien vu en cour, il est nommé en 1619 « musicien pour le virginal de Sa Majesté ». Bachelier en musique à Cambridge en 1606, il devint docteur à Oxford en 1622. Déjà chargé d'honneurs et de postes, Gibbons ajoutera à ses fonctions celle d'organiste de l'abbaye de Westminster en 1623. Il mourra deux ans plus tard d'apoplexie, pendant la préparation des fêtes célébrant l'arrivée de la reine Henrietta Maria, que Charles Ier avait épousée à Paris par procuration.

Né la même année que Frescobaldi, Gibbons fut le dernier grand compositeur de l'école élisabéthaine et probablement le plus grand maître du clavier de son temps. Pour l'emploi qu'il fit de la langue anglaise comme source d'inspiration de sa musique sacrée, il fut aussi l'un des premiers que les temps modernes qualifièrent de « romantique » avant la lettre. Son œuvre, abondante, est essentiellement destinée au service anglican, sous forme chorale et instrumentale. Son œuvre d'orgue, quantitativement, est cependant des plus réduites, bien que d'une qualité et d'une densité remarquables. L'instrument auquel elle s'adresse est dans la sobre tradition anglaise et se suffit d'un seul clavier (deux claviers sont cependant expressément requis par l'une des pièces : une nouveauté à l'époque) ; sans pédale, il est de petite taille et sans doute dépourvu de mixtures et d'anches. On citera, pour illustrer le type d'orgue que connut Gibbons, l'instrument construit par Robert Dallam en 1634 pour la cathédrale d'York : un peu plus de dix jeux sur deux claviers (fonds uniquement, en 8', 4', 2'2/3, 2', 1').

L'écriture pour clavier de Gibbons témoigne d'une grande unité de conception. Les nombreuses sections polyphoniques adoptent un style aussi noble que serré, les passages en imitation s'enchaînent sous forme de strettes produisant un effet d'accumulation. Cependant, Gibbons renonce le plus souvent au strict monothématisme de la polyphonie d'inspiration néerlandaise, parfois aride, développant ses fantaisies à la manière d'un motet en plusieurs sections imitatives. Ainsi trouve-t-on dans la **Fantazia of Foure Parts** (*Parthenia*, XVII) une succession de sept « thèmes » apparentés, assurant à la fois l'unité de l'œuvre et sa variété. La pièce utilise un mètre commun à presque toutes les œuvres pour clavier de Gibbons : ₵, lequel suppose un partage de la mesure en deux incises d'extension variable mais toujours tributaires de deux battues principales. La fantaisie se déploie largement sur une quarantaine de mesures dont les barres, placées de manière irrégulière dans la notation originale, englobent généralement quatre rondes. Tout d'abord stable et d'une belle carrure, le rythme est dynamisé dans la deuxième moitié de la pièce par un décalage de la valeur d'une croche, sur deux voix « en canon », provoqué par une suspension, un retard (battue à vide ou note liée) :

Un *voluntary* (conservé sous forme manuscrite au British Museum) témoigne du goût de Gibbons pour les structures enchaînant écriture polyphonique (début) puis simple imitation (développement et conclusion). Également noté à ₵ et développé sur 39 mesures, ce *voluntary* est cependant sensiblement plus court que la pièce précédente. En effet, un nombre approximativement égal de mesures ne sous-entend pas obligatoirement une durée comparable, le chiffre de la mesure n'en précisant pas l'extension : ici, chaque mesure ne comporte que la valeur de quatre blanches. La pièce fait d'emblée appel aux entrées en strette, les voix impaires tombant sur un temps faible. La première moitié de l'œuvre relève de la polyphonie verticale, la seconde s'orne de degrés conjoints ascendants enchaînés en mouvement parallèle.

Parmi les nombreux recueils pour virginal de l'époque, deux nous ont conservé des œuvres de Gibbons, l'exécution à l'orgue convenant à certaines d'entre elles. Citons tout d'abord la pièce XL du *Fitzwilliam Virginal Book*, **The woods so wilde**, suite de variations sur un thème déjà utilisé par Byrd (dont la pièce figure dans le même recueil, LXVII). La mesure est à 3 (3/2-3/4) avec une section centrale à 9/4 ; le thème, en forme d'ostinato, en notes répétées (blanche-noire/ blanche-noire, etc.). A quatre voix dans ses sections en imitation, la pièce n'en comporte plus que deux dans les variations vives, voire trois, par exemple lors du retour au 3/4 : voix inférieure sur l'ostinato, voix intermédiaire en forme de contre-chant égal en croches, voix supérieure en traits de doubles croches. La pièce, inachevée dans l'original du *Fitzwilliam*, a été complétée grâce à un manuscrit du British Museum.

Le deuxième recueil, le *Benjamin Cosyn Virginal Book*, renferme deux pièces de Gibbons. Tout d'abord une **Fancy in Gamut flatt** (IX — le titre est de Cosyn), intéressante pour son beau thème de deux mesures, ici entièrement développé avant que n'entrent les voix suivantes (du soprano à la basse), et rappelant l'esprit des *ricercari* de Frescobaldi. On notera un début de perception de la tonalité dans l'acception moderne du terme, l'intitulé recouvrant pratiquement notre *sol* mineur.

La deuxième pièce (XXI) est de loin la plus intéressante de toutes : il s'agit d'une **Fancy for a Double Orgaine**, d'une grande importance historique puisqu'elle est le premier exemple achevé et conservé d'un *voluntary* pour deux claviers (« double *voluntary* »), précisés par Cosyn : *ten.* (pour ténor) renvoie au clavier supérieur, sur lequel la pièce débute ; *base* désigne le grand clavier. De nature globalement contrapuntique, cette fantaisie se singularise par des passages solistes, sur le grand clavier et toujours à la seule main gauche, faisant penser aux *basses* de l'école classique française. Il ne faut cependant pas oublier que les deux claviers de l'orgue anglais d'alors n'offraient le plus souvent qu'un double chœur de fonds. Une basse d'anche semble donc exclue pour une restitution conforme à la facture de l'époque : les nombreux apports inspirés de la facture continentale dont Robert Dallam, exilé en France en 1643 à l'arrivée des Puritains, fera bénéficier la facture anglaise après son retour au pays en 1660, sont sensiblement postérieurs à l'œuvre de Gibbons. Le terme *base* désigne donc le (clavier) « fondamental », non pas réservé à cette basse originale. La pièce, qui de toute évidence s'achève les deux mains sur ce grand clavier, reprendra le terme même de *base* pour marquer l'entrée de la main droite sur le clavier principal.

Comme dans toute musique anglaise pour clavier, l'ornementation joue un rôle essentiel dans les pièces de Gibbons, et notamment dans la dernière mentionnée. Non pas de nature improvisée, mais partie intégrante du texte musical, elle est matérialisée dans les sources par deux signes en forme de trait oblique, simple ou double. L'un est le plus souvent interprété comme un trille dont la durée sera fonction de la valeur de note (avec ou sans terminaison, bien que celle-ci soit plus caractéristique de la seconde moitié du XVIIe anglais) ; l'autre comme un mordant ou appoggiature par le bas. L'écriture, toujours claire et incisive, ne présente aucune des « excentricités » virtuoses ou cascades d'effets (comme les gammes volubiles en fusée) propres aux virginalistes anglais. Cependant, les sections à quatre voix offrent de sérieuses difficultés digitales, en même temps qu'elles témoignent de la part de Gibbons d'une réelle et consciente connaissance des possibilités du clavier. On ne trouve pas davantage chez Gibbons de compositions sur les rythmes de danse si caractéristiques de nombreux compositeurs anglais d'alors. La concision du développement étant l'une des qualités premières de Gibbons, ses œuvres contrastent, par exemple, avec les fantaisies d'un Peter Philipps ou d'un Gilles Farnaby, splendides, mais fréquemment sur-développées.

M.R.

NICOLAS GIGAULT

Né à Paris, vers 1627 ; mort en cette même ville, le 20 août 1707. On ignore tout de sa formation. Il est, successivement ou conjointement, titulaire de plusieurs tribunes parisiennes, au couvent des Jacobins rue Saint-Honoré (1646-1652) — tenue plus tard par D'Anglebert —, à Saint-Nicolas-des-Champs (1652-1707), Saint-Martin-des-Champs (1673) et à l'Hôpital du Saint-Esprit (1685). Trois de ses enfants, eux-mêmes musiciens, s'unirent aux Couperin et aux familles de facteurs d'instruments Ducastel et Chiquelier. L'inventaire après décès de Gigault révèle une impressionnante collection d'instruments comprenant un cabinet d'orgues, trois clavecins, trois épi-

nettes, deux manicordions et quantité d'instruments à cordes. Sa connaissance des cordes autant que des claviers explique son rôle actif dans la querelle qui opposa les ménétriers et les organistes à la fin du XVII*e siècle (dont François Couperin croqua une parodie dans ses* Fastes de la grande et ancienne Ménestrandise*). On a toujours cité Gigault parmi les professeurs présumés de Lully ; sa minime différence d'âge avec le Florentin suggère plutôt des relations amicales, assorties de conseils. Gigault a laissé deux* Livres de Musique*, l'un de Noëls pour divers instruments (1683), l'autre spécifiquement pour l'orgue (1685).*

Moins célèbre et moins précoce, ou moins pressé de publier, que Nivers et Lebègue, Gigault est leur aîné de quelques années, et à peine le cadet de Roberday, autre professeur supposé de Lully (toute cette génération d'organistes français a aussi pour contemporains l'Allemand Buxtehude et l'Anglais John Blow). Gigault acquiert une bonne notoriété puisqu'on le trouve, en 1706, aux côtés du jeune Dandrieu pour désigner le successeur de Dagincour à Sainte-Marie-Magdeleine-en-la-Cité ; les candidats en présence se nomment Rameau, Dornel, Calvière... du beau monde ! Tous ont vécu dans le même cadre parisien, ont disposé des mêmes atouts (instruments magnifiques et colorés) et ont connu les mêmes obligations consécutives au Cérémonial des évêques de 1662*. Pour sa part, Gigault attend l'âge de cinquante-six ans avant de donner à graver son premier recueil dont le titre confirme son intérêt pour toutes sortes d'instruments ; gageons qu'il a essayé chaque pièce sur sa prestigieuse collection.

Noëls

Livre de musique dédié à la Très Sainte Vierge [...] contenant les cantiques sacrés qui se chantent en l'honneur de son divin enfantement [...] diversifiés de plusieurs manières à II, III et IV parties, qui peuvent être touchés sur l'orgue et aussi sur le clavecin comme aussi sur le luth, les violes, violons, flûtes et autres instruments (1683). Gigault fait ici doublement acte novateur, en lançant sur le marché, deux ans avant Lebègue, des chants de Noël et en ayant l'astuce de les dire propres à sonner sur tous les instruments (il possède un lointain devancier en la personne de Du Caurroy, dont l'une des fantaisies pour divers instruments commente un noël). Jusqu'à la Révolution, nombre d'organistes s'engouffreront dans cette voie si séduisante et sans doute lucrative — car si, à l'office, le temps de Noël est éphémère, il n'est point de temps particulier pour se régaler de ces refrains populaires dans l'intimité familiale. L'auteur explique lui-même dans son Avertissement qu'il a voulu donner à ses pièces une « forme concertée pour divers instruments » pour « édifier les chrétiens dans leurs foyers ».

Gigault retient l'hymne *Conditor*, chantée aux vêpres de l'Avent, une prose de la Vierge et 14 Noëls parmi les plus connus qu'il fait suivre, en général, de cinq variations simplettes et un brin mécaniques. Il demande cependant à ses interprètes « quelque tendresse dans leur touché ».

Livre d'orgue

Livre de musique pour l'orgue (...) de plus de 180 pièces de tous les caractères du touché qui est présentement en usage pour servir sur tous les jeux à 1, 2, 3, et 4 claviers et pédales en basse et en taille sur des mouvements inusités à 2, 3, 4 et 5 parties, ce qui n'a point encore été mis au jour que par l'auteur, le tout pour servir aux huit tons de l'Église [...]. Publié deux ans plus tard, le volume résulte d'années de travail, comme l'indique son épaisseur. Le titre à lui seul couvre une page complète et, dans un avertissement *Au Lecteur*, Gigault en développe les arguments persuasifs. Au cas où, découragé par les 184 pièces qui l'attendent, le lecteur ne dépasserait pas

* Voir à *Nivers*.

les premiers feuillets, il saurait au moins à quoi s'en tenir ! En vérité, Gigault ne mérite pas tout à fait la sévérité que lui ont réservée les exégètes. D'évidence, nous avons affaire à un organiste-compositeur plus qu'à un compositeur, mais ses intentions, et souvent ses réalisations, ont un rôle à jouer dans l'évolution de la musique pour orgue.

Le fil d'Ariane de ce gros Livre, passablement confus, est une fois de plus la modalité ecclésiastique. Le premier ton (*ré* mineur) l'emporte sur les quatre autres les plus en usage (qui, par le jeu des transpositions, suffisent pour faire face à toute éventualité). Sur plusieurs points, Gigault est tributaire de son temps ; comme Louis Couperin, il se sert du pouce seul pour assurer la partie médiane d'un trio à trois claviers manuels ; comme Lebègue, il se plaît à écrire des « trios à trois claviers » (deux claviers manuels et pédalier) et réserve une tierce en taille pour chacun des cinq tons qu'il illustre ; comme tous, il annexe la danse et l'air de cour. Mais il innove résolument dans ses Dialogues à quatre chœurs (Positif, Grand clavier, Récit, Écho) et dans l'adaptation de l'écriture française à cinq parties (*cf*. la répartition des Vingt-quatre Violons du roi et des chœurs de la Chapelle royale) : « J'ai fait plusieurs pièces à cinq parties ce qui n'a encore jamais paru en France » et qui entraîne, par voie de conséquence, l'utilisation fréquente du pédalier. Pour la fugue, il joue les cuistres en annonçant des « fugues traitées, poursuivies et diversifiées à la manière italienne » qui s'égarent trop souvent en chemin. Ce n'est pas sans satisfaction qu'il en appelle à « feu Monsieur Titelouze » comme saint patron de son *Pange lingua* canonique et fugué, et c'est encore au chanoine de Rouen qu'il reprend l'idée d'interrompre les versets à la première cadence propice, si le temps fait défaut (Norbert Dufourcq ironise sur son « unique souci, non de bien dire, mais de se taire à propos »). On devine Gigault fier de sa virtuosité digitale qu'il étale en de grands traits avantageux. Et ne voilà-t-il pas qu'en lulliste fanatique il distribue des rythmes pointés à satiété (Nivers n'en était pas avare non plus) et pousse l'obsession jusqu'à encourager son futur interprète à en ajouter encore pour « animer son jeu ».

1. **Trois Messes doubles** pour les fêtes solennelles sur le plain-chant du *Cunctipotens*. Dans la première, la plus imposante, l'auteur, par égard pour les exécutants de tous niveaux, propose, après chaque ambitieux verset à cinq parties, une version alternative en contrepoint homophonique très simple. En 1er ton à cinq voix, le *Kyrie* initial « ouvre » le recueil dans un éclat tout lulliste. A la différence de Nivers et Lebègue, Gigault altère par un *sol* dièse la modalité du cantus firmus liturgique sonnant en taille au centre de l'édifice contrapuntique. Cette altération explique *a posteriori* les deux mesures initiales en « sur-majeur » (*ré* majeur avec *sol* dièse). Le *sol* dièse se maintient dans le sujet de la fugue-commentaire du 2e *Kyrie* et lui vaut sa tournure étrange. Comme Lebègue, Gigault traduit le *Christe* par un duo, symbolique de la double nature du Seigneur. Dans le *Gloria*, il va jusqu'à tripler le *Qui tollis* (deux versions à 5, une à 4). A cette première messe pléthorique, succède une deuxième décharnée, réduite aux uniques sept versets chargés de citer le plain-chant, selon les prescriptions du Cérémonial de 1662. Dans la troisième messe, notons un 2e *Kyrie* en « fugue recherchée » vacillant sous l'incertitude de ses degrés mobiles, un *Christe* exprimé de manière très appropriée par un beau récit, alors que la fugue « prise de près » en style de canzone du dernier *Agnus* manque singulièrement de sensibilité pour évoquer l'Agneau mystique.

2. **Pièces diverses**. Viennent ensuite quantité de préludes, fugues, trios, récits, tierces en taille dans la plus parfaite anarchie, si ce n'est l'ordre des tons. Comme la plupart des préludes du recueil, le majestueux premier Prélude du 1er ton sonne admirablement et retient, à juste titre, beaucoup d'interprètes ; on ne saurait en effet mettre sur le compte de la seule maladresse de l'organiste-compositeur l'extraordinaire poème harmonique aux dissonances déchirantes que forme la section conclusive ; d'autant que ces *durezze* baroques se reproduisent à bon escient dans d'autres pages tourmentées, mais fort dignes, telles la fugue du 2e ton parcourue de septièmes diminuées et de tritons, et le prélude des 3e et 4e tons zébré d'un magnifique chromatisme retourné. Notons au passage la fusion du 3e ton (mode de *la*) et

du 4e ton (assimilé à *mi* mineur polarisé sur *la*), ce dernier tirant de plus en plus vers un *la* mineur moderne cadençant sur *mi*.

Les tierces en taille dépassent en dimension et en brio celles de Lebègue, ce qui ne signifie pas toujours en qualité car la jactance guette, mais la poésie peut aussi être au rendez-vous. La « Fugue du premier ton poursuivie à la manière italienne à quatre parties », habile à modifier rythmiquement la tête du sujet, suivie d'une deuxième fugue sur le même sujet (on pense à Roberday), sent un peu l'effort, mais le résultat est amplement couronné de succès et peu de Français pourront s'aligner sur cet exemple. Selon les tons, l'assemblage bigarré de pièces se voit soudain traversé d'une hymne ; ici un *Veni creator*, là un *Pange lingua* et même un *Tantum ergo* canonique, muni de ses paroles.

3. **Te Deum**. L'hymne ambrosienne est rarement illustrée à l'orgue pour alterner avec le plain-chant. Depuis le *Te Deum* publié naguère par Attaingnant, on ne compte avant 1685 que celui de Nivers et celui du Livre « de Marguerite Thiéry ». La répartition musico-sémantique des versets de Gigault est assez adroite et on applaudirait presque aux rythmes pointés du *Sanctus Dominus*, du *Patrem immensae* ou du *Et laudamus* si on n'avait déjà atteint le stade de la saturation en matière de rythme « à la française ». Le *Judex crederis* ne fait pas encore jaillir un poème descriptif de l'imagination de l'organiste, mais on apprécie l'intériorité bienvenue de la courte fugue « prise de près recherchés » *(sic)* sur *Miserere nostri*, pierre de touche de tout *Te Deum*.

B. F.-S.

EUGÈNE GIGOUT

Né à Nancy, le 23 mars 1844 ; mort à Paris, le 9 décembre 1925. Élève à la maîtrise de la cathédrale de Nancy, puis à l'école Niedermeyer, où il bénéficia des conseils de Camille Saint-Saëns et de Clément Loret, il enseigna le plain-chant, le contrepoint, la fugue et l'orgue dans ce dernier établissement de 1863 à 1885, puis de 1900 à 1905. Nommé en 1863 organiste de Saint-Augustin, il en inaugura cinq ans plus tard le grand instrument de Barker, sur lequel il s'illustra pendant cinquante-sept ans. En 1911, il succéda enfin à Guilmant comme professeur d'orgue et d'improvisation au Conservatoire de Paris. Parmi ses nombreux élèves, on doit citer Fauré, Erb, Boëllmann, Périlhou, André Marchal et Albert Roussel.

Très abondante, la production d'Eugène Gigout s'adresse tant aux organistes liturgiques qu'aux grands maîtres confirmés, réservant quelques pages *manualiter* aux utilisateurs d'harmonium. Parmi les œuvres essentielles, auxquelles on peut adjoindre deux préludes et fugues en *si* mineur et *mi* majeur et trois rhapsodies (*sur des airs catalans*, *sur des airs populaires du Canada* et *sur des Noëls*), on retiendra surtout : *Suite de six pièces* (1872), *Six Pièces* (1881, *Introduction et thème fugué*, *Communion*, *Marche religieuse*, *Marche funèbre*, *Andante symphonique*, *Grand chœur dialogué)*, *Cent Pièces brèves grégoriennes* (1889), *Dix Pièces* (1892), dont la célèbre *Toccata* et la *Cantilène*, *Poèmes mystiques* (1893), *Album grégorien*, 2 volumes (1895), *Trois Pièces* (1896), *L'Orgue d'église*, 2 volumes d'interludes (1902), *Soixante-dix Pièces* (1912), *Nouveau Recueil de douze pièces* (1912), *Cent Pièces nouvelles* (1922). En 1923, Gigout porta une dernière attention à la musique d'orgue avec *Dix Pièces* publiées à Amsterdam.

Admirateur de Bach et de Mendelssohn, disciple assidu d'un établissement qui, au beau milieu du XIXe siècle, prête l'oreille à la musicologie naissante et favorise la lecture, l'analyse, voire l'imitation des « classiques » que sont aussi Palestrina et Haendel, l'organiste de Saint-Augustin s'est nourri parallèlement à la source du plain-chant. Sa place n'est donc pas très éloignée de celle de son maître Camille Saint-Saëns : même sobre élégance, même souci d'une tradition organistique qui réserve au contrepoint sa meilleure part, même rigueur de l'écriture dans le traitement des genres à la mode (marches, interludes, communions, toccatas), mêmes références au bon goût qui bannit du temple les pâmoisons par trop féminines et les éclats par trop militaires. Sa musique, qui fait le meilleur accueil à la fugue, sonne avec clarté, se complaisant aussi bien dans la polyphonie du milieu du XVIIIe siècle allemand que dans certaines tournures que ne désavoueraient pas les maîtres du classicisme viennois.

Bien que peu jouée, une œuvre comme la **Pièce jubilaire en forme de prélude et fugue** écrite en 1918 pour Mgr Jouin, curé de Saint-Augustin, apparaît comme très représentative du style de Gigout. Un *Andante* en *ré* majeur dont le thème est tiré de *Prêtre*, mélodie du même auteur, module à la dominante puis revient dans le ton principal au cours d'une sobre introduction qui renonce même à la pédale. Cette dernière fera son entrée lors d'une fugue qui exploite un sujet de canzone avec notes répétées à l'italienne, comme on en rencontre dans beaucoup d'œuvres anciennes. L'augmentation de ce motif et son traitement sous forme de strette en assure une progression qui affecte l'intensité autant que la complexité.

Mais si Gigout sait aussi mettre en valeur l'orchestral instrument de son époque, qu'il registre selon des recettes qui ont déjà fait leurs preuves, son peu de goût pour le développement lui impose une concision qui sied aux pièces de longueur modérée mais lui interdit l'accès aux grandes formes que sont la sonate ou la symphonie.

Parmi les innombrables œuvres de ce compositeur, bien peu figurent encore aux programmes des concertistes. L'**Introduction et thème fugué** de 1881, certaines pages distinguées des petits recueils que jouait volontiers André Marchal mériteraient un meilleur sort, comme les deux préludes et fugues et la **Rhapsodie sur des Noëls** que l'on entend rarement. Restent, avec un **Scherzo** récréatif ou la **Cantilène**, le **Grand chœur dialogué** de 1881 et la **Toccata**.

Grand chœur dialogué

Dédié à l'élève de Lemmens et professeur au conservatoire de Bruxelles, Alphonse Mailly, cette œuvre en *sol* majeur appartient aux *Six Pièces* et confronte deux plans de fonds et d'anches, l'un sans, l'autre avec pédale *(fff)*. Une première partie dont le plan tonal soutient l'intérêt, de *sol* à *ré* majeur en passant par *ré*, *fa*, *mi* bémol et *la* bémol, fait sonner un motif martial que les valeurs pointées dynamisent. Un développement plus linéaire qui précède le retour de la marche en *la* mineur puis *la* bémol majeur et *sol*, constitue la deuxième section, tandis que la troisième oppose à nouveau les deux claviers dans le même esprit qu'au début, mais au gré d'une écriture plus décorative et orchestrale. Ce principe de polychoralité qui consiste à poser en rivaux le Grand-Orgue (accouplé au Positif et à la Bombarde) et un Récit expressif richement doté par Cavaillé-Coll dans sa dernière période, régit bon nombre de pages de cette époque et l'idée sera reprise dans la *Fantaisie dialoguée* de Léon Boëllmann où l'orgue alterne cette fois avec l'orchestre.

Durée d'exécution : ~ 6 mm

Toccata

Cette page en *si* mineur tirée des *Dix Pièces* de 1892 s'organise selon les trois paliers d'un crescendo qui conduit au grand chœur. Imaginée comme un mouvement perpétuel avec quelques modulations dans les tons voisins (*fa* dièse mineur) ou en *sol* majeur, elle impressionne par sa cohérence et frappe d'autant plus qu'elle est cursive et sait s'exprimer avec une économie et un sens des proportions qui font mouche.

Durée d'exécution : ~ 3 mn

Cantilène

Issue du même recueil de 1892, cette charmante pièce en *la* majeur s'articule en trois volets symétriques. Le premier présente un solo contourné d'allure décorative qui sera repris enrichi de nouveaux contrepoints dans la dernière, tandis que la section médiane énonce un autre thème qui se colore de teintes mineures (*la*, *mi*, *ut* dièse).

Durée d'exécution : ~ 5 mn

F.S.

CHARLES GOUNOD

Né à Paris, le 17 juin 1818 ; mort en cette même ville le 17 octobre 1893. Aussi doué pour le dessin que pour la musique, à l'instar de Mendelssohn, il fit néanmoins un choix définitif vers l'âge de quinze ans et entra en 1835 au Conservatoire de Paris, où il fut l'élève de Reicha, Paër, Lesueur (composition) et Halévy (contrepoint). Grand Prix de Rome en 1839, il eut l'occasion de découvrir la musique de Palestrina lors de son séjour dans la Ville éternelle. A son retour, il séjourna aux Carmes et subit l'influence de Lacordaire. Désireux d'accéder à la prêtrise, il dut pourtant renoncer à cette vocation et, bien que signant ses lettres « l'abbé Gounod », n'en épousa pas moins la fille du pianiste Zimmerman en 1852. Auteur d'une abondante œuvre religieuse, il doit pourtant sa renommée au théâtre, et Faust *consacra sa gloire dès 1859. Les quelques pages instrumentales qu'il put ici et là écrire demeurent au contraire dans un relatif oubli, et son œuvre d'orgue, d'ailleurs limitée à quelques pièces, reste à découvrir.*

Tiraillé entre la chair et l'esprit, homme de foi, prêtre dans l'imaginaire à défaut de se plier aux exigences du sacerdoce, compositeur religieux mais figure incontestée de l'opéra, Gounod ne peut qu'appeler les comparaisons avec Liszt : même attirance ambivalente pour la sensualité la plus fiévreuse et le mysticisme, même vocation, même parodie ecclésiastique, même aspiration à s'afficher comme un des maîtres de l'art sacré, même succès d'estrade (le piano jouant chez le virtuose hongrois le rôle valorisant de la musique lyrique chère à Gounod)... Comme celui de Liszt par ailleurs, le style religieux qu'adopte le Parisien évolue entre deux pôles fort éloignés : une conception « romantique » avec fastes, transports et émotions plus ou moins larmoyantes *(Messe solennelle de sainte Cécile)* et une option passéiste qui dépasse quelquefois l'idéal cécilien auquel Liszt se montre sensible, pour flirter — d'une manière au moins convaincante ! — avec le pastiche de la Renaissance *(Les Sept Paroles du Christ)*. Dans le domaine de l'orgue, cependant, Gounod ne saurait rivaliser avec l'auteur du *Prélude et fugue sur B.A.C.H.* Certes, il a lui-même pratiqué l'instrument aux Carmes, aux Missions étrangères, dans son salon de la place Malesherbes et jusqu'à la fin de sa vie sur le Cavaillé-Coll de sa paroisse de Saint-Cloud; certes il fait volontiers intervenir l'orgue, non seulement dans ses pages religieuses (chants sacrés, messes ou oratorios), mais aussi dans certains opéras (scène de l'église dans *Faust*, final aux Saintes-Maries-de-la-Mer de *Mireille*), mais son approche du grand orgue soliste reste des plus occasionnelles.

Outre *Cinquante morceaux religieux pour le service divin choisis dans les œuvres de Charles Gounod* et transcrites par Alex Bruneau, organiste de la cathédrale de Bourges (1880), ce qu'il destine véritablement à l'orgue à tuyaux ou expressif se compose d'un *Offertoire* en *ut* majeur de facture très simple (A B A′, avec B dans le ton de la dominante), de *Trois Offertoires* publiés dans le *Répertoire de musique d'église pour orgue* de Lebeau (1873) et d'une *Marche solennelle* en *ut* majeur, dont l'édition posthume date de 1898. On note par ailleurs, élaborées à l'intention de la virtuose Lucie Palicot, deux œuvres pour piano-pédalier et orchestre : *Suite concertante* (arrangement pour deux pianos par Saint-Saëns en 1888) et *Fantaisie sur l'hymne national russe* (1886).

Dans les **Trois Offertoires**, Gounod aborde l'orgue avec un esprit plutôt pianistique (octaves, staccato, nuances) qui ne soulève guère l'enthousiasme. On distingue successivement un **Offertoire ou Elévation** en *la* bémol majeur (*Adagio molto*), un **Offertoire ou Communion** en *ré* majeur (*Andante moderato* à 12/8) et **Offertoire** en *fa* majeur (*Moderato quasi andante* à 6/4).

En revanche, la **Marche solennelle** pour grand orgue ou piano-pédalier, composée en 1889, se révèle plus ambitieuse. D'ascendance classique dans la forme

(A B A′, construction par périodes de huit mesures), ce *Moderato maestoso* destiné d'abord au grand chœur *(ff)* débute par un mouvement héroïque auquel les valeurs pointées et les arpèges de pédale en doubles croches confèrent une allure triomphale. La seconde partie (fonds 16', 8', 4') maintient alors les motifs arpégés de la basse (croches en staccato), mais présente un thème de romance plus expressif (*fa* majeur), puis une deuxième idée en *ré* mineur. On assiste enfin à un *da capo* textuel que couronnent huit mesures de coda. L'effet ne manque pas de faire mouche avec le renfort toujours efficace des anches de l'orgue symphonique, mais l'harmonie ne paraît pas des plus subtiles, ni l'inspiration des plus recherchées. On reste loin du meilleur Gounod, celui de maintes mélodies, de *Roméo et Juliette*, de *Mireille* ou du *Requiem*.

Durée d'exécution : ~ 4 mn 30 s

F.S.

NICOLAS DE GRIGNY

Baptisé à Reims, le 8 septembre 1672, mort en cette même ville, le 30 novembre 1703. Issu d'une famille d'organistes rémois, il reçut une première formation dans l'« atelier » paternel. Vers 1693, on le trouve à Paris et, de 1693 à 1695, il tient l'orgue de l'abbatiale royale de Saint-Denis dont son frère André est le sous-prieur. En 1697, il est nommé organiste de la cathédrale de Reims et, en 1702, il assure aussi le service de la paroisse Saint-Symphorien de cette ville. A son décès prématuré, son père lui succédera aux claviers de la cathédrale Notre-Dame. Grigny n'a laissé qu'un Livre d'orgue, *publié en 1699, et réédité par Ballard en 1711. On sait que Bach l'a recopié intégralement à Weimar vers 1713 (le manuscrit en est conservé à la bibliothèque de Berlin).*

Mort à trente et un ans comme Schubert, Grigny ne se présente pas devant le tribunal de la postérité muni d'une moisson aussi considérable que le Viennois, puisqu'il n'a pour tout bagage qu'un Livre d'orgue. Et, pourtant, son génie le distingue sans hésitation de la masse des organistes-compositeurs et le situe au rang des créateurs à part entière.

Apparenté aux Colbert, ce provincial a peut-être été appelé à Paris, non par le ministre royal, décédé depuis dix ans, mais par Colasse, l'ancien protégé de Lully et son successeur, ou par les facteurs Lesclop et Enocq, tous Rémois. A Paris, Le *Mercure galant* le dit élève de Lebègue, ce qui paraît vraisemblable quand on sait que Lebègue est témoin à son mariage et que Grigny habite comme lui — chez lui? — rue Simon le Franc, sur la paroisse Saint-Médéric dont Lebègue tient les claviers d'orgue. Sans doute a-t-il découvert alors quelques recueils de musique allemande puisque des traces d'œuvres de Froberger et Muffat (tous deux venus autrefois à Paris) se relèvent dans son Livre d'orgue.

Grigny a exercé son art dans deux lieux chargés d'histoire : Saint-Denis, premier grand sanctuaire gothique et nécropole royale ; la cathédrale Notre-Dame de Reims, chef-d'œuvre rayonnant et écrin du sacre des rois de France. En des temps où la pompe ecclésiastique mêle les fastes et la théâtralité du « paraître » à la piété la plus sincère, Grigny apparaît comme une figure singulièrement droite. Nommé organiste de l'abbaye royale de Saint-Denis en 1693, l'année où Couperin accède aux claviers de la Chapelle royale, il n'hésite pas à retourner dans sa province natale pour y mener une existence familiale modeste entre des parents, une femme et sept enfants. Aurait-il pu espérer un destin plus éclatant à la cour? En vérité, la personnalité discrète de celui qui s'est voulu un digne serviteur de l'instrument de l'Église s'efface derrière son œuvre. C'est elle qu'il faut interroger.

LIVRE D'ORGUE

Premier Livre d'orgue contenant une Messe et les Hymnes des principales fêtes de l'année, annonce la première édition de 1699; la seconde, de 1711, ne retiendra que l'appellation *Livre d'orgue*. Grigny prend position comme organiste liturgique en publiant conjointement une messe *Cunctipotens genitor Deus* pour les fêtes solennelles et cinq hymnes, sans la moindre incursion du côté des suites « dans les huit tons » semi-profanes, aux attraits desquelles cédaient la plupart de ses confrères. Ce n'est pas dire qu'il se dissocie de l'esthétique de son temps : il assimile tous les genres nouveaux, toutes les registrations colorées dont les Parisiens se montrent si fiers, ces duos, trios, récits ornés, pleins-jeux, dialogues sur les grands jeux. Il ne recule pas même devant les rythmes de danse qui animent maints de leurs versets; seulement il possède le don de transcender tout apport, et de son œuvre émane une spiritualité irradiante qui lui vaudrait le beau titre d'« Orgue mystique » (Tournemire).

Si, à Saint-Denis, Grigny a trouvé un « vieil instrument en mauvais état » (Dufourcq), à la cathédrale de Reims, il bénéficie d'un orgue à quatre claviers et pédalier fraîchement restauré (1696). Pas plus que Couperin, il ne signe de « Meslanges » de jeux, mais ses pièces nous renseignent sur ses goûts. Il montre une dilection pour le cornet et le cromorne, aimant les faire dialoguer, ou les superposer directement dans ses fugues à 5.

Qu'ils se rapportent à une hymne ou à la messe, ses versets d'orgue alternent avec le plain-chant confié à la maîtrise selon le principe « *pulsatur alternatim* », réitéré par tous les Cérémonials. D'évidence, le compositeur se soumet à la destination fonctionnelle de la musique d'orgue; c'est pourquoi la relative longueur de ses versets étonne par comparaison avec la brièveté de mise chez tous ses collègues. Peut-être, dans l'immense vaisseau de Notre-Dame de Reims, le clergé octroyait-il plus de temps à son organiste...

Écrire pour l'orgue liturgique, c'est pour un compositeur se confronter à des problèmes multiples et croisés : trouver un compromis entre des tons liturgiques imposés et l'affect dont on voudrait charger telle oraison; donner à entendre les mélodies liturgiques dans les versets imposés mais, peut-être, en tenir compte de manière plus secrète dans les autres. La question majeure concerne le rapport entre les versets musicaux et les paroles qu'ils remplacent, paroles muettes mais présentes dans toutes les mémoires et, dans certaines églises, prononcées avant ou pendant l'intervention de l'organiste. Sachant combien les Français se défiaient de l'apparente vacuité sémantique de la musique instrumentale, on peut supposer qu'ils s'efforçaient de comprendre le sens implicite des versets d'orgue; il semble donc qu'on puisse accorder aux organistes-compositeurs français quelque aptitude dans le maniement de la rhétorique musicale dont on crédite volontiers les étrangers.

Le génie de Grigny tient à l'adéquation exceptionnelle entre une fonction collective et une poétique personnelle; c'est pourquoi le symbolisme musical sous-jacent mérite d'être traqué de très près dans son œuvre. Mais jusqu'à quel point? Dans sa récente édition du Livre de Grigny, Charles L. Koehlhoeffer s'engage dans une approche numérique. Que Grigny ait connu et, peut-être, pratiqué la gématrie, c'est possible, et les premiers résultats ne vont pas à l'encontre de cette hypothèse; cependant, plus encore qu'aux notes, on peut faire dire beaucoup aux chiffres. J'en prendrai pour exemple la page la plus célèbre de Grigny, la Tierce en taille du *Gloria* : elle compte 41 mesures et figure page 14 de l'édition princeps. Signée « J.S. Bach », on ne manquerait pas d'en tirer les conclusions que l'on sait; pour « N. de Grigny », quelle symbolique invoquer?

L'extrême épanouissement du style de Grigny frappe dès l'abord. Chaque pièce est plus large, plus savamment développée que chez ses collègues, l'entrelacs des lignes plus dense, plus complexe, le pédalier plus sollicité et ses parties plus difficiles, la technique manuelle plus ardue et les larges intervalles (dixièmes) plus fréquents, le souffle mélodique plus ample, l'ornementation plus foisonnante (étendue à d'innombrables appoggiatures), les arabesques plus chantournées, les modulations plus instables et lointaines, le langage plus ambigu, audacieux jusqu'à la témérité au sein même d'une polarisation modale d'une exemplaire économie.

Une attention spéciale doit être portée à deux aspects saillants du style de Grigny. L'un est le goût étonnant pour la flore ornementale de ce pur contrapuntiste et pur organiste : est-ce un souci de précision qui le pousse à écrire en toutes notes les agréments que ses collègues laissaient « à la discrétion » des interprètes, ou est-ce une fascination pour la *vocalità* qu'il essaie d'appliquer à la « voix de l'orgue » ? L'autre est sa prédilection pour la texture à cinq parties (à l'instar de l'écriture symphonique et chorale de Lully et Lalande), inhabituelle ou seulement ponctuelle chez ses devanciers (Raison, Boyvin, Jullien, Couperin). Cette trame à cinq fils, le compositeur en fait la base de ses fugues qui, pour n'être nullement comparables aux fugues de son contemporain Buxtehude, n'en témoignent pas moins d'une inépuisable invention.

Grigny possède au plus haut point l'art de fusionner les contraires. Il est à la fois le plus grand architecte des organistes du « Siècle de Louis XIV » et son plus exubérant ornemaniste — une fusion musicale d'Hardouin-Mansart et de Bérain —, doublé d'un poète à la muse capricieuse. C'est merveille de suivre conjointement la logique implacable de la progression structurelle et les méandres d'une pensée ondoyante, rétive à tout système, inventive à chaque mesure. « Cacher l'art par l'art même », la devise de Rameau est l'unique règle du génie français, que Grigny ne fera pas mentir. Radieuse apothéose d'un style arrivé à maturité, son œuvre porte tous les signes de l'*accomplissement*. Ne nous étonnons pas qu'aucun de ses successeurs n'ait pu dépasser ou même atteindre un tel sommet.

Messe Cunctipotens genitor Deus

Aux 19 versets imposés par l'alternance, souvent étoffés d'un Offertoire et d'un *Deo gratias*, Grigny ajoute encore une Élévation et une Communion, ce qui porte à 23 le nombre des interventions de l'orgue. Deux facteurs de cohésion structurent l'ensemble de la messe avec fermeté : un réseau de motifs issus d'une cellule-mère et une polarité modale ramenée à une ossature d'une logique irréfutable.

Plus encore que chez Couperin et chez son maître Lebègue, Grigny pousse à un point de raffinement musical et sémantique extrême les retours thématiques. Incipit du premier *Kyrie*, le motif générateur de l'œuvre (M^1) ou cellule-mère engendre la plupart des autres figures cycliques. De relever dans un *Kyrie* en mode de *ré* « tonalisé » diverses cellules tournant autour de *ré-do* dièse-*fa* n'aurait rien que de très banal, voire d'inévitable, si l'insistance de leur retour dans les prières suivantes, en mode de *mi* et de *fa*, ne devenait troublante. D'évidence, Grigny veut souligner une intention. Parmi le réseau des profils récurrents, l'un paraît avoir un sens très singulier ; il fait, certes, partie des métamorphoses du motif fondateur, mais, en tant que contour indépendant, clairement défini, il revient dans tous les versets qui touchent au Christ, et peut-être n'est-il pas déplacé de le considérer comme une sorte de « leitmotiv christique ». Il surgit pour la première fois dans le *Christe* dont il constitue la figure principale, réapparaît dans le *Domine Deus, Agnus Dei* (mes. 2 et 35), le *Tu solus altissimus, Jesu Christe* (mes. 4) du *Gloria*, dans le 2e *Sanctus* (mes. 15-16) et, plus diffus, dans le 1er *Agnus Dei* (mes. 1-2 au ténor, 9-10 au soprano), et on le relève dans d'autres versets, où, sans jonglerie sémantique, il peut prétendre à la même signification.

Parallèlement, Grigny fait donc œuvre d'architecte-compositeur de musique « pure ». Non seulement il se délecte à manier des cellules, les permuter, les inverser, à ménager des symétries, mais il veille à unifier les divers « tons » d'église imposés par le chant liturgique. La messe grégorienne *Cunctipotens genitor Deus* offre en effet en canevas modal « éclaté » : 1er ton (*ré* mineur) se terminant sur sa dominante *la* pour le *Kyrie*, 4e ton (*mi* mineur) pour le *Gloria*, 8e ton (*sol* majeur) pour le *Sanctus*, 6e mode (*fa* majeur) pour l'*Agnus Dei*. Grigny va intervenir à tous les niveaux pour réduire cet éparpillement à une ordonnance déjà « classique », quasi mozartienne. Dans ce dessein, il confère d'une part au ton de *ré* le statut de tonique générale de sa grande « sonate liturgique », le réintroduisant à tout moment et lui octroyant la mission de « boucler » la messe entière; il traite d'autre part les prières comme quatre « mouvements » aux tons voisins. Ainsi, comme Frescobaldi, il termine son *Kyrie* sur l'accord de tonique *ré* mineur et non sur l'accord de dominante *la* (à la différence de Couperin); il tire plus qu'aucun de ses collègues le 4e ton vers un 3e ton (*la* mineur, cadençant sur *mi*) afin que le *Gloria* sonne dans un pseudo-ton de dominante, et maintient délibérément ce *la* mineur dans l'Offertoire; il transpose le *Sanctus* de *sol* en *fa* majeur, conserve *fa* dans les deux pièces libres que sont le *Benedictus* et la Communion, ce qui, avec l'*Agnus Dei* en *fa*, constitue un grand mouvement en six versets au relatif majeur de *ré*, coupé par l'Élévation en *ut* mineur, dominante de *fa*; enfin, le maître d'œuvre conclut par une pièce libre, assimilable au *Deo gratias* en *ré* mineur, non sans avoir au préalable jalonné l'œuvre entière, de nombreux rappels du mode de *ré* initial. Avec une maîtrise sans égale, Grigny arrive donc à respecter plus que tous ses prédécesseurs la modalité interne induite par le chant grégorien, tout en démontrant un sens prophétique de la future architecture tonale. A vingt-sept ans, Bach n'a pas fait mieux.

Un regard attentif de la partition doit donc doubler l'audition, sous peine de laisser passer l'essentiel.

I Kyrie, 1er ton (mode de *ré*)

1. 1er Kyrie en taille à 5. Le plain-chant en valeurs longues à la taille ne commence qu'à la 2e mesure et se voit privé — volontairement? — de sa première note. Le buisson de lignes qui l'entoure expose en imitation le motif fondateur de la messe — indépendant de la mélodie liturgique —, au profil conjoint ascendant dans un intervalle de quarte diminuée *do* dièse-*ré-mi-fa* (M^1), précédé d'une sixte descendante *la-do* dièse. Rien ici ne rappelle le triomphalisme jaillissant de Couperin; dès l'abord, Grigny dit son respect pour la modalité du « linteau » grégorien, sa volonté de pénétrer les arcanes de l'écriture musicale en tant que métaphore de l'« harmonie universelle ».

2. Fugue à 5 qui renferme le chant du Kyrie. Grigny ne se contente pas de tirer le sujet de sa fugue des premières notes du *Cunctipotens*; c'est chacune des quatre périodes de la mélodie liturgique qui féconde successivement les quatre sections d'un grand ricercare (D'Anglebert avait superposé trois incises de cette même mélodie en une triple fugue). Grigny continue de supprimer la première note du profil grégorien (comme Lebègue et Couperin dans ce même verset) et d'observer la modalité (quitte à se permettre une note sensible à l'entrée de la 2e section, mes. 19-21). La 4e section renonce à une écriture fuguée au profit de deux énoncés en blanches doublés de leur capricieuse diminution. Dissimulé dans l'écheveau des lignes, apparaît çà et là l'un des dérivés du motif fondateur, ici son renversement *fa-mi-ré-do* dièse-*ré* (M^2).

3. Cromorne en taille à 2 parties (dans une polyphonie toujours à cinq parties). Deux traductions ont retenu les devanciers de Grigny pour la supplication adressée au Christ : un duo en hommage à la deuxième personne de la Trinité et à sa double nature, divine et humaine; un récit de cromorne en taille, véritable *voix* de Jésus fait homme (« le Verbe s'est fait chair »). Dans une fulgurante intuition, Grigny joint les deux en proposant un cromorne en taille à deux parties (registration inédite). Le « motif christique » générateur est le motif cyclique M^2 précédé de la tonique *ré*. Sa courbe sobre et expressive, son dolorisme discret s'*incarnent* dans la sonorité du cromorne. Soutenues par la partie de pédale, deux entrées en imitation au fond d'orgue préparent l'entrée des deux solistes. En cours de route, interviennent une deuxième idée (mes. 11), et de nombreuses modulations aux tons voisins (*ut* majeur, *sol* mineur, etc.).

4. Trio en dialogue. Le cornet et le dessus de cromorne exposent alternativement un motif à 3/4, évocateur de la sarabande (dans lequel se glissent M^1 et M^2). Après une cadence en *ut* majeur, débute le véritable trio avec les deux dessus en dialogue, puis ensemble, au-dessus d'une basse au pédalier.

5. Dialogue sur les grands jeux. En ne citant pas le plain-chant en cantus firmus, le dernier *Kyrie* déroge aux prescriptions du Cérémonial pour mieux célébrer la Trinité. Un premier épisode en style de grave pointé d'ouverture, au grand jeu, peut évoquer le Père. Le deuxième, au petit jeu, en imitation sur le « motif christique », se rattacherait au Fils. Plus agile, caractérisé à plusieurs reprises par une double figure — un arpège descendant de croches aussitôt suivi d'une gamme-fusée ascendante —, le troisième évoque le Saint-Esprit. Une amplification amène à une solennelle coda.

Durée d'exécution : de 13 à 15 mn

II Gloria, 4e ton (mode de *mi*, polarisé sur *la*)

6. Et in terra pax à 5. Plein-jeu avec plain-chant en taille serti d'une polyphonie indépendante. Pour créer une unité avec le *Kyrie* (unité sans doute peu perceptible dans le cadre d'un office), Grigny entame son verset en 1er ton (*ré* mineur) avec réponse plagale (*sol* mineur) avant de gagner peu à peu le 4e ton, ce qui lui permet de citer une cellule *fa-do* dièse-*ré* (M^3) en provenance du *Kyrie*. L'instabilité des degrés modaux est source de maintes rencontres équivoques ; quant à la cadence finale sur *mi* — qui préfigure toutes celles à venir —, elle enchante par son ambiguïté. Plus adroitement que quiconque depuis Louis Couperin, Grigny joue de la polysémie harmonique inhérente au mode de *mi* plagal : avons-nous affaire à une cadence plagale en *mi* mineur avec tierce picarde (d'où le savoureux mouvement *sol* bécarre-*fa* dièse-*sol* dièse) ou à une demi-cadence en *la* mineur ?

7. Fugue. Ingénieuse fuguette à la française pour le *Benedicimus Te*, où chaque entrée du sujet sur l'hexacorde descendant et chaque réponse sont immédiatement suivies de leur imitation contraire, sans oublier le canon des mesures 12-13 et autres artifices contrapuntiques. De plus, la réponse cite M^2, se voit contrepointée par une cellule issue de M^1, puis par M^3. Quant à l'hexacorde initial (M^4), il servira de réservoir motivique à de nombreuses pièces à venir : nouveau gage d'unité qui s'ajoute aux premiers éléments cycliques.

8. Duo. Comme Couperin dans la *Messe des couvents*, Grigny confie le *Glorificamus Te* à une gavotte légère s'envolant dans des vocalises finales. Les quatre premières notes reprennent la tête du *Benedicimus Te* (M^4) dans un tout autre caractère. Une discrète mais exacte citation de M^1 se relève mesure 5.

9. Récit de tierce en taille. Nombre d'organistes-musicologues s'accordent à penser qu'il y eut des interversions lors de la gravure, et que cette quatrième pièce du *Gloria* correspondrait, en réalité, au *Domine Deus, Agnus Dei* (à placer en nº 10) et non au *Domine Deus, Rex coelestis*, lequel trouverait ses réels attributs avec le récit de basse de trompette ci-après. C'est la thèse défendue en ces lignes, mais la vérité oblige à dire qu'un musicologue aussi avisé qu'Edward Higginbottom la conteste en alléguant, à juste titre, que Raison, par deux fois, et Gaspard Corrette n'observent pas davantage ce que nous estimons être, aujourd'hui, la *bonne répartition sémantique*.

Si l'on admet avec Lebègue que le récit de tierce en taille constitue le chef-d'œuvre de l'art organistique français, voici le chef-d'œuvre des chefs-d'œuvre. Tous les éléments de l'imploration existent en germe dès la première mesure à 6/4 : une chute arpégée de sixte sur une dominante de *ré* mineur puis une sixte ascendante (sorte d'inversion libre de M^1 du premier *Kyrie*) et leur répercussion canonique.

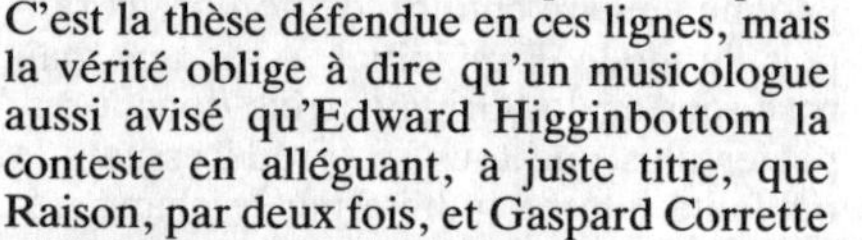

A petite ou grande échelle (mes. 16-20, 26-32), toute courbe ascendante sera suivie d'une retombée dépressive tant est lourd le poids de l'humaine condition; mais l'imploration repart avec plus de persuasion encore. Pas encore galvaudée, la marche d'harmonie sert à redire plus intensément la douleur (mes. 12-15, 37-38) ou l'espoir (mes. 26-27). A mi-parcours, les notes de la basse s'étirent pour permettre au soliste de reprendre à la première personne du singulier, en toute liberté, la prière murmurée par la collectivité. La tension se hisse jusqu'au *ré* aigu (mes. 28), la chute englobera un *fa* bécarre chavirant (mes. 29). La mesure 35 est l'objet de controverses. Pour certains, à commencer par Walther, le cousin de Bach, les sept notes du récit de tierce seraient gravées un ton trop haut. Telle quelle, cette mesure peut sembler au contraire l'acmé, dans sa tension même qui reproduit la quarte diminuée ascendante et la sixte descendante du motif fondateur M^1. Tension d'ailleurs respectée par Bach, qui n'a pas hésité à corriger quantité d'autres erreurs.

10. Basse de trompette ou de cromorne. Voici donc le *Domine Deus, Rex coelestis* supposé (à placer en nº 9). En vérité, ce « roi des cieux » semble un dieu assez bucolique, plus épris de pittoresque que de grandeur, virevoltant au fil des marches d'harmonie d'une gavotte au lieu de s'en tenir à la majesté du rythme Grand Siècle, réduit ici à deux apparitions.

11. Dialogue. Grigny traduit le *Qui tollis peccata mundi, suscipe deprecationem nostram* par un dialogue entre petit jeu et grand jeu qui débute en *la* mineur. Supportées par une basse chromatique, les deux mesures initiales rappellent, pour la première, le début de la Tierce en taille précédente et, pour la deuxième, le « motif christique », redit mesures 35-37 — qui s'énonce au petit jeu, comme dans le dernier *Kyrie* et pour les mêmes raisons symboliques. Tendues de chromatismes, les dernières mesures laissent affleurer le climat souffrant que l'on devinait derrière le 3/4 balancé d'un pseudo-menuet et les éclats du grand jeu.

12. Fugue à 5. Nouvel exemple de fugue fort peu académique. Grigny situe la première exposition dans la zone de *la* mineur, la deuxième dans la zone de sous-dominante *ré* mineur, et ne se dirige vers *mi* que dans les dernières mesures, non fuguées, coupées de grands silences dramatiques. La première incise du sujet, qui dessine un pentacorde descendant, vient du *Benedicimus Te* (M^4); autrement rythmé et disposé, le même pentacorde caractérise aussi le « motif christique », lequel s'insère tout naturellement mesure 34. Le long emprunt à *ré* mineur permet la citation exacte de la cellule M^2 à l'intérieur du sujet.

13. Trio. Souplement articulé de deux notes en deux notes, un mélisme quasi plain-chantesque — qui contient, une fois de plus, la cellule M^2 et cite le « motif christique » (mes. 4) — convient parfaitement pour chanter *Tu solus altissimus, Jesu Christe*. Rien de contraint ni de solennel dans ces imitations libres, ce cheminement sans hâte, ces tendres figures renouvelées au gré de l'inspiration.

14. Dialogue. « La puissance et la gloire » étaient réservées pour la formule doxologique. Plutôt que de citer le thème grégorien en valeurs longues et sans vie, Grigny en imprègne tout son dialogue. Déjà l'introduction déroule un grand mélisme (qui englobe M^4 en canon entre le dessus et la basse). Jubilus également dans le sujet générateur du grand dialogue central en *la* mineur, amorcé par la cellule M^4 et propice aux enrichissements adventices. En style louis-quatorzien, une péroraison de cinq mesures fait le pendant des cinq mesures de l'exorde et impose seulement le mode de *mi*.

Durée d'exécution : ~ 20 à 24 mn

III Offertoire sur les grands jeux

15. L'offrande du pain et du vin vaut à l'organiste un temps plus généreux et, en théorie, le choix de la tonalité qui lui convient. En réalité, tributaire de la partition (accord non tempéré) de son instrument, il ne s'éloigne guère des tons d'église. Par souci de cohérence à grande échelle, on l'a souligné, Grigny s'en tient à *la* mineur (que, sous le couvert du 4ᵉ ton, on a entendu pendant tout le *Gloria*), à partir duquel il s'autorisera de nombreuses excursions. La plupart des Offertoires affichent une construction tripartite d'ouverture lulliste mêlée d'éléments italiens. Grigny, lui, n'est pas loin de se suffire d'un diptyque tant la partie centrale est réduite. Sans démériter, sa « symphonie pour orgue » n'est pas le cœur sublime de la messe que l'on était en droit d'espérer, et la palette des timbres, les contrastes entre petit et grand jeux, soli de dessus ou de basse, cornet, écho contribuent largement au rayonnement de la musique. Sorte de « grave » à la fois pointé et fugué, le premier volet opère une fusion des deux éléments caractéristiques d'une ouverture à la française ; son sujet combine une partie des profils et intervalles les plus utilisés dans le *Kyrie* et le *Gloria* (en particulier un libre mouvement contraire du premier *Kyrie* et les notes 4 à 9 de la Tierce en taille du *Gloria*). Ce premier volet se subdivise lui-même en trois : exposition à trois voix ; section centrale commençant comme une contre-exposition pour se poursuivre par des divertissements modulants, dont un truculent solo de basse ; « réexposition » à quatre voix. Le volet central se réduit à une alerte et brève canzone. A 6/4, apparenté à une gigue fuguée, le dernier volet répète jusqu'au vertige l'hexacorde du *Benedicimus Te* (M^4), use et abuse de la marche d'harmonie. On notera un beau passage en retards, tout italien de style, ainsi que la résolution de la longue pédale de dominante au pédalier sur le *la* extrême grave du grand ravalement à la française.

Durée d'exécution : de 6 à 9 mn

IV **Sanctus**, 8e ton (*sol* transposé en *fa*)

16. Premier Sanctus en taille à 5. Grigny ne nous avait pas habitués à une telle brièveté. Excepté son écriture à cinq parties, le verset ressemble à s'y méprendre aux « chorals figurés » de Couperin : imitations sur le profil du plain-chant avant une dernière entrée en cantus firmus au pédalier qui sonne en taille.

17. Fugue. Du motif grégorien, la fugue ne retient que la quarte initiale, monnayée en quatre notes conjointes. Exposition à quatre parties, contre-exposition, puis sujet en *ré* et *sol* mineur, et deux dernières entrées au ton initial. Grigny charge le sujet en *ré* mineur — ton unificateur de la messe tout entière — d'un sens particulier en le modifiant de manière qu'il cite le « motif christique ».

18. Récit de tierce pour le Benedictus. Habituellement, une messe d'orgue propose ou le *Benedictus* ou l'Élévation, puisque les deux se jouent durant la Consécration. A l'instar de Raison en 1688, Grigny illustre les deux. Le maintien du ton de *fa* majeur et de la quarte liminaire du *Sanctus* assure une unité avec les deux numéros précédents (et avec les deux versets de l'*Agnus Dei* à venir). Après trois entrées fuguées sur les jeux doux, le profil calme et ascendant du soliste emprunte la rythmique du « motif christique ». Il se dissout dans d'autres figures qui citent M^3 dans sa version originelle en *ré* mineur (mes. 13-14) et M^2 en *ut* majeur (mes. 10) et mineur (mes. 32). D'abord très sobre, le récit se pare d'ornementations plus *cantabile* et de modulations fluctuantes.

Durée d'exécution : ~ 5 mn

V **Élévation**, *ut* mineur

19. Dialogue de flûtes pour l'Élévation. Propices à l'effusion spirituelle, la douceur des flûtes (sans doute avec tremblant) et le rythme modéré de sarabande l'emportent ici sur l'intensité du ton d'*ut* mineur (« obscur et triste », selon Charpentier), ton qui affirme avant tout sa fonction de dominante dans le grand ensemble en *fa* majeur du *Sanctus* et de l'*Agnus*. Le mélisme plain-chantesque en tierces parallèles de l'introduction est celui-là même qui entamait le *Tu solus altissimus, Jesu Christe*. La double image commune — christique et ascensionnelle (*altissimus*/ élévation) — est à la source de ce très subtil rappel.

Durée d'exécution : de 2 à 3 mn

VI **Agnus Dei**, 6e ton (*fa* majeur)

20. Premier Agnus. Souple trame horizontale à trois parties au-dessus du plain-chant en cantus firmus à la basse. Deux allusions peu audibles au « motif christique » se glissent mesure 1 au ténor et mesures 9-10 au soprano.

21. Dialogue. Kaléidoscope de petites sections marquées par des cadences aux tons voisins, et d'idées musicales éphémères distribuées aux quatre claviers manuels. Deux effets nouveaux sont à relever : les croches parallèles à la tierce, réparties aux deux mains, et le *double* écho répercuté à l'infini sous les voûtes d'une cathédrale, jeu sonore en « trompe-l'oreille » très représentatif du Baroque mais un peu factice. Grigny s'en rend compte qui, soudain, module en *ut* mineur pour une grandiose et bouleversante coda, tendue à se rompre sur une longue et lente chute chromatique de toute une octave à la basse ; l'*ut* mineur, majorisé, se mue en dominante de *fa* pour conclure. Dans les dix mesures finales, Grigny offre la quintessence de l'*Agnus Dei* : appel déchirant de l'humanité à la pitié du Sauveur et promesse d'une paix future.

Durée d'exécution : ~ 4 mn

VII Communion 6ᵉ ton (*fa* majeur)

22. Dialogue à 2 tailles de cromorne et 2 dessus de cornet pour la Communion. Exemple de la répartition de timbres emblématique de Grigny pour une canzone bien typée (proche cousine d'un caprice de Froberger) avec notes répétées et entrées fuguées étagées du grave à l'aigu. Une deuxième exposition s'enrichit d'un contre-sujet apparenté aux figures du premier *Agnus*. Deux cadences ornées en *fa* et *sol* mineur introduisent une touche d'émotion plus rare.

Durée d'exécution : ~ 3 mn

VIII [Deo gratias] 1ᵉʳ ton (*ré* mineur)

23. Plein Jeu. Par comparaison avec les messes de Couperin, ces vingt dernières mesures sont à considérer comme le *Deo gratias*, mais elles dépassent cette simple fonction. Tout le génie de Grigny trouve à s'y exprimer ; son génie de *musicien* dans la somptuosité du plein-jeu, la plasticité de ses lignes enchevêtrées de retards en vrai style organistique, dans la remarquable descente du superius sur plus d'une octave, dans le dernier enchaînement cadentiel traversé d'une ultime dissonance chromatique afin de rendre plus céleste l'accord conclusif de tonique majeure ; et son génie d'*architecte* qui, pour « boucler » la longue trajectoire de la messe dans son entier, affirme une dernière fois le mode de *ré*, véritable fil d'Ariane de sa composition et qui, avant de clore ce parcours, prend soin de le résumer en passant par tous les pôles harmoniques qui ont balisé la messe *Cunctipotens*, et de citer en taille à la basse la cellule-mère, mesure initiale fondatrice de tout le cycle : *do* dièse-*ré-mi-fa*.

Durée d'exécution : ~ 1 mn 30 s

Durée d'exécution globale : de 45 à 50 mn

Hymnes

Grigny sélectionne cinq hymnes destinées aux plus grandes fêtes de l'année liturgique. S'il s'est donné un modèle, c'est plus le lointain Titelouze, dont il reprend quatre titres, que son maître Lebègue ; Titelouze non tant pour le style, car Grigny ne néglige aucune des dernières ressources de l'orgue, que dans la dimension et le sérieux de l'entreprise. Deux hymnes sont écrites pour laudes *(A solis ortus* et *Verbum supernum)*, les trois autres pour les vêpres, où l'hymne prend place entre les psaumes et le *Magnificat*. Chaque groupement comprend de trois à cinq pièces, soit vingt au total, et commence par un plein-jeu — qui cite le plain-chant, sans que celui-ci imprègne la polyphonie alentour — suivi d'un commentaire fugué de la mélodie liturgique.

I Veni Creator

Hymne de la fête de la Pentecôte, elle contient six strophes, plus la doxologie *Gloria Patri*. Nivers explique que l'alternance avec les chantres diffère suivant les régions et que l'orgue a droit à plus de versets que la maîtrise. Pour sa part, Grigny dote l'orgue de cinq interventions, ce qui, en tout état de cause, semble excédentaire. Il est difficile de décider, pour les trois versets médians, lesquels Grigny s'est donné pour objet de commenter. Le 7ᵉ mode grégorien de *sol* authente, transposé sur *fa* (donc avec *mi* bémol), harmonisé quasi tonalement par Grigny, sonne comme le ton de *si* bémol majeur cadençant à la dominante.

1. Veni Creator en taille à 5. Avant la cadence finale, Grigny introduit un *mi* bécarre au plain-chant à la pédale qui a pour effet de « tonaliser » ce majestueux plein-jeu. Le compositeur respecte trois des respirations naturelles des quatre périodes de l'hymne, tandis que la cadence en *mi* bémol arrive curieusement six mesures après la fin de la troisième période.

2. Fugue à 5. Grigny ne commente pas la première période du plain-chant, si familière à nos oreilles, mais la tête de la deuxième. Trois sections composent la fugue : première exposition avec cinq entrées, deuxième exposition sur le sujet renversé, strette sur le sujet droit et coda. A noter, la partie de pédale d'une mobilité inconnue des Français de l'heure, le savoureux *ré* bémol (mes. 29) avant la cadence en *si* bémol majeur, et la broderie du *fa* oscillant entre *mi* bémol et *mi* bécarre pour conclure.

3. Duo. Hommage aux Couperin, cette gigue fuguée à 12/8 rappelle et la gigue en duo en *sol* mineur de Louis et le troisième volet de l'Offertoire sur les grands jeux de la *Messe des paroisses* de François. La tête du duo provient cependant des trois premières notes de la troisième période du plain-chant. Un peu bavard, cet alerte duo est racheté par de piquantes fausses relations (mes. 17 et 19) et d'étonnantes modulations dont la remarquable couleur de *la* mineur (dans l'ambiance générale de *si* bémol majeur).

4. Récit de cromorne. Trois entrées sur les jeux doux servent de tremplin à l'imagination mélodique du soprano soliste. Jolis emprunts passagers à *fa* mineur, broderies et volutes presque rococos annoncent le temps de Fénelon et d'une religiosité de l'émotion.

5. Dialogue sur les grands jeux. Une ouverture à la française en trois volets bien découplés convient idéalement pour convoyer jusqu'au ciel la louange de l'humanité à la Trinité dans une formule doxologique. La tripartition dépasse la simple structure générale et s'étend aux subdivisions internes pour constituer une libre forme en arche. De part et d'autre : un premier volet à la carrure massive de « grave pointé » à cinq voix et un troisième volet qui, loin d'en être la réplique, débute abruptement en *sol* mineur, passe par *ut* mineur (et rivalise en densité avec l'ultime verset de la messe *Cunctipotens*). Au centre, un fugato, lui-même tripartite : une gigue à la française à trois voix (sorte de mouvement contraire du Duo nº 3, et donc toujours évocateur de François Couperin) forme les épisodes externes ; la section centrale se subdivise à son tour en trois et donne à entendre successivement un « dessus » (de trompette ou cornet) sur le thème de la gigue, un passage plus déclamé et tendu qui constitue le centre éloquent de l'édifice pyramidal, une « basse » d'anche virtuose.

Durée d'exécution : de 14 à 16 mn

II Pange lingua

Hymne pour les vêpres de la Fête-Dieu en six strophes, toutes sur la même formule de plain-chant, l'orgue se chargeant comme à l'habitude des couplets impairs. Grigny donne une vision retenue, poétique de l'hymne du Corps Glorieux de Jésus dans le mode originel de *mi* authente qui lui inspire, de nouveau, les cadences si savoureuses relevées dans le *Gloria* de la Messe *Cunctipotens*.

1. Pange lingua en taille à 4. Le plain-chant en taille insère ses six périodes dans un plein-jeu moins majestueux qu'à l'ordinaire, les lignes fluides et descendantes d'une polyphonie en imitation, sans véritables cadences ni coupures, ne se prêtant guère à une démonstration de solennité. Les quatre premières notes descendantes du superius peuvent provenir de la sixième incise grégorienne, mais l'ensemble du profil générateur, caractérisé par une chute en degrés conjoints de *mi* à *sol* dièse, rappelle l'un des motifs référentiels de la messe.

2. Fugue à 5. « Dans la nuit de ce dernier souper [...] Il se donna lui-même de ses propres mains à ses douze disciples, pour être leur nourriture. » S'il fallait résumer l'art de Grigny, cette fugue pourrait y prétendre. Le compositeur s'y montre un maître ès contrepoints — du plus châtié au plus imaginatif — et un virtuose du pédalier qu'il dote d'audacieuses tirades, pourtant bien incommodes à réaliser sur les courtes marches à la française. A la fois rhapsode épris de *cantabilità* et architecte, Grigny démontre l'inanité d'un carcan : il s'en évade, il « fait une fugue »... La registration emblématique du maître de Reims a valeur ici de paraphe : la basse à la pédale, les deux voix médianes sur le cromorne, les deux plus hautes sur le cornet. Le sujet brode l'incipit de l'hymne, mais l'erratique divertissement central oublie jusqu'à l'idée de fugue au profit d'une admirable polymélodie.

3. Récit du chant de l'hymne précédent *[sic]*. Le « divertissement » se poursuit, au sens cartésien de ravissement, captation de l'âme. Ce troisième verset, l'un des plus justement renommés de Grigny, nous emporte encore plus haut dans l'émotion spirituelle. 5e strophe de l'hymne, le *Tantum ergo* introduit le fidèle dans le mystère de la foi eucharistique : « Révérons donc avec un profond respect un si grand Sacrement, que toutes les ombres de la loi cèdent à ce nouveau mystère, et qu'une foi supplée au défaut de nos sens ». Grigny, le mystique, adhère au mystère. Ses devanciers avaient déjà songé à traiter librement le chant liturgique en récit orné à la française ; il va plus loin en brodant son Récit de tierce en taille sur la trame *exhaustive* du plain-chant qu'il enrobe d'une dentelle ornementale, noie sous des arabesques, pincés, tremblements et ports de voix. En respectant clairement la périodisation des phrases musicales, Grigny s'approche singulièrement du choral orné des Allemands du Nord, de Buxtehude en particulier, à la différence que le thème orné chante en taille et non au soprano (disposition plus habituelle chez les luthériens).

Durée d'exécution : ~ 8 mn

III Verbum supernum

Autre hymne pour la fête du Saint-Sacrement. Mode de *sol* transposé sur *fa*, donc avec *mi* bémol.

1. Aucune indication pour ce verset liminaire à quatre voix ; sans doute n'est-elle pas indispensable pour que l'interprète en saisisse la carrure massive qui appelle une rythmique « pointée » à la française. La présence à la basse du chant grégorien en valeurs longues accentue la robustesse générale en assurant les fondations de l'édifice. Il y a ici quelque chose de la jeune assurance de Couperin, comme une certitude.

2. Fugue. « Fugue à 5 » dans la disposition préférée de l'auteur (pédale, cromorne, cornet). En fait de fugue, Grigny ne sacrifie pas deux fois au même moule. Celle-ci répète inlassablement un motif ramassé et têtu sur le tétracorde ascendant en provenance de l'incipit grégorien. Dans un langage plutôt sage, une telle obstination finit par créer une lancinance, une inquiétude. Au bout de deux pages, Grigny met un terme au processus, parce qu'il faut bien finir, mais de vraie résolution, point.

3. Récit en dialogue. Pour le *O salutaris Hostia*, Grigny donne une réplique du Trio en dialogue du 3e *Kyrie* de sa messe. La première partie présente successivement un premier motif en imitation, toujours sur l'incipit liturgique, que les deux solistes modifient au gré de leur émotion, puis un deuxième, descendant celui-là, issu des trois notes suivantes de l'hymne. Dans une deuxième partie, disposée comme les sonates en trio italiennes, les *deux* dessus, constamment ensemble, disent et redisent les *deux* motifs précédents en contrepoint renversable. Le texte fournit la clé de cette double image : la consolation dans les maux.

4. Récit de basse de trompette ou de cromorne. Batteries de croches en marches d'harmonie, notes répétées, arpèges désarticulés par des sauts d'intervalles, toutes les figurations habituelles au genre semblent ici autant de figuralismes pour évoquer à nouveau les assauts de l'ennemi et le combat sans merci qui se livre dans l'âme du chrétien. Au centre, de nouvelles figures, impérieuses et majestueuses, rappellent le récit de basse du *Rex coelestis* de la messe : sorte de contraction doxologique dans cet *Amen*.

Durée d'exécution : ~ 8 mn

IV Ave maris stella

L'hymne des vêpres de la Vierge est l'une des plus fréquemment mises à contribution dans le déroulement de l'année liturgique. Avec quatre versets, Grigny fournit l'alternance nécessaire aux sept strophes de l'hymne. Le mode de *ré* suppose des *si* et *do* naturels, du moins pour le cantus firmus en taille.

1. Point de désignation pour ce verset d'ouverture à cinq parties. La dense et sobre polyphonie du plein-jeu met en valeur la noblesse toujours associée au mode de *ré*. L'éthos de l'ancien *protus* grégorien ne semble pas devoir convenir à « l'étoile de la mer », mais il convient assurément à « la féconde Mère de Dieu », « porte du ciel », donc à la Vierge en majesté telle qu'elle nous est donnée à voir au portail de Reims. Belle figure de quatre croches en miroir autour de *ré* qui innerve la texture.

2. Fugue. Virtuosité en moins pour la partie de pédale, cette fugue à quatre voix se rapproche de la « Fugue à 5 » du *Pange lingua*. Le sujet offre une version ornée de l'incipit précédent qui en adoucit le profil sévère lancé par une quinte ascendante. L'exposition régulière sujet-réponse-sujet-réponse est suivie d'une strette réponse-sujet faisant office de contre-exposition. Toujours dans la même zone modale, plusieurs des entrées suivantes se doublent d'un contre-sujet chromatique ascendant qui en renouvelle l'éclairage.

3. Duo. « O Vierge incomparable ! qui surpassez toutes les autres en douceur, faites que, délivrés de nos péchés, nous soyons doux et chastes ». « Duo d'amour » mystique en rythme de menuet, il se scinde en sections à l'image du texte. Seule, la première s'élance en imitations sur l'intervalle *la-ré*, renversement de la quinte liturgique initiale *ré-la*. Le renouvellement motivique joint à la progression agogique, de la noire aux triples croches, des vocalises finales assure un envol remarquable.

4. Dialogue sur les grands jeux. Moule hybride qui tient de l'ouverture à la française tripartite — Trinité oblige — tout en s'approchant d'un diptyque, dans la mesure où le dernier volet ne marque pas une vraie césure. Le premier épisode force l'admiration par sa noblesse impérieuse. Des traits-fusées zèbrent le clavier au-dessus de longues pédales tenues ou trillées par des degrés mobiles (*la*, brodé par le *si* bémol et le *si* bécarre). Tel un Campra de l'orgue, Grigny s'appuie sur le modèle lulliste pour le mener irrésistiblement vers le futur style ramiste à la fois plus ample, plus altier et plus favorable aux grâces enrubannées. La partie centrale, qui n'a rien d'un fugato, entrecroise toutes sortes de « dialogues » : de claviers, de registres, de motifs. Commencée après la cadence en *la* majeur, la dernière partie fait miroiter les contrastes de timbres et de claviers en un jeu d'écho et de double écho pour s'achever somptueusement aux trois claviers réunis : « aux trois personnes adorables un même et un seul honneur ». Chromatisée, la cadence finale reproduit à l'identique l'ultime cadence de la messe.

Durée d'exécution : ~ 9 mn

V A solis ortus

Chantée à laudes ou à complies, en sept strophes plus la doxologie, l'hymne de la Nativité suppose quatre ou cinq interventions de l'orgue. Grigny se limitant à quatre, le « Point d'orgue » final illustre donc le dernier verset et non le *Gloria Patri*. L'hymne grégorienne part en *ré* pour aboutir en *mi*. Pour aller d'un pôle à l'autre, Grigny s'appuiera sur *la*, dominante du premier et sous-dominante du second, d'où une ambiguïté un peu analogue à celle qui caractérisait le *Gloria* de la messe.

1. Pas de désignation pour le plein-jeu initial en contrepoint à quatre parties. Sans imiter le plain-chant à la basse, la rayonnante polyphonie en épouse néanmoins la ligne ascendante, car « depuis les lieux où le soleil se lève jusqu'aux extrémités de la terre, chantons le Christ notre roi, né de la Vierge Marie ».

2. Fugue à 5. Dernier exemple de l'archétype sonore de Grigny à deux parties de cornet, deux de cromorne et pédale. Le sujet épouse les dix premières notes de la mélodie liturgique : les cinq premières en blanches, les cinq autres en « choral orné » idéalement adapté à « la grâce céleste de la chaste mère » dont le sein « renferme un mystère qu'elle ne connaît pas ». L'entrelacs « mystérieux » des lignes est une autre signature de Grigny. Une deuxième exposition en *la* mineur conduit au *mi* conclusif.

3. Trio. A trois voix concertantes, ce morceau *manualiter* sonnerait fort bien sur un clavecin. Le motif en dactyles descendants traduit-il la mise au monde « de celui prédit par Gabriel ? » Belle chute de septième à la basse avant la cadence modale.

4. Point d'orgue sur les grands jeux. Et point final magistral à l'hymne de la Nativité comme au Livre d'orgue tout entier. Combien misérables paraissent les carillons et musettes, passés et à venir, en comparaison du saltatoire, jubilatoire Point d'orgue de Grigny ! Le poète mystique, au sujet duquel on a joliment évoqué le sourire de l'ange de Reims, sait aussi s'adonner à la frénésie dionysiaque (dans une maîtrise apollinienne) quand « les chœurs célestes sont dans la joie, les anges chantent les louanges de Dieu, et le souverain Pasteur, le Créateur de l'univers se montre à de pauvres bergers ». L'immense basse tenue sur deux notes, *la-mi*, traduit la pérennité divine tout en évoquant le bourdon des instruments rustiques des bergers. La liesse universelle éclate multiplicité des motifs simultanés cessifs, tous rattachés à l'hymne pa envol ascendant ou par leurs notes tées d'impatiente canzone (le dernier n cite une toccata de Georg Muffat, ex-é de Lully). L'« ange de Reims » se d tait-il que l'écriture de sa première secti renouait avec la technique médiévale d « hoquet » sur teneur (pédale de *la*) ? L'habileté technique dans l'imbrication de deux motifs en contrepoint renversable — l'un diatonique, l'autre chromatique, l'un ascendant, l'autre descendant — le dispute à la finesse symbolique : tout a son revers, la joie ne va pas sans la peine et *vice versa*. Viennent ensuite les épisodes carillonnants de canzone. En rythme ternaire sur pédale de *mi*, la deuxième partie introduit une gigue pointée, de nouveau sur deux motifs en éventail et renversables, rehaussée de fausses relations dont la signification va bien au-delà de leur merveilleuse saveur et se rattache au monde du « *vice versa* » évoqué à l'instant. Grigny nous quitte sur l'allégresse hymnique, l'ivresse de la danse collective.

Durée d'exécution : ~ 9 mn

B. F.-S.

JEAN-JACQUES GRUNENWALD

Né à Cran-Gevrier (près Annecy), le 2 février 1911 ; mort à Paris, le 19 décembre 1982. Il est issu à la fois de l'École nationale des Beaux-Arts de Paris, où il a obtenu le diplôme d'architecte, et du Conservatoire de musique, où il eut comme professeurs Marcel Dupré et Henri Büsser. En 1939, il obtient le second Grand Prix de Rome de musique. Sa passion pour la musique a dominé son goût pour l'architecture : le souvenir mémorable de la découverte de l'orgue de la cathédrale de Lausanne en 1925 explique le choix de sa carrière d'organiste, qui lui a fait parcourir le monde pour de grandes tournées de concerts. Comme compositeur, il a été influencé par les conseils de Nadia Boulanger, les entretiens qu'il a eus avec Stravinsky et son admiration pour Schönberg. Sa rencontre avec le R.P. Florand et le cinéaste Robert Bresson a marqué le début de son activité de compositeur cinématographique, orientée vers l'expressionnisme religieux, les films les plus connus étant Les Anges du péché *(R. Bresson),* Monsieur Vincent *(M. Cloche),* Le Journal d'un curé de campagne *(R. Bresson). Après avoir été titulaire à Saint-Pierre-de-Montrouge de Paris (1955), il a succédé à Dupré à Saint-Sulpice (1973). Il a enseigné l'orgue à la Schola Cantorum (1958-1961) et au Conservatoire de Genève (1961-1966).*

Son œuvre de compositeur est variée — elle compte un Concerto pour piano et orchestre, un opéra (*Sardanapale*, 1961), un grand Psaume, un poème symphonique, etc. Mais c'est surtout à l'orgue que s'est consacré Grunenwald, avec la particularité d'avoir été marqué par l'atonalisme, fait rare par rapport au style général des œuvres françaises pour orgue de l'époque, beaucoup plus orientées vers la modalité. Sa rythmique s'éloigne de la périodicité néo-classique, mais il manifeste une volonté de ne pas écrire « difficile ».

Les **Deux Suites** (1937) contiennent dix pièces faciles et de courte durée, présentant des mélanges de jeux et des procédés rythmiques inspirés d'Olivier Messiaen. Le langage harmonique y est soit polytonal, soit dodécaphonique. Les pièces s'intitulent successivement *Nativité, Le Jardin des oliviers, Grave, Les Divins Espoirs, Allégresse, Procession, Poème mystique, Scherzetto, La Mélodie intérieure, Toccata.*

Berceuse (1939). De forme A-B-A, elle est parcourue de cellules multiples qui alternent et se superposent.
Durée d'exécution : ~ 4 mn 30 s

L'Hymne aux mémoires héroïques (1940) a été composé à la mémoire de Jehan Alain. A une introduction de style litanique succèdent un fugato interrompu, une cadenza, une cantilène recueillie ; et la reprise du motif initial se développe et conclut avec grandeur.
Durée d'exécution : ~ 10 mn

L'Hymne à la splendeur des clartés (1940) doit son caractère improvisé au morcellement des séquences, à la variété des indications de tempo et à de nombreux changements de jeux.
Durée d'exécution : ~ 9 mn

Quatre Élévations (1942). Leur brièveté et leur douce registration en font des musiques en parfaite conformité avec leur destination liturgique.

Les **Variations brèves sur un Noël du XVIe siècle** (1949) poursuivent et renouvellent la tradition française. Après la présentation du thème sur le cornet, la première variation le donne à la dominante sur le cromorne ; la deuxième est une ornementation du thème, et la troisième, sur les jeux d'anches, un canon à l'octave puis à la quarte.
Durée d'exécution : ~ 3 mn

Les **Cinq Pièces pour l'office divin** (1952) correspondant très précisément aux cinq interventions réservées à l'orgue au cours de la messe catholique, ce sont successivement Entrée (récit de cornet), Offertoire (ricercare), Élévation (tiento), Communion (méditation), Sortie (alleluia). Les références néo-classiques mêlées au caractère rhapsodique reflètent bien le style d'improvisation de Grunenwald pendant les messes à Saint-Sulpice.
Durée d'exécution : ~ 11 mn

La **Fugue sur les jeux d'anches** (1954) a été composée pour un tome de la revue *Orgue et liturgie* intitulé « La Fugue au XXe siècle ». Le thème en *la*, à 5/8, utilise une échelle de sept sons. Le plan respecte celui des fugues improvisées à la classe de Dupré : exposition, sujet au relatif (en *ut*) puis à la sous-dominante (en *ré*) après une pédale sur le cinquième degré, présentation des différentes strettes et coda pour conclure en majeur.
Durée d'exécution : ~ 4 mn

Le **Diptyque liturgique** (1956) a été destiné à l'inauguration de l'orgue de l'église Saint-James, à New York. **PRECES** est un prélude lent, en forme de grand arc, crescendo/decrescendo. **JUBILATE DEO** constitue le postlude à l'office. Il est articulé en trois parties : A. Guirlande d'alleluia et accords sur le thème à la basse ; B. Fugato issu de l'alleluia ; C. En forme de toccata sur une reprise de A transformé, puis reprise de A développé et réitéré, et conclusion fortissimo sur un choral qui reprend le motif de basse de A.
Durée d'exécution : ~ 9 mn

L'**Hommage à Josquin des Prés** (1956) se fonde sur le procédé de l'anagramme, traduction musicale du nom du compositeur. C'est une série de variations où le thème apparaît au soprano, à la basse, transposé et en valeurs longues, pour finir orné au soprano.
Durée d'exécution : ~ 6 mn

Introduction et aria (1956) a été écrit pour saluer la mémoire du facteur d'orgue Victor Gonzalez, qui venait de disparaître

cette même année.
Durée d'exécution : ~ 7 mn

La **Messe du Très Saint Sacrement** (1960), pour orgue sans pédale obligée, est précisément destinée, comme les *Cinq Pièces* de 1952, à l'usage liturgique. Chacune de ses cinq pièces se fonde sur un motif grégorien. L'*Introït* utilise le *Cibavit* en canon, l'Offertoire expose la mélodie *Sacerdotes* sur le cornet, l'*Élévation* utilise le graduel *Oculi Omnium*, la *Communion* se fonde sur la cantilène *Quotiescumque* et le *Postlude* mêle la séquence *Lauda Sion* et l'*Alleluia*. Les modes chromatiques forment un subtil contraste avec la modalité grégorienne.
Durée d'exécution : ~ 11 mn

Adoratio (1964). Après une calme introduction apparaît un thème en forme de litanie, suivi du motif de l'introduction réexposé. Le thème de litanie réapparaît alors, puis se calme, et les dernières mesures le présentent très ralenti en mouvement rétrograde.
Durée d'exécution : ~ 5 mn

La **Sonate** (1964) est l'une des pages les plus importantes de l'œuvre pour orgue de Grunenwald. Elle est constituée de quatre mouvements : Introduction et thème varié, Fioritures sur une antienne, Récit en taille, Final, avec reprise du thème varié. Les titres de chaque mouvement affirment bien la liberté formelle de l'œuvre — la référence au grégorien énoncé en cantus firmus n'a rien à voir avec la forme sonate, pas plus que le récit en taille, si caractéristique des Livres d'orgue du XVIIe siècle. Aussi s'agit-il plutôt d'une construction à la fois libre et rigoureuse, dans une grammaire dodécaphonique qui lui imprime une grande force.
Durée d'exécution : ~ 16 mn

Composée pour le concours d'orgue d[u] Conservatoire de Paris, la **Pièce en mosaïque** (1966) porte en sous-titre « Contrastes ». Elle est constituée de cinq séquences ordonnées selon une construction symétrique en arche, A-B-C-B-A. L'introduction (A), aux rythmes complexes dans l'aigu, se transforme en une sorte de passacaille (B) aux valeurs régulières très calmes ; un court récitatif à la pédale sert de transition avec une toccata (C) très rapide sur le plein-jeu ; la reprise transformée de la passacaille (B) un peu ornée s'enchaîne à la conclusion, qui reprend le caractère de l'introduction (A).
Durée d'exécution : ~ 8 mn

La **Pastorale mystique** (1968) est une nouvelle pièce destinée à la revue *Orgue et liturgie*. Les couleurs néo-classiques (jeux de cromorne et de cornet) habillent les harmonies chromatiques de ces brèves séquences destinées aux services liturgiques.
Durée d'exécution : ~ 3 mn

Dédiée à Nadia Boulanger, **Oppositions** (1976) est la dernière œuvre connue de Grunenwald. Comme la *Pièce en mosaïque*, elle est destinée au concours du Conservatoire de Paris. Le titre affirme la volonté de contrastes poursuivie par l'œuvre, entre un thème dodécaphonique et un thème tonal qui s'affrontent. La double exposition est suivie de cinq variations. Il faut remarquer le second theme, fondé sur la traduction musicale du nom de Nadia Boulanger. Variations et anagramme, ces deux procédés avaient déjà été utilisés dans l'*Hommage à Josquin des Prés* de 1956.

X.D.

JEAN-PIERRE GUÉZEC

Né à Dijon, le 29 août 1934 : mort à Paris, le 9 mars 1971. Il a été l'élève, au Conservatoire de Paris, de Darius Milhaud, Jean Rivier et Olivier Messiaen, avant de devenir, dans le même établissement, professeur d'analyse, de 1969 à sa précoce disparition. Très influencé par la peinture contemporaine, notamment de Mondrian, il s'est de bonne heure engagé résolument dans les voies de l'écriture postsérielle. Cherchant à « transposer dans le domaine des sons certains aspects de la technique de structuration de l'espace » empruntée aux peintres de son temps, il est l'auteur de plusieurs œuvres pour diverses formations instrumentales, Suite pour Mondrian, Architectures multicolores, *ou* Successif-simultané*, ainsi que pour la voix, avec* Reliefs polychromés, *pour douze voix solistes. Il ne nous reste de lui qu'une seule œuvre pour orgue, alors même qu'il envisageait de poursuivre sa recherche dans un cycle entier.*

Jean-Pierre Guézec a lui-même souligné que ses œuvres se caractérisaient « par un certain climat de fébrilité, un certain souci de contrastes, une volonté de ne pas écrire seulement des œuvres décoratives, mais des œuvres dans lesquelles on pourrait trouver le reflet de l'agitation et de l'inquiétude du monde dans lequel nous vivons ». Très méticuleusement écrite, sa musique en appelle à un langage raffiné, dont le compositeur disait : « Je m'efforce de ne laisser en sommeil aucun des éléments constitutifs de la matière sonore. » Sa *Pièce n° 1* pour orgue est un fidèle reflet de cette personnalité attachante.

Pièce n° 1 (1964)

Dédiée à Xavier Darasse. Le titre indique bien que l'auteur avait prévu une suite plus importante pour l'orgue, « ce diable d'instrument », comme il aimait à l'appeler. Son texte de présentation est très révélateur de sa méthode de travail, sans concession au hasard. « Dans des tessitures se succédant ou se superposant suivant un certain ordre de permutation, et à l'intérieur de durées totales déterminées également par permutation, évoluent des « plages » de diverses qualités : monodique, harmonique, polyphonique, homophone, hétérophone. Chacune de ces plages développe un certain type de durées internes, de tempo, d'allure, d'intensité, de timbres. » Les séquences successives nettement différenciées qui en composent la forme portent la marque d'Olivier Messiaen, mais sont extrêmement originales : mélodies chargées d'ornements, utilisation des douze sons, scintillantes registrations, fébrilité dans l'enchaînement des événements. Une pièce comme celle-ci ne peut que faire regretter la disparition prématurée de ce jeune et brillant compositeur.

Durée d'exécution : ~ 6 mn

G.C. et X.D.

JEAN ADAM GUILAIN

Claveciniste et organiste français, probablement d'origine allemande. A partir de 1702, un certain Guilain gravite à Paris dans l'entourage de Louis Marchand auquel il dédie, en 1706, ses Pièces d'orgue pour le Magnificat sur les huit tons différents de l'église. *Trente ans plus tard, Guilain, alias Jean Adam Guillaume Freinsberg, publie des* Pièces de clavecin d'un goût nouveau *(1739). Bien que le Livre d'orgue soit tenu en beaucoup plus haute estime que le Livre de clavecin, on considère habituellement qu'il s'agit du même artiste. L'existence de trois copies du Livre d'orgue à Berlin semble corroborer cette interprétation historique.*

Il n'y a rien d'étonnant qu'un Allemand soit venu travailler en France auprès du très célèbre Louis Marchand et s'y soit installé, mais le cas mérite d'être intégré dans une vision plus large des relations franco-allemandes, favorisées par des unions princières. Voici une brève chronologie des faits. Côté princier, d'abord : 1672, mariage de Monsieur, frère du roi avec Élisabeth Charlotte, fille de l'Électeur Palatin; 1680, mariage du Grand Dauphin avec Marie Anne de Bavière; de 1709 à 1715, présence à la cour de France de Maximilien de Bavière. Côté musiciens, ensuite : 1652, Froberger séjourne à Paris; de 1665 à 1670, Fischer, de 1668 à 1674, Muffat, de 1674 à 1682, Kusser, étudient avec Lully; 1682, le violoniste Westhof s'arrête à Paris où le *Mercure de France* publie ses sonates et le Français Danielis rentre de Güstrow où il a passé de nombreuses années; 1698, Christian Hesse vient travailler la viole de gambe à Paris; 1699, le Français Desmarest doit fuir la capitale et entre au service de Maximilien de Bavière; de 1704 à 1706, le jeune André Silbermann s'initie à l'art de la facture d'orgue à Paris dans l'atelier de François Thierry; 1705, Hebenstreit présente à la cour de France un tympanon perfectionné; 1715, le flûtiste marseillais Buffardin s'installe à la cour de Saxe; de 1714 à 1717 (et nous en resterons là), Louis Marchand — le maître de Guilain; est-ce un hasard? — entreprend une tournée de concerts en Allemagne.

D'une remarquable tenue, le Livre d'orgue de Guilain montre qu'il a tiré un parti fructueux des contacts noués à Paris. Pas trace de germanisme dans l'œuvre de cet Allemand de souche dont la réussite résulte d'une habile fusion des esthétiques latines. On ne sache pas qu'à l'instar de ses collègues clavecinistes et organistes, Guilain ait composé pour violon, mais il a pu s'imprégner des sonates de Corelli qui commençaient d'affluer en France. Ses pleins-jeux, trios et basses pour orgue, ses superbes licences harmoniques disent assez qu'il n'a pas résisté aux attraits du langage ultramontain avec ses retards, chromatismes et autres marches d'harmonie. Quelle fermeté dans les rythmes, les larges intervalles décrochés d'une octave; quelle verdeur, quel mordant dans les basses de trompette qui jamais, depuis Louis Couperin, n'avaient déployé autant d'audace! La vigueur, le souffle, l'autorité d'un maître s'imposent dans ces brefs versets à la française dont aucun ne dépasse trois minutes. Tout est concis, rien n'est petit.

Mais toutes ces qualités n'existeraient pas, du moins pas ainsi, sans l'influence de Marchand. A son maître, le disciple doit l'idée de son quatuor, la densité et la facture parfaite de ses pleins-jeux, la tournure hardie de ses basses, cette manière de les lancer avec la troisième entrée et de les faire dialoguer avec le cornet (Marchand, *Livre I*, première Basse). Il lui doit aussi la structure en rondeau, encore très inhabituelle à l'orgue, une dilection pour les harmonies surprenantes, les cadences rompues (V-VI), pour les phrasés qui partent sur le deuxième temps d'une mesure à 4/4. La césure au relatif ou à la dominante en milieu de verset est également fréquente chez Marchand, mais, dans les versets de *Magnificat*, elle présente en outre l'avantage d'aider à la traduction des images antithétiques de la poésie biblique (comme chez Titelouze).

Pièces d'orgue pour le Magnificat

Le *Magnificat*, ou Cantique de la Vierge, contient 11 versets; suivant le principe de l'alternance entre l'orgue et la maîtrise, l'instrument intervient six fois. Or, la plupart des *Magnificat* possèdent sept versets. Susceptible de s'appliquer à l'*Amen*, le septième présente surtout l'intérêt de grossir le *Magnificat* afin qu'il puisse servir à d'autres moments liturgiques, en particulier pour le *Benedictus* à laudes et le *Nunc dimittis* à complies. Sans doute est-ce l'une des raisons de l'absence de citation grégorienne dans les versets de *Magnificat* (hormis Titelouze), l'autre étant que les versets d'orgue n'alternent pas avec une mélodie liturgique fixe (comme la messe *Cunctipotens*), mais avec des intonations variables selon le lieu et le temps de l'année liturgique. La multiplicité des utilisations ne peut se pratiquer qu'au détriment de la traduction musicale des textes et entraîne l'effritement de la frontière entre sacré et profane. A la différence des chorals luthériens, c'est donc la fonction cultuelle des versets et leur soumission à des codes musicaux, dorénavant bien établis et connus de tous, qui « font sens », plus que la musique elle-même.

Avant le Livre de Guilain, on ne compte en France que deux ensembles *publiés* de *Magnificat* : ceux de Titelouze en 1626 et de Lebègue en 1678. Pour la première fois à l'orgue, chaque ensemble de Guilain reçoit l'appellation de « suite ». Lebègue, qui avait été le premier à utiliser ce vocable au clavecin, ne s'en était point servi à l'orgue, pas plus que Nivers et les organistes du XVIIe siècle. La connotation attachée à ce terme n'échappe pas aux amateurs du temps, et l'Église s'alarme de ce glissement insidieux qu'elle tente d'endiguer en réitérant en 1703 le *Caeremoniale parisiense* de 1662. Mais le tournant est irrémédiablement amorcé de la sécularisation de la musique pour orgue, quand musique il y a, car beaucoup d'organistes se contentent dorénavant d'improviser au culte et renoncent à écrire pour l'instrument qu'ils servent. D'autres entassent des pièces sans songer à les livrer à la gravure.

Comme beaucoup de compositeurs du temps, Guilain promet plus qu'il ne donne. Des huit *Magnificat* annoncés, seuls les quatre premiers répondent à l'appel, donc ceux dans les « tons » (modes) à tierce mineure, les plus graves, les plus épineux à harmoniser dans le langage quasiment tonal de l'époque. Guilain y parvient de main de maître, et ces 28 pièces lui suffisent pour se tailler une place de choix parmi les organistes-compositeurs du début du XVIIIe siècle.

A considérer l'ensemble, il paraît clair que Guilain a voulu respecter le déroulement du *Magnificat*, même si la traduction musicale nous déconcerte parfois. Le sixième verset clamant sans ambiguïté la doxologie, le septième s'applique donc à l'*Amen*. Les quatre *Magnificat* commencent par un plein-jeu ou prélude, d'une exemplaire écriture *da chiesa*, évocatrice de quelque adagio de concerto grosso de Corelli. Le 2e verset, *Quia respexit humilitatem*, successivement trio, tierce en taille, quatuor et cromorne en taille, soulève les difficultés d'interprétation sémantique les plus aiguës, car, dans le figuralisme musical, le ténor est volontiers affecté au Christ (*cf.* les *Christe eleison*) ; quant à la symbolique successive du « trois » et du « quatre », elle semble difficile à justifier... Les trois duos et le dialogue de voix humaine correspondent au 3e verset *Et misericordia* (chez ses prédécesseurs, les duos caractérisaient plutôt le verset précédent). En revanche, les trois basses de trompette et la basse de cromorne s'appliquent parfaitement au *Deposuit*. Pour le *Suscepit Israël*, les Cérémonials demandent « gravité et douceur », et Guilain lui réserve effectivement un verset intimiste avec récit de dessus, trio de flûtes, duo ou trio. Dans les quatre *Magnificat*, un dialogue carillonnant se charge de la vibrante louange collective du *Gloria Patri*, et le modeste petit plein-jeu correspond traditionnellement à l'*Amen* (Nivers a donné douze « Petits pleins jeux pour l'*Amen* » et Michel Corrette reviendra encore à cette registration pour l'*Amen* dans son troisième Livre).

Suite du 1er ton (assimilé à *ré* mineur)

1. Plein jeu. Sobre, grand, rehaussé d'enchaînements harmoniques inattendus. Belle écriture à quatre voix.

2. Trio. Très simple, à trois voix concertantes sur un motif ascendant. Passage corellien (mes. 16-22) avec basse rythmique et voix supérieure plus mélodique formant des retards harmoniques avec la partie centrale en valeurs longues. Mise en valeur de la quarte diminuée *si* bémol-*la-sol-fa* dièse et du IVe degré haussé (*sol* dièse) pour la cadence finale.

3. Duo. Deux sections séparées par une cadence rompue ; la première sur une souple courbe descendante de croches en battue ternaire, la seconde sur un motif plus contourné en croches, régulières ou pointées.

4. Basse de trompette. Le phrasé démarre systématiquement sur la deuxième noire d'une mesure à 2/2 et donne un élan remarquable à l'ensemble de la pièce. Le premier motif est si bienvenu que l'auteur en réintroduit la première période après chacune des quatre nouvelles idées à la manière d'un refrain ; depuis longtemps, les rythmes de danses ont envahi les tribunes d'église, voici le tour du rondeau, si cher aux Français...

5. Récit. Tendre et joli récit de dessus.

6. Dialogue. Ouverture à la française aménagée. Une entrée à 2/2, volontaire et royale, propulsée par des anacrouses de trois doubles croches, est suivie d'un mouvement vif, en rythme ternaire animé de dactyles et d'intervalles d'octaves, qui tient lieu de fugato. Le diptyque/triptyque s'achève par trois mesures de « grave pointé ».

7. Petit Plein jeu. Écriture polyphonique en imitation pour ces quinze mesures de conclusion.

Suite du 2e ton (assimilé à *sol* mineur)

1. Prélude. Modèle du genre dans une grave et sereine polyphonie à quatre parties en valeurs soutenues. Imitations, retards, chromatismes s'y fondent sans heurts.

2. Tierce en taille. D'une éloquence émouvante et sobre. Le sommet est atteint sur le *ré* aigu de la seconde partie, au terme de poussées réitérées de gammes ascendantes.

3. Duo. Animé plus que vraiment dansant et toujours de facture parfaite.

4. Basse de trompette. A 3/8, truculente et ingénieuse avec ses formules « réinventées » de batteries et ses sauts de « bottes de sept lieues » qui chutent de deux octaves et une quinte.

5. Trio de flûtes. Pièce douce, lente et recueillie qui serait idéale pour une Élévation ou une Communion. Or, il s'agit bien de *communion* entre le Seigneur et Israël. Dieu accorde sa miséricorde au peuple élu en souvenir de l'Ancienne Alliance et en gage de la Nouvelle. Première partie plutôt harmonique introduisant une cadence rompue avant la cadence parfaite au ton relatif ; deuxième partie plus linéaire, en imitation sur un profil descendant, miroir libre du motif initial, lequel revient insidieusement se fondre dans les dernières mesures.

6. Dialogue. Ouverture à la française. Un premier « grave », zébré de fusées descendantes particulièrement solennelles, et un bref retour de trois mesures *maestoso* pour conclure, enchâssent un dynamique fugato à 3/4, coupé par un épisode vertical en écho.

7. Petit Plein jeu. Mélisme grégorianisant, échangé souplement à toutes les voix, et degrés modaux (III, VI, VII) mobiles pour cette coda de onze mesures.

Suite du 3e ton (assimilé à *la* mineur)

1. Plein jeu. Aussi exemplaire que les deux premiers. Le cheminement linéaire des parties provoque des relations homophoniques délectables, telles que *do-si-ré-mi-sol* dièse.

2. Quatuor. Écrit sur quatre portées distinctes, le quatuor s'exécute sur trois claviers manuels et pédalier. Ce tour de prestidigitation, réservé aux meilleurs « faiseurs » (D'Anglebert, Boyvin, Marchand), n'est pas non plus à la portée du premier exécutant venu. « Le quatuor est une fugue de mouvement dont les parties sont plus agissantes et plus chantantes que la fugue », explique Boyvin : on ne saurait mieux définir l'exemple de Guilain, au très beau thème baroque ployé dans une septième et enrichi de chromatismes retournés.

3. Dialogue de voix humaine. Mieux que beaucoup de ses collègues, Guilain arrive à faire chanter cette prétendue voix humaine assortie du tremblant doux qui, bien souvent, semble moins humaine que le cromorne ou la tierce.

4. Basse de trompette. C'est, en vérité, un dialogue entre la basse et le cornet (*cf.* son maître Marchand). En notes répétées, sous-tendu d'un contrepoint chromatique, le motif initial se marie idéalement aux batteries et aux marches d'harmonie, toujours associées à la voix puissante et insolente de la trompette. Les sauts d'octave ou de double octave abondent mais évitent le piège du procédé.

5. Duo. Thème balancé à 3/4, s'enroulant sur lui-même. Les cadences rompues et chutes dans le grave, chères à l'auteur, ne perdent rien de leur efficacité.

6. Grand jeu. Pièce remarquable à ₵ qui pourrait être signée Louis Marchand pour la hardiesse splendide, la fermeté rythmique des grands traits et la digne conclusion en « grave pointé ».

7. Petit Plein jeu. Étêtées et entrecoupées de valeurs longues, les arabesques de doubles croches font fusionner de manière inattendue courbes grégorianisantes et gammes-fusées de l'ouverture française.

Suite du 4e ton (mode de *mi* polarisé sur *la*)

1. Plein jeu. Plus ramassé mais non moins efficace que les trois précédents, il pourrait être un peu plus ancien. La dissonance attaquée *mi-do-ré* dièse-*fa* dièse en guise de triple appoggiature de l'accord conclusif *mi-si-mi-sol* dièse confirme son caractère italien.

2. Cromorne en taille. Extrême économie de moyen révélatrice d'un authentique talent; cependant, comme chez Marchand, il semble souhaitable d'étoffer une trame si sobre.

3. Duo. Gavotte en imitation. Lancé par trois noires, le thème sera modifié dans sa prolongation.

4. Basse de cromorne. Guilain observe la différence entre basse de trompette et basse de cromorne. En effet, si cette dernière conserve les sauts de registres, à l'imitation de la basse de viole, elle évite les batteries trop systématiques, et son timbre, plus chaud et mystérieux que celui de la trompette, justifie les fausses relations savoureuses (*cf.* mes. 18).

5. Trio. Sur deux claviers manuels et pédalier, à la manière des sonates en trio italiennes. Atmosphère prérousseauiste, poétique et tendre de quelque trio pastoral pour flûtes d'un Jacques Hotteterre.

6. Dialogue. Nouvelle ouverture à la française. Cette fois-ci, les gammes-fusées déchirent les claviers de bas en haut et de haut en bas avant un dialogue plus paisible à quatre parties. Animé, le fugato conserve le rythme binaire, ce qui permet d'enchaîner sans rupture avec le « grave » final.

7. Petit Plein jeu. La progression dans la virtuosité digitale, remarquée pour le Dialogue précédent, se confirme dans l'*Amen* le plus jubilatoire du recueil.

Durée moyenne de chaque *Magnificat* : 12 à 13 mn

B. F.-S.

JEAN GUILLOU

Né à Angers, le 18 avril 1930. Entré en 1945 au Conservatoire de Paris, il y a été formé par Marcel Dupré, Maurice Duruflé et Olivier Messiaen. Pianiste, organiste et compositeur, il est d'abord professeur à Lisbonne. Ses tournées de concerts le font connaître comme virtuose de l'orgue. Il se fixe alors à Berlin, où il développe son activité de compositeur : son oratorio Le Jugement dernier *est créé à Cracovie en 1965. En 1963, il est nommé titulaire de l'orgue de Saint-Eustache à Paris, André Fleury devenant cotitulaire en 1971. Entrepris dès cette époque, l'indispensable relevage de cet instrument ne sera véritablement achevé, après bien des vicissitudes, qu'en 1989; il s'agira en fait d'un instrument neuf, construit sur le projet de Jean Guillou qui est aujourd'hui l'un des rares spécialistes à mener une recherche prospective sur la facture d'orgue. Il a exposé ses idées en la matière dans son livre* L'Orgue, souvenir et avenir *(Paris, 1978, nouvelle édition en 1989), et fait construire plusieurs instruments selon ses conceptions (L'Alpe d'Huez, France; église du Chant d'oiseau, Bruxelles; Tonhalle, Zurich; Conservatoire de Naples). Se tenant résolument à l'écart du milieu de l'orgue, il s'efforce notamment de rendre à son instrument une place au concert, ce à quoi contribuent sa virtuosité, l'originalité de son répertoire et son éblouissant talent d'improvisateur. Depuis 1970 professeur à Zurich, Guillou poursuit une triple carrière de pédagogue, de compositeur et d'exécutant.*

« Je conçois la musique comme une sorte de gestique sonore illustrant le “*motus animi continuus*” dont parle Cicéron et qui serait à l'origine de tout discours. » Ainsi Guillou définit-il sa démarche, ajoutant : « Je me suis toujours attaché à ce qu'une œuvre ne se disperse pas, mais qu'elle ne forme qu'un bloc », un bloc relevant d'une seule idée maîtresse, prenant forme en un unique « geste » musical. Artiste imaginatif, ses œuvres comme ses improvisations s'appuient sur des idées forces qu'il développe par juxtapositions d'épisodes contrastés, aux motifs bien découpés, dans un langage atonal faisant largement appel à une subtile polyrythmie. Cette personnalité éclate dans ses improvisations, bien différentes en cela de la grande école classique de Dupré et Cochereau — qu'il imagine et exécute sur-le-champ une fugue dodécaphonique ou une grande fresque cinématographique. Certaines de ses improvisations enregistrées ont d'ailleurs été reprises en des œuvres ultérieures, comme les *Visions cosmiques*, hommage aux premiers hommes marchant sur la lune improvisé en concert public et gravé sur disque dans la nuit même, dont trois épisodes ont été repris dans les *Sagas* de 1970.

L'œuvre de Jean Guillou est abondante, et si l'orgue y tient une place d'honneur, la production de musique de chambre ou les symphonies attestent de l'éclectisme du compositeur.

Pour l'orgue seul : *Fantaisie* (1954), *18 Variations* (1956), *Sinfonietta* (1958), *Toccata* (1963), *Pour le tombeau de Colbert* (1965), *Symphonie initiatique* (1969), *6 Sagas* (1970), *Allen* (1971), *La Chapelle des abîmes*, d'après Julien Gracq (1971), *Scènes d'enfant*, d'après Henry James (1974), *Jeux d'orgue* (sept pièces, 1978), *7e Saga* (1983), *Sonate en trio* (1984), *Impromptu* pour pédalier seul (1985), *Hypérion ou la rhétorique du feu* (1988).

En petites formations, l'orgue s'associe aux instruments dans *Colloque no 2* pour piano et orgue (1964), *Colloque no 4* pour piano, orgue et deux percussionnistes (1966), *Colloque no 5* pour piano et orgue, *Intermezzo* pour flûte et orgue (1969), *Sonate* pour trompette et orgue (1972), *Concerto* pour orgue et quintette de cuivres (*5e Concerto*, 1979), *Concerto* pour violon et orgue (1982) ; suivent des œuvres avec voix : *Peace* pour chœur mixte à huit voix et orgue (1985), *Aube* pour chœur mixte à douze voix et orgue (1988), *Andromède* pour soprano et orgue (1990).

Avec des ensembles plus importants, ce sont quatre concertos pour orgue et orchestre (1960, 1963, 1965, 1978).

Enfin, il faut mentionner diverses transcriptions pour orgue seul, destinées à enrichir le répertoire de concert : d'après l'orchestre (deux concertos de Vivaldi, *Orphée* et *Prométhée* de Liszt, *Trois danses de Petrouchka* de Stravinsky), d'après le clavecin ou le piano (*Variations Goldberg* de Bach, *Tableaux d'une exposition* de Moussorgsky, *Toccata* de Prokofiev), etc.

Toccata (1963)

C'est la page la plus connue de Jean Guillou, éclatante et très virtuose. A un premier thème *fortissimo*, anxieux, à la rythmique heurtée, succède un deuxième motif apparemment plus paisible, énoncé sur la trompette ; l'accompagnement haletant qui le soutient en révèle cependant le caractère suppliant, et prend son hégémonie comme troisième thème. Les chocs de ces motifs, leur articulation par des passages de virtuosité et jusqu'à la grandiose péroraison accusent le pathétisme de l'œuvre, beaucoup plus angoissée que glorieuse.

Durée d'exécution : ~ 9 mn

Pour le tombeau de Colbert (1965)

L'œuvre a été écrite peu après la nomination de Guillou à Saint-Eustache, en hommage à cette église qui abrite, parmi ses plus beaux ornements, le tombeau du grand commis de Louis XIV par Coysevox. Elle a été créée par le compositeur le 6 octobre 1966, dans le cadre du festival de Berlin, sur le grand orgue de la salle de la Philharmonie. Jean Guillou en a donné la première audition française pour l'inauguration de l'orgue de Saint-Eustache après sa première restauration, le 10 décembre 1967. Le Tombeau musical, comme soutenu par neuf personnages, comporte neuf sujets qui, selon le compositeur, s'allient « pour s'opposer et provoquer leurs mutuelles métamorphoses. [...] En dehors du fait que cette accumulation de sujets pourrait évoquer une pièce de théâtre où la complexité de l'action se trouverait encore multipliée par le grand nombre de protagonistes, on peut dire que l'élément moteur de cette œuvre est essentiellement dramatique, qu'il conduit à des développements de plus en plus amples, et que s'il paraît à certains moments aboutir à une sorte d'apothéose en une large fresque sonore, c'est pour rencontrer, dans ce chant, les résonances du poème épique ou plus précisément du *planctus* auquel l'œuvre veut s'apparenter résolument ».

Durée d'exécution : ~ 15 mn

Symphonie initiatique pour deux orgues (1969-1989)

Écrite à l'origine pour trois orgues, cette œuvre a fait en 1989 l'objet d'une nouvelle rédaction pour deux orgues et un seul organiste, créée à Saint-Eustache le 14 juin 1990. Cet instrument présente en effet la propriété de pouvoir être mû mécaniquement de la console de tribune, ou depuis la nef, d'une autre console, avec traction électrique ; chacune des deux consoles est dotée d'un combinateur électronique indépendant ; en outre, une œuvre peut être jouée, enregistrée numériquement et restituée par l'une des consoles, tandis que l'organiste joue avec lui-même à l'autre console. C'est pour user de cette nouvelle possibilité de jeu que Guillou a réécrit sa *Symphonie initiatique*. Le compositeur précise que « si "initiatique" peut déterminer ici le caractère d'une œuvre rituelle, ce terme a en outre été choisi pour qualifier l'ensemble des mouvements, chacun étant destiné à exposer une des formes "premières" de la musique ». L'œuvre s'ouvre par un canon à double réponse sur un sujet en série ascendante, qui conduit à un récitatif développé en duo sur des nappes d'accords (jusqu'à 28 voix superposées) ; un bref *andante*, fait d'enchevêtrements d'accords en mouvements contraires, mène à un deuxième canon. C'est ensuite une invention sur des rythmes : figures contrapuntiques en rythmes de 5 et de 4 combinés sur des registrations différentes. Après un deuxième triptyque, *Divertimento I* – *Variation* (sur le récitatif précédent) – *Divertimento II*, l'œuvre sera couronnée par une *Sonata con ricercare* de structure originale : un mouvement de sonate, au sens large du terme, cherche en effet à réunir et à affirmer ses trois éléments motiviques principaux tandis que se déroule un ricercare au sujet lyrique et lent contrepointé par des rythmes complexes. Une coda majestueuse conclut l'œuvre sur une longue pédale aux harmonies imbriquées.

Durée d'exécution : ~ 30 mn

Sagas (1970-1983)

Créées aux États-Unis, les six premières *Sagas* datent de 1970 ; une septième, créée à Paris, est venue les rejoindre en 1983. Empruntant leur titre aux récits légendaires de Scandinavie, ces pièces se réclament de l'étymologie du mot ancien qui a donné le verbe allemand *sagen*, « dire ». Ces « dits », ces récits musicaux sont en fait des préludes relativement brefs (cinq à sept minutes chacun), fortement individualisés et de structure simple, à un ou deux thèmes. Les *Sagas 2*, *4* et *6* sont la transcription exacte de trois des improvisations enregistrées sous le titre de *Leonardo da Vinci* et regroupées en un disque intitulé *Visions cosmiques*.

Durée d'exécution : ~ 40 mn

La Chapelle des abîmes (1971)

L'œuvre a été créée par le compositeur le 7 janvier 1972 à l'orgue de l'université Drake de Desmoines (Iowa, États-Unis). Guillou a voulu ici, non pas évoquer, mais traduire musicalement le chapitre de *La Chapelle des abîmes*, point culminant du roman de Julien Gracq, *Au château d'Argol*. Dans cette chapelle perdue au cœur d'une forêt, l'un des protagonistes improvise sur l'orgue ; mais la scène a une fonction littéralement prophétique, tirant à la lumière les événements du passé et du futur en une sorte d'« immense chambre d'échos* ». Et il y a dans l'œuvre de Guillou beaucoup plus que le désir de réaliser l'instrument fantastique de la chapelle. En effet, pour J.-Ph. Hodant, « si le compositeur a fait de son adaptation une sorte de condensé musical du roman de Gracq, amalgamant les signes et les symboles, il appartient en dernier lieu à l'ordonnancement des 24 séquences, à la structure, à

* Jean-Philippe Hodant, *Jean Guillou, La Chapelle des abîmes, le son et le prisme*, étude inédite.

l'architecture de la pièce musicale de prodiguer à ces éléments leur spécificité de symbole, éloignant l'œuvre d'une simple paraphrase de la chronologie du chapitre de l'écrivain ». On notera en particulier le rôle primordial joué par les jeux de timbres en association avec le langage harmonique. Ce maître en registration use ici des couleurs sonores comme d'un élément structurel. Dans son analyse, Hodant remarque ainsi que « c'est grâce à la conjugaison des fonds de 16 et 8 pieds et de la ranquette que les accords végétaux acquièrent la profonde et diffuse couleur verte des abîmes sous-marins », ou que « la superposition du cornet et de la dulciane rend, par la chaleur de ces timbres, la flamme rougeoyante de la lampe, ou par l'adjonction du trémolo sa fragilité ». C'est en tout cas ici l'une des œuvres les plus personnelles et les plus significatives de la pensée musicale et poétique du compositeur.

Durée d'exécution : ~ 20 mn

Scènes d'enfant (1973)

Commandée par l'Association des Amis de l'Orgue de la Charente, l'œuvre a été créée par le compositeur à l'orgue de la cathédrale d'Angoulême, le 13 mai 1975. Sans le moindre rapport avec les pièces homonymes de Schumann, elle s'inspire de l'œuvre de Henry James, *The Turn of the Screw* (« Le tour d'écrou »), d'où Benjamin Britten a tiré un ouvrage lyrique. Guillou en donne le commentaire suivant : « L'œuvre illustre l'enfance, mais une enfance bien différente de celle qu'on est accoutumé de représenter. L'enfance porte en germe et à l'état pur tout ce que l'on pourra trouver ensuite, dans l'homme, de vertus positives et négatives : enfance à la fois angélique et diabolique. [...] L'évolution de l'œuvre suivra les innombrables revirements, volte-face, contrastes de l'esprit candide. On ne rencontrera presque aucun développement, chaque idée appelant la suivante ou rejetant la précédente, objet de toutes les pulsions, de toutes les tempêtes, de tous les flux. »

Durée d'exécution : ~ 22 mn

Jeux d'orgue (1978)

Ensemble ouvert de pièces brèves, groupées en une sorte de bloc-notes. Contrairement aux autres œuvres du compositeur, leur structure est simple et, pour certaines d'entre elles, l'exécution aisée. Chacune suscite l'emploi de tel ou tel jeu ou groupe de timbres de l'instrument, « en spéculant parfois sur la sonorité de leurs noms. Il arrive que la combinaison de ces noms soit en elle-même une sorte de registration de la langue. Les registres sont souvent pris isolément et inspirent le sujet. Par les titres ainsi donnés, on indique bien que ce qui définit ces œuvres est leur caractère non seulement instrumental mais, si l'on peut dire, "registral", et que les timbres à l'avance dénommés déterminent un caractère et seront en quelque sorte la définition de chaque pièce ».

Durée d'exécution : ~ 25 mn

Hypérion ou la Rhétorique du feu (1988)

En dédiant cette œuvre au titan Hypérion, héros du roman de Hölderlin, Guillou se livre à une méditation sur le « feu humain », « le feu combatif, le feu de la friction des idées, de la lutte, de la libération, le feu de la chaleur humaine, le feu qui fait renaître et, par-dessus tout, le feu de l'enthousiasme, de la fièvre créatrice, de la fureur poétique ». En partie inspiré par Bachelard, il propose une sorte de grande ballade en quatre mouvements mettant en lumière différentes phases des « mutations du feu », tel qu'il s'est manifesté dans l'esprit humain à travers les civilisations.

1. *Hermès. Feu messager, translatif : le vif, l'agile.* « Allègres impulsions rythmiques aux nombres toujours opposés, impulsions auxquelles répondent des basses sourdes, haletantes et sur lesquelles s'élève une acclamation d'anches en chamade dont le discours se développe et devient la conclusion. »

2. *Les Feux du silence : feu latent, impulsion.* Ce sont « les rêveries du feu, illustrées par un chant reposant sur une scansion harmonique régulière qui finalement se résoudra en palpitations de fumées harmoniques évanescentes ».

3. *Phlogistique de l'âme : feu subtil, feu pénétrant.* C'est le plus complexe des quatre mouvements. « Si j'utilise une notion qui n'a plus cours, celle de la matérialisation du feu, c'est pour la transmuer aussitôt en une double métaphore qui en

accuse l'abstraction. On évoque ici à la fois le feu subtil, le feu de la connaissance pénétrante et le feu d'absorption décrit par une imbrication de séquences qui deviennent les termes de la Rhétorique du feu. »

4. *Agni-Ignis. Feu de l'exaltation.* « Triomphe du geste et de l'exaltation vive ».

Durée d'exécution : ~ 26 mn

G.C.

ALEXANDRE GUILMANT

Né à Boulogne-sur-Mer, le 12 mars 1837, mort à Meudon, le 29 mars 1911. Issu d'une famille de facteurs d'orgues et d'organistes, il remplaça dès l'âge de douze ans son père, Jean-Baptiste, à Saint-Nicolas de Boulogne-sur-Mer, puis tint, en 1853, l'instrument voisin de Saint-Joseph. Élève de Lemmens à Bruxelles (1860), il se forgea ensuite une excellente technique et pratiqua les œuvres de Bach que, disciple de Hesse, son maître diffusait avec talent. En 1871, il prendra la succession de Chauvet à la Trinité, tribune qu'il occupera jusqu'à ce qu'un scandale (restauration exécutée en son absence et contre sa volonté) l'oblige à démissionner en 1901. Sa virtuosité sans faille, la diversité de son répertoire suscitèrent les plus grands éloges. Bénéficiant de la sympathie et de l'estime de Cavaillé-Coll, il inaugura de nombreux instruments de ce facteur, parmi lesquels Saint-Sulpice (1863) et Notre-Dame de Paris (1868), Lisieux, Pontoise, le Trocadéro (où ses concerts historiques firent date), Orléans, Aix, Caen ou Toulouse. Mais sa réputation ne se limita pas aux frontières de l'Hexagone, et il triompha aussi à l'étranger, notamment aux États-Unis où, après plusieurs tournées, dont la première dès 1897, il donna une série de concerts sur l'orgue géant de l'Exposition de Saint-Louis (1904) et forma de brillants disciples, parmi lesquels le Dr William Carl créa en 1899 la Guilmant Organ School. Avant sa nomination comme professeur d'orgue au Conservatoire de Paris (1896), il avait participé à la fondation de la Schola Cantorum (1894) avec Vincent d'Indy et Charles Bordes. De ces deux établissements sortirent une pléiade d'artistes dont Joseph Bonnet et Abel Decaux qui poursuivirent son action outre-Atlantique, Ermend-Bonnal, Augustin Barié ou Marcel Dupré.

Le nom de Guilmant reste étroitement lié au retour à la musique ancienne, dans le dernier tiers du XIXe siècle. A l'heure où un Louis Diémer s'essaye au clavecin, sans doute à l'exemple de Boëly ou de Danjou qui montrent tôt la route (et sans ignorer le rôle capital de l'École Niedermeyer ni surtout de Lemmens), cet organiste, en effet, se plaît à révéler au grand public une musique qui n'a jusqu'à présent touché qu'un modeste cénacle d'amateurs. Les récitals qu'il donne au Trocadéro dès 1878 produisent, à cet égard, un témoignage éloquent de la richesse de son répertoire, avec Gabrieli, Palestrina, Merulo, Frescobaldi, Byrd, Scheidt, Muffat, Froberger, Buxtehude, Pachelbel, Bach, Dandrieu ou Clérambault. Mais loin de se borner à exécuter ces œuvres, Guilmant prend soin d'en assurer l'édition. Les séries qu'il propose sous les titres de *Répertoire des concerts du Trocadéro, Concert historique d'orgue* ou *L'École classique de l'orgue* insèrent, en plus des noms déjà cités, ceux de Haendel, Couperin, Rameau (arrangements), Bruhns, Walther, Sweelinck, W.F. Bach, Zipoli, Kirnberger, Martini ou D'Anglebert. De 1898 à 1910, avec la collaboration du musicologue André Pirro, il entreprend enfin la publication des

Archives des maîtres de l'orgue (dix volumes) qui révéleront les œuvres complètes de Titelouze, Raison, Roberday, Marchand, Clérambault, Du Mage, Grigny, Couperin, Boyvin, Dandrieu, Guilain, Scherer ou Lebègue.

Mais l'action de Guilmant en faveur de la musique ancienne s'exercera aussi dans d'autres directions, notamment la facture d'orgues dont la destinée ne lui est pas étrangère. Dans une lettre adressée à l'organiste suisse Charles Locher, il écrit par exemple : « Je trouve que dans les orgues modernes, on néglige trop les jeux de mutation, ils sont pourtant indispensables si l'on veut faire entendre des œuvres anciennes qui ne font leur effet qu'à condition d'être jouées avec la couleur qui leur convient. »

Lors de la construction de certains instruments placés sous son contrôle, il aura donc bien soin de trouver un juste équilibre entre la tradition symphonique et les sonorités de l'orgue classique. A la Schola (Mutin, 1902), le Positif bénéficie d'un jeu de tierce et d'un cromorne, et le Récit d'un plein-jeu 4 rangs ; à Meudon, où Guilmant s'est installé en 1883, son orgue personnel dispose d'un jeu de tierce complet et d'un cromorne (Positif), tandis qu'un plein-jeu de Récit, quoique très éloigné des fournitures françaises de l'Ancien Régime (pas de 5'1/3), permettait l'exécution de toute la polyphonie. A différents titres, au sein des commissions de réception ou d'une manière moins officielle, il eut sur Aristide Cavaillé-Coll une indéniable influence et ne fut probablement pas étranger au recul de la progression harmonique au profit de pleins-jeux plus classiques (souvent répartis en fourniture et cymbale), ou à la nouvelle vogue qui se dessine, entre 1872 et 1890, en faveur de certains jeux de solo (cornet, nasard, carillon, cromorne).

L'œuvre pour orgue

Cette connaissance et cette pratique de la musique des XVIe, XVIIe et XVIIIe siècles exerça sur son art une influence plus considérable que chez Saint-Saëns, Périlhou et Gigout — pour ne citer que quelques « têtes » de l'école Niedermeyer —, et il n'est pas rare que son néo-classicisme confine au pastiche.

De Lemmens, son maître, il subit une double emprise, se référant aussi bien à la tradition du contrepoint (fugue) qu'à celle de la romance ou de la marche symphonique à la Mendelssohn. Mais sous son ascendant, il découvre surtout Bach, qu'il imitera souvent d'assez près : l'*Allegro* de la *Cinquième Sonate* ressemble à la *Fugue-gigue en* sol *majeur* du Cantor, les *Variations et fugue sur le chant du « Stabat Mater »* empruntent à la *Passacaille et thème fugué en* ut *mineur* sa forme, l'*Andante* du *Pange lingua* est traité à la manière d'un choral orné, tandis que la *Sortie dans le style de Bach sur l'antienne « Cantantibus organis »* (qui réclame le plein-jeu, 1896) ou l'*Élévation dans le style de Bach* de la *Fête du Saint-Sacrement* annoncent sans ambiguïté la couleur. Le respect que le XIXe siècle porte à l'esthétique souvent « pompeuse » de Haendel explique aussi la présence de quelques « hommages », comme cette *Marche religieuse* (op. 15) sur un thème du *Messie*, ce *Grand chœur « alla Haendel »* (op. 18) ou cette *Paraphrase sur un chœur de « Judas Maccabée »* (op. 90), qui sonnent dans un esprit « victorien » sur de grands chœurs hypertrophiques (accords de huit notes et double pédale fréquents).

Mais sans ignorer la musique française dont le souvenir peut paraître à travers une pastorale, une ouverture pointée ou un noël varié, Guilmant revendique aussi des sources moins éloignées. S'il interroge Beethoven lorsqu'il s'agit d'aborder la sonate, ou Schumann dans un *Final sur un noël languedocien*, la mélodie de Mendelssohn sait le séduire, de même que le style léger de Lefébure-Wely, auquel il emprunte une de ses romances dans son *Allegretto en* si *mineur*. Franck, enfin, lui dicte *a priori* quelques recettes : le récapitulatif qui précède le final ou l'opposition fugue/choral dans la *Cinquième Sonate*, la confrontation toccata/choral dans la première, ou certains motifs dont les intervalles s'élargissent.

Écrite avec soin et selon des formes régulières, la musique de Guilmant n'évite cependant pas toujours la banalité, l'émotion facile et le piège des grandiloquences chères à l'époque. S'il utilise avec une parfaite maîtrise un instrument symphonique dont les qualités sonores peuvent compenser la faiblesse de maintes pages, son œuvre prolixe (sonates, pièces libres ou liturgiques, noëls, transcriptions) n'atteint jamais, ni l'originalité de la forme ou la noblesse romaine d'un Widor, ni l'expression sensible et authentique d'un Vierne.

Les Sonates

A côté des dix symphonies de Widor et des six de Vierne, les huit sonates de Guilmant occupent une place respectable, à un moment où, sous l'impulsion provoquée par Franck avec sa *Grande Pièce symphonique*, le genre s'enrichit aussi d'œuvres de Lemmens (dont les trois sonates paraissent la même année que la première de Guilmant), Marty ou Barié. Mais au contraire de son maître, du Widor de la *Gothique* et de la *Romane* ou de Marty, qui optent pour un programme religieux, Guilmant s'en tient à un esprit de concert ou, rejoignant Boëllmann, en appelle au principe de la suite.

A l'exception de ceux de la troisième et de la septième, les premiers mouvements s'organisent selon une forme sonate d'école (qu'un Widor rejette toujours au profit de structures plus libres et plus personnelles, qui ne s'y apparentent que de loin). Suivent un mouvement lent sur les ondulants puis, éventuellement, un menuet ou un scherzo, enfin le final, parfois précédé d'un autre épisode. Une évolution très sensible apparaît d'ailleurs quant au nombre des mouvements. Si les trois premières sonates se limitent à trois parties (vif—lent—vif), les suivantes en comptent respectivement quatre, selon une formule propre au classicisme viennois (vif—lent—menuet—vif), et cinq (un *Recitativo* introduit le final dans la cinquième, un *Andante sostenuto* précède le dernier mouvement de la huitième). Ajoutons que la mise en pratique de procédés cycliques confère aux troisième, quatrième et sixième sonates un intérêt supplémentaire.

Première Sonate en *ré* mineur
(op. 42, 1874)

Publiée en 1874, et sous-titrée par l'auteur « Première symphonie » (il existe en effet une version avec orchestre), elle débute par un **Allegro** de forme sonate traditionnelle, dont l'héroïque thème initial est introduit par un monumental portique en valeurs pointées qui joue adroitement sur la résonance d'un clavier de bombarde. Un second motif d'allure franckiste (élargissement progressif) lui répond ensuite et précède un développement conflictuel qui se plaît à superposer les deux thèmes ou à engager un canon. Après la réexposition attendue, une coda prend fin sur des effets brillants de strettes et de carillon. L'**Andante quasi allegretto** qui suit, dans la tonalité de *la* majeur, s'apparente alors à une pastorale à 12/8 (A B A') que détaillent sur des « bourdons » rustiques le hautbois, la clarinette et la voix humaine. Quant au final (**Allegro assai** à 2/4 d'un plan analogue), il oppose un mouvement de toccata (qui se souvient peut-être de Boëly) à un choral harmonisé.

Durée d'exécution : ~ 23 mn

Deuxième Sonate en *ré* majeur
(op. 50, 1876-1883)

Elle fut élaborée de 1876 (premier mouvement) à 1883 (les deux suivants). Son **Allegro moderato** expose d'abord un thème A en contrepoint strict sur une basse classique à l'italienne (Corelli), puis un motif B plus expressif, dans le ton du relatif. Le développement sur A, qui fait ici usage de marches harmoniques, emprunte plusieurs tonalités mineures pour aboutir en *fa* dièse majeur, avant la réexposition et la coda. Un **Larghetto** en *si* bémol majeur, jouant sur la sonorité des ondulants (voix céleste—unda maris) dans un élégant climat plus salon qu'église, mène ensuite à l'**Allegro vivace** final (forme sonate) qui, bien que réservant une large part à l'écriture fuguée, n'évite pas l'écueil des redondances et du style « pompier ».

Durée d'exécution : ~ 15 mn

Troisième Sonate en *ut* mineur
(op. 56, 1881)

Celle-ci paraît, en revanche, d'une inspiration sans doute plus néo-classique (un cadre qui ne s'éloigne guère des sonates allemandes de Merkel ou de Rheinberger, avec un premier mouvement à la Bach et une fugue terminale), mais moins emphatique. Un **Preludio** (*Allegro maestoso e* *con fuoco*) de conception libre, à partir de deux thèmes principaux, dont le premier, grand récitatif aux séquences « baroques » sur piliers d'accords, rappelle Buxtehude ou Bach (*Fantaisie* en *sol* mineur),

contraste avec l'ADAGIO en *la* bémol, romance monothématique de structure A B A′, tandis que la fugue finale (ALLEGRO MODERATO), dont le sujet présente une chute de septième diminuée qui fait toujours bon effet, s'articule selon trois sections : exposition — nouveau groupe d'entrées entrecoupées de divertissements — section conclusive avec strette. Le retour du motif initial du *Preludio* inaugure le principe d'un procédé cyclique qui sera retenu aussi dans l'œuvre suivante.

Durée d'exécution : ~ 10 mn

Quatrième Sonate en *ré* mineur
(op. 61, 1884)

Conçue en quatre mouvements, elle atteint de plus vastes proportions et s'ouvre sur un ALLEGRO ASSAI de forme sonate, avec un thème A présenté à l'unisson, puis un second (B) dans le ton du relatif. Entièrement fondé sur A, le développement module de *fa* majeur à *ré* mineur en passant par *fa*, *ut*, *sol* mineur et *si* bémol majeur, tandis que la réexposition attendue précède une coda sur basse chromatique. L'ANDANTE en *fa* majeur suivant (3/8, A B A′), qui se coule dans les douceurs de la voix céleste, et le MINUETTO en *ré*, dont l'entraînant refrain alterne avec deux trios (respectivement en *fa* et *ré* majeur), occupent la scène avant le final. Annoncé par un court ADAGIO en *sol* mineur, cet ALLEGRO VIVACE CON FUOCO, de forme sonate, expose un premier motif qui présente quelques analogies avec celui de l'ALLEGRO ASSAI, puis un second en *fa* majeur. On assiste ensuite à un développement qui ménage l'insertion d'une hymne sur pizzicati, puis à l'indispensable réexposition avec coda.

Durée d'exécution : ~ 17 mn

Cinquième Sonate en *ut* mineur
(op. 80, 1894)

Écrite en 1894, elle fut exécutée par Guilmant lors de l'inauguration de l'orgue de la Schola Cantorum (1902). Elle compte cinq mouvements et semble avoir connu une postérité plus flatteuse que les autres. L'ALLEGRO APPASSIONATO, avec son premier thème schumannien et son second en fugato, sonne d'une manière fiévreuse. Un ADAGIO en *la* bémol, avec partie centrale en *ut* dièse mineur (A B A′), sollicite alors une nouvelle fois la voix céleste et combine les deux motifs exposés dans son épilogue, tandis que le SCHERZO en *ut* mineur qui suit présente deux trios, dont le second comme un carillon. Mais avant de lancer son dernier mouvement, et s'inspirant de l'exemple donné par Franck dans sa *Grande Pièce symphonique* (ou par Beethoven dans la *Neuvième Symphonie*), Guilmant se livre à une récapitulation des principaux thèmes antérieurs (*Recitativo*). Composé en *ut* majeur, ce dernier mouvement combine enfin choral et fugue selon une architecture ambitieuse : exposition d'un choral de quatre périodes (A) au Récit (quintaton 16', bourdon 8', flûte 4', plein-jeu doux, boîte fermée) ; puis exposition et développement de la fugue (B), choral harmonisé en *fa* majeur ; combinaison de A et de B avec nouveau contre-sujet en triolets, suivie de la strette. La coda superpose A et B, avant une cadence plagale. On remarquera aussi qu'en indiquant un tuba 8' et une contre-bombarde 32' dans l'ultime crescendo, l'auteur se réfère à un orgue d'importance ; l'usage qu'il fait du choral situe, d'autre part, cette œuvre (avec la *Seconde Symphonie* de Vierne) comme jalon entre les *Trois Chorals* de Franck (1890) et le *Triple Choral* de Tournemire (1910).

Durée d'exécution : ~ 27 mn

Sixième Sonate en *si* mineur
(op. 86, 1897)

Retour aux trois mouvements des années 1874-1881 et à un dessein cyclique (cellule de cinq notes descendantes). Un ALLEGRO de structure habituelle au développement fugué précède une MÉDITATION (le titre figure déjà dans la *Première Symphonie* de Widor en 1872), **ANDANTE QUASI ADAGIO** idyllique en *ré* majeur (A B A′), et une **FUGUE** avec contre-sujet chromatique dont la strette conclusive débouche soudain sur un **ADAGIO** en *si* majeur, dont les courbes déroulent leurs grâces sur l'inévitable voix céleste.

Durée d'exécution : ~ 18 mn

Septième Sonate en *fa* majeur

(op. 89, 1902)

Rompant avec le cadre auquel le compositeur a souscrit dans les six premières, elle se réclame de la suite et compte six parties. **ENTRÉE** (*Tempo di marcia*), rondo à deux couplets, le premier polyphonique, le second mélodique et modulant. **LENTO ASSAI** en *la* majeur sous-titré *Rêve* (A B A′), une des pages les plus étranges de Guilmant dans ses enchaînements harmoniques (septièmes consécutives dont, tout admirateur qu'il soit de Debussy, il ne fait guère usage à l'état de veille). **INTERMEZZO**, rondo pseudo-schumannien en *ré* mineur, dont le refrain d'écriture arpégée s'oppose à des couplets variés, dont l'un chromatique et d'autres traités comme un choral harmonisé. **TEMPO DI MINUETTO** en *ré* majeur, sur le grand chœur (écriture fuguée). **CANTABILE** (*Andante*) en *fa* majeur, qui met en valeur le hautbois et la clarinette à travers des mélodies délicatement ciselées. **FINAL** de forme sonate, d'abord engagé en mineur sur trois motifs (dont le premier très éloquent, avec son saut de dixième), puis enfin en majeur (réexposition).

Durée d'exécution : ~ 22 mn

Huitième Sonate en *la* majeur

(op. 91, 1906)

Baptisée par Guilmant « Seconde Symphonie » (autre version avec orchestre), elle revient aux procédés formels des six premières : **INTRODUCTION** (*Andante*) et **ALLEGRO RISOLUTO, ADAGIO CON AFFETTO** en *fa* dièse mineur (A B A′), **SCHERZO** en *la* majeur avec deux trios (le second en *ré* bémol parfois noté sur quatre portées), **ANDANTE SOSTENUTO** en *mi* majeur de transition, enfin **ALLEGRO CON BRIO** précédé d'un **INTERMÈDE** (*Lento molto*), conçu comme une double fugue avec expositions successives des deux sujets, superposition, strette sur le premier puis coda.

Durée d'exécution : ~ 30 mn

Les pièces libres

Elles se répartissent dans plusieurs recueils, dont **Pièces dans différents styles** (dix-huit livraisons) et **Dix-huit Pièces nouvelles**, auxquels il faut ajouter quelques œuvres diverses, dont l'**Allegro** (op. 81), le **Final alla Schumann** (op. 83) ou le **Grand chœur en forme de marche** (op. 84). On y rencontre des fugues ou fughettes plus ou moins développées, avec ou sans strettes, dont les sujets se distinguent souvent par un néo-classicisme qui peut rappeler Bruhns, Purcell, Haendel ou Bach, comme l'école française ; des variations qui savent mettre en valeur les flûtes harmoniques par un staccato léger, la voix céleste ou l'ensemble des fonds dans un jeu plus lié (*Prélude, thème, variations et final* op. 24) ; des adagios, largos ou larghettos expressifs à l'instar des mouvements lents des sonates, auxquels s'apparentent de multiples morceaux paraliturgiques (*Invocation, Méditation, Adoration, Lamentation, Consolation*...) ou plus mondains (allegrettos gracieux, cantilènes, caprices, canzones, pastorales, intermezzos) ; des grands chœurs, enfin, sous forme de marches de toute nature (nuptiale, élégiaque, funèbre, religieuse, dans la tonalité grégorienne ou aux flambeaux), sorties, morceaux symphoniques, paraphrases, allegros, etc., le plus souvent selon un plan parfaitement classique (A B A ou A′).

Parmi ces différentes entreprises, une œuvre connut un retentissant succès et compta comme un véritable cheval de bataille, au point de trouver place dans la plupart des programmes d'inauguration d'orgues. Il s'agit de la **Marche funèbre et chant séraphique** (op. 17), que l'auteur exécuta dès 1868 à l'inauguration du Cavaillé-Coll de Notre-Dame de Paris. Composé à la mémoire de sa mère, décédée en 1867, le diptyque débute en *ut* mineur par un **ANDANTE MAESTOSO** de plan A B A′ qui n'omet pas quelques sonneries d'allure militaire dans sa dernière section.

Un **Andante** en majeur lui succède alors, éolien dans son flot d'arpèges, dont la mélodie rappelle le thème de la marche précédente.

Bien que l'ensemble de ces pièces libres puisse inclure des pages de fonction liturgique (communions, offertoires, versets), ces dernières se trouvent plutôt concentrées dans **L'Organiste pratique** (douze livraisons) et **L'Organiste liturgique** (op. 65) où, à côté de préludes, sorties, élévations ou absoutes traités aussi sous forme de fugues, marches ou adagios, on découvre des versets, antiennes ou variations sur des thèmes de plain-chant. Compte tenu des habitudes de l'époque, ce grégorien s'y trouve employé comme cantus firmus ou harmonisé à quatre parties avec accords parfaits ; mais il exerce aussi une certaine emprise sur d'autres pages élaborées dans un goût modal, comme l'**Impression grégorienne** (op. 90), la **Pièce caractéristique dans le mode phrygien** (op. 75) ou le **Grand chœur dans la tonalité grégorienne** (op. 52) qui, en mode de *ré*, use de sous-toniques de couleur médiévale.

Dans le domaine du noël, enfin, Guilmant distingue nettement tradition française avec possibles variations, à partir de thèmes anciens ou régionaux (*« Puer nobis nascitur »*, *« D'où viens-tu Bergère ? »*, noëls languedocien, carcassonnais, provençaux, voire écossais, espagnols ou polonais dans l'Opus 60), et tradition germanique. Peut-être est-il, après Boëly et Alkan, l'un des premiers à composer en France des chorals d'orgue sur d'authentiques mélodies luthériennes (*« Was Gott tut das ist wohlgetan »* ou *« Nun lob, meine Seel', dem Herren »* dans l'Opus 93).

F.S.

GEORG FRIEDRICH HAENDEL

Né à Halle, le 23 février 1685 ; mort à Londres, le 14 avril 1759. L'orgue ne jouera dans toute la carrière musicale de Haendel qu'un rôle des plus modestes, mais du moins en aura-t-il été l'amorce : son premier apprentissage se fera dans sa ville natale auprès du célèbre organiste de la Marienkirche, Zachow. Après avoir été peu de temps organiste de la cathédrale calviniste (à l'âge de dix-sept ans), il part pour Hambourg et y découvre l'opéra. A partir de 1706 il séjourne à Rome, Florence, Naples et Venise, puis hésitera, de 1710 à 1712, entre Hanovre, où il est Kapellmeister de l'Électeur, et Londres, où l'on joue son opéra Rinaldo *dès 1711. Il se décidera pour Londres où il défendra comme nul autre tout d'abord l'opéra italien puis l'oratorio anglais. C'est durant cette partie anglaise de sa vie qu'il composera les œuvres pour orgue qui lui ont survécu.*

Outre les Concertos pour orgue et orchestre*, Haendel ne composa spécifiquement pour l'orgue qu'un ensemble de six fugues : c'est très peu pour un compositeur particulièrement fécond et ayant reçu une solide formation d'organiste. Mais une fois révolue l'époque de Halle, et passé l'intérêt immédiat pour l'orgue, c'est l'opéra qui retint toute l'attention du musicien. Par ailleurs, la facture d'orgue anglaise était encore bien loin d'avoir atteint le niveau de la facture continentale, et en particulier de son Allemagne natale (le pédalier n'apparaîtra en Angleterre que très tardivement, d'abord en tirasse, puis beaucoup plus tard avec des jeux indépendants) : l'instrument tel qu'il s'offrait dans son environnement musical dut lui paraître bien insuffisant.

Les six Fugues

Les six Fugues authentiques de Haendel pour l'orgue corroborent cette sorte de nostalgie de l'instrument : strictement

* Voir *Guide de la musique symphonique*.

manualiter, elles sont de toute évidence pensées, dans leur structure à quatre voix, pour un orgue avec pédale. Breitkopf en a d'ailleurs publié un arrangement pour orgue très convaincant, avec trois voix manuelles et une à la pédale. Le manuscrit de Haendel date de 1720, mais ce n'est qu'en 1735 que ces fugues furent publiées sous le titre *Six Fugues or Voluntarys for the Organ or Harpsicord, compos'd by G.F. Handel. Troisième Ouvrage. London... J. Walsh... nº 543*. En regard de l'œuvre d'orgue de Bach, c'est fort peu de chose, mais cela n'explique pas le relatif désintérêt des organistes à leur égard, tant ces six pièces sont achevées. Claires, magnifiquement équilibrées, concises bien qu'en réalité généreusement développées, elles évoquent, si l'on veut les situer par rapport à celles de Bach, certaines pages isolées comme la *Fugue sur un thème de Legrenzi* BWV 574, ou celle *sur un thème de Corelli* BWV 579. La thématique est le plus souvent vive et d'inspiration italienne, le contrepoint germanique, les harmonies purement haendéliennes.

Fugue I (*sol* mineur)

Sujet mélodique et contre-sujet en notes répétées se partagent les quatre voix, selon une structure héritée de l'Allemagne du Nord du XVIIe siècle mais ici replacée dans un contexte harmonique indéniablement haendélien.

Fugue II (*sol* majeur)

C'est ici le sujet qui est en notes répétées, en deux incises séparées par une chute d'octave; les quatre voix entrent sur ce même thème rythmique dont le traitement assez libre fera ensuite intervenir différents fragments dérivés d'essence mélodique.

Fugue III (*si* bémol majeur)

Sujet globalement descendant et contre-sujet ascendant sont tous deux de nature mélodique. Le développement sur thème unique est le plus homogène de ces six fugues.

Fugue IV (*si* mineur)

Sujet composite (fondamentalement mélodique, mais avec un élément rythmique, une répétition de notes et un intervalle chromatique); divertissement intermédiaire procédant par marches harmoniques ascendantes/descendantes, en dialogue ou encore par mouvement contraire (mes. 132-135).

Fugue V (*la* mineur)

La plus étonnante des six par son sujet étrange, avec deux intervalles de septième :

et suscitant un chromatisme prenant, à la manière des *labyrinthes harmoniques* du Baroque allemand.

Fugue VI (*ut* mineur)

Solidement charpentée sur un sujet faisant intervenir élément chromatique et chute d'octave, elle achève cet unique recueil dans un remarquable esprit de rigueur contrapuntique mêlée à une grande liberté harmonique et expressive.

Durée d'exécution de chaque fugue : de 3 à 5 mn

Les Voluntaries

En 1776 paraissait à Londres un recueil intitulé *Twelve Voluntaries and Fugues for the Organ or Harpsichord with Rules for Tuning by the celebrated Mr. Handel. Book IV*... Publiées avec des indications de registration caractéristiques de l'orgue anglais, ces pièces ne sont sans doute pas toutes de Haendel, six d'entre elles seulement étant aujourd'hui retenues comme issues de sa plume. Les fugues des *Voluntaries III, X, XI* et *XII* avaient d'ailleurs été reprises dans le recueil *VI Fugues faciles pour Orgue ou Piano Forte composées par le célèbre G.F. Händel*, publié à Vienne par l'éditeur Diabelli au début du siècle dernier, avant d'être reprises par Chrysander dans l'intégrale des œuvres pour clavier. Ces six pièces sont les suivantes.

Voluntary III

Introduction lente (*Slow* sur les *Diapasons*, ou fonds 8') : ALLEGRO sur le *Cornett* à la main droite, solo vif et sobrement virtuose; transition (LARGO noté *Diapason* ou *Swell*, soit clavier expressif, ce type de récit étant déjà très présent dans l'orgue anglais du XVIIIe) ; **Fugue** à ₵, développée à trois voix de façon un peu rudimentaire, mais d'une qualité vocale et presque chorale tout haendélienne (registration *Full Organ*).

Voluntary V

Largo (C) de type mouvement lent de concerto à l'italienne ; **Allegro** (6/8) sur la *Trumpet*, canon/dialogue en voix parallèles à deux voix, entrecoupé de sections en écho.

Voluntary VI

Adagio (C, *Diapason*), contrepoint très libre à trois voix enchaînant sur un **Allegro** (₵) à deux parties : chant au soprano, contre-chant de main gauche, alternant *Trumpet*, *Echo* et *Flûte*.

Voluntary VII

Andante alternant le *Full Organ*, majestueux avec rythme pointé, et **Horn or Diapason** dans l'esprit tutti/soli du concerto italien.

Voluntary XI

Full Organ en forme d'ouverture lente (accords alternant avec deux voix parallèles à l'unisson) ; **Fugue**, sans aucune rigueur, le strict contrepoint ne survivant pas à l'entrée de la troisième voix et cédant sa place à la simple imitation ; le sujet, noble et solide, est caractéristique des fugues orchestrales des oratorios de Haendel :

Voluntary XII

Largo à 3/4 (appoggiature et rythme pointé, trilles) de forme « ouverture » ; **Fugue** (C, *Full Organ*) sur sujet rythmique, à trois voix, sans rigueur et tendant vers le dialogue de type concertant. Conclusion *Adagio*.

Durée d'exécution de chaque *voluntary* : de 2 à 4 mn

Signalons qu'il existe au Conservatoire Paganini de Gênes un recueil manuscrit (Naples et Londres en possèdent également), dans lequel ont été découvertes cinq *Toccatas* portant l'attribution « Sig. Haendel ». Elles étaient sans doute au nombre de six, mais la première est aujourd'hui perdue. Ce même manuscrit renferme également plusieurs *Toccatas* d'Alessandro Scarlatti. Il s'agirait d'œuvres de jeunesse, brillantes et virtuoses, assez développées (de 4 à 8 minutes) — sinon trop, et par là même à l'opposé de la remarquable concision des six *Fugues* plus tardives. Vives pour la plupart (seule la *Toccata IV* est sous-titrée *Adaggio*), elles adoptent un plan d'une grande souplesse s'inspirant de l'improvisation ainsi que du style galant international (l'enchaînement de la *Toccata II* est ainsi précisé : « Toccata, Fuga, Giga ») : elles témoignent des années de formation que Haendel passa en Italie avant de s'installer à Londres.

M.R.

CRISTÓBAL HALFFTER

Né à Madrid, le 24 mars 1930. Neveu des compositeurs Ernesto et Rodolfo Halffter, Espagnols d'origine allemande, il a étudié la musique au Conservatoire de Madrid, puis, à Paris, la composition avec Alexandre Tansman. En 1962, il a été nommé professeur de composition au Conservatoire de Madrid, avant d'en devenir le directeur, jusqu'en 1966, époque où il affirme sa position de chef de file dans l'avant-garde internationale. Profondément marquée par les couleurs de son pays, sa musique relève de la technique sérielle tout en restant fidèle à l'héritage culturel espagnol. Et s'il parle volontiers de « latiniser le sérialisme », cet artiste engagé se réclame notamment de la tradition polyphonique, tandis que l'homme demeure attaché aux poètes mystiques de son pays, à saint Jean de la Croix en particulier.

Pinturas negras, pour grand orchestre et orgue (1972)

L'œuvre résulte d'une commande de l'Orchestre national d'Espagne. Abordant le domaine de l'orgue, le compositeur se dit attiré par trois propriétés pour lui essentielles : la tenue des sons, la possibilité de modifier la hauteur d'une note ou le spectre d'un accord dans cette tenue même, et ses caractéristiques de dynamique et d'intensité. « Tout le concerto est construit sur ces bases, et la tâche de l'orchestre consiste, tantôt à réaliser un contraste par rapport à la sonorité de l'orgue, tantôt à s'ajouter à un ensemble dans lequel il sera extrêmement difficile à l'auditeur de déterminer l'origine spécifique de certains sons précis, et finalement à limiter ou annoncer des sonorités de l'instrument soliste. » L'idée de concerto est sous-jacente, mais plutôt qu'une concertation avec l'orchestre, c'est la lutte entre deux forces antagonistes, l'orgue s'affirmant soit pour de longues durées qui se colorent et s'amplifient, soit avec véhémence par des *clusters* agressifs et rapides. Les forces se combinent à la fin dans le tutti d'un paroxysme dionysiaque.

Durée d'exécution : ~ 17 mn

Ricercare (1981)

L'œuvre fait appel à plusieurs manières de notation (traditionnelle et graphique), comme à plusieurs modes de jeu (*clusters*, accords sostenuto). L'ensemble produit des effets orchestraux conjugués à de longues montées en puissance, du *ppp* au fortissimo et à la spatialisation des registres. On retrouve dans cette unique pièce pour orgue solo le sens de la durée et du monumental qui caractérise le style de Halffter.

Durée d'exécution : ~ 12 mn

G.C. et X.D.

BENGT HAMBRAEUS

Né à Stockholm, le 29 janvier 1928. S'il a étudié la musicologie à l'université d'Uppsala (1947-56) et l'orgue avec Alf Linder (1944-1948), Bengt Hambraeus travailla seul la composition. Après plusieurs séjours à Darmstadt où il se familiarisa avec Stockhausen, Boulez, Messiaen ou Nono (1951-1956), il s'initia aux techniques électro-acoustiques à Cologne (1955) et à Milan (1959) et fut tenté, dès 1955, par la musique électronique. Sa renommée, l'étendue d'une culture issue de ses connaissances musicologiques et de sa science des moyens d'action les plus avant-gardistes, lui valurent aussi la direction du Département musical de la Radio suédoise.

La trajectoire musicale de Bengt Hambraeus n'est pas sans analogies avec celle de beaucoup de compositeurs nordiques de sa génération qui, d'un langage fortement influencé par Hindemith et le néoclassicisme allemand des années 1930-1940, évoluèrent vers la technique sérielle, puis en direction de méthodes plus libres jusqu'au postmodernisme des années 1980. Après *Music for organ* (1950), des œuvres comme *Konstellationer I-III* pour orgue et bande magnétique, marquent, en effet, un tournant décisif dans son approche de l'instrument à tuyaux et de sa fonction. Elles ne sont d'ailleurs pas sans rappeler l'expérience audacieuse de *Déserts*, pièce pour instruments à vent, percussions et « sons organisés » que Varèse achève en 1954. De la même manière, dans son *Homenaje a Pablo Picasso* de 1955, Bengt Hambraeus mêlera aussi l'orgue et un groupe comprenant une voix, flûte, trompette, clavicorde, clavecin et percussions, à quatre batteries de haut-parleurs, ce qui n'empêchera pas l'auteur de renoncer à l'électronique dès l'année suivante, confiant son *Praeludium, Kyrie, Sanctus* à un ténor et deux chœurs que deux orgues et cloches relèvent dans un esprit très différent.

Outre un *Concerto pour orgue et clavecin*, les pages réservées à l'instrument soliste comptent **Trois Pièces** (*Movimenti, Monodia, Shogaku*, 1967), **Nebulosa** (1969), **Toccata monumentum per Max Reger** (1973) et **Ricercare** (1974). En 1981 cependant, l'imposant **Livre d'Orgue** qu'il publie (quatre volumes, une cinquantaine de pages au total) se rattache à un courant postmoderne.

Dans cette œuvre conçue pour l'orgue pastiche de l'université McGill de Montréal (Helmuth Wolff d'après Dom Bédos), l'auteur tente de démontrer qu'un instrument « classique » peut stimuler la création contemporaine, même si dans sa *Basse de cromorne en hommage à Janequin* il nous livre intentionnellement quelques réminiscences. On y découvre, à côté de registrations à l'ancienne (tierce en taille, basse de trompette...) qui impliquent tout de même certaines contraintes d'écriture, des expérimentations plus contemporaines (registres à moitié tirés dans les *Timbres irisés*). Dans cette même perspective, le langage adopté par Bengt Hambraeus se révèle ici des plus personnels, bien que son parti pris d'écrire pour un instrument particulier rejoigne les tentatives d'un Hans Joachim Hespos (*Traces de...*, pour les Frari de Venise) ou d'un Florentz (*Laudes*, pour Plaisance-du-Gers).

F.S.

JOHANN NICOLAUS HANFF

Né à Wechmar (Thuringe), en 1663 ou 1665 ; mort à Schleswig, au cours de l'hiver 1711-1712. On sait fort peu de choses de sa vie, sinon qu'il fut professeur de musique à Hambourg (c'est ainsi qu'un Mattheson, âgé de sept ans, travailla avec lui le clavier et la composition à partir de 1688 et pendant quatre ans) et titulaire de divers postes de musicien d'église. Avant 1696, il occupa celui d'organiste de la cour du prince-évêque de Lubeck dans sa résidence d'Eutin. A la suite de la mort de l'évêque August Friedrich et de la dissolution de la cour en 1705, Hanff retourna probablement à Hambourg (deux au moins de ses enfants y virent le jour, en 1706 et 1711). On lui promit alors le poste d'organiste de la cathédrale de Schleswig, lequel ne se libéra cependant qu'en 1711 : il entra en fonction le 26 août, mais mourut quelques mois plus tard. Outre sept chorals pour orgue, il subsiste de Hanff trois cantates d'église dans le style de l'Allemagne du Nord, caractérisées par des oppositions marquées entre chœur et solistes.

Les sept Chorals pour orgue

C'est à Gottfried Walther que l'on doit de posséder aujourd'hui ces quelques témoignages de l'œuvre de Hanff. Dans une lettre datée de 1734 à Bokemeyer, il explique avoir recopié les « règles de composition » de Joh. Ph. Förtsch, ouvrage qu'il avait quelque vingt ans auparavant acquis du frère de « Joh.Niclas Hanff », qui allait devenir organiste de Riga. Deux de ces chorals furent publiés en 1884 par Ritter, puis les sept par Straube, en 1907 : la deuxième version de « *Erbarm dich mein, o Herre Gott* » y est qualifiée de *versus secundus* et rattachée à la première, réduisant le nombre des chorals à six. Peut-être Straube se fondait-il sur une source aujourd'hui perdue pour établir une relation cyclique entre les deux œuvres. Comme nombre de copies de l'époque, les manuscrits de Walther nous sont parvenus à titre d'*unica*, laissant ouverte la question de la fidélité de la copie par rapport à l'original.

1. « Ach Gott, vom Himmel sieh darein »

Comme tous les autres chorals de cette collection, celui-ci se présente sous la forme d'une mélodie plus ou moins richement ciselée à défaut d'être toujours ornée, en permanence au soprano. La tradition nord-allemande indique pour le choral proprement dit le clavier de *Rückpositiv*, l'accompagnement devant être joué sur le (*Haupt*)*werk* ou *Organo*. L'accompagnement est de nature polyphonique, fugué ou simplement en imitation (deux voix manuelles — exceptionnellement trois : « *Erbarm dich mein* » nº 1 — et pédale). D'un développement extrêmement contenu qui lui donne une tenue concise d'une belle rigueur, maîtrisée, il s'inscrit dans la tradition des chorals de Buxtehude par le lyrisme du phrasé et la plénitude stylée de l'harmonie.

Durée d'exécution : ~ 3 mn

2. « Auf meinen lieben Gott »

En *mi* mineur comme le précédent, mais plus court (21 mesures contre 43), il débute directement par la voix ornée de type partita, soutenue par le ténor et l'alto sans que ceux-ci ne développent de fugato imitatif véritablement travaillé, la pédale offrant en notes plus longues et appuyées une sorte d'épure de la mélodie.

Durée d'exécution : ~ 1 mn 30 s

3. « Ein feste Burg ist unser Gott »

Dans un *ut* majeur clair et ferme comme la forteresse divine (texte, et sans doute mélodie, de Luther, v. 1528, d'après le Psaume 46), il est en deux sections, la première avec signe de reprise : introduction fuguée à trois voix et première exposition, nue, du thème du choral, puis ornée. A la mesure 15 est introduit le rythme pointé, toujours en fugato pour l'accompagnement, aussitôt repris par le soprano qui conclut sur des figures rythmiques scandées et variées dans un medium chaleureux.

Durée d'exécution : ~ 2 mn 30 s

4 et 5. « Erbarm dich mein, o Herre Gott » (*deux versions*)

Tous deux de forme *allabreve* (₵) avec la blanche comme unité de battue, conformément à la tradition de la musique contrapuntique dans le style ancien, ces chorals reposent sur un motif scandé et chromatique qui semble bien établir un lien entre ces deux adaptations d'un même texte et d'une même mélodie, celui du second étant le renversement de celui du premier (tous deux en *mi* modal) :

L'écriture dense de l'accompagnement fugué le fait pencher vers la verticalité du choral harmonisé ; l'équilibre se trouve rétabli par la phrase largement déployée et chromatique du thème au soprano, favorisant dans le nº 4 les valeurs longues invitant à une riche ornementation.

Durée d'exécution : ~ 4 mn 30 s

6. « Helft mir Gott's Güte preisen » (« Von Gott will ich nicht lassen »)

D'un développement concis (26 mesures), en *sol* mineur, il est de nouveau construit sur une introduction fugato devenant imitation en voix parallèles, soutien d'un soprano très délié, allant mais toujours d'une belle sobriété.

Durée d'exécution : ~ 1 mn 30 s

7. « Wär Gott nicht mit uns diese Zeit »

En *la* (avec un *ut* dièse accidentel fréquent), ce choral s'articule en deux parties délicatement nuancées : choral orné (quatre entrées variées) sur un accompagnement de voix parallèles en imitation, suivant un mouvement globalement ascendant qui semble évoquer l'espoir et le réconfort de la présence de Dieu (« *Gott mit uns* »). Un silence (mes. 19) introduit une brève exposition fugato (alto/ténor/basse) sur laquelle se greffe la quatrième voix sous forme de soprano orné ; se glisse alors un dernier mouvement parallèle de l'accompagnement, à la suite duquel le soprano se lance dans un long mélisme en triples croches semblable à un ornement décomposé et procédant par degrés voisins descendants.

Durée d'exécution : ~ 2 mn

M.R.

NICOLAUS HASSE

Né à Lubeck, vers 1617; mort à Rostock, le 8 mars 1672. Tout ce que l'on sait de Nicolaus Hasse, c'est qu'il fut l'élève de son père, Peter, à Lubeck, où celui-ci occupait le poste d'organiste de la Marienkirche. En 1642, Nicolaus devint organiste de la Marienkirche de Rostock, poste qu'il conserva jusqu'à sa mort, à moins qu'il ne se soit retiré en 1671. Seul détail transmis : il semble avoir toujours été en difficulté financière.

Connu de longue date pour sa musique de chambre (*Delitiae musicae*, 1636 : 21 Suites comprenant Allemande/Courante/Sarabande, ainsi que 14 autres danses — sans oublier les *Suites* de 1658, aujourd'hui perdues mais mentionnées par J.G. Walther dans son *Musikalisches Lexikon*) et sa musique sacrée, on ignorait tout de sa musique d'orgue. Ce n'est qu'en 1957 que l'on a découvert quatre chorals à la bibliothèque du monastère de Pelpin (Pologne), désormais accessibles en édition moderne. Le recueil en question (quelques imprécisions dues au copiste) renferme également sous forme de tablatures cinq pièces de Scheidemann, deux de Tunder, une de Ewaldt Hintz. On s'explique difficilement la présence de ce recueil entièrement « protestant » dans une abbaye catholique. Quoi qu'il en soit, c'est là un élargissement du répertoire baroque allemand du XVIIe siècle.

Les quatre Chorals

Les trois premiers chorals (tous de type choral-ricercar) sont d'une simplicité dans l'agencement du texte qui suffit à ranger Hasse dans la catégorie des petits-maîtres, doués d'une sage et belle technique d'écriture, au fait des manières s'offrant au musicien d'église pour varier un thème de choral, mais à un degré très sensiblement inférieur quant au souffle et à l'invention en regard des Tunder, Scheidemann, Weckmann — sans parler d'un Buxtehude ou d'un Bach.

« Allein Gott in der Höh sei Ehr »

Ce choral, explicitement exposé dès l'abord, fera alterner de façon un peu archaïque un bloc-accompagnement en valeur longues et à la polyphonie réduite, qu'il semble nécessaire d'habiller de glose presque à la manière italienne, et des passages volubiles variant le thème, le tout sur un rythme très égal, tout au long de 102 mesures toujours à 3/4, sauf le dernier trait du soprano, élargi à 4/4, louange sereine et confiante semblant tout ignorer des rigueurs de la guerre de Trente Ans.

« Jesus Christus, unser Heiland, der von uns », *pro organo pleno*

Hiératique en son rythme à 2/2, large et amplifié par un *organo pleno* rigoureux, il offre en trois versets enchaînés (et également 102 mesures) plus de richesse polyphonique que le précédent, un contraste plus accentué dans le dialogue des voix, ainsi qu'une scansion rythmique tout intérieure mais mieux développée, notamment à la pédale.

« Jesus Christus, unser Heiland, der von uns » (seconde version)

En *ré* comme le précédent, ce choral bascule dans un tout autre monde, oubliant les affres de la Passion du Christ rappelées par le texte, ou bien enchaînant déjà sur la joie découlant de l'espérance de la résurrection. Après une courte exposition fugato et grave du thème du choral, se succéderont de nombreuses *partite* variées essentiellement sur le plan rythmique et presque toujours au soprano, avec de nombreux effets d'échos ou tout simplement de dialogues, balancements de triolets, longs traits de virtuosité, appelant également l'ornementation.

« Komm, heiliger Geist, Herre Gott »

Dans l'esprit et la manière du précédent, mais de nouveau avec une intensification croissante de la variété ornementale de l'écriture, non plus limitée à la voix de soprano. Les dialogues de claviers y sont plus riches, plus nerveux, rythmiquement plus intéressants, avec entre autres un emploi assez abondant du rythme pointé, pratiquement inconnu des trois autres chorals. L'écriture de ce choral est sensiblement plus fine et épanouie, mieux distribuée sur la tessiture complète des claviers manuels; la pédale reste quant à elle cantonnée dans un rôle de simple soutien, lorsqu'elle ne disparaît pas complètement. Trop longue en regard de son contenu réel (292 mesures!), cette Fantaisie n'en est pas moins le choral le plus réussi des quatre rescapés devant défendre aujourd'hui le nom de Hasse.

M.R.

HANS LEO HASSLER

Baptisé à Nuremberg, le 17 août 1564; mort à Francfort-sur-le-Main, le 8 juin 1612. Il appartenait à une célèbre famille de musiciens. Tailleur de diamants à Nuremberg, Isaak, son père, tenait aussi l'orgue du nouvel hôpital. Son frère Kaspar, organiste à Nuremberg, est plus connu comme éditeur de musique, et leur cadet, Jakob, acquit une certaine renommée comme organiste dans les cours princières. Les deux frères surent attacher leur fortune à la bonne étoile de Hans Leo. Après avoir travaillé avec son père, celui-ci noua sans doute des contacts fructueux avec Leonhard Lechner, un ancien élève de Lassus. Suit alors un séjour de dix-huit mois à Venise (1584-1585) : Hassler compte ainsi parmi les premiers musiciens allemands à aller se parfaire en Italie. Il y travaille avec Andrea Gabrieli, dont le neveu Giovanni est son plus proche ami. En janvier 1686, il est organiste de la cour d'Octavian II Fugger à Augsbourg, établissant des liens privilégiés avec cette puissante famille; la réputation que lui valent ses nombreuses publications est telle qu'en 1695, il est anobli par l'empereur. En 1601, il s'en revient à Nuremberg. Épousant en 1694 la fille d'un respectable marchand d'Ulm, il résidera quatre années en cette ville. En 1608, il est organiste de l'électeur de Dresde, Christian II. Il contracte la tuberculose qui l'emportera, mais aura encore la force, en 1610, d'inaugurer le nouvel orgue de Gottfried Fritsche à la Frauenkirche et de participer à l'élaboration du buffet d'un nouvel instrument à la chapelle du château de Dresde.

D'autres aspects de la vie de Hassler valent d'être également mentionnés. Ainsi, en 1696, à l'invitation du duc Heinrich Julius de Brunswick, les frères Hassler participent à une extraordinaire « fête de l'orgue » qui permet à plus de cinquante organistes d'expertiser et inaugurer le nouvel instrument de la chapelle du château à Groningen, près d'Halberstadt. Il semble cependant que Hans Leo ait eu peu de contacts avec d'autres prestigieux musiciens d'Augsbourg, comme Aichinger ou Erbach. Il consacra d'ailleurs une grande part de son inlassable activité à la construction d'instruments de musique mécanique, ce qui justifia vraisemblablement son retour à Nuremberg, haut lieu de ce type de production.

Il fut organiste toute sa vie, à Augsbourg, Nuremberg et Dresde. Comme ses confrères Erbach, von der Hofen, Holtzner ou Steigleder, il renouait avec la belle tradition des Paumann à Munich, Schlick à Heidelberg ou Hofhaimer à Augsbourg. Mais ce n'est qu'avec une récente découverte dans les tablatures de Turin que son corpus organistique justifie la renommée que lui accordaient ses contemporains : Nuremberg l'avait baptisé « *Musicus inter Germanos sua aetate summus* » (« le plus grand organiste allemand de son temps »).

Quant à son abondante œuvre profane, elle est, en ses débuts, influencée par Lassus et l'école vénitienne. En chœurs simples ou doubles, ses œuvres latines comptent parmi les plus belles compositions allemandes du temps. Il sait, en particulier, tempérer la rigueur de l'écriture par un lyrisme, une sorte d'« amabilité » dérivée de la canzonetta italienne, marquée du signe de Baldassare Donato, avec qui il travailla sans doute à Venise.

L'œuvre pour orgue

On dénombre actuellement 110 pièces pour clavier, dont 24 ricercari, 29 canzones, 12 fugues, 16 toccatas, 7 introïts, 14 *Magnificat*, 5 intradas, une messe d'orgue et diverses autres pièces.

Pour les ricercari, Max Seiffert observe que les frères Hassler suivent la direction donnée par les Gabrieli : « La succession des thèmes, telle que la forme originelle du ricercare italien l'exige, domine aussi chez les Allemands. [...] Les thèmes sont traités l'un après l'autre, de telle sorte cependant que l'un forme le sujet principal, que les autres motifs accompagnent seulement, ou dont ils préparent l'entrée. » Ces pièces, au demeurant fort longues (parfois plus de 150 mesures !), restent captivantes grâce à des sujets personnels et vivants. L'un d'entre eux ne développe-t-il pas le touchant motif du madrigal palestrinien *« Io son ferito »*, sur lequel Scheidt édifiera l'une de ses plus somptueuses constructions ?

Les toccatas cousent souvent des pièces sur le patron suivant : introduction d'accords larges et soutenus, puis une section en forme de toccata dans le style de bravoure affectionné par Andrea Gabrieli, et enfin une fugue débouchant sur un postlude-toccata. Pour être un peu lustré par l'usage, le tissu n'en est pas moins résistant et bigarré.

Agilité des traits, aspérité des chromatismes, amabilité des sujets de canzone, solidité du métier, autant de qualités qui confèrent à cette œuvre un intérêt constant. Dans l'impossibilité de tout révéler, nous nous en tiendrons à deux pièces exemplaires à maints égards.

La messe d'orgue **Ordinarium et Proprium de Apostolis** offre la particularité surprenante de juxtaposer des compositions fondées sur les mélodies grégoriennes et deux chorals destinés au service protestant. On se souviendra que Hassler, fidèle protestant, travaillait néanmoins dans un contexte catholique sans contrainte apparente. Au *Répons* des Apôtres succèdent un *Introït* de la messe de saint André apôtre, un *Kyrie* des Apôtres (Messe XIV *Jesu Redemptor*), un *Gloria* (Messe IV *Cunctipotens*), un verset « *Ach Gott von Himmel sieh darein* », un *Credo* (« *Wir glauben all'an einen Gott* »), un *Sanctus* et un *Agnus* de la messe XVII. Toutes les pièces font sonner les thèmes en valeurs longues à l'une ou l'autre voix, ce cantus firmus déclenchant des volées d'imitations, et parfois des épisodes de style toccata. L'*Agnus* s'affranchit de la mélodie grégorienne pour lancer un vibrant postlude « alla Andrea Gabrieli ». Dans son désir de conjuguer ensemble les langues italienne et allemande, de réconcilier les cultes catholique et protestant, cette œuvre nous semble restituer avec adresse la figure de Hans Leo Hassler.

Les 31 variations sur **« Ich gieng einmal spatieren »** (thème qui n'est autre que celui de « *la Monica* ») constituent un authentique chef-d'œuvre, et il y a lieu de s'étonner que ce recueil reste étrangement secret. La longueur de l'ouvrage (35 pages), exceptionnelle en ce tout début du XVIIe siècle, requiert de l'interprète endurance et imagination, et de l'auditoire patience et concentration. Ses proportions gigantesques excèdent largement les rares œuvres contemporaines auxquelles on pourrait le comparer, les *Cento Partite* de Frescobaldi en son *Primo Libro* de 1615, ou le *Passamezzo* varié de Scheidt en sa *Tabulatura nova* de 1624. Une invention et une inspiration débordantes révèlent un homme de clavier qui dut être un fameux improvisateur. Et si quelques formules paraissent convenues ou systématiques, il faut se souvenir, pour être juste, que Hassler en use avec la fraîcheur du pionnier. L'auteur alterne avec un art consommé de l'effet les « microclimats » de ces variations ; en particulier, il joue avec adresse des diverses tessitures du clavier pour les fondre ou les contraster. Cette véritable « registration » de tessitures (écrite pour le clavecin, cette œuvre sonne admirablement à l'orgue), ces contrastes de densités d'écriture, ces déphasages rythmiques, cette savante alternance de pages torrentielles et de plages sereines, cette luxuriance sonore solidement charpentée : tout concourt à faire de ce recueil d'une étonnante virtuosité un digne précurseur des *Variations Goldberg* de Bach, près d'un siècle et demi plus tard.

Durée d'exécution : ~ 35 mn

G.G.

FRANZ JOSEPH HAYDN

Né à Rohrau, le 31 mars 1732 ; mort à Vienne, le 31 mai 1809. Après sa formation musicale dans le chœur d'enfants de la cathédrale Saint-Étienne de Vienne (env. 1740-1750), il devint en 1759 directeur de la musique du comte Morzin, puis passa au service de l'une des plus grandes familles hongroises de l'Empire, les Eszterházy (maître de chapelle en 1766). L'important catalogue de Haydn (symphonies, musique de chambre, sonates pour piano, opéras, oratorios, etc.) ne comprend aucune œuvre originale pour orgue, instrument avec lequel il ne fut jamais, personnellement ou sur un plan professionnel, en contact direct, mais seulement des pièces pour orgue mécanique. Un trait d'union cependant entre ces pièces et, par exemple, les 62 sonates pour clavier (mais aussi les quatuors et même les symphonies) : la présence de nombreux menuets, dont la nature et l'esprit, inséparables de Haydn, sont en eux-mêmes une indication de style, de tempo, de toucher.

Le seul orgue pour lequel Haydn ait spécifiquement composé, outre l'orgue soliste (plus de salon que d'église) de ses concertos (*Concertos pour clavecin ou orgue*, dont deux découverts récemment), fut un orgue mécanique appelé en allemand *Flötenuhr* (« horloge à flûte »). Haydn a laissé trois séries de pièces composées pour trois instruments réalisés spécialement pour ces œuvres par l'un de ses élèves et ami, Primitivus Niemecz, religieux, bibliothécaire du prince Eszterházy, datés respectivement de 1772, 1792 et 1793. Ces horloges à flûtes sont des instruments automatiques faisant entendre un véritable et unique jeu bouché, alimenté par un soufflet et sonnant en 4′, constitué de tuyaux couchés ; ce jeu appelé *Gedeckt* (équivalent du bourdon) était dans la plus pure tradition de la *« Wiener Flöte »*, à la sonorité douce et cristalline. A chaque heure, le mécanisme de l'horloge mettait en marche un rouleau muni de pointes qui, par un système très simple, agissaient sur les soupapes des tuyaux. Ces trois horloges, conservées avec leurs rouleaux (les deux premières à Vienne, la troisième à Prien im Chiemgau/Bavière), d'une étendue sonore allant de 17 à 29 notes, permettent aujourd'hui encore de se faire une idée précise des intentions de Haydn tant pour le tempo que pour la réalisation des ornements. A noter que le mot « horloge » ne sous-entendait pas obligatoirement un cadran avec des aiguilles indiquant l'heure (une seule sur les trois *Flötenuhren* de Haydn en est pourvue), mais pouvait ne supposer qu'un simple mécanisme d'horloge mettant donc en marche automatiquement l'instrument.

La seule édition des 32 pièces de Haydn, sous forme de transposition pour clavier — mais sans altération de la disposition originale du texte —, les deux mains étant en clé de *sol* en raison de la tessiture réduite imposée par la *Flötenuhr*, est celle d'Ernst Fritz Schmid (Bärenreiter) ; la numérotation ici retenue est celle de l'édition.

Les pièces de 1772

La première des trois horloges fut offerte par Haydn à la famille du compositeur Leopold Gassmann à l'occasion du baptême de sa fille Anna ; elle fait entendre 16 pièces, dont 6 que l'on ne retrouvera sur aucune des deux autres horloges. Ce sont toutes des pages courtes, monothématiques, avec un maximum d'une cinquantaine de mesures pour une durée d'une à moins de deux minutes. Certaines offrent des citations d'œuvres de Haydn ainsi que d'autres compositeurs, parfois des airs célèbres ou à la mode. Les pièces de cette série de 1772 sont pour la plupart en *ut* ou en *fa* majeur. Pour plus de clarté, ces pièces sont indiquées ici dans l'ordre de l'édition, et celles qui ont été réutilisées seront mentionnées avec les deux séries suivantes, dans la mesure où la numérotation y est plus évidente.

2, 6, 8, 11. Ces quatre pièces seront reprises pour l'horloge de 1792.

13. Allegretto.

14. Vivace « All' Ongarese » *(sic)*, en un joli *fa* mineur.

15. Andantino.

16. Andante cantabile, « *Der Dudelsack* » (« la cornemuse »). Il fait entendre une mélodie en réalité de Giovanni Mane Giornovichi, reprise ensuite par Wranitzky, puis par Beethoven dans ses *Douze Variations* [pour piano] *sur une danse russe du ballet « Das Waldmädchen »* de Wranitzky, de 1796.

17. Menuett.

18. Vivace, « *Der Kaffeeklatsch* » (« les potins du café »), pièce publiée du vivant du compositeur sous l'intitulé « Finale presto Scherzo », dans le *Trio n° 3* pour violon, alto et basse.

19—24. Ces six pièces seront reprises pour l'horloge de 1793.

Sur le rouleau, les pièces apparaissent dans l'ordre suivant, désigné ici par les numéros de l'édition : 23, 22, 13, 14, 15, 21, 16, 20, 19, 8, 6, 17, 11, 18, 2 et 24.

Les pièces de 1792

Particulièrement remarquable, cette nouvelle horloge faisait entendre 12 pièces, une à chaque heure (ordre du rouleau, et de l'édition). A l'origine, elle se trouvait en possession de la maison princière de Liechtenstein, avec laquelle Haydn entretenait de bonnes relations. Les manuscrits de cinq de ces pièces ont disparu (n°s 4, 5, 7, 9 et 10), de sorte que celles-ci n'ont pu être éditées qu'en en relevant le texte à l'écoute du rouleau.

1. Allegro moderato.

2. Andante [Allegretto] de 1772, avec arpègements, gruppettos, traits volubiles et appuis sur notes pointées.

3. Presto [Allegro moderato]. Une répétition est prévue pour les huit premières mesures sur la partition, mais pas sur le rouleau.

4. Andante. Cette pièce reprend le thème du lied de Haydn *Warnung an ein Mädchen.*

5. Menuett, sur le thème du Trio de la *Symphonie « La Reine »*.

6. Menuett « *Der Wachtelschlag* » (« le carcaillat », ou chant de la caille), de 1772.

Menuett *Der Wachtelschlag* n°6

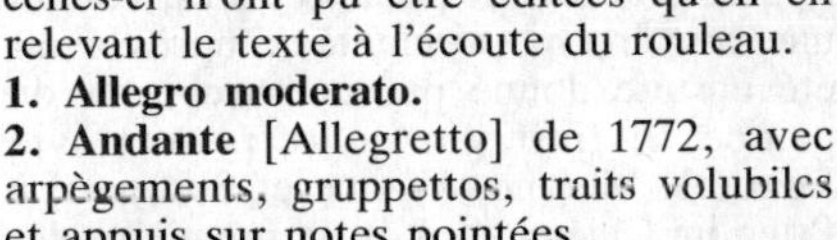

7. Allegretto.

8. Menuett de 1772, sur rythme pointé. Cette pièce aurait été la préférée d'Anna Gassmann, devenue Anna Fux, pour le baptême de laquelle Haydn avait composé les pièces de 1772.

9. Allegro moderato, en arpèges avec *acciacature* (ce procédé, fréquemment utilisé dans la musique pour les instruments mécaniques, ne doit pas être entendu ici au sens d'appoggiatures brèves, mais de l'enchaînement arpégé de notes sans les tenir), trilles, triolets, sextolets et traits liés à l'improvisation.
10. Vivace, Il fait entendre le Finale (Rondo allegro) d'une symphonie autrefois attribuée à Dittersdorf, mais aussi à Haydn : le rouleau de l'horloge de Niemecz tendrait à confirmer la paternité de Haydn.
11. Menuett [Allegretto] de 1772, évoquant le début du Menuet du Quatuor op. 54 nº 2.
12. Presto à 3/8.

Les pièces de 1793

Cette troisième horloge fait également entendre 12 pièces, à raison d'une par heure. Cet instrument, offert par Haydn à son mécène le prince Nikolaus Eszterházy lors de son départ pour Londres, connut une histoire mouvementée : après avoir été ensuite donné par un successeur du prince, il finit par se retrouver, via Londres, Merano, Vienne et Stuttgart, à Prien im Chiemgau. Les six premières des douze pièces (publiées dans l'ordre du rouleau) se trouvaient déjà dans la série de 1772. Pour ce qui est de l'écriture, les pièces originales de cette série sont sensiblement plus complexes, bien que nullement plus longues, que celles des recueils précédents, au point de présenter pour qui veut les jouer au clavier des difficultés digitales que l'instrument mécanique n'avait évidemment pas à prendre en considération. Ainsi, par exemple, le long trille des mesures 11 et 12 de la pièce nº 27, éventuellement facultatif, à l'une des voix intermédiaires, les autres doigts de la même main gauche devant réaliser en même temps de petits accords lourés de deux ou trois notes. C'est le problème type de la transposition à l'orgue manuel (*cf.* Mozart) de pièces composées pour un automate, source de difficultés certes non insurmontables, mais sans rapport avec l'ampleur toujours nécessairement réduite des pièces.
19. Allegro (1772), faisant appel, comme déjà la pièce nº 9 de 1792, au procédé de l'*accacciatura*.
20. Andante (1772), avec à nouveau des *accacciature*.
21. Vivace (1772).
22. Menuett (1772).
23. Allegro ma non troppo (1772).
24. Fuga [Allegro] (1772), avec pincé ou mordant court sur la première note, et trille sur le premier temps de la deuxième mesure ; la fugue est exposée à trois voix, puis se libère du contrepoint pour finir en accords arpégés.
25. Marche en *ré* majeur. Autrefois attribuée à Beethoven, on la connaissait sur une *Flötenuhr* du début du XIXᵉ siècle, associée à une autre marche effectivement de Beethoven (« *Grenadiermarsch, arrangiert von Herrn Ludwig van Beethoven* ») : la paternité de Haydn se trouve, dans ce cas également, confortée. L'entrée, fringante et décidée, façon petits soldats de plomb, ne manque pas d'allure.

26. Andante, puis **Allegro** en *mi* majeur.
27. Allegretto en *sol* majeur, publié par Haydn chez Artaria, à Vienne, en 1794, sous le titre d'*Allegretto per il Clavicembalo o Piano Forte*.
28. Allegro en *ut* majeur, arrangement à partir du Finale du *Quatuor* op. 71 nº 1.
29. Menuett en *ut* majeur, à partir du Menuet de la *Symphonie « L'Horloge »*.
30. Presto en *sol* majeur, à partir du Finale du *Quatuor « L'Alouette »* op. 64 nº 5.

Autres pièces

A ces trois séries, il convient d'ajouter pour mémoire deux autres pièces, séparées, ne figurant pas sur les rouleaux des instruments de Niemecz, mais cependant conservées dans les manuscrits de Haydn spécifiés pour *Flötenuhr* :
31. Allegretto.
32. Allegro de 99 mesures, librement inspiré du Finale de la dixième des symphonies « londoniennes » (nº 102).

Michael Haydn (né à Rohrau, baptisé le 14 septembre 1737 ; mort à Salzbourg, le 10 août 1806), contrairement à son frère

Joseph, fut professionnellement en contact immédiat avec l'orgue : installé en 1763 de manière définitive à Salzbourg où il devint Konzertmeister du prince-archevêque, il fut nommé organiste de l'église de la Trinité en 1777, avant de succéder à Mozart, en 1781, à la tribune de la cathédrale de Salzbourg. Son œuvre, cependant également riche en musique instrumentale de genres très variés et même de scène, relève essentiellement de la musique sacrée avec quelque 38 messes et plus de 300 œuvres religieuses, le plus souvent placées, dans le sillon des réformes liturgiques des années 1780, sous le signe de la sobriété, voire de la simplicité. Ses œuvres pour orgue regroupent *50 kleine Orgelstücke* (« 50 petites pièces d'orgue ») dans les huit tons ecclésiastiques; *Praeludien zu den 8 Kirchentönen* (« Préludes dans les huit tons d'église »); *Antiphonarium für Orgel* (1792); *Pastorello* pour cordes, timbales et orgue; *Konzert für Orgel (Cembalo), Viola und Streicher* (Concerto pour orgue (clavecin), alto et cordes).

M.R.

ANTON HEILLER

Né à Vienne, le 15 septembre 1923; mort à Vienne, le 25 mars 1979. Après des études menées à la Musikakademie de Vienne (1941-1942), il y fut ensuite professeur d'orgue, dans le département de la musique d'église (1945), où il forma de nombreux disciples. A partir de 1939, une brillante carrière de concertiste l'avait déjà propulsé au premier rang des virtuoses germaniques, et ses interprétations de l'œuvre de Bach avaient retenu l'attention. En 1952, il remporta le Prix d'improvisation de Haarlem. S'il laissa une dizaine de grandes pages d'orgue, on lui connaît aussi des œuvres nombreuses pour piano, des chœurs, un Requiem*, un* Te Deum *et dix messes.*

Le Viennois Anton Heiller appartient à cette génération d'organistes ou de compositeurs, tels Driessler, Pfiffner, Schneel, Manicke, Heilmann, Klebe ou Bertold Hummel, qui, nés entre 1921 et 1928, vont poursuivre le grand mouvement polyphonique amorcé par leurs aînés, dont Hindemith ou Johann Nepomuk David. Parfois séduits par les techniques sérielles, ces musiciens auront la charge de transmettre aux plus jeunes (Planyavsky, Radulescu) un art de l'orgue et du contrepoint qui assure à l'école viennoise actuelle une pérennité. Pour Heiller, cette influence se double néanmoins d'une sensible emprise du suisse Frank Martin (rythmique, libre adaptation du dodécaphonisme) et de Stravinsky.

Sa *Sonate I* de 1945 reflète ces différentes sources, notamment son premier mouvement qui joue sur des rythmes recherchés par de constants changements de mesure, et oppose des sections d'esprit varié à des périodes fuguées d'une écriture serrée. Mais si la partie de pédale s'y révèle active et souvent difficile, le deuxième mouvement est réservé aux uniques manuels, tandis que le final se lance dans l'ostinato d'un farouche *perpetuum mobile*, dont les formules répétitives trouveront un écho dans la *Tanz Toccata* de 1970.

Écrite en 1947, la **Sonate II** ne sera éditée qu'en 1953. Elle ne présente pas un renouvellement esthétique radical et demeure d'une exécution peu aisée et guère praticable en dehors du concert.

En revanche, l'organiste s'est ingénié à produire pour l'église des pages qui s'inspirent soit du répertoire réformé (**Préludes de choral** en 1975, diverses partitas), soit du plain-chant catholique (**Fantaisie sur le « Salve Regina »** ou **Méditation sur la séquence grégorienne de Pâques « Victimae Paschali laudes »** en 1974). Mais dans les deux cas, le langage ne renonce jamais aux impératifs stylistiques de notre époque, optant pour un contrepoint souvent anguleux et calculé qui n'est pas sans rappeler celui de Johann Nepomuk David. On lui doit aussi un **Concerto pour orgue et orchestre** (1964) et un **Concerto pour orgue, clavecin et orchestre de chambre** (1972).

F.S.

JEAN-CLAUDE HENRY

Né à Paris, le 30 décembre 1934. Au Conservatoire, il a été l'élève d'Henri Challan, Noël Gallon, Rolande Falcinelli, Tony Aubin et Olivier Messiaen. Prix du Concours international de Munich en 1959, il est Grand Prix de Rome en 1960. De 1970 à 1990, il a été l'un des titulaires de l'orgue de Saint-Pierre de Neuilly et, depuis 1967, enseigne le contrepoint au Conservatoire de Paris.

Dans ses pièces pour orgue, Jean-Claude Henry affectionne les constructions librement déduites des éléments du discours, même si se présente la référence à une forme traditionnelle *(Chacone)*. Le langage utilise les ressources de l'atonalité et la modalité, voire de la polymodalité, et ne dédaigne pas certains procédés plus contemporains *(Thalle)*. Le compositeur est animé par un souci de contrastes dans la vie rythmique, dans le choix de l'écriture et de l'expression qui s'en dégage, et dans les couleurs de la registration.

Variations sur un Noël ancien
(1959)

Première œuvre pour orgue publiée par le compositeur, elle l'a été dans le numéro 29 de *L'Organiste*, supplément à la revue *Musique sacrée*.

Durée d'exécution : ~ 5 mn

Quatre pièces brèves sans pédale obligée (1961)

Elles ont été publiées dans le numéro 42 de la revue *L'Organiste liturgique*. *Pour un Office funèbre* est une brève paraphrase du *Sanctus* et de l'*Agnus Dei* de la Messe des morts. *Pour un temps de pénitence* : développement en crescendo, suivi d'une courte réexposition. Dans *Pour un temps d'allégresse*, le thème est varié rythmiquement, depuis sa présentation initiale heurtée jusqu'à la régularité pompeuse des dernières mesures. Enfin, *Pour tous les temps* est une courte méditation sur les jeux de fonds.

Durée d'exécution : ~ 5 mn

Prélude à l'introït, Offertoire, Élévation, Communion et Postlude pour le dimanche de Sexagésime

Publiées dans *Orgue et liturgie* (n°s 48, 52, 57, 62 et 75), ces pièces constituent un ensemble cohérent destiné à être exécuté un dimanche bien particulier de l'année liturgique : elles utilisent le matériau sonore du propre grégorien. Chaque incise de l'*Introït* du jour est commentée dans le *Prélude* suivant le sens des paroles tirées du *Psaume 44*, qui frappent par la violence de leur appel. L'*Offertoire*, dont le texte est issu du Psaume 17, veut exprimer la confiance du croyant dans la miséricorde divine. Si le matériau mélodique de l'Élévation n'est pas emprunté au chant grégorien (puisque ce moment de la Messe n'est pas commenté par le propre en plain-chant), la Communion est de nouveau une méditation sur la mélodie grégorienne. Enfin, le *Postlude* juxtapose et superpose des fragments de l'*Introït*, de l'Offertoire et du Trait; il s'achève dans une atmosphère d'attente, celle d'une résurrection encore lointaine, car ce n'est qu'après la traversée du Carême qu'apparaîtra la lumière de Pâques.

Durée d'exécution : ~ 10 mn

Chacone (1967)

Le thème de cette œuvre, constitué d'un total chromatique, est répété à la basse durant les premières variations. Après une fanfare lointaine, des groupes-fusées se répondent en une vigoureuse polyphonie à cinq voix. Un bref crescendo débouche sur une nouvelle variation de caractère contemplatif. Un second thème surgit, dont les deux éléments, l'un fait d'accords incisifs, l'autre lyrique, vont se développer jusqu'à une rapide toccata. Le thème reparaît, combiné en canon à quatre voix clamé sur le tutti. Les dernières variations voient le thème se coaguler *pianissimo*, puis se dissocier jusqu'à une conclusion interrogative et sombre.

Durée d'exécution : ~ 8 mn

Thalle (1973)

La multiformité du thalle (appareil végétatif plus ou moins compliqué de plantes telles que les algues) constitue l'un des modèles de cette pièce. Un total chromatique, subissant les transformations ordinaires, est tout d'abord exposé à la main droite, accompagné d'un contrepoint léger. Il se déroule ensuite sur trois claviers aux timbres fortement contrastés. Un développement par bouffées successives, puis une brève danse débouchent sur un choral clamé *fortissimo*. Un passage sombre, coupé de quelques taches incisives, lui fait suite. A partir d'une toccata en *accelerando*, les différents éléments ressurgissent, et la pièce s'achève dans un cri répétitif et tonitruant.

Durée d'exécution : ~ 9 mn

Benthos (1987)

Après une introduction de caractère improvisé, scandée par trois courtes périodes de choral, se déroule une double fugue dans laquelle les combinaisons contrapuntiques alternent avec d'amples développements sur l'une ou l'autre des cellules génératrices de l'œuvre. Les périodes du choral initial s'insèrent dans le début du final, dont le thème apparaît trois fois séparé par deux nouveaux développements. C'est dans l'affrontement de ces divers éléments que l'œuvre se termine *strepitoso*.

Durée d'exécution : ~ 8 mn

Toccata (1988)

C'est sur le thème de la séquence grégorienne *Veni sancte spiritus* que s'ouvre cette toccata. Mais d'autres éléments caractéristiques de cette écriture instrumentale vont lui succéder : second thème sinueux et lyrique, scherzo fugué, accords alternés, traits rapides vont se juxtaposer, revenir et s'entremêler sans répit jusqu'au crépitement final.

Durée d'exécution : ~ 7 mn

X.D.

ADOLF FRIEDRICH HESSE

Né à Breslau, le 30 août 1808; mort à Breslau, le 5 août 1863. Fils d'un facteur d'orgues qui fut son premier maître, ce compositeur allemand fit ses études à Leipzig, Hambourg et Berlin où il travailla sous la direction des organistes Berner, Köhler et surtout Rinck. Titulaire de l'instrument de Saint-Bernardin de Breslau, il fit ensuite une carrière internationale.

Un des mérites de Hesse a consisté à diffuser l'œuvre de Jean-Sébastien Bach, dont il peut être considéré comme un héritier indirect. Lors de l'inauguration de l'orgue de Saint-Eustache (1844), il fut par exemple un des premiers à révéler aux Parisiens la *Toccata* en *fa* dont Charles Valentin Alkan fera, plus tard, une de ses pages favorites. Élève de Rinck, dont la *Praktische Orgelschule* (1819-1821) poursuit les principes formulés par Kittel (lui-même disciple de Bach) dans la première grande méthode d'orgue de 1801-1808 (*Der angehende praktische Organist* en trois volumes), il transmettra son savoir à Lemmens qui, à son tour, formera Guilmant et Widor. De ce fait, rompu à toutes les difficultés de la technique d'orgue (notamment celle de la pédale, pour laquelle il pratique sans ambiguïté l'usage du talon-pointe), sa musique oppose à des pièces de fonction pédagogique ou, selon l'exemple de Rinck, propres à servir le culte (chorals), de grandes pages ambitieuses : fantaisies (dont deux à quatre mains), préludes et fugues ou variations. Son style s'apparente à celui de la plupart des organistes allemands des deux premiers tiers du XIXe siècle, dans la mesure où certaines options de l'âge classico-baroque (persistance d'un contrepoint sérieux et de la fugue, formules de concerto italien ou d'ouverture à la française) se mêlent à des épanchements moins rigoureux, concessions au goût de l'époque : mélodies charmeuses, émois discrets, pittoresque…

Variations sur un thème original (op. 34)

Œuvre de la maturité, cette série de variations sur un thème binaire à reprise en *la* bémol majeur, d'abord harmonisé sobrement, constitue un témoignage très convaincant du meilleur Hesse. Après une première variation linéaire avec thème au soprano (polyphonie à quatre parties avec pédale obligée), la seconde propose un canon à l'octave entre le dessus et la basse. Un mouvement de triolets anime ensuite la troisième, tandis que la quatrième *(Andante)* en appelle au mineur (*sol* dièse) sans renoncer au contrepoint. La dernière *(Con fuoco)* emprunte alors à la toccata son *perpetuum mobile* en doubles croches (partie de pédale à la Bach) pour conclure sur une pédale de tonique en noires répétées d'un bel effet, le tout d'un classicisme que le temps n'a pas démodé, à l'instar des préludes et fugues.

Durée d'exécution : ~ 9 mn

F.S.

PAUL HINDEMITH

Né à Hanau (près Francfort), le 16 novembre 1895; mort à Francfort, le 28 décembre 1963. Grand classique parmi les modernes, Hindemith connut un parcours musical des plus complets : violoniste et altiste (au sein du Amar-Hindemith Quartet de 1921 à 1929), théoricien et chef d'orchestre, on trouve dans l'important catalogue de ses œuvres de la musique de chambre, de scène (opéras, ballets), pour grand orchestre et orchestre de chambre, de la musique vocale, ainsi que de nombreuses sonates pour la plupart des instruments usuels. C'est dans le contexte de cette dernière catégorie que Hindemith, comme nombre de musiciens de son époque qui n'étaient pas organistes, composa les trois œuvres constituant sa production pour orgue seul.

Néo-classique, Hindemith demeure attaché aux grandes traditions musicales; aussi ses Sonates sont-elles des œuvres à la fois contemporaines pour l'esprit de liberté qui les anime, et respectueuses des « limites utiles » de la modernité, toutes trois sobres et nullement révolutionnaires, en même temps qu'authentiquement personnelles. Il composa les deux premières en 1937, un an avant de s'exiler en Suisse, sa musique ayant fini par être condamnée par le régime nazi, et la troisième en 1940, en Suisse. Il devait cette même année s'exiler aux États-Unis où, de 1940 à 1953, il enseigna à l'Université Yale.

Première Sonate (1937)

Elle présente deux mouvements, le premier en diverses sections mêlées, le second en réalité composé de deux sous-mouvements parfaitement autonomes, distincts bien qu'enchaînés.

Le premier mouvement (372 mesures), *Mässig schnell* (moyennement vite), débute sur un mètre à 3/2 entrecoupé de mesures à 2/2. Il alterne des passages en triolets de noires introduits par des accords (blanche pointée/soupir) à la consonance fragile, et des enchaînements de sections en noire pointée/croche associées à des passages en croches simples, au rythme carré, l'ensemble se présentant fréquemment sous la forme de deux voix parallèles à l'unisson. La pédale se limite à un rôle de ponctuation et de soutien harmonique. Changement de tempo et de mètre à la mesure 53 : *Lebhaft* (animé) à 3/8, l'animation se plaçant essentiellement au niveau du soprano, avec quelques imitations des voix intermédiaires. Quatre accords « en élargissant », puis de nouveau le même tempo pour une écriture tantôt verticale, tantôt horizontale en voix parallèles; la pédale prend une fois le motif en croches (mes. 226-231). Le tempo ralentit petit à petit, jusqu'à devenir très lent, pour finir *pp*.

Le second mouvement débute également très lentement, à 4/8 mais sur un rythme extrêmement décomposé, en forme de trio très libre (forte présence du rythme pointé en regard du triolet). C'est l'une des rares pièces où l'on peut évoquer le Reger des pièces de caractère *(Freie Stücke)*, Reger dont Hindemith disait : « Sans lui, je suis impensable », ce qui naturellement recouvrait davantage une attitude générale qu'un modèle dans le cas particulier de l'orgue.

Un *gleich weiter* (« enchaînez ») introduit un finale en trois sections : *Phantasie, frei*, abrupte et puissante, riche en mélismes et récitatifs (de nouveau l'ombre de Reger pour l'enchaînement des structures rythmiques), sur un mètre sans cesse mouvant (4/4, 5/4, 6/8, 3/4, 12/8, etc.); une section vive composée de courtes sous-sections contrastées, s'achevant sur un point d'orgue, la pièce poursuivant sur un *Ruhig bewegt* (« calme, mais animé ») à 3/4, où l'on retrouve toute la variété rythmique des pages précédentes, finissant sereinement *pp*.

Durée d'exécution : ~ 15 mn

Deuxième Sonate (1937)

En trois mouvements parfaitement homogènes et délimités, chacun témoignant d'une grande unité de structure. Le premier est indiqué *Lebhaft* (« animé »), à 2/2 (entrecoupé de mesures portées à 3/2). Son thème sobre y est traité avec beaucoup de liberté, faisant appel à l'esprit de la variation libre en imitation ponctuée de passages homophoniques.

Le deuxième mouvement (6/8, 9/8) est marqué *Ruhig bewegt* (« calme, mais animé ») : la mélodie (au soprano) y est élaborée jusqu'à cinq voix se répondant librement avec alternance de claviers, l'ensemble offrant, comme dans la *Première Sonate*, de nombreux passages à deux voix à l'unisson.

Le troisième mouvement est une fugue, *Mässig bewegt, heiter* (« modérément animée, sereine »), dont le sujet à 3/4, qui explore le total chromatique, est introduit sur la deuxième partie du temps et semble propulsé par ses valeurs de silence :

Après l'entrée des quatre voix traditionnelles (soprano, ténor, alto, basse/Pédale), la structure se relâche, cependant que l'on entendra réapparaître, et de la manière la plus libre qui soit, le sujet (et ses dérivés) à divers moments de l'élaboration, puis une dernière fois, dans les mesures ultimes, à deux voix parallèles à l'unisson, avant la sobre conclusion, sur trois accords retombant sur l'accord parfait de *la* majeur.

Durée d'exécution : ~ 10 mn

Ces deux premières sonates comportent des indications de dynamique « fixes », donc sans *crescendo* ni *diminuendo*, Hindemith laissant cependant l'interprète disposant d'une boîte expressive ou d'un « *Walzer* » (rouleau de registration progressive) libre d'agir à sa guise sur l'intensité sonore. La dernière sonate comporte pour sa part des indications de progression dynamique.

Troisième Sonate (1940)

Elle offre la particularité de recourir pour chacun de ses trois mouvements à de vieilles chansons populaires *(« über alte Volkslieder »)*, Hindemith renouant ainsi avec la très ancienne tradition organistique du choral sur cantus firmus.

Le premier mouvement *(« Ach Gott, wem soll ich's klagen »)*, *Mässig bewegt* à 12/8, proche de la pastorale, fait fréquemment appel à la syncope, comme pour renforcer le balancement propre au mètre choisi. Le tempo ralentit ensuite, la structure se simplifie (deux voix en canon sur tenues de pédale), puis la mélodie paraît, au soprano et à 4/4, harmonisée à quatre voix allant *poco a poco crescendo* du *pp* jusqu'au *fff* (point d'orgue) ; la deuxième incise de la mélodie est ensuite réexposée *piano* à deux voix (à intervalle de blanche et de quinte) sur une pédale en valeurs régulières (blanches), et le mouvement s'éteint *pp*.

Le deuxième mouvement *(« Wach auf, mein Hort »)*, d'un seul bloc à 8/8, bien qu'indiqué *Sehr langsam* (« très lentement »), fait entendre deux voix manuelles extrêmement volubiles, ciselées et ornées (la pédale ponctuant essentiellement sur les temps faibles), avec au soprano une pré-imitation de la mélodie qui entre, sereine et modérée, au ténor (mes. 3), où elle ne sera exposée qu'une seule fois, tel un grand arc tendu en incises juxtaposées et finissant sur une longue tenue de la tonique.

Le dernier mouvement *(« So wünsch ich ihr »)*, *Ruhig bewegt* à 2/4, offre une structure manuelle assez mouvementée, notamment au soprano, contrastant avec le calme des valeurs régulières du thème entrant en taille à la pédale à la mesure 8. De nouveau, comme dans les autres sonates, des passages en voix parallèles à l'unisson, à intervalle de deux, voire trois octaves, parfois en traits brisés. Divers passages plus brillants que dans les autres mouvements se doublent d'une progression dynamique, et la pièce s'achève sur un enchaînement de quatre accords chromatiques descendants au manuel, la mélodie s'étant tue à la pédale six mesures avant la fin.

Durée d'exécution : ~ 10 mn

M.R.

PAUL HOFHAIMER

Né à Radstadt, le 25 janvier 1459; mort à Salzbourg, en 1537. Hofhaimer (ou Hofhaymer, Hoffaimer, Hoffheimer) fut probablement l'élève de son père et de l'organiste salzbourgeois Jakob von Graz. Cependant, c'est sans doute à la cour de Frédéric III à Graz qu'il se perfectionna dans le jeu de l'orgue. A partir de 1480, il est organiste attitré de la Chambre de l'archiduc Sigismond à Innsbruck. En 1486, il décline l'offre flatteuse du roi de Hongrie Matthias Corvin, et la même année entre au service de l'empereur Maximilien. En 1494, il voyage avec la Chapelle de Maximilien aux Pays-Bas et noue des contacts avec l'Électeur de Saxe, Frédéric le Sage. On le trouve à la cour de ce dernier en 1494, 1498-1499 et 1516. De 1502 à 1506, il se met au service de l'évêque de Passau. Sans cesser d'appartenir à la cour de Maximilien Ier (et jusqu'à la mort de ce dernier, en 1519), il s'installe en 1507 à Augsbourg. Peut-être séjourne-t-il à Munich en 1508. Jusqu'en 1521, il continue à faire des séjours à Passau. En 1515, il est au sommet de sa carrière lorsqu'il est nommé Obrister Organist (premier organiste) de l'Empereur. A la mort de Maximilien, et au plus tard en 1524, il est nommé organiste de la cathédrale de Salzbourg, poste qu'il garde jusqu'à sa mort.

Celui que l'on appelait « *musicorum princeps* » (« le prince des musiciens ») était sans conteste le plus fameux organiste de son temps. Les témoignages de ses contemporains abondent en louanges. Citons celui de Luscinius : « Il y a en lui une telle vérité que l'on peut l'écouter jouer pendant des années (*sic*!) et ne pas plus s'étonner de ce que l'océan trouve l'eau pour alimenter tous les fleuves comme cet homme trouve ses mélodies. » Il semble que l'improvisateur ait ébloui ses auditoires. C'est lui que l'on voit jouer sur la fameuse gravure de Hans Burgkmair, *Le Triomphe de Maximilien*; c'est encore à lui que l'on demande de tenir l'orgue de Saint-Étienne de Vienne lors du mariage princier de 1515. Ses expertises d'orgues l'ont conduit à travers toute l'Allemagne jusqu'aux Pays-Bas. D'ailleurs, dans l'entourage de Maximilien, il a dû nouer de fructueuses relations avec Arnold Schlick ou Heinrich Isaac. Enseignant infatigable, il a exercé une grande influence sur la jeune génération de ceux que Luscinius appelait plaisamment les « *Paulomines* » : Dionisio Memno (Saint-Marc de Venise), Hans Büchner (cathédrale de Constance), Hans Kotter (Saint-Nicolas de Fribourg), Conrad Bruman (cathédrale de Spire), Hans Scheschinger (cathédrale de Passau), Wolfgang Grefinger (cathédrale Saint-Étienne de Vienne), etc.

Les nombreuses tablatures (pour clavier ou pour luth) qui nous sont parvenues attestent la popularité extraordinaire de ses œuvres. Au demeurant, il nous reste essentiellement de la musique vocale (des lieder polyphoniques) et l'*Harmoniae poeticae* (35 odes d'Horace à quatre voix). La perte la plus considérable semble avoir affecté l'œuvre pour orgue, dont il nous reste seulement quatre pages : *Recordare, Salve Regina, T'Andernaken* et un *Carmen*. Ce sont les tablatures de Kleber, Kotter et Sicher qui nous ont préservé ces précieux documents témoignant d'un art qui a peut-être été essentiellement improvisé.

L'œuvre pour orgue

Si nous connaissons assez bien par les gravures, par les textes (de Schlick en particulier) et par les buffets préservés (Fuggerkapelle d'Augsbourg, 1512; cathédrale de Constance, 1522), les orgues qu'a pu toucher Hofhaimer, il nous est plus difficile de nous représenter le son qu'il a pétri, sculpté, modelé. Le merveilleux instrument construit par G. Ebert pour la Hofkirche d'Innsbruck, et restauré par Ahrend en 1970, est plus tardif puisque datant de 1555-1561.

La texture des pièces de Hofhaimer est à trois voix, comme c'était déjà souvent le cas dans le fameux *Buxheimer Orgelbuch*. Mais à la différence de ce dernier, les voix sont ici clairement étagées, dans leur tessiture propre, et de ce fait les croisements des deux parties graves ne sont plus qu'occasionnels. De plus, le grégorien chante en cantus firmus de valeurs longues.

Le **Salve Regina** fait alterner 5 versets d'orgue avec 4 versets chantés par le chœur. Dans chaque verset *(Salve Regina, Ad te clamamus, Eya ergo, O Clemens, O dulcis Maria)*, le cantus firmus est exposé en longues valeurs égales, parfois légèrement ornementées, au soprano ou au ténor (ou alto). La partie grave est toujours une basse libre. Quand le cantus firmus se trouve au centre, la basse a tendance à suivre le soprano fleuri en dixièmes parallèles (comme le remarque justement W. Apel). Dans la mesure où il paraît difficile, voire impossible, de faire ressortir ce C.F. sur un jeu soliste isolé, la question se pose de savoir s'il était confié à un partenaire instrumental. Notons qu'après *Eya ergo*, Johannis Kotter a inséré un verset de son cru, *Nobis post hoc*.

Le **Recordare** semble plus tardif, avec une écriture plus élaborée (1520?). Cet offertoire pour la fête de la Vierge est suivi par la prose *Ab hac familia*, qui en constitue la deuxième partie. Le *Recordare* commence et s'achève par une exposition du cantus firmus en valeurs longues au superius, soutenu par ténor et basse. Entre les deux se situent deux courtes séquences dans lesquelles le cantus firmus est exposé en diminution (noires au lieu de blanches), d'abord en superius d'un duo ténor-basse, ensuite à la basse du discours. *Ab hac familia* esquisse un traitement d'écriture promis à un bel avenir dans les futures élaborations du choral protestant : l'imitation, en guise d'introduction de chacune des phrases du choral.

Les deux autres pièces sont moins significatives d'une langue qui restera originale pour la clarté de ses structures, la variété de l'écriture, l'invention et la fraîcheur de l'ornementation.

G.G.

GOTTFRIED AUGUST HOMILIUS

Né à Rosenthal (Saxe), le 2 février 1714; mort à Dresde, le 2 juin 1785. Le jeune Gottfried August perd son père, pasteur luthérien à Porschendorf, à l'âge de huit ans. L'enfant est admis en 1722 à l'école Sainte-Anne, à Dresde, où il travaille sans doute l'orgue avec J.G. Stübner. En 1735, il s'inscrit en droit à l'université de Leipzig, mais s'intéresse surtout à la musique, travaillant avec J.-S. Bach et Johann Schneider, l'organiste de Saint-Nicolas dont il a probablement été l'assistant. Jetant le droit aux orties en 1741, il pose sans succès sa candidature au poste d'organiste à Saint-Pierre de Bautzen, proposant au jury cinq chorals pour orgue, dont deux avec une partie obligée de cor. L'échec est de courte durée : en mai 1742, il conquiert la prestigieuse tribune de la Frauenkirche à Dresde, dont le magnifique instrument de Gottfried Silbermann, inauguré en 1736 par J.-S. Bach, avait été convoité par Wilhelm Friedemann Bach. Homilius est désormais fixé à Dresde. Il est nommé cantor à la Kreuzkirche et professeur à la Kreuzschule en 1755, puis directeur musical des trois principales églises de la ville. Déployant une activité inlassable, il composera jusqu'à un âge avancé – ne produit-il pas, dans les dernières années de sa vie, un cycle annuel complet de cantates? Victime d'une attaque d'apoplexie en décembre 1784, il se remet mais démissionne de ses fonctions en mars suivant, et meurt peu après.

Trois de ses élèves au moins ont fait honneur à l'enseignement de Homilius : Johann Adam Hiller, futur cantor à Saint-Thomas de Leipzig et l'un des créateurs du *Singspiel*, Johann Friedrich Reichardt (Kapellmeister de Frédéric II) et Daniel Gottlob Türk (théoricien, pianiste et cantor à Halle). C'est assez souligner l'excellence de cet enseignement. Mais le compositeur a aussi été d'une grande fécondité. Si son œuvre publiée est relativement mince (une *Passion-Cantate* à Leipzig, 1775, un *Oratorio de Noël*, à Francfort, 1777, cinq motets et quelques lieder), c'est bien peu en regard de l'œuvre manuscrite : 3 passions, 1 oratorio (*Le Messie*, 1776), environ 140 cantates religieuses, 15 *Magnificat*, 60 motets, un concerto pour clavier et cordes. L'œuvre d'orgue comporte 38 compositions recensées.

Homilius a eu la chance de faire partie, entre 1735 et 1740, d'une génération d'élèves de Bach particulièrement brillante, aux rangs de laquelle on compte Johann Ludwig Krebs (la fameuse « écrevisse-Krebs » dans le « ruisseau-Bach »), Johann Friedrich Agricola (qui tenait le clavecin aux exécutions des cantates à Saint-Thomas), Johann Friedrich Doles qui devint cantor de Leipzig en 1756, Johann Philip Kirnberger qui nous a conservé une grande collection de chorals de son maître, Johann Christoph Altnikol, le fidèle gendre à qui Bach aveugle dictera son dernier choral. Une autre grande chance pour Homilius était naturellement de pouvoir exercer son art dans ce centre musical inouï qu'était la capitale de la Saxe. Sans remonter à Schütz, Dresde était, au temps de J.-S. Bach, le théâtre des exploits de musiciens considérables, aussi bien des interprètes (le flûtiste Buffardin, les violonistes Volumier et Pisendel, le luthiste Sylvius Weiss, l'organiste Jean-Sébastien Bach même, etc.) que des compositeurs (Hasse, en particulier). Si l'arrivée en 1816 de Weber à l'Opéra inaugure pour Dresde un nouvel âge d'or, la deuxième moitié du XVIIIe siècle n'en était pas moins extrêmement brillante en cette ville, et Homilius a contribué à maintenir vivace une grande tradition de musique sacrée. Gerber ne concluait-il pas en 1790* que « sans conteste, il est notre plus grand compositeur d'église »? Et Spitta renchérissait en soulignant que « ses œuvres vocales comptent parmi les plus significatives que la seconde moitié du XVIIIe siècle

* Ernst Ludwig Gerber. *Historisch-Biographisches Lexicon der Tonkünstler*, Leipzig, Breitkopf, 1790.

nous ait offertes ». Les qualités de cette œuvre vocale apparaissent de plus en plus évidentes aujourd'hui : enracinée dans l'époque de Bach et Haendel, elle assure tout naturellement la transition vers Mozart et Weber. Simplicité quasi populaire de la mélodie (symétrie et articulation du lied sont sous-jacents), sensibilité expressive (*empfinsamer Stil*) des thèmes et d'une harmonie simplement efficace, perfection technique de l'écriture (un contrepoint vigoureux peut fort bien se manifester si besoin est) : telles sont, avec une amabilité et un charme touchants, quelques-unes des caractéristiques de son style.

Les 38 Préludes de choral

L'organiste, titulaire d'un splendide instrument pendant treize ans, ne nous laisse que 38 Préludes de choral. Doit-on déplorer la perte de pièces plus substantielles (préludes, fantaisies, toccatas, fugues)? Cela n'est pas certain, encore que Hiller, Gerber, Reichardt et Türk le considéraient comme l'un des meilleurs exécutants du siècle et louaient « son habileté à improviser à la manière de Graun ». Et le grand Silbermann de la Frauenkirche (42 jeux répartis sur trois claviers et pédalier) devait être très stimulant (il traça lui-même les plans du nouvel orgue de la Kreuzkirche en 1784). Homilius a-t-il flairé le danger de n'être en ce domaine qu'un épigone de son maître (comme Krebs)? Estimait-il que l'orgue avait tout à gagner en respirant le nouvel air du temps (comme Wilhelm Friedemann ou Carl Philipp Emanuel Bach)? Ou plus simplement a-t-il manqué de temps? ou d'éditeur?

Toujours est-il que l'œuvre de Homilius s'en tient à des *Choralvorspiele*, préludes (instrumentaux) au choral (chanté). Il s'attache donc à commenter des textes bien connus illustrant l'année liturgique (Avent, Noël, Passion, Pâques, etc.). Parfois, certains thèmes lui inspirent plusieurs versions (quatre pour « *Christ lag in Todesbanden* », trois pour « *Gelobet seist du* », deux pour « *Jesus, meine Zuversicht* » ou « *Nun komm der Heiden Heiland* ». Dans ces cas-là, il s'efforce de créer des styles d'écriture très diversifiés. Ces préludes font entendre tout ou partie de la mélodie de choral. Le plus souvent, celle-ci apparaît sous forme de cantus firmus à l'une quelconque des quatre voix. La citation est généralement textuelle, parfois aussi légèrement déformée par les procédés de l'ornementation ou de l'augmentation. L'auteur manifeste une prédilection évidente pour l'écriture en trio : 25 pièces sont à trois voix contre 12 à quatre voix et une seule (« *Christ lag in Todesbanden* » n° 3) à cinq voix. Ce mode d'écriture exige de l'interprète transparence des plans sonores, légèreté du toucher, netteté de l'articulation, souplesse du phrasé : c'est, en un certain sens, la « noblesse » de l'orgue. On peut soutenir que, sans atteindre la virtuosité diabolique de Bach, maints trios de Homilius ne sont pas indignes de celui qui les a inspirés.

Les courbes mélodiques sont pleines de séduction : Homilius charme avec des arabesques flexibles et élégantes. Souvent — et là encore, la comparaison s'impose avec J.-S. Bach —, ces mélodies *cantabile* appellent aussi le timbre d'un instrument : la suavité d'une flûte dans « *Straf mich nicht in deinem Zorn* », la verdeur d'un hautbois dans « *Wer nur den lieben Gott* » n° 2, le grain d'un hautbois d'amour dans « *Erbarm' dich mein, o Herre Gott* », le tendre mordant d'une viole de gambe dans « *Wir Christenleut* », et plus souvent encore le violon dont la main droite a le périlleux privilège d'évoquer un archet délié (dans « *Gelobet seist du* » nos 1 et 2, « *Jesus, meine Zuversicht* » n° 2, « *Wie soll ich dich empfangen* » et bien d'autres). Certains utilisent même avec brio le bariolage violonistique typiquement vivaldien (« *Wie soll ich dich empfangen* »). Rares sont les chorals se prêtant au plein-jeu ou à l'*organo pleno* (d'ailleurs, Homilius ne l'indique jamais lui-même); peut-être peut-on citer « *Christ lag in Todesbanden* » n° 4 ou « *Dies sind die heil' gen zehn Gebot* ». Certaines dispositions, cependant, en particulier dans les chorals canoniques, permettent de mettre en valeur des jeux de détail. Encore faut-il se souvenir que l'orgue Silbermann ne comporte pas de Rückpositiv mettant au premier plan une mélodie soliste.

Le pédalier affirme certes avant tout la basse fondamentale, mais parfois aussi il proclame le cantus firmus en valeurs longues : « *Christ lag in Todesbanden* » n°s 1, 3 et 4 ou « *Dies sind die heil'gen zehn Gebot* ». Et loin d'être emprunté, il évolue avec l'aisance d'une basse d'archet (par exemple, dans « *Wer nur den lieben Gott* » n° 1). Si les rares indications de tempo (*un poco allegro ma non molto* pour « *Christ lag in Todesbanden* » n° 1, ou *Vivace ma non presto* pour « *Christ lag* » n° 2) tendent à préconiser la modération des tempos, nous sommes encore loin des parties de pédalier réduites à leur plus simple expression à la fin du siècle, comme chez Eberlin ou Brixi.

L'enseignement contrapuntique de Jean-Sébastien Bach s'est dilué à travers ses fils et ses élèves, mais il survit chez Homilius, même s'il a perdu de sa sévérité. A trois reprises (« *Wachet auf, ruft uns die Stimme* », « *Wie soll ich dich empfangen* », « *Wir Christenleut* »), Homilius réussit le tour de force de conjuguer les phrases du choral en canon rigoureux à l'octave. Et les vigoureux fugatos de « *Christ lag in Todesbanden* » n° 4 sont écrits avec une grande maîtrise. Dans ce grandiose choral, l'auteur se permet d'ailleurs un zeste d'archaïsme. Sonnant en *mi* « mineur » dorien assaisonné de sensibles tonales, il devait résonner étrangement au siècle de l'*Aufklärung*. Mais visiblement, l'organiste de Dresde ne cherche ni à camper dans le passé ni à effaroucher, et la gravité austère est rarement de rigueur. Il a le mérite de sacrifier très modérément aux facilités de l'époque, et son écriture reste admirablement « organistique », ce qui n'est pas le cas d'auteurs aussi bien formés que Wilhelm Friedemann ou Carl Philipp Emanuel Bach. Et si l'œuvre incline parfois vers la grâce poudrée du rococo, peut-on blâmer l'élève qui a su écouter et prolonger le charme des *Chorals* « *Schübler* » ? D'ailleurs, le choral « *Schmücke dich, o liebe Seele* », n'a-t-il pas été attribué très longtemps à Jean-Sébastien Bach, sous le BWV 759 ?

« Ach Herr, mich armen Sünder »

De cette belle mélodie (la même que « *Herzlich tut mir verlangen* »), Homilius n'use que de la première phrase dans une triple exposition sujet-réponse. Le parcours modulant est étonnant : parti d'*ut* mineur, le thème dérape rapidement en *ut* dièse mineur, s'égare en *sol* dièse mineur et fait volte-face en *fa* mineur pour conclure paisiblement en *ut* mineur.

Durée d'exécution : ~ 3 mn 30 s

« Christ lag in Todesbanden » n° 1

Vraisemblablement inachevé, son manuscrit laisse à l'interprète l'alternative de confier au pédalier soit le choral en 4', soit la basse continue en 16'.

Durée d'exécution : ~ 2 mn 30 s

« Christ lag in Todesbanden » n° 4

C'est l'un des plus développés du recueil. Admirablement charpenté, il expose le cantus firmus au pédalier, en valeur longues, dans son intégralité. Chaque phrase est précédée par une exposition fuguée de ce sujet. Le mètre adopté, le bouillonnement des idées, la vitalité polyphonique, la saveur des ambiguïtés modale et tonale, le rayonnement solaire de la dernière période culminant à l'*ut* extrême du clavier, tout concourt à faire de cette pièce balayée par un souffle dramatique un digne successeur des Chorals « de Leipzig » de Bach.

Durée d'exécution : ~ 4 mn 30 s

« Dies sind die heil'gen zehn Gebot »

L'œuvre, en *ut* majeur, est en fait un huitième ton, c'est-à-dire *ut* majeur alternant avec *sol* majeur. Ce majestueux portique étonne par la vigueur des entrées successives, l'audace des modulations (d'*ut* mineur à *si* bémol mineur en deux mesures, par exemple) et le souffle qui l'anime. Homilius sollicite toute la force de l'orgue, jetant lumières éblouissantes et ombres mystérieuses sur son monument. On remarque le symbolisme des dix entrées de la première phrase de choral, évoquant les dix commandements. Il semble que ce soit la seule concession à un jeu sur les nombres qui avait beaucoup agité les esprits avant 1750.

Durée d'exécution : ~ 2 mn 30 s

« Erbarm dich mein, o Herre Gott »

Pour traduire l'imploration et la lassitude suggérées par le texte, Homilius puise dans l'arsenal expressif : intervalles étirés ou diminués, appoggiatures, chromatismes, répétitions, tout est bon pour toucher l'auditeur; le tact et l'économie des moyens confèrent à l'ensemble une rare sincérité.

Dureté d'exécution : ~ 2 mn 30 s

« Gelobet seist du, Jesu Christ » nº 1

Le choral est exposé à la main gauche, dans une tessiture élevée (il pourrait tout aussi bien être proclamé par un hautbois ou une trompette). Et la main droite dévide une arabesque continue de type violonistique (arpèges, cordes à vide, etc.) L'effet produit est celui d'une allégresse un peu convenue, d'une agitation un peu vaine. Le même procédé sera utilisé avec beaucoup plus d'adresse dans « *Hilf, Herr Jesu, lass gelingen* » ou « *Sei Lob und Ehr dem höchsten Gut* ».

Durée d'exécution : ~ 1 mn 30 s

« Gelobet seist du, Jesu Christ » nº 2, « Helft mir Gotts Güte preisen », « Nun komm, der Heiden Heiland »

Eux aussi offrent l'exemple de belles mécaniques tournant dans le vide, actionnant une seule bielle rythmique et vidant la musique de sa substance pour ne plus laisser place, dès la seconde mesure, qu'à un redoutable ennui. Certains autres chorals, menacés par le même danger, sont sauvés par une prouesse contrapuntique (la mélodie en canon de « *Wachet auf, ruft uns die Stimme* ») ou la vivacité fulgurante des traits de virtuosité (« *Wie soll ich dich empfangen* »).

« Mache dich, mein Geist, bereit »

Le rythme pointé d'ouverture à la française donne fière allure à ce choral dont le thème chante solennellement en taille.

Durée d'exécution : ~ 2 mn 30 s

« Schmücke dich, o liebe Seele »

Incontestablement de la main de Homilius, ce choral a cependant longtemps été attribué à Bach avant d'être restitué au Cantor de Dresde. Si Bach a corrigé le texte de son élève (ce qui reste en tout état de cause une hypothèse), on peut regretter qu'il n'ait pas conservé la belle conclusion proposée par Homilius.

Durée d'exécution : ~ 3 mn

« Straf mich nicht in deinem Zorn »

Il semble que l'auteur ait concentré tout son art expressif dans ce bref joyau. Le choral délicatement orné, chante, *adagio*, à la main gauche, sur une basse paisible, tandis que la main droite dessine une tendre arabesque, d'un grand raffinement rythmique et mélodique, infiniment séduisante dans sa grâce dénuée de mièvrerie.

Durée d'exécution : ~ 3 mn 30 s

« Weg, mein Herz, mit den Gedanken »

Ce lumineux choral offre de remarquables caractéristiques. D'abord, et de façon très schubertienne, le *sol* majeur initial est immédiatement suivi de son ombre en *sol* mineur. Ensuite, la même main gauche produit le choral en valeurs longues et un contre-chant imitant la partie d'accompagnement dévolue à la main droite. Le choral semble ainsi venir du *cœur* de l'instrument.

Durée d'exécution : ~ 4 mn 30 s

« Wer nur den lieben Gott » nº 1

On y retrouve le même procédé que dans la pièce précédente. L'interprète peut isoler le choral sur un clavier inférieur avec les pouces des deux mains; il peut aussi, suivant en cela l'exemple du Maître, confier le choral à un hautboïste.

Durée d'exécution : ~ 4 mn 30 s

« Wer nur den lieben Gott » nº 2

Cette pièce présente la particularité d'être écrite en *si* bémol mineur, tonalité rare dans la musique d'orgue de cette époque. La mélodie prend son élan sur les premières notes du choral et rebondit avec un entrain juvénile.

On croirait entendre un choral « Schübler » issu de quelque cantate inconnue !

Durée d'exécution : ~ 2 mn

« Wo soll ich fliehen hin »

La mélodie du choral apparaît dans son intégralité au pédalier, en valeurs longues. La polyphonie manuelle à trois voix évolue avec assurance et fluidité. Un motif teinté de chromatisme, issu de la première incise du choral, circule dans de multiples présentations (droite, renversée, tronquée, etc.). Homilius ose même faire entrer un *si* naturel sous un *si* bémol, sans préparation ! L'effet ne manque pas d'audace.

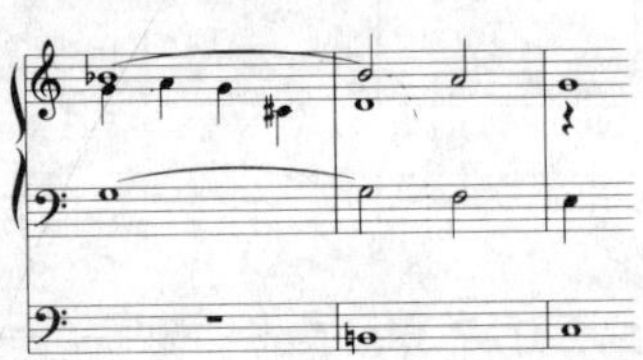

Durée d'exécution : ~ 2 mn

Le Trio, les 14 chorals avec instrument obligé

A ces 38 Préludes de choral, il convient d'ajouter un *Trio* et 14 arrangements de chorals avec instrument obligé.

L'origine du **Trio en *sol* majeur** reste mystérieuse. Seule pièce à ne pas illustrer un choral, elle a été publiée sans indication de source par Hermann Keller, en 1928. Néanmoins, ce mouvement de sonate en trio ne démérite nullement face aux autres œuvres de Homilius, et respire la même élégante virtuosité.

Les **Chorals pour orgue avec instrument obligé** ont été illustrés essentiellement en Allemagne centrale, entre 1720 et 1750, par Georg Friedrich Kauffmann, Johann Ludwig Krebs et Homilius. Chez ce dernier, aux 14 chorals de ce type appartiennent d'abord les deux avec cor présentés lors de sa candidature à Bautzen. Le cor se contente d'énoncer la mélodie de choral, en *mi* bémol dans « *O heil'ger Geist* », en *fa* majeur dans « *Komm, heiliger Geist* ». Ces thèmes rugueux, à peine assouplis par quelques ornements, s'incrustent dans les flexibles arabesques d'une sonate en trio. L'ensemble sonne avec naturel, et le timbre d'un cor, ainsi que son émission, apportent une note poétique à la palette de l'orgue. Les douze autres morceaux attribués à Homilius (avec de grandes chances de certitude) sont dévolus principalement au hautbois, mais aussi au cor (« *O Gott, du frommer Gott* »), au hautbois d'amour (« *O Gott, du frommer Gott* » nº 2, « *Ach Herr, mich armen Sünder* », « *Allein zu dir, Herr Jesu Christ* »). Le choral « *Jesus, meine Zuversicht* » présente même l'originalité de superposer deux solistes : un hautbois et un trombone, ces deux instruments progressant en canon à l'octave, l'écriture manuelle étant elle-même souvent canonique ! En s'attachant à « sensibiliser » l'austère mélodie de choral, par le timbre d'un instrument, par l'émission et la prononciation d'un son soutenu par un souffle humain, Homilius semble bien, en répondant inconsciemment aux aspirations de son temps, avoir porté les premiers coups à une conception séculaire de l'orgue — un orgue qui allait progressivement devenir un ersatz d'orchestre.

G.G.

JEAN HURÉ

Né à Gien, le 17 septembre 1877; mort à Paris, le 27 janvier 1930. Organiste, musicologue, théoricien et compositeur, il fut l'élève de Guilmant. Après avoir tenu les orgues de Notre-Dame-des-Blancs-Manteaux et remplacé souvent Abel Decaux au Sacré-Cœur, il accéda en 1925 à la tribune de Saint-Augustin. Son œuvre, peu abondante mais d'une qualité qui fait regretter l'injuste oubli dans lequel elle est tombée aujourd'hui, embrasse des domaines variés : piano, orgue, musique de chambre, trois symphonies, concerto de violon, mélodies, Te Deum *et pages lyriques.*

Remarquable improvisateur, Jean Huré, s'il a fait appel à l'orgue dans sa *Première Symphonie avec chœurs* (1896) et son *Te Deum* de 1907, n'a terminé que deux pièces destinées à cet instrument : *Communion pour une messe de Noël* (1914) et *Prélude pour une messe pontificale* (1915). Ces deux pages n'en reflètent pas moins quelques-unes des idées modernistes que l'auteur a exposées en faveur d'un instrument, certes encore symphonique, mais enrichi de mutations, mixtures et du principe cornet-cromorne sur deux plans, dans *Technique de l'orgue* (1918) et surtout *Esthétique de l'orgue* (1923). Fondateur, en 1924, de la première revue spécialisée *(L'Orgue et les organistes)*, qui contribuera aussi à diffuser ses idées novatrices, il soutiendra dans cette direction les facteurs Charles Mutin et Convers. On ne manquera pas de remarquer, à cet égard, la présence d'une tierce et d'un nasard, dès 1913, dans cette **Communion** qui constitue la seule œuvre d'orgue éditée de son vivant (quintaton 16', viola 4', tierce — un mélange que ne désavouerait pas Messiaen). Dédié à Joseph Bonnet, cet *Andantino* en *mi* bémol mineur frappe aussi de par son caractère « impressionniste », à travers le traitement délicat du noël *« Nous sommes en voie »*, qui trouve sa conclusion en majeur.

Le **Prélude pour une messe pontificale**, dont l'édition est posthume, s'apparente au contraire aux couleurs traditionnelles de l'orgue Cavaillé-Coll. Il s'agit d'un grand chœur imposant, mais d'une écriture originale : pas d'armature, modulations continues de *mi* bémol mineur à majeur, avec un épilogue massif sur ostinato de pédale. Jean Huré avait l'intention de poursuivre la composition de cette messe, comme il envisageait la mise en chantier de préludes et fugues. On peut justement déplorer que la mort de cet artiste cultivé nous en prive.

F.S.

JACQUES IBERT

Né à Paris, le 15 août 1890; mort à Paris, le 5 février 1962. Après de solides études au Conservatoire de Paris, où il fut élève de Gédalge et de Vidal, il obtint un Grand Prix de France à Rome en 1919 et côtoya les membres du « Groupe des Six », particulièrement Honegger qui fut son ami. Directeur de l'Académie de France à Rome de 1936 à 1940 puis de 1946 à 1960, il fut ensuite appelé à la tête de l'Opéra de Paris et de l'Opéra-Comique (1955-1957). Son œuvre d'orgue se borne à deux titres : Justorum animae in manu Dei sunt *(1921) et* Trois Pièces *(1920).*

Libre, distinguée, sobre et raffinée, la musique de Jacques Ibert jouit de toutes les qualités d'une pensée française à la fois équilibrée dans ses proportions, subtile dans sa psychologie et recherchée dans ses couleurs. Proche d'Honegger et de Poulenc, digne héritier d'un Ravel, esprit épris de clarté, rien ne pouvait moins l'attirer, donc, que l'orgue postromantique des années 1920. Et pourtant, outre une commande de Bruxelles *(Les Grands Maîtres modernes)* pour une œuvre liturgique, nous le surprenons à doter le répertoire de l'orgue symphonique d'un magnifique recueil de **Trois Pièces** qui n'est pas sans ménager quelques étonnements — le premier concernant l'écriture, d'une remarquable adéquation avec l'instrument, ce qui n'est pas si courant chez quelqu'un qui ne pratique pas l'orgue. Édités en 1920, soit à une période faste où, auréolé de son Prix de Rome, Ibert met en chantier ses *Escales*, ces trois morceaux, respectivement dédiés à sa femme, à Marcel Dupré et à Nadia Boulanger, optent, au contraire de ses lumineuses pages d'orchestre, pour un tissu plus dense et propre à l'instrument, dont le style n'est pas sans rappeler celui de Barié ou de Bonnal.

On débute par une **Pièce solennelle** en *mi* majeur (Majestueusement à 3/4), sorte de marche que scandent les valeurs pointées de la pédale et qui trouve au Récit (flûtes et bourdons 8', 4') de plus calmes réponses. La partie centrale en *ré* bémol majeur apporte alors une certaine diversion dans la légèreté plus frivole des syncopes de la main droite, mais par le biais d'un crescendo (Positif/Récit, puis entrées progressives des anches), la section terminale vient restituer le thème initial, cette fois superposé à un jeu d'arpèges en doubles croches. Une fin joyeuse conclut sur un carillon de sept mesures.

La **Musette** en *la* bémol majeur qui suit rappelle davantage le style personnel des grandes pages d'orchestre et de musique de chambre de Jacques Ibert. Elle s'engage à 3/4 sur les fonds 8' et 4' du Positif, un thème de caractère populaire sur pédale de tonique répondant d'emblée aux impératifs du genre. Mais ce bourdon est vite abandonné (mes. 8) et laisse bientôt place à un 5/4 nettement plus atypique : entrée de la voix humaine, puis sorte d'hymne harmonisé dans un goût modal. Un épisode de transition *(crescendo-decrescendo)* précède enfin le retour des éléments exposés et une coda *(poco stretto)*.

La **Fugue** qui achève la série, belle leçon de contrepoint, offre du compositeur un visage peu familier, mais qui témoigne de ses brillantes études dans la classe de Gédalge. Il s'agit d'une pièce à deux thèmes qui s'inscrit dans une structure A B A', en *mi* bémol mineur. Dans une première partie (A), on distingue, en effet, l'exposition d'un sujet au rythme noire-noire pointée-croche dans une mesure à 3/4 puis, après un divertissement, un second groupe d'entrée dans le ton du relatif et de la sous-dominante. Apparaît alors un second sujet en notes répétées qui circule successivement de l'alto au soprano puis à la basse (B). Quelques mesures de transition conduisent au retour du premier sujet (A'), bientôt traité en strette avant une conclusion plus homorythmique.

Durée d'exécution : ~ 15 mn

F.S.

VINCENT D'INDY

Né à Paris, le 27 mars 1851; mort à Paris, le 2 décembre 1931. Après son admission dans la classe de César Franck (1874), il fut, dans les quelques années qui suivirent, organiste de Saint-Leu-la-Forêt où Cavaillé-Coll avait construit en 1869 un orgue de dix-huit jeux. Il entreprit ensuite une carrière de compositeur qui l'éloigna quelque peu de l'instrument à tuyaux, et fonda, en collaboration avec Charles Bordes et Alexandre Guilmant, la Schola Cantorum. Il y enseigna la composition et l'histoire de la musique (1894), et fit découvrir au public parisien des œuvres encore inconnues de Marc-Antoine Charpentier, Rameau, Gluck, Bach ou Monteverdi. En 1912, enfin, il fut nommé professeur de direction d'orchestre au Conservatoire.

L'œuvre de Vincent d'Indy est essentiellement axée sur le piano, la musique de chambre, les pages symphoniques et l'art lyrique. A quelques exceptions près, comme la *Symphonie sur un chant montagnard français* (1886), cette centaine d'opus paraît aujourd'hui fort délaissée, y compris les ambitieuses « actions musicales » que constituent *Fervaal* (1895), *L'Étranger* (1901) ou *La Légende de saint Christophe*, drame sacré terminé en 1915. Beaucoup plus modeste, l'œuvre d'orgue semble subir le même destin et, limitée à trois pièces, ne figure que très rarement au répertoire des virtuoses. Après un **Prélude et petit canon** op. 38 composé en 1893, d'Indy, pour satisfaire une commande de Charles Bordes, écrivit les **Vêpres du commun des martyrs** op. 51 (1899), huit antiennes qui, sacrifiant parfois à un langage polyphonique chargé (six voix), ne manquent pas de métier. La **Pièce en *mi* bémol mineur** op. 66 (1911) présente, en revanche, certaines affinités avec le style postromantique de Vierne et s'organise selon un schéma type (A B A) dont la partie centrale révèle quelques tournures franckistes.

F.S.

CHARLES IVES

Né à Danbury (Connecticut), le 20 octobre 1874; mort à New York, le 19 mai 1954. Son père, qui avait fait de solides études musicales, était un personnage extrêmement original, qui a profondément influencé son fils. Formé à l'école classique de Haendel et de Beethoven, chef d'une chorale et d'une harmonie militaire dans laquelle le jeune Charles sera tambour à douze ans, il manifestait à l'égard de la musique une insatiable curiosité et une totale liberté d'attitude, menant avec ses jeunes enfants des expériences d'acoustique, de contrepoint, d'écriture aléatoire, de micro-intervalles, de polytonalité ou de polyrythmie. Exact contemporain de Schönberg, Ives allait ainsi devenir un pionnier de l'art des sons, sur un Nouveau Continent qui le reconnaît aujourd'hui comme l'un des pères fondateurs de sa musique. Apprenant le piano, l'orgue, le violon et le cornet, le jeune Ives devient organiste d'église dès l'âge de quatorze ans, et poursuit son apprentissage musical tout en continuant ses études supérieures. Il fondera une compagnie d'assurances très prospère et deviendra, stricto sensu, *un compositeur du dimanche. Fort peu jouées de son vivant, et sur le tard seulement, alors qu'il avait cessé de composer, ses nombreuses œuvres — symphonies, poèmes symphoniques, musique de chambre, sonates pour piano, chœurs, mélodies — témoignent à la fois de son originalité, de son indépendance d'esprit et d'un caractère pour le moins paradoxal, alternant les phases de quiétude et les périodes d'irritabilité, mêlant le conformisme bourgeois à un tempérament aventureux, un sentiment religieux naïf aux visions les plus audacieuses.*

Ives a écrit pour l'église — pièces d'orgue, hymnes et psaumes — dans sa jeunesse, alors qu'il occupait des postes d'organiste. Sans doute assez nombreuses, ces œuvres sont cependant en partie perdues : on ne trouve guère aujourd'hui éditées qu'une *Canzonetta en* fa (1893?), un *Prélude sur « Adeste fideles »* (1897?) et les très populaires *Variations sur « America »*. Mais cette expérience allait demeurer vivace dans toute sa production ultérieure, même s'il ne devait plus composer pour l'orgue. En outre, plusieurs mouvements de ses symphonies, notamment de la troisième, « *The Camp Meeting* », proviennent de pièces d'orgue réutilisées par le compositeur.

Variations sur « America » (1891)

Publiée en 1949 seulement, cette œuvre, qui compte aujourd'hui parmi les plus connues de Charles Ives, est le fruit d'un jeune homme de dix-sept ans, encore organiste dans sa ville natale de Danbury. Le chant patriotique *America* qui en sert de thème n'est autre, sur des paroles différentes, que le *God save the King*, alors hymne américain avant l'adoption de *La Bannière étoilée* ; on le chantait à la fin des offices et des fêtes scolaires. L'œuvre se compose de cinq variations sur le thème célèbre, agencées de la façon suivante : introduction et exposition du thème, variation 1, variation 2 *(Andante)*, interlude *ad libitum*, variation 3 *(Allegro)*, variation 4 (Polonaise), interlude *ad libitum*, variation 5 (Finale). L'harmonie y est extrêmement traditionnelle, mais assaisonnée de modulations abruptes, de notes de passage bizarres, sortes de collages qui peuvent cependant évoquer parfois, dans une certaine gaucherie, davantage des tâtonnements sur les claviers que le produit d'une volonté compositionnelle bien affirmée. Au titre de ces collages, il faut surtout relever la polytonalité et la polymodalité, respectivement, des deux interludes facultatifs, qui usent en outre de l'opposition entre fortes et faibles intensités pour atténuer la dureté des dissonances résultantes.

L'introduction expose d'abord divers états du thème par brèves sections juxtaposées, joyeux désordre dans des tonalités diverses — le ton principal étant celui de *fa* majeur —, ce qui fait prendre à la tête de l'hymne la tournure de *Folies d'Espagne* revisitées ; le thème y est pour finir exposé en entier dans une simple harmonisation. La première variation escorte le thème de doubles et de triples croches. La deuxième est un *Andante* orné de croches, aux colorations harmoniques insolites. Suit un interlude où le thème harmonisé, en *fa* majeur, l'est aussi en *ré* bémol majeur, pour opérer une sorte de transition télescopée avec la troisième variation. Celle-ci, *Allegro* à 6/8, devient une danse assez irrespectueuse à l'égard de l'hymne, et tient de la musique d'orgue de Barbarie. Toujours sur un rythme de danse — une polonaise, cette fois, mais tournée en ridicule —, la quatrième variation expose le thème en *fa* mineur, dans un caractère désolé dont l'outrance se révèle, sur la fin, par l'apparition d'appoggiatures sarcastiques. Une brève transition de quatre mesures superpose tranquillement le *fa* mineur de ce qui précède au *fa* majeur principal qui va faire sa rentrée avec la dernière variation. Volontairement pompeuse, quoique entrecoupée de quelques incidentes surprenantes, c'est le pédalier qui s'y charge d'une ornementation en croches, puis en triolets et en doubles croches « aussi vite que possible ». Ives a réalisé une orchestration de ces Variations.

Durée d'exécution : ~ 12 mn

G.C.

LEOŠ JANÁČEK

Né à Hukvaldy (Moravie), le 3 juillet 1854; mort à Ostrava (Moravie), le 12 août 1928. Neuvième des quatorze enfants de l'instituteur du village, le petit Leoš vécut une enfance pauvre mais heureuse dans son village morave, aux confins de la Silésie. Le père jouait parfois du violon pour faire danser les paysans, mais aussi à l'église : soixante ans plus tard, Janáček se souviendra de l'émerveillement de l'enfant devant « l'orgue tout doré avec tant de registres ». A dix ans, il entre comme boursier au couvent de Brno. Le régime, sévère et intensif, y était celui d'une maîtrise : outre les études générales, apprentissage d'un ou plusieurs instruments, de la voix, de l'harmonie, de la direction, etc. De 1869 à 1873, il suit les cours de l'école normale d'instituteurs tout en dirigeant diverses chorales. En 1874-1875, il éprouve le besoin de perfectionner son métier (et spécialement l'orgue) à l'école d'orgue de Prague. De retour à Brno en 1875, il reprend ses fonctions de professeur de musique, en y ajoutant la direction de la Société philharmonique (il occupera ce poste jusqu'en 1888). Après quelques études complémentaires à Leipzig et à Vienne (1878-1879) dont, de son propre aveu, il ne retira pas grand profit, il se lance dans la grande aventure de sa vie, en ouvrant, en 1881, une école d'orgue indépendante. Il y consacra une énergie farouche jusqu'en 1920, très probablement au détriment d'une carrière qui s'annonçait prometteuse. A partir de 1884, date d'impression (à ses propres frais) de deux compositions pour orgue, cet instrument disparaît de sa vie — à la fulgurante exception du solo de la Messe glagolitique. *Jalonnée de malheurs, son existence se confond ensuite avec celle de ses chefs-d'œuvre.*

Janáček offre le paradoxe d'un organiste dont la majeure partie de la vie fut étroitement associée à son instrument, et d'un compositeur dont la production organistique ne dépasse pas les trente feuillets. Encore ces minces opus datent-ils pour l'essentiel de la jeunesse du musicien. Ce corpus compte trois pages d'étudiant, deux œuvres éditées en 1884 et le Postlude de la *Messe glagolitique*.

Les trois premières pièces, écrites en juin et juillet 1875 sous le contrôle pédagogique de F. Skuhersky, professeur à l'école d'orgue de Prague, s'intitulent **Predera** (Prélude), **Varyto*** et **Choralnifantazie**. Elles manifestent déjà un tempérament fougueux qui, dans une langue encore scolaire, laisse fuser quelques surprenantes trouvailles (modulations hardies, saveurs modales, etc.). Elles témoignent aussi d'un emportement symphonique dans une écriture organistique touffue, voire maladroite.

Les deux **Adagios** publiés à compte d'auteur en 1884 à Brno constituent un grand pas en avant dans l'affirmation de sa personnalité. Étrangement écrits sur cinq portées, ils ne peuvent certes nier (surtout le second) un souffle brahmsien. Un caractère sombre, amer, pessimiste trouve des accents identiques à Brno et à Vienne : des rafales orageuses qui couchent les traits vers le grave, la superposition de rythmes irrationnels, une polyphonie tourmentée, une prédilection pour le grave du clavier. Le jeune organiste tchèque n'a cependant ni l'efficacité pianistique, ni la science architecturale de son illustre aîné — du moins, à cette époque.

Plus de quarante ans plus tard, en 1926, comme mû par une impérieuse nécessité, Janáček couronne la somptueuse *Messe glagolitique* par un **Postlude** confié à l'orgue solo. Celui-ci explose avec une juvénile ardeur, une âpreté et une énergie qui libèrent, comme dans une improvisation hallucinée, la fantastique vitalité de ses ostinatos mélodiques et rythmiques, de ses strettes jubilantes et de ses emballements de tempos. Ce trépignement dionysiaque trouve un heureux exutoire dans la fanfare orchestrale finale.

Cette brève page avive les regrets : un tel génie n'eût-il pas avantageusement compensé la tragique médiocrité du répertoire organistique entre 1890 et 1930, si l'instrument à tuyaux avait davantage retenu son attention ?

G.G.

* Le terme de *Varyto* désigne au début du XIXe siècle un instrument légendaire de la musique tchèque antique, instrument probablement dérivé de la cithare grecque.

BETSY JOLAS

Née à Paris, le 5 août 1926. Fille de la traductrice américaine Maria Jolas et d'Eugène Jolas, poète et journaliste, fondateur de la revue littéraire Transition *(où fut notamment publiée la première traduction française de* Finnegans Wake *de Joyce). En 1940, elle s'établit aux États-Unis, où elle étudie l'orgue, le piano et l'écriture musicale à Bennington College. Elle revient en 1946 à Paris, où, au Conservatoire, elle est l'élève, entre autres, de Darius Milhaud et d'Olivier Messiaen ; en 1953, elle est lauréate du Concours de jeunes chefs d'orchestre de Besançon. De 1971 à 1974, elle a remplacé Olivier Messiaen à sa classe du Conservatoire, où elle a ensuite enseigné l'analyse (1975-1991). Elle a également professé dans de nombreuses universités américaines (Yale, Berkeley, San Diego). Deux de ses œuvres s'adressent à l'orgue, instrument qu'elle a régulièrement pratiqué aux États-Unis,* Musique d'hiver, *pour orgue et orchestre, et* Musique de jour, *pour orgue seul.*

Écrites pour les formations les plus diverses, ses œuvres expriment une force, une énergie d'esprit baroque, foisonnant, où les structures rigides du sérialisme sont délaissées au profit d'un système complexe d'échelles de hauteurs et d'une métrique souple et polyrythmique. Quelques œuvres servent de points de repère : *Quatuor II* (1964), pour soprano et trio à cordes, où la voix tient le rôle de premier violon ; *D'un opéra de voyage* (1967), pour ensemble instrumental où, au contraire, des instruments tiennent le rôle des chanteurs ; *Sonate à 12* (1970), pour douze voix solistes *a cappella*, les voix ayant à nouveau un rôle instrumental ; *Le Pavillon au bord de la rivière* (1975), opéra de chambre ; *Tales of a summer sea* (1977), pour orchestre ; *Stances* (1978), concerto pour piano et orchestre ; *Liring Ballade* (1980), pour baryton et orchestre, sur des poèmes de son père.

Toujours fascinée par la voix humaine dans tous ses états, Betsy Jolas renouvelle sa production lyrique avec *Le Cyclope*, d'après Euripide (1986), pour neuf chanteurs-comédiens et petit ensemble, créé à Avignon, et *Schliemann*, opéra en trois actes.

Musique d'hiver, pour orgue et orchestre (1971)

Pour la première fois qu'elle compose pour un instrument qu'elle connaît pourtant en praticienne, Betsy Jolas, comme par peur de rester seule avec lui, l'entoure d'une aura symphonique qui la rassure. Percussions, cuivres et vents sont la matière sonore dans laquelle l'orgue s'insère comme un autre orchestre mécanique, la cadence centrale étant un peu une concession accordée aux lois du genre. La forme générale est une sorte de grand arc, commençant et finissant sur le fil étroit d'une seule note, *do*.

Le compositeur parle ainsi de son œuvre : « Commande du Südwestfunk, *Musique d'hiver* (d'hiver, parce que semée en pleine neige...) fut achevée en 1971. Il y avait alors bien longtemps que je n'avais touché un orgue, bien longtemps aussi que cet instrument, jadis tant aimé, n'avait occupé ma pensée. Je me revis toute jeune à la console de mon premier orgue. Émerveillée, je tirais et poussais tous ces boutons magiques, libérant dans l'église déserte de grands sons immobiles dont je pouvais de mes seuls doigts briser l'éternité.

« Aujourd'hui encore, ces sons restent pour moi l'incarnation même de l'instrument. J'en fis donc, étendus à l'orchestre, la charpente de l'œuvre que voici. Sur ce fond rigide, je fis circuler entre orgue et orchestre un motif mouvant, sans cesse métamorphosé. Enfin, j'articulai le tout sur une sorte de charnière centrale : un *do* flottant, sans cesse « réaccordé », et qui ne se fixera définitivement qu'à la fin de l'œuvre.

« *Musique d'hiver* est dédiée à l'organiste Xavier Darasse, qui en fit la création à Baden Baden, sous la direction d'Ernest Bour, l'hiver 1971. »

Durée d'exécution : ~ 22 mn

Musique de jour, pour orgue (1975)

« Deux ordres de recherche viennent ici se rejoindre. Il s'agit d'une part d'une nouvelle tentative de concilier rigueur et expression. Cette pièce se rattache ainsi à tout un groupe d'œuvres d'orientation analogue. On y voit également se poursuivre l'exploration d'un domaine abordé depuis peu : le clavier. Celui-ci était entré dans mes préoccupations en 1971, avec *Musique d'hiver* pour orgue et orchestre. Quatre ans plus tard, après des œuvres pour clavecin, puis pour piano, voici à nouveau pour orgue, mais cette fois sans orchestre, *Musique de jour*.

« Double hommage à Bach et à Monteverdi, cette sorte de fugue à quatre voix *in genere rappresentativo* fut achevée dans les derniers jours de 1975. L'œuvre fut créée au festival d'Art contemporain de Royan le 24 mai 1976 par son dédicataire, Bernard Foccroulle » (B. Jolas).

Durée d'exécution : ~ 9 mn

X.D.

ANDRÉ JOLIVET

Né à Paris, le 8 août 1905 ; mort en cette même ville, le 20 décembre 1974. Élève de Paul Le Flem (1927-1932) et de Varèse (1930-1933), il a participé, en compagnie d'Olivier Messiaen, Daniel-Lesur et Yves Baudrier, à la fondation du groupe « Jeune France », mouvement qui revendiquait indépendance et liberté pour la création contemporaine. Il occupa ensuite le poste de directeur de la musique à la Comédie-Française (1945-1959) puis, après avoir obtenu le Grand Prix de la Ville de Paris en 1951, fut nommé professeur de composition au Conservatoire de Paris (1966).

Auteur de pages symphoniques ou vocales qui ont connu un accueil parfois chaleureux (*Suite delphique*, *Suite transocéane*, *Cosmogonie*, plusieurs concertos), Jolivet n'a laissé que peu d'ouvrages consacrés à l'orgue. En dehors de deux importantes partitions et de cinq interludes, l'instrument n'apparaît, en effet, que dans l'*Hymne à saint André* de 1947 (soprano et orgue) et l'*Arioso barocco* de 1968 pour trompette et orgue, œuvre qui fut créée en 1972 par ses dédicataires, Hedwig Bilgram et Maurice André. Dans cette dernière page cependant, plusieurs procédés typiques sont à relever, qui assurent au langage du compositeur son caractère incantatoire et un primitivisme agressif auquel se mêlent d'extrêmes raffinements, comme c'est aussi souvent le cas chez Varèse : début de l'*Adagio* d'une fantaisie libre et monodique à partir d'éléments modaux, dialogue de la trompette avec les mutations sur les « timbales » dissonantes de la pédale, trémolos, modification de la hauteur des sons par effets mécaniques...

Cinq interludes (1943)

Destinées à s'insérer dans le cadre d'une messe de 1943, ces courtes pages s'inscrivent, plus que *Mandala* ou l'*Hymne à l'Univers*, dans la tradition séculaire de l'orgue : un langage parfois très tonal (la *Conclusion* apparaît nettement en *fa* majeur), un contrepoint souple et l'utilisation d'éléments mélodiques qui rappellent le choral, mais aucune registration. Après l'*Introduction* d'un caractère dépouillé (le plus souvent à deux voix), qui se meut dans l'aigu, suivent trois *Interludes*, le premier (Lent et recueilli) d'un riche tissu harmonique qui atteint six voix, le second (Très lent) avec mélodie au soprano, de même que le troisième qui sonne comme une hymne. La *Conclusion* (Allègre) se déroule avec clarté, dans une polyphonie qui se satisfait de trois voix en dehors de quelques tenues en double pédale.

Durée d'exécution : ~ 6 à 7 mn

Hymne à l'univers (1961)

Composée en 1961 et donnée en première audition par Jean-Jacques Grunenwald le 12 mars 1963, lors d'un concert organisé par les « Amis de l'Orgue » à Saint-Pierre-de-Montrouge, cette œuvre aborde le problème de la communication entre les hommes et l'univers. Elle s'inscrit sous l'autorité de Pierre Teilhard de Chardin, dont une citation trouve place en épigraphe : « Rien n'est précieux que ce qui est toi dans les autres et les autres en toi. »

Conçue selon une série de plages d'aspects variés, l'œuvre combine polymélodies complexes aux touches rapides (souvent en trio), cascades de mixtures, séquences rythmiques, danses rituelles, toccatas agitées et motifs à la manière de Varèse (intervalles éclatés autour d'une note pivot). Ésotérisme et sauvagerie s'y rencontrent, Orient et Occident.

Durée d'exécution : ~ 15 mn

Mandala (1969)

De même que dans l'*Hymne à l'Univers*, atonalité, polymélodie et modalité concourent à l'expression d'un mysticisme plus apparent : temps étiré, phases magiques ou introverties, monodies sans fin, grands accords « éternels » des dernières mesures. Commandée en 1969 par la fondation « *Schnitgerprijs Zwolle* » (Prix Schnitger de Zwolle, Hollande), elle fut créée par l'organiste hollandais Charles Wolf, puis reprise par Jean Guillou à Bordeaux. André Jolivet en a ainsi commenté les sept mouvements enchaînés : « Un mandala est un schéma linéaire agrémenté de couleurs symboliques reproduisant l'univers conçu par la cosmogonie indienne. L'exécution de ces schémas équivaut à créer un microcosme et à en maîtriser les éléments. Guide imaginaire et provisoire de la méditation, un mandala manifeste dans ses combinaisons variées de cercles et de carrés l'univers spirituel et matériel, ainsi que la dynamique des relations qui les unissent, au triple plan cosmique, anthropologique et divin. Le mandala, par la magie de ses symboles, est à la fois l'image et le moteur de l'ascension spirituelle, qui procède par une intériorisation de plus en plus poussée de la vie et par une concentration progressive du multiple sur l'un : le moi réintégré dans le tout, le tout réintégré dans le moi. Un des schémas cosmologiques reconduit dans des mandala est le jambu qui, d'après la cosmologie de l'Inde, est une masse circulaire séparée par autant de mers. Au centre de cette île (Jabudripa) s'élève le Méru, montagne inaccessible autour de laquelle tournent les constellations et qui contient le paradis d'Indra.

« Pour transposer la notion de mandala sur le plan sonore, je me suis adressé à l'instrument qui m'a paru être le seul adéquat par ses possibilités de variété, de richesse, de puissance et son souffle inépuisable : l'orgue. La forme de l'œuvre se réfère au schéma jambu. Après une brève méditation ouvrante sont exposées sept séquences représentant les continents. Elles sont de complexité croissante, tandis que les sept séquences figurant les mers (qui s'intercalent entre les continents) laissent décroître leur agitation initiale. Cette imbrication d'allures aboutit logiquement à la sérénité hiératique du Méru. »

Durée d'exécution : ~ 15 mn

F.S.

JOSEPH JONGEN

Né à Liège, le 14 décembre 1873 ; mort à Sart-les-Spa, le 12 juillet 1953. Compositeur belge d'un renom international, il enseigna d'abord l'harmonie au Conservatoire de Liège (1902), et tint dans cette même ville l'instrument de Saint-Jacques. Le Conservatoire de Bruxelles l'engagea ensuite, d'abord comme professeur de fugue (1920), puis comme directeur (1925-1939).

Ami de Chausson, d'Indy et Fauré, Joseph Jongen fut influencé par l'école de César Franck, mais conserva des tournures mélodiques flamandes, comme c'est le cas chez un Flor Peeters.

Ses cent quarante opus, d'un style orchestral à la française, regroupent, outre une importante *Symphonie avec orgue*, des pages liturgiques dont un *Offertoire sur Alma Redemptoris*, des recueils dont *Quatre Pièces* op. 5 et surtout *Quatre Pièces* op. 37 (1911), qui comprennent *Cantabile*, *Improvisation-Caprice*, *Prière* et *Choral*, un *Prélude et fugue* op. 121 (1941), une *Toccata* op. 104 (1935) et une *Sonata eroica* op. 94, qui demeure son œuvre la plus jouée. Mais ces sources parisiennes rencontrent parfois une tradition plus germanique — comme chez Franck —, quant au traitement des grandes formes et l'art du développement.

Sonata eroica (1930)

Écrite en 1930, cette œuvre en un seul mouvement se limite, à l'instar de celle de Reubke, à un thème unique. Après une introduction de caractère héroïque (traits et accords massifs), ce thème se trouve exposé dans le goût d'une chanson populaire et soumis à trois variations, la première sur pédale, la seconde à la manière du Mendelssohn de la *Sixième Sonate* (thème confié à un jeu de solo sur contrepoint rythmique), la troisième plus libre et amplificatrice en crescendo. Un intermède où chante la flûte sur un fonds d'ondulants (lent) marque un retour progressif au tempo initial. Le thème passe alors aux manuels sur un contre-chant mobile de la pédale et aboutit à une fugue, elle-même couronnée par un épilogue brillant.

Durée d'exécution : ~ 15 mn

F.S.

GILLES JULLIEN

Né vers 1650-1655 ; mort à Chartres, le 14 septembre 1703. On ne sait rien de ses origines ni de sa formation. Une naissance parisienne expliquerait ses relations dans la capitale ; une souche provinciale justifierait sa très précoce nomination, en 1668, au grand orgue de la cathédrale de Chartres. Son apport de compositeur se résume pratiquement à un Premier Livre d'orgue contenant les huit tons d'Église pour les fêtes solennelles, *publié en 1690. Un second Livre, tenu en réserve, n'a jamais paru.*

Jullien s'inscrit dans la catégorie des organistes-compositeurs qui ne publient qu'un seul ouvrage pour leur instrument au cours de leur existence. Rendons-lui cette justice qu'il ne prétend à rien d'autre. Il mène une vie aisée de bourgeois de province, fait de nombreux enfants à son épouse, veille à ses récoltes et à la bonne marche de ses affaires, comme tout propriétaire terrien qui se respecte.

Sa carrière d'organiste, dans un lieu aussi vénérable que la cathédrale de Chartres, est probablement l'aventure de sa vie ; on n'ose dire l'« aventure spirituelle » car l'homme a la tête près du bonnet et ne paraît guère enclin à des fulgurances intérieures. S'il partage avec Grigny le bonheur de jouer sous des voûtes illustres, entouré de verrières prestigieuses qui bleuissent à la lumière du levant et s'embrasent sous les feux du couchant, il se tient à distance respectueuse du mysticisme frémissant de son collègue de Reims ; il ne partagera que sa date de mort. Et pourtant, sorte de nid d'hirondelle tout en gâbles et clochetons, accroché à même la paroi, l'instrument magnifique qu'il touche dissimule, autant que faire se peut, la « machine-orgue » pour épouser la verticalité des lignes et s'inscrire dans cette « Jérusalem céleste » de pierre et de verre qu'est une cathédrale gothique. On eût aimé qu'à l'élévation des voûtes répondît l'élévation spirituelle de l'œuvre de l'organiste. Jullien n'est pas Péguy... Cependant, sa dédicace aux chanoines du chapitre de la cathédrale, « l'une des plus célèbres et des plus anciennes de la chrétienté », atteste qu'il ne méjuge pas l'écrin exceptionnel de son instrument.

Jullien appartient à la génération centrale des organistes du Siècle de Louis XIV. Tout porte à croire qu'il est le disciple de Gigault — son œuvre le proclame et, en 1668, quand le jeune homme est nommé à Chartres, c'est justement Gigault qui vient réceptionner les travaux apportés à l'orgue par Énocq — et de Lebègue — auquel Jullien emprunte ses trios, les notations de caractère en français et jusqu'à la belle page de titre de ses Livres d'orgue.

L'orgue de la cathédrale remonte à la Renaissance. Au long des décennies, il a été entretenu, restauré, agrandi par les plus illustres facteurs. En 1647, il est l'un des premiers instruments de France à se voir doté d'un troisième clavier d'Écho ; le quatrième clavier, de Récit, ne tardera guère. En 1689, Lesclop, gendre d'Énocq, le restaure à son tour et en profite pour passer commande à Jullien de 100 pièces, dont les 80 achevées constituent le Livre de 1690.

S'il oublie trop souvent que l'orgue est la voix de l'Église pour se laisser séduire par le chant des sirènes de l'opéra et de l'opéra-ballet, s'il est loin d'observer les préceptes des Cérémonials en matière de musique d'orgue, Jullien manifeste (comme tous ses confrères français) une *foi* inébranlable dans le pouvoir *transcendantal* du timbre. Il sait combien la plus pâlotte des pièces prendra soudain bonne mine, « coloriée » par l'orgue. C'est assurément le plus grand des miracles du roi des instruments !

Le Livre d'orgue

Le Livre de Jullien paraît en 1690, la même année que les messes pour orgue de François Couperin, son cadet, et peu après les Livres de Raison et Boyvin, ses contemporains. Il contient donc 80 pièces dans les huit tons d'Église précédées d'un appréciable Avertissement. Excepté une fugue sur l'hymne mariale *Ave maris stella*, aucune pièce ne présente d'allusion au chant liturgique, mais, par leur dimension et leur observance des tons ecclésiastiques, elles n'en sont pas moins propres à alterner avec la maîtrise. Point ici d'esprit de « suite » ! Chaque groupement modal commence par un beau prélude, puis déroule en vrac un collier de pièces contrastées. On ne s'étonnera pas de rencontrer des préludes en avant-dernière ou dernière position, des pièces de facture analogue à deux pages de distance : à l'interprète d'opérer un choix en fonction de ses besoins. Cet aimable laisser-aller rappelle à s'y méprendre le désordre du Livre de Gigault.

Le principal souci de Jullien consiste à illustrer tous les genres en vigueur à l'heure où il allonge jour après jour les pièces promises à Lesclop. Il se targue de n'oublier aucun des plein-jeu, fugue, duo, trio, récit de tierce en taille, de cromorne ou de cornet, basse de trompette, dialogue sur les grands jeux de la dernière mode parisienne qu'on rougirait d'ignorer en province. Pour augmenter son mérite, il feint d'ignorer que ses collègues organistes, à commencer par Gigault, ont déjà tâté de l'écriture à cinq parties, en vogue chez les compositeurs de la Musique du roi, et il se vante d'ouvrir une voie encore inexplorée dans l'épaisse forêt des tuyaux d'orgue. Ce soupçon de hâblerie est racheté par quelques vraies qualités.

Au-delà des clichés inévitables dans l'emploi de genres aussi archétypiques, Jullien se montre habile à entrelacer les fils de la dense texture des pleins-jeux, à tisser le jacquard de leurs mouvements conjoints savamment décalés par des retards harmoniques. Maintes pièces corroborent ses déclarations en faveur d'une musique chantante, quoiqu'il se limite curieusement à deux récits en taille (tierce et cromorne), genre parangon de la *vocalità organistica*, au profit de récits de dessus moins éloquents. Jullien aime à préciser le mouvement et la couleur affective d'un morceau par un en-tête en français tel que « gayement », « gravement » ou « lentement » et, comme tous ses confrères, diamante à profusion son discours de pincés et tremblements. Soulignons, enfin, sa volonté de se servir avec efficacité du pédalier à la française, si peu maniable avec ses courtes marches à jouer en pointe.

Au-delà, ne lui demandons pas l'impossible. Pleines de bonnes intentions, ses fugues ne dépassent pas fréquemment le stade d'une exposition étirée ; sinon, elles sont empesées d'un savoir scolastique ; et il croit naïvement, à l'instar de Gigault, qu'il suffit de « pointer » une pièce pour la rendre noble. Accordons-lui qu'il évite de pointer inconsidérément, sans quoi il n'aurait pas pris la peine de marquer « notes inégales » pour l'Élévation du 3e ton et, *a contrario*, « gravement sans pointer les croches » pour la Fugue renversée du 8e ton.

Premier ton (mode de *ré*)

Typique de l'aspect anthologique que Jullien entend donner à son Livre, le groupement ne contient pas moins de trois préludes et s'évanouit sur un simple trio.

Prélude « gayement », lancé par des gammes décidées sur le petit plein-jeu du Positif, il se poursuit « gravement » à ₵ sur le grand plein-jeu du Grand jeu (G.O.). Reprise aux luthistes, la rédaction instrumentale « oblique » occasionne des rencontres harmoniques tendues, soigneusement cultivées par les organistes dans leurs pleins-jeux (mes. 25 : *si* bémol-*la-fa* dièse-*do*, avec le *la* « préparé »).

Duo « gayement », en gigue pointée à 6/8.

Trio, *manualiter*, en fugato, à 3/4 sur un motif savoureusement décalé.

Fugue à quatre parties, représentative des fuguettes françaises sans prétentions mais bien menées.

Basse de trompette, solide, joliment trempée, agrémentée de quelques sauts efficaces, sans virtuosité tapageuse.

Cromhorne en taille. Unique dans le recueil, sa vaste durée lui tient lieu de grand souffle. Le long préambule sur le jeu doux est, en soi, un joli morceau que le soliste vient rehausser de son lyrisme sans réduire les parties alentour de la figuration ; sa voix nostalgique fait songer à un monologue intérieur. L'on remarquera la poésie des cadences rompues avant l'entrée du cromorne, comme pour « éteindre » le ton d'*ut* majeur, et aussi la belle cadence modale pour réintroduire le 1er ton, huit mesures avant la conclusion.

Prélude, parfaitement écrit comme tous ceux de Jullien.

Duo, en rubans de croches animées, étêtées de la première note. A pointer à coup sûr !

Fantaisie chromatique. Mélancolique plus que dramatique, cette fantaisie n'évoque ni Sweelinck en amont, ni Bach en aval ; en contrepartie, le fantôme frescobaldien pourrait bien la hanter. N'y cherchons pas un fugato traditionnel : voici d'abord trois sujets (le premier, déjà accompagné), puis trois réponses, et enfin deux strettes.

Fugue sur Ave maris stella (« Salut, étoile de la mer »), hymne destinée aux Vêpres de la Vierge. Toujours à quatre voix et un peu raide.

Dialogue, vigoureux, à ₵, d'abord entre Petit jeu et Grand jeu, puis entre Grand jeu et cornet d'Écho. Fin solennelle sur le Grand jeu.

Prélude, troisième et dernier du groupement, en place comme en qualité.

Trio, assez pâlichon.

Quelques pièces…

2e ton (assimilé à *sol* mineur)

Prélude « gayement », en canon sur le Positif, suivi d'un très digne « gravement » à cinq parties sur le Grand jeu (clavier de Grand-Orgue).

Récit de Voix humaine. Il commence par quatre pré-imitations, comme toujours chez Jullien qui aime attendre la cinquième entrée pour propulser le soliste, afin de ne pas amoindrir la valeur intrinsèque des préambules.

Fugue renversée à cinq parties. Unique en son genre dans la France d'alors, elle expose alternativement des sujets et réponses en mouvement droit ou contraire. Le pédalier, ou cinquième voix, entre assez tard et se charge de trois énoncés thématiques. L'harmonie distendue et le mouvement mélodique du soprano sur une quarte diminuée et des chromatismes (mes. 35-37) résultent de la difficulté à faire évoluer cinq parties de concert, mais nous vaut de réjouissantes rencontres auditives.

3e ton (assimilé à *la* mineur)

Prélude à cinq parties avec pédale de trompette en taille, à la manière française. Très belle écriture, avec participation active du pédalier (qui aurait bien dû se prolonger dans la fugue qui suit !). Notons l'insistance superbe, dans un tempo lent, de l'accord de *la* mineur qui s'ébranle peu à peu en dégageant chacune de ses notes (ou harmoniques aigus).

Trio pour une Élévation, « gravement », entièrement pointé et bien systématique. Un second Trio pour l'Élévation en 4e ton bénéficiera d'un peu plus de souplesse.

4e ton (mode de *mi*, polarisé sur *la*)

Basse de trompette, en réalité dialogue très fragmenté entre la basse et le dessus, confié au cornet, dans une rythmique de gigue pointée.

5e ton (*ut* majeur)

Trio à trois claviers. A la suite de Lebègue, Jullien distingue le « Trio à deux dessus » *manualiter* (un exemple figure dans ce 5ᵉ ton) et le « trio a trois claviers », où le pédalier prend en charge la basse comme dans une sonate en trio italienne. Guilmant y a décelé un souvenir de la *Bergamasca*, timbre très à sa place dans une page de style ultramontain.

Tierce en taille, de belle envergure dans un large ambitus et d'une éloquence suffisamment convaincante pour qu'on regrette sa place solitaire dans le recueil.

8ᵉ ton (mode de *sol*)

Fugue renversée, « gravement sans pointer les croches » à quatre parties. Pas plus que son maître Gigault, Jullien ne parvient à concilier le sérieux et l'aimable. Sa fugue trahit le labeur et dissimule mal une certaine raideur, mais on le loue de cet effort, trop rare chez les Français pour passer inaperçu et ne pas être porté à son crédit.

B. F.-S.

MAURICIO KAGEL

Né à Buenos Aires, le 24 décembre 1931. Il étudie piano, orgue, violoncelle, chant, direction d'orchestre et écriture (avec Alberto Ginastera), en même temps que la littérature et la philosophie à l'université. A peine âgé de dix-huit ans, il crée une Asociación Nueva Musica; et dès ses premières œuvres se manifeste son éclectisme : technique sérielle, électro-acoustique, métissages divers, principalement avec une dimension théâtrale ou visuelle qui restera liée à toute sa production ultérieure. Rompant avec une carrière prometteuse en Argentine (il était notamment chef d'orchestre au Teatro Colón), il s'installe en 1957 en Allemagne – pays qui, dans le sillage de Darmstadt et de Donaueschingen, attire également, à la même époque, un Ligeti, un Isang Yun ou un Allende-Blin. Collaborant avec Stockhausen au Studio de musique électronique de Cologne, il dirige les concerts de musique contemporaine de l'Orchestre de chambre de Rhénanie, puis fonde son propre Ensemble pour la musique nouvelle de Cologne. Dès 1960, il enseigne à Darmstadt, puis à Buffalo, à Palerme et dans de nombreuses universités. Son œuvre de compositeur est reconnue et jouée dans le monde entier; avec deux partitions seulement, sa contribution au répertoire de l'orgue n'en est pas moins significative de son esthétique.

Figure complexe, irritante pour certains et pour d'autres fascinante, Kagel est assurément l'une des personnalités les plus remarquables parmi les compositeurs de sa génération. Mais voulant cultiver l'humour aux dépens de la cuistrerie, il aime à provoquer son auditoire.

C'est volontairement qu'il cherche à distraire, à dérouter de prime abord, mêlant le visuel au musical dans un spectacle sonore où le dérisoire le dispute à l'anecdotique. Mais ce fantaisiste intrépide est aussi un homme de pensée, ce démolisseur un authentique musicien.

En s'attaquant à l'orgue, Kagel manifeste pour première préoccupation de pervertir le caractère religieux d'un instrument longtemps considéré comme « intouchable », à la fois sacré et marginalisé. Il lui importe donc de rappeler cette vocation traditionnelle tout en la caricaturant sur un mode quasi surréaliste.

Comme il le fait avec d'autres instruments solistes, il se livre à un véritable corps à corps sadique avec l'orgue, dans la volonté de l'anéantir en l'humiliant, à quoi s'ajoute, dans ce cas précis, un évident désir blasphématoire. Dans la grande vague de destruction des tabous de l'instrument liturgique et d'expérimentation de moyens nouveaux d'expression, qui fait fureur dans une certaine avant-garde des années soixante, il apporte pour fêter cette apocalypse joyeuse son ton inimitable d'ironie et de mordante désinvolture.

Improvisation ajoutée (1961-1962)

A ce titre en français est joint le simple sous-titre de *Musik für Orgel* (« musique pour orgue »).

Œuvre pour orgue et deux assistants, elle a été commandée par la Radio de Brême, et créée en cette ville le 4 mai 1962.

Le compositeur y demande l'usage d'un instrument de grandes dimensions (quatre claviers), afin de donner tout leur volume sonore aux *clusters* et d'offrir à l'exécutant un choix riche et différencié de couleurs sonores.

Si l'on ne dispose que d'un instrument à trois claviers, la partie destinée au quatrième clavier sera considérée comme *ad libitum* et pourra ne pas être jouée.

La partition indique en effet, en superposition, les prescriptions de jeu de l'organiste pour le pédalier et chacun des claviers (9 portées en tout), et celles destinées à l'un et l'autre des assistants, de gauche et de droite, elles aussi différenciées pour chacun des plans sonores.

Les assistants n'auront pas à se borner à opérer les nombreuses et rapides commandes et modifications de registration exigées par l'exécution ; le compositeur requiert en effet leur participation active à l'*interprétation* de l'œuvre : avec l'organiste, ils vont devoir intervenir sous diverses formes d'« improvisations ajoutées » prescrites dans la partition, cris et chuchotements, chant, sifflements, éclats de rire, battements de mains, liant ainsi le musical au théâtral.

Kagel lui-même s'en explique en précisant que « l'improvisation résulte de la nature statistique des transformations du timbre ».

Mais si les interventions orales comportent par nature une part d'aléatoire, comme d'ailleurs les *clusters* et les sons à hauteur indéterminée, l'ensemble de la partition, ce « livret » de l'action musicale est noté avec une extrême précision, un luxe de détails et un raffinement dans les signes d'exécution (en fait de « table d'agréments », ce sont près de cent signes spéciaux qui sont expliqués en introduction à l'édition imprimée) qui rendent très délicates la lecture et la mise au point de cette allègre mise en pièces de l'orgue d'église.

Durée d'exécution : ~ 15 mn

Phantasie pour orgue et obbligati (1967)

Composée en 1967, cette œuvre a été créée le 14 octobre de la même année par Gerd Zacher, au cours d'un concert mémorable (on pouvait aussi y découvrir en première audition la première Étude, *Harmonies*, de Ligeti), concert célébrant le dixième anniversaire du cycle d'orgue contemporain de la Lutherkirche de Hambourg-Wellingsbüttel.

Par « obbligati », le compositeur n'entend pas seulement deux assistants à la registration, mais aussi deux magnétophones.

Le rôle conducteur revient en fait à une bande magnétique à laquelle incombe une fonction que l'on a pu comparer à celle d'un cantus firmus.

Cette bande doit, autant que possible, avoir été préparée (sur les instructions du compositeur) par l'organiste lui-même, puisqu'il lui revient d'évoquer, non sans un franc réalisme, le milieu acoustique d'une journée de sa vie.

Dès le matin, avec la pluie qui tombe, le fonctionnement d'un robinet, le bruit d'une chasse d'eau, le frémissement d'une bouilloire.

Après cette « *water music* », c'est la « *Tafelmusik* » du petit déjeuner, avec le grille-pain et le bulletin d'informations à la radio. Le musicien quitte alors son domicile, prend le métro, arrive à son église : cloches et cérémonie religieuse, avec réminiscences d'un baptême, d'un mariage et d'un enterrement, symbolisant le cadre de la vie professionnelle, mais aussi de la vie terrestre de l'organiste — lequel intervient dans sa propre vie en jouant la partition musicale qui lui est dévolue en contrepoint avec les

« obbligati ». Il assure ainsi transitions et commentaires entre les épisodes, résumant, annonçant et surtout créant une continuité dans une œuvre dont on voit bien ce qui la rattache au *Hörspiel* (pièce, ou jeu radiophonique), genre cultivé à cette époque par Kagel. Après cette destruction radicale de la musique d'orgue traditionnelle, plus rien n'est possible. Ou tout.

Durée d'exécution : ~ 13 mn

G.C.

SIGFRID KARG-ELERT

Né à Oberndorf-sur-le-Neckar, le 21 novembre 1877 ; mort à Leipzig, le 9 avril 1933. Karg-Elert, de son vrai nom Siegfried Theodor Karg (alias Teo von Oberndorff, ou encore Dr. O. Bergk), ne vit pas le jour en 1878 ou 1879 comme il l'a fait croire, et ne fut pas davantage autodidacte... Tout d'abord pris en charge par Röthig, cantor de la Johanneskirche de Leipzig (où il joua jusqu'en 1931 du hautbois, de l'harmonium et de l'orgue), il entra en 1897, après maintes pérégrinations, au Conservatoire de Leipzig, où il fut l'élève de Reinecke. Il y fit des études complètes de théorie, de composition et de piano. Nommé en 1902 professeur de piano à Magdebourg, il revint à Leipzig en 1907 pour y enseigner le piano, la théorie et la composition. Il succéda à Max Reger, trois ans après la mort de celui-ci, au Conservatoire de Leipzig (1919), postulant également, mais en vain, à un poste de musicien d'église. Son activité de professeur ne l'empêcha pas de mener une brillante carrière de concertiste, qui le conduisit, peu de temps avant sa mort, aux États-Unis (1931-1932).

Étonnant personnage aujourd'hui par trop méconnu, Karg-Elert voulait avant tout être compositeur. Il travailla cependant très sérieusement le piano, mais aussi le Kunstharmonium de Mustel, instrument français construit vers 1855 dans lequel il voyait le troisième instrument à clavier d'importance, seul capable de réunir les qualités du piano et celles de l'orgue. Il composa divers recueils de pièces pour harmonium, instrument qu'il jouait en concert, et c'est par son intermédiaire qu'il aborda l'orgue, pour lequel il transcrivit ses Opus 25, 34 et 39. Les premières œuvres véritablement destinées à l'instrument à tuyaux (comme Reger, Karg-Elert était un médiocre organiste) sont les *Choral-Improvisationen* op. 65.

66 Chorals-Improvisations (op. 65)

Cet ambitieux recueil fut composé en 1906-1908 et dédié à Guilmant, dédicace qui ne fut pas du goût de tout le monde dans une Allemagne qui entretenait alors des relations difficiles avec la France. Guilmant l'en remercia, reconnaissant au recueil un « sens poétique des plus rares dans la musique d'orgue ». Il s'agit de six volumes de chorals plus ou moins développés mais rigoureusement composés (le terme *Improvisations* est un effet de style), couvrant toutes les grandes fêtes de l'année liturgique : Avent, Noël ; Passion ; Nouvel An, Pâques et autres fêtes ; Ascension, Pentecôte ; Fête de la Réformation, Jour de Pénitence (*Busstag*, importante fête luthérienne), Sainte Cène, Fête des Morts ; Confirmation, Mariage, Baptême, Fête de la Moisson. S'y côtoient pièces de fantaisie, préludes et postludes, mouvements symphoniques, trios, toccatas, etc. On notera dans le volume 6 le célèbre (en terre anglo-saxonne) « *Nun danket alle Gott* », Marche triomphale de forme ABA, *pomposo e con brio*. La dernière pièce de la collection, *Wunderbarer König*, est un « choral solennel pour orgue, (2) trompettes, (2) trombones et timbales ».

Une postface signée de son ami Hanns Avril, mais très probablement de Karg-Elert lui-même, nous éclaire sur l'importance du recueil : « ... après avoir surmonté une période *Sturm und Drang*, il [...] est devenu un *maître accompli*. [...] Ces pièces se font l'écho d'un profond sentiment religieux, [...], chefs-d'œuvre polyphoniques d'une extrême complexité, d'une extraordinaire force intérieure, aux effets surprenants. [...] Évoquant ici un pastel, là une douce lumière, une clarté solaire... On y trouve à la fois des pièces courtes et longues, faciles ou difficiles, destinées tant au concert qu'au service divin. » Vrai post-romantique allemand, dans le style et la pensée (en dépit de la dédicace au maître français), Karg-Elert attacha toujours une grande importance au travail mélodique, exemplaire, mais également à un univers harmonique qu'il voulait raffiné et personnalisé. On relève dans toute son œuvre, signe de sa réceptivité, des couleurs inspirées de Debussy, Scriabine, Grieg ou Schönberg, qui viennent enrichir une personnalité (humour ?) pour le moins originale dans le Reich du début du siècle.

Trois Chorals symphoniques (op. 87)

Le premier volet de cette œuvre exigeante, « *Ach bleib mit deiner Gnade* » est une partita dont la mesure, la tonalité et les effets sont extrêmement mouvants. Tout d'abord à 4/4 et en *mi* bémol majeur, puis à 12/8, la pièce s'anime petit à petit *(crescendo)* jusqu'à trouver un point d'équilibre dans une section harmonieusement développée en *si* majeur, *più forte* à 4/4, premier temps fort de l'œuvre, mais subitement interrompu par un *adagissimo* douloureusement chromatique en *sol* bémol majeur. Un imprévisible *vivace molto con brio* bifurquant vers *mi* bémol mineur réintroduira le *tempo di corale* dans sa tonalité d'origine. Le thème du choral, martelé au soprano, est ensuite repris et amplifié par la pédale à l'octave, *fff*.

Le deuxième volet est de structure très différente, véritable symphonie (ou sonate à la manière de Rheinberger) en trois mouvements sur « *Jesu, meine Freude* ». Le premier, **Introduzione** *(inferno)*, est un *andantino agitato* dont la tension croît très rapidement jusqu'à un *allegrissimo furioso* virtuose et précipité, de proportions impressionnantes. La registration est d'un bout à l'autre d'une extrême précision, les rapides crescendos étant obtenus à l'aide du « rouleau » *(Walze)*, caractéristique des orgues du tournant du siècle. Le deuxième mouvement est une **Canzone** en *la* mineur, choral orné dont la mélodie, en longues phrases au soprano, est notée à 12/8, tandis que l'accompagnement (trois voix manuelles et pédale) est à 3/8. Indication générale : *tranquillo con molt'espressione*. Le finale, **Fuga con corale,** *allegro con spirito (non troppo lento !)*, est enchaîné. Le sujet rythmique évoque ceux de Max Reger, d'essence néo-baroque :

Cette pièce d'apparat, complexe et s'achevant *Grandioso*, superpose avec adresse et panache le sujet de la fugue, de structure assez libre, et le thème du choral.

Le troisième volet est une suite de variations sur le choral « *Nun ruhen alle Wälder* », l'orgue, dans la deuxième partie, étant accompagné d'un violon et d'une voix aiguë.

Parmi les très nombreuses œuvres d'orgue de Karg-Elert, citons la **Première Sonatine** (op. 74, 1909), très développée en dépit de son intitulé (20 minutes environ), bien qu'en deux mouvements seulement. Le premier est un allegro de sonate d'une rigoureuse concision, le second un *Andante molto (tempo di ciacona)* de type rhapsodique, proche, par l'esprit, de l'improvisation. La chaconne proprement dite (sept variations) est suivie d'une « triple fuguette », elle-même suivie d'une reprise de la chaconne (les variations étant dans un ordre différent), puis d'une harmonisation du thème à la manière d'un choral, enfin d'une coda.

On relèvera également dans cette vaste production **Trois Chorals-Improvisations** (op. 75, 1910), **Hommage à Haendel** (54 variations sur une basse obstinée), **Vingt préludes et postludes** (op. 78). **Trois Canzone symphoniques** (op. 85, 1910), **Dix Pièces caractéristiques** (op. 86, 1911), **Sieben Pastelle vom Bodensee** (op. 96, 1919), « sept pastels du Lac de Constance » d'inspiration impressionniste, un cycle de **Huit**

Pièces courtes (op. 154), de l'extrême fin de la vie du compositeur, destinées à être jouées d'un seul tenant : *Introïtus*, *Gagliarda*, *Melodia monastica*, *Aria semplice*, *Appasionata*, *Canzona solenne*, *Toccatina* et *Corale* (15 minutes environ), etc.

Risquant une inévitable confrontation avec Max Reger (*Fantaisie et Fugue sur B.A.C.H.* op. 46, 1900), comparable d'envergure et d'ambition), Karg-Elert composa pour sa tournée américaine de 1932 une monumentale **Passacaille, variations et fugue sur B.A.C.H.** (op. 150), dont l'écriture chromatique, de rigueur sur un tel thème, rappelle naturellement Reger tout en sachant s'en démarquer. Des tendances à l'atonalité se font jour qui adoucissent les aspérités du chromatisme. Les différentes sections de l'œuvre sont librement juxtaposées, le couronnement étant une fugue au développement magistral.

Karg-Elert fut également un fervent transcripteur des maîtres classiques. De Bach, il arrangea pour orgue le célèbre *Adagio* de la *Suite* BWV 1068, la *Sinfonia pastorale* de l'*Oratorio de Noël* BWV 248, le motet « *Singet dem Herrn ein neues Lied* » BWV 225 *(Choral, improvisation et fugue)*, ainsi que diverses pièces pour clavier. De Haendel, il transcrivit l'*Halleluja* du *Messie* (ingénieuse répartition des plans : un clavier pour l'orchestre, un autre pour le chœur), ainsi que des pièces pour clavier tels le *Capriccio* HWV 481 ou encore *L'harmonieux forgeron (Variations en* mi *majeur)*, de la *Suite nº 5* HWV 430.

La comparaison avec Reger, génie fulgurant d'une tout autre élévation et dont l'œuvre l'emporte assurément en grandeur et en intérêt sur celle de Karg-Elert, peut sembler injuste dans la mesure où elle met en lumière — mais le phénomène est récent ! — l'œuvre du célèbre Bavarois au détriment de celle de son cadet de quatre ans et successeur à Leipzig. Le gigantisme, la tentation de la démesure chez Karg-Elert — ou bien n'était-ce qu'une tentative pour répondre à une compétition qu'il n'aurait pas choisie ? — ne peuvent plus aujourd'hui (ou pas encore) être évoqués sans faire référence à l'œuvre et à la personnalité de Reger, dont l'influence est évidente, qu'il s'agisse de certaines caractéristiques d'écriture (de la virtuosité pianistique jusqu'aux trilles de pédale), ou de certains termes évocateurs utilisés par Reger (tel *Inferno*). Mais s'il demeure certain que les *Chorals* op. 87 n'atteignent pas aux sommets — entre autres chefs-d'œuvre — du triptyque op. 52 de Reger, l'œuvre de Karg-Elert mériterait vraiment, dans son ensemble, d'être enfin et tout simplement reconnue.

M.R.

GEORG FRIEDRICH KAUFFMANN

Né à Ostermondra (Thuringe), le 1er février 1679 ; mort à Merseburg, le 24 février 1735. Kauffmann (ou Kaufman) est d'abord l'élève de Buttstedt à Erfurt, puis d'Alberti à Merseburg. En 1698, la grave maladie de son maître l'amène à le suppléer comme organiste de la Cour et de la cathédrale. Il lui succède en titre à sa mort, en 1710. Il devient probablement Kapellmeister à la cour de son cher Merseburg et, à partir de 1733, est très occupé par la publication de son grand recueil de chorals et préludes de choral Harmonische Seelenlust. *C'est tout ce que l'on sait d'une vie qui dut se dérouler paisiblement à l'ombre du magnifique instrument au buffet impressionnant, construit en 1703 par Zacharias Theyssner, dans la cathédrale de cette petite cité saxonne, entre Halle et Leipzig. L'environnement musical n'y était pas médiocre, loin s'en faut.*

Outre son talent de compositeur, Kauffmann eut des chances de passer à la postérité pour des raisons rien moins que déshonorantes : il fut, en effet, l'un des rivaux malheureux de Jean-Sébastien Bach pour le poste de cantor à Saint-Thomas de Leipzig. A la mort de Kuhnau, le Conseil de cette ville avait d'abord tenté d'attirer le célèbre Telemann, puis fait les yeux doux à Graupner. En vain. Alors, « ne pouvant obtenir ceux qui lui paraissaient les meilleurs, le Conseil songea à des "médiocres" — il faut entendre par là des gens de talent ou d'aptitudes inférieurs aux précédents (en allemand *mittlere*), et non pas des médiocres au sens moderne du terme ». Et si l'élection de Bach fut acquise à l'unanimité des 28 votants, Kauffmann n'avait certes pas démérité face à un tel adversaire... Les chemins de Kauffmann devaient d'ailleurs encore croiser ceux de la famille Bach, puisque, en 1726-1727, Wilhelm Friedemann vint travailler le violon à Merseburg (avec J.G. Graun). La réputation de Kauffmann ne devait pas être mince, car on possède des œuvres de lui recopiées par Walther, J.T. Krebs, Kuhnau, etc. Outre des pièces pour orgue, Kauffmann laisse un *Oratorio de Noël* et quatre cantates. En 1725, Mattheson annonçait son traité *Introduzione alla musica antica et moderna*. Malheureusement, il ne fut probablement jamais imprimé et le manuscrit en est perdu.

L'œuvre pour orgue

L'essentiel de l'œuvre est contenu dans l'*Harmonische Seelenlust, Präludien über die bekanntesten Corallieder* (« La joie des âmes par l'harmonie, préludes sur les plus célèbres mélodies de chorals »). Outre ses qualités musicales intrinsèques, ce recueil présente un intérêt historique tout particulier : il s'agit de la première collection de chorals pour orgue imprimée depuis la fameuse *Tabulatura nova* de Scheidt en 1624.

Dans l'introduction, le compositeur décrit lui-même ces préludes de choral comme « courts, mais élaborés avec une particulière invention et un style plaisant ». Au-delà de l'appât commercial, il y a aussi la tendance toute naturelle de se mettre au goût du jour. D'ailleurs, dans cette Allemagne centrale du début du XVIIIe siècle, une nouvelle sensibilité introduit des idéaux d'émotion, de simplicité et de naturel. Comme le souligne Martin Gester* », les organistes allemands veulent avant tout émouvoir (*affectiren*), remuer les âmes et les élever. G.F. Kauffmann ne raconte-t-il pas qu'un organiste "joua un jour de manière si émouvante que M. le Baron en eut les larmes aux yeux et que le Recteur s'allongea devant l'autel en s'écriant d'une voix forte : prends mon âme, Seigneur Jésus" ». Et M. Gester d'ajouter : « Les préoccupations de l'organiste, en ce sens, sont plus proches du Marin Marais des Suites ou du François Couperin des *Leçons de Ténèbres* que des Messes d'orgue contemporaines. Mais le climat luthérien leur impose la "modestie" qui convient au culte : émouvoir les fidèles en leur indiquant clairement la mélodie du choral [...]. Les combinaisons sonores de l'orgue procèdent des idéaux de *Gravität* (gravité, solennité), de *cantabilità* et d'expression de sentiments tendres : *con affetto, cantabile, dolce* sont des indications particulièrement fréquentes. »

Aussi n'est-il guère étonnant de voir Kauffmann adopter une disposition sonore originale : par-dessus une belle polyphonie confiée à l'orgue, le cantus firmus est proclamé par un hautbois solo. Ce procédé apparaît en cinq préludes de choral « *Ach Gott, vom Himmel* » (n° 2), « *Du, o schönes Weltgebäude* » (n° 12), « *Gelobet seist du, Jesu Christ* » (n° 19), « *Herr Christ, der einig Gottessohn* » (n° 22), « *Herr Gott, dich loben alle wir* » (n° 23) et « *Wie schön leuchtet der Morgenstern* » (n° 60). Kauffmann, en sa préface, se plaît à souligner que « la vénérable assistance de la Chapelle princière et de la cathédrale de cette ville pourrait attester au besoin que cela est bien la manière la plus agréable de préluder aux chants ». Peut-être ne faisait-il qu'entériner une coutume inscrite dans les mœurs musicales du temps ; en tout cas, Johann Ludwig Krebs et Gottfried August Homilius feront leur profit de cette formule très séduisante. Sans doute le procédé n'est-il pas systématiquement transposable, mais il faut reconnaître que le mariage des sonorités est particulièrement heureux, surtout si « le hautbois est placé de façon à donner

* Martin Gester, « Fantaisies et chorals pour l'orgue et le hautbois », *Le passé restauré*, Société de Musique ancienne, Nice, 1990, p. 122.

l'impression d'être un registre de l'orgue ».

On trouve dans ce recueil à peu près tous les types de préludes de choral en usage à cette époque : bicinium, fughetta, variations sur cantus firmus, etc. Mais surtout — et de manière très inhabituelle en ce temps-là —, Kauffmann fournit de méticuleuses (et combien précieuses) directives d'interprétation : indications de tempos, de caractère, d'ornementation et de registration. Ce dernier point est providentiel, car les prescriptions de Kauffmann sont souvent diamétralement opposées aux conceptions des baroques nordique ou français, avec leurs sonorités nettes, incisives et fortement individualisées. Les quelques exemples suivants valent d'être cités, car outre la rareté de telles notations, ils éclairent d'une lumière nouvelle les coloris de ces musiques.

Bicinium. Dans le choral « *Ach Herr, mich armen Sünder* », le Rückpositiv mêle Fagott 16', Quintadena 8', Spitzflöte 2', tandis que l'Oberwerk fait chanter voix humaine 8', Gemshorn 8' et Spillpfeife 4'. Le choral « *Gelobet seist du* » superpose au Hauptwerk avec Fagott 16', Quintadena 16', Gemshorn 8' et Kleingedackt 4', un Oberwerk avec voix humaine 8' et Salicional 8'.

Polyphonie manuelle à trois ou quatre voix. Le choral « *Herzliebster Jesu* » additionne Rohrflöte 16' et principal 8'. Pour le choral « *In dich hab' ich gehoffet* », c'est la combinaison Trompette 8', principal 8' et octave 4' et, pour le choral « *Komm heiliger Geist* », Fagott 16', Quintadena 8' et principal 4' du Rückpositiv. Quant au choral « *Ein' feste Burg* », il préconise au choix principal 8' et 4', ou Gedackt 8' et principal 4', ou *Volles Werk* (c'est-à-dire *organo pleno*). On appréciera l'éclectisme du matériau sonore pour la « forteresse » en question !

Cantus firmus à la pédale. Sous l'Oberwerk (avec voix humaine 8', salicional 8' et Spillpfeife 4'), la Pédale peut faire résonner violon 16', trompette 8', Nachthorn 4' et cornet 2'.

Ces exemples n'ont pas été choisis pour leur étrangeté, mais pour l'image sonore qu'ils imposent. On observe ainsi un large usage des 16 pieds aux manuels (notamment le Fagott 16' du Rückpositiv), un fréquent mélange de jeux à l'unisson, un mélange de jeux d'anches et de jeux de fond. Ces caractéristiques infusent aux traits (et même à la polyphonie) une gravité, un « gras », une ombre que nous devons peut-être réapprendre, un effet « de pâte sonore que, récemment encore, on assimilait un peu vite au style romantique* ». Et la composition des instruments signés par Thassner, Trost, Hildebrandt ou Gottfried Silbermann confirme naturellement ce goût.

Le recueil des *62 Choräle mit bezifferten Bass* (avec basse chiffrée) mérite aussi une mention, car entre les phrases proprement dites des chorals, Kauffmann propose aux apprentis organistes des transitions joliment ornées, dont Bach a donné de fulgurants exemples en quelques chorals de jeunesse (*cf.* « *Allein Gott* » BWV 715 ou « *Gelobet seist du* » BWV 722).

G.G.

* M. Gester, *op. cit.*

JOHANN CHRISTOPH KELLNER

Né à Gräfenroda (Thuringe), le 15 août 1736; mort à Kassel en 1803. Fils de Johann Peter Kellner, il est naturellement d'abord l'élève de son père, puis du fameux Georg Benda à Gotha. Après quelques séjours à Amsterdam et La Haye, il est nommé organiste et cantor à la cour luthérienne de Kassel. Sa vie se confond dorénavant avec une œuvre assez abondante qui comprend diverses pièces pour clavecin, sept concertos pour clavecin ou pianoforte, plusieurs cantales, un Singspiel, Die Schadenfreude, *qui remporta un vif succès à Kassel, ainsi qu'un traité de basse continue,* Grundriss des Generalbasses *(Kassel, 1783) qui eut de nombreuses rééditions.*

Outre son importance numérique, son œuvre pour orgue semble avoir remporté un large succès d'estime si l'on en juge par la diversité des lieux d'éditions (Allemagne, Angleterre, Pays-Bas). Il n'est pas jusqu'à certains titres français qui ne témoignent de la volonté de l'auteur de toucher le public le plus large. Cette œuvre comprend *3 Vor- oder vielmehr Nachspiel* (« Préludes, ou plutôt postludes »), *3 Fugen, 3 Choral-Vorspiele, im Trio mit den Canto firmo* op. 14/1 (Kassel, s.d.), *Orgelstücke von verschiedener Art** (« Pièces d'orgue de styles divers ») op. 14/2 (id.), *31 neue Orgelstücke* op. 17/1 (Spire, 1789), *Neue Orgelstücke* op. 17/2 (Darmstadt, 1793), *14 Orgelstücke* op. 20/1 (Brunswick, s.d.), *2 Fugen* pour pianoforte ou orgue à quatre mains (Leipzig, 1795), *6 Fugues très faciles* pour orgue ou pianoforte (Amsterdam, v. 1802), *3 Fugen* (Kassel, s.d.), perdues, *VIII Easy preludes* (Londres, s.d.) perdus, *2 Nachspiele* et *1 fugue* op. posth. (Brunswick, s.d.) perdus, et enfin *12 Préludes, 14 Préludes de choral* incluant *4 Trio-mässig, fantasia, fugue*, pour quatre mains et pédalier, et *2 Trio-chorals* pour 2 claviers et pédale (s.d.).

On le voit : l'œuvre est assez copieuse, et l'auteur prend grand soin de rassurer un public que la réputation de sévérité de l'orgue pourrait effaroucher. Fugues « très faciles », préludes *« easy »* voisinent avec des pièces à quatre mains qui favorisent un commerce agréable avec des partenaires. Il prolonge sans vergogne le style « galant » de son père. Ses préludes manifestent un penchant certain, et quelque peu facile, pour des mélodies chantantes et une écriture homophonique. Mais ce style galant, qui n'est pas sans charmes, avec ses contrastes et ses tensions dramatiques policées, est plus à sa place dans les concertos pour clavier ou les pièces de pianoforte. Ainsi s'épuise avec Johann Christoph Kellner — mais aussi Johann Ernst Bach, Johann Christian Kittel et autres Johann Christoph Oley — une veine créatrice qui ne ressurgira qu'avec Mendelssohn ou Liszt.

G.G.

* On remarquera la parenté de titres avec les *Sechs Choräle von verschiedener Art* BWV 645-650 (dits « Schübler ») et les *Achtzehn Choräle von verschiedener Art* BWV 651-668 (dits « de Leipzig »).

JOHANN PETER KELLNER

Né à Gräfenroda (Thuringe), le 28 septembre 1705 ; mort en cette même ville, le 19 avril 1772. De 1717 à 1722, il étudie l'orgue et la composition auprès du cantor de Gräfenroda, Nagel. En 1722-1723, il travaille avec Johann Schmidt à Zella. L'année 1728 le trouve assistant du nouveau cantor de Gräfenroda (le fils de Nagel), auquel il succède d'ailleurs en 1732, occupant ce poste jusqu'à sa mort. Organiste réputé, il est invité à donner des concerts dans les cours de Coburg, Weimar ou Sonderhausen. Il connaissait Haendel et fut peut-être l'élève de J.-S. Bach. Et Gerber raconte l'anecdote suivante : « Interprète accompli, jouant parfaitement les fugues à l'orgue, [Kellner] se fait gloire d'avoir entendu le grand Haendel et Séb. Bach, et d'avoir fait leur connaissance : ayant remarqué que Bach venait d'entrer dans l'église, il attaqua un thème de fugue à l'orgue sur les notes* si *bémol,* la, do, si, *et le traita à sa manière, qui est très ingénieuse. »* Se non e vero...

Kellner a droit à notre gratitude pour avoir recopié de nombreuses œuvres d'orgue de Bach, dont certaines seraient peut-être irrémédiablement perdues aujourd'hui. Et les variantes qu'il y ajoutait sont des sources précieuses pour l'étude de la musique de Bach. On compte

* E.L. Gerber : *Historisch-Biographisches Lexicon der Tonkünstler* « Dictionnaire historique et biographique des musiciens », Leipzig, 1790.

parmi ses élèves son propre fils Johann Christoph, mais aussi Johann Christian Rinck, Johann Ernest Rembt et Johann Philip Kirnberger.

En dehors de quelques pièces pour clavecin et des cantates, son œuvre compte les pièces d'orgue suivantes : trois Préludes de choral (sur « *Allein Gott in der Höh' sei Ehr* », « *Herzlich tut mir verlangen* » et « *Was Gott tut, das ist wohlgetan* », ainsi que six Fugues (en *ut* majeur, *sol* majeur, *ré* majeur, *ut* mineur, *la* mineur et *ré* mineur), deux Trios (en *sol* majeur et *ré* majeur), quatre Préludes et fugues (*ut* majeur, *sol* mineur, *sol* majeur et *ré* mineur). Cette œuvre assez mince ne rend qu'une justice imparfaite à ce compositeur qui fut l'un des premiers dépositaires de l'héritage bachien. Cependant, comme ses nombreux condisciples, il n'a pas été insensible aux sirènes de l'*Empfindsamkeit* : sans nécessairement en rougir, il évite le contrepoint sévère. Il se laisse volontiers griser par les lignes immédiatement séduisantes du *cantabile* italien, et s'il ne déteste pas faire montre de sa virtuosité, comme en témoignent certains traits de pédalier, il préfère cependant en appeler à la sensibilité de l'auditeur. Les œuvres qui nous sont parvenues gardent néanmoins fière allure et évitent avec adresse les pièges d'une facilité déshonorante.

Parmi les pièces les plus caractéristiques, il faut retenir le *Prélude et fugue en* ré *mineur*, les deux trios, certains chorals et la double *Fugue en* ré *mineur*.

Le **Prélude et fugue en *ré* mineur** s'ouvre par un exorde pédestre digne de Georg Böhm ; le pédalier est d'ailleurs très sollicité tout au long de la pièce, au risque même de saturer quelque peu l'espace sonore. Cependant, Kellner ménage habilement un divertissement en bicinium (sur un autre clavier ?) avant de conclure sur une foudroyante cadenza manuelle. L'élan et la dynamique de ce prélude ne sont pas sans rappeler la *Toccata « dorienne »* BWV 538. La fugue est beaucoup plus sage, quelque peu empesée de rigueur scolastique et respirant un certain ennui rythmique. Mais il ne tient qu'à l'interprète de donner des couleurs à cette pièce un peu atone.

Les deux **Trios** attestent l'excellence de l'enseignement de Bach : l'écriture est harmonieusement équilibrée entre les claviers et le pédalier, et si les idées sont souvent charmeuses (un rien bavardes dans celui en *sol* majeur), le « métier » donne des ailes à un discours fluide et lumineux.

La **Double fugue en *ré* mineur** présente deux sujets dont le premier a été attribué au jeune Jean-Sébastien Bach (BWV suppl. 180). Purement manuelle, elle ménage habilement les épisodes à deux, trois ou (rarement) quatre voix, et s'anime joliment jusqu'à sa conclusion. Entre alors un deuxième sujet lové sur lui-même, assez impersonnel, en qui on démasque vite un faire-valoir du sujet principal. D'ailleurs, Kellner brûle ses munitions en fusionnant rapidement les deux thèmes. La coda ne manque pas de grandeur, à partir d'une sixte napolitaine théâtrale à souhait.

Le choral **« Herzlich tut mich verlangen »** applique studieusement le procédé des imitations annonçant l'entrée d'un cantus firmus orné. Kellner manifeste là encore un « métier » à toute épreuve.

Le choral **« Was Gott tut, das ist wohlgetan »** prépare les différentes périodes du choral par la même gracieuse ritournelle, infiniment séduisante, comme un duo de flûtes ou de hautbois dont l'une des voix continue d'enlacer tendrement un cantus firmus délicatement orné. Il est bien difficile de résister à un charme aussi pénétrant…

G.G.

ABRAHAM VAN DEN KERCKHOVEN

Né à Malines (Mechelen), vers 1618; mort à Bruxelles, en 1701. Appartenant à une illustre famille de Malines qui fournit bon nombre de notaires, procureurs et musiciens à Bruxelles au cours des XVIIe *et* XVIIIe *siècles, le jeune Abraham naquit sans doute à Malines vers 1618 (et non, comme on le lit souvent, à Bruxelles vers 1627). Orphelin de mère en 1622 et de père en 1625, il fut dès 1632 organiste de l'église Sainte-Catherine de Bruxelles. Il y resta en fonction jusqu'à sa mort, manifestant ainsi une belle fidélité à ce poste qu'il occupa près de soixante-dix ans! Il eut dix enfants, dont trois seront musiciens. En 1648, il sera engagé comme organiste de la Chambre de l'archiduc Léopold-Guillaume à la cour de Bruxelles, où il resta probablement jusqu'en 1656. Ensuite, et jusqu'en 1684, il fut premier organiste de la Cour. Il mourut probablement vers la Noël de 1701.*

Le nom d'Abraham van den Kerckhoven est attaché à un magnifique manuscrit conservé à la bibliothèque royale Albert Ier à Bruxelles. Ce volumineux recueil contient 160 feuillets, soit 320 pages de musique, comportant en tout 364 pièces. Plusieurs compositeurs sont nommément désignés : C. Vaes, A. Kolfs, Papen, Poglietti (tous, sauf le dernier, organistes brabançons), mais c'est celui de Kerckhoven qui apparaît le plus souvent (24 fois). Sa contribution résume parfaitement l'esprit et la lettre du recueil. Ces compositions sont en effet destinées à des liturgies catholiques, ce qui explique le grand nombre de versets, selon les exigences du concile de Trente. Ces brefs versets (de deux à quatre lignes) sont généralement regroupés en séries : par exemple, le *Gloria de Beata*, le *Salve Regina*, une *Missa duplex*, etc. Ils devaient ainsi constituer le pain quotidien d'un organiste catholique brabançon; sans doute doivent-ils être joués en alternance avec la psalmodie des textes liturgiques, selon le procédé en usage dans les messes pour orgue aux XVIIe et XVIIIe siècles.

Néanmoins, les vingt-huit derniers numéros (dont onze signés par Kerckhoven) s'intitulent *fuga*, *fantasia* et *preludium-fuga*. Les indications de registration sont en néerlandais, et, à quelques exceptions près, un orgue à un seul clavier coupé suffit à l'exécution. La coupure permet ainsi de faire entendre un dessus de cornet ou une basse de trompette. Cependant, Kerckhoven a sans doute disposé d'un instrument à deux claviers avec tirasse de Grand-Orgue, tels que le Brabant en offrait à son époque grâce à Hans Goltfuss, Jan Bremser et surtout la famille Le Royer, dont le plus illustre représentant ira construire l'orgue de l'Isle-sur-la-Sorgue en Provence.

Outre les pièces dûment signées par Kerckhoven, il est tentant de lui attribuer la paternité d'un grand nombre de versets anonymes, d'autant plus qu'on y sent l'influence de Froberger, lequel se fit entendre à la cour de Bruxelles en 1652. Quoi qu'il en soit, les pièces signées de ce grand musicien manifestent une sûreté de plume, une rigueur contrapuntique, une invention ornementale, une volonté d'affirmer la tonalité (encore balbutiante), une fantaisie rythmique impressionnantes. Cela est particulièrement évident dans les fantaisies et préludes et fugues, dans lesquels Kerckhoven n'a rien à envier à d'illustres prédécesseurs comme Frescobaldi, Froberger ou Roberday.

Fantaisie en *fa* majeur
(no 351 du recueil)

Belle et longue pièce, qui semble flâner au gré d'une rêverie intérieure, ce qui n'exclut nullement une écriture très châtiée (avec apparition du « thème » à toutes les voix). L'écriture semble appeler le clavecin plus que l'orgue.

Durée d'exécution : ~ 7 mn

Fantaisie « Pro duplici organo »,
(no 353 du recueil)

La destination de cette pièce ne fait aucun doute, avec sa partie de pédale expressément notée *(« pedael »)*, et ses changements de claviers *(« onder", « boven »)*. Comme Sweelinck, Scheidt et tant d'autres, l'auteur joue avec les possibilités d'échos de ses claviers. Ce qui deviendra pittoresque lassant est encore ici émerveillement de pionnier.

Durée d'exécution : ~ 7 mn

Fantaisie en *ut* mineur

(n° 354 du recueil)

Ce beau poème d'un lyrisme extraverti halète au gré d'un rythme lombard omniprésent, tout en alternant habilement les plages de tension et de détente.

Durée d'exécution : ~ 6 mn

Suzanne Clerckx souligne excellemment l'importance de Van den Kerckhoven : « Chez [ce compositeur], la vieille tradition polyphonique néerlandaise est plus vivace que jamais. Ce que la polyphonie vocale ne pouvait plus exprimer, il l'infuse à l'art du clavier et en fait une nouvelle expression du langage musical*. »

G.G.

* S. Clerckx, *La musique en Belgique, du Moyen Age à nos jours*, sous la direction de Ch. van den Borren, Bruxelles, 1950.

JOHANN KASPAR KERLL

Né à Adorf (Saxe), le 9 avril 1627; mort à Munich, le 13 février 1693. Johann Kaspar Kerll (ou Kerl, Gherl, Cherl) a d'abord été, comme bien souvent à l'époque, l'élève de son père, organiste protestant à Adorf qui devait par la suite se convertir au catholicisme. Entré fort jeune au service de l'archiduc Léopold, frère de l'empereur Ferdinand III, il lui est permis d'aller travailler à Rome auprès de Carissimi, et peut-être aussi de Frescobaldi. De 1650 date sa première œuvre connue, Ricercata à 4, *publiée par Athanasius Kircher dans sa* Musurgia universalis. *Organiste de l'archiduc à Bruxelles, Vienne et Kremsier (près d'Olmütz), il devient en 1656 Kapellmeister à la cour de Munich (premier Allemand depuis bien longtemps). En janvier 1657, son opéra* Oronte *inaugure l'opéra de Munich. Le 22 juillet 1658, il improvise à l'orgue pour le couronnement de l'empereur Léopold Ier qui le tient « non seulement pour un excellent organiste, mais aussi pour un habile compositeur ». Kerll est anobli en 1664. Des intrigues lui font abandonner son poste à Munich et se retirer à Vienne où il est organiste de la cathédrale Saint-Étienne de 1674 à 1677 (son assistant est Pachelbel) et à partir du 16 mars 1677 organiste de la Cour impériale. Vers la fin de sa vie, il retourne à Munich, tout en gardant son poste à Vienne et en faisant probablement quelques séjours à Rome dans l'entourage de la reine Christine de Suède.*

Tout en s'imposant dans le domaine de l'opéra (12 ouvrages créés à Munich), l'organiste a cumulé les honneurs. Professeur renommé, il eut entre autres pour élèves Franz Xaver Anton Murschhauser, Agostino Steffani, peut-être Johann Joseph Fux et Georg Reutter l'Ancien, ainsi que son propre fils Johann Christoph. Kerll est un actif trait d'union entre les grands maîtres romains du début du siècle

(Carissimi, Frescobaldi) et ses illustres cadets Haendel et Bach. En hommage à leur aîné, ceux-ci n'ont-ils pas introduit des fragments de ses œuvres dans leurs propres compositions ou écrit des arrangements de certaines de ses pièces ? Bach, par exemple, a réélaboré, avec adjonction de parties instrumentales, le *Sanctus* de la *Missa superba* (BWV 241). D'ailleurs, dans une lettre adressée à Forkel le 13 janvier 1775, à titre de complément au Nécrologe, Carl Philipp Emanuel spécifie bien que « le défunt aimait particulièrement Froberger, Pachelbel, Kerll [...] ».

L'œuvre pour orgue connue à ce jour est néanmoins relativement modeste : *Modulatio Organica super Magnificat octo ecclesiasticis tonis respondens* (Munich, 1686), 8 *Toccate*, 6 *Canzone*, *Alemanda*, *Bataglia*, *Cappricio sopra il cucu*, *Ciacona*, *Passacaglia*, *Ricercare a 4*, *Suite de danses*.

La publication du *Ricercar* dans la *Musurgia* de Kircher témoigne assez de l'exceptionnelle renommée d'un jeune homme de vingt-trois ans. La *Modulatio*, en alignant huit séries de versets sur le *Magnificat* (une par ton ecclésiastique), renoue entre autres avec le premier exemple du genre : Titelouze en 1626. Chaque série s'ouvre par l'incipit du chant, le premier verset complétant l'intonation. Selon la coutume, les versets chantés alternent avec les versets instrumentaux. Le dernier évoque le lyrisme des *intonazioni* de Giovanni Gabrieli. La maîtrise de ces brèves fugues justifie amplement la réputation de Kerll.

Les *Toccate* dérivent directement de celles de Frescobaldi : on y retrouve les mêmes sous-titres : *cromatica con durezze e ligature* (toccata n° 4), *per li pedali* (n° 6). Comme son probable condisciple chez le maître romain, Johann Jakob Froberger, il y introduit des épisodes fugués. Pirro note comme une particularité de son style les réponses par renversement.

Les *Canzone* ne renient pas leurs origines italiennes : division en deux ou trois parties, thème en notes répétées, etc. Pirro souligne aussi l'attachement jaloux de Kerll à ses pièces écrites. « Dans l'avis au lecteur de ses versets de *Magnificat*, il recommande aux organistes de ne pas déformer les thèmes qu'il leur présente, selon leur bon plaisir ; ce serait remettre au feu un plat bien apprêté pour en faire de mauvaise cuisine *(sic)*. Il donne aussi quelques conseils pour la registration. Il faut employer les divers jeux d'après le caractère des différentes pièces : joyeuses et sautillantes, les jeux aigus y brilleront ; chromatiques ou sérieuses, les jeux graves y chanteront agréablement, de même que les jeux de sonorité moyenne, mais on n'y admettra point l'organum plenum. Il laisse d'ailleurs à l'exécutant le soin de choisir au mieux. »

Quant au fameux *Capriccio sopra il cucu* (daté du 17 juillet 1679 à Prague), il contribue à peupler dès le XVIIe siècle une volière dont le siècle suivant raffolera. En ce domaine, il renchérissait sur son ami Alessandro Poglietti qui trouva la mort lors du siège de Vienne par les Turcs en 1683 et dont *Il Rossignolo* brille par la virtuosité. La pièce de Kerll convient naturellement en priorité au clavecin, comme le confirme le grésillement de certaines batteries à la main gauche. Mais un organiste habile pourra, sur la seule flûte de 4', faire chanter une polyphonie habilement répartie dans l'espace par son auteur et sauvegarder tout le pittoresque du tableau.

G.G.

JOHANN ERASMUS KINDERMANN

Né à Nuremberg, le 29 mars 1616 ; mort à Nuremberg, le 14 avril 1655. Il s'inscrit dans la solide tradition pédagogique qui aligne successivement à Nuremberg Johann Staden, Kindermann, Heinrich Schwemmer, Caspar Wecker, Johann Krieger et Johann Pachelbel. Ce fut sans doute un musicien précoce, car à quinze ans il reçoit déjà un salaire annuel de 4 florins pour participer aux concerts du dimanche après-midi à la Frauenkirche. A partir de 1635, il voyage en Italie. On le trouve à

Venise où il fut peut-être élève de Monteverdi et Cavalli. Peut-être aussi – mais il ne s'agit que de suppositions – a-t-il connu Frescobaldi, Carissimi et Merula. En tout cas, en janvier 1636, le conseil de Nuremberg le rappelle déjà pour devenir second organiste de la Frauenkirche. L'année 1640 le voit organiste à Schwabisch pour un salaire annuel de 100 florins, et la même année, il accède à la tribune de l'église Saint-Égide à Nuremberg, poste qu'il occupera jusqu'à sa mort. Il aura apparemment de nombreux élèves, parmi lesquels on trouve Schwemmer et Wecker déjà nommés, ainsi que Johann Agricola et Augustin Pfleger.

En quinze années de production, l'homme a été d'une fécondité remarquable dans la plupart des formes musicales de son temps. Citons, parmi les recueils les plus importants, *Optianischer Orpheus* (1642, contenant des lieder à une et deux voix, avec 3 violons et b.c.), *Concentus Salomonis* (1642, concerts spirituels à 2 voix avec 2 violons, basse de viole et b.c.), *Deliciae studiosorum* (1643, symphonies, airs, sonates à 3 et 5 voix pour instruments à vent), *Canzoni, sonatae, una, duobus, tribus et quatuor violis* (1653). Sa publication probablement la plus importante s'adresse à l'orgue ; il s'agit de *Harmonia organica in tabulaturam germanicam composita (1645).*

L'Harmonia organica

Cet ouvrage présente un double intérêt. Dans l'histoire de l'édition, il constitue – avec la *Tabulatura* (même année 1645) de Christian Michael – la dernière tablature pour orgue imprimée en Allemagne, et parmi les premières musiques allemandes à être gravées. De plus, ce recueil est particulièrement attentif aux possibilités acoustiques et techniques de l'orgue ; nous en voulons pour preuve un précoce usage (pour une musique germanique) de la pédale obligée, ainsi qu'un jeu original sur les échos (*cf.* ci-dessous).

L'ouvrage comprend 25 brèves pièces contrapuntiques, dont 14 sont des préludes (préambules) en sept modes authentes et en sept modes plagaux. Ces préambules ne sont pas du tout écrits en style d'imitation. Par ailleurs, courts, plaisants, ils ont encore aujourd'hui leur place dans l'action liturgique.

La pièce la plus significative est sans doute le nº 25, **Magnificat octavi toni**. Cette hymne peut être rapprochée de celle de Scheidt dans sa *Tabulatura Nova III* (1624)* ou celle de Frescobaldi dans son *Secondo Libro di Toccate* (1627/1637)**. L'œuvre de Kindermann comprend 5 versets. Le premier est un prélude à quatre ou cinq voix (selon que la pédale apporte ou non sa contribution) ; le thème passe successivement aux différentes voix. Le deuxième, à deux claviers, est à trois voix : le choral chante au superius tandis que les deux voix accompagnantes procèdent par imitations à la manière de Sweelinck ou Scheidt. Le troisième, avec ses chromatismes qui lui confèrent un climat de *fuga con durezze*, annonce plutôt Johann Pachelbel. Le quatrième évoque irrésistiblement le double chœur vénitien, avec ses échos qui rebondissent sur deux claviers, le passage du *forte* au *piano* se révélant d'ailleurs parfois acrobatique. La technique évoque naturellement aussi bien Scheidt que Sweelinck. Le cinquième, très bref, fait sonner le choral à la basse. Le postlude boucle l'œuvre en rappelant le caractère solennel du premier verset.

Durée d'exécution : ~ 8 mn

Dans toutes ces œuvres, l'usage du pédalier est certes encore très discret, en retrait notamment sur celui préconisé par Scheidt. Néanmoins, sa fonction structurelle dans l'écriture polyphonique et contrapuntique s'affirme en attendant l'invention pétaradante de l'école nordique.

Il convient aussi de signaler cette triple

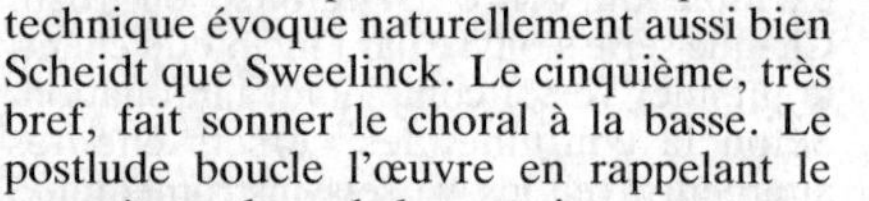

* Voir à *Scheidt*.

* Voir à *Frescobaldi*.

fugue qui, malgré sa brièveté, réussit le tour de force de mêler trois mélodies de choral, « *Christ lag in Todesbanden* » (1), « *Christus, der uns selig macht* » (2) et « *Da Jesus an dem Kreuze stund* » (3).

G.G.

JOHANN PHILIPP KIRNBERGER

Né à Saalfeld, baptisé le 24 avril 1721 ; mort à Berlin, le 26 ou 27 juillet 1783. Il étudie d'abord le clavecin et le violon au sein de sa famille, puis l'orgue avec Johann Peter Kellner à Gräfenroda. En 1738, il va travailler cet instrument à Sonderhausen auprès de Heinrich Nikolaus Gerber. L'année suivante, il se rend à Leipzig où pendant deux ans il étudiera la composition et l'exécution avec J.-S. Bach. En juin 1741, il voyage en Pologne et met ses talents au service de divers nobles. De retour en Allemagne en 1751, il est violoniste à la Chapelle royale de Prusse à Berlin et, en 1758, installé dans le poste de maître de chapelle de la princesse Amalia de Prusse, poste qu'il occupera jusqu'à sa mort.

Notre époque est moins encline à considérer en lui un musicien marquant qu'à retenir sa contribution dans les problèmes ardus du tempérament ou à se féliciter du patrimoine bachien qu'il nous a légué. En effet, c'est à lui que nous devons la préservation du manuscrit des *Concerts brandebourgeois* ; c'est lui aussi qui publia un recueil de chorals pour orgue, appelé aujourd'hui « Recueil Kirnberger » (BWV 690 à 731 a). Il fut enfin l'un des élèves qui copièrent le plus de partitions manuscrites de son maître. Il voyait certes en Bach un modèle suprême de compositeur, exécutant ou pédagogue. Et il se sentait investi d'une véritable mission : propager la « méthode Bach », une méthode que son auteur n'avait jamais eu le loisir (ou le goût ?) de formuler en termes théoriques. On n'a pas manqué de voir en ce « gardien du temple » un être conservateur, inflexible, pédant, alors que les contemporains nous le décrivent tout dévoué à ses élèves (Johann Abraham, Peter Schulz ou Carl Friedrich Zelter) ou à ses amis berlinois (la princesse Amalia, Quantz, Marpurg, Carl Philipp Emanuel Bach, Agricola ou les Graun). Il faut souligner aussi que la plupart de ses publications musicales devaient apparaître comme des manifestations pratiques de ses écrits théoriques. Les *Clavierübungen* de 1762-1766, par exemple, sont des pièces pour clavier rangées par ordre de difficulté croissante et doigtées selon les principes émis par Carl Philipp Emanuel Bach dans son *Versuch*... (« Essai sur la vraie manière de jouer les instruments à clavier ») de 1753. Son œuvre vocale comporte des lieder, des cantates et des motets, et son œuvre instrumentale, essentiellement de la musique de chambre.

L'œuvre pour orgue

Elle est en définitive assez mince, mais il est vrai aussi que Kirnberger n'a jamais passé pour un brillant exécutant. Elle comprend une *Clavierfuge mit dem Contrapunct in der Oktava* (1760), *Huit fugues pour le clavecin ou l'orgue* (1777) et quelques chorals. Deux de ses fugues présentent l'originalité d'être écrites *in modo Phrygio* et *in modo Aelio*. La résurgence de ces termes oubliés depuis longtemps n'étonne pas chez un esprit encyclopédique, quoique brouillon. Avec un peu de bonne volonté, on peut quasiment déceler une « série » dans le sujet de la fugue en *si* bémol majeur.

Elle est d'ailleurs écrite dans les règles de l'art scolastique, avec renversement du sujet et amorce de strette.

Mais certains chorals dénotent un compositeur plus racé que ses détracteurs voudraient le faire croire. « *Wie schön leuchtet der Morgenstern* » est, par exemple, un élégant trio dont le soprano

énonce à intervalles réguliers les différentes phrases du choral. L'ensemble sonne avec finesse, luminosité et allégresse. Quant à la partita sur « *Vom Himmel hoch, da komm ich her* », elle présente toutes les apparences du chef-d'œuvre accompli. Certes, l'ombre du maître est parfois un peu gênante, mais peut-on reprocher au disciple de profiter d'un sillage aussi magistral ? Et si les *Variations canoniques* BWV 769 constituent un redoutable précédent, Kirnberger s'attelle à la tâche avec une valeureuse modestie. Dans la première variation, le thème se présente à l'alto, soit au pédalier en 4', tandis que les trois autres voix manuelles entrecroisent inlassablement la tête du sujet et son renversement. Le thème passe au ténor dans la deuxième variation, au milieu d'un lacis d'imitations serrées aux autres voix. Il descend enfin au pédalier dans la troisième variation. Le discours s'allège dans la variation suivante, avec un bicinium *manualiter*, le thème chantant au soprano alors que la main gauche tresse les premiers sons du sujet dans leurs formes successivement droite et renversée. La cinquième variation, à deux voix manuelles aussi, manifeste une vive gaieté (mesure à 12/8, sauts mélodiques, etc.). Et le thème résonne une dernière fois dans la sixième variation, au pédalier, sous les imitations libres des deux voix manuelles.

G.G.

JOHANN CHRISTIAN KITTEL

Né à Erfurt, le 18 février 1732 ; mort en cette même ville, le 17 mars 1809. Comme J.G. Albrechtsberger, il est l'exact contemporain de Joseph Haydn. Il fut d'abord l'élève de Jakob Adlung, qui avait succédé à J.H. Buttstett en 1727 comme organiste à Erfurt. De 1748 à 1750, il fut l'élève de Jean-Sébastien Bach – et de fait, son dernier disciple. En 1751, on le voit organiste à Saint-Boniface de Langensalza. Il revient ensuite définitivement à Erfurt comme organiste de la Barfüsserkirche en 1756, puis à la Predigerkirche à partir de 1762. En dépit de propositions de salaire et d'offres alléchantes qui permettent de mesurer l'estime dans laquelle on tenait le dernier élève de Bach, il préférera rester à Erfurt, même lorsque, en 1790, il est invité à un voyage en Italie par la duchesse Anna Amalia de Saxe-Weimar ! En 1800, il s'autorisera une tournée de concerts à Hambourg – encore est-ce pour préparer pendant un an la publication de son livre de chorals. Dans le droit fil de son maître vénéré, il fut un professeur recherché : au nombre de ses élèves, on trouve M.G. Fischer, K.G. Umbreit, J.W. Hässler, J.C.H. Rinck. Le virtuose de l'orgue était réputé : ne comptait-il pas parmi ses auditeurs admiratifs Goethe et Herder ? Forkel, qui tient la plupart du temps ses informations de Carl Philipp Emanuel, précise même : « exécutant de premier ordre sur l'orgue, il manquait néanmoins de facilité (sic) *». En revanche, le compositeur recueillait tous ses suffrages puisqu'il ajoute : « Il s'est distingué comme compositeur en écrivant pour l'orgue des trios si admirables que son maître lui-même les aurait jugés dignes de lui. » Quant à Rinck, il parle avec admiration de ses improvisations qui, paraît-il, dépassaient de beaucoup tout ce qu'il a écrit et publié.*

Hormis quelques pièces pour le pianoforte, Kittel a essentiellement écrit pour son instrument : *Vierstimmige Choräle mit Vorspielen* (2 vol., Altona, 1803), collection de chorals harmonisés à quatre voix pour les églises du Schleswig-Holstein, *24 Chorals* (Offenbach, 1811), *Grands Préludes* (2 vol., Leipzig, sans date), *24 courts Choralvorspiele* (Offenbach, s.d.), *Variations sur 2 chorals* (Leipzig, s.d.) et *24 leichte Choralvorspiele* (Bonn et Cologne, s.d.).

C'est finalement une œuvre assez mince, compte tenu de la longévité du créateur. Doit-on incriminer un tempérament essentiellement improvisateur ? ou la mauvaise volonté des éditeurs ? Car Kittel a été écartelé entre son maître et le nouveau style naissant. Son ouvrage fondamental reflète ces hésitations, *Der Angehende praktische Organist* (3 vol., Erfurt, 1801-1808), qui se trouve être la première grande méthode d'orgue publiée. Suivant avec dévotion celui de son maître, son enseignement est fondé sur le choral (avec l'obligation d'une harmonisation « saine ») et le prélude de choral, adapté à l'esprit et au sentiment du choral. Mais ailleurs, il souhaite « éveiller, maintenir et élever les sentiments de dévotion dans le cœur de ses auditeurs par la musique ». On reconnaît là l'amorce d'un *« Empfindsamer Stil »* dont ses propres élèves ne se feront pas faute. C'est — en moins tragique — le drame vécu par Wilhelm Friedemann, Carl Philipp Emanuel ou Jean-Chrétien Bach. Contemporain de Haydn, Kittel n'a pas pu se soustraire à l'air du temps, et si l'écriture contrapuntique reste irréprochable, le style galant affecte même les grands préludes. Cette constatation a pu pousser certains commentateurs à des jugements sévères. Pirro, par exemple, soutient : « Quand il s'efforce d'avoir de la fermeté, il n'est que mécanique ; sa prédilection pour le faux pathétique et le sentimental est manifeste, et l'entraîne parfois à oublier que certains effets ne conviennent pas à l'orgue ; il abuse des traits en octaves, des accords détachés, des arpèges* ». Cela est vrai ; et dès 1755, le bénédictin Königsperger s'élevait « contre les musiciens qui gâtent l'orgue, cabriolent, hachent, tenaillent, percent ». Mais n'est-il pas injuste de juger le disciple à l'aune de Jean-Sébastien Bach ?

Il est de toute façon bien difficile d'avoir une idée précise de son art, car son œuvre n'a jamais eu l'honneur d'éditions modernes. On trouve seulement des pièces éparses dans des anthologies ou des recueils disparates comme les affectionnait la fin du XIXe siècle. De plus, ces textes sont souvent défigurés par l'adjonction de phrasés, de nuances ou de signes d'interprétation souvent superfétatoires. Seule la virginité d'un Urtext permettra de jauger la qualité de cette musique.

G.G.

* A. Pirro, in *Encyclopédie de la Musique*, Delagrave, Paris, 1926, p. 1357.

ANDREAS KNELLER

Né à Lubeck, le 23 avril 1649 ; mort à Hambourg, le 24 août 1724. Kneller (que l'on trouve encore orthographié Kniller, Knüller ou Knoller) naît à Lubeck dans un milieu artiste et sans doute aisé (son père est peintre, et son frère aîné fera lui-même une belle carrière de peintre à la cour des derniers Stuarts en Angleterre). En 1667, il devient organiste de la Marktkirche à Hanovre, succédant ainsi à Melchior Schildt. Dans cette même ville, il épouse Margaretha Maria Reinken, la fille du fameux organiste de Sainte-Catherine à Hambourg. Le 1er décembre 1685, il est nommé organiste de Saint-Pierre à Hambourg. Il démissionne en 1723 au profit de son gendre Jakob Henke et meurt en 1724.

Selon toutes probabilités, une vie sans histoires, commencée sous d'heureux auspices, poursuivie sous la haute protection d'un beau-père influent, fidèlement attachée au bel instrument surveillé par Arp Schnitger lui-même. Expert sollicité dans une région à la facture d'orgues prestigieuse, Kneller pouvait ainsi entretenir de fructueuses relations non seulement avec des facteurs (tel Arp Schnitger), mais aussi des collègues (tels Christian Flor de Lüneburg, Vincent Lübeck de Stade ou naturellement son beau-père Reinken à Hambourg). Il n'est sans doute pas inconcevable de penser que son chemin ait pu croiser celui de Jean Sébastien Bach, en particulier lors des mémorables prestations de ce dernier en 1720 à Sainte-Catherine, puis Saint-Jakob de Hambourg.

Le très mince recueil d'œuvres pour orgue qui nous est parvenu ne rend certainement pas justice à la fécondité de ce compositeur, telle qu'elle a été soulignée par ses contemporains. Klaus Beckmann*, qui s'est attaché à restituer cette œuvre, est amené à souligner la destruction matérielle de sources et les inconvénients d'une notation originelle en tablature. Il ne nous reste que trois préludes, une partita en huit versets sur le choral « *Nun komm der Heiden Heiland* » et quelques fragments de préludes.

Les trois **Préludes** assemblent de manière presque caricaturale tous les poncifs de l'école nordique de l'orgue : construction alternant les pages en *stylus phantasticus* avec les fugues d'écriture plus ou moins stricte, traits virtuoses de pédalier solo, sujets de fugue en notes répétées, séquences en rythme de gigue, etc. Le premier, en *ré* mineur (5 mn environ), soutient la comparaison avec les meilleures œuvres de Buxtehude et n'est d'ailleurs pas sans rappeler le *Magnificat primi toni* de ce dernier. Trois séquences fuguées sont encadrées par des pages plus déclamatoires : les idées sont courtes, mais l'ensemble irradie un panache juvénile. Le second, en *ré* mineur aussi (4 mn 30 s environ), donne moins l'impression d'une œuvre achevée que celle d'un canevas pour une improvisation.

Un tel sujet de fugue met en relief l'excellence des mécaniques de pédalier en ce temps-là... Le troisième prélude, en *sol* majeur, n'est qu'une brève page d'album, proche des canzonnettas effeuillées par le maître de Lubeck.

La partita sur « **Num komm der Heiden Heiland** » enchaîne avec un remarquable sens de la progression dramatique le bicinium, le style luthé, le récitatif déclamé, les échos entre divers claviers, et même la double pédale. On remarquera tout particulièrement le versus 3, avec la confusion

qu'il entretient entre les écritures clavecinistique et organistique (pour un résultat sonore paradoxal), et le versus 8 qui, dans une superbe polyphonie à cinq voix, proclame le cantus firmus au superius d'une double pédale (8 mn environ).

Ce corpus lacunaire ne peut soutenir la comparaison avec les grands contemporains, Buxtehude, Boehm, Lübeck ou Bruhns. Néanmoins, c'est un beau témoignage de ce qui faisait chanter les monumentaux instruments d'Allemagne du Nord dont rêvait le jeune Jean-Sébastien Bach.

G.G.

* Klaus Beckmann, *Sämtliche Orgelwerke von A. Kneller*, éd. Breitkopf.

CHARLES KOECHLIN

Né à Paris, le 27 novembre 1867; mort au Canadel (Var), le 31 décembre 1950. Après des études brillantes au Conservatoire de Paris dans les classes de Taudou, Massenet, Gédalge et Fauré, il entreprit une double carrière de compositeur et de pédagogue. Auteur de remarquables œuvres d'orchestre, au premier rang desquelles il faut inscrire les sept pages du Livre de la Jungle *(1899-1936), dont l'extraordinaire* Course du Printemps *(1925) et la mystique* Méditation de Purun Baghat *(1936), il publia aussi quelques œuvres théoriques qui témoignent de son attrait pour l'enseignement (il professa en France, où Poulenc et Sauguet furent ses élèves, et aux États-Unis entre 1918 et 1928) :* Traité d'harmonie *(1928),* Étude sur l'écriture de la fugue d'école *(1933),* Traité d'orchestration *(1944) et divers travaux sur le contrepoint et le choral.*

Bien que n'ayant jamais exercé le métier d'organiste, Koechlin laissa pour l'instrument à tuyaux quelques pages originales dont on peut retenir le *Choral* de 1924, la *Fugue* de 1933 et les différents *Adagios* de 1944-1947. Auteur de *Cent thèmes pour l'improvisation à l'orgue* (1943) et de *Vingt-quatre Petits Chorals*, certaines de ses pièces ont fait l'objet d'adaptations par H. Roget, G. Lambert ou d'autres; c'est le cas des *Six Chorals pour les cérémonies funèbres* qui regroupent des numéros tirés d'opus antérieurs (79, 168, 172, 83, 78 et 161). Même si l'écriture paraît quelquefois chargée, notamment dans le grave où la polyphonie n'est pas toujours bien perçue à l'orgue, ces différentes œuvres témoignent de l'immense liberté des options de ce compositeur cultivé, nourri à des sources médiévales et renaissantes, maître du contrepoint, aguerri aux subtilités des modes et créateur d'un langage inédit et ouvert dont notre temps devrait lui savoir gré.

F.S.

JOHANN LUDWIG KREBS

Né à Buttelstedt (près de Weimar), baptisé le 12 octobre 1713; mort à Altenburg, le 1er janvier 1780. Son père, Johann Tobias, avait été l'élève de J.G. Walther et de J.S. Bach. Aussi est-il assez normal que Johann Ludwig, après avoir débuté avec son père, ait pris le chemin de la Thomasschule de Leipzig où il est admis en 1726. Il y apprend le luth, le violon, le clavecin, l'orgue, l'écriture, et dès 1730, il est admis à chanter dans le chœur. Il passe neuf ans sous la férule de J.S. Bach. Au terme des études, celui-ci délivrera à l'un de ses élèves préférés une chaleureuse attestation : « Je tiens à faire savoir que je suis persuadé avoir fait de lui un sujet qui s'est particulièrement distingué chez nous dans les choses de la musique, puisqu'il a acquis des compétences au clavier, au violon et au luth non moins qu'en composition, si bien qu'il peut se faire entendre sans aucune crainte. » Johann Ludwig avait pleinement profité de son séjour à Leipzig car, tout en étant assistant à Saint-Thomas et en tenant le clavecin dans le Collegium musicum de Bach, il fut aussi étudiant à l'université de la ville. De 1737 à 1743, il est organiste de la Marienkirche à Zwickau. En 1744, c'est la cour de Zeitz qui le retient. En 1750, il tente en vain de succéder à son maître à Leipzig. En 1755, il est organiste de la cour du prince Friedrich de Gotha-Altenburg où il demeure jusqu'à sa mort.

Johann Ludwig Krebs passe volontiers pour le plus pur produit de l'« atelier Bach ». Et il est vrai que la lettre de recommandation citée plus haut annonce un musicien de grande lignée. Néanmoins, force est de constater que ni sa carrière, ni son œuvre ne le mettent réellement au-dessus de ses condisciples. Il occupe des postes, somme toute, modestes : Zwickau, Zeitz, Altenburg. Le catalogue de ses œuvres est relativement mince : de la musique de chambre pour diverses formations, un oratorio funèbre, une messe, deux *Magnificat*, trois cantates, un motet ; il publie *Quatre suites pour le clavecin* (Nuremberg, 1740-1743), des *Exercices sur le clavessin consistant en six suites* (Nuremberg, s.d.).

En revanche, l'œuvre pour orgue dépasse nettement en quantité ce que nous ont laissé les Carl Philipp Emanuel Bach ou autres Agricola, Kellner, Kirnberger, Homilius.

Il se laisse parfois tenter par le style « galant » qui imprégnait son temps, mais il s'efforce aussi de maintenir le discours qu'il a appris à Leipzig. Et c'est là où le bât blesse. Pour reprendre la plaisante image de Bach, l'écrevisse *(Krebs)* nageait librement dans le ruisseau *(Bach)* mais, à la disparition de ce dernier, n'a pas su opérer sa mutation. L'examen des pièces libres nous permettra plus loin de mettre en lumière l'extrême difficulté, voire le danger, pour un disciple de talent de naître à lui-même en se séparant du « Père ».

Les chorals

Trente-cinq chorals nous sont parvenus, auxquels il faut en ajouter six d'attribution incertaine. Il est le plus souvent impossible de déceler des différences stylistiques entre tous ceux qui ont fréquenté assidûment l'« atelier Bach », Krebs, Homilius, Kellner, Kauffmann, Kittel, etc. Et il est tout à l'honneur des élèves qu'ils aient parfois pu être confondus avec le maître ! Ainsi le modèle Bach s'impose-t-il à la lecture du nº 23, *« O König, dessen Majestät »* (réplique de *« An Wasserflüssen Babylon »* BWV 652), du nº 15 *« Jesus, meine Zuversicht »* (qui reproduit une partie du duo de basses de *« Nun komm, der Heiden Heiland »* BWV 660), du nº 30, *« Wer nur den lieben Gott lässt walten »* (qui, dans le même ton d'*ut* mineur, copie la même disposition que le choral « Schübler » du même nom, BWV 647 ; seule, la destination instrumentale des parties manuelles s'oppose à l'écriture vocale de Bach). Ici, on devine la transcription d'un air de cantate, avec cantus firmus au ténor sous une arabesque des cordes à l'unisson (nº 13, *« Jesu, der du meine Seele »*) ; là, on reconnaît des pages qui semblent échappées de l'*Orgelbüchlein* (nº 4, *« Freu dich sehr, o meine Seele »* ; nº 12, *« Ich ruf zu dir, Herr Jesu Christ »* ; nº 20, *« Nun freut euch, lieben Christen gmein »*).

La variété structurelle des pièces met en relief le « métier » accompli du compositeur. Il trousse aussi bien un spirituel bicinium (nº 24, *« Vom Himmel hoch, da komm ich her »*) que d'agiles trios (nº 8, *« Herr Jesu Christ, dich zu uns wend »* ou nº 17, *« Mein Gott das Herze bring ich dir »*). Il faufile un contre-chant affairé entre le cantus firmus de la main droite et la basse du pédalier (nº 18, *« Mitten wir im Leben sind »*). Il échafaude un savant canon à l'octave de la ligne mélodique du choral, sur un lacis d'imitations dans les voix intérieures (nº 6, *« Herr Gott, dich loben alle wir »*, *« per canonem »*). Il souligne sa foi par une construction à cinq voix (nº 32, *« Wir glauben all an einen Gott »*). Il aime d'ailleurs la formule de l'*organo pleno* qu'il préconise onze fois. Mais si les cantus firmus sont souvent assouplis au manuel par une ornementation conventionnelle, il n'y a pas trace de ces grandes effusions lyriques auxquels certains chorals ornés de Bach ou de Boehm nous avaient habitués (on peut retenir cependant le nº 3, *« Freu dich sehr, o meine Seele »* ou le nº 10, *« Herzlich lieb hab ich dich, o Herr »*, avec sa belle envolée conclusive).

Cependant, la disposition favorite de Krebs semble être celle qui fait proclamer le choral par la main droite sur un clavier tandis que les deux voix expressives de l'alto et du ténor, réunies à la main gauche, s'appuient sur un pédalier ferme et souple. Plus rarement, c'est le ténor qui chante le cantus firmus, accompagné par les guirlandes jumelles du soprano et de l'alto. Cette sensibilité nouvelle, caractéristique de la génération de l'après-Bach, se manifeste souvent avec bonheur. L'exemple le plus touchant nous semble fourni par le n° 35, *« Zeuch ein zu deinen Toren »*, où une certaine systématisation ne parvient même pas à édulcorer la délicate trouvaille initiale, ces arpèges dont le sommet vient grésiller contre l'arc lumineux du choral.

Il faut enfin ajouter que six chorals sont d'attribution douteuse : *« Ach Herr mich armen Sünder »* semble avoir été copié conjointement par Krebs et Homilius; *« Auf meinen lieben Gott » « per canonem »* (dont le rigoureux contrepoint affiche une similitude frappante avec le n° 6) a été attribué à Bach (BWV 744); *« Heut triumphieret Gottes Sohn »* doit très probablement être retiré à Krebs et restitué à Christian Friedrich Rolle; *« Jesu, meine Freude »* appartient au fameux manuscrit de l'Université Yale, avec toutes les incertitudes qu'il sous-entend; *« Jesu, meines Lebens Leben »*, de médiocre facture, peut cependant être de Krebs; *« Wir glauben all an einen Gott » a 2 Claviere è Pedale doppio* a une beauté intrinsèque et une originalité telles qu'il a pu être attribué longtemps à Bach (BWV 740). De toutes façons, Krebs a probablement revu à plusieurs reprises ce texte dans une optique plus « galante ».

La Klavierübung

A une date indéterminée (mais alors qu'il était organiste à Zeitz, c'est-à-dire entre 1744 et 1755), Krebs publie à Nuremberg ces « Exercices pour le clavier », précisant dans le titre complet qu'ils utilisent des chants d'église et peuvent être joués aussi bien à l'orgue qu'au clavecin. Ce mince recueil combine dans un style très bachien la piété domestique avec une pédagogie bien comprise. Chacun des treize chorals est ainsi précédé par un prélude et conclu par une harmonisation à quatre voix que l'on peut aisément imaginer chantée avec ferveur par l'assemblée familiale. Le choral est généralement illustré par un bicinium (9 fois sur 13), l'arabesque d'une main fleurissant le cantus firmus de l'autre. Les autres élaborations sont à trois voix. Les préludes, d'une remarquable diversité d'écriture, délivrent avec un art consommé l'esprit de chaque texte. Une rare économie de moyens (sauf dans le premier, *« Allein Gott in der Höh sei Ehr »*, qui est assez développé) n'empêche nullement le choix de figures appropriées : les gammes et arpèges de *« Jesu, meine Freude »* exultent de joie, les chromatismes exacerbés de *« Ach Gott, vom Himmel sieh darein »*, de même que ceux de *« Erbarm dich mein, o Herre Gott »*, en appellent à la pitié divine. L'ensemble sonne juste, sincère et vrai : avec ce recueil, Krebs nous laisse un *Orgelbüchlein* à sa mesure.

Les œuvres avec instrument obligé

Il semble qu'actuellement on puisse répertorier quinze pièces de ce type de la main de Krebs. L'instrument privilégié reste le hautbois, corroborant ce qui a déjà été dit à propos de Homilius et surtout Kauffmann*; Krebs préconise cependant parfois la flûte ou la trompette. Dans les arrangements de chorals, le cantus firmus est dévolu à l'instrument obligé (hautbois ou trompette) qui se superpose ainsi à un classique trio d'orgue. Mais les cinq fantaisies présentent une originalité et un intérêt bien plus grands, du fait qu'il s'agit de véritables pièces concertantes. Celle pour trompette et orgue en *ré* majeur, assez sommaire, ne brille guère par l'invention. Celle qui associe la flûte à l'orgue, en *ré* majeur, offre à l'instrument à vent une belle palette d'effets : roulades, échos, répliques, trilles, etc. Le résultat est suave à souhait et très flatteur pour la flûte.

Mais le chef-d'œuvre est incontestablement la **Fantaisie en *fa* mineur** (ou *sol* mineur) pour hautbois et orgue. La grâce mélancolique de certaines inflexions mélodiques,

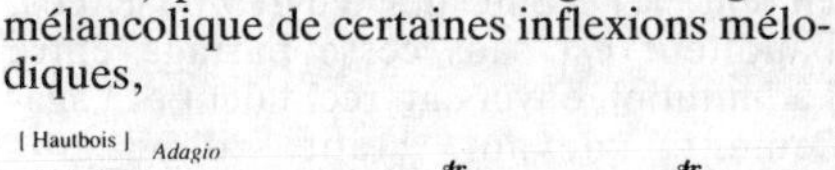

* Voir à *Kauffmann*.

la douceur déchirante de certains passages chromatiques ou modulants, la fraîcheur des motifs, l'économie de leur utilisation et le parfait équilibre entre les quatre voix du discours, tout concourt à faire de cette pièce une rare réussite.

Durée d'exécution : ~ 4 mn 30 s

Les œuvres libres

Dans la production des élèves de Bach, le corpus laissé par Krebs est probablement le plus substantiel. Il comprend notamment huit préludes et fugues, deux toccatas et fugues, deux fantaisies et fugues, quatorze trios, quinze fugues et diverses pièces isolées : prélude en *ut* mineur, six préludes *pro organo pleno*, prélude en *la* mineur, deux fantaisies en *fa* majeur, une fantaisie en *sol* majeur (avec fugue inachevée), une *fantasia a gusto italiano*.

Ces pièces posent de manière encore plus aiguë que les chorals le problème de l'influence de Bach. On ne passe pas impunément dix ans de sa vie au contact quasi quotidien d'un tel génie. Et Krebs a été littéralement « irradié » par cette intense source de rayonnement. Si l'interprète ou le pédagogue n'ont pu qu'en tirer profit, le compositeur, au contraire, risquait de graves altérations de sa personnalité. Et il est bien délicat, au milieu de tant de références à l'œuvre de Bach, de faire la part entre une simple réminiscence (consciente ou inconsciente), un discret hommage, la rumination de formules admirées, les bégaiements de la mécanique compositionnelle ou le plagiat caractérisé. Notre époque est certes plus pointilleuse quant à la propriété artistique; mais il serait sans doute malvenu de marquer au fer rouge de la malhonnêteté intellectuelle un disciple zélé qui songeait surtout à perpétuer un certain art de composition dont il avait été le témoin familier et privilégié. Quoi qu'il en soit, à l'écoute des œuvres de Krebs, l'auditeur est sans cesse partagé entre l'admiration envers un réel talent et l'agacement devant tant d'évidents « emprunts » : selon l'humeur, on pourra en goûter l'humour involontaire ou, au contraire, rejeter un tel gâchis de dons. Nous nous limiterons à l'étude de quelques pièces particulièrement caractéristiques dans les divers domaines.

Préludes et fugues

A côté de quelques réussites, cet ensemble présente de redoutables monuments d'ennui. Confondant éloquence et logorrhée, Krebs donne l'impression de coucher sur le papier le fruit de longues improvisations qui ne manquent pas de panache, mais auraient infiniment gagné à un impitoyable élagage. Il partage avec Reger un certain mépris de la concision.

Le **Prélude et fugue en *ré* majeur** apparaît difficilement supportable (surtout le prélude), avec ses clichés dits « baroques », ses lassantes rosalies, ses formules indéfiniment ressassées. On trouve en particulier cette « marche d'harmonie » empruntée à la *Toccata en* fa *majeur* BWV 540

et que Krebs replacera dans d'autres œuvres, avec l'entêtement d'un véritable tic. La fugue n'a pas la pétillante alacrité de celle qui l'a inspirée (BWV 532), et la mécanique tourne souvent à vide.

Les modulations ne manquent cependant pas d'audace, et un interprète imaginatif peut éventuellement jongler avec les claviers (encore qu'il convienne de se souvenir que Krebs ne disposait à Altenburg que d'un instrument à deux claviers et pédalier).

Avec ses 382 mesures, le **Prélude et double fugue en *ré* mineur** bat incontestablement des records de durée. Les références à Bach y sont exagérément voyantes, les modulations prévisibles, les traits de pédale solo interminables. Et ce n'est pas l'union (adroitement scolastique) des deux sujets, et l'apparition plus inattendue d'un renversement du premier sujet avec la superposition des formes droite et renversée, qui sauve l'intérêt de la pièce. Trop longue, emphatique et grise, elle distille un redoutable ennui.

Durée d'exécution : ~ 20 mn

Les 323 mesures du **Prélude et double fugue en *fa* mineur** pourraient laisser craindre le même résultat. Mais si les mêmes défauts y sont cruellement visibles, la qualité des idées (en particulier les deux sujets de la fugue), l'élimination d'une virtuosité gratuitement ostentatoire, l'aération d'un discours adroitement réparti entre les manuels confèrent à l'ensemble un intérêt musical de beaucoup supérieur.

Durée d'exécution : ~ 15 mn

Le **Prélude et fugue en *fa* dièse majeur** est beaucoup plus concis et (peut-être par voie de conséquence) plus touchant. Le prélude, que l'on peut jouer *manualiter*, est un aimable bicinium qui se prélasse voluptueusement, dans une mesure à 12/8, sur quelques paresseuses notes de basse. Rarement Allemand s'est aussi bien approprié le terme français de « tendre ». L'aspect pastoral cède le pas dans la fugue à un caractère un peu plus tourmenté, avec un sujet délicatement chromatique. L'amertume de ce thème, la science de l'écriture (avec de belles et nombreuses strettes) ne réussissent pas à assombrir un discours fluide et lumineux, en un ton de *fa* dièse majeur définitivement apprivoisé par l'oreille.

Durée d'exécution : ~ 7 mn

Le **Prélude et fugue en *sol* majeur** renoue avec les fusées manuelles et les acrobaties pédestres. Un organiste habile peut certes y faire valoir sa technique, mais l'auditeur risque de ne pas se sentir aussi concerné que l'exécutant par cette agitation un peu vaine. La musique déserte volontiers l'estrade des bateleurs...

Durée d'exécution : ~ 15 mn

Toccatas et fugues

La **Toccata et fugue en *mi* majeur** débute par un long solo de pédale, moins périlleux par les timides essais de double-pédale que par les rapides substitutions de pied sur une même touche. La gratuité de ces traits dont Krebs parsème ses œuvres ne saurait diminuer le fait que l'auteur devait être un fameux virtuose ! La fugue, par la densité du discours contrapuntique, s'apparente plus au ricercare et manifeste une belle habileté de plume.

La **Toccata et fugue en *la* mineur** renvoie aux réflexions qui ouvraient ce chapitre. La toccata est une parfaite décalcomanie, en mineur, de la *Toccata en* fa *majeur* BWV 540. Tout y est : le canon à l'octave initial sur pédale de tonique, le trait de pédale solo, le deuxième canon au relatif majeur, les grands accords scandant les temps forts, les progressions modulantes d'accords de triton, etc. Il n'est pas jusqu'au chiffre de mesure (3/8) et à la cadence finale (néanmoins édulcorée dans son dessin de basse)

qui ne soient identiques. Simplement, la copie n'a pas le souffle du modèle : elle dure moitié moins de temps.

Durée d'exécution : ~ 8 mn

Les trios

A la suite de Bach, Krebs a illustré cette forme noble de l'art organistique. Il y déploie, comme son condisciple Homilius, de grandes qualités d'élégance et d'équilibre. De saines proportions, une grande variété de sentiments, une technique raffinée mettent merveilleusement en valeur les timbres et la poésie d'un orgue. L'un d'eux, en *ut* mineur, a longtemps été attribué à Bach (BWV 585) avant d'être restitué à son auteur véritable, Johann Friedrich Fasch.

Les fugues

Parmi les quinze fugues de Krebs, celle en *si* bémol majeur brille d'un éclat tout particulier. En effet, elle énonce le sujet B.A.C.H. en hommage au maître vénéré. Krebs exploite rapidement les possibilités de strettes du sujet,

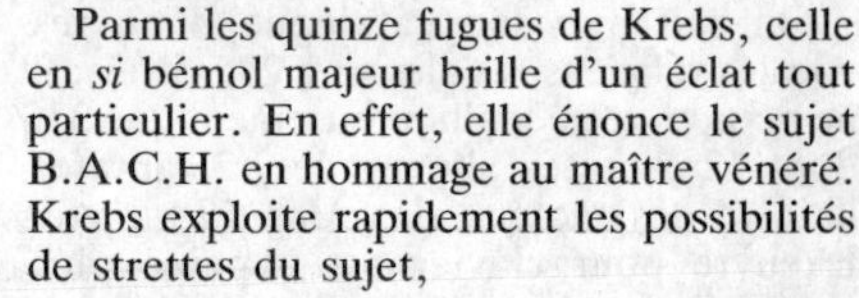

mais aussi une disposition différente des notes de ce thème.

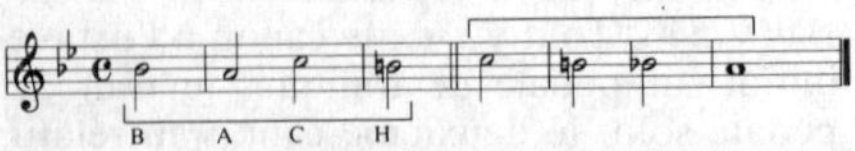

A travers plusieurs séquences contrastées, l'auteur progresse vers une péroraison massive et grandiose sur pédale de tonique, qui ne recule pas devant d'amères dissonances.

Durée d'exécution : ~ 4 mn

Les pièces isolées

Parmi celles-ci, l'une retient l'attention par son titre : *Fantasia a gusto italiano*. Cette pièce en deux volets parfaitement symétriques est plus italienne que nature ! Aucun des ingrédients puisés dans le fonds Albinoni-Marcello-Vivaldi n'y manque : les notes répétées des basses, l'accompagnement enveloppant des cordes, les rythmes « lombards », l'effusion lyrique d'une main gauche qui pourrait être confiée à un violoncelle solo. Krebs a réussi là un délicieux pastiche.

Durée d'exécution : ~ 3 mn

En conclusion, il faut rappeler que l'incertitude demeure en ce qui concerne les *Huit petits préludes et fugues* attribués à Bach (BWV 553-560) que la musicologie hésite à restituer à Johann Ludwig ou à Johann Tobias Krebs, son père.

G.G.

JOHANN KRIEGER

Né à Nuremberg en 1652 (baptisé le 1er janvier) ; mort à Zittau, le 18 juillet 1735. Johann Krieger (ou Kriegher) appartient à une famille établie à Nuremberg depuis le XVIe *siècle, florissante dans le commerce des tapis. Le plus illustre représentant musical en est le frère aîné de Johann, Johann Philipp (1649-1725), dont il reste malheureusement très peu des 2 000 compositions vocales religieuses. Johann semble s'être attaché à la bonne fortune de son aîné et avoir profité de son entregent. Élève de Heinrich Schwenmer, il fait sans doute partie de la fameuse école de l'église Saint-Sebald. Il y a pour condisciple Johann Pachelbel, d'un an son cadet. Tous deux travaillent le clavier avec l'excellent organiste Georg Caspar Wecker. Johann Krieger suit son frère, d'abord à Zeitz, puis en 1672 à Bayreuth où il est nommé organiste, et enfin à Halle où l'aîné est organiste de la Chambre ducale. En 1678, il vole enfin de ses propres ailes en décrochant le poste de Kapellmeister du comte Henri Ier à Greitz. Deux ans plus tard, il occupe les mêmes fonctions auprès du duc Christian à Eisenberg. Et en 1682, il s'installe définitivement à Zittau, où il sera organiste de Saint-Jean et Director chori musici pendant cinquante-trois ans…*

On sait que son catalogue d'œuvres vocales religieuses s'élevait à 235 titres : il ne nous en reste malheureusement que 33, dont 12 cantates allemandes, 2 cantates latines, des motets, des *Magnificat*, etc. L'œuvre pour clavier est à peine plus riche : *Sechs Musicalische Partien* (*6 Partitas*, Nuremberg, 1697), *Anmuthige Clavierübung* (*Exercices gracieux pour le clavier*, Nuremberg, 1699), auxquels il faut ajouter quelques pièces solitaires : un *Prélude* et un *Ricercare en* ré *mineur*, une *Passacaglia en* ré *mineur*, une *Durezza*, un *Thema*, une *Fantaisie en* ut *majeur*, et deux chorals, « *In dich hab' ich gehoffet, Herr* » et « *Vater unser* ».

L'œuvre pour orgue

Le musicien jouissait en son temps d'un grand crédit : Mattheson vantait son talent contrapuntique, et le jeune Haendel recopiait de sa main la *Clavierübung*. Les **Sechs**

Partien (six partitas) sont naturellement destinées au clavecin ; cependant, la fantaisie initiale n'est pas déplacée à l'orgue : la bonhomie de son thème, sa forme refrain/couplets, la variété des couplets, la limpidité de l'écriture ne sont pas sans rappeler les pièces pour clavier (clavecin *ou* orgue) de Haendel.

Publiée en 1699 mais sans doute écrite dès 1680, l'**Anmuthige Clavierübung** comprend 9 préludes, 5 ricercare, 7 fugues, une fantaisie, 2 toccatas et une chaconne. Les pièces ne sont pas groupées par tonalité, et l'on peut se demander si l'interprète n'est pas invité à choisir lui-même ses regroupements. Les sujets de *ricercare* sont souvent délicatement chromatiques, et il faut noter que la réponse est toujours l'inversion du sujet. Les préludes sont, à la manière de Kuhnau ou de Fischer, de libres développements sur une idée rythmique ou harmonique. Le don contrapuntique de Krieger s'affirme tout particulièrement dans la *Fugue n° 15*, qui est une quadruple fugue : les numéros 11 à 14 constituent chacun une fugue sur un sujet donné, et la quadruple fugue réunit en bouquet final ces quatre sujets.

Certes, la superposition des sujets 2 et 4 ne constitue pas à proprement parler un tour de force, mais l'ensemble sonne avec limpidité, sans pédanterie.

La *Chaconne en* sol *mineur* n'est pas sans rappeler dans son traitement clavecinistique, et avec son thème-refrain réapparaissant régulièrement, la célèbre *Passacaglia* de Georg Muffat, en son *Apparatus* (Salzbourg, 1690). Plus appropriées à l'orgue apparaissent la *Toccata en* ré *majeur* (affligée d'une pédale excessivement simple) et surtout la *Toccata en* ut *majeur*, qui est peut-être le plus bel exemple du genre en Allemagne du Centre avant J.-S. Bach ; et la pédale y est enfin indépendante, animée, soliste virtuose même.

Les pièces isolées contribuent très modestement à la gloire de Krieger. Ni le brévissime choral « **Vater unser** », ni l'insipide (quoique bruyante) **Battaglia** ne retiennent l'attention. Seule, la **Durezza**, avec ses agaceries italiennes (à base de retards ou fausses relations), excite un peu l'appétit. Quant au choral « **In dich hab' ich gehoffet, Herr** », c'est un bon exemple de musique religieuse à exécuter pieusement sur le clavecin de la maison *(Hausmusik)*.

G.G.

JOHANN KUHNAU

Né à Geising (Saxe), le 6 avril 1660 ; mort à Leipzig, le 5 juin 1722. Tout enfant, sa belle voix de soprano le fit recevoir (vers 1670) à la fameuse Kreuzkirche de Dresde, où il servit comme « Ratsdiscantist ». Il y bénéficia de l'enseignement du cantor de la Kreuzkirche, Jakob Beutel. En 1680, une épidémie de peste l'oblige à gagner Zittau. Un motet qu'il écrit alors pour l'élection du Conseil de la ville remporte un tel succès qu'on lui offre le poste de cantor. Cependant, en 1682, il retourne à Leipzig entamer des études de droit à l'université. Nous voyons là un remarquable trait de caractère de ce fin musicien qu'une curiosité insatiable engageait dans des domaines de connaissance très variés. Avec une faculté d'assimilation digne d'un homme de la Renaissance, il approfondit les sciences les plus diverses : langues anciennes, philosophie, droit, théologie, etc., et l'étendue de son savoir impressionnait grandement ses contemporains. En 1684, il succède à Kühnel comme organiste de Saint-Thomas, tout en exerçant la charge d'avocat. Il faut noter que le fait n'est pas exceptionnel à l'époque et que plusieurs élèves de Bach ajouteront à leur fonction d'organiste un emploi probablement plus rémunérateur (éditeur, notaire, bourgmestre...). Directeur de la musique de l'université, de Saint-Thomas et de Saint-Nicolas en 1700, succédant à Johann Schelle, cantor à Saint-Thomas, en 1701, il semble à cette date avoir atteint le faîte des honneurs en sa ville de Leipzig. Ajoutons qu'en 1688 il avait fondé un ensemble instrumental de grande qualité, le Collegium musicum.

L'homme ne devait pas manquer d'esprit, on s'en doute, et sa position sociale était suffisamment assurée pour qu'il pût se permettre de publier, en marge de son œuvre musicale, le *Musicalische Quacksalber* (le « Charlatan musical »), violente satire des mœurs musicales de son temps (Dresde, 1700). Sa musique vocale comprend des motets latins et une vingtaine de cantates (malheureusement, beaucoup d'autres ont été perdues, car, étrangement, aucune de ces œuvres n'a été imprimée de son temps). En revanche, son œuvre pour clavier a paru de son vivant, preuve évidente de son succès immédiat : *Neue Clavier Übung* (Leipzig, I, 1689, II, 1692), *Frische Clavierfrüchte oder 7 Suonaten von guter Invention und Manier* (Leipzig, 1696) et *Musicalish Vorstellung einige biblischer Historien, in 6 Sonaten, auf dem Claviere zu spielen* (Leipzig, 1700). Ces *6 Sonates bibliques* constituent naturellement son meilleur titre de gloire, même si l'aspect pittoresque de ces « bandes dessinées musicales » est parfois éventé. Il est amusant aussi de souligner que dix ans plus tard, à Paris, une jeune claveciniste publiait des *Cantates françoises sur des sujets tirés de l'Écriture* (Elisabeth Jacquet de La Guerre, chez Ballard, 1711). Par ailleurs, ces Sonates au découpage cinématographique ont probablement inspiré le jeune adolescent qui en 1704 saluait le départ de Johann Jakob comme hautboïste de la garde de Charles XII de Suède, par un *Capriccio sur le départ de son frère bien-aimé* BWV 992. Jean-Sébastien Bach a ensuite eu l'occasion de collaborer avec Kuhnau lorsqu'il s'est agi d'expertiser l'orgue Cuntius de Halle, fin avril 1716, rencontre célèbre par la qualité de l'orgue reçu et par la quantité pantagruélique du repas offert aux experts...

L'œuvre pour orgue

Elle est étonnamment succincte : deux *Préludes et fugues* (en *si* bémol majeur et *sol* majeur) et une *Toccata en* la *majeur*. Le cas ne laisse pas d'être étrange d'un compositeur, titulaire pendant seize ans d'une des prestigieuses tribunes allemandes et ne concédant à la postérité que trois œuvres. Le talent d'organiste de Kuhnau n'est probablement pas en cause, encore que l'on ne possède aucun document vantant une virtuosité quelconque. Aucun témoignage de ses contemporains n'est venu non plus accréditer la réputation d'un improviseur inspiré. L'expert en facture d'orgue était incontesté (*cf.* l'épisode de Halle). Mais peut-être l'instrument de Saint-Thomas n'était-il pas très stimulant, puisqu'il faudra attendre 1721-1722 pour bénéficier du grand relevage effectué par le facteur Johann Scheibe. Peut-être aussi — mais ce n'est qu'une hypothèse — le juriste Kuhnau, le lettré Kuhnau, le savant Kuhnau ne laissaient-ils que peu de temps à l'organiste Kuhnau.

Quoi qu'il en soit, les deux Préludes ne dépassent guère le niveau d'un honnête travail scolaire, et les deux brèves fugues permettent la comparaison de ces ensembles avec les fameux *Huit petits préludes et fugues* BWV 553-560 longtemps attribués à Bach et aujourd'hui donnés à Krebs père ou fils.

La **Toccata en *la* majeur** trouve en Max Seiffert un défenseur qui estime que « Kuhnau suit J. Krieger sur les traces de J.J. Froberger ». C'est faire beaucoup d'honneur à une pièce qui n'est certes pas sans charme. Un épisode médian *un poco adagio* en accords rebattus distillant de beaux retards porte la griffe de Kuhnau (on en trouve maints exemples dans les pièces pour clavecin). La fugue au sujet expressif, élégamment conduite, est couronnée par une coda d'une animation un peu convenue. Et si l'on restitue à la main gauche des traits distribués arbitrairement à la Pédale par l'éditeur, on se trouve devant une honnête pièce pour clavecin.

Durée d'exécution : ~ 5 mn

Dans ses *Choralvorspiele alter Meister* (Leipzig, Peters, 1907), Karl Straube attribue deux préludes de choral à Kuhnau : « *Ach Herr, mich armen, Sünder* » et « *Auf meinen lieben Gott* ». Cette attribution, fondée sur les deux seules initiales J.K., semble extrêmement douteuse, et, de toutes façons, n'ajoute rien à la gloire du musicien.

Certains organistes, enfin, ont pris l'habitude d'interpréter à l'orgue quelques-unes des **Sonates bibliques** et spécialement *Le Combat de David et Goliath*. Il faut reconnaître que certaines scènes spectaculaires (« Les bravades de Goliath », « Concert de musique donné par les dames en l'honneur de David ») ne manquent pas de pittoresque dans les coloris de l'orgue. Et naturellement, le choral « *Aus tiefer Noth* » sonne avec une véracité élémentaire sur l'instrument à tuyaux dans « La terreur des Israélites à l'aspect du géant, et la prière qu'ils adressent à Dieu ». Le choral « *Erbarm'dich mein* » BWV 721, qu'il soit ou non de Bach, saura se souvenir de ce beau procédé expressif, qui consiste à faire planer la ligne nue, hiératique, d'un cantus firmus au-dessus d'une houle d'accords dont la reptation douloureuse est accentuée par chromatismes, retards et appoggiatures. Ces enchaînements harmoniques mouvants, abrupts, torturés provoquent une tension, une exaspération que, seul, le choral peut dénouer, en une antithèse typiquement baroque.

G.G.

MATTHIEU LANES

Baptisé à Toulouse, le 20 août 1660; mort en cette même ville, en mars 1725. A vingt-deux ans, il succède à son père, Guillaume Lanes, comme organiste de Saint-Étienne de Toulouse. Après le départ d'André Campra, il en dirigera la maîtrise par intérim (1694), puis occupera le poste de maître de chœurs de 1708 à 1720. Il jouit d'une évidente notoriété dans la région et se livre à l'expertise de quelques orgues (Perpignan, Tarbes et Bagnères-de-Bigorre). Ses Petites Pièces d'orgue *manuscrites n'ont été publiées qu'en 1970.*

Les quatre-vingt douze pièces de Matthieu Lanes témoignent de l'art fonctionnel d'un musicien provincial, au début du XVIIIe siècle. Sans doute aucune d'entre elles ne saurait rivaliser avec les meilleures pages d'un Grigny, d'un Marchand, d'un Clérambault ou d'un Du Mage, ses contemporains, mais elles offrent un indéniable intérêt historique et révèlent le quotidien d'un organiste appelé à répondre au chœur, aux claviers d'un bel instrument restauré par Jean de Joyeuse en 1678. Si l'on consulte, par ailleurs, la liste des maîtres de chapelle qui se succèdent à la tête de la maîtrise, on y relève les noms d'André Campra (1683-1694) et de Jean Gilles (1697-1705), dont la célébrité semble garante d'une exemplaire qualité. La musique de l'organiste s'en montre-t-elle digne? Force est de reconnaître que ce n'est pas toujours le cas dans ce gros manuscrit de cent vingt feuillets, dont certaines pièces empruntent ici un thème à Clérambault, là quelques pages du *Premier* et du *Troisième Livre de clavecin* édités par Couperin en 1713 et 1722. Œuvre apparemment tardive, comme en font foi ces dates, elle regroupe, en effet, beaucoup trop de brefs versets (une dizaine ou une douzaine de mesures) pour postuler au Parnasse des organistes, et les quelques morceaux plus développés de la fin ne trahissent guère un génie souverain.

Après avoir remarqué que les tonalités mineures l'emportent sur plus de quatre-vingts cas (dont soixante dans le premier ton de *ré*), on constate qu'à l'exception du cromorne à plein, dont l'usage est moins courant, l'organiste en appelle à des formules types que tous ses devanciers parisiens pratiquent : préludes ou pleins-jeux, trios, fugues, dessus de cornet, duos, basses de trompette, récits, dialogues ou grands jeux, parmi lesquelles on rencontre une gavotte, une Élévation (récit lent en *ré*) et quelques pages plus développées à la fin du recueil. Les faiblesses d'écriture y sont fréquentes, les fugues souvent maladroites et certains versets inachevés, preuve qu'il ne s'agit pas là d'un travail destiné au public.

On retiendra cependant trois exemples à propos desquels, même s'ils sont explicitement écrits pour l'orgue, l'affectation au clavecin semble s'imposer :

Rondeau (n° 84) en *ré* mineur, à trois couplets. Le refrain (3/4) se développe sous forme de récit (main droite) qui alterne avec des couplets modulant respectivement au relatif, à la dominante et à la sous-dominante.

La Piemontoisse (n° 85) en *ré* mineur. Autre rondeau dont le refrain se plaît à des harmonies qui jouent sur l'intervalle de septième diminuée (*do* dièse-*si* bémol), et dont le plan tonal aborde *ut* majeur (2e couplet), *ré* majeur (3e) et *si* mineur (4e).

Sonate (n° 92) en *sol* majeur (6/8) de forme binaire à reprise, à la manière d'une gigue.

Durée d'exécution : ~ 3 mn, 4 mn et 1 mn 30 s

F.S.

JEAN LANGLAIS

Né à La Fontenelle (Ille-et-Vilaine), le 15 février 1907 ; mort à Paris, le 8 mai 1991. Ayant perdu la vue à l'âge de deux ans, il entrera à l'Institut des Jeunes Aveugles à Paris, où il apprendra le piano, le violon et l'harmonie. En 1923, il commence l'orgue avec André Marchal, qui le prépare à la classe de Dupré au Conservatoire. Il a également travaillé la composition avec Dukas, dont il a été, avec Messiaen, le dernier élève, et pour lequel il a gardé une grande admiration. Sa rencontre avec Tournemire devait être décisive : « De lui, j'ai appris la vraie poésie de l'orgue. » Après avoir été titulaire à Saint-Pierre-de-Montrouge, à Paris, il succède à Ermend-Bonnal en 1945 à Sainte-Clotilde; il y restera jusqu'en 1987. Professeur à l'Institut des Jeunes Aveugles et à la Schola Cantorum, il a mené parallèlement une importante carrière de récitaliste. Aux États-Unis dès 1952, le successeur de Franck y fit grande impression. Compositeur fécond, il a surtout écrit pour son instrument : avec quelque 300 pièces, son œuvre est numériquement l'une des plus considérables qui aient jamais été. Il est également l'auteur de musique religieuse, vocale et chorale, de concertos et de musique profane.

Tournemire avait déclaré à son élève : « Toute œuvre qui n'est pas dédiée à Dieu est inutile. » Fort de ce précepte, Langlais a voulu que la plus grande part de son œuvre porte témoignage de sa foi. Comme son maître, il utilise dans la plupart de ses œuvres pour orgue les motifs du plain-chant qu'il traite avec souplesse et invention. Comme les camées antiques enchâssés dans de précieuses montures de joaillerie, les mélodies anciennes sont entourées d'harmonies polymodales chatoyantes, les modes étant choisis par leur résonance spirituelle.

Sur plus de soixante ans, l'œuvre pour orgue de Langlais totalise quelque 1700 pages de musique. Un catalogue complet de cette production dépasserait le cadre de cet ouvrage, et nous devrons nous borner ici à citer les œuvres principales, par ordre chronologique à l'intérieur de trois périodes principales.

Première période (1927-1952)

Les vingt-cinq premières années créatrices ont vu l'éclosion des œuvres qui ont établi la réputation du compositeur : *Prélude et fugue* (1927), *Trois Poèmes évangéliques* (1932), *Trois paraphrases grégoriennes* (1934), *24 Pièces pour harmonium ou orgue* (1933-1939), *Première Symphonie* (1941), *Neuf Pièces* (1942-1943), *Deux Offertoires* (1943), *Fête* (1946), *Suite brève* et *Suite médiévale* (1947), *Suite française* (1948), *Incantation pour un jour saint* (1949), *Hommage à Frescobaldi* (1951) et *Folkloric Suite* (1952). Ces quelque 70 pièces ont imposé les caractéristiques du style de Jean Langlais.

Dans cette première période, le compositeur se plaît à approfondir les diverses techniques que ses maîtres lui ont enseignées, en les rehaussant par la juxtaposition de langages musicaux d'époques diverses, la permanence du plain-chant et du folklore breton, liés à leur langage modal.

Dès les *Trois Poèmes évangéliques* et surtout les *Trois Paraphrases grégoriennes*, le recours au plain-chant sera constant et entraînera le compositeur à écrire harmoniquement « modal ». En mêlant des tech niques harmoniques et contrapuntiques caractéristiques d'époques différentes, il parvient à imposer un langage personnel dont on trouve l'un des premiers exemples dans son célèbre *Te Deum* (troisième des *Paraphrases grégoriennes*). D'autres œuvres se montrent dans cette première période complètement tributaires du plain-chant : *Deux Offertoires, Incantation pour un jour saint* et surtout la *Suite médiévale*, suite à « programme religieux ».

Une autre source mélodique tient particulièrement au cœur de Langlais, le folklore breton. On retrouve dans ses premières œuvres les thèmes qui ont bercé son enfance, alors que, petit garçon privé de la vue, l'ouïe devenait la principale source de sa perception du monde extérieur; ainsi, dans *« La Nativité »* des *Trois Poèmes évangéliques*, *« Pour une sainte de légende »* des *24 Pièces*, ou *Canzona* et la *Rhapsodie sur deux Noëls* de la *Folkloric Suite*.

Enfin, on observera que dès ses *24 Pièces pour harmonium*, Langlais révèle un art de miniaturiste qui l'incitera à grouper ses pièces en recueils à thèmes *(Poèmes évangéliques, Paraphrases grégoriennes* ou *Hommage à Frescobaldi)*, en « Suites » à la manière des classiques français (*Suite brève, Suite médiévale* ou *Suite française*) ou selon la « paraphrase », ce type d'écriture auquel ses maîtres Marchal, Dupré et surtout Tournemire l'avaient initié et qui lui permet de s'évader de la rigidité des cadres pré-établis.

Mais à côté de la paraphrase, Langlais use volontiers de formes très classiques, fréquentées de longue date par les compositeurs pour l'orgue : ricercare, fugue, toccata, rondo, scherzo. Dans sa *Première Symphonie*, il donne une illustration de la forme imaginée par Franck au siècle précédent, avec un Allegro et un Final à deux thèmes dont les harmonies particulièrement agressives rappellent les angoisses des années de guerre (l'œuvre date de 1941). Ainsi nourri de culture musicale classique, Langlais prouve que tous les genres l'intéressent.

Dans le domaine rythmique, il a évolué prudemment. C'est avec le *Te Deum* de 1934 qu'il travaille sur le rythme, hachant son discours en de courtes sections contrastées. La *Première Symphonie* marque également une étape dans son évolution rythmique avec l'accumulation de changements constants d'indications de mesure et la multiplication des syncopes et des silences.

Deuxième période (1956-1971)

Une nouvelle floraison d'œuvres voit paraître quasiment coup sur coup *Huit Pièces modales, Organ Book, Triptyque* (1956), *Three Caracteristic Pieces* (1957), *American Suite* (1959), *Essai* (1961), *Trois Méditations sur la Sainte Trinité* (1962), *Homage to Rameau* (1964), *Poem of Life* (1965), *Poem of Peace, Poem of Happiness* (1966), *Sonate en trio* (1967), *Livre œcuménique* (1968), *Three Voluntaries* (1969), *Trois Implorations* (1970), *Offrande à Marie* (1971).

Langlais connaît alors aux États-Unis une grande notoriété de compositeur et une réputation grandissante de concertiste, allant de pair avec un véritable engouement des éditeurs américains qui ne cessent de solliciter de nouvelles œuvres.

Mais c'est à la France qu'il réservera la primeur de ses œuvres les plus avancées, avec successivement *Essai*, la *Sonate en trio* et l'*Imploration pour la joie*.

Ses recherches vont porter d'abord sur la forme. Ainsi, dans *Essai*, observe-t-on un enchaînement de sections contrastées, centrées sur deux thèmes dont le premier est perpétuellement modifié par le système des valeurs ajoutées. Des oppositions constantes de timbres suivent chacune de ces sections. Dans la *Sonate en trio*, le compositeur renouvelle cette forme en utilisant, de façon libre, la série ; il expérimente également la polyrythmie par le biais du « canon rythmique ».

De semblables recherches se manifestent dans l'*Imploration pour la joie*, avec quelques mélanges insolites en matière de registration, sans pour autant que le compositeur abandonne ses techniques habituelles. Permanence, donc, de la paraphrase, avec *Trois Méditations sur la Sainte Trinité, Livre oecuménique, Offrande à Marie, Poem of Life, Poem of Peace* et *Poem of Happiness*, ainsi que, dans le même esprit, l'*Évocation* de l'*Homage to Rameau*. Toutes ces pièces utilisent systématiquement les valeurs rythmiques ajoutées (procédé cher à Messiaen, contemporain et condisciple de Langlais), l'élimination ou l'amplification mélodique irrégulière, le mélange de tonalité et de libre modalité, la valeur dynamique des silences et l'opposition violente des timbres.

Dédié à Messiaen, le *Voluntary n° 3* montre que Langlais n'est pas resté insensible au langage de ses contemporains, en particulier de Stravinsky et de Messiaen. Cette acquisition progressive de liberté et de souplesse va déboucher sur la période la plus riche du compositeur.

Troisième période (1973-1990)

C'est la période la plus féconde de Langlais : *Cinq Méditations sur l'Apocalypse, Suite baroque* (1973), *Trois Esquisses romanes, Trois Esquisses gothiques* (1975), *Mosaïque 1* (1976), *2e Symphonie « Alla Webern »* (1976), *Mosaïques 2* et *3* (1977), *Triptyque grégorien, Progression* (1978), *Noël avec Variations, Diptyque « Offrande à une âme »* (1979), *Rosace* (1980), *Prélude et Allegro* (1982), *Cinq Soleils, Sept Études pour pédale solo* (1983), *Huit Préludes* (1984), *Talitah Koum, American Folk Hymns, B.A.C.H., In memoriam* (1985), *Douze Versets, Fantasy on Two Scottish Themes* (1986), *Trumpet Tune* (1987), *Christmas Carol Hymn Settings, Contrastes* (1988), *Mort et résurrection, Scherzo* (1990).

A l'inverse de son ami Duruflé, qui a laissé si peu de pages pour orgue durant sa longue existence, Langlais, arrivé au crépuscule de sa vie, semble mettre une frénésie à composer, et ce malgré les graves accidents de santé qui le frappent. Les éditeurs le harcèlent constamment pour obtenir de nouvelles œuvres, tant en France qu'à l'étranger. Les organistes multiplient également les commandes ; on peut ainsi affirmer que les deux tiers des pages écrites durant cette période sont le fruit de commandes, parfois très précises : à l'intention d'un orgue baroque *(Suite baroque)*, de deux orgues *(Trois Esquisses romanes, Trois Esquisses gothiques)*, de deux organistes sur le même orgue *(Double Fantaisie pour deux*, dans *Mosaïques 1* et *3)*. Commandes, également, sur des thèmes particuliers, pièces grégoriennes *(Triptyque grégorien)*, virtuosité pour pédale seule *(Sept Études pour pédale solo)*, thèmes américains *(American Folk Hymns* et *Christmas Carol Hymn Settings)*, pour mettre en valeur la gigantesque trompette en chamade de la cathédrale épiscopalienne St.-John-the-Divine à New York *(Trumpet Tune)*, pour célébrer le tricentenaire de la naissance de Bach *(B.A.C.H.)*.

Mais c'est dans les pages écrites pour lui-même qu'il faut chercher ses créations les plus originales. Ainsi des *Cinq Méditations sur l'Apocalypse*, composées en 1973, au sortir de son grave infarctus. La lecture, alors, du Livre de l'Apocalypse de saint Jean lui suggéra les pages les plus fortes de son œuvre, comme la somptueuse et inquiétante *5e Trompette*, ultime pièce de ce recueil. Les derniers accords symbolisent l'épouvante de l'homme qui, selon saint Jean, « cherchera la mort, mais ne la trouvera pas ».

Autres œuvres d'envergure : le diptyque *Offrande à une âme*, composé après la disparition de sa première épouse (1979) : « Vers la lumière » et « Dans la lumière », paraphrases libres des motifs grégoriens de l'Office des morts. *In memoriam* (1985), à la mémoire de Tournemire, revient à la grande forme de la paraphrase grégorienne. *Mort et résurrection*, composé en 1990 pour commémorer le cinquantième anniversaire de la mort de Jehan Alain, présente des caractéristiques nouvelles dans le style de Langlais, en particulier un emploi intensif des *clusters*, omniprésents dans cette partition au style particulièrement agressif.

Dans cette troisième période, on remarquera que Langlais n'a rien désavoué de ce qui, dès ses débuts, faisait sa personnalité. Mais le langage modal a peu à peu évolué vers un vocabulaire musical plus violent, plus dissonant. La rythmique se fait plus libre, rejetant toute indication de mesure et toute barre de mesure. Cependant, au détour de telle ou telle pièce (comme par exemple le *Glas* de *Contrastes*, 1988), on retrouve le subtil humaniste des années trente, qui n'oublie pas les conseils d'un Dukas ou d'un Tournemire, ses maîtres jamais reniés, mais qui reste « lui-même », l'un des « grands » de l'orgue français.

X.D.

GUILLAUME LASCEUX

Né à Poissy, le 3 février 1740; mort à Paris, en 1831. Installé à Paris en 1762, il étudie l'orgue et la composition avec Charles Noblet. En 1769, il est appelé comme suppléant à l'orgue de Saint-Étienne-du-Mont dont il devient titulaire en 1774 et qu'il touchera jusqu'en 1819, date de sa « retraite ». Parallèlement, il succède à Noblet aux Mathurins en 1769, se dépense à Sainte-Anne (1769), chez les Minimes de la place Royale (1779), au Collège de Navarre, au Séminaire Saint-Magloire. Dans les années post-révolutionnaires, Saint-Étienne-du-Mont, rebaptisé « Temple de la Piété filiale », servira – et Lasceux de concert – au culte des Théophilanthropes. L'organiste, qui se veut aussi compositeur, laisse une production vocale et de chambre non négligeable. Très vaste, son œuvre d'orgue comprend cinq grands ensembles : Journal de pièces d'orgue *(1772),* Nouveau Journal... *(c. 1782),* Nouvelle Suite... *(1812),* Annuaire de l'organiste *(1819, manuscrit),* Douze Fugues *(1820, manuscrites), et un important ouvrage didactique intitulé* Essai théorique et pratique sur l'art de l'orgue *(1809, manuscrit).*

Au long d'une vie de quatre-vingt-onze ans, l'organiste, plus prolixe que réellement capable, a été l'exceptionnel témoin et théoricien de son époque.

Admirateur inconditionnel de Séjan et fidèle « suiveur » de Jean-Jacques Beauvarlet-Charpentier, cet artiste de l'Ancien Régime fut animé d'une volonté sincère de faire œuvre utile, de laisser une base pédagogique et liturgique, doublée d'un avertissement, aux nouvelles générations qui s'engouffrent dans la décadence. Tout en allant de l'avant dans les genres employés et les registrations, Lasceux s'efforce, avec une touchante ténacité, de maintenir contre vents et marées la vocation cultuelle de l'instrument.

Journaux et Suite

Lasceux publie sous l'Ancien Régime un *Journal de Pièces d'orgue contenant des messes, Magnificats et Noëls à l'usage des paroisses et communautés religieuses* (1772) et un *Nouveau Journal* (c. 1782). Ce dernier regroupe deux messes des Grands Solennels en *ré* et *la* mineur d'après la messe *Cunctipotens* ; un *Magnificat* en *fa* majeur, pour servir de 6ᵉ ton aux paroisses et de 5ᵉ ton aux communautés religieuses (en le transposant), en cinq versets seulement, dans lequel on relèvera un assez charmant duo et un cromorne *cantabile* à 6/8 quelque peu évocateurs des sonates pour piano-forte de Méhul ; on y rencontrera aussi le peu recommandable

« Grand jeu en Chasse pour servir d'Offertoire » (Balbastre et Benaut ne se privent pas de ces facéties). Lasceux lancera une troisième publication du même ordre sous le titre *Nouvelle Suite de Pièces d'orgue, dédiée à Monsieur Séjan*, publiée sous l'Empire (1810), qui contient une messe des Annuels et Grands Solennels sur le *Cunctipotens* transposé en *ut* mineur, des hymnes, proses et répons pour l'office de la Fête-Dieu.

Le tout montre une fidélité parfaite à l'héritage du Grand Siècle (si ce n'est la terminologie nouvelle, déjà utilisée par Michel Corrette), quoique, en regard de Couperin et Grigny, tout soit vu par le petit bout de la lorgnette. L'usage du pédalier est rare, la polyphonie maigrelette ; le plain-chant traîne à la basse en valeurs longues dans les versets désignés depuis plus d'un siècle par le Cérémonial de Paris et, selon la tradition, il féconde la fuguette qui constitue la deuxième intervention de l'orgue. Lasceux innove en ce qu'il déduit le contre-sujet et non le sujet du plain-chant, ce qui apparente le procédé à une double fugue. Cette superposition et la longueur des sujets semblent directement démarquées de Séjan et de Beauvarlet-Charpentier (*cf.* leurs fugues respectives en *ré* mineur avec cantus firmus sur le *Kyrie Cunctipotens*). Le plus nouveau et passionnant, en dépit d'un style déplorable, c'est assurément la présence d'une « Symphonie concertante » en guise d'Offertoire (voir l'*Essai théorique* ci-dessous). Lasceux en profite, hélas ! pour singer les tics des sonates galantes de Haydn — petits thèmes mécaniques sur basse d'Alberti, accords sautillants, enjouement factice — sans avoir ne fût-ce qu'entrevu l'esprit et les subtilités structurelles du style classique.

Annuaire de l'organiste, douze fugues

L'**Annuaire** (1819), en tout point comparable aux publications précédentes, et les Fugues (1820) auraient dû connaître semblable diffusion ; or, il semble qu'aucun éditeur n'ait voulu risquer une publication pour orgue en ces années de creux absolu de la vague. Lasceux n'ignore pas le naufrage collectif qui propose aux malheureux instrumentistes de paroisses une perche pour ne pas couler. Ce vade-mecum offre les versets alternatifs de quatre messes : messe de Du Mont, messe *Cunctipotens* pour les Solennels majeurs, messe *De Angelis* pour les Solennels mineurs, et messe *Fons bonitatis* pour les Doubles majeurs (les appellations désignent le degré de solennité des fêtes, dont certaines dépendent de la vie propre à chaque paroisse). Viennent ensuite une série de *Magnificat* dans les huit tons d'église et un immense *Te Deum* muni de ses seize versets (qui complète et illustre l'*Essai théorique et pratique*, voir ci-dessous), sans commune mesure avec les cycles fonctionnels d'Attaingnant, Nivers, Gigault et Marchand.

Les **Douze Fugues** reprennent et mettent au point l'effort contrapuntique de l'*Annuaire*. « Effort » n'est pas un vain mot : les nombreuses traces de grattage et ratures en témoignent ! Pourtant les pauvrettes ne dépassent jamais trois voix et s'empressent d'en semer une en route aussitôt franchie la fatidique troisième entrée. Pitoyable fugue ! André Pirro en prononcera l'oraison funèbre en des termes devenus célèbres : « La fugue n'est plus traitée par les organistes français qu'avec une sévérité ou une liberté également injurieuses. Leurs scrupules la privent de vie, et leur laisser-aller de forme. Il faut bien qu'elle succombe. »

Essai théorique et pratique

Aucun titre n'est plus mérité que celui-ci, et c'est la confrontation permanente entre la théorie et la pratique, entre ce qu'on lit sur une partition et ce qu'on entendra une fois l'œuvre servie par un expert ès sonorités, qui rend *inestimable* l'*Essai* manuscrit de 1809, *unique* dans toute l'histoire de l'orgue. Il ne fait pas double emploi avec la plus célèbre *Méthode d'orgue* « résumée d'après les ouvrages des plus célèbres organistes de l'Allemagne » publiée en 1805 par Jean Paul Egide Martini-Schwarzendorf, musicien de l'impératrice Joséphine, qui s'est contenté de démarquer l'*Orgelschule* de Knecht. Chez Lasceux, le dessin d'une console à quatre claviers manuels et pédalier de 29 touches, déjà allongées à la manière allemande (en 1809 !), précède 40 pages de texte, inspirées par Lasceux mais rédigées par un certain Traversier, et 133 pages d'exemples musicaux (exemples qu'on suppose de la main de Lasceux sans oser l'affirmer pour toutes les pièces, tel le *Quinque* réparti sur quatre claviers manuels et pédalier).

Cet immense corpus est à considérer comme le legs de Lasceux au siècle nouveau qu'il sent si mal engagé, même si lui-même n'a pas les capacités de redresser la barre. Il se veut un « rapporteur » consciencieux, mieux, une « mémoire », ainsi que l'y autorise son grand âge. « C'est en vain que tant d'habiles organistes ont contribué à la gloire de leur pays pendant les XVIIe et XVIIIe siècles, écrit-il, leur Art est menacé de l'oubli le plus absolu. [...] Tout doit être grand, noble et auguste dans le lieu Saint. Il est de la dignité de l'office que les chants de l'orgue soient appropriés aux paroles qui sont confiées à la piété et au talent de l'organiste. [...] Chez nous, l'orgue est réputé orchestre; il partage l'Office divin avec le chœur, il alterne avec lui par des morceaux qui doivent, autant qu'il est possible, renfermer l'esprit des paroles et s'exprimer en imitation des chants qu'ils remplacent [...] J'ai essayé dans cet ouvrage de réunir la science et l'expression. »

Après ces considérations d'ordre sémantique, si rares sous la plume d'organistes, le texte comporte une « Énumération des Jeux dont ce grand instrument est composé; manière de les mélanger et de composer les morceaux qui lui sont propres » du plus haut intérêt. Lasceux cite les combinaisons classiques (quitte à les remettre au goût du jour, comme déjà Dom Bédos), puis il entretient son lecteur des nouveautés : jeu de basson, récit de haubois, « concerto de hautbois », « concerto de flûte », « concert d'harmonie militaire » et « symphonie concertante à 2 instruments » (pour orgue solo). Destinés à l'Offertoire, ces derniers genres montrent que les organistes, dans le seul moment de liberté que leur octroyait la tradition gallicane, entendaient ne pas rester à la traîne des symphonistes (les Offertoires de Couperin et Grigny n'étaient-ils pas, déjà, de vraies symphonies pour l'orgue? Lebègue n'a-t-il pas, dès 1685, publié des « Symphonies », et Piroye en 1712?).

Le passage le plus justement célèbre de l'*Essai* se rapporte à la réalisation musicale d'un **Te Deum**. Annoncées par voie de presse, les improvisations de Daquin, Armand Louis Couperin et Séjan ont attiré durant trois décennies des foules immenses. De ce préromantique « Génie du christianisme » sonore, il ne reste que le témoignage de Lasceux et sa propre fresque de 1819 qui, à sa manière, occupe une place non négligeable entre les célèbres *Te Deum* pour voix et orchestre de Gossec et Berlioz. Voilà qui mériterait le détour, surtout l'extraordinaire scénario pour le verset *Judex crederis esse venturus*; mais de cette page d'anthologie, nous ne pouvons retenir ici que le témoignage d'admiration de Lasceux pour « l'inimitable Séjan » et le conseil « à tout organiste d'imiter le fameux Couperin père [Armand Louis], qui n'a jamais manqué, aux approches de son *Te Deum*, d'échauffer son génie par la lecture du poème sur le Jugement dernier du sombre et sublime Young et qui a toujours réussi à porter dans l'âme de ses auditeurs le trouble et l'épouvante ».

B. F.-S.

NICOLAS LEBÈGUE

Né à Laon, en 1631; mort à Paris, le 6 juillet 1702. Provincial d'une origine modeste, apparenté aux peintres Le Nain, il arrive à Paris à une date indéterminée. Il tient les orgues de Saint-Merry de 1664 à sa mort. En 1678, il est nommé organiste de la Chapelle royale avec Nivers, Thomelin et Buterne. Son rayonnement dépasse largement celui d'un organiste-compositeur. Expert en facture d'orgue, il prodigue ses conseils aux meilleurs organiers. Éminent claveciniste, il prend la relève de son maître spirituel Chambonnières, et sa réputation de professeur lui attire quantité d'élèves de talent parmi lesquels se distinguent Geoffroy, Dagincour, Grigny, probablement Jullien, peut-être Pierre et Jean François Dandrieu, sans oublier son influence sur Dornel, Lanes et beaucoup d'autres. Son œuvre de clavier se compose de deux Livres de clavecin *(1677, 1687) et de trois* Livres d'orgue *(1676, 1678, 1685). On lui doit, en outre, de nombreux motets destinés à des couvents de religieuses.*

Lebègue est l'exact contemporain de Nivers, mais l'œuvre de l'organiste de Saint-Merry prend en réalité le relais de celle, plus précoce, de son collègue de Saint-Sulpice. Quand le roi les nomme de concert à la Chapelle royale en 1678, le provincial d'origine n'a encore pour tout bagage qu'un Livre de clavecin et un Livre d'orgue. C'est peu comparé au Parisien. Mais c'est beaucoup car, à quarante-cinq ans, il a pris la peine de mûrir un premier Livre d'orgue d'un apport considérable. Si sa position de second dans la création d'un style d'orgue Grand Siècle typiquement français le prive des mérites du pionnier, elle se révèle très favorable à l'établissement d'un corpus référentiel pour les générations à venir; et, finalement, autant que son immédiat prédécesseur, il fera figure de père fondateur. En témoignent les multiples copies de son œuvre essaimées de par le monde (*cf.* le manuscrit de Berkeley, le *Livre d'orgue de Montréal*; mais Norbert Dufourcq conteste l'attribution à Lebègue du manuscrit Vm^7 1823 de la Bibliothèque nationale).

Les organistes ont des oreilles et se saisissent de toutes les innovations introduites à la Chapelle royale par Du Mont, Lully et Lalande. Eux-mêmes bénéficient d'une double expérience de claveciniste et organiste, fréquentent luthistes et violistes et contribuent à estomper la frontière entre sacré et profane. A tort ou à raison, ils reportent sur l'orgue les particularités stylistiques des instruments de « la Chambre » : ils ne renoncent ni aux solos expressifs et batteries distendues d'une basse de viole, ni aux rythmes de gigue, menuet ou gavotte, ni à l'ornementation sémiographique dont ils établissent de savantes tables, ni à l'écriture « luthée ». Paradoxalement, cette osmose stylistique qu'aucun Italien ou Allemand ne s'autorise à ce point, trouve à s'exprimer dans des recueils bien différenciés : ici des Livres de clavecin, là des Livres d'orgue. On peut se demander la raison de cette ségrégation que ne pratiquent guère les étrangers. La réponse est : la couleur sonore.

Comme Nivers, en effet, Lebègue porte toute son attention au timbre. Véritables palettes de peintres, les orgues français se distinguent des instruments étrangers par l'équilibre des familles de jeux, la plénitude de leurs mixtures, le mordant incomparable de leurs anches. Le très précieux « Petit Avis tant pour le mélange des jeux que pour le mouvement du toucher sur chaque espèce de pièces » du premier Livre de Lebègue ne se contente pas de donner des recettes d'alchimie sonore, mais se veut un guide d'interprétation et laisse percer un jugement esthétique.

L'organiste de Saint-Merry, doté d'un bien plus bel instrument parisien que le positif à deux claviers qu'il aura à toucher à la Chapelle royale, souhaite une exécution vive et hardie pour le duo, la basse de trompette, le cornet et l'écho; le dessus de cromorne et la voix humaine doivent imiter « la manière de chanter »; la tierce et le cromorne en taille représentent une « manière de verset la plus belle et la plus considérable de l'orgue ». Toute une rhétorique du timbre se forge qui résulte d'un double travail de transposition : la musique vocale traduit le sens du texte et la musique instrumentale imite la musique vocale. Lebègue va jusqu'à préciser que certaines de ses pièces seront « inutiles à beaucoup d'organistes n'ayant pas dans leurs orgues les jeux nécessaires pour les jouer », ce qui revient à dire que le timbre, seul, insuffle vie à certaines pages françaises qui sinon resteraient lettre morte. Le timbre n'en est plus la parure, aussi nécessaire soit-elle, mais la raison d'être. Dès 1665, Nivers avait lancé tout un lot de combinaisons nouvelles; à celles-ci, Lebègue ajoute : tierce en taille, basse et dessus de voix humaine, dialogue à trois chœurs avec écho. Remarquons que les innovations de type vocal prennent naissance dans les années d'apogée de la tragédie lyrique de Lully : il faut y voir mieux qu'un hasard.

Premier Livre

Le lointain cousin des Le Nain ouvre son ouvrage par une belle gravure de sainte Cécile assise devant un orgue à trois claviers. Il adresse sa Table de Mélanges aux provinciaux pour « donner au public quelque connaissance de la manière que l'on touche l'orgue présentement à Paris ». Comme le premier Livre de Nivers, le recueil de Lebègue présente des groupements de pièces dans les huit tons ecclésiastiques. Lebègue, qui a puissamment contribué à l'organisation de la « suite » de clavecin et sera le premier à employer le vocable dans son Deuxième Livre de clavecin (1687), ne l'utilise pas à l'orgue.

« J'ai choisi les chants et les mouvements que j'ai cru les plus convenables et les plus conformes au sentiment et à l'esprit de l'Église », prétend l'auteur; la tenue générale de son Livre l'y autorise, mais il ne se soucie nullement de relation étroite entre la musique et les prières, et propose une musique cultuelle à tout faire : « On pourra toucher les versets de ce Livre aux psaumes et cantiques sur tous les tons, même aux élévations de la messe et aux offertoires, et pour cela il ne faudra que prendre les pièces les plus longues ou en jouer deux de suite du même ton. » L'interprète aura pour mission de les distribuer de la manière « la plus convenable », aidé en cela par l'affect très prononcé et quasi immuable de chaque genre, à peine nuancé par les huit « tons » générateurs, qui, dans l'ordre, s'apparentent à *ré, sol, la* et *mi* mineur, *ut, fa, ut* (armure *si* bémol) et *sol* majeur (les 6e et 8e tons se confondent souvent et peuvent être considérés comme la transposition l'un de l'autre). Lebègue profite des ambiguïtés du 7e ton pour osciller entre les deux modes d'*ut*, s'aventurer dans les tons voisins et terminer tous les versets par une double conclusion, l'une à la tonique, l'autre à la dominante. En plus des indications de caractère distribuées dans son Avertissement, il fait précéder certaines pièces de notations inédites en français : « gravement », « lentement », « gayement ».

Chaque ensemble d'une dizaine de pièces débute par un *prélude* majestueux et se termine par un plein-jeu qui lui sert de pendant, tous deux dans une belle écriture, riche de retards et chromatismes occasionnés par l'instabilité des degrés modaux. Toujours alertes et lancés par une imitation, les *duos* évoquent volontiers une danse campagnarde. Le compositeur distingue, pour la première fois en France, deux types de *trio* : le « Trio à deux dessus », à trois parties concertantes solidement troussées mais purement *manualiter*, et le « Trio à trois claviers » (deux manuels et le pédalier), souvent plus intériorisé. Le *dessus de cromorne* commence par une exposition fuguée à quatre voix sur les jeux doux avant que le soliste ne s'empare de la cinquième entrée en guise d'exorde à son discours. Lebègue aime les *récits de cromorne* et *tierce en taille* au point d'en composer pour tous les tons; un fond harmonique discret établit une atmosphère mystérieuse, rompue par les envolées lyriques du soliste qui peut dérouler sans attendre des arabesques dans un large ambitus ou filer d'abord une longue note tenue (procédé vocal très expressif qui se retrouvera chez Bach et Haendel). Les truculentes *basses de trompette* restent très en-deçà des chefs-d'œuvre de Louis Couperin. Limitées à une exposition quelque peu étendue, les *fugues* se plient au genre de la « fugue continue », définie par les théoriciens français du siècle et considérée comme idéale à l'orgue. Les *dialogues* allient la solennité à une alacrité pleine de verdeur. *Récits* de cornet et de voix humaine complètent la panoplie, sans oublier les *échos* véloces et un peu creux (qui, hélas! ne doivent rien à l'Italie et tout à Nivers).

Deuxième Livre

Publié en 1678, l'année où l'auteur accède à la Chapelle royale, ce Livre de moindre « éclat » comprend une messe *Cunctipotens genitor Deus* et des versets de *Magnificat* dans les huit tons. Le parallélisme avec la production de Nivers se poursuit, mais c'est au deuxième Livre de Titelouze que les remarques désappointées de la préface font penser. En effet, le premier Livre était « travaillé pour les savants » alors que celui-ci s'adresse « à ceux qui n'ont qu'une science médiocre » (moyenne). Pour ce faire, le compositeur « a été contraint d'abandonner ce grand feu qui accompagne d'ordinaire [son] jeu »; entendez qu'il renonce aux tierces en taille et aux trios à trois claviers dont il tirait une si grande fierté.

MESSE. D'une écriture châtiée et ferme, la messe de Lebègue se conforme aux prescriptions du Cérémonial des évêques de 1662*; elle observe les tons de rigueur et fait donner le thème grégorien en cantus firmus à la basse aux endroits imposés. Elle ne contient pas d'Offertoire, non plus que de *Benedictus*, mais on y relève, pour la première fois, une Élévation (de même caractère et tous deux affectés à la Consécration, ces deux derniers moments liturgiques fusionnent souvent à l'orgue). Ainsi qu'il deviendra rituel, le 2e *Kyrie* commente en fugato la mélodie grégorienne exposée en valeurs longues dans le premier, et le *Christe* se traduit par un duo en imitation. Le *Glorificamus Te* et le *Tu solus* du *Gloria* débutent par une cellule en imitation *(mi-la-si-do)* qui fécondait déjà plusieurs pièces des 3e et 4e tons du premier Livre. Ce souci d'unité perce aussi dans le retour de la vigoureuse formule ascendante du premier *Kyrie* dans le *Qui tollis*, et dans sa fréquente métamorphose en anacrouse de doubles croches (à la manière d'une allemande).

MAGNIFICAT. Depuis Titelouze en 1626, Lebègue est le premier organiste à doter le *Magnificat* ou Cantique de la Vierge (destiné aux vêpres) de versets spécifiques dans les huit tons ecclésiastiques (à la même époque, l'Allemand Pachelbel signe 94 versets de *Magnificat*). Chaque cycle réunit sept ou, par trois fois, huit versets au lieu des six requis par l'usage liturgique (les versets supplémentaires autorisent à se servir de la même musique pour les deux autres cantiques de l'Église, le *Benedictus* donné à laudes et le *Nunc dimittis* donné à complies). A l'instar de la messe, il s'agit de versets manuels simples, bien écrits, unifiés par quelques tournures cycliques et destinés à alterner avec la maîtrise. Dans le premier ton, la répartition interne correspond assez bien aux images du beau cantique marial : prélude grave et lumineux pour l'action de grâce initiale, duo ascendant pour l'humilité de la Vierge, récit de cromorne pour la miséricorde divine, énergique basse de trompette pour le *Deposuit potentes* sur le timbre provençal de la « Marche des rois mages », trio pour le *Suscepit Israël* (c'est presque une constante de Titelouze à Bach...), dialogue éclatant pour le *Gloria Patri* et plein jeu en guise d'*Amen*. En inversant la basse de trompette et le récit, le *Magnificat* du 2e ton détruit le fragile édifice musico-sémantique... Il en va de même d'autres versets curieusement distribués dans les cycles suivants.

* Voir à *Nivers*.

Troisième Livre

Le premier Livre était le plus ambitieux; ce dernier, de 1685, est le plus original, avec sa brassée d'Offertes, d'Élévations, de Noëls et de Symphonies. Tous ces genres ont trait aux offices, mais bénéficient d'une grande indépendance puisqu'ils relèvent du « propre » de la messe et non plus de l'« ordinaire » et, de ce fait, ne s'assujettissent ni aux tons liturgiques, ni au plain-chant, ni à l'alternance avec la maîtrise. Ils ne s'émancipent guère cependant des « tons » habituels, sans doute pour des raisons euphoniques liées au tempérament de l'instrument qui interdit les incursions dans les tons éloignés.

OFFERTOIRES. Deux offertes commentent en variations des mélodies connues : *O filii et filiae*, séquence de Pâques qui donne l'avantage à la deuxième période du thème éclatant et exploite plusieurs mètres rythmiques, et le *Stabat Mater*, séquence médiévale de Jacopone da Todi qui ne sera adoptée par l'Église de Rome qu'en 1727 pour la fête de la Vierge des sept douleurs. Morceaux d'envergure en plusieurs sections contrastées, les huit autres Offertoires confèrent un statut définitif au genre encore récent à l'orgue. On y retrouve le souci de relier discrètement les sections par quelque motif commun (3e ton) et le goût prononcé de l'auteur pour les notes répétées. Celui en « b Fa » (qui sonne en *si* bémol majeur), en deux grandes sections, commence par un dactyle volontaire de joyeuse canzone fuguée, puis le motif se fixera au superius ou à la basse; la deuxième section énonce sans se lasser un souple motif ternaire de quatre mesures sans qu'il soit pour autant question de fugato; des croches animent la dernière page avant une conclusion plus solennelle.

Élévations. Tout comme les Offertes, les Élévations peuvent ne pas s'inscrire au nombre des interventions dévolues à l'organiste : chaque paroisse en décide, et certains commentateurs s'offusquent que la consécration de l'hostie ne soit pas réservée au chant. Lebègue s'attache donc à doter l'orgue de huit Élévations dignes de rivaliser, à armes égales, avec les motets vocaux. De la blanche et douce polyphonie des flûtes s'élève la voix limpide et confiante de l'âme du chrétien qui s'adresse à son Dieu (Récit de dessus en *sol* mineur) ou entame un dialogue extasié avec le Sauveur (Dialogue de récits de cornet et de cromorne en *sol* majeur, Dessus et basse de voix humaine en *fa* majeur).

Noëls. Douceur encore, mais plus populaire, pour le temps de Noël où l'on fredonne tant à la maison qu'à l'église des timbres familiers d'une inusable fraîcheur. Depuis la fin du XVe siècle, ces cantiques de la Nativité ont poussé dans toutes les provinces de France. A l'aube du XVIIe, Du Caurroy avait été séduit par « Une jeune fillette »; dans les années 1680, c'est au tour de Gigault et de Lebègue de succomber au charme de ces refrains et de les faire suivre de variations « coloriées » comme un livre d'images (le Noël d'orgue peut même se marier à la polyphonie savante comme dans la *Messe de minuit* de Charpentier). La vogue du Noël est alors indissociable de l'engouement pour la vièle à roue, la « brunette » vocale et la pastorale, signes avant-coureurs des premières nostalgies bucoliques. Lebègue, quant à lui, illustre « A la venue de Noël », « Une vierge pucelle », « Noël pour l'amour de Marie », « Noël cette journée », « Or nous dit Marie », « *Puer nobis nascitur* », « Les bourgeoises de Châtre », « Où s'en vont ces gays bergers », « Laissez paistre vos bestes », titres qui seront repris par des générations d'organistes. Le compositeur veille à ne pas les alourdir de nombreuses variations afin de leur conserver leur charme d'œuvrettes sans prétention (aucune commune mesure avec ses Offertes à variations sur le *Stabat Mater* ou *O filii*). **A la venue de Noël** est l'un des plus prophétiques; son thème très bref autorise cinq variations, successivement sur le grand jeu, en récit de dessus, en récit de basse, sur le petit jeu (avec rupture rythmique ternaire) et sur le grand jeu.

Symphonies. Lalande donnera jour à une *Symphonie des Noëls*. Tel n'est pas le propos de Lebègue dans ses quatre belles Symphonies qui trahissent l'ambition de rivaliser avec les ouvertures « à la française » de Lully. Très simple à la lecture, celle en *ré* majeur devient somptueuse à l'audition, une fois parée des riches couleurs de l'orgue; plus frappante encore est l'incarnation sonore de la rutilante **Symphonie en *si* bémol majeur** aux tons cuivrés qui, en guise de fugato central, sonne une simple fanfare en imitation et conclut par un retour au « grave », attaqué par un emprunt saisissant à la dominante mineure. La littérature pour orgue sera de plus en plus redevable aux formules du violon : les symphonies de Lebègue donnent un superbe coup d'envoi à cette appropriation d'un idiome rival.

Les Cloches, pièce de genre affectionnée par tous les musiciens, conclut le recueil. Pas plus que Chambonnières au clavecin, Louis Couperin à l'orgue, Marin Marais au violon, Lebègue n'a résisté au plaisir de faire carillonner à toute volée quatre notes descendantes.

B. F.-S.

LOUIS JAMES ALFRED LEFÉBURE-WELY

Né à Paris, le 13 novembre 1817; mort en cette même ville, dans la nuit du 31 décembre 1869 au 1er janvier 1870, d'où l'incertitude sur l'année. Fils d'Isaac-François Lefèbvre dit Lefébure (1756-1831), organiste de Saint-Roch, l'enfant n'a pas tardé à se faire remarquer en remplaçant son vieux père dès l'âge de dix ans et en lui succédant quatre ans plus tard. Au Conservatoire, il obtient les prix de piano, d'orgue (1835) dans la classe de Benoist et de composition dans la classe d'Halévy. En 1847, il échange son poste d'organiste de Saint-Roch contre celui de la Madeleine tenu par Fessy et, en 1863, succède à Georges Schmitt à Saint-Sulpice. Il laisse une abondante œuvre de piano, riche de pièces à titre, quelques œuvres de chambre et d'orchestre, des mélodies, trois messes manuscrites et un opéra représenté sans succès en 1861. Sa production pour orgue, la seule encore connue, comprend : L'Office catholique *pour orgue ou harmonium (1861, 2/1868),* L'Organiste moderne *(1867),* Vade-mecum de l'organiste *(1869),* Les Grandes Orgues, vade-mecum des églises *(1877, posthume). Toutes ses premières publications concernaient l'orgue expressif (harmonium), dont une* Grande Fantaisie pour piano et orgue expressif *(1855) ; il y revient avec* L'Orgue des salons *(1862),* Six Morceaux religieux *(1866) et autres opuscules tardifs.*

Organiste officiel du Second Empire, Lefébure-Wely est mort symboliquement avec lui. A redécouvrir ses œuvres, on a peine à comprendre l'engouement que suscita ce contemporain d'Offenbach. Cependant, d'associer Lefébure aux peintres Bourguereau et Cabanel sous l'étiquette commode de « pompiérisme », ou de le comparer à Winterhalter pour son élégance mondaine, sa grâce un peu mièvre et de mettre l'enthousiasme des Parisiens sur le compte du mauvais goût ambiant n'explique pas tout. Car l'époque revendiquait aussi sa part de sérieux et de piété.

La Révolution de 1848 n'avait pas déclenché de réaction anticléricale et Napoléon III, qui comptait sur l'appui des catholiques, lança les chantiers de nombreuses églises et restaura la Chapelle-Musique (dissoute par Louis-Philippe). C'est sous l'Empire que Niedermeyer put ouvrir son École de musique religieuse, que Joseph d'Ortigue a publié son monumental *Dictionnaire de plain-chant et de musique d'Église* et fondé avec Niedermeyer la revue *La Maîtrise*, que Gounod et Franck ont signé messes et oratorios ; sous l'Empire qu'aboutit, au Congrès de Paris (1860), la restauration du chant grégorien selon le rite romain (plus universel que le rite parisien maintenu jusque-là). Or, en ces temps de renouveau de la musique d'église, Lefébure-Wely, avec ses orages et ses pastorales, en a mis plus d'un dans sa poche, et non des moindres. A peine débarqué à Paris en 1850, l'organiste belge Lemmens, disciple de Hesse et dépositaire de la tradition de Bach, ne se précipite-t-il pas à sa tribune ? L'abbé Liszt ne se fait-il pas présenter l'orgue de Saint-Sulpice par son titulaire ?

La clé de l'énigme réside sans doute dans la question de l'improvisation. Deux jugements autorisés et contraires peuvent résumer la situation. L'un émane de Fétis. Dans un article incendiaire de 1856, intitulé « L'orgue mondain ou la musique érotique à l'église », il pourfend Lefébure et son défenseur, l'abbé Lamazou, en ces termes : « L'infériorité radicale des organistes français a précisément pour cause première la manie de ce qu'ils appellent l'*improvisation*. Aucun d'eux n'a ce qu'on peut appeler l'*éducation de l'organiste*. Aucun d'eux ne serait capable de jouer en maître les grandes pièces de Bach ; aucun d'eux ne sait ce que c'est que le style et ne pourrait distinguer une époque d'une autre » (dans sa fureur, Fétis oublie Boëly...). L'autre vient de Saint-Saëns : « L'improvisation, gloire de l'école française, a été ces derniers temps battue en brèche, de par l'influence de l'école allemande. Sous prétexte qu'une improvisation ne saurait valoir les chefs-d'œuvre de Sébastien Bach, de Mendelssohn, on en a détourné les jeunes organistes [...]. Cette manière de voir est funeste, parce qu'elle est fausse ; c'est tout simplement la négation de l'éloquence [...]. Lefébure-Wely, qui fut un merveilleux improvisateur (j'en puis parler, je l'ai entendu), n'a jamais laissé que des morceaux d'orgue insignifiants. »

Voilà qui réactive la question brûlante de l'école française *sensualiste* et de l'école allemande *spiritualiste* : « MM. Lefébure, Fessy, Simon, Séjan [fils], organistes renommés de notre temps, ont transporté sur l'orgue les effets, les procédés, la manière de la musique instrumentale à la mode [...]. Il y a en France des artistes, comme M. Boëly ou M. Benoist, qui appartiennent à l'école allemande [...]. La *science* est le piédestal de la musique d'orgue allemande ; l'*effet* est le principe de la musique d'orgue française » explique Danjou.

De la question de l'improvisation découle donc son corollaire, qui concerne le « style religieux ». Après avoir entendu Lefébure à l'inauguration de l'orgue de Saint-Sernin de Toulouse, le critique de la *Gazette musicale de Paris* lui enjoint en 1845 d'« étudier, [d']imiter les deux beaux modèles qu'il a sous les yeux, MM. Boëly et Benoist. Ce sont de grands artistes qui savent respecter leur art et qui ne prostituent pas nos orgues à la barcarolle, à la contredanse, au galop, à la valse et à la polka ». Mais, en 1855, le critique du *Messager de Gand* félicite au contraire Lefébure pour « sa verve et son coloris » et poursuit : « C'est lui qui, à la suite de Simon, a le plus fait pour populariser l'orgue en France. Il se conforme aux instincts et aux besoins sensualistes de son public. En un mot, il s'attache à plaire et il y réussit. Nous en avons eu la preuve dans les applaudissements chaleureux et les bravos prolongés qui ont salué son exécution d'un offertoire en *ut* dièse mineur et surtout son effet d'orage. Les organisateurs du concert méritent ici une mention pour l'ingénieuse idée qu'ils ont eue de baisser le gaz au milieu de l'orage. Ce détail de mise en scène n'a fait qu'ajouter à l'illusion ! »

Les anciens condisciples de la classe d'orgue de Benoist ont tenu à honorer l'organiste de Saint-Sulpice. Franck dédie à Lefébure son *Final* en *si* bémol ; quant à Alkan — dans une intention ironique ou non ? —, il lui réserve ses *Études d'orgue ou de piano à pédalier pour les pieds seulement* (vers 1869) d'une virtuosité pédestre insensée, que seuls maîtrisaient Boëly et Alkan lui-même mais que Lefébure était bien loin de posséder, comme en témoigne Danjou : « Son style appartient au genre du piano plutôt qu'à celui de l'orgue ; son exécution sur les pédales est semblable à celle des organistes français qui n'emploient guère que le pied gauche. »

En revanche, symphoniste à ses heures, Lefébure n'ignorait rien des trésors de couleur de l'orgue pour être le complice favori d'Aristide Cavaillé-Coll jusque vers 1860 : « Nous avons grandi tous deux l'un avec l'autre. Je veux que cette fraternelle association ne s'éteigne que par la mort de l'un de nous deux », écrit non sans émotion Lefébure en 1852. De son côté, Cavaillé proclame en 1857 : « Notre ami Lefébure a joué une entrée et une sortie qui ont duré chacune près d'une demi-heure, et je vous assure que rarement l'organiste moderne, j'allais dire modèle, s'est élevé à de pareilles hauteurs [...]. C'est dans ces occasions solennelles que Lefébure-Wely se montre vraiment un grand artiste. Tous les orchestres du monde ne valent pas à l'église une symphonie de M. Lefébure sur l'orgue de la Madeleine. » Il va sans dire que Saint-Roch, la Madeleine et Saint-Sulpice, les trois orgues qu'eut à jouer Lefébure, venaient d'être reconstruits par Cavaillé, et que si l'organiste n'est pas à même de mettre en valeur toutes les richesses de ces instruments, en particulier leur pédalier à l'allemande, il utilise au mieux le hautbois du Récit, les flûtes et l'ensemble des fonds ou grand-chœur.

Le mondain Lefébure s'est aussi entiché de l'« orgue à percussion » commercialisé à grand fracas par Alexandre (dans la lignée de l'orgue expressif d'un Érard ou d'un Grenié, ou de l'harmonium de Debain) au point de souhaiter le voir enseigner au Conservatoire. Sans doute n'est-il pas inutile de rappeler que Berlioz, qui suspectait le grand orgue de tribune dont il honnissait les mixtures, s'est aussi toqué du « mélodium » d'Alexandre.

L'œuvre pour orgue

« Morceaux d'orgue insignifiants », a prévenu Saint-Saëns. Les citations ci-dessus prouvent en effet que le meilleur de l'art de Lefébure-Wely, ses improvisations, manque à jamais, et qu'on jugera beaucoup mieux du pouvoir d'envoûtement de l'artiste à la lecture des témoignages qu'à la lecture de ses partitions. Ses publications s'entassent dans un laps de temps très court, à la fin de sa vie, et tentent d'afficher des titres sérieux et religieux, quoique l'expression « vade-mecum » laisse mal augurer de la matière. Eh bien, on aurait tort de se laisser décourager : à côté des marches, polkas et quadrilles qui ont assuré la renommée des « sorties » de la messe à la Madeleine, on rencontre des fugues à la française (qui n'ont pas la prétention de rivaliser avec celles de Boëly), des Élévations et des Offertoires qui ne déméritent point. La douceur un peu fade de la romance, chère à cet époux d'une chanteuse, procure une impression de recueillement ouaté, de religiosité sulpicienne. Une harmonie très chromatique nous rappelle que ce contemporain de Gounod l'est aussi de Franck et qu'il a entendu le *Tannhäuser* de Wagner comme tout Parisien qui se respecte.

L'Office catholique

Dédié à l'évêque de Carcassonne, ce vaste ensemble pour orgue ou harmonium comprend 120 morceaux divisés en dix suites (à deux siècles de distance, la répartition évoque le *Troisième Livre* de Nivers) et publiés bien évidemment sur deux portées. Y alternent des préludes, offertoires, communions, élévations, sorties, marches de procession et nombre de pièces intitulées « verset ». Lefébure va jusqu'à s'emparer du beau terme de « Prière » que le digne Boëly ne s'était pas autorisé, que Franck illustre une fois mais qui est familier à l'homme religieux par excellence qu'est Alkan et à l'organiste belge Lemmens.

L'Organiste moderne

« Collection de morceaux d'orgue dans tous les genres en douze livraisons, hommage à M. l'abbé Hamon, curé de Saint-Sulpice. » Ils valent bien une dédicace, ces ecclésiastiques « modernes » qui encensent si énergiquement leur musicien : « Je m'applaudis toujours de plus en plus de voir notre bel orgue en si bonnes mains : l'Instrument inspire l'Artiste, l'Artiste honore l'Instrument » (abbé Hamon); « Cette langue chrétienne, M. Lefébure la parle admirablement » (abbé Lamazou). Les « forme sonate » les plus académiques abondent dans ces pièces, d'une longueur plus respectable que leur style, publiées sur trois portées, même si celle du pédalier n'est jamais bien noircie.

— **Élévation ou Communion en *la* mineur** (2ᵉ livraison). Charmante romance à 3/4 de structure tripartie A-B-A et coda, en trois strates bien différenciées : mélodie en noires au soprano, arpèges en croches au ténor, basse sur les temps forts. La section centrale en *la* majeur chante sur le hautbois du Récit, et le *da capo* se fait avec Grand-Orgue et Récit accouplés. Du très joli et très authentique Lefébure.

Durée d'exécution : ~ 2 mn 30 s

— **Offertoire en *ré* mineur** (10ᵉ livraison). C'est l'une des pages les plus révélatrices du « grand style » de l'organiste. Ainsi qu'il est devenu habituel, la forme sonate a donc remplacé les anciens triptyques en style d'ouverture des organistes de Louis XIV. En rien moins que 298 mesures, qui ouvrent la voie aux symphonies de Widor, l'Offertoire déroule quatre parties équilibrées : exposition bithématique (mes. 1 à 89), développement central (mes. 89 à 150), réexposition (mes. 150 à 235), développement terminal et coda. Impérieusement réitéré, le premier thème en *ré* mineur est très caractéristique de l'auteur : appel de quinte et chute legato des deux mains à l'octave, puis accords détachés pour la seconde incise.

La transition commence en *si* bémol par un motif nouveau avant de commenter le premier thème et de gagner *mi* majeur dans un dédale de chromatismes et enharmonies. Assez terne, le deuxième thème en *la* majeur se complique de fausses relations sur un dessin alambiqué de croches. Le développement se souvient surtout du premier thème et du cheminement de croches du second. Sur l'immense pédale de dominante de *ré*, il sera repris à la manière de Franck avec agrandissement de sa cellule initiale : quinte, septième, neuvième (mes. 130-133). Réexposition très (trop) symétrique. Développement terminal lancé énergiquement par l'incise en

accords arrachés du thème initial, puis emportement croissant, également typique du compositeur, propulsé par les croches du deuxième thème, des marches d'harmonie, des chromatismes propres à repousser les cadences et autres artifices efficaces. Une coda très plate gâche l'élan quasi schumannien de cette excitation finale.
Durée d'exécution : ~ 7 mn

— **Sortie en *mi* bémol majeur** (11e livraison). Forme sonate également pour cette pièce enlevée à quatre temps, au premier thème virevoltant au-dessus d'un élastique accompagnement en alternés, au pont-commentaire syncopé sur des glissements chromatiques et au deuxième thème plus élégiaque passant du soprano au ténor. Le développement sur le premier thème atteint le paroxysme pour introduire la réexposition suivie d'un bref développement terminal triomphant en style de french-cancan.
Durée d'exécution : ~ 4 mn

— **Marche en *ut* majeur** (12e livraison). Marche clownesque à 2/4 dans une impeccable structure en arche en trois volets et coda. Les deux volets extrêmes, eux-mêmes ternaires (a-b-a), donnent à entendre à la main gauche un motif grondant, lancé par la note sensible trillée, façonné de legatos et staccatos, entre une basse et un dessus alternés en staccato du plus comique effet. Le volet central en *fa* majeur (c-d-e-d-c) mise sur le contraste et privilégie des tournures plus mélodieuses.
Durée d'exécution : ~ 4 mn 30 s

Les Grandes Orgues, vade-mecum des églises

Ensemble de médiocres morceaux, classés par tonalités, en style pianistique sur deux portées, et offrant comme dans *L'Office catholique* un éventail d'entrées, sorties, versets, saluts, préludes, marches de procession, etc. Dans ce florilège, pas une imitation contrapuntique, pas un souvenir de mélodie liturgique. Vade-mecum, assurément, pour les petits organistes des grandes orgues !

B. F.-S.

JEAN-PIERRE LEGUAY

Né à Dijon, le 4 juillet 1939. Il commence le piano à sept ans, l'orgue à treize ans. A Paris, il reçoit l'enseignement d'André Marchal et de Gaston Litaize. Très tôt attiré par la composition, sa première œuvre connue, un quatuor à cordes, est écrite en 1959. Au Conservatoire, il est l'élève de Simone Plé-Caussade, Rolande Falcinelli et Olivier Messiaen. En 1961, il est nommé organiste de Notre-Dame-des-Champs, tribune qu'il quitte en 1985 pour celle, prestigieuse, de Notre-Dame de Paris, qu'il partage alors « par quartiers » avec Philippe Lefebvre, Olivier Latry et Yves Devernay (mort en 1991). Pédagogue, il enseigne au conservatoire de Dijon et participe à de nombreuses académies d'été où sa culture fait merveille. Dans ses concerts, qui le mènent jusqu'en Extrême-Orient, l'improvisation tient un grand rôle ; elle est pour lui un laboratoire d'idées en même temps qu'un jaillissement d'expression spontanée.

Leguay a écrit une quarantaine d'œuvres pour des formations diverses, toutes marquées d'un grand lyrisme. *Trio à cordes* (1979), *Madrigal I* pour quatre trombones, *Chant d'airain* (1986) pour trombone solo, *Madrigal VIII* (1989) pour un percussionniste, *Chant* (1989) pour chœur de femmes et percussions, sur un texte tiré du *Cantique des cantiques*. Mais c'est à l'orgue qu'est consacrée la plus grande part de sa production.

Émissions de radio et colloques sont pour Leguay l'occasion d'affirmer ses idées sur l'orgue. « Autant il est clairement démontré que l'on ne peut pas jouer n'importe quelle musique sur n'importe quel orgue, autant il faut affirmer avec force que tous les types d'orgue, grands ou petits, sont également susceptibles de stimuler la composition actuelle dès lors qu'est pertinente la juste adéquation entre la pensée et le vecteur sonore... » Toute l'œuvre pour orgue de Leguay est une magnifique démonstration du bien-fondé de ce concept.

Au maître de la paix (1963-1964)

Écrit pour le concours des « Amis de l'orgue », il se compose de trois parties bien distinctes : *Maison de Dieu*, puis *Christ lien de la charité* sont méditatives et paisibles ; *Moisson de joie*, exaltée et jubilatoire, va clore ce triptyque dans une atmosphère éclatante.

Durée d'exécution : ~ 17 mn

Péan I (1968), pour orgue, 3 trombones et percussions

Créé en 1973 pour l'inauguration du nouvel orgue de l'église Notre-Dame-des-Champs à Paris, il est composé de huit strophes enchaînées, dont les trois premières *(Invocation, Jubilant, Intense)* et les trois dernières *(Intense, Lumineux, Flamboyant)* s'articulent autour d'un centre constitué des strophes IV *(Irisé)* et V *(Tendre)*. Chaque strophe se caractérise par une utilisation toujours différente de l'effectif instrumental et par un renouvellement constant des matériaux sonores.

Durée d'exécution : ~ 15 mn

Sonate I (1974), pour grand orgue

Un itinéraire tourmenté, exalté, appels et réponses — c'est là l'un des principes unificateurs de cette première sonate, où de nombreux éléments réapparaissent transformés. Les silences de durées variables ont été psychologiquement évalués, silences d'attente ou de transition.

Durée d'exécution : ~ 29 mn

Préludes (1965-1980)

Cette série de 22 préludes, dont la composition s'étale sur quinze années, n'est pas une méthode d'étude progressive, mais une série de microcosmes autonomes pouvant se grouper sans respecter l'ordre de la partition. Ces pièces sont conçues pour un instrument modeste et permettent aux jeunes organistes presque débutants un contact avec le langage contemporain. Dans les *Préludes 16* à *21*, il n'est fait appel à aucun changement de jeux, l'objectif du compositeur étant de créer une musique dynamique en elle-même, démarche qui suppose une écriture où tout événement soit individualisé.

Madrigal II (1980)

Cette œuvre résulte d'une commande du Conservatoire de Paris. Dès la première mesure est présentée une synthèse des différents matériaux qui seront ensuite agencés tout au long de la pièce et qui, se combinant à nouveau, vont engendrer d'autres motifs.

Durée d'exécution : ~ 7 mn

Étoilé (1980)

Pour orgue positif et 5 instruments (flûte, hautbois, clarinette, violon, violoncelle), cette pièce a été créée au Festival d'Avignon en juillet 1982. « Étoilé comme le ciel, étoilé comme la vie ».

Durée d'exécution : ~ 20 mn

Madrigal III (1982)

Pour orgue positif ou clavecin, déduit de *Étoilé*, il a été retravaillé pour former un tout cohérent ; bien que condensées, les arborescences y restent toujours sensibles.

Durée d'exécution : ~ 12 mn

Sonate II (1983)

Commande de l'Institut de musique ancienne de Metz pour l'orgue de la cathédrale, qui offre au compositeur un clavier principal, et un autre avec un jeu d'anche, au tempérament mésotonique. L'œuvre sonne cependant presque aussi bien sur un orgue au tempérament égal, évoluant avec le même bonheur dans ces deux univers si différents. Deux parcours sont possibles à travers les diverses séquences.

Durée d'exécution : ~ 23 mn

Madrigal V (1983)

La pièce est divisée en trois parties, et la forme d'ensemble se fonde sur un processus d'élimination et de raréfaction progres-

sives de tous les matériaux utilisés.
Durée d'exécution : ~ 10 mn

Madrigal VII (1985)

Commande du concours de Chartres pour un instrument à trois claviers sur lequel l'interprète a le choix entre plusieurs registrations. L'ensemble a la forme d'une grande arche, dont les derniers accords sont un rappel des « sonorités de cloches » du début de la pièce.
Durée d'exécution : ~ 8 mn

Aube (1986), pour orgue positif et orchestre de chambre

Cette œuvre emprunte un certain nombre d'éléments de *Granit*, mais entièrement retravaillés. Dans un environnement sans cesse renouvelé, trois voix réparties entre l'orgue, les cordes et les vents vont former des entités bien distinctes, chacune suivant un parcours différent; les parcours peuvent se rejoindre pour fusionner. Trois épisodes cadentiels sont confiés à l'orgue seul.
Durée d'exécution : ~ 18 mn

Madrigal IX (1987)

L'œuvre a été créée à Strasbourg par Olivier Leguay, le fils du compositeur, à qui elle est dédiée.
Durée d'exécution : ~ 7 mn

X.D.

JACQUES-NICOLAS LEMMENS

Né à Zoerle-Parwije (Belgique), le 3 janvier 1823; mort à Linterpoort, le 30 janvier 1881. Élève de Hesse à Breslau (1846) et de Fétis, il est nommé professeur d'orgue au Conservatoire de Bruxelles (1849) et se distingue par une si parfaite maîtrise dans l'exécution des œuvres de Bach qu'il connaît très tôt un succès international, notamment à Paris où il se produit à la Madeleine, Saint-Vincent-de-Paul et Saint-Eustache. Après avoir épousé la cantatrice anglaise Hélène Sherrington, il séjourne pendant quelque temps à Londres (1857), puis fonde une école de musique religieuse à Malines (1878).

Héritier indirect de Bach par Kittel, Rinck et Hesse, Lemmens apparaît comme un des chaînons majeurs d'une tradition dont la pérennité fait aujourd'hui l'objet de contestations. Appliqués à Bach, le legato préconisé par Lemmens puis par Widor et Dupré, les phrasés ou articulations et la technique de pédale avec usage du talon qu'il décrit dans son *École d'orgue* semblent, à bien des égards, d'une opportunité discutable. Mais resterait à prouver d'après les méthodes de Kittel et de Rinck, ou les pièces pédagogiques soigneusement doigtées par Hesse, quand, comment et par qui cette filiation s'est rompue.

Ce genre de débat ne suscitait cependant guère d'intérêt au XIXe siècle et, lorsque Lemmens se fit entendre à Saint-Vincent-de-Paul, le 25 février 1852, les invités sélectionnés par Cavaillé-Coll reçurent au moins une véritable leçon d'orgue à défaut de musicologie; jeu lié, virtuosité de pédale, bon goût et sérieux de la musique interprétée. Beaucoup d'organistes ainsi présents (Boëly, Benoist, Cavallo, les deux Franck, Alkan, Lefébure-Wely, Fessy, Durand, Schmitt), souvent pianistes convertis par nécessité à l'instrument d'église, purent-ils apercevoir *de visu* et *de auditu* quel chemin il leur fallait parcourir. Or, si cette distance fut couverte en moins de quinze ans — lorsque ses élèves atteignirent leur maturité —, l'organiste belge n'y fut pas pour rien.

En tant que virtuose et pédagogue, Lemmens occupe, en effet, dans l'histoire de l'orgue français une place aussi considérable que celle de Benoist, quoique plus tardive. Maître de Guilmant, Widor et Loret qui professèrent dans les trois centres d'enseignement supérieur parisiens (Conservatoire, Niedermeyer, Schola) et formèrent Bonnet, Ermend-Bonnal, Mulet, Vierne, Tournemire, Gigout et Dupré*, il contribua pour une large part à élever le niveau de la technique instrumentale que Benoist ou Franck avaient sacrifiée à d'autres ambitions (improvisation, composition). L'école de Dupré lui paraît donc redevable, comme elle lui doit aussi le bénéfique retour à Bach qui prend en France toutes ses dimensions dans les dernières décennies du XIXe siècle. Est-ce à son initiative, sur ses conseils, que, naguère admirateur de Lefébure-Wely, Cavaillé-Coll dote à nouveau ses instruments de pleins-jeux propres à servir la polyphonie, à l'heure où un Guilmant entreprend une méritoire croisade en faveur du maître de Leipzig bien sûr, mais aussi de Buxtehude ou de Haendel ?

En tant que compositeur, Lemmens a recherché un juste équilibre entre des forces germaniques d'esprit néo-classique (fugue, contrepoint à la Bach) et moderne (mouvements lents ou orchestraux de Mendelssohn) ; mais s'il se montre assez peu soucieux des couleurs, laissant souvent aux Français l'exigence d'une registration imposée, sa musique n'en demeure pas moins latine et puise dans le plain-chant ou privilégie l'éclat triomphaliste cher à Rome. Semblable à celle de Franck, la tradition qu'il détient en fait ainsi un des premiers à traiter le grégorien sous forme de choral (*Creator alme siderum* de l'*École d'orgue*) ou à lancer l'idée d'une sonate à programme catholique.

A côté de maintes œuvres pédagogiques et relatives à l'accompagnement du plain-chant, question qui lui tient à cœur et qu'il aborde dans un ouvrage de publication posthume (*Du chant grégorien, sa mélodie, son rythme, son harmonisation*, Gand, 1886), Lemmens a laissé des pièces diverses d'exécution parfois difficile et trois sonates.

École d'orgue

Parue en 1862, cette *École d'orgue basée sur le plain-chant romain* fut mise en pratique par les disciples français de Lemmens et constitue une source sûre de l'enseignement de Dupré ou de Vierne, dont les méthodes s'inspirent en partie. En 1920, une nouvelle édition revue par Gigout y inséra deux pièces (*Adoration* et *Fugue-fanfare*) tirées des sonates.

La première partie propose deux séries d'exercices et de brefs morceaux, pour « apprendre à lier le jeu par la substitution et le glissé », puis les modulations. Vient ensuite l'*École de la pédale* qui, les douze gammes majeures et mineures indiquées et doigtées, offre à l'étudiant tout un choix d'études (arpèges, substitutions, glissés, doubles notes, gammes chromatiques, octaves) puis de petits trios. Suit une série de pages plus ou moins développées, parmi lesquelles on retiendra :

— **Hymnus Creator alme siderum**, pièce déjà citée qui compte parmi les premiers chorals français, non compris ceux de Boëly (à usage privé) ou l'*Impromptu* d'Alkan qui sont écrits sur de véritables cantiques luthériens, et avant les œuvres de Widor (*Septième Symphonie* en 1887), Franck (*Trois Chorals* en 1890) et Boëllmann (1890). Dans un trio mené avec expression, le cantus firmus du plain-chant sonne au soprano, en un jeu de syncopes.

— **Prière** en *mi* majeur dont le titre est également utilisé par Franck, Alkan, Boëllmann, puis Lefébure-Wely et Guilmant.

— **Communion** en *si* majeur d'un style proche de Boëly.

— **Laudate Dominum omnes gentes**, *maestoso* en *ut* majeur, d'abord traité comme un grand chœur dialogué entre Grand-Orgue et Récit, puis sous forme de fugue avec un grandiose épilogue.

— **Fugue** en *fa* mineur utilisant, après exposition et seconde section, le renversement du sujet ainsi qu'une strette à quatre entrées.

— **Lauda Sion salvatorem**, paraphrase d'abord classique (fugato) puis symphonique, dont la conclusion (« Plenum organum ») en appelle à une difficile partie de pédale à trois sons.

— **Introduction et fugue** en *ut* mineur, dont le prologue harmonique module jusqu'en *ré* bémol.

— **Scherzo symphonique concertant**, sortie en *la* majeur de composition très orchestrale avec accords arpégés, dont la nature et le dessein sont proches de la

* Voir tableau II, p. 809.

Grande Pièce symphonique que Franck élabore à la même époque.

— **Offertoire « Hosannah ! »** en *sol* majeur, largement développé selon une structure da capo qui oppose une partie contrapuntique à un cantabile avec hautbois au ténor.

— **Fanfare** en *ré* majeur, une des pages les plus populaires et les plus plaisantes de Lemmens. Jouant sur trois plans (trompette, clairon, montre et prestant), cette toccata perpétuelle en staccato de doubles croches que la pédale et la main gauche soutiennent en croches détachées, s'articule selon un schéma symétrique A B A.

— **Cantabile** en *si* mineur avec section centrale en majeur et fin notée sur quatre portées.

— **Final**, *allegro* sur le grand chœur en *ré* majeur avec hymne religieux dans la partie médiane.

Les Sonates

Publiées en 1874, soit deux ans après l'*Opus 13* de Widor qui contient les quatre premières symphonies, ces trois œuvres innovent surtout par leur contenu sacré (peut-être à l'exemple d'un Mendelssohn, qui insère des chorals dans certaines sonates, la seconde fait entendre l'*O Filii*). Ce contenu annonce la *Gothique* et la *Romane* de Widor, ainsi que les paraphrases de Tournemire et de ses continuateurs. Mais comme Merkel ou Rheinberger, ses contemporains allemands, Lemmens n'hésite pas à solliciter la tradition germanique en terminant par une fugue. Cependant, lorsqu'il s'agit de brosser certains mouvements avec une relative économie thématique, il ne se montre pas toujours à son avantage et son goût pour les mélodies aux contours délicats, ou les effets faciles auxquels il se livre parfois, annoncent bien des pages de Guilmant... pour le meilleur et pour le pire.

Écrite en *ré*, la **Première Sonate « pontificale »** débute par un **Allegro moderato** en mineur dont les idées se renouvellent avec une manifeste liberté : « con moto » mendelssohnien (A), fugato (B), section en dialogue modulant en *fa* majeur (C), hymne sur la voix humaine (D), enfin retour de A (crescendo) et coda sur B. Suit un **Adagio** en *si* bémol majeur de tour gracieux et détendu et de structure A B (*sol* majeur) A', puis une **Marche pontificale** en *ré* majeur qui présente bien des analogies avec celle de la *Première Symphonie* de Widor : rondo à deux couplets dont le premier module un moment dans le ton du relatif et le second dans celui de la sous-dominante, allure pompeuse du refrain, laisser-aller des formules du second couplet... Quant à la *Fuga* terminale en manière de fanfare, elle exploite un sujet qui manque quelque peu de raffinement. Après une exposition régulière (quatre voix) avec réponse tonale, on y distingue deux groupes d'entrées (entrecoupés de divertissements) dont le deuxième module dans le ton du relatif.

Trois mouvements composent la **Seconde Sonate « O Filii »**, en *mi* mineur, dont l'**Allegro moderato** semble ignorer aussi la forme sonate stricte pour une organisation assez lâche. Un **Cantabile** en *sol* majeur de plan classique *(da capo)* oppose ensuite à une sorte d'hymne (B) qui fait place à l'*O Filii* (*sol* mineur), un solo très charmeur à la Mendelssohn (A). La **Fugue** en *mi* mineur, qui conclut sur le grand chœur, se déroule ainsi qu'un *Allegro con fuoco* assez développé, mais sans strette.

La **Troisième Sonate « pascale »** propose d'abord un **Allegro** comparable aux mouvements initiaux des deux précédentes. Un motif de choral s'y heurte à un mouvement allant sur les fonds comme dans la *Première Sonate* de Mendelssohn, puis à une marche. Suit une **Adoration** en *fa* majeur *(Andante sostenuto)* où alternent Grand-Orgue et Récit. Composée avec rigueur par huit mesures, la première partie présente un canon à l'octave entre soprano et basse, maintenu pendant six mesures, mais abandonné dans la seconde. Comme le premier mouvement, le **Finale-Alleluia** fait alors appel à trois thèmes principaux : A, en *la* majeur, introduction harmonique sur l'organo pleno, puis deuxième plan au Récit ; B, sous forme de fugato sur un sujet voisin de celui qu'exploitera plus tard Marcel Dupré dans *Choral et fugue* op. 57 ; C comme un hymne en *fa* dièse, traité en choral. Après l'exposition de ces divers motifs, B et C alimentent la péroraison.

Durée d'exécution : ~ 16 mn, 13 mn et 13 mn

F.S.

JACQUES LENOT

Né à Saint-Jean-d'Angély, le 29 avril 1945. Ayant reçu une formation d'instituteur, il a commencé par enseigner, mais a abandonné cette carrière en 1970 pour se livrer uniquement à la composition, « en autodidacte ». En fait, ayant commencé à composer dès l'âge de dix ans, imprégné des musiques nouvelles qu'il entendait au festival de Royan, il a travaillé avec Bussotti et Donatoni. Remarqué par Messiaen, il est joué pour la première fois à Royan en 1967. Très abondante, son œuvre prolifère en de multiples directions mais fait une part importante à l'orgue, instrument qu'il a un peu pratiqué et à l'égard duquel il manifeste une position originale, se défiant de toute obédience à l'égard de la « machine-orgue », des automatismes d'écriture et d'une vocation liturgique traditionnelle, et souhaitant participer ainsi au renouveau de la littérature de l'instrument.

Épris de rigueur, obsédé par la forme, Lenot se réclame de Schönberg et de Boulez. Dans la descendance postsérielle, cet artiste nourri non seulement de nombreuses musiques, mais aussi de peinture, de littérature et de poésie, transgresse les rigueurs de la série, notamment par l'introduction d'« accidents » répondant à l'urgence d'une nécessité poétique. Compositeur extrêmement fécond, ses œuvres sont en effet déclenchées par un vers, une image ; elles naissent par cycles, le matériau musical de base proliférant à mesure en des réalisations autonomes mais interdépendantes. Celles-ci n'en sont pas moins provoquées par des demandes d'interprètes et travaillées avec eux, dans un dialogue qui entretient une dialectique permanente entre la conception musicale et sa réalisation.

Familier de l'orgue depuis son enfance, Lenot a longtemps éprouvé pour lui une attirance mystérieuse tout en manifestant un rejet systématique de son aspect matériel et de ses sons parasites (tuyaux octaviants ou quintoyants, partiels d'émission, etc.). En répondant à cet ancien appel, il a voulu à la fois se dégager des connotations liturgiques de l'instrument autant que des références organologiques (écriture spécifique, registration, contraintes acoustiques), qu'elles soient l'héritage du passé ou le produit de récentes trouvailles. Son instrument idéal serait du type classique français, à traction mécanique, de volume sonore modeste, aux timbres très clairs et bien individualisés. Le compositeur a rapidement apprivoisé l'instrument : en dix ans ont vu le jour les pièces pour orgue seul présentées ci-dessous, représentant quelque trois heures de musique, mais aussi une œuvre pour orgue et alto, soli et orchestre, *Parmi les hiérarchies des anges* (1985), une pour orgue et sextuor à cordes, *Pensieri dolenti...* (1989) et un *Maurice Fleuret, in memoriam*, pour orgue et huit instruments à vent (1990).

Livre d'orgue (1982-1984)

A la différence des ouvrages homonymes des maîtres classiques français ou de Messiaen, le titre de cette œuvre est à entendre au sens littéraire, et plus précisément à la façon d'un recueil de poèmes ou de notations nées comme celles d'un journal intime, que l'on pourrait ouvrir à n'importe quelle page. Quoique fondées sur des éléments cellulaires communs, ses différentes pièces peuvent en effet être jouées séparément, ou dans un ordre autre que celui du Livre. Observant un principe d'alternance interne d'éléments opposés, les pièces présentent également entre elles une alternance de caractère.

1b. Création le 10 décembre 1983 à Saint-Germain-des-Prés dans le cadre du Festival d'Art sacré par Jean-Louis Gil, en même temps que les pièces 2, 4 et 5 du même Livre. Écrite après la n° 6, cette page remplace la première pièce d'origine (1a), rejetée par le compositeur. C'est l'ouverture, le portail liminaire du Livre. Après une brève introduction, très statique, elle présente les propositions sonores qui seront développées dans les autres pièces (intervalles d'octave augmentée, de triton, motifs rythmiques, etc.). On notera dès ce début quelques constantes. D'abord, la volonté de renoncer à toute spécificité organistique : en totale opposition avec les œuvres de Messiaen, aucune indication de registration n'apparaîtra, et cette page est même écrite sur deux portées seulement. Ensuite, l'alternance de longues tenues extatiques et de traits disjoints en éclairs, en appelant à une grande virtuosité; ou l'emploi, étranger au jeu classique de l'orgue, de battues d'intervalles disjoints créant, dans le refus de tout « effet » dramatique, un brouillage par la génération de fréquences résultantes. Enfin, la construction par panneaux contrastés accolés, le quatrième et dernier étant ici une reprise modifiée du premier.

Durée d'exécution : ~ 4 mn 30 s

2. Celle des pièces qui joue le plus sur l'alternance interne. Dans de constants changements de mètres (presque à chaque mesure), oppositions de mesures courtes très surchargées à des mesures longues quasiment vides, contrastes de dynamique (du *ppp* au *fff*), superpositions rythmiques très complexes.

Durée d'exécution : ~ 6 mn

3. Création le 7 février 1987 à la cathédrale de Rennes par Pierre Boumard. Page plus contrapuntique (écriture jusqu'à sept voix), austère et calme, malgré ses nombreuses oppositions rythmiques binaire/ternaire (3 pour 2, 4 pour 3).

Durée d'exécution : ~ 4 mn

4. Pièce extrêmement virtuose. Des traits rapides dans l'aigu, en duo, sont violemment interrompus par des grappes d'accords *fff* et de brèves plages de tenues mystérieuses, *ppp*, issues de la pièce n° 3.

Durée d'exécution : ~ 2 mn 30 s

5. Page lente et méditative, sorte de mélodie accompagnée se déroulant en trois parties, *adagio semplice*, *larghetto con tenerezza*, *andante sostenuto*. Elle dérive, par amplification, d'une pièce pour flûte basse, *Utopia glossa quarta*, écrite la même année 1982.

Durée d'exécution : ~ 10 mn

6. Création le 12 octobre 1986 au festival d'Angers par Pierre Boumard. Écriture en trio. L'énoncé est diffracté sur les trois voix, sonnant sur autant de plans sonores bien différenciés. Les voix demeurent toujours dans un ambitus de septième, sans croisement entre elles. Au cours des dix panneaux, les tessitures des voix changent, mais le principe demeure.

Durée d'exécution : ~ 4 mn

7. « Aus der Engel Ordnungen » (« Parmi les hiérarchies des anges). Écrite en 1984, cette pièce a fait l'objet d'une nouvelle version en 1990; elle a été créée le 20 août 1990 à Saint-Germain-des-Prés par Michel Bourcier, dans le cadre du Festival Estival de Paris. Composée à la demande de Jean-Louis Gil pour constituer une conclusion monumentale au *Livre*, elle dure à elle seule à peu près aussi longtemps que les six autres réunies. Elle s'appuie sur le premier vers de la première *Élégie de Duino* de Rilke : « Qui, si je criais, m'entendrait parmi les hiérarchies des anges?... ». Détonateur poétique, certes, mais l'ambiguïté du mot *Ordnung*, à la fois « hiérarchie » et « ordre », induit une démarche dans la construction. La pièce s'ouvre en effet par une longue introduction en trio, à 4/4; l'écriture (en trio, surtout, mais aussi en quatuor), se diversifie, développant les éléments fondateurs du *Livre* dans une prolifération d'épisodes de mètres et de rythmes variés, jusqu'à un point central (p. 27) à partir duquel l'œuvre se déroule en miroir, remontant le fil de son discours jusqu'aux origines — récurrence exacte, à la distribution près des voix dans les hauteurs (hiérarchies? ordres?). Elle apparaît ainsi comme une parfaite grande arche, reposant sur le soubassement de l'épisode introductif/conclusif. Une « prolifération » instrumentale de cette pièce, sous le même titre, en français, de *Parmi les hiérarchies des anges*, sera écrite en 1985 pour alto et orgue soli et orchestre.

Durée d'exécution : ~ 27 mn
Durée d'exécution totale du Livre : ~ 58 mn

Le Livre des Dédicaces (1987)

Création le 19 juin 1988 à Saint-Séverin par Pierre Boumard. Les dédicaces sont deux, celle inscrite sur la partition, à l'interprète, et une autre, non explicitée. L'œuvre se compose de 25 pièces brèves : à l'exception de la pièce centrale, XIII, qui dure 6 minutes, et des pièces XI et XV, de 5 minutes, toutes les autres durent entre 1 et 2 minutes. Elles peuvent être jouées

isolément ou groupées, selon le vœu de l'exécutant. En fait, ces pièces sont au nombre de douze — chiffre à haute signification symbolique, comme le sept des pièces du *Livre d'orgue*. Douze pièces (I à XII) reprises en récurrence variée (XIV à XXV), un peu comme dans *Aus der Engel Ordnungen* ; le centre du *Livre* est matérialisé par une pièce supplémentaire, XIII.
Durée d'exécution : ~ 54 mn

Heureux les vents qui fuient vers les jardins (1988)

Création le 26 novembre 1988 à l'hospice Comtesse de Lille par Pierre Boumard, dans le cadre du festival de Lille. Ce titre est une nouvelle réminiscence d'un vers de Rilke. Fruit d'un défi — créer un ballet sur une œuvre pour orgue contemporaine —, celle-ci a été élaborée par le compositeur en collaboration avec les chorégraphes. Chacune des dix pièces qui la composent est appropriée à la danse, comme autant de « pièces de genre ». La septième a depuis « proliféré » pour féconder d'autres œuvres.
Durée d'exécution : ~ 1 h

Deux pièces de fantaisie (1991)

Dédiées à Pierre Boumard et créées par lui à Notre-Dame de Nice, le 14 avril 1991. A l'intention d'abord de son dédicataire, le compositeur s'est plu à requérir une assez grande virtuosité d'exécution, ce qui n'est pas toujours le cas en d'autres de ses partitions. Les deux pièces tirent leur substance musicale de pages antérieures qu'elles paraphrasent : la première d'une œuvre pour flûte et harpe, *Auf Naxos*, la seconde d'une œuvre pour flûte et violoncelle au titre emprunté à Hölderlin, *Aux antiques rives heureuses*. Issu de partitions destinées à la flûte, le matériau sonore originel, faisant une part à la monodie, confère à ces pages un caractère *cantabile*. Ainsi peut-on parler de « mélodie accompagnée » à propos de la première pièce, même si les éléments mélodiques d'origine s'y voient dispersés aux différents claviers et sur divers registres de hauteurs. Pour la seconde, la partie de violoncelle se trouvant harmonisée, la monodie devient contrepoint, à partir de deux voix.
Durée d'exécution : ~ 8 mn

Esquisses pour orgue 1 à 8 (1991)

Création par Pierre Boumard à Notre-Dame de Rennes, le 28 avril 1991. Au nombre provisoire de huit, ces pièces extrêmement brèves (de l'ordre d'une minute en moyenne chacune), d'esprit plutôt pédagogique, développent des caractéristiques précises et bien différenciées.

1. Sorte de toccata introductive (2 mn environ).
2. Continuum d'accords de trois sons, dans le « creux » desquels s'insèrent les notes d'un chant au pédalier (1 mn environ).
3. Mélodie accompagnée : opposition d'un récit dans l'extrême-aigu à une basse au pédalier, dans le registre le plus grave (1 mn 40 s environ).
4. Dans le médium, cette fois, développement de l'idée de la toccata (nº 1), mais dans une rythmique différente, en un 7/8 décomposé, comme chez Bartók, en 2 + 3 + 2, mais la section médiane de trois croches se trouvant contrariée (40 s environ).
5. Contrepoint à six voix, deux dans le haut, deux dans le médium, deux dans le grave, mais à registrer de telle façon qu'elles sonnent dans l'ambitus d'un intervalle de septième (1 mn environ).
6. Écriture en trio, à la rythmique très complexe, faisant appel à des valeurs allant jusqu'à la quadruple croche, comme quelque réminiscence d'une ornementation de la ligne, toujours absente chez Lenot. La tessiture est ramassée sur trois octaves (1 mn environ).
7. Même écriture, mais à présent étalée de l'extrême grave à l'extrême aigu (1 mn environ).
8. Souvenir de la pièce 5, mais dilaté sur toute l'étendue de l'instrument au lieu de la contraction sur moins d'une octave (1 mn environ).

G.C.

GEORG DIETRICH LEYDING

Né à Buecken, le 23 février 1664; mort à Brunswick (Braunschweig), le 10 mai 1710. C'est Johann Gottfried Walther qui, dans son fameux Lexicon *de 1732, nous livre les rares informations que nous possédions sur cet organiste très discret, quoique fort apprécié en son temps. Manifestant dès son jeune âge de grandes dispositions musicales, il fut pris en charge, à quinze ans, par Jacob Boelsche, organiste de Brunswick. Après cinq années d'études, il éprouva le besoin, comme beaucoup de jeunes organistes à son époque, de perfectionner son art à Hambourg et Lubeck auprès des illustres Buxtehude et Reinken. Mais tandis qu'il était à Lubeck, son maître Boelsche, gravement malade, le rappela à son chevet pour lui offrir sa succession. Après la mort de Boelsche, cette même année 1684, Leyding prit en charge Saint-Uldaric et Saint-Blaise. Il travailla enfin la composition avec Theile, et quelques années plus tard ajouta un troisième fleuron à sa charge, la tribune de Saint-Magnus. Walther nous dit qu'il exerça cette triple fonction « en homme humble, modeste et paisible ».*

D'une production probablement abondante, il ne nous reste malheureusement que trois préludes, une partita sur le choral « *Von Gott will ich nicht lassen* » (6 versets) et une fantaisie de choral sur « *Wie schön leuchtet der Morgenstern* », vraisemblablement inachevée. Naturellement, cette production adopte les canons d'écriture de cette école nordique, au sein de laquelle brillent tout particulièrement Buxtehude, Bruhns ou Lübeck. Et Leyding, soit lors de son bref séjour en 1684, soit lors de voyages ultérieurs, a consciencieusement assimilé ces techniques d'écriture et d'exécution.

Si l'on en juge par le trait qui ouvre le **Prélude en *si* bémol** (25 mesures de doubles croches en pointes alternées), ce « modeste » organiste devait être un fameux virtuose du pédalier ! Et le 6e versus de **« Von Gott will ich nicht lassen »** met en action une périlleuse double pédale. Par ailleurs, il devait bénéficier d'un toucher particulièrement léger, car il aime les motifs en notes répétées : le 5e verset du même choral est, à cet égard, particulièrement crépitant ! Il y a du Puck en ce musicien... Certes, comme nombre de ses contemporains (que l'on se reporte à Reinken, Kneller, Brunckhorst ou même Lübeck), il n'échappe pas aux procédés stéréotypés, aux séquences lassantes à force de clichés monotones. Mais il faut lui reconnaître, d'une part une réelle grandeur, comme en témoigne le *Prélude* en *ut* majeur, d'autre part une réjouissante vitalité rythmique (les deux paraphrases de chorals sont à ce titre particulièrement démonstratives).

A mi-chemin entre Hambourg et Leipzig, Brunswick pouvait s'enorgueillir d'un organiste de talent, à défaut de génie, qui sut faire fructifier l'héritage de Reinken et Buxtehude.

G.G.

GYÖRGY LIGETI

Né à Dicsöszentmárton (Hongrie ; aujourd'hui Tîrnăveni, Transylvanie), le 28 mai 1923. Il étudie la musique, dont l'orgue, à Cluj (Kolozsvár), puis, de 1945 à 1949, à l'École supérieure de musique de Budapest, où il sera ensuite lui-même chargé de cours d'harmonie et de contrepoint. A la fin de 1956, il quitte son pays pour Cologne – il y travaille à côté de Stockhausen –, puis Vienne. Professeur à Darmstadt, à

*Stockholm (où il expérimente sur l'orgue, avec Karl-Erik Welin), il est nommé compositeur en résidence à l'université de Stanford (Californie). Fixé à Hambourg, il va y enseigner la composition jusqu'en 1989. Il est aujourd'hui reconnu dans le monde entier comme l'un des créateurs les plus significatifs de notre temps, et l'influence de sa pensée est considérable sur les générations plus jeunes. Découvrant les recherches contemporaines en arrivant à l'Ouest, il s'éloignera très rapidement des tendances alors en pointe, le sérialisme comme l'électro-acoustique, pour s'orienter dans des voies nouvelles et résolument personnelles : le « statisme continu » de la « micro-polyphonie » (*Apparitions, Atmosphères, Volumina *pour orgue) et le style « haché »* (Aventures), *aboutissant à diverses synthèses de ces deux tendances dans sa musique religieuse* (Requiem, Lux aeterna), *sa musique symphonique* (Lontano) *ou de chambre. L'opéra* Le Grand Macabre *(1974-1977) marque une étape dans la carrière du compositeur. Peu à peu, celui-ci va en effet réintégrer le critère de « mélodie » qu'il avait radicalement évacué de ses œuvres des années soixante, et s'orienter vers une « harmonie » épurée. Les quatre œuvres qu'il a destinées à l'orgue sont très représentatives de plusieurs périodes de son évolution : les recherches personnelles de l'époque hongroise, dans l'ignorance de la musique contemporaine occidentale, puis le radicalisme des voies nouvelles avec* Volumina, *enfin, l'orientation vers une musique très écrite dans le domaine du statisme continu avec les* Études*; mais depuis 1969, aucune œuvre n'est venue témoigner à l'orgue des nouvelles options du compositeur.*

Si le *Ricercare* de la période hongroise témoigne d'une phase de la recherche du jeune compositeur beaucoup plus que d'un intérêt particulier pour l'orgue, c'est avec *Volumina* que celui-ci aborde réellement l'instrument, et de manière radicale, au point que l'œuvre marque une date-repère essentielle dans la musique d'orgue au XXe siècle. Le musicien a lui-même précisé sa démarche : « L'orgue m'intéresse d'une part par sa très grande richesse en possibilités de timbres jusque-là encore non explorées, d'autre part et surtout par ses imperfections, sa gaucherie, sa raideur et sa maladresse. Cet instrument ressemble à une gigantesque prothèse. Je sortis complètement des conditions impliquées par le mécanisme de l'orgue (d'où viennent ses défectuosités), et j'arrivai ainsi à une nouvelle technique du jeu de l'instrument. Celle-ci est principalement constituée de structurations et de possibilités d'articulations variées et différenciées de sons épais, remplis chromatiquement, de *clusters*, donc, qui sont inclus dans la forme musicale aussi bien à l'état immobile que lorsqu'ils sont agités par des vibrations internes ou encore lorsqu'ils s'animent, se font ou se défont*. »

Ligeti a expérimenté longuement afin de savoir ce qu'il pouvait attendre de cet instrument « quasiment mort », selon sa propre expression ; et ce grand découvreur a retenu plusieurs modes de jeu qui n'avaient jamais encore été rencontrés, du moins utilisés, comme les effets dus à l'arrêt de la soufflerie, au tirage partiel des registres ou au jeu sur les claviers sans les registres (bruits mécaniques seuls). Ses expériences faites sur le matériau électronique ont pu aussi s'appliquer à la machine-orgue. D'autre part, tout en récusant la tradition musicale, son attitude maintient une relation ambivalente avec cette même tradition, et l'on peut deviner sous les nouveautés les traces d'un héritage que le musicien se plaît à pervertir.

Ricercare (1953)

Sous-titré *Omaggio a Girolamo Frescobaldi*, il a été composé en 1953 et créé à Brême en 1978 seulement. C'est la version originale de la dernière des 11 pièces pour piano de *Musica ricercata* de 1951-1953. En 1951, dit le compositeur, « je commençai à faire des expériences avec des structures de rythmes et de timbres simples, afin de constituer, pour ainsi dire, une nouvelle musique en partant de zéro. [...] Je me demandai : que puis-je faire avec un seul

* Voir principalement Pierre Michel, *György Ligeti, compositeur d'aujourd'hui*, Minerve, 1985.

son? et avec son octave? avec un intervalle? et avec deux intervalles? que faire avec certains rapports rythmiques qui pourraient servir de base à une construction de rythmes et d'intervalles? ». La première de ces onze pièces est tout entière bâtie sur une seule note, à laquelle s'en adjoint une deuxième, sur la fin; la deuxième pièce se fonde sur trois notes, et ainsi de suite, jusqu'à la onzième, ce *Ricercare*, sur les douze sons. « De ces questions que je me posai alors et de la recherche de leur solution, il résulta un certain nombre de caractéristiques musicales qui n'étaient pas totalement étrangères aux idées sérielles. » Emprunté au *Ricercare cromatico* de la *Missa degli Apostoli* de Frescobaldi, le sujet présente en effet les douze sons du total chromatique, sur douze temps; il est traité en douze entrées fuguées parcourant le cycle des quintes, avec pour contre-sujet la gamme chromatique descendante. La douzième entrée est aussi la première d'une sorte de strette : en six entrées, toujours en rapport de quinte ascendante, le sujet se combine à lui-même, sans contre-sujet. Un nouvel épisode superpose le sujet à lui-même, et toujours dans le même rythme, mais en augmentation, en diminution et en valeurs normales. Après une brève strette, le sujet réapparaît une dernière fois dans l'aigu, comme les bribes d'un souvenir qui se défont — et tout cela dans un climat encore très bartokien.

Durée d'exécution : ~ 3 mn

Volumina (1961-1962)

Première exécution par Karl-Erik Welin, en studio, à la radio de Brême, le 4 mai 1962, puis en concert public à la Westerkerk d'Amsterdam, le 10 mai 1962. L'œuvre a fait l'objet d'une révision en 1966, donnée pour la première fois par le même interprète à Kiel, le 8 mars 1968.

Dans le temps comme par le style et l'objet de la recherche, *Volumina* est à rapprocher d'*Apparitions* (1958-1959) et plus encore d'*Atmosphères* (1961), dont ce pourrait être une sorte d'épilogue — épilogue, également, à une période créatrice, avant que le compositeur ne s'engage dans la voie du style « haché » et du théâtre musical avec les *Aventures* de 1962-1963.

L'originalité la plus immédiatement saisissable de cette œuvre tient à son abandon absolu de toute notation conventionnelle délimitant des hauteurs et des durées. La représentation y est de type graphique, « globale », notation spatiale agrémentée de nombreux commentaires; le compositeur donne d'ailleurs en préface de l'édition de l'œuvre de très nombreuses explications sur les modes de jeu requis.

L'épaisseur des traits prescrit le geste de l'organiste, des mains, des poignets ou des bras. « Le fait de savoir quelles sont les hauteurs à jouer n'a pas d'importance. Seules les limites des hauteurs sont importantes. » « La musique est pensée en *clusters*, avec des mouvements intérieurs, des transformations continuelles de ce tissu. Je n'ai pas pensé en rythmes, mais en transformations de tissus. »

De *Volumina* (en latin, « volumes », mais aussi « replis », « trous », référence du compositeur à la condition dans laquelle il s'est trouvé lors de l'invasion de son pays par les Soviétiques), Ligeti dit encore que c'est « un tout petit morceau de coloris sonore, où les couleurs répondent avant tout de l'organisation formelle ». Et ailleurs, que, à l'égal de ses œuvres contemporaines, la musique y éveille « l'impression de s'écouler continûment, comme si elle n'avait ni début ni fin. Ce que nous entendons est une coupe dans quelque chose qui est commencé depuis toujours ». Ces couleurs et ce continuum sont obtenus grâce aux nouveaux modes de jeu imaginés par le musicien : réalisation de crescendos et de diminuendos continus par des modifications de l'ampleur des *clusters*, mélanges de timbres par passages des *clusters* d'un clavier à l'autre ou prolifération à l'ensemble des claviers, outre les manipulations déjà indiquées sur la soufflerie et le tirage des registres, ou le jeu « muet ». « De tout cela s'engendre une forme pour ainsi dire vide, apparaissent des silhouettes sans visages, comme dans les tableaux de Chirico, des arrière-plans majestueux, une architecture composée uniquement d'échafaudages dans laquelle manque un édifice saisissable ».

Cette œuvre de référence représente un cas limite, et sans suite possible, où le traitement des sons se fait donc non par les intervalles, dont la destruction totale élimine du même coup toute notion d'harmonie, mais par l'épaisseur. Le temps y est élastique, et la forme reçoit son organisation des contours sonores. Ligeti a observé que c'était « une pièce vraiment radicale par la manière dont elle propose une nouvelle notation qui semble de la graphie musicale, mais en réalité n'a rien à voir avec elle », non sans reconnaître que « sous l'écorce, il subsiste quelque part des restes de toute la littérature d'orgue. On devine des figurations baroques précises, mais tout à fait recouvertes. Liszt, Reger et la sonorité de l'orgue romantique jouent également un rôle sous-jacent ».

Durée d'exécution : ~ 15 mn

Étude pour orgue n° 1 « Harmonies » (1967)

Composée en juillet 1967, à la demande de Gerd Zacher, pour célébrer le dixième anniversaire des concerts d'orgue à Hambourg, et créée à Hambourg le 14 octobre 1967 par le commanditaire. Comme la deuxième étude, celle-ci se différencie radicalement de *Volumina*, en se rapprochant du courant de l'« Op-Art » dans les arts plastiques, dont les illusions d'optique sont ici traduites par un jeu subtil de transitions sonores, timbres et ornements, à la limite du perceptible. Une seule harmonie s'y transforme progressivement, presque à l'insu de l'auditeur. Le nombre 10 est symboliquement sollicité : chaque accord contient dix sons, sans doublure, les dix doigts sont toujours occupés (il n'y a pas de partie dévolue au pédalier), exécutant des accords en alternance et inversés, d'une main à l'autre, sur deux claviers séparés. Chaque accord progresse vers un autre par le déplacement d'un seul doigt, à distance d'un demi-ton. Cette étude veut être d'abord un exercice d'invention de timbres, un stimulant pour développer des méthodes aptes à produire des couleurs nouvelles. La notation traditionnelle sert en tant que prescription de doigtés, mais les timbres brisés, « blêmes », « viciés », obtenus par admission variable de l'air, s'inscrivant dans la stratégie de « brouillage » délibérément menée par le compositeur, s'étagent sur des hauteurs relatives qui ne correspondent pas à l'écriture (indiquant des hauteurs absolues). L'ambiguïté et le charme de ces « harmonies » naissent de ce double jeu.

Durée d'exécution : ~ 9 mn

Étude pour orgue n° 2 « Coulée » (1969)

Composée en juillet 1969 et dédiée à Maedi Wood, elle a été créée par Gerd Zacher en la basilique de Seckau à Graz (Autriche), le 19 octobre 1969. Contrastant avec la première étude, où les doigts sont presque immobiles, *Coulée* doit être jouée extrêmement vite et donner l'impression, comme dans la pièce de clavecin portant ce titre, d'un *continuum* vibrant et animé, tout entier polarisé sur une note, un *la* bémol (ou *sol* dièse). L'écriture procède par petites grilles rythmiques différemment superposées qui, selon l'expression de H.-C. von Dadelsen, produisent « une musique stroboscopique qui semble ne pas bouger malgré sa vitesse de passage ». Une fois de plus, Ligeti pousse une idée à ses conséquences extrêmes, maintenant à la fois unité et diversité. Cette pièce s'entend comme des nuages sonores paraissant les mêmes et se modifiant sans cesse.

Durée d'exécution : ~ 3 mn 30 s

G.C. et X.D.

FRANZ LISZT

Né à Raiding, le 22 octobre 1811 ; mort à Bayreuth, le 31 juillet 1886. Dès l'âge de dix ans, il a quitté le territoire hongrois pour étudier à Vienne sous la direction de Czerny et Salieri, puis à Paris (1823) sous la férule de Reicha. Dans cette dernière ville, il se fit connaître comme un des plus prodigieux pianistes de son temps et entra en relation avec les milieux artistiques ou littéraires dont les salons réunissaient des personnalités variées, de Lamartine à Delacroix en passant par Chopin, George Sand, Pauline Viardot, Heine ou Mickiewicz. Il y fréquenta aussi les théoriciens ou penseurs parmi les plus engagés comme Saint-Simon et surtout Lamennais, dont le socialisme chrétien allait être condamné par Rome en 1832-1834. Son adhésion à ces thèses réformatrices en faveur d'une lecture nouvelle de l'Évangile et d'un esprit de pauvreté ne saurait surprendre et témoigne d'une éthique « franciscaine » à la fois contemplative et généreuse qui ne s'est jamais démentie, mais qui n'excluait pas, chez lui, la sensualité qu'atteste sa vie amoureuse. Après avoir rencontré Marie d'Agoult en 1834, il entreprendra en sa compagnie un voyage en Italie (1837) qui nourrira son inspiration à la triple influence des sites, des œuvres d'art et de la littérature. Mais à l'issue d'un concert donné à Vienne au profit des sinistrés de l'inondation de Pest (1838), il se découvre bientôt un sentiment patriotique et entreprend une tournée triomphale en Hongrie (1839). Ce retour aux sources marque aussi les premières manifestations du style « tzigane » qui enrichira son répertoire. Nommé Kapellmeister à Weimar (1842), il se fixera dans la petite Cour où s'étaient jadis illustrés Bach et Goethe, de 1848 à 1859, ce qui ne l'empêchera pas d'entreprendre des voyages dans toute l'Europe. En 1861 débute la période « romaine » au cours de laquelle il reçoit les ordres mineurs, non sans poursuivre une liaison engagée à l'époque de Weimar avec la princesse Caroline Sayn-Wittgenstein. Dans les dernières décennies de sa glorieuse carrière, on lui décerna les titres de Conseiller royal de Hongrie (1871) puis de Président de l'Académie de musique de Pest (1875). Lors d'un séjour à Bayreuth, où s'étendait encore l'ombre de Wagner, il mourut en 1886.

A plus d'un titre, Liszt incarne bien des options du XIXe siècle. Virtuose adulé des foules, il figure auprès de Paganini comme le représentant typique d'un individualisme triomphant dont le cosmopolitisme s'enrichit de cultures diversifiées. S'il ignore l'Orient et le Moyen Age en dehors d'une sainte Elisabeth qui semble répondre à la Geneviève de Schumann, il partage avec les romantiques un goût très universel pour une musique à programme qui cherche son inspiration dans la littérature. Son attachement au poème symphonique en fait la démonstration, qui en appelle tant à Shakespeare *(Hamlet)* qu'à Hugo *(Mazeppa)*, tandis que *La Divine Comédie* lui dicte la *Dante-Symphonie* ou, dans les *Années de pèlerinage*, une fresque tendue *(Après une lecture de Dante)* qui, jointe aux *Sonnets de Pétrarque*, rend hommage aux classiques italiens. Mais c'est sans doute de Goethe qu'il reçoit les plus fortes émotions à travers un *Faust* omniprésent et l'image ricanante que véhicule Méphisto (certaines œuvres d'orgue n'échappent pas à cette tendance, particulièrement les *Variations « Weinen, Klagen »* qui portent un message que révèlent les textes des motifs choisis). S'il ne méconnaît pas la violence du sentiment patriotique que beaucoup d'artistes éprouvent dans cette Europe agitée, où la montée des nationalismes s'exaspère de la Pologne à l'Italie (le style *« verbunkos »* des csardas, fantaisies et surtout *Rhapsodies hongroises* alimente toute son œuvre, jusqu'aux premières mesures de la *Sonate en* si *mineur* et aux récitatifs avec secondes augmentées des *Variations « Weinen, Klagen »)*, s'il peut se montrer sensible aux goûts éclectiques de son époque et à un néo-classicisme latent (certains motets se rallient à l'esprit cécilien qui touche l'Allemagne), le sens du sacré domine une partie de son œuvre. Avant le Messiaen des *Vingt Regards sur l'Enfant-Jésus*, il tente de détourner le piano du salon ou de la salle de concert pour l'investir d'une mission spirituelle *(Deux Légendes*, *Angélus*, *Il Sposalizio)* — quitte à confier inversement à l'orgue des pages populaires comme le *Weimar Volkslied*. Le caractère intérieur, méditatif et dépouillé de ses dernières œuvres correspond aussi à un itinéraire personnel dont les effets se traduisent dans ses aspirations ecclésiastiques.

L'œuvre pour orgue

Elle comprend trois pièces majeures composées entre 1850 et 1863 (*Fantaisie et fugue sur le choral « Ad nos, ad salutarem undam »*, *Prélude et fugue sur B.A.C.H.* et *Variations sur « Weinen, Klagen, Sorgen, Zagen »*) et une série d'œuvre plus courtes, dont l'élaboration s'étend ensuite jusqu'en 1886. On peut y adjoindre les transcriptions réalisées entre 1860 et 1865 d'après Bach, Lassus, Mozart, Verdi, Wagner, Rossini, Nicolai ou Chopin, dont certaines s'autorisent quelques libertés avec l'original (*Introduction et Fugue du Motet de Johann Sebastian Bach « Ich hatte viel Bekümmernis »* par exemple) et surtout la *Via Crucis*, même si cette œuvre échappe au cadre des pages pour orgue seul.

Une évolution particulièrement prononcée accuse le contraste entre un premier groupe qui se rattache aux productions spectaculaires de Liszt et un second qui recherche, dans les modes du plain-chant ou un renoncement cistercien, une sorte de « salut ». Ce souci ne semble pas éloigné des préoccupations du mouvement cécilien, mais aussi des Nazaréens ou des Préraphaélites anglais qui, en peinture, poursuivent l'idéal dans la régression. Encore faudrait-il démontrer que le cheminement conduisant de la *Fantaisie sur « Ad nos »* au *Rosario* constitue un appauvrissement. Or, à l'opposé du Gounod des *Sept Paroles du Christ*, Liszt ne s'est jamais livré à aucun pastiche. Certes, l'éblouissante séduction des œuvres de la maturité tend à s'estomper avec l'âge et la modestie tout évangélique à laquelle il se soumet ; mais il est permis de penser que bien des pages du dernier Liszt ne s'adressent plus qu'à lui-même, lui renvoyant l'image d'une piété qui ne nous concerne plus qu'à peine — il y a quelque chose de foncièrement romain dans cette démarche qui voudrait que les œuvres sauvent.

Mais dans l'un comme l'autre cas, l'étonnant renouvellement de l'écriture organistique ne peut susciter que l'admiration. S'il se limite, en effet, à des nuances qui laissent la registration libre, comme c'est l'habitude en Allemagne, s'il emprunte à Bach ici un thème, là une technique qu'il traite à sa façon (pas de fugue menée avec rigueur jusqu'à son dénouement), Liszt n'imite pas Mendelssohn, son devancier immédiat. Par ailleurs, le regard qu'il jette sur l'orgue de son époque paraît d'autant plus neuf que ses relations avec la machine sont pour le moins distantes. Certes, on le suit à Fribourg où il tire de l'orgue Mooser des effets propres à impressionner George Sand et Marie d'Agoult, sans doute se fait-il construire à Weimar, dans sa résidence de l'Altenburg, un harmonium (trois claviers, seize jeux) capable de reproduire le son de « tous les instruments à vent », ou imagine-t-il un piano à claviers multiples, mais il n'est pas organiste et laisse aux hommes de métier le soin de créer les partitions qu'il expérimente sur des harmoniums ou instruments hybrides (à Paris, c'est Franck qui, en 1866, interprète à Sainte-Clotilde son *Prélude et fugue sur B.A.C.H.*). Même si celui de Merseburg (Ladegast, 81 jeux) a pu le séduire, il n'existe donc pas d'orgue idéal pour Liszt, et sa musique convient aussi bien à un Cavaillé-Coll (outre celui de Sainte-Clotilde, il a entendu à Paris ceux de la Madeleine et du Trocadéro) qu'à un Walcker ou à un instrument moderne dont les combinaisons se révèlent fort utiles lorsqu'il s'agit d'une pièce comme la *Fantaisie sur « Ad nos »*.

Cette absence d'idées préconçues et une expérience géniale du piano et de l'orchestre concourent à la magistrale et intuitive nouveauté de cette écriture d'orgue. Repensant pour l'instrument à tuyaux certaines formules pianistiques — il a soin de proposer du *Prélude et fugue* ou des *Variations* des versions différentes pour le piano ou l'orgue —, il fait, en effet, un usage inédit du récitatif libre, des traits et trilles de pédale, des octaves manuelles, d'une polyphonie chromatique à la Wagner ou des motifs de chevauchées rutilantes qui ont assuré son succès de pianiste.

A côté d'un Mendelssohn dont les efforts sont poursuivis par Merkel et Rheinberger jusqu'à Reger, Liszt a exercé une influence sur Reubke (dont la mort prématurée a brisé l'élan) ou Gottschalg, comme sur Alkan ou Franck, jusqu'à Tournemire et Marcel Dupré.

LES TROIS GRANDES PIÈCES

Fantaisie et fugue sur le choral « Ad nos, ad salutarem undam »

En 1849, après la représentation parisienne du *Prophète* de Meyerbeer, Liszt écrivit pour piano trois *Illustrations* qui témoignent de son intérêt pour toutes les créations nouvelles. Cette dernière dut certainement le passionner puisqu'en octobre 1850, alors qu'il accompagnait la princesse Caroline Sayn-Wittgenstein à Eilsen, il écrit cette monumentale fresque dont Saint-Saëns a pu dire qu'il s'agissait du « morceau le plus extraordinaire qui existe pour l'orgue ». Publiée par Breitkopf et Härtel en 1852 dans sa version orgue ou piano-pédalier (comme les *six Fugues sur B.A.C.H.* composées par Schumann cinq ans plus tôt) et piano à quatre mains, elle ne fut pourtant créée qu'en 1855 pour l'inauguration de l'orgue de Merseburg, par Alexandre Winterberger, élève de Liszt.

Alors que les *Illustrations* avaient retenu un hymne, une prière, une marche, un scherzo ou un chœur pastoral du *Prophète*, l'auteur sélectionne ici le choral des trois anabaptistes Zacharie, Mathisen et Jonas (acte I) et recourt donc à un genre spécifiquement germanique, qui n'est pas étranger au nationalisme. Schumann dans *Genoveva*, Mendelssohn dans sa *Symphonie Réformation*, ont déjà montré la voie, Wagner les imitera dans *Les Maîtres chanteurs*. Liszt, de plus, soumet toute l'architecture à un seul thème et promet ce dernier à de multiples mutations à travers un moule unique en trois volets, dont un adagio central. Les dimensions très respectables de cette œuvre monolithique et l'ambition de son projet l'apparentent donc aux plus amples créations de Liszt (*Sonate en* si *mineur*, elle aussi d'un seul mouvement, poèmes symphoniques et symphonies) bien que, contrairement à son élève Reubke qui assujettit à un cadre identique le programme suivi à la lettre du Psaume 94, l'auteur semble se borner ici à une paraphrase qui s'en tient davantage à l'esprit qu'à une peinture minutieuse.

Dans ses écrits, Saint-Saëns a pu noter : « L'orgue y est traité d'une façon inusitée qui augmente singulièrement ses ressources, et l'auteur semble avoir prévu par intuition les récents perfectionnements de l'instrument, comme Mozart dans sa *Fantaisie et sonate* en *ut* mineur avait deviné le piano moderne. Un orgue colossal, d'un maniement facile, un exécutant rompu à la fois au mécanisme de l'orgue et du piano, sont indispensables à l'exécution de cette œuvre ; ce qui revient à dire que les occasions de l'entendre dans des bonnes conditions sont assez rares. » Dès les années qui suivirent sa publication, elle fut cependant exécutée de nombreuses fois par Winterberger, Reubke, Fischer, outre Franck et Saint-Saëns en France, et fut considérée très tôt comme une des plus belles pages d'orgue du XIXe siècle avec le *Prélude et fugue sur B.A.C.H.* du même auteur et les *Trois Chorals* de Franck dont elle annonce bien des aspects.

Le choral des anabaptistes présente donc trois périodes qui vont alimenter la fresque dans l'essentiel comme dans les moindres détails.

En trois longues sections, le plan adopté oppose deux parties animées à un mouvement lent central, en relation de triton (*ut — fa* dièse — *ut*). Cette manière d'agir, fort peu conventionnelle, ne saurait pourtant surprendre chez Liszt *(diabolus in musica!)* et annonce Bartók *(Le Château de Barbe-Bleue)* ou Debussy *(Quatuor)*, comme l'a souligné Olivier Alain.

1. La première section, en *ut* mineur, est introduite par un *Moderato* processionnel qui évolue par paliers d'intensité progressive sur les périodes A et B du choral (*ut*, *fa* mineur) puis C. Après un récitatif libre, A se trouve déployé dans un ricercar expressif qui, partant d'*ut* mineur, aboutit en *fa*, puis se développe au gré de modulations enharmoniques très wagnériennes. Un nouveau récitatif qui mène en *mi* bémol mineur, puis un pont sur A en *si* bémol majeur et *sol* mineur, conduisent à une séquence *(A Capriccio)* où A et B planent en lyriques valeurs longues au sommet de larges arpèges « organistiques » avec tenues intérieures.

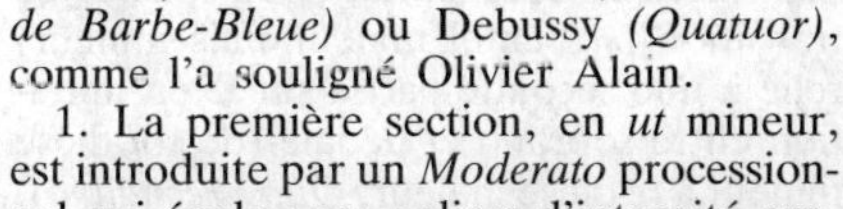

On module ensuite en *ré* mineur, puis de *la* jusqu'à *mi* bémol. Une première harmonisation massive des trois périodes sur une pédale trillée (*la* bémol majeur) paraît alors, qui reçoit la réponse, bientôt en *mi* majeur, d'une fanfare sur C.

L'épisode suivant combine A (manuels) et C (pédale) dans une polyphonie qui progresse par tons ascendants. B intervient en accords (*fa*) et C, dans un mouvement de toccata.

Une scintillante transition sur A et C (contrepoint néo-classique en doubles croches puis arpèges) regagne ensuite le ton principal. C sonne alors en accords chargés sur une double pédale, puis B harmonisé. Un récitatif libre conduit enfin en *fa* dièse majeur, ton de la section suivante.

2. Cet *Adagio* débute par une triple exposition du choral entier : monodie, contrepoint à trois voix et harmonisation dans un caractère méditatif. Un épisode de transition (*si* bémol majeur puis mineur) relie à une seconde partie sur C en imitation entre soprano et pédale (de *sol* dièse mineur à *ré* dièse majeur, *Quasi recitativo*). Le développement central, qui traite le choral dans une douceur de romance, fait entendre successivement A et C, A en blanches inscrites dans un jeu d'arpèges ascendants *(Un poco più di moto)*, C de *mi* majeur à *mi* bémol mineur et A transformé sur des fragments de C (*fa* dièse majeur).

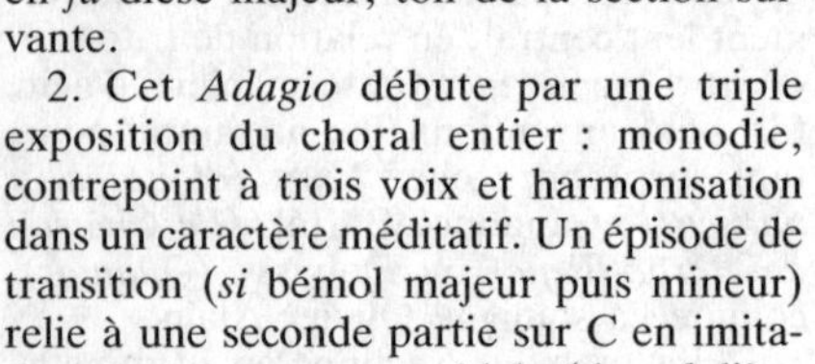

Un bref retour au tempo *adagio* (A ponctué d'accords, à la pédale) mène à la dernière section.

3. Obéissant toujours au principe de la grande variation par métamorphose, cette dernière s'ouvre par un *Allegro* d'introduction qui module en *ut* mineur par de puissants traits de pédale en doubles croches (A). La fugue débute alors *(Allegretto con moto, sempre marcato)* dont le sujet présente une mutation « méphistophélique » des trois périodes du choral.

Mais après une exposition des quatre voix, une seconde partie limitée à la seule période A ainsi qu'une troisième, imitative (strettes et effets d'écho sur plusieurs plans à partir de B), Liszt en abandonne la bonne marche pour s'orienter à nouveau vers une paraphrase libre et spectaculaire des éléments. On distingue alors, successivement, un *Allegro con brio* restituant avec panache les fanfares sur C de la première section (*fa* dièse majeur à *ut* mineur), un *Vivace molto* avec contrepoint en doubles croches sur A, B et C en valeurs pointées puis A ou B en accords (on module successivement de *do* à *sol* mineur, en *mi* bémol majeur, *fa* majeur et *si* mineur). Les trois périodes paraissent alors à la pédale. Après un *Più mosso* en *si* majeur (A et B en accords alternés), c'est le retour dans le ton principal d'*ut* mineur ; A, B ou C se présentent en valeurs diminuées (croches) tandis qu'un trait de pédale mène ensuite à C (unissons manuels et pédale). L'œuvre se conclut en apothéose, par l'harmonisation monumentale du choral en *ut* majeur avec réponses sur le motif ralenti des fanfares précédentes (C).

Durée d'exécution : ~ 27 mn

Prélude et fugue sur B.A.C.H.

Prévue en 1855 pour l'inauguration de l'orgue de la cathédrale de Merseburg, cette œuvre ne fut exécutée que le 13 mai de l'année suivante par son dédicataire, Alexandre Winterberger. Une seconde version en fut réalisée par Liszt en 1870, tandis qu'une troisième, pour piano, paraissait en 1871.

Page magistrale sur les quatre notes du nom de Bach, lesquelles avaient trouvé place dans *L'Art de la fugue* et un Prélude et fugue, BWV 898, d'authenticité douteuse, elle rend hommage à un esprit universel dont Liszt s'est déjà efforcé de diffuser l'œuvre (transcription pour piano des grandes compositions pour orgue en 1852). Mais au lieu de glorifier l'illustre Cantor avec ses propres armes (le contrepoint, la fugue), comme avait pu s'y risquer son prédécesseur Robert Schumann, le compositeur propose une page étincelante et d'une nouveauté semblable à celle de la *Fantaisie sur « Ad nos »*. Les deux demi-tons descendants du thème, en parfaite adéquation avec son langage chromatique, s'y prêtaient on ne peut mieux.

Le prélude *(Allegro moderato)* s'applique d'abord à renouveler la présentation du court motif que la pédale énonce avec une force insistante :

Suivent accords en valeurs longues ou brèves dans une texture diversifiée, traits, ostinatos ou arpèges...

La fugue, élaborée sur un sujet en deux incises (dans lequel certains musicologues n'ont pas manqué de relever la présence de onze notes différentes),

débute ensuite en demi-teinte *(pp, Misterioso)*, dans un calme mouvement d'andante qui fait diversion. Mais, l'exposition achevée, le contrepoint tend à se réduire à un travail sur la tête du sujet, tandis que la forme s'estompe. Un *Allegro* marque alors le retour des fulgurances du prélude (l'idée vient-elle de la célèbre *Toccata et fugue* en *ré* mineur ?), dont les séquences sont amplifiées dans un climat de bravoure que d'éphémères souvenirs de la fugue (exploitation des différentes cellules de son sujet droit ou renversé) ou ses reprises épisodiques (sujet en augmentation) ne parviennent pas à modifier. On parcourt, de plus, un circuit complexe de tonalités mineures (*sol*, *ut*, *fa* dièse, *si*, *mi*) avant que, par des traits d'octaves éblouissants ou d'orageux trilles de pédale, ce postlude trouve enfin une conclusion à son échelle, homophone et solennelle, en *si* bémol majeur.

Durée d'exécution : ~ 12 mn

Variations sur « Weinen, Klagen, Sorgen, Zagen »

Entreprise en 1862 d'après un *Prélude* pour piano de 1859, cette œuvre se réfère une nouvelle fois à Bach, en lui empruntant l'ostinato chromatique du premier chœur de sa cantate BWV 12. Elle a fait l'objet de deux versions, selon que l'on veut l'exécuter au piano ou à l'orgue. Celle que Liszt a confiée à l'instrument à marteaux dépasse la tessiture de l'orgue et se complaît dans des effets spécifiquement pianistiques de toute beauté, au contraire de celle du *Prélude et fugue sur B.A.C.H.* qui n'améliore en aucun point l'original pour orgue.

Comme le cas se produit le plus souvent chez Liszt, l'examen des textes par lesquels les motifs choisis trouvent leur sens peut participer à sa compréhension. Aussi l'ostinato de la cantate de Bach soutient-il un chœur dont les paroles évoquent les peines promises aux justes (« Larmes, plaintes, soucis, craintes, angoisses et détresse sont le pain amer des chrétiens »). Il sera d'ailleurs repris en *mi* mineur dans le *Crucifixus* de la *Messe en* si, dont l'idée de souffrance est voisine. Quant au texte du choral en *fa* majeur par lequel ces variations s'achèvent (« Ce que Dieu fait est bien fait »), il justifie l'intrusion de ce cantique dont le contenu théologique répond à l'interrogation posée dans les premières mesures. A ces divers titres, exploitant certes un chromatisme amer, mais sachant encore tendre aux fièvres et aux passions, cette page s'inscrit comme un jalon capital entre les deux fougueuses entreprises des années cinquante et les œuvres « romaines » d'une sobriété pénitentielle.

Dédiée à W. Gottschalg, cantor et organiste à Tiefurt puis professeur au conservatoire de Weimar — lequel s'est beaucoup dépensé pour la diffusion des créations de Liszt —, elle s'organise selon cinq sections dont les deux dernières rompent avec le principe des variations.

Une introduction *(Lento)* de quinze mesures précède la première partie dont le déroulement s'apparente à celui d'une passacaille en *fa* mineur : mouvement à 3/4, ostinato répété dix-huit fois. Comme l'a souligné J.-P. Leguay, la fin de chaque variation suggère déjà l'élément renouvelé de la suivante.

1 et 2 : syncopes, deux puis trois voix ;
3 : en mouvement ascendant ;
4 : en mouvement chromatique ;
5 : croches mélodiques ;
6 : sixtes ;
7 : imitations ;
8 : à trois voix dont les valeurs sont différentes (blanches et noires — croches — noires) ;
9 : syncopes se jouant de la barre de mesure ;
10 : accords détachés ;
11 : polyphonie d'un contrepoint syncopé ;
12 : polyphonie à quatre parties ;
13-14 : mélodie chromatique au soprano (sans pédale) ;
15 : ostinato passant au soprano ;
16 : idem, avec tierces chromatiques à la main gauche ;
17-18 : rythme pointé.

La seconde section *(Allegro con moto)* poursuit dans l'idée de la passacaille, mais selon une volonté d'amplification (mouvement de triolets énergiques sur soixante-trois mesures) qui propulse aussi la troisième *(Allegro* puis *Allegro deciso)* : traits en tierces ou sixtes ponctués d'accords, staccato vigoureux (alternance 5/4 et 4/4). Un *Recitativo* (quatrième section, *fa* dièse mineur — *fa* mineur) très chromatique, qui s'anime dans un *Quasi andante* pour se diluer dans des formules monodiques, prépare alors une ultime section inattendue. Le choral de Noël *« Was Gott tut das ist wohlgetan »* en constitue le thème et conclut sur une note optimiste (*fa* majeur), dans un diatonisme serein.

Durée d'exécution : ~ 15 mn

LES AUTRES ŒUVRES

Mises en chantier à Rome, la plupart de ces brèves pages paraissent en totale rupture avec les deux pièces de 1850-1855 et abordent l'instrument à tuyaux dans une singulière remise en question. Tout ce qui pouvait encore rappeler la démesure des turbulences romantiques et la superbe des héros du clavier dans la *Fantaisie sur « Ad nos »* ou le *Prélude et fugue sur B.A.C.H.* est ici soigneusement éliminé au profit d'un langage épuré qui fait une large place aux atmosphères grégoriennes.

Le 14 septembre 1860, déjà, Liszt avait confié dans son testament le désir qu'il avait éprouvé dès l'âge de dix-sept ans d'entrer au Séminaire de Paris et de « vivre de la vie des saints et peut-être de mourir de la mort des martyrs ». Dans une lettre écrite à Caroline Sayn-Wittgenstein (16 septembre 1856), il avait aussi précisé son intention de se tourner vers la musique sacrée : « J'ai pris sérieusement position comme compositeur religieux et catholique. Or c'est là un champ illimité pour l'art et que je me sens la vocation de cultiver vigoureusement. Pour l'année prochaine, j'écris une nouvelle messe qui sera exécutée à Kalosca où l'archevêque fait des travaux de restauration d'église fort considérables, qui seront terminés l'été prochain, et l'année 58 j'en écrirai une troisième pour quelque circonstance analogue. La fraction intelligente du clergé m'a tout de suite adopté après la première exécution de ma messe de Gran, et le nombre de mes adhérents enthousiastes parmi les ecclésiastiques va en augmentant... De plus, mes anciennes études de Palestrina, Lassus jusqu'à Bach et Beethoven qui sont les cimes de l'art catholique me donnent un grand appoint, et j'ai pleine confiance que dans trois ou quatre ans j'aurai pris entièrement possession du domaine spirituel de la musique d'église. »

Avant les années romaines, il faut encore noter que dans le strict domaine de l'orgue Liszt a surtout dirigé ses investigations du côté réformé (choral, hommage à Bach), alors que son expérience de compositeur catholique relève surtout de l'art vocal. Dans les vingt dernières années, au contraire, à l'exception de quelques pièces du répertoire luthérien, c'est sous la bannière latine qu'il se range. A l'époque où il compose ses plus grandes œuvres religieuses *(Missa choralis*, *Requiem*, *Christus* ou *La Légende de sainte Élisabeth)*, une multitude de courtes pages d'orgue paraissent donc qui, bien que souvent limitées à des transcriptions de morceaux antérieurs, n'en constituent pas moins des documents privilégiés quant à l'étude du mysticisme lisztien. Si aucune n'a connu la popularité du *Prélude et fugue sur*

B.A.C.H., l'intense spiritualité de la plupart et les quelques allusions à saint François d'Assise qu'on y découvre, peuvent constituer aussi une des sources de Tournemire et de Messiaen.

Hormis quelques arrangements d'œuvres d'autres musiciens que Liszt a non seulement approuvés mais aussi corrigés (*Introduction de la Légende de sainte Élisabeth* par Karl Müller Hartung, *Consolations*, *Gebet*, *Orpheus*, *Introduction, fugue et Magnificat* de la *Dante-Symphonie*, *Andante religioso* d'après le poème symphonique *Ce qu'on entend sur la montagne* par Gottschalg), le compositeur a donc produit une trentaine de pièces.

Trauerode (1860)

Le *Prélude et fugue sur B.A.C.H.* achevé (1855), Liszt ne semble pas avoir pensé à l'orgue jusqu'en 1860. A cette date — qui correspond à celle de son testament et à une période qu'il souhaite consacrer à l'art religieux —, il reprend et améliore des transcriptions réalisées par Gottschalg d'après le poème symphonique *Orpheus* (1854) et la *Dante-Symphonie* (1856), puis compose la *Trauerode* (ou *Ode funèbre*), sous le choc de la mort de son fils Daniel. Inspirée par un texte de Lamennais, cette œuvre, qui compte aussi des versions pour orchestre et pour piano, constitue déjà un exemple éloquent du style récitatif des dernières années. L'adéquation paroles-musique en paraît également des plus excellentes :

« Ils ont aussi passé sur cette terre;
Ils ont descendu le fleuve du temps;
On entendit leurs voix sur ses bords,
Et puis l'on entendit plus rien.
Où sont-ils? Qui nous le dira? »

Durée d'exécution : ~ 6 mn

Évocation de la chapelle Sixtine. « Miserere » d'Allegri et « Ave verum » de Mozart (1862)

A propos de cette œuvre en quatre parties qui figure parmi les plus amples de cette époque, Liszt a écrit : « Dans le *Miserere* pleurent les peines et les angoisses de l'homme; dans l'*Ave verum* la miséricorde infinie de Dieu et sa grâce se révèlent et chantent. Cela atteint le mystère le plus sublime et dévoile devant nous l'amour triomphant sur la mort. » Ce programme offre d'évidentes similitudes avec celui des *Variations « Weinen, Klagen »* que le compositeur achève cette même année. Sous un aspect plus anecdotique, on peut y apercevoir aussi une allusion au premier voyage de Mozart à Rome et au tour de force qu'il réussit en notant de mémoire le motet d'Allegri. Sous un autre rapport, la composition bénéficie de l'expérience que Liszt s'est forgée au contact de l'orgue de Merseburg.

Durée d'exécution : ~ 13 mn

Ave Maria d'Arcadelt (1862)

Cette pièce, en partie comme la précédente, use de la fidèle citation d'un *Ave Maria* du XIXe siècle sur une mélodie d'Arcadelt. Liszt en insère les quelques mesures entre un prélude et un postlude qui évoquent « une sonnerie de cloches au lointain » de caractère presque suggestif et « impressionniste », et rejoint un procédé qui rappelle certaines transcriptions libres.

Durée d'exécution : ~ 5 mn

Hosannah! (1862)

Choral pour orgue et trombone composé d'après son *Cantico del sol di San Francesco d'Assisi* pour baryton solo, chœur d'hommes, orgue et orchestre. Dédiée à son copiste Grosse, l'œuvre utilise la mélodie *« In dulci jubilo »*.

Durée d'exécution : ~ 5 mn

Tu es Petrus (1863)

En 1863, Liszt écrivit à l'intention de Pie IX *Der Papst-Hymnus* (L'hymne papal); il en tira une version pour chœur et orgue qu'il reprit dans son oratorio *Christus*, et une autre pour orgue seul, de plan A B A′. Les deux parties extrêmes, de caractère héroïque, illustrent les paroles *« Tu es Petrus et super hanc petram aedificabo Ecclesiam meam »*, tandis que la section centrale, plus expressive, s'inspire de l'interrogation *« Simon Joannis diligis me? »*.

Durée d'exécution : ~ 5 mn

Andante maestoso (1863)

Pièce d'orgue issue d'un chœur d'hommes (*« Slavimo, Slava, Slaveni! »* ou « Glorifions la gloire slave! ») composé pour le millénaire des apôtres slaves Cyrille et Méthode. Aux deux premiers mouvements de l'œuvre vocale (*Andante* puis *Allegro maestoso*), Liszt a jugé utile d'ajouter un *Postludio* de quelques mesures. Avec *Ungarns Gott*, le morceau appartient à un groupe de pages nationalistes qui, à l'imitation du poème symphonique *Hungaria* ou de *La Légende de sainte Élisabeth*, fait preuve d'un sentiment patriotique.

Durée d'exécution : ~ 4 mn

Ora pro nobis (1864)

Dédiée au prince Gustav Hohenlohe-Schillingsfürst, cette courte pièce d'une simplicité franciscaine, qui rejoint les tendances du mouvement cécilien, est écrite sur un thème unique que la duchesse Catharina Hohenzollern aurait noté à Jérusalem.

Durée d'exécution : ~ 7 mn

Weimar Volkslied (1865)

Tirée d'une page pour chœur d'hommes et orchestre sur le poème *Von der Wartburg* de Peter Cornelius (1857), cette adaptation pour orgue, de structure rondo-variations, se démarque nettement de tout le corpus, de par son caractère joyeux, entraînant et populaire.

Durée d'exécution : ~ 6 mn

Ave maris stella (1868)

Écrite vers 1865 pour chœur mixte et orgue, cette œuvre de coupe A B A fut arrangée pour harmonium en 1868 et publiée en 1880.

Durée d'exécution : ~ 4 mn

Ave Maria (1871)

Après un premier *Ave Maria* transcrit pour orgue par Gottschalg d'après un chœur de 1853, Liszt réalisa de nombreuses adaptations d'un second (1869), dont une pour orgue ou harmonium. Traitée dans une ambiance de tranquille recueillement, l'œuvre s'apparente à beaucoup d'autres pages destinées à la Vierge. Il en existe aussi un troisième.

Durée d'exécution : ~ 3 mn

Offertorium et Benedictus (1871)

Ces deux morceaux sont tirés de la *Messe du couronnement* de l'empereur autrichien Franz Joseph I (1867), pour lesquels Liszt écrivit aussi des versions pour piano ou violon et orgue. L'*Offertoire* (d'ailleurs de composition postérieure à la cérémonie) se distingue par ses rythmes « à la hongroise » et rejoint quelques autres pages de sentiment nationaliste.

Durée d'exécution : ~ 7 mn

Salve Regina (1875)

Cette œuvre intéressante révèle l'ascendant qu'exerce le plain-chant sur la musique de Liszt à cette période. Il ne s'agit que d'une harmonisation de la monodie grégorienne, mais elle témoigne des préoccupations du compositeur dans une technique qu'il explore, combinant mode éolien de *ré* avec *si* bémol ou mode de *ré* avec *si* bécarre.

Durée d'exécution : ~ 5 mn

Weihnachten (1875)

Les quatre premières pièces de l'*Arbre de Noël* pour piano, écrit à l'intention de sa petite-fille Daniela von Bülow, sont destinées aussi à l'harmonium ou à l'orgue. Œuvres sans difficultés, elles tirent leur charme de plusieurs thèmes populaires : *Psallite* (n° 1, *Vieux noël*), *O heilige Nacht* (n° 2), *In dulci jubilo* (n° 3, *Les Bergers à la crèche*) et *Adeste fideles* (n° 4, *Le Voyage des Rois mages*).

Durée d'exécution : ~ 7 mn

Excelsior (v. 1875)

En 1874, sous le titre *Les Cloches de la cathédrale de Strasbourg*, Liszt mit en musique pour baryton solo, chœur et orgue, un poème de Longfellow. Il en tira ensuite une pièce d'orgue dont un des thèmes — que Wagner lui-même utilisera dans *Parsifal* — fut repris dans *Am Grabe Richard Wagners* en 1883.

Durée d'exécution : ~ 5 mn

Resignazione (1877)

Il s'agit d'une esquisse notée par Liszt à la Villa d'Este, qui affiche un extrême détachement. Décharnée, comme immatérielle et immobile, elle présente la double image de la vieillesse et de la spiritualité.

Durée d'exécution : ~ 2 mn

Rosario (1879)

Cette fois, la version orgue ou harmonium précède celle confiée au chœur. Trois parties la composent : *Mysteria gaudiosa,*

Mysteria dolorosa, Mysteria gloriosa, qui exploitent un *Ave Maria* antérieur. Elle fut en partie inspirée par les cérémonies auxquelles Liszt a pu assister à l'église de la Madonna del Rosario, dans les environs de Rome.

Durée d'exécution : ~ 6 mn

Missa pro organo (1879)

Composée d'après une messe à quatre voix d'hommes de 1848 et dédiée à la princesse Caroline Sayn-Wittgenstein, cette œuvre dépouillée, austère et d'allure grégorienne, comprend *Kyrie, Gloria, Graduale* (d'après une petite pièce écrite pour Gottschalg la même année), *Credo, Offertorium* (sur un *Ave Maria* antérieur), *Sanctus-Benedictus* et *Agnus Dei*.

Durée d'exécution : ~ 18 mn

San Francesco (1880)

Autre adaptation du *Cantico del sol di San Francesco* de 1862 qui utilise, de même que l'*Hosannah !*, le choral *« In dulci jubilo »*.

Durée d'exécution : ~ 3 mn

Angelus ! Prière aux anges gardiens (1880)

Pièce indiquée « harmonium ossia » de la troisième partie des *Années de Pélerinage*. Comme dans l'*Ave Maria d'Arcadelt*, la section centrale est encadrée par des évocations de cloches ; son climat en est à la fois tendre et dévot, puis plus fiévreux.

Durée d'exécution : ~ 5 mn

Ungarns Gott (1881)

Le poète Sandor Petöfi fut avec Kossuth un des ardents instigateurs du soulèvement hongrois de 1848 et un héros de l'indépendance. Après avoir composé dans un même idéal patriotique l'*Andante maestoso* et un *Offertoire* intégré à la *Messe du couronnement*, Liszt met en musique son poème *Dieu des Hongrois*, dont les exhortations farouches sont traduites avec fougue et vigueur. « Écartez-vous, sentiments timorés, vous qui demandez encore aujourd'hui, en proie au doute inquiet, si l'avenir est favorable, vous qui ne croyez pas qu'un Dieu puissant se trouve à nos côtés, veillant, plein d'amour, sur le peuple hongrois ! Le Dieu des Hongrois, il vit, il protège la patrie, de ses bras fidèles, de sa main paternelle. »

Existent aussi des versions contemporaines pour chœur d'hommes et orchestre et pour piano à deux mains ou main gauche seule.

Durée d'exécution : ~ 4 mn

Am Grabe Richard Wagners (1883)

Pièce écrite pour le soixante-dixième anniversaire de Wagner, trois mois après sa mort, elle utilise le thème d'*Excelsior* que le maître de Bayreuth avait exploité dans *Parsifal*. Liszt en a réalisé simultanément des versions pour piano et pour quatuor avec harpe *ad libitum*.

Durée d'exécution : ~ 4 mn

Il Sposalizio ou **Zur Trauung** (1883)

Œuvre inspirée par les *Fiançailles de la Vierge* de Raphaël, dont la version la plus ancienne remonte à 1838-1839 (*Années de pèlerinage* pour piano). Après avoir entendu Saint-Saëns lui jouer cette page à l'orgue, Liszt en réalisa une adaptation avec partie vocale *ad libitum*. La pièce qui se fonde encore sur un *Ave Maria* prend fin sur des monodies très dépouillées.

Durée d'exécution : ~ 7 mn

Requiem (1883)

Transcription écourtée du *Requiem* de 1868 pour voix d'hommes, orgue et ensemble de cuivres (deux trompettes, deux trombones et timbales) *ad libitum*. Elle comprend : *Introït, Dies irae, Recordare Pie Jesu, Sanctus, Benedictus, Agnus Dei* et *Postludium*.

Durée d'exécution : ~ 17 mn

Choral « Nun Danket alle Gott » (1883)

Commande pour l'inauguration de l'orgue Walcker de la cathédrale de Riga (cent vingt jeux, alors le plus grand instrument du monde). Comme à son habitude, Liszt oriente son inspiration vers un texte littéraire et sélectionne un poème de Herder. Mais s'il confie dans une lettre son

intention de « faire gronder, gémir et soupirer » le géant, la réalisation finale paraît fort brève.
Durée d'exécution : ~ 6 mn

O Sacrum convivium (1883-1884).

Pièce d'écriture très verticale et modulante, à rapprocher de *Resignazione*.
Durée d'exécution : ~ 8 mn

Prélude sur « Zum Haus des Herren ziehen wir ! » (1886)

Dernière œuvre d'orgue de Liszt, transcription d'un chœur avec cuivres et orgue antérieur (*« In domum Domini ibimus »* ou « Nous allons à la maison du Seigneur ») de caractère brillant.
Durée d'exécution : ~ 5 mn

La lecture de ces pièces doit susciter quelques réflexions sur Liszt et son évolution. Comme dans toute l'œuvre, un programme littéraire ou un support visuel se révèle indispensable à la création, que ce soit un poème, une quelconque impression, un souvenir de voyage ou un tableau de Raphaël. Mais cette création se révèle toujours plus comme un acte de foi dont l'influence se veut souvent prosélytique. Une œuvre comme *Via Crucis*, en 1878-1879, paraît très éloquente à cet égard qui, bien que sollicitant chœurs et solistes, réserve à l'orgue l'âme de son message. Aussi éloigné des effets de la *Fantaisie sur « Ad nos »* ou du *Prélude et fugue sur B.A.C.H.*, que *Nuages gris* ou *Sunt lacrymae rerum* le sont des *Études d'exécution transcendante*, son contenu paraît œcuménique et mystique : œcuménique par la volonté de ménager équitablement choral et pages d'inspiration grégorienne, allemand, latin et araméen (ce qui transparaît entre 1850 et 1878 dans une œuvre éparse converge ici) ; mystique par le climat général et l'utilisation d'un thème de la croix (*do, ré, fa*) dont on perçoit l'universalité jusque dans la *Sonate en* si *mineur* (dans son testament du 14 septembre 1860, il proclame d'ailleurs : « Oui, Jésus crucifié, la folie de l'exaltation de la croix, c'était là ma véritable vocation ! »). Moderne le plus souvent, *Via Crucis* se souvient aussi de Bach, et l'orgue y occupe une telle place que, selon August Göllerich, Liszt avait l'intention de publier séparément les cinq morceaux où il intervient seul : Introduction et stations n°s 2 *(Rencontre de Jésus et de sa Sainte Mère)*, 3 *(Simon de Cyrène aide Jésus à porter sa croix)*, 4 *(Flagellation de Jésus)* et 5 *(La descente de croix)*. La tournure torturée de son harmonie et le chromatisme expressionniste qui s'y déploie dans la douleur a influencé jusqu'à Reger, Marcel Dupré *(Le Chemin de la croix)* ou certaines œuvres de Tournemire *(Sept Chorals-Poèmes pour les sept paroles du Christ)*.

F.S

GASTON LITAIZE

Né au Menil-sur-Belvite, le 2 août 1909 ; mort à Fays (Vosges), le 5 août 1991. Après avoir commencé, dès l'âge de onze ans, ses études d'orgue à Nancy, sous la direction de Charles Magin, il poursuivit sa formation à l'Institut national des Jeunes Aveugles avec Adolphe Marty (orgue, composition), puis au Conservatoire de Paris où, entré en 1927 dans la classe de Marcel Dupré, il fut le condisciple de Langlais et de Messiaen, et obtint son premier prix d'orgue en 1931. Lauréat remarqué des classes de Caussade (fugue) et Büsser (composition), il fut ensuite récompensé d'un second Prix de Rome (1938). Sa carrière d'organiste, entreprise dès 1930 à Notre-Dame-de-la-Croix de Ménilmontant, l'entraîna successivement à Saint-Genest de Thiers (1932), Saint-Léon de Nancy (1933), Saint-Cloud (1934) et à Saint-François-Xavier de Paris où il fut nommé en 1946. A partir de 1944, il prit part aux messes radiodiffusées, tandis qu'il enseignait depuis 1939 à l'Institut national des Jeunes Aveugles. Il est enfin professeur au Conservatoire national de Région de Saint-Maur, où il a formé de nombreux disciples.

Avec Jean Langlais, André Marchal ou Maurice Duruflé, Gaston Litaize fut un des plus brillants concertistes de sa génération. Virtuose hors pair et improvisateur rompu à tous les pièges de cet art qu'en tant qu'organiste liturgique il eut à exercer toute sa vie (notamment pour le compte de la radio), il ne consacra pas à la composition l'essentiel de ses activités. On lui doit, néanmoins, une douzaine de recueils d'orgue ou de pièces isolées, dont la publication s'établit de 1939 à nos jours, et trois messes pour chœur et orgue.

Douze Pièces pour grand orgue

Mises en chantier dès 1932, elles constituent la première étape d'une carrière. Reprenant la formule de la suite de pièces libres, chère aux maîtres de la fin du XIXe siècle, le jeune musicien s'y efforce d'enrichir le répertoire du concert d'un choix de morceaux dont deux seuls sont liturgiques ou para-liturgiques. On débute, en effet, par un **Prélude** suivi d'une **Double Fugue** en *si* bémol mineur, qui joue le rôle d'un imposant portique dans la tradition la plus sérieuse de la musique d'orgue. Le **Lied** en *ut* majeur d'un solide développement, qui lui répond, compte parmi les meilleures séquences du recueil (durée : 6 mn 30 s environ), tandis que viennent ensuite un **Intermezzo pastoral** en *ut* mineur et un **Final** qui, réutilisant les thèmes des deux morceaux précédents, s'en révèle l'aboutissement. L'échelle sélectionnée, *ut* avec *ré* bémol et *la* bémol, trahit assez nettement les préoccupations de l'auteur en matière de modes, souci qui apparaît aussi dans **Jeux de rythmes** (mode de *fa* avec *sol* bémol et *ré* bémol), pièce des mieux venues, sous l'influence probable du Messiaen de l'*Ascension*. On retiendra aussi, outre **Lamento**, **Prière** et **Interlude**, un **Scherzo** très convaincant, dans la lignée Vierne-Barié, la **Toccata sur le Veni Creator** avec le cantus firmus du plain-chant à la pédale, et les **Variations sur un Noël angevin**, cinq épisodes enchaînés et un final.

L'ensemble des douze pièces fut créé par l'auteur lui-même à Notre-Dame d'Auteuil (1938). Il atteste des qualités majeures de Litaize : sens des proportions, équilibre de la forme, joie souvent tonique jusqu'à l'exubérance et recherche sur les modes.

Après la Seconde Guerre, appelé à collaborer davantage à la liturgie, l'attention de l'artiste se porte du côté de la messe, dont il va proposer quatre illustrations : **Cinq Pièces liturgiques** (1951) sur des thèmes pseudo-grégoriens, **Grand-Messe pour tous les temps** (1956) d'inspiration plus diverse, **Messe basse pour tous les temps** (1959) en contrepoint modal et **Messe de la Toussaint** (1964). La plus appréciée reste sans doute l'œuvre de 1956 où se succèdent un **Prélude** harmonique (*maestoso*), un **Offertoire** fugué à la manière de Grigny (5 voix), une **Élévation** tournemiresque, une **Communion** sur deux motifs alternés, dont le premier en fugato, et un joyeux **Postlude** (*Allegretto*).

Les **Vingt-quatre Préludes liturgiques** pour orgue sans pédale obligée (1953-1955) se rangent sous une même fonction cultuelle. Leur ambiance plain-chantesque et leur aptitude à s'intégrer parfaitement dans le rituel romain rappellent bien des improvisations auxquelles Litaize s'est livré. Cursifs et variés, ils sollicitent souvent des échelles modales et recèlent toujours de belles trouvailles harmoniques.

Quelques pages indépendantes se situent aussi dans cette période de dix ans. Le **Noël basque** de 1949 répond au *Noël Angevin* des *Douze Pièces* avec ses six variations, tandis que le **Thème varié sur le nom de Victor Gonzalez** (1957) en appelle à la chaconne, de même que la **Passacaille sur le nom de Flor Peeters**.

Une dernière pièce mérite une mention particulière. Il s'agit de **Cortège** (1951) pour trois trompettes, trois trombones et orgue, qui enchaîne librement des sections contrastées (fanfares, évocations grégoriennes, plaintes ou méditations), lesquelles sonnent souvent avec splendeur (durée : 8 mn 30 s environ).

Plus près de nous, on pourra citer **Prélude et danse fuguée** (1964), commande du Conservatoire de Paris pour son concours d'orgue, dont la fugue est traitée dans un rythme de rumba (durée : 6 mn environ), **Épiphanie** (1984), paraphrase de l'*Alleluia* grégorien de cette fête (durée : 4 mn environ) et **Pentecôte**, pièce pour deux orgues formant un triptyque *(Vigile, Nocturne, Séquence)* selon une structure qui use de motifs cycliques, dans un climat évoluant sans cesse de la contemplation à l'exubérance (durée : 15 mn environ). Et parmi les ultimes créations, on ne manquera pas de mentionner aussi *Arches* (1988, pour le Concours de Chartres), *Suite à deux* et *Reges tharsis* (1990).

F.S.

CLÉMENT LORET

Né à Termonde en 1833; mort à Colombes en 1909. Élève de Lemmens, il fut nommé en 1858 professeur d'orgue à l'école Niedermeyer (où il forma, entre autres, Gigout et Letocart), et organiste de Saint-Louis-d'Antin. A partir de 1866, il s'illustra à la tribune de Notre-Dame-des-Victoires et participa, en 1868, à l'inauguration du Cavaillé-Coll de Notre-Dame de Paris, avec une fugue de Bach.

A l'exception des *Exercices pour l'emploi de la pédale* et de quelques pièces diverses comme la *Canzone*, la *Marche de triomphe* ou l'*Offertoire sur Adeste fideles*, l'œuvre d'orgue de Clément Loret se limite à *Douze Pièces* publiées en 1898. On y remarque un *Allegro maestoso* en *sol* mineur d'une solide facture, une *Prière* en *mi* bémol qui ne fait pas oublier celle de Franck, une *Chacone* en trio d'esprit plus néo-classique, ainsi qu'un *Prélude et fugue* dans le style de Lemmens, un *Offertoire* en *ré* majeur, une *Pièce légère* en *sol* majeur, un *Grand chœur* en *si* bémol avec partie centrale en *mi* bémol, une *Élévation*, un *Scherzo* en *si* mineur avec trio en majeur, ainsi qu'une *Communion* en *la*, une *Cantilène* de type mélodie accompagnée en *fa* majeur et un *Final* en *ré* mineur plus développé. Bien construite, mais sans le génie d'un Franck ou la grandeur épique d'un Widor, l'œuvre de Loret se situe dans la lignée de celle de son maître et, très proche de Guilmant, trouve un juste équilibre entre le sérieux, le délicat et l'agréable sans parvenir pourtant à plaire toujours ou à susciter l'émotion.

F.S.

VINCENT LÜBECK

Né à Paddingbüttel (Wesermünde, Basse-Saxe), en septembre 1654 (1656?); mort à Hambourg, le 9 février 1740. Son enfance se passa à Flensburg, en Frise du Nord, près de la frontière danoise, où il reçut de son père son premier enseignement musical. D'un talent extrêmement précoce, il fut nommé dès 1675 titulaire de l'orgue des Saints-Cosme-et-Damien de Stade (près de Hambourg) – l'accession à cet orgue fameux ayant été accompagnée, selon la tradition, de l'« obligation » d'épouser la fille de son prédécesseur. La qualité de l'instrument (Huess/Schnitger, 1669/1673) le fit rester à ce poste jusqu'en 1702. La brillante réputation du musicien lui vaut alors la tribune de Saint-Nicolas de Hambourg, où il restera jusqu'à sa mort. Il dispose là du plus grand instrument construit par Arp Schnitger : 62 jeux – puis 66, en 1721 – sur quatre claviers et pédale. Expert en facture d'orgues, il fut aussi un professeur particulièrement recherché. Parmi ses élèves, il y eut également ses deux fils : Peter Paul, qui lui succéda à Stade, et Vincent (1684-1755) : c'est ce dernier et non son père qui un moment se présenta contre Bach pour obtenir l'orgue de Saint-Jakob de Hambourg en 1720. Il obtint en 1724 celui de Saint-Georges, suppléa son père à Saint-Nicolas dès 1735, puis lui succéda. Il est sans doute l'auteur des pièces signées V.L. *retrouvées à Hambourg en 1928.*

En dépit de son talent de compositeur et d'organiste (ses Vêpres du samedi étaient réputées), et de l'âge avancé auquel il parvint, Lübeck ne nous a laissé que neuf pièces d'orgue, à peine plus que Bruhns, qui, lui, mourut très jeune. A ces neuf pièces, il faut ajouter une *Clavier-Übung* (Prélude, Fugue, Allemande, Courante, Sarabande et Gigue), l'ensemble complété par une étonnante chaconne (publiée à part) sur « *Lobt Gott ihr Christen all zugleich* » (Hambourg, 1728). De son œuvre sacrée ne nous sont parvenues que trois cantates, de moindre relief que son œuvre d'orgue et sans doute destinées à des musiciens aux possibilités limitées.

Praeludium en *ut* majeur

Comme l'ensemble de l'œuvre d'orgue de Lübeck, ce *Praeludium* s'inscrit dans la droite ligne de l'héritage buxtehudien quant à la forme, la virtuosité — poussée parfois très loin, notamment à la double pédale —, la poétique et l'esprit jubilatoire. On y retrouve également tout le vocabulaire du *stylus phantasticus* décrit par Mattheson*. De forme toccata, l'introduction est ici un solo de pédale en traits brisés suivi de gammes ascendantes au manuel, puis d'une fragmentation rythmique avec entrées étagées descendantes. Un motif serré en doubles croches introduit à la pédale un fugato de quelques mesures (12-22). Changement de décor : un sujet de fugue, aéré, avec écart d'octave, entre au soprano; immédiatement (mesure suivante) intervient à l'alto le contre-sujet, scandant nettement son intervalle de quinte (départ sur la deuxième moitié du temps) ; la fugue poursuit (mes. 25) avec le thème au ténor, puis l'entrée de la pédale sur le contre-sujet. Il s'ensuit un développement avec alternance des fonctions jusqu'à la mesure 60. Deux temps de suspension, puis retour à la toccata-fugato sur un motif rythmique (alto/ténor/soprano/basse manuelle, mes. 61-75). L'œuvre s'achève par un *Allegro* en style *allabreve*, sur un thème sobre et solide, en noires, juxtaposant deux idées : répétition de notes et syncope, l'ensemble étant à quatre voix.

Durée d'exécution : ~ 5 mn 30 s

Praeambulum en *ut* mineur

D'une coupe plus simple que le précédent, il oppose nettement un prélude et une fugue. Le premier, introduit dans l'esprit de l'improvisation, caractéristique de l'époque, offre une écriture serrée au manuel, ponctuée par la pédale (chutes d'octave), allant s'élargissant sur des tenues de la basse jusqu'à un point d'orgue de transition (accord d'*ut* avec *mi* bécarre). Le sujet de la fugue, typiquement buxtehudien, en notes répétées, joue sur une syncope (décalage d'une croche, dans une mesure à 4/4) tendant à renforcer l'impulsion déjà contenue dans la succession des intervalles ascendants constituant le thème. La fugue se développe très classiquement, du soprano à la basse, avec une poursuite du thème plus qu'un réel contre-sujet (et même accentuation de l'intervalle initial de quinte), sur quatre voix à la progression très dynamique. La pédale, aussitôt imitée par le manuel, introduit à la mesure 74 une variante de l'idée en notes répétées, laissant l'intervalle marqué pour une progression par degrés voisins. Les quatre dernières mesures sont notées *adagio* et concluent sur un accord de *sol* déjà pressenti dans l'intervalle-clé du sujet de la fugue (*ut-sol*).

Durée d'exécution : ~ 4 mn 30 s

Praeludium en *ré* mineur

Le prélude est en style de toccata, avec alternance de traits libres au manuel (riche de trilles décomposés, en toutes notes, à intervalle de tierce) et traits brisés de pédale. Ce prélude virtuose, d'une grande unité de style, est aussi l'un des plus développés (56 mesures). Le sujet de la fugue,

* Voir à *Bruhns*.

au contraire de l'œuvre précédente, est de type notes répétées, mais non syncopées : la carrure l'emporte sur le mouvement qui se traduira davantage sur le plan de la progression harmonique.

Pédale et manuel (mes. 118) introduisent, en parallèle avec le motif initial, son double en notes pointées, préparant le retour de la toccata (mes. 128-139). On passe alors à un 6/8 bien marqué sur un motif arpégé par mouvement contraire, débouchant sur un tempo de gigue avec à la pédale une écriture rappelant le *Praeludium* en *mi* mineur de Buxtehude (BuxWV 142) : page riche d'enseignement pour l'étude du toucher, en raison même de l'impossibilité physiologique de jouer *legato* ce balancement de sauts d'octaves. L'œuvre s'achève sans emphase sur un bel accord de *ré*.

Durée d'exécution : ~ 7 mn

Praeambulum en *mi* majeur

Le prélude se compose de courtes sections contrastées : toccata (mes. 1-10), *Adagio* de trois mesures enchaînant sur un *Grave* tout d'abord arpégé, retour du tempo primo (noté *Vivace*), le temps d'un dialogue en imitation (mes. 17-27), puis trois mesures *Adagio* de transition avec la fugue. Celle-ci, notée *Allegro* (₵), présente une première section *allabreve* de forte carrure et au sujet très simple, en noires, auquel répond un motif dédoublé en croches (entrées en mouvement parallèle *par le bas* : alto/soprano/basse/ténor). A la mesure 75, l'écriture se délie, et la fugue fait place à un fugato de transition, avant la dernière section dont l'individualité est essentiellement d'ordre rythmique, par l'introduction d'un motif pointé (à 3/4). Cette seconde fugue, de coupe majestueuse, calme et sereine, s'achève sur une brève cadence bipartite scindée par un ultime rappel du motif pointé, que vient ponctuer une résolution (dernier changement de mesure : C), d'une extrême sobriété, finissant tout naturellement sur l'accord de *mi* majeur.

Durée d'exécution : ~ 6 mn

Praeambulum en *fa* majeur

« *Del Sigr. Lübeck* » : les sources étant perdues, la paternité de Lübeck pour cette œuvre (la plus courte : 57 mesures) a parfois été remise en question. Le style général est sensiblement différent des autres, mais Lübeck ayant vécu jusqu'à un âge très avancé et à une grande époque de transition, son style pourrait fort bien avoir connu des manières aussi contrastées. Parlent en faveur de Lübeck la figure initiale (trait de pédale) et le rythme pointé des cadences, le tout assez proche des formules du *Praeambulum en* sol *majeur*. L'ornementation, abondante (trilles, mordants — simples ou doubles ? autre question) — dans le prélude, peut effectivement surprendre. Sorte de toccata en imitations, avec donc ornements et notes pointées, le prélude couvre à peu près la moitié de l'œuvre (mes. 1-25). La fugue en reprend les idées maîtresses (mordants, notes pointées, trilles), y ajoute des appoggiatures, et s'étire paisiblement mais de façon enjouée, avec beaucoup de grâce et de clarté, du soprano à la basse, sans développement d'importance. Les dernières mesures sont en style de cadence, *pedaliter* puis manuelle, conduisant sans détour à l'accord de *fa*.

Durée d'exécution : ~ 3 mn

Praeambulum en *sol* majeur

Le prélude, introduit par un solo de pédale (mes. 1-7) et toujours en style de toccata, ainsi que la première section de la fugue, au développement continu et homogène, reposent sur une mesure à quatre temps souple et nerveuse, en même temps que d'une belle stabilité. Les trois dernières mesures du prélude (30-33) préparent stylistiquement le sujet de la fugue en faisant appel au rythme pointé. A la fois rythmé et statique, ce sujet réunit trois données : note pointée, répétition de note, ornementation. Les quatre voix entrent régulièrement, du soprano vers la basse et dans un ambitus serré, chacune après exposition complète du sujet de deux mesures et demie par la voix précédente. Dès la mesure 61, l'écriture proprement fuguée se relâche, ne conservant que l'idée de la note répétée, et se dirige vers un commentaire en imitation à la scansion marquée (retour du rythme pointé). La dernière section (mes. 78), à 12/8, également fuguée, brillante et bien dans cette manière italienne que l'Allemagne du Nord avait assimilée, est une gigue à quatre voix jubilante et pleine d'esprit.

Durée d'exécution : ~ 6 mn

Praeludium en *sol* mineur

Peut-être la plus belle, en tout cas la plus originale et la plus ambitieuse des compositions libres de Lübeck. Le genre de la toccata traditionnelle s'efface momentanément devant le *Grave* introductif combinant d'entrée de jeu note pointée et scansion ternaire (triolets), d'un effet superbe et majestueux. Des gammes très vives, ornementales, font transition avec une section de coupe plus conventionnelle en imitation (mes. 10-24) où déjà apparaît l'élément le plus original de l'œuvre : une double pédale réelle, avant-goût du développement à la fois splendide et audacieux de la première fugue. Celle-ci (mes. 25) enchaîne sans coupure sur un sujet de texture parfaite, idéalement distribué dans l'espace sonore et d'une extrême richesse potentielle de développement.

Toute la tessiture de l'instrument se trouve balayée par des entrées régulières, du soprano jusqu'à la seconde basse, donnant lieu à un développement soutenu par une double pédale constante jusqu'à la mesure 75. Apparaît alors un second sujet, plus rythmique, auquel répond aussitôt (comme dans le *Praeludium* en *ut* majeur) un contre-sujet également rythmique et caractérisé par sa chute d'octave, les voix se distribuant alternativement sujet (alto puis ténor) et contre-sujet (soprano, puis basse — simple désormais), avant de se livrer au coutumier jeu de masques du contrepoint à quatre voix. Une transition mi-improvisation, mi-récitatif (mes. 104-112) introduit la seconde fugue sur un sujet directement issu du premier sujet de la fugue précédente.
La structure en est plus simple, et l'on ne saurait parler ici d'un véritable contre-sujet, mais plutôt d'une continuation du sujet qui en reprendrait le trait essentiel — la note pointée —, le tout de nouveau sur une basse unique. Après tant d'audace technique et harmonique, ce *Praeludium* s'achève sagement sur un accord de *sol* éclairci par un *si* bécarre.

Durée d'exécution : ~ 8 mn 30 s

Fantaisie sur le Choral « Ich ruf zu dir, Herr Jesu Christ », *a 2 Clav. e ped.*

Autre chef-d'œuvre de Lübeck, d'une intense poésie, et son œuvre la plus développée (275 mesures). Lübeck n'aurait-il laissé que cette fantaisie de choral qu'une place de choix lui reviendrait. C'est l'une des synthèses les plus parfaites de la fantaisie telle que la pratiqua l'Allemagne du Nord en réalisant la symbiose du goût italien et du style de l'école flamande d'un Sweelinck (lui-même formé à l'école italienne, à l'époque des grands échanges Nord-Sud) dans le cadre du choral luthérien.

L'œuvre est d'une analyse globale difficile, le traitement du choral (Johann Agricola, 1529) se faisant par petites touches, progressions, variations groupées, transformation du matériau thématique et rythmique. Le thème brut est entendu au ténor, puis à la basse, auxquels répond instantanément un contre-chant à l'alto, avant d'être exposé sous sa forme ornée par le soprano — le choral proprement dit. Le solide parallélisme des voix d'accompagnement s'estompe pour une première cadence du soprano, libre, descendante (mes. 12-13). Suit une variation dominée à toutes les voix par l'entrée d'un élément en notes pointées que viendra fréquemment soutenir un motif arpégé descendant, tout au long d'une section à la polyphonie complexe. Deuxième cadence du soprano (mes. 49-50), changement de mesure (3/4 au lieu de 4/4) pour une sorte de second thème en blanches et noires avec réponse en croches; puis transition et troisième cadence (mes. 94-95, retour du 4/4) introduisant un passage en échos (parfois tronqués), héritage flamand. Nouveau motif, rythmique, amené par une croche répétée trois fois (mes. 106), évoluant de voix en voix tout au long d'un développement fugato. A la mesure 139, la croche répétée trois fois devient noire, de sorte qu'un pur procédé d'écriture, sans changement de tempo ou de mesure, permet d'insérer au cœur même de la fantaisie une sorte d'*andante* rêveur et presque immobile, évoluant lentement sur lui-même. Le retour se fera *via* une section de transition assez libre et procédant par imitations. Mesure 200 : nouveau motif, nouveau fugato de 20 mesures, nerveux, incisif, sur une basse simplifiée, obstinée. Mesure 220 : retour de la formule rythmique initiale (pointée) et de son principe de développement, à toutes les voix, puis derniers échos, en toccata, et ultime cadence du soprano, virevoltant en fait sur deux octaves, et dont les accents rythmiques pleins d'imprévu semblent appeler une ornementation à la fois riche et légère.

Durée d'exécution : ~ 14 mn

Choral « Nun lasst Gott dem Herren », *a 2 Clav. e ped.*

Beaucoup moins riche que l'œuvre précédente, ce choral est aussi, ne serait-ce que par sa mesure constante à 3/2, plus massif et hiératique, bien que tendant, au fil de son développement, vers une mobilité accrue. Il se compose de six versets. Le premier expose le thème en blanches, tandis que le second, pour soutenir le thème toujours en valeurs longues, fera appel à une dense procession de noires. On trouve dans ce verset quelques mesures de double pédale, en noires et intervalles enchaînés de tierce. Verset 3 : les deux voix supérieures (bientôt réduites au seul soprano) poursuivent en noires, par degrés liés et souvent conjoints, les autres voix ponctuant sous forme d'accords. Le verset 4, plus aéré, plus souple, fait intervenir (en croches et noires) des formules en échos sur les deux claviers. Le verset 5 reprend le schéma du 3, mais dédoublé, les noires du soprano devenant croches, toujours dans le sens de l'accélération de l'ensemble. Le verset 6 réintroduit l'opposition *piano/forte* des échos du 4, faisant alterner le filigrane de croches entre soprano (il n'y a plus que trois voix) et basse manuelle.

Durée d'exécution : ~ 6 mn

M.R.

ANDRÉ MARCHAL

Né à Paris, le 6 février 1894; mort à Saint-Jean-de-Luz, le 27 août 1980. Entré à l'Institut national des Jeunes Aveugles en 1903, il y fut l'élève de Marty et de Mahaut, puis celui de Gigout au Conservatoire (premier prix d'orgue et d'improvisation en 1913). Dès cette date, on le pria d'enseigner dans le cadre de l'Institut où il avait été formé. Il obtient encore un prix d'excellence de fugue et de contrepoint au Conservatoire (1917), puis assure, à partir de 1919, des cours d'orgue, improvisation et écriture aux Jeunes Aveugles. Organiste de Saint-Germain-des-Prés où il avait succédé à Augustin Barié en 1915, il entreprend alors d'importantes tournées de concert, tant en France qu'en Europe (à partir de 1927) et aux États-Unis (à partir de 1930). En 1942, ses récitals du palais de Chaillot contribuent à révéler l'orgue au grand public parisien; il est nommé titulaire de l'orgue de Saint-Eustache en 1945, poste qu'il occupe jusqu'en 1963.

Avec le facteur Victor Gonzalez et l'historien Norbert Dufourcq, qu'il rencontra en 1921, André Marchal fut l'un des artisans de l'orgue néo-classique, un instrument qui se caractérise par un retour aux mutations, aux pleins-jeux et aux anches solistes (cromorne, régale, hautbois) des XVIIe et XVIIIe siècles, sans renoncer aux acquisitions d'un Cavaillé-Coll (Récit expressif, flûtes harmoniques, gambes et ondulants) et à toutes les « ouvertures » facilitées par la technique moderne (tirage des jeux et combinaisons). Destiné à l'exécution d'un vaste répertoire, cet orgue servait aussi la création contemporaine, comme en font foi les œuvres de Tournemire, Messiaen, Alain, Duruflé ou Langlais dont le style plain-chantesque ou les couleurs lumineuses soutiennent aussi l'inspiration de l'admirable improvisateur que demeura, sa vie entière, André Marchal.

Nommé membre de la Commission des orgues historiques en 1933, ce dernier, s'il contribua opportunément à diffuser la musique française ancienne de Couperin ou de Grigny et les instruments restaurés de leur époque (Saint-Nicaise de Rouen en 1931, Saint-Jean-Baptiste de Nemours en 1934, Prytanée militaire de La Flèche en 1936), comme il se fit un devoir d'honorer la musique d'un Barié ou d'un Gigout, ne laissa, hélas! aucune œuvre écrite. Le disque, par bonheur — comme ce fut le cas pour Tournemire, Vierne ou plus près de nous Cochereau —, conserve le souvenir d'improvisations, parmi lesquelles on retiendra celle du 24 mars 1954 (inauguration du Royal Festival Hall de Londres) et celle que l'organiste aveugle a réalisée sur l'orgue du palais de Chaillot en 1962.

Élaborée sur un thème de sir George Dyson, la première (*André Marchal — Enregistrement inédits*, disques Solstice) comprend exposition, récit de cornet sur un second motif, développement central *(agitato* puis *adagio)* sur des cellules du thème, puis un fugato qui prend fin sur une coda brillante, selon une organisation habituelle au maître dans les improvisations symphoniques. La seconde conclut un disque Erato (*Un concert commenté au T.N.P.* avec la collaboration de N. Dufourcq) par des *Variations sur « Nous n'irons plus au bois »*. Mais loin de se soumettre à des formules d'école, chacune des sections se trouve plutôt conçue comme un développement libre avec de belles trouvailles poétiques, sur le hautbois d'abord, puis sur la voix humaine. La dernière partie, très élargie selon un principe d'amplification, s'engage ainsi dans la voie d'un fugato qui, par le biais d'un magistral crescendo, conduit à un tutti d'écriture imitative avec carillon final.

F.S.

LOUIS MARCHAND

Né à Lyon, le 2 février 1669; mort à Paris, le 17 février 1732. Le plus grand virtuose français du clavecin et de l'orgue semble n'avoir bénéficié que des conseils d'un père organiste et maître de musique. Cette formation lacunaire ne l'a pas empêché de collectionner les tribunes parisiennes : couvent des jésuites de la rue Saint-Jacques (1691-1706), Saint-Benoît, les Cordeliers, couvent Saint-Honoré (1703-1707). En 1708, il succède à Nivers à la Chapelle royale pour le « quartier » d'octobre, les trois autres étant assurés par Couperin, Buterne et Garnier. Il abandonne cette charge honorifique au profit de Dagincour en 1714, séjourne trois ans en Allemagne où il se produit devant l'empereur, l'électeur de Saxe et dans plusieurs cours princières. À son retour, il se contente de reprendre son poste aux Cordeliers. Ses facultés exceptionnelles lui valent l'admiration de ses disciples Du Mage, Guilain, Daquin et de Rameau. Marchand a laissé une œuvre très restreinte : une cantate, trois douzaines d'airs, un opéra (jamais représenté et aujourd'hui perdu), des Cantiques spirituels *d'après Racine; deux Livres de clavecin (1699, 1702) très estimés, et une cinquantaine de pièces d'orgue. De son unique Livre d'orgue publié de son vivant (1700), il ne reste aucun exemplaire connu; les sources actuelles sont le volume des* Pièces choisies pour l'orgue de feu le Grand Marchand *[...],* Livre premier *(1740), et un lot de pièces manuscrites conservées à Versailles. On lui doit, en outre, des* Règles de la composition *manuscrites.*

A l'égal de son contemporain Antoine Forqueray, Marchand est passé à la postérité accompagné d'une réputation de fichu caractère. La société parisienne du XVIIIe siècle qui s'est plu à opposer les violistes Marin Marais, « l'ange », et Forqueray, « le diable », aurait pu agir de même avec les jumeaux antagonistes François Couperin et Louis Marchand – Marchand étant, bien entendu, le diable. Dans ses *Lettres sur les hommes célèbres* (1752), Daquin fils compare les talents respectifs de Couperin et Marchand : « Ces deux hommes supérieurs partageaient le public dans leur temps et se disputaient mutuellement la première place. Marchand avait pour lui la rapide exécution, le génie vif et soutenu et des tournures de chant que lui seul connaissait. Couperin, moins brillant, moins égal, moins favorisé de la nature, avait plus d'art et, suivant quelques prétendus connaisseurs, était plus profond » ; Daquin ajoute que Marchand n'avait « d'autre épithète que celle de *Grand* ; c'était un homme de génie ». Louis « le grand » n'était sûrement pas mécontent de se voir attribuer le même qualificatif que son monarque, mais il ignorait que, malicieuse, la postérité l'accolerait à partager l'épithète flatteuse avec François Couperin.

Au risque d'édulcorer l'image sulfureuse de Marchand, image somme toute captivante et digne d'une personnalité peu banale, il conviendrait de situer dans leur véritable décor les ragots qui courent sur son compte. Sans entrer dans les détails, disons que Marchand avait quelques raisons de vouloir s'emparer des charges des Denis et Lebègue qui lui furent refusées. Quant à l'anecdote de Marchand s'éclipsant de Dresde dans la crainte de se mesurer à Bach, dont les Allemands ont fait des gorges chaudes, elle n'a pas empêché Bach lui-même de continuer de jouer et faire travailler à ses disciples les œuvres de son « rival ».

En vérité, on ne saurait douter des facultés de Marchand. L'éloge de Saint-Lambert en 1702 – « Lorsqu'en un temple saint, vous vous faîtes entendre, on y voit en foule accourir la Cour, la Province et la Ville » – retentit comme un écho sur son passage tout au long de sa carrière. Dans *Le Parnasse François* (1732), Titon du Tillet le prétend « le plus grand organiste qu'il y ait jamais eu pour le toucher ». Lacombe, dans son *Dictionnaire portatif des Beaux-Arts*, apprend que Marchand « se fit une telle réputation, qu'on lui offrait presque toutes les places d'organiste vacantes. [...] Son jeu savant, son exécution brillante et la beauté de ses chants attiraient dans les églises où il était employé un grand concours de musiciens et d'amateurs. On le nomme d'une voix unanime le plus grand organiste qu'il y ait jamais eu : mais il avait un esprit si fantasque et si indépendant, qu'il a toujours négligé sa fortune et même sa réputation ».

En 1669, Marchand adressa au roi la dédicace de son Premier Livre de clavecin, rappelant « la bonté particulière avec laquelle Votre Majesté [lui] a fait l'honneur de m'entendre sur l'orgue et sur le clavecin ». En 1708, Louis XIV, qui n'ignorait rien des frasques de Marchand, ne l'en a pas moins nommé, sans concours, à la Chapelle royale où l'on ne badinait pas sur le chapitre des bonnes mœurs. C'est dire en quelle estime il tenait l'organiste. Las ! l'irascible Lyonnais refusa de plier l'échine et ne put supporter au-delà de six « quartiers » l'atmosphère confite des dernières années du règne de Louis XIV. En déguerpissant un an trop tôt, il a manqué la Régence parisienne de Philippe d'Orléans, soulevée par un grand vent de liberté qui lui eût mieux convenu.

L'œuvre pour orgue

L'œuvre pour orgue de Marchand a probablement vu le jour à la charnière des deux siècles. Les divergences de style entre son corpus et celui de Grigny proviennent de leur personnalité de créateur et non d'un écart historique. Pas plus qu'à Couperin, le bel orgue de Clicquot, inauguré en 1711 à la chapelle royale de Versailles, ne paraît lui avoir inspiré ensuite un regain d'activité, et son long séjour en Allemagne ne lui dicta pas davantage quelque vaste prélude et fugue.

Quand, dans la fin des années 1680, Marchand débarque à Paris et fait œuvre créatrice, Lully, champion du style français, vient de disparaître. Ce laps de temps correspond aux premières publications de Corelli et à l'arrivage massif d'œuvres italiennes dans la capitale française. A la différence de Couperin, Élisabeth Jacquet de La Guerre et Dandrieu, Marchand ne se lance pas sur-le-champ dans la composition de sonates pour violon à la manière transalpine, mais son style de clavier bénéficie de tournures italiennes : chromatismes tendus, développements séquentiels, virtuosité affichée. Il en vivifie les genres bien français auxquels il reste fidèle, et transmet à ses élèves cette première vision des « goûts réunis ».

Juger de l'œuvre de Marchand relève de la gageure, voire de l'imposture. Cet être asocial, ce hautain misanthrope que sa « différence » vouait à l'adulation ou à la réprobation publique, dédaignait l'opinion d'autrui, fuyait ses admirateurs et ne s'astreignit jamais à leur livrer le meilleur de son génie ; ses vrais chefs-d'œuvre — ses improvisations — appartiennent à jamais au néant. Seul, le Livre posthume reflète à peu près sa pensée. De ces douze pièces, aussi immédiatement identifiables qu'une signature, se dégage une autorité souveraine. L'aventureux langage harmonique, qui ravissait Rameau, rehausse aussi bien la virtuosité la plus arrogante que le mystère aux confins du silence d'un Fond d'orgue. Au contraire, dans les quelque 42 pièces manuscrites retrouvées à Versailles, on pourrait croire que le tout-venant l'emporte sur les pages de qualité ; or, la plupart ne sont que de simples canevas améliorés. Marchand appartient à la race des très grands improvisateurs qui n'ont jamais eu la patience de noter dans le détail les enluminures, chaque jour renouvelées, que leur suggérait leur imagination. Marie-Claire Alain observe très justement que l'interprète doit prendre modèle sur les pièces achevées du Livre I pour étoffer et agrémenter toutes les autres (les œuvres de clavier de Haendel, et jusqu'à certains manuscrits des concertos pour piano de Mozart et Beethoven, avouent les mêmes lacunes). A la minutie d'un Couperin et d'un Grigny, Marchand oppose une hâte fébrile, assortie d'un désintérêt manifeste pour ses publications et, *a fortiori*, pour ses esquisses. Ne nous plaignons pas ; de Rameau, son successeur chez les Jésuites et, sans doute, son plus brillant rival à l'orgue durant trois décennies, nous n'aurons pas une pièce.

L'édition d'André Pirro (*Archives des maîtres de l'orgue*, 1901), et celle plus récente de Jean Bonfils (*L'Astrée*, 1970), regroupent le Livre posthume de 1740, dit Livre I, et les pièces manuscrites conservées à Versailles. Ces dernières proviennent de deux manuscrits, composés de deux cahiers chacun et fournissent les Livres dits II, III, IV et V, très déséquilibrés, que l'auteur aurait sûrement pris soin d'arranger et d'épurer s'il s'était résolu à les éditer. Selon le *Mercure galant* de janvier 1700, Louis Marchand prévoyait de publier en alternance des suites de clavecin et d'orgue dans l'ordre des « tons » anciens. Il semble qu'il en soit resté aux trois premières séries, avec une première suite de clavecin en 1er ton (1699), le *Livre d'orgue* contenant une suite du 1er ton (1700), et la deuxième suite de clavecin en 2e ton (1702).

Livre I, 1er ton (mode de *ré*)

Jean Bonfils suggère que ce Livre posthume réunit probablement la suite du Livre de 1700, soit neuf pièces d'un haut niveau artistique, augmenté de trois autres pièces du 1er ton qui introduisent des doublets. Exemptes de citation liturgique et de désignation religieuse, les douze pièces de Marchand apparaissent résolument profanes, mais rien ne prouve qu'il en soit ainsi, car tout ensemble monotonal peut servir à l'office pour alterner avec le plain-chant. Et il est loisible de puiser dans le groupement en 1er ton cinq pièces appropriées pour un *Kyrie Cunctipotens*, six pour un *Magnificat*, ou le nombre usuel pour telle ou telle hymne. Si l'on élimine les trois pièces — éventuellement ajoutées — qui précèdent le Dialogue final, on obtient neuf superbes versets pour un *Gloria* et, qui plus est, *en rapport avec le texte*.

1. Plein jeu. Marchand donne le coup d'envoi avec le prélude le plus somptueux de toute l'école française : un sextuor ! Déjà, la polyphonie linéaire à quatre voix des manuels se remarquerait pour sa facture parfaite, sa courbe de quarte diminuée, ses notes sensibles, abaissées ou non, mais le virtuose intrépide y joint rien moins que deux parties de pédale, d'abord en canon puis habilement entrelacées en syncopes. La partie de pédale la plus haute monte jusqu'au fa_3 et la plus grave conclut sur le contre-la_{-1} du ravalement, soit trente marches. Quel instrument bénéficiait à la fin du XVIIe siècle d'un pédalier aussi étendu (à Paris, Saint-Paul en possédera un de 33 notes en 1706 et Notre-Dame de 34 en 1733) ?

2. Fugue. Exemple quintessencié de fugue à la française, qu'il serait vain de comparer aux fugues allemandes, car tel n'est pas son propos. La fugue française se veut une pièce de dimension restreinte où, passé l'exposition, l'imitation se poursuit librement en ne quittant guère la zone tonale d'origine. Marchand n'en fait pas davantage. La qualité indéniable de sa fugue tient au choix du sujet qui déroule, degré à degré, une neuvième mineure descendante, à l'enrichissement d'un canon dès la première réponse, aux libres renversements qui s'infiltrent peu à peu. Par son sujet descendant, la fugue se rattache fortement au plein-jeu précédent, dont la basse tendait à plusieurs reprises vers l'abîme (mes. 25-27, mes. 36-38), et elle forme avec lui un authentique diptyque.

3. Trio. Très écrit, il allie une solidité corellienne à une ornementation française. La première partie offre une exposition, une contre-exposition en strette et une troisième exposition en strette au ton relatif. Après la cadence en *fa* majeur, la deuxième partie se distingue par l'emploi du mouvement contraire et ses fragments de « basse continue » à l'italienne.

4. Basse de trompette. Elle se trouve en lieu et place du verset *Rex coelestis* d'un *Gloria* où elle ferait merveille. C'est, en vérité, un duo de solistes. A la trompette impérieuse, avec son motif arpégé en fanfare et ses traits virtuoses en doubles croches, répond le cornet, à peine moins « fanfaron ». Le motif peut se renverser et, après la cadence en *fa* majeur, le dialogue va se resserrant. La trompette s'octroie la tirade finale pleine de panache et conclut sur une chute de douzième.

5. Quatuor. Le terme ne désigne pas seulement une pièce à quatre parties mais une pièce écrite sur quatre portées à exécuter sur quatre claviers (trois manuels et le pédalier) afin que chaque voix bénéficie d'un lieu et d'une couleur sonores propres. D'Anglebert et Boyvin ont montré l'exemple. A propos de pièces à la polyphonie chargée, Titon du Tillet, un peu mauvaise langue, rapporte que Lebègue « trouvait le moyen de se servir d'une troisième main d'un de ses meilleurs élèves pour l'aider dans des morceaux à quatre ou cinq parties d'une harmonie toujours suivie, ce qui faisait un effet prodigieux, et dont on n'a presque point retrouvé d'exécution dans une seule personne, que dans celle du célèbre Louis Marchand ». Avec deux mains sur trois claviers manuels, Marchand prend donc en charge une fugue très dense et ornée pour mettre en valeur l'expressive quarte diminuée descendante *fa-do* dièse qui peut aussi se verticaliser (les entrées au pédalier se présentent sans fioritures).

Après la cadence en *fa* majeur, la basse décrit une chute vertigineuse sur deux octaves. On évoque souvent le profil dépressif des thèmes schumanniens et le « géotropisme » des contours debussystes ; ne peut-on en dire autant des mouvements descendants si fréquents chez ce misanthrope de Marchand ? Une septième diminuée, amenée par glissement chromatique, intensifie (comme chez Grigny) la cadence conclusive.

6. Tierce en taille. Si l'on revient sur l'affectation hypothétique du Livre I à un *Gloria*, cette pièce correspondrait au verset *Qui tollis peccata mundi, suscipe deprecationem nostram* pour lequel plusieurs des prédécesseurs de Marchand ont précisément réservé une Tierce en taille. Sans doute est-ce mieux qu'une coïncidence. Murmuré par le jeu doux, avant d'être repris par la voix soliste, le motif initial amplifie le précédent : tierce montante et quarte diminuée pour le Quatuor, tierce montante et soupirante sixte mineure descendante pour le Récit. Des gammes assez plates, au centre, ne suffisent pas à amoindrir l'émotion générale ; on dirait qu'elles ne sont là que pour mieux devancer la définition de Gaspard Corrette : « La Tierce en taille veut des langueurs, des cadences, des vitesses et des mouvements. »

7. Duo. Toujours dans l'optique d'un *Gloria*, il se rapporterait au *Quoniam tu solus Sanctus*, donc au Christ ; or le duo est l'une des traductions habituelles pour la deuxième personne de la Trinité. Trois sections : lancée sur l'hexacorde ascendant, la première à ₵ se pose dans plusieurs tons voisins ; la deuxième, « viste » à 2/2, est un preste fragment en petits motifs séquentiels à l'italienne ; plus expressive, plus ornée, de nouveau à ₵, la troisième se joue « plus doucement et louré » et arrive en fondu enchaîné à la faveur d'une septième diminuée et d'une basse chromatique.

8. Récit. C'est un moment de pure poésie. D'abord très sobre, le ton se fait plus persuasif et son premier contour reproduit le profil *la-do* dièse-*do* dièse-*ré-mi-fa* du Récit de tierce en taille. Une deuxième partie, en rythme ternaire proche d'un menuet, trace un libre mouvement contraire du souple mélisme initial de sixte mineure. Un dialogue s'instaure entre la voix soliste et le jeu doux, le soliste conservant naturellement la première place et concluant par un retour au mètre binaire et à l'ornementation plus fleurie de la première partie. Un des plus longs de l'orgue français, le récit conviendrait parfaitement au *Tu solus altissimus, Jesu Christe*.

9. Tierce en taille. Quoique plus volubile, elle fait incontestablement « doublet » avec la première Tierce en taille, dont elle cite le profil initial mesure 9 (et donc celui du Récit précédent). Par ailleurs, elle en est la suite si naturelle qu'elle commence à chanter sans aucune préparation. Dans les dernières mesures, les gammes laissent place à un rythme plus calme, des intervalles plus larges sur une basse chromatique.

10. Basse de trompette ou de cromorne. Doublet aussi pour cette basse, beaucoup moins spectaculaire que la première mais bien troussée, dont Guilain saura se souvenir dans ses basses de trompette des 1er et 3e tons.

11. Fond d'orgue. Beau mouvement lent et expressif à quatre parties. Écriture typiquement *da chiesa*. Les premiers spécimens du genre apparaissent chez Raison (1688) et Boyvin (1690). Gaspard Corrette dit qu'il « se doit toucher tendrement ».

12. Dialogue. Il clôt superbement tant la suite que le supposé *Gloria* dont il serait la formule finale, *In gloria Dei Patris*. Comme plusieurs numéros/versets analogues, il observe le moule de l'ouverture à la française en remplaçant le fugato central par des idées plus nouvelles. Voici, dans l'enchaînement, un magistral grave pointé, tendu de septièmes diminuées et renversements de septièmes de dominante ; un vif plus dansant, subdivisé en un récit de cornet et un dialogue entre Grand Jeu et Écho ; un retour au grave à 2/2, subtilement amené par une mesure à 3/2 qui assure le lien entre les deux métriques.

Durée d'exécution : ~ 28 mn

Livre II

(ou Versailles Ms 61/1)

Les quatre pseudo-Livres ci-après proviennent donc des 42 pièces manuscrites conservées à Versailles. L'énumération des pièces du Livre II tient compte des rectifications apportées par Jean Bonfils à l'ordre capricieux suivi par Pirro et Guilmant. Pour autant, le « Livre » n'acquiert pas davantage de cohérence, et il va sans dire que jamais Marchand ne l'aurait publié dans ce désordre et n'aurait accepté d'y voir figurer certaines pièces assez banales, peut-être destinées à des fins pédagogiques. Les Livres IV » et V n'offriront pas plus d'unité que celui-ci.

Grand jeu (Dialogue), 5e ton *(ut majeur)*, rythme ternaire bien scandé presque dansant.

Basse de trompette, très brève dans le même ton.

Récit, 1er ton (*ré* mineur), doux et sensible sur un motif ascendant.

Grand jeu (Dialogue), 1er ton, à 3/4, bien assis, belle cadence rompue, fin solennelle.

Trio, 1er ton, bref, en imitation.

Récit, 6e ton (*fa* majeur), à 3/4, probablement à orner.

Pièce du 4e ton, justement célèbre sous le titre de « Fond d'orgue » (à ne pas confondre avec celui, moins exceptionnel, du Livre I). Admirable *adagio da chiesa* dans le ton plaintif de *mi* mineur, cher à Louis Couperin ; exemple sobre et recueilli du dolorisme baroque. La trame à quatre parties, d'abord en imitation, se meut en une lente reptation dans la tessiture medium-grave. Les rencontres harmoniques provoquées par les retards et chromatismes sont dignes des *Toccate* pour l'Élévation de Frescobaldi.

Fugue en *fa* majeur à quatre parties sur un sujet en gamme ascendante et descendante.

Duo en *mi* mineur à 3/4.

Trio en *fa* majeur à 2/2, avec les imitations et les parallélismes d'usage.

Basse en *fa* majeur à 3/4.

Duo en *fa* majeur à 2/2, proche de la gavotte par son caractère et de la bourrée par son rythme.

Te Deum. Les versets d'orgue pour le *Te Deum* sont une denrée rare. Avant Marchand, on n'en peut citer que six séries : Attaingnant en 1531, Nivers en 1667, Gigault en 1685, un dans le Livre « de Marguerite Thiéry » et deux dans le *Livre d'orgue de Montréal*. L'hymne compte 31 versets, dont 16 confiés à l'instrument. Chez Marchand, certains de ces minces versets fonctionnels semblent en parfaite concordance avec le sens du texte, d'autres en contradiction. Comme il se doit, son *Te Deum* commence par un plein-jeu ; un très bref verset suffira pour le *Sanctus*, de même qu'un récit de cromorne miniature pour le *Judex crederis* ; en revanche, Marchand n'hésite pas à affubler d'un grand jeu la douce supplication du *Miserere nobis* sur laquelle les Cérémonials ont attiré l'attention ! Il est vrai qu'avant d'en arriver là, il a cessé de marquer le numéro et le titre des versets...

Ce grand jeu no 15 en *la* mineur est néanmoins la pièce maîtresse de l'hymne par sa structure en rondeau libre, encore quasiment inédite à l'orgue, la superbe tension harmonique des refrains, leur caractère altier, leur insistance puissante qui évoquent les passacailles en rondeau pour clavecin de Louis Couperin. Plus légers, les couplets cadencent en *ut*, *mi* et *ré* ; le dernier fragment s'évade du schéma du refrain et trompe l'insistance attendue, en un très habile effet de rhétorique contraire, pour conclure avec superbe.

Livre III

(ou Versailles Ms 61/1, suite)

Dialogue. Le prétendu *Livre III* ne contient qu'un magnifique *Dialogue* de 1696, seule pièce datée de Marchand. Triptyque d'envergure en *ut* majeur, avec partie centrale lente en *ut* mineur — comme l'Offertoire sur les grands jeux de Couperin, et proche, à certains égards, de l'Offertoire de Grigny —, il semble qu'on puisse lui assigner semblable destination. Marchand ne se soustrait ni à la tripartition généralisée de ce type de « symphonie pour orgue », ni aux contrastes en clair-obscur, et il s'efforce d'unifier l'ensemble au moyen de l'arpège d'*ut* majeur, en mouvement ascendant, descendant ou brisé. Le premier volet présente un *maestoso* pointé d'ouverture, typique des fanfares lullistes, dont l'arpège semble émerger de la résonance harmonique de l'*ut* grave du pédalier ; un 3/4, puis un ₵, en trois récits de dessus et de basse ; et (après la cadence en *sol*) un dialogue Grand jeu/Écho. Frère des deux fonds d'orgue, le volet central en *ut* mineur en possède la belle écriture linéaire aux harmonies accidentées, la ferveur et le recueillement. Des accords esseulés plongent dans l'expectative pour mieux laisser exploser la joie, la lumière du troisième volet, presque dansant à 3/4, puis en gigue fuguée à 6/4, marquée « légèrement » (évocatrice de la dernière partie de l'Offertoire de Grigny avec ses rubans de noires). Pour respecter la tripartition, un « gravement » à 2/2 constitue à la fois la 3e section de ce troisième volet et la magistrale conclusion de l'édifice sonore.

Durée d'exécution : ~ 10 mn

Livre IV (ou Versailles Ms 61/2)

DUO, 1er ton, à ₵.

FUGUE du 2e ton (*sol* mineur) de type fugue grave à quatre parties, sur un beau et sobre thème dans un ambitus de sixte mineure.

TRIO en *ut* majeur à 3/4, gai et sans histoire.

RÉCIT en *ut* majeur à 3/4 qui cadence en son centre en *sol* mineur.

DUO en *ut* majeur personnalisé par les deux « gruppettos » (écrits en toutes notes) du motif principal et qui reviennent tout au long.

BASSE DE TROMPETTE en *ut* majeur. La deuxième cadence interne se fait au ton lointain de *la* majeur après une savoureuse cadence rompue.

RÉCIT EN TAILLE, en 1er ton, qui chante tout de suite, sans pré-imitation. Bref et sobre, il nécessiterait des « embellissements » mais, à l'état de canevas, avec sa courbe de quarte diminuée, sa cadence évitée (mes. 8), et ses fausses relations (mes. 17), il dégage déjà une grande intensité.

Livre V (ou Versailles Ms 61/2)

BASSE DE CROMORNE OU DE TROMPETTE en *fa* majeur, 2/2. Départ sur la dernière noire en anacrouse, thème en fanfare, marches d'harmonies avec les décrochements d'octave d'usage.

RÉCIT en *fa* majeur, 2/2.

PLEIN-JEU en *ut* mineur. Il forme un diptyque avec la fugue suivante. Des harmonies de septièmes, un cadence évitée (V-IV) en *ut* mineur donnent une belle intensité à ces quelques mesures.

FUGUE, également à 2/2 en *ut* mineur, à quatre parties, en valeurs longues. Plusieurs exégètes ont déjà souligné la parenté de son sujet très expressif avec le futur mouvement lent du *Ve Concerto brandebourgeois* de Bach.

BASSE DE TROMPETTE OU DE CROMORNE, en 1er ton, assez peu virtuose.

RÉCIT EN TAILLE, en 1er ton, préparé par une entrée au jeu doux. Lui aussi très sobre, il attend les ornementations dont voudront bien le parer les organistes-poètes.

B. F.-S.

FRANK MARTIN

Né à Eaux Vives (Genève), le 15 septembre 1890; mort à Naarden (Hollande), le 21 novembre 1974. Compositeur suisse, Frank Martin était fils de pasteur calviniste. Sa vie musicale fut des plus précoces, puisqu'il commença à composer dès l'âge de huit ans. Il n'eut qu'un seul professeur, Josef Lauber, qui lui enseigna le piano, l'harmonie, la composition, mais pas le contrepoint; jamais il ne fréquenta le Conservatoire. Lui-même fut tout d'abord professeur à Genève, puis s'installa en 1946 à Amsterdam. A partir de 1938, il se consacra presque exclusivement à la composition, qu'il enseigna par la suite à la Musikhochschule de Cologne, de 1950 à 1957. De son œuvre abondante, on connaît essentiellement ses oratorios Le Vin herbé *et* Golgotha, *ainsi que* Le Mystère de la Nativité, *mais aussi la* Petite Symphonie concertante, *sa musique de chambre.*

La richesse, la chaleur de Frank Martin, dans l'œuvre duquel l'orgue n'occupe qu'une place extrêmement restreinte, découlent de l'attitude positive qu'il sut adopter à l'égard du système dodécaphonique de Schönberg, alliant avec bonheur les acquisitions fondamentales de la tonalité, librement assumée, et les apports de l'univers des douze sons, comme la *Passacaille* en témoigne de façon éloquente et surtout émouvante. Deux œuvres pour orgue seulement figurent à son catalogue.

Sonata da chiesa

Pour viole d'amour et orgue, de 1938, arrangée pour flûte et orgue, puis orchestrée la même année, c'est une œuvre en un mouvement et d'un seul élan. La ligne mélodique, répondant aux principes sériels, y est soutenue par des harmonies d'inspiration diatonique et de caractère consonant.

Durée d'exécution : ~ 13 mn

Passacaille

Composée en 1944, elle fut créée le 26 septembre de la même année par Kurt Wolfgang Senn, organiste de la cathédrale de Berne, à qui elle est dédiée. L'attitude adoptée dans la *Sonata* se trouve ici confirmée : l'élément linéaire (basse de passacaille) repose sur une double exposition de onze sons, tandis que le matériau harmonique est de conception diatonique. Le thème, élégant et racé (*Andante*), est de coupe classique :

A la mesure 82, il modifie ses appuis rythmiques, puis, toujours à la pédale, se « dédouble » ou se « glose » lui-même. L'étagement des harmonies au manuel, au flux aussi rigoureux que maîtrisé bien que sans contrainte, prenant possession de tout l'espace, est d'une intense luminosité. Le climat de l'œuvre, pur et abstrait, rêveur et postromantique à la manière d'un Schönberg, laisse percevoir par instants comme un écho de Reger, notamment dans l'exaltation de l'écriture (mes. 138 et suivantes), tout au long d'une lente progression chromatique. L'œuvre s'achève dans la clarté et l'apaisement, *dolce, ma pieno, un poco crescendo fin' al fine*.

Durée d'exécution : ~ 12 mn

M. R.

GIOVANNI BATTISTA MARTINI

Né à Bologne, le 24 avril 1706; mort en cette même ville, le 3 août 1784. Parallèlement à de solides études musicales, il entre dans les ordres. Moine franciscain, il est nommé dès 1725 maître de chapelle de S. Francisco de Bologne, église conventuelle de son ordre. Il consacra son temps à l'érudition pure et à l'enseignement, tout en entretenant une correspondance assidue avec les plus grands esprits de son temps. En 1758, il devient membre de l'Accademia dei Filarmonici et de l'Accademia dell'Istituto delle Scienze de Bologne, et pénétrera, en 1776, dans la société très choisie des Arcadi de Rome. Outre ses nombreux ouvrages musicographiques et une abondante musique vocale, on lui doit divers concertos, sinfonias et sonates instrumentales. Pour clavier, il laisse près d'une centaine de sonates parmi lesquelles les Sonate per l'organo e il cimbalo *(1742) et les* Sonate d'intavolatura per l'organo e'l cembalo *(1747).*

Contemporain de Léopold Mozart, Carl Philipp Emanuel Bach et Gluck, le padre Martini, *« Dio della musica de' nostri tempi »* aux dires de ses contemporains, n'est plus pour les mélomanes actuels qu'une figure légendaire de l'histoire de la musique. On se souvient en effet du savant contrapuntiste et pédagogue, professeur de Jommelli, Grétry et, surtout, de Johann Christian Bach et de Mozart lors de leurs séjours italiens ; on évoque l'auteur d'une monumentale et inachevée *Storia della Musica*, l'érudit animé d'une inlassable curiosité ayant amassé l'une des plus prestigieuses bibliothèques privées — une sorte de Sébastien de Brossard italien —, mais on oublie que cet humaniste d'exception, cette « mémoire » vivante est *aussi* un compositeur non négligeable qui, au clavier, occupe une place stratégique au milieu du XVIIIe siècle.

A l'heure où Bach publie ses *Variations Goldberg* et s'adonne à ses *Variations canoniques*, où Rameau écrit *La Dauphine*, sa dernière pièce pour clavecin, le savant et galant abbé n'ignore pas que depuis l'éphémère passage sur cette terre du miraculeux Pergolèse la face du monde musical a changé. La jeune génération des Sammartini et Stamitz est en train de donner naissance au style rococo. Légère et parfumée, l'esthétique galante se répand comme la poudre argentée des perruques, et on ne saurait faire figure dans un salon aristocratique sans avoir recours à ses délicates irisations.

Au carrefour de toutes les tendances, Martini éclaircit sa palette, à l'égal des peintres Tiepolo et Guardi. De ses devanciers Corelli, Alessandro Scarlatti et Haendel, il retient les sortilèges d'une expressivité et d'une virtuosité vocales ou violonistiques adaptables au clavier. Afin de ne pas figer la musique d'orgue dans un *stile osservato* désuet, sans pour autant sacrifier les aptitudes polyphoniques de l'instrument d'église, il s'efforcera de laisser chanter tout à son aise un soprano-main droite « bel cantiste » accompagné par une texture aussi serrée que l'entrelacs de parties de cordes. Sans doute le franciscain vise-t-il la quadrature du cercle mais, en habile maître d'œuvre, il n'est pas loin de l'obtenir. D'excellents musiciens du XIXe siècle feront encore grand cas de ses sonates, même s'il n'a su atteindre aux réalisations génialement hybrides de son élève Wolfgang Amadeus.

Les sonates pour orgue

Depuis Pasquini, à la fin du XVIIe siècle, les claviéristes italiens ont repris aux violonistes leurs sonates. Si un Zipoli se sert du vocable au seul sens étymologique, un Marcello, un Della Ciaja rivalisent à armes égales avec Corelli et publient des œuvres structurées en mouvements séparés.

Sonate per l'organo e il cimbalo
(1742)

Elles font alterner trois sonates pour clavecin (n°s 1, 3, 5) en trois mouvements (*Preludio-Allegro-Vivace, Allegro-Aria vivace-Minuetto, Allegro-?-Aria*) avec trois sonates pour l'orgue. Ces dernières tentent de se distinguer de leurs consœurs, non par le langage — définitivement tonal — ou par des prouesses contrapuntiques, mais par leur facture en deux mouvements de tempos opposés et par leur structure interne continue, plutôt que binaire à reprise et morcelée en petits fragments accolés (à la manière des *Essercizi* de Domenico Scarlatti). En *sol* mineur, la **Sonata II** propose un volubile **ALLEGRO** en duo, très haendélien de facture avec sa main gauche en basse continue qui s'active sous une main droite virtuose en doubles croches, puis un **ADAGIO** à trois voix principales bâti sur un motif aux prolongations chaque fois renouvelées. En *fa* majeur, la **Sonata IV** laisse chanter un violon imaginaire dans l'**ADAGIO** initial, sur une basse à peine étoffée de notes médianes, avant de s'ébrouer dans le **VIVACE**. C'est ce dernier moule que suit la **Sonata III** en *ut* majeur.

Sonate d'intavolatura per l'organo e'l cembalo

Nous touchons ici à l'opus magnum du Franciscain en matière de musique de clavier. Fini la discrimination entre les deux claviers. La fusion — la confusion ? — est consommée. Et, plus que jamais, la *cantabilità* règne en diva adorée à la voix supérieure. Mais si le soprano domine, séduit, l'accompagnement ne se contente pas d'accords battus ou d'insipides formules de basse d'Alberti comme faire-valoir ; au contraire, le contrepoint se fait plus vaillant que dans les essais précédents.

Le nouveau recueil ne doit rien à la sonate napolitaine de Durante et Domenico Scarlatti et tout aux sonates en trio de Corelli et aux suites pour clavecin « métissées » de Haendel (1720). Monotonales, en cinq mouvements, les sonates de Martini mêlent les genres *da chiesa* et *da camera* que, depuis Merula, les Italiens ont souvent isolés, quitte à ne pas respecter leurs propres conventions. Excepté la 12e, entamée par une allemande, elles commencent par le diptyque *preludio-allegro fugato*, prolongé, suivant le cas, par des *corrente*, *sarabanda*, *giga*, *minuetto*, *siciliano*, *gavotta*, *baletto*, ou quelque vive *aria*, ou encore par des mouvements agogiques de type *adagio* et *allegro*.

Comme chez Corelli, le preludio et l'allegro fugué observent une linéarité discursive alors que les danses ou autres pièces se plient volontiers à la circularité de la structure binaire à reprise. Toujours éloquent, le **prélude** peut se suffire de figures en accords, arpèges et traits expressifs ou intégrer une polyphonie plus dense. A la différence des *Toccate* de Frescobaldi ou de Rossi, il ne s'agit plus d'alterner des sections imitatives mais bien de fusionner arioso et polyphonie serrée (plus d'un siècle et demi après, Martini renoue avec l'idée des Gabrieli signant des « *canzone ariosa* » et « *ricercare arioso* »). Relevons au passage le preludio en *sol* mineur de la *Sonata V* en « barricades mystérieuses » luthées à quatre parties. Deux solutions prévalent pour l'**allegro fugué** : soit il déroule une exposition traditionnelle, soit, en lieu et place de la réponse, apparaît une sorte de deuxième sujet (et ainsi de suite), ce qui a pour conséquence d'éloigner les entrées les unes des autres et de distendre un schème trop convenu. Le sujet de l'allegro V est façonné par la septième diminuée descendante (*mi* bémol-*fa* dièse), archétypique du « mode mineur harmonique » de la tonalité moderne.

Suivies ou non de variations, les **arias** sont des pages alertes (comme déjà chez Pasquini, et aussi chez Bach dans la *6e Partita* pour clavecin), et c'est à l'adagio que revient le privilège de chanter éperdument. Au mépris des particularités de la facture, ce *canto fiorito* ou *spianato* au clavier, parsemé de broderies et appoggiatures, déjà largement présent chez Bach et Haendel, sera l'idéal de plusieurs générations, jusqu'aux disciples, réels ou spirituels, de Clementi, et aboutira aux nocturnes pianistiques de Field et de Chopin.

Les **danses** ne manquent ni d'habileté ni de charme — la célébrissime *Gavotta* en *fa* majeur de la *Sonata XII* en apporte la démonstration. Certaines affichent des préoccupations plus sérieuses telle la *Corrente* de la *Sonata III* en *ré* mineur « *Canone al Diapason intensum* ».

De ces deux recueils de référence, rien ne semble enregistré, la faveur des organistes allant aux pages non publiées par leur auteur : une **Pastorale** en *sol* majeur se balançant sur une immense pédale de tonique et évocatrice de celles de Pasquini, Zipoli ou autres Della Ciaja et, surtout, les charmantes **Sonate sui Flauti**. Ces dernières obéissent toutes à la même construction de sonate monothématique en un mouvement. Quatre mesures d'« *Introduzione* », déjà animées ou *moderato*, dans une harmonie nourrie et achevées par une cadence parfaite conduisent à un spirituel « *Allegro con flauti » manualiter*, en duo, avec le plus souvent des doubles croches à la main droite et des croches continues (volontiers répétées), non *legato*, à la main gauche. Trois parties enchaînées correspondent à une exposition cadençant à la dominante, une section centrale modulante propice aux marches d'harmonies, et une réexposition tonale pouvant évoquer un vrai *da capo*. Très lisses, certaines (en *ut* et *fa* majeur) se souviennent des allegros pour violon et basse continue de Corelli ou des allemandes de Bach; d'autres (plusieurs en *fa*, une en *ré* majeur), tout aussi continues, se parcellisent en petits motifs accolés, élastiques et rebondissants, ornés de trilles, assouplis de triolets, et ressemblent davantage aux *Studi e Divertimenti* de Durante, aux *Essercizi* de Domenico Scarlatti, ou encore à quelque allegro de Jean Marie Leclair. Elles illustrent précisément le « style 1740 » à la charnière de la technique continue du dernier baroque et du morcellement du premier rococo qui, reconstruit, amènera à la phraséologie des classiques.

B. F.-S.

ADOLPHE MARTY

Né à Albi, le 29 septembre 1865; mort à Valence-d'Albigeois, le 28 octobre 1942. Il entra d'abord à l'Institut national des Jeunes Aveugles où, élève de Lebel, il attira l'attention de Franck et fut le premier non-voyant à être admis dans la classe d'orgue du Conservatoire de Paris (1885). Après avoir travaillé la fugue avec Guiraud et obtenu son premier prix d'orgue dès l'année suivante, il occupa la tribune de Saint-Paul d'Orléans, la chaire de professeur à l'Institut national des Jeunes Aveugles (1889-1930) et fut enfin nommé organiste de Saint-François-Xavier à Paris (1891). Son action pédagogique demeure essentielle dans la mesure où, au même titre qu'un Albert Mahaut (1867-1943), il transmit à ses élèves (dont Jean Langlais et Gaston Litaize) la tradition de son maître, César Franck.

A l'opposé de la plupart de ses contemporains (Vierne, Barié, Boëllmann et bien d'autres), Marty fut surtout un liturgiste. Composée pour un instrument symphonique, certes idéal à magnifier une musique de concert, son œuvre n'en exploite pas moins le plain-chant ou des thèmes de noëls populaires propres à illustrer les diverses cérémonies du culte romain. A cet effet, on retiendra donc les *Cinq Pièces* de 1892, dont une *Marche funèbre*; les *Six Pièces pour différentes fêtes de l'année* (1897), qui proposent une série d'offertoires; les douze grands chœurs de *L'Orgue triomphal* (1898), entreprise pour le moins inédite qui sacrifie à l'éclat et à l'ostentation afin de célébrer dans la liesse ou l'apparat les moments essentiels du calendrier chrétien (Assomption, Noël, Pâques etc.); les *Dix Pièces en style libre* (1910), dont les *Variations pour le jour de Noël*; trois *Offertoires* (*Tu es Petrus*, *Pour la Pentecôte*, *Pour l'Immaculée-Conception*) et *Le Saint-Rosaire* (1941), dont il n'existe que deux numéros sur les dix prévus. A cela s'ajoutent deux sonates à programme sacré (*La Pentecôte*, en 1903, et *Sainte-Cécile*, en 1904) et *L'Art de la pédale du grand orgue*, œuvre pédagogique qui connut un indéniable succès.

S'il rappelle encore Franck à travers certaines tournures (cadences répétées, amplifiées) comme dans l'*Offertoire sur un Noël provençal* des *Six Pièces*, le langage de Marty paraît plus classique. Évitant souvent les effusions par trop sentimentales, sa pratique du contrepoint (fuguettes et fugues traitées comme forme et non comme procédé de développement) et son goût pour les motifs grégoriens, qu'il partage d'ailleurs avec Guilmant, l'orientent vers une conception plus « sacerdotale » que sensuelle. A ce titre, quelques œuvres mériteraient un meilleur sort que l'indifférence et l'ignorance dont elles sont aujourd'hui l'objet.

Entrée pour Noël (Noël breton, grand chœur varié)

Cette page en *ré* majeur appartient à *L'Orgue triomphal*. Après l'exposé du thème sur une pédale répétée de tonique qui agit comme un rustique bourdon, la première variation superpose ce dernier (main gauche) à un jeu de tierces et de sixtes (main droite). Suit un épisode sans pédale de technique imitative, puis un *Allegro scherzando*. La quatrième variation *(Moderato)* opte alors pour un système polyphonique dont chaque partie use de valeurs différentes (rythmes lombards, doubles croches et noires de l'aigu au grave). Une *Fughetta* précède alors la section finale (*Allegro maestoso*) qui termine dans la pleine puissance de l'instrument par l'harmonisation massive du motif populaire.

On trouverait un programme à peu près similaire dans les *Variations pour le jour de Noël* des *Dix Pièces en style libre* de 1910, quoique d'une écriture plus pianistique (arpèges) dans l'exposé du thème.

Durée d'exécution : ~ 5 mn 30 s

Le Carillon de Saint-Paul d'Orléans

Dans l'avertissement qui précède cet autre extrait de *L'Orgue triomphal*, le compositeur a noté : « Cette pièce, comme l'indique son titre, a été écrite sous l'impression du carillon de l'église de Saint-Paul à Orléans. La cloche la plus grosse donnant le *ré* sonne en volée; dans l'intervalle de ses coups, le carillonneur exécute des broderies sur les trois autres cloches donnant les notes : *sol*, *fa*, *mi*. Au milieu de la sonnerie, le carillonneur se repose, laissant la grosse cloche sonner seule, après quoi, il reprend. Ce mode de sonnerie est changé depuis 1897. » Pièce en *sol* majeur sur une basse de dominante répétée à intervalles irréguliers, ce carillon d'esprit symphonique, dont l'harmonie ne manque pas de trouvailles judicieuses, mérite une place à côté de ceux de Vierne, Boëllmann, Commette ou Ermend-Bonnal.

Durée d'exécution : ~ 4 mn 30 s

Marche funèbre

Composée dans le ton de *mi* mineur selon une formule A B A, cette œuvre, qui appartient aux *Cinq Pièces* de 1892, présente une entrée en matière aux valeurs décroissantes des plus originales. Le motif obstiné qui soutiendra, en effet, toute la première partie (A) passe en quelques mesures des doubles croches aux noires en s'arrêtant aux triolets de croches. L'impression produite donne l'illusion de pénétrer ex abrupto dans une pièce déjà commencée dont la gaieté céderait brutalement place à la douleur. On poursuit cependant selon les conventions inhérentes au genre dans un climat d'accablement, mais sans surprise.

Durée d'exécution : ~ 5 mn 30 s

F.S.

FÉLIX MENDELSSOHN-BARTHOLDY

*Né à Hambourg, le 3 février 1809 ; mort à Leipzig, le 4 novembre 1847. Élevé dans une famille juive convertie au protestantisme, il bénéficia d'une éducation très soignée qui en fit une des personnalités les plus cultivées de son époque. De formation très complète, pratiquant de nombreuses langues, excellent dessinateur et passionné de philosophie (son grand-père, Moses, compta parmi les intellectuels de l'*Aufklärung*), il fut l'ami de Goethe et suivit à Berlin les cours de Hegel et Humboldt. Élève de Zelter et de Hennings, il devint aussi un des meilleurs pianistes allemands et composa ses premières œuvres à douze ans. Ses incessants voyages en Angleterre (de 1829 à 1847), France (1816, 1825, 1830) et Italie (1830) lui assurèrent une célébrité internationale, ainsi que la diffusion de ses pièces de piano, orgue ou musique de chambre (Londres et Paris). D'abord installé à Berlin, où il fit exécuter la* Passion selon saint Matthieu *de Bach (1829), il fut nommé directeur de la musique à Düsseldorf (1833). Dans les années qui suivirent, il fit de Leipzig l'un des plus grands centres musicaux d'Allemagne : il y dirigea le Gewandhaus, puis y fonda le Conservatoire. En 1844, il fut appelé, en outre, à superviser les activités musicales de Berlin.*

Reconnu dès l'âge de dix-sept ans, alors que triomphe le *Songe d'une nuit d'été*, sa musique s'est imposée par sa clarté, l'aisance de son discours, la sensibilité de sa mélodie et un sens remarquable de l'orchestration qui apparaît avec éclat dans la *Symphonie italienne*. Son *Concerto pour violon* qui met si bien en valeur l'expression romantique de son *cantabile* ou l'écriture châtiée de ses *Variations sérieuses* pour piano furent accueillis avec intérêt, tandis que la technique souvent moins exigeante que celle des pages maîtresses de Chopin, Schumann ou Liszt, favorisa le succès de ses *Romances sans paroles*. Non sans regrets, il délaissa l'opéra, abandonnant le terrain au jeune Wagner.

Mais s'il puisa son inspiration aux sources du romantisme, il fut, à l'égal d'un Hesse ou d'un Rinck, l'un des pionniers du retour à Bach, dont il joua les œuvres tant en Allemagne qu'à Paris ou à Londres. Ce contact quotidien avec le contrepoint du XVIIIe siècle ou les pages chorales d'un Haendel ne manqua pas de marquer son propre langage ; dès les symphonies de jeunesse, on le suit dans son apprentissage de la fugue ou de la double fugue, tandis que, à l'âge adulte, il traite le choral « *Ein'feste Burg ist unser Gott* » dans sa *Symphonie « Réformation »*. Les préludes et fugues pour piano, quelques pages de musique de chambre et surtout son œuvre religieuse d'allure souvent néo-classique comme sa musique d'orgue (motets, psaumes ou les deux oratorios *Elias* et *Paulus*), en portent témoignage.

L'œuvre pour orgue

A la différence de Schumann, Liszt ou Brahms, Mendelssohn pratiqua l'orgue, sur lequel il se révéla exécutant adroit et excellent improvisateur. A ce titre, il contribua sans doute, autant que les organistes « exclusifs », à diffuser Bach, notamment en Angleterre où il interpréta dès 1829 une fugue du Cantor à la cathédrale Saint-Paul de Londres puis, en 1837, à Christ Church *(Prélude et fugue* en *la* mineur) ou Birmingham (*Prélude et fugue* en *mi* bémol). Afin de financer un monument élevé à la mémoire de Bach, il donna le 6 août 1840 un concert mémorable à Saint-Thomas de Leipzig, où il exécuta, outre les deux préludes et fugues précédents, *Passacaille et thème fugué* en *ut*, *Pastorale*, une toccata et le *Choral « Schmücke dich, O liebe Seele »*.

Lors de ses nombreux voyages, il fut invité à toucher des instruments variés : Weimar (1821), cathédrales de Berne (1822) et de Munich (1830), abbaye d'Engleberg (1831), Saint-Esprit de Heidelberg (1837) ou Sainte-Catherine de Francfort-sur-le-Main (1845). Ces diverses expériences n'ont pas été sans conséquences sur sa conception de l'instrument et ce qu'il lui confie. Or, la plupart des orgues joués par Mendelssohn en Allemagne ou en Suisse sont de conception encore classique, avec mixture au clavier principal (mais pas toujours au Rückpositiv), mutations simples, gambes et une pédale de six à huit jeux, tandis que les instruments anglais disposent sans doute d'un *Swell organ* (Récit expressif), mais d'une pédale pauvre que le compositeur allemand s'efforcera de développer (celle du Town Hall de Birmingham regroupera quinze registres en 1843).

Selon la tradition germanique, Mendelssohn ne précise pas sa registration, se limitant à des nuances qui laissent une certaine latitude. On notera néanmoins que, publiées en Angleterre, les sonates s'adaptent fort bien à un instrument semblable à celui de Christ Church de Londres, lequel compte trente-neuf jeux sur trois claviers et une pédale de dix registres. Mais dans la préface des *Six Sonates*, l'auteur ne fait aucune allusion aux pleins-jeux ou mutations de l'orgue classique, et se réfère davantage aux fonds 8′ ou aux combinaisons fonds et anches, très romantiques : « Par *fortissimo*, j'entends toute la puissance de l'orgue, et par *pianissimo* généralement un jeux doux de huit pieds ; par *forte*, tous les jeux de fonds avec quelques jeux d'anches ; par *piano*, un mélange de quelques jeux de huit pieds, etc. Pour la pédale, je désire partout, même pour le *pianissimo*, un mélange de huit et seize pieds, à moins que le contraire ne soit expressément indiqué (voir la Sonate n° 6). »

Ces instruments de transition, qui fondent leur palette sur des bases classiques, mais dont l'orientation symphonique se fait sentir quant à la répartition des fonds et à la proportion des huit et quatre pieds, servent les deux tendances de la musique d'orgue de Mendelssohn, l'une sensible et triomphale à l'image de sa musique de piano ou d'orchestre, l'autre néo-classique avec prédominance du contrepoint à la Bach ou du choral.

En dehors de quelques pièces séparées, comme celle qu'il compose en 1835 pour le mariage de sa sœur Fanny, son œuvre d'orgue compte surtout *Trois Préludes et fugues* et *Six Sonates*.

TROIS PRÉLUDES ET FUGUES (op. 37)

Écrits de 1835 à 1837, époque où il travaille aussi à ses *Préludes et fugues* op. 35 pour piano, ces trois diptyques sont dédiés à Thomas Atwood, organiste de la cathédrale Saint-Paul de Londres, que Mendelssohn rencontra dès son premier voyage de 1829.

Au piano comme à l'orgue, Mendelssohn réhabilite une formule qu'un Hesse cultive aussi à la même époque. Son exemple sera suivi par Liszt, Bruckner (même si ce dernier plagie Gottlieb Muffat en recopiant la troisième fugue de sa *Toccata Prima* !), Merkel, Brahms ou Reger en

Allemagne, Boëly, Gigout, Loret ou Saint-Saëns en France.

Prélude et fugue en *ut* mineur

Comme on peut s'y attendre, l'influence de Bach paraît dans les premières pages : long thème introduit par un saut d'octave et ponctué d'accords (*cf.* la *Fantaisie* en *sol* mineur de Bach) qui sera réexposé à la fin, séquences en marches d'harmonie, fugatos centraux avec effet de strette... La fugue à quatre voix qui suit (*Con moto* à 6/8) exploite un sujet berceur selon trois groupes d'entrées que relient deux divertissements. On en observera la clarté du plan tonal (modulations dans le ton de la dominante et de la sous-dominante), comme la continuité du discours.

Durée d'exécution : ~ 9 mn

Prélude et fugue en *sol* majeur

D'un tout autre style, il débute par un *Andante con moto* (6/8) dans le genre d'une idylle pastorale qui parle le langage « naturel » du romantisme. Construit selon un plan tripartite (A B A'), il oppose une première section alimentée par trois formules mélodiques (*sol* majeur, *si* mineur, *ré* majeur) à une seconde en *sol* mineur qui modulera en *ré*, l'ensemble contrastant nettement avec l'austérité d'une fugue à quatre voix dont le sujet (4/2) présente quelques parentés avec les nos 1 et 4 des *Six Fugues sur B.A.C.H.* de Schumann.

La construction en est plus élaborée que celle de la précédente : exposition, groupes d'entrées en *ré* majeur et *mi* mineur puis *si* et *do*, strette et section terminale avec trois dernières entrées).

Durée d'exécution : ~ 8 mn 30 s

Prélude et fugue en *ré* mineur

Il s'ouvre par un *Allegro*, lui-même bipartite avec un exorde en récitatif coupé de triples piliers d'accords, suivi d'un fugato néo-classique, dont le thème principal se combine à deux motifs en triolets de croches puis en doubles croches. Quant à la fugue à quatre voix, elle expose un sujet en deux cellules, dont le développement fait apparaître le renversement, tandis qu'une strette entre soprano et ténor et une ultime apparition de la réponse en occupent la section conclusive.

Durée d'exécution : ~ 9 mn 30 s

SIX SONATES (op. 65)

A l'initiative des éditeurs anglais Coventry et Hollier, Mendelssohn écrivit ses *Six Sonates* entre août 1844 et janvier 1845, réutilisant dans la seconde deux pièces antérieures, le *Nachspiel* en *ut* majeur de 1831 et une *Fugue* composée en 1839. Pour satisfaire à la demande de ses commanditaires, il s'efforce de respecter la formule du *voluntary* britannique qui jouissait encore d'une certaine faveur avec Samuel Wesley ; son plan en trois parties (Lent — Allegro — Fugato), ouvert à toutes les expériences, s'apparente quelque peu à celui des deux premières sonates que Mendelssohn écrit en août et septembre 1844 (dans la version définitive, elles porteront les numéros 3 et 5). L'œuvre en *la* majeur (nº 3) présente, de plus, quelques affinités avec le style anglais (marche haendelienne et fugato). Mais l'auteur y introduit un choral luthérien. La *Sonate* en *fa* mineur suivante (elle portera le numéro 1) récidive dans cette tentative très éloignée du goût londonien, et s'organise en quatre mouvements, tout comme celle en *si* bémol (nº 4) que l'on peut presque considérer comme la première symphonie pour orgue du XIXe siècle. Quant à la dernière composée (nº 6, janvier 1845), elle innove encore en introduisant dans ce cadre mixte (sonate/*voluntary*) un principe cyclique à partir d'un thème de choral.

A de multiples titres, cet opus occupe une position capitale dans l'histoire de l'orgue. Ainsi, le *Grave* néo-classique initial et la fugue finale de la *Deuxième Sonate* proposent-ils une solution « à l'allemande » que Merkel, Rheinberger ou Lemmens exploiteront à leur tour, tandis que le premier mouvement de la *Quatrième* offre le choix d'une forme sonate que suivront Franck, Guilmant et Widor. L'intégration d'un choral dans un contexte symphonique portera ses fruits chez Merkel (*Sixième Sonate* en *mi* mineur), Liszt,

Franck ou Lemmens (sonate de caractère liturgique adaptée au plain-chant catholique) comme le dernier Widor, et l'idée de variations sera reprise par ce dernier, ainsi que par Reger.

Sur le plan du style, l'exemple de Mendelssohn n'en est pas moins décisif, en ce que, dès 1845, le musicien trouve un juste équilibre entre des mouvements néo-classiques et d'autres d'esthétique moderne. Son goût pour la marche héroïque de caractère orchestral (*cf.* ses cinq symphonies), la sensible mélodie accompagnée, les allegros éblouissants dans lesquels il adapte à l'instrument à tuyaux de brillantes formules d'arpèges et les *Con moto* dont il a le secret, ont fécondé toute la production organistique de la seconde moitié du siècle, alors que ses sonates figurent au répertoire de tous les grands interprètes d'Europe, à l'égal des vastes pages de Bach.

Sonate n° 1, en *fa* mineur

Conçue en quatre mouvements, cette œuvre débute par un ALLEGRO MODERATO E SERIOSO d'esthétique passéiste. Après une introduction de dix mesures, un ample fugato aux séquences régulières se développe, interrompu ou combiné au choral harmonisé *« Was mein Gott will, das g'scheh allzeit »*. Dans une seconde partie qui renverse le sujet, une strette libère un long trait de pédale qui mène à un épilogue que couronne une coda verticale. L'influence de Bach y paraît manifeste, mais Mendelssohn s'applique à opposer choral et fugue selon une dualité conflictuelle qui ne doit rien au XVIIIe siècle. Suit un ADAGIO en *la* bémol majeur (3/8) mettant en valeur une suave mélodie dans un esprit bellinien (A B A′), puis un récitatif (ANDANTE) qui rejoint le ton principal pour introduire le dernier morceau. Jalonné par des cadences déclamatoires, ce bref mouvement de transition s'adjoint le concours d'une seconde voix pour esquisser un canon, puis prend fin sur une section chromatique et poignante qui contraste avec l'étincelant ALLEGRO ASSAI VIVACE final, en *fa* majeur. Toccata dynamique sur un jeu d'arpèges (A) qui sert d'écrin à un hymne (B), elle se déroule comme une chevauchée aux traits spectaculaires, que parachève une impressionnante coda en strette sur B.

Durée d'exécution : ~ 18 mn

Sonate n° 2, en *ut* mineur

Les trois mouvements précédés d'une introduction rappellent le cadre du *voluntary* anglais avec fugue terminale.

Un court *Grave* de sentiment inquiet (tonalité mineure, syncopes, silences provoquant un rythme haletant), combinant écritures verticale et horizontale (fugato, mes. 5-13) y précède un ADAGIO élégiaque qui prend essor sur une note filée. Une mélodie aux souples courbes et un plan tonal sans surprise, qui module dans le ton de la dominante et de la sous-dominante en sa partie centrale, lui confèrent une ordonnance classique. L'accompagnement gracieux, avec ses tierces et sixtes parallèles que la pédale soutient de quelques pointes graves, lui vaut douceur et quiétude.

Survient alors un ALLEGRO MAESTOSO E VIVACE, vigoureuse marche qui n'est pas sans rappeler celle du *Songe d'une nuit d'été* (objet d'innombrables transcriptions pour orgue !). Valeurs pointées martiales, évolution ascendante des quatre premières mesures, harmonie pleine que des gammes montantes de pédale affirment, nous conduisent par quelques modulations par tons à une coda massive qui introduit le dernier mouvement.

Celui-ci, ALLEGRO MODERATO à 2/2, n'est autre que la *Fugue* en *ut* majeur de 1839, dont le sujet d'une sévère simplicité se combine avec deux contre-sujets (le second plus animé, en croches). On distingue l'exposition des quatre voix (T-A-S-B) avec le premier contre-sujet, puis un second groupe d'entrées en *ré* et *sol* majeur ; c'est ensuite une deuxième section avec le second contre-sujet, partant de *sol* pour ménager une série d'entrées au deuxième degré, relatif, ton principal, dominante, à nouveau deuxième degré, puis épilogue avec strette sur la tête du sujet.

Durée d'exécution : ~ 12 mn

Sonate n° 3, en *la* majeur

En réalité la première écrite par Mendelssohn entre le 9 et le 17 août 1844, cette œuvre hésite encore sur la forme (*voluntary* ?) et s'en tient à deux mouvements.

Triptyque de structure A B A, le premier flanque une partie centrale très développée d'un prélude et d'un postlude pompeux rappelant Haendel (cortège massif et appels d'exhortations monodiques qui reçoivent la réponse collective d'une cadence) ; B combine adroitement choral et double fugue. A l'exposition et au développement d'un premier sujet introduit par deux cellules aux valeurs pointées et d'un second plus mobile en doubles croches régulières, Mendelssohn superpose, en effet, les quatre premières périodes du *De profundis* luthérien (*« Aus tiefer Not schrei' ich zu dir »*) qui sonne à la pédale. La combinaison des deux sujets de la fugue précède l'énoncé de la cinquième période du choral et conduit à une longue pédale de tonique qui annonce une coda construite sur des matériaux issus du premier sujet. Mais ne pouvant se résoudre à terminer sur une note aussi austère, le musicien ajoute, à ce monumental *Con moto maestoso*, un *Andante tranquillo* dont la mélodie ingénue (joli haut de sixte initial !) et presque mozartienne *(Benedictus* du *Requiem)* s'organise selon une structure A B A'.

Durée d'exécution : ~ 12 mn

Sonate nº 4, en *si* bémol majeur

Très équilibrée quant au style et aux proportions, cette véritable symphonie pour orgue compte quatre mouvements avec allegro de forme sonate, deux morceaux centraux modérés, puis un prélude, fugue et postlude terminal, plan repris en partie par Lemmens dans sa *Sonate Pontificale*, puis par Franck (sans la fugue terminale) dans sa *Grande Pièce symphonique*.

L'**Allegro con brio** débute donc par l'exposition de deux thèmes, le premier (A) en arpèges sur pédales de tonique ou de dominante, le second (B) plus martial (valeurs pointées) en *sol* mineur. Un développement par élimination, procédé beethovénien,

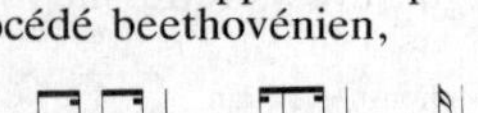

précède alors une dernière section qui renonce à une réexposition classique pour superposer les deux thèmes dans une polyphonie serrée.

Un **Andante religioso** lui fait suite, dans le goût d'un cantique harmonisé (A B A') dont la partie centrale tire son intérêt d'un va-et-vient d'interrogations, de réponses et d'imitations issues de la cellule initiale du thème. L'ensemble n'est pas sans annoncer certaines prières de Lemmens et bien des adagios de Widor ou de Guilmant.

Sans rompre avec cet esprit d'apaisement, Mendelssohn propose alors un **Allegretto** en *fa* majeur qui doit à son 6/8 un balancement pastoral. Sur les entrelacs d'un accompagnement ondoyant en doubles croches, une longue mélodie de vingt et une mesures déroule ses multiples périodes et module avec charme dans les tons de la dominante et de la sous-dominante. D'abord présenté dans l'aigu,

ce thème, typiquement mendelssohnien et digne des meilleures *Romances sans paroles*, passe dans le grave, module en *ré* mineur puis circule d'un registre à l'autre avant de se stabiliser sur une pédale de tonique au-dessus de laquelle le mouvement continu des doubles croches tisse une aimable conclusion.

L'**Allegro maestoso e vivace** final reprend la formule du *Con moto maestoso* de la *Troisième Sonate* (A B A'), opposant une véhémente marche (A) à une fugue (B) dont le sujet à la Bach peut se scinder en deux cellules. On distingue successivement l'exposition des quatre voix (B-T-S-A), un second groupe d'entrées, puis un troisième avec élargissement de la première cellule, entrées du sujet droit ou renversé et strette.

Durée d'exécution : ~ 17 mn

Sonate nº 5, en *ré* majeur

Il existe plusieurs versions de ce *voluntary*, et les manuscrits de janvier 1845 envisagent un éventuel retour de l'*Andante* à la fin de l'œuvre, ou entre les deuxième et dernier mouvements. Mais l'auteur s'en est tenu à trois morceaux.

1. Un bref **Andante** de vingt-sept mesures sonne comme un choral harmonisé. On remarque le chromatisme des

parties intermédiaires sous la pédale supérieure de tonique finale qui sera repris dans la dernière sonate.

2. Un **Andante con moto** à 6/8 en mineur se déploie sur un staccato de pédale assez dynamique (A B A B et coda).

3. Un **Allegro maestoso** en *ré* majeur traite deux thèmes, le premier lancé par un saut d'octave avec cellule interrogative en récitatif et réponse cadentielle, le second plus passionné, avec sa note filée, ses larges intervalles et son bruissement de triolets dans le ton de la dominante. Après l'exposition, on assiste à un développement et à la réexposition attendue que suit une coda dont la cadence homophone renoue avec l'Andante-choral.

Durée d'exécution : ~ 10 mn

Sonate nº 6, en *ré* mineur

Les trois mouvements de cette sonate fort célèbre sont composés sur le choral *« Vater unser im Himmelreich »* (« Notre Père ») et rappellent le souvenir d'une improvisation que Mendelssohn relate ainsi, dans une lettre du 23 août 1831 : « Cet après-midi, j'ai dû aller jouer pour les moines qui m'ont donné un thème excellent : le *Credo*. L'improvisation m'a assez bien réussi pour que je regrette de n'avoir pu l'écrire. Mais tout en n'en conservant que l'esprit général, j'ai pu en noter un passage que je ne veux pas oublier. Les contre-sujets se pressaient de plus en plus nombreux en opposition au canto fermo; c'étaient d'abord des notes pointées, puis des triolets, enfin des doubles croches sur lesquelles ressortait toujours le Credo... Vinrent ensuite des arpèges sur l'orgue tout entier pendant que la pédale prenait le thème en augmentation. »

Abandonnant le *Credo* pour le *Pater*, Mendelssohn nous offre d'abord une série de variations qui s'établissent comme suit :

— Choral harmonisé à cinq voix avec une fin sur pédale de tonique qui lie à la partie suivante;

— Variation I (4/4) : cantus firmus au soprano sur un contrepoint en doubles croches qu'une pédale ponctue sobrement;

— Variation II (12/8) : choral harmonisé à quatre parties manuelles sur une pédale en croches continues;

— Variation III (4/4) : cantus firmus au ténor sur un contrepoint qui use de tierces et sixtes parallèles;

— Variation IV (2/2) : cantus firmus sur un mouvement d'arpèges, d'abord à la basse (on remarque, à partir de la mesure 8, un effet de syncope par déplacement de l'accent sur les derniers temps), puis au soprano et au ténor en alternance. La coda, très imposante, exploite dans une riche harmonie à six voix un raccourci du choral (périodes I et VI).

Suit une **Fugue** (*Sostenuto e legato*) qui prolonge et amplifie les variations précédentes, dans la mesure où son sujet reprend les éléments initiaux de la mélodie du cantique luthérien. Elle s'articule selon trois parties. D'abord une exposition des quatre voix (T-A-S-B); puis un second groupe d'entrées dans les tons du relatif, de la dominante et retour au ton principal; enfin, épilogue en imitations sur la tête du sujet, avant une ultime entrée de ce dernier.

Mais comme il l'avait voulu dans sa *Troisième Sonate*, Mendelssohn termine par un **Andante** à quatre voix de caractère charmeur, dont les motifs s'inspirent néanmoins du choral.

Durée d'exécution : ~ 16 mn

PIÈCES DIVERSES

De 1820 à 1844, Mendelssohn a composé une douzaine de morceaux que quelques organistes inscrivent aujourd'hui dans leurs intégrales. Six d'entre eux se situent avant 1831 et ne constituent que des pages par lesquelles le jeune prodige « se fait la main ». C'est le cas du *Menuetto* en *sol* majeur sans doute élaboré vers l'âge de dix ou onze ans, ou de la *Fugue* en *sol* mineur qui ne manque déjà pas d'aisance et qui révèle aussi une admiration précoce pour Bach. On distingue par ailleurs un *Praeludium en* ré *mineur* (1820), un *Andante* en *ré* majeur (1823) et une *Fughetta* en *la* majeur, arrangement de la fugue des *Sieben Characterstücke für pianoforte* de 1827 que l'auteur a jugé utile d'éditer en 1842. Mais la plus marquante de ces pages apparaît sans conteste le **Choral « Die Tugend wird durch's Kreutz geübet »** (juillet 1823) qui anticipe sur la composition de la

Sixième Sonate, avec thème harmonisé suivi de trois longues variations : choral figuré dont le cantus firmus chante à la pédale, divers canons et toccata.

Parmi les œuvres de la maturité, on découvre trois fugues de 1839 (*Lento* à 6/8 en *fa* mineur, fugues en *mi* mineur et *ut* majeur, cette dernière reprise dans l'*Allegro moderato* de la *Deuxième Sonate*), dont l'édition française de Jean Bonfils remonte à 1956, un *Praeludium* en *do* mineur (1841) aux chromatismes douloureux, un *Andante* à variations (1844) et le *Nachspiel* en *ré* majeur de 1831 qui se révèle comme la source principale de l'*Allegro maestoso* de la *Deuxième Sonate* : introduction à l'écriture très chargée que Mendelssohn a judicieusement allégée en 1844, et long fugato final.

Le Choral « Aus tiefer Not schrei' ich zu dir », enfin, dont la mélodie sera aussi utilisée dans la *Troisième Sonate*, adopte un riche contrepoint avec cantus firmus au soprano. Écrit en *fa* mineur, il apparaît comme une des pièces les plus émouvantes de toute cette production d'orgue.

Durée d'exécution : ~ 3 mn

F.S.

GUSTAV ADOLF MERKEL

Né à Oberoderwitz, le 12 novembre 1827; mort à Dresde, le 30 octobre 1885. Fils d'un instituteur et organiste, ce compositeur allemand travailla d'abord l'orgue auprès de Johann Schneider et le piano avec Friedrich Wieck, beau-père de Robert Schumann avec qui il entra ainsi en relation. Installé à Dresde, il occupa successivement les postes de la Waisenhauskirche (1858), de la Kreuzkirche (1860) et de la cour catholique (1864). En 1861, il avait été nommé professeur d'orgue au Conservatoire royal. Pendant trente ans de vie active, Merkel mena une carrière d'interprète et de compositeur, contribuant à diffuser avec foi et talent l'œuvre de Jean-Sébastien Bach en Allemagne.

Avec plus de soixante-dix numéros d'opus consacrés à l'orgue, la production de Merkel marque, avec celle de Rheinberger, une étape majeure entre Mendelssohn et Reger. Remarquable contrapuntiste et grand admirateur du Cantor de Leipzig, comme son conseiller Robert Schumann, il traite la fugue dès 1855 avec une superbe aisance et un sens de la continuité que beaucoup auraient pu lui envier. Parmi ses fugues, on peut retenir *3 Fugen* op. 3; *Fantasia und Fuga a 5 voci* op. 5; *2 Orgelfugen* op. 16; *Fuga a 5 voci* op. 33; *Introduction et double fugue* en *la* majeur op. 34; *Fughetta* op. 36; *10 Leichte Fughetten* op. 37; *Fugue sur B.A.C.H.* op. 40; *Introduction et double fugue* en *si* mineur op. 41; *Prélude, triple fugue, postludium andantino* op. 46; *Fantaisie et fugue* op. 104; *Introduction et double fugue* en *la* mineur op. 105; *Fantaisie et fugue* en *ut* mineur op. 109; *12 Orgelfugen* op. 124; *12 Präludien und Fughetten* op. 130. Dans un même souci néo-classique, Merkel publia aussi de nombreux recueils de chorals, diversifiant les difficultés afin de contenter les virtuoses et les exécutants d'un niveau plus moyen, du simple prélude de fonction liturgique aux *3 Grosse Choralvorspiele* (op. 32), en passant par les *Choral-Studien* (op. 116).

Parmi les autres pièces, on découvrira, outre plusieurs œuvres largement développées ou de conception pédagogique (*Variations sur un thème de Beethoven* op. 45 ou *Orgelschule* op. 177), quatre pastorales (op. 49, 56, 103 et 135) et tout un choix d'*Orgelstücke*, préludes, postludes, ouvertures, trios, marches, études, adagios ou andantes, d'une pensée souvent plus moderne, où la cantilène et la romance à la Mendelssohn ou à la Schumann se meuvent dans un décor harmonique de caractère sans doute romantique et expressif, mais dans un climat toujours recueilli.

Ces différentes manières trouvent dans la sonate un cadre propice à leur juxtaposition ou à leur synthèse. Merkel en fournit un premier exemple dès 1857 avec l'*Opus 30* pour quatre mains et double pédale, puis à partir de 1860 avec les *Deuxième* (op. 42), *Troisième* (op. 80), *Quatrième* (op. 115) et *Cinquième* (op. 118) *Sonates*. Profitant sans doute de l'exemple donné par Mendelssohn, Merkel introduit ensuite deux thèmes de choral (« *Aus tiefer Noth* » et « *Wie schön leuchtet der Morgenstern* ») dans la *Sixième Sonate* en *mi* mineur (op. 137), puis une passacaille dans la *Huitième* (op. 178). En 1885, enfin, comme l'a signalé A. Hugger*, il rompt avec une habitude qu'il a contractée de commencer et de terminer par un mouvement néo-classique (exception pour la quatrième) et renonce à la fugue dans la *Neuvième Sonate* en *ut* mineur (op. 183).

Injustement oublié, Merkel figure parmi les talents auxquels il semble nécessaire de rendre hommage. Spécialiste de l'instrument, son écriture se révèle souvent plus adéquate que celle (maintes fois pianistique) de Mendelssohn, et ses fugues — certes très classiques — sont conduites avec une autorité enviable. Son sens de l'équilibre lui permet d'éviter, d'un autre point de vue, l'hypertrophie de certains développements de Reger comme l'écriture surchargée qui va sévir en fin de siècle.

Sonate en *ré* mineur à quatre mains et double pédale (op. 30)

Unique œuvre d'orgue de Merkel enregistrée en Allemagne et en France, cette sonate, en trois mouvements comme toutes les autres, fut composée à l'occasion du concours de la Tonhalle de Mannheim et remporta le premier prix. A l'image de celle à peu près contemporaine de Julius Reubke qui paraphrase le Psaume 94, elle fait référence aux Psaumes 42 et 43, et oppose l'idée de la puissance terrifiante du jugement divin à celle, plus tendre, du pardon. Mais contrairement aux principes de l'école lisztienne à laquelle Reubke s'est nourri (un seul mouvement subdivisé en épisodes, présence d'un thème promis à des métamorphoses), Merkel souscrit à un plan des plus traditionnels en mouvements autonomes.

Construit en rondo (A B A C A et coda), l'ALLEGRO initial (*ré* mineur) qui paraît habité par quelques souvenirs d'un grand prélude de Bach (la *Fantaisie* en *sol* mineur notamment) oppose un déclamatoire refrain (A) ponctué de solennels piliers d'accords à un premier couplet (B) plus expressif, qui module en *fa* majeur, puis à un second (C) agité de séquences néo-classiques (*si* bémol majeur, *sol* mineur). Une coda traitée à la manière d'un récitatif dramatique avec d'imposants accords arpégés couronne l'ensemble.

Suit un ADAGIO en *si* bémol majeur (A B A) d'aspect recueilli mais sensible. A un premier thème très mendelssohnien (A) succède, en effet, une cantilène gracieuse et précieusement contournée (B) qui module en *sol* mineur.

L'ALLEGRO CON FUOCO qui intervient ensuite, brève mais intense chevauchée que n'aurait pas reniée Schumann, introduit une monumentale fugue dont le long sujet mobile évolue, au cours de groupes d'entrées constituant autant de plans successifs (*la* mineur, *sol* mineur, *si* bémol majeur pour les principaux pôles) vers le retour opportun du récitatif qui clôt le premier mouvement.

Durée d'exécution : ~ 16 mn.

F.S.

* Alfons Hugger : « Gustav Adolf Merkel », *L'Orgue*, n° 214, 1990.

CLAUDIO MERULO

Né à Correggio, le 8 avril 1533 ; mort à Parme, le 5 mai 1604. Disciple probable de Girolamo Donato et de Tuttovale Menon, il succède à Vicenzo Parabosco comme organiste de la cathédrale de Brescia en 1556. Au décès de Girolamo Parabosco, en 1557, il entre sur concours comme second organiste de la basilique San Marco de Venise, avant d'en devenir premier organiste en 1566 au départ de Padovano. En 1584, il abandonne ce poste envié, et on le retrouve deux ans plus tard organiste du duc de Parme et de la cathédrale de cette ville. Enfin, en 1591, il entre au service de la chapelle ducale de Steccata. A sa brillante carrière d'organiste et de professeur, Merulo joint des activités d'éditeur de musique (1566-c. 1575). Outre une abondante musique vocale, sacrée et profane, on lui doit une production pour orgue de tout premier plan, ce que confirme la publication posthume de plusieurs volumes : Ricercari *(1567),* Messe d'intavolatura d'organo *(1568), trois Livres de* Canzoni d'Intavolatura d'organo fatte alla francese *(1592, 1606, 1611) et deux Livres de* Toccate *(1598-1604). Destinés à un ensemble instrumental, en dépit de leur titre, ses trois recueils de* Ricercari da cantare a quattro voci *(1574, 1607, 1608) peuvent également se jouer sur l'orgue.*

Dès la première page de ses *Dimostratione Harmoniche* (1571), Zarlino présente Merulo comme « *il soavissimo organista del detto tempio* », et dans ses *Conclusioni nel suono dell'organo* (1605), Banchieri pleurera « *Claudio Merulo in quello di Parma amendui fuggietti degni di memoria eterna* ». Par sa renommée de virtuose, de professeur et d'éditeur, Merulo a pleinement participé au prestige de la Renaissance vénitienne (plus tardive que la Renaissance florentine, et même romaine), mais, dans le domaine strictement musical, s'il en est l'un des plus beaux fleurons, des pionniers lui ont ouvert la voie.

Du temps de Merulo, on ne devait plus guère se souvenir des premiers organistes italiens (dès 1318, l'un est appointé à San Marco), pas même des lointains précurseurs de renom dont aucune œuvre d'orgue ne nous est parvenue : les Florentins Landini (célèbre pour ses madrigaux et ballades) au XIVe siècle et Squarcialupi au XVe. Hormis les pages anonymes du Codex de Faenza (fin XIVe) et les *Frottole intabulate da sonar organi*, premier recueil d'orgue publié en Italie par Andrea Antico en 1517, il faut attendre les Cavazzoni père et fils pour voir se dessiner une véritable école d'orgue, dans la première moitié du XVIe siècle.

A Venise, comme à Naples ou à Rome, les autochtones ont largement bénéficié de l'activité des Flamands, qui sont à l'origine de cette *renaissance* musicale. Venise brille de tous ses feux depuis qu'en 1527 Willaert devint maître de chapelle de San Marco et acclimata une polychoralité, bientôt synonyme de musique vénitienne. L'architecture intérieure de la basilique a invité à placer deux orgues positifs, dans les tribunes éloignées, pour soutenir des « chœurs » vocaux et instrumentaux. Auteur d'innombrables œuvres vocales d'église, Willaert a laissé pour les instruments quelques pièces à trois parties : *ricercari* (équivalent instrumental du motet à sections), *fantasie* plus unifiées, et *contrapunti* avec cantus firmus. En 1562, Cipriano da Rore, en 1565, Zarlino, célèbre théoricien, tous deux italiens, prennent dignement la relève du maître de chapelle flamand à San Marco... en attendant la venue de Monteverdi en 1613.

Il en va de même des organistes de San Marco, qui se succèdent en mouvement tournant, autour du second puis du premier orgue. Après Giulio Segni et Baldassare da Imola, c'est le Flamand Jacques Buus (c. 1500-1565), en service de 1541 à 1551, qui confère un prestige définitif au poste d'organiste de la basilique. Fidèles aux savants artifices du contrepoint flamand, ses *ricercari* et son *Intabolatura d'organo* (1547-1549) sont déjà parsemés de formules décoratives plus idiomatiques du clavier. Élève de Willaert, l'Italien Girolamo Parabosco (c. 1520-1557) succède à Buus de 1551 à 1557 comme premier organiste, Annibale Padovano (1527-1575) tenant alors le deuxième orgue de 1552 à 1565. Chez ce dernier, les nombreuses figurations brillantes, dorénavant caractéristiques des organistes vénitiens, et un discret emploi du pédalier se font jour dans ses *Ricercari a 4* (1556) et, plus encore, dans ses *Toccate et ricercari* posthumes (1604).

C'est ici qu'intervient Merulo, deuxième organiste au décès de Parabosco, en 1557, et premier organiste au départ de Padovano pour la cour impériale, en 1566 (rival malheureux de Merulo en 1557, Andrea Gabrieli est alors nommé second organiste). Même s'il n'en reste aucun témoignage *musical*, les uns et les autres ont improvisé à deux orgues ou exécuté des partitions à *cori spezzati* (double chœur) dans un stimulant esprit d'émulation.

L'art de Merulo a été transmis à la postérité par ses élèves, principalement par Diruta dans *Il Transilvano* (1593, 1609) ; et, témoin de son intérêt pour la facture, il reste un orgue positif de sa fabrication conservé à Parme. Signalons que Merulo-éditeur, soucieux de publier Merulo-compositeur de la manière la plus intelligente et intelligible possible, a fait appel pour ses *Toccate* à une notation sur une portée de huit lignes pour la main gauche (qui permet l'ajout éventuel de quelques notes de pédale) et de cinq pour la main droite ; pour ses *Canzoni*, il retient deux portées de six (ou sept) et cinq lignes (à l'instar de l'*Intabolatura d'organo* de Buus).

L'œuvre pour orgue

Messe d'intavolatura d'organo

Dans ses trois messes, Merulo a pour référence, sinon pour modèle, les trois messes de Girolamo Cavazzoni (1543) et une *Messa della domenica* de Jaches Brumel (organiste à Ferrare entre 1553 et 1564). A son tour, il commente le plain-chant du *Fons bonitatis* pour la *messa della domenica*, du *Cunctipotens genitor Deus* pour la *messa degli Apostoli*, du *Cum jubilo* pour la *messa della Madonna*. Afin que les fidèles suivent le déroulement des prières, le concile de Trente (achevé en 1563) a prescrit que les chantres lisent ou chantent les paroles des versets pris en charge par l'instrument à tuyaux. Merulo prévoit des versets alternatifs pour les cinq prières de l'ordinaire de la messe, *Credo* compris, tous fécondés par le chant liturgique. On lui doit aussi des *Magnificat* en sept ou huit versets d'une fine et douce polyphonie.

Ricercari et Canzoni d'intavolatura d'organo

A quatre ou à cinq parties, le **ricercare** mérulien tend vers l'unité motivique dans la variété, au moyen de la transformation d'un sujet générateur, de préférence à l'accumulation d'idées adventices. Presque « fuguée », avec exposition régulière sujet-réponse-sujet-réponse, la première section est en général suivie d'épisodes plus libres. Des cadences tonales jalonnent le discours mais, pour conclure, la cadence plagale l'emporte, associée à la « tierce picarde » dans les modes à tierce mineure (que, forgées à des siècles de tonalité, nos oreilles confondent parfois avec une demi-cadence au ton de la sous-dominante).

Dans son *Organo suonarino* (1605), Banchieri rapporte que Merulo et Guami jouaient les *canzoni alla francese* avec un esprit tout particulier. De fait, dans ses trois recueils de **canzoni**, l'organiste de San Marco s'évade encore davantage d'un quelconque moule contrapuntique — témoin *La Rolanda* de 1592 qui d'un bout à l'autre s'apparente à une toccata avec quelques fragments en imitation. Dotées elles aussi de titres, tels que *La Pazza, La Radivila, La Palma*, plusieurs des onze *Canzoni* à quatre parties du deuxième Livre commencent même dans une parfaite homorythmie. Quant aux quatre *Canzoni a cinque voci* du troisième Livre, elles s'inspirent librement de trois chansons françaises de Créquillon et de la célèbre *Suzanne un jour* d'« Orlando Lasso ».

André Pirro reconnaissait plus de virtuosité que de poésie à Merulo ; parmi beaucoup d'autres, la mélancolique *Canzone* en 9e mode (*la* mineur sans sensible), pourrait bien fournir de quoi nuancer cette opinion.

Toccate

Plus qu'aucun autre genre, les *Toccate* de Merulo ont établi sa gloire, en son temps comme aux yeux de la postérité. Ce prestigieux virtuose et improvisateur allie un art de pure imagination instrumentale à une structure sous-jacente. Contemporain de Palladio, il n'aurait garde de se suffire de simples *intonazione* (préludes) multipliant à plaisir gammes, arpèges, accords brisés et autres formules propres à échauffer les doigts de l'instrumentiste et à faire briller la volubilité des frêles instruments italiens. Il tient à donner une armature à cette matière mouvante, bouillonnante comme une lave en fusion, et mêle des passages plus contrapuntiques aux libres mélismes, aux courbes décoratives déjà présentes chez Padovano. Il décerne ainsi ses lettres de noblesse à la toute jeune toccata, qui deviendra le genre emblématique du clavier italien et le parangon du style baroque sous la plume de Frescobaldi, au point de contaminer toutes les autres formes et d'envahir les terres allemandes. Dans ses toccatas de clavecin alternant épisodes improvisés et fugatos, Bach ne fera qu'amplifier et réguler ce que, dans une superbe intuition, Merulo avait façonné, sinon créé *ex nihilo*, cent cinquante ans auparavant. La vaste envergure (de huit à quinze pages d'une édition moderne), sans bavardage inutile, des *Toccate* de Merulo en fait de magnifiques morceaux de concert, aujourd'hui comme hier.

Les neuf *Toccate* de 1598 se suffisent des quatre premiers modes, les dix de 1604 touchent aux six derniers (modes VII à XII). La **Toccata del decimo tono** (*la* plagal) illustre idéalement le genre mérulien à son plus haut degré d'achèvement. Les valeurs de notes s'octroient toute l'échelle rythmique (de la ronde à la quadruple croche, en notation moderne), et si les grands traits soutenus par de longs accords étirés de retards harmoniques dominent, toute autre figure ou combinaison mélodico-rythmique imaginable — pointée, syncopée, dactylique ou anapestique, en gruppetto — s'insère avec un élan farouche, qu'il importe de ne pas affadir par une lecture platement solfégique. On admirera la technique de main gauche aussi exigeante que celle de main droite, la capricieuse texture, tantôt dédaigneuse de toute polyphonie suivie, tantôt enrichie d'imitations contrapuntiques indomptables. Ainsi, les deux épisodes en imitation (le sujet du second dessinant un libre mouvement contraire du premier) n'abdiquent rien de leur rétive indépendance et se font gloire de leurs irrégularités contrapuntiques. Pour saisir la beauté des lignes qui se ploient, ondoient, se redressent fièrement, rien ne remplace la vue de l'édition originale ou de son facsimilé : un tableau baroque.

Durée d'exécution : ~ 8 mn

B. F.-S.

OLIVIER MESSIAEN

Né en Avignon, le 10 décembre 1908 ; mort à Paris, le 28 avril 1992. Fils de l'angliciste Pierre Messiaen, traducteur de Shakespeare, et de la poétesse Cécile Sauvage, le jeune Olivier manifeste des dons très précoces pour la musique, et compose avant l'âge de dix ans. Le menant aux honneurs suprêmes, sa longue carrière publique va se dérouler tout uniment et peut se résumer à quelques dates. Dès 1919, à onze ans, il entre au Conservatoire de Paris où, jusqu'en 1930, il reçoit des meilleurs maîtres un enseignement très complet : piano, accompagnement, orgue et improvisation (Marcel Dupré), percussion, harmonie (Jean Gallon), contrepoint et fugue (Noël Gallon), composition (Paul Dukas) et histoire de la musique (Maurice Emmanuel). En 1931, il est nommé titulaire de l'orgue Cavaillé-Coll de l'église de la Trinité à Paris, où il accomplira régulièrement sa tâche d'organiste paroissial jusqu'au soir de sa vie. Premières grandes œuvres d'orgue, premiers succès. 1936 : fondation du groupe « Jeune France », défendant sincérité et humanisme, en compagnie d'André Jolivet, Daniel-Lesur et Yves Baudrier. La trajectoire se brise en 1940-1941, avec la captivité — qui verra la naissance du Quatuor pour la fin du temps. *De retour à Paris, il est nommé professeur au Conservatoire (1942) ; baptisé successivement harmonie, esthétique, philosophie de la musique, analyse puis composition, son enseignement sera avant tout un stimulant éveil à la conscience musicale et, jusqu'en 1978, les jeunes musiciens du monde entier vont venir à Paris travailler avec Messiaen. Parallèlement, la carrière du compositeur se développe dans tous les domaines, piano, voix, orchestre, rencontrant d'abord des succès de* *le public, quoique régulièrement objet de contestation de la part de générations plus jeunes : Messiaen aura finalement été l'un des compositeurs « classiques » les plus joués et enregistrés dans le monde de son vivant. L'affirmation de sa foi catholique, les coloris modaux, harmoniques et instrumentaux de ses œuvres, ses élaborations rythmiques, les innombrables références aux chants d'oiseaux ont contribué à forger de bonne heure la permanence d'un langage très personnel et immédiatement reconnaissable, à l'orgue comme dans tous les autres domaines, opéra compris (*Saint François d'Assise, *1983). Émergeant par vagues successives, les pages pour orgue ne constituent pas un domaine réservé de la création du musicien, mais entretiennent avec ses autres œuvres un subtil réseau de relations réciproques.*

Messiaen et l'orgue

Dans ses douze premières années créatrices, Messiaen peut apparaître de l'espèce courante des organistes-compositeurs, de ces praticiens de l'instrument qui prolongent leur activité liturgique ou concertante par la composition musicale. Cette période 1928-1939 est en effet surtout dominée par les trois premiers cycles — *L'Ascension, La Nativité du Seigneur* et *Les Corps glorieux* — qui suivent les premières pages, *Le Banquet céleste*, le *Diptyque* et l'*Apparition de l'Église éternelle*, outre quelques essais de jeunesse. Dès cette époque, cependant, le compositeur écrit pour la voix *(Poèmes pour Mi, Chants de Terre et de Ciel)*, le piano, le chœur ou l'orchestre (*Les Offrandes oubliées, L'Ascension*, version originale pour orchestre). Il n'en est pas moins vrai que ses fonctions d'organiste liturgique vont très tôt établir entre l'instrument et lui un lien privilégié.

Pendant plus d'un demi-siècle, en effet, et à l'exception de ses absences de Paris, de l'année de captivité et de la période de restauration de son orgue (1964-1967), cette personnalité mondialement reconnue et sollicitée assurera les messes paroissiales du dimanche, les principaux offices et nombre de cérémonies du casuel, messes de mariage et de funérailles. Dans cet humble service du culte, il aura l'occasion d'accompagner les chants de l'assemblée, de soutenir le plain-chant (ordinaire et propre du jour), d'interpréter de nombreuses pages du répertoire — et d'improviser. Que ce soit dans les multiples circonstances où il appartient à l'organiste de participer musicalement à la liturgie sans pouvoir pour autant exécuter une œuvre écrite, ou dans cet espace de liberté qu'il s'était réservé à la messe de midi, Messiaen a beaucoup pratiqué l'improvisation, usant ainsi d'un véritable laboratoire de recherches formelles et sonores. Selon le compositeur, la *Messe de la Pentecôte* de 1950 sera une sorte de « résumé » de toutes ses improvisations.

Musicien liturgique, l'orgue est pour lui le truchement de la parole de Dieu et des vérités de la religion. Aux claviers de son instrument, le compositeur exprime sa propre foi dans une prédication sonore et un commentaire théologique. A la seule exception des pièces I et VII du *Livre d'orgue (Reprises par interversion* et *Soixante-quatre durées)*, purement spéculatives, il n'est pas une page de cette œuvre qui ne s'appuie sur un ou plusieurs textes des Écritures (Ancien et Nouveau Testament), des Pères ou Docteurs de l'Église (saint Paul, saint Bonaventure, saint Thomas d'Aquin), de la liturgie, des exégèses et ouvrages de piété *(Imitation de Jésus-Christ)*, généralement cités en épigraphe ; pas une page qui ne manifeste une destination spirituelle précise *(Verset pour la fête de la Dédicace)* ou ne commente un article de foi (dès le *Diptyque* de 1930). Pour la plupart, ces œuvres n'ont cependant pas vocation à s'insérer dans le déroulement d'une liturgie ; seules, les cinq pièces de la *Messe de la Pentecôte* ont été conçues dans la perspective d'un usage cultuel.

Arrivant à la tribune de la Trinité, Messiaen y trouvait un orgue de Cavaillé-Coll remontant à 1869, établi sur trois claviers et pédalier. La palette dont disposait l'organiste le situait dans l'esthétique sonore de son maître Marcel Dupré, et plus encore de Charles Tournemire, pour lequel il professait une grande admiration.

Refait en 1967 par Beuchet-Debierre, le nouvel instrument sera sans doute plus symphonique que romantique, et surtout offrira à l'exécutant des facilités de jeu accrues, dont témoigneront les *Méditations sur le mystère de la Sainte Trinité*, puis le *Livre du Saint Sacrement*. Mais les grandes lignes esthétiques demeureront, héritage recueilli par Messiaen qui se souviendra longtemps des grands plans sonores à la Dupré (tutti de fonds, de fonds et d'anches, accompagnements sur gambe et voix céleste, etc.). C'est cependant dans la lignée des originales registrations de Tournemire que ce coloriste va développer un art résolument neuf des alliages de timbres, bientôt poussé à l'extrême. Ainsi des mélanges « creux » où manquent des rangs d'harmoniques (quintaton 16', clarinette 8' et nasard) ou des associations insolites, dissociant — comme à l'orchestre Berlioz, autre pôle d'admiration de Messiaen — un texte cohérent vers les deux extrémités de l'échelle sonore (bourdon 16' et octavin; quintaton 16' et tierce), faisant sonner la musique dans une autre tessiture que celle qui apparaît sur la partition en privant un son complexe de sa fondamentale (octavin et cymbale; flûte 4', nasard, doublette et piccolo à la pédale), jusqu'à le rendre inintelligible, utilisé pour le seul effet sonore (accords sur la cymbale 3 rangs seule).

Influences

Messiaen n'a jamais caché l'admiration qu'il portait à son maître Paul Dukas; moins sensible à l'orgue qu'à l'orchestre, elle peut se traduire cependant ici dans le soin apporté à la construction et à l'écriture, la précision des indications de jeu et de registration, la sensibilité à la couleur sonore (que l'on trouve également chez Tournemire). De son professeur d'orgue, Marcel Dupré, le rapprochent un goût pour les grandes toccatas *(Transports de joie de L'Ascension, Sortie* de la *Messe de la Pentecôte, Les Yeux dans les roues* du *Livre d'Orgue)*, usant du staccato, des accords alternés, ou des blocs d'accords à résonance contractée appelant violemment leur résolution. La technique instrumentale de Messiaen ne diffère d'ailleurs pas de celle enseignée par Dupré, et même lorsque des agrégats sonores sonnent comme des *clusters (Les Ténèbres*, du *Livre du Saint Sacrement)*, ceux-ci sont très précisément écrits et obtenus par des moyens traditionnels, avec les dix doigts des mains et les deux pieds, sans recourir à la paume de la main ou à l'avant-bras, moins encore à des planchettes, comme le préconisait déjà un Michel Corrette ou le feront, plus tard, un Xenakis ou un Ligeti.

Mais, quoiqu'il n'ait pas été son maître, c'est Tournemire qui apparaît comme le principal précurseur de Messiaen*. Par le type sonore d'orgue utilisé, la subtilité et l'originalité des registrations, méticuleusement spécifiées, l'emploi du staccato « goutte d'eau », de guirlandes, de cheminements parallèles des voix, le recours à des motifs issus ou imités du plain-chant, incitant à traiter des mélodies *a cappella*, il annonce bien des éléments du langage musical de Messiaen. Ainsi, également, de l'emploi d'un langage modal enclin à s'élargir jusqu'à la création d'échelles nouvelles (cinquième pièce des *Fioretti*, par exemple), engendrant une harmonie d'accords complexes qu'enrichissent des notes étrangères de coloration. On relèvera aussi des similitudes dans les constructions par volets juxtaposés, se refusant au développement dialectique, symphonique ou fugué, régnant jusqu'alors dans la musique d'orgue; à ce titre, Tournemire comme Messiaen peuvent se réclamer du « style libre » des *24 Pièces* de Vierne (1913).

Chez Tournemire, enfin, dominent les œuvres d'inspiration religieuse, qui occupent exclusivement Messiaen à l'orgue. C'est que l'un comme l'autre revendiquent haut et clair un catholicisme musicalement militant, nourri des textes classiques, mais aussi des écrivains spirituels contemporains. A cette importante différence près, cependant, que si Tournemire, écrivant pour le culte, développe une sensibilité d'ordre mystique, Messiaen au contraire, demeurant para-liturgique, se veut un théologien en musique, commentateur des articles du dogme et des affirmations de la foi. Malgré cette divergence, la méditation spirituelle se développe souvent chez les deux musiciens dans un temps « autre », comme suspendu,

* Voir à *Tournemire*.

confinant parfois à l'extase et s'opposant à des séquences de caractère obsessionnel.

Si les liens de filiation musicale et spirituelle apparaissent donc nettement avec Tournemire, il est très difficile de rattacher Messiaen à d'autres compositeurs de sa génération. Peut-être, s'il eût vécu, Jehan Alain, de deux ans seulement son cadet, eût-il développé une création d'une originalité et d'une dimension spirituelle comparables — les œuvres qu'il a laissées permettent en tout cas de le supposer. Quant aux très nombreux élèves de Messiaen, bien peu ont manifesté pour l'orgue une attirance particulière : les pages pour orgue de Xenakis, Betsy Jolas ou Gilbert Amy marquent des étapes isolées dans des productions orientées vers d'autres domaines; un Leguay ou un Darasse ont pris leurs distances d'avec leur maître; seul, sans doute, Jacques Charpentier, lui aussi organiste de paroisse et catholique convaincu, auteur d'un important *Livre d'orgue*, peut apparaître, à l'orgue, et dans son registre propre, comme un héritier spirituel et musical. Mais si un Ligeti, un Kagel, un Ferneyhough, un Zacher, nombre d'autres et de plus jeunes, semblent aujourd'hui redécouvrir l'orgue, c'est peut-être que, sans avoir été les élèves de Messiaen, tous ont appris de son œuvre que l'instrument pouvait s'ouvrir aux voies nouvelles de la création.

Éléments du langage

Avec Messiaen, en effet, la musique pour orgue sort résolument du ghetto où elle fut trop longtemps et trop souvent confinée, celui d'organistes-compositeurs usant d'un langage passéiste, pour témoigner à part entière de l'évolution et du présent musical, voire de l'avant-garde. Ainsi, par exemple, la notion de série généralisée qui se fait jour au lendemain de la Seconde Guerre mondiale, notamment après *Mode de valeurs et d'intensités* pour piano de Messiaen lui-même (1949), connaît-elle une illustration quasi immédiate dans le *Livre d'orgue* de 1951.

Il est très frappant d'observer chez Messiaen la permanence des éléments d'un langage qui progresse par agglutination, s'enrichissant d'éléments nouveaux, fussent-ils disparates, en un ensemble syncrétique. Et cela dès *Le Banquet céleste* de 1928 : spiritualité, caractère extatique, usage de modes à transposition limitée. Très vite entreront en scène la métrique grecque, l'imparité rythmique, les intervalles de quarte augmentée (*Apparition de l'Église éternelle*, 1932), les motifs plain-chantesques (*L'Ascension*, 1932-1934), les chants d'oiseaux (d'abord stylisés), les deçi-tâlas de l'Inde, les valeurs rythmiques ajoutées, les registrations nouvelles (*La Nativité du Seigneur*, 1935), le dodécaphonisme, la liberté rythmique, l'émancipation mélodique, la polyrythmie et la polymodalité (*Les Corps glorieux*, 1939). Ces éléments se synthétisent à mesure; restera à développer de nouveaux modes d'organisation, plus complexes et plus radicaux (avec la *Messe de la Pentecôte* de 1950, mettant en jeu les « personnages rythmiques », et le *Livre d'orgue*). Plus tard apparaîtra le « langage communicable » (*Mystères de la Sainte Trinité*, 1969). Mais dès 1942, le compositeur peut rédiger son ouvrage *Technique de mon langage musical*, publié en 1944 : l'essentiel des éléments de son style y est déjà présent, à cette restriction près que la technique mettant en œuvre cette syntaxe connaîtra plus tard des développements que Messiaen était encore loin de soupçonner à l'époque.

Il ne saurait être question de décrire en quelques mots ces éléments qui font la richesse et l'originalité du langage de Messiaen, moins encore leurs diverses mises en œuvre. On les découvrira œuvre par œuvre; et nous nous bornerons ici à en dresser un très succinct inventaire.

Sur le plan mélodique, Messiaen fera un usage croissant de motifs directement issus du plain-chant — allusions, citations textuelles ou métamorphosées —, ou imités de la monodie grégorienne, dont il aime tout particulièrement la souplesse, la plasticité, la succession ininterrompue d'élans *(arsis)* et de retombées *(thésis)*. Ces motifs pourront apparaître au sein de l'harmonie, mais également *a cappella*, s'élevant comme un chœur de moines. Ils s'incarnent dans des figures modales, en contraste avec la conquête progressive du total chromatique : la première pièce, *Reprises par interversions*, du *Livre d'orgue* relève du pur dodécaphonisme. Mais le compositeur s'attachera à maintenir dans la quasi-totalité de son œuvre des polarités auxquelles se référeront ses motifs mélodiques, avec une prédilection très marquée (comme déjà Bartók) pour cet intervalle de quarte augmentée qui partage en deux l'octave.

Dès le début, le compositeur utilise les modes à transposition limitée dont il est l'inventeur. Il s'agit d'échelles mélodiques, élaborées à partir des intervalles de ton et de demi-ton de la musique tonale assemblés par groupes de deux à six notes, ayant la particularité de ne pas pouvoir être transposées sur chacun des douze demi-tons de l'échelle chromatique sans se répéter. Depuis un siècle, la musique occidentale utilisait une échelle de ce type, la gamme par tons, mode 1 du système de Messiaen (que celui-ci dédaigne). Ce système compte en tout sept modes. Messiaen emploie surtout les modes 2 et 3 dans ses figures mélodiques, et les modes 4 et 6 pour ses motifs harmoniques (ce qui ne l'empêchera pas d'user d'accords parfaits à l'état fondamental ou en quarte-et-sixte, éventuellement rehaussées de notes ajoutées). Ces modes seront d'abord employés seuls, puis en combinaisons. Ainsi, la troisième pièce des *Corps glorieux, l'Ange aux parfums*, présente-t-elle un épisode où le motif d'accords de la main droite, le motif d'accords de la main gauche et la mélodie de pédalier s'expriment simultanément dans trois modes différents.

Essentielle pour tout musicien, l'organisation du temps revêt chez Messiaen une importance particulière : lui-même se dit avant tout rythmicien. Liberté et souplesse caractérisent un déroulement temporel qui abonde en valeurs irrationnelles. Elles se manifestent également par des durées extrêmement diversifiées, l'étirement de certaines jusqu'à l'extase et à l'opposé, pour d'autres, une brièveté très nouvelle à l'orgue, ou encore l'étalement dans le temps d'œuvres agencées en grands cycles (dépassant deux heures avec le *Livre du Saint Sacrement*). Ces œuvres présentent très souvent une élaboration rythmique poussée ; mais dans les pages de maturité, il ne sera pas rare d'observer, parmi les panneaux juxtaposés qui les composent à la manière d'un retable, des volets contrastant par un temps presque suspendu dans les guirlandes melliflues d'une cantilène plain-chantesque. Le compositeur usera des figures rythmiques comme de neumes, notés très précisément dans un tempo constant, en abandonnant toute indication de mesure à la clé (les barres « de mesure » servant seulement à borner l'articulation du discours). Ces figures seront largement empruntées à la métrique grecque et aux rythmes provinciaux de l'Inde (deçi-tâlas), plus complexes. Leur combinatoire mettra en œuvre des systèmes de permutations ou interversions, selon des « grilles » préétablies, des superpositions polyrythmiques, des canons rythmiques, ou des « modes rythmiques » utilisés comme des « séries » d'intervalles (ou de timbres). Ces éléments structurels seront eux-mêmes monnayés selon divers procédés, valeur rythmique ajoutée (une croche ajoutée à un ensemble de deux noires, par exemple), instaurant une imparité propre à déjouer les pièges de la carrure, ou « personnages rythmiques », figures pouvant croître ou décroître progressivement d'un sous-multiple tandis que d'autres demeurent fixes.

Autre élément fondateur du langage musical de Messiaen, la couleur. On sait que le compositeur est doué de synopsie, faculté de voir des couleurs en entendant des sons. Ces couleurs, omniprésentes dans son œuvre, il les traduit et les agence, à l'orgue, par une subtilité particulière dans les registrations, évoquées plus haut, comme dans l'harmonie modale. Mais autant les mélanges de jeux procèdent d'une poétique sonore immédiatement perceptible, autant le décodage de l'ensemble des agencements induisant des sensations colorées ne peut concerner que de très rares auditeurs.

On n'aura garde, enfin, d'omettre le prodigieux répertoire des chants d'oiseaux que Messiaen a collectés et notés, et peu à peu intégrés dans ses œuvres sous des formes variées, de la citation pure et simple à la cellule structurelle. On indiquera seulement ici trois étapes de l'arrivée de la gent ailée dans la musique d'orgue de Messiaen, non sans avoir rappelé les évocations auxquelles se plaisaient les organistes français du XVIIIe siècle, ou les jeux de coucou et de rossignol que certains organiers ont alors introduits dans leurs instruments. La première apparition d'un chant d'oiseau, sous forme stylisée, remonte à *Dieu parmi nous*, dernière pièce de *La Nativité du Seigneur*. C'est dans *Les*

Choses visibles et invisibles, deuxième pièce de la *Messe de la Pentecôte*, qu'interviennent plusieurs oiseaux clairement identifiés. Enfin, la quatrième pièce du *Livre d'orgue*, intitulée *Chants d'oiseaux*, est entièrement consacrée au traitement de quatre motifs d'oiseaux.

Trajectoire

C'est par vagues qu'affluent les pages pour orgue dans l'œuvre de Messiaen, encadrant des périodes entièrement consacrées à d'autres instruments ou formations. On le verra, ces groupes d'œuvres paraissent, ou des creusets de recherche, ou des replis, des retours à la méditation après un intense effort de création dans d'autres domaines que l'orgue. Ainsi peut-on distinguer un premier groupe d'œuvres de jeunesse (1928-1932), suivi des premiers cycles, *L'Ascension, La Nativité du Seigneur* et *Les Corps glorieux* (1932-1939). Dans la décennie suivante, Messiaen s'adonne intensément à la recherche, couronnée à l'orgue par les deux recueils de 1950-1951, la *Messe de la Pentecôte* et le *Livre d'orgue*. Le compositeur semble alors délaisser l'orgue pour de longues années, au cours desquelles le *Verset pour la fête de la Dédicace* (1960), œuvre de circonstance, ne représente pas plus qu'un intermède. Il faut attendre 1969, puis 1984, pour le voir revenir à son instrument, en deux floraisons automnales largement espacées. Après le sommet escarpé du *Livre d'orgue*, les deux grands cycles des *Méditations sur le Mystère de la Sainte Trinité* et du *Livre du Saint Sacrement* se situent sur un versant moins abrupt de cet imposant massif, où, dans une attitude plus décantée et sans renier tous ses acquis techniques, Messiaen semble laisser plus librement s'exprimer son instinct musical et poétique.

LES ŒUVRES DE JEUNESSE
(1927-1932)

Très jeune, tandis qu'il est encore l'élève de Marcel Dupré, Olivier Messiaen compose pour ce qui allait devenir son instrument de prédilection. Une *Esquisse modale*, inédite, date de 1927. Suivent, toujours pour l'orgue, des *Variations écossaises*, et *L'Hôte aimable des âmes*, également inédits, tous deux de 1928. A la même année remonte *Le Banquet céleste*, première œuvre publiée et véritable opus 1 du compositeur ; il sera suivi d'un *Diptyque* (1930) et, alors que le musicien est déjà titulaire de l'orgue de la Trinité, de l'*Apparition de l'Église éternelle* (1932), œuvre très souvent jouée et enregistrée.

Le Banquet céleste

« Celui qui mange ma chair et boit mon sang demeure en moi et moi en lui » (Jn VI, 56).

Cette brève page de 25 mesures est la toute première œuvre du compositeur, âgé de moins de vingt ans. Elle a en effet été composée en 1928 (et non pas en 1926, comme l'indique la partition sur la foi du musicien lui-même), à partir d'une œuvre symphonique écrite auparavant au Conservatoire, dans la classe de Paul Dukas. Il est très frappant d'observer à quel point, malgré l'influence manifeste de Tournemire, la personnalité du compositeur éclate dès les premières mesures de cette première œuvre. Le langage musical de Messiaen s'enrichira considérablement au fil des années, mais rien de ce qui constitue cette œuvre ne sera abandonné ultérieurement : inspiration spirituelle manifestée par une citation des Écritures en épigraphe, prédilection pour l'orgue (avant même que le musicien ne soit organiste titulaire à la Trinité), extrême précision des indications d'exécution et d'interprétation, originalité de la registration et du traitement de l'instrument. Mais le caractère sonore si particulier, déjà, de cette œuvre est dû à deux facteurs principaux : un climat extatique et contemplatif, en un tempo extrêmement lent d'une mesure à 3/2, dans lequel se dissout le sentiment rythmique, et une couleur harmonique originale due à l'emploi du 2ᵉ mode à transpositions limitées, ménageant quelques appuis sur des accords de l'harmonie classique. Selon le compositeur, qui parle d'une pièce « très charmante, tendre, douce et printanière », cette page « a pour sujet la communion et se joue surtout le jour de la fête du Saint-Sacrement ». Elle est construite en deux parties, sur des jeux de blocs homophones ;

dans la seconde partie (mes. 12), le pédalier égrène des croches en « staccato bref, à la goutte d'eau », sur des jeux de 4 à 1 pieds, donc entendues au-dessus de la polyphonie. Quelques accords très lents concluent l'œuvre (le dernier, suspension sur la septième de dominante, est une ronde pointée dans un mouvement à 52 à la croche : il doit donc, en bonne arithmétique, durer 14 secondes, sans même tenir compte du ralenti et du point d'orgue).

Durée d'exécution : ~ 6 mn

Diptyque

Essai sur la vie terrestre et l'éternité bienheureuse

Définissant clairement les deux parties de l'œuvre, le sous-titre de cette page d'un compositeur qui n'a pas atteint vingt-deux ans (elle a été écrite en 1930) annonce l'un des thèmes qui vont habiter le musicien sa vie durant. Ce combat, il le traitera à nouveau, à l'orgue, dans la quatrième pièce des *Corps glorieux (Combat de la Mort et de la Vie)*. Mais la méditation sur l'éternité bienheureuse reparaîtra dans bon nombre d'œuvres ultérieures; et le deuxième volet de ce diptyque sera lui-même repris comme nouveau finale (*Louange à l'Immortalité de Jésus*) du *Quatuor pour la fin du temps*, de 1940-1941. Le premier volet, avec ses douloureuses reptations chromatiques, nous plonge dans les incessantes tribulations de la vie terrestre, en un discours bien articulé en quatre sections, les sections 2, 3 et 4 étant des variations de la première. Malgré le tournoiement d'une agitation perpétuelle, le matériau thématique apparaît clairement, en deux périodes distinctes : une première, reprise modifiée (motifs *a* et *a'*), par petits groupes d'accords en mouvements conjoints, une seconde, en mouvements disjoints, abondant en intervalles diminués. Les quatre sections sont ordonnées selon un plan tonal strict : section I, en *ut* mineur (mes. 1-30), section II en *sol* mineur, le motif *a* au ténor par augmentation (mes. 31-60), section III en *fa* mineur (*a*) et en *mi* bémol mineur (*a'*) (mes. 61-101), section IV de retour en *ut* mineur, le motif *a* par augmentation et en canon entre soprano et basse, le motif *b* n'apparaissant pas (mes. 102-120). Quant au deuxième volet, en deux parties (la deuxième reprenant la première), il développe en cantilène un thème formé des motifs *a* et *b* du premier volet. C'est une rêverie extatique qui s'élève vers la félicité éternelle dans l'extrême aigu.

Durée d'exécution : ~ 11 mn

Apparition de l'Église éternelle

Composée en 1932, c'est une page de structure très simple : un grand crescendo, faisant appel à toutes les ressources de l'orgue, suivi d'un grand decrescendo, apparition et disparition de l'Église éternelle dans une puissante vision cosmique. Le compositeur la qualifie de « musique solide et compacte comme un bloc de pierre. Mais les églises matérielles sont le symbole de l'Église spirituelle, faite de pierres vivantes ». Les 65 mesures sont ordonnées en quatre sections (mes. 1-17, mes. 18-41, mes. 42-51, mes. 52-65), commençant toutes par la même cellule rythmico-harmonique génératrice de l'œuvre.

La progression se fait, dans un mouvement très lent, par paliers harmoniques, qui opposent des grappes d'accords (dans les modes 2, 3 et 7) à des quintes à vide (empilements minéraux d'octaves et de quintes), « toutes simples et toutes crues », évoquant la majesté et la puissance des édifices de pierre. Une double polarité s'exerce, vers la claire tonalité d'*ut* majeur (apothéose de la fin de la deuxième période), et la quarte augmentée — intervalle-signature de Messiaen — de *fa* dièse, franchie en deux bonds. Rythmiquement, la pièce se fonde sur un mètre à 7/8, qui se ramasse ou s'étire d'une à cinq croches unitaires; c'est-à-dire que le 7/8 de base peut se réduire jusqu'à 2/8 ou s'agrandir jusqu'à 12/8. Toute la progression est soustendue par des scansions de croches et de noires au pédalier, en figures de mètres antiques, principalement des iambes, allusion, selon l'hymne de la Dédicace des églises, aux « âmes taillées et polies par la grâce sous les coups répétés du divin Ouvrier ».

Durée d'exécution : ~ 8 mn

LES TROIS PREMIERS CYCLES

(1933-1939)

Très tôt, Messiaen envisage ses œuvres pour l'orgue comme des séries de pièces regroupées en cycles largement étalés dans la durée. Dès *L'Ascension*, œuvre adaptée de l'orchestre — et à la seule exception d'une page de commande, le *Verset pour la fête de la Dédicace* (1960) —, ces pièces s'organiseront en effet en recueils dont la durée variera de quelque 25 minutes à plus de deux heures. Trois cycles marquent cette deuxième période qui s'achèvera avec la guerre. Leurs sous-titres les placent tous trois sous le signe d'un florilège de « méditations » ou de « visions ». Dans ces années, c'est l'orgue qui se taille la part belle et apparaît comme le lieu privilégié de l'univers poétique de Messiaen, le lieu, aussi, de sa recherche. Hors de l'orgue dominent deux cycles de mélodies, *Poèmes pour Mi* et *Chants de ciel et de terre*; mais on voit aussi le compositeur explorer de nouveaux univers, avec la *Fête des belles eaux* pour six ondes Martenot ou deux monodies en quart de ton, en 1938.

L'Ascension

Quatre méditations symphoniques pour orgue

Ce premier cycle a d'abord été destiné à l'orchestre, et c'est dans cette rédaction première qu'il est le plus souvent joué aujourd'hui. Composé en 1932, il a été orchestré en 1933 et créé en 1934. Dès 1933, le compositeur en transcrivait pour l'orgue les pièces 1 et 4 ; l'année suivante, il en faisait autant pour la deuxième, et composait une troisième pièce entièrement nouvelle *(Transports de joie...)*, celle du cycle orchestral *(Alleluia sur la trompette, alleluia sur la cymbale)* ne se prêtant pas à l'écriture pour l'orgue. Avant d'aborder chacune de ces pièces, indépendantes entre elles, on remarquera qu'elles s'ordonnent selon un plan tonal ascensionnel propre à l'objet même de ces méditations : respectivement en *mi, fa, fa* dièse et *sol*.

I. Majesté du Christ demandant sa gloire à son père

« Père, l'heure est venue, glorifie ton Fils, afin que ton Fils te glorifie » (Prière sacerdotale du Christ, Jn XVII, 1).

Ce morceau, « très lent et majestueux », est un « choral » au sens franckiste du terme : un mouvement mélodique, au profil ascendant, se déploie, soutenu harmoniquement et ponctué par des accords. L'ensemble de la pièce est de coupe A-B-A′, la troisième section (mes. 15-22) étant une reprise variée et amplifiée de la première (mes. 1-6). Cette première section elle-même se compose de deux périodes identiques, constituées d'un antécédent générateur (mes. 1) et d'un conséquent (mes. 2 et 3), avec cadences respectivement à la tonique et à la dominante d'un *mi* majeur coloré de mode 2. On notera l'abondance des intervalles de quarte juste et de quarte diminuée.

Le compositeur commente ainsi le thème spirituel de cette page : « L'exaltation du Christ, commencée sur la Croix, continuée par la Résurrection, n'est complète qu'au jour de l'Ascension. Cette gloire, que le Christ demande dans sa prière sacerdotale, à la fin du discours de la Cène, elle est déjà obtenue, par l'union de l'humanité et de la divinité dans l'unique personne du Christ. »

Durée d'exécution : ~ 6 mn

II. Alleluias sereins d'une âme qui désire le ciel

« Nous vous en supplions, ô Dieu,... faites que nous habitions aux cieux en esprit » (Messe de l'Ascension).

La supplication intime et sereine de cette page prend l'allure d'une libre mélodie modale, toute gonflée d'ornements neumatiques comme un Alleluia grégorien. Cette souple vocalité anime la pièce entière, construite en alternance de refrains et de couplets. Le refrain 1 (mes. 1-12) expose la mélodie seule, en mode 3, polarisée sur la note *fa* qui semble aimanter, ramener à elle chaque efflorescence du mélisme.

Le couplet 1 (mes. 13-24) se déploie sur une pédale de dominante en brodant un accord de quarte-et-sixte, cher à Messiaen, en mode 7. Des *jubili* ornementaux préfigurent les futurs chants d'oiseaux. Dans le refrain 2 (mes. 24-35), la mélodie, à la main gauche, est éclairée d'irisations d'accords en triolets aigus, piqués et très légers. Le couplet 2 (mes. 36-58) amplifie la mélodie du premier, escortée cette fois de carillons d'accords piqués, de *jubili* et de motifs ondulants en oppositions rythmiques. Enfin, le dernier refrain (mes. 58-76) nimbe la mélodie d'un délicat poudroiement harmonique (qui n'est pas sans évoquer la fin de *L'Invitation au voyage* de Duparc).

Durée d'exécution : ~ 6 mn

III. Transports de joie d'une âme devant la gloire du Christ qui est la sienne

« Rendons grâce à Dieu le Père, qui nous a rendus dignes d'avoir part à l'héritage des Saints dans la lumière,... nous a ressuscités et fait asseoir dans les cieux, en Jésus-Christ » (Col. I, 12; Éph. 11, 6).

Cette page oppose aux trois autres du cycle un vigoureux contraste que le compositeur commente ainsi : « La Résurrection et l'Ascension du Christ sont le prélude de notre entrée au ciel. Cette Vérité nous remplit de joie, joie qui s'exprime en un alleluia, moins intérieur, plus exubérant que celui de la prière précédente. » Elle s'inscrit dans la grande tradition des improvisations des organistes français, avec ses blocs d'accords staccato et ses traits en récitatifs de toccata. Les trois sections qui la composent (mes. 1-18, 19-43 et 44-68) procèdent par amplification d'une même structure : de grands appels d'accords descendants et de traits de pédalier sur le tutti de l'orgue, une deuxième période en grappes d'accords ascendants, et une résolution dans un grand récitatif libre. Les première et troisième sections sont polarisées sur *fa* dièse majeur, la deuxième sur *la* majeur.

Durée d'exécution : ~ 4 mn

IV. Prière du Christ montant vers son père

« Père,... j'ai manifesté ton nom aux hommes... Voilà que je ne suis plus dans le monde, mais eux sont dans le monde, et moi je vais à Toi » (Prière sacerdotale du Christ, Jn XVII, 1, 6, 11).

« C'est au cénacle, et par avance, que le Christ a prononcé ces paroles, abolissant ainsi les notions de temps et de lieu. Elles furent dites à nouveau au moment même de l'Ascension, et résument toute la solennité de ce départ de la terre pour une élévation qui dépasse infiniment les ordres célestes. Bien plus que de la montée corporelle vers les hauteurs, il s'agit ici de l'entrée du Seigneur ressuscité dans la lumière inaccessible du Père. » C'est en effet ainsi, selon Messiaen, pour conclure une lente et solennelle élévation dans une blancheur extatique, où tout rythme semble s'être évanoui. Contrairement à la version orchestrale, la transcription pour l'orgue ne s'achève pas par un *fortissimo* éclatant, mais dans une mystérieuse lumière. Toute cette page amplifie une idée initiale (mes. 1-9) composée de deux éléments : un groupe de six accords ascendants (en mode 7), et une désinence comme suspendue, sur quelques points d'appui harmoniques au cinquième degré (accords de sixte sensible et de quarte-et-sixte) et au quatrième degré (accord parfait et accord de quarte-et-sixte).

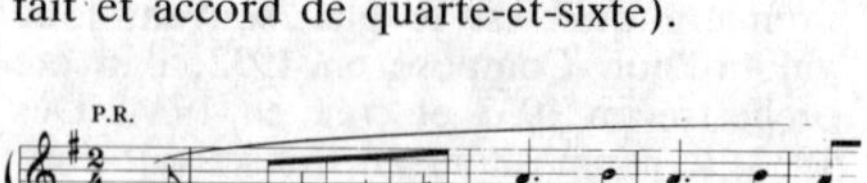

Ceux-ci accentuent l'effet d'apesanteur, comme entre terre et ciel, de cette méditation qui, s'élevant peu à peu, va se dissoudre, désincarnée, dans un temps aboli.

Durée d'exécution : ~ 7 mn

Durée d'exécution du cycle entier : ~ 23 mn

La Nativité du Seigneur

Neuf méditations pour orgue

Trois années seulement se sont écoulées entre la composition de *L'Ascension* et cette *Nativité*, de 1935. D'une durée d'exécution de près d'une heure, c'est le premier grand chef-d'œuvre pour l'orgue du compositeur, cycle de neuf pièces qui est resté à ce jour, en version intégrale ou en pièces séparées (principalement *Les Bergers* et *Dieu parmi nous*), son œuvre la plus jouée.

Ces trois années voient un approfondissement considérable de la pensée musicale de Messiaen, qui s'enrichit de la métrique grecque, du plain-chant et des *deçi-tâlas*. Avec le travail sur les modes et, déjà, les toutes premières apparitions de chants d'oiseaux (*Dieu parmi nous*), se constitue donc ici l'essentiel du matériau sonore de Messiaen. Conscient de la nouveauté en certains points radicale de sa nouvelle œuvre, le compositeur a tenu à en faire précéder l'édition d'une longue préface explicative, un peu comme le faisaient ses lointains prédécesseurs organistes pour leurs Livres, mais insistant ici davantage sur le substrat spirituel de son recueil et sur la technique du langage musical utilisé. Le début, au moins, de cette « Note de l'auteur » vaut d'être cité. En tête une déclaration d'intention, véritable manifeste esthétique : « L'émotion, la sincérité, d'abord. Mais transmises à l'auditeur par des moyens sûrs et clairs. »

Puis, premier aspect abordé, le point de vue théologique. « Cinq idées principales. 1°) Notre prédestination réalisée par l'Incarnation du Verbe (3e pièce). 2°) Dieu vivant au milieu de nous, Dieu souffrant (9e et 7e pièces). 3°) Les trois naissances : éternelle du Verbe, temporelle du Christ, spirituelle des chrétiens (4e, 1re et 5e pièces). 4°) Description de quelques personnages donnant aux fêtes de Noël une poésie particulière : les Anges, les Mages, les Bergers (6e, 8e et 2e pièces). 5°) Neuf pièces en tout pour honorer la maternité de la Sainte Vierge. »

C'est ensuite l'aspect plus spécifiquement instrumental. « Chaque pièce traitée en larges plans. Économie des timbres par des tutti de couleur et de densité différentes : anches avec peu de fonds, fonds sans gambes ni flûtes, etc. La pédale sort de son rôle de basse. Rarement registrée 16, 8, souvent 4 pieds et mixtures sans 8, elle chante au soprano (8e pièce) ou enguirlande les mains de légers carillons (1re pièce). Quelques effets d'exception : flûte 4 et nazard seuls (2e pièce), basson 16 seul (7e pièce); gambe et voix céleste opposées aux mixtures (1re et 8e pièces) : opposer n'est pas mélanger. »

Enfin, et c'est la partie la plus développée de la préface, celle qui contient pour l'interprète à qui elle s'adresse le plus grand nombre d'innovations, le point de vue musical. « Cinq moyens d'expression principaux. 1°) Les modes à transpositions limitées. 2°) Les pédales, broderies et appoggiatures agrandies. 3°) La demi-unité de valeur ajoutée. 4°) L'accroissement progressif des intervalles. 5°) L'accord sur dominante. » Pour les modes à transpositions limitées, l'auteur indique pour la première fois de quoi il s'agit, mais en limitant son commentaire aux modes 2, 3 et 4, utilisés dans son œuvre, de même qu'il n'explicite les autres procédés, exemples à l'appui, qu'en tant qu'ils sont employés dans le recueil. Nous les rencontrerons au fur et à mesure de leur apparition dans les diverses pièces du cycle.

I. La Vierge et l'Enfant

« Conçu par une Vierge, un Enfant nous est né, un Fils nous a été donné. Sois transportée d'allégresse, fille de Sion ! Voici que ton roi vient à toi, juste et humble » (Is. IX, 5; Za. IX, 9).

La coupe de cette pièce est très simple : A-B-A′, la troisième section, étant, pour conclure, la reprise simplifiée de la première. Cette première section présente la maternité en médaillon, comme la figure centrale d'un vitrail. En mode 2, une mélopée se déroule, lancinante, précédée d'un petit ornement descendant; usant abondamment de la valeur rythmique ajoutée, elle progresse par quartes augmentées ascendantes. La section centrale, plus développée, est celle de l'allégresse de la Vierge. On y entend au soprano l'introït de Noël annoncé en épigraphe (« *Puer natus est nobis* », « Un enfant nous est né »), accompagné de grappes d'accords de trois sons, staccato, en mode 6; au pédalier, sonnant à l'octave supérieure, tinte une volée de cloches : ostinato varié en carillon, oscillant dans l'intervalle de quarte augmentée selon un dessin issu de la mélopée de la première section.

Durée d'exécution : ~ 5 mn

II. Les bergers

« Ayant vu l'Enfant couché dans la crèche, les bergers s'en retournèrent, glorifiant et louant Dieu » (Lc II, 20).

Deux parties : introduction et récitatif, d'abord, puis un « Noël varié ». L'introduction égrène régulièrement des accords staccato auxquels s'opposent des tenues harmoniques en rythmes irréguliers; opposition, également, des modes 2 et 3 : c'est la marche des bergers, à laquelle succède un bref récitatif non mesuré, en style de jubilus alléluiatique. Le « Noël varié » stylisé qui constitue l'essentiel de la pièce expose sur la clarinette et le nasard une naïve mélodie modale dans une savoureuse métrique irrégulière, selon un jeu plein de charme de vraies et fausses reprises (huit « entrées », aisément repérables à la réitération des deux notes introductives). Cette première strophe est reprise à l'identique, dans une registration différente (la mélodie sur hautbois et octavin). Une deuxième strophe, sur le même soubassement harmonique et rythmique, fait entendre la mélodie ornée, cette fois en doubles croches régulières; exposition et reprise dans la même registration que pour la première strophe.

Durée d'exécution : ~ 6 mn

III. Desseins éternels

« Dieu, dans son amour, nous a prédestinés à être ses fils adoptifs, par Jésus-Christ, à la louange de la gloire de sa grâce » (Ep. I, 5-6).

Toute la pièce n'est qu'une unique phrase mélodique qui se déroule d'une seule venue, sans césure, sur deux octaves et demie. S'élevant pour redescendre ensuite en une vaste courbe, on l'entend sur le quintaton 16' et le cor de nuit, dans un climat « extrêmement lent et tendre », accompagnée de quelques accords doux, graves et extatiques.

Durée d'exécution : ~ 4 mn

IV. Le Verbe

« Le Seigneur m'a dit : Tu es mon Fils. De son sein, avant que l'aurore existât, il m'a engendré. Je suis l'Image de la bonté de Dieu, je suis le Verbe de vie, dès le commencement » (Ps. II, 7; Ps. CIX, 3; Sg. VII, 26; I Jn I, 1).

Ce puissant diptyque est l'une des pages majeures du cycle. Il s'ouvre par une sorte de toccata zébrée d'éclairs, aux claviers manuels, amenant par trois fois l'énoncé, solennel et d'une terrible majesté, d'un grand trait descendant, au pédalier, dans toute la puissance de l'orgue. C'est la parole de Dieu — « Le Seigneur m'a dit... » — dans son éclat aveuglant, primitif, évoquant, selon le compositeur lui-même, le fortissimo des longues trompettes du *Jugement* de Michel-Ange ou certains thèmes de trombone des opéras de Wagner (leitmotiv du Traité, de *L'Or du Rhin*). C'est le Verbe, toujours, qui s'exprime dans la seconde partie, mais cette fois, « l'image de la bonté de Dieu » : une grande phrase mélodique, à nouveau, comme dans les *Desseins éternels*, pétrie de gravité. Messiaen précise : « C'est un long solo de cornet, qui procède à la fois des séquences du plain-chant par ses divisions, des râgas hindous par son caractère, des chorals ornés de Bach par les arabesques qui surchargent la solennelle mélodie, et qui mélange assez étrangement le 2e mode à transpositions limitées, des harmonies chromatiques ou tonales, et le 7e mode du plain-chant ou mode de *sol*. » De toute cette pièce, le compositeur a dit : « La génération éternelle du Verbe est une chose inexprimable. Il fallait cependant lui donner un commentaire, même très indigne — sa méditation étant recommandée au temps de Noël. »

Durée d'exécution : ~ 10 mn

V. Les enfants de Dieu

« A tous ceux qui l'ont reçu, le Verbe a donné le pouvoir de devenir enfants de Dieu. Et Dieu a envoyé dans leur cœur

l'Esprit de son Fils, lequel crie : Père! Père! » (Jn I, 12; Ga IV, 6).

Trois parties, d'une brève vision — d'une rare éloquence. D'abord un crescendo de plus en plus haletant, sur une formule rythmique incantatoire, s'élève sur une pédale de dominante (*fa* dièse, dominante de la tonique *si*). Puis, au centre, en quelques éclairs triple *forte*, les cris répétés « Père! Père! ». Enfin, une phrase de désinence, « lent et tendre », toute douce, sur pédale de tonique *(si)*, évoque la paix confiante de ceux qui sont devenus « enfants de Dieu ».

Durée d'exécution : ~ 3 mn

VI. Les anges

« *L'armée céleste louait Dieu et disait : Gloire à Dieu au plus haut des cieux!* » (Lc XI, 13-14).

« Le *Gloria in excelsis* est le premier en date des chants de Noël : il nous fut enseigné par les Anges. C'est un chant de joie. Cette joie, cette exultation sont exprimées ici. Mais par des Anges, purs esprits, invisibles, incorporels, doués d'une liberté et d'une subtilité totales. » Pour déployer toute l'allégresse de ce chant de joie clamé par tous les anges du ciel qui volètent autour de la crèche, le compositeur écrit une pièce de fantaisie extrêmement libre, d'une très grande fluidité rythmique. Cette fluidité est traduite dans une écriture à deux voix, aux seuls claviers manuels, abondant en traits volubiles, en effets de carillons, en trilles scintillants, qui s'achève sur un mouvement perpétuel. « La musique évolue constamment dans le registre aigu. Le rythme est extrêmement libre : aucune division égale, emploi constant de la valeur ajoutée, 4e épitrite grec (trois longues et une brève), vasanta hindou (trois brèves et trois longues), groupes fusées, successions iambiques précipitées — tout concourt à un grand mouvement d'allégresse, débarrassé de toute entrave matérielle. » On remarquera également l'abondance, à nouveau, des intervalles de quarte augmentée.

Durée d'exécution : ~ 3 mn

VII. Jésus accepte la souffrance

« *Le Christ dit à son Père en entrant dans le monde : Vous n'avez agréé ni holocaustes, ni sacrifices pour le péché, mais vous m'avez formé un corps. Me voici!* » (Hé X, 5-7).

Page dense, concise, d'une grandeur sombre et farouche. Dans ce cycle de la *Nativité* se profile, au-delà de la crèche, immense et tragique, l'ombre du calvaire. Depuis saint Paul, en effet, la Rédemption est liée à l'Incarnation et, dans le plan de la divine Providence, le Christ naît sur terre dans la perspective du sacrifice suprême, thème constant, entre autres, dans l'iconographie de la Renaissance. La cellule de l'œuvre se compose des deux accords initiaux, qui réclament le sacrifice, auxquels répond, au pédalier, un motif de cinq notes dans l'intervalle de quinte diminuée, joué au basson 16' — et c'est l'acceptation des souffrances par le Christ. Ces souffrances, de brefs épisodes interpolés nous les font entrevoir; des grappes d'accords, en douloureux mouvements conjoints, évoquent avec réalisme les souffrances de la Passion et l'étirement du corps du Sauveur sur la Croix, par la dilatation des formules — accroissements d'intervalles et valeurs rythmiques ajoutées. La page se clôt sur les derniers rappels du motif de l'acceptation, couronnés par trois grands accords *fortissimo* : « Me voici! »

Durée d'exécution : ~ 4 mn

VIII. Les mages

« *Les Mages partirent, et l'étoile allait devant eux* » (Mt XI, 9).

« Cette étoile — vue par les Rois Mages en Orient, disparue pendant le long voyage — voilà qu'elle revient et les guide vers l'endroit précis où se trouve l'Enfant. Et ils suivent avec leurs chameaux, leurs serviteurs, leurs présents — tranquille et majestueuse caravane. » Toute la pièce se développe sous la pulsation régulière de la procession des mages, en délicats accords de trois sons (les trois rois?), staccato, polarisés sur la dominante d'*ut* dièse (cette page est de bout en bout en ton de *fa* dièse). « Remarquer, précise le compositeur, les irisations de l'accord sur dominante : on passe du vert et or à un bleu velouté, des violets profonds alternent avec l'orangé. » Ce thème processionnel est soutenu par de longues tenues harmoniques, tandis que du pédalier s'élève le motif de l'étoile, dans une registration très particulière, une sorte de cornet sans fondamentale (4 pieds, nasard et tierce). Unique cellule de l'œuvre, ce thème présente un évident caractère plain-chantesque — on croirait y entendre le *Veni Creator*. En deux mesures, il se compose d'une figure rythmique de trois longues, suivie de sa diminution (trois brèves).

C'est lui qui sous-tend l'œuvre entière, en deux sections (la seconde, à la mesure 26, reprenant la première) suivies d'une coda conclusive, extatique, dans une registration extrêmement douce, figurant l'adoration des Mages arrivés à la crèche, agenouillés devant l'Enfant-Dieu.

Durée d'exécution : ~ 7 mn

IX. Dieu parmi nous

« Paroles du communiant, de la Vierge, de l'Église tout entière : Celui qui m'a créé a reposé dans ma tente, le Verbe s'est fait chair et il a habité en moi. Mon âme glorifie le Seigneur, mon esprit a tressailli d'allégresse en Dieu mon Sauveur » (Si XXIV, 8; Jn I, 14; Lc I, 46-47).

Dernière pièce et couronnement du cycle, elle chante la gloire du Christ et la joie du chrétien. Selon le compositeur, le morceau lui-même est en fait la grande toccata en *mi* finale, précédée d'un long préambule composé d'une exposition, de trois développements et d'une conclusion. L'exposition fait entendre successivement trois motifs. D'abord, une impressionnante descente de l'aigu à l'extrême-grave, dans toute la puissance de l'instrument : motif de la descente de Dieu parmi les hommes, de l'Incarnation. Suit un motif, « lent, avec charme », berceuse amoureuse qui traduit la communion du chrétien recevant en lui son Seigneur. Enfin, le *Magnificat* est lancé joyeusement par un chant d'oiseau stylisé, le tout premier à apparaître comme tel dans l'œuvre d'orgue du compositeur. Un premier développement (mes. 9 à 13) traite les motifs 1 et 3 (Incarnation et *Magnificat*), le deuxième (mes. 14 à 30) reprend le thème d'amour de la communion, tout auréolé des guirlandes du *Magnificat*. La brève conclusion réexposant le motif de l'Incarnation (où la désinence apparaît en mouvement contraire), « éclate comme la foudre et engendre une joyeuse toccata ». En ton de *mi*, celle-ci fait entendre à six reprises, à la basse, le motif de l'Incarnation, bientôt amplifié, et serti en majesté parmi les concerts de jubilations (fondés sur « le rythme hindou Çandrakâla et le 4e épitrite grec »). Conclusion très brillante pour une œuvre résolument neuve, mais qui ne renie pas l'héritage de Dupré et de Tournemire.

Durée d'exécution : ~ 8 mn

Durée d'exécution du cycle entier : ~ 50 mn

Les Corps glorieux

Sept visions brèves de la vie des Ressuscités

Composé en 1939, ce cycle met un terme à la première période créatrice d'Olivier Messiaen, alors âgé de trente ans. Il faudra attendre plus de dix ans pour qu'il revienne à l'orgue (*Messe de la Pentecôte*, 1950, et *Livre d'Orgue*, 1951). Avec le *Quatuor pour la fin du temps*, qu'il composera en captivité quelques mois plus tard, *Les Corps glorieux* marquent non seulement l'aboutissement de toutes ses recherches antérieures, mais aussi une évolution considérable par rapport aux œuvres précédentes, en particulier, à l'orgue, *La Nativité du Seigneur*. Cette évolution se manifeste en matière de timbres, de monodie (approfondissement du plain-chant occidental et de la musique indienne) et de rythme (métrique grecque et rythmes de l'Inde).

D'où l'extrême liberté rythmique et l'émancipation mélodique qui marquent l'écriture de ces sept pièces, mais aussi une organisation, d'une complexité accrue, de polyrythmies et de polyphonies linéaires, dans un langage qui se libère de plus en plus des systèmes d'attraction de l'harmonie classique. Volontiers atonal, parfois franchement dodécaphonique (*Les Eaux de la grâce, Le Mystère de la Sainte Trinité*), ce langage développe l'usage des modes à transpositions limitées ; il ne conserve du langage tonal que, dans certaines pièces seulement, une couleur particulière (*fa* dièse majeur, par exemple, dans le *Combat de la Mort et de la Vie*) et des notes exerçant une polarité et fonctionnant comme point d'appui du discours mélodique. Plus denses, plus développées que les pages de *La Nativité*, ces sept « Visions brèves de la vie des ressuscités » possèdent aussi une charge spirituelle et une puissance d'évocation poétique plus fortes encore, et on ne saurait les aborder sans commentaire préalable.

Conscient de l'originalité de sa démarche, le compositeur a lui-même livré les précisions utiles. « La vie des ressuscités est libre, pure, lumineuse, colorée. Les timbres de l'orgue refléteront ces caractères. Les corps des ressuscités sont immortels. Ils possèdent quatre qualités : la gloire (totalement lumineux, ils sont leur propre lumière), l'impassibilité (ils ne souffrent plus et ont même perdu la possibilité de souffrir), l'agilité (ils peuvent traverser les obstacles et se transporter très loin dans l'espace en un instant, avec la rapidité de l'éclair), la subtilité (ils ne sont plus astreints aux nécessités terrestres telles que le sommeil ou la faim, ils sont spiritualisés et parfaitement purs). Trois pièces décrivent ces états : *Subtilité des corps glorieux, Force et agilité des corps glorieux, Joie et clarté des corps glorieux*. Les qualités des corps glorieux dérivent de leur confirmation en grâce : une pièce est donc consacrée aux *Eaux de la grâce*. La résurrection et la gloire des ressuscités ont pour cause et pour modèle la résurrection du Christ, dont le premier et sublime moment est évoqué dans le *Combat de la Mort et de la Vie*. La vie des ressuscités est avant tout une vie de contemplation et de prière : leur prière est symbolisée par des parfums dans l'Apocalypse *(L'Ange aux parfums)*, ils contemplent et comprennent enfin le plus grand mystère de notre foi, le Dieu en trois personnes *(Mystère de la Sainte Trinité)*. »

I. Subtilité des corps glorieux

« Leur corps, semé corps animal, ressuscitera corps sirituel. Et ils seront purs comme les anges de Dieu dans le ciel » (1 Co XV, 44 ; Mt XXII, 30).

Cette première pièce évoque l'une des quatre qualités des corps glorieux. Le compositeur s'attache donc à nous faire percevoir le détachement de toute astreinte et de toute contingence dans la plus pure spiritualité, en une monodie privée du moindre support d'accompagnement. De caractère plain-chantesque, cette monodie s'articule en neuf périodes, chacune composée d'un neume d'antécédent, d'un conséquent en rythmes inégaux sur des figures métriques grecques, et du développement de cette dernière, pour se conclure sur un motif neumatique repris en écho sur un autre clavier. L'œuvre est de bout en bout polarisée sur la note *ré*, chaque période se refermant sur une chute cadentielle de quarte augmentée — leit-intervalle de toute la pièce. Quelques figures neumatiques dessineront le profil, à peine évoqué en filigrane, des premières phrases de l'antienne à la Vierge *« Salve Regina »*, pour saluer la reine des corps glorieux. La brève coda est la résolution finale des polarités sur la note *ré*. Registration très simple : le cornet à chacun des claviers, pour réaliser les effets d'écho dans un même timbre saturé d'harmoniques.

Durée d'exécution : ~ 5 mn

II. Les eaux de la grâce

« L'Agneau, qui est au milieu du trône, conduira les élus aux sources des eaux de la vie » (Ap VII, 17).

Ici encore, nul mieux que le compositeur ne peut commenter cette page. « Flot incessant du fleuve symbolique de la grâce qui coule dans la cité céleste. L'étrange caractère liquide de la musique a deux causes : la polymodalité, la registration. Des modes à transpositions limitées sont superposés — ils modulent d'une superposition à une autre. Disposition des timbres : a) chant principal en accords, par gambe, voix céleste, bourdon 16' ; b) un premier contrepoint modéré, à la pédale, par flûte 4' ; c) un deuxième contrepoint, rapide, à la main gauche, par cor de nuit, nasard, tierce. Tout cela marche ensemble. » Cette brève pièce est bâtie en trois sections, A-B-A', A' étant la reprise variée de A (mes. 19) ; une coda figure le mouvement perpétuel des eaux de la grâce. On remarquera que la voix confiée au pédalier procède selon le mode 1 (gamme par tons), que Messiaen n'utilise que très rarement.

Durée d'exécution : ~ 3 mn

III. L'ange aux parfums

« La fumée des parfums, formée des prières des saints, monte de la main de l'ange devant Dieu » (Ap VIII, 4).

Ce très bel extrait de l'Apocalypse va inspirer au compositeur une évocation intensément poétique. Le déroulement du discours y est fort libre, quasiment rhapsodique, et les divers épisodes sont perçus à l'audition comme une suite d'images impressionnistes — on verra cependant à quel point ils répondent au souci d'une complexe organisation formelle. La pièce s'ouvre par une monodie au caractère rêveur — ce sera le thème principal —, dans le style d'un râga hindou. Polarisée sur la note d'*ut*, elle tournoie de manière obsessionnelle, comme des parfums envoûtants. Un moment dissipée, elle fait place à un étrange miroitement multicolore et lumineux : serait-ce le zénith divin vers lequel s'élèvent les parfums ? Partition en mains, ce bref épisode de transition apparaît d'une prodigieuse construction. La main droite procède par accords de trois sons en mode 2, la main gauche par accords de quatre sons en mode 3, et la pédale égrène en mode 1 les notes d'une mélopée où domine l'intervalle de quarte augmentée. Ce n'est pas tout : sur le plan rythmique, la main droite obéit à un rythme 7+7+8, la main gauche rétrograde ce même rythme (8+7+7), et le pédalier suit un rythme non-rétrogradable (4+6+4 / 2+3+2 / 4+6+4). Mais rien de tout cela n'apparaît à l'audition... Suit un nouvel épisode, qui pourrait évoquer les prières des saints. Rêveur et un peu lent, il varie le motif principal qu'énonce le pédalier sur une fondamentale de 4 pieds (avec un effet « creux » dû au nasard et surtout à la tierce utilisés dans leur registre grave), dans un cortège d'accords. Puis les fumées des parfums, à nouveau, mais cette fois dans une volute vaporeuse, murmurant sur les bourdons 16′, 8′ et 2′. Aux seuls claviers manuels, c'est un canon à deux voix, par mouvement contraire, sur la tête du motif principal. Une fois encore, l'étrange miroitement reparaît. On entend un dernier écho du thème principal sous sa forme râga, et, en quelques mesures conclusives, les fumées murmurantes des parfums s'évanouissent dans l'éther.

Durée d'exécution : ~ 6 mn

IV. Combat de la mort et de la vie

« La mort et la vie ont engagé un stupéfiant combat; l'Auteur de la vie, après être mort, vit et règne; et il dit : Mon Père, je suis ressuscité, je suis encore avec Toi » (Missel, séquence et introït de Pâques).

La page centrale du cycle en est aussi, et de loin, la plus développée ; c'est même la plus longue de toute l'œuvre pour orgue de Messiaen, avec la onzième pièce du *Livre du Saint Sacrement* — laquelle, et ce n'est peut-être pas l'effet du hasard, aborde également la question du triomphe de la vie sur la mort, puisqu'il s'agit de l'*Apparition du Christ ressuscité à Marie-Madeleine*. Clé de voûte de la méditation sur les corps glorieux, ce combat en est aussi le fondement théologique : c'est parce qu'il a vaincu la mort en ressuscitant au matin de Pâques que le Christ a promis les chrétiens à la vie surnaturelle des corps glorieux dans la résurrection. Deux grandes parties : le combat proprement dit, et la vie. Avec ses cinq épisodes de toccata, la première partie s'inscrit directement dans l'héritage de l'orgue symphonique et du style de Dupré. Première exposition : le thème unique, *fortissimo*, à la pédale, en une puissante reptation, avec ses quartes augmentées ascendante et descendante, et son imparité rythmique. En *ut* mineur.

Suit le tohu-bohu d'un combat tumultueux d'accords alternés. Deuxième exposition (mes. 13), en *mi* mineur : le thème unique, toujours dans la sombre couleur du basson 16', mais en canon à deux voix, suivi du tumulte d'accords. Troisième exposition (mes. 30), en *la* bémol majeur : le thème en canon à trois voix — la couleur s'assombrit de plus en plus, quand éclatent en un violent orage les accords opposés, sur le thème à la pédale, en *ré* mineur, triple *forte*. Développement (mes. 41) : des rafales d'accords déferlent et se heurtent furieusement en mouvement contraire, sur la basse qui développe le thème par élimination. Climax (mes. 50) : le thème se désarticule, quelques accords hurlent, quadruple *forte*. Après les souffrances et les cris de la Passion, c'est à présent la mort du Christ. « Un grand silence suppose la mort et la résurrection. »

S'ouvre alors la deuxième partie de la pièce, plus longue que tout ce qui a précédé. « Extrêmement lent, tendre, serein, dans la Paix ensoleillée du Divin Amour », le thème va maintenant se déployer dans la tonalité de l'amour mystique, *fa* dièse majeur (tonalité exactement opposée à l'*ut* mineur du début, comme la vie s'oppose à la mort), colorée en mode 2. D'un seul tenant (avec reprise variée à la mesure 80), très longue, la phrase est échangée par les flûtes harmoniques de deux claviers, et soutenue par les accords célestes d'une *unda maris* et les basses très douces et profondes de 16 et 32 pieds. Messiaen commente : « La seconde partie, c'est la Vie. On l'aurait crue rapide et forte : elle est, au contraire, douce, calme, sereine. C'est qu'elle représente le moment le plus haut, le plus émouvant, le plus secret de la vie du Christ. Ce moment n'est pas relaté dans les Évangiles — nous n'en savons que la suite : tremblement de terre, lumière soudaine, ange qui roule la pierre d'entrée, apparitions multipliées de Jésus ressuscité en différents lieux. Mais le Psaume 138, appliqué par l'Église au Christ dans l'introït de Pâques, nous a décrit par avance cet instant sublime où Jésus se lève, vivant, lumineux, premier-né d'entre les morts, et, dans la Paix ensoleillée de sa résurrection, adresse à son Père cet hommage d'amour : “Je suis encore avec toi”. »

Durée d'exécution : ~ 16 mn

V. Force et agilité des corps glorieux

« Leur corps, semé dans la faiblesse, ressuscitera plein de force » (1 Co XV, 43).

C'est l'une des trois pages évoquant les qualités propres aux corps glorieux. « Les facultés de passe-muraille et de transport immédiat dans l'espace peuvent se résumer dans une vitalité puissante. Véhéments et solides, agiles et forts : tels sont les ressuscités. » A l'exception de sa conclusion, la pièce est un récit monodique, joué aux deux mains à l'octave, dans une registration charnue et puissante : les principaux du 16 pieds au 2 pieds, corsés de quelques jeux d'anche 8′ et 4′ et éclairés d'un plein-jeu. Récit rhapsodique, de caractère incantatoire, il se fonde sur trois éléments : des motifs-fusées, chargés d'exprimer « l'impétuosité et la rapidité des mouvements », des groupes de onze notes répétées, pour « la force simple et joyeuse que rien n'arrête », et des figures rythmiques, toujours impaires, empruntées à la métrique grecque. Celles-ci sont plus précisément les pieds crétique (— ◡ —), épitrite (— ◡ — —) et épitrite 3 (— — ◡ —). L'irrégularité et la diversité de ces figures confèrent à la monodie une prodigieuse mobilité, qui s'impose avec la plus grande force. Le compositeur lui-même avertit : « Remarquer la liberté du rythme, l'opposition entre les très brèves et les très longues, entre détachés et liés, entre durées égales et valeurs ajoutées, et l'emploi fréquent des pieds grecs. » L'œuvre se couronne par une « gifle de lumière » : harcèlement de fusées, carillon fou de notes répétées et quelques accords qui s'élèvent (en mode 2) vers l'extrême aigu.

Durée d'exécution : ~ 4 mn

VI. Joie et clarté des corps glorieux

« Alors les justes resplendiront comme le soleil dans le royaume de leur Père » (Mt XIII, 43).

Une page éclaboussante de lumière, illuminée de couleurs, dans une verve rythmique irrésistible. Sa construction est des plus simples : trois refrains encadrant deux couplets. Les refrains opposent un chant exultant, d'une folle fantaisie rythmique, à des blocs d'accords constamment sur rythme crétique (— ◡ — , soit longue - brève - longue), monnayé par augmentation ou diminution, ajout ou retrait de valeurs. Mais c'est peut-être par les timbres des registrations que cette pièce est le plus originale. Messiaen commente ainsi : « La clarté ou gloire est la première qualité des corps glorieux. Chaque ressuscité a sa lumière propre, son éclairage singulier (ce que saint Paul exprime symboliquement en disant : « une étoile diffère en éclat d'une autre étoile »). Ces différentes clartés sont rendues par les changements de timbres. » Messiaen a pu expérimenter les mélanges les plus insolites, pour créer des lumières sonores complètement neuves éclairant son langage harmonique ou modal. Il choisit « la rondeur du cornet pour le chant » du refrain; mais ce cornet est mélangé à une trompette et à la montre 16'. Et pour les accords, s'il demande la « brillance de la cymbale », celle-ci s'ajoute au quintaton 16', à une voix humaine sans tremblant et à un clairon (« sonorité étrange, pimentée, aux reflets d'or et de flamme »). Quant à la phrase des couplets, que se partagent le Positif et le Récit, elle mêle au Positif bourdon 16', cromorne et tierce, et au Récit quintaton 16', hautbois, tierce et piccolo.

Durée d'exécution : ~ 6 mn

VII. Le mystère de la Sainte Trinité

« O Père tout-puissant, qui, avec votre Fils unique et le Saint-Esprit, êtes un seul Dieu! Non dans l'unité d'une seule personne, mais dans la Trinité d'une seule substance » (Missel, préface de la Sainte Trinité).

Messiaen donne à cette première grande période créatrice de son œuvre pour orgue une admirable et impressionnante conclusion : cette page est assurément la plus complexe qu'il ait jusqu'alors écrite pour l'orgue, véritable synthèse de toutes ses recherches antérieures. Il pourrait pourtant n'y point paraître puisque, rompant avec les effets instrumentaux des pièces précédentes, il écrit ici un pur trio, comme Bach l'a fait dans ses Sonates ou certains chorals. Et ses registrations contribuent à brouiller les pistes de l'auditeur le plus avisé : jeux de 32, 16 et 2 pieds au pédalier, de 16 et 2 pieds à la main droite, donc sans fondamentale, tiraillant l'oreille entre le sous-grave et le suraigu; la main gauche, elle, sonne normalement, à son octave naturelle, sur une flûte 8', et se trouve de ce fait la seule voix vraiment intelligible. Messiaen indique que par cette registration insolite, le dessus et la basse « entourent la voix médiane d'une double auréole de mystère et la projettent en avant. Toute la pièce est un pianissimo lointain et confus d'où émerge la voix médiane : seul, le Fils s'est approché de nous visiblement par son incarnation ». C'est que, en effet, la voix médiane parle au nom du Fils, comme le Père chante à la basse et l'Esprit Saint au soprano. Cette pièce étant consacrée à la Trinité, elle se fonde sur une symbolique ternaire omniprésente. Ainsi est-elle construite comme un *Kyrie* : de forme tripartite, chaque partie étant elle-même articulée sur trois invocations (les trois *Kyrie*, les trois *Christe*, les trois *Kyrie*). C'est à la voix médiane que revient de chanter cette sorte de choral sur le *Kyrie*; chacune de ses neuf invocations se termine par un refrain, qui remplace le mot *eleison*. La pièce est polarisée sur la note *ré*, et chaque invocation conclut sur la tonique ou la dominante de *la*. A la basse, la voix du Père, soubassement de la polyphonie, semble ignorer superbement, dans sa permanence, les articulations ternaires de la voix médiane. C'est en effet un ostinato énoncé cinq fois, grand mouvement chromatique descendant un intervalle de onzième et reproduisant les dessins de quarte augmentée de la voix médiane. Cette phrase est rythmée par une succession de trois deçi-tâlas groupés. Enfin, si la voix médiane était modale (mode 2) et la basse chromatique, le dessus est résolument atonal, explorant le total chromatique. Subtil, insaisissable, c'est l'Esprit qui procède du Père et du Fils, et à qui il sera donné de conclure, plus développée que les autres, la neuvième et dernière invocation. Pour Messiaen, profondément croyant, théologien averti, organiste, précisément, à l'église de la Trinité, le dogme du mystère de la Trinité revêt une importance primordiale. La contemplation de Dieu en trois personnes distinctes est la plus grande félicité accordée aux corps glorieux, et cette première méditation sur le mystère de la Trinité couronne tout naturellement le cycle. Mais de même qu'il reviendra à l'écriture en trio dans le *Livre d'orgue*, on sait que Messiaen approfondira plus tard sa réflexion dans les *Neuf Méditations sur le mystère de la Sainte Trinité* de 1969.

Durée d'exécution : ~ 5 mn

Durée d'exécution du cycle entier : ~ 45 mn

LES DEUX RECUEILS DE 1950-1951

Une grande dizaine d'années s'est écoulée depuis *Les Corps glorieux*, avant que Messiaen ne revienne à l'orgue pour donner, coup sur coup, ses chefs-d'œuvre les plus accomplis dans le domaine de la recherche. Dix ans qui ont vu le grand essor du compositeur dans tous les autres domaines : la musique de chambre (*Quatuor pour la fin du temps*, 1940-1941), le chœur (*Trois Petites Liturgies de la présence divine*, 1943-1944; *Cinq Rechants*, 1948-1949), la voix seule (*Harawi*, 1945), le piano (*Sept Visions de l'Amen*, 1943; *Vingt Regards sur l'Enfant Jésus*, 1944; *Cantéyodjâya*, 1949) et le grand orchestre (*Turangalîlâ-Symphonie*, 1946-1948). Mais surtout, la fin des années quarante marque chez le musicien une évolution très poussée dans sa pensée formelle, qui va se traduire plus particulièrement dans quelques brèves pages pour piano aujourd'hui délaissées par le concert, mais d'une influence considérable sur la jeune génération de compositeurs qui les a alors découvertes. Elles leur proposaient en effet de nouveaux modes d'organisation du matériau musical, fondés notamment sur une généralisation de la notion de série. Ce sont les *Quatre Études de rythme*, composées de *Neumes rythmiques, Mode de valeurs et d'intensités*, et *Iles de feu I et II* (1949-1950). Le fruit, à la fois, de ces dix années d'intense création, de la pratique de l'organiste et de la réflexion théorique va éclore à l'orgue, dans ces deux recueils.

Messe de la Pentecôte

Alors que toute l'œuvre pour orgue de Messiaen, organiste liturgique, est imprégnée de spiritualité, c'est le seul recueil qui soit précisément destiné à l'usage cultuel — à condition, toutefois, que le musicien paroissial maîtrise parfaitement la technique de son instrument, car la plus haute virtuosité y est requise. Cinq pièces, qui correspondent aux cinq interventions réservées (avant Vatican II) à l'orgue au cours de la messe, interventions dont les durées prescrites sont respectées; écrite en 1949-1950, la première audition en a d'ailleurs été donnée au cours d'une messe, en 1951, par Messiaen lui-même. Le compositeur a déclaré que ces pages étaient « un résumé de toutes ses improvisations réunies » — improvisations qui, loin de se borner, comme c'est bien souvent le cas, à n'être que des paraphrases libres dans une structure floue, constituaient pour lui un véritable banc d'essai de procédés nouveaux : intégration des chants d'oiseaux fécondant la substance musicale, entrée en scène des « personnages rythmiques », mise en œuvre d'interversions rythmiques dans la polyrythmie. Toutes ces innovations seront appliquées dans l'*Offertoire*, deuxième page de la Messe, la plus développée et la plus complexe. Dans cet extrême degré d'élaboration formelle, le pur musicien semble aussi librement s'exprimer — ce qui fait de cette *Messe* le chef-d'œuvre, sans doute, des pages pour orgue de Messiaen.

I. Entrée (les langues de feu)

« Des langues de feu se posèrent sur chacun d'eux » (Ac II, 3)

C'est, en quelque sorte, le prélude à la célébration de la messe. Une page brève, de construction très libre, évocation de l'illumination de chacun des douze apôtres par la flamme de l'Esprit Saint qui va leur insuffler la connaissance, l'intelligence nouvelle. Elle est dominée par une monodie étrange, polarisée sur le *si* bémol, sorte d'antienne aux rythmes irrationnels chantée au pédalier sur un clairon 4'. Aux claviers manuels, des massifs d'accords-piliers ponctuent la monodie, et des grappes harmoniques, descendantes et ascendantes, figurent les langues de feu. Tout cela est joué dans des sonorités douces et ardemment lumineuses : bourdon 16' et cymbale au Récit, quintaton 16' et tierce au Positif, et une résolution, cinq fois énoncée, sur un *sol* au Grand-Orgue, avec montre et nasard. La fantaisie rythmique est totale, comme pour mieux montrer l'irrésistible force qui vient irradier les Apôtres. « La pièce utilise presque tous les pieds grecs, non seulement les plus fréquents, iambe, dactyle, spondée, mais aussi les rythmes à 5 (péons) et à 7 (épitrites), et les pieds composés (choriambe, dochmius). Ces pieds sont passés au lit de Procuste, en allongeant et diminuant les durées au moyen de longues plus ou moins longues et de brèves plus ou moins brèves ; de plus, ils sont parfois traités en valeurs irrationnelles. »

Durée d'exécution : ~ 3 mn

II. Offertoire (les choses visibles et invisibles)

« Les choses visibles et invisibles » (Symbole de Nicée).

La liturgie de la messe catholique de l'époque réservait à l'offertoire le plus long temps de prière à voix basse, donc le plus long temps d'intervention de l'orgue. Le compositeur commente ainsi les paroles du *Credo* de la Messe qu'il a placées en épigraphe : « L'invisible est le domaine du Saint-Esprit : l'Esprit de Vérité, que le monde ne peut recevoir, parce qu'il ne le voit pas et ne le connaît pas (Évangile selon saint Jean). Les choses visibles et invisibles ! Mais il y a tout dans ces mots ! les dimensions connues et inconnues : du diamètre possible de l'Univers à celui du proton, les durées connues et inconnues : de l'âge des galaxies à celui de l'onde associée au proton, le monde spirituel et le monde matériel, la grâce et le péché, les anges et les hommes, les puissances de lumière et les puissances de ténèbres, les vibrations de l'atmosphère, le chant liturgique, le chant des oiseaux, la mélodie des gouttes d'eau, et les grognements noirs de la monstrueuse bête de l'Apocalypse, enfin tout ce qui est clair et palpable, et tout ce qui est obscur, mystérieux, surnaturel, tout ce qui dépasse la science et le raisonnement, tout ce que nous ne pouvons découvrir, tout ce que nous ne comprendrons jamais... » La pièce est découpée en sept sections et une coda bien distinctes ; à la lumière du commentaire de l'auteur, la puissance évocatrice de chacune s'impose dès la première audition. Nous en donnerons ici un bref survol analytique, dans le but de faire percevoir à quel point de complexité en est arrivé le compositeur dans l'élaboration de ses structures — celles-ci insaisissables à l'écoute, comme faisant partie de « tout ce que nous ne pouvons découvrir »...

A. Une introduction *pianissimo*, dans un temps flottant, nous invite à la contemplation de quelque mystère. En fait, cette section est bâtie sur trois formules rythmiques hindoues (ou deçi-tâlas) différentes, que le compositeur, comme il venait de le faire dans la *Turangalîlâ-Symphonie*, traite en « personnages rythmiques » : tandis que l'une de ces figures rythmiques demeure fixe et sert de référence, la deuxième augmente et la troisième diminue.

B. Épisode de méditation solitaire, sur un thème monodique proliférant en intervalles d'octave augmentée et de quarte augmentée.

C. Évocation du monde caverneux des puissances de ténèbres, le monde de la terre et du péché. Polyphonie très serrée dans le grave, registrée dans une abondance de jeux de 16 pieds qui accentuent encore la densité de cet épisode. A deux reprises, ce mouvement reptilien sera interrompu par deux *do* graves sur le basson 16', que Messiaen désigne comme « l'aboiement souterrain du monstre de l'Apocalypse ». Cet épisode obéit à une grille précompositionnelle très strictement observée. Sur le plan modal, d'abord : les accords de la main droite sont en mode 3, ceux de la main gauche en mode 4, et la voix de pédalier en mode 2 (en fait, un accord de septième diminuée privilégiant, encore, la quarte augmentée). Mais c'est surtout sur le plan des rythmes qu'opère la grille, par interversions sur cinq durées chromatiques — procédé qu'il faut sans doute schématiquement décrire, d'autant que le compositeur le réutilisera sans les pièces I, II et VI du *Livre d'orgue*. L'élaboration rythmique se fonde sur un système de cinq durées, de 1 à 5 (le module étant ici la double croche). La main droite énonce d'abord une première phrase de cinq sons, sur les cinq durées dans l'ordre (1-2-3-4-5) ; c'est en quelque sorte l'exposition de la formule. Et le discours va se poursuivre sur des variations par permutations de cette formule, successivement 1-2-3-5-4, 1-2-4-5-3, 1-2-4-3-5, etc. Mais les variations rythmiques jouent également dans la simultanéité, puisqu'à la main droite s'opposent des variations de la formule à la main gauche et au pédalier.

main droite	1-2-3-4-5	1-2-3-5-4	etc.
main gauche	5-4-1-2-3	5-4-1-3-2	etc.
pédalier	3-5-1-2-4	3-5-1-4-2	etc.

La configuration polyrythmique étant dix

fois différente, ce sont donc trente permutations superposées trois par trois qui structurent cet épisode. Pour illustrer la réalisation de cette polyrythmie, en voici la première configuration quant aux valeurs

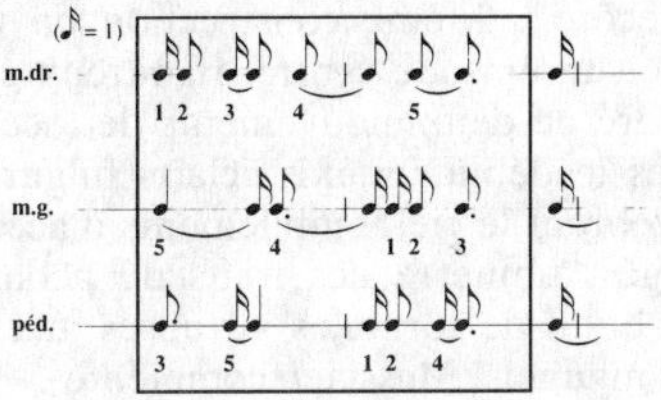

et la même, dans la partition

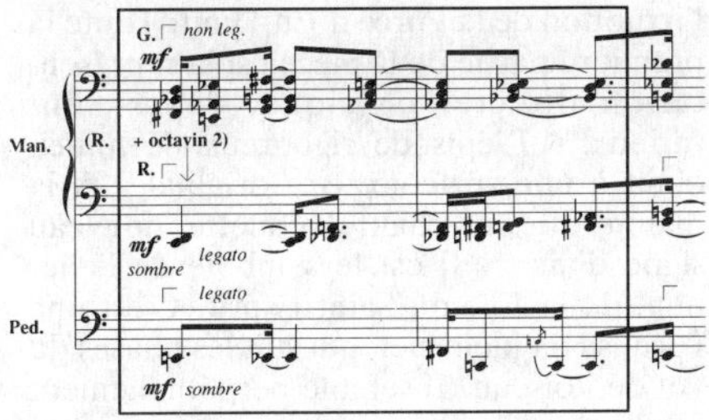

D. Variation sur la monodie de l'épisode B, que l'on réentend accompagnée en duo par une autre monodie, neumatique, celle-ci, comme un motif de plain-chant agrémenté de nombreuses appoggiatures (principalement des octaves augmentées et des quartes augmentées).

E. Développement de l'épisode polyrythmique C, d'un caractère toujours aussi sombre et terrifiant. Cette fois, la main droite parcourt le clavier de bas en haut et de haut en bas en accords de trois sons, et le jeu des permutations n'est mené qu'entre main gauche et pédalier : seize configurations à deux voix, soit trente-deux permutations.

F. Voici à présent le monde spirituel, les puissances de lumière, la grâce. En total contraste avec celui de la terre et des ténèbres, c'est l'univers de l'air et de la clarté, un ciel de tapisserie au semis de gouttelettes d'eau, d'anges, d'oiseaux et de tintements de cloches. Les effets de cloches sont obtenus par doublure du pédalier, en flûte 4', à l'octave aiguë sur une autre flûte 4' avec tierce et piccolo, en staccato goutte d'eau. Dans ce paysage franciscain à la Giotto apparaissent quelques oiseaux, merle noir, rouge-gorge, fauvette des jardins : ce sont les premiers à intervenir dans l'œuvre d'orgue de Messiaen de façon identifiable, et non purement stylisée, mais ils ne figurent encore qu'à titre de citations descriptives, et non comme éléments structurels.

G. Retour à l'épisode de contemplation des mystères du début, avec une suite de l'épisode A.

Coda. Très brefs rappels opposés de la monodie de méditation B, de la bête de l'Apocalypse et des oiseaux — les créatures les plus opposées des mondes invisible et visible.

Durée d'exécution : ~ 11 mn

III. Consécration (le don de Sagesse)

« *L'Esprit Saint vous rappellera ce que je vous ai dit* » (Jn XIV, 26).

« Sagesse, Intelligence, Conseil, Force, Science, Piété, Crainte : ce sont les sept dons du Saint-Esprit. Le Saint-Esprit nous fait comprendre le sens caché des paroles de Jésus et pénétrer les mystères qu'il nous a enseignés : c'est le don de Sagesse ! » La pièce est fondée sur un thème monodique, utilisant des neumes plain-chantesques, mélodie qui décalque le deuxième *Alleluia* du propre de la Pentecôte. Chacune de ses cinq apparitions est encadrée par deux éléments de refrain sur un même motif mélodique, joué au pédalier sur un clairon 4' (donc entendu « en taille »), mais selon des rythmes différents empruntés aux deçi-tâlas hindous, le premier nommé « force du lion », le second « mélange des couleurs ». Le compositeur précise : « Les deux refrains sont en sons complexes. Chaque son a son accord et son timbre. Dans les accords figurent l'accord sur dominante et l'accord à résonance contractée. Dans les timbres figurent bourdons 8' et 16', quintaton 16' et tierce, bourdon 16', gambe, octavin. Tous ces accords et tous ces timbres transforment chaque son du clairon 4' de pédale, engendrant une mélodie de résonances et une mélodie de timbres. »

Durée d'exécution : ~ 5 mn

IV. Communion (les oiseaux et les sources)

« *Sources d'eau, bénissez le Seigneur; oiseaux du ciel, bénissez le Seigneur!* » (Da III, 77, 80).

« Il est d'usage de réciter après la communion le cantique des trois jeunes gens, compagnons de Daniel. Ces trois jeunes gens ont été jetés dans une fournaise ardente : ils marchent tranquillement au milieu des flammes sans en être incommodés, et improvisent un cantique où ils invitent toute la création — anges, astres, phénomènes atmosphériques, êtres qui habitent la terre — à s'unir à eux dans la louange du Seigneur. Un verset s'adresse à l'eau, un autre aux oiseaux. » C'est donc une page extrêmement poétique que le musicien destine à la communion. L'écriture en est fort savante, mais la construction très libre : chants d'oiseaux, réels ou imaginaires, alternent ou se combinent avec des motifs d'eau, gouttelettes irrégulières, dans la plus vive fantaisie, tandis qu'un thème harmonique semble évoquer la grande paix de la création. Les monnayages de rythmes et les jeux de timbres sont ici très variés et subtils. On remarquera comment, dans un immense geste d'amour et d'ouverture au monde, la conclusion se distend aux extrémités de l'orgue, du tuyau le plus grave (premier *ut* de 32 pieds) au plus aigu (dernier *fa* dièse du piccolo), et toujours dans le rapport de la quarte augmentée. Enfin, il faut mentionner que le thème biblique des enfants dans la fournaise a été illustré peu après cette pièce par Stockhausen, très impressionné par les travaux de Messiaen, dans *Gesang der Jünglinge* (1955-1956), première grande œuvre de musique électro-acoustique; dans un langage radicalement autre, Britten l'a également choisi pour sa deuxième Parabole, *The Burning Fiery Furnace* (1966).

Durée d'exécution : ~ 6 mn

V. Sortie (le vent de l'esprit)

« *Un souffle impétueux remplit toute la maison* » (Ac II, 2).

Pour la sortie de la messe, voici la traditionnelle page d'éclat et de brio qu'affectionnent les organistes. Mais il ne semble pas que l'on ait jusqu'ici relevé les étonnantes similitudes qui rapprochent cette sorte de « Toccata en *ut* » de Messiaen et la *Toccata et fugue* en *ré* mineur BWV 565 de Bach — celle-là même sur laquelle, précisément, nous avons émis l'hypothèse qu'elle pourrait être un commentaire de la Pentecôte*. Même construction en triptyque, un épisode central rigoureux étant encadré de deux mouvements de toccata; et dès le début, grands éclairs fulgurants qui zèbrent le ciel, empilements d'accords arpégés, tonnerre des traits de pédalier, tohu-bohu de formules virtuoses aux claviers manuels. Messiaen commente : « Un coup de vent formidable, brusque, subit, un vent de tempête, représentant la puissance irrésistible de la vie spirituelle et l'irruption de la Force d'En-Haut. Toute la première partie de la pièce est la représentation directe, physique, de ce vent furieux. » L'épisode rigoureux de milieu obéit à une structure très originale. A la main droite, un chant d'alouette, nouveau signe d'air : « Il est le symbole de l'alléluia, de la Joie du Saint-Esprit. C'est une vocalise en plein ciel, qui suit les phases du vol de l'oiseau. Il semble perpétuellement osciller entre deux pédales inférieure et supérieure, l'une formant plancher, l'autre plafond : entre ces deux extrêmes, il dessine des arabesques qui touchent et retouchent sans cesse au plafond, puis s'arc-boutent au plancher pour un nouveau saut vers la hauteur. » Pour soutenir ce chant, deux mouvements en éventail : des accords de la main gauche en montée chromatique, des basses au pédalier en descente chromatique, mais selon une organisation temporelle très rigoureuse, puisque les valeurs des accords décroissent progressivement d'une durée de 23 doubles croches à une durée d'une double croche, et qu'inversement les valeurs de la basse croissent de 4 à 25 doubles croches. Dans la brève coda, de violents traits de toccata sertissent le rappel en majesté du thème de l'Offertoire, « les choses visibles et invisibles ».

Durée d'exécution : ~ 3 mn

Durée d'exécution du cycle entier : ~ 28 mn

* Voir ici même, à *Bach*.

Livre d'orgue

Sept pièces pour orgue

Composée en 1951, c'est l'œuvre la plus élaborée que Messiaen ait confiée à l'orgue, « à la limite du pays fertile » de la mélodie et de l'harmonie. La spéculation rythmique y prend en effet le pas sur les autres composantes du discours musical, au point que les hauteurs n'apparaissent plus parfois que comme de « vulgaires truchements destinés à rendre les durées appréciables » — ce que Messiaen nomme les « sons-durées » (deuxième *Pièce en trio* et *Soixante-quatre durées*). Cette « sévérité des structures rythmiques », selon le propre mot du compositeur, confine parfois à l'aridité *(Reprises par interversions)*, et exige une intense concentration de la part de l'auditeur — comme d'ailleurs de l'interprète, dont la maîtrise intellectuelle et physique est mise à rude épreuve. Mais c'est également ici que s'accomplit la conquête du total chromatique, organisé, comme aussi les timbres, selon des « modes » directement issus de *Mode de valeurs et d'intensités*. Constitué de sept pièces — nombre « parfait » qui dénote une fois encore une prédilection pour l'impair —, le *Livre* présente, en ouverture et en conclusion (ce qui n'est sans doute pas, là non plus, le fruit du hasard), les deux seules pièces purement spéculatives de toute l'œuvre pour orgue de Messiaen, les deux seules dégagées de tout substrat spirituel, alors que la quatrième (au centre, donc, du recueil) se voit tout entière confiée aux chants d'oiseaux.

I. Reprises par interversions

Pour la première fois dans son œuvre, cette pièce abstraite n'est placée par le compositeur sous aucun autre signe que celui d'une intention formelle. Elle est construite en quatre sections nettement séparées par de longs silences, l'intégralité de la substance musicale étant exposée dans la première section (A), que réexposeront les trois autres dans des énoncés variés. Cette substance, relevant du pur dodécaphonisme (mais non sérielle au sens schönbergien du terme), est élaborée selon une grille de composition préétablie extrêmement stricte, et respectée avec une absolue rigueur — on n'est pas pour rien en 1951. Une simple monodie de douze sons explore, sur trois mesures, le total chromatique ; au cours de l'exposition A, six groupes de trois mesures présenteront autant de fois un élément mélodique dodécaphonique, les sons étant entendus dans un ordre chaque fois différent. Cette grille mélodique est croisée par une grille rythmique : un mode rythmique, composé de trois formules métriques hindoues, organise, dans un ordre variable, chacune des formulations mélodiques ; mais de ces trois formules, l'une reste constante, l'autre augmente d'une triple croche par durée à chaque répétition, la troisième diminue d'autant, selon le traitement en « personnages rythmiques » imaginé par Messiaen et que l'on a déjà vu fonctionner dans l'Offertoire de la *Messe de la Pentecôte*. Enfin, un troisième mode organise les timbres, sur quatre touches de couleurs (trois claviers et pédalier). Ainsi donc, pour résumer, au cours de l'exposition, chaque son est lié, dans son ordre d'émission, à une durée et à un timbre ; ces paramètres vont lui demeurer associés au cours des sections suivantes de l'œuvre, procédant, comme l'annonce son titre, par « reprises par interversions ». Dans la section B, la même musique est énoncée « en éventail fermé », des extrêmes au centre : sorte de bicinium, chaque son entendu est emprunté à la monodie précédente, mais alternativement, en commençant par le début et par la fin. Il suffit donc de neuf mesures, et non plus dix-huit, pour que s'opère cette réexposition variée. La section C procède de même, mais en « éventail ouvert », en partant du centre pour aller vers les extrémités ; elle est donc l'exacte rétrogradation de la section B. Enfin, la section D, monodique, se présente comme une simple rétrogradation de la section A, donc en dix-huit mesures. Cette première tentative, à l'orgue, d'organisation de toute la matière musicale selon des schémas prédéterminés, dans l'esprit de la sérialisation généralisée, est réalisée ici avec une parfaite maîtrise ; et si les principes compositionnels ne peuvent que demeurer imperceptibles à l'auditeur, celui-ci est cependant sensible au charme étrange qui se dégage de cette écriture atomisée.

Durée d'exécution : ~ 5 mn

II. Pièce en trio

« Maintenant, nous voyons dans un miroir, d'une manière obscure... » (1 Co XIII, 12).

La première pièce du *Livre d'orgue* était de pure abstraction, détachée de tout lien spirituel et cultuel. Celle-ci, au contraire, quoique toujours spéculative et malgré son titre abstrait, comporte une intention et une destination spirituelle précises. Le symbolisme de son écriture à trois voix la destine, comme la cinquième pièce du *Livre* et déjà la septième des *Corps glorieux (Le Mystère de la Sainte Trinité)* à la fête de la Trinité. « La pièce est construite sur des rythmes hindous variés, monnayés, et traités en valeurs irrationnelles. Elle est écrite en trio, car elle parle d'un très grand mystère que nous ne comprenons que très imparfaitement : celui de la Sainte Trinité. On la joue le dimanche qui célèbre cette fête. » Les rythmes hindous ne sont pas moins au nombre de 17, qui confèrent au discours, dodécaphonique lui aussi, le climat d'une grande mobilité rythmique ; malgré leur originalité, les registrations « creuses », sans fondamentale, ne suffisent cependant pas à tirer cette pièce de sa sévérité.

Durée d'exécution : ~ 2 mn

III. Les mains de l'abîme

« L'abîme a jeté son cri ! La profondeur a levé ses deux mains ! » (Ha III, 10).

« Cette pièce se joue dans les temps de Pénitence », indique le compositeur, qui précise qu'il l'a écrite à la montagne, en contemplant gorges et torrents, « dans le vertige des gouffres et des précipices, dans l'épouvante de l'Abîme. Symboliquement, cet abîme est le grand appel vers Dieu de la misère humaine ». Avec cet appel déchiré des hommes et la réponse consolatrice de Dieu, on pourrait évoquer ici le Psaume 130 *(« De profundis »)* : « Des profondeurs j'ai crié vers toi, Seigneur : Seigneur, écoute ma voix ! », psaume que commentera plus tard la première partie d'*Et exspecto resurrectionem mortuorum*. Quatre sections bien distinctes, la quatrième (D) étant la suite de la première (A), et, au centre, la troisième (C) amplifiant la deuxième (B). Les sections A et D sont le cri de l'abîme, dans toute la puissance de l'orgue ; un cri deux fois répété, articulé autour d'un grand appel au pédalier : trois éléments, a, b, et c, sur trois rythmes hindous différents. Ces trois éléments seront énoncés trois fois en A et trois fois en D, par interversions, épuisant ainsi la totalité des six permutations possibles. Le traitement rythmique est effectué selon le procédé des personnages rythmiques : un rythme reste fixe, les deux autres augmentent à chaque réitération. Après une transition, la section B consacre le binôme désolation/consolation. A la basse, dans l'effet rocailleux d'un lit de torrent (bourdon 16', voix humaine avec tremblant, nasard) : la « supplication des profondeurs sortant des entrailles de la terre ». Au soprano, « la réponse divine, douceur aérienne, tendresse lointaine et cachée » : une mélodie jouée sans fondamentale, uniquement sur tierce et piccolo, donc dans l'extrême aigu, accusant la sensation spatiale et tout ce qui sépare Dieu des hommes. Nouvelle transition, avant la section C, qui amplifie la section précédente ; le duo devient trio, par ajout d'une voix médiane sur un bourdon 8', comme médiation entre les deux univers. La pièce s'achève, on l'a dit, sur la suite de la première section, le cri de l'abîme. « Abîme des deux parts », dit Messiaen.

Durée d'exécution : ~ 8 mn

IV. Chants d'oiseaux

Au cœur du *Livre d'orgue*, voici donc une page de pure poésie impressionniste, tableau de nature à quatre personnages ailés, traité « sur le motif », en quatre volets. Chacun des quatre épisodes est précédé d'une brève formule-refrain dodécaphonique sur un rythme hindou. Son premier énoncé est en exposition droite, le deuxième en exposition rétrograde, le troisième en éventail des extrêmes vers le centre, le quatrième en éventail du centre vers les extrêmes. On remarquera à nouveau que cette formule-refrain se déploie du *fa* dièse au *do*, les deux notes opposées qui divisent l'échelle chromatique en deux parties égales. Le premier couplet présente successivement, chacun dans une registration appropriée, trois oiseaux (merle noir, rossignol, et grive musicienne aux puissants appels sur clairon 4' et plein-jeu) ; le deuxième est tout entier consacré au récit plein de fantaisie du merle noir (flûte 4', nasard et tierce) ; le troisième est un dialogue des trois oiseaux que vient longuement conclure un très virtuose rouge-gorge (flûte 4') ; enfin, le dernier mot revient à un grand solo de rossignol (flûte 4', octavin, bourdon 16'). « Comme elle coïncide avec le printemps et le retour des chants d'oiseaux, cette pièce peut se jouer au temps pascal. [...] Elle débute l'après-midi, vers quatre heures. Puis vient la nuit. Dans l'obscurité grandissante, le rossignol commence un long solo : notes mystérieuses et tendres, mêlées au célèbre refrain sur une batterie de deux sons disjoints, tikotikotiko, attaqués louré piqué, timbre de clavecin humide auréolé de gongs... »

Durée d'exécution : ~ 8 mn

V. Pièce en trio

« De Lui, par Lui, pour Lui sont toutes choses » (Rm XI, 36).

Nouvelle écriture en trio, nouvelle pièce destinée à la fête de la Trinité, c'est aussi sans doute la page la plus complexe de tout le *Livre*. La mélodie principale, de caractère modal, est exposée au pédalier (sonnant en 4 pieds, à l'octave supérieure de l'écriture). Elle se déroule en deux très longues phrases occupant toute l'œuvre ; chaque phrase se compose d'un énoncé et d'un commentaire en six périodes, polarisés sur le *do* et le *fa* dièse. Quant aux deux voix manuelles, elles développent un matériau dodécaphonique sur trois rythmes hindous chacune (par interversions à la partie médiane), tous traités en personnages rythmiques. L'élaboration de ce commentaire à partir d'une telle grille revêt une extrême complexité, qui défie une analyse succincte. Ne faut-il pas cependant retenir l'impression générale très prenante de cette page altière ? Le compositeur nous y invite : « Elle a été conçue pendant un séjour et différentes excursions en Oisans, autour de La Grave (Hautes-Alpes), en contemplant les glaciers du Râteau, de la Meije et du Tabuchet. Ce qui explique son caractère à la fois rude et nostalgique, le tour mélancolique et fier de la mélodie principale, le travail rythmique dû à la géométrie des montagnes, des rochers, des pics, la clarté dure de la registration influencée par des visions de soleil et de neige. »

Durée d'exécution : ~ 7 mn

VI. Les yeux dans les roues

« Et les jantes des quatre roues étaient remplies d'yeux tout autour. Car l'Esprit de l'être vivant était dans les roues » (Ez I, 18-20)

Page brève et étourdissante, c'est à nouveau, comme celle pour la sortie de la *Messe de la Pentecôte*, une extraordinaire toccata. Un mouvement incessant d'une seule venue, vif et staccato, aux claviers manuels, sur une puissante assise de basses au pédalier, dans le tutti de l'instrument. « Fortissimo tournoyant, évoquant tous les détails de la vision d'Ezéchiel : vent de tempête, masse de feu, bruit des grandes eaux, quatre vivants quadriformes courant en tous sens comme la foudre, roues extraordinaires, vivantes, remplies d'yeux tout autour, qui regardent et tournent avec les roues... Parmi tous ces symboles de la Divinité, "l'Esprit de l'être vivant" désigne l'Esprit saint : la pièce se joue donc le jour de la Pentecôte. » La partie de basse est une série dodécaphonique, dans laquelle chaque son est lié à une durée (de 1 à 12, en doubles croches), ce que le compositeur appelle des « sons-durées ». Au cours des six énoncés de cette série, les sons apparaîtront en diverses permutations, mais toujours affectés de la même durée. Ces six énoncés sont successivement en forme linéaire droite (1, 2, 3, 4, ...) ; en éventail centripète, des extrémités vers le centre, forme droite (1, 12, 2, 11, ...) ; même éventail, forme inverse (12, 1, 11, 2, ...) ; en éventail centrifuge, du centre vers les extrémités, forme inverse (7, 6, 8, 5, ...) ; même éventail en forme droite (6, 7, 5, 8,...) ; et enfin en forme linéaire inverse, ou rétrograde (12, 11, 10, 9, ...). Le deuxième groupe de trois énoncés correspond ainsi au premier, en quasi-miroir.

Durée d'exécution : ~ 2 mn

VII. Soixante-quatre durées

Le *Livre d'orgue* va s'achever sur une page de haute spéculation — une nouvelle « victoire rythmique », comme aime à le dire le compositeur —, dont le titre seul pourrait faire redouter quelque aridité. On verra au contraire que cette victoire est aussi celle du musicien avant tout qu'est Messiaen : pour fascinantes qu'elles puissent apparaître sur la partition, les structures de l'œuvre demeurent imperceptibles à l'auditeur, tant dans l'organisation d'ensemble de la pièce que dans le monnayage des durées qui en est l'objet (l'oreille humaine n'est pas capable de distinguer deux durées successives différant entre elles d'une très petite valeur) ; mais la page de musique, elle, exerce sur lui son pouvoir de séduction. Le titre de la pièce s'explique très simplement : non plus tant sur le rythme que sur les durées dans l'absolu, il s'agit ici d'une élaboration sonore fondée sur une « gamme chromatique » de 64 valeurs temporelles, de 1 à 64 (l'unité de valeur étant la triple croche). L'organisation procède par groupes de quatre durées conjointes (par exemple, 1-2-3-4, ou 25-26-27-28, etc.). Ces groupes vont apparaître dans un ordre constituant la structure de la pièce. Au clavier manuel, ils sont pris alternativement, à partir des deux extrémités de la gamme pour converger vers le centre (32/33), en mouvement droit pour les longues durées (61-62-63-64) et en mouvement rétrograde pour les courtes durées (4-3-2-1). Les durées sont exprimées et colorées par des groupes de deux ou trois sons en accords. Le compositeur utilise une autre grille d'intervention des groupes, qu'il confie à la partie de pédalier — en double pédale, sonnant à l'octave aiguë. Cette grille est exactement l'inverse de l'autre : mouvement centrifuge, partant du centre vers les extrémités de la gamme de durées, en mouvement rétrograde pour les longues durées et en mouvement droit pour les brèves. Ainsi, le second cycle de durées, au pédalier, entretient-il avec le premier, au manuel, un canon rythmique rétrograde. Mais une troisième partie, complètement aléatoire, celle-ci, vient truffer les deux autres : une série de chants d'oiseaux stylisés, oiseaux réels ou imaginaires, circulant dans les durées et dont le compositeur dit qu'ils doivent en faciliter l'appréciation. La plus austère des spéculations devient ainsi méditation sur le temps et poème de la nature.

Durée d'exécution : ~ 10 mn

Durée d'exécution du cycle entier : ~ 42 mn

INTERMÈDE (1960)

Verset pour la fête de la Dédicace

Dix-huit années vont séparer, dans la trajectoire créatrice de Messiaen, le *Livre d'orgue* des *Mystères de la Sainte Trinité*. Dix huit années marquées cependant, à mi-parcours, par l'étape isolée que constitue cette œuvre, commandée en 1960 par le Conservatoire de Paris comme morceau de concours de fin d'année. Depuis le *Livre d'orgue*, le compositeur a traversé sa décennie ornithologique, avec le *Réveil des Oiseaux*, les *Oiseaux exotiques*, le *Catalogue d'Oiseaux* et *Chronochromie*. Sa chère grive musicienne viendra donc tout naturellement mêler ici son chant à une monodie inspirée du plain-chant — Alleluia grégorien et grive musicienne, procédant également par formules de caractère plain-chantesque, sont pour lui tous deux symboles de joie. Abandonnant la recherche spéculative des œuvres précédentes, le *Verset* se présente comme une succession d'épisodes évocateurs. C'est d'abord la souple monodie d'un thème imité de l'*Alleluia* pour la fête de la Dédicace des églises, « utilisé non dans ses notes exactes, mais pour ses neumes, le tour mélodique et le rythme de ses neumes ». Le compositeur déforme donc volontairement ces éléments pour créer une stylisation très personnelle du plain-chant.

Alleluia grégorien (tel qu'il est strictement cité dans la deuxième des *Méditations sur le Mystère de la Sainte Trinité*, et qu'il sera encore cité dans la pièce XIV. *Prière avant la communion* du *Livre du Saint Sacrement*).

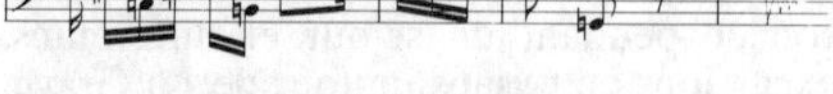

Le même Alleluia, stylisé (tel qu'il apparaît dans le *Verset pour la fête de la Dédicace*).

La mélodie est entendue soit seule, soit « enrobée d'accords plus chatoyants : accords tournants, accords en camaïeu, accords à résonance contractée, avec un sentiment de douce confiance ». Après quelques mesures d'un épisode de transition, « très modéré, comme une consolation », survient le grand solo de la grive musicienne, « strophique, fortement rythmé — les courtes strophes sont souvent répétées trois fois de suite, à la manière d'une incantation. Ces répétitions incantatoires sont conservées, et la jubilation étrange du timbre est rendue par flûte 4' et tierce seules, par la doublure en 16' et 4', et par le fait que les deux mains ne se doublent jamais de la même façon et avec les mêmes intervalles, les harmoniques artificiels et symétriques des timbres étant constamment contrariés par les harmoniques plus naturels et toujours changeants de l'écriture manuelle ». Puis reprise variée et amplifiée de l'*Alleluia* de la Dédicace, et reprise exacte de l'épisode de consolation. Nouvel épisode, de supplication, un grand crescendo imploratoire usant de plusieurs modes à transpositions limitées. La grive musicienne revient pour un nouveau solo. Bref rappel de l'*Alleluia* de la Dédicace, et coda triple *piano*, « dans une douce vocalise d'extase et de consolation ».

Durée d'exécution : ~ 9 mn

LES GRANDS RECUEILS DE MATURITÉ (1969, 1984)

On l'a dit plus haut, l'orgue représente, dans la maturité de Messiaen, une sorte de retour à la méditation après de grandes aventures en d'autres domaines de la création. Deux cycles jalonnent de loin en loin ce cheminement et semblent comme en marquer les bornes, les *Méditations sur le mystère de la Sainte Trinité* et un nouveau livre d'orgue, le *Livre du Saint Sacrement*. Tout n'est pas dit, cependant, et Messiaen, qui songeait à clore son œuvre avec son opéra *Saint François d'Assise*, continue à composer après ce nouveau Livre...

Méditations sur le mystère de la Sainte Trinité

C'est en 1969 qu'Olivier Messiaen revient à l'orgue avec ce grand recueil, l'ensemble le plus important qu'il ait jusqu'alors destiné à son instrument. Seul, le *Livre du Saint Sacrement*, de quinze ans postérieur, le surpassera par l'ampleur. Lorsqu'il en entreprend la composition, le musicien sort des quatre années passées à échafauder le puissant monument de *La Transfiguration de Notre Seigneur Jésus-Christ* (pour chœur mixte, sept solistes instrumentaux et très grand orchestre). De même, en 1984, après les huit années de composition de son opéra *Saint François d'Assise*, se retournera-t-il à nouveau vers l'orgue pour lui confier une œuvre d'envergure en proportion avec l'immense fresque qui vient d'être achevée. Besoin d'ascèse sonore par rapport aux prodigieux déploiements instrumentaux et vocaux qui précèdent ? Retour à une réflexion spirituelle plus stricte et plus intime ? Sans doute, mais dans le cas des *Méditations*, il convient d'ajouter une circonstance toute matérielle : muet depuis plusieurs années, l'orgue Cavaillé-Coll de l'église de la Trinité venait d'être transformé par Beuchet-Debierre, et doté d'une traction, d'un combinateur et d'un crescendo électriques. Cet instrument de style symphonique, désormais plus docile aux modifications de registration souhaitées par l'interprète, donc permettant de colorer avec plus de souplesse le discours musical, ne pouvait qu'attirer le musicien qui en était le titulaire depuis près de quarante ans déjà. Il est d'ailleurs symptomatique que le compositeur ait tenu à faire figurer, sur six pages de l'édition imprimée de son œuvre, non seulement les registrations à préparer sur les combinaisons ajustables, mais une description détaillée du plan de l'instrument.

Pour l'inauguration de son nouvel instrument, donc, Messiaen fit prononcer un grand sermon sur la Trinité, en trois parties, chacune étant suivie d'une improvisation à l'orgue. Du sermon et des improvisations est née cette œuvre, mais ce n'est pas dans l'église de la Trinité qu'en a été donnée la première audition, puisque celle-ci eut lieu, sous les doigts du compositeur, à l'orgue monumental de l'église de l'Immaculée Conception de Washington, le 20 mars 1972. Peu après, cependant, Messiaen devait enregistrer lui-même son œuvre, et cette fois sur son orgue de l'église de la Trinité.

Le recueil se compose de neuf pièces auxquelles, contrairement à son habitude, le compositeur n'a pas voulu donner de titres, chacune renvoyant à l'un des aspects du mystère. Mais elles sont chaque fois précédées d'un commentaire détaillé et précis sur les intentions spirituelles et la réalisation musicale ; nous y aurons bien sûr amplement recours. Méditations : le titre est explicite. Le compositeur délaisse ici les spéculations formelles qui primaient dans les deux recueils centraux de son œuvre, *Messe de la Pentecôte* et *Livre d'orgue*. Non que l'architecture de ces neuf pièces ne réponde à une volonté organisatrice peu commune — c'est même sans doute dans ce recueil que Messiaen s'est imposé les règles les plus astreignantes ; mais la façon dont ces règles sont mises en œuvre dénote bien la préoccupation première du musicien, méditative et intensément poétique. On retrouve ici l'ensemble des éléments constitutifs du langage musical du compositeur, modes à transpositions limitées, rythmes de l'Inde (ou deçî-tâlas), chants d'oiseaux et plain-chant chrétien, celui-ci apparaissant ici sous la forme de citations textuelles et non plus stylisé dans des transformations mélodiques et rythmiques.

Messiaen introduit dans ce recueil une innovation à ses yeux importante, une « nouvelle combinatoire ». En avant-propos à l'édition imprimée, il déclare en effet : « J'ai essayé, par jeu, et pour renouveler ma pensée, de trouver un langage musical communicable. » En présupposé, il observe d'abord justement que « la musique n'exprime rien directement. Elle peut suggérer, susciter un sentiment, un état d'âme, toucher le subconscient, agrandir les facultés oniriques, et ce sont là d'immenses pouvoirs ; elle ne peut absolument pas "dire", informer avec précision ». Donc, ajoute-t-il, « j'ai d'abord voulu faire un alphabet musical au moyen duquel je pourrais transcrire des mots (des mots français, tout naïvement, parce que je suis français). » Délaissant donc les conventions des leitmotive, le compositeur s'inspire de la notation anglo-saxonne, qui désigne les notes par les premières lettres de l'alphabet. « On a cherché un allongement à cette succession, mais comme il n'était pas admis par tous, j'ai préféré l'oublier, et j'ai continué l'alphabet musical à ma façon, en groupant les lettres par genres de productions phoniques. De plus, j'ai attribué à chaque lettre un son, un registre, une durée. [...] Pour éviter l'accumulation des mots, j'ai supprimé les articles, les pronoms, les adverbes, les prépositions, et n'ai gardé que les noms, les adjectifs, les verbes. Ce qui m'a conduit à utiliser le système des "cas", comme dans les déclinaisons latines. Et j'ai indiqué son cas avant chaque mot, au moyen d'une formule musicale. [...] Les deux notions les plus importantes de toute pensée, ce que nous appelons bien imparfaitement les verbes auxiliaires, être, avoir, sont exprimées par deux formules mélodiques exactement contraires. » Enfin, ajoute Messiaen, le nom divin apparaît, comme entouré d'un cartouche à la façon des noms royaux dans les inscriptions cunéiformes — et c'est le thème de Dieu, entendu en forme droite ou rétrograde, « comme deux extrêmes qui se regardent et que l'on pourrait reculer indéfiniment... ».

Mais, de même que Dieu est à l'origine de toute chose, ce thème de Dieu, si superbement frappé, avec son profil caractéristique d'octave augmentée franchie en deux bonds, va prendre plusieurs figures dérivées : la figure de Dieu le Père, associée au verbe être (« Je suis Celui qui suis », dit Yahvé à Moïse), celle du Fils (par renversement de l'incipit de la figure du Père), associée au verbe avoir, et celle de Saint-Esprit, qui n'est autre que le thème de Dieu dans une formulation rythmique fluidifiée.

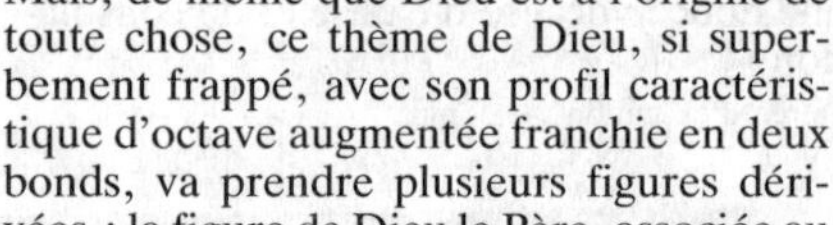

Ainsi se trouvent constitués, indépendamment de l'alphabet sonore, des sortes de « noms propres », véritables leitmotive qui seront utilisés comme tels dans cette œuvre et dans le *Livre du Saint Sacrement*.

A suivre ce « jeu passionnant qui a consisté à construire un langage musical signifiant », on doit bien constater que, plus que dans les systèmes rythmiques du *Livre d'orgue*, jamais sans doute la grille précompositionnelle que se fixe ici le musicien n'a été plus abstraite, détachée de toute dialectique proprement musicale. D'avance, cependant, celui-ci a répondu aux objections, déclarant : « J'ai toujours considéré qu'un procédé technique possédait d'autant plus de force — et une force quasiment occulte, nous revenons à la magie — qu'il se heurtait davantage, dans son essence même, à un obstacle infranchissable [...]. C'est là le charme des impossibilités. Elles possèdent une puissance occulte, une emprise chiffrée, temporelle et sonore*. »

On peut néanmoins se demander si Messiaen a été pleinement convaincu lui-même des vertus de son « langage communicable », nouvelle élaboration de recherches fort anciennes, puisque, après l'avoir longuement expliqué, il ne l'utilisera que dans trois des neuf pièces de son recueil (n[os] I, II et VII). Et ce procédé ne réapparaîtra que sporadiquement dans son œuvre : à l'orchestre, dans les pièces III *(Ce qui est écrit sur les étoiles)* et V *(Cedar Breaks et le Don de crainte)* de *Des canyons aux étoiles*, en 1974, et en 1984, à nouveau à l'orgue, dans les pièces VII *(Les Ressuscités et la lumière)*, XI *(L'apparition du Christ ressuscité à Marie-Madeleine)* et XVIII *(Offrande et Alleluia final)* du *Livre du Saint Sacrement*. Mais laissons le mot de la fin au compositeur : « J'ai lancé un coup de dés, comme Mallarmé [...]. Ma méthode n'est qu'un jeu. Un jeu fructueux qui m'a obligé à découvrir de nouvelles variations musicales. »

I. Première méditation, en quatre parties. D'abord un thème très puissant, celui du « Père des étoiles », exposé seul puis suivi de deux variations, l'une en contrepoint mélodique, la seconde en contrepoint d'accords. C'est ensuite l'épisode principal, en « langage communicable ». Le texte est emprunté à la *Summa theologica* de saint Thomas d'Aquin : « Par rapport aux Personnes qui procèdent de lui, le Père se notifie ainsi : paternité et spiration ; en tant que "Principe qui n'a pas de principe", il se notifie ainsi : il n'est pas d'un autre : c'est là précisément la propriété d'innascibilité, désignée par le nom d'Inengendré. » Thème parlant au positif, accompagné d'une voix de contrepoint mélodique. Retour au premier thème : maintenant, « les étoiles tournent » sur le thème initial en ostinato de dix notes, au pédalier, simultanément avec deux autres ostinatos, harmoniques, à chacun des claviers, respectivement de neuf et de huit accords : toutes les durées étant égales, il en découle des décalages temporels accusant l'effet de tournoiement. Un bref crescendo amène à la dernière proclamation du mot « inengendré » en coda.

Durée d'exécution : ~ 8 mn

II. Fondée sur l'idée de la sainteté de Dieu, cette pièce, qui ne fait pas appel au langage communicable, est construite en deux volets suivis d'une conclusion. Le premier volet s'ouvre par la citation textuelle de l'*Alleluia* de la fête de la Dédicace, celui-là même qui était apparu transformé et stylisé dans le *Verset pour la fête de la Dédicace*, et que l'on réentendra dans la pièce XIV *(Prière avant la communion)* du *Livre du Saint Sacrement*. Suit un épisode de glorification du Christ : « Vous êtes le seul Saint, le seul Seigneur, le seul Très-Haut, Jésus-Christ », chante le *Gloria* de la messe. « Thème de couleurs », en deux sections séparées par un chant d'oiseau. Dernier épisode, long monologue de quatre oiseaux de nos jardins. Le deuxième volet reprend intégralement le premier, modifié. Et la pièce se clôt sur l'*Alleluia* de la Dédicace, *fortissimo* d'abord, puis *pianissimo*, harmonisé. « Donnez-nous l'amour de votre Saint Nom ! », disent les litanies du Saint Nom de Jésus. « On s'arrête sur un appel très simple, qui reviendra dans les pièces suivantes et terminera tout l'ouvrage : très loin, très haut, les notes répétées naïves et la finale aiguë du bruant jaune. »

Durée d'exécution : ~ 12 mn

III. Cette page, la plus courte de tout le recueil, est un quatuor d'une seule coulée. La main droite énonce une phrase en

* Dans C. Samuel, *Entretiens avec Olivier Messiaen*, Ed. Pierre Belfond, Paris, 1967, rééd. 1986.

« langage communicable », à nouveau empruntée à saint Thomas d'Aquin : « La relation réelle en Dieu est réellement identique à l'essence. » Cette phrase mélodique est accompagnée par deux voix homophones à la main gauche et la basse au pédalier, selon des formules rythmiques empruntées aux deçî-tâlas : trois formules en succession à la main gauche, une seule formule au pédalier. Ces rythmes sont traités en diminution.

Durée d'exécution : ~ 3 mn

IV. L'objet de la méditation tient dans cet avertissement du compositeur : « Tout ce que nous pouvons savoir de Dieu se résume dans ces mots à la fois si denses et si simples : *Il est.* Mots que nous ne comprenons que par éclairs, dans de rares et courtes illuminations. » Par éléments successifs juxtaposés, la pièce « situe un climat, préparant la vision finale. L'étrangeté des timbres et des chants d'oiseaux choisis doit évoquer quelque dimension inconnue... ». Plusieurs oiseaux ouvrent en effet la pièce. Au milieu de ces chants, un très bref épisode en trio évoque les trois personnes de la Trinité avant que n'éclate un grand solo de grive musicienne, dans de saisissants effets d'harmonies et de timbres (la partition abonde en notations d'interprétation, « très sec comme des pizzi », « comme de la soie déchirée », « comme des gouttes d'eau »). « Soudain, vers la fin de la pièce, *fortissimo* de l'orgue : des accords en rythme iambique descendent rapidement. C'est la vision de Moïse : "Et *Je-suis* passa devant lui en criant Je suis ! Je suis !" (Exode). Grand silence. La chouette de Tengmalm s'éloigne, exprimant notre petitesse accablée par la fulgurance du Sacré. »

Durée d'exécution : ~ 6 mn

V. « Ici sont médités surtout les attributs divins, c'est-à-dire ce que Dieu est. » On a vu que dans son « langage communicable », le compositeur a prévu un thème particulier pour le nom de Dieu. Ce langage, il ne l'utilise pas ici pour épeler un texte, mais il va l'enrichir en énonçant des thèmes propres aux attributs divins, et notamment « Dieu est immense » (variante rythmique du thème de Dieu), « Dieu est éternel » (scintillement harmonique), « Dieu est immuable » (sur deux deçî-tâlas). La première section de la pièce fait donc d'abord entendre successivement ces trois thèmes, puis le Souffle de l'Esprit, troisième personne de la Trinité, apparaît sous une forme thématique procédant du thème de Dieu, comme l'Esprit procède du Père et du Fils (dans la Méditation VIII, la même dérivation thématique sera appliquée pour la personne du Fils), et débouche sur le thème de Dieu. La deuxième section reprend, variée, la première. Quelques mesures, pour une section de transition évoquant, en deux nouvelles figures thématiques, « le Père tout puissant » et « Notre Père », avant qu'une brillante toccata ne revienne au « Souffle de l'Esprit » : puissants accords *staccato* aux manuels, sur le thème de Dieu proclamé triple *forte* au pédalier. Cinquième section : rappels des thèmes de « Dieu est éternel », « le Père tout puissant » et « Notre Père ». Enfin, dans la sixième et dernière section, apparaît, doux, lent et lié, sur gambe et voix céleste, le thème de « Dieu est amour ». Évoquant la deuxième personne de la Trinité, Messiaen cite saint Jean : « Et Jésus dit : Il n'est pas de plus grand amour que de donner sa vie pour ceux qu'on aime. » Conclusion en *sol* majeur transformé modalement. A nouveau, c'est le bruant jaune qui vient piquer les dernières notes, sur des harmoniques élevés de l'accord parfait.

Durée d'exécution : ~ 12 mn

VI. « Pièce dédiée au Fils, ou Verbe, deuxième Personne de la Sainte Trinité ». Page originale et très significative de la poétique de Messiaen. Écrite en *ut* majeur et faisant un large appel à des motifs de plain-chant, elle n'en porte pas moins, et sans doute possible, la griffe de son auteur : discours procédant par épisodes successifs juxtaposés, harmonie fortement colorée par l'usage des modes à transpositions limitées, mais reposant volontiers sur des polarités classiques, registration à l'orgue insolite et très personnelle, citations de fragments grégoriens, rythmique frémissante — quelques grandes constantes du langage musical de Messiaen se retrouvent ici, comme d'ailleurs dans les autres pièces du recueil. La pièce elle-même est bâtie selon une formule très simple : deux parties, dont la seconde est la reprise variée et amplifiée de la première. Chaque partie présente trois thèmes empruntés au propre de l'Épiphanie, fête de la manifestation de la lumière divine : l'Offertoire, le Graduel et l'*Alleluia*. Et chacun des thèmes sera énoncé sous sa forme textuelle, sans accompagnement, et/ou dans une harmonisation modale très colorée, toujours puissamment polarisée sur *ut*. C'est là tout le matériau de base de cette page d'élaboration très simple, affirmant haut et clair la poétique de son auteur. Ajoutons les citations évangéliques notées par Messiaen. Avec le thème de l'Offertoire : « Dans le Verbe était la Vie et la Vie était la Lumière... » (Jn I, 4) ; et avec le thème de l'*Alleluia* : « Le Fils, resplendissant de la gloire du Père !... » (Hé I, 3).

Durée d'exécution : ~ 9 mn

VII. Trois parties : Introduction, corps de la pièce en « langage communicable », Coda. L'introduction fait entendre sept accords mystérieux, auxquels succède un chant d'oiseau anonyme, noté à Persépolis — « J'ai noté son chant en aveugle, partagé entre l'ombre grandissante et les reflets rouge et or du soleil couchant » — et un « effet de quatre cors qui s'éloignent, obtenu par le "louré" des fonds 16′ et 8′ du clavier de grand-orgue, auquel on retire progressivement des jeux ». Le corps de la pièce fait appel, pour la troisième et dernière fois dans tout le recueil, au « langage communicable », pour citer encore un extrait de la *Summa theologica* : « Le Père et le Fils aiment, par le Saint-Esprit (l'Amour qui procède), eux-mêmes et nous. » Dans une écriture en trio, cette phrase est fortement proclamée sur la trompette 8′ avec bourdon 16′ ; le contrepoint d'accompagnement est assuré à la main droite par un chant d'oiseau et à la pédale par un ostinato sur des valeurs rythmiques décroissantes. En coda, on réentendra les sept accords mystérieux du début en exposition rétrograde, l'oiseau de Persépolis et, pour conclure, l'effet des quatre cors qui s'éloignent très doucement et solennellement en *mi* majeur.

Durée d'exécution : ~ 6 mn

VIII. Cette nouvelle méditation fait spirituellement et musicalement suite à la cinquième. « La pièce V méditait sur les attributs divins. Un seul adjectif y manquait, celui qui peut-être les résume tous : Dieu est simple. » Grande page émouvante et paisible, toute de confiante sérénité. Quatre sections ordonnent une mosaïque de petits épisodes juxtaposés. Dans la première, c'est d'abord le thème de l'*Alleluia* de la fête de la Toussaint qui s'élève, textuel, dans sa simplicité diatonique : « Dieu est simple. » Trois accords, trois fois énoncés, en rythme ternaire, évoquent la Trinité, suivis par les thèmes des trois Personnes : le Père, le Fils (incipit du thème du Père en mouvement contraire, « comme deux regards qui se croisent »), l'Esprit (thème de Dieu rythmiquement fluidifié). Une phrase grave et solennelle commente l'Épître aux Romains : « Ô profondeur des richesses de la sagesse et de la science de Dieu ! » Puis une cascade d'accords se referme en éventail en une très douce conclusion (sur un rythme hindou). La deuxième section reprend, amplifiés, tous les éléments de la première. La troisième consiste seulement en une discrète harmonisation de l'*Alleluia* de la Toussaint, portant en épigraphe un extrait de l'Évangile selon saint Matthieu : « Et Jésus dit : Vous tous qui êtes chargés et fatigués, venez à moi. » Enfin, la conclusion se situe dans la suite de la section précédente. D'abord comme son conséquent, pour suivre saint Matthieu : « Et Jésus dit : Mon joug est suave et mon fardeau léger. » Puis « les harmonies montent lentement vers un ciel diatonique profondément calme, sur lequel se détache encore l'appel du bruant jaune. "Qui me donnera des ailes, comme à la colombe ? Je m'envolerai et me reposerai..." (Ps. 54, 7) ». *Ut* majeur final, dans une blanche lumière de premier matin du monde.

Durée d'exécution : ~ 11 mn

IX. « Je suis Celui qui suis » (Ex. 3, 14). « Nous finissons nos méditations par ce texte capital, qui est le nom que Dieu se donne lui-même dans la scène du buisson ardent. » Cette conclusion du cycle, qui résume les pièces précédentes et en reprend certains éléments musicaux, est ordonnée en un triptyque formé d'une grande toccata centrale encadrée par une exposition et une réexposition. L'introduction énonce successivement le thème de

Dieu — « Je suis Celui qui suis » — dans toute la force de l'orgue, thème ponctué par un accord à résonance contractée, puis un épisode de chants d'oiseaux, enfin une majestueuse progression harmonique en crescendo, pour amener la réexposition du thème de Dieu. On observera que le solo de la fauvette des jardins, qui rappelle la *Méditation II*, est interrompu par un petit refrain de la fauvette à tête noire ; ce dernier motif est soutenu très délicatement par un accord de sixte (avec sixte ajoutée), qui reproduit la tête du motif mélodique du chant d'oiseau, selon le principe sériel d'identité du simultané avec le successif. La section centrale est une toccata où alternent des épisodes de récitatif très vifs, allusion au « Souffle de l'Esprit » de la *Méditation V*, des accords tournants, des ponctuations d'accords, des guirlandes sur les thèmes du Père et du Fils de la *Méditation VIII* ; à la basse apparaîtront le thème du Fils, puis le thème de Dieu. Les différents motifs thématiques et ornementaux de la toccata sont intimement liés les uns aux autres, comme les trois Personnes en un Dieu unique, par la permanence de certains intervalles agissant de façon incantatoire, en particulier les octaves augmentées et diminuées, et les quintes, surtout augmentées. En conclusion, réexposition amplifiée du thème de Dieu, de l'épisode harmonique en mouvement rétrograde, descendant, pour conclure avec les fauvettes et un dernier appel du bruant jaune.

Durée d'exécution : ~ 10 mn

Durée d'exécution du cycle entier : ~ 77 mn (1 h 17)

Livre du Saint Sacrement

C'est encore une longue période, quinze années, qui sépare les *Méditations sur les mystères de la Sainte Trinité* de l'œuvre suivante, ce *Livre du Saint Sacrement*, le recueil ultime, fruit de près de soixante années d'intimité avec l'instrument. Il a été écrit en 1984, au moment où Messiaen venait d'achever la partition de *Saint François d'Assise*. A soixante-quinze ans, extrêmement fatigué par les huit années de labeur que lui avait demandées son opéra, il envisageait sérieusement de ne plus composer. Qu'il ait eu dans ses cartons la commande d'une grande œuvre pour orgue émanant de la ville de Detroit et de la Guilde des organistes américains a sans doute été le catalyseur, mais peut-être pas la motivation intérieure profonde de la composition de ce *Livre*. En effet, comme on l'a noté à propos des *Méditations sur les mystères de la Sainte Trinité*, composées après *La Transfiguration de Notre-Seigneur Jésus-Christ*, tout se passe comme si le retour vers l'orgue représentait pour le compositeur un exercice de méditation spirituelle personnelle. De plus, après des années de réflexion et de travail sur une élaboration sonore confiée à de très vastes formations, le compositeur organiste pouvait se retrouver lui-même dans la pratique, pour lui essentielle, de sa fonction liturgique et l'unité d'un face à face avec son instrument. Il a lui-même déclaré s'être remis au travail dans le souvenir des improvisations de sa carrière d'organiste liturgique, et avoir choisi pour thème le sacrement de l'Eucharistie, sur lequel il n'avait jamais écrit.

En fait, sa toute première œuvre, *Le Banquet céleste*, cinquante-six ans auparavant, traitait de la communion (« Celui qui mange ma chair et boit mon sang demeure en moi et moi en lui »), et était destinée à la fête du Saint Sacrement. Depuis, la réflexion théologique du compositeur n'a cessé de se poursuivre et de se creuser, nourrie par des lectures qui auront eu une influence déterminante sur son inspiration. Pour son *Livre du Saint Sacrement*, il se réfère avant tout, comme pour les *Vingt Regards sur l'Enfant Jésus*, à l'ouvrage de Dom Columbia Marmion, *Le Christ dans ses Mystères*. Au soir de sa vie, il se livre en effet ici à une grande méditation sur l'acte de foi essentiel du croyant, la présence réelle du corps et du sang du Christ dans le pain et le vin consacrés par le prêtre à l'autel. Ainsi, du *Banquet* au *Livre* se dessine la grande trajectoire d'une vie créatrice. La première œuvre accusait déjà des traits de caractère musical extrêmement marqués ; recherches et conquêtes allaient culminer dans les deux œuvres de 1950-1951 (*Messe de la Pentecôte* et *Livre d'orgue*) ; et au terme de cette évolution, on découvre un homme qui parle simplement de ses convictions les plus intimes, dans un langage complètement personnel, sans le moindre souci avoué de recherche formelle. Technique de l'orgue et de la registration, modalité, chants d'oiseaux, recours au plain-chant, élaboration rythmique, tous ces éléments sont intégrés dans une langue que le compositeur parle maintenant avec un parfait naturel. Les oiseaux qui chantent ici sont cependant de nouveaux venus dans l'œuvre de Messiaen, qui les a notés « sur le terrain », en Israël, c'est-à-dire sur les lieux mêmes où s'est déroulée la vie terrestre du Christ.

Le *Livre du Saint Sacrement* comprend 18 pièces de dimensions très variées (de 2 à 15 minutes), et, avec une durée d'exécution de plus de deux heures, constitue la plus vaste composition jamais écrite pour l'orgue. Ces proportions colossales n'ont d'ailleurs pas mis obstacle à la diffusion de l'œuvre : créée à Detroit le 1er juillet 1986 par l'organiste allemande Almut Rössler, elle est jouée seize fois intégralement dans l'année qui suit, avec notamment la première française donnée à Radio France (5 mai 1987) par Almut Rössler. Ce même mois de 1987, Jennifer Bate l'enregistre sur l'orgue du compositeur, en l'église de la Trinité.

Comme on le constate si souvent dans les œuvres en relation avec la figure du Christ, de Biber à Liszt, les 18 pièces du recueil s'ordonnent selon un plan trinitaire, trois ensembles, trois cycles internes. Ce sont d'abord les pièces 1 à 4, suite d'actes d'adoration devant le Christ invisible et réellement présent dans l'Eucharistie. Mais, d'après les théologiens, tous les moments de la vie terrestre du Christ nous ont mérité des grâces, qui nous sont appliquées tout particulièrement au jour où est fêté le Saint Sacrement, et plus spécialement dans la communion. Un deuxième cycle, les pièces 5 à 11, va donc évoquer quelques-uns de ces moments de la vie de Rédempteur, de sa naissance à sa mort et à sa résurrection, avec les grâces qui y sont attachées. Enfin, les pièces 12 à 18 abandonnent la chronologie et nous ramènent au présent, au moment de la célébration, pour évoquer le Saint Sacrement dans la messe.

I. Adoro Te

« *Je vous adore, ô Divinité cachée!* » (saint Thomas d'Aquin).

Pièce « en style libre », elle déroule un continuum d'accords de plus en plus chargés, dans un simple geste d'adoration confiante. Partie dans la nuance *forte*, elle va culminer progressivement sur un *fortissimo* pour se résorber enfin dans la douceur. Musique atonale, malgré ses colorations modales changeantes, elle se fonde néanmoins sur de fermes appuis de la basse. Mais cette solidité n'empêche pas le frémissement de cet acte d'adoration, qui s'exprime dans une rythmique impaire riche en valeurs ajoutées.

Durée d'exécution : ~ 5 mn

II. La source de vie

« *Que toujours mon cœur ait soif de vous, ô fontaine de vie, source de l'éternelle lumière!* » (saint Bonaventure).

Cette pièce « exprime la soif de la grâce donnée par le Saint Sacrement ». Page étale, un motif mélodique s'y déroule à la main droite, dans la couleur d'un quintaton 16' additionné d'un nasard; quelques désinences de la phrase sont reprises en écho dans une registration très proche (bourdon 16', quinte). Polarisée sur le *ré*, de caractère modal, fluide, elle s'élève comme un ardent désir qui retombe en figures neumatiques, en de nombreuses quartes augmentées. L'accompagnement de cette mélodie est réalisé par des accords de six sons longuement tenus, joués à la main gauche et au pédalier en tirasse à l'octave aiguë, c'est-à-dire en agrégats resserrés sonnant très doucement, sur gambe et voix céleste, « le plus lié possible ». On notera que la partie de pédalier est écrite constamment à deux voix, parfois même à trois.

Durée d'exécution : ~ 3 mn

III. Le Dieu caché

« *Mes yeux ne pourraient supporter la splendeur de votre gloire. C'est pour ménager ma faiblesse que vous vous cachez sous les voiles du Sacrement* » (Imitation de Jésus-Christ, IV, 11).

« *Sur la Croix, la divinité seule était cachée. Ici, de plus, l'humanité même l'est aussi. Proclamant néanmoins et croyant les deux, je vous adresse la même demande que le larron pénitent* » (saint Thomas d'Aquin).

Après les deux premières pièces, écrites d'une seule venue, celle-ci renoue avec un mode de discours cher à Messiaen, procédant en marqueterie, par juxtaposition de panneaux successifs. Trois éléments la composent : un motif de plain-chant, des chants d'oiseaux et un épisode harmonique (on retrouvera une structure du même genre dans *La Transsubstantiation*, pièce XII du *Livre* traitant une notion semblable). C'est d'abord, seul et textuellement cité, l'*Alleluia* grégorien de la Fête-Dieu (ou fête du Saint-Sacrement). Une transition, toujours monodique, amène le chant de l'étourneau de Tristram (noté à Ein Gedi, entre Massada et la mer Morte). Puis l'épisode harmonique, climatiquement très proche de la première pièce, est un nouveau geste d'adoration. Une deuxième partie reprend, variés et amplifiés, les éléments de la première. Et pour conclure s'élève le chant de l'hypolaïs pâle, oiseau noté à Lod, près de Tel Aviv. Quelques accords s'éteignent sur *mi* majeur, en un profond mouvement descendant de recueillement.

Durée d'exécution : ~ 10 mn

IV. Acte de foi

« *Mon Dieu, je crois fermement...* » (Acte de Foi).

Pour mettre un terme au premier groupe de pièces du recueil, voici la plus brève de toutes, une éclatante toccata sur le plein-jeu de l'orgue. Elle oppose des grappes d'accords (en « staccato lourd »), des guirlandes ascendantes et descendantes (legato) et des martèlements incantatoires. Les libres mouvements des guirlandes ne mettent que mieux en valeur la rythmique implacable des périodes en accords, comme la foi inébranlable du chrétien qui s'exprime ici. Les basses explicitent des mouvements d'octaves justes ou « fausses » (diminuées ou augmentées, mais entendues comme justes), qui, en fait, innervent toute l'harmonie de la pièce, avec les septièmes majeures répétées (en harmonie des octaves diminuées) et les quartes augmentées.

Durée d'exécution : ~ 2 mn

V. Puer natus est nobis

« *Un enfant nous est né, un fils nous a été donné* (Is IX, 5).

Le cycle des mystères du Christ s'ouvre naturellement sur la Nativité, avec le mystère de l'Incarnation. La pièce est sous-tendue par l'introït de la messe du jour de Noël (sur les paroles d'Isaïe qui donnent son titre au morceau). Avant même que le motif de plain-chant ne soit énoncé, on entend une claire annonce de trois notes, qui réapparaîtra en refrain, trois notes qui ne sont autres que le début de l'introït.

Composée d'une mosaïque d'éléments juxtaposés, la pièce est bâtie en trois parties, la deuxième étant la reprise modifiée de la première. A l'annonce de la nativité (les trois notes lancées dans l'azur) succède un souple feston de sixtes parallèles, *pianissimo*. Nouvelle annonce, seule, et harmonisée. Sonne alors l'introït, monodique, puis commenté harmoniquement. Après la reprise de cette première partie, la troisième exulte de la joie de Noël dans le chant du jubilant hypolaïs des oliviers, chant résolument clamé vers l'aigu, comme l'introït de Noël qu'il semble paraphraser. Dernier énoncé du motif refrain et de l'introït, cette fois harmonisé diatoniquement pour conclure.

Durée d'exécution : ~ 7 mn

VI. La manne et le pain de vie

« *Tu as donné à ton peuple une nourriture d'anges. Inlassablement, tu lui as envoyé du ciel un pain tout préparé, capable de procurer toutes les délices et de satisfaire tous les goûts. Et la substance que tu donnais manifestait bien ta douceur à l'égard de tes enfants, puisque, s'accommodant au goût de qui la consommait, elle se transformait selon le désir de chacun* » (Sg XVI, 20-21).

L'idée de cette pièce « vient du Discours sur le Pain de Vie, prononcé par Jésus à Capharnaüm, au cours de sa vie publique. Dans ce discours, Jésus lui-même cite la manne comme symbole de l'Eucharistie. La pièce représente donc le désert, où la manne est tombée du ciel ». Dans cette « représentation », ou plutôt cette évocation, le compositeur procède par nombreuses petites touches impressionnistes. C'est d'abord le silence et la paix du désert, par quelques accords qu'à juste titre Messiaen déclare « incompréhensibles », puisque dans le suraigu, sur la cymbale seule, sans fondamentale. Un accord se déploie ensuite, égrenant, en mouvement ascendant, les renversements des huit notes du mode 6, en « staccato lourd ». Silence seulement habité par le chant du traquet deuil, et d'une monodie atonale. A deux reprises souffle le vent très fort, « effroyable », du désert : longs accords trillés en crescendo-diminuendo (clarinette et nasard, en 16', 8', 4'), suivis d'une bourrasque descendante qui prélude au chant amplement développé de l'ammomane du désert (noté, comme celui du traquet deuil, dans le désert de Judée, sur le mont de la Quarantaine), « une alouette des pierres au chant lointain, mélancolique et monotone, en parfaite harmonie avec le silence du désert ». La pièce se termine *pianissimo*, dans une impression de solitude et de paix.

Durée d'exécution : ~ 13 mn

VII. Les ressuscités et la lumière de vie

« *Celui qui me suit ne marche pas dans les ténèbres, mais il aura la lumière de vie* » (Jn VI, 54).

Pourquoi, à ce moment, cette première évocation de la résurrection ? Parce que dans le même Discours sur le Pain de Vie, à Capharnaüm, le Christ a lié le mystère de l'Eucharistie à la résurrection et à la vie éternelle. La pièce s'ouvre et se clôt, en quadruple *forte*, sur un saisissant motif monodique, aux intervalles disjoints, qui épelle les douze lettres du mot « Résurrection » selon l'alphabet du « langage communicable » échafaudé quinze ans auparavant pour les *Méditations sur le mystère de la Sainte Trinité*. Alternance des traits rapides, d'accords trillés et d'énormes blocs d'accords, sur le mètre grec épitrite 4. Toute cette page baigne dans la lumière aveuglante de la foi en l'éternité bienheureuse.

Durée d'exécution : ~ 5 mn

VIII. Institution de l'Eucharistie

« *Ceci est mon corps, Ceci est mon sang* » (Mt XXVI, 26, 28).

Page profondément recueillie et solennelle. Les Apôtres sont à table, au cénacle. Sachant sa mort imminente, le Christ prononce les paroles décisives qui non seulement instituent le sacrement de l'Eucharistie, mais fondent le christianisme. « Le fond de la pièce est un rythme grec (bacchius) : brève-longue-longue, un peu amplifié. Les mots miraculeux sont confiés au hautbois du récit, avec bourdon 16', octavin, tierce, en accords du mode 3 (deuxième transposition), gris et mauve, sur une tenue *pianissimo* du cor de nuit du positif, en *la* bémol majeur, bleu violet, très calme. Par la fenêtre ouverte passe le chant du rossignol. » Évocation poétique, où Messiaen avoue avoir fait une entorse délibérée à la réalité historico-ornithologique, le rossignol n'existant pas en Palestine au temps du Christ. A trois reprises retentit, mystérieuse, une petite fanfare sur des accords de sixte. La première fois, elle annonce l'institution du pain transformé en corps du Christ, la deuxième, celle du vin transformé en sang; la troisième marque le mystère de l'hostie rompue et de la présence totale du Christ dans chacun de ses fragments, mystère qui sera au centre de la pièce XIII, *Les deux murailles d'eau*. Le compositeur a ajouté ce commentaire : « Cette pièce devrait faire scandale, parce qu'elle ne contient presque que des accords parfaits à l'état d'accords de sixte, d'une solennité terrible. »

Durée d'exécution : ~ 8 mn

IX. Les Ténèbres

« *Jésus leur dit : c'est ici votre heure et la puissance des ténèbres* » (Lc XXII, 53).

« *Arrivés au lieu appelé Golgotha, ils le crucifièrent !* » (Lc XXIII, 53).

« *De la sixième heure à la neuvième heure, les ténèbres se répandirent sur toute la terre* » (Mt XXVII, 45).

« La pièce précédente était terrible dans la douceur et la suavité, celle-ci est terrible dans l'horreur. » Après l'institution de l'Eucharistie, la vie de Jésus offre en effet à la méditation des croyants le mystère de la Rédemption, le sacrifice rédempteur du Christ sur la croix, évoqué dans cette pièce par les ténèbres qui en composent le lugubre décor : ténèbres de la trahison du Christ livré à ses bourreaux, ténèbres de la crucifixion, ténèbres qui se répandent sur la terre à sa mort. Les trois « espèces » de ténèbres sont donc violemment évoquées en trois brèves sections distinctes. La trahison, par d'« horribles clusters sur le mode 2 (première et deuxième transposition), puis sur le mode 3 (première, deuxième et quatrième transpositions) ». Pour la crucifixion, des grappes d'accords se distendent en éventail comme se disloquent les membres du supplicié, et culminent sur un effrayant cri de souffrance. Enfin, ténèbres de la terre, une monodie atonale, truffée de quartes augmentées et de « fausses » octaves, descend, *diminuendo*, pour conclure sur un cluster du total chromatique dans le grave, dans une octave entière, de *sol* à *sol*.

Durée d'exécution : ~ 6 mn

X. La résurrection du Christ

« *Pourquoi cherchez-vous parmi les morts Celui qui est vivant?* » (Lc XXIV, 5).

« Le Christ se dresse subitement, dans toute la force de sa gloire, avec le *fortissimo* de l'orgue, et des accords lumineux où brillent toutes les couleurs de l'arc-en-ciel. » En présentant son œuvre lors de sa première audition française, à Radio France, le compositeur ajoutait les indications suivantes : « Il y a dans le retable d'Issenheim, de Mathias Grünewald, un Christ ressuscité qui s'envole littéralement du tombeau; son suaire le suit, et de son corps émanent des lumières vertes, violettes et rouges qui colorent le suaire. C'est extraordinaire, parce que les lumières sortent du corps du Christ et illuminent tout le tableau, y compris le suaire. J'ai essayé de faire quelque chose d'analogue, extraordinairement sonore, puissant, mais surtout extraordinairement coloré. » Majestueuse toccata qui culmine en *fa* dièse majeur — tonalité symbolique de Dieu, de la vie, du ciel —, elle procède par marches d'accords en quartes justes ou tierces mineures ascendantes, dans une progression inéluctable. Conclusion sur une longue pédale de dominante.

Durée d'exécution : ~ 7 mn

XI. L'apparition du Christ ressuscité à Marie-Madeleine

« *Marie-Madeleine se tenait près du sépulcre, pleurant. Elle se retourna, et elle vit Jésus, mais elle ne savait pas que c'était Lui. Jésus lui dit : Marie! Elle s'écria : Rabbouni! (ce qui veut dire Maître). Jésus lui dit : va trouver mes frères, et répète-leur mes paroles : Je vais vers mon Père, vers Mon Dieu et votre Dieu* » (Jn XX, 11-17).

La première manifestation du Christ ressuscité est son apparition à Marie-Madeleine. La scène est rapportée avec un réalisme naïf qui va inspirer à Messiaen, tout juste sorti de la composition de son opéra, la description d'une véritable scène de théâtre, en contraste avec les évocations et les méditations qui forment la matière des autres pièces du recueil. C'en est aussi la plus longue. Nous sommes au jardin, près du tombeau où le Christ a été déposé. « Le jour n'est pas encore venu : il fait sombre, c'est la fin de la nuit. Des contrepoints chromatiques confus qui montent progressivement décrivent cet instant. » Confusion de la pénombre, confusion aussi dans le cœur de Marie-Madeleine qui « en larmes, près du sépulcre, se retourne et voit Jésus sans le reconnaître ». Parti du triple *piano*, ce sombre mouvement chromatique se développe par vagues, très progressivement, vers le *forte*. Grand silence. Quelques accords très lents, très mystérieux et solennels, et cependant dans une registration charnelle. C'est l'apparition du Ressuscité. Jésus s'est approché de la femme, et lui dit doucement « Marie! ». Nouveau silence. « Suit un long passage en crescendo. Marie regarde, elle ne comprend pas. Elle hésite, les yeux écarquillés, et tout d'un coup, saisie d'une joie folle, elle le reconnaît! Des accords à résonance contractée, à renversements transposés. Elle s'agenouille devant lui. » Après ce passage de caractère quasi orchestral, et un nouveau long silence, on réentend les accords de la présence du Vivant. « Aux accords mystérieux s'ajoute la plainte entendue dans la crucifixion : le corps glorieux de Jésus-Christ a gardé les marques des cinq plaies. » Cinq périodes, conclues sur de solennels accords parfaits. Nouveau silence. Le Christ prend alors la parole pour envoyer Marie-Madeleine en mission : « Va trouver mes frères et répète-leur mes paroles : Je vais vers mon Père et votre Père, vers mon Dieu et votre Dieu ». Pour énoncer ces paroles, Messiaen fait une nouvelle fois appel au système de « langage communicable » des *Méditations sur le mystère de la Sainte Tri-*

nité, comme il l'a fait pour la septième pièce du *Livre, Les ressuscités et la lumière de vie*; le Fils, le Père et Dieu apparaissent dans leurs thèmes respectifs, entremêlés au chant d'un oiseau du nord de la Palestine, l'iranie à gorge blanche. « Votre Dieu » : le nom de Dieu est alors épelé dans le « langage communicable » et puissamment harmonisé. Révélation de la Résurrection et de l'Ascension : c'est pourquoi apparaissent en conclusion les dix lettres du mot « Apocalypse ». Nouveau silence. « La nuit se termine, et les contrepoints chromatiques du début reviennent en mouvement descendant. Les accords mystérieux et solennels du Ressuscité sont repris *pianissimo*. Dans l'aube pâle, l'apparition s'évanouit. »

Durée d'exécution : ~ 15 mn

XII. La transsubstantiation

« *La vue, le toucher, le goût ne peuvent vous saisir : l'ouïe seule assure ma foi. Je crois tout ce qu'a dit le Fils de Dieu : rien de plus vrai que cette parole de la Vérité* » (saint Thomas d'Aquin).

« *Sous les espèces diverses, qui ne sont plus des substances mais seulement des signes, se cachent les sublimes réalités* » (Séquence Lauda Sion).

La pièce précédente s'achevant sur l'annonce de l'Ascension, le cycle des grâces que nous a méritées le Christ durant sa vie terrestre est maintenant clos. Les sept dernières pièces du recueil vont donc poursuivre la méditation sur le Saint Sacrement dans l'Église actuelle, et plus particulièrement dans la célébration eucharistique de la messe. La première pièce de ce troisième cycle évoque la transsubstantiation, c'est-à-dire, selon les théologiens, le changement de la substance du pain et du vin en celle du corps et du sang du Christ. Pour ouvrir la pièce, c'est ce mystère lui-même qui est d'abord évoqué par un trio dodécaphonique très abstrait, sur un mode de hauteurs (les douze sons du total chromatique dans tout l'ambitus des claviers de l'orgue), de durées (douze durées chromatiques en ordre décroissant du grave à l'aigu, de la noire pointée à la triple croche) et de timbres (quatre plans sonores de couleurs très différenciées, les trois claviers et le pédalier).

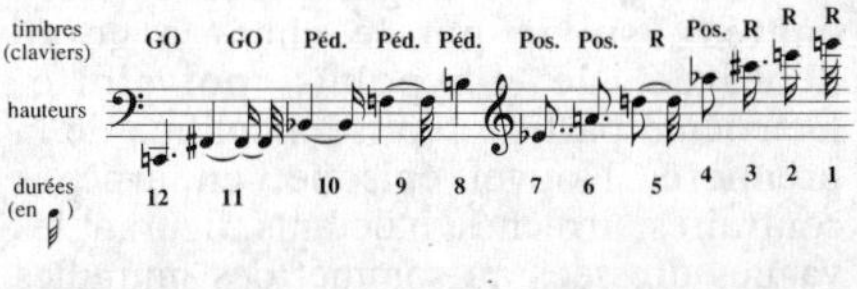

Viennent ensuite les commentaires de ce mystère, confiés aux oiseaux d'Israël et à un motif de plain-chant. Les deux oiseaux seront le bulbul des jardins *(fortissimo)* et la tourterelle maillée *(mezzo forte)*, tous deux notés en Judée; ils échangent leurs joyeux contrepoints avec les cinq premières notes de la Communion de la messe de la Fête-Dieu (ou fête du Saint-Sacrement), énoncées en ostinato à la pédale. Une deuxième partie reprend ce qui précède, en amplification. Suit un développement en accords sur les premières notes du thème de plain-chant, « alternant les durées de 2, 3 et 4 triples croches, en insistant sur le rapport 3 à 4 ». Pour conclure, on entend s'élever le chant de communion, très discrètement soutenu, diatoniquement, sur gambe et voix céleste.

Durée d'exécution : ~ 6 mn

XIII. Les deux murailles d'eau

« *Les eaux se fendirent, et les enfants d'Israël s'engagèrent dans le lit asséché de la mer, avec une muraille d'eau à leur droite et à leur gauche* » (Ex XIV, 21-22).

« *Si l'hostie est rompue, ne chancelle point; mais souviens-toi qu'il y a autant sous chaque fragment que sous l'hostie entière. On ne divise nullement la substance, on rompt seulement le signe : ce qui ne modifie ni l'état ni la grandeur de Celui qui est sous le signe* » (Séquence Lauda Sion).

Le compositeur s'est permis ici un commentaire audacieux (et, comme il le reconnaît lui-même, peut-être théologiquement contestable), en opérant « un rapprochement entre la présence de Dieu dans les deux parties de la mer dressées en murailles d'eau au moment du passage de la mer Rouge, et la présence réelle de Jésus-Christ sous les deux fragments de l'hostie rompue ». Pièce extrêmement brillante, d'articulation très simple. D'abord une toccata, avec ses accords opposés et ses puissantes assises de la basse au pédalier (en quartes augmentées descendantes), suivie par le chant à gorge déployée de l'hypolaïs polyglotte. Deuxième partie : reprise amplifiée de la première. Nouvel épisode, en arpèges contraires, arrachés, haletants, figurant les vagues dressées au sommet des murailles d'eau. Retour à la toccata, puis chant de la rousserolle turdoïde d'Égypte. Conclusion en quadruple *forte*, « superposant des couleurs complémentaires : vert acide sur rouge brunâtre, jaune sur violet ».

Durée d'exécution : ~ 7 mn

XIV. Prière avant la communion

« *Seigneur, je ne suis pas digne... mais dis seulement une parole...* » (Mots du centurion, Mt VIIII, 8).

Les trois pièces qui prennent maintenant place dans le Livre concernent la communion du fidèle : avant la communion, le vide en soi pour recevoir le Christ, puis la joie de l'eucharistie, enfin l'action de grâces. Acte d'humilité du chrétien avant de consommer le corps et le sang du Christ, cette prière est une pièce toute simple, d'un dépouillement quasi cistercien. Une monodie de plain-chant s'élève à quatre reprises, chaque fois prolongée par une méditation fervente et recueillie : accords de septième et de neuvième, sur gambe et voix céleste. La monodie elle-même, qui passe d'un clavier à l'autre pour de très légères variations de coloris, se compose de plusieurs motifs grégoriens. Successivement, l'*Alleluia* de la Fête de la Dédicace (déjà utilisé dans le *Verset* et dans la deuxième des *Méditations*), la séquence « *Lauda Sion* » et le graduel de l'Épiphanie, pour conclure avec l'*Alleluia* de la Dédicace.

Durée d'exécution : ~ 6 mn

XV. La joie de la Grâce

« *Je viens à vous, Seigneur, pour goûter la joie du banquet sacré que vous avez préparé pour le pauvre* » (Imitation de Jésus-Christ IV, 3).

« *Celui qui aime, court, vole! Il est dans la joie, il est libre et rien ne l'arrête* » (Imitation de Jésus-Christ III, 5).

La communion, dans laquelle le chrétien reçoit au plus profond de lui le Christ vivant, est le moment d'un insondable mystère, mais aussi de la joie la plus ineffable, la plus intense, à l'instant où la grâce divine vient illuminer son âme. L'expression de la joie la plus pure et la plus céleste réside pour Messiaen dans les chants d'oiseaux; aussi cette pièce n'est-elle faite que de séquences, de plus en plus développées à mesure qu'avance la pièce et que rayonne la joie, empruntées à trois oiseaux d'Israël déjà rencontrés dans le recueil, le bulbul des jardins, l'étourneau de Tristram et l'iranie à gorge blanche, à qui reviennent les plus longs solos. On notera à quel point d'extraordinaire raffinement sonore en est arrivé le compositeur dans son traitement des chants d'oiseaux : leur coloration fait appel à des agrégats atteignant ici quatre sons pour une seule note, et cela dans des registrations extrêmement subtiles, où la fondamentale n'apparaît presque jamais (la seule exception est la présence d'un discret bourdon 8' dans l'éclaboussement des mixtures du bulbul). C'est la seule page de toute l'œuvre pour orgue de Messiaen qui soit *exclusivement* composée de chants d'oiseaux; elle n'a d'ailleurs son équivalent que dans *Réveil des oiseaux*, l'épode de *Chronochromie* et les pièces 4 et 9, pour piano solo, de *Des canyons aux étoiles*.

Durée d'exécution : ~ 6 mn

XVI. Prière après la communion

« *Mon parfum et ma douceur, ma paix et ma suavité...* » (saint Bonaventure).

« Pièce en style libre », d'une seule coulée. Sur des tenues d'accords, en durées impaires, dans un climat d'action de grâces très recueilli et d'une extrême suavité, éclatent de petits accords arpégés, guirlandes mélodiques descendantes comme des bulles de couleurs très subtiles dans l'apparente simplicité des accords. « La citation de saint Bonaventure parle de douceur et de suavité : ce sont ces adjectifs que les couleurs harmoniques essayent de rejoindre. » La conclusion fait appel à des accords à résonance contractée et à renversements transposés. Ainsi, l'avant-dernier accord, de 13 notes, est-il un quasi-cluster de dix sons qui se résolvent sur l'accord final, dans la lumière bleue de *la* majeur.

Durée d'exécution : ~ 7 mn

XVII. La présence multipliée

« *Un seul le reçoit, mille le reçoivent, celui-là reçoit autant que ceux-ci, tous le reçoivent sans le consumer* » (Séquence Lauda Sion).

Après la communion individuelle, une dernière méditation s'offre au chrétien, sur un nouveau mystère : « Jésus-Christ est présent dans toutes les hosties consacrées du monde, en tous temps et en tous lieux. » Polarisée sur *ut* dièse, la pièce fait alterner à quatre reprises un motif en canon et un commentaire harmonique. Le motif du canon procède « en escalier » de quartes augmentées, énoncées sur trois paliers — en canon à trois voix (main droite, main gauche, pédalier), effet multiplicateur par excellence. Les deux premiers énoncés seront descendants, les deux autres ascendants : c'est la multiplication en tous temps. Le commentaire harmonique, en accords très fournis, représente la multiplication en tous lieux ; il est articulé sur deux mètres grecs, l'épitrite 3 (— — ◡ —) et l'iambe (◡ —), qui reprend les deux dernières durées de l'épitrite 3 et sera développé dans le quatrième énoncé en une véritable incantation ponctuée par un dernier énoncé du motif « en escalier », richement harmonisé. Cette pièce est de bout en bout jouée dans toute la puissance de l'orgue.

Durée d'exécution : ~ 3 mn

XVIII. Offrande et Alleluia final

« *Je vous offre, Seigneur, tous les transports d'amour et de joie, les extases, les ravissements, les révélations, les visions célestes de toutes les âmes saintes* » (Imitation de Jésus-Christ IV, 17).

« Offrande à Dieu de toutes les prières de tous les saints. Après l'acte d'offrande, chanté sur le cornet du positif, la joie des saints. Cette joie alterne une brillante toccata avec des traits en alleluia sur les fonds et les pleins-jeux. » Cette toccata de conclusion présente une admirable stylisation du langage du compositeur. C'est d'abord une simple monodie — « Je vous offre, Seigneur... » — imitée du plain-chant comme dans les pièces III et VI du recueil, où les intervalles diatoniques sont distendus vers les quartes augmentées et les octaves « fausses ». Éclate alors la joie délirante de la péroraison. L'élément de toccata est fondé sur une cellule de trois notes (avec quarte augmentée), en majesté au pédalier ou en fusées aux claviers.

Quant aux « traits en alleluia », c'est un grand récitatif monodique, joué à l'octave aux deux mains seules, qui semble le chant d'un oiseau imaginaire. Les deux éléments alternent en amplification et débouchent sur un trait de pédalier et des cascades d'accords, jusqu'à ce que le quadruple *forte* de l'orgue épelle, en « langage communicable », les six sons des mots « la joie ». Conclusion et toccata sur la cellule de trois notes sous des trilles d'accords ; le martèlement d'un accord à résonance contractée (onze sons : le total chromatique à l'exception du *do* naturel) pour finir en résolution sur un *ut* grave.

Durée d'exécution : ~ 8 mn

Durée d'exécution du cycle entier : ~ 124 mn (2 h 4 mn)

G.C.

GEORGES MIGOT

Né à Paris, le 27 février 1891 ; mort à Levallois, le 5 janvier 1976. Il fut au Conservatoire de Paris élève de Widor (composition) et suivit, en auditeur libre, les classes de Maurice Emmanuel (histoire de la musique), Vincent d'Indy (orchestre) et Gigout (orgue). Sa carrière de compositeur lui valut ensuite de nombreuses distinctions : prix Lily Boulanger (1918), prix Lepaulle (1919), prix Halphen (1920), prix de la Fondation Blumenthal (1921). Auteur de quelques pages d'orgue, domaine qui ne constitue pas l'essentiel de sa pensée originale, Georges Migot a produit une œuvre abondante que dominent deux compositions monumentales : Le Sermon sur la montagne *(1936) et* La Passion *(1942).*

Bien qu'il ait pu suivre à distance l'enseignement de Gigout et de Guilmant et qu'il ait fréquenté Albert Schweitzer et Léonce de Saint-Martin, alors titulaire du prestigieux Cavaillé-Coll de Notre-Dame de Paris, Georges Migot n'a jamais été un organiste de profession. Il s'est suffisamment intéressé à l'instrument, cependant, pour lui confier deux *Livres d'orgue* (1937, 1954), *Six Petits Préludes*, un *Tombeau de Nicolas de Grigny* (1931), une *Sonate fuguée* (1948), *Trois Pièces pour une liturgie œcuménique* (1959), *Trente-cinq Psaumes nouvellement harmonisés* (1961), une *Déploration* (1965) et différents *Préludes nominés* qui se veulent les « portraits spirituels » de leurs dédicataires. A cette liste, on peut néanmoins ajouter les *Pièces pour flûte et orgue* de 1972 et quelques œuvres où l'instrument à tuyaux intervient, ici avec baryton, chœur et flûte (*De Christo initiatique*, 1971), là au sein de l'orchestre (*La Jungle*, 1928).

Issu de l'impressionnisme musical des années 1890-1918 et de la modalité d'un Fauré, l'art de Georges Migot a librement évolué vers un diatonisme qui peut se réduire à un pentatonisme épisodique. Il n'est pas douteux que son attirance pour le Moyen Age et que son contact avec Maurice Emmanuel (maître ès modes) aient fécondé en partie les éléments de son écriture si personnelle, laquelle s'adapte à toutes les formes et lui inspire un contrepoint des plus souples. Les différentes pièces d'orgue en témoignent, et parmi elles les deux Livres que l'on doit considérer comme révélateurs de deux périodes.

Premier Livre

Composé en 1937, ce recueil de douze pièces d'inspiration purement religieuse (on se situe aux antipodes du Vierne des *Pièces de Fantaisie*) présente quelques formules d'écriture très typiques : une mélodie diatonique, des éléments de contrepoint linéaire et dépouillé ou des archaïsmes médiévaux ; mais l'harmonie ne recule pas devant l'opulence ou l'âpreté, tout cela demeurant encore très humain dans ce qu'il possède d'imagé, de pittoresque ou de contrasté. Sélectionnant volontiers ce qui concerne la Nativité ou la Passion (les deux extrêmes), Georges Migot propose donc le programme suivant : 1. *Vendredi Saint. Les femmes au tombeau* ; 2. *Une Prière votive* ; 3. *Les Rois Mages* ; 4. *Les Chérubins au Paradis* ; 5. *Au Calvaire* ; 6. *La Vierge au Golgotha* ; 7. *Jubilatoire* ; 8. *Bergerie à la crèche* ; 9. *Alléluiatique* ; 10. *Antienne en musette* ; 11. *Hommage à Pérotin* ; 12. *La Rosace*.

La première pièce, sombre cortège funèbre en ostinato sur les fonds, n'est pas très éloignée du *Chemin de la Croix* de Marcel Dupré (1932) : même plénitude du langage harmonique, même ambiance dépressive. La deuxième s'apparente à un hymne très diatonique sur les fonds avec quelques tournures primitives. La troisième sonne alors dans la tradition classique de l'orgue, par une claire polyphonie, de même que la cinquième, qui recourt à un plan alternatif, opposant à des sections massives d'une dure harmonie des épisodes fugués longuement développés. Essentiellement filiforme et décharnée, la huitième rejoint l'esprit de la onzième, qui se plaît à rappeler quelques souvenirs d'organums dans le rythme ou certains parallélismes.

Second Livre

Plus dépouillé, d'une inspiration très mystique, ce *Second Livre* de 1954 invite à prendre connaissance de « 24 pièces non mesurées sur les touches blanches », pages qui s'accroissent en durée avec la difficulté d'exécution et la richesse de l'écriture, comme le souligne Marc Honegger, un de ses biographes les plus autorisés. Ce qui couvait dans l'*Hommage à Pérotin* ou la *Bergerie* du Livre précédent, devient donc ici moyen primordial : une polyphonie aérée qui se satisfait de deux ou trois voix, un diatonisme strict, une liberté rythmique qui laisse les arabesques sonores se mouvoir sans entraves et une recherche stylistique qui conduit à l'ascétisme.

F.S.

DARIUS MILHAUD

Né à Marseille, le 4 septembre 1892; mort à Genève, le 22 juin 1974. Pianiste et violoniste de formation, il est entré très tôt au Conservatoire de Paris, dans les disciplines d'écriture de Leroux, Widor, Dukas et Gédalge, travaillant également en privé avec Koechlin. Précocement doué, il écrit son premier opéra, La Brebis égarée, *à l'âge de dix-huit ans. Désormais, cet homme généreux et prolifique va parcourir le monde et composer de la musique comme un pommier produit des pommes. Collaborateur de Claudel au Brésil, professeur à Paris et en Californie, c'est cependant à Aix-en-Provence que ce Méditerranéen aime à venir se ressourcer — il est issu d'une grande famille juive établie de longue date dans le Comtat venaissin. Artiste purement français, il prend ses distances d'avec la grande tradition du romantisme allemand pour s'affirmer descendant de Berlioz, de Bizet et de Chabrier, tout en se méfiant, avec ses amis du Groupe des Six, des suspectes déliquescences de l'« impressionnisme » musical. Curieux de toutes les musiques, saluant Schönberg et pratiquant le jazz, l'œuvre de ce créateur protéiforme est immense (près de cinq cents numéros d'opus) et, selon une formule consacrée sans doute jamais aussi vraie qu'ici, aborde tous les genres* — même l'orgue, qu'il ne pratiqua pourtant pas.*

Pour l'orgue seul, quatre œuvres seulement figurent au catalogue de Darius Milhaud — œuvres mineures, certes, dans sa production, mais la personnalité du compositeur ne permet pas de les passer sous silence. A l'exception de la *Petite Suite*, ces pages n'ont aucune vocation cultuelle. L'écriture instrumentale est parfaitement adaptée aux ressources de l'orgue ; mais si le langage est bien celui de l'époque, le musicien n'échappe pas toujours à l'emprise des modèles du passé, Franck ou Widor, en particulier. Solidement ancré dans la tradition française, c'est la diversité des timbres qui l'intéresse ici, plus que la possibilité de tisser une polyphonie ; mais l'instrument symphonique auquel il se réfère n'est sans doute pas celui qui eût pu lui offrir la plus riche palette de couleurs.

Première des quatre partitions, la **Sonate** (op. 112) est aussi la plus importante. Composée en 1931 et créée à Berlin l'année suivante, la première audition en France en fut donnée par André Fleury le 20 juin 1934. Le premier mouvement, **Étude**, développe un petit motif rythmique très affirmé, dans une *« Motorik »* qui le parcourt tout entier ; ses figures de croches et de doubles croches se répondent en imitations dans un contrepoint à quatre voix joyeusement polytonal. La **Rêverie** médiane fait songer à quelque « pièce en style libre » d'un Vierne, mais évidemment beaucoup plus corsée harmoniquement. L'œuvre se termine par un **Final** animé dont le thème principal, issu de celui du premier mouvement, sous-tend l'activité rythmique ; un motif dérivé, en allure de fileuse, apporte une passagère détente.

Durée d'exécution : ~ 20 mn

Une jolie **Pastorale** (op. 229), composée en Californie en 1941, évoque un musicien heureux, au mélodisme spontané et généreux.

Durée d'exécution : ~ 3 mn 30 s

Les **Neuf Préludes** (op. 231b), dont la création a été assurée par Marie-Louise Girod en 1948, sont l'adaptation à l'orgue de brèves pages instrumentales composées en 1942 comme musique de scène pour *L'Annonce faite à Marie* de Claudel.

* Voir tous les autres Guides de cette collection.

Comme l'exige le genre, ces pièces développent en peu de temps un climat intensément expressif; l'évocation d'un « style médiéval » requis par l'œuvre fait largement appel à un langage modal nourri de lointaines réminiscences. Variées, imaginatives, poétiques, ces pages mériteraient d'être tirées de l'oubli par les organistes. D'exécution relativement aisée, elles peuvent en outre être jouées séparément.

Durée totale d'exécution : ~ 15 mn

La **Petite Suite** (op. 348), enfin, a été composée en 1955 pour le mariage du fils de Darius Milhaud. Elle rassemble une *Entrée* franche et lumineuse, une douce *Prière* et un brillant *Cortège*, éclatant de joie; ces trois pièces sont écrites dans une langue qui — circonstance oblige? — évite les aspérités polytonales et s'inscrit calmement dans la tradition de l'orgue symphonique.

Durée totale d'exécution : ~ 6 mn

G.C.

WOLFGANG AMADEUS MOZART

Né à Salzbourg, le 27 janvier 1756; mort à Vienne, le 5 décembre 1791. Fils de Léopold Mozart et d'Anna Maria Pertl, il n'eut à proprement parler d'autre professeur que son père. Son enfance se partagea entre l'étude et les tournées (la première dès 1762 : Munich, Linz et Vienne), nombreuses et épuisantes, qui le conduiront jusqu'à Paris, où il aura l'occasion de jouer l'orgue Clicquot de la chapelle du château de Versailles. La première partie de sa carrière aura pour cadre Salzbourg, où il devient organiste de la cathédrale (1777) et de la Cour (1779-1781). En 1781, il s'installe à Vienne où il passera les dix dernières années de sa vie. Il se présentera au poste d'organiste de la cathédrale Saint-Étienne, à la recherche d'un emploi stable et rémunéré – sans l'obtenir.

L'œuvre d'orgue de Mozart est source d'ambiguïté : elle demeure à la périphérie de son œuvre immense et géniale, sans qu'il soit pour autant permis de l'ignorer. En effet, si les œuvres pour orgue (toutes de prime jeunesse) d'un Beethoven en disent peu sur la personnalité du compositeur, celles de Mozart, en dépit même de circonstances de création très particulières, sont un fidèle reflet du personnage. On rapprochera d'ailleurs aisément le dramatisme (appoggiatures) d'une pièce aussi *Sturm und Drang* que la *Fantaisie* KV 608, bien que plus tardive, de l'*Allegro maestoso* de la *Sonate « parisienne »* pour piano en *la* mineur KV 310, ou encore l'*Andante* KV 616 de maints *Andante* ou *Rondeau en polonaise* des sonates pour clavier. Les instruments pour lesquels sa musique d'orgue fut conçue sont d'une nature et d'une variété ne simplifiant pas la tâche de qui veut faire le tour d'un catalogue au demeurant diversement interprété. Une chose est certaine : Mozart était un grand organiste, et il aimait l'instrument. On ne peut pas ne pas citer ici la lettre qu'il écrivit d'Augsbourg à son père, le 18 octobre 1777 : « Lorsque j'eus dit à M. Stein que j'aimerais beaucoup jouer son orgue, l'orgue étant ma passion, il fut grandement étonné et me dit : comment, un homme tel que vous, un si grand *"Clavierist"*, demande à jouer un instrument où l'on ne trouve ni douceur, ni expression, pas de *piano* et pas davantage de *forte*, et qui au contraire progresse toujours pareillement? — Tout ceci ne veut rien dire. L'orgue est à mes yeux et à mes oreilles le roi de tous les instruments. »

Les témoignages de Mozart organiste virtuose sont nombreux, émanant soit de musiciens qui purent l'entendre lors de ses nombreuses tournées, soit des lettres de son père, fier des dons de son fils, et ce, dès cette première tournée de 1762 où Mozart fit presque mourir « d'épatement » les pères franciscains d'Ybbs-sur-Danube. On sait par ailleurs que Mozart joua de nombreux instruments célèbres de l'époque, dont le Müller de Saint-Bavon de Haarlem, en Hollande ; on l'entendit aussi à Vérone et à Bologne, sur les Silbermann de Strasbourg et de Dresde, à Leipzig où le Cantor d'alors, Doles, crut retrouver le génie de feu Bach son maître. Mozart connaissait d'ailleurs l'œuvre de clavecin et d'orgue de Bach (il en découvrit les fugues en 1782 et transcrira même pour trio à cordes certains mouvements des *Sonates en trio*), ayant fréquenté à Vienne les concerts Bach du baron van Swieten, infatigable propagateur de l'art du Cantor. Un autre témoignage, de Prague, constitue une précieuse indication quant à l'art de Mozart improvisateur, ainsi que sur son goût des registrations et sa maîtrise de l'instrument. Dans une autre lettre à son père, Mozart parle de la fugue comme de la forme idéale pour ce qui est de l'orgue : sa musique d'orgue sera de fait, comme sa musique religieuse, une sorte de synthèse de la mélodie italienne et de la pensée contrapuntique.

Les éditions de l'œuvre d'orgue de Mozart n'offrent pas toutes le même contenu, certaines éliminant les œuvres de prime jeunesse, proches, quant à l'esprit, du clavecin, et que l'on trouve dans le *Londoner Skizzenbuch* (1764-1765). L'ensemble (KV 15 décomposé) propose plusieurs *Andante*, un *Allegro*, un *Praeludium*, un *Vivace*, une *Gigue*. Date du voyage en Italie de 1769-1770 le *Veroneser Allegro* en *sol* KV 72a, composé dans le style galant et donné le 7 janvier 1770 sur l'orgue de Saint-Thomas de Vérone. La transcription pour orgue seul de la *Kirchensonate* concertante KV 336 (336d) relève du même style, ainsi que trois *Fantaisies*, publiées à titre posthume et cataloguées KV 395 (300g), 396 (385f) et 397 (385g).

De la maturité de Mozart datent la *Strahover Improvisation* en *sol* KV 528a, transcription d'une pièce improvisée sur l'orgue du couvent de Strahov (Prague) ; l'*Andante en* si KV 540, achevé le 19 mars 1788, œuvre mystérieuse rappelant la *Fantaisie en* ut *mineur* KV 475, de 1785, plus souvent peut-être considérée comme une œuvre pour le piano-forte ; la *Kleine leipziger Gigue* en *sol* KV 574, écrite sur l'album de l'organiste leipzicois Engel. Bien que brève (38 mesures), cette dernière œuvre reflète admirablement le talent d'assimilation et de re-création de Mozart, encore sous le choc des motets de Bach — auquel il rend ici clairement hommage — et qu'il avait enfin pu entendre, à Leipzig en mai 1789, interprétés par le chœur de Saint-Thomas : « Le dynamisme lié à la donnée rythmique et les audaces harmoniques disent assez la joie qu'a prise Mozart à cette musique de l'instant » (Brigitte Massin).

L'édition la plus récente et la plus complète des œuvres pour orgue de Mozart est celle réalisée en 1980 par Martin Haselböck pour Universal Edition (Vienne, 5 fascicules), laquelle sépare les diverses pièces par genre et destination. Le volume I renferme six pièces de moyenne envergure : KV 399 *(Ouverture* en *ut* majeur ou *Indrada et fugue)*, 401 (375e, *Fugue* en *sol* mineur), 443 (385l, *Trio — Fugue —* en *sol* majeur), 153 (375f, *Fugue* en *mi* bémol majeur), 154 (358k, *Fugue* en *sol* mineur), 574 (la *Gigue* dont il a déjà été question) — toutes pour orgue seul. Les fugues, toutes de 1782, année de la découverte de celles de Bach, furent pour la plupart laissées inachevées par Mozart. Le volume II est consacré au seul *Adagio et fugue* en *ut* mineur KV 546, transcription toujours pour orgue solo de l'œuvre répondant au même titre mais pour cordes, datant de 1788. Le volume III offre deux œuvres connues dans une autre distribution instrumentale : *Adagio et rondo en* ut *mineur/* ut *majeur* KV 617, de 1791 et donc également connu dans la version pour glass harmonica, flûte, hautbois, alto et violoncelle, et *Adagio en* ut *majeur* KV 356 (617a), également de 1791, lui aussi connu dans la distribution précédente, ainsi que pour glass harmonica seul. Le volume IV regroupe les trois œuvres majeures de Mozart pour orgue mécanique (KV 594, 608 et 616), quand le volume V offre, lui, les versions pour orgue à quatre mains des mêmes KV 594 et 608, auxquels s'ajoute la *Fugue* KV 401.

Les œuvres pour orgue mécanique

L'orgue mécanique, instrument de musique profane connu dès le Moyen Age (systèmes de tuyaux d'orgue ou de carillons reliés à un mécanisme d'horloge), s'était tellement perfectionné tout au long du XVIIIe siècle que nombreux furent les compositeurs de renom à écrire pour lui. Ce fut le cas de C.P.E. Bach (*Kleine Stücke für eine Flötenuhr*, soit « petites pièces pour une horloge à flûtes »), W.F. Bach, Quantz, Haendel, et même Léopold Mozart qui, avec Eberlin, travailla à des pièces pour orgue mécanique (à cylindre) destinées à la Citadelle de Salzbourg. Haydn composa à plusieurs reprises pour de tels instruments, en l'occurrence trois horloges à flûtes précieusement conservées, respectivement de 1772, 1792 et 1793, toutes trois fabriquées par le célèbre facteur Niemecz et dotées d'un jeu en bois de 4 pieds. Semblables à de petits positifs, ces instruments avaient tout de l'orgue, sauf le clavier, remplacé par un rouleau dont les pointes actionnaient les soupapes des tuyaux. Mozart, comme après lui Beethoven, vint à composer pour ce type d'instrument de façon tout aussi accidentelle que ses prédécesseurs. Des mécanismes compliqués ayant été mis au point (entre autres par le célèbre mécanicien Mälzel, inventeur du métronome et pour le « Panharmonium » duquel Beethoven écrira une « musique de bataille »), la mode fit entrer ces orgues mécaniques dans ce que l'on appelait à Vienne un « *Kunstcabinett* » : Mozart et Beethoven fourniront des œuvres à celui du comte Joseph Deym-Müller (1750-1804).

Originaire de Bohême, le comte Deym avait ouvert son « cabinet » de Vienne vers 1780, dans lequel on trouvait toutes sortes de figures et figurines, ainsi que des copies de statues antiques. Si les horloges à flûtes étaient de petits instruments (un ou deux jeux), l'orgue de Deym était, lui, de plus grande taille, ce type d'instrument pouvant aller jusqu'à une dizaine de registres, sur deux sommiers, avec changement automatique de registres, des jeux d'anches pour une couleur plus « orchestrale », ainsi que la possibilité de registrer en 16'. On connaît ainsi un orgue mécanique de Strasser installé en 1801 à Léningrad, sur lequel on pouvait entendre la *Fantaisie* à quatre mains de Mozart : il comportait sept jeux, « divisés en deux orchestres » — avec même une boîte expressive automatique. Si les instruments pour lesquels Haydn composa ses merveilleuses miniatures ont été conservés et permettent de les entendre comme il y a près de deux siècles, l'instrument de Deym a complètement disparu après la mort de sa veuve en 1821. Aucun moyen, donc, de contrôler la « restitution » des œuvres de Mozart : on ne peut qu'imaginer.

Dans la mesure où Mozart composait pour un instrument actionné non pas par des mains sur un clavier mais par un système mécanique, il lui importait peu de veiller à ce que ses œuvres soient effectivement exécutables par un instrumentiste : les difficultés techniques, indépendantes de la difficulté proprement dite des pièces, y sont donc nombreuses, de sorte que toute édition en vue d'une interprétation à l'orgue « manuel » ne peut être qu'une adaptation, presque une transcription pour clavier à deux (ou quatre) mains.

Fantaisie en *fa* mineur (KV 594)

Cette pièce, comme les deux autres, fut donc commandée par le comte Deym-Müller, lequel avait en 1790 acquis une nouvelle salle d'exposition à Vienne, où il présentait un portrait grandeur nature et en cire du célèbre maréchal Laudon, mort en juin de la même année ; un réceptacle de verre, « artificiellement illuminé », servait de mausolée. C'est dans ce contexte que Mozart reçut la commande d'une *Trauermusik*, ou musique funèbre, devant être exécutée par un orgue automatique — dans le but de rehausser l'atmosphère de recueillement et de surnaturel. L'œuvre, composée en décembre 1790, retentit pour la première fois le 23 mars 1791. Le titre de ce KV 594, d'après le catalogue personnel de Mozart, est « *Ein Stück für ein Orgelwerk für eine Uhr* » (« une pièce pour un mécanisme d'orgue pour une horloge »). Le catalogue Köchel l'intitule « *Adagio und Allegro für eine Orgelwalze* » (pour un orgue à cylindre), ce qui ne rend pas compte de sa structure, en réalité tripartite. L'autographe ayant disparu, il reste deux copies sur quatre portées, d'où découla l'édition (Breitkopf, 1800) de la version pour piano à quatre mains.

La pièce débute par un ADAGIO (3/4) en *fa* mineur avec des tenues « manuelles » et de simples arpèges ascendants de la « basse » en guise d'introduction ; à la mesure 7, le soprano s'empare d'un chant élégiaque, fortement scandé (notes pointées), cette scansion du rythme, mais alors sur le temps, se retrouvant à toutes les voix aux mesures 23 et 27, annonciatrices du rythme en fanfare de l'ALLEGRO. Celui-ci fait suite à une brève intensification du discours ponctuée par un point d'orgue, et débute (mes. 40) en *fa* majeur : si l'*Adagio* peut être interprété telle une déploration sur la mort de Laudon, l'*Allegro* peut quant à lui évoquer ses exploits guerriers (fanfare initiale). Le développement de l'*Allegro* (4/4), en deux parties avec reprises, fait appel à l'imitation, aux tierces parallèles, aux doubles trilles, aux sixtes parallèles pour l'accompagnement, aux gammes (parallèles à la tierce) et arpèges, etc., l'ensemble reposant sur le thème en fanfare (a) et une mélodie (accompagnée, mes. 52) contrastant par son débit lié et ses accents retardés (b) :

a

b

Une courte coda sur quelques accords en fanfare réintroduit l'*Adagio*, de nouveau en *fa* mineur et à 3/4, semblable tout d'abord à l'exposition initiale, puis de plus en plus serré et intense, avec gruppettos et tierces parallèles en mouvement contraire aux deux mains. La pièce s'achève sobrement, sans cadence développée, insistant sur le ton de *fa*.

Durée d'exécution : ~ 11 mn

Fantaisie en *fa* mineur (KV 608)

L'œuvre pour orgue de Mozart la mieux connue, la plus jouée. Il en existait une copie de la main de Beethoven, perdue, tout comme l'autographe. Titre chez Mozart : *Ein Orgelstück für eine Uhr* (Köchel : *Phantasie für eine Orgelwalze*). L'œuvre fut achevée le 3 mars 1791, donc peu après le KV 594, selon l'habitude de Mozart de composer à la suite plusieurs pièces de même genre. On put l'entendre chez le comte Deym-Müller après réinstallation de ses collections sur la *Stock-im-Eisen-Platz*, et transformation du mausolée en « élysée », toujours pour Laudon mais aussi pour l'empereur Joseph II, également décédé en 1790. Le KV 608 est de coupe plus complexe que le KV 594, tout en restant d'une grande clarté, par ses thèmes extraordinairement personnalisés sur les plans rythmique et mélodique. Chef-d'œuvre de construction contrapuntique, l'œuvre enchaîne un *Allegro* en *fa* mineur, procédant par accords, extrêmement pathétique, tant par son rythme pointé que par ses rapides déplacements harmoniques :

une fugue en *fa* mineur (mes. 14) ; reprise de l'*Allegro* (mes. 59), en *fa* dièse mineur modulant vers *ut* mineur et s'achevant sur deux gammes ascendantes en rafale sur un *ut* aigu suivi d'un point d'orgue ; un *Andante* en *la* bémol majeur (mes. 75) enchaînant sur un *Allegro* (même tonalité) ; enfin une double fugue (mes. 171), en *fa* mineur, reprenant le sujet de la première fugue, parfois renversé, et lui opposant un second sujet rythmique et fluide.

Durée d'exécution : ~ 10 mn

Andante en *fa* majeur (KV 616)

Achevé le 4 mai 1791, cet *Andante* fut composé pour un autre instrument du comte Deym-Müller, très certainement plus petit, comme l'atmosphère très singulière de l'œuvre semble le manifester tout au long de ses 144 mesures notées — et c'est le point le plus déterminant (autographe conservé au Mozarteum de Salzbourg) — sur trois portées en clé de *sol*, soit une étendue n'allant que du fa_2 au fa_5 (medium et dessus). La critique viennoise relata ainsi l'événement : « Dans la célèbre chambre de repos des grâces, se trouve un lit élastique, le soir faiblement éclairé par des lampes d'albâtre et portant une belle dormeuse, derrière laquelle s'élève la musique la plus délicieuse qui soit, spécialement composée tant pour le lieu que pour ce spectacle. » Sans doute Mozart arrangea-t-il pour le même cabinet son *Adagio und Rondo* KV 617. L'*Andante* KV 616 adopte la forme d'une suite de variations sur un thème avec valeurs pointées faisant figure de refrain, développé et varié avec beaucoup de grâce. Trilles (parfois en chaînes), arpèges, notes répétées, syncopes, traits virtuoses agrémentent une œuvre d'une remarquable ampleur, en dépit d'un ambitus limité, évoquant réellement (peut-être par le côté « mécanique » ou « petit soldat de plomb » des notes pointées aux mains parallèles), et avec une présence merveilleuse, un orgue de petite taille. L'œuvre fut publiée pour piano à deux mains chez Artaria, à Vienne, dès 1791. Le manuscrit est à plus d'un titre intéressant (d'autant que c'est le seul conservé des œuvres que Mozart destina à l'orgue mécanique) : la mention « *Larghetto* » a été rayée de la main même de Mozart, et donc remplacée par « *Andante* »; des indications de dynamique (*p, f*) ont été ajoutées avec une autre encre, de même que des indications de registres (sans doute également plus tardives — pour l'artisan réalisant le rouleau?), faisant penser à un instrument muni de deux jeux seulement.

Durée d'exécution : ~ 7 mn

Les Sonates d'église

Les 17 « Sonates pour l'Épître » (KV 67, 68, 69; 144, 145, 212, 224, 225, 241, 244, 245, 274, 328, 336; 263, 278, 329), furent composées entre 1772 et 1780. Elles doivent leur nom au fait qu'on les jouait, à la cathédrale de Salzbourg, entre la lecture de l'Épître et celle de l'Évangile. L'archevêque Colloredo ayant promulgué un célèbre décret selon lequel l'office ne devait pas excéder 45 minutes, ces sonates, de durée variable (3 à 6 minutes), ne sont constituées que d'un seul mouvement, chargé d'annoncer la bonne nouvelle de l'Évangile. Bien que toutes en majeur, elles n'en conservent pas moins un sens dramatique intense, corollaire de leur importante mission d'introduction de la parole dans le sens du passage de l'ombre à la lumière. C'est le cas, en particulier, de la *KV 67*, en *mi* bémol, tonalité la plus éloignée parmi celles utilisées dans ce cycle, de la *KV 212*, en *si* bémol (1775), dont les dix mesures d'ouverture sont d'un dramatisme saisissant, ou encore des six mesures, d'un développement en mineur particulièrement angoissé, placées au cœur de la *KV 245* en *ré* (avril 1776).

Sonates de chambre à la manière italienne (Mozart fit, entre autres pays, deux voyages en Italie en 1772), elles sont distribuées pour deux violons (pas d'alto), violoncelle, (basson), et orgue continu. Elles accordent à l'instrument à clavier une place d'une importance variable : du simple soutien harmonique d'une basse non chiffrée (*KV 67-69*) ou chiffrée, à une partie *obligato* entièrement rédigée et parfaitement intégrée au texte d'ensemble (à partir des deux Sonates de 1776, *KV 244* en *fa* et *KV 245* en *ré*), et jusqu'à un rôle concertant (dans la seule *KV 336*). D'un côté, donc, un orgue soliste (*KV 244, 245, 328* et *336*), de l'autre un orgue intégré au continuo, les deux instruments se trouvant réunis, à la demande expresse de Mozart, dans la célèbre *KV 336*. La cathédrale de Salzbourg ayant à l'époque disposé de six orgues, dont plusieurs petits dans le sanctuaire, l'instrument approprié pour ces sonates ne peut qu'être de taille limitée, et d'une esthétique conforme à la tendance générale de la facture des pays sud-allemands d'alors : beaucoup de fonds et de flûtes, peu ou pas d'anches, sur deux claviers et pédale. Mozart lui-même réclame une « Koppelflöte » (flûte douce) seule pour les *KV 244* et *245*. Des indications dynamiques (*KV 329*) laissent parfois envisager un instrument à deux claviers, de même que certaines indications de pédale (simples tenues) la nécessité d'une soubasse.

Trois de ces 17 Sonates, les *KV 263, 278* et *329*, font appel, en plus des cordes, à des instruments à vent, voire aux timbales. Bien que dépourvues de liens thématiques, elles furent sans doute conçues pour être jouées en même temps que certaines messes de Mozart, dont deux possèdent des parties d'orgue concertant. L'instrumentation commune et les dates de composition, identiques, sont les signes les plus tangibles de cette parenté implicite : deux violons, basse, orgue solo et deux trompettes pour la *KV 263* ainsi que pour la *Messe « de Spaur »* KV 258 et la *Missa brevis* KV 259, dite « du solo d'orgue » (orgue continuo durant toute la messe, véritable solo pour le *Benedictus*), ces trois œuvres datant de décembre 1776 ; violons, hautbois et orgue pour la *KV 329* et la *Messe « du Couronnement »* KV 317, toutes deux en *ut* et de mars 1779. On ne sait exactement de quelle messe rapprocher la troisième des Sonates présentant une instrumentation plus développée, la *KV 278* (avril 1777), pour violons, basse, orgue, hautbois, trompettes et timbales. La dernière Sonate, *KV 336* en *ut* (mars 1780), pourrait quant à elle être apparentée à la *Missa solemnis* KV 337, contemporaine et faisant entendre elle aussi, à l'*Agnus Dei*, une partie d'orgue concertant.

M.R.

GEORG MUFFAT

Né à Megève, baptisé le 1er juin 1653 ; mort à Passau, le 23 février 1704. Bien que de naissance française (et d'ascendance écossaise), Muffat se considérait allemand. Européen avant la lettre, il joua un rôle important quant à la diffusion des styles français et italien en Allemagne. En effet, après une enfance passée en Alsace, il fut de 1663 à 1669 l'élève, entre autres, de Lully à Paris. De retour en Alsace, il fut en poste à Sélestat, puis organiste, à Molsheim, du chapitre exilé de la cathédrale de Strasbourg. En 1674, on le retrouve à Ingolstadt (Bavière), le temps de faire quelques études de droit. Muffat quittera définitivement l'Alsace juste avant que n'éclate la guerre, se rendant successivement à Vienne, Prague et Salzbourg, où il devient organiste et musicien de chambre de l'archevêque-comte Kuenberg. Celui-ci lui permettra d'effectuer un voyage en Italie, voyage essentiel pour Muffat, puisqu'il aura l'occasion de travailler avec Pasquini à Rome, d'entendre les Concerti grossi *de Corelli, et de composer lui-même des œuvres pour instruments à cordes jouées chez Corelli et à l'origine de son* Armonico Tributo, *publié à Salzbourg dès son retour en 1682. L'archevêque meurt en 1687 ; sous son successeur, Muffat conserve son poste mais, déçu par l'ambiance peu favorable qui y règne, finit par quitter Salzbourg. Au début de 1690, on le trouve à Augsbourg pour le couronnement du fils aîné de l'empereur Léopold comme Roi des Romains : il y présentera personnellement son unique grand cycle pour orgue,* Apparatus musico-organisticus, *dédié à Léopold. A partir de cette date et jusqu'à sa mort, il sera Kapellmeister à la cour de Johann Philipp von Lamberg, prince-évêque de Passau.*

Outre l'*Apparatus musico-organisticus* et l'*Armonico Tributo*, l'œuvre de Muffat comprend des recueils pour diverses formations de chambre (*Florilegium I*, Augsbourg 1695, et *II*, Passau 1698, *Exquisitoris harmoniae instrumentalis gravijucundae selectus*, Passau 1701), une *Messe*, une *Sonate* pour violon, ainsi que trois opéras aujourd'hui perdus.

Apparatus musico-organisticus

Publié en 1690 à Salzbourg, ce recueil révèle une maîtrise technique et une inspiration d'une réelle et constante grandeur. Il se compose de douze grandes *Toccate* dans l'ordre des tons ecclésiastiques, une *Ciacona*, une *Passacaglia*, ainsi qu'un *Air* suivi de variations (*Nova Cyclopeias Harmonica*), habituellement négligé par les éditions modernes du fait de son relatif manque d'intérêt en regard du reste du recueil.

Toutes les *Toccate* présentent une structure d'ensemble multiforme, enchaînant des sections plus ou moins nombreuses. Véritable creuset de synthèse où voisinent des formes typiquement françaises ou italiennes, sans exclusion de types baroques allemands, l'ensemble évoque directement Frescobaldi, d'ailleurs mentionné comme modèle potentiel dans l'avant-propos de Muffat (de même, diverses pratiques étrangères ou *Germaniae, Italia ac Galliae praxi*). On retrouve dans les œuvres de Muffat nombre d'éléments issus de la musique de chambre italienne (entre autres, la sonate d'église sous forme de duos avec basse continue), tout comme du répertoire français de clavecin ou d'orgue. Les formes, de toute nature, font très souvent appel au fugato, plus ou moins développé, fréquemment sur des rythmes de gigue, rappelant l'art d'un Froberger. Muffat s'insère ainsi tout naturellement à un tournant clé de l'apport de l'Italie et de la France vers le Baroque allemand à son apogée.

On trouve également, et de façon savamment calculée de manière à rompre les *affects* et à créer de subits éclairages dramatiques, de nombreuses *durezze e ligature* (duretés). Cette pratique héritée du madrigal italien via Frescobaldi, Trabaci ou Kerll consiste en une conduite de voix peu régulière donnant lieu à des dissonances non préparées ou non résolues, à de fausses relations ou des intervalles curieux ; le tout s'inscrit d'ailleurs fort logiquement dans un principe de la tonalité se cherchant elle-même, encore à mi-chemin entre *modes* et *tons*, avec toutes ces fluctuations savoureuses que vient renforcer un tempérament lui aussi objet de recherche. Des effets chromatiques à la Frescobaldi, le rythme lombard, l'ornementation française, l'enchaînement de sections harmoniques façon Corelli, des motifs issus de la technique italienne de violon sont autant d'éléments caractéristiques de l'écriture de Muffat.

Du fait que les *Toccate* reposent toutes sur un même type de construction en dépit de la grande variété des articulations, on donnera un exemple type, avant d'indiquer cas par cas les divers éléments « étrangers » imbriqués par Muffat dans un style pourtant très personnel et remarquablement équilibré.

Toccata prima

Elle est introduite par un *Grave* qui, tant par la densité progressive du texte, l'indécision permanente de la couleur tonale et le type de registration sollicité, évoque le *fond d'orgue* français, solennel et mystérieux, richement orné sur chacune de ses quatre parties, faisant même intervenir à la fin de la section (mes. 8) un rythme pointé. Suit un *Allegro* volubile, qui d'un coup nous fait basculer dans le monde du clavier italien, libre, léger, et pourtant rigoureux de par ses solides appuis, en dépit même de son caractère improvisé : la main gauche, en des accords bien assis, soutient la droite vagabonde, puis inversement. Second *Grave*, de nouveau à quatre parties, orné et pointé, servant d'introduction à une section vive et à la rythmique très détaillée, où l'alternance du tempo répond à celle de la couleur. On y trouve des imitations virtuoses de forme question/réponse, d'une voix à l'autre, mais aussi des traits parallèles, dont une longue phrase en triples croches évoquant la course de deux violons. Une section de type *Grave*, avec ses quatre parties et son rythme pointé, apparaît à la mesure 47, en même temps que des fusées ascendantes dérivées des sections vives, le temps d'une fort belle péroraison, toute de grandeur et de fermeté, superposant un instant au rythme pointé français un rythme lombard (une brève/une longue). La cadence finale rehausse avec beaucoup d'originalité cette belle construction. Ce schéma, bien que succinct, dit assez la fusion des genres pratiqués par Muffat, et cette alternance permanente entre le pondéré « de cour » à la française et la vivacité de la virtuosité italienne.

Toccata secunda

Adagio en forme de plein-jeu français, scandé, orné. Quelques échanges *allegro* de forme (très chantante) « basse et dessus » aux syncopes expressives, nouvel *Adagio* à la française (fond d'orgue) préparant un second *Allegro*. Celui-ci, de pur style fugato aux entrées extrêmement rapprochées ne laissant guère de place pour un réel développement, repose sur un thème alliant trille avec terminaison et note pointée. Retour du fond d'orgue, s'achevant sur un point d'orgue. Nouvelle section en « basse et dessus » *allegro*, passant de la main droite à la main gauche à travers une cadence dans l'esprit du premier *Allegro* — ou si l'on préfère, l'enchaînement continuel de deux textures bien différenciées mais imbriquées de manière à créer un tout des plus cohérents.

Toccata tertia

Mis à part la tenue de pédale des première et dernière phrases, cette toccata est entièrement manuelle. Elle offre une première section fugato sur un rythme primesautier et orné, jouant sur les écarts de registres pour créer de petits échos, puis un *Allegro* plus linéaire auquel s'enchaîne un *Adagio* d'esprit français, double transition vers un *Allegro* à 9/4 : deux motifs en parallèle, l'un en noires évoluant par degrés voisins, l'autre en valeurs triples, le tout se dédoublant à mi-chemin, comme en deux versets. Conclusion *adagio* sur tenue de pédale, avec deux séries de « hoquets » sur rythme lombard et trilles.

Toccata quarta

L'une des moins fractionnées du recueil, car si des sections d'esprit différent s'y enchaînent également, du moins ne s'opposent-elles pas aussi vigoureusement que dans d'autres toccatas. L'*Adagio* introductif est très proche d'un récit tendre de nasard au soprano ; il est suivi d'une cadence *allegro* (4 mes.), d'un nouvel *Adagio* à quatre voix, toujours à la manière du fond d'orgue français, enfin d'une reprise de la cadence, maintenant beaucoup plus développée et terminant *adagio*. La pièce poursuit avec un fugato construit sur un thème bien individualisé, momentanément abandonné après la troisième entrée pour un motif rythmique repris en imitation jusqu'à la fin de l'œuvre (mes. 50-85) ; à la fin de ce nouveau développement, en style réellement de toccata et d'une tenue splendide, réapparaîtra, superposé, le thème du fugato. De par l'ampleur de cette dernière section et le plaisir d'un développement d'une convaincante rigueur, cette magnifique *Quarta* est sans doute l'une des *Toccate* les plus remarquables de l'*Apparatus* de Muffat.

Toccata quinta

Œuvre (très schématiquement) bipartite – les *Toccate* de Muffat, bien que toutes parentes, n'en étant pas moins toutes différentes. Un *Allegro* presque improvisé, sur des tenues très lentement arpégées, puis une cadence, introduisent un *Vivace* en imitations d'esprit assez nord-allemand (Buxtehude), clair est incisif. La seconde partie, *Adagio-Grave-Adagio*, est la plus développée de la Toccata : l'*Adagio* est tout d'abord une transition improvisée, puis un fond d'orgue à quatre parties. La première section du *Grave* (à 3/2) est un fugato sur thème pointé, peu développé, préparant un « basse et dessus » ponctué d'accords également en rythme pointé, ensuite abandonnés au profit de la vélocité de l'écriture à deux voix parallèles. L'*Adagio* final débute tel un air ornementé, passant à deux voix, tourbillonnant petit à petit sous forme de cadence accélérée, ponctuée par deux gammes contraires et concluant non sans panache de façon abrupte et originale, éclatée.

Toccata sexta

De nouveau, un bel enchaînement de sections finement ajustées : un *Grave* avec pédale, ample et de belle tournure puis, sans transition, un *Allegro* fugué sur l'un des thèmes les plus suggestifs de Muffat, joliment développé :

Suivent un *Adagio* très orné à double voix et double tenue de pédale finissant en canon (entrecoupé d'une section homophonique), un *Allegro* fugué à 12/8 au rythme nerveux, conduit tout d'abord comme une sonate à trois, puis comme un duo de cordes virtuose sur une tenue de pédale — l'une des pages les plus caractéristiques de l'adaptation par Muffat de l'écriture italienne pour cordes au clavier —, enfin une cadence *Adagio* avec trille aux deux mains.

Toccata septima

Plusieurs types d'écriture française se trouvent ici rassemblés : tout d'abord un *Grave* en forme d'Ouverture, puis une sorte de double dialogue, bien rythmé, entre basse et dessus, offrant une section fortement scandée, et une autre plus linéaire et rapide (toutes deux *Allegro*) ; suit un *Adagio* de type plein-jeu (de nouveau sur une double tenue de pédale), lequel introduit une fugue sur un sujet chromatique descendant, à quatre voix manuelles, évoquant irrésistiblement par sa coupe, ses notes pointées et ses ornements une fugue française sur les jeux d'anches. Une seconde fugue, après une transition reposant sur un nouveau pas (le triolet), et développée à partir d'un sujet dérivé du premier, oppose deux idées : le rythme des triolets de la transition et la marche pointée de l'ouverture à la française, sorte de grand-jeu manuel faisant s'affronter avec maestria ces deux idées rythmiques tout au long d'une écriture serrée et très développée (mes. 144-210).

Toccata octava

Pièce entièrement manuelle, à l'exception, comme souvent, des tenues de pédale du *Largo* introductif, ample, en allabrève, ainsi que de la cadence finale. Cette Toccata, chantante et dansante, est caractéristique de l'art *galant* du clavier se développant alors dans toute l'Europe. Deux sections *allegro* suivent le *Largo*, la première sur un rythme de danse à 4/4, ornée et fuguée, la seconde linéaire, en basse et dessus, accompagnée à deux voix. Suit un « air » en imitations, mesuré et noble, presque un menuet, à quatre parties. Le finale tripartite — *Allegro* et *Presto* à 4/4 encadrent un *Vivace* à 6/4 — se présente sous la forme d'un dialogue virtuose avec une rupture/rétablissement de mesure d'une efficacité dynamique certaine. La cadence est d'une extrême sobriété.

Toccata nona

Suite composite pour clavier, débutant *Adagio* — le terme ne s'appliquant en fait qu'au motif plusieurs fois réexposé de la seule première mesure. L'écriture (à 4/4) fait alterner un dessin de noires ascendantes, chacune ornée d'un trille, et des guirlandes de triolets de doubles croches, avec mordant sur chaque temps. Suit un *Allegro* bien développé (mes. 19-52), à 6/8 et quatre parties, que l'on serait tenté de rapprocher, tant par la scansion que la tessiture et l'ornementation, du quatuor français, avec ses deux dessus de cornet et ses deux basses de cromorne. Transition *Adagio* apparentée au récit double, puis *Presto* en forme d'invention à trois voix. La toccata s'achève sur une sorte de gigue à 3/4 : 9/8, aux caractéristiques écarts d'octave du thème.

Toccata decima

Très virtuose et homogène, cette toccata s'ouvre sur un *Adagio* presque grandiloquent, alternant fusées de triples croches et arpèges descendants sur rythme pointé, véritable ouverture à la française. Suit un *Allegro* fugué sur un thème avec note répétée (mes. 10), couronné d'un point d'orgue réintroduisant l'*Adagio* initial (mes. 24) ; l'ensemble trace nettement la forme lent-vif-lent à la française. Après quoi un second *Allegro*, sur une mesure s'élargissant de 4/4 à 6/4, mêle à une démarche noble et cadencée des traits brisés proches — ici au manuel — de la technique de pédale de l'Allemagne du Nord. Six mesures d'une transition ornée et *Adagio* façon Lully introduisent une péroraison *Allegro*, de nouveau traversée de fusées de triples croches comme élément principal du développement, sur une progression harmonique lente et prégnante inspirée de certains *Airs* nobles de la suite française d'orchestre.

Toccata undecima

Un *Grave* de 14 mesures (fond d'orgue, à ₵), ponctué par un point d'orgue, introduit un *Allegro* fugué s'en tenant tout d'abord à l'entrée des quatre voix, de la basse vers le soprano, disposition rare chez Muffat. L'écriture contrapuntique tourne court, puis s'oriente vers une structure inventive en imitations à laquelle elle superpose, de façon sporadique et sans tirer parti de cette confrontation, le thème initial de l'*Allegro* fugué. Intervient un long *Adagio* de même nature que le Grave introductif, quoique plus allant et développé (mes. 41-72), puis un second *Allegro* selon une disposition également unique chez Muffat consistant à introduire simultanément deux sujets, sans premier ni second, l'un de caractère rythmique, l'autre harmonique :

Le développement, plein d'élégance et d'équilibre bien que sans originalité particulière, conduit, via un *Adagio* de trois mesures (99-101), à un dernier *Allegro*, à 6/8, sorte de gigue à quatre voix soutenue dans l'essentiel de sa seconde partie par une double pédale à l'octave et s'achevant sans cadence autonome.

Toccata duodecima et ultima

La plus originale du recueil en raison de sa coupe rythmique, à commencer par son introduction *presto* et virtuose de la main droite puis de la gauche, enfin des deux, avec à deux reprises des inflexions *Adagio*, le tout suivi d'un *Allegro* en imitations, puis d'un superbe *Adagio* sur un rythme pointé d'ouverture à la française (mes. 33-45). Nouvelle section *Allegro*, confirmant la couleur générale très proche du clavecin, brillante invention d'arpèges brisés, main droite, puis gauche, puis de nouveau aux deux mains et par mouvement contraire. Quatre mesures *adagio* introduisent un *Presto* sur un rythme pointé, évoquant le grand-jeu français d'anches, comme dans la *Toccata septima*. Dernier *Adagio* de type fond d'orgue, de plus en plus animé, puis cadence *presto* à l'imitation de l'introduction, belle fusée descendante, virevoltant vers un long trille grave avec terminaison.

Durée d'exécution de chaque pièce : ~ de 5 à 9 mn

Ciacona

En 12 sections toutes pourvues d'un signe de répétition, elle fait penser à un Noël français pour orgue ou clavecin faisant intervenir les types d'écriture traditionnels, récit, double, dialogue, basse, etc. ; l'ensemble est richement orné et d'une fraîcheur très plaisante.

Passacaglia

Tout au long de ses 24 variations, elle développe et amplifie les caractéristiques de la *Ciacona*, y ajoutant l'écriture en mouvements parallèle et contraire, le bicinium (de nouveau à la manière du duo de violons italien), les traits en arpèges, les « fusées ornementales » (var. 23), etc., le tout sur de rares changements de mesure, la principale étant à 3/4. La coupe même de la passacaille invite à l'emploi du rythme pointé, ici largement requis, ainsi que l'ornementation baroque.

M.R.

HENRI MULET

Né à Paris, le 17 octobre 1878; mort à Draguignan, le 20 septembre 1967. Entré fort jeune au Conservatoire de Paris, il y obtint, à l'âge de quinze ans, un premier prix de violoncelle mais, se décidant aussitôt à étudier l'harmonie et l'orgue, il suivit l'enseignement de Pugno et de Widor et fut ensuite organiste de Saint-Pierre-de-Montrouge (1897-1901), puis de Saint-Philippe-du-Roule (1911-1936). Professeur à l'école Niedermeyer et à la Schola Cantorum, où il forma quantité d'étudiants entre 1924 et 1931, il quitta la capitale vers 1937 et s'installa dans le Midi où il continua pendant longtemps à tenir l'orgue de la cathédrale de Draguignan.

Auteur de compositions symphoniques et de quelques pages pour piano, Henri Mulet écrivit pour l'orgue des *Esquisses byzantines* (1914-1919), dix pièces inspirées par la basilique du Sacré-Cœur de Montmartre *(Nef, Vitrail, Rosace, Chapelle des morts, Campanile, Procession, Chant funèbre, Noël, In Paradisum* et *Tu es Petra et portae inferni non praevalebunt adversus te)*, dont certaines figurent encore au répertoire de quelques organistes, notamment aux États-Unis. Défenseur d'une tradition symphonique, mais hostile à maintes innovations de son époque (qu'il juge antireligieuses), comme la multiplication des gambes et ondulants, l'élimination complète des mutations et mixtures, l'abus des octaves graves et aiguës, la recherche d'attaques nouvelles (Hope-Jones) ou la montée des pressions (*Les Tendances néfastes de l'orgue moderne*, 1922), il écrit pour un instrument de type Cavaillé-Coll de grandes pages dans l'esthétique du XIXe siècle (on notera la référence « orientaliste » du titre de sa principale création). A cet égard, composé en *ré* majeur selon une formule A B A′, le *Carillon-Sortie* s'inscrit parmi les plus célèbres chevauchées du moment, et peut rivaliser avec les toccatas similaires de Widor, Boëllmann ou Gigout.

Parmi les autres œuvres d'orgue, on peut citer *Méditation religieuse, Petit Offertoire, Sortie douce, Prière, Offertoire funèbre* et *Offertoire pour la fête du Très-Saint-Rosaire*.

F.S.

CARL NIELSEN

Né à Sortelung (Danemark), le 9 juin 1865 ; mort à Copenhague, le 3 octobre 1931. Fils de musicien bien que né en milieu rural, Nielsen aborda de front le violon, divers instruments d'harmonie et le piano, avant de poursuivre ses études au Conservatoire de Copenhague (1884-1886). Il fit durant les années 1890-1891 plusieurs voyages en Allemagne, en France et en Italie, tout en étant violoniste à l'orchestre de la Cour danoise (1889-1905). Sa Première Symphonie, *influencée par Brahms, date de 1892. Entre cette œuvre et sa* Sixième *et dernière* Symphonie *(1925), il développa une approche très individuelle de la tonalité, aboutissant à la « tonalité progressive » : une œuvre débute dans une tonalité et conclut dans un autre ton. Il se consacra à l'écriture, à l'enseignement, voyageant beaucoup à l'étranger, notamment pour y diriger sa propre musique. Le catalogue de ses œuvres, outre les grandes pages symphoniques, comprend deux opéras, de nombreuses œuvres vocales, chorales ou pour voix solistes (vaste ensemble de mélodies), de la musique de chambre et de piano. Durant les dernières années de sa vie, il fera preuve d'un intérêt croissant pour l'univers contrapuntique, et tout naturellement dans sa principale pièce d'orgue,* Commotio, *qui sera également sa dernière grande œuvre.*

Nielsen n'aborda l'orgue qu'à l'extrême fin de sa vie, entre 1929 et 1931, année de sa mort. On a tenté de l'expliquer par son absence presque complète de rapports avec l'Église, mais également par l'impossibilité qu'il y aurait eu d'éviter l'affrontement avec Reger.

L'orgue eût-il attiré Nielsen, qu'inévitablement cet attrait se serait concrétisé dans le domaine de prédilection de l'instrument, le contrepoint. Or dans ce domaine précisément, Reger exerça, presque malgré lui et jusqu'à sa mort en 1916, une domination sans partage. Mais il se peut aussi, beaucoup plus simplement, que ce soit les encouragements de son ami Emilius Bangert, organiste de la cathédrale de Roskilde, qui l'aient tardivement décidé à se tourner vers l'orgue.

Vingt-neuf Petits Préludes pour orgue (op. 51)

Composés en 1929, ils constituent le premier essai de Nielsen dans le domaine de l'orgue. Extrêmement courts, en réalité « pour orgue ou harmonium », c'est-à-dire sans partie de pédale, ils déçoivent de la part d'un grand symphoniste arrivé à une telle maîtrise de l'expression. Leur principale faiblesse vient en effet d'un caractère peu affirmé, la forme étant de plus inégalement exploitée, jusqu'à une certaine négligence. On a de la peine à reconnaître Nielsen. Sur l'ensemble du recueil, on rencontrera naturellement quelques préludes offrant un intérêt plus soutenu, tels les quatre derniers, plus proches de l'image que l'on se fait du compositeur. Certains exégètes ont également cru pouvoir y déceler, disséminés, divers éléments semblant annoncer *Commotio*.

Durée de chaque pièce : de 1 à 2 mn

Commotio (op. 58)

Commotio signifie mouvement, courant. Sachant combien Nielsen détestait tout ce qui est statique, on pourra lire dans cet intitulé comme un résumé des efforts accomplis tout au long de sa carrière créatrice pour insuffler la vie à sa musique. Sa conception de la tonalité, dans cette pièce notamment, fut très influencée par ce désir de mobilité permanente. Dans une lettre (en partie en allemand) à Bangert pour un commentaire de programme de concert, Nielsen traduisait *Commotio* par « mouvement, également sur le plan spirituel. [...] Dans une œuvre de cette ampleur destinée au puissant instrument que l'on appelle l'orgue, dont les sonorités découlent de l'élément naturel appelé air, le compositeur doit essayer de réprimer tout sentiment personnel ou lyrique. La tâche en devient immense et éprouvante, et exige une sorte de sécheresse [*Trockenheit*] à la place du sentiment, de sorte qu'elle devra être jugée davantage par l'oreille que ressentie par le cœur. L'œuvre repose sur deux fugues... ».

Composée en 1931, cette œuvre compte quatre mouvements : introduction, première fugue, mouvement lent de transition, deuxième fugue. On pourrait y voir le plan de son *Concerto pour violon* op. 33 (1911), en deux mouvements, chacun étant introduit par un mouvement court sur tempo plus mesuré.

L'œuvre débute par un *Adagio* à la noble contenance, virtuose et dissonant, fermement construit sur une tenue de *sol*. Un trait de pédale conduit au ton éloigné d'*ut* dièse, avant de faire basculer l'œuvre vers *fa* dièse mineur pour introduire la première fugue, *Andantino quasi allegretto*. Cette section, cependant, n'est pas à proprement parler une fugue, puisque le sujet s'y trouve accompagné d'un motif rappelant une basse d'Alberti, dans laquelle on pourra voir également comme un contre-sujet chargé d'annoncer le deuxième sujet de la fugue. Celui-ci intervient à quelque distance, en *sol*, frais et détaché, avec des intervalles de belle ampleur à la manière de Buxtehude. Les deux sujets seront ensuite réexposés simultanément, mais sans donner lieu à une grandiose péroraison.

Après une transition en *si* bémol, le ton de *sol* réapparaît et introduit un *Andante sostenuto* au contrepoint fluide, tout d'abord paisible, puis de plus en plus agité, évoluant jusqu'au ton d'*ut*. Une suspension sur la dominante annonce la deuxième fugue, en *ut* donc, à 12/8, sur un sujet au doux balancement. L'atmosphère en est joyeuse mais calme, libre surtout, étrangère à toute hâte, indifférente à l'écoulement du temps. Tout à coup l'écriture fuguée se détend, cédant momentanément la place à une section centrale bien développée de type fantaisie. Une sorte de coda, non spécifiée, réintroduira l'écriture fuguée sous la forme d'une strette concise mais impressionnante, acheminant l'œuvre, toujours sans hâte mais avec un sentiment de puissance renforcé, vers une conclusion aussi solide et dense que peu haletante ou survoltée — comme ce serait le cas chez Reger.

Après avoir achevé la pièce, Nielsen nota : « [*Commotio*] m'a intéressé au plus haut degré, mais cela ne veut pas dire que ce soit là le but que je m'étais fixé. Je n'ai dépassé les œuvres pour orgue de Bach que sur un seul point : la durée. Je pense que ma pièce dure de 22 à 24 minutes. »

M.R.

GUILLAUME GABRIEL NIVERS

Né à Paris, vers 1632; mort à Paris, le 30 novembre 1714. Il obtient le titre universitaire de « maître ès arts ». En 1654, à vingt-deux ans, il est nommé organiste de Saint-Sulpice et, en 1678, à trente-six ans, organiste de la Chapelle royale avec Thomelin, Buterne et Lebègue. En 1681, il reçoit de Du Mont la charge de maître de musique de la reine Marie-Thérèse (qui décède deux ans plus tard). En 1686, il est nommé maître de musique de la Maison royale de Saint-Cyr, établissement d'éducation pour les jeunes filles nobles fondé par madame de Maintenon, où il s'entoure de Jean-Baptiste Moreau et de Louis Nicolas Clérambault. Il ne dédaignera pas d'accompagner Esther *et* Athalie, *les deux tragédies avec musique que Racine et Moreau ont écrites pour Saint-Cyr. Spécialiste du chant grégorien, Nivers assure de nouvelles éditions du* Graduel *et de* l'Antiphonaire *romains, assorties de quelques essais de messe en « plain-chant musical ». Il signe plusieurs traités de chant grégorien, de composition et d'accompagnement qui contribuent à sa solide position d'artiste savant et dévot. Comme compositeur, il est l'auteur de nombreux petits motets et de trois Livres d'orgue (1665, 1667, 1675).*

Exact contemporain de Louis XIV, son souverain, Nivers est aussi, par la naissance, le jumeau de Lully. En 1661, la roue tourne. Louis XIV entame une politique artistique nationaliste et Lully demande aussitôt ses lettres de naturalité pour accéder au poste suprême de surintendant de la Musique du roi. Mazarin à peine disparu, on se permet de bouder les Italiens : Cavalli, grand maître de l'opéra vénitien, s'en repart humilié et l'illustre architecte Bernini essuiera une déconvenue plus offensante encore. Nivers comprend dans quelle direction il convient d'orienter sa muse. Il sera résolument le Lully, le Du Mont, le Chambonnières de l'orgue : l'homme du renouveau *français*. Et, de fait, il forge une esthétique si cohérente et si conforme aux aspirations de la nation qu'elle se maintiendra jusqu'à la Révolution et même au-delà.

D'aucuns objecteront que l'œuvre d'orgue de Nivers n'atteint pas les sommets de perfection et d'émotion de celles de François Couperin ou Grigny. Nul ne saurait nier cette évidence (qui fait regretter d'autant plus le décès précoce du génial Louis Couperin), mais c'est là une mauvaise querelle. Les seconds n'existeraient pas sans le premier, et nous n'avons qu'à nous incliner devant le jugement de ses pairs. Si Nivers a pu tenir la place qui fut la sienne et participer à la *définition* et à l'*autonomie* du style français, c'est que ses contemporains et successeurs l'en ont jugé digne. À sa manière, il s'est élevé au rang des grands serviteurs de l'État et au Parnasse des artistes indispensables au prestige du Roi-Soleil.

Naviguer dans le milieu d'Église n'était pourtant pas aisé. Recensons brièvement : une Église de France jalouse de son indépendance face à l'autorité de Rome ; un roi intolérant et assuré de son bon droit au point de persécuter jansénistes et calvinistes ; un roi fort pieux et assidu aux offices mais décidé à s'y ennuyer le moins possible et qui impose un déroulement favorable aux grands et petits motets ; une cour qui, en « campement » depuis 1682 dans un Versailles sans cesse en travaux, subit quatre pseudo-chapelles successives — et quand enfin, en 1711, la chapelle palatine vient à être inaugurée avec son bel orgue de Clicquot, Nivers (qui n'avait disposé jusque-là que d'un méchant positif) a depuis trois ans laissé sa charge à Louis Marchand !

L'orgue et l'Église

Par leurs dates, les trois Livres d'orgue de Nivers s'adressent donc à l'orgue de Saint-Sulpice et nous renseignent sur les besoins d'une grande paroisse parisienne. Alors que le musicien amasse peu à peu la matière de son *Premier Livre*, paraît le *Caeremoniale parisiense* (1662). Dans ce « Cérémonial des évêques », le rédacteur Martin Sonnet s'émeut des licences prises par les organistes parisiens et tente d'endiguer le glissement vers un art mondain et brillant en sollicitant la présence *audible* (en cantus firmus aux anches du pédalier) des mélodies grégoriennes dans certains versets de la messe : premier et dernier *Kyrie* ; *Suscipe deprecationem, In gloria Dei patris, Amen* du *Gloria* ; premier *Sanctus*, premier *Agnus Dei* et, s'il y a lieu, *Domine salvum fac regem*. Rappelons que le *Credo* est entièrement chanté et que, dans l'habituel système d'alternance entre l'instrument et les chantres, l'orgue prend en charge le premier verset, sauf dans le *Gloria*, entonné par le prêtre.

A ces instructions ecclésiastiques, le très pieux Nivers, déjà éditeur du *Graduel* et de l'*Antiphonaire* romains, répond — quelle insolence ! — par un *Livre d'orgue contenant cent Pièces de tous les tons de l'Église* (Ballard, 1665) exempt de toute citation plain-chantesque. Deux ans plus tard, il consentira à publier un *Livre d'orgue contenant la messe et les hymnes de l'Église* (Ballard, 1667), mais, en 1675, il renoue avec la première formule pour son troisième *Livre d'orgue des huit tons de l'Église*, et c'est le succès de ce dernier qui lui vaudra sa nomination à la Chapelle royale. Plus encore que la *présence* du plain-chant, les publications de Nivers indiquent qu'il est deux impératifs qu'aucun organiste ne saurait violer : le respect des huit tons de l'Église indispensable pour l'alternance avec la maîtrise (d'autant que chaque verset doit conclure sur la première note entonnée par les chantres) et, pour la même raison, la brièveté des interventions. Excepté pour l'offertoire (que le Cérémonial octroie à l'instrument mais qui peut être remplacé par l'exécution d'un petit motet), les organistes français ne disposent donc d'aucun moment pour faire sonner une page de grande envergure.

La place occupée par l'orgue en France ne laisse pas d'être ambiguë. D'un côté, ses interventions sont sévèrement réglementées, de l'autre, il participe à la pompe des offices et le clergé favorise un orgue décoratif, solennel et grandiose qui ne laisse rien ignorer à la nation comme aux étrangers de la position triomphante de l'Église gallicane. Ne nous y trompons pas, l'action conjuguée très active entre organiers et organistes pour rendre sans cesse l'instrument plus coloré, plus brillant se fait sous le patronage de l'Église qui tient les cordons de la bourse !

L'instrument du Grand Siècle arrive à maturité sous les mains expertes des facteurs Pierre et Alexandre Thierry, Ducastel, Deslandes, Lesclop, Tribuot, Robert Clicquot. Il vit de contrastes entre deux claviers de Positif et Grand-Clavier, deux demi-claviers de Récit et Écho et un clavier de Pédale de 24 à 33 notes propre à faire parler en taille (ténor) ou en basse le chant liturgique ; contrastes entre le plein-jeu (véritable chœur de l'orgue), le grand-jeu (chœur d'anches) et des jeux de tierce, de cornet et d'anches solistes. A Saint-Sulpice, Nivers ne disposa d'abord que d'un orgue très vétuste, étendu et amélioré dans les années 1660, puis entièrement rénové et muni d'un pédalier indépendant par Ducastel en 1675.

Livre contenant cent Pièces de tous les tons de l'Église

Tout dans la disposition du recueil de 1665 dénote une vision originale mais systématique. Ce curieux homme déploie un arc-en-ciel d'innovations dans le plus méthodique des classements. Parmi les nouveautés, le vocable « Livre » (présent par deux fois dans l'avertissement des *Fugues et Caprices* de Roberday en 1660, mais non dans le titre) qui définira désormais toute production organistique ; l'avertissement didactique qui révèle le professeur désireux de communiquer son savoir : y apparaissent dans l'ordre les *Tables des 8 Tons de l'Église, au naturel et transposés*, des *Remarques* à leur sujet, des *Observations sur le toucher et jeu de l'orgue* (positions des doigts, ornements, mesure et mouvement des pièces) et, enfin, un *Meslange des Jeux*, décisif dans l'orientation de l'orgue français du côté du timbre au détriment de sa vocation polyphonique. A compter de 1665, la registration devient, en effet, la composante essentielle de chaque forme.

Nouveauté encore que ces groupes de pièces dans les huit tons, offrant un éventail des richesses de l'orgue. Chacun des douze ensembles — et non huit, en raison des tons transposés — contient de huit à dix pièces précédées d'indications concernant leur type d'écriture ou leur registration. A titre de démonstration, voici la nomenclature des pièces du 1er ton (mode de *ré*) : Prélude (plein-jeu), Fugue, Diminution de la basse (récit de basse), Récit de voix humaine, Duo, Récit de cromorne, Fugue grave, Écho, A deux chœurs (dialogue), Plein-jeu. Quantité de registrations appelées à un brillant avenir sont définies pour la première fois (Louis Couperin en employait certaines), comme les basses de trompette, basses de tierce, récits de cornet, dialogues de récits. Des tierce et cromorne en taille, Nivers dira : « On ne regarde pas, à beaucoup près, à la mesure, comme on fait dans le récit ; on se laisse aller à se flatter l'oreille. »

Innovation, toujours : l'ornementation prolixe, empruntée aux luthistes, aux clavecinistes (alors que l'instrument à sons tenus n'en a nul besoin) et aux chanteurs : « On doit consulter la méthode de chanter, parce qu'en ces rencontres, l'orgue doit imiter la voix », prévient Nivers. Preuve que l'ornementation, loin d'être surajoutée, *est* l'éloquence du discours ; est-il d'ailleurs expression plus évocatrice que « Récit de voix humaine » ? On notera aussi les points d'allongement dans des arabesques de doubles croches pour indiquer leur interprétation en « notes inégales ».

On remarquera, enfin, une constante internationale dans la présence d'un pseudo-« prélude et fugue » liminaire, qui se retrouve dans l'ouverture à la française, les préludes et fugues germaniques, les *toccate e ricercari* italiens, comme dans les deux premiers mouvements d'une *sonata da chiesa*. En effet, sans chercher à rivaliser en durée ni en complexité avec les diptyques de leurs émules étrangers, les Français prendront pour habitude de commencer toute messe ou toute hymne par un plein-jeu de type prélude (citant le plain-chant en valeurs longues) suivi d'un commentaire fugué sur les anches en guise de deuxième verset.

Sans attribution cultuelle précise, les pièces de ce Premier Livre se conforment aux dimensions d'un verset et peuvent alterner sans difficulté avec la maîtrise dans tout office matinal ou vespéral. A cette brièveté exigée dans les offices français, on ne peut toutefois imputer toute la responsabilité de l'inspiration étriquée, de la veine mélodique si courte de ce novateur qui manque singulièrement de souffle. Ne prenons en exemple que la fugue jugée par Nivers « la perfection et couronnement de la composition » et à laquelle il consacrera le dernier chapitre de son *Traité de composition*. Comme tous les théoriciens de son temps, il en distingue trois sortes, fugue simple, contre-fugue et double fugue, et disserte doctement sur la manière de les entreprendre et poursuivre, mais combien il semble difficile de métamorphoser des idées théoriques en idées musicales ! La géniale concision des fantaisies de Louis Couperin frôle la pauvreté dans les fugues de l'organiste de Saint-Sulpice.

Livre d'orgue contenant la Messe et les Hymnes de l'Église

Le témoignage de soumission qu'attendait l'évêché de Paris, le voici. Si l'on excepte quelques ensembles manuscrits (tel celui de 1618), le recueil de Nivers est le premier corpus liturgique complet depuis les publications d'Attaingnant en 1531. L'enjeu est de taille. Ouvrons le Livre. A part leur destination cultuelle précise, les pièces ne changent guère d'esthétique. Comment éviter l'emprise générale de l'air de cour et de ses « doubles » ornementaux, des récits des pastorales de Cambert, des danses des ballets de cour et des comédies-ballets de Lully ? L'orgue n'est-il pas un *monde*, susceptible de tout assimiler ? Et la meilleure manière de louer Dieu n'est-elle pas de se servir de toutes les richesses d'une époque, sans restriction prétendument dévote ? Norbert Dufourcq dit très justement de Nivers : « Ce saint homme ne se serait permis aucune erreur au sanctuaire » ; et l'organiste lui-même s'est défendu par avance d'une interprétation tendancieuse de sa musique : « L'on n'a pas lieu présentement, grâces à Dieu, de se plaindre de ces formes d'abus, puisque les organistes de ce temps (au moins la plupart qui sont connus) touchent l'orgue d'une manière si modeste et si dévote, qu'ils touchent autant le cœur par leurs modulations agréables, qu'ils flattent l'oreille par la douceur de leurs accords. Et pourvu que tout cela se fasse dans le dessein de louer Dieu, tant de la part des organistes que des auditeurs, cela suffit pour exciter la dévotion » (*Dissertation sur le chant grégorien*, p. 18).

Messe Cunctipotens

Nivers publie la première messe *Cunctipotens genitor Deus* de ce siècle (celle-là même paraphrasée par Machaut et par les anonymes d'Attaingnant) pour les fêtes solennelles dites « doubles ». Écrire une messe d'orgue en France, c'est accepter une liberté d'action très faible. Le chant grégorien conditionne les tons d'Église afin que l'orgue puisse alterner avec la maîtrise ; quant à la répartition interne des genres — donc de leur durée et de leur expression rhétorique —, elle est presque imposée par le *Caeremoniale parisiense*. Avec ses 19 versets très concis, étoffés d'un offertoire, la messe de Nivers servira de référence à tous ses successeurs, bien que le compositeur se soit autorisé une licence en supprimant le plain-chant dans deux des moments expressément recommandés par le Cérémonial (dernier *Kyrie* et *Suscipe* du *Gloria*).

Kyrie en 1er ton (mode de *ré*), 5 versets : Plein-jeu avec plain-chant en cantus firmus à la basse ; bref commentaire fugué à quatre voix de la mélodie grégorienne ; Récit de cromorne plus intime pour le *Christe* ; Duo léger ; Dialogue à deux chœurs.

Gloria en 4e ton (*mi* mineur, polarisé sur *la*), 9 versets : Plein-jeu avec cantus firmus à la basse pour *Et in terra pax* ; Jeu doux (première pièce française pour les jeux doux seuls) pour *Benedicimus Te* ; Fugue à peine esquissée, en doubles croches légères, pour *Glorificamus Te* ; Récit de voix humaine pour *Domine Deus, rex coelestis* (traduction étonnante du texte...) ; Duo pour *Domine Deus, Agnus Dei* (double nature du Christ) ; « Fugue grave » pour *Qui tollis peccata mundi, suscipe deprecationem nostram* (l'un des moments clés de la messe) ; Écho pour *Quoniam Tu solus Sanctus* ; Diminution de la basse (récit de basse de tierce) pour *Tu solus altissimus* ; Plein-jeu pour *In gloria Dei Patris*.

Offerte en fugue et dialogue en 2e ton (assimilé à *sol* mineur), premier modèle du genre (même si les *Fugues et Caprices* de Roberday pourraient remplir cet office). Délivré du système de l'alternance, et donc d'un « ton » obligatoire, l'Offertoire s'émancipe autant que faire se peut. Un solide plan tripartite montre le souci de Nivers de maîtriser une structure plus vaste qu'à l'accoutumée. Très « Grand Siècle », avec rythme pointé et gamme-fusée descendante, le sujet donne lieu à une exposition de fugue à quatre voix assez capricieuse ; fractionné, modifié, il réapparaît dans le dialogue central en rythme ternaire, avant de revenir au complet et en rythme binaire en guise de solennelle conclusion.

Sanctus en 8e ton (*sol* majeur transposé en *fa*), 2 versets : Plein-jeu avec cantus à la basse ; commentaire fugué du plain-chant. Autre verset sensible de la messe d'orgue, le *Benedictus* est, lui aussi, libre de toute alternance. Nivers a donc *choisi* le 2e ton, comme dans son offerte, pour dérouler un beau récit de cromorne sur le plain-chant orné à la française.

Agnus Dei en 6e ton (*fa* majeur), 2 versets : Plein-jeu avec le plain-chant en taille orné de tremblements et pincés, ce qui est très exceptionnel ; brillant Dialogue à deux chœurs dont les quatre notes ascendantes *do-ré-mi-fa* proviennent du cantus précédent.

Durée d'exécution : ~ 25 mn

Hymnes

Pour les vêpres, laudes et matines, florilège d'une vingtaine d'hymnes, en deux ou trois versets, et proses (ou séquences), en multiples versets de quelques mesures. Le pédagogue qu'est Nivers publie ensuite douze formules de clausules d'« *Amen* ou *Deo gratias* de tous les tons pour le petit plein jeu ». Le *Te Deum* (hymne ambrosienne) complète le recueil. Comme Titelouze et Louis Couperin, Nivers énonce le plus souvent le thème liturgique à la basse, tirant ou non le contrepoint de son profil initial. Il le commente non seulement dans le fugato qui suit, mais peut le faire chanter au soprano dans un récit orné à la française (*Pange lingua, Tristes erant apostoli, Sacris solemnis, Veni creator, Verbum supernum*, et aussi dans le *Tibi omnes* et le *Sanctus* du *Te Deum*). L'hymne mariale *Ave maris stella* (privée de la quatrième intervention de l'orgue) offre un sensible récit de voix humaine pour le verset *Virgo singularis*. Si dans la messe, Nivers évite de dénaturer la modalité du chant liturgique par l'ajout de sensibles, la prose *Lauda Sion* n'échappe pas à cette modernisation regrettable. L'organiste-théoricien le savait mieux que quiconque qui, dans sa *Dissertation sur le chant grégorien*, dénoncera cet abus de son siècle.

Livre d'orgue des huit tons de l'Église

En 1675, Nivers renoue avec l'articulation de son Premier Livre et propose huit pseudo-suites de treize pièces. Chaque groupement, dans un ton « naturel ou transposé », se répartit de manière invariable en un prélude et deux ensembles de six pièces, le prélude pouvant servir aux deux groupes. On voit l'utilisation liturgique possible, en particulier pour le *Magnificat* des vêpres qui nécessite six (ou sept) versets d'orgue et le *Benedictus* des laudes qui en demande sept. En fait, treize pièces permettent de prendre en charge toute prière alternée, excepté le *Te Deum*. A titre de comparaison avec le Premier Livre, de dix ans antérieur, voici la répartition des pièces du premier ton : Prélude / Fugue, Récit, Duo, Basse, Écho, Dialogue à deux chœurs / Fugue grave, Récit, Duo, Basse, Dialogue de récits, Dialogue à deux chœurs.

Depuis 1665, le talent de Nivers s'est épanoui. Le plaisir de toucher un orgue restauré — quoique ce dernier Livre, pas plus que les précédents, n'exige la participation du pédalier —, conjugué à l'expérience, favorise l'heureuse évolution. Les **Préludes** « bicolores » ont bonne allure, mais on ne sait trop s'il faut louer l'auteur ou le blâmer de ses mosaïques d'idées; celui en 1er ton, unifié par un tétracorde ascendant ou descendant, se rapproche d'une ouverture, avec ses rythmes pointés et son pseudo-fugato aux septièmes degrés délibérément instables. Les **Fugues** « à la française » continuent de poursuivre quelques modestes imitations; la fugue grave en 1er ton, en double chromatisme retourné, celle en 2e ton au rythme capricieux, typique de l'auteur, ne déméritent pas, mais tout ce qui faisait la grandeur des fugues de Roberday, l'émotion de celles de Louis Couperin frôle ici le maniérisme : c'est la rançon à payer pour n'avoir pas voulu sucer le lait de la « mère » Italie. De même, l'**Écho**, dont Sweelinck a tiré de beaux effets à l'orgue et qui bouleverse dans les opéras et oratorios italiens, les motets de Du Mont, sent le procédé mécanique. En revanche, les **Duos** dansants lancés par une impertinente imitation, les **Basses** truculentes, les **Récits** et Dialogues de récits aimables et sensibles, les sonores **Dialogues** à deux chœurs avaient de quoi séduire les fidèles de Saint-Sulpice. Le modèle vocal fait toujours merveille : comment ne pas évoquer dans le « Dialogue de voix humaine et de cornet » du 7e ton, qui va se resserrant, le *Dialogus de anima* de Du Mont (1668) entre l'homme pécheur et le Seigneur, et leurs répliques de plus en plus ardentes et précipitées?

Les Livres de Nivers constituent des *prototypes*. Ils passeront pour des *archétypes* et susciteront maints *stéréotypes* : on n'est pas en droit d'en faire grief à leur auteur (plus original, Charpentier aura l'idée d'une *Messe pour plusieurs instruments au lieu des orgues*).

Reste à imaginer ce que le premier grand organiste louis-quatorzien a pu exécuter ou improviser au Louvre et à Versailles durant trente années au service de son souverain. Ni le Livre du pseudo-Geoffroy, ni le Livre d'orgue dit « de Marguerite Thiéry », manuscrits établis, semble-t-il, dans le cercle de Nivers, ne lèvent l'énigme.

B. F.-S.

ANTHONI VAN NOORDT

Né vers 1620 (lieu inconnu) ; mort à Amsterdam, en mars 1675. Il appartenait à une importante dynastie de musiciens néerlandais fixés à Arsterdam au XVIIe *siècle. Son père, Sybrandt le Vieux, était carillonneur en chef de la ville d'Amsterdam. Le fils aîné, Jakob, organiste et carillonneur de la Oude Kerk, succéda à Dirk Sweelinck, le fils du grand Jan Pieterszoon. Un autre Sybrandt, dit le Jeune, fut organiste et carillonneur à la Oude Kerk, puis à Saint-Bavon de Haarlem. Anthoni, lui, fut organiste de 1638 environ à 1644, à la Nieuwe Zijds Kapel, puis de 1664 à 1673 à la Nieuwe Kerk. Voilà tout ce que nous savons du personnage, hormis naturellement la publication d'un* Tabulatur-Boek van Psalmen en Fantasyen *(Amsterdam, W. van*

Beaumont, 1659). On ne peut qu'en déduire prudemment la paisible insertion d'un musicien de talent dans un milieu professionnel en pleine prospérité. En effet, l'ascension sociale n'est pas médiocre qui conduit du père carillonneur au fils, titulaire d'un instrument prestigieux et bénéficiaire de l'édition de ses œuvres.

La Réforme et l'orgue aux Pays-Bas

Pierre Villain* décrit excellemment la situation de l'orgue et des organistes face au rigorisme huguenot. « L'abondance de la musique vocale d'inspiration protestante est bien connue : le *Psautier huguenot* (1562) réunissait, dès le début du mouvement des « religionnaires », un nombre d'autant plus important de mélodies que le chant du croyant constituait une composante essentielle de la vie religieuse, tant au sein de la famille que dans la liturgie du culte proprement dit. Pendant très longtemps, la rigueur des Réformés n'admettait pendant le service divin que le chant à une seule voix [...]. Cette hostilité, cet interdit jeté sur la musique instrumentale peut expliquer l'absence presque totale d'adaptations à l'orgue du *Psautier huguenot*, partout, sauf en Hollande. [...] Là, il n'y avait ni démontage, ni destruction d'orgues. Dès avant la Réforme, l'achat, l'entretien des instruments, les indemnités dues au maître d'orgue étaient payés par les municipalités. On comprend bien qu'elles n'aient pas voulu livrer au vandalisme ce que les édiles avaient acquis avec les deniers de la ville... Que faire alors avec ces instruments, dont certains pasteurs, disciples de Calvin, revenus de Genève, ne voulaient plus? La solution était bien simple : au beau milieu de la « guerre » entre les deux factions, les « orguistes » et les « anti-orguistes », pendant une période longue de près d'un siècle (1560 à 1640) qui a vu se succéder nombre de Synodes réformés hostiles à l'orgue, les braves « Burgmeesters », contre vents et marées, ordonnaient, organisaient, programmaient, payaient des concerts d'orgue! Des concerts d'une durée d'une heure *avant* ou *après* le culte du matin ou du soir, voire quotidiennement, *après* les prières du soir. [...] Il est curieux de constater qu'A. van Noordt — qui naît précisément au moment où J.P. Sweelinck disparaît, et où les « anti-orguistes » commencent à abandonner la lutte — soit resté, dans la phalange des grands joueurs d'orgue néerlandais, seul à s'intéresser au *Psautier huguenot*. Les autres se seraient-ils contentés d'improviser des variations? Les manuscrits qui ont pu exister seraient-ils perdus? »

* Pierre Villain : in enregistrement du *Livre* de Van Noordt par Odile Bailleux (Stil éd.)

L'œuvre pour orgue

Il s'en fallut de peu que ce *Tabulatur-Boek van Psalmen en Fantasyen* (Livre de Psaumes et Fantaisies), inestimable témoignage de l'art néerlandais, disparût à tout jamais. L'exemplaire gravé sur cuivre, conservé à la Preussische Staatsbibliothek à Berlin, a péri dans les flammes de la Seconde Guerre mondiale. Par chance, deux musicologues allemands en avaient préservé une copie ; l'un, August Gottfried Ritter, ayant réalisé en 1882 une copie manuscrite, l'autre, l'infatigable Max Seiffert, en ayant réalisé une édition chez Breitkopf en 1896. Cela a permis à Pierre Pidoux de publier l'unique édition actuelle, probablement très fidèle au texte original puisqu'elle modifie celle de Seiffert à la lumière du manuscrit de Ritter. De plus, Pidoux y a ajouté les mélodies et les textes fournis par le *Psautier genevois* de 1562 (textes de Clément Marot ou Théodore de Bèze, mélodies de Loÿs Bourgeois).

Le Tabulatur-Boek

Le recueil compte *10 Psaumes* et *6 Fantaisies*. Il s'agit des Psaumes 2, 6, 7, 15, 22, 24, 38, 50, 116 et 119. Ces psaumes suscitent de un à huit versets maximum. Et la densité polyphonique varie de deux à quatre voix (voire cinq voix). Le bicinium est assez rare (4 versets sur un total de 41). Ceux à trois voix affectent deux dispositions : trois voix manuelles, avec cantus firmus (c.f.) au soprano ou au ténor, ou deux voix manuelles et le c.f. au pédalier. Les polyphonies à quatre voix font sonner le c.f., par le truchement du pédalier, aussi bien à la basse qu'au soprano ou au ténor. C'est le lieu de rappeler que l'orgue de Sweelinck (Oude Kerk, construit par Henrick Niehoff en 1539-1544) ne comptait que deux jeux de pédale : une trompette 8' et un Nachthorn 2' ; cette disposition permettait donc d'isoler le c.f. dans diverses tessitures. Pour registrer Van Noordt, l'organiste doit aussi s'inspirer de son grand aîné, Samuel Scheidt, dont la *Tabulatura Nova* (1624) contient de précieux renseignements. Au demeurant, l'auteur conclut sagement ses conseils : « Je [les] propose seulement pour ceux qui ne connaissent pas cette manière de jouer et à qui cela pourrait faire plaisir. Aux autres organistes distingués et avertis, il est laissé le loisir de disposer selon leur humeur. »

La référence à Scheidt n'est pas non plus déplacée en ce qui concerne la composition proprement dite. L'écriture contrapuntique de Van Noordt n'est pas moins rigoureuse et savante que celle de son illustre aîné. Peut-être même est-elle plus achevée que celle de Sweelinck. Mais le revers de la médaille est qu'elle semble manifester une indifférence au texte illustré. Cette rigidité calviniste est accusée par une proclamation hiératique, tranchante, granitique du cantus firmus. La souplesse procurée par l'ornement n'y est pas admise (à de rares exceptions près). A un tel régime, l'émotion pourrait être jugulée, étranglée. Elle n'est cependant pas absente : par exemple, dans le verset 2 du psaume 24, où un trait enflammé embrase le récit de la main droite, se divisant même en deux branches incandescentes. Buxtehude ne mettra pas plus d'ardeur dans ses propos. De leur côté, les biciniums ajoutent au panache une certaine gaieté insouciante. Mais les *Fantaisies* apparaissent plus scolaires, tout en sonnant admirablement sur les instruments de l'époque.

Étrangement, la sève créatrice des Pays-Bas semble, après Van Noordt, s'échapper de cette région où pourtant vont s'élever quelques-uns des plus beaux instruments d'Europe, pour se transfuser dans les provinces (voisines, il est vrai) d'Allemagne du Nord.

G.G.

LUIS DE PABLO

Né à Bilbao, le 28 janvier 1930. Il commence ses études à Fontarabie (Guipùzcoa) ; puis, tout en menant à terme des études de droit à l'université de Madrid, il poursuit seul sa formation musicale. Il viendra ensuite travailler à Paris, avec Max Deutsch, et à Darmstadt. Sa première œuvre, Coral, *pour septuor à vent, date de 1953. Depuis, une centaine d'opus témoigne de son extraordinaire talent inventif. Écrivain, compositeur, conférencier, pédagogue, il est homme de communication. Il fonde les groupes* Tiempo y Musica *(1959-1963), puis* Alea *(1969-1973), qui feront connaître en Espagne une grande partie de la musique contemporaine. Il organise la Biennale de musique contemporaine de Madrid (1964), les Rencontres de Pampelune (1972), fonde le premier laboratoire d'électro-acoustique en Espagne, dirige le festival de Lille (1981-1983), crée le Centre pour la diffusion de la musique contemporaine INAEM (1983). Il est un bel exemple du musicien à la fois engagé dans la société pour y faire vivre la musique, et sachant s'en abstraire dans les périodes de création.*

Modulos V

Composée en 1967 sur commande de la Radio de Brême, l'œuvre a été créée la même année à Brême par Gerd Zacher, et la première audition française en a été donnée en 1970 au festival de Royan par Xavier Darasse. Unique œuvre pour orgue de Luis de Pablo, elle forme le dernier volet d'une série commencée en 1958 et dédiée à la forme flexible, point d'équilibre formel entre hasard et contrôle.

Le compositeur en donne le commentaire suivant : « Je divise l'œuvre en quatre parties, A-B-C-D (l'ordre de succession pouvant être inversé), jouées sans interruption et composées par le même matériel de base. A est formé de dix séquences dont l'ordre de succession est libre, trois paramètres étant laissés au choix de l'interprète (registre, timbre, vitesse). B est formé de neuf séquences dont, à nouveau, l'ordre de succession est libre, mais deux paramètres seulement sont laissés au choix. C est formé de cinq séquences et, cette fois, un seul paramètre reste libre. Enfin, D est totalement écrit, dans une graphie flexible.

« Les quatre parties vont de l'extrême imprécision dans les éléments du discours jusqu'au totalement écrit. Je pourrais donc dire que ma contribution à l'orgue se place à l'intérieur de mes recherches formelles de l'époque, et pas du tout comme un cas isolé. Naturellement, la nature de l'instrument fut déterminante à l'heure d'imaginer la forme, et cela me porte à considérer *Modulos V* comme une œuvre éminemment organistique. J'ajouterai même que, étant donné les caractéristiques de l'orgue, il me semble impossible d'envisager un dialogue formel entre compositeur et interprète aussi profond que celui de *Modulos V*. »

Apprentissage de la liberté, par ses dimensions et le foisonnement sonore qu'il permet et suscite, *Modulos V* introduit l'orgue dans une dynamique non spécifique et en révèle de nouvelles possibilités.

Durée d'exécution aléatoire

X.D.

JOHANN PACHELBEL

Né à Nuremberg, baptisé le 1er septembre 1653; mort à Nuremberg, le 9 mars 1706. A l'école Saint-Laurent de sa ville natale, il est l'élève de Heinrich Schwemmer (lui-même disciple de Kindermann) et de Georg Caspar Wecker, deux excellents musiciens établis en cette ville. Dès 1663, l'enfant est immatriculé à l'université d'Altdorf (près Nuremberg), et il obtient son premier poste d'organiste à la Lorenzkirche. Commencent les voyages. De 1670 à 1673, on le voit élève de Kaspar Prenz au Gymnasium poeticum de Ratisbonne. En 1673, il est peut-être organiste auxiliaire à la cathédrale Saint-Étienne de Vienne, ce qui l'aurait amené à fréquenter Johann Caspar Kerll — mais cet épisode présumé de sa vie est aujourd'hui fortement contesté. Peu après (1677), organiste de la Cour à Eisenach, il est décrit par le maître de chapelle Daniel Eberlin comme « un parfait et rare virtuose ». Cette année passée à Eisenach lui suffira pour se lier d'amitié avec la famille Bach, dont Johann Ambrosius, le père de Jean-Sébastien (qui naîtra huit ans plus tard). Dès 1678, il brigue et obtient l'orgue de l'église des Frères prêcheurs, la Predigerkirche à Erfurt, où il demeurera douze ans. En 1681, premier mariage, mais la jeune femme et son petit enfant sont emportés par la peste de 1683. Nouveau mariage en 1684 : Pachelbel aura cinq fils et deux filles. L'année 1690 le trouve organiste de la cour de Wurtemberg à Stuttgart, auprès de la duchesse Sibylla, et 1692 organiste de la ville à Gotha. Il refuse des propositions flatteuses, comme un poste d'organiste à Oxford, et s'en revient au port : en 1695, il est organiste de l'église Saint-Sebald de Nuremberg, sa ville natale, où il s'éteindra onze ans plus tard.

Dans une existence fertile en déplacements, Pachelbel illustre donc essentiellement deux postes, à Erfurt et Nuremberg; Eisenach, Gotha et Stuttgart ne l'auront que peu de temps retenu. Mais que l'organiste ait été fort apprécié n'atténuait nulle ment l'exigence de ses employeurs. A Erfurt, par exemple, son contrat spécifiait que le 24 juin de chaque année, pour la Saint-Jean-Baptiste, il devait observer l'anniversaire de son engagement. Ce jour-là, il lui fallait non seulement se soumettre à un nouvel examen, mais aussi donner la démonstration de ses progrès durant l'année écoulée au cours d'un récital d'une demi-heure à la fin du service de l'après-midi, avec obligation de faire valoir toutes les ressources de son orgue. Et pendant douze ans, l'un des meilleurs exécutants de son temps a donc dû prouver qu'il restait le plus digne de son poste ! On songe naturellement aux tracasseries dont Jean-Sébastien Bach sera abreuvé à Leipzig...

Lors de son séjour de 1677 à Eisenach, Pachelbel devait nouer avec la famille Bach des liens fort étroits. Il y fait la connaissance de Johann Christoph et de son inséparable frère jumeau, Johann Ambrosius Bach ; l'amitié qui s'établit alors est suffisamment forte pour qu'en 1680, alors qu'il est parti pour Erfurt, Pachelbel devienne le parrain d'une Johanna Juditha (morte six ans plus tard), fille de Johann Ambrosius et sœur aînée de Jean-Sébastien. A Erfurt, il rencontrera plusieurs membres de la grande famille des Bach, dont trois frères, cousins germains d'Ambrosius : Johann Aegidius, Johann Christian et son contemporain Johann Nikolaus, ces deux derniers emportés peu après par la terrible peste de 1682-1683 (il y eut 9 400 victimes). Enfin et surtout, Pachelbel fera travailler un autre Johann Christoph, ce fils aîné d'Ambrosius, organiste à Ohrdruf, qui recueillera quelques années plus tard son petit frère, jeune orphelin, Jean-Sébastien. Ce dernier ne rencontrera jamais Pachelbel, alors qu'il aura entendu et fréquenté Reinken, Boehm ou Buxtehude ; mais la connaissance qu'il avait de son œuvre, notamment par son frère, exercera sur lui une influence décisive, en lui transmettant l'art de Frescobaldi et de Froberger.

De nombreux élèves auront d'ailleurs été formés par Pachelbel, à commencer par ses propres fils Wilhelm Hieronymus (qui reprendra le poste de Saint-Sebald pendant 39 ans) et Carl Theodor (qui partira pour les États-Unis en 1730 et jouera un rôle important dans l'essor de la vie musicale américaine), mais aussi Andreas Nikolaus Vetter et Johann Heinrich Buttstedt, qui succéderont à leur maître à la Predigerkirche d'Erfurt, sans compter d'autres moins connus mais qui contribueront à diffuser son style, comme Eckelt, Rosenbusch, Zahn, Störl, Zeidler, Handeler, J.-J. de Neufville, etc.

Du vivant du musicien, seuls quatre recueils de ses œuvres furent publiés : pour le clavier, *Musicalische Sterbensgedancken* (« Pensées musicales sur la mort », quatre chorals variés, Erfurt, 1683), *Choräle zum Präambulieren* (Huit préludes de choral, Nuremberg, 1693), *Hexachordum Apollinis* (« L'Hexacorde d'Apollon », six airs variés, Nuremberg, 1699), ainsi que six sonates en trio, sous le titre de *Musicalische Ergötzung* (« Réjouissance musicale », Nuremberg, 1691 ?). Son œuvre vocale comprend 26 motets sur des textes psalmiques, 7 cantates sur des textes divers, une messe et une messe brève, 13 *Magnificat* et 19 airs. Mais c'est l'œuvre d'orgue, celle d'un homme qui a occupé toute sa vie des charges d'organiste, qui est la plus considérable. On recense 9 airs variés et une arietta (pour orgue ou clavecin), 6 chaconnes, 85 chorals (dont 8 partitas), 6 fantaisies, 26 fugues libres et 94 fugues pour le *Magnificat*, 7 préludes, un prélude et fugue, 3 ricercare, 16 toccatas et une toccata et fugue.

L'œuvre pour orgue

Olivier Alain souligne excellemment les caractéristiques de la personnalité de Pachelbel*. « Il se distingue aisément de ses contemporains. Moins porté vers l'expression et l'audace harmonique que Johann Krieger, aussi virtuose mais moins superficiel que Poglietti, il admire, sans réellement l'imiter, le génie fantastique de Buxtehude, et se sent plus proche spirituellement de ce Frescobaldi que Froberger et Kerll l'ont aidé à connaître. D'autre part, il paraît s'être toujours tenu à l'écart

* O. Alain, *in* notice accompagnant l'enregistrement d'œuvres pour orgue de Pachelbel par Marie-Claire Alain, disques Erato.

de l'influence rythmique et ornementale des Français. Mais on n'oubliera pas que l'empereur Léopold Ier ne voulait pas entendre parler de musique française... Les qualités propres à Pachelbel? Avant tout, un don de mélodiste qui s'étend à toutes les voix de la polyphonie, [...] un contrôle incessant de l'écriture, autant qu'un subtil instinct sonore : la science cachée sous la douceur et la pureté. »

Dans ses deux principaux postes d'organiste, Pachelbel a eu sous les doigts des instruments relativement modestes, et de caractères très différents. Construit en 1647 par Ludwig Compenius, celui de la Predigerkirche à Erfurt compte alors 27 registres avec une pédale riche d'une batterie de quatre anches (bombarde 16', trompette 8', chalumeau 4', cornet 2'). Celui de Saint-Sebald n'aligne que 14 registres sur deux claviers, mais les mixtures y abondent (au Grand-Orgue, grosse cymbale 2'2/3 + 2', Scharpfenet 2' + 1'1/3, Mixtur; au Positif de dos, grosse cymbale 2'2/3 + 2', Octave 2' + 1', cymbale 2 rangs); d'autre part, on trouve des jeux composés, comme cette flûte « 3 rangs » à la pédale, qui groupe en réalité, sur un même registre, principal 16', soubasse 16' et principal 8' : on reconnaît ici un principe de la facture italienne. En tout état de cause, et quelles que soient leurs différences, ce sont des instruments lumineux, chantants, de proportions harmonieuses, souples et racés.

Une partie non négligeable de l'œuvre de clavier de Pachelbel appelle indifféremment le clavecin ou l'orgue. Loin de déceler dans cette ambivalence une prétendue pauvreté d'inspiration qui négligerait les richesses de l'orgue, il faut au contraire y voir une volonté typiquement luthérienne d'imprégner la vie quotidienne d'une musique spirituelle. Animateur de la *Hausmusik* (musique domestique), le clavecin reprendra tout naturellement à la maison le fil de la prière engendrée par l'orgue à l'église voisine. Il en résultera évidemment une écriture quelque peu indifférenciée entre deux instruments aussi contradictoires. Par ailleurs, des pièces de caractère profane conçues pour les sautereaux résonneront sans vergogne sur les cabinets d'orgue. Ces musiques gagnent en douce familiarité ce qu'elles perdent en grandeur intimidante.

Le reste de l'œuvre était destiné au culte ou au concert spirituel. Les préludes de choral et les fugues de *Magnificat* préparaient l'assemblée au chant proprement dit du choral. Mais de nombreuses autres pièces, fantaisies, fugues, toccatas, chaconnes, partitas devaient trouver une place plus appropriée dans ces auditions d'orgue auxquelles était astreint Pachelbel. Nous ignorons la fréquence de ces concerts, mais ils devaient connaître un grand retentissement, car si très peu d'œuvres ont eu les honneurs de l'édition, le reste, en revanche, a été abondamment copié et diffusé, exerçant une grande influence sur des musiciens tels que Armsdorf à Erfurt, Kauffmann à Merseburg ou Johann Gottfried Walther à Erfurt puis Weimar. Mattheson n'appelait-il pas ce dernier « un second Pachelbel »?

Le musicien a si bien illustré la plupart des formes musicales en usage à son époque qu'il paraît opportun de les passer en revue pour en extraire quelques exemples caractéristiques.

Pièces libres : toccatas, préludes, fantaisies

Toccatas et préludes, aux titres parfois interchangeables, alignent ou alternent traits de virtuosité (souvent sur de longues tenues de pédale) et épisodes plus dramatiques (enchaînements harmoniques audacieux et récitatifs). Les fantaisies, plus lyriques, plus « sérieuses », se déroulent comme de rêveuses improvisations.

La **Toccata en *ut* majeur** est un parfait exemple de toccata décorative sur point d'orgue. De très longues tenues de pédale (tonique et dominante), « à l'italienne », soutiennent d'interminables figurations manuelles parallèles à deux voix. L'imitation initiale est bien loin d'avoir la vigueur du canon ouvrant la somptueuse *Toccata en* fa *majeur* BWV 540 de Bach, mais Pachelbel renouvelle cependant l'intérêt en resserrant les figures rythmiques (doubles croches, puis triolets de doubles croches et enfin triples croches) et en variant les tessitures.

Durée d'exécution : ~ 3 mn

La **Toccata en *fa* majeur** déroule ses volutes manuelles sur trois longues tenues de pédale : tonique, dominante et tonique ramenée par une transition. L'écriture, qui

passe joliment de 4 temps à 12/8, est légère, transparente, pétillante. L'essentiel de l'ouvrage sonne en clé de *sol*, et Pachelbel n'a pas son pareil pour renouveler l'intérêt des formules manuelles. On retrouve chez lui un peu de cette allégresse inventive qui anime les longues variations des virginalistes anglais. Ce n'est certes pas la main qui conduit la pensée, mais elle lui est indiscutablement consubstantielle.
Durée d'exécution : ~ 2 mn 30 s

Après avoir fait grésiller des batteries clavecinistiques, la **Toccata en *mi* mineur** ne craint pas de rabâcher dix-huit fois en onze mesures la même formule mélodico-rythmique. L'improvisation en mal d'inspiration dévoile ici ses faiblesses.
Durée d'exécution : ~ 2 mn

Ce n'est pas un reproche que l'on puisse adresser au **Prélude en *ré* mineur**, qui rassemble avec panache tous les principaux caractères de la toccata : traits de pédale solo, arabesques manuelles sur « points d'orgue », fusées, arpèges, accords brisés, accords en blocs sonores projetés par différents claviers. Les idées fourmillent et l'effet est saisissant.
Durée d'exécution : ~ 6 mn

Mais certains préludes (en *mi* bémol, en *sol* mineur) se confondent avec des fantaisies calmes, un peu solennelles.

Des six pièces qui nous sont parvenues sous le titre de fantaisies, la **Fantaisie en *sol* mineur** est probablement la plus caractéristique et la plus belle. Plusieurs éditions isolent une partie de pédalier; mais cette toccata *di durezze e ligature* est évidemment *manualiter* : des retards savamment distillés sensibilisent un climat de plus en plus sombre (*sol* mineur, puis *si* bémol mineur). Retards, broderies chromatiques, modulations éloignées, conduite de la mélodie supérieure, écriture à quatre voix très soignée, tout contribue à faire de cette brève pièce une perle d'émotion pudique.
Durée d'exécution : ~ 4 mn

La **Fantaisie en *ut* majeur** — probablement *manualiter* — est toute lumière et grâce bondissante. Bruissante de trilles, elle possède aussi une verve rythmique étourdissante, usant avec adresse d'un bref et léger motif carillonnant que l'on imagine résonner sur un jeu de glockenspiel ou de petite cymbale. S'il fallait lui décerner un titre, ce serait sûrement « *in dulci jubilo* »!
Durée d'exécution : ~ 1 mn 30 s

Pièces contrapuntiques : fugues et ricercare

Pachelbel affectionne le style fugué; mais autant les fugues proprement dites (plus d'une centaine) cultivent une liberté d'allure et un sourire méditerranéens, autant les ricercare affichent une sévérité quasi didactique.

Aux Italiens, le musicien emprunte cette forme grave et savante en plusieurs sections qu'était devenu le ricercare, développé par les Cavazzoni, Padovani, Merulo et autres Frescobaldi. Le **Ricercar n° 2**, en *ut* mineur, illustre de manière exemplaire les conventions du genre. La première section expose un sujet chromatique ascendant; une deuxième fugue l'exploite par mouvement contraire, et la troisième section introduit un deuxième sujet en valeurs plus brèves pour finalement le combiner au premier.
Durée d'exécution : ~ 5 mn

Le **Ricercar n° 3**, en *fa* dièse mineur, contracte la composition, puisque la première fugue utilise déjà les formes droite et contraire du premier sujet qu'une deuxième fugue combinera naturellement avec un deuxième sujet.
Durée d'exécution : ~ 3 mn

Pachelbel manifeste une prédilection pour la fugue. Olivier Alain le souligne fort justement : « Curieusement, à ce type d'écriture, il attribue ses thèmes les plus libres, les plus personnels, parfois les plus pittoresques sinon les plus humoristiques, suivant en cela, d'ailleurs, le grand exemple de Kerll*. » Le terme de fugue ne doit certes pas évoquer les grandioses constructions de J.-S. Bach, ni même une succession d'expositions dans les tons principaux. O. Alain l'analyse ainsi : « En principe, après une première exposition à quatre voix, Pachelbel enchaîne divertissements sans rigueur, de préférence à trois ou deux voix, et entrées librement espacées, mais au ton initial (les cas d'« entrée

* O. Alain, *op. cit.*

au relatif » sont très rares). Très fréquemment, il ménage des « effets de registre », en faisant sonner une entrée au soprano, largement au-dessus des voix accompagnantes, et surtout il aime réserver le registre le plus grave pour une dernière entrée solennelle*. »

Le recueil des **94 Fugues sur le *Magnificat*** (dans les six premiers tons d'église) constitue une somme de trouvailles mélodiques, soigneusement élaborées mais sans une once de pédantisme. La référence aux mélodies grégoriennes est souvent bien ténue, pour ne pas dire inexistante. Ces pièces, en de rares occasions spécifiées « *für zwey Claviere* », sont généralement courtes ; quelques-unes, plus longues, juxtaposent cependant trois sections, dont la dernière, à la façon du ricercare, superpose les sujets des deux premières.

L'examen des sujets est un régal, tant Pachelbel donne libre cours à une industrieuse imagination. Dans les uns, l'auteur privilégie l'expression, avec des motifs aux contours mélodiques conjoints

II,1 

II,4 

ou disjoints

I,1 

IV,5 

d'un grand recueillement ; l'expression peut être plus dramatique,

I,15 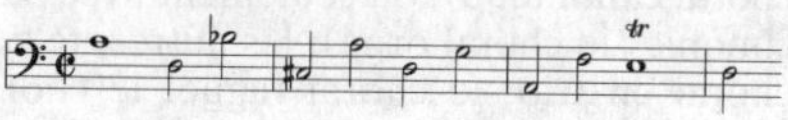

voire tragique, en raison des mouvements chromatiques.

I,19 

VII,4 

D'autres sujets, au contraire, dansent avec entrain,

I,3 

font crépiter des notes répétées

VIII,6 

ou s'amusent franchement ;

VI,10 

et l'humour des gros trilles

V,8 

ou des marches caricaturales

VI,9 

n'a pas échappé au jeune Jean-Sébastien Bach (*cf.* le sujet de sa *Fugue* en *ré* majeur BWV 532).

Trois fugues réduisent leur discours à deux voix : Bach n'aurait-il pas trouvé ici ses modèles aux *Inventions* à deux voix ? Cela n'empêche nullement en d'autres endroits de superbes strettes, ou un sujet en augmentation venant couronner l'édifice. La pédale est cependant superflue dans la majeure partie des pièces. On remarquera enfin l'habileté de Pachelbel à présenter plusieurs variantes d'une même cellule thématique.

Airs variés et chaconnes

Le thème des airs variés est en général modéré, de rythme binaire, souvent teinté de mélancolie (la plupart sont en mineur) et divisé en deux sections. Les variations, qui vont de quatre à un maximum de huit, empruntent des procédés claviéristiques très caractérisés. Ainsi, il n'est pas rare que la première variation dévide une arabesque à la main droite, tandis que la main gauche prend le relais dans la seconde. Ailleurs, l'harmonie du thème se développera en polyphonie brisée, ou bien l'orgue dérobera au luth son écriture idiomatique (style « luthé »). On trouve aussi des variations chromatiques, des progressions métriques (de la noire comme unité de valeur jusqu'à la triple croche), des dérives ternaires de thèmes binaires, des effets clavecinistiques dont l'orgue n'est pas nécessairement le meilleur truchement, etc.

L'**Aria sexta** de l'*Hexachordum Apollinis*, dite « *Aria Sebaldina* », représente un exemple accompli du genre. Le thème en *fa* mineur est empreint d'une touchante mélancolie et témoigne des qualités de mélodiste de Pachelbel. Et la variété d'expression des huit variations est telle que l'on est tenté de leur appliquer les adorables titres des *Scènes d'enfants* de Schumann : *Des pays étranges, A cheval sur un bâton, Presque trop sérieux*... De toutes façons, un poète parle !

Durée d'exécution : ~ 8 mn

Les six **Chaconnes** s'en tiennent à la tonalité de base élue par l'auteur. L'ostinato aidant, ce pourrait être fastidieux, mais la verve de claviériste de Pachelbel sait éviter l'écueil en multipliant les trouvailles.

La **Chaconne en *ré* majeur** repose — et ce n'est sans doute pas une coïncidence — sur la fameuse basse du non moins fameux « Canon de Pachelbel ». Les douze variations alternent avec grâce les épisodes expressifs et les traits de virtuosité. Même sur un modeste instrument, une registration appropriée mettra en valeur les harmonies cristallines.

Durée d'exécution : ~ 5 mn avec les reprises

La **Chaconne en *fa* majeur** aligne ses quarante variations (la dernière étant l'écho de la première) sur un bref ostinato de quatre notes. En rappelant clairement la première expression du thème, les variations 10 et 30 constituent des paliers importants dans l'architecture générale. Comme souvent chez Pachelbel, l'œuvre peut être jouée au manuel seul ; elle appelle d'autant mieux le clavecin que certaines variations relèvent de son jeu spécifique : jeu luthé des variations 22 et 23, accords partagés entre les deux mains des variations 36 et 37. L'orgue peut conférer à la pièce un surcroît de pittoresque en confiant l'ostinato à la pédale et en usant d'une registration bariolée. L'articulation des variations ne permet pourtant que rarement l'adjonction ou le retrait d'un ou de plusieurs jeux sans hiatus dans le discours musical. Mais l'organiste (surtout amateur) est souvent tenté de mettre en valeur toutes les ressources de son instrument, confondant l'être et le paraître.

Durée d'exécution : ~ 6 mn

Mais c'est incontestablement la **Chaconne en *fa* mineur** qui constitue le chef-d'œuvre du musicien. Dans ce ton, grave s'il en est, de *fa* mineur, elle est aussi assise sur l'ostinato d'un tétracorde descendant, dont seul le filigrane apparaîtra en certaines variations. La première mélodie, d'une poignante simplicité, n'eût pas été désavouée par Schubert : elle chante, flexible, amoureusement suivie par les ombres d'imitations droites ou contraires. Les 22 paires de variations (dont une seule au relatif majeur de *la* bémol) déploient des trésors d'ingéniosité mélodique et rythmique. L'œuvre assume avec élégance deux contradictions : d'une part, malgré l'extraordinaire diversité des « caractères », elle reste profondément « une » et, d'autre part, elle sonne avec autant de force persuasive selon qu'elle est registrée avec panache (une couleur par variation) ou dans une stricte économie (un seul jeu tout au long de l'œuvre). La tradition ramène même en guise de conclusion la variation initiale : la chaconne en *fa* mineur, ou les « Goldberg » de Pachelbel...

Durée d'exécution : ~ 8 mn

Chorals

Pachelbel illustre avec bonheur les principaux types de chorals en usage à son époque. Si certains ne l'ont pas inspiré (le choral canonique), ou seulement avec parcimonie (le choral orné), les autres, tels le choral en trio, le choral fugué, le choral varié et surtout le choral figuré, sont largement représentés.

Le **choral en trio** présente généralement le cantus firmus au soprano, plus rarement à la basse ou dans la partie médiane. « *Vom Himmel hoch, da komm' ich her* » résonne en valeurs longues au pédalier, tandis qu'au manuel deux gracieuses parties s'ébattent avec une candeur angélique : les imitations libres cèdent même la place à la figuration naïve d'un froissement d'ailes.

mes. 15-16

Le **choral fugué** mérite plus souvent le nom de fuguette. Seules, les plus grandes dimensions de certains d'entre eux (quelques pièces sur le *Magnificat*, par exemple) autorisent la dénomination de fugue. Généralement, seule la première période du choral est ainsi traitée en exposition de fugue à quatre voix. Ce type sévère, mais sans rigueur excessive, est traditionnel dans la musique d'orgue d'Allemagne du Centre. *« Ach Herr, mich armen Sünder »*, *« Der Herr ist mein getreuer Hirt »*, *« Komm heiliger Geist, Herre Gott »*, *« Wo Gott zum Haus nicht gibt sein Gunst »*, *« In dich hab' ich gehoffet, Herr »*, *« Es woll uns Gott genädig sein »* constituent de bons exemples du genre.

Mais c'est sans doute le **choral figuré** qui séduit le plus Pachelbel. Celui-ci peut l'employer sous l'aspect classique d'un bref fugato introduisant chaque période du cantique; mais plus souvent, comme le souligne O. Alain*, « il pratique une grande *forme combinée* qui lui est personnelle est qui consiste dans le groupement d'une fugue introductive, souvent assez développée, et d'un véritable choral figuré ». Ajoutons que l'introduction fuguée s'en tient toujours à la première période du choral. Si le premier genre est illustré par *« O Mensch, bewein dein Sünde gross »* et *« Gott hat das Evangelium »*, le second trouve de sublimes expressions dans *« Allein Gott in der Höh' sei Ehr »*, *« Ach Herr, mich armen Sünder »*, *« An Wasserflüssen Babylon »*, *« O Lamm Gottes unschuldig »*, *« Ein' feste Burg ist unser Gott »*, *« Wenn mein Stündlein vorhanden ist »* ou *« Herr Jesu Christ, ich weiss gar wohl »*. Parmi maints exemples, on peut peut-être en retenir arbitrairement deux qui apparaissent exemplaires.

« Christ lag in Todesbanden » juxtapose deux volets très différenciés qui résolvent avec élégance le paradoxe du texte; celui-ci fait suivre l'évocation des « liens de la mort » par le vibrant *Alleluia* du Ressuscité. Le premier volet est donc un fugato, calme, gris, austère; mais de cette cendre émergent, d'une part, au pédalier, le granit d'un choral en valeurs longues, d'autre part, au manuel, la joyeuse symphonie de deux ou trois voix pleines d'allégresse.

« Warum betrübst du dich, mein Herz » : ce texte magnifique avait déjà inspiré à Scheidt une de ses plus émouvantes *Cantiones sacrae*. Les 32 mesures du fugato initial sont parcourues par un contre-sujet chromatique qui blesse une polyphonie très chantante. L'apparition du choral (au soprano, en valeurs longues) est d'ailleurs préparée par une strette chromatique d'un bel effet. Curieusement, ce motif expressif disparaîtra dans le second volet pour laisser la place à de lancinants retards. Ce choral justifie d'ailleurs la belle image de Pirro, selon qui « les mouvantes arabesques [de l'accompagnement] se confondent en une harmonieuse grisaille, dès que le trait d'or du cantique s'élève au-dessus des figures qui l'annonçaient. Elles disparaissent, comme les prophéties inquiètes et imparfaites disparaissent devant la parole du Messie ».

Mais Pirro ajoute que « ces fugues, presque aussitôt quittées qu'entreprises, n'ont d'autre dessein que de rendre [sa composition] plus solennelle en insinuant qu'elle sera savante ». Nous soutenons au contraire que chacune de ces constructions caractérisent admirablement l'esprit du texte, préparant le fidèle à la prière du jour avec infiniment de respect et de persuasion. L'âme se trouve naturellement élevée, purifiée par ces contrepoints lumineux, ces harmonies limpides. Bach fera plus grand, il ne fera pas plus pur.

Comme rare exemple de **choral orné**, on citera *« Wir glauben all an einen Gott »*. Par ailleurs, Pachelbel s'autorise parfois

* O. Alain, *op. cit.*

un regard vers le passé, et le bicinium *« Jesus Christus, unser Heiland »* aurait fort bien pu être signé par Samuel Scheidt.

André Pirro distingue « en cet héritier de Froberger, un ordre romain, une grâce italienne et une âme luthérienne* ». Nous préférons pour notre part la comparaison d'Olivier Alain : « Si dans l'école d'orgue allemande de la fin du XVIIe siècle, on voulait voir en Buxtehude l'Albert Dürer de la Baltique, Pachelbel serait alors, pour nous, le Botticelli de la Bavière** ».

G.G.

* A. Pirro, « L'art des organistes », in *Encyclopédie Lavignac*, Paris, Delagrave, 1926.

** O. Alain, *op. cit.*

HELIODORO DE PAIVA

Né à Lisbonne, en 1502; mort à Coimbra, le 20 décembre 1552. Son père, Bartholomeu de Paiva, était maître de la garde-robe du roi et surintendant des travaux publics du royaume; sa mère, Filipa d'Abreu, fut la nourrice du roi Jean III (Dom João III) : la date de naissance d'Heliodoro est inconnue mais, puisqu'il fut frère de lait du souverain, doit correspondre à peu de chose près à celle du souverain, soit 1502. Paiva reçut très probablement une éducation de qualité à la Cour, dont certainement une formation musicale à la Chapelle royale. Il devint chanoine régulier de Saint-Augustin et passa à ce titre l'essentiel de sa vie au monastère de Santa Cruz de Coimbra.

Bon chanteur, instrumentiste (orgue, « claviorgue », viole à archet, harpe) et « maître en contrepoint », mais également excellent scribe, célèbre pour ses enluminures et réputé pour ses connaissances en théologie, philosophie, hébreu, grec et latin, il composa nombre de messes et versets polyphoniques sur le *Magnificat*, ainsi que des motets. Les quelques œuvres pour clavier qui nous sont parvenues confirment sa réputation de sensibilité et d'élégance, et témoignent d'un sens « moderne » pour la tonalité. Né quelques années avant Cabezón, il est l'un des premiers représentants du tiento ibérique, caractérisé alors par une noble contenance et une grande richesse harmonique dans la polyphonie. De Paiva, l'un des pères de la musique portugaise, trois *tientos* seulement furent tout d'abord retrouvés dans le célèbre manuscrit de Coimbra (la grande et — jusqu'en 1911 — unique université portugaise), et publiés par Ribeiro en 1941. Deux autres *tientos* ont été retrouvés par M.S. Kastner et publiés en 1969 à Milan (Ed. S. Zerboni), ainsi qu'une autre œuvre, polythématique et à quatre voix, retrouvée elle aussi à Coimbra et publiée par Kastner*.

Obra a Quatro de 5º Tom en *fa* majeur après transcription moderne. Une polyphonie dense par l'aisance de sa construction plus que par la richesse du texte, d'une sobriété constante, s'étire sur 147 mesures, dans un ambitus relativement limité (trois octaves, ce qui correspond au clavier de l'époque, souvent de 42/45 touches). L'équilibre est parfait entre l'écriture horizontale polyphonique et l'écriture presque verticale suscitée par la superposition de valeurs le plus souvent longues (rondes, blanches, noires — exceptionnellement croches), toutes deux devant être réunies par une indispensable mais discrète ornementation.

L'importance de Paiva en tant que l'un des pères fondateurs de l'école du *tiento* polythématique, encore dépourvu de traits virtuoses et jouant uniquement sur la qualité du traitement polyphonique et la profondeur de l'expression par le biais de la tonalité, est attestée par l'influence qu'il exerça. Nombreux sont ceux, en effet, qui

* *In Portugáliae Musica*, vol. xix *(Antologia de Organistas do Seculo XVI)*, Fondation Gulbenkian, Lisbonne, 1969.

s'inspirèrent de ses œuvres, tel Mudarra, qui reprit des éléments du *Tento de 4º Tom* pour sa lamentation sur la mort de la princesse Marie de Portugal, première épouse de Philippe II (*acclamé* par la suite roi du Portugal, en 1581) : la reine avait sans doute été l'élève de Paiva. Palestrina reprendra également un thème de Paiva pour son *Io son ferito lasso*, madrigal que d'autres ensuite reprendront à leur tour comme thème de fantaisies ou ricercari : ce sera le cas de Samuel Scheidt dans sa *Fuga quadruplici**.

M.R.

* Voir à *Scheidt*.

GIOVANNI PIERLUIGI DA PALESTRINA

Né à Palestrina, vers 1525 ; mort à Rome, le 2 février 1594. Formé à Rome à la maîtrise de Sainte-Marie-Majeure, il est nommé organiste de sa ville natale, en 1544, avant de regagner la capitale de la chrétienté, en 1551, à la suite de l'évêque de Palestrina, devenu le pape Jules III. A Rome, Palestrina sera successivement en service dans les trois grandes basiliques : Saint-Pierre, Saint-Jean-de-Latran et Sainte-Marie-Majeure. Au lendemain du concile de Trente (1563), il reçoit en outre la direction du Séminaire romain chargé de veiller à l'épuration de la musique d'église. Maître de chapelle comblé, il a mené toute sa carrière dans la Rome pontificale sous l'égide de cinq papes et meurt au faîte de la gloire la même année que Lassus, son unique rival. En marge de ses messes, motets, madrigaux spirituels et profanes, Palestrina a laissé neuf ricercari *conservés à la bibliothèque de Vienne, habituellement joués à l'orgue.*

La place marginale des *ricercari* dans l'œuvre de Palestrina ne justifie pas de retracer ici la genèse puis l'épanouissement de son style ; style unique au monde en ce qu'il restera pour les siècles à venir une référence indestructible. Il semblera en effet tout naturel aux romantiques d'assimiler le mouvement « cécilien » à un retour à Palestrina, de même qu'il nous paraît normal aujourd'hui de parler de « polyphonie palestrinienne » pour désigner la musique vocale *a cappella* de la Renaissance à son stade le plus achevé. Il suffira ici de préciser que, rompu à la polyphonie vocale franco-flamande de Josquin et de ses disciples, à cette *prima prattica* dont il est le plus grand représentant italien, Palestrina a traité avec un égal sérieux et une retenue toute romaine la polyphonie instrumentale.

Ricercari VIII sopra li toni a 4

« La poésie de l'exactitude ». Joseph Samson résuma l'art de Palestrina de cette formule saisissante, applicable sans retouches aux *ricercari*. Ceux-ci sembleront pourtant austères à plus d'un. C'est que l'orgue ne remplace pas tout à fait la magie des voix, leur inflexion humaine. Et si l'on s'accorde à dire que le ricercare est l'équivalent instrumental du motet à sections, il va de soi qu'il ne sonnera pas de la même manière sur les divers médiums sonores. Sur le luth, un Francesco da Milano ne donnera l'illusion de continuité qu'au prix d'un fascinant échange « oblique » des parties, alors qu'un ensemble de violes recréera la souple continuité vocale et que les cuivres conféreront une somptuosité et une autorité insoupçonnées à l'entrelacs des parties. A l'orgue, sur les frêles instruments romains, il ne reste que « l'émotion de la chair nue » — peut-être ne reste-t-il même que l'émotion désincarnée de l'ossature, de la pure écriture.

C'est bien, en effet, à une leçon de style que nous convie Palestrina dont les *ricercari*, dans leur distanciation hautaine, presque stravinskienne, rejoignent l'*archétype*. Au nombre de huit — plus un —, ils illustrent les huit modes de l'héritage médiéval (*ré, mi, fa, sol*, authentes et plagaux) et non les douze modes nouvellement définis par Glarean et Zarlino (étendus à *la* et *ut*). Déjà appuyée sur les degrés forts à la basse, la polyphonie modale de Palestrina jette les bases de l'harmonie tonale ; cependant, sept *ricercari* sur huit s'achèvent par une cadence plagale (sonnant comme une demi-cadence au ton de la sous-dominante, pour les 2e, 3e et 4e modes). Chacun des huit *ricercari* s'articule en trois sections enchaînées, fécondées par des motifs différents ou apparentés. Selon une technique de l'époque, particulièrement chère à l'auteur, les voix s'énoncent en strette deux à deux. Pour la première exposition, l'ordre sujet-réponse-sujet-réponse prévaut, sauf pour les *Ricercari IV et VI*, échelonnés en S-R-R-S, disposition encore très fréquente. A titre d'exemple, examinons un ricercare.

Transposé sur *sol*, le **Ricercare I** sonne à peu près comme le *ton* de *sol* mineur. Ses 50 mesures se répartissent donc en trois sections, la première légèrement plus longue comme il se doit chez tout bon architecte. Les strettes engendrent des fragments en bicinium qui aèrent la polyphonie, laquelle peut aussi voguer à trois parties pour mettre en valeur l'entrée d'une quatrième voix. Seules quelques touches plus émues, comme les retards des mesures 12-14, plissent un instant la surface de cette eau limpide que rien ne trouble. Propulsé par la quinte supérieure, le premier sujet gagne la sixte ; la réponse avec mutation, en quarte et tierce au lieu de quinte et seconde, s'inscrit donc dans le même ambitus. Sur un sujet plus conjoint au profil plutôt descendant, la deuxième section s'achève aussi sur une cadence parfaite avec l'accord de tonique privé de sa quinte, alors que la dernière section, dont le sujet semble un libre mouvement contraire du précédent, se clôt par une cadence plagale avec triade complète.

B. F.-S.

BERNARDO PASQUINI

Né à Massa da Valdinievole près de Lucques, le 7 décembre 1637 ; mort à Rome, le 21 novembre 1710. Après avoir reçu un début de formation à Ferrare, il gagne Rome vers 1650 où il bénéficie des conseils de Cesti et de Vittori. Comme organiste, on le trouve successivement aux tribunes de la Chiesa nuova, S. Maria Maggiore vers 1663, S. Maria in Aracoeli (1664-1710). De 1664 à 1685, il tient aussi l'orgue de l'Arciconfraternità del S. Crocifisso à l'oratoire S. Marcello. Claveciniste autant qu'organiste, il est de toutes les réunions musicales romaines et, maître des concerts du prince Giambattista Borghese, il habite depuis 1670 jusqu'à son décès le palais de son protecteur. Sa réputation lui vaut de jouer à la cour de France devant Louis XIV et à la cour d'Autriche devant l'empereur Léopold Ier. Imposante, bien qu'aujourd'hui méconnue, son œuvre vocale comprend près de vingt opéras, autant d'oratorios et plusieurs cantates. Pour le clavier, il laisse quatre volumes manuscrits autographes (conservés pour l'un à la bibliothèque de Berlin et pour les trois autres au British Museum), des toccatas et danses publiées à Amsterdam en 1697 et 1698. L'ensemble de la production pour clavier a fait l'objet d'une édition en 7 volumes par l'American Institute of Musicology (1964-1968). On doit aussi à Pasquini deux écrits didactiques intitulés Saggi di contrappunto *(1695) et* Regole per ben suonare il cembalo o organo

(1713, perdu, excepté des copies partielles, conservées dans la bibliothèque musicale du padre Martini à Bologne).

Exact contemporain de Buxtehude et de maints organistes allemands, de Nivers et des organistes français du Grand Siècle, il échoit à Pasquini — comme à Cabanilles pour l'Espagne — la rude tâche de tenir à lui seul, ou presque, le même rôle en Italie. De Frescobaldi aux Scarlatti, ce n'est pas que les talents soient taris au clavier, mais la péninsule a davantage exprimé son génie naturel dans les genres vocaux et violonistiques.

Le renom actuel assez discret de Pasquini ne saurait donner une juste idée de son immense réputation dans la Rome pontificale où la reine Christine de Suède, les principes Borghese et Colonna, les cardinaux Ottoboni et Pamphili se disputaient sa présence, où le padre Andrea Pozzo, l'auteur du monumental trompe-l'œil de l'église S. Ignazio, fixait pour l'éternité ses traits et son digne maintien.

Organiste de la Chiesa nuova et de l'oratoire S. Marcello, Pasquini est en relation directe avec les milieux les plus influents de la Contre-Réforme et avec Carissimi. Au théâtre Capranica et dans les salons de l'aristocratie, il collabore fréquemment avec Corelli, et c'est en compagnie du violoniste et d'Alessandro Scarlatti qu'il pénètre, en 1706, au sein de l'Académie des Arcadiens.

Cette célébrité lui attire quantité de disciples, parmi lesquels les Italiens Zipoli, Casini, Gasparini, les Austro-Allemands Kerll, Krieger et, peut-être, le jeune Haendel durant son séjour romain; quant à Muffat, qui a déjà travaillé six années auprès de Lully à Paris, il s'emploiera à jeter les bases du futur « style classique » international. On avance également les noms de Durante et d'Alessandro Scarlatti, sans oublier le jeune Domenico. Cette influence sur la deuxième école napolitaine de clavier est d'autant plus passionnante qu'elle reproduit la relation Ferrare-Rome-Naples, amorcée un siècle auparavant par Ercole Pasquini (Ferrarais, organiste de Saint-Pierre de Rome), auteur des premières *Durezze e ligature* dont on crédite habituellement les Napolitains. Entre les Gabrieli et Frescobaldi en amont, le padre Martini, Clementi et Cherubini en aval, Pasquini est donc à compter parmi les plus grands professeurs de composition italiens de l'histoire de la musique, rôle que remplit actuellement avec le même prestige Franco Donatoni.

Cependant, plus vite oublié que Corelli, Pasquini ne connut ni l'insigne honneur d'être enterré au Panthéon aux côtés de Raphaël, ni la gloire posthume d'accéder au sommet du Parnasse des musiciens aux côtés de Lully.

L'œuvre pour clavier

Constitué de 142 œuvres, le corpus actuellement connu de 17 suites de danses, 18 airs, 32 sonates, 14 séries de variations, 34 toccatas et autres pièces de genres divers montre — et ce n'est pas un mince paradoxe dans la Rome pontificale de la fin du XVIIe siècle — que la majorité des œuvres du plus grand organiste du temps ne s'adressent ni aux offices, ni à l'instrument d'église. La faute ne saurait en être totalement imputée à la modestie des instruments italiens, réduits à un clavier manuel, quelques notes de pédale et à une palette de jeux limitée au *ripieno*, entier ou décomposé, au *fiffaro* et quelque *tromboncino*, car il en allait de même pour Frescobaldi, Fasolo ou Salvatore. Pasquini porte l'entière responsabilité de cette orientation, qui écarte de sa musique vocale toute œuvre d'église et qui — aux côtés de ses opéras dont il assurait volontiers la mise en scène — s'adonne à l'*oratorio volgare* (en italien) plutôt qu'aux histoires sacrées en latin illustrées par Carissimi. D'évidence, le disciple du fantasque Cesti, le compagnon d'armes de Corelli a préféré fourbir ses armes dans les salons et se servir du clavecin pour conquérir à la pointe de ses dix doigts l'admiration de l'élite.

Aucun connaisseur des sonates de Corelli ne s'étonnera donc de rencontrer chez Pasquini le souci — typiquement romain — d'organisation formelle et de concision, un langage clairement tonal, ponctué de cadences parfaites, une écriture brillante et légère, le plus souvent à trois parties, le goût des figurations d'origine violonistique, soit virtuoses (batteries, répétitions séquentielles un peu mécaniques), soit expressives à travers des mélismes mélodiques diamantés de trilles. Possesseur d'un beau métier, Pasquini, en homme de son temps, se veut avant tout aimable et, en vérité, sa musique reflète exactement sa destination. C'est pourquoi, parti des modèles plurisectionnels et complexes de Frescobaldi, il bannit toute fragmentation excessive et allège l'écriture. Ce faisant, il ouvre la voie aux diptyques des Napolitains, comme les *Studi e divertimenti* de Durante et les « sonates » de Domenico Scarlatti, qui vont souvent par paires ou par trois.

Si toutes les œuvres de clavier de Pasquini — initiateur en Italie de la suite de danses et de la sonate — ne s'adressent pas à l'orgue, toutes doivent être citées ici en raison de leur nouveauté et de leurs répercussions sur l'avenir.

Pièces contrapuntiques

Sans doute les plus anciennes, ce sont les plus frescobaldiennes. Deux beaux *capricci*, particulièrement celui en *sol* mineur, font encore appel à cinq sections de métriques variées en progression agogique sur un motif générateur, doublé de contre-sujets successifs, dans une savante écriture intriquée emplie de retards harmoniques. On relève aussi trois *canzoni*, une *fuga*, deux *ricercari* dont un *con fuga in più modi*, et une *fantasia* inachevée.

Pastorale

Sans vouloir rivaliser avec les séries de noëls des Français ou avec le *Concerto fatto per la notte di natale* de son ami Corelli qui s'achève par une *Pastorale ad libitum*, Pasquini figure parmi les premiers organistes italiens à signer une pièce naïve pour le temps de la Nativité. Après une introduction balancée à 6/4, hésitant entre les modes majeur et mineur, aux sons de chalumeaux et cornemuses (imités par le *tromboncino* et le *violoncello*, le *cornetto* et le *flauto*), sa rustique *Pastorale* en *sol* majeur déroule un ruban de figures primesautières à quatre temps. Entre la première et la dernière sections sur pédale de tonique, les trois sections centrales caracolent dans les tons voisins d'*ut* majeur, *la* mineur et majeur et *fa* majeur.

Durée d'exécution : ~ 4 mn 30 s

Variations

Les 14 séries regroupent des ensembles de diverse nature. Les quatre *passacagli* sont loin d'approcher les savantes constructions de Buxtehude et de Pachelbel, mais il faut sans doute voir dans l'absence d'accord conclusif de trois d'entre elles un geste éminemment baroque qui laisse à l'interprète le soin de décider de l'espace-temps de l'œuvre et de sa fermeture, donc de sa complexité. Plusieurs séries qui commentent un thème inventé (*Variationi e inventione, Partite diversi sopra alemanda, Variationi fioritas*, etc.) incluent des rythmes de danses ; certaines de leurs variations se tournent hardiment vers l'avenir dans leur rédaction instrumentale et leur polymétrie (C superposé à 6/4, ou 12/8 à 8/8). Restent les *partite* sur les thèmes encore en vigueur de la Bergamasca, du Saltarello ou de la Follia. Magnifiée au clavecin par Alessandro Scarlatti et au violon par Corelli dans le dessein d'ériger une somme technique de leur instrument respectif, la **Follia** pasquinienne montre moins d'ambition. L'un des deux groupements se suffit de quatre variations (premier exposé compris), et si l'autre atteint quatorze variations, la technique ne s'y veut point transcendante et les oscillations métriques (3/2, 3/4, 3/8) ne quittent pas la battue ternaire alors que Corelli n'hésite pas à gagner le 4/4 puis à fondre les deux métriques en un 12/8 synthétique. Respectueux du schéma en seize mesures, articulé en antécédent et conséquent, et de la grille harmonique en *ré* mineur, Pasquini s'autorise en revanche, dès l'exposé, un parcours mélodique inusité. Les premières variations avancent par paires dans l'habituelle progression agogique ; la 9e amorce une décélération qui inclut, en 13e position, l'indispensable lamento chromatique.

Durée d'exécution : ~ 8 mn

Suites et Airs

A la vérité, dans ses séries monotonales de danses stylisées binaires à reprise, l'Italien n'emploie pas le terme « suite » — inauguré au clavecin par le Français

Lebègue en 1687 — et l'on peut estimer que ses assemblages de danses se réfèrent aussi bien aux *sonate da camera* des violonistes et aux anciens *balletti* de Frescobaldi qu'aux suites françaises. Cinq se suffisent d'un binôme *allemanda-corrente* ou *allemanda-giga*, voire *allemanda-bizzarria* (terme repris à Banchieri) ; cinq autres présentent les trois danses favorites du compositeur — *allemanda, corrente* et *giga* — ou des associations plus inattendues, telles trois *arie* successives ou *tastata-corrente-aria* ; six montent à quatre pièces et une seule atteint cinq numéros. A ces 17 pseudo-suites, non comptées les danses séparées (dont une unique *sarabanda*), on peut joindre les séduisantes séries d'*arie* que les organistes empruntent volontiers aux clavecinistes. Miniatures binaires à reprise, de tempos, caractères et rédactions instrumentales très divers, elles mettent en valeur les dons de mélodiste et la vivacité rythmique naturelle du compositeur dans un temps extraordinairement réduit. Chaque aria ne saurait donc prendre son autonomie, quoique leur assemblage tonal soit assez déconcertant ; les Six Arias en *ut* majeur-mineur se terminent en *si* bémol majeur et les Huit Arias en *ut* majeur-*la* mineur s'achèvent en *sol* mineur ! Les autres vont par fausses paires.

Sonates

Sa participation au recueil de *Sonate da organo de varie autori*, publié par Arresti à Bologne en 1687, fait de Pasquini l'un des fondateurs de la sonate pour clavier en Italie, genre qu'il illustra plus qu'aucun de ses collègues. Au nombre de trente-deux, ses sonates se répartissent en deux catégories inégales. D'un côté, quatre à un clavier, entièrement réalisées, dont la sonate en *mi* mineur, précédée de l'indication « *Elevazione, Adagio* » (selon la coutume qui affecte le quatrième ton à la célébration eucharistique), idéale pour le *fiffaro* de l'orgue, et la sonate en *fa* majeur, de type toccata, qui porte au centre l'indication « *Pensiero* », reprise par Casini dans ses *Pensieri*. De l'autre, quatorze sonates à deux claviers et quatorze à un clavier (1704), réduites à une portée par instrument, les dernières portant du reste le titre « *Basso continuo* ». Sans doute destinées au clavecin, comme le laisse supposer la mention « *Due cembali* » au début du premier groupe, les sonates sonnent excellemment sur l'orgue et peuvent s'insérer utilement dans les offices religieux.

L'unique partie des sonates à un clavier s'active mélodiquement et rythmiquement, laisse place à quelques épisodes de main droite en clé de *sol* marqués « *solo* » et à des amorces de dialogue à deux voix (toujours sur une seule portée, *cf.* n° 2 en *mi* mineur, n° 5 en *sol* mineur). Quant aux sonates à deux basses, elles commencent systématiquement en imitation, s'autorisent des superpositions grave/aigu en chassé croisé, au point qu'il n'est pas nécessaire d'en grossir exagérément la texture primitive pour les rendre viables. Toutes monotonales, les sonates à un clavier se sectionnent en épisodes, et celles à deux claviers en trois parties quasi autonomes, parfois porteuses d'indications de tempo (le mouvement modéré se trouvant au centre). De même que chez Corelli (opus 5), certains « mouvements » d'un seul tenant peuvent être redonnés *in extenso* et se terminer par la reprise des dernières mesures (ce que les Français appellent « petite reprise »), tandis que les tempos dansants se scindent en deux parties avec reprise.

En *sol* mineur, la **Sonate n° 8** à deux claviers présente successivement un tempo vif à C, lancé par des imitations en clé de *sol* avant de gagner les régions graves ou mixtes, un tempo lent à 3/8, binaire à reprise, démarré en clé de *sol* et clé de *fa* superposées, et un finale vif à 6/8, binaire à reprise, de type gigue, précédé d'un « Grave » à C.

La destination pédagogique des sonates explique l'étonnante économie des moyens. Sans préjuger de l'exécution que Pasquini en donnait avec son neveu Bernardo Ricordati, on peut supposer que les dons d'improvisateur du compositeur, auteur de « Règles de clavecin », y faisaient merveille. Dans son *Armonico pratico al cimbalo* (1708), Gasparini n'appelle-t-il pas son maître « le prince des organistes », vantant « la merveilleuse perfection de son harmonie » et « *la più vera, bella e nobile maniera di sonare e di accompagnare* » ? On notera aussi combien cette bizarrerie exalte le principe du *non finito* baroque. A ce titre, ces sonates sont exemplaires qui excluent toute possibilité d'exécutions identiques et en appellent avec exigence à l'imagination la plus vive et pourtant disciplinée (sans doute une rencontre parisienne avec Pasquini a-t-elle provoqué les tentatives de Gaspard Leroux — 1705 — et de François Couperin en ce domaine).

Toccatas

Issues des *toccate* de Frescobaldi et de Rossi, les 34 *toccate* ou *tastate* de Pasquini vont tout naturellement dans le sens de l'organisation formelle caractéristique de la fin du Baroque. Trois formules d'exorde y sont possibles : larges accords à arpéger comme chez Frescobaldi, grand trait monodique descendant, ou entrées véloces en imitation. De dimensions plutôt réduites, et sans recours obligatoire au pédalier, plusieurs *toccate* font simplement alterner des épisodes majestueux, décoratifs ou plus poétiques *(Toccata en* ut *mineur)*, ponctués de cadences qui en marquent les articulations. Distinguons une **Toccata en *sol* mineur** dont le profil initial féconde aussi une canzone de Kerll ; la **Toccata en *mi* mineur**, avec fugato en style de canzone et coda virtuose, qui s'approche des polyptyques germaniques tout en actualisant les deux prophétiques binômes *« toccata e ricercare »* des *Fiori musicali* de Frescobaldi.

La célèbre **Toccata con lo scherzo del cucco** (1698) constitue l'unique page à titre de Pasquini. Loin de s'aligner sur le défi abstrait du *Capriccio sopra il Cucho* (1624) de Frescobaldi, elle prend place sans complexe dans la grande lignée des pièces imitatives de la gent ailée, entre *Le Coq et la poule* de Poglietti et *Le Coucou* de Daquin. Au long de six sections en *la* majeur aux figurations pleines d'esprit (IV), parcourues de longs trilles (VI), la tierce *mi-do* dièse tinte distinctement ou se fond dans les formules déclamées, caractéristiques du genre oratoire, en prose, qu'est la toccata (section III, issue des mes. 6 sq. ; section VI).
Durée d'exécution : ~ 5 mn

Si, à côté de spécimens tout clavecinistiques (n° 92 de l'édition moderne), plusieurs *toccate* contiennent des pédales harmoniques un peu trop étirées pour résonner sur un clavecin, deux seulement prennent modèle sur les *Toccate V* et *VI sopra i pedali per l'organo* du Deuxième Livre de 1627 de Frescobaldi. Ainsi, la solennelle **Toccata en *ré* mineur**, composée d'une première partie discursive sous-tendue par quatre tenues de pédale, suivie d'une deuxième partie, non moins éloquente, en trois sections sur un motif unique, deux fuguées, en métrique binaire puis ternaire, et une péroraison volubile. Sur six immenses tenues de pédale *(do-sol-ré-fa-sol-do)*, qui ne seraient pas loin de faire penser à la technique de l'organum, la **Toccata en *ut* majeur**, après trois nobles accords introductifs, nous plonge dans une volière. Merveilleux charivari de chants d'oiseaux, de pépiements et roucoulantes imitations qui préfigure — avec quel esprit ! — l'hédonisme du XVIIIe siècle.

B. F.-S.

CONRAD PAUMANN

Né à Nuremberg, vers 1410; mort à Munich, le 24 janvier 1473. Aveugle de naissance, il est sans doute issu d'une famille d'artisans de cette ville de Nuremberg à la vie culturelle si florissante. En 1446 au plus tard, il est organiste à Saint-Sebald, où l'orgue avait été construit en 1440-1441 par Heinrich Traxdorff, de Mayence; et en 1447, il devient organiste officiel de la ville. Sa réputation lui vaut déjà d'être considéré dans un poème comme le « maître des maîtres ». Étrangement, en 1450, il rompt avec sa fiancée, quitte secrètement Nuremberg, et se rend à Munich où il est engagé comme organiste de la cour du duc Albrecht III de Bavière. Il faudra, en 1451, l'intervention de la duchesse Anna pour qu'il soit dégagé de ses devoirs envers Nuremberg. Il résidera à Munich jusqu'à sa mort. Dès 1450, il visite de nombreuses villes (par exemple Landshut, en 1454, où il touche des instruments variés devant Philippe le Bon, duc de Bourgogne). En 1470, en Italie, « il Cieco miracoloso » *provoque l'admiration générale; il est fait chevalier à la cour des Gonzague, à Mantoue, mais décline les offres flatteuses du duc Sforza à Milan ou de Ferdinand d'Aragon à Naples. En 1471, à la Diète de Ratisbonne, il joue devant l'empereur Frédéric III. Expert très sollicité, on le trouve en 1464 à Salzbourg, et à Nordlingen en 1466. Sa stèle funéraire à la Frauenkirche de Munich, où il est enterré, le montre avec les instruments dont il jouait : orgue portatif, luth, flûte, harpe et viole.*

L'homme a sans aucun doute été le musicien allemand le plus célèbre de son temps. Le poète de Nuremberg, Hans Rosenplut, louait Paumann, et d'abord pour sa mémoire. « Sa tête est un graduel, rempli de répons, d'antiennes, d'hymnes et d'introïts; Dieu même y a inscrit les notes. Un cœur attristé devient joyeux quand Paumann déchante à l'octave. » Sa renommée était due à sa virtuosité sur l'orgue et sur divers autres instruments, mais aussi à son génie d'improvisateur. Si son infirmité a dû lui être un puissant stimulant dans ce domaine musical (de Homère à Vierne, les exemples surabondent), elle pourrait expliquer aussi l'étonnante minceur de l'œuvre qui nous est parvenue. Il s'agit de quatre *Fundamenta* : I (avant 1451) que l'on trouve à la bibliothèque d'Erlangen, II (1452) à la Staatsbibliothek de Berlin (dans le *Lochamer Liederbuch*), III et IV à la Staatsbibliothek de Munich (*Buxheimer Orgelbuch*). De nombreuses pièces de ces deux prestigieux manuscrits, *Lochamer Liederbuch* et *Buxheimer Orgelbuch*, peuvent d'ailleurs être identifiés comme de purs produits de l'école de Paumann à Nuremberg et à Munich. Le *« Cieco miracoloso »* a dû avoir de nombreux élèves, mais on n'en connaît que deux : son propre fils, Paul (mort à Munich en 1517), et Sebald Grave, de Nordlingen. En tout cas, les XVIIe et XVIIIe siècles se souvenaient encore de lui comme du « meilleur organiste », selon les termes de Canisius en 1601, ou de Staindl en 1763.

Son œuvre vocale manifeste sa profonde connaissance de la musique franco-flamande, mais c'est son œuvre d'orgue — aussi brève soit-elle — qui reflète l'influence stylistique de la chanson polyphonique bourguignonne : l'écriture à trois voix y est particulièrement habile, faisant planer un dessus ornementé, virtuose sur la base solide constituée par le couple ténor/contre-ténor.

Son *Fundamentum organisandi magistri Conradi Paumanns ceci de Nuremberg, anno 1452* reste une magistrale méthode d'enseignement de l'orgue. Elle est suivie par quelques préludes (qui ne sont d'ailleurs peut-être pas de Paumann), arrangements pour orgue de chants grégoriens et de compositions populaires de l'époque. Le plus fameux est sans conteste *Mit ganczem Willen wunsch ich Dir* (« De tout mon cœur, je te désire »). La composition pédagogique, elle, a pour point de départ une série de formules, montant progressivement de *ut* à *mi* (intervalle de dixième). Chaque exercice est présenté en montant et en descendant *(ascensus et descensus)*. Et la formule simple *(simplex)* est suivie des formules *per tertias, per quartas et per quintas*. Tout l'art imaginatif du compositeur peut ainsi se déployer au-dessus de ces formules rudimentaires. Chaque exercice est présenté deux fois.

Puis on trouve une série de *pausae*, c'est-à-dire de formules de cadences sur des notes répétées ou longuement soutenues. Le chapitre suivant offre des perspectives intéressantes sur les questions si controversées au XVe siècle de la tonalité et des accidents. Après une sorte de récapitulation, l'œuvre conclut par une composition sans titre plus substantielle.

Il convient de souligner ici combien le *Buxheimer Orgelbuch* est le reflet de la technique et de l'enseignement de Paumann en ce qui concerne l'adaptation à l'orgue de pièces vocales profanes ou religieuses ; les procédés de coloration (dont les *Fundamenta* constituent une vivante illustration) rendent parfois méconnaissables les voix ornementées. Le *Buxheimer Orgelbuch* est ce précieux manuscrit écrit vers 1470 en Tablature d'orgue allemande, provenant du couvent des Chartreux de Buxheim, et conservé à la Bayerische Staatsbibliothek de Munich. Il contient plus de 250 compositions spirituelles et profanes pour orgue : d'une part des pièces d'origine vocale et mises en tablature, d'autre part, 27 compositions pour orgue. Il constitue l'une des sources musicales majeures pour la musique instrumentale allemande, avec la *Tablature d'Adam Ileborg* (1448) conservée au Curtis Institute de Philadelphie et qui renferme la toute première indication de l'usage de la pédale, ainsi que le *Lochamer Liederbuch* (4 fascicules réunis en 1455 au plus tard) qui contient lui aussi un *Fundamentum organisandi* de Paumann, mêlé à 81 pièces, dont 31 pour orgue.

G.G.

FLOR PEETERS

Né à Tielen, le 4 juillet 1903 ; mort le 4 juillet 1986. En 1919, à la suite d'études entreprises à Herentals et Turnhout, il entre à l'Institut Lemmens de Malines où il se perfectionne avec facilité. Organiste assistant de la cathédrale Saint-Rombaut de cette même ville (1923), il en sera titulaire deux ans plus tard. En 1926 commence au Conservatoire de Bruxelles une carrière de concertiste qui le mènera en Italie (1934), à Paris (Sainte-Clotilde en 1936), aux États-Unis où sa première tournée triomphale de 1946 lui en vaudra neuf autres jusqu'en 1971, en Angleterre, Afrique du Sud (1955), URSS où il compte parmi les premiers organistes occidentaux à se produire (1963), en Australie, Nouvelle-Zélande et jusqu'aux Philippines (1958). Familier de Charles Tournemire et de Marcel Dupré auquel il rend visite dès 1927, comme de Hendrik Andriessen, il apparaît comme un des virtuoses les plus recherchés d'Europe et consacre à l'enseignement une importante partie de ses activités. D'abord professeur d'orgue au conservatoire de Gand (1931), il exerce ensuite à Tilburg (Hollande) en 1935, puis au conservatoire flamand d'Anvers (1948) qu'il dirigera en 1952. Dans ces deux derniers établissements, il enseigne aussi la composition, domaine d'une solide expérience avec plus de cent trente numéros d'opus dans des genres très variés : pièces pour piano ou carillon, musique de chambre, mélodies, chœurs, cantates, pièces pour orgue et voix, orgue et cuivres et plus d'une cinquantaine d'opus consacrés à l'orgue seul. Il fut comblé d'honneurs, depuis l'ordre de Saint-Grégoire-le-Grand jusqu'à celui de Léopold de Belgique, et sa vie fut entièrement vouée au culte de la musique.

La Belgique eut la chance de posséder en Flor Peeters un Dupré doublé d'un Marchal. Grand soliste international, improvisateur, compositeur respecté, pédagogue soucieux du renom de son école nationale, il compte aussi parmi les pionniers du retour à la musique ancienne, notamment celle des Flandres. Auteur d'ouvrages didactiques comparables à ceux de Dupré (*Méthode pratique de l'accompagnement du plain-chant* en 1942, *Ars Organi*, méthode d'orgue de 1954), il publia de 1938 à 1949 une anthologie des maîtres flamands en trois volumes, compositeurs qu'il joua dès 1930 et qu'il enregistra souvent. En dehors des romantiques (il interprète en 1943 l'œuvre complète de Franck à Gand et à Radio-Bruxelles), des modernes et des grands classiques comme Bach et Buxtehude, Flor Peeters a inscrit, en effet, à son répertoire des Anglais, des Italiens des XVIe ou XVIIe siècles, et surtout des transcriptions d'Obrecht, Dufay ou Josquin et des œuvres de Cornet, Isaac, De Macque, Peter Philips, John Bull, Willaert, Sweelinck, Kerckhoven, Van den Gheyn ou Fiocco, entreprenant pour les Flamands la bataille que Marchal livrait en France en faveur de Couperin, Grigny ou Clérambault. Ce contact permanent avec la polyphonie de ces auteurs nordiques n'a d'ailleurs pas été sans influence sur son œuvre, laquelle doit aussi au premier Dupré et, en partie, à l'art de Tournemire. D'où la bipolarisation très sensible qu'a relevée son biographe, John Hofmann*, autour d'une pensée symphonique issue d'un Lemmens et de son école, et d'un idéal néo-classique.

Le compositeur manifeste, d'autre part, un goût marqué pour les grands instruments de synthèse, tels ceux qui prolifèrent en France dans les années cinquante. La reconstruction de son orgue de Malines (Stevens, 1958) paraît d'autant plus éloquente qu'elle est le fruit de ses directives : quatre-vingt-trois jeux répartis sur quatre claviers et pédale, combinaisons, crescendo et une composition certes ouverte à la facture du XIXe siècle (fonds nombreux, flûte harmonique, voix céleste, Récit en partie symphonique avec batterie complète), mais non sans quelques timbres de tradition nordique (mixture de pédale, cymbale tierce au Positif, acuta au Positif de couronne, sifflet au Récit, pleins-jeux nombreux). C'est pour cet instrument que beaucoup d'oeuvres de Flor Peeters ont été pensées.

Avec une multitude de pages fonctionnelles (Préludes de choral divers, *Préludes d'Hymnes pour l'année liturgique* op. 100 qui ne comporte pas moins de deux cent treize pièces publiées en vingt-quatre volumes !), on relève l'existence d'une vingtaine d'œuvres majeures qui témoignent bien de l'évolution du compositeur flamand, depuis le double choix d'un langage symphonique ou contrapuntique jusqu'à la synthèse des deux, dans une écriture plus moderne où abondent les intervalles diminués ou augmentés, de septième ou de neuvième : une progression donc assez comparable à celle d'un Marcel Dupré.

* John Hofmann, *Flor Peeters, his life and his organ works*, Biechwood Press, Fredonia, New York, 1978.

Quatre Improvisations sur des mélodies grégoriennes (op. 6)

Il s'agit de la première œuvre d'orgue écrite par Peeters en 1923 (elle ne sera éditée qu'en 1946). On y perçoit ce goût pour le plain-chant qu'il partage avec Tournemire, et la volonté qu'il affiche de le traiter diversement, selon des techniques traditionnelles de contrepoint ou plus libres. Le *Prélude : « Verbum Supernum »* débute par un fugato sur pédale, mais module dans des tons éloignés pour finir sur la voix céleste du Récit ; le *Choral : « Ave Maria »* use d'un cantus firmus qui, du soprano, passe au ténor, tandis que la *Cantilène : « Iste Confessor »* ressemble à un choral orné sur le cornet de Récit. La *Fantaisie : « Inviolata »* oppose alors, selon la manière de Vierne, monodies et sections harmoniques à 12/8.

Durée d'exécution : ~ 5 à 6 mn

Variations et finale sur une vieille chanson flamande (op. 20)

Écrite en 1929 et dédiée à Marcel Dupré, dont le compositeur admirait les *Variations sur un Noël* (incontestable modèle ici), cette œuvre difficile peut être considérée comme le premier « morceau de bravoure » de Peeters. On est loin de la technique peu complexe des *Improvisations* de 1923 ! Le choix d'une mélodie flamande *(« Lart ons mit herten reyne »)* à 6/4, en mode dorien et symétrique (A B A), n'est pas gratuit et inaugure une série de compositions de caractère nationaliste. Hofmann a d'ailleurs fort bien décelé des sources typiquement néerlandaises dans l'art de Flor Peeters. Elles se manifestent par des mouvements contrastés, des dissonances rudes et des mélodies aux contours anguleux.

Après la présentation du thème harmonisé à quatre voix sur le principal 8', on suit un programme de huit variations. Dans la première, le thème migre du ténor au soprano sur la trompette, puis se voit traité en canon entre soprano et basse sur fond de voix céleste (deuxième). A l'issue d'un scherzando à 9/8 (troisième), l'auteur insère des variations plus lentes qui font appel à un récit de cornet orné (quatrième) ou à un mouvement à 6/8 avec le thème à la pédale (cinquième). Comme chez Dupré, la septième variation lance alors un fugato à quatre voix avec canons et augmentation, qui débouche sur une toccata finale.

Durée d'exécution : ~ 16 mn

Toccata, fugue et hymne sur « Ave maris stella » (op. 28)

Dédié à Charles Tournemire et joué en première audition, à Scheveningen (Hollande), ce triptyque remonte à 1931 et compte, avec l'*Élégie*, pièce composée à la mémoire de sa mère, parmi les meilleures pages de Flor Peeters. La **Toccata** initiale, *Allegro* assez compartimenté (A B C D A′), s'ouvre sur un *perpetuum mobile* en arpèges ascendants qui évoquent la houle. Le thème de plain-chant y sonne à la pédale, en *ré* puis en *la*, et passe bientôt dans l'aigu au cours d'une deuxième partie en *la* bémol, sans les anches et les mixtures du Grand-Orgue (B) ; mais la troisième section s'anime plus encore, avec des sextolets de doubles croches, alors que le thème paraît en *sol*, puis en *ut*. Avant la reprise de A, un dernier épisode modulant *(Più lento e ben declamando)* présente des accords à contretemps d'un effet original.

La **Fugue** qui s'enchaîne (*Allegro moderato* à 6/8) expose alors l'*Ave maris stella* sur un rythme de gigue (fonds et mixtures II et III), lequel apparaît ensuite en *sol* et en *ré*, puis en canon entre le sujet à la basse et son augmentation au soprano (*fa* majeur, 9/8), tandis qu'à nouveau à 6/8, la section finale sollicite les anches. L'**Hymne** intervient enfin *(Maestoso, ff)* et superpose thème en valeurs brèves (croches à la pédale) et son augmentation harmonisée (grands accords manuels). L'œuvre conclut sur un *Allegro vivo* de toccata, digne de ses proportions magistrales.

Durée d'exécution : 11 à 13 mn

Rhapsodie flamande (op. 37)

Créée à Radio-Bruxelles en 1936, cette œuvre de haute virtuosité s'inscrit dans le courant d'obédience flamande qui prend source avec les *Variations et finale* (op. 20), pour se poursuivre avec les *Dix Préludes* (op. 119), et maints chœurs et mélodies. Trois volets symétriques la composent, partant d'un *Allegro con fuoco e maestoso* en *mi* mineur sur le tutti (12/8), avec des unissons impérieux sur pédales, auxquels succède une seconde idée *(Più sostenuto, f)*. La partie centrale (*Andantino* à C) énonce ensuite un nouveau thème en *si* mineur, vieille chanson d'origine flamande utilisée aussi par Smetana dans *La Moldau* et traitée ici sous forme de variations. Un dernier motif apparaît alors qui, après une section *Andante*, *Allegro marcato* puis *Moderato*, conduit à la réexposition de la première partie, couronnée d'une coda massive.

Durée d'exécution : 12 à 13 mn

Passacaille et fugue (op. 42)

Cette première grande fresque de tendance néo-classique fut achevée en 1938 et dédiée à Hendrick Andriessen. Composée sur un ostinato de huit mesures à 3/4 en *mi* mineur, la *Passacaille* n'est pas très éloignée des pages similaires de Reger ou d'Otto Barblan, et se réclame autant d'une tradition allemande que la *Toccata, fugue et hymne sur « Ave maris stella »* se révélait latine. La position géographique de la Belgique justifie sans doute cette double influence qui apparaît aussi dans les courtes pièces (choral/plain-chant). Quatorze variations suivent son exposition à la pédale solo (ce chiffre a-t-il une valeur symbolique en hommage à Bach ?). Les deux premières introduisent chacune une voix supplémentaire, dans un contrepoint très linéaire ; les trois suivantes jouent sur les rythmes (triolets, deux doubles croches et croche, mouvement à 9/8), alors que dans la sixième, l'ostinato de pédale est doublé à la tierce au soprano, sur un dessin mélodique de la main gauche. On entre ensuite dans un cycle de quatre variations sans pédale qui modulent successivement en *si* mineur, *fa* dièse mineur et *ut* dièse mineur, soit de quinte en quinte, tandis que les valeurs passent des doubles croches en arpèges descendants (septième) aux triples (huitième). Dans les variations 9 et 10, une harmonisation à quatre parties s'inscrit dans une mesure à 4/4. On regagne alors le ton principal de *mi* mineur pour moduler bientôt en *la* (onzième variation en gigue, marquée par le retour de la pédale), puis *ut* mineur (douzième variation avec quintes parallèles archaïsantes qui annoncent le final du futur *Concertino*. Les deux dernières variations en appellent enfin au tutti *Decisivo* où de grands accords se superposent à des motifs de pédale difficiles en intervalles disjoints (treizième) et traits ponctués de septièmes (quatorzième).

La fugue qui parachève la vaste structure reprend, comme chez Bach, l'ostinato modifié, pour se dérouler à trois voix. On en remarquera la section finale avec sa longue pédale de dominante sur laquelle s'inscrit la strette du sujet sur ce dernier en augmentation, et la coda en majeur qui glorifie l'ostinato harmonisé sur croches de pédale.

Durée d'exécution : 9 à 10 mn

Élégie (op. 38)

Composée en deux heures, sous le choc de la mort de sa mère (1935), cette pièce tendue et tragique accumule les harmonies dissonantes sur un *ré* de pédale qui sonne en syncope, comme un glas, puis laisse la parole au plain-chant *(Requiem)*. Une page brève mais d'une admirable intensité.

Durée d'exécution : ~ 4 mn

Suite modale (op. 43)

Cette suite en quatre parties, qui s'apparente fort à une sonate, fut écrite en 1938 et donnée en première audition à Radio-Bruxelles. Un **Choral** tient lieu de prélude *(Allegro maestoso)* et oppose un tutti massif avec pédale à un second plan purement manuel, selon un procédé qui fait toujours son effet. Suit un **Scherzo** (Allegro à 3/4) qui s'organise suivant une formule symétrique avec deux trios (A B A C A B A). Dans A, la main droite se complaît sur une sesquialtera (8', 2' 2/3, 1' 3/5), un hautbois lui répond au ténor (B) ou une voix céleste plus harmonique (C). Quant à l'**Adagio**, il ressemble à quelque mouvement lent d'une sonate de violon baroque (A B A'), alors qu'au cromorne qui détaille une souple mélodie sur un accompagnement de sixtes parallèles (A), le nasard fait écho (A'). La **Toccata** finale s'articule elle aussi selon trois sections symétriques. La première fait chanter un motif de pédale sur un *perpetuum mobile* en doubles croches, la seconde *(Un poco sostenuto)* joue sur un canon entre soprano et basse.

Durée d'exécution de chaque pièce : ~ 2 mn, 3 mn 30 s, 3 mn et 4 mn

Sinfonia per organo (op. 48)

En 1940, Flor Peeters poursuivit l'effort entrepris avec la *Suite modale*, et mit en chantier sa première « sonate d'orgue », œuvre qui fut interprétée par ses soins à Radio-Bruxelles en 1941. Le titre italien, aux résonances « baroques », laisse présager quelques concessions à l'écriture polyphonique et aux figures ornementales de la musique ancienne. En dépit d'une forme sonate peu dans la technique de la première moitié du XVIIIe siècle, cet *a priori* se trouve vite confirmé. Le second thème de l'**Allegro energico** initial sonne comme un choral et s'oppose à un motif de pédale aux intervalles disjoints. Viennent ensuite un **Adagio** (A B A') dont le canon (A) est inversé dans A', et une **Fantasia** *(Allegro con fuoco)* construite sur deux thèmes alternés, selon une polyphonie à deux ou trois voix qui peut s'étoffer lors de longs épisodes sur pédales. Le mouvement final compte parmi les plus élaborés du compositeur, et s'organise à partir d'une triple fugue dont le sujet I est issu du mouvement précédent.

Lied-Symphonie (op. 66)

Postérieure à la *Sinfonia per organo*, puisque composée huit ans plus tard, cette œuvre semble néanmoins donner une réponse « symphonique » au triptyque de 1940, dont les commentaires précèdent. Inspirée par la tournée américaine de 1947, elle comporte cinq parties et se veut, selon les expressions de l'auteur, « un hymne d'action de grâces de la nature vivante au Créateur ». On débute par le *Lied to the Ocean*, page descriptive qui évoque les vagues dans un registre sombre (32 pieds de pédale actif). Suivent *Lied to the Desert* à l'image de l'éternité (pédale en 2' sur l'accompagnement du gemshorn et du quintaton 8'), *Lied to the Flowers* dicté par les plantes de Californie (caractère chorégraphique, registration variée, très colorée), *Lied to the Mountains*, hymne majestueux sur les fonds, et enfin *Lied to the Sun* qui cingle comme une scintillante toccata en mode mixolydien (A B A').

Trois Préludes et fugues (op. 72)

Composés en 1950 et donnés en première audition à Munich dès l'année suivante, ces trois pages attestent du goût de

Flor Peeters pour le contrepoint et les modes. Le diptyque initial, en *fa* lydien, propose d'abord un **Prélude** à 6/8 *(allegretto)* qui opte pour un trio sur pédale en valeurs longues, dont les éléments thématiques reviennent à la fin de la **Fugue** *(moderato assai)*. Dans le second (*fa* dorien), de caractère lyrique, la courte **Fugue** (3/2, *molto andante*) sonne comme un ricercare et se termine en demi-teinte (*p*). Dans le dernier, enfin (*la* mixolydien), un **Prélude** alternant pédale et réponses manuelles dans un style de toccata *(allegro vivo e con fantasia)* précède une **Fugue** sur un sujet de chanson populaire *(allegro moderato)* qui se permet, comme l'indique Hofmann, quelques effets de polytonalité (*ut* sur pédale de *sol* dièse).

Sonata quasi una Fantasia (op. 129)

Page des dernières années, cette œuvre s'inscrit dans la lignée des *Six Pièces lyriques* et tente une synthèse entre contrepoint et style symphonique. L'aspect en paraît sévère, le langage âpre et d'une certaine « virilité », comme se plaît à l'indiquer l'auteur lui-même.

Dans l'**Allegro con Fantasia** introductif, pièce en arabesques réparties entre les claviers et la pédale, on expose un motif cyclique qui va régir l'essentiel du discours (*fa, ré* dièse, *mi, si* bémol, *fa* dièse), notamment celui du **Sostenuto e espressivo** suivant, d'une pensée méditative et intérieure. Viennent alors un **Andantino lyrico** en bicinium sur une registration savoureuse (bourdon 16', flûte 4', cymbale à la main droite ; dulzian 16' et octave 4' à la main gauche), un **Allegro tempestoso** extraverti et un **Adagio senza rigore** d'expression sensible, dont l'auteur était satisfait. On termine enfin avec un mouvement à 6/8 (**Vivo** : tempo di giga) qui s'engage sur des syncopes pour se poursuivre dans l'esprit d'un choral. Un récitatif énigmatique dont la registration peut surprendre (bombarde 16' et mixture ; soubasses 32' et 16' de pédale) précède la réexposition.

Œuvres concertantes

A l'égal d'un Marcel Dupré, Flor Peeters s'est penché sur les problèmes (souvent épineux) du mariage de l'orgue avec d'autres instruments. Si l'alliance avec les cuivres n'a jamais suscité de nombreuses difficultés (le compositeur en propose trois illustrations des plus réussies avec ses *Opus 93*, *101* et *118*), l'équilibre avec le piano ne se révèle pas toujours aisé. Dans son **Concerto pour orgue et piano** (op. 74) de 1951, la solution consiste à traiter l'instrument à tuyaux comme un orchestre, à travers trois mouvements *(Allegro ma non troppo*, *Larghetto espressivo* et *Allegro vivo e fermo)* qui ont d'ailleurs fait l'objet d'une transcription postérieure pour piano et orchestre. Mais l'option prise dans le **Concertino pour orgue positif et clavecin** (op. 122) de 1973 se révèle différente, les deux protagonistes étant traités comme solistes à part entière, dans l'esprit d'une sonate. Le dernier mouvement *(Allegro deciso)* ne manque, par ailleurs, pas d'originalité avec ses quartes, quintes parallèles d'organum et sa double fugue dans le mode de *ré* lydien. Au contraire, le **Concerto pour orgue et orchestre** (op. 52, 1944) se réclame encore de la tradition du XIXe siècle avec un ensemble instrumental imposant : vents par deux, quatre cors, deux trompettes, trois trombones, tuba et quintette à cordes. Après un *Allegro* flanqué de fanfares, vient un *Largo* à 5/4 et un *Allegro vivo* en style fugué qu'introduit une éblouissante *Cadenza*.

Durée d'exécution : ~ 34 mn

F.S.

ALBERT PÉRILHOU

Né à Daumazan, le 2 avril 1846 ; mort à Tain, le 28 août 1936. Fils d'un organiste de Pézenas, il a été l'élève de Saint-Saëns à l'école Niedermeyer. Après un séjour à

Saint-Étienne, il est nommé professeur de piano au conservatoire de Lyon (1883) et titulaire du premier orgue à traction électrique construit par Joseph Merklin au nouveau temple des Brotteaux (1884). Ami de Saint-Saëns et de Fauré, il est ensuite appelé à Paris où, jusqu'à la guerre, il occupe les postes d'organiste de Saint-Séverin (1889-1914) et de Saint-Eustache (1905-1906), d'essayeur et conseiller artistique de la maison Érard et de directeur de l'école Niedermeyer (1910). Auteur d'une œuvre abondante pour orgue, piano, chant, musique de chambre et d'orchestre, il regagna le Midi en 1914, où il passa ses dernières années.

Albert Périlhou laissa le souvenir d'un homme raffiné, intelligent et cultivé. Dans ses mémoires, Louis Vierne évoque à son propos « un artiste du XVIIIe siècle »; il ne paraît donc pas étonnant qu'il ait participé à la fondation de la Société des instruments anciens. Titulaire d'un orgue certes reconstruit par Abbey dans un caractère symphonique (1889), mais qui a conservé quelques jeux d'origine, improvisateur réputé, il apparaît comme un coloriste épris de rigueur formelle, même si les registrations de ses œuvres semblent conçues pour l'esthétique du XIXe siècle. Le titre de *Livres d'orgue*, qui désigne les sept livraisons qu'il publie à partir de 1899, renoue également avec une dénomination inusitée depuis la fin de l'Ancien Régime. On y trouve des « pièces simples composées spécialement pour le service ordinaire » qui font parfois référence à des motifs liturgiques (*Kyrie du 6e ton*, *Dies irae*, *O Filii*, etc.), des études, marches, noëls, préludes ou pièces à titres (*Cloches*, *Impressions – Basilique Saint-Sernin de Toulouse*, *Le Glas*, *Épithalame*, *Lamento*, *Barcarolle*, *Nox)* ainsi que des *Impromptus* pour orgue de salon et des transcriptions de Bach, Haendel, Arne, Mendelssohn, Schumann et Massenet.

Loin de cultiver la grande virtuosité d'un Widor ou d'un Vierne, Périlhou cherche, au contraire, à satisfaire plutôt la clientèle nombreuse des organistes liturgiques (« Ces pièces, très soigneusement registrées, sont assez faciles et jouables, en général, sur un orgue à deux claviers »). A une époque qui privilégie souvent les émois pseudo-mystiques et les romances douceâtres, on ne peut qu'apprécier l'écriture élégante et châtiée, le contrepoint soigné ou l'expression mesurée mais subtile de cet artiste qui, tout admiratif qu'il soit des maîtres du passé, n'en recourt pas moins à l'harmonie, aux modulations ou aux chromatismes de son temps.

F.S.

GABRIEL PIERNÉ

Né à Metz, le 16 août 1863; mort à Ploujean, le 17 juillet 1937. Après des études menées au Conservatoire de Paris avec Franck, Durand, Massenet, Marmontel et Lavignac, il obtint un premier Grand Prix de Rome en 1882 et succéda en 1890 à Franck comme organiste de Sainte-Clotilde où il se fit entendre jusqu'en 1898. Chef assistant des concerts Colonne en 1903, il prit la direction de cette formation sept ans plus tard et fut enfin nommé membre de l'Institut en 1924.

Gabriel Pierné a produit une œuvre très éclectique pour piano et orgue, de la musique de chambre et symphonique, des mélodies, des drames lyriques et des opéras-comiques. Certaines, comme *Cydalise et le chèvre-pied*, ont connu un succès que le temps semble avoir injustement émoussé, au même titre que l'œuvre d'orgue, en dépit de quelques apparitions plus que passagères au concert et au disque.

Très soucieux d'ordre et de clarté, Pierné a toujours fait preuve d'adroites facultés d'adaptation. Des pages aussi différentes d'esprit et de langage que le *Choral* (offertoire) de 1907, la *Fugue en* sol *mineur* (1912) ou les *Trois Pièces*, op. 29 *(Prélude, Cantilène, Scherzando de concert)* de 1893 en fournissent la preuve, optant tantôt pour une écriture polyphonique, harmonique ou virtuose, tantôt pour le principe de la mélodie accompagnée. Si le *Prélude* ou le *Scherzando de concert* exigent, en effet, une solide technique pianistique, le *Choral* en *mi* bémol majeur oppose unissons et harmonisation massive (grand chœur) à des réponses lointaines (Récit ou Positif) qui glorifient à travers les tons de *fa* mineur, *la* bémol majeur et *ut* mineur cet élément d'allure luthérienne dans ce qu'il possède de plus collectif. La *Cantilène*, au contraire, détaille une suave mélodie fauréenne qui, teintée de chromatismes élégants, trouve sa conclusion dans les accords séraphiques d'un hymne sur la voix humaine. Quant au *Prélude* op. 29, de nature plus classique, il s'apparente à un *perpetuum mobile* propre à de grands effets de toccata.

F.S.

CHARLES PIROYE

*Né sans doute à Paris entre 1668 et 1672 ; mort entre 1717 et 1730. Élève de Lully et de Lambert, beau-père de Burat, l'organiste de Saint-Séverin, il a tenu les orgues des Jacobins de la rue Saint-Honoré (1708). On lui doit, outre des airs, cantates, cantiques et une tragédie en trois actes (*Jephté*, 1703), des* Pièces choisies tant pour l'orgue et le clavecin que pour toutes sortes d'instruments de musique *(1712).*

En dehors de quelques pièces comme la *Béatitude*, dialogue à deux chœurs publié dans l'anthologie des *Maîtres français de l'orgue* de Félix Raugel, l'œuvre de Piroye reste inconnue des interprètes. Elle ne manque pourtant pas d'intérêt, en ce qu'en marge du noël, dont la polyvalence est attestée depuis Lebègue, l'auteur cherche un compromis entre l'écriture du clavecin et celle de l'orgue, instruments qu'il pratique avec une égale renommée. Du premier il retient, en effet, le principe des pièces à titres (*La Paix*, *L'Allégresse*, etc.) et des rythmes de danse (chaconne, gigue) ; du second, le principe du dialogue qui oppose deux plans. Son style s'apparente à celui de son maître Lully et ne manque ni de vivacité ni de grâce.

F.S.

MICHAEL PRAETORIUS

Né à Creuzburg an der Werra, vers 1571 ; mort à Wolfenbüttel, le 15 février 1621. Ce fils d'un pasteur luthérien (son nom est la forme latinisée de Schultheiss, Schulz ou Schulte) apprend son métier en Thuringe, d'abord à Torgau et Zerbst, puis à Francfort-sur-Oder. Tout en terminant ses études de philosophie et de théologie à l'université, il occupe dès 1587 le poste d'organiste à la Marienkirche de cette ville. En 1589, il exerce les mêmes fonctions à la Chapelle du duc de Brunswick, au château de Groningen (près d'Halberstadt), et en 1595 il est organiste de la Cour à Wolfenbüttel.

Il y devient maître de chapelle en 1604. En 1596, il prend naturellement part, avec les plus fameux organistes de son temps, à l'inauguration de l'orgue du château de Groningen. Sans quitter Wolfenbüttel, il est le conseiller musical de la Maison de Saxe à Dresde (il dirige même la Chapelle de Dresde à titre intérimaire pendant trois ans) et de la cour de Magdebourg. Mais son rayonnement dépassait amplement les limites de la petite cité, et Sondershausen, Kassel, Leipzig ou Nuremberg profitaient largement de ses conseils. Cette notoriété est mise en évidence par les dédicaces de 1607, 1610 ou 1619, qui témoignent des liens privilégiés de Praetorius avec ses grands contemporains, Heinrich Schütz ou Samuel Scheidt. Mais la collaboration la plus fructueuse fut sans doute celle qui lia l'auteur du Syntagma musicum *(3 vol., 1615, 1618, 1619) avec le plus fameux facteur d'orgues de son temps, Esaias Compenius. Celui-ci fut engagé par la cour de Wolfenbüttel à l'instigation de Praetorius, ce qui permit aux deux associés d'écrire des ouvrages en commun.*

Les Compenius et l'orgue d'Allemagne du Centre

Cette famille de facteurs a joué un rôle prépondérant en Allemagne du Centre au temps des Praetorius et Scheidt, mais aussi des Pachelbel, Krieger, Buttstett, Zachow, Kauffmann, Walther et toute la lignée des Bach.

Esaias Compenius (1560-1617) en est le représentant le plus brillant. Ami de Praetorius qui l'avait attiré à la cour de Heinrich-Julius de Brunswick-Lüneburg, évêque d'Hallberstadt et grand protecteur des beaux-arts, Compenius participa à la rédaction du fameux ouvrage de Praetorius *De Organographia* (Wolfenbüttel, 1619). Et ce dernier eut à cœur de terminer l'ouvrage inachevé de son ami, *Orgeln Verdingnis*. C'est assez souligner la complicité qui unissait les deux hommes. L'unique ouvrage qui nous reste de ce grand facteur est le fameux orgue du château de Frederiksborg à Hillerod (près de Copenhague). Conçu pour le château de Hesse (près de Wolfenbüttel) en 1605, il fut transféré à Frederiksborg en 1617 par Esaias Compenius lui-même. Cet instrument quasi mythique, unique par son état de conservation et l'originalité de sa conception, est d'abord un meuble plein de charme, délicieusement proportionné, avec des tuyaux recouverts d'ivoire incrusté d'ébène et des tirants de registres en argent massif qui affectent la forme de têtes humaines ou animales. C'est ensuite un bijou sonore, dont tous les tuyaux sont en bois. Les mouvements mécaniques sont conçus avec une économie de moyens et une ingéniosité dont l'efficacité force l'admiration. Il fait chanter 27 jeux répartis sur deux claviers et pédalier.

En 1615, à Bückeburg, Compenius réalisait son idéal d'orgue partagé avec M. Praetorius. Cet instrument, décrit dans le *Syntagma musicum*, a malheureusement disparu dans son état originel. Ce chef-d'œuvre, nécessitant 9 soufflets cunéiformes, regroupait 48 jeux sur trois claviers et pédalier; il faisait entendre des jeux inouïs pour l'époque : gemshorn, viola di gamba, doppelflöte (flûte en bois à deux bouches opposées). Les claviers permettaient le tempérament à tons moyens et tempérament égal, par l'adjonction de feintes complémentaires sur *la* bémol et *mi* bémol. Et il équilibrait les divers plans sonores selon deux groupes de jeux à bouche : le groupe masculin, de tailles moyennes, étroites et semi-étroites, et le groupe féminin, de grosse taille (famille des flûtes). Comme le souligne Georges Beyron*, « c'est le type même de l'orgue baroque. Ce qui est recherché surtout, c'est la clarté et la transparence, ainsi que la couleur ».

Sans atteindre le génie d'Esaias, d'autres Compenius se sont illustrés dans la facture d'orgue : Heinrich II, frère d'Esaias construira l'orgue de Magdebourg (42 jeux) et réparera à Leipzig les orgues que jouera plus tard J.-S. Bach (Saint-Thomas et Saint-Paul). Son fils Johann-Heinrich construira l'orgue de Saint-Maurice à Halle (26 jeux), instrument dont le titulaire était Samuel Scheidt. Son deuxième fils, Ludwig, déploiera une grande activité en Saxe : Gera, Erfurt

* Georges Beyron, *L'orgue : évolution de sa facture*, étude inédite.

(Predigerkirche, qui sera joué par Pachelbel), château de Weimar (qui sera joué par J.-S. Bach). Il réalisera même en 1670 un clavecin pour Saint-Thomas de Leipzig.

On constate ainsi que les Compenius n'ont pas peu contribué à modeler le paysage sonore d'une Allemagne du Centre qui, sans avoir la stabilité économique du Nord, faisait cependant preuve d'un étonnant dynamisme artistique. Et la relève des Compenius sera assurée un peu plus tard par Casparini, et surtout Gottfried Silbermann à Dresde.

L'œuvre pour orgue

Elle ne représente qu'une infime partie de l'œuvre produit par l'esprit véritablement encyclopédique de Michael Praetorius. Car aux écrits didactiques déjà cités (dont le considérable *Syntagma musicum*), il convient d'ajouter une énorme production musicale : *Musae Sioniae* (9 volumes, publiés de 1605 à 1610), *Motectae et Psalmi* (1607), *Missodia Sionia* (1611), *Hymnodia Sionia* (1611), *Terpsichore* (1612), *Urania* (1613), *Polyhymnia Caduceatrix et Panegyrica* (1619), *Polyhymnia Exercitatrix* (1619), etc. Il voulait appréhender et exposer dans sa globalité la pratique musicale et les connaissances théoriques de son temps. L'ambition était quelque peu démesurée et il est mort à la tâche. Mais, comme le souligne Werner Braun*, ses compositions, ses préfaces et ses traités reflètent avec une rare pénétration une période d'expérimentation (1580-1620) exceptionnellement créatrice en matière de formes musicales. « Au style du motet et du madrigal, il ajoutait en 1610 une nouvelle manière dont il était l'inventeur : à la mélodie principale présentée sans modification par l'une des voix, il associait d'une manière concertante les autres voix faites de motifs tirés de cette mélodie principale. » Et Braun ajoute : « Il faut rapprocher les nombreuses tournures instrumentales des voix d'accompagnement des brillantes pièces d'orgue publiées par Praetorius. »

On dénombre dix pièces pour l'orgue : quatre construites sur des chorals allemands (1. *« Ein' feste Burg »*. 2. *« Christ unser Herr zum Jordan kam »*. 3. *« Wir glauben all' an einen Gott »*. 4. *« Nun lob' mein' Seel', den Herrn »*), et six sur des hymnes latines (1. *« Alvus tu mescit virginis »*. 2. *« A Solis ortus cardine »*. 3. *« Summo Parenti gloria »*. 4. *« Vita sanctorum »*. 5. *« O Lux beata Trinitas »*. 6. *« Te mane laudum carmine »*). Les chorals sont ajoutés aux *Musae Sioniae*, volume 7 (1610), et les hymnes à l'*Hymnodia Sionia* (1611). Toutes les pièces sont expressément désignées avec la mention « Pro Organico ».

* Werner Braun, article Praetorius, in *Dictionnaire de la Musique*, Bordas, Paris, 1979.

Les hymnes latines

Ces pièces, de longueur variable (de 40 à 111 mesures), présentent toutes la mélodie de l'hymne dans son intégralité, en strict cantus firmus de valeurs augmentées. Au-dessus de ces belles mélodies largement étirées à la basse, s'entrecroisent les trois ou quatre voix d'une tranquille polyphonie, souvent activée par de brèves imitations. Cette beauté sérieuse, cette maîtrise du tissu polyphonique ne sont pas sans faire songer à l'œuvre presque contemporaine de Jehan Titelouze (*Hymnes de l'Église pour toucher sur l'orgue, avec les fugues et recherches sur le plain-chant* », Paris, 1623). Et le moyen de faire sonner ces mélodies au pédalier doit certainement être recherché dans la *Tabulatura Nova* de son ami Scheidt (Hambourg, 1624), où celui-ci préconise la combinaison d'une soubasse 16', d'un posaune 8' ou 16', d'une dulciane (anche) de 8' ou 16', d'une trompette 8' ou 4', d'un hautbois de 4', d'une bauerflöte (régale de 2') et d'un kornet (anche) de 2'.

L'hymne de Noël *« Summo Parenti gloria »* n'est que le huitième verset de *« A solis ortus cardine »*, mais l'écriture en est beaucoup plus variée, imaginative, colorée et sensible. La progression dynamique par l'accélération : croches, croches pointées, doubles croches, triolets de doubles, triples croches, conduit de façon irrésistible et impressionnante vers une coda torrentielle.

Durée d'exécution : ~ 4 mn 30 s

Les mélodies luthériennes

Elles ouvrent des perspectives totalement différentes. Si l'on excepte les deux variations sur *« Nun lob' mein' Seel', den*

Herrn », les proportions sont gigantesques : *« Ein' feste Burg »* compte 257 mesures, *« Wir glauben »* 310, et *« Christ, unser Herr »*, 411 mesures ! Praetorius spécifie bien qu'il s'agit de fantaisies, inaugurant ainsi la fantaisie de choral à laquelle les compositeurs d'Allemagne du Nord donneront ses lettres de noblesse.

« Ein' feste Burg ist unser Gott. » Cette élaboration du choral, loin d'être une compilation des clichés d'écriture en usage à l'époque, est une véritable fresque qui, pour être appréciée, nécessite en même temps un certain recul et une analyse minutieuse. Le fidèle, non musicien, baignera dans une sorte de liquide amniotique où sa mémoire du cantique puisera de quoi conforter sa prière, tandis que l'auditeur, croyant ou non, appréciera l'inspiration, la souple et lumineuse intelligence d'une langue naturellement contrapuntique et d'une rare efficacité instrumentale.

« Christ unser Herr zum Jordan kam. » Avec ses 411 mesures, l'œuvre fait un peu figure de monstre, mais Praetorius sait habilement tenir l'auditeur en haleine, fût-ce par les toujours efficaces passages du binaire au ternaire. La vitalité et la puissance impressionnent : la seule dernière ligne du choral n'inspire-t-elle pas plus de cent mesures de commentaire ? Les procédés contrapuntiques essentiels, imitation, augmentation, diminution, déploient une science sévère, mais économe de ses effets. Et l'organiste a le loisir d'appliquer les conseils de registration de Scheidt, par exemple, en isolant un cantus firmus sur un 8' ou un 4' du pédalier, sans omettre les changements éventuels de plans sonores.

« Wir glauben all' an einen Gott. » La première exposition du choral en valeurs longues au pédalier suscite à la main droite un magnifique trait enflammé (au Rückpositiv ?) dont on aurait aimé quelques retours dans le cours de l'ouvrage. Mais le reste est assez massif, plus proche d'une écriture chorale que d'une véritable écriture instrumentale.

« Nun lob' mein' Seel', den Herren. » La première variation n'est guère qu'une harmonisation un peu animée du choral. La seconde, en revanche, d'une belle vitalité rythmique, présente onze fois — et chaque fois d'une façon remarquablement différente — le dernier vers du choral. La répétition entretient ici un enthousiasme contagieux.

G.G.

HENRY PURCELL

Né en 1659; mort à Londres, le 21 novembre 1695. C'est dans le cadre de la Chapelle royale, où il entra une première fois comme choriste, que Purcell réalisa ou du moins compléta sa formation musicale. Il y demeura jusqu'en 1673, date à laquelle sa voix mua. Il devint alors l'assistant de John Hingestone, responsable de l'entretien des instruments de musique du roi, charge dont lui-même sera titulaire en 1683. Il avait entre-temps été nommé « compositeur ordinaire pour les violons du roi » (1677), puis succédé à son maître John Blow au poste d'organiste de l'abbaye de Westminster (1679 — Blow se serait retiré en faveur de son génial élève, réintégrant son poste à la mort de Purcell), avant de le rejoindre en 1682 comme organiste de la Chapelle royale. Ces diverses nominations furent confirmées par Jacques II (1685) et Guillaume III (1689), pour le couronnement desquels ses talents de second organiste furent mis à contribution. Sa dernière participation officielle à la musique de la cour fut à l'occasion de l'enterrement de la reine Mary, en 1695. Purcell mourut peu de temps après et fut inhumé le 26 novembre à Westminster.

Considéré comme l'un des plus grands musiciens anglais de tous les temps, Purcell parvint à la célébrité dans des domaines très divers. Il mania en effet avec autant d'art le style ancien et contrapuntique, la musique de chambre et l'opéra. Sa participation à des « semi-opéras », musiques de scène accompagnant des pièces parlées, le fit connaître du grand public d'alors (*King Arthur*, *The Fairy Queen*, etc.). Son seul véritable opéra, donc entièrement chanté, est *Dido and Aeneas* (1689). Purcell fut également, ou avant tout, l'un des compositeurs de musique religieuse parmi les plus inspirés de tout le XVIIe siècle européen.

Sa musique de clavier ne saurait en aucun cas se mesurer à sa musique sacrée, de chambre ou de scène, mais le répertoire anglais, pour ce qui est de l'orgue, est trop peu abondant pour que l'on puisse négliger les quelques pièces laissées par Purcell — dont deux chefs-d'œuvre. On ne peut que s'étonner de ce manque d'intérêt pour l'orgue de la part de celui qui fut un organiste réputé*. Sans doute était-il un remarquable improvisateur : la liberté et la fulgurance de l'écriture, complexe et virtuose, d'une œuvre telle que le *Voluntary for ye Duble Organ* le laissent aisément supposer. Le catalogue trop peu consistant de son œuvre d'orgue comprend quelques voluntaries (dont un d'attribution douteuse), auxquels on pourra ajouter un *Voluntary* en *sol*, ou *Prelude* (également recensé parmi les œuvres de clavecin), d'inspiration italienne, enchaînant une introduction *archaïque* à la manière des *Toccatas pour l'élévation* de Frescobaldi, puis une fugue en forme de canzona, vive et légère, *moderne*. Mentionnons également le populaire bien qu'anecdotique *Trumpet tune* (célèbre notamment dans ses diverses adaptations pour trompette et orgue), extrait de la *Suite* pour clavier en *ré* majeur, et d'ailleurs proche d'un mouvement vif de *voluntary* de coupe classique, en deux mouvements.

« Voluntary » (*ré* mineur)

L'œuvre ne portant pas de titre sur le manuscrit, « voluntary » est l'appellation adoptée par certains commentateurs (Willi Apel), d'autres, proclamant ainsi l'influence italienne, préférant « toccata » (Gordon Phillips/Schott). Digne du meilleur Purcell, cette œuvre remarquable, tant par sa richesse formelle, rythmique et mélodique, que par sa concision, est un véritable morceau de bravoure pour le XVIIe siècle. L'esprit de la toccata frescobaldienne, attesté par de virevoltantes fusées, des traits fulgurants secoués d'imprévisibles rythmes pointés, des gammes sur deux octaves en triples croches, alterne avec un contrepoint fort libre mais solidement élaboré, essentiellement imitatif, à quatre voix, dont trois réelles. Il s'agit en fait d'une double fugue dont les différentes sections se trouvent entrecoupées de séquences libres, le premier sujet étant linéaire, le second plus dansant. C'est au ténor que revient d'introduire, sur la tonique, le premier sujet, richement orné, suivi du soprano puis de la basse :

Ce premier développement contrapuntique, après une nouvelle exposition du sujet à la basse, enchaîne sans transition sur le premier épisode virtuose, rafale de gammes ascendantes reprenant par trois fois son élan à la quarte et à la quinte inférieures. De la concision déjà évoquée découle l'équilibre de la construction. Suivent en effet deux mesures d'un contrepoint rétabli mais précaire puis deux mesures de type toccata, ensuite quatre mesures de contrepoint puis quatre de type toccata, quand tout à coup (mes. 32), sans retard ni suspension, paraît le deuxième sujet, rythmique, intégré à la progression du ténor :

La deuxième fugue, dont le sujet s'inspire directement du premier (on y retrouve le triple *ré* ainsi que l'appui sur la sensible *ut* dièse), établit entre les voix un dialogue parfois en imitation parallèle, qu'aucune séquence de type toccata ne viendra interrompre. La seconde fugue s'achève sur un long trait descendant, par paliers enchaînés, soutenu à la basse par une tenue de *ré* à l'octave. La course serrée des deux voix supérieures, à intervalle de tierce, évoque irrésistiblement celle de deux violons, à la manière italienne (Purcell a laissé 22 sonates en trio).

Durée d'exécution : ~ 4 mn

* Voir à *John Blow*.

Voluntary for ye Duble Organ
(*ré* mineur)

C'est l'œuvre la plus développée de Purcell. « *D[o]uble Organ* » signifie qu'elle est conçue pour un instrument à deux claviers, dans la tradition d'un Gibbons *(Fancy for a Double Orgaine)*. L'effervescence de cette pièce, éruptive bien que régulièrement tempérée, riche en accidents savoureux — la tonalité, comme dans la pièce précédente, y connaît de nombreux et audacieux détours, du fait que le langage de Purcell n'est pas encore vraiment tonal, mais modal/tonal —, transmet un sentiment de vie étourdissant. Très proche par sa structure du premier *voluntary* (deux fugues reliées par des séquences virtuoses) et offrant les mêmes caractéristiques de liberté et d'invention, encore plus intensément exploitées cependant, elle présente également l'étonnante particularité de faire entendre dans sa première fugue une « version augmentée » de la première fugue précédente. Les dix-neuf mesures initiales sont globalement identiques, et ce n'est qu'à l'intervention du premier élément de type toccata que le parallélisme s'estompera. Le premier thème, profitant des possibilités offertes par les deux claviers, est traité, dans l'esprit de la fantaisie, sous la forme d'un solo sur clavier séparé alternant entre main droite et main gauche. Sur le second thème, dont le dynamisme jaillit de la syncope initiale, Purcell développe une canzona, inventive et sans contrainte :

D'une extrême complexité dans la musique anglaise de clavier, les signes n'étant, qui plus est, pas toujours utilisés ou interprétés dans le même sens, l'ornementation joue ici un rôle de premier plan. C'est par son intermédiaire que l'on pourra imaginer le « célèbre Mr. Purcell » improvisant à Westminster.

Durée d'exécution : ~ 6 mn

Voluntary on the 100th Psalm Tune (*la* majeur)

Également connue sous l'intitulé « *Voluntary on the Old Hundredth* », l'œuvre est une énigme. Tout d'abord parce que l'on ne trouve d'autre exemple, dans la musique anglaise de clavier de la seconde moitié du XVIIe siècle, d'une pièce reposant sur une mélodie liturgique, procédé des plus courants en Allemagne à la même époque (prélude de choral). Ensuite parce qu'il est le *seul* exemple, mais en tenant compte de son double, attribué à John Blow (pièce n° XXX). L'éditeur des pièces de Blow, Watkins Shaw (Schott), fait remarquer qu'il existe une version modifiée et anonyme de sa pièce n° XVII. Suivant la même pratique, se pourrait-il que Purcell ait à son tour modifié la pièce n° XXX de Blow ? Il n'est plus possible aujourd'hui de dire si ces deux œuvres sur le Psaume 100, toutes deux *« for a double organ »*, sont redevables d'une même source d'inspiration, ou bien si celle de Purcell dérive de celle de Blow.

Les premières mesures sont dans les deux cas absolument identiques : elles exposent le thème en valeurs longues sur le petit clavier, le développement introduisant immédiatement des figures rythmiques plus vives, croches et doubles croches (pré-imitation à quatre voix). La similitude, plus ou moins marquée, entre les deux versions se poursuivra d'un bout à l'autre de la pièce, nombre de mesures et d'enchaînements étant note pour note identiques. L'œuvre est en deux sections : la première fait entendre le cantus firmus à la basse, en quatre incises séparées par deux ou trois mesures de commentaire ; la seconde le fait entendre au soprano et selon la même disposition. Chaque nouvelle exposition du thème se fait sur le grand clavier. Purcell précise *« half stop »* pour la basse, « cornet » pour le dessus. Cette indication de « demi-registre » évoque tout naturellement l'école ibérique, avec laquelle l'Angleterre et les Flandres entretenaient depuis le siècle précédent des relations privilégiées, et sa pratique du clavier partagé en basse et dessus, introduite précisément vers la fin du XVIe siècle. Les sources existantes n'étant pas des manuscrits autographes, sans doute ne saurons-nous jamais si cette œuvre est de Blow (lequel, de tous les compositeurs anglais, a à son actif le plus grand nombre de *voluntaries « for a double organ »*) ou de Purcell : l'œuvre n'en demeure pas moins l'une des plus belles du clavier anglais du XVIIe siècle.

Durée d'exécution : ~ 3 mn 30 s

Un dernier *voluntary*, figurant dans l'édition la plus récente des œuvres de Purcell (McLean), ferait plutôt l'effet, selon W. Apel, d'une « bruyante et disparate *battaglia* [bataille], qu'il serait préférable de ne pas mettre en relation avec le nom de Purcell ». Signalons que le frère de Henry, Daniel Purcell, organiste de Magdalen College à Oxford (1688-1695), puis de St. Andrew, Holborn, Londres (de 1713 jusqu'à sa mort en 1717), a laissé quelques œuvres pour clavecin et/ou orgue.

M.R.

CHARLES RACQUET

Né vers 1598; mort à Paris, le 1er janvier 1664. Issu d'une famille d'organistes parisiens, Charles, qui a voyagé en Allemagne, devient l'un des organistes les plus réputés de son temps. Élève de son père et, peut-être, de Pierre Chabanceau de la Barre, l'organiste de la Chapelle royale, il tient l'orgue de Notre-Dame de 1618 à 1647, époque à laquelle son fils Jean le supplée avant de lui succéder officiellement en 1659. Il est nommé organiste ordinaire de la reine mère, rencontre les meilleurs facteurs de la capitale et se forge une réputation méritée de professeur qui attire les organistes Marin de La Guerre, Nicolas Gigault et même les luthistes, ainsi que l'atteste le Tombeau *dédié à sa mémoire par Denis Gaultier. Jugé fort savant en son art, il est mis à contribution par le père Marin Mersenne afin de lui fournir conseils et exemples pour son* Traité de l'Harmonie universelle *(1636).*

L'absence de publications pour orgue entre Titelouze (1623/1626) et Roberday (1660), et la rareté des témoignages manuscrits faussent sans doute en ce domaine notre perception du « siècle de Louis XIII » et de la Régence. En effet, la facture ne cesse de faire des progrès, orgues et organistes abondent, particulièrement dans l'île de la Cité. Dans l'impossibilité de juger sur pièces du talent de tous ces maîtres, à commencer par les organistes du roi, le hasard guide nos pas ; mais le hasard fait bien les choses en révélant au XXe siècle les œuvres manuscrites de Racquet et de Louis Couperin.

C'est le musicologue André Tessier qui, en 1929, a découvert dans l'exemplaire personnel de *L'Harmonie universelle* du père Mersenne (conservé au Conservatoire des Arts et Métiers) une vaste pièce sans titre de Racquet qu'il a baptisée *Fantaisie*. Dans le 6e livre, consacré aux orgues, de son *Harmonie universelle*, Mersenne (1588-1648) cite des combinaisons de jeux « selon la manière dont use Monsieur Raquette organiste de Nostre-Dame de Paris qui est l'un des plus habiles de France ». Le père minime a souhaité obtenir de cet « excellent contrapuntiste » une pièce « qui devrait être imprimée pour l'exemple de ce qui se peut faire sur l'orgue ». Celle-ci lui parvint sans doute trop tard, et il se contenta de la glisser en lieu et place dans son exemplaire personnel. Du même Racquet, les *Douze Versets de psaumes en duo sur les douze modes* ont pu être imprimés au chapitre « De la composition » « pour montrer la vraie pratique des dissonances dans le contrepoint figuré » qui confirment la pérennité de la modalité étendue à douze modes au siècle précédent par Glarean et Zarlino. Porteurs du texte du Psaume 146, en français, ils appartiennent au répertoire vocal, mais font bonne figure sur l'orgue.

A Notre-Dame, Racquet disposait du premier trois-claviers parisien, mais sans pédalier, reconstruit en 1610 par Valéran de Héman (gendre de Crespin Carlier qui avait travaillé à Rouen pour Titelouze). L'organiste, qui a fourni à Mersenne une « Table de Meslanges » où il analyse les jeux de solo, se conforme aux usages du temps en ne prenant pas la peine de registrer sa propre *Fantaisie*.

La Fantaisie

Cette vaste page en 8e ton (*sol* majeur), à quatre voix, en quatre sections, respectivement de 66, 29, 35 et 36 mesures, se présente sous forme d'une fantaisie-variation (ou ricercare-variation), c'est-à-dire une pièce contrapuntique à sections sur un seul motif — ici dérivé de l'antienne mariale *Regina coeli* — à la manière de Sweelinck et Frescobaldi (ce souci d'unité conduira à la fugue). Modal, le sujet se déploie dans l'intervalle de quarte ; la réponse, avec mutation, s'élargit à la quinte. Notons la mobilité du *fa*, dièse ou bécarre, qui crée des effets de chromatisme retourné dont un Frescobaldi, un Purcell ou un Charpentier sont également friands. Dans trois des quatre sections, les entrées se répartissent en sujet-réponse-réponse-sujet. En valeurs assez longues, la première exposition est suivie d'une sorte de contre-exposition R-R-S-R qui en allonge encore les proportions. La 2e section se contente d'une seule exposition ornée « en diminution » (chaque note du thème est sertie de notes de passage et broderies en croches régulières). La 3e section présente le thème dérythmé en valeurs longues, donc en cantus firmus — mais bien entendu *migrans* puisque le principe de l'exposition fuguée se poursuit —, les trois autres voix s'activant en noires puis en croches. Dans la 4e section, le sujet réaffirme sa rythmique première, selon l'ordre R-S-S-R-R. On remarquera le « tuilage » entre la dernière note de chaque entrée et la première de l'entrée suivante. Le contrepoint se simplifie au profit d'une soudaine volubilité sonore : un preste ruban de doubles croches entoure le thème qui ne s'étoffe que d'une troisième voix. La péroraison en style de grandiose toccata déroule de brillantes figures ornementales sur une pédale de dominante puis de tonique.

I

II

III

IV

La progression agogique sur thème unique dans un tactus immuable conjugue superbement rigueur et fantaisie en projetant sur la longue durée le schéma rythmique décroissant du sujet, d'où l'isomorphie de la micro et de la macrostructure fort recherchée en ce siècle cartésien. On saisit pourquoi Racquet, si habile à tirer le Multiple du Un et à conduire sans digression un discours de la gravité de l'*exordium* à l'apothéose de la *peroratio*, a capté l'attention de l'auteur de *L'Harmonie universelle*.

Durée d'exécution : ~ 6 mn

B. F.-S.

MICHAËL RADULESCU

Né à Bucarest, le 19 juin 1943. Après un premier enseignement donné par ses parents et quelques essais de composition, il commence l'étude de l'orgue et de la composition avec un disciple de Max Reger, études qu'il poursuit à Vienne (orgue et musique sacrée avec Anton Heiller, direction d'orchestre). Depuis 1968, il enseigne l'orgue à la Hochschule für Musik de Vienne. Ses activités de concertiste lui font parcourir l'Europe, l'Amérique du Nord et l'Extrême-Orient. Penseur, musicologue, compositeur, il a écrit pour son instrument, mais aussi des pages pour chœur, pour orchestre et pour ensembles instrumentaux.

Michaël Radulescu est essentiellement inspiré par la musique archaïque dans ses rapports avec notre époque. Pour l'orgue, il le voit comme un grand symbole de l'harmonie et des lois de l'univers, un organisme capable d'imiter le langage articulé et le chant, capable aussi de suggérer des visions par la richesse des couleurs sonores. La musique d'orgue est pour lui essentiellement spirituelle, religieuse. Selon l'étude (inédite) de Pascale Rouet sur l'œuvre pour orgue de Radulescu, son langage musical a été influencé par la musique du Moyen Âge : l'organum, l'ostinato, l'écriture en parallèle, la création de nouveaux modes, la conception rythmique des neumes, durées, quantités opposées au rythme accentué. La conception formelle est inspirée par la poésie et l'architecture médiévales. Une modalité renouvelée donne cohérence au discours; il en résulte des harmonies très originales, des mélodies qui s'apparentent à un folklore réinventé. Les tempos très lents ou très rapides, la rythmique très souple et mobile confèrent un caractère hiératique à ses œuvres, où la référence au passé se conjugue avec l'imagination nouvelle du présent.

Cinq Pièces (op. 9)

Écrite en 1972, cette œuvre est sans doute celle qui semble le plus marquée par les procédés d'écriture dodécaphonique : on ne peut s'empêcher de penser à certaines miniatures de Schönberg ou de Webern, ou au Messiaen du *Livre d'orgue.*
L'ensemble se fonde sur une série qui possède un axe de symétrie passant par le ton central *fa/mi* bémol, et se divise en deux hexacordes constitués uniquement de tierces, majeures et mineures.
Cette physionomie très caractéristique va permettre un travail motivique complexe, dont la base restera l'intervalle privilégié de tierce. A l'image de la série, l'ensemble des cinq pièces s'articule symétriquement autour de la pièce centrale. Les pièces 1, 3 et 5 sont lentes, en demi-teintes; leur rythme souple, irrégulier, fluctuant, leur confère un caractère presque improvisé. Le travail motivique s'opère en grande partie par répétitions et permutations de notes; des changements fréquents de registration à l'intérieur d'une même ligne s'apparentent à la *Klangfarbenmelodie* de Schönberg. Quant aux pièces 2 (sorte de mouvement perpétuel qui va en se densifiant) et 4 (double canon par mouvements contraire et rétrograde), elles répondent et contrastent avec les précédentes par leur sonorité très forte et leur ton tranché — énergique, joyeux pour la deuxième, passionné pour la quatrième.

Durée d'exécution : ~ 15 mn

Phantaisie « Da Jesus an dem Kreuze stand » (op. 14)
Phantaisie « O Mensch, bewein' dein' Sünde gross » (op. 15)

Beaucoup plus développées que de simples chorals, dont elles reprennent pourtant nombre d'éléments caractéristiques, ces pièces traduisent l'essence des textes sacrés de façon hautement spirituelle, en évitant toute manifestation subjective extérieure, toute virtuosité abusive. C'est l'esprit du choral qui est ici la source de la composition et qui l'imprègne jusque dans ses moindres détails.

La Fantaisie sur « *Da Jesus...* » (1976) s'apparente à un vaste crescendo qui, lorsqu'il atteint le maximum de tension, s'arrête brusquement pour faire place à un rappel des sonorités douces du début. Cette pièce est traversée tout au long de son déroulement par le motif de la croix.

Durée d'exécution : ~ 10 mn

La Fantaisie sur « *O Mensch...* » (1978) se construit en forme d'arche : une tension de plus en plus forte va déboucher sur une écriture canonique extrêmement dense et tourmentée ; deux accords violents viennent interrompre le discours de façon brusque et inattendue, et c'est ensuite une retombée progressive vers un calme retrouvé.

Durée d'exécution : ~ 12 mn

Sept Chorals de la Passion (op. 20)

Cet ensemble renoue avec les plus anciennes traditions et apparaît comme un vibrant hommage à celui qui fut le maître du genre, J.-S. Bach. Si le nombre 7 semble hautement symbolique, le choix du dernier choral, « *Wenn wir in höchsten Nöten sein* », qui est aussi le dernier qu'ait commenté Bach, l'est peut-être davantage. Chaque pièce, écrite dans un mode spécifique, est l'illustration musicale du texte du choral correspondant, et l'interprétation constante texte/musique est très proche de celle que l'on trouve chez les auteurs du Baroque allemand.

Durée d'exécution : ~ 14 mn

Ricercari (op. 28)

Le terme de ricercare ne renvoie pas ici à l'écriture polyphonique en imitation de la fin du XVIe siècle, mais bien plutôt au sens originel, étymologique du mot, celui de recherche donc avant tout de liberté formelle, d'originalité. Intitulés respectivement *Organa*, *Versus* et *Estampie*, les trois *Ricercari* témoignent ouvertement de leurs attaches avec la musique du Moyen Âge. Ils ont été composés en 1984.

Organa est une pièce à trois voix doubles, chacune d'entre elles étant fortement individualisée par l'écriture et la couleur. Le déroulement imperturbable de la polyphonie, le système « harmonique » à base de quartes et de quintes, la pulsation lente et régulière de la pédale, qui n'est pas sans rappeler un cantus firmus, l'ornementation exubérante des voix supérieures sont autant d'aspects fondamentaux conservés des *organa* primitifs.

Versus est une pièce en deux parties qui s'opposent entre elles par le geste et par l'écriture. La première partie, agitée, part de l'aigu et conquiert petit à petit le registre grave ; un large accord fondé sur l'intervalle de quarte, dans la douce sonorité d'un bourdon 8', va naître progressivement en arrière-plan d'une mélodie incisive et irrégulière qui s'articule autour de notes pivots. La deuxième partie est la négation, l'élimination de la première ; l'accord nouvellement formé, poussé par une figure mélodique ascendante lente et régulière, va éliminer progressivement ses notes et se résorber peu à peu pour finalement s'immobiliser sur le registre aigu initial.

Estampie se présente comme une adaptation, bien entendu parfaitement libre, de la forme sonate classique. Il s'agit en effet d'une forme tripartite avec développement central, dans laquelle s'opposent deux groupes d'idées, le premier (A) prenant bientôt la suprématie et détrônant le second (B) qui disparaît presque totalement. Le caractère rythmique de l'estampie médiévale est conservé : un rythme très varié, haletant, un abondant usage des valeurs ajoutées donnent un profil extrêmement dansant, un ton jubilant à ce tourbillon qui clôt le cycle.

Il faut enfin souligner l'importance symbolique, mais aussi structurelle, que revêt le nombre 3 tout au long du cycle. Citons parmi tant d'autres, trois pièces, forme tripartite de l'*Estampie*, trois intervalles dans chaque mode, prédilection pour la tierce mineure (trois demi-tons), etc.

Durée d'exécution : ~ 6 mn ; 5 mn ; 4 mn

Épiphaniai (op. 31)

Rédigée en 1988, cette version pour orgue est transcrite d'après une première version d'*Épiphaniai*, pour orgue, 4 clarinettes, 4 trombones, 2 contrebasses et percussion (1987-1988). Cette grande fresque, qui se rapproche par de nombreux aspects des deux *Fantaisies* (op. 14 et op. 15), est une illustration du texte de l'Apocalypse : « Alors, je vis un ciel nouveau et une terre nouvelle, car le premier ciel et la première terre ont disparu et la mer n'est plus » (Ap 21, 11). De la version d'origine, la pièce garde un certain caractère orchestral : une écriture très dense, des textures complètement différentes qui se succèdent et se superposent à tout moment, et une grande variété de couleurs sonores due à de fréquents changements de registration.

Durée d'exécution : ~ 25 mn

X.D.

ANDRÉ RAISON

Né avant 1650; mort à Paris, en 1719. Après des études menées au séminaire de l'abbaye Sainte-Geneviève de Nanterre, il tient de 1666 à 1716 l'instrument parisien de l'abbaye Sainte-Geneviève et celui des Jacobins de la rue Saint-Jacques à partir de 1687. Si son œuvre se limite à deux livres d'orgue (1688 et 1714), il fut un pédagogue apprécié. Louis Nicolas Clérambault compte parmi ses plus célèbres élèves.

Raison appartient à cette génération de petits-maîtres qui, avant l'entrée en scène de Couperin et de Grigny, poursuivent l'effort engagé par Nivers et Lebègue. De 1683 à 1690 paraissent, en effet, les deux publications de Gigault (1683 et 1685), le livre de Raison (1688) et ceux de Boyvin (1689) et de Jullien (1690). Mais il serait injuste de comparer l'entreprise de l'organiste de Sainte-Geneviève avec celle de ses contemporains, tant le parti pris de cet artiste se révèle atypique dans sa volonté pédagogique de ne pas abuser des difficultés, voire de proposer des doigtés, ce qu'il est le seul à tenter dans ce dernier tiers du XVIIe siècle. Dans son *Second Livre*, il s'exprime d'ailleurs sans ambiguïté à ce propos : « Mon dessein a été de travailler principalement pour ceux qui n'ont qu'une science médiocre. » Cela dit, et en dépit de l'ambition très modeste du projet, Raison parvient souvent à se montrer le digne successeur de Nivers, dont il perpétue la complexe et capricieuse ornementation. Ses indications d'interprétation *(Second Livre)* fournissent par ailleurs à tout exécutant des conseils qui affinent ou complètent ceux de Lebègue, Nivers ou Gaspard Corrette. Leur intérêt paraît tel qu'on en trouvera ci-dessous le texte *in extenso* :

« Le Grand plein jeu se touche fort lentement. Il faut lier les accords les uns aux autres, ne point lever un doigt que l'autre ne baisse en même temps et que la dernière mesure soit toujours fort longue. Le petit plein jeu se touche legerement et le bien couler. Le Duo se joüe viste. Un jeu libre et net, et le pointer quand il est en croche. Le Recit de Cromorne ou de Tierce se touche fort tendrement. Tenir les Cadences du Mode longues sur tout la finalle. Le Cornet se touche viste, le bien animer et le bien couler et faire les Cadences du Mode longues particulièrement la finalle. La Basse de trompete, de Cromorne et de Tierce se touche hardiment et nettement. Il les faut beaucoup animer. Le Cromorne en Taille se touche fort tendrement. La Tierce en Taille se touche rondement et la bien couler. La Voix hum. se joüe tendrement et la bien lier. Le Dialogue à 2. 3 et 4 claviers se touche selon le mouvement qu'il est marqué. »

Le Premier Livre d'orgue

Publié en 1688, cet ouvrage important contient cinq messes (1er, 2e, 3e, 6e, et 8e ton, soit *ré* mineur, *sol* mineur, *la* mineur, *fa* majeur, et *sol* majeur), dont les versets peuvent être utilisés pour le *Magnificat*, auxquelles s'ajoute une *Offerte* du 5e ton. Dans les deux premières, on compte 19 versets (*Kyrie* : 5; *Gloria* : 9; *Sanctus* et *Benedictus* : 3; *Agnus* : 2), auxquels s'ajoute l'*Élevation*, tandis que dans les deux suivantes, le nombre total des pièces atteint vingt et un avec l'apparition du *Deo Gratias*. Au contraire de Nivers et de Lebègue, ses devanciers, ou Couperin et Grigny dont les messes respectives datent de 1690 et 1699, Raison prend ses distances avec le *Cérémonial des Évêques* de 1662 et renonce à toute citation de plain-chant. Le tour chorégraphique qu'il adopte parfois lors d'épisodes qui s'apparentent à la sarabande, la gavotte, la gigue ou la bourrée, contribue aussi à démarquer cet ensemble du climat plus dévot qui prime le plus souvent chez un Grigny. Mais dans son choix des genres, l'auteur innove peu et retient la plupart des formules antérieures : pleins-jeux, fugues, duos, trios, cornets, récits, échos, voix humaines, cromorne ou tierce en taille, petit plein-jeu, dialogues. On notera cependant, pour le second verset du *Sanctus* de trois messes (1er, 2e et 8e ton), un *Récit de deux dessus de tierce* que Boyvin perfectionnera dès l'année suivante, tandis que l'*Élévation* en *la* majeur de la *Messe du troisième ton* exige « au Grand Orgue le petit et gros bourdon avec le prestant », selon une registration qui annonce le *Fond d'Orgue* du *Premier Livre* de Boyvin.

D'une manière générale, le *Kyrie* commence par un plein-jeu grave sur un seul plan, à deux chœurs (troisième ton) ou avec trompette en taille (1er, 8e ton) et se poursuit indifféremment par un duo, un trio, une fugue grave ou une basse et dessus de trompette, pour prendre fin sur un dialogue à 3/8, C ou 2. On ne manquera pas de relever que par deux fois, le verset consacré au Fils recourt à la formule de la basse obstinée. Le *Trio en passacaille* du deuxième ton s'établit selon six variations sur un motif dont l'analogie avec celui de la *Passacaille* pour orgue en *ut* mineur de Bach a toujours été soulignée ; le *Trio en chaconne* du huitième ton lui répond, dont l'ostinato revient sept fois.

Après un plein-jeu initial de conception continue ou à deux chœurs (un petit plein-jeu indiqué « légèrement » convient pourtant au deuxième ton), le *Gloria* offre diverses solutions pour les sept versets centraux (pour le *Qui tollis*, on observe respectivement écho, duo [« gayement »], basse et dessus de trompette, trio et dialogue), tandis que l'*Amen* fait l'objet d'un dialogue sur les grands jeux. D'une même manière, le *Sanctus* prévoit un plein-jeu grave d'une douzaine de mesures que suit un verset libre (*Récit à deux dessus de tierce*, trio ou autre récit). Mais le *Benedictus* semble davantage en conformité avec l'esprit chaleureux du texte. Raison propose, en effet, une tendre *Voix humaine*, un *Cromorne en taille* ou de nobles trios d'une écriture sérieuse, ce qui n'est pas le cas dans l'*Agnus Dei* où, à la suite du plein-jeu, on trouve un duo, un dialogue, une basse de trompette ou un trio peu en rapport avec la supplication qui constitue cette prière. Pour clore les trois derniers offices, enfin, le *Deo Gratias* fait appel à un petit plein-jeu, solution adoptée par François Couperin en 1690, ou à une *Tierce en taille* qui peut servir aussi ailleurs.

Les cinq Élévations méritent d'autre part quelques commentaires, prenant place dans chaque messe, alors qu'un Lebègue les avait groupées à la fin de son *Troisième Livre*. Celle du 1er ton opte pour un *Trio à trois claviers* et oppose deux parties manuelles (cornet/cromorne) à la pédale de flûte ou troisième main, répartition qui peut se simplifier : deux dessus à la main droite et basse à la main gauche. Mais son thème de canzone, certes exploité dans un fugato de bon aloi, est-il d'un choix judicieux pour la Consécration ? On peut en discuter. La grâce immatérielle et presque mystérieuse du *Dialogue de flûtes* de Grigny s'élève, en effet, vers d'autres sommets... Par comparaison, la *Voix humaine* du deuxième ton paraît plus appropriée, tandis que le « fond d'orgue » en majeur du troisième emprunte à l'ouverture son plan : un Lentement avec marches d'harmonies sur basse classique (C), que suivent un courte section pour bourdon et flûte du Positif (Gayement à 3) et une dernière partie majestueuse avec éléments ornementaux et valeurs pointées sur dix-huit mesures. Raison indique cependant : « Cette pièce se peut toucher sur tous les grands jeux », témoignage d'une polyvalence qui ne s'embarrasse pas trop des sentiments que doivent susciter les différentes phases du Saint Sacrifice. Pour la *Messe du sixième ton*, Raison écrit, en revanche, un cromorne (ou tierce) en taille d'une indéniable tenue et d'un caractère orant. Lors de l'exposition, la troisième entrée se voit confiée au jeu soliste, lequel régit ensuite le discours et s'anime enfin sur une longue pédale de dominante. Cette cadence à la Nivers n'est d'ailleurs pas sans analogies avec les tournures ornementales de la dernière élévation, un *Récit de nasard* en *ut* mineur qui s'engage sur des imitations serrées.

Comme Boyvin, mais dans une langue moins subtile, Raison use, dans ses pleins-jeux ou autres pièces harmoniques, de nombreuses cadences évitées, au sein d'un plan tonal qui se limite aux tons voisins. Dans la fugue, il n'innove guère non plus, se contentant, après une exposition régulière ou non, d'un second groupe d'entrées peu modulant (celui du troisième ton cadence pourtant en *mi*), lequel peut ébaucher une strette (2e ton) sans en poursuivre bien longtemps le principe. Les dialogues sur les grands jeux, qui peuvent s'apparenter à l'ouverture à la française, sonner en fanfare ou dans le rythme d'une gigue ou d'un passepied (*Kyrie* du premier ton), sont le plus souvent brefs, et sollicitent des procédés déjà exploités par ses prédécesseurs : récits de dessus et de basse en alternance, échos sur différents claviers, etc. Parmi les autres pièces, outre les récits à deux dessus déjà signalés ou la basse de tierce assez archaïque utilisée par Nivers dans son *Premier Livre*, on peut relever des échos à trois plans (cromorne/cornet/Écho) qui manifestent comme une surenchère sur les modèles antérieurs, une pièce intitulée *Imitation en trio sur les petits et grands jeux*, un *Trio de cromorne et de cornet séparé* qui joue très serré sur les couleurs (alternances à intervalle de deux notes) ou quelque page aux tournures lullystes. Mais peu exigeant quant au respect du texte religieux, Raison donne indiscutablement dans le fonctionnel, et il n'est pas rare qu'il invite lui-même un organiste pris par le temps à écourter une pièce ou à la simplifier : une seconde section peut être jouée « à un autre endroit », une page achevée en son milieu ou continuée jusqu'à la fin « sans la pédalle »...

L'**Offerte du 5e ton, « Le Vive le Roy des Parisiens » à son entrée à l'Hostel de ville, le trentième de janvier 1687**, mérite néanmoins quelques commentaires particuliers. Il s'agit d'une pièce composée en l'honneur de Louis XIV. Le monarque venait de subir l'opération d'une fistule et s'était rendu à Notre-Dame pour une action de grâces. Sur son chemin, le peuple l'avait acclamé. On imagine aisément la scène, et l'offertoire de Raison nous la fait revivre avec couleur et un sens du faste et du pittoresque qui lui ont valu, dès l'époque, un succès fort compréhensible.

Reprenant les solides modèles de Lebègue qu'il tente ici d'amplifier au service d'un programme plus descriptif, cette œuvre s'articule selon trois épisodes. Le premier (*ut* majeur) répond au principe de l'ouverture à la française : un grand jeu auquel s'oppose le Positif (₵), une section centrale à trois temps (« Guayment ») avec des récits, et un Fort lentement (C) de cinq mesures. La seconde partie comprend alors cinq phases qui s'apparentent à un rondeau de caractère martial. On distingue successivement : trompettes en taille au Grand jeu avec pédale de flûte (A), refrain au clavier principal puis sur trois autres plans (Positif, Récit, Écho) non sans nombreuses tierces ou sixtes parallèles (B), un duo cornet/cromorne (C), un trio de type « variation » (C′) et le retour du refrain B. L'épilogue développe enfin sur les grands jeux le « Vive le Roy » et termine dans la liesse. Avec l'*Offertoire* de la *Messe des paroisses* de Couperin, le *Dialogue en* ut de Marchand et l'*Offertoire « O filii »* de Dandrieu, cette page compte parmi les plus ambitieuses et les plus prisées du répertoire d'orgue français de l'époque classique.

Durée d'exécution : 5 à 6 mn

Le Second Livre d'orgue

Plus composite, cette seconde publication, de 1714, porte un très long titre explicite. Raison y expose son dessein : il a porté ses efforts « sur les acclamations de la Paix tant désirée qui commence par l'antienne *Da pacem Domine* avec une fugue sur le même sujet en d, la, ré, b, mol, ensuitte un prélude et une offerte en d, la, re, b, carre, une Ouverture du septième ton en d, la, re, avec les désirs d'une longue vie au Roy; et une allemande du sixième en g, re, sol ». Si l'on veut bien se souvenir que 1714 marque la date du traité du Rastadt qui met fin à une guerre menée depuis 1702 à l'Empire, l'Angleterre et les Pays-Bas, on comprend peut-être mieux ce choix. Depuis 1667, en effet, la France entreprend campagnes militaires sur offensives (guerres de Dévolution, de Hollande, de la Ligue d'Augsbourg), et les noms de Jean Bart, Turenne, Condé ou Vauban témoignent autant de la gloire du siècle de Louis XIV que ceux de Racine ou de Jules Hardouin-Mansart. Dans ce crépuscule d'une fin de règne nourrie de revers et d'amertume, on peut imaginer que cette paix tant désirée n'était pas l'objet de seules formules de rhétorique... Mais en outre, « l'auteur adjoûte plusieurs noëls propres pour des récits et offertes au naturel, et transposé, avec plusieurs variations dans le goût du temps, tant pour l'orgue que pour le clavecin ».

Dans la première partie qui s'organise d'abord autour du *Da pacem Domine* grégorien, on distingue donc six pièces (auxquelles fait suite une Allemande pour clavecin qui descend au la_{-1}), dont on peut penser que l'exécution est prévue en totalité : un prélude avec le plain-chant à la basse ; une fugue sur le même thème (grands jeux) qui comprend une exposition (S-R-S-R), un deuxième groupe d'entrées (S-S-R) cadençant en *fa* majeur, une troisième section sur le sujet diminué (8/4) en fugato puis le retour du C initial avec deux entrées du sujet ; un nouveau prélude en majeur qui fait entendre le *Da pacem Domine* transposé à la mesure 6, puis deux fugues, la seconde prenant vite la forme d'un dialogue sur les grands jeux établi sur trois plans (Grand Clavier, Positif, cornet de Récit) dans l'exaltation de « La Paix tant désirée ». L'indication « tournez viste », située à la fin de la première fugue, autorise à penser que ces deux pièces constituent l'offertoire signalé dans le titre. La série se poursuit alors par une page qui, malgré son appellation d'ouverture, paraît bien conclusive. Elle compte cinq épisodes : un grand jeu solennel à trois temps, un fugato à 6/3 (9/8) et un Lentement à 2 composant une sorte d'ouverture lullyste, puis deux sections respectivement sur le thème des acclamations exposées dans l'offertoire précédent et le « Vive le Roy » déjà développé à la fin du *Premier Livre*.

Suivent dix-neuf noëls tant pour l'orgue que pour le clavecin, à l'instar de ceux de Gigault ou Lebègue. Les neuf premiers comme les deux derniers offrent matière à trois ou quatre variations, dont les doubles habituels. Les timbres en sont bien connus : *A la venüe de Noël*, objet de deux morceaux, dont le premier expose la mélodie en taille, *Voicy le jour solennel, Joseph est bien marié, Or nous dites Marie, Une jeune pucelle, Noël poitevin, Laissez paistre vos bêtes* avec fugue initiale, *Vous qui désirez sans fin* (un récit indiqué « mouvement de gigue » et une diminution pointée) et *Noël cette journée*, rondeau sur la voix humaine. Le plus développé, *Où s'en vont ces gais bergers*, groupe dix variations : grand jeu avec thème en taille puis au dessus, croches à la main gauche (reprises en partie par Michel Corrette), double avec récit à la main droite, duo, trio, dialogue sur les grands jeux, trio sur le petit jeu, duo à 6/8 sur le cornet, diminution sur le cromorne en doubles croches et grand jeu final.

Les autres noëls sont plus brefs, en une ou deux parties. On y remarquera l'Élévation sur *Puer nobis nascitur* (toute la voix humaine).

F.S.

MAX REGER

Né à Brand (Oberpfalz, Bavière), le 19 mars 1873 ; mort à Leipzig, le 11 mai 1916. Du même âge que Rachmaninov, d'un an plus âgé que Hofmannsthal et Schönberg, de deux que Ravel, Schweitzer et Rilke, Reger naît dans une famille d'enseignants musiciens : son père jouait de plusieurs instruments à vent et de la contrebasse, et construira un petit orgue d'intérieur sur lequel Max enfant fera ses premières armes. De sa mère, il apprendra le piano, dès l'âge de cinq ans ; de son père, le violon, le violoncelle et l'orgue – parallèlement à ses classes à Weiden (Oberpfalz/Haut-Palatinat). A partir de 1884, il travaille le piano avec Adalbert Lindner ; il fera sa première apparition comme pianiste en 1887. L'année suivante, il se rend à Bayreuth et compose sa première œuvre – début relativement tardif –, une ouverture en si mineur, pour quintette à cordes, flûte, clarinette et piano, écrite directement au propre : Reger compose vite et sans repentir, caractéristique essentielle, corollaire de l'énormité de son catalogue. A partir de 1889, il se consacre entièrement à la musique et travaille dès 1890 avec Hugo Riemann. En 1893 il devient professeur de composition à Wiesbaden, d'où il rentrera gravement malade et dépressif en 1898 à Weiden. Suivra dès lors en un flot ininterrompu une quantité étourdissante d'œuvres pour piano, orchestre, et surtout pour orgue et de musique de chambre. En 1902, il épouse Elsa von Bercken, femme d'une grande culture, soutien d'une âme perpétuellement harcelée – peut-être par l'approche à pas de géant d'une mort qu'il pressent et qui ne lui laissera pas le temps d'aborder des domaines qu'il n'ose encore affronter, symphonie ou opéra. Il subsiste une intéressante correspondance avec Strauss sur ces inhibitions que le maître munichois invite Reger à surmonter pour le rejoindre : Reger les connaît mieux que quiconque, et se « contentera » d'exploiter avec densité et presque frénésie les domaines reçus en partage, élargissant à l'orgue le poème symphonique que Strauss réserve à l'orchestre. Parmi ses postes les plus importants, citons en 1905 celui de professeur de composition à l'Académie royale de Musique de Munich (où il réside de 1901 à 1907); en 1907, l'année des Hiller-Variationen *op. 100, sa principale œuvre pour orchestre, sa nomination (même chaire) au conservatoire de Leipzig, où il sera également directeur musical de l'université; enfin, en 1911, il devient chef de la Hofkapelle de Meiningen (la fin de l'ancien régime approche), qu'il quittera en 1914, trop épuisé pour continuer à assumer ses fonctions, et où, de plus, il se trouve à l'étroit. Cette ultime période, très active, est entrecoupée de tournées de concerts en Allemagne et à l'étranger (Russie, Angleterre), où il se produit comme chef, pianiste et accompagnateur de lieder. En pleine gloire et largement reconnu par certains de ses pairs, parmi lesquels Busoni, ami très proche, Strauss, Schönberg bien sûr (et Hindemith dira : « Max Reger aura été le dernier géant de la musique; je suis sans lui absolument* impensable *»), Reger meurt foudroyé d'une paralysie cardiaque : il n'a que quarante-trois ans.*

Principal représentant de l'école d'orgue allemande de son époque, Reger est l'aboutissement d'une lignée de compositeurs historiquement placés sous l'égide d'un J.-S. Bach réévalué et ressenti comme modèle, tant pour les formes de la composition musicale que pour l'orientation de la sensibilité.

L'orgue, au premier plan chez Reger au même titre que la musique de chambre, est sans aucun doute la partie la plus originale de son œuvre. Ceci surprend d'autant plus que la facture d'orgue au tournant du siècle, en Allemagne comme en France avec les successeurs de Cavaillé-Coll, commençait à se scléroser. Reger composera donc pour un orgue qui n'existe pas, un orgue de l'esprit. Mis à part le petit orgue familial, il n'entrera d'ailleurs réellement en contact avec l'instrument que bien plus tard, sa première œuvre (l'*Opus 7*, 1892) ayant été composée avant cette prise de contact, sans que l'écriture trahisse cette situation inhabituelle. Bach n'y est pas imité, mais devient l'inspirateur par excellence de Reger.

En 1905, dix ans plus tard — et quelques œuvres capitales entre-temps —, Reger dira encore : « Bach est pour moi le commencement et l'aboutissement de toute musique. » Remarque capitale : exceptionnel pianiste et remarquable improvisateur à l'orgue, Reger ne fut jamais un très bon organiste, ni titulaire d'aucun instrument. C'est peut-être l'originalité et la force de son œuvre d'orgue, née hors du monde purement organistique. La première œuvre maîtresse ne verra le jour qu'en 1898, nous faisant entrer de plain-pied dans un univers sonore et thématique qui, à ce degré d'achèvement, n'appartient qu'à Reger, celui de la fantaisie de choral portée jusqu'au développement *instrumental* du poème symphonique, sur cantus firmus de choral luthérien. Reger voyait dans les *Préludes de choral* de Bach des poèmes symphoniques en miniature qui lui faisaient penser au style grandiose et exalté de Wagner. Bien que « catholique jusqu'au bout des doigts », la richesse du choral luthérien l'attirait irrésistiblement (« les protestants n'ont aucune idée des trésors qu'ils possèdent avec leurs chorals »). Mais la pratique de la foi, à cette époque, a peut-être perdu sa nature d'expérience primordiale et individuellement vécue : elle est devenue tradition. De sorte que l'on retrouve dans les grandes fresques de Reger, conformément à l'évolution sociale de la musique, une forme fréquente de finale comparable aux derniers mouvements des symphonies de Bruckner, avec pour origine commune l'influence wagnérienne, du Prélude de *Lohengrin* à *Parsifal*, et plus spécifiquement pour ce qui est de l'orgue, du finale de l'« *Ad nos* » de Liszt.

Jusqu'à l'*Opus 33*, Reger notera ses recommandations de registration avec une précision et une surcharge d'indications qui vont cesser brutalement, laissant ouverte la discussion sur son type d'instrument. A Bâle, en 1903, entendant Straube interpréter l'*Opus 27* révisé sur l'ancien orgue de la cathédrale, de type classique, Reger jugea l'instrument conforme à l'univers sonore de la pièce; certes, *Ein' feste Burg* est au nombre des œuvres les plus tournées vers Bach, mais voilà qui donne à réfléchir sur l'opportunité de choisir un instrument symphonique tardif pour interpréter Reger. Certains éléments classiques de l'orgue peuvent en effet se révéler d'une remarquable efficacité dans l'éclaircissement des œuvres monumentales du musicien. On lui a beaucoup reproché, alors comme maintenant, l'épaisseur du texte, épaisseur aggravée par nombre de redoublements : avec ses superpositions de hauteurs de son, l'orgue doublerait, triplerait ce qui est déjà redoublé dans l'écriture... Le choix de l'instrument, des registrations, du phrasé et de l'agogique peuvent suffire à faire fondre cet excès de corps. La musique d'orgue de Reger est comme un vieux tableau de maître que le temps aurait recouvert d'une épaisse croûte de vernis opaques et auquel une restauration rendrait ses teintes d'origine, lumineuse entre autres par nécessité de structure, profondeur de champ, dosage et équilibre des masses (sous forme de retouche aux deux extrémités de l'échelle, du tutti élagué et équilibré). Interpréter Reger à l'orgue sous-entend non plus registrer, mais véritablement orchestrer. A méditer, cette phrase de Reger (à Beckmann, janvier 1900, année de l'*Opus 52*) : « Mes œuvres pour orgue sont difficiles, et elles exigent de l'interprète une technique souveraine, de l'élévation... On me fait souvent le reproche [...] d'écrire intentionnellement des œuvres aussi difficiles; pour répondre à un tel reproche, je dirais simplement qu'il ne s'y trouve pas une note en trop! »

Quant à l'influence de Bach, évidente, elle est pourtant plus abstraite et révérencieuse (opus 16, opus 46 sur B.A.C.H.) que directe : Reger ne connut qu'assez tard l'œuvre d'orgue de Bach. Cependant, l'étude de l'orgue de Bach lui servira de point de départ pour élaborer un langage personnel, davantage dédié à Bach qu'imité de lui, avec le désir de donner un nouveau souffle à la musique d'orgue stagnante de l'Allemagne de cette époque.

Les œuvres titanesques de Reger sont d'une difficulté relevant du défi, technique bien sûr, mais aussi quant à la capacité requise d'analyse auditive : Reger, toujours à la limite du possible, au-delà diront certains, tombant et se perdant dans la démesure... Trait immuable d'un esprit prométhéen et idéalement pensant : tout ce qui est grand, toujours chez Reger, s'achève par une fugue — à l'orgue, bien sûr, au piano (ou deux pianos) et même à l'orchestre, comme dans ces fameuses *Hiller Variationen* de 1907.

La « réhabilitation » de Max Reger semble aujourd'hui chose acquise, mais longtemps aura pesé le discrédit de certains jugements, tel celui de Stravinsky : « Je me souviens également avoir rencontré à ce moment-là Max Reger, à une répétition je crois. Je le trouvai aussi repoussant que sa musique »...

Aucun classement, ni chronologique ni par types, n'étant entièrement satisfaisant, il a semblé préférable de s'en tenir ici à l'ordre adopté par la toute récente édition intégrale publiée par Breitkopf.

Les quatre Fantaisies et fugues

Fantaisie et fugue en *ut* mineur
(op. 29)

Composée à Weiden, automne 1898; créée par Straube la même année à Wesel. L'œuvre est dédiée à Richard Strauss, auquel l'éditeur de Reger avait demandé de relire une série de pièces du jeune Max; l'avis avait été favorable et les pièces publiées. Cette *Fantaisie et fugue* date du début du séjour de repos à Weiden (1898-1901), et l'on y perçoit déjà tout entier le style symphonique des œuvres à venir, sans doute fortement marqué par sa manière d'improviser. Reger s'éloignait alors de l'instrument proprement dit (n'en ayant pas de remarquable à sa disposition), tout en restant marqué par le Walcker (1863) de la Marktkirche de Wiesbaden en même temps qu'intéressé par les nouvelles possibilités offertes par la transmission électrique (registrations). Œuvre de « musique pure » (ne pas prendre le risque de dédier un poème symphonique à Strauss!), elle enchaîne une brillante fantaisie faisant alterner des *vivace* et *poco adagio*, très « *Sturm und Drang* » et chromatique, impétueuse et lyrique. La Fugue (mes. 40) présente un sujet néo-classique caractéristique de Reger, développé sur quatre voix, sans contre-sujet véritable mais plutôt des transformations de fragments de ce thème. Cette fugue est « stricte », sans retour à l'esprit de la Fantaisie-improvisation.

Durée d'exécution : ~ 15 mn

Fantaisie et fugue sur B.A.C.H.
(op. 46)

Weiden, février 1900; créée la même année par Straube à Wesel, dédiée à Rheinberger — qui ne cacha pas son scepticisme face à une œuvre dont l'audace ne pouvait que choquer ces messieurs du conservatoire de Munich! Immense diptyque et véritable prototype des *Opus 52* et *57*, ce B-A-C-H présente deux parties extrêmement contrastées : une Fantaisie (*si* bémol mineur) fulgurante, virtuose et d'une incroyable densité d'écriture, faisant entendre dès le début, en rythme pointé, le thème *si* bémol-*la-do-si* bécarre, enchaînant des sections d'accords, de traits, de tierces, d'arpèges *prestissimo* ponctués d'accords, etc. : tout le répertoire de la fantaisie richissime de Reger; une Fugue, sur le nom de Bach, d'une structure beaucoup plus calme et serrée. Reger a noté au moyen d'indications métronomiques et de façon approximative l'accélération générale du tempo : de 50 à la blanche au début, jusqu'à 140... Cette accélération s'accompagne d'un crescendo lui aussi régulier et général, du *pppp sempre ben legato* à l'*Organo pleno stringendo* (*pleno* — la plénitude — ne veut pas forcément dire tutti). C'est à juste titre l'une des œuvres les plus célèbres de Reger, l'une des plus belles et des plus grisantes.

Durée d'exécution : ~ 20 mn

Fantaisie et fugue symphonique
(op. 57)

Weiden, début 1901; créée en février par Straube à Berlin, dédiée à Gustav Beckmann. Le tournant du siècle s'accompagne pour Reger d'une explosion de créativité dont l'*Opus 57* (les trois *Fantaisies de choral* de l'*Opus 52* sont de l'année précédente) est le couronnement. L'œuvre est une synthèse, reflétant à merveille la personnalité de Reger, de puissance titanesque, d'énergie démoniaque — et d'humour, toujours présent chez lui pour contrebalancer en toute conscience sa propre démesure. Le musicien lui-même justifie le surnom d'*Inferno*, très vite attribué à l'*Opus 57* dans les milieux musicaux, dans une lettre de 1904 au dédicataire : « L'*Opus 57* est inspiré de *L'Enfer* de Dante! Voilà qui devrait résumer tout ce qu'il est besoin de savoir; cet *Opus 57* est sans doute jusqu'à présent mon œuvre pour orgue la plus difficile. Je ne puis vous en dire davantage, n'aimant guère développer de *programmes* pour ce que j'écris. » De nouveau, deux sections très différentes : la Fantaisie (*ré* mineur) est effectivement d'une infernale difficulté technique et musicale, notamment la partie de pédale, d'une invention inouïe, souvent double, riche en trilles tonnants, doubles eux aussi, souvent... L'indication, *Vivacissimo ed agitato assai e molto espressivo*, pourrait être le programme auquel Reger se refusait. La Fugue, très développée (142 mesures), est là encore beaucoup plus modérée, *Allegro brillante e vivacissimo* en *ré* majeur sur un thème presque burlesque, sobre et rythmique, développé à cinq voix.

Durée d'exécution : ~ 21 mn

Fantaisie et fugue en *ré* mineur
(op. 135b)

Automne 1914/mai 1915, dédiée à Richard Strauss; créée à Hanovre en 1916 par Dettmer. C'est la dernière grande œuvre pour orgue de Reger. Elle existe sous deux formes, dont une abrégée (la fantaisie passe de 60 à 50 mesures, la fugue de 111 à 83) : de l'avis général, ces coupures étaient de la main de Straube — jusqu'à ce qu'un document retrouvé en 1973 prouve que c'était en fait la volonté même de Reger, comme s'il avait voulu s'éloigner de l'*organiste* Straube pour n'écouter que ses propres facultés de créateur. L'œuvre est d'une grande pureté de lignes, la technique de composition d'une plasticité des plus épurées. La Fantaisie, d'une liberté relevant de l'improvisation, d'une puissance idéalement jugulée, débute par un enchaînement fluide d'arpèges descendants et *crescendo*

conduisant sur un accord parfait de la tonique, préambule à un discours dramatique aux superbes effets orchestraux entrecoupé de récitatifs semblant évoquer *Tristan*. Une envolée prodigieuse de trilles descendants immédiatement suivis de bourrasques de gammes ascendantes, pures et impétueuses, aux deux mains, conduit vers une péroraison d'une dense et sobre plénitude. La Fugue est double. La première fugue, sur un sujet chantant et mélodique, est développée à quatre voix et s'achève sur un point d'orgue. Une seconde fugue lui succède, indépendante bien qu'enchaînée, sur un sujet rythmique et légèrement staccato ; elle s'élargit progressivement *(moderato, adagio, adagissimo)* et s'achève sur l'*Organo pleno*, après avoir superposé dans sa dernière section son propre sujet à celui de la première fugue.

Durée d'exécution : ~ 15 à 18 mn

Les pièces avec fugue

Introduction, variations et fugue sur un thème original en *fa* dièse mineur (op. 73)

Schneewinkl/Berchtesgaden, 1903 ; création le 1er mars 1905 par Fischer à Berlin, puis le 3 par Straube à Saint-Thomas de Leipzig ; dédicace : « en souvenir du 14 juin 1903 », soit le concert de Bâle où Straube avait joué l'*Opus 57* et *« Ein' feste Burg »*. C'est l'œuvre la plus indescriptible de Reger, au bord de l'atonalité et de la polytonalité (certainement pas pour elles-mêmes, mais comme conséquence d'un chromatisme exploité jusqu'à l'éclatement). Reger à Straube : « ... l'œuvre elle-même est née d'un sentiment presque de tristesse ; le thème dans sa résignation dit à peu près tout ; la troisième mesure, mélancolique, du thème joue un rôle capital. Je crois que cela devra suffire — tu sais à quel point je déteste parler d'états d'âmes et de sentiments, car c'est pour moi une manière de poser, de se donner des airs ». L'Introduction, au rythme infiniment complexe et démultiplié, donne la couleur générale, instable. Le thème, exposé dans un *andante* paisible, est suivi de 14 variations d'une folle exubérance, assez développées et fortement contrastées bien que parfaitement enchaînées, d'une extrême virtuosité. La Fugue repose sur un thème rythmique étrange, écartelé et progressant en crabe :

Ses quatre voix, en dépit du crescendo général propre aux fugues de Reger, demeure d'une clarté exemplaire jusqu'à l'adagio final.

Durée d'exécution : ~ 30 mn

Introduction, passacaille et fugue en *mi* mineur (op. 127)

1913, commande de la ville de Breslau, dédiée à Straube. Cette commande était destinée à l'inauguration de la Jahrhunderthalle de Breslau, immense salle polyvalente dotée d'un instrument de 187 jeux (porté à 222 en 1937 — c'était alors le plus grand orgue d'Europe), construit par Sauer. Pour l'honorer, Reger avait pensé à une « grande œuvre pour orgue et orchestre ». En fait, caressé dès les années de Weiden (autour de 1900), ce projet ne fut, hélas !, pas réalisé, on ne sait pourquoi. Bien qu'il s'agisse de l'une des œuvres pour orgue les plus longues de Reger, on s'explique mal la durée indiquée par Straube, 40 minutes, quand elle ne dure généralement « que » 30 minutes. L'Introduction enchaîne un Grave constitué d'accords d'une extraordinaire puissance, entrecoupé d'arpèges *quasi prestissimo* en forme de récitatifs, puis une avant-série de variations brèves et douloureusement chantantes conduisant au thème de la Passacaille, de coupe classique, sur huit mesures. Suivent 26 variations d'une beauté rayonnante, tour à tour poétiques et débordantes d'une énergie merveilleusement canalisée, mises en valeur de main de maître, plus concentrées — bien qu'extrêmement virtuoses — que dans l'*Opus 73* : un pur chef-d'œuvre symphonique (dans l'esprit du poème symphonique pour orchestre et non de l'orgue symphonique, les fondus-enchaînés de couleurs l'emportant sur l'affrontement des plans-claviers). Le thème, hiératique, demeure imperturbablement à la pédale, à l'exception des variations 11, 12 et 24. La Fugue est double. Le premier sujet, rythmique et staccato, est développé sur quatre voix. A la mesure 34, la structure fuguée se détend le temps de quelques variations dans le style fantaisie, puis reprend. A la mesure 78, intervient un second sujet, mélodique, presque de choral, accompagné d'un contre-sujet chromatique qui, lors de la péroraison, donnera lieu à l'une des plus belles constructions de Reger :

A la mesure 101, 1er (alto) et 2e sujets (ténor) se superposent, le ténor enchaînant sur le « contre-sujet » renversé — lequel révèle alors son véritable rôle de transition — vers le premier sujet, réexposé au moment précis où le deuxième sujet est proclamé au soprano avant de s'épanouir, véritable apothéose contrapuntique, dans le grave de la pédale. Le fructueux affrontement des deux sujets se poursuit jusqu'à l'adagissimo final, suite splendide d'accords exaltants qui culmine sur un intervalle redoublé de septième à la pédale, lequel fait éclater la tonalité de *mi* mineur pour se résoudre, sur l'ultime accord de la fugue, dans le ton de *mi* majeur.

Durée d'exécution : ~ 30 mn

Cinq Préludes et fugues (op. 56)

Probablement composés à Weiden en 1901, édités à Munich en 1904. Ces Préludes et fugues sont dits *« leicht ausführbar »*, c'est-à-dire « facilement exécutables ». Les reproches à l'encontre des grandes œuvres de Reger ne manquaient pas, en effet, de la part de ceux qui ne possédaient pas une technique suffisante pour les aborder, mais aussi de ceux qui frémissaient d'horreur à l'écoute de ses audaces harmoniques et des « excès de forme » des *Fantaisies et fugues*. Tant pour faire plaisir à son éditeur que peut-être pour se libérer lui-même de l'extrême tension des œuvres incriminées, Reger composa donc à plusieurs reprises des œuvres abordables (en aucun cas « faciles » ! — mais tout est question de proportion). Cet *Opus 56* est la première de deux séries de Préludes et fugues (on en trouvera d'autres isolés), dont Reger lui-même écrivait : « Je crois que ces pièces sont assez réussies. » On entre ici dans un monde de pureté et de légèreté, comme une épure de celui des grandes œuvres évoquées précédemment — épuré donc, mais non fondamentalement différent tant pour les formes (réduites, mais déjà toutes entrevues, d'une séduisante variété) que pour l'harmonie (moins provocante, mais tout aussi digne de leur auteur). Ces cinq œuvres sont successivement en *mi* majeur, *ré* mineur, *sol* majeur, *ut* majeur et *si* mineur.

Durée d'exécution : ~ 10 à 12 mn

Quatre Préludes et fugues (op. 85)

Composés au début de l'été 1904, donnés à imprimer au mois de juin, en même temps que les *Zwölf Stücke* (opus 80). Reger composa cette nouvelle série de Préludes et fugues (d'une difficulté analogue à celle de l'*Opus 56*) après avoir reçu un nouvel harmonium à deux claviers et pédale qui lui redonna le goût de travailler l'instrument avec pédale obligée. Il venait de composer *Introduction, variations et fugue sur un thème original* (opus 73), et les critiques allaient bon train : on qualifiait son œuvre de *bombastisch!...* Il composa coup sur coup l'*Opus 79b* (13 chorals), l'*Opus 80* et ces quatre préludes. Dans une lettre de juillet 1904 au sujet des *Trios* opus 77 a et b, de la même époque, il écrit clairement : « ... j'espère [...] avoir ouvert une sérieuse brèche parmi mes ennemis pour lesquels je ne serais que redondance, recherchant coûte que coûte l'originalité ». Hans Haselböck tient de Guido Bagier que Reger lui-même estimait fort cet *Opus 85*, lui reconnaissant, comme Straube dans ses éditions de travail, une intéressante valeur pédagogique. D'une durée et d'une difficulté très raisonnables, ils sont en *ut* dièse mineur, *sol* majeur, *fa* majeur et *mi* mineur.

Durée d'exécution de chaque pièce : de 8 à 10 mn

Les pièces libres

Trois Pièces (op. 7)

Composées à Weiden avant septembre 1892 par un musicien de dix-neuf ans, et éditées l'année suivante à Londres. Les trois pièces de l'*Opus 7* sont les premières pour orgue, composées dans un style très classique, presque historicisant, d'une grande clarté de conception et, déjà, d'un développement remarquable (102 mesures pour la fugue en *ut*, 98 pour celle en *ré*) Tout d'abord *Prélude et fugue en* ut *majeur* avec un quelque chose de buxtehudien, notamment dans le thème de la fugue ; puis *Fantaisie sur « Te Deum laudamus »*, sorte de choral-variations en neuf sections ; enfin *Fugue* en *ré* mineur, vaste et sobre fresque cependant pleine de fantaisie.

Durée d'exécution de chaque pièce : de 6 à 9 mn

Douze Pièces (op. 59)

17 juin-1er juillet 1901, sans dédicace. Composées durant le séjour de Weiden (qui englobe les *Opus 27* à *59*), ces pièces regroupent des manières assez différentes, toutes soucieuses d'un traitement raffiné de la « petite » forme. Hans Haselböck fait remarquer que, en plus de certaines appellations en relation avec la messe catholique et évoquant les œuvres mineures pour orgue de Liszt (*Kyrie*, *Benedictus*, etc.), on constate à l'étude de ce recueil que Reger avait assimilé en profondeur le style et l'écriture pianistique de Liszt*. Comme dans tous les recueils suivants, les pièces forment un ensemble d'une belle tenue, mais peuvent sans inconvénient en être détachées pour l'exécution au concert dont la littérature s'est considérablement enrichie grâce à ces neuf séries (comme le répertoire français avec les *Pièces de fantaisie* et *en style libre* de Vierne). Les douze pièces, d'une durée moyenne oscillant entre trois et sept minutes, s'intitulent dans l'ordre de la publication :

1. **Präludium** en *mi* mineur *(con moto)*.
2. **Pastorale** en *fa* majeur *(allegretto, espressivo)*.
3. **Intermezzo** en *la* mineur (*vivace* rappelant d'une certaine manière l'espièglerie des Scherzos de Vierne).
4. **Kanon** en *mi* majeur *(andante espressivo ma con moto)*.
5. **Toccata** en *ré* mineur *(vivacissimo)*, l'une des œuvres les plus jouées de Reger, pur chef-d'œuvre par ses proportions et son équilibre, synthèse des caractéristiques d'écriture de Reger.
6. **Fugue** en *ré* majeur (*con moto* sur thème mélodique) faisant habituellement suite, y compris dans l'édition séparée, à la Toccata, comme le contraste de tonalité semble y inviter.
7. **Kyrie eleison** en *mi* mineur (grave, *dolcissimo*).
8. **Gloria in excelsis** en *ré* majeur *(con moto, festoso)*.
9. **Benedictus** en *ré* bémol majeur *(adagio)*.
10. **Capriccio** en *fa* dièse mineur *(prestissimo assai)*.
11. **Melodia** en *si* bémol majeur *(andante, espressivo)*.
12. **Te Deum** en *la* mineur *(con moto)*.

Durée d'exécution de chaque pièce : de 3 à 7 mn

Monologe, Douze Pièces (op. 63)

En trois cahiers de quatre pièces chacun, Munich, 1901-1902. Nous sommes à l'époque où Reger s'installe à Munich, ressentant le besoin d'un environnement culturel d'une plus forte intensité. Habité

* Voir en fin d'article.

par le désir de s'adonner à « de grandes choses », il envisage d'écrire une symphonie et reprend l'idée de ce concerto pour orgue et grand orchestre déjà évoqué *(cf. Opus 127)*, puis décide de consolider la place que commence à occuper son nom dans le monde musical et le public en composant des pièces accessibles à chacun et qui, dans le cas de l'*Opus 63*, seront on ne peut mieux accueillies (surtout les n°s 5 et 6). D'une série de pièces à l'autre, les appellations (et les tonalités) se retrouvent, les styles aussi, mais l'individualité des diverses *Passacailles et fugues* et autres *Toccatas et fugues* n'en demeure pas moins vigoureusement affirmée. Dans l'ordre :

1. **Präludium** en *ut* mineur *(allegro con moto)*.

2. **Fugue** en *ut* majeur (*con moto* sur un thème syncopé).

3. **Kanzone** en *sol* mineur *(andante con moto)*.

4. **Capriccio** en *la* mineur *(allegro vivace essai, cf.* l'*Intermezzo* de l'*Opus 59)*.

5/6. **Introduction** et **Passacaille** en *fa* mineur, œuvre de grande envergure (20 variations pour la Passacaille), la plus célèbre du recueil, extrêmement vive et dynamique, finement ciselée.

7. **Ave Maria** en *la* majeur *(andante sostenuto)*.

8. **Fantaisie** en *ut* majeur *(vivace)*.

9/10. **Toccata** *(vivace assai)* et **Fugue** *(allegro con moto)* en *mi* mineur, autre grand diptyque de ces *Monologe*.

11. **Kanon** en *ré* majeur *(andante con moto)*.

12. **Scherzo** en *ré* mineur (vivace).

Durée d'exécution de chaque pièce : de 3 à 10 mn

Douze Pièces (op. 65)

En deux cahiers, Munich, 1902. Pièces que l'on pourrait dire de caractère, dans l'optique déjà mentionnée de constituer un répertoire, partiellement inspiré de celui du piano romantique, pour un public déterminé (mais ô combien capable!, « techniquement abordable » ne voulant toujours pas dire facile), ainsi qu'une source de revenus, les confortables années de Weiden appartenant alors au passé. Le souci de se créer un nouveau cercle d'interprètes et d'obtenir une certaine reconnaissance de la part de l'enseignement officiel explique les dédicaces à deux professeurs réputés de l'époque (dont l'un, Homeyer, organiste du Gewandhaus de Leipzig, fut longtemps hostile à Reger).

1. **Rhapsodie** en *ut* dièse mineur *(moto espressivo, agitato e con moto)*, très développée, comme l'ensemble des pièces du recueil.

2. **Capriccio** en *sol* majeur *(prestissimo)*.

3. **Pastorale** en *la* majeur *(allegretto)*.

4. **Consolation**, en *mi* majeur *(andante sostenuto)*.

5/6. **Improvisation** *(vivacissimo virtuose)* et **Fugue** (*andante con moto* sur thème chromatique) en *la* mineur.

7/8. **Präludium** (ainsi intitulé parce que première pièce du second cahier), en *ré* mineur *(vivace)*, puis **Fugue** en *ré* majeur *(vivacissimo)*.

9. **Kanzone** en *mi* bémol majeur *(andante sostenuto)*.

10. **Scherzo** en *ré* mineur *(prestissimo)*.

11/12. **Toccata** en *mi* mineur *(allegro con brio)*, puis **Fugue** en *mi* majeur, nouveau diptyque non spécifié mais suggéré par les tonalités et la position dans le recueil.

Durée d'exécution de chaque pièce : de 4 à 8 mn

Dix Pièces (op. 69)

En deux cahiers, Munich, printemps 1903. Suite du processus amorcé dès Weiden et surtout depuis l'installation à Munich, et qui commençait à porter ses fruits : plus Reger se faisait connaître dans les milieux munichois, plus les critiques s'intensifiaient — sauf dans le domaine de l'orgue où ces recueils de pièces ont sans aucun doute contribué à tempérer l'animosité des cercles officiels.

1/2. **Präludium** *(con spirito)* et **Fugue** *(allegretto con moto)* en *mi* mineur.

3. **Basso ostinato** en *mi* mineur *(con moto)*.

4. **Moment musical** en *ré* majeur (*andantino con moto*, très chantant).

5. **Capriccio** en *ré* mineur *(vivacissimo)*.

6/7. **Toccata** *(con spirito)* et **Fugue** *(vivace e brillante)* en *ré* majeur.

8. **Romanze** en *sol* mineur *(andante)*.

9/10. **Präludium** *(con moto)* et **Fugue** *(allegro moderato)* en *la* mineur, diptyque d'une belle concision.

Durée d'exécution de chaque pièce : de 4 à 6 mn

Douze Pièces (op. 80)

En deux cahiers, Munich, 1904. La renommée de Reger s'étend maintenant au-delà de Munich, ses mélodies, sa musique de chambre sont jouées dans nombre de villes d'Allemagne ; simultanément, ses œuvres pour orgue continuent de s'épurer, de rechercher la profondeur dans une plus grande simplicité, ce qui se traduit davantage dans le langage harmonique que dans la structure proprement dite du texte, laquelle ne faiblit nullement d'intensité, comme l'atteste un simple regard sur les partitions, même si les pièces, pour certaines, sont de moindre envergure que précédemment.

1/2. **Präludium** – première pièce, témoignant chaque fois du tout constitué par chaque recueil – *(con moto)* et **Fughetta** *(andante)* en *mi* mineur.

3. **Canzonetta** en *sol* mineur *(andante)*.

4. **Gigue** en *ré* mineur *(vivacissimo)*.

5. **Ave Maria** en *ré* bémol majeur *(larghetto)*.

6. **Intermezzo** en *sol* mineur *(vivace)*.

7. **Scherzo** en *fa* dièse mineur *(vivace)*.

8. **Romanze** en *la* mineur *(andante)*.

9. **Perpetuum mobile** en *fa* mineur *(vivacissimo)*.

10. **Intermezzo** en *ré* majeur *(andante)*.

11/12. **Toccata** *(vivacissimo)* et **Fugue** *(allegro vivace)* en *la* mineur.

Durée d'exécution de chaque pièce : de 3 à 7 mn

Neuf Pièces (op. 129)

Kolberg, 1913. En 1911, Reger a pris la tête de la Hofkapelle de Meiningen, où l'essentiel de son activité est consacré à l'orchestre, composition et direction. Il persévère dans l'attitude de « sobriété contrôlée » déjà mentionnée (« Je tâche de faire front contre toute extravagance, tout "débordement" ! »). Par sa sobriété (simplicité serait exagéré !), l'*Opus 129* en est un exemple parfait, indispensable après l'*Introduction, passacaille et fugue* en *mi* mineur (op. 127) pour l'équilibre dont le musicien fragilisé a besoin.

1/2. **Toccata** (grave, épurée au maximum) et **Fugue** (*molto sostenuto*, sur un thème noble et élégiaque) en *ré* mineur.

3. **Kanon** *(poco sostenuto)* en *mi* mineur.

4. **Melodia** *(larghetto)* en *si* bémol majeur.

5. **Capriccio** *(poco vivace)* en *sol* mineur.

6. **Basso ostinato** *(molto sostenuto)* en *sol* mineur.

7. **Intermezzo** *(adagio)* en *fa* mineur.

8/9. **Präludium** (quasi grave, un camée) et **Fugue** (grave) en *si* mineur.

Durée d'exécution de chaque pièce : de 3 à 4 mn

Sept Pièces (op. 145)

Fin 1913/début 1914, période recouvrant la fin du séjour à Meiningen (Reger s'était vivement engagé en faveur de Wagner et de Bruckner, s'opposant ainsi à la princesse Marie de Meiningen, pour laquelle il n'y avait que « Brahms, et rien de plus »), puis l'installation à Iéna. L'*Opus 145* est sans doute le reflet de pièces improvisées lors de concerts liturgiques. Les pièces 1, 2 et 7 sont d'inspiration patriotique (la guerre était imminente), les autres sont consacrées aux fêtes principales de l'année liturgique :

1. **Trauerode** (Ode funèbre, *molto adagio*, ensuite dédiée « aux morts de la guerre 1914-1915 »).

2. **Dankpsalm** (Psaume d'action de grâce, *vivace*, « à l'armée allemande »).

3. **Weihnachten** (Noël, *largo*), méditation fort prisée outre-Rhin.

4. **Passion** *(molto sostenuto)*.

5. **Ostern** (Pâques, *con moto*).

6. **Pfingsten** (Pentecôte, *sostenuto*).

7. **Siegesfeier** (« célébration de la victoire », grave, *allegro maestoso*).

Durée d'exécution de chaque pièce : de 6 à 10 mn

Six pièces sans numéro d'opus

Introduction et passacaille en *ré* mineur

Weiden, 13-19 octobre 1899. Très belle œuvre, d'une difficulté technique volontairement limitée (déjà !), l'une des plus jouées de Reger et certainement l'une des plus séduisantes : pour faire connaissance avec l'œuvre d'orgue. On y retrouve à une échelle réduite tous les éléments de la syntaxe régérienne, charme et panache demeurant intacts.

Durée d'exécution : ~ 8 mn

Prélude en *ut* mineur

Weiden, 1900. Page courte *(pesante con moto)* dédiée à Lindner, sorte d'improvisation-récitatif.

Variations et fugue sur « Heil dir im Siegeskranz »

Weiden, février 1901. Œuvre composée à la demande de l'éditeur Spitzweg à l'occasion de la mort de la reine Victoria (22 janvier) : le thème n'en est autre que le *« God save the Queen ».* Cet hommage sobre et fort bien écrit pourrait aujourd'hui paraître plus humoristique que tragique. Reger changeait alors d'éditeur, Augener « s'inquiétant » du flux ininterrompu de la production de Reger...

Prélude et fugue en *ré* mineur, Munich (?), 1902; **Postlude en *ré* mineur**, Munich, 1903; **Prélude et fugue en *sol* dièse mineur**, Munich,1906; trois œuvres assez courtes, dans l'esprit des *Opus 56* et *85*, mais sans élargissement du cadre fixé par ces deux suites.

Les deux Sonates

Première Sonate en *fa* dièse mineur (op.33)

Weiden, printemps 1899. Le 8 avril 1899, Reger écrit : « Une nouvelle sonate pour orgue est achevée. Que le titre de "sonate" ne vous effraie pas; il n'y a pas là de forme sonate. Le titre ne se veut que collectif! » Lindner a témoigné des entretiens qu'il avait eus avec le musicien sur le problème de la transposition à l'orgue de la forme sonate, laquelle lui parut finalement impossible. Il semble que Reger ait été ici influencé par les Sonates de Rheinberger, comme d'ailleurs les titres des mouvements le laissent transparaître. Celle-ci est en trois mouvements : FANTAISIE *(allegro energico)* à 6/4, INTERMEZZO en *mi* mineur/*mi* majeur de forme ABA′, PASSACAGLIA en *fa* dièse mineur (à l'exception de l'ultime variation en *fa* dièse majeur). Ce dernier mouvement repose sur un ostinato traditionnel de huit mesures, et suit un schéma habituel chez Reger : amplification rythmique et dynamique en crêtes ascendantes, conduisant du *ppp* à l'*Organo pleno*. Les 24 variations sont courtes; non indiquées, leur décompte est parfois incertain. Le thème ostinato s'affranchit une seule fois de la pédale, dans les variations 15 et 16.

Durée d'exécution : ~ 25 mn

Deuxième Sonate en *ré* mineur (op. 60)

Munich, 1901, dédiée à Martin Krause. Cette œuvre appartient à la période intermédiaire de Reger et suit de peu les trois immenses *Fantaisies de choral* (opus 52). Son plan et la structure de ses mouvements s'éloignent radicalement de l'idée traditionnelle de sonate, le premier mouvement, IMPROVISATION, éliminant toute opposition de deux thèmes s'affrontant ou se complétant : c'est une pièce virtuose d'une grande richesse orchestrale. Suit une INVOCATION, Grave *con duolo*, *espressivo* en *mi* majeur, à la densité soutenue mais très mobile, puis une splendide INTRODUCTION ET FUGUE en *ré* mineur, où l'on retrouve la virtuosité du premier mouvement; le sujet de la Fugue, pleine de fantaisie, est de nature rythmique, discrètement chromatique. Cette œuvre est incontestablement l'une des plus belles et des plus vivantes de Reger, en marge des œuvres titanesques (libres ou sur thèmes de choral).

Durée d'exécution : ~ 20 mn

Suites, Trios, Transcriptions

Première suite en *mi* mineur (op. 16)

Dédiée « aux mânes de J.-S. Bach », hiver-printemps 1894-1895; créée par Straube à Berlin en 1897. C'est la première grande œuvre pour orgue de Reger (après les trois pièces de l'*Opus 7* de 1892). Durant les années passées à Wiesbaden, le musicien avait étudié en profondeur l'œuvre de Brahms, dont il devint un fervent admirateur. Il eut l'intention de lui dédier une symphonie en *si* mineur — qui ne vit pas le jour —, puis se décida en 1896 à lui envoyer sa *Suite* op. 16 (« ma meilleure œuvre jusqu'à présent »). Brahms l'en remercia chaleureusement. Développée de manière excessive, l'œuvre souffre d'une évidente volonté de « faire grand » encore mal contrôlée. Son plan se rapproche de celui des Sonates à venir, dans le sens « collectif » du titre. Cinq mouvements : **Introduction et fugue** en *mi* mineur; **Adagio assai** de forme ABA; **Intermezzo** en *la* mineur, pièce vive et claire, annonçant par la répartition du manuel (sur double pédale) la disposition en trio du mouvement suivant; **Trio** proprement dit, en raison de sa forme en trio et de sa place au cœur de l'*Intermezzo* (dont une reprise fait suite); enfin une immense **Passacaglia** en *mi* mineur (213 mesures), comprenant 29 variations *(cf. op. 33)* : le thème reste le plus souvent à la pédale, avec quelques expositions au manuel. L'œuvre à peine achevée, Reger en réalisa une version pour piano à quatre mains.

Durée d'exécution : ~ 40 mn

Deuxième Suite en *sol* mineur (op. 92)

Munich, automne 1905. Cette année marqua à la fois le début d'une reconnaissance publique de plus en plus affirmée après des débuts difficiles, ainsi que la mort du père du compositeur. Cet événement explique peut-être le retour de Reger à l'orgue, après une longue période consacrée à la musique de chambre, à moins que le musicien n'ait composé cet *Opus 92* à la demande de son éditeur qui lui réclamait des pièces courtes et faciles, qu'il allait d'ailleurs éditer tant en recueil que séparément. Ces pièces sont au nombre de 7 : **Prélude** en *sol* mineur, *andante con moto*; **Fugue**, *moderato* en *sol* mineur; **Intermezzo** en *si* mineur; **Basso ostinato** en *sol* mineur (les quatre noires de pédale — ostinato — sont répétées 40 fois); **Romanze**, *larghetto* en *la* bémol majeur; **Toccata** en *sol* mineur, *allegro moderato*; **Fugue**, en *sol* mineur.

Durée d'exécution : ~ 25 mn

Six Trios (op. 47)

Weiden, printemps 1900. Lindner y verra « une fleur entre deux abîmes », c'est-à-dire entre le « *B-A-C-H* » op. 46 et les *Fantaisies* de l'opus 52. Reger les composa dans une perspective didactique : **Kanon** en *mi* majeur; **Gigue** en *ré* mineur; **Kanzonetta** en *la* mineur (non pas trio, mais récit orné soutenu par deux voix manuelles en plus de la pédale); **Scherzo** en *la* majeur (chaque « voix » manuelle pouvant procéder par accords); **Siciliano** en *mi* mineur; **Fugue** en *ut* mineur, strictement à trois voix.

Durée d'exécution de chaque pièce : ~ de 2 à 4 mn

Deux transcriptions

Conformément aux pratiques de son temps, Reger entretint sa vie durant des rapports fournis avec le principe de la transcription, comme en témoignent le **Prélude et fugue en *fa* dièse mineur** (Meiningen, 1912), à l'origine pour piano (op. 82), et la **Romanze en *la* mineur** (Munich, 1904), pour harmonium.

Les sept Fantaisies de choral

Fantaisie sur le choral « Ein' feste Burg ist unser Gott » (op. 27)

Weiden, 1898, dédiée à Straube. Commentaire textuel des quatre versets du choral de Luther (1529), dont le texte est d'ailleurs noté sur la partition, l'*Opus 27* vit le jour à une époque où Reger était coupé matériellement du monde de l'orgue : l'œuvre est née non pas à une console, mais à une table de travail — l'orgue dans toute son abstraction, la force de Reger. « *Ein' feste Burg* », d'une structure souple mais sans détour, luthérienne dans sa sobriété, adopte comme principe d'unité, d'homogénéité et d'équilibre en parfait contraste avec la richesse du traitement harmonique, l'alternance tutti/voix solo : au soprano (« trompette de bataille » en imitation du solo de pédale introductif) pour la première strophe, puis au ténor (manuel ou double-pédale), etc. Cet *Opus 27* énonce intégralement chaque verset et — exception rare dans les œuvres de grande envergure de Reger — s'abstient de conclure par une fugue, cette structure monolithique renforçant l'unité de conception. Les sections de transition entre les strophes, ainsi que le finale, font entendre la mélodie sous la forme traditionnelle du choral luthérien harmonisé verticalement, pyramide allant jusqu'à 10 et même

12 voix ! Premier exemple, à grande échelle, de la « libre religiosité » de Reger, une œuvre clé.

Durée d'exécution : ~ 14 mn

Fantaisie sur le choral « Freu' dich sehr, o meine Seele » (op. 30)

Weiden, été 1898. Contemporaine et assez proche de l'*Opus 27*, cette Fantaisie sur un choral du Psautier de Genève (XVIIe s.) est l'une des premières à faire retentir par ses teintes sombres, mais non véritablement empreintes de tristesse, l'appréhension de la mort, thème développé dans l'*Opus 52* de manière magistrale. Seule différence notable entre cet *Opus 30* et l'*Opus 27* : Reger fait précéder les sept strophes du choral d'une *Introduzione*; toujours pas de fugue terminale, mais un motif fugato reliant les diverses strophes.

Durée d'exécution : ~ 17 mn

Fantaisie et fugue sur le choral « Wie schön leucht'uns der Morgenstern » (op. 40 n° 1)

Weiden, achevée le 2 octobre 1899, dédiée au professeur strasbourgeois de théologie Friedrich Spitta (frère de Philipp Spitta, le célèbre biographe de Bach). Le choral (Philipp Nicolai, 1599), pour la fête de l'Épiphanie, a été compris par Reger non pas seulement comme se rapportant à l'enfance du Christ, mais comme prolongement de sa vie terrestre, soit son retour après le Jugement (Parousie) – d'où, pour certains commentateurs, ce caractère apocalyptique de l'*Introduzione pesante* (*mi* bémol mineur), à la puissante scansion pointée, avant l'exposition de la mélodie (mes. 19, *andante sostenuto*, *mi* bémol majeur), tout d'abord et très longuement au ténor, puis au soprano, enfin à la pédale :

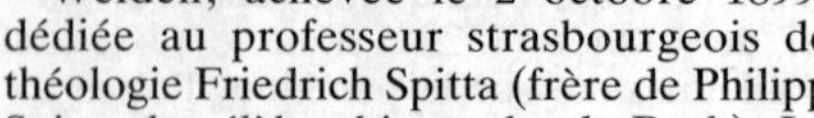

La Fantaisie proprement dite couvre les quatre premières strophes, la cinquième se superposant, à la pédale puis au soprano, à la Fugue directement enchaînée (*allegro vivace* en *mi* bémol), à quatre voix, impétueuse et claire, image de l'espoir dans la foi de la résurrection.

Durée d'exécution : ~ 17 mn

Fantaisie sur le choral « Straf mich nicht in deinem Zorn » (op. 40 n° 2)

Weiden, 1899. Les six strophes du choral (texte : J.B. Freystein, 1697, mélodie : Dresde, 1694) sont traitées sans discontinuité selon le principe de la partita, et reliées les unes aux autres avec beaucoup de souplesse. Toutes sont de caractère contrasté, l'ensemble étant précédé d'une *Introduzione*/Grave aussi courte qu'efficace, procédé fréquent chez Reger et permettant dans une structure libre d'appréhender, de devancer l'exposition de la mélodie du choral (comme pour l'*Opus 40 n° 1*).

Durée d'exécution : ~ 14 mn

Trois Fantaisies de choral (op. 52)

Weiden, 1900. L'un des sommets absolus de l'œuvre d'orgue de Reger, également son dernier mot (il n'a que vingt-sept ans) dans le domaine de la Fantaisie de choral qu'il n'abordera plus tout au long des seize années qu'il lui reste à vivre. Peut-être Reger avait-il, avec cette trilogie de la vie, donc de la mort, puis de la résurrection, le sentiment d'avoir donné son testament, musicalement hautement achevé, de croyant.

« Alle Menschen müssen sterben » (op. 52 n° 1). « Tous les hommes doivent mourir » (Albinus, 1652/Hintze, 1678), soit le passage obligé de la mort, préoccupation déjà perçue dans l'*Opus 30* mais sans résolution satisfaisante. Peut-être la fantaisie de choral la plus symphonique de toutes, en quelque sorte pensée pour grand orchestre, avec toute la poétique de type poème symphonique que cela laisse supposer. De nouveau une courte *Introduzione* (anticipant l'*Opus 57*), d'une grande efficacité, animée d'intervalles éminemment expressifs (septième majeure, neuvième mineure). A la différence des Fantaisies précédentes, l'exposition du cantus firmus au sein d'une même strophe est ici brisée : ténor, basse puis alto pour la première, soprano (orné), ténor (non orné) puis basse avec sauts d'octave pour la deuxième, etc., de sorte que la structure reste aussi souple qu'il est possible. C'est dans ce même esprit, presque surprenant, inattendu chez Reger, de l'absence de cadre contraignant, qu'il renonce au procédé de la fugue conclusive — ce qui pourrait signifier que « *Alle Menschen* » ne peut être autre chose que l'introduction — la mort étant la condition nécessaire — à l'apothéose des deux Fantaisies suivantes.

Durée d'exécution : ~ 16 mn

« **Wachet auf, ruft uns die Stimme** » (op. 52 n° 2). Célèbre mélodie de choral (Nicolai, 1599), immortalisée par Bach dans son « Choral du veilleur ». *Introduzione*, Grave *assai*, traditionnelle, mais revêtant ici un sens particulier : l'auditeur, tendu, attend en vain la citation même la plus fragmentaire du choral, et ne perçoit qu'un déluge sombre et douloureux empli de crainte et d'appréhension — l'épreuve de l'attente du jugement. A la mesure 11, avec une douceur extrême, se fait entendre la voix de l'ange (ténor) :

Tout au long d'une Fantaisie généreuse mais sobrement développée, claire et impulsive, la mélodie évolue entre ténor et soprano (une seule fois à la pédale) ; elle réapparaîtra vers la fin de la fugue faisant suite à la fantaisie (à la pédale, au ténor puis au soprano), sur le texte du *Gloria*. A noter que le thème de la fugue à quatre voix fait entendre sur chacun des trois premiers temps le renversement des premières notes de la mélodie du choral :

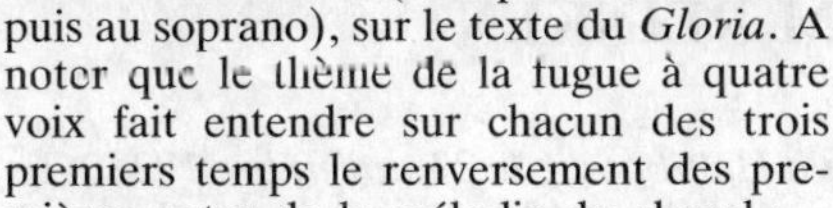

Durée d'exécution : ~ 21 mn

« **Halleluja! Gott zu loben, bleibe meine Seelenfreud!** » (op. 52 n° 3). Le chef-d'œuvre, le couronnement de la trilogie, grâce entre autres à un thème somptueux, très mouvant et riche de dynamique potentielle. L'introduction grave a cédé ici la place à un *Vivace assai* introduit par un double accord manuel en forme d'appoggiature à un trait virtuose de pédale seule, plantant d'emblée un décor grandiose, presque euphorique, avant que le thème, à la mesure 16, n'entre à la pédale :

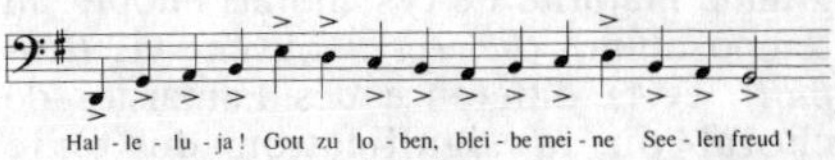

La mélodie se partagera par la suite entre le ténor et le soprano, la pédale retrouvant une importante et prolixe fonction rythmique et de scansion. Après la conclusion *pppp* de la fantaisie, un sujet très chantant noté *allegro brillante e vivace* introduit la fugue développée sur quatre voix spectaculaires de grandeur, rehaussées à deux reprises de chaînes étourdissantes de trilles de pédale avec terminaison. Le premier enchaînement de trilles (mes. 158) intervient juste avant la réexposition du thème du choral à la pédale, tel un contre-sujet mélodique ; le choral passe ensuite au soprano, enfin aux deux extrêmes et en canon lors de la péroraison, pure et sans aspérités harmoniques. *Halleluja!* conclut ce cycle des fantaisies de choral de Reger avec noblesse et presque sérénité, hymne d'une foi vaillante et inébranlable dans son attente confiante.

Durée d'exécution : ~ 17 mn

Les Chorals

La place occupée par le choral en tant que forme autonome dans l'œuvre de Reger, bien que quantitativement très importante, est peut-être moins significative que celle des autres formes rencontrées. Les Chorals se regroupent en quatre recueils.

52 leicht ausführbare Vorspiele (op. 67). Munich, 1902. La destination première de ces préludes de choral était purement liturgique, comme le souligne la mention « sur les chorals évangéliques les plus usuels ». Cependant, la difficulté (bien que relative) et surtout la richesse harmonique de ces pièces courtes allaient à l'encontre de cette intention. A la demande de Reger, les chorals vinrent enrichir le répertoire de concert. Ils sont dans la plus stricte tradition du choral luthérien, essentiellement sur cantus firmus (de la basse au soprano), avec pré-imitations, en style fugué, en canon, etc., le choral orné à la manière de Bach étant absent (seul le n° 27 s'en rapproche). Il est intéressant de noter que la grande majorité de ces chorals adopte un tempo animé *(bewegt)*, souvent vif *(lebhaft)*. A la différence des Fantaisies de choral où la signification du texte l'emporte sur l'attrait de la mélodie, Reger s'est intéressé ici à la valeur intrinsèque de celle-ci, s'en tenant aux mélodies les mieux connues des fidèles.

Les deux recueils suivants sont de même inspiration et d'un contenu similaire, à ceci près, cependant, qu'ils répondent parfaitement aux nécessités de la liturgie. S'étant rendu compte de l'inadéquation de l'*Opus 67*, Reger composa (ou regroupa, car certains sont plus anciens, comme déjà dans le cas du recueil précédent) les **13 Chorals opus 79b** (1901-1903), puis les **30 kleine** [petits] **Choralvorspiele opus 135a** (1914). Les pièces sont plus courtes, sensiblement moins denses sur le plan harmonique, d'exécution aisée.

A ces trois recueils viennent s'ajouter **6 Choralvorspiele** sans numéro d'opus, composés à deux époques différentes, immédiatement repérables sur la partition. Les deux premiers, « *O Traurigkeit, o Herzeleid* » (qui semble un hommage à Brahms) et « *Komm, süsser Tod* » datent de 1894 : une extrême mobilité des modulations harmoniques ainsi qu'une écriture torturée les caractérisent. Le second est le seul choral véritablement orné de toute l'œuvre de Reger. Les quatre autres chorals datent des années 1901-1905 ; ils témoignent de la tendance à l'apaisement auquel Reger manifestait la volonté de s'astreindre.

Ajoutons pour conclure une adaptation des *Inventions à deux voix* de Bach sous forme de trios pour orgue (*L'École du Trio*, avec Straube, 1903), et enfin cette étonnante transcription pour orgue du *Saint François de Paule marchant sur les flots* de Liszt, passionnante pour l'étude des réminiscences lisztiennes dans l'écriture de Reger, réalisée à Weiden, le 23 février 1901, œuvre perdue puis redécouverte et publiée en 1978. Reger avait l'intention, à expiration du délai de protection (de trente ans à l'époque), de publier un certain nombre d'œuvres pour piano de Liszt sous forme de transcriptions pour orgue, soit à partir du 1er août 1916 : il devait mourir deux mois plus tôt.

M.R.

JOHANN ADAM REINKEN

Né à Wildeshausen, le 27 avril 1623 ; mort à Hambourg, le 24 novembre 1722. On a parfois affirmé — à tort — que Reinken (ou Reincken) était né en Alsace, à Wilshausen, alors qu'il s'agit de Wildeshausen, près de Oldenburg. Sa jeunesse se passe dans la ville néerlandaise de Deventer où il est d'ailleurs organiste en 1657-1658, à la Bergkirche. Dès 1654, il est l'élève de Scheidemann à Hambourg, et devient son suppléant en 1658. A la mort de son maître en 1663, il lui succède au prestigieux instrument de Sainte-Catherine. En 1678, il fonde l'Opéra de Hambourg avec Johann Theile. Il occupera le poste de Sainte-Catherine jusqu'à sa mort, presque centenaire, instaurant un record de fidélité difficile à battre (soixante années d'activité !). Il nous reste seulement de lui un Hortus Musicus *(1687) pour deux violons, viole de gambe et basse continue, une cantate* « Es erhub ein Streit », *une œuvre pour clavecin* Partite diverse sopra l'aria « Schweiget mir vom Weiber nehmen », *et quelques œuvres pour orgue.*

A la mort de Buxtehude (1707), Reinken était naturellement considéré comme le meilleur organiste d'Allemagne du Nord. Et Hambourg étincelait tout particulièrement : que l'on se souvienne de la dynastie des Praetorius (Jakob I, organiste de 1555 à 1586, son fils Hieronymus de 1586 à 1629, les fils de ce dernier, Jakob II de 1603 à 1651 et Johannes de 1612 à 1660), des deux Scheidemann (David, organiste jusqu'en 1625, et Heinrich, son fils, de 1625 à 1663), de Matthias Weckmann, organiste de 1665 à 1674, de Andreas Kneller, de 1685 à 1724, de Vincent Lübeck, de 1702 à 1740. On constate ainsi que l'air de Hambourg était particulièrement sain pour les organistes, si l'on en juge par la longueur moyenne des titulariats ; mais peut-être aussi, en cette prospère cité hanséatique, les gratifications étaient-elles assez généreuses pour retenir les artistes. Car à Hambourg, il faut rattacher une constellation de splendides instruments semés à profusion par des facteurs qui ont œuvré dans le sillage du plus célèbre d'entre eux, Arp Schnitger.

L'orgue d'Allemagne du Nord

Par Allemagne du Nord, il faudrait plutôt entendre le vaste territoire contrôlé par la Hanse. Cet « État dans l'État », depuis l'association en 1241 de Hambourg et Lubeck, imposait lorsqu'elle était au faîte de son hégémonie (fin XVIe siècle) ses intérêts économiques sur 64 villes portuaires, de Nantes à Novgorod, et plus particulièrement de Brême à Dantzig. Une flotte, une armée, un trésor, un gouvernement particulier assuraient à cette confédération une autorité et une richesse incontestées. Et même si vers 1670, la Hanse ne comprenait plus que trois villes (Hambourg, Brême et Lubeck), un important bouillonnement artistique continuait à profiter de cette prospérité économique. Toutes ces provinces maritimes, d'Amsterdam à Dantzig, se couvrirent ainsi, au XVIIe siècle, d'orgues exceptionnels, destinés tout autant à manifester l'opulence des marchands qu'à porter le chant des assemblées (composées des mêmes marchands). Et — fait ô combien réconfortant — ces commerçants souhaitaient entendre le fruit de leurs écus. C'est ainsi que, en attendant l'ouverture de la Bourse, ils prirent l'habitude à Lubeck de se réunir à l'église Sainte-Marie, toute proche de l'hôtel de ville, trouvant plaisir à écouter un récital d'orgue des titulaires successifs, Tunder, Buxtehude, Schieferdecker, Kunzen, Königslow. La tradition s'est maintenue jusqu'en 1810, et aux simples récitals d'orgue du début s'adjoignirent, sous l'impulsion de Tunder et grâce à l'énergie de Buxtehude, solistes, chœurs et orchestre. Les *Abendmusiken* (musiques du soir) étaient nées. A l'origine, ces musiques se faisaient le jeudi ; plus tard, elles eurent lieu les deux derniers dimanches après la Trinité et les dimanches de l'Avent.

Cette institution quasi officielle eut un grand retentissement hors de Lubeck. L'orgue a donc été le moteur efficace d'une prospérité culturelle. Nul doute que les facteurs n'aient eu à cœur de rivaliser de talent pour répondre aux aspirations d'artistes qui s'appelaient Tunder, Reinken, Buxtehude, Lübeck, Bruhns, etc. Ce talent collectif s'est cristallisé autour d'un nom, celui d'Arp Schnitger (1648-1719). Il est bien vrai que celui-ci a porté à son point de perfection un art incomparable de facture d'orgues, un art dont Jean-Sébastien Bach a eu le regret toute sa vie... Pierre Hardouin* résume ainsi cet art : « Trois ou quatre claviers qui constituent des plans distincts (y compris le pédalier), formant chacun un tout de valeur différente. L'exemple de Saint-Nicolas de Hambourg est caractéristique. Au Grand-Orgue : grand plenum de 16' à 3 mixtures, trompette de 16'. A l'Oberwerk : flûtes 8' à 2' sans tierce, scharf, batterie d'anches à terzzimbel, cromorne, voix humaine. Au Positif : plenum de 8', flûtes du 16' au 1' 1/3 et sesquialtera, batterie de régales. Au Brustwerk : petit plenum, flûtes 4' au 1' 1/3 et tertian, régales. A la pédale : plenum de 32', batterie d'anches du 32' au 2'. Ce plan monumental plus ou moins complet a essaimé jusqu'en Scandinavie et subsista après 1750. »

Les principaux ouvrages de Arp Schnitger sont les suivants : Hambourg (Saint-Jakob, 1689-1693 : 4 claviers, 60 jeux ; Saint-Nicolas, 1682-1688 : 4 clav., 67 jeux ; Saint-Michaelis, 1712-1715 : 3 clav., 52 jeux), Cappel (1679-1680 : 2 clav., 30 jeux), Steinkirchen (1685-

* P. Hardouin, art. « Orgue » in *Science de la musique*, Bordas, Paris, 1979.

1687 : 2 clav., 28 jeux), Uithuizen (province de Groningen, 1699-1701 : 2 clav., 28 jeux), Groningen (1700-1702 : 3 clav., 33 jeux), Norden (1686-1688 : 4 clav., 46 jeux), Brême (cathédrale, 1693-1698 : 3 clav., 50 jeux), Lubeck (cathédrale, 1696-1699 : 3 clav., 45 jeux), Stettin (1698-1699 : 3 clav., 47 jeux), Magdebourg (Saint-Ulrich, 1698-1700 : 3 clav., 48 jeux), Berlin (Saint-Nicolas, 1706-1708 : 3 clav., 40 jeux). Et au total, il faut compter 160 travaux.

Mais cette profusion d'instruments ne doit pas rejeter dans l'ombre les œuvres de ses confrères : son propre fils, Franz Caspar (Zwolle, en Hollande, 4 clav., 63 jeux), Gottfried Stellwagen (Stralsund, 1659), Berendt Huess (Stade, 1669-1673), Joachim Reichborn (Buttforde, 1681-1682). Pour être apprécié à sa juste valeur, le patrimoine instrumental doit englober aussi bien le monumental Saint-Nicolas de Hambourg (4 clav., 67 jeux), l'orgue le plus imposant de son époque, que le petit Buttforde (1 clav., 9 jeux), type même de l'instrument campagnard frison, touché par l'obscur instituteur du village...

L'œuvre pour orgue

Ce corpus — tout au moins ce qui nous en a été conservé — se limite à deux grandes Fantaisies de choral, sur « *An Wasserflüssen Babylon* » et « *Was kann uns kommen an für Not* », une *Fugue* en *sol* mineur et une *Toccata* en *sol* majeur.

Selon Klaus Beckmann, la **Fugue en *sol* mineur**, *manualiter*, doit être attribuée à Johann Heinrich Buttstett. Si le thème ne manque pas de piquant, il faut bien reconnaître que son traitement tourne en rond, et que la « mayonnaise » de formules stéréotypées a du mal à prendre...

La **Toccata en *sol* majeur**, à quelques dispositions manuelles près, se prête aussi parfaitement à l'exécution au clavecin. Comme ses sœurs buxtehudiennes, elle alterne séquences quasi improvisées et fermes structures fuguées, binaire et ternaire, fantaisie et rigueur.

Quant aux *Fantaisies de choral*, il faut citer la diatribe de Pirro, opposant un Reinken froid et calculateur (selon lui) à un Tunder ou un Scheidemann sincère et flamboyant*. « [...] Il s'évertue à reproduire par système, ce qu'ils créent par nature. [...] De là, cette emphase un peu froide au lieu de la fiévreuse éloquence des autres. Reinken semble perdre ainsi la meilleure excuse que l'on puisse alléguer en faveur de ce langage outré; on ne l'admet que s'il vient d'une sorte de délire, et ces chorals des organistes allemands du Nord sont comme la prédication d'un visionnaire. Mais l'on sent bien que Reinken prend par calcul le ton de la fureur et l'allure de la folie : il n'est furieux, il n'est exalté que pour soulever son auditoire de marchands, pour le disputer à l'obsession des affaires, pour le ravir à la somnolence qui suit les repas *(sic)*. » Laissons à André Pirro la responsabilité de son assertion, mais reconnaissons qu'il a su (au début de ce siècle!) mettre en relief ce « désordre composé », cet « emportement étudié » qui caractérisent ces partitions gigantesques (327 mesures pour « *An Wasserflüssen Babylon* »!) et qui exigent de l'interprète « véhémence de l'exécution » et « rudes contrastes de sonorités ». D'ailleurs, Pirro ajoute ce compliment : « Dans ces chorals, il sait introduire des divisions. Le bienfait des proportions est ainsi rendu à ces œuvres démesurées. Bien plus, la série des épisodes est parfois déterminée par le texte même : il y a ainsi de l'intelligible et du pathétique, en cette musique dont le tumulte ne paraît servir d'abord que la vaine agilité de l'artiste. »

Fantaisie de choral sur « An Wasserflüssen Babylon »

Le Psaume 136 « *Super flumina Babylonis* », écrit pendant l'exil des habitants de Jérusalem après la ruine de la ville en 587, exprime avec une poignante mélancolie le regret de la patrie perdue. Reinken s'attache à commenter chacun des huit versets du psaume en déployant des trésors d'invention instrumentale.

En règle générale, chaque phrase chante son cantus firmus à l'une ou l'autre voix en valeurs longues, parfois même en augmentation. Ainsi, malgré la luxuriance tentaculaire de l'imagination, les nervures du cantique restent apparentes : une solide charpente catéchétique canalise une profusion ornementale typiquement baroque. La sévérité d'un discours rigoureusement contrapuntique (le maillage des imitations

* André Pirro, *op. cit.*, p. 1297.

est impressionnant) est balancée par l'invention incessante de nouveaux motifs, le malaxage permanent de ces idées sans cesse bousculées, triturées dans leurs contours mélodiques et rythmiques, la verve des traits de virtuosité ou des ornements. Il n'est peut-être pas interdit d'entendre en la séquence qui évoque « les harpes et les instruments suspendus aux saules » une discrète caractérisation d'écriture figurant le jeu des instruments cités. Par ailleurs, la projection spatiale s'effectue en général par une voix au premier plan *(Rückpositiv)*, deux voix en commentaire au second plan *(Oberwerk)* et un pédalier participant pleinement au discours. Reinken ne peut cependant s'empêcher en conclusion de tirer un feu d'artifice de fusées, d'autant plus multicolores qu'elles jaillissent de divers claviers. Jean-Sébastien Bach, sur le même douloureux sujet, saura rester — mais qui s'en étonnera ? — plus sobre et plus émouvant.

Durée d'exécution : ~ 20 mn

Fantaisie de choral sur « Was kann uns kommen an für Not »

Un peu plus courte que la précédente (222 mesures contre 327 !), cette fantaisie semble aussi moins inventive, moins inspirée. La recette est la même, semblables sont les procédés de composition; mais justement, en cette longue pièce, l'auditeur est tenté de compter les procédés : la mécanique ronronne, bien huilée, mais sans surprise. De longues (trop longues) séquences en *sol* majeur préparent de longues (trop longues) séquences mécaniquement transposées. La machine s'emballe rarement, et la musique ne peut qu'abriter sa nudité derrière l'opulence des timbres.

Durée d'exécution : ~ 12 mn

Le dernier titre de gloire de Reinken (et non le moindre peut-être) est d'avoir suscité à deux reprises un hommage de la part de Jean-Sébastien Bach. Dans les années 1700-1702, le jeune musicien découvre les splendeurs musicales de Hambourg : l'opéra, les orgues, la musique religieuse, celle destinée aux cérémonies publiques. Le *Nécrologe* de 1754 nous confirme que « le défunt aimait particulièrement les œuvres de [...] Buxtehude, Boehm, Reinken [...]. En novembre 1720, il put exprimer sa reconnaissance au vieux musicien en jouant pendant plus de deux heures dans l'émerveillement général ». Le *Nécrologe* ajoute : « Le vieil organiste de cette église, Johann Adam Reinken, qui était presque centenaire, l'écouta avec un plaisir tout particulier et notre Bach ayant joué de manière singulière sur le choral *« An Wasserflüssen Babylon »* à la demande des assistants, en improvisant très en détail pendant près d'une demi-heure, suivant diverses manières comme avaient autrefois coutume de le faire les meilleurs organistes hambourgeois aux vêpres du samedi, il lui fit le compliment suivant : "Je croyais que cet art-là était mort, mais il revit en vous." » Enfin, à l'époque de Coethen, Bach s'attacha à écrire une élaboration pour clavecin de trois extraits de l'*Hortus Musicus* de Reinken. Ces élaborations (BWV 954, 965 et 966) s'éloignent d'ailleurs parfois nettement de l'original. La fugue de BWV 966, par exemple, atteint 97 mesures chez Bach, contre 47 chez Reinken. Il n'est pas indifférent de découvrir ces œuvres à travers les lunettes de Bach.

G.G.

OTTORINO RESPIGHI

Né à Bologne, le 9 juillet 1879; mort à Rome, le 18 avril 1936. Élève de Martucci au Liceo musicale de Bologne, puis de Rimski-Korsakov à Saint-Pétersbourg (1900), il enseigna la composition à l'Académie Sainte-Cécile de Rome (1913), dont il fut le directeur en 1923. Accademico d'Italia (1932), Respighi compte parmi les rares représentants de la musique symphonique de son pays, à une époque où l'opéra retient encore toutes les attentions. Disciple d'un des plus brillants orchestrateurs de l'école russe, il laisse, en effet, quelques partitions de renommée internationale dont Les Fontaines de Rome *(1916),* Les Pins de Rome *(1924) ou* Feste romane *(1928), parmi des quatuors, cantates et opéras. Son œuvre d'orgue n'a pas la même popularité ; elle se limite, à trois pièces que la plupart des concertistes ignorent, en dehors de l'Italie.*

3 Pezzi per organo

Composées en 1910 mais éditées en 1921 à Bologne, ces trois pages portent le titre de *Preludio* et font nettement référence à l'école allemande. Loin de se réclamer de glorieux prédécesseurs (Frescobaldi, Scarlatti) ou de l'instrument de son pays (il écrit pour un orgue sans spécificités nationales, avec pédalier à l'allemande), Respighi a puisé à des sources plus « universelles ». Sa tentative ne paraît pas isolée en ce qu'elle rejoint celles de Reger, Guilmant ou Barblan dans un hommage européen rendu à Bach.

La première, *Allegro moderato* en *ré* mineur, s'articule selon trois parties (A B A′) dont A énonce par la pédale solo un motif en croches régulières qui sera repris dans l'aigu des manuels *(ff)*. Dans une seconde section (B), ce même thème apparaît en valeurs diminuées au cours d'un fugato symphonique, transformation rythmique en doubles croches qui alimentera aussi la coda triomphale (traits de pédale et aux manuels, accords chargés) qui couronne la partie A′.

Les deux suivantes reprennent des chorals utilisés par Bach : *« In dich hab'ich gehoffet Herr »* (*Cantate* BWV 52) dans le *Second Prélude* en *si* bémol majeur, et *« Ich hab mein Sach Gott heimgestellt »* dans le troisième en *la* mineur. En limitant toujours les indications d'exécution à des nuances ou des changements de clavier, ce dernier expose le cantique sur des croches continues (12/8) que soutient un contrechant de pédale. La seconde partie, plus libre, présente alors un motif de doubles croches descendantes qui va régir la suite (modulation en *mi* bémol). La section terminale revient enfin au choral, cette fois complet et harmonisé à trois voix sur un riche contrepoint (doubles croches à la main droite et rythme noire-croche à la pédale).

Durée d'exécution de chaque pièce : ~ 3 mn à 4 mn 30 s

F.S.

JULIUS REUBKE

Né à Hausneindorf, le 23 mars 1834; mort à Pillnitz (Dresde), le 3 juin 1858. Fils du facteur d'orgues Adolf Reubke qui, à partir de 1837, érigea de grands instruments à Magdebourg, Leipzig et Kyritz, Julius Reubke travailla d'abord l'orgue à Magdebourg, puis poursuivit ses études au Conservatoire de Berlin. En 1856, il se perfectionna auprès de Liszt, qui exerça sur sa musique une considérable influence. Auteur d'une Sonate pour piano *en* si *bémol mineur et de quelques lieder, son catalogue d'orgue se limite à un* Trio en *mi* bémol *et surtout à une* Sonate en *ut* mineur sur le Psaume 94 *qui demeure son œuvre la plus célèbre. Mort à vingt-quatre ans, ce jeune musicien allemand était promis à un avenir exceptionnel.*

Sonate en *ut* mineur sur le Psaume 94

Si l'on a volontiers comparé la *Sonate pour piano* de Reubke à celle de Liszt, cette monumentale œuvre d'orgue, achevée en 1858, s'apparente nettement à la

Fantaisie et fugue sur le choral « Ad nos ad salutarem undam » que le maître de Weimar écrivit en 1850 : un seul thème, objet de mutations constantes à travers introduction, allegro, adagio et final, un traitement de l'orgue orchestral qui annexe avec succès quelques tournures pianistiques, le recours à la fugue, des indications de nuances laissant une certaine latitude quant à la registration, un souffle épique et un sens du développement propres au génie germanique. Mais si la fresque de Reubke paraît plus concise et peut-être plus continue que celle de Liszt (notamment l'*Adagio* central et le dernier mouvement), les relations tonales en paraissent moins subtiles (*ut-la* et non *ut-fa* dièse), tandis qu'un véritable programme biblique guide ici l'auteur sur l'idée de la vengeance dirigée contre les ennemis du Seigneur.

L'œuvre débute donc par une introduction (Grave-*Larghetto*) en *ut* mineur qui évoque les deux premiers versets du Psaume :

1. *« Dieu des vengeances, Yahweh,/ Dieu des vengeances, parais ! »*

2. *« Lève-toi, juge de la terre,/ Rends aux superbes selon leurs œuvres ! »*

Dès les mesures initiales, le thème cyclique apparaît à la pédale, dans le grave *(p)*, prolongé par de dépressifs chromatismes,

et progresse par paliers pour décroître rapidement jusqu'à un récitatif monodique qui, ainsi que dans l'*« Ad nos »*, fait transition. Un *Larghetto* modulant et polyphonique vient ensuite s'animer dans un jeu d'arpèges et de traits plus serrés, qui conduit à l'*Allegro con fuoco*. Ce dernier, qui attaque alors en *sol*, illustre les trois versets suivants :

3. *« Jusqu'à quand les méchants, Yahweh,/ Jusqu'à quand les méchants triompheront-ils ? »*

6. *« Ils égorgent la veuve et l'étranger,/ Ils massacrent les orphelins. »*

7. *« Et ils disent : "Yahweh ne regarde pas, Le Dieu de Jacob, ne prête pas attention." »*

Transformé par le biais de valeurs pointées rageuses qui lui confèrent un caractère héroïque, le thème se trouve ensuite développé dans l'esprit de la variation lisztienne, sur un contrepoint véloce de doubles croches. Une fin apaisée annonce alors l'*Adagio*, lequel commence en *la* mineur pour commenter les versets 17 et 19 du Psaume :

17. *« Si Yahweh n'était pas mon secours,/ Mon âme habiterait bientôt le séjour du silence. »*

19. *« Quand les angoisses s'agitent en foule dans ma pensée,/ Tes consolations réjouissent mon âme. »*

Après une première séquence *cantabile*, avec solos mendelssohniens qui découvrent un paysage renouvelé, une seconde idée apparaît dans un registre sombre (« angoisses »), puis évolue dans un climat de tendresse propice à évoquer la « consolation ». On retrouve alors les mesures initiales du Grave qui mènent à l'*Allegro* final en *ut* mineur (versets 22 et 23).

22. *« Mais Yahweh est ma forteresse,/ Mon Dieu est le rocher où je m'abrite. »*

23. *« Il fera retomber sur eux leur iniquité,/ Il les exterminera par leur propre malice,/ Il les exterminera, Yahweh, notre Dieu. »*

Une fugue de style néo-classique se développe alors. Mais après l'exposition (dont la troisième voix se fait attendre), les fondations d'un nouveau groupe d'entrées cèdent assez vite pour retrouver les fureurs batailleuses de l'*Allegro con fuoco*. Dynamisée par un contrepoint rapide, la polyphonie reprend pourtant ses droits, mais doit s'effacer définitivement devant les fanfares guerrières et les ébullitions de toccata d'une combattante section terminale.

Durée d'exécution : ~ 20 mn

F.S.

EUGÈNE REUCHSEL

Né à Lyon, en 1900 ; mort le 22 septembre 1988. Tout dévoué qu'il était à l'art du piano (il donna plus de cinq mille concerts dans le monde entier), il fut néanmoins passionné par l'orgue et composa pour cet instrument quelques œuvres dont Promenades en Provence *(1938),* Triptyque en hommage à Louis Vierne *(1985),* Huit images de Provence *(1986) et* Six Pièces de concert en hommage à la mémoire d'Aristide Cavaillé-Coll *(1986). L'année de sa mort, il travaillait à un ouvrage plus ambitieux encore, consacré à* La Vie du Christ. *Il est issu d'une famille d'organistes et de compositeurs qui s'illustrèrent surtout à Lyon. Son père, Amédée (1875-1931), élève de Mailly à Bruxelles, organiste du Grand Temple de Lyon puis de Saint-Denis-du-Saint-Sacrement à Paris, est l'auteur de trois Sonates et de pièces d'orgue (*Prélude, Cantabile, Fantaisie, Carillon, Grand chœur*). Son oncle, Maurice (1880-1968), tint l'instrument de la Rédemption de Lyon et publia, lui aussi, quelques pages d'orgue. Son grand-père, Léon (1840-1915), élève de Batiste et organiste de Saint-Bonaventure de Lyon, est l'auteur de messes, motets et cantates.*

Promenades en Provence

Composée en 1938 par Eugène Reuchsel, cette suite dont le programme « touristique » paraît inattendu à l'orgue, demeure la plus populaire des œuvres de la dynastie. Éditée en trois recueils, elle réunit une série de morceaux qui, de longueur moyenne (trois à six minutes), évoquent des paysages à titres impressionnistes *(Nuages ensoleillés sur le cap Nègre, Voiles multicolores au port de Toulon, Jour de fête aux Saintes-Marie-de-la-Mer)*, des monuments ou des sites *(Le Cloître de Saint-Trophime à Arles, Petit cimetière et cyprès autour de la vieille église de Bormes-les-Mimosas, Le Moulin d'Alphonse Daudet à Fontvieille, La Chartreuse de Montrieux au crépuscule, Profil de la porte d'Orange à Carpentras)* ou des souvenirs sonores *(Vieux noëls provençaux – Nuit de Noël à Saint-Tropez, Les Grandes Orgues de la basilique de Saint-Maximin, Tambourinaires sur la place des Vieux Salins, Les Cloches de Notre-Dame des Doms en Avignon)*, l'ensemble trouvant dans la pièce finale *(Visions à l'abbaye de Sénanque)* une conclusion aux dimensions religieuses *(La Foi en Dieu – La Joie en Dieu)*.

Destinées à un grand orgue symphonique et registrées dans l'esthétique post-romantique d'un Vierne, dont les *Pièces de fantaisie* relèvent d'une même inspiration, ces quelques pages dont le langage harmonique ne s'éloigne guère de celui que pratique l'organiste de Notre-Dame de Paris, en appellent encore à des toccatas, des grands chœurs d'accords dont la puissance solaire convient souvent fort bien à la majesté des lieux ou à leur noblesse antique, ou des adagios lyriques sur les fonds. Ici et là, cependant, un motif de Provence ou une allusion au folklore apportent une note de couleur locale qui rompt opportunément avec les conventions propres à la musique d'orgue. Sans doute, l'utilisation de deux thèmes de noël, le premier en *sol* mineur traité selon trois variations, le second en majeur dans un fugato qui s'achève en toccata, ne constitue-t-il pas une démarche des plus originales dans la première pièce, mais l'imitation des tambourins sur pédale de *sol* et celle des fifres sur flûte 4' et nasard, ou l'ostinato qui suggère le mouvement du moulin de Daudet, sont d'une saveur plus recherchée, comme c'est le cas dans certaines pages « régionalistes » d'un Ermend-Bonnal (Pays basque) ou d'un Ropartz (Bretagne). Quant à la forme, elle n'innove guère, trouvant à travers des formules classiques un cadre en adéquation avec l'écriture : variations, évocations monothématiques ou structures symétriques (A B A'). Plus développée, la dernière pièce débute en *si* mineur pour évoluer en majeur avec un contemplatif solo de flûte sur fond de voix céleste, mais s'achève en *mi* majeur sur une toccata nerveuse.

F.S.

JOSEPH GABRIEL RHEINBERGER

Né à Vaduz (Liechtenstein), le 17 mars 1839; mort à Munich, le 25 novembre 1901. Très précoce, le futur virtuose tenait déjà, dès l'âge de sept ans, l'orgue de sa ville natale. Élève d'Herzog (orgue) et de Lachner (composition) au conservatoire de Munich (1851), ville où il se fixa, il fut ensuite organiste de la Hofkirche (1860-1866), professeur de piano (1859) puis de composition et d'orgue (1867-1901) au conservatoire, enfin maître de chapelle de la Cour (1877). Docteur honoris causa de l'université de Munich (1899), il connut sa vie durant une certaine renommée, formant, parmi de nombreux disciples, Humperdinck et l'Américain Horatio Parker (lequel publia en 1908 une Sonate pour orgue*).*

On a reproché aux quelque deux cents œuvres de Rheinberger une coupable facilité, une extrême convention et un sentimentalisme excessif. Il est vrai qu'occupant une position charnière entre celles de Mendelssohn et de Reger, sa musique paraît d'autant plus démodée qu'elle ne présente pas toujours les garanties qu'un néo-classicisme de bonne facture offre aux petits-maîtres. Son contemporain Merkel, qui tient dans l'histoire un rang analogue, bénéficie de l'enseignement de Schumann et d'une conception formelle peut-être moins originale, mais plus universelle, de même que la qualité de son contrepoint. Si tous deux prennent, par ailleurs, modèle sur Jean-Sébastien Bach, c'est — semble-t-il — celui qui s'en rapproche le plus, le second nommé, qui devrait l'emporter aujourd'hui, bien que l'un comme l'autre figurent encore dans un purgatoire dont la durée pourrait sembler illimitée, notamment en France.

Dans une ville baignée des magiques effluves de Wagner, le maître de chapelle de Louis II se complaît donc à faire part égale entre formes traditionnelles (trios, fughettas, chorals) et un art de sentiment plus moderne (*Pièces caractéristiques* op. 156, *Méditations* op. 167a ou *Monologues* op. 162). Mais comme Merkel, c'est dans la sonate qu'il découvre un moule propice à une volonté de synthèse.

Les Sonates

En quelque trente ans (1869-1901), Rheinberger a composé dans des tonalités différentes vingt sonates (sans doute espérait-il en publier vingt-quatre, sur le modèle du *Clavier bien tempéré*). Dix-sept d'entre elles contiennent une fugue plus ou moins développée (parfois une double fugue) qui répond à un prélude imposant et d'allure souvent classique, tandis qu'entre ces deux extrêmes, un mouvement lent, que complète éventuellement une marche, une pastorale ou un intermezzo, paraît d'une conception plus romantique. Dans certains cas, Rheinberger recourt aussi au choral (« *Meine Seele erhebt den Herren* » dans la *Quatrième Sonate*). Ce corpus très typique de la seconde moitié du XIXe siècle, de par ce double aspect tradition-innovation, s'établit comme suit :

— n° 1, *ut* mineur, op. 27;
— n° 2, *la bémol* majeur, « fantasie sonata », op. 65;
— n° 3, *sol* majeur, « pastorale », op. 88;
— n° 4, *la* mineur, « tonus peregrinus », op. 98;
— n° 5, *fa* dièse mineur, op. 111;
— n° 6, *mi* bémol mineur, op. 119;
— n° 7, *fa* mineur, op. 127;
— n° 8, *mi* mineur, op. 132;
— n° 9, *si* bémol majeur, op. 142;
— n° 10, *si* mineur, op. 146;
— n° 11, *ré* mineur, op. 148;
— n° 12, *ré* bémol majeur, op. 154;
— n° 13, *mi* bémol majeur, op. 161;
— n° 14, *ut* majeur, op. 165;
— n° 15, *ré* majeur, op. 168;
— n° 16, *sol* dièse mineur, op. 175;
— n° 17, *si* majeur, « fantasie sonata », op. 181;
— n° 18, *la* majeur, op. 188;
— n° 19, *sol* mineur, op. 193;
— n° 20, *fa* majeur, « Zur Friedensfeier », op. 196.

L'étude de ces différentes œuvres permet de mettre en lumière une certaine évolution, sans doute plus sensible au niveau des proportions que du style. Ainsi, la **Première Sonate en *ut* mineur**, composée en 1868, présente-t-elle trois mouvements assez concis, un **Praeludium** à 3/4 qui rappelle le *Prélude* en *mi* mineur BWV 548 de Bach sans en manifester ni l'invention, ni la puissance, un **Andante** en *ut* majeur et un **Finale** de type double fugue qui révèle à la fois les qualités et les défauts du compositeur : science de l'écriture (superposition des deux thèmes, augmentation du premier sujet, strettes), mais incapacité d'assembler ces différents procédés dans un discours continu et progressif.

Les œuvres de la maturité optent en général pour une formule en quatre mouvements plus développés. La **Sixième Sonate en *mi* bémol mineur** de 1880 débute par un **Preludio** bithématique, qui utilise un premier motif de caractère dramatique et un second traité à la manière d'un fugato, tandis que l'**Intermezzo** qui suit (6/8) se réclame du Mendelssohn champêtre de la *Quatrième Sonate (Allegretto)*. Une **Marcia religiosa** sur le grand chœur avec partie centrale en *si* majeur (canon) précède enfin la **Fugue** finale, laquelle introduit l'augmentation du sujet et des strettes canoniques avant de s'effacer devant le retour du prélude (thème initial).

Dans la **Onzième Sonate en *ré* mineur** (1887), les références au passé abondent aussi, de Bach dont la **Cantilène** se souvient (mais sans le génie du Cantor et sous l'apparence d'une trop aimable sucrerie) à Mendelssohn (**Intermezzo**), sous une organisation comparable (**Agitato, Cantilène, Intermezzo** et **Fuga**) ; de même quant à l'idée cyclique qui permet à des éléments du troisième mouvement de trouver place dans le dernier.

La **Vingtième Sonate en *fa* majeur** (1901), que le compositeur a située sous l'emblème de la Paix mondiale, révèle un dessein plus ambitieux encore. Un **Praeludium** *(Lento maestoso)*, qui s'apparente toujours à une forme sonate avec un grand choral harmonisé, puis plusieurs idées mélodiques dont un fugato dans le ton de la dominante, tient lieu d'ouverture. Mais la pléthore des motifs et la prolixité du développement ne contribuent pas à en rendre la structure limpide ; de même dans l'**Intermezzo** en *ré* bémol suivant, auquel on peut reprocher un manque d'ordre et d'économie. La **Pastorale** en *la* majeur (3e mouvement) a beau revenir alors à une organisation plus stricte (ABA), le **Finale** (*Con moto*), qui conclut par le retour du choral initial, renonce à la fugue pour opposer un élément martial en staccato à un hymne, mais ne parvient pas à équilibrer ses proportions avec une juste cohérence. Cette relative confusion, cette manière de retarder l'épilogue par une surenchère de péroraisons « provisoires », ainsi que certaines banalités, finissent, hélas ! par occulter les qualités d'écriture de Rheinberger et ses aptitudes à bien faire sonner son instrument, même si, pour pallier l'absence de boîte expressive, il recourt parfois à l'adjonction ou au retrait de certains groupes de jeux dont l'effet n'est pas toujours très souple.

Durée d'exécution : ~ 34 mn

Les Concertos

Rheinberger a confié à l'orgue deux Concertos, l'*Opus 137* en *fa* majeur et l'*Opus 177* en *sol* mineur. Composé en 1884, le premier sollicite un ensemble de cordes et trois cors, selon trois mouvements dont les deux extrêmes (**Moderato** et **Con moto**) de forme sonate. Mais l'**Andante** central, d'une structure plus complexe, exploite, au contraire, un grand nombre d'idées, dont certaines d'une sensiblerie démodée pas très éloignée de Guilmant. L'orgue, qui ne se réfère ici à aucun concept « baroque », exprime son individualité de soliste à travers des marches, hymnes ou mélodies d'une harmonie très XIXe siècle, et renouvelle fort opportunément un genre peu représenté à cette époque.

Durée d'exécution : ~ 24 mn

F.S.

JOHANN CHRISTIAN HEINRICH RINCK

Né à Elgersburg (Thuringe), le 18 février 1770; mort à Darmstadt, le 7 août 1846. Rinck eut une formation complète de musicien et d'organiste dans la grande tradition du XVIIIe siècle, ayant eu tout d'abord pour professeurs Abicht, Junghans et Kirchner, puis, à Erfurt de 1786 à 1789, Johann Christian Kittel (1732-1809) l'un des tout derniers élèves de J.-S. Bach, auprès duquel il avait étudié à partir de 1748 et jusqu'à sa mort en 1750. En 1790, Rinck devient organiste de la ville à Giessen, puis, en 1805, directeur de la musique à l'Université. La même année, il s'installe à Darmstadt comme cantor et organiste de la Stadtkirche. Il deviendra par la suite organiste (1813), puis musicien de la chambre (1817) du grand-duc Louis Ier.

Rinck fut l'un des professeurs les plus réputés de son époque, tant par sa musique que par son jeu, et se retrouva à la tête d'une grande lignée d'élèves auxquels il transmettait la tradition héritée de Bach; car s'il est vrai que Mendelssohn tira de l'oubli la musique vocale de Bach, jamais sa musique d'orgue ne fut entièrement délaissée. L'essentiel de son œuvre, théorique et musicale, est destiné à l'orgue. On mentionnera les préludes de son *Orgel-Schule* op. 55 (« École de l'orgue »), les sept volumes (plus deux volumes supplémentaires) op. 101-127 du *Choral Freund* (« L'Ami du choral »), sa *Theoretisch-praktische Anleitung zum Orgelspiel* op. 124 (« Enseignement théorique et pratique du jeu à l'orgue »), ainsi qu'un recueil de chorals allemands op. 105. Il composa en outre deux messes, des cantates, des motets, quelques œuvres pour clavier. Sa riche bibliothèque fut rachetée en 1852, puis cédée à l'Université Yale de New Haven, aux États-Unis, ce qui explique que l'on retrouve outre-Atlantique nombre de manuscrits d'œuvres de Bach, de ses parents et de ses élèves ayant donc appartenu à Rinck.

Freie Vor- und Nachspiele

(Préludes et postludes en style libre)

Si dans certains de ses *Präludia* pour clavier Rinck apparaît d'une certaine manière comme un maître du style galant de la fin du XVIIIe siècle, cet important recueil nous le présente sous un jour souvent beaucoup plus sérieux et davantage tourné vers la tradition, tendance qui sera confirmée par le recueil des chorals.

Il s'agit d'un ensemble de 77 pièces de longueur assez variable (d'une dizaine de mesures, n° 46 en *sol* majeur, jusqu'à 60 et plus), classées selon 16 tonalités, le nombre de préludes ou postludes variant également pour chacune d'elles. Successivement : *ut* majeur/ 9 pièces, *ut* mineur/ 5, *ré* majeur/ 6, *ré* mineur/ 6, *mi* bémol majeur/ 3, *mi* majeur/ 2, *mi* mineur/ 4, *fa* majeur/ 5, *fa* mineur/ 6, *sol* majeur/ 9, *sol* mineur/ 6, *la* bémol majeur/ 2, *la* majeur/ 4, *la* mineur/ 6, *si* bémol majeur/ 2, *si* mineur/3. Les tons simples d'*ut* et *sol* majeur sont, comme on le voit, les plus souvent utilisés. On est naturellement loin des 24 tons du *Clavier bien tempéré*, de même que l'envergure de ces pièces n'est nullement comparable à celle des Préludes de Bach — on se rapproche davantage des pièces d'un Fischer, mais qui, lui, précédait Bach. Les tempos sont généralement modérés (nombreux *Andante*, *Moderato*, *Maestoso*, *Largo*), mais on trouve aussi des indications telles que *Alla marcia* (n° 20, *ré* majeur), en forme d'ouverture-fanfare sur rythme pointé, ou encore *Freudig* (joyeux, n° 37, *fa* majeur), *Festivo* (n° 40, idem), *Forioso* (n° 57, *sol* mineur), etc.

Le genre le plus courant est celui (implicite) du prélude à quatre voix, la pédale étant présente dans chaque pièce — ce qui n'est pas le moindre signe de cet effort permanent de continuité d'une école qui se réclame de Bach. Il arrive cependant fréquemment que la basse, au sein même des pièces, passe au manuel avant de revenir à la pédale, laquelle est à l'occasion double, mais seulement dans le sens d'un doublement à l'octave. Il arrive aussi que le terme de *Praeludium* soit noté (n° 29, *mi* bémol majeur ; n° 58, *sol* mineur).

Parallèlement aux préludes, mais moins nombreuses, on trouve des pièces intitulées fuguettes, ou encore fugues. La forme en est cependant simplifiée et généralement ramenée à une entrée pour chacune des quatre voix, y compris la pédale, après quoi la structure se relâche immédiatement. Parfois, une introduction lente précède la pièce, comme dans le nº 9, en *ut* majeur, constitué d'un *Largo* de 12 mesures suivi d'une *Fuga*, *moderato* de 76 mesures, la pédale ne faisant ici son entrée qu'après une section en forme de divertissement au manuel. On peut également citer le nº 66 (*la* majeur), qui surprend par le sujet de sa fugue : la pièce commence par un *Maestoso* sur une tonique tenue à l'octave par la pédale, puis apparaît un thème de fugue en notes répétées, vague souvenir de l'Allemagne du Nord du XVIIe siècle, les notes répétées étant vite relayées cependant par des batteries d'accords, plus proches du pianoforte... Les indications de dynamique sont fréquentes, bien que d'ordre très général : *mit sanften Stimmen* (« sur des jeux doux »), *mit starken Stimmen* (« sur des jeux forts ») ou bien tout simplement *sanft*, *stark*, ou encore *für volle Orgel* (« dans toute la force de l'orgue »), *mit vollem Werk* (« avec tout l'instrument »), etc. Des registrations sont parfois indiquées, comme dans le nº 28 (*mi* bémol majeur) qui débute sur « gambe 8' seule » dans le grave du clavier (sans pédale), « renforcée par la flûte de 8' » à la mesure 9, puis par un « jeu de 4 pieds » à la mesure 31 (avec pédale), tandis que la tessiture de la pièce s'élargit vers l'aigu. Sur l'ensemble du recueil, l'écriture polyphonique prédomine, de type fugato ou en imitation. Cependant, certains préludes relèvent de ce que l'on aurait appelé aux siècles précédents un choral-motet, à l'écriture verticale. Les mètres les plus fréquents sont 2/4, 3/4 et C, mais on trouve également un 6/8 au balancement de pastorale (avec syncopes) dans le nº 4 (*Larghetto, mit sanften Stimmen*).

Il ne fait aucun doute que ces 77 pièces pratiques, à la fois concises et musicales, auront constitué, pour les élèves du grand professeur que fut Rinck, un moyen efficace d'accéder à la polyphonie des maîtres baroques, tout en ménageant, tant sur le plan de l'harmonie que de la forme, la sensibilité tout empreinte de l'évolution du piano-forte propre à cette époque charnière entre XVIIIe et XIXe siècles.

Les chorals

La plupart des chorals de Rinck, plus encore que de ses préludes, s'inspirent des formes en usage au XVIIIe siècle. Œuvres de faible ampleur (20 à 30 mesures en moyenne), ils font appel notamment à des mélodies ayant été parmi les préférées de Bach. Ces chorals, de toute évidence, devaient dans l'esprit de Rinck servir d'introduction à l'étude des grands chorals du Cantor. Le plus souvent à quatre voix, ils présentent parfois une pédale redoublée à l'octave ou bien doublant la main gauche *(« Ein' feste Burg ist unser Gott »)*, tandis que dans certaines cadences finales, les voix se dédoublent jusqu'à constituer des accords *(« Kommt her zu mir! spricht Gottes Sohn »)*.

Ces chorals offrent une belle variété de formes : choral fugué *(« Alle Menschen müssen sterben »)* ; choral en imitation (éventuellement en voix parallèles, voire en canon : *« Da Jesu an dem Kreuze stund »)* ; choral sur cantus firmus de deux types : soit le cantus firmus déploie sa phrase sans interruption (*« Seelenbräutigam! Jesu Gottes Lamm! »*, choral exceptionnellement à trois voix et faisant entendre la mélodie à la voix intermédiaire ; *« Herr, ich habe missgehandelt »*, indiqué *Melodie im Pedal*), soit il est interrompu par des incises en forme de réponse *(« Herr Gott, dich loben Alle wir »)*. De nombreux chorals de type ricercare sont indiqués *für volles Werk* (plenum). La plupart de ces chorals se suffisent d'un orgue à un clavier et pédale, avec des exceptions comme le *« Seelenbräutigam! »* déjà évoqué, dont le cantus firmus doit être joué sur un clavier séparé, ou encore *« Wenn wir in höchsten Nöten sein »* — l'un des deux textes du dernier des *Chorals « de Leipzig »* de Bach — indiqué « avec alternance de claviers ».

Bien que le choral de type orné soit absent du recueil, on rencontre divers chorals favorisant la voix de soprano, tel *« Lobe den Herren, den mächtigen König »*, choral qui aujourd'hui encore, tout comme *« Herr Gott, dich loben wir »*, constitue l'un des piliers de la liturgie en Allemagne (y compris catholique). Parmi les chorals de Rinck reprenant des mélodies qui inspirèrent particulièrement Bach, citons *« Liebster Jesu, wir sind hier »* (ici choral-imitation), « *Valet will ich dir geben* » (fugato), « *Wie schön leucht't uns der Morgenstern* » (imitation libre) et enfin le célèbre « *Vom Himmel hoch da komm' ich her* », choral de Noël souvent traité par Bach, entre autres dans ses *Variations canoniques* BWV 769, ici paraphrase à la tessiture serrée sur le *volles Werk* avec exposition du thème à découvert et à l'octave.

M.R.

FRANÇOIS ROBERDAY

Baptisé à Paris, le 21 mars 1624; mort à Auffargis, le 13 octobre 1680. Son père, orfèvre de renom, s'intéressait à l'orgue au point de s'associer, en 1630, au facteur Nicolas Lemerre et de posséder un « cabinet d'orgue » sur lequel le fils put s'initier. François Roberday fils, reçu orfèvre en 1650, se prévaut bientôt du titre d'« orfèvre du roi ». Deux mariages accroissent encore son aisance matérielle. En 1659, il achète l'une des seize charges de « Valet de chambre de la reine » et sert successivement la reine mère Anne d'Autriche et l'infante Marie-Thérèse, épouse de Louis XIV. En 1660, il fait publier à 500 exemplaires (nombre très élevé pour l'époque) douze Fugues et Caprices, *son unique recueil de musique. Un revers de fortune le force à se retirer à la campagne, près de Rambouillet, où il meurt victime d'une épidémie.*

1660 : la date marque la fin d'une ère et prend ici valeur de symbole. Tout changera, en effet, en 1661 avec la prise de pouvoir de Louis XIV et les débuts d'une politique nationaliste. Le vieux monde que représente le très singulier ouvrage de Roberday n'a pas grand'chose à voir avec le nouvel univers instauré par le jeune roi, si ce n'est, peut-être, sa rigueur cartésienne. Pour le reste, l'espace mental de Roberday est celui plus mêlé des Austro-Allemands et des Italiens à Paris du temps de Mazarin.

Un substantiel *Advertissement* aux douze *Fugues et Caprices* situe très exactement le contexte de l'œuvre de Roberday : « [...] Comme il ne serait pas juste que je tirasse avantage du travail d'autrui, je dois avertir que dedans ce Livre, il y a trois pièces qui ne sont pas de moi, il y en a une qui a été autrefois composée par l'illustre Frescobaldi, une autre de Monsieur Ebnert et la troisième de Monsieur Froberger, tous deux organistes de l'Empereur, pour les autres je les ai toutes composées sur les sujets qui m'ont été présentés par Messieurs de La Barre, Couperin, Cambert, D'Anglebert, Froberger, Bertali, maître de musique de l'Empereur, et Cavalli, organiste de la République de Venise à Saint-Marc, lequel étant venu en France pour le service du roi, lors que mon Livre s'achevait d'imprimer, je l'ai prié de me donner un sujet, afin que mon Livre fût aussi honoré de son nom. »

Quatre étrangers, quatre Français : Pierre de La Barre (mort en 1656), ou Joseph, son fils et successeur à la charge d'organiste du roi; Louis Couperin qui, tout comme Roberday, recueillit l'enseignement de Frescobaldi, transmis par l'Allemand Froberger lors de son séjour à Paris en 1652; Cambert, l'auteur des premières pastorales en musique françaises; D'Anglebert, beau-frère de Roberday, successeur de Chambonnières à la charge de claveciniste de la Chambre du roi; Cavalli, célèbre compositeur d'opéras, venu en France en 1660 pour présider aux fêtes musicales du mariage de Louis XIV; Bertali, Italien indispensable aux fastes viennois. Dans ce concert des nations, remarquons un grand absent, qui aurait pu faire le lien entre les Français et les étrangers, Lulli (le Florentin pas encore francisé), qu'une tradition tenace présente comme l'élève de Roberday.

L'œuvre pour orgue

Ces compositeurs ont donc, pour les uns, fourni l'œuvre complète, pour les autres, soumis des thèmes au compositeur. Pour les trois pièces complètes, une seule source a été identifiée, la Fugue V, démarquée du Ricercare VII de Froberger (Guilmant avait déjà montré une analogie motivique entre le 2e Caprice de Roberday et le 8e de Froberger). Dans le second cas de figure, l'orfèvre Roberday dépasse la glose sur thème obligé, familière à tout organiste, pour atteindre au statut, faussement modeste, d'« ouvrier en musique » (Stravinsky). Il se donne pour but de façonner un matériau extérieur, riche de potentialités (« J'ai renoncé à composer la matière et me suis limité à transformer différentes matières selon mes habitudes artisanales personnelles » dira, de même, un Franco Donatoni dans les années 1970).

Transformation, transmutation, métamorphose, anamorphose... ces images renvoient au cabinet privé, au travail solitaire et mystérieux de l'alchimiste. A propos de l'œuvre de Roberday, Pierre-Paul Lacas évoque, précisément, la possibilité de « jeux numériques au symbolisme ésotérique ». Sans se perdre dans le labyrinthe des interprétations ou partir en quête de quelque section d'or, il est clair, par exemple, que le chiffre douze n'ayant pas pour objet, ici, de faire le tour des douze modes de la Renaissance, on pourrait songer au symbole numérique de l'Église, au produit du « trois » du divin et du « quatre » de l'humain, au chiffre cosmogonique du zodiaque, etc. Quoi qu'il en soit, il semble possible de voir, dans les douze *Fugues et Caprices* de Roberday, l'œuvre d'une vie, à la fois *opus unicum* et *opus magnum* à clé résultant d'une combinatoire décryptable par quelques initiés seulement. Et c'est, sans doute, dans ce sens qu'il faut comprendre la dédicace « aux amateurs de musique », entendez « connaisseurs » (« à l'attention des amateurs et des connaisseurs de ce genre de travail pour la satisfaction de leur esprit », préviendra Bach dans sa *Clavierübung* III). Cette combinatoire inhérente à toute musique fera dire à Leibniz : « La musique est un compte secret de l'âme qui ignore qu'elle compte. » Nuançons : les uns l'ignorent, d'autres le pressentent et certains le savent.

Si la richesse foisonnante des combinaisons contrapuntiques des Fugues de Roberday a de quoi retenir tout « amateur », leur austérité quasi janséniste a pu être taxée de sécheresse scolastique et pédantesque. Ce reproche, le compositeur le réfute en partie par avance qui en appelle sans cesse au jugement de l'oreille : « Il faut considérer que la musique est inventée pour plaire à l'oreille. [...] C'est donc l'oreille qu'il faut consulter sur ce point. [...] Je ne doute point que si on suspend son jugement jusques à ce qu'on ait ouï l'effet des notes [...] », mais l'admet par ailleurs : « J'ai quelquefois abandonné cette maxime lorsque j'ai voulu m'astreindre à traiter en même temps plusieurs sujets et les respecter dans toutes les parties et je ne sais pas si en cette rencontre l'oreille trouvera toujours satisfaction. »

Le fond justifie la forme : Roberday publie ses *Fugues et Caprices* « à quatre parties mises en partition pour l'orgue » — autrement dit, sur quatre portées superposées, à la manière italienne et allemande — afin que le lecteur suive plus aisément la marche des parties, même si l'interprète y perd quelque facilité ; et il ajoute : « Il y a là encore cet avantage que si on veut jouer ces Pièces de musique sur des violes ou autres instruments, chacun y trouvera sa partie détachée des autres. »

Chaque diptyque, « Fugue et Caprice », ou monolithe, « Fugue » seule, se présente en plusieurs sections sur un sujet unique, donc sous la forme d'un ricercare-variation à la manière de Frescobaldi via Froberger. C'est là l'une des structures les plus caractéristiques du XVIIe siècle, soucieux que la variété tire son origine d'un principe unique. La plupart des pièces fuguées du XVIIe siècle égrènent des sujets et réponses sans s'évader de leur tonalité d'origine. La dynamique de renouvellement procède des variations rythmiques et mélodiques d'une section à l'autre et, en particulier, de la progression agogique qui mène d'une première section grave en valeurs longues à une agitation fiévreuse ou à un alerte tempo de gigue pour conclure.

Empli de chromatismes, intervalles diminués et autres *durezze*, le langage de Roberday se souvient de Frescobaldi, et le terme *Caprice* renvoie au genre frescobaldien le plus complexe, lieu d'une subtile dialectique entre la mesure et le tempo, ce dernier venant à changer suivant les mètres, ternaire et binaire, et les signes de mesure indiqués. Roberday le sait qui prévient : « Les Caprices se doivent jouer à discrétion et fort lentement, quoi qu'ils soient notés par des croches et des doubles croches » (fréquente sous la plume de Froberger, l'expression « à discrétion » signifie en *tempo rubato*).

Si modèles français il y a chez Roberday, il faut les débusquer dans les « fugues et recherches » de Titelouze et les « fantaisies » de Du Caurroy, Guillet et Racquet, car l'auteur ne se soucie nullement des nouveautés, ces récits, duos, trios, pièces dansantes et autres succédanés d'airs de cour ornés. En toute lucidité, il choisit d'élever le dernier monument français à la pure polyphonie à quatre parties, à l'ancienne *Ars perfecta*. Aucune des fugues de Roberday n'affiche la moindre ornementation, mais la comparaison avec celles, contemporaines, de son beau-frère D'Anglebert donne à penser que de nombreux agréments ne seraient nullement déplacés.

Fugues et Caprices

1. Fugue et caprice en *sol* mineur

Très beau sujet baroque entrelaçant degrés mobiles et quartes diminuées. Le père de ce profil superbe pourrait bien être Louis Couperin. Fugue en deux sections, l'une à C (4/2), l'autre à 3 (3/2). Les quatre premières entrées de chacune suivent le déroulement sujet-réponse-réponse-sujet, très fréquent à l'époque. Lui aussi en deux sections, le Caprice à C et 12/8, sert de contre-exposition en lançant d'abord la réponse ; il propose une transformation du thème, successivement en style de canzone, avec sa première note répétée, et en gigue volubile, par élongement mélodique du sujet au moyen de notes de passages et broderies.

2. Fugue et caprice en *sol* majeur

Sujet chromatique descendant. Fugue en une seule section ramassée, à ₵ (2/1). Caprice en deux sections à C. La 1re, à la manière d'une canzone, fait tinter notes répétées et gammes alertes ; la 2e, très frescobaldienne, réduit le sujet à quelques notes et introduit deux contre-sujets de même longueur (l'un étant la variation de l'autre), d'où un habile chassé-croisé entre trois cellules d'égale importance.

3. Fugue et caprice en *ut* majeur

Diatonisme et limpidité exemplaire d'un sujet en quartes ascendantes dans l'esprit d'un motet de la Renaissance. Fugue à ₵ (2/1). Caprice à C, puis à 3 (6/4), puis à 12/8 en forme de gigue, partiellement allégée d'une voix.

4. Fugue en *ut* majeur

Quatre sections. Le sujet diatonique semble un peu fade, mais on saisit l'opportunité de cette simplicité dans les deux dernières sections, lieux d'un travail complexe entre le sujet droit et son renversement, étoffés de deux nouveaux sujets (ou contre-sujets obligés).

5. Fugue en *ré* mineur

En trois sections, voici celle issue de Froberger. Le sujet déroule le pentacorde ascendant en passant par le chromatisme de la tierce (*ré-mi-fa-fa* dièse-*sol-la*). Les sections I et III font alterner un groupe-sujet, en mouvement droit ou contraire, sur *ré* et un groupe-réponse sur *la*. La section centrale n'expose que le sujet droit, dérythmé, en blanches étales. Le climat recueilli, le chromatisme discret sont typiques de ce que les Français appelleront « fugue grave ».

6. Fugue et caprice en *ré* mineur

Encore un sujet contourné caractérisé par son intervalle de quarte diminuée. Fugue grave en style de motet. Caprice en trois sections ; la 1re d'un rythme plus accusé et la 3e en forme de gigue insèrent chacune une entrée sur le second degré en plus des habituels exposés à la tonique et à la dominante.

7. Fugue en *ré* mineur

Trois sections. Le sujet égrène deux quartes justes et une quarte diminuée dans un profil descendant. La 1re section alterne sujets en mouvement droit et réponses contraires ; la 2e s'enrichit de deux contre-sujets, dont l'un très remarquable en chromatismes retournés ; la 3e ne conserve que le mouvement droit du sujet qui s'estompe peu à peu pour ne plus conserver que sa tête.

8. Fugue et caprice en *la* mineur

Sujet caractérisé par ses quartes, juste et diminuée, descendantes. Fugue en deux sections principales, la 2e avec contre-sujet. Caprice vigoureux en trois sections aux rythmes bien marqués à C, 3/4 et 12/8.

9. Fugue et caprice en *fa* majeur

Fugue en deux sections ; Caprice en trois, l'une, pimpante canzone, l'autre affirmant d'un ton têtu ses rythmes pointés et dactyliques, la dernière lisse et sereine.

10. Fugue en *sol* mineur

Fugue en deux sections presque continues. Sujet fort sage sur la quinte ascendante et descendante. La diversité provient de l'insertion d'une nouvelle figure mélodique en boucle (mes. 12) qui n'est autre que le renversement en diminution de la tête du sujet, de quelques entrées aux tons voisins, de tentatives de strette et (vers la fin de la deuxième section) de la dislocation momentanée des deux incises du sujet.

11. Fugue en *sol* mineur

Trois sections. Beau sujet avec quarte diminuée, valorisé par une rythmique chaotique. Dès l'abord, la 2e section superpose le sujet en valeurs longues et sa diminution ; ce procédé de couches de vitesses différentes gouvernera l'ensemble des deux sections conclusives (et n'est pas sans annoncer certains contrepoints de *L'Art de la fugue* de Bach). Motifs subsidiaires et modulations enrichissent le discours.

12. Fugue en *ré* majeur

Trois sections. Sujet limpide sur le tétracorde montant et descendant, amorcé par de simples notes répétées en dactyle. Fraîche et savante canzone, la 1re section superpose le sujet et sa diminution rythmique ; la 2e ne conserve que ces valeurs diminuées rebondissant en mouvement droit et contraire ; la brève péroraison fait carillonner le motif générateur en double-diminution.

Durée de chaque ensemble : de 3 à 5 mn

B. F.-S.

MANUEL RODRIGUES COELHO

Né à Elvas, vers 1555 ; mort probablement à Lisbonne, vers 1635. Celui qui fut le plus grand représentant de l'âge d'or portugais commença sans doute ses études à la cathédrale de sa ville natale (1563 ?), ultime étape portugaise avant la frontière avec l'Espagne, sur la route de Badajos (et Madrid) à Lisbonne via Evora. Il poursuivit peut-être ses études à la cathédrale même de Badajoz, où il fut organiste de 1573 à 1577, succédant temporairement au grand maître du lieu, Juan de Trejo, mort en 1572. Les années 1580 le voient de nouveau à Elvas où il demeure jusqu'à sa nomination au poste d'organiste de la cathédrale de Lisbonne (1602-1603), avant de devenir organiste de la Chapelle royale, de 1604 à 1633, date à laquelle il se retire.

Le titre de gloire de Manuel Rodrigues Coelho est d'avoir sans doute été le premier compositeur portugais, à la suite de Cabezón en Espagne, à avoir publié de son vivant un recueil de ses œuvres ; intitulé *Flores de Musica pera o Instrumento de Tecla & Harpa* (« Florilège de musique pour un instrument à clavier ou harpe »), ce recueil a été édité à Lisbonne en 1620 par Pieter van Craesbeeck. Sans doute, car une autorisation de publier avait été accordée en 1536 à Gonçalo de Baena, sans que l'on sache si l'œuvre put effectivement voir le jour ; le recueil de Rodrigues Coelho est en tout cas le plus ancien conservé. L'œuvre, très importante et dont la compilation était achevée dès 1617 (l'autorisation de publier étant de cette même année), a été rééditée de nos jours, dans la restitution de Macario Santiago Kastner, dont l'Introduction a servi de base à cet article. Un premier volume comprend l'intégralité des *24 Tentos* dans les huit modes ecclésiastiques et *4 Susanas grosadas (sic)*, c'est-à-dire quatre *gloses* sur la chanson *Suzanne un jour* de Roland de Lassus. Le second volume comprend les compositions sur thèmes liturgiques. L'ensemble constitue l'une des contributions les plus inspirées et parmi les plus nobles de tout le répertoire pour orgue, clavecin, virginal, clavicorde ou harpe du XVIIe siècle en terre ibérique.

Bien qu'offrant de grandes pages représentatives de musique sacrée pour orgue, les *Flores de musica* ne sont pas, à la différence des *Fiori musicali* de Frescobaldi (Venise, 1635), à destination exclusivement liturgique. Par ailleurs, le musicologue Kastner fait d'emblée remarquer que Rodrigues Coelho, au sein d'une production portugaise en vérité peu abondante, non seulement se révèle comme la plus grande personnalité musicale de son pays à cette époque, mais qu'il n'est nullement inférieur aux autres maîtres européens d'alors : la musique portugaise donne ici la preuve des relations qu'elle entretenait, sur la base de sa propre tradition augmentée d'apports espagnols, avec les écoles anglo-flamande, napolitaine et vénitienne. Rodrigues Coelho fut très probablement en contact avec le Flamand Rinaldo van Melle, à partir de 1580 maître de chœur à la Chapelle royale de Lisbonne, ainsi qu'avec Francis Tregian l'Aîné, installé en 1605 à Lisbonne, où il mourut en 1608, et qui avec son fils compila le *Fitzwilliam Virginal Book*.

Il est probable que les musiciens appartenant aux *Colleges* anglais ou irlandais installés à Lisbonne dès ou avant 1615, ainsi que l'éditeur flamand van Craesbeeck, également installé à Lisbonne, auront influencé l'écriture et la technique de clavier de Rodrigues Coelho, très proches de celles en usage dans les pays anglo-flamands — entre autres sources possibles de contact. Kastner émet l'opinion selon laquelle des maîtres comme Rodrigues Coelho, Sweelinck, Bull, Philips, Mayone, Aguilera de Heredia, Titelouze, Trabaci et Frescobaldi ont nécessairement été plus en contact qu'on ne l'imagine habituellement, tous ayant été au service de cours et d'églises d'importance entretenant des rapports permanents.

Quant à l'influence de Cabezón, il est probable que Rodrigues Coelho la reçut par le biais du fils d'Antonio, Hernando Cabezón qui, en route pour Lisbonne, ainsi que lors de son retour à Madrid, ne put que passer par Elvas. Appelé par Philippe II à la cour de Lisbonne, « car n'ayant personne ici pouvant tenir convenablement les orgues de la chapelle », Hernando aurait fait cadeau à l'organiste portugais d'œuvres de son père, de son oncle Juan et de lui-même. Une chose est certaine : l'organiste d'Elvas trouva dans les *Tientos* d'Antonio de Cabezón, notamment dans le monumental *Tiento del sexto tono*, constitué de diverses sections en mètres binaire et ternaire, une base des plus solides pour l'élaboration de ses propres *Tentos*. Il en va de même pour certaines pièces liturgiques sur cantus firmus ou bien pour les gloses sur la *Susana*, à la manière de celles d'Hernando.

Une autre influence, plus subtile, met en jeu l'organiste de Huesca et Saragosse, Aguilera de Heredia, dont l'œuvre fut très rapidement diffusée au Portugal. Enfin, tant pour la composition que pour la composante purement organistique, nous retrouvons l'influence des deux grands maîtres qui créèrent l'école portugaise d'orgue, Paiva et Carreira. Le principe monothématique observé par ce dernier dans ses *Fantasias* n'aura alors fait que renforcer les propres tendances monothématiques de Rodrigues Coelho, ce goût pour le thème unique dont dérivent tous les motifs et figures d'un même *Tento*.

L'influence italienne n'est pas directement attestée, mais connaissant les relations entretenues par des villes telles que Venise, Naples ou Rome avec Madrid et Séville, on peut imaginer que l'écho s'en faisait percevoir jusqu'à la chapelle de Lisbonne. Par ailleurs, il est à noter que

Rodrigues Coelho eut recours non aux tablatures et systèmes de notation en usage en Espagne, en Angleterre et aux Pays-Bas, mais à la partition italienne d'orgue. On retrouve également chez lui certains traits typiquement italiens, déjà repris comme tels par Sweelinck. Enfin les traités, tel celui de Zarlino (1558), furent connus au Portugal peu de temps après leur publication en Italie.

D'après les documents conservés à la cathédrale d'Elvas, il semblerait que Rodrigues Coelho se soit absenté toute l'année 1599. Visita-t-il le seul royaume de Portugal, comme il le mentionne vaguement dans le prologue de l'édition des *Flores*, ou bien se rendit-il à l'étranger? Cette dernière hypothèse contribuerait à expliquer l'aspect cosmopolite et international de sa technique de clavier, assez différente de celle de ses contemporains portugais et espagnols.

Les 24 Tentos

Ils occupent, tant ils sont développés (généralement entre 150 et 300 mesures), plus de la moitié des *Flores de musica*. La qualité essentielle dont fait preuve Rodrigues Coelho, déjà pressentie par son goût du monothématisme, est l'esprit de synthèse, dans le détail comme dans le développement d'ensemble. Mais ce goût n'est pas exclusif, et le maître d'Elvas composa également des *Tentos* polythématiques. Dans les deux cas, le style en imitation ou fugué demeure sobre et serein. Rappelons que pour le célèbre théoricien Pedro Cerone (*El Melopeo y Maestro*, Naples, 1613), *tento* et *ricercare* étaient synonymes, quand cependant certains prédécesseurs de Rodrigues Coelho avaient commencé à orienter le *t(i)ento*, hors de la tradition vocale de ses origines et de sa transposition au clavier, vers des techniques plus spécifiquement de clavier (toccata, variation, canzona). Celles-ci n'ayant pas obtenu de grande diffusion dans la Péninsule ibérique, cette forme de ricercare prit la forme d'un compromis acceptable. On doit à Rodrigues Coelho d'avoir en quelque sorte réalisé la synthèse de tous ces divers éléments. C'est le cas du *Terceiro Tento do primeiro tom* (n° 3 de l'édition Kastner, suivant l'ordre de l'édition originale), qui fait converger des éléments de type toccata et canzona vers le ricercare, donc toujours en respectant comme principe de base la polyphonie imitative ; à l'opposé, et dérivant en partie de la tradition espagnole de l'école de Cabezón, le *Primeiro Tento do sétimo tom Natural* (n° 19) reste fidèle au modèle du *tiento de falsas*, à l'écriture beaucoup plus verticale et harmonique, riche en frottements, pauvre en traits et séquences virtuoses de type « clavier international ».

L'importance du premier thème est essentielle pour l'élaboration des motifs qui porteront l'œuvre de bout en bout. Rodrigues Coelho fut à ce titre, avec Sweelinck, l'un des plus grands experts dans l'art de faire dériver d'une petite cellule un développement complet et homogène, à tel point qu'il peut parfois être difficile de faire la distinction entre un développement du maître portugais et un autre du maître flamand. L'emploi fréquent du triolet (mais aussi de la cellule ) rapproche Rodrigues Coelho de Samuel Scheidt. Cette figure rythmique, souvent en alternance avec des passages véloces en doubles croches à la franche carrure (quelques mesures faisant se répondre les deux rythmes ou bien de véritables sections alternativement développées dans chacun des deux rythmes), est l'un des piliers de l'art de la variation, inséparable de la musique de clavier de cette époque dans les pays de tradition anglo-flamande mais également italienne.

Pour achever de faire de Rodrigues Coelho un compositeur « européen », moins spécifiquement ibérique que nombre de ses collègues portugais ou espagnols, on ne trouvera pas chez lui de *tiento* de demi-registre, alors que l'innovation technique de la partition du clavier était apparue dès la fin du XVIe siècle; le contemporain de Rodrigues Coelho, Aguilera de Heredia, sera l'un des premiers à mettre en pratique cette invention. Cela tient sans doute au fait, pour les Portugais, que les instruments déjà construits n'en étaient pas dotés; que ce genre plus intrinsèquement péninsulaire et même espagnol ne correspondait pas à l'ouverture européenne d'un Rodrigues Coelho; enfin, que les *Flores de musica* furent conçues pour tout instrument à clavier ou la harpe, à l'intention des musiciens les plus divers, tous ne pouvant disposer d'instruments de grande importance. Kastner pense, d'une manière générale, que l'instrument ici envisagé, pour ce qui est de l'orgue, et parallèlement au clavecin, au virginal, etc. (rappelons que ces *Tentos* ne sont pas des œuvres exclusivement liturgiques), pourrait être ce que nous appelons aujourd'hui le « positif », muni de quelques jeux sur un clavier, sans pédale — c'est assez pour la polyphonie.

Bien que l'on sente chez lui une évolution vers une puissance expressive, voire un dramatisme, de plus en plus accentuée — la *seconda prattica* de Monteverdi est sur le point de naître —, Rodrigues Coelho ne fit pas un usage aussi intense, ni peut-être aussi souple et habile, du chromatisme que ses contemporains flamands ou italiens, jouant davantage sur l'ambiguïté des modes et les harmonies extravagantes.

Tous les *Tentos* commencent sur un rythme binaire (à C). Le plus souvent en deux sections, ils passent ensuite à un rythme ternaire (3/2), sur lequel donc ils s'achèvent, à moins qu'une troisième section de nouveau en rythme binaire ne soit ajoutée, section réellement développée (tel le *Tento do terceiro tom natural* n° 7, par exemple) ou composée de quelques mesures de conclusion seulement (*Tento do segundo tom por bemol* n° 4). Ces 24 *Tentos* se suivent par groupes de trois, chaque groupe dans un ton différent. Le recueil s'ouvre sur le *Tento do Primeiro Tom por Dê La Sol Ré*, suivi de deux *tentos do mesmo tom* (« du même ton »). Les groupes suivants sont *do sugundo tom por bemol*, *do terceiro tom natural*, *do quarto tom natural*, *do quinto tom natural por b-quadro* pour le premier *tento* du 5e ton, *do mesmo tom por bemol* pour les n° 14 et 15, *do sexto tom, do septimo tom natural*, et *do oitavo tom natural*. Développés à quatre voix dans les passages polyphoniques, les *tentos* sont le plus souvent à trois voix dans les sections virtuoses, dont une soliste, les imitations se répondant de voix à voix (basse et dessus le plus souvent).

Les cellules thématiques initiales commencent fréquemment, selon la tradition, en valeurs longues pour faire immédiatement intervenir des formules rythmiques très décomposées donnant d'emblée à l'œuvre un nerf rythmique au grain particulier (grande variété de solutions rythmiques) et un profil autonome. En témoignent les mesures initiales du 1er *Tento* du premier groupe (la réponse au thème du *Tento n° 3* est ensuite par mouvement contraire) :

Les 4 Susanas

Il s'agit de pièces vives, de longueur égale (environ 120 mesures), toutes construites sur le même thème commençant sur un intervalle de tierce ascendante caractéristique *(sol-si)*. Ce thème est traité de façon virtuose, à quatre voix dont une, variable, s'émancipe le plus souvent pour des traits véloces faisant intervenir les rythmes traditionnels de la variation rythmique : traits de doubles croches sur fond d'accords des autres voix, triolets de croches en cascade (on rencontre également en triolet, dans la deuxième *Susana*, la cellule ), le tout en imitation alternée, parallèle, par mouvement contraire, etc.

Les compositions sur thèmes liturgiques

Cette seconde partie des *Flores de musica* s'ouvre sur plusieurs adaptations d'hymnes plain-chantesques : *Pange lingua « more hispano »* et *Ave maris stella*. L'hymne *Pange Lingua*, fréquemment adaptée au XVIe et XVIIe siècles par les compositeurs espagnols et portugais, le fut entre autres par Antonio de Cabezón (1510-1566). Mais tandis que ce dernier avait conservé le mètre ternaire de l'hymne dont la mélodie était systématiquement entendue au ténor et sans ornements, Rodrigues Coelho, comme d'autres compositeurs après Cabezón, adopte un mètre binaire (à C), tout en faisant alterner la mélodie de l'hymne de l'une à l'autre des quatre voix, auxquelles il ajoute des ornements cadentiels. Rodrigues Coelho fit de même pour l'*Ave maris stella* : la mélodie apparaît au soprano, dans la première variation, puis passe à l'alto, au ténor, enfin à la basse.

La première des quatre variations (environ 120 mesures chacune) s'intitule *Pange lingua sobre o canto chão do tiple de breves*, c'est-à-dire le chant au soprano en brèves, note ancienne la plus longue (on dirait aujourd'hui multiple de la ronde) et rendue en notation moderne par deux rondes liées. Le *Pange lingua* proprement dit n'apparaît qu'à la mesure 20, précédé de pré-imitations. Si le chant de l'hymne est large et statique de par ses valeurs de notes, l'accompagnement, lui, est vif, faisant appel à des traits de doubles croches, au rythme pointé, au triolet, etc. Les autres variations présentent les mêmes caractéristiques (le chant toujours en *brèves*).

Suivent quatre variations plus courtes (jamais plus de 50 mesures) sur l'*Ave maris stella*, la première *sobre o canto chão do tiple en minimas*, donc le chant au soprano et en blanches (dès la 2e mesure), puis en semi-brèves (rondes simples) successivement au (contr)alto, au ténor, puis à la basse.

De nouveau l'*Ave maris stella* pour *Cinco Versos sobre os passos do canto chão de Ave maris stella*, la mélodie n'étant plus exposée en son entier à découvert, en relief sur le tissu polyphonique, mais comme disséminée par bribes dans la polyphonie à quatre voix (de 50 à 105 mesures).

Il faut ici rappeler que l'orgue ibérique était, sauf exceptions pour les grands instruments, dépourvu de pédalier. Chez les compositeurs espagnols et portugais, et à la différence d'un Scheidt ou d'un Titelouze à la même époque, le cantus firmus ne pouvait donc se jouer sur une basse ou un ténor de pédale séparée, mais devait nécessairement être intégré au tissu polyphonique manuel. D'après les documents du temps, il n'était d'ailleurs pas rare de jouer ces œuvres au clavecin ou à la harpe, instruments fréquents dans les églises de la Péninsule dès le XVIe siècle et dont l'usage sera pratiquement généralisé au siècle suivant (d'où l'intitulé des *Flores de musica* : *tecla* et *harpa*, clavier, sans distinction, et harpe).

Cette variété dans le choix de l'instrument s'explique également par le fait que ces suites de versets étaient aussi entendues comme une « école » du contrepoint, de l'harmonie, de la variation, de l'improvisation et de la composition, ce qui avait pour effet de favoriser l'introduction de pièces d'inspiration sacrée dans la pratique de la musique domestique. Outre le clavier et la harpe, ces recueils de pièces étaient également destinés à la vihuela.

Le recueil se poursuit par un vaste ensemble de versets en apparence quelque peu disparate. Le compositeur n'a pas traité tous les versets des Psaumes ou du *Magnificat*, mais procédé à un choix, tout au moins pour ceux qu'il décida de faire imprimer et qu'il considérait sans doute comme représentant le meilleur de sa production. L'intitulé général, valable pour chacun des huit tons, est : *Versos* [par ex.] *do primeiro tom para se cantarem ao órgão* : *esta voz não se tange*, *as quatro abaixo se tangem* — soit « versets pour chanter à l'orgue ; cette voix [texte liturgique] ne se joue pas, les quatre voix inférieures se jouent ». On retrouve, mais de manière systématique, le « avec obligation de chanter la cinquième voix sans la jouer » de Frescobaldi (*Premier Livre de Caprices*, 1626, *Fiori musicali*, 1635). Rodrigues Coelho traite, successivement dans les huit tons, 4, 4, 3, 2, 3, 2, 1 et 4 versets du *Magnificat*. Le fait que le cantus soit toujours au soprano peut faire penser que cette partie était tenue soit par un castrat, soit par un soprano garçon, sans oublier la pratique courante de la substitution d'un instrument à la voix, tel que cornet, flûte ou hautbois. Une grande diversité se fait de nouveau sentir selon les moyens mis à la disposition de l'organiste et du maître de chœur, rien dans les usages n'étant alors ni fixe ni simplement régulier. Un compte rendu de la rencontre entre Philippe II d'Espagne et Sebastian de Portugal à Guadalupe nous apprend ainsi que les versets pouvaient être restitués sous forme de plain-chant non accompagné, chœur ou voix seule et orgue, orgue seul, cornet et orgue ou voix, d'autres versets étant accompagnés pour les Portugais de vihuelas, et pour les Castillans de clavecin…

Les *Flores de musica* s'achèvent sur une longue suite de versets, de nouveau à quatre voix et donc sans soprano chanté. On compte huit groupes, un par ton (et jusqu'à cinq versets par ton), sur le *Benedictus* et le *Magnificat*, la mélodie passant par toutes les voix, comme dans les variations sur le *Pange lingua* et l'*Ave maris stella*; puis, pour finir, sept groupes (deux pour les 1er et 6e tons, puis 4e, 8e et 3e tons) de cinq versets chacun sur le *Kyrie*. Tous ces versets sont assez courts, ne dépassant que rarement les 35 mesures, certains étant même très courts (une dizaine de mesures).

M.R.

LIONEL ROGG

Né à Genève, le 21 avril 1936. A l'issue d'études menées au conservatoire de sa ville natale avec Pierre Segond (orgue) et Nikita Magaloff (piano), il obtint deux premiers prix en 1956 et 1957. Tenu comme un des meilleurs organistes de sa génération, il fut alors destiné à une remarquable carrière de concertiste et donna, dès 1961, dix concerts Bach sur l'instrument du Victoria Hall de Genève. Ses nombreux enregistrements attirèrent également l'attention : trois intégrales Bach, sans compter celles de Buxtehude, Couperin, Grigny etc. Nommé en 1960 professeur de contrepoint au Conservatoire de Genève, il y enseigne l'orgue à partir de 1961.

Pédagogue averti et efficace, Lionel Rogg a publié un *Cours d'improvisation pour les organistes* (1989), mais n'a pas consacré à la composition l'essentiel de ses activités. Auteur de quelques transcriptions pour son instrument, dont celle de *Saint François de Paule marchant sur les flots* de Liszt, il laisse néanmoins quelques œuvres d'intérêt pour piano, voix, formations instrumentales et surtout orgue, dans un langage contemporain au contrepoint châtié, aux formes solidement structurées, aux développements toujours équilibrés et en adéquation parfaite avec les possibilités sonores de l'instrument. Parmi ces dernières, on retiendra *Partita sur le choral « Nun freut euch »* (1975), *Variations sur le Psaume 91* (1983), *Deux Études pour le clavier, Contrepointes, Introduction, ricercare et toccata, Monodies, Élégie*.

Variations sur le Psaume 91

Composée en 1983 et dédiée à Pierre Segond pour son soixante-dixième anniversaire, cette œuvre utilise une mélodie de l'actuel Psautier romand. Dans l'avant-propos, l'auteur indique lui-même : « Le langage tente différentes synthèses, soit entre harmonie traditionnelle et atonalité plus ou moins prononcée, ou entre des formes classiques (comme la tierce en taille) et des tendances plus récentes (comme dans l'improvisation) où l'on trouvera quelques petits "clusters" et un peu d'aléatorisme. » Après la présentation du thème sur les fonds doux, la première variation, *Ostinato*, traite ce même motif à la pédale avec une registration en deux pieds. Viennent ensuite une *Danse* qui use de quintes « médiévales » dans un univers atonal, une *Tierce en taille* (forme classique mais écriture décorative d'un baroque moderne) et une *Improvisation* qui réserve quelques brefs passages à l'imagination de l'interprète dans un tempo très vif. Une *Toccata* précédée de quelques mesures d'introduction qui opposent un Grand-Orgue puissant *(ff)* à un Positif registré 8', 4', 2' *(pp)*, conclut alors dans l'allégresse, tandis que le thème sonne à la pédale.

Durée d'exécution : ~ 7 mn 30 s

Introduction, ricercare et toccata

Comme l'indique l'auteur dans l'avertissement de l'édition (1988), ce triptyque a été composé durant l'été 1985, année du 300e anniversaire de la naissance de Bach. Il s'agit donc d'un hommage qui, dans sa partie centrale, glorifie la science polyphonique du Cantor. Par le biais d'une technique contrapuntique qui s'apparente à celle du *Ricercare à 6* de l'*Offrande musi-*

cale ou maints épisodes de *L'Art de la fugue*, Lionel Rogg déploie une vaste architecture sous forme d'un « grand stretto » dont les entrées en canon se rapprochent toujours davantage ; mais loin de sacrifier à l'imitation stylistique, le musicien a opté pour un sujet chromatique de onze notes qui ressemble fort à une série (mais Bach lui-même n'a-t-il pas agi de semblable façon dans la *Fugue* en *si* mineur du *Livre I* de son *Clavier bien tempéré*?).

Une Introduction libre, au cours de laquelle le thème du Ricercare prend lentement naissance et une Toccata encadrent l'austère contrepoint médian. Cette dernière sollicite les premières notes du sujet chromatique comme « élément moteur », puis l'expose *in extenso* à la pédale pour s'achever en apothéose.

Durée d'exécution : ~ 14 mn

F.S.

GUY ROPARTZ

Né à Guingamp, le 15 juin 1864 ; mort à Lanloup, le 22 novembre 1955. Il fit ses études au Conservatoire de Paris, dans les classes de Dubois et de Massenet, puis de Franck. Directeur des conservatoires de Nancy (1894-1919) puis de Strasbourg (1919-1929), il se retira enfin dans sa Bretagne natale et fut élu membre de l'Institut en 1949.

S'il composa une œuvre éclectique pour piano, orchestre, musique de chambre ou voix, la production organistique de Ropartz regroupe une dizaine de titres majeurs, dont quelques pièces sans pédale destinées aussi à l'harmonium (*Au Pied de l'Autel*, *L'Office du soir*, quarante versets, 1885) et un *Offertoire pascal* (1894). Dans les plus significatives, on peut relever l'influence assez sensible de l'école de Franck, notamment quant aux vêpres qui rappellent celles de d'Indy et de Chausson ; mais s'il utilise sans surprise les couleurs de l'orgue post-symphonique de la fin du XIXe siècle, son langage harmonique et l'emploi qu'il fait occasionnellement de motifs bretons, donnent à sa musique une teinte particulière.

Trois Pièces

Écrite à Lanloup durant l'été de 1894, cette série présente différents aspects de la personnalité d'un Ropartz folkloriste, expressif et contrapuntiste. *Sur un thème breton* expose, en effet, un motif populaire à 3/8, en *ré* mineur, qui présente bien des similitudes avec celui de la Rhapsodie de 1917. Traité selon le principe de la variation, il prend fin en majeur. L'*Intermède* (*sol* majeur) qui suit, de structure A B A′, oppose une touchante mélodie (A), au large ambitus, à un fugato en *ré* (B). Quant à la *Fugue en* mi *mineur*, dédiée à Boëllmann, on en remarquera le sujet très chantant, avec son lyrique intervalle de septième diminuée initial (*ré* dièse — *do*), et la progression bien maîtrisée par entrées plus resserrées et renversement du sujet.

Vêpres du commun des saints

Œuvre de fonction liturgique, ces *Premières et secondes Vêpres des Saintes Femmes* proposent sept brefs versets, cinq antiennes pour les Psaumes et deux pour le *Magnificat* :

— *Dum esset Rex in accubitu Suo* (3e mode) : assez lent et fugué.

— *In odorem unguentorum* (4e mode) : très large, de caractère triomphal (*ff*).

— *Jam hiems transiit* (8e mode) : lent, introduction à 4/4 puis partie centrale à 6/8.

— *Veni electa mea* (1er mode) : polyphonique et d'esprit néo-classique.

— *Ista est Speciosa* (3e mode) : lent et piano, avec le thème à la pédale.

— *Simile est regnum* (8e mode) : introduction harmonique et fugato.

— *Manum suam aperuit inopi* (4e mode) : assez lent, en demi-teinte.

Six Pièces

Ce recueil rassemble plusieurs pages dont la composition s'étend de 1896 à 1901. On y découvre d'abord un *Prélude funèbre* en *si* mineur que Ropartz a dédié à Guilmant, et dont le déroulement doit son unité à un motif régulier de doubles croches. Suivent une *Prière* en *mi* majeur qui se souvient de Franck, une *Sortie* en *si* bémol, sorte de marche sur les anches (A B A′) avec partie centrale en mineur, et un *Thème varié* en *sol* mineur qui ne se distingue guère de la production courante de l'époque. Écrite en 1901, la *Prière pour les trépassés* « à la mémoire d'E. Chausson » (*ut* mineur) frappe, en revanche, par son chromatisme, ses modulations et son deuxième thème avec quintes « médiévales » qui semble hors du temps. Une *Fantaisie* achève cette série plutôt mélancolique et sombre, dans un climat plus libre et plus détendu.

Trois Méditations

Composées en 1917 et publiées deux ans plus tard, comme les deux œuvres suivantes, ces trois courtes pages séduisent par leur intériorité : un *Lento* en *si* bémol mineur puis majeur, d'une écriture assez polyphonique sur les fonds doux (flûte 8', gambe), un *Adagio* en *fa* majeur de structure A B A′ (B plus animé, sur le Grand-Orgue) et un *Non troppo lento* en *ut* dièse mineur sur la voix humaine, qui prend fin en *ré* bémol majeur.

Rhapsodie sur deux noëls populaires de la Haute-Bretagne

Trois parties régentent cette pièce fort plaisante et des mieux réussies, dans un style régionaliste qui répond à la *Rhapsodie sur des cantiques bretons* (op. 7) de Saint-Saëns (1866) ou à l'*Entrée pour Noël* de Marty (1898). Un *Moderato* à 3/8 y propose un premier thème pentatonique (A), que la pédale énonce en *la* et que l'on développera selon le procédé habituel de variation. Un second motif en *do* majeur (B) apparaît ensuite *(più animato)*, harmonisé d'abord avec des sixtes parallèles sur pédale de tonique, puis superposé au premier avant d'être varié (*la* bémol). L'ultime section, après entrées de A en strettes, restitue le rythme initial (3/8) et s'achève sur le rappel des deux éléments thématiques (A B A).

Introduction et Allegro moderato

Dédié à Joseph Bonnet, ce diptyque écrit en 1917 peut s'inscrire parmi les dernières et les plus importantes des pages d'orgue de Ropartz. Un *Largamente* développé à partir d'un thème héroïque en valeurs pointées (fonds et anches : 8', 4' aux manuels, 16', 8', 4' à la pédale) y introduit un mouvement de forme sonate avec quelques libertés : exposition d'un thème A en *ré* mineur, puis, après un élément de transition (B), un second motif plus *cantabile (poco meno allegro)* en *ré* bémol majeur (C); développement sur A jusqu'en *ut* mineur et C (*fa* dièse) dans un style très symphonique; réexposition de A (ton principal), B, C (*ré* majeur); coda *(largamente)* dans le caractère de l'introduction.

Durée d'exécution : ~ 7 mn

F.S.

MICHELANGELO ROSSI

Né à Gênes, vers 1601; mort à Rome, le 7 juillet 1656. D'abord assistant de son oncle Lelio Rossi à la cathédrale de Gênes, son implantation à Rome, en 1624, au service de Charles Emmanuel Ier de Savoie, lui permet de côtoyer le madrigaliste Sigismondo d'India et Frescobaldi. En 1630, il gravite dans l'entourage de la famille Barberini, au faîte de sa puissance sous le pontificat d'Urbain VIII, l'un des membres du clan. Le compositeur fait ainsi créer en 1633 son opéra Erminia sul Giordano *(sur un livret du cardinal Rospigliosi, futur Clément IX) au palais Barberini, dans les fastueux décors du Bernin. De Rome, il se rend pour de longs séjours à Turin, Modène, Ferrare, Bologne, Forli. Son ouvrage le plus connu est un ensemble de* Toccate e correnti d'intavolatura d'organo e cimbalo *(c. 1632/1657).*

Surnommé « *Michel Angelo del violino* », ce virtuose de l'instrument emblématique de l'école italienne doit cependant sa renommée posthume à son unique recueil de clavier. Publié sous les armes des Barberini avant leur exil de 1644, l'ouvrage est réédité, en 1657, un an après la disparition du compositeur, sous les armes de la famille Aldobrandini (qui avait donné au début du siècle le pape Clément VIII). Quatre nouvelles *Toccate*, des *Partite sopra la Romanesca* et deux *Versetti* s'ajoutent alors aux dix *Toccate* et dix *Correnti* de la première édition.

La place historique de Rossi n'est pas celle d'un pionnier, moins encore celle d'un superbe accomplissement. Pour employer une métaphore musicale, il apparaît comme une « désinence ». En effet, ce disciple spirituel de Frescobaldi est son continuateur plus que son successeur véritable dans la vie romaine et internationale, rôle qui incombera à Pasquini; et Rossi ne rivalise pas non plus avec l'Allemand Froberger, autre disciple de l'organiste de Saint-Pierre de Rome et véritable propagateur en Europe de l'évangile frescobaldien.

Son apport est cependant loin d'être négligeable. Nous en retiendrons le glissement — qu'on s'en désole ou non — du style de l'orgue vers un style « mixte », penchant de plus en plus vers le clavecin, et déjà accueillant aux formules violonistiques qui envahiront toutes les œuvres de clavier à venir : ces petites imitations faciles, ces ressassements séquentiels en marches d'harmonie, ces bariolages. Et pourtant, le charme équivoque des illuminations de Rossi, son sens très particulier de l'étrange, ses hardiesses de langage nous rendent sa contribution très précieuse. Ainsi en jugeait probablement le padre Martini qui, à la fin du XVIIIe siècle, conservait jalousement, dans sa légendaire bibliothèque de Bologne, la copie de plusieurs œuvres du violoniste-claviériste.

Toccate e correnti

Les Correnti

Dans son unique volume de clavier, publié comme ceux de ses prédécesseurs vénitiens et romains sur deux portées de huit lignes, pour la main gauche, et six, pour la droite, Rossi s'en tient à deux des genres représentatifs de son pays. En vérité, si, au clavier, l'Italie a trouvé son identité dans la toccata parcourue de récitatifs et « diminutions » bel cantistes, elle n'a guère favorisé les danses. De toutes, la *corrente* est la plus authentiquement transalpine et représentative du XVIIe siècle. A trois temps, claire et rapide, la courante italienne répond d'ailleurs mieux à son nom que sa cousine française, plus polyphonique et volontiers déstabilisée par des hémioles. Comme son maître Frescobaldi, Rossi groupe ses dix *Correnti* en série sans songer à les intégrer à quelque ensemble *da camera*. De structure binaire à reprise, à trois voix principales, précédées d'une anacrouse et plutôt dépouillées, elles ne dédaignent pas quelques mélismes, particulièrement la dixième.

Les Toccate

D'une indéniable séduction, elles couronnent un style porté à un premier apogée par Merulo, dès les années 1580, puis à un sommet expressif par Frescobaldi. Elles innovent moins par leur virtuosité que par leur volonté de structurer discrètement cette esthétique de la discontinuité, propre à la métaphore du madrigal qu'est la toccata (et qui se déploie aussi avec une merveilleuse aisance dans les sonates de violon des Marini, Uccellini, Castello, Fontana, etc.). A la différence des virginalistes anglais qui ont donné libre cours à une imagination exubérante, à des figurations d'une inépuisable invention dans le cadre très ferme de variations, les Italiens, en préférant le genre par essence rhapsodique de la toccata, encourageaient le risque d'une errance arbitraire.

Sans renoncer aux grands accords liminaires à arpéger, au *stile fantastico*, aux volte-face capricantes, à la parcellisation des idées, Rossi réduit volontiers à deux ou trois grandes sections un discours qui se morcelait souvent en six ou sept chez Frescobaldi. La versatilité presque maniériste du premier baroque tend insensiblement vers l'organisation qui sera la marque du baroque tardif. Et, pour ne pas rompre la vivacité de ton propre à la toccata, Rossi veille à traiter en alerte canzone plutôt qu'en sérieux ricercare les épisodes imitatifs. Quant à son langage aventureux, il est prêt à emprunter tous les chemins de traverse pour gagner quelque fascinante *terra incognita*.

Encore très frescobaldienne, et peut-être ancienne, la belle **Toccata prima** en *ut* (majeur), en deux grandes parties balisées par une cadence en *ut*, se fractionne en de nombreux épisodes parcourus d'imitations, de traits fantasques, d'enchaînements harmoniques sidérants (septième sur *si* bémol et septième sur *mi*, ou triade mineure sur *ut* et triade majeure sur *la*). Paradoxalement, le parcours incertain de la première partie s'achève par une claire cadence parfaite, alors que le caractère plus affirmatif des fugatos de la seconde se diluera dans une évanescence motivique et harmonique que ne stabilisera pas une cadence plagale fort peu conclusive.

En *la* (mineur), sectionnée par des cadences en *ut*, *fa* et *sol*, mais intégralement dans la même battue binaire, la **Toccata seconda** se caractérise par une deuxième section en imitation sur un motif dynamique, et une troisième qui amorce un retour aux figurations virtuoses par le biais de cellules en rythme lombard si cher à Frescobaldi. Fermement découpée, la **Toccata sesta** en *sol* (majeur) fusionne dans la première section les deux types d'écriture — formules décoratives et imitations à deux puis trois voix — qu'elle scinde ensuite dans un joyeux fugato central à 6/4, puis une brillante péroraison. La très célèbre **Toccata settima** en *ré* (mineur) ne compte que deux sections, la seconde commençant très simplement après la cadence au relatif majeur, et ne présente pas de véritable épisode en fugato, car Rossi ménage ses effets et se suffit de larges arabesques pour conduire à l'acmé somnambulique, véritable hallucination chromatique à trois voix, régulière, étale, presque monocorde, comme étrangère au monde des passions.

Depuis la redécouverte, au milieu du XVIe siècle en Italie, du chromatisme grec, le système hémitonique s'est étendu à tous les degrés de la gamme et a émoussé son mystère de « *musica reservata* ». Cependant, il fascine toujours les contemporains de Rossi, tels le Hambourgeois Scheidemann dans son *Preambulum* en *ré*, le Napolitain Salvatore, ou le Crémonais Merula, ce dernier auteur d'un *Ricercare cromaticho* presque caricatural avec sa *scala cromatica* de quinze degrés (du *ré* au *mi* de l'octave supérieure) et d'une *Sonata cromatica*, canzone en trois parties avec sujet renversé puis en diminution, souvenir dévitalisé de la savante *Fantaisie chromatique* de Sweelinck.

L'*Aggiunta* de la deuxième édition du Livre de Rossi contient quatre **Partite sopra la Romanesca** en *sol* mineur (lancées en *si* bémol majeur) qui, à quatre voix principales, en abandonnent une en route pour favoriser une digitalité plus continue (3e variation en doubles croches), quitte à la récupérer pour conclure (4e variation en triolets de croches). De quelques lignes chacun, en contrepoint imitatif, les deux **Versets** en *ut* ont sans doute appartenu à un ensemble plus vaste et fonctionnel. La brève **Toccata XIV** en *ut* « *con il pedale* » évoque quelque mouvement de sonate à deux dessus en canon perpétuel sur une basse limitée à de grandes tenues sur *do-sol-la-ré-sol*; commencée en *ut* et achevée en *sol*, il s'agit sans doute d'un fragment d'une pièce tardive en style « moderne ».

B. F.-S.

ALBERT ROUSSEL

Né à Tourcoing, le 5 avril 1869; mort à Royan, le 23 août 1937. Admis à l'École navale en 1887, il ne se destinait pas à une carrière de musicien et fut d'abord amené à entreprendre de nombreux voyages. Ce n'est qu'en 1893, en effet, qu'il se décida à travailler l'harmonie avec Koszul puis l'orgue, le piano, le contrepoint et la fugue auprès d'Eugène Gigout. Entré à la Schola Cantorum en 1898, il suivit ensuite les conseils de d'Indy et y fut nommé, en 1902, professeur de contrepoint (Satie et Varèse bénéficièrent alors de son enseignement). A la veille de la guerre, à l'issue d'un voyage aux Indes et au Cambodge, il mit en chantier l'opéra Padmâvati *qu'il ne terminera qu'en 1918, mais il avait déjà suscité l'attention du milieu musical avec le* Festin de l'araignée, *ballet dans lequel sa personnalité apparaît avec toute la séduction d'un langage raffiné. De là, Roussel ne tardera guère à s'affirmer avec de grandes œuvres d'orchestre, dont la* Suite en *fa (1926) ou la* Troisième Symphonie *(1930). Post-impressionniste, la musique de Roussel s'exprime, en général, par une écriture très horizontale, à travers un contrepoint savant qui affectionne les échelles modales (parfois extra-européennes), les intervalles disjoints, diminués ou augmentés, et les rythmes soutenus, nerveux, mais souvent variés et complexes.*

Prélude et fughetta (op. 41)

Dédié à Nadia Boulanger, ce court diptyque, qui fut écrit en août 1929 et créé par Paule Piédelièvre le 18 mai 1930 à la chapelle des Dominicains de Paris, constitue l'unique œuvre d'orgue d'Albert Roussel.

Le Prélude, moderato en *fa* mineur registré pour l'instrument encore symphonique des années 1920-1930 (fonds doux de huit pieds auxquels on ajoute la viole de gambe ou la montre), apparaît comme une pièce libre « à la française », au sentiment néo-classique de par la continuité d'une polyphonie soignée. Ce n'est d'ailleurs pas étonnant à cette période d'entre deux guerres, où Stravinsky vient de composer *Pulcinella* (1920), Ravel *Le Tombeau de Couperin* (1917), Poulenc le *Concerto champêtre* (1928), alors que le même Roussel va faire entendre en 1934 une *Sinfonietta* qui se veut à l'écoute d'anciennes réminiscences.

Autre moderato en *fa* majeur, la *Fughetta* qui suit, dont le sujet présente des analogies évidentes avec le Prélude, use au contraire de sonorités plus classiques, celles que certains instruments tendent à proposer à des utilisateurs que la musique du XVIIe ou du XVIIIe siècle commence à intéresser, notamment le nasard que Roussel exige au Récit. Mais loin de sacrifier aux rigueurs d'une forme scolastique, le compositeur se livre à un jeu très subtil autour de « l'idée » plutôt que de la « lettre », en dépit de la présence d'une exposition (d'ailleurs irrégulière) et d'une strette.

Ce *Prélude et fughetta* ne saurait rivaliser avec les grandes pages d'orchestre, mais il témoigne de la science et de la manière élégante de Roussel, et fait regretter que cet élève d'orgue de Gigout n'ait pas persévéré dans ce domaine, d'autant plus que naissait, dans ces années trente, un instrument plus clair et coloré, propre à stimuler son inspiration.

Durée d'exécution : ~ 6 mn

F.S.

LÉONCE DE SAINT-MARTIN

Né à Albi, en 1886; mort à Paris, le 10 juin 1954. D'abord organiste suppléant de la cathédrale d'Albi, à l'âge de quatorze ans, il rencontre Bertelin et Vierne en 1919 et devient l'assistant de ce dernier en 1924. Titulaire de l'instrument de Notre-Dame-des-Blancs-Manteaux à Paris depuis 1920, le chapitre de Notre-Dame le désigne comme successeur de Louis Vierne en 1937.

Organiste liturgique, Saint-Martin a laissé pour son instrument une œuvre abondante qu'il pense souvent pour les cinq claviers de son orgue de Notre-Dame. Issue de Vierne, que son style rappelle (quoique souvent plus néo-classique), mais sans le métier, le sens du développement, le génie harmonique et le chromatisme original de ce dernier (de même qu'il doit à Tournemire, avec lequel il ne saurait néanmoins rivaliser), sa musique est parfois traversée d'une sensible inspiration mélodique ; elle paraît toujours registrée avec soin, selon des critères en faveur dans les années quarante, avec le retour aux sonorités anciennes (cornet, nasard, cromorne, mixtures). On retiendra surtout les *Pièces de Noël*, dont le *Choral-Prélude pour le temps de l'Avent*, composé en 1940 dans une atmosphère d'attente qui n'était pas seulement musicale, et une *Berceuse* en *si* mineur qui oppose cornet et cromorne sur un doux ostinato (gambe, voix céleste et quinte) ; la *Toccata de la Libération* (1944), à laquelle répond la *Toccata et fugue de la Résurrection* sur un thème de B. Marcello ; la *Paraphrase du Psaume 136 « Super flumina Babylonis »* (1953), et les deux symphonies qui figurent à côté de celles d'Ermend-Bonnal, Boulnois ou Fauchard parmi les pièces à programme religieux. La première, *« Dominicale »* (1946-1948), inclut une Aria et une Prière d'une certaine qualité, tandis que la seconde, *« Mariale »* (1948-1949), utilise de nombreux thèmes de plain-chant au cours de cinq parties.

F.S.

CAMILLE SAINT-SAËNS

Né à Paris, le 9 octobre 1835 ; mort à Alger, le 16 décembre 1921. Enfant prodige, il donna des concerts à onze ans et entra dès 1848 au Conservatoire de Paris où il obtint en particulier un premier prix d'orgue dans la classe de Benoist (1851). Dès cette époque, il fréquenta le salon de Pauline Viardot et souscrivit à la Bach-Gesellschaft, *dont le premier volume allait paraître. Organiste de Saint-Merry en 1853, il supervisa la restauration par Cavaillé-Coll de son instrument, dont il protégea les jeux anciens, parmi lesquels des mixtures. Lors de l'inauguration de 1857, il y exécuta sa* Fantaisie *en mi bémol, ainsi qu'une Sonate de Mendelssohn et une* Fugue *en* ré *de Bach. L'année suivante, il était nommé à la Madeleine. Professeur de piano à l'école Niedermeyer, où il forma Fauré, Gigout et Périlhou (1861 à 1864), il entreprit alors une carrière de virtuose et prit part aux inaugurations des orgues de Saint-Sulpice (1863), Notre-Dame de Paris (1868), la Trinité (1869) ou du Trocadéro (1878). Sa notoriété lui valut les visites de Clara Schumann, Liszt, Sarasate ou Anton Rubinstein. En 1871, il avait participé à la fondation de la Société nationale de musique, qui cherchait à privilégier une esthétique de caractère français dont le rapprochait son sens du timbre et de la concision. Après sa démission (1877), Théodore Dubois lui succéda comme organiste de la Madeleine ; son ancien élève et ami Périlhou lui ouvrit alors sa tribune de Saint-Séverin, dont il appréciait l'instrument classique que John Abbey devait reconstruire en 1889. Organiste honoraire de cette paroisse (1897), Saint-Saëns s'était déjà produit à Londres, Stockholm, Bruxelles ou Madrid et allait être invité à l'Académie Santa Cecilia de Rome (1906) puis en Amérique (1915-1916). Après 1919, cependant, il n'eut plus l'occasion de pratiquer l'instrument.*

Élève de Benoist, détenteur d'un premier prix d'orgue au Conservatoire, Saint-Saëns occupa plusieurs tribunes dont celle, prestigieuse, de la Madeleine. Mais sa réputation est surtout celle d'un pianiste exceptionnel, tandis qu'à l'orgue sa technique n'apparaît pas orthodoxe, notamment quant à son usage de la pédale qu'Ermend-Bonnal a ainsi commenté : « Bien que n'utilisant jamais le talon, il arrivait pourtant à un legato presque absolu. » Mais ses dons d'improvisateur et l'intérêt qui le lie à l'orgue expliquent la réussite de maintes pages qu'il consacra à cet instrument, en dehors même de la célèbre *Symphonie avec orgue* qu'il donna en première audition le 19 mai 1886*. Ses goûts très classiques, qui s'exercent par ailleurs dans la *Messe* op. 4, l'*Oratorio de Noël* ou les *Préludes et fugues* pour piano, s'accordent aussi aux orgues historiques pour lesquels il manifeste une évidente inclination (Saint-Merry, Saint-Séverin). A cet égard, Ermend-Bonnal ne manque pas de noter : « Dans ses improvisations, j'admirais la pureté merveilleuse de son style et une perfection qui égalait celle de ses compositions. Mais cette maîtrise qu'avec les années je n'ai cessé d'apprécier, paraissait beaucoup plus le fait de la raison que celui de la sensibilité. Toute émotion semblait intentionnellement exclue de cet art. »

Auteur d'une œuvre variée pour piano et musique de chambre, de poèmes symphoniques, mélodies, pièces religieuses ou dramatiques, Saint-Saëns apparaît dans la plupart des occasions comme un adepte du contrepoint, certes sensible à la couleur, mais dont l'écriture châtiée sait, en effet, éviter le pathos et le sentimentalisme abusif. Admirateur d'un Haydn ou d'un Mozart dont il loue la clarté, la distinction et la mesure, il sait néanmoins provoquer l'émotion — quelques airs très inspirés de *Samson et Dalila* en portent témoignage. Son œuvre d'orgue ne saurait échapper à cette ambivalence, depuis le *Prélude* avec orchestre de l'*Oratorio de Noël*, pastorale dans « le style de S. Bach », jusqu'à la *Marche religieuse*.

* Voir *Guide de la musique symphonique*.

L'œuvre pour orgue

Outre quelques arrangements ou pages mineures, comme la *Marche héroïque*, les *Trois Pièces* de 1852, *Coeli enarrant*, sa propre transcription des *Noces de Prométhée* qu'il exécuta lors de l'inauguration de l'instrument de Notre-Dame de Paris ou une *Fantaisie pour orgue Aeolian* (1906) récemment reconstituée par Rollin Smith, l'œuvre d'orgue de Saint-Saëns pourrait se répartir selon les diverses tribunes occupées : Saint-Merry *(Fantaisie en* mi *bémol)*, la Madeleine (*Bénédiction nuptiale* op. 9, *Élévation ou communion* op. 13, *Rhapsodie sur des cantiques bretons* op. 7) et Saint-Séverin (*Six Préludes et fugues* op. 99 et 109, *Deuxième Fantaisie* op. 101 et *Marche religieuse* op. 107), tandis qu'après 1916 il compose encore *Sept improvisations* op. 150, une *Troisième Fantaisie* op. 157 et *Cyprès et lauriers* op. 156. Mais les qualités intrinsèques des instruments qu'il touche, semi classiques ou symphoniques, sont sans grande influence sur cette production. Sous les deux premières œuvres se profile encore, avec une légèreté « Second Empire », la manière de Lefébure-Wely, alors que la *Rhapsodie* — pourtant mise en chantier à l'heure où il s'exprime sur le Cavaillé-Coll de la Madeleine — semble plus archaïque, avec ses thèmes populaires. Si Jean Huré a pu noter par ailleurs qu'avec les deux cornets du Positif et du Grand-Orgue et la mixture du Récit de Saint-Séverin, « il aboutissait à une étonnante symphonie, véritable fête destinée au bonheur des anges », ce mélange si original n'apparaît dans aucune des éditions. Par ailleurs, la période 1894-1898 témoigne d'une nette évolution de l'écriture vers un langage plus serré, moins pittoresque ou attrayant, qui correspond aux préludes et fugues. Dans la dernière période, enfin, certaines harmonies plus avancées, mais une pensée introvertie, ne parviennent pas à faire oublier l'élan et la perfection formelle des œuvres antérieures.

Un semblable cheminement touche la registration. Jusqu'à l'*Opus 99*, en effet, Saint-Saëns se montre prodigue dans les indications et sélectionne ses timbres selon des critères symphoniques : flûtes de huit et quatre, fonds, voix céleste ou voix humaine et jeux de solo (hautbois, trompette, cromorne). S'il impose une seule fois l'octavin avec les flûtes, le plein-jeu n'est jamais mentionné. Après cette date, particulièrement dans les préludes et fugues, il se limite au contraire à des nuances, laissant l'interprète assez libre, bien que tributaire de quelques changements de claviers.

Fantaisie en *mi* bémol

A vingt-deux ans, Saint-Saëns compose ce diptyque pour son instrument de Saint-Merry. L'œuvre, qui ne possède pas de numéro d'opus et dont le style retient encore la leçon de Batiste ou de Lefébure-Wely, frappe par son dynamisme et son charme mélodique. Un *Con Moto* sur les fonds, en accords alternés sur deux claviers de source pianistique mais bienvenus à l'orgue (Grand-Orgue/ Positif, Récit/ Grand-Orgue ou Récit/ Positif), débute en *mi* bémol pour se poursuivre, dans sa partie centrale, en *sol* mineur. Vient ensuite un *Allegro di molto e con fuoco* à 12/8, d'une même structure symétrique (A B A). Une marche euphorique et schumannienne, animée par un motif ascendant qui circule à travers toutes les voix, introduit un fugato, lequel reprend ce dernier élément par quintes successives (*mi* bémol — *si* bémol — *fa* — *do* — *sol*). Après le retour de la marche, une coda sur le grand chœur, où l'on remarque des traits en octaves, conclut avec panache.

Durée d'exécution : ~ 5 mn

Bénédiction nuptiale (op. 9)

Écrite en *fa* majeur, cette page de 1859 convient fort bien à l'esthétique du Cavaillé-Coll de la Madeleine. Une introduction évocatrice qui sonne comme un tendre carillon (voix céleste et flûte) sur pédale de dominante, y fait place à un charmant *cantabile* qui déroule ses marches d'harmonies sensibles au Grand-Orgue, puis sur le hautbois. Après un épisode modulant (*la* majeur, *si*), une nouvelle section en *mi* majeur précède un motif ornemental en doubles croches, et donne naissance à un lied expressif (Saint-Saëns recourt, avant Tournemire, à une notation sur cinq portées). On assiste alors au retour de la première partie, différenciée par quelques modifications (octaves), tandis que la coda rappelle le cantabile initial.

Durée d'exécution : ~ 7 mn

Élévation ou communion (op. 13)

Cette œuvre, située vers 1865, ne s'inscrit pas parmi les meilleures de Saint-Saëns et, proche de certaines méditations de Guilmant, sacrifie peut-être trop aux conventions de son époque. Construite selon une formule A B A′ déjà exploitée dans les deux pages précédentes, elle oppose à une première partie en *mi* majeur (A), qui expose un motif harmonisé sur accompagnement d'arpèges très pianistique et pédale de tonique, une seconde section au ton relatif d'*ut* dièse mineur (B), dont le nouveau thème, présenté trois fois de l'unisson au grand chœur, sonne avec emphase. Après le retour de A légèrement varié dans son accompagnement, un *Quasi recitativo* monodique et ornemental, que l'on croirait issu d'une sonate, annonce la cadence finale.

Durée d'exécution : ~ 6 mn

Rhapsodie sur des cantiques bretons (op. 7)

Dédiée à Gabriel Fauré en 1866, cette pièce fut composée à la suite d'un pèlerinage au Pardon de Saint-Anne-la-Palud. Pensée dans la tradition des noëls français (que Saint-Saëns connaissait par Boëly), elle innove cependant par ses dimensions, son esthétique symphonique et son plan : trois sections elles-mêmes subdivisées en trois sous-parties symétriques, dans trois tonalités différentes.

L'œuvre débute par un *Andantino con moto* en *mi* majeur selon un principe de variation. Présenté sur la voix humaine, un premier thème à 6/8, monodique ou sobrement accompagné, circule ensuite de la basse au soprano dans un mouvement où les flûtes 8', 4', 2' dessinent arabesques et arpèges, puis revient sur le hautbois dans l'esprit du volet initial (une transition harmonique sur les anches relie les deux premières parties).

L'*Allegro moderato e pomposo* en *ré* majeur qui suit s'ouvre alors sur une joyeuse fanfare (3/4) laissant bientôt place à un fugato très classique. Un nouveau thème en *si* majeur, d'allure populaire, lui succède (2/4), pour céder ensuite devant le retour de la première section amputée de son épilogue fugué.

L'*Andantino* final (*la* mineur), d'une ancestrale simplicité, s'organise autour de trois nouveaux cantiques : un premier, diatonique et sobrement harmonisé sur un mélange de flûte et de gambe (2/4), un second d'esprit pastoral (*Allegretto* à 6/8) en forme de musette avec anches solistes (hautbois, cromorne), puis un troisième (2/4) qui sonne comme un carillon soumis à un crescendo. Les trois parties font apparaître successivement le premier thème (A), les deuxième et troisième thèmes (B), et enfin le retour du premier motif en *fa*, puis du second (A'). L'œuvre s'achève par une coda sur une formule campanaire.

Durée d'exécution : ~ 20 mn

Les Préludes et fugues

Réparties en deux publications (op. 99 et 109), respectivement parues en 1894 et 1898, ces œuvres constituent l'unique série d'un genre que les Français n'ont guère traité au XIXe siècle. On trouverait certes chez un Gigout ou un Loret quelques cas isolés, comme il existe des fugues chez Boëllmann, Chauvet, Guilmant ou Ropartz, mais rien de tout cela ne saurait égaler l'ambition de ce corpus où l'ombre de Bach se profile dans quelques préludes et surtout dans la conduite renouvelée des différentes fugues. Il n'en demeure pas moins que Saint-Saëns ne se risque pas à un néo-classicisme stérile, et parvient à établir un langage qui met en adéquation les techniques traditionnelles et les couleurs de l'orgue symphonique.

PRÉLUDE ET FUGUE N° 1 (op. 99, en *mi* majeur), dédié à Ch.-M. Widor. Le très archaïque *Allegro moderato* par lequel s'ouvre la série semble vouloir situer l'ensemble sous l'égide de Bach (Schumann n'agit pas autrement dans le *Canon en* ut *majeur* de son *Opus 56*). Une formule symétrique concourt à sa belle ordonnance, marches d'harmonies et imitations assurant au discours logique et régularité. Suit une fugue à quatre voix *(Moderato)*, dont le sujet de quatre cellules est issu du Prélude — autre analogie avec Bach et le *Clavier bien tempéré*. Indiqué *dolce, legato*, celui-ci est soumis, après l'exposition, à deux groupes d'entrées puis, au cours d'un crescendo mené d'*ut* majeur à *si* mineur, à une strette. La coda utilise alors l'augmentation de la cellule initiale.

Durée d'exécution : ~ 9 mn

PRÉLUDE ET FUGUE N° 2 (op. 99, en *si* majeur), dédié à A. Guilmant. Le Prélude (Doux et calme, sans lenteur) s'articule selon une structure symétrique. Sur des figurations ternaires d'un effet vague, que l'on pourrait presque associer à l'impressionnisme, un dialogue canonique (A) s'instaure entre un clavier secondaire et la pédale (on pense à nouveau à Schumann) ; un trio plus ornemental (B) lui succède, tandis qu'après le retour de A, une coda en arpèges distribués sur différents claviers rappelle un principe intéressant de la *Fantaisie en* mi *bémol*. La Fugue à quatre voix (*Allegretto* à 6/8) expose alors (irrégulièrement) un sujet d'esprit baroque — deux cellules initiales et prolongement en doubles croches — et insère plusieurs épisodes de type « divertissement » qui, à partir de la tête du sujet, se répondent d'un clavier à l'autre.

Durée d'exécution : ~ 8 mn

PRÉLUDE ET FUGUE N° 3 (op. 99, en *mi* bémol majeur), dédié à E. Gigout. Une brillante et cursive toccata monothématique *(Vivace)* lance ce diptyque dans l'énergie véloce d'arpèges descendants puis ascendants sur une pédale en valeurs longues. Lui succède une fugue à quatre voix, dont le sujet sévère (*Allegro maestoso* à 3/4) trouve lui aussi son origine dans le Prélude. L'utilisation de contre-sujets et divertissements plus décoratifs et une registration étoffée contribuent cependant à vivifier son déroulement jusqu'à une section-strette et une coda.

Durée d'exécution : ~ 6 mn

PRÉLUDE ET FUGUE N° 4 (op. 109, en *ré* mineur), dédié à G. Fauré. Abandonnant le principe symétrique des précédents, le prélude (assez lent) oppose à une première partie chromatique et syncopée, un fugato plus mobile sur un motif en croches séquentiel et tourmenté. La double fugue qui suit dans le même mouvement constitue un des sommets du recueil. Après l'exposition d'un premier sujet austère (A) puis d'un second, alerte, en doubles croches (B), qui sera bientôt renversé à la pédale, A et B reviennent dans une section finale où ils se trouveront superposés.

Dans sa conception générale, cette page présente quelques analogies avec la fugue d'orgue qui couronne la *Toccata en* fa de Bach.

Durée d'exécution : ~ 8 mn

Prélude et fugue n° 5 (op. 109, en *sol* majeur), dédié à A. Périlhou. L'*Allegretto* à 3/4 par lequel on débute dans une ambiance pastorale, néo-classique et vivante, avec son mouvement d'arpèges très ornemental qui en assure l'unité, n'est pas sans points communs avec le diptyque en *ré* majeur du *Clavier bien tempéré (Livre I)*. La fugue (*Allegretto scherzando* à 3/4), qui rappellerait plutôt le style de certaines *Sonates en trio* du Cantor, propose un sujet d'esprit fantasque et capricieux qui sera renversé et dont le développement à trois voix est coupé par des divertissements qui opèrent une heureuse diversion.

Durée d'exécution : ~ 5 mn

Prélude et fugue n° 6 (op. 109, en *ut* majeur), dédié à H. Dallier. L'œuvre, qui compte parmi les plus populaires du recueil, commence par un *Allegro* éclatant qui sonne comme une toccata (jeu d'accords vivement alternés et profusion d'effets spectaculaires inhérents au genre). Le sujet de la fugue *(allegro maestoso)*, au contraire, surchargé d'altérations équivoques, contribue à l'impression d'anxieuse instabilité qui préside à son cheminement : exposition des quatre voix, nouveau groupe d'entrées sur un clavier secondaire, très long divertissement, rentrée du sujet puis épilogue proche d'une cadence de concerto (arpèges) qui conduit au renversement du thème.

Durée d'exécution : ~ 9 mn

Deuxième Fantaisie, en *ré* bémol (op. 101)

Trois sections composent cette œuvre, à l'imitation de la *Fantaisie en* mi *bémol*. Écrite en 1895 et dédiée « à Sa Majesté la Reine Élisabeth de Roumanie », elle commence par un *Andantino* que Saint-Saëns a véritablement orchestré (notation sur cinq portées, recherche de couleurs). Son mouvement continu de doubles croches, sur lesquelles viennent s'inscrire des formules mélodiques, prend fin sur une cadence homophone alternée entre Récit et Grand-Orgue. Suivent un *Andante* en *fa* dièse mineur, traité comme un fugato (quatre entrées, développement et coda), puis un *Allegro* dans le ton principal qui lance un thème non sans ressemblances avec le précédent, bientôt harmonisé massivement sur le grand chœur. On assiste enfin au retour du motif mélodique de l'*Andantino* et de quelques fragments de ce dernier, puis à une coda registrée d'une façon peu habituelle avec flûte 4' à la main droite et bourdon 8' à la main gauche.

Durée d'exécution : ~ 11 mn

Marche religieuse (op. 107)

Écrite en *fa* majeur et dédiée « à S.M. Doña Maria Cristina, Reine Régente d'Espagne » (1897), cet *Allegro maestoso*, dont le titre figure aussi chez Boëllmann et Guilmant, apparaît comme un véritable carillon en trois parties (A B A′) : marche avec une pédale en syncope qui préfigure Vierne, second motif obstiné, puis retour du thème initial à la pédale, sur arpèges et coda homorythmique.

Durée d'exécution : ~ 5 mn

Sept improvisations (op. 150)

Achevé en 1916-1917, ce recueil dédié à Eugène Gigout, ancien élève de Saint-Saëns à l'école Niedermeyer, se souvient d'improvisations probablement très antérieures (époque de la Madeleine ou de Saint-Séverin). La technique en paraît en effet très diverse, parfois néo-classique (n° 7), pianistique (n° 3) ou modale (n°s 2, 5). Sans doute familiarisé avec le plain-chant depuis les premières années passées auprès de Benoist, Saint-Saëns pouvait écrire en 1879 : « les modes antiques rentrent en scène »; le grégorien n'intervient cependant guère dans sa musique d'orgue en dehors de cette œuvre. Les quelques illustrations qu'elle présente se révèlent donc d'autant plus intéressantes, comme certaines créations typiques d'une « dernière manière » plutôt intérieure contrastant avec des pages d'une radieuse jeunesse. Brèves et denses, ces *Improvisations* surprennent aussi par une maîtrise de la forme que l'intitulé n'implique pas.

1. **Molto lento** (en *mi* majeur), dans le caractère des œuvres « romaines » de Liszt. Après un premier thème double-

ment exposé (pédale, puis manuels), une seconde section plus classique *(dolce)* en *ut* dièse progresse au cours de « variations » libres (*poco a poco più animato*, puis *allegro moderato*). On revient alors au thème initial, dans un contexte très dépouillé.

2. **Feria Pentecostes** (en *si* mineur) : *Moderato quasi andantino* d'ambiance grégorienne sur deux motifs qui alternent, le premier traité sous forme de polyphonie à quatre voix, le second qui apparaît d'abord en *fa* dièse mineur.

3. **Poco Adagio** (en *mi* bémol majeur) : des figurations pianistiques contrastent avec des épisodes hymniques harmonisés sur la voix humaine.

4. **Allegretto** (en *la* majeur) rappelant le *Prélude et fugue en* sol *majeur* dans un contexte très classique : structure symétrique, mouvement de pastorale à 6/8 sur deux claviers avec séquences nombreuses.

5. **Pro martyribus** (en *sol* mineur) : *Lento* méditatif d'ambiance grégorienne avec fin contrapuntique sur deux éléments alternés.

6. **Pro Defunctis** (en *si* mineur) : *Lento* de plan A B A utilisant le thème de l'Offertoire de la *Messe des morts* (*« Domine Jesu Christe »)*. On s'engage sur un glas (A), tandis qu'un second motif de croches obstinées (B) renouvelle le discours.

7. **Allegro giocoso** (en *la* mineur) : marche dynamique à 3/4 de pulsation isorythmique, avec alternance régulière noire/blanche, dans l'esprit français des forlanes de Campra.

Durée d'exécution : ~ 37 mn

Troisième Fantaisie, en *ut* majeur (op. 157)

Un plan plus libre que celui des deux premières fantaisies, une multiplicité des thèmes, contribuent à l'impression rhapsodique que donne cette œuvre buxtehudienne. On débute en *ut* majeur par un *Très modéré* sur un motif obstiné de carillon avec des quartes parallèles déjà rencontrées dans la *Bénédiction nuptiale* (A). Lui succèdent un *Allegro*, qui prend fin dans un grand mouvement d'arpèges sur pédale (B), puis un *Andantino* (C) déroulant dans l'aigu un récit de hautbois dont la partie centrale est harmonique. Après le retour de A, un nouvel *Allegro* en croches ponctuées d'accords cède la place à une hymne religieuse, puis à un récitatif. Le thème A conclut alors dans le tempo très modéré du début.

Durée d'exécution : ~ 13 mn

Cyprès et lauriers (op. 156)

Écrite en Algérie et destinée à l'orgue avec orchestre, cette œuvre fut créée à Ostende le 18 avril 1919, puis au Trocadéro, le 24 octobre 1920; l'Orchestre des Concerts du Conservatoire dirigé par l'auteur en assura l'exécution. Son *Poco adagio* introductif, confié à l'orgue seul, figure encore au répertoire de quelques concertistes et peut séduire par ses harmonies et son climat. Deux thèmes président à son élaboration parfois tourmentée, mais d'une inspiration vieillissante.

Durée d'exécution : ~ 8 mn

Fantaisie pour orgue Aeolian

Reconstituée par Rollin Smith et publiée en 1988, cette œuvre unique dans le catalogue de Saint-Saëns a été conçue pour un instrument mécanique de l'Aeolian Organ Company de New York (1906). A une période où les pianolas connaissent un âge d'or, ainsi que tous les engins capables de restituer le jeu d'un interprète, le compositeur destine aux dix-huit jeux de l'instrument (auxquels s'ajoutaient un effet de harpe et un carillon tubulaire) une page très développée qui s'articule selon des multiples de quatre. On distingue d'abord une introduction très modulante comprenant un *Lento* avec accords arpégés sur pédales, une section polyphonique, un épisode en crescendo sur des traits chromatiques de pédale en doubles croches et un *Presto* qui joue sur des arpèges en mouvements contraires, lesquels se superposent sur trois systèmes. Vient ensuite un thème (*Allegretto* en *si* bémol majeur) suivi de quatre variations : doubles croches, 6/8, 2/4 d'esprit léger puis *Andantino*. Les deux dernières parties proposent alors un *Andante* (3/4) où intervient la harpe dans un fluide bruissement de triples croches et un *Allegro* qui, dans un mouvement de toccata, mêle les cloches au tutti. Pratiquement injouable par un seul interprète, cette *Fantaisie* n'en apporte pas moins la démonstration éblouissante des facultés imaginatives de son auteur.

Durée d'exécution : ~ 18 mn

F.S.

GIOVANNI SALVATORE

Né à Castelvere (Bénévent) au début du XVIIe siècle ; mort sans doute à Naples, vers 1688. Elève au Conservatorio della Pietà dei Turchini de Naples, il y enseignera à son tour entre 1662 et 1673. Entre-temps, ce prêtre qui semble n'avoir guère quitté la capitale du sud de l'Italie est organiste de S. Severino (1641) puis organiste et maître de chapelle de S. Lorenzo et, enfin, maître de chapelle du Conservatorio dei Poveri di Gesù Christo. Ses quelques œuvres vocales sont demeurées manuscrites, mais il a publié un recueil de Ricercari a quattro, canzoni francesi, toccate et versi *(1641) pour orgue, auxquels l'édition moderne de l'American Institute of Musicology (1964) a joint quelques autres pièces pour clavier.*

Bien qu'il ne soit apparemment ni l'élève de Trabaci et Mayone, ni le professeur d'Alessandro Scarlatti, il appartient à la figure discrète de Salvatore d'assurer, à l'orgue, le lien entre ces grands maîtres de la capitale du sud de l'Italie. Très estimé en son temps, l'ecclésiastique allie une belle technique compositionnelle à l'effusion mélancolique si caractéristique du génie napolitain. On ne saurait trop recommander son œuvre aux organistes qui souhaiteraient, pour ce milieu du XVIIe siècle italien, dépasser le corpus réduit de Michelangelo Rossi et les quelques pièces de Merula, tous deux violonistes-clavecinistes plus qu'organistes. Ouvertement débiteur des deux volumes de Trabaci (1603, 1615), le recueil de Salvatore peut se prévaloir d'un bout à l'autre d'une écriture dense et inventive, d'une pensée forte et, dans la partie liturgique, d'une rare aptitude à concilier tradition et innovation.

Les Ricercari

Comme chez Trabaci, les huit *Ricercari* dans les huit tons (*ré, mi, fa, sol*, authentes et plagaux), transposés ou non, manient plusieurs sujets appelés *fugha*, tel le *Ricercare del secondo tuono alla quarta alta* [sur *sol*] *con 2 fughe e suoi riversi.*

Le **Ricercare del quarto tuono trasportato con 4 fughe e cantofermo**, en *mi* sur *la* (donc avec *si* bémol à la clé), combine savamment dans une vaste première section quatre sujets en contrepoint renversable ; un peu allégée, une deuxième section enchaînée introduit le cantus firmus *migrans* (basse, puis soprano, alto et, enfin, ténor) ; en métrique ternaire, la dernière section réexpose chaque sujet l'un après l'autre, puis en entrelace trois sous une longue pédale de tonique pour s'achever sur le seul sujet initial, dans un retour aux origines.

Du même type, le **Ricercare dell'ottovo tuono naturale con tre fughe sopra l'hinno d'*Iste confessor*** combine aussi trois sujets, le premier issu de l'hymne qui intervient peu après en cantus firmus à la basse et passera de la sorte aux trois autres voix.

Les Canzoni

Nettement plus animées, avec changement de mesures, rythmes capricieux, péroraison en style de toccata, les quatre *Canzoni* illustrent parfaitement ce genre si prisé depuis le XVIe siècle. La quatrième en appelle au thème célèbre de la *Bergamasca*. Cependant, même dans ce cadre plus léger, Salvatore manifeste le souci de gérer avec art les tensions et détentes, et crée une structure tripartite qui préfigure le sens (sinon la forme) de la sonate classique par l'articulation ordre/désordre/retour à l'ordre. Après une exposition régulière lancée par le traditionnel dactyle en notes répétées, la **Canzone francese terza** (en mode de *ré* sur *sol*) laisse sourdre des chromatismes, s'entrechoquer des degrés mobiles qui introduisent un pathétique lamento en imitations descendantes, puis un épisode en ternaire toujours tendu, avant de regagner la sérénité du mètre binaire et du diatonisme.

Les Toccate

Mouvantes, virtuoses, d'une grande hardiesse de langage, parsemées de degrés mobiles inducteurs de chromatismes retournés et d'agrégats en porte-à-faux, les *Toccate* n'abusent pas, à dessein, du *stile fantastico* pourtant si naturel sous les doigts et la plume musicale imaginative des Napolitains. Salvatore entend ne rien abdiquer de la densité polyphonique et s'il se suffit d'un seul épisode imitatif central, les spirales volubiles, les grappes de broderies et trilles prolifèrent comme l'exubérant bourgeonnement de végétaux grimpants agrippés à un ferme treillage.

Les Messes

Les *Versi per rispondere nelle Messe con l'organo al choro* ne sont pas moins intéressants. Six ans après les *Fiori musicali* de Frescobaldi, quatre ans avant l'*Annuale* de Fasolo, le Napolitain ne s'autorise cependant aucune concession et s'en tient aux seuls versets destinés à l'*alternatim* dans les *Kyrie* (5), *Gloria* (9), *Sanctus* (2) et *Agnus* (1) des trois messes commentées par tous les Italiens : *della Domenica (Fons bonitatis), dell'Apostoli e Feste doppie (Cunctipotens), della Madonna (Cum jubilo)*. Le premier *Kyrie* cite le plain-chant en cantus firmus à la basse *(Domenica)*, au ténor *(Apostoli)* ou à l'alto *(Madonna)*, la mélodie liturgique fécondant ainsi la belle trame polyphonique des quatre autres versets de cette prière initiale. Pas plus que dans les versets des trois autres oraisons de l'ordinaire, ce respect de la tradition n'entrave l'émotion du prêtre qui accompagne le *Christe della domenica* d'un contre-sujet chromatique répercuté en alternés à toutes les voix, souligne d'un *affetto* particulier les versets christiques du *Gloria*, entonne un jubilus ou une joyeuse canzone dans le dernier verset des *Kyrie* et *Gloria*, et innove radicalement en réservant un style rhapsodique, chargé de mélismes brodés, au premier *Sanctus*.

L'Appendice contient deux *Toccate*, un *Capriccio « malanconico e largo »*, deux *Correnti* et une *« Durezze e ligature »* dans la meilleure tradition napolitaine. Jouons Giovanni Salvatore.

B. F.-S.

TOMAS DE SANTA MARIA

Né à Madrid, vers 1515-1520; mort à Ribadavia (Valladolid), en 1570. Ce compositeur espagnol ne nous est connu que par un très important traité musical, non pas unique en cette Espagne de la Renaissance riche à profusion en théoriciens, mais à tel point complet qu'il fut maintes fois repris et copié. Si l'on ignore de la date de naissance de Santa Maria, on sait cependant qu'il entra dans l'ordre des Dominicains à Santa Maria de Atocha (Madrid) le 11 mars 1536. Le franciscain Juan Bermudo, également auteur d'un traité (Osuna, 1555, Declaracíon de instrumentos musicales*), étant entré dans les ordres à quinze ans, on peut approximativement en déduire la date de naissance de Santa Maria, vers 1515-1520. Il fut organiste de divers couvents dominicains de Castille et surtout de celui de San Pablo de Valladolid, alors résidence royale, l'une des villégiatures préférées des Habsbourg : il y rencontra Antonio et Juan de Cabezón, avec lesquels il s'entretint de son ouvrage didactique.*

L'ouvrage de Santa Maria s'intitule *Libro llamado Arte de tañer Fantasia, assí para Tecla como para Vihuela, y todo instrumento, en que se pudiere tañer a tres, y a quatro voces, y a más...*, soit « Livre intitulé Art de jouer la Fantaisie, tant au clavier qu'à la vihuela, ou sur tout autre instrument sur lequel on pourra jouer à trois et à quatre voix, ou davantage », communément dénommé aujourd'hui *Arte de tañer Fantasia, para tecla y vihuela*. Apparemment entreprise en 1541, sa rédaction reçut un premier agrément en 1557, mais la publication fut repoussée en raison d'une crise du papier. A la suite d'un nouvel imprimatur en 1563, l'œuvre sera publiée à Valladolid en 1565. L'objet du traité, reposant sur l'étude du clavicorde, est d'enseigner la fantaisie, c'est-à-dire l'improvisation dans le style en imitation. L'ouvrage présente deux parties : la première expose entre autres les bases de la musique (chapitres 1 à 12) et de la technique de clavier (13-19), la seconde enseigne l'harmonie et le contrepoint.

Les chapitres 13-19 offrent l'une des méthodes les plus anciennes de technique de clavier, détaillée et complète — position de la main, toucher, articulation, doigtés (en usant, en avance sur le temps, des cinq doigts) : Santa Maria entend donner « des règles précises et bien pensées de l'art de mouvoir les mains et les doigts pour jouer d'un instrument de clavier ». Il s'intéresse également, comme avant lui Bermudo, aux ornements et traite de ce qu'il nomme « *redobles y quiebros* », soit trilles et mordants. Le musicologue espagnol Samuel Rubio* écrit : « Personne n'explique comme lui, en définitive, et avec autant d'ampleur, de détails et une telle profusion d'exemples l'illustrant, le sujet délicat des notes devant s'altérer durant le développement de la pièce et dans les cadences. » Pour le reste, Santa Maria aborde en substance les mêmes points que Bermudo : *canto llano, canto de órgano* et contrepoint, mais « dans l'étude du contrepoint, et surtout du contrepoint imitatif, frère Tomas surpasse tous les autres », notamment pour ce qui est de l'étude des accords consonants, des dissonances et de leur emploi, de l'introduction de nouveaux thèmes dans une *fantaisie*, du rythme pointé, etc.

En 20-23, il est traité de la *glosa* (« explication », par diminution, soit ici l'ornementation), variation plus ou moins libre d'esprit contrapuntique, bien que l'on n'en trouve aucune dans les exemples que fournit Santa Maria, l'initiative étant laissée à l'« élève ». La première partie conclut sur les huit modes ecclésiastiques, naturels et transposés, et les types de cadences.

Les chapitres 1-30 de la seconde partie sont consacrés à l'étude complète de l'harmonie (avec entre autres une classification des accords). Les chapitres 31-51 traitent de la construction de pièces à quatre voix en imitation, Santa Maria insistant sur les rapports entre cette technique et la technique vocale d'un Josquin. L'œuvre s'achève sur des conseils pratiques quant à la manière d'accorder un clavicorde ou une vihuela.

Santa Maria illustre ses propos théoriques de très nombreux *ejemplos* (exemples et non fantaisies, même si le but est de maîtriser ce genre), notés à la manière des œuvres vocales de l'époque, *en partition*, soit une portée indépendante par voix. Ces exemples peuvent ne présenter que quelques mesures d'explication, mais aussi constituer de véritables pièces, oscillant de 40 à 75 mesures, d'un style en imitation simple et clair à la façon de Cabezón, mais avec beaucoup moins d'invention. Rubio fait remarquer, les commentateurs les ayant fréquemment opposés, parfois enclins à disqualifier l'un par rapport à l'autre, que les œuvres plus développées d'un Bermudo (5 hymnes, 4 *tientos*) n'ont pas été insérées dans son traité pour soutenir ses thèses, mais comme pièces autonomes, nous dirions de concert. Les pièces, plus nombreuses mais de moindre envergure, de Santa Maria s'entendent à l'appui des thèses défendues — mais également, dans leurs limites propres, indépendamment. Citons par exemple les huit *Fantaisies* de la première partie de l'*Arte*, une pour chaque ton, sobres et brèves mais d'un équilibre parfait, toujours à quatre voix, avec des entrées suivant des schémas variés ; elles sont en forme de ricercari ou si l'on veut de versets bi-partites, à la manière des versets psalmodiés divisés en deux hémistiches, équilibrés sinon parfaitement égaux, et ne font appel qu'à des

* S. Rubio, *Desde el « ars nova » hasta 1600*, Alianza Musica, Madrid, 1983.

valeurs de notes ne dépassant jamais la noire. Si la fantaisie n'égale pas celle d'un Cabezón, la musique, la profondeur et la sérénité de son développement sont cependant bien le reflet d'une époque animée du souffle des grands mystiques, celle de sainte Thérèse d'Avila et de saint Jean de la Croix. « Ces petites pièces, en guise d'exemples, [...] sont l'unique document conservé pouvant nous donner une quelconque idée de son génie et de son inspiration. [...] On peut y apprécier une tendance vers ce qui est à la fois délicat et raffiné ; il y a quelque chose d'intime et de secret, une espèce de subjectivité lyrique qui pénètre très profondément et tendrement l'âme et l'émeut avec la plus grande douceur » (L. Villalba, cité par Rubio).

Intimement espagnole, l'œuvre de Santa Maria, dans sa modernité — mis à part le ton sentencieux et supérieur des commentaires —, n'en a pas moins une valeur générale, à tel point que d'autres théoriciens, tel le célèbre Cerone, s'en inspireront ou la plagieront.

M.R.

ERIK SATIE

Né à Honfleur, le 17 mai 1866; mort à Paris, le 1er juillet 1925. Arrivé encore très jeune dans la capitale, il entreprit des études au Conservatoire (classes de Descombes, Taudou et Mathias), mais n'obtint aucune récompense. Ses premières œuvres (Gymnopédies, *1888) étonnèrent cependant par leur singularité harmonique et l'emploi de mélodies modales qui préfigurent la musique de Debussy dont il fut l'ami. Après sa période « Rose-Croix » (1891-1895), tout en poursuivant un itinéraire très personnel qui le conduira de l'excentricité des* Morceaux en forme de poire *ou des* Sports et divertissements *à la « musique d'ameublement », il eut la volonté de se perfectionner à la Schola Cantorum (1905-1915) auprès de d'Indy, Roussel et Sérieyx. Sa rencontre avec Cocteau fut bénéfique* (Parade, *1917) et il compte parmi les rares compositeurs à tenter l'expérience surréaliste avec* Relâche *(1924).*

A Honfleur, Satie fit ses premiers pas d'artiste avec l'organiste de Saint-Léonard, Vinot, un lauréat de l'école Niedermeyer. Il y entendit certainement le plain-chant traditionnel ou « bayeusin » et son accompagnement d'accords parfaits alors préconisé note par note. La *Messe des pauvres* (1895), unique œuvre avec orgue de Satie, s'en souvient, comme bien des pages de la même période « médiévale » *(Ogives, Sonneries de la Rose-Croix, Danses gothiques).*

Destinée à deux orgues et un chœur de basses et dessus à l'unisson, la Messe des pauvres échappe vite, dans son déroulement, aux exigences du rituel et révèle un caractère anticonformiste. Après un *Kyrie* où les deux groupes vocaux alternent sur un fond sonore confié tour à tour à l'orgue de chœur et au grand orgue, les chanteurs n'interviendront plus; les cinq parties qui suivent s'orientent vers un programme inattendu, avec la *Prière pour les voyageurs et les marins en danger de mort à la très juste et très auguste Vierge Marie, mère de Jésus*, souvenir de la chapelle Notre-Dame-de-Grâce à Honfleur, ou la *Prière des orgues*, d'une nonchalante et mélancolique poésie, à laquelle répond l'harmonie plus recherchée de *Commune qui mundi nefas*. Viennent ensuite un *Chant ecclésiastique*, qui doit son étrange ambiance au contraste de sections de style renaissant avec d'autres qui préfigurent Messiaen, et celle que l'on peut considérer comme la plus intéressante de ces six pièces, cette *Prière pour le salut de mon âme* dont la texture décharnée, le climat extatique et la modernité du langage ne trouvent d'équivalences que chez le dernier Liszt ou les pages éthérées de Jehan Alain. Brève et subtile, elle permet, de plus, une meilleure compréhension du titre qui, par *Messe des pauvres*, fait peut-être allusion aux marins de sa ville natale, mais aussi aux *Béatitudes*. Refusant les grandes pompes cérémoniales de l'Église catholique, Satie se limite, en effet, à de très simples moyens (monodies et libres successions d'accords sans barre de mesure) dont l'esprit de renoncement, évangélique dans son humilité, coïncide aussi avec une éthique personnelle et l'idée qu'il se fait du Moyen Âge. La sympathie qu'il affiche pour l'ésotérisme mystique des Rose-Croix apparaît, par ailleurs, dans l'uniformité contemplative de certaines tournures répétitives.

En 1968, Robert Caby édita un *Carnet de croquis et d'esquisses* pour piano qui compte une vingtaine de courtes pièces écrites de 1897 à 1914 et *Douze Petits Chorals* qui, bien qu'ils ne soient pas destinés à l'orgue, furent créés par Gerd Zacher en 1969. Satie a toujours éprouvé pour le choral, genre scolastique par excellence avec la fugue, autant d'attirance que de répulsion. Il y revient sans cesse, et l'on peut en apercevoir les différentes approches à travers quelques pages de son catalogue pour piano : *Choral* des *Aperçus désagréables* (1908), *Autre Choral* dans *En habit de cheval* (1911), *Choral hypocrite* dans *Choses vues à droite et à gauche* (1914) et *Choral inappétissant* dans *Sports et divertissements*.

F.S.

DOMENICO SCARLATTI

Né à Naples, le 26 octobre 1685; mort à Madrid, le 23 juillet 1757. Fils d'Alessandro Scarlatti, il commença sa carrière musicale comme organiste et compositeur à la cour du vice-roi de Naples, dont son père était le maestro di cappella. *Après divers détours (Florence, de nouveau Naples, Venise), il se retrouva à Rome à partir de 1707, où il demeurera douze ans. En 1719, Domenico quitte l'Italie et devient* mestre *de musique de la cour de Portugal, à Lisbonne. Jean V l'ayant créé chevalier, Scarlatti le remerciera en lui dédiant 30* Essercizi per gravicembalo *(1738), seul recueil publié de son vivant et sous son contrôle. Hélas! le tremblement de terre qui ravagea Lisbonne en 1755 détruisit aussi les documents se rapportant à la carrière portugaise de Scarlatti. En 1729, son élève la princesse Maria Barbara est mariée au prince héritier d'Espagne et quitte Lisbonne; Scarlatti l'accompagne, tout d'abord à Séville, puis (1733) à Madrid où il restera jusqu'à la fin de ses jours.*

Auteur d'opéras et de nombreuses œuvres de musique sacrée (il fut maître de chapelle de la cappella Giulia de Rome), parmi lesquelles trois messes, un *Stabat Mater*, un *Te Deum*, deux *Salve Regina*, deux *Miserere*, des motets, etc., Domenico Scarlatti doit sa célébrité à l'ensemble considérable que constituent ses 555 Sonates pour clavier, recopiées vers la fin de sa vie et rapportées en Italie où elles furent diffusées par son collègue à la cour de Madrid, le castrat Farinelli*. Leur virtuosité et leurs caractéristiques techniques et ornementales en font indéniablement des sonates de clavecin. Il est cependant toujours possible, naturellement, d'en interpréter certaines à l'orgue, bien que clavecin et orgue au XVIIIe siècle ne soient plus interchangeables comme dans le répertoire pour clavier des deux siècles précédents : les mouvements modérés, en adaptant toucher et ornementation, s'y prêteront le mieux. Outre cette possibilité, laissée à l'appréciation de chacun en fonction de l'écriture et de l'instrument, cinq Sonates n'en demeurent pas moins traditionnellement rattachées à l'orgue : K 254, 255, 287, 288 et 328, dont deux seulement sont explicitement destinées à l'orgue seul.

Les **Sonates K 287 et 288,** toutes deux en *ré* majeur et de forme binaire, sont en effet d'une attribution aisée, puisqu'elles sont spécifiées *Per Organo da Camera con due*

* Voir *Guide de la musique de piano et de clavecin*

Tastature Flautato e Trombone. La première, essentiellement à deux voix, est pure et sereine, la seconde, plus impétueuse et virtuose, avec à l'occasion une tenue de basse. Des indications de changement de clavier sont également mentionnées. Il en va de même pour la **K 328** spécifiée *Orga.o e Fl.o* (*Organo e flauto*), également avec changements de clavier; de coupe ternaire, c'est une gigue modérée, en imitation.

Le cas des **K 254** en *ut* mineur et **K 255** en *ut* majeur est plus délicat; elles portent en effet la mention *Oytabado* et *Tortorilla*, souvent comprise comme une indication de registration (octave bouchée et mélange de jeux clairs?). Cependant, L.F. Tagliavini rapproche cette *tortorilla* du cri de la tourterelle, entendu à plusieurs reprises dans la sonate (*fa* dièse/*sol*/*ré*, *si*/*do*/*sol*), quand l'*Oytabado* évoque pour lui une danse portugaise, l'*Oitavado*. L'orgue y perdrait ses droits... Par ailleurs, la présence dans la K 254 d'une première octave chromatique semble appeler le clavecin plus que l'orgue.

D'autres sonates, dans la tradition du « pour tout instrument à clavier », sont également traditionnellement, en Italie, interprétées à l'orgue, comme par exemple les *« Fugues »* K 41, 58 et 93.

Alessandro Scarlatti, père de Domenico, né à Palerme le 2 mai 1660, mort à Naples le 22 octobre 1725, fut avant tout un compositeur d'opéras (il est considéré comme étant le fondateur de l'école napolitaine du XVIIIe siècle) et de musique sacrée (il fut maître de chapelle à la basilique Sainte-Marie-Majeure de Rome). Il est également l'auteur d'une cinquantaine de pièces pour clavier, au nombre desquelles quelque 40 *Toccatas*, comprises essentiellement comme destinées au clavecin. Cet ensemble renferme cependant diverses fugues et *partite* adaptables à l'orgue. Le manuscrit de l'université de Coimbra offre diverses pièces brèves, d'attribution d'ailleurs incertaine, ainsi qu'une *Sonate per organo del Sig. Alessandro Scarlatti*. Plusieurs conservatoires italiens abritent également des manuscrits attribuant diverses pièces à Alessandro, dont celui de Gênes qui, en plus d'œuvres de jeunesse présumées de Haendel encore inédites mais déjà enregistrées, possède quatre toccatas d'Alessandro (dont une publiée).

Parmi les *Toccatas* d'Alessandro Scarlatti dont la virtuosité convient à l'orgue (traits en gammes, ornementation modérée, ponctuation par tenues de pédale bien dans la tradition de l'orgue italien, absence de passages vifs en notes répétées, etc.), la **Toccata** (n° 7) **Primi Toni,** publiée par Breitkopf dans une réalisation pour orgue, offre un bel exemple d'adaptation en fonction de l'instrument à clavier sur lequel elle doit être interprétée. Scarlatti écrivait lui-même à ce sujet : *« per organo e per il cembalo : dov' è arpeggio, sù l'Organo è tenuta; e dov' è tenuta sù l'organo, sù il Cembalo s'arpeggia »*. En clair : les accords arpégés du clavecin sont plaqués à l'orgue, les accords tenus de l'orgue sont arpégés au clavecin — il faut donc adapter. C'est une pièce composite qui enchaîne, dans la tonalité de base de *ré* mineur, un grand nombre de sections. Mètre, tempo et couleur varient tout au long de l'œuvre. Successivement : *Allegro* (C), *Adagio* (3/4, soprano de type arioso), *Presto* (C) — *Fugue* (C, à deux voix principales, plus tenues de pédale dans toute la dernière section), *Adagio cantabile ed appogiato* (C, soprano de type arioso sur longs accords liés de main gauche, conclusion-transition de type harmonisation verticale) — enfin *Partite sull'aria della Folia*, soit 29 variations enchaînées, le plus souvent à deux voix en dialogue (à 3/4, sauf la Variation XIII qui est à 3/8 et la Variation XX qui est à C), fluides et d'une grande variété de formes.

M.R.

GIACINTO SCELSI

Né à La Spezia, le 8 janvier 1905; mort à Rome, le 9 août 1988. Sa brève autobiographie, rédigée sous forme poétique, éclaire passablement une des personnalités énigmatiques de notre siècle.

8 janvier 1905
un officier de marine déclare la naissance
de son fils
escrime échecs latin
une éducation médiévale
un ancien château dans le sud de l'Italie
Vienne
travail sur la dodécaphonie
Londres, mariage
réception à Buckingham Palace
Inde
(Yoga)
Népal
Paris
concerts
(œuvres qui ont laissé des traces dans les fissures)
ponts
(conversations avec des clochards, volées par le courant)
survivent des poèmes incombustibles
à Rome sons
vie solitaire sons
négation de ce qui rend l'homme opaque
quelque chose oubliée?

On apprendra par ailleurs qu'il étudia la composition à Rome avec G. Sallustio; qu'il reçut les conseils d'Ottorino Respighi et d'Alfredo Casella; qu'une de ses premières œuvres, Rotatives, *fut créée à Paris en 1931, sous la direction de Pierre Monteux, mais n'a pas laissé de traces; que dès 1936 (soit bien avant son compatriote Dallapiccola), il adopte la technique dodécaphonique étudiée à Vienne auprès de Walter Klein; qu'après la guerre, il vécut à Paris, composant et écrivant de remarquables recueils de poèmes en français; qu'au début des années 1950, rentré à Rome, il participa un certain temps au mouvement Nuova Consonanza, mais qu'il se retira ensuite dans une retraite que d'aucuns décrivent amère ou dédaigneuse; et que seules les dernières années lui apportèrent la notoriété à laquelle il pouvait prétendre. Mais les informations restent encore très fragmentaires, car aucun ouvrage n'a, à ce jour, fait la lumière sur un personnage mystérieux et controversé.*

La production totale de Scelsi compte environ 140 numéros d'opus. Mais le musicien a choisi de renier la majorité de ses premières compositions, de sorte que la liste publiée par son éditeur Schirmer contient quelque 85 titres seulement. Ce n'est donc qu'en 1952 qu'il inaugure (à quarante-huit ans) une nouvelle manière, la seule qu'il reconnaîtra désormais. Les vingt premières partitions sont écrites pour des instruments solo, « comme pour expérimenter et explorer un langage neuf où le quart de ton tiendra une place de plus en plus importante. Par la suite, les effectifs s'amplifieront jusqu'au grand orchestre, tandis que l'élément vocal deviendra le véhicule privilégié d'expérimentations nouvelles grâce à la rencontre de la chanteuse japonaise Michiko Hirayama* ».

Scelsi partage avec Satie, Ives ou Varèse un certain goût de la provocation, un mépris de la « carrière », un artisanat besogneux et solitaire. Mais « profondément influencé par les philosophies de l'Orient (bouddhisme zen, taoïsme...), il se situe en marge de toutes les esthétiques contemporaines. [Pour ce musicien, révélé en France par les fondateurs de l'ensemble l'Itinéraire,] le Son est essentiel et fonda-

* Gérard Condé, *Le Monde*, 12 août 1988.

mental ; il veut en explorer les virtualités les plus infimes [...]. Le Son n'est plus un point, mais une sphère douée de profondeur. Sa musique innove énormément dans le domaine des attaques, de l'articulation, de la dynamique, du grain (lisse ou rugueux), et, inévitablement, de l'infrachromatisme* ». En ce sens, les solutions qu'il propose aux problèmes de l'orgue dans son unique œuvre pour l'instrument à tuyaux ne manquent pas d'originalité.

In nomine Lucis

Il s'agit donc — à ce jour — de l'unique œuvre d'orgue répertoriée au catalogue de Scelsi. Écrite en 1974, elle est dédiée « à la mémoire de Franco Evangelisti », compositeur ami de Scelsi et cofondateur de Nuova Consonanza. Dans la brève préface, l'auteur spécifie : « Très important : cette pièce a été conçue pour orgue mécanique afin de pouvoir tirer les jeux à moitié et obtenir ainsi des quarts de ton *(circa)*. Il faut tirer de cette façon tous les jeux dès le début, mais on peut les manœuvrer au cours de l'exécution pour obtenir des effets particuliers. » Scelsi met ainsi à profit la technique iconoclaste élaborée par György Ligeti, dès 1961, dans *Volumina*. Elle nécessite un instrument à tirage de jeux mécanique. On peut ainsi dénaturer le son (dans ses hauteurs, intensités et timbres) en agissant sur la longueur du tirant de registre. Outre le dépaysement sonore qui en résulte, on peut soutenir que des exécutions extrêmement différenciées pourront naître de ce facteur aléatoire**. Funèbre, lancinante, presque incantatoire, l'œuvre repose sur deux sons-pédales, quasi minéraux, tenus par le pédalier : d'abord un *do* dièse nettement défini, puis un *cluster* composé des cinq sons les plus graves de l'orgue. Au-dessus s'étirent de longues tenues, stagnantes ou frémissantes, réactivant souvent le *do* dièse, dans un ciel lourd de menaces orageuses, traversé d'éclairs métalliques. L'œuvre conclut, *morendo*, sur un accord parfait d'*ut* mineur, mais un accord inscrit *en creux*, dirons-nous, puisque la non-registration brouille ses contours, évoquant la décomposition d'une enveloppe charnelle.

Durée d'exécution : ~ 8 mn

G.G.

* Harry Halbreich, *Guide de la musique de piano et de clavecin*.

** Comme l'ont montré les premières auditions données par Eric Lundquist à Stockholm et Georges Guillard à Paris.

HEINRICH SCHEIDEMANN

Né à Wöhrden (Schleswig-Holstein), vers 1595 ; mort à Hambourg, en 1663. Son père, David, qui était organiste de Wöhrden depuis 1594, fut titularisé à Sainte-Catherine de Hambourg en 1604. Le jeune Heinrich travaille, de 1611 à 1614, à Amsterdam, auprès de Jan-Pieterszoon Sweelinck. Celui-ci le tient en haute estime puisque, à son départ, il lui dédie un canon. Probablement dès 1625, il succède à son père aux claviers de Sainte-Catherine où il restera jusqu'à sa mort, victime d'une épidémie de peste, en 1663. Il était aussi clerc de l'église depuis 1633.

Voilà tous les renseignements dont on dispose sur un artiste probablement discret, fidèle à son instrument durant trente-huit ans ! Il convient de rappeler que cette tribune privilégiée de Sainte-Catherine de Hambourg constituait un remarquable poste d'observation. C'était d'abord un instrument somptueux, l'un des plus beaux d'Allemagne du Nord : agrandi en 1630 par Gottfried Fritzsche, il était passé à 56 jeux répartis sur 4 claviers et un pédalier. De plus, la fonction était bien rémunérée, donc bien considérée, par une cité prospère. En tant qu'organiste, expert en facture d'orgue, compositeur et enseignant, Scheidemann devait jouir d'une respectabilité enviable. Ses collègues s'appelaient Thomas Selle, cantor, Jakob Praetorius, Matthias Weckmann, organistes. Son meilleur élève, Johann Adam Reinken, sera aussi son successeur ; d'autres se nommaient Fabricius, Wessnitzer, Druckenmüller. Par ailleurs, Mattheson nous assure que Scheidemann était fort aimable, sans prétention et d'une bonne grâce toute joyeuse, et que son jeu répondait à son caractère, vif et allègre. Son œuvre se compose uniquement de pièces pour orgue, à savoir *35 arrangements de chorals, 9 Magnificat*, une série de pièces diverses comprenant *14 Praeambulums, 2 Fugues, 3 Fantaisies, 2 Canzones, 2 Toccatas*, et enfin une série de *motets* latins (signés Lassus, Hassler, H. Praetorius, etc.) *transcrits* pour orgue en style orné.

Scheidemann peut, à juste titre, être considéré comme le fondateur de l'école nord-allemande de l'orgue. Il a d'abord admirablement assimilé le langage de Sweelinck, qui est lui-même un adroit amalgame d'influences anglaise (les virginalistes), espagnole (la polyphonie vocale) ou même italienne. Il a su aussi faire son miel de la *Tabulatura nova* publiée en 1624 par son confrère Samuel Scheidt. Mais au lieu de gérer bourgeoisement ce patrimoine, il ouvre des perspectives suffisamment enthousiasmantes pour que tous ses jeunes disciples s'y engouffrent et en tirent des feux d'artifice. Il fait bourgeonner à plaisir des commentaires de choral (jusqu'à 237 mesures dans le *« Jesus Christus, unser Heiland »*). Il donne libre cours à une virtuosité qui se grise d'elle-même (*Toccata* en *ut* majeur), fortifie des formes promises à un bel avenir comme le choral contrapuntique. Il donne ses lettres de noblesse à cet avatar de la mélodie vocale accompagnée par la basse continue : cette belle disposition qui permet à l'orgue de faire chanter une mélodie ornée au Rückpositiv avec toute la présence et la poésie désirables, tandis que l'accompagnement (deux voix intérieures réunies par la main gauche) est soutenu par une vivante partie de pédalier. La mélodie soliste peut même ricocher du Rückpositiv à l'Oberwerk, en un jeu d'échos directement inspiré de Sweelinck. Car — ne l'oublions pas — Scheidemann touchait quotidiennement un instrument d'une richesse inouïe de timbres : en ce sens, le génie du facteur entretenait la flamme du compositeur dont l'ardeur inspirait le facteur par une bénéfique stimulation réciproque.

Certes, l'œuvre manque de ressort dramatique, le pittoresque des échos finit par lasser, les formules de coloration sonnent creux à la longue. André Pirro*, avec sa coutumière lucidité un rien amère, décèle en ce musicien « aimable » et « qui sait plaire » « un enjouement un peu vulgaire », « l'entrain et la jovialité un peu forcée » de qui doit, en de longues improvisations, « divertir un public de marchands ». Il reconnaît cependant à Scheidemann « une éloquence triviale qui a du moins de la véhémence et, somme toute, du lyrisme ».

Le recueil des *Magnificat* comprend neuf admirables commentaires. Les huit premiers illustrent chacun l'un des huit modes d'église. Ils sont composés des quatre versets traditionnellement dévolus à l'orgue *(Quia respexit, Et misericordia, Deposuit potentes, Suscepit Israel)*, les autres étant réservés au chœur. Les quatre types d'élaboration font entendre successivement (et généralement dans le même ordre, sauf dans les n°s 5 et 7) : un prélude de choral à quatre voix et avec cantus firmus, une fantaisie de choral à quatre voix, un choral-ricercare à quatre voix et enfin un verset à trois voix dont l'une proclame le cantus firmus. Le dernier *Magnificat* échappe à ce schéma : il s'agit d'une extraordinaire composition continue de plus de 200 mesures, qui réunit avec brio toutes les figures (parfois acrobatiques!) d'un style qui s'affirme.

En l'important recueil de *35 Chorals*, c'est la diversité qui prévaut. A un bref choral *manualiter (« Herzlich hab' ich dich »)* succède une copieuse fantaisie de choral de 237 mesures, avec pédalier *(« Jesus Christus, unser Heiland »)*. Tel choral aligne des *versus*, tandis que le suivant juxtapose des *variations*. Ici, c'est l'exultation d'une danse quasi profane *(« O Gott, wir danken »)*, là, le sévère hiératisme d'un *« Kyrie summum »*. Le *« Victimae paschali laudes »* appelle irré-

* A. Pirro, *op.cit.*, p. 1278.

sistiblement, pour clamer le cantus firmus, les deux 32' du fantastique pédalier de Sainte-Catherine ; en revanche, le deuxième verset de *« Durch Adams Fall »* fait chanter le choral sur le chalumeau de 4' du même pédalier. Biciniums, trios avec ou sans pédalier, chorals ornés, avec ou sans échos, chorals-ricercare, chorals-fantaisie : il fallait que cet instrument de Hambourg fût bien exaltant pour engendrer un tel luxe de formes et distiller une telle ivresse en certaines codas étourdissantes *(« Jesus Christus, unser Heiland »*, ou *« Mensch, willst du leben »)*.

Les œuvres sans cantus firmus constituent un troisième recueil, et une troisième source d'inspiration pour la génération suivante. D'ailleurs, la *Toccata* en *ut* est connue par un grand nombre de copies, ce qui atteste son succès auprès de ses contemporains. Les plus brefs *praeambulums* ne sont guère que des improvisations notées. Mais les plus construits, avec leur développement fugué, préfigurent la forme prélude et fugue. Le n° 13, fort bavard (141 mesures), ne manque cependant pas de charme. La *Canzone* en *fa* majeur constitue un bel exemple d'infiltration de cette forme italienne dans la musique des organistes septentrionaux (sans doute, Scheidemann y a-t-il été amené par son élève Matthias Weckmann). Ces trois sections, si proches parentes de celles de Frescobaldi par leur changement de tempo, de rythme et de caractère, encourageront (peut-être sans le savoir) les grandes fantaisies à multiples compartiments des Tunder, Weckmann et Buxtehude.

G.G.

SAMUEL SCHEIDT

Né à Halle, baptisé le 3 novembre 1587; mort en cette même ville, le 24 mars 1654. Traversée d'épreuves personnelles et professionnelles, la vie de Scheidt pourrait être résumée par un lieu unique, Halle. La cité saxonne fut en effet le théâtre de toute son activité, laquelle coïncide avec l'une des époques les plus dramatiques de l'histoire des pays allemands, celle de la guerre de Trente Ans (1618-1648). Ce luthérien n'eut pas la carrière à laquelle il aurait pu légitimement prétendre, mais son influence sur toute l'école allemande de l'orgue n'en fut pas moins déterminante. Organiste de la Moritzkirche de Halle dès l'âge de seize ans, il n'en prend pas moins, quatre ans plus tard, le chemin d'Amsterdam pour y étudier auprès de Sweelinck, le « faiseur d'organistes ». En 1609, il devient organiste de la cour de l'archevêque prétendant luthérien de Magdebourg, Christian Wilhelm de Brandebourg, en résidence à Halle. C'est l'époque où Scheidt élargit ses activités d'organisateur de la vie musicale et d'expert en facture d'orgue (Bayreuth, Magdebourg, Gera, Leipzig, Altenburg, etc.). Nommé en 1619 Hofkapellmeister à Halle, il commence à publier des recueils de musique vocale et instrumentale, notamment son ouvrage fondamental pour le clavier, la Tabulatura nova *(1624); mais il ne bénéficiera que peu de temps de ce poste; dans la tourmente de la guerre, la chapelle est dissoute et la Cour fuit devant les troupes impériales du général catholique Wallenstein en 1625. Scheidt restera à Halle durant toutes les années noires qui vont suivre. En 1628, on crée pour lui le poste de Director Musices, mais il ne le conservera que deux ans. Les troupes impériales, puis suédoises, enfin saxonnes lui prendront tout son bien. De retour à Halle en 1642, la Cour le confirme dans son poste de Kapellmeister, qu'il occupera les douze années qu'il lui reste à vivre.*

Sous l'étiquette commune des « trois S », l'Allemagne a de longue date réuni les pères fondateurs de sa musique, ces compositeurs du premier Baroque nés à quelques lieues de distance et quelques mois seulement d'intervalle, Schütz (1585), Schein (1586) et Scheidt (1587). Œuvrant tous trois en Saxe, fermement ancrés dans leur confession luthérienne en pleine guerre de Trente Ans, durement éprouvés dans leur vie personnelle, ils entretenaient des relations amicales malgré leurs divergences de sensibilité et de formation — Schütz restera marqué par les années passées à Venise auprès de Gabrieli, Scheidt ira recueillir l'héritage de Sweelinck à Amsterdam, tandis que Schein ne quittera pas la Saxe. Ce dernier exercera une influence durable dans le domaine de la musique vocale et instrumentale, Schütz dans celui du Concert spirituel ; quant à Scheidt, le seul des trois à avoir occupé une charge d'organiste, il est considéré comme le véritable créateur de l'école d'orgue germanique.

De son vivant, cependant, il dut sans doute davantage sa renommée à ses recueils pour ensembles instrumentaux (*Ludi musici, Paduana, Galliarda, Couranta, Alemande, Intrada, Canzonetto*, 1621 ; *LXX Symphonien auff Concerten manir*, 1644) et surtout à son œuvre vocale, avec ou sans participation instrumentale : *Cantiones sacrae* (motets, 1620), *Concertus sacri* (1622), *Geistliche Concerten* (4 vol., 1631-1640), *Liebliche Krafft-Blümlein* (concerts à deux voix et basse continue, 1635). Si l'on chante aujourd'hui un peu (trop peu) de cette considérable production, c'est néanmoins davantage par son œuvre pour orgue qu'il est réputé, sinon véritablement connu. Ce volet de son œuvre est principalement constitué de la monumentale *Tabulatura nova* en trois parties, ensemble de 59 pièces en un large éventail de variations, versets d'hymnes et de *Magnificat*, fantaisies, etc. ; mais il faut y ajouter un autre recueil, le *Görlitzer Tabulaturbuch*, florilège de cent chorals harmonisés composé par le musicien à la fin de sa vie (1650).

Tabulatura nova (1624)

Le grand œuvre de Scheidt a donc été édité à Hambourg en 1624. La date est d'importance : en cette aube de temps nouveaux, alors que meurent Sweelinck et M. Praetorius (1621), Gibbons et Cornet (1625), puis Bull (1628), paraissent coup sur coup les *Flores de musica* du Portugais Rodrigues Coelho (1620), les *Hymnes* du Français Titelouze (1623), la *Tabulatura nova* de l'Allemand Scheidt (1624), les livres de *Capricci* de l'Italien Frescobaldi (1624 et 1627) et la *Facultad organica* de l'Espagnol Correa de Arauxo (1626) ; peu après (1635), les *Fiori musicali* de Frescobaldi viendront couronner ce bouquet de recueils fondamentaux qui marquent, et sous le sceau du génie novateur, la naissance de la grande école d'orgue baroque européenne.

A l'inverse de son maître Sweelinck, qui n'a rien publié pour le clavier et dont on n'a retrouvé qu'un petit nombre d'œuvres éparses, Scheidt a réuni et présenté lui-même un vaste corpus qu'il a tenu à faire graver : avec les quelque 800 pages de l'édition originale, sa *Tabulatura nova* demeure le plus important recueil pour orgue jamais édité — en son temps comparable, quant à l'importance musicale, aux Psaumes à plusieurs chœurs de Schütz (1619). Sous cet intitulé unique, l'œuvre se compose de trois parties, en volumes séparés parus la même année. On verra que Scheidt y traite une grande variété de genres, clairement annoncés dans les pages de titre ; quant au terme de *« nova »*, il indique que, par souci d'intelligibilité, le musicien y renonce à l'ancien système de la tablature allemande (où des lettres représentent les notes) pour adopter le système italien de la partition, soit une portée de cinq lignes pour chacune des voix.

Les première et deuxième parties

Les deux premières parties présentent des œuvres variées, tant religieuses que profanes. L'écriture de ces dernières ne faisant pas appel au pédalier, on peut les considérer comme destinées à tout instrument à clavier (notamment dans l'usage domestique). Libellées en latin, les pages de titre indiquent respectivement pour la première partie un choix de *« variationes aliquot psalmorum, fantasiarum, cantilenarum, passamezo et canones aliquot »* (« variations de divers psaumes, fantaisies, chansons, passamezzo et divers canons »), et pour la deuxième *« Fugarum, psalmo-*

rum, cantionum et echus, tocatae variationes varias et omnimodas » (« fugues, psaumes, cantiques et échos, variés de nombreuses et différentes manières »). On trouvera donc, pour les pièces spécifiquement profanes, principalement des variations sur des chansons populaires ou des airs de danses, et, pour les autres, sept suites de variations sur des chorals allemands et une sur le *« Christe qui es lux et dies »*, ainsi que des fugues, canons, fantaisies, échos et une toccata.

La troisième partie

Quant au troisième volume de la *Tabulatura nova*, il occupe une place à part. Spécifiquement destiné à l'orgue dans son titre même, il ne renferme que de la musique liturgique, essentiellement des versets d'hymnes latines et de *Magnificat*, et des pièces pour l'ordinaire de la messe. Ce sont tout d'abord trois versets pour le *Kyrie*, neuf pour le *Gloria*, un pour le *Credo*, ainsi qu'un *Psalmus sub communione* se composant de six versets sur le choral *« Jesus Christus, unser Heiland »*. On trouve également six hymnes latines « pour les principales fêtes de l'année » ; *« Veni Redemptor gentium »* (Avent), *« A solis ortus cardine »* (Noël), *« Christe, qui es lux et dies »* (Quadragésime), *« Vita Sanctorum, Decus Angelorum »* (Pâques), *« Veni Creator Spiritus »* (Pentecôte) et *« O lux beata Trinitas »* (Trinité). Représentant près de la moitié de ce troisième volume, neuf *Magnificat* proposent chacun les six versets destinés à l'orgue dans les huit tons ecclésiastiques et le *tonus peregrinus*. Enfin, terminant cet ensemble considérable, deux brèves pages destinées aux Vêpres sont écrites à six voix (avec double pédale), alors qu'aucune autre pièce du recueil ne dépasse jamais les quatre voix ; elles sont intitulées respectivement *Modus ludendi Organo pedaliter a VI. Voc.*, sous-titré *Eine Manier auf dem gantzen vollem Werck mit dem Pedal zu spielen* (soit « une manière de jouer sur l'*organo pleno* avec la pédale »), et *Modus pleno Organo pedaliter, Benedicamus à 6 Voc.* : toutes deux se jouent donc sur le plenum des mixtures. L'introduction de la double pédale y est d'ailleurs d'une grande hardiesse, surtout si l'on se rappelle que les contemporains d'Italie ou d'Allemagne du Sud n'utilisaient le pédalier que pour les tenues de basse.

Scheidt se révèle très soucieux d'individualiser les diverses parties de la polyphonie. En témoignent, certes, l'écriture musicale proprement dite, ainsi que l'adoption de cette « tablature nouvelle », avec ses parties notées sur des portées séparées ; mais on voit aussi le compositeur s'attacher à donner, plus que des conseils de registration, des indications de répartition des voix sur l'instrument, le cantus étant toujours mis en valeur par un clavier soliste et la pédale indépendante, évoluant sur deux octaves : « Ces *Magnificat* et *Hymnos*, comme d'ailleurs quantité de psaumes contenus dans la 1re et 2e parties de mon ouvrage, peuvent être joués par tout organiste disposant d'un orgue à 2 claviers et pédalier ; il faut les jouer séparément au discantus ou au ténor sur le Rückpositiv avec un jeu aigu (afin de percevoir d'autant plus distinctement le choral). Quand il y a un bicinium avec le choral au discantus, on joue le choral de la main droite au clavier supérieur ou Oberwerk, et la 2e partie de la main gauche au Rückpositiv. » Si le cantus firmus est énoncé par l'alto, il est recommandé de le jouer au pédalier sur un jeu de 4' : « Cette manière de jouer l'alto à la pédale est la plus belle et, de plus, la plus commode à réaliser. »

Mais ce qui différencie le plus ce troisième volume des deux précédents réside dans l'abandon des effets de virtuosité, et la rupture qui s'y consomme d'avec l'art de la « coloration » qui caractérisait notamment depuis plus d'un demi-siècle la mise en tablature des pièces vocales polyphoniques. Fioritures, traits, passages interpolés visaient à transformer la mélodie d'origine pour l'enrichir d'ornementations surajoutées, les « colorations » (parfois bien creuses et mécaniques). Marquant cette nouvelle et décisive orientation, Scheidt précise, dans la dédicace, qu'il s'adresse « tout particulièrement à ceux qui aiment jouer à l'orgue la musique dans sa pureté et sans les *passages* très rapides des colorations ». A la suite de Sweelinck, il enracine ainsi dans l'école d'orgue allemande un style strictement contrapuntique, en tournant ostensiblement le dos au passé. Mais loin d'appauvrir l'écriture instrumentale, il développe l'usage du pédalier et introduit ce qu'il nomme lui-même l'*imitatio violistica*, un phrasé nouveau renouvelant les pouvoirs expressifs du clavier par emprunt à la technique des instruments à archet : toute la musique d'orgue en sera fécondée jusqu'à J.-S. Bach.

Les compositions libres

Héritée de Sweelinck, la forme la plus fréquente est celle de la fantaisie, au sens très large d'une pièce enchaînant, à la manière du ricercare, un nombre variable de sections fuguées sur un sujet commun chaque fois métamorphosé (différences dans le contrepoint, la rythmique, etc.). Leur développement peut atteindre jusqu'à 300 mesures et plus... Ce principe de la fantaisie, Scheidt l'appliquera d'ailleurs aussi bien à un cantus spirituel *(Fantasia super : « Ich ruf zu dir »)* que profane.

Chef-d'œuvre du genre, dans la première partie de la *Tabulatura nova*, le plus célèbre exemple de fantaisie demeure la **Fantasia super : Io son ferito lasso, Fuga quadruplici**, sur un madrigal de Palestrina déjà utilisé par Hans Leo Hassler et Christian Erbach. Le sous-titre de *« Fuga quadruplici »* indique un procédé à la manière de Sweelinck, consistant dans le traitement conjoint de plusieurs sujets tout en renonçant aux figures ornementales. Le deuxième sujet est ici la rétrogradation du premier; quant au troisième, tétracorde chromatique descendant sur *la-mi*, il sera de nouveau repris par récurrence pour le quatrième :

1
2
3
4

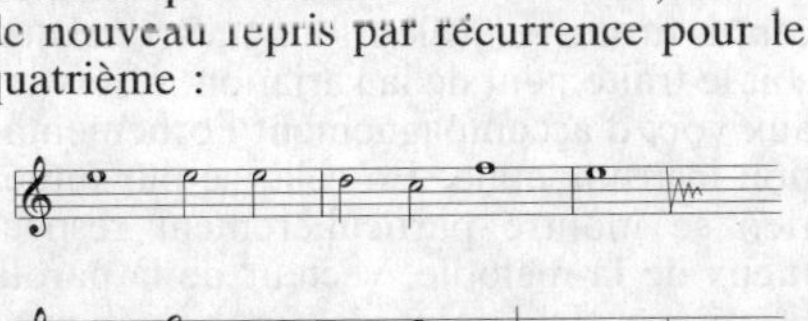

Comme les autres grandes fantaisies de Scheidt, ou ses psaumes-versets, cette œuvre splendide, à quatre voix, est largement développée. Elle s'achèvera en apothéose, *organo pleno*, par la réunion des quatre sujets *(Concursus et coagmentatio omnium quatuor fugarum)*.

Durée d'exécution : ~ 10 mn

La *Tabulatura nova* renferme également deux versions d'un **Écho à quatre voix**, toujours inspirées de Sweelinck, quoique moins accomplies. La mode de l'écho ne dura que le temps de la nouveauté, et le maître de Scheidt en reçut tout le bénéfice, même si le procédé se retrouve — quoique pas en tant que genre autonome — jusque dans le *Prélude* en *mi* bémol BWV 552 de Bach .

La première partie du recueil s'achève sur 12 **Canons** traitant des thèmes divers. On y retrouve les dispositions les plus caractéristiques du genre : à l'unisson ou à la quinte pour le *Magnificat du 8e ton*; « à l'écrevisse » pour le canon sur l'hexacorde; pour le choral « *Vater unser* », à l'octave entre ténor et soprano, et renversé à la quinte entre basse et alto; etc. Les thèmes étant exposés en valeurs longues à la pédale, il est permis de voir dans ces canons, peut-être destinés à la voix tout autant qu'au clavier, une sorte d'« école du trio », leur but semble principalement d'ordre didactique.

Les Variations sur des chansons populaires et airs de danse

Comme chez Sweelinck, la question a souvent été posée de savoir à quel instrument étaient destinées ces œuvres toutes plus célèbres les unes que les autres, à une époque de relative interchangeabilité d'un instrument à clavier à un autre. Non liturgiques, ne recourant pas au pédalier, elles semblent attester la prééminence du clavecin ou du virginal; mais certains types d'écriture parlent en faveur de l'orgue : ce sont les cas où le cantus firmus apparaît à la basse avec deux dessus, disposition naturelle à l'orgue mais source d'une difficulté non proportionnée au seul manuel. Ce pourrait alors être la réhabilitation de l'orgue comme instrument profane.

La **Cantio Belgica : Ach Ei, du feiner Reiter** (1re partie de la *Tabulatura nova*) est l'une des plus connues. Le schéma en est classique : sept variations sur une chanson, d'abord harmonisée à quatre voix avec reprises, puis, entre autres, section à trois voix (var. 1), bicinium avec alternance du chant d'une voix à l'autre (var. 3), *melodia in cantu* (accords) sur une main gauche rythmique (scansion variée, rythme pointé, var. 6), retour d'un simple trois voix (var. 7).

Durée d'exécution : ~ 10 mn

Citons encore, et toujours dans la 1re partie, une *Bergamasca*, la fameuse *Chanson française : Est-ce Mars?* (10 variations, *Cantio gallica* également traitée par Sweelinck), une autre *Cantio Belgica* ou *Variations sur une chanson néerlandaise : Wehe, Windgen, Wehe*, toujours sur le principe de la chanson à quatre voix suivie, ici, de 12 variations de type partita, un *Passamezzo* (proche de la passacaille) de 12 variations, etc. ; et dans la 2e partie, les 3 variations de la *Cantilena « Anglica fortunae »* (ou « *Engelsche Fortuyn* », elle aussi traitée en trois variations par Sweelinck — une copie ancienne donne d'ailleurs à la suite les six variations des deux musiciens).

Un seul exemple dira tout le charme et le sel de ces adaptations de chansons profanes pour le clavier, ce goût des madrigalistes de la Renaissance pour les enchaînements sans transition de tonalités contrastées et que l'on retrouve chez Scheidt : l'exposition du thème des 9 *Variations sur une « Gagliarda » de John Dowland*, juxtaposant *ré* et *fa* majeur.

Les chorals allemands

Si Sweelinck fut à maints égards, avec Frescobaldi au sud, l'un des grands formateurs de l'Europe du clavier en un jeu permanent de va-et-vient et de brassages d'influences, son élève Scheidt fut à son tour un peu le Sweelinck de l'Allemagne, notamment pour l'évolution du choral d'orgue, rôle qu'il partage avec Scheidemann, autre disciple du maître néerlandais.

C'est avec Michael Praetorius et Sweelinck qu'apparaît à l'orée du XVIIe siècle le choral pour orgue. Mais si chez le luthérien Praetorius la mélodie du cantique imprègne le tissu musical des fantaisies de choral sans y être clairement explicitée en cantus firmus, il en va tout autrement chez le calviniste Sweelinck. Destinant ses commentaires au concert (ou à l'usage domestique) plus qu'à l'office liturgique, celui-ci traite les thèmes des cantiques en séries de variations (quatre en moyenne, parfois jusqu'à six). La mélodie du cantique est indifféremment exposée à l'une ou l'autre des voix de la polyphonie, mais s'il lui arrive, au cours de l'élaboration contrapuntique, de se disloquer ou se dissoudre dans la substance sonore, elle domine le plus souvent l'œuvre en un cantus firmus bien identifiable, véritable épine dorsale dans la conduite des variations.

Scheidt reprend à son compte ce genre de la variation de choral, et pas plus que chez son maître le nombre des variations ne semble correspondre à celui des strophes du cantique : ces pages peuvent avoir été destinées au concert spirituel, sans pour autant exclure que telle ou telle des variations ait pu servir comme prélude de choral ou à toute autre utilisation liturgique. Mais à l'inverse de Sweelinck, il maintient généralement intact l'énoncé du cantus firmus, en valeurs longues, quel que soit le traitement de la variation, réservant aux voix d'accompagnement l'ornementation instrumentale. En cela, ce pur luthérien se montre particulièrement respectueux de la mélodie, vecteur de la parole liturgique. Ici, point de trace de figuralisme : c'est aux maîtres d'Allemagne du Nord, et déjà avec Scheidemann, qu'il reviendra de donner un commentaire musical personnel, subjectif, aux textes des cantiques, par un jeu subtil de figures sonores qui aboutira, via Buxtehude, à la « prédication musicale » des chorals de l'*Orgelbüchlein* de Bach.

Sous les titres de *Cantio sacra* ou de *Psalmus*, la *Tabulatura nova* présente ainsi sept cycles de variations de *Kirchenlieder*, quatre dans la 1re et trois dans la 2e partie, outre la fantaisie de choral sur « *Ich ruf zu dir, Herr Jesu Christ* » et le cas particulier des 6 versets du *Psalmus sub communione* de la 3e partie.

Avec ses 12 variations, « **Warum betrübst du dich, mein Herz** » (choral baptisé ici « *cantio sacra* ») est l'une des plus imposantes des élaborations sur thème de cantique. La forme y rejoint celle d'une véritable partita, moins rigoureuse, richement conçue et développée. La mélodie du cantique y est entendue au soprano (var. 1, 2, 4, 5, 7, 11 et 12, ornée dans cette dernière variation), au ténor (var. 3 et 8) ou à la basse (var. 9 et 10). La variation 6 est un bicinium en contrepoint double, où soprano et ténor se partagent l'énoncé du choral. Les autres variations comptent deux à quatre voix, procédant par pré-imitations ou traitement contrapuntique introduisant des imitations et diverses figures mélodiques et rythmiques (motifs dactyliques, figures pointées, accords brisés).

Durée d'exécution : ~ 12 mn

Le **Psalmus sub communione « Jesus Christus, unser Heiland »** est le seul choral traité dans la 3e partie de la *Tabulatura nova*. Le musicien en donne six variations. 1. Grande exposition en fugato à quatre voix (on remarquera que, pour des raisons d'équilibre rythmique, la carrure interne de la mélodie n'est pas respectée dès l'exposition, et qu'elle est modifiée au cours du développement, par augmentation ou par diminution). 2. Bicinium entre ténor et basse. 3. A quatre voix, le choral au soprano, précédé d'entrées en fugato. 4. Toujours à quatre voix; le choral est énoncé à l'alto, joué au pédalier (comme aime à le faire le compositeur, ainsi qu'il s'en explique lui-même), escorté d'imitations et de guirlandes ornementales. 5. Le choral passe à présent au ténor (toujours au pédalier); écriture en trio, abondant en figures rythmiques ornementales. 6. Grande péroraison fuguée à quatre voix, symétrique de la première variation, mais le chant apparaît cette fois au ténor et en réponse à la basse.

Durée d'exécution : ~ 12 mn

Les hymnes latines et les *Magnificat*

Ces pièces constituent l'essentiel de la 3e partie de la *Tabulatura nova*. De même nature que celles du groupe précédent, ce sont toujours, selon le modèle hérité de Sweelinck, des élaborations sur un motif de chant liturgique, cette fois en latin. Mais une différence importante les caractérise : dans ce recueil de pièces fonctionnelles, précisément destinées au culte, hymnes latines et *Magnificat* sont traités en versets pour être exécutés en alternance avec le chant de l'assemblée. Le nombre des versets de la mélodie originale est donc cette fois rigoureusement respecté et non plus aléatoire comme dans le cas des variations de chorals, sans pour autant, cependant, que le caractère musical de leur traitement semble adapté aux paroles.

Hymnus « A solis ortus cardine ». Cette hymne constitue un bon exemple de l'ordonnancement adopté par Scheidt dans le traitement des textes liturgiques. Le *Versus 1* est une pièce très développée à quatre voix faisant entendre en pré-imitations nombreuses et variées le choral proprement dit; *Versus 2 : Choralis in Cantu* (*a 2 Man.*) ou bicinium sur deux claviers, avec au soprano le thème nu, et à la main gauche un commentaire vif et régulier; *Versus 3 : Choralis in Alto*, en l'occurrence à la pédale, sur un jeu de 4' recommandé par le compositeur, le thème étant toujours nu, contre trois voix manuelles; *Versus 4 : Choralis in Tenore*, de nouveau à la pédale (*tenore* indiquant un 8'), en trio; *Versus 5 : Choralis in Basso* (sous-entendu 16' à la pédale), deux voix manuelles avec une pré-imitation de main gauche avant l'entrée de la mélodie.

Durée d'exécution : ~ 12 mn

Toujours dans un but fonctionnel clairement avoué, Scheidt a publié dans son recueil majeur des versets de *Magnificat* pour chacun des huit tons ecclésiastiques, ainsi que pour le *tonus peregrinus* (ou ton pérégrin, ton de psalmodie des antiennes). On sait que les luthériens ont maintenu une fervente dévotion mariale, ainsi qu'en témoignent nombre de leurs églises dédiées à la Vierge *(Marienkirche, Frauenkirche, Liebfrauenkirche)*. Comme Schütz, Scheidt écrivit plusieurs *Magnificat* pour voix et instruments. A l'orgue, il traite un sur deux des douze versets de l'hymne mariale, en vue de l'alternance avec le chant (les versets de rang pair, contrairement à l'usage français de l'époque) : (2) « *Et exultavit* », (4) « *Quia fecit mihi magna* », (6) « *Fecit potentiam* », (8) « *Esurientes* », (10) « *Sicut locutus est* », (12) « *Sicut erat in principio* ». Ces versets sont ici toujours assez brefs et clairs, le dernier *in Organo pleno*, comme il convient pour la doxologie. La technique de la variation ne diffère pas de ce qu'elle était dans les chorals variés; la mélodie liturgique y apparaît également le plus souvent en cantus firmus, à des voix diverses (la disposition des claviers et de la pédale étant toujours indiquée).

Le premier verset du **Magnificat 2. toni** s'ouvre par une belle exposition fuguée à quatre voix; le mouvement s'anime ensuite par des figures rythmiques nouvelles. 2. A quatre voix, mélodie au soprano. 3. Bicinium, mélodie au soprano. 4. En trio, la mélodie au ténor, basse et alto l'entourant par imitations. 5. Mélodie à la basse, écriture à quatre voix; les imitations deviennent parfois ici de véritables formules obsessionnelles. 6. Péroraison altière, à l'écriture dense.

Le **Magnificat 4. toni** présente plus de diversité dans les procédés de variation mis en œuvre. On notera le chromatisme exacerbé du premier verset (chromatisme grec ascendant et descendant), les guirlandes volubiles des deux voix accompagnant le cantus au soprano dans le deuxième; le troisième est un bicinium en contrepoint double, entre soprano et basse; les guirlandes ornementales prolifèrent en mouvements jubilatoires dans les versets 4 et 5, respectivement à trois et quatre voix; retour à la grandeur pour la conclusion du sixième verset.

Durée d'exécution : ~ 9 mn

Les versets pour la messe

Lorsque Scheidt publie sa *Tabulatura nova*, il y a déjà un siècle que, depuis Hans Buchner, se sont développés en Allemagne les versets d'orgue pour la messe. Luther ayant conservé, outre la structure, plusieurs des prières essentielles de la messe catholique, on trouve ici trois versets pour le *Kyrie* et neuf pour le *Gloria*, que l'organiste devait jouer en alternance avec le chant (un siècle plus tard, on retrouvera chez Bach, dans la troisième partie de la *Clavierübung*, paraphrases et commentaires pour les mêmes temps de la messe, mais cette fois fondés sur les cantiques allemands). Scheidt donne également un verset pour le *Credo*. Et l'on a vu que la distribution de la communion était accompagnée en musique par les versets sur « *Jesus Christus unser Heiland* ». Enfin, deux brèves pages, des points d'orgue à six parties (avec double partie de pédale), sont destinées à la fin de la messe ou des vêpres (« *Benedicamus Domino* »); leur titre de *Modus ludendi pleno organo pedaliter* (« Une façon de jouer le grand plein jeu de l'orgue, avec pédalier »), atteste d'une dimension exemplaire et didactique du recueil.

Le Görlitzer Tabulaturbuch

(1650)

Un quart de siècle après la *Tabulatura nova*, Scheidt publie une seconde et dernière œuvre pour l'orgue, intitulée *Tabulatur Buch hundert geistlicher Lieder und Psalmen* (« Livre en tablature, contenant cent cantiques spirituels et psaumes »). Dédié aux magistrats de la ville de Görlitz, en Silésie, il s'agit d'un ensemble de chorals allemands harmonisés à quatre voix, destinés à soutenir le chant de l'assemblée ou plutôt à alterner avec lui, « ... pour messieurs les organistes des églises et communautés chrétiennes, à jouer et chanter, à l'orgue aussi bien qu'à la maison, composé à 4 voix pour tous les dimanches et fêtes de l'année ».

On le voit, l'enjeu du recueil est avant tout fonctionnel. Au cours de la guerre de Trente Ans (terminée depuis deux ans seulement lorsque paraît le volume), le corpus des chorals s'est considérablement développé; le culte luthérien est désormais puissamment articulé autour du chant communautaire des cantiques allemands, et les pièces de Scheidt relèvent d'une conception fonctionnelle radicalement différente du rôle que l'orgue pouvait tenir dans les concerts spirituels de Sweelinck chez les calvinistes d'Amsterdam.

Les chorals retenus sont disposés dans l'ordre de l'année liturgique et du catéchisme de Luther. Scheidt s'attache à respecter rigoureusement la métrique des mélodies, mais les auréole d'une harmonisation « moderne », extrêmement inventive et chatoyante. Très concis (chaque choral compte une vingtaine de mesures environ), ils n'en sont pas moins d'une impressionnante densité, modèle de déclamation communautaire pour une pratique religieuse reposant essentiellement sur la parole.

M.R. et G.C

ARNOLD SCHLICK

Né dans le Palatinat, peut-être à Heidelberg, vers 1445, en tout cas avant 1460; mort à Heidelberg (?), vers 1525. La jeunesse de cet aveugle reste entourée de mystère. En 1486 (mais il a déjà quarante et un ans!), il tient probablement l'orgue lors du couronnement de l'empereur Maximilien Ier à Francfort. Les années 1490-1491 le voient aux Pays-Bas – sans doute est-ce pour échapper à la peste qui ravage sa province natale. En 1491, il inaugure le grand-orgue de la cathédrale (dont le facteur est Krebs). Sa réputation d'expert est telle qu'il est fréquemment invité à superviser ou réceptionner des travaux : Haguenau (en 1503, 1510 et 1520), Spire (1505), Torgau (1516). Ces voyages lui permettent de rencontrer des collègues fameux : Sebastian Virdung en 1495 à la diète de Worms (Virdung est l'auteur du premier traité en allemand consacré aux instruments) et Paul Hofhaimer en 1516 à Torgau. Il participe probablement en 1520 au couronnement de Charles-Quint à Aix-la-Chapelle. Mais son principal titre de gloire réside dans la publication en 1511 du premier traité consacré à l'orgue, intitulé Spiegel der Orgelmacher und Organisten *(« Miroir des organiers et organistes »), qui sera suivi, l'année suivante, de l'édition de ses propres œuvres musicales, réunies sous le titre* Tabulaturen etlicher lobgesang und lidlein uff die orgeln un lauten *(Mayence, 1512). L'infirmité qu'il partageait avec Paumann et Cabezón explique sans doute le petit nombre de ses ouvrages. Il était très attaché à la famille régnante du Palatinat; celle-ci le lui rendait bien, puisque les archives de la cour de Heidelberg le mentionnent en 1509 parmi les personnes engagées à vie au service du comte palatin. Néanmoins, on ne peut s'empêcher de rester rêveur devant l'activité (voyages, expertises, compositions, publications) de cet aveugle… Malgré sa célébrité, il ne semble pas avoir eu d'élèves.*

L'importance de Schlick à la croisée des XVe et XVIe siècles a été particulièrement bien mise en évidence par Christian Meyer*, à qui nous empruntons ces lignes. « La pratique de l'orgue d'église, telle qu'elle se présente chez Schlick, offre deux aspects. L'orgue partageait tout d'abord en alternance avec le chœur l'exécution des chants liturgiques, notamment des pièces de l'ordinaire. Ce type de pratique reposait par ailleurs sur un traitement en cantus firmus de la mélodie liturgique (ornementation libre, tissu polyphonique reposant sur l'imitation). Le second aspect réside dans le style même de Schlick, où le principe de l'ornementation de la mélodie grégorienne du cantus firmus reste la règle. Le style se caractérise cependant par une grande liberté dans la disposition de ce dernier (que l'on trouvera aussi bien au superius qu'au bassus ou au ténor) et dans l'organisation assez discrète des éléments ornementaux. Le tissu polyphonique réglé selon un ordonnancement strictement horizontal et nettement différencié des voix présente encore de fortes traces d'archaïsmes : passages en style de hoquet, courts traitements parallèles des voix à intervalle de sixte ou de dixième, courtes imitations entre les voix. » Et C. Meyer souligne que ces caractéristiques sont indissociables d'un certain nombre de mutations qui affectent alors la facture de l'orgue (passage du Blockwerk à l'orgue à registres, élargissement de la tessiture vers le grave (*fa*1), indépendance du pédalier) tout comme la composition instrumentale (passage de la polyphonie à deux voix à celle à trois voix ou plus, déplacement de la hauteur du cantus firmus qui abandonne ainsi la tessiture privilégiée du ténor).

Ce *Très utile miroir des organiers et organistes à l'usage de toutes les abbayes et églises désireuses d'entretenir ou de faire construire des orgues* apporte, en ce tournant de la facture de l'orgue, une réflexion

* Ch. Meyer, « Introduction à la traduction du *Spiegel…* », *L'Orgue, cahiers et mémoires*, n° 21, Paris, 1979.

essentielle sur des problèmes aussi divers (et complémentaires) que ceux du diapason, du tempérament, de la registration, de l'organisation des claviers. Il n'esquive ni les détails minutieux (longueur des touches, travail du métal), ni les aspects sociologiques de la collaboration entre l'organiste et le facteur d'orgues. Et paradoxalement, le « très célèbre et très artiste Maître Arnold Schlick » annoncé par le titre sombrera très rapidement dans l'oubli puisque, en 1619, Michael Praetorius l'ignorera dans son fameux *Syntagma Musicum*.

Son œuvre est certes fort mince. Le recueil *Tabulaturen*... (1512) comporte huit pièces pour orgue, et quelques pièces pour luth et voix ou luth seul. Il faut ajouter deux *Ascendo ad Patrem* (pour orgue) retrouvés il y a peu, à Trente, par R. Lunelli. Si le premier est écrit à deux voix, le second superpose... dix parties réelles ! L'auteur lui-même souhaite que l'organiste joue six voix avec les mains, et quatre avec les pieds.

On imagine aisément les souliers spéciaux qu'il doit chausser pour écraser allègrement des successions de tierces à chaque pied... Cette pièce acrobatique (à moins que Schlick n'ait malicieusement omis de préciser qu'elle réclamait deux interprètes !) reste — et sans doute pour longtemps — un *unicum* dans toute la littérature pour orgue.

Les *Tabulaturen*... sont stylistiquement plus développées que l'œuvre d'orgue de Hofhaimer (maîtrise de l'écriture à quatre voix, technique savante de l'imitation annonçant Sweelinck). On y trouve un *Salve Regina* (avec les versets *Ad te clamamus, Eya ergo advocata, O Pia, O dulcis memoria*), puis *Petre quid vis, Hoc Lostolock, Benedictus, Primi toni, Maria zart, Christe* et trois *Da Pacem*. Si le *O Pia* semble plus archaïque, avec ses longues notes soutenues, sa tessiture grave, ses croisements de voix à la Ockeghem, le *Maria zart*, fondé sur un chant d'église en allemand, est en revanche caractéristique du futur choral luthérien : phrases courtes, la plupart du temps de quatre mesures séparées par des repos, lignes mélodiques simples, quasi populaires, etc. Selon W. Apel*, ce nouveau type de musique religieuse exprime moins l'idée sublime de la liturgie que l'esprit de piété du peuple. La pièce comprend 13 sections, dont la plupart sont traitées en imitations.

W. Apel n'a sans doute pas tort, en juxtaposant « la dignité sérieuse du *Salve Regina*, le charme de *Maria zart* et la grandeur écrasante de *Ascendo ad Patrem* », de voir en Schlick l'un des créateurs les plus extraordinaires pour l'orgue avant Frescobaldi et Bach.

G.G.

* Willy Apel, *The History of Keyboard Music to 1700*, Indiana University Press, Bloomington-Londres, 1972, p. 88.

FRANZ SCHMIDT

Né à Presbourg (Bratislava), le 22 décembre 1874 ; mort à Perchtoldsdorf (au sud de Vienne), le 11 février 1939. Ce compositeur autrichien, élève de Fuchs et, pendant quelque temps, de Bruckner, fut avant tout violoncelliste, notamment au sein de l'orchestre de la cour de Vienne, de 1896 à 1911 (sous la direction de Mahler). C'est ce même instrument qu'il enseigna tout d'abord au Conservatoire de Vienne, avant de devenir en 1914 professeur de piano, puis de contrepoint et de composition. Il fut de 1925 à 1927 directeur de la Wiener Musikakademie, puis de 1927 à 1931 de la Fachhochschule für Musik de Vienne. Dans son œuvre symphonique, fortement influencé par les romantiques tardifs, il continua la grande tradition viennoise tout en étant sensible aux influences de Schönberg, Debussy et Hindemith.

L'œuvre importante de Franz Schmidt commence, dans maints domaines, à être connue, jouée et enregistrée. Quatre symphonies jalonnent la vie du compositeur (1899, 1913, 1928, 1931), auxquelles s'ajoutent de nombreuses œuvres de musique de chambre (dont deux quatuors à cordes, un quintette avec piano, deux avec clarinette, piano et cordes), l'oratorio *Das Buch der sieben Siegeln* (« Le Livre aux sept sceaux », pour soli, chœur, orgue et orchestre, 1935-1937), enfin deux opéras : *Notre-Dame* et *Fredigundis* (1904, 1921).

L'orgue tient une place essentielle dans l'œuvre de celui que Schönberg appelait « le dernier grand maître de l'ère romantique », bien qu'il n'ait osé aborder l'instrument que relativement tard, à presque cinquante ans. « Je pense que mes symphonies, mais aussi les autres œuvres pour lesquelles j'ai fait appel au grand orchestre, m'ont permis d'acquérir un certain métier de compositeur, de même que j'ai développé une acuité auditive suffisante pour me sentir enfin prêt à offrir au roi des instruments une œuvre de ma composition. » Si l'on excepte une suite de variations datant de 1916 et remaniée par la suite avant d'être publiée, la première œuvre officielle pour orgue de Schmidt date de 1923-1924 (*Fantaisie et fugue* en *ré* majeur).

Sa prise de contact avec l'instrument était cependant beaucoup plus ancienne. « C'est par l'orgue d'église que la musique a pénétré pour la première fois mon âme », écrira-t-il dans son autobiographie. Cette rencontre, à la cathédrale de Presbourg (il quittera sa ville natale pour Vienne à l'âge de treize ans), fut suivie de leçons d'orgue au couvent des Franciscains, lequel disposait d'un instrument construit par un élève de Gottfried Silbermann qui expliquera rétroactivement que l'orgue classique soit demeuré sa vie durant l'idéal sonore de Schmidt. Car si son œuvre s'apparente à celle de Reger par l'usage de formes néo-baroques, elle s'en éloigne radicalement par le traitement de la sonorité. Schmidt abhorrait les ambitions et les dimensions orchestrales de l'orgue, « ce monstre qui, rugissant d'impuissance, est en train de s'imposer dans les salles de concert, en même temps qu'il se fait partout passer pour "l'orgue moderne" ». Il s'interdit tout recours aux « accessoires aussi ridicules que de mauvais goût […] qui ont rabaissé l'orgue au niveau de l'orchestrion : jalousies de boîte expressive pour obtenir des effets de crescendo, Fernwerk ("clavier lointain"), cloches, etc. » La plupart des œuvres d'orgue de Schmidt, aussi peu organiste que Reger, autre point commun entre ces deux hommes si dissemblables, furent créées par l'un de ses amis (tel Straube pour le Bavarois), Franz Schütz, professeur d'orgue au Conservatoire de Vienne.

Après la *Fantaisie et fugue* en *ré* majeur de 1924, grande œuvre contrapuntique construite sur un thème de choral, passionnée et d'inspiration encore très *Sturm und Drang*, l'œuvre d'orgue de Schmidt s'enrichira, jusqu'en 1935, de quelques pièces de très grandes dimensions entrecoupées d'œuvres plus modestes.

Prélude et fugue en *mi* bémol
(1924)

C'est l'œuvre la plus développée que Schmidt consacra à l'orgue. Ses deux sections, parfaitement équilibrées, sont d'égale durée. Le prélude, de forme sonate classique, fait entendre une introduction *Lebhaft und schwungvoll* (vif et animé) contrastant avec un développement fugué indiqué *Ruhiger* (plus calme). La pièce présente une remarquable variété d'attitudes dans l'art de la variation. Le langage de Schmidt, que l'on a dit « pré-hindemithien », témoigne d'un talent très personnel de l'intégration, au cœur de séquences fort classiques quant à la forme, de progressions harmoniques extrêmement rapides (contrastant avec la durée de l'œuvre), complexes et d'autant plus audacieuses qu'elles sont souvent inattendues. Le Prélude s'achève sur une puissante coda faisant entendre l'*organo pleno*. La fugue oppose un sujet séduisant, dynamisé par de grands intervalles, et un contre-sujet plus linéaire, raffiné, qui recourt à l'enchaînement des degrés de la gamme, toute la partie centrale de la fugue reposant sur ce second motif. Une troisième section en forme de récapitulation sur le sujet principal s'ensuit, l'œuvre concluant sur une brillante coda largement développée.

Durée d'exécution : ~ 32 mn

Toccata en *ut* majeur (1924)

Créée le 27 février par Franz Schütz dans la grande salle du Musikverein de Vienne, et avec un succès tel qu'elle fut immédiatement bissée, c'est l'une des œuvres de Schmidt parmi les plus populaires. Le thème principal, de caractère pentatonique, est varié avec beaucoup d'invention, dans l'esprit d'une œuvre virtuose à la constante progression dynamique, mais sans se départir d'un rigoureux sens de la construction, notamment dans les épisodes les plus libres (toujours en relation avec le thème principal), riches en modulations, transitions parfois abruptes, grappes d'accords percutants. La coda, grandiose et comme prise d'un vertige confinant au pathétique, réexpose le thème en augmentation.

Durée d'exécution : ~ 10 mn

Quatre Chorals (1926)

Il s'agit de pièces courtes, parfaitement individualisées bien que faisant toutes appel au même type de choral sur cantus firmus en valeurs longues.

« *O Ewigkeit, du Donnerwort* », lyrique et chaleureux, traduit le sentiment d'éternité *(Ewigkeit)* par une progression lente et régulière de l'accompagnement en imitation, tandis que le C.F. est exposé au soprano.

« *O, wie selig seid ihr doch, ihr Frommen* », de même nature, est des quatre chorals le plus développé. Le C.F. est également au soprano.

« *Was mein Gott will* », page solidement charpentée (« Ce que mon Dieu veut »), proclame le C.F. à la pédale, évoquant par la force de l'affirmation les chorals sur le *Credo* du temps de Bach.

« *Nun danket alle Gott* » est une majestueuse fanfare d'accords vigoureux et en partie dissonants, dont la ligne de crête, reliant l'ensemble des notes les plus aiguës, martèle le C.F.

Durée d'exécution : ~ de 1 à 4 mn

Prélude et fugue en *ut* majeur (1927)

L'une des trois pièces d'orgue les plus développées de Schmidt. Le prélude est de forme sonate, mais sans développement, ici remplacé par un intermezzo de forme plus libre. Au thème lyrique, en *ut* majeur, largement tracé, s'opposent deux motifs secondaires de caractère plus fragile, respectivement en *mi* majeur et *mi* mineur. Une reprise du thème principal conduit à une coda. Le sujet de la fugue, très égal (uniquement constitué de croches), s'apparente au thème initial du prélude. Le développement, classique, fait un bel usage du renversement thématique. La polyphonie s'estompe un instant au profit d'une section libre et volontairement virtuose, puis la fugue s'achève sur une réexposition en strette du sujet.

Durée d'exécution : ~ 23 mn

L'année 1928 vit éclore *Quatre Petits Préludes et fugues* en *mi* bémol majeur, *ut* mineur, *sol* majeur, *ré* majeur. Schmidt reprit le prélude en *ré*, dès lors surnommé « Halleluja ! », pour en faire le chœur final de son unique oratorio.

Toccata et fugue en *la* bémol majeur (1935)

Dernière grande œuvre pour orgue de Schmidt, ce diptyque, en dépit de son intitulé, n'a que peu de rapport avec la forme (néo-) baroque du même nom. C'est une œuvre tonale, jouant cependant sur de fréquents changements de tonalité, le chromatisme et l'enharmonie. Dans cette page sobre et complexe, Schmidt a tenté de synthétiser toutes les formes utilisées jusqu'alors dans son œuvre d'orgue. La pièce enchaîne cinq sections : introduction - A - B - A′ - coda. Le thème principal de la toccata *(vivace)* est tout d'abord exposé à la pédale : lui répond un second thème de type choral *(lento)*, les deux thèmes alternant sans se mêler l'un à l'autre. La section A, premier développement de la Toccata, réunit alors les deux thèmes, traités simultanément, en contrepoint. Une section de transition introduit la Fugue I, caractérisée par son sujet évoquant un chant d'oiseau. La section B reprend la Toccata, dont les deux thèmes réapparaissent, sous leur forme originale, puis renversés. La section A′ reprend en grande partie le matériau de la section A, tout en transposant l'essentiel du développement, devenu plus concis. Une nouvelle transition de type toccata introduit la Fugue II, dont le sujet est identique à celui de la première, mais également transposé. La coda reprend le thème principal de la Toccata, écourté et devenu cellule de base d'une double cadence annonçant la conclusion. La polyphonie cède la place à une écriture verticale d'accords syncopés, puis l'œuvre conclut majestueusement, en apothéose.

Durée d'exécution : ~ 16 mn

Quelques pièces isolées et de moindre ampleur complètent l'œuvre d'orgue de Franz Schmidt : *Chaconne* en *ut* dièse mineur (1925), *Fugue* en *fa* majeur (1927), deux chorals (« *Gott erhalte* », 1933 ; « *Der Heiland ist entstanden* », 1934), *Prélude et fugue* en *la* majeur (1934).

M.R.

ARNOLD SCHÖNBERG

Né à Vienne, le 13 septembre 1874; mort à Los Angeles, le 13 juillet 1951. Austro-hongrois par sa naissance, naturalisé américain en 1941, Schönberg commença l'étude du violon à l'âge de huit ans, s'essayant peu après, et avant même d'en avoir étudié les fondements, à la composition. Zemlinsky, dont il épousera la sœur en 1901, deviendra son maître et son ami. Sa première grande œuvre date du tournant du siècle : Verklärte Nacht *(« La nuit transfigurée »). Brahms, Wagner et Wolf l'influencent, ainsi que Strauss pour la forme du poème symphonique. Après un séjour à Berlin, où il enseigne au conservatoire Stern, il revient à Vienne. Il y a pour élèves Berg et Webern. C'est l'époque de* Pelléas et Mélisande *et des* Guerrelieder. *Il est nommé en 1910 professeur de composition à l'Académie impériale de musique de Vienne, puis revient au conservatoire Stern de Berlin l'année suivante (*Pierrot lunaire, *1912). Il enseigne à partir de 1925 à l'académie des Beaux-Arts de Berlin (*Moïse et Aaron, *1930-1932, inachevé). Juif, il doit quitter Berlin en 1933. Il part pour Paris, où il renoue avec le judaïsme abandonné en 1898 au profit de la foi luthérienne, puis s'installe aux États-Unis, à Boston tout d'abord, puis, en 1934, à Los Angeles. Il est nommé professeur à l'université de Californie.*

Explorateur de la tonalité puis de l'atonalité, Schönberg fut le promoteur de la technique dodécaphonique. Il revint cependant, après 1934 et son installation à Los Angeles, à l'univers tonal, contexte dans lequel il composa, sur commande, son unique œuvre pour orgue. On ne saurait parler, à l'intérieur de l'importante production de Schönberg (musique symphonique et concertante, de chambre et vocale), d'une œuvre d'orgue à part entière, en dépit de la place singulière qu'occupent ses *Variations sur un récitatif* dans l'apport des grands maîtres de la première moitié de notre siècle au répertoire de l'orgue. Outre les *Variations*, il entreprit une *Sonate pour orgue* (*Molto moderato*, 7 août 1941), qu'il laissa inachevée au bout de 53 mesures. L'intérêt de Schönberg pour l'orgue en tant qu'instrument n'en demeure pas moins évident, comme le montrent diverses lettres du compositeur (cf. *infra*). Ses propos, en un sens datés et « américanisés », incompréhensibles en dehors du cadre de la transmission électrique, pourraient cependant retrouver une certaine actualité (transmission électronique, possibilité par l'informatique d'enregistrer une ou plusieurs parties restituées par l'orgue en temps réel et en même temps que l'organiste joue une autre partie, technique numérique). Propos de musicien toujours en quête, certes, mais pas vraiment d'organiste.

Variations sur un récitatif (op. 40)

C'est en 1940, à la demande de H.W. Gray, que Schönberg composa pendant les vacances universitaires l'œuvre qu'il intitula en anglais *Variations on a Recitative* (op. 40). Éditeur new-yorkais, Gray désirait constituer une collection de pièces contemporaines pour orgue, assez courtes et commandées à divers compositeurs (« Je devais initialement écrire une pièce courte, mais les variations m'ont tellement intéressé qu'il en est résulté une pièce de belle ampleur »). Commencée le 25 août, achevée le 12 octobre, elle fut publiée avec des indications de registrations proposées par Carl Weinrich en fonction de l'orgue de l'université de Princeton. Bien que Weinrich ait été en contact avec lui, Schönberg en fut particulièrement mécontent. Dans l'une de ses lettres, il protestait : « Je note toujours la hauteur du son que je désire entendre [...] et n'aime guère les inutiles redoublements d'octave. [...] J'aimerais donc que l'on évite ce genre de redoublement, dès lors que clarté et transparence peuvent être atteintes sans que l'on y ajoute les octaves. »

Deux lettres importantes éclairent la position de Schönberg à l'égard de l'orgue en général et de ses *Variations* en particulier. « ... L'orgue ne doit pas nécessairement être américain. Avec les registrations de M. Weinrich, qui à Princeton dispose d'un instrument particulièrement important, c'est l'image même de la musique qui en ressort défigurée, à tel point que la plupart des gens ne savent plus à quoi s'en tenir. [...] Si je devais registrer, je m'assurerais que toutes les voix ressortent avec intelligibilité. Mais il semble que cela soit impossible à l'orgue » (A Josef Rufer, 8 février 1949).

Dans une lettre du 10 mai 1949 au Dr Werner David de Berlin-Zehlendorf, Schönberg fait part de ses réflexions sur la nature de l'orgue contemporain, sa facture. « Je considère l'orgue avant tout comme un instrument à clavier, et j'écris pour les mains en tenant compte de ce qu'elles peuvent faire sur un clavier. Je suis moins intéressé par ses couleurs. [...] Au fond, les couleurs n'ont pour moi qu'une seule signification, rendre intelligible l'idée — l'idée thématique, le motif, et éventuellement ce qu'elle exprime, son caractère. »

« J'ai en fait exposé ma position à l'égard de l'orgue il y a déjà plus de quarante ans, dans un article laissé inachevé et par conséquent jamais publié. J'y revendiquais, entre autres, la possibilité pour un instrument aussi considérable d'être joué par au moins deux et jusqu'à quatre instrumentistes simultanément. Qu'éventuellement une deuxième, une troisième, une quatrième consoles lui soient raccordées. Ce qui m'importait le plus, c'était avant tout la dynamique de l'instrument, car c'est de la dynamique seule que naît la clarté, à laquelle la plupart des orgues ne permettent guère de prétendre. »

« Si l'on voulait faire abstraction de l'extraordinaire littérature de l'orgue et du merveilleux effet qu'elle produit dans les églises, force serait de reconnaître que l'orgue, aujourd'hui, est un instrument qui a vieilli. Personne, aucun musicien, aucun profane n'a besoin d'autant de couleurs que l'orgue en possède — en d'autres termes : d'autant de jeux. »

« C'est pourquoi je pense que l'orgue du futur devrait être conçu de la manière suivante : il ne serait pas constitué de 60 ou 70 couleurs différentes, mais juste d'un tout petit nombre (peut-être de 2 à 6, ce qui me suffirait très certainement), à condition cependant qu'elles couvrent de 7 à 8 octaves et qu'elles possèdent, chacune pour elle-même, des possibilités dynamiques et expressives allant du pianissimo le plus doux jusqu'au fortissimo le plus sonore. »

Plus étonnant (même lettre) : « L'orgue du futur ne devrait guère être plus encombrant qu'une fois et demi la taille d'une machine à écrire portable. [...] J'imagine que grâce à un tel instrument portable, les musiciens et les amateurs pourraient se retrouver le soir, chez l'un ou chez l'autre, et jouer des duos, des trios, des quatuors... C'est là bien entendu une fantaisie futuriste, mais qui sait si nous en sommes si loin ? S'il se pouvait, tout comme aujourd'hui la radio nous apporte le son, que le son soit effectivement livré à domicile, alors tout deviendrait possible. »

Les registrations de Weinrich pour Princeton ayant, selon Schönberg, faussé la perception de l'œuvre, le compositeur exigea une seconde édition de ses *Variations*, exempte de toute indication. Les *Variations sur un récitatif* furent créées à New York le 10 avril 1944, lors d'un concert organisé par l'International Society for Contemporary Music... par Carl Weinrich.

Il s'agit d'une pièce tonale, débutant en *ré* mineur et s'achevant sur l'accord de *ré* majeur. Dans une lettre à René Leibowitz, il la décrit comme s'apparentant aux *Suites françaises* et *anglaises* de Bach, au quintette des *Meistersinger* et au duo de *Tristan* de Wagner, aux fugues de Beethoven et de Mozart, enfin aux « *Stücke im alten Stil* » (Pièces dans le style ancien) de Reger. D'une grande richesse harmonique et contrapuntique, elle se présente sous la forme de dix variations enchaînées et couronnées par une fugue.

Le thème en forme de récitatif est constitué de 12 mesures, réparties en cinq sections séparées par un point d'orgue, la dernière étant double. Le traitement de Schönberg consiste à le faire éclater en presque autant d'incises qui, réunies ou disloquées, serviront de base aux différentes variations. Les premières notes, sous leur forme originale ou renversée, constituent cependant le motif le plus fréquent. L'intervalle de seconde, omniprésent dans le récitatif, y est particulièrement martelé en même temps que magnifiquement varié (Var. 1, 4, 6, 8, 10). La Variation 6 (*Agitato*) repose sur le motif descendant des mesures 6 et 7, la Variation 8 sur la mesure 5.

La fugue terminale, de type *Spiegelfuge* (fugue-miroir), se rattache à la tradition néo-baroque dont Max Reger (1873-1916) fut le représentant le plus phénoménal. Schönberg avait créé un *Verein für musikalische Privataufführungen* (1919-1921), sorte d'association de concerts privés auxquels participaient ses élèves, et où il programma à maintes reprises des œuvres de Reger, qu'il désirait ardemment faire connaître. Le sujet de la fugue correspond aux mesures 1 à 4 du thème-récitatif. La première réponse se présente déjà sous la forme de son renversement. Le contrepoint serré est parfois interrompu par des interludes puisant leur substance thématique de nouveau dans la mesure 5 du récitatif. La fugue s'achève sur une réexposition de la tête du sujet, en miroir.

Durée d'exécution : ~ 16 minutes

Autre contact avec le monde de l'orgue, mais comme à contre-sens, Schönberg transcrivit pour grand orchestre les *Chorals* BWV 652 et 654 de Bach (1921), ainsi que son *Prélude et fugue* en *mi* bémol, BWV 552 de la *Clavierübung III* (1928).

M.R.

ROBERT SCHUMANN

Né à Zwickau, le 29 juin 1810; mort à Endenich, le 29 juillet 1856. Fils d'un éditeur, il entreprit des études de droit à l'université de Heidelberg et à Leipzig (1830), où il poursuivit parallèlement une formation musicale avec Wieck (dont il allait épouser la fille, Clara, en 1840) et le chef d'orchestre Dorn (1831). Un accident le privant de l'usage d'un doigt, suivi d'une dépression (1833), ruinèrent alors ses ambitions de pianiste, et il consacra son activité à la composition et à la rédaction de la Neue Zeitschrift für Musik *(1834). En 1844, année de son voyage en Russie, les premières atteintes du mal qui devait l'emporter affectèrent sa santé. Retiré à Dresde, il ne renonça pourtant pas à la création et fut bientôt nommé directeur de la musique à Düsseldorf, où il composa ses dernières œuvres et reçut la visite du jeune Brahms (1853). Mais les symptômes de sa folie se firent inexorablement plus inquiétants et, à l'issue d'un suicide manqué (1854), il fut interné à Endenich où il mourut deux ans plus tard.*

La personnalité comme la destinée de cet artiste romantique en font un cas très particulier dans l'histoire de la musique allemande. S'il se montre, en effet, l'enfant de son siècle et de sa patrie lorsqu'il nourrit son inspiration de la littérature ambiante (Hoffmann, Jean-Paul, Heine, Goethe), cultive le fantastique, rend hommage à la noble forêt, au Rhin, fleuve sacré des mythologies germaniques, au choral luthérien, à Bach, l'ancêtre glorieux, et sacrifie même à la mode orientale, son goût pour les suites de courtes pièces évocatrices ne s'inscrit pas dans la lignée Haydn-Mozart-Beethoven, de même que paraît atypique son obsession du carnaval et la chronologie de son œuvre.

En effet, partant d'une importante production de piano (1829-1839) dont la nouveauté surprend (distances prises avec développement dialectique et la grande variation, spontanéité, poésie, contrastes d'humeur, organisation bariolée par brèves séquences, technique instrumentale très novatrice), Schumann consacre toute l'année 1840 à la composition d'une centaine de lieder, puis aborde la musique de chambre et l'orchestre dès l'année suivante. Par le biais du piano-pédalier, il s'intéressera ensuite à l'orgue (1845), avant de se risquer dans la musique de théâtre : oratorios, scènes diverses ou *Genoveva*, son unique opéra (1850). Durant sa dernière année de création (1853), il brûle ses ultimes forces dans la composition de la *Messe* et du *Requiem* et revient au piano de sa jeunesse *(Chants de l'aube)* comme pour boucler un cycle.

Nulle œuvre ne paraît plus autobiographique que celle de Schumann, dont les analogies avec un journal intime ne cessent de soulever des interrogations. Jusqu'en 1844, certains aspects de son psychisme s'en dégagent, parmi ceux dont il joue avec une rassurante prédilection : double personnalité (Eusebius/Florestan) et cyclothymie *(Humoresque)*. Une fracture assez perceptible se manifeste alors : sous l'effet des premiers symptômes de la paralysie générale, le comportement de Schumann a changé, tandis qu'il semble trouver refuge dans des formes plus conventionnelles. Mais ce retour à l'ordre n'est que l'effet précurseur d'un processus qui le conduira progressivement à l'impuissance. Dans les derniers mois, en effet, sa musique ne se borne plus qu'à la répétition de formules statiques et hallucinées, tandis que ses *Chants de l'aube* s'éteignent comme un crépuscule.

Un des apports du XIXe siècle a consisté à hisser la folie — après la mélancolie, qui était aussi pathologique — au rang de « muse ». Schumann a posé ainsi les premiers fondements d'un art visionnaire qui est celui d'un monde non plus extérieur, mais intérieur et délabré. Avec Nerval, Maupassant, Kleist, Hölderlin ou Lenau, puis Van Gogh, le génie sera désormais insensé. Le Schumann des dernières œuvres en présente le délire musical.

L'œuvre pour piano-pédalier ou orgue

Au contraire de Mendelssohn, de Hesse ou de son élève Merkel, Schumann ne pratique pas l'orgue, et ses relations avec l'instrument se révèlent épisodiques et occasionnelles, même si la magie opère quelquefois. En 1841, il a le loisir de toucher l'orgue Silbermann de Freiberg, puis celui de Saint-Jean de Leipzig et envisage de prendre des leçons, mais ces velléités sont passagères ; et si, dans ses *Conseils à de jeunes musiciens*, il décerne des éloges à l'orgue (« Ne négligez aucune occasion de vous exercer sur l'orgue, il n'y a pas d'instrument aussi efficace pour corriger les erreurs ou les habitudes d'une mauvaise éducation musicale »), son intérêt se porte plutôt sur le nouveau piano-pédalier pour lequel il compose trois ensembles (*Six Études en forme de canon* op. 56, *Quatre Esquisses* op. 58 et *Six Fugues sur B.A.C.H.* op. 60).

Schumann a étudié dès son enfance le *Clavier bien tempéré* dont il préconise la pratique dans ces mêmes *Conseils* de 1848 (« Jouez fréquemment les fugues des bons maîtres, particulièrement celles de Bach. Faites votre pain quotidien du *Clavier bien tempéré* : il fera de vous, à lui seul, un bon musicien ») ; et l'assimilation de la technique propre à Bach, dont ces deux livres offrent de solides bases, a déjà porté ses fruits dans son œuvre de piano où le canon est d'usage courant *(Novellettes, Études symphoniques)*, l'imitation fréquente *(Carnaval)* et l'écriture souvent polyrythmique et linéaire — cela jusque dans la musique de chambre, avec le final d'esprit fugué du *Quatuor pour piano et cordes* op. 47 (1842). Mais c'est dans les années 1844-1845 qu'une véritable fringale de contrepoint le prend, alors que dans son *Livre de raison* il note avec précision l'avancement de son étude et de ses travaux (février-mars 1845), exercices qui trouvent leur aboutissement dans les *Quatre Fugues pour piano* op. 72 ou les *Six Fugues sur B.A.C.H.* op. 60. Cette dernière œuvre prend donc forme à une période très critique, au cours de laquelle il rompt avec ses inspirations hoffmanniennes et ses imprévisibles glissements, pour des spéculations plus cérébrales (on serait presque tenté d'écrire que l'on passe d'un jeu de délire à un comportement maniaque qui n'a plus conscience de son déséquilibre).

Quant à leur rapport avec l'orgue (un instrument que l'on peut imaginer classique, avec des mixtures abondantes, comme ceux qu'il a pu entendre ou jouer à Leipzig), les trois Opus 56, 58 et 60 ne posent pas les problèmes que soulèvent les œuvres similaires d'Alkan : le musicien allemand ne laisse planer aucune ambiguïté à propos des Opus 56 et 58, qui ne sont destinés qu'au seul piano-pédalier, tandis que dans les six fugues, les valeurs longues et le style sévère justifient la double possibilité (piano-pédalier ou orgue) offerte aux interprètes. En 1949, cependant, Marcel Dupré publia un fascicule d'*Œuvres de Robert Schumann, arrangées pour orgue, annotées et doigtées* qui inclut canons et esquisses. L'exécution sur l'instrument d'église en est donc aujourd'hui courante, même si, dans quelques cas, on puisse friser sinon le ridicule, du moins la trahison.

Six Études en forme de canon (op. 56)

Hormis la première, ces six brèves pages, à travers lesquelles apparaissent les diverses facettes de la personnalité de Schumann et où les rêveries répondent encore aux passions, sont construites selon une structure A B A′ d'ailleurs omniprésente avant 1839. A l'unisson, à la quinte inférieure ou à l'octave, les différents canons espacent antécédent et conséquent à un intervalle qui varie entre une demie et trois mesures.

1. En *ut* majeur : dans un style néo-classique dû aux nombreuses séquences et à la claire écriture en trio, une tranquille pastorale déroule ses arabesques au fil d'un canon à l'octave que soutient une basse souvent réduite à des pédales de tonique ou de dominante. Conviendrait assez bien à l'orgue.

2. En *la* mineur : canon à l'unisson, expressif et sensible, sur des accords battus dont l'effet n'est guère convaincant sur l'instrument à tuyaux.

3. En *mi* majeur : *Andantino* (canon à la quinte inférieure), dont les figurations de l'accompagnement appartiennent à l'univers romantique du piano et font référence à quelques pages antérieures.

4. En *la* bémol majeur : canon à la quinte inférieure sur deux idées contrastées, la première animée d'une ardeur secrète avec ses accords battus, la seconde plus décorative.

5. En *si* mineur : canon à l'octave dans le style d'une marche. On y retrouve le staccato d'accords et les appoggiatures si schumanniens (*cf.* les *Études symphoniques*).

6. En *si* majeur : *Adagio* de conception plus contrapuntique, construit en forme de canon à l'octave, avec une partie centrale fuguée qui sonnerait agréablement à l'orgue.

Durée d'exécution : ~ 17 mn

Quatre Esquisses (op. 58)

Contemporains des canons, ces quatre impromptus de structure A B A jouent sur les oppositions et juxtaposent des accords détachés et une section plus linéaire (n° 1 en *ut* mineur), marche et mélodie sertie dans un bruissement de doubles croches (n° 2 en *ut* majeur), épisode volontaire et mélodie accompagnée plus expressive (n° 3 en *fa* mineur et n° 4 en *ré* bémol majeur). Là aussi la transposition à l'orgue peut se discuter.

Durée d'exécution : ~ 10 mn

Six Fugues sur B.A.C.H. (op. 60)

Loin des effusions sentimentales, ces six pièces renouent, après les *Préludes et fugues* de Mendelssohn (1837), non seulement avec une forme alors plutôt désuète, mais avec ce qu'elle implique de plus scolastique à l'instar de *L'Art de la fugue* (diminutions, augmentations, renversements, rétrogradations, écriture souvent à cinq voix, double fugue). Même si Schumann recherche la diversité par les tonalités (trois utilisées ici : *si* bémol majeur, *sol* mineur et *fa* majeur) ou l'allure des sujets en valeurs brèves ou longues, à 4/2, 3/4, 4/4 ou 6/8, aucune de ses œuvres précédentes ne pouvait en laisser présager l'éclosion. A son exemple, cependant, Merkel, Liszt (qui se souviendra de quelques tournures des nos 1 et 4 lors de la composition de son *Prélude et fugue sur B.A.C.H.*), Reger ou Barblan rendront un hommage unanime (et parfois teinté de nationalisme) à Bach sur les quatre notes de son nom (*si* bémol, *la*, *do*, *si* bécarre).

1. Fugue à cinq voix (*si* bémol majeur) sur un sujet austère (4/2) et mené comme un archaïque ricercar.

Après une exposition régulière (réponse réelle, comme dans toutes les autres à l'exception du second sujet de la dernière) et un deuxième groupe d'entrées, une troisième partie plus complexe introduit des strettes entre la diminution du sujet et sa tête, puis son augmentation. L'épilogue prend une tournure héroïque qui tendrait à enseigner que Schumann tient à demeurer un artiste de son temps.

2. Fugue à quatre voix (*si* bémol majeur) sur un sujet véloce constitué d'une tête sur les quatre notes en valeurs pointées dynamiques et d'un prolongement séquentiel, exposé puis développé. A la mesure 75, un thème inédit apparaît qui, après entrées très resserrées et nouveau groupe, vient se combiner avec la seconde section du premier sujet. L'œuvre s'achève sur une sorte de cadence-divertissement que coupe le retour du second thème.

3. Fugue à cinq voix (*sol* mineur) très expressive, dont l'écriture reste claire et aérée dans la mesure où lorsque la pédale intervient, la polyphonie se réduit à un trio. Après une exposition où sujet et contre-sujet sont superposés dès la première entrée, on assiste au déroulement de deux groupes dont le second n'intéresse que la tête du sujet, puis à une strette entre l'alto et le soprano.

4. Fugue à cinq voix (*si* bémol majeur) qui, après exposition d'un sujet distendu sur plusieurs registres :

et second groupe d'entrées, fait intervenir les quatre notes dans leur version rétrograde,

puis superposé à un nouveau contre-sujet. La combinaison de ces différents éléments mène alors à une strette entre sujet, réponse et motif B.A.C.H. par mouvement rétrograde.

5. Fugue à quatre voix (*fa* majeur) sur un sujet traité à la manière d'une gigue à 6/8.

D'exécution difficile, elle comprend exposition, deuxième groupe d'entrées dans l'esprit d'une contre-exposition, troisième section avec augmentation de la tête du sujet, et épilogue sur un motif issu du thème conducteur et l'augmentation déjà signalée.

6. Fugue à cinq voix et deux sujets (*si* bémol majeur), d'une noble progression. La section initiale réunit exposition, contre-exposition et troisième groupe d'entrées sur un premier sujet ; la seconde exploite d'une même manière un second sujet droit ou renversé (exposition et deux groupes d'entrées), lequel vient se combiner avec le sujet précédent. Un épisode majestueux et beaucoup plus vertical termine dans une assurance triomphale une œuvre engagée dans l'incertitude d'un trois-pour-deux ambigu.

Durée d'exécution des six fugues : ~ 30 mn

F.S.

CARLOS DE SEIXAS

Né à Coimbra, le 11 juin 1704 ; mort à Lisbonne, le 25 août 1742. Fils de Francisco Vaz, organiste de la cathédrale de Coimbra de 1698 à sa mort en 1718, on ignore d'où vient ce nom de Seixas adopté par le compositeur (certains manuscrits, copies authentiques d'époque, ne le désignent que par ses trois prénoms : José António Carlos). En l'absence de documents, on suppose qu'il fit son éducation musicale auprès de son père. Les progrès de Seixas furent à ce point spectaculaires que le chapitre de la cathédrale — il avait quatorze ans — vota à l'unanimité sa nomination au poste d'organiste en remplacement de son père décédé. Il ne le conserva que deux ans, attiré par la capitale portugaise et porté par l'espoir d'une carrière plus brillante encore. Il devint aussitôt, à seize ans, organiste de la Chapelle royale et de la cathédrale de Lisbonne, l'année même où Domenico Scarlatti y prenait ses fonctions de maître de chapelle. La collaboration entre les deux musiciens fut des plus fructueuses, jusqu'au départ de Scarlatti pour Séville en 1729. Seixas resta jusqu'à la fin de sa courte vie au service de la cathédrale de Lisbonne. Il se fit également une solide réputation de professeur de clavecin dont il retira une belle aisance financière. Il n'existe aucun témoignage d'un quelconque déplacement à l'étranger de Seixas.

Ce que nous connaissons de Seixas ne semble être qu'une petite partie de son œuvre. Outre les sonates pour clavier, huit compositions chorales seulement nous sont parvenues. Or, ses fonctions à Lisbonne le conduisirent sans aucun doute à écrire un grand nombre de pièces de circonstance. Bien qu'il ne subsiste aucune trace de versets d'orgue de Seixas (pour l'alternance avec le chœur), il est peu probable qu'il ait systématiquement improvisé les versets qu'il jouait, ou bien qu'il n'ait joué que ceux des autres. Sans doute, le tremblement de terre de Lisbonne (1755) est-il pour quelque chose dans la disparition non seulement de la plupart de ses manuscrits, mais aussi d'une grande partie de ses œuvres. En 1747, Barbosa Machado estimait encore à 700 les « tocatas » pour clavier (sonates) composées par Seixas, quand le nombre des sonates authentiques aujourd'hui connues (car son style fut par la suite longtemps imité) ne dépasse pas 88 : l'essentiel de son œuvre est perdu ou égaré.

Les Sonates pour clavier

Grand maître du clavier portugais au XVIIIe siècle, Seixas a subi, sur place, de nombreuses influences. La plus importante fut celle venue d'Italie, et ce avant même la venue de Scarlatti, les deux péninsules ayant toujours entretenu des liens étroits. La seconde fut française, comme en témoignent les nombreux menuets des sonates, de même qu'il fut sensible à une influence plus générale, européenne, caractéristique du passage du Baroque à l'ère classique (styles galant, *empfindsamer*). Seixas manifesta malgré tout un talent original, foncièrement portugais. Certains commentateurs, soucieux de hiérarchiser les rapports Seixas/Scarlatti, ont parfois qualifié le style du Portugais de « provincial » en regard des sonates de Scarlatti, toutes ou presque d'une remarquable perfection. Macario Santiago Kastner, éditeur de 80 sonates de Seixas (*Portugaliae Musica X*. Fondation Gulbenkian-Bärenreiter), fait la part des choses en insistant sur une différence fondamentale de carrière. Scarlatti n'eut guère qu'une seule élève, l'infante de Portugal, future reine d'Espagne, claveciniste extraordinairement douée, de même qu'il ne travailla que pour un milieu particulièrement raffiné, la cour. Seixas, bien que professeur réputé, eut des élèves de tous niveaux, diversement doués. Il est certain que les sonates les plus courtes, au demeurant charmantes, mettant en scène une voix unique de main droite accompagnée par une basse simple et presque rudimentaire, ne sauraient se mesurer aux chefs-d'œuvre de Scarlatti. L'ensemble de ces sonates n'en est pas moins d'une radieuse beauté — clarté de la construction, invention mélodique –, même si l'écriture du Portugais est souvent moins dense, moins réellement polyphonique que celle du Napolitain. Il y a d'ailleurs tout lieu de penser que les sonates de Seixas qui nous sont parvenues comptent parmi ses meilleures créations. Très nombreuses sont celles qui exigent une étonnante virtuosité, le recueil constituant une école du clavier de très haute tenue.

Aucune datation des différentes sonates n'étant possible, Kastner les a classées dans l'ordre des tonalités (la numérotation est celle de son édition). Les formes rencontrées sont ainsi mêlées tout au long du recueil et presque toutes abordées dès les premiers fascicules. Le nombre des mouvements, d'ampleur et de densité très variables, varie de un à cinq, les sonates en deux ou trois mouvements étant néanmoins les plus nombreuses. Elles font très fréquemment appel à la coupe binaire, les deux parties (d'une durée parfois très inégale) d'un même mouvement pouvant s'accompagner du signe de reprise. L'ornementation est présente, mais jamais étouffante. Ces œuvres écrites pour clavier peuvent pour la plupart être interprétées à l'orgue, la qualité de réponse de l'instrument pouvant cependant exclure les pièces les plus virtuoses.

Nº 1. Sonate en *ut* majeur. D'un type fréquent en forme d'invention à deux voix (« sonate facile »). Un seul mouvement, *Allegro* (C), de coupe binaire avec reprise de la première partie.

Nº 2. Sonate en *ut* majeur. Même cas de figure, l'*Allegro* étant ici suivi d'un Menuet en deux sections avec reprises.

Nº 4. Sonate en *ut* majeur. Toujours à deux voix, mais sur un mètre différent : 6/8.

Nº 7. Sonate en *ut* majeur. Deux mouvements d'allure modérée, *Andante* et *Menuet*.

Nº 8. Sonate en *ut* majeur. Premier exemple de sonate en trois mouvements : superbe *Allegro* concertant (C), puis *Adagio* de concerto italien au chant (soprano) richement orné, enfin Menuet à 3/8 et deux voix.

Nº 9. Sonate en *ut* majeur. Autre enchaînement d'une sonate en trois mouvements, successivement : *Allegro* et *Menuet I* et *II*.

Nº 10. Sonate en *ut* majeur. En deux mouvements, très inégaux d'importance : l'*Allegro* est l'un des mouvements les plus développés de tout le recueil (390 mesures). On notera de nombreuses octaves de main gauche que Kastner explique, outre l'aspect technique, par la nécessité de renforcer le son soit du clavicorde, soit des clavecins à un clavier et dotés de jeux de 8' uniquement, instruments les plus fréquents à cette époque dans la Péninsule. Suit un *Tempo di minuetto* plus modeste.

Nº 12. Sonate en *ut* mineur. *Andante pastorale* à 3/8 prolongé par un *Allegro* reprenant le même type d'écriture sans changement de mètre.

Nº 13. Sonate en *ut* mineur. Splendide *Allegro* largement développé, le chant toujours au soprano, suivi d'un *Adagio* à 3/4 sur accompagnement de main gauche en croches répétées.

Nº 15. Sonate en *ut* mineur. *Moderato, tempo di Siciliano*.

Nº 18. Sonate en *ut* mineur. Rare exemple de sonate en quatre mouvements, dont un de transition, commençant par un grand *Largo* à 3/4 de type mouvement lent de concerto, suivi d'un *Allegro*, d'un *Adagio* de cinq mesures, enfin d'une *Giga. Allegro* à 6/8.

Nº 19. Sonate en *ré* majeur. Premier exemple de sonate d'une audacieuse virtuosité : nombreux croisements de mains et sauts d'octave. Un seul mouvement, *Allegro*.

Nº 20. Sonate en *ré* majeur. Nouvelle configuration : *Giga* puis Menuet.

Nº 23. Sonate en *ré* mineur. Sonate « lente », convenant bien à l'orgue : *Adagio* et Menuet.

Nº 34. Sonate en *mi* majeur. Un seul mouvement, portant un intitulé rare : *Presto*.

Nº 36. Sonate en *mi* mineur. L'une des sonates les plus remarquables de ce recueil, véritable « grande étude brillante ». On y trouve en nombre mouvements parallèles des deux mains, octaves, octaves brisées, arpèges, trilles. En tant qu'étude, digne de Czerny !

Nº 41. Sonate en *fa* majeur. Nouvel intitulé rare pour le premier mouvement : *Sinfonia*, allegro majestueux à la française sur rythme pointé, à 3/4, avec accompagnement en notes répétées. Suivent deux mouvements modérés : *Andantino* à 12/8, *Minuet, Allegro* à 3/8 avec reprises.

Nº 42. Sonate en *fa* mineur. Trois mouvements : *Allegro* brillant à 2/4 avec octaves de main gauche, *Minuetto espressivo* à

3/4 sur un thème évoluant en triolets de croches. Le second menuet offre la particularité d'être une « glose du précédent » : la voix principale (soprano) y reprend l'écriture en triolets (désormais de doubles croches), avec imitation partielle de la voix intermédiaire et basse en croches.

Nº 44. Sonate en *fa* mineur. *Allegro* (C) en deux parties avec reprises, grande étude rythmique offrant, entre autres difficultés, des arpèges en dialogue ou en mouvement parallèle.

Nº 48. Sonate en *sol* majeur. Explicitement intitulée *Sonata para orgão. Moderato*, cette pièce se singularise en regard des précédentes par son mètre à l'ancienne (₵), comme si l'orgue, même profane, devait rester étranger à l'esprit de nouveauté qui soufflait alors sur la musique de clavecin, et par sa forme : fugato à quatre voix, construit sur un thème ascendant et une réponse descendante.

Nº 49. Sonate en *sol* mineur. Cinq mouvements : *Allegro* (C), très brillant; *Adagio* de neuf mesures à 3/4 sur rythme pointé; *Andantino* bien chantant, main droite à la tierce, main gauche en croches répétées; *Amoroso* à 12/8 insistant sur le balancement noire/croche; *Allegro assai* à 3/8, virtuose, sorte d'étude « pour les attaques », en notes répétées, croches ou doubles croches, sur une mesure entière et aux deux mains ensemble.

Nº 50. Sonate en *sol* mineur. Imposante étude en forme d'*Allegro* (C) : octaves aux deux mains, octaves brisées, déplacements rapides et amples des mains.

Nº 57. Sonate en *la* majeur. Trois mouvements, dont le premier est une étude fulgurante, virtuosissime, en deux parties avec reprises : on y retrouve l'écriture en octaves brisées, auxquelles s'ajoutent des sauts de deux octaves, des passages en tierces et sixtes. Premier et deuxième mouvements sont enchaînés : *attacca Adagio* en deux courtes sections à 12/8. Le finale est un *Allegro assai* à 3/4, beaucoup plus modéré que le premier mouvement dont il conserve cependant les octaves brisées de main gauche.

Nº 74. Sonate en *la* mineur. La seule dont la copie comporte des doigtés (étonnant pivot sur le pouce de la main droite). On ignore s'ils sont de Seixas ou bien du copiste.

Nº 75. Sonate en *la* mineur. Seconde *Sonata para orgão* du recueil, en trois mouvements : *Largo* (de nouveau à ₵) de type fugato, sobre et à quatre voix, *Minuet*, très simple et en forme de duo, enfin *Fuga* (également à ₵), à deux voix seulement, plus vive et surtout plus mobile que le mouvement d'introduction. Cette sonate, très clairement inspirée des moules anciens du *tiento*, reprend dans le *Largo* initial un thème fréquent dans les *tientos* de l'époque de Cabezón.

Nº 78. Sonate en *si* bémol majeur. Un sujet de fugue rythmique de sept mesures introduit l'*Allegro* à la main droite. La réponse, simplifiée à la main gauche, se fera en octaves, avant que les deux mains n'évoluent en mouvement parallèle. Suit un Menuet (à 3/8) en deux parties avec reprises.

M.R.

NICOLAS SÉJAN

Né à Paris, le 19 mars 1745; mort en cette même ville, le 16 mars 1819. Séjan connut un destin exceptionnel pour avoir été le dernier organiste de la Chapelle royale *et le premier professeur d'orgue du Conservatoire* républicain. *Il travaille l'orgue avec son oncle, Nicolas Gilles Forqueray, et, dès l'âge de dix-huit ans, joue un concerto d'orgue de sa composition au Concert spirituel. En 1772, il reprend l'un des « quartiers » de Notre-Dame de Paris; on le trouve quelques années aux Cordeliers et à Saint-Séverin et, en 1783, il obtient l'orgue de Saint-Sulpice. Fin 1789, il succède à Armand Louis Couperin (via Pierre Louis Couperin) à la Chapelle royale (aux Tuileries et non plus à Versailles, depuis les journées d'Octobre) et, la même année, il devient le premier professeur d'orgue de l'École royale de chant. L'époque postrévolutionnaire s'annexe ses services comme interprète, membre de la Commission temporaire des Arts pour la révision des orgues (1793) et professeur d'orgue au Conservatoire (1795); mais, réduit à enseigner cette discipline sur un « piano organisé », il fera partie du contingent de professeurs remerciés dès 1802. En 1806, la paroisse Saint-Sulpice étant rendue au culte, Séjan retrouve le chemin de sa tribune tout en tenant l'orgue des Invalides. La Restauration monarchique lui vaudra, enfin, de réintégrer son poste d'organiste royal aux Tuileries. Outre quelques sonates et des* Pièces dans le genre gracieux ou gai *pour piano-forte, on ne connaît de lui que trois fugues et trois Noëls pour orgue.*

1819, l'année du décès de Séjan, marque un tournant décisif dans l'histoire de l'orgue en France. C'est l'Ancien Régime qui achève de mourir en laissant place aux fils de ses derniers représentants : Louis Nicolas Séjan (1786-1849), auteur de quelques pièces pour orgue et d'un opéra, succède à son père à Saint-Sulpice et aux Invalides, comme Gervais François Couperin et Jacques Marie Beauvarlet-Charpentier avaient succédé au leur. Les rejetons ne valent pas leurs géniteurs, mais un tout jeune homme, bardé de prix du nouveau Conservatoire, Grand Prix de Rome, est là pour assurer la relève. Il succède doublement à Nicolas Séjan ; comme organiste de la Chapelle royale et, par-delà dix-sept ans d'interruption, au poste de professeur d'orgue au Conservatoire. Ce jeune homme s'appelle François Benoist.

Les coupables de la « décadence » qui a tant fait gloser les historiens, et déjà les contemporains, les voilà : Séjan et Benoist. Qu'on les juge. Faudra-t-il les condamner à l'échafaud ? Ce n'est pas certain, car l'un et l'autre ont agi au mieux de leur talent et de leurs forces en des temps où nul ne pouvait maîtriser le déphasage entre « style » et « fonction sociale », le combat entre « immuable » et « contingent ». Les temporalités s'entrechoquent, et c'est une civilisation tout entière et son clergé qu'il faudrait dénoncer sous le rapport de la pensée religieuse et de la place réduite conférée à l'orgue.

Leurs contemporains les ont, au contraire, différenciés du lot. Dans la préface de son *Dictionnaire historique* de 1810, Choron soupire : « L'orgue qui se glorifia autrefois des Couperin, des Marchand, des Calvière, des Daquin est tombé en décadence : on ne peut guère citer aujourd'hui que Séjan pour marcher sur leurs traces », et Fétis jette l'opprobre sur tous les organistes français « à l'exception de Séjan ». A bien des titres, Séjan, que Lasceux surnommait le « Haydn de l'orgue », mériterait donc de connaître un destin posthume meilleur, mais sa très mince production ne laisse guère augurer une réhabilitation retentissante.

Dès l'âge de quatorze ans, le précoce organiste impressionnait ses auditeurs en improvisant un foudroyant *Te Deum*. Dans les dernières décennies de l'Ancien Régime, l'hymne du Jugement dernier tenait lieu de sujet imposé pour tester l'imagination et la virtuosité des organistes, selon le précepte de Diderot : « Toute musique qui ne peint ni ne parle est mauvaise. » Dans ses périodes de fragilité, l'Église catholique a toujours favorisé l'éclat et la théâtralité. Les « poèmes organistiques » naturalistes n'occupent ni plus ni moins dans l'Église de la fin du XVIIIe siècle — attaquée de tous côtés par les Encyclopédistes et les francs-maçons, privée de son plus actif soutien depuis la dissolution de la Compagnie de Jésus en 1773 — que la place de l'oratorio à l'aube de la Contre-Réforme. Par un effet malicieux du hasard, les fêtes révolutionnaires profiteront des retombées de cet art spectaculaire.

Les deux orgues gigantesques de Saint-Sulpice et de Notre-Dame, touchés par Séjan, invitaient particulièrement à l'imagination sonore célébrée par Lasceux : « l'inimitable Séjan, l'un des improvisateurs les plus féconds dont puissent s'honorer l'orgue et le piano de ce siècle. C'est à Saint-Sulpice que tout vrai connaisseur et tout amateur sensible trouveront la bonne école d'orgue, le grand genre, la science à la grâce unie, et le modèle d'un *Te Deum* imposant et d'un *Judex* significatif et pittoresque. »

Les Fugues

Nous découvrons ici la facette sage de cette vive imagination, mais la qualité supplée la quantité et les débordements. Les fugues ne maintiennent guère au-delà de l'exposition une stricte écriture à quatre voix et les divertissements se suffisent de trois voix, quand ce n'est pas deux, sans donner jamais le sentiment d'une quelconque pauvreté tant cet allégement paraît naturel et bien amené. En revanche, leur longueur, leur programme tonal audacieux, leurs enrichissements adventices, la courbe des thèmes montrent quel profit Séjan a tiré de la pratique de la forme sonate.

1. Fugue en *ré* mineur. Le sujet de huit mesures contient une marche d'harmonie syncopée qui le propulse en avant. En chromatisme ascendant de noires, un contre-sujet se fait jour (mes.11-13), s'impose de plus en plus, facilite des modulations lointaines (*mi* mineur), donne prise à des renversements, à un jeu syncopé pour, finalement, s'effacer (mes. 78). C'est alors qu'avec le retour à *ré* mineur (1er ton ecclésiatique) et l'introduction du pédalier, la fugue atteint à une solennité inattendue et se transforme en double fugue par superposition de trois exposés en valeurs longues du *Kyrie Cunctipotens* aux trois dernières entrées du sujet.

2. Fugue en *sol* mineur. Grave, très expressif et tout italien, le sujet de six mesures entoure des notes répétées de quartes diminuées. Un contre-sujet en noires continues dessinant des tierces se manifestera de bout en bout et sera propice à des effets de basse continue. Les potentialités modulantes du sujet se réalisent pleinement dans un langage hardiment chromatique et un parcours tonal étonnamment vagabond, bivouaquant en *mi* bémol majeur, *la* mineur, *ut* dièse mineur, *la* majeur, *ut* majeur et *fa* mineur.

3. Fugue en *ré* majeur. Le sujet en est beaucoup plus ramassé (trois mesures) et diatonique. Commencé en noires, il se poursuit en croches et, dès cet instant, s'installe un cheminement régulier en *perpetuum mobile* qui se trouve très bien d'un allégement des parties. L'écriture se chromatise à mesure et renouvelle en cours de route sa rédaction instrumentale. Remarquons la modulation enharmonique des mesures 65-66 pour revenir dans la zone des dièses après des modulations dans la sphère des bémols : *mi* bémol majeur (ton napolitain !), *fa* et *sol* mineur.

Durée d'exécution d'une fugue : de 3 à 4 mn

Les Noëls

Le célébrissime *A la venue de Noël* en *ré* mineur ne manque pas à l'appel, suivi de six variations très simples, dont cinq en duo et progression agogique ornementale traditionnelle ; harmonisée, la dernière en appelle aux non moins habituels effets d'échos. Plus ambitieux, *Chantons je vous prie*, en *ré* majeur, fait songer à la « Gavotte variée » de Rameau avec ses alternés, batteries en doubles notes, octaves brisées. Le *Noël suisse* en *sol* mineur est le plus audacieux dans sa technique — figures retorses de la main gauche (Var. 2), traits alternés aux deux mains (Var. 4) — évocatrice de Rameau et Daquin, et dans son audace quasi beethovénienne pour s'éloigner du timbre originel (Var. 1 et 4).

B. F.-S.

DÉODAT DE SÉVERAC

Né à Saint-Félix-de-Caraman, le 20 juillet 1873 ; mort à Céret, le 24 mars 1921. Après avoir entrepris des études de droit et travaillé la musique à Toulouse, il fut l'élève de d'Indy, Guilmant, Bordes et Magnard à la Schola Cantorum (1897-1907). Surtout remarqué pour ses œuvres de piano, au séduisant caractère « impression-

niste » et méridional, il ne fit pas une carrière d'organiste, mais s'intéressa aux instruments anciens du Sud-Ouest et écrivit quelques pages pour l'orgue.

Proche de celui de d'Indy ou parfois de Vierne, le style des pièces pour orgue de Séverac ne présente pas les mêmes attraits que celui de ses œuvres pour piano. Ces pages se réduisent d'ailleurs à quelques titres : des *Versets pour les Vêpres d'un confesseur non Pontife* (1914) qui rejoignent ceux de d'Indy, Chausson ou Ropartz dans leur sagesse et le respect des contraintes imposées par la liturgie, une *Suite* en *mi* mineur d'esprit traditionnel avec Prélude, Choral, Fantaisie, Pastorale et Fugue, et une *Petite Suite scholastique*, cinq pièces d'après un thème de carillon languedocien pour orgue sans pédale ou harmonium (édition en 1913), qui peuvent convenir au cadre d'une messe. Après un Prélude (ou entrée) en *fa* mineur qui s'engage sur un fugato et poursuit dans un style linéaire avec principales modulations dans les tons voisins (*ut* mineur, *la* bémol majeur), une Méditation (ou offertoire) très chromatique rappelle Vierne, et dans son titre, et dans son esthétique. La Prière-Choral (ou Élévation) qui suit traite alors le thème cyclique selon quatre périodes, que la Cantilène mélancolique (ou Communion) reprend à 9/8 dans les douceurs élégiaques d'une pastorale. Une Fanfare fuguée (ou sortie) conclut alors dans le staccato joyeux d'un *Allegro marziale* en *fa* majeur, qu'une brutale modulation en *la* bémol majeur relance avec panache.

F.S.

ANTONIO SOLER

Né à Olot (Gérone, Catalogne), baptisé le 3 décembre 1729; mort au monastère de l'Escorial, le 20 décembre 1783. C'est à la célèbre escolania *du monastère de Monserrat, où il entra en 1736, que Soler reçut sa première éducation musicale; il y eut pour maîtres Benito Esteve et l'organiste Benito Valls. Il y étudiera, entre autres, l'œuvre pour clavier de Cabanilles, ainsi que les 24 pièces dans tous les tons majeurs et mineurs du plus célèbre des disciples du maître de Valence, José Elias, organiste depuis 1725 des Descalzas Reales de Madrid, et sur les principes harmoniques duquel il s'appuiera, plus peut-être que sur ceux de D. Scarlatti. Vers 1750, Soler devient maître de chapelle à Lérida, puis entre en 1752 dans l'ordre des Hiéronymites, rejoignant leur monastère de l'Escorial, non loin de Madrid. L'Escorial servant de résidence royale durant la saison d'automne, il sera en contact avec l'organiste de la Chapelle royale José de Nebra ainsi qu'avec Domenico Scarlatti, auprès desquels il se perfectionnera. Succédant à Gabriel de Moratilla, il devient en 1757 maître de chapelle de l'Escorial où il demeurera jusqu'à la fin de ses jours.*

L'œuvre de Soler, l'une des personnalités les plus originales du XVIIIe espagnol, est d'une extrême abondance, bien que l'on ne connaisse guère en réalité que ses sonates pour clavier (et l'étonnant *Fandango*). Sa musique d'église, réellement d'importance tant par le nombre que par sa qualité, comprend 9 messes, 60 psaumes, 25 hymnes (dont un *Stabat mater*), 13 *Magnificat*, 14 *Benedicamus Domino*, 14 litanies, 16 offices pour les défunts, 5 motets, etc., ainsi que 132 *Villancicos*, forme typiquement espagnole, très ancienne et originellement profane, alliant musique et poésie, devenue la forme liturgique la plus caractéristique du fonds espagnol et qui durant le XVIIIe siècle ne cessa de s'orienter vers le théâtre, jusqu'à entraîner l'interdiction dans les églises, en 1765, du *villancico* en langue vernaculaire. Les premiers *villancicos* de Soler datent de son arrivée à l'Escorial en 1752.

On situe mieux, en regard de ce catalogue non exhaustif, la place qu'occupent les quelque 120 sonates pour clavier de Soler, en grande partie composées sous l'influence forte, mais non pas en tous points déterminante, de Scarlatti ; l'accent de Soler demeure toujours nettement hispanique, les différences de structure étant également nombreuses (en particulier le nombre des mouvements, jusqu'à trois et même quatre par sonate). On saisira surtout l'ampleur des deux blocs de sa production, l'œuvre liturgique et celle pour clavier, dont seuls le caractère et l'esprit profane, léger et plaisant, évoquent aujourd'hui la personnalité du Padre Soler, maître de clavecin galant, le musicien d'église demeurant pratiquement entièrement méconnu.

La place de l'orgue proprement dit, si l'on excepte donc les sonates habituellement jouées au clavecin et que, pour certaines, l'on peut merveilleusement rendre à l'orgue en adaptant toucher et ornementation, est en réalité assez réduite. Outre de nombreuses pièces liturgiques dans la tradition de l'orgue ibérique et pour lesquelles Soler emploie la terminologie *intento, paso* ou *verso*, recensées mais non accessibles en édition moderne, l'œuvre d'orgue du Padre Soler est entièrement rattachée à la personne de l'infant Gabriel de Bourbon (1752-1788), élève de clavecin du Padre durant les séjours annuels de la famille royale à l'Escorial.

Deux groupes d'œuvres. Tout d'abord les *Six Quintettes* pour orgue (ou clavecin), deux violons, alto et violoncelle de 1776, absolue nouveauté pour l'époque sur le plan formel. Chaque quintette comprend un *Minuetto* (de type pastoral à 3/8 pour le N° 3), intercalé entre une Sonata bipartite, un mouvement de type *intento*, et un finale qui peut être un rondo, un allegro bipartite ou encore un menuet et variations (comme dans les Concertos). Les différents mouvements, faisant entendre les instruments en un perpétuel dialogue, ne s'en tiennent pas (à l'exception du 5e *Quintette*) à une seule et même tonalité, conformément à la tendance des années 1770, et à la différence des sonates pour clavier.

Le deuxième groupe est constitué des *Seis Conciertos de dos Organos Obligados por el Pe. Fr. Antonio Soler/ Para la diversión del SSmo. Infante de España Dn. Gabriel de Bourbón*. Le seul exemplaire qui nous soit parvenu de ces six concertos est un manuscrit, copie de l'original, conservé à la bibliothèque de l'Escorial, et qui sans doute n'est pas de la main de Soler. L'infant ayant été élève de Soler tant pour le clavecin que pour l'orgue, il est probable que ces œuvres furent interprétées par le maître et l'élève à ces deux instruments, plus au clavecin même qu'à l'orgue : les quatre orgues alors disponibles dans l'immense église de l'Escorial étaient tous assez distants les uns des autres, ce qui interdisait aux deux interprètes de se voir ; en outre, ils n'offraient pas l'étendue de clavier demandée par Soler. Les concertos ne présentent par ailleurs aucune partie de pédale, de sorte qu'un simple instrument à clavier convient aisément (deux orgues, deux clavecins, orgue et clavecin, piano-forte et clavecin, etc.). La durée d'exécution des concertos dépendra naturellement des instruments retenus et surtout de l'acoustique (église ou salon) : en moyenne une dizaine de minutes pour chacun des six concertos. Soler adopte la forme en deux mouvements (certains de structure bipartite à la Scarlatti), avec pour finale toujours un menuet suivi de *variations* dans la plus pure tradition des *diferencias* du clavier ibérique. L'esprit, les rythmes, la couleur sont dans une certaine mesure encore espagnols, le tout répondant cependant au style galant international, à fleur de clavier. L'écriture pour clavier de Soler est caractérisée par un enchaînement très éclaté, presque une mosaïque de courtes cellules thématiques juxtaposées : les concertos respirent le charme et la sérénité, à l'exclusion de toute profondeur. Seul le premier cahier subsiste, celui destiné de toute évidence au premier clavier et confié au royal élève, doté d'indications agogiques ainsi que d'une réalisation plus précise des ornements. Le manuscrit du second, perdu, était sans doute l'original de Soler. Bien que la technique exigée par ces concertos soit de niveau très modéré, la partie du premier clavier apparaît comme légèrement plus brillante, de manière, probablement, à mettre l'infant au premier plan. Les registrations sont le plus souvent indiquées : *registro igual* désigne une flûte 8', *flautado* la montre 8', *flautin* celle de 4', *regalias* la régale (anche douce), l'ensemble s'adressant de toute évidence à un instrument limité, peut-être un positif de chambre, à un clavier sans pédale.

1er Concerto (*ut* majeur)

Andante à 2/4 sur le *Registro igual (1º)* et le *Registro flautin (2º)*, tout d'abord en dialogue alterné, développant ensuite un rythme riche en sextolets et triolets de doubles croches, l'un des claviers ponctuant l'autre, puis les deux ensemble (avec signe de reprise). Une seconde section, sur le même matériau thématique, introduit traits, rythme pointé et trilles ; ces derniers, contrairement aux usages fixés par chaque époque, dans la tradition française par exemple, ne commencent pas systématiquement sur la note supérieure, mais s'adaptent au contexte rythmique et harmonique de la pièce. Le second mouvement est un *Minué* à 3/4 sur un thème sage alterné aux deux claviers et en deux sections variées, suivi de huit courtes variations rythmiques, toutes avec reprise, puis *da capo* (thème).

2e Concerto (*la* mineur)

Premier mouvement en deux « sous-mouvements » ; tout d'abord *Andante* (*Flautin* pour les deux claviers), en forme de dialogue lui-même en deux sections (signe de reprise pour chacune d'elles), avec passages en sixtes et tierces parallèles, arpèges, répétitions d'accords, etc. ; puis « gigue » *(Allegro)* à 6/8 (*Octava* pour le *1º, Flautado* pour le *2º*), en deux sections toujours avec reprise. A noter (mes. 90-100) un passage solo pour le *1º*, sorte de cadence avant la reprise, les deux claviers pratiquement à l'unisson. L'introduction du *Tempo de Minué* (*Flautado y Octava* pour le *1º, Flautado y Flautin* pour le *2º*) est identique pour les deux claviers jusqu'à la mesure 76 (déplacement d'une octave dans certains cas). Suit, en deux sections avec reprise, un solo du *1º* (mes. 77-100), puis une reprise *da capo* de toute la première partie du menuet.

3e Concerto (*sol* majeur)

De par sa thématique, peut-être le plus intéressant, le plus vivant des six, évitant autant que possible les formules toutes faites d'œuvres qui, par destination, se devaient d'être faciles. L'*Andantino* à 2/4 s'ouvre sur un thème pimpant, au *1º*, repris par le *2º* seul et développé aux deux claviers (ligne mélodique identique aux deux mains droites mais à intervalle de tierce) après introduction d'un rythme pointé. Le dialogue se poursuit en question/réponse ou duo sur deux sections avec reprise. Le thème du *Minué*, sur les mêmes degrés essentiels, conserve le motif pointé du développement, les deux claviers étant identiques (A, mes. 1-8), avec reprise :

Une formule mélodique (B), en triolets, apparaît au *1º*, avec réponse au *2º* un ton en dessous

suivie d'une reprise de A. Suivent six courtes variations en dialogue, puis un solo du *1º* (mes. 77-95), deux variations sur un rythme de danse (chant au *2º*, accompagnement au *1º*), une variation en traits brisés et notes répétées, avec alternance des claviers, enfin reprise de la 1re section (ABA) du menuet.

4e Concerto (*fa* majeur)

Afectuoso — Andante non Largo à ₵ (*Flautado* aux deux claviers), en deux sections avec reprise ; *Minué* : thème + quatre variations, numérotées en toutes lettres dans le manuscrit (le décompte se faisant dans tous les autres cas avec pour point de repère les barres de répétition), le *1º* de plus en plus volubile (traits de triples croches et octaves dans la troisième variation, arpèges/basses d'Alberti dans la quatrième) ; *da capo* (thème du menuet).

5e Concerto (*la* majeur)

Cantabile (sans indication de registration) avec triolets de notes répétées et rythme pointé ; *Minué* (sans registration) de 192 mesures : thème + quinze variations présentant alternativement en solo le *1º* ou le *2º*, mais jamais les deux ensemble. Le *Da Capo al primo* est alors indiqué *Regalias en ambas manos* (« régale aux deux mains »).

6e concerto (*ré* majeur)

Allegro très carré à ₵ (? pour le *1º*, *Flautin* pour le *2º*) — *Andante* (*sin Flautin* pour le *2º*, mais sans indication de substitution) à 2/4 (rythme décomposé avec triolets, notes pointées et appoggiatures) — reprise de l'*Allegro* en mouvement parallèle des deux claviers — conclusion sur retour de l'*Andante*. *Minué* : exposition en deux sections avec reprise (*Regalias* pour le *1º* , *Flautin* pour le *2º*) suivie de huit variations, la dernière (*1º* solo) notée *Presto* (deux sections avec traits brisés soutenant des passages en notes répétées), enfin *da capo* (réexposition du menuet).

Durée d'exécution de chaque concerto : de 6 à 14 mn

M.R.

LEO SOWERBY

Né à Grand Rapids (États-Unis), le 1er mai 1895 ; mort à Port Clinton, le 7 juillet 1968. Élève d'Arthur Olaf Andersen (orgue) et de Percy Granger (piano), il fut d'abord organiste de la First Methodist Church d'Evanston (Illinois), puis gagna Rome afin de parfaire sa formation à l'Académie américaine (1921-1924). Premier musicien d'outre-Atlantique à remporter un Prix de Rome, il fit ensuite une belle carrière comme professeur de composition au conservatoire de Chicago (1925-1962) et organiste-maître de chapelle de la cathédrale St. James (1927-1962). Prix Pulitzer pour son Canticle of the sun *en 1945, il eut une brillante réputation de virtuose et dirigea de 1962 à 1968 le Collège des musiciens d'église à la National Cathedral de Washington.*

L'œuvre prolifique de Sowerby s'étend sur une durée de cinquante ans, ce qui peut justifier son évolution d'un langage post-romantique à une écriture plus contemporaine. Ainsi, les pages composées de 1915 à la Seconde Guerre mondiale se réclament-elles l'un d'un wagnérisme symphonique qui n'est pas sans analogies avec le style d'un Louis Vierne. L'*Arioso* très chromatique de 1942 en atteste, élaboré dans la lignée des préludes de chorals de Brahms, genre que l'artiste pratique d'ailleurs beaucoup. Mais la *Symphonie* en *sol* majeur (1930) présente déjà des figures obsessionnelles qui ne sont pas sans annoncer les futurs minimalistes. Baptisé *« Fast and Sinister »*, son mouvement central joue, en effet, sur des rythmes à cinq temps avec un goût très marqué pour la répétition et l'obstination. Parmi les œuvres majeures de cette période, on relève aussi la présence d'une *Suite* (1935) en quatre épisodes (Choral et fugue, Fantaisie sur les flûtes, Air et variations et Marche) qui semble destinée à l'orgue de St. James, un Austin 1920, riche en fonds, gambes et ondulants, comme la facture américaine les apprécie alors. Le troisième mouvement fournit quelques enseignements sur la technique adoptée par Sowerby dans les variations. Après la présentation du thème sur un jeu de solo et une première variation rythmique, les deux parties suivantes sont traitées en crescendo, de sorte que l'on atteint l'apogée de la tension et de l'intensité au cours de la troisième. La quatrième cite alors le thème au soprano, sur un *Con moto* ondoyant, et termine sur un jeu de solo.

Les œuvres de la période suivante manifestent une sensible métamorphose vers une écriture plus rude et un langage qui s'oriente souvent en direction de l'atonalisme. On y remarque de grandes fresques comme *Canon, chaconne et fugue* (1949), *Church Sonata* (1949), *Prélude, actually a fugue, interlude and toccata* (1959) ou *Sinfonia brevis* (1965), mais les plus originales sont peut-être les *Two Sketches* de 1963 qui adoptent un système sériel.

Comme un Flor Peeters ou un Marcel Dupré, ses contemporains, Sowerby s'est ingénié aussi à mêler l'orgue aux autres instruments : le piano *(Dialog)*, la trompette (*Fantaisie*, 1962), les cuivres (*Festival music*, 1953) ou l'orchestre (*Medieval Poem*, 1926 ; *Concerto* en *sol* majeur, 1937 ; *Classic Concerto*, 1944 ou *Concert Piece*, 1951).

F.S.

JOHN STANLEY

Né à Londres, le 17 janvier 1712 ; mort à Londres, le 19 mai 1786. Aveugle depuis l'enfance, Stanley se fit avant tout connaître comme organiste, bien qu'il fût également violoniste, pédagogue et organisateur de concerts. Ses deux maîtres furent John Reading et Maurice Greene. Organiste d'église dès les années 1720, il fut nommé en 1734 organiste de l'Honorable Société de l'Inner Temple de Londres. Burney rapporte que le jeu de Stanley interprétant à l'orgue des voluntaries *attirait au Temple le Tout-Londres ainsi que de nombreux musiciens, parmi lesquels Haendel. En 1729, Stanley était devenu le plus jeune titulaire du titre de Bachelor of Music de l'université d'Oxford. Après un riche mariage (1738), il mena une vie aisée d'organiste et de professeur réputé. Sa mémoire exceptionnelle lui permit dans les années 1750 de diriger les oratorios de Haendel. Il fut nommé en 1770 gouverneur du Foundling Hospital, dont il prit en charge la vie musicale jusqu'à sa mort, dirigeant également en 1775-1777 les exécutions annuelles du* Messie, *choisissant et composant la musique liturgique de la chapelle. Le dernier événement d'importance dans la vie de Stanley fut sa nomination en 1779 comme* Master of the King's Band of Musicians, *poste auquel il succédait à Boyce.*

Le nom de Stanley a survécu essentiellement grâce à sa musique d'orgue. Cependant son œuvre vocale, d'une remarquable ampleur, est en réalité aussi importante que méconnue. Elle témoigne des principaux genres en vogue au XVIIIe siècle : opéra, *« dramatic pastoral »*, oratorios, odes de cour, cantates, musique sacrée, diverses pièces pour voix et instruments. Dans sa musique instrumentale, on signalera deux séries de solos pour flûte (op. 1 et 4, notés sur deux portées, aisément adaptables pour clavier seul, comme l'attestent diverses copies), six concertos « à sept parties », six concertos pour orgue ou clavecin (op. 10, 1775), et bien sûr les trois recueils de dix *voluntaries* chacun, publiés entre 1748 et 1754.

Le *voluntary*, genre anglais par excellence, était à l'origine une pièce improvisée, le plus souvent pour orgue, s'inscrivant dans le contexte de la liturgie (avant ou après l'office). On parle aussi, indifféremment, de *« verse »* ou de *« fancy »*, la pièce pouvant adopter une structure fuguée (Byrd, Weelkes, Tomkins). Maurice Greene (1696-1755), qui précisément fut le maître de Stanley, passe pour avoir introduit le *voluntary* de coupe classique, en deux mouvements : tout d'abord une introduction lente, puis un allegro de forme fuguée (l'ensemble se rapprochant alors du prélude et fugue) ou concertante.

Les trois séries de *voluntaries* publiées par Stanley de son vivant (sans que les dates ne soient précisées sur l'édition originale) correspondent à ses *Opus 5* (1748), *6* (1752) et *7* (1754). Vingt-cinq d'entre eux adoptent la coupe en deux mouvements enchaînés, les autres en comptent trois (op. 5 n° 8, op. 6 n° 5) ou quatre (op. 5 n° 1, op. 6 n° 6, op. 7 n° 8). La mesure est presque systématiquement notée C ou ₵, plus rarement 3/4 ou 2/4, avec une exception majeure : le rythme, unique dans ces *voluntaries*, à 12/8 du *Siciliano* introduisant le nº 1 de l'*Opus 6*. Les pièces en tonalités mineures sont plus nombreuses que celles en majeur (18 contre 12). Ces trois recueils font preuve d'une grande unité stylistique, avec cependant un enrichissement sensible de l'écriture, de l'invention rythmique et de l'inspiration mélodique pour les deux derniers opus, l'*Opus 5* étant encore manifestement sous l'influence de la ligne vocale haendélienne.

Bien que destinés à l'orgue, ils ne présentent aucune partie de pédale, conformément à la tradition de l'orgue anglais classique, généralement de taille modeste. Tous requièrent deux claviers (on pourrait aussi les jouer au clavecin), sauf le premier mouvement de l'*Opus 5 nº 8*, lequel commence exceptionnellement par un *Allegro* et semble en indiquer clairement trois : *Full Organ, Stopped Diapason or Flute* pour les soli concertants, *Echo* pour leur accompagnement de main gauche. Rappelons que ces deux claviers offraient le plus souvent une composition à peu près identique (essentiellement fonds, quinte et mixture), la différence d'harmonisation et de puissance des plans suffisant à les individualiser.

Aux différents mouvements constituant ces *voluntaries* s'attachent des registrations-types bien différenciées. Ainsi, le traditionnel mouvement lent d'introduction fait-il presque toujours appel aux *Diapasons* (fonds), quel que soit le type du *voluntary*. Systématiquement à trois voix, plus ou moins contrapuntique, il est dans l'esprit d'un *Grave*, tel le *Slow* de l'*Opus 5 nº 2*.

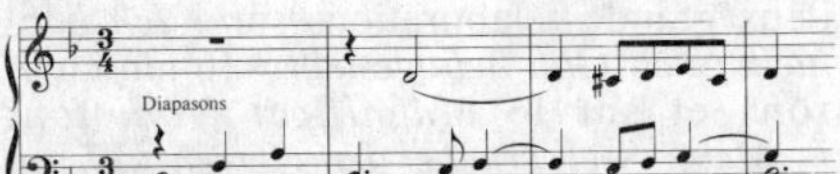

On notera, à titre d'exception, le *Largo* pour *Full organ* de l'*Opus 5 nº 9*, enrichi d'un rythme pointé scandé à la manière d'une ouverture à la française, ainsi que le *Siciliano* déjà mentionné et portant l'indication *Swell* (clavier expressif). L'enchaînement des mouvements suivants diffère selon la nature du *voluntary*. Les intitulés des quatre types fondamentaux disent à eux seuls les couleurs requises : *Cornet Voluntary*, *Trumpet Voluntary*, *Echo Voluntary*, *Full Voluntary*. Cornet et trompette sont en effet les deux jeux solistes de l'orgue anglais (mouvements vifs, parfois *Andante*).

L'écho est l'une des composantes essentielles du discours galant en usage dans les pièces pour clavier de l'époque. Il fait alterner les fonds (ou une flûte seule) et la trompette ou le cornet. Le *Full* (ensemble des fonds et mutations) reste très éloigné de la notion de « tutti » : jamais la plénitude ne se départe d'une absolue transparence. Cette registration accompagne fréquemment les sections fuguées, plus proches d'un simple fugato souvent peu rigoureux que d'une véritable fugue ; seul l'*Opus 7 nº 8* mentionne le terme explicite de *Fugue* :

Ces fuguettes, à l'instar des sections lentes, sont exclusivement à trois voix, quand les sections vives sur cornet ou trompette sont toujours à deux voix, l'une soliste (toujours au soprano), l'autre d'accompagnement, essentiellement en forme de basse rythmique. Si l'orgue anglais, paradoxalement, était de fait infiniment moins riche et complet que l'orgue continental, il connut cependant très tôt la boîte expressive *(Swell)*, requise pour certains mouvements lents (Op. 5 nºs 1 et 8, Op. 6 nºs 1 et 5, Op. 7 nºs 4 et 6). On trouve parmi les autres registres de détail mentionnés par Stanley la *Vox humana or Bassoon* (*Andante* de l'Opus 7 nº 4, en forme de récit/écho sur accompagnement du *Swell*), ou encore *Stopped Diapason* (jeu bouché), *Flute*, *Corno*.

L'écriture vive, poétique et toute de fraîcheur de Stanley ne saurait se suffire de la seule couleur pour animer le discours, pétulant et virtuose mais d'une limpide simplicité d'écriture. L'ornementation est donc une composante indissociable de la restitution instrumentale de ces *voluntaries*. Stanley prévoit cinq signes principaux : le trille (sur la note supérieure, avec ou sans terminaison selon la valeur de note), le tremblement commençant sur la note inférieure, le gruppetto, le coulé de tierce et le pincé.

Proches à maints égards des concertos pour orgue de ses contemporains anglais, les *voluntaries* de Stanley, bien que répétitifs dans leur structure, n'en constituent pas moins l'un des recueils les plus autonomes et les plus cohérents de la musique anglaise d'orgue du XVIIIe siècle. Originaux par leur forme unique, d'une infinie séduction pour leur belle variété d'attitudes, ces voluntaries sont également le plus vaste ensemble de pièces relevant de ce genre, le seul véritablement né en terre anglaise.

Durée d'exécution d'un voluntary : de 4 à 9 mn

M.R.

DELPHIN STRUNGK

Né en 1611; mort à Brunswick, en 1694 (enterré le 12 octobre). Strungk (ou Strunck) était le fils de l'organiste et cantor Joachim Strungk. La dynastie se perpétua d'ailleurs après lui à travers son fils, Nikolaus Adam (1640-1700), célèbre violoniste et l'un des premiers compositeurs allemands d'opéra (à Hambourg). Delphin occupa son premier poste d'organiste à l'église principale Beatae Mariae Virginis de Wolfenbüttel, à partir de 1630. On le trouve ensuite à la cour de Celle, de 1632 à 1637, puis organiste à la Marienkirche de Brunswick à partir de mai 1637. Il restera fidèle à cette tribune jusqu'à sa mort, soit cinquante-sept années (record à rapprocher des soixante années de Reinken à Hambourg)! Cela ne l'empêchera pas de cumuler d'autres fonctions dans des églises de Brunswick (Saint-Pierre, Saint-Martin); il en fera d'ailleurs une véritable affaire de famille, puisque ses enfants occuperont jusqu'à cinq tribunes de cette même ville... Remarquons au passage que de 1684 à 1710, Leyding était aussi organiste à Brunswick. Conrad Matthei rapporte en 1652 que Strungk était « très admiré » comme organiste; on le disait aussi ami de Heinrich Schütz.

Il nous reste très peu d'œuvres de ce musicien. Un autographe, à Wolfenbüttel, daté de juin 1671 (Strungk avait donc soixante-dix ans) renferme une œuvre pour 5 solistes, 4 trompettes, 2 violons ou 2 cornetti, 2 trombones ou 2 altos, un trombone basse et continuo. On y trouve aussi cinq pièces de musique sacrée pour voix et instruments. La tablature de Lüneburg, en revanche, a révélé sept œuvres pour l'orgue : *« Surrexit pastor bonus »*, *« Tibi laus tibi gloria »*, *« Verbum caro factus est »*, *« Lass mich dein sein und bleiben »*, *« Ich hab' mein sach Gott heimgestellt »*, *Magnificat noni toni* et une Toccata.

Les trois premières pièces sont des arrangements de motets latins, d'après Roland de Lassus et Hans Leo Hassler. Cette coutume, comme le montrent les arrangements réalisés de son côté par Heinrich Scheidemann, semblait faire partie des devoirs d'un organiste qui, de cette façon très personnelle, meublait les programmes de ses concerts tout en instruisant le public. Dans le choral *« Lass mich dein sein und bleiben »*, André Pirro * reconnaît « cette manière vraiment recueillie que l'ordonnance ecclésiastique de 1657 pour le pays de Brunswick-Lüneburg demandait de prendre aux musiciens qui jouaient le choral; gravité dans le mouvement, gravité dans les procédés, et délicatesse ».

Tel n'est pourtant guère le cas dans les deux grandes élaborations sur *« Ich hab' mein Sach Gott heimgestellt »* (6 mn environ) et sur le *Magnificat Noni toni* (*« Meine Seel' erhebet den Herren »*, 7 mn environ). Ces deux vastes pièces présentent toutes les caractéristiques de la flamboyante École nord-allemande. La plus frappante est probablement cette façon unique (qui étonne encore de nos jours) de jouer avec l'espace : non seulement le cantus firmus est présenté dans toutes les tessitures, mais encore des cellules réduites à leur plus simple expression (quatre croches, parfois même un seul accord) rebondissent d'un clavier à un

* A. Pirro, *op. cit.*, p. 1289.

autre, faisant ainsi ricocher dans l'espace des masses sonores de diverses densités ou couleurs. Le clavier roi est évidemment le Rückpositiv : c'est lui qui conduit ce ballet « spatial », c'est lui qui orne de « colorations » parfois délirantes les lignes sévères du choral; vif-argent, étourdissant au risque d'être lassant, éloquent au risque d'être bavard, c'est un soliste virtuose, grisé de vitesse, qui fouette les autres claviers plus placides. Le pédalier, lui, est relativement peu sollicité : il se contente de dérouler la ligne de basse ou d'exposer en taille le cantus firmus (dans le *Magnificat*). Mais il faut se souvenir que nous avons une connaissance probablement très fragmentaire de l'œuvre complète de Strungk.

Ces pièces étaient sans doute jouées aux vêpres du samedi. Max Seiffert rapporte que le duc Rodolphe-Auguste de Wolfenbüttel, qui n'était encore que prince héritier, s'y rendait quelquefois pour écouter Strungk. Nul doute que celui-ci avait à cœur de captiver l'attention de son auditoire. D'ailleurs, ne peut-on voir en ces longues fantaisies un pendant musical aux non moins longues prédications du temps? La *Toccata a manuale duplex* (deux claviers et pédalier) présente une frappante ressemblance avec la *Toccata* de Scheidemann. Le Rückpositiv caracole sur le devant de la scène, les changements de clavier se font à la vitesse d'un numéro de prestidigitation, le pittoresque est garanti : l'auditeur peut être ébloui, rarement touché.

G.G.

JAN PIETERSZOON SWEELINCK

Né à Deventer (Pays-Bas), en mai 1562; mort à Amsterdam, le 16 octobre 1621. Son père était organiste à Saint-Nicolas, la vieille église (ou « Oude Kerk ») d'Amsterdam; lui-même, puis son fils Dirck le seront à leur tour, se succédant ainsi presque sans interruption de 1564 à 1652. Il dut sa formation musicale d'abord à son père (mais celui-ci mourut alors que Jan n'avait que onze ans), puis à Lossy, contre-ténor à Haarlem qui lui enseigna probablement la composition, et peut être, pour l'orgue, au remplaçant de son père, Cornelis Boskoop. Un élève de Sweelinck affirmait que son maître avait été quarante-quatre ans organiste, donc à partir de 1577, à l'âge de quinze ans. Or, dès 1578, les provinces du Nord ayant décidé de se fédérer, Amsterdam passe au calvinisme. Celui-ci nourrissant la plus grande méfiance à l'égard de la musique au culte, Sweelinck sera employé par la ville pour donner des auditions quotidiennes à l'église, mais sans participer à la liturgie. Et c'est à l'enseignement qu'il consacrera l'essentiel de son temps, sans exclure certaines prestations exceptionnelles lors de fêtes ou de visites : les magistrats de la cité menaient volontiers leurs hôtes écouter l'« Orphée d'Amsterdam », le « Prince des Musiciens » dont on appréciait particulièrement le talent d'improvisateur, à l'orgue comme au clavecin. Sédentaire, sa vie fut régulière et très active; à l'exception peut-être d'un voyage d'études à Haarlem, il ne s'absenta pas d'Amsterdam plus de quelques jours, déplacements liés à ses qualités de musicien de la ville ou d'expert en facture instrumentale, et ne quitta jamais les Pays-Bas (un prétendu séjour à Venise auprès de Zarlino relève de la légende). Ses relations personnelles, avec le catholique Peter Philips par exemple, et certains des textes qu'il mit en musique font supposer qu'il aurait pu revenir au catholicisme au soir de sa vie, ou même, en secret, n'avoir jamais abjuré la foi de ses pères. Il est inhumé dans la Oude Kerk.

Sweelinck est longtemps resté célèbre pour son rôle de formateur de toute une génération nord-européenne de musiciens, venus d'abord des Pays-Bas, puis, à partir du tournant du siècle, également d'Allemagne. Les élèves séjournaient dans la maison du musicien, où ils recevaient enseignement et pension aux frais de leurs villes d'origine. Parmi les plus célèbres figurent Samuel et Gottfried Scheidt, Jacob Praetorius et Heinrich Scheidemann, qui contribuèrent puissamment au rayonnement de son œuvre en Allemagne.

Bénéficiant des récents progrès de l'impression musicale aux Pays-Bas, la production vocale de Sweelinck — quelque 254 pièces — fut publiée de son vivant, et l'on peut penser qu'il en supervisa lui-même l'édition. Son œuvre instrumentale, au contraire, ne fut transmise que sous forme de manuscrits non autographes, pour l'essentiel des copies d'élèves qui circulèrent très largement; hormis quelques pages faiblement significatives pour luth, elle est tout entière destinée au clavier. Mais par analogie avec l'impressionnant ensemble des pages vocales, on peut penser qu'elle fut beaucoup plus considérable que ce qu'on a pu en retrouver. La grande édition des *Opera omnia*, publiée en 1968 par Gustav Leonhardt, Alfons Annegarn et Frits Noske, recense en effet 52 œuvres pour clavier d'attribution certaine : 27 pièces libres (pour moitié fantaisies et toccatas) et 25 cycles de variations sur des thèmes (13 sur des cantiques, 12 sur des mélodies profanes, chansons ou airs de danse). Quoique publiées dans l'édition néerlandaise, 17 autres partitions sont considérées comme d'authenticité possible ou douteuse.

Sweelinck illustre donc deux grands genres, la fantaisie et la variation. Dans les deux cas, l'écriture de la pièce entière se fonde sur un seul thème ou sujet, que le travail d'élaboration enrichit d'éléments décoratifs — contre-sujets, variations plus ou moins nombreuses. Profondément unitaires dans leur diversité, les œuvres de Sweelinck tirent ainsi leur variété d'un principe unique fécondant des pièces cohérentes de grandes dimensions. Le musicien rompt avec la manière quasi improvisée de ses contemporains italiens pour engendrer un mode de développement contrapuntique qui s'épanouira dans la fugue; il s'affirme ainsi comme le père fondateur, non seulement de cette nouvelle école d'orgue qui fleurira plus d'un siècle en Allemagne du Nord et du Centre, mais d'un âge nouveau de la pensée musicale.

L'œuvre pour clavier de Sweelinck n'est plus considérée aujourd'hui comme celle d'un novateur solitaire, mais bien d'un homme au talent unique, parvenu à synthétiser toutes les formes instrumentales dans lesquelles s'incarnaient les grands courants esthétiques de l'époque, et se constituant une manière très personnelle (que l'on retrouvera chez un Samuel Scheidt, par exemple). Virtuose accompli en même temps qu'homme d'une pensée rigoureuse, Sweelinck n'a sans doute ni le charme avenant, ni la verve irrésistible de ses contemporains méditerranéens ou britanniques. Et s'il emprunte à Andrea Gabrieli comme à Merulo, à Cabezón et Milán comme à Coelho ou aux virginalistes anglais, il marque les grands modèles que lui offre son siècle de son goût pour l'élaboration de solides constructions contrapuntiques et pour une ornementation flamboyante, apparentée à celle des virginalistes. On pourra d'ailleurs observer combien, dans son ensemble, cette œuvre rend compte d'une connaissance très approfondie de la musique anglaise contemporaine; John Bull, par exemple, fut très probablement un ami personnel, comme en témoigne la Fantaisie que l'Anglais composa sur un thème de Sweelinck peu après la mort de ce dernier.

Reste à savoir à quel instrument à clavier s'adresse le musicien au fil de ces pages. En quelques cas, la prescription de l'usage du pédalier ne laisse subsister aucun doute. Mais là se bornent les certitudes. On serait tenté, en effet, de supposer destinées à l'orgue les variations sur des cantiques, le clavecin se réservant celles qui traitent des motifs profanes. Mais ce serait d'abord ignorer l'interchangeabilité des instruments à clavier en cette époque de recherches et d'audaces. On doit également se souvenir de la pratique musicale domestique, qui faisait jouer à la maison des pièces religieuses sur le clavecin, ou plus sûrement le virginal; se rappeler aussi, à l'inverse, que l'orgue n'intervenait pas dans la liturgie, mais seulement en encadrement des offices, avec le bénéfice, en fin de compte, d'une liberté bien plus grande que chez les luthériens et les catholiques du temps. Enfin, cette distinction entre sacré et profane n'était nullement ressentie comme aujourd'hui en ce tournant des siècles, surtout dans un quotidien et une culture à ce point imprégnés par le spirituel. Le choix de l'instrument relève donc davantage, en dernier ressort, du goût de l'exécutant que de l'argumentation musicologique : concert et disque en témoignent.

A la Oude Kerk, Sweelinck disposait de deux orgues : un grand trois-claviers et pédale de Hans van Coelen et Hendrik Niehoff (1538-1542), modifié par Peter Jans (1567-1568), et un petit deux-claviers et pédale de Niehoff et Jasper Johanszoon (1544-1545), également modifié par Jans en même temps que le grand orgue. Les deux instruments possédaient encore un Blockwerk dont, par définition, on ne pouvait appeler les jeux séparément, à savoir principaux 16' et 8' et deux jeux de mixtures pour le grand orgue (soit l'ensemble du clavier de Grand-Orgue, auquel on ajouta plus tard une trompette), principaux 8' et 4' et deux jeux de mixtures pour le petit (soit quatre jeux sur onze du clavier de Grand-Orgue). Dans les deux cas, la pédale, d'une étendue réduite, ne comportait qu'une trompette 8' (et un cor de nuit 2' pour le grand instrument) : l'accouplement au clavier de Grand-Orgue était presque indispensable.

Les pièces libres

Fantaisies et Ricercar

Ces œuvres se présentent toutes en plusieurs sections ingénieusement variées, mais sans que jamais rien ne se perde de la rigueur de la construction dominant l'ensemble, au profit de la forme générale utilisant le détail. Elles sont généralement construites sur un sujet simple en valeurs longues, donnant lieu à un traitement fugué, certains motifs secondaires pouvant faire l'objet d'un traitement indépendant ou servir de contre-sujets. A quatre voix, elles mettent en scène la durée (de 5 à 13 minutes) au moyen d'une grande variété d'artifices de technique d'écriture caractéristiques de l'époque : outre ceux de l'augmentation et de la diminution et les rapports de valeurs de notes tendant à presser ou retenir le flux, on trouve les passages en tierces, les valeurs pointées, les triolets, les brefs fugatos en imitation, les cadences intermédiaires, servant par exemple de transition entre deux contre-sujets. Des resserrements ou écarts de registres — voix parallèles dans le médium du clavier, imitations alternées à deux chœurs de basses et deux chœurs de dessus — débouchent parfois sur certaines formes d'écho, par l'écriture et non par opposition de claviers. Si l'introduction modérée en valeurs longues est une constante des fantaisies de Sweelinck, la conclusion virevoltante au soprano et sur tenue des autres voix est également de règle. La mesure est invariablement à 4/4, bien qu'habitée par une vivacité rythmique qui en écarte tout risque de monotonie.

La **Fantaisie chromatique** s'articule en trois grandes sections, couronnées chacune par une strette. Celles-ci sont fécondées par un sujet unique strictement chromatique dans un tétracorde descendant, figure pathétique par excellence des madrigalistes, en valeurs longues dans une mesure invariable à 4/4.

Une première section traite le sujet avec un premier contre-sujet ; la deuxième énonce le sujet normalement, puis en augmentation, avec trois nouveaux contre-sujets successifs ; dans la troisième, le sujet apparaît en diminution, avec des rubans de doubles croches. Après une strette en diminution, puis en double diminution, l'œuvre se conclut par une coda en formules de toccata. On notera que chaque contre-sujet (ou motif secondaire) intervient dans une seule section, bien isolé des autres, comme élément de variation nettement opposé au principe unificateur ; quant au sujet, le motif fondateur de l'œuvre, il demeure présent d'un bout à l'autre (et lui seul pour la péroraison), quoique traité différemment dans chacune des sections. Mais le musicien sait bien la monotonie que pourrait à la longue engendrer son poignant chromatisme ; c'est pourquoi, alors que le sujet s'étire en valeurs longues dans la deuxième section, le travail contrapuntique peut privilégier des figures diatoniques contrastant avec la première section et plus encore la troisième, dans laquelle la diminution du sujet accentuera le pathétisme.

Durée d'exécution : ~ 9 mn

Fantaisie en *ré* nº 4 (nº 5 dans la dernière édition établie par Seiffert en 1943, encore parfois utilisée). Beau sujet, très statique, en rondes et en blanches, tout entier contenu dans un tétracorde. Son profil douloureusement résigné présente, après une note trois fois énoncée, une montée difficile en deux bonds franchissant une tierce avant une descente chromatique caractéristique de trois demi-tons par degrés conjoints.

(On notera que la *Fantaisie* en *sol nº 6* se fonde sur un sujet qui serait comme le versant lumineux et volontaire de celui-ci : le majeur s'y oppose au mineur, la quinte à la quarte, l'élan au repli — sujet centrifuge, cette fois, également couronné par trois demi-tons chromatiques, mais en mouvement ascendant.) Les différentes sections de cette sorte de grand ricercar aux vastes proportions (305 mesures) peuvent se regrouper en trois volets distincts, quoique enchaînés sans solution de continuité. Dans le premier, le sujet est exposé en fugato à quatre voix, avec de nombreuses entrées traitées dans une combinatoire rigoureuse, quoique offrant des figurations très renouvelées. Le sujet maintient constantes ses valeurs initiales de rondes et de blanches, mais il est animé rythmiquement par des motifs de noires, de croches et de triolets de croches, de même que le travail contrapuntique le développe par des figures qui en sont directement issues ou des motifs secondaires traités en imitation ou en renversement. Au cours de cet épisode, les entrées du sujet se font à des intervalles variables, qui peuvent être plus longs ou plus courts que dans l'exposition, avec notamment une réexposition en strette (mes. 67). Le deuxième volet (mes. 159) poursuit le traitement dans une liberté beaucoup plus grande, en jeux d'imitations; alternance d'épisodes à deux et à trois voix, avec une dernière section à quatre voix où les imitations prennent l'allure d'échos. Le sujet y est exposé en augmentation, à la manière d'un cantus firmus, tandis que s'accroît la diversification des figures rythmiques. Le troisième volet (mes. 234) traite le sujet en diminution et en double diminution (mes. 251), avec apparition d'une nouvelle figure rythmique (doubles croches en triolet), avant une brève coda qui réexpose le sujet en valeurs normales.

Durée d'exécution : ~ 12 mn

Fantaisie sur l'hexacorde (dite aussi « *Fantasia ut re mi fa sol la* »). L'hexacorde est une succession de six degrés, à raison de deux tons, un demi-ton et deux tons; l'hexacorde naturel est l'échelle diatonique ascendante menant du *do* au *la*. Il a servi, principalement aux XVIe et XVIIe siècles, de motif générateur à de très nombreuses œuvres, messes polyphoniques et fantaisies ou ricercares instrumentaux. La *Fantaisie* de Sweelinck brille par un prodigieux traitement rythmique qui va présenter de nombreuses figures très différenciées. Mais cette généreuse floraison relève toujours d'un principe fondateur unique, incarné par ce sujet dont la formulation originelle et toutes les formes dérivées seront contenues dans l'hexacorde initial. Le resserrement de ses durées, de la ronde à la noire, l'anime d'une grande motricité.

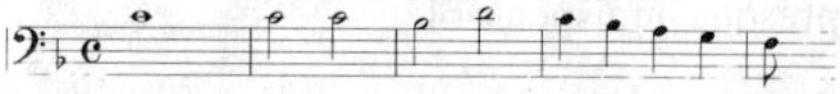

Sans entrer dans l'analyse de cette page dont la folle invention se voit canalisée par une construction admirable, on se bornera ici à signaler les multiples figures du monnayage rythmique : valeurs pointées, mètres dactyliques, triolets, doubles et triples croches, apparaissant séparément ou en combinaison (une blanche pouvant, par exemple, être monnayée en noire, noire pointée et croche, le tout en triolet). Non moins remarquable, le principal contre-sujet est un puissant motif montant puis redescendant l'hexacorde en valeurs longues.

Durée d'exécution : ~ 10 mn

Ricercar. L'un des chefs-d'œuvre du musicien. La richesse et la variété de son développement, tout entier issu d'un motif unique, pourraient le faire comparer à la *Passacaille* de J.-S. Bach. Motif très simple de six notes, il présente à deux reprises une quarte descendante qui sera l'intervalle fondateur de l'œuvre.

La quasi-permanence de ce motif au long des 299 mesures apparente ce *Ricercar* à une fantaisie sur ostinato, procédé que Sweelinck a cultivé à plusieurs reprises (*Fantaisie n° 9*, par exemple). L'œuvre se présente sous la forme de nombreuses sections enchaînées — on peut en dénombrer 14, avec des sous-sections et une coda conclusive. On se limitera à relever quelques-uns des principes architectoniques de cette page étonnante, qui justifierait une analyse approfondie. Fortement charpenté par sa structure intervallique, le sujet prend au fil du discours des figures différentes, variées dans ses rythmes (valeurs pointées, notes répétées...), son ornementation mélodique (cadences ornées, broderies...) ou ses durées (en diminution, en augmentation, en double augmentation). Au fil du discours, on l'entend soit se succédant à lui-même, en ostinato, soit sous différentes formes contrapuntiques — en fugato, en strette, en combinaison avec lui-même avec décalages rythmiques, etc. Tel est l'élément unitaire de l'œuvre, dans sa propre diversité; mais la variété naîtra de toutes les figures provoquées par le sujet et ses métamorphoses, ces contre-sujets, toujours nouveaux, qui prolifèrent au fil des sections en mettant en œuvre tous les artifices d'écriture imaginables : figures rythmiques (valeurs pointées, triolets, mètres dactyliques), mélodiques et ornementales (guirlandes et festons), etc. Le musicien prend soin d'opposer les sections de caractère différent pour susciter les contrastes et renouveler sans cesse l'intérêt du discours par la diversité dans l'unité, ne négligeant d'ailleurs pas les effets de surprise; et si l'œuvre demeure solidement assise sur son ton de *la*, il n'hésite pas à moduler et à ménager des articulations, par des cadences sur le sixième ou le troisième degrés par exemple. Enfin, il faut relever la claire conscience qu'il manifeste, dès le début de l'œuvre, du caractère incantatoire des quartes du sujet obstinément répétées de bout en bout; et lorsque, après qu'une dernière section aura enfin ramené, comme en conclusion, le sujet sous sa formulation initiale, éclatera la coda, ce sera dans le tohu-bohu étourdissant d'une volée de cloches répétant ces quartes. Une longue guirlande en tierces et sixtes parallèles conclut en style de toccata.

Durée d'exécution : ~ 12 mn

Fantaisies en écho

Quatre seulement sont fermement attribuées à Sweelinck. Elles sont l'expression même d'un genre qui fut dans l'air du temps et dont le musicien tira tout le profit possible. Lorsque Samuel Scheidt, son élève, abordera le genre, la mode en aura passé, et avec elle l'esprit dans lequel le maître avait su puiser invention, liberté et charme mélodique. Elles se présentent pour l'essentiel comme les autres fantaisies, certaines offrant même une fort longue introduction traditionnelle et unitaire à quatre voix, avant d'entrer dans le jeu de ces « échos » hérités de la musique vocale. Ceux-ci procèdent selon deux modalités principales, combinées ou séparées : le changement de clavier (l'un *forte*, l'autre *piano*) et les écarts de registres, d'une part; et de l'autre, les répétitions / imitations rythmiques, s'échelonnant sur un plan harmonique par l'enchaînement de degrés liés ascendants ou descendants au fur et à mesure des questions/réponses en écho. Toutes les fantaisies ne poursuivent pas ce procédé de l'écho jusqu'au terme de l'œuvre, lui substituant alors une troisième section très libre proche de la toccata.

Durée d'exécution d'une Fantaisie : de 5 à 9 mn

Fantaisie en écho n° 12 (n° 16 dans l'édition Seiffert). En trois parties, elle est introduite par une section en imitations libres à quatre voix. Puis c'est le long épisode des échos, qui présente les diverses formules possibles en imitation, en marche harmonique (dans le ton ou modulantes) ou en simples reprises, les formules répétées étant très fortement caractérisées pour accuser le jeu des échos — groupes ornementaux, notes répétées. Ces formules se font entendre soit à l'unisson, soit plus souvent à l'octave (supérieure ou inférieure), avec possibilité d'oppositions de sonorités par changements de clavier. La pièce s'achève sur une section de postlude en style de toccata, dans laquelle la main gauche se taille la part belle.

Durée d'exécution : ~ 5 mn

Toccatas

Au nombre de 12 (outre deux d'attribution douteuse et une inachevée), elles sont de moindre envergure que les fantaisies. Empruntant au modèle vénitien, elles illustrent bien la manière décrite par Michael Praetorius, composées *« mit schlechten entzelen griffen / und Coloraturen »* (« avec quelques accords simples et des ornementations »). Elles s'ouvrent en effet le plus souvent sur une section homophonique ou imitative, peu développée mais pleine de majesté, avant de se lancer dans les traits de virtuosité propres au genre (moins fondamentalement brillants, toutefois, que chez les Italiens contemporains). Ces formules virtuoses peuvent engendrer des figurations qui se prêteront à des fugatos, ou trouver simplement le plaisir d'un babil d'imitations quasi improvisées, avec pour la main gauche une grande liberté de jeu directement héritée de l'art des virginalistes.

Durée d'exécution d'une Toccata : de 2 à 6 mn

Toccata en *la* n° 16 (n° 21 dans l'édition Seiffert). La plus développée des douze pièces de ce type attribuées avec certitude à Sweelinck, c'est aussi la plus brillante instrumentalement. Selon la formule chère au musicien, elle s'ouvre par un prologue altier, grand dialogue en imitations. Suit un bref fugato (23 mesures sur les 138 que compte l'œuvre), à quatre voix. Alors éclate un véritable feu d'artifice de virtuosité, qui étincèlera sur près de cent mesures. L'une et l'autre main, et à égalité de prouesses digitales, se répandent en formules de toutes sortes — batteries, accords brisés, broderies, fusées, monnayages rythmiques en motifs pointés ou dactyliques, marches harmoniques et roulades, dans un style de quasi-improvisation.

Durée d'exécution : ~ 6 mn

Toccata en *la* n° 17 (n° 22 dans l'édition Seiffert). C'est peut-être la plus caractéristique des Toccatas de Sweelinck : avec son fugato central encadré par deux volets abondant en traits et en imitations, elle anticipe de façon très frappante sur les polyptyques qui fleuriront à la fin du siècle en Allemagne du Nord. Le premier volet se compose lui-même de deux sections : une introduction solennelle à cinq voix (fondée sur l'intervalle de quinte ascendante) est suivie d'une section ornementale de grandes arabesques, avec broderies et accords brisés, en rafales sur toute l'étendue du clavier et jouant par imitations entre main droite et main gauche. Dans une sévère écriture à quatre voix, le fugato central fait entendre les multiples entrées d'un motif fondé sur une quarte descendante (renversement de la quinte de l'introduction). Le troisième volet, d'importance égale au premier, poursuit le jeu ornemental qui avait précédé le fugato, mais en abandonnant les imitations strictes entre les deux mains pour un tournoiement de formules dont se grisent les doigts de l'organiste, sur de modestes et longues tenues d'accords.

Durée d'exécution : ~ 5 mn

Les variations sur des chorals

Elles ne sont sans doute pas la partie musicalement la plus vivante de l'œuvre de Sweelinck, mais ce bouquet de variations se révélera d'une portée historique capitale. Si la pratique de l'accompagnement des cantiques à l'orgue et de l'alternance de strophes chantées avec des strophes confiées à l'instrument remonte aux origines de la Réforme, il appartient en effet à Sweelinck et à son quasi-contemporain Michael Praetorius de s'être faits les pionniers du choral pour orgue. Mais alors que les variations du luthérien Praetorius s'inscrivent naturellement dans la pratique d'une alternance avec l'assemblée, il ne peut en aller de même avec le calviniste Sweelinck, qui n'a pas à intervenir dans la liturgie. Du reste, sur les 16 séries de variations de chorals publiées dans les *Opera omnia*, quatre seulement se fondent sur des textes calvinistes issus du Psautier huguenot, toutes les autres traitant des cantiques luthériens. On peut invoquer une éventuelle influence des élèves allemands, luthériens, ou le peu d'enthousiasme de Sweelinck à l'égard du calvinisme — y adhéra-t-il seulement ? Mais le musicien en prend à sa guise à l'égard du choral : la mélodie du cantique y est exposée indifféremment à l'une ou l'autre des voix, alors que l'usage fonctionnel imposera sa présence au soprano, et il arrive parfois à cette mélodie de se disloquer ou de se dissoudre dans le travail d'élaboration contrapuntique, ce qui est à l'époque inconcevable chez les luthériens. Il y a donc tout lieu de croire que ces variations pouvaient être utilisées séparément, selon la convenance, et qu'elles étaient plutôt destinées au concert à l'église, ou à la délectation intime du foyer domestique. Le paradoxe n'en reste pas moins de voir un Hollandais calviniste à la source du choral luthérien allemand...

Dans leur rigueur, ces pages ignorent toute forme d'ornementation. Le cantus firmus respecte les principes calvinistes de dépouillement, souvent accompagné d'imitations ou pré-imitations sobrement contrapuntiques. Le nombre des variations est peu élevé, jusqu'à six, mais plus généralement quatre. Sauf exception, ces chorals sont écrits *manualiter*, encore que l'exécutant puisse saisir le cantus firmus à la pédale lorsque celui-ci est énoncé à la basse ou au ténor.

Durée d'exécution d'un choral varié : de 4 à 13 mn

« Allein zu dir, Herr Jesu Christ ». De découverte récente, cette page ne doit pas être confondue avec le bicinium homonyme dont la paternité est aujourd'hui retirée à Sweelinck. 1 : énoncé du cantique au soprano dans un contrepoint à quatre voix regorgeant d'imitations et de formules ornementales. Celles-ci apparaissent surtout comme formules cadentielles des périodes, mais on remarquera comment le mot *Nöten* (détresse) est souligné d'un véritable tremblement sonore (mes. 47). 2 : bicinium (soprano et ténor), la mélodie en arrivant à se disloquer dans l'abondance des imitations. 3 : trio, le cantique délicatement orné au soprano. 4 : magnifique péroraison à quatre voix, dans une écriture en imitation pleine et rigoureuse où se déploie une verve rythmique irrésistible.

Durée d'exécution : ~ 13 mn

« Erbarm dich mein, o Herre Gott ». Six variations enchaînées par paires. 1 : bicinium avec C.F. strict au soprano. 2 : trois voix avec C.F. à la basse, poursuivant pour l'accompagnement l'esprit inventif et rythmé du bicinium précédent. 3 : *manualiter unndt pedaliter*, quatre voix en imitation statique, le soprano se libérant peu à peu, suivi par alto et ténor. 4 : sans transition et sur le même principe, avec pédale. 5 : *uff 2 Clavir* (« sur 2 claviers »), trois voix, C.F. au soprano isolé sur l'un des deux claviers, ténor et basse en dialogue serré de formules typiquement instrumentales (tierces le plus souvent). 6 : trois voix avec C.F. à la basse et soprano volubile, dans l'esprit des péroraisons de fantaisies, finissant en tourbillon (triolets).

Durée d'exécution : ~ 13 mn

Psaume XXXVI. « Des boosdoenders wille seer quaet », « Du malin le méchant vouloir ». Trois variations sur la mélodie de Loys Bourgeois (la traduction néerlandaise des paroles se fonde sur le texte de Clément Marot). 1 : à trois voix, C.F. au soprano. Les deux autres voix traitent la mélodie en diminution, droite et renversée. Resserrement rythmique progressif. 2 : à trois voix, C.F. au ténor, annoncé par des pré-imitations en diminution. Grande variété dans l'ornementation rythmique. 3 : à quatre voix, C.F. à la basse, au pédalier. Les autres voix en imitation, d'abord de style sévère, puis dans une prolifération croissante de formules ornementales.

Durée d'exécution : ~ 9 mn

Variations sur des chansons profanes et des airs de danse

Brillantes, laissant toujours chanter la mélodie au soprano, elles demeurent d'une grande pureté, quoique faisant appel à toutes les saveurs harmoniques alors pratiquées par les madrigalistes. On y goûte à loisir l'un des traits du génie de Sweelinck, cette élégance de pensée pour la nuance exacte et subtile, cet art de l'expression juste maniée avec un plaisir gourmand. Le musicien répugne à la redite, préférant séduire son auditoire par la surprise et le charme qu'il met à varier les inévitables reprises de ces motifs. Mais pour pleinement apprécier frottements et enchevêtrements harmoniques, il ne faut pas oublier que le tempérament inégal des instruments de l'époque mettait en relief des lignes mélodiques — toujours claires, même dans les variations les plus virtuoses — auxquelles le clavier tempéré enlève presque tout chatoiement.

Durée d'exécution d'une série de variations : de 3 à 8 mn

Ballo del granduca. Avec la *Fantaisie chromatique*, l'œuvre la plus jouée de Sweelinck. Le titre de « Ballet du grand-duc » renvoie aux intermèdes de *La Pellegrina*, divertissement exécuté à Florence, en 1589, pour le mariage du grand-duc Ferdinand de Toscane avec Christine de Lorraine ; composé par Cavalieri, le ballet final de *La Pellegrina* devait conquérir l'Europe sous ce titre de *Ballo del granduca*. L'œuvre de Sweelinck débute en fanfare, par des accords martelant la mélodie.

Les variations suivantes procéderont par resserrement rythmique : ornementation en croches du soprano dans la deuxième, puis de la basse dans la troisième, en doubles croches du soprano dans la quatrième ; très beau rendu des enchaînements de tierces, auxquels répondent des enchaînements de sixtes, par phrases alternées, dans la cinquième et dernière variation. Toutes les variantes rythmiques découlent du thème initial, d'une présence toujours limpide, même lorsqu'il se trouve modifié à l'intérieur des divertissements. D'un superbe effet, cette œuvre exige des doigts souples et véloces, mais ne fait pas appel aux brillants artifices de la virtuosité.

Durée d'exécution : ~ 5 mn

« Est-ce Mars ». Ce thème célèbre est emprunté à un air de cour de Pierre Guédron, extrait du *Ballet de Madame, sœur du Roy* (1613) : « Est-ce Mars le grand Dieu des alarmes que je voy... ». En *ut* majeur, la mélodie de l'air se compose de deux sections, avec reprise de la première, mais elle est présentée ici sous une forme plus symétrique, avec reprise des deux sections. Sa carrure d'ensemble est donc composée de 4 + 4, puis 5 + 5 mesures, et le compositeur prend grand soin de varier chaque fois les reprises, en les étoffant. On notera par ailleurs que cette mélodie abonde en intervalles de tierce, dont Sweelinck fera l'intervalle fondateur de toute sa pièce, apparaissant aussi bien dans les ornementations mélodiques que dans le parallélisme des voix. Le thème d'origine est exposé à l'état naturel (quoique parfois incomplet) dans les variations 1, 2, 3, 5 et 7.

Les sept variations vont du chant accompagné à quatre voix (var. 1) aux traits virtuoses les plus éloignés du thème, n'intégrant en apparence que très succinctement, sur un plan rythmique ou mélodique, la mélodie originale qui reste cependant discernable en filigrane tout au long du discours. La variation 6 en déplace les accents, du fait de son changement de mesure (6/4, contre 4/4 pour le reste de la pièce). Un fugato sur le thème introduit le plus souvent des variations, mais aucune contrainte contrapuntique ne s'ensuit. La variation 7, avec changement d'harmonie au début de la deuxième période sur accord de *mi* majeur, conclut de nouveau sur un chant, au soprano, accompagné, avec introduction d'un contre-chant dérivé du thème et varié essentiellement sur un plan rythmique (nombreux arpèges et octaves).

Durée d'exécution : ~ 5 mn

« Mein junges Leben hat ein End », « Ma jeune vie a une fin ». C'est l'une des œuvres maîtresses du musicien, dont le musicologue Willi Apel n'hésitait pas à dire qu'« elle prend place parmi la douzaine des plus grands chefs-d'œuvre du genre, à peine inférieure aux *Variations "Goldberg"*, aux *"Diabelli"* ou aux *Variations sur un thème de Haendel* de Brahms ».

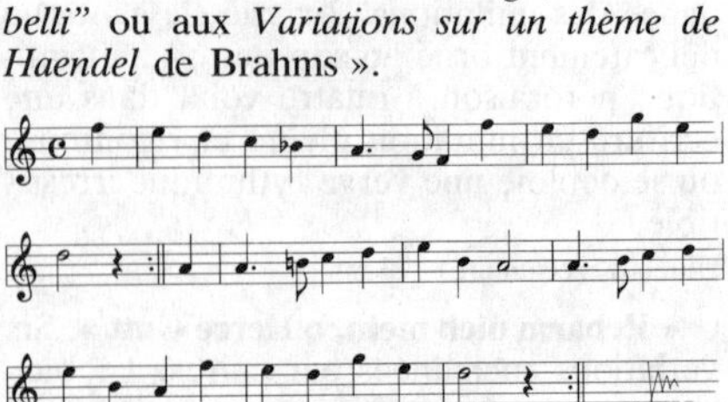

On retrouve dans ce thème une structure comparable à « Est-ce Mars » : deux sections avec reprise écrite et déjà variée. Les sections comptent respectivement 4 et 6 mesures, ce qui donne une carrure de 4 + 4 puis 6 + 6 mesures. Très imaginatives, les six variations laisseront cependant la mélodie clairement audible ; et dans ce flot ornemental, le principe unitaire se verra affirmer non seulement par la permanence structurelle de la mélodie, mais plus encore par la réitération de la formule conclusive commune à ses deux sections. Les deux premières variations sont d'une écriture dense, en forme de chant accompagné à quatre voix pour la première, avec introduction d'un discret fugato en strette pour la deuxième. Les variations 3 à 5 s'émancipent totalement, de nouveau sur le plan rythmique, invitant à une virtuosité contenue et toujours lumineuse (nombreuses chutes d'octaves et tierces parallèles, traits en fusées, etc.). La variation 6 retourne au procédé du chant accompagné (soprano), et commenté plus qu'imité par les autres voix.

Durée d'exécution : ~ 7 mn

Pavana Lachrimae. C'est probablement la pièce qui évoque le plus nettement les virginalistes anglais, par son titre autant que par son climat ; plus que toute autre, elle apparaît particulièrement adaptée à un instrument à cordes pincées. Elle s'inspire de la pavane de John Dowland *« Flow my tears »*, composée sans doute peu avant 1595 et souvent reprise par les musiciens et poètes hollandais. Le thème noble et langoureux de l'exposition est très vite animé et égalisé par le traitement virtuose des sections suivantes. La sobriété y règne, la modération demeurant cependant très poétique. La copie manuscrite présentant de nombreuses faiblesses, elle ne peut être considérée que comme une interprétation approximative des intentions du compositeur.

Durée d'exécution : ~ 7 mn

M.R. et G.C.

ZSIGMOND SZATHMARY

Né à Hodmezövásárely (Hongrie), le 28 avril 1939. Il a étudié la musique à l'Académie de musique Ferenc Liszt de Budapest, où il a débuté en 1958 avec Ferenc Gergely (orgue) et Ferenc Szabo (composition). Il continue ensuite ses études d'orgue à Francfort avec Helmut Walcha, et parallèlement à ses activités d'organiste, travaille la composition, notamment avec Stockhausen, Pousseur et Ligeti aux cours de Cologne et de Darmstadt. Organiste à la Lutherkirche de Hambourg (1970-1977), puis à la cathédrale de Brême, il enseigna à Lubeck et Hanovre, puis à la Hochschule für Musik de Fribourg-en-Brisgau (1979), ainsi que dans de nombreuses académies ; en même temps, il sera l'ardent propagateur de la musique d'avant-garde, inventant de nouvelles manières d'utiliser l'orgue. Brillant interprète, il sera le créateur de nombreuses pièces nouvelles dont, entre autres, les œuvres graphiques de John Cage, Michel Vetter, Shinichi Matsushita ou Sylvano Bussotti, œuvres limites qui exigent une double paternité pour se matérialiser, l'interprète assumant pleinement son rôle de cocréateur. Szathmary a écrit pour des formations très diverses, accompagnées souvent de sons électro-acoustiques.

L'orgue occupe une place de choix dans ses compositions, qui se caractérisent par la surprise dans des formes très contrastées, la vitalité des sonorités et la présence de séquences improvisées. La plupart des œuvres requièrent la présence de sons électroniques, joignant ainsi la synthèse des sons imaginée dans le passé à celle réinventée aujourd'hui.

Dès la première œuvre, Szathmary

arrache l'orgue à son isolement, puisqu'il s'agit d'un *Concerto avec orchestre* (1964). Suivent *Dialogue I* et *Dialogue II*, avec bande (1971), inaugurant un nouveau style, une nouvelle façon d'utiliser l'orgue, amplifiée dans *Mixtur* (1974), puis dans *Fabel* (1977), pour orgue à quatre mains et bande, qui exploite les possibilités offertes par la multiplicité des claviers, et dans *Air* (1978), avec baryton et bande.

Ommagio a Ligeti (1984) trouve son origine graphique dans *Artikulation*, qui est utilisé en sens contraire ; l'emploi de clusters, de masses en mouvement maintient un rapport très subtil avec la musique de Ligeti, dans une grande part d'improvisation. Après *Felhangok* (1985) pour orgue et percussion, *Work in progress* (1987) est une œuvre complexe qui utilise un enregistrement préalable effectué par l'auteur sur trois orgues différents ; lors de l'exécution sur le quatrième orgue, les trois séquences enregistrées viennent se superposer à la musique vivante en une étonnante confrontation.

Strophen (1988), avec bande, poursuit ce travail d'exploration des deux mondes sonores. *B.A.C.H., hommage à...* (1990) répond à une commande des Rencontres internationales de Metz.

X.D.

GEORG PHILIPP TELEMANN

Né à Magdebourg, le 14 mars 1681 ; mort à Hambourg, le 20 juin 1767. A l'image d'une production torrentielle, la longue vie de Telemann a été trépidante. Ce quasi-autodidacte sera un virtuose pluriel, jouant avec aisance le clavecin, l'orgue, le violon, le hautbois, la flûte, la viole de gambe, la contrebasse, le trombone, etc. Il occupera des postes de plus en plus prestigieux en sillonnant l'Allemagne : Leipzig où il dirige le Collegium Musicum dès 1702 et l'Opéra la même année, et où il occupe son premier (et unique) poste d'organiste à la Neue Kirche en 1704 ; Sorau où il est maître de chapelle en 1705, Eisenach où il devient Konzertmeister, puis directeur de la Chapelle en 1706, Francfort-sur-le Main où il est nommé directeur de la musique et maître de chapelle en 1712. Il se fixe enfin à Hambourg en 1721, où il assume la direction de la musique de la ville, tout en étant cantor au Johanneum et maître de chapelle des cinq principales églises de la ville, et en dirigeant l'Opéra de 1722 à 1737 ! Cette activité que l'on imagine frénétique ne l'empêchait nullement de continuer à fournir Eisenach ou Bayreuth en partitions nouvelles, de fonder le premier journal musical allemand, de voyager à Berlin ou Paris. Dès 1730, il jouit d'une renommée européenne, due autant à son extraordinaire fécondité dans tous les domaines qu'à son influence décisive dans la formation du goût « galant ». Mais dès le début du XIX*e* *siècle, son purgatoire fut rude. Alors que son œuvre est loin d'être entièrement restituée, ce n'est guère que depuis une vingtaine d'années qu'elle s'inscrit dans une perspective plus juste, à côté de celles de J.-S. Bach ou G.F. Haendel.*

Telemann fut pourtant un parfait Européen, reconnaissant lui-même avoir été influencé par l'art français (musique d'église, musique de chambre et opéra), l'art italien, et même la Pologne. Son intense activité d'organisateur de concerts payants n'est peut-être pas sans l'avoir conduit, fût-ce inconsciemment, à flatter le goût d'une bourgeoisie mélomane, à défaut d'être musicienne.

L'œuvre pour orgue

Dans une production fluviale (dont Telemann lui-même se disait incapable de dresser le catalogue), l'œuvre pour orgue est vite cernée : elle comprend en tout et pour tout *XX Kleine Fugen* et *XXIV Variirte Choräle*. Il n'est certes pas interdit de transporter à l'orgue quelques pièces conçues pour le clavecin : ainsi dans les 36 *Fantaisies pour le clavessin, Trois douzaines* (1732-1733, titre en français), quelques-unes, en particulier celles à deux voix, sonnent avec une alacrité et une transparence tout haendéliennes à l'orgue. Néanmoins, la moisson est maigre, surtout pour un ami personnel de J.-S. Bach, qui plus est parrain de Carl Philipp Emanuel... Mais il est vrai que notre musicien n'a été organiste titulaire que durant quelques mois à Leipzig. Ses autres postes de cantor ou directeur de chapelle ne le contraignaient nullement à écrire pour l'orgue. Par ailleurs, il ne semble pas s'être signalé par une virtuosité particulière : a-t-il préféré sagement éviter la confrontation avec le prince de l'orgue ?

Dans son édition des *XXIV Choräle**, Jean Bonfils tente de réhabiliter une œuvre qu'un André Pirro jugeait sévèrement : « Les pièces d'orgue de Telemann furent censurées impitoyablement au début de ce siècle par des historiens qui jugeant selon les seuls canons bachistes déniaient toute valeur aux compositeurs qui se réclament d'une autre esthétique. » À Pirro qui fustigeait « ... une vivacité qui n'a rien de religieux et n'est point dans le caractère de l'instrument », Bonfils rétorque que la notion de « religieux » est évidemment soumise aux fluctuations du goût et que, en ce qui concerne le caractère instrumental, « de tous temps, les auteurs joignaient dans leurs livres des chansons et des danses à de sévères pièces contrapuntiques ».

Force est de constater cependant que la vigoureuse plaidoirie de J. Bonfils s'applique à des œuvres sans envergure. Tout d'abord, en effet, ces pièces se satisfont d'un orgue rudimentaire, le plus souvent un clavier, sans pédalier (même si un instrument à deux claviers leur assure un peu plus de couleur). Que l'on sache, Leipzig, Eisenach et surtout Hambourg n'étaient pas dépourvues de beaux orgues ; l'inspiration de Telemann ne semble pas en avoir été stimulée pour autant. Ensuite, les *XXIV Variirte Choräle* (sans date, mais sans doute avant 1736), pièces plaisantes, faciles à jouer, semblent n'avoir d'autre ambition que de s'inscrire dans un projet pédagogique.

En cela, cet *Orgelbüchlein* du pauvre s'apparente beaucoup plus à la *Klavierübung* de J.L. Krebs. Ces pièces *manualiter* présentent chacune des vingt-trois mélodies de choral parmi les plus familières aux fidèles (l'une d'elles est traitée deux fois pour atteindre les vingt-quatre promises par le titre) en deux versions : la première, à trois voix, affirme le cantus firmus au soprano sur un commentaire en imitations, la seconde à deux voix (dénommée dans le manuscrit *Alio modo*, *Alit*, *Bicinium*, *Bicin*) expose le cantus firmus au-dessus (parfois au-dessous) d'une arabesque qui conviendrait à un violoncelle ou un basson. Le projet pédagogique n'est certes pas en cause, mais plutôt la facilité des formules, la fadeur des sentiments, le caractère superficiel des commentaires de chorals.

Il y a incontestablement plus de densité musicale dans ces *XX petites fugues* (1731), « pour l'orgue aussi bien que pour le clavier [clavecin ? clavicorde ?], composées en différents modes, et dédiées au noble Vénitien et prince des virtuoses, Benedetto Marcello ». Ces fuguettes, à quatre voix manuelles, sans pédalier, sont certes fort courtes (une trentaine de mesures, en général). Parfois même, comme dans le cas de la fugue nº 10, elles affectent la forme A B A (les 10 premières mesures étant reprises intégralement !) ; parfois aussi, une coda est proposée ad libitum (probablement dans un but didactique). La réputation de contrapuntiste de Telemann se trouve ici grandement justifiée par la qualité des idées, l'habileté technique et l'aisance déliée du discours.

Dans le domaine organistique, un parallélisme entre Telemann et Haendel s'impose : d'une remarquable longévité et d'une exceptionnelle fécondité, leur carrière débute par un poste officiel d'organiste. Ils le quittent rapidement pour n'y plus revenir. L'œuvre dédiée à l'instrument à tuyaux est sans commune mesure avec leur contribution aux autres instruments ; tous deux font une brève révérence contrapuntique (6 fugues pour l'un, 20 fuguettes pour l'autre). Certes, l'un est improvisateur génial, l'autre pas ; de ces

* *Orgue et Liturgie* nos 28, 32, 36. Édit. de la Schola Cantorum et de la Procure religieuse.

deux grands pourvoyeurs de concertos, l'un écrira les modèles du genre pour l'orgue, l'autre l'ignore ou le boude. Mais manifestement, l'orgue ne semble pas avoir été au centre de leurs préoccupations, annonçant ainsi un certain déclin.

G.G.

ANTOINE TISNÉ

Né à Lourdes, le 29 novembre 1932. Il commence ses études musicales à Tarbes, puis entre en 1951 au Conservatoire de Paris, où Darius Milhaud et Jean Rivier ouvrent son esprit à des esthétiques très diverses. Grand Prix de Rome en 1962, il est depuis 1968 inspecteur principal de la Musique, et à ce titre un grand observateur de la vie musicale française. Dès ses premières œuvres, la métaphysique et les mystères du cosmos fondent son inspiration ; ses titres révèlent cette volonté de s'intégrer au Tout par la spiritualité : Cosmogonie *(1967),* Soleils noirs *(1967),* Séquences pour un rituel *(1968),* Arches de lumière *(1972), etc. Son catalogue compte aujourd'hui quelque 150 œuvres, dont quatre destinées à l'orgue et une à l'orgue avec quintette de cuivres.*

Les pièces d'orgue occupent une place particulière dans la production de Tisné, dans la mesure où chacune répond à un objectif précis, esthétique ou spirituel.

Composé en 1970 et créé à Paris la même année par Jean Guillou, **Luminescences** est un diptyque dont les deux parties sont intitulées *Cités de lumière* et *Cathédrales de l'Univers*. La conception se rattache aux réalisations de Nicolas Schöffer dans le domaine de la sculpture spatiodynamique, où le rôle de la lumière est déterminant. Les diverses séquences tendent à évoquer les mouvements des grands faisceaux lumineux. A l'image de ces feux croisés, la musique procède par projections, chutes, jaillissements. Les résonances d'orgue apportent le relief qui illustre les vastes mouvements d'ombre et de lumière.

Durée d'exécution : ~ 15 mn

Également de 1970, **Volutes sonores** a été créé en 1971 à Dijon par Xavier Darasse. Utilisant un système de conventions graphiques, cette pièce laisse une grande liberté à l'interprète pour les hauteurs et les durées. Les nuances sont enrichies par des clusters aux manuels (mains ou bras) et au pédalier (utilisation de planchettes). La qualité du matériel sonore jointe à l'imagination de l'interprète confèrent à ces *Volutes* leur caractère minéral et tellurique.

Durée d'exécution : ~ 10 mn

Profils éclatés, pour orgue et quintette de cuivres, a été composé en 1976 pour Xavier Darasse et le Quintette Ars Nova. Précédées d'une introduction, sept pièces traduisent certaines des visions de l'Apocalypse de Jean. La spatialisation des cuivres et de l'orgue crée un climat sonore très particulier. Le matériau, composé de textures, agglomérats, juxtapositions, obéit au principe de la musique aléatoire, cédant aux interprètes le pouvoir d'ordonner librement, dans un temps limité, les différentes structures. Un grand relief dramatique naît du jeu des oppositions et de l'alternance de tensions et détentes ponctuées d'éclats soudains.

Durée d'exécution : ~ 18 mn

La succession des sept pièces qui composent **Altamira** est ordonnée selon une progression précise. La première, *Cheminement*, est une recherche du temps lointain ; *Signes* évoque les images, les animaux, les symboles magiques ; la troisième pièce, *Juxtaposées*, est suggérée par des plaques de motifs juxtaposés ; au centre, *Axial* est le moment fort, la clé de voûte de

l'ouvrage ; *Lignes*, en solo et duo, échos lointains ; *Réseaux* recrée un nouveau cheminement, et *Fulguration* termine en présentant les motifs précédents qui reparaissent comme un éclatement.
Durée d'exécution : ~ 32 mn

Vers toi, Jérusalem, de 1987, a été créé cette même année par Georges Bessonet au festival de Saint-Bertrand-de-Comminges. Cette pièce de vastes proportions, conçue d'après les versets d'Isaïe, est construite en trois parties dont la centrale se compose elle-même de trois trios. Le symbolisme de la forme trinitaire choisi consciemment relie Tisné à la tradition baroque, mais mêlée à une expression très lyrique, généreuse, où sont exploitées toutes les sonorités de l'orgue.
Durée d'exécution : ~ 25 mn

X.D.

JEHAN TITELOUZE

Né à Saint-Omer, alors terre espagnole, vers 1563 ; mort à Rouen, le 25 octobre 1633. Issu d'une famille de joueurs d'instruments, il est nommé en 1585 organiste de Saint-Jean de Rouen puis, en 1588, après concours, organiste de la cathédrale de cette ville. Il demandera des « lettres de naturalité » qu'il n'obtiendra qu'en 1604. Expert en facture, il prodigue des conseils jusqu'à Poitiers et Amiens et fait restaurer son instrument par Crespin Carlier, considéré comme le meilleur organier du temps. En 1610, il devient chanoine de la cathédrale et, comme poète, sort plusieurs fois vainqueur du Puy des Palinods de Rouen. Il entretient aussi une correspondance avec les esprits éclairés de son temps, en particulier avec le père Marin Mersenne, à partir de 1622, soit peu avant la publication de ses deux œuvres pour orgue : Douze Hymnes *(1623) et* Huit Magnificat *(1626). Il est enterré dans la cathédrale de Rouen, non loin de son orgue (dont il ne reste rien aujourd'hui).*

Enfin Titelouze vint ! pourrait-on s'exclamer pour saluer ce contemporain de Malherbe qui tint, pour la musique d'orgue française, le rôle de père fondateur et d'organisateur. « Ce qui m'a incité de donner ce petit ouvrage au public a été de voir des volumes de tablature de toute sorte d'instruments imprimés en notre France ; et qu'il est hors de souvenance des hommes qu'on en ait imprimé pour l'Orgue », déclare en toute bonne foi Titelouze dans l'avertissement « Au Lecteur » de ses *Hymnes* (1623). Nous en déduisons que les publications d'Attaingnant (1531) n'avaient plus cours depuis longtemps et que le Rouennais d'adoption, âgé de soixante ans déjà, ne comptait pas dans le répertoire organistique les fantaisies « pour divers instruments » des musiciens du temps d'Henri III et d'Henri IV qu'il connaissait pourtant*. Ce grand silence dans le domaine de l'orgue, et dans l'édition musicale en général, résulte en bonne partie des guerres de religion, période durant laquelle l'instrument « papiste » a été l'objet de cruelles destructions de la part des huguenots.

Contemporain de Pierre de Bérulle, Jean Eudes, François de Sales ou Jean Jacques Olier, Titelouze participe au renouveau spirituel consécutif à la Contre-Réforme et à l'apaisement des hostilités. Lui-même reçoit une solide formation chez les Jésuites et peut lire dans le texte les traités des théoriciens de la Renaissance Glarean et Zarlino. Peut-être le *Compendium musicae* du jeune Descartes (1618) n'échappe-t-il pas non plus à la sagacité de l'organiste qui s'intéresse à parts égales à la *musica theorica* et à la *musica practica* et, tel Vicentino en Italie au siècle précédent, ira jusqu'à construire une épinette en quarts de ton pour essayer quelques pièces en « mode enharmonique » grec (lettre à

* Voir à *Du Caurroy*.

Mersenne). On le devine aussi rompu au contrepoint franco-flamand, dont un Schütz estimera qu'il est nécessaire de « casser la dure noix » pour apprendre le métier.

Longuement mûrie au cours d'une vie de réflexion, la production pour orgue de Titelouze supporte la comparaison avec l'extraordinaire corpus étranger des années 1620 : fantaisies de Byrd, Bull, Sweelinck, *Tabulatura nova* de Scheidt, *Capricci* (1624) de Frescobaldi, *Facultad organica* de Correa de Arauxo (1626), *Flores de musica* de Coelho (1620). Dans cette abondante littérature pour clavier, d'un style assez international, la destination exclusivement liturgique distingue l'œuvre du Français de celles de ses contemporains. Ce massif inébranlable et sévère, en accord avec la mentalité conservatrice que le très pieux Louis XIII entendait maintenir au Saint Lieu, obéit également aux vœux de la Contre-Réforme (jalouse de son autonomie, l'Église de France avait publié de son propre chef les décrets tridentins, y compris ceux concernant la musique). En vertu de la coutume, récemment confirmée par le *Caeremoniale episcoporum* du pape Clément VIII (1600), les versets d'orgue de Titelouze sont destinés à alterner avec le plain-chant ou avec une polyphonie note contre note (à la manière de Bournonville) entonnée par les chantres.

Tout au long du XVIIe siècle, Rouen passe pour la capitale de l'orgue mais, partout, l'impératif est le même : reconstruire, pour rendre sa voix, son éloquence à l'instrument de l'Église catholique. Dans un premier temps, les organiers recherchent l'équilibre entre les familles de jeux et les plans sonores. Dans son « Au lecteur » de 1623, Titelouze évoque l'instrument à tuyaux pour se réjouir que « Dieu l'ait fait choisir à son Église pour y chanter sa louange » (l'abbé Olier évoquera bientôt « l'Orgue qui signifie la musique du Ciel et les louanges des Bienheureux »), et le décrit « avec deux claviers séparés pour les mains et un clavier de pédales à l'unisson des jeux de huit pieds, contenant vingt-huit ou trente tant feintes que marches [Pédalier de ut_1 à fa_3] pour y toucher la Basse-contre à part, sans la toucher de la main, la Taille sur le second clavier [Positif], la Haute-contre et le Dessus sur le troisième [Grand-Orgue] ».

L'œuvre pour orgue

A la différence d'Attaingnant en 1531, et de ses contemporains Scheidt et Frescobaldi, Titelouze n'a laissé aucun verset d'orgue pour la messe. Au long de ses 39 versets d'hymnes et 56 versets de *Magnificat*, l'organiste déploie tous les artifices du contrepoint : renversement, strette, canon, parfois augmentation et diminution, dans une texture à quatre parties, plus rarement à trois (pièces en canon des hymnes, *Suscepit Israël* des *Magnificat* des 5e et 7e tons). Il mêle adroitement quelques pages animées aux versets en valeurs longues et sait mener avec un art consommé une progression agogique à l'intérieur d'un tactus fixe *(Urbs Jerusalem, Ad coenam)*. Cette soudaine vivacité rythmique, issue de formules idiomatiques virtuoses et de marches harmoniques rebondissantes, contribue à égayer un langage savant et dépouillé.

Présent dans quelques versets de *Magnificat*, le chromatisme reste beaucoup plus rare que chez Frescobaldi. Si Titelouze apprécie les septièmes, les quintes diminuées et accumule certaines dissonances, il repousse les savoureuses fausses relations d'octave — tout au moins le dit-il, car leur frottement caractéristique parsème le premier verset de l'*Ave maris stella* — et les quintes « superflues » (augmentées). Il se pose curieusement en défenseur de l'ancienne consonance de quarte, au détriment des tierces et des sixtes : voilà qui évoque singulièrement l'*Ars nova* française ! Son langage se situe aux confins du modal et du tonal, et s'il se plie aux huit modes d'église, il n'hésite pas à dérouler des expositions de fugues tonales avec mutation pour la réponse (légère distorsion qui suffit à rapprocher du *Pange lingua* la réponse du deuxième verset de l'hymne *Ad coenam*).

Les pièces se présentent sans indication d'aucune sorte (ni registration, ni ornementation, si ce n'est quelques points d'allongement, et l'interprète n'a pour guide que quelques conseils, prodigués par avance au lecteur, concernant les « accents » (ornements rythmiques) et « cadences » (ornements) que l'auteur laisse « au jugement de celui qui touchera ».

Les 95 versets des Hymnes et *Magnificat* se répartissent en deux catégories. D'une part, les versets qui citent le plain-chant en cantus firmus, soit à la basse, soit *migrans* d'une voix à l'autre, entouré d'un entrelacs contrapuntique le plus souvent apparenté au cantus ; d'autre part, les paraphrases ou commentaires « fugués » dont les sections s'enchaînent sans interruption, de manière typiquement baroque comme pour conjurer le « vide » (*Urbs Jerusalem*, 3) et dont chaque motif correspond à une nouvelle phrase liturgique. Les deux catégories viennent souvent à se mêler : après les trois premières entrées en imitation, la dernière expose le sujet en valeurs longues, à la manière du choral figuré des Allemands (*Exultet coenum*, 2, avec cantus à l'alto, *Ad coenam*, 4, avec cantus successivement en taille, au superius, en taille, à l'alto).

Fugue, recherche, fantaisie, ricercare, *tiento*, tous les vocables du temps se recoupent pour désigner une pièce instrumentale d'esprit contrapuntique dérivée du motet à sections. La parenté conférée aux différents numéros de chaque groupement par la présence d'un thème grégorien unique rattache ces pièces, à de multiples niveaux, au principe de la variation. Ainsi, le somptueux verset fugué qui conclut l'*Ave maris stella*, presque entièrement sur pédale de dominante puis de tonique, provient, bien évidemment, de l'hymne génératrice mais varie, plus précisément, le verset fugué II et distille, au cours de son propre déroulement, plusieurs motifs cousins.

Les Hymnes

Hymnes de l'Église pour toucher sur l'orgue, avec les fugues et les recherches sur le plain-chant, Ballard, 1623. L'hymne se donne en général aux vêpres, entre les cinq psaumes et le *Magnificat*, et peut aussi servir aux matines, laudes et complies. Titelouze a sélectionné douze hymnes : *Ad coenam* (temps pascal), *Veni Creator* (Pentecôte), *Pange lingua* (Saint-Sacrement), *Ut queant laxis* (fête de saint Jean-Baptiste, sur la mélodie de *Iste confessor*), *Ave maris stella* (vêpres de la Vierge), *Conditor alme siderum* (temps de l'Avent), *A solis ortus* (Nativité), *Exultet coelum* (vêpres des apôtres), *Annue Christe, Sanctorum meritis, Iste confessor* (vêpres des confesseurs), *Urbs Jerusalem* (vêpres de la dédicace).

Dans l'avertissement « Au lecteur » (remarquons au passage la formule toute frescobaldienne), qui trahit par endroits le plaidoyer *pro domo*, l'auteur prévient ses interprètes qu'il pratique « d'une façon peut-être nouvelle et à eux inconnue, non seulement quelques consonances mais aussi des dissonances » et cite à la rescousse le théoricien Glarean et le compositeur Du Caurroy (lequel a déjà illustré dans ses *Fantaisies* plusieurs des titres choisis par Titelouze).

L'organiste livre à la gravure les hymnes « les plus générales pour l'usage des diocèses afin d'accommoder un chacun » et ajoute que certains « chants peuvent être appliqués à diverses hymnes selon la coutume des églises ». Voilà qui semble indiquer un postulat de « musique pure » dans laquelle il serait vain de chercher une étroite relation entre le texte et sa traduction sonore. Pourtant, certaines formules se rapprochent de figuralismes délibérés, comme le triomphal mouvement ascendant d'*Exultet coelum* ; et le poète-musicien s'empare du pinceau d'un Caravage ou d'un La Tour pour exalter le clair-obscur musical de deux plans sonores (claviers manuels) et de deux langages : « Comme le peintre use d'ombrage en son tableau pour mieux faire paraître les rayons du jour et de la clarté, aussi nous mêlons des dissonances parmi les consonances. »

Chaque hymne comprend trois ou quatre versets qui se plient aux schémas évoqués ci-dessus. Le grand plein-jeu initial cite toujours l'hymne en valeurs longues à la basse, assortie de son texte latin ; le deuxième verset est, en règle générale, une « recherche » ou fugue sur plusieurs idées enchaînées (cette sorte de portique en « prélude et fugue » deviendra une constante des Livres d'orgue français) ; les autres numéros font, par trois fois, appel au canon à deux voix, à l'octave ou à la quinte, en plus du cantus *(Ave maris stella)* et, par deux fois, au « point d'orgue » sur note pédale immuable *(Annue Christi)*.

Pange lingua

En mode de *mi* « authente », les trois versets se terminent par la triade complète avec « tierce picarde ». Le 1er, à quatre voix, expose plusieurs motifs en imitation sans rapports avec le cantus firmus de la basse, procédé peu habituel sous la plume de Titelouze. Le 2e est un ricercare sur plusieurs motifs successifs, certains exposés en strette, le premier seul dérivant de l'hymne ; en cours de route, de vigoureux anapestes induisent une progression agogique remarquable. Le 3e verset se rapproche d'un choral figuré avec *cantus migrans* ; un passage en doubles croches volubiles est suivi d'une rupture rythmique ternaire avant le retour des croches et de la pulsation binaire.

Durée d'exécution : ~ 8 mn

Veni Creator

En mode de *sol* « authente » en quatre versets, le troisième s'achevant sur une quinte à vide, les autres sur la triade majeure. Dans le 1er verset, les trois voix accompagnantes s'assujettissent au profil du cantus cité à la basse. Dans le 2e, en style de choral figuré, le cantus firmus, annoncé par une strette, ne quitte pas le superius ; une section en métrique ternaire a pour effet d'en distendre les valeurs longues ; peu avant la fin, la mélodie médiévale voit successivement sa tierce minorisée et son dernier *fa* rehaussé d'un dièse pour éviter un triton harmonique.

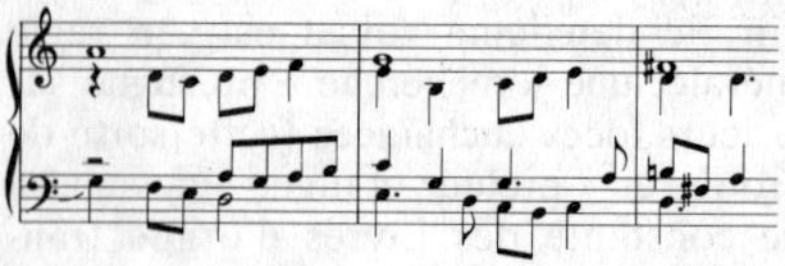

Le « Canon in diapason » (à l'octave) du 3e verset enchâsse la mélodie hymnique en valeurs longues. Superbe construction contrapuntique sur trois périodes de l'hymne, le 4e verset fait appel à la strette, au renversement, à la variation rythmique et conclut en apothéose.

Durée d'exécution : ~ 9 mn

Les Magnificat

Magnificat ou Cantique de la Vierge pour toucher sur l'orgue suivant les huit tons de l'Église, Ballard, 1626. Très vivace en France depuis le Moyen Age, le culte de la Vierge s'est vu réactivé par les Jésuites dans l'élan de la Contre-Réforme. Les protestants ne concèdent pas à la mère du Seigneur une place aussi haute mais, paradoxalement, les *Magnificat* luthériens, instrumentaux ou vocaux, ont aussi fleuri sans relâche.

Dans son avertissement, le compositeur déclare : « On pourra reconnaître que j'ai obligé la plus grande partie des fugues à la prononciation des paroles, étant raisonnable que l'orgue qui sonne un vers alternatif l'exprime autant que faire se peut. » Ce très exceptionnel témoignage de rhétorique musicale sous la plume d'un organiste français retient l'attention ; mais ne voilà-t-il pas que Titelouze s'empresse d'amoindrir ce propos : « J'ai ajouté un second *Deposuit potentes* parce qu'au cantique *Benedictus* [donné à laudes] il y a sept vers pour l'orgue : le *Magnificat* n'en ayant que six, on y fera servir celui qu'on voudra » ! Les impératifs cultuels et commerciaux justifient sans doute cette contradiction, et il faut comprendre de même la proposition d'interrompre les versets en chemin si l'exécutant vient à manquer de temps. Eu égard à ces compromis, peut-on s'attacher à l'interprétation sémantique des versets ? La question est complexe. Le compositeur se trouve, en effet, huit fois devant un même texte, mais dont chaque verset diffère ; inversement, il dispose de huit intonations particulières dans huit tons ecclésiastiques (quatre à tierce majeure et quatre à tierce mineure), mais identiques pour tous les versets du cantique : lequel des deux affects l'emporte, celui du texte ou celui du ton (très accusé en ces siècles de tempérament inégal) ?

Comparons quelques versets. Tous les *Magnificat anima mea* constituent un majestueux portique confié à quelque plein-jeu ; les *Quia respexit* et *Et misericordia* se tiennent un peu en retrait (3e ton) ; la doxologie conclusive *Gloria Patri* peut entonner des vocalises jubilatoires (2e, 4e tons), mais pas nécessairement (en 5e ton, les rubans vocaliques affectaient la péroraison du *Suscepit Israël* précédent). Il semble difficile de définir le *Suscepit Israël*, si ce n'est par un profil plutôt ascendant pour traduire « Il a relevé Israël ». Quant au *Deposuit potentes* (« Il a déposé les puissants de leur trône pour élever les humbles »), c'est le verset le plus déroutant (déjà en raison de son redoublement pour chaque ton) : en 5e et en 8e tons (à tierce majeure), il sonne vigoureusement et semble évoquer la puissance du Seigneur, tandis qu'en 1er ton (à tierce mineure), il laisse place à une lamentation chromatique qui peut peindre, en général, la détresse humaine et, au choix, celle des puissants après ou celle des humbles avant l'intervention divine....

Observons de même la césure centrale qui scinde (discrètement) le verset pour l'abréger si nécessaire. Cet impératif fonctionnel pourrait aller contre une interprétation symbolique ; or, au contraire, il permet l'apparition d'une nouvelle idée musicale, procédé idéal pour traduire la constante poésie antithétique du *Magnificat*. Ces repos se font à la dominante en 5e et 7e tons, à la sous-dominante en 4e et 8e tons, au relatif en 2e ton, à la médiante en 6e ton.

Le lecteur attentif de Glarean qu'est Titelouze en tient pour l'élargissement à douze modes établi par les théoriciens de la Renaissance, mais l'organiste pragmatique, doublé d'un chanoine obéissant, se soumet aux huit tons ecclésiastiques afin que son « bel orgue au ton du chœur réplique comme un écho ». Pour chaque ton, il prend la peine de préciser la finale, la dominante et, s'il y a lieu, la transposition choisie.

Non sans amertume, l'organiste de soixante-deux ans informe ses lecteurs « qu'ayant su que les Hymnes ont été trouvées trop difficiles pour ceux qui ont besoin d'être enseignés (d'autant que c'est pour eux que j'ai fait ce volume), je me suis abaissé tant que j'ai pu dans la facilité et me suis forcé de joindre de plus près les parties » (un demi-siècle plus tard, Lebègue formulera semblable regret...). La « facilité » touche à l'ensemble et au détail : la présence de sept versets, au lieu de trois ou quatre dans les hymnes, implique un temps plus limité pour chacun et, partant, une structure plus simple ; le langage se veut un peu plus « flatteur », à la fois plus limpide et plus coloré ; quant à la « facilité » technique, elle consiste à éviter les intervalles de dixième qui supposent une étendue de main et une adresse dont ne peut se prévaloir « un chacun ».

Magnificat primi toni (mode de *ré*).

Quiconque connaît bien Monterverdi identifiera sans hésitation la mélodie grégorienne pour l'avoir entendue tout au long du grand *Magnificat* des *Vêpres de la Vierge* (*fa-sol-la-la-la*, suivie de son versant descendant). Titelouze joue en maître de ce miroir mélodique, soit pour caractériser les deux sections de chaque verset, soit pour superposer d'entrée de jeu les mouvements droit et contraire. Pour plus de clarté, appelons « a » l'arsis et « b » la thésis.

MAGNIFICAT : « a » plane en valeurs longues au superius ; « b » chante en valeurs plus brèves au début de la 2e section ; les trois autres voix échangent ces courbes, droites ou contraires.

QUIA RESPEXIT HUMILITATEM : strette sur « a » ; dans la 2e section, « b » prend un visage très particulier, syncopé et soupirant, qui reviendra, plus dynamique, dans la 2e section du *Suscepit Israël* (et constituera aussi une sorte de motif cyclique du recueil tout entier) ; l'apparentement semble relier l'humilité de la Vierge à celle d'Israël dans une double projection d'un destin, individuel et collectif, sous le regard de Dieu.

ET MISERICORDIA : fugato empli de fausses relations, en accord avec le sens du verset ; rupture métrique et cadence plagale (la seule du cycle) qui confirme la discrète souffrance.

DEPOSUIT POTENTES I : « a » et « b » en strette, puis « b » seul dans la 2e section et retour de « a » pour conclure.

DEPOSUIT POTENTES II : structure à l'identique, mais tout le discours bascule soudain dans la plainte chromatique déchirante. L'organiste-théoricien, partenaire épistolier de Mersenne, montre ici tout son savoir : il use du « mode chromatique » grec à base d'une tierce mineure et de deux secondes mineures descendantes (*ré-si-si* bémol-*la*), quitte à le distordre quelque peu et à le transformer en chromatisme plus continu (on aura reconnu la célèbre formule de la déploration de Claude Le Jeune *Qu'est devenu ce bel œil*?).

Suscepit Israël : strette dynamique sur « a » sensiblement modifié ; la 2e section rappelle donc celle du *Quia respexit*.

Gloria Patri et Filio : péroraison solennelle sur « a » et « b » entrelacés.

Durée d'exécution : ~ 11 mn

B. F.-S.

THOMAS TOMKINS

Né à St. Davids (Pembrokeshire), en 1572 ; mort à Martin Husingtree (Worcester), enterré le 9 juin 1656. Bien qu'il fût fils d'un vicar-choral *de la cathédrale de St. Davids — également prénommé Thomas, maître de chœur et organiste de la cathédrale de cette ville —, presque toute l'activité professionnelle de ce Gallois eut pour cadre la cathédrale de Worcester et la Chapelle royale de Londres. Son premier poste connu (Worcester, 1596) fut celui d'*instructor choristarum*; il succédait à Nathaniel Patrick, dont il épousa la veuve. On ne sait rien de sa carrière avant cette date, sinon que dans ses* Songs *de 1622 il fera allusion à « [son] ancien et très vénéré Maître, William Byrd ». Il se pourrait donc qu'il ait auparavant étudié à Londres auprès du plus grand des musiciens anglais de l'époque. Tomkins fut par la suite élu membre ou* Gentleman in Ordinary *du chœur de la Chapelle royale, sans doute vers 1620. Ses rapports avec Londres demeurèrent de toute évidence très étroits, même après son départ pour Worcester, où il fit construire par le célèbre facteur Dallam un nouvel orgue à deux claviers (1614). Organiste depuis 1621 à la Chapelle royale, il succède en 1625 à Gibbons au poste d'« organiste senior ». En 1628, il est appuyé, mais sans succès, pour l'obtention du poste de compositeur de la musique du roi* in ordinary*; on ne sait rien de ses activités à la Chapelle après cette date, mais il ne semble pas qu'il se soit retiré. Le reste de sa carrière se déroula à Worcester, où il résidait dans l'enceinte même des bâtiments dépendant de la cathédrale.*

Digne successeur, et particulièrement prolifique, de Byrd, Tomkins est peut-être avant tout un compositeur de musique sacrée vocale : le catalogue de ses œuvres regroupe plus de cent *anthems* et *services* — seul au cours des XVIe et XVIIe siècles, William Child, organiste de la Chapelle royale en même temps que Blow et Purcell, sera aussi fécond. Il fut également auteur de madrigaux (recueil de 1622), de fantaisies, pavanes et gaillardes hautement originales pour consort de violes, ainsi que d'une cinquantaine d'œuvres diverses pour clavier.

Ces pièces pour clavier abordent tous les genres alors pratiqués. On y trouve des œuvres fuguées en style libre : un grand *Offertory* de 1637, sur une incise se rapprochant de l'intonation du *Felix namque*, traditionnel en Angleterre, ici en forme de fantaisie et de *ground* mêlés, faisant intervenir les habituelles mesures à 3/2 *(sesquialtera)* et 9/4 ; diverses pièces de type *verse* et *voluntary*, sans que l'on rencontre cependant pour ce dernier genre, et compte tenu des possibilités de l'orgue à deux claviers de la cathédrale de Worcester, de *double voluntary* parmi les œuvres de la première époque de Tomkins ; 6 *Fancies* ou fantaisies, magnifiquement construites sur un contrepoint libre, dont une *Fancy for two to play*, véritable curiosité, sorte de duo pour claviers noté dans le manuscrit du British Museum juste après une œuvre de Carleton *(In nomine)* que cette pièce de Tomkins imite, et faisant nécessairement appel à deux interprètes ; diverses séries de variations, conçues davantage sur un plan harmonique que contrapuntique ; des élaborations contrapuntiques sur thèmes plain-chantesques (*Clarifica me Pater*, 8 *In Nomine*, dont les premier et cinquième en deux versions, 8 *Miserere*) ; 7 *Hexachord fantasias*, genre tout particulièrement anglais, également sur cantus firmus (dont *Ut, re, mi* et *Ut, re, mi, fa, sol, la*) ; 2 *Grounds*, ainsi que de nombreuses danses de type courant, *Galliards (Lady Folliott's)*, pavanes, etc.

Les cinq pièces que l'on trouve dans le *Fitzwilliam Virginal Book (Pavana, A Grounde, Barafostus' Dream*, *The Hunting Galliard, Worster Braules*) semblent dater d'environ 1615. Elles se caractérisent par une virtuosité fantasque et originale, sous-tendue par une accumulation, au sein d'une même pièce, de rythmes extrêmement variés (souvent distribués sur les deux parties jouées par une même main), fractionnant en sections assez courtes l'élaboration très mouvante de l'œuvre. La virtuosité évidente que réclament ces pièces se traduit à l'occasion, outre les traits traditionnels en gammes, les textures complexes et richement ornementées en dialogue, par des audaces encore rares pour l'époque et touchant à la technique même de clavier, tels ces sauts de deux octaves dans la cinquième section du *Barafostus' Dream*. L'offertoire, ainsi que les deux *Hexachord fantasies* mentionnées plus haut, sans doute de la même époque, sont eux aussi d'une remarquable et étonnante difficulté technique.

Paradoxalement, les œuvres pour clavier les plus tardives de Tomkins vont rompre avec ces audaces novatrices et se placer sous le signe d'un retour vers le passé. Plus il approchera du terme de sa vie, plus Tomkins aura recours, notamment pour les pièces sur thèmes de plain-chant, à des formes certes toujours splendides, mais datées. Peut-être a-t-il ressenti le besoin, une fois retiré à Worcester et avant d'être emporté par la tourmente religieuse, de se replonger dans un univers de formes sur le point d'être dépassées ou déjà révolues, mais évocatrices d'un âge d'or. Ainsi peut-on dater la plupart des adaptations sur thèmes de plain-chant des années 1647-1652 (*Clarifica me Pater*, 6 *In nomine*, quatre des 8 *Miserere*, les quatre autres, dépourvus de date, étant sans doute également de la même époque, comme semble l'indiquer la communauté de style). Le cantus firmus y est essentiellement exposé en valeurs de notes égales, autour desquelles s'enroulent les mélismes du contrepoint, bien dans l'esprit de la tradition élisabéthaine. On y retrouve l'influence de Byrd et de Bull (deux maîtres dont il possédait un grand nombre d'œuvres), la présence de ce dernier étant particulièrement sensible dans le *Miserere* en trois sections daté 3-4 février 1652, mais également de Tallis.

Cette attitude est d'autant plus frappante que le début du XVIIe siècle avait été une période de transition des plus inventive, et que Tomkins, de l'orée de sa carrière jusqu'à sa pleine maturité, y avait tenu un rôle important. Figure de proue de sa génération à l'époque de la publication de ses *Songs of 3, 4, 5 and 6 Parts* de 1622, il finit par se retrouver isolé, tant du fait de la disparition de ses amis et collègues, que des bouleversements religieux et politiques dont il fut le témoin. Le coup de grâce fut la perte de son poste à la cathédrale de Worcester, lors du soulèvement de la ville en juillet 1646. Royaliste et « conservateur » en matière de culte, on retrouve comme un écho de sa détresse dans *A Sad Pavan : for these distracted times* (« Une pavane triste : pour ces temps d'égarement », deux semaines après l'exécution de Charles Ier (1646), ainsi que dans les *In Nomine* et *Miserere* des années 1650.

Les deux dernières œuvres connues de Tomkins datent de 1654, année au cours de laquelle il se retira et, semble-t-il, cessa de composer, quittant Worcester pour le village assez proche de Martin Hussingtree. La première (4 juillet), *Fortune my Foe* est l'ultime témoignage de la traditionnelle technique anglaise de la variation, tandis que *The Perpetual Round* (8 septembre) est un curieux exercice en canon. Toute la dernière partie de l'activité créatrice de Tomkins témoigne encore de l'influence de Byrd et de Bull, l'éclat de la virtuosité de ce dernier ayant cependant laissé la place, progressivement et par le biais d'une plus grande modération dans l'emploi des traits, à une recherche plus intense de l'expression.

M.R.

CHARLES TOURNEMIRE

Né à Bordeaux, le 22 janvier 1870 ; mort à Arcachon, le 4 novembre 1939. Après des études générales et musicales menées dans sa ville natale, il gagne Paris en 1886 où, dès l'année suivante, il s'inscrit au Conservatoire dans les classes d'harmonie et de piano. Entré chez Franck en 1889, il ne passe que quelques mois sous sa direction et obtient sous la conduite de Widor son premier prix d'orgue en 1891. Organiste de Saint-Nicolas-du-Chardonnet (1897), il succéda, l'année suivante, à Pierné comme titulaire du célèbre Cavaillé-Coll de Sainte-Clotilde qu'il fera restaurer et agrandir en 1933. Cette tribune lui sert de tremplin pour une carrière internationale qui l'entraîne en Allemagne, Hollande (1908), Russie (1911), Espagne (1934) ou Angleterre (1939). Nommé professeur de la classe d'ensemble du Conservatoire de Paris (1921), il consacre une large part de ses activités à la composition, avec notamment L'Orgue mystique. *Très attiré par la mer, il possédait une maison à l'île d'Ouessant, dans un environnement favorable à ses créations contemplatives. C'est aussi l'océan qui devait l'emporter durant l'automne 1939.*

Si Tournemire figure aux programmes de nombreux concerts d'orgue français ou étrangers — y compris aux États-Unis —, son catalogue compte aussi des pièces pour piano, musique de chambre ou d'orchestre (huit symphonies), pages de théâtre ou d'église, qui demeurent fort méconnues. Souvent élaborées dans un langage de caractère post-impressionniste, elles ignorent les innovations d'un Stravinsky ou de l'École de Vienne, cherchant, au contraire, dans la modalité et une expression souvent polyphonique une source de liberté qui ne refuse pas certains modernismes en matière d'harmonie, polytonalité ou rythme. Son abondante œuvre d'orgue témoigne, par ailleurs, de l'évolution de ce langage dans le premier tiers du XXe siècle, à travers une série de pages maîtresses ou de recueils de moindre poids qui s'adressent aussi à l'harmonium (*Petites fleurs musicales*). Outre les improvisations transcrites par Maurice Duruflé, elle comprend principalement une *Suite de morceaux pour grand orgue*, un *Triple choral, Sei Fioretti, Sept Chorals-Poèmes pour les sept Paroles du Christ* et surtout *L'Orgue mystique*.

Compositeur souvent novateur, improvisateur exceptionnel, Tournemire a suscité l'admiration de ses émules et accueilli à sa tribune de Sainte-Clotilde la plupart de ceux qui allaient constituer l'élite de l'orgue français (Noëlie Pierront, Maurice

Duruflé, Daniel-Lesur, Olivier Messiaen, Jean Langlais, Gaston Litaize ou André Marchal, parmi beaucoup d'autres). A ce titre, il s'est révélé comme le pionnier d'un mouvement qui, sans oublier le rôle certes différent mais non moins capital d'un Marcel Dupré, doit être considéré comme une véritable Renaissance de l'orgue au XXe siècle.

LES PREMIÈRES ŒUVRES

Suite de morceaux pour grand orgue

Cette œuvre « première manière » ne compte pas parmi les plus prestigieuses, éclipsée qu'elle paraît fort justement par *L'Orgue mystique* et les suivantes. Elle peut intéresser pourtant, dans la mesure où elle constitue un exemple typique du style de Tournemire dans ses publications de la trentaine. Éditées sous les numéros d'opus 19 et 24, respectivement en 1900 et 1902, ces sept pièces, dont la sixième est, avant bien d'autres, déjà dédiée à Joseph Bonnet, bordelais comme lui et alors organiste des Dominicains de Paris, ne peuvent guère laisser entrevoir, en effet, l'évolution future. Comme la plupart de ses devanciers, Tournemire propose une série de pages symphoniques dont les titres se partagent entre l'orgue d'église à programme libre (*Interludes, Communion, Ite Missa est*, toutes trois dédiées à des artistes bordelais) et l'instrument de concert *(Adagio, Scherzetto, Toccata* et *Pastorale)*. Le langage y demeure postfranckiste, tonal, parfois pittoresque mais sans notables surprises. La registration souvent impersonnelle (grand chœur, voix céleste, fonds et anches du Récit) peut se risquer néanmoins à quelques subtilités prémonitoires, dans le *Scherzetto* surtout où l'on demande gambe et octavin (Récit) et bourdon ou quintaton 16' (Positif). Quant aux formes, elles apparaissent classiques : A B A' *(Scherzetto, Pastorale)*, sur deux thèmes dans l'esprit d'une forme sonate *(Toccata)* ou selon un principe de variations *(Communion)*.

Triple choral

Cette page ambitieuse de 1910 marque une étape importante dans la courbe artistique de Tournemire et apparaît comme un indispensable jalon entre les *Trois Chorals* de Franck (1890), à la mémoire duquel cette fresque est dédiée avec un sentiment de « vénération », et *L'Orgue mystique* ébauché en 1927 (non compris le Choral de la *Deuxième Symphonie* de Vierne). Elle réserve une large part au procédé de la grande variation beethovénienne à travers l'idée du choral « à la française », soit d'une mélodie souvent modale et plus souple que celle des cantiques luthériens. Le sens du développement s'y trouve donc plus affirmé que dans les pages de 1900, alors qu'un programme religieux se dessine clairement dans une vision trinitaire. On y relèvera aussi quelques registrations que Tournemire retiendra dans ses futures créations, comme le mélange si typique de gambe 8', voix céleste, bourdon 8', voix humaine et trémolo. Un texte d'exaltation mystique détaille, par ailleurs, les « idées inspiratrices » de l'auteur.

La première partie, précédée d'une introduction qui esquisse les deux thèmes initiaux, s'adresse donc au Père, créateur des mondes et régulateur de leur « rythme grandiose », sur un noble choral en *ut* dièse. La seconde évoque alors Dieu fait homme, qui « est né dans une étable, a grandi au milieu des hommes, a vécu une vie selon le monde misérable, a enseigné de sublimes maximes, est mort sur la croix entre deux larrons ». Un second choral en *ré* majeur lui est réservé, plus nerveux (2/4), qui, à *Poco animato*, vient se superposer avec le premier. La troisième, enfin, met en scène le Saint-Esprit qui a dicté « cette manifestation grandiose de la marche silencieuse des astres dans l'espace et l'acte sublime du Christ en croix ». Un motif ascendant et plus ornemental en *mi* majeur lui correspond, bientôt superposé au premier *(Meno lento)* puis au second *(Lento)*.

L'ORGUE MYSTIQUE

La composition de *L'Orgue mystique*, dont la publication s'est échelonnée de 1929 à 1932, consacre un essor assez sensible de l'orgue liturgique dont les premiers effets se font sentir à la fin du XIXe siècle pour s'amplifier avant la guerre de 14-18. Pour mémoire, on pourrait se borner aux titres suivants, partant des quelques pièces qui exploitent le plain-chant dans l'*École d'orgue* de Lemmens, sa *Sonate « O Filii »* ou *L'Organiste liturgiste* de Guilmant :

1889 : *Cent Pièces brèves grégoriennes* de Gigout.

1890 : Douze Pièces de Boëllmann, dont *Choral, Versets sur « Adoro te », Paraphrase sur « Laudate Dominum »*.

1895 : *Album grégorien* de Gigout.

1897 : *Six Pièces pour différentes fêtes de l'année* de Marty.

1899 : Premier des sept *Livres d'orgue* de Périlhou.

1899 : *Vêpres du Commun des martyrs* de d'Indy, auxquelles s'apparentent celles de Ropartz *(Commun des saints)*, Chausson *(Vierges)* ou Séverac *(Confesseur non Pontife)*.

1903 : *Sonate « La Pentecôte »* de Marty.

Mais c'est surtout Widor qui ouvre la voie par sa *Symphonie gothique* sur le *Puer natus est* (1895), le *Salve Regina* qu'il introduit dans l'édition définitive de sa *Seconde Symphonie* (1901) et surtout la *Symphonie romane* (1900), dont les procédés de développement du *Moderato* initial *(Haec dies)* anticipent sur la manière de Tournemire (même liberté, même répétitivité, même fluidité, même appel à l'irradiation des mixtures), ainsi que la *Cantilène*, qui tente de rappeler quelques fragments de l'office de Pâques.

Structure d'ensemble

Entreprise audacieuse qui voulait édifier avec le plain-chant catholique ce que Bach avait tiré du choral luthérien, *L'Orgue mystique* est indissociable du mouvement de rénovation du grégorien auquel les moines de Solesmes ont participé. A l'initiative de Joseph Bonnet — à qui allaient être dédiés les offices les plus importants (Noël, Pâques, Pentecôte, Assomption, Toussaint) —, Tournemire a donc envisagé la conception d'un monument dont il a esquissé les premiers contours et achevé quelques éléments en 1927. Après s'être entretenu avec Dom Gajard et Dom Letestu, il avait imaginé, sous le titre de *L'Orgue glorieux*, un projet plus vaste encore que le plan auquel il a souscrit, dans la mesure où plusieurs offices comme ceux de la Nativité de saint Jean-Baptiste, de Saint-Pierre et Saint-Paul, de la Fête du Précieux Sang ou de la Visitation furent écartés de la rédaction définitive.

Cette dernière s'articule donc selon trois cycles : Noël (de *Gaudete*, troisième dimanche de l'Avent, à la Purification), Pâques (de la Septuagésime à la Pentecôte) et Pentecôte (de la Sainte Trinité jusqu'au XXIIIe dimanche), compte tenu du silence imposé à l'organiste lors de l'Avent (sauf *Gaudete*) et le Carême (sauf *Laetare*) et de l'adjonction de quelques fêtes hors cycle (Immaculée Conception, Purification, Saint-Joseph, Assomption, Toussaint, Nativité de la Vierge). On aboutit donc à une somme de cinquante et un offices d'une durée de quinze à dix-sept minutes, tous composés de cinq parties : prélude à l'introït (en général fort bref), offertoire, élévation, communion et une grande pièce terminale dont la longueur dépasse souvent la totalité de ce qui précède. Au contraire du prélude, de l'offertoire ou de la communion, cette fresque conclusive se réserve le droit de puiser en dehors de la messe les thèmes grégoriens qu'elle veut paraphraser, collectant parmi les antiennes ou hymnes matière à développer un final souvent brillant (choral varié, fantaisie, toccata) qui peut porter les titres variés de *Supplications*, *Paraphrase-Carillon*, *Postlude*, *Paraphrase*, *Diptyque*, *Fantaisie-Choral*, *Verrière*, *Clameurs* ou *Guirlandes alléluiatiques*. Parmi ces thèmes, l'*Ave maris stella*, souvent cité dans les offices de la Vierge (Immaculée Conception, Assomption) et le *Te Deum*, qui apparaît comme un véritable motif cyclique à travers tout le corpus (Nativité, Pentecôte, Trinité, Saint-Sacrement ou XXIIIe dimanche après la Pentecôte), opposent tendresse et puissance dans une théologique dualité.

Un parti pris de modalité régit tout le discours (pas d'armature à la clef, système de modulations étranger à celui de la musique tonale), alors que Tournemire prend quelques libertés dans ses citations du plain-chant : mélodies tronquées dont on ne tient compte ni des paroles, ni des périodes, sélection d'une seule incise, modifications, voire inversion. Mais le résultat sonore parvient à ne pas trahir la souplesse grégorienne dont on tire le meilleur effet du balancement ou des accents dans des formules aériennes, extatiques, jubilantes ou obstinées.

Écriture

Auteur d'une des premières études synthétiques sur cette œuvre, Bernadette Lespinard* a mis en évidence plusieurs procédés de paraphrase : thèmes harmonisés comme basse ou chant donnés, soit note à note comme un choral, soit comme un accompagnement plus sobre, thèmes sur tenues ou pédales, intégrés à la polyphonie, en canon, en imitation ou libres comme un récitatif. Ces monodies sont d'usage fréquent, alternant avec des épisodes divers ou rompant soudain un développement tendu. Il n'est pas rare aussi qu'une pièce se termine « *a cappella* », dans une ambiance monacale.

Sur le plan de la forme, on peut distinguer conception classique et solutions libres. Dans le premier cas, on trouve toutes les variantes de la formule *da capo* (A B A, A B A′, A B A′ B ou B′, A B A C, etc.), du rondo à refrain varié, de la fugue modale ou fugato, ou du choral qu'on harmonise souvent avec septièmes et neuvièmes majeures ou qu'on emploie comme un cantus firmus. On y ajoutera une manière fort courante qui consiste à varier deux éléments thématiques exposés au début (A B — A′ B′ — A″ B″ — etc.), dont les illustrations les plus significatives sont à chercher dans la Paraphrase de l'Office de Noël ou dans l'Offertoire de l'Assomption. Cette façon de développer n'est guère éloignée de certaines pratiques adoptées par Messiaen. Mais Tournemire ne s'enferme jamais dans un système et recourt souvent à des modèles d'improvisation dont il a indiqué lui-même le déroulement : exposition libre d'un thème — commentaire — développement central *(adagio)* — choral conclusif et coda élargie. Dans les pièces courtes, la démarche peut cependant être moins formelle.

Par ailleurs, le musicien fait usage de formules d'écriture qui constituent un vocabulaire très personnel : quartes et quintes parallèles ou accords conclusifs sans tierce de caractère médiéval, quintes de pédale, carillons, octaves brisées, notes répétées staccato, guirlandes, traits, arpèges, dont bien des figures annoncent Messiaen. Son harmonie le plus souvent dissonante, qui multiplie les accords de triton, de septième ou des accords parfaits colorés de notes étrangères, soutient le grégorien sans l'altérer, bien que l'on fasse parfois appel à des enchaînements plus traditionnels. De tout cela résulte une musique d'orgue très neuve, dont le sentiment contemplatif paraît renforcé par de longues périodes statiques ou obsessionnelles (pédales, ostinatos, longs accords, berceuses extatiques) auxquelles la plupart des maîtres de la période 1930-1950 seront réceptifs : Messiaen, le Jehan Alain du *Postlude pour l'office de complies* ou Langlais.

Couleurs et registration

La registration concourt elle aussi à cette magie ; elle bénéficie de la pratique du compositeur dans l'exécution de la musique ancienne et de son goût pour les couleurs des XVIIe et XVIIIe siècles. En digne héritier de Guilmant, l'organiste de Sainte-Clotilde a inscrit à son répertoire Bach, Buxtehude et Cabanillès (dont il édite les œuvres), Frescobaldi ou Daquin et, à une époque où l'instrument néo-classique balbutie encore (abbatiale de Solesmes, 1932), il en appelle déjà aux mixtures et aux mutations. La restauration qu'il dicte de son Cavaillé-Coll (1933) ne manque pas d'enseignements à cet égard (piccolo, plein-jeu de Récit). A côté des mélanges types de l'orgue symphonique (ensemble des fonds avec ou non le hautbois de Récit, voix céleste, tutti...), *L'Orgue mystique* présente, en effet, bien des recettes inédites, dont beaucoup ne doivent cependant rien au Grand Siècle : combinaison de voix céleste et voix humaine avec le trémolo déjà rencontrée dans le *Triple choral* de 1910, mélange de gambe 8' et quinte 2' 2/3, dialogue des trois trompettes, des trois gambes ou des trois flûtes, effets creux, anches et mixtures sans les fonds, etc. Son usage très fréquent des « petites mixtures » ou « mixtures douces », dont l'intitulé peut sembler

* Bernadette Lespinard : « *L'Orgue mystique* de Charles Tournemire », *Les Cahiers et Mémoires de l'Orgue*, 1971.

ambigu (s'agit-il d'un plein-jeu ou d'une synthèse de mutations aiguës?), apparaît inédit, alors qu'il joue souvent de l'accouplement à l'octave grave II/III et des seize pieds (quintaton) transposés à l'octave supérieure. Une pédale registrée en 4' et 2' 2/3 sonnant dans l'aigu, des artifices de coloration et l'utilisation de claviers multiples lui permettent, par ailleurs, de tisser une polyphonie serrée dans la même tessiture. Quant à la boîte expressive, son action en est méticuleusement programmée avec des indications d'ouverture à 1/4, 1/2 ou 3/4. Cette véritable orchestration exige souvent une notation précise et complexe qui en appelle volontiers à des systèmes de quatre portées.

L'étude des différents Offices de *L'Orgue mystique* révèle que leur exécution exige un instrument comme il n'en existe guère dans la France des années trente (même après les travaux de 1933, l'orgue de Sainte-Clotilde paraît insuffisant). La disposition de l'orgue idéal de Tournemire serait peut-être à rechercher dans les quelques projets imaginés par le musicien, dont celui de Monserrat. Cet orgue de trois claviers, doté d'un tirage des jeux électrique, d'un combinateur, d'appels d'anches et d'octaves graves multiples (I/II, I/III, II/III, III/II, III/III) devrait grouper environ soixante-dix jeux. Il n'est pas difficile d'en reconstituer la composition, compte tenu que les mixtures douces pourraient être traitées en carillon (2', 2'2/3, 1' par exemple) :

Grand-Orgue (I) : montre 16', bourdon 16', montre 8', bourdon 8', flûte harmonique 8', gambe 8', prestant 4', flûte 4', doublette 2', plein-jeu, cornet, bombarde 16', trompette 8', clairon 4'.

Positif expressif (II) : quintaton 16', bourdon 16', principal 8', flûte douce 8', flûte harmonique 8', bourdon 8', salicional 8', unda maris 8', principal 4', flûte douce 4', quarte 2', doublette 2', mixture douce, plein-jeu, quinte 2' 2/3, tierce 1' 3/5, clarinette ou cromorne 8', cor de basset 8', trompette 8', clairon 4'.

Récit expressif (III) : quintaton 16', bourdon 16', principal 8', gambe 8', flûte harmonique 8', bourdon 8', voix céleste 8', quintaton 8', principal 4', salicet 4', flûte douce 4', doublette 2', octavin 2', nasard 2' 2/3, tierce 1' 3/5, piccolo 1', plein-jeu, mixture douce, voix humaine 8', hautbois 8', bombarde douce 16', trompette 8', clairon 4'.

Pédale : bourdon 32', contrebasse 16', soubasse 16', salicional 8', bourdon 8', flûte 8', violoncelle 8', principal 4', flûte 4', flûte 2', quinte 5' 1/3, mixture, basson 16', bombarde 16', basson 8', trompette 8', clairon 4'.

On ne manquera pas de remarquer la présence de deux claviers expressifs, dont un Récit pléthorique dépassant vingt jeux avec une tierce que Tournemire ne sollicite guère au Positif dans son œuvre écrite. La quinte 5' 1/3, que l'auteur ajoute à la pédale de Sainte-Clotilde en 1933, paraît dans les *Sept Chorals-Poèmes* qui semblent avoir été registrés pour cet instrument.

Les Offices

Tel apparaît *L'Orgue mystique* sous son aspect fonctionnel — un outil au service de tous les organistes catholiques —, novateur et orant. Il semble en parfaite osmose avec la spiritualité de son époque, une période que marquent la diffusion de la poésie de Péguy, le triomphe de Paul Claudel, l'ascension d'un Bernanos, d'un Reverdy ou d'un Hello, dont Tournemire se montre un des plus ardents lecteurs.

Les conséquences des réformes adoptées par le concile Vatican II que l'Église de France interprète à sa manière (1962-1964), en ruineront pourtant la pratique liturgique et la portée. En effet, si, hors de la liturgie, l'exécution continue des messes de Couperin ou de Grigny n'en affaiblit pas le pouvoir expressif (seuls, quelques versets se fondent sur le plain-chant), les offices de Tournemire souffrent davantage de l'absence de tout contexte grégorien et cultuel. On en prendra pour preuve l'usage maîtrisé des anches et du tutti, lesquels n'entrent en action que lorsque le contexte religieux l'autorise — des offices entiers se limitent à des couleurs très pâles et à des effets peu spectaculaires. L'interprétation successive des différentes pièces peut en accuser aussi l'hermétisme, et le climat très subtil qui s'en dégage ne « passe » pas toujours hors du lieu et du moment pour lesquels elles ont été pensées.

On peut rappeler enfin que le titre d'office utilisé par Tournemire affecte exclusivement la messe.

Nº 2. Immaculata Conceptio B. Mariae Virginis

(Office dédié au R.P. Dom Gajard, maître de chœurs de Solesmes)

Prélude à l'introït sur *Gaudens*, annonçant la couleur générale de l'ensemble qui, jusqu'à la pièce terminale, se complaît dans les demi-teintes des flûtes, bourdons, gambes et ondulants. On notera la citation du grégorien à la basse sur groupe-pédale supérieur.

Offertoire sur *Ave Maria* (A B A′ B′), dont le thème est confié aux flûtes harmoniques sous forme de libre polyphonie (A) puis harmonisé comme un choral (B).

Élévation sur la vocalise *Jerusalem* du Graduel, courte méditation sur la voix céleste combinée au quintaton 16', à l'octave grave du II.

Communion sur *Gloriosa dicta sunt* à partir d'un mélange type de voix céleste, gambe, voix humaine et bourdon du III, flûte douce 4' du II, qui impose, dans une fine recherche de couleurs, de nombreux changements de registres.

Postlude sur les hymnes *Ave maris stella* (A), *O Gloriosa Virginum* (B) et l'antienne *Tu gloria* (C). Après une première partie sur les flûtes et bourdons des trois claviers (A et C) et une seconde section polyphonique (six voix, double pédale), le troisième épisode se livre à un développement rythmique des divers éléments avec des procédés chromatiques. A termine alors seul sur les flûtes 8'.

Nº 3. Nativitas D.N. Jesu Christi

(Office dédié à Joseph Bonnet)

Prélude à l'introït sur *Puer natus est*. Le thème y apparaît à la pédale sur les fonds et petites mixtures du III pour s'achever dans la douceur d'un unique bourdon.

Offertoire sur *Tui sunt coeli*, *Molto adagio* très contemplatif d'une complexe polyrythmie (notation sur quatre portées) sur les fonds et ondulants.

Élévation sur l'antienne *Veritas de terra orta est*, pièce sans pédale sur les flûtes harmoniques des claviers secondaires. Commencée comme une monodie, l'œuvre gagne en densité (trois, quatre parties) pour s'achever dans un climat immatériel.

Communion sur *Viderunt omnes*, alternant monodies et sections harmonisées ou polyrythmiques. La curieuse registration mérite qu'on la note : flûte harmonique du II, gambe et nasard du III, octaves graves II/III et fonds 16', 8' de pédale.

Paraphrase sur l'hymne *A Solis ortus*, le *Te Deum* et *Regnum ejus* qui s'organise comme suit. A1 : refrain à 5/8 très décoratif et confiné dans l'aigu (tutti 8', 4') sur *Regnum ejus*. B1 : *A Solis ortus* en valeurs longues (pédale) qui prend fin sur une section harmonique. A2 : développé. B2 : *A Solis ortus* (suite). A3 : avec une parure d'arabesques et de guirlandes. B3 : *A Solis ortus* à la pédale sur notes répétées et octaves (main droite) puis apparition du *Te Deum*. A4, B4 combinés avec le thème du *Te Deum* conduisent, par un crescendo à un épilogue glorieux avec double pédale.

Nº 7. Epiphania Domini

(Office dédié à André Marchal)

Prélude à l'introït sur *Ecce advenit* (fonds du II accompagnés par bourdon 8', flûte 8', gambe 8', salicet 4' et petites mixtures du III), d'une écriture claire et souple.

Offertoire sur *Reges Tharsis*, d'un tissu polyphonique très dense comme dans l'Office de Noël (nº 3). Au thème grégorien (A) répond un commentaire décoratif (B) selon un plan A B A′ et coda sur B.

Élévation très brève (monodie et commentaire en quartes parallèles) qui utilise un mélange original : gambe 8', nasard et hautbois.

Communion sur *Vidimus stellam*, d'une composition très compartimentée (ondulant du III et flûte 4' du II).

Fantaisie sur l'hymne *Crudelis Herodes*, le répons *Omnes de Saba venient* et l'*Alleluia*. Un des sommets de *L'Orgue mystique*, cette vaste fresque s'organise selon trois parties. La première, au cours de laquelle on rencontre quelques cadences sans tierce, fait alterner un refrain varié sur *Alleluia* (le dernier sur tenue d'accord de septième) et un couplet développé dans l'aigu. La seconde présente alors deux nouveaux thèmes : *Crudelis Herodes*, avec un contrepoint fleuri d'arpèges, et *Omnes de Saba* en crescendo sur toutes les mixtures et le piccolo du III. La troisième reprend enfin tous les éléments dans l'ordre suivant : refrain sur *Alleluia* ponctué d'accords, couplet en staccato avec octaves types, *Crudelis Herodes*, *Omnes de Saba*, grande cadence finale.

N° 11. Purificatio B. Mariae Virginis
(Office dédié à Henri Mulet)

Prélude à l'introït sur *Suscepimus*. Le plain-chant est cité à la pédale sur un contrepoint orné (gambe, nasard, tierce du III et flûte harmonique du II).

Offertoire sur *Diffusa est*, de plan A B A′. A cite le thème grégorien à la basse sur des tenues, B commente sous forme d'un récitatif libre en doubles croches.

Élévation sur l'antienne *Cum inducerent*, en contrepoint à trois voix de caractère dépouillé.

Communion sur *Responsum*, utilisant le mélange voix céleste-voix humaine cher à l'auteur.

Diptyque sur les antiennes *Lumen ad revelationem* (A) et *Adorna* (B), que l'on peut considérer comme une des plus poétiques parmi les pièces terminales de tout le corpus. La première partie fait alterner A, d'abord traité comme un choral sur des sonorités limpides (quintaton 16', cor de nuit, salicet 4' et nasard du III, auxquels on ajoute bientôt la tierce) et B (croches plus aériennes). Le motif principal paraît un ton plus haut, puis en *fa*, tandis qu'intervient une formule d'ostinato (C) sur des sextolets de doubles croches. Une séquence indiquée *Più largo* et *fff* (mais sans anches) précède la seconde partie à 6/8, sorte de berceuse mystique sur des quartes de pédale qui empruntent à C ses formules répétitives.

N° 17. Dominica Resurrectionis
(Office dédié à Joseph Bonnet)

Prélude à l'introït sur *Resurrexit*, double présentation avec harmonisation (quintes consécutives), puis commentaire sur des sonorités lumineuses (8', 4', 2', 2' 2/3).

Offertoire sur *Terra tremuit*, assez développé et divers (cantus firmus, traits de pédale aux larges intervalles, contrepoint en doubles croches, harmonie massive), mais la sonorité exceptionnellement brillante du début (mixtures) s'estompe pour terminer dans la tendresse d'une flûte et d'un bourdon.

Élévation sur l'antienne *Angelus autem*, d'une polyphonie serrée (voix céleste et flûte 4' de pédale comme dans l'*Adagio* de la *Cinquième Symphonie* de Widor).

Communion sur *Pascha nostrum*, très contrapuntique elle aussi, avec citation du plain-chant sur tenues.

Paraphrase et double choral sur la séquence *Victimae paschali* (A), les antiennes *Ego dormivi* (B) et *Haec dies* (C) et quelques thèmes secondaires (*Ite Missa est*, *Alleluia*), une des plus ambitieuses fresques de *L'Orgue mystique*, en trois parties. La première débute sur B et C aux manuels, puis A en canon à l'octave entre le soprano et la basse. Après le retour de C (pédale), on termine sur une section d'âpre harmonisation (trois périodes rappelant A). La seconde reprend alors A sur les figures obstinées de C, pour s'achever sur une section harmonique de même caractère. La dernière utilise encore A et C pour prendre fin en douceur.

N° 25. In Festo Pentecostes
(Office dédié à Joseph Bonnet)

Prélude à l'introït dont le thème, *Spiritu Domini replevit*, est cité à la clarinette sur un accompagnement pimenté de dissonances.

Offertoire sur *Confirma hoc*, de structure A B A′, A polyphonique avec plain-chant à la pédale (fonds, trompette, basson), B harmonisé comme un choral.

Élévation sur l'antienne *Sic Deus dilexit mundum* des secondes Vêpres, polyphonique avec pédale registrée 4' et 2'2/3.

Communion sur *Factus est repente*, d'une écriture très chargée (sept à huit notes) sur les ondulants.

Fantaisie-Choral sur la séquence *Veni Sancte Spiritus*, l'hymne *Veni Creator* et le *Te Deum*, d'une composition magistrale. Sur des mouvements continus de toccata au III (8', 4', 2', mixtures), sonne le thème du *Veni Sancte Spiritus*. Une transition de dense polyphonie (cinq voix), ascendante puis descendante (A), conduit au retour de la toccata. Le *Veni Sancte Spiritus* se présente alors un demi-ton au-dessous, puis module. C'est ensuite l'exposé sur les mêmes motifs de toccata du *Veni Creator* (pédale) en *ré*, qui dialogue avec le soprano. On ne manquera pas de relever les importantes modifications rythmiques et mélodiques que Tournemire fait subir au thème.

Retour du *Veni Sancte Spiritus* au soprano, puis second énoncé du *Veni Creator*, en *mi* bémol (canon à l'octave entre la basse et le soprano, en crescendo), transition sur la tête du *Veni Creator* en valeurs diminuées, retour du *« Veni Sancte Spiritus »* à la pédale (anches avec bombarde, mixtures). Enfin, transition proche de A, decrescendo et *Te Deum* sur la voix céleste.

Nº 27. In Festo Corporis Christi

(Office dédié à Paul Bertrand)

Prélude à l'introït sur *Cibavit eos*, d'allure très dépouillée, sur les gambes 8' des trois claviers.

Offertoire sur *Sacerdotes* (fonds 8' et hautbois, comme chez Franck). D'abord traité en choral harmonisé, dont les différentes périodes sont reliées par des récitatifs libres (A), puis en monodie plain-chantesque au III (B). On revient enfin à la première section, mais sans pédale (A′).

Élévation sur l'antienne *O Quam suavis est*, d'une grande économie de moyens (une, deux ou trois voix dans l'aigu).

Communion sur *Quotiescumque* de structure A B A ; A fugué, B d'un contrepoint à quatre voix.

Fantaisie-Paraphrase sur des répons brefs (A), les hymnes *Pange lingua* (B) et *Verbum supernum* (C), la séquence *Lauda Sion* (D) et le *Te Deum*. Dans la première partie, A lance ses appels sur les mixtures, motif qui va servir de base rythmique et contrapuntique à toute la pièce. B se trouve bientôt énoncé à la pédale et repris en valeurs brèves au soprano, puis C, harmonisé comme un choral avec ponctuation de A sur toutes les finales, enfin D, en ostinato à la pédale. Après l'exposition de tous ces éléments, un développement, mené sur les doubles croches décoratives de A, reprend B au soprano et C à la pédale. L'harmonisation de A interrompt alors le flot continu, qui réapparaît ensuite comme dans l'exposition, cette fois superposé à B et D (pédale). Dans la section finale, la registration s'étoffe pour aboutir au tutti, alors que le *Te Deum* vient conclure.

Nº 35. In Assumptione B.M.V.

(Office dédié à Joseph Bonnet)

Prélude à l'introït sur *Gaudeamus*, cité à la pédale sur un quatre-pieds qu'accompagnent gambe et voix céleste du III.

Offertoire sur *Assumpta est*. Des ostinatos combinés en syncopes (A), d'un très bel effet (main droite en quintes parallèles dans l'aigu, pédale en tierces sur fond de voix céleste)

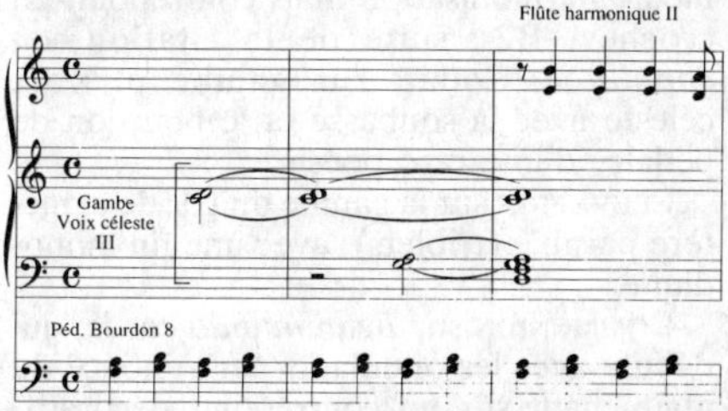

reçoivent la réponse d'une monodie *« a cappella »* (B). Le plan, selon une formule chère à Tournemire, reprend trois fois ces deux idées en les modifiant.

Élévation sur l'antienne *Assumpta est*, en rythme complexe de quintolets et sextolets sur pédale en quinte.

Communion sur *Optimam patrem* (A B A′), qui convie d'abord les trois flûtes (A), puis la combinaison voix céleste et voix humaine dans un système harmonique plus complexe (B).

Paraphrase-Carillon sur les hymnes *Ave maris stella* et *Salve Regina*, d'un plan voisin de nombre d'improvisations de Tournemire, soit d'abord une exposition des deux thèmes, *Salve Regina* (pédale) puis *Ave maris stella*, dans toute la force avec commentaire décoratif en sextolets sur les finales. Après un développement sur des cellules des deux motifs survient un *Andante* sur *Ave maris stella*. Enfin, l'épilogue présente quelques ressemblances avec le début (deux voix sur fonds et mixtures), en carillon. On aboutit à un *fff* (unissons, puis staccato manuel). La tête du *Salve Regina* sonne à la pédale dans une conclusion triomphale.

Nº 48. Festum Omnium Sanctorum
(Office dédié à Joseph Bonnet)

Prélude à l'introït sur *Gaudeamus*, thème énoncé à la pédale (clarinette) sur un accompagnement libre en valeurs longues.

Offertoire sur *Justorum animae*, un des plus réussis de *L'Orgue mystique*, dont l'harmonisation évite cependant les dissonances habituelles pour un style plus « romantique ». On distingue cinq parties. A : choral sur les fonds 8' (*lento*) sans pédale. B1 : citation « *a cappella* » du grégorien. A′ : sur les flûtes et bourdons 8′, même harmonisation mais contrepoint en croches. B2 : suite de la citation « *a capella* ». Coda : sur gambe et voix céleste avec la soubasse et le bourdon de pédale, d'une rare poésie.

Élévation sur la gambe du III, de caractère paisible (triolets), avec une fin monodique.

Communion sur *Beati mundo corde*, qui débute avec les ondulants par l'énoncé du plain-chant sur un contrepoint décoratif, puis poursuit selon une écriture plus chargée (huit parties, double pédale) pour s'achever « *a cappella* ».

Choral sur l'hymne *Placare Christe servulis* traité en rondo. Le refrain, qui présente d'abord un récitatif sur le motif grégorien, est soumis à des variations ornées, parfois coupées par une section verticale. Les couplets présentent le *Placare Christe servulis* sous forme d'un cantus firmus qui sonne à la pédale. Un développement d'allure symphonique s'achève enfin sur une coda *(largo)*.

Nº 51. Dominica XXIII post Pentecosten
(Office dédié à Norbert Dufourcq)

Prélude à l'introït sur *Dixit Dominus*. Une polyphonie concentrée dans l'aigu (canon, effets d'écho) s'y déroule sur plusieurs claviers (fonds doux).

Offertoire sur *De Profundis*. Le thème sonne à la pédale sur un accompagnement de sextolets avec contre-chant au soprano, mais les dernières mesures sont homorythmiques (voix céleste).

Élévation sur l'antienne *Dicebat enim*, dans le même caractère (quintaton 16' dans l'aigu.)

Communion sur *Amen dico vobis*, noté à 4/2 dans un mouvement *largo* très statique et contemplatif (ondulants de II et III avec quelques fonds, dont le quintaton 16' et le trente-deux-pieds de pédale).

Fantaisie sur le Te Deum et guirlandes alléluiatiques, selon un plan en trois épisodes qui appelle toutes les forces de l'orgue. Dans une première section, le thème, qui a déjà parachevé de nombreux offices, triomphe une dernière fois sous de souples vocalises, puis réitéré dans une parure de figurations typiques : octaves brisées, accompagnement à contre-temps, staccato d'accords, notes répétées, etc. Une seconde partie développe ce même motif et le soumet à des modifications rythmiques. On aboutit enfin à un épilogue éclatant, dans un style de toccata.

LES DERNIÈRES ŒUVRES

Publiés en 1933, les **Sei Fioretti** inspirés par saint François d'Assise offrent quelques analogies avec les pages initiales de bien des offices de *L'Orgue mystique* (pas d'armure à la clef, figurations, registrations types, ici en demi-teintes et d'une extrême délicatesse), mais une évolution sensible s'y manifeste quant aux choix de certaines sonorités comme aux composantes du style. Ainsi, la quatrième et la sixième pièces paraissent-elles fort sombres, avec leurs seize-pieds dominants (particulièrement la première nommée, qui réclame quintaton 16' et bombarde douce au III, bourdon 16' au II et fonds 32', 16', 8' de Pédale), tandis que le plan élu pour les nos 1, 3, 4 et 5 consiste à varier dans une seconde partie les éléments exposés par la première (la sixième, au contraire, s'apparente à un choral-ricercar à cinq voix), manière qui n'est pas étrangère à *L'Orgue mystique*, mais qui tourne ici au système. De plus, Tournemire recourt non seulement à des quintes successives (nos 3 et 4), mais à des échelles intéressantes qui s'aventurent au-delà des modes du plain-chant. Dans la cinquième pièce, la mélodie exposée se fonde sur une échelle *mi, fa, sol* dièse, *la* dièse, *si, do* dièse, *ré, mi*, alors que, dans la deuxième section, chaque dessin est introduit par un arpège de quintes ascendantes (*sol, ré, la, mi, si, mi*), d'où une notable ressemblance avec les œuvres de Messiaen (ce dernier honore saint François d'une même dévotion) ou de Jehan Alain, d'autant plus que le mouvement infiniment calme instaure un climat mystique.

Dans les **Sept Chorals-Poèmes d'orgue pour les sept paroles du Christ** (1935), on remarque aussi les effets d'une réflexion approfondie sur le langage. Dans la quatrième page (*« Eli, Eli, lamma sabacthani »*) qui débute comme une passacaille, l'ostinato

est transformé en libre monodie pseudo-grégorienne (clarinette), à la manière de Liszt,

tandis qu'Olivier Messiaen a loué, d'autre part, le caractère « sobre et dépouillé » de cet ensemble dédié à Ernest Mitchell (New York), la beauté des variations amplificatrices à la Beethoven-Franck et l'ornementation mélodique du second choral *(« Hodie mecum eris in paradiso »)*, avant de déceler dans le cinquième *(« Sitio »)* un mode hindou *(do, ré* dièse, *mi, fa, sol, la* dièse, *si, do)* qui constitue un véritable leitmotiv de l'œuvre.

Quant à la dernière pièce *(« Consummatum est »)*, poème traversé par un motif instable énoncé d'abord par la pédale solo (*cf. Le Chemin de la croix* de Marcel Dupré), sa section terminale opère une dissolution des éléments pour s'anéantir sur un *Lento* avec quelques rares « touches » de basse, qui illustre les paroles de Mgr Gay : « Le cœur du Christ est la révélation du cœur de Dieu ; La croix est la révélation du cœur du Christ. »

A la suite de cet exemple, on peut considérer, par ailleurs, que ces recherches mûrement méditées sur la syntaxe musicale trouvent leur justification dans une ferme volonté de concevoir l'art sonore comme auxiliaire de la théologie ou du sentiment religieux. Ainsi chaque pièce est-elle commentée par l'auteur lui-même, dans une libre paraphrase du texte latin qui se veut un acte de foi public. La première *(« Pater, dimitte illis ; nesciunt enim quid faciunt »)* insiste sur la notion de « régénération du genre humain » comme perspective du sacrifice ultime ; la seconde *(« Hodie mecum eris in paradiso »)* s'extasie sur les « bienfaits de la Rédemption » ; la troisième *(« Mulier, ecce filius tuus » — « Ecce mater tua »)* présente Jean comme un « précurseur du Christ » et la quatrième *(« Eli, Eli, lamma sabacthani »)* se veut le témoignage de l'épouvante du créateur des mondes devant « son inconcevable mansuétude pour le genre humain ». Si la dernière inspire enfin à Tournemire des images surnaturelles qui, dans l'environnement surréaliste de l'époque, ne sont pas sans affinités avec la future poésie qu'affectionnera Messiaen (« Les gouttes de sang du Sauveur inondent le firmament »), la sixième *(« Pater in manus tuas commendo spiritum meum »)* lui arrache d'extatiques pensées : « L'œuvre étant accomplie, l'esprit retourne à l'esprit... Dieu retourne à Dieu... Dieu a consenti à souffrir comme un homme ordinaire, puis, jugeant suffisant le spectacle sanglant, les offenses prodiguées, Il s'élance par sa propre puissance, dans son inaccessible royaume et se retrouve dans la plénitude de sa gloire... »

Durée d'exécution de chaque pièce : de 5 à 10 mn

Sans omettre quelques pages de longue haleine comme les *Trois Poèmes* (op. 59) composés pour le nouvel orgue de Sainte-Clotilde (1933), la *Fantaisie symphonique* (op. 64, 1934), la *Symphonie-choral* (op. 69) qui répond, en 1936, au *Triple Choral*, la *Symphonie sacrée* (op. 71, 1936) et *Deux Fresques symphoniques sacrées* (op. 75 et 76, 1939), il semble nécessaire de citer aussi la **Suite évocatrice** (op. 74), qui occupe une place très originale dans la production de Tournemire. Dédiée à Paul Brunold, elle s'inspire des maîtres français des XVIIe et XVIIIe siècles et annonce la *Suite baroque* de Jean Langlais. Exécutée par l'auteur lui-même sur l'instrument historique de Saint-Gervais (1939), elle comprend cinq pièces dont les titres seuls suggèrent une conception « à la manière de » : *Grave, Tierce en taille et récit de chromhorne, Flûte d'écho, Jeu doux et voix humaine*, *Caprice* (avec réminiscences de concerto italien).

Les improvisations

En 1930-1931, Tournemire gravait pour Polydor une série de disques consacrés à Franck et à ses propres compositions. On y découvre également cinq improvisations qui témoignent des différentes facettes de son art, de la grande fresque épique au court poème dans le goût de la miniature. L'inspiration en est exceptionnelle et, en dépit des contraintes de l'enregistrement, dépasse très souvent celle qui anime beaucoup d'œuvres écrites. Maurice Duruflé en fit une exemplaire reconstitution publiée en 1958.

Parmi les pièces brèves, la **Cantilène** et la **Petite Rhapsodie**, toutes deux en *fa*, cultivent avec délicatesse un genre impressionniste qui trouve sa saveur dans la modalité. Sous un titre fort modeste, la seconde se distingue par son économie des moyens et des modulations. Quant aux trois autres, **Improvisation sur le Te Deum, Choral sur Victimae paschali** et **Fantaisie sur Ave maris stella**, elles s'apparentent aux pages terminales de *L'Orgue mystique* avec une spontanéité, une fougue et un jaillissement propres aux créations de l'instant. De par ces qualités, les deux dernières connaissent un succès qui dépasse nettement celui des opus 59, 64, 71, 75 et 76.

Le **Choral sur Victimae paschali** en *sol* mineur s'articule selon trois épisodes. Après une introduction énergique et « médiévale » sur le tutti et un développement plus agité dont les modulations surprennent (*sol* mineur-*si* mineur, par exemple), le plain-chant fait l'objet d'un choral harmonisé dans le ton principal. Un ostinato en *mi* mineur conduit alors à l'adagio central, sur la voix humaine, avant qu'un ample pont conçu en crescendo ne mène au retour glorieux du *Victimae paschali*, grande hymne avec commentaires en arabesques que parachève une glorieuse péroraison.

La **Fantaisie sur Ave maris stella** débute, au contraire, dans la calme suavité des flûtes. La présentation du thème achevé, on assiste à un magnifique développement, notamment sur les trois notes initiales du plain-chant, dans un mouvement agile et décoratif. Un adagio lui fait suite, solo de flûte harmonique sur voix céleste qui contraste à plus d'un titre avec le troisième et dernier volet du triptyque. Cette ultime section renouvelle, en effet, l'attention par son éclat (tutti), son irruption en *mi* majeur et des modulations qu'ignorent les deux premières parties. Après que le thème grégorien a sonné à la pédale dans toute la puissance, la fin se dilue, par contraste, dans les demi-teintes d'une poétique voix humaine.

F.S.

GIOVANNI MARIA TRABACI

Né à Montepeloso (aujourd'hui Irsina, en Lucanie), vers 1575 ; mort à Naples, le 31 décembre 1647. Formé à Naples auprès du Flamand Jean de Macque et chantre de la chapelle de l'Annunziata (1594), il tient les orgues de l'Oratorio dei Filippini en 1597 avant d'être nommé, en 1601, premier organiste de la chapelle du vice-roi de Naples (Ascanio Mayone y est deuxième organiste, et le maître de chapelle n'est autre que Jean de Macque). En 1614, au décès de son maître et ami, Trabaci reprend la charge de maître de chapelle, Mayone héritant du premier orgue. Trabaci retrouvera sa tribune des Philippins de 1625 à 1630, et sera par intermittences au service de l'aristocratie napolitaine. Très abondante, son œuvre vocale sacrée touche à tous les genres, y compris la Passion, et ses quelque 60 chants profanes illustrent aussi bien la villanelle populaire que le madrigal et l'aria. Pour les claviers ou autres instruments, il a laissé des Ricercate, canzone francese, capricci, canti fermi, gagliarde, partite diverse, toccate, durezze e ligature, *et un madrigal* passagiato ne fine *(1603), puis* Il secondo Libro de ricercate et altri varii capricci *[...] (1615), ainsi que quelques pages séparées.*

Pour tout amateur de musique, Naples rime avec opéra, castrat, bel canto, évoque le XVIIIe siècle, Provenzale, Durante, Leo, Vinci, Porpora et s'identifie à deux théâtres d'opéras, le San Bartolomeo et le San Carlo, et deux compositeurs, Alessandro Scarlatti et Pergolèse. Le reste de son histoire musicale est moins connu. Se souvient-on, par exemple, que Naples n'a pas su retenir Luigi Rossi qui, né dans les Pouilles, était venu y chercher fortune ? Et pour assister à l'éclosion de l'école d'orgue napolitaine, qui eut à tenir un rôle de premier plan dans la formation du Baroque musical, il faut se reporter en esprit plus en arrière encore.

En ces temps de Contre-Réforme, la domination de la très catholique Espagne pèse lourdement sur la ville, mais la Cour mène grand train, les fêtes abondent qui favorisent la musique et, des collines ondulées qui bordent l'inoubliable baie, jaillissent palais et églises magnifiquement décorés. Richesse et pauvreté se côtoient au hasard des ruelles sombres et des places calcinées par une implacable lumière. Le rude expressionnisme, fortement influencé du Caravage, qui caractérise la peinture de Ribera rend compte des contrastes abrupts d'une terre incandescente, rongée par la misère et le soleil.

Ces contrastes caractérisent aussi la musique d'orgue, non sous forme d'opposition entre des claviers, que les petits instruments n'autorisent pas, mais dans l'alternance d'une austère et savante polyphonie et d'intuitions harmoniques follement novatrices. La première féconde des *ricercari*, débiteurs tout à la fois de la tradition espagnole de Cabezón et du contrepoint flamand, les secondes trouvent à s'exprimer dans des *stravaganze* qui ne sauraient être réduites à un maniérisme de surface sous peine de méconnaître l'âme tourmentée de leurs créateurs.

Macque, Mayone, Trabaci, avec eux se noue l'histoire musicale napolitaine. En vérité, à Naples, pas plus que dans les autres centres italiens, les Flamands n'ont vraiment *créé* une école régionale — l'*Intavolatura di cimbalo, recercate, fantasie et canzoni francese* (1576) et les *Versi spirituali sopra tutte le note, con diversi canoni spartiti per sonar negli organi, messe, vesperi, et altri oficci divini* (1580) du Napolitain Antonio Valente en apportent la preuve. Mais les Willaert et Buus à Venise, Verdelot, Arcadelt à Florence et Rome, Macque à Naples ont tenu le beau rôle d'éveilleur de talents ; ils ont aidé les Italiens à émerger d'un siècle de léthargie musicale et à ranimer le grand feu qui couvait sous les braises.

Formé à Valenciennes puis à Vienne, riche de plusieurs années romaines au contact de Marenzio et du cercle de Palestrina, Macque avait des trésors d'expérience à déverser sur la capitale du Sud. Ses cadets surent en profiter. D'une manière bien différente des Florentins Galilei (*Dialogo della musica antica e della moderna*, 1581), Caccini (*Nuove Musiche*, 1601) et Peri, tournés vers la renaissance du *parlar cantando* et de la *favola in musica*, les Napolitains partirent eux aussi en quête de l'expression des passions. Leurs *durezze* (duretés, dissonances), au sein même de l'ancienne polyphonie, sont la marque passionnée de ces recherches, comparables à celles de Gesualdo. Si l'acmé en est atteint dans les madrigaux spirituels du prince meurtrier, l'Europe baroque ne méconnaîtra pas les *stravaganze* instrumentales acclimatées par Jean de Macque : les œuvres de Frescobaldi, Rossi, Froberger, Louis Couperin sont là pour en attester. Et Vivaldi ne baptisera-t-il pas encore *La Stravaganza* l'un de ses plus remarquables ensembles de concertos ?

Premier Livre

Vaste anthologie de tous les genres en vigueur au clavier à la fin du XVIe siècle, le Premier Livre (1603) de Trabaci fut probablement connu de Frescobaldi qui reprendra en les épanouissant tous les modèles abordés par son aîné. Entièrement à quatre voix, en partition (quatre portées superposées), le recueil favorise une écriture abstraite, à base de croisements de voix peu favorables sur un orgue à un seul clavier où les parties se confondent. Classé méthodiquement, le Livre propose :

— Douze pièces assimilables à des **Ricercari**, désignées d'après chacun des douze tons et le nombre de motifs traités : *Primo tono con tre fughe, Secondo tono con quattro fughe*, etc. Entendez par là que le 1er ricercare en mode de *ré* mène de front trois motifs, et que la 2e en accumule quatre. Seul le *Decimo tono transportato con una fugha sola* se suffit d'un unique sujet, varié dans la section centrale et ramené en *da capo* dans la dernière, qui s'achève par de brillants traits de toccata. Le *Terzo tono con tre fughe* en *la* expose en réalité un motif principal en valeurs longues, un contre-sujet obligé en valeurs diminuées, tous les deux compris dans un ambitus de quinte, et un motif plus ponctuel circonscrit dans une quarte. Le *Sesto tono* compte trois sujets et « *suoi riversi* » (renversements), et l'*Ottavo tono* inclut le célèbre motif du *Ruggiero*.

— Sept **Canzoni francese**, plus animées, qui exploitent avec talent cet esprit frondeur, cette mobilité, ce crescendo agogique qui font toute la séduction du genre. La *Canzone II*, en mode de *ré* transposé sur *sol*, achevée en style de toccata, se fragmente en six sections ; commencée de manière peu habituelle sur l'homorythmie des quatre voix, elle se scinde en blocs avant de laisser fuser des imitations plus dynamiques. La *Canzone V* « *sopra dunque Credede ch'io* » met en valeur un motif de chanson. De nouveau en mode de *ré* sur *sol*, la *Canzone cromatica VII* se suffit de trois sections de plus en plus brèves, immédiatement lancées par le dactyle en notes répétées typique du genre et un mouvement chromatique sur la quarte ascendante ; un deuxième sujet plus diatonique inclut un rythme pointé, et le troisième, de nouveau chromatique, n'en est pas moins rondement enlevé.

— Deux **Capricci** « *sopra un soggetto solo* » et « *sopra la-fa-sol-la* ».

— Quatre **Canti fermi** en 1er, 2e, 9e et 1er tons, pages étoffées sur les thèmes profanes de Spagna, Castiglia ou des motifs empruntés à Costanzo Festa (Mayone agit de même), énoncés à la basse, au ténor ou au soprano et sertis de ramures de plus en plus fleuries qui gagnent comme du bougainvillée.

— Huit **Gagliarde**, dans un contrepoint à quatre voix toujours aussi linéaire et assez peu propice à la danse. Dans le cadre binaire à reprise qui deviendra habituel, elles affichent des carrures irrégulières. Celle en *ré* offre une première partie de 13 mesures, en pur style imitatif, et une deuxième exploitant plusieurs motifs conjoints issus d'une cellule-mère de tierce *(ré-mi-fa)* et progressant par 4, 4, 2 + 2 et 6 mesures. Plus homorythmique, celle en *sol* déroule 4 et 5 mesures dans la première reprise, 3 + 3, 6 et 5 dans la seconde.

— Deux séries de **Partite**, l'une en quinze variations « *sopra Ruggiero* », l'autre en vingt « *sopra Fedele* », chaque ensemble faisant place à une *partita cromatica*. Par leur nombre même, leur virtuosité et leur indépendance vis-à-vis du schème métrique et harmonique générateur, les *Partite* du Napolitain se distinguent des *diferencias* plus économes de l'Espagnol Cabezón, sans pour autant rivaliser avec l'imagination inépuisable des variations anglaises pour ce qui est des notes répétées, coulés de tierces, arpèges brisés et autres figurations idiomatiques des claviers.

— Deux **Toccate** en 1er et 8e tons d'assez belle envergure, surtout la seconde en *sol* qui, après les grands accords liminaires et traits brillants d'usage, insère un épisode en rythme ternaire et imitations, lesquelles se poursuivent plus capricieusement lors du retour au binaire avant de conclure par une cadence déjà très tonale, composée d'une septième de dominante et d'une triade majeure.

— Une **Durezze et legature** en *la* et une *Consonanze stravaganti* en *sol*, deux spécimens typiquement napolitains qui se réfèrent aux *Stravaganze* de Jean de Macque (en plus dépouillé). Ces pièces d'une seule page, d'une intense portée expressive dans leur retenue et intériorité, serviront de modèle à Frescobaldi pour ses *Toccate per l'elevatione*. L'insidieuse reptation contrapuntique à base de retards et d'appoggiatures occasionne des enchaînements étranges, des renversements d'accords de septième ou de quinte augmentée, des chromatismes retournés.

Ces hardiesses les destinent probablement à un clavecin à « feintes coupées » (à la manière de celui de Vicentino), qui permet un double accord et, par voie de conséquence, des explorations enharmoniques impraticables sur un instrument normal accordé en tempérament inégal (de son côté, Mayone écrit des *toccate* « *per il cembalo cromatico* »).

— Une transcription du madrigal **« Io mi son giovinetto »**, parsemé de colorations instrumentales.

Second Livre

Dédié au vice-roi de Naples dont Trabaci dirigeait la Chapelle, ce « travail accompli depuis des années » (1615) est la suite directe du Premier Livre, avec douze nouveaux *Ricercati* à trois ou quatre sujets (sauf le sixième à un seul sujet), plus deux *Ricercati* sur « ténor » de Festa, des Gaillardes, quatre *Toccate*, douze *Partite*, et — voilà qui est nouveau — cent versets liturgiques. Plutôt que de détailler ce nouveau corpus, observons certains agissements très éclairants de l'auteur : il insère deux tables, dont l'une pour indiquer « les passages et les choses les plus remarquables », annote son texte musical pour souligner le retour d'un motif ou son inversion, indique certains tempos, attribue une toccata à un clavecin chromatique et une autre, ainsi que trois *partite*, à une harpe; enfin, il souhaite pour sa musique « une vivacité d'esprit [...], un toucher raffiné, une science mûre et singulière afin de lui donner la grâce et les accents qu'elle demande », indications qui situent l'authentique climat expressif à réserver à sa très savante polyphonie.

Dans les **Cento Versi**, il se plie aux « huit tons ecclésiastiques pour servir dans tous les offices divins et dans toutes autres sortes d'occasion »; mais pour souligner combien cette humble soumission aux traditions de l'Église catholique coûte à ses aspirations de novateur, le compositeur précise à l'intérieur du recueil : « Fin des douze modes naturels, suivis de cent versets sur les huit tons ecclésiastiques, comme les appelaient et les employaient nos ancêtres et tels que nous les réalisons encore aujourd'hui ». Brefs *versi* contrapuntiques et contrastés, ils s'apparentent à des expositions miniatures de ricercare. Trabaci n'abdique rien des audaces de son langage, et les tensions harmoniques, qui vont jusqu'à faire place à un « *verso cromatico* », parcourent ces instantanés de quelque dix mesures.

Figure la plus représentative et féconde de l'école d'orgue napolitaine, au carrefour de la *prima* et de la *seconda prattica* (telles que les définit Monteverdi en 1605), Trabaci n'en est pas l'unique talent. Doué d'une imagination exploratrice, son contemporain Ascanio Mayone a publié au même moment un *Primo Libro di diversi capricci per sonare* (1603), un *Primo Libro di ricercari a 3* (1606) et un *Secondo Libro di diversi capricci per sonare* (1609), ce dernier accompagné d'une préface fort instructive pour comprendre les objectifs hardis des Napolitains. En 1641, viendront les beaux *Ricercari, canzoni et versi* du trop méconnu Giovanni Salvatore. Moins exceptionnels, les *Capricci da sonare cembali et organi* de Gregorio Strozzi en 1687 illustrent le glissement inexorable du style *da chiesa* au style *da camera*.

B. F.-S.

FRANZ TUNDER

Né à Bannesdorf (près Burg/Fehmarn), en 1614; mort à Lubeck, le 5 novembre 1667. Il commence ses études musicales avec son père, pour les achever avec Johann Heckelauer, auquel il succédera en 1632 au poste d'organiste de la cour de Gottorf. En 1627-1628, il accompagne Heckelauer en Italie, où il eut peut-être l'occasion de rencontrer Frescobaldi : l'influence italienne est à maints égards sensible dans son œuvre. Le 29 septembre 1641, il est nommé organiste de la Marienkirche de Lubeck, où il restera jusqu'à sa mort. Selon la tradition hollandaise, il y instaure des Abendmusiken*, faisant suite à l'office de l'après-midi, les deux derniers dimanches après la Trinité et les 2*e*, 3*e* et 4*e* dimanches de l'Avent. Poursuivis et développés par Buxtehude, gendre et successeur de Tunder, ces concerts spirituels allaient devenir une institution qui allait perdurer jusqu'en 1810. On pouvait y entendre des pages d'organistes allemands, mais aussi des œuvres vocales italiennes récentes, chanteurs et instrumentistes prenant alors place sur les galeries latérales, à gauche et à droite de l'orgue. De Tunder nous ne connaissons que 17 œuvres vocales (*Solomotetten, Choralkantaten*, etc.), une* Sinfonia*, et 14 œuvres pour orgue (plus un fragment de* Prélude*).*

Bien que son œuvre nous soit parvenue de façon très incomplète, Tunder fut pour le XVIIe siècle allemand l'un des grands compositeurs de musique d'église et d'orgue. Son nom reste attaché à la source même du développement de l'école allemande du Nord dont Buxtehude fut le plus illustre représentant.

Peu connue, et pourtant d'une qualité presque constante, l'œuvre d'orgue de Tunder, intéressante en elle-même, pourrait presque l'être davantage, sur un strict plan pédagogique, en tant qu'étape préparatoire à l'étude de celle de Buxtehude. Ses Fantaisies de choral, moins complexes que celles de son gendre mais généreusement développées, présentent en effet toutes les caractéristiques de l'école nord-allemande, en même temps qu'un équilibre qualité/difficulté des plus gratifiants.

Les Praeludiums

Praeludium en *fa* majeur

Solidement construit sur un 4/4 constant, il est introduit par une sobre improvisation notée, sur le principe des échanges de voix à voix en imitations. La fugue (mes. 24), enchaînée, expose ses entrées aux quatre voix de façon serrée, le sujet étant à moitié énoncé seulement au moment de l'entrée suivante. Le développement, d'une belle sérénité et d'une ampleur mesurée, mais à l'assise parfaite, se poursuit jusqu'à la mesure 60 (avec entre autres introduction d'une légère variante, pointée, du sujet). L'esprit du prélude viendra se superposer à la dernière section de la fugue, très relâchée, avec retour des imitations de type toccata.

Praeludium en *sol* mineur 1

L'ouverture prend la forme d'une juxtaposition/alternance de traits brisés horizontaux de type toccata et de sections homophoniques verticales, sans aucune surcharge — comme toujours chez Tunder — ni faiblesse harmonique. La structure même du sujet de la fugue (mes. 24), aux entrées en strette, induit aux différentes voix des mouvements parallèles, faisant fonctionner cette fugue par chœurs.

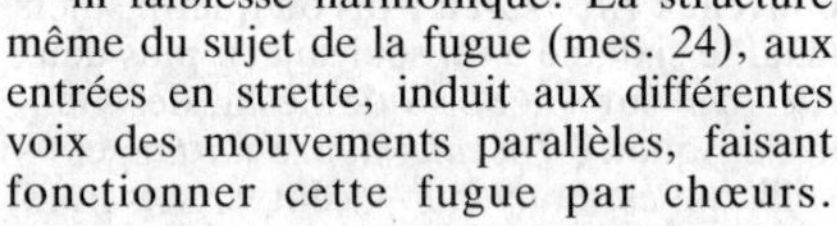

Comme dans chacun des Praeludiums (ou *Praeludia*) de Tunder, la dernière section de l'œuvre abandonne la forme fuguée pour retrouver la forme toccata ou fantaisie, à deux voix et pédale (le plus souvent tenue).

Praeludium en *sol* mineur 2

Le plus dense des trois. Le prélude proprement dit est d'une structure tout à fait comparable à celle du précédent ; la fugue, au sujet plus long et plus porteur de développements rythmiques, fait elle aussi appel à certains déplacements parallèles, accentués par l'usage d'un thème avec note répétée, dédoublée (de noire à croche) en cours de développement. A noter une présence plus riche de la partie de pédale. La cadence finale est évidemment de type toccata, finissant (c'est le cas de ces trois *sol* mineur) sur un accord avec *si* bécarre.

Praeludium en *sol* mineur 3

L'introduction est ici d'un autre type, fréquent au XVIIe siècle, celui de l'ouverture sur rythme pointé à la française, à quatre voix claires et nettement étagées incitant à l'ornementation. Le sujet de la fugue (mes. 20) est simple et efficace, avec de nouveau chevauchement des entrées. Le style fugué se dilue à la mesure 56, cédant la place aux imitations par mouvements parallèles, avant la réintroduction (mes. 90) du style fantaisie via une courte section fragmentée (mes. 75-85) évoquant des échos suspendus.

Durée d'exécution de chaque pièce : de 3 à 4 mn

Canzona

Certains experts en ont refusé, apparemment sans preuve tangible, la paternité à Tunder pour l'attribuer à Weckmann... Bipartite, cette courte pièce manuelle est introduite par un thème allègre à 4/4, développé avec plus de fantaisie que de rigueur. La seconde partie repose sur un thème découlant directement du premier, maintenant à 6/8, au développement plus rigoureux, quoique léger.

Les Chorals

Ils relèvent tous de trois genres : la fantaisie de choral, le choral-versets, le choral-motet. Le choral strictement harmonisé, par exemple, ou bien, à l'opposé, le choral orné, font entièrement défaut chez Tunder.

« Auf meinen lieben Gott »

Ce premier choral, noté *Auff 2 Clavier manualiter*, relève du choral-versets. Dans le premier verset, la mélodie n'est pas explicitement citée, mais déjà variée (*« koloriert »***) et reprise sous une forme vaguement fugato par les voix accompagnantes (paraphrase d'intonation). Le choral apparaît plus clairement dans le deuxième verset (mes. 18-35), au soprano avec commentaire de l'alto, tandis que la basse reprend le style chatoyant de la variation de type partita. Un développement plein d'allant conduit au troisième verset, véritable fantaisie de choral entrecoupée tout d'abord d'un premier passage rythmique en écho (*forte/piano* par changement de clavier), puis d'une section (mes. 66-99) très sommairement fuguée, avant le retour des échos puis d'un nouveau fugato, groupant les voix de manière à établir des contrastes de tessitures, sorte de fanfare à plusieurs chœurs. La péroraison finale retrouve la manière de la fantaisie, avec soprano coloré.

« Christ lag in Todesbanden »

L'un des deux chorals de Tunder retrouvés sous forme de tablature en 1957 dans la bibliothèque du monastère de Pelplin, en Pologne**. Il s'agit d'une fantaisie de choral dont la mélodie, exposée au soprano sur un accompagnement contrapuntique des autres voix, est presque aussitôt suspendue par des interventions de style toccata (gammes et arpèges brisés), rappelant le type du choral dit « festonné ». Dès la mesure 15, le style fantaisie de choral reprend ses droits, avec alternance d'échos, de fugatos, de commentaires de type partita. A la mesure 50, la mélodie n'est plus qu'un souvenir difficilement repérable dans la longue section semi-fuguée qui commence par l'introduction d'un motif (plus qu'un sujet) chromatique. Tout le reste de cette Fantaisie de choral, fort longue (239 mesures !) mais toujours vivante et d'un charme très pudique, ne sera que l'amplification de la formule en échos se superposant au type de la partita, elle-même variée sur le plan rythmique par toutes sortes de combinaisons (fanfares pointées entre autres, triolets) et une écriture très changeante (belles sections en arpèges), s'achevant sur une longue guirlande à deux voix parallèles, violonistiques, sur une tenue de pédale.

* Voir à *Sweelinck*.
** Voir à *Hasse*.

« Herr Gott, Dich loben wir »

On retrouve pour ce *Te Deum* allemand la structure précédente de la fantaisie de choral. La forme principale de développement est celle de la partita, libre de toute réelle contrainte, enluminant le thème, souvent reconnaissable, mais ressurgissant également, parfois, à l'état naturel. L'alternance du choral contrapuntique et du style partita confère aux œuvres de Tunder une variété qui, certes, se répète au fil des œuvres, mais reste vivifiante en même temps que solidement assise, moins dispersée que l'on ne pourrait le redouter. Des échos, de rigueur, introduisent (mes. 44) une curieuse section en triolets, mouvements parallèles puis décalés, l'œuvre s'étirant ensuite et jusqu'à la fin (mes. 153) sous la forme d'une longue fantaisie en échos témoignant de l'influence de Sweelinck.

« In Dich hab ich gehoffet, Herr »

Fantaisie de choral très vive dès l'abord, ignorant le choral contrapuntique à proprement parler et davantage portée sur le type imitatif des voix d'accompagnement. Cette pièce joue essentiellement sur une lente progression harmonique, par sections (d'échos) et par l'impact des entrées fuguées, l'enchaînement des attaques traçant une ligne d'une belle prégnance chromatique. L'écriture en est riche et concise, dense et moins morcelée que dans les chorals précédents, sans surcharge d'échos, parfois (ailleurs) trop systématiques. D'un développement « raisonnable » (94 mesures), c'est aussi l'un des chorals les plus sobres de Tunder, l'un des plus proches de Buxtehude par la concentration de la structure.

« Jesus Christus, unser Heiland »

L'un des deux chorals-versets de Tunder; ses trois sections, cependant, à la différence de *« Auf meinen lieben Gott »*, sont nettement séparées les unes des autres, autonomes. Introduit par un court trait de pédale seule conduisant dès la mesure 2 à une double pédale qui couvrira tout le premier verset, il prend tout d'abord la forme d'un choral sur paraphrase d'intonation : mélodie au soprano, paraphrasée par les autres voix. A la mesure 17 (on passe de 4/4 à 6/4), le choral demeure à la « basse supérieure » (pied droit), toutes les autres voix retrouvant une plus grande liberté. Verset 2 : le choral passe au ténor en valeurs longues, tandis que les trois autres voix dessinent un entrelacs de traits parallèles (soprano et alto/pédale). Verset 3 : cantus firmus à la pédale, les voix manuelles dessinant un curieux tissu contrapuntique (caractérisé par une chute d'octave) avec renversement, d'une originalité séduisante.

« Jesus Christus, wahr' Gottes Sohn »

Choral-motet à l'écriture souple et riche, avec cantus firmus au soprano (mes. 1-20), prenant ensuite la forme d'un fugato de coupe très libre et variée bien que toujours modéré (mes. 20-61). Débute alors un second fugato, sur un motif nouveau, au cours duquel le soprano prendra de plus en plus de liberté et de distance. A la mesure 96 réapparaît la structure avec cantus firmus au soprano, peu rigoureuse, qui va s'étiolant vers une dernière phrase d'imitations pédale/manuel ponctuée par une cadence statique.

« Komm, heiliger Geist, Herre Gott »

Retour, pour cette fantaisie de choral, à l'alternance choral contrapuntique et choral festonné, toujours sobre, le choral étant cité ou paraphrasé au soprano avec imitation à la pédale. Quelques échos pour des variations de type partita, puis retour de la prédominance du soprano volubile, un instant doublé par un second dessus, enfin péroraison étirée en voix parallèles avec, pour le soprano, une belle ascension par paliers, pure et claire.

« Was kann uns kommen an für Not »

Deux versions, toutes deux très développées et de type fantaisie de choral. La première, restée inachevée, est la seconde œuvre de Tunder retrouvée à Pelplin. De structure assez comparable, elles conjuguent les formes du choral contrapuntique, du choral festonné et du choral partita. Souvent volubiles et virtuoses (avec de nombreux *bicinia* rappelant les duos de violons de l'école italienne, souvenir sans doute rapporté du voyage de jeunesse en Italie — manière que l'on retrouvera à la fin du siècle chez Muffat), ces deux œuvres décoratives n'en sont pas moins un peu longues : 195 mesures pour le premier choral, 257 pour le second ; des moments plus faibles — c'est-à-dire quand l'invention de l'écriture ne suffit plus à soutenir la durée — s'y font parfois sentir, en dépit de la multitude des éléments insérés.

Durée d'exécution de chaque pièce : de 3 à 14 mn

M.R.

LOUIS VIERNE

Né à Poitiers, le 8 octobre 1870 ; mort à Paris, le 2 juin 1937. Fils du rédacteur en chef du Journal de la Vienne, *Louis Vierne nacquit presque aveugle ; en dépit de plusieurs opérations qui seront source d'une certaine amélioration, sa cécité ira en s'aggravant jusqu'à la fin de sa vie, bien qu'il ait pu, jusqu'à la* Sixième Symphonie *comprise (1930), écrire lui-même sa musique à l'aide de verres épais et sur du papier à musique aux portées très espacées. En 1873, la famille s'installe à Paris ; l'oncle de l'enfant, Charles Colin, professeur de hautbois au Conservatoire et organiste, découvre ses dons musicaux. En 1875, son père est nommé à Lille, puis revient en 1879 à Paris où il devient l'un des principaux rédacteurs du* Figaro. *Entre-temps, Vierne a été opéré des yeux, avec succès (implantation d'une pupille artificielle dans l'iris), sans que cela puisse le dispenser d'apprendre le braille. En 1880, il se prépare à entrer à l'Institut national des Jeunes Aveugles et entend Franck pour la première fois, à Sainte-Clotilde — un événement inoubliable et déterminant pour son avenir. A l'Institut, Vierne travaille le piano et l'orgue, mais également le violon, formation qui jouera un rôle important dans l'élaboration de sa musique de chambre. Franck, qui entend Vierne dès 1886, lui proposera de le prendre comme élève privé (contrepoint) et auditeur au Conservatoire (orgue), où il entrera véritablement en 1890 — hélas ! année de la mort de Franck, remplacé par Widor. Ce dernier en fera son suppléant à Saint-Sulpice en 1892, jusqu'en 1900 : Vierne est alors nommé organiste de Notre-Dame de Paris. Déceptions personnelles, luttes et deuils, graves ennuis de santé, sa vie sera une suite d'épreuves. Une part de gloire lui sera néanmoins réservée, Vierne ayant sans doute été le premier organiste, avec Guilmant, à mériter l'appellation de récitaliste : en témoignent ses tournées triomphales aux États-Unis, dont les dédicaces des* Pièces de Fantaisie *sont le reflet. Professeur recherché — Dupré sera son élève, et son suppléant à Notre-Dame —, il enseignera à la Schola Cantorum. A partir de 1931, sa santé déclinant, Vierne, dont la notoriété ne fait que croître, cesse pratiquement d'écrire — jusqu'à cette* Messe basse pour les défunts *de 1934, sa dernière œuvre. A l'occasion de son 1750ᵉ concert, Vierne, après avoir joué son* Triptyque, *meurt à son orgue de Notre-Dame d'une embolie cardiaque (on le transportera vainement à l'Hôtel-Dieu voisin), alors qu'il commençait à improviser sur l'*Alma Redemptoris Mater.

Si l'œuvre de Louis Vierne compte 62 numéros d'opus (et cinq pièces ou recueils non répertoriés) touchant à des domaines très variés (musique de chambre, mélodies, piano seul, orchestre, musique sacrée...), 17 « seulement » relèvent de l'orgue. Or l'essentiel de sa renommée repose sur ses œuvres d'orgue et sur l'instrument mythique de Notre-Dame de Paris, Vierne ayant sans aucun doute, à titre posthume, bénéficié de l'immense talent médiatique d'un Pierre Cochereau. On imaginera donc aisément l'ignorance dans laquelle nous nous trouvons du reste de son œuvre*. Cette œuvre d'orgue porte globalement sur deux genres, eux-mêmes par nature multiformes : la symphonie et la suite. Bernard Gavoty remarque avec justesse l'absence de la forme *Prélude et fugue*; on pourrait y ajouter le choral, luthérien, ou encore l'hymne, catholique. C'est que l'inspiration de Vierne était celle d'un esprit romantique, certes profondément croyant (bien qu'en désaccord fréquent avec son clergé), mais peu porté à rendre hommage par les mots et les formules d'usage à une Vierge tutélaire de son œuvre, pour rester dans le cadre spirituellement unique et salutaire, sur le plan de son inspiration, de Notre-Dame de Paris.

« Cette musique est et demeure d'essence lyrique : on y parle le langage du cœur » (Gavoty). Inspiration et attitude romantiques, où l'on passe sans heurt de l'orgue proprement romantique à l'orgue symphonique, rendent hasardeuse et presque inutile toute tentative de replacer Vierne dans son temps, « parce qu'il est lui-même très peu de son époque. Il fut un romantique attardé que n'inquiétaient point des problèmes essentiels à beaucoup, tel le renouvellement des moyens d'expression. [...] Il serait vain de porter un jugement définitif là où il ne peut s'agir que de réactions individuelles. La musique de Vierne est une musique sentimentale qui répète à sa manière les thèmes éternels ». Si l'on constate aujourd'hui que l'ensemble de la musique symphonique française pour orgue a beaucoup vieilli, et tout particulièrement Widor parmi les plus grands, on aimerait dire que le cas de Vierne diffère quelque peu : son humanité, la sincérité de l'homme peuvent encore nous toucher, aujourd'hui comme hier.

Il en va de même, par-delà la distance et les réserves induites par la perspective historique, de son style, nullement révolutionnaire, mais subtil, concis, hautement personnel, sans afféterie ni grandiloquence, idéalement adapté à la nature du lieu et à l'esprit des moyens d'écriture mis en œuvre. Si l'on pouvait appréhender sa musique — hypothèse d'autant plus invraisemblable en ce cas — indépendamment de l'homme, alors sans doute aurait-elle à céder un peu sous le poids du temps. Mais il importe ici de ne pas oublier que Vierne ne fut jamais réellement « à la mode », pas même lors de ses tournées triomphales aux États-Unis, où l'on pourrait dire que c'était l'orgue français que l'on acclamait — une mode dont on ne sait que trop que ce sont ses coups de cœur qui se révèlent les plus éphémères. Un fait demeure, contemporain face à une musique qui ne l'est pas : jamais Vierne, avec discernement, n'a été autant joué et enregistré qu'au cours de ces dernières années.

* Voir *Guide de la musique de chambre*.

Les six Symphonies

Composées entre 1899 et 1930, elles poursuivent le mouvement symphonique de l'école française d'orgue incarné par Widor, Vierne composant sa *Première Symphonie* au moment où Widor signe la *Romane*. Les tonalités des Symphonies de Vierne suivent l'ordre de la gamme (*ré*, *mi*, *fa* dièse, *sol*, *la*, *si*, toutes tonalités mineures), ce que le compositeur, sollicité sur ce point, affirmait n'être que pur hasard... Une septième symphonie, conçue mais non réalisée, aurait cependant été en *ut*.

Première Symphonie en *ré* mineur
(op. 14, 1899)

Seule parmi les six à avoir été composée avant l'accession de Vierne à l'orgue de Notre-Dame, elle n'en relève pas moins du style symphonique influencé par la facture de Cavaillé-Coll, Vierne étant alors encore suppléant de Widor. Cependant, une différence capitale d'acoustique entre les deux édifices séparent les instruments de Notre-Dame et de Saint-Sulpice, une réverbération roulante très accentuée faisant naître à la cathédrale une atmosphère de mystère, mi-médiévale, mi-romantique, étrangère au lumineux vaisseau de Saint-Sulpice. Cette symphonie est également la seule à compter six mouvements — dont une fugue, autre exception.

PRÉLUDE. Travaillé et saisissant, solennel par son thème inspiré de Franck, il repose entièrement sur une progression harmonique avec intensification de l'écriture, ample et chromatique, ainsi que dynamique, du Récit boîte fermée jusqu'au tutti, suivi d'un retour au *pp*. Un pesant rythme pointé, bientôt doublé de traits de doubles croches enroulés sur eux-mêmes, se délie peu à peu, puis s'efface devant un passage de triples croches virevoltant au Récit *pp*. Un crescendo général et un long trille conduisent au retour du thème à la pédale et dans l'aigu du manuel, sur un déferlement d'arpèges ascendants. Le Prélude s'achève comme il avait commencé, *pp*.

Fugue. C'est la seule fugue jamais composée par Vierne. Rigoureuse et brillante (sur le plein-jeu), elle se développe fermement sur quatre voix d'une densité un peu contrainte (avec renversement du thème) avant de déboucher sur une coda libre et virtuose (tutti).

Pastorale. De forme ABA, elle débute, comme souvent chez Vierne pour ce genre de pièce expressive, par un solo de pédale (8 pieds seulement) ; la mélodie, finement dessinée, souple et étirée, se déploie sur le hautbois, puis dialogue avec la flûte 8' du Grand-Orgue sur un accompagnement dense (double pédale, dont une tenue). La section B (voix humaine et tremblant), notée *più vivo*, reprend certaines tournures rythmiques avant de réintroduire la section A.

Allegro vivace. Premier exemple de scherzo ironique chez Vierne, alerte et concentré, à la rythmique incisive, pour l'instant plus joyeusement mystérieux que réellement diabolique (en regard de celui de la *Sixième Symphonie*). De forme ABA, il insère à la place du Trio un paisible canon sur la trompette du Récit, avant que ne réapparaissent les feux follets du scherzo proprement dit.

Andante. *Quasi adagio* (voix céleste) interrompu par un *recitativo* puis *poco più animato* (flûte 8'), il repose sur un thème au doux balancement (3/8), longue phrase rêveuse, exemple parfait, tout comme la *Pastorale*, du lyrisme de Vierne.

Final. En *ré* majeur, il fait s'achever cette première symphonie dans l'irrésistible envolée d'un carillon éclatant. Page parmi les plus célèbres de Vierne et de tout l'orgue symphonique français, le *Final* établit un schéma qui sera fréquent chez Vierne : un thème clair et bien charpenté, exposé à la pédale,

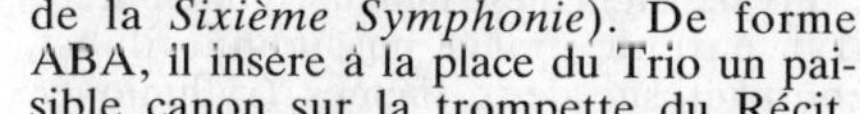

se développe largement sur un tonnerre, ici, d'accords brisés (tutti) ; decrescendo, modulations, développement toujours mystérieux et lyrique ; retour du tutti initial, enrichi de formules rythmiques nouvelles, puis cadence virtuose avec trait de pédale.

Durée d'exécution : ~ 40 mn

Deuxième Symphonie en *mi* mineur (op. 20, 1902)

L'une des plus importantes du musicien, première à imposer aussi fortement la « variété dans l'unité », celle de la forme cyclique utilisée ici pour la première fois par Vierne. Debussy lui-même en fit l'éloge dans son feuilleton du *Gil Blas* (25 février 1903). Le chemin parcouru depuis la *Première Symphonie* est considérable : la maîtrise de la structure générale y est portée à un très haut niveau stylistique, l'ensemble étant d'un intérêt musical aussi profond que réellement personnel. Vierne s'éloigne ici définitivement de Widor.

L'**Allegro** initial expose deux thèmes, l'un rythmique, l'autre mélodique, tout d'abord séparément :

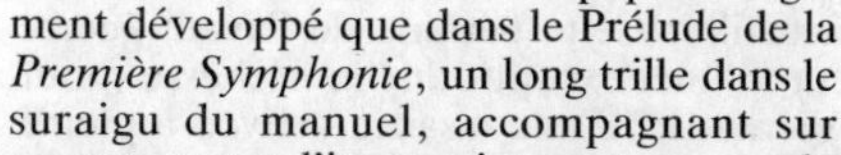

On retrouve, mais beaucoup plus largement développé que dans le Prélude de la *Première Symphonie*, un long trille dans le suraigu du manuel, accompagnant sur onze mesures l'impressionnant crescendo servant de transition entre la section centrale du mouvement et sa conclusion, sur les deux thèmes superposés.

Du deuxième thème de l'*Allegro* naît celui du **Choral** (*largo*, *la* bémol majeur), exposé à la pédale, auquel vient s'opposer une nouvelle idée, plus tourmentée (*agitato*, *la* bémol mineur), finalement dominée par le retour du choral, en majeur et en valeurs augmentées, monumental, sur le tutti.

Scherzo. L'une des pages clés de cette symphonie, *quasi presto* sur un thème original, d'une remarquable souplesse. A la mesure 74 s'élève à la pédale un second motif, lyrique, inspiré du premier thème de l'*Allegro* initial, et que l'on retrouvera, transformé, dans le *Final* :

Cantabile. De nouveau deux thèmes de caractère opposé, l'un soumis, l'autre ardent (celui-ci de nouveau inspiré du premier thème de l'*Allegro*), affrontement s'achevant dans la sérénité.

Final. Encore une page des plus célèbres, dont le thème central (du *Scherzo*) alterne avec l'idée maîtresse de l'*Allegro*. Comme dans le Final de la première, tout se voile brusquement, pour réapparaître en pleine lumière (de *mi* mineur à *mi* majeur) et conclure brillamment et dans l'allégresse.

Durée d'exécution : ~ 37 mn

Troisième Symphonie en *fa* dièse mineur (op. 28, 1911)

La tradition y voit la clef de voûte de l'œuvre d'orgue de Vierne : elle est effectivement, avec la précédente et sans doute davantage, la plus équilibrée de toutes, la mieux habitée de bout en bout, sa force et sa concision en faisant encore toute son actualité. Cette période de l'avant-guerre fut d'une exceptionnelle richesse pour Vierne, ici d'une aisance arrivée à pleine maturité, d'une éloquence grave et maîtrisée — bref, un chef-d'œuvre, effectivement. Cette *Troisième Symphonie* fut composée à Saint-Valery-en-Caux, dans la maison de campagne de la famille de Marcel Dupré à qui elle est dédiée et qui la créa salle Gaveau le 12 mars 1912.

Allegro maestoso. D'une énergie exceptionnelle, extraordinairement distribué quant aux plans sonores, il est pourtant de coupe très classique : deux thèmes, l'un rythmique (*fff*, *a*), l'autre mélodique (*sostenuto e legato*, *b*), sous-tendent des sections parfaitement enchaînées mais sans confrontation ou superposition directe.

Thème a

Thème b

Cantilène. Pièce expressive, traditionnelle chez Vierne après l'*Allegro* introductif, langoureuse et rêveuse, variée dans son développement et sa registration sans jamais rompre un charme pur reposant sur un thème ample à l'ondoiement subtil et progressif.

Intermezzo. En *ré* majeur et pourtant au bord de l'atonalité, tant les modulations établissent un terrain harmonique mouvant, il danse sur un pas « espagnol » très stylisé, à la démarche étrange, rythmée quoique pondérée, à la fois incisive et brumeuse, sur une partie de pédale aussi discrète que peuplée de traits staccato faisant intervenir des intervalles d'une étonnante amplitude.

Adagio. Longue méditation, entièrement construite sur l'énoncé rythmique et mélodique des trois premières mesures, à la pédale. C'est l'une des plus merveilleuses réussites de Vierne, sur le plan formel comme sur celui de l'expression, d'une noblesse grave et douce, fière et douloureuse.

Final. En *fa* dièse mineur, d'une pureté transparente, mais passionné, il est construit sur deux thèmes (rythmique/mélodique) en fait très complémentaires. C'est un *Allegro* d'un seul tenant, de forme toccata très orchestrale, assujetti à une tension dynamique étourdissante de prégnance, volontaire et rigoureuse, tendant vers un but unique : l'éclatement de toute contrainte vers la lumière, après une longue gestation esquissée dès le premier mouvement. « Les deux dernières pièces sont sans doute les plus parfaites que Vierne ait écrites » (Gavoty).

Durée d'exécution : ~ 31 mn

Quatrième Symphonie en *sol* mineur (op. 32, 1914)

C'est une œuvre étrange, à l'image de l'angoisse dépressive de Vierne, conçue à l'approche de la guerre (mais créée le

10 janvier 1923 seulement, par André Marchal) et sombre, en dépit de son Menuet. On y retrouve la forme cyclique, qui marquera également les deux dernières symphonies de Vierne.

Prélude. *Quasi lento*, sorte d'éveil à la douleur, il expose le matériau (purement chromatique pour le premier thème) sur lequel s'édifiera l'*Allegro*. La syncope omniprésente (ou la figure répétitive croche/noire) se retrouvera dans le quatrième mouvement puis, modifiée sous forme d'appoggiature à l'octave, dans le Final.

Allegro. Noté *risoluto*, il émerge de la torpeur du Prélude ; après avoir exposé ses deux thèmes (forme sonate) complémentaires, il esquisse une fugue, vite abandonnée au profit d'une écriture plus massive, véritablement résolue dans l'enchaînement de ses accords.

Menuet. Tenant lieu de scherzo, d'intermezzo chargé de détendre l'atmosphère, il réussit partiellement à l'alléger, mais sans que la tristesse ambiante ne parvienne à se dissiper. De forme ABA classique, il est à la fois peu original et déroutant d'intention.

Romance. Mouvement lent de la symphonie, en *ré* bémol majeur, c'est un lied accompagné, mélancolique, dont la section centrale replonge dans la morosité du *Prélude*, avant de terminer sur une note plus dynamique et souriante, de nouveau chaleureuse et chantante.

Final. Pièce de loin la plus réussie de la symphonie, cet *Allegro*, d'un souffle qui ne faiblit pas un instant et de structure purement horizontale, a quelque chose de brutal, de grinçant, avec toujours chez Vierne cette dualité de l'irrésistible, attirant, et de l'implacable — notamment dans la conduite volontaire et inflexible des thèmes : « ... il y avait chez lui une tête et une volonté froides » (Gavoty).

Durée d'exécution : ~ 37 mn

Cinquième Symphonie en *la* mineur (op. 47, 1923-1924)

« ... Las déjà d'un long voyage, il rassemble ses forces et tente, dans un effort suprême, de léguer le plus intime [...] dans une richesse accrue du sentiment émotif et une tension extrême des moyens expressifs » (Gavoty). Cette *Symphonie*, monumentale, dans laquelle Gavoty voyait la transposition du *Tristan* dont Vierne avait toujours rêvé sans oser se mesurer à Wagner, confesse clairement une esthétique wagnérienne, le principe cyclique se faisant le double de celui du leitmotiv.

Grave. Longue introduction exposant lentement les deux thèmes piliers de toute la symphonie, tous deux insistant sur l'intervalle de septième qui, lié au mouvement chromatique du thème B, confère à l'ensemble un vague côté atonal.

Allegro. De forme sonate, son premier thème, énergique, repose sur le renversement de celui du Grave, aussitôt équilibré par un second motif, mélodique et chromatique, sinueux. Le développement, intense, exhaustif, est d'une noble rigueur.

Scherzo. Composé en Suisse (ainsi que le *Larghetto*) dès 1923, il témoigne une fois encore du raffinement harmonique et orchestral de Vierne dans cette forme qu'il maîtrise admirablement, mêlant toujours la recherche sonore à un esprit des plus fins.

Larghetto. Longue méditation réintroduisant l'intervalle de septième puis, en son milieu, les thèmes A et B initiaux. Le dénouement conduit à l'abandon du rêve.

Final. Pièce symphonique de grande envergure reposant tout d'abord sur le thème A transformé en un splendide motif de toccata-carillon, puis sur le renversement du thème B, s'assombrissant dans sa section centrale pour n'en conclure que plus brillamment dans une allégresse éclatante, véritablement enthousiasmante.

Durée d'exécution : ~ 45 mn

Sixième Symphonie en *si* mineur (op. 59, 1930)

En regard de la *Cinquième Symphonie*, cette *Sixième* (créée par Duruflé à Notre-Dame le 3 juin 1934) peut sembler apaisée. Vierne l'écrivit en 1930 à Menton, au cours d'un été où il fut particulièrement sensible à la beauté de la Méditerranée, à ses teintes vives, à ses parfums.

On serait cependant tenté d'entendre dans l'**Introduction et Allegro**, avec sa chute obsessionnelle de seconde (dont le rôle sera très fort dans le Final) et ses enchaînements de tierces chromatiques, comme un reste de la tourmente s'illuminant un instant mais à faux, sans réel répit.

De nouveau deux thèmes, l'un douloureux, comme en spirale, l'autre élégiaque, d'une grande noblesse. L'*Allegro risoluto* (mes. 32) est une bataille de titans, d'une superbe survoltée, magnifiquement tempérée par les interventions du thème B.

L'**Aria** fait alterner une élégante phrase lyrique, au maintien majestueux, sur la trompette du Récit, et des sections chorales sur les fonds. Le développement est de toute beauté et d'une grande pureté.

Scherzo. Chef-d'œuvre du genre, sans égal pour l'espièglerie démoniaque dont il se pare (assez proche des célèbres *Feux follets* de l'Opus 53), il fait penser par sa distribution orchestrale des plans à une sorte d'*Apprenti sorcier* pour orgue du diable. Les soubresauts du thème passant des mains aux pieds y sont d'un effet symphonique spectaculaire :

Adagio. Dernier grand représentant du genre, il fait alterner plusieurs sections très mouvantes quant à la dynamique de l'écriture, les passages les plus décantés étant les plus riches harmoniquement, les plus mouvants tenant lieu de digression instrumentale avant le retour de la structure inaugurale, qui s'éteint *ppp* sur une quinte alanguie et tenue de la pédale.

Final. L'une des pièces les plus jubilantes de Vierne (*si* majeur), tornade enjouée de forme rondo. C'est une toccata irrésistible de vigueur, proche du mouvement perpétuel, juste entrecoupée de sections lyriques sur un motif mélodique d'une grande beauté due à la netteté de sa ligne, rappelant celui du Final de la *Première Symphonie* pour ses possibilités de transformation. La dernière section allie la formule rythmique initiale du mouvement et ce thème lyrique sur un roulement de gammes jouées aux pieds, vagues déferlantes devenant arpèges brisés tandis que retentissent aux mains et à l'unisson de splendides appels de quinte ascendante, puis un accord tenu réaffirmant haut et fort le ton de *si* majeur.

Durée d'exécution : ~ 38 mn

24 Pièces en style libre (op. 31)

Cette première série de pièces, en deux Livres, fut composée en 1913 et publiée l'année suivante. A la différence des *Pièces de fantaisie*, elles ne comportent pas de partie de pédale obligée et sont indiquées « pour orgue (à deux claviers) ou harmonium ». Mais nombre d'exigences relevant de l'écriture, entre autres la rapidité et la précision de la réponse de l'instrument, sans oublier l'impact du timbre, semblent en règle générale dépasser les possibilités de l'harmonium. Il est vrai, cependant, que l'on n'a plus idée aujourd'hui de ce qu'était un grand harmonium Alexandre, par exemple, le Cavaillé-Coll de l'harmonium dans la seconde moitié du XIXe siècle. Les moyens techniques mis en œuvre par ces pièces étant, par destination, limités, c'est donc dans l'expression et la qualité de l'écriture, dans sa légèreté et sa concision que l'on pourra situer l'intérêt (aujourd'hui diversement ressenti selon les œuvres) d'un recueil qui, compte tenu de ces limites, est d'une inspiration presque aussi vive que celle des *Pièces de fantaisie*.

Livre I

Préambule. *Moderato* à 12/8 sur les fonds de 8', calme et serein, faisant alterner une écriture en imitation sur une tenue de la basse et un choral harmonisé.

Cortège. *Allegro maestoso* à 4/4 sur fonds et anches 16', 8', 4' : deux accords de main droite (une croche sur la deuxième moitié du temps, une noire sur le temps), auxquels répond une basse rythmique ascendante (main gauche ou pédale), tracent le cadre. La pièce évolue sur l'opposition des deux claviers avec un brio contenu.

Complainte. *Andante moderato* à 3/4, première pièce expressive du recueil, dans la tonalité chaude de *ré* bémol majeur, au doux balancement de deux voix chantant à l'octave sur des tenues de chaque main, également à l'unisson.

Épitaphe. *Lento* à 4/4 sur fonds doux, sorte de choral régulier à quatre voix, devenant plus mobile (voix intermédiaires) dans la seconde partie de la pièce, « pur chef-d'œuvre d'émotion et de poésie » (Gavoty).

Prélude. *Andante sostenuto* à 6/8 (dédié à Nadia Boulanger), sur fonds doux avec salicional et gambe, de structure très précise et concise, mais cependant extrêmement mobile. Deux idées dominent : la syncope de l'énoncé, l'enchaînement d'accords de quinte et de septième alternées, en un mouvement de vagues.

Canon. *Molto moderato* à 2/4 et en *ré* mineur, chaleureusement coloré (fonds, cornet et octavin), à trois voix (et une tenue de basse à la fin), dont deux en canon. Un rien académique.

Méditation. *Adagio* à 4/4, autre pièce expressive sur fonds, gambe et voix céleste. Le charme, suranné sans doute, d'une époque. Il y faut une très belle céleste.

Idylle mélancolique. *Andantino* en *mi* bémol mineur, à 3/4; le motif/chute est peut-être une question, et ces enchaînements syncopés et chromatiques, la réponse. Aurait pu prendre place dans les albums-feuilletons de la revue *Musica*, à l'attention des salons, où l'orgue n'était pas rare, et du vague à l'âme des jeunes filles.

Madrigal. L'écriture nécessairement concise de ces pièces (en raison des limites de tessiture de l'harmonium) trouve dans ce *Moderato* à 4/4, en *mi* majeur, l'une de ses réalisations les plus denses. Le triolet initial donne un élan rythmique répétitif à cette courte pièce à quatre voix, laquelle fait largement appel à l'imitation parallèle.

Rêverie. *Moderato*, évidemment, sur fonds 8' sans montre, et à 3/4... Se rapproche d'elle-même de l'*Idylle*. Alors, rêvons... d'autant que ce *sol* majeur à quatre parties ne se dépare pas un instant de cette décence indissociable de Vierne.

Divertissement. *Allegro* en *fa* majeur et à 2/4 (à Joseph Bonnet), sur le tutti du récit fermé, allant crescendo jusqu'au tutti général. Facéties de clown triste, pièce volubile et ambiguë, chargée de cet esprit corrosif de type *scherzo* (est-ce bien un jeu?) dans lequel Vierne excellait (*cf.* les Symphonies).

Canzona. *Andante cantabile* en *ut* mineur, chant douloureux (main droite) sur une tenue d'*ut* (ténor) enveloppée de notes détachées qui dessinent en alternance une ligne chromatique (basse et alto), schéma rigoureux s'éteignant dans les dernières lignes pour partager le chant lui aussi lourd de chromatisme.

Livre II

Légende. *Andantino moderato* en *fa* dièse majeur, à quatre voix. Morceau mouvant, introduit et entrecoupé par des récitatifs, il est marqué d'emblée par une sorte de « rythme lombard » (une brève/une longue).

Scherzetto. En *fa* dièse mineur, espiègle et animé, de nouveau proche des scherzos des Symphonies, de forme ABA avec section centrale plus modérée : l'humour sarcastique de Vierne.

Arabesque. *Adagio* en *sol* majeur, à 9/4 et de forme ABA : l'une des pièces les plus émouvantes de ces deux Livres. La main gauche (sections A) tient une triple basse, dont une immuable dixième (*sol/si*), seule la voix intermédiaire évoluant, lentement, sur une ligne chromatique, tandis que la main droite, sur un schéma rythmique progressif et globalement répétitif, développe ses arabesques. La section B reprend au soprano le schéma rythmique, sur accompagnement de choral, puis de larges accords apaisants réintroduisent la section A.

Choral. *Andante* en *sol* mineur, à quatre voix, tout d'abord rythmique puis lyrique, sur un mélange chaleureusement romantique : fonds 8', hautbois et trompette.

Lied. *Cantabile*, véritable lied accompagné (parfois à deux voix), en *la* bémol, sur diverses formules répétitives s'étiolant pour finir dans la plus extrême simplicité.

Marche funèbre. *Maestoso* de forme ABA, hiératique (A) de par la cellule rythmique fortement scandée de ses accords, soutenant un *chant héroïque*. La section centrale, *più vivo*, reprend le thème et l'harmonise très simplement, verticalement, à trois voix (et tenue). Cette *Marche* s'achève *pp*.

Berceuse (sur les paroles classiques). Entendez *Andantino* sur « Dodo, l'enfant do », délicatement harmonisé à quatre voix, d'une ineffable douceur. Également l'une des pièces les plus célèbres du recueil.

Pastorale. *Allegretto* en *la* mineur, évoquant dans son introduction la Pastorale de la *Première Symphonie* : récitatif-thème sur la flûte de 8' (main gauche et non plus pédale), reprise au hautbois (main droite). Le rythme linéaire de cette quasi-Arabesque cède un instant la place (section centrale, *la* majeur, flûtes 8' et 4') à des figures plus variées.

Carillon. Sur la sonnerie du carillon de la chapelle du château de Longpont (Aisne); « à mon frère René ». *Allegro* fortement scandé avec thème à la basse (pédale si l'on est à l'orgue), dominé par de puissants accords plaqués en valeurs longues, tout d'abord immobile sur le plan harmonique, puis modulant avec l'apparition de formules de plus en plus diversifiées (*staccato*) accompagnées de changements de dynamique (*pp subito*, boîte expressive). Retour de la disposition initiale, puis coda.

Élégie. *Moderato espressivo* à 3/4, en *si* bémol mineur, sur fonds doux : de nouveau l'univers (ne serait-ce que par le pont de la tonalité) de *Complainte*, mais plus richement structuré (chromatisme complexe, mobilité accrue...).

Épithalame. Le sous-titre de cette pièce en *si* majeur, *Adagio sostenuto e molto espressivo*, la caractérise parfaitement : densité du texte, richesse de la progression harmonique, dissonances réelles mais assourdies, conduisent à une pureté mais aussi une tranquillité des plus fragiles.

Postlude. *Quasi fantasia*, sorte d'improvisation en deux sections : une course *vivace* régulièrement ponctuée (et inaugurée) par un accord de *ré* à la composition mouvante et point d'orgue; puis un *Allegro non troppo vivo e sostenuto*, à l'écriture plus ramassée, des imitations de gammes et d'arpèges (avec note initiale tenue) soutenant avec vivacité un motif (soprano) très scandé, le tout allant crescendo jusqu'à l'accord final.

Durée d'exécution de chaque pièce : de 3 à 9 mn

Pièces de fantaisie

Quatre Suites, composées en 1926 (1 et 2) et 1927 (3 et 4), élargissant les intentions du recueil précédent et, de manière très sensible, le répertoire de l'orgue de concert. On notera l'enchaînement des Pièces, parfait pour la *Suite n° 1*, moins rigide pour les autres, dans l'ordre des bémols puis des dièses.

Première Suite (op. 51)

Prélude. Sobre et clair, il est d'un seul tenant, en *ut* majeur, de type toccata répétitive (mais sur une registration chaude et douce) d'arpèges brisés détachés aux deux mains en alternance. Le thème est tout d'abord énoncé à la pédale, ensuite au soprano, avant le retour de la structure initiale.

Andantino. En fait *adagio* (*la* mineur) de type choral, sobrement harmonisé, sur flûte et gambe; entrecoupé de deux sections courtes, plus rythmiques, chromatiques, sur les flûtes 8' et 4'.

Caprice. *Allegretto* très modéré, en *ré* mineur et en deux parties. Mélodie de type pastorale au soprano sur accompagnement de voix parallèles; puis la mélodie passe à la main gauche (trompette), la droite évoluant en de longues arabesques volubiles, sur une pédale solo staccato s'inspirant en imitation de la mélodie.

Intermezzo. De type scherzo à 2/4, en *fa* majeur, staccato et très accentué, pièce vive et obstinée avec une section centrale *cantabile* (et deux rappels) plus rêveuse.

Requiem aeternam. « A mon frère, Édouard Vierne ». *Lento ma non troppo* en *sol* mineur sur voix humaine, flûtes et tremblant, douloureux mais sans aucune velléité de démonstration de douleur; le thème-choral est harmonisé sobrement sur fond de chromatisme très serré.

Marche nuptiale. *Allegro maestoso e marcato* en *si* bémol, fait de grands accords violents entrecoupés de sections sombres et méditatives, enchaînant peu à peu vers une sorte de toccata s'élargissant sans cesse jusqu'au grandiose. Curieux cadeau pour une élève, tant l'atmosphère de cette Marche est lourde de dissonances angoissées et fiévreuses (réflexion sur le propre mariage, malheureux, de Vierne?).

Deuxième Suite (op. 53)

Lamento. *Adagio quasi larghetto* à 4/4 (*ut* mineur) sur flûtes et gambe, exemple caractéristique des pièces méditatives de Vierne, complexes sur le plan harmonique (nombreux frottements, audacieux parfois, mais parfaitement intégrés), enchaînant diverses sections rythmiquement variées, s'achevant sur une sorte de coda.

Sicilienne. *Allegretto moderato* à 6/8 en *mi* mineur, de la même famille que le Caprice de la *Première Suite*, sur une belle mélodie langoureuse (hautbois), proche par instants d'une mélodie de Fauré; accompagnement très mobile de doubles croches.

Hymne au soleil. *Maestoso* à 4/4 en *sol* majeur, introduit sur un rythme scandé (comme pointé à la française), ou premier thème, auquel répond un second thème, mélodique et mystérieux : jeu d'ombres et de lumières, aux riches modulations, composant une fresque grandiose, très « orgue symphonique français ».

FEUX FOLLETS. En *si* mineur, l'un des sommets du cycle, égal du Scherzo de la *Sixième Symphonie*, bien que plus morcelé, construction inouïe imbriquant avec un art tenant de la magie du son (rôle fabuleux des silences !) les plans sonores de l'orgue. Œuvre très impressionniste, réellement moderne, extrêmement virtuose, d'une couleur d'ensemble inimitable. Un chef-d'œuvre.

CLAIR DE LUNE. *Adagio molto espressivo* en *ré* bémol, autre chef-d'œuvre d'expression, schématiquement de forme ABA, débutant sur une phrase d'une extraordinaire beauté (flûte et gambe), pure, aérienne. L'œuvre s'intensifie en recentrant sa tessiture, puis retrouve sa ligne éthérée.

TOCCATA. « La » toccata de Vierne, cheval de bataille des organistes, virtuose, incisive et marquante, mouvement perpétuel se refermant sur lui-même au cœur de la pièce, selon la « formule » du Final de la *Première Symphonie* — la part du mystère qui sied si bien à l'orgue symphonique — pour n'en jubiler que plus brillamment dans une conclusion échevelée, mais qui ne perd jamais le sens de sa dignité.

Troisième Suite (op. 54)

DÉDICACE. *Andantino espressivo* à 2/4 (*la* bémol), longue pièce lyrique mais très allante, marquée par la syncope du motif initial, variée dans sa structure riche en évolutions et modulations (*sol* dièse mineur), à la fois intense et lumineuse.

IMPROMPTU. L'une des *Pièces* les plus célèbres, les plus souvent jouées, *Vivace* à 6/16 (*fa* mineur, « à André Marchal, organiste de Saint-Germain-des-Prés »). Cet impromptu fait penser à une étude de forme ABABA, propulsée par la stupéfiante souplesse du rythme, lui-même ponctué par une pédale en demi-teintes. Les sections B offrent un étrange *molto cantabile* enchaînant des intervalles portant presque à faux, soutenus par une scansion insistante de la pédale. L'œuvre s'achève comme elle avait commencé, dans une atmosphère de réelle fraîcheur, inaltérable. La légèreté de jeu si caractéristique de son dédicataire, André Marchal, dit assez les exigences d'une telle pièce.

ÉTOILE DU SOIR. *Moderato non troppo lento* à 6/8 (*sol* dièse mineur), pièce lyrique comme *Dédicace*, mais par d'autres moyens : tenues par degrés conjoints, trilles lents décomposés, atmosphère brumeuse (gambe, flûtes, céleste), sur un inépuisable balancement de lueurs stellaires — un climat qui peut être envoûtant.

FANTÔMES. Cas particulier, spécifié « pour le concert, seulement », sorte de dialogue à 7, chaque idée se trouvant musicalement individualisée (forme, couleur, tempo) : « 1) L'évocateur : qui donc prépare l'avenir ?... 2) Le jeune esthète : C'est moi... Je suis libre ! 3) Le vieux pédant : C'est moi... Je garde la tradition ! 4) Le Nègre : L'avenir est au danseur. 5) Le singe : L'avenir est à la fantaisie... 6) Le mendiant : Il est à la misère... “Solo Mio”. 7) Le Destin : Il est nulle part et partout. » On y retrouve l'esprit et la virtuosité, la magie du son et des contrastes des *Feux Follets*.

SUR LE RHIN. *Molto maestoso* à 4/4 (*mi* bémol mineur) de structure presque statique, archaïsante à la manière d'un *Alla-breve* massif et dense, s'animant en son centre *(poco più vivo)*, et s'achevant sur une longue série d'accords monumentaux.

CARILLON DE WESTMINSTER. Autre cheval de bataille, créé par Vierne à Notre-Dame en décembre 1927, *Andante con moto* à 9/8 (*ré* majeur). Lente procession tout d'abord mystérieuse sur le fameux thème de Big Ben (l'œuvre est dédiée au célèbre Henry Willis, facteur d'orgue à Londres), répétitive, progressant imperceptiblement du *pp* au tutti, l'œuvre s'enrichit sans cesse au travers de multiples modulations jusqu'à devenir un véritable et grandiose carillon-toccata somptueusement symphonique, débordant d'une allégresse tout d'abord savamment contenue, puis presque brutalement libérée.

Quatrième Suite (op. 55)

AUBADE. *Allegretto* en *mi* bémol (à 3/8) sur un motif rythmique sobre mais allant, en voix parallèles, sur une simple ponctuation de pédale. Une section centrale de type divertissement (*mi* bémol mineur) fait chanter le hautbois du Récit sur les fonds

8' du positif. La pédale (transition) reprend le motif initial, réintroduisant la structure de départ.

Résignation. *Adagio molto sostenuto* à 4/4 (*fa* dièse majeur), pièce lyrique: « Choral » à quatre voix à l'écriture verticale, puis chant modulant sur le hautbois, retour au ton de *fa* dièse majeur (à quatre voix sur la céleste), et conclusion (coda) *più lento*.

Cathédrales. Pièce la plus longue du recueil, *largo molto sostenuto* sur un 4/2 splendide de puissance, majestueux, en *la* majeur. Sur des accords tenus au récit entre le thème à la pédale (a), repris au manuel seul (b, quatre voix, fonds du récit); reprise de a, puis de b. L'écriture de type choral va s'élargissant (à la polyphonie se substituent de longues séries d'accords), s'accélère (la noire devient croche), menant au tutti (retour du thème à la pédale), puis à l'accalmie (fonds du récit, *pp*) — sans quitter la couleur de *la* majeur.

Naïades. *Allegretto non troppo* à 3/4 rappelant l'*Impromptu*, en *si* majeur. La main droite, en de volubiles sextolets de doubles croches, donne le ton, ponctuée par des accords de main gauche et pédale. Les sextolets passent à la gauche, tandis que la droite chante un thème lyrique (fonds 8'). L'écriture virtuose s'étend aux deux mains (gammes, arpèges), conduisant au travers de diverses tonalités à un long trille, avant de conclure sur une quinte en relief (*si*/*fa*, pédale).

Gargouilles et chimères. Introduction *poco lento* à 4/4 (*fa* dièse mineur), grave, chromatique, sans pédale, suivie d'un *Allegro* de type scherzo, s'infléchissant (*poco lento* lyrique) puis s'envolant de plus belle (*allegretto con moto* virtuose), le tout s'achevant après maintes modulations sur un trait de pédale reprenant le motif rythmique du « scherzetto ».

Cloches de Hinckley. *Andante con moto*, *quasi allegro* à 6/4, débutant sur des échos de sonneries, carillon évoluant peu à peu vers la toccata (thème à la pédale). L'écriture s'élargit (enchaînements de quartes conjointes), le tout *crescendo*. Le carillon se déploie à la pédale *(allegro molto)* sur des accords de ponctuation de main gauche et des rafales de gammes à la droite (28 fois la gamme descendante de *mi* majeur!)

Durée d'exécution de chaque pièce : de 3 à 11 mn

Pièces diverses

Triptyque (op. 58)

En 1931, Vierne réunit trois pièces à l'éclairage très suggestif, composées de 1929 à 1931 : *Matines, Stèle pour un enfant défunt, Communion*. Les volets extérieurs sont « deux impressions mystiques d'une simplicité toute monacale » (Gavoty), la *Stèle* étant un hommage au petit Jean de Brancion : « Sur un fond d'une poésie irréelle, la secrète gravité, toute l'émotion d'un gosse qui devait partir trop tôt » (Vierne).

Les Deux Messes

La *Messe basse* (op. 30, 1912) est écrite comme les *Pièces en style libre*, pour orgue ou harmonium. Elle comprend Entrée, Introït, Offertoire, Élévation, Communion, Sortie. La *Messe basse pour les défunts* (op. 62, 1934) offre le même plan, mais débute par un Prélude et s'achève par un Défilé.

Il faut également mentionner, bien qu'en dehors du cadre de l'orgue seul, la splendide *Messe solennelle* en *ut* dièse mineur (op. 16, 1900), cadeau de prise de fonction à Notre-Dame, pour deux orgues et chœur à quatre voix mixtes, d'un souffle et d'une beauté remarquables, « dans l'ordre du triomphal, la digne réplique du *Requiem* de Fauré » (Gavoty).

Pour être complet, citons encore quelques œuvres isolées : *Allegretto* (op. 1, 1894), *Prélude funèbre* (op. 4, 1896), *Communion* (op. 8, 1900), *Marche triomphale pour le centenaire de Napoléon Ier* (op. 46 pour 3 trompettes, 3 trombones, 3 timbales et grand-orgue, 1921), auxquelles s'ajoutent des pièces pour orgue et voix, ainsi que des œuvres sans numéro d'opus : *Verset fugué* sur *In exitu Israël* (1894), *Prélude* en *fa* dièse mineur (paru en 1914) et trois improvisations de 1930 reconstituées d'après les disques par Duruflé (Durand, 1954).

M.R.

JOHANN GOTTFRIED WALTHER

Né à Erfurt, le 18 septembre 1684; mort à Weimar, le 23 mars 1748. Walther et Jean-Sébastien Bach (son cadet de six mois seulement) étaient cousins par la mère de Johann Gottfried, Martha Dorothea Lämmerhirt. En 1691, il étudie l'orgue d'abord avec Johann Bernhard Bach, puis Johann Andreas Kretschmar, un élève de Buttstett. Il semble que Walther ait temporairement travaillé avec ce dernier, mais qu'il n'en ait retiré qu'un mauvais souvenir. En tout cas, il profitait du milieu favorable qui s'était créé autour de Pachelbel, organiste de la Predigerkirche. Il entreprend des études de philosophie et de droit à l'université d'Erfurt, mais les abandonne rapidement au profit de la musique. En 1702, il est organiste de Saint-Thomas à Erfurt. En 1703, il pose sa candidature à Mühlhausen, mais finalement la retire, laissant ainsi la voie libre à son brillant cousin. Dès l'automne de la même année, il entreprend divers voyages : Francfort-sur-le-Main, Darmstadt; en 1704, c'est Halberstadt, où il rencontre le fameux expert et théoricien Andreas Werckmeister. En 1706, il rend visite à Hieronymus Pachelbel à Nuremberg. Puis, estimant sans doute son apprentissage terminé, il s'installe le 17 juillet à Saint-Pierre-Saint-Paul de Weimar, poste qu'il ne résiliera qu'en 1745, souffrant déjà depuis longtemps des yeux. En 1708, il épouse Anna Maria Dressler dont il aura huit enfants; Jean-Sébastien Bach sera le parrain du troisième. Outre ses activités d'organiste, Walther assumait l'éducation musicale des enfants de la famille ducale de Weimar. Parmi eux, on trouve la princesse Johanna Charlotte à qui il dédia son Prélude sur le cantique de l'Avent, *et surtout le dernier, Johann Ernst, qui manifestait des dispositions exceptionnelles, mais dont une mort précoce (à dix-neuf ans) mit malheureusement fin à une carrière musicale prometteuse. Parmi ses autres élèves, il faut citer Jacob Adlung, Johann Tobias Krebs, Friedrich Labes, Andreas Rothe, Wilhelm August Traugott Roth et Christian Michael Wolf.*

La vie de Johann Gottfried Walther apparaît fort lisse : un poste d'organiste servi avec fidélité, une responsabilité officielle dans une cour prestigieuse, des joies et des soucis familiaux ou professionnels partagés par tous ses confrères. Mais deux faits saillants le distinguent de ses collègues. Il est d'abord avec son *Musicalisches Lexikon* (Leipzig, 1732), inspiré par le *Dictionnaire de musique* de S. de Brossard (1708), le premier à produire un dictionnaire de musique en langue allemande, et le premier à donner des notices biographiques. Ensuite, il a côtoyé pendant neuf ans dans la même petite cité son illustre cousin. Outre des liens familiaux, il y a tout lieu de penser que des relations professionnelles ont uni ces deux jeunes musiciens, avides de nouveaux répertoires. Et c'est Walther qui a fait découvrir à Jean-Sébastien l'art des Italiens. Gageons que les tribunes de Weimar ont dû résonner de transcriptions homériques... Et le maigre article (39 lignes) consacré par Walther à son cousin dans son *Lexikon* n'induit pas nécessairement un refroidissement de l'amitié entre les deux hommes.

Selon son autobiographie parue dans la *Ehren-Pforte* de Matheson (Hambourg, 1740), Walther a composé 92 pièces vocales et 119 pour clavier. Toute son œuvre vocale a malheureusement disparu. Seules subsistent la majorité des pièces pour orgue, qui comprennent 86 chorals, 4 préludes et fugues, une toccata et fugue, une fugue en *fa* majeur, un concerto en *sol* majeur et 15 concertos transcrits de divers auteurs.

L'œuvre pour orgue

A Saint-Pierre-Saint-Paul de Weimar, Walther disposait d'un instrument relativement modeste (comme Pachelbel !) : deux claviers comportant chacun onze jeux et un pédalier de quatre jeux (soubasse 16', Posaune 16', trompette 8' et Kornett 2').

On notera qu'à la chapelle du château, Bach n'était guère mieux loti, si ce n'est que, en 1714, Jean-Sébastien réussira à obtenir une importante restauration de son instrument qui finit par compter neuf jeux sur son Oberwerk, huit jeux sur son Brustwerk et sept jeux à la Pédale. Cela n'empêchait certes pas Bach de concevoir à Weimar de grandes pages, telles la *Passacaille* BWV 582 ou les futurs chorals dits « de Leipzig ».

La plupart des techniques de variations de chorals en usage chez les compositeurs allemands après Pachelbel ou Buxtehude se retrouvent en l'œuvre de Walther. C'est dire la variété structurelle de ce recueil auquel son auteur a dû consacrer des soins attentifs, au point de négliger quelque peu les formes libres (préludes, toccatas, fantaisies, etc.). La sensibilité de l'ornementation (parfois foisonnante) ou des contrechants, la justesse expressive de l'harmonie, l'habileté contrapuntique, la (relative) virtuosité que réclament certaines de ces pièces sont autant de composantes d'un art sobre mais efficace, représentatif d'une certaine austérité luthérienne. D'ailleurs, par réaction, les préludes et fugues manifesteront une sage excentricité qui transparaîtra avec jubilation dans les concertos transcrits.

Il est assez piquant, cependant, de juxtaposer des avis très contrastés sur ce musicien. Mattheson, en 1739, explique qu'il a reçu de Walther des œuvres « qui surpassent en beauté toutes celles que j'ai entendues ou vues… * ». Pirro, en 1926, lui reproche « d'être trop déclamatoire ou recherché, ou sentimental avec fadeur ; quand il désire atteindre la grâce, il s'arrête à la coquetterie, et sa mélancolie même est maniérée ** ». Mais déjà sans doute, à l'époque où Pirro écrivait ces lignes, Walther, comme bien d'autres, souffrait d'une redoutable et injuste comparaison avec le maître des maîtres.

Les Préludes, fugues et concertos

Le **Prélude et fugue en *ut* majeur nº 1** est purement manuel : le pédalier n'intervient que pour souligner la cadence finale. A un prélude besogneux succède une fugue filandreuse qui s'applique studieusement (et fastidieusement) à visiter les tonalités voisines, sans jamais hausser le ton.

Durée d'exécution : ~ 5 mn

Le **Prélude et fugue en *ut* majeur nº 2** n'échappe pas aux stéréotypes d'écriture de l'époque, mais il a au moins le mérite de refléter la solidité du « métier » de son auteur. Deux brefs traits de toccata enserrent deux longues pédales de tonique et dominante qui supportent le babillage un peu creux de trois voix supérieures. Après avoir exposé longuement un premier sujet, la fugue, assez libre, en amorce un second qu'elle abandonne en cours de route, pour finalement en développer deux autres qui ont l'heur de se combiner avec le premier dans la strette finale. L'ensemble n'est pas désagréable, encore qu'un peu monochrome, mais ressemble fort à un devoir d'écolier.

Durée d'exécution : ~ 5 mn

Le **Prélude et fugue en *ré* mineur** aurait pu être signé par un musicien du Nord ; on apprécie un certain brio instrumental, mais les idées sont courtes, et l'écriture de la fugue est parfois anémique dans ses restrictions à deux voix.

Durée d'exécution : ~ 5 mn 30 s

Dans le **Prélude et fugue en *la* majeur**, on entend un Buxtehude lancer avec sa verve coutumière le trait de pédale initial (mais peut-être ne s'agit-il que d'un trait manuel ?). L'ornementation est pléthorique, quasi étouffante, surtout si l'on admet avec quelque logique que les modèles proposés sur quelques mesures doivent être prolongés sur toute la pièce… La fugue est dans l'ensemble plus substantielle.

Durée d'exécution : ~ 6 mn

Le **Prélude et fugue en *sol* majeur** juxtapose plusieurs séquences : un prélude (lui-même en trois parties : lent-vif-lent), une fugue, un grave et une aria *a 2 Tastature* (à 2 claviers). Le long intitulé original en italien de cette pièce publiée en 1741 indique assez le parrainage transalpin. L'œuvre respire l'Italie, tant dans les formes invoquées (sonate en trio, concerto grosso, etc.) que dans cette écriture de cordes et cette humeur vive et chantante qui l'anime.

Durée d'exécution : ~ 8 mn

Le **Concerto en *sol* majeur**, publié en 1741 également, parle la même langue tout au long d'un prélude (*adagio*, puis *allegro*),

* J. Mattheson, in *Der Volkommene Capellmeister*, 1739, p. 476.
** A. Pirro, *op. cit.*, p. 1333.

d'un largo, d'un *vivace* qui encadre une aria entre deux ritornellos identiques, d'une aria *(largo)*, et enfin d'un *vivace* final. En cette œuvre, délicieusement contrastée, le pédalier est adroitement sollicité. L'ensemble a la tonicité, l'éclat et la dynamique d'un concerto orchestral transcrit !

Durée d'exécution : ~ 10 mn

La **Fugue en *fa* majeur** doit naturellement beaucoup à Pachelbel, ne fût-ce que par son sujet en notes répétées si caractéristique du maître de Saint-Sebald. L'écriture est ingénieuse et ménage habilement ses effets.

Durée d'exécution : ~ 2 mn

Walther s'est enfin essayé à un exercice de style en proposant **Quatre Variations sur une basse continue « del Signor Corelli »**. Là encore, l'auteur s'efforce de dérober aux cordes leurs secrets expressifs (*cantabile*, souplesse ornementale, etc.) pour les appliquer aux claviers. En ce sens, la première variation déroule une mélodie d'une rare élégance.

Durée d'exécution : ~ 6 mn

Les concertos transcrits

C'est probablement le jeune duc Johann Ernst de Saxe-Weimar (1696-1715) qui est à l'origine des transcriptions effectuées par Bach et Walther. En effet, durant ses études aux Pays-Bas (1711-1713), il avait entendu des transcriptions de concertos ou de sonates jouées lors de récitals d'orgue. De retour à Weimar, il a commandé à l'organiste de la Cour, Bach, et à son propre professeur, Walther, de telles adaptations*. Et les deux compères ont amicalement rivalisé dans ce domaine : outre une extension du répertoire organistique, c'était évidemment aussi pour eux le meilleur moyen d'assimiler une littérature qui les fascinait. Bach a jeté son dévolu sur Vivaldi et Marcello, tout en saluant au passage Telemann et le jeune duc, Johann Ernst. Walther, lui, s'est penché sur d'autres Italiens que Vivaldi : Albinoni, Gentili, Gregori, Manzia, Taglietti ou Torelli, tout en s'intéressant à Meck (ou Megck), Telemann ou le mystérieux Blamr.

Walther spécifie aussi que ses concertos sont « *appropriato all'Organo* », même si ceux des signors Gentili, Gregori et Manzia supportent néanmoins le clavecin. Si les transcriptions de Bach constituent naturellement des modèles du genre, celles de Walther, cependant, ne déméritent pas, car elles sont manifestement l'œuvre d'un praticien qui, tout en préservant la substance musicale des originaux, sait aussi faire « sonner » son instrument. Nulle gaucherie, nulle redondance, nul appauvrissement dans des pages qui tendent à faire oublier le modèle pour mieux mettre en valeur l'instrument à tuyaux. Et en ce temps-là, l'orgue avait peut-être besoin de l'aiguillon ardent provoqué par la flamme des cordes italiennes : le jeune Jean-Sébastien en a tiré le plus grand profit...

Les chorals

Walther a toujours manifesté un grand intérêt pour le prélude de choral, commentaire musical des mélodies de cantiques luthériens. Comme le souligne G. Cantagrel, il n'est pas douteux que « le contact de son ami et leur fraternelle rivalité furent l'occasion pour Jean-Sébastien Bach, qui ne jurait alors que par les flamboyants virtuoses du Nord, d'élargir son horizon sonore et de s'initier au monde du choral pour orgue, où il allait bientôt passer maître, en particulier avec l'*Orgelbüchlein* ».

Suivant scrupuleusement les recommandations des autorités religieuses, Walther prend soin d'écrire des pièces brèves, voire très brèves, et dans lesquelles la mélodie du choral apparaît toujours avec la plus grande netteté. Il déploie des trésors d'ingéniosité pour varier la présentation de ces cantiques. Il ne renie pas la sévérité contrapuntique, soulignant même parfois avec un brin de fierté tel *« movimento contrario »* ou telle *« fuga in Conseguenza »*; mais il appuie aussi sur tous les leviers expressifs en son pouvoir : mélodie ornée, rythme pointé, densité de la polyphonie, chromatismes, figures pittoresques, etc. Certains cantiques l'inspirent plus que d'autres : on compte six versets pour *« Machs mit mir, Gott »*, sept versets pour *« Ach Gott und Herr »*, huit pour *« Allein Gott in der Höh' sei Ehr »* ou *« Lobt Gott, ihr Christen »*. Parfois même,

* Selon Heinz Lohmann, édition de l'œuvre d'orgue de Walther, Breitkopf, Wiesbaden, 1966.

la composition débouche sur une forme en soi : *« O Jesu, du edle Gabe »* est une chaconne fort développée, et *« Jesu, meine Freude »* donne naissance à une série de 10 partitas. Peut-être ces pièces étaient-elles destinées au concert spirituel.

Walther affectionne l'écriture canonique. Souvent, le cantus firmus résonne ainsi en canon à l'octave entre le soprano et la basse (*« Ach, was soll ich Sünder machen »*, ou *« Allein Gott »*, verset 5), ou entre ténor et basse (*« Ach Gott und Herr »*, v. 1 — au prix d'une amusante licence ! —, ou *« Puer natus in Bethlehem »*). Parfois, le canon absolument rigoureux jugule deux voix manuelles au-dessus du choral en valeurs longues : c'est le cas de *« Komm, Gott Schöpfer »*, v. 2, canon à la quinte, et de *« Wir Christenleut »*, v. 2 et 3, canons à l'octave. La plume est agile, sans raideur pédante.

Il sait varier la densité de ses discours en présentant soit des biciniums (dont l'une des voix est souvent ornée), soit des polyphonies à trois parties (il aime réunir deux voix dans la main droite, tandis que la main gauche caracole en solitaire), quatre, voire cinq parties dans le superbe *« Nun bitten wir den heiligen Geist »*, v. 2. La transparente écriture en trio trouve à s'épanouir dans des pièces lumineuses comme *« In dulci jubilo »* ou *« Allein Gott »*, v. 6. Si le cantus firmus apparaît le plus souvent aux parties extrêmes (dessus ou basse), il sait néanmoins le présenter « en taille », comme dans *« Allein Gott »*, v. 2.

La disposition chère à Pachelbel, qui fait précéder chaque phrase du cantus firmus par un bref fugato sur le motif, trouve naturellement chez Walther un fidèle défenseur, et un choral aussi bref que *« Ach Gott, vom Himmel sieh darein »* en acquiert une fermeté persuasive et sans faille. L'art du choral orné trouve aussi en lui un délicat illustrateur, comme en témoignent *« Es ist das Heil uns kommen her »*, *« In dich hab ich gehoffet, Herr »* ou *« Nun komm der Heiden Heiland »*, v. 3. D'ailleurs, nombre de ses chorals réclament deux claviers afin de mieux opposer deux plans sonores. Walther ne recule pas devant quelques touches pittoresques : ainsi, le petit motif de trois sons qui carillonne inlassablement au pédalier de *« Gottes Sohn ist kommen »*.

Sa technique, son savoir-faire, son « métier » sont enracinés dans la ferme tradition des Scheidt, Pachelbel, Buxtehude, etc., au point que ces maîtres auraient pu signer certaines pages de Walther — tout comme on a pu attribuer à Bach les chorals *« Ach Gott und Herr »* BWV 692 et 693, et *« Gott der Vater wohn'uns bei »* BWV 748. Combien d'autres pages mériteraient d'ailleurs de sortir de l'*Orgelbüchlein* ou des *Partitas* ? Pour prendre un unique exemple : qui a inspiré l'autre, du choral *« Jesu Leiden, Pein und Tod »* ou de la sixième variation de *« Sei gegrüsset Jesu gütig »* BWV 768 ? Mais dans tous les cas, il convient de ne pas retirer à Walther — n'en déplaise à Pirro — sa réelle originalité, un ton personnel fait de rigueur et de poésie.

Parmi les plus significatifs, nous pouvons retenir les chorals suivants, tout en assurant le lecteur de nombreuses autres surprises agréables.

« Allein Gott in der Höh' sei Ehr » est une alerte partita qui distribue le cantus firmus soit au soprano (var. 1, 3, 4), soit au ténor (var. 2) ou à la basse (var. 6, 8). Le choral est exposé en entier, sauf dans la variation 7 qui fait résonner inlassablement la première phrase. Les variations 3 et 8, respectivement à 6/4 et à C, viennent opportunément rompre l'uniformité de la mesure à 3/2. L'écriture en imitations droites ou renversées est souveraine, mais n'entrave en rien la jubilation de ce cantique de louange.

Durée d'exécution : ~ 12 mn

Les cinq versets de **« Erschienen ist der herrliche Tag »** semblent converger vers la majesté du dernier. La belle mélodie ascendante initiale, toute vibrante d'ornementations, nourrit la polyphonie du premier verset, accordant un peu de place vers la fin à la deuxième phrase. Le choral sera ensuite exposé en entier dans chaque verset. Le troisième adopte un rythme de danse qui a peut-être fait froncer quelque sourcil luthérien. Et le dernier, massif avec son cantus firmus à la pédale et son écriture à quatre ou cinq voix, compact avec sa mélodie de choral qui passe sans solution de continuité entre le soprano et la basse, sobre avec son unique motif d'accompagnement, délivre le message de la Résurrection dans une conviction sans faille.

Durée d'exécution : ~ 9 mn

La mélodie ornée du choral « **Es ist das Heil uns kommen her** » assouplit un peu la rudesse du message théologique : « C'est la Foi, et elle seule, qui peut nous sauver. » Mais le pédalier, dans l'ombre grave, affirme l'intransigeance dogmatique.
Durée d'exécution : ~ 2 mn 30 s

Les treize variations de « **Herr Jesu Christ, dich zu uns wend** » manifestent une imagination fertile : chacune possède un visage mélodico-rythmique caractérisé qui renouvelle constamment l'intérêt du choral… et de l'auditeur. Qu'il s'agisse des échos dans la première, du bicinium violonistique de la seconde, de l'« imitatio violistica » chère à Scheidt dans la troisième, du joyeux tumulte des arpèges dans la huitième, des bouleversements dans la mesure des variations 7 et 8 (à 12/8) ou 9 (à 3/2), autant d'éléments qui fusent avec un enthousiasme juvénile. Il faut aussi citer la dixième, avec son cantus firmus impavide à la pédale tandis que son jumeau orné brode au-dessus de bavardes fioritures. De toutes façons, une ornementation vibrionnante électrise de nombreuses pages de Walther, et la question reste naturellement posée de savoir s'il convient de réaliser scrupuleusement ou d'élaguer.
Durée d'exécution : ~ 20 mn

« **Herr Jesu Christ, ich weiss gar wohl** » présente en son deuxième verset une exceptionnelle qualité d'écriture. Après un bref fugato initial, le cantus firmus, sobrement orné, passe du ténor au soprano, soutenu par une imitation canonique au pédalier, tandis qu'une troisième voix se faufile librement entre les parties obligées ; et le verset conclut avec, à la main droite, une ardente arabesque, tout à fait dans la manière de Buxtehude.
Durée d'exécution : ~ 7 mn

La partita « **Jesu, meine Freude** » aurait naturellement pu être signée par Pachelbel ou le jeune Bach. On y trouve les mêmes ingrédients que dans *« O Gott, du frommer Gott »* BWV 767 : arabesque alternativement au soprano (partita 3) et à la basse (partita 5), variation chromatique (partita 6), passage au ternaire (partita 7), etc. Seule, la dernière variation exige le pédalier pour proclamer le choral sous un entrelacs d'imitations adroitement tressées sur la tête de la deuxième phrase du choral.
Durée d'exécution : ~ 9 mn

La chaconne sur « **O Jesu, du edle Gabe** » présente de nombreux points communs avec la chaconne dans le même ton (*mi* mineur) de Buxtehude. Et si la palme de l'invention, du sens des proportions et des contrastes revient indiscutablement au maître de Lubeck, Walther produit cependant ici une pièce bien architecturée, aérée, élégante. L'ostinato circule avec aisance dans les diverses tessitures ; omniprésent, il sait aussi se fondre dans le paysage environnant pour mieux occuper ensuite le devant de la scène. L'œuvre, en ses ciels calmes et sereins, manque peut-être un peu de ces orages qui sont le secret de Buxtehude.
Durée d'exécution : ~ 6 mn

« **Schmücke dich, o liebe Seele** » est prétexte à quatre variations lumineuses, gaies ou tendres. Dans ce registre, Walther a peu de rivaux (hormis Pachelbel !). Mais c'est plutôt à Boehm, en son choral *« Freu dich sehr, o meine Seele »*, que font penser la joyeuse agitation des arpèges dans le verset 1, la belle insertion du choral à l'alto dans le verset 2, les oppositions de claviers du verset 3, et enfin la fine et flexible arabesque à la main droite du dernier verset.
Durée d'exécution : ~ 7 mn

Walther était assez fier de ses variations sur le choral de l'Avent « **Wie soll ich dich empfangen** » pour les dédier à sa noble élève, la princesse Johanna Charlotte. Le choral est en fait l'une des nombreuses adaptations qui furent faites de la mélodie amoureuse de Hans Leo Hassler, *« Mein Gemüth ist verwirret »* (« Mon cœur est troublé, c'est l'œuvre d'une douce jeune fille ») ; le célèbre choral *« Herzlich tut mir verlangen »* en est une autre. La pédale n'intervient que dans les versets 7, 9 et 10. L'œuvre est sévère et ne fait rien pour atténuer la mélancolie de la mélodie.
Durée d'exécution : ~ 14 mn

G.G.

MATTHIAS WECKMANN

Né à Niederdorla (près Mühlhausen, Thuringe), en 1619 (ou peut-être avant); mort à Hambourg, le 24 février 1674. Comme nombre de ses contemporains, Weckmann vit le jour dans un milieu musical et commença ses études auprès de son père, Jacob W. Weckmann, pasteur et organiste. En 1630, il entre dans le chœur de la Chapelle de la cour de Dresde, où Schütz se charge du reste de sa formation (mais il y sera également l'élève d'autres membres de la Chapelle, dont Klemm pour l'orgue et Kittel pour le chant). En 1633, sur recommandation de Schütz, il est envoyé à Hambourg pour suivre, aux frais de l'Électeur de Saxe, l'enseignement de Jakob Praetorius (auquel il aurait préféré celui de Scheidemann qui jouait à Sainte-Catherine, pour son jeu plus chantant), lui-même élève de Sweelinck : on entrevoit déjà la filiation et le rapprochement de l'école du Nord et de celle du Centre de l'Allemagne d'alors. En 1637, il est de retour à Dresde, nommé organiste de la Chapelle de la cour. Mais en 1642, Schütz quitte Dresde pour devenir directeur de la Chapelle de la cour de Danemark ; après un bref séjour à Magdebourg, Weckmann le rejoint et obtient, comme à Dresde, le poste d'organiste de la Cour, qu'il occupera jusqu'en 1647, date à laquelle il rentre à Dresde, pour retrouver son ancien poste. En 1655, la célèbre tribune de Saint-Jakob de Hambourg étant vacante, Weckmann postule et emporte la place : il restera à Hambourg jusqu'à sa mort, en 1674. Ces années hambourgeoises seront pour Weckmann débordantes d'activité, à commencer par la création en 1660 d'un Collegium Musicum. Avec l'aide des musiciens de la ville, il donne des concerts hebdomadaires dans le réfectoire de Saint-Jakob. La plupart des œuvres de Weckmann datent de cette période. Sa vie durant, il fut en contact avec les autres musiciens de son temps. Tunder fut même « garçon d'honneur » au premier mariage de Weckmann. Demeuré méconnu jusqu'au XIXe siècle, Weckmann a bénéficié depuis du désir très sensible qui s'est fait jour dans la recherche musicologique de mieux connaître l'époque séparant Schütz (dont il fut l'un des élèves préférés) de Bach.

La place qu'occupe Matthias Weckmann dans le monde de l'orgue allemand est double. Il est tout d'abord, avec Reinken et Tunder, le lien entre l'enseignement de Sweelinck, par le biais de ses élèves, et l'école nordique dont le plus éminent représentant sera Buxtehude, de même qu'il offre, sur le plan de l'orgue, un reflet instrumental de l'art de Schütz, dont nous n'avons aucune composition pour orgue. Mais cette optique de filiation, certes juste et significative, ne doit en aucun cas conduire à une sous-estimation de l'art très individuel de Weckmann ; son œuvre n'est pas très abondante, certes, mais d'une qualité remarquable, exceptionnelle même, plus recherchée et dense, si on la compare à celle de Tunder par exemple, sans parler de Reinken, dont nous ne possédons que très peu de témoignages.

L'œuvre de Weckmann offre des compositions vocales à la manière de Schütz, 10 sonates pour cornet, violon, trombone, basson et basse continue (ici, les canzoni de l'école italienne sont encore perceptibles), 5 suites pour le clavecin proches de Froberger ; et pour l'orgue, 8 pièces en style fugué (dont plusieurs canzoni), 6 toccatas, et surtout 9 chorals-versets (certains versets pouvant être subdivisés en variations, tel le quatrième du choral *O lux beata Trinitas*).

On retrouve dans les œuvres fuguées (*Fantaisie* en *ré* mineur, *Fugue* en *ré* mineur) le principe abondamment développé par Sweelinck de la fugue en plusieurs sections, sur un thème général et plusieurs thèmes secondaires dérivés de ce thème général, par changement de mesure, introduction de figures variées, etc.

Les neuf Chorals-versets

L'essentiel de l'œuvre de Weckmann est donc constitué de neuf chorals-versets, parvenus le plus souvent sous forme de tablatures allemandes. Des doutes ont été émis sur l'authenticité du premier (« *Ach wir armen Sünder* »), peut-être postérieur à Weckmann, tandis que le « *Jesus Christus, unser Heiland* » de Tunder pourrait être de la main de Weckmann... Aucune date précise n'étant connue, comme c'est le cas pour presque tous les compositeurs de ce temps, la question de l'authenticité demeure ouverte pour chacune de ces œuvres. La qualité principale de l'écriture de Weckmann est sans conteste la magnificence du tissu contrapuntique (F. Dietrich disait de Weckmann qu'il était le « dernier grand mathématicien du choral d'orgue »), le traitement à quatre voix étant habituel, celui à cinq voix nullement rare — et l'on trouve jusqu'à six et sept voix ! De nombreux versets sont *manualiter*, quand certains (le dernier de « *Es ist das Heil uns kommen her* »), à l'opposé, sont à double pédale. L'adéquation à l'instrument est idéale, et le fait d'un organiste de grand talent. Les indications de claviers sont précisées, ainsi que la nature des versets en canon, parfois même les registrations ; l'*Organo Pleno (Im vollen Werck)*, toujours indiqué, introduit et termine fréquemment ces suites de versets.

« Ach wir armen Sünder » (3 versets). 1 : *Choral in Ten : (or)*, à quatre voix. 2 : *à 2 Clav. è Ped.*, à quatre voix, presque un choral orné (soprano). 3 : *à 2 Clav.*, à trois voix (basse manuelle presque soliste, d'une belle variété rythmique).

« Es ist das Heil uns kommen her » (7 versets). L'œuvre la plus démesurée de Weckmann, la plus audacieuse aussi, tant sur le plan de l'écriture (densité et hardiesse de l'harmonie) que sur celui de la technique instrumentale. 1 : *a 5 Voc., Im vollen Werck*, cantus firmus à la pédale, avec pré-imitation à la basse manuelle. 2 : *Manualiter, Canon in hyperdiapente post minimam*, ou canon à la quinte et intervalle de blanche (les deux voix à la main gauche), la droite déclamant la mélodie du choral en valeurs longues. 3 : *Vff 2 Clavir*, à quatre voix avec choral à la basse manuelle, puis à la pédale (sans 16'), et section centrale en rythme pointé. 4 : *a 3. Pedaliter, Canon in subdiapason post semiminimam*, ou canon manuel à l'octave et intervalle de noire, d'une grande liberté rythmique, choral à la pédale. 5 : *a 3. Pedal [iter], Canon in disdiapente post semiminimam*, canon à la quinte et intervalle de noire, choral à la pédale (longue tenue de tonique durant tout le *Final ad placitum*). 6 : *Vff 2 Clavier*, d'une durée plus qu'inhabituelle dans le cadre du choral-versets (238 mesures), déséquilibrant d'une certaine manière l'ensemble, ou au contraire rééquilibrant le tout en s'opposant à la totalité des autres versets ; immense fantaisie de choral à lui seul, ce verset essentiellement à quatre voix (mais parfois cinq et même six le temps de quelques mesures de double pédale) est un foisonnement inouï d'idées et de formes juxtaposées, d'une richesse et d'une plasticité bien supérieures — en réalité incomparables — à l'immense fantaisie de Reinken *An Wasserflüssen Babylon* (327 mesures). Le *Septimus et Ultimus Versus, Im vollen Werck, Coral im Tenor, Manualiter et pedal [iter]* conclut l'œuvre de manière grandiose (72 mesures), de nouveau à six voix, le choral étant exposé au pied droit de la double pédale (« dessus de basse », ou ténor si l'on compte deux voix d'alto).

« Gelobet seist du, Jesu Christ » (I) (4 versets). 1 : *a 4*, pièce courte (25 mesures) avec choral au ténor. 2 : *Auff 2 Clavir*, tout d'abord à quatre voix avec fugato en imitation de la mélodie du choral aux trois voix inférieures et soprano indépendant ; à la mesure 38, l'écriture se resserre à deux voix, puis trois à la mesure 54, avant de retrouver sa structure à quatre voix, mais sans cesse entrecoupée d'échos caractéristiques des écoles du Nord. 3 : *Auff 2 Clavir, a 4*, avec choral varié (presque orné) au ténor et fugato en imitation non rigoureuse aux autres voix. 4 : *a 3*, deux voix parallèles au manuel, très vives, choral en valeurs longues à la pédale.

« Gelobet seist du, Jesu Christ » (II) (3 versets, les plus courts du recueil : 22/18/13 mesures). 1 : *a 4*, choral à la pédale. 2 : *Auff 2 Clavir*, en forme de fugato-fantaisie, souple et sans rigueur. 3 : *a 3 voc.*, manuel en voix parallèles puis en « canon » libre, choral à la pédale.

« Gott sei gelobet und gebenedeiet » (2 versets + 1 fragment). 1 : *a 4*, de forme fantaisie, avec choral au ténor et à la basse alternés ou superposés — la mesure passe de 4/4 à 6/4 en forme d'*allabreve*, puis à ₵ pour une coda de type toccata.

2 : *Auff 2 Clavir*, en 3 sections enchaînées (fugato/fantaisie). 3 : fragment en trio, copie incomplète.

« Kom, heiliger Geist, Herre Gott » (3 versets). 1 : « choral-motet » à quatre voix. 2 : *auff 2 Clavir*, à quatre voix, avec soprano en alternance orné ou en valeurs longues, conclusion de type fantaisie. 3 : *a 3*, choral exposé au soprano puis repris à la pédale sur un duo rythmique des deux voix manuelles.

« Magnificat II. Toni (4 versets). 1 : *a 5*, « choral-motet » en guise d'introduction. 2 : *a 4, Auff 2 Clavir*, récit orné (soprano) sur fugato libre ou tenues des autres voix. 3 : *a 5*, pièce dense à l'écriture verticale. 4 : *a 6*, écriture de nouveau verticale, procédant presque par accords (sur une pédale simple).

« Nun freut euch, lieben Christen gmein » (3 versets). 1 : quatre voix claires en imitation variée. 2 : *Auff zwey Clavier*, soprano orné avec pré-imitation des autres voix. 3 : canon irrégulier à la rythmique très changeante et à l'octave (manuel), choral à la pédale en valeurs longues.

« O lux beata Trinitas » (6 versets). 1 : *a 5, Im vollen Werck*, pièce massive de type motet — du fait que les tablatures allemandes de l'époque n'indiquaient pas la séparation entre le manuel et la pédale, on ignore dans ce cas comme en quelques autres, s'il faut interpréter le texte musical sous forme de double pédale contre trois voix manuelles, ou bien pédale simple contre quatre voix manuelles, dont une première basse. 2 : *a 4. Choral in Cantu, manualiter vel si placet* — le cas est ici différent, puisque l'interprète peut, à volonté, prendre le cantus firmus soit en taille à la pédale (en 4'), soit au manuel (dans ce cas au soprano). 3 : *a 4 Voc.*, fugato à trois voix manuelles (conclusion libre) sur thème en augmentation à la pédale. 4 : *Manualiter* en 4 *variations* : 1/bicinium avec thème en valeurs longues au soprano, commentaire à la basse; 2/bicinium avec inversion des rôles; 3/*a 3 Voc. Canon in Hypodiapason post Semiminimam, Manualiter*, soit canon à l'octave et choral au soprano; 4/*Canon in Hypodiapason post [Semi] minimam, Manualiter vel ped[aliter[*, de nouveau canon à l'octave, mais choral à la basse, à la pédale si l'on désire. 5 : *Auff 2 Clavier*, longue fantaisie (88 mes.) alternant soprano et ténor orné sur fugato en imitation. 6 : *a 5, Im vollen Werck*, de type motet avec choral en augmentation à la pédale.

M.R.

SAMUEL WESLEY

Né à Bristol, le 24 février 1766; mort à Londres, le 11 octobre 1837. Fils de Charles Wesley (1707-1788), célèbre compositeur d'hymnes, lui-même frère de John Wesley (1703-1791), fondateur du méthodisme, Samuel Wesley fut l'un des plus grands organistes anglais de son temps. Enfant prodige, organiste et violoniste, il est à l'âge de vingt et un ans victime d'un accident qui a pour conséquences d'importants troubles mentaux et une carrière musicale pleine d'aléas, notamment quant à la composition. Auteur de nombreuses œuvres de musique religieuse, tant pour l'Église catholique que l'Église anglicane, son nom demeure attaché au renouveau de la musique de Bach : Wesley accomplit en Angleterre un travail comparable à celui de Mendelssohn en Allemagne. Le point culminant de son engagement en faveur de l'œuvre de Bach fut la publication du Clavier bien tempéré *et des* Trios *pour orgue (1810-1813). On lui doit également, en partie, la publication de la traduction anglaise (1820) de la* Vie de Bach *de Forkel. Il fut par ailleurs directeur et organiste du festival de Birmingham (1811-1830).*

L'œuvre d'orgue de Samuel Wesley, quantitativement d'assez faible importance bien que d'une constante qualité d'écriture et le plus souvent d'invention, apparaît comme le chant du cygne de l'école anglaise du XVIIIe siècle. Wesley réutilise les formes ancestrales des organistes et clavecinistes anglais, de même qu'il compose toujours pour l'orgue anglais traditionnel, de peu d'envergure et dépourvu de pédale. Citons au nombre de ses œuvres pour orgue quatre Concertos (1787-1815), divers recueils de *Pieces*, *Voluntaries, Preludes and Fugues*, *or Exercices*, *Interludes*, etc. Un mois seulement avant sa mort, il composa « expressément pour le Dr. Mendelssohn » une *Fugue* en *si*. Les deux hommes se rencontrèrent le 12 septembre 1837 à Christ Church, Newgate Street (Londres), où chacun joua pour et devant l'autre. Ce fut la dernière apparition en public de Wesley.

Douze Pièces courtes (1815)

En réalité au nombre de treize, ces pièces constituent l'un des recueils les plus achevés du compositeur. La longue période de dépression consécutive à son accident et durant laquelle il avait cessé presque toute activité musicale, fut suivie d'une amélioration qu'il mit largement à profit pour reprendre la composition. Un an avant qu'il ne rechute, il fit paraître ce recueil sous le titre *Twelve Short Pieces for the Organ with a Full Voluntary added Composed and inscribed to Organists in General*. Le « voluntary ajouté » mentionné par le titre est, en raison de ses vastes proportions et de l'emploi exceptionnel dans l'orgue anglais de la pédale, une œuvre indépendante.

Les pièces de 1815 sont groupées par tonalité : *sol* majeur (I-III), *la* mineur (IV-VII), *fa* majeur (VIII-X), *ré* majeur (XI-XIII). Chaque groupe suit sur le plan de la registration une progression croissante, des *Diapasons* (jeux de fonds) jusqu'au *Full Organ without the Trumpet* (fonds, mixtures et mutations, sans la trompette). Le *Cornet Voluntary*, l'une des formes emblématiques de l'École anglaise, ainsi que diverses pièces faisant entendre les jeux solistes traditionnels (hautbois et voix humaine), rattachent indéniablement, par les timbres et l'équilibre sonore, ce recueil au XVIIIe siècle. Aucune pièce ne porte de titre, mais toutes sont pourvues d'indications métronomiques.

I. Invention à trois voix principales avec prédominence du soprano (*Diapasons*).

II. Duo enrichi d'imitations canoniques et finissant à trois voix (*Diapasons and Principal*, puis *Swell* ou clavier expressif). La pièce s'achève sur un *sol* grave : l'orgue de Wesley, en 1815, reste fidèle au clavier anglais ancien, lequel n'avait pas entièrement renoncé à l'octave courte et descendait une quarte plus bas que le clavier (manuel ou pédale) continental.

III. Postlude majestueux avec octaves de main gauche, devenues fréquentes au XVIIIe pour renforcer la basse du clavicorde ou du pianoforte. On pourra également y voir une manière de suppléer l'absence de pédale. Possibilité de cadence sur le premier point d'orgue de l'avant-dernière mesure.

IV. Intermède (9/8) faisant entendre le hautbois et la flûte à la main droite, puis les diapasons aux deux mains.

V. Duo, avec alternance au soprano du cornet et du *Swell*, sur lequel s'achève la pièce (deux dessus, parfois à la tierce).

VI. Prélude à trois voix (*Mixture of Diapasons. Principal and Fifteenth* [2']), en deux parties avec reprises, enrichi aux deux voix supérieures de nombreux frottements de seconde; la main gauche est en forme de *basso ostinato*.

VII. Fugato sur le *Full organ without the Trumpet*, concis et dynamique, se limitant à un thème en arpège brisé inlassablement réintroduit à chacune des trois voix.

Les pièces **VIII** (3/8, *Swell*, *Cremona or Vox humana*, puis *Flute/Diapasons Bass*) et **IX** (*Diapasons and Principal*) sont connues sous le titre *Air and Gavotte* : la première, mobile et ondulante, à deux voix, la seconde, plus rigide, à trois voix et en deux sections avec reprises.

X. Prélude sur le *Full Organ without the Trumpet*, en voix parallèles ou en imitation canonique.

XI. Pièce lyrique dont le chant volubile fait entendre une flûte de 4' à la main droite.

XII. Pièce rythmique (6/8, *Mixture of Diap.*, *Flute*, *Principal*, *Fifteenth* [2'] & *Twelfth* [2'2/3]) en deux parties, servant de prélude à la pièce **XIII**, courte fugue à trois voix sur le *Full Organ*, ici avec trompette.

Le **Full Voluntary (Prelude and Fugue)** complétant le recueil est une œuvre étonnante. Bien que l'édition originale soit notée sur deux portées seulement, Wesley y a clairement indiqué une partie de pédale, le plus souvent à l'octave, comme si, renversement du cas mentionné ci-dessus, la pédale se substituait ici à la main gauche. La pièce évoque le *Prélude et fugue* en *mi* bémol BWV 552 de la *Clavierübung III* de Bach : rythme pointé d'ouverture à la française (*Full Organ*), divertissements rythmiques sur deux claviers (*Swell/Diapason*) — le tout à une échelle infiniment plus réduite. L'écriture de la fugue (*Full* sans la trompette), construite sur un sujet rythmique et très développée, est peu rigoureuse et prend rapidement des allures de fantaisie. La pédale ne réapparaît que pour la cadence finale, sous forme de tenues.

Deux autres membres de la dynastie des Wesley s'illustrèrent dans le domaine de l'orgue et de la musique d'église. **Charles Wesley** (1757-1834), frère de Samuel et élève de Boyce, fut organiste de différentes églises londoniennes ainsi que de la Chapelle royale. Il est l'auteur de nombreuses pièces de clavecin et d'orgue *(voluntaries)*, de six concertos pour orgue, mais également de concertos pour clavier et de quatuors à cordes. Citons (accessible en édition moderne) le *Prélude et fugue* en *la* mineur extrait du *Voluntary n° 5*, constitué d'une fantaisie (*Diapason*) à trois voix, vive et élégante, puis d'une fugue (*Full Organ without Trumpet Stop*, registration traditionnelle de la fugue en Angleterre), opposant un sujet original (enchaînant un intervalle d'octave puis de seconde), teinté de chromatisme, et une réponse de tessiture plus ramassée, tous deux aussi clairs et purs que parfaitement individualisés.

Samuel Sebastian Wesley (1810-1876), fils naturel de Samuel, fut également un organiste d'une grande réputation en Angleterre. En poste dans les cathédrales de Hereford, Exeter, Winchester et Gloucester, ainsi qu'à Leeds, il laissa une œuvre abondante de musique religieuse (*Services*, *Anthems*), ainsi que quelques pièces *(voluntaries)* pour orgue de chambre, dépourvues d'indications de registration. Citons son ambitieux *Choral Song in C* en deux mouvements, composé pour un orgue dont claviers et pédale descendent toujours, au cœur du XIXe siècle, jusqu'au *sol* grave. La première section est un « prélude de choral », dont l'écriture essentiellement verticale (nombreux accords, octaves aux deux mains) ne fait appel qu'au manuel ; la seconde, une fugue sur un sujet déjà néo-baroque, rythmique, initialement à trois voix. Une rudimentaire partie de pédale est indiquée. Elle ne concerne que quelques tenues harmoniques, le sujet n'y apparaissant jamais. Notons que la pédale, le plus souvent en tirasse sur un orgue anglais de l'époque, sonne en huit pieds. Wesley précise d'ailleurs que, sur un orgue aux normes allemandes, il convient d'utiliser un jeu de seize pieds que l'on jouera une octave plus haut.

M.R.

CHARLES-MARIE WIDOR

Né à Lyon, le 21 février 1844; mort à Paris, le 12 mars 1937. Après avoir travaillé à Bruxelles (1863) avec Lemmens (orgue) et Fétis (composition), comme Alexandre Guilmant et Clément Loret, il fut convié à inaugurer le grand orgue de Notre-Dame de Paris en 1868 et suppléa Saint-Saëns à la Madeleine dès l'année suivante. Nommé organiste provisoire de Saint-Sulpice en 1870, il y resta jusqu'en 1933, date à laquelle il confia les cinq claviers de son Cavaillé-Coll à Marcel Dupré. A la mort de César Franck (1890), il prit la direction de la classe d'orgue du Conservatoire et en modifia l'objectif en privilégiant la technique d'exécution que son prédécesseur avait quelque peu négligée au profit de l'improvisation. Il posa ainsi les bases d'une école qui n'allait guère tarder à devenir une des premières du monde. En 1896 cependant, après avoir mené à son terme la formation de Tournemire et de Vierne et supervisé celle de Libert, il abandonna ce poste à Guilmant et prit en charge la classe de composition sur laquelle il veilla jusqu'en 1927. Virtuose hors pair, il donna néanmoins de nombreux concerts tant en France (il inaugura le Cavaillé-Coll de Saint-Ouen de Rouen en 1890) qu'à l'étranger, Allemagne, Hollande, Italie et Russie. Membre de l'Institut, secrétaire perpétuel de l'Académie des beaux-arts, il posa la première pierre de la Casa Velásquez à Madrid qu'il inaugura en 1932 et participa, en 1921, à la fondation du conservatoire américain de Fontainebleau.

Charles-Marie Widor réunit tous les conformismes d'un musicien officiel, avec les faiblesses et les concessions que cela entraîne souvent. Même si son élève Varèse a pu louer une certaine ouverture d'esprit manifestée à son égard — au contraire d'un Vincent d'Indy —, il fut hostile à bien des innovations prodiguées dans les premières décennies du XXe siècle, notamment par Stravinsky, et, à l'égal d'Ambroise Thomas, œuvra dans un post-romantisme conservateur. Auteur d'une œuvre abondante, pianistique, symphonique ou théâtrale, qui n'est plus guère de mise aujourd'hui, son approche virtuose de l'orgue, l'indéniable faculté par laquelle il parvient à magnifier un instrument alors à l'apogée de sa facture, ont sauvé de l'oubli la plupart des pièces qu'il a pu composer pour les grands Cavaillé-Coll de son époque. Le culte qui se porte sur les orgues du XIXe siècle depuis les années 1975 explique aussi le regain d'intérêt qui se dessine à présent pour toute la littérature correspondante, dont Widor bénéficie au même titre que Boëllmann, Gigout ou Guilmant.

Avec quelques pages tardives dont l'incidence peut sembler moindre (*Suite latine* op. 86, donnée en première audition en 1928 à la Madeleine, et *Trois nouvelles pièces* op. 87, de 1934), la production organistique de Widor se limite aux dix symphonies publiées de 1872 à 1900, qui suivent le modèle proposé par Franck avec sa *Grande Pièce symphonique* de 1862. On en distingue trois séries, sous les numéros d'opus 13 (quatre premières en 1872, révisées en 1887 puis 1901), 42 (quatre suivantes en 1879 et 1887; révision en 1901), 70 et 73 (1895 et 1900).

Une évolution assez marquée s'en dégage, partant d'une formule qui tente d'emblée une synthèse entre sonate et suite (la *Première Symphonie* compte sept mouvements), dans un style post-romantique ou parfois néo-classique puisant son inspiration chez Mendelssohn, Beethoven ou Schumann. Dans les *Septième* et *Huitième*, pourtant, le langage tend à délaisser les grâces de la romance ou le pittoresque pour une écriture plus tendue, plus dense et chromatique (Wagner), tandis que les développements s'amplifient et que le plan tonal gagne en diversité (l'exécution des six mouvements de la *Huitième* exige près d'une heure). Dans les deux dernières, enfin, Widor rompt avec le principe jusque-là observé, pour expérimenter un programme religieux à base de plain-chant (peut-être inspiré par les sonates de Lemmens), qui ouvre sur Tournemire.

Quant à la registration, elle connaît des transformations analogues. Se fondant d'abord sur un trois-claviers « standard » et les mélanges types qui lui sont attachés (mais, au contraire de Franck, les crescendos sont indiqués avec une moindre précision), elle donne une importance grandissante aux anches 16', 8', 4' d'un Récit de tendance alors très symphonique, tandis que dans les deux dernières symphonies, le retour des mixtures doit être salué comme historique.

D'une manière générale, en dépit de certains tributs payés aux goûts de l'époque et autres académismes (mièvres méditations, marches pompeuses), mais à l'opposé d'un Guilmant qui cultive avec application des schémas d'école, Widor se montre personnel dans le traitement de la variation et surtout de la forme sonate, à laquelle il ne recourt guère comme premier mouvement avant la *Sixième Symphonie*, et dont il n'observe que partiellement les principes réguliers : pas de véritable second thème dans le ton de la dominante. Cette liberté, comme l'originalité de sa facture (un plan tonal rarement stéréotypé), confèrent à son œuvre d'orgue des qualités qu'occulte un langage trop souvent facile.

Première Symphonie en *ut* mineur
(op. 13, n° 1)

Cette symphonie présente quelques analogies avec la *Septième Sonate* de Guilmant (1902) : même système de suite avec marche, intermezzo en arpèges et *cantabile*.

1. Prélude (*moderato*) : il enseigne très tôt que le plan adopté par Widor s'apparente à celui d'une suite plutôt que d'une symphonie. Bien qu'à une première idée (fugato d'allure néo-classique) en succède une seconde plus lyrique, il n'est pas question ici de forme sonate ; et les entrées plus resserrées sur pédale de la dernière section confirment la volonté que manifeste l'auteur de commencer en contrepoint, dans l'ombre de Bach.

2. Allegretto en *la* bémol majeur, très rhapsodique. On remarque la même relation tonale entre les deux premiers mouvements dans les *Sonates nos 1* et *3* de Lemmens : *ré* mineur/*si* bémol majeur, soit relatif de la sous-dominante, ou *la* mineur/*fa* majeur). Trois idées mélodiques sont développées tour à tour (on module en *sol* majeur et en *mi* bémol) sur différents plans de fonds.

3. Intermezzo en *sol* mineur, animé par un *perpetuum* schumannien sur un motif cadentiel de pédale.

4. Adagio en *mi* bémol de type choral à 9/8, avec un second thème en *ré* majeur.

5. Marche pontificale, d'esthétique triomphaliste comme celle de Lemmens. Elle s'articule selon un système rondo à deux couplets. Refrain (A) en *ut* majeur, de caractère pompeux, sur le grand chœur ; couplet 1 (B), sur des sonorités plus calmes et des motifs plus mélodiques, en mineur (*ré*, *la*, *mi*) ; refrain (A), retour à la tonalité principale ; couplet 2 (C), d'un goût plus facile (*cf.* Guilmant) ; refrain (A), en *ut* majeur, avec coda.

6. Méditation en *mi* bémol mineur sur un rythme de barcarolle, l'une des pages les plus populaires de Widor. La structure en est sans surprise (A B A), avec partie médiane en *ut* mineur, comme la registration, qui combine voix céleste et flûte harmonique, mais l'impression produite ne manque pas de charme.

7. Fugue, sur un long sujet aux intervalles disjoints, qui ménage un heureux crescendo.

Duré d'exécution : ~ 40 mn

Deuxième Symphonie en *ré* majeur
(op. 13, n° 2)

Cette œuvre en six mouvements, esthétiquement proche de la précédente, rejette aussi le cadre initial de la forme sonate.

1. Praeludium circulare sur les fonds 8'. Modulant et chromatique comme le veulent les lois d'un genre déjà expérimenté dans le *Petit labyrinthe harmonique* jadis attribué à Bach, ou par Beethoven, il se développe au gré d'un *Andantino* polyphonique sur une courte cellule (*mi* dièse, *fa* dièse, *do* dièse, *mi* bécarre, *ré*).

2. Pastorale (*moderato* en *sol* majeur à 12/8), exploitant au contraire deux thèmes opposés au cours de trois épisodes. La première partie présente le thème A détaillé par le hautbois du Récit avec des alternances majeur/mineur, puis le second, B, en *ut* majeur, sur les fonds. On retrouve ensuite A développé en trio (hautbois-clarinette), puis B, en *ré* majeur. Dans la troisième partie, enfin, da capo de A et section terminale avec échos (hautbois et flûte du Grand-Orgue).

3. Andante, en trois parties lui aussi (A B A'), en *si* bémol majeur. La première présente deux harmonisations d'une mélodie chantante et lyrique (3/4), en *si* bémol puis *ré* majeur, que relie un commentaire plus animé, en doubles croches ; la seconde révèle alors un nouveau thème énoncé sur les fonds des trois claviers, puis développé avec des cellules de A ; la troisième réexpose A en *ré* bémol majeur puis *si* bémol, suivie d'une longue coda sur les deux éléments thématiques.

4. Scherzo. Le bref mouvement fugué sur un unique sujet en *mi* majeur, qui faisait office de quatrième morceau dans la version originale, a été remplacé, dans l'édition de 1901, par un *Salve Regina*. Cette page témoigne des nouvelles préoccupations de Widor après la composition des deux dernières symphonies (prédominance du plain-chant, appel aux mixtures du Récit) et paraphrase très librement le thème grégorien, dans un dessein polyphonique qui semble rendre aussi hommage à Bach. Comme le fera Tournemire, la rythmique du *Salve Regina* se trouve modifiée dès l'énoncé initial, dont la tête réapparaîtra sur une pédale de trompette après la citation de l'incise *O Clemens*, dans une section finale qui conclut sur pédale de tonique.

5. Adagio en *si* mineur. Ses tournures mendelssohniennes, une registration qui recourt encore au solo de flûte harmonique sur fonds de voix céleste, lui confèrent une séduction surannée. Après la double présentation d'un thème harmonisé qu'introduit un solo de flûte (A), une partie centrale (B) très modulante (*ré* majeur, *mi* bémol majeur, *mi* majeur, *si* mineur) qui en exploite des cellules, précède le da capo (A′).

6. Finale (*allegro* en *ré* majeur). Il lance enfin sa toccata sur le grand chœur, selon un plan tripartite qui rejoint une formule sonate assez libre : premier thème rythmique de type « carillon » (A) et seconde idée en arpèges sur tenues, annonçant un motif B en *si* bémol majeur, puis développement sur le Positif et le Récit ; enfin, retour aux éléments du début en *ré* puis *si* bémol, et section terminale.

Durée d'exécution : ~ 36 mn

Troisième Symphonie en *mi* mineur (op. 13, n° 3)

1. Prélude. *Moderato* à 6/8 sur les fonds 16', 8', 4', le 32 pieds de pédale et un Récit où alternent la batterie d'anches et la clarinette. Sa forme libre s'articule davantage par le plan tonal que des symétries thématiques : *mi* mineur/*ut* dièse mineur, *ut* mineur/tons bémol, *si* mineur/*mi* mineur. Un grand motif ascendant d'une subtile indécision y circule avec un second motif d'abord exposé en *ut* mineur.

2. Minuetto en *si* mineur. De coupe A B A′ avec coda, il se plie à une écriture assez complexe (double pédale fréquente) qui en rend l'exécution difficile. Une première partie d'atmosphère pastorale, que le hautbois sert admirablement, fait place à un épisode médian qui en appelle à la trompette du Récit (*sol* majeur). Les vingt mesures initiales de A′ restituent alors le début, mais Widor différencie quelque peu ce qui suit, avant la coda.

3. Marche en *fa* dièse majeur sur le grand chœur, de type rondo à refrain varié avec deux couplets dont le second module en *si* bémol majeur.

4. Adagio en *la* majeur, proposant un solide canon à l'octave entre soprano et ténor (6/8), dans une ambiance très proche de celle du menuet.

5. Finale. Optant pour une forme sonate très libre, il prend son essor sur les fonds étoffés par la batterie complète du Récit. Après l'exposition (*allegro molto* à 12/8) d'un premier thème sur motifs d'arpèges descendants alternés entre Récit et Positif/Récit, et d'un second à la manière d'un choral, une reprise amplifiée de ces deux éléments précède la deuxième partie. On distingue ensuite un développement, qui réserve en son centre un *fff* glorieux, une réexposition des deux thèmes, et une section terminale avec échos systématiques entre les claviers secondaires. On conclut par un *Moderato* sur le second thème harmonisé comme un choral, puis un *Adagio* où ce dernier apparaît en valeurs diminuées (croches et doubles croches).

Durée d'exécution : ~ 34 mn

Quatrième Symphonie en *fa* mineur (op. 13, n° 4)

Renouvelant son inspiration, Widor situe d'emblée ses deux premiers mouvements sous des auspices passéistes, et c'est à l'audition d'une excellente toccata et fugue que nous sommes conviés (dans la *Première Symphonie*, le diptyque est séparé par les différents mouvements centraux comme c'est aussi le cas chez Lemmens et les Allemands). Vierne et Barié s'en souviendront.

1. Toccata. D'une ornementation très « baroque », à l'instar du *Preludio* de la *Troisième Sonate* de Guilmant (1881), elle prend source dans la *Fantaisie et fugue* en *sol* mineur de Bach et s'engage sur un portique majestueux en style d'ouverture, avec valeurs pointées et traits décoratifs (A). Un développement modulant (B), d'une polyphonie par groupes obliques (aigus - médium - pédale) précède alors A′.

2. Fugue à 6/8. *Moderato assai* dans le même ton, elle accuse plus encore les références très XVIIIe siècle de la *Toccata* et débute par une exposition régulière avec réponse tonale, et deux groupes d'entrées, dont le premier réduit le sujet à neuf, puis cinq notes. La dernière section, après strette, exploite surtout la tête du sujet.

3. Andante cantabile en *la* bémol. Mouvement des plus mendelssohniens, il opère un brutal retour au style du XIXe siècle et varie un refrain très attrayant *(dolce)* et presque populaire selon l'organisation suivante : A en deux sections, B au Grand-Orgue avec réponse de la clarinette, A′ soit une première variation avec contre-chant en triolets, retour de B, A″, soit une seconde variation avec voix céleste (petites séquences en doubles croches) et flûte harmonique du Grand-Orgue.

4. Scherzo (*allegro vivace* en *ut* mineur, à 2/4). Il se range lui aussi parmi les morceaux d'anthologie avec son scintillant *perpetuum mobile* en doubles croches sous lequel sonne un motif de pédale aux larges intervalles (A). Une seconde idée (B) lui répond sur le hautbois du Récit (en *la* bémol puis *mi* bémol) qui reviendra conclure en canon après A′.

5. Adagio en *la* bémol majeur, où alternent une pastorale voix humaine et des fonds majestueux.

6. Finale (*moderato* en *fa* majeur sur le grand chœur). Il s'apparente à une marche (3/4) qui peut rappeler Schumann. Un rondo à deux couplets tient lieu de structure. A : thème martial en *fa* majeur; B : seconde idée; A : reprise du refrain; C : mouvement d'arpèges en *ré* mineur; A : reprise d'abord en *si* bémol et *ré* bémol majeur, avant de rejoindre le ton principal.

Durée d'exécution : ~ 30 mn

Cinquième Symphonie en *fa* mineur (op. 42. n° 1)

Publiée en 1879 et donnée en première audition sur le Cavaillé-Coll de Saint-François-de-Sales de Lyon (1880), cette œuvre doit son immense popularité à ses deux mouvements extrêmes. Elle inaugure, de plus, une nouvelle série qui apporte quelques innovations quant à la technique, l'écriture (premier grand mouvement à variations) et la registration, qui exige des manœuvres rapides et tend à expérimenter (mélange creux 16'-4' dans le premier mouvement, flûte 4' de pédale dans l'*Adagio*, effet que reprendra Tournemire). Cinq mouvements la composent.

1. Allegro vivace en *fa* mineur (4/4) de type variations, qui expose d'abord un thème en deux sections, la première symétrique (a b a),

la seconde renversant la cellule initiale :

Abandonnant les fonds et hautbois du Récit, les trois épisodes suivants s'enchaînent alors selon cet ordre : Variation 1, sur les flûtes 8' et 4', dans un rythme régulier (noire pointée — croche); Variation 2, sur les anches du Récit, la partie b plus polyphonique avec imitations; Variation 3, fileuse sur l'unda maris du Positif avec bourdon 16' et flûte 4' (main droite) et pédale (flûte 8'), d'exécution difficile. Un nouveau thème apparaît alors en *fa* majeur, sur l'ensemble des fonds (*più lento*), thème auquel une harmonisation grandiose confère des allures de choral. Il introduit un épilogue très développé que Widor conçoit selon un vaste crescendo à partir du thème principal. Comme le fera Franck dans son *Troisième Choral*, ce dernier poursuit un cheminement complexe (*scherzando*, puis *agitato*) au gré de tonalités éloignées (*si* bémol, *ré* bémol majeur, *mi* bémol mineur), pour triompher enfin, en *fa*, dans une dernière section glorieuse et symphonique.

2. Allegro cantabile en *fa* mineur, de caractère aimable (A B A′), opposant un thème agreste confié au basson-hautbois sur basse d'Alberti (A) à un thème harmonisé en *ré* bémol majeur (B).

3. Andantino quasi allegretto en *la* bémol (3/4), sorte d'intermède qui, dans une première partie, juxtapose deux thèmes, l'un comme une basse obstinée de passacaille (A), l'autre comme un choral (B). Après cette exposition, une seconde section sur croches continues de pédale entreprend deux crescendos qui aboutissent en *ut* majeur et *la* bémol. Une dernière partie restitue alors A et B dans un contexte différencié (arpèges au Récit).

4. Adagio en *ut* majeur sur la voix céleste du Récit et la flûte 4' de pédale. Les mesures initiales ébauchent un canon entre soprano et pédale, puis l'abandonnent pour un ricercar à cinq parties, la flûte 4' réapparaissant en *sol* majeur pour étoffer de ses deux voix une fin très chargée.

5. Toccata en *fa* majeur notée à 4/2, sur le grand chœur, la plus populaire du XIXe siècle. Un *perpetuum* d'arpèges ponctué d'accents rythmiques ininterrompus lui assure une conduite rigide, tandis que dans la première partie, la pédale fait sonner un motif aux larges intervalles,

qui reviendra dans la troisième sur d'imposantes octaves. La section centrale, en arpèges alternés entre les deux mains, recherche des effets plus nuancés (*mf*, *p*), puis aboutit en *ré* majeur (Récit, *pp*). Un ultime crescendo ramène enfin au *fff* pour terminer avec toute la puissance dans une coda « cathédralesque ».

Durée d'exécution : ~ 35 mn

Sixième Symphonie en *sol* mineur
(op. 42, nº 2)

Éditée en 1879 comme la précédente, cette symphonie fut créée le 24 août 1878 lors des concerts d'inauguration de l'orgue du Trocadéro.

1. Allegro. Somptueux mouvement parmi les plus populaires de Widor, il s'apparente à une forme sonate — pour la première fois au début —, sans véritable second thème cependant (référence à Haydn ?). On distingue en effet l'exposition d'un motif A, magistral cortège en *sol* mineur qui réapparaît après la diversion d'un récitatif ponctué d'accords énergiques (B), puis un développement dans l'esprit de la grande variation. A y sonne d'abord à la pédale sur un mouvement obstiné confié au Récit, puis comme un majestueux choral brutalement varié en *fa* dièse mineur sur un contre-chant virtuose. Pour finir, la réexposition suit un plan analogue à celui de la première partie (A B' A).

2. Adagio en *si* majeur. Longuement distillé en trois parties, il met en valeur les jeux de fonds avec expression.

3. Intermezzo *(Allegro vivace)* en *sol* mineur qui fait office de scherzo (A B A'). Une trépidante toccata (A) y cède devant une pastorale en contrepoint imitatif qui n'est pas sans velléités canoniques (B).

4. Cantabile en *ré* bémol majeur, mouvement plus sensible, mais de plan identique, dans le goût de la romance.

5. Finale en *sol* majeur, d'une construction apparemment peu orthodoxe, avec deux idées thématiques qui évitent un ton principal retardé jusqu'aux dernières mesures. La première s'apparente à une sorte de marche héroïque (A) partant de *do* majeur pour moduler rapidement en *ré* majeur, *la* mineur, *mi* mineur, *ré* majeur et *ut* majeur ; la seconde (B) revêt un caractère plus statique. Toute la suite s'articule autour de ces deux motifs : retour de A écourté (*ut* majeur et *ré* majeur), et de B développé (*mi* majeur, *la* majeur, *si* mineur) ; nouveau retour de A au Récit puis au Grand-Orgue, combinaison avec B et fin en *sol* majeur.

Durée d'exécution : ~ 36 mn

Septième Symphonie en *la* mineur
(op. 42, nº 3)

Publiée en 1887, cette fresque de longue haleine a le mérite d'insérer dans ses six mouvements un des premiers chorals français. Certes, dans les six symphonies précédentes, on en trouve la préfiguration sous forme d'hymnes harmonisées (Pastorale de la *Deuxième*, *Allegro vivace* de la *Cinquième*), mais à l'initiative de Lemmens, hormis les chorals luthériens exploités par Boëly ou Alkan, et avant Franck, Widor inaugure là une formule d'avenir.

1. Moderato sur le grand chœur, d'une forme sonate presque régulière : exposition d'un premier thème introduit par des sauts d'octave autoritaires et d'un second plus diatonique en valeurs égales (mais pas d'opposition ton principal/ ton de la dominante ou du relatif), développement modulant sur les cellules des motifs énoncés, réexposition et coda monumentale.

2. Choral en *la* majeur. Son exposé, d'une écriture très chargée (six voix avec double pédale), répond à un second thème. On distingue d'abord l'énoncé du choral *(andante)*, trois périodes dont la seconde module en *ut* dièse mineur, puis un deuxième thème (*andantino agitato* à

6/8). Après cet exorde, Widor opte pour la structure suivante : retour du choral en *ut* majeur, réduit à sa première période (Récit) et du deuxième thème en *ut* mineur ; développement à 6/8 au cours duquel le choral est traité sous forme de variations, en valeurs longues comme un cantus firmus ou à la pédale (pied droit) sur un contrepoint ornemental des plus difficiles. Puis coda (*adagio a piacere*) sur des fragments du choral.

3. Andante en *fa* dièse mineur, dans un rythme de sicilienne, l'auteur y met à contribution les jeux d'anche, clarinette et trompette, selon une structure A B (*Animato* en *si* mineur) A′.

4. Allegro ma non troppo en *la* mineur, d'une construction beaucoup plus libre, sorte d'intermezzo à la Schumann (gambes) avec des arpèges sur lesquels planent en blanches pointées un motif qui présente quelques analogies avec le choral.

5. Lento en *ut* dièse mineur sur les 16', 8', 4', d'allure lyrique (A B A′).

6. Finale de forme sonate très libre, sans véritable deuxième thème, dont le motif principal rejoint aussi celui du second mouvement. Ce dernier apparaît à la basse sur une pédale supérieure de tonique avec quinte, puis sur un cortège d'accords staccato annonçant Vierne. Le développement exploite ce même thème et conduit à un long ostinato sur figures rythmiques descendantes, mais en valeurs croissantes. Dans la dernière section, d'abord engagée au Récit *(moderato)*, un récitatif mène en *la* majeur pour une conclusion triomphale (*fff*).

Durée d'exécution : ~ 46 mn

Huitième Symphonie en *si* majeur

(op. 42, nº 4)

Éditée en 1887, cette dernière œuvre de l'Opus 42 présente les mêmes caractéristiques que la *Septième Symphonie* : six mouvements, tendance à l'hypertrophie, forme sonate vague… Mais elle innove sur quelques points. Son ultime volet débute en *si* mineur, tandis que les sforzandos indiqués au Récit assurent une dynamique active (effet de la nouvelle pédale d'expression à bascule) et qu'un jeu de deux pieds fait sa première apparition obligée, signe d'une quête de clarté prémonitoire.

1. Allegro risoluto sur les fonds 16', 8', 4' et les anches du Récit. Il expose deux thèmes, dont le second, très épisodique, en *sol* dièse. Un très ample développement, partant d'une cadence en *fa* dièse majeur, énonce un troisième motif qui sera exploité à nouveau dans la section finale *(pp)*.

2. Moderato cantabile en *mi* majeur, romance sur deux éléments ainsi distribués : exposition d'un lied, sur arpèges en doubles croches, puis variations; second thème en *do* majeur, proche du précédent; variation du lied sur un accompagnement de triolets qui paraît dès la fin de la partie précédente.

3. Allegro à 2/4 en *si* majeur. Faisant office de scherzo, il répond à un plan analogue (A B A′), avec un canon à l'octave que suit un nouveau thème sur arpèges. Dans la dernière partie, antécédent et conséquent sollicitent la main droite et la pédale.

4. Variations (*andante* à 6/8) en *ré* mineur, dont le principe beethovénien agit avec force. Loin de se soumettre à des formules d'école, la construction se veut, en effet, très libre, à partir d'une passacaille. Des modulations nombreuses (*sol* mineur, *ut* majeur, *la* mineur, *fa* majeur), ainsi que des procédés d'écriture variés (trio, figures ornementales en triples croches, composition sur pédale), renouvellent un thème dont on remarquera les deux quintes initiales (*la-ré*, *mi-la*)… peut-être en souvenir de Haydn.

5. Adagio, en *fa* dièse majeur, dont la première section (A) est introduite par un dessin monodique. Sa partie centrale en *mi* bémol (B) élabore alors un fugato qui se superposera bientôt à l'élément premier, avant la réexposition sur arpèges (A′).

6. Finale. Débutant étrangement en mineur *(tempo giusto)* sur les fonds 16', 8', 4' et anches Récit, il semble frère du premier mouvement de la *Sixième*, en ce qu'il adopte une forme sonate sans second thème affirmé. Après l'exposition de A (marche guerrière soulignée par des accords *fff*) et de B, très épisodique et informel, le développement de A module jusqu'à *ré* mineur. Après une transition de *la* bémol majeur à *si* majeur, la réexposition de A mène à la coda *(poco allargando)*.

Durée d'exécution : ~ 55 à 60 mn

De l'étude des huit premières symphonies, dont les tonalités suivent l'ordre ascendants des degrés de *do* à *si*, il ressort que Widor s'applique à juxtaposer des mouvements d'esthétiques variées dans des tons qui ne respectent pas toujours un enchaînement conventionnel (en dehors de sa *Septième Sonate*, Guilmant se montre, une fois encore, plus académique).

Le tableau (voir en fin d'article) rendra compte de l'éventail très étendu des possibilités stylistiques dont dispose le compositeur – bien supérieur à celui de Guilmant quant aux mouvements lents ou modérés –, dont la registration offre aussi une certaine variété.

Mais le *Salve Regina* inséré dans la *Deuxième Symphonie* en 1901 atteste d'une tendance inédite, avec l'apparition, dans un genre jusqu'à présent peu liturgique, d'une dimension religieuse qui transparaît aussi dans les deux dernières symphonies.

Neuvième Symphonie en *ut* mineur, « Gothique » (op. 70)

Widor en écrivit les trois premiers mouvements à Persanges, durant l'été 1894, et en acheva la composition en 1895, année où elle fut créée à Saint-Ouen de Rouen, édifice auquel l'œuvre doit son titre, le 28 avril. On y revient à des proportions plus équilibrées – quatre épisodes d'une durée totale ne dépassant pas une demi-heure –, tandis que, pour la première fois, un thème grégorien circule dans les deux derniers mouvements, le début de l'Introït de la *Messe de Noël (« Puer natus est »)*, dont l'auteur louera les « lignes très pures » et la construction qui « se prête on ne peut mieux au développement polyphonique ».

1. Moderato très inquiet (ensemble des fonds et des anches du Récit) que domine un ostinato en croches régulières bientôt combiné à un second thème (*fa* majeur).

2. Andante sostenuto en *mi* bémol majeur. Il développe au cours de trois parties, dont la centrale en *si* bémol, une mélodie ornementale et très « bel canto ».

3. Allegro. Fugue à quatre voix en *sol* mineur (6/8), qui introduit le *Puer natus est*. L'organisation ménage d'abord une exposition (S, A, T, B), où Widor demande cornet et mixtures selon une « recette » expérimentée à Saint-Sulpice. Le plan s'articule ensuite selon quatre épisodes : nouveau groupe avec entrée en *ut* mineur et *Puer natus est* à la pédale (*si* bémol) ; sujet en *mi* bémol mineur et *Puer natus est* en *sol* bémol ; retour au ton principal avec sujet en strette, et plain-chant dans son véritable ton sur les anches de la pédale ; section terminale.

4. Moderato en *ut* majeur, conçu sous forme de variations d'inspiration très cérébrale. Après l'harmonisation du *Puer natus est* sur un mélange creux du Récit (bourbon 16', flûte 4'), on compte six épisodes. Variation 1 : cantus firmus du plain-chant en valeurs longues (clarinette) sur un contrepoint qui développe un motif B et conclut « *a cappella* » (flûte). Variation 2 : canon à l'octave sur la trompette du Récit, à quatre mesures (main droite/ pédale) avec fin monodique sur B. Variation 3 : *Allegro* libre à 12/8 sur les mixtures du Récit. Variation 4 : libre, sur les fonds. Variation 5 : canon à l'octave entre le hautbois et la flûte de pédale, à deux mesures (troisième voix sur la clarinette). Variation 6, amplificatrice : *Allegro* dans le style d'une toccata déjà « tournemiresque », avec imitations entre soprano et basse, mais qui se termine pourtant sur un choral *(p)*. Ce type de variations n'est pas sans annoncer le *Veni Creator* de Maurice Duruflé.

Durée d'exécution : ~ 30 mn

Dixième Symphonie en *ré* majeur, « Romane » (op. 73)

Cette dernière symphonie (1900), inspirée par Saint-Sernin de Toulouse – la présence d'un autre prestigieux Cavaillé-Coll n'est pas sans incidence –, comporte une préface fort instructive dans laquelle Widor fait état de préoccupations qui seront celles de Tournemire quant à l'utilisation du plain-chant à l'orgue. Ayant sélectionné cette fois le Graduel de la *Messe de Pâques (« Haec dies »)*, qu'il qualifie « d'élégante arabesque » ou de « vocalise insaisissable comme un chant d'oiseau », il en indique les deux exploitations possibles. La première en respecte la liberté rythmique : « Pour imposer à l'attention de l'auditeur un thème aussi fluide, un seul moyen : c'est de le répéter sans cesse. Telle est la raison de ce premier morceau de la *Symphonie romane*, lequel sacrifiant tout au sujet ne risque çà et là quelque timide tentative de développement que pour l'abandonner bien vite et se raccrocher aussitôt à l'idée première. » La seconde, au contraire, en soumet les valeurs à un tempo métronomique : « Lorsque ce thème est pris dans un réseau symphonique et devient partie intégrante de la polyphonie, on doit l'exécuter strictement en mesure sans atténuation d'aucune sorte, avec calme et grandeur. Alors il n'est plus libre : il est devenu la propriété du compositeur qui l'a choisi. »

1. Moderato initial (12/8) sur les fonds et mixtures (cette fois sans cornet), préfigurant les vastes paraphrases de *L'Orgue mystique* de Charles Tournemire. Après une souple monodie plain-chantesque, le thème du Graduel se trouve cité sur une pédale de *fa* dièse *(Quasi recitativo, espressivo, a piacere)*,

puis traité dans un dialogue en arabesques, à la basse ou aux manuels. A partir d'une pédale grave d'*ut* dièse, il est ensuite développé ou répété au cours d'un ample crescendo qui achève en *ré* majeur une page ébauchée en *si* mineur.

2. Choral en *fa* majeur *(adagio)*, qui harmonise d'abord l'*Haec dies* (A) ainsi transformé :

suivi d'un thème B sur staccato de pédale, lui aussi d'allure grégorienne. Après une section médiane assez polyphonique, A revient sur un contre-chant de la flûte et des arpèges de la gambe, tandis que la coda rappelle l'harmonisation initiale.

3. Cantilène en *la* mineur (*lento* à 9/8) de structure A B A′. Elle vient interrompre l'ambiance religieuse des deux mouvements précédents et renoue avec les grâces mendelssohniennes des symphonies antérieures. A. Hobbs y a reconnu la préfiguration des techniques de *L'Orgue mystique* de Tournemire par la citation d'éléments issus de cinq thèmes de l'office pascal, mais cela n'empêche pas Widor d'y dérouler surtout de plaisantes romances sur la clarinette du Récit. La partie B, plus verticale et brève, sonne en *sol* majeur.

4. Finale (*allegro* en *ré* majeur). C'est ici que Widor concentre tous ses efforts. Superbe paraphrase de l'*Haec dies*, il s'articule selon cinq sections principales et débute par l'énoncé du plain-chant transformé en ostinato de croches régulières,

vite traité à deux voix. On entend ensuite l'*Haec dies* développé en alternance entre les différents claviers, pour aboutir à un *fff (andante)*. Après un nouveau départ en *ré* bémol, le motif de plain-chant paraît ensuite dans toute la force (pédale) :

Suit une section en doubles croches brillantes sur lesquelles le plain-chant se détache au soprano. Un *Andante quasi adagio* amorce alors un diminuendo, avant le retour, pour conclure, du motif initial du premier mouvement, qui achève le cycle avec l'*Haec dies*. Ce mouvement, comme toute la symphonie, doit être considéré non seulement comme le chef-d'œuvre de Widor mais, avec les *Trois Chorals* de Franck et les *Six Préludes et fugues* de Saint-Saëns, comme une des plus belles pages d'orgue symphonique.

Durée d'exécution : ~ 34 mn

F.S.

Genre	**No de la symphonie**	**Titre du mouvement**
Néo-classicisme	I	Prélude
	I	Fugue
	IV	Toccata
	IV	Fugue
Prélude moderne	II	*Praeludium circulare*
	III	Prélude
Allegro symphonique de forme sonate	II	Finale
	III	Finale
	VI	Allegro
	VI	Finale
	VII	*Moderato*
	VII	Finale
	VIII	*Allegro risoluto*
	VIII	Finale
Allegro symphonique divers	IV	Finale
	V	Toccata
Variation	V	*Allegro vivace*
	VIII	Variations
Mouvement lent romantique	I	*Adagio*
	I	Méditation
	II	*Adagio*
	V	*Adagio*
	VI	*Adagio*
	VII	*Lento*
	VIII	*Adagio*
Mouvement lent ou modéré à la Mendelssohn	I	*Allegretto*
	II	*Andante*
	IV	*Andante cantabile*
	V	*Allegro cantabile*
	VI	*Cantabile*
	VII	*Andante*
	VIII	*Moderato cantabile*
Pastorale	II	Pastorale
	III	*Adagio*
	IV	*Adagio* (canon)
Marche	I	Marche pontificale
	III	Marche
Choral	VII	Choral
Intermède	I	*Intermezzo*
	V	*Andantino quasi allegretto*
	VII	*Allegro ma non troppo*
Scherzo et menuet	II	*Scherzo*
	III	*Minuetto*
	IV	*Scherzo*
	VI	*Intermezzo*
	VIII	*Allegro* (canon)

IANNIS XENAKIS

Né à Braïla (Roumanie), le 29 mai 1922. Après une formation musicale commencée jeune, et tout en étudiant à l'École polytechnique d'Athènes, Xenakis participe à la Résistance, ce qui le conduira à s'expatrier en 1947. Arrivé en France, il collabore pendant douze ans avec Le Corbusier, et suit, dès 1950, les cours d'Olivier Messiaen au Conservatoire de Paris. Dès ses premières œuvres musicales, il manifeste une vive réaction contre le sérialisme : Metastasis *(1954), puis* Pithoprakta *(1955-1956), pour orchestre, reposent sur la transformation du continu* (glissando) *au discontinu* (pizzicato, *percussion...). Xenakis emprunte ses lois de composition au calcul des probabilités : c'est le début de la musique « stochastique ». En 1966, il fonde l'Équipe de mathématiques et automatique musicales, qui deviendra le CEMAMU en 1972, et enseigne alors aux États-Unis. Auteur de plusieurs ouvrages théoriques, il compose autant des œuvres de musique de chambre ou d'orchestre que des musiques de scène et des spectacles lumineux et sonores, tout en ayant mis au point l'UPIC, un système informatique permettant d'aborder la composition par le dessin. Son œuvre pour orgue se limite à une seule partition, de vastes proportions.*

Gmeeorh

C'est Ctésibios, un Grec d'Alexandrie, qui réalisa le premier orgue connu ; c'est en Grèce, à Delphes, qu'eut lieu le premier concours d'orgue ; mais il a fallu deux millénaires pour que la littérature d'orgue se trouve enrichie d'une grande œuvre d'un compositeur grec. Ctésibios était mathématicien, ingénieur et émigré ; Xenakis est mathématicien, ingénieur-architecte et émigré. Mystérieuse et belle coïncidence. Cette première œuvre pour orgue porte le titre étrange de *Gmeeorh*, sorte d'anagramme libre d'*organum*. Elle a été commandée par le Festival de musique contemporaine de Hartford (États-Unis) en 1974 ; dédiée à l'organiste Clyde Holloway, qui en assura la création en 1975, elle fut dès la même année donnée en première audition européenne par Xavier Darasse, au festival Xenakis de Bonn (Allemagne).

L'œuvre utilise le système des arborescences qui subissent des transformations par rotations et distorsions : les lignes horizontales deviennent alors verticales, les sons successifs deviennent simultanés. L'épaisseur polyphonique est engendrée par le nombre des « rameaux ». Les échelles mélodiques, toujours changeantes, sont produites par filtrage.

Gmeeorh se compose de huit sections. Dans la première, des trajectoires s'élancent dans l'aigu aux limites de l'audible, puis viennent occuper le médium et le grave. La deuxième section met en œuvre de larges épaisseurs sonores, obtenues par des planches posées sur les claviers ; ces épaisseurs sont colorées par des ajouts de jeux et des oppositions *forte/piano*. La troisième, assez courte, est marquée par la sonorité des trompettes. La quatrième est un long développement utilisant les jeux de tierce sur tous les claviers ; puis les jeux d'anches réapparaissent, formant un crescendo qui descend dans le grave et s'immobilise en une longue tenue annonçant la cinquième section, très hiératique : sur les quatre claviers, de longues tenues varient imperceptiblement. La sixième section s'oppose fortement à la précédente, avec un scintillement dans le suraigu joué staccato, qui s'appuie sur un soubassement sombre, grave, immobile. Dans la septième, le jeu legatissimo contraste radicalement. Enfin, de multiples mélodies prolifèrent et coagulent dans la huitième section, en blocs épais, agités par des planches. L'œuvre se termine ainsi dans un monumental paroxysme sonore dont seul l'orgue est capable.

Durée d'exécution : ~ 20 mn

X.D.

ISANG YUN

Né à Tongyong (Corée du Sud), le 17 septembre 1917. Fils d'un écrivain, il fit ses études en Corée, puis, à partir de 1939, au Japon, à Osaka et à Tokyo. De retour dans son pays en 1946, il s'y fait bientôt connaître comme compositeur et professeur. En 1954, il est chargé d'une chaire de composition et de théorie à l'université de Séoul. Mais en 1956, il se rend en Europe, à Paris, d'abord, où il travaille la composition avec Tony Aubin, puis en Allemagne, pour se fixer enfin à Berlin, où il travaille notamment avec Boris Blacher et Josef Rufer. En 1967, il est enlevé avec sa femme par les services secrets sud-coréens, convaincu d'espionnage, et, au terme d'un procès inique, condamné à mort. D'abord gracié, il est libéré après deux ans de détention – un comité international de compositeurs et d'artistes demandant sa libération était présidé par Igor Stravinsky. Revenu en Allemagne, maître de conférences à Hanovre, il est ensuite professeur de composition à l'École supérieure des Arts de Berlin, de 1970 à 1985. Depuis 1971, Isang Yun est citoyen allemand. Son arrivée en Occident a été pour lui la révélation de moyens techniques complètement différents, qui devaient lui permettre d'exprimer de façon neuve une pensée restée fidèle à la poétique orientale : toute son œuvre, depuis – cinq opéras, concertos, musique de chambre –, tente de traduire dans un langage contemporain des modes de jeu relevant de la tradition millénaire de son pays.

Tuyaux sonores (1967)

Écrite à l'intention de Gerd Zacher, l'œuvre a été créée par le dédicataire le 11 mars 1967 à la Lutherkirche de Hambourg-Wellingsbüttel, dans le cadre de ces concerts où l'organiste allemand a fait entendre tant d'œuvres nouvelles, qu'il suscita souvent. Abordant pour la première fois – et unique à ce jour – le domaine de l'orgue, Yun a renoncé à la notation occidentale conventionnelle pour adopter une notation graphique, considérée durant les années soixante comme un moyen sûr de faire échapper l'orgue à son tropisme polyphonique. Ainsi que dans ses partitions de la même époque, *Loyang* pour ensemble de chambre en particulier, le compositeur met ici en œuvre sa technique d'organisation sonore autour de « sons principaux » successifs (ou laissant une empreinte « en creux »), organisation tout particulièrement repérable sur une telle partition du fait de sa notation graphique. On voit ainsi se dégager l'épine dorsale de longues tenues autour desquelles s'articule un réseau proliférant de divers accords et *clusters*, ou d'interjections semblables à des coups de pinceau. Aucun de ces agrégats n'est défini précisément par la partition, mais les signes employés, inscrits sur des portées, en indiquent les enveloppes de hauteurs et de durées ; une table explicative des signes de notation prescrit la substance dont sont faits ces agrégats : « accord contenant peu de dissonances », « accord contenant des secondes mineures et des septièmes majeures », « modification de quelques sons à l'intérieur d'un accord pendant sa durée », etc. Il en résulte une proposition d'œuvre plus précise que ne le fait Ligeti dans la partition de *Volumina*, par exemple, mais laissant néanmoins une part de libre arbitre à l'exécutant. Dans l'édition imprimée, Gerd Zacher suggère une « réalisation » possible de *Tuyaux sonores*, en notation conventionnelle ; cette réalisation a reçu l'agrément du compositeur, qui précise, avec l'interprète lui-même, qu'elle n'est cependant qu'une lecture parmi d'autres possibles de son œuvre. Avec ses longues tenues méditatives qu'ornent des figures de calligrammes, *Tuyaux sonores* semble nous inviter à participer à quelque mystérieux cérémonial où les antiques traditions de Corée se conjuguent aux préoccupations les plus modernes de la pensée musicale occidentale.

Durée d'exécution : ~ 11 mn

G.C.

GERD ZACHER

Né à Meppen (près Ems, Allemagne), le 6 juillet 1929. Il fit des études musicales très traditionnelles, d'abord avec un disciple de Reger, puis, à la célèbre académie de Detmold, avec Hanns Heintze et Michael Schneider, élèves de Straube, pour l'orgue, et Kurt Thomas pour la direction. Il travailla également le piano et la théorie avec Theodor Kaufmann, élève de Busoni, la composition avec Günther Bialas, et suivit les cours d'Helmut Walcha. Comme pour tant d'autres musiciens de sa génération, le choc révélateur fut la rencontre d'Olivier Messiaen à Darmstadt, en 1952 et 1953. De 1954 à 1957, il est organiste et maître de chapelle de l'église luthérienne allemande de Santiago-du-Chili, puis de 1957 à 1970 à la Lutherkirche de Hambourg-Wellingsbüttel, où il programme de mémorables cycles de concerts d'orgue contemporain. Depuis 1970, il dirige le département de musique d'église protestante à l'Académie Folkwang d'Essen. Pédagogue, musicologue, interprète, compositeur (principalement pour l'église), c'est surtout comme pionnier d'un nouveau répertoire de l'orgue qu'il joua, dans les années soixante, un rôle décisif.

Formé au meilleur enseignement académique de son pays, Zacher est à la fois un musicien profondément ancré dans la tradition et un découvreur de voies nouvelles — un homme du temps présent, à l'aise autant dans la fréquentation des musiciens du passé que dans la recherche contemporaine. Héritier d'une culture spirituelle, il assume des fonctions dans un cadre liturgique précis, composant pour le culte et reconnu comme spécialiste en ce domaine. L'organiste joue le grand répertoire, de Bach à Messiaen, mais se passionne également pour les maîtres anciens, en particulier Cabezón et Frescobaldi, dont, à la lumière de l'évolution ultérieure de l'instrument et du langage musical, il repense l'interprétation. Sa réflexion porte principalement sur la registration — les qualités sonores conférées par les timbres des jeux procédant chez certains compositeurs de l'acte créateur même — et l'articulation, celle-ci en tant qu'établissant des rapports temporels entre les sons ou les silences.

Dès 1957, nouvellement en poste à Hambourg, Zacher lançait une série de concerts d'orgue, à raison d'un par mois, ouverts à la musique de notre temps et faisant entendre non seulement des œuvres du répertoire du XXe siècle, Ives comme Schönberg, Satie comme Messiaen, mais aussi, en première audition, des partitions composées tout exprès pour lui. Dix ans plus tard, le 14 octobre 1967, il fêtait le jubilé de ses concerts avec un programme où, entre autres, il donnait en création mondiale la *Fantaisie pour orgue avec obbligati* de Kagel et la première Étude de Ligeti, *Harmonies*, écrites à son intention.

Entre-temps, en effet, Zacher allait intéresser à l'orgue bien des compositeurs que l'instrument traditionnel de l'Église n'attirait guère, et qui leur semblait particulièrement inapte à véhiculer des modes nouveaux d'expression, Ligeti, Allende-Blin, Hambraeus, Pablo, Yun, Kagel, Bussotti, Schnebel ou Cage (dont il donnait à l'orgue une version personnelle des *Variations for any number of people performing any actions*). Travaillant avec eux, leur suggérant des modes de jeu inusités, mais aussi répondant à leur demande en réalisant leurs aspirations parfois confuses, une nouvelle étape était marquée dans la dialectique entre pensée créatrice et jeu instrumental. C'est ainsi que cet interprète de Frescobaldi ou de Buxtehude devait développer l'usage du jeu « muet » (bruit de mécanique seule, sans registre), les différents *clusters*, le tirage à demi des registres ou les interruptions de ventilateur, altérant les timbres, les hauteurs et le volume des sons; pour créer les « sons pâles » souhaités par Ligeti dans *Harmonies*, il va jusqu'à faire introduire un aspirateur dans les réservoirs d'air de l'instrument. Un nouvel orgue allait d'ailleurs être édifié à Hambourg, sur ses plans, par la firme Schucke en 1962, afin de répondre à ces nécessités (37 jeux sur trois claviers manuels et pédalier, traction mécanique).

Les principales œuvres pour l'orgue de Gerd Zacher sont *Diferencias* (1961), *Smaty* (1968), *Die Kunst einer Fuge* (1968),

Ré, pour orgue et intonateur (1969), *Vocalise* (1972), *Orumambel und Orpordulayglia*, pour orgue et bande (1972). D'abord sérielle, son écriture allait évoluer vers des options très originales; mais à l'orgue, qu'il fait sonner comme personne, il tend à s'effacer derrière le jeu instrumental et les recherches de timbre. Deux exemples permettront de baliser les étapes extrêmes de cet itinéraire. Il a paru intéressant de s'attarder sur l'œuvre de 1968, dans la mesure où elle apparaît comme l'exposé raisonné de quelques uns des modes de jeu introduits à l'orgue dans les années soixante.

Die Kunst einer Fuge (1968)

Dédiée à Theodor Adorno pour son 65e anniversaire, cette œuvre (« L'Art d'une fugue ») consiste, selon le terme même de l'organiste, en dix « interprétations » du premier *Contrapunctus* de *L'Art de la fugue* de Bach. Dieter Schnebel a souligné que ce processus mettait en lumière des aspects du « potentiel utopique » d'une œuvre ancienne, éclairée *a posteriori* par les préoccupations modernes en matière de rythme, de proportions, de mélodies, d'harmonie, d'articulation ou de timbre. Zacher s'est appuyé sur l'aspect purement formel de l'œuvre de Bach, qui ne précise aucune indication de tempo, de nuance ou d'instrumentation, et moins encore d'articulation ou de tempérament, pour en proposer des lectures nouvelles, sans la moindre transformation du texte, grâce aux artifices de l'orgue, lequel n'a sans doute jamais mieux mérité son nom — étymologiquement : instrument, machine. Relire ainsi ce matériau musical brut, c'est un peu aussi réfléchir sur les structures formelles en même temps que sur la fonction de l'interprète. Les titres et dédicaces de chacune de ces interprétations donnent des références précises à des œuvres et à des compositeurs qui éclairent sans ambiguïté sur le but poursuivi.

1. Quatuor. « A Jean-Sébastien Bach ». Lecture rigoureuse du texte de Bach, en véritable quatuor — un plan sonore, un timbre différent pour chacune des voix, dans une traduction polyphonique d'une grande clarté. Mais pour la voix d'alto, qui ouvre l'œuvre, Zacher a choisi un mélange « acoustique » évoquant un haute-contre : les harmoniques 2 et 3 du son (octave 4' et nasard 2' 2/3) sans fondamentale, celle-ci étant reconstituée par synthèse additive dans le cerveau de l'auditeur.

2. Crescendo. « A Robert Schumann ». Le titre ne fait ici référence ni à une œuvre, ni à une forme, mais à une progression d'intensité de caractère romantique, auquel va être impartie une fonction très particulière. En effet, la registration initiale, très douce, en appelle aux jeux les plus graves et les plus aigus de l'orgue, en mélange creux; mais à chaque réitération du sujet, le mélange sonore se remplit, jeu par jeu : ce crescendo est aussi le révélateur de la structure proportionnelle de la fugue.

3. Rhapsodie pour alto. « A Johannes Brahms ». Claire allusion à la *Rhapsodie pour contralto, chœur d'hommes et orchestre* de Brahms. Interprétation abusive de la fugue, puisqu'une voix, l'alto, est ici privilégiée par rapport aux autres, par l'usage d'un tremblant doux (comme elle l'était déjà dans le *Quatuor* initial). D'autant plus abusive, d'ailleurs, que dans ce *Contrapunctus* l'alto est assez peu favorisé, la voix pouvant paraître manquer de réel intérêt. Or, en faisant de la fugue une rhapsodie, « chantée » dans un tempo très large, la registration utilisée montre au contraire le rôle actif que joue cette voix, celui du fil d'Ariane souvent dévolu à cette partie médiane : Bach lui-même (ainsi, du reste, que Mozart ou Schubert) n'aimait-il pas à tenir l'alto plutôt que le violon dans les exécutions de ses œuvres instrumentales?

4. Harmonies. « A György Ligeti ». Référence à l'*Étude pour orgue nº 1* de Ligeti, sous-titrée *Harmonies** et créée par Gerd Zacher. Celui-ci veut insister ici sur l'héritage de la pensée médiévale cultivé par Bach, qui trouve chez lui « une auréole d'écho ». La polyphonie de Bach, dit-il, est un art de l'espace plus que du temps. Aussi cette nouvelle version fait-elle tenir « un certain temps » (aléatoire) la note précédente quand la suivante est énoncée. Dans un tempo extrêmement lent, ce « surlegato » brouille les lignes mélodiques en un halo sonore, à la façon d'une acoustique de cathédrale, mais fait du

* Voir à *Ligeti*.

même coup saillir une enveloppe harmonique imprévue d'accords « flous ».

5. **Timbres-durées.** « A Olivier Messiaen ». L'hommage à Messiaen est évident. A chaque croche ou double croche est affectée la brillance de la cymbale, aux noires et aux blanches les couleurs fondamentales des principaux, et les valeurs plus longues se voient bigarrées du cromorne et de la sesquialtera. Les rapports de durées sont ainsi maintenant mis en évidence avec une grande minutie.

6. **Interférences.** « A Bengt Hambraeus ». Il y a dans le contrepoint de Bach une grande potentialité de permutations qui, aux yeux de Zacher, confère à sa musique à la fois plasticité et rebond. Par référence à l'œuvre homonyme de Hambraeus*, cette nouvelle lecture veut faire sonner le matériau contrapuntique « brut », avant son étalement dans l'espace. L'alto, à nouveau et toujours fil d'Ariane, y est entendu dans sa tessiture naturelle mais, par l'artifice de la registration, le soprano est entendu une octave en dessous, le ténor une octave et la basse deux octaves au-dessus des notes écrites. Les différences de timbres permettent néanmoins à l'auditeur d'identifier le cheminement de chaque voix dans cette disposition compacte.

7. **Improvisation ajoutée.** « A Mauricio Kagel ». Plus qu'à l'œuvre de ce nom, Zacher se réfère à l'esprit qu'y manifeste Kagel**. Il se fonde ici sur l'idée que si longtemps l'ornementation a été laissée au libre arbitre de l'exécutant, elle serait incorporée à l'écriture même de ce *Contrapunctus*. C'est pourquoi il prescrit de jouer le texte, tel quel, sur un jeu doux (Gemshorn), mais de faire ressortir par un jeu d'anche (ou en chantant soi-même, Kagel oblige !) certaines notes qui peuvent être considérées comme des « colorations ». Un seul écart à mentionner par rapport à l'original de Bach : vers la fin, Zacher suppose une coloration supplémentaire, non écrite par le musicien mais s'insérant parfaitement dans le texte, et qui n'est autre que le motif de quatre notes B.A.C.H.

Densité 1, 2, 3, 4. « A Edgar Varèse ». Allusion un peu lointaine à l'œuvre pour flûte seule, *Densité 21,5*, de Varèse. Si l'on fait jouer la fugue par un quatuor à cordes avec un instrument à clavier, les attaques de ce dernier sont perçues comme des accents renforçant l'articulation du texte contrapuntique — accents de quatre ordres d'intensités, selon le nombre de voix en présence. Pour transcrire à l'orgue cette possibilité autre de lire le texte de Bach, Zacher propose de jouer sur les timbres et les durées. Là où deux notes sont entendues simultanément, il en réduit la durée ; pour trois ou quatre notes ensemble, il fait intervenir les jeux de mixtures pour souligner les attaques et prolonge les sons. Au pédalier, les notes de la basse sont maintenues en *« sostenuto »*, sur un jeu très doux, pour supporter la disposition temporelle des attaques par une mélodie sous-jacente.

9. **Sons brisés.** « A Juan Allende-Blin ». La pièce homonyme d'Allende-Blin***, créée par Zacher, évoque la mort d'un être, le souffle vital qui s'éteint. Le musicien dit vouloir se servir ici des soufflets de l'orgue comme d'un sablier pour mesurer le flux du temps. En fait, comme il le faisait dans la deuxième pièce *(Crescendo)*, il met en évidence l'articulation par périodes du discours, mais cette fois au moyen d'un procédé beaucoup moins musical, puisqu'il s'agit simplement de couper la soufflerie chaque fois que doit être marquée cette articulation. Quand le sujet n'est plus exposé, l'orgue semble ainsi mourir, les tuyaux sonnent en fausset, de plus en plus doucement. Et pour baliser les rentrées du sujet, la soufflerie est remise en fonctionnement.

10. **No (-) Music.** « A Dieter Schnebel. » Par ce titre, Zacher entend à la fois « musique du théâtre No » et « non-musique ». La nouvelle et dernière « interprétation » du cycle s'adresse donc à la gestuelle de l'organiste devant l'auditoire, sans musique — celle-ci étant supposée se dérouler mentalement. Il n'y a pas à commenter davantage cette version (soigneusement préparée par le compositeur, il faut le préciser), sinon pour indiquer que son dédicataire, Dieter Schnebel, allait à son tour, quelques années plus tard (1973), écrire un arrangement de ce même *Contrapunctus* — sonore, celui-là, puisque destiné à vingt cordes et clavecin.

Durée d'exécution : ~ 50 mn

* Voir à *Hambraeus*.

** Voir à *Kagel*.

*** Voir à *Allende-Blin*.

Ré (1969)

Œuvre créée par l'auteur à la Lutherkirche de Hambourg, le 26 juin 1969, elle fait appel à un organiste et un intonateur. « Les deux interprètes modèlent chaque son de telle sorte que sa concrétisation demeure toujours incertaine, il devient une citation. Bien plus, l'orgue entier devient une citation. » La part d'aléatoire est prépondérante, au point qu'il est, comme chez Bussotti par exemple, difficile ici de parler d'« œuvre ». Mettant en valeur la propriété qu'a l'orgue de tenir les sons indéfiniment, Zacher bâtit un édifice sonore autour de l'unique note *ré,* enrichie ou transformée de diverses manières, notamment par l'introduction de jeux émettant des harmoniques, la prolifération de grappes sonores autour de la note ou des bribes de citations. L'introduction de l'air dans l'instrument, puis les interventions de l'intonateur sur les tuyaux pour en modifier l'émission ou l'accord voudraient emmener l'auditeur dans une sorte de parcours ontogénétique retraçant l'histoire individuelle de l'instrument.

Durée d'exécution : ~ 8 mn 30 s

G.C.

FRIEDRICH WILHELM ZACHOW

Né à Leipzig, sans doute le 13 novembre 1663, baptisé le 14 ; mort à Halle, le 7 août 1712. Bien que l'on ait souvent voulu retenir de Zachow le seul fait d'avoir été le maître de Haendel (à partir de 1692 probablement, pour l'orgue et la composition), il a droit à une place propre en tant que compositeur de musique religieuse et pour clavier. Il fréquenta certainement l'une des Lateinschulen *de Leipzig, sans doute celle de Saint-Thomas, alors école des pauvres. C'est à cette époque qu'il apprit l'orgue. Sa famille partit ensuite pour Eilenburg, où il poursuivit ses études avec le Cantor de la ville. Le 11 août 1684, très jeune donc, c'est au poste envié de la Marienkirche de Halle qu'il fut nommé. Il devait, en plus de ses fonctions d'organiste, assurer la préparation des manifestations musicales organisées chaque troisième dimanche, disposant pour ce faire d'un chœur et des instrumentistes de la ville — la direction du* chorus musicus *allait d'ailleurs de pair avec la charge d'organiste de la Marienkirche. Zachow fut également un professeur réputé. Les œuvres qui nous sont parvenues sont en nombre moins important que ce que ses contemporains mentionnaient (33 cantates contre 70 attestées). Il fut également compositeur de musique de chambre et s'essaya au type traditionnel de l'*Actus musicus.

C'est parce que l'œuvre pour clavier de Zachow est essentiellement constituée de choral qu'elle est dite œuvre d'orgue : l'attribution découle de la fonction liturgique. Cependant, l'usage de la pédale, parfaitement justifié, voire indispensable pour mettre en relief tel cantus firmus ou, plus simplement, pour clarifier et alléger au manuel le texte polyphonique, demeure le plus souvent facultatif. D'une difficulté technique très modérée, les chorals de Zachow sont — un peu à la manière des Fantaisies de chorals de Tunder — une source très riche d'enseignement pour l'art du choral du XVIIe. De qualité constante et variée, ils pourront précéder, sur un plan strictement pédagogique, l'étude des œuvres plus complexes de Buxtehude, Bruhns et Lübeck. A ces 53 chorals s'ajoutent une bonne dizaine de pièces libres ainsi que, pour être complet, une *Suite* en *si* mineur pour clavecin, contribution non négligeable au répertoire de l'époque.

Les chorals

La plupart des chorals de Zachow sont de type choral fugué, l'une des formes polyphoniques convenant le mieux à l'orgue. Il est cependant possible de détailler et de classer, même succinctement, ces chorals. La référence ici adoptée (LV = Lohmann Verzeichnis) est celle de l'édition courante révisée par le musicologue Heinz Lohmann (Breitkopf).

1. Chorals sur thème unique

Le premier groupe des *Chorals fugués* réunit les pièces construites sur un thème unique et donnant lieu à une fuguette plus ou moins développée. La polyphonie en est toujours d'une belle assise, le plus souvent sur une mesure à 4/4, claire, stylistiquement uniforme et néanmoins pleine de variété : « *An Wasserflüssen Babylon* » LV 2; « *Christ unser Herr zum Jordan kam* » LV 3; « *Te Deum* » LV 4; « *Ich ruf zu dir* » LV 5; « *Mit Fried und Freud* » LV 9; « *Wer Gott vertraut* » LV 13; « *Wir glauben* » (*Credo*) LV 15.

A ces chorals s'ajoutent, toujours sur thème unique, les chorals de forme ricercare ou *allabreve*, à la scansion très caractéristique et hiératique : « *Ach Gott, vom Himmel sieh darein* » LV 16; « *Durch Adams Fall* » LV 17; « *Erbarm dich mein* » LV 18; « *Jesus Christus, unser Heiland, der von uns* » LV 19; « *Komm, heiliger Geist* » (*Veni Creator*) LV 20, l'une des pages les plus belles et les plus développées (58 mesures) de Zachow, dont les combinaisons rythmiques très sobres mais inventives sont enchaînées en sections/versets; « *Wie schön leuchtet der Morgenstern* » LV 43.

2. Chorals sur thème « dédoublé »

Ce deuxième groupe réunit tout d'abord les chorals fugués faisant entendre simultanément deux idées thématiques. Au thème proprement dit répond, à la voix entrant immédiatement après, soit un « contre-sujet », soit un prolongement individualisé du thème, deux voix chantant en permanence sur ce thème, deux autres sur le « contre-sujet », avec interversion du procédé : « *Allein zu dir* » LV 46; « *Jesu, der du meine Seele* » LV 6; « *Jesus Christus, unser Heiland, der von uns* » LV 7; « *Nun komm der Heiden Heiland* » LV 10; « *O Jesu Christ, du höchstes Gut* » LV 11; « *Wenn mein Stündlein* » LV 12; « *Wir Christenleut* » LV 14.

Viennent ensuite les chorals en deux sections distinctes mais enchaînées, la première exploitant le thème, la seconde le « contre-sujet » (de nouveau éventuellement issu du thème) : « *Allein zu dir* » LV 1; « *Veni Creator* » LV 8; « *Vater unser im Himmelreich* » LV 22, « *Was mein Gott will* » LV 23.

3. Chorals-partitas et chorals-variations

Au type partita se rattachent le choral « *Ach Herr, mich armen Sünder* » LV 24, sur un cantus firmus alternant soprano et basse (pédale), ainsi que la première partie du choral « *Warum betrübst du dich, mein Herz* » LV 52. Deux chorals sont traités en variations : « *Jesu meine Freude* » LV 49, suite de belle ampleur enchaînant 12 variations d'une grande richesse d'invention dans l'esprit de la partita, et « *Nun komm der Heiden Heiland* » LV 50, composé de 4 versets assez courts et concis.

4. Chorals divers

Les chorals réunis dans ce dernier groupe, le plus important en nombre, ont tous en commun, en dépit de la variété de leur structure, de faire entendre un cantus firmus non équivoque. La plupart d'entre eux relèvent du choral-paraphrase, avec cantus firmus le plus souvent au soprano (parfois à la pédale) et accompagnement polyphonique, ou bien du choral d'intonation.

« *Allein Gott in der Höhe sei Ehr'* » LV 46, en deux sections : *allabreve* avec cantus firmus au soprano, puis *(alio modo)* à la pédale sur dessin manuel en canon et mouvement parallèle.

« *Allein zu dir* » LV 25, cantus firmus au soprano (comme pour tous les chorals ici recensés, sauf indication contraire), sur deux voix souvent parallèles ou en canon, avec d'expressives chutes d'octave.

« *Auf meinen lieben Gott* » LV 26, sur un dessin volubile à deux voix.

« *Aus tiefer Not* » LV 27 *(De profundis)*, avec un C.F. entrecoupé de développements chromatiques du soprano.

« *Christ lag in Todesbanden* » LV 47, en deux sections : *allabreve* à 6/4, puis *alio modo* à 4/4 avec C.F. à la pédale.

« *Erbarm dich mein* » LV 28, allant jusqu'à quatre voix, dont une de toute évidence pour la pédale.

« *Es ist das Heil uns kommen her* » LV 29, duo très rythmique avec C.F. à la pédale.

« *Gelobet seist du* » LV 30, à l'écriture en voix parallèles presque rigoureuse.

« *Herr Gott, dich loben wir alle* » LV 31, *allabreve* à 3/2.

« *Herr Jesu Christ, wahr' Mensch und Gott* » LV 32.

« *In dich habe ich gehoffet* » LV 33, fuguette sur cantus firmus alliant mouvements contraires et parallèles dans le commentaire.

« *In dulci jubilo* » LV 34, *allabreve* à 3/2.

« *Jesus Christus, unser Heiland, der den Tod überwand* » LV 35, fugue à trois voix + C.F.

« *Jesus Christus, der von uns* » LV 36, de forme prélude/fuguette.

« *Komm, Gott Schöpfer, heiliger Geist* » LV 37, de même type que le précédent.

« *Komm, heiliger Geist, Herre Gott* » LV 38, belle page, assez développée, aux gammes très mobiles.

« *Nun lasst uns Gott dem Herren* » LV 39, jolie fugue à trois voix, avec modification du sujet à mi-parcours et C.F. à la pédale.

« *O Lamm Gottes, unschuldig* » LV 40 *(Agnus Dei)*, de nouveau essentiellement par mouvement parallèle, avec une basse manuelle toujours en mouvement.

« *Vom Himmel hoch, da komm ich her* » LV 51, choral utilisé par Bach dans ses *Variations canoniques* BWV 769 et traité à trois reprises par Zachow : deux versets, avec C.F. tout d'abord au soprano (contre deux basses manuelles, un peu à la manière de l'un des *Chorals « Schübler »* de Bach) puis à la pédale, toujours sur un fugato des deux voix d'accompagnement.

« *Vom Himmel hoch, da komm ich her* » LV 42, mouvement parallèle des deux voix manuelles, la basse (ou ténor) s'emparant du C.F. pour quelques mesures seulement, celui-ci s'interrompant un court instant au soprano.

« *Warum betrübst du dich, mein Herz* » LV 52, seconde partie : *Alio modo*, avec C.F. à la pédale sur une scansion rare dans l'ensemble de ces chorals, à 12/8, des deux voix manuelles, très serrées dans leur tessiture, et en canon libre.

« *Wo Gott der Herr nicht bei uns hält* » LV 44, en deux courtes sections : fugato, puis duo de type question/réponse.

« *Wo Gott der Herr nicht bei uns hält* » LV 45, également en deux courtes sections : fugato, dont les voix ensuite se séparent, celle du milieu suivant tantôt la basse manuelle, volubile, tantôt le C.F.

5. Chorals isolés

Deux chorals méritent une mention particulière.

« Nun komm der Heiden Heiland » LV 21, à quatre voix, alliant les types paraphrase et choral fugué et correspondant mieux que tout autre au type de la fuguette sur thème de choral, œuvre pleine de vie et de rythme, bien développée (45 mesures).

« Vom Himmel hoch » LV 41, seul choral avec cantus firmus au soprano n'étant pas en valeurs longues mais en doubles croches, sur deux voix modestes d'accompagnement. L'uniformité du débit rythmique interdit de parler de choral orné, genre totalement absent chez Zachow (bien que l'ornementation puisse ici métamorphoser le texte) : le terme de récit, dans son acception française, définira au mieux cette pièce sans équivalent dans ce recueil.

Reste **« Jesaja dem Propheten das geschah »** LV 48, unique en son genre puisque adoptant la forme du Prélude et fugue I & II. Le Prélude, caractéristique du clavier international du XVIIe siècle développant la virtuosité italienne sur une assise française, est une introduction vive ; les deux fugues à quatre voix sont proches parentes, la seconde ne se démarquant sur le plan thématique que par l'insertion d'un rythme pointé sur le premier temps du sujet à 4/4. La conclusion retrouve l'esprit du prélude rythmique.

Les compositions libres

En l'absence de fonction liturgique attestée, les pièces qui suivent peuvent revendiquer tout instrument à clavier : orgue, clavecin, clavicorde, etc.

Prélude en *ut*, assez court, et **Fugue** dans le même ton, non explicitement reliés (LV 53 et 54), le premier très français, la seconde sur un thème vif, fortement scandé par le jeu des intervalles répétés.

Prélude et fugue en *fa* majeur LV 56. Le prélude est construit sur des arpèges de main droite, sorte de basse d'Alberti inversée, ponctuée par des accords de la main gauche ; le sujet de la fugue, très belle et magnifiquement développée, est en crabe.

Prélude et fugue en *sol* majeur LV 58. Le prélude est une succession d'arpèges sollicitant les deux mains ; le sujet de la fugue, très libre et dynamique, reprend l'idée de l'arpège, puis l'exploite à profusion dans son développement.

Prélude et fugue en *sol* majeur LV 59. Pièce courte mais dense à la française, le prélude rappelle Muffat et son écriture *allabreve* en fond d'orgue ; quant à la fugue, sur un sujet plus strict que les précédentes mais riche de possibilités harmoniques dans sa dernière section, chromatique, elle est plus modérée de ton, plus noble.

Prélude et fugue en *sol* majeur LV 60. Le prélude est du même type que le précédent ; le sujet de la fugue est joyeux et rythmique, avec chute d'octave.

Fugue en *sol* majeur LV 61. En deux parties, tout d'abord modérée sur un thème avec note pointée, à trois voix, puis allante après dédoublement des valeurs rythmiques du thème, en forme d'invention, toujours à trois voix.

Fantaisie en *sol* majeur LV 36. De type ricercar et fort développée (139 mesures), elle est en trois sections : à ₵, hiératique et à quatre voix, puis à 3/2, sur un long thème issu du premier (et chromatique), toujours à quatre voix mais plus aérée, enfin à 4/4, beaucoup plus dynamique (la croche comme élément de progression y remplace la noire précédente).

Cappriccio en *ré* mineur LV 64. Grande invention tantôt à deux, tantôt à trois voix, faisant alterner coupe binaire et ternaire, vive et originale.

Toccata (et fugue) en *ut* majeur LV 55. *Allegro* de forme prélude, fugue sur thème rythmique, retour de la forme prélude comparable au LV 56, bicinium de type invention, enfin seconde fugue sur un rythme de gigue à 6/8.

Prélude en *fa* majeur LV 57. Très court, de forme fuguette.

Fugue en *sol* majeur LV 62. D'écriture peu rigoureuse, c'est néanmoins une belle page variée, chantante et dynamique.

Mentionnons enfin la **Suite en *si* mineur** LV 65 pour clavecin, célèbre en son temps. Elle enchaîne une Allemande, une Courante et une Sarabande — ces trois pièces avec reprise et toute l'ornementation baroque de rigueur —, couronnées par une *Fuga finalis* sur un rythme pointé évoquant le *Noël suisse* de J.-F. Dandrieu.

M.R.

DOMENICO ZIPOLI

Né à Prato (Toscane), le 16 octobre 1688; mort à Córdoba (Paraguay), le 12 janvier 1726. La biographie de Zipoli n'a longtemps été qu'une suite de points d'interrogation parsemée de quelques dates : on le sait ainsi à Rome au plus tard en 1712 pour y achever ses études, Rome où il sera nommé en 1715 organiste de l'église du Gesù. Mais on ignore s'il fut également, comme le prétend le père Peramas (1768), maître de musique du Collège romain. En 1716, Zipoli se rend à Séville où il entre comme novice dans la Compagnie de Jésus. Le 5 avril de l'année suivante, il s'embarque pour la province du Paraguay, accompagnant une mission jésuite : il s'installe à Córdoba, où il étudie la théologie et la philosophie, s'adonnant également avec ferveur à sa vocation d'organiste (église des Jésuites) et de compositeur. Sa réputation dépassa sans doute les limites de Córdoba, puisque des commandes lui parvinrent de toutes parts, y compris du vice-roi du Pérou, en poste à Lima. C'est au milieu d'une activité très intense qu'il mourut, âgé de 37 ans, à l'issue de ses études de théologie et à la veille de son ordination.

On doit à Luigi Ferdinando Tagliavini, dans son édition de travail des *Sonate d'Intavolatura* (1957), d'avoir fait le point sur la vie et l'œuvre de Zipoli. Premier malentendu : la notice rédigée par Fétis (*Le Trésor des pianistes*, Paris, 1861), qui faisait naître Zipoli en 1675 à Nola, puis le faisait étudier au conservatoire della Pietà ai Turchini de Naples. Profitant du classement des archives du conservatoire de Bologne, Tagliavini eut le bonheur de trouver une sorte d'ébauche de dictionnaire biographique musical (lettres N-Z), contenant les vies de certains musiciens et théoriciens de la main même du Padre Martini *(Scrittori di Musica / Notizie storiche e loro opere. / Tomo piccolo in piedi / F.G.B. Martini M.C.)*, et notamment sur Zipoli : « Domenico Zipoli, de Prato, apprit les bases de la musique sous la direction du maître de chapelle de la cathédrale de Florence; puis fut envoyé par le grand-duc à Naples auprès d'Alessandro Scarlatti, qu'il quitta en raison de divergences sensibles pour se rendre à Bologne l'année 1709, où il fut accueilli par le père D. Lavinio Vannucci, moine de San Barbaziano, avant que le grand-duc ne l'envoie à Rome auprès de Bernardo Pasquini. On notera qu'il avait dix-neuf ans à Bologne, donc qu'il était né en 1690. Par la suite, il se fit jésuite. » La date de naissance est inexacte, mais les autres renseignements semblent dignes de foi : d'où l'intérêt de la remarque concernant Scarlatti, ainsi que celle sur le travail avec Pasquini et sa formation à l'école romaine et non napolitaine. On en déduit également que Zipoli ne put se rendre à Rome avant 1709 (puisqu'il va cette année-là à Bologne), ni après 1712 (on donna à Rome pendant le carême son oratorio San Antonio).

La renommée de Zipoli repose sur ses sonates (seules publiées), très peu d'œuvres ayant par ailleurs survécu : une cantate pour soprano et basse continue « *Delle offese a vendicarmi* » (manuscrit conservé à Berlin), et une pièce pour violon et basse continue (manuscrit conservé à Dresde). La musique des deux oratorios (1712-1714) représentés à Rome est perdue et seuls les livrets en sont connus. Une œuvre datant de la seconde partie de la vie de Zipoli, composée en Amérique latine, a été retrouvée à Sucre (Bolivie) en 1959 : il s'agit d'une messe à trois voix, avec deux violons et orgue.

Deuxième erreur répétée au cours des siècles (et qui fit douter certains musicologues de l'existence même de Zipoli!), source d'interrogations et de mystère : la citation en page 15 du *Catalogue général des livres de musique* (Paris, 1729) de *Pièces d'orgue, Six Ouvertures et concerts pour le violon; l'Appollo* comme étant de la main de Zipoli (J.G. Walther reprit cette « indication » dans son *Musicalisches Lexikon* de 1732). Marpurg et Gerber ont proposé, avec raison sans doute, le nom de Michel Corrette : faute de catalogue, désir de Corrette d'attirer l'attention en prenant le nom de Zipoli ? Toujours est-il que l'on confondit souvent les deux noms, au détriment de Zipoli. De plus, deux manuscrits de la bibliothèque du conservatoire de Naples renferment d'un côté la *Canzona* en *ré* mineur de Zipoli sous le nom de Durante (erreur du copiste ?), de l'autre une série de toccatas d'A. Scarlatti suivie d'extraits des *Sonate* de Zipoli — le tout ayant failli coûter à Zipoli la paternité de son unique recueil (en réalité, trop complet et homogène par son style et sa structure pour que l'on puisse douter de son authenticité).

Sonate d'intavolatura

Zipoli fit publier à Rome, en 1716, un double recueil d'œuvres pour orgue et clavecin portant en frontispice le titre et la dédicace suivants : *Sonate d'Intavolatura / Per Organo, E Cimbalo / Parte Prima / Toccata, Versi, Canzone, Offertorio / Elevazione Post Comunio e Pastorale / Dedicate / All'Ill.ma et Ecc.ma Sig.ra / D. Maria Teresa Strozzi / Principessa di Forano / Da / Domenico Zipoli Organista della Chiesa / Del Giesú di Roma / Opera Prima.* La seconde partie s'intitule *Parte seconda / Preludij, Allemande, / Correnti, Sarabande, / Gighe, Gavotte / E Partite*; elle est destinée au clavecin.

La première partie, pour l'orgue, se compose d'une toccata d'introduction, de cinq séries de quatre versets suivis d'une canzona, et de cinq pièces liturgiques. Le style général, très chantant, est d'une remarquable unité ; il fait appel à une thématique typiquement italienne et presque vocale, particulièrement et tout naturellement dans les *canzone*, ainsi qu'à une structure harmonique raffinée et dense bien que toujours extrêmement aérée. Il faut enfin préciser que le titre même de *Sonate* doit être entendu au sens étymologique de pièces que l'on fait sonner sur l'instrument : il n'y a aucune sonate, même au sens baroque, dans ce recueil.

Toccata

Avec les *Canzone*, c'est l'une des pièces les plus développées du recueil (48 mesures). En *ré* mineur comme la première « Suite » de versets, elle débute par six mesures, ponctuées par des tenues de la pédale, à quatre voix évoluant lentement et avec noblesse, d'un type ornemental réintroduit brièvement aux mesures 23-27. Le reste de la pièce se compose de figures rythmiques très vives opposant dessus et basse en imitation soutenue par des accords intermédiaires, sorte de canon ne laissant qu'exceptionnellement la place à une opposition simultanée des parties.

1re « Suite » (*ré* mineur)

Son 1er verset est de même structure que la section vive de la toccata (15 mes.). Le verset 2 expose sans vraiment les traiter, tant la pièce est courte, deux motifs : « sujet » exposé à l'alto et repris légèrement varié au soprano, et « contre-sujet » (ténor puis basse) exposé en même temps que l'alto, soit 12 mesures d'un joli contrepoint « en miniature ». Le verset 3 est un fugato à trois voix de 20 mesures sur un sujet en notes conjointes ascendantes, sur une mesure à ₵. Le dernier verset reprend le même sujet, sur une structure rythmique différente (12 mesures et toujours à trois voix principales), selon un procédé, classique pour l'époque, omniprésent dans le recueil.

Verso [III]

Verso [IV]

La *canzona* (63 mesures) est un fugato à trois voix, sans aucune rigueur contrapuntique, entièrement animée, comme toutes les autres du recueil, par le charme mélodique propre à Zipoli.

2e « Suite » (*ut* majeur)

Elle adopte comme les suivantes le schéma de la 1re « Suite », en particulier quant à l'ampleur de chacun des versets dans leur relation d'équilibre avec la *canzona* terminale. Le verset 1 réserve tout au long de ses 14 mesures ses traits volubiles de toccata au soprano ; les trois autres sont des fugatos, 2 et 4 rejoignant pour conclure l'esprit de la fantaisie italienne pour clavier à la Frescobaldi. La *canzona* est construite sur un sujet au rythme pointé (repris du verset 2), avec deux « contre-sujets » fragmentaires : le fugato proprement dit ne dépasse pas l'entrée du sujet sur les deux voix initiales et dévie vers la fantaisie en imitation, puis la toccata.

3e « Suite » (*fa* majeur)

Verset 1 de type toccata, puis trois fugatos/fantaisies, le dernier introduisant pour la première fois dans le recueil un rythme à 12/8. Le profil du thème de la *canzona* lui vaut d'être l'une des plus belles du recueil, également l'une des mieux développées grâce à une écriture brillante utilisant de façon optimale l'ambitus du clavier de l'orgue italien.

Canzone

4e « Suite » (*mi* mineur)

Sur un schéma quelque peu différent : le verset 1 procède uniquement par accords verticaux modulant lentement (*cf.* l'introduction de la toccata). Verset 2 : fugato (« sujet » + « réponse ») ; verset 3 : bicinium à 3/8 ; verset 4 : fugato à trois voix sur un thème en notes répétées. La *canzona* est à trois voix en imitation, chantante mais très modérée.

5e « Suite » (*sol* mineur, sans *mi* bémol à la clé)

Le verset 1 est de type toccata ; on serait tenté de voir dans les versets 2 à 4 un unique fugato en trois parties (à 6/8 pour le verset « central »), avec réminiscence thématique (points d'appui mélodiques) pour les versets 2 et 4. La *canzona* suit exactement le même schéma, avec accélération rythmique (C, puis 12/8 et de nouveau C dédoublé).

Cette *Prima Parte* s'achève sur cinq pièces liturgiques d'inspiration frescobaldienne :

All' Elevazione (I) en *fa* majeur, méditation sur tenue de pédale pour soprano orné et très scandé.

Al Post Comunio, *Co' flauti*, en *fa* majeur, l'une des rares indications de registrations de la main de Zipoli, pour une pièce rythmique en forme de toccata douce à la scansion régulière. Le *Co' flauti* (avec les flûtes) pourrait se traduire par un *Flauto coperto* 8' (jeu bouché) + *Flauto in quinta* 2' 2/3 (Tagliavini).

All' Elevazione (II), en *ut* majeur, du même type que la première, avec ici de nombreuses indications de trilles au soprano, seul ornement employé par Zipoli dans son édition de 1716 (d'une manière générale sur la note, et exceptionnellement — comme ici aux mesures 3 et 11 — avec terminaison).

All' Offertorio, en *ut* majeur, pièce rythmique sur de nombreux motifs d'arpèges, avec un chant de main droite souvent à deux voix à la tierce, sur une immuable pédale d'*ut* grave de pédale.

Pastorale, en *ut* majeur, de coupe *Largo-Allegro-Largo*. Le premier *Largo*, à 12/8, est sur un rythme au doux balancement, presque de sicilienne, avec tenue de pédale (rappelant la *Pastorale* de Bach, effectivement à la manière italienne). L'*Allegro* (₵), sur un rythme pointé, fait de nouveau appel aux *flauti*, sans pédale. Le deuxième *Largo* reprend le rythme initial, cette fois avec la mention *piva*, laquelle pourrait être soit une manière de nommer cette sorte de danse modérée, presque lente, soit un jeu d'anche doux du type toscan du *mosetto*, proche de la musette (régale) et évoquant les instruments de bergers.

M.R.

LES ORGANISTES FRANÇAIS DU XIXe SIÈCLE

TABLEAU I

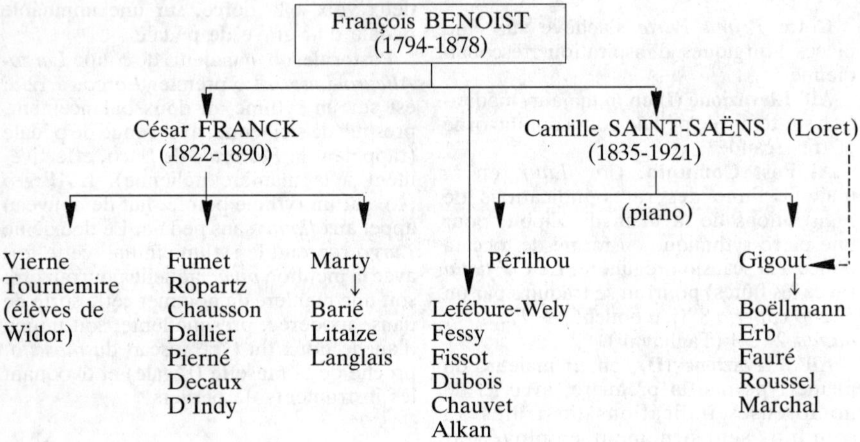

Ne figurent dans ces tableaux que les organistes-compositeurs de renom ou les artistes qui ont confié des improvisations au disque.

Beaucoup d'élèves de Franck ont fréquenté d'autres maîtres. Vierne et Tournemire, qui ne travaillèrent que quelques mois avec lui, sont passés sous la férule de Widor, en 1890, et Decaux s'est perfectionné auprès de Guilmant. Bien des disciples de ce dernier, à leur tour, ont voulu compléter leur formation avec d'autres pédagogues : Bonnet ou Ermend-Bonnal avec Tournemire, la plupart avec Vierne qui occupait le poste d'assistant au Conservatoire. André Fleury plus tard, élève de Dupré comme Litaize ou Langlais, suivit également les leçons de Vierne, et Marchal reçut les conseils de Marty.

Plusieurs foyers d'enseignement apparaissent : le Conservatoire de Paris où se succèdent Benoist (1818), Franck (1872), Widor (1890), Guilmant (1896), Gigout (1911) et Dupré (1926) ; l'école Niedermeyer où professent Saint-Saëns (piano), Loret, Gigout ou Périlhou dans différentes disciplines ; la Schola Cantorum fondée en 1894 où d'Indy, Guilmant puis Roussel enseignèrent, enfin l'Institut national des Jeunes Aveugles où Marty forma Barié, Litaize, Marchal ou Langlais.

TABLEAU II

Jacques-Nicolas LEMMENS (1823-1881)

- Alexandre GUILMANT (1837-1911)
  - Bonnet → U.S.A., Canada
  - U.S.A., Canada
  - Séverac, Ermend-Bonnal, Fauchard, Huré, Barie
  - Marcel DUPRÉ
- Ch.-M. WIDOR (1844-1937)
  - Marcel DUPRÉ → Demessieux, Falcinelli, Cochereau, Fleury, Guillou, Litaize, Langlais, Duruflé, Messiaen, Alain, Grunenwald
  - Commette, Mulet, Tournemire, Vierne
- Clément LORET (1833-1909)
  - Gigout

GLOSSAIRE

Ce glossaire propose des définitions volontairement très simplifiées des principaux termes techniques rencontrés au cours de cet ouvrage – technique musicale ou facture d'orgue. Sans prétention d'exhaustivité et pour plus de clarté, on s'est borné ici aux seules acceptions prises par ces mots dans le présent livre.

A cappella : locution italienne désignant l'exécution d'une musique vocale, monodique ou polyphonique, sans accompagnement instrumental. Au figuré, à l'orgue, on parle de motif de plain-chant *a cappella* lorsque celui-ci est entendu seul, sans aucun soutien harmonique (*cf.* Tournemire, Messiaen).

Acciacatura : mot italien (littéralement : écrasement) désignant, principalement au XVIIIe siècle, un artifice de jeu utilisé dans la musique pour clavier et consistant à faire entendre, en même temps que la note principale, une petite note d'agrément étrangère à l'harmonie, généralement appoggiature de la note, pour en provoquer le piquant renforcement.

Accord arpégé : accord dont les notes sont jouées en succession rapide, du bas vers le haut ou inversement.

Accord brisé : accord dont les notes sont énoncées successivement, dans un ordre différent de leur disposition naturelle de bas en haut.

Accord plaqué : accord dont toutes les notes sont frappées simultanément.

Accords alternés : succession d'accords joués tour à tour par l'une et l'autre main, en alternance.

Accords battus : accords plaqués répétés.

Accouplement : dispositif permettant d'associer deux ou plusieurs claviers, de telle sorte qu'en jouant sur l'un, on fait entendre simultanément tous les jeux sonnant sur le ou les autres claviers ainsi « accouplés ». On parle d'accouplement Positif sur Grand-Orgue (ou Pos./G.-O., ou II/I) pour dire qu'en jouant sur le clavier de Grand-Orgue, on joue en même temps, grâce à ce dispositif mécanique, pneumatique ou électrique, sur le clavier de Positif. Au XIXe siècle, pour donner plus de densité aux mélanges sonores, on a imaginé des accouplements à l'octave grave et à l'octave aiguë (ou 16 et 4) ; dans notre exemple, en jouant sur le clavier de Grand-Orgue, on peut faire entendre en même temps les jeux du clavier de Positif dans la tessiture normale, ou à l'octave grave, ou à l'octave aiguë, ou en combinaison.

Agogique : mot créé pour nommer les légères fluctuations de tempo, non notées sur la partition, sources d'expression musicale dans l'interprétation. Par extension, on parle d'agogique pour désigner la théorie du mouvement non seulement dans l'exécution, mais aussi dans la composition musicale.

Allabreve : locution italienne désignant ici une pièce écrite à 2/2, 4/2 ou C barré, dont l'unité de temps est la blanche. La mesure *allabreve* était souvent utilisée au XVIIIe siècle pour évoquer la sévérité du style contrapuntique « ancien ».

Ambitus : étendue d'une mélodie, d'une voix ou d'un instrument, de la note la plus grave à la plus élevée.

Anacrouse : note ou groupe de notes, au début d'un motif musical, qui précède le premier temps fort de ce motif.

Anches : famille de jeux d'orgue, où le son est produit par la vibration d'une languette, l'anche, le tuyau servant de résonateur. Cette famille se divise en deux groupes : celui des trompettes, bombardes et clairons (tuyaux en forme de cônes évasés vers leur extrémité), traités soit en jeux solistes, soit en batteries puissantes ; et celui des jeux de détail (aux tuyaux généralement cylindriques à corps raccourci), au timbre souvent pittoresque, comme le cromorne, la voix humaine ou le chalumeau.

Anapeste : figure métrique de la prosodie ancienne, composée de deux brèves et une longue (◡◡ -).

Antienne : pièce de plain-chant primitivement destinée à être exécutée en alternance avec la récitation des psaumes (psalmodie). En fait, dans la liturgie catholique, l'antienne est devenue une pièce autonome (ex. : *Salve Regina, Regina Coeli*...).

Appoggiature : note voisine, étrangère à un accord ou à un dessin mélodique, et formant dissonance avec lui, émise passagèrement pour en renforcer le pouvoir expressif.

Arsis : mot grec utilisé en métrique, et servant en musique à désigner la levée d'une phrase mélodique avant son appui sur le temps fort. Antonyme de *thésis*.

Authente : *cf.* modalité (mode authente).

Augmentation : en écriture contrapuntique, procédé consistant à faire entendre un motif en valeurs plus longues, par exemple en blanches au lieu de noires. C'est le contraire de la diminution.

B.A.C.H. : les notes étant nommées par des lettres dans les pays anglo-saxons, épeler le nom de Bach revient à énoncer les notes *si* bémol, *la, do, si* naturel.

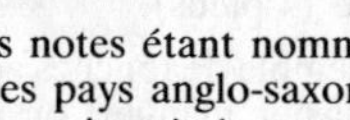

J.-S. Bach lui-même a le premier remarqué le profil caractéristique de cette figure mélodique, qu'il a utilisée comme signature musicale au terme de plusieurs de ses œuvres (*Variations canoniques* et *L'Art de la fugue*, principalement). Bien d'autres compositeurs ont traité ultérieurement ce motif, en hommage à Bach (Schumann, Liszt, Reger...).

Basse : outre le nom de la voix grave dans la polyphonie, ce terme peut désigner, par extension, une pièce où intervient en soliste ou en dialogue une partie de basse affectée à un jeu de détail : basse de trompette. Le terme s'oppose à celui de « dessus » : basse de cromorne et dessus de cornet.

Basse d'Alberti : formule d'accompagnement de la main gauche en accords brisés, en usage dans la seconde moitié du XVIIIe siècle.

Batterie : succession d'accords arpégés ou brisés, comme dans la basse d'Alberti. Par batterie d'anches, on désigne dans un orgue l'ensemble des jeux d'anches de la famille des trompettes (bombarde, trompette et clairon).

Bicinium : pièce ou fragment de pièce, généralement de style fugué, écrit à deux parties.

Blockwerk : mot allemand. Plein jeu indivisible.

Boîte expressive : caisson clos dans lequel est enfermé l'ensemble de la tuyauterie d'un clavier, principalement le Récit, dit alors « Récit expressif » (parfois aussi, au XXe siècle, le Positif). La façade de la boîte expressive est garnie de jalousies mobiles au moyen d'une « pédale d'expression » ; le son peut ainsi être éclairci ou étouffé.

Bombarde : jeu d'orgue à anche, de la famille de la trompette, sonnant à l'octave grave (16 pieds), parfois à la double octave grave (32 pieds) ; il sert de soubassement aux tutti. Par Bombarde on désigne aussi, sur les très grands instruments, un clavier réunissant un ensemble de jeux d'anches.

Bourdon : jeu d'orgue de la famille des jeux de fond. Généralement en bois, les tuyaux en sont bouchés et émettent un son doux et un peu neutre. Représentés à toutes les hauteurs sonores, les bourdons constituent l'une des bases de la registration (au pédalier, on les appelle soubasses). Le terme de bourdon désigne aussi la note basse tenue sur certains instruments comme la cornemuse ou la musette, et que certains compositeurs se sont plu à reproduire à l'orgue dans les pièces d'inspiration populaire comme les Noëls.

Brustwerk : mot allemand, littéralement pectoral, parfois traduit par positif de poitrine. Dans les orgues de facture allemande, c'est un clavier situé dans le grand buffet, au-dessus des claviers ; comparable au clavier d'Echo de la facture française, l'étendue de son clavier est complète, et non limitée à l'aigu.

C : indication de mesure, équivalente à 4/4.

C barré (₵) : indication de mesure, équivalente à 2/2.

Cadence : formule harmonico-mélodique servant de conclusion à une section ou à une pièce musicale. Cadence parfaite, par l'enchaînement du cinquième au premier degré (V/I, ou *sol/do* en *do* majeur) ; cadence plagale, par l'enchaînement du quatrième au premier degré (IV/I, ou *fa/do*) ; une cadence est dite rompue quand le mouvement cadentiel débouche sur un autre degré que le premier. On appelle également cadence un épisode brillant, écrit ou improvisé, destiné à faire valoir la virtuosité et l'imagination d'un soliste.

Canon : procédé d'écriture polyphonique, par lequel une ou plusieurs voix se déduisent d'une première voix qu'elles reproduisent à l'identique, mais en entrant à des moments (et parfois à des hauteurs) différents dans le jeu contrapuntique.

Cantus firmus : locution latine, désignant une partie mélodique énoncée en valeurs longues sur laquelle se fonde une élaboration polyphonique.

Cantus migrans : locution latine, désignant un cantus firmus se déplaçant d'une voix à l'autre, période par période.

Canzone : pièce instrumentale issue de la chanson polyphonique. N'étant plus fondée sur un modèle vocal précis, la canzone conserve néanmoins de ses origines une écriture en imitation traitée avec une certaine légèreté de ton. La canzone s'est développée en Italie vers la fin du XVIe siècle, et passa au milieu du siècle suivant en Allemagne. Elle disparut vers le premier tiers du XVIIIe siècle.

Chaconne : forme musicale très proche de la passacaille, qui développe de multiples variations sur un bref motif de basse obstinément répété dans une métrique ternaire.

Chamade : « en chamade » se dit de la disposition horizontale donnée aux tuyaux de certains jeux d'anches, placés au pied des montres et orientés en direction des auditeurs. Caractéristique de la facture d'orgue espagnole du XVIIIe siècle, cette disposition affecte souvent plusieurs jeux organisés en batterie. Quelques grands instruments français du XVIIIe siècle et du XIXe siècle possèdent des jeux en chamade, revenus en faveur dans la deuxième moitié du XXe siècle.

Choral : cantique de l'église luthérienne allemande, chanté à l'unisson ou en harmonisation. Le terme désigne aussi, de façon vague, toute pièce d'orgue fondée sur le traitement d'un choral, que ce soit un prélude de choral *(Choralvorspiel)*, un commentaire, une fantaisie ou des variations de choral. Par extension, on a appelé choral une pièce traitant une mélodie évoquant quelque cantique imaginaire (*cf.* Franck).

Choralvorspiel : mot allemand. Littéralement, Prélude de choral. Introduction musicale jouée à l'orgue, destinée à préparer le chant collectif du choral par l'assemblée en en rappelant la mélodie et en en donnant le ton et le mouvement. De simple intonation fonctionnelle, le *Choralvorspiel* est devenu peu à peu une pièce musicale élaborée, quoique toujours brève et fondée sur l'énoncé de la mélodie du cantique.

Chromatisme grec : formule mélodique en usage aux XVIe et XVIIe siècles (Titelouze, Scheidt), faisant entendre successivement, dans un tétracorde descendant, une tierce mineure et deux demi-tons *(fa, ré, do* dièse, *do)*. Le chromatisme grec peut aussi être ascendant.

Chromatisme retourné : expression empruntée, par extension, au vocabulaire analytique de la musique du XXe siècle (Bartók), et désignant la façon irrégulière d'articuler les demi-tons à l'intérieur d'une tierce mineure, dans une brève cellule mélodique. On aura ainsi par exemple *si, do, ré, do* dièse au lieu de l'enchaînement habituel *si, do, do* dièse, *ré*.

Clairon : jeu d'orgue à anche, de la famille de la trompette, sonnant à l'octave aiguë de la fondamentale (4 pieds).

Clavier : ensemble de touches actionnées par les mains (clavier manuel) ou par les pieds (pédalier). Au cours de son évolution, l'orgue s'est doté d'un nombre croissant de claviers manuels, de un à cinq, organisés autour d'un clavier principal, « Grand Clavier » ou clavier de « Grand-Orgue » : ce sont les claviers de Positif, Récit, Solo, Echo, Bombarde, Grand-Chœur, ainsi que le pédalier (voir ces mots). A chaque clavier est dévolue, dans l'esthétique du temps, une fonction, et donc une palette de sonorités établie en relation avec celles des autres claviers. La différenciation de ceux-ci permet d'opposer des timbres et de distinguer des voix dans une polyphonie ; mais il est également possible de faire sonner ensemble les jeux de différents claviers, grâce aux dispositifs des accouplements et des tirasses.

Cluster : mot anglais. Dans la musique contemporaine, grappe de notes attaquées simultanément par l'avant-bras ou le plat de la main (Ligeti, Xenakis). Dans le passé, des effets semblables ont été recherchés, notamment en utilisant des planchettes pour écraser plusieurs touches de pédalier à la fois (*cf.* M. Corrette, Boëly). Par extension, on désigne par *cluster* un agrégat sonore composé d'un nombre important de notes en disposition compacte.

Coda : mot italien, synonyme de péroraison.

Console : bâti ou meuble réunissant les organes de jeu de l'orgue : claviers, pédalier, tirants de registres, etc. Elle est dite « en fenêtre », dans l'orgue classique, c'est-à-dire encastrée dans le corps du grand buffet. Le XIXe siècle a généralisé la console en meuble séparé. La transmission électrique permet de réaliser des consoles mobiles.

Consort : mot anglais utilisé aux XVIe et XVIIe siècles pour désigner un ensemble d'instruments, de même famille (*« whole »* ou *« full » consort*) ou de différentes familles (*« broken » consort*).

Contre-sujet : dans l'écriture contrapuntique, motif mélodique accompagnant le sujet d'une fugue. Ainsi, dans l'exposition de la fugue, une première voix présente le sujet, seule ; et tandis qu'une deuxième voix s'empare à son tour du sujet (c'est la « réponse »), la première énonce le contre-sujet, qui tend à mettre en valeur le sujet et fournira de nouveaux motifs de développement. Une fugue peut avoir plusieurs contre-sujets.

Copula : nom latin d'accouplement, utilisé surtout au XIXe siècle.

Cornet : jeu d'orgue, généralement composé de cinq tuyaux par note pour faire entendre les cinq premiers harmoniques du son. On parle alors d'un cornet de 5 rangs. Les sons ne se combinent vraiment entre eux que dans l'aigu, pour créer un timbre à la fois rond, poétique et légèrement cuivré ; c'est pourquoi, dans la facture classique française, il apparaît comme « dessus de cornet » aux claviers de solo ou d'écho et chante soit en récit soliste, soit en dialogue avec une basse de trompette ou de cromorne. Faute de cornet composé sur un orgue, on peut en créer un en associant les jeux donnant les harmoniques 1 à 5 dans la famille des flûtes : flûte à cheminée ou bourdon 8', flûte 4', nasard 2' 2/3, quarte 2', tierce 1' 3/5. On désigne aussi par cornet un jeu d'anche aigu (4' ou 2') de la famille des trompettes.

Cromorne : jeu d'orgue à anche, dont la sonorité évoque celle de l'instrument homonyme. Placé au Positif, c'est un jeu soliste très typé (on dit qu'il « cruche »), l'une des couleurs favorites des organistes classiques français.

Cymbale : jeu de mixture de l'orgue, le plus souvent composé de trois rangées de tuyaux aigus donnant des octaves, des quintes et, selon les factures, parfois des tierces. Elle s'utilise avec un ou plusieurs jeux sonnant à la fondamentale, et contribue à donner de la lumière au plenum, petit plein-jeu ou grand plein-jeu, éventuellement associée aux autres mixtures. Pour obtenir des effets très particuliers, Messiaen a utilisé la cymbale seule.

Da capo : locution italienne, demandant de reprendre un morceau à son début (jusqu'au signe désignant la fin).

Dactyle : figure métrique de la prosodie ancienne, composée d'une longue suivie de deux brèves (- ◡◡).

Désinence : chute, retombée d'une phrase musicale, par opposition à l'anacrouse qui en est la levée.

Dessus : partie aiguë d'un jeu ou d'un clavier d'orgue. Pièce où intervient en récit ou en dialogue avec une basse, une partie élevée affectée à un jeu de détail : dessus de cornet.

Diferencia : variation instrumentale apparue en Espagne dans la première moitié du XVIe siècle.

Diminution : en écriture contrapuntique, procédé consistant à faire entendre un motif en valeurs plus brèves, par exemple en croches au lieu de noires. C'est le contraire de l'augmentation. La diminution désigne aussi une variation ornementale qui sertit les notes du thème de notes de passage et broderies.

Dorien : nom du premier mode ecclésiastique, ou mode de *ré* (on dit aussi « premier ton »).

Double : reprise modifiée par ornementation (ou diminution) d'un fragment ou d'une pièce. Le terme de double peut se confondre avec celui de variation.

Doublette : jeu d'orgue. C'est un principal de 2 pieds, sonnant, donc, à la double octave supérieure.

Dulciane : jeu d'orgue à bouche, de taille étroite et de sonorité douce, surtout utilisé au XIXe siècle.

Durezza : mot italien désignant, au début du XVIIe siècle, une écriture irrégulière des voix ménageant des effets insolites et surprenants de « duretés », « *durezze e ligature* », dissonances diverses, et intervalles rares.

Écho : nom d'un des claviers de l'orgue, présent sur les grands instruments de la facture classique française. Sa composition reprend les principaux jeux des autres claviers, mais traités dans une sonorité très atténuée, pour réaliser des effets d'écho. Ceux-ci étaient en effet réalisés par reprises de segments de phrases sur des claviers différents, mais dans des registrations comparables.

Enharmonie : ambiguïté issue de la similitude sonore de deux notes portant des noms différents (*ut* dièse et *ré* bémol, par exemple), donc ayant des fonctions harmoniques également différentes.

Expression : modification de présence et de clarté sonore des jeux enfermés dans la boîte expressive, par l'action d'une pédale de manœuvre des jalousies de cette boîte. Cette pédale peut être une simple cuiller, commandant ouverture ou fermeture, soit, au XIXe et au XXe siècles, une pédale à bascule assurant une manœuvre progressive.

Fancy : mot anglais, synonyme de fantaisie (on dit aussi *fantasy*). Il désigne un genre en vogue en Grande-Bretagne, correspondant au ricercare italien.

Fantaisie : à l'orgue, pièce de caractère sans forme stricte, à l'origine de style contrapuntique proche du ricercare (Sweelinck, Frescobaldi), mais plus tard, à la manière d'une toccata, affranchie de tout type particulier d'écriture (Bach).

Faux-bourdon : procédé d'harmonisation simple d'un chant religieux, en tierces et sixtes. Par extension, harmonisation à plusieurs voix d'une formule liturgique (ex. : *Amen*).

Fileuse : par analogie avec le mouvement d'un rouet, sorte de mouvement perpétuel rapide et ondulant, joué legato.

Flûtes : famille de jeux de fond de forte section, à la sonorité douce et ronde. Avec les principaux, les flûtes figurent dans toutes les compositions d'orgues, et sont présentes aux diverses hauteurs. On a agrandi la famille avec des flûtes octaviantes et flûtes harmoniques (faisant entendre l'octave supérieure), des quintatons (où l'on entend simultanément la douzième avec la fondamentale), les flûtes à cheminée, à fuseau, coniques, etc.

Fonds : jeux d'orgue à bouche, construits sur le principe de la flûte. On y distingue quatre familles, les principaux, les bourdons, les flûtes et les gambes.

Fourniture : jeu de mixture composé de 4 à 6 (et parfois jusqu'à 10) tuyaux par note donnant des octaves et des quintes, et conférant aux tutti légèreté et lumière sonore. En association avec le jeu de cymbale (plus aigu), elle compose le plein-jeu.

Fugato : mot italien. Passage écrit en imitation ou à la manière d'une exposition de fugue, mais non soumis aux règles strictes de la construction de la fugue.

Fugue : forme musicale en écriture contrapuntique, développant un thème principal, ou sujet, selon un certain nombre de règles rigoureuses. A l'orgue, la plupart des fugues sont écrites à quatre parties, ou voix, la basse étant confiée au pédalier. Issue du ricercar et du tiento du XVIe siècle, la fugue sera l'un des genres de prédilection des maîtres de l'Allemagne du Nord aux XVIIe et XVIIIe siècles et atteindra son plus haut point d'achèvement avec J.-S. Bach. L'archétype de la fugue suivrait le schéma suivant : exposition où les différentes voix énoncent le sujet (sous sa forme originale ou en « réponse ») accompagné de son (ou ses) contre-sujet(s), développement composé de divertissements sur des éléments issus du sujet et du ou des contre-sujets, réexposition menant par une strette à la coda conclusive.

Fuguette (ou **fughette**) : fugue régulière de proportions réduites.

Fusée : figure ornementale en forme de gamme ou de trait ascendant.

Gambe : abréviation de viole de gambe. A l'orgue, jeu de fond de taille étroite, sorte de salicional un peu plus mordant, évoquant la sonorité d'un instrument à corde. Surtout utilisé au XIXe siècle.

Gemshorn : mot allemand, synonyme de cor de chamois. Jeu d'orgue à bouche, généralement conique rétréci.

Grand-Chœur : clavier principal de l'orgue. On dit plus souvent Grand-Orgue, ou Grand Clavier, mais certains très grands instruments peuvent posséder à la fois un clavier de Grand-Chœur et un clavier de Grand-Orgue.

Grand Clavier : clavier principal de l'orgue, synonyme de Grand-Orgue.

Grand-Orgue : corps principal de l'orgue, par opposition au petit corps du positif. Nom du clavier principal (G.-O.), dont la tuyauterie est contenue dans le grand buffet et constitue la base sonore de tout l'instrument : principaux, flûtes et bourdons, mixtures et anches destinés aux grands plans de timbres, pour l'accompagnement comme pour les tutti.

Ground : terme anglais. Basse répétée obstinément, sur laquelle est édifiée une pièce musicale.

Harmonium : instrument à anches libres, également appelé « orgue expressif ». Inventé et perfectionné dans la première moitié du XIXe siècle (Grenié, Erard, Debain, Cavaillé-Coll, Mustel, Alexandre), il nourrissait l'ambition de pallier l'« inexpressivité » de l'orgue à tuyaux par des systèmes pneumatiques et mécaniques permettant de modifier l'intensité du son émis. Utilisé comme succédané de l'orgue dans les églises de campagne, il connut cependant une certaine vogue auprès des compositeurs (*cf.* Berlioz, Franck, Gigout, Karg-Elert).

Hauptwerk : terme allemand, synonyme de clavier principal (Grand Clavier, ou Grand-Orgue).

Hémiole : insertion d'un mètre binaire dans une métrique ternaire ou inversement.

Hexacorde : succession de six degrés, à raison de deux tons, un demi-ton et deux tons. L'hexacorde naturel est l'échelle diatonique menant du *do* au *la*.

Hymne : pièce du répertoire du plain-chant caractérisée par son poème strophique, souvent écrit en vers, et se terminant généralement par une formule doxologique de louange à la Trinité (ex. : « *Pange lingua* », « *Te Deum* », « *Vexilla Regis* »). On notera que le terme d'hymne est féminin lorsqu'il s'agit, comme ici, d'une pièce liturgique, et masculin au sens profane (hymne national).

Iambe : figure métrique de la prosodie ancienne, composée d'une brève et d'une longue (◡ -).

Imitation : procédé fondamental du contrepoint, consistant à faire énoncer par une voix un motif musical déjà exposé par une autre.

Incipit : mot latin, synonyme de commencement. Formule musicale constituée des premières notes d'un motif mélodique.

Larigot : jeu de mutation de la famille des flûtes ou des principaux, faisant entendre l'harmonique 6 (19e ou troisième *sol* après une fondamentale d'*ut*). Sa hauteur est de 1 pied 1/3 (1' 1/3). Il est utilisé comme jeu de détail ou en composition dans le plenum.

Legato : mot italien indiquant qu'un passage doit être joué lié, c'est-à-dire en enchaînant les sons les uns aux autres sans solution de continuité. Le jeu legato s'oppose au jeu staccato.

Manualiter : adverbe latin utilisé pour indiquer qu'une œuvre est destinée au seul jeu manuel.

Marche harmonique : répétition à l'identique, sur des notes différentes, d'une même figure. La marche harmonique (ou marche d'harmonie) peut demeurer dans la tonalité d'origine ou moduler en d'autres tonalités.

Mixtures : jeux d'orgue dans lesquels plusieurs tuyaux aigus sonnent pour chaque note jouée. Appartenant à la famille des principaux, ils sont organisés en rangées, ou rangs, donnant essentiellement des octaves et des quintes, parfois des tierces. Les principaux jeux de mixtures sont les pleins-jeux, les fournitures et les cymbales ; on définit la richesse de leur composition par leur nombre de rangs.

Modalité, modes : la modalité est une syntaxe musicale utilisant des échelles répartissant les tons et demi-tons de la gamme en divers agencements, ou modes. La question est d'autant plus complexe que la notion de modalité a évolué au cours des siècles, et que le terme de mode revêt plusieurs acceptions qu'il convient de résumer très brièvement.

Les organistes de la Renaissance et de l'âge baroque ont eu en effet à faire face successivement ou conjointement à trois types de modalité (toutes trois en tempérament inégal). Encore vivace, l'ancien *octoechos* médiéval est fait de huit modes monodiques, fondés sur quatre finales correspondant à *ré, mi, fa* et *sol* (hauteurs relatives, en l'absence de diapason fixe). Chaque mode observe deux répartitions : l'*authente*, qui se déploie principalement au-dessus de la finale, et le *plagal*, plus grave, qui entoure cette même finale. Dénombrés de un à huit, ces modes sont couramment désignés par les termes de *Protus* (ou *ré*), authente et plagal, *Deuterus* (ou *mi*), authente et plagal, *Tritus* (ou *fa*), authente et plagal, *Tetrardus* (ou *sol*), authente et plagal. Plus importante encore que la finale, la « corde de récitation », ou corde-mère, est l'axe du mode, et se situe une tierce plus bas en plagal qu'en authente.

Poussés par l'évolution naturelle du langage, les théoriciens de la Renaissance, comme le Suisse Glarean et le Vénitien Zarlino, ont étendu ces modes à douze par ajout de *la* authente et plagal (9e et 10e modes) et d'*ut* authente et plagal (11e et 12e modes).

L'Église est restée fidèle aux huit modes d'antan tout en les transformant au fil des ans. Les modes, ou « tons », ecclésiastiques des XVIIe et XVIIIe siècles ne correspondent donc plus vraiment aux modes médiévaux. Le 1er mode désigne toujours *ré*, mais, transposition de *ré* plagal sur *sol*, le 2e correspond à une sorte de *sol* mineur ; le 3e se fait sur *la*, le 4e sur *mi* (avec une forte attirance vers *la*, ancienne corde de récitation du *Deuterus* plagal), le 5e sur *ut*, le 6e sur *fa*, le 7e souvent sur *ut* (avec un *si* bémol à la clé), le 8e sur *sol* (souvent transposé sur *fa* dans le *Sanctus* de la messe *Cunctipotens*, par souci d'unité avec l'*Agnus Dei*).

Pour ne pas embrouiller davantage l'approche déjà complexe de la modalité, on a écarté ici les anciennes désignations telles que « *D la ré sol* » ou « *G ré sol ut, par b* ». Le lecteur intéressé pourra se reporter avec profit aux « Tables des 8 Tons de l'Église, au naturel et transposés » du *Premier Livre d'orgue* (1665) de Nivers, spécialiste en la matière ; en l'absence de relation directe avec la modalité chrétienne, l'emploi — erroné et abusif — des dénominations grecques a été plus encore évité dans le présent volume.

Il existe d'autres possibilités de former des modes ou échelles d'intervalles à partir des 12 demi tons. Ainsi, la gamme par tons chère à Debussy ou les modes à transposition limitée de Messiaen.

On signalera enfin qu'en tant qu'agencement de toute échelle de hauteurs, le terme de mode s'applique à des échelles autres que celle des tons et demi-tons de la musique savante occidentale, comme dans la musique de l'Inde. Et que, par extension, le mode peut désigner la répartition des valeurs d'une échelle de durées, et non plus de hauteurs ; on parle alors de modes rythmiques (*cf.* Messiaen).

Modulation : passage d'un ton dans un autre.

Montre : jeu d'orgue de la famille des principaux, dont tout ou partie de la tuyauterie est placée en façade, ou en « montre », lui conférant un surcroît de puissance et de présence.

Musette : instrument de musique proche de la cornemuse, dont l'une des caractéristiques est de comporter des « bourdons », tuyaux tenant des sons fixes pendant qu'est jouée une mélodie sur les autres tuyaux, ou « chalumeaux ». De pittoresques pièces d'orgue ont été composées sous ce titre, à l'imitation de cet instrument (*cf.* bourdon).

Mutations : jeux d'orgue faisant entendre divers harmoniques du son fondamental, principalement les nasards, tierces et larigots lorsque ces harmoniques sont isolés sur chaque jeu, ou les cornets et sesquialteras quand ils sont composés de plusieurs harmoniques par note. Dans l'écriture fuguée, on appelle mutation une réponse légèrement transformée du sujet.

Nasard : jeu d'orgue (graphie ancienne : nazard) faisant entendre l'harmonique 3 du son fondamental (intervalle de douzième, hauteur 2' 2/3).

Octave : intervalle de huit degrés. Jeu d'orgue de la famille des principaux, sonnant à l'octave aiguë de la fondamentale (synonyme de prestant 4').

Ondulant : famille de jeux d'orgue, dans lesquels deux tuyaux de 8 pieds sont associés, le deuxième légèrement désaccordé provoquant un battement se traduisant par une ondulation sonore. Ce sont principalement la voix céleste et l'unda maris.

Orgue expressif : *cf.* harmonium.

Ostinato : mot italien. Formule obstinément répétée à la basse. La chaconne, la passacaille, le *ground* se fondent sur un ostinato.

Passacaille : forme musicale développant des variations sur un motif unique de basse obstinément répété (ostinato). Quelques différences qu'on ait voulu établir entre elles, la passacaille tend à se confondre avec la chaconne. La vogue de la passacaille a été européenne, au XVIIe siècle et dans la première moitié du XVIIIe.

Pédalier (ou clavier de pédales) : ensemble des touches actionnées par les pieds de l'organiste et correspondant normalement aux notes les plus graves ; l'emploi de jeux sonnant à l'octave aiguë permet cependant de jouer au pédalier une partie plus élevée, de ténor ou d'alto, voire plus rarement de soprano. Constitué de chevilles, le pédalier « à la française » de l'époque classique ne permettait guère plus que de longues tenues de basse, tandis que le pédalier « à l'allemande », formé de lames parallèles, a permis dès le XVIIe siècle une grande vélocité. Introduit en France au XIXe siècle, il s'est depuis généralisé et compte aujourd'hui 32 notes (deux octaves et demie, *ut-sol*).

Pedaliter : adverbe latin utilisé pour indiquer qu'une pièce réclame l'usage du pédalier.

Perpetuum mobile : locution latine, pour mouvement perpétuel.

Pieds : unité de mesure ancienne, utilisée pour désigner la hauteur du plus haut tuyau (*ut* grave) d'un jeu. Un jeu de huit pieds (écrit 8') est celui dont le plus grand tuyau mesure huit pieds, soit environ 2,40 m ; il sonne « normalement », à l'unisson de la voix, et constitue donc la base de la registration. Un jeu de 16 pieds sonne à l'octave grave du jeu de 8 pieds, un jeu de 32 pieds à la double octave inférieure ; inversement, les jeux de 4, 2 ou 1 pieds font entendre l'octave, la double octave ou la triple octave supérieures.

Plagal : *cf.* cadence (plagale) et modalité (mode plagal).

Plain-chant : expression du XVIIe siècle pour désigner le chant monodique de la liturgie catholique. On le confond souvent avec le chant grégorien.

Plein-jeu : jeu de mixture composé par la réunion de la fourniture et de la cymbale. 3 à 10 tuyaux par note font entendre des octaves et des quintes aiguës, conférant à la registration une grande luminosité. On désigne aussi par plein-jeu la réunion des jeux de fond, de mutation et de mixtures, aujourd'hui appelée de préférence « plenum », pour lever toute ambiguïté ; et par extension, toute pièce mettant en œuvre le plenum (grand plein-jeu, en accords, au clavier de Grand-Orgue ; petit plein-jeu, plus délié et rapide, au clavier de Positif).

Plenum : mot italien désignant l'ensemble des jeux de fond, plus particulièrement les principaux et les bourdons, de toutes les hauteurs, des mutations et des mixtures d'un orgue. On dit aussi, de l'italien, *ripieno, organo pleno* ou simplement *pleno*.

Positif : petit orgue transportable, que l'on peut poser sur une table. Un positif ayant été, dès le XIVe siècle, associé au grand orgue dans les instruments d'église pour l'accompagnement, le terme désigne le petit buffet placé en avant du grand sur la tribune, ainsi que la tuyauterie qu'il comprend et le clavier qui la fait parler (c'est le positif « de dos »). D'être plus rapproché des auditeurs confère une présence particulière aux jeux qui y sonnent. Par extension, le Positif est l'un des claviers, donc l'un des plans sonores, d'un instrument de quelque importance, que sa tuyauterie soit ou non isolée dans un buffet séparé. Lui sont principalement dévolus les jeux de mutation (cornet décomposé) et les jeux d'anche solistes.

Prélude : de façon générale, toute pièce en introduisant une autre ou jouée avant une action liturgique (on dit aussi *Praeambulum, Praeludium* ou *Vorspiel*). Pièce libre, sans forme définie, le prélude se caractérise cependant par des figures d'intonation en accords alternant avec des épisodes plus variés (traits, passages contrapuntiques). Dans la seconde moitié du XVIIe siècle en Allemagne, le Praeludium se présente comme une succession d'épisodes libres et d'épisodes fugués ; avec Bach se cristallise le diptyque cohérent du prélude et fugue. Lorsqu'il introduit le chant du choral, le prélude est dit *Choralvorspiel*.

Prélude de choral : nom français du *Choralvorspiel*. Les préludes de chorals sont souvent appelés simplement « chorals » pour orgue.

Prestant : jeu d'orgue. C'est un principal de 4 pieds, sonnant, donc, à l'octave supérieure. Il est pris comme référence dans l'accord de l'orgue.

Principal : famille de jeux d'orgue à bouche. Jeux de fond de section moyenne, à la sonorité à la fois ronde et franche, ils constituent la base de la matière sonore de l'instrument, en particulier dans les registrations destinées aux pièces polyphoniques. Les principaux existent à toutes les hauteurs, du 32 pieds au 1 pied ; ils peuvent prendre plusieurs autres noms, comme prestant 4', doublette 2', piccolo 1', ou montre, s'ils sont placés en façade.

Quarte lydienne : quarte augmentée (ou triton) du 5e mode médiéval qui peut être obtenue par l'élévation d'un demi-ton du quatrième degré du mode majeur (*ut-fa* dièse en *ut* majeur). Attiré par le cinquième degré, ce degré altéré se comporte comme une deuxième note sensible du ton ; on parle alors parfois de mode sur-majeur.

Quintaton : jeu d'orgue bouché, de 16 ou 8 pieds, traité pour quintoyer, c'est-à-dire pour faire entendre, en même temps que le son fondamental, l'harmonique 3 (intervalle de douzième, soit le deuxième *sol* si la fondamentale est un *ut*).

Récit : deuxième clavier d'un orgue à deux claviers, ou troisième clavier d'un instrument en comptant trois ou davantage, il réunit, par opposition au Grand-Orgue, des jeux destinés à sonner en solistes. Au XIXe siècle, la tuyauterie du Récit est généralement enfermée dans une boîte expressive. Le terme désigne également un genre musical, dans lequel se déploie un solo orné sur un jeu de détail (récit de cromorne, de nasard).

Récurrence : énoncé d'un motif mélodique par mouvement rétrograde (ou « en écrevisse »), de sa dernière à sa première note, comme vu dans un miroir verticalement placé à son extrémité.

Registre : commande mise à la disposition de l'organiste pour actionner soit le registre mobile proprement dit, qui, sur le sommier, fait parler un jeu, soit une possibilité d'effet sonore comme un accouplement ou un tremblant.

Registration : art de combiner entre eux les jeux pour composer des mélanges de timbres. Elle est soumise aux caractéristiques sonores de l'instrument utilisé. Bien des compositeurs ont tenu à donner des indications de registration en France particulièrement, soit dans les avant-propos ou « tables de mélanges » de leurs éditions, soit dans le corps même des partitions ; mais ces précisions font défaut dans les musiques anciennes, et chez des maîtres comme Buxtehude ou Bach, qui ne semblent pas s'être exprimés à ce sujet. Faute de survivance des traditions orales, la registration doit donc se fonder, en même temps que sur le goût et la sensibilité, sur les connaissances musicologiques et l'analyse de la structure de l'œuvre, qu'elle contribue à mettre en lumière.

Réponse : deuxième présentation du sujet d'une fugue, après son premier énoncé par une autre voix. La réponse se fait au cinquième degré (quinte supérieure ou quarte inférieure), accompagnée ou non d'un contre-sujet.

Renversement : inversion des intervalles d'un motif musical, un mouvement descendant devenant ascendant et vice versa, comme vus dans un miroir parallèle aux lignes de la portée. La figure mélodique obtenue par renversement de ses intervalles est dite renversement.

Rétrogradation : synonyme de récurrence.

Ricercar : terme italien, signifiant « recherche » (on écrit aussi *ricercare*). Il désigne une pièce musicale grave, plurisectionnelle, d'écriture contrapuntique, qui donnera naissance à la fugue. Les premiers ricercari pour orgue remontent à Cavazzoni (1543), et le genre tombe en désuétude au début du XVIIIe siècle.

Ripieno : mot italien désignant, dans l'orgue italien classique, la réunion de tous les jeux de fond et de mutation de la famille des principaux, figurant dans la composition de l'instrument sous forme de jeux séparés.

Rosalie : Synonyme de « marche harmonique », le terme de rosalie est surtout employé pour relever l'aspect mécanique de telles répétitions.

Rückpositiv : mot allemand, synonyme de positif de dos.

Rythme lombard : figure rythmique pointée dans laquelle la brève, émise sur le temps, précède la longue (double croche suivie d'une croche pointée).

Sesquialtera : jeu d'orgue. Le terme désigne généralement un jeu composé de deux rangées de principaux faisant entendre les harmoniques 3 et 5 du son fondamental, c'est-à-dire la quinte et la tierce. Associée à un jeu de 8 pieds, elle constitue une couleur sonore particulièrement apte à faire chanter un choral orné ; avec des jeux de 8, 4 et 2 pieds, elle permet de composer un cornet de 5 rangs.

Sifflet : jeu d'orgue. Flûte ou principal de 1 pied, sonnant, par conséquent, à la triple octave supérieure (d'où son nom).

Sixte napolitaine : altération descendante du deuxième degré d'un ton mineur, dans un accord de sixte, pour donner plus de relief à une expression de tristesse ou de plainte. En *la* mineur, l'accord napolitain est *ré*, *fa*, *si* bémol.

Solo : sur les grands instruments, clavier sur lequel sont groupés quelques jeux destinés à sonner en solistes.

Soubasse : jeu d'orgue. Bourdon de 16 pieds (parfois de 32 pieds, sur les grands instruments), affecté au pédalier.

Staccato : mot italien, indiquant une façon de jouer détachés des accords ou des notes. Des accords répétés rapidement à l'orgue, surtout dans un tutti et une acoustique réverbérante, doivent être joués staccato.

Strette : dernière partie d'une fugue avant la coda, dans laquelle les entrées du sujet sont plus rapprochées.

Stylus phantasticus (ou, en italien, **stile fantastico**) : style de caractère théâtral, mêlant avec la plus grande fantaisie de brefs épisodes très contrastés, tour à tour dramatiques, en récitatif, dissonants, comme en une improvisation. Cultivé par Frescobaldi ou Froberger, il connut une grande faveur dans les préludes des maîtres allemands du Nord à la fin du XVIIe siècle.

Sujet : thème d'une fugue.

Superius : mot latin, désignant la voix ou partie supérieure d'une œuvre polyphonique.

Sur-majeur : mode majeur à double sensible. En *ut* majeur, en plus du *si*, sensible naturelle, c'est l'altération du quatrième degré, *fa* dièse, ou quarte lydienne, qui constitue la deuxième sensible.

Syncope : déplacement de l'accent rythmique, soit par la prolongation sur un temps fort d'un son émis sur un temps faible, soit par changement de mètre. L'effet produit par la syncope est celui d'une déstabilisation.

Taille : synonyme, autrefois, de ténor.

Tempérament : du fait de l'impossibilité physique de parvenir à l'accord d'un instrument à clavier où tous les intervalles seraient parfaitement justes, c'est la manière d'accorder en choisissant des valeurs, soit justes, soit approchées, pour certains intervalles, notamment les quintes et les tierces. De nombreuses formules d'accord ou « tempéraments » ont été proposés au cours des âges, privilégiant certains intervalles et, de ce fait, autorisant et interdisant certaines tonalités. Après les divers tempéraments inégaux du passé, on a obtenu, à la fin du XVIIe siècle, de « bons tempéraments » avant d'en venir au « tempérament égal » aujourd'hui adopté, où il n'y a ni quintes ni tierces justes, mais une égalisation de tous les intervalles, compromis permettant l'usage des vingt-quatre tonalités.

Tento : nom portugais du *tiento* espagnol (v. ce mot).

Thésis : mot grec connaissant plusieurs acceptions. Il est utilisé ici pour désigner la retombée d'un motif musical dont l'*arsis* constituait la levée.

Tiento : mot espagnol utilisé pour nommer un genre très répandu aux XVIe et XVIIe siècles en Espagne (au Portugal, on parle de *tento*). *Cf.* Cabezón.

Tierce : jeu d'orgue de 1'3/5, donnant l'harmonique 5, soit la tierce au-dessus de la double octave. Elle a été très utilisée aux XVIIe et XVIIIe siècles, soit dans les jeux de mixtures (cornet), soit comme soliste (c'est alors un tuyau de flûte, ou « grosse tierce »). Associée à un seul jeu fondamental de 8', elle acquiert sa plus belle couleur poétique dans le registre de ténor, ou « taille ».

Tierce picarde : tierce majeure venant éclairer la conclusion d'un morceau en mineur. Elle tient son nom du vieux français « picart » ou « piquart », qui signifie « pointu », « aigu » (de même que l'anglais *sharp* signifie à la fois « pointu », « aigu » et « dièse »).

Tirasse : mécanique d'accouplement du pédalier sur un clavier. L'expression Tirasse Grand-Orgue (ou Tir. G.-O., ou I/Péd.), par exemple, signifie donc qu'avec sa registration propre, le pédalier fait aussi entendre celle du clavier de Grand-Orgue.

Toccata : pièce de style libre, sorte de prélude fondé sur un jeu d'alternance capricieuse de sections variées se réclamant toutes du plaisir de « toucher » (en italien, *toccare*) l'instrument : épisodes de pure imagination, abondant en dissonances ou effets de virtuosité, sections contrapuntiques, etc.

Tons d'église : *cf.* modalité, modes.

Trait : passage de virtuosité.

Tremblant : dispositif altérant la régularité de l'alimentation en air des tuyaux, et provoquant un effet de tremblement ou de chevrotement, selon qu'il est « doux » ou « fort ». Le tremblant doux (à battements lents) était en honneur à l'époque classique, avec des jeux de flûte ou d'anche, pour leur conférer un surcroît d'expressivité par analogie avec le chant. Le tremblant fort (à battements rapides) est surtout utilisé avec le jeu de voix humaine.

Trochée : figure métrique de la prosodie ancienne, composée d'une longue et d'une brève - ᴗ.

Unda maris : jeu d'orgue ondulant, sorte de voix céleste douce.

Voix céleste : jeu d'orgue ondulant, composé de deux rangées de tuyaux de 8 pieds de type gambe, légèrement désaccordés l'un par rapport à l'autre afin de provoquer des battements. Elle a été très utilisée dans la musique française de la deuxième moitié du XIXe siècle.

Voix humaine : jeu d'orgue à anche battante et à tuyau très court partiellement bouché, au timbre doux et corsé, généralement utilisé avec un tremblant. Dans l'orgue italien classique, la *voce umana* désigne un jeu ondulant un peu comparable à ce que sera plus tard la voix céleste.

Voluntary : terme anglais. Pièce de forme libre servant de prélude ou de postlude à un office.

RÉFÉRENCES BIBLIOGRAPHIQUES

Cet ouvrage s'est fixé pour but d'offrir sur l'ensemble de la musique d'orgue une documentation jamais encore réunie en un seul volume, en se fondant d'abord sur les éditions imprimées des œuvres présentées ; mais il ne s'appuie pas moins sur maintes études musicologiques publiées en diverses langues, des ouvrages classiques aux travaux les plus récents.

Pour se limiter aux études générales en langue française, on citera sur la musique d'orgue :

PIRRO, A., « *L'art des organistes* » in Lavignac : Encyclopédie de la musique, Technique, tome II, Paris, Delagrave, 1926.

DUFOURCQ, N., *Les Grandes Formes de la musique d'orgue*, Paris, 1937.

DUFOURCQ, N., *Jean-Sébastien Bach, le maître de l'orgue*, Paris, Floury, 1948, rééd. Picard, 1973 (la première partie de cet ouvrage est une vaste étude sur la musique d'orgue en Europe avant Bach).

DUFOURCQ, N., *Le Livre de l'orgue français* (1589-1789), 5 vol. I : *Les sources*; II : *Le buffet*; III : *La facture*; IV : *La musique*; V : *Miscelleana* (dont bibliographie). Paris, Picard, 1971-1982.

et sur l'instrument :

MERSENNE, M., *Harmonie universelle*, Paris, Cramoisy, 1636-1637. rééd. Paris, CNRS, 1965.

BEDOS DE CELLES, F., *L'Art du facteur d'orgue*, 3 vol., Paris, 1766-1778, rééd. Kassel, Bärenreiter, 1963.

CELLIER, A. et BACHELIN, H., *L'Orgue, ses éléments, son histoire, son esthétique*, Paris, Delagrave, 1933, rééd. Marseille, Laffite Reprints, 1980.

DUFOURCQ, N., *L'Orgue*, Paris, Presses universitaires de France, coll. « Que sais-je ? », 1948, rééd. 1970.

JAKOB, F., *L'Orgue*, Lausanne, Payot, 1970.

TEULON, B., *De l'orgue*, Aix-en-Provence, Edisud, 1981.

NOISETTE DE CRAUZAT, C., *L'Orgue français*, Paris, Atlas, 1986.

Pour tous les sujets spécialisés, et toujours en français, on renverra d'abord aux monographies de compositeurs ainsi qu'aux préfaces d'éditions anciennes et modernes, aux articles de revues, d'encyclopédies et de dictionnaires, ainsi qu'à certains textes de présentation d'enregistrements discographiques.

Sur l'orgue et sa musique, on consultera les revues spécialisées, notamment *L'Orgue*, revue française fondée en 1927.

Enfin, on mentionnera pour mémoire la vaste documentation en langues étrangères, dont les études générales ou spécialisées faisant aujourd'hui référence — à titre d'exemple, les trois volumes de Peter Williams sur l'œuvre d'orgue de J.-S. Bach.

INDEX

L'ordre de présentation des compositeurs, et des œuvres sous chaque nom de compositeur, est alphabétique.

Pour les œuvres, seules ont été retenues celles faisant l'objet d'analyses ou de commentaires suffisamment détaillés, — à l'exclusion de celles simplement mentionnées, soit dans les introductions biographiques, soit dans le cours des textes.

Imprimerie Hérissey à Évreux – N° 65423
35.56.8543.02/7
ISBN 2-213-02772-2
N° d'édition : 901
Dépôt légal : juin 1994
35.8543.7